DK: 320 (038)
330 (038)
336 (038)
338 (038)
340 (038)
380 (038)
650 (038)

DR. ROBERT HERBST

WÖRTERBUCH
FÜR
HANDEL, FINANZ UND RECHT

DEUTSCH–ENGLISCH

WÖRTERBUCH

FÜR

HANDEL, FINANZ UND RECHT

DEUTSCH–ENGLISCH

VON

ROBERT HERBST

DOKTOR BEIDER RECHTE
DOKTOR DER PHILOSOPHIE
RECHTSANWALT

TRANSLEGAL AG.
VERLAG
ZUG, SCHWEIZ

UMFASSEND

HANDEL und INDUSTRIE
EXPORT und IMPORT
PRODUKTION, VERTEILUNG und ABSATZ

★

BANK-, BÖRSEN-, KREDIT- und FINANZWESEN
WÄHRUNG, BESTEUERUNG und ZOLL
LAND-, SEE- und LUFT-TRANSPORT
POSTDIENSTE und VERSICHERUNGEN

★ ★

INTERNATIONALE WIRTSCHAFTS-GEMEINSCHAFTEN
NATIONALÖKONOMIE, SOZIALWISSENSCHAFT und POLITIK

★ ★ ★

ALLE ZWEIGE DES PRIVATEN und ÖFFENTLICHEN RECHTS
GESETZGEBUNG, RECHTSPRECHUNG und VERWALTUNG

TRANSLEGAL ®

DICTIONARY

OF

COMMERCE, FINANCE AND LAW

GERMAN—ENGLISH

BY

ROBERT HERBST

DOCTOR OF LAW
DOCTOR OF SCIENCE
ATTORNEY AND COUNSELLOR AT LAW

TRANSLEGAL LTD.
PUBLISHERS
ZUG, SWITZERLAND

VORWORT

In Ergänzung und Fortsetzung unserer bereits seit zwanzig Jahren im Gebrauch erprobten DREI-SPRACHIGEN Wörterbücher – in Englisch, Deutsch und Französisch – bildet der vorliegende Band einen Teil einer neuen Serie in ZWEISPRACHIGER Anordnung. In diesen Neuausgaben ist bezüglich Sachbereich und Aufbau das bisherige, allseits bewährte System beibehalten worden, welches in der besonderen Anordnung des Stoffes den hervorstechenden und unterscheidenden Wesensmerkmalen dient, nämlich:

> Besonders leichtes und schnelles Auffinden eines Stichwortes in möglichst vielen «fertig vorbereiteten» Verbindungen und

> möglichst wirksamer Ausschluß von Übersetzungsfehlern, besonders wenn zwischen mehrfachen Bedeutungen desselben Stichwortes gewählt werden muß.

Mit der Neubearbeitung ist der Inhalt auf den neuesten Stand des Wortschatzes und der Wortbildungen gebracht worden. Unverändert geblieben ist das Hauptziel, nämlich die Schaffung eines Werkes für die Praxis und für den Alltagsgebrauch.
Ich danke hiermit meinen Mitarbeitern und Helfern in Genf, Bern und Greenwich, Connecticut. Ich erwähne mit besonderem Dank die Mitarbeit meines alten Freundes Alan Readett, Brüssel, für die vielen deutschen Fachausdrücke und deren englischen Äquivalente, die er zu diesem Band beigetragen hat.

ZUG, Schweiz, Februar 1976

ROBERT HERBST

PREFACE

This volume forms the logical continuation, in BILINGUAL form, of our TRILINGUAL Dictionaries— in English, French and German—which have stood the test of twenty years of service. In this edition we have been at pains to preserve, in its scope and structure, the well-tried system of specific arrangement of the subject matter. It is this which confers upon this dictionary its two outstanding and distinctive features:

> Especially easy and quick location of a keyword in the greatest possible number of "ready-made" combinations, and

> The most effective exclusion of errors of translation, particularly where a choice must be made between two or more meanings of the identical keyword.

In preparing this new volume we have included the latest words and expressions. The principal aim — that of creating a work for practical use and everyday reference — has been maintained throughout. I hereby extend my thanks to my collaborators and helpers in Geneva, Berne and Greenwich, Connecticut. In particular, I gratefully record the collaboration of my old friend Alan Readett, Bruxelles, for providing a great number of German terms and their English equivalents as they appear in this volume.

ZUG, Switzerland, February 1976

ROBERT HERBST

EINFÜHRUNG UND ERKLÄRUNGEN

Es ist alle Mühe aufgewendet worden, um AUFBAU und ANORDNUNG so klar und einfach zu gestalten, daß das Wörterbuch ohne Anleitung benützt werden kann. Zur bestmöglichen Ausnutzung seiner BESONDEREN VORTEILE empfiehlt es sich jedoch, folgendes zu beachten:

Je nach Wichtigkeit und Bedeutung findet sich das Stichwort wiedergegeben:

I   In möglichst vielen von seinen wichtigsten und häufigsten **Verbindungen** und

II unter genauer Trennung und Definition seiner möglichen **Bedeutungen**.

I   In seinen **Verbindungen** findet sich das Stichwort der Reihe nach zusammengesetzt mit Hauptwörtern, Eigenschaftswörtern und Zeitwörtern. Bei größerer Anzahl finden sich diese Verbindungen in Gruppen zusammengefaßt, welche in sich wieder alphabetisch geordnet sind. Die Gruppen sind durch das Zeichen ★ voneinander getrennt und kenntlich gemacht. Zur Erleichterung der Übersicht sind besonders umfangreiche Serien von Wortverbindungen in Gruppen getrennt, wofür das Zeichen ○ verwendet ist.

II Mehrere **Bedeutungen** ein und desselben Stichwortes sind durch die Zeichen Ⓐ Ⓑ Ⓒ usw. gekennzeichnet. Mehrere Bedeutungen ein und derselben Wortverbindung sind durch die Zeichen ① ② usw. gekennzeichnet.

Um für eine Wortverbindung **zweimaliges** Aufschlagen zu ersparen, finden sich die wichtigsten und häufigsten Wortverbindungen unter **jeder der beiden Komponenten** als eigenes Stichwort nach Wahl des Benützers.

VERWEISUNGEN [durch VIDE: ...] beziehen sich niemals auf einzelne Stichworte, sondern stets auf ganze Gruppen von Stichwort-Verbindungen.

ZEICHEN:

~ Wiederholungszeichen an Stelle des Stichwortes, stets innerhalb einer Stichwort-Verbindung.

— Wiederholungszeichen an Stelle des jeweils vorhergehenden Stichwortes, stets zu Beginn der Zeile.

| Übergang von einer Sprache zur andern.

[ ] Diese Klammern enthalten eine **Erklärung** des unmittelbar Vorhergehenden.

( ) Diese Klammern enthalten eine **zusätzliche, gleichwertige Bedeutung** des unmittelbar Vorhergehenden.

RECHTSCHREIBUNG: Diese richtet sich

im Englischen: nach WEBSTER's INTERNATIONAL DICTIONARY
im Deutschen: nach DUDEN, RECHTSCHREIBUNG,
soweit nicht in der Praxis durch häufigen Gebrauch Abweichungen üblich geworden sind.

★ ★ ★

INTRODUCTION AND EXPLANATION

While no effort has been spared to make the ORGANIZATION and ARRANGEMENT of the Dictionary so clear and simple that it can be used without specific instructions, nevertheless, to ensure maximum effectiveness and benefit from its SPECIAL FEATURES, the user's attention is invited to the following:

According to importance and meaning, each keyword is reproduced:

I   In the maximum number of its most important and frequent **combinations** and

II   With precise differentiation and definition of its possible **meanings.**

I   In the **combinations,** the keyword is successively reproduced with nouns, adjectives and verbs the majority thereof being assembled in alphabetically arranged groups, the groups being separated from each other and identified by an asterisk ★. For greater ease of reference, exceptionally long series of combinations are divided into groups, separated by the symbol ○.

II   The several **meanings** of a given keyword are identified by the symbols Ⓐ Ⓑ Ⓒ etc. The several meanings of textually identical combinations are identified by the symbols ① ② etc.

To avoid having to consult **two pages** when looking up **combinations of words,** most of the more important and frequent combinations are reproduced under **each of the two component parts** as separate keywords, so enabling the user to refer to either, as he wishes.

CROSS-REFERENCES as indicated by [VIDE: ...] always relate to an entire group of keyword combinations, never to individual keywords.

SYMBOLS:

~   Repeat symbol for the keyword and always within a combination thereof.

—   Repeat symbol for the immediately preceding keyword; always used at the beginning of a line.

| Transition from one language to the other.

[]   Brackets always enclose an **explanation** of whatever immediately precedes.

()   Parenthesis always enclose an **additional equivalent meaning** of the immediately preceding matter.

SPELLING: The spelling used is

according to WEBSTER's INTERNATIONAL DICTIONARY for English, and
according to DUDEN, RECHTSCHREIBUNG for German,
to the extent that variations have not become customary in practice as the result of constant and frequent usage.

★ ★ ★

ABKÜRZUNGEN — ABBREVIATIONS

Einheitlich in allen Bänden dieses Werkes
As used uniformly in all volumes of this work

jd.	jemand	sb.	somebody
jds.	jemandes	sth.	something
jdm.	jemandem	os.	oneself
jdn.	jemanden		
etw.	etwas		

s	noun (substantive)	Hauptwort
m	masculine	männlich
ſ	feminine	weiblich
n	neuter	sächlich
sing	singular	Einzahl
pl	plural	Mehrzahl
adj	adjective	Eigenschaftswort
adv	adverb	Umstandswort
v	verb	Zeitwort
part	participle	Mittelwort
imp	imperative	Befehlsform
prep	preposition	Präposition
attr	attributive	Attribut
num	numeral	Zahlwort
cont'd	continued	Fortsetzung

[USA]   besonders in den Vereinigten Staaten von Amerika gebräuchlich
used specifically in the United States of America

[GB]   besonders in Großbritannien gebräuchlich
used specifically in Great Britain

[S]   besonders in der Schweiz gebräuchlich
used specifically in Switzerland

A

abänderlich *adj* | alterable; capable of alteration (of being altered).

abändern *v* Ⓐ | to alter; to modify; to change | **eine Erklärung** ~ | to modify a statement.

abändern *v* Ⓑ [ergänzend ~] | **eine Entscheidung** ~ | to revise a decision | **ein Gesetz** ~ | to amend (to revise) a law | **einen Gesetzesentwurf** ~ | to amend a bill | **einen Plan** ~ | to amend (to modify) a plan.

abändern *v* Ⓒ [berichtigen] | to rectify; to correct.

Abänderung *f* Ⓐ | alteration; modification; change | **eine** ~ **erleiden** | to undergo a change | **eine** ~ **treffen** | to make a change.

Abänderung *f* Ⓑ [ergänzende ~] | amendment | ~ **eines Gesetzesentwurfes** ; ~ **einer Gesetzesvorlage** | amendment of a bill | **eine** ~ **beantragen** | to move (to propose) an amendment | **an etw.** ~**en vornehmen** | to make modifications in sth.

Abänderung *f* Ⓒ [Berichtigung] | rectification; correction.

Abänderungsantrag *m* | amendment; motion to amend | **einen** ~ **annehmen** | to pass an amendment | **einen** ~ **einbringen** | to move (to bring forward) an amendment.

abänderungsfähig *adj* | modifiable; capable of alteration (of being altered).

Abänderungs..plan *m* Ⓐ | plan of alteration.

—**plan** Ⓑ [abgeänderter Plan] | modified plan.

—**vorschlag** *m* Ⓐ | proposal of an amendment.

—**vorschlag** *m* Ⓑ [vorgeschlagene Änderung] | proposed amendment

Abandon *m* | abandonment; relinquishment.

—**erklärung** *f* | declaration of abandonment.

—**frist** *f* | period allowed for making a declaration of abandonment.

abandonnieren *v* | to abandon; to relinquish; to surrender.

Abandonnierung *f* | abandonment; relinquishment; relinquishing.

abarbeiten *v* | **eine Schuld** ~ | to work off a debt.

Abbau *m* Ⓐ [Bergbau] | exploitation of a mine (of mines); mining | ~ **unter Tag** | underground mining (working).

Abbau *m* Ⓑ [Herabsetzung] | reduction | **Beamten**~ | reduction of administrative staff | **Gehalts**~; ~ **der Gehälter** | reduction of salaries; salary reductions (cuts) | **Lager**~ | reduction of stock(s) (of inventory); inventory reduction | **Lohn**~; ~ **der Löhne** | reduction of (cuts in) wages; wage reductions (cuts) | **Personal**~ | reduction of staff | ~ **der Preise; Preis**~ | reduction of prices | ~ **der Zwangswirtschaft** | gradual decontrol.

abbauen *v* Ⓐ [im Bergbau] | to exploit (to work) a mine | **Kohle** ~ | to mine coal.

abbauen *v* Ⓑ [herabsetzen] | to reduce; to cut down | **einen Angestellten** ~ | to discharge (to dismiss) an employee | **die Angestellten** ~ | to reduce the staff (the number of employees) | **die Gehälter** ~ | to reduce the salaries | **die Löhne** ~ | to reduce wages | **die Preise** ~ | to reduce (to cut) the prices.

Abbauentschädigung *f* | leaving indemnity; terminal (severance) pay.

abbaufähig *adj* | ~**es Vorkommen** *n;* ~**e Vorkommen** *npl* | exploitable (workable) deposits *pl*.

Abbau..fähigkeit *f* | workableness.

—**konzession** *f* | mining concession.

—**recht** *n* | right of exploitation; mining concession.

abbauwürdig *adj* | ~**es Vorkommen** *n;* ~**e Vorkommen** *npl* | deposits *pl* worthy of exploitation (of being exploited) | ~ **sein** | to be worth exploiting.

abberufen *v* | to recall; to call back | **einen Botschafter** ~ | to recall an ambassador; to call an ambassador home | **jdn. von seinem Posten** ~ | to recall sb. from his post.

Abberufung *f* Ⓐ [Zurückberufung] | recall; calling home | ~ **eines Botschafters** | recall of an ambassador.

Abberufung *f* Ⓑ; **Abberufungsschreiben** *n* | letter(s) of recall.

abbestellen *v* | **etw.** ~ | to countermand sth.; to cancel (to withdraw) an order for sth. | **eine Zeitung** ~ | to discontinue a newspaper.

Abbestellung *f* | countermanding; cancellation of an order | ~ **einer Zeitung** | discontinuance of a newspaper.

abbezahlen *v* Ⓐ [ratenweise] | to pay in (by) installments | **in kleinen Beträgen (Raten)** ~ | to pay in small installments.

abbezahlen *v* Ⓑ [tilgen] | to pay off (in full); to discharge.

Abbezahlung *f* Ⓐ [in Raten] | payment in (by) installments.

Abbezahlung *f* Ⓑ [Tilgung] | paying off; payment in full; discharge.

Abbild *n* Ⓐ [Kopie] | copy.

Abbild *n* Ⓑ [Wiedergabe] | reproduction.

abbilden *v* Ⓐ [kopieren] | to copy.

abbilden *v* Ⓑ [bildlich darstellen] | to make (to give) a picture; to illustrate.

Abbildung *f* Ⓐ | picture | **unzüchtige** ~ | obscene (indecent) picture.

Abbildung *f* Ⓑ [bildliche Darstellung] | illustration | ~ **im Text; Text**~ | text illustration | **etw. mit** ~**en versehen** | to illustrate sth. | **mit** ~**en versehen** *part* | illustrated.

Abbitte *f* | excuse | **öffentliche** ~ | apology | **jdm.** ~ **leisten** | to apologize to sb. | **jdm. öffentlich** ~ **leisten (tun)** | to make hono(u)rable amends (a full apology) to sb.

abbrechen *v* Ⓐ [unterbrechen] | to break off; to interrupt; to discontinue | **die Beziehungen zu jdm.** ~ | to break off (to sever) relations with sb. | **alle Beziehungen (Verbindungen) zu jdm.** ~ | to break off all correspondence with sb. | **die diplomatischen Beziehungen** ~ | to sever (to break off) diplomatic relations | **Verbindungen** ~ | to break off (to discontinue) relations; to sever connections | **die Verhandlungen** ~ | to break off the negotiations.

abbrechen *v* Ⓑ [abreißen] | to dismantle | **ein Haus** ~ | to demolish (to pull down) a house.

abbringen *v* | **jdn. von etw.** ~ | to dissuade sb. from sth. | **jdn. von einer Meinung** ~ | to make sb. change his opinion | **jdn. von einem Vorhaben** ~ | to dissuade sb. from a plan.

Abbröckeln *n;* **Abbröckelung** *f* | crumbling; dropping off | ~ **der Kurse;** ~ **der Preise** | crumbling of prices.

abbröckeln *v* | to crumble (to drop) off; to crumble.

Abbruch *m* Ⓐ [Unterbrechung] | breaking off; rupture | ~ **der Beziehungen** | rupture of relations; breaking

Abbruch *m, Forts.*
off of connections | ∼ **der diplomatischen Beziehungen** | rupture (breaking off) of diplomatic relations; diplomatic rupture | ∼ **der Verhandlungen** | breaking off (rupture) of negotiations.
Abbruch *m* Ⓑ [Beeinträchtigung] | prejudice | **jds. Interessen** ∼ **tun** | to affect (to be prejudicial to) (to interfere with) sb.'s interests | ∼ **erleiden** | to suffer prejudice.
Abbruch *m* Ⓒ [Abreißen] | demolition; dismantling | **ein Haus auf** ∼ **verkaufen** | to sell a house for demolishing (for breaking up).
Abbruchs..unternehmen *n* | housebreaker's yard.
—unternehmer *m* | housebreaker; housedemolisher.
—wert *m* | scrap value.
abbuchen *v* Ⓐ [abziehen] | to deduct | **einen Betrag von einem Konto** ∼ | to deduct an amount from an account.
abbuchen *v* Ⓑ [belasten] | to debit.
abbuchen *v* Ⓒ [abschreiben] | **eine Forderung** ∼ | to write off a debt.
Abbuchung *f* Ⓐ [Abziehen] | deduction.
Abbuchung *f* Ⓑ [Belastung] | debit(ing); charge.
Abbuchung *f* Ⓒ [Abschreibung] | writing off.
abdanken *v* Ⓐ | to abdicate.
abdanken *v* Ⓑ [sein Amt niederlegen] | to resign one's office (one's post); to resign; to give (to tender) one's resignation.
Abdankung *f* Ⓐ | abdication.
Abdankung *f* Ⓑ [Amtsniederlegung] | resignation.
Abdankungsurkunde *f* | deed (instrument) of abdication.
abdecken *v* | to cover | **einen Debetsaldo (einen Sollsaldo)** ∼ | to cover a short account (an overdraft); to supply cover for an overdraft | **ein Defizit** ∼ | to make up (to make good) a deficit | **einen Kredit** ∼ | to repay a credit | **einen Saldo** ∼ | to pay (to pay up) a balance | **eine Schuld** ∼ | to pay off (to discharge) a debt.
Abdeckung *f* | covering | ∼ **eines Kredits** | repayment of a credit | ∼ **eines Saldos** | payment of a balance | ∼ **einer Schuld** | settlement (clearing) (paying off) of a debt | ∼ **der (von) Schulden; Schulden**∼ | settlement of debts; debt settlement.
abdienen *v* | **eine Schuld** ∼ | to work off a debt | **seine Zeit** ∼ | to complete one's term of service.
Abdruck *m* Ⓐ | imprint; print | **Finger**∼ | finger print (mark) | **Stempel**∼ | stamp print | ∼ **in (auf) Wachs; Wachs**∼ | wax impression | **von etw. einen** ∼ **machen (nehmen)** | to take an impression (an imprint) of sth.
Abdruck *m* Ⓑ [Wiedergabe] | reproduction; reprint | **nicht autorisierter** ∼**; unberechtigter** ∼ | unauthorized (counterfeit) reprint (reproduction) | **etw. zum** ∼ **bringen** | to reproduce (to copy) sth.
Abdruck *m* Ⓒ [Abdrucken] | printing.
Abdruck *m* Ⓓ [Probe∼] | proof sheet; proof; printer's proof | **Bürsten**∼ | brush (stone) proof | **erster** ∼ | galley proof; galley.
abdrucken *v* Ⓐ | to reproduce; to reprint.
abdrucken *v* Ⓑ [unerlaubt nachdrucken] | to print without authorization; to pirate.
abdrücken *v* | **ein Siegel** ∼ | to impress a seal.
Abend..ausgabe *f* | evening (late) edition.
—blatt *n* | evening paper.
—kursus *m* | evening class(es).
—post *f* | evening mail.
—schule *f*; **—unterricht** *m* | night (evening) school.
—vorstellung *f* | evening performance.
—zeitung *f* | evening paper.

Abenteurer *m* | adventurer
Abenteurerin *f* | adventuress.
aberkennen *v* | **jdm. etw.** ∼ | to deprive sb. of sth. | **jdm. die bürgerlichen Ehrenrechte** ∼ ① | to deprive sb. of civic rights | **jdm. die bürgerlichen Ehrenrechte** ∼ ② | to sentence sb. to civic degradation | **jdm. ein Recht** ∼ | to deprive sb. of a right | **jdm. die Staatsangehörigkeit (Staatsbürgerschaft)** ∼ | to deprive sb. of his nationality; to expatriate sb. | **jdm. die Staatsangehörigkeit (Staatsbürgerschaft) wieder** ∼ | to disnaturalize sb.
Aberkennung *f* | ∼ **der bürgerlichen Ehrenrechte** ① | deprivation (loss) (forfeiture) of civic rights | ∼ **der bürgerlichen Ehrenrechte** ② | civic degradation | ∼ **der Staatsangehörigkeit (der Staatsbürgerschaft)** | expatriation.
Abfahrt *f* | departure; sailing [of a ship].
Abfahrts..hafen *m* | port of departure (of sailing).
—ort *m* | place of departure (of sailing).
—station *f* | station of departure.
—tag *m* | day (date) of departure (of sailing).
—zeit *f* | time of departure (of sailing).
Abfall *m* Ⓐ | sedition.
Abfall *m* Ⓑ [von einer Partei] | desertion; defection; secession.
Abfall *m* Ⓒ [von einer Religion] | apostacy.
Abfall *m* Ⓓ [Ausschuß] | refuse; waste; wastage.
abfallen *v* | **von einer Partei** ∼ | to secede (to break away) from a party.
abfällig *adj* | unfavo(u)rable; adverse | ∼**e Äußerungen (Bemerkungen)** | unfavo(u)rable remarks (observations); adverse comment | ∼**e Kritik** | adverse criticism.
abfällig *adv* | adversely | **sich über etw.** ∼ **äußern** | to comment unfavo(u)rably (adversely) upon sth.
Abfall..produkt *n* | waste product.
—verwertung *f* | utilisation of waste (of waste products).
—wirtschaft *f* | recycling of waste.
Abfangen *n* Ⓐ | ∼ **von Briefen** | intercepting (interception) of letters.
Abfangen *n* Ⓑ [Abspenstigmachung] | ∼ **eines Kunden** | enticing away a customer.
abfangen *v* Ⓐ | **einen Brief** ∼ | to intercept a letter.
abfangen *v* Ⓑ [abspenstig machen] | **einen Kunden** ∼ | to entice a customer away.
abfassen *v* | to draw up; to word; to formulate; to frame | **ein Protokoll** ∼ | to draw up the minutes | **eine Urkunde** ∼ | to draw up a document | **einen Vertrag** ∼ | to prepare (to make out) (to draw up) a contract | **ein Verzeichnis** ∼ | to draw up a list (an inventory) | **etw. schriftlich** ∼ | to draw sth. up (to set sth. down) in writing.
Abfassung *f* | drawing up; wording | ∼ **eines Protokolls** | drawing up of the minutes | ∼ **eines Textes; Text**∼ | wording of a text | ∼ **des Urteils; Urteils**∼ | wording of the judgement.
abfertigen *v* Ⓐ | to dispatch | **das Gepäck** ∼ | to dispatch the luggage | **die Post** ∼ | to dispatch the mail | **etw. beim Zoll** ∼ | to clear sth. through customs.
abfertigen *v* Ⓑ [abfinden] | **einen Angestellten** ∼ | to pay off an employee.
Abfertigung *f* Ⓐ | dispatch(ing); forwarding | **Gepäck**∼ | dispatch of luggage; luggage dispatch | ∼ **der Post; Post**∼ | dispatch of the mail | ∼ **beim Zoll; Zoll**∼**; zollamtliche** ∼ | customs clearance; clearance through customs.
Abfertigung *f* Ⓑ [Abfertigungsstelle *f*] | office of dispatch; dispatch (forwarding) office.

Abfertigung *f* Ⓒ [Abfindung] | indemnity; compensation | **jdm. eine ~ bezahlen; jdm. etw. als ~ zahlen** | to pay sb. sth. as (by way of) compensation.
Abfertigungs..gebühr *f* | forwarding fee.
—**gebühren** *fpl* | forwarding charges.
—**schein** *m* | dispatch note | **Zoll~** | clearing certificate; customs permit (certificate); bill of clearance.
—**vorschriften** *fpl* | dispatch (forwarding) regulations.
—**zeit** *f* | time (hour) of dispatch.
abfinden *v* Ⓐ [entschädigen] | **jdn. für einen Schaden ~** | to indemnify (to compensate) sb. for a damage.
abfinden *v* Ⓑ [herauszahlen] | **jdn. ~** | to pay sb. off | **einen Gläubiger ~** | to pay off (to satisfy) a creditor | **einen Teilhaber ~** | to buy out a partner | **eine Tochter ~** | to portion a daughter.
abfinden *v* Ⓒ [im Vergleichsweg] | **sich mit seinen Gläubigern ~** | to compound (to come to a composition) with one's creditors | **sich mit jdm. ~** | to come to an arrangement (to terms) with sb.
abfinden *v* Ⓓ [zufriedengeben] | **sich mit etw. ~** | to acquiesce in sth. | **sich mit den Tatsachen ~** | to face the facts.
Abfindung *f* Ⓐ [Entschädigung] | indemnification; indemnity; compensation | **als ~** | as (by way of) compensation | **Bar~** | cash indemnity; compensation in cash | **gegen eine ~ von ...** | against (on) payment of ... as an indemnity.
Abfindung *f* Ⓑ [Abfertigung] | **Bar~; Kapital~** | cash (financial) settlement; settlement in cash | **~ der Gläubiger; Gläubiger~** | paying off the creditors | **~ eines Teilhabers** | buying out of a partner.
Abfindung *f* Ⓒ [im Vergleichsweg] | **~ mit den Gläubigern; Gläubiger~** | arrangement; composition.
Abfindungs..betrag *m*; —**geld** *n* | indemnity.
—**summe** *f* | sum paid in (as) compensation | **jdm. eine ~ zahlen** | to pay sb. an indemnity; to indemnify sb.
—**vertrag** *m* Ⓐ | settlement agreement; settlement.
—**vertrag** *m* Ⓑ [mit den Gläubigern] | arrangement; composition.
—**vorschlag** *m* | proposal for a composition.
—**zahlung** *f* | payment as settlement.
Abflauen *n* | **~ der Kurse** | crumbling of the prices.
abflauen *v* | to crumble.
abflauend *adj* | **~e Börse** | crumbling market | **~e Kurse** | crumbling prices.
Abfluß *m* | **~ von Geld (von Kapital) ins (nach dem) Ausland** | outflow (efflux) (exodus) of capital | **~ von Gold; Gold~** | efflux (drain) of gold.
abfordern *v* | **jdm. etw. ~** | to claim (to demand) (to request) sth. from sb.
Abfuhr *f* | removal.
—**lohn** *m* | carriage.
abführen *v* Ⓐ [bezahlen] | **einen Betrag an jdn. ~** | to pay an amount over to sb. | **Steuern ~** | to pay in taxes | **eine Summe ~** | to pay in a sum.
abführen *v* Ⓑ | **den Angeklagten ~ (~ lassen)** | to remand the prisoner in custody.
Abführung *f* Ⓐ [Bezahlung] | payment | **~ von Steuern** | payment of taxes.
Abführung *f* Ⓑ | **~ des (der) Angeklagten** | remanding the prisoner in custody.
Abführungspflicht *f* | obligation (duty) to pay in.
Abgabe *f* Ⓐ [Abgeben] | **~ einer Erklärung** | issue (making) of a declaration | **Unterlasung der ~ einer Erklärung** | failure to make a declaration (a return); nondeclaration | **~ einer Offerte** | making (filing) of an offer | **~ einer Steuererklärung** | filing of a tax return | **~ der Stimmen; Stimmen~** | casting of votes; voting; vote | **~ eines Verzichts (einer Verzichtserklärung)** | signing of a waiver | **~ einer**

Willenserklärung | delivery of a declaration of intention | **gegen ~ von** | upon delivery of.
Abgabe *f* Ⓑ [Weitergabe] | **~ an ein anderes Gericht** | referring [a case] to some other court.
Abgabe *f* Ⓒ [Ablieferung] | surrender; handing over.
Abgabe *f* Ⓓ [Steuer] | levy; duty; tax; fee | **Ausfuhr~** | duty on exportation; export duty | **Ausgleichs~** | compensatory (compensation) tax | **Bergwerks~** ① | mining royalty | **Bergwerks~** ② | mining tax | **Einfuhr~** | import duty (tax); duty on importation | **Erhebung einer ~** | levy (levying) (imposition) of a duty (of a tax) | **Erhebung von ~n** | collection of taxes (of duties) | **Förder~** | mining royalty (royalties) | **Freiheit von ~n** | exemption from duties (from taxes) (from taxation); tax exemption | **Geldentwertungs~** | tax to compensate currency depreciation | **Gemeinde~** | rate; borough (municipal) rate | **Grundwert~** | levy on the value of real estate property | **~ auf den Inlandsverbrauch** | consumption tax | **Kapital~** | capital levy (tax) | **Monopol~** | monopoly (excise) duty | **Pauschalierung von ~n** | composition for duties | **Staats~** | fiscal dues; state taxes | **Stempel~** | stamp duty (tax) (fee) | **Steuern und ~n** | rates and taxes; taxes and dues | **inländische Steuern und ~n** | inland duties (revenue) | **Verbrauchs~** | tax on articles of consumption; indirect tax; excise duty; excise | **Vermögens~** | capital levy (tax).
★ **direkte ~n** | direct taxes | **frei von ~n; von ~n befreit** | free from taxes (of duty); duty-free; tax-free; tax-exempt | **indirekte ~n** | indirect taxes | **öffentliche ~n** | government (state) tax | **öffentliche ~n** | rates and taxes; taxes and dues | **örtliche ~** | local tax (rate) | **soziale ~n** | social (security) contributions | **städtische ~** | municipal tax (rate); rate | **zusätzliche ~n** | supplementary charges (taxes).
★ **etw. mit ~n belegen** | to lay (to levy) duties on sth.; to make sth. taxable; to subject sth. to taxation; to tax sth. | **eine ~ erheben** | to levy (to impose) a duty (a tax) | **~n erheben** | to collect duties (taxes).
Abgabebeschränkung *f* | restriction on sales; restricted sale.
—**kurs** *m* | rate of issue; issue price.
Abgaben..befreiung *f* | exemption from rates (from rates and taxes).
—**erhebung** *f* | collection of rates (of duties).
abgabenfrei *adj* | free from taxes (of duty); duty-free; tax-free; tax-exempt | **~e Lizenz** | royalty-free license.
Abgaben...freiheit *f* | exemption from taxation (from taxes) (from duties); tax exemption.
—**marke** *f* | revenue stamp.
—**ordnung** *f* | tax (revenue) code.
—**pflicht** *f*; —**pflichtigkeit** *f* | liability to pay tax(es) (duty) (duties); tax liability.
abgabenpflichtig *adj* | liable to taxation (to pay tax); taxable; dutiable.
Abgaben..satz *m* | rate of duty (of assessment); tax rate.
—**verteilung** *f* | distribution of taxation.
—**wesen** *n* | system of taxation; fiscal system.
—**wirtschaft** *f* | tax economy.
Abgabe..preis *m* | selling (sales) price | **~ des Einzelhandels** | retail price (selling price).
—**stelle** *f* | distribution office.
—**termin** *m* | term for filing.
Abgang *m* Ⓐ [Ausgang] | leaving | **~ von der Schule** | leaving school; school leaving.
Abgang *m* Ⓑ [Abreise] | departure.
Abgang *m* Ⓒ [Verlust] | loss | **Gewichts~** | loss of weight; shrinkage.

Abgang *m* ① [Minderwert] | decrease in value.
abgängig *adj* ④ [abwesend] | absent.
abgängig *adj* ⑧ [vermißt] | disappeared.
abgängig *adj* © [fehlend] | missing.
Abgangs..alter *n* | Schul~ | school leaving age.
—**entschädigung** *f* | leaving indemnity; terminal (severance) pay.
—**hafen** *m* | port of sailing (of departure).
—**ort** *m* | place (point) of departure.
—**prüfung** *f* | leaving examination.
—**station** *f* | station of departure (of origin).
—**stelle** *f* | office of origin.
—**urlaub** *m* | terminal leave.
—**vergütung** *f* | severance pay.
—**zeugnis** *n* | leaving (school leaving) certificate.
abgeben *v* ④ | eine Erklärung ~ | to make (to issue) a declaration | seine Meinung über etw. ~ | to express (to give) one's opinion about sth. | eine Offerte ~ | to make (to lay) an offer | eine Steuererklärung ~ | to file (to make) a tax return | seine Stimme ~ | to cast (to record) one's vote; to vote | ein Urteil über etw. ~ | to pass judg(e)ment on sth. | eine Willenserklärung ~ | to express (to declare) one's intention | einen Verzicht ~; eine Verzichtserklärung ~ | to sign a waiver.
abgeben *v* ⑧ [übergeben] | to hand over; to deliver.
abgeben *v* © [verkaufen] | to sell | etw. billig ~ | to sell sth. cheap.
abgefaßt *adj* | worded | dergestalt ~ | thus worded | energisch ~ | strongly worded.
abgekartet *adj* | preconcerted; plotted; concocted | eine ~e Sache; ein ~es Spiel | a put-up job.
abgekürzt *adj* | abridged; abbreviated | in ~er Form | in abridged form | ~es Verfahren | summary proceedings (procedure).
abgelaufen *part* | expired | ~e Versicherung | expired insurance policy | ~er Wechsel | overdue bill | noch nicht ~ | not yet expired; unexpired; still valid.
abgelten *v* | to pay off; to remunerate | Leistungen ~ | to pay for services rendered
Abgeltung *f* | paying off | ~ von Leistungen | payment for services rendered.
Abgeltungs..betrag *m* | amount (sum) paid as indemnity.
—**darlehen** *n* | redemption loan.
—**zahlung** *f* | payment as (in) settlement.
abgemacht *part* ④ [vereinbart] | agreed; understood.
abgemacht *part* ⑧ [geregelt] | arranged; settled.
abgenutzt *part* | used; worn.
Abgeordneten..haus *n* | Chamber of Deputies (of Representatives).
—**immunität** *f* | parliamentary privilege.
—**mandat** *n* | electoral mandate.
—**sitz** *m* | seat in Parliament (in the Chamber).
Abgeordneter *m* ④ [Deputierter] | member of the Chamber of Deputies; Member of Parliament [GB]; Congressman [USA] | ~ der Arbeiterpartei | Labo(u)r Member.
Abgeordneter *m* ⑧ [Delegierter] | delegate.
Abgeordneter *m* © [Abgesandter] | emissary.
abgerundet *part* | rounded off | ~ auf volle Ziffern | rounded off to full figures.
Abgesandter *m* ④ [besonderer Gesandter] | emissary; envoy.
Abgesandter *m* ⑧ [Delegierter] | delegate.
abgeschlossen *adj* | settled; agreed; concluded | ~e Geschäfte | business (bargains) transacted.
abgesehen *adv* | ~ von | apart from; leaving aside; excepting.
abgesichert *adj* | vertraglich ~ | contractually secured.

abgesondert *adj* | separate | ~e Befriedigung | separate (special) settlement | Recht auf ~e Befriedigung | right to a separate (preferential) settlement | ~e Verhandlung | separate hearing.
abgestempelt *part* ④ | stamped | ~e Aktien | stamped shares.
abgestempelt *part* ⑧ [entwertet] | cancelled; obliterated | nicht ~ | undefaced.
abgestuft *part* | gradual; graduated.
abgetragen *part* ④ [abgenutzt] | used; worn.
abgetragen *part* ⑧ [getilgt] | ~e Schuld | paid off (liquidated) debt.
abgeurteilt *part* | ~ werden | to be brought to trial; to be brought up (to be committed) (to come up) (to be sent) for trial; to stand one's trial.
abgewertet *part* ④ | devaluated; devalorized.
abgewertet *part* ⑧ [entwertet] | depreciated.
abgewickelt *part* | paid off; settled; liquidated.
abgewiesen *part* | mit seiner Klage ~ werden | to be dismissed from one's suit; to be non-suited.
abgezeichnet *part* | ~ werden | to be initialled | von jdm. ~; durch jdn. ~ | initialled by sb.
abgleichen *v* | to balance | Konten ~ | to square accounts.
Abgleichung *f* | balancing | Konten~; Rechnungs~ | balancing (squaring) of accounts.
Abgleiten *n* | gradual decrease.
abgleiten *v* | to decrease gradually.
abgrenzen *v* ④ | to limit; to mark off; to delimit; to fix the limits (a boundary) | etw. gegen etw. ~ | to demarcate sth. from sth.
abgrenzen *v* ⑧ [abgrenzend bestimmen] | to define.
Abgrenzung *f* ④ | demarcation; delimitation; limitation; marking out | ~ der Befugnisse (Vollmachten) | delimitation of powers | Rechnungs~ | adjustment of an account.
Abgrenzung *f* ⑧ [Definierung] | definition.
Abgrenzungs..linie *f* | line of demarcation; boundary line; borderline.
—**posten** *m* | adjustment entry.
Abhaken *n* [beim Kollationieren] | ticking off.
abhaken *v* | etw. ~ | to tick off sth.; to mark sth. (to mark sth. off) with a tick | eine Liste ~ | to tick off a list | einen Namen ~ | to put a tick against a name.
abhalten *v* ④ | Gericht ~ | to hold court | eine Sitzung ~ | to hold a session | eine Tagung (Versammlung) ~ | to hold a meeting | eine öffentliche Versammlung ~ | to meet in public | eine öffentliche Versteigerung ~ | to hold an auction | eine Wahl ~ | to hold an election.
abhalten *v* ⑧ [verhindern] | jdn. von etw. ~ | to keep sb. away from sth.
Abhaltung *f* ④ | ~ eines Termins | holding of a term of Court | ~ einer Versammlung | holding of a meeting.
Abhaltung *f* ⑧ [Verhinderung] | detention.
abhandeln *v* ④ [erörtern] | to discourse; to treat.
abhandeln *v* ⑧ [herunterhandeln] | to bargain; to haggle | etw. vom Preis ~ | to obtain a reduction in (of) price.
abhanden *part* | ~ gekommen | lost; missing | ~ kommen | to get lost.
Abhandenkommen *n* | loss.
Abhandlung *f* | treatise; essay | wissenschaftliche ~ | dissertation.
abhängen *v* | von etw. ~ | to depend on sth. | von jdm. ~ | to be dependent on sb. | von jdm. finanziell ~ | to be financially dependent on sb. | von jds. Zustimmung ~ | to be subject to sb.'s approval | gegen-

seitig von einander ~ | to interdepend; to be interdependent.

abhängig *adj* | dependent; depending | ~e **Gesellschaft** | controlled company | etw. von etw. ~ **machen** | to make sth. dependent (contingent) upon sth.

Abhängigkeit *f* | dependence | **gegenseitige** ~ | interdependence.

Abhängigkeits..verhältnis *n* Ⓐ | dependent condition.
—**verhältnis** *n* Ⓑ | subordinate position.

abheben *v* | to withdraw | **seine Einlage** ~ | to withdraw one's deposit | **Geld** ~ | to draw (to draw out) money | **Geld von der Bank** ~ to withdraw money (funds) from the bank | **einen Geldbetrag** ~ | to withdraw a sum of money | **von einem Konto** ~ | to draw on (against) an account | **seine Zinsen** ~ | to cash (to collect) one's interest.

Abhebung *f* | withdrawal | **Bar**~ | cash withdrawal; drawing of cash | ~ **von Geld;** ~ **eines Geldbetrages** | withdrawal of money (of a sum of money) | **Gold**~ | gold withdrawal.

Abhebungsbeschränkungen *fpl* | restrictions on withdrawal(s).

abhelfen *v* | to redress; to remedy | **einem Bedürfnisse** ~ | to satisfy a need | **einer Beschwerde** ~ | to remove a cause of complaint | **einem Mangel** ~ | to remedy (to correct) a fault | **einem Mißstand (Übelstand)** ~ | to remedy an abuse; to redress a grievance.

Abhilfe *f* | remedy; redress; relief | **das Gesetz bietet keine** ~ | there is no remedy at law | **durch Schlichtung** ~ **suchen** | to resort to arbitration | **gesetzliche** ~ | legal redress | **jdn. um** ~ **bitten (ersuchen)** | to seek redress at the hands of sb. | ~ **erreichen** | to obtain redress | ~ **schaffen** | to remedy; to redress | ~ **verlangen** | to seek redress | **ohne** ~ | beyond (past) redress.

Abhilfemaßnahme *f* | remedial measure; remedy.

abholen *v* | to collect; to call for | **das Gepäck in der Wohnung** ~ | to collect the luggage | **etw.** ~ **lassen** | | to send for sth.; to have sth. collected.

Abhol..bezirk *m* | collection district.
—**dienst** *m* | collecting service.
—**fach** *n* | post office box.
—**frist** *f* | time (period) for collection.
—**gebühr** *f* [Abholungsgebühr] | collection fee; charge for collection.
—**runde** *f* | collection round.

Abholung *f* | collection; collecting | **Brief**~ | collection of letters | **Gepäck**~ | collecting of luggage | **Post**~ | collection of mail | ~ **in der Wohnung** | collection at residence.

Abitur *n*; **Abiturientenexamen** *n* | final (leaving) examination.

Abiturient *m* | high-school graduate.

abkarten *v* Ⓐ [vorher abmachen] | to preconcert.

abkarten *v* Ⓑ [insgeheim abmachen] | to scheme; to plot; to concoct.

abkaufen *v* | jdm. etw. ~ | to buy (to purchase) sth. from sb.

Abkomme *m* | descendant.

abkommen *v* | **von einem Plan** ~ | to abandon a plan.

Abkommen *n* | agreement; treaty; arrangement | **Arbeits**~ | working agreement (arrangement) | **Ausgleichs**~ | treaty of compensation | **Ausschließlichkeits**~ | exclusive agreement | **Beistands**~ | treaty of mutual assistance | **Beitritts**~ | deed of consent (of accession) | **Clearing**~ | clearing agreement | **Flotten**~ | naval agreement (treaty) | **Garantie**~ | treaty of guaranty | **Gebiets**~ | regional pact | **Gegenseitigkeits**~ | reciprocal treaty (agreement) | **Geheim**~ | secret treaty (pact) | **Handels**~ | trade agreement; trade (trading) pact; commercial treaty; treaty of commerce | **Kompensations**~ | treaty (agreement) of compensation | **Kredit**~ | loan agreement.
○ **Liefer**~ | contract for delivery; supply (delivery) contract | **Lizenz**~ | license agreement (contract) | **Luftfahrt**~; **Luftverkehrs**~ | treaty on aerial navigation; air navigation agreement | **Neutralitäts**~ | treaty of neutrality | **Preis**~ | price-fixing agreement | **Repatriierungs**~ | repatriation agreement | **Schieds**~ ① | arbitration agreement (bond) (treaty); agreement (contract) of arbitration | **Schieds**~ ② | deed of arrangement; compromise | **Schiffahrts**~ | navigation agreement | **Separat**~; **Sonder**~ | separate (special) agreement (treaty).
○ **Tausch**~ | barter agreement (arrangement) | **Transfer**~ | transfer agreement | **Übergangs**~ | transitional (transitory) arrangement | **Vergleichs**~ | composition agreement; deed of arrangement | **Verrechnungs**~ | clearing agreement | **Verteidigungs**~ | defense agreement (treaty) | **Waffenstillstands**~ | truce | **Währungs**~ | monetary (currency) agreement | **Währungsausgleichs**~ | exchange equalization agreement | **Währungsstabilisierungs**~ | monetary stabilization agreement | **Warenaustausch**~ | trade agreement; trade (trading) pact | **Wirtschafts**~ | economic (trade) agreement | ~ **über wirtschaftliche Zusammenarbeit** | agreement on economic co-operation | **Zahlungs**~ | payments agreement | **Zusatz**~ | supplementary agreement.
★ **gütliches** ~ | amicable (friendly) arrangement (agreement) | **internationales** ~ | international convention (treaty) | **langfristiges** ~ | long-term agreement | **mehrseitiges** ~ | multilateral agreement (treaty) | **mündliches** ~ | verbal agreement | **vorläufiges** ~ | preliminary (provisional) agreement; binder agreement | **zweiseitiges** ~ | bilateral agreement.
★ **mit jdm. ein** ~ **abschließen (schließen) (treffen)** | to make (to enter into) an arrangement with sb.; to enter into a deed with sb. | **zu einem** ~ **gelangen** | to reach (to come to) an agreement.

Abkömmling *m* | descendant | **erbberechtigte** ~e | inheritable descendants.

Abkühlungs..frist *f*; —**zeit** *f* | cooling-off period.

Abkunft *f* | descent; lineage; extraction; birth | **von adliger** ~ | of noble birth (extraction) | **von dunkler** ~ | of humble birth | **von hoher** ~ | of high birth (extraction); high-born | **von niederer (niedriger)** ~ | of low (mean) birth; of low (lowly) extraction; low-born; base-born.

abkürzen *v* Ⓐ [verkürzen] | to shorten | **eine Frist** ~ | to shorten a period.

abkürzen *v* Ⓑ | to abridge; to abbreviate.

abkürzend *adj* |

Abkürzung *f* Ⓐ [Verkürzung] | shortening | ~ **der (einer) Frist; Frist**~ | shortening of a period.

Abkürzung *f* Ⓑ | abridgment; abbreviation.

Abladen *n* | unloading; discharging.

abladen *v* | to unload; to discharge.

Ablader *m* | discharger.

Ablade..gebühren *fpl* | fees for unloading; discharging fees.
—**kosten** *pl* | charges for unloading; unloading charges.
—**ort** *m*; —**platz** *m* | place of unloading (of discharge).
—**zeit** *f* | time of discharge.

Ablage *f* Ⓐ [Akten~] | file | **Brief**~ | letter file.

Ablage *f* Ⓑ [Weglegen] | filing.

Ablagesystem *n* | filing system.

ablassen *v* Ⓐ [verkaufen] | **etw. billig** ~ | to sell sth. cheap | **etw. unter dem Selbstkostenpreis** ~ | to sell sth. under cost (under cost price).

ablassen *v* Ⓑ [nachlassen] | **etw. am Preis** ~ | to reduce the price of sth.

Ablauf *m* Ⓐ | expiration; expiry | ~ **der Frist; Frist**~ | expiration of the period (of the term). | ~ **des Mandats** | expiration of the mandate | **mit** ~ **(mit dem** ~**) eines Monats** | upon the expiration of one month | **nach** ~ **von drei Monaten** | at the end of three months | ~ **eines Patents; Patent**~ | expiry of a patent | ~ **des (eines) Vertrags; Vertrags**~ | expiry (expiration) of the (of a) contract | ~ **eines Zeitraums; Zeit**~ | lapse of time | ~ **einer bestimmten Zeitspanne** | lapse of a certain period of time | **bei** ~ | on expiry | **nach** ~ **von; mit (mit dem)** ~ **von** | upon the expiration of.

Ablauf *m* Ⓑ [Beendigung] | termination | **nach** ~ **von** | upon termination of.

ablaufen *v* | to expire; to lapse; to run out | **eine Frist** ~ **lassen** | to allow a period to expire; to allow a term to lapse.

ablaufen *v* Ⓑ [fällig werden] | to become due; to mature.

Ablaufstermin *m* Ⓐ [Ablaufsfrist] | term of expiration.

Ablaufstermin *m* Ⓑ [Ablaufstag] | day (date) of expiration.

Ableben *n* | decease; death | **Nachweis des** ~**s** | proof of death | **Zeitpunkt des** ~**s** | time of death (of decease).

ableben *v* | to decease.

Ablegen *n* | filing.

ablegen *v* Ⓐ | **einen Eid** ~ | to swear an oath | **einen Eid auf etw.** ~ | to confirm sth. by oath; to take an oath upon sth. | **ein volles (umfassendes) Geständnis** ~ | to make a full confession | **eine Prüfung** ~ | to take (to undergo) an examination | **eine Prüfung mit Erfolg** ~ | to pass (to be successful in) an examination | **Rechenschaft** ~ | to render an account | **Zeugnis** ~ | to bear witness; to give evidence; to testify.

ablegen *v* Ⓑ [in die Registratur einordnen] | to file | **Akten (Briefe) (Papiere) in alphabetischer Reihenfolge** ~ | to file papers (letters) in alphabetical order.

ablegen *v* Ⓒ [weglegen] | **einen Akt** ~ | to close and put away a file.

Ablegung *f* | ~ **eines Eides** | taking of an oath | **durch** ~ **eines Geständnisses** | by making a confession | ~ **einer Prüfung** | passing an (of an) examination | **Rechenschafts**~ | rendering of account.

ablehnbar *adj* | challengeable; to be challenged.

ablehnen *v* Ⓐ | to decline; to refuse; to reject | **ein Angebot** ~ | to refuse (to decline) an offer | **einen Antrag** ~ ① | to reject an offer | **einen Antrag** ~ ② | to deny (to rule out) a motion | **einen Antrag** ~ ③ | to refuse an application (a petition) | **ein Gesuch** ~ | to refuse (to dismiss) a petition | **die Urheberschaft** ~ | to disclaim authorship | **die Verantwortung** ~ | to disclaim (to decline) the responsibility | **einen Vorschlag** ~ | to refuse a proposal.

ablehnen *v* Ⓑ | **einen Geschworenen** ~**; einen Schöffen** ~ | to challenge a juror (a juryman) | **einen Richter** ~ | to challenge a judge | **einen Zeugen** ~ | to challenge a witness.

ablehnen *v* Ⓒ [zurückweisen] | to repudiate.

ablehnend *adj* | ~**e Antwort** | negative answer; answer in the negative.

ablehnend *adv* | **sich** ~ **verhalten** | to take up a negative attitude.

Ablehnung *f* Ⓐ | refusal; rejection | ~ **eines Angebots; ** ~ **eines Antrags** ① | refusal (decline) of an offer | ~ **eines Antrags** ② | defeat of a motion | ~ **eines Antrags** ③ | rejection of an application | ~ **der Eröffnung des Hauptverfahrens** | quashing of the indictment | **Antrag auf** ~ **der Eröffnung des Hauptverfahrens** | motion to dismiss (to quash) the indictment | ~ **eines Gesuches** | refusal of a petition | ~ **der Urheberschaft** | disclaimer of authorship | ~ **der Verantwortung** | disclaimer of the responsibility | ~ **eines Vorschlags** | refusal of a proposal | **eine** ~ **erfahren** | to meet with a refusal.

Ablehnung *f* Ⓑ | ~ **eines Geschworenen (eines Schöffen)** | challenging of a juror (of a juryman) | **Grund zur** ~ | grounds for challenge | ~ **eines Richters; Richter**~ | challenge (challenging) of a judge | **Selbst**~ **eines Richters** | abstention of a judge.

Ablehnung *f* Ⓒ [Zurückweisung] | repudiation.

Ablehnungs..bescheid *m* | negative reply; refusal.

—**erklärung** *f* | formal rejection.

—**fall** *m* | **im** ~ | in case of refusal.

—**gesuch** *n* | challenge.

—**grund** *m* | grounds for challenge.

—**recht** *n* Ⓐ | right of rejection (of refusal) (to refuse).

—**recht** *n* Ⓑ | right of challenge.

ableisten *v* | **seinen Dienst** ~ | to serve one's time; to complete one's service.

ableitbar *adj* | derivable; to be derived.

ableiten *v* Ⓐ [herleiten] | to derive.

ableiten *v* Ⓑ [folgern] | to deduce; to conclude | **Folgerungen** ~ | to draw conclusions; to infer.

Ableitung *f* Ⓐ [Herleitung] | derivation | ~ **einer Lehre (einer Theorie)** | derivation of a theory.

Ableitung *f* Ⓑ [Folgerung] | deduction.

ablenken *v* | to divert | **den Verdacht** ~ | to divert suspicion.

Ablenkung *f* Ⓐ | diversion.

Ablenkung *f* Ⓑ [Abweichung] | deviation.

Ablenkungs..manöver *n* | diverting manoeuvre.

—**versuch** *m* | attempt to divert.

ablesen *v* | **die Kontrollinstrumente** ~ | to take readings | **einen Zähler** ~ | to read a meter.

Ablesung *f* | **Zähler**~ | reading of a (of the) meter.

ableugnen *v* | to deny; to abnegate; to disavow | **eine Tatsache** ~ | to deny a fact | ~**, etw. getan zu haben** | to deny having done sth.

Ableugnung *f* | denial; abnegation; disavowal.

ablichten *v* | to blueprint.

Ablichtung *f* | blueprint.

abliefern *v* Ⓐ [herausgeben] | **etw.** ~ | to deliver sth. up; to surrender sth.

abliefern *v* Ⓑ [liefern] | to deliver.

Ablieferung *f* Ⓐ [Herausgabe] | delivery up; handing over; surrender | **Nicht**~ | failure to surrender | **Zwangs**~ | compulsory delivery.

Ablieferung *f* Ⓑ [Lieferung] | delivery | **bei** ~ | on delivery | **bis zur** ~ | pending delivery.

Ablieferungs..kontingent *n* | delivery quota.

—**ort** *m* | place of delivery.

—**pflicht** *f* | obligation to deliver.

—**schein** *m* Ⓐ | certificate of delivery.

—**schein** *m* Ⓑ [Quittung] | receipt.

—**soll** *n* | deliveries *pl* required by regulations; delivery quota.

—**tag** *m*; —**termin** *m* | day (date) (time) of delivery.

ablohnen *v* | **die Arbeiter** ~ | to pay off the workmen; to pay out the wages.

ablösbar *adj* | redeemable | ~**e Anleihe** | redeemable loan | ~**e Schuldverschreibung** | redeemable bond (debenture) | **nicht** ~ | irredeemable.

Ablösbarkeit f | repayability; redeemability.

ablösen v | **eine Anleihe** ~ | to redeem (to repay) a loan | **eine Dienstbarkeit** ~; **eine Servitut** ~ | to commute an easement | **ein Fideikommiß** ~ | to disentail an estate | **eine Hypothek** ~ | to pay off (to reedem) a mortgage | **eine Hypothekenschuld** ~ | to pay off a mortgage debt | **eine Rente** ~ | to redeem an annuity | **eine Schuld** ~ | to redeem (to pay off) a debt.

Ablösung f | redemption | ~ **einer Anleihe** | redemption of a loan | ~ **einer Dienstbarkeit; Servituden**~ | commutation of an easement | **Fideikommiß**~ | disentailment of an estate | ~ **einer Hypothek; Hypotheken**~ | paying off (redemption) of a mortgage | ~ **einer Rente; Renten**~ | redemption (commutation) of an annuity | ~ **einer Schuld; Schuld**~ | paying off (redemption) of a debt | **Zehnt**~ | tithe redemption | **vorzeitige** ~ | anticipated redemption.

Ablösungs..anleihe f | redemption loan.

—**anleihen** fpl | redemption stock; sinking fund debentures.

—**betrag** m; —**summe** f | amount (sum) required for redemption.

—**fonds** m | redemption (sinking) fund.

—**kapital** n | redemption capital.

—**pfandbrief** m; —**schuldverschreibung** f | redemption bond.

—**recht** n | right of redemption; right (option) of repurchase.

—**rente** f | redemption (redeemable) annuity.

—**wert** m | surrender value.

abmachen v | to arrange; to settle | **ein Geschäft** ~ | to settle a matter | **einen Handel** ~ | to make a deal | **etw. gütlich (in Güte)** ~ | to settle sth. amicably | **etw. intern** ~ | to settle sth. privately | **etw. mündlich** ~ | to make a verbal agreement on sth. | **etw. schriftlich** ~ | to agree on (upon) sth. in writing | **etw. vertraglich** ~ | to stipulate (to covenant) sth.

Abmachung f | arrangement; agreement; settlement | **Handels**~**en; Wirtschafts**~**en** | trade agreements | **Sonder**~ | special (separate) agreement (arrangement).

★ **bindende** ~**en** | binding arrangements | **frühere (bereits bestehende)** ~**en** | previous (already existing) arrangements | **gütliche** ~ | friendly settlement (arrangement) | **interne** ~ | private agreement (contract); internal (private) arrangement | **mündliche** ~; **mündlich getroffene** ~ | verbal arrangement (agreement); oral contract | **schriftliche** ~ | agreement in writing; written agreement | **vertragliche** ~ | stipulation; convenent; agreement.

★ **sich an eine** ~ **halten** | to abide by an agreement | **sich an eine** ~ **gebunden halten** | to hold (to consider) os. bound by an agreement | **mit jdm. eine** ~ **treffen** | to come to an agreement with sb.

abmahnen v | **jdm. etw.** ~ | to warn sb. (to give sb. warning) to cease (to stop) doing sth.

Abmahnung f | warning.

abmarken v | to mark off.

Abmarkung f | marking.

Abmeldebescheinigung f | leaving permit.

abmelden v | **sich polizeilich** ~ | to notify the police of one's departure.

Abmeldung f | notice of departure.

abmustern v | to pay off; to discharge | **die Mannschaft** ~ | to muster out (to pay off) the crew.

Abmusterung f | paying off; discharge.

Abnahme f Ⓐ [Lieferannahme] | accepting (taking) delivery | **die** ~ **verweigern** | to refuse to take delivery.

Abnahme f Ⓑ [Bestellung] | ordering; buying | **gute** ~ **finden** | to find a ready market; to sell well | **bei** ~ **von ...** | on orders of ...; when ordering ...

Abnahme f Ⓒ [Entgegennahme] | acceptance; receipt | ~ **eines Eides; Eides**~ | administration of an oath.

Abnahme f Ⓓ [Entfernung] | removal | ~ **der Siegel; Siegel**~ | removal of the seals.

Abnahme f Ⓔ [Verminderung] | decrease; diminution; falling off; decline | **in der** ~ **begriffen** | decreasing; on the decrease.

—**beamter** m | acceptance inspector.

Abnahme..bedingungen fpl | terms pl of acceptance (for accepting delivery).

—**bescheinigung** f | certificate of acceptance.

—**bestimmungen** fpl | acceptance specifications.

—**frist** f | time for accepting delivery.

—**prüfung** f | acceptance test.

—**schein** m | receipt.

—**verpflichtung** f | obligation to take delivery.

—**verweigerung** f | refusal of acceptance.

—**vorschriften** fpl | regulations for acceptance.

abnehmen v Ⓐ [Lieferung annehmen] | to accept (to take) delivery.

abnehmen v Ⓑ [bestellen] | to order; to purchase; to buy.

abnehmen v Ⓒ [entgegennehmen] | to accept; to receive | **einen Eid** ~ | to administer an oath.

abnehmen v Ⓓ [entfernen] | to remove | **die Siegel** ~ | to remove the seals.

abnehmen v Ⓔ [geringer werden] | to decrease; to become less.

Abnehmer m | buyer; customer; purchaser; consumer | **Gas**~ | consumer of gas | **Groß**~ | large consumer | **Strom**~ | consumer of electricity | **bereitwillige** ~ **finden** | to have (to meet with) a ready (quick) sale | **keine** ~ **finden** | to find no buyers; to be unsaleable (unmarketable).

—**gruppe** f | category of consumers.

—**land** n | customer country.

—**liste** f | list of customers.

abnutzen, abnützen v | to use | **sich** ~ | to wear; to become worn.

Abnutzung, Abnützung f | wear and tear; wear; deterioration through use or wear | **gewöhnliche** ~; **normale** ~; **übliche** ~ | reasonable (fair) (normal) wear and tear.

Abnutzungskrieg m | war of attrition.

Abonnement n | subscription | **Erneuerung eines** ~**s** | renewal of a subscription | **Jahres**~ | annual subscription | **Theater**~ | theater subscription | **Zeitungs**~ | subscription to a newspaper | **ein** ~ **abbestellen (aufgeben)** | to give up (to discontinue) a subscription | **ein** ~ **erneuern** | to renew a subscription.

Abonnements..bedingungen fpl | terms of subscription.

—**erneuerung** f | renewal of the subscription.

—**gebühr** f; —**preis** m | subscription fee (rate) (price).

—**karte** f | subscription (season) ticket.

—**preise** mpl; —**tarif** m | rates of subscription; subscription rates.

Abonnent m | subscriber | **Zeitschriften**~ | subscriber to a periodical | **Zeitungs**~ | newspaper subscriber | ~**en werben** | to canvass for (to win) subscribers.

Abonnenten..liste f | list of subscribers.

—**versicherung** f | subscribers' insurance.

—**werbung** f | canvassing for subscribers.

abonnieren v | **etw.** ~ | to subscribe (to take a subscription) to sth.

abordnen v | to delegate.

Abordnung f | delegation | eine ~ **leiten** | to head a delegation.

abpachten v | jdm. etw. ~ | to take sth. on lease from sb.

abraten v | jdm. von etw. ~ | to advise sb. against sth. | jdm. ~, etw. zu tun | to advise sb. against doing sth. | jdm. von einem Unternehmen ~ | to advise sb. against an undertaking.

abrechnen v Ⓐ | mit jdm. ~ | to settle accounts with sb. | ein Konto ~ | to settle (to balance) (to square) (to adjust) an account.

abrechnen v Ⓑ [abziehen] | einen Betrag ~ | to deduct an amount.

Abrechnung f Ⓐ [Konten~; Konto~] | settlement of (of an) account(s) | General~; Haupt~ | general settlement of accounts | Jahres~ | annual settlement of accounts.

Abrechnung f Ⓑ | statement of account; statement | Geschäftsbericht und ~ | report and accounts; business (directors') report | Jahres~ | yearly account | Schluß~ | final account (statement) | Verkaufs~ | account sales | ~ erteilen | to render an account.

Abrechnung f Ⓒ [Abzug] | deduction | nach ~ von | upon (after) deduction of | nach ~ aller Kosten (Spesen) (Unkosten) | after deduction of all costs (of all expenses) | nach ~ der Steuern | after deduction of taxes; after tax(es) | etw. in ~ bringen | to deduct sth.

Abrechnungs..bank f | clearing bank.

—**bureau** n; —**kontor** n; —**stelle** f | clearing house (office).

—**kurs** m | settlement (clearing) rate.

—**monat** m | accounting month.

—**periode** f | settlement period.

—**tag** m | day of settlement; settlement (settling) day.

—**verfahren** n | way of settling | im ~ | by clearing.

—**verkehr** m Ⓐ | clearing business (transactions).

—**verkehr** m Ⓑ | clearing.

—**vertrag** m | clearing agreement.

—**zeitraum** m | accounting (settlement) period.

Abrede f Ⓐ [Verabredung] | agreement; arrangement; stipulation | Neben~ | sub-agreement.

Abrede f Ⓑ [Verneinung] | denial | etw. in ~ stellen | to deny (to disclaim) sth.; to enter a denial of sth.

abredegemäß adv [laut Abrede] | as per agreement; as agreed (stipulated) (arranged).

Abreise f | departure; sailing.

abreisen v | to depart; to sail.

Abreiß..block m | writing pad.

—**kalender** m | tear-off calendar.

Abriß m Ⓐ [Zusammenfassung; Auszug] | abridgment; abstract; summary.

Abriß m Ⓑ [Abbruch] | pulling down | ein Haus auf ~ verkaufen | to sell a house for demolishing (for breaking-up).

Abruf m | auf ~ | on (at) call.

abrunden v | eine Summe ~ | to round off a sum.

Abrundung f | ~ einer Summe | rounding off of a sum.

abrüsten v | to disarm.

Abrüstung f | disarmament.

Abrüstungskonferenz f | disarmament conference.

Absage f Ⓐ [verneinende Antwort] | negative answer; reply (answer) in the negative.

Absage f Ⓑ [abschlägiger Bescheid] | refusal; denial.

Absage f Ⓒ [Widerruf] | cancellation.

Absagebrief m | letter of refusal.

absagen v Ⓐ [verneinen] | to answer (to reply) in the negative.

absagen v Ⓑ [ablehnen] | to give a refusal; to refuse; to decline | eine Einladung ~ | to decline an invitation.

absagen v Ⓒ [widerrufen] | to countermand; to cancel | einen Streik ~ | to call off (to countermand) a strike.

Absatz m Ⓐ [Abschnitt] | paragraph | „neuer ~" | "new paragraph"; "new line".

Absatz m Ⓑ | sale(s); market; selling; marketing; distribution | ~ von Waren; Waren~ | sale (selling) (distribution) (marketing) of goods | gesicherter ~ | secured outlet | gesteigerter ~ | increased sales | leichter ~; schneller ~ | ready (quick) sale(s) | guten ~ (leichten ~) finden | to find a ready market; to sell (to be sold) easily | schnellen ~ (reißenden ~) finden | to sell fast (to meet with a ready sale (market)) | weltweiten ~ finden (haben) | to have a world-wide sale | sicherer ~ | sure sale (market) | den ~ steigern | to increase sales.

—**bereich** m | marketing (trading) (distribution) area; zone of distribution.

—**beschränkungen** fpl | marketing limitations (restrictions).

absatzfähig adj Ⓐ [verkäuflich] | marketable; sal(e)able.

absatzfähig adj Ⓑ [leicht verkäuflich] | easy to sell.

Absatz..fähigkeit f | marketability; sal(e)ability.

—**flaute** f | slump in sales.

—**förderung** f | sales promotion | planmäßige ~ | sales drive.

—**gebiet** n | market; outlet; marketing area | ausländische ~e | foreign markets.

—**gelegenheit** f | occasion to sell.

—**genossenschaft** f | marketing co-operative.

—**händler** m | distributor.

—**kontingent** n | market(ing) (sales) quota.

—**kontrolle** f | marketing control.

—**kontrollstelle** f | marketing board.

—**kosten** pl | cost of distribution; distribution cost.

—**krise** f | slump in sales.

—**lage** f | state of the market; market situation.

—**lenkung** f controlled distribution.

—**märkte** mpl | markets pl; outlets pl | ausländische ~ | foreign markets | Erschließung neuer ~ | opening up new markets | die Suche nach neuen ~n | the search for new markets | neue ~ erschließen | to open (to find) new markets (new outlets).

—**menge** f | quantity (quantities) sold; sales volume.

—**methoden** fpl | sales methods.

—**möglichkeit** f | marketability; saleableness | mit sicheren ~en | sale to sell.

—**möglichkeiten** fpl Ⓐ | possible outlets | neue ~ finden | to find new outlets (markets).

—**möglichkeiten** fpl; Ⓑ —**potential** n | sales potential.

—**ordnung** f | marketing regulations.

—**organisation** f | marketing organization.

—**plan** m | marketing scheme; distribution plan.

—**regelung** f Ⓐ | market regulations.

—**regelung** f Ⓑ | controlled distribution; marketing control.

—**schwierigkeiten** fpl | sales resistance.

—**steigerung** f Ⓐ [Förderung] | sales promotion | planmäßige ~ | sales drive.

—**steigerung** f Ⓑ [gesteigerter Absatz] | increased sales.

—**stockung** f | slump (falling off) in sales.

—**übereinkommen** n | marketing agreement.

—**umfang** m; —**volumen** n | sales volume.

—**ziffer** f | Buch mit hoher ~ | bestseller.

—**zone** f | marketing (distribution) area.

abschaffen v | to abolish; to abrogate; to rescind; to do away with | ein Gesetz ~ | to repeal a law | eine Steuer ~ | to abolish a tax.

Abschaffung *f* | abolishment; abolition; abrogation; rescission | ~ **eines Gesetzes** | repeal of a law | ~ **einer Steuer** | abolition of a tax.

abschätzbar *adj* | appraisable; assessable; rateable.

Abschätzbarkeit *f* assessability; rateability.

abschätzen *v* | etw. ~ | to appraise (to value) (to estimate) sth.; to make a valuation of sth.

Abschätzer *m* | appraiser; valuer; valuator.

Abschätzung *f* | appraisement; appraisal; valuation | ~ **durch Sachverständige** | expert appraisal; official appraisement | **eine** ~ **vornehmen** | to make an appraisal.

Abschätzungs..kommission *f* | appraisal (valuation) committee.

—verfahren *n* | proceedings *pl* of appraisement.

abschicken *v* | to dispatch; to send off | **einen Brief** ~ | to send off (to mail) (to post) a letter.

abschieben *v* | **einen Ausländer** ~ | to deport an alien.

Abschiebung *f* | ~ **eines Ausländers** | deportation of an alien.

Abschied *m* Ⓐ | leave; leave-taking | **ehrenvoller** ~ | hono(u)rable discharge (retirement) | **schlichter** ~ | unceremonious discharge | **seinen** ~ **nehmen** | to take one's leave.

Abschied *m* Ⓑ | resignation | **seinen** ~ **nehmen** | to tender (to hand in) (to send in) one's resignation; to resign.

Abschieds..ansprache *f*; **—rede** *f* | farewell address (speech).

—besuch *m* | farewell call; parting visit.

—brief *m* | farewell letter.

—gesuch *n* | letter of resignation.

Abschlag *m* Ⓐ [Rabatt] | discount; rebate; reduction | **Mengen**~ | quantity discount (rebate); discount for quantities | **einen Preis**~ **(auf die Preise einen** ~**) gewähren** | to allow a discount off the prices | **mit** ~ **verkaufen** | to sell at a discount.

Abschlag *m* Ⓑ [Rate; Teilzahlung] | **auf** ~ **zahlen** | to pay by (in) installments | **auf** ~ | in (by) installments; on deferred terms; on hire-purchase.

Abschlag *m* Ⓒ [Abzug] | deduction | **Qualitäts**~ | quality penalty.

abschlagen *v* | **jdm. eine Bitte** ~ | to refuse sb.'s request.

abschlägig *adj* | ~**er Bescheid** | refusal; denial.

abschlägig *adv* | **eine Eingabe** ~ **bescheiden** | to refuse an application | ~ **verbeschieden werden** | to meet with a refusal.

Abschlags..dividende *f* | interim dividend.

—verteilung *f* | interim (preliminary) distribution.

—zahlung *f* | part (partial) payment; payment on account; installment | ~**en leisten** | to make (to pay) installments.

Abschleppdienst *m* | towing (breakdown) service.

abschleppen *v* | to tow away.

abschließen *v* Ⓐ | to conclude; to sign | **eine Anleihe** ~ | to contract (to effect) a loan | **ein Geschäft mit jdm.** ~ | to conclude a bargain (a deal) with sb. | **einen Handel** ~ | to close a bargain; to make (to consummate) a deal | **einen Kauf** ~ | to conclude (to make) a purchase | **ein Übereinkommen** ~ | to conclude (to sign) (to enter into) an agreement | **einen Vergleich** ~ | to make (to effect) a compromise; to come to an arrangement | **einen Verkauf** ~ | to effect a sale | **eine Versicherung** ~ | to effect an insurance; to take out an insurance policy | **einen Vertrag** ~ | to conclude (to make) (to sign) a contract; to enter into (to come to) an agreement.

abschließen *v* Ⓑ [beendigen] | to terminate; to bring [sth.] to a close | **eine Angelegenheit (eine Sache)** ~ | to terminate (to close) a matter.

abschließen *v* Ⓒ [saldieren] | to close; to balance | **die Bücher** ~ | to close (to balance) the books | **mit einem Fehlbetrag (Defizit)** ~ | to close with a deficit | **das Geschäftsjahr (Rechnungsjahr)** ~ | to close the business (financial) year | **mit Gewinn** ~ | to show (to result in) a profit | **ein Konto** ~; **eine Rechnung** ~ | to balance (to close) an account | **mit einem Überschuß** ~ | to close with a surplus | **mit Verlust** ~ | to show (to result in) a loss | **aktiv** ~ | to show a credit (a credit balance) **passiv** ~ | to show a debit (a debit balance).

abschließend *part* Ⓐ | ~**e Bemerkung** | concluding (final) remark | ~**e Feststellung** | concluding statement.

abschließend *adj* Ⓑ | **mit Gewinn** ~ | showing a profit | **mit Verlust** ~ | showing a loss.

abschließend *adv* | ~ **bemerken;** ~ **feststellen** | to conclude by saying (by stating).

Abschluß *m* Ⓐ [Abschließen] | conclusion | **Geschäfts**~; ~ **eines Geschäfts** | conclusion of a bargain (of a business) | **ein Geschäft zum** ~ **bringen** | | to close (to conclude) a deal (a bargain) | ~ **eines Vergleichs** | conclusion (signing) of a compromise | | ~ **einer Versicherung** | closing of an insurance contract; taking out an insurance policy | ~ **eines Vertrages; Vertrags**~ | conclusion (consummation) of a contract (of an agreement) | **einen Vertrag zum** ~ **bringen** | to enter into (to make) (to conclude) (to close) a contract (an agreement); to contract | **zu einem** ~ **führen (gelangen)** | to lead to a conclusion (to the conclusion of a contract); to come to an agreement.

Abschluß *m* Ⓑ [Beendigung] | **etw. zum** ~ **bringen** | to bring sth. to a close (to an end) | **zu einem** ~ **kommen** | to come to an end (to a close) | **vor dem** ~ **stehen** | to draw (to be drawing) to a close.

Abschluß *m* Ⓒ [Saldierung] | closing | ~ **der Bücher** | closing (balancing) of the books | ~ **des Geschäftsjahres (Rechnungsjahres)** | closing of the business (financial) year | **Jahres**~ ① | annual closing of accounts; annual balancing of the books | **Jahres**~ ② | accounts to the end of the financial year | **Kassen**~ | balancing (closing of) (making up) the cash account | **Konten**~; **Rechnungs**~ ① | closing (settlement) of accounts | **Konto**~; ~ **einer Rechnung; Rechnungs**~ ② | closing (settlement) of an account | ~ **der Rechnungsperiode** | close (closing) of the financial period.

Abschluß *m* Ⓓ [Bilanz] | balance | **Bank**~ | statement (return) of the bank; bank return (statement) | **Gewinn**~ | balance sheet showing a profit | **Jahres**~ | annual (yearly) balance sheet | **Verlust**~ | balance sheet showing a loss.

Abschluß *m* Ⓔ [Kauf~] | bargain; deal | **Bar**~ | cash deal (transaction) | **Gesamt**~; **Pauschal**~ | bulk bargain (deal) | ~ **auf kurze Sicht** | short-dated (short) deal; short-term transaction | ~ **auf lange Sicht** | long-dated deal; long-term transaction | **Termin**~; ~ **auf künftige Lieferung** | buying (selling) for the account; time bargain; forward deal | **fester** ~ | firm deal (bargain) | **einen** ~ **tätigen** | to conclude (to close) a deal.

Abschluß *m* Ⓕ [Vertrag] | **Jahres**~ | contract for one year; a year's contract.

—agent *m* | signing agent.

—bericht *m* | closing statement.

—bilanz *f* | closing balance sheet.

—buchung *f*; **—eintrag** *m* | closing entry.

—kurs *m* | closing price (rate).

—posten *m* | closing item.

Abschluß..prämie *m* | final bonus.
—**provision** *f* | signing commission.
—**prüfer** *m* | auditor.
—**prüfung** *f* Ⓐ [Buchprüfung] | audit.
—**prüfung** *f* Ⓑ [Examen] | final examination.
—**rechnung** *f* | account of settlement.
—**stichtag** *m*; —**tag** *m* Ⓐ | closing day.
—**tag** *m* Ⓑ | settling (settlement) day.
—**vollmacht** *f* | signing power.
—**wechsel** *m* | appoint; remittance per appoint.
—**zahlung** *f* | payment in full settlement; final payment.
—**zeugnis** *n* | leaving certificate.
Abschlüsse *mpl* [Geschäfts~] | orders *pl* received (on hand) | **Neu~** | new (fresh) business.
abschneiden *v* | **jdm. die Ehre ~** | to blacken sb.'s name (character); to calumniate sb. | **jdm. eine Einrede ~** | to deprive sb. of a plea | **jdm. das Wort ~** | to cut sb. short.
Abschnitt *m* Ⓐ [Absatz] | paragraph; section | **~ des Gesetzes** | section of the law | **Unter~** | sub-paragraph; subsection; subdivision | **etw. in ~e einteilen (zerlegen)** | to divide sth. in sections.
Abschnitt *m* Ⓑ [Kapitel] | chapter; heading.
Abschnitt *m* Ⓒ [Kupon] | coupon | **Kontroll~** | tally; counterpart; counterfoil | **Quittungs~** | counterfoil of receipt | **Zins~** | interest coupon.
Abschnitt *m* Ⓓ [Zeit~] | period; term; period of time | **Beitrags~** | contribution period | **Lebens~** | period of [one's] life | **Steuer~** | period of assessment; assessment (taxation) (tax) period.
abschnittsweise *adv* | in sections.
abschöpfen *v* [wegsteuern] | **Gewinne ~** | to tax away profits | **Kaufkraft ~** | to absorb buying power | **überschüssige Kaufkraft ~** | to tax away surplus purchasing power.
Abschöpfung *f* | **Gewinn~** | taxing away of surplus (excess) profits | **Kapital~** | taxing away of surplus capital | **Kaufkraft~** | absorption of buying power; taxing away of surplus purchasing power.
abschrecken *v* | to discourage; to deter.
Abschreckung *f* | discouragement; deterrent.
abschreiben *v* Ⓐ [kopieren] | **etw. ~** | to copy sth.; to take (to make) a copy of sth.
abschreiben *v* Ⓑ [plagiieren] | to plagiarize; to commit plagiarism.
abschreiben *v* Ⓒ [austilgen] | to write off | **eine Forderung (Schuld) ~** | to write off a debt | **zweifelhafte Forderungen ~** | to write off doubtful debts | **einen Verlust ~** | to write off a loss.
Abschreiber *m* Ⓐ | copyist.
Abschreiber *m* Ⓑ [Plagiator] | plagiarist.
Abschreib..fehler *m* | clerical error.
—**gebühren** *fpl* | copying fees *pl*.
Abschreibung *f* | writing off | **~ auf Anlagevermögen** | depreciation on investments | **~ auf Betriebsanlagen** | depreciation on equipment | **~ von Lagerbeständen (von Warenbeständen); Lager~** | depreciation on inventory; overhauling of stock | **beschleunigte (erhöhte) ~** | accelerated depreciation | **~en machen** | to write off (to write down) assets.
Abschreibungs..fonds *j* | depreciation fund.
—**konto** *n* | depreciation account.
—**reserve** *f*; —**rücklage** *f* | reserve for depreciation; depreciation reserve; accrued depreciation.
—**satz** *m* | rate of depreciation | **feststehender ~** | fixed depreciation | **zugelassener ~** | depreciation allowance.
Abschrift *f* Ⓐ | copy | **Brief~** | copy of a letter; letter copy | **beglaubigte ~** | certified copy; certified true

copy | **genaue ~; wortgetreue ~** | true (close) copy | **gleichlautende ~** Ⓐ | conformed copy | **gleichlautende ~** Ⓑ | duplicate | „**Für richtige ~**" | "This is certified to be a true copy" | **von etw. eine ~ anfertigen (~ nehmen)** | to take (to make) a copy of sth.; to copy sth. | **eine ~ beglaubigen** | to certify a copy | **von etw. mehrere ~en machen** | to make several copies of sth.
Abschrift *f* Ⓑ [Ausfertigung] | legalized copy.
abschriftlich *adv* | by way of copy.
Abschriftnahme *f* | copying; duplicating.
Abschwächung *f* | weakening.
Abschwächungstendenz *f* | downward (bearish) tendency.
abschwören *v* | **etw. ~** | to swear off (to abjure) (to forswear) sth.; to deny (ro renounce) sth. on oath.
Abschwören *n*; **Abschwörung** *f* | abjuration; denial (renunciation) upon oath.
Abschwörungs..eid *m* | oath of abjuration.
—**formel** *f* | formula of abjuration.
absehbar *adj* | **in ~er Zeit** | within reasonable time.
absehen *v* | **~ von etw.** | to disregard sth.; to leave sth. out of consideration.
absenden *v* | to dispatch | **einen Brief ~** | to send off a letter.
Absender *m* | sender | **ohne Angabe des ~s** | return address missing | **zurück an den ~** | return to sender.
Absende..station *f* | station of dispatch.
—**tag** *m* | date of dispatch.
Absendung *f* | dispatch; sending off; shipping; shipment.
absetzbar *adj* Ⓐ [verkäuflich] | sal(e)able; marketable | **leicht ~** | easily (readily) sold; with a ready sale (market) | **nicht ~** | unsalable | **schwer ~** | hard (difficult) to sell (to place).
absetzbar *adj* Ⓑ [abzugsfähig] | deductible; allowable for deduction | **~e Ausgaben** | deductible expenses | **~er Betrag** | deductible amount | **~er Posten** | deductible item.
absetzbar *adj* Ⓒ [von einem Posten] | removable; revokable | **nicht ~** | irremovable.
Absetzbarkeit *f* Ⓐ | saleableness; marketability.
Absetzbarkeit *f* Ⓑ [Abzugsfähigkeit] | deductibility.
Absetzbarkeit *f* Ⓒ | removability.
absetzen *v* Ⓐ [verkaufen] | **Waren ~** | to sell (to dispose of) goods | **mit Gewinn ~** | to sell at a premium.
absetzen *v* Ⓑ [abziehen] | **einen Betrag von einer Rechnung ~** | to deduct an amount from an account.
absetzen *v* Ⓒ [entfernen] | **einen Beamten ~** | to remove an official from office | **jdn. von seinem Posten ~** | to remove (to dismiss) sb. from his post | **einen Punkt von der Tagesordnung ~** | to remove an item from the agenda | **ein Stück vom Spielplan ~** | to withdraw a play.
Absetzung *f* Ⓐ [Abziehen] | deduction | **steuerfreie ~** | allowance | **unter ~ von ...** | subject to deduction of ...; after deduction of ...
Absetzung *f* Ⓑ | removal; dismissal | **vorläufige ~** | suspension from office.
Absetzungsverfahren *n* [gegen einen Staatsbeamten] | impeachment proceedings; impeachment.
Absicht *f* | intention; intent; design; purpose | **Angriffs~en** | aggressive designs | **Betrugs~** | intent to defraud; fraudulent intention | **Heirats~en** | intentions; marriage intentions; designs on marrying | **auf eine Person Heirats~en haben** | to have designs on a person | **Neben~** | subsidiary (incidental) intention; secondary object (motive); by-end | **die ~en der Parteien (der Beteiligten)** | the intentions of the parties | **Schädigungs~; Verletzungs~** Ⓐ | in-

tention to damage (to cause damage); intent to harm | **Verletzungs~** ② | malice | **die ~ für die Tat gelten lassen** | to take the will for the deed | **Täuschungs~** | intention to deceive | **Tötungs~** | intent (intention) to kill | **in der ~, sich oder einem andern einen Vermögensvorteil zu verschaffen** | with the intention to procure an unlawful gain to himself or to a third person.

★ **in der besten (allerbesten) ~; mit den besten ~en** | with the best (with the best of) intentions | **betrügerische ~** | fraudulent intention; intent to defraud | **in betrügerischer ~** | with intent to defraud; fraudulently | **in böser ~; in böslicher ~** | with bad intention(s); ill-willed; malevolently | **ohne böse ~** | with no ill intent | **etw. ohne böse ~ tun** | to intend no harm | **in böswilliger ~** | with malicious intent | **mit ehrenwerten (ehrlichen) (sauberen) ~en** | with hono(u)rable intentions | **feste ~** | firm intention | **friedliche ~** | peaceful intention | **friedliche ~en** | amicable designs | **in gewinnsüchtiger ~** | with intent to profit; for gain; for profit; for pecuniary benefit | **ohne gewinnsüchtige ~** | not for profit | **in guter ~** | with good intent | **in verbrecherischer ~** | with criminal (felonious) intent; with intent to commit a felony (a felonious act).

★ **auf etw. ~en haben** | to have designs on sth. | **die ~ haben, etw. zu tun** | to intend (to mean) (to contemplate) (to have the intention) to do sth.; to intend doing sth. | **in der ~, zu töten** | with intent to kill | **etw. mit ~ tun** | to do sth. with intent | **in (mit) der ~, etw. zu tun** | with the intention (object) (purpose) of doing sth.; with a view to doing sth.

★ **in (mit) der ~** | with intent to; with a view to | **in dieser ~** | with this design; to this end | **mit ~** | with intent; on purpose; intentionally; intendedly; designedly; deliberately | **mit ~ herbeigeführt** | intended | **ohne ~** | without intention; unintentionally; undesignedly.

absichtlich *adj* | intentional; wilful | **~es Verschweigen** | deliberate concealment.

absichtlich *adv* | intentionally; with intent; deliberately; designedly; intendedly; wilfully; on purpose | **un~** | without intention; unintentionally; undesignedly | **ob zufällig oder ~** | whether by accident or by design; either intentionally or unintentionally.

Absichtserklärung *f* | declaration of intent.

absichtslos *adj* | without intention; unintentional.

Absinken | **~ der Kurse** | decline (fall) (drop) of prices.

absitzen *v* | **eine Strafe ~** | to serve a sentence.

absolut *adj* | absolute | **~e Gewalt** | absolute power | **~e Konterbande** | absolute contraband | **~e Majorität (Mehrheit)** | absolute majority | **~es Mehr** [S] | absolute majority | **~e Monarchie** | absolute monarchy | **~es Recht** | absolute (peremptory) right | **~e Unmöglichkeit** | blank impossibility.

Absolutismus *m* | absolutism.

Absolutist *m* | absolutist.

absolutistisch *adj* | absolutist.

absondern *v* | to separate; to set aside.

Absonderung *f* Ⓐ | separation; setting apart.

Absonderung *f* Ⓑ [abgesonderte Befriedigung] | separate (special) settlement.

Absonderungs..anspruch *m*; **—recht** *n* | preferential claim (right); right to a separate (preferential) settlement.

absonderungsberechtigt *adj* | **~er Gläubiger** | preferential creditor.

abspenstig *adv* | **jdm. einen Kunden ~ machen** | to entice away sb.'s customer.

Abspenstigmachen *n* | enticement; enticing away.

absperren *v* Ⓐ [blockieren] | to block.

absperren *v* Ⓑ [versperren] | to lock.

Absprache *f* Ⓐ [mündliche Vereinbarung] | verbal arrangement (agreement) | **laut ~** | as per agreement.

Absprache *f* Ⓑ [geheime Verständigung zwecks Begehung einer unerlaubten Handlung] | conspiracy | **Preis~** | price-fixing arrangement.

absprachegemäß *adv* | as agreed; according to the agreement(s).

Absperrung *f* | blocking.

absprechen *v* Ⓐ | **jdm. das Recht ~, etw. zu tun** | to deny sb. the right to do sth.

absprechen *v* Ⓑ [aberkennen] | **jdm. etw. ~** | to abjudicate sth. to sb.

Absprechung *f* Ⓐ | denial.

Absprechung *f* Ⓑ [Aberkennung] | abjudication.

abstammen *v* | **~ von** | to descend from; to be a descendant of | **in gerader Linie ~ von** | to be lineally descended from.

abstammend *adj* | **in gerader (direkter) Linie ~** | descending in the direct line; lineally descended.

Abstammung *f* | origin; descent; birth | **~ in gerader (direkter) Linie** | lineal descent | **eheliche ~** | legitimate descent | **seine ~ auf jdn. zurückführen** | to trace one's descent back to sb.

Abstammungs..linie *f* | line of descent; genealogical line; lineage.

—tafel *f* | genealogical (family) tree.

Abstand *m* Ⓐ [Zwischenraum] | space; distance | **in Abständen** | at intervals | **Zeilen~** | spacing of lines.

Abstand *m* Ⓑ [Zeit~] | interval | **in Abständen von ... Monaten; in ...monatigen Abständen** | in intervals of ... months.

Abstand *m* Ⓒ [Abstandnahme] | desistance | **von etw. ~ nehmen** | to desist (to refrain) (to abstain) from sth. | **davon ~ nehmen, etw. zu tun** | to forbear from doing sth.

Abstand *m* Ⓓ [Abstandssumme] | indemnity; cash indemnity; forfeit money; forfeit | **etw. als ~ zahlen** | to pay sth. as an indemnity (by way of compensation).

Abstandszahlung *f* | **gegen eine ~ von ...** | against (on) payment of ... as an indemnity.

Abstecken *n*; **Absteckung** *f* | **~ einer Grenze** | demarcation of a frontier.

abstecken *v* | **die Grenzen ~** | to demarcate (to mark out) the frontiers.

abstehen *v* | **von etw. ~** | to desist from sth. (from doing sth.) | **von einer Forderung ~** | to renounce (to waive) a claim | **von einem Plan ~** | to give up a plan.

absteigend *adj* | **~e Linie** | descending line.

Absteigequartier *n* | lodging.

abstellen *v* | to redress; to remedy | **eine Beeinträchtigung ~** | to abate a nuisance | **einen Mißbrauch ~** | to remedy an abuse | **einen Mißstand ~** | to abate a nuisance.

Abstellung *f* | **~ der (einer) Beeinträchtigung** | abatement of nuisance [**~ eines Mißbrauchs** | redress of an abuse.

abstempeln *v* Ⓐ [stempeln] | to stamp | **mit dem Datum ~** | to put the date stamp on [sth.].

abstempeln *v* Ⓑ [entwerten] | to obliterate; to cancel | **mit dem Datum ~** | to date-cancel.

Abstempelung *f* Ⓐ [Stempelung] | stamping | **~ der Aktien** | stamping of the shares | **zur ~ vorgelegt werden** | to be presented for stamping | **etw. zur ~ vorlegen** | to present sth. for stamping (for being stamped).

Abstempelung *f* Ⓑ [Entwertung] | obliteration; cancellation; cancelling.

Abstimmen *n* | voting | **durch** ~ | by a vote; by balloting.

abstimmen *v* Ⓐ | to vote; to ballot | ~ **durch Aufstehen; durch Sitzenbleiben und Aufstehen** ~ | to vote by rising; to take a rising vote | **über eine Frage** ~ | to put (to submit) a question to the vote; to take a vote on a question | **durch Handaufheben** ~ | to vote by a show of hands | **durch Namensaufruf** ~; **namentlich** ~ | to take a vote by calling over the names | **durch Stimmzettel** ~; **geheim** ~ | to vote by (to take a) ballot; to ballot | **zur Tagesordnung** ~ | to vote on the order of the day | **durch Zuruf** ~ | to vote by acclamation.

★ ~ **lassen** | to take votes (the vote); to come to the vote | **über etw.** ~ **lassen** | to bring (to put) sth. to the vote; to take a vote on sth. | **über etw.** ~ | to vote on sth.

abstimmen *v* Ⓑ [an der Abstimmung teilnehmen] | to take part in a vote (in the vote) | **nicht** ~ | to abstain from voting; to abstain.

abstimmen *v* Ⓒ [vergleichen und richtigstellen] | **die Bücher** ~ | to agree the books | **die Konten** ~ | to agree (to compare) the accounts.

Abstimmende *m* | **der** ~ | the voter.

Abstimmung *f* Ⓐ | voting; vote | ~ **durch Aufstehen** | rising vote | **durch** ~ **einen Betrag für etw. bewilligen** | to vote an amount for sth. | ~ **durch einen Bevollmächtigten** | voting by proxy | **einen Entwurf (einen Gesetzesentwurf) ohne** ~ **annehmen** | to pass a bill without division | ~ **durch Hammelsprung** | voting on division; division lobby | ~ **durch Handaufheben** | voting by show of hands | ~ **nach Köpfen** | poll | ~ **durch Namensaufruf** | division; poll | **Probe**~ | test ballot; test (straw) vote | **Schluß**~ | final vote | ~ **durch Stimmzettel (Abgabe von Stimmzetteln)** | voting by ballot; balloting; ballot | ~ **über die Vertrauensfrage** | vote on the question of confidence; confidence vote | ~ **durch einen Stellvertreter** | voting by proxy | **Volks**~ ① | popular vote; plebiscite | **Volks**~ ② | referendum | **Wahl durch** ~ | balloting | ~ **durch Zuruf** | voting by acclamation; voice vote.

★ **geheime** ~ | secret vote; ballot | **namentliche** ~ | division; poll | **offene** ~ | open vote (voting) | **schriftliche** ~ | ballot.

★ **etw. zur** ~ **bringen (stellen)** | to take a vote on sth.; to put (to bring) sth. to the vote | **zur** ~ **kommen** | to come to a vote | **zur** ~ **schreiten** | to take a (the) vote; to put sth. to the vote | **an der** ~ **teilnehmen** | to cast one's vote; to vote | **etw. durch** ~ **entscheiden** | to decide sth. by vote | **sich bei der** ~ **vertreten lassen** | to vote by proxy.

Abstimmung *f* Ⓑ [Vergleichung und Richtigstellung] | ~ **der Bücher** | balancing of the books | ~ **der Konten; Konten**~ | reconciliation of (of the) accounts.

abstimmungsberechtigt *adj* | ~ **sein** | to be entitled to vote.

Abstimmungs..ergebnis *n* | voting results | **das** ~ **bekanntgeben** | to declare the poll.

—**lokal** *n* | polling station.

—**maschine** *f* | balloting machine.

—**zone** *f* | plebiscite zone.

abstoßen *v* | **Aktien** ~ | to sell out (to unload) shares (stock) | **ein Aktienpaket** ~ | to sell a block of shares | **Ware(n)** ~ | to unload (to dispose of) goods.

abstrakt *adj* | ~**es Schuldanerkenntnis** | naked acknowledgement of debt (of indebtedness).

abstreichen *v* | **Ausgaben** ~; **Ausgabenposten** ~ | to reduce (to curtail) (to cut) expenses; to retrench.

abstreiten *v* Ⓐ [bestreiten] | **jdm. das Recht** ~, **etw. zu tun** | to contest (to dispute) sb.'s right to do sth.

abstreiten *v* Ⓑ [ableugnen] | **seine Schuld** ~ | to deny the charge(s); to plead not guilty | ~, **etw. getan zu haben** | to deny having done sth.

abstreiten *v* Ⓒ [streiten] | **sich mit jdm. über (um) etw.** ~ | to argue (to quarrel) (to have words) with sb. about sth.; to fight sb. over sth.

Abstrich *m* [Abzug] | deduction.

Abstriche *mpl* [Einsparungen] | reduction of expenses; economies *pl* | **Budget**~; **Haushalt**~ | budget economies | ~**e machen** ① | to reduce (to curtail) (to cut) expenses; to retrench | ~**e machen** ② | to make (to effect) economies.

abstufen *v* | to grade.

Abstufung *f* | grading.

Abteilung *f* | department; section; division; branch | **Berufungs**~ | appellate division | **Forschungs**~; **Versuchs**~ | research (experimental) department | **Patent**~ | patent department | **Rechts**~; **juristische** ~ | legal (law) department | **Versand**~ | despatch (mailing) department.

Abteilungs..leiter *m*; —**vorstand** *m* | department head; departmental chief.

abtragen *v* | **eine Hypothek** ~ | to redeem a mortgage | **eine Schuld** ~ | to pay off (to clear off) (to discharge) a debt | **eine Schuld in Raten** ~ | to pay off a debt in (by) instalments.

abträglich *adj* | detrimental; adverse.

Abtragung *f* | paying off | ~ **einer Hypothek** | redemption of a mortgage.

Abtransport *m* | removal.

abtransportieren *v* | to remove; to transport away.

abtreiben *v* | to procure (to produce) abortion.

Abtreibung *f* | abortion; procured (procuring of) abortion.

Abtreibungsversuch *m* | attempt to procure abortion.

abtrennen *v* | **etw. von etw.** ~ | to separate sth. from sth.

Abtrennung *f* | separation.

abtretbar *adj* | assignable; transferable | **nicht** ~ | not assignable; not transferable; unassignable; not to be transferred.

Abtretbarkeit *f* | assignability; transferability.

abtreten *v* Ⓐ [zedieren] | to assign; to transfer | **einen Anspruch** ~; **eine Forderung** ~ | to assign a claim | **jdm. ein Recht** ~ | to assign (to cede) a right to sb. | **blanko** ~ | to assign in blank | **zurück**~ | to reassign.

abtreten *v* Ⓑ [zurücktreten] | **von seinem Posten (Amt)** ~ | to relinquish (to resign from) one's post.

Abtretende *m* und *f* | **der** ~; **die** ~ | the assignor.

Abtretung *f* | assignment; transfer; cession | ~ **eines Anspruchs; Forderungs**~; ~ **einer Forderung** | assignment (transfer) of a claim | ~ **der Außenstände** | assignment of debts | **Gebiets**~ | cession of territory | **behördliche (ministerielle) Genehmigung der** ~ | authorization of the transfer | **General**~; **Gesamt**~ | general assignment | ~ **von Grundeigentum** | conveyance of land (of real property) | ~ **eines Rechts** | assignment of a right | ~ **von Rechten; Rechts**~ | assignment (cession) (transfer) of rights | ~ **der Rechte aus einer Erbschaft**; ~ **von Erbansprüchen** | assignment of the rights acquired by an inheritance | ~ **der Rechte aus einem Mietsvertrag** | assignment of a lease | **Rück**~; **Wieder**~ | reassignment | ~ **einer im Streit befangenen Forderung (Sache)** | assignment of a litigious claim (matter) | **Teil**~ | partial assignment | ~ **und Übertragung** | assignment and transfer | **Vermögens**~ | assignment of property | ~ **an Zahlungs Statt** | cession in lieu of payment | **Zwangs~** | compulsory cession (surrender).

Abtretungs..anzeige *f* | notice of assignment.

—erklärung *f* | declaration of assignment.

—preis *m* | assignment price.

—urkunde *f*; **—vertrag** *m* | deed (contract) of assignment (of transfer); assignment (transfer) deed.

aburteilen *v* | jdn. ~ | to sentence sb.; to pronounce sentence on sb. | jdn. in Abwesenheit ~ | to sentence sb. in absence.

Aburteilung *f* | sentence.

abwägen *v* | das Für und Wider gegeneinander ~ | to weigh the pros and cons | seine Worte ~ | to weigh one's words.

abwälzen *v* | die Steuer ~ | to shift the burden of the tax | die Verantwortung für etw. auf jdn. ~ | to shift the responsibility of sth. to (upon) sb. | einen Verdacht von sich ~ | to remove suspicion from os.

Abwälzung *f* | ~ von Steuern | shifting of (of the) taxes.

Abwanderung *f* | ~ von Kapital; Kapital~ | exodus (outflow) (efflux) of capital | ~ von Kunden; ~ von Kundschaft | loss (falling off) of custom; disaffection of customers | Massen~ | mass exodus.

Abwärtsbewegung *f* | downward movement.

abwartend *adj* | ~e Haltung | observant attitude; policy of wait and see.

abwartend *adv* | sich ~ verhalten | to wait and see; to follow a policy of wait and see.

abwechseln *v* Ⓐ | to take turns.

abwechseln *v* Ⓑ [turnusmäßig ~] | to alternate; to rotate.

abwechselnd *part* Ⓐ | alternating; alternate.

abwechselnd *part* Ⓑ [der Reihe nach] | in turn; by turns.

Abwechslung *f* Ⓐ | alternation.

Abwechslung *f* Ⓑ [~ im Turnus] | rotation.

Abwehr *f* Ⓐ [Verteidigung] | defense | Spionage~ | counter-espionage.

Abwehr *f* Ⓑ [Widerstand] | resistance.

Abwehrmaßnahmen *fpl* | preventive measures.

abweichen *v* | von etw. ~ | to deviate (to differ) from sth. | voneinander ~ | to diverge | von den Bestimmungen ~ | to depart from the rules (regulations) | vom Original ~ | to depart (to deviate) from the original | von seiner Pflicht ~ | to deviate from one's duty | von einem Plan ~ | to deviate from a plan | im Wortlaut ~; im Text ~ | to read differently; to have a different wording.

abweichend *adj* | different; divergent | ~e Ansichten | divergent (different) opinions; divergence (difference) of opinions (of views) | ~e Entscheidung ① [von den Vorentscheidungen ~] | decision which departs from the precedents | ~e Entscheidung ② [von der Mehrheitsentscheidung ~] | dissentient opinion; dissent | weit voneinander ~e Darstellungen | widely different versions | ~er Meinung sein | to be of different opinion; to differ in opinion | ~er Text (Wortlaut) | different text (wording); differently worded text.

Abweichung *f* | deviation; divergence | in ~ von | by deviating from.

Abweichungsklausel *f* | deviation clause.

abweisen *v* | to reject; to dismiss; to refuse | einen Antrag ~ | to refuse an application (a petition) | die Berufung ~ | to dismiss (to disallow) the appeal | eine Klage ~ | to dismiss an action | den Kläger mit seiner Klage ~ | to nonsuit the plaintiff; to enter judgment for the defendant.

abweisend *adj* | ~e Entscheidung; ~es Urteil | rejection; dismissal.

Abweisung *f* | rejection; refusal | ~ eines Antrags | rejection of an application | ~ der Berufung; Berufungs~ | dismissal of appeal | ~ der Klage; Klags~ | dismissal of the action; judgment given against the plaintiff; nonsuit.

abwendbar *adj* | avoidable.

abwenden *v* | to avert; to avoid; to prevent | Schaden ~ | to avoid (to avert) (to prevent) damage | einen Verlust ~ | to avert a loss.

abwendig *v* | jdn. ~ machen | to entice sb. away.

Abwendung *f* | ~ eines Schadens | avoidance of damage.

abwerfen *v* | to yield | Ertrag ~ | to give (to yield) a return | Gewinn ~; Nutzen ~ | to yield a profit | Zinsen ~ | to bear (to earn) (to bring in) (to yield) interest.

abwerfend *adj* | Gewinn ~ | remunerative.

abwerten *v* | to devaluate; to devalue.

Abwertung *f* | devaluation; devalorization | Geld~; Währungs~ | currency (monetary) devaluation (depreciation); depreciation (devaluation) of the currency (of money); devalorization.

Abwertungs..gewinn *m* | devaluation profit.

—klausel *f* | devaluation clause.

—politik *f* | devaluation policy.

—satz *m* | rate of devaluation.

abwesend *adj* | absent.

Abwesende *m* | der ~ | the absentee | Verfahren gegen ~ | proceedings *pl* in contumacy.

Abwesenheit *f* Ⓐ | absence | Vermutung der ~ | presumption of absence | in ~ von | in the absence of.

Abwesenheit *f* Ⓑ [Nichterscheinen] | non-appearance; failure to appear | Verfahren in ~ | proceedings in contumacy | Verurteilung in ~ | sentence in absence | jdn. in ~ verurteilen | to sentence sb. in absence | in ~ verurteilt | sentenced in absence.

Abwesenheits..erklärung *f* | declaration of absence.

—pfleger *m* | curator absentis; guardian appointed to manage the affairs of an absent person.

—pflegschaft *f* | guardianship for managing the affairs of an absent person.

—protest *m* | protest for absence.

—vermutung *f* | presumption of absence.

—verfahren *n* | proceedings *pl* in contumacy | Verurteilung im ~ | sentence in absence.

abwickeln *v* Ⓐ [regeln] | to settle; to carry through.

abwickeln *v* Ⓑ [liquidieren] | to wind up; to liquidate.

Abwickler *m* | liquidator.

Abwicklung *f* Ⓐ [Regelung] | settlement.

Abwicklung *f* Ⓑ [Liquidation] | winding up; liquidation.

Abwicklungs..bank *f* | liquidation bank.

—behörde *f* | authority charged with the liquidation.

—geschäft *n* | winding up transaction.

—konto *n* | liquidation account.

—stelle *f* | liquidation office.

—verfahren *n* | winding up proceedings *pl*.

—zeitraum *m* | settling (winding-up) period.

abwracken *v* | ein Schiff ~ | to break up a ship.

Abwrackgeschäft *n* | shipbreaking business; shipbreakers *pl*.

abzahlen *v* | eine Schuld ~ | to pay off (to clear off) (to discharge) a debt | eine Schuld in Raten ~ | to pay off a debt in (by) installments.

Abzahlung *f* Ⓐ [in Raten] | Kauf auf ~ | hire-purchase | auf ~ kaufen | to buy on the installment system | Verkauf auf ~ | sale on deferred terms | als ~ | on account | auf ~ | on (by) installments; on deferred terms; on hire-purchase; on the installment plan.

Abzahlung *f* Ⓑ [Tilgung] | paying off; settlement | ~ in Raten | paying off by installments.

Abzahlungs..basis *f* | **auf** ~ | on the installment (hire-purchase) plan.
—**geschäft** *n* Ⓐ | hire-purchase sale; sale on deferred terms.
—**geschäft** *n* Ⓑ [Firma] | hire-purchase (installment) business.
—**kauf** *m* | hire-purchase.
—**konto** *n* | installment (hire-purchase) account.
—**plan** *m* | hire-purchase (installment) (deferred payments) plan.
—**preis** *m* | hire-purchase price.
—**system** *n*; —**wesen** *n* | installment (deferred payments) (hire-purchase) system.
—**vertrag** *m* | hire-purchase agreement.
Abzeichen *n* | badge; insignia | **Dienst**~ | badge of office.
Abzeichnen *n* | initialling | ~ **am Rande** | initialling on the margin.
abzeichnen *v* | **etw.** ~ | to initial sth.; to give (to put) one's initials to sth. | **eine Abänderung** ~ | to initial an alteration | **eine Abschrift** ~ | to initial a copy | **einen Entwurf** ~ | to initial a draft | **etw. am Rande** ~ | to initial sth. on the margin | **eine Rechnung** ~ | to initial an account.
Abzeichnung *f* Ⓐ | initialling | ~ **am Rande** | initialling on the margin.
Abzeichnung *f* Ⓑ | initials *pl*.
abziehbar *adj* | deductible; allowable for deduction.
abziehen *v* Ⓐ | **etw.** ~ | to deduct sth. | **einen Betrag** ~ | to deduct an amount (a sum) | **etw. vom Preis** ~ | to deduct sth. from the price | **etw. von einer Summe** ~ | to deduct sth. from a sum.
abziehen *v* Ⓑ [einbehalten] | to deduct; to retain | **etw. vom Lohn** ~ | to deduct (to retain) sth. from the wages.
abziehen *v* Ⓒ [abheben] | to withdraw | **Gelder** ~ | to withdraw funds.
Abzug *m* Ⓐ | deduction; reduction | **Gehalts**~ | deduction from the salary | **nach (unter)** ~ **der Kosten** | charges deducted; less charges | **nach** ~ **aller Kosten** | clear of all expenses | **Lohn**~ | deduction from the wages | **Preis**~ | deduction in price; discount | **nach** ~ **aller Schulden** | clear of all debts | ~ **für Spesen; Spesen**~ | deduction for expenses | **Steuer**~ | deduction of tax; tax deduction | **ohne** ~ **von (für) Steuern** | free of tax(es) (of all taxes); tax-free; tax-exempt; free from taxation | **unter (nach)** ~ **der Steuer** | tax deducted; less (after) tax(es) | **nach (unter)** ~ **der Zinsen** | less interest accrued | **vorheriger** ~ | previous deduction.
★ **etw. in** ~ **bringen** | to make deduction of sth.; to deduct sth. | **in** ~ **kommen** | to be deducted.
★ **nach** ~ **von** | after deducting ...; after deduction of ...; after allowance for ...; ... deducted; less ... | **bar ohne** ~ | net cash | „**Kassa ohne** ~" | "terms net cash" | **ohne jeden** ~ | free from (from all) deduction | **unter** ~ **von ...** | less ...; subject to deduction of ...
Abzug *m* Ⓑ [Einbehaltung] | withholding | **unter** ~ **eines Betrages von ...** | withholding an amount of ... | ~ **an der Quelle** | deduction (taxation) at the source.
Abzug *m* Ⓒ [Abhebung] | withdrawal | **Gold**~ | gold withdrawal.
Abzug *m* Ⓓ [Probe~; Abdruck] | printer's proof; proof sheet; proof | **Bürsten**~ | brush (stone) proof | **erster** ~ | galley proof; galley.
Abzüge *mpl* | **Gehalts**~; **Lohn**~ | deductions from the salaries (from the wages); payroll deductions | **steuerfreie** ~ | deductions for taxes.

abzüglich *adv* | to be deducted | ~ **eines Betrages von ...** | after deducting (after deduction of) a sum of ... | ~ **Diskont** | less (deducting) discount | ~ **der Kosten** | less charges; charges deducted | ~ **aller Kosten** | clear of all expenses | ~ **Steuer** | less tax; tax deducted | ~ **der Zinsen** | less interest accrued.
abzugsfähig *adj* | allowable for deduction; deductible | ~**e Ausgaben** | deductible expenses | ~**er Posten** | deductible item.
Abzugsfähigkeit *f* | deductibility.
abzusetzen *adj* Ⓐ [verkäuflich] | **leicht** ~ | easily (readily) sold; selling well; with a ready sale | **nicht** ~ | unsaleable | **schwer** ~ | hard (difficult) to sell.
abzusetzen *adj* Ⓑ [abzugsfähig] | to be deducted; deductible.
Achse *f* | **per** ~ ① | by carriage; by cartage | **per** ~ ② | by road; by road haulage.
Acht *f* | ban; proscription | **jdn. in** ~ **und Bann erklären** | to outlaw (to proscribe) sb.; to place sb. under the ban.
achtbar *adj* | respectable; hono(u)rable.
achten *v* | **jdn.** ~ | to hono(u)r (to respect) sb.; to hold sb. in respect; to have respect for sb. | **das Gesetz** ~ | to respect the law.
Achtstundentag *m* | eight hours' (eight-hour) day (working day).
Achtung *f* | respect | ~ **vor anderen** | respect for others | ~ **vor dem Gesetz** | respect for the law | ~ **vor dem Gesetz haben** | to respect the law | **keine** ~ **vor dem Gesetz haben** | to be no respecter of the law | **einem Gesetz** ~ **verschaffen** | to enforce respect for a law | **Selbst**~ | self-respect | **mit aller gebührenden** ~ | with all due respect.
★ **jdm.** ~ **entgegenbringen** | to hold sb. in respect; to have respect for sb. | **über jdn. voll** ~ **sprechen** | to speak respectfully of sb. | **etw. aus** ~ **für jdn. tun** | to do sth. out of respect for sb.
ächten *v* | **jdn.** ~ | to outlaw (to proscribe) sb.
Ächtung *f* | proscription; outlawry.
Ackerbau *m* | agriculture; farming; husbandry | ~ **und Viehzucht** | farming and (stock) breeding.
Ackerbau..kunde *f* | agronomy; husbandry.
—**kundiger** *m* | agronomist; agricultural expert.
—**land** *n*; —**staat** *m* | agricultural country (nation).
—**schule** *f* | agricultural college; farm school.
Acquisiteur *m* | canvasser | **Anzeigen**~ | advertising canvasser.
addieren *v* | to add up | **falsch** ~ | to make a mistake in adding.
Addiermaschine *f* | adding machine.
Additionsfehler *m* | mistake in summing up (in addition).
Adel *m* | aristocracy | **Erb**~; **Geburts**~ | hereditary aristocracy | **Hoch**~ | high aristocracy; nobility | **Land**~ ① | country gentry | **Land**~ ② | landed aristocracy | **der hohe und der niedere** ~ | the nobility and the gentry.
Adeliger *m* | nobleman; aristocrat.
adeln *v* | to ennoble.
Adels..almanach *m* | peerage list.
—**bezeichnung** *f*; —**prädikat** *n*; —**titel** *m* | noble title; title of nobility.
—**brief** *m*; —**patent** *n* | patent of nobility.
—**herrschaft** *f* | aristocracy.
—**stand** *m* | nobility; gentry | **Erhebung in den** ~ | ennoblement; raising to nobility.
adlig *adj* | noble; aristocratic | **von** ~**er Geburt (Abkunft) (Abstammung)** | of noble (of high) birth (descent).
Administration *f* | administration.

administrativ *adj* | administrative | ~e Gewalt | administrative power.

Administrator *m* | administrator.

Admiralität *f* Ⓐ [Admiralswürde] | admiralship.

Admiralität *f* Ⓑ [Marinebehörde] | admiralty; board of admiralty.

Admiralitätsgericht *n* | admiralty court; High Court of Admiralty.

adoptieren *v* | to adopt.

Adoptierende *m* | der ~ | the adopter.

Adoptierung *f*; **Adoption** *f* | adoption | ~ eines Kindes | adoption of a child | ~ durch letztwillige Verfügung | adoption by testament.

Adoptions..beschluß *m* [gerichtlicher ~] | adoption order.

—**vertrag** *m* | deed (contract) of adoption.

Adoptiv..bruder *m* | brother by adoption; foster brother.

—**eltern** *pl* | adoptive (foster) parents.

—**kind** *n* | adoptive (adopted) child; foster child.

—**mutter** *f* | adoptive (foster) mother.

—**schwester** *f* | sister by adoption; foster sister.

—**sohn** *m* | adoptive (adopted) son.

—**tochter** *f* | adoptive (adopted) daughter.

—**vater** *m* | adoptive (foster) father.

Adressant *m* | writer; consigner | ~ eines Wechsels | drawer of a bill.

Adressat *m* Ⓐ | addressee; consignee | Not~ | addressee in case of need.

Adressat *m* Ⓑ [einer Geldsendung] | payee.

Adressat *m* Ⓒ [eines Wechsels] | drawee.

Adreßbuch *n* | directory; address book | Handels~ | trade (commercial) directory.

Adresse *f* Ⓐ | address; direction | Anhäng~ | address label | Begleit~ | dispach note | Code~ | code address | Deck~ | accommodation address | Büro~; Geschäfts~ ① | office address | Geschäfts~ ② | business address | Kabel~; Telegramm~ | cable (telegraphic) address | Nachsende~ | forwarding address | Neben~ | subsidiary (supplementary) address; by-address | Not~ | address (reference) in case of need | Post~; Postzustell~ | mailing (postal) address | Postbegleit~ | postal dispatch note | Privat~; ~ des Wohnortes; Wohnsitz~ | private (home) address | Zustell~; Zustellungs~ | address for service.

★ falsche ~ | wrong address; misdirection | etw. an die falsche ~ richten | to misdirect sth. | ständige ~ | permanent address | unleserliche ~ | illegible address | volle ~; vollständige ~ | full address.

★ jdm. eine ~ angeben (aufgeben) | to give sb. an address | an jds. ~ | addressed to sb. | ohne ~ | unaddressed | per ~ | care of ...; c/o.

Adresse *f* Ⓑ [formelles Schreiben] | formal address (letter) | Beileids~ | letter of condolence | Dank~ | address (letter) of thanks | Glückwunsch~ | address of congratulations.

Adresse *f* Ⓒ [Kunde] | erste ~ | first-rate customer (borrower).

Adressen..änderung *f* | change of address.

—**angabe** *f* | giving (indication of) an address | ohne ~ | without giving (leaving) an address.

—**büro** *n*; —**verlag** *m* | address office (bureau).

—**heft** *n* | address booklet.

—**liste** *f* | address (mailing) list.

adressieren *v* | to address; to direct | etw. falsch ~ | to give a wrong address for (on) sth.; to misdirect sth.

Adressiermaschine *f* | addressing machine; addressograph.

Adressierung *f* | addressing.

Advokat *m* | barrister; attorney; counsellor.

Advokatenkniff *m* | pettifoggery; lawyer's trick.

Advokatenstand *m*; **Advokatur** *f* | legal profession; bar.

Advokaturbureau *n* [S] | law office; chambers.

Affäre *f* | affair; matter; case | Bestechungs~ | bribery and corruption.

After..bürgschaft *f* | counter security (bail).

—**miete** *f* | sublease.

—**mieter** *m* | sublessee; subtenant.

Agenda *f* | order of the day.

Agent *m* | agent; representative | Abschluß~ | signing agent | Anzeigen~ | advertising agent | Ausfuhr~; Export~ | export agent | Auswanderungs~ | emigration agent | Bank~ | bank agent (broker) | Börsen~ | stock (share) (exchange) broker | Einfuhr~; Import~ | import agent | Einkaufs~ | buying agent | Geheim~ | secret agent | General~; Haupt~ | general agent (representative); chief (principal) agent | Geschäfts~; Handels~ | commercial agent (broker); mercantile broker | Konsular~ | consular agent | Nachrichten~ | news agent | Platz~ | local agent | Reise~ | travelling agent | Unter~ | intermediate broker | Vermietungs~ | estate (real estate) (house) agent | Versicherungs~ | insurance agent (broker) | Verzollungs~; Zoll~ | customs (custom house) agent (broker) | Wahl~ | election (electioneering) agent | Wechsel~ | exchange (bill) broker | Winkel~ | unlicensed broker.

★ alleiniger ~ | sole (exclusive) agent | diplomatischer ~ | diplomatic agent.

Agenten..gebühr *f*; —**provision** *f* | brokerage; commission fee; commission.

—**stelle** *f* | agentship; agency.

Agentur *f* Ⓐ | agency; representation | Auswanderungs~ | emigration agency (office) | Bank~ | agency of a bank | General~; Haupt~; Zentral~ | general (central) (head) agency | Geschäfts~ | business agency | Handels~ | commercial (mercantile) agency | Liegenschafts~ | estate (real estate) (land) agency | Nachrichten~; Presse~ | news (press) agency | Post~ | postal agency; sub-post office | Schiffs~ | shipping agency | Speditions~ | shipping (freight) (forwarding) agency (office) | Telegraphen~ | telegraph office | Zoll~ | customs agency.

Agentur *f* Ⓑ [Zweigniederlassung] | branch office; branch | Bank~ | branch (branch office) of a bank.

Agentur..geschäft *n* | agency business (trade).

—**provision** *f* | agency commission.

—**vertrag** *m* | agency agreement (contract).

aggressiv *adj* | aggressive | ~e Haltung | agressiveness | ~e Politik | aggressive policy.

Agio *n* | agio; premium | Emissions~ | issuing premium.

Agiogeschäft *n*; **Agiotage** *f* | agiotage; agio business.

Agiokonto *n*; **Agiorechnung** *f* | premium account.

Agioteur *m* | stock jobber.

agiotieren *v* | to speculate (to gamble) on the stock exchange.

Agitation *f* | agitation; agitating | Wahl~ | electioneering.

Agitator *m* | agitator.

agitieren *v* | to agitate.

Agnat *m* | relation on the father's side; agnate.

Agnation *f* | blood relationship on the father's side; agnation.

agnatisch *adj* | agnate.

Agrar..aufbau *m* | agrarian structure.

—**bank** *f* | farmers' (country) bank.

—**beihilfe** *f*; —**subvention** *f* | farm subsidy.

—**erzeugnisse** *npl*; —**produkte** *npl* | farm produce.

Agrar..erzeugung *f* | farm production.
—gesetz *n* | farm law.
—gesetzgebung *f* | farm legislation.
agrarisch *adj* | agrarian.
Agrar..kredit *m* | farm credit.
—markt *m* | market for farm produce; agricultural market.
—politik *f* | farming policy.
—preise *mpl* | prices of farm produce; farm (agricultural) prices.
—reform *f* | agrarian (land) reform.
—sozialismus *m* | land socialism.
—staat *m* | agricultural country (nation).
—verfassung *f* | agrarian structure.
—zoll *m* | agricultural duty; protective tariff.
Ahn *m* | ancestor; forefather.
ahnden *v* | to penalize | **diszliplinär** ~ | to discipline.
Ahndung *f* | penalization | **disziplinäre** ~ | disciplining.
Ahnen *mpl* | ancestors; forefathers; ancestry | **das Haus seiner** ~ | his ancestral home.
—geschlecht *n* | ancestry; line of descent.
—reihe *f* | line of ancestors; ancestry.
—tafel *f* | genealogical table (tree); family tree.
Ahnfrau *f*; **Ahnherrin** *f*; **Ahnin** *f* | ancestress.
Ahnherr *m* | ancestor; forefather.
Akademie *f* | academy; university | **Berg**~ | mining academy | **Forst**~ | high school of forestry | **Kriegs-**~; **Militär**~ | military academy | **Marine**~ | naval academy.
Akademiker *m* | university graduate.
akademisch *adj* | academic(al) | ~e **Bildung (Ausbildung)** | university education | ~er **Grad** | university degree.
Akklamation *f* | **durch** ~ **abstimmen** | to vote by acclamation | **jdn. durch** ~ **wählen** | to elect sb. by acclamation.
Akkord *m* Ⓐ [Arbeit auf ~; Lohn~] | contract (job) work | **Einzel**~ | work by the piece; piecework | **Gruppen**~ | job work (piecework) done by the team | **in (auf)** ~ **arbeiten** | to do job work (piecework); to job | **eine Arbeit in** ~ **geben (auf** ~ **vergeben)** | to give some work out by the job | **jdn. in** ~ **entlohnen; jdn. auf** ~ **arbeiten lassen** | to pay sb. by the job | **etw. auf** ~ **übernehmen** | to contract for sth. by the job | **in** ~; **auf** ~ | by the job (piece).
Akkord *m* Ⓑ [Vergleich] | settlement | ~ **mit den Gläubigern** | composition (arrangement) (settlement) with creditors | **mit seinen Gläubigern einen** ~ **zustande bringen** | to make (to come to) a settlement (a composition) with one's creditors; to compound with one's creditors.
Akkordarbeit *f* | piece (job) (jobbing) work; piecework; work done by the job.
Akkordarbeiter(in) *m* oder *f* | job (piece) (piece-rate) worker *m* or *f*; jobber.
akkordieren *v* | **mit den Gläubigern** ~ | to make (to come to) a settlement (a compromise) with the creditors; to compound with one's creditors.
Akkord..lohn *m* | piece (piecework) (task) wages.
— —system *n* | piecework system.
— —vertrag *m* | piecework (jobbing) contract.
—löhne *mpl* | efficiency wages *pl*.
—prämie *f* | piece-rate bonus.
akkreditieren *v* Ⓐ [beglaubigen] | **einen Gesandten bei einer Regierung** ~ | to accredit an ambassador to a government.
akkreditieren *v* Ⓑ [einen Kredit eröffnen] | to open a credit (a letter of credit).
akkreditiert *adj* Ⓐ | **als Gesandter** ~ | accredited as ambassador.

akkreditiert *adj* Ⓑ | **wohl** ~ | of good standing; bankable.
Akkreditierung *f* Ⓐ [Beglaubigung] | ~ **eines Gesandten** | accreditation (accrediting) of an ambassador.
Akkreditierung *f* Ⓑ [Eröffnung eines Kredits] | opening of a credit.
Akkreditiv *n* | letter of credit | **bestätigtes** ~ | confirmed letter of credit | **unwiderrufliches** ~ | irrevocable letter of credit | **ein** ~ **ausstellen** | to make out a letter of credit | **ein** ~ **zurückziehen** | to revoke a letter of credit.
—verbindlichkeiten *fpl* | liabilities in respect of open credits.
—zwang *m* | requirement to open credits.
Akquisiteur *m* | canvasser; town traveller | **Annoncen**~; **Anzeigen**~ | advertising canvasser | **Versicherungs**~ | insurance canvasser.
Akt *m* Ⓐ [Rechtsvorgang] | deed | **Errichtungs**~; **Gründungs**~ | deed of formation | **Notariats**~; **notarieller** ~ | notarial deed (document) | **gerichtlicher** ~ | judicial document (instrument).
Akt *m* Ⓑ [Handlung] | act | ~ **der Aggression** | act of aggression | **Anerkennungs**~ | act of recognition | ~ **der Gerechtigkeit** | act of justice | **Geschlechts**~ | sexual intercourse | **Gesetzgebungs**~; ~ **der Gesetzgebung** | act of legislation; legislative act | **Gewalt**~ | act of violence (of force); violence | ~ **der öffentlichen Gewalt** | act of high (public) authority | **Gnaden**~ | act of grace (of clemency) | ~ **von hoher Hand**; ~ **der Regierung**; ~ **der Staatsgewalt**; **Staats**~ ① | act of high (public) authority; governmental act | **Staats**~ ② | official function (ceremony) | **Hoheits**~ | sovereign act | **Sabotage**~ | act of sabotage | **Terror**~ | act of terrorism | **Verwaltungs**~ | act of administration; administrative measure | **Willens**~ | expression of one's intention (of one's will) | **Willkür**~ | arbitrary act.
★ **behördlicher** ~; **obrigkeitlicher** ~ | act of high (public) authority | **einseitiger** ~ | unilateral (unilateral legal) transaction; deed poll | **feindlicher** ~ | hostile act; hostility | **gesetzgebender** ~; **gesetzgeberischer** ~ | act of legislation; legislative act | **hoheitlicher** ~ | sovereign act | **unfreundlicher** ~ | unfriendly act.
Akt *m* Ⓒ **Akte** *f* Ⓐ | file; record.
Akte *f* Ⓑ [Gesetz] | **Navigations**~ | Navigation Act | **Parlaments**~ | Act of Parliament.
Akten *mpl* | files; records; papers; documents | **Bei**~ | supplementary (ancillary) files | **Gerichts**~; **Prozeß**~ | court records (files); rolls (records) of the court | **die Grund**~ | the land register | **Notariats**~ | notarial records (files) | **Personal**~ | record; service record | **Steuer**~ | tax files | **die Vor**~ | the previous files (papers).
★ **etw. zu den** ~ **legen** | to insert sth. in the files; to place sth. on file | ~ **ablegen (weglegen)** | to close and put away records | **auf Grund (nach Lage) der** ~ **entscheiden** | to decide on the record | **in den** ~ **nachschlagen** | to consult the records | **bei den** ~ **sein** | to be on file.
Akten..bündel *n* | bundle of files; file of documents; file.
—deckel *m*; **—umschlag** *m* | folder; binder.
—einsicht *f*; **—einsichtnahme** *f* | inspection of the files.
aktenkundig *adj* | ~ **sein** | to be on record; to be a matter of record.
aktenkundig *adv* | **etw.** ~ **machen** | to place (to take) sth. on record; to record sth.
aktenmäßig *adj* | documentary.

aktenmäßig *adv* | etw. ~ festhalten (feststellen) to place (to take) sth. on record; to record sth. | ~ feststehen | to be on record; to be a matter of record.
Akten..lage *f* | nach ~ (nach der ~) entscheiden | to decide on the record.
—**mappe** *f*; —**tasche** *f* | brief case.
—**notiz** *f*; —**vermerk** *m* | memorandum for file.
—**schrank** *m* | filing cabinet; document file.
—**stück** *n* | document; paper.
—**zeichen** *n* | file (reference) number.
Aktie *f* | share | **Prioritäts**~; **Vorrechts**~; **Vorzugs**~ | preference (preferred) (preferential) share | **Stamm**~ | ordinary share.
Aktien *fpl* | **Abstempelung der** ~ | stamping of the shares | **Ausgabe von** ~ | issue (issuing) of shares (of stock) | **Bahn**~; **Eisenbahn**~ | railway shares (stocks) (stock); railroads; rails | **Bank**~ | banking shares (stock) | **Bergwerks**~ | mining shares (stock) | **in Geld einbezahlte** ~ | shares which have been paid up in cash | **Genuß**~ | bonus shares | **Frei**~; **Gratis**~ | bonus shares | **Gründer**~ | founder's (promoter's) (vendor's) shares | **Industrie**~ | industrial shares (stock) | **auf den Inhaber lautende** ~; **Inhaber**~ | bearer shares (stock) | **Kapital**~ | capital (common) stock; shares of common stock | **Kommanditgesellschaft auf** ~ | limited partnership with a share capital | **Mehrstimmrechts**~ | multiple shares | **Montan**~ | mining shares (stock) | **auf den Namen lautende** ~; **Namens**~ | registered (inscribed) stock; registered shares | **~ und Obligationen** | stocks and bonds | **Prioritäts**~; **Vorrechts**~; **Vorzugs**~ | preference capital (stock); preferred stock | **Realisierung von** ~ | selling out of shares | **Schifffahrts**~ | shipping shares | **Stamm**~; **nicht bevorrechtigte** ~ | shares of common stock; deferred (ordinary) shares (stock); common stock.
★ **abgestempelte** ~ | stamped shares | **gewinnberechtigte** ~ | profit-sharing stock; participating shares | **junge** ~; **neue** ~ | new (junior) shares | **verwässerte** ~ | watered stock | **voll eingezahlte** ~ | fully paid (paid up) shares | **nicht voll eingezahlte** ~ | partly paid shares.
★ ~ **abstoßen (realisieren) (verkaufen)** | to sell out shares | ~ **ausgeben;** ~ **begeben** | to issue shares (stock) | ~ **besitzen** | to hold shares (stock); to be a shareholder (stockholder) | ~ **an der Börse einführen** | to have stock admitted to quotation | ~ **voll einzahlen** | to pay shares in full | ~ **einziehen** | to withdraw (to call in) shares | ~ **umtauschen** | to exchange old shares against new ones | ~ **zeichnen** | to subscribe (to underwrite) shares | **auf** ~ | limited by shares.
Aktien..agio *n* | premium on the issue of shares; stock premium.
—**ausgabe** *f* | issue of shares (of stock); share issue.
—**austausch** *m* | exchange of shares.
—**bank** *f* | joint-stock bank.
—**besitz** *m* | stockholding(s); stock ownership.
—**besitzer** *m* | holder of shares; shareholder; stockholder | **registrierter** ~ | stockholder of record.
—**bestand** *m* | shares (stocks) on hand.
—**beteiligungen** *fpl* | stockholdings.
—**betrug** *m* | share (bucket-shop) fraud.
—**bezugsrecht** *n* | option to subscribe to new shares; stock option.
—**bezugsschein** *m* | stock subscription warrant.
—**bonus** *m* | share bonus.
—**börse** *f* | stock exchange (market).
—**buch** *n* Ⓐ | share register (ledger).
—**buch** *n* Ⓑ | register (list) of shareholders.

Aktien..dividende *f* | share (stock) dividend.
—**einzahlung** *f* | payment on shares.
—**einziehung** *f* | withdrawal (redemption) of shares.
—**emission** *f* | issue of shares (of stock); share issue.
—**gesellschaft** *f* | joint stock company; stock corporation | **Kommandit**~ | limited partnership with a share capital | **eine** ~ **gründen** | to form a stock company (a corporation); to incorporate.
—**gesetz** *n* | law on stock companies (corporations); companies act [GB].
—**handel** *m* | stock-broking (trading).
—**händler** *m* | share (stock) broker.
—**hausse** *f* | boom on the stock market.
—**index** *m* | share index.
—**inhaber** *m* | holder of shares; shareholder; stockholder.
—**kapital** *n* | share (stock) capital; capital stock; capitalization | **Stamm**~ | deferred (ordinary) stock (share capital) | **Vorzugs**~ | preferred share (preference) capital | **zur Einzahlung aufgerufenes** ~ | called up stock capital | **ausgegebenes** ~ | issued capital stock; shares outstanding | **nicht ausgegebenes** ~ | unissued stock | **autorisiertes** ~; **genehmigtes** ~ | authorized capital (share capital); registered capital stock | **eingezahltes** ~; **voll eingezahltes** ~ | paid up (fully paid up) stock capital | **stimmberechtigtes** ~ | voting stock (capital stock) | **nicht stimmberechtigtes** ~ | non-voting stock | **verwässertes** ~ | watered stock.
★ **das** ~ **erhöhen** | to increase the share (stock) capital | **X % des** ~**s kontrollieren** | to control X percent of the voting stock (power) | **das** ~ **verwässern** | to water the stock.
—**konto** *n* | share (stock) account.
—**kurse** *mpl* | share (stock) prices (quotations).
—**kurszettel** *m* | list of share (stock) quotations.
—**majorität** *f*; —**mehrheit** *f* | stock majority; controlling majority stock | **Besitzer der** ~ | controlling stockholder | **die** ~ **besitzen** | to own control of the stock; to hold the controlling interest.
—**makler** *m* | share (stock) broker.
—**mantel** *m*; —**papier** *n* | share (stock) certificate; share warrant.
—**markt** *m* | share (stock) market.
—**notierung** *f* | share quotation.
—**paket** *n* | block of shares (of stocks).
—**portefeuille** *n* | portfolio of shares.
—**recht** *n* | law on stock corporations; company law.
—**register** *n* | share ledger (register); register (list) of shareholders.
—**rendite** *f* | yield on shares (on stocks).
—**rückkauf** *m* | redemption of stock; stock redemption.
—**schwindel** *m* | share (share-pushing) (bucket-shop) fraud.
—**schwindler** *m* | fraudulent share vendor; share pusher.
—**spekulant** *m* | speculator (gambler) on the stock exchange; stock jobber.
—**spekulation** *f* | gambling in stocks (on the stock exchange); exchange (stock) (stock exchange) speculation; jobbery.
—**split** *m*; —**teilung** *f* | stock split.
—**stempel** *m* | stamp duty on shares.
—**übertragung** *f* | share transfer; assignment of shares (of stock).
—**umtausch** *m* | exchange of shares.
—**verwässerung** *f* | watering of stock.
—**verzeichnis** *n* | share register; stock ledger.
—**vorkaufsrecht** *n* | stock option.
—**werte** *fpl* | shares; stocks.

Aktien..zeichner *m* | share (stock) subscriber.
—zeichnung *f* | subscription to shares.
—zeichnungsliste *f* | list of share subscribers.
—zertifikat *n* | share (stock) certificate; share warrant.
—zuteilung *f* | allotment of shares.
Aktion *f* Ⓐ | action | **Hilfs~** | relief work | **eine ~
unternehmen** ① | to take action; to act | **eine ~ un-
ternehmen** ② | to take steps.
Aktion *f* Ⓑ [Verkaufs~] | sales drive.
Aktionär *m* | shareholder; stockholder | **Generalver-
sammlung (Versammlung) der ~e** | meeting of share-
holders; shareholders' (stockholders') meeting |
Groß~; Haupt~ | principal shareholder | **Klein~** |
small shareholder; minority stockholder | **Stamm~**
| ordinary (deferred) shareholder.
Aktionärs..register *n*; —verzeichnis *n* | list of share-
holders; share list; stock ledger.
Aktions..ausschuß *m* | council of action; action com-
mittee.
—bereich *m* | range of action.
—freiheit *f* | freedom of action.
aktiv *adj* Ⓐ [tätig] | active | **im ~en Dienst stehen** | to
be in active service (on the active list) | **nicht im ~en
Dienst** | not in active service | **~e Mitwirkung** |
active collaboration | **~er Teilhaber** | active (acting)
partner | **~e Teilhaberschaft in einer Firma** | active
share in a business.
aktiv *adj* Ⓑ [Gegensatz zu passiv] | **~e Handelsbilanz
(Zahlungsbilanz)** | active (favo(u)rable) trade
balance | **~es Wahlrecht** | franchise.
aktiv *adv* Ⓐ | **an einer Sache ~ mitwirken** | to be
actively engaged (to take an active part) in a matter
| **~ legitimiert** | entitled to act | **~ ligitimiert sein** | to
have power (to have the right) (to be able) to sue |
nicht ~ legitimiert sein | to have no power to sue.
aktiv *adv* Ⓑ | **~ abschließen** | to show a credit (a
credit balance).
Aktiva *npl* | assets; active capital | **~ und Passiva** |
assets and liabilities | debts active and passive.
Aktivbestand *m* | assets *pl.*
Aktivbilanz *f* Ⓐ [Gewinnbilanz] | balance sheet show-
ing a profit.
Aktivbilanz *f* Ⓑ [aktive Handelsbilanz] | active (favo-
vo(u)rable) trade balance (balance of trade).
Aktiven *npl* | assets *pl* | **die ~ und Passiven** | assets and
liabilities | **Schein~** | fictitious assets | **Überschuß
der ~ über die Passiven** | excess of assets over
liabilities.
★ **festliegende ~** | fixed (permanent) assets | **flüssige
~** | liquid (circulating) (floating) assets | **nicht re-
alisierbare ~** | unmarketable assets | **sofort reali-
sierbare ~** | ready assets | **transitorische ~** | de-
ferred assets | **unzureichende ~** | insufficient assets |
verfügbare ~ | available assets.
Aktivforderungen *fpl* | active debts; accounts re-
ceivable.
Aktivhandel *m* Ⓐ | active trade.
Aktivhandel *m* Ⓑ [Ausfuhr] | export trade; exports *pl.*
aktivieren *v* Ⓐ | **etw. ~** | to activate sth.
aktivieren *v* Ⓑ [ins Aktiv buchen] | **etw. ~** | to book
(to enter) sth. on the active side; to carry sth. as
assets | **Gewinne ~** | to capitalize profits | **Kosten ~**
| to capitalize expenses.
Aktivierung *f* Ⓐ | **~ des Außenhandels** | making
(achievement of) an export surplus | **~ der Außen-
politik** | activation of foreign policy | **~ der Zah-
lungsbilanz** | achieving an active balance of pay-
ments.
Aktivierung *v* Ⓑ | entering on the active side | **~ von
Gewinnen** | capitalization of profits.

Aktivität *f* | activity.
Aktivkapital *n* | active capital; trading assets *pl.*
Aktivkonto *n* | assets account.
Aktiv..legitimation *f* | right (power) (capacity) (title)
to sue; right of action | **Mangel der ~; mangelnde
~** | incapacity (incompetence) to sue | **Einrede der
mangelnden ~** | plea of incompetence | **~ besitzen;
~ haben** | to have power (to have the right) (to be
entitled) to sue | **keine ~ besitzen (haben)** | to have
no power to sue.
—masse *f* | assets *pl*; total (total of) assets.
—posten *m* [Aktivum] | asset; item on the assets side.
—saldo *m* | credit balance.
—schulden *fpl* | active (outstanding) debts; accounts
receivable.
—seite *f* | credit (creditor) (assets) side.
—vermögen *n* | active property; assets *pl:* total (total
of) assets.
—zinsen *mpl* | credit (black) interest; interest recei-
vable.
Aktualität *f* | topical event; topic.
Aktuar *m* | registrar; recorder.
aktuell *adj* | topical; up to date.
Akzept *n* Ⓐ [Annahmeerklärung] | acceptance | **Bank-
~** | banker's acceptance; bank bill | **Blanko~** |
acceptance in blank; blank acceptance | **Einholung
des ~s** | procuring of acceptance | **Ehren~; Inter-
ventions~** | acceptance by intervention (for
hono(u)r) (supra protest) | **General~** | general
acceptance | **Papiere gegen ~** | documents against
acceptance bill | **Verweigerung des ~es** | refusal of
acceptance; non-acceptance | **Wechsel~** | accep-
tation of a draft | **einen Wechsel zum ~ vorlegen
(vorzeigen) (präsentieren)** | to present a bill for
acceptance | **einen Wechsel mit ~ versehen** | to pro-
vide a bill with acceptance; to accept a bill.
★ **allgemeines ~; unbedingtes ~** | general (clean)
(unconditional) acceptance | **das ~ einholen** | to
obtain (to secure) (to procure) acceptance | **man-
gels ~** | in default (for want) of acceptance; for
nonacceptance.
Akzept *n* Ⓑ [akzeptierter Wechsel] | bill of exchange;
draft | **Bank~** | bank bill (draft) | **Blanko~** | bill of
exchange drawn in blank; blank bill | **Dreimonats~**
| three months' bill (acceptance) | **Gefälligkeits~** |
accommodation bill (note) (paper) | **Kunden~** |
customer's acceptance; third party bill.
★ **ein ~ einlösen** | to meet (to hono(u)r) (to pay) (to
protect) a bill of exchange | **ein ~ zurückgehen las-
sen** | to return a bill unpaid; to dishono(u)r a bill.
akzeptabel *adj* | acceptable.
Akzeptant *m* | acceptor | **Wechsel~** | drawee of a bill.
Akzept..bank *f* | accepting (drawee) bank.
—besorgung *f* | procuring of acceptance.
—buch *n* | bills-payable book (journal); bills-receiv-
able book; bill diary.
—datum *n* | date (day) of acceptance.
—einholung *f* | procuring of acceptance | **einen Wech-
sel zur ~ vorlegen (präsentieren)** | to present a bill
for acceptance.
—einlösung *f* | payment of a bill (of a draft) | **Papiere
gegen ~** | documents against payment bill; bill for
payment.
akzeptfähig *adj* | negotiable; bankable.
Akzept..frist *f* | term of acceptance; period during
which acceptance must take place.
—gläubiger *m* | acceptance creditor.
akzeptieren *v* | to accept | **einen Vorschlag ~** | to
accept a proposal | **einen Wechsel ~; eine Tratte ~**
| to accept a bill of exchange | **einen Wechsel nicht ~**

| to refuse acceptance of a bill; to dishono(u)r a draft (a bill) by non-acceptance; to leave a bill dishono(u)red by non-acceptance | **in blanko** ~ | to accept in blank.

akzeptiert *adj* | ~**er Wechsel** | accepted draft (bill) | **nicht** ~**er Wechsel** | unaccepted (dishono(u)red) bill; bill dishono(u)red by non-acceptance.

Akzeptierung *f* | acceptance; accepting.

Akzept..konto *n* | bills-payable account.

—**kredit** *m* | acceptance (blank) credit.

—**provision** *f* | accepting (drawee's) commission.

—**schuldner** *m* | debitor by acceptance; drawee.

—**umlauf** *m* | bills *pl* in circulation.

—**verbindlichkeiten** *fpl* | acceptance liabilities; bills payable.

—**vermerk** *m* | acceptance.

—**verweigerung** *f* | refusal of acceptance | **Protest wegen** ~ | protest for non-acceptance.

Akzise *f* [Verbrauchsabgabe] | excise duty; duty on consumption.

Akziseamt *n* | excise office (department).

Akzisebeamter *m*; **Akziseneinnehmer** *m* | collector of excise; excise officer; exciseman.

akzisenfrei *adj* | free from excise duty.

Alarm *m* Ⓐ | alarm; warning | **blinder** ~ | false alarm | ~ **geben**; ~ **schlagen** | to give (to sound) the alarm.

Alarm *m* Ⓑ [Alarmvorrichtung] | alarm | **Einbruchs**~ | thief alarm | **Feuer**~ | fire alarm.

alarmierend *adj* | alarming | ~**e Nachrichten** | alarming news | **in** ~**er Weise** | alarmingly.

Album *n* | album | **Briefmarken**~ | stamp album | **Permanent**~ | loose-leaf album | **Sammel**~ | collector's album | **Verbrecher**~ | collection of portraits of criminels; rogues' gallery.

aleatorisch *adj* | ~**er Vertrag** | aleatory contract.

Alibi *n* | **ein** ~ **behaupten** | to set up (to plead) an alibi | **ein** ~ **beibringen** | to produce an alibi | **sein** ~ **nachweisen** | to prove (to establish) one's alibi.

Alimentation *f*; **Alimentierung** *f* | alimony *pl*; maintenance; support.

alimentationsberechtigt *adj* | entitled to alimony.

Alimentationsklage *f*; **Alimentenklage** *f* | action for alimony; action (suit) for maintenance.

alimentationspflichtig *adj* | liable to pay alimony.

Alimente *npl* | alimony *pl*.

Alimentenforderung *f* | claim for maintenance.

alimentieren *v* | to pay alimony; to support.

Alkoholfrage *f* | [the] liquor question.

Alkoholgehalt *m* | alcoholic strength | ~ **im Blut** | blood alcohol content (level).

Alkoholiker *m* | alcoholic; habitual drinker | **Anti**-~ | anti-alcoholic | **unheilbarer** ~ | incurable drunkard (alcoholic).

Alkoholismus *m* | alcoholism; habitual drunkenness.

Alkohol..monopol *n* | state monopoly on liquor.

—**probe** *f* | alcohol test.

—**schmuggel** *m* | liquor smuggling (traffic); bootlegging | ~ **treiben** | to smuggle alcohol (liquor); to bootleg.

—**schmuggler** *m* | liquor smuggler; bootlegger; rum runner.

—**spiegel** *m* | level of alcohol.

—**verbot** *n* [gesetzliches ~] | prohibition; forbidding by a law of the sale of alcoholic liquors | **Anhänger des** ~**s** | prohibitionist.

—**vergiftung** *f* | poisoning by alcohol.

allein *adv* | ~ **berechtigt sein, etw. zu tun** | to have the exclusive right to do sth. | ~ **verantwortlich** | solely responsible.

Allein..berechtigung *f* | exclusive (sole) right.

—**besitz** *m* | exclusive (sole) possession.

—**eigentum** *n* | sole (exclusive) property.

—**eigentümer** *m* | sole (exclusive) owner (proprietor).

—**erbe** *m* | sole heir.

—**erbin** *f* | sole heiress.

—**erfinder** *m* | sole inventor.

—**herrschaft** *f* | monarchy.

—**herrscher** *m* | absolute monarch.

—**hersteller** *m* | sole maker (manufacturer).

alleinig *adj* | exclusive; sole | ~**er Besitzer (Eigentümer) (Inhaber)** | sole (exclusive) proprietor (owner) | ~**er Fabrikant (Hersteller)** | sole maker (manufacturer) | ~**er Geschäftsführer** | sole director | ~**e Geschäftsführung** | sole management | ~ **Rechnung** | sole (own) account | ~**er Schiedsrichter** | sole arbitrator | ~**er Teilhaber** | sole partner | ~**er Testamentsvollstrecker** | sole executor | ~**er (**~**e) Vermächtnisnehmer(in)** | sole (universal) legatee.

Allein..inhaber *m* | sole (exclusive) owner.

—**lizenz** *f* | exclusive license.

—**recht** *n* | exclusive (sole) right.

alleinstehend *adj* | unmarried | ~**e Frau** | single woman; feme sole.

alleinverantwortlich *adj* | solely responsible.

Allein..verkauf *m* | exclusive sale.

—**verkaufsrecht** *n* | sales monopoly.

—**versand** *m* | sole distributor.

—**vertreter** *m* | sole agent | ~ **für jdn. sein** | to be sole agent for sb.

—**vertretung** *f* | sole agency.

—**vertrieb** *m*; —**vertriebsrecht** *n* | sole agency (distributorship).

—**verwertung** *f*; —**verwertungsrecht** *n* | exclusive (sole) right of exploitation.

alleinzeichnungsberechtigt *adv* | ~ **sein** | to have single signature.

allgemein *adj* | general | **die** ~**e Ansicht** | the general (the prevailing) opinion | **sich auf** ~**e Äußerungen (Erklärungen) beschränken** | to restrict (to confine) os. to generalities | ~**er Feiertag** | general holiday | ~**e Frage** | general question | ~**er Gerichtsstand** | court of general jurisdiction; common-law jurisdiction | ~**e Gesichtspunkte** | general (broad) views | ~**e Gütergemeinschaft** | community of property | ~**e Havarie** | general average | ~**en Inhalts** | of general import | ~**er Kreditbrief** | general letter of credit | **die** ~**e Meinung** | the general (the prevailing) opinion | ~**es Pfandrecht** | general lien | ~**e Regel** | general (broad) rule | ~**es Stimmrecht (Wahlrecht)** | universal suffrage | **die** ~**en Umrisse** | the general outlines | ~**e Unkosten** | general expense; overhead (indirect) expenses (charges) (cost); overhead | ~**e Verfahrensregel** | general rule | ~**er Verrechnungsvermerk** | general crossing | ~**e Wahlen** | general election | ~**es Wahlrecht** | universal suffrage | ~**es Zurückbehaltungsrecht** | general lien | **mit** ~**er Zustimmung** | by common consent.

allgemein *adv* | generally | ~ **anerkannt** | generally approved (accepted) | ~ **gebräuchlich** | in general use | ~ **gebräuchlich werden**; ~ **in Gebrauch kommen** | to come into general use | ~ **bekannt sein** | to be known to all (everybody); to be a matter of record | ~ **gesprochen** | generally speaking | ~ **gültige Regel** | general (broad) rule.

Allgemeine *n* | **im** ~**en** | in general; generally | **im** ~**en und im Besonderen** | in general and in particular | **vom** ~**en auf das Besondere schließen** | to argue from the general to the particular.

Allgemeines *n* | general business.

Allgemeinheit f | universality; community | die ~ | the public; the general public | **Interesse der** ~ | interest of the community; public (common) interest; common weal | **im Interesse der** ~ **liegen; der** ~ **dienen** | to be in the public interest | **für die** ~ **arbeiten** | to work for the common good | **der** ~ **zufallen** | to fall into the public domain.
Allgemeinwissen n | general knowledge.
Allianz f | alliance.
alliieren v | **sich** ~ | to ally; to enter into an alliance.
Alliierter m | ally.
alljährlich adj | ~e **Wiederkehr** | yearly recurrence.
alljährlich adv | every year; annually.
allmählich udv | successively; gradually.
Allmend(e) f [S] | common land (pasture).
Allmend..genossenschaft f | common of pasture.
—**recht** n | right of common pasture.
allmonatlich adv | every month; monthly.
Allod n; **Allodialgut** n; **Allodialvermögen** n | allodium; allodial estate.
Allonge f | rider | **Wechsel**~ | rider to a bill of exchange.
alltäglich adj | daily.
alltäglich adv | every day.
Almanach m [Jahrbuch] | yearbook | **Adels**~ | peerage list.
Almosen n | alms | **jdn. um ein** ~ **bitten** | to ask alms (an alms) of sb. | **jdm. ein** ~ **geben** | to give alms (an alms) to sb. | **jdm. etw. als** ~ **geben** | to give sb. sth. out of charity | **von** ~ **leben** | to live on charity (on alms).
Almosen..empfänger mpl | almspeople pl.
—**geben** n | almsgiving.
—**geber** m | almsgiver.
Alphabet n | **nach dem** ~ | alphabetically; in alphabetical order.
alphabetisch adj | alphabetical | **in** ~er **Ordnung** | alphabetically | ~e **Reihenfolge** | alphabetical order.
alphabetisch adv | ~ **angeordnet** | arranged in alphabetical order.
Alt-Bundesrat m | [S] | former federal councillor.
alteingeführt adj | long established.
alteingesessen adj | old-established.
Altenteil m | annuity charged on a farm (on an estate) upon transfer to a descendant.
Altenteilsvertrag m | deed whereby an annuity is settled on an estate upon its transfer to a descendant.
Alter n | age | **Dienst**~ | length (years) of service; seniority | **Durchschnitts**~ | average age | **Eintritts**~ | age of entry | **Kindes**~ | infancy | **im Kindes**~ **sein** | to be an infant | **Mannes**~ | manhood | **Mündigkeits**~ | age of consent | **Pensions**~; **Renten**~ | retirement (retiring) (pensionable) age; age of retirement | **Zwangspensionierungs**~ | age for compulsory retirement.
★ **in arbeitsfähigem** ~ | of working age | **ehemündiges** ~ | age of consent | **im einsichtsfähigen** ~; **im unterscheidungsfähigen** ~ | at the age (in the years) of discretion | **erreichtes** ~; **zurückgelegtes** ~ | attained age | **geschäftsfähiges** ~ | responsible age | **in heiratsfähigem** ~ | of marriageable age | **in jugendlichem** ~ | of juvenile age | **pensionsfähiges** ~ | retirement (retiring) (pensionable) age; age of retirement | **schulpflichtiges** ~ | schoolable age | **in vorgerücktem** ~ | advanced in years; of advanced age (years).
alternativ adj | alternative.
Alternative f | alternative; choice; option.
Alternativ..obligation f; —**verpflichtung** f | alternative obligation.

Alternativ..vorschlag m | alternative proposal.
Alters..aufbau m | age grouping.
—**aussichten** fpl | life expectancy.
—**dispens** f | waiving of age limit.
—**durchschnitt** m | average age.
—**folge** f | order of seniority; seniority.
—**freibetrag** m | age (old-age) allowance.
—**fürsorge** f | old-age relief.
—**genosse** m Ⓐ [Zeitgenosse] | contemporary.
—**genosse** m Ⓑ [gleichaltrige Person] | person of the same age.
—**gleichheit** f | equality of age.
—**grenze** f; —**höchstgrenze** f | age limit; limit of age | **bei Erreichung der** ~ | on (upon) attaining (reaching) the age limit | **Pensionierung wegen Erreichung der** ~ | retirement on account of age; superannuation | **die** ~ **erreichen** | to reach the age limit | **über der** ~ | over age.
—**gruppe** f | age group | **Einstufung (Einteilung) nach** ~n | age grouping.
—**heim** n | home for the aged.
—**hilfe** f | old-age assistance.
—**klasse** f | age class.
—**klasseneinstufung** f; —**klasseneinteilung** f | age grouping.
—**präsident** m | chairman by seniority; president by age.
—**pension** f; —**rente** f | old-age pension.
—**pensionsfonds** m | old-age pension fund.
—**rentenversicherung** | old-age pension insurance.
—**rentner** m | old-age pensioner.
—**stufe** f | age group.
—**unterschied** m | disparity in years.
—**unterstützung** f | old-age relief; relief for the aged.
—**versicherung** f Ⓐ | old-age pension insurance.
—**versicherung** f Ⓑ [Kasse] | old-age pension fund.
—**versorgung** f | old-age pension.
—**versorgungskasse** f | old-age pension fund.
—**voraussetzungen** fpl | conditions regarding age.
—**vorrang** m | seniority.
—**zulage** f | salary increase by right of seniority.
Älteste m | **der** ~ | the senior | **der Rang**~ | the senior in rank.
Ältestenrat m | Council of Elders.
Altgeld n | old currency.
—**guthaben** n | balance in old currency.
Alt..lasten fpl | inherited liabilities (obligations).
—**material** n; —**metall** n | scrap.
—**noten** fpl | banknotes in old currency.
—**papier** n | waste paper.
—**präsident** m [S] | past (former) (ex-) president.
altrenommiert adj | of old standing.
Alumnat n; **Alumneum** n | boarding school.
ambulant adj | itinerant | ~e **Behandlung** | treatment as out-patient | ~es **Gewerbe** | itinerant trade.
Amnestie f | amnesty; general pardon | **General**~; **allgemeine** ~ | general amnesty | **Steuer**~ | fiscal amnesty.
—**erlaß** m | amnesty decree.
—**gesetz** f | amnesty law.
amnestieren v | to pardon; to amnesty.
Amortisation f | redemption; repayment | ~ **durch Auslosung (Ziehung)** | redemption by drawings | ~ **durch Rückkauf** | redemption by repurchase.
Amortisations..anleihe f | redemption loan.
—**bedingungen** fpl | terms of redemption (of repayment).
—**fonds** m; —**kasse** f | sinking (redemption) fund.
—**konto** n | redemption account.
—**lasten** fpl | redemption charges.

Amortisations..plan *m* | redemption plan (table).
—quote *f* | rate of redemption; redemption rate.
—schein *m* | certificate of redemption.
—schuld *f* | redemption debt.
—zahlung *f* | redemption payment.
amortisierbar *adj* | redeemable; repayable | **nicht ~** | irredeemable.
amortisieren *v* | to redeem; to repay.
Amortisierung *f* | redemption; paying off.
Amt *n* Ⓐ [Stellung] | charge; post; position; functions *pl*; appointment | **in Ausübung seines ~es** | whilst on duty | **Ehren~** | honorary function | **Enthebung aus dem ~** | removal (suspension) from office | **Neben~** | by-office | **Übernahme eines ~s** | entrance into (accession to) office | **~ als Verwalter** | directorate; directorship; administratorship | **Vorgänger im ~** | predecessor in office.
★ **besoldetes ~** | salaried office | **ein hohes ~** | a high position (post) | **lebenslängliches ~** | office for life | **öffentliches ~; staatliches ~** | public office | **ein öffentliches ~ bekleiden** | to hold a public office.
★ **ein (sein) ~ antreten** | to enter upon (to take up) one's duties | **sich um ein ~ bewerben** | to apply for a post (position) | **im ~ bleiben; sein ~ behalten** | to continue in office; to keep one's office | **ein ~ bekleiden (innehaben); ein (sein) ~ versehen (verwalten)** | to hold an office; to fill a post (one's post) | **das ~ eines ... bekleiden** | to discharge the duties of ...; to fill (to hold) the office of ... | **jdn. in ein ~ einsetzen** | to install sb. in an office | **sein ~ niederlegen; aus dem ~e scheiden** | to resign one's office (one's post); to resign; to give (to tender) one's resignation | **jdn. seines ~es entheben** | to relieve sb. from his office (from his post) | **ein ~ übernehmen** | to take over an office; to take charge | **jds. ~ übernehmen** | to succeed to sb.'s office; to succeed sb. in office | **einem ~ vorstehen** | to be in charge of an office | **seines ~es walten** | to officiate.
★ **kraft seines ~es** | by virtue of his office | **im ~ sein** | to be in office (on duty).
★ **von ~s wegen** | officially; ex officio | **von ~s wegen erfolgen (geschehen)** | to take place officially | **von ~s wegen handeln** | to act officially; to act in (by) virtue of one's office.
Amt *n* Ⓑ | office; bureau | **Arbeits~** | labo(u)r office | **Aufsichts~** | control board | **Auswanderungs~** | board of emigration | **Auswärtiges ~** | Foreign Office [GB]; State Department [USA] | **Bau~** | board of works | **Fernsprech~** | telephone exchange | **das Gesundheits~** | the sanitary authorities; the health (public health) authorities | **Grenzzoll~** | border custom office | **Grundbuch~** | land register office | **Hypotheken~; Hypothekenregister~** | mortgage registry (register office); office of the registrar of mortgages | **Kataster~** | land register | **Kolonial~** | colonial office | **Leih~** | pawn shop | **Marine~; See~** | Board of Admiralty | **Paß~** | passport office.
○ **Patent~** | patent office | **Polizei~** | police station | **Post~** | post office | **Regierungs~** | government (governmental) office | **Register~** | registration (registry) office; registry | **Schatz~** public treasury; [the] Treasury; board of treasury | **Schlichtungs~** | arbitration (conciliation) board | **Seemanns~** | shipping board | **Standes~** | register office | **Steuer~** | revenu (tax) (tax collector's) office | **Wohlfahrts~** | public relief office | **Wohnungs~** | housing office | **Zoll~** | customs office (house).
★ **öffentliches ~** | public office; government office | **statistisches ~** | statistical office (bureau).

amtieren *v* | to officiate | **als ... ~** | to act (to officiate) as ...; to perform the duties of ...; to function as ... | **als Richter ~** | to exercise judicial functions; to officiate (to sit) as judge.
amtierend *adj* Ⓐ | officiating | **~er Richter** | sitting judge (magistrate).
amtierend *adj* Ⓑ [stellvertretend] | acting | **der ~e Präsident** | the acting president.
amtlich *adj* | official | **~e Anzeige** | official notice (advertisement) | **~es Anzeigenblatt** | official gazette (newspaper) | **~e Beglaubigung** | official confirmation; legalization | **~e Bekanntmachung** ① | official notice (announcement) | **~e Bekanntmachung** ② | official advertisement | **~e Bescheinigung** | certificate | **~e Bezeichnung** | official nomenclature | **in ~er Eigenschaft** | in ones' official capacity | **in ~er Eigenschaft handeln** | to act officially | **~e Erklärung** | official decree (order) | **~e Gebührenordnung** | official scale of charges (of fees) | **~e Kreise** | official quarters | **~er Kurs** | official rate | **~er Kurszettel** | official list | **~e Nachrichten** | official news | **~e Notierung** | official quotation | **aus ~er Quelle** | from an official source | **~es Register** | public (official) register | **~es Schreiben** | official letter | **~e Schriftstücke** | state documents **~e Stelle** | government (governmental) (public) office | **~e Verlautbarung** | official statement | **~e Verwahrung** | official custody | **halb~** | semi-official.
amtlich *adv* | officially | **~ ankündigen** | to announce officially | **etw. ~ beglaubigen** | to legalize sth. | **~ bestellt** | officially appointed | **~ genehmigen** | to license | **~ notiert** | officially quoted (listed) | **~ zugelassen** | certificated; chartered.
Amts..alter *n* | length of service | **Vorrang auf Grund des ~s** | seniority.
—anmaßung *f* | usurpation (false assumption) of authority.
—antritt *m* | entering upon one's duties; entrance into (accession to) office.
—anwalt *m* | district attorney [at the court of first instance].
—arzt *m* | medical officer; officer of health | **städtischer ~** | municipal officer of health.
—befugnis *f* | competence; competency; official authority | **Mißbrauch (Überschreitung) der ~** | abuse of authority (of power) (of official authority).
—bereich *m* Ⓐ | competence.
—bereich *m* Ⓑ [Machtbereich] | bailiwick.
—bescheid *m* | direction.
—bezeichnung *f* | official title.
—bezirk *m* Ⓐ [Zuständigkeit] | competence; competency; jurisdiction.
—bezirk *m* Ⓑ [Verwaltungsbezirk] | administrative district.
—blatt *n* | official gazette (paper) (newspaper) | **Bekanntmachung im ~** | publication in the official gazette | **etw. im ~ bekanntmachen** | to gazette sth.
—bote *m;* **—diener** *m* | usher; beadle; marchal.
—dauer *f* | tenure (term) of office | **~ des (eines) Präsidenten** | presidency.
—delikt *n* | malfeasance in office.
—depesche *f* | official (service) telegram.
—eid *m* | oath of office.
—einführung *f* | inauguration.
—einkünfte *fpl* | emoluments.
—enthebung *f* | removal from office | **vorläufige ~** | suspension from office.
—enthebungsverfahren *n* | impeachment proceedings; impeachment.

Amts..entsetzung *f* | dismissal (discharge) from office.
—führung *f* | administration of an office; tenure of office.
—gebühren *fpl* | official fees (duties) (charges).
—geheimnis *n* | official secret.
—gehilfe *m* | assistant.
—genosse *m* | colleague.
—gericht *n* | lower (local) (district) court; court of first instance.
—geschäft *n* | official business (matter) (function).
—gewalt *f* | competence; competency; official authority | **Mißbrauch (Überschreitung) der** ~ | abuse of authority (of power) (of official authority).
—handlung *f* | official act (function) | **eine** ~ **vornehmen** | to officiate.
—jahr *n* | year in (of) office.
—kleidung *f* | official dress (robe).
—mißbrauch *m* | abuse of official power.
—niederlegung *f* | resignation from office.
—periode *f* | tenure (term) of office.
—person *f* | office holder; official; officer.
—pflicht *f* | official duty (function).
——verletzung *f* | malfeasance in office; breach of official duty.
—richter *m* | judge at the court of first instance.
—robe *f* | official robe.
—schimmel *m* | officialism; red tape (tapism).
—siegel *n* | official seal.
—sitz *m* | official residence.
—sprache *f* | official language.
—stelle *f* | government (governmental) office.
—stempel *m* | official (office) stamp (seal).
—stil *m* | official style.
—stunden *fpl* | official hours.
—telegramm *n* | official (service) telegram.
—tracht *f* | official dress (robe).
—übergabe *f* | handing over of one's duties.
—übernahme *f* | entering upon one's duties; entrance into (accession) to office.
amtsunfähig *adj* | incapable of holding an office.
Amts..unterschlagung *f* | misappropriation (fraudulent conversion) of public funds; malversation; peculation.
—vergehen *n* | malfeasance in office; malpractice; prevarication.
—verhältnis *n* | **im** ~ | in the capacity of an official; in an official capacity.
—verschwiegenheit *f* | official secrecy.
—verweser *m* | substitute; deputy.
—vorgänger *m* | predecessor in office.
—vormund *m* | statutory guardian.
—vormundschaft *f* | court of guardianship; guardianship court; board of guardians.
—vorstand *m*; **—vorsteher** *m* | official in charge.
—wechsel *m* | **regelmäßiger** ~; **turnusmäßiger** ~ | rotation.
—weg *m* | official routine | **auf dem** ~ | through the official channels | **den** ~ **einhalten** | to act through channels (through the proper channels).
—wohnung *f* | lodgings pertaining to an office.
—zeichen *n* | badge.
—zeit *f* Ⓐ | term (tenure) of office; term | ~ **des Präsidenten** | presidency; presidential term.
—zeit *f* Ⓑ | mandate.
—zuchtverfahren *n* | disciplinary proceedings.
analog *adj* | analogous; analogical.
analog *adv* | ~ **anwendbar sein** | to apply analogically.
Analogieschluß *m* | argument (reasoning) by (from) analogy | **einen** ~ **ziehen** | to argue (to conclude) from analogy.

Analphabet *m* | illiterate; analphabet.
Analphabetismus *m* | illiteracy.
Analyse *f* | analysis | **Kosten**~ | analysis of expenses | **Markt**~ | market analysis (study).
analysierbar *adj* | analysable.
analysieren *v* | etw. ~ | to analyse sth.; to make an analysis of sth.
Analyst *m* | analyst.
Anarchie *f* | anarchy.
anarchisch *adj* | anarchic(al).
Anarchismus *m* | anarchism.
Anarchist *m* | anarchist.
anarchistisch *adj* | ~**e Umtriebe** | anarchist plots.
Anatozismus *m* | compound interest; capitalization of interest accrued.
anbahnen *v* | to initiate | **einen Vergleich** ~ | to initiate a compromise | **Verhandlungen** ~ | to initiate negotiations.
Anbahnung *f* | initiation | **Ehe**~ | procurement of marriage.
anbaufähig *adj* | ~**es Land** | cultivable (arable) land.
Anbaufläche *f* | acreage | **Beschränkung der** ~ | reduction of acreage.
anbei *adj* | attached hereto; enclosed herewith.
anberaumen *v* | to fix | **eine Sitzung auf** ... ~ | to fix a meeting for ... | **einen Tag (einen Termin) für etw.** ~ | to fix a day (a date) for sth. | **einen Verhandlungstermin** ~ | to fix a hearing (a day for the hearing).
Anberaumung *f* | ~ **eines Termins** | appointment (assignment) (fixing) of a day (date).
Anbetracht *m* | **in** ~; **in** ~, **daß** | in consideration of; in view of; considering that; taking into consideration that.
anbetrifft | **was** ~ | as regards; concerning.
anbieten *v* | to offer; to make an offer | **Beweis** ~ | to tender evidence | **Dienste** ~ | to tender services | **jdm. eine (seine) Entschuldigung** ~ | to offer sb. an (one's) apology | **jdm. Geld** ~ | to offer sb. money | **etw. zum Kauf (zum Verkauf)** ~ | to offer sth. for sale | **jdm. etw.** ~ | to offer sth. to sb. | ~, **etw. zu tun** | to offer to do sth.
anbringen *v* | to affix | **an etw. Siegel** ~ | to affix seals to sth.; to seal sth.
Anbringung *f* | affixing | ~ **von Siegeln** | affixing of seals.
andererseits | **einerseits** ..., ~ ... | on the one hand ..., on the other hand ...
Anderkonto *n* Ⓐ [**Kundenkonto**] | clients' (trust) account.
Anderkonto *n* Ⓑ [**Separatkonto**] | separate account.
andernfalls *adv* Ⓐ | otherwise.
andernfalls *adv* Ⓑ | in the contrary case.
andernteils *adv* | of the other part; on the other hand.
ändern *v* Ⓐ | to change; to alter; to modify | **seine Ansicht (Meinung)** ~ | to change one's opinion (one's mind) | **den Kurs** ~ | to alter course | **einen Plan** ~ | to amend (to revise) a plan; to effect (to make) a change (changes) in a plan.
ändern *v* Ⓑ [**korrigieren**] | to rectify; to correct | **sein Urteil** ~ | to reverse one's judgment.
Änderung *f* Ⓐ | change; alteration; modification | **Adressen**~; **Anschrift**~ | change of address | ~ **des Aufenthaltes;** ~ **des Aufenthaltsortes** | change of abode | **Firmen**~ | change of the firm name | ~ **des Gesellschaftsvertrages** | modification of the articles of association | **Gesetzes**~ ① | amendment of a law | **Gesetzes**~ ② | revision of statutes | **Haltungs**~ | change of attitude | **Klags**~ | modification of the statement of claim.

○ **Kurs~** ① | alteration of course; deviation from the course | **Kurs~** ② | reorientation | **~ des Namens; Namens~** | change of name; changing of one's name | **Programm~** | change of program | **Rang~** | change of rank; alteration of precedence (of the order of priority) | **Satzungs~** ① | modification of the articles of association | **Satzungs~** ② **Statuten~** | amendment of the by-laws | **Sinnes~** | change of mind | **~ der Tagesordnung; ~ der Traktandenliste** [S] | rearrangement of business | **Tarif~** | tariff amendment | **Verfassungs~** | amendment of the constitution; constitutional amendment | **Vertrags~** | modification (alteration) of a contract | **Zoll~; Zolltarif~** | amendment of the customs tariff.

★ **geringfügige ~** | slight modification (alteration) | **eine ~ herbeiführen** | to bring about a change | **| eine ~ treffen (vornehmen)** | to make an alteration (a modification); to effect (to make) a change | **~en vorbehalten** | subject to alterations (modifications).

Änderung f ⑧ [Korrektur] | rectification; correction | **Grenz~** | frontier rectification (revision).

Änderungsvorschlag m | amendment.

anderweitig adj | **~e Verfügung** | disposal in some other manner.

anderweitig adv | **~ verfügen** | to dispose otherwise; to take other dispositions | **einen Auftrag ~ vergeben** | to place an order elsewhere.

andeuten v | to indicate; to suggest; to give to understand.

Andeutung f | indication; suggestion.

andeutungsweise adv | by way of suggestion.

andienen v | **jdm. etw. ~** | to tender sth. to sb.

Andienung f | tender.

Andrang m | rush | **~ auf eine Bank** | run on a bank.

androhen v ⓐ | **jdm. etw. ~** | to threaten sb. with sth. | **~, etw. zu tun** | to threaten to do sth. | **jdm. die Entlassung ~; jdm. androhen, ihn zu entlassen** | to threaten to dismiss sb.; to threaten sb. with dismissal | **jdm. einen Prozeß (gerichtliche Schritte) ~** | to threaten sb. with a lawsuit (with legal proceedings) | **Verfolgung ~** | to threaten proceedings | **jdm. im Wiederholungsfall Verfolgung ~** | to caution sb.

androhen v ⑧ [abmahnen] | **jdm. etw. ~** | to warn sb. of sth.

Androhung f ⓐ | threat | **~ der Entlassung; Entlassungs~** | threat (menace) of dismissal | **~ der Anwendung von Gewalt; Gewalt~** | threat of force.

Androhung f ⑧ [Abmahnung] | warning | **Klags~** | warning to file suit | **Straf~** ① | penalty clause | **Straf~** ② | sanction; punitive sanction | **unter ~ einer Strafe von ...** | under penalty of ... | **~ der Strafverfolgung** | warning to start criminal proceedings | **nach vorheriger ~** | after previous warning.

aneignen v | **sich etw. ~** | to appropriate sth. | **sich etw. widerrechtlich ~** | to appropriate sth. unlawfully; to misappropriate sth. | **sich Geld widerrechtlich ~** | to misappropriate (to embezzle) funds.

Aneignung f | appropriation | **widerrechtliche ~** | misappropriation | **widerrechtliche ~ von Geld (von Geldern)** | misappropriation (embezzlement) of funds.

aneignungsberechtigt adj | **~ sein** | to have the right to appropriate [sth.].

Aneignungsberechtigte m | **der ~** | person entitled to appropriate [sth.].

Aneignungsrecht n | right to appropriate (of appropriation).

aneinandergrenzend adj | adjoining; adjacent.

Anerbe m | principal heir.

Anerbieten n | offer; proposition; proposal | **Beweis~** | offer to prove; averment | **ein ~ ablehnen** | to decline an offer.

anerkannt adj | acknowledged; recognized | gesetzlich **~er Feiertag** | legal holiday | **~ Forderung** | acknowledged (admitted) claim | **im Konkursverfahren ~e Forderung; ~ Konkursforderung** | proved debt; admitted claim; claim admitted to rank against the bankrupt's estate | **~e Schuld** | admitted debt | **~e Tatsache** | recognized (established) fact | **~e Wahrheit** | admitted truth | **allgemein ~** | generally accepted (approved) | **~ werden** | to receive recognition.

anerkanntermaßen adv | admittedly.

anerkennen v ⓐ | to acknowledge; to recognize; to admit | **einen Anspruch ~; eine Forderung ~** | to admit (to allow) a claim | **einen Anspruch (eine Forderung) nicht ~** | to reject (to disallow) a claim | **eine Parteibehauptung ~** | to admit a statement to be true (to be correct) | **jds. Rechte ~** | to recognize sb.'s rights | **die Richtigkeit von etw. ~; etw. als richtig ~** | to acknowledge the correctness of sth.; to recognize sth. as correct | **eine Schuld ~** | to acknowledge a debt | **eine Schuld nicht ~** | to repudiate a debt | **seine Unterschrift ~** | to recognize one's signature | **eine Verpflichtung ~** | to recognize an obligation.

★ **etw. ausdrücklich ~** | to accept sth. expressly | **etw. gerichtlich ~** | to recognize sth. in (before the) court | **etw. nicht ~** | to refuse to recognize sth.

anerkennen v ⑧ | **jds. Verdienst um etw. ~** | to give sb. credit for sth. | **es ist ihm hoch anzuerkennen** | it stands high to his credit.

Anerkenntnis n ⓐ | acknowledgment; admission; acceptance | **Haftungs~** | acknowledgment of liability | **Schuld~** | acknowledgment of debt (of indebtedness | **Tilgungs~** | acknowledgment of satisfaction.

Anerkenntnis n ⑧ [Urkunde] | deed of acknowledgment.

—urteil n | judgment (decree) by consent; consent decree.

Anerkennung f ⓐ | recognition; act of recognition | **~ eines Anspruchs (einer Forderung)** | admission of a claim | **Klage auf ~ der Ehelichkeit** | action of an illegitimate child to claim his status | **Klage auf ~ einer Forderung** | declaratory action (suit) | **Klage auf ~ dinglicher Rechte** | action for recognition of title | **~ einer Schuld** | acknowledgment (recognition) of a debt | **~ der Vaterschaft** | affiliation | **Klage auf ~ der Vaterschaft** | application for an affiliation order; affiliation proceedings | **~ finden** | to find (to obtain) recognition; to be recognized.

Anerkennung f ⑧ | **De-facto ~** | de facto recognition | **~ der Gemeinnützigkeit** | official recognition of public utility | **~ von Rechts wegen; De-jure ~** | de jure recognition | **~ einer Regierung** | recognition [of the independence] of a government | **stillschweigende ~** | implicit recognition.

Anerkennung f ⓒ | **etw. zu jds. ~ sagen** | to say sth. to sb.'s credit | **die ~ für die Arbeit eines anderen einstecken** | to get credit (the credit) for sb. else's work | **jdm. hohe ~ einbringen** | to reflect great credit on sb.

Anerkennungs..akt m | act of recognition.

—erklärung f | declaration of acknowledgment.

—gebühr f | recognition fee.

—schreiben n | letter of acknowledgment.

—urkunde f; **—vertrag** m | deed of acknowledgment (of recognition).

—vermerk m | acknowledgment.

Anfall *m* Ⓐ [Fälligwerden] | accrual | ~ von Zinsen; Zins~ | accrual of interest.
Anfall *m* Ⓑ [Übergang] | devolution | Erb~; ~ der Erbschaft; Erbschafts~ | devolution of the inheritance.
Anfallberechtigte *m* | der ~ | the allottee.
anfallen *v* Ⓐ [fällig werden] | to accrue; to fall due.
anfallen *v* Ⓑ [übergehen auf] | jdm. durch Erbschaft (im Erbweg) ~ | to devolve upon sb.
anfallend *adj* | ~e Zinsen | accruing interest.
Anfallsrecht *n* | right to succeed.
Anfang *m* | beginning; commencement | von ~ an | from the beginning (start) (outset).
anfangen *v* | to begin; to commence; to start | ein Geschäft ~ | to open (to set up) a business | gegen jdn. einen Prozeß ~ | to bring an action (a lawsuit) against sb.; to institute (to commence) legal proceedings against sb.; to go to law with sb.; to sue sb.
Anfänger *m* | beginner.
anfänglich | initial.
anfangs | at the beginning.
Anfangs..bestand *m* | initial stock.
—betriebskapital *n* | initial working capital.
—buchstabe *m* | initial letter; initial | etw. mit seinen ~n versehen | to put (to give) (to sign) one's initials to sth.; to initial sth.
—gehalt *n* | commencing (starting) (initial) salary.
—gründe *mpl* | die ~ von etw. | the elements (the rudiments) of sth.
—kapital *n* | initial (opening) capital.
—kurs *m* | opening rate (quotation) (price).
—schwierigkeiten *fpl* | initial difficulties.
—stadium *n* | im ~ sein | to be in the initial stages.
—tag *m*; —termin *m* | initial (commencing) date.
—wert *m* | initial value.
anfänglich *adv* | at the beginning.
anfechtbar *adj* | voidable; rescindable | ~es Rechtsgeschäft | voidable act (transaction) (legal transaction) | durch Rechtsmittel (mit Rechtsmitteln) (mit der Berufung) (mit der Beschwerde) nicht ~ | not subject to appeal; not appealable | nicht ~; un~ | incontestable; indisputable.
Anfechtbarkeit *f* Ⓐ | voidability.
Anfechtbarkeit *f* Ⓑ [relative Nichtigkeit] | relative nullity.
anfechten *v* | to contest; to dispute | eine Ehe ~ | to contest the validity of a marriage | die Ehelichkeit eines Kindes ~ | to disclaim the legitimacy of a child | jds. Eigentumsrecht ~ | to dispute sb.'s title | eine Entscheidung ~ | to appeal against (from) a decision | eine Erklärung wegen Arglist ~ | to vitiate a statement for fraud | ein Patent ~ | to attack a patent | etw. gerichtlich (auf dem Rechtswege) ~ | to attack sth. in court (in the courts) | ein Testament ~ | to contest (to dispute) a will (a testament) | ein Urteil ~ | to appeal against (from) a judgment | einen Vertrag ~ | to dispute (to impugn) (to vitiate) a contract | eine Wahl ~ | to contest the validity of an election; to demand a scrutiny.
Anfechtung *f* | contestation; avoidance | ~ der Ehe; Ehe~ | action (petition) for nullification of the marriage | ~ der Ehelichkeit | disclaiming paternity | Klage auf ~ der Ehelichkeit (des Personenstands) | bastardy proceedings | ~ einer Entscheidung | appeal against (from) a decision | ~ eines (des) Testaments; Testaments~ | contesting a will (of a will) | ~ eines (des) Vertrages; Vertrags~ | avoidance (vitiation) of a (of the) contract | durch ~ vernichtbar | voidable; capable of being adjudged void.
Anfechtungserklärung *f* | declaration of avoidance.

Anfechtungs..gegner *m* | party subject to avoidance.
—grund *m* | ground for avoidance.
—klage *f* Ⓐ | action to set aside.
—klage *f* Ⓑ | action for annulment | Ehe~ | action (petition) for annulment of marriage | im Wege der ~ | by means of an action for annulment.
—kläger *m* | plaintiff in a nullity action (suit).
—prozeß *m* | annulment proceedings *pl.*
—recht *n* | right of avoidance.
anfertigen *v* | to make; to manufacture | etw. auf Bestellung ~ | to make sth. to order.
Anfertigung *f* | making; manufacture | Maß~ | manufacture according to measure | Sonder~ | special make.
Anfertigungskosten *pl* | manufacturing cost(s).
Anforderung *f* | requirement; demand | den ~en genügen (entsprechen) | to satisfy (to meet) the requirements | den ~en nicht genügen | to be below standard.
Anfrage *f* | inquiry | Erledigung einer ~ | answer to an inquiry | ~ nach Information | inquiry for information | ~ über die Kreditfähigkeit | credit inquiry | Vor~; vorherige ~ | preliminary inquiry | briefliche ~ | inquiry by letter | parlamentarische ~ | interpellation; private-notice question | eine ~ erledigen | to answer an inquiry | eine ~ an jdn. richten | to address an inquiry to sb. | auf ~ | upon inquiry; upon (on) inquiring.
anfragen *v* | to inquire; to make an inquiry (inquiries) | brieflich ~ | to inquire by letter | schriftlich ~ | to inquire in writing | telegraphisch ~ | to inquire by telegram (by cable) (by wire) | bei jdm. ~ | to ask (to inquire with) sb.; to address an inquiry to sb.
anfügen *v* | to enclose; to adjoin; to append; to annex; to attach.
anführen *v* | to allege; to state; to cite; to quote | ein Beispiel ~ | to cite an instance (an example) | etw. als Beweis ~ | to cite sth. as evidence | eine Gesetzesbestimmung (Gesetzesstelle) ~ | to quote the law (a clause of the law) | Gründe ~ | to give (to state) reasons | die Tatsachen ~ | to state the facts | etw. zu jds. Verteidigung ~ | to state sth. in sb.'s defense | etw. falsch ~ | to misquote sth.
Anführer *m* | leader; chief | ~ eines Aufruhrs | leader of a riot | ~ einer Bande | leader of a gang; gangleader.
Anführung *f* | citation; quotation | unter ~ von Beweismitteln | by tendering evidence | ~ einer Gesetzesstelle | quoting the law.
Angabe *f* | indication | unter ~ von Beweismitteln | by tendering evidence | Datums~ | date | unter ~ der Einzelheiten | setting forth the details | ohne ~ von Gründen | without giving reasons | Herkunfts~ | designation (indication) of origin | Inhalts~ | summary; contents; summary of contents | Namens~ | indication of name | unter Namens~ | giving the name (one's name) | unter ~ des Namens und der Adresse | giving name and address | ohne Namens~ | without giving one's name; anonymously | Quellen~ | acknowledgment of the origin | ~ von Referenzen; Referenz~ | giving (indication of) references | Ursprungs~ | designation (indication) of origin | Wert~ | declaration of value.
Angaben *fpl* Ⓐ | data; particulars | nach seinen eigenen ~ | by his own account (statements) | ergänzende ~; zusätzliche ~ | further details (particulars) | falsche ~; unwahre ~ | false statements (data) | genaue ~ | exact details; full particulars | geschäftliche ~ | business data | irreführende ~ | misleading statements | nähere ~ | fuller particulars (details) |

rechtserhebliche ~ | relevant statements | **sachdienliche** ~; **zweckdienliche** ~ | useful (pertinent) information | **vollständige** ~ | complete particulars (details) | **wesentliche** ~ | material data | **zuverlässige** ~ reliable data.

★ ~ **machen** | to give details (particulars) (data) | **wissentlich falsche (unwahre)** ~ **machen** | to make statements knowing them to be untrue; to make knowingly false statements | **ohne nähere** ~ **zu machen** | without giving details (particulars); without entering into particulars; without going into details.

Angaben *fpl* ⑬ [Vorbringen] | ~ **tatsächlicher Natur** | allegations (statements) of fact.

angeben *v* Ⓐ | to indicate; to declare; to state | **einen Betreff** ~; **ein Geschäftszeichen** ~ | to quote) a reference number | **Gründe** ~ | to give (to state) reasons | **einen Preis** ~ | to quote a price | **Referenzen** ~ | to give (to quote) references | **den Wert** ~ | to declare the value; to make a declaration of value | **fälschlich** ~, **daß ...** | to state falsely that ... | **etw. näher** ~ | to specify sth.; to give particulars of sth.

angeben *v* ⑬ [anführen; vorbringen] | to allege | **etw. als Ursache** ~ | to allege sth. as cause.

Angeber *m* | denouncer; informer; common informer.

angeblich *adj* | alleged; pretended | ~**e Rechte** | pretended (supposed) (assumed) rights; pretensions | ~**er Zweck** | ostensible purpose.

angeblichermaßen *adv*; **angeblicherweise** *adv* | allegedly; ostensibly.

angeboren *adj* | innate; inborn; inherent | ~**es Recht** | inherent right.

Angebot *n* Ⓐ | offer; proposal; proposition | **Ablehnung eines** ~**s** | refusal (decline) of an offer | **Anleihe**~ | loan offer | ~ **und Annahme** | offer and acceptance | **Arbeits**~ | offer to work (of work) | **Ausnahme**~ | special (preferential) offer | **Bar**~ | cash offer | **Beweis**~ | [the] evidence tendered | **Friedens**~ | peace offer | **Gegen**~ | offer in return; counter offer; counter-proposal | **Heirats**~ | offer of marriage; marriage proposal | **Rückkaufs**~ | offer to buy back | **Schein**~ | sham offer | **Sonder**~ ① | special (preferential) offer | **Sonder**~ ② | special bargain | **Stellen**~ | offer of employment (of services) | **Zahlungs**~ | offer to pay | **Zeichnungs**~ | offer for subscription; subscription offer.

★ **festes** ~ | firm offer | **freibleibendes** ~ | offer without engagement | **höheres** ~; **höher liegendes** ~ | higher offer (bid) | **mündliches** ~ | verbal offer | **tatsächliches** ~ | tender | **telegraphisches** ~ | offer by telegraph.

★ **ein** ~ **ablehnen** | to refuse (to decline) (to reject) an offer | **ein** ~ **aufrechterhalten** | to hold an offer open | **an ein** ~ **gebunden sein** | to be bound by an offer | **ein** ~ **machen** | to make an offer; to offer | **ein** ~ **zurückziehen** | to withdraw an offer.

Angebot *n* ⑬ [Gesamtheit des Angebotenen] | **das** ~ | the supply | **Arbeits**~; ~ **am Arbeitsmarkt; Stellen**~ | employment (positions) offered; supply of labo(u)r | **Fracht**~; ~ **am Frachtenmarkt** | freight offer; offer of tonnage; tonnage offered | ~ **am Geldmarkt** | supply of money | ~ **und Nachfrage** | supply and demand; offers and takers | **das Gesetz von** ~ **und Nachfrage** | the law of supply and demand | **das** ~ **übersteigt die Nachfrage** | the supply is in excess of the demand | **Über**~ ① | offer in excess of the demand | **Über**~ ② | oversupply; glut | **das Waren**~ | the goods offered; the supply of goods.

Angebotslage *f* | supply of goods available for delivery; supply situation.

Angebots..preis *m* | asking price.

—**reserve** *f* | reserve of supplies.

angebracht *adj* | appropriate; suitable; convenient.

angefallen *adj* | ~**e Kosten** | incurred cost(s) | ~**e Zinsen** | accrued interest.

angegliedert *adj* | affiliated.

angegriffen *part* | ~ **werden** | to be attacked.

Angegriffene *m* | [the] attacked.

angeheiratet *adj* | related by marriage.

angehen *v* Ⓐ [betreffen] | to concern.

angehen *v* ⑬ [bitten] | **jdn. um Hilfe** ~ | to approach (to ask) (to turn to) sb. for help | **jdn. um Rat** ~ | to seek sb.'s advice; to ask sb. for advice; to consult sb.

angehören *v* | **einem Ausschuß** ~ | to be (to sit) on a committee | **einer Partei** ~ | to be a member of a party | **einem Verein als Mitglied** ~ | to be a member of a society.

Angehörige *m* | **die** ~**n** | the relatives | **die nächsten** ~**n** | the next of kin.

angeklagt *adj* Ⓐ | **wegen ...** ~ **sein** | to be accused of; to be charged with | ~**sein** ① | to be committed for trial | ~ **sein** ② | to be on trial | **wegen eines Kapitalverbrechens** ~ **sein** | to be tried on a capital charge; to be on trial for one's life | ~ **wegen Mordes; des Mordes** ~ | accused of (charged with) murder; on a charge of murder | **des Totschlags** ~ | on a charge of manslaughter.

angeklagt *adj* ⑬ [beschuldigt] | inculpated; incriminated.

Angeklagte *m* und *f* | **der** ~; **die** ~ | the accused; the defendant | **Abführung des (der)** ~**n** | remanding the prisoner in custody | **der (die)** ~ **vor Gericht** | the prisoner at the bar; the delinquent | **als** ~**r vor Gericht sein (stehen)** | to be on trial | **der (die) Mit**~ | the codefendant | **den** ~ **abführen (abführen lassen)** | to remand the prisoner in custody.

Angeld *n* Ⓐ [Handgeld] | earnest; earnest money | **ein** ~ **geben (zahlen)** | to give an earnest.

Angeld *n* ⑬ [Anzahlung] | deposit; advance | **ein** ~ **zahlen** | to make a deposit; to pay [sth.] as deposit (on account).

Angelegenheit *f* | matter; affair; subject; business | **Bank**~**en** | banking affairs (matters) (system); banking | **Besorgung (Erledigung) einer** ~ | attending to a matter | **Bundes**~ | federal matter | **Besorgung (Erledigung) fremder** ~**en** | attending (handling) the affairs (the concerns) of other people (of others) | **Familien**~ | family affair (matter) | **Geld**~ | money matter; matter of money; financial (monetary) (pecuniary) affair (matter) | **seine** ~**en in Ordnung bringen** | to settle one's affairs | **Privat**~ | private matter (concern) (business) | **Rechts**~ | legal matter (affair); law affair | **Staats**~**en** | affairs of state; public (state) affairs | **Verwaltungs**~ | administrative matter | **im Zusammenhang stehende** ~**en** | related affairs.

★ **auswärtige** ~**en** | foreign (external) affairs | **Ausschuß für auswärtige** ~**en** | foreign affairs committee | **dienstliche** ~ | official business | **finanzielle** ~ | financial (monetary) (pecuniary) affair (matter); matter of money; money matter | **die fragliche** ~; **die** ~, **um die es sich handelt** | the matter in hand (in question) | **fremde** ~**en** | the affairs (the concerns) of other people (of third parties) | **geschäftliche** ~**en** | business (commercial) (mercantile) (trade) matters (affairs) | **juristische** ~ | legal matter (affair); law affair | **laufende** ~**en** | current matters (affairs) (business) | **öffentliche** ~**en** | public affairs | **schwebende** ~**en** | pending matters.

★ **eine** ~ **abwickeln (liquidieren)** | to settle a matter

Angelegenheit *f, Forts.*
| eine ~ besorgen | to attend to (to deal with) (to handle) a matter | seine ~en besorgen (erledigen) | to attend to one's business | eine ~ verschieben | to defer (to put off) a matter.
angelegt *part* | ~es Kapital; ~e Gelder | invested capital | fest ~ | tied up.
angelernt *adj* | ~e Arbeit | semi-skilled labo(u)r | ~er Arbeiter | semi-skilled worker.
angemeldet *part* | Patent ~ | patent pending (applied for).
angemessen *adj* | reasonable; adequate; appropriate; proper | ~er Anspruch; ~e Forderung | reasonable claim | ~e Belohnung | adequate reward | ~es Einkommen | adequate (fair) income | ~e Entschädigung | adequate compensation | in (innerhalb) ~er Frist | within reasonable time | ~e Kündigungsfrist | reasonable notice | ~er Preis | reasonable (fair) price | in ~em Umfange | to a reasonable extent | etw. in ~er Weise berücksichtigen | to give due consideration to sth. | etw. für ~ halten | to consider sth. to be reasonable.
Angemessenheit *f* | adequacy; adequateness; reasonableness.
angenommen *adj* Ⓐ [akzeptiert] | ~er Wechsel | accepted draft (bill) | nicht ~er Wechsel | unaccepted (dishono(u)red) bill; bill dishono(u)red by non-acceptance.
angenommen *adj* Ⓑ [adoptiert] | ~es Kind | adopted child.
angenommen *adj* Ⓒ [beigelegt] | ~er Name ① | assumed name | ~er Name ② | pseudonym | ~er Name ③ | false (assumed) name | ~er Titel ① | assumed title | ~er Titel ② | false (sham) title | ~er Wert | assumed value.
angenommen *adj* Ⓓ [fiktiv] | ~er Wert | fictitious value.
angenommen *part* Ⓐ [vermutet] | ~, daß | supposing (assuming) that.
angenommen *part* Ⓑ [durch Abstimmung] | carried | Antrag ~ | motion carried | einstimmig ~ | carried unanimously | ~ werden | to be carried (adopted) (passed).
angeschlossen *adj* | affiliated.
angeschuldigt *part* | ~ wegen etw. | charged with sth.; accused of sth.
Angeschuldigte *m* und *f* | der ~; die ~ | the accused; the defendant | der (die) Mit~ | the coaccused; the codefendant.
angesehen *adj* | notable; reputable; esteemed | ~e Firma; ~es Handelshaus | firm of renown; renowned (respectable) firm | hoch ~ | highly reputed.
angespannt *part* | ~er Geldmarkt | tightness of money; tight money | ~e Lage | tight situation | ~e Marktlage | tight market.
angestammt *adj* | ~es Recht | birthright.
angestellt *adj* | employed | fest ~ | in a permanent position.
Angestellte *f* | lady clerk | Büro~ | office employee (girl) | Laden~ | shop assistant; sales (shop) girl.
Angestellten..schaft *f* | die ~ | the staff; the employees.
—gewerkschaft *f;* **—verband** *m* | employees' federation.
—verhältnis *n* | im ~ stehen | to be employed (in employment) (in an employed position).
—versicherung *f* | employees' social (state) insurance.
Angestellter *m* | employee | Bank~ | bank official (clerk) | Büro~ | office employee; clerk | Entlassung eines ~en | dismissal of an employee | Laden~ | shop (sales) assistant | Post~ | postal (post-office) employee | Privat~ | employee in a private enterprise.

★ **hochbezahlter** ~ | high-salaried employee | kaufmännischer ~ | commercial employee; clerk | kleiner ~ | small clerk | leitender ~ | managing clerk | ~ in leitender Stellung | employee in an executive position; executive | zeichnungsberechtigter ~ | signing clerk (officer) | einen ~ entlassen (abbauen) | to discharge (to dismiss) an employee.
angewandt *adj* | die ~en Künste | the applied arts | die ~en Wissenschaften | the applied sciences.
angewandt *part* | ~ werden | to be applied.
angewiesen *adj* | ~ sein auf etw. | to depend (to be dependent) on sth.
angleichen *v* | to align; to adjust; to co-ordinate | die Löhne ~ | to equalize wages.
Angleichung *f* | alignment; adjustment; co-ordination | ~ der Gehälter an die Lebenshaltungskosten | adjustment of the salaries to the cost of living | Lohn~ | wage adjustment | ~ der Preise | adjustment of the prices | Steuer~ | equalization of taxes | Wieder~ | realignment; readjustment | ~ der Währungen; Währungs~ | alignment (adjustment) of the currencies; monetary (currency) adjustment (alignment).
angliedern *v* Ⓐ | to affiliate.
angliedern *v* Ⓑ [einverleiben] | to annex.
Angliederung *f* Ⓐ | affiliation | wirtschaftliche ~ | economic incorporation.
Angliederung *f* Ⓑ [Einverleibung] | annexation.
Anglikaner *m* | Anglican.
anglikanisch *adj* | die ~e Kirche | the Anglican Church | Anhänger (Mitglied) der ~en Kirche | Anglican.
angreifbar *adj* Ⓐ [bestreitbar] | contestable; disputable.
angreifbar *adj* Ⓑ | attackable.
angreifen *v* Ⓐ | to attack; to assail | jdn. ~ | to attack sb.; to make an attack upon sb. | jds. Ansichten ~ | to attack (to impugn) sb.'s opinions | jds. Ehre ~ | to impeach sb.'s hono(u)r; to slander sb. | eine Entscheidung ~ | to appeal against a decision | jdn. heftig ~ | to attack sb. violently; to make violent attacks on sb. | jdn. tätlich ~ | to assault sb.
angreifen *v* Ⓑ | seine Ersparnisse ~ | to touch (to draw on) one's savings | sein Kapital ~; sein Vermögen ~ | to touch one's capital.
angreifend *adj* | aggressive; attacking; assaulting | der ~e Teil | the aggressor.
Angreifer *m* | assailant; aggressor; invader.
Angreiferstaat *m* | aggressor nation (state).
angrenzen *v* | an etw. ~ | to border (to abut) on (upon) sth.; to be adjacent to sth.
angrenzend *adj* | limitrophe; bordering; adjoining; adjacent; abutting; neighbo(u)ring | ~es Gebiet (Land) | neighbo(u)r (neighbo(u)ring) (border) country | ~es Grundstück | adjoining (neighbo(u)ring) estate (property).
Angrenzer *m* | neighbo(u)ring (abutting) owner.
Angriff *m* Ⓐ | attack; aggression | ~ auf jds. Ehre | attack on sb.'s hono(u)r | bewaffneter ~ | armed aggression | gegen jdn. heftige ~e richten | to make violent attacks on sb.; to attack sb. violently | mutwilliger ~ | wanton aggression | tätlicher ~ | assault | unprovozierter ~ | unprovoked attack (assault); aggression | zum ~ übergehen | to assume (to take) the offensive | auf jdn. einen ~ unternehmen | to make an attack upon sb.
Angriff *m* Ⓑ | etw. in ~ nehmen | to take sth. in hand.
Angriffs..absichten *fpl* | aggressive designs.
—bündnis *n* | offensive alliance.
—krieg *m* | war of aggression; offensive (aggressive) war.
—mittel *npl* | means (*sing* and *pl*) of attack.

Angriffs..punkt *m* | point of attack; weak point.
—lust *f* | aggressiveness.
angriffslustig *adj* | aggressive; provocative.
Angriffswaffe *f* | offensive (aggressive) weapon.
Angst..käufe *mpl* | scare buying.
—preis *m* | panic price.
—verkauf | panic sale.
anhaften *v* | to be inherent.
anhaftend *adj* | ~er Fehler (Mangel) | inherent defect (fault) (vice).
Anhaltelager *n* | detention camp.
Anhaltspunkt *m* [Indiz] | clue | jdm. einen ~ geben | to put sb. on the track.
Anhandgabe *f* | firm offer.
Anhang *m* Ⓐ [die Anhänger] | der ~ | the adherents; the followers.
Anhang *m* Ⓑ | appendix; supplement | etw. als ~ beigeben (beifügen) | to add (to attach) sth. as appendix.
Anhängeadresse *f* | tie-on label.
anhängen *v* Ⓐ | to attach; to append.
anhängen *v* Ⓑ | to be attached.
anhängen *v* Ⓒ | jdm. einen Prozeß ~ | to involve (to entangle) sb. into a lawsuit.
anhängend *part* | annexed; attached.
Anhänger *m* Ⓐ | adherent; follower; partisan | ~ der gelenkten (der staatlich gelenkten) Wirtschaft; ~ der staatlichen Wirtschaftslenkung | partisan of controlled (state-controlled) economy | zahlreiche ~ haben | to have a numerous (large) following.
Anhänger *m* Ⓑ [Anhängezettel] | tie-on label.
Anhängerschaft *f* | die ~ | the followers; the adherents.
anhängig *adj* | pending | ~ bei Gericht | pending at law (in court) | ~er Prozeß | pending lawsuit | eine Klage (einen Prozeß) gegen jdn. ~ machen | to file (to bring) (to enter) an action against sb.; to commence (to institute) a lawsuit (legal proceedings) against sb.
Anhängigkeit *f* [~ bei Gericht; Rechtshängigkeit] | pendency.
anhäufen | to accumulate; to amass.
Anhäufung *f* | accumulation | ~ von Kapitalien; Kapital~ | accumulation of funds (of capital).
anheben *v* | die Preise ~ | to increase the prices.
Anhebung *f* | ~ der Preise | price increase.
anheften *v* Ⓐ | to fix; to attach.
anheften *v* Ⓑ [als Plakat] | to placard.
Anheftung *f* | affixing | durch ~ | by placarding.
anheimstellen *v* | jdm. etw. ~ | to leave sth. to sb.'s discretion.
anheuern *v* | to engage; to hire | sich ~ lassen | to sign the ship's articles.
Anhörung *f* | ~ von Zeugen | hearing witnesses | öffentliche ~ | public hearing.
ankämpfen *v* | gegen etw. ~ | to fight sth. (against sth.) | gegen Schwierigkeiten ~ | to fight against (to contend with) difficulties.
Ankauf *m* | purchase | An- und Verkauf | buying and selling.
ankaufen *v* | to buy; to purchase.
Ankaufs..genehmigung *f* | approval of purchase.
—kurs *m* | buying rate.
—preis *m* | purchase price.
—summe *f* | purchase money.
Ankergeld *n* | anchorage duty; anchorage.
Anklage *f* Ⓐ | accusation; charge | ~ wegen Betrugs | charge of fraud; fraud charge | ~ wegen Kapitalverbrechens; ~ auf Leben und Tod | indictment on a capital charge | unter ~ wegen Mordes; unter Mord~ | on a charge of murder; accused of

(charged with) murder | Selbst~ | self-accusation | Stellung unter ~ | indictment; arraignment.
★ **gegen jdn. ~ erheben; jdn. unter ~ stellen** | to indict (to charge) (to accuse) (to arraign) sb.; to commit sb. for trial | die ~ fallen lassen | to dismiss (to quash) the indictment | unter der ~ wegen Mordes (unter Mord~) vor Gericht gestellt werden | to be tried for murder | unter ~ stehen ① | to be accused; to be committed for trial | unter ~ stehen ② [vor Gericht] | to be on trial.
Anklage *f* Ⓑ; **Anklageschrift** *f* | charge sheet; indictment; bill of indictment | eine ~ verfassen | to draw up an indictment | die ~ verlesen | to read the indictment.
Anklage *f* Ⓒ; **Anklagebehörde** *f* | die ~ | the Prosecution; the Crown.
anklagen *v* | jdn. ~ | to accuse (to charge) sb. | jdn. wegen eines Verbrechens ~ | to accuse sb. of (to charge sb. with) a crime.
anklagend *adj* | accusatory; accusing.
Anklage..bank *f* | dock | auf der ~ | in the dock.
—erhebung *f* | indictment.
—grund *m* | charge; count of an indictment.
—prinzip *n* | accusatory principle.
—punkt *m* | charge; count of an indictment | wegen aller ~e für schuldig befunden werden| | to be found guilty on all charges (on all counts) | wegen aller ~e überführt werden | to be convicted on all charges (on all counts).
Ankläger *m* | der ~ | the prosecutor | der öffentliche ~ | the public prosecutor; the prosecuting attorney; the Prosecution; the Crown.
Anklage..recht *n* | right to impeach.
—rede *f* | addres of the public prosecutor to the court.
—verfahren *n* | accusatory procedure.
—vertreter *m* | counsel for the prosecution.
—zustand *m* | Versetzung in den ~ | indictment; arraignment | jdn. in ~ versetzen | to accuse (to indict) (to charge) (to arraign) sb.; to commit sb. for trial.
Ankleben *n* | Plakat~; Zettel~ | placarding; billsticking.
ankleben *v* | to affix.
anknüpfen *v* | Beziehungen ~ | to commence (to open) relations | Verhandlungen ~ | to enter into negotiations.
ankommen *v* Ⓐ | an einem Ort ~ | to arrive at a place | gut ~; ordnungsgemäß ~ | to arrive safely.
ankommen *v* Ⓑ | auf etw. ~ | to depend on (upon) sth. | auf die Umstände ~ to depend on the circumstances.
ankommen *v* Ⓒ | es auf etw. ~ lassen | to chance (to venture) sth. | es auf einen Prozeß ~ lassen | to venture (to risk) a lawsuit.
ankündigen *v* | etw. ~ | to announce (to notify) sth.; to make the announcement of sth. | amtlich ~; offiziell ~ | to announce officially | jdm. etw. förmlich (formell) ~ | to notify sb. (to give sb. formal notice) of sth. | öffentlich ~ ① | to announce publicly | öffentlich ~ ② | to publish | etw. ordnungsgemäß (rechtzeitig) ~ | to give due (proper) notice of sth.
Ankündigung *f* | announcement; notice | Vor~; vorherige ~ | notice in advance; advance (preliminary) (previous) notice | amtliche ~; offizielle ~ | official announcement (notice) | gerichtliche ~; gesetzliche ~ | legal notice | öffentliche ~ ① | public announcement; notice to the public | öffentliche ~ ② | publication | schriftliche ~ | notice in writing; written notice | ohne vorherige ~ | without notice (previous notice) | ohne weitere ~ | without further notice.

Ankündigungsschreiben *n* | letter of advice.
Ankunft *f* | arrival | **wohlbehaltene** ~ | safe arrival | **bei** ~ | upon arrival.
Ankunfts..bahnhof *m* | station of arrival.
—hafen *m* | port of arrival.
—tag *m* | day of arrival.
—zeiten *fpl* | times of arrival | **Ankunfts- und Abgangszeiten** | arrivals and departures (sailings).
ankurbeln *v* | to start | **die Produktion** ~ | to step up production | **die Wirtschaft** ~ | to get business started.
Ankurbelung *f* | starting | ~ **der Wirtschaft** | pump-priming the economy.
Ankurbelungs..kredit *m* | starting credit.
—maßnahmen *fpl* | pump-priming measures; steps to stimulate the economy.
Anlage *f* Ⓐ [Investierung] | investment; investment of funds | ~ **in Aktien;** ~ **in Aktienwerten** | investment in shares (in stocks) | ~ **auf Depositenkonto;** ~ **auf feste Kündigung** | deposit for a fixed period; fixed-deposit investment | ~ **von Geld; Geld**~; ~ **von Kapital(ien); Kapital**~ | investment of money (of capital) (of funds) | ~ **in Grundvermögen** | investment in fixed assets | ~ **in Staatspapieren** | investment in government bonds.
★ **festverzinsliche** ~ | fixed-yield (fixed-interest) investment | **kurzfristige** ~ | short-term investment | **langfristige** ~ | long-term investment | **mündelsichere** ~ | trustee (trustee-act) (gilt-edged) investment | **sichere** ~ | safe investment.
Anlage *f* Ⓑ [Beilage] | enclosure; appendix; annex; attachment; exhibit | ~ **zu einem Vertrage; Vertrags**~ | enclosure (schedule) to a contract | **als** ~ **beifügen** | to enclose; to attach | **in der** ~ | attached (enclosed) herewith; annexed | **laut** ~ | as annexed.
Anlage *f* Ⓒ [Werksanlage] | works *pl*; plant | **Fabrik**~ | industrial plant; factory | **Versuchs**~ | pilot plant | **Industrie**~ | industrial installation.
Anlage *f* Ⓓ [Apparatur] | equipment.
Anlage..bank *f* | investment bank; bank for investments.
—bedarf *m* | investment requirements.
—berater *m* | investment adviser (consultant).
—beratung *f* | investment advice.
—besitz *m* | investment holding(s).
—fonds *m*; **—gesellschaft** *f* | investment fund (trust).
—geschäft *n* | investment banking.
—güter *npl* | capital goods.
—kapital *n* | capital invested; invested capital; business (stock) capital; capital stock.
—konto *n* | capital (investment) account; fixed assets.
—kosten *pl* | investment charges.
—kredit *m* | investment credit.
—markt *m* | investment market.
—möglichkeiten *fpl* | possible investments.
Anlagenschwund *m* | dwindling of assets.
Anlage..papier *n* | investment stock.
—vermögen *n* | invested (business) (stock) capital; fixed assets.
—verwaltung *f* | investment management.
—verzinsung *f* | yield (return) of investments.
—werte *mpl*; **—titel** *mpl* | investment securities (shares) (stock) | **Markt für** ~ | investment market.
—zinsen *mpl* | interest on capital investment(s).
—zweck *m* | **zu** ~**en** | for investment purposes.
Anlaß *m* Ⓐ [Gelegenheit] | occasion | **den** ~ **zu etw. geben** | to bring about sth.; to give rise to sth. | **aus** ~ | on the occasion of.
Anlaß *m* Ⓑ [Ursache] | cause; motive; reason | **ohne** ~; **ohne jeden** ~ | without any provocation.

anläßlich *adv* | on the occasion [of].
anlasten *v* | **jdm. die Schuld für etw.** ~ | to attribute the blame for sth. to sb. | **jdm. die Spesen von etw.** ~ | to charge the expenses of sth. to sb.
Anlauf *m* | starting.
Anlaufen *n* | ~ **eines Hafens** | call at a port.
anlaufen *v* Ⓐ | to be started.
anlaufen *v* Ⓑ | **einen Hafen** ~ | to call at a port.
Anlauf..hafen *m* | port of call.
—kapital *n* | initial capital.
—kosten *pl* | initial cost.
—schwierigkeiten | initial difficulties.
—zeit *f* | initial (starting) period.
Anlegegebühren *fpl* | anchorage dues; anchorage.
anlegen *v* Ⓐ [investieren] | **Geld** ~ | to invest money; to make investments | **Geld verzinslich (auf Zinsen)** ~ | to put out money at interest | **Geld mündelsicher** ~ | to invest money in gilt-edged securities | **sein Geld in Staatspapieren** ~ | to invest in government bonds | **Kapital(ien)** ~ | to invest capital (funds) | **Geld kurzfristig** ~ | to invest money on short term (at short notice) | **Kapital langfristig** ~ | to make a long-term investment | **Kapital nutzbar (nutzbringend) (gewinnbringend)** ~ | to invest capital profitably.
anlegen *v* Ⓑ [eröffnen] | **Bücher** ~ | to open books | **ein Konto** ~ | to open an account.
anlegen *v* Ⓒ [anbringen] | **jdm. Handfesseln (Handschellen)** ~ | to handcuff sb. | **einen Maßstab an etw.** ~ | to measure sth. by sth. | **Siegel** ~ | to affix seals.
anlegen *v* Ⓓ [festmachen im Hafen] | to berth.
Anleger *m* [Kapitalanleger] | investor; capital investor.
Anlegung *f* Ⓐ [Investierung] | investment | ~ **von Kapital** | investment of capital (of funds) | ~ **von Mündelgeldern** | investment of trust money; trusteeship investment.
Anlegung *f* Ⓑ | ~ **von Siegeln** | affixing of seals.
Anleihe *f* | loan | **Ablösung einer** ~ | redemption of a loan | **Ablösungs**~ | redemption loan | **durch Aufnahme einer** ~ | by raising a loan | **Auslands**~ | foreign loan | **Begebung einer** ~ | floating (issue) of a loan | **Fundierungs**~; **Konsolidierungs**~ | funding (consolidation) loan | **Gold**~ | loan on a gold basis | **Hypotheken**~; **hypothekarisch gesicherte** ~ | loan on mortgage (on debentures); mortgage loan | **Inlands**~ | internal loan | **Kommunal**~ | municipal loan | **Konversions**~ | conversion loan | **Kriegs**~ | war (defense) loan | **Kündigung einer** ~ | calling in a loan (of a loan) | **Obligationen**~ | debenture loan; loan on debentures | **Prämien**~ | premium (lottery) loan | **Provinzial**~ | provincial loan | **Reparations**~ | reparation loan | **Rüstungs**~ | war loan | **Staats**~ | government (public) loan | **Stabilisierungs**~ | stabilization loan | ~ **mit Tilgungsplan** | loan with a redemption plan | **Umschuldungs**~; **Umtausch**~ | conversion loan | **Unterbringung einer** ~ | floating of a loan | **Zwangs**~ | forced loan.
★ **ausländische** ~ | foreign loan | **auslosbare** ~ | loan which is redeemable by drawings | **fundierte** ~; **konsolidierte** ~ | consolidated (funded) (permanent) loan | **kündbare** ~ | redeemable loan | **kurzfristige** ~ | short (short-termed) loan | **langfristige** ~ | long-termed loan | **mündelsichere** ~ | gilt-edged loan | **öffentliche** ~ | public (government) loan | **steuerbegünstigte** ~ | loan with tax privileges | **steuerfreie** ~ | tax-free loan | **überzeichnete** ~ | oversubscribed loan | **unkündbare** ~; **untilgbare** ~ | irredeemable loan | **verzinsliche** ~ | loan at interest | **wertbeständige** ~ | fixed-value loan.

★ eine ~ ablösen (tilgen) (zurückzahlen) | to redeem (to repay) a loan | eine ~ abschließen (aufbringen) (aufnehmen) (unterbringen) | to contract (to effect) (to negotiate) (to place) (to raise) a loan | eine ~ auflegen (ausgeben) (begeben) | to bring out (to float) (to issue) a loan | eine ~ aufwerten | to revalidate a loan | eine ~ bewilligen (gewähren) | to grant a loan | eine ~ kündigen | to call in a loan | eine ~ überzeichnen | to oversubscribe a loan | eine ~ unterbringen | to place (to float) a loan | eine ~ zeichnen | to subscribe to a loan | eine ~ zur Zeichnung auflegen | to offer a loan for subscription | eine ~ zurückkaufen | to retire a loan.

Anleihe..ablösung f | redemption of a loan; loan redemption.

—ablösungsschuld f | loan redemption (loan liquidation) debt.

—angebot n | loan offer.

—ausgabe f; —emission f | issue (floatation) of a loan

—bedingungen fpl | terms of a loan; loan terms.

—dienst m | payment of interest on loans.

—erlös m | proceeds of the loan.

—geschäft n | loan transaction.

—kapital n | loan capital.

—konsortium n | underwriting syndicate for a loan.

—konto n | loan account.

—konversion f | loan conversion.

—los n Ⓐ | lottery bond.

—los n Ⓑ | loan ticket.

—modalitäten fpl | terms of a loan.

Anleihen fpl | bonds; debentures | Ablösungs~ | redemption stock; sinking fund debentures | Kriegs~ | war bonds | Lotterie~ | lottery (prize) (premium) bonds | Staats~| government bonds (stocks) | Stadt~ | municipal bonds (loans).

Anleihenmarkt m | bond market.

Anleihe..papiere npl; —titel mpl | bonds.

—schuld f | funded debt.

—schuldverschreibung f | bond.

—stock m | loan guarantee fund.

—tilgung f | redemption of a loan; loan redemption.

—verpflichtungen fpl | loan obligations (commitments).

—verschuldung f | indebtedness by loans.

—vertrag m | loan contract.

—verzinsung f | service of a loan; loan service.

—zeichner m | loan subscriber.

—zeichnung f | subscription to a loan.

—zinsen mpl | loan interest.

Anliegen n Ⓐ [Wunsch; Bitte] | desire; request.

Anliegen n Ⓑ [Angrenzen] | adjacency.

anliegen v [angrenzen] | an etw. ~ | to border on (upon) sth.

anliegend adj Ⓐ [angrenzend; benachbart] | adjoining; adjacent; bordering; limitrophe; neighbo(u)ring | ~es Grundstück | adjoining (neighbo(u)ring) property (estate).

anliegend adj Ⓑ [beiliegend; beigefügt] | enclosed (adjoined) (attached) herewith (hereto).

Anlieger m Ⓐ [Nachbar] | neighbo(u)ring owner.

Anlieger m Ⓑ [Straßen~] | wayside owner; owner of wayside property.

Anlieger m Ⓒ [Ufer~] | riparian owner; riverside resident.

Anlieger..grundstück n Ⓐ [Nachbargrundstück] | adjoining (neighbo(u)ring) property (estate).

—grundstück n Ⓑ [Straßenanlieger] | wayside property.

—grundstück n Ⓒ [Ufergrundstück] | riverside (waterside) (riparian) property.

Anlieger..staat m Ⓐ | neighbo(u)ring (bordering) state (country); border state.

—staat m Ⓑ | riparian state (nation) | Nicht~ | non-riparian state.

Anmahnung f | warning.

anmaßen v | sich etw. ~ | to arrogate sth. to os. | sich ein Recht ~ | to usurp a right | sich jds. Rechte ~ | to encroach on (upon) sb.'s rights.

anmaßend adj Ⓐ [unrechtmäßig besitzergreifend] | usurping.

anmaßend adj Ⓑ [anspruchsvoll] pretentious.

anmaßend adj Ⓒ | arrogant; overbearing | in ~er Weise | arrogantly.

Anmaßung f Ⓐ | usurpation; usurping | Amts~ | false assumption of authority | ~ eines Rechts; Rechts~ | usurpation of a right.

Anmaßung f Ⓑ [angemaßter Anspruch] | pretension; arrogation.

Anmaßung f Ⓒ [anmaßendes Verhalten] | arrogance; arrogancy; overbearing manner; pretentiousness.

Anmelde..formular n | application (registration) form.

—frist f | term of filing the (an) application (a declaration).

—gebühr f | filing (application) (registration) fee.

anmelden v Ⓐ [ankündigen] | to announce; to notify | Ansprüche auf etw. ~ | to give notice of claims to sth.

anmelden v Ⓑ | etw. zur Eintragung ~ | to report sth. for registration; to apply (to make application) for registration of sth. | eine Gesellschaft zur Eintragung ~ | to register a company | ein Gewerbe ~ | to register a trade (a business) | Konkurs ~; seinen Konkurs ~ | to file (to present) one's petition (one's bankruptcy petition) (one's schedule) | eine (seine) Forderung zum Konkurs ~ | to prove a claim (one's claim) (one's debt); to tender a proof of debt; to to prove a claim (to lodge a proof) in bankruptcy | eine Erfindung zum Patent ~; ein Patent ~ | to apply for a patent (for letters-patent); to file an application for a patent; to take out a patent | ein Telephongespräch ~; ein Gespräch ~ | to ask for a telephone connection | sein Vermögen ~ | to declare one's property | ein Warenzeichen ~ | to register a trademark.

anmelden v Ⓒ [melden] | sich polizeilich (bei der Polizei) ~ | to register (to register os.) with the police.

Anmeldepflicht f | obligation to notify; compulsory registration.

anmeldepflichtig adj | subject to make declaration.

Anmelder m Ⓐ | applicant | Mit~ | joint applicant | Patent~ | applicant for a patent | Warenzeichen~ | applicant for a trademark.

Anmelder m Ⓑ | party filing a report.

Anmelderin f Ⓐ | applicant.

Anmelderin f Ⓑ [Gesellschaft] | [the] applicant company.

Anmelde..schein m; —zettel m | registration form (card).

—stelle f | filing agency (office); office of (for) registration.

—termin m | time for filing the (an) application (a declaration).

Anmeldung f Ⓐ [Ankündigung] | announcement; notification | Vor~ | notice; notice in advance.

Anmeldung f Ⓑ [formelle Mitteilung unter gleichzeitiger Antragstellung] | application; formal request; declaration | ~ zur Aufnahme; Aufnahme~ | application for admission | Einreichung der ~ | filing of the application | ~ zur Eintragung; Eintragungs~ | application for registration | ~ zur Ein-

Anmeldung *f* ⓑ *Forts.*
tragung in das Handelsregister; ∼ zur handelsgerichtlichen Eintragung; handelsgerichtliche ∼ | application for registration in the trade register | ∼ einer Forderung im Konkurs; Forderungs∼ | proof of debt in bankruptcy | ∼ eines Gewerbes; Gewerbe∼ | registration (application for registration) of a trade | ∼ des Konkurses; Konkurs∼ | bankruptcy petition; pétition in bankruptcy | ∼ der (zur) Löschung | application for cancellation | Neu∼; neue ∼ | new (fresh) application | Patent∼ | application for letters patent (for a patent); patent application | Prioritäts∼; frühere ∼ | prior application | Teil∼ | partial (divisional) application | Warenzeichen∼ | application for registration of a trade-mark | Zurückziehung einer ∼ | withdrawal of an application (of a request).
★ rechtzeitige ∼ | due application | verspätete ∼ | delayed application.
★ eine ∼ einreichen | to file (to hand in) an application | eine ∼ zurückziehen | to withdraw an application (a request) | auf ∼ | on (upon) application.
Anmeldung *f* ⓒ [Meldung] | ∼ bei der Polizei; polizeiliche ∼ | registration with the police.
Anmeldungs..frist *f* | term (period) for filing the (an) application (a declaration).
—**termin** *m* | time (date) for filing the (an) application (a declaration).
Anmerkung *f* | note; annotation; comment | Text mit ∼en | annotated text | einen Text mit ∼en versehen | to annotate (to comment on) a text | mit ∼en versehen *part* | annotated; with annotations.
annähernd *adj* | approximate; approximative.
annähernd *adv*; **annäherungsweise** *adv* | approximatively; by approximation.
Annäherung *f* | approach | Wieder∼ | reconciliation.
Annäherungs..versuch *m* | attempt at reconciliation | jdm. gegenüber ∼e machen | to make approaches to sb.
—**wert** *m* | approximate value.
Annahme *f* ⓐ | acceptance; accepting; acceptation | ∼ eines Angebots (Antrags); Antrags∼ | acceptance of an offer | ∼ eines Auftrags; Auftrags∼ | | acceptance of an order | ∼ unter einer Bedingung | acceptance under reserve; qualified acceptance | Blanko∼; ∼ in blanko | acceptance in blank; blank acceptance | ∼ der Erbschaft; Erbschafts∼ | assumption of succession | Ehren∼; Interventions∼; ∼ ehrenhalber | acceptance for hono(u)r (by intervention) (in case of need) (supra protest) | ∼ durch Kabel; Kabel∼ | acceptance by cable (by cablegram); cabled acceptance.
○ ∼ der Lieferung; Liefer∼; Lieferungs∼ | accepting (taking) delivery | die ∼ der Lieferung (die Lieferungs∼) verweigern | to refuse to take delivery | Nicht∼ | non-acceptance | ∼ unter Protest; Protest∼ | acceptance under protest | Protest mangels ∼ | protest for non-acceptance (for want of acceptance) | ∼ einer Schenkung; Schenkungs∼ | acceptance of a gift (of a donation) | Teil∼ | partial acceptance | Vermutung der ∼ | implied acceptance | Verweigerung der ∼ | refusal to accept; non-acceptance | ∼ unter Vorbehalt | acceptance under reserve; qualified acceptance | Vorlegung (Vorzeigung) zur ∼ | presentation for acceptance.
○ Waren∼ | receiving of goods delivered; taking delivery of goods | ∼ eines Wechsels; Wechsel∼ | acceptance of a bill (of a bill of exchange) | einen Wechsel zur ∼ präsentieren (vorlegen) | to present a

bill for acceptance | die ∼ eines Wechsels verweigern | to refuse acceptance of a bill; to dishono(u)r a draft (a bill) by non-acceptance; to leave a bill dishono(u)red by non-acceptance.
★ bedingte ∼; qualifizierte ∼ | acceptance under reserve; qualified acceptance | stillschweigende ∼ | tacit acceptance | teilweise ∼ | partial acceptance | telegraphische ∼ | telegraphic acceptance; acceptance; acceptance by telegraph (by wire) | unbedingte ∼; vorbehaltlose ∼ | acceptance without reserve; unreserved (unqualified) acceptance | verspätete ∼ | delayed (belated) (late) acceptance.
★ die ∼ von etw. verweigern | to refuse acceptance of sth.; to refuse to accept sth. | ∼ verweigert | acceptance declined (refused); refused | etw. zur ∼ vorlegen (vorzeigen) | to present sth. for acceptance.
★ mangels ∼ | in default of (for want of) acceptance; because of (on account of) non-acceptance | zur ∼ | for acceptance.
Annahme *f* ⓑ [Annahmestelle] | receiving office | Brief∼ | letter receiving office | Offerten∼ | advertising agency | Telegramm∼ | telegram receiving office.
Annahme *f* ⓒ [durch Abstimmung] | ∼ einer Entschließung (Resolution) | adoption of a resolution | ∼ eines Gesetzes (Gesetzesentwurfes) | passage (passing) of a bill | einstimmige ∼ | unanimous adoption.
Annahme *f* ⓓ [Beilegung] | ∼ eines Namens | assumption of a name | ∼ eines anderen Namens | changing of one's name; change of name | ∼ eines Titels | assumption of a title.
Annahme *f* ⓔ [Adoption] | ∼ an Kindes Statt | adoption of a child.
Annahme *f* ⓕ [Vermutung] | assumption; presumption; supposition | irrtümliche ∼ | erroneous assumption | in (unter) der ∼, daß | assuming (supposing) (presuming) that; on the assumption (supposition) that.
Annahme..beamter *m* | receiving clerk.
—**bedingungen** *fpl* | conditions (terms) of acceptance
—**bescheinigung** *f* | certificate of receipt; receipt.
—**erklärung** *f* | declaration (notice) of acceptance.
—**frist** *f* | term for (period of) acceptance.
—**protest** *m* | protest for non-acceptance (for want of acceptance).
—**stelle** *f* | receiving office.
—**stempel** *m* | receipt stamp.
—**vermerk** *m* | acceptance.
—**vermutung** *f* | implied acceptance.
—**vertrag** *m* | contract of adoption.
—**verweigerung** *f* ⓐ | refusal to accept; non-acceptance.
—**verweigerung** *f* ⓑ | refusal to take delivery.
—**verzug** *m* | late (delayed) (belated) acceptance; default of acceptance.
Annalen *fpl* | annals; records.
annehmbar *adj* | acceptable | ∼es Angebot | acceptable (reasonable) offer | ∼e Bedingungen | acceptable (reasonable) terms (conditions) | ∼er Preis | acceptable (fair) (reasonable) price | in ∼er Weise | in an acceptable manner | in ∼em Zustand | in good (fair) condition | ∼ sein | to be acceptable.
Annehmbarkeit *f* | ∼ eines Vorschlages | acceptability of a proposal.
annehmen *v* ⓐ [akzeptieren] | to accept | ein Angebot ∼; einen Antrag ∼ | to accept an offer | Bestechungsgelder ∼ | to accept bribes | die Lieferung ∼ | to accept (to take) delivery | eine Herausforderung ∼ | to accept (to take up) a challenge | jds. Rat ∼ |

~ | to take sb.'s advice | **sich einer Sache** ~ | to take charge (care) of a matter | **ein Urteil** ~ | to submit to a judgment | **etw. unter Vorbehalt** ~ | to accept sth. under reserve | **etw. ohne Vorbehalt (vorbehaltlos) (bedingungslos)** ~ | to accept sth. unconditionally | **einen Vorschlag** ~ | to accept (to agree to) a proposal | **einen Vorschlag nicht** ~ | to decline a proposal | **einen Wechsel** ~ | to accept (to sign) a bill of exchange | **einen Wechsel nicht** ~ | to refuse acceptance of a bill; to dishono(u)r a draft (a bill) by non-acceptance; to leave a bill dishono(u)red by non-acceptance.

annehmen *v* Ⓑ [adoptieren] | **ein Kind** ~ (**an Kindes Statt** ~) | to adopt a child.

annehmen *v* Ⓒ [durch Abstimmung] | **einen Antrag** ~ | to carry a motion | **eine Entschließung (Resolution)** ~ | to adopt a resolution | **ein Gesetz** ~; **einen Gesetzesentwurf** ~ | to pass a bill | **einen Antrag einstimmig** ~ | to adopt a motion unanimously.

annehmen *v* Ⓓ [sich beilegen] | **einen Namen** ~ | to assume a name | **einen anderen Namen** ~ | to change one's name | **einen Titel** ~ | to assume a title.

annehmen *v* Ⓔ [vermuten] | to assume; to presume; to suppose beforehand; to presuppose | **etw. als feststehend** ~ (**als sicher** ~) (**als selbstverständlich** ~) | to take sth. for granted.

Annehmende *m* | **der** ~ | the acceptor.

Annehmer *m* Ⓐ | acceptor.

Annehmer *m* Ⓑ [eines Wechsels] | drawee.

annektieren *v* | to annex.

Annektierung *f*; **Annexion** *f* | annexation | **Gebiets**~ | annexation of territory.

Annexionspolitik *f* | annexationist policy.

Annonce *f* | advertisement | **Zeitungs**~ | newspaper advertisement | **eine** ~ **aufgeben** | to have an advertisement inserted; to advertise.

Annoncen..acquisiteur *m* | advertising canvasser (agent).

—**blatt** *n* | advertising paper.

—**büro** *n*; —**expedition** *f* | advertising agency (bureau) (office).

—**tarif** *m* | advertising rates; rate card.

—**vertreter** *m* | advertising (publicity) agent.

Annoncieren *n* | advertising | **durch** ~ | by (through) advertising.

annoncieren *v* | to advertise; to make publicity.

Annuität *f* | annuity.

Annuitäten *fpl* | consolidated funds.

annullierbar *adj* | annullable; voidable.

annullieren *v* Ⓐ [für ungültig erklären] | to annul; to nullify; to declare null and void | **einen Auftrag** ~ | to cancel an order.

annullieren *v* Ⓑ [umstoßen; von Anfang an nichtig machen] | to rescind; to avoid ab initio.

Annullierung *f* Ⓐ | annulment; nullification | ~ **eines Auftrages** | cancellation of an order.

Annullierung *f* Ⓑ [Umstoßung] | rescission.

anonym *adj* | anonymous | ~**er Brief** | anonymous letter | ~**er Schreiber** | anonymous writer.

anonym *adv* | anonymously | ~ **bleiben** | to preserve (to retain) one's anonymity; to remain anonymous | | ~ **schreiben** | to write anonymously.

Anonymität *f* | anonymity.

anordnen *v* Ⓐ | to order; to direct; to instruct | **jds. Bestrafung** ~ | to order sb. to be punished | **Beweiserhebung** ~; **Beweis** ~ | to order evidence to be taken | **jds. Haftentlassung (Freilassung)** ~ | to order sb. released (sb.'s release) | **das Ruhen des Verfahrens** ~ | to order a stay of the proceedings; to stay (to suspend) the proceedings | **eine Sitzungs-**

pause (**Verhandlungspause**) ~ | to declare a recess | **die Sperre (Sperrung) eines Kontos** ~ | to order an account to be blocked.

anordnen *v* Ⓑ [arrangieren] | to arrange.

Anordnung *f* Ⓐ | order; directive; instruction | **auf** ~ **des Gerichts; auf gerichtliche** ~ | by order (by warrant) of the court; by court order | **Vollzugs**~ | executive order | **ärztliche** ~ | doctor's order(s) | **vorläufige** ~ | temporary provision; interim order | ~**en treffen (erlassen)** | to give instructions (orders); to make provisions | ~**en nachkommen** | to comply with instructions | **laut** ~ | as ordered.

Anordnung *f* Ⓑ | arrangement.

anpassen *v* | **etw. einer Sache** ~ | to adapt sth. to sth. | **sich** ~ **können** | to show adaptability | **sich den Umständen (den Verhältnissen)** ~ | to adapt os. to circumstances.

Anpassung *f* | adaptation; adjustment | ~ **der Löhne** | wage adjustment | ~ **der Währungen; Währungs**~ | alignment (adjustment) of the currencies; monetary (currency) alignment (adjustment) | **Wieder**~ | readjustment.

anpassungsfähig *adj* | adaptable; flexible | ~ **sein** | to show adaptability.

Anpassungs..fähigkeit *f*; —**vermögen** *n* | adaptability flexibility; elasticity.

—**zeitraum** *f* | period of adaptation.

anpreisen *v* | to recommend.

Anpreisung *f* | recommendation | **marktschreierische** ~ | puffing.

anrainen *v* | to abut [on].

Anrainer *m* | abutter; abutting owner.

Anrainerstaat *m* | bordering state.

Anraten *n* | recommendation; advice | **auf jds.** ~ | at (on) (upon) (under) sb.'s advice.

anraten *v* | ro recommend | **dringend** ~, **etw. zu tun** | to advise strongly to do sth.; to urge that sth. should be done.

anrechnen *v* Ⓐ | to charge; to put to account | **etw. auf den Erbteil** ~ | to bring sth. into hotchpot | **etw. auf die Strafe** ~ | to make allowance for sth. when fixing the penalty | **die Untersuchungshaft** ~ | to make allowance for the time already served while awaiting trial.

anrechnen *v* Ⓑ [in Rechnung stellen] | **etw.** ~ | to invoice sth.; to put sth. on the invoice.

anrechnen *v* Ⓒ [belasten] | to debit | **zu viel** ~ | to overcharge.

Anrechnung *f* Ⓐ | taking into account | **etw. auf den Erbteil in** ~ **bringen** | to bring sth. into hotchpot | **etw. auf die Strafe in** ~ **bringen** | to make allowance for sth. when fixing the penalty | ~ **der Untersuchungshaft** | making allowance for the period passed in custody while awaiting trial | **etw. in** ~ **bringen** | to take sth. into account | **in (unter)** ~ **auf** | by taking sth. into account against ...

Anrechnung *f* Ⓑ [Inrechnungstellung] | invoicing.

Anrechnung *f* Ⓒ [Belastung] | debiting.

Anrecht *n* | right | **ein** ~ **auf etw. geben** | to entitle to sth. | **ein** ~ **auf etw. haben** | to be entitled to sth. | **mit demselben** ~ | with equal right.

Anrede *f*; —**form** *f* | style of address; title.

anregen *v* | to suggest; to propose.

Anregung *f* | suggestion; proposition.

anrichten *v* | **Schaden** ~ | to cause damage.

anrüchig *adj* | disreputable; of ill repute.

Anrüchigkeit *f* | disrepute.

Anruf *m* | call | **Telephon**~; **telephonischer** ~ | telephone (telephonic) call; call | **jds.** ~ **beantworten** | to answer sb.'s call.

anrufen *v* | jdn. ~ | to appeal to sb. | **das Gericht** ~; **die Gerichte** ~; **die Justiz** ~; **den Richter** ~ | to appeal to the law; to seek legal redress; to go to law | **jdn. um Hilfe** ~; **jds. Hilfe** ~ | to appeal to (to call upon) sb. for help; to call in sb.'s aid (assistance) | **ein Schiedsgericht** ~ | to go to arbitration | **jds. Schutz** ~ | to ask (to appeal) (to call upon) sb. for protection | **die Waffen** ~ | to appeal to arms | **jdn. zum Zeugen** ~ | to call sb. to (as) witness | **jdn. telephonisch** ~ | to call sb. over the telephone; to call (to ring) sb. up.

Anrufung *f* | **durch** ~ **der Gerichte** | by going to law; by resorting to litigation; by litigating | ~ **eines höheren Gerichtes** | appeal to a higher court.

Ansage *f* | announcement.

Ansager *m* | announcer.

ansammeln *v* | to accumulate; to amass | **Reserven** ~ | to build up reserves | **sich** ~ | to accrue.

Ansammlung *f* Ⓐ | accumulation; aggregation | ~ **von Geldern; Kapital**~ | accumulation of capital (of funds) | ~ **von Reserven** | building up of reserves.

Ansammlung *f* Ⓑ [Menschen] | concourse; riot.

ansässig *adj* Ⓐ [seßhaft] | sedentary.

ansässig *adj* Ⓑ [wohnhaft] | residing; domiciliated | **im Ausland** ~ | resident abroad | ~**er Bürger** | resident citizen | **sich** ~ **machen** | to take up one's residence; to become resident | **in ...** ~ **sein** | to reside (to be resident) (to live) at ... | **nicht** ~ | non-resident.

Ansässiger *m* | resident.

Ansatz *m* Ⓐ | **Preis**~ | fixing of a (of the) price | **außer** ~ **bleiben** | to remain out of account | **etw. in** ~ **bringen** | to place (to put) sth. into account.

Ansatz *m* Ⓑ [Eintrag] | item | **Kosten**~ | cost item.

anschaffen *v* Ⓐ [erwerben] | to acquire; to purchase; to buy.

anschaffen *v* Ⓑ [liefern] | to provide; to furnish; to procure | **Deckung** ~ | to provide (to furnish) payment (cover) | **Deckung für einen Wechsel** ~ | to provide (to provide cover) for a bill of exchange | **den Gegenwert** ~ | to make remittance | **Geld** ~ | to provide (to find) money.

anschaffen *v* Ⓒ [anordnen] | jdm. etw. ~ | to order (to instruct) sb. to do sth.

Anschaffung *f* Ⓐ [Erwerb] | acquisition; purchase | **Neu**~ | new acquisition | **Waren**~ | purchase of goods (of merchandise) | ~ **zum Zweck der Weiterveräußerung** | purchase for resale.

Anschaffung *f* Ⓑ [Leistung] | provision | **Bar**~ | remittance in cash; cash remittance | ~ **zwecks Deckung; Deckungs**~ | remittance to cover (to provide cover); providing cover | **Gegen**~ | return remittance | **keine** ~ **für etw. machen** | to leave sth. without cover | **für** ~ **sorgen** | to provide payment (cover) | **als** ~ **für ...** | in order to make provision for ...

Anschaffung *f* Ⓒ [Anordnung] | order; instruction.

Anschaffungs..betrag *m* | amount of the purchase price.

—kosten *pl*; **—preis** *m* Ⓐ [Erwerbspreis] | purchase price.

—kosten *pl*; **—preis** *m* Ⓑ [Selbstkostenpreis] | cost (original cost) (first) (actual) price.

—wert *m* | original (acquisition) value.

Anschauung *f* Ⓐ [Ansicht] | point of view; viewpoint | **Lebens**~ | view of life | **Welt**~ | world concept.

Anschauung *f* Ⓑ [Überzeugung] | conviction.

Anschauungsmaterial *n* | illustrative (demonstration) material.

Anschauungsunterricht *m* | visual instruction; object lessons.

Anschein *m* | **der** ~ **ist (spricht) gegen ihn** | the appearance(s) is (are) against him | **allem** ~ **nach** | to all appearances | **dem** ~ **nach** | seemingly.

Anschlag *m* Ⓐ [Plakat] | poster; bill | **öffentlicher** ~ | public poster; placard | **etw. durch** ~ **bekanntgeben** | to placard sth.; to publish (to announce) sth. by placards.

Anschlag *m* Ⓑ [Kosten~] | estimate of cost; estimate | **Ertrags**~ | estimate (calculation) of proceeds | ~ **des Wertes** | valuation | **etw. in** ~ **bringen** | to put sth. into account; to charge sth.; to carry sth. to account; to bill sth.; to invoice sth.

Anschlag *m* Ⓒ [Attentat] | plot; conspiracy; attempt | **Mord**~ | assassination plot; plot to assassinate [sb.]; attempt on sb.'s life | **Terroristen**~ | terrorist plot | **einen** ~ **vereiteln** | to defeat (to foil) (to frustrate) a plot | **einen** ~ **auf jdn. verüben** | to make an attempt on sb.'s life; to attempt to assassinate sb. | **einen** ~ **auf (gegen) jdn. vorbereiten** | to lay (to hatch) a plot against sb.

Anschlagbrett *n*; **—tafel** *f* | notice (bulletin) board; billboard.

Anschlagen *n* | **durch** ~ | by posting placards.

anschlagen *v* | **etw. öffentlich** ~ | to placard sth.

Anschlagswert *m* | estimated (appraised) value.

Anschlagzettel *m* | bill; poster.

anschließen *v* Ⓐ [beitreten] | **sich der Mehrheit** ~ | to join the majority | **sich einer Partei** ~ | to join (to affiliate with) a party | **sich einem Verband (einer Organisation)** ~ | to affiliate with an association (organization).

anschließen *v* Ⓑ | **sich einer Ansicht (Meinung)** ~ | to adopt a view; to agree with (to assent to) an opinion; to endorse (to share) an opinion (a view) | **sich der Berufung** ~ | to cross-appeal.

anschließend *adv* | subsequently.

Anschluß *m* Ⓐ [Beitritt] | affiliation | ~ **an einen Verband** | affiliation with an association.

Anschluß *m* Ⓑ [Verkehrsverbindung] | connection | **Bahn**~; **Eisenbahn**~ | railway connection | ~ **haben mit** | to correspond with; to run in connection with | **den (seinen)** ~ **verfehlen (verpassen)** | to miss one's connection.

Anschluß *m* Ⓒ [Einverleibung] | incorporation; annexation.

Anschluß *m* Ⓓ [Telephon~] | telephone connection (subscription).

Anschluß *m* Ⓔ [Zusammenhang] | **im** ~ **an** | in connection with; referring to.

Anschluß..berufung *f* | cross-appeal | ~ **einlegen** | to cross-appeal.

—bestrebungen *fpl*; **—bewegung** *f* | tendencies (movement) of incorporation.

—erklärung *f* | declaration of intervention.

—fahrkarte *f* | transfer ticket.

—pfändung *f* | distraint by another creditor.

—revision *f* | cross-appeal.

anschneiden *v* | **eine Frage** ~ | to raise a question | **ein Thema** ~ | to broach a subject.

Anschreiben *n* Ⓐ [Brief] | writing; letter.

Anschreiben *n* Ⓑ [Mitteilung] | notice; communication.

Anschreiben *n* Ⓒ [Begleitschreiben] | covering letter.

anschreiben *v* Ⓐ [anmerken] | **etw.** ~ | to note sth.; to put sth. down.

anschreiben *v* Ⓑ [belasten] | **etw.** ~ | to debit sth.; to charge sth. (for sth.) | **etw.** ~ **lassen** | to take sth. on credit.

anschreiben *v* © [S] | **jdn.** ~ | to write sb. (to sb.).
Anschrift *f* Ⓐ | address | **Draht**~; **Telegramm**~ | telegraphic (cable) address | **Post**~ | mailing address | **ohne** ~ | unaddressed.
Anschrift *f* Ⓑ [Inschrift] | inscription.
Anschriftänderung *f* | change of address.
anschuldigen *v* | **jdn. wegen etw.** ~ | to charge sb. with sth.; to accuse sb. of sth.
Anschuldigung *f* | charge; accusation | **falsche** ~ | malicious prosecution | **gegen jdn. eine** ~ **erheben** | to bring (to prefer) a charge against sb.; to charge (to accuse) sb. | **sich von einer** ~ **befreien (reinigen)** | to clear os. of a charge.
Anschwemmung *f* Ⓐ | alluvion.
Anschwemmung *f* Ⓑ [durch ~ **gebildetes Land**] | alluvium; accretion by alluvion.
Ansehen *n* Ⓐ [Ruf] | reputation; standing | **Einbuße (Verlust) an** ~ | loss of reputation | **von (in) hohem** ~ | of high standing (reputation) | **in hohem** ~ **stehen; hohes** ~ **genießen** | to enjoy a high reputation; to be held in high repute.
Ansehen *n* Ⓑ [Wertschätzung] | esteem.
ansehen *v* | **etw. als ...** ~ | to consider (to regard) sth. as ...
ansehnlich *adj* | considerable | **eine** ~**e Summe** | an important sum.
Ansehung *f* | **in** ~ **des ... (der ...)** | considering; in consideration of; taking into consideration that; in view of; in respect of | **ohne** ~ **der Person** | without acceptance of persons.
ansetzen *v* Ⓐ [in Ansatz bringen] | **etw.** ~ | to place (to put) sth. into account.
ansetzen *v* Ⓑ [festsetzen] | **die Kosten** ~ | to tax the costs | **den Preis von etw.** ~ | to fix the price of sth.
ansetzen *v* © [anberaumen] | **einen Termin** ~! | to fix a day for the hearing; to assign a day for trial.
Ansetzung *f* Ⓐ [Festsetzung] | ~ **eines Preises** | fixing of a price.
Ansetzung *f* Ⓑ [Anberaumung] | ~ **eines Termins; Termins**~ | assigning (fixing of) a day for the hearing.
Ansicht *f* Ⓐ [Meinung] | opinion; view; point of view; viewpoint | **Gemeinsamkeit der** ~**en** | common views | **nach** ~ **von (der) Sachverständigen** | in the opinion of experts; according to the experts | **nach reiflicher Überlegung gewonnene** ~ | considered opinion.
★ **abweichende (auseinandergehende)** ~**en** | divergent (different) opinions; difference (divergence) of opinions (of views) | **abweichender (anderer) (verschiedener)** ~ **sein** | to be of different opinion; to disagree with sb.'s opinion | **über etw. anderer** ~ **sein** | to take a different view of sth. | **nach allgemeiner** ~ | in the opinion (judgment) of all | **extreme** ~**en haben** | to hold extreme views | **gegenteiliger** ~ **sein** | to hold the contrary (opposite) opinion | **gesunde** ~**en über etw. haben** | to have sound views on sth. | **geteilte** ~**en** | divided opinions | **mit jdm. gleicher** ~ **sein; der gleichen** ~ **sein wie jd.** | to share (to endorse) sb.'s opinion (views); to be of the same opinion as sb. | **nach herrschender** ~ | in the opinion of the majority | **übereinstimmende** ~**en** | consensus of opinion; agreement of views | **umstrittene** ~ | controversial opinion | **vertretbare** ~; ~, **welche sich vertreten läßt** | defensible (tenable) opinion | **unvertretbare** ~; **nicht vertretbare** ~ | indefensible (untenable) opinion | **weitverbreitete** ~ | widely held opinion.
★ **seine** ~ **ändern** | to change one's opinion | **sich einer** ~ **anschließen; einer** ~ **beitreten** | to adopt a

view; to endorse (to share) an opinion (a view); to agree with (to assent to) an opinion | **eine** ~ **äußern** | to express (to give) (to advance) (to put forward) an opinion (a view) | **seine** ~ **über etw. äußern** | to give (to express) one's opinion on sth. | **die** ~ **äußern, daß** | to express the opinion that; to opine (to put forward) that | **jds.** ~ **beipflichten** | to endorse (to agree with) sb.'s views | **jdn. zu seiner** ~ **bekehren; jdn. von seiner** ~ **überzeugen** | to bring sb. round to one's opinion | **jdn. um seine** ~ **bitten** | to ask sb.'s opinion; to consult sb. | **der** ~ **sein, daß; die** ~ **vertreten, daß** | to be of the opinion that; to hold the view that; to opine that | **eine** ~ **teilen** | to share an opinion (a view).
★ **meiner** ~ **nach** | in my opinion; in my view | **nach** ~ **von jdm.** | in sb.'s opinion (view).
Ansicht *f* Ⓑ [Besichtigung] | **nach** ~ | on inspection | **zur** ~ | on approval; for inspection.
Ansicht *f* © | view | **Rück**~ | back view | ~ **im Schnitt; Schnitt**~ | sectional drawing (view); cross-section | **Seiten**~ | side view | **Vorder**~ | front view.
Ansichts..karte *f*; —**postkarte** *f* | picture postcard.
—**sache** *f* | matter of opinion.
—**sendung** *f* | consignment for approval (for inspection and approval).
ansiedeln *v* Ⓐ [sich niederlassen] | **sich** ~ | to establish os.; to settle down.
ansiedeln *v* Ⓑ [besiedeln] | to colonize.
Ansiedler *m* | settler; colonist.
Ansiedlung *f* Ⓐ [Niederlassung] | establishment; settlement; settling.
Ansiedlung *f* Ⓑ [Besiedlung] | colonization.
Ansinnen *n* [unbilliges Verlangen] | **an jdn. ein** ~ **stellen** | to put an unreasonable request to sb.
Anspannung *f* | ~ **der Finanzlage** | tight financial situation | ~ **des Geldmarktes** | tight money market | ~ **der Reserven** | draw on (the) reserves.
anspielen *v* | **auf etw.** ~ | to allude to sth.
Anspielung *f* | **eine** ~ **auf etw. machen** | to make an allusion to sth.
Ansprache *f* | speech; address | ~ **des Präsidenten** | presidential address | **Rundfunk**~ | radio speech | **eine** ~ **halten** | to make (to deliver) a speech.
Anspruch *m* Ⓐ | claim; right | ~ **auf Absonderung; Absonderungs**~ | right to a separate (preferential) settlement | **Abtretung eines** ~**s** | assignment (transfer) of a claim | **Anerkennung eines** ~**s** | admission of a claim | **Deflorations**~ | claim for damages arising from deflowering (ravishing) | **Billigkeits**~ | equitable claim; claim in equity | **Eigentums**~; **Eigentumsherausgabe**~ | title; property right | ~ **auf Übertragung des Eigentums; Eigentumsübertragungs**~ | claim for transfer of title | **Entschädigungs**~ | claim for compensation (for damages) | **Erb**~ ① | pretension | **Erb**~ ②; **Erbschaftsherausgabe**~ | claim (title) to the inheritance | **Erlöschen eines** ~**s** | extinction of a claim | **Ersatz**~ | claim for compensation | **Erstattungs**~ | claim for restitution | ~ **auf Erteilung des Patents; Patenterteilungs**~ | right to the grant of the patent.
○ **Gegen**~ | counter claim; claim in return | **Gehalts**~; ~ **auf Zahlung eines Gehalts** | right to get a salary paid; salary claim | ~ **in Geld** | money (pecuniary) claim | **Geltendmachung** ① (**Erhebung**) **eines** ~**s** | raising (lodging) of a claim | **Geltendmachung** ② (**Durchsetzung**) **eines** ~**s** | assertion (enforcement) of a claim | **Haupt**~ | principal (main) (head) claim | **Herausgabe**~ | right to claim (to demand) restoration (restitution) | **Klags**~ |

cause of action | **Neben~** | accessory (secondary) claim | **Pensions~** | right to a pension | **Pflichtteils~** | claim for a compulsory portion | **Prioritäts~** | priority claim; right of priority | **Provisions~** | claim of commission.

○ **Rechts~** ① | right to claim; claim; right | **Rechts~** ② | legitimate claim; just title | **Regreß~** | recourse | **Revalierungs~** | request to the signer of a bill to furnish coverage | **Rückerstattungs~**; **Rückforderungs~** ① | claim for restitution | **Rückerstattungs~**; **Rückforderungs~** ② | claim for repayment | **Ruhegehalts~** | right to a pension | **Schadenersatz~** | claim for indemnity (for damages) (of indemnification) | **Unterhalts~** | claim for maintenance | **Wechsel~** | claim on (arising out of) a bill of exchange | **Wiedergutmachungs~** ①; **Reparations~** | reparations claim | **Wiedergutmachungs~** ②; **Vergütungs~** | claim for compensation | **Verzicht (Verzichtleistung) auf einen ~** | waiver (waiving) of a claim | **~ auf Zahlung**; **Zahlungs~** | claim for payment | **~ auf Zahlung von Zinsen**; **Zins~** | right to get interest paid.

★ **angemaßter ~** | arrogation | **befristeter ~**; **betagter ~** | deferred claim | **begründeter ~**; **berechtigter ~** | just (equitable) claim | **dinglicher ~** | real claim (right); title | **fälliger ~** | mature debt; debt due | **noch nicht fälliger ~** | debt not due (not yet due) | **gesetzlicher ~** | legal claim; title | **klagbarer ~** | enforceable claim | **persönlicher ~**; **schuldrechtlicher ~** | personal claim | **rechtmäßiger ~** | legitimate claim; just title | **rechtskräftig festgestellter ~** | claim established by a final judgment; judgment claim | **schikanöser ~** | vexatious claim | **verjährter ~** | barred (statute-barred) claim; claim barred by prescription | **vermögensrechtlicher ~** | pecuniary claim | **vollstreckbarer ~** | enforceable claim | **wechselrechtlicher ~** | claim based on the exchange law | **zivilrechtlicher ~** | claim under civil law.

★ **einen ~ abtreten** | to assign (to cede) a claim | **einen ~ anerkennen** | to admit a claim; to acknowledge a right | **einen ~ aufgeben** | to give up (to abandon) (to waive) (to renounce) a claim | **einen ~ aufrechterhalten** | to insist in a claim | **einen ~ begründen** | to constitute a claim | **einen ~ bestreiten** | to contest (to dispute) a claim | **~ beweisen (unter Beweis stellen)** | to prove (to establish) one's claim | **einem ~ entsprechen** | to admit (to allow) a claim | **auf etw. erheben** | to lay claim to sth.; to claim sth. | **einen ~ fallen lassen** | to abandon (to drop) (to waive) a claim.

○ **einen ~ geltend machen** ① [erheben] | to raise (to lodge) (to make) (to lay) (to set up) a claim; to make a request | **einen ~ geltend machen** ② [durchsetzen] | to assert (to enforce) a (one's) claim | **~ auf etw. geben** | to entitle to sth. | **~ auf etw. haben** | to be entitled to sth. | **jdn. gerichtlich in ~ nehmen** | to proceed against sb.; to sue sb. at law; to go to law with sb. | **einen ~ gerichtlich geltend machen** | to assert (to enforce) a (one's) claim in court | **jdn. auf etw. in ~ nehmen** ① | to call upon sb. for sth.; to ask sb. for sth.; to demand sth. from sb. | **jdn. auf etw. in ~ nehmen** ② | to hold (to make) sb. liable (responsible) for sth. | **auf etw. in ~ genommen werden** | to be held (to be made) responsible for sth.

○ **einen ~ stattgeben** | to allow (to admit) a claim | **jdn. eines ~es für verlustig erklären** | to declare sb.'s claim to be forfeited | **auf einen ~ verzichten (Verzicht leisten)** | to waive (to renounce) a claim | **einen ~ zivilgerichtlich (vor den Zivilgerichten)**

verfolgen | to pursue a claim in the civil courts | **seinen ~ zurückziehen** | to withdraw one's claim.

Anspruch m ⑧ [Patentanspruch] | claim | **Gattungs~** | generic claim | **Haupt~** | main (principal) claim | **Patentbeschreibung und Ansprüche** | specification and claims | **Neben~**; **Unter~** | subclaim | **einen ~ abfassen (fassen) (formulieren)** | to formulate a claim.

Anspruch m © [Behauptung] | pretension; pretended right.

Anspruch m ⑩ | **einen Anwalt (einen Rechtsanwalt) in ~ nehmen** | to engage counsel; to employ (to engage the services of) a lawyer | **die Gerichte (gerichtliche Hilfe) in ~ nehmen** | to resort to litigation | **jds. Hilfe in ~ nehmen** | to approach (to ask) (to turn to) (to call upon) sb. for help; to call in sb.'s aid | **seine Hilfsquellen in ~ nehmen** | to draw on one's resources | **einen Kredit in ~ nehmen** | to make use of a credit | **seine Reserven in ~ nehmen** | to draw (to fall back) on one's reserves.

Ansprüche mpl | **Erb~ erheben** | to lay claims (to claim rights) to an inheritance | **Erhebung (Geltendmachung) von ~n** | raising of claims | **Gebiets~** | territorial claims | **Gehalts~** | salary asked (requested) | **Lohn~** | wage claims | **gerechte ~** | just (equitable) claims | **wohlbegründete ~** | legitimate (well-founded) claims | **~ auf etw. anmelden** | to announce (to give notice of) claims | **~ erheben (geltend machen)** | to raise claims.

Anspruchs..abtretung f | assignment (transfer) of a claim.

—**berechtigter** m | rightful claimant.

—**verjährung** f ④ | exclusion of a claim by limitation.

—**verjährung** f ⑧ | limitation of claims; prescription.

Anstalt f | institution; establishment; institute | **Bank~** | bank(ing) establishment | **Besserungs~** | reformatory | **Bildungs~**; **Erziehungs~**; **Lehr~** | tutorial (educational) establishment (institute) | **Irren~** | lunatic asylum | **Kredit~** | credit institution | **Lehrerbildungs~** | college (training college) for teachers | **Pfandleih~** | pawnshop | **Post~** | post office | **~ des öffentlichen Rechts** | corporate body; body corporate; institution incorporated under public law; public institution | **Straf~** | penitentiary establishment (institution); penitentiary; prison | **Unterrichts~** | institution of learning; tutorial establishment; school | **Verkehrs~** | transporting enterprise | **öffentliche Verkehrs~** | common carriers pl | **Versicherungs~** | insurance office | **öffentliche Versicherungs~** | national insurance office | **Wohltätigkeits~** | charitable institution.

★ **gemeinnützige ~** | public utility undertaking (institution) | **öffentliche ~** | public institution.

Anstalten fpl | **~ machen** | to make preparations (arrangements).

Anstände mpl | **~ machen** | to make complaints; to raise objections; to complain.

anständig adj | decent; proper.

Anstands..gefühl n | sense of decency | **Verletzung des ~s** | breach of manner | **öffentliche Verletzung des ~s** | indecent behavio(u)r.

—**regel** f | **die ~n** | the social conventions; the proprieties; the ethical standards.

anstandslos adj ④ [ohne Schwierigkeiten] | without difficulty (difficulties).

anstandslos adj ⑧ [oppositionslos] | without opposition.

ansteckend adj | **~e Krankheit** | contagious (infectious) disaese.

Ansteckung f | infection; contagion.

anstehen *v* Ⓐ | **zur Entscheidung** ~ | to be up for (for a) decision | **zur Verhandlung** ~ | to be up (to come up) for trial; to be down for hearing.
anstehen *v* Ⓑ | **etw.** ~ **lassen** | to defer (to delay) sth.
Ansteigen *n* | ~ **der Kurse (Preise)** | rising of prices | **im** ~ **(im** ~ **begriffen) sein** | to be on the rise.
ansteigend *adj* | ~**e Kosten** | rising cost(s) | ~**e Preise** | rising prices.
anstellen *v* Ⓐ | **jdn.** ~ | to employ (to engage) sb. | **jdn. wieder** ~ | to reengage (to reemploy) sb.
anstellen *v* Ⓑ | **Mutmaßungen** ~ | to make conjectures; to conjecture | **eine Untersuchung** ~ | to make an inquiry; to start an investigation | **einen Vergleich zwischen etw.** ~ | fo make (to draw) a comparison between sth. | **Versuche** ~ | to make trials (tests); to experiment.
Anstellung *f* Ⓐ [Einstellung] | employment; engagement.
Anstellung *f* Ⓑ | appointment; position | ~ **im Staatsdienst; staatliche** ~ | state employment | **endgültige** ~; **feste** ~ | permanent position (situation) (appointment).
Anstellungs..bedingungen *fpl* | conditions (terms) of employment.
—**brief** *m*; —**schreiben** *n*; —**urkunde** *f*; —**vertrag** *m* | letter of engagement; contract of employment; employment contract.
—**eignung** *f* | eligibility for an appointment.
—**prüfung** *f* | qualifying test.
anstiften *v* | to instigate; to incite; to provoke.
Anstifter *m* Ⓐ | instigator.
Anstifter *m* Ⓑ | accessory before the fact.
Anstiftung *f* | instigation; incitement | **auf** ~ **von** | at (by) the instigation of.
Anstoß *m* Ⓐ [Veranlassung] | **den** ~ **zu etw. geben** | to provoke (to bring about) sth.
Anstoß *m* Ⓑ [Ärgernis] | **bei jdm.** ~ **erregen** | to give offense to sb. | **an etw.** ~ **nehmen** | to take exception (offense) at sth.
anstoßend *adj* | adjoining; adjacent; neighbo(u)ring.
anstößig *adj* | offensive | ~**es Verhalten** | objectionable conduct.
anstreben *v* | **etw.** ~ | to aspire to sth.; to aim at sth. | **einen Vergleich** ~ | to try to come to an arrangement.
anstrengen *v* Ⓐ | **sich** ~, **etw. zu tun** | to endeavo(u)r (to exert os.) (to strive) (to make an effort) to do sth.
anstrengen *v* Ⓑ [einleiten] | **gegen jdn. einen Prozeß** ~ | to bring an action (a lawsuit) against sb.; to institute legal proceedings against sb.; to go to law with sb.; to sue sb.
Anstrengung *f* Ⓐ | effort; endeavo(u)r | **Kriegs**~ | war effort | **gemeinsame** ~**en** | combined (concerted) efforts | **gemeinsame** ~**en machen** | to combine one's efforts | **nach großen** ~**en** | after much exertion.
Anstrengung *f* Ⓑ [Einleitung] | **durch** ~ **eines Prozesses** | by litigating; by litigation; by going to law; by resorting to litigation.
Ansturm *m* Ⓐ [Andrang] | rush; run; onrush | ~ **auf eine Bank (auf die Bankschalter)** | run on a bank.
Ansturm *m* Ⓑ [Angriff] | attack; assault.
Ansuchen *n* | request | **einem** ~ **stattgeben** | to accede to (to grant) (to comply with) a request | **an jdn. ein** ~ **stellen** | to make a request to sb. | **auf** ~ **von** | at the request of | **auf eigenes** ~ | at one's own request.
ansuchen *v* | **um etw.** ~ | ot ask (to apply) for sth.; to request (to solicit) sth.
Anteil *m* Ⓐ | share; part; portion | **Arbeitgeber**~ | employer's share (contribution) | **Erb**~ | hereditary portion | **einen** ~ **an einer Erbschaft haben** | to share

(to have a share) in an inheritance | **Fracht**~ | share in the freight | **Geschäfts**~; **Gesellschafts**~ | share in a business (in a company); business (company) (partnership) share | **Gewinn**~ ① | participation in the profits | **Gewinn**~ ② | share of (in the) profits | **Gründer**~ | founder's share | **Hälfte**~; **halber** ~ | half-share | **Löwen**~ | lion's share | **Zins**~ | share of interest.
★ **gerechter** ~ | fair share | **rechtmäßiger** ~ | lawful share.
★ **jdm. seinen** ~ **auszahlen (ausbezahlen) (herausbezahlen) (herauszahlen)** | to pay sb. out | **an etw. einen** ~ **beanspruchen** | to claim a share in sth. | **seinen** ~ **an etw. bekommen; zu seinem** ~ **an etw. kommen** | to come in for a share in sth. | **seinen vollen** ~ **an etw. bekommen** | to come in for one's full share in sth. | **etw. als** ~ **erhalten** | to receive sth. as one's share | **an etw. einen** ~ **haben** | to have a share (to participate) (to share) (to take part) in sth. | **an etw.** ~ **nehmen** | to take an interest in sth. | **an etw. lebhaften** ~ **nehmen** | to take a keen interest in sth. | **seinen** ~ **zahlen** | to pay one's share | **die** ~**e zuweisen** | to allot the shares | **nach** ~**en** | according to quotas; proportionnally.
Anteil *m* Ⓑ [Quote] | quota; contingent.
anteilig *adj* | proportionate; proportional; pro rata.
Anteilnehmer *m*; **Anteilsberechtigter** *m* | party entitled to a share; participant; beneficiary.
anteilsberechtigt *adj* | entitled to a share; participating.
Anteilschein *m* | coupon | **Zins**~ | interest coupon.
Anteilseigner *m*; **Anteilsinhaber** *m* | owner (holder) of a share.
anteilsmäßig *adj* | proportionate.
anteilsmäßig *adv* | proportionately; proportionally; in proportion; pro rata; according to quotas.
Antichrese *f* [Nutzpfand] | antichresis.
Antifaschismus *m* | antifascism.
antikapitalistisch *adj* | anticapitalistic.
antikommunistisch *adj* | anticommuniste.
Antiquariat *n* Ⓐ | second-hand bookshop.
Antiquariat *n* Ⓑ | second-hand book-trade.
antiquarisch *adj* | second-hand.
Antiquar *m* Ⓐ [Händler mit alten Büchern] | second-hand bookseller.
Antiquar *m* Ⓑ [Antiquitätenhändler; Händler mit Altertümern] | curiosity (second-hand) (antiques) dealer.
Antiquitäten *fpl* | curiosities; antiques.
—**handel** *m* | second-hand (antiques) trade (business).
—**handlung** *f* | curiosity (second-hand) (antiques) shop.
antisozial *adj* | antisocial.
antizyklisch *adj* | against the cyclical trend.
Antrag *m* Ⓐ [Angebot] | offer; proposition; proposal | **Ablehnung eines** ~**s** | refusal (decline) of an offer | **Heirats**~ | proposal of marriage; marriage proposal | **einem Mädchen einen** ~ **(einen Heirats**~**) machen (stellen)** | to propose (to propose marriage) to a young lady | **Versicherungs**~ | proposal for insurance | **Vertrags**~ | offer to conclude (to enter into) an agreement.
★ **einen** ~ **ablehnen** | to refuse (to reject) an offer | **einen** ~ **annehmen** | to accept a proposal (an offer) | **jdm. einen** ~ **machen** | to make sb. an offer.
Antrag *m* Ⓑ [in einer Versammlung] | motion | **Ablehnung eines** ~**s** | defeat of a motion | **einen** ~ **zur Abstimmung bringen; über einen** ~ **abstimmen** | to put a motion to the vote | ~ **auf Erteilung der Entlastung** | application (claim) for discharge | ~ **auf Ausdruck der Mißbilligung; Tadels**~ | motion of censure.

Antrag *m* Ⓑ Forts.

★ **einen ~ ablehnen** | to deny (to rule out) a motion | **einen ~ ablehnen mit einer Mehrheit von** | to reject (to defeat) a motion by a majority of | **einen ~ ablehnen mit ... zu ... Stimmen** | to defeat a motion by ... votes to ... | **einen ~ annehmen** | to carry (to adopt) a motion | **der ~ wurde angenommen; der ~ ging durch** | the motion was carried; motion carried | **der ~ wurde einstimmig angenommen** | the motion was adopted (carried) unanimously | **einen ~ einbringen (stellen)** | to make (to propose) (to put) (to table) (to bring in) (to file) a motion; to move | **einen ~ unterstützen** | to speak for (to support) (to second) the motion | **einem ~ oppositionslos zustimmen** | to carry a motion without opposition.

Antrag *m* Ⓒ | petition; application | **Abänderungs~**; **Ergänzungs~** | amendment; motion to amend | **Ablehnung (Abweisung) eines ~s** | rejection of an application | **Arrest~** ① | motion for arrest (for a writ of capias) | **Arrest~** ② | motion for a distraint order | **~ auf Auskunftserteilung** | request for information | **Auslieferungs~** | demand of extradition | **~ auf Aussetzung des Verfahrens; Aussetzungs~** | motion to stay proceedings; request to adjourn | **Befreiungs~; Freistellungs~** | demand for exemption | **Berufungs~** | reasons of appeal | **~ auf Beweissicherung; Beweissicherungs~** | action to perpetuate (for perpetuation of) testimony.

○ **Einreichung eines ~es** | filing of an application (of a petition) | **~ auf Einstellung des Verfahrens; Einstellungs~** | plea in abatement; abater | **Eintragungs~** | application for registration | **Entmündigungs~** | petition in lunacy | **~ auf Erlaß** | application for relief | **~ auf Erlaß einer einstweiligen Verfügung** | motion for an injunction (for an interlocutory injunction) | **Erneuerungs~** | petition for revival (to revive) | **Eventual~; Hilfs~** | secondary motion | **Gegen~** | cross-petition; counter motion | **~ der Gläubiger** | petition of creditors | **Klags~** | bill of particulars | **~ auf Klagsabweisung** | motion to dismiss | **~ auf Eröffnung des Konkurses; Konkurs~** | bankruptcy petition; petition in bankruptcy | **Liquidations~** | winding-up petition; petition for winding up | **~ auf Löschung; Löschungs~** | motion to expunge; application for cancellation | **Revisions~** | writ of error | **Schluß~** | final plea | **Straf~** | charge | **Verbindungs~** | request for joinder | **Verhandlung über den ~** | hearing of the application | **~ auf neue Verhandlung** | motion for reargument | **~ auf Verlängerung; Verlängerungs~** | application for (for an) extension.

○ **Versteigerungs~** | request to order a judicial sale | **~ auf Vertagung; Vertagungs~** | motion to adjourn; adjournment motion | **~ auf Verweisung [an ein anderes Gericht]; Verweisungs~** | request to remit to another court | **~ zur Widerklage; Widerklags~** | counter claims | **~ auf Wiederaufnahme des Verfahrens; Wiederaufnahme~** | petition in error | **~ auf Wiedereinsetzung; Wiedereinsetzungs~** | motion for reinstatement (to reinstate) | **Zurücknahme (Zurückziehung) eines ~s** | withdrawal of a request | **Zurückweisung eines ~s** | rejection of an application | **Zusatz~** | amendment; motion to amend | **einseitiger ~** | ex parte application (motion).

★ **einen ~ ablehnen (abweisen)** | to refuse an application (a petition) | **einen ~ begründen** | to give reasons for an application | **über einen ~ befinden (entscheiden) (erkennen)** | to give a decision on (to deal with) an application | **einen ~ einreichen** | to file an application | **einen ~ zweifach (doppelt) einreichen** | to file an application in duplicate | **einem ~ entsprechen (stattgeben)** | to grant a request (an application) (a petition) | **nach (laut) ~ erkennen** | to find for the plaintiff as claimed | **einen ~ stellen** | to make (to bring in) (to file) a motion (an application | **über einen ~ verhandeln** | to hear a motion | **einen ~ zurücknehmen (zurückziehen)** | to withdraw an application | **einen ~ zurückweisen** | to refuse (to reject) an application; to dismiss a petition.

★ **auf ~ von** | on (upon) the application of; at the request of | **auf eigenen ~** | at one's own request | **durch ~** | by (by filing an) application.

antragen *v* Ⓐ [anbieten] | to offer; to propose; to tender | **jdm. seine Dienste ~** | to offer (to tender) sb. one's services.

antragen *v* Ⓑ [beantragen] | **auf Bestrafung ~** | to prosecute | **auf etw. ~** | to apply for sth.

Antrags..formular *n*; **—vordruck** *m* | request (application) form.

—frist *f* | period for filing application.

—gebühr *f* | application fee.

—gegner *m* | **der ~** the respondent; the opponent.

antragsgemäß *adv* | **~ erkennen** | to find for the plaintiff as claimed.

Antrag..steller *m* | applicant; petitioner; claimant.

—stellerin *f* Ⓐ | applicant party.

—stellerin *f* Ⓑ [Gesellschaft] | the applicant company.

—stellung *f* | filing of the (of an) application.

Antragszurücknahme *f* | withdrawal of the application.

antreten *v* | **sein Amt ~; seinen Dienst ~** | to enter on (upon) one's duties (one's office) | **Beweis ~** | to furnish proof | **den Echtheitsbeweis für etw. ~** | to prove the authenticity of sth.; to prove sth. to be genuine | **eine Erbschaft ~** | to enter into a heritage; to take possession of an inheritance; to accede to an estate | **eine Reise ~** | to depart on a trip (on a journey) | **eine Stellung ~** | to enter an employment (an employ) | **seine Strafe ~** | to begin serving one's time (term).

Antrieb *m* [Initiative] | initiative | **etw. aus eigenem ~ tun** | to do sth. on one's own initiative.

Antritt *m* | **Amts~; Dienst~** | accession to office; entering (entrance) upon one's duties | **~ des Beweises; Beweis~** | presentation of evidence | **~ der Erbschaft; Erbschafts~** | accession to an estate | **Regierungs~** | accession to the throne; accession | **~ einer Reise; Reise~** | commencement (beginning) of a voyage; departure | **~ einer Stellung** | entering an employment.

Antritts..rede *f* Ⓐ | inaugural address.

—rede *f* Ⓑ [Thronrede] | accession declaration; speech from the throne.

—vorlesung *f* | inaugural lecture.

Antwort *f* | reply; answer | **ablehnende ~; abschlägige ~; verneinende ~** | reply in the negative; refusal | **bejahende ~; zusagende ~; zustimmende ~** | reply in the affirmative | **postwendende ~** | answer by return of mail | **telegraphische ~** | reply by telegram (by wire); telegraphic reply | **sofortige ~; umgehende ~** | immediate reply; reply without delay | **um ~ wird gebeten** | the favo(u)r of an answer is requested | **eine ~ geben** | to give (to make) a reply; to answer; to reply | **eine ausweichende ~ geben** | to give an evasive answer (reply) | **als ~ auf** | in reply to.

antworten *v* | to answer; to reply; to give (to make) a reply | **ausweichend ~** | to give an evasive answer | **bejahend ~; in bejahendem Sinne ~** | to reply in the affirmative | **postwendend ~** | to answer by return of mail | **telegraphisch** ~ | to reply by telegraph (by wire); to wire back | **umgehend** ~ | to give an immediate reply (answer) | **verneinend** ~ | to reply in the negative.

antwortlich *adv* | ~ **Ihres Schreibens** | in reply to your letter.

Antwort..abschnitt *m*; —**schein** *m* | reply coupon.

—**brief** *m*; —**schreiben** *n* | letter of reply; reply letter.

—**karte** *f* | reply card | **Postkarte mit** ~ | reply-paid postcard.

—**postkarte** *f* | reply postcard.

—**telegramm** *n* | reply telegram.

anvertrauen *v* | **jdm. etw.** ~ | to put sth. in sb.'s trust (charge); to place sth. in sb.'s hands | **jdm. ein Geheimnis** ~ | to confide a secret to sb. | **jdm. die Sorge (die Fürsorge) für etw.** ~ | to entrust sb. with the care of sth.; to entrust sth. to sb. (to sb.'s care); to commit sth. to sb.'s trust.

anvertraut *adj* | ~**es Geld** | entrusted (trust) money; money in trust | ~**es Gut** | goods in trust.

Anverwandte *m* | **die** ~**n** | the relatives; the relations | **die nächsten** ~**n** | the next of kin.

Anwachs *m* [Anwachsung] | accretion | ~ **durch Anschwemmung** | accretion by alluvion | **Erb**~ | accretion | **Land**~ | accretion of land; accrument | **durch** ~ | by way of accretion.

Anwachsen *n* Ⓐ [Anfall] | ~ **von Zinsen** | accrual of interest.

Anwachsen *n* Ⓑ [Ansteigen] | ~ **der Schulden** | increase (increasing) of indebtedness; accumulation of debts.

anwachsen *v* Ⓐ [anfallen] | **jdm.** ~ | to accrue to sb.

anwachsen *v* Ⓑ [ansteigen] | to increase; to augment | **um ...** ~ | to increase by ...

Anwachsungsrecht *n* | right of accretion.

Anwalt *m* Ⓐ [Rechts~] | counsellor; counsel; barrister; attorney; attorney-at-law; barrister-at-law; counsellor-at-law; lawyer | **Amts**~ | district attorney [at the court of first instance] | **Befragung eines** ~**s** | taking counsel's opinion | **der** ~ **des Beklagten (der beklagten Partei)** | counsel for the defendant (for the defense); the defense counsel | ~ **der Gegenpartei; Gegen**~; **gegnerischer** ~ | opposing counsel; counsel for the opposing party | **General**~ | general counsel | **der** ~ **des Klägers (der Klagspartei); klägerischer** ~ | counsel for the plaintiff; plaintiff's (prosecuting) counsel | **Patent**~ | patent attorney (counsel) (agent) | **Prozeß**~ | trial counsel | **Staats**~ | district attorney; public prosecutor.

★ **bedeutender** ~; **hervorragender** ~ | leading (eminent) counsel | **beratender** ~ | consulting barrister; counsel-in-chambers; chamber counsel | **gerissener** ~ | Philadelphia lawyer | **prozeßbevollmächtigter** ~ | attorney of record | **jds. ständiger** ~ **sein**| to be sb.'s standing counsel; to hold a general retainer for sb.

★ **für jdn. als** ~ **auftreten** | to act as counsel for sb. | **sich mit seinem** ~ **beraten** | to confer with one's counsel | **einen** ~ **befragen** | to take counsel's opinion | **einen** ~ **bestellen** | to brief (to retain) counsel | **einem** ~ **eine Sache übertragen** | to place a case (a matter) in the hands of an attorney | **durch einen** ~ **vertreten sein** | to be represented by counsel (by a barrister) (by a solicitor) | **durch seinen** ~ **vortragen lassen** | to plead through one's counsel.

Anwalt *m* Ⓑ [Verfechter] advocate | ~ **zum** ~ **einer Sache werden** | to become the advocate of a cause.

anwaltschaftlich *adv* | **jdn.** ~ **vertreten** | to act as counsel for sb. | ~ **vertreten sein; sich** ~ **vertreten lassen** | to be represented by counsel.

Anwalts..assessor *m* | junior barrister.

—**beruf** *m* | legal profession | **den** ~ **ausüben** | to practise law (at the bar) | **sich für den** ~ **vorbereiten** | to study for the bar.

—**bestellung** *f* | briefing counsel.

—**büro** *n* | law office; chambers.

Anwaltschaft *f* | bar; legal profession | **Ausschluß von der** ~ | disbarment | **Zulassung zur** ~ | admission to the bar | **von der** ~ **ausgeschlossen werden** | to be disbarred | **zur** ~ **zugelassen werden** | to be admitted to the bar.

Anwalts..firma *f* | firm of solicitors; law firm (office).

—**gebühren** *fpl*; —**honorar** *n* | counsel's (lawyer's) (attorney's) fees.

—**gehilfe** *m* | articled clerk.

—**gutachten** *n* | counsel's opinion.

—**kammer** *f* | bar council.

—**kanzlei** *f* | barrister's chambers; law (lawyer's) office.

—**kosten** *pl* | lawyer's charges (fees).

— —**vorschuß** *m* | advance on lawyer's fees.

—**liste** *f*; —**verzeichnis** *n* | law list; list of members of the bar.

—**praxis** *f* | practice of the law; legal (law) practice | **die** ~ **ausüben** | to practise law.

—**prozeß** *m* | proceedings in which the parties must be represented by lawyers.

—**robe** *f* | barrister's robe.

—**stand** *m* | legal profession; bar.

—**verein** *m* | law society; bar association.

—**zwang** *m* | obligation to be represented by a lawyer.

Anwärter *m* | expectant; candidate | **Erbschafts**~ | heir in expectancy; expectant heir; reversioner | **Mitgliedschafts**~ | candidate for membership | **Staatsdienst**~ | candidate for a civil service position | **Thron**~ | pretender to the throne.

Anwartschaft *f* | right of future enjoyment; expectancy; benefit right | ~ **auf eine Erbschaft; Erb**~ | expectancy of an inheritance; estate in expectancy | ~ **auf eine Rente** | expectation of a pension.

anwartschaftlich *adj* | reversionary.

Anwartschafts..recht *n* | reversionary right (interest).

—**rente** *f* | reversionary annuity.

anweisen *v* Ⓐ [anordnen] | **jdn.** ~, **etw. zu tun** | to instruct sb. (to direct sb.) (to give sb. instructions) to do sth. | **einen Betrag zur Zahlung** ~ | to order (to give order for) the payment of an amount; to order a sum paid.

anweisen *v* Ⓑ [überweisen] | **jdm. einen Betrag** ~ | to send sb. an amount; to order an amount sent to sb. | **Geld** ~ | to transfer (to remit) money | **Geld telegraphisch** ~ | to transfer money by cable.

anweisen *v* Ⓒ [zuweisen] | **einen Betrag (eine Summe) für etw.** ~ | to allocate an amount (a sum) for sth.

Anweisung *f* Ⓐ [Anordnung] | order; instruction; direction | **Betriebs**~ | working instructions | **Dienst**~ | service instructions | **Gebrauchs**~ | directions for use | **Kassen**~; **Zahlungs**~ | order to pay.

★ **auf gemeinsame** ~ | by joint order | **schriftliche** ~**en** | written instructions; instructions in writing | **strenge (strikte)** ~**en** | strict orders.

★ **jds.** ~**en abwarten** | to await sb.'s instructions | **jdm.** ~**en geben (erteilen)** | to give sb. instructions; to instruct (to direct) sb. | **laut** ~ | as per (according to) instructions.

Anweisung *f* Ⓑ [Überweisung von Geld] | transfer of money (of funds); money transfer | **Post**~ | postal (post-office) money order | **telegraphische** ~ | telegraphic money order (transfer); cable transfer.

Anweisung *f* Ⓒ [Zuweisung] | ~ **von Geldern** | allocation of funds.

Anweisung *f* ⓓ [Titel] | Kassen~ | cash voucher | ~ an Order | bill made out to order | Schatz~ | Treasury bond (certificate).
Anweisungs..betrag *m* | amount to be transferred; transferred amount; remittance.
—empfänger *m* | payee.
—gebühr *f* | transfer fee (charge).
anwendbar *adj* ⓐ | ~ sein auf etw. | to apply (to be applicable) (to be applied) to sth.; to bear application to sth. | analog (entsprechend) (sinngemäß) ~ sein | to apply analogically (accordingly).
anwendbar *adj* ⓑ [praktisch ~] | practicable.
Anwendbarkeit *f* ⓐ | applicability.
Anwendbarkeit *f* ⓑ [praktische ~] | practicability.
anwenden *v* | to apply; to use; to employ | das Gesetz ~ | to apply (to administer) the law; to bring (to put) the law into operation | Gewalt ~ | to use force | alle Mittel ~ | to apply all means | etw. falsch ~ | to misapply sth. | etw. praktisch ~ | to apply sth.; to reduce sth. to practice | etw. sinngemäß (entsprechend) ~ | to apply sth. analogically | etw. auf etw. ~ | to apply sth. to sth.
Anwendung *f* | application; applying | ~ unter Aufsicht | application under supervision | ~ einer Bestimmung (einer Regel) | applying (working) of a rule | ~ des Gesetzes; Gesetzes~; Rechts~ | application of the law | durch ~ (unter ~) unerlaubter Mittel | by (by using) unlawful means | durch ~ (unter ~) unlauterer Mittel | by employing unfair means | Nutz~; ~ in der Praxis | practical application; reducing [sth.] to practice | Straf~ | determination of the penalty (of penalties) | unter ~ von Zwang (von Gewalt) | by force; by forcible means; forcibly.
★ entsprechende ~ | analogical application | entsprechende ~ finden | to be applicable by analogy; to apply analogically (accordingly) | falsche (irrtümliche) (unrichtige) (unzutreffende) ~ | wrong application | gewerbliche (industrielle) ~ | industrial application | praktische ~ eines Verfahrens | practical application of a process; reducing a process to practice | sinngemäße ~ | analogical application | strenge ~ | strict application.
★ etw. zur ~ bringen | to apply sth. | das Gesetz zur ~ bringen | to apply (to enforce) (to administer) the law; to bring (to put) the law into operation | die ~ des Gesetzes hindern | to interfere with the operation of the law | ~ finden auf | to apply to; to be applied to; to bear application to | in (zur) ~ kommen | to be applicable; to be applied; to apply.
Anwendungs..art *f*; —modus *m* | way (method) of application.
—bereich *m*; —gebiet *n* | field of use (of application).
—möglichkeiten *mpl* | possibilities of application.
anwerben *v* | Arbeitskräfte ~ | to enlist workers (labo(u)r) | Soldaten ~ | to enrol (to enlist) soldiers | sich ~ lassen | to enlist.
Anwerbung *f* | ~ von Arbeitern; ~ von Arbeitskräften | engagement (hiring) of workers | ~ von Soldaten | enlisting (enrolment) (enlistment) of soldiers.
Anwesen *n* | estate; property; real estate property | landwirtschaftliches ~ | farm.
anwesend *adj* | present | persönlich ~ sein | to appear in person; to put in a personal appearance | bei etw. ~ sein | to be present at sth. | nicht ~ | absent.
Anwesende *mpl* | die ~n | those present | alle ~n | all (all those) present | bei aller Hochachtung für die ~n | with all due deference to those present.
Anwesenheit *f* | presence; attendance.
Anwesenheitsappell *m* | roll call.

Anwesenheits..gelder *npl* | attendance fees.
—liste *f* | list of persons present; attendance list (register) (sheet).
Anwohner *m* ⓐ [Nachbar] | neighbo(u)r.
Anwohner *m* ⓑ [Anlieger] | neighbo(u)ring owner.
Anwohnerschaft *f* | neighbo(u)rhood; [the] neighbo(u)rs.
Anwurf *m* | calumny; aspersion.
Anzahl *f* | number; quantity | in geringer ~ | few in number | in großer ~ | in great numbers.
anzahlen *v* | to make a deposit | einen Betrag ~ | to pay an amount on account (as deposit).
Anzahlung *f* | deposit; initial (down) payment | Leistung einer ~ | payment of a sum as deposit | die geleistete ~ | the amount deposited (paid as deposit); the deposit | eine ~ leisten (machen) | to make a deposit; to pay [sth.] as deposit (on account).
Anzahlungssumme *f* | deposited amount (sum); deposit.
Anzeichen *n* ⓐ | sign; signal.
Anzeichen *n* ⓑ [Merkmal] | mark; symptom.
Anzeige *f* ⓐ [Benachrichtigung] | notice; advice; notification | Abtretungs~ | notice of assignment | Ausführungs~ | advice of execution | Eingangs~ | advice of arrival | Empfangs~ | advice (notice) (acknowledgment) of receipt | Gutschrifts~ | credit note | ~ über die Konkurseröffnung | bankruptcy notice | Protest~ | notice of protest; protest | Todes~ | notification of death | Umzugs~; Wohnungsveränderungs~ | advice (notice) of removal | Versand~; Versendungs~ | advice of shipment (of dispatch); notification of dispatch; forwarding (shipping) advice | Vollzugs~ | advice of execution | Vor~ | notice in advance; advance notice; warning | ~ der Zahlungseinstellung | notice of suspension.
★ amtliche ~ | official notice | förmliche ~ | formal notice | gerichtliche ~ | legal notice | mündliche ~ | verbal notice (information) | schriftliche ~ ① | written notice; notice in writing | schriftliche ~ ②; briefliche ~ | notification by letter | telegraphische ~ | telegraphic advice | unverzügliche ~ | immediate notice.
★ ~ machen | to advise; to notify; to give notice | mangels ~ | for want of advice; no advice | ohne weitere ~ | without further notice.
Anzeige *f* ⓑ [Anmeldung] | declaration; report | Nicht~; Unterlassung der ~ | failure to make a declaration; non-declaration.
Anzeige *f* ⓒ [Straf~] | charge | etw. bei den Behörden zur ~ bringen | to give notice of sth. to the authorities | ~ bei der Polizei | notification to (of) the police | Erstattung einer ~ bei Gericht (bei der Polizei) | information | ~ gegen Unbekannt | charge against a person or persons unknown | etw. zur ~ bringen | to give notice of sth. to the authorities; to notify the authorities of sth. | jdn. zur ~ bringen; eine ~ gegen jdn. erstatten | to denounce sb.; to lay (to prefer) an information against sb. | ~ erhalten | to be informed.
Anzeige *f* ⓓ [Annonce] | advertisement; announcement | Familien~ | family (personal) announcement | Geburts~ | announcement of birth | Kennwort~ | advertisement under cipher | Todes~ | announcement of death | Zeitungs~ | newspaper advertisement | amtliche ~ | official advertisement; legal notice | kleine ~ | classified (small) advertisement | eine ~ aufgeben | to advertise; to have an advertisement inserted.
anzeigen *v* ⓐ [benachrichtigen] | to notify; to give notice | den Empfang ~ | to acknowledge receipt | den Protest ~ | to give notice of protest.

anzeigen *v* Ⓑ [anmelden] | to declare; to report.
anzeigen *v* Ⓒ | **jdn.** ~ | to denounce sb.; to lay (to prefer) an information against sb.; to inform against sb. | **etw. den Behörden** ~ | to give notice of sth. to the authorities; to notify the authorities of sth. | **etw. bei der Polizei** ~ | to notify the police of sth.
anzeigen *v* Ⓓ | to announce | **eine Eheschließung** ~ | to announce a marriage.
Anzeigen..abteilung *f* | publicity department.
—akquisiteur *m*; **—werber** *m* | advertising canvasser.
—agent *m*; **—vermittler** *m*; **—vertreter** *m* | advertising (publicity) agent.
—annahme *f*; **—annahmestelle** *f* | advertising agency.
—blatt *n* | advertiser; advertising paper | **amtliches** ~ | official gazette.
—dienst *m* | publicity service.
—expedition *f*; **—vermittlungsbüro** *n* | publicity agency.
—gebühren *fpl* | advertising rates (charges).
—preis *m* | price of an advertisement.
—preisliste *f*; **—tarif** *m* | advertising rates; rate card.
—raum *m* | advertising space.
—teil *m* | advertising space (section) | **für den** ~ **verantwortlicher Redakteur** | publicity editor.
—werbung *f* | advertising publicity.
Anzeigepflicht *f* | duty to notify (to report); obligation to make declaration.
anzeigepflichtig *adj* | **wegen etw. (für etw.)** ~ **sein** | to be obliged to notify sth.
Anzeiger *m* Ⓐ | common informer.
Anzeiger *m* Ⓑ [Zeitung] | advertiser; advertising paper.
anzetteln *v* | **eine Verschwörung** ~ | to devise (to hatch) (to lay) a plot; to plot.
Anzettelung *f* | ~ **einer Verschwörung** | concoction of a plot.
Anziehen *n* Ⓐ [steigende Tendenz] | tendency to rise.
Anziehen *n* Ⓑ [Steigen] | rising | ~ **der Kurse (Preise)** | rising (stiffening) of (of the) prices.
anziehen *v* Ⓐ | to show a tendency to rise.
anziehen *v* Ⓑ [steigen] | to rise.
anziehen *v* Ⓒ [zitieren] | to quote; to cite.
Anziehungskraft *f* | attraction | **eine große** ~ **ausüben** | to be a big attraction.
anzüglich *adj* | ~**e Bemerkung** | offensive remark.
anzuwenden *adj* | **das auf einen Fall** ~**de Recht** | the law applicable to a case.
anzweifeln *v* | **etw.** ~ | to doubt sth.
Anzweiflung *f* | doubting.
Apanage *f* | apanage; life annuity.
apostolisch *adj* | papal | ~**er Nuntius** | Papal nuncio.
Apothekerrechnung *f* | grossly overcharged account.
Appell *m* | appeal | **Friedens**~ | appeal (call) for peace.
Appellant *m* | appellant.
Appellations..gericht *n*; **—gerichtshof** *m* | Court (High Court) of Appeal.
appellieren *v* | **an etw.** ~ | to appeal (to make an appeal) to sth.
Approbation *f* Ⓐ | license.
Approbation *f* Ⓑ [ärztliche ~] | license to practise medicine.
Approbation *f* Ⓒ; **Approbationsurkunde** *f* | practicing certificate.
approbieren *v* [zur Ausübung eines Berufs] | **jdn.** ~ | to admit sb. to the exercise of a profession.
approbiert *adj* [zur Ausübung eines Berufs zugelassen] | qualified (duly qualified) to exercise a profession.
Äquivalent *n* | equivalent.
äquivalent *adj* | equivalent.
Ärar *n* | **das Staats**~ | the treasury; the fisc.

Arbeit *f* Ⓐ | work; labo(u)r | **Akkord**~ | piece (job) (jobbing) work; piecework; work done by the piece | **Aufnahme der** ~ **(der** ~**en)** | beginning of work | ~ **in der Ausführung** | work(s) in progress | ~ **am laufenden Band**; ~ **am Fließband; Fließband**~ | work on the assembly line | **Berufs**~ | professional work (business) | **Büro**~ | office (clerical) work.
○ **Einstellung der** ~ | stoppage (suspension) (cessation) of work; work stoppage; strike | **Feld**~ | farm (agricultural) work | **Frauen**~ | female work | **Gefangenen**~ | prison work | **Gelegenheits**~ | casual labo(u)r (employment) | **Gelegenheits**~ **machen (verrichten)** | to job; to do odd jobs | **Gemeinschafts**~ | team work | **Hand**~ | manual labo(u)r; hand work | **Heim**~ | home work; out work | **Jugendlichen**~; **Kinder**~ | juvenile (child) labo(u)r | **auf Kontrakt übernommene** ~ | contract (jobbing) work; work by contract (by the job) | **Kopf**~ | intellectual (mental) (clerical) (brain) work | **Land**~ | farm (agricultural) work | **Massen**~; **Serien**~ | mass production | **Nacht**~ | night work.
○ **Niederlegung der** ~ | stoppage (suspension) (cessation) of work; work stoppage; strike | **Saison**~ | seasonal work | ~ **in Schichten** | work in shifts | **Schwer**~ | hard work | **Stück**~; ~ **gegen Stücklohn** | piece (job) (jobbing) work | ~ **im Taglohn** | day work | **Werkstatt**~ | shop work | **im Werkvertrag übernommene** ~ **(vergebene** ~**)** | contract work | **Wiederaufnahme der** ~ **(der** ~**en)** | resumption of work | **Zusammen**~ ① | team work | **Zusammen**~ ② | collaboration | **unter Zwang** | compulsory (slave) labo(u)r | **Zwangs**~ | hard labo(u)r; penal servitude.
★ **geistige** ~ | intellectual (mental) (brain) work | **geleistete** ~ | work done | **gelernte** ~ | skilled labo(u)r | **körperliche** ~ | manual work | **laufende** ~ | work on hand | **lebenswichtige** ~**en** | essential work | **schriftstellerische** ~ | literary work | **ungelernte** ~ | unskilled labo(u)r | **wissenschaftliche** ~ | scientific work; treatise; dissertation.
★ **die** ~ **aufnehmen (beginnen)** | to start (to set to) work | ~ **beschaffen** | to provide work (employment) | **jdn. aus der** ~ **entlassen** | to throw sb. out of work | **die** ~ **einstellen (niederlegen)** | to stop (to cease) (to suspend) work; to go on strike; to strike | **jdm.** ~ **geben** | to give sb. work (employment); to employ sb. | **etw. in** ~ **geben** | to give sth. out on contract | **an die** ~ **gehen** | to set (to go) to work | **etw. in** ~ **nehmen** | to take sth. in hand; to undertake sth. | **bei der** ~ **sein** | to be at work | **in** ~ **sein** | to be under work (in hand) | **ohne** ~ **sein** | to be out of work (out of employment); to be unemployed | **jdn. an eine** ~ **setzen** | to set sb. to work | ~ **suchen** | to seek work (employment) | **mit** ~ **überlastet sein** | to be overburdened with work | **eine** ~ **übernehmen** | to undertake a work (a piece of work) | **eine** ~ **verrichten** | to do a [certain] work (a job) | **sich einer** ~ **widmen** | to apply os. to one's work (task).
Arbeit *f* Ⓑ [Werk] | workmanship | **Fach**~; **Spezial**~; **Spezialisten**~ | expert workmanship | **gute** ~ | good (fine) workmanship (piece of workmanship) | **hervorragende** ~ | excellent piece of work | **hochwertige** ~ | high-class workmanship | **schlechte** ~ | poor workmanship | **sorgfältige** ~ | sound workmanship | **wissenschaftliche** ~ | treatise.
Arbeit *f* Ⓒ [die Arbeiter] | **Kapital und** ~ | capital and labo(u)r.
Arbeit *f* Ⓓ [die Arbeitslöhne] | **Material und** ~ | material and labo(u)r.

Arbeiten *fpl* | **Aufräumungs~** | cleaning-up-work (operations) | **in der Ausführung begriffene ~** | works in progress | **Bau~** | constructing works | **Regie~** | public works under contract | **Straßenbau~; Wegebau~** | road works | **gemeinnützige ~; öffentliche ~** | public works | **Ministerium für öffentliche ~** | Ministry for Public Works.

arbeiten *v* Ⓐ | to work | **auf (in) Akkord ~; gegen Stücklohn ~** | to do job work (piece work); to job | **gegen Bezahlung~; gegen Entgelt~; gegen Lohn ~** | to work for money (for hire) (against pay); to do paid work | **in einer Fabrik ~** | to work in a factory; to be a factory hand | **in einem Geschäft ~** | to be employed in a business; to be an employee | **mit einem Kapital von ... ~** | to operate with a capital of ... | **sein Kapital ~ lassen** | to put one's capital out on interest | **für eigene Rechnung ~** | to work for one's own account | **in Schichten ~** | to work in shifts | **mit Verlust ~** | to operate at a loss.
★ **ganztägig ~; voll ~** | to work full time | **nicht ganztägig~; kurz ~** | to work short-time | **schwer ~** | to labo(u)r; to work hard | **weiter~** | to work on.
★ **gegen jdn. ~** | to work (to intrigue) against sb. | **mit jdm. ~** | to work (to cooperate) with sb.
arbeiten *v* Ⓑ [funktionieren] | to work; to operate; to run | **einwandfrei ~** | to work properly (perfectly).
arbeitend *adj* | **die ~e Bevölkerung; die ~en Klassen** | the working (labo(u)ring) classes; the working-class people; the workpeople | **~es Kapital** ① | working (trading) capital; employed funds | **~es Kapital** ② | invested capital; investment.
Arbeiter *m* | worker; workman; working man | **Akkord~** | piece (job) (piece-rate) worker; pieceworker; jobber | **Bau~** | building (construction) worker | **Berg~; Gruben~** | mineworker; miner | **Dock~** | stevedore | **Fabrik~; Industrie~** | factory (mill) hand; industrial labo(u)rer (worker); operative | **Fach~** | skilled worker (workman); specialist | **Gelegenheits~** | casual labo(u)rer; jobber; odd jobber | **Hand~** | labo(u)rer; manual worker | **Heim~** | home worker; outworker | **Kopf~** | brain (intellectual) worker | **Land~** | farm (agricultural) worker (labo(u)rer) | **Mit~** | fellow worker; collaborator | **Mühlen~** | mill hand | **Rüstungs~** | war (munition) worker | **Saison~** | seasonal worker | **Schwer~** | hard (heavy) worker | **Spinnerei~** | mill hand | **Transport~** | transport worker | **Untertag~** | underground worker | **Vor~** | foreman | **Wander~** | migratory worker.
★ **angelernter ~** | semi-skilled worker | **fleißiger ~; gewissenhafter ~** | steady worker | **geistiger ~** | intellectual (brain) worker | **gelernter ~** | skilled workman (worker) | **gewerblicher ~** | industrial worker; factory (mill) hand; operative | **ungelernter ~** | unskilled worker; labo(u)rer.
Arbeiter *mpl* Ⓐ | **die ~** | the workers; the workmen | **Angestellte und ~** | employees and workmen | **Ausbeutung der ~** | sweating | **Auszahlung (Entlohnung) der ~** | paying off of the workers | **Einstellung von ~n** | taking on of workmen | **Trupp von ~n** | working party.
★ **farbige ~** | colo(u)red labo(u)r | **die gewerkschaftlich organisierten ~** | organized (unionized) labo(u)r; the union men | **die gewerkschaftlich nicht organisierten ~** | the non-union men; nonunionized labo(u)r | **überzählige ~** | redundant workers | **unbeschäftigte ~** | idle workmen (men) | **weiße ~** | white labo(u)r.
★ **~ anwerben** | to engage (to hire) workers (la-

bo(u)r) | **die ~ ausbeuten** | to sweat labo(u)r | **die ~ auszahlen (entlohnen)** | to pay off the workmen | **~ einstellen** | to take on hands | **~ entlassen** | to lay off workmen.
Arbeiter *mpl* Ⓑ [die Arbeiterklasse] | **die ~** | the working (labo(u)ring) class.
Arbeiter *mpl* Ⓒ [Arbeitskräfte] | **die ~** | labo(u)r.
Arbeiter..abordnung *f* | worker's delegation.
—anwerbung *f* | taking on of workmen.
—ausschuß *m* | workers' committee; shop council.
—aussperrung *f* | lockout.
—ausstand *m* | strike.
—bank *f* | workers' bank.
—bedarf *m* | labo(u)r (manpower) requirements.
—bevölkerung *f*| **die ~** | the working-class population.
—bewegung *f* | labo(u)r movement.
—dauerkarte *f*; —fahrkarte *f* | workman's season ticket.
—einsatz *m* | employment of labo(u)r.
—entlassung *f* | dismissal of workmen.
—familie *f* | worker's (working-class) family.
—frage *f* | labo(u)r question.
—führer *m* | labo(u)r leader.
—fürsorge *f* | industrial welfare.
—genossenschaft *f* | workmen's cooperative society.
—gesetzgebung *f* | labo(u)r legislation.
—gewerkschaft *f* | labo(u)r (trade) (trades) union | **die ~en** | the trade (trades) unions; organized (unionized) labo(u)r.
Arbeiterin *f* | workwoman; woman worker | **Akkord~** | job (piece) worker | **Fabrik~** | factory girl (hand) (woman) | **Heim~** | home worker; outworker | **Mit~** | collaborator; fellow worker | **Spinnerei~** | mill hand (girl) | **Vor~** | forewoman.
Arbeiter..klasse *f* | **die ~** | the working (labo(u)ring) class; the working-class people.
—kolonie *f* | labo(u)r settlement (colony).
—mangel *m* | labo(u)r (manpower) shortage; shortage (scarcity) of labo(u)r.
—massen *fpl* | **die ~** | the working masses.
—organisation *f* | labo(u)r organization (union).
—partei *f* | labo(u)r party | **Mitglied der ~** | member of the labo(u)r party.
—parteiler *m* | labo(u)r man (member); labo(u)rite.
—pensionsversicherung *f* | workmen's pension insurance.
—rat *m* | workmen's (shop) council.
—regierung *f* | labo(u)r government.
Arbeiterschaft *f* Ⓐ | **die ~** | the workers; the workmen | **die gewerkschaftlich organisierte ~** | organized (unionized) labo(u)r; the union men | **die gewerkschaftlich nicht organisierte ~** | non-unionized labo(u)r; the non-union men.
Arbeiterschaft *f* Ⓑ [Arbeiterklasse] | **die ~** | the working (labo(u)ring) people (class) (classes).
Arbeiterschaft *f* Ⓒ [Belegschaft] | **die ~** | the body of workers.
Arbeiter..schutzgesetz *n* | law for the protection of workers.
—schutzgesetzgebung *f* | protective legislation for the workers.
—siedlung *f* | labo(u)r colony (settlement).
—stunde *f* | man-hour.
—syndikat *n* | labo(u)r (trade) union.
—überschuß *m* | surplus labo(u)r.
—unfallgesetz *n* | workmen's compensation act.
—unfallversicherung *f* | workmen's compensation.
—unruhen *fpl* | labo(u)r disturbances (unrest).
—verband *m*; —vereinigung *f* | working men's association; workers' (trade) (labo(u)r) union.

Arbeiter..verein *m* | workmen's club.
—verhetzung *f* | labo(u)r agitation.
—versicherung *f* | industrial insurance; workmen's compensation.
—versicherungsgesetz *n* | workmen's compensation act.
—vertreter *m* | labo(u)r representative.
—vertretung *f* | representation of the workers.
—viertel *n* | working-class district; workers' quarter.
—wohlfahrt *f* | workmen's assistance.
—wohnungen *fpl* | workmen's (workers') dwellings.
—zeitung *f* | labo(u)r paper.
—zug *m* | workmen's train.
Arbeitgeber *m* | employer; master | ~ **und Arbeitnehmer** ① | employer(s) and employed; master and men | ~ **und Arbeitnehmer** ② | capital and labo(u)r | **Haftpflicht des** ~**s** | employer's liability.
—anmeldung *f* | employer's return.
—anteil *m*; —beitrag *m* | employer's share (contribution).
—beisitzer *m* | assessor representing the employers.
—haftpflichtversicherung *f* | employer's liability insurance; workmen's compensation.
—organisation *f*; —verband *m* | employers' (trade) association (federation).
—vertreter *m* | employers' representative (delegate).
Arbeitgeberin *f* | lady employer.
Arbeitgeberschaft *f* | **die** ~ | the employers.
Arbeitnehmer *m* | employee; workman/ worker.
Arbeitnehmer *mpl* | **Arbeitgeber und** ~ | employers and employed; capital and labo(u)r.
—anteil *m*; —beitrag *m* | employee's contribution (share).
—beisitzer *m* | assessor representing the employees (the workers).
—unfallversicherung *f* | employer's liability insurance; workmen's compensation.
—verband *m*; —vereinigung *f* | workers' (trade) (labo(u)r) union.
—vertreter *m* | workers' delegate.
Arbeitnehmerin *f* | woman worker; working woman.
Arbeitnehmerschaft *f* | **die** ~ | the employees; the employed.
arbeitsam *adj* | industrious; busy; labo(u)rious.
Arbeits..abkommen *n* | working agreement (arrangement).
—amt *n* ④ | labo(u)r bureau (office).
—amt *n* ⑧ | labo(u)r exchange.
—angebot *n* | offer in the labo(u)r market.
—antritt *m*; —aufnahme *f* | beginning of work; taking up work.
—ausfall *m* | loss of working hours.
—ausschuß *m* | working committee.
—beanspruchung *f* ④ | occupation with work.
—beanspruchung *f* ⑧ [einer Maschine] | load | **bei voller** ~ | working at full load.
—bedarf *m* | requirement of labo(u)r.
—bedingungen *fpl* ④ [Einstellungsbedingungen] | conditions of employment.
—bedingungen *fpl* ⑧ | working conditions.
—bereich *m*; —feld *n* | field (sphere) of activity.
—beschaffung *f* | providing (creation of) work.
—beschaffungs..maßnahmen *fpl* | measures for providing work.
— —programm *n* | work-providing program.
Arbeits..bescheinigung *f* | certificate of employment.
—bewilligung *f* | permission to work; labo(u)r permit.
—börse *f* | labo(u)r (employment) exchange.
—buch *n* | workman's pass-book.
—dauer *f* | working time.
—dienst *m* | labo(u)r (labo(u)r conscription) service.

Arbeits..dienstpflicht *f* | compulsory labo(u)r service; labo(u)r (industrial) conscription.
—einkommen *n* | income (revenue) from work.
—einsatz *m* | employment of labo(u)r; manpower deployment.
—einstellung *f* | stoppage (suspension) (cessation) of work; work stoppage; strike.
—einteilung *f* | division (organization) of labo(u)r.
—entgelt *n* | remuneration; pay.
—erlaubnis *f* | labo(u)r (work) permit.
—ersparnis *f* | labo(u)r saving.
—ertrag *m* | proceeds of work.
arbeitsfähig *adj* | able to work; capable of work | **in** ~**em Alter** | of working age | ~**e Mehrheit** | majority required.
Arbeits..fähigkeit *f* | capacity to work; working capacity.
—feld *n*; —gebiet *n* | field of activity; sphere of action.
—frieden *m* | industrial peace | **den** ~ **stören** | to cause labo(u)r troubles.
—front *f* | labo(u)r front.
—gang *m* | operation.
—gebiet *n* | field (sphere) of activity.
—gefängnis *n* | workhouse.
—gelegenheit *f* | occasion to work.
—gemeinschaft *f* | working team.
—genehmigung *f* | permission to work; working permit.
—geräte *npl* | working tools.
—gericht *n* | labo(u)r (industrial) court.
—gerichtsbarkeit *f* | labo(u)r (industrial) jurisdiction.
—gesetzgebung *f* | labo(u)r legislation.
—gruppe *f* | working group (team).
—haus *n* | workhouse; penitentiary.
arbeitsintensiv *adj* | labo(u)r-intensive.
Arbeits..jahr *n* | business (working) year.
—kamerad *m* | fellow worker; workfellow.
—kapital *n* | working capital.
—karte *f* | working (labo(u)r) permit.
—kleidung *f* | working clothes (dress).
—konflikt *m* | labo(u)r (trade) (industrial) dispute.
Arbeitskraft *f* ④ [Kraft zu arbeiten] | capacity to work; working capacity.
Arbeitskraft *f* ⑧ [Arbeiter] | workman; worker; hand.
Arbeitskräfte *fpl* | labo(u)r | **Ausbeutung der** ~ | sweating | **Einsparung (Ersparnis) von** ~**n** | labo(u)r saving | **Mangel an** ~**n** | labo(u)r shortage; shortage (scarcity) of labo(u)r | **Vermittler von** ~**n** | labo(u)r contractor.
★ **ausländische** ~ | foreign labo(u)r | **farbige** ~ | colo(u)red labo(u)r | **geschulte** ~ | qualified labo(u)r | **jugendliche** ~ | juvenile labo(u)r | **überschüssige** ~ | surplus (redundant) labo(u)r | **ungelernte** ~ | unskilled labo(u)r | **weibliche** ~ | female labo(u)r.
★ ~ **einsparen** | to save labo(u)r | **die** ~ **ausbeuten** | to sweat labo(u)r | | ~ **aus dem Auslande (ausländische** ~**) heranziehen** | to import labo(u)r.
Arbeits..lager *n* | labo(u)r camp.
—last *f* | load of work.
—leistung *f* | working performance; work performed.
—lenkung *f* | direction of labo(u)r; manpower control.
Arbeits..lohn *m* ④ | wages.
—lohn *m* ⑧; —löhne *mpl* | cost of labo(u)r; labo(u)r cost | **Material und** ~ | material and wages (and labo(u)r).
—lohnsätze *mpl* | wage scale.
arbeitslos *adv* | unemployed; out of work (employment); workless | **jdn.** ~ **machen** | to throw sb. out of work | ~ **sein** | to be out of work (out of employment); to be unemployed.

Arbeitslosen *mpl* | **die** ~ | the workless; the unemployed.
—**fürsorge** *f*; —**hilfe** *f*; —**unterstützung** *f* | unemployment relief (assistance) (benefit).
—**unterstützungsfonds** *m* | unemployment fund (relief fund).
—**unruhen** *fpl* | unemployed disturbances.
—**versicherung** *f* | unemployment insurance.
—**versicherungsbeitrag** *m* | unemployment compensation tax.
—**ziffer** *f* | number of unemployed.
Arbeitslosigkeit *f* | unemployment | **Versicherung gegen** ~ | unemployment insurance.
Arbeits..**mangel** *m* | lack of work.
—**markt** *m* | labo(u)r (employment) market | **Lage am** ~ | labo(u)r (manpower) situation.
—**minister** *m* | Minister of Labour [GB]; Secretary of Labor [USA].
—**ministerium** *n* | Ministry of Labour [GB]; Department of Labor [USA].
—**nachweis** *m* | labo(u)r exchange | **amtlicher** ~ | labo(u)r office (bureau).
—**niederlegung** *f* | stoppage (suspension) (cessation) of work; work stoppage; strike.
—**ordnung** *f* | working (shop) regulations.
—**papiere** *npl* | employment papers.
—**paß** *m* | working (labo(u)r) permit.
—**plan** *m* | working plan (schedule).
—**planung** *f* | organization of work.
—**platz** *m* | working place; job | **Sicherung des** ~**es** | job security (protection); safeguarding of employment | **seinen** ~ **verlassen** | to leave (to throw up) one's job.
— —**wechsel** *m* | change of employ.
—**potential** *n* | potential labo(u)r forces.
—**prämie** *f* | work bonus.
—**produktivität** *f* | productivity of labor | ~ **pro Arbeitsstunde** | industrial production in terms of output per manhour.
—**programm** *n* | working program (schedule).
—**prozeß** *m* | working; employment.
—**raum** *m* | work room; working place.
—**recht** *n* | labo(u)r legislation.
—**rückstand** *m* | work in arrear.
—**ruhe** *f* | stoppage of work | **sonntägliche** ~ | sunday closing.
arbeitsscheu *adj* | unwilling to work; unemployable.
Arbeits..**schicht** *f* Ⓐ [Belegschaft] | shift; gang.
—**schicht** *f* Ⓑ [Tagewerk] | working day; day's work.
—**sicherheit** *f* Ⓐ [Sicherheit bei der Arbeit] | safety at work; occupational (industrial) safety.
—**sicherheit** *f* Ⓑ [Sicherheit des Arbeitsplatzes] | job security.
—**sitzung** *f* | working (business) meeting.
arbeitssparend *adj* | labo(u)r-saving.
Arbeits..**stätte** *f* | working-place; workshop.
—**statut** *n* | labo(u)r charter.
—**stelle** *f* | place of work.
—**stillstand** *m* | stoppage of work; work stoppage.
—**streckung** *f* | reduction of working hours.
—**streitigkeit** *f* | labo(u)r (industrial) dispute.
—**stück** *n* | workpiece.
—**stunden** *fpl* Ⓐ [Arbeitszeit] | working hours (time)
—**stunden** *fpl* Ⓑ [pro Arbeiter] | manhours.
| **gewerkschaftlich festgesetzte** ~ | union hours.
—**system** *n* | working system.
—**tag** *m* Ⓐ [Wochentag] | workday; labo(u)ring day.
—**tag** *m* Ⓑ [Arbeitsleistung pro Tag] | a day's work.
—**tagung** *f* | working (business) meeting.
—**teilung** *f* | division of labo(u)r.

Arbeits..**tempo** *n* | working speed.
—**trupp** *m* | working party.
—**überlastung** *f* | overworking.
arbeitsuchend *adj* | seeking employment.
arbeitsunfähig *adj* | incapacitated; disabled.
Arbeits..**unfähigkeit** *f* | incapacity for work; disability; disablement; invalidity.
—**unfall** *m* | working accident; accident arising out of and in the course of the employment.
— —**verletzung** *f* | occupational injury.
— —**versicherung** *f* | workmen's compensation.
—**unterausschuß** *m* | working subcommittee.
—**unterbrechung** *f* | suspension (stoppage) (interruption) of work.
—**verdienst** *m* | wage(s); earnings; pay.
—**verfahren** *n* | working process.
—**verfassung** *f* | labo(u)r charter.
—**vergütung** *f* | remuneration; pay.
—**verhältnis** *n* | employment; job; place; situation; post; position.
—**verhältnisse** *npl* [Arbeitsbedingungen] | working conditions.
—**vermittler** *m* | labo(u)r contractor.
—**vermittlung** *f* Ⓐ | procurement of work.
—**vermittlung** *f* Ⓑ [Arbeitsamt] | employment office (bureau) (agency); labo(u)r bureau (exchange).
—**verpflichtung** *f* | industrial conscription.
—**versäumnis** *f* | absence from work; absenteeism.
—**verteilung** *f* | distribution of work.
—**vertrag** *m* | contract for work (for the hire of services); labo(u)r contract | **Gesamt**~; **Kollektiv**~ | collective labo(u)r contract.
—**verweigerung** *f* | refusal to work.
—**vorgang** *m* | working process; operation.
—**weise** *f* | working; method of operation.
arbeitswillig *adj* | willing (ready) to work.
Arbeits..**williger** *m* | non-striker.
—**woche** *f* | working (work) week.
—**zeit** *f* | working time (period); hours of work | **vertragliche** ~ | contract hours | **volle** ~ | full time.
— —**abkommen** *n* | agreement on working hours.
— —**einteilung** *f* | distribution of working hours.
— —**regelung** *f* | regulation(s) on working hours.
— —**verkürzung** *f* | shortening of working hours.
— —**verlängerung** *f* | extension (lengthening) of working hours.
—**zuteilung** *f*; —**zuweisung** *f* | assignment of work.
—**zwang** *m* | obligation (duty) to work; compulsory labo(u)r.
Arbitrage *f* | arbitrage | **Börsen**~; **Effekten**~ | arbitrage business; arbitrage (arbitraging) in stocks | **Devisen**~ | arbitration in exchange | **Wechsel**~ | arbitrage (arbitraging) in bills | ~ **treiben** | to arbitrate; to do arbitrage business.
—**geschäft** *n* | arbitrage business.
—**klausel** *f* | arbitrage clause.
—**werte** *mpl* | arbitraging stocks.
Arbitrageur *m*; Arbitragist *m* | arbitrage dealer; arbitragist.
arbitrieren *v* | to arbitrage; to do arbitrage business.
Archidiakonat *n* Ⓐ | archdeaconate; archdeaconship.
Archidiakonat *n* Ⓑ | archdeaconry.
Archidiakonus *m* | archdeacon.
Architekt *m* | architect.
Architekturbüro *n* | architect's office.
Archiv *n* | **das** ~ | the archives; the records; the record office | **Familien**~ | family records | **Film**~ | film library | **Schallplatten**~ | record library | **Staats**~ | state archives; public records | **Tonfilm**~ | sound-film library.

Archivar *m* | archivist; recorder; keeper of the records.
Archivexemplar *n* | file copy.
Areal *n* Ⓐ [Flächenraum] | surface.
Areal *n* Ⓑ [Gelände] | land; piece (plot) of land.
Ärgernis *n* | nuisance; mischief; annoyance | **öffentliches ~** | public mischief (indecency); indecent behavio(u)r (exposure); public (common) nuisance | **Erregung eines öffentlichen ~ses** | effecting (creating) a public mischief | **ein öffentliches ~ erregen** | to create (to effect) a public mischief | **~ nehmen an etw.** | to take offense at sth.
ärgerniserregend *adj* | offensive.
Ärgerniserregung *f* | **öffentliche ~** | effecting (creating) a public mischief.
Arglist *f* | fraud; malice | **Einrede (Einwand) der ~** | defense of fraud | **etw. wegen ~ anfechten** | to viciate sth. for fraud.
arglistig *adj* | fraudulent; malicious | **~e Täuschung** | wilful deceit; fraud | **~es Verschweigen** | fraudulent concealment.
arglistig *adv* | **etw. ~ verschweigen** | to conceal sth. fraudulently.
Argument *n* | argument | **die Stichhaltigkeit eines ~s** | the soundness of an argument | **das Zwingende eines ~s** | the force (the stringency) of an argument (of an argumentation).
★ **durchgreifendes ~; durchschlagendes ~; stichhaltiges ~** | decisive argument | **schlüssiges ~** | conclusive (valid) argument | **unwiderlegbares ~** | irrefutable (incontrovertible) argument.
★ **ein ~ gegen jdn. drehen** | to turn an argument against sb. | **jds. ~ gegen ihn selbst drehen** | to turn sb.'s argument against himself | **ein ~ zu weit führen (treiben)** | to overstrain an argument | **einem ~ Nachdruck geben (verleihen)** | to reinforce an argument | **ein ~ widerlegen** | to refute an argument | **jds. ~e zerpflücken** | to confute sb.
argumentieren *v* | to argue; to reason | **aus dem Gegenteil ~** | to argue from the contrary | **mit jdm. über etw. ~** | to argue with sb. about (over) sth. | **falsch ~; unrichtig ~** | to argue incorrectly (erroneously) | **richtig ~** | to argue conclusively | **etw. weg~** | to argue sth. away.
Aristokrat *m* | aristocrat; nobleman.
Aristokratie *f* | aristocracy | **Geld~; Finanz~** | aristocracy of finance.
aristokratisch *adj* | aristocratic.
Armeelieferant *m* | army contractor.
Armen..anstalt *f* | charitable institution.
—**asyl** *n* | poorhouse; almshouse; pauper asylum.
—**attest** *n* | certificate of poverty.
—**fürsorge** *f*; —**pflege** *f* [öffentliche] | poor-law administration; relief for (assistance of) the poor; poor relief; public relief (assistance) | **Einrichtung der öffentlichen ~** | poor-law institution | **Orts~** | poor (parish) relief.
—**haus** *n* | almshouse; poorhouse; workhouse.
—**kasse** *f* | poor relief fund.
—**pfleger** *m* | guardian of the poor; public relief officer; almoner.
—**pflegerin** *f* | lady almoner.
Armenrecht *n* Ⓐ [Fürsorgerecht] | poor law.
Armenrecht *n* Ⓑ | legal aid | **Bewilligung des ~s** | granting of a legal aid certificate | **das ~ für die Berufungsinstanz erhalten** | to be given leave to appeal as a poor person | **Gesuch um Bewilligung des ~s** | application for legal aid (for a legal aid certificate) | **um Bewilligung des ~s bitten; das ~ bean-**

tragen | to apply for legal aid (for a legal aid certificate) | **im ~ streitende Prozeßpartei** | pauper.
★ **jdm. das ~ bewilligen** | to grant sb. a legal aid certificate | **das ~ bewilligt bekommen (erhalten)** | to be granted a legal aid certificate | **jdm. das ~ entziehen** | to dispauper sb. | **im ~ klagen** | to sue as a poor person | **das ~ verweigern** | to refuse the application for legal aid.
Armenrechts..bewilligung *f* | grant (granting) of a legal aid certificate.
—**gesuch** *n* | application for a legal aid certificate.
—**verweigerung** *f* | refusal to grant a legal aid certificate.
Armensteuer *f*; —**umlage** *f* | poor rate.
—**unterstützung** *f* | relief for (assistance of) the poor; poor relief; public relief (assistance).
—**verband** *m* | public relief organization.
—**zeugnis** *n* [Armutszeugnis] | certificate of poverty.
ärmlich *adj* | **in ~en Verhältnissen leben** | to live in narrow circumstances (in poverty).
Armut *f* | poverty; indigence | **Massen~** | pauperism | **in ~** | in needy circumstances | **in ~ leben** | to live in poverty.
Arrangement *n* | arrangement; settlement; agreement | **~ mit den Gläubigern** | composition (compounding) (settlement) (arrangement) with creditors | **ein ~ treffen** | to make an arrangement.
arrangieren *v* | to arrange | **sich mit den Gläubigern ~** | to compound (to make a composition) (to come to an arrangement) with one's creditors.
Arrest *m* Ⓐ | attachment; arrest; seizure | **Aufhebung des ~s** | lifting of the seizure | **Klage auf Aufhebung des ~s** | action to set aside the receiving order | **~ auf ein Schiff** | embargo | **ein Schiff mit ~ belegen** | to embargo a vessel; to place a vessel under embargo; to lay an embargo on a vessel | **Sicherheits~** | distraint; distress | **persönlicher Sicherheits~** | arrestation.
★ **dinglicher ~** | distraint order; distraint | **offener ~** | receiving order.
★ **einen ~ anordnen; einen dinglichen ~ verfügen** | to order a distraint; to levy distraint (a distress) | **den ~ aufheben** | to lift the seizure (the embargo) | **etw. mit ~ belegen** | to seize (to attach) (to distrain) sth. | **~ auf etw. legen** | to lay (to place) an attachment on sth. | **mit ~ belegt sein** | to be under distraint.
Arrest *m* Ⓑ [Beschluß] | distraint order | **einen ~ erwirken** | to obtain a distraint order.
Arrest *m* Ⓒ [Freiheitsentzug] | arrest | **Haus~** | house arrest | **Stuben~; Zimmer~** | open arrest | **scharfer ~; strenger ~** | close arrest | **unter ~ bleiben** | to be (to remain) under arrest | **jdn. unter (in) ~ nehmen** | to put sb. under arrest.
Arrestant *m* | prisoner.
Arrest..antrag *m* | motion for distraint.
—**aufhebungsklage** *f*; —**gegenklage** *f* | action to set aside the receiving order.
—**befehl** *m*; —**beschluß** *m* distraint order | **Antrag auf Erlaß eines ~s** | motion for a distraint order | **einen ~ erwirken** | to obtain a distraint (a distraint order).
—**grund** *m* | grounds for distraint.
—**strafe** *f* | arrest.
—**vollziehung** *f* | execution of a distraint order.
arretieren *v* | to arrest; to apprehend.
Arretierung *f* | arrest; arrestation; apprehension.
Art *f* | manner; mode | **Anwendungs~** | way (method) of application | **Beförderungs~; Transport~** | manner (mode) of conveyance (of transportation) | **~ der Bewirtschaftung; Bewirtschaftungs~** | way (method) of exploitation | **Lebens~** | manner (mode)

Art *f*, Forts.
of living | ～ des Verfahrens (Vorgehens) | way
(mode) of proceeding | einer bestimmten ～ | of a
certain description | jeder ～ | of every description.
Artikel *m* Ⓐ [Bestimmung; Klausel] | article; clause;
paragraph; section | Gesetzes～ | section of the law
| Verfassungs～ | article in the constitution | Ver-
trags～ | article of an agreement (of a contract) |
gemäß ～ ...; laut ～ ... | under (according to) ar-
ticle ...
Artikel *m* Ⓑ [Aufsatz] | article | Leit～ | leading ar-
ticle; leader | Zeitungs～ | newspaper article.
Artikel *m* Ⓒ [Gegenstand] | article; object | Bedarfs～
| article of consumption | Fund～ | lost article |
Gebrauchs～; ～ des täglichen Gebrauchs | article
in daily use.
Artikel *m* Ⓓ [Handelsware] | merchandise; com-
modity; product | Ausfuhr～; Export～ | article of
exportation | Einfuhr～; Import～ | article of im-
portation | Handels～ | article of commerce (of
merchandise) | Marken～; geschützter ～ | branded
(proprietary) article | Verbrauchs～ | consumable
article | fertiger ～ | finished (manufactured) article;
finished product.
Artikel *mpl* [Güter] | Ausfuhr～; Export～ ① | export
goods | Ausfuhr～; Export～ ② | exported goods;
exportations | Einfuhr～; Import～ ① | import
goods | Einfuhr～; Import～ ② | imported goods;
importations | Verbrauchs～ | consumer goods.
artikelweise *adj* | article by article.
artikelweise *adv* | in sections.
Arzt *m* | physician; medical practitioner | Amts～ |
medical officer; officer of health | städtischer
Amts～; Stadt～ | municipal officer of health | Be-
zirks～ | district medical officer of health | Ge-
richts～ | medical expert of the court | Kassen～ |
panel doctor | Schiffs～ | ship's doctor | Tier～ |
veterinary | Werks～ | factory doctor | Zahn～ |
dentist.
★ beratender ～ | consulting physician; medical
consultant | praktischer ～ | practitioner | einen ～
konsultieren | to take medical advice | einem ～ die
Zulassung erteilen | to license a doctor to practise
medicine.
Ärztekammer *f* | Medical Association.
Ärzteschaft *f* | die ～ | the medical profession.
Arzthonorar *n* | doctor's fee; medical fees.
Ärztin *f* | lady (woman) doctor.
Arztkosten *pl* | medical costs.
ärztlich *adj* | medical | ～e Approbation | license to
practice medicine | ～es Attest; ～e Bescheinigung |
medical (doctor's) certificate | ～e Behandlung (Be-
mühungen) (Betreuung) | medical attention (ser-
vices) | ～er Berater | medical adviser | der ～e Be-
ruf | the medical profession | ～e Gebührenordnung |
scale of doctor's fees | ～es Gutachten | medical
opinion | ～es Honorar | medical fees; doctor's fee |
～e Kosten | medical costs | ～e Praxis | medical
practice | ～e Untersuchung ① | medical examina-
tion | ～e Untersuchung ② | mecidal inspection |
～es Zeugnis | medical certificate | ～ untersucht
werden | to be medically examined.
Arztrechnung *f* | doctor's bill.
Assekuranz *f* | insurance; assurance.
—büro *n* | insurance office.
—geschäft *n* | insurance business.
—makler *m* | insurance broker (agent).
Assessor *m* | assessor | Anwalts～ | junior barrister |
Eigenschaft als ～ | assessorship | Gerichts～ |
assistant (junior) judge.

Assistent *m* | assistant.
Assistentin *f* | lady assistant.
Assistenz *f* | assistance | unter ～ von ... | ... assisting.
assoziieren *v* Ⓐ [sich zusammenschließen] | to asso-
ciate [with].
assoziieren *v* Ⓑ | sich mit jdm. ～ | to enter into (to
form a) partnership with sb.
assoziiert *adj* Ⓐ [zusammengeschlossen] | ～e Staaten
(Länder) | associated states (countries).
assoziiert *adj* Ⓑ [in Partnerschaft] | in partnership.
Assoziierung *f* | association.
Asyl *n* Ⓐ [Freistatt] | sanctuary.
Asyl *n* Ⓑ [Hospiz] | asylum; home; shelter | Nacht～;
Obdachlosen～ | night shelter.
Asylrecht *n* | right of sanctuary | das ～ verletzen | to
break (to violate) sanctuary.
Aszendent *m* | ascendant; relative in the ascending
line.
Atom..kraftwerk *n* | atomic power station.
—krieg *m* | atomic warfare.
—sperrvertrag *m* | nonproliferation treaty.
Attaché *m* | Botschafts～ | attaché of legation | Fi-
nanz～ | financial attaché | Gesandtschafts～ | at-
taché of embassy | Handels～ | commercial attaché |
Luft～ | air attaché | Marine～ | naval attaché |
Militär～ | military attaché | Presse～ | press
attaché.
Attentat *n* Ⓐ | outrage; plot | Eisenbahn～ | train
wrecking | Opfer eines ～s | victim of a complot |
Terroristen～ | terrorist plot.
Attentat *n* Ⓑ [Mordanschlag] | criminal attempt;
assassination plot | auf jdn. ein ～ verüben | to make
an attempt at sb.'s life.
Attentäter *m* Ⓐ | plotter.
Attentäter *m* Ⓑ [Mörder] | assassin; assassinator;
murderer.
Attentats..plan *m* | assassination plot.
—prozeß *m* | assassination (conspiracy) trial.
—versuch *m* | attempted assassination; attempt at
[sb.'s] life.
Attest *n* [Zeugnis] | certificate | Armen～ | certificate
of poverty | Ausstellung eines ～es | issue (grating)
of a certificate | Eignungs～ | certificate of fitness |
Herkunfts～; Ursprungs～ | certificate of origin |
Leumunds～ | certificate of good conduct (behav-
ior) (character) | ärztliches ～ | medical certifi-
cate | ein ～ ausstellen | to issue (to grant) a certifi-
cate | sich ein ～ ausstellen lassen | to obtain a certifi-
cate.
attestieren *v* | to certify.
Attestierung *f* | attestation; certification.
Audienz *f* | audience | einen Gesandten in Abschieds～
empfangen | to receive a leaving ambassador in
audience | um eine ～ bitten (nachsuchen) | to request
an audience | eine ～ erhalten; in ～ empfangen
werden | to be received in audience | jdn. in ～ em-
fangen; jdm. eine ～ gewähren | to grant (to give) sb.
an audience | ～ halten | to hold an audience.
aufarbeiten *v* | eine Sache ～ | to finish one's work | Rückstände ～ | to
make up (to work off) arrears.
Aufbau *m* Ⓐ [das Aufbauen] | building up | Wieder～
| reconstruction; reorganization.
Aufbau *m* Ⓑ [Struktur] | structure | ～ der Industrie |
industrial organization | ～ der Wirtschaft | eco-
nomic structure.
Aufbauanleihe *f* | rehabilitation loan.
aufbauen *v* Ⓐ | to build up | ein Geschäft ～ | to build
up a business | wieder～ | to rebuild; to reconstruct.
aufbauen *v* Ⓑ | to organize | wieder～ | to reorganize.
aufbauschen *v* | eine Sache ～ | to exaggerate a matter.

aufbessern v | jds. **Gehalt** $\sim$ | to raise (to increase) sb.'s salary; to give sb. a raise.
Aufbesserung f | **Gehalts** $\sim$ | increase of salary; salary increase; raise.
Aufbewahren n | **jdm. etw. zum** $\sim$ **übergeben** | to give sth. in sb.'s charge.
aufbewahren v | to keep | **etw. sicher** $\sim$ | to keep sth. in safe custody.
Aufbewahrung f | keeping; safe keeping; custody | **Gepäck** $\sim$ | left-luggage office | **etw. bei der Gepäck** $\sim$ **hinterlegen** | to leave sth. at the cloak-room | $\sim$ **im Schließfach;** $\sim$ **in der Stahlkammer** | deposit in a strong box (safe box) | **jdm. etw. zur** $\sim$ **übergeben** | to deposit sth. with sb. | **etw. zur** $\sim$ **übernehmen** | to take charge of sth.; to take sth. into custody.
Aufbewahrungs..frist f | period (time) for safe keeping.
—**gebühr** f | fee (charge) for safe keeping.
—**kosten** pl | cost of safe keeping.
—**ort** m | place of keeping (of deposit); depository.
—**schein** m | deposit (safe deposit) receipt; certificate of deposit | **Gepäck** $\sim$ | left-luggage ticket.
aufbieten v | to make every effort; to do one's utmost.
Aufbietung f | **unter** $\sim$ **aller Kräfte** | making (using) every effort.
aufbrauchen v | **etw.** $\sim$ | to use up sth.
aufbringen v ⒜ | **Geld** $\sim$ | to raise money (capital) | **die Kosten** $\sim$ | to raise the money for paying the cost | **Mittel** $\sim$ | to raise (to mobilize) funds | **Steuern** $\sim$ | to raise taxes.
aufbringen v ⒝ [kapern] | **ein Schiff** $\sim$ | to capture a vessel.
Aufbringung f ⒜ | $\sim$ **von Geldern;** $\sim$ **von Mitteln** | raising (procuring) of money (of capital) (of funds) | $\sim$ **von Steuern** | raising of taxes.
Aufbringung f ⒝ [eines Schiffes auf See] | capture at sea.
Aufbringungsumlage f | levy (tax levied) for producing the funds [for sth.].
aufbürden v | **jdm. etw.** $\sim$ | to burden (to charge) sb. with sth.
aufdecken v | to discover | **einen Anschlag** $\sim$; **ein Komplott** $\sim$; **eine Verschwörung** $\sim$ | to discover (to uncover) (to unmask) a plot (a conspiracy).
Aufdeckung f | discovery | $\sim$ **eines Anschlags (eines Komplotts);** $\sim$ **einer Verschwörung** | discovery of a plot (of a conspiracy) | $\sim$ **von Verbrechen** pl | crime detection.
Aufdruck m | imprint; impression.
aufdrucken v | **etw. auf etw.** $\sim$ | to imprint (to print) sth. on sth.
aufdrücken v | **ein Siegel** $\sim$ | to put (to set) a seal [upon sth.].
Aufeinanderfolge f | succession; sequence | **in geschichtlicher** $\sim$ | in historical sequence | **in kurzer** $\sim$ | in close succession | **logische** $\sim$ | logical sequence | **in rascher** $\sim$ | in rapid succession.
aufeinanderfolgen v | to follow one another.
aufeinanderfolgend adj | successive; consecutive; in sequence | **in ...** $\sim$**en Jahren** | for ... years in succession.
Aufenthalt m | sojourn; abode; residence | **Verlängerung des** $\sim$**s** | lengthening of stay | **dauernder (ständiger)** $\sim$ | permanent (habitual) residence | **ohne festen** $\sim$ | with (of) no fixed abode (home) (residence); withart fixed abode | **unbekannten** $\sim$**es** | of unknown abode | **seinen** $\sim$ **haben** | to stay; to sojourn.
Aufenthalts..bewilligung f; —**erlaubnis** f; —**genehmigung** f | staying permit; permission to reside.

Aufenthalts..dauer f; —**zeit** f | duration (length) of stay.
—**kontrolle** f | aliens' control; supervision of aliens.
—**ort** m | abode; place of abode (of residence) | **der letzte bekannte** $\sim$ | the last-known place of abode.
—**taxe** f | visitor's tax.
—**verbot** n | local banishment.
—**verlängerung** f | lengthening of stay.
auferlegen v | to impose | **jdm. Bedingungen** $\sim$ | to impose conditions (terms) on (upon) sb. | **Beschränkungen** $\sim$ | to impose restrictions | **Gebühren** $\sim$ | to impose duties | **jdm. eine Geldstrafe** $\sim$ | to inflict a fine upon sb.; to fine sb. | **einem Land eine Kontribution** $\sim$ | to lay a country under a contribution | **jdm. die Kosten (die Kosten des Verfahrens)** $\sim$ | to award the costs against sb. | **jdm. Stillschweigen (Schweigen)** $\sim$ | to impose (to enjoin) silence on sb. | **jdm. eine Verpflichtung** $\sim$ | to lay a charge on sb.
Auferlegung f | imposition | $\sim$ **von Bedingungen** | imposition of terms (of conditions) | **unter** $\sim$ **der Kosten** | awarding the costs [against sb.].
auffällig adj | $\sim$**es Mißverhältnis** | obvious disproportion.
Auffangen n | $\sim$ **von Briefen** | intercepting (interception) of letters.
auffangen v | **einen Brief** $\sim$ | to intercept a letter.
auffassen v | to comprehend; to conceive; to understand | **falsch** $\sim$ | to misconceive; to misunderstand.
Auffassung f | comprehension; conception; understanding | **Lebens** $\sim$ | view (concept) of life | **falsche** $\sim$ | misconception; misapprehension; misunderstanding | **anderer (verschiedener)** $\sim$ **sein** | to have a different opinion; to differ | **eine** $\sim$ **vertreten** | to hold a view.
auffindbar adj | findable; discoverable | **leicht** $\sim$ | easy to locate.
auffinden v | to discover; to find; to locate.
Auffindung f | discovery.
auffordern v | to request; to summon | **zur Einzahlung von Kapital** $\sim$ | to call up capital | **jdn.** $\sim$**, bei der Sache zu bleiben** | to call sb. to order | **eine Stadt zur Übergabe** $\sim$ | to summon a town to surrender | **jdn. zur Zahlung** $\sim$; **jdn.** $\sim$**, zu zahlen** | to request (to demand) payment from sb.; to request (to call on) sb. to pay | **jdn. gerichtlich** $\sim$ | to summon sb. to appear | **jdn.** $\sim$**, etw. zu tun** | to call upon (to summon) (to ask) sb. to do sth. | **jdn.** $\sim$**, beizuwohnen (zugegen zu sein)** | to ask sb. to be present; to request sb.'s presence.
Aufforderung f | request; demand | $\sim$ **zur Abgabe einer Erklärung** | request to make (to file) a declaration (a return) | $\sim$ **zur Abgabe von Geboten** | invitation to make bids | $\sim$ **zur Einzahlung; Einzahlungs** $\sim$ | call letter | $\sim$ **zur Nachzahlung; Nachzahlungs** $\sim$ | calling up capital | $\sim$ **zur Übergabe** | summons to surrender | **Zahlungs** $\sim$; $\sim$**, zu zahlen** | request (summons) to pay.
★ **dringende** $\sim$ | urgent request | **förmliche** $\sim$ | formal request | **gerichtliche** $\sim$ | summons | **öffentliche** $\sim$ | public notice.
★ **eine** $\sim$ **ergehen lassen** | to make a request | **einer** $\sim$ **nachkommen** | to comply with (to accede to) a request | **eine** $\sim$ **unbeachtet lassen; auf eine nicht reagieren** | to pay no attention to a request | **auf** $\sim$ | on (upon) request | **auf** $\sim$ **von** | at the request of sb.
Aufforderungsschreiben n | written request; letter of request.
Aufforstung f | afforestation | **Wieder** $\sim$ | reforestation; reafforestation.

Auffrischungskurs(us) *m* | refresher course.
aufführen *v* Ⓐ [einzeln angeben] | to specify; to enumerate.
aufführen *v* Ⓑ | to represent.
Aufführung *f* Ⓐ [Angabe im einzelnen] | specification; enumeration.
Aufführung *f* Ⓑ | representation; performance | **Erst-**~; **Ur**~ | first night; première | ~ **eines Theaterstückes** | representation (performance) of a play | **öffentliche** ~ | public performance.
Aufführungsrecht *n* | right of performance | **die** ~**e** | the performing (dramatic) rights.
auffüllen *v* | to fill up | **die Reserven** ~ **(wieder** ~**)** | to replenish the reserves | **sein Lager (seine Vorräte)** ~ **(wieder** ~**)** | to replenish one's supplies (one's stocks).
Auffüllung *f* | replenishment.
Aufgabe *f* Ⓐ [Verzicht] | relinquishment; renunciation; waving | **Besitz**~ | giving-up of possession; dereliction | **Geschäfts**~ | giving up the business; retiring from business | ~ **eines Rechts** | renunciation (relinquishment) (waiving) of a right; waiver.
Aufgabe *f* Ⓑ [Absendung] | dispatch | ~ **einer Anzeige** | placing of an advertisement | ~ **einer Bestellung** | placing an (of an) order | ~ **eines Briefes** | posting (mailing) of a letter | **Gepäck**~ | booking of luggage | ~ **eines Pakets** | dispatch of a parcel | ~ **zur Post** | posting; mailing | ~ **eines Telegramms** | handing in (dispatch) of a telegram.
Aufgabe *f* Ⓒ [Bekanntgabe] | indication | ~ **von Einzelheiten** | indication of particulars | **laut** ~ ① | as per advice; as adviced | **laut** ~ ② | according to order(s); as ordered.
Aufgabe *f* Ⓓ | task; duty; job | **Sonder**~**n** | special duties | **beschwerliche (heikle)** ~ | onerous task | **die** ~ **haben, etw. zu tun** | to have the duty (to be charged) to do sth. | **eine** ~ **erfüllen; sich einer** ~ **entledigen** | to perform a task | **eine** ~ **lösen** | to solve a problem | **jdm.** ~**n übertragen** | to delegate functions to sb.
Aufgabeamt *n* | issuing office; office of despatch (of origin).
Aufgaben..bereich *m* | competence; province.
—**gebiet** *n*; —**kreis** *m* | field of activity.
—**verteilung** *f* | distribution of duties.
—**zuweisung** *f* | assignment of duties.
Aufgabe..nummer *f* | registration (dispatch) number.
—**ort** *m* | place of origin.
—**schein** *m* | postal receipt.
—**station** *f* | dispatching station.
—**stempel** *m* Ⓐ | stamp of the office of origin.
—**stempel** *m* Ⓑ [Poststempel] | postmark.
—**tag** *m* | day of dispatch.
—**zeit** *f* | time of dispatch.
Aufgeben *n* | relinquishment.
aufgeben *v* Ⓐ [verzichten] | **einen Anspruch** ~ | to give up (to waive) (to abandon) (to renounce) a claim | **sein Geschäft** ~ | to give up one's business; to retire from business | **eine Option** ~ | to abandon an option | **ein Recht** ~ | to relinquish (to abandon) a right | **eine Stellung** ~ | to give up a position | **seine Stellung** ~ | to relinquish (to resign from) one's post | **den Widerstand** ~ | to give up resistance | **seinen Wohnsitz** ~ | to give up one's domicile.
aufgeben *v* Ⓑ [absenden] | **eine Annonce** ~; **ein Inserat** ~ | to have an advertisement inserted; to advertise | **bei jdm. eine Bestellung** ~ | to place an order with sb.; to give an order to sb. | **einen Brief** ~ | to post (to mail) a letter | **das Gepäck** ~ | to book (to register) the luggage | **ein Paket** ~ | to

mail (to dispatch) (to send off) a parcel | **ein Telegramm** ~ | to dispatch (to send) (to hand in) a telegram.
aufgeben *v* Ⓒ [bekanntgeben] | to indicate | **Einzelheiten** ~ | to give (to furnish) particulars | **jdm. eine Adresse** ~ | to give sb. an address | **jdm. den Käufer** ~ | to name (to indicate) the buyer to sb.
Aufgeber *m* | sender.
Aufgebot *n* Ⓐ [öffentliche Aufforderung] | summons; public summons.
Aufgebot *n* Ⓑ [Ehe~; Heirats~] | bans; bans of marriage | **Bestellung (Erlaß) des** ~**es** | proclamation of bans | **das** ~ **bestellen (ergehen lassen)** | to publish (to put up) the bans.
Aufgebot *n* Ⓒ | **Polizei**~ | police detachment; detachment of police; posse | **starkes Polizei**~ | strong body of police.
aufgeboten *part* | called in; withdrawn.
Aufgebots..frist *f* | term fixed by public summons.
—**verfahren** *n* | **im Wege des** ~**s** | by means of public summons (of public citation).
aufgehen *n* | **in einer Gesellschaft** ~ | to be absorbed by a company.
aufgeklärt *part* | enlightened; well-informed.
aufgelassen *part* | transferred; conveyed.
aufgelaufen *adj* | ~**e Kosten** | charges accrued; accrued costs | ~**e Lizenzgebühren** | accrued royalties | ~**e Steuern** | accrued taxes; tax arrears | ~**e Zinsen** | accrued (accumulated) interest.
Aufgeld *n* | agio; premium | **Emissions**~ | issuing premium.
aufgelegt *adj* Ⓐ | laid up | ~**e Tonnage** | idle tonnage.
aufgelegt *adj* Ⓑ | [offen] | **zur Zeichnung** ~ | open for subscription.
aufgerufen *adj* | ~**e Banknoten** | banknotes called in from circulation | **zur Einzahlung** ~**es Kapitel** | called up capital.
aufgestaut *adj* | ~**er Bedarf** | pent-up demand.
aufgewendet *adj* | **der** ~**e Betrag** | the amount spent.
aufgewertet *adj* | revalued.
aufgezählt *adj* | **einzeln** ~ | specified | **erschöpfend** ~ | enumerated by way of limitation.
aufgliedern *v* | to analize; to specify; to break down | **Kosten** ~ | to itemize costs | **einen Text in Kapitel** ~ | to arrange a text in chapters.
Aufgliederung *f* | analysis; specification; break-down | ~ **der Kosten; Kosten**~ | breakdown (itemization) of the cost.
aufgreifen *v* | **eine Frage** ~ | to take up a question.
aufhalten *v* Ⓐ | **sich an einem Orte** ~ | to stay (to reside) (to live) at a place.
aufhalten *v* Ⓑ [verzögern] | **eine Sache** ~ | to delay (to detain) (to retard) a matter | **den Verkehr** ~ | to block (to hold up) the traffic.
aufheben *v* Ⓐ [annullieren] | to cancel; to annul | **ein Recht** ~ | to cancel a right | **eine letztwillige Verfügung** ~ | to set aside a will | **eine Vereinbarung** ~; **einen Vertrag** ~ | to cancel (to annul) an agreement (a contract) | **ein Verlöbnis** ~; **eine Verlobung** ~ | to break off an engagement.
aufheben *v* Ⓑ [außer Kraft setzen] | to abrogate | **ein Gesetz** ~ | to repeal (to abolish) a law.
aufheben *v* Ⓒ [beseitigen] | **den Arrest** ~; **die Beschlagnahme** ~ | to lift the seizure | **Beschränkungen** ~ | to lift restrictions | **die Bewirtschaftung (die Zwangswirtschaft) über etw.** ~ | to deration (to decontrol) sth. | **die Blockade** ~ | to raise the blockade | **den Boykott** ~ | to call off the boycott | **die Immunität** ~ | to revoke the privilege of immunity | **die Kontrolle über etw.** ~ | to decontrol sth. | **die**

Sperre ~; ein Verbot ~ | to lift the ban (the embargo); to unblock [sth.] | eine gerichtliche Verfügung ~ | to lift the injunction.

aufheben v Ⓓ [umstoßen] | einen Beschluß ~ | to set an order aside; to rescind a decree | eine Entscheidung ~; ein Urteil ~ | to quash (to rescind) (to set aside) a decision (a judgment) | eine strafgerichtliche Verurteilung ~ | to quash a conviction.

aufheben v Ⓔ [beendigen] | die eheliche Gemeinschaft ~ | to separate | die Sitzung ~ | to close the meeting; to declare the meeting closed.

aufheben v Ⓕ | sich ~; sich gegenseitig (gegeneinander) ~ | to balance (to cancel) each other.

aufhebend adj | ~e Bestimmung | rescinding clause.

Aufhebung f Ⓐ [Annullierung] | cancellation; annulment | ~ eines Abkommens (Vertrags) | cancellation of an agreement (of a contract) | ~ eines Rechts | cancellation of a right | ~ eines Verlöbnisses | breaking off of an engagement | einen Vertrag durch Anfechtung zur ~ bringen | to void a contract | einseitige ~ | unilateral denunciation | zur ~ kommen | to be cancelled.

Aufhebung f Ⓑ [Außerkraftsetzung] | ~ eines Gesetzes | repeal of a law.

Aufhebung f Ⓒ [Beseitigung] | ~ des Arrestes; ~ der Beschlagnahme | lifting of the seizure | ~ der Bewirtschaftung (Zwangswirtschaft) | derationing; decontrol | ~ der Blockade | raising of the blockade | ~ der Immunität | revocation of the privilege of immunity | ~ der Kontrolle | decontrol | ~ der Requisition | derequisitioning | ~ der Sperre (des Verbots) | lifting of the ban | ~ der gerichtlichen Verfügung; ~ des gerichtlichen Verbots | lifting of the injunction | ~ des Wohnsitzes | giving up of the residence.

Aufhebung f Ⓓ [Umstoßung] | ~ einer Entscheidung; ~ eines Urteils | quashing (rescission) (reversal) of a decision (of a sentence) (of a judgment) | Klage auf ~ | action for rescission | ~ einer strafgerichtlichen Verurteilung | quashing of a conviction.

Aufhebung f Ⓔ [Beendigung] | ~ der ehelichen Gemeinschaft | dissolution of the conjugal community; judicial separation.

Aufhebungs..antrag m | motion to set aside.
—beschluß m | decree of annulment.
—bestimmung f Ⓐ —klausel f | cancellation (rescinding) clause.
—bestimmung f Ⓑ | clause of repeal.
—grund m | ground for annulment.
—klage f | action for rescission.
—vertrag m Ⓐ | cancellation (termination) agreement.
—vertrag m Ⓑ [bezüglich eines Arbeitsverhältnisses] | severance agreement.

aufhetzen v | to incite; to excite | die Massen ~ | to stir up the masses.

Aufhetzung f | incitement; agitation; instigation | ~ zum Klassenhaß | incitement to class hatred.

Aufkauf m [wucherischer ~] | buying up.
aufkaufen v [wucherisch ~] | to buy up.
Aufkäufer m Ⓐ [Einkäufer] | buying agent.
Aufkäufer m Ⓑ | one who buys up sth.

aufklären v Ⓐ | to explain | etw. ~ | to explain sth.; to give an explanation for sth.

aufklären v Ⓑ | to enlighten | jdn. über etw. ~ | to enlighten sb. on sth. (as to sth.).

Aufklärung f Ⓐ | explanation | Ersuchen um ~ | request of an explanation | für etw. ~ geben | to give an explanation for sth.; to account for sth. | von jdm. ~ verlangen (fordern) | to ask sb. for an explanation; to call sb. to account.

Aufklärung f Ⓑ | enlightenment | Volks~ | public enlightenment | Zeitalter der ~ | age of enlightenment.

Aufklärungs..feldzug m | enlightening campaign.
—werbung f | educational advertising.

aufkleben v | etw. auf etw. ~ | to paste (to stick) sth. on sth. | Etiketten ~ | to label.

Aufklebezettel m | label.

Aufkommen n | yield | Maximal~ | maximum yield | Miets~ | rent roll | Steuer~ | tax receipts.

aufkommen v Ⓐ [auf sich nehmen] | für die Kosten ~ | to assume the costs.

aufkommen v Ⓑ [die Verantwortung übernehmen] | für etw. ~ | to assume the responsibility for st.

aufkommen v Ⓒ [gewährleisten] | für etw. ~ | to guaranty sth.

aufkommen v Ⓓ [es mit etw. aufnehmen] | gegen die Konkurrenz ~ | to meet competition.

aufkündbar adj Ⓐ | terminable.
aufkündbar adj Ⓑ | subject to notice of withdrawal.

aufkündigen v Ⓐ | den Dienst ~ | to give notice.
aufkündigen v Ⓑ | einen Vertrag ~ | to denounce a contract.
aufkündigen v Ⓒ | eine Hypothek ~ | to call in a mortgage.

Aufkündigung f Ⓐ [Kündigung] | notice to quit (to leave); notice.
Aufkündigung f Ⓑ [eines Vertrags] | notice of termination.
Aufkündigung f Ⓒ [eines Kapitals] | calling in; notice of withdrawal.

Auflade..gebühren fpl; —kosten pl | loading charges (expenses).

aufladen v | jdm. etw. ~ | to charge (to burden) sb. with sth.

Auflage f Ⓐ [Belastung] | charge | Schenkung unter ~ | donation which is encumbered with a charge | Vermächtnis unter ~ | contingent legacy | jem. Auflagen machen | to impose conditions | mit einer ~ beschwert | encumbered with a charge.

Auflage f Ⓑ [Ausgabe] | edition | Neu~ | new (reprint) edition; reprint | durchgesehene (revidierte) ~ | revised edition | durchgesehene und verbesserte ~ | revised and improved (enlarged) edition | erste ~ | first (original) edition | zehn ~n erleben | to run into ten editions.

Auflage f Ⓒ | circulation | ~ einer Zeitung | circulation of a newspaper | beschränkte ~ | limited circulation | mit einer hohen ~ | with a wide circulation.

Auflagen..beschränkung f | restriction on circulation.
—höhe f Ⓐ [eines Buches] | number of copies.
—höhe f Ⓑ [einer Zeitung] | circulation.

Auflageziffer f | number of copies of an edition | Buch mit hoher ~ | bestseller.

auflassen v [das Eigentum an einem Grundstück übertragen] | to convey (to transfer) title | ein Grundstück an jdn. ~; jdm. ein Grundstück ~ | to convey (to transfer) title of a real estate to sb.

Auflassung f Ⓐ [Übertragung des Eigentums an einem Grundstück] | conveyance (transfer) of title of property).

Auflassung f Ⓑ; Auflassungs..urkunde f | conveyance; transfer (title) deed; conveyance.
—erklärung f | conveyance; declaration of transfer.
—vermerk m | notice of transfer.

Auflauf m | concourse; riot.

Auflaufen n | accumulation | ~ von Kosten | accumulation of charges; charges accruing | ~ von Zinsen | accumulation (accrual) of interest.

auflaufen *v* | to accrue; to accumulate | **seine Zinsen ~ lassen** | to let one's interest accrue (accumulate).
Aufleben *n* Ⓐ [Wiederinkrafttreten] | revival.
Aufleben *n* Ⓑ [Erholung] | recovery.
aufleben *v* Ⓐ [wieder in Kraft treten] | to revive.
aufleben *v* Ⓑ [sich wieder erholen] | to recover.
auflegen *v* Ⓐ [verlegen] | **ein Buch ~** | to publish (to edit) a book | **ein Werk neu ~** | to republish a work.
auflegen *v* Ⓑ | **eine Anleihe ~** | to issue (to float) a loan | **eine Anleihe zur Zeichnung ~** | to offer a loan for subscription; to invite subscriptions for a loan | **eine Obligationenanleihe ~** | to float a bond issue | **etw. öffentlich zur Zeichnung ~** | to offer sth. for public subscription.
auflehnen *v* | **sich gegen etw. ~** | to revolt against sth.
Auflehnung *f* | rebellion.
aufliefern *v* [zur Post aufgeben] | to mail; to post.
Auflieferung *f* [zur Post] | mailing; posting.
Auflieferungsort *m* | place of mailing.
aufliegen *v* | **zur Besichtigung ~** | to be exposed (presented) for inspection | **zur Zeichnung ~** | to be open for subscription.
auflockern *v* | to decentralize.
Auflockerung *f* | decentralization.
auflösbar *adj* | to be dissolved; dissolvable.
auflösen *v* Ⓐ | **eine Ehe ~** | to dissolve a marriage | **seinen Haushalt (Hausstand) ~** | to break up one's household | **einen Verein ~** | to dissolve a club | **eine Versammlung ~** | to dissolve (to dismiss) a meeting | **einen Vertrag ~** | to annul (to cancel) (to rescind) a contract | **sich ~** | to dissolve; to break up.
auflösen *v* Ⓑ [liquidieren] | **ein Geschäft ~** | to wind up a business | **eine Gesellschaft ~** | to dissolve (to wind up) a company.
auflösend *adj* | **~e Bedingung** | condition subsequent; resolutive condition | **~e Bestimmung** | resolutive (resolutory) clause.
auflösend *adv* | **~ bedingt** | subject to a resolutive condition.
Auflösung *f* Ⓐ | **~ einer Ehe; Ehe~** | dissolution of a marriage | **~ eines Haushalts** | breaking up a household | **Kammer~; Parlaments~** | dissolution of parliament | **~ einer Partei** | dissolution of a party | **~ einer Versammlung** | dissolution (breaking up) of a meeting | **~ eines Vertrages** | annulment (cancellation) (rescission) of a contract.
Auflösung *f* Ⓑ [Liquidation] | **~ eines Geschäfts** | liquidation (winding up) of a business | **~ einer Gesellschaft** | winding up (dissolution) of a company | **Klage auf ~ der Gesellschaft** | winding-up petition.
Auflösungs..beschluß *m* Ⓐ [einer Versammlung |] resolution ordering the dissolution.
—beschluß *m* Ⓑ [gerichtlicher Beschluß zur Liquidation einer Gesellschaft] | order to wind up; winding-up order.
—beschluß *m* Ⓒ [gerichtlicher Beschluß zur Auflösung eines Vereins] | dissolution order.
—recht *n* | right to dissolve.
aufmachen *v* Ⓐ [öffnen] | **einen Brief ~** | to open (to unseal) a letter | **die Post ~** | to open the mail.
aufmachen *v* Ⓑ [eröffnen] | **ein Geschäft ~** | to open (to establish) (to start) a business | **einen Laden ~** | to open a shop.
aufmachen *v* Ⓒ [aufstellen] | **eine Bilanz ~** | to draw up (to strike) a balance sheet | **Dispache ~; Havarie ~** | to adjust the average | **eine Rechnung ~** | to draw up (to prepare) (to make out) an invoice.

Aufmachung *f* Ⓐ [äußere Gestaltung] | presentation.
Aufmachung *f* Ⓑ [Aufstellung] | **~ der Bilanz** | making out the balance sheet; striking of the balance | **~ der Dispache; Dispache~** | adjusting the average; average adjustment | **~ einer Rechnung** | drawing up (making out) of an invoice.
Aufmerksamkeit *f* Ⓐ | attention | **genaue (gespannte) ~** | close attention | **die ~ ablenken** | to distract the attention | **jds. ~ auf etw. lenken** | to call (to bring) sth. to sb.'s attention; to call (to draw) sb'.s attention to sth. | **jds. ~ in Anspruch nehmen** | to command (to engage) sb.'s attention | **seine ~ auf etw. richten; einer Sache seine ~ schenken (widmen)** | to turn (to fix) one's attention to sth.
Aufmerksamkeit *f* Ⓑ [Höflichkeit] | courtesy.
Aufnahme *f* Ⓐ [Beginn] | **~ der Arbeit(en); Arbeits~; ~ des Betriebs; Betriebs~** | starting (beginning) of work; start of (going into) operation | **~ der Beziehungen** | establishment of relations | **~ diplomatischer (der diplomatischen) Beziehungen** | establishment of diplomatic relations | **Kontakt~** | taking contact; getting into touch | **~ der (von) Verhandlungen** | entering into negotiations | **Wieder~** | resumption | **günstige ~ finden** | to have a favo(u)rable reception | **kühle ~ finden** | to meet with a cool reception.
Aufnahme *f* Ⓑ [Aufstellung] | **~ des Lagers; ~ des Lagerbestandes; ~ eines Inventars; ~ einer Inventur; Inventar~; Inventur~** | making an inventory; inventory-taking; stock-taking; taking stock | **~ eines Protestes; Protest~** | drawing up of a protest (of a deed of protest) | **~ eines (des) Protokolls; Protokoll~** | drawing up of the minutes.
Aufnahme *f* Ⓒ [Entgegennahme] | **~ von Beweisen; Beweis~** | taking (hearing) of evidence.
Aufnahme *f* Ⓓ [Einfügung] | insertion; introduction | **~ einer Bedingung (einer Klausel) in einen Vertrag** | insertion (introduction) of a condition (a clause) in an agreement | **~ eines Artikels in eine Zeitung** | insertion of an article in a newspaper.
Aufnahme *f* Ⓔ [Zulassung] | **~ eines Gesellschafters (Teilhabers)** | admission (reception) of a partner | **~ in einen Klub (Verein)** | admission to a club (to a society) | **~ von Mitgliedern** | admission of members | **~ in eine Schule** | admission to a school | **~ in den Staatsverband** | naturalization | **jdm. die ~ verweigern (versagen)** | to deny sb. admission.
Aufnahme *f* Ⓕ [Aufnahmegebühr] | admission (entrance) fee | **seine ~ bezahlen** | to pay one's admission (entrance) (admission fee).
Aufnahme *f* Ⓖ [Aufbringen] | **durch ~ einer Anleihe** | by raising (by floating) a loan | **~ von Geld; ~ von Kapital; Geld~; Kapital~** | raising of money (of capital) (of funds).
Aufnahme *f* Ⓗ [Vermessung] | surveying.
Aufnahme *f* Ⓘ [photographische ~] | view; photograph | **Luft~** | aerial view.
Aufnahme..antrag *m* | application for membership.
—bedingungen *fpl* | conditions (terms) of admission (of membership).
—bescheinigung *f* | entrance certificate.
aufnahmefähig *adj* Ⓐ | admissible; qualified for admission.
aufnahmefähig *adj* Ⓑ | capable of absorbing | **~er Markt** | ready market | **nicht mehr ~** | saturated.
Aufnahme..fähigkeit *f* Ⓐ | admissibility.
—fähigkeit *f* Ⓑ | absorptive (absorbing) capacity.
—gesuch *n* | application for admission.
—prüfung *f* | entrance examination.
—voraussetzungen *fpl* | entrance requirements.

aufnehmen v Ⓐ [beginnen] | **die Arbeit** ~ | to start work; to set to work | **den Betrieb** ~ | to start (to commence) operation | **Beziehungen** ~ | to establish relations | **diplomatische (die diplomatischen) Beziehungen** ~ | to establish diplomatic relations | **Kontakt** ~ | to enter into contact | **Verhandlungen** ~ | to enter into negotiations | **wieder**~ | to resume.

aufnehmen v Ⓑ [aufstellen] | **Bestand**~; **das Lager** ~; **den Lagerbestand** ~; **ein Inventar** ~; **Inventur** ~ | to make (to draw up) an inventory; to take stock | **Protest** ~ | to draw up a deed of protest | **Protest** ~ **lassen** | to have [a bill] protested; to enter protest [of a bill] | **ein Protokoll** ~ | to draw up the minutes | **eine Urkunde** ~ | to draw up a document.

aufnehmen v Ⓒ [entgegennehmen] | **Beweis** ~ | to hear evidence | **Diktat** ~ | to take down from dictation | **stenographisch** ~ | to take down in shorthand.

aufnehmen v Ⓓ [einfügen] | to insert; to include; to introduce | **eine Bedingung (eine Klausel) in einen Vertrag** ~ | to embody (to insert) (to include) (to introduce) a condition (a clause) in an agreement | **einen Betrag in eine Rechnung** ~ | to include an amount in an account | **etw. in eine Liste (in ein Verzeichnis)** ~ | to enter sth. into a list; to register sth. | **einen Artikel in eine Zeitung** ~ | to insert (to put) an article in a newspaper.

aufnehmen v Ⓔ [zulassen] | **jdn. als Mitglied** ~ | to admit sb. as member | **jdn. in den Staatsverband** ~ | to naturalize sb. | **jdn. als Teilhaber** ~ | to take sb. into partnership; to admit (to receive) sb. as partner | **jdn. in einen Verein** ~ | to admit sb. to a club (to a society).

aufnehmen v Ⓕ [betrachten] | **etw. als Beleidigung** ~ | to consider sth. an insult; to take sth. as an offense.

aufnehmen v Ⓖ [aufbringen] | **eine Anleihe** ~; **ein Darlehen** ~ | to raise (to take up) a loan | **Geld** ~; **Kapital** ~ | to raise (to borrow) money (funds) | **eine Hypothek** ~ | to raise a mortgage.

aufnehmen v Ⓗ [vermessen] | **ein Grundstück** ~ | to survey a property | **ein Grundstück** ~ **lassen** | to have a survey taken of a property.

aufnehmen v Ⓘ | **es mit der Konkurrenz** ~ | to meet (to make up with) competition; to cope with one's competitors.

aufnötigen v | **jdm. etw.** ~ | to force sth. upon sb.

Aufpreis m Ⓐ [Prämie] | premium; bonus.

Aufpreis m Ⓑ [Preisaufschlag] | price supplement; surcharge.

aufputschen v | to incite | **das Volk zum Aufruhr** ~ | to incite the people to sedition.

aufrechenbar adj | subject to compensation | **nicht** ~**e Forderung** | claim which is not subject to compensation.

aufrechnen v | to compensate; to set off; to offset | **mit etw. gegen etw.** ~ | to set off sth. against sth. | **eine Forderung (eine Schuld) gegen eine andere** ~ | to set off one debt against another.

Aufrechnung f | compensation; setting-off; set-off; offset | **Einrede (Einwand) der** ~ | plea of compensation | **Kosten**~ | compensation of costs | **der** ~ **unterliegend** | subject to compensation.

Aufrechnungs..einrede f; —**einwand** m | plea of compensation.

—**erklärung** f | notice of compensation.

—**posten** m | item for compensation.

aufrechterhalten v Ⓐ | to maintain; to keep up; to uphold | **ein Angebot** ~ | to hold open an offer | **einen Anspruch** ~; **eine Forderung** ~ | to insist on a claim | **eine Behauptung** ~ | to maintain an assertion | **die Disziplin** ~ | to uphold (to keep) discipline | **eine Meinung** ~ | to maintain (to adhere to) an opinion | **die Ordnung** ~ | to maintain (to keep) order | **ein Patent** ~ | to maintain a patent.

aufrechterhalten v Ⓑ [bestätigen] | **eine Entscheidung** ~; **ein Urteil** ~ | to confirm (to uphold) a decision.

Aufrechterhaltung f Ⓐ | maintaining; maintenance; keeping up; upkeep | ~ **der Ordnung** | maintenance of order | ~ **von Patenten** | patent maintenance.

Aufrechterhaltung f Ⓑ [Bestätigung] | ~ **einer Entscheidung;** ~ **eines Urteils** | confirmation (upholding) of a decision.

aufreizen v | to provoke | **das Volk** ~ | to incite the people.

aufreizend adj | ~**e Reden** | inflammatory speeches.

Aufreizung f | incitement; provocation.

aufrichten v | **Schranken** ~ | to erect (to set up) barriers.

Aufrichtung f | ~ **von Schranken** | erection (setting up) of barriers.

aufrollen v | **eine Frage** ~ | to raise a question.

aufrücken v | to advance in rank.

Aufrücken n; **Aufrückung** f | promotion; advancement.

Aufruf m Ⓐ [Proklamation] | proclamation; appeal | **Wahl**~ | election (electioneering) manifesto | **einen** ~ **erlassen** | to issue a proclamation.

Aufruf m Ⓑ | call | ~ **der Geschworenen** | array of the jury (of the panel of the jury) | **Namens**~ | roll-call | **durch Namens**~ **abstimmen** | to take a vote by calling over the names | ~ **einer Sache** [bei Gericht]; **Sach**~ | call of a case; calendar call | ~ **der Zeugen; Zeugen**~ | calling of (of the) witnesses.

Aufruf m Ⓒ [Einziehung] | ~ **von Banknoten** | calling in (withdrawal) of banknotes.

aufrufen v Ⓐ | to call; to call up | **die Parteien** ~; **eine Sache bei Gericht** ~ | to call a case | **jdn. als Zeugen** ~ | to call sb. as (to) witness | **namentlich** ~ | to make a roll-call; to call the roll | **die Geschworenen (die Schöffen) namentlich** ~ | to array the panel.

aufrufen v Ⓑ [einziehen] | **Banknoten zur Einziehung** ~ | to call in banknotes.

Aufruhr m | sedition; revolt; rebellion; insurrection | **das Volk zum** ~ **aufwiegeln** | to incite the people to sedition | **einen** ~ **unterdrücken** | to quash (to quell) a sedition | **einen** ~ **verursachen** | to cause (to stir up) a riot | **in** ~ | in a state of rebellion | **in offenem** ~ | in open rebellion.

Aufrührer m Ⓐ [Aufständischer] | insurgent; rebel.

Aufrührer m Ⓑ [Aufwiegler] | fomenter of sedition; instigator; agitator.

Aufrührerbande f | gang of rioters.

aufrührerisch adj | seditious; rebellious; insurrectional.

Aufruhrversicherung f | insurance against civil commotions risks.

aufrunden v | to round up.

Aufrundung f | rounding up.

aufrüsten v | to rearm; to re-arm.

Aufrüstung f | rearmament.

Aufrüstungs..plan m; —**programm** n | rearmament program.

aufschiebbar adj | **nicht** ~; **un**~ | admitting of no delay.

aufschieben v | to postpone; to adjourn | **eine Sache** ~ | to put off (to adjourn) a matter (a case) | **die Vollstreckung (die Zwangsvollstreckung)** ~ | to stay execution | **eine Zahlung** ~ | to defer (to put off) a payment.

aufschiebend adj | suspensive; dilatory | ~**e Bedingung** | condition precedent; suspensive (suspensory) condition | ~**e Einrede** | dilatory plea (exception) |

aufschiebend *adj, Forts.*
~e Wirkung | suspensive power | ~e Wirkung haben | to have suspensive effect.
Aufschiebung *f* | postponement; adjournment; suspension.
Aufschlag *m* Ⓐ [Zuschlag] | Fracht~ | additional (extra) freight | Gebühren~ | extra (additional) charge | Gewinn~ | markup | Preis ~ extra (additional) charge | ohne ~ | without (with no) extra cost.
Aufschlag *m* Ⓑ [Erhöhung] | Preis~ | rise (advance) (increase) in prices; markup of prices.
aufschlagen *v* Ⓐ | seinen Wohnsitz in ... ~ | to take up one's residence at ... | seinen Wohnsitz wieder~ | to reestablish os.
aufschlagen *v* Ⓑ [erhöhen] | auf den Preis ~ | to raise (to increase) the price; to mark up.
Aufschluß *m* | information; explanation | jdm. ~ geben über etw. | to explain sth. to sb. | sich ~ verschaffen über etw. | to inform os. about sth.
aufschlüsseln *v* | Kosten ~ | to apportion costs.
Aufschlüsselung *f* | ~ von Kosten | allocation of costs.
aufschreiben *v* | etw. ~ | to put (to write) sth. down; to note sth. | jdn. polizeilich ~ | to take sb.'s name.
Aufschrift *f* Ⓐ [Adresse] | address.
Aufschrift *f* Ⓑ [Etikette] | label.
Aufschrift *f* Ⓒ [Überschrift] | title; heading.
Aufschub *m* | delay; postponement; respite; adjournment | Straf~ | respite | Vollstreckungs~ | stay of execution | Zahlungs~ | respite; delay of payment | zeitweiliger ~ der Strafvollstreckung | reprieve.
★ einen ~ bewilligen (gewähren) | to grant a delay (a respite) | einen ~ erbitten (verlangen) | to ask (to apply) for a delay (for a respite) | ~ erlangen | to obtain a delay (a postponement); to get a respite | ~ erleiden | to suffer delay; to be delayed | keinen ~ leiden | to admit of no delay | ohne ~ | without delay; immediately; forthwith.
Aufschwung *m* | boom | wirtschaftlicher ~ | economic recovery | ~ nehmen | to boom | im ~ begriffen | booming.
Aufsehen *n* | sensation; stir | ~ erregen | to make a stir; to create (to cause) a sensation.
Aufseher *m* Ⓐ | superintendent; supervisor | Gefängnis~ | warden; jailer | Ober~ | chief warden | Posten (Stelle) als ~ | post as superintendent; superintendentship.
Aufseher *m* Ⓑ [Vorarbeiter] | overseer; foreman | Posten (Stelle) als ~ | overseership.
Aufseherin *f* | woman overseer; forewoman.
aufsetzen *v* | to draw up; to draft | das Protokoll ~ | to draw up the minutes | eine Rechnung ~ | to make out an invoice; to invoice | einen Vertrag ~ | to draw up (to draft) a contract (a deed).
Aufsicht *f* | control; inspection; supervision | Finanz~ | financial control | Geschäfts~ | receivership | Ober~ | superintendence | die Ober~ führen | to superintend | Polizei~; polizeiliche ~ | supervision of the police; police surveillance | unter Polizei~ stehen | to be under police supervision | Staats~; staatliche ~; behördliche ~ | state (government) control | Zoll~ | customs (excise) supervision | unter Zoll~; unter zollamtlicher ~ | under supervision of the customs authorities; under excise supervision.
★ strenge ~ | strict supervision (control) | über etw. die ~ führen | to superintend sth. | etw. unter ~ stellen | to place (to put) sth. under control | einer ~ unterstehen | to be subject to a control | ohne ~ | uncontrolled.

Aufsichts..amt *n* | control office (board); board of control.
—**ausschuß** *m* | supervising (control) committee.
—**beamter** *m* | control officer; supervisor; superintendent | ~ vom Dienst; diensttuender ~ | superintendent on duty | Kassen~ | head of the cash department; chief cashier.
—**beamtin** *f* | lady superintendent.
—**befugnis** *f* | right of control.
—**behörde** *f* | supervising (control) authority.
aufsichtsführend *adj* | superintendent; supervisory; controlling.
Aufsichts..führung *f* | supervision; control.
—**maßnahmen** *fpl* | control measures.
—**organ** *n* | supervising body.
—**person** *f* Ⓐ [Aufseher] | supervisor; superintendent.
—**person** *f* Ⓑ [im Geschäftsaufsichtsverfahren] | official receiver.
—**personal** *n* | supervising staff.
Aufsichtsrat *m* | board of supervisors; supervisory board | Vorsitzender (Vorsitzer) des ~s | chairman of the board of supervisors | im ~ sein (sitzen) | to be on the board | im ~ vertreten sein | to be represented on the board.
Aufsichtsrats..mitglied *n* | member of the board of supervisors.
—**sitz** *m* | seat on the board.
—**sitzung** *f* | meeting of the board of supervisors.
—**steuer** *f* | tax on directors' fees.
—**tantiemen** *fpl* | supervisors' percentages of profits.
—**vergütungen** *fpl* | directors' fees.
—**vorsitzender** *m*; —**vorsitzer** *m* | chairman of the board of supervisors.
—**wahlen** *fpl* | board elections.
Aufsichts..recht *n* | right of control (supervision).
—**tätigkeit** *f* | supervisory control.
aufspalten *v* | to analize; to break down.
Aufspaltung *f* | analysis; breakdown.
aufspeichern *v* | to stock; to warehouse.
Aufspeicherung *f* | stocking; warehousing.
Aufstand *m* | sedition; revolt; rebellion; insurrection; rising | einen ~ niederschlagen (unterdrücken) | to suppress (to quell) a rebellion (a sedition).
aufständisch *adj* | seditious; rebellious.
Aufständischer *m* | insurgent; rebel.
Aufstandsbewegung *f* | seditious (insurrectional) movement.
aufstapeln *v* | to pile up; to create a stockpile.
Aufstapelung *f* | stockpiling.
Aufstehen *n* | Abstimmung durch ~ | rising vote | abstimmen durch ~ (durch Sitzenbleiben und ~) | to vote by rising; to take a rising vote.
aufsteigend *adj* | ~e Linie | ascending line.
aufstellen *v* Ⓐ | Bedingungen ~ | to make conditions | eine Behauptung ~ | to make an assertion (a statement); to assert | eine Bilanz ~ | to make up (to draw up) a balance sheet | den Haushaltplan (Etat) ~; das Budget ~ | to make up the budget | einen Grundsatz ~ | to lay down a principle | ein Inventar ~ | to draw up (to make) (to make up) an inventory | einen Kostenanschlag ~ | to make an estimate of the costs | eine Liste ~ | to draw up (to make out) a list | ein Verzeichnis ~ | to draw up (to make out) an account | eine Rechnung (Faktura) ~ | to make out an invoice | eine Tagesordnung ~; eine Traktandenliste [S] ~ | to formulate an agenda.
aufstellen *v* Ⓑ [nominieren] | einen Kandidaten (Wahlkandidaten) ~ | to present (to nominate) a candidate | sich als Kandidat ~ lassen | to offer os. as

candidate | **einen Schiedsrichter** ∼ | to appoint an arbitrator.

Aufstellung *f* Ⓐ [das Aufstellen] | drawing up; making up | ∼ **von Bedingungen** | making conditions | ∼ **einer Behauptung** | making an assertion | ∼ **einer Bilanz** | making up a balance sheet; striking of a balance | ∼ **einer Liste (eines Verzeichnisses)** | drawing up (making out) a list | ∼ **eines Inventars** | making up an inventory; inventory taking | ∼ **eines Programms** | drawing up (preparation of) a program | ∼ **einer Tagesordnung; ∼ einer Traktandenliste** [S] | drawing up an agenda.

Aufstellung *f* Ⓑ [Liste] | ∼ **der Aktiven und Passiven** | account (summary) of assets and liabilities; statement of affairs | **Kosten**∼ | statement (account) of expenses | ∼ **in Tabellenform; tabellarische** ∼ | tabular statement; tabulation | **Zins**∼ | note of interest | **genaue** ∼ | specification; itemized (detailed) statement (account) | **eine** ∼ **machen** | to make out (to draw up) a list | **laut** ∼ | as per statement (account).

Aufstellung *f* Ⓒ [Nominierung] | ∼ **eines Wahlkandidaten** | nomination of a candidate.

Aufstellungskosten *pl* | cost of installation.

aufstocken *v* [das Kapital erhöhen] | to increase the capital (the capital stock).

Aufstockung *f* Ⓐ [Kapital∼] | increase of the capital (of the capital stock).

Aufstockung *f* Ⓑ [Aufnahme zusätzlicher Kredite] | additional credits *pl*.

auftauen *v* | **Kredite** ∼ | to unblock frozen credits.

Auftauung *f* | ∼ **eingefrorener Guthaben** | unblocking of frozen assets; unfreezing of assets (of accounts).

aufteilen *v* Ⓐ | to portion out; to share out; to divide | **etw.** ∼ | to divide sth. | **ein Gebiet** ∼ | to divide up a territory | **ein Land** ∼ | to dismember a country | **etw. in Portionen** ∼ | to divide sth. into portions.

aufteilen *v* Ⓑ [parzellieren] | to divide into lots; to parcel.

Aufteilung *f* Ⓐ | partition; allocation | **Gebiets**∼ | dismemberment | ∼ **unter die Gläubiger** | distribution among creditors | ∼ **eines Landes** | partition of a country.

Aufteilung *f* Ⓑ [Parzellierung] | parcelling.

Aufteilungs..plan *m* | partition plan.

—**vertrag** *m* | repartition agreement.

Auftrag *m* Ⓐ [Beauftragung] | commission; charging.

Auftrag *m* Ⓑ [Instruktion] | instruction | **Einziehungs**∼ | instruction (order) to collect | **Geschäftsführer ohne** ∼ | agent who acts on sb.'s behalf without his request | **Geschäftsführung ohne** ∼ | transacting business without authority | **Post**∼ | collection by (through) the post | **Überweisungs**∼ | order to transfer | **Vollstreckungs**∼ | writ of execution; enforcement order | **Zahlungs**∼ | order to pay.

★ **einen** ∼ **ausführen** | to carry out an instruction | **einen** ∼ **für jdn. besorgen** | to make a commission for sb. | **sich eines** ∼**es entledigen** | to carry out a commission (one's instructions) | **jdm.** ∼ **(den** ∼**) erteilen (geben), etw. zu tun** | to give sb. the order (the instruction) to do sth.; to instruct (to commission) sb. to do sth. | **jdm. etw. in** ∼ **geben** | to give sth. in commission (in charge) to sb. | **den** ∼ **haben, etw. zu tun** ① | to have order (to have the instruction) (to be ordered) to do sth. | **den** ∼ **haben, etw. zu tun** ② | to be commissioned (to be empowered) to do sth.

★ **im (laut)** ∼ **von** | by order of | **im** ∼ **und für Rechnung von ...** | by order and for the account of ...

| **laut** ∼ | as ordered; as per (according to) instructions.

Auftrag *m* Ⓒ [Order] | order | **Börsen**∼ | order to buy (to sell) at the stock exchange | **Fest**∼; **fester (bindender)** ∼ | firm order | **Kauf**∼ | order to buy; buying (purchasing) order | **Realisierungs**∼; **Verkaufs**∼ | order to sell; selling order | **Unter**∼ | subcontract.

★ **größerer (umfangreicher)** ∼ | large (huge) (tall) order | **laufender** ∼ | standing order | **vordringlicher** ∼ | rush order.

★ **einen** ∼ **annehmen** | to accept an order | **einen** ∼ **ausführen (erledigen)** | to execute (to fill) an order | **jdm. einen** ∼ **erteilen (geben)** | to place an order with sb. | ∼ **geben, zu kaufen** | to give order to buy | **einen** ∼ **vergeben (aufgeben)** | to give (to place) an order | ∼ **geben, zu verkaufen** | to give order to sell | **einen** ∼ **zugeteilt erhalten** | to secure (to obtain) a contract for sth. | **einen** ∼ **zurückziehen (rückgängig machen) (widerrufen) (annullieren) (stornieren)** | to withdraw (to cancel) an order.

Auftrag *m* Ⓓ [Mission] | mission | **Sonder**∼ | special mission | **in geheimem** ∼ | on a secret mission.

Aufträge *mpl* | **Besorgung (Erledigung) von** ∼**n** | execution (filling) of orders | **Erteilung (Vergebung) von** ∼**n** | placing of orders | **ausgeführte (erledigte)** ∼ | filled orders | **öffentliche** ∼ ① | government orders | **öffentliche** ∼ ② | contracts for public works | **unerledigte** ∼; **vorliegende** ∼ | unfilled orders; orders in (on) hand | ∼ **einholen** | to get (to obtain) orders | ∼ **erledigen** | to execute (to fill) orders | ∼ **erteilen (vergeben)** | to place orders.

auftragen *v* | **jdm. etw.** ∼ | to charge (to commission) sb. with sth.

Auftraggeber *m* Ⓐ | principal; employer.

Auftraggeber *m* Ⓑ [Kunde] | client.

Auftragnehmer *m* | assignee.

Auftrags..annahme *f* | declaration of accepting an order.

—**bestand** *m* | unfilled orders; orders in hand | **unerledigter** ∼ | backlog of orders; reserve of unfilled orders.

—**bestätigung** *f* | confirmation of an order.

—**buch** *n* | order book.

—**dienst** *m* | **telephonischer** ∼ | telephone answering service.

—**eingang** *m* | new orders received (booked).

—**erteilung** *f* Ⓐ | placing of orders | **zahlbar bei** ∼ | cash with order | **bei** ∼ | when ordering.

—**erteilung** *f* Ⓑ [erteilte Aufträge] | orders passed.

—**formular** *n* | order form (blank) (sheet).

auftragsgemäß *adv* | as per order (instructions); in accordance with directions.

Auftrags..lenkung *f* | distribution of orders.

—**nummer** *f* | order bumber.

—**polster** *n* | reserve of orders on hand.

—**rückgang** *m* | falling off of orders.

—**rückstand** *m*; —**überhang** *m* | backlog of unfilled orders.

—**vertrag** *m* | agency contract.

—**volumen** *n* | volume (size) of orders.

auftreiben *v* | to obtain | **Geld** ∼ | to raise (to procure) money | **die Mittel** ∼ | to raise the means (the funds).

auftreten *v* Ⓐ | **als Besitzer** ∼ | to act (to behave) as possessor | **als Erbe** ∼ ① | to act (to conduct os.) as heir | **als Erbe** ∼ ② | to claim to be heir.

auftreten *v* Ⓑ [erscheinen] | **als Gegner** ∼ | to appear as opponent | **vor Gericht** ∼ | to appear in (before the) court | **als Kläger** ∼ | to appear as plaintiff |

auftreten v Ⓑ Forts.
als Prozeßbevollmächtigter für den Beklagten ~ | to appear for the defendant (for the defense) | **als Prozeßbevollmächtigter für den Kläger** ~ | to appear for the plaintiff | **als Verteidiger für den Angeklagten** ~ | to appear for the defendant (for the accused) | **als Zeuge** ~ | to appear as witness | **öffentlich** ~ | to appear in public | **für jdn.** ~ | to appear for sb.; to represent sb. | **gegen jdn.** ~ | to appear against sb.
Auftrieb m | impulse; rising trend.
Auftriebstendenz f | upward trend; upswing.
Aufwand m | expense | **Investitions**~ | expenditure on capital assets (equipment); capital expenditure | **ehelicher** ~; **Kosten des ehelichen** ~es | the expense of conjugal life | **übermäßiger** ~ | unjustifiable extravagance; extravagant expenses.
Aufwands..besteuerung f | taxation according to [one's] style of living.
—**entschädigung** f [Dienst~] | duty allowance.
—**steuer** f | luxury tax.
Aufwärts..bewegung f | upward movement.
—**trend** m | rising trend; tendency to rise.
aufweisen v | to present; to show | **einen Gewinn** ~ | to show a profit | **einen Saldo** ~ **von ...** | to show a balance of... | **einen Überschuß** ~ | to show a surplus | **einen Verlust** ~ | to show a loss.
aufwenden v | to spend | **Kosten** ~ | to incur (to go to) expenses.
aufwendig adj | expensive; costly | ~**e Lebenshaltung** | extravagant living.
Aufwendungen fpl | expense; expenditure | **betriebsfremde** ~ | non-operating expenditure | **wertsteigernde** ~ | improvements | **die** ~ **bestreiten** | to defray the expenses | ~ **machen** | to incur expenses.
aufwerfen v Ⓐ | **eine Frage** ~ (to raise (to bring up) (to set forth) a question | **eine Theorie** ~ | to advance (to set forth) a theory.
aufwerfen v Ⓑ | **sich zum Kritiker** ~ | to set os. up as a critic | **sich zum Richter** ~ | to set os up as a judge.
aufwerten v | to revalorize; to revalue.
Aufwertung f | revalorization; revaluation | **Hypotheken**~ | revaluation of mortgages.
Aufwertungs..erlös m | profit on revaluation.
—**gesetz** n | revaluation law.
—**hypothek** f | revalorized mortgage.
—**satz** m | rate of revaluation.
aufwiegeln v | to incite | **zum Aufstand (Aufruhr)** ~ | to stir up a sedition | **das Volk** ~ | to stir up the people.
Aufwiegelung f | inciting; incitement; instigation; stirring up | ~ **zum Aufstand (Aufruhr)** | incitement to rebellion.
aufwiegen v | to counterbalance; to outweigh; to compensate.
Aufwiegler m | agitator; instigator; fomenter.
aufzählen v | to enumerate | **Gründe** ~ | to enumerate reasons.
Aufzählung f | enumeration | **in erschöpfender** ~ | by way of limitation.
aufzehren v | **seinen Gewinn** ~ | to eat up one's profits | **sein Kapital** ~ | to eat up one's capital.
Aufzeichnung f | memorandum | **stenographische** ~**en** | shorthand (stenographic) notes.
Augenblick m | **im letzten** ~ | at the last moment | **der richtige** ~ | the psychological moment | **im** ~; **für den** ~ | at this (at the present) moment; momentarily.
augenblicklich adv | at this (at the present) moment | ~ **eintretender Tod** | instantaneous death.
Augenblicksdauer f | instantaneousness.
augenfällig adj | obvious | ~ **sein** | to be conspicuous.

Augenschein m | inspection; examination | **Beweis durch** ~ | evidence by inspection | **Einnahme eines** ~**s** | visit to the scene | **gerichtlicher (richterlicher)** ~ | judical inspection | **einen** ~ **einnehmen** | to make a visit to the scene | **in** ~ **nehmen** | to inspect; to examine.
augenscheinlich adj | obvious; evident.
augenscheinlich adv | obviously; evidently.
Augenscheinlichkeit f | obviousness.
Augenscheins..einnahme f; —**termin** m | visit to the scene.
Augenzeuge m | eye witness.
Auktion f | auction; sale by public auction; public sale | **Schein**~; **Schwindel**~ | mock auction | **gerichtliche** ~ | auction by order of the court; judical sale | **etw. zur** ~ **bringen**; **etw. im Wege der** ~ **verkaufen** | to sell sth. by auction (by public auction); to put sth. up for auction | **etw. auf der** ~ **ersteigern (erstehen)** | to buy sth. in (by) auction | **zur** ~ **kommen** | to be sold by auction.
Auktionator m | auctioneer.
auktionieren v Ⓐ [eine Versteigerung abhalten] | to hold an auction.
auktionieren v Ⓑ [versteigern] | to auction sth. off; to sell by auction; to put sth.up for auction.
Auktions..bedingungen fpl | terms for public sale (of auction).
—**gebühren** fpl | auction charges (fees).
—**katalog** m | auction catalogue.
—**kosten** pl | auction expenses.
—**lokal** n; —**saal** m | auction room.
—**preis** m | auction price.
—**termin** m | auction day; day fixed for the auction.
—**verkauf** m | auction sale; sale by auction.
auktionsweise adv [durch Versteigerung] | by (by way of) auction (public auction).
ausarbeiten v | to elaborate; to compose | **einen Plan** ~ | to work out a plan | **einen Vertrag** ~ | to draw up a contract.
Ausarbeitung f | elaboration | ~ **eines Plans** | working out a (of a) plan | ~ **eines Vertrags** | drafting of a contract.
Ausbau m | development; enlargement.
ausbauen v | to develop | **Beziehungen** ~ | to intensify relations.
ausbedingen v Ⓐ [vereinbaren] | to stipulate.
ausbedingen v Ⓑ [vorbehalten] | **sich etw.** ~ | to reserve sth. to os.
Ausbedingung f Ⓐ [Vereinbarung] | stipulation.
Ausbedingung f Ⓑ [Vorbehalt] | reservation.
ausbedungen part | stipulated; agreed upon.
ausbessern v | to repair.
Ausbesserung f | repair | **in** ~ **befindlich** | under repair.
ausbesserungsbedürftig adj | ~ **sein** | to need being repaired; to be out of repair.
Ausbesserungs..arbeiten fpl | repair work; repairs pl.
—**kosten** f | cost of repairs; repair costs.
—**werft** f | repair yard.
—**werkstatt** f | repair shop.
Ausbeute f [Ertrag] | yield; output; proceeds pl.
Ausbeuteland n | country for exploitation.
ausbeuten v Ⓐ [verwerten] | **etw.** ~ | to exploit (to work) sth.; to make capital out of sth.; to turn sth. to account.
ausbeuten v Ⓑ [mißbrauchen] | to exploit; to abuse | **die Arbeiter (Arbeitskräfte)** ~ | to sweat labo(u)r | **jds. Notlage** ~ | to take undue (unfair) advantage of sb.'s difficulties | **jds. Unerfahrenheit (Unwissenheit)** ~ | to take undue (unfair) advantage of sb.'s ignorance; to trade on sb.'s ignorance.

Ausbeuter *m* | exploiter.

Ausbeutung *f* Ⓐ [Verwertung] | exploitation; working; operation.

Ausbeutung *f* Ⓑ [mißbräuchliche ~] | exploitation | ~ der Arbeiter (der Arbeitskräfte) | exploitation of labo(u)r; sweating | ~ der Notlage eines andern | taking undue advantage of sb.'s difficulty | ~ von jds. Unerfahrenheit (Unwissenheit) | taking undue advantage of sb. | wucherische ~ | usurious exploitation.

Ausbeutung *f* Ⓒ [Raubbau] | predatory exploitation.

Ausbeutungs..kosten *pl* | cost of exploitation.

—**recht** *n* | right of exploitation (to exploit).

—**system** *n* | sweating system.

—**verfahren** *n* | method of exploitation.

ausbezahlen *v* Ⓐ | to pay out; to pay | jdm. einen Betrag ~ | to pay sb. an amount | Geld an jdn. ~ | to pay money over to sb. | voll ~ | to pay up.

ausbezahlen *v* Ⓑ [befriedigen] | einen Teilhaber ~ | to buy out (to pay out) a partner | sich ~ lassen; sich seinen Anteil ~ lassen | to have one's share paid out.

ausbieten *v* | to offer; to present | etw. zum Verkauf ~ | to offer (to put up) sth. for sale.

Ausbietung *f* | [zum Verkauf] | offering (putting up) for sale.

ausbilden *v* Ⓐ [erziehen] | jdn. ~ | to school (to educate) sb. | jdn. für etw. ~ | to train sb. for doing sth. | jdn. in etw. ~ | to instruct sb. in sth.

ausbilden *v* Ⓑ [entwickeln] | to develop; to cultivate.

Ausbildung *f* Ⓐ [Erziehung] | training; schooling | Berufs~; berufliche ~; Fach~ | professional (vocational) training | Grund~ | elementary training | Lehrlings~ | training of apprentices.

★ **eine gute ~ haben** | to be well educated | juristische ~; ~ für die juristische Laufbahn | legal education (training); education for the Bar | kaufmännische ~ | commercial (business) training | militärische ~ | military training | praktische ~ | practical training | theoretische ~ | theoretical education | vormilitärische ~ | preparatory training.

Ausbildung *f* Ⓑ [Entwicklung] | development.

Ausbildungs..dauer *f*; —**zeit** *f* | time (period) of education.

—**kosten** *pl* | training costs.

—**kurs** *m*; —**lehrgang** *m* | training course.

—**lager** *n* | training camp.

—**niveau** *n*; —**stufe** *f* | level of education (of training).

—**programm** *n* | training (educational) program.

ausbitten *v* | sich von jdm. etw. ~ | to ask sb. for sth.

Ausbleiben *n* Ⓐ [Nichterscheinen] | non-appearance; default of appearance; failure to appear | im Falle des ~s | in case of non-appearance (of default) | ~ auf eine Ladung | non-compliance with a summons.

Ausbleiben *n* Ⓑ [Abwesenheit] | absence; non-attendance | unentschuldigtes ~ | absence without excuse.

Ausbleiben *n* Ⓒ [Nichtankunft] | non-arrival.

Ausbleiben *n* Ⓓ [Fehlen] | im Falle des ~s der Zahlung | in case of non-payment (of failure to pay).

ausbleiben *v* Ⓐ [fernbleiben] | to stay (to remain) away.

ausbleiben *v* Ⓑ [nicht erscheinen] | to fail to appear | auf eine Ladung hin ~ | to fail to comply with a summons.

Ausbrechen *m* | ~ eines Gefangenen | breaking out of a prisoner | ~ aus dem Gefängnis | prison breaking; jailbreak.

ausbrechen *v* Ⓐ | to break out.

ausbrechen *v* Ⓑ [aus dem Gefängnis] | to break out of prison; to break jail (gaol).

Ausbrecher *m* | prison (gaol) breaker.

Ausbreitung *f* | extension | koloniale ~ | colonial extension.

Ausbruch *m* | ~ einer Epidemie (Seuche) | outbreak of an epidemic | ~ der Feindseligkeiten | outbreak of hostilities | ~ eines Feuers; ~ von Feuer | outbreak of fire | ~ eines (des) Krieges; Kriegs~ | outbreak (breaking out) of war | ~ von Unruhen | outbreak of riots (of rioting) | zum ~ kommen | to break out.

ausbürgern *v* | jdn. ~ | to expatriate sb. | jdn. wieder~ | to denaturalize (to disnaturalize) sb.

Ausbürgerung *f* | expatriation | Wieder~ | denaturalization.

ausdehnen *v* | etw. ~ | to extend (to enlarge) sth. | ein Geschäft ~ | to enlarge a business | seine Macht ~ | to extend one's power.

ausdehnend *adj* | ~e Auslegung | extensive interpretation.

Ausdehnung *f* Ⓐ [Vergrößerung] | enlargement; extension.

Ausdehnung *f* Ⓑ [Bereich] | extent.

Ausdehnung *f* Ⓒ [Expansion] | expansion | wirtschaftliche ~ | economic expansion.

Ausdehnungs..bedürfnis *n* | expansionism.

—**plan** *m* | expansion plan.

—**politik** *f* | policy of expansion; expansionist policy.

Ausdruck *m* Ⓐ | manifestation; expression | seiner Meinung über etw. ~ geben | to express one's opinion (one's views) about sth.

Ausdruck *m* Ⓑ | expression; term; phrase | Fach~ | technical term | Handels~; kaufmännischer ~ | business (trade) (commercial) term; mercantile expression | juristischer ~ | legal (law) term | seemännischer ~ | nautical term | zweideutiger ~ | ambiguous expression.

ausdrücken *v* | to express | seine Meinung über etw. ~ | to express one's opinion (one's views) about sth.

ausdrücklich *adj* | express; explicit | auf Grund ~er Ermächtigung | by special authorization | ~es Übereinkommen | express agreement | ~e Vereinbarung | express stipulation | auf ~es Verlangen | upon special (express) demand | ~es Versprechen | formal promise.

ausdrücklich *adv* | ~ oder stillschweigend | expressly or tacitly | sich etw. ~ vorbehalten | to reserve sth. especially.

Ausdrucksweise *f* | way to express os. | widerspruchsvolle ~ | contradiction in terms.

auseinandergehend *adj* | ~e Ansichten (Meinungen) | divergent (differing) opinions; difference (divergence) of opinion; dissent; dissension | weit ~e Darstellungen | widely differing versions.

auseinandersetzen *v* Ⓐ [erklären] | jdm. etw. ~ | to explain sth. to sb.

auseinandersetzen *v* Ⓑ | etw. ~ | to divide sth. | sich mit seinen Gläubigern ~ | to come to terms (to compound) (to make an arrangement) (to make a composition) with one's creditors | sich mit jdm. wegen einer Sache ~ | to come to an understanding with sb. in some matter.

Auseinandersetzung *f* Ⓐ [Erklärung] | explanation.

Auseinandersetzung *f* Ⓑ [Abwicklung] | liquidation | Erb~ | distribution of an inheritance; liquidation of an estate | ~ mit den Gläubigern | arrangement (composition) (settlement) with creditors | Vermögens~ | settlement of an estate | außergerichtliche ~ | settlement arrived at by the parties inter se | gerichtliche ~ | settlement in court.

Auseinandersetzung *f* Ⓒ [Streitigkeit] | conflict | bewaffnete ~; kriegerische ~ | armed conflict | lohn-

Auseinandersetzung *f* © *Forts.*
politische ~ | wage dispute | **weltpolitische** ~ | world conflagration | **mit jdm. eine** ~ **haben** | to have an argument with sb.
Auseinandersetzungs..plan *m* | liquidation scheme; partition plan.
—**verfahren** *n* | partition proceedings.
—**vertrag** *m* | settlement deed; deed of settlement.
Ausfall *m* Ⓐ [Verlust] | loss; deficit; deficiency | ~ **an Einnahmen; Einnahmen~** | falling off in proceeds | **Förder~** | loss of production; production loss | **Lohn~; Verdienst** ~ | loss of wages | **Miets~** | loss of rent | **Produktions~** | loss of production; production loss | **den** ~ **decken** | to cover the deficit.
Ausfall *m* Ⓑ [Wegfall] | ~ **eines Erben** | lapse of an heir.
—**betrag** *m* | deficit; deficiency.
—**bürge** *m* | collateral surety.
—**bürgschaft** *f* | deficiency guarantee; guaranty for the deficit.
ausfallen *v* Ⓐ [nicht stattfinden] | not to take place | **die Dividende** ~ **lassen** | to pay no dividend.
ausfallen *v* Ⓑ [unbefriedigt bleiben] | to remain unpaid.
ausfällig *adj* | abusive | ~**e Bemerkungen** | insulting remarks; abusive language | ~ **werden** | to use insulting words (language); to become abusive.
Ausfall..muster *n* | reference sample.
—**versicherung** *f* | insurance (guaranty) against loss.
ausfertigen *v* | to make out | **eine Faktura (eine Rechnung)** ~ | to make out an invoice; to invoice | **einen Paß** ~ | to make out (to issue) a passport | **eine Urkunde** ~ | to make an authentic copy of a document | **eine Urkunde neu** ~ | to make a fresh copy of a deed | **einen Vertrag** ~ | to make out (to draw up) an agreement | **etw. doppelt** ~ | to make out sth. in duplicate.
Ausfertigung *f* | authentic copy | **Erteilung einer** ~ | delivery (issue) of a duplicate | **Neben~** | duplicate | **Neu~** | fresh duplicate (copy) | **für die Richtigkeit der** ~ | certified to be a true copy | **Urkunde in doppelter** ~ | deed made out in duplicate | **von einer Urkunde eine** ~ **machen** | to make an authentic copy of a deed | **Urteils~** | duplicate of a judgment | **Zweit~ einer Urkunde** | duplicate of a document. ★ **erste** ~ | first authentic copy | **zweite** ~ | duplicate | **dritte** ~ | third copy, third | **in doppelter** ~ | in duplicate; done in duplicate | **in dreifacher** ~ | in triplicate; in three copies | **in vierfacher** ~ | in quadruplicate; in four copies | **in fünffacher** ~ | in quintuplicate; in five copies | **in sechsfacher** ~ | in sextuplicate; in six copies | **in mehrfacher** ~ | in several copies | **vollstreckbare** ~ | first authentic copy.
Ausfertigungs..gebühren *fpl* | charges for making out a duplicate.
—**tag** *m* | date (day) of issue.
Ausflucht *f* [Vorwand] | pretext.
Ausflüchte *fpl* | subterfuge *sing* | ~ **machen (gebrauchen)** | to make up excuses; to use (to resort to) subterfuge | **leere** ~; **nichtssagende** ~ | empty (weak) excuses.
ausfolgen *v* | **jdm. etw.** ~ | to deliver (to hand) sth. to sb.
Ausflugs..ort *m* | pleasure resort.
—**preise** *mpl* | excursion fares.
—**zug** *m* | excursion train.
ausfragen *v* | **jdn.** ~ | to question (to interrogate) sb.
Ausfuhr *f* Ⓐ | exportation | **Geld~** | exportation of money | **Kapital~** | exportation of capital | ~ **auf**

dem Luftwege | air-borne exports | **Rohstoff~** | export (exportation) of raw material | ~ **auf dem Seewege** | sea-borne exports | **Waffen~** | export of arms | **Waren~** | export of goods | **Wieder~** | re-exportation. ★ **zur** ~ **geeignet** | exportable | **zur** ~ **bestimmt** | destined (earmarked) for exportation | **staatlich subventionierte** ~ | subsidized exports | **die** ~ **fördern** | to stimulate (to encourage) exportation.
Ausfuhr *f* Ⓑ [die ausgeführten Waren] | **die** ~; **die Waren~** | the exported goods; the exports | **Ein-und** ~ | imports and exports | **Gesamt~** | total exports | **Umfang der** ~ | volume of exports | **gesteigerte** ~ | increased exports | **unsichtbare** ~**en** | invisible exports.
—**abgabe** *f* | export duty; duty on exportation.
—**abteilung** *f* | export department.
—**agent** *m* | export agent.
—**artikel** *m* | article of exportation.
—**artikel** *mpl* | export goods; exports.
—**ausweitung** *f* | export expansion.
ausführbar *adj* [durchführbar] | practicable; achievable | ~**er Plan** | workable plan; practicable scheme | **nicht** ~ | impracticable | **schwer** ~ | difficult to accomplish; difficult of accomplishment.
Ausführbarkeit *f* | practicability; feasibility.
Ausfuhr..bescheinigung *f*; —**bewilligung** *f* | export permit (license).
—**beschränkung** *f* | restriction on exports (on the exportation).
—**bestimmungen** *fpl* | regulations on exports; export regulations.
—**deklaration** *f* | export declaration (specification).
ausführen *v* Ⓐ | **etw.** ~ | to carry sth. out (through) (into effect) | **jds. Anweisungen (Instruktionen)** ~ | to carry out sb.'s instructions | **eine Arbeit** ~ | to carry out a work | **einen Auftrag** ~ | to carry out an order | **einen Auftrag** ~; **eine Bestellung** ~ | to execute (to fill) an order | **einen Befehl** ~ | to carry out (to act upon) an instruction | **eine Drohung** ~ | to carry out a threat | **einen Gedanken** ~; **eine Idee** ~ | to carry an idea into effect (into execution) | **einen Plan** ~ | to carry out a project | **eine Überweisung** ~ | to execute a transfer | **einen Vertrag** ~ | to execute (to perform) (to carry out) a contract | **eine letztwillige Verfügung** ~ | to execute a will.
ausführen *v* Ⓑ [exportieren] | to export | **nach den Kolonien** ~ | to export colonially | **Waren** ~ | to export goods | **wieder~** | to re-export.
ausführen *v* © [erklären] | to state; to explain; to declare | **etw. näher** ~ | to specify sth.; to give particulars (details) of sth.
ausführend *adj* | executive | **die** ~**e Gewalt** | the executive power; the executive | ~**es Organ** | executive agent (body).
ausführlich *adj* | ~**e Begründung** | full reasons | ~**e Beschreibung** | detailed description | ~**e Darstellung** | detailed account (report); full details (particulars).
ausführlich *adv* | in detail | **etw.** ~ **begründen** | to give full reasons for sth. | **etw.** ~ **beschreiben** | to give a full (detailed) description of sth. | **etw.** ~ **darstellen** | to give a detailed report (account) (full particulars) of sth.
ausfuhrfähig *adj* | exportable.
Ausfuhr..erklärung *f* | export declaration (specification).
—**erlaubnis** *f*; —**genehmigung** *f* | export license (permit) (certificate).

Ausfuhr..erlöse *mpl* | export earnings.
—**finanzierung** *f* | export financing.
—**förderung** *f* | export promotion | **planmäßige** ~ | export drive.
—**geschäft** *n* Ⓐ | export transaction.
—**geschäft** *n* Ⓑ [Exporthaus] | export house (firm) (business); firm of exporters.
—**güter** *np* | export goods (articles); articles of exportation.
—**hafen** *m* | port of exportation.
—**handel** *m* Ⓐ | export trade (business).
—**handel** *m* Ⓑ [Aktivhandel] | active trade.
—**händler** *m* | exporter; export dealer (merchant).
—**kommissionär** *m* | export agent.
—**konnossement** *n* | export (outward) bill of lading.
—**kontingent** *n* | export quota.
—**kredit** *m* | export credit.
— —**garantie** *f* | export credit guarantee.
— —**versicherung** *f* | export credit insurance.
—**land** *n* | exporting country.
—**lizenz** *f* | export license (permit).
—**lizenzverfahren** *n* | export licensing system.
—**möglichkeiten** *fpl* | possibilities for exports.
—**plan** *m* | export plan.
—**prämie** *f* | bounty; export bounty (subsidy).
—**programm** *n* | export program.
—**quote** *f* | export quota.
—**schein** *m* | export permit (license) (certificate).
—**sperre** *f* | embargo on exports.
—**steigerung** *f* | increase of exports.
—**steuer** *f* | export duty; duty on exportation.
—**tarif** *m* | export list (rates).
—**überschuß** *m* | surplus of exports; export surplus; exports in excess of imports.
—**zoll** *m* | export duty; duty on exports.
— —**tarif** *m* | export rates.
—**zuschuß** *m* | export subsidy; subsidy on exports.
Ausführung *f* | execution; carrying out | **die in** ~ **begriffene Arbeit** | the work in progress (in hand) | ~ **eines Auftrages** | execution (carrying out) of an order | **Einzelheiten bezüglich der** ~ | executory details | **in** ~ **einer Entscheidung** | carrying out a decision | ~ **des Gesetzes** | execution (application) of the law | ~ **eines Planes** | carrying out (carrying into effect) (accomplishment) of a plan | **einen Plan zur** ~ **bringen** | to carry out a project (a plan) | **einen Vertrag zur** ~ **bringen** | to carry out (to execute) (to perform) a contract.
★ **in** ~ **begriffen sein** | to be in course of execution | **zur** ~ **bringen** | to be effected (executed) | **etw. zur** ~ **bringen** | to execute sth.; to carry sth. out; to carry (to put) sth. into effect | **zur** ~ **gelangen (kommen)** | to be carried out; to be accomplished; to be fulfilled.
Ausführungen *fpl* | **lange** ~ | expatiation | **mündliche** ~ | verbal (oral) explanations | **tatsächliche und rechtliche** ~ | statements of fact and legal arguments | **tatsächliche und rechtliche** ~ **zur Sache** | relevant statements of fact and legal points | ~ **machen** | to make (to give) explanations.
Ausführungs..anzeige *f* | notice of execution.
—**bestimmungen** *fpl* | executive regulations.
—**datum** *n* | date of execution.
—**form** *f* | form of execution; manner (way) of performance.
—**frist** *f* | term (period) for execution (for performance).
—**gesetz** *n* | law of application.
—**handlung** *f* | act of execution.
—**verordnung** *f* | executive regulations.

Ausfuhr..verbot *n* | prohibition of exportation; embargo on exports.
—**vergütung** *f* | export bounty (subsidy).
—**volumen** *n* | export volume.
—**waren** *fpl* | export goods (articles); articles of exportation.
—**wert** *m* | export value.
—**zoll** *m* | export duty; duty on exportation.
—**zwang** *m* | necessity to export.
Ausfüllen *n*; **Ausfüllung** *f* Ⓐ | ~ **einer Stelle (eines Postens)** | filling (occupying) of a place (of a post).
Ausfüllen *n*; **Ausfüllung** *f* Ⓑ | ~ **eines Formulars (eines Vordrucks)** | filling in (filling up) of a form (of a printed form) | ~ **eines Fragebogens** | filling in of a questionary.
ausfüllen *v* Ⓐ [einnehmen; bekleiden] | **einen Platz (Posten)** ~ | to fill a place (a post) (a situation).
ausfüllen *v* Ⓑ | **ein Antragsformular** ~ | to fill in an application form | **ein Formular** ~; **einen Vordruck** ~ | to fill in (to fill up) a form (a printed form) | **einen Fragebogen** ~ | to fill in a questionary | **eine Lücke** ~ | to fill (to fill in) a gap | **die leeren Stellen eines Vordrucks** ~ | to fill in the blanks of a form.
Ausgabe *f* Ⓐ | issue; issuing | ~ **von Aktien; Aktien**~ | issue (issuing) of shares (of stocks) (of stock); share (stock) issue | **Anleihe**~ | issuing of a loan | **Banknoten**~; **Noten**~ | issue of banknotes; note issue | ~ **von Briefmarken** | issue of stamps | ~ **zum Nennwert** | issue at par | **Neu**~ | reissue | **Obligationen** ~; ~ **von Pfandbriefen;** ~ **von Schuldverschreibungen** | issue (floating) of bonds; bond issue | ~ **von Papiergeld** | fiduciary note issue | ~ **eines Prospektes** | issue of a prospectus | **zur** ~ **kommen** | to be issued.
Ausgabe *f* Ⓑ | edition; number | **Abend**~ | evening edition | **Bibliotheks**~ | library edition | **Erst**~; **Original**~ | first (original) edition | **Extra**~ | special edition | **Geschenk**~; **Luxus**~ | luxury edition | **Hand**~ | small edition | **Morgen**~ | morning edition | **Nacht**~ | late edition | **Neu**~ | new (reprint) edition; reprint | **Sonder**~ | special edition | **Sonntags**~ | sunday edition | **Taschen**~ | pocket edition | **Volks**~; **billige** ~ | cheap edition (reprint) | ~ **einer Zeitung** | issue (number) of a newspaper.
★ **berechtigte** ~; **urheberrechtlich geschützte** ~ | copyrighted edition | **erweiterte** ~ | enlarged edition | **ungekürzte** ~ ① | unabridged edition | **ungekürzte** ~ ② **unverkürzte** ~ | unexpurgated edition | **heimlich (unberechtigt) nachgedruckte** ~ | surreptitious (pirated) edition | **durchgesehene** ~; **revidierte** ~ | revised edition; revision.
Ausgabe *f* Ⓒ | expenditure | **Ist**~; **tatsächliche** ~ | actual expenditure | **Rein**~ | net expenditure | **große** ~ | a heavy (a large) expenditure.
Ausgabe..abstrich *m* | cut in expenditure.
—**bank** *f* | issuing bank; bank of issue.
—**bedingungen** *fpl* | terms of issue.
—**datum** *n* | date of issue.
—**jahr** *n* | year of issue.
—**kurs** *m* | issuing (issue) price; rate of issue.
Ausgaben *fpl* | **Bar**~; **Geld**~ | expenditure of money; cash expenditure | **Büro**~ | office expenditure (expenses) | **Einnahmen und** ~ | receipts and expenditure(s) | ~ **der öffentlichen Hand** | public (governmental) expenditure | **Haushalt** ~ | household expenses | **Mehr**~ | supplementary (extra) (excess) expenditure | **Rüstungs**~ | expenditure for armaments | **Staats**~ | government (state) expenditure | **Verwaltungs**~ | administration (management) expenses.

Ausgaben *fpl*, Forts.

★ **absetzbare (abzugsfähige)** ∼ | deductible expenses | **außerordentliche** ∼; **außerplanmäßige** ∼ | extra-ordinary (extra-budgetary) expenditure | **einmalige** ∼ | non-recurring expenses | **feste** ∼; **fortlaufende** ∼ | permanent expenditure; recurring expenses | **gehabte** ∼ | incurred expenses | **große** ∼ | heavy expenses | **große** ∼ **machen** | to go to great expense | **große** ∼ **verursachen** | to entail large expenditure | **kleine** ∼ | petty expenses (charges) | **laufende** ∼ | current expenditure | **öffentliche** ∼ | government (state) expenditure | **tägliche** ∼ | daily expenses | **unnötige** ∼ | useless expenditure | **unproduktive** ∼ | non-productive expenditure | **unvorhergesehene** ∼ | unforeseen expenses; contingent expenditure; contingencies *pl* | **verschiedene** ∼ | sundry expenses | **werbende** ∼ | productive expenditure | **wiederkehrende** ∼ | recurring expenses; permanent expenditure | **nicht wiederkehrende** ∼ | non-recurring expenses.

★ ∼ **machen** | to incur expenses | **sich** ∼ **machen** | to incur (to go to) expense | **die** ∼ **bestreiten** | to meet the expenses | **die** ∼ **verringern** | to prune expenses.

Ausgaben..abbau *m* | limitation of expenditure (of spending).
—**aufstellung** *f* | statement of expense(s).
—**beleg** *m* | expense voucher.
—**beschränkung** *f*; —**einschränkung** *f* | restriction (retrenchment) of expenditure.
—**buch** *n* | expenses ledger.
—**konto** *n* | expense account.
—**posten** *m* | expense item.
—**überschuß** *m* | excess (excess of) expenditure.
—**verzeichnis** *n* | list (statement) of expenses.
—**voranschlag** *m* | estimate of expenditure.
Ausgabenummer *f* | issue number.
Ausgabe..preis *m* | issuing (issue) price; rate of issue.
—**stelle** *f* Ⓐ | issuing office.
—**stelle** *f* Ⓑ | delivery office.
—**tag** *m*; —**termin** *m* | day (date) of issue.
Ausgang *m* Ⓐ [Ergebnis] | result; issue; outcome | **erfolgreicher** ∼; **glücklicher** ∼; **guter** ∼ | good success; happy issue; successful outcome | **ungünstiger** ∼; **unglücklicher** ∼ | ill success; unfavo(u)rable issue.
Ausgang *m* Ⓑ [Auslauf] | ∼ **von Waren; Waren**∼ | deliveries of goods; outgoings.
Ausgang *m* Ⓒ [Urlaub] | leave.
Ausgang *m* Ⓓ [Ende] | end | **dem** ∼ **entgegengehen** | to draw to a close; to come to an end.
Ausgangs..abgabe *f* | export duty.
—**deklaration** *f* | export declaration.
—**hafen** *m* | shipping port; port of embarcation.
—**industrie** *f* | basic industry.
—**nummer** *f* | dispatch number.
—**punkt** *m* | starting point.
—**schein** *m* | export permit (license).
—**sperre** *f* | curfew.
—**zoll** *m* | export duty; duty on exportation.
ausgeben *v* Ⓐ [in Umlauf setzen] | to issue; to put into circulation; to circulate | **Aktien** ∼ | to issue shares | **eine Anleihe** ∼ | to float a loan | **Banknoten** ∼ | to issue banknotes | **Falschgeld** ∼ | to utter false banknotes | **Gratisaktien** ∼ | to declare a stock dividend | **einen Kreditbrief** ∼ | to issue a letter of credit | **Schuldverschreibungen** ∼ | to issue bonds; to float a bond issue.
ausgeben *v* Ⓑ [verausgaben] | **Geld** ∼ | to spend (to expend) money | **zuviel** ∼ | to overspend.

ausgeben *v* Ⓒ [verauslagen] | **Geld** ∼ | to disburse money.
ausgeben *v* Ⓓ [vorgeben] | **sich für jdn.** ∼ | to pass os. off for sb.; to impersonate sb.
Ausgeber *m* | issuer.
ausgebildet *adj* | schooled; educated | **fachlich** ∼ | with a professional (specialized) training | **juristisch** ∼ | with a legal training; learned in the law | **voll** ∼ | fully trained (qualified).
ausgedehnt *adj* | extended; extensive | ∼**er Grundbesitz (Landbesitz)**; ∼**e Ländereien** | vast extent of ground (of property); vast (large) estate(s) | ∼**e Reise** | extended trip.
ausgedient *part* | retired.
ausgeführt *part* Ⓐ | ∼ **werden** | to be carried out.
ausgeführt *part* Ⓑ [exportiert] | exported.
ausgeglichen *adj* Ⓐ | ∼**e Rechnung**; ∼**es Konto** | balanced account | **nicht** ∼ | unsettled.
ausgeglichen *adj* Ⓑ [im Gleichgewicht] | ∼**er Staatshaushalt** | balanced budget.
ausgehen *v* Ⓐ [herkommen] | ∼ **von** | to emanate from.
ausgehen *v* Ⓑ [enden] | **erfolgreich** ∼ | to be a success; to achieve (to meet with) success | **leer** ∼ | to get nothing.
ausgehen *v* Ⓒ | **ungestraft** ∼ | to come off unpunished; to escape punishment.
ausgehend *adj* Ⓐ | emanating [from].
ausgehend *adj* Ⓑ | outgoing.
ausgehend *adj* Ⓒ | outward bound.
Ausgehverbot *n* | curfew | **Verletzung des** ∼**s** | violation of curfew.
ausgeklagt *adj* | ∼**e Forderung** | judgment debt; debt of record.
ausgelegt *adj* | ∼**es Geld** | money disbursed.
ausgelernt *part* | ∼ **haben** | to have finished (completed) one's apprenticeship.
ausgeliefert *part* | ∼ **werden** | to be extradited.
ausgelost *part* | **aus etw.** ∼ **werden** | to be drawn by lot from amongst ... | ∼**e Pfandbriefe (Wertpapiere)** | bonds drawn for redemption.
ausgemacht *adj* | ∼**er Preis** | agreed price.
ausgenommen *part* | except; excluded.
ausgeschlossen *part* Ⓐ | excluded.
ausgeschlossen *part* Ⓑ [ausgenommen] | **Anwesende** ∼ | to the exclusion of those present.
ausgeschlossen *part* Ⓒ | ∼ **werden** | to be precluded | **mit einer Einrede** ∼ **werden** | to be precluded from entering a plea.
ausgeschlossen *part* Ⓓ | **aus der Partei** ∼ **werden** | to be expelled from the party | **aus der Rechtsanwaltschaft** ∼ **werden** | to be disbarred; to be struck off the roll.
ausgeschlossen *part* Ⓔ [disqualifiziert] | **von der Teilnahme** ∼ **sein** | to be disqualified from participation | **von einem Wettbewerb** ∼ | disqualified from a competition.
ausgeschrieben *adj* | **voll** ∼ | in full letters | **voll** ∼**er Name** | name in full.
ausgeschüttet *adj* | ∼**er Gewinn** | distributed profit(s).
ausgesucht *part* Ⓐ | choice; selected | ∼**er Artikel** | choice (selected) article | ∼ **Qualität** | choice quality.
ausgesucht *part* Ⓑ [erste Wahl] | first choice.
ausgewählt *part* | selected; select | ∼**e Anlagewerte** | selected investments.
ausgewiesen *adj* | ∼**er Betrag** | declared amount | **nicht** ∼ | unaccounted for.
Ausgleich *m* Ⓐ [Vergleich] | settlement; arrangement | **gütlicher** ∼ | friendly (amicable) arrangement | **zu einem** ∼ **kommen** | to come to an agreement (to a compromise).

Ausgleich *m* Ⓑ [Glattstellung] | balancing | **Barzahlung zum** ~ | cash in settlement | **zum** ~ **eines Kontos** | in settlement of (to balance) (to settle) an account | **Scheck zum** ~ **eines Kontos** | cheque in settlement of an account | **zum** ~ **einer Rechnung** | in settlement of an account | ~ **in bar** | cash adjustment | **zum vollen** ~ | in full settlement.

Ausgleich *m* Ⓒ [Versöhnung] | reconciliation.

Ausgleich *m* Ⓓ [Kompensierung] | compensation | **zum** ~ **für etw. dienen** | to compensate for sth. | **zum** ~ **für** | as (by way of) compensation.

Ausgleich *m* Ⓔ | equalization | **etw. zum** ~ **bringen** | to equalize sth.

ausgleichen *v* Ⓐ [vergleichen] | to settle; to adjust | **einen Streit** ~ | to settle a dispute (a difference) | **sich mit jdm.** ~ | to make a compromise (to come to an agreement) with sb.

ausgleichen *v* Ⓑ [glattstellen] | to balance; to settle | **ein Konto** ~ | to balance an account | **eine Rechnung** ~ | to settle (to pay) a bill (an invoice) | **einen Saldo** ~ | to settle a balance | **in bar** ~ | to settle in cash.

ausgleichen *v* Ⓒ [versöhnen] | to reconcile.

ausgleichen *v* Ⓓ [kompensieren] | to compensate | **ein Defizit** ~; **einen Fehlbetrag** ~ | to make up (to make good) a deficit (a deficiency) | **ein Haushaltdefizit** ~ | to balance an adverse budget | **einen Schaden** ~ | to pay (to make good) the damage | **einen Verlust** ~ | to make up for a loss | **sich gegenseitig** ~ | to compensate (to cancel) each other.

ausgleichen *v* Ⓔ | **sich** ~ | to become equalized | **sich gegeneinander (gegenseitig)** ~ | to counterbalance each other.

ausgleichend *adj* | ~**e Gerechtigkeit** | retributive justice; law of retribution.

Ausgleichs..abgabe *f* | compensatory (compensation) tax.

—**abkommen** *n* | treaty of compensation.

—**amt** *n* | compensation office.

—**betrag** *m* Ⓐ | amount of the balance; balancing amount.

—**betrag** *m* Ⓑ; —**entschädigung** *f* | amount payable (paid) as (by way of) compensation.

—**fonds** *m* [Währungs~] | equalization (control) (exchange equalization) fund.

—**forderung** *f* | equalization claim.

—**frist** *f* | period within which sth. must be brought into hotchpot.

—**gebühr** *f* | compensation charge.

—**kasse** *f* Ⓐ [Verrechnungsstelle] | clearing office; clearing-house.

—**kasse** *f* Ⓑ [Entschädigungskasse] | indemnity fund.

—**konto** *n* | compensation (equalization) (regulation) account.

—**kurs** *m* | clearing rate.

—**pflicht** *f* Ⓐ | obligation to make compensation.

—**pflicht** *f* Ⓑ [erbrechtliche ~] | obligation (liability) to bring [sth.] into hotchpot.

ausgleichspflichtig *adj* Ⓐ | liable to make compensation (to compensate).

ausgleichspflichtig *adj* Ⓑ | liable to bring [sth.] into hotchpot.

Ausgleichs..posten *m* | compensatory item.

—**quittung** *f* | final (general) (full) receipt; receipt in full (in full discharge).

—**schuld** *f* | equalization debt.

—**stelle** *f* | clearing office.

—**steuer** *f* | compensatory (compensation) (equalization) tax.

—**stock** *m* | equalization fund.

Ausgleichs..tarif *m* | rate of compensation; compensatory rate.

—**verfahren** *n* | method of compensation.

—**wechsel** *m* | bill in full settlement.

—**zahlung** *f* | payment of the balance (in full settlement).

—**zeitraum** *m* | clearing period.

—**zoll** *m* | countervailing (compensatory) duty.

—**zulage** *f* | allowance for compensation.

Ausgleichung *f* Ⓐ [Regelung] | settlement; arrangement; accommodation.

Ausgleichung *f* Ⓑ [Herstellung des Gleichgewichts] | balancing; clearing; equalization.

Ausgleichung *f* Ⓒ [unter Miterben] | bringing (throwing) [sth.] into hotchpot | **etw. zur** ~ **bringen** | to bring sth. into hotchpot | ~ **verlangen** | to claim (to demand) contribution; to demand that sth. is brought into hotchpot.

Ausgleichungs..betrag *m* | amount payable (paid) as (by way of) compensation.

—**pflicht** *f* Ⓐ | obligation to make compensation; liability to compensate.

—**pflicht** *f* Ⓑ [erbrechtliche ~] | obligation to bring [sth.] into hotchpot.

ausgliedern *v* | to disembody; to disincorporate.

Ausgliederung *f* | disembodiment; disincorporation.

aushandeln *v* | **einen Preis** ~ | to negotiate a price.

aushändigen *v* | to hand over; to hand; to deliver.

Aushändigung *f* | handing over; delivery | **zahlbar bei** | payable (to be paid for) on delivery | **die** ~ **verweigern** | to refuse delivery | **gegen** ~ **von ...** | on (upon) delivery of ...

Aushang *m* | placard; poster; notice.

aushängen *v* | **etw.** ~ | to post sth.

Aushängeschild *n* | sign; signboard.

ausheben *v* | **Rekruten** ~ | to draft recruits | **Truppen** ~ | to raise (to levy) troops.

Aushebung *f* | conscription; recruiting.

Aushebungs..bezirk *m* | recruiting district.

—**kommission** *f* | draft board.

aushelfen *v* | to help out; to assist | **jdm. mit etw.** ~ | to accommodate sb. with sth.

Aushelfer *m* | occasional helper.

Aushilfe *f* | aid; assistance | **zur** ~ | by way of a makeshift; as a temporary help.

Aushilfs..kraft *f* | temporary help.

—**personal** *n* | temporary staff.

—**sekretärin** *f* | relief typist.

aushilfsweise *adv* | temporarily; by way of accommodation.

auskaufen *v* Ⓐ | **einen Teilhaber** ~ | to buy out a partner.

auskaufen *v* Ⓑ | **einen Laden** ~ | to purchase (to buy up) the whole stock of a shop.

ausklammern *v* | **etw.** ~ | to leave sth. out of consideration.

ausklarieren *v* | to give clearance.

Ausklarierung *f* | clearance outward; clearance.

Auskommen *n* | living; livelihood | **sein** ~ **haben** | to make one's living.

Auskunft *f* | information; intelligence | **Erteilung von** ~ **(von Auskünften)** | giving information | **Einholung (Einziehung) von** ~ **(von Auskünften)** | collecting (gathering) of information; making inquiries | **Kredit**~ | credit report | **Privat**~ | private information.

★ **nach eingeholter** ~ | upon inquiry | **erschöpfende (umfassende)** ~ | complete (comprehensive) information | **falsche** ~ | wrong information; misinformation | **genaue** ~ | full information | **nähere**

Auskunft f, Forts.
∼ | details; particulars | **zuverlässige** ∼ | reliable information.
★ ∼ **(Auskünfte) einholen (einziehen)** | to gather information; to make inquiries | ∼ **erteilen (geben); Auskünfte erteilen** | to give (to furnish) information.
Auskunftei f [Handels∼] | information bureau (office); inquiry agency.
Auskunftgeber m [Auskunftsperson] | informant.
Auskunfts..abteilung f | information department.
—**beamter** m | information officer.
—**büro** n; —**stelle** f | inquiry office; information bureau (office) | ∼ **des Fremdenverkehrsvereins** | tourists' information bureau; touring office | **Zentral**∼ | central information office (bureau) (agency).
—**erteilung** f | giving information.
—**gesuch** n | request for information.
—**pflicht** f | obligation to give information.
auskunftspflichtig adj | ∼ **sein** | to be obliged (to be required) to give information.
Auskunfts..quelle f | source of information.
—**recht** n | right to demand information.
Ausladen n; **Ausladung** f | discharge; discharging; unloading.
ausladen v | to unload; to discharge.
Auslade..gebühren fpl; —**kosten** pl | unloading fees (charges); charges for unloading; discharging expenses.
—**hafen** m | port of discharge (of unloading).
—**ort** m; —**platz** m | place of discharge (of unloading).
Auslader m | unloader; discharger.
Auslagen fpl | disbursements; outlays | **Bar**∼; **bare** ∼ | cash disbursements; out-of-pocket expenses; actual outlays | **Erstattung der** ∼ | reimbursement of expenses (of outlays) | **Porto**∼ | expense for postage | **Reise**∼ | travelling expenses.
★ **erstattungsfähige** ∼ | repayable (reimbursable) expenses | **gehabte** ∼ | incurred expenses.
★ **die** ∼ **bestreiten (decken) (tragen)** | to defray (to bear) the expenses | **jdm. seine** ∼ **erstatten (ersetzen) (vergüten) (zurückerstatten)** | to reimburse sb. for his expenses; to refund (to repay) sb. his expenses | ∼ **machen** | to incur (to go to) expenses.
Auslagen..abrechnung f | expense account; statement of expenses.
—**ersatz** m; —**erstattung** f | reimbursement of expenses (of outlays).
—**rechnung** f [Bar∼] | account (note) of expenses (of cash disbursements).
Ausland n | foreign country (countries) | **im In- und** ∼ | at home and abroad | **Kapitalien im** ∼; **im** ∼ **angelegte Kapitalien** | capital invested abroad | **Nachäffung (Nachahmung) des** ∼**es** | foreignism; imitation of foreign usage | **Niederlassung im** ∼ | foreign agency (establishment) | **Reisen im** ∼ **(ins** ∼**)** | foreign travels; travel abroad | **Wohnsitz im** ∼ | residence abroad.
★ **feindliches** ∼ | enemy countries | **neutrales** ∼ | neutral countries | **im** ∼ **erzeugt (hergestellt)** | foreign-built; foreign-made | **vom** ∼ **kontrolliert** | controlled by foreign interests | **im** ∼ **zahlbar** | payable abroad.
★ **ins** ∼ **gehen** | to go abroad | **im** ∼ **leben** | to live abroad | **im** ∼ | abroad; in foreign parts.
Ausländer m | alien; foreigner; foreign subject | **Abschiebung (Ausweisung) eines** ∼**s** | deportation of an alien | **Vermögen von** ∼**n** | foreign-owned property (assets) | **befreundeter** ∼ | alien friend | **feindlicher** ∼ | alien enemy | **lästiger (unerwünschter)** ∼ |

undesirable alien | **verbündeter** ∼ | subject of an allied country | **einen** ∼ **abschieben (ausweisen)** | to deport an alien.
ausländerfeindlich adj | hostile to foreigners.
Ausländerin f | alien; foreigner.
Ausländer..eigenschaft f | foreign nationality.
—**meldeamt** n | aliens' registration office.
—**polizei** f | aliens' registration.
—**sonderkonto** n | separate account for foreigners.
—**vermögen** n | foreign-owned (alien) property.
ausländisch adj | foreign | ∼**e Absatzgebiete (Absatzmärkte)** | foreign markets | ∼**e Aktien** | foreign stocks (securities) | **in** ∼**em Besitz stehen** | to be foreign-owned; to be owned by a foreigner (by foreigners) | ∼**e Besucher** | visitors from abroad | ∼**e Beziehungen** | relations abroad | ∼**es Fabrikat** | foreign product | ∼**e Gesellschaft** | foreign company | ∼**er Handel** | foreign trade (commerce) | ∼**er Herkunft** | of foreign origin; foreign-grown | ∼**es Konto** | external account | **einer** ∼**en Marke** | of a foreign make (brand); foreign-made | ∼**e Märkte** | foreign markets | **auf** ∼**e Plätze** | against addressees abroad | **die in- und** ∼**e Politik** | the policy at home and abroad | ∼**e Verbindungen** | connections abroad | ∼**es Vermögen** ① [Vermögen im Ausland] | property (assets) abroad | ∼**es Vermögen** ② [Vermögen von Ausländern] | foreign-owned property (assets) | ∼**e Währung (Zahlungsmittel) (Valuta)** | foreign currency (money) (exchange) | ∼**er Wechsel** | foreign bill (bill of exchange) | ∼**e Wertpapiere (Papiere) (Werte)** | foreign stocks (securities).
Auslands..absatz m | sales abroad; foreign sales.
—**abteilung** f | foreign department.
—**anlagen** fpl | foreign investments; investments abroad.
—**anleihe** f | foreign loan.
—**aufenthalt** m | stay abroad.
—**auftrag** m; —**bestellung** f | order from abroad; foreign order.
—**berichterstatter** m | foreign correspondent.
—**besitz** m | foreign holdings; assets held abroad.
—**beteiligungen** fpl | foreign interests (investments).
—**beziehungen** fpl | relations with foreign countries; foreign relations.
—**forderungen** fpl | claims against foreign debtors.
—**gelder** npl | foreign capital.
—**geschäft** n ④ | foreign business.
—**geschäft** n ⑤ | foreign transaction.
—**gläubiger** m | foreign creditor.
Auslandsguthaben npl | foreign credit balances (holdings) | **Heimführung von** ∼ | repatriation of foreign credit balances | **Verheimlichung von** ∼ | concealment of foreign credit balances (of foreign assets) | ∼ **heimführen;** ∼ **nach dem Inland zurückbringen** | to repatriate foreign credit balances.
Auslands..handel m | foreign trade (commerce).
—**hilfe** f | foreign aid.
— —**programm** n | foreign aid program(me).
—**investitionen** fpl | foreign investments; investments abroad.
—**kapital** n ④ [ausländisches Kapital] | foreign capital.
—**kapital** n ⑤ [Kapital im Ausland] | capital (holdings) abroad | **Heimführung von** ∼ **(von** ∼**ien)** | repatriation of capital | ∼ **heimführen** | to repatriate capital.
—**konto** n | external account.
—**korrespondent** m ④ [Journalist] | foreign correspondent.
—**korrespondent** m ⑤ [in einer Firma] | foreign correspondence clerk.

Auslands..kredit *m* | foreign credit.
—**lieferung** *f* Ⓐ [nach dem Ausland] | delivery abroad.
—**lieferung** *f* Ⓑ [aus dem Ausland] | delivery from abroad.
—**markt** *m* | foreign market.
—**nachrichten** *fpl* | news from abroad; foreign news (intelligence).
—**paß** *m* | passport for travels abroad.
—**patent** *n* | foreign patent.
—**porto** *n* | foreign postage.
—**postanweisung** *f* | foreign (international) money-order.
—**reise** *f* | trip abroad.
—**scheck** *m* | foreign cheque.
—**schuld** *f* | foreign debt.
—**tarif** *m*; —**taxe** *f* | foreign rate.
—**umsatz** *m* | external turnover.
—**verbindlichkeiten** *fpl*; —**verpflichtungen** *fpl* | foreign engagements (obligations); external liabilities.
—**verkehr** *m* | international traffic.
—**vermögen** *n* | foreign assets (holdings).
—**verschuldung** *f* | foreign indebtedness (debts).
—**vertreter** *m* | foreign representative (agent).
—**vertretung** *f* | foreign agency.
—**währung** *f* | foreign currency (money) (exchange).
—**ware** *f* | foreign goods; goods from abroad.
—**wechsel** *m* | foreign bill of exchange.
—**werbung** *f* | publicity abroad; foreign advertising.
—**werte** *mpl* | foreign stocks (securities); external assets.
—**zulage** *f* | foreign service allowance.
auslassen *v* | ein Wort im Text ~ | to leave out (to omit) a word from a text.
Auslassung *f* | Irrtum und ~en vorbehalten | errors and omissions excepted | ~ im Text; Text~ | omission (blank) in the text.
Auslassungen *fpl* [Äußerungen] | utterances.
Auslaufen *n* Ⓐ | sailing.
Auslaufen *n* Ⓑ | expiration; expiry | ~ eines Patents | expiry of a patent.
auslaufen *v* Ⓐ | to sail; to put to sea; to leave port.
auslaufen *v* Ⓑ [ablaufen] | to expire.
Ausläufer *m* | errand boy.
Auslauf..periode *f*; —**phase** *f* | rundown period (phase).
Auslegen *n* | disbursement; laying out.
auslegen *v* Ⓐ [offenlegen] | etw. ~ | to lay sth. open | etw. zur Besichtigung ~ | to display sth. for inspection | Waren ~ | to exhibit (to display) (to lay out) goods.
auslegen *v* Ⓑ [erklären] | to interpret; to explain; to construe | das Gesetz ~ | to expound the law | etw. einschränkend ~ | to construe sth. restrictively; to put a restrictive interpretation on sth. | etw. falsch (unrichtig) ~ | to misinterpret (to misconstrue) sth.; to put a misconstruction on sth. | etw. richtig ~ | to put the right construction on sth. | etw. sinngemäß ~ | to interpret sth. by analogy | etw. sinnwidrig ~ | to put the wrong meaning on sth. | etw. weit ~ | to construe sth. extensively | etw. als ... ~ | to construe sth. into ...
auslegen *v* Ⓒ [verauslagen] | to lay out; to disburse | Geld ~ | to lay out money; to make cash disbursements.
Auslegung *f* Ⓐ [Offenlegung] | communication.
Auslegung *f* Ⓑ [Erklärung] | interpretation; construction | Frage der ~ | matter of construction | Gesetzes~; Rechts~ | interpretation of the law; legal interpretation | Vertrags~ | interpretation of an agreement.
★ **ausdehnende** ~ | extensive interpretation | ein-

schränkende ~ | restrictive interpretation | enge ~ | narrow (close) interpretation | falsche ~; unrichtige ~ | misinterpretation; misconstruction | richterliche ~ | judical interpretation | sinngemäße ~ | interpretation by analogy | sinnwidrige ~ | misinterpretation | weite ~ | extensive (wide) interpretation | wörtliche ~ | literal interpretation.
Auslegungs..bestimmung *f*; —**vorschrift** *f* Ⓐ | interpretation clause.
—**regel** *f*; —**vorschrift** *f* Ⓑ | rule of interpretation (of construction).
—**frage** *f* | matter of construction.
—**grundsätze** *mpl* | principles of interpretation.
Ausleihen *n*; **Ausleihung** *f* | lending.
ausleihen *v* | to lend | Geld ~; Kapital ~ | to lend money | auf Hypothek ~ | to lend on mortgage | auf (gegen) Pfand ~ | to lend against (on) security (collateral) | auf Zinsen ~ | to lend (to put out) at interest.
Ausleiher *m* | lender | Geld~ | money lender.
auslernen *v* | to finish one's apprenticeship.
Auslese *f* Ⓐ [Auswahl] | choice.
Auslese *f* Ⓑ [Sortiment] | assortment.
Auslieferer *m* | distributor.
ausliefern *v* Ⓐ [übergeben] | to deliver; to hand over.
ausliefern *v* Ⓑ [herausgeben] | etw. ~ | to surrender sth.; to deliver up sth.
ausliefern *v* Ⓒ | jdn. ~ | to extradite sb.
Auslieferung *f* Ⓐ [Übergabe] | delivery | gegen ~ von | against delivery of | zahlbar bei ~ | cash on delivery.
Auslieferung *f* Ⓑ [Herausgabe] | surrender.
Auslieferung *f* Ⓒ | extradition.
Auslieferungs..antrag *m* | request to extradite.
—**anweisung** *f*; —**auftrag** *m* | delivery note.
—**bedingungen** *fpl* | terms of delivery.
—**befehl** *m* | extradition warrant.
—**ersuchen** *n* | demand of (request for) extradition.
—**lager** *n* | depository; distributing depot; promptuary.
—**provision** *f* | commission of delivery.
—**schein** *m* | delivery note.
—**stelle** *f* | distributor(s).
—**tag** *m* | day of delivery.
—**verbot** *n* | prohibition of delivery.
—**verfahren** *n* | extradition proceedings.
—**vertrag** *m* Ⓐ | treaty of extradition; extradition treaty.
—**vertrag** *m* Ⓑ | delivery contract (agreement).
ausliegen *v* | zur öffentlichen Einsicht ~ | to be open to public inspection.
Auslobung *f* | offer (promise) of reward.
auslosbar *adj* | redeemable by drawings.
auslösbar *adj* | redeemable.
auslosen *v* | to draw lots | Pfandbriefe ~; Wertpapiere ~ | to redeem bonds by drawings.
auslösen *v* Ⓐ | to redeem | ein Pfand ~ | to redeem a pledge.
auslösen *v* Ⓑ [hervorrufen] | to unleash.
Auslosung *f* | drawing; drawing by lot (of lots); tirage *m*; tirage au sort | Amortisation (Tilgung) durch ~ | redemption by drawings | ~ zur Rückzahlung | drawing for redemption | im Wege der ~ | by drawings | durch ~ rückzahlbar (tilgbar) | redeemable by drawings.
Auslosungs..rechte *npl* | redemption rights.
—**schein** *m* | drawing certificate.
Auslösung *f* | redemption | ~ eines Pfandes; Pfand~ | redemption of a pledge.
auslöschen *v* | to efface; to expunge; to cancel.

Auslöschung *f* | effacement; cancellation.
Auslotsen *n* | pilotage outwards.
auslotsen *v* | ein Schiff ~ | to pilot a ship out (out of port).
ausmachen *v* Ⓐ [vereinbaren] | etw. ~ | to fix (to stipulate) sth. | einen Preis ~ | to agree on a price.
ausmachen *v* Ⓑ [betragen] | to total; to run up to.
ausmünzbar *adj* | coinable.
ausmünzen *v* | to coin; to mint.
Ausmünzung *f* | minting; coining; coinage.
Ausnahme *f* | exception | die ~ bestätigt die Regel | the exception proves the rule | eine ~ von etw. bilden | to be an exception to sth. | von etw. eine ~ machen | to make an exception to sth. | als ~ | by way of an exception | ohne ~; ohne irgendeine ~ | without (without any) exception | mit ~ von ... | with the exception of ...
Ausnahme..angebot *n* | special (preferential) offer.
—bestimmung | exceptional disposition (provision).
—fall *m* | exceptional case | in Ausnahmefällen | in exceptional (special) cases; exceptionally.
—gericht *n* | special court.
—gerichtsbarkeit *f* | special jurisdiction.
—gesetz *n* | emergency law (decree).
—gesetzgebung *f* | emergency legislation.
—klausel *f* | exception (exemption) (escape) clause.
—preis *m* | exceptional (special) (extra) price.
—regierung *f* | emergency government.
—stellung *f* | exceptional (special) (privileged) position.
—tarif *m* | special (preferential) tariff (rates) | Einfuhr~ | tariff of penetration.
—zustand *m* Ⓐ | state of emergency | den ~ verhängen | to declare a state of emergency.
—zustand *m* Ⓑ [Belagerungszustand] | den ~ verhängen | to declare (to proclaim) martial law | im ~ | under martial law.
ausnehmen *v* Ⓐ | to except.
ausnehmen *v* Ⓑ [befreien] | jdn. von etw. ~ | to exempt (to free) sb. of sth.
ausnutzen *v*; ausnützen *v* | etw. ~ | to turn sth. to account (to profit) (to advantage); to make a profit of sth.; to benefit (to profit) by sth. | etw. voll ~ | to exploit sth.
Auspacken *n* | unpacking.
auspacken *v* | to unpack.
Auspizien *pl* Ⓐ [Vorzeichen] | unter günstigen ~ | under favo(u)rable auspices.
Auspizien *pl* Ⓑ [Schirmherrschaft] | unter jds. ~ | under sb.'s auspices (patronage).
Auspfändungseinrede *f* | plea of preliminary proceedings [against the main debtor].
ausplündern *v* | to pillage; to rob.
ausprägen *v* | to coin; to mint.
Ausprägung *f* | coinage; coining; minting.
Ausprobieren *n* | testing | durch ~ | by way of trial and error.
ausprobieren *v* | etw. ~ | to test sth. | einen Plan ~ | to test out a scheme.
ausprobiert *adj* | tested; tried.
ausradieren *v* | to erase.
ausrangieren *v* | to discard.
ausräumen *v* Ⓐ | ein Haus ~ | to remove the furniture from a house | eine Wohnung ~ | to unfurnish (to remove the furniture from) an apartment.
ausräumen *v* Ⓑ | die Klage ~ | to nonsuit the plaintiff.
Ausräumung *f* Ⓐ | ~ eines Hauses | unfurnishing of a house; removal of the furniture of a house.
Ausräumung *f* Ⓑ | ~ einer Klage | nonsuit.
ausrechnen *v* | to calculate; to compute | falsch ~ | to miscalculate.

Ausrechnung *f* | calculation; computation.
Ausrede *f* | excuse; subterfuge; pretext | faule (leere) (schwache) ~ | lame (empty) excuse.
ausreden *v* | jdm. etw. ~ | to dissuade sb. from sth.
ausreichend *adj* | sufficient | ~e Entschuldigung | reasonable excuse | ~es Guthaben | sufficient funds | ~e Sicherheit | sufficient security.
Ausreise *f* Ⓐ | exit.
Ausreise *f* Ⓑ | outward (outbound) passage (voyage).
Ausreise..bewilligung *f*; —erlaubnis *f* | exit permit.
—fracht *f* | outward (outbound) freight.
—visum *n* | exit visa.
ausreisen *v* | to leave the country.
ausrichten *v* | jdm. etw. ~ | to give sb. a message; to deliver a message to sb.
Ausrichtung *f* | orientation.
ausrotten *v* | to exterminate; to extirpate; to eradicate.
Ausrottung *f* | extermination; extirpation; eradication.
ausrüsten *v* | to equip; to fit out.
Ausrüstung *f* | equipment; outfit.
Aussage *f* Ⓐ [Erklärung] | declaration; statement.
Aussage *f* Ⓑ [Zeugen~] | deposition; testimony; evidence | ~ unter Eid; eidliche (beeidete) (beschworene) ~ | testimony (deposition) under oath; sworn evidence (deposition) (testimony) | Verweigerung der ~ | refusal to testify (to give evidence) | ★ seine ~ beeiden | to swear to one's deposition | bei seiner ~ bleiben | to abide by one's testimony | eine ~ machen | to depose; to testify; to give (to state in) evidence; to depose as witness | eine eidliche ~ machen | to make oath and depose; to give evidence upon oath | eine falsche ~ machen | to make a false deposition; to give false evidence | eine schriftliche ~ machen; eine ~ schriftlich niederlegen | to depose (to make a deposition) in writing | die ~ verweigern | to refuse to give evidence (to testify) | jdn. zur ~ zwingen | to compel sb. to testify (to give evidence).
aussagen *v* Ⓐ | to declare; to state.
aussagen *v* Ⓑ [als Zeuge ~] | to depose [as witness] | unter Eid ~; eidlich ~ | to make oath and depose; to give evidence upon oath; to depose (to declare) under oath | vor Gericht ~ | to give evidence; to testify | sich weigern, auszusagen | to refuse to give evidence (to testify).
Aussageverweigerung *f* | refusal to testify (to give evidence).
ausschalten *v* Ⓐ | jds. Einfluß ~ | to eliminate sb.'s influence | eine Möglichkeit ~ | to eliminate a possibility.
ausschalten *v* Ⓑ [übergehen; umgehen] | jdn. ~ | to bypass sb.; to go around sb.
Ausschaltung *f* | ~ von jds. Einfluß | elimination of sb.'s influence | ~ der Konkurrenz | elimination of competition.
Ausscheiden *n* | ~ aus dem Dienst | retiring from office | ~ eines Teilhabers | retiring (retirement) of a partner.
ausscheiden *v* Ⓐ | aus einem Amt ~ | to retire from an office | aus dem Dienst ~ | to retire from service | vom Geschäft ~ | to retire from business | aus einer Konkurrenz ~; aus einem Wettbewerb ~ | to withdraw from a competition | im Turnus ~; turnusmäßig ~ | to retire by rotation | aus einem Unternehmen ~ | to withdraw from an undertaking.
ausscheiden *v* Ⓑ [absondern] | to separate.
ausscheiden *v* Ⓒ [eliminieren] | to eliminate.
ausscheidend *adj* | ~es Vorstandsmitglied | retiring director.

Ausschlag *m* | den ~ **geben** | to turn the scale; to be decisive | **die den ~ gebende Stimme** | the casting vote.

ausschlagen *v* Ⓐ [ablehnen] | to refuse | **ein Angebot ~** | to refuse (to decline) (to reject) an offer.

ausschlagen *v* Ⓑ [verzichten] | to renounce | **eine Erbschaft ~** | to renounce a succession | **ein Recht ~** | to renounce (to disclaim) a right.

ausschlaggebend *adj* [entscheidend] | deciding | **von ~er Bedeutung** | of decisive importance | **~er Einfluß** | decisive influence; control | **~en Einfluß haben** | to control; to be controlling | **~e Kapitalbeteiligung** | controlling interest | **die ~e Stimme** | the casting vote.

Ausschlagung *f* Ⓐ [Ausschlagen; Ablehnung] | refusal | **~ eines Angebots** | refusal (decline) of an offer.

Ausschlagung *f* Ⓑ [Verzicht] | renunciation; disclaimer | **~ einer (der) Erbschaft; Erbschafts~** | renunciation of a (of the) succession | **~ eines Rechts** | disclaimer.

Ausschlagungsfrist *f* | period of renunciation.

ausschließen *v* Ⓐ | to exclude | **jdn. von der Mitgliedschaft ~** ① | to exclude sb. from membership | **jdn. von der Mitgliedschaft ~** ② | to deny sb. admission | **die Öffentlichkeit ~** ① | to order the proceedings (the trial) to be held in camera; to order the case to be heard in camera | **die Öffentlichkeit ~** ② | to clear the hall (the court room) (the court); to have the hall (the court room) cleared.

ausschließen *v* Ⓑ [eliminieren] | to eliminate | **den Gegenbeweis nicht ~** | not to exclude evidence to the contrary | **die Haftung ~** | to exclude the responsibility | **um Mißverständnisse auszuschließen** | to (in order to) obviate misunderstanding | **den Rechtsweg ~** | to bar legal proceedings | **Verdacht ~** | to exclude suspicion | **die Verjährung ~** | to bar prescription | **Zweifel ~** | to exclude (to eliminate) doubt.

ausschließen *v* Ⓒ [präkludieren] | to preclude; to forclose | **jdn. mit einer Einrede ~** | to estop sb.

ausschließen *v* Ⓓ [ausstoßen] | **jdn. aus einer Gesellschaft (aus einem Verein) ~** | to expel sb. from a society | **einen Rechtsanwalt aus der Rechtsanwaltschaft ~** | to disbar a barrister (an attorney).

ausschließen *v* Ⓔ [disqualifizieren] | to disqualify; to incapacitate.

ausschließen *v* Ⓕ [ausnehmen] | to except.

ausschließlich *adj* | exclusive; sole | **~es Eigentum** | exclusive property | **~er Gerichtsstand** | exclusive jurisdiction | **~es Interview** | exclusive interview | **~e Lizenz** | exclusive license | **~es Recht** | exclusive (sole) right | **das ~e Recht haben, etw. zu tun** | to have the sole (exclusive) right to do sth.

ausschließlich *adv* Ⓐ | exclusively | **sich mit etw. ~ beschäftigen** | to be exclusively engaged in doing sth. | **~ zuständig sein** | to have exclusive competence.

ausschließlich *adv* Ⓑ [alleinig] | solely | **~ berechtigt sein, etw. zu tun** | to be solely entitled to do sth.

Ausschließlichkeit *f* | exclusiveness; exclusivity.

Ausschließlichkeitsabkommen *n* | exclusive agreement.

Ausschließung *f* Ⓐ | exclusion.

Ausschließung *f* Ⓑ [Eliminierung] | elimination; eliminating.

Ausschließung *f* Ⓒ | expulsion | **~ aus der Rechtsanwaltschaft** | disbarment.

Ausschluß *m* Ⓐ | exclusion | **~ der Haftung; Haftungs~** | exclusion of liability | **unter ~ der Konkurrenz** | non-competitive | **unter ~ des Rechtsweges** | excluding the right to take legal proceedings | **unter ~ der Verantwortung** | without assuming any

responsibility | **unter ~ von** | to (with) the exclusion of; exclusive of; excluding.

★ **unter ~ der Öffentlichkeit** | in camera; in private | **für die Beweisaufnahmen den ~ der Öffentlichkeit anordnen** | to order evidence to be heard (to be taken) in camera | **die Beweisaufnahme unter ~ der Öffentlichkeit durchführen** | to take (to hear) evidence in camera | **Sitzung unter ~ der Öffentlichkeit** | meeting (session) in private | **Verhandlung unter ~ der Öffentlichkeit** | trial in camera | **den ~ der Öffentlichkeit** ① | to clear the hall (the court room) (the court); to have the hall (the court room) cleared | **den ~ der Öffentlichkeit anordnen** ② | anordnen, daß eine Sache unter ~ der Öffentlichkeit verhandelt wird | to order the proceedings (the trial) to be held in camera; to order a case to be heard in camera | **den ~ der Öffentlichkeit beantragen** | to request the case to be heard (to be tried) in camera | **eine Sache unter ~ der Öffentlichkeit verhandeln** | to hold a trial in camera; to hear a case in camera.

Ausschluß *m* Ⓑ [Eliminierung] | **~ von Fehlerquellen** | elimination of the sources of mistakes.

Ausschluß *m* Ⓒ [Präklusion] | foreclosure; preclusion | **bei Vermeidung des Ausschlusses** | under penalty of foreclosure.

Ausschluß *m* Ⓓ [Ausschließung] | **~ eines Mitgliedes** | expulsion of a member | **~ aus der Rechtsanwaltschaft** | disbarment.

Ausschluß..frist *f* | latest (final) term (date); strict time limit.

—urteil *n* | judgment of foreclosure; judgment (decree) of exclusion.

Ausschnitt *m* | cutting; clipping | **Zeitungs~** | newspaper (news) cutting (clipping); press cutting.

Ausschnittsbüro *n* | press clipping (cutting) office.

ausschreiben *v* Ⓐ | **etw. ~; etw. voll ~** | to write sth. in full (at full length).

ausschreiben *v* Ⓑ | **eine Rechnung ~** | to write out (to make out) an invoice (a bill).

ausschreiben *v* Ⓒ | **eine Stelle ~** | to advertise a vacancy | **etw. zur Submission ~** | to invite tenders for submission (to be submitted).

Ausschreibung *f* | advertisement | **durch ~; auf dem Wege der ~** | by tender; by inviting tenders.

Ausschreitungen *fpl* | excesses *pl*; riots *pl*.

Ausschuß *m* Ⓐ | committee; commission; board | **Aktions~** | action committee | **~ für auswärtige Angelegenheiten** | foreign affairs committee | **Arbeits~** | working committee | **Bank~; Banken~** | bankers' (bank) commission | **Begnadigungs~** | board of pardons; pardon board | **Betriebs~** | shop (factory) (works) committee; shop (workers') council | **Bewertungs~** | valuation (appraisal) committee | **Bewilligungs~** | appropriations committee | **Bezirks~** | departmental committee | **Börsen~** | stock exchange committee | **Budget~** | budget committee; committee of supply (of ways and means) | **Disziplinar~** | disciplinary committee (board); board of discipline | **Dreier~** | Committee of Three | **Dreizehner~** | Committee of Thirteen | **Einsetzung eines ~sses** | setting-up (appointment) of a committee | **Exekutiv~** | executive committee (board) (council).

○ **Finanz~** | finance (financial) committee; revenue (fiscal) board | **Fraktions~** | committee of the party fraction | **Geschäftsordnungs~** | organizing committee | **Gewerkschafts~** | trade union committee | **Gläubiger~** | committee (board) of creditors |

Ausschuß *m* Ⓐ *Forts.*
Haushalt~ | budget committee; committee of ways and means | **Hilfs~** | relief committee | **Lenkungs~** | steering committee | **Kontroll~** | board (commission) of control; control board | **Koordinations~** **Koordinierungs~** | coordinating committee | **Minderheiten~**; ~ **für Minderheitsfragen** | minorities committee | **Nichteinmischungs~** | non-intervention committee | **Organisations~** | organizing committee | **Parlaments~** | Parliamentary Committee; Committee of Parliament | **Plenar~** | plenary committee | **Preisüberwachungs~** | price control committee (board).
○ **Prüfungs~** | board of examination; board (body) of examiners | **Rats~** | council committee | **Regierungs~** | government commission (committee) | **Redaktions~** | drafting committee | **Resolutions~** | resolutions committee | **Sachverständigen~** | committee (panel) of experts | **Schieds~**; **Schlichtungs~** | arbitration (mediation) (conciliation) board (committee) | **Senats~** | Senate (Senatorial) Committee | **Sonder~** | special commission (committee) | **Streik~** | strike committee | **Überprüfungs~** | board of review; review board | **Überwachungs~** | supervisory (control) board; board of control | **Unter~** | sub-committee.
○ **Untersuchungs~** | commission (committee) (board) of enquiry (of inspection) (of investigation); investigating committee | **parlamentarischer Untersuchungs~** | parliamentary committee of enquiry | **Veranlagungs~** | rating (assessment) commission (committee); board of assessment | **Verfassungs~** | constitution committee | **Verwaltungs~** | managing (administrative) committee; board of management (of administration) | **Vollzugs~** | executive committee (board) (council) | **Wahl~** | electoral committee (commission); board of elections | **Zentral~** | central committee (board) (commission) | **Zentralvollzugs~** | central executive committee | **Zuteilungs~** | allocation committee.
★ **beratender** ~ | advisory (consultative) committee (board) | **engerer** ~ | select committee | **gemischter** ~ | joint committee; mixed commission; combined (joint) board | **geschäftsführender** ~; **geschäftsleitender** ~ | administrative (managing) (executive) (steering) committee (board) | **interparlamentarischer** ~ | interparliamentary committee | **paritätischer** ~; **paritätisch zusammengesetzter** ~ | committee with equal representation of the parties | **parlamentarischer** ~ | parliamentary committee | **ständiger** ~ | standing (permanent) committee; permanent commission | **vollziehender** ~ | executive board (council) (committee) | **vorbereitender** ~ | preparatory committee (commission).
★ **einem** ~ **angehören**; **in einem** ~ **sitzen** | to be (to sit) (to serve) on a committee | **einen** ~ **bilden** | to resolve itself into committee | **einen** ~ **einsetzen** | to appoint (to set up) a committee | **etw. einem (an einen)** ~ **überweisen** | to refer sth. to a committee.
Ausschuß *m* Ⓑ [Abfall] | waste; refuse.
Ausschuß..mehrheit *f* | majority of the committee.
—**mitglied** *n* | member of the committee | ~ **sein** | to sit (to serve) on a committee.
—**sitzung** *f* | committee meeting.
—**stücke** *npl* | waste.
—**vorsitz** *m* | committee chairmanship.
—**vorsitzender** *m* | chairman of the committee; committee chairman.
—**ware** *f* | waste (shoddy) (rubbishy) goods; goods of inferior quality.

ausschütten *v* | **eine Dividende** ~ | to declare (to pay) a dividend | **Gewinn** ~ | to distribute a profit.
Ausschüttung *f* | ~ **einer Dividende**; **Dividenden~** | declaration of a dividend | **Gewinn~** | distribution of profits.
Außen..abteilung *f* | detached office.
—**beamter** *m* Ⓐ [Beamter im Außendienst] | inspector; field officer.
—**beamter** *m* Ⓑ [Kontrollbeamter] | control officer.
—**bezirk** *m* | suburb.
—**bezirke** *mpl* | outskirts.
—**dienst** *m* Ⓐ |Beamter im ~ | inspector.
—**dienst** *m* Ⓑ | foreign service.
Außenhandel *m* | foreign trade (commerce).
Außenhandels..abteilung *f*; —**amt** *n*; —**stelle** *f* | foreign trade department (office) (agency).
—**bank** *f* | foreign trade bank.
—**bilanz** *f* | foreign trade balance; balance of payments | **aktive** ~ | active trade balance | **passive** ~ | adverse trade balance.
—**defizit** *n* | foreign trade deficit.
—**finanzierung** *f* | foreign trade financing.
—**förderung** *f* | foreign trade promotion.
—**kontrolle** *f* | control of foreign trade.
—**monopol** *n* | foreign trade monopoly.
—**politik** *f* | foreign trade policy.
—**statistik** *f* | foreign trade statistics *pl*.
—**überschuß** *m* | foreign trade surplus.
Außenminister *m* | Minister of Foreign Affairs; Secretary of State [USA]; Foreign Secretary [GB].
—**konferenz** *f* | Foreign Ministers' Conference.
—**rat** *m* | Council of Foreign Ministers.
Außenministerium *f* | Ministry of Foreign Affairs; State Department [USA]; Foreign Office [GB].
Außenpolitik *f* | foreign policy (politics) | **Neuorientierung der** ~ | reorientation of foreign policy.
außenpolitisch *adj* | in foreign affairs (relations) | ~**er Ausschuß** | foreign affairs committee | ~**er Druck** | foreign pressure | ~**er Kurswechsel** | reorientation of foreign policy | ~**e Lage** | foreign situation | ~**e Verpflichtungen** | foreign engagements (commitments).
Außenseiter *m* | outsider.
Außenstände *mpl* | outstanding debts (accounts); accounts receivable; active debts | **Abtretung der** ~ | assignment of debts | **Beitreibung (Einziehung) der** ~ | collection of debts (of accounts) | **schlechte** ~; **uneinbringliche** ~; **nicht einziehbare** ~ | bad (irrecoverable) debts; bad accounts receivable | **zweifelhafte** ~ | dubious (doubtful) debts; doubtful receivables | **die** ~ **abtreten** | to assign the outstanding debts | ~ **eintreiben**; ~ **einziehen** | to make collections.
Außenstelle *f* | branch office; branch; agency.
Außerbetriebsetzung *f* | putting out of operation.
außerbörslich *adj* | ~**er Kurs** | rate in the outside market.
außerdienstlich *adj* | outside one's official functions; off-duty.
Außerdienststellung *f* | suspension.
außerehelich *adj* | extra-marital; illegitimate | ~**e Beziehungen** | extra-marital relations | ~**e Geburt** | illegitimate birth; illegitimacy | ~**es Kind** | illegitimate child | ~**er Verkehr** | illegitimate intercourse.
außerehelich *adv* | ~ **geboren** | born out of wedlock; of illegitimate birth.
außeretatmäßig *adj* Ⓐ | extra-budgetary.
außeretatmäßig *adj* Ⓑ [überzählig] | supernumerary.
außergerichtlich *adj* Ⓐ [außerhalb des Gerichtsver-

fahrens] | extra-judicial | ~e **Kosten** | extra-judicial costs | ~e **Verhandlungen** | extra-judicial (private) negotiations.

außergerichtlich *adj* Ⓑ [gütlich] | amicable; friendly | ~e **Beilegung;** ~e **Erledigung;** ~er **Vergleich** | settlement out of court; amicable (friendly) arrangement (settlement).

außergerichtlich *adv* Ⓐ | extra-judicially.

außergerichtlich *adv* Ⓑ [in Güte] | in a friendly way (manner); amicably | **sich** ~ **einigen** | to come to a settlement out of court; to come to a friendly arrangement (understanding); to settle amicably (privately).

außergeschäftlich *adj* | private.

außergewöhnlich *adj* | extraordinary; exceptional.

Außerkraftsetzung *f* | abrogation | ~ **eines Gesetzes** | repeal of a law.

Außerkurssetzung *f* Ⓐ | withdrawal from circulation.

Außerkurssetzung *f* Ⓑ [von Zahlungsmitteln] | demonetization; withdrawal of money from circulation.

äußern *v* | **eine (seine) Meinung über etw. (zu etw.)** ~; **sich zu etw.** ~ | to pronounce (to express) (to declare) an (one's) opinion on sth.; to comment on sth. | **sich zu jds. Gunsten** ~ | to pronounce for (in favo(u)r of) sb. | **ohne sich zu** ~ | without making any comment | **sich über etw. abfällig** ~ | to comment unfavo(u)rably (adversely) upon sth. | **sich über etw. (zu etw.) gutachtlich** ~ | to give one's opinion on sth. | **sich zu etw. kritisch** ~ | to criticize sth.

außerordentlich *adj* | extraordinary | ~e **Generalversammlung** | extraordinary general meeting | ~er **Gesandter** | ambassador (envoy) extraordinary | ~e **Reserve;** ~e **Rücklage;** ~e **Rückstellung** | extraordinary (special) reserve.

außerordentlich *adv* | extraordinarily | ~ **hoch** | exorbitant; exaggerated; excessive.

außerplanmäßig *adj* Ⓐ [außer Programm] | outside the program.

außerplanmäßig *adj* Ⓑ [außer Etat] | extra-budgetary.

außerplanmäßig *adj* Ⓒ [überzählig] | supernumerary.

äußerst *adj* | **im** ~en **Falle** | in the extreme case (emergency) | **in** ~er **Gefahr** | in extreme danger (peril) | **die** ~e **Grenze** | the extreme degree | **die** ~e **Linke** | the extreme left | **in** ~er **Not** | in the extremity | **in die** ~e **Not gebracht sein** | to be reduced to extremities | **der** ~e **Preis** | the bottom (the very lowest) price | **von** ~er **Wichtigkeit** | of the utmost importance.

außerstande *adj* | ~ **sein** | to be unable.

Äußerste *n* | **das** ~ | the extreme | **die Dinge bis zum** ~n **treiben** | to carry matters to extremes | **aufs** ~ **gefährdet** | in extreme danger (peril) | **bis aufs** ~ | in the extreme.

Äußerung *f* Ⓐ | expression | **Meinungs**~ | expression of one's opinion | ~ **der Mißbilligung;** ~ **des Mißfallens** | censure | **Willens**~ | expression (declaration) of one's will (of one's intention).

Äußerung *f* Ⓑ | remark; comment | **Rück**~ | reply; answer | **abfällige** ~en | adverse comment; unfavo(u)rable remarks (observations) | **über etw. abfällige** ~en **machen** | to comment unfavo(u)rably (adversely) upon sth. | **amtliche** ~ | official statement | **amtliche** ~en | official comment | **beleidigende** ~en | defamatory statement; libel | **beleidigende** ~en | insulting remarks; insults | **gutachtliche** ~ | expert opinion | **nichtamtliche** ~en | unofficial comment | **sich jeder (jeglicher)** ~ **enthalten** | to make no comment.

außervertraglich *adj* | extra-contractual | ~e **Haftung** | liability for tort.

Aussetzen *n* | suspension.

aussetzen *v* Ⓐ [unterbrechen] | to interrupt; to suspend | **den Strafvollzug** ~; **die Strafvollstreckung** ~ | to suspend a sentence | **die Urteilsverkündung** ~ | to reserve judgment | **das Verfahren** ~ | to stay the proceedings | **die Verhandlung** ~ | to suspend the hearing (the trial) | **die Vollstreckung eines Urteils** ~ | to suspend (to stay) a judgment (the execution of a judgment) | **die Vollziehung eines Beschlusses** ~ | to stay an order | **die Zahlungen** ~ | to suspend payments | **die Zwangsvollstreckung** ~ | to stay execution.

aussetzen *v* Ⓑ [fixieren] | to fix | **eine Belohnung für etw.** ~ | to offer a reward for sth. | **jdm. eine Leibrente** ~ | to settle a life annuity on sb. | **jdm. eine Pension (eine Rente)** ~ | to settle a pension (an annuity) on sb. | **eine Summe** ~ | to fix (to appoint) a sum | **jdm. ein Vermächtnis (ein Legat)** ~ | to make a bequest to sb.; to bequeath sth. (a legacy) to sb.

aussetzen *v* Ⓒ | to expose | **sich einer Gefahr** ~ | to expose os. to a danger | **sich einer Haftung** ~ | to incur (to expose os. to) a liability (a responsibility) | **sich der Kritik** ~ ①| to lay os. open to criticism | **sich der Kritik** ~ ②; **sich dem Tadel** ~ | to incur censure | **sich einem Risiko** ~ | to expose os. to a risk | **sich Vorwürfen** ~ | to lay os. open to reproaches.

aussetzen *v* Ⓓ | **ein Kind** ~ | to expose a child.

Aussetzung *f* Ⓐ | suspension; interruption | ~ **des Verfahrens** | stay of proceedings | **Antrag auf** ~ **des Verfahrens** | motion to stay proceedings | ~ **der Verhandlung** | suspension of the hearing (of the trial) | ~ **der Zwangsvollstreckung** | stay of execution.

Aussetzung *f* Ⓑ | ~ **einer Belohnung** | offering of a reward | ~ **einer Pension;** ~ **einer Rente** | settlement of a pension (of an annuity) | ~ **eines Vermächtnisses** | bequeathal; bequeathment.

Aussetzung *f* Ⓒ | ~ **eines Kindes; Kinds**~ | exposure of a child.

Aussetzungsantrag *m* | motion to stay proceedings.

Aussicht *f* | **etw. in** ~ **haben** | to have an expectation of sth.; to have sth. in prospect | **etw. in** ~ **nehmen** | to envisage (to contemplate) sth. | **jdm. etw. in** ~ **stellen** | to hold out a prospect of sth. to sb.

aussichtslos *adj* | offering no prospects.

aussichtsreich *adj* | offering good prospects; promising.

aussiedeln *v* | **die Bevölkerung** ~ | to evacuate the population.

Aussiedler *m* | evacuee.

Aussiedlung *f* | evacuation.

aussöhnen *v* | **die Parteien miteinander** ~ | to reconcile the parties | **zwei Personen miteinander** ~ | to bring two persons together again | **sich mit jdm.** ~ | to atone with sb.

Aussöhnung *f* | reconciliation; reconcilement | ~ **der Ehegatten** | reconciliation between husband and wife | **Versuch der** ~ | attempt at conciliation | **eine** ~ **zwischen zwei Personen herbeiführen** | to bring about a reconciliation between two persons; to reconcile two persons.

aussondern *v* | to separate.

Aussonderung *f* | [zwecks abgesonderter Befriedigung] | separation | **Anspruch (Recht) auf** ~ | right to a separate settlement.

Aussonderungsrecht *n* | right to a preferential settlement.

Ausspannen *n* | ∼ **von Kunden** | enticing away customers.

ausspannen *v* | **Kunden** ∼ | to entice away customers.

aussperren *v* | **Arbeiter** ∼ | to lock out workmen.

Aussperrung *f* [Arbeiter∼] | lockout; lock-out.

Ausspielung *f* | lottery.

Aussprache *f* | discussion; debate.

aussprechen *v* Ⓐ | **sich für etw.** ∼ | to speak (to declare os.) for sth. | **sich gegen etw.** ∼ | to declare against sth.; to oppose (to object to) sth. | **sich über etw.** ∼ | to express os. about sth.

aussprechen *v* Ⓑ [fällen] | **ein Urteil** ∼ | to pass (to pronounce) (to deliver) judgment; to pass a sentence.

Ausstand *m* Ⓐ | strike | **in den** ∼ **treten** | to go on strike; to strike.

Ausstand *m* Ⓑ [S] [Selbstablehnung eines Richters] | abstention of a judge | **in den** ∼ **treten** | to abstain.

Ausstand *m* Ⓒ [S] [geschuldeter Betrag] | amount (sum) due (owing).

ausständig *adj* | striking; on strike.

Ausständiger *m* | striker.

ausstatten *c* Ⓐ [einrichten] | to equip; to fit out | **eine Fabrik** ∼ | to equip a factory | **ein Haus** ∼ | to equip (to furnish) a house.

ausstatten *v* Ⓑ [dotieren] | to endow | **eine Tochter** ∼ | to furnish a dowry to a daughter.

ausstatten *v* Ⓒ [versehen] | **jdn. mit Vollmacht** ∼ | to give sb. authority (authorization) (power) (power of attorney); to vest sb. with authority.

Ausstattung *f* Ⓐ [Einrichtung] | equipment; outfit | ∼ **einer Fabrik** | equipment (installation) of a factory | ∼ **eines Hauses** | equipment (furnishing) of a house.

Ausstattung *f* Ⓑ [Herrichten] | ∼ **von Waren; Waren**∼ | make-up (dressing) of goods.

Ausstattung *f* Ⓒ [Dotierung] | endowment | **Braut**∼ | bridal outfit; bride's trousseau.

Ausstattung *f* Ⓓ | ∼ **einer Anleihe** | terms of a loan | ∼ **mit Kapital; Kapital**∼ | capitalization | **Zins**∼ | rate of interest | **günstige** ∼; **verlockende** ∼ | attractive (interesting) terms.

Ausstattungs..gegenstand *m* | piece of equipment.

—kosten *pl* | cost of installation (of equipment).

ausstehen *v* | to be outstanding.

ausstehend *adj* | ∼**e Forderungen** | outstanding debts | ∼**e Gelder** | outstanding money; accounts receivable.

ausstellen *v* Ⓐ | to make out; to issue | **ein Attest** ∼; **eine Bescheinigung** ∼ | to issue (to grant) a certificate | **etw. in blanko** ∼ | to draw sth. (to make sth. out) in blank | **etw. auf den Inhaber** ∼ | to make out (to issue sth.) to bearer | **einen Kreditbrief** ∼ | to issue a letter of credit | **jdm. einen Paß (einen Reisepaß)** ∼ | to issue a passport to sb. | **eine Quittung** ∼ | to make out (to give) a receipt | **eine Rechnung** ∼ | to make out an invoice | **Reitwechsel** *mpl* **(einen Reitwechsel)** ∼ | to fly a kite (kites); to kite; to draw and conterdraw | **einen Scheck** ∼ | to draw (to make out) (to write out) a cheque | **einen Scheck ohne Deckung** ∼; **einen ungedeckten Scheck** ∼ | to make out an uncovered cheque (a cheque which represents no deposit) | **Schuldverschreibungen** ∼ | to issue bonds | **einen Wechsel** ∼ | to draw (to make out) a bill of exchange | **einen Wechsel auf jdn.** ∼ | to draw a bill (to make out a draft) on sb. | **einen Wechsel an jds. Order** ∼ | to make a bill payable to sb. (to sb.'s order) | **einen ungedeckten Wechsel** ∼ | to draw a bill without cover | **ein Zeugnis** ∼ | to issue (to grant) a certificate.

ausstellen *v* Ⓑ [zur Schau stellen] | **etw.** ∼ | to exhibit (to display) (to show) sth.

ausstellen [S] Ⓒ | **jdn. in den bürgerlichen Ehrenrechten** ∼ | to deprive sb. of [his] civic rights; to sentence sb. to civic degradation.

Aussteller *m* Ⓐ [Unterzeichner] | drawer; signer | **Scheck**∼ | drawer of a cheque | ∼ **eines Wechsels; Wechsel**∼ | drawer of a bill of exchange.

Aussteller *m* Ⓑ [Messe∼] | exhibitor.

Ausstellung *f* Ⓐ | drawing; making out; issue | ∼ **einer Bescheinigung; ∼ eines Zeugnisses** | issue of a certificate | ∼ **einer Rechnung** | making out an account; invoicing | ∼ **eines Schecks** | drawing (making out) a cheque | ∼ **einer Urkunde** | drawing up (issue) of a document | ∼ **eines Wechsels** | drawing (issuing) of a bill of exchange.

Ausstellung *f* Ⓑ [Schau] | exhibition; exposition; show | **Automobil**∼ | motor show (exhibition) | **Gewerbe**∼; **Industrie**∼ | industrial exhibition | **Kunst**∼ | art exhibition (show) | **Wander**∼ | itinerant exhibition | **Welt**∼ | world exhibition | **landwirtschaftliche** ∼ | agricultural show | **eine** ∼ **besuchen** | to visit (to attend) a fair.

Ausstellung *f* [S] Ⓒ | ∼ **in den bürgerlichen Ehrenrechten** | deprivation of civic rights; civic degradation.

Ausstellungs..datum *n*; **—tag** *m* | date (day) of issue.

—gegenstand *m* | exhibit.

—jahr *n* | year of issue.

—ort *m* | place of issue; issuing place.

—raum *m* | showroom.

—schutz *m* | temporary protection [of inventions] at expositions.

Aussteuer *f* | outfit; bridal outfit.

aussteuern *v* | to endow; to give a dowry.

Aussteuerversicherung *f* | children's endowment insurance.

Ausstoß *m* | output | **Jahres**∼ | annual output.

ausstoßen *v* | to expel.

Ausstoßung *f* | expulsion.

ausstreichen *v* | to strike out; to cross out; to delete; to expunge; to cancel.

Ausstreichung *f* | striking out; crossing out; deletion; cancellation.

ausstreuen *v* | **Gerüchte** ∼ | to disseminate (to spread) rumours; to set rumours afloat.

Ausstreuung *f* | ∼ **von Gerüchten** | dissemination (spreading) of rumours.

Austausch *m* | exchange; interchange | **Gebiets**∼ | exchange of territories | **Gedanken**∼; **Meinungs**∼ | exchange of views | ∼ **von Gefangenen; Gefangenen**∼ | exchange of prisoners; cartelling | ∼ **von Geiseln** | exchange of hostages | ∼ **von Höflichkeiten** | exchange of courtesies (of civilities) | **durch Meinungs**∼ | by comparing notes | ∼ **von Informationen; ∼ von Nachrichten; Nachrichten**∼ | exchange (interchange) of information | ∼ **diplomatischer Noten; Noten**∼ | exchange of diplomatic notes | ∼ **der Ratifikationsurkunden** | exchange of ratifications | **Telegramm**∼ | exchange of telegrams | **Waren**∼ ① | exchange of goods; trade; trading | **Waren**∼ ② | bartering; barter; barter trade.

★ **im** ∼ **gegen (für)** ① | in exchange for; in return for | **im** ∼ **gegen (für)** ② | by way of barter (of exchange) | **etw. im** ∼ **gegen etw. erhalten** | to receive (to obtain) sth. in exchange (in return) for sth.; to exchange (to barter) sth. for sth.

austauschbar *adj* | exchangeable | **gegenseitig** ∼ | interchangeable.

Austauschbarkeit *f* | interchangeability; exchangeability.

austauschen *v* | mit jdm. Gedanken ~ | to exchange ideas with sb. | etw. für (gegen) etw. ~ | to exchange (to barter) sth. for sth.

Austausch..güter *npl* | merchandise.

—**professor** *m* | exchange professor.

—**student** *m* | exchange student.

—**verhältnis** *n* | barter terms.

austeilen *v* | to distribute; to portion out.

Austeilung *f* | distribution; sharing out.

austilgen *v* | to exterminate; to extirpate; to eradicate.

Austilgung *f* | extermination; extirpation; eradication.

Austrag *m* Ⓐ | einen Streit zum ~ bringen | to bring a case to its decision; to have a case decided | gütlicher ~ | friendly settlement.

Austrag *m* Ⓑ [Altenteil] | annuity charged on a farm (on an estate) upon transfer to a descendant.

austragen *v* Ⓐ einen Streit ~ | to settle a dispute.

austragen *v* Ⓑ | Zeitungen ~ | to deliver newspapers [on a delivery round].

Austräger *m* | delivery man; roundsman | Zeitungs~ | newspaper boy.

Austragung *f* | ~ eines Streits | settlement of a dispute.

austreten *v* | aus einem Geschäft ~; aus einer Firma ~ | to withdraw (to retire) from a firm | aus einer Gesellschaft ~ | to withdraw from a partnership.

Austritt *m* | ~ eines Mitglieds | withdrawal of a member | ~ eines Teilhabers | withdrawal of a partner.

Austrittserklärung *f* | resignation; notice of withdrawal.

ausüben *v* | to exercise; to carry on | ein Amt ~ | to exercise a function; to perform a duty | den Anwaltsberuf ~ | to practise law | eine Autorität ~ | to exercise authority | einen Beruf ~ | to exercise (to pursue) (to carry on) a profession | den ärztlichen Beruf ~ | to practise medicine | sein Bezugsrecht ~ | to exercise one's right to subscribe | einen Druck auf jdn. ~ | to exert pressure (to bring pressure to bear) on (upon) sb. | einen Einfluß auf jdn. ~ | to exercise (to exert) one's influence on sb. | ein Gewerbe ~ | to carry on a business (a trade); to pursue (to ply) a trade | die Herrschaft über ein Gebiet ~ | to exercise sovereignty over a territory | die Kontrolle ~ | to exercise control | Macht ~ | to wield power | eine Option ~ | to exercise an option | die Praxis ~ | to practise; to be in practise | ein Recht ~ | to exercise (to use) a right | sein Stimmrecht (Wahlrecht) ~ | to exercise one's right to vote | eine Tätigkeit ~ | to carry on (to perform) an activity | das Vorkaufsrecht ~ | to use one's right of preemption | ein Vorrecht ~ | to exercise a privilege | auf etw. eine Wirkung ~ | to have (to produce) an effect on sth. | einen Zwang auf jdn. ~ | to exert (to put) pressure on sb.; to bring pressure to bear on sb.

ausübend *adj* | ~e Gewalt | executive power.

Ausübung *f* | exercise; carrying out; practice | in ~ seines Amtes (seines Dienstes) (seiner Dienstpflichten | in the exercise (performance) (discharge) (course) of one's duties | ~ eines Berufes | exercise (practice) of a profession | ~ der Gerichtsbarkeit | administration of justice | ~ eines Gewerbes | carrying on a business (a trade) | ~ von Hoheitsrechten | exercise of sovereignty | Macht~; ~ der Macht | exercise (use) of power | ~ einer Option | exercise of an option | ~ eines Rechtes; Rechts~; ~ der Rechte | exercise of a right (of rights) | Religions~ | public worship | freie Religions~ | free exercise of religion | ~ des Stimmrechts (Wahlrechts) | exercise of the right to vote | bei ~ der Tat | in the act; in the

fact | ~ eines Vorrechts | exercise (use) of a privilege | durch (unter) ~ von Zwang | by exerting pressure.

Ausverkauf *m* | clearance (bargain) sale; sale | ~ wegen Geschäftsaufgabe | closing-down sale | Inventur~; Räumungs~ | clearance (stock-taking) sale | Reklame~ | bargain sale | Saison~ | seasonal clearance sale | Total~ | selling off (out).

ausverkaufen *v* | to sell off (out).

Ausverkaufs..preis *m* | sale (bargain) price.

—**waren** *fpl* | sale goods.

Auswahl *f* Ⓐ [Wahl] | selection; choice | ~ von Mustern | sampling | seine ~ treffen | to make one's choice (selection) | zur ~ | for selection.

Auswahl *f* Ⓑ [Zusammenstellung von Mustern] | making up of samples.

Auswahl *f* Ⓒ [Musterkollektion] | assortment | reiche (reichhaltige) ~ | rich (large) assortment.

auswählen *v* | etw. ~ | to select sth. | Muster stichprobenweise ~ | to select specimens at random.

Auswahl..muster *n* | reference sample.

—**sendung** *f* | goods sent on approval.

—**verfahren** *n* | selection procedure.

Auswanderer *m* | emigrant.

Auswandererschiff *n* | emigrant ship.

auswandern *v* | to emigrate.

Auswanderung *f* | emigration | Massen~ | mass emigration.

Auswanderungs..agent *m* | emigration agent.

—**amt** *n*; —**behörde** *f* | board of emigration.

—**beamter** *m* | emigration officer.

—**büro** *n*; —**agentur** *f* | emigration office (agency).

—**gebiet** *n* | settlement.

auswärtig *adj* | external; foreign | ~es Amt | Foreign Office [GB]; State Department [USA] | ~e Angelegenheiten | foreign (external) affairs | Ausschuß für ~e Angelegenheiten | foreign affairs committee | die ~en Beziehungen | foreign relations | ~er Handel | foreign trade | ~er Korrespondent | foreign correspondent | ~es Mitglied | associate (corresponding) member; associate | ~e Politik | foreign policy.

Auswärtiges *n* | foreign affairs | Minister des Auswärtigen | Minister of Foreign Affairs; Foreign Secretary [GB]; Secretary of State [USA] | Ministerium des Auswärtigen | Ministry of Foreign Affairs; Foreign Office [GB]; Department of State; State Department [USA].

auswechselbar *adj* | interchangeable.

auswechseln *v* | to exchange; to interchange.

Auswechslung *f* | exchange; replacement.

Ausweg *m* | way out | der einzige ~ | the only alternative.

ausweichen *v* | to evade; to elude | einer Frage ~ | to elude (to shirk) a question | dem Problem ~ | to sidestep the issue.

ausweichend *adj* | ~e Antwort | evasive answer.

ausweichend *adv* | ~ antworten | to give an evasive answer (reply).

Ausweichklausel *f* | escape clause.

Ausweis *m* Ⓐ | certificate; permit; proof; evidence | Bezugs~ | coupon | Grenz~ | frontier pass | ~ über die Person; Personal~ | certificate (card) of identity (of identification); identity card | Polizei~; polizeilicher ~ | police pass | nach ~ der Rechnung | as per account.

Ausweis *m* Ⓑ | return | Bank~ | bank return (statement) | Zwischen~ | interim return.

ausweisen *v* Ⓐ [legitimieren] | sich ~ | to establish (to prove) one's identity.

ausweisen *v* Ⓑ [berichten] | to report | **einen Verlust** ~ | to show a loss.

ausweisen *v* Ⓒ [des Landes verweisen] | **einen Ausländer** ~ | to expel an alien.

Ausweis..karte *f* | certificate (card) of identity (of identification); identity card.

—papiere *npl* | identity papers.

—stichtag *m* | return date.

Ausweisung *f* Ⓐ [Landesverweisung] | expulsion.

Ausweisung *f* Ⓑ [Aufenthaltsverbot] | expulsion order; order to quit.

Ausweisung *f* Ⓒ [~ aus dem Besitz] | eviction; dispossession.

Ausweisung *f* Ⓓ [Verbannung] | banishment.

Ausweisungs..befehl *m* | expulsion (deportation) order.

—recht *n* | right to expel.

—verfahren *n* | expulsion proceedings.

ausweiten *v* | to extend; to enlarge.

Ausweitung *f* | extension; extending; enlarging | **übermäßige** ~ | overexpansion.

Ausweitungsplan *m* | expansion plan.

auswerfen *v* Ⓐ [am Rand vermerken] | **einen Posten** ~ | to write an item on the margin.

auswerfen *v* Ⓑ [zuteilen] | **einen Betrag** ~ | to allocate a sum.

auswerten *v* Ⓐ [nutzbringend verwenden] | to utilize; to turn [sth.] to profitable use | **die Ergebnisse** ~ | to evaluate the results.

auswerten *v* Ⓑ [ausnutzen] | to exploit.

Auswertung *f* | ~ **eines Patents** | exploitation (utilization) of a patent | **etw. kommerziell** ~ | to commercialize sth.

auswirken *v* | **sich auf etw.** ~ | to have consequential effects on sth.; to affect sth. | **sich voll** ~ | to show its full effect.

Auswirkungen *fpl* | consequential effects; reactions.

Auswurf *m* Ⓐ [Not~ auf See] | jettison.

Auswurf *m* Ⓑ [das Ausgeworfene] | the outcast | **der** ~ **des Meeres** | the outcast of the sea; jetsam | **der** ~ **der Gesellschaft** | the social outcasts | **der** ~ **der Menschheit** | the scums of human society.

auszahlen *v* Ⓐ | to pay out | **einen Angestellten** ~ | to pay off an employee | **die Arbeiter** ~ | to pay off the workmen | **jdm. einen Betrag** ~ | to pay sb. an amount; to pay out an amount to sb. | **einen Betrag bar** ~ **(in bar** ~**)** | to pay an amount in cash | **einen Betrag voll** ~ | to pay the full amount (an amount in full) | **eine Dividende** ~ | to pay a dividend | **die Löhne** ~ | to pay out the wages | **die Mannschaft** ~ | to pay off the crew | **eine Rente** ~ | to pay an annuity.

auszahlen *v* Ⓑ [befriedigen] | **jdn.** ~; **jdm. seinen Anteil** ~ | to pay sb. out (his share) | **einen Gläubiger** ~ | to pay off a creditor | **einen Teilhaber** ~ | to buy out a partner.

auszählen *v* | **die Stimmen** ~ | to count the votes.

Auszählung *f* | ~ **der Stimmen; Stimmen**~ | counting of the votes | **die** ~ **der Stimmen beaufsichtigen** | to superintend the counting of the votes.

Auszahler *m* Ⓐ [Zahler] | payer.

Auszahler *m* Ⓑ [am Schalter] | paying cashier; teller.

Auszahlung *f* Ⓐ | payment | ~ **der Arbeiter** | paying off of the workers | **einen Betrag zur** ~ **anweisen** | to order the payment of a sum; to order a sum paid | ~ **der Gehälter; Gehalts**~ | payment of the salaries | ~ **in voller Höhe; Voll**~ | payment of the full amount; full payment | ~ **der Löhne; Lohn**~ | payment of wages | **telegraphische** ~ | payment by telegraphic transfer | **zur** ~ **gelangen (kommen)** | to be paid out.

Auszahlung *f* Ⓑ [Befriedigung] | ~ **eines Gläubigers** | paying off of a creditor | ~ **eines Teilhabers** | buying out of a partner.

Auszahlungs..abschnitt *m*; **—beleg** *m*; **—bescheinigung** *f* | pay voucher.

—anordnung *f*; **—anweisung** *f* | order to pay.

—betrag *m* Ⓐ | amount payable.

—betrag *m* Ⓑ | amount paid.

—datum *n* | date (day) of payment.

—kassier *m* | paying cashier.

—schalter *m* | pay window (desk).

—schein *m* | pay slip.

—stelle *f* | paying office.

—termin *m* Ⓐ | time (term) of payment; pay date.

—termin *m* Ⓑ | date (day) of payment.

—verbot *n* | stop order.

auszeichnen *v* [mit Preisen versehen] | to indicate the price | **Waren** ~ | to price (to mark) (to label) goods | **Waren neu** ~ | to reprice goods.

Auszeichnung *f* Ⓐ [Ehrung] | hono(u)rable distinction | **ein Examen mit** ~ **bestehen** | to pass with hono(u)rs | **höchste** ~**en** | highest awards.

Auszeichnung *f* Ⓑ [Bezeichnung] | ~ **von Waren** | marking (labelling) of goods.

Auszeichnung *f* Ⓒ [Auszeichnungszettel; Preis~] | price label (tag).

Ausziehen *n* | moving out.

ausziehen *v* Ⓐ | **aus einem Hause** ~ | to remove the furniture from a house; to evacuate a house | **aus einer Wohnung** ~ | to move out of an appartment; to move house.

ausziehen *v* Ⓑ [einen Auszug machen] | **ein Konto** ~ | to make an extract of an account.

Auszug *m* Ⓐ | extract; excerpt; abstract | **Buch**~ ① | extract from a book | **Buch**~ ② | abstract of an account | ~ **aus dem Geburtsregister** | birth certificate | **Grundbuch**~ | extract from the land register; abstract of title | **Handelsregister**~ ① | extract from the trade register | **Handelsregister**~ ② | certificate of registration | ~ **aus dem Heiratsregister** | marriage certificate | **Kataster**~ | extract from the cadastral register | **Konto**~; **Rechnungs**~ | statement of account | **Register**~; **Rollen**~ | extract from the (from a) register | ~ **aus dem Sterberegister** | death certificate | **Strafregister**~ | extract from [sb.'s] police record | ~ **aus dem Taufregister** | baptismal certificate.

★ **einen** ~ **erteilen** | to grant (to deliver) an extract | **einen** ~ **machen** | to make (to prepare) an extract.

Auszug *m* Ⓑ [Zusammenfassung] | summary; abridgment.

Auszug *m* Ⓒ [Aufstellung] | status | **Buch**~ | statement of account.

Auszug *m* Ⓓ [Auszugsrecht] | annuity charged on a farm (on an estate) upon transfer to a descendant.

Auszug *m* Ⓔ [aus einer Wohnung] | removal.

Auszugsvertrag *m* | deed whereby an annuity is settled on an estate upon its transfer to a descendant.

auszugsweise *adv* | in an abridged (abbreviated) form.

autark *adj* | self-sufficient.

Autarkie *f* | economic (national) self-sufficiency.

authentifizieren *v* Ⓐ | to authenticate; to legalize; to certify.

authentifizieren *v* Ⓑ | to establish the authenticity; to verify.

authentifiziert *adj* | authentic; authenticated; verified; of established authenticity.

Authentifizierung *f* Ⓐ [Beglaubigung] | authentication; legalization.

Authentifizierung *f* ⑧ [Feststellung der Echtheit] | proof of authenticity.

authentisch *adj* | authentic; authenticated; genuine | **aus ∼er Quelle** | from a reliable source | **der ∼e Text (Wortlaut)** | the authentic text.

Auto..ausstellung *f* | motor show (exhibition).

—bahn *f* | motorway; express way; superhighway.

—bandit *m* | car (motor) bandit.

Autobiograph *m* | autobiographer.

Autobiographie *f* | autobiography.

autobiographisch *adj* | autobiographic(al) | **∼e Aufzeichnungen** | autobiographical notes.

Autobus..hof *m*; **—station** *f* | bus terminal.

Autodidakt *m* | autodidact.

autodidaktisch *adj* | self-taught.

Auto..fähre *f* | car ferry.

—falle *f* | police (speed) trap.

Autogramm *n* ⓐ [handgeschriebenes Original] | autograph; original.

Autogramm *n* ⑧ [eigenhändig geschriebener Brief] | autograph (autographic) letter.

Autogramm *n* ⓒ [eigenhändige Unterschrift] | autograph signature.

—sammlung *f* | autography.

Autographie *f* [Vervielfältigungsverfahren] | autography.

Auto..haftpflicht *f* | motorcar third-party liability.

— —versicherung *f* | motor vehicle third-party liability insurance.

Auto..händler *m* | auto (motorcar) dealer.

—industrie *f* | automobile industry.

Autokrat *m* | autocrat.

Autokratie *f* | autocracy.

autokratisch *adj* | autocratic(al).

Automat *m* ⓐ [Verkaufsautomat] | selling (automatic selling) machine.

Automat *m* ⑧ [Automatenrestaurant] | self-service restaurant; automat.

automatisch *adj* | automatic; self-acting | **∼es Vorrücken** | automatic promotion.

automatisch *adv* | **∼ vorrücken** | to be automatically promoted.

automatisieren *v* | to make automatic.

Automatismus *m* | automatic working.

Auto..miete *f*; **—mietgebühr** *f* | car rental.

Automobil..klub *m* | automobile (motoring) club.

—versicherung *f* | motorcar insurance.

autonom *adj* | autonomous; independent.

Autonomie *f* ⓐ [Selbständigkeit] | autonomy; independence.

Autonomie *f* ⑧ [Verwaltungs∼] | administrative autonomy; autonomous system; self-administration; self-government.

Autonummer *f* | motorcar (license) number.

Autor *m* | author; writer | **Bühnen∼** | playwright | **Eigenschaft als ∼** | authorial capacity | **Film∼** | film author; scenario writer | **Mit∼** | co-author; part author | **an die Person des ∼s geknüpft sein** | to be vested in the person of the author | **fest bezahlter ∼** | staff writer.

Autoren..eigenschaft *f* | authorial capacity.

—honorar *n* | royalty; author's fee.

—vereinigung *f* | association of authors.

Autorin *f* | authoress; woman author | **Mit∼** | co-authoress; part authoress.

Autorisation *f* | authorization; permission.

autorisieren *v* | to authorize.

autorisiert *adj* | **nicht ∼er Abdruck; nicht ∼e Wiedergabe** | unauthorized (counterfeit) reprint (reproduction).

autoritär *adj* | authoritarian | **∼e Lenkung** | government control | **∼er Staat** | authoritarian state.

Autorität *f* | authority | **Staats∼** | authority of the state; state authority | **jds. ∼ festigen** | to strengthen sb.'s authority.

autoritativ *adj* | authoritative.

Auto..unfall *m* | automobile (motoring) (motor vehicle) accident.

—verkehr *m* | motor traffic.

—vermietung *f* | renting of motorcars; car renting.

Aval *m* ⓐ [Wechselbürge] | guarantor of a bill; surety for (upon) a bill; bill surety.

Aval *m* ⑧ [Wechselbürgschaft] | warranty for payment of a bill of exchange; guarantee for a bill.

avalieren *v* | to guarantee a bill of exchange; to sign a bill of exchange as surety.

avaliert *adj* | **∼er Wechsel** | guaranteed bill of exchange.

Aval..kredit *m* | credit given by way of guaranty.

—provision *f* | bill guarantee commission.

Avis *m* | advice; letter of advice | **laut ∼** | as per advice; as advised | **mangels ∼** | for lack (absence) of advice.

avisieren *v* | to advise; to notify; to give advice.

Avisierung *f* | giving notice (advice); notification.

B

Bade..ordnung *f* | bathing regulations.

—ort *m* | watering place; health resort; spa.

Bagatelle *f* ⓐ | trifle.

Bagatelle *f* ⑧; **Bagatell..betrag** *m* | paltry sum.

—gericht *n* | court of summary procedure (jurisdiction).

—gerichtsbarkeit *f*; **—justiz** *f* | summary jurisdiction.

—sache *f* | petty cause.

—schulden *fpl* | petty (paltry) debts.

bagatellisieren *v* | **etw. ∼** | to make light of sth.

Bahn *f* | railway [GB]; railroad [USA] | **Hoch∼** | elevated railway | **Industrie∼** | industrial railway | **Lokal∼**; **Sekundär∼** | local railway (line) | **Reise per ∼** | journey by rail; railway journey | **Schmalspur∼** | narrow-gauge railway | **Staats∼** | state railway | **Untergrund∼** | underground railway; subway | **Versand per ∼** | dispatch by railway.

★ **eingleisige ∼** | single-railed line | **doppelgleisige ∼; zweigleisige ∼** | double-railed line.

★ **per ∼ reisen** | to travel by rail (by train) | **etw. per ∼ schicken** | to send sth. by rail | **mit der ∼; per ∼** | by railway; by rail.

Bahnaktie *f* | railway share.

Bahnaktien *fpl* | railway shares (stock) (stocks); railroads; rails.

bahnamtlich *adj* | by the railway authorities | **∼es Rollfuhrgeschäft** | official cartage contractors (town carriers) | **∼er Rollfuhrunternehmer** | official cartage contractor; railway express agency.

Bahn..anschluß *m* | railway (rail) (train) connection.

—arbeiter *m* | railway worker.

—aufsicht *f* | survey of the railway.

—bau *m* ⓐ [Bau von Eisenbahnen] | construction of railways; railway construction.

Bahn..bau *m* ⑬ [Eisenbahn im Bau] | railway under construction.
—**beamter** *m* | railway official (clerk).
—**beförderung** *f* | transportation (forwarding) by railway (by rail); railway (rail) transport (carriage).
Bahnbrecher *m* | pioneer.
Bahn..betrieb *m* ⓐ; —**dienst** *m* | railway (rail) (train) service.
—**betrieb** *m* ⑬ [Unternehmen] | railway company (undertaking).
—**eigentum** *n*; —**einheit** *f* | railway (railroad) property.
—**fracht** *f* | railway (rail) carriage; carriage by rail.
— —**brief** *m* | bill of freight (of carriage); way bill.
bahnfrei *adj* | carriage paid.
Bahn..gebiet *n* ⓐ [Areal] | railway area.
—**gebiet** *n* ⑬ [Eigentum] | railway (railroad) property.
Bahnhof *m* | station; railway station | **Bestimmungs~** | station of destination | **Durchgangs~** | through station | **End~**; **Kopf~** | rail head; terminal | **Grenz~** | frontier station | **Güter~** | goods station; depot | **Hafen~** | marine (harbor) station | **Haupt~** | main station | **~ für Personenverkehr** | passenger station | **Rangier~**; **Verschiebe~** | shunting (sorting) station; marshalling yard | **Sack~** | terminal | **Zoll~** | customs station | **Zustell~** | station of delivery.
bahnhoflagernd *adj*; **bahnlagernd** *adj* | to be called for at the station.
Bahnhofs..vorstand *m*; —**vorsteher** *m* | stationmaster.
Bahn..knotenpunkt *m* | railway (rail) junction.
—**körper** *m* | permanent way.
—**linie** *f* | railway line | **Lokal~** | local railway (line).
—**netz** *n* | system of railways; railway (railroad) system.
—**polizei** *f* | railway police.
—**polizeibeamter** *m*; —**polizeibediensteter** *m* | railway policeman.
—**post** *f*; —**postdienst** *m* | railway mail-service.
—**postamt** *n* | railway post-office.
—**reise** *f* | railway journey.
—**station** *f* | railway station.
—**steigkarte** *f* | platform ticket.
—**tarif** *m* | railway tariff (rates); tariff of railway fares.
—**transport** *m* | transport (conveyance) (carriage) by rail (by railway); railway (rail) transport (carriage).
—**unterhaltung** *f* | railway maintenance.
—**unternehmen** *n* | railway company (undertaking).
—**verbindung** *f* | communication by rail; railway (rail) (train) connection.
—**verkehr** *m* | railway (rail) traffic | **Bahn- und Straßenverkehr** | rail and road.
—**versand** *m* | forwarding (transport) by rail; railway transport.
—**zeit** *f* | railway time.
Baisse *f* | fall of the prices; decline in prices | **auf eine ~ hinarbeiten** | to bear the market | **auf ~ spekulieren** | to speculate (to operate) for a fall of prices; to bear; to be (to go) a bear.
—**bewegung** *f* | downward movement.
—**engagement** *n* | bear position (account).
—**klausel** *f* | reduction clause.
—**spekulant** *m* | speculator on a fall of prices; bear seller.
—**spekulation** *f* | speculation (operation) for a fall of prices; bear transaction (operation).
—**tendenz** *f* | downward tendency; bearish tone on the market.
Bakengeld *n* | beaconage.
Balancierung *f* | balancing | **~ des Haushaltsplanes**; **~ des Staatshaushaltes** | balancing the budget (of the budget).

Ballast *m*; —**fracht** *f*; —**ladung** *f* | dead freight; deadweight charter.
Ballen *m* [Waren~] | bale.
ballenweise *adv* | in bales; by the bale.
Ballung *f* | concentration.
Ballungs..gebiet *n*; —**raum** *m*; —**zentrum** *n* | agglomeration area | densely-populated region.
Band *n* ⓐ | bond | **~ der Ehe**; **Ehe~**; **eheliches ~** | marriage (matrimonial) bond (tie) | **~e der Freundschaft**; **freundschaftliche ~e** | bonds of friendship.
Band *n* ⑬ [eines Werkes] | volume | **in drei Bänden** | in three volumes; three-volumed.
Bandarbeit *f* [Arbeit am laufenden Band] | work on the assembly line.
—**aufnahme** *f*; —**aufzeichnung** *f* | tape recording.
Bande *f* | gang; criminal organization | **Diebs~** | gang of the thieves | **Einbrecher~** | gang of housebreakers | **Fälscher~** | gang of forgers | **Gauner~**; **Schwindler~** | gang of swindlers (of sharpers); ring | **Räuber~**; **~ von Straßenräubern** | gang of highwaymen (of bandits) | **~ von Rauschgifthändlern** | dope (narcotics) ring | **Schmuggel~**; **Schmuggler~** | gang of smugglers | **Terroristen~** | gang of terrorists. | **Verbrecher~** | criminal organization; gang of criminals | **bewaffnete ~** | armed gang.
Banden..diebstahl *m* | gang robbery.
—**führer** *m* | ringleader.
—**krieg** *m* | gang warfare.
—**raub** *m* [Straßenraub] | gang (highway) robbery.
—**unwesen** *n* | gangsterism.
Banderole *f* [Stempelstreifen] | stamped revenue band; revenue stamp.
Banderolensteuer *f* | stamp tax (duty).
Bandit *m* | bandit; highwayman; gangster | **Auto~** | car (motor) bandit.
Banditenunwesen *n* | banditry.
Bank *f* ⓐ | bank; banking house (firm) | **Agrar~**; **Bauern~** | farmers' bank; country (county) bank | **Aktien~** | joint-stock bank | **Außenhandels~** | foreign trade bank | **Bodenkredit~**; **Grundkredit~** | mortgage (land) bank | **Commerz~**; **Handels~** | commercial (trade) bank | **Deposten~** | deposit bank; bank of deposit(s) | **Depositenkasse (Filiale) einer ~** | branch (branch office) of a bank; bank branch | **Diskont~** | discount bank.
○ **Effekten~**; **Effektengiro~** | securities bank | **Emissions~** | bank of issue; issuing bank | **Filial~** | branch bank | **Genossenschafts~** | co-operative (people's) bank | **Geschäftsstunden der ~** | banking hours | **Gewerbe~**; **Industrie~** | trade (commercial) (industrial) bank | **Giro~** | clearing bank | **Groß~** | big banking house | **Guthaben bei der ~** | deposit (cash) in bank; balance in (at the) bank | **Haupt~**; **Zentral~** | central bank; head (main) office of the bank.
○ **Hypotheken~** | mortgage (land) bank | **Kolonial~** | colonial bank | **Konsortial~** | member bank of a syndicate; consortium bank | **Konto bei der ~** | bank (banking) account | **Kredit~** | credit (loan) bank | **Land~**; **Landwirtschafts~** | land (farmers') bank | **Landes~** | provincial (country) (county) bank | **Mitglieds~** | member bank | **National~**; **Staats~** | National (State) (Government) Bank | **Noten~**; **Zettel~** | bank of issue; issuing bank | **Pfennig~**; **Spar~** | penny (savings) bank | **Privat~** | private bank | **Provinz(ial)~** | provincial (country) (county) bank | **Renten~** | annuity bank | **Versicherungs~** | insurance bank (company) | **Volks~** | people's (co-operative) bank | **Wechsel~** | bank of discount (of exchange); discount bank.

★ **die bezogene** ～ | the drawee bank; the bank drawn upon | **privilegierte** ～ | chartered bank.
★ **einen Betrag bei der** ～ **einzahlen (zur** ～ **bringen)** | to pay an amount into the bank; to bank an amount | **etw. bei einer** ～ **hinterlegen** | to deposit sth. at a bank | **durch eine** ～ **überweisen** | to remit through a bank.
Bank *f* ⓑ [Spiel～] | gaming house (club) | **die** ～ **sprengen** | to break the bank.
Bank *f* ⓒ | **Anklage**～ | dock | **die Richter**～ | the magistrates' Bench; the Bench of Justices | **Schöffen**～; **Geschworenen**～ | jury box | **die Zeugen**～ | the witnesses' bench.
Bank..abrechnungsbuch *n* | bank (pass) book.
—**abschluß** *m* | bank return (statement); statement (return) of the bank.
—**abteilung** *f* | banking department.
—**agent** *m* | bank agent (broker).
—**agentur** *f* Ⓐ | agency of a bank.
—**agentur** *f* ⓑ [Depositenkasse] | branch (branch office) of a bank.
—**agio** *n* | bank agio.
—**aktie** *f* | bank (banking) share (stock).
—**aktiengesellschaft** *f* | joint-stock bank.
—**aktionär** *m* | shareholder (stockholder) of the bank.
—**akzept** *n* | banker's acceptance | **erstklassiges** ～ | prime bank bill; fine bank acceptance.
—**angelegenheiten** *fpl* | banking affairs (matters); banking.
—**angestellter** *m* | bank clerk (employee) (official).
—**anstalt** | banking establishment.
—**anweisung** *f* | bank bill (draft); banker's draft
—**aufsichtsbehörde** *f* | banking supervisory authority.
—**auftrag** *m* | order to the bank; banker's order.
—**auskunft** *f* | information (credit report) from a bank.
—**ausschuß** *m* | bank (bankers') commission.
—**ausweis** *m*; —**bericht** *m* | bank return; statement (return) (balance sheet) of the bank.
—**aval** *m* | bank guarantee.
—**beamter** *m* | bank official (clerk).
—**beleg** *m* | bank voucher (receipt).
—**betrieb** *m* | banking business; banking.
—**bezirk** *m* | banking area.
—**bilanz** *f* | balance sheet of the bank; bank statement (report).
—**bote** *m* | bank messenger.
—**bruch** *m* | bankruptcy; failure.
—**buch** *n* | bank (pass) book.
—**buchhalter** *m* | bank accountant.
—**buchhaltung** *f* | bank accounting.
—**bürgschaft** *f* | bank guarantee.
—**büro** *n* | bank office.
—**courtage** *f* | banker's (banking) commission.
—**darlehen** *n* | banker's (bank) loan.
—**depositen** *pl* | bank deposits; bankers' balances.
—**depot** *n* Ⓐ | deposit in bank; bank deposit.
—**depot** *n* ⓑ [Konto] | bank (banking) account.
—**depotgesetz** *n* | law on bank deposits.
—**direktor** *m* | manager of a bank; bank manager.
—**diskont** *m* Ⓐ | bank (banker's) discount.
—**diskont** *m* ⓑ; —**diskontsatz** *m* | rate of discount; bank (official) rate | **Herabsetzung (Senkung) des** ～**s** | reduction (lowering) of the discount (of the bank rate).
—**einlage** *f* | deposit in bank; bank deposit.
—**einlagen** *fpl* | bankers' balances.
Banken..abrechnungsstelle *f* | bankers' clearing house.
—**apparat** *m* | banking system.
—**aufsicht** *f* | state supervision of the banks.
—**aufsichtsamt** *n* | bank control office.

Banken..ausschuß *m* | bank (bankers') commission (committee).
—**fusion** *f* | bank merger.
—**gruppe** *f*; —**konsortium** *n* | group (syndicate) of banks (of bankers); banking syndicate.
—**vereinigung** *f* | banking association.
—**verordnung** *f* | banking regulations.
Bankerott, bankerott VIDE: Bankrott, bankrott.
Bank..fach *n* | banking business (line).
—**fachmann** *m* | banking (financial) expert; banker.
bankfähig *adj* | bankable; negotiable | ～**es Papier**; ～**er Wechsel** | bankable paper | **nicht** ～ | unbankable.
Bank..fähigkeit *f* | bancability; negotiability.
—**feiertag** *m* | bank holiday.
—**filiale** *f* | branch (branch office) of a bank.
—**finanzierung** *f* | financing through a bank (through banks).
—**firma** *f* | banking firm (house); private bank.
—**forderungen** *fpl* | bank debts.
—**garantie** *f* | bank guarantee.
—**gebäude** *n* | bank building.
—**gebühren** *fpl* | bank charges.
—**geheimnis** *n* | bank secret.
—**geld** *n* | bank money.
—**geschäft** *n* Ⓐ | banking business; banking.
—**geschäft** *n* ⓑ | banking house (firm).
—**geschäfte** *npl* | banking transactions (operations) | ～ **betreiben (machen)** | to do banking business.
—**gesellschaft** *f* | banking company | ～ **auf Aktien** | joint-stock bank.
—**gesetz** *n* | banking law; bank act.
—**gesetzgebung** *f* | bank legislation.
—**gewerbe** *n* | **das** ～ | banking; the banks; the banking trade.
—**giro** *n* | bank transfer.
bankgiriert *adj* | endorsed by a bank.
Bank..guthaben *n* Ⓐ | cash (balance) in bank (at the bank); bank balance.
—**guthaben** *n* ⓑ [Konto] | account with the bank; bank (banking) account.
—**guthaben** *npl* | bankers' balances; bank deposits | **Barbestand (Kassenbestand) und** ～ | cash in hand and in bank (and on deposit).
—**haus** *n* | banking house (firm) (establishment).
—**herr** *n* | banker.
Bankier *m* | banker; financier.
Bankiergeschäft *n* | banking business (house) | ～**e betreiben** | to do banking business.
Bank..institut *n* | banking establishment (house) (firm).
—**kapital** *n* Ⓐ | bank (banking) capital.
—**kapital** *n* ⓑ | funds loaned from the (a) bank.
—**kassier(er)** *m* | cashier of a bank.
—**kommission** *f* | banker's (banking) (bank) commission.
Bankkonto *n* | bank (banking) account | **überzogenes** ～ | overdrawn account; bank overdraft | **ein** ～ **mit Beschlag belegen** | to garnish a bank account | **einen Betrag auf ein** ～ **einzahlen** | to pay an amount into a bank account | ～ **in laufender Rechnung** | current account with the bank | **ein** ～ **eröffnen** | to open an account with a bank (a bank account) | **ein** ～ **haben (unterhalten)** | to have (to keep) an account with the bank (a bank account) | **sein** ～ **überziehen** | to overdraw one's bank account; to make an overdraft.
Bankkontoinhaber *s* | holder (owner) of a banking account; bank depositor.
Bank..krach *m* | failure of a bank; bank crash.
—**kredit** *m* | bank (banking) (bankers') credit.

Bank..kreise *mpl* | banking circles.
—krise *f* | banking crisis.
—kunde *m* | bank customer (depositor).
bankmäßig *adj* Ⓐ | bankable | ~er Überweisungsverkehr | transfer from bank to bank.
bankmäßig *adj* Ⓑ | negotiable.
Bank..monopol *n* Ⓐ | banking monopoly.
—monopol *n* Ⓑ | note-issuing monopoly.
Banknote *f* | banknote; bank bill | im Umlauf befindliche ~n | banknotes in circulation | gefälschte ~ | forged banknote; false money | ~n ausgeben (in Umlauf setzen) | to issue bank notes | ~n fälschen | to falsify (to forge) (to counterfeit) banknotes.
Banknoten..ausgabe *f* | note issue; emission (issue) of banknotes.
—fälscher *m* | falsifier (forger) of banknotes.
—fälschung *f* | forging (forgery) (counterfeiting) of bank notes; bill forgery.
—presse *f* | note press.
—umlauf *m* | circulation of banknotes; note (money) (credit) circulation.
Bank..panik *f* | run on a bank.
—papier *n* | bank paper (bill).
—papiere *npl* | banking stock (shares).
—platz *m* | bank (banking) place.
—präsident *m* | bank governor.
—privileg *n* | bank charter (privilege).
—provision *f* | banker's (banking) (bank) commission; bank brokerage.
—quittung *f* | bank receipt.
—raub *m* | bank robbery.
—recht *n* | banking law.
—referenz *f* | banker's reference.
—reform *f* | bank reform.
—reserve *f*; —rücklage *f* | bank (banking) reserve.
—revisor *m* | bank auditor.
Bankrott *m* | bankruptcy; failure | betrügerischer ~ | fraudulent bankruptcy | einfacher ~ | failure | fahrlässiger ~; leichtsinniger ~ | wilful (reckless) bankruptcy | ~ machen | to become bankrupt (insolvent) (a bankrupt); to go bankrupt (into bankruptcy).
bankrott *adj* | bankrupt | jdn. für ~ erklären | to declare (to adjudge) sb. bankrupt | ~ werden | to become bankrupt (a bankrupt); to go bankrupt (into bankruptcy).
Bankrotterklärung *f* | declaration of (adjudication in) bankruptcy.
Bankrotteur *m* | bankrupt | betrügerischer ~ | fraudulent bankrupt.
bankrottieren *v* | to become insolvent (bankrupt) (a bankrupt).
Bank..sache *f* | banking affair (matter).
—saldo *n* | cash in bank; bank balance.
—satz *m* | bank rate (discount).
—schalter *m* | counter at the bank.
—scheck *m*; —check *m* [S] | bank (banker's) draft.
—schließfach *n* | safe-deposit box.
—schuld *f* | bank debt.
—schulden *fpl* | bank indebtedness.
—schuldverschreibung *f* | bond issued by a bank.
—sicherheit *f* | bank security (guarantee).
—spesen *pl* | bank charges.
—system *n* | banking system.
—transaktion *f* | banking transaction (operation).
—tratte *f* | bank (banker's) draft.
—tresor *m* | bank vault; safe.
—tresorfach *n* | safe-deposit box.
—überweisung *f* | transfer from a bank account; bank transfer.

banküblich *adj* | according to established banking practice.
Bank..unternehmen *n* | banking institution (house) (firm) (establishment).
—usancen *fpl* | banking customs.
—valuta *f* | bank money.
—verbindlichkeiten *fpl* | bank (banking) debts.
—verbindung *f* | mit jdm. in ~ stehen | to bank with sb. | unsere ~ | our bankers.
—verein *m*; —vereinigung *f* | bankers' (banking) association.
—verkehr *m* | banking business (transactions).
—vermögen *n* | bank assets.
—verschuldung *f* | indebtedness to the bank(s); bank indebtedness.
—vorschuß *m* | bank loan.
—wechsel *m* | bank bill (paper); banker's acceptance (draft) | erstklassiger ~ | fine (prime) bank bill.
—welt *f* | banking (financial) world (circles).
—werte *mpl* | banking stock (shares).
—wesen *n* | banking; banking system (matters) (affairs) (business); the banks.
Bank- und Finanzwesen | bank (banking) and finance.
—zinsen *mpl* Ⓐ | bank interest; interest on deposits.
—zinsen *mpl* Ⓑ | interest on bank loans.
—zinssatz *m* | bank rate.
—zusammenbruch *m* | bank failure (crash).
Bann *m* | banishment; proscription | jdn. in den ~ tun (in Acht und ~ erklären) | to outlaw (to proscribe) sb.; to place sb. under the ban.
Bann..meile *f* | suburbs *pl*; outskirts *pl*.
—recht *n* | prerogative; privilege.
—ware *f* | contraband goods; contraband.
bar *adj* | cash; in cash | ~ ohne Abzug | net cash | ~e Ausgabe | cash expenditure; expenditure of money | ~e Auslagen | cash disbursements; out-of-pocket expenses; actual outlays | Einnahme in ~ ① | receipt in cash | Einnahme in ~ ② | cash receipts | Entlohnung in ~ | remuneration in cash; cash remuneration | ~es Geld; ~e Münze | ready (hard) cash; cash (money) in hand | Hinterlegung in ~ | deposit of cash (of money); cash deposit | Kauf gegen ~ | cash purchase; purchase against (for) cash | Überweisung in ~ | remittance in cash; cash remittance | Vergütung in ~ | remuneration in cash; cash remuneration | Zahlung in ~ | cash payment; payment in cash.
★ ~ (in ~) bezahlen (zahlen) | to pay cash (in cash) (cash down) | ~ (gegen ~) kaufen | to buy for (against) cash | ~ (gegen ~) verkaufen | to sell for (against) cash | in ~ zahlbar; ~ zu zahlen | payable in cash | gegen ~ | for (against) cash; in (for) ready cash.
Bar..abdeckung *f* | cash to balance (in settlement).
—abfindung *f* Ⓐ | cash indemnity; compensation in cash.
—abfindung *f* Ⓑ —ablösung *f* | cash (financial) settlement; settlement in cash.
—abhebung *f* | cash withdrawal; drawing of cash.
—abschluß *m* | cash deal (transaction).
—anforderungen *fpl*; —bedarf *m* | cash requirements.
—angebot *n* | cash offer.
—anschaffung *f* | remittance (payment) in cash; cash payment (remittance).
—ausgabe *f* | cash expenditure; expenditure of money.
—ausgleich *m* | cash adjustment.
—ausgleichung *f* | cash to balance (in settlement).
—auslagen *fpl* | cash outlays (disbursements); out-of-pocket expenses; actual outlays.
—ausschüttung *f* | cash distribution.

Bar..bestand *m* | cash balance (on hand); balance (stock) in (of) cash | ~ **und Bankguthaben** | cash in hand and on deposit; cash in (on) hand and at (in) bank.
—**betrag** *m* | cash amount.
—**bezüge** *mpl* | remuneration in cash; cash remuneration.
—**darlehen** *n* | loan (advance) of money; advance in cash.
—**deckung** *f* | cash cover (security).
—**depot** *n* | cash deposit (investment).
— —**pflicht** *f* | compulsory cash deposit.
—**dividende** *f* | cash dividend.
—**eingänge** *mpl* | cash receipts (takings).
—**einkauf** *m* | cash purchase; purchase for (against) cash.
—**einlage** *f* Ⓐ [Depot] | cash deposit.
—**einlage** *f* Ⓑ [Anteil] | cash (capital) investment; capital invested.
—**einnahme** *f* Ⓐ | receipt in cash.
—**einnahme** *f* Ⓑ | cash receipts | ~**n und -ausgaben** | cash receipts and payments.
—**einschußpflicht** *f* | cash-margin requirement.
—**einzahlung** *f* | payment (remittance) in cash; cash deposit (payment) (remittance) | ~ **auf Konto** | cash on account.
—**entnahme** *f* | cash withdrawal (drawing); drawing of cash (in cash).
—**entschädigung** *f* Ⓐ | cash indemnity; compensation in cash; pecuniary compensation.
—**entschädigung** *f* Ⓑ | remuneration in cash; cash remuneration.
—**ertrag** *m* | net proceeds (results); proceeds in cash.
—**fonds** *m* | cash in hand.
—**forderung** *f* | money (cash) debt.
—**gebot** *n* | cash bid.
Bargeld *n* | cash; ready money (cash); hard cash | **Hinterlegung von** ~ | deposit of cash (of money); cash deposit | **knapp an** ~ **sein** | to be short of cash | **in** ~ | in cash; in ready cash.
bargeldlos *adj* | by transfer | ~**e Zahlung** | money transfer | ~**er Zahlungsverkehr** | payment(s) by money transfer.
bargeldlos *adv* | ~ **zahlen** | to pay by (by way of) transfer.
Bargeld..rückfluß *m* | reflux of banknotes and coin.
—**umlauf** *m* | circulation of banknotes and coin.
—**verkehr** *m* | cash operations (transactions).
Bar..geschäft *n* | cash business (transaction) (sale); business on cash terms; sale for cash.
—**guthaben** *n* | balance of (in) cash; cash balance | ~ **bei der Bank** | cash in bank (on account).
—**hinterlegung** *f* | cash deposit; deposit of cash (of money).
—**kapital** *n* | cash capital (funds).
—**kauf** *m* | cash purchase; purchase for (against) cash.
—**käufer** *m* | cash buyer.
—**kredit** *m* | cash (open) (blank) credit.
—**kunde** *m* | cash customer.
—**lohn** *m* | cash remuneration; remuneration in cash.
—**mittel** *npl* | cash capital (funds) | ~ **haben** | to have cash.
—**preis** *m* | cash price.
—**rabatt** *m* | cash discount.
— —**satz** *m* | discount rate for cash payment.
—**regulierung** *f* | cash settlement (adjustment).
Barren *m* | bar; ingot | ~ **von gesetzlicher Feinheit** | ingot of legal fineness | **Gold**~ | gold bar (ingot) | **Silber**~ | silver bar (ingot).
—**gold** *n* | gold in bars (in ingots); gold bullion; bar gold.

Barrensilber *n* | silver in bars (in ingots); silver bullion; bar silver.
Bar..saldo *m* | cash balance; cash in bank.
—**schaft** *f* | cash; ready money.
—**scheck** *m*; —**check** *m* [S] | open cheque (check).
—**sendung** *f*; —**überweisung** *f* | cash remittance; remittance in cash; consignment in specie.
—**sicherheit** *f* | cash security (cover).
—**überschuß** *m* | cash balance (surplus).
—**überweisung** *f* | cash remittance.
—**vergütung** *f* Ⓐ | remuneration in cash; cash remuneration (refund).
—**vergütung** *f* Ⓑ | cash bonus.
—**verkauf** *m* | cash (money) sale; sale for cash.
—**verkehr** *m* | trade on cash terms; cash transactions (bargains).
—**verlust** *m* | loss of money (of cash).
—**vermögen** *n* | cash capital (assets).
—**verteilung** *f* | cash distribution.
—**vorrat** *m* | cash in hand; stock of money; amount in cash; cash reserve.
—**vorschuß** *m* | cash (money) advance; advance in (of) cash.
—**wert** *m* | cash (realization) value; value in cash.
—**werte** *mpl* | cash (liquid) assets.
Barzahlung *f* | cash payment; payment in cash (in specie) | ~ **zum Ausgleich** | cash in settlement (to balance) | **Diskont bei** ~ | discount for cash; cash discount | ~ **unter Diskontabzug** | cash less discount | **Emission gegen** ~ | issue against cash (against cash payment) | ~ **gegen Papiere** | cash against documents | **Preis bei** ~ | cash price.
★ **gegen** ~ | against (for) cash; cash down | **nur gegen** ~ | terms strictly cash.
Barzahlungs..bedingungen *fpl* | cash terms.
—**diskont** *m*; —**rabatt** *m* | cash discount; discount for cash.
—**kauf** *m* | cash purchase.
—**system** *n* | cash system.
—**verkauf** *m* | cash sale.
Bar..zeichner *m* | cash subscriber.
—**zeichnung** *f* | cash subscription.
basieren *v* | ~ **auf** | to be based on.
Basis *f* | basis; base; foundation | **Gold**~ | gold basis | **Goldwert**~ | gold-value basis.
—**zeitraum** *m* | base period.
Bau *m* Ⓐ [Bauen] | building; construction; constructing | **Haus**~ | house-building | **Maschinen**~ | constructional engineering | **Schiff**~ | shipbuilding industry; shipbuilding | **Straßen**~; ~ **von Straßen** | road-building; road-making | **im** ~; **im** ~ **befindlich** | under (in course of) construction.
Bau *m* Ⓑ | **Berg**~ | mining industry; mining | **Raub**~ | predatory exploitation.
Bau *m* Ⓒ [Gebäude; Bauwerk] | building; edifice; structure.
Bau..abgabe *f* | building tax.
—**abschnitt** *m* | section [of a building project].
—**amt** *n* | department of construction.
—**anschlag** *m* | estimate of building costs.
—**arbeiten** *fpl* | building operations; constructive works.
—**art** *f* | way (type) of construction | **deutscher** ~ | of German design.
—**auftrag** *m* | building contract.
—**aufwand** *m* | building cost(s).
—**bedarf** *m* | building material (supplies).
—**behörde** *f* | board of works.
—**beschränkungen** *fpl* | building (zoning) restrictions.
—**bestimmungen** *fpl* | building regulations.

Bau..bewilligung *f* | building permit (concession).
—darlehen *n* | building (construction) (housing) loan.
bauen *v* | to build; to construct.
Bauentwurf *m* | building project.
Bauer *m* | farmer; peasant.
Bauerlaubnis *f* | building permit.
Bauern..bank *f* | farmers' (country) bank.
—bund *m* | peasants' league.
—fang *m*; **—fängerei** *f* | sharping; cheating; tricking.
—fänger *m* | sharper; cheat; crook.
—führer *m* | peasant leader.
—gut *n*; **—hof** *m* | farm; farmyard.
—haus *n* | farmhouse.
—partei *f* | peasant (farmers') party.
—schaft *f*; **—stand** *m* | the peasantry; the farmers.
—verband *m* | farmers' (peasants') association.
Baufach *n* | building line (trade).
baufähig *adj* | ∼es **Land**; ∼es **Terrain** | building land (estate).
baufällig *adj* | dilapidated; out of repair; in disrepair | ∼es **Haus** | dilapidated (ruinous) house | ∼ **werden** | to get out of repair; to fall into disrepair.
Baufälligkeit *f* | state of disrepair (of ruin); ruinous (dilapidated) condition (state).
Bau..finanzierung *f* | construction financing.
—firma *f* | firm of building constructors.
—flucht *f*; **—fluchtlinie** *f* | building alignment (line).
—fluchtplan *m* | alignment map.
—forderungen *fpl* | claims for building cost.
—freiheit *f* | freedom to build.
—führer *m* | foreman of works.
—gelände *n* | building area (estate).
—geld *n*; **—gelder** *npl* | building funds (capital).
—geldforderung *f* | claim for building costs.
—geldhypothek *f* | building (construction) mortgage.
—genehmigung *f* | building permit.
—genossenschaft *f* | building society.
—geschäft *n* Ⓐ [Unternehmen] | building contractors; firm of builders.
—geschäft *n* Ⓑ **—gewerbe** *n* | **das** ∼ | the building trade (industry) (industries).
—gesellschaft *f* | building society | **Schiff**∼ | shipbuilding company; shipbuilders.
—gesuch *n* | application for a building permit.
—gewerkschaft *f* | building trade union.
—grund *m*; **—grundstück** *n* | building site (land) (estate)
—herr *m* | owner [of a house in construction].
—ingenieur *m* | structural engineer.
—kapital *n* | building funds (capital).
—konjunktur *f* | activity in the building trade(s); building boom.
—kontrakt *m* | building contract.
—kosten *pl* | building expenses; cost of construction.
— —anschlag *m*; **— —voranschlag** *m* | building estimate.
— —index *m* | construction cost index.
— —zuschuß *m* | subsidy towards the building cost.
—kredit *m* | building credit (loan).
—land *n* | building land (site) (estate).
— —erschließung *f* | development of building lots.
—leiter *m* | director of works.
—leitung *f* | direction of works.
baulich *adj* | **in gutem** ∼**em Zustand** | in good repair | **in schlechtem** ∼**en Zustand** | in disrepair.
Baulichkeiten *fpl* | buildings *pl*.
Bau..linie *f* | building alignment (line).
—material *n*; **—materialien** *pl* | building materials.
—meister *m* | master builder.
—muster *n* | construction model.

Bau..normung *f* | standardization of building.
—ordnung *f* | building regulations.
—plan *m* | plan (design) of a building; building project.
—planung *f* | planning of buildings.
—platz *m* Ⓐ | building site (ground) (plot) (estate).
—platz *m* Ⓑ; **—stelle** *f* | building under construction.
—polizei *f* | state (city) inspectors of buildings.
baupolizeilich *adj* | ∼e **Genehmigung** | building permit.
Bau..polizeiordnung *f* | building regulations.
—programm *n* | construction (building) program | **Wohnungs**∼ | home construction (building) program.
baureif *adj* | ∼es **Gelände (Land)** | land (site) ready for building | **noch nicht** ∼ | undeveloped.
Bausch *m* | **in** ∼ **und Bogen** | in the lump; by the bulk.
—betrag *m*; **—summe** *f* | lump sum.
—gebühr *f* | lump sum fee.
Bau..schädenversicherung *f* | insurance against damage done by building operations.
—sparen *n* | saving for building purposes.
—sparkasse *f* | building and loan association.
—sparvertrag *m* | savings agreement for building purposes.
—stoffe *mpl* | building material(s).
—stoffbeschaffung *f* | supply of building materials.
—stofflager *n* | building yard.
—tätigkeit *f* | building activity.
Bauten *mpl* | buildings | **Industrie**∼ | industrial buildings | **öffentliche** ∼ | public buildings.
Bau..terrain *n* | building ground (land) (estate) (sites).
—träger *m* | owner of the building under construction.
—unternehmen *n* | firm of builders (of building contractors).
—unternehmer *m* | building contractor; builder.
—vertrag *m* | building contract.
—vorhaben | building project.
—vorschriften *fpl* | building regulations.
—weise *f* | way of building.
—werk *n* | building; edifice; structure.
—wesen *n* | **das** ∼ | the building line (trade).
—wert *m* | cost of construction; building cost(s).
—wirtschaft *f* | building trade (industry).
—zeit *f* | duration of construction.
—zinsen *mpl* | building interest.
—zuschuß *m* | building subsidy.
beabsichtigen *v* | **etw.** ∼ | to contemplate (to consider) sth.; to take sth. into consideration.
beabsichtigt *adj* | intentional; wilful; deliberate; with intent | **der** ∼**e Effekt**; **die** ∼**e Wirkung** | the intended effect | ∼**er Zweck** | intended purpose | **un**∼ | unintentional.
beachten *v* | **etw.** ∼ | to pay attention to sth.; to take sth. into account.
Beachtung *f* | attention; consideration | **unter** ∼ **von ...** | taking into account ...; taking into consideration ...
Beamten..abbau *m* | reduction of administrative staff.
—bank *f* | civil service bank.
—beleidigung *f* | libelling (insulting) an official.
—besoldung *f* | civil service pay.
—bestechung *f* | bribing an official.
—bund *m* | civil service association.
—eigenschaft *f* | civil service status.
—gehalt *n* | civil service pay; salary.
—gesetz *n* | civil service law.
—laufbahn *f* | civil service career.
—pension *f* | civil service pension.
—pensionsfonds *m* | civil service pension fund.
—personal *n* | civil service personnel.
—schaft *f* | **die** ∼ | the body of officials.

Beamten..stab *m* | staff of officials.
—**stand** *m* | der ~ | the officials; the civil servants.
—**tum** *n* | officialdom | das Berufs~ | the career service.
—**verein** *m* | civil service association.
—**verhältnis** *n* | civil service status | im ~ | in the capacity of an official | im ~ stehen | to have civil service status.
—**versicherung** *f* | civil service insurance.
—**versicherungskasse** *f* | civil service insurance fund.
Beamter *m* | official; officer | **Aufsichts~** | superintendent officer | **leitender Aufsichts~** | chief superintendent officer | **~ im Außendienst; Außen~** | inspector | **~ im auswärtigen Dienst** | foreign service officer | **Bahn~; Eisenbahn~** | railway official | **Bahnaufsichts~** | railway inspector | **Bank~** | bank official (clerk) | **Berufs~** | career official | **~ des diplomatischen Dienstes** | official in the diplomatic service | **~ im öffentlichen Dienst** | state (government) official; public officer; official | **Eich~** | gauger.
○ **Einwanderungs~** | immigration officer | **Finanz~** | revenue officer (agent) | **Forst~; Forstschutz~** | forester; keeper | **Fürsorge~** | relieving officer | **Gemeinde~; Kommunal~** | municipal official | **Gerichts~; Justiz~** | court official (officer) | **~ des Gesundheitsamtes; ~ der öffentlichen Gesundheitspflege; Gesundheits~; Sanitäts~** | medical (health) officer (inspector); officer (inspector) of health | **Grenz~** | frontier (border) official | **Kassen~** | cashier | **Kassenaufsichts~** | supervisory cashier | **Konsulats~** | consular officer.
○ **Kontroll~** | control officer | **~ der Kriminalpolizei; Kriminal~** | officer of the criminal investigation department | **~ der Küstenpolizei** | coast guard official | **~ der Paßkontrolle; Paßkontroll~** | passport control officer| **Polizei~** | police officer (constable); policeman | **Post~** | post-office official | **~ der Rechtspflege** | law enforcement officer | **Regierungs~; Staats~** | government (state) official; public officer; official | **Schätzungs~** | rating officer | **Schlichtungs~** | conciliation officer; conciliator | **Sicherheits~; ~ des Sicherheitsdienstes; ~ der Sicherheitspolizei** | police officer | **Standes~; Zivilstands~** | civil status officer; registrar of births, deaths and marriages.
○ **Steuer~** | revenue officer (agent); inspector of taxes | **Unter~** | subaltern officer | **Veranlagungs~** | rating officer | **Vermessungs~** | land surveyor | **Versicherungs~** | insurance officer | **Verwaltungs~; Zivil~; ~ der zivilen Verwaltung** | civil servant (officer) | **Vollstreckungs~; Vollzugs~** | enforcement officer | **Wohlfahrts~; ~ der Wohlfahrtspflege** | relieving officer | **Zoll~** | customs (customhouse) officer (official) | **~ des Zollfahndungsdienstes** | preventive officer.
★ **außerplanmäßiger ~** | supernumerary official | **hoher ~; ~ in hoher Stellung** | official in a high position; high (high-placed) official | **höherer ~; oberer ~; vorgesetzter ~** | superior officer | **kleiner ~** | petty official | **öffentlicher ~** | government (state) official; public officer | **richterlicher ~** | judical officer | **staatlicher ~** | state (government) official | **städtischer ~** | municipal official | **unterer ~** | subaltern officer | **einen Beamten absetzen** | to remove an official.
beamtet *adj* | **~ sein** ① | to hold an office | **~ sein** ② | to have civil service status | **in ~er Stellung** | in an official capacity; holding a permanent post.
Beamtin *f* | official | **Polizei~** | woman police officer | **Post~** | post-office employee.

beanspruchen *v* Ⓐ | etw. ~ | to claim sth.; to lay claim to sth.; to put in a claim for sth. | etw. von jdm. ~ | to demand sth. from sb. | die Priorität ~; den Vorrang ~ | to claim priority (priority of rank) | einen Rang ~ | to claim a rank | ein Recht ~ | to claim (to claim to have) a right | Schadenersatz ~ | to claim damages; to put in a claim for damages | ein Vorrecht ~ | to claim (to claim to be entitled to) a privilege.
beanspruchen *v* Ⓑ [unbegründet behaupten] | etw. ~ | to pretend to sth.
Beanspruchende *m* | der ~ | the claimant.
Beanspruchung *f* Ⓐ [Inanspruchnahme] | ~ der Priorität; ~ des Vorrangs | claiming priority (of priority) | ~ des Ranges; Rang~ | claiming of the rank | ~ eines Rechts | claiming a right (of a right).
Beanspruchung *f* Ⓑ [Heranziehung] | Arbeits~ | occupation with work; load (charge) of work | Über~ | overexertion | steuerliche ~ | taxation.
beanstanden *v* | etw. ~ | to object (to take exception) to sth.
Beanstandung *f* | objection; protest | berechtigte ~en | justified protest(s) | ~en machen (erheben) | to make (to raise) objections; to protest | zu ~en Anlaß geben | to cause (to give cause for) objections.
beantragen *v* | to demand; to request; to move | eine Abänderung ~ | to move an amendment | die Abweisung der Klage ~; Klagsabweisung ~ | to demand judgment against the plaintiff.
Beantragung *f* | application; request.
beantworten *v* | to answer; to reply | die Klage ~ | to file an answer | schriftlich ~ | to answer in writing; to give a written answer.
Beantwortung *f* | answer; reply | in ~ eines Briefes | in reply (replying) to a letter | Klage~; Klags~; ~ der Klageschrift | defendant's answer (denial); statement of defense.
bearbeiten *v* Ⓐ [behandeln] | eine Angelegenheit ~; eine Sache ~ | to have a matter in hand; to handle (to deal with) a matter | einen Fall ~ | to handle a case.
bearbeiten *v* Ⓑ | einen Roman für die Bühne ~ | to adapt a novel to the stage | einen Roman für den Film ~ | to adapt a story (a novel) to the screen.
bearbeiten *v* Ⓒ [zu beeinflussen versuchen] | jdn. ~ | to try to influence (to persuade) sb.
Bearbeiter *m* [Sach~] | official (employee) in charge.
Bearbeitung *f* Ⓐ [Behandlung] | handling | ~ einer Angelegenheit | handling of (dealing with) a matter | ~ eines Antrags | processing of an application | in ~ | under consideration.
Bearbeitung *f* Ⓑ | ~ für die Bühne; Bühnen~ | adaptation for the stage | ~ für den Film; Film~ | adaptation for the screen; screen adaptation.
Bearbeitung *f* Ⓒ [Material~] | processing.
Bearbeitungs..gebühr *f* Ⓐ | handling (service) charge (fee).
—**gebühr** *f* Ⓑ [für einen Antrag] | processing fee.
—**verfahren** *n* | manufacturing process.
beaufsichtigen *v* | to supervise; to superintend; to control.
beaufsichtigend *adj* | superintending.
Beaufsichtigung *f* | superintendence; supervision; control | behördliche ~; staatliche ~ | state (government) control (supervision).
beauftragen *v* | to charge; to commission; to instruct | einen Anwalt (einen Rechtsbeistand) ~ | to instruct a solicitor; to brief (to retain) counsel | jdn. ~, etw. zu tun | to order (to instruct) (to commission) sb. to do sth.; to give sb. an order to do sth.

beauftragt *adj* | ~er Richter | commissioned judge.
beauftragt *part* | mit etw. ~ sein | to be instructed (commissioned) to do sth.; to have instructions to do sth.
Beauftragter *m* | mandatory; mandatary; agent; proxy; delegate; deputy | Inkasso~ | debt collector | Mit~ | joint proxy | Sonder~ | special envoy | als ~ handeln | to act under instructions; to act as agent | nur als ~ für ... handeln | to act only as agent for ...
Beauftragung *f* | commission; charging | ~ eines Rechtsanwalts | briefing (retaining) counsel (a lawyer) | auf Grund von ~ | by commission; by delegation.
bebaut *adj* | ~es Gelände | built-up area | ~ es Grundstück | built-up property.
Bebauungsplan *m* | alignment map; zoning plan | General~; Stadt~ | town planning scheme.
Bedacht *m* | reflection; consideration | auf etw. ~ nehmen | to take care of sth. | mit ~ | deliberately.
Bedachte *m* | der ~ | the beneficiary | der in einem Testament ~ | the legatee | gemeinschaftlich ~ *pl* | joint beneficiaries (legatees).
Bedarf *m* | requirement(s) | Deckung des ~s | meeting [sb.'s] requirements | jds. Eigen~ | sb.'s own requirements | Gegenstände des lebenswichtigen ~s | articles of prime necessity | Gegenstände des täglichen ~s | articles in daily use | Finanz~; Geld~; Kapital~; Mittel~ | financial (pecuniary) (capital) requirements; demand for capital | Kriegs~ | war supplies | Mehr~ | additional requirements | Rohstoff~ | requirements of raw materials.
★ aufgestauter ~ | pent-up demand | dringender ~ | urgent demand | einheimischer (inländischer) ~ | home demand | lebenswichtiger ~ | requirement(s) of prime necessity; vital demands | öffentlicher ~ | public demand(s) | ständiger ~ von etw. | steady (persistent) demand for sth. | zusätzlicher ~ | additional requirements.
★ jds. ~ befriedigen (decken) | to meet sb.'s requirements | seinen ~ decken | to cover one's requirements | bei ~ | in case of need (of necessity); if (when) required | nach ~ | according to requirements (to demand).
Bedarfs..artikel *mpl*; —gegenstände *mpl* | necessaries; requisites.
—deckung *f* | meeting the requirements.
—fall *m* | im ~ | in case of need (of necessity); when (if) necessary (required).
—güter *npl* | consumer goods.
—struktur *f* | pattern (structure) of demand.
Bedeckung *f* | escort | Polizei~; polizeiliche ~ | police escort.
Bedenken *n* | doubt; hesitation | ~ tragen | to hesitate | ohne ~ | without hesitation; without hesitating; unhesitatingly.
bedenken *v* Ⓐ [überlegen] | etw. ~ | to think sth. over.
bedenken *v* Ⓑ [in Betracht ziehen] | etw. ~ | to consider sth.; to take sth. into consideration.
bedenken *v* Ⓒ | jdn. testamentarisch (in seinem Testament) ~ | to mention (to include) sb. in one's will | jdn. mit einem Vermächtnis ~ | to bequeath sth. to sb.
bedenklich *adj* | mit ~en Mitteln | with doubtful (dubious) means.
Bedenk..frist *f*; —zeit *f* | time for consideration | um ~ bitten; sich eine ~ ausbitten | to ask for time to consider [a matter].
bedeuten *v* | to mean; to signify.

bedeutend *adj* | important | un~ | unimportant.
bedeutsam *adj* | significant | rechtlich ~ | relevant in law.
bedeutsamerweise *adv* | significantly.
Bedeutung *f* Ⓐ [Wichtigkeit] | importance | von allergrößter (größter) ~ | of capital (of first) (of the greatest) (of primary) importance. | lebenswichtige ~ | vital importance | von untergeordneter ~ | of little importance (moment) | einer Sache ~ beilegen (beimessen) | to attach importance to sth. | ~ haben; von ~ sein | to be important (of importance); to matter | von ausschlaggebender (entscheidender) (überwiegender) ~ | of decisive (controlling) importance | ohne ~ | without (of no) importance; of no import.
Bedeutung *f* Ⓑ [Sinn] | meaning; significance | die ~ von etw. erfassen | to make out the meaning of sth. | ohne ~ | of no significance; meaningless.
Bedeutung *f* Ⓒ [Wirkung] | effect | rechtliche ~ | effect in law; legal effect | ohne rechtliche ~ | irrelevant in law (in point of law).
bedeutungslos *adj* Ⓐ | unimportant; of little (of no) (without) importance.
bedeutungslos *adj* Ⓑ [unbedeutend] | insignificant.
bedeutungslos *adj* Ⓒ [unerheblich] | irrelevant | rechtlich ~ | irrelevant in law (in point of law).
Bedeutungslosigkeit *f* Ⓐ | insignificance; unimportance.
Bedeutungslosigkeit *f* Ⓑ [Unerheblichkeit] | irrelevance | rechtliche ~ | irrelevance in law.
bedienen *v* Ⓐ | einen Käufer ~ | to serve a customer.
bedienen *v* Ⓑ | sich einer Sache ~ | to avail os. (to make use) of sth. | sich der Vermittlung einer Person ~ | to avail os. of sb.'s good offices.
Bediensteter *m* Ⓐ | servant; attendant.
Bediensteter *m* Ⓑ [Angestellter] | employee.
Bedienung *f* | service; attendance | Zimmer mit ~ | room and service | entgegenkommende ~; kulante ~ | obliging service | reelle ~ | reliable service | schnelle ~; prompte ~ | prompt service.
Bedienungs..anweisungen *fpl* | operating instructions.
—geld *n* | service.
bedingen *v* Ⓐ [ausbedingen] | to stipulate.
bedingen *v* Ⓑ [voraussetzen] | to presuppose.
bedingt *adj* | conditional | ~es Angebot | conditional offer | ~e Annahme; ~es Akzept | qualified (conditional) acceptance; acceptance under reserve | ~e Freilassung (Haftentlassung) | conditional release | ~e Hilfe | conditional aid | ~er Kauf | purchase subject to [certain] conditions | ~e Order | conditional order | ~er Straferlaß (Strafaufschub); ~e Strafaussetzung | suspended sentence; probation | ~es Urteil | suspended sentence.
★ auflösend ~ | subject to a resolutive condition | aufschiebend ~ | subject to a condition precedent | durch etw. ~ sein | to be conditional (contingent) on (upon) sth.
bedingt *adv* | conditionally; under reserve | ~ arbeitsfähig | partially disabled | ~ aus der Strafhaft entlassen | conditionally released; on probation | ~ zugelassen | admitted under certain conditions.
Bedingung *f* | condition; clause | Einhaltung (Erfüllung) einer ~ | fulfilment (fulfilling) of a condition | Eintritt der ~ | fulfilment of the condition | Gegen~ | counter-condition | unter der ~ der Gegenseitigkeit | on condition of (subject to) reciprocity | Grund~ | principal (basic) (main) condition | Neben~ | secondary condition | Nichteinhaltung einer ~ | failure to comply with a condition | Nichteintritt einer ~ | non-fulfilment of a condition | Resolutiv~

| condition subsequent | **Suspensiv**~ | condition precedent | **Vor**~ | precondition.

★ **allgemeine** ~ | standard condition | **auflösende** ~ | condition subsequent; resolutory condition | **aufschiebende** ~ | condition precedent | **ausdrückliche** ~ | express condition | **einschränkende** ~ | restriction; reserve | **erfüllte** ~ | fulfilled condition | **lästige** ~ | onerous condition (clause) | **unter einer lästigen** ~ ① | subject to certain obligations | **unter einer lästigen** ~ ② | against (subject to) payment; for valuable consideration | **stillschweigende** ~ | tacit implied) condition | **unannehmbare** ~ | unacceptable condition | **unerfüllbare** ~ | condition which cannot be complied with | **unerläßliche** ~; **wesentliche** ~ | indispensable condition | **unerlaubte** ~ | unlawful condition.

★ **unter einer** ~ **annehmen** | to accept under reserve | **unter jeder** ~ **annehmen** | to accept without reserve | **eine** ~ **einhalten (erfüllen)** | to answer (to meet) (to fulfil) a condition | **eine** ~ **nicht erfüllen (einhalten)** | to fail to meet a condition | **etw. zur** ~ **machen** | to make sth. (to impose sth. as) a condition | **etw. einer** ~ **unterwerfen** | to subject sth. to a condition.

★ **unter der** ~, **daß** | on (under) (with) the condition that; with the understanding that; provided that | **unter keiner** ~ | on no account; under no circumstances; in no case.

Bedingungen *fpl* | **Abnahme**~ | terms for accepting delivery | **Abonnements**~; **Bezugs**~ | terms of subscription | **Amortisations**~ | terms of redemption | **Annahme**~ | conditions (terms) of acceptance | **Anstellungs**~; **Arbeits**~ | working conditions; conditions of employment | **normale Arbeits**~ | normal working conditions | **Aufstellung von** ~ | making conditions | **Ausgabe**~; **Emissions**~ | terms of issue | **Barzahlungs**~; ~ **bei sofortiger Barzahlung** | cash (spot) terms | **Beförderungs**~; **Fracht**~ | transport conditions; freight terms | **Betriebs**~ | operating conditions | **Eintragungs**~ | terms of registration | **Fabrikations**~; **Herstellungs**~ | manufacturing conditions | **Friedens**~ | peace terms (conditions); conditions of peace.

○ **Geschäfts**~ | terms of business; trading (operating) conditions | **Kapitulations**~; **Übergabe**~ | surrender terms | **Lebens**~ | living conditions; conditions of existence (of life) | **Liefer**~ | terms of delivery | **Nichteinhaltung der** ~ | failure to comply with conditions | **Platz**~ | local terms (conditions) | **Rückzahlungs**~ | terms of redemption | **Stellung von** ~ | posing conditions | **Transport**~ | transport conditions; terms of freight | **Vergleichs**~ | terms of settlement (of composition).

○ **Verkaufs**~ | sales terms (conditions); terms of sale | **Versicherungs**~ | terms (conditions) of insurance; insurance clauses | **Vertrags**~; ~ **eines Vertrages** | terms (conditions) (articles) (stipulations) of an agreement; terms of a contract; clauses | **Vorzugs**~ | preferential terms | **Waffenstillstands**~ | armistice terms | **Wetter**~ | weather conditions | **Zahlungs**~ | terms of payment | **Zeichnungs**~ | terms of subscription | **Zins**~ | terms of interest.

★ **annehmbare** ~; **kulante** ~ | fair (acceptable) (reasonable) terms | **drückende** ~ | onerous terms | **zu Ihren eigenen** ~ | at your own terms | **günstige** ~; **zu günstigsten** ~ | favo(u)rable terms | at optimum conditions | **harte** ~ | hard (severe) conditions.

★ ~ **annehmen; auf** ~ **eingehen** | to accept (to agree to) conditions | **jdm.** ~ **auferlegen** | to impose conditions on (upon) sb. | ~ **aufstellen** | to make

conditions | ~ **einhalten (erfüllen)** | to comply with (to fulfil) conditions | ~ **nicht einhalten (erfüllen)** | to fail to meet conditions | **jdm. bessere** ~ **gewähren (machen)** | to give sb. better terms | **jdm.** ~ **stellen** | to state one's terms to sb. | **sich** ~ **unterwerfen** | to submit to conditions.

bedingungsfeindlich *adj* | ~**es Geschäft** | transaction which cannot be subject to a condition.

bedingungslos *adj* | without condition; without reserve; unqualified | ~**e Kapitulation (Übergabe)** | unconditional surrender.

bedingungslos *adv* | unconditionally; unreservedly | ~ **annehmen** | to accept without reservation | | ~ **kapitulieren; sich** ~ **ergeben** | to surrender unconditionally.

bedingungsweise *adv* | conditionally; on condition.

bedrängen *v* | to urge (to press) sb. | **einen Schuldner** ~ | to dun a debtor; to press a debtor for payment.

Bedrängnis *f* | distress | **finanzielle** ~ | financial embarrassment (difficulties).

bedrängt *adj* | **in** ~**er Lage** | in difficulties.

bedrohen *v* Ⓐ | **jdn. mit etw.** ~ | to threaten sb. with sth. | **etw. mit Strafe** ~ ① | to make sth. punishable | **etw. mit Strafe** ~ ② | to attach a penalty to sth.; to sanction sth.

bedrohen *v* Ⓑ [gefährden] | **etw.** ~ | to endanger (to jeopardize) sth.; to expose sth. to a danger | **jds. Existenz** ~ | to endanger (to imperil) sb.'s livelihood | **den Frieden** ~ | to be a threat to peace.

bedrohlich *adj* | menacing; threatening | **in** ~**er Weise** | menacingly; threateningly.

bedroht *part* | **mit Strafe** ~ | punishable | **mit Strafe** ~ **sein** | to come (to fall) under the penal sections of the law.

Bedrohung *f* | menace; threat | ~ **des Friedens; Friedens**~ | threat to peace | ~ **der öffentlichen Sicherheit** | threat to public security; security threat.

bedrücken *v* | to oppress.

Bedrücker *m* | oppressor.

Bedrückung *f* | oppression.

bedungen *part* [aus~] | agreed upon; stipulated.

bedürfen *v* | to require; to necessitate; to need.

Bedürfnis *n* | need; necessity | **Ausdehnungs**~ | urge for expansion | **die Lebens**~**se** | the necessities of life | **die Verkehrs**~**se** | the requirements of traffic | **augenblickliche** ~**se** | present needs | **dringendes** ~ | urgent need | **tägliche** ~**se** | daily wants | **jds.** ~**se befriedigen** | to meet sb.'s requirements | **einem** ~ **abhelfen** | to satisfy a need | **für jds.** ~**se sorgen** | to provide for sb.'s needs.

bedürftig *adj* | necessitous; indigent; needy; destitute | ~ **sein** | to be in need (in want) | ~ **werden** | to become needy.

Bedürftige *m* | poor person | **die** ~**n** | the poor; the needy; the destitute.

Bedürftigkeit *f* | indigence; poverty; destitution | ~ **einwenden** | to plead poverty.

Bedürftigkeitsnachweis *m* | means test.

beehren *v* | **jdn. mit etw.** ~ | to hono(u)r sb. with sth. | **sich** ~ | to have the hono(u)r.

beeidigen *v* Ⓐ [beeiden] | **etw.** ~ | to confirm sth. by oath | to take an oath upon sth.; to swear to sth. | **seine Aussage** ~ | to swear to one's deposition.

beeidigen *v* Ⓑ [vereidigen] | **jdn.** ~ | to swear sb.; to swear sb. in.

beeidigt *adj* Ⓐ [beschworen] | sworn; under oath | ~**e Aussage** | testimony (deposition) under oath; sworn deposition (evidence) (testimony) | ~ **sein** | to be under (on) oath; to be sworn | ~ **werden** | to be sworn.

beeidigt *adj* Ⓑ [vereidigt] | sworn | ~er Bücherrevisor | chartered accountant | ~er Dolmetscher | sworn interpreter | ~er Makler | sworn broker | ~er Messer | sworn measurer | ~er Sachverständiger | sworn expert | ~er Schätzer (Taxator) | sworn appraiser | ~er Übersetzer | sworn translator | ~er Wieger | sworn weigher | ~er Zeuge | sworn witness.

Beeidigung *f* Ⓐ | confirmation upon oath.

Beeidigung *f* Ⓑ [Vereidigung] | swearing-in.

beeinflussen *v* | jdn. ~ | to bring influence to bear on sb.; to influence sb.; to exercise (to exert) an influence on sb. | etw. nachteilig ~ | to affect sth. prejudicially | etw. ungünstig ~ | to affect sth. unfavo(u)rably | einen Zeugen ~ | to suborn (to tamper with) a witness.

Beeinflussung *f* | influence | Wahl~ | election terror | Zeugen~ | subornation of witnesses | unzulässige ~ | undue influence.

beeinträchtigen *v* Ⓐ [in Mitleidenschaft ziehen] | etw. ~ | to affect (to implicate) sth. | jds. Interessen ~ | to affect (to interfere with) sb.'s interests | die Ausübung eines Rechts ~ | to prevent (to hinder) the exercise of a right.

beeinträchtigen *v* Ⓑ [schädigen; verletzen] | etw. ~ | to injure (to infringe) sth.; to encroach upon sth. | jds. Interessen ~ | to prejudice (to be prejudicial to) sb.'s interests | jds. Rechte ~ | to encroach upon (to interfere with) (to infringe) (to prejudice) sb.'s rights.

beeinträchtigt *part* | ~ werden | to be prejudiced; to suffer prejudice.

Beeinträchtigte *m* | der ~ | the aggrieved (injured) party.

Beeinträchtigung *f* | injury; infringement; prejudice; encroachment | Abstellung (Beseitigung) der (einer) ~ | abatement of nuisance | ~ des ungestörten Besitzes | disturbance of possession; prevention of enjoyment | Haftung für ~en | guaranty against interference | Klage auf Unterlassung der ~ | action to restrain interference (to cease and desist) | eine ~ abstellen (beseitigen) | to abate a nuisance.

beenden *v*; beendigen *v* | etw. ~ | to terminate sth.; to put an end to sth.; to bring sth. to an end. | die Sitzung ~ | to close the meeting.

Beendigung *f* | termination; end | ~ der Amtszeit | expiration of the term of office.

beerben *v* | jdn. ~ | to succeed sb.; to succeed to sb.'s estate; to be sb.'s heir.

Beerbung *f* | durch ~; im Wege der ~ | by inheriting; by right of inheritance | durch ~ erworben | acquired by inheritance; inherited.

Beerdigung *f* | burial; funeral; interment.

Beerdigungs..geld *n* | funeral benefit.

—institut *n*; —unternehmen *n* | undertaker's business.

—kosten *pl* | funeral expenses.

—verein *m* | burial club (society).

befähigen *v* | jdn. ~ | to enable sb. | jdn. ~, etw. zu tun | to capacitate sb. for sth.

befähigt *adj* Ⓐ | capable; able | sehr ~ | very able; of high abilities.

befähigt *adj* Ⓑ [qualifiziert] | qualified | ~ sein | to prove one's qualification; to have the necessary qualifications; to qualify | ~ sein, etw. zu tun | to be qualified to do sth. | voll ~ | fully qualified.

Befähigung *f* | qualification; capacity | ~ zum Richteramte | judiciary (judicial) capacity | volle ~ | full qualifications | seine ~ nachweisen | to prove one's qualification; to qualify.

Befähigungsnachweis *m* Ⓐ | proof of ability (of qualification) | den ~ erbringen | to prove one's qualification (the necessary qualifications); to qualify.

Befähigungsnachweis *m* Ⓑ [Urkunde] | certificate of qualification; qualifying certificate.

befangen *adj* [voreingenommen] | prejudiced; prepossessed; biassed | ~er Zeuge | challengeable witness | un~ | free of prejudice; unprejudiced; unbiassed | sich für ~ erklären | to plead partiality.

befangen *part* | im Streit ~; streit~ | in litigation; litigious; contentious.

Befangenheit *f* | prejudice; prepossession; bias; partiality | wegen Besorgnis der ~ | on account of presumed partiality | wegen ~ ablehnbar (abzulehnen) | challengeable; to be challenged.

befassen *v* | sich mit etw. ~ | to occupy os. (to deal) with sth.; to attend to sth. | sich mit seinen Angelegenheiten ~ | to attend to one's business.

befaßt *part* | das Gericht ist mit der Sache ~ | the matter is before the court | mit einer Sache ~ sein | to have a matter in hand.

Befehl *m* | order; command; direction | Arrest~; Haft~; Verhaftungs~ | order (warrant) of (for the) arrest; magistrate's warrant; writ of attachment | Aufführung auf allerhöchsten ~ | command performance | Ausführung eines ~s | execution of an order | Auslieferungs~ | extradition warrant | Ausweisungs~ | deportation order | Durchsuchungs~ | search warrant | Einberufungs~; Gestellungs~ | requisitioning order | Einlieferungs~ | committal order; order to receive a prisoner in gaol | Entlassungs~; Freilassungs~ | order to release | Gerichts~ | warrant; court warrant (decree); warrant (order) (writ) of the court | Hinrichtungs~ | execution order; death warrant | Pfändungs~ | distraint (distress) warrant; warrant of distress | Räumungs~ | order to quit; eviction (clearance) order | Streik~ | strike order | Vollstreckungs~ | writ of execution; enforcement order | Vorführungs~ | warrant (order) to appear | Zahlungs~ | order to pay (for payment).

★ genereller ~ | standing orders | auf höheren ~ | upon orders from above | richterlicher ~ | warrant (order) (writ) of the court | schriftlicher ~ | written order.

★ einen ~ ausführen | to execute an order; to carry out an instruction | den ~ erhalten, etw. zu tun | to be ordered (directed) to do sth. | einen ~ geben (erteilen) | to give (to issue) an order | den ~ über etw. haben | to be in command (in charge) of sth. | nach jds. ~ handeln; etw. auf jds. ~ tun | to do sth. by (at) sb.'s command | unter jds. ~ stehen; jds. ~ unterstehen | to be at sb.'s command.

★ auf ~ | by order | auf jds. ~ | by order of sb.; on (upon) sb.'s order | gegen einen ~; einem ~ zuwider | against (contrary to) orders.

befehlen *v* | jdm. ~, etw. zu tun | to order (to direct) (to command) sb. to do sth.; to give sb. orders to do sth.

befehligen *v* [das Kommando haben] | etw. ~ | to be in command of sth.

befehlswidrig *adv* | against (contrary to) orders.

Befinden *n* [Meinung] | opinion; view.

befinden *v* | über etw. ~ | to sit in judgment on sth. | etw. in Ordnung ~ | to find sth. to be correct | jdn. für schuldig ~ | to find sb. guilty.

befolgen *v* | to observe; to comply with | das Gesetz ~ | to observe (to abide by) the law.

Befolgung *f* | observation; adherence | Nicht~ | non-observance; non-compliance.

Beförderer *m* | carrier.

befördern *v* Ⓐ [in eine höhere Stellung] | jdn. ∼ | to promote sb.

befördern *v* Ⓑ [transportieren] | per (mit der) Bahn ∼ | to transport by rail | Güter∼; Waren ∼ | to transport (to forward) (to despatch) goods | Personen ∼ | to carry (to convey) passengers | mit der Post ∼ | to forward by post (by mail) | auf dem Seeweg ∼ | to transport by water.

befördern *v* Ⓒ [übermitteln] | ein Telegramm ∼ | to transmit a telegram.

befördert *part* | nach dem Dienstalter ∼ werden | to be promoted (to get promotion) by seniority | automatisch ∼ werden | to be automatically promoted.

Beförderung *f* Ⓐ [Vorrücken] | promotion | ∼ nach dem Dienstalter | promotion by seniority | ∼ nach Wahl | promotion by selection | zur ∼ anstehen | to be about to be promoted; to be in line for promotion.

Beförderung *f* Ⓑ | transport(ation); conveyance; forwarding; carriage | ∼ per Achse ① [durch Fuhrwerk] | transport by carriage; cartage; horse-drawn transport | ∼ per Achse ② [auf der Straße] | road transport; transport by road (by road haulage) | Anschluß∼ | forwarding; transportation by forwarding agent | Bahn∼; ∼ per Bahn; Eisenbahn∼ | railway (rail) transport (carriage); transportation (forwarding) (carriage) by rail | ∼ im Binnenschifffahrtsverkehr | river transport | Eilgut∼; Expreß∼ | express carriage | Gepäck∼ | transportation of luggage | Güter∼; Waren∼ | carriage (forwarding) of goods | ∼ mit Handwagen | cartage | ∼ mit Kraftfahrzeug | motor transport (haulage) | ∼ zu Land und zur See | sea and land carriage | ∼ auf dem Landweg | transport by land; land carriage (transport); overland conveyance | Luft∼; ∼ auf dem Luftweg | air transport (carriage); carriage (transport) by air | Paket∼ | carriage of parcels | Passagier∼; Personen∼ | conveyance of passengers; passenger transport (service) | Post∼ ① | carriage of the mail | Post∼ ② | carriage by mail | ∼ per Schiff; ∼ auf dem Wasserweg | carriage by water; water carriage; water-borne transport | See∼; ∼ auf dem Seeweg | carriage by sea; sea (ocean) (marine) (maritime) transport | ∼ im Transitverkehr; Transit∼ | through transport | Weiter∼ | forwarding.

Beförderung *f* Ⓒ [Übermittlung] | ∼ eines Telegramms | transmission of a telegram.

Beförderungs..anweisungen *fpl* | forwarding instructions.

—**art** *f* Ⓐ | mode (manner) of conveyance; way of forwarding.

—**art** *f* Ⓑ [eines Telegramms] | method (way) of transmission.

—**bedingungen** *fpl* Ⓐ | conditions of promotion.

—**bedingungen** *fpl* Ⓑ | terms of carriage (of transportation).

—**dienst** *m* | transport service.

—**dienstalter** *n* | seniority.

—**gebühr** *f* | carriage; forwarding commission.

—**gebühren** *fpl* | transport rates (charges).

—**gesellschaft** *f* | forwarding (shipping) company.

—**kosten** *pl* | cost of carriage (of transport); carriage; transportation cost(s); shipping (forwarding) (carrier's) charges.

—**liste** *f* | promotion list; advancement roster.

—**mittel** *npl* | means of transport(ation) | öffentliche ∼ | public conveyance (means of conveyance).

—**preis** *m* | transportation cost; carriage.

—**schein** *m* | way bill.

Beförderungs..steuer *f* | duty on transports; transport tax; traffic duty.

—**unternehmen** *n* | transport (carrier's) business.

—**unternehmer** *m* | cartage (haulage) contractor; forwarding (shipping) agent; carrier.

—**vertrag** *m* | shipping contract | Gepäck∼ | luggage contract | Personen∼ | passenger contract.

—**weg** *m* Ⓐ | route (way) of transportation.

—**weg** *m* Ⓑ [für ein Telegramm] | way of transmission.

—**weise** *f* | mode (manner) of conveyance; method of transportation.

—**wesen** *n* | transport (forwarding) business (trade).

—**zeit** *f* | time of forwarding.

—**zulage** *f* | seniority pay.

—**zwang** *m* | compulsory conveyance.

Befrachten *n* | freighting; affreightment; freightage; charter(ing).

befrachten *v* | to freight; to affreight; to charter | unter∼ | to under-freight | wieder∼ | to affreight again; to recharter.

Befrachter *m* | freighter; affreighter; charterer | Unter∼; Weiter∼ | refreighter.

befrachtet *part* | ∼ werden | to be freighted (chartered).

Befrachtung *f* | freighting; affreightment; freightage; charter(ing) | Gesamt∼ | whole-cargo charter | ∼ nach dem Gewicht | freighting on weight | ∼ für eine ganze Reise | voyage (trip) charter | Stückgüter∼ | berth freighting | Teil∼ | part-cargo charter | ∼ nach Tonnage | freighting per ton | Unter∼; Weiter∼ | subcharter(ing) | Wieder∼ | rechartering | ∼ nach dem Werte | freighting ad valorem.

Befrachtungs..büro *n*; —**kontor** *n* | chartering (shipping) office (agency).

—**tarif** *m* | charter rates *pl*.

—**vertrag** *m* | freight contract; contract of affreightment; charter party; charter.

befragen *v* | jdn. um Auskunft ∼ | to ask sb. for information | jdn. um Rat ∼ | to ask sb. for advice; to take sb.'s advice | einen Zeugen ∼ | to question (to examine) (to cross-examine) a witness | jdn. ∼ | to question sb.; to ask sb. questions | sich über etw. ∼ | to inquire (to make inquiries) about sth.

Befragung *f* Ⓐ | interrogation; questioning.

Befragung *f* Ⓑ | consultation | Volks∼ | popular vote; referendum; plebiscite.

befreien *v* Ⓐ | einen Gefangenen ∼ | to set a prisoner free; to free a prisoner | jdn. aus einer Notlage ∼ | to help sb. out of a difficulty (of a trouble) | sich von einer Schuld ∼ | to free os. from a debt.

befreien *v* Ⓑ [ausnehmen] | jdn. von etw. ∼ | to exempt sb. of sth. | jdn. vom Militärdienst ∼ | to exempt sb. from military service | jdn. von Steuern ∼ | to exempt sb. from taxes.

befreien *v* Ⓒ [entlasten] | jdn. von einer Verantwortung ∼ | to discharge sb. from a responsibility | jdn. von einer Verpflichtung ∼ | to exonerate (to discharge) sb. from an obligation | sich von einer Anschuldigung ∼ | to clear os. of a charge.

befreien *v* Ⓓ [dispensieren] | to dispense | jdn. von der Teilnahme ∼ | to excuse sb. from attendance.

Befreier *m* | liberator.

befreit *adj* Ⓐ | ∼e Vormundschaft | guardianship exempted from statutory restrictions.

befreit *adj* Ⓑ [ausgenommen] | exempt | von Abgaben ∼; abgaben∼ | free from duties (of duty); duty-free | von der Besteuerung ∼; von Steuern ∼; steuer∼ | exempt (free) from taxation; tax-exempt; tax-free; free of tax | vom Dienst ∼ | exempt from service.

Befreiung f Ⓐ | release | ~ **eines Gefangenen; Gefangenen**~ | freeing of (setting free) a prisoner.
Befreiung f Ⓑ [Ausnahme] | exemption | **Gebühren**~ | exemption from duties | ~ **von Lasten** | exemption from charges | **Steuer**~ | exemption from tax (from taxation) | **jdm.** ~ **gewähren** | to grant sb. exemption; to exempt sb.
Befreiung f Ⓒ [Entlastung] | exoneration; discharge | ~ **von einer Schuld (von Schulden); Schuld**~ | discharge from a debt (from debts).
Befreiung f Ⓓ [Dispens] | dispensation | ~ **von einem Ehehindernis** | exemption from an impediment; marriage dispensation | ~ **bewilligen (gewähren)** | to grant dispense.
Befreiungs..anspruch m | right to claim exemption.
—**antrag** m | petition for dispensation.
—**grund** m | reason for granting an exemption.
—**klausel** f; —**vorschrift** f | exemption clause.
—**krieg** m | war of independence.
befreundet adj | ~**es Land;** ~**e Nation** | friendly nation.
befrieden v | to appease; to pacify.
befriedigen v Ⓐ [zufriedenstellen] | **jdn.** ~ | to satisfy (to content) sb.; to give sb. satisfaction.
befriedigen v Ⓑ | **einen Anspruch** ~ | to meet (to answer) (to satisfy) a claim | **seine Gläubiger** ~ | to satisfy (to pay off) one's creditors.
befriedigend adj | satisfactory; satisfying | **etw. zu einem** ~**en Abschluß bringen** | to bring sth. to a satisfactory conclusion | **un**~ | unsatisfactory.
Befriedigung f Ⓐ [Zufriedenheit] | satisfaction; contentment | **Bekundung der** ~ | expression of satisfaction | **etw. mit** ~ **feststellen** | to notice sth. with satisfaction.
Befriedigung f Ⓑ | settlement; payment | ~ **der Gläubiger** | paying off of the creditors | **Recht auf abgesonderte (bevorzugte)** ~**; Anspruch auf bevorrechtigte** ~ | right to a separate (preferential) settlement | ~ **einer Verbindlichkeit** | meeting (settlement of) an obligation.
★ **abgesonderte** ~ | separate (special) settlement | **anteilsmäßige** ~ | pro-rata settlement | **vollständige** ~ | satisfaction (settlement) in full | **vorzugsweise** ~ | preferential settlement.
Befriedungsvorrecht n | right to a preferential settlement.
Befriedung f | placification; appeasement; pacifying.
Befriedungspolitik f | appeasement policy; policy of appeasement (of appeasing) (of pacification).
befristen v | **etw.** ~ | to fix a time limit for sth.
befristet adj | limited; on time | ~**er Anspruch;** ~**e Forderung** | deferred claim | ~**e Einlage** | time deposit | ~**es Eintrittsrecht** | option | **zeitlich** ~**e Kredite** | time money (loans) | ~**e Verbindlichkeit** | deferred obligation.
Befristung f | fixation of a time limit | **gesetzliche** ~ | statutory time limit.
Befugnis f Ⓐ | authority; authorization; power | **Abschluß**~ | power (authority) to sign | **Verhandlungs- und Abschluß**~ | bargaining agency (power) | **Mißbrauch der Amts**~ | abuse (excess) of power | **Verhandlungs**~ | negotiating power | **Vertretungs**~ | power of agency (to represent) | **Zeichnungs**~ | signing power | **jdm. die** ~ **erteilen, etw. zu tun** | to authorize sb. to do sth. | ~ **haben, etw. zu tun** | to be authorized (to have authority) to do sth.
Befugnis f Ⓑ [Zuständigkeitsbereich] | competence; competency.
Befugnisse fpl | power(s); authority | **Abgrenzung der** ~ | delimitation of powers | **Überschreitung der** ~ | excess of power | **in Überschreitung seiner** ~ **han-**

deln | to act in excess of one's power(s) | **seine** ~ **überschreiten** | to exceed one's power (one's authority).
Befugnisüberschreitung f | excess of power.
befugt adj Ⓐ | ~ **sein, etw. zu tun** | to be authorized (to have authority) (to have power) (to be empowered) to do sth.
befugt adj Ⓑ [zuständig] | competent | **nicht** ~ | incompetent.
Befund m | finding.
Befundschein m; **Befundzeugnis** n | certificate of inspection.
befürworten v | to recommend; to endorse | **einen Antrag** ~ | to support (to second) a motion.
Befürworter m | advocate; partisan.
Befürwortung f | recommendation; endorsement.
begebbar adj | negotiable; transferable; bankable | **nicht** ~ | non-negotiable.
Begebbarkeit f | negotiability; transferability.
begeben v Ⓐ | **sich an Ort und Stelle** ~ | to visit the scene.
begeben v Ⓑ [aufgeben] | **sich seiner Rechte** ~ | to give up (to renounce) (to forego) (to yield) (to desist from) one's rights.
begeben v Ⓒ [ausgeben] | **eine Anleihe** ~ | to bring out (to float) (to issue) a loan | **einen Wechsel** ~ | to negotiate a bill (a draft).
begeben part [ausgegeben] | in circulation | ~**es Kapital** | issued capital.
Begebung f | issue | ~ **einer Anleihe; Anleihe**~ | floating (issue) of a loan | ~ **eines Wechsels; Wechsel**~ | negotiating a bill of exchange (a draft).
begehen v | to commit; to perpetrate | **einen Betrug** ~ | to commit a fraud | **Einbruchsdiebstahl** ~ | to commit burglary | **einen Fehler** ~ | to make (to commit) a mistake | **Selbstmord** ~ | to commit suicide | **ein Verbrechen** ~ | to commit (to perpetrate) a crime.
Begehr n | desire.
Begehren n | request; demand | **Klags**~ | action; suit | **Rückzahlungs**~ | application for repayment | **Volks**~ | initiative.
begehren v | to request; to demand; to require; to desire.
begehrt adj | in demand; wanted | **sehr** ~ | very much in demand | **wenig** ~ **sein** | to be hard (difficult) to sell.
Begehung f | perpetration | ~ **eines Verbrechens** | commission (perpetration) of a crime.
Beginn m | beginning; commencement | **zu** ~ **der Feindseligkeiten** | at the commencement of hostilities | **Frist**~ | commencement of a period | ~ **der Laufzeit einer Police** | commencement of a policy.
beginnen v | to begin; to start; to commence | **die Frist beginnt am ... (mit dem ...)** | the period starts (commences) on ... (with the ...).
beglaubigen v Ⓐ | to certify; to verify; to authenticate; to attest | **etw. öffentlich** ~ | to authenticate sth.; to legalize sth. | **seine Unterschrift** ~ **lassen** | to have one's signature legalized.
beglaubigen v Ⓑ [akkreditieren] | **einen Gesandten bei einer Regierung** ~ | to accredit an ambassador to a government.
beglaubigt adj Ⓐ | ~**e Abschrift** | certified copy; certified true copy | **notariell** ~ | notarized | **öffentlich** ~ | officially certified; legalized | **in öffentlich** ~**er Form** | in legalized form | **un**~ | uncertified.
beglaubigt adj Ⓑ [akkreditiert] | ~**er Bevollmächtigter** | accredited agent | ~ **als Gesandter** | accredited as ambassador.

beglaubigt *adj* © [bestätigt] | ~er Scheck | guaranteed cheque.

Beglaubigung *f* Ⓐ | certification; verification; legalisation; attestation | ~ einer Unterschrift; Unterschrifts~ | legalization (authentication) of a signature | gerichtliche ~ | legalization by the court; homologation | notarielle ~ | notarial attestation; notarization | zur ~ dessen | in witness thereof (whereof).

Beglaubigung *f* Ⓑ [Akkreditierung] | ~ eines Gesandten | accreditation (accrediting) of an ambassador.

Beglaubigungs..gebühr *f* | legalization fee.

—schreiben *n* | letters of credence | sein ~ überreichen | to present one's credentials.

—vermerk *m* | attestation clause.

—zeuge *m* | attesting witness.

begleichen *v* [bezahlen] | to settle | eine Rechnung ~ | to pay (to settle) a bill (an account) | Rückstände ~ | to pay up arrears | eine Schuld ~ | to clear (to settle) (to pay off) a debt | seine Schulden ~ | to settle (to pay off) (to clear off) one's debts | einen Wechsel ~ | to pay (to hono(u)r) a draft (a bill of exchange).

Begleichung *f* | settlement; payment | ~ einer Rechnung | payment of an account | ~ von Schulden | settlement (liquidation) of debts | zur ~ von | in settlement of.

begleiten *v* | to accompany.

Begleiter *m* | companion; attendant | Reise~ | travelling companion.

Begleit..adresse *f* [Post~] | postal dispatch note.

—brief *m* ; **—schreiben** *n* | covering (accompanying) letter; letter of advice.

—erscheinung *f* | accompaniment; concomitant circumstance.

—frachtbrief *m* | consignment accompanying the goods.

—papier *n*; **—schein** *m* | pass (way) bill | Zoll~ | bond note (warrant).

—umstände *mpl* | accessory (accompanying) circumstances.

—zettel *m* | dispatch note.

Begleitung *f* | accompaniment | in ~ von | accompanied by.

beglichen *part* | paid; settled.

begnadigen *v* | jdn. ~ | to pardon sb.; to grant sb. a pardon | zu ~ | pardonable.

begnadigt *part* | ~ werden | to be pardoned.

Begnadigung *f* | grace; pardon | unter Befürwortung der ~ | with a recommendation to mercy.

Begnadigungs..ausschuß *m* | board of pardons; pardon board.

—gesuch *n* | petition for pardon | ein ~ einreichen | to petition for mercy.

—recht *n* | power (right) of pardon.

Begräbnis *n* | burial; funeral.

Begräbniskosten *pl* | funeral expenses.

begrenzbar *adj* | limitable | un~ | illimitable; which cannot be limited.

begrenzen *v* | to limit; to restrict; to confine | den Gebrauch von etw. ~ | to confine the use of sth.

begrenzend *adj* | limiting | ~e Bestimmung; ~e Klausel | limiting (limitative) (restricting) clause; restriction.

begrenzt *adj* | limited; restricted | ~er Absatzmarkt | limited market | ~e Anzahl | limited number | ~e Auflage | limited edition | ~e Haftung | limited liability | ~e Kapazität; ~e Leistungsfähigkeit | limited capacity | örtlich ~ | locally restricted | zeitlich ~ | with a time limit | un~ | unlimited; limitless.

begrenzt *adv* | in a limited manner | eng~ | within narrow bounds | ~ haltbar | perishable.

Begrenzung *f* | limit(ation) | Haftungs~ | limitation of liability (of responsibility) | enge ~ narrow limits | zeitliche ~ | time limit; limit of time.

Begriff *m* | notion; conception; idea; term | Grund~ | fundamental notion (idea) | falscher ~ | misconception.

begriffen *part* | in Ausführung ~ | in course of execution | in der Entwicklung ~ | in course of development.

Begriffsbestimmung *f* | definition.

begründen *v* Ⓐ | to establish; to found; to constitute | einen Anspruch ~ | to constitute a claim | ein Recht ~ | to establish (to constitute) a right | eine Verbindlichkeit ~; eine Verpflichtung ~ | to create (to constitute) a liability (an obligation) | die Vermutung ~, daß ... | to establish the presumption that ... | einen Wohnsitz ~ | to establish a residence | die Zuständigkeit ~ | to establish competence (jurisdiction).

begründen *v* Ⓑ [Gründe angeben] | to give reasons; to substantiate; to justify | einen Anspruch ~ | to substantiate a claim (a right) | einen Antrag ~ | to give reasons for an application | eine Entscheidung ~; ein Urteil ~ | to set forth (to give) the reasons for a decision (for a judgment) | etw. ausführlich (eingehend) ~ | to give full reasons for sth.

begründend *adj* | constituting | rechts~ | constituting a right.

Begründer *m* | founder | Mit~ | cofounder.

Begründerin *f* | foundress | Mit~ | cofoundress.

begründet *adj* Ⓐ | ~er Verdacht | reasonable suspicion | ~er Zweifel | reasonable doubt | schlecht ~ | ill-founded | un~ | without foundation; unfounded; groundless; baseless | wohl~ | well-founded; with good reason.

begründet *adj* Ⓑ [mit Gründen versehen] | substantiated.

Begründung *f* Ⓐ | foundation; establishment | ~ eines Wohnsitzes | establishment of a residence.

Begründung *f* Ⓑ [Angabe von Gründen] | substantiation | Berufungs~ | reasons (ground) (grounds) of appeal | Rechtsmittel~ | reasons of appeal | ~ eines Urteils; Urteils~ | grounds [upon which a judgment is based] | ausführliche ~; eingehende ~ | full reasons | ausreichende ~ | good reasons | ohne jede ~ | without giving (furnishing) any reasons.

Begründungsfrist *f* | period for giving (filing) reasons.

Begrüßung *f* | Worte der ~ | words of welcome.

Begrüßungsansprache *f* | address of welcome.

begünstigen *v* Ⓐ | etw. ~ | to favo(u)r (to promote) sth.

begünstigen *v* Ⓑ [nach der Tat] | to assist after the fact | einen Verbrecher ~ | to abet a criminal.

begünstigt *part* | durch die Umstände ~ sein | to be favo(u)red by circumstances | durch etw. ~ werden | to benefit by sth.

Begünstiger *m* | accessory after the fact; abettor.

Begünstigte *m* | der ~ | the beneficiary | der durch ein Vermächtnis ~ | the legatee; the devisee.

Begünstigung *f* Ⓐ | promotion; furtherance | Gläubiger~; betrügerische ~ eines Gläubigers | fraudulent preference of a creditor | Meist~ | most-favo(u)red nation treatment.

Begünstigung *f* Ⓑ [strafbare ~] | abetting; abetment | Verbrechens~ | abetment in crime.

Begünstigungs..klausel *f* | preferential clause.

—tarif *m* | preferential tariff.

—zoll *m* | preferential duty.

begutachten *v* | etw. ~ | to give (to express) an opinion on sth. | etw. **durch einen Sachverständigen (durch Sachverständige)** ~ **lassen** | to submit sth. to (to lay sth. before) experts; to obtain expert opinion on sth.
Begutachter *m* | expert.
Begutachtung *f* | opinion | ~ **durch Sachverständige** | expert (expert's) opinion.
begütert *adj* Ⓐ | owning landed property.
begütert *adj* Ⓑ [wohlhabend] | wealthy; rich.
behaftet *adj* | affected; afflicted | **mit Mängeln (Fehlern)** ~ | defective.
behalten *v* | jdn. **in Haft** ~ | to hold (to keep) sb. prisoner (in prison); to detain sb. | **seinen Rang** ~; **seine Stellung** ~ | to keep up one's position | **Recht** ~ | to prove os. in the right | **von etw. Vormerkung** ~ | to keep a record of sth. | **seinen Wert** ~ | to maintain its value.
Behälter *m* | container | **Einweg**~ | disposable (throwaway) container | **Versand**~ | shipping container.
—**fracht** *f*; ——**verkehr** *m*; ——**versand** *m* | container shipment.
behandeln *v* Ⓐ | to handle | etw. **vorsichtig** ~ | to handle sth. with care.
behandeln *v* Ⓑ | to treat | jdn. **höflich (mit Höflichkeit)** ~ | to treat sb. civilly | jdn. **als gleichberechtigt (als Gleichberechtigten)** ~ | to treat sb. as an equal | jdn. **gut** ~ | to treat sb. well | jdn. **als ...** ~ | to treat sb. as ...
behandeln *v* Ⓒ | **eine Frage** ~ | to treat (to deal with) a question | **einen Gegenstand** ~ | to handle (to treat of) (to deal with) a subject.
behandeln *v* Ⓓ [ärztlich ~] | **einen Patienten** ~ | to treat a patient.
behändigen *v* | jdm. etw. ~ | to hand sth. over to sb.; to hand sb. sth.
Behändigungsschein *m* | certificate of delivery.
Behandlung *f* Ⓐ [Sach~] | handling | **Zoll**~ | customs treatment (clearance); clearance through customs | **unsachgemäße** ~ | improper handling.
Behandlung *f* Ⓑ | treatment | ~ **als Gleichberechtigter; Gleich**~ | equal (equality of) treatment | **Vorzugs**~; **vorzugsweise** ~ | preferred (preferential) treatment; preference | **diskriminierende (benachteiligende) (unterschiedliche)** ~ | discriminating treatment; discrimination.
Behandlung *f* Ⓒ | ~ **eines Gegenstandes** | treatment of (dealing with) a subject.
Behandlung *f* Ⓓ [ärztliche ~] | medical treatment (attention) (services) | **Falsch**~; **falsche** ~ | wrong treatment | **Krankenhaus**~ | hospital treatment | **sich wegen ... in** ~ **begeben** | to undergo treatment for ... | **in** ~ | under treatment.
Behandlungs..gebühr *f* | handling fee.
—**kosten** *pl* Ⓐ | handling charges.
—**kosten** *pl* Ⓑ [Arztkosten] | medical costs; doctor's fees.
—**weise** *f* | way (manner) of handling.
beharren *v* | to persist; to insist | **bei (auf) seiner Ansicht** ~ | to persist in (to stand to) one's opinion.
Beharren *n* | insisting; persistence; persistency.
Beharrungsvermögen *n* | power of inertia.
behaupten *v* Ⓐ [erklären] | to affirm; to state; to assert; to contend | **ein Alibi** ~ | to set up (to plead) an alibi | **das Gegenteil** ~ | to maintain the contrary | **fälschlich** ~, **daß ...** | to state falsely that ... | etw. **als wahr** ~ | to aver sth.
behaupten *v* Ⓑ [wahren] | to maintain | **seine Rechte** ~ | to maintain (to protect) (to defend) one's rights; to safeguard one's interests | **seinen Ruf** ~ | to maintain one's reputation | **einen Standpunkt** ~ | to

maintain an attitude | **sich** ~ | to hold one's own (one's ground).
Behauptung *f* Ⓐ | affirmation; statement; assertion | **Aufstellung einer** ~ | making an assertion | **Beweis der** ~**en** | proof of the allegations | **Gegen**~ ① | counter-statement | **Gegen**~ ② | denial | ~ **des Gegenteils** | assertion of the contrary | **die** ~**en der Parteien; die Partei**~**en** | the allegations made by the parties.
★ **nach seinen eigenen** ~**en** | according to his own statement(s) | **einseitige** ~ | one-sided statement (allegation) | **falsche (unwahre) (unrichtige)** ~ | false statement; false (untrue) assertion; misstatement | **die tatsächlichen** ~**en** | the allegations of fact | **unwiderlegbare** ~; **unwiderlegliche** ~ | irrefutable statement.
★ **eine** ~ **aufrechterhalten** | to maintain an assertion | **eine** ~ **aufstellen** | to make an assertion (a statement); to assert | **eine** ~ **bestreiten** | to deny an assertion | **eine** ~ **widerlegen** | to refute (to disprove) a statement | **einer** ~ **widersprechen** | to contradict a statement.
Behauptung *f* Ⓑ [Wahrung] | ~ **seiner Rechte** | maintaining one's rights | **unter** ~ **seines Standpunktes** | maintaining one's point of view.
beheben *v* Ⓐ [abhelfen] | to redress | **einen Mangel** ~ | to remedy (to correct) a fault.
beheben *v* Ⓑ [beseitigen] | to remove | **eine Schwierigkeit** ~ | to remove a difficulty | **die Zweifel** ~ | to remove the doubts.
Behebung *f* Ⓐ [Abhilfe] | remedy; redress.
Behebung *f* Ⓑ [Beseitigung] | removal | ~ **von Zweifeln** | removal of doubts.
beheimatet *adj* | **in ...** ~ **sein** | to be a native of ...
Behelf *m* | expedient; shift; makeshift.
behelfen *v* | **sich** ~ | to resort to expedients (to shifts).
Behelfs..heim *n*; —**unterkunft** *f*; —**wohnung** *f* | makeshift home (living quarters).
behelfsmäßig *adj* | makeshift.
Beherbergungsgewerbe *n* | hotel industry.
beherrschen *v* | to govern; to dominate; to rule | **ein Land** ~ | to rule over a country | **den Markt** ~ | to command (to control) the market | **drei Sprachen** ~ | to have a command of three languages | **sich selbst** ~ | to command os. | etw. ~ | to be in command of sth.
beherrschend *adj* | ~**e Lage (Stellung)** | commanding position.
Beherrscher *m* | ruler.
Beherrschung *f* | domination; ruling; command | ~ **einer Fremdsprache** | command of a foreign language | ~ **der Meere** | command of the seas | **Selbst**~ | self-command; command over os. | **Sprach**~ | mastery (command) of a language.
behindern *v* | to hinder; to impede | **den Verkehr** ~ | to impede (to hold up) traffic.
Behinderung *f* | hindrance | ~ **der Betätigungsfreiheit** | impediment to free activity; impeding the liberty to work | ~ **der Pressefreiheit** | restriction of the freedom of the press | ~ **der freien Religionsausübung** | impediment to the free exercise of religion.
Behinderungsfall *m* | **im** ~ | in case of impediment.
Behörde *f* | authority; administration | **Aufsichts**~ | board of control; control board | **Auswanderungs**~ | board of emigration | **Bau**~ | board of works | **Berg**~; **Bergwerks**~ | board of mines; mining board | **Hafen**~ | harbor board; port authority | **Konsular**~ | consular authority | **Oberzoll**~ | board of customs (of revenue) (of excise) | **Ortsverwaltungs**~ | local administrative authority | **Provinz**~

| provincial authority | **Register**~ | record (public record) office | **Schul**~; **Schulaufsichts**~ | school board | **Staats**~ | governmental office (authority) | **Steuer** ~ | fiscal (tax) authority | **Strafvollzugs**~ | prison administration | **Umlagen**~ | rating authority | **Vormundschafts**~ | court of guardianship; guardianship court; board of guardians | **Zentral**~ | central authority | **Zentralverwaltungs**~ | central administrative authority; central administration | **Zoll**~ | customs authority.

★ **öffentliche** ~ public authority | **städtische** ~ | municipal authority | **vorgesetzte** ~ | superior authority | **zuständige** ~ | competent authority.

Behörden *fpl* | **die Besatzungs**~; **die Besetzungs**~ [S] | the occupational authorities | **die Bundes**~ | the federal authorities | **die Finanz**~ | the fiscal (revenue) (tax) authorities; the fisc | **die Gemeinde**~ | the communal authorities; the community | **die Gerichts**~; **die Justiz**~ | the judicial authorities; the courts | **die Gesundheits**~ | the sanitary (health) (public health) authorities; the medical board | **die Kirchen**~ | the church (ecclesiastical) authorities; the Church | **die Militär**~ | the military authorities | **die Orts**~; **die örtlichen** ~ | the local authorities | **die Ortspolizei**~ | the local police authorities; the local police | **die Polizei**~ | the police authorities; the police | **die Staats**~ | the administration; the government | **die Steuer**~ | the revenue authorities; the fisc | **die Strafverfolgungs**~ | the Prosecution | **die Verwaltungs**~ | the administrative authorities; the administration | **die Zivil**~ | the civil authorities (administration) | **die Zoll**~ | the administration of the customs; the customs | **die städtischen** ~ | the municipality.

behördlich *adj* | **unter** ~**er Aufsicht** | under government supervision (control) | **mit** ~**er Genehmigung** | with government permission | ~**e Vorschrift** | government regulation.

behördlich *adv* [behördlicherseits] | officially | ~ **genehmigt** | authorized (licensed) by the government.

behufs *prep* | with a view to; for the purpose of.

Behuf *m* | **zu diesem** ~ | for (to) this purpose.

Beiakten *mpl* | supplementary (ancillary) files (papers).

beibehalten *v* | to keep; to retain.

Beibehaltung *f* | keeping; retaining | **unter** ~ **der Firma** | maintaining the original firm name.

Beiblatt *n* | supplement.

beibringen *v* Ⓐ | to furnish; to provide | **ein Alibi** ~ | to produce an alibi | **Beweise** ~; **Beweismaterial** ~ | to furnish evidence (proof); to produce evidence | **Unterlagen** ~; **Urkunden** ~ | to produce documents | **einen Zeugen** ~ | to produce (to bring forward) a witness | **jds. Zustimmung** ~ | to procure sb.'s consent.

beibringen *v* Ⓑ | **jdm. etw.** ~ | to teach sb. sth. | **jdm. eine Niederlage** ~ | to inflict a defeat on sb.

Beibringung *f* | production; producing | ~ **von Beweisen**; ~ **von Beweismaterial** | production of evidence | ~ **von Unterlagen**; ~ **von Urkunden** | production of documents | ~ **eines Zeugen** | production (presentation) of a witness.

Beichtgeheimnis *n* | confessional secret.

beiderseitig *adj* | mutual; reciprocal | **in** ~**em Einverständnis** | with mutual consent | ~**es Interesse** | mutual (reciprocal) interest | ~**er Vorteil** | mutual (reciprocal) benefit; mutual advantage (profit).

beiderseits *adv* Ⓐ | on both sides; on either side.

beiderseits *adv* Ⓑ [gegenseitig] | mutually.

beidrücken *v* | **sein Siegel** ~ | to affix one's seal.

Beidrückung *f* | ~ **des Siegels** | affixing of the seal.

Beifall *m* Ⓐ | applause | ~ **finden** | to meet with applause.

Beifall *m* Ⓑ [Billigung] | approval | **jds.** ~ **finden** | to meet with (to receive) sb.'s approval; to be approved by sb.

beifolgend *adj* | enclosed (adjoined) herewith (hereto).

beifügen *v* Ⓐ [anbringen] | to affix; to append | **eine Notadresse** ~ | to add an address in case of need | **einer Urkunde seine Unterschrift** ~ | to set one's signature (one's hand) to a deed.

beifügen *v* Ⓑ [als Anlage ~; anfügen] | to enclose; to adjoin; to append; to annex; to attach.

Beifügung *f* Ⓐ [Anbringung] | affixing; appending.

Beifügung *f* Ⓑ [als Anlage] | enclosing; enclosure | **unter** ~ **von ...** | enclosing ...

beigefügt *adj*; **beigeheftet** *adj*; **beigeschlossen** *adj* | enclosed (adjoined) herewith (hereto).

beigeordnet *adj* | ~**es Mitglied** | assistant member | ~**er Richter** | assistant judge.

Beigeordneter *m* | deputy.

beiheften *v* | to enclose; to adjoin; to attach.

Beihilfe *f* Ⓐ | assistance; aid; help | **Staats**~; **staatliche** ~ | state subsidy; grant-in-aid | **finanzielle** ~ ① | financial aid; pecuniary assistance | **finanzielle** ~ ② | subvention; subsidy | **in den Genuß der** ~ **(einer** ~**) kommen** | to qualify for the (a) subsidy.

Beihilfe *f* Ⓑ [zu einem Verbrechen] | aiding and abetting; abetment in crime | ~ **leisten** | to aid and abet.

Beilage *f* Ⓐ [Anlage] | appendix; annex; enclosure; exhibit.

Beilage *f* Ⓑ [Zeitungs~] | supplement | **Gratis**~ | free supplement.

beilegen *v* Ⓐ [beifügen] | to enclose; to annex; to add.

beilegen *v* Ⓑ [regeln] | to settle; to adjust; to arrange; to compromise | **eine Meinungsverschiedenheit** ~ | to adjust (to settle) a difference | **eine Sache außergerichtlich** ~ | to settle a case (a matter) out of court | **eine Sache gütlich (in Güte)** ~ | to adjust (to settle) a matter amicably | **einen Streit (Streifall)** ~ | to adjust (to settle) (to accommodate) a quarrel (a dispute) | **einen Streit (einen Prozeß) gütlich** ~ | to settle a lawsuit amicably | **schiedsgerichtlich** ~ | to settle by arbitration.

beilegen *v* Ⓒ [beimessen] | **eine Sache großen Wert** ~ | to attach (to attribute) great importance to a matter | **sich einen Titel** ~ | to assume a title.

Beilegung *f* Ⓐ [Beifügung] | enclosing; enclosure | **unter** ~ **von ...** | enclosing ...

Beilegung *f* Ⓑ [Regelung] | ~ **einer Meinungsverschiedenheit** | settlement (arrangement) of a difference | ~ **eines Streites (eines Prozesses)** | settlement of a dispute (of a lawsuit) | ~ **durch Vergleich** | settlement by compromise | **außergerichtliche** ~ | settlement out of court | **gütliche** ~ **eines Streites** | adjustment of a difference.

Beileids..bezeugung *f* | expression of sympathy.

—**schreiben** *n* | letter of sympathy (of condolence).

—**telegramm** *n* | telegram of condolence.

beiliegend *adj* | enclosed (adjoined) herewith (hereto).

beimessen *v* | to attribute; to attach | **einer Sache Bedeutung** ~ | to attach importance to sth. | **einer Erklärung Glauben** ~ | to attach credence (to give credit) to a statement | **jdm. die Schuld an etw.** ~ | to attribute the blame for sth. to sb.

Beimessung *f* | attribution.

Beiname *m* | surname.

beiordnen *v* | to adjoin; to coordinate.

Beiordnung *f* | adjunction.

beipacken *v* | **etw.** ~ | to pack sth. by.

beipflichten *v* | **einer Ansicht (Meinung)** ~ | to assent to an opinion | **einem Vorschlag** ~ | to assent to a proposal.
Beirat *m* Ⓐ [Gremium] | advisory committee (panel) | **Verwaltungs**~ | advisory board.
Beirat *m* Ⓑ [Berater] | adviser; counsel | **Finanz**~ | financial adviser | **Rechts**~; **juristischer** ~ | legal adviser | **Verwaltungs**~ | administrative adviser.
★ **ärztlicher** ~; **medizinischer** ~ | medical adviser | **literarischer** ~ | literary adviser | **technischer** ~ | technical adviser.
Beiratsmitglied *n* | member of the advisory board.
Beischlaf *m* | cohabitation | **außerehelicher** ~ | extraconjugal cohabition.
Beisein *n* | presence; assistance | **im** ~ **eines Notars** | in the presence of a notary.
beiseite *adv* | aside.
beiseite..bringen *v*; —**schaffen** *v* | **Geld** ~ | to misappropriate funds | **ein Schriftstück** ~; **eine Urkunde** ~ | to suppress (to abstract) a document.
Beiseite..bringung *f*; —**schaffung** *f* | abstraction | ~ **von Geld** | misappropriation (fraudulent conversion) of funds | ~ **eines Schriftstücks**; ~ **einer Urkunde** | fraudulent removal of a document | ~ **von Urkunden** | abstraction of documents.
beiseitelegen *v* | etw. ~ | to put (to lay) sth. aside | **Geld** ~ | to lay aside (to save) money.
beisetzen *v* | **das Siegel** ~ | to affix the seal.
Beisetzung *f* Ⓐ | ~ **des Siegels** | affixing of the seal.
Beisetzung *f* Ⓑ [Beerdigung] | burial.
Beisitz *m* | assessorship.
Beisitzer *m* | assessor; assistant judge | **Arbeitgeber**~ | assessor representing the employers | **Arbeitnehmer**~ | assessor representing the employees (the workers) | **Laien**~ | lay assessor.
Beispiel *n* | example; instance | **Muster**~ | model | **für eine Regel ein** ~ **geben** | to exemplify a rule | **ein gutes** ~ | a good instance | **warnendes** ~ | warning; caution | **jds.** ~ **anführen** | to hold sb. up as an example | **etw. als** ~ **anführen** | to instance sth.; to cite sth. as an example | **jds.** ~ **folgen** | to follow sb.'s example; to take sb. as an example | **das (ein)** ~ **geben** | to set the (an) example | **als** ~ | as an (by way of) example | **zum** ~ | for instance; for example.
beispielsweise *adv* | as an (by way of) example.
Beistand *m* Ⓐ [Unterstützung] | assistance; aid; help | **jdm. Hilfe und** ~ **leihen** | to lend sb. one's aid and assistance | **Rechts**~ | legal advice | **ärztlicher** ~ | medical aid | **gegenseitiger** ~ | mutual assistance | **jdm.** ~ **leisten** | to help (to assist) sb.; to give (to lend) (to render) sb. assistance.
Beistand *m* Ⓑ [Ratgeber] | adviser; advisor | **Rechts**~ | legal adviser; counsel | **gerichtlich bestellter** ~ | guardian appointed by the court.
Beistands..abkommen *n* | treaty of mutual assistance.
—**erklärung** *f* | declaration (promise) to render assistance.
—**pakt** *m*; —**vertrag** *m* | pact of mutual assistance | **militärischer** ~ | pact of military assistance.
—**verpflichtung** *f* | obligation to render assistance.
beistehen *v* | **jdm.** ~ | to help (to assist) (to aid) sb.; to give (to lend) (to render) sb. assistance.
Beisteuer *f* | contribution; subsidy; aid.
beisteuern *v* | **zur Deckung der Unkosten** ~ | to contribute to (towards) the expense.
beistimmen *v* | to consent; to approve; to assent.
Beitrag *m* | contribution; subscription | **Arbeitgeber**~ | employer's contribution (share) (tax) | **Arbeitslosenversicherungs**~ | contribution to the unemployment compensation fund; unemployment

compensation tax (relief tax) | **Arbeitnehmer**~ | employee's share (tax) (contribution) | **Geld**~; ~ **in Geld** | contribution in money (in cash) | **Gewerkschafts**~ | union dues | **Jahres**~ | annual subscription | ~ **zu den Kosten; Kosten**~; **Unkosten**~ | share in the cost (in the expense); contribution towards the expenses | **Mitglieds**~ | subscription; membership dues | **Unterhalts**~ | contribution towards maintenance | ~ **zu einem Unternehmen** | contribution to an undertaking | **Vereins**~ | subscription | **Versicherungs**~ | insurance premium | **Wehr**~ | defense (national defense) contribution | ~ **für eine Zeitung** | contribution to a newspaper.
★ **anteilsmäßiger** ~ | contribution pro rata | **rückständiger** ~ | contribution in arrears.
★ **seinen** ~ **bezahlen (leisten) (zahlen)** | to pay one's subscription; to contribute one's share | **von jdm. einen** ~ **erheben** | to make sb. contribute | **etw. als seinen** ~ **geben** | to give sth. as one's contribution | **zu etw.** ~ **leisten** | to contribute (to make contribution) to (towards) sth. | **einen** ~ **übernehmen** | to subscribe.
Beiträge *mpl* | **ausstehende** ~; **fällige** ~ | contributions still due | **freiwillige** ~ | voluntary contributions | ~ **erheben** | to collect dues | **jdn. zu** ~**n heranziehen** | to make sb. contribute; to collect dues from sb. | **durch** ~ | by means of contributions; by subscription(s).
beitragen *v* | **zu etw.** ~ | to contribute (to make a contribution) to (towards) sth. | **zur Deckung der Unkosten** ~ | to contribute towards the expense | **zu einem Erfolg** ~ | to contribute to a success | **an etw. anteilsmäßig (verhältnismäßig) (nach Verhältnis)** ~ | to contribute to sth. proportionally (in proportion).
Beitrags..abschnitt *m* | contribution period.
—**anteil** *m* | share in a contribution.
—**aufkommen** *n* | yield from contributions.
—**bemessung** *f* | assessment (fixing) of contributions.
—**berechnung** *f* | calculation of contributions.
—**eingang** *m* | receipt of contributions.
—**erhebung** *f* | **durch** ~ | by means of contributions.
—**fonds** *m* | contributory fund.
beitragsfrei *adj* | non-contributory | ~**e Mitgliedschaft** | free membership | ~**e Versicherung** | free insurance.
Beitrags..klasse *f* | schedule of contributions.
—**leistung** *f* | payment of dues | **jdn. zur** ~ **heranziehen** | to make sb. contribute (pay contributions) | **durch** ~ | by (by way of) contributions.
—**marke** *f* | contribution stamp.
—**monat** *m* | contribution month.
—**pflicht** *f* | liability to contribute.
beitragspflichtig *adj* | liable (subject) to contribution | ~**e Vermögenswerte** | contributing values.
Beitrags..pflichtiger *m* | contributory.
—**rückerstattung** *f* | refund of contributions.
—**rückstände** *mpl* | contributions in arrears.
—**satz** *m* | rate of contribution.
—**woche** *f* | contribution week.
—**zahlung** *f* | contribution; subscription.
beitreibbar *adj* | recoverable | **nicht** ~ | irrecoverable.
beitreiben *v* | to recover; to collect | **eine Forderung (Schuld)** ~ | to collect (to recover) a debt | **Steuern** ~ | to collect taxes.
Beitreibung *f* | collection; recovery | **unter Androhung der** ~ | under penalty of compulsory execution | ~ **der Außenstände; Forderungs**~ | collection of debts; debt collection | ~ **einer Forderung** | collection of a claim | ~ **von Steuern; Steuer**~ | collec-

tion of taxes; tax collection | **Zwangs**~ | collection by means of compulsory execution.

Beitreibungs..auftrag *m* | order to take proceedings.

—**kosten** *pl* | collecting charges.

—**ordnung** *f* | regulations covering compulsory execution.

—**verfahren** *n* | proceedings for recovery.

—**weg** *m* | im ~e | by means of compulsory execution.

beitreten *v* Ⓐ | to assent; to agree | **einer Ansicht (Meinung)** ~ | to assent to (to endorse) an opinion | **einem Vorschlag** ~ | to assent to (to approve of) a proposal.

beitreten *v* Ⓑ | to accede; to join | **einem Abkommen** ~; **einer Konvention (Übereinkunft)** ~ | to accede to a convention | **einem Pakt** ~ | to accede to a pact | **einer Partei** ~ | to join a party; to become a member of a party | **einem Prozeß** ~ | to join a lawsuit | **einem Staatsvertrag** ~ | to accede to a treaty | **einem Verein** ~ | to join a club (an association).

Beitritt *m* Ⓐ | accession; joining | ~ **zu einem Abkommen (Vertrag)** | accession to a treaty | ~ **zum Gemeinsamen Markt** | entry into the Common Market | ~ **zu einer Gesellschaft** | entering a company (a society) | ~ **zu einer Konvention (Übereinkunft)** | accession to a convention | ~ **zu einer Partei** | accession (adherence) to a party | ~ **zu einem Verein** | joining a club | **Zwangs**~ | compulsory membership.

★ **freier** ~ | free (open) membership | **freiwilliger** ~ | voluntary (free) membership | **seinen** ~ **erklären** | to join.

Beitritt *m* Ⓑ | [Prozeß~] | joinder.

Beitritts..abkommen *n*; —**vertrag** *m* | deed of consent (of accession).

—**bedingungen** *fpl* | conditions of membership.

—**erklärung** *f* | declaration of accession.

—**formular** *n* | application form.

—**gesuch** *n* | application for admission.

—**pflicht** *f*; —**zwang** *m* | compulsory membership.

beiwohnen *v* Ⓐ | etw. ~ | to assist (to be present) at sth.; to attend sth.; to participate (to partake) in sth. | **einer Versammlung** ~ | to attend a meeting.

beiwohnen *v* Ⓑ | to cohabit.

Beiwohnung *f* Ⓐ | [Zugegensein] | presence; attendance.

Beiwohnung *f* Ⓑ | [Beischlaf] | cohabitation | **Vermutung der** ~ | presumption of access | **außereheliche** ~ | extra-conjugal cohabitation.

beiziehen *v* | to adjoin | **einen Sachverständigen** ~ | to call (to call in) an expert | **einen Spezialisten** ~ | to call in a specialist.

Beiziehung *f* | ~ **von Sachverständigen** | calling in of experts.

bejahen *v* | to affirm; to answer in the affirmative.

Bejahung *f* | affirmation; affirmative answer.

Bekämpfung *f* | **Seuchen**~ | prevention of epidemics | **Unfall**~ | prevention of accidents | **Verbrechens**~ | crime prevention.

bekannt *adj* | known | ~**es Risiko** | known risk | ~**e Tatsache** | known (well-known) fact | **unter dem Namen ...** ~ **sein** | to be known as ... | **persönlich** ~; **der Person nach** ~ | personally known | **allgemein** ~ **sein** | to be known to all (to everybody); to be a matter of common knowledge.

Bekanntenkreis *m* | circle of acquaintances.

bekanntermaßen *adv*; **bekanntlich** *adv* | notoriously; as is well known.

Bekanntgabe *f* Ⓐ | [Bekanntmachung] | notification | **öffentliche** ~ | public notice; notice to the public; publication.

Bekanntgabe *f* Ⓑ | [Enthüllung] | disclosure.

Bekanntgabe *f* Ⓒ | [Verkündung] | promulgation | ~ **des Wahlergebnisses (der Wahlresultate)** | declaration of the poll.

bekanntgeben *v*; **bekanntmachen** *v* Ⓐ | etw. ~ | to announce sth.; to make sth. known | jdm. etw. ~ | to notify sb. of sth. | etw. öffentlich ~ | to publish sth.; to make sth. known to the public | **hierdurch (hiermit) wird bekanntgegeben (bekanntgemacht), daß ...** | notice is hereby given that ...; this is to notify that ...

bekanntgeben *v*; **bekanntmachen** *v* Ⓑ | [verkünden] | **ein Gesetz** ~ | to promulgate a law | **das Wahlergebnis** ~; **die Wahlresultate** ~ | to declare the poll.

Bekanntmachung *f* Ⓐ | announcement; notification | ~ **durch Anschlag** | notification on the bill board | **amtliche** ~ | official communication | **öffentliche** ~ | public announcement (notice); notice to the public; publication | **durch öffentliche** ~; **im Wege der öffentlichen** ~ | by public announcement.

Bekanntmachung *f* Ⓑ | [Verkündung] | ~ **eines Gesetzes** | promulgation of a law.

Bekanntmachungstag *m* | day of publication.

Bekanntschaft *f* Ⓐ | [Bekanntsein] | acquaintance | **flüchtige** ~ | casual acquaintance | jds. ~ **machen** | to strike up an acquaintance with sb.

Bekanntschaft *f* Ⓑ | [Kreis von Bekannten] | circle of acquaintances; acquaintanceship.

bekennen *v* | to admit | **sich schuldig** ~ | to plead guilty; to admit one's guilt | **sich nicht schuldig** ~ | to plead not guilty | **sich zum Empfang einer Sache** ~ | to acknowledge the receipt of a thing.

Bekenntnis *n* Ⓐ | admission; confession | **Empfangs**~ | receipt; acknowledgment of receipt | **Schuld**~ | admission of guilt.

Bekenntnis *n* Ⓑ | [religiöses ~] | denomination.

—**schule** *f* | denominational school.

beklagen | **sich bei jdm.** ~ | to complain (to make complaints) to sb. | **sich über jdn.** ~ | to lodge (to make) complaint against sb. | **sich über etw.** ~ | to complain about sth. (of sth.); to make complaints about sth. | **Grund haben, sich zu** ~ | to have reason to complain (for complaint).

beklagt *adj* | **die** ~**e Gesellschaft** | the defendant company | **die** ~**e Partei** | the defendant party; the defendant; the defense.

Beklagte *m* Ⓐ | **der** ~ | the defendant | **der Berufungs**~; **der Rechtsmittel**~ | the respondent | **der Nichtigkeits**~ | the defendant in an action for nullity | **der Prozeßbevollmächtigte des** ~**n** | counsel for the defendant (for the defense) | **der Revisions**~ | the respondent.

Beklagte *f* Ⓑ | **die** ~ | the defendant; the defendant company.

Beklagte *m* Ⓒ | [in einem Scheidungsprozeß] | **der (die)** ~ | the respondent.

bekleiden *v* | **ein Amt** ~ | to hold an office; to fill a post (one's post).

Bekleidungs..gewerbe *n*; —**industrie** *f* | garment industry.

—**vorschrift** *f* | dress regulations.

beköstigen | jdn. ~ | to board sb.

Beköstigung *f* | board; boarding | **Wohnung und** ~ | board and lodging (and residence).

Beköstigungs..geld *n*; —**zulage** *f* | allowance for board.

bekräftigen *v* | to confirm; to affirm | etw. **eidlich** ~ | to confirm (to substantiate) sth. by oath; to affirm sth. on oath.

Bekräftigung *f* | confirmation; affirmation | **eidliche** ~ | affirmation on (upon) oath | **zur** ~ **von ...** | in confirmation of ...

bekunden *v* | to depose; to declare; to state | **seine Ansicht** ~ | to state one's opinion | **Interesse für etw.** ~ | to show an interest in sth. | **eidlich** ~ | to depose (to declare) upon (under) oath.
Bekundung *f* | declaration; deposition.
beladen *v* | to charge; to load.
Beladung *f* | charging; loading.
Beladungsgrenze *f* | load limit.
Belagerung *f* | siege.
Belagerungszustand *m* | state of siege | **Verhängung des** ~**es** | proclamation of a state of siege | **den** ~ **verhängen** | to declare (to proclaim) a state of siege; to proclaim (to establish) martial law | **im** ~ | in a state of siege; under martial law.
Belang *m* | **ohne** ~ | irrelevant | **von** ~ **sein** | to be relevant (of relevance).
Belange *mpl* | **öffentliche** ~ | public interests | **private** ~ | private interests (affairs) | **jds.** ~ **vertreten** | to represent sb.'s interests.
belangen *v* | **jdn.** ~; **jdn. gerichtlich** ~ | to sue sb.; to bring (to enter) an action against sb.; to institute legal proceedings against sb.
belanglos *adj* | insignificant; unimportant.
belangreich *adj* | important; of importance.
belasten *v* Ⓐ | to charge; to burden | **ein Anwesen mit einer Umlage** ~ | to lay a rate on a building | **ein Grundstück mit einer Hypothek** ~ | to encumber (to burden) an estate with a mortgage | **ein Grundstück mit Hypotheken** ~ | to mortgage an estate | **den Haushalt mit etw.** ~ | to burden the budget with sth. | **etw. mit Kosten** ~ | to burden sth. with costs | **etw. mit Steuern** ~ | to burden sth. with taxes; to tax sth. | **jdn. mit etw.** ~ | to burden sb. with sth.
belasten *v* Ⓑ [debitieren] | to debit | **ein Konto mit etw.** ~ | to debit (to charge) an account with sth. | **jdn. für (wegen) etw.** ~ | to debit sb. for sth.; to place (to carry) (to enter) sth. to sb.'s debit | **Zinsen** ~ | to charge interest.
belasten *v* Ⓒ | **jdn.** ~ | to incriminate sb.
belastend *adj* | ~**es Material** | incriminating evidence (documents) | ~**e Umstände** | incriminating circumstances | ~**e Zeugenaussagen machen** | to give incriminating evidence.
belastet *adj* Ⓐ | ~**es Grundstück** | encumbered estate | **mit einer Hypothek** ~ | encumbered with a mortgage | **mit Hypotheken** ~ | mortgaged | **mit Schulden** ~ | encumbered (burdened) with debts | **hypothekarisch** ~ **werden** | to be (to become) mortgaged | **steuerlich** ~ | tax-burdened | **un**~ ① | unencumbered | **un**~ ② | unencumbered by mortgages.
belastet *adj* Ⓑ [debitiert] | **das** ~**e Konto** | the debited account.
Belastung *f* Ⓐ | charge; encumbrance | ~ **eines Grundstücks; Grundstücks**~ | encumbrance of an estate | **Kapital**~ | capital charge | **die** ~ **mit Hypotheken; die hypothekarische** ~ | the encumbrance by mortgages | **hypothekarische** ~ | mortgage charge (debt); debt on mortgage | **die steuerlichen** ~**en; die** ~ **mit Steuern und Abgaben** | the fiscal charges; the tax burden.
Belastung *f* Ⓑ [Debitierung] | ~ **eines Kontos** | debiting of an account.
Belastung *f* Ⓒ | incrimination; incriminating.
Belastung *f* Ⓓ [Tragfähigkeit] | loading capacity | **Höchst**~ | maximum load | **zulässige** ~ | safe (safety) load.
Belastungs..anzeige *f*; —**aufgabe** *f* | debit note.
—**grenze** *f* | **hypothekarische** ~ | limit of encumbrance(s).

Belastungs..material *n* | incriminating evidence (documents).
—**zeuge** *m* | witness for the prosecution (for the crown); prosecution (state) (crown) witness | **Haupt**~ | principal witness for the prosecution; star prosecution witness.
belästigen *v* | to trouble; to inconvenience | **jdn.** ~ | to molest sb.
Belästigung *f* Ⓐ | trouble; inconvenience.
Belästigung *f* Ⓑ [durch Tätlichkeiten] | molestation.
belaufen *v* | **sich** ~ **auf** | to amount to; to come up to; to run to.
beleben *v* | **den Markt** ~ | to stimulate the market.
belebt *adj* | brisk; animated.
Belebung *f* | stimulation | **Geschäfts**~ | business recovery | **Markt**~ | stimulation of the market.
Beleg *m* | voucher; proof; document | **Ausgaben**~ | expense voucher | **Buchführungs**~; **Buchungs**~ | book-keeping voucher; accountable (formal) receipt | **Einnahmen**~ | voucher for receipt; receipt | **Kassen**~ | cash voucher | **Quittungs**~; **Zahlungs**~ | voucher for payment (for receipt); receipt | ~**e beibringen** | to furnish evidence (proof) | **zum** ~ **von** | in support of.
belegen *v* Ⓐ [nachweisen] | **etw. urkundlich (dokumentarisch) (durch Urkunden)** ~ | to support sth. by documents (by vouchers) (by documentary evidence); to document sth.
belegen *v* Ⓑ | **etw. mit Abgaben (Steuern)** ~ | to lay (to levy) (to impose) duties (taxes) on sth.; to make sth. taxable; to subject sth. to taxation; to tax sth. | **etw. mit Arrest (Beschlag)** ~ | to levy distraint upon sth.; to seize sth. | **jdn. mit Strafe** ~ | to impose (to inflict) a penalty on sb.
belegen *v* Ⓒ | **Frachtraum** ~ | to book freight | **einen Platz** ~ | to reserve (to book) a seat | **eine Vorlesung** ~ | to subscribe to a course of lectures.
belegen *part* [gelegen] | situate(d).
Beleg..exemplar *n* | voucher copy.
—**nummer** *f* | voucher number.
—**quittung** *f* | voucher for payment (for receipt); accountable receipt.
Belegschaft *f* | **die** ~ | the body of workers; the staff of workers and employees.
Beleg..stelle *f* | quotation; reference.
—**stück** *n* | voucher; proof; voucher (document) in support.
belegt *adj* Ⓐ | **durch Tatsachen** ~ | supported by facts | **durch Urkunden** ~; **urkundlich** ~ | documented; supported by documents.
belegt *adj* Ⓑ [reserviert] | ~**er Platz** | reserved seat.
Belegung *f* | ~ **von Frachtraum; Frachtraum**~ | freight booking(s).
Belehnung *f* | feoffment; enfeoffment.
belehren *v* | **jdn.** ~ | to caution (to warn) sb. | **die Geschworenen** ~ | to direct the jury | **die Geschworenen unrichtig (falsch)** ~ | to misdirect the jury.
Belehrung *f* | warning; direction.
beleidigen *v* | **jdn.** ~ | to insult (to offend) sb.; to give offense to sb. | **jdn. tätlich** ~ | to assault sb.
beleidigend *adj* | insulting; offending; offensive; injurious | ~**e Antwort** | offensive answer | ~**er Ausdruck**; ~**e Äußerung (Bemerkung)** | insult; insulting remark | **jdm. gegenüber** ~**e Bemerkungen machen** | to use insulting words (language) to sb. | ~**er Ton** | offensive tone | **in** ~**er Weise** | insultingly; in an insulting manner.
Beleidiger *m* | offender; [the] offending person (party).
beleidigt *part* | offended; insulted | **sich durch etw.** ~ **fühlen** | to take offence at sth.; to be offended by sth.

Beleidigte *m* | der ~ | the offended (injured) party (person).

Beleidigung *f* | insult; offense | **Beamten**~ | libelling (insulting) an official | **Erwiderung einer** ~ | flinging back an insult | **Majestäts**~ | lese (leze) majesty | **dem Unrecht noch ~en hinzufügen (folgen lassen)** | to add insult to injury | **Zurücknahme einer** ~ | taking back (retraction of) an insult (an offense).

★ **mündliche** ~ | slander | **öffentliche** ~ | public affront; insulting in public | **schriftliche** ~ | libel | **schwere** ~ | serious injury | **tätliche** ~ | assault | **unerhörte** ~ | outrageous insult | **verleumderische** ~ | calumny; slanderous insult.

★ **eine** ~ **einstecken** | to pocket an affront (an insult) | **eine** ~ **auf der Stelle erwidern** | to fling back an insult | **jdn. wegen** ~ **verklagen** | to sue sb. for libel (for slander) | **jdm. eine** ~ **zufügen** | to insult (to offend) sb.; to offer insults (an insult) to sb. | **eine** ~ **zurücknehmen** | to take back (to retract) an insult (an offense).

Beleidigungs..klage *f* ; —**prozeß** *m* | libel (slander) action; libel suit; action for libel | **gegen jdn. eine (einen** ~) **anstrengen** | to bring an action for libel against sb.

beleihen *v* | to lend on security (on collateral) | **Effekten** ~; **Wertpapiere** ~ | to advance (to lend) money on securities.

Beleihung *f* | lending (granting of loans) on security (on collateral) | ~ **von Effekten; ~ von Wertpapieren** | | lending upon (on) securities.

Beleihungs..grenze *f* | limit on the granting of loans; credit limit.

—**wert** *m* | lending (loan) value.

belesen *adj* | well-read | **sehr** ~ | of immense reading.

Beleuchtungskosten *pl* | cost of lighting.

beleumundet *part* | **gut** ~ | of good reputation (report) | **schlecht** ~; **übel** ~ | of bad renown; of ill (bad) reputation | **schlecht (übel)** ~ **sein** | to have a bad reputation (character) (record); to be in bad repute.

Belieben *n* | discretion; choice | **in jds.** ~ **stehen** | to be at sb.'s discretion; to rest with sb. | **etw. in jds.** ~ **stellen** | to leave sth. to sb.'s discretion | **nach jds.** ~ | at sb.'s discretion (convenience).

beliebig *adj* | discretionary; left to discretion.

beliefern *v* | **jdn. mit etw.** ~ | to supply sb. with sth.

Belieferung *f* | supply(ing) | **Markt**~ | market supply.

belohnen *v* | **jdn. für etw.** ~ | to reward sb. for sth.

Belohnung *f* | reward; recompense | **Aussetzung einer** ~ | offering of a reward | **eine** ~ **für etw. aussetzen** | to offer a reward for sth. | **jdm. etw. als** ~ **(zur** ~) **geben** | to reward sb. with sth. | **jdm. eine** ~ **gewähren** | to confer a reward on sb. | **als** ~ **für etw.** | as a reward for sth.

bemängeln *v* Ⓐ [tadeln] | to censure; to blame.

bemängeln *v* Ⓑ [abfällig kritisieren] | to criticize adversely.

bemängeln *v* Ⓒ [einen Mangel anzeigen] | to notify a defect.

Bemängelung *f* Ⓐ [Tadel] | censure.

Bemängelung *f* Ⓑ [abfällige Kritik] | adverse criticism.

Bemängelung *f* Ⓒ [Mängelanzeige] | notification of a defect.

bemannen *v* | **eine Prise** ~ | to man a prize | **ein Schiff** ~ **und ausrüsten** | to man, equip and supply a vessel.

Bemannung *f* | crew

Bemannungsvorschriften *fpl* [für Schiffe] | manning regulations.

Bemerken *n* | **mit dem** ~, **daß ...** | remarking (observing) that ...

bemerken *v* | to remark | **etw. einleitend** ~ | to premise sth.; to state sth. as an introductory remark.

bemerkenswert *adj* Ⓐ | worthy of remark (of note); notable.

bemerkenswert *adj* Ⓑ [beachtlich] | remarkable.

Bemerkung *f* [Äußerung] | remark; comment | **Vor**~ | preliminary remark | **zur Unzeit gemachte** ~; **unzeitgerechte** ~ | ill-timed (untimely) (unseasonable) remark | **abfällige** ~**en** | unfavo(u)rable remarks; adverse comment | **über etw. abfällige** ~**en machen** | to comment unfavo(u)rably (adversely) upon sth. | **abschließende** ~ | concluding (final) remark | **unangebrachte** ~; **unpassende** ~ | improper (unsuitable) remark.

bemessen *v* | to determine.

Bemessung *f* | determining; fixing | **Steuer**~ | assessment.

Bemessungs..grundlage *f* | assessment basis; basis of valuation.

—**zeitraum** *m* | assessment period.

bemühen *v* | **sich** ~, **etw. zu tun** | to endeavo(u)r (to exert os.) to strive) (to make an effort) to do sth. | **jdn. um etw.** ~ | to trouble sb. for sth.

Bemühung *f* | effort; endeavo(u)r | **sich** ~**en machen** | to make endeavo(u)rs (efforts); to exert os.

Bemühungen *fpl* [Dienstleistungen] | **ärztliche** ~ | medical services (attention).

bemustern *v* | **etw.** ~ | to make up (to put) sth. into samples.

Bemusterung *f* | making up of samples; sampling.

benachbart *adj* | neighbo(u)ring | ~**es Grundstück** | adjoining (neighbo(u)ring) property (estate).

benachrichtigen *v* | **jdn. von etw.** ~ | to notify (to advise) sb. of sth.; to announce sth. to sb. | **jdn. rechtzeitig** ~ | to give sb. proper notice.

Benachrichtigung *f* | notification; notice; advice | **Eingangs**~ | advice of arrival | **Empfangs**~ | advice (notice) (acknowledgment) of receipt | ~ **über die Nichteinlösung** | notice of dishono(u)r by nonpayment | **Versand**~ | advice of shipment (of dispatch); forwarding (shipping) advice | **Voraus**~; **vorgängige (vorherige)** ~ | notice in advance; advance information (notice); warning | **Zuteilungs**~ | letter of allotment; allotment letter.

★ **briefliche** ~; **schriftliche** ~ ① | notification by letter | **schriftliche** ~ ② | notice in writing; written notice | **nach schriftlicher** ~ | upon notice in writing | **ordnungsgemäße** ~; **rechtzeitige** ~ | due and proper notice.

★ **mangels** ~ | for want of advice | **ohne weitere** ~ | without further advice (notice).

Benachrichtigungs..gebühr *f* | fee for notification.

—**formular** *n* | notification form.

—**notiz** *f* | advice note (slip).

—**pflicht** *f* | obligation to notify.

—**schreiben** *n* | letter of advice.

benachteiligen *v* | to cause prejudice; to prejudice | **die Gläubiger** ~ | to cause prejudice to the interests of the creditors | **jdn.** ~ | to injure sb.; to put sb. to a disadvantage.

benachteiligend *adj* | detrimental; injurious | ~**e Zollsätze** | discriminating duties.

benachteiligend *adv* | **sich** ~ **auf etw. auswirken** | to affect sth. prejudicially (injuriously); to be prejudicial to sth.

benachteiligt *adj* | ~ **sein** | to be prejudiced (at a disadvantage) | ~ **werden** | to suffer prejudice; to be discriminated against.

Benachteiligte *m* | der ~ | the injured (prejudiced) party.

Benachteiligung *f* | detriment; prejudice | ~ **der Gläubiger; Gläubiger**~ | prejudice to the interests of the creditors | **Rasse**~ | racial discrimination | **steuerliche** ~ | discriminatory taxation | **eine** ~ **erfahren** | to suffer prejudice | **unter** ~ **von ...** | to the disadvantage (detriment) (prejudice) of ...

Benehmen *n* Ⓐ | **sich mit jdm. ins** ~ **setzen** | to communicate (to get in touch) with sb.

Benehmen *n* Ⓑ [Verhalten] | **gutes** ~ | good behavio(u)r | **schlechtes** ~ | misbehavio(u)r | **ungehöriges** ~ | improper conduct.

benennen | to nominate; to name; to designate; to propose | **jdn. als seinen Nachfolger** ~ | to designate (to appoint) sb. as (for) one's successor | **Zeugen** ~ | to name witnesses | **jdn. als Zeugen** ~ | to call sb. as witness.

Benennung *f* | nomination; naming | ~ **eines Nachfolgers** | designation (appointment) of a successor | ~ **von Zeugen; Zeugen**~ | naming of witnesses.

Benennungsrecht *n* | right to nominate; right of nomination (of presentation).

benötigen *v* | **etw.** ~ | to need (to require) sth. | **etw. dringend** ~ | to be (to stand) in great need of sth.

benutzbar *adj*; **benützbar** *adj* Ⓐ | utilizable; capable of being used.

benutzbar *adj*; **benützbar** *adj* Ⓑ [bewohnbar] | tenantable.

benutzen *v*; **benützen** *v* | **etw.** ~ | to use (to utilize) (to employ) sth.; to make use of sth.; to turn sth. to account.

Benutzer *m*; **Benützer** *m* | user.

Benutzung *f*; **Benützung** *f* | use; using; utilization; employment | **Vor**~ | prior use (user) | **mißbräuchliche** ~ | misuse; abuse; unauthorized use.

Benutzungs..gebühr *f* | charge (fee) for using (for use).

—**recht** *n* | right of user (of use) (to use) | **ausschließliches** ~ | exclusive use.

—**zwang** *m* | compulsory use.

beobachten *v* | to observe | **Formalitäten** ~ | to observe (to comply with) formalities | **Stillschweigen** ~ | to observe (to keep) silence.

Beobachter *m* | observer | **zu einer Versammlung einen** ~ **entsenden** | to send an observer to a meeting.

Beobachtung *f* | observance.

Beobachtungsauftrag *m* [an einen Rechtsanwalt] | watching brief.

beordern *v* | **jdn. nach ...** ~ | to order sb. to come to ...

beraten *v* Ⓐ [Rat erteilen] | **jdn.** ~ | to advise sb.; to give sb. advice | **sich mit jdm. über etw.** ~ | to take (to seek) sb.'s advice on sth.; to ask sb. for advice; to consult sb. on sth.; to take counsel with sb. | **sich mit einem Anwalt** ~ | to consult a lawyer | **sich juristisch** ~ **lassen** | to take legal (counsel's) advice.

beraten *v* Ⓑ [gemeinsam ~] | **über eine Angelegenheit (Sache)** ~; **eine Sache** ~ | to discuss (to consider) a matter; to deliberate on (over) a matter | **im geheimen** ~ | to deliberate in camera | **eine Sache vor**~ ① | to discuss a matter in advance | **eine Sache vor**~ ② | to prepare a matter by previous consultation | **über ein Urteil** ~ | to deliberate on a judgment | **sich mit jdm. über etw.** ~ | to consult with sb. about sth.

beraten *part* | **gut** ~ | well (soundly) advised | **schlecht** ~ | ill advised.

beratend *adj* | advisory; consultative; consulting; deliberative | ~ **er Anwalt** | consulting barrister; chamber counsel; counsel in chambers | ~ **er Architekt** | consulting architect | ~ **er Arzt** | consulting physician; consulant | ~ **er Ausschuß** | advisory (consultative) committee (board) | ~ **e Funktion** | advisory (deliberative) function | ~ **er Ingenieur** | consulting engineer | ~ **e Körperschaft** | deliberative body | ~ **e Praxis** | chamber (office) practice | ~ **e Stimme** | deliberative (consultative) voice | ~ **e Versammlung** | deliberative assembly | **in** ~ **er Versammlung** | deliberatively.

Berater *m* | adviser; consultant | **Berufs**~ | vocational adviser | **Finanz**~ | financial adviser | **Industrie**~ | industrial consultant | **Rechts**~ | legal adviser; counsel; counsellor | **Steuer**~ | adviser (expert) on tax matters (on fiscal matters) | **Wirtschafts**~ | economic adviser.

★ **ärztlicher** ~ | medical adviser; consulting physician; consultant | **außenpolitischer** ~ | adviser on foreign affairs | **diplomatischer** ~ | diplomatic adviser | **technischer** ~ | technical adviser.

beratschlagen *v* | to deliberate.

Beratschlagung *f* | deliberation.

Beratung *f* Ⓐ [Erteilung von Rat] | counsel; advice | **Berufs**~ | vocational guidance | **anwaltschaftliche** ~; **juristische** ~ | legal advice | **sachkundige** ~ | expert advice.

Beratung *f* Ⓑ [gemeinsame ~] | deliberation; consultation | **Vor**~ ① | previous consultation | **Vor**~ ② | preparatory consultation | **geheime** ~ | deliberation in camera | **in die** ~ **einer Sache eintreten** | to enter on (upon) the deliberation of a matter | **eine** ~ **halten** | to deliberate | **nach** ~ | upon deliberation | **nach** ~ **mit** | after consulting with.

Beratungs..ausschuß *m* | advisory (consultative) committee.

—**firma** *f* | consulting firm.

—**gebühr** *f* | consultation fee.

—**gegenstand** *m* | item (subject matter) for deliberation.

—**stelle** *f* | consulting office.

—**vertrag** *m* | consultancy agreement.

—**zimmer** *n* | conference (board) room.

berauben *v* | **jdn. einer Sache** ~ | to rob (to deprive) sb. of sth.

Beraubung *f* | robbing; robbery | ~ **der Post; Post**~ | depredation of the mails; mail depredation | **Versicherung gegen** ~ | insurance against robbery.

berechenbar *adj* | computable; calculable | **un**~ | beyond computation.

berechnen *v* Ⓐ [errechnen; ausrechnen] | to calculate; to reckon; to figure out | **eine Frist** ~ | to compute a period | **die Kosten (die Selbstkosten)** ~ | to calculate (to establish) the cost | **etw. im voraus** ~ | to calculate sth. in advance | **die Zinsen** ~ | to work out the interest | **etw. falsch** ~ | to miscalculate sth.

berechnen *v* Ⓑ [belasten; in Rechnung stellen] | **jdm. etw.** ~ | to charge sb. sth.; to debit sth. to sb. (sb. with sth.) | **die Kosten** ~ | to charge the costs | **eine Provision** ~ | to charge a commission | **zu wenig** ~ | to undercharge | **zu viel** ~ | to overcharge.

berechnen *v* Ⓒ [schätzen] | to estimate; to evaluate.

berechnend *adj* | ~ **e Haltung** | calculating attitude (policy).

Berechnung *f* Ⓐ [Errechnung] | calculation; calculating | **Fracht**~ | calculation of freight | ~ **einer Frist; Fristen**~ | computation of a term (of periods) | ~ **der Kosten; Kosten**~; **Selbstkosten**~ ① | calculation of the cost; costing | ~ **der Selbstkosten; Selbstkosten**~ ② | cost accounting | **Rentabilitäts**~ | calculation of profits | ~ **der Zinsen; Zins**~ | computation of interest | **falsche** ~ | miscalculation | **ungefähre** ~; **überschlägige** ~ | approximate (rough) calculation; approximation | **vorsichtige** ~ | conservative calculation | **eine** ~ **anstellen** | to

work out a calculation | **sich jeder ~ entziehen** | to be beyond calculation.
Berechnung *f* Ⓑ [Belastung] | billing; charging; invoicing.
Berechnung *f* Ⓒ [Schätzung] | estimate | **Ertrags~** | estimate of proceeds.
Berechnungs..art *f* | way of calculating.
—**fehler** *m* | error (mistake) in calculation; miscalculation.
—**grundlage** *f* | basis for calculation.
—**methode** *f* | method of calculation.
—**weise** *f* | way of calculating.
—**zeitraum** *m* | period of computation.
berechtigen *v* | **zu etw. ~** | to entitle to sth. | **jdn. ~, etw. zu tun** | to authorize (to entitle) sb. to do sth.; to give sb. authority (authorization) of doing sth.
berechtigt *adj* | legitimate; lawful | **~er Anspruch** | rightful claim | **~es Interesse** | lawful (legitimate) interest | **Wahrung ~er Interessen** | justification and privilege | **Einwand der Wahrung ~er Interessen** | plea of justification (of justification and privilege) | **den Einwand der Wahrung ~er Interessen bringen** | to plead justification and privilege | **~e Selbstverteidigung** | self-defense | **Tötung in ~er Selbstverteidigung** | homicide in self-defense.
★ **anteils~** | entitled to a share; participating | **sich für ~ halten, etw. zu tun** | to consider os. entitled to do sth. | **~ sein, etw. zu tun** ① | to be entitled to do sth.; to have the right of doing sth. | **~ sein, etw. zu tun** ② | to be authorized (to be qualified) (to have authority) to do sth. | **allein ~ sein, etw. zu tun** | to be exclusively authorized to do sth. | **erb~** | entitled (qualified) to inherit | **erb~ sein** | to be capable of inheriting | **ersatz~ sein** | to be entitled to indemnity | **stimm~ (wahl~) sein** | to be entitled to vote | **nicht ~ sein** | to have no (to be without) authority.
Berechtigter *m* | person (party) entitled (authorized); interested party | **Anspruchs~** | claimant | **Anteils~** | party entitled to a share; participant; participator | **Empfangs~** | addressee; consignee | **Leistungs~** | party (person) entitled to receive performance | **Nutzungs~** | beneficiary | **Renten~** | person entitled to a pension | **Stimm~; Wahl~** | voter; elector | **Zahlungs~** | payee; consignee.
Berechtigung *f* | right; title; authority | **die ~ eines Anspruchs** | the justice of a claim | **Daseins~; Existenz~** | right of existence (to exist) | **Empfangs~** | right to receive | **Erb~** | right of inheritance (of succession) (to succeed) | **Gleich~** | equal (equality of) rights | **Kauf~** | option of (to) purchase (to buy) | **Pensions~** | expectation of a pension | **~, Partei vor Gericht zu sein** | right to appear in court | **Stimm~; Wahl~** | right to vote; electoral franchise; suffrage.
★ **mit voller ~** | rightfully; by right | **seine ~ in etw. finden** | to be justified by sth. | **die ~ haben, etw. zu tun** | to have the right (to be entitled) to do sth.
Berechtigungs..nachweis *m* Ⓐ | proof of authority; qualification.
—**nachweis** *m* Ⓑ; —**schein** *m* | certificate; license.
Beredsamkeit *f* | anwaltschaftliche ~ | advocacy; forensic oratory (eloquence) | **parlamentarische ~** | parliamentary oratory.
beredt *adj* | eloquent.
Bereich *m* | reach; sphere | **Absatz~** | marketing (distribution) (trading) area; zone of distribution | **Amts~; Dienst~** | competence; competency | **Anwendungs~; Geltungs~** | field (scope) of applica-

tion; purview | **Einfluß~** | sphere of influence | **Gültigkeits~** | scope of validity | **Macht~** | sphere of power (of control); sway | **Zuständigkeits~** | competence; competency.
★ **im nationalen ~** | within the national domain | **im öffentlichen ~** | in the sphere of public interests | **im zivilen ~** | in the civil sector.
bereichern *v* | **sich ~** | to enrich os. | **sich auf Kosten anderer ~** | to enrich os. at the expense of others | **eine Sprache ~** | to enrich a language.
Bereicherung *f* Ⓐ | enrichment; enriching | **~ des Wissens** | accession to (increase of) knowledge.
Bereicherung *f* Ⓑ [ungerechtfertigte ~] | unjust (unjustified) enrichment (gain) | **Herausgabe der ~** | restitution of unjustified gain | **Klage aus ungerechtfertigter ~; Klage auf Herausgabe der ungerechtfertigten ~; Bereicherungsklage** | action for the return (restoration) of unjustified gain.
bereinigen *v* Ⓐ [regeln; begleichen] | **ein Konto ~** | to settle (to square) an account | **eine Schuld ~** | to clear (to settle) (to pay) a debt.
bereinigen *v* Ⓑ [prüfen und abschließen] | **eine Bilanz ~** | to audit and verify a balance sheet.
bereinigen *v* Ⓒ [neu bewerten] | **Wertpapiere ~** | to revalidate securities.
Bereinigung *f* Ⓐ [Regelung; Begleichung] | settlement | **General~** | general settlement; settlement in full | **~ von Schulden** | settlement of debts.
Bereinigung *f* Ⓑ [Prüfung und Abschluß] | **~ der Bilanz; Bilanz~** | audit and verification of the balance sheet.
Bereinigung *f* Ⓒ [Neubewertung] | **Wertpapier~** | revalidation of securities.
bereitgestellt *adj* | für etw. **~e Beträge** | funds earmarked for sth.
bereithalten *v* | to hold (to keep) ready (in readiness).
Bereitschaft *f* | readiness | **Lizenz~** | readiness to grant licenses | **Vergleichs~; Kompromiß~** | conciliatory spirit | **etw. in ~ halten** | to hold (to keep) sth. in readiness.
Bereitschaftsdienst *m* | emergency service; stand-by duty.
bereitstellen *v* Ⓐ [zur Verfügung stellen] | **etw. ~** | to place sth. at [sb.'s] disposal; to hold sth. ready.
bereitstellen *v* Ⓑ [für einen besonderen Zweck bestimmen] | **etw. ~** | to appropriate sth.; to allocate sth. | **Beträge für etw. ~** | to earmark (to allocate) (to assign) funds for sth.
Bereitstellung *f* Ⓐ | commitment.
Bereitstellung *f* Ⓑ | **~ von Geldern für einen bestimmten Zweck** | appropriation (earmarking) of funds.
bereitwillig *adj* | ready; willing.
bereitwillig *adv* | readily; willingly.
Bereitwilligkeit *f* | readiness; willingness.
Berg..akademie *f* | mining academy (college).
—**amt** *n* | mining office (board); district mines inspectorate | **Ober~** | regional mines inspectorate.
Bergarbeiter *m* | miner; mineworker.
—**verband** *m* | mineworkers' federation; miners' company.
Bergbau *m* | mining; exploitation of mines | **Kohlen~** | exploitation of coalmines; coalmining.
Bergbau..behörde *f*; **Bergbehörde** *f* | mining board (office); chief mines inspectorate.
—**berechtigung** *f*; —**freiheit** *f* | mining concession; right to work (to exploit) a mine.
—**bezirk** *m*; —**gebiet** *n*; —**revier** *n* | mining district.
—**gesellschaft** *f* Ⓐ | mining company (concern).
—**gesellschaft** *f* Ⓑ [Zechengesellschaft] | coal (coalmining) (colliery) company.

Bergbau..gewerkschaft *f* | miners' company; mineworkers' federation (association).
—kommission *f* | mining committee.
—konzession *f* | mining licence (concession).
Bergbehörde *f* | the mining inspectors.
Berge..geld *n*; —lohn *m* | salvage money (charges); salvage.
—gut *n* | salvage (salvaged) goods.
—kosten *pl* | salvage expenses.
bergen *v* | to salvage | **Güter** ~ | to make salvage of goods | **ein Schiff** ~ | to salvage a vessel | **Strandgüter** ~ | to recover (to salvage) stranded goods.
Berger *m* | salvager.
Berg..gerechtigkeit *f* | mining concession; right to work a mine.
—gericht *n* | court of mines.
—gesetz *n* | mining Act (code).
—ingenieur *m* | mining engineer.
Bergmann *m* Ⓐ | miner; mineworker.
Bergmann *m* Ⓑ [Kohlenbergarbeiter] | coalminer; pitman; collier.
Berg..ordnung *f* | mining regulations.
—recht *n* | laws concerning the working of mines; the mining laws *pl*.
bergrechtlich *adj* | ~e Gewerkschaft | corporation of miners; miners' company; mineworkers' association (federation).
Bergregal *n* | mining prerogative.
Bergung *f* [~ in Seenot] | salvage.
Bergungs..dampfer *m*; —schiff *n* | salvage vessel.
—dienste *mpl* | salvage services.
—gebühren *fpl* | salvage dues.
—gesellschaft *f* | salvage company.
—güter *pl* | salvage (salvaged) goods; salvage.
—kosten *pl* | salvage charges (expenses); salvage.
—mannschaft *f* | rescue party.
—schlepper *m* | salvage tug.
—vertrag *m* | salvage bond.
Bergverwaltung *f* | mining office (board).
Bergwerk *n* | mine; pit | **Gold**~ | gold mine | **Kohlen**~ | coalmine; coalpit; colliery; pit | **ein** ~ **betreiben** | to exploit (to work) a mine.
Bergwerks..abgabe *f* Ⓐ | mining royalty.
—abgabe *f* Ⓑ | mining tax.
—aktien *fpl* | mining shares (stock).
—anteil *m* | share in a mine.
—betrieb *m* | mining; exploitation of mines.
—eigentum *n* | mining property.
—gerechtigkeit *f*; —konzession *f* | mining concession; right to work (to exploit) a mine.
—gesellschaft *f* Ⓐ | mining company (concern) .
—gesellschaft *f* Ⓑ [Kohlenzeche] | coal (coalmining) (colliery) company.
—industrie *f* Ⓐ | mining industry; mining.
—industrie *f* Ⓑ [Zechenindustrie] | coalmining.
—steuer *f* | mining tax.
—unternehmen *n* | mining company (concern).
—unternehmer *m* | operator.
—verwaltung *f* | mine (pit) (colliery) management.
Bergwesen *n* | mining.
Bericht *m* | report; statement; account | **Börsen**~; **Kurs**~ | money market report (intelligence) | **Buchprüfungs**~ | report of the auditors (of examination); auditors' report | **Ernte**~ | crop (harvest) report | **Falsch**~ | false report; mis-statement | **Geschäfts**~ | directors' annual report; report and accounts | **Havarie**~ | damage report | **Jahres**~ | annual report | **Finanz**~; **Kassen**~ | treasurer's report | **Kurz**~ | summary report; summary | **Lage**~ | report on the situation | **Makler**~ | report and ob-

servations of the broker | **Markt**~ | market report | **Messe**~ | report of the fair | **Monats**~ | monthly report (return) | **Polizei**~ | official police report | **Prüfungs**~ ① **Revisions**~ | report of examination | **Prüfungs**~ ② **Rechenschafts**~ | account; report and accounts | **Schadens**~ | damage report | **Schluß**~ | final report | **Sitzungs**~ | minutes of the meeting | **Tages**~ | report of the day | **Verhandlungs**~ | statement (report) (account) of the proceedings | **Vierteljahres**~ | quarterly statement | **Vor**~ | preliminary report | **Vorstands**~ | directors' report | **Wochen**~ | weekly report | **Zwischen**~ | interim report.
★ **ausführlicher** ~; **eingehender** ~ | full (detailed) (comprehensive) report (account) (statement) | **authentischer** ~ | authentic report | **falscher** ~; **unrichtiger** ~ | false report; mis-statement | **genauer und sachlicher** ~ | fair and accurate report | **mündlicher (mündlich erstatteter)** ~ | oral (verbatim) report | **vorläufiger** ~ | interim (preliminary) report.
★ **einen** ~ **ausarbeiten (erstatten)** | to draw up (to prepare) (to make) a report | **einen** ~ **einreichen (vorlegen)** | to file (to present) (to submit) a report | **einen** ~ **entgegennehmen** | to hear a report | **einen** ~ ~ **über etw. geben (erstatten)** | to give (to render) (to make) an account on sth.; to report on sth.
★ **laut** ~ | as per advice; as advised | **mangels** ~; **ohne** ~ | for want of advice; without advice; no advice | **ohne weiteren** ~ | without further notice (advice) | ~ **von ...** | report by ...
berichten *v* | to report; to make (to draw up) a report; to give (to render) an account | **ausführlich** ~ | to give a detailed account; to make a detailed statement; to give full particulars.
berichterstatten *v* Ⓐ | to report.
berichterstatten *v* Ⓑ | **über etw.** ~ | to cover a situation.
Berichterstatter *m* Ⓐ [Referent] | official in charge [of preparing and presenting a report] | **General**~; **Haupt**~ | chief rapporteur.
Berichterstatter *m* Ⓑ [Presse~; Zeitungs~] | press (news) correspondent (reporter) | **Auslands**~; **auswärtiger** ~ | foreign correspondent | **Kriegs**~ | war correspondent | **Sonder**~ | special correspondent.
Berichterstatterin *f* | woman reporter.
Berichterstattung *f* Ⓐ | reporting; reports *pl*.
Berichterstattung *f* Ⓑ [Reportage] | coverage | **Kriegs**~ | war correspondence.
berichtigen *v* Ⓐ [richtigstellen] | to rectify; to correct | **eine Buchung (einen Eintrag)** ~ | to rectify (to adjust) an entry | **einen Fehler (einen Irrtum)** ~ | to correct an error | **einen Text** ~ | to amend a text | **zu** ~ | rectifiable; to be corrected.
berichtigen *v* Ⓑ [begleichen] | to settle | **eine Schuld** ~ | to discharge (to pay) a debt.
Berichtigung *f* Ⓐ [Richtigstellung] | rectification; correcting | ~ **einer Buchung (Eintragung)** | rectification of an entry | ~ **eines Fehlers (Irrtums)** | rectification (correction) of an error | ~ **des Grundbuches**; **Grundbuch**~ | rectification of the land register | ~ **eines Kontos** | correction of an account | ~ **des Tatbestandes** | rectification of the factual statements in a judgment | ~ **des Zivilstandes** | rectification of the civil-status register | **rückwirkende** ~ | adjustment with retroactive effect | ~ **vorbehalten** | subject to correction.
Berichtigung *f* Ⓑ [Begleichung] | settlement; discharge | ~ **einer Rechnung** | settlement (payment) of an

account | ~ von Schulden | settlement (discharging) of debts | ~ einer Verbindlichkeit | discharge of a liability.
Berichtigungs..anzeige *f* | notice of adjustment.
—**bilanz** *f* | rectified balance-sheet.
—**buchung** *f*; —**eintrag** *m*; —**posten** *m* | adjustment (adjusting) (correcting) (rectifying) entry (item.)
—**erklärung** *f* | rectifying statement; rectification.
—**haushaltplan** *m* | amending budget.
—**konto** *n* | adjustment (reconciliation) account.
—**schreiben** *n* | rectifying letter.
—**telegramm** *n* | rectifying telegram.
—**veranlagung** *f* | re-assessment.
—**verfahren** *n* | procedure of rectification.
Berichts..jahr *n* | year under report (under review).
—**monat** *m* | month under review (under report).
—**periode** *f*; —**zeitraum** *m* | reporting period; period under review (under report).
berüchtigt *adj* | notorious; ill-reputed.
berücksichtigen *v* | etw. ~ | to consider sth.; to take sth. into consideration (into account); to have (to pay) regard to sth.; to take account of sth.; to make allowance for sth. | **die Kosten** ~ | to consider the expense | **etw. in angemessener Weise** ~ | to give due consideration to sth.
berücksichtigt *part* | ~ **werden** | to come (to be taken) into consideration.
Berücksichtigung *f* | consideration; taking into account (into consideration) | **nach** ~ (**unter** ~) **der** (**aller**) **Umstände** | everything considered; taking everything into account; due allowance being made; after making every allowance | **dies verdient** ~ | this merits consideration | ~ **finden** | to be taken into consideration (into account) | **etw. außer** ~ **lassen** | to leave sth. out of account (out of consideration); to take no account of sth. | **etw. in** ~ **ziehen** | to take sth. into consideration (into account); to take account of sth. | **unter** ~ **von; unter** ~, **daß** | in consideration of; considering that; taking into consideration that.
Beruf *m* Ⓐ | profession; trade | **Anwalts**~ | profession as a lawyer | **in Ausübung seines** ~**s handeln** | to act in the exercice of one's profession | **Haupt**~ | main profession | **einen** ~ **ausüben** | to exercise a profession | **einen** ~ **ergreifen** | to take up a profession | **seinem** ~ **nachgehen** | to follow (to pursue) one's profession | **seinen** ~ **verfehlen** | to miss one's vocation | **von** ~ | by profession; professionally.
Beruf *m* Ⓑ [Gesamtheit der Berufsangehörigen] | **der Anwalts**~ | the legal profession; the lawyers | **die akademischen** ~**e** | the learned professions | **die freien** ~**e** | the liberal (free) professions.
Beruf *m* Ⓒ [Stand] | calling | **Stand oder** ~ | profession or business.
Beruf *m* Ⓓ [Beschäftigung] | occupation | **ohne** ~ | no (without) occupation | **was ist sein** ~?; **was ist er von** ~? | what is his occupation?; what is he by occupation?
berufen *adj* | competent; qualified | **von** ~**er Seite** | from (on) competent authority.
berufen *v* Ⓐ [rufen] | **jdn. auf einen Posten** ~ | to call sb. to a post.
berufen *v* Ⓑ [stützen] | **sich auf etw.** ~ | to refer to sth. | **sich auf jdn.** ~ | to cite (to refer to) sb. as one's authority | **sich auf eine Bestimmung** ~ | to quote (to cite) (to invoke) a clause (a regulation) | **sich auf den geleisteten Eid** ~ | to refer to the oath previously taken | **sich auf seinen guten Glauben** ~ | to allege one's good faith | **sich mit seiner Meinung auf etw.** ~ | to base (to rest) one's opinion on sth. | **sich auf**

die Nichtigkeit ~ | to invoke the nullity | **sich auf eine Urkunde** ~ | to refer to a document | **sich auf jdn. als Zeugen** ~; **sich auf jds. Zeugnis** ~ | to call sb. to witness.
berufen *adj* Ⓐ [ermächtigt] | authorized.
berufen *adj* Ⓑ [zuständig] | competent.
beruflich *adj* | professional; vocational | ~**e Arbeit** | professional work (business) | ~**e Ausbildung** | vocational (occupational) training | ~**e Eignung** | vocational aptitude | ~**e Haftpflichtversicherung** | professional risks indemnity insurance | ~**e Stellung** | professional status.
beruflich *adv* | ~ **tätig sein** | to exercise a profession.
Berufs..angehöriger *m* | professional man; professional.
—**angelegenheit** *f* | professional matter.
—**arbeit** *f* | professional work (business).
—**ausbildung** *f*; —**bildung** *f* | professional (vocational) training; vocational education | **mit einer** ~ | professionally trained.
—**aussichten** *fpl* | professional prospects.
—**ausübung** *f* | exercise of a profession.
—**beamtentum** *s* | career service.
—**beamter** *m* | career official.
—**befähigung** *f*; —**eignung** *f* | vocational aptitude.
—**berater** *m* | vocational counsellor.
—**beratung** *f* | vocational guidance.
—**beratungsstelle** *f* | vocational guidance office.
—**diplomat** *m* | career diplomat.
—**ehre** *f* | professional hono(u)r.
—**einkommen** *n* | professional income.
—**erfahrung** *f* Ⓐ [berufliche Erfahrung] | professional experience.
—**erfahrung** *f* Ⓑ [praktische Erfahrung] | skill; practice; practical experience.
—**ethik** *f* | professional ethics *pl*.
—**gefahr** *f* | occupational hazard(s).
—**geheimnis** *n* [Pflicht zur Wahrung des ~ses] | professional secret | **Bruch (Verletzung) des** ~**ses** | breach of professional secrecy | **jdn. zur Wahrung des** ~**ses verpflichten** | to bind sb. to professional secrecy | **zur Wahrung des** ~**ses verpflichtet sein** | to be bound to professional secrecy | **jdn. vom** ~ **entbinden** | to release sb. from his duty to keep professional secrecy | **das** ~ **wahren** | to keep secrecy on professional matters.
—**genossenschaft** *f* Ⓐ | trade association.
—**genossenschaft** *f* Ⓑ | employers' association under the workmen's compensation act.
—**gruppe** *f*; —**klasse** *f* | occupational group.
—**haftpflicht** *f* | trade (professional) risk(s).
— —**versicherung** *f* | professional risks indemnity insurance.
—**interesse** *n* | professional interest.
—**kollege** *m* | professional colleague.
—**konsul** *m* | professional (career) consul.
—**krankheit** *f* | professional (industrial) (occupational) disease.
—**leben** *n* | professional life | **ins** ~ (**ein**)**treten** | to start in life.
—**lenkung** *f* | vocational guidance.
berufslos *adj* | without occupation.
berufsmäßig *adv* | professionally; in a professional way.
Berufs..organisation *f* | professional (trade) organization.
—**pflicht** *f* | professional duty | **Verletzung der** ~ | professional misconduct | **Wahrung der** ~**en** | professional discipline.
—**richter** *m* | learned judge.
—**risiko** *n* | occupational hazard(s).

Berufs..schule *f* | professional (vocational) (trade) school.

—**schulung** *f* | professional (vocational) training.

—**soldat** *m* | professional soldier.

—**spieler** *m* | professional | ~ **werden** | to turn professional.

—**stand** *m* | **der** ~ | the profession; the members of the profession.

berufsständisch *adj* | ~**e Vertretung** | representation of the profession(s).

Berufsstatut *n* | professional charter.

berufstätig *adj* | practicing a profession; employed; occupied.

Berufstätige *mpl* | **die** ~**n** | the working people.

Berufs..tätigkeit *f* | professional work.

—**tätigkeit** *f* ⓑ [Ausübung] | exercice (pratice) of a profession.

—**umschulung** *f* | professional retraining.

—**unfähigkeit** *f* | disablement.

—**unfall** *m* | working accident.

—**verband** *m*; —**vereinigung** *f* | trade association.

—**verbrecher** *m* | habitual criminal.

—**verkehr** *m* | business traffic.

—**vertretung** *f* | professional representation.

—**vormund** *m* | official guardian.

—**wahl** *f* | choice of a profession.

—**wechsel** *m* | change of [one's] occupation.

—**zählung** *f* | census of professions; professional census.

—**zweig** *m* | branch of profession (of business).

Berufung *f* ⓐ | appeal; notice of appeal | **Anschluß**~ | cross-appeal | **Einlegung der** ~ | giving (filing) notice of appeal | **Zulassung zur Einlegung der** ~ | leave to appeal | ~ **gegen eine Entscheidung** | appeal from a decision | ~ **gegen eine Entscheidung einlegen** | to appeal against a decision | **über die** ~ **gegen eine Entscheidung verhandeln** | to hear an appeal from a decision | **Haupt**~ | main appeal | ~ **in Polizeisachen** | appeal in police-court matters | ~ **in Strafsachen** | appeal in criminal cases | ~ **gegen ein Urteil** | appeal against (from) a judgment | **mit** ~ **angefochtenes Urteil** | judgment against which an appeal has been filed | **gegen ein Urteil** ~ **einlegen** | to appeal against a judgment | **ein Urteil (eine Verurteilung) auf die** ~ **hin aufheben** | to quash a sentence on appeal | ~ **gegen eine Verurteilung** | appeal from a sentence | **Verwerfung der** ~ | dismissal of the appeal | **Antrag auf Verwerfung der** ~ | motion to dismiss the appeal | ~ **in Zivilsachen** | appeal in civil cases | **Zurücknahme der** ~ | withdrawal of the appeal | **Zwischen**~ | interlocutory appeal.

★ **mit** ~ **anfechtbar sein** | to be subject to appeal | **mit der** ~ **nicht anfechtbar sein** | not to be subject to appeal | **verspätete** ~; **verspätet eingelegte** ~ | appeal filed too late | ~ **ist zulässig** | an appeal lies | ~ **ist nicht zulässig** | no appeal lies; appeal does not lie.

★ **die** ~ **abweisen** | to dismiss (to disallow) the appeal | **sich der** ~ **anschließen** | to cross-appeal | **die** ~ **begründen (rechtfertigen)** | to give reasons of appeal | **die** ~ **betreiben** | to prosecute the appeal | ~ **einlegen** | to appeal | **in die** ~ **gehen** | to lodge (to give) notice of appeal | **auf die** ~ **hin freigesprochen** | acquitted on appeal | **der** ~ **stattgeben** | to allow the appeal | **der** ~ **nicht stattgeben** | to disallow the appeal | **der** ~ **unterliegen** | to be subject to appeal | **der** ~ **nicht unterliegen** | not to be subject to appeal | **die** ~ **verwerfen (zurückweisen) (nicht zulassen)** | to dismiss (to disallow) (to reject)

the appeal | **die** ~ **als unzulässig verwerfen** | to disallow the appeal because the judgment (the decision) is not appealable | **die** ~ **zulassen** | to allow the appeal | **die** ~ **nicht zulassen** | to disallow (to reject) the appeal | **jdn. zur** ~ **zulassen** | to grant sb. a new trial | **die** ~ **zurückziehen** | to withdraw the appeal | **vorbehaltlich der** ~ | subject to appeal.

Berufung *f* ⓑ [Ernennung] | appointment to a post.

Berufung *f* ⓒ [Bezugnahme] | **unter** ~ **auf** | referring to; making reference to.

Berufungs..abteilung *f* | appellate division.

—**abweisung** *f* | dismissal of appeal.

—**anträge** *mpl* | reasons of appeal.

—**begründung** *f* | grounds of appeal.

—**beklagte** *m* und *f* | **der** ~; **die** ~ | the appellee; the respondent.

—**einlegung** *f* | notice of appeal; filing (lodging) (entering) of an appeal | **Zulassung der** ~ | leave to appeal | **Gesuch um Zulassung zur** ~ | petition for leave to appeal.

—**einlegungsfrist** *f*; —**frist** *f* | period for filing appeal; time for appealing; time of appeal.

berufungsfähig *adj* | appealable | ~ **sein** | to be subject to appeal | **nicht** ~ | not appealable.

Berufungs..gebühr *f* [gerichtliche ~] | court fee on appeal.

—**gericht** *n* | court of appeal; appeal court (tribunal) | **Bundes**~ | federal court of appeal.

—**grund** *m*; —**gründe** *mpl* | grounds (reasons) of appeal.

—**instanz** *f* | appeal instance; court of appeal; second instance | **das Armenrecht für die** ~ **erhalten; zum Armenrecht für die** ~ **zugelassen werden** | to be given leave to appeal as a poor person | **in der** ~ **freigesprochen werden** | to be acquitted on appeal | **in die** ~ **gehen** | to appeal.

—**kammer** *f* | court of appeal.

—**kläger** *m* | appellant; the appealing party.

—**kosten** *pl* | cost of appeal; appeal cost.

—**mitbeklagte** *m* und *f* | **der** ~; **die** ~ | the co-respondent; the joint respondent.

—**recht** *n* | right of appeal (to appeal).

—**richter** *m* | judge of appeal; appeal judge.

—**sache** *f* | case on appeal; appealed case.

—**schrift** *f* | statement of the grounds of appeal.

—**strafkammer** *f* | court of criminal appeals.

—**urteil** *n* | appeal judgment; jugdment upon appeal.

—**verfahren** *n* | appellate procedure; appeal proceedings.

—**verhandlung** *f* | hearing of the appeal.

—**zurücknahme** *f* | withdrawal of the appeal.

—**zurückweisung** *f* | dismissal of appeal.

beruhen *v* | **auf etw.** ~ | to be based on (upon) sth.

beruhend *adj* | **auf Tatsachen** ~ | founded on facts | **auf Wahrheit** ~ | based on truth; truthful.

Berühmung *f* | arrogation | **Patent**~ | arrogation of a patent.

berühren *v* | to affect | **etw. aufs Engste** ~ | to affect sth. very closely.

besagt *adj* | said; aforesaid.

Besatzung *f* ⓐ [Schiffs~] | crew.

Besatzung *f* ⓑ [Okkupation] | occupation.

Besatzung *f* ⓒ [Garnison] | garrison.

Besatzungs..armee *f*; —**heer** *n* | army of occupation; occupation army.

—**behörden** *fpl* | occupational authorities.

—**kosten** *pl* | occupation costs.

—**macht** *f* | occupational (occupying) power.

—**schäden** *mpl* | damage caused by the occupation.

—**statut** *n* | occupation statute.

—**truppen** *fpl* | occupational forces.

Besatzungszone *f* | zone of occupation; occupied zone.
beschädigen *v* | to damage; to injure.
beschädigt *adj* | damaged; injured | ~e Waren | damaged goods | ~er Zustand | damaged condition | schwer ~ | severely damaged | see~ | averaged; with average | un~ | undamaged; uninjured; without (free from) damage | wasser~ | damaged by water; water-damaged | ~ werden | to be (to become) damaged; to suffer damage (prejudice).
Beschädigung *f* | damage; injury | absichtliche (vorsätzliche) Sach~ | willful damage | ~ auf dem Transport | damage in transit | schwere ~ (~en) | severe damage | der ~ ausgesetzt | liable to be damaged.
beschaffen *adj* | gut ~ | in good condition (order).
beschaffen *v* | jdm. etw. ~ | to furnish (to provide) sb. with sth. | für jdn. Arbeit ~ | to find a job for sb. | Beweise ~ | to furnish evidence (proof); to produce evidence | Deckung ~ | to provide cover | Geld ~ | to raise (to procure) money (funds).
Beschaffenheit *f* | condition; nature; quality | Waren von mittlerer ~ und Güte | goods of average quality | in guter ~ ① | in good order; in good order and condition | in guter ~ ② | in good running condition.
Beschaffung *f* | procurement | ~ von Beweisen; ~ von Beweismaterial | production of evidence | ~ von Geld; ~ von Kapital; ~ von Mitteln | raising (procuring) of money (of funds); providing capital.
Beschaffungs..amt *n*; **—stelle** *f* | procurement office.
—ermächtigung *f* | procurement authorization.
—kosten *pl* | cost of acquisition.
beschäftigen *v* | jdn. ~ | to employ sb.; to give sb. employment | sich mit etw. ~ | to employ os. with sth.; to be engaged in doing sth.
beschäftigt *adj* | occupied; engaged | bei jdm. ~ sein | to be in sb.'s employ | ~ sein mit etw. | to be engaged in sth. (in doing sth.); to be occupied with sth. | voll ~ sein | to work to capacity.
Beschäftigter *m* | employed person; employee.
Beschäftigung *f* ⓐ | occupation; employment; employ | ~ im öffentlichen Dienst | public employment | ~ von Jugendlichen | juvenile (child) labo(u)r | Neben~ | by-occupation; sparetime work | ~ im Staatsdienst | state (government) employment | Unter~; nicht volle ~ | under-employment | Voll~ | full employment; working at full capacity | sitzende ~ | sedentary occupation | eine ~ ausüben | to be employed | jdm. ~ geben | to give sb. employment; to employ sb. | ohne ~ | without occupation; out of employment (employ) (work); unemployed.
Beschäftigung *f* ⓑ [Beruf] | profession; trade; business.
Beschäftigungs..bedingungen | conditions of employment.
—grad *m* | rate of employment.
—index *m* | rate of activity.
—lage *f* | situation on the labo(u)r market.
beschäftigungslos *adj* ⓐ [stellenlos; arbeitslos] | without occupation; out of employment (employ) (work); unemployed.
beschäftigungslos *adj* ⓑ [untätig] | inactive.
Beschäftigungs..losigkeit *f* | unemployment.
—möglichkeit *f* | possibility of employment.
—nachweis *m* | proof of employment.
—ort *m* | place of work (of employment).
—prämie *f* | working bonus.
—stand *m* | level of employment.
beschäftigungsunfähig *adj* | unemployable.
Beschäftigungsunfähigkeit *f* | unemployability.

Beschäftigungs..verbot *n* | prohibition of employment.
—verhältnis *n* | employ.
Beschau *f* | inspection; survey.
Beschauer *m* | inspector; surveyor.
Bescheid *m* ⓐ [Antwort] | answer | Vor~ | preliminary answer; notice in advance; advance notice | abschlägiger ~ | negative reply | schriftlicher ~ | notice in writing | ohne vorherigen ~ | without notice (previous notice) | jdm. von etw. ~ geben | to give sb. notice of sth.; to advise sb. of sth. | über etw. ~ wissen | to be acquainted with sth.
Bescheid *m* ⓑ [Amts~; amtlicher ~] | official notice | Feststellungs~; Steuer~; Veranlagungs~ | notice of assessment; tax assessment; assessment | Vor~ | preliminary (provisional) decision | abschlägiger ~ | refusal; denial | bis auf weiteren ~ | until further notice (orders) (instructions) | einen ~ erteilen | to give a decision.
bescheiden *adj* | ~e Forderungen | moderate claims.
bescheinigen *v* | to certify; to attest | den Empfang ~ | to acknowledge receipt | den Empfang von Geld ~ | to give a receipt | etw. amtlich ~ | to authenticate sth. | etw. notariell ~ | to notarize sth. | etw. ~ lassen | to have sth. certified | „Hiermit wird bescheinigt, daß ...“ | "This is to certify that ...".
Bescheinigung *f* | certificate | Abmelde~ | leaving permit | Arbeits~ | labo(u)r permit | Aufenthalts~ | staying permit | Devisen~ | foreign exchange certificate (permit) | Einlieferungs~ | receipt | Eintragungs~ | certificate of registration (of registry) | Empfangs~ ① | acknowledgment (confirmation) of receipt | Empfangs~ ② [für Geld] | receipt | Gewerbe~ | trading (trade) license | Hinterlegungs~ | certificate (receipt) of deposit; deposit receipt | Löschungs~; Hypothekenlöschungs~ | certificate of satisfaction of a mortgage | Konsulats~ | consular certificate | Kontingents~ | quota permit | Prüfungs~ | inspection certificate | Zulassungs~ | car license | Zwischen~ | provisional (interim) certificate.
★ amtliche ~; behördliche ~ | official certificate | notarielle ~ | notarized certificate | zollamtliche ~ | customhouse certificate | eine ~ erteilen | to grant a certificate.
Beschenkte *m* | der ~ | the donee.
beschicken *v* | den Markt ~ | to supply the market | die Messe ~ | to exhibit at the fair.
beschimpfen *v* ⓐ | jdn. ~ | to insult (to affront) sb.; to offer insults (an insult) to sb.
beschimpfen *v* ⓑ [verunglimpfen] | jdn. ~ | to revile sb.
Beschimpfung *f* ⓐ | insult; injury; affront.
Beschimpfung *f* ⓑ [Verunglimpfung] | reviling; revilement.
Beschlag *m* | seizure; attachment; arrest; embargo | ein Schiff mit ~ belegen | to lay (to put) an embargo on a ship (on a vessel) | Waren mit ~ belegen | to seize (to distrain upon) goods | mit ~ belegbar | attachable; distrainable | ~ legen auf etw.; etw. mit ~ belegen | to seize (to attach) (to sequestrate) sth. | mit ~ belegt sein | to be under an embargo.
Beschlagnahme *f* | seizure; distraint; attachment; sequestration | Aufhebung der ~ | replevin | ~ beim Drittschuldner | garnishment; garnishee | ~ durch Eingriff von hoher Hand | arrest of princes | ~ durch eine ausländische Macht | arrest of a foreign power | ~ eines Schiffes | embargo on a ship | Sicherungs~ | seizure by court order [of goods in dispute] | Verhängung einer ~ | imposition of an embargo | Vermögens~ | seizure (distraint) of

Beschlagnahme *f*, Forts.
property | ~ **auf Grund eines Zurückbehaltungs-rechtes** | seizure under a lien.
★ **gerichtliche** ~ | seizure under legal process; impounding | **der** ~ **unterliegend** | subject to distraint; seizable.
★ **die** ~ **aufheben** | to lift the seizure (the embargo) (the ban); to raise (to take off) the embargo | **etw. mit** ~ **belegen** | to levy distress on sth. | **eine** ~ **erwirken** | to effect a seizure | **eine** ~ **verhängen (verfügen)** | to impose an embargo.
beschlagnahmefähig *adj* | distrainable; attachable.
beschlagnahmen *v* | to seize; to levy distress (distraint); to attach; to effect a seizure | **etw. durch Gerichts-beschluß (durch gerichtliche Verfügung)** ~ | to attach sth. by order of the court | **ein Schiff** ~ | to lay (to put) an embargo on a ship (on a vessel) | **Waren** ~ | to distrain (to attach) upon goods; to seize goods | **etw. auf Grund eines Zurückbehaltungs-rechtes** ~ | to seize sth. under a lien.
Beschlagnahme..freiheit *f* | immunity from seizure (from distraint) (from attachment).
—**verfügung** *f* | distraint (attachement) order; distress warrant.
beschlagnahmt *adj* | seized; sequestrated; under an embargo.
beschleunigen *v* | to expedite; to speed up.
beschleunigt *adj* | ~**e Abschreibung** | accelerated depreciation.
Beschleunigung *f* | expediting | **mit tunlichster** ~ | with the utmost dispatch.
beschließen *v* Ⓐ [gerichtlich ~] | to decide; to decree.
beschließen *v* Ⓑ [Beschluß fassen] | to decide; to resolve; to determine | **mit Stimmenmehrheit** ~ | to decide by a majority of the votes | **einen Streik** ~; ~, **in den Streik zu treten** | to decide on (to go on) a strike | **einstimmig** ~ | to decide unanimously.
beschließen *v* Ⓒ [abschließen] | **etw.** ~ | to close (to conclude) (to finish) sth.
beschließend *adj* | **mit** ~**er Stimme** | with deliberative voice.
Beschluß *m* Ⓐ | decree; order; decision | **Adoptions**~ | adoption order | ~ **der Anklagekammer** | indictment | **Auflösungs**~ | dissolution order | **Ausweisungs**~ | expulsion order | **Bestätigungs**~ | confirmation | **Beweis**~ | order to take evidence | **Entmündigungs**~ | order of incapacitation; reception order | **Eröffnungs**~ ①; **Konkurseröffnungs**~ | bankruptcy order; decree in bankruptcy | **Eröffnungs**~ ② [im Strafverfahren] | order to commit [sb.] for trial | **Forderungspfändungs**~ | garnishee order | **Gerichts**~; **gerichtlicher** ~ | order of the court; court order (decree) | **Liquidations**~ | liquidation (winding-up) order | **Pfändungs**~ | distraint order | **Überweisungs**~ | garnishee order | **die Vollziehung (den Vollzug) eines** ~**sses aussetzen** | to stay an order.
★ **einen** ~ **aufheben** | to set aside an order | **einen** ~ **erlassen** | to issue (to make) (to grant) an order | **einen** ~ **fassen** | to take (to come to) (to arrive at) a decision; to decide.
Beschluß *m* Ⓑ | resolution; decision | **Auflösungs**~ | resolution for (ordering the) dissolution | **Bundesrats**~ | federal order | **Gemeinderats**~; **Stadtrats**~ | resolution taken by the town council | **Majoritäts**~; **Mehrheits**~ | resolution (decision) of a majority (of a majority of the votes) | ~ **des Vorstandes** | board resolution | **Zustimmung zu einem** ~ | consent to a resolution.
★ **einen** ~ **fassen** | to pass (to adopt) a resolution |

einen ~ **nach (mit) Stimmenmehrheit fassen** | to pass a resolution by a majority vote | **durch** ~ | by (by way of) resolution.
beschlußfähig *adj* | ~**e Anzahl** | the number required to transact business; quorum | ~ **sein** | to form (to constitute) a quorum | **nicht** ~ **sein** | to lack a quorum | **die Versammlung ist** ~ | the assembly is competent to transact business; there is a quorum | **die Versammlung ist nicht** ~ | there is no quorum.
Beschlußfähigkeit *f* | **mangelnde** ~ | lack (absence) of a quorum | ~ **haben** | to form (to constitute) a quorum | **keine** ~ **haben** | to lack a quorum.
Beschlußfassung *f* | resolution; deliberation; vote.
beschlußunfähig *adj* | ~ **sein** | to lack a quorum.
Beschluß..unfähigkeit *f* | lack (absence) of a quorum.
—**verfahren** *n* | **eine Sache im** ~ **entscheiden** | to decide a case upon trial in chambers.
beschneiden *v* Ⓐ [kippen] | **Geld** ~; **Münzen** ~ | to clip coins (money).
beschneiden *v* Ⓑ | **die Ausgaben** ~ | to curtail expenses.
Beschneider *m* [Geld~] | clipper.
Beschneidung *f* | ~ **der Ausgaben** | curtailing (curtailment) of expenses.
beschränkbar *adj* | limitable | **un**~ | illimitable; which cannot be limited.
beschränken *v* | to limit; to restrict | **die Ausgaben** ~ | to restrict (to cut) (to curtail) expenses | **sich auf ein Tätigkeitsgebiet** ~ | to confine os. to a field of activity | **sich auf Tatsachen** ~ | to confine os. to facts | **sich** ~ **auf etw.** | to restrict (to limit) (to confine) os. to sth. | **sich darauf** ~, **etw. zu tun** | to limit (to confine) os. to doing sth.
beschränkend *adj* | restrictive; limiting.
beschränkt *adj* Ⓐ | limited; restricted | ~**e Anzahl** | limited number | ~**e Auflage** | limited edition | ~**e Geschäftsfähigkeit** | limited capacity (competence) | ~**e Haftung (Haftpflicht)** | limited liability (responsibility) | **Gesellschaft mit** ~**er Haftung** | company with limited liability; limited (limited liability) company | ~**e Kapazität (Leistungsfähigkeit)** | limited capacity (power) (productive capacity) (producing power) | ~**er Platz (Raum)** | limited (confined) space | **im Platz** ~ **sein** | to be confined for space | **der** ~**en Steuerpflicht unterliegen** | to be taxable under certain limitations | **örtlich** ~ | locally restricted | **un**~ | unrestricted; unlimited.
beschränkt *adj* Ⓑ | **von** ~**em Gesichtskreis** | of limited views | **in** ~**en Verhältnissen** | in straitened (narrow) (reduced) (embarrassed) circumstances; in want.
beschränkt *adv* | limited; restricted | ~ **geschäftsfähig** | of limited capacity | ~ **haftbar (haftend)** | with limited liability | ~ **haftender Teilhaber (Gesellschafter)** | limited partner | ~ **lieferbar sein** | to be in short supply | ~ **persönliche Dienstbarkeit** | limited personal servitude | ~ **steuerpflichtig sein** | to be taxable under certain restrictions | **un**~ | without restriction.
Beschränkung *f* | restriction; limitation; reduction | **Abgabe**~ | restriction on sales; restricted sale | **Absatz**~**en** | marketing limitations (restrictions) | **Ausfuhr**~ | export restriction; restriction of exports | **Devisen**~**en** | exchange restrictions | **Einfuhr**~ | import restriction; restriction of imports | **Einwanderungs**~**en** | immigration restrictions | **Freiheits**~ | restraint; restriction of liberty | **Geburten**~ | birth control | ~ **der Geschäftsfähigkeit** | limitation of capacity | **Haftungs**~; ~ **der Haftung** | limitation of liability (of responsibility) | **Handels**~**en** | restrictions on trade; trade restrictions | **Mengen**~**en** | quantitative restrictions | **Miets**~**en** | rent restric-

tions | **Produktions~** | restriction of production | **Rüstungs~** | limitation of armaments; armament limitation | **Verfügungs~** | limitation of the right to dispose | **ohne zeitliche ~** | without any restrictions on time.
★ **~en für etw. anordnen; etw. ~en unterwerfen** | to place (to set) restrictions on sth. | **sich ~en auferlegen** | to restrain os. | **~en unterliegen** | to be subject to restrictions.

beschreiben v | **etw. ~** | to describe sth.; to give a description of sth. | **etw. ausführlich (eingehend) ~** | to give a full (detailed) description of sth. | **etw. genau (wahrheitsgetreu) ~** | to give a true description (picture) of sth. | **nicht zu ~** | beyond description; indescribable; not to be described.

beschreibend adj | descriptive.

Beschreibung f | description | **Katalog mit ~** | descriptive catalogue | **~ des Mobiliars** | inventory (specification) of the furniture | **Patent~** | patent description (specification) | **Personal~** | description of a person | **mit der Personal~ übereinstimmen** | to answer the description.
★ **ausführliche (eingehende) (genaue) ~** | detailed description; specification | **eine genaue (wahrheitsgetreue) ~ von etw. geben** | to give a true description of sth.; to describe sth. accurately | **der ~ entsprechen** | to answer the description | **jeder ~ hohnsprechen** | to defy description | **laut ~** | by (according to) description; as described.

beschreiten v | **den Rechtsweg ~** | to go to law; to proceed by law; to take legal proceedings (steps) (measures); to initiate legal proceedings.

beschrieben part | **wie ~** | as described; as represented.

beschuldigen v | **jdn. ~** | to impeach sb. | **jdn. der Mittäterschaft an einem Verbrechen ~** | to charge sb. with complicity | **jdn. eines Verbrechens ~** | to charge sb. with (to accuse sb. of) a crime.

Beschuldigte m und f | **der ~; die ~** | the accused; the defendant | **der (die) Mit~** | the co-accused; the co-defendant.

Beschuldigung f | inculpation; charge; incrimination; accusation | **Gegen~** | cross-charge | **Selbst~** | self-accusation; self-incrimination | **gegen jdn. eine ~ erheben** | to incriminate sb. | **gegen jdn. ~en erheben (vorbringen)** | to make (to bring) charges against sb.

beschützen v | to protect.

Beschützer m | protector.

Beschwerde f Ⓐ [Rechtsmittel der ~] | appeal | **Abweisung der ~** | dismissal of appeal | **Anschluß~** | cross-appeal | **Anschluß~ erheben** | to file a cross-appeal; to cross-appeal | **Recht der ~** | right of appeal (to appeal) | **Rechts~** | complaint on a point of law | **Verfassungs~** | constitutional complaint | **Verwaltungs~** | appeal in administrative matters | **Zulassung einer ~** | granting of an appeal | **Zwischen~** | interlocutory appeal.
★ **sofortige ~** | immediate appeal | **weitere ~** | further appeal | **sofortige weitere ~** | further immediate appeal.
★ **sich einer ~ anschließen** | to file a cross-appeal; to cross-appeal | **die ~ für begründet erachten; der ~ stattgeben** | to allow the appeal | **~ einlegen** | to appeal; to lodge an appeal | **~ führen gegen** | to appeal against | **der ~ unterliegen** | to be appealable; to be subject to appeal | **die ~ zulassen** | to allow the appeal | **~ ist zulässig gegen; ~ findet statt gegen** | an appeal lies against | **~ ist nicht zulässig; ~ ist unzulässig; ~ findet nicht statt** | no appeal lies; [the decision] is not appealable | **die ~ zurücknehmen (zurückziehen)** | to withdraw the

appeal | **die ~ zurückweisen** | to refuse (to disallow) the appeal | **auf ~** | on appeal.

Beschwerde f Ⓑ | complaint | **Grund zur ~** | cause (ground) for complaint | **Grund zur ~ haben** | to have reason for complaint | **einer ~ abhelfen** | to remove a cause of complaint | **bei jdm. ~ führen** | to lodge a complaint with sb.; to complain to sb. | **~n vorbringen** | to make complaints; to state [one's] grievances.

Beschwerde..abteilung f | complaints office (department).

—**ausschuß** m | complaints committee.

—**begründung** f | reasons of appeal.

—**buch** n | book of complaints; complaint book.

—**einlegung** f | filing of an appeal (of a complaint).

—**frist** f | period for filing appeal.

beschwerdeführend adj | **die ~e Partei** | the complaining party; the complainant.

beschwerdeführend adv Ⓐ | **sich ~ an das höhere Gericht wenden** | to appeal to the higher court.

beschwerdeführend adv Ⓑ | **sich ~ an jdn. wenden** | to complain to sb.

Beschwerde..führer m Ⓐ | appellant.

—**führer** m Ⓑ | complainant.

—**gegenstand** m | cause of appeal.

—**gericht** n | court of appeal.

—**grund** m Ⓐ | cause of appeal.

—**grund** m Ⓑ | cause (ground) for complaint; grievance.

—**instanz** f | appeal instance.

—**kammer** f [beim Kassationshof] | appeal division of the supreme court.

—**punkt** m | cause of appeal; subject of the complaint.

—**recht** n | right of appeal (to appeal).

—**schrift** f | bill of complaint.

—**stelle** f | complaints office.

—**verfahren** n | appeal proceedings.

—**weg** m | **den ~ beschreiten** | to appeal | **im (auf dem) ~** | by appeal(ing).

beschweren v Ⓐ [beklagen] | **sich bei jdm. ~** | to lodge a complaint with sb. | **sich gegen (über) jdn. ~** | to lodge (to make) a complaint against sb. | **sich über etw. ~** | to complain of (about) sth.; to make complaints about sth.

beschweren v Ⓑ [belasten] | **jdn. mit einer Auflage ~** | to burden sb. with sth.

beschwert part | **durch etw. ~ sein; sich durch etw. ~ fühlen** | to be (to feel) (to feel os.) aggrieved by sth.

Beschwerte m | **der ~** | the aggrieved party (person).

Beschwerung f [Belastung] | charge; encumbrance | **~ durch Hypotheken** | encumbrance by mortgages.

beschwichtigen v | to calm; to appease.

Beschwichtigung f | appeasement.

Beschwichtigungspolitik f | policy of appeasement (of appeasing): appeasement policy.

beschwindeln v | to cheat; to deceive; to swindle; to trick.

beschwören v | **etw. ~** | to take an oath upon sth.; to confirm sth. by oath; to swear to sth.

beschworen adj | **~e Abschrift** | sworn copy | **~e Aussage (Zeugenaussage)** | sworn testimony (deposition) (evidence); testimony under oath | **~e Erklärung** | sworn declaration (statement).

beseitigen v Ⓐ [beheben; entfernen] | to remove | **eine Beeinträchtigung ~** | to abate a nuisance | **die Störung ~** | to stop (to eliminate) interference | **die Beschädigung ~** | to repair the damage | **ein Hindernis ~** | to remove an obstacle | **einen Mangel ~** | to remedy (to correct) a fault | **eine Schwierigkeit ~** | to remove a difficulty | **die Zweifel ~** | to remove the doubts.

beseitigen *v* Ⓑ [zerstreuen] | **Verdacht** ~ | to dispel suspicion.

beseitigen *v* Ⓒ [beiseiteschaffen] | **etw.** ~ | to remove sth. fraudulently | **ein Schriftstück** ~; **eine Urkunde** ~ | to suppress (to abstract) a document.

beseitigen *v* Ⓓ [erledigen; liquidieren] | **einen Gegner** ~ | to liquidate (to finish off) an opponent.

Beseitigung *f* Ⓐ [Behebung; Entfernung] | removal | ~ **der Beeinträchtigung;** ~ **der Störung** | stopping interference | **Klage auf** ~ **(auf** ~ **der Störung)** | action to restrain interference (to cease and desist) | ~ **eines Mißstandes** | abatement of a nuisance.

Beseitigung *f* Ⓑ [Zerstreuung] | ~ **eines Verdachts** | dispersion of a suspicion.

Beseitigung *f* Ⓒ [Beiseiteschaffung] | ~ **einer Urkunde** | fraudulent removal of a document | ~ **von Urkunden; Urkunden~** | abstraction of documents.

besetzen *v* Ⓐ | **einen Posten (eine Stelle) (eine freie Stelle)** ~ | to fill (to fill up) a post (a situation) (a vacant post) (a vacancy) | **zu** ~ **sein** | to be vacant.

besetzen *v* Ⓑ [militärisch ~] | **ein Land** ~ | to occupy a country.

besetzt *adj* Ⓐ [nicht frei] | engaged; not free | **un~** | vacant.

besetzt *adj* Ⓑ [militärisch ~] | **~es Gebiet** | occupied territory | **~e Zone** | occupied zone; zone of occupation.

Besetzung *f* Ⓐ | ~ **eines Postens;** ~ **einer Stelle** | filling of a post (of a position) (of a vacancy) | ~ **eines Schlüsselpostens** | key appointment.

Besetzung *f* Ⓑ [Okkupation] | ~ **eines Landes** | occupation of a country [VIDE: **Besatzung** *f*].

Besetzungs..behörden *fpl* [S] | occupational authorities.

—kosten *pl* [S] | occupation costs.

—macht *f* [S] | occupational power.

—zone *f* [S] | zone of occupation; occupied zone.

Besicht *m* | examination; inspection | **Kauf auf** ~ | sale for inspection; purchase subject to examination (inspection) | **nach** ~ **der Rechnung** | upon examination of the invoice | **etw. auf** ~ **kaufen** | to buy sth. subject to inspection (to inspection and approval) | **nach** ~ | after examination; on inspection | **ohne** ~ | sight unseen.

besichtigen *v* | to inspect; to visit; to examine.

Besichtiger *m* | inspector.

Besichtigung *f* | inspection; visit; examination | **Orts~** | visit to the scene | **eine Orts~ vornehmen** | to visit a place | **unverbindliche** ~; **zwanglose** ~ | free inspection | ~ **vorbehalten** | subject to inspection.

Besichtigungs..bericht *m* | inspectional report.

—kosten *pl* | cost of inspection.

—reise *f* | tour of inspection; inspection tour (trip).

—rundfahrt *f*; **—tour** *f* | round of sightseeing; sightseeing tour (excursion).

—schein *m*; **—zeugnis** *n* | certificate of inspection.

besiedeln *v* Ⓐ [bevölkern] | to populate | **ein Land** ~ | to people (to populate) a country.

besiedeln *v* Ⓑ [kolonisieren] | to colonize; to settle.

besiedelt *adj* Ⓐ [bevölkert] | populated | **dicht** ~; **stark** ~ | densely (thickly) populated; densely peopled; populous | **dünn** ~ | sparsely (thinly) populated; thinly peopled.

besiedelt *adj* Ⓑ [kolonisiert] | colonized.

Besiedlung *f* Ⓐ [Bevölkerung] | peopling | **dichte** ~ | dense population.

Besiedlung *f* Ⓑ [Kolonisation] | colonization; settlement.

Besitz *m* Ⓐ | possession | **Allein~** | exclusive (sole) possession | **Aufgabe des ~es** | giving up of a possession | **Eigen~** | possession as owner | **Entsetzung**

(Vertreibung) aus dem ~ | eviction; ejection; dispossession | **Erwerb (Erlangung) des ~es** | gaining possession | **Fremd~** | possession in the name of a third party; precarious holding | **Grund~** | landowning | **Lehns~** | feudal tenure; copyhold | **Mit~** | joint possession | **Pacht~** | leasehold | **Privat~** | private ownership | **in Privat~ übergehen** | to pass into private hands (ownership) | **in Privat~** | privately-owned | **Störung des ~es** | disturbance of possession | **verbotener Waffen~** | keeping of arms | **Wiedererlangung (Rückerlangung) (Zurückerlangung) des ~es** | regaining possession | **Wiederherstellung des ~es** | restitution.

★ **in ausländischem** ~ | foreign-owned | **ausschließlicher** ~ | exclusive (sole) possession | **fehlerhafter** ~ | faulty (defective) possession | **gemeinsamer** ~ | joint possession | **mittelbarer** ~ | indirect possession | **rechtswidriger** ~ | unlawful possession | **in staatlichem** ~ | state-owned | **tatsächlicher** ~ | actual possession; seisin in deed | **ungestörter** ~ | undisturbed (peaceable) possession | **unmittelbarer** ~ | direct possession.

★ **im** ~ **von etw. bleiben** | to stand possessed of sth. | **jdn. aus dem** ~ **bringen (vertreiben)** | to dispossess (to evict) (to eject) sb. | **jdn. in den** ~ **einweisen (setzen)** | to put sb. in possession | **sich in den** ~ **einweisen lassen** | to have os. put into possession | **von etw. ergreifen; etw. in** ~ **nehmen; sich in den** ~ **von etw. setzen** | to take possession (to possess os.) of sth. | **von etw. wieder** ~ **ergreifen; den** ~ **von etw. wiedererlangen (zurückerlangen)** | to regain possession of sth.; to repossess os. of sth. | **von etw.** ~ **erlangen; in den** ~ **von etw. kommen** | to come (to enter) into possession of sth.; to become possessed of sth. | **im** ~ **gestört werden** | to have one's possession disturbed | **jds.** ~ **(jdn. im** ~**) stören** | to disturb sb.'s possession (sb.'s enjoyment of a right) | **etw. in** ~ **haben; im** ~ **von etw. sein** | to be in possession of sth.; to posses (to hold) sth.

Besitz *m* Ⓑ [Habe; Vermögen] | property; fortune | **Aktien~; Effekten~** | stock ownership; holdings; stockholdings | **Einkommen aus** ~ | unearned income | **Fabrik~** | factory property | **Familien~** | family estate | **Grund~** | real (real estate) (landed) property; holdings of land | **Kolonial~** | colonial possessions | **Privat~** | private property (estate) | **beweglicher** ~ | chattel(s) | **in anderen** ~ **übergehen** | to change hands; to pass into other hands.

Besitz *m* Ⓒ [Gesamtheit der Besitzer] | **der Großgrund~** | the big landowners | **der Haus~** | the house owners | **der Klein~** | the small holders (landowners).

Besitz *m* Ⓓ [Gut] | estate | **Eigen~** | freehold property; freehold.

—anspruch *m* | possessory interest (claim) (right).

—aufgabe *f* | dereliction.

—dauer *f* | time (duration) of possession; occupancy.

—diener *m* | holder for a third party.

—dienerschaft *f* | possession in the name of a third party.

—einkommen *n* | unearned income.

—einweisung *f* | vesting assent; livery of seisin | **gerichtliche** ~ | vesting order; writ of possession.

besitzen *v* | **etw.** ~ | to possess (to hold) sth.; to be possessed (to hold possession) (to be in possession) of sth. | **etw. zu Eigentum** ~ **(als Eigentümer)** ~ | to hold sth. as owner; to possess sth. in one's own right | **in Pacht** ~ | to hold on (under) lease | **etw. als Pfand (als Sicherheit)** ~ | to hold sth. as security (as collateral) | **etw. gemeinsam** ~ | to hold sth.

jointly (in common) | etw. gutgläubig ~ | to hold sth. in good faith.
besitzend *adj* | die ~en Klassen | the propertied classes.
Besitzenden *mpl* | die ~ | the propertied (moneyed) classes.
Besitz..entsetzung *f*; —entziehung *f* | dispossession; disseisin; eviction; ejection.
—entsetzungsklage *f* | action (writ) of ejectment.
Besitzer *m* Ⓐ | possessor; holder | Dritt~ | third holder | Eigen~ | proprietary possessor; possessor as owner | Erbschafts~ | possessor of an (of the) inheritance | Mit~; gemeinschaftlicher ~ | joint holder | bösgläubiger ~; schlechtgläubiger ~ | holder in bad faith; mala fide holder | gutgläubiger ~ | holder in good faith; bona fide holder | mittelbarer ~ | intermediate holder | rechtmäßiger ~ | rightful holder (possessor) | unmittelbarer ~ | direct holder | als ~ auftreten | to act (to behave) as possessor | den ~ wechseln | to change hands; to pass into other hands.
Besitzer *m* Ⓑ [«Eigentümer»] | owner; proprietor | Fabrik~ | owner (proprietor) of a factory; mill owner; manufacturer | Grund~ | landed proprietor; land (property) owner | die Großgrund~ | the big landowners | Grund~ sein | to own land | Haftung des ~s | responsibility of the owner; owner's liability | Haus~ | house owner; owner (proprietor) of a house | Hütten~ | owner of a foundry | Klein~; Parzellen~ | small holder | Werks~ | mill owner | rechtmäßiger ~ | rightful (lawful) (legitimate) owner.
Besitz..ergreifung *f* | taking possession; taking over; seisin.
—erwerb *m* | gaining (obtaining) possession.
besitzfähig *adj* | capable of possessing (of holding).
Besitz..gegenstand *m* | object of possession.
—handlung *f* | taking possession.
—klage *f* | possessory action.
—nachfolger *m* Ⓐ | successor in law; legal successor.
—nachfolger *m* Ⓑ | subsequent owner; successor in title.
—nahme *f* | taking possession.
—recht *n* | possessory right | nach dem ~ | by right of possession.
—schutz *m* | protection of possession.
— —klage *f* | possessory action; action for possession.
—stand *m* Ⓐ | seisin | rechtlicher ~ | seisin in law; right of present possession | tatsächlicher ~ | seisin in deed; actual possession.
—stand *m* Ⓑ [Vermögen] | active property; assets.
—steuern *fpl* | taxes on (taxation of) property | Besitz- und Verkehrssteuern | taxes on property and on transfers.
—störung *f* | disturbance of possession; prevention of enjoyment.
—störungsklage *f* | action to restrain interference (to cease and desist).
—stück *n* | article (piece) of property.
—titel *m* | title deed; evidence of ownership.
Besitztum *n* Ⓐ [Habe] | possessions; property.
Besitztum *n* Ⓑ [Gut] | estate.
Besitzung *f* Ⓐ [Grundbesitz] | piece of land (of real estate); estate.
Besitzung *f* Ⓑ [Kolonie] | colony | überseeische ~en | overseas possessions (territories); possessions oversea(s).
Besitz..übertragung *f* | transfer of title.
—urkunde *f* | title deed.
—verlust *m* | dispossession; disseisin.

Besitz..verteilung *f* | distribution of property (of wealth).
—wechsel *m* | change of title (of ownership).
—zeit *f* | time (duration) of possession.
besolden *v* | jdn. ~ | to pay sb. a salary; to salary sb.
besoldet *adj* | ~e Stellung | salaried position | ~ sein | to draw (to receive) a salary | fest ~ sein | to draw a fixed salary | un~ | without pay; unsalaried.
Besoldung *f* Ⓐ [Zahlung von Gehältern] | payment of salaries; salary payment | ~ nach dem Dienstalter | salary payment according to length of service.
Besoldung *f* Ⓑ [Gehalt] | salary; pay.
Besoldungs..dienstalter *n* | Gehaltszahlung nach dem ~ | payment of salaries according to length of service.
—erhöhung *f* | increase of salary; salary increase.
—forderungen *fpl* | salary demands.
—gruppe *f*; —klasse *f*; —stufe *f* | salary group (bracket).
—ordnung *f* | regulations covering salary payments.
—zulage *f* | salary increase.
Besonderheit *f* | particularity; peculiarity.
besorgen *v* Ⓐ [erledigen] | eine Angelegenheit ~ | to attend to (to handle) (to deal with) a matter | seine Angelegenheiten ~ | to attend to one's business | fremde Angelegenheiten ~ | to attend (to handle) the affairs of other people | fremde Rechtsangelegenheiten ~ | to attend (to handle) the legal matters of other people | einen Auftrag für jdn. ~ | to carry out a commission for sb.
besorgen *v* Ⓑ [beschaffen] | to procure | jdm. etw. ~ | to furnish (to provide) sb. with sth. | sich Geld ~ | to find (to raise) money (funds).
Besorgnis *f* [Befürchtung] | apprehension | zu ~ Anlaß geben | to give cause for apprehension.
Besorgung *f* Ⓐ [Erledigung] | ~ einer Angelegenheit | attending to a matter | ~ fremder Angelegenheiten | attending (handling) the affairs (the concerns) of other people (of others) | ~ fremder Rechtsangelegenheiten | attending (handling) the legal matters of others (of other persons) | ~ von Aufträgen | attending to orders; execution (filling) of orders.
Besorgung *f* Ⓑ [Beschaffung] | procuring | ~ von Geld; ~ von Kapital; Geld~ | raising (procuring) of money (of funds) (of capital).
Besorgungen *fpl* | ~ machen | to make (to do) commissions; to go shopping.
Besorgungsgebühr *f* | handling charge; commission fee.
besprechen *v* | sich mit jdm. ~ | to confer with sb. | ein Buch ~ | to review a book.
Besprechung *f* Ⓐ | conversation | Friedens~en | peace parleys (talks) | Vor~; vorläufige ~ | preliminary discussion | geschäftliche ~ | business conversation | interne ~en | private talks | ~en halten | to entertain conversations.
Besprechung *f* Ⓑ [Buch~] | book revue.
Besprechungsexemplar *n* | review (press) copy.
bessern *v* | to better; to improve.
Besserung *f* | betterment; improvement.
Besserungsanstalt *f* | reformatory; house of correction.
besserungsfähig *adj* | capable of (open to) improvement; improvable.
best *adj* | in der ~en Absicht; mit den ~en Absichten | with the best (with the best of) intentions | in jds. ~em Interesse | in sb.'s best interests | nach ~em Vermögen | to the best of one's ability (abilities) | nach meinem ~en Wissen | to the best of my knowledge.

Bestallung *f* Ⓐ | appointment; investiture | ~ als **Nachlaßverwalter** | letters of administration | ~ als **Vormund** | appointment as guardian.

Bestallung *f* Ⓑ; **Bestallungs..urkunde** *f* | certificate (warrant) of appointment.

—**recht** *n* | right of investiture.

Bestand *m* Ⓐ [Bestehen] | existence | **Rechts~**; **rechtlicher** ~ | validity in law; legal validity | **rechtlichen** ~ **haben** | to be valid in law; to be legally valid | **keinen rechtlichen** ~ **haben**; **ohne rechtlichen** ~ **sein** | to be invalid.

Bestand *m* Ⓑ [Fort~; Weiter~] | continuance; continued existence | ~ **haben** | to remain in existence; to continue to exist | **von kurzem** ~ **sein** | to be short-lived.

Bestand *m* Ⓒ [Dauer] | duration; permanence.

Bestand *m* Ⓓ [Vorrat] | stock; stock on hand | **Aktien~** | shares (stocks) on hand | ~ **an eigenen Aktien** | treasury stock | **Banknoten~** | stock of bank notes | **Bar~**; **Kassen~** | cash; cash in hand; cash balance | **Devisen~** | foreign exchange reserve | **Effekten~**; **Wertpapier~**; **Wertschriften~** [S] | stocks (stocks and bonds) (securities) on hand | **Einlagen~** | total deposits | **Gold~** | gold reserve (stock); stock of gold; bullion reserve | **Grund~** | permanent stock | **Metall~** | metal (bullion) reserve; cash and bullion in hand | **Rest~** | remainder of stock | **Vieh~** | livestock | **Waren~**; **Lager~** | stock of goods (of merchandise) on hand; stock-in-trade | **Wechsel~** | bills in hand (in portfolio); portfolio of bills; bill case | **Sammel~ an Wertpapieren** | pool of stocks and bonds | **eiserner** ~ | iron ration.

Bestand *m* Ⓔ [Inventur] | inventory; actual stock | ~ **aufnehmen** | to take stock; to make (to draw up) an inventory; to inventory.

Bestände *mpl* | stock(s); supply; supplies.

beständig *adj* | stable; constant; continuous | ~e **Nachfrage** | steady demand.

Beständigkeit *f* | stability; perseverance.

Bestands..aufnahme *f* | inventory; stock-taking.

—**buch** *n* | stock (inventory) book; inventory; stock list.

—**buchführung** *f* | stock accounting.

—**konto** *n* | inventory account.

—**liste** *f*; —**verzeichnis** *n* | stock (inventory) list; inventory.

Bestandteil *m* | part; constituent; component part | **wesentlicher** ~ | integral part; essential component part | **einen wesentlichen** ~ **von etw. bilden** | to form an integral part of sth. | **unwesentlicher** ~ | nonessential element.

bestätigen *v* Ⓐ | to confirm | **den Empfang von etw.** ~ Ⓐ | to acknowledge the receipt of sth. | **den Empfang von etw.** ~ Ⓑ | to give a receipt for sth. | **etw. brieflich** ~ | to confirm sth. by letter | **etw. schriftlich** ~ | to confirm sth. in writing.

bestätigen *v* Ⓑ [genehmigen] | to approve; to ratify; to sanction | **eine Ernennung** ~ | to confirm an appointment | **einen Schiedsspruch (ein Schiedsurteil) gerichtlich** ~ **lassen** | to have an award approved (confirmed) by the court | **einen Vertrag** ~ | to ratify a contract | **einen Vertrag gerichtlich** ~ | to confirm a contract by the court | **amtlich** ~; **behördlich** ~ | to ratify officially.

bestätigen *v* Ⓒ [bekräftigen] | jds. Aussage(n) (Zeugenaussage) ~ | to corroborate (to confirm) (to bear out) sb.'s evidence (sb.'s statements) | **etw. eidlich (unter Eid)** ~ | to confirm (to substantiate) sth. by oath; to affirm sth. on (upon) oath.

bestätigen *v* Ⓓ [aufrechterhalten] | **eine Entscheidung** ~ | to uphold a decision | **ein Urteil** ~ | to confirm (to sustain) a judgment.

bestätigen *v* Ⓔ [bescheinigen] | to certify | **etw. amtlich** ~ | to authenticate sth.

bestätigend *adj* Ⓐ | confirmative; confirming | ~e **Entscheidung**; ~es **Urteil** | confirming decision (judgment) | ~e **Erklärung** | confirming declaration (statement); confirmation.

bestätigend *adj* Ⓑ | ~er **Beweis** | corroborative (corroborating) evidence | ~e **Zeugenaussage** | corroborative testimony.

bestätigend *adv* | ~ **entscheiden** | to come to a confirming decision.

bestätigt *part* | **hiermit (hierdurch) wird** ~, **daß** ... | this is to certify that ...; I do hereby certify that ...

Bestätigung *f* Ⓐ | confirmation | **in** ~ **Ihres Briefes** | confirming your letter | ~ **des Empfangs**; **Empfangs~** Ⓐ | acknowledgment of receipt | **Empfangs~** Ⓑ | receipt | ~ **eines Kontoauszuges** | verification of an account | ~ **der Richtigkeit** | verification | **briefliche** ~ | confirmation by letter | **schriftliche** ~ | written acknowledgment (confirmation); acknowledgment in writing.

Bestätigung *f* Ⓑ [Genehmigung] | ratification; approval; sanction | ~ **durch das Gericht**; **gerichtliche** ~ | approval by the court; homologation | **amtliche** ~; **behördliche** ~ | official ratification; by the administrative authority.

Bestätigung *f* Ⓒ [Bekräftigung] | corroboration | **eidliche** ~; ~ **unter Eid** | affirmation on (upon) oath.

Bestätigung *f* Ⓓ [Aufrechterhaltung] | ~ **einer Entscheidung (eines Urteils)** | confirmation (upholding) of a decision.

Bestätigung *f* Ⓔ [Bescheinigung] | **amtliche** ~ | certification; attestation; verification | **gerichtliche** ~ | authentication by the court.

Bestätigungs..brief *m*; —**schreiben** *n* Ⓐ | letter of confirmation (of acknowledgement).

—**schreiben** *n* Ⓑ | letters of credence; credentials.

—**recht** *n* | right to confirm.

—**urkunde** *f* | deed of confirmation.

—**vermerk** *m* | authentication; certification.

Bestattung *f* | interment; burial.

Bestattungs..institut *n* | undertaker's business.

—**kosten** *pl* | funeral expenses.

—**verein** *m* | burial club (society).

bestechen *v* | to bribe; to corrupt | **einen Beamten** ~ | to bribe an official | **einen Richter** ~ | to corrupt (to buy) (to bribe) a judge | **einen Zeugen** ~ | to suborn (to tamper with) a witness | **sich** ~ **lassen** | to be corruptible; to accept (to take) a bribe (bribes) | **sich nicht** ~ **lassen** | to be incorruptible.

Bestecher *m* | briber; corrupter | ~ **von Zeugen** | suborner (briber) of witnesses.

bestechlich *adj* | corruptible; corrupt; venal; bribable | ~ **werden** | to become corrupt.

Bestechlichkeit *f* | corruptness; corruption; venality.

Bestechung *f* | bribery; bribing; corruption | **Beamten~** | bribing of officials | **Wahl~** | vote fraud; electoral corruption | **Zeugen~** | subornation (bribing) of witnesses | **versuchte** ~ | attempt at bribery (to offer a bribe); attempted bribery | **der** ~ **zugänglich sein** | to be open to bribery; to be reached.

Bestechungs..fonds *m* | bribery fund.

—**gelder** *npl* | bribes; secret (illicit) commissions | ~ **annehmen** | to take (to accept) bribes.

—**skandal** *m* | bribery scandal.

—**unwesen** *n* | bribery and corruption.

—**versuch** *m* | attempt at bribery; attempted bribery.

Bestehen *n* Ⓐ [Existenz] | existence | **das ~ oder Nicht~ eines Rechts** | the existence or non-existence of a right | **Fort~; Weiter~** | continued existence; continuance | **vorheriges ~** | pre-existence.
Bestehen *n* Ⓑ | **nach ~ einer Prüfung** | after having passed an examination.
Bestehen *n* Ⓒ [Beharren] | insistence.
bestehen *v* Ⓐ [existieren] | to exist; to be in existence | **~ bleiben; fort~; weiter~** | to remain in existence; to continue to exist | **vorher ~** | to pre-exist.
bestehen *v* Ⓑ | **eine Prüfung ~; ein Examen ~** | to pass an examination.
bestehen *v* Ⓒ [beharren] | **auf etw. ~** | to insist on sth. | **auf einer sofortigen Antwort ~** | to insist on (to press for) an immediate reply (answer) | **auf seinen Forderungen ~** | to insist on one's claims | **auf einem Punkt ~** | to insist on (upon) a point | **auf seinen Rechten ~** | to insist on (upon) one's rights | **auf Zahlung ~** | to insist upon payment.
★ **darauf ~, daß etw. geschieht** | to insist on sth. being done; to be insistent that sth. shall be done | **jdm. gegenüber nachdrücklich darauf ~, daß etw. gemacht wird** | to urge on sb. the necessity of doing sth.
bestehen *v* Ⓓ [sich zusammensetzen] | **aus etw. ~** | to consist (to be composed of) sth.
bestehend *adj* | existing | **die ~en Gesetze** | the laws in force | **vorher ~** | pre-existent; pre-existing.
bestehlen *v* | **jdn. um etw. ~** | to steal sth. from sb.
Bestell..amt *n* | delivery office.
—**bezirk** *m* | district of delivery | **Post~** | postal district.
bestellbar *adj* | deliverable | **un~** | undeliverable.
Bestellbuch *n* | order book.
bestellen *v* Ⓐ [aufstellen] | **einen Anwalt (Rechtsanwalt) ~** | to instruct (to brief) counsel | **jdn. zu seinem Bevollmächtigten (zu seinem Vertreter) (zu seinem bevollmächtigten Vertreter) ~** | to appoint sb. one's proxy (one's representative) (one's agent); to give sb. power of attorney | **jdn. zu seinem Erben ~** | to appoint sb. one's heir | **jdn. zu seinem Nachfolger ~** | to appoint sb. one's successor | **einen Treuhänder ~** | to appoint a custodian (a trustee) | **einen Verteidiger ~** | to brief (to instruct) counsel for the defense.
bestellen *v* Ⓑ [zwecks Kauf] | **etw. ~** | to order (to commission) sth. | **etw. voraus~** | to order sth. in advance | **Vorräte ~** | to order in supplies | **Waren ~** | to order goods; to put goods on order | **eine Zeitung ~** | to subscribe to a newspaper.
bestellen *v* Ⓒ [voraus~; belegen] | **Plätze ~** | to book (to reserve) seats.
bestellen *v* Ⓓ | **das Aufgebot ~** | to publish (to put up) the bans | **sein Haus ~** ① | to put one's affairs in order | **sein Haus ~** ② | to make one's will | **eine Hypothek ~** ① | to create (to constitute) a mortgage | **eine Hypothek ~** ② | to register a mortgage | **ein Pfand ~; eine Sicherheit ~** | to give security (a collateral).
bestellen *v* Ⓔ [zustellen] | **Briefe ~** | to deliver letters | **jdm. eine Nachricht ~** | to deliver a message to sb.
bestellen *v* Ⓕ [kommen lassen] | **jdn. zu sich ~** | to send for sb.; to summon sb.
Besteller *m* Ⓐ [Käufer] | buyer; purchaser.
Besteller *m* Ⓑ [Abonnent] | subscriber.
Bestellerliste *f* | list of subscribers.
Bestell..formular *n*; —**schein** *m* | order (application) (subscription) form (blank).
—**gang** *m* | delivery round.
—**geld** *n* | messenger's (carrier's) fee.

Bestellnummer *f* | order number.
bestellt *adj* | **amtlich ~** | officially appointed | **gerichtlich ~** | appointed by the court | **~ sein** | to have an appointment.
bestellt *part* | **~e Waren** | goods ordered (on order).
Bestellte *m* | **der ~** | the appointee.
Bestellung *f* Ⓐ [Aufstellung; Ernennung] | appointment; nomination | **~ eines Anwalts (Rechtsanwalts); Anwalts~** | briefing (instructing) counsel | **~ eines Bevollmächtigten (Vertreters) (bevollmächtigten Vertreters)** | appointment of a proxy (of a representative) (of an authorized representative) (of an agent) | **~ eines Nachfolgers** | appointment (designation) of a successor | **~ eines Treuhänders** | appointment of a custodian (of a trustee) | **~ eines Verteidigers** | instructing counsel for the defense | **~ eines Verteidigers von Amts wegen** | assigning (assignment) of a defense counsel | **~ eines Vormundes** | appointment of a guardian.
Bestellung *f* Ⓑ [Order; Kauforder] | order | **Nach~** | repeat order | **~ von Waren** | ordering of goods | **Waren~en; ~en auf Waren** | goods on order | **Waren~en aufgeben; ~en auf Waren aufgeben (machen)** | to order goods; to put goods on order | **Voraus~** | ordering in advance.
★ **dringende ~** | rush order | **laufende ~** | standing order | **mündliche ~; mündlich aufgegebene ~** | verbal order | **schriftliche ~** | written order | **zahlbar bei ~** | payable on application; cash with order.
★ **auf ~ angefertigt** | made to order | **bei jdm. eine ~ aufgeben (machen)** | to place an order with sb.; to give an order to sb. | **eine ~ ausführen** | to execute (to fill) an order | **~en einholen** | to call for orders | **eine ~ zurückziehen (rückgängig machen)** | to withdraw (to cancel) an order.
★ **auf ~** | on (upon) order | **auf ~ von** | by order of | **bei ~ von ...** | when ordering ...; on orders of ... | **laut ~** | as ordered; as per (according to) order.
Bestellung *f* Ⓒ [Voraus~; Belegen] | **~ von Plätzen** | booking of seats.
Bestellung *f* Ⓓ | **~ des Aufgebotes** | proclamation of the bans | **~ einer Hypothek** | constituting a mortgage | **~ eines Pfandes; ~ einer Sicherheit (Kaution)** | giving security (bail).
Bestellung *f* Ⓔ [Zustellung] | **~ von Briefen; Brief~** | delivery of letters | **~ einer Nachricht** | delivery of a message.
Bestellzettel *m* | order form (blank) (sheet); purchasing order | **Bücher~** | book order form.
bestenfalls *adv* | at best.
bestens *adv* | **~ verkaufen** | to sell at best.
besteuerbar *adj* | taxable; ratable; assessable.
Besteuerbarkeit *f* | taxability.
besteuern *v* | **etw. ~** | to tax sth.; to lay (to impose) (to levy) a tax (taxes) on sth. | **zu ~** | taxable; ratable; assessable | **nach dem Wert zu ~** | taxable on value | **Einkommen (Einkünfte) an der Quelle ~** | to tax income (revenue) at the source | **etw. zu hoch ~** | to overtax sth.
besteuert *part* | **hoch ~** | heavily (highly) taxed | **~ werden** | to be taxed; to be subject to taxation | **an der Quelle ~ werden** | to be taxed at the source.
Besteuerter *m* | taxpayer | **die Höchst~n** | the highest taxpayers.
Besteuerung *f* | taxation | **~ nach dem Aufwand; Aufwands~** | taxation according to [one's] style of living | **Ausnahme von der ~** | relief (exemption) from taxation; tax relief | **Doppel~** | double taxation | **Einkommens~** | income taxation; tax on revenue | **Vermögens~** | taxation of (tax on) property.

Besteuerung *f, Forst.*

★ von der ~ ausgenommen (befreit); nicht der ~ unterliegend | tax-exempt; exempt (free) from taxation; free of tax (of all taxes) | **direkte** ~ | direct taxation | **der ~ unterliegen** | to be taxable (subject to taxation); to be taxed | **indirekte** ~ | indirect taxation | **der indirekten ~ unterliegend** | excisable | **unterschiedliche** ~ | discriminating (discriminatory) taxation (taxes) | **etw. einer ~ unterwerfen** | to make sth. taxable; to subject sth. to a tax (to taxation); to impose (to lay) a tax on sth.

besteuerungsfähig *adj* | taxable; assessable.

Besteuerungs..fähigkeit *f* | taxable (taxpaying) capacity.

—grenze *f* | assessable limit.

—grundlage *f* | basis (base) of taxation (of assessment).

—recht *n* | right (power) to levy taxes; taxing power.

—satz *m* | rate of assessment; tax rate | **~ für Grundbesitz** | rate of assessment on landed property.

—system *n* | tax (taxation) system.

—vorschriften *fpl* | tax regulations.

bestimmbar *adj* Ⓐ | appreciable; appraisable | **näher ~** | determinable; to be determined | **un~** | not determinable; indeterminable; unascertainable.

bestimmbar *v* Ⓑ [definierbar] | definable | **un~** | indefinable; undefinable.

bestimmen *v* Ⓐ [gesetzlich ~; vorschreiben] | to enact.

bestimmen *v* Ⓑ [verfügen] | **über etw. ~** | to dispose of sth.

bestimmen *v* Ⓒ [festsetzen] | to fix | **eine Frist ~** | to fix a term (a period) | **einen Geldbetrag für etw. ~** | to assign (to allot) a sum of money for sth. | **Ort und Zeit ~** | to fix time and place | **den Preis ~** | to fix the price | **einen Tag ~** | to set (to fix) (to appoint) a day | **einen Termin ~** | to fix a date | **einen Treffpunkt ~** | to fix (to determine) a meeting place | **den Wert von etw. ~** | to fix (to assess) the value of sth. | **etw. für jdn. ~** | to intend sth. for sb. | **noch zu ~** | to be designated; to be fixed.

bestimmen *v* Ⓓ [feststellen] | to ascertain.

bestimmen *v* Ⓔ [entscheiden] | to decide; to rule.

bestimmen *v* Ⓕ [einsetzen; ernennen] | to designate | **einen Erben ~** | to designate an heir | **jdn. zu seinem Nachfolger ~** | to appoint (to designate) sb. as one's successor.

bestimmen *v* Ⓖ | to determine | **den Begriff von etw. ~** | to define sth. | **etw. nach Klassen ~** | to classify sth. | **den Schaden ~** | to determine (to assess) the damage | **etwas näher ~** | to specify sth. | **noch zu ~** | to be determined.

bestimmen *v* Ⓗ [veranlassen] | **jdn. ~, etw. zu tun** | to determine (to induce) (to persuade) sb. to do sth.

bestimmend *adj* | deciding; determining; decisive | **~er Einfluß** | decisive influence; control | **~e Klausel** | clause of destination | **~e Ursache** | determining cause | **näher ~** | determinative; defining.

bestimmt *adj* Ⓐ [vorgeschrieben] | prescribed | **gesetzlich (durch Gesetz) ~** | prescribed by law | **in den Satzungen ~; satzungsgemäß ~; statutengemäß ~** | provided by the articles | **soweit nichts anderes ~ ist** | save as otherwise provided.

bestimmt *adj* Ⓑ | determined | **ein ~er Betrag; eine ~e Summe** | a determined amount; a given sum | **~e Waren** | specified goods | **genau ~** | well-defined.

bestimmt *adj* Ⓒ [festgesetzt] | fixed | **zur ~en Stunde (Zeit)** | at the appointed hour (time) | **an dem ~en Tag (Termin)** | on the fixed (appointed) day (date) | **un~** | unspecified.

bestimmt *adj* Ⓓ [festgestellt] | ascertained.

bestimmt *adj* Ⓔ [entschieden] | decided | **un~** | undecided.

bestimmt *adj* Ⓕ [vor~] | designated; destined | **zum Verkauf ~** | to be sold; for sale | **nicht zur Veröffentlichung ~** | not for publication; not to be published | **für etw. ~ sein** | to be intended for sth.

bestimmt *adj* Ⓖ [genau; präzis] | precise; explicit | **eine ~e Antwort** | a precise (clear) answer | **un~** | unprecise.

bestimmt *adj* Ⓗ [endgültig] | definite | **un~** | indefinite.

bestimmt *v* | **das Gesetz ~** | the law provides (enacts) | **der Vertrag ~, daß** | the contract provides that.

Bestimmtheit *f* Ⓐ [Gewißheit; Sicherheit] | certainty; positiveness | **mit aller ~** | most positively (decidedly).

Bestimmtheit *f* Ⓑ [Genauigkeit] | precision; exactness.

Bestimmtheit *f* Ⓒ [Entschiedenheit] | decision; firmness.

Bestimmung *f* Ⓐ [Vorschrift; Gesetzes~] | regulation; statutory regulation; statute. [VIDE: **Bestimmungen** *fpl*].

Bestimmung *f* Ⓑ [Klausel] | provision; disposition | **Aufhebungs~** ① | abrogation (rescinding) clause | **Aufhebungs~** ② | clause of repeal | **Ausnahme~** | exceptional disposition | **Satzungs~** | provision in the articles | **Schluß~** | concluding dispositions | **Sonder~** | special provision | **Übergangs~en** | transitional dispositions; transitory provisions | **Vertrags~en; vertragliche ~en** | stipulations (clauses) (specifications) (articles) (provisions) of a contract. ★ **allgemeine ~en** | general provisions | **aufhebende ~** | rescinding clause | **auflösende ~** | resolutive (resolutory) clause | **ausdrückliche ~** | express stipulation | **eingefügte ~** | inserted clause | **einleitende ~en** | introductory (preliminary) provisions (dispositions) | **einschränkende ~en** | restrictive provisions | **lästige ~** | onerous clause | **ungeachtet entgegengesetzter ~en** | notwithstanding any provision to the contrary | **statutarische ~** | provision in the articles | **wesentliche ~** | essential clause (provision) | **eine ~ genau beachten** | to adhere strictly to a clause | **~en treffen** | to make dispositions | **mit der ~, daß** | with the proviso that ...

Bestimmung *f* Ⓒ [Festsetzung] | fixation; fixing | **~ der Preise; Preis~** | fixing a price (of a price) | **~ eines Termins** | fixing (setting) of a date.

Bestimmung *f* Ⓓ [Feststellung] | ascertainment; indication.

Bestimmung *f* Ⓔ [Entscheidung] | decision; ruling | **Selbst~** | self-determination | **Recht der Selbst~** | right of self-determination.

Bestimmung *f* Ⓕ [Einsetzung; Ernennung] | **~ eines Nachfolgers** | appointment (designation) of a successor.

Bestimmung *f* Ⓖ | determination | **Begriffs~** | definition | **Orts~** | destination | **~ des Schadens; Schadens~** | assessment of the damages | **genaue ~; nähere ~** | specification | **mit der ~ nach** | with destination for; bound for.

Bestimmungen *fpl* | **Ausfuhr~** | export regulations; regulations on exports | **Ausführungs~** | executive order (regulations) | **Devisen~** | currency (foreign exchange) regulations | **Einführungs~** | introductory regulations | **Preis~** | price regulations | **Übergangs~** | transitory regulations | **Verschärfung der ~** | tightening of the regulations | **Zoll~** | customs regulations. ★ **die einschlägigen ~** | the governing rules (regulations) | **nach den geltenden ~** | under the existing regulations | **gesetzliche ~** | statutory regulations; rules of law | **unter die gesetzlichen ~ fallen** | to come within the provisions of the law.

★ **von den** ~ **abweichen** | to depart from the rules (regulations) | **etw. durch** ~ **regeln** | to bring sth. under regulation | **die** ~ **verschärfen** | to tighten the regulations | ~ **vorschreiben** | to prescribe regulations.

Bestimmungsbahnhof *m* | station of destination.

bestimmungsgemäß *adv*; —**mäßig** *adv* | according to destination.

Bestimmungs..hafen *m* | port of destination.

—**land** *n* | country of destination.

—**ort** *m* | place of destination; destination | **an seinem** ~ **ankommen; seinen** ~ **erreichen** | to reach its destination.

—**recht** *n* | right to determine (to fix).

bestimmungswidrig *adj* | contrary to the rules (regulations).

Bestleistung *f* | highest output (performance).

bestmöglich *adv* | at best.

bestrafen *v* | to punish | **jdn. mit Gefängnis** ~ | to punish sb. with imprisonment | **jdn. mit Geld** ~ | to fine sb.; to punish sb. with a fine | **mit dem Tod zu** ~ | punishable with death | **jdn. exemplarisch** ~ | to punish sb. exemplarily.

Bestrafung *f* | punishment; penalty | **disziplinarische** ~ | disciplinary punishment | **exemplarische** ~ | exemplary punishment | **gerechte** ~ | just punishment | **schwere** ~; **strenge** ~ | severe punishment | **auf** ~ **antragen** | to prosecute | **der** ~ **entgehen** | to escape punishment | **durch** ~ | by way of punishment.

Bestrebungen *fpl* | tendencies | **Reform**~ | reform movement | **Unabhängigkeits**~ | movement of independence.

bestreiken *v* | **eine Fabrik** ~ | to strike against a factory.

bestreikt *adj* | ~**er Betrieb;** ~**e Fabrik** | strike-bound plant (factory).

bestreitbar *adj* Ⓐ | contestable; disputable | **nicht** ~; **un**~ | incontestable; indisputable; unquestionable.

bestreitbar *adj* Ⓑ | controvertible; controversial | ~**e Ansicht (Meinung)** | controvertible opinion.

Bestreitbarkeit *f* | capability of being contested.

bestreiten *v* Ⓐ [nicht anerkennen] | **etw.** ~ | to contest (to dispute) sth. | **einen Anspruch** ~; **eine Forderung** ~ | to dispute (to contest) a claim | ~**, daß etw. echt ist; die Echtheit von etw.** ~ | to plead the falsity of sth. | **die Echtheit einer Urkunde** ~ | to dispute the validity of a document | **jds. Eigentum (Eigentumsrecht)** ~ | to dispute sb.'s title | **jds. Recht** ~ | to challenge sb.'s right | **die Gültigkeit eines Testaments** ~ | to dispute a will | **die Gültigkeit einer Wahl** ~ | to contest an election | **das gesamte Vorbringen** ~ | to plead the general issue | **die Zuständigkeit** ~ | to plead incompetence.

bestreiten *v* Ⓑ [leugnen] | to deny | **eine Behauptung** ~; **ein Vorbringen** ~ | to deny an assertion (an allegation) | **eine Schuld** ~ | to deny a liability | **seine Schuld** ~ | to deny the charge(s); to plead not guilty | **etw. kategorisch** ~ | to deny sth. categorically.

bestreiten *v* Ⓒ [decken] | **die Ausgaben** ~ | to meet the expenses | **die Kosten von etw.** ~ | to defray (to meet) the cost (the costs) (the expenses) of sth. | **jds. Unterhalt** ~ | to maintain (to support) sb.; to provide maintenance to sb.

Bestreitung *f* Ⓐ [Nichtanerkennung] | contestation.

Bestreitung *f* Ⓑ [negatorische Einrede] | denial.

Bestreitung *f* Ⓒ [Deckung] | ~ **der Kosten** | payment of costs | **Beitrag zur** ~ **der Kosten** | contribution to (towards) the expenses of sth. | **zur** ~ **der Kosten beitragen** | to contribute towards the costs | ~ **des Unterhalts** | providing maintenance.

bestritten *adj* Ⓐ | contested; disputed; in dispute | ~**e Forderung** | disputed claim | **nicht** ~; **un**~ | uncontested; undisputed; beyond (not in) dispute.

bestritten *adj* Ⓑ [umstritten] | controversial; in controversy | ~**e Ansicht (Meinung)** | controversial opinion | ~**e Frage** | controversial question; controversy | **un**~ | beyond controversy.

Besuch *m* Ⓐ | visit; call | ~ **eines Geschäftsreisenden** | call of a traveller; visit of a commercial traveller | **Höflichkeits**~; **Pflicht**~ | duty call; courtesy visit | **offizieller** ~ | official call | **einen** ~ **absagen** | to cancel a visit | **jds.** ~ **erwidern** | to return sb.'s call (sb.'s visit) | **einen** ~ **machen** | to pay a visit; to make a call; to visit | **jdm. einen** ~ **machen** | to call on sb.

Besuch *m* Ⓑ [Anwesenheit] | attendance | ~ **einer Ausstellung** | visit to an exhibition | ~ **einer Vorlesung** | attendance at a lecture.

besuchen *v* Ⓐ | to visit; to call; to pay a visit | **häufig** ~ | to frequent.

besuchen *v* Ⓑ | to attend | **die Börse** ~ | to attend the exchange; to go to exchange.

Besucher *m* | visitor; caller.

Besucherin *f* | visitress; caller.

Besucherzahl *f* | number of visitors (of callers).

Besuchs..heft *n* | visiting book.

—**karte** *f* | visiting card.

—**runde** *f* | round of visits.

—**stunden** *fpl*; —**zeit** *f*; —**zeiten** *fpl* | calling (visiting) hours.

betagt *adj* Ⓐ [befristet] | ~**er Anspruch;** ~**e Forderung** | deferred claim.

betagt *adj* Ⓑ [hoch~] | aged.

betätigen *v* | **sich in einer Angelegenheit** ~ | to be actively engaged (to take an active part) (to become active) (to participate) in a matter | **sich aktiv** ~ | to take an active part.

Betätigung *f* | activity | **Neben**~ | by-occupation; by-work | **gewinnbringende** ~ | profitable (productive) activity.

Betätigungsfeld *n* | field (sphere) of activity (of action).

beteiligen *v* Ⓐ | **jdn. an seinem Geschäft** ~ | to give sb. a share (an interest) in one's business; to make sb. a partner in one's business | **sich an einem Geschäft** ~ | to take an interest (a financial interest) in a business | **sich an einem Geschäft zur Hälfte** ~ | to take a half-interest in a business | **jdn. am Gewinn** ~ | to give sb. a share in the profits | **sich an den Kosten** ~ | to share the costs; to contribute towards the cost | **sich an einer Sammlung** ~ | to contribute to a collection | **sich an einem Streit** ~ | to become a party in (to) a dispute | **sich an einem Unternehmen** ~ | to participate (to take a part) (a share) (an interest) in an enterprise | **sich an etw. finanziell (kapitalmäßig)** ~ | to take a financial interest in sth. | **sich an einem Wettbewerb** ~ | to take part in a competition | **sich an etw.** ~ | to be present (to assist) at sth.; to partake (to share) in sth. | **sich an etw. nicht** ~ | to take no part in sth.

beteiligen *v* Ⓑ | **sich an einem Verbrechen** ~ | to become a party (an accomplice) in a crime.

beteiligt *adj* Ⓐ | **mit jdm. zur Hälfte** ~ **sein** | to take share and share alike with sb. | **am Gewinn** ~ **sein** | to share in the profits | **an einem Unternehmen zur Hälfte** ~ **sein** | to have a half-interest in an enterprise (in a business) | **als Gläubiger an einem Konkurs** ~ **sein** | to be interested as creditor in a failure | **die** ~**en Parteien** | the interested parties; the parties to the case | **an einem Unternehmen** ~ **sein** | to have a share (an interest) in an undertaking.

beteiligt *adj* Ⓐ *Forts.*
★ ~ **sein** | to be a party [to sth.] | **an etw.** ~ **sein** ① | to be concerned (interested) (involved) in sth. | **an etw.** ~ **sein** ② | to take part (to share) (to have a share) (to participate) in sth. | **an etw. nicht** ~ **sein** | to be no party to sth.

beteiligt *adj* Ⓑ | **an einem Unfall** ~ **sein** | to be involved in an accident | **an einem Verbrechen** ~ **sein** | to be a party to (an accomplice in) a crime.

Beteiligte *m* oder *f* | **der** ~; **die** ~ | | the party concerned; the interest party | **die** ~**n** | the interested (concerned) parties; those interested | **alle** ~**n** | all (all parties) concerned | **die Absichten der** ~**n** | the intentions of the parties | **die** ~**n eines Vertrages** | the parties to a contract; the contracting parties | **Wechsel**~**r** | party to a bill.

Beteiligung *f* Ⓐ | participation | ~ **der Arbeiter und Angestellten am Gewinn** | profit-sharing by workers and employees | **Gesellschaft (Aktiengesellschaft) mit** ~ **der Arbeiter** | industrial partnership | ~ **an der Geschäftsführung** | share (participation) in the management | **Gewinn**~ | share (participation) in profits; profit-sharing | **Versicherung mit Gewinn**~ | with-profits policy | **Lebensversicherung mit Gewinn**~ | participating life contract | ~ **an einem Geschäft; Geschäfts**~ | share (interest) in a business | ~ **zur Hälfte; Hälften**~ | half-interest | **Kapital**~ | investment | **Konsortial**~; **Syndikats**~ | participation as underwriter | ~ **am Verlust** | sharing the loss | **Wahl**~ | poll; percentage of the electorate who voted.
★ **finanzielle** ~ | financial participation | **maßgebliche** ~ | controlling interest | **stille** ~ | dormant (sleeping) partnership | **eine** ~ **(Kapital**~**) realisieren** | to realize an investment.

Beteiligung *f* Ⓑ [Teilnahme] | complicity | ~ **an einem Verbrechen** | participation in a crime | **schuldhafte** ~ | tortious participation.

Beteiligungen *fpl* | interests | **Bank**~ | bank interests | **Bergwerks**~ | mining interests | **Gewinn aus** ~ | profits from participations (from investments) | **Industrie**~ | industrial interests | **Privat**~ | private interests | **staatliche** ~ | government interests.

Beteiligungs..geschäft *n* | transaction (deal) on joint account.
—**gesellschaft** *f* | special (financial) partnership.
—**klausel** *f* | participation clause.
—**konto** *n* | joint (joint venture) (participation) (syndicate) account.
—**quote** *f*; —**schlüssel** *m*; —**verhältnis** *n* | distribution quotas.
—**rate** *f* | participation rate (ratio).
—**system** *n* | profit-sharing system.
—**vereinbarung** *f* | share splitting.
—**vertrag** *m* | participation agreement.

beteuern *v* | to affirm; to assert | **seine Unschuld** ~ | to assert one's innocence | **etw. eidlich** ~ | to affirm sth. on oath | **feierlich** ~, **daß** ... | to make a solemn protestation that ...

Beteuerung *f* | assertion; affirmation | ~ **seiner Unschuld; Unschulds**~ | protestation of one's innocence | **eidliche** ~ | affirmation on (upon) oath | **feierliche** ~ | solemn protestation (assertion).

Beteuerungsformel *f* | form of a solemn assertion.

betiteln *v* | **jdn.** ~ | to give sb. a title | **ein Buch** ~ | to title a book.

Betitelung *f* | giving [sb.] a title.

Betracht *m* | consideration; regard | **in** ~ **kommen** | to come into consideration (into question) | **nicht in** ~ **kommen; außer** ~ **bleiben** | to remain without consideration | **etw. außer** ~ **lassen** | to leave sth. out of consideration | **etw. in** ~ **ziehen** | to take sth. into consideration (into account); to have regard to sth.; to take account of sth.

beträchtlich *adj* | considerable | **in** ~**em Ausmaß** | to a considerable extent | ~**er Schaden** | extensive (considerable) damage.

Betrag *m* | amount; sum | **Ablösungs**~ | amount required for redemption; redemption capital | **Ausgaben**~ | amount of the expenses | **Ausgleichs**~ | amount of the balance; balancing amount | **Auszahlung eines** ~**es** | payment of an amount | **Brutto**~ | gross amount | ~ **in Buchstaben** | amount in letters | ~ **der Einlage** | amount (amount of money) invested | **Erstattung (Herauszahlung) (Rückzahlung) (Rückerstattung) eines** ~**es** | refund (repayment) of an amount | **Fakturen**~ ① | amount of the invoice; invoice (invoiced) amount | **Fakturen**~ ② | invoice price | **Fehl**~; **Minder**~ | deficit; deficiency; difference; shortage | **Forderungs**~ | amount of the claim | **Fracht**~ | amount of freight | **Garantie**~ | amount of the security | **Geld**~ | amount (sum) of money | **Gesamt**~ | total amount; sum total; total | **Höchst**~; **Maximal**~ | maximum (highest) amount | **Jahres**~ | annual amount; annuity | **Mehr**~ ① | excess (exceeding) amount; sum in excess | **Mehr**~ ② | surplus; surplus amount | **Mindest**~; **Minimal**~ | lowest (minimum) amount | **Nachnahme**~ | amount to be collected (charged forward) | **Nenn**~; **Nominal**~ | nominal amount (sum) | **Netto**~ | net amount; net | **Pauschal**~ | lump sum | **Rechnungs**~ ① | amount of the invoice; invoice (invoiced) amount | **Rechnungs**~ ② | invoice price | **Risiko**~ | amount at risk | **Rückstellungs**~ | sum reserved | **Saldo**~ | amount of the balance; balancing amount | **Schuld**~ ① | amount (sum) of the debt | **Schuld**~ ② | amount (sum) due (owing) | **Soll**~ ① | amount owing (payable) | **Soll**~ ② | debit amount | **Spesen**~ | amount of expenses | **Teil**~ | partial amount | **Überweisung eines** ~**s** | transfer of an amount | ~ **der Vorauszahlung** | amount paid in advance | **Wechsel**~ | amount of a bill of exchange | ~ **in Zahlen** | amount in figures.
★ **abgerundeter** ~ | rounded off sum | **angezahlter** ~ | amount paid on account; deposit | **einkalkulierter** ~; **fälliger** ~; **geschuldeter** ~ | amount (sum) due (owing) | **erheblicher** ~; **großer** ~; **hoher** ~ | large sum; substantial amount | **festliegende Beträge** | tied up moneys (sums) | **in kleinen Beträgen** | in small amounts | **überschießender** ~ ① | exceeding (excess) amount; sum in excess | **überschießender** ~ ② | surplus amount; surplus | **verfügbare Beträge** | available moneys (sums) | **verschiedene Beträge** | sundry moneys | **versicherter** ~ | sum insured; insurance sum (money) | **vorausbezahlter** ~ | amount paid in advance | **vorauszuzahlender** ~ | amount payable in advance.
★ **einen** ~ **an jdn. abführen** | to pay an amount over to sb. | **einen** ~ **abrechnen (abziehen)** | to deduct an amount | **einen** ~ **anweisen (zur Zahlung anweisen)** | to order the payment of a sum | **einen** ~ **anzahlen** | to pay an amount on account | **einen** ~ **auslegen** | to lay out a sum of money | **jdm. einen** ~ **auszahlen** | to pay sb. an amount; to pay out an amount to sb. | **einen** ~ **bezahlen (entrichten) (zahlen)** | to pay an amount | **einen** ~ **erstatten (herauszahlen) (zurückerstatten) (zurückzahlen)** | to refund (to repay) an amount | **jdm. einen** ~ **gutschreiben** | to credit an amount to sb.'s account | **einen** ~ **überweisen** | to transfer an amount | **einen** ~ **vorschießen**

| to advance a sum of money | **einen ~ zuschießen** | to contribute an amount.

★ **ein ~ von mehr als ... (von über ...)** | a sum (an amount) exceeding ... | **bis zum ~ von ...** | to (up to) (not exceeding) the amount of ... | **«Betrag erhalten»** | Received | **«Betrag in bar erhalten»** | Received in cash.

Betragen n | behavio(u)r; conduct | **freches ~** | insolent conduct | **gutes ~** | good behavio(u)r | **schlechtes ~; ungehöriges ~** | misbehavio(u)r; misconduct.

betragen v Ⓐ | **sich ~** | to conduct os. | **sich gut ~** | to conduct os. well | **sich schlecht ~** | to misconduct os.; to misbehave.

betragen v Ⓑ [sich belaufen auf] | to amount (to run up) to | **insgesamt ~** | to run up to a total of; to total up to.

betrauen v | **jdn. mit etw. ~** | to entrust sb. with sth.

betraut part | **mit etw. ~ sein; damit ~ sein, etw. zu tun** | to be charged (entrusted) with sth.; to be in charge of sth.

Betreff m | **einen ~ angeben** | to give (to quote) a reference (a reference number).

betreffen v | **etw. ~** | to refer (to relate) (to have reference) to sth.

betreffend adj | concerning; referring to | **die ~e Angelegenheit (Sache)** | the matter in question | **die ~en Personen** | the persons (the parties) concerned (referred to).

Betreffnis n [S] | the referenced matter; the item under reference.

betreffs [bezüglich] | referring to; with reference to; regarding; with regard to; concerning.

Betreiben n Ⓐ | **das ~ eines Geschäftes** | the conducting (the running) of a business.

Betreiben n Ⓑ [Voranbringen] | prosecution | **~ eines Prozesses** | prosecution of an action | **auf ~ von** | at the instigation (suit) (request) of.

betreiben v Ⓐ | **ein Geschäft ~** | to conduct (to run) (to carry on) a business (a trade) | **Geschäfte ~** | to transact business; to make transactions | **ein Gewerbe ~** | to carry on (to ply) (to pursue) a trade | **einen Laden ~; ein Ladengeschäft ~** | to keep (to run) a shop | **etw. gewerbsmäßig ~** | to make a business of sth.

betreiben v Ⓑ [fördern; voranbringen] | **eine Arbeit ~** | to carry on a work | **die Berufung ~** | to prosecute the appeal | **eine Sache ~** | to pursue a matter | **Verhandlungen ~** | to conduct negotiations.

betreibend adj | **die ~e Partei** | the prosecuting party.

Betreibung f [S] | collection.

Betreibungsferien pl [S] | period during which no executions or foreclosures are allowed.

Betreten n | **unbefugtes ~** | trespassing | **~ verboten!** No Trespassing!

betreten v | **unbefugt ~** | to trespass.

Betretungsfall m | **im ~** | in case of trespass; if caught (taken) in the act.

betreuen v | **etw. ~** | to have sth. under one's care; to have the care of sth.

Betreuung f | care | **ärztliche ~** | medical care.

Betreuungsstelle f | welfare center.

Betrieb m Ⓐ | working; operating; operation | **Aufnahme des ~es** | start of (going into) operation; starting of work | **Bahn~** | operation of a railway | **~ eines Bergwerks** | exploitation of a mine | **Einstellung des ~es** | stoppage (suspension) of work | **Erweiterung des ~es** | extension of works (of operation) | **~ eines Geschäftes** | management of a business | **Hand~** | operation by hand | **Maschinen~** |

machining | **Stilliegen des ~es** | standing idle | **Wiederaufnahme des ~es** | resumption of work | **störungsfreier ~** | uninterrupted operation.

★ **den ~ aufnehmen** | to start (to go into) operation | **den ~ einstellen** | to stop (to suspend) work; to cease operation | **den ~ erweitern** | to extend operations | **etw. außer ~ setzen** | to stop the operation of sth. | **etw. in ~ setzen** | to put sth. into operation; to operate (to work) sth. | **den ~ schließen (stillegen)** | to close down | **den ~ verlegen** | to move the operation to some other place | **den ~ wiederaufnehmen** | to resume work (operation).

★ **außer ~ sein** ① | to stand (to be) idle | **außer ~ sein** ② | to be out of operation (out of order) | **in ~ sein** | to be in operation (at work); to be worked | **in vollem ~ sein** | to be in full activity (operation).

Betrieb m Ⓑ [Unternehmen] | enterprise; undertaking | **Bahn~** | railway company (concern) | **Eröffnung eines ~es** | establishment of a business | **Gewerbe~** ①; **Geschäfts~**; **Handels~**; **gewerblicher ~**; **kaufmännischer ~** | commercial (business) enterprise (concern); business; trade | **Gewerbe~** ②; **Handwerks~**; **handwerklicher ~** | handicraft | **Gewerbe~** ③; **Industrie~**; **industrieller ~** | industrial enterprise (undertaking) (concern); industry | **Gewerbe~ im Umherziehen** | itinerant trade | **Groß~** | big concern | **~ der öffentlichen Hand** | state (government) enterprise | **Haupt~** | principal establishment | **Klein~** | small enterprise (undertaking) (industry) | **Lohnfuhrwerks~; Rollfuhr~** | carrier's (carter's) business | **Mitglieds~** | member firm | **Neben~** | subsidiary establishment | **Rüstungs~** | war factory | **Saison~** | seasonal business | **Schließung eines ~es** | closing of a business | **Wirtschafts~** | business concern.

★ **forstwirtschaftlicher ~** | forestry | **gemeinnütziger ~** | public utility concern (undertaking) | **landwirtschaftlicher ~** | farm | **lebenswichtiger ~** | essential service | **volkseigener ~** | state-owned (publicly-owned) enterprise | **wehrwirtschaftlicher ~** | war factory.

Betrieb m Ⓒ [Betriebsamkeit] | activity | **lebhafter ~** | brisk business.

betrieben adj | **staatlich ~** | state-operated.

betriebsam adj | busy; active; industrious.

Betriebsamkeit f | application; industry; activity.

Betriebs..angehörige mpl | factory personnel; working staff (force).

—**anlage** f | plant; fixed plant; equipment; machinery; outfit; works.

—**anlagen** fpl | industrial plants (installations).

—**anleitung** f; —**anweisung** f | operating (operational) instructions.

—**anmeldung** f | registration of a business.

—**arbeiter** m | shopman.

—**aufnahme** f | start of (going into) operation; starting of work.

—**aufseher** m | factory supervisor; shop foreman.

—**aufsicht** f | factory supervision; plant inspection.

—**aufwand** m; —**ausgaben** fpl | operating expenditure (expenses).

—**ausschuß** m | shop (works) (factory) committee.

—**beamter** m | shop employee.

—**bedingungen** spl | operating conditions.

—**belegschaft** f | personnel; working force.

—**berater** m | management consultant; industrial counsellor.

—**bilanz** f | operating statement.

—**buchführung** f | shop accounting.

—**budget** n | operational estimates.

Betriebs..büro *n* | shop office.
—dauer *f* | duration of operation(s).
—dienst *m* | technical service.
—direktor *m* | operating manager.
betriebseigen *adj* | factory-owned.
Betriebs..eigentümer *m* | factory owner.
—einnahmen *fpl* | business (operating) receipts.
—einrichtung *f* | plant; equipment; machinery.
—einschränkung *f* | cutting down of operations.
—einstellung *f* | stoppage (suspension) of work; closing down.
—erfindung *f* | service (employee's) invention.
—ergebnis *n* | working (operating) results.
—ertrag *m* | operating profit(s).
—erweiterung *f* | extension of works (of operation).
betriebsfähig *adj* | in working order; in working (workable) (operating) condition; workable | **nicht** ~ | out of order (working order).
Betriebsfähigkeit *f* Ⓐ | working condition (order); workableness.
Betriebsfähigkeit *f* Ⓑ | operating capacity.
betriebsfertig *adj* | ready to operate (for operation).
Betriebs..ferien *pl* | works (office) vacation.
—fonds *m* | working (trading) (floating) fund; working cash (capital).
betriebsfremd *adj* | ~e Aufwendungen | non-operating expenditure.
Betriebs..führer *m* | manager; operating manager.
—führung *f* | factory (business) management.
—führungsgesellschaft *f* | management (operating) company.
—fürsorge *f* | industrial welfare work.
—gefahr *f* | operational risk(s).
—geheimnis *n* | trade (factory) secret.
—gemeinschaft *f* | joint operation.
—gewerkschaft *f* | industrial union.
—gewinn *m* | operating (trading) profit.
—grundstück *n* | factory property (premises).
—ingenieur *m* | operating (manufacturing) (plant) engineer.
—inspektor *m* | works (factory) inspector.
—inventar *n* | plant inventory (installation).
—jahr *n* | working year; financial (fiscal) year.
—kalkulation *f* | cost accounting; costing.
—kapazität *f* | operating (plant) capacity.
—kapital *n*; **—mittel** *npl* | trading (floating) (working) fund; business (working) (floating) (trading) capital; working cash.
—konto *n* | trading (operating) account.
—kontrolle *f* | factory supervision.
—kosten *pl* Ⓐ | working (operating) expenses (cost); running costs.
—kosten *pl* Ⓑ [Generalunkosten] | overhead cost (expenses) (charges); general expense; overhead.
—krankenkasse *f* | works (factory) sickness insurance fund.
—kredit *m* | operating credit.
—leistung *f* | operating output (efficiency).
—leistungskontrolle *f* | control of operating results.
—leiter *m* | operating (plant) manager.
—leitung *f* | factory (plant) management.
—material *n* | working material (stock).
—normung *f* | standardization of operations.
—obmann *m* | chairman of the shop stewards' committee; works convenor.
—ordnung *f* Ⓐ | shop regulations.
—ordnung *f* Ⓑ; **—reglement** *n* | working regulations (instructions); regulations for work.
—organisation *f* | industrial (management) organization.

Betriebs..organisator *m* | management expert.
—personal *n* | the employees; the operating staff.
—prüfer *m* | auditor.
—prüfung *f* Ⓐ [Betriebsrevision] | audit(ing).
—prüfung *f* Ⓑ [Steuerprüfung] | fiscal audit of operating results.
—prüfungsdienst *m* | factory control service.
—rat *m* | works (shop) (factory) committee (council).
—rätegesetz *n* | shop council law.
—ratsmitglied *n* | member of the shop committee (council); shop steward.
—rechnung *f* | operating account.
—reinertrag *m* | operating net profit(s).
—risiko *n* | operational risk(s).
—schließung *f* | closing down of operations; shutdown.
—schutz *m* | plant protection.
—sicherheit *f* Ⓐ | safety of work.
—sicherheit *f* Ⓑ | safety of operation.
—sitz *m* | domicile; headquarters.
—sparkasse *f* | works savings bank.
—spesen *pl* | working (running) expenses (cost) (costs).
—stätte *f* Ⓐ [Ort des Betriebes] | place of operation.
—stätte *f* Ⓑ [Industriebetrieb] | industrial plant.
—stätte *f* Ⓒ [im Sinne der Steuergesetze] | permanent establishment.
—stillegung *f* | closing down of a factory; stoppage of operation.
—stockung *f* | interruption of work.
—störung *f* | interruption of operation.
—stoff *m* | fuel | ~ **einnehmen** | to fuel; to fuel up.
— —einnahme *f* | fuelling.
— —lager *n* | fuel yard.
— —verbrauch *m* | fuel consumption.
—überschuß *m* | operating surplus.
—überwachung *f* Ⓐ | factory inspection.
—überwachung *f* Ⓑ | operating control.
—umstellung *f* | change (reorganization) of operation.
betriebsunfähig *adj* | out of operation; out of order.
Betriebs..unfall *m* | working accident; accident arising out of and in the course of the employment.
—unkosten *pl* | running (working) (operating) expenses (cost); working charges | **allgemeine** ~ | factory (manufacturing) overhead.
—unterbrechung *f*; **—unterbruch** *m* [S] | interruption of work (of operations).
—unternehmer *m* | owner of the enterprise.
—verlegung *f* | relocation of a factory (plant).
—verlust *m* | operating (trading) loss (deficit).
—vermögen *n* | working (trading) capital (funds) (assets).
—vertretung *f* | representation of the workers; workers' delegation.
—verwaltung *f* | management.
—verzeichnis *n* | list of enterprises.
—vorschriften *fpl* Ⓐ | working regulations (instructions).
—vorschriften *fpl* Ⓑ | shop regulations.
—weise *f* | way (mode) of operation.
—wert *m* | going value.
—wirtschaft *f* | business management; management economics.
—wirtschaftler *m* | economist.
—wirtschaftslehre *f* | administration economics.
—zählung *f* | census of enterprises; business census.
—zeit *f* | working time (hours).
—zusammenlegung *f* | amalgamation.
—zuschuß *m* | operating subsidy.
—zustand *m* | working condition.
—zweig *m* | branch of industry.

betroffen *part* Ⓐ | **von etw.** ~ **werden** | to be affected by sth. | **vom Gesetz** ~ **werden** | to come (to fall) under the law | **von einem Verlust** ~ **sein** | to suffer a loss.
betroffen *part* Ⓑ [ertappt] | **auf frischer Tat** ~ | caught in the act (in the very act).
Betroffene *m* und *f* | **der** ~; **die** ~ | the party affected; the sufferer.
Betrug *m* | fraud; deception; deceit; cheating | **Aktien**~ | share (bucket-shop) fraud | **Kredit**~; **Erlangung von Kredit durch** ~ | obtaining credit by fraud (by false pretenses); credit fraud | **Scheck**~ | cheque fraud | **Versicherungs**~ | insurance fraud | **Wahl**~ | vote fraud; electoral corruption | **Zech**~ | eating (drinking) without paying | **versuchter** ~ | attempted fraud; attempt at fraud | **vollendeter** ~ | clear case of fraud.
★ **einen** ~ **begehen** | to commit a fraud | **etw. durch** ~ **erlangen** | to obtain sth. by fraud (fraudulently) (by false pretenses).
betrügen *v* Ⓐ | to cheat; to deceive; to swindle | **jdn. um etw.** ~ | to cheat sb. out of sth.
betrügen *v* Ⓑ [beim Spiel] | to cheat [at playing].
Betrüger *m* | deceiver; cheat; imposter; swindler; trickster | **Versicherungs**~ | insurance swindler.
Betrügerei *f* | fraud; cheating; imposture; deceit; deception; trick.
betrügerisch *adj* | fraudulent; deceitful | **in** ~**er Absicht** | with intent to defraud; with fraudulent intention; fraudulently | ~**er Bankrott** | fraudulent bankruptcy | ~**e Machenschaften** | swindling | **auf** ~**e Weise** | by fraud; fraudulently.
betrügerisch *adv*; **betrügerischerweise** *adv* | fraudulently; by fraud.
Betrugs..absicht *f* | **in** ~ | with intent to defraud; with fraudulent intention; fraudulently.
—**dezernat** *n* | fraud department [of the criminal police].
—**manöver** *n* | fraudulent operation.
—**versuch** *m* | attempted fraud; attempt at fraud (to defraud).
betrunken *adj* | intoxicated; inebriated; drunk | **in** ~**em Zustand** | in a state of drunkenness.
Betrunkener *m* | drunken person.
Betrunkensein *n* | state of drunkenness.
Bettel *m* | [Bettelei; Betteln] | begging; beggary | **dem** ~ **nachgehen** | to go (to practice) begging.
Bettel..brief *m* | begging letter.
—**stab** *m* | **an den** ~ **gebracht werden** | to be reduced to beggary.
—**stand** *m* | beggary.
Bettkarte *f* | berth ticket.
Bettler *m* | beggar.
beugen *v* | **das Recht** ~ | to pervert justice; to pervert the course (the true course) of justice.
Beugestrafe *f* | fine for contempt.
Beugung *f* | **Rechts**~ ① | departure from the law | **Rechts**~ ② | miscarriage of justice | **Rechts**~ ③ | maladministration of justice.
beurkunden *v* Ⓐ | to state; to place (to put) on record; to record | **eine Geburt** ~ | to register a birth | **einen Sterbefall** ~ | to register a death | **etw. gerichtlich** ~ | to register sth. with the court; to place sth. on the court's records | **etw. notariell** ~ | to notarize sth. | **etw. schriftlich** ~ | to state sth. in writing | **etw.** ~ **lassen** | to have sth. registered (verified).
beurkunden *v* Ⓑ [urkundlich belegen] | **etw.** ~ | to support sth. by documents; to prove sth. by documentary evidence.

Beurkundung *f* Ⓐ | verification; certification | ~ **einer Geburt** | registration of a birth | ~ **eines Sterbefalls** | registration of a death | ~ **des Personenstandes** | registration of births, deaths, and marriages | **amtliche** ~ | official verification; authentification | **falsche** ~; **Falsch**~ | false (falsified) registration | **gerichtliche** ~ | verification by the court | **notarielle** ~ | notarization | **gerichtliche oder notarielle** ~ | judicial or notarial authentication; authentication by the court or notarization | **zur** ~ **dessen** | in witness whereof (thereof).
Beurkundung *f* Ⓑ [Belegung durch Urkunden] | proof by documents; documentary proof.
Beurkundungsvermerk *m* | attestation clause.
beurlauben *v* | **jdn.** ~ | to give (to grant) sb. leave of absence; to furlough sb. | **sich** ~ **lassen** | to take leave (one's leave).
beurlaubt *part* | ~ **sein** | to be on leave (on furlough).
Beurlaubung *f* | leave; leave of absence | ~ **mit vollem Gehalt** | leave with full pay; full-pay leave.
beurteilen *v* | to judge; to determine | **etw. falsch** ~ | to misjudge sth. | **etw. mild** ~ | to judge sth. leniently (with leniency) | **soweit ich es** ~ **kann** | to the best of my judgment.
Beurteilung *f* | judgment; appreciation | **falsche** ~ | misjudgment | **milde** ~; **nachsichtige** ~ | mild (lenient) judgment.
Beurteilungs..ausschuß *m* | rating committee.
—**vermögen** *n* | discretion; judgment.
Beute *f* Ⓐ | booty; loot | **Kriegs**~ | war booty | ~ **machen** | to loot.
Beute *f* Ⓑ [Prise] | prize | **ein Schiff als** ~ (**als gute** ~) **erklären** | to declare a ship (to condemn a ship as) a lawful prize.
Beutezug *m* | haul.
bevölkern *v* | **ein Land** ~ | to people (to populate) a country.
bevölkert *adj* | **dicht** ~; **stark** ~ | densely (thickly) populated; densely peopled; populous | **dünn** ~; **schwach** ~ | sparsely (thinly) populated; thinly peopled.
Bevölkerung *f* | population; inhabitants *pl*; people | **Land**~ | rural population | **Stadt**~ | urban population | **Zivil**~ | civil (civilian) population | **arbeitsfähige** ~ | population of working age | **werktätige** ~ | working (working-class) population.
Bevölkerungs..abnahme *f*; —**rückgang** *m* | decrease of the population.
—**aufbau** | structure of the population.
—**bewegung** *f* | population trend(s).
—**dichte** *f* | population density.
—**entwicklung** *f* | population trend.
—**explosion** *f* | population boom.
—**politik** *f* | population policy.
—**politiker** *m* | demographer.
—**statistik** *f* | demographical statistics *pl*.
—**überschuß** *m* | surplus population.
—**zunahme** *f*; —**zuwachs** *m* | population growth; increase in population.
bevollmächtigen *v* Ⓐ [ermächtigen] | **jdn.** ~ | to authorize (to empower) sb.
bevollmächtigen *v* Ⓑ [Vollmacht erteilen] | **jdn.** ~ | to give sb. a power of attorney.
bevollmächtigt *adj* | ~**er Vertreter** | authorized agent (representative); proxy | ~ **sein** | to be authorized; to have authority (power) | **nicht** ~ | unauthorized.
Bevollmächtigter *m* | authorized agent (representative); proxy | **Abstimmung durch einen** ~**n** | voting by proxy | **Entsendung eines** ~**n** | delegation of a representative | **General**~ | general agent (repre-

Bevollmächtigter *m, Forts.*
sentative); plenipotentiary | **Minister~** | minister plenipotentiary | **Mit~** | joint proxy | **Prozeß~** | counsel | **Sonder~** | special attorney | **Unter~** | sub-agent | **Zustellungs~** | agent (representative) who is authorized to accept service.
★ **als ~ auftreten** | to act as proxy (as agent) | **einen ~en bestellen** | to appoint a proxy (an agent) | **jdn. zu seinem ~n bestellen** | to appoint sb. as (to constitute sb.) (to make sb.) one's proxy; to give sb. power of attorney | **einen ~n entsenden** | to send a delegate (a proxy); to have os. represented.
Bevollmächtigung *f* Ⓐ [Vollmachterteilung] | authorization.
Bevollmächtigung *f* Ⓑ [Vollmacht] | power of attorney; proxy.
Bevollmächtigungs..schreiben *n*; —**urkunde** *f* | letter of authorization; power of attorney.
bevormunden *v* | **jdn. ~** | to hold sb. in tutelage.
Bevormundung *f* | tutelage.
Bevorratung *f* | laying in of stocks; building up stocks; stock-piling.
bevorrechtigen *v* | **jdn. ~** | to privilege sb.; to give (to grant) a privilege (privileges) to sb.
bevorrechtigt *adj* | **~e Ansprüche (Forderungen) (Schulden)** | privileged (preferential) (preferred) claims | **~er Gläubiger** | preferential (preferred) creditor.
bevorrechtigt *part* | **~ sein, etw. zu tun** | to enjoy (to have) the privilege of doing sth.; to be privileged to do sth. | **dividenden~ sein** | to rank first for dividend.
Bevorrechtigter *m* | privileged person.
Bevorrechtigung *f* | grant (granting) of a privilege (of privileges).
bevorschussen *v* | **etw. ~** | to advance money for sth.; to grant an advance on sth.
Bevorschussung *f* | granting advances (an advance); advancing money | **~ von Wertpapieren** | advance (loan) on collateral.
bevorstehen *v* | **unmittelbar ~** to be imminent; to impend.
bevorstehend *adj* | approaching; forthcoming | **unmittelbar ~** ① | imminent; impending | **unmittelbar ~** ② [drohend] | threatening.
Bevorstehende *n* | **das unmittelbar ~ eines Ereignisses** | the impendence of an event.
bevorzugen *v* | to prefer; to give (to show) preference | **einen Gläubiger vor anderen ~** | to prefer one creditor over others.
bevorzugt *adj* | privileged; preferential | **~e Forderung** | preferential claim | **~er Gläubiger** | privileged (preferred) (preferential) creditor | **~e Behandlung** ① | preferential treatment | **~e Behandlung** ② | preferential tariff.
bevorzugt *adv* | **~ behandelt werden** | to enjoy preference; to be accorded preferential treatment.
Bevorzugung *f* | preference; preferment | **Gläubiger~** | fraudulent preference of a creditor (of creditors) | **unzulässige ~** | undue preference | **unter ~ gegenüber** | in preference to.
bewachen *v* | **jdn. ~ lassen** | to have sb. watched.
Bewachung *f* | watch; guarding | **strenge ~** | close custody | **unter ~** | under custody.
bewaffnen *v* | to arm; to equip with arms.
bewaffnet *adj* | **~er Friede** | armed peace | **mit ~er Hand** | by force of arms | **die ~e Macht** | the armed forces | **~e Neutralität** | armed neutrality | **~er Widerstand** | armed resistance | **un~** | without arms; unarmed.
bewahren *v* | to keep; to preserve | **jdn. vor Gefahr ~** |

to keep sb. safe from danger | **jdn. vor Schaden ~** | to protect sb. (to keep sb. protected) from damage | **Stillschweigen ~** to maintain (to keep) silence | **jdn. vor etw. ~** | to preserve sb. from sth.
bewähren *v* | **sich ~** | to prove useful (to be useful) | **sich nicht ~** | to prove (to prove to be) a failure.
Bewahrer *m* | keeper; custodian; guardian | **Siegel~** | keeper of the seals.
bewahrheiten *v* | **sich ~** | to come true; to be realized; to materialize.
bewährt *adj* | proved; tried; tested | **~es Mittel** | proved remedy.
Bewahrung *f* | preservation; protection.
Bewährungs..frist *f* | probation | **Verurteilung unter ~** | sentence with probation | **~ bekommen** | to be placed on probation.
—**zeit** *f* | period of probation.
bewandert *adj* | **in etw. ~ sein** | to be experienced in sth. | **in etw. genau ~ sein** | to be thoroughly conversant (well acquainted) (well versed) with sth.
Bewandtnis *f* | **damit hat es folgende ~** | the case (the situation) (the state of affairs) is as follows.
bewegen *v* | **jdn. zu etw. ~** | to induce (to prompt) sb. to sth.
Beweggrund *m* | motive; reason.
beweglich *adj* Ⓐ | **~er Besitz; ~e Habe; ~es Vermögen** | movable (personal) property; personal estate; movables; personalty | **~e Sachen** | movable things; movables; chattel.
beweglich *adj* Ⓑ [veränderlich] | **~e Kosten** | varying costs | **~er Preis** | varying price.
Bewegung *f* Ⓐ | movement | **Abfall~** | seditious movement | **Arbeiter~** | labo(u)r movement | **Aufstands~; revolutionäre ~** | revolutionary movement | **Boykott~** | boycott movement | **Frauen~** | movement for the emancipation of women | **Freiheits~** | movement of independence | **Gegen~** | counter-movement; undercurrent | **Gewerkschafts~** | trade-union movement | **Streik~** | strike movement | **Unabhängigkeits~** | movement of independence | **Untergrund~** | underground movement | **Volks~** | civil commotion | **Widerstands~** | resistance movement.
Bewegung *f* Ⓑ | tendency; trend | **Abwärts~** | downward movement (tendency) | **Aufwärts~** | upward movement (tendency) | **Bevölkerungs~** | population trend(s) | **Konten~** | fluctuations on the accounts | **Kurs~; Preis~** | price fluctuations; fluctuation of prices | **rückläufige ~** | retrograde movement.
Bewegungsfreiheit *f* | freedom of action (of movement).
Beweis *m* | proof; evidence | **~ durch Augenschein** | evidence by inspection | **~ für eine Behauptung** | substantiation of a statement | **der ~ der Behauptungen** | proof of the allegations | **~ der Echtheit; Echtheits~** | proof of authenticity | **~ durch Eid (Parteieid)** | evidence by taking the oath | **Entlastungs~; Exkulpations~** | evidence for the defense | **Freispruch mangels ~es** | acquittal because of insufficient evidence.
○ **Gegen~; ~ des Gegenteils** | proof (evidence) to the contrary | **den Gegen~ antreten (führen)** | to produce evidence of the contrary | **den Gegen~ nicht ausschließen** | not to exclude evidence to the contrary | **bis zum ~ des Gegenteils** | until the contrary is proved; in the absence of evidence to the contrary | **~ vom Hörensagen** | hearsay evidence.
○ **Indizien~** | circumstantial (inferential) evidence | **Sachverständigen~** | expert evidence | **Schuld~** |

proof of guilt | **klarer (einwandfreier)** ~ **der Schuld** | clear proof of guilt | **Sicherung des** ~**es** | perpetuation of testimony | ~ **durch Urkunden; Urkunden**~ | documentary (written) evidence; evidence in writing | **Vorbringen (Vorlage) von** ~**en** | production of evidence | **Würdigung der** ~**e** | comments on the evidence | ~ **durch Zeugen; Zeugen**~ | evidence (proof) by witnesses | **die Zulässigkeit eines** ~**es** | the admissibility of an evidence | **Zulassung zum Beweise** | admission in evidence | **das Zwingende eines** ~**es** | the cogency of evidence.

★ **der angebotene** ~ | the evidence tendered | **endgültiger** ~ | positive (definite) proof | **einwandfreier** ~; **klarer** ~ | clear proof (evidence) | **negativer** ~ | | proof in the negative | **schlagender** ~ | striking proof | **schlüssiger** ~ | conclusive (substantial) evidence | **schriftlicher** ~ | written proof | **unwiderlegbarer** ~; **unwiderleglicher** ~; **voller** ~; **zwingender** ~ | irrefutable (full) evidence; incontestable proof.

★ ~ **anbieten** | to tender (to offer) (to offer to give) evidence | **etw. als** ~ **anführen** | to cite sth. as evidence | ~ **anordnen** | to order evidence to be taken | ~ **antreten** | to furnish proof; to tender evidence | **aufnehmen;** ~ **erheben** | to hear (to take) evidence | ~**e beibringen (vorlegen)** | to produce evidence | **zum** ~ **dienen** | to serve as evidence | **den** ~ **erbringen (führen) (liefern)** | to prove | **etw. unter** ~ **stellen** ① | to offer to prove sth. (to prove sth. to be true) | **etw. unter** ~ **stellen** ② | to give (to show) proof of sth.; to furnish evidence of sth.; to prove sth. | **mit** ~**en versehen** | supported by evidence | **jdn. zum** ~ **zulassen** | to admit (to hear) sb.'s evidence.

★ **als** ~ **für** | as evidence of; as a proof of | **mangels** ~**es** | for lack of evidence | **zum** ~**, daß (dafür, daß)** | as (in) evidence of; as a proof of.

Beweis..anerbieten n | offer to prove; averment.
—**angebot** n | offer to give evidence | **jds.** ~ **zulassen** | to admit (to consent to hear) sb.'s evidence.
—**antrag** m | motion to hear (to take) evidence | **jds.** ~ **ablehnen** | to refuse to accept sb.'s evidence | **jds.** ~ **stattgeben** | to admit sb.'s evidence.
—**antritt** m | presentation of evidence.
Beweisaufnahme f | taking (hearing) of evidence | **Eintritt in die** ~ | proceeding to take evidence | **Ergebnis der** ~ | results of the evidence | **die** ~ **unter Ausschluß der Öffentlichkeit durchführen** | to take (to hear) evidence in camera | **für die** ~ **die Öffentlichkeit ausschließen** | to order evidence to be heard (to be taken) in camera | **Schluß der** ~ | closing of the proceedings to take evidence | **gerichtliche** ~ **zur Sicherung des Beweises** | judicial admission of evidence for the purpose of preserving the evidence; court proceedings for the perpetuation of testimony.
★ **die** ~ **anordnen** | to order evidence to be taken | **in die** ~ **eintreten** | to proceed to take evidence.
—**verfahren** n | proceedings to take (to hear) evidence.
beweisbar adj | provable; capable of proof | **nicht** ~ | not provable; not to be proved; not capable of proof.
Beweisbeschluß m | order to take evidence.
beweisen v | **etw.** ~ | to give evidence of sth.; to prove (to establish) sth. | ~**, daß sein Anspruch begründet ist** | to prove (to establish) (to substantiate) one's claim | **das Gegenteil** ~ | to prove the contrary; to produce proof of the contrary | **es bleibt noch zu** ~ | it remains to be proved | **etw. als wahr** ~ | to give evidence of sth.; to prove (to establish) sth. | **zu** ~ | capable of proof; provable | **nicht zu** ~ | not provable; not to be proved.

Beweisergebnis n | results of the evidence | **das** ~ **zusammenfassen** | to sum up the evidence.
beweiserheblich adj | valid in evidence.
Beweis..erhebung f | taking (hearing) of evidence | ~ **anordnen** | to order evidence to be taken | **zur** ~ **schreiten** | to proceed to take evidence.
beweisfähig adj | susceptible of proof.
Beweis..fähigkeit f | susceptibility of proof.
—**frage** f | question of evidence.
—**führer** m | party giving (offering) evidence.
—**führung** f ⓐ [Argumentation] | argumentation; reasoning.
—**führung** f ⓑ [Führung des Beweises] | proving; giving evidence | **Art der** ~ | way of giving evidence.
—**gebühr** f | court fee for taking evidence.
—**grund** m | reason offered in proof; argument.
—**konflikt** m | conflicting (conflict of) evidence.
—**kraft** f | probative (probatory) force | **an** ~ **verlieren** | to lose probative weight | **keine** ~ **haben** | to lack conclusive force.
beweiskräftig adj | conclusive; probative; decisive | ~**er Grund** | conclusive reason.
beweiskräftig adv | with conclusive force; conclusively.
Beweislast f | burden (onus) of (of the) proof; onus of proving | **der Kläger hat die** ~; **die** ~ **trifft den Kläger (obliegt dem Kläger)** | the burden (the onus) of proof lies (rests) (resides) with the plaintiff | **Umkehr der** ~ | reversal of the burden of proof | **jdm. die** ~ **auferlegen** | to cast the burden of proof upon sb. | **die** ~ **geht auf ... über** | the burden of proof shifts to ... | **die** ~ **kehrt sich um** | the burden of proof is reversed.
Beweislücke f | gap in the evidence.
Beweismaterial n | evidence; means of evidence | **Sammlung von** ~ | gathering of evidence | ~ **für eine Scheidung** | divorce evidence.
★ **belastendes** ~ | evidence for the prosecution; state's (Crown) evidence | **entlastendes** ~ | evidence for the defense | **erhebliches** ~ | relevant evidence | **neues** ~; **weiteres** ~ | fresh evidence | **unterstützendes** ~ | corroborative evidence | **unzulässiges** ~ | inadmissible evidence | **mit** ~ **versehen** | supported (backed up) by evidence | **nicht widerlegbares** ~ | unchallengeable (incontestable) evidence.
★ ~ **sammeln** | to gather evidence | ~ **vorbringen** ① | to tender (to offer) evidence | ~ **vorbringen** ② | to produce evidence | **neues** ~ **vorbringen** | to offer (to tender) fresh evidence | ~ **unterdrücken (unterschlagen)** | to suppress evidence.
—**mittel** n | evidence; means of evidence (of proving) | **Unzulässigkeit eines** ~**s** | inadmissibility of evidence | **zulässiges** ~ | admissible evidence | **etw. als** ~ **zulassen** | to admit sth. as (in) evidence | **als** ~ **nicht zugelassen** | inadmissible in evidence.
—**mittel** npl | evidence | **unter Anführung von** ~**n** | by tendering evidence | **neue** ~; **weitere** ~ | fresh evidence | **durch** ~ **belegt** | backed up (supported) by evidence | ~ **vorbringen** | to tender evidence.
—**pflicht** f | onus of proving (of the proof).
beweispflichtig adj | **der Kläger ist** ~ | the burden of proof rests (lies) with the plaintiff.
Beweis..regel f | rule of evidence.
—**sicherung** f | preservation (perpetuation) of testimony.
—**sicherungsverfahren** n | proceedings for perpetuation of evidence.
—**stück** n; —**urkunde** f | piece (article) of evidence; voucher in proof; exhibit.
—**termin** m | hearing, in which evidence is taken.

Beweis..unterschlagung *f* | suppression of evidence.
—verfahren *n* | procedure of taking evidence.
—verhandlung *f* Ⓐ [Termin] | hearing, in which evidence is taken.
—verhandlung *f* Ⓑ [Niederschrift] | record (minutes *pl*) of the evidence.
—würdigung *f* | consideration of (comments on) the evidence.
bewenden *v* | es bei etw. ~ lassen ① | to acquiesce in sth. | es bei etw. ~ lassen ② | to be satisfied with sth.
bewerben *v* | sich um ein Amt ~ | to run for an office | sich um eine Stellung ~ | to apply for a situation (for an appointment).
Bewerber *m* | applicant; candidate; aspirant | Mit~ | competitor; rival.
Bewerberliste *f* | list of candidates.
Bewerbung *f* Ⓐ | ~ um eine Stelle (Stellung) | application for a post.
Bewerbung *f* Ⓑ [Kandidatur] | candidature.
Bewerbungs..formular *n* | application form.
—frist *f* | term for filing application.
—gesuch *n*; **—schreiben** *n* | letter of application.
bewerkstelligen *v* | to effect; to accomplish; to bring about; to achieve.
Bewerkstelligung *f* | accomplishment; achievement.
bewerten *v* | etw. ~ | to appraise (to appreciate) (to value) (to estimate) sth.; to set a value upon sth. | etw. nach Punkten ~ | to rate (to value) sth. on points | etw. zu hoch ~; etw. über~ | to overvalue (to overrate) (to overestimate) sth.; to set too high a value (a valuation) on sth. | etw. neu ~ | to revalue sth. | etw. zu niedrig ~; etw. unter~ | to undervalue (to underestimate) (to underrate) sth.
Bewertung *f* | valuation; estimate; appraisal | Gesamt~ | total estimate | Neu~ | revaluation | ~ durch Sachverständige | expert appraisal; official appraisement | Über~ | over-estimation | Unter~ | underestimation.
Bewertungs..ausschuß *m*; **—kommission** *f* | appraisal (valuation) committee.
—beirat *m* | advisory committee for valuation.
—freiheit *f* | discretionary valuation [for tax purposes].
—grundlage *f* | basis of (for) valuation).
—grundsätze *mpl*; **—vorschriften** *fpl* | regulations for valuation.
—maßstab *m* | measure (standard) of valuation.
—reserve *f* | valuation reserve.
—stichtag *m* | valuation date.
bewiesen *part* | etw. als ~ ansehen (betrachten) (erachten); etw. für ~ halten | to consider sth. as proved (as established) | als ~ gelten | to be considered as proved | un~ | unproved; not proved; unproven.
bewilligen *v* | to grant; to allow; to concede | einen Aufschub ~ | to grant a respite (an extension of time) | jdm. das Armenrecht ~ | to grant sb. a legal aid certificate | einen Ausgabenposten ~ | to allow an expenditure | jdm. ein Darlehen ~ | to grant sb. a loan | die Einstellung der Zwangsvollstreckung ~ | to grant a stay of execution | eine Frist ~ | to grant a period | eine Fristverlängerung ~ | to grant an extension of time | jdm. eine Konzession ~ | to grant sb. a concession; to license sb. | einen Kredit ~ to grant (to vote) a credit | einen Nachlaß (Rabatt) ~ | to allow a discount (a reduction) | eine Summe ~ | to appropriate (to allocate) a sum | Zahlungsaufschub ~ | to grant a respite | einen Zuschuß ~ | to grant an allowance (a subsidy); to make a grant | sich etw. ~ lassen | to obtain sth.

Bewilligung *f* Ⓐ | concession; permission; consent | ~ des Armenrechts | granting of a legal aid certificate | Bau~ | concession to build | Eintragungs~ | authorization for registration | Kredit~ | grant (granting) of a loan | Löschungs~ | authorization for cancellation | ~ eines Zuschusses | grant(ing) of a subsidy.
Bewilligung *f* Ⓑ [Erlaubnisschein] | permit | Arbeits~ | labo(u)r permit | Aufenthalts~ | staying permit; permission to reside | Ausfuhr~ | export permit (license) | Ausreise~ | exit permit | Bau~ | building permit (license) | Einfuhr~ | import permit (license) | Sonder~ | special permit.
Bewilligungsausschuß *m* | appropriations (allocation) committee.
bewirken *v* | to effectuate; to effect; to accomplish | eine Leistung ~ | to make a performance | die Lieferung ~ | to make delivery | eine Zahlung ~ | to effect (to make) a payment.
Bewirkung *f* | effectuation; effecting.
bewirtschaften *v* Ⓐ | to exploit; to operate.
bewirtschaften *v* Ⓑ [zwangs~] | to ration; to control.
bewirtschaftet *adj* | ~e Güter | rationed goods | ~ sein | to be rationed.
Bewirtschaftung *f* Ⓐ | exploitation | Art der ~ | way (method) of exploitation.
Bewirtschaftung *f* Ⓑ [Zwangs~] | rationing; control | Aufhebung der ~ | decontrol; derationing | Devisen~ | control of foreign exchange | Kredit~ | credit control | staatliche ~ | government control.
Bewirtschaftungs..art *f* | way (method) of exploitation.
—maßnahmen *fpl* | control measures; controls.
—plan *m*; **—programm** *n* | rationing scheme (program).
—stelle *f* | control office.
—system *n* | system of controls.
—vorschriften *fpl* | control regulations.
bewohnbar *adj* | habitable; fit for habitation; tenantable | nicht ~; un~ | unhabitable; untenantable.
Bewohnbarkeit *f* | fitness for habitation; habitability.
bewohnen *v* | ein Haus ~ | to live in (to occupy) a house.
Bewohner *m* Ⓐ [Haus~] | occupant; tenant.
Bewohner *m* Ⓑ [Einwohner] | inhabitant; resident.
bewußt *adj* Ⓐ | der Folgen ~ | conscious of the consequences.
bewußt *adj* Ⓑ | die ~e Angelegenheit (Sache) | the matter in question (referred to).
bewußt *adv* | knowingly.
Bewußtsein *n* | im vollen ~ der Folgen | in full consciousness of the consequences | Klassen~ | class consciousness | Schuld~ | guilty conscience (knowledge).
bezahlen *v* | to pay; to make payment | bei Ablieferung ~ | to pay on delivery | auf Abschlag ~ | to pay by (in) instalments | einen Betrag ~ | to pay an amount | jdn. für seine Dienste ~ | to pay sb. for his services | eine Geldstrafe ~ | to pay a fine | die Kosten ~ | to pay (to bear) the expense (the cost) | in Raten ~ | to pay by (in) instalments; to pay on the instalment system | eine Rechnung ~ | to pay a bill; to settle an account | den Rückstand ~ | to pay (to pay up) the arrears | eine Schuld ~ | to pay (to pay off) a debt | seine Schulden ~ | to pay off (to pay up) one's debts | einen Wechsel ~ | to hono(u)r (to pay) a bill of exchange | einen Wechsel nicht ~ | to dishono(u)r a bill of exchange | die Zeche ~ | to foot the bill | den Zoll für etw. ~ | to pay the duty on sth.
★ bar ~; in bar ~ | to pay cash (in cash) (cash down) | nachträglich ~; im nachhinein ~; post-

numerando ~ | to pay afterwards (subsequently) |
etw. nicht ~ | to leave sth. unpaid | **ratenweise** ~ |
to pay by (in) instalments | **zu viel** ~ | to overpay;
to pay too much | **voll** ~; **vollständig** ~ | to pay in
full (in full discharge); to pay up | **voraus**~; **im vor-
aus** ~; **pränumerando** ~ | to pay in advance (in an-
ticipation); to prepay | **zu wenig** ~ | to pay too little
| **jdm. etw.** ~; **jdn. für etw.** ~ | to pay sb. for sth.
Bezahler *m* | payer.
bezahlt *adj* | paid; settled | ~**e Arbeitskräfte** | paid
labo(u)r | ~**e Rückantwort** | reply paid | **sich** ~
machen | to pay well; to be worth while | **nicht** ~;
un~ | unpaid; undischarged.
Bezahlung *f* Ⓐ | payment; settlement | **gegen** ~ **einer**
Gebühr | against payment of a fee | ~ **im voraus** |
payment in advance; advance payment | ~ **eines**
Wechsels | payment (protection) (hono(u)ring) of
a bill of exchange | **übermäßige** ~ | overpayment |
etw. als ~ **annehmen** | to accept sth. in (as) payment
| **bei** ~ | on payment | **gegen** ~ | against payment |
gegen bare ~ | for (against) cash; for ready money.
Bezahlung *f* Ⓑ [Entgelt] | pay; salary | **gegen feste** ~ |
against (for) a fixed salary.
bezeichnen *v* Ⓐ | to nominate; to denominate; to
designate | **etw. genau** ~ | to specify sth. | **etw. als**
willkürlich ~ | to designate sth. as arbitrary | **jdn.**
~ **als ...** | to characterize sb. as ... | **sich als ...** ~ | to
term os. a ... .
bezeichnen *v* Ⓑ [angeben] | to indicate.
bezeichnen *v* Ⓒ [bedeuten] | to denote.
bezeichnen *v* Ⓓ [auszeichnen] | **Waren** ~ | to mark (to
label) (to brand) goods.
bezeichnend *adj* | significant; characteristic; typical.
bezeichnet *part* | **nachstehend (im folgenden) (im nach-
stehenden)** ~ **als ...** | hereinafter (hereafter) called ...
Bezeichnung *f* Ⓐ | nomination; denomination; de-
signation | **Amts**~ | official title | **Herkunfts**~ |
designation (indication) of origin | ~ **des Inhalts** |
description of contents | **Orts**~ | place name | ~
der Parteien | designation (names) of the parties |
Phantasie~ | fancy name | **falsche** ~; **unrichtige** ~
| misdescription; misnomer; misstatement | **unter**
der ~ **bekannt** | known under the designation of ...
Bezeichnung *f* Ⓑ [Angabe] | indication.
Bezeichnung *f* Ⓒ [Ausdruck] | expression; term | **Fach-**
~ | technical term (expression).
Bezeichnung *f* Ⓓ [Auszeichnung] | **Waren**~ | mark;
marking; label.
bezeugen *v* | **etw.** ~ | to affirm (to attest to) sth. | **etw.**
vor Gericht ~ | to testify to sth.
Bezeugung *f* Ⓐ [Bekundung] | attestation.
Bezeugung *f* Ⓑ [Aussage als Zeuge] | attestation as
witness.
bezichtigen *v* | **jdn. eines Verbrechens** ~ | to charge sb.
with a crime; to incriminate sb. | **sich selbst** ~ | to
incriminate os.
Bezichtigung *f* | charge; incrimination | **Selbst**~ | self-
incrimination.
beziehbar *adj* Ⓐ | obtainable.
beziehbar *adj* Ⓑ | ready for moving in | **sofort** ~ |
with immediate possession.
beziehen *v* Ⓐ [Bezug haben] | **sich auf etw.** ~ | to
refer (to relate) (to have reference) to sth.
beziehen *v* Ⓑ [einziehen] | **ein Haus** ~ | to move into
a house | **eine Wohnung** ~ | to move into an appart-
ment.
beziehen *v* Ⓒ [besuchen] | **die Hochschule** ~ | to go to
university.
beziehen *v* Ⓓ [beschicken] | **die Messe** ~ | to exhibit
at the fair.

beziehen *v* Ⓔ [bestellen] | **Vorräte** ~ | to order in
supplies | **Waren** ~ | to order goods; to put goods
on order.
beziehen *v* Ⓕ [abonnieren] | **eine Zeitung** ~ | to sub-
scribe to a newspaper.
beziehen *v* Ⓖ [geliefert erhalten] | **seinen Bedarf von**
jdm. ~ | to draw one's supplies from sb. | **Waren**
von jdm. ~ | to get goods delivered from (by) sb.
beziehen *v* Ⓗ [bezahlt erhalten] | **ein Einkommen** ~ |
to draw an income | **aus etw. Einkünfte** ~ | to
derive revenue from sth. | **ein Gehalt** ~ | to draw
(to receive) a salary | **aus einem Geschäft Provision**
~ | to draw a commission on a transaction | **eine**
Rente (eine Pension) (Ruhegehalt) ~ | to draw a
pension | **Wartegehalt** ~; **Wartegeld** ~ | to draw
(to be on) half-pay.
Bezieher *m* Ⓐ [Abonnent] | subscriber | **Zeitschriften-**
~ | subscriber to a periodical | **Zeitungs**~ | sub-
scriber to a newspaper; newspaper subscriber.
Bezieher *m* Ⓑ | **Messe**~ | exhibitor at a fair.
Bezieherliste *f* | list of subscribers.
Beziehung *f* | relation; relationship | **Rechts**~ | legal
relation | **Vertrags**~ | contractual relation | **Wech-**
sel~ | interrelation | **in** ~ **bringen** | to relate | **zu etw.**
~ **haben (in** ~ **stehen)** | to have reference (to
relate) (to refer) (to be related) to sth. | **in jeder** ~ |
in all respects; in every respect | **mit** ~ **auf** | relating
(referring) | with reference (regard) (respect) to;
concerning; regarding.
Beziehungen *fpl* Ⓐ | relations; connections | **Abbruch**
der ~ | rupture (discontinuance) of relations;
breaking off of connections | ~ **zwischen Arbeit-**
gebern und Arbeitnehmern | industrial (labo(u)r-
management) relations | **Aufnahme der** ~ | estab-
lishment of relations | **Auslands**~ | foreign re-
lations.
★ **Geschäfts**~; **geschäftliche** ~ business (trade)
ralations | **mit jdm. Geschäfts**~ **anknüpfen** | to open
up a business connection with sb. | **mit jdm. in Ge-**
schäfts~ **stehen** | to have business relations (deal-
ings) (business dealings) with sb.
★ **Handels**~ | commercial relations; trade relations
(connections) | **Rechts**~ | legal relations | **Vertrags-**
~ | contractual relations | **Wirtschafts**~ | economic
relations.
★ **diplomatische** ~ | diplomatic relations | **Abbruch**
der diplomatischen ~ | rupture of diplomatic rela-
tions | **die diplomatischen** ~ **abbrechen** | to sever (to
break off) diplomatic relations | **mit einem Land**
diplomatische ~ **unterhalten** | to maintain diplo-
matic relations with a country | **die diplomatischen**
~ **aufnehmen (wiederaufnehmen)** | to establish (to
re-establish) diplomatic relations.
★ **ausgedehnte** ~ | widespread relations | **enge** ~ |
close relatio ns (connections) | **freundschaftliche** ~ |
friendly (amicable) relations (terms) | **gespannte** ~ |
strained relations | **gute** ~ **haben** | to have good
connections; to be well connected | **in guten** ~ **zu** |
on good terms with | **nachbarliche** ~ | good (neigh-
bo(u)rly) (good-neighbo(u)rly) rela-
tions | **internationale** ~ | international connections |
menschliche ~ | human relations | **offizielle** ~ | of-
ficial connections | **private** ~ | private connections |
zwischenstaatliche ~ | international relations.
★ **die** ~ **zu jdm. abbrechen** | to break off (to sever)
relations with sb. | **alle** ~ **zu jdm. abbrechen** | to
break off all correspondence with sb. | ~ **anknüpfen**
| to commence (to open) relations | ~ **aufnehmen** |
to establish relations | **mit jdm. in** ~ **stehen** | to be
in connection (in relationship) with sb.; to enter-

Beziehungen *fpl* Ⓐ *Forts.*
tain relations with sb. | **mit jdm. in guten** ~ **stehen** | to be on friendly terms with sb. | **mit jdm. in** ~ **treten** | to enter into relations with sb.; to communicate with sb. | **seine** ~ **überbeanspruchen** | to overstrain one's relations | **zu jdm.** ~ **unterhalten** | to maintain (to entertain) relations with sb.
Beziehungen *fpl* Ⓑ [Verwandtschafts~; verwandtschaftliche ~] | relationship.
Beziehungen *fpl* Ⓒ [Geschlechts~] | intercourse; sexual intercourse | **eheliche** ~ | marital relations | **außereheliche** ~ | extra-marital relations; extranuptial intercourse | **ehewidrige** ~; **ehebrecherische** ~ | adulterous intercourse; adultery.
beziehungsweise *adv* | respectively.
beziffern *v* | to number | **sich** ~ **auf** | to amount (to run up) (to come up) to.
Bezirk *m* | district; region; area; borough | **Abhol~**; **Abholungs~** | collection district | **Amts~** | administrative district; precincts *pl* | **Bestell~** | delivery district | **Besteuerungs~** | rating district (area); rate zone | **Einhebungs~**; **Erhebungs~**; **Hebe~** | collection district | **Gemeinde~** | administrative district; borough | **Gerichts~** | court circuit; circuit | **Grenz~** | frontier (border) district (zone) | **Grundbuch~** | district of the land register | **Industrie~** | industrial (manufacturing) area (district) | **Konsular~** | consular district | **Land~**; **ländlicher** ~ | rural district | **Liefer~** | delivery district | **Lizenz~** | licensed territory | **Nachbargrenz~** | neighbo(u)ring border district | **Post~** | postal district (area) | **Regierungs~** | governmental district | **Stadt~** | municipal district (borough); city borough | **Steuer~**; **Veranlagungs~** | assessment area | **Umlagen~** | rating district (area) | **Unter~** | subdistrict | **Verwaltungs~** | administrative district | **Wahl~** | constituency; polling (electoral) district (section); election district | **Wohn~** | residential district (area) (quarter) | **Zoll~**; **Zollgrenz~** | customs district | **Zustell~** | district (area) of delivery; delivery district.
Bezirks..amt *n* | office of the district (county) council.
—**amtmann** *m* | district prefect.
—**anwalt** *m* | district attorney.
—**arzt** *m* | medical (health) officer.
—**ausschuß** *m* | departmental committee.
—**direktion** *f* | regional head office.
—**direktor** *m* | district manager; regional director.
—**gericht** *n* | district (county) court.
—**postamt** *n* | district post office.
—**richter** *m* | district judge (magistrate).
—**rat** *m*; —**tag** *m* | county (district) council.
—**tagswahlen** *fpl*; —**wahlen** *fpl* | county (county council) elections.
—**stadt** *f* | county town.
—**umlagen** *fpl* | county rates.
—**vertreter** *m* | local agent (distributor).
—**vorsteher** *m* | district prefect.
bezirksweise *adv* | by districts.
Bezirks..zollkommissar *m* | district customs officer.
—**zollkommissariat** *n* | district customs office.
bezogen *adj* | **die** ~**e Bank** | the drawee bank; the bank drawn upon.
Bezogener *m* | drawee | **Wechsel~** | drawee (acceptor) of a bill.
Bezug *m* Ⓐ [Bezugnahme] | **auf etw.** ~ **haben** | to refer (to relate) to sth.; to have reference to sth. | **auf etw.** ~ **nehmen** | to make reference (to refer) to sth. | **mit** ~ **auf** | with reference to; relating to; in connection with; in relation to; concerning.

Bezug *m* Ⓑ [Bestellung] | ~ **von Waren; Waren~** | ordering goods (of goods) | **bei** ~ **von** ... | when ordering ...; on orders of ...
Bezug *m* Ⓒ [Lieferung] | ~ **von Waren** | delivery of goods.
Bezüge *mpl* Ⓐ | remuneration | **Bar~** | remuneration in cash; cash remuneration | **Natural~**; **Sach~** | remuneration in kind.
Bezüge *mpl* Ⓑ [Einkünfte] | revenue; income | **Dienst~** | emoluments | **Neben~** | additional (secondary) (casual) income; perquisites.
bezüglich *adv* | relating to; in relation to | **auf einen Gegenstand** ~ | relating to (concerning) a matter (a subject).
Bezugnahme *f* | reference | **unter** ~ **auf** | with reference to; referring to.
Bezugs..anweisung *f* | delivery order.
—**ausweis** *m* | coupon.
—**bedingungen** *fpl* Ⓐ [Lieferbedingungen] | conditions (terms) of delivery.
—**bedingungen** *fpl* Ⓑ [Abonnementsbedingungen] | terms of subscription.
—**berechtigung** *f* | subscription right.
—**dauer** *f* | term of subscription.
bezugsfertig *adj* | ready for occupation | ~ (**sofort** ~) **zu vermieten** | to let with immediate possession.
Bezugs..gebiet *n*; —**land** *n* | area (country) of origin.
—**genossenschaft** *f* | purchasing association.
—**jahr** *n* | reference year.
—**periode** *f* | reference period.
—**preis** *m* | subscription price (rate) (fee); subscription.
——**tarif** *m* | subscription rates *pl*.
—**quelle** *f* | source of supply.
—**recht** *n* | option; right of option (to subscribe) | ~ **auf junge Aktien; Aktien~** | option to subscribe to new shares | **ein** ~ **ausüben** | to exercise an option | **mit** ~**en** | cum rights | **ohne** ~**e** | ex rights.
—**schein** *m* | coupon.
bezugsscheinfrei *adj* | coupon-free.
Bezugs..spesen *pl*; —**unkosten** *pl* | delivery cost.
—**vereinigung** *f* | purchasing association.
—**zeichen** *n* | reference mark.
bezwecken *v* | **etw.** ~ | to aim at sth.; to be intended for sth.
Bibliographie *f* | bibliography.
bibliographisch *adj* | bibliographic(al).
Bibliothek *f* | library | **Leih~**; **Miets~** | lending library | **Nachschlage~** | reference library | **Staats~** | state library | **Stadt~**; **städtische** ~ | municipal library | **Volks~** | public (free) library | **Wander~** | circulating (mobile) library.
Bibliothekar(in) *m* **und** *f* | librarian | **Stelle als** ~ | librarianship.
Bibliotheksausgabe *f* | library edition.
Bierlieferungsvertrag *m* | beer delivery contract.
Biersteuer *f* | beer tax (duty).
Bieten *n* | bidding.
bieten *v* Ⓐ [an~] | to offer; to make an offer | **Sicherheit** ~ **für** | to give security for.
bieten *v* Ⓑ [ein Gebot machen] | to bid; to make a bid | **für (auf) etw.** ~ | to bid for sth. | **höher** ~ **als jd.; jdn. über~** | to bid over sb.; to outbid sb. | **weniger** ~ **als jd.; jdn. unter~** | to underbid sb.
Bietende *m* **und** *f* | **der** ~; **die** ~ | the offerer.
Bieter *m* | bidder | **Schein~** | sham bidder.
Bigamie *f* | bigamy; bigamous marriage.
Bigamist *m* | bigamist.
bigamistisch *adj* | bigamous.
Bilanz *f* | balance; balance sheet | **Aufstellen (Aufmachung) der** ~ | striking of the balance | **Außen-**

handels~ | foreign trade balance | Devisen~ |
balance of foreign-exchange payments | Eröff-
nungs~ | opening balance sheet; balance sheet at
commencement of business | Ertrags~ | [foreign]
trade balance | Genehmigang der ~ | approval of
the balance sheet | General~ | general (final)
balance sheet | Gewinn~ | balance sheet showing
a profit | Gold~ | balance sheet on gold basis
| Handels~ | trade balance; balance of trade
| Jahres~ | annual (yearly) balance sheet | Kapi-
tal~ | balance of capital movements | Lei-
stungs~ | service balance | Monats~ | monthly
balance (trial balance) | Roh~ | trial balance |
Schluß~ | final balance sheet | Verlust~ | balance
sheet showing a loss | Versorgungs~ | state of
supply and demand | Waren~ | balance of trade
in goods | Wirtschafts~ | trade balance | Zahlungs-
~ | balance of payments | Zwischen~ | trial bal-
ance; interim statement.
★ abgekürzte ~ | trial balance | frisierte ~; ver-
schleierte ~ | dressed up balance sheet | gefälschte
~ | false (fraudulent) balance sheet | geprüfte ~ |
certified (audited) balance sheet | konsolidierte ~ |
consolidated balance sheet.
★ etw. in der ~ aufführen | to show sth. in the
balance sheet | eine ~ aufstellen (aufmachen) (zie-
hen) | to strike (to draw) the balance; to draw up a
balance sheet | die ~ frisieren (verschleiern) | to
dress up (to tamper with) the balance sheet | die ~
genehmigen | to approve the balance sheet.
Bilanz..abschluß m | closing of the balance sheet.
—aufstellung f; —errichtung f | striking of the balance.
—ausgleichsposten m | item for adjustment of the
balance sheet; adjustment item.
—auszug m | extract from the balance sheet.
—berichtigung f | adjustment of the balance sheet.
—buch n | balance (balance-sheet) book.
—fälschung f | falsification of the balance sheet.
—gewinn m | profit(s) as shown on the balance sheet.
bilanzieren v | to strike (to draw) (to make up) the
balance.
Bilanzierung f | striking of the balance; balancing of
accounts.
Bilanzierungstag m | date of the balance sheet.
Bilanz..konto n | balance-sheet account.
bilanzmäßig adj | shown by (in) the balance sheet.
Bilanz..posten m | item on the balance sheet.
—prüfer m | auditor.
—prüfung f | audit(ing) of the balance sheet.
—saldo m | balance.
—stichtag m | date of the balance sheet.
—summe f; —volumen n | balance-sheet total.
—überschuß m | surplus of assets over liabilities.
—veröffentlichung f | publication of the balance sheet.
—verschleierung f | tampering with the balance sheet.
—vorlegung f | presentation of the balance sheet.
—wert m | value according to the balance sheet.
—zahlen fpl | figures on the balance sheet.
—ziehung f | striking of the balance.
Bildberichterstatter m | press photographer.
bilden v Ⓐ | eine Gesellschaft ~ | to establish (to
form) (to set up) a company | Kapital ~ | to ac-
cumulate capital | sich eine Meinung ~ | to form an
opinion | die Regel ~ | to be the rule | eine Regie-
rung ~ | to form a government | Unterausschüsse ~
| to break up in sub-committees.
bilden v Ⓑ | [aus~] | to school; to educate; to train.
Bilderdienst m | picture service.
bildlich adj | ~e Darstellung | illustration | ~e Dar-
stellung im Text | text illustration.

bildlich adv | etw. ~ darstellen | to make (to give) a
picture of sth.; to illustrate sth.
Bildung f Ⓐ | formation; organisation; forming | ~
eines Ausschusses | constitution of a committee | ~
einer Gesellschaft | incorporation (formation) of a
company | ~ von Kapital; Kapital~ | creation
(accumulation) of capital; accumulation of funds |
in der ~ begriffen | in the course of formation; in
the making.
Bildung f Ⓑ [Schul~] | education; training; learn-
ing | Fach~ | professional (vocational) (technical)
training | Grundschul~; Volksschul~ | primary
(common-school) education | Mittelschul~; höhere
Schul~ | secondary education | Hochschul~ |
college education | humanistische ~ | classical edu-
cation | ohne ~ | uneducated.
Bildungs..anstalt f | educational establishment.
—grad m; —stufe f | degree of learning; standard of
knowledge.
Billet n | ticket | Rundreise~ | roundtrip (circular)
ticket | Theater~ | theater ticket.
billig adj Ⓐ [recht und ~] | just and right; equitable.
billig adj Ⓑ [wohlfeil] | cheap; inexpensive | ~e Aus-
rede | poor (lame) excuse. | außergewöhnlich ~ |
exceptionally cheap.
billig adj Ⓒ [zu einem mäßigen Preis] | at a reasonable
(fair) (moderate) price; low-priced | ~es Geld |
easy money | ~e Zinsen (Zinssätze) | low interest
(interest rates).
billigdenkend adj | equitable; reasonable.
billigen v | etw. ~ | to agree to sth.; to consent to
sth. | einen Vorschlag ~ | to approve of a proposal.
billigend adj | approving | in ~em Ton | approvingly.
billiger adj | cheaper | etw. ~ machen | to make sth.
cheaper; to cheapen sth. | ~ als jd. verkaufen | to
undersell sb. | ~ werden | to become cheaper; to go
down in price.
billigerweise adv | equitably; justly.
Billigkeit f Ⓐ | equity; equitableness | nach ~ | ac-
cording to equity; equitably | nach Recht und ~ |
according to right and justice | nach der ~ und
nach den Umständen | according to equity and
circumstances | der ~ entsprechen | to be equitable
| der ~ zuwider sein; nicht der ~ entsprechen | to be
contrary to equity.
Billigkeit f Ⓑ [niedriger Preis] | cheapness; low price.
Billigkeit f Ⓒ [mäßiger Preis] | reasonable (moderate)
price.
Billigkeits..anspruch m | equitable claim; claim in
equity.
—gründe mpl | reasons of equity | aus ~n | in equity;
for reasons of equity.
—recht n | law of equity; equity law; equity.
—rücksichten fpl | considerations of equity.
billigst adv | at the lowest possible price.
Billigung f | approval; consent; assent | jds. ~ finden
(erhalten) | to meet with (to receive) sb.'s approval;
to be approved by sb. | mit jds. ~ | with sb.'s
consent; with the sanction of sb.
Bimetallismus m [Doppelwährung] | bimetallism;
double standard.
Bimetallist m [Anhänger der Doppelwährung] | bi-
metallist.
binden v Ⓐ | jdn. ~; jdm. die Hände ~ | to bind sb.'s
hands | jdn. an Händen und Füßen ~ | to bind sb.
hand and foot.
binden v Ⓑ [verpflichten] | to engage; to commit | jdn.
~ | to bind sb.; to be binding on (upon) sb. | sich ~
| to bind os.; to commit os. | sich eidlich (durch
Eid) ~ | to bind os. by (under) oath | sich vertrag-

binden *v* Ⓑ *Forts.*
lich ~ | to bind os. by contract | **sich gegenüber jdm.** ~ | to oblige os. to sb. | **ohne sich zu** ~ | without committing os.
bindend *adj* | binding | ~**e Abmachungen** | binding arrangements | ~**er Beschluß** | binding order | ~**e Erklärung** | binding statement | ~**e Kraft** | binding force | **mit** ~**er Kraft** | binding | ~**er Vertrag** | binding agreement | ~**e Wirkung** | binding effect | ~**e Zusage** | binding promise.
★ **allseits** ~ | binding on all parties | **einseitig** ~ | unilaterally binding | **wechselseitig** ~ | mutually binding | **für jdn.** ~ **sein** | to be binding on (upon) sb.; to bind sb. | **nicht** ~ **sein** | to have (to be of) no binding force.
bindend *adv* | **etw.** ~ **erklären** | to declare sth. in a binding form (manner).
Bindung *f* Ⓐ | engagement; liability | **Mittel**~ | commitment of funds | **Preis**~**en** | price-fixing agreements | **einseitige** ~ | one-sided engagement; naked bond | **freundschaftliche** ~**en** | bonds of friendship | **gegenseitige** ~; **wechselseitige** ~ | reciprocal (mutual) engagement | **vertragliche** ~ | contractual commitment | **vertragliche** ~**en eingehen** | to enter into engagements; to contract obligations (liabilities).
Bindung *f* Ⓑ [Kontrolle] | control | ~ **der Preise** | freezing of prices.
binnen *adv* | ~ **einer Woche** | within one week.
Binnen..gewässer *npl* | inland waters.
—**hafen** *m* | inland (river) port.
—**handel** *m* | home (inland) (domestic) trade; interstate commerce [USA].
—**konjunktur** *f* | level of internal (national) economic activity.
—**land** *n* | inland; [the] interior.
binnenländisch *adj* | inland.
Binnen..markt *f* | home (domestic) market.
—**schiffahrt** *f* Ⓐ | inland (home) navigation.
—**schiffahrt** *f* Ⓑ [Flußschiffahrt] | river navigation.
—**schiffahrtsverkehr** *m* | river traffic.
—**staat** *m* | landlocked state (country).
—**transport** *m* | inland transports.
—**verkehr** *m* | inland (home) traffic.
—**wanderung** *f* | domestic (internal) migration.
—**wirtschaft** *f* | internal (domestic) economy.
—**zollamt** *n*; —**zollstelle** *f* | inland customs office.
Biographie *f* | **Selbst**~; **Auto**~ | autobiography.
Bischof *m* | bishop | **Erz**~ | archbishop.
bischöflich *adj* | episcopal | ~**es Palais** | bishop's (episcopal) palace.
Bischofssitz *m* | bishopric see | **Erz**~ | archbishopric see.
Bischofswürde *f* | episcopate.
Bitte *f* | prayer; petition; request | **dringende** ~ | entreaty | **eine** ~ **abweisen** | to refuse a request; to dismiss a petition | **einer** ~ **entsprechen** | to grant a petition | **eine** ~ **stellen** | to make a request.
bitten *v* | **jdn. um seine Aufmerksamkeit** ~ | to solicit sb.'s attention | **jdn. um Erlaubnis** ~ | to ask sb.'s permission; to ask sb. for permission | **um die Erlaubnis** ~**, etw. zu tun** | to ask permission (leave) to do sth. | **um Frieden** ~ | to sue for peace | **jdn. um einen Gefallen (um eine Gefälligkeit)** ~ | to ask a favo(u)r of sb.; to ask sb. a favo(u)r | **jdn. um Hilfe** ~ | to appeal to sb. for help | **um Rat** ~ | to ask for advice | **jdn.** ~**, etw. zu tun** | to ask (to petition) sb. to do sth. | **um etw.** ~ | to ask for sth.
Bitt..gesuch *n* | petition | **ein** ~ **befürworten (unterstützen)** | to support a petition.

Bitt..schrift *f* | petition | **eine** ~ **einreichen** | to file a petition.
—**steller** *m* | petitioner; applicant.
Blankett *n* Ⓐ [Blankounterschrift] | blank; blank signature; signature in blank | **Quittungs**~ | blank receipt | **Wechsel**~ | bill of exchange in blank; blank bill.
Blankett *n* Ⓑ [Formular] | blank form; form | **Scheck**~ | cheque form | **Wechsel**~ | form of a bill of exchange; bill form | **ein** ~ **ausfüllen** | to fill out a form; to fill in a blank.
Blankettmißbrauch *m* | fraudulent misuse of a blank signature.
blanko *adv* | in blank | **in** ~ **akzeptieren** | to accept in blank | **in** ~ **girieren (indossieren)** | to endorse in blank | **in** ~ **trassieren** | to draw in blank | **in** ~ **übertragen** | to assign in blank | **in** ~ **unterzeichnen** | to sign in blank.
Blanko..akzept *n* Ⓐ —**annahme** *f* | acceptance in blank; blank acceptance.
—**akzept** *n* Ⓑ | bill of exchange drawn in blank; blank bill.
—**formular** *n* | blank form; blank.
—**giro** *n*; —**indossament** *n* | endorsement in blank; blank endorsement (transfer) | **mit (mit einem)** ~ **versehen** | endorsed (indorsed) in blank.
—**kredit** *m* | credit in blank; blank (open) credit.
—**quittung** *f* | receipt in blank; blank receipt.
—**scheck** *m* | blank cheque; cheque signed in blank.
—**übertragung** *f*; —**zession** *f* | transfer in blank; blank transfer.
—**unterschrift** *f* | blank signature.
—**verkauf** *m* | sale in blank; blank (open) sale.
—**vollmacht** *f* | blank (full) (unlimited) power(s) (authority).
—**vorschuß** *m* | advance on blank (on overdraft).
—**wechsel** *m* | bill of exchange drawn in blank; blank bill.
Blatt *n* Ⓐ | sheet; slip (sheet) of paper | **Berichtigungs**~ | rectification sheet | **Einlage**~ interpolated sheet; inset | **Ergänzungs**~ | additional sheet | **Flug**~ | fly-bill | **Grundbuch**~ | page of (in) the land register | **Merk**~ | "Notice"; "Instructions"; "Directions" | **Zähl**~ | census paper.
Blatt *n* Ⓑ [Zeitung; Nachrichten~; Informations~] | newspaper; news organ; paper | **Abend**~ | evening paper | **Amts**~; **amtliches Anzeigen**~ | official gazette (newspaper) | **Anzeigen**~ | advertiser | **Fach**~ | trade paper (journal) | **Gesetz**~; **Verordnungs**~ | law gazette; gazette | **Handels**~ | commercial paper | **Moden**~ | fashion journal | **Revolver**~ | gutter paper | **Wochen**~ | weekly paper; weekly.
Blatt *n* Ⓒ [Seite] | page.
Blaupause *f* | blueprint.
bleiben *v* Ⓐ | **in Kraft** ~; **gültig** ~ | to remain in force | **im Rückstand** ~ | to remain in arrear(s) | **ohne Wirkung** ~; **wirkungslos** ~ | to have (to produce) no effect; to be of no effect | **geschuldet** ~ | to remain due | **jdm. etw. schuldig** ~ | to remain sb.'s debtor for sth. | **unbestraft** ~ | to go unpunished | **unverkauft** ~ | to remain unsold | **unerledigt** ~ | to remain unattended (in suspense) | **fern**~ | to remain absent; to stay away | **zugegen** ~ | to remain present; to stay; to stay on | **zurück**~ | to remain (to stay) behind.
bleiben *v* Ⓑ [beharren] | **bei einer Ansicht (Meinung)** ~ | to maintain an opinion | **bei seiner Aussage** ~ | to abide by one's testimony | **bei seinem Entschluß** ~ | to abide by one's decision | **bei seinem**

Versprechen ～; seinem Versprechen treu ～ | to abide by one's promise | vertragstreu ～ | to abide by an agreement (by a contract).
bleibend *adj* | ～er Wohnsitz | permanent residence.
blind *adj* | ～er Alarm | false alarm | ～er Passagier | stowaway.
Blindbuchen *n* [von Filmen] | block booking.
Blindenanstalt *f* | home (institution) for the blind.
Blitzschlag *m* | Versicherung gegen Schaden durch ～ | insurance against damage by lightning.
Blitzstreik *m* | lightning strike.
Block *m* Ⓐ | Bündnis～ | bloc of alliances | Gold～; Goldwährungs～ | gold (gold-currency) block | Währungs～ | currency block | Wirtschafts～ | economic block.
Block *m* Ⓑ | Abreiß～ | counterfoil book | Quittungs-～ | counterfoil receipt book | Schreib～ | writing pad (block).
Blockade *f* | blockade | Aufhebung der ～ | raising of the blockade | Durchbrechen der ～ | blockade-running | Finanz～; finanzielle ～ | financial blockade | Gegen～ | counter-blockade | Verschärfung der ～ | tightening of the blockade | Wirtschafts～; wirtschaftliche ～ | economic blockade.
★ unwirksame ～ | paper blockade | wirksame ～ | effective blockade.
★ die ～ aufheben | to raise the blockade | die ～ durchbrechen | to run the blockade | die ～ verhängen | to impose the blockade | die ～ verschärfen | to tighten the blockade.
Blockade..brechen *n*; —durchbruch *m* | blockade running.
—brecher *m* | blockade runner.
—recht *n* | right to blockade (of blockade).
—zustand *m* | über einen Hafen den ～ verhängen | to blockade a port.
Blockbildung *f* | formation of a block (of blocks); alignment.
blockfrei *adj* | ～es Land; ～er Staat | non-aligned country (state).
Blockfreiheit *f* | non-alignment.
blockieren *v* Ⓐ [sperren] | to block.
blockieren *v* Ⓑ | to blockade.
blockiert *adj* Ⓐ [gesperrt] | blocked.
blockiert *adj* Ⓑ | blockaded; under blockade.
bloßstellen *v* | to compromise.
Bloßstellung *f* | compromising; exposure.
Bluff | bluff.
bluffen *v* | to bluff.
Bluffer *m* | bluffer.
blühen *v* | to prosper; to thrive.
blühend *adj* | prosperous; flourishing.
Blütezeit *f* | [wirtschaftliche ～] | boom.
Blut..bann *m* | criminal jurisdiction.
—geld *n* [Judaslohn] | blood money.
—gruppenuntersuchung *f* | blood-grouping test.
—probe *f* | blood test.
—schande *f* | incest | in ～ | incestuously.
—schänder *m* | incestuous person.
blutschänderisch *adj* | incestuous.
Blut..schuld *f* | blood-guilt.
—vergießen *n* | bloodshed.
blutsverwandt *adj* | related by blood; of the same blood.
Blutsverwandter *m* | blood relation | ～ mütterlicherseits | blood relation on the mother's side; cognate | ～ väterlicherseits | blood relation on the father's side; agnate | nächster ～ | next of kin.
Blutsverwandtschaft *f* | blood relationship; proximity of blood; consanguinity | ～ in gerader Linie | lineal consanguinity | ～ von der mütterlichen Seite | blood relationship on the mother's side | ～ von der väterlichen Seite | blood relationship on the father's side | ～ in der Seitenlinie | collateral consanguinity.
Boden *m* Ⓐ [Grund und ～] | real estate; real (real estate) (landed) property; land | ～ kultivieren; ～ in Kultur nehmen | to take (to bring) land under (in) cultivation.
Boden *m* Ⓑ | auf dem ～ der Erfahrung | based on experience | auf dem ～ der Gesetze | within the bounds of the law | ～ gewinnen | to gain ground | ～ verlieren | to lose ground.
Boden..anleihe *f* | loan on mortgage; land credit.
—besitz *m* | landed (real estate) property.
—bewirtschaftung *f* | cultivation of the soil; husbandry.
—ertrag *m* Ⓐ [Erzeugnis] | produce of the soil.
—ertrag *m* Ⓑ [Einkünfte] | farm revenue.
—erzeugnisse *npl* | agricultural (farm) produce.
—fläche *f* [von Land] | acreage.
—gesetzgebung *f* | agrarian legislation.
—kredit *m* | land (mortgage) credit; credit on mortgage.
— —anstalt *f*; — —bank *f*; — —gesellschaft *f* | mortgage (land) (land-mortgage) bank; land credit company.
— —verein *m* | land credit association.
—reform *f* | land (agricultural) reform.
—schätze *mpl* | natural wealth (resources *pl*).
—spekulation *f* | land speculation.
—verteilung *f* | distribution of land.
—zins *m* | ground rent; rent charge.
bodenständig *adj* | ～e Industrie | stable industries *pl*.
bodmen *v* | to raise money on bottomry.
Bodmer *m* | lender on bottomry; bottomry lender (creditor).
Bodmerei *f* | bottomry; gross adventure; respondentia | Geld auf ～ aufnehmen (auf ～ leihen) | to raise (to take) money on bottomry bond; to borrow on bottomry | Geld auf ～ ausleihen (auf ～ geben) | to give (to lend) money on bottomry.
Bodmerei..brief *m*; —vertrag *m*; —wechsel *m* | bottomry letter (bond); bill (letter) of bottomry (of adventure) (of gross adventure).
—darlehen *n*; —geld *n* | loan (money lent) on bottomry; bottomry (marine) (respondentia) loan.
—darlehenszinsen *mpl*; —zinsen *mpl*; —prämie *f* | bottomry (marine) (maritime) interest; premium of bottomry.
—geber *m*; —gläubiger *m* | lender on bottomry; bottomry creditor (lender).
—nehmer *m*; —schuldner *m* | borrower on bottomry.
—reise *f* | bottomry voyage.
—schuld *f* | bottomry debt.
—versicherung *f* | bottomry insurance.
Bogen *m* Ⓐ | sheet; sheet (slip) of paper | Frage～ | inquiry (enquiry) form; list of questions; questionary; questionnaire | Korrektur～ | proof-sheet | Personal～ | personal record | Zähl～ | census paper | Zins～ | sheet of interest coupons.
Bogen *m* Ⓑ | in Bausch und ～ | in the lump; by the lot.
Bonifikation *f* | commission.
Bonität *f* Ⓐ | soundness; good standing.
Bonität *f* Ⓑ [Zahlungsfähigkeit] | solvency.
Bonitätsprüfung *f* | credit rating.
Bonus *m* | bonus; gratification | Aktien～; Dividenden-～ | extra dividend; share bonus | Interims～ | interim bonus.
Bonus..aktien *fpl* | bonus shares.
—system *n* | nach einem ～ arbeiten | to work on the bonus system.

Bonuszahlung *f* | bonus payment.
Bord *m* | **an ~; an ~ eines Schiffes** | on board; on board ship | **an ~ seines Schiffes** | on board his ship **frei an ~** | free on board | **an ~ gehen** | to go on board; to embark; to take ship | **an ~ kommen** | to come on board | **Waren an ~ nehmen** | to take goods on board.
Bord..buch *n* | ship's journal (log); logbook; log.
—konnossement *n* | shipped bill of lading.
—lieferung *f* | delivery on board.
—papiere *npl* | ship's papers (books).
Bordereau *m* Ⓐ | contract note.
Bordereau *m* Ⓑ [Schlußnote] | broker's contract note.
Borg *m* | borrowing | **etw. auf ~ geben** | to lend sth.; to give sth. on credit | **etw. auf ~ nehmen** | to borrow sth.; to take sth. on credit.
borgen *v* | **sich von jdm. etw. ~** | to borrow sth. from sb.; to take sth. on credit from sb. | **jdm. etw. ~** | to lend sb. sth.; to lend sth. to sb.
Borger *m* | borrower.
borgweise *adv* | as a loan; by way of a loan; on credit.
Börse *f* Ⓐ [Geld~] | purse.
Börse *f* Ⓑ | exchange; stock exchange; market | **Aktien~** | stock (securities) exchange (market) | **Arbeits~** | labo(u)r (employment) exchange | **Baisse~** | bear market | **Festigung der ~** | steadying of the market | **Frachten~** | shipping exchange; freight market | **Getreide~** | corn exchange | **Hausse~** | bull market | **Nach~** | street (unofficial) market | **Produkten~; Waren~** | produce exchange; merchandise mart | **Vor~** | outside market [before opening of the stock exchange].
★ **feste ~** | firm market | **flaue ~; lustlose ~; matte ~; ruhige ~** | dull (featureless) market | **inoffizielle ~** | curb market | **schwarze ~** | black market.
★ **die ~ besuchen** | to attend the exchange; to deal at the stock exchange | **an der ~ notiert werden** | to be quoted (listed) on the stock exchange | **an der ~** | on the stock exchange; in the money market.
Börse *f* Ⓒ [das Börsengebäude] | **die ~** | the Stock Exchange; the exchange building.
Börsen..abschlüsse *mpl* | stock exchange transactions.
—abteilung *f* | stock exchange department.
—agent *m* | stock (stock exchange) (exchange) broker; broker.
—angestellter *m* | stock exchange employee.
—aufsicht *f* | supervision by the stock exchange committee | **staatliche ~** | state control of the stock exchanges.
—auftrag *m* | order to buy (to sell) at the stock exchange.
—ausschuß *m* | stock exchange committee.
—beginn *m*; **—eröffnung** *f* | opening of the stock exchange.
—bericht *m* | exchange (market) (money market) report.
—besucher *m* | member of the exchange.
—blatt *n* | financial newspaper; money market intelligence.
—effekten *pl* | stock exchange securities; listed securities.
börsenfähig *adj* Ⓐ | negotiable at the stock exchange; marketable.
börsenfähig *adj* Ⓑ [zur Börse zugelassen] | admitted to the exchange (to quotation) (to the official quotation) | **~e Papiere (Werte)** | shares (stocks) admitted to quotation (quoted on the exchange).
Börsen..feiertag *m* | stock exchange holiday.
—freiverkehr *m* | curb market.

börsengängig *adj* Ⓐ [an der Börse gehandelt] | negotiated (quoted) on the stock exchange.
börsengängig *adj* Ⓑ [laufend gehandelt] | currently negotiated on the exchange.
Börsen..gerücht *n* | stock exchange rumo(u)r.
—geschäfte *pl* | exchange business (transactions) (operations) | **~ betreiben** | to deal at the stock exchange.
—gesetz *n* | stock exchange law.
—handel *m* | stock broking (brokerage) (business).
—index *m* | stock exchange index.
—konsortium *n* | market syndicate.
—krach *m* | collapse of the market.
—kreise *mpl* | financial (stock exchange) circles.
—krise *f* | stock exchange crisis.
—kurs *m* | rate of exchange; exchange (current) rate.
—kurszettel *m* | market report; stock exchange bulletin.
—makler *m* | stock (stock exchange) broker; broker.
—manöver *n* | stock exchange manœuvre.
börsenmäßig *adj* Ⓐ | quoted on the stock exchange.
börsenmäßig *adj* Ⓑ | according to stock exchange rules.
Börsen..mitglied *n* | member of the exchange.
—nachrichten *fpl* | financial news; money market (stock exchange) intelligence.
—notierung *f*; **—notiz** *f* | stock exchange quotation.
—order *f* | order to buy (to sell) at the stock exchange.
—ordnung *f* | rules (regulations) of the exchange.
—papiere *npl* | stock exchange securities; listed securities.
—preis *m* | current (market) price | **einen ~ haben** | to be quoted on the exchange.
—register *n* | stock exchange register; official list.
—schluß *m* | close (closing) of the exchange (market).
—schwankungen *fpl* | fluctuations of the market.
—schwindel *m* | stock exchange swindle.
—spekulant *m* | stock exchange speculator (gambler); stock adventurer.
—spekulation *f* | exchange (stock exchange) speculation.
—spiel *n* | exchange speculations (gambling).
—stempel *m* | stamp duty (fee) on stock exchange dealings.
—steuer *f* | tax on stock exchange dealings.
—stunden *pl* | exchange hours.
—termingeschäfte *npl*; **—terminhandel** *m* | stock exchange forward operations (transactions).
—titel *mpl* | stock exchange securities; stocks.
—umsatzsteuer *f* | turnover tax on stock exchange dealings; stock exchange turnover tax.
—umsätze *mpl* | trading on the market; stock exchange dealings (transactions).
—usancen *fpl* | exchange customs; customs of the stock exchange.
—vertreter *m* | exchange (stock exchange) broker.
—vorstand *m* | stock exchange committee.
—wert *m* | market (exchange) value.
—werte *mpl* | stock exchange securities; stocks *pl*.
—zeit *f* | hours of exchange; trading hours; market time.
—zeitung *f* | financial paper.
—zettel *m* | stock exchange list (bulletin).
—zulassung *f* | admission to the stock exchange (to quotation at the exchange).
Börsianer *m* | member of the exchange.
bös *adj* | **in ~er Absicht** | with bad intention(s); ill-willed; malevolently | **ohne ~e Absicht** | with no ill intent; innocently | **etw. ohne ~e Absicht tun** | to intend no harm | **~er Glaube** | bad faith.

bösgläubig *adj* | in bad faith; mala fide | ~er Erwerber | purchaser in bad faith; mala fide purchaser.
böslich *adj* | malicious | ~es Verlassen; ~e Verlassung | wilful desertion; malicious abandonment.
böslich *adv* | jdn. ~ verlassen | to desert sb. wilfully (maliciously) | seine Familie ~ verlassen | to desert one's family.
böswillig *adj* Ⓐ | malevolent.
böswillig *adj* Ⓑ [arglistig] | malicious; wilful | in (mit) ~er Absicht | with malicious intent; maliciously.
böswillig *adv* Ⓐ | malevolently; of ill will.
böswillig *adv* Ⓑ [in arglistiger Weise] | maliciously; wilfully; with malice | jdn. ~ verlassen | to desert sb. wilfully (maliciously).
Böswilligkeit *f* Ⓐ [Übelwollen] | malevolence; ill will.
Böswilligkeit *f* Ⓑ [Arglist] | malice.
Bote *m* | messenger; errand (messenger) boy | Amts~ | usher | Bank~; Kassen~ | bank messenger | Brief~ | postman; letter carrier | Depeschen~; Telegramm~ | telegraph messenger | Eil~ | express messenger | Gerichts~ ① | messenger of the court; court's messenger; bailiff | Gerichts~ ② [für Zustellungen] | process (writ) server | durch Extra~n; durch besonderen ~n | by special messenger | durch ~n | by hand.
Boten..dienst *m* | messenger service.
—gang *m* | errand; commission | Botengänge machen | to make errands.
—lohn *m* | messenger's fee.
Botmäßigkeit *f* Ⓐ [Gehorsam] | obedience.
Botmäßigkeit *f* Ⓑ [Unterwerfung] | submission.
Botschaft *f* Ⓐ | message | Neujahrs~ | New Year's message | ~ an das Parlament | message to Parliament | ~ des Präsidenten | presidential message | Sonder~ | special message | Willkommens~ | message of welcome | eine ~ überbringen | to carry a message | eine ~ übermitteln | to transmit a message.
Botschaft *f* Ⓑ [diplomatische Vertretung] | embassy.
Botschaft *f* Ⓒ [Botschaftsgebäude] | embassy building; [the] embassy.
Botschafter *m* | ambassador | außerordentlicher und bevollmächtigter ~ | ambassador plenipotentiary | Abberufung eines ~s | recall of an ambassador | einen ~ abberufen | to recall an ambassador; to call an ambassador home | jdn. als ~ entsenden | to send (to delegate) sb. as ambassador.
—konferenz *f* | conference of ambassadors.
—posten *m* | ambassadorship.
Botschafts..attaché *m* | attaché of embassy.
—personal *n* | staff of the embassy.
—rat *m* | councillor of the embassy.
—sekretär *m* | secretary of the embassy.
—sprecher *m* | embassy spokesman.
Boykott *m* | boycott | Wirtschafts~ | economic boycott | über jdn. den ~ verhängen | to put sb. under a boycott; to boycott sb. | den ~ aufheben | to call off the boycott.
—bewegung *f* | boycott movement.
boykottieren *v* | jdn. ~ | to boycott sb.
Boykottierer *m* | boycotter.
Boykottierung *f* | boycott.
brachliegend *adj* | ~es Geld; ~es Kapital | idle money (capital).
Branche *f* | branch; line of business.
Branchen..adreßbuch *n*; **—verzeichnis** *n* | trade (commercial) directory.
—kenntnisse *fpl* | knowledge of a trade; experience in a line of business.

branche(n)kundig *adj* | ~ sein | to be well acquainted with a certain line of business; to be well versed in a trade.
Branchenverzeichnis *n* | trade directory.
Brand *m* | Gruben~ | pit fire | Welt~ | world conflagration | etw. in ~ setzen (stecken) | to set sth. on fire; to set fire to sth. | einen ~ verursachen | to cause a fire.
brandbeschädigt *adj* | damaged by fire; fire-damaged.
Brand..beschädigung *f* | damage by fire (caused by fire); fire damage.
—brief *m* [dringende Zahlungsaufforderung] | dunning letter; urgent request to pay.
—gefahr *f* | danger (risk) of fire; fire risk.
—kasse *f* | fire (fire insurance) office.
brandmarken *v* | to stigmatize.
Brand..mauer *f* Ⓐ [feuerfeste Mauer] | fire-proof wall.
—mauer *f* Ⓑ [feuerfeste Trennmauer] | fire-proof partition wall [between separate buildings].
—schaden *m* | damage by fire (caused by fire); fire damage.
—steuer *f* [Versicherungsprämie] | fire (fire insurance) premium.
brandstiften *v* Ⓐ | to set fire [to sth.].
brandstiften *v* Ⓑ [in verbrecherischer Absicht] | to commit arson.
Brand..stifter *m* | incendiary.
—stiftung *f* | arson; incendiarism.
—verhütung *f* | precautions *pl* (protection) against fire; fire protection.
—versicherung *f* | insurance against loss by fire; fire insurance.
—versicherungs..anstalt *f*; **— —gesellschaft** *f* | fire insurance office (company).
— —police *f* | fire (fire insurance) policy.
Branntwein..ausschank *m* | sale of liquor.
—monopol *n* | state monopoly on liquor.
—schmuggel *m* | liquor smuggling (traffic); bootlegging.
—steuer *f* | tax on liquor (on spirits).
—zoll *m* | duty on liquor.
Brauch *m* | usage; custom; practice | Geschäfts~; Handels~ | commercial (trade) custom; custom of the trade; usance | nach ~ und Herkommen | according to usage and custom | Seemanns~ | maritime custom | althergebrachter ~ | time-hono(u)red custom (usage) | örtlicher ~ | local custom.
brauchbar *adj* | utilizable; serviceable; fit for use.
Brauchbarkeit *f* | usefulness; fitness.
Brau..recht *n* | brewing right.
—steuer *f* | brewing tax.
Braut *f* Ⓐ | fiancée; betrothed.
Braut *f* Ⓑ [am Hochzeitstag] | bride.
—ausstattung *f*; **—aussteuer** *f* | bridal outfit; bride's trousseau.
—geschenk *n* | wedding present.
Bräutigam *m* Ⓐ | fiancé; betrothed.
Bräutigam *m* Ⓑ [am Hochzeitstag] | bridegroom.
Brautstand *m* | betrothal | im ~; während des ~es | during betrothal.
brechen *v* | die Blockade ~ | to run the blockade | die Ehe ~ | to commit adultery | seinen Eid ~ | to violate one's oath | alle Rekorde ~ | to beat all records | einen Streik ~ | to break a strike | jdm. die Treue ~ | to break faith with sb. | einen Vertrag ~ | to break a contract (an agreement) | jeden Widerstand ~ | to break down all opposition | sein Wort ~ | to break one's word.
Brecher *m* | Aus~ | prison breaker | Blockade~ | blockade-runner | Ehe~ | adulterer | Eid~ | per-

Brecher *m*, *Forts.*
jurer | **Ein~** | housebreaker; burglar | **Streik~** | strike breaker; non-striker.
Brennerei *f* | distillery.
Brennholzgerechtigkeit *f* | right to cut firewood; common of estover.
Brennpunkt *m* | focal point.
Brennrecht *n* | distilling right.
Brennstoff *m* | fuel | **~ einnehmen** | to fuel; to fuel up.
— **einnahme** *f* | fuelling.
—**ersparnis** *f* | fuel economy.
—**lager** *n* | fuel yard.
—**lieferungen** *fpl*; —**versorgung** *f* | fuel supplies.
—**verbrauch** *m* | fuel consumption.
Brief *m* Ⓐ | letter; note; writing | **Abfangen (Auffangen) von ~en** | intercepting (interception) of letters | **Absage~** | letter of refusal | **Antwort~** | reply | **Begleit~** | covering letter | **Beileids~** | letter of condolence | **Bestätigungs~**; **Gegen~** | letter of confirmation | **Brand~** | dunning letter; urgent request to pay | **Dankes~** | letter of thanks | **Droh~** | threatening letter | **Eil~** | special-delivery (express) letter | **durch Einschreib~** | by registered letter (mail) | **Empfehlungs~** | letter of introduction (of recommendation) | **Geld~** | money (insured) letter | **Geleit~** | sea letter; permit of navigation | **Geleits~** | letter of safe conduct | **Geschäfts~** | business (commercial) letter | **Hirten~** | pastoral letter | **Karten~** | letter card | **Ketten~** | chain letter | **Luftpost~** | airmail letter | **Mahn~** | letter of reminder; follow-up letter | **Muster~** | set form of letter; model (specimen) letter | **Orts~** | local letter | **Post~**; **durch die Post beförderter ~** | letter sent through the post (by mail) (by the mails); posted letter | **Privat~** | private (personal) letter | **unter ~ und Siegel** | under hand and seal; signed and sealed | **Steck~** ① | description | **Steck~** ② | writ of attachment; warrant of apprehension; warrant to apprehend the body; tipstaff's warrant | **~mit Überporto** | surcharged letter | **~ ohne Unterschrift; anonymer ~** | anonymous letter | **~ mit Wertangabe; Wert~** | insured letter.
★ **eingeschriebener ~** | registered letter | **nicht abgeholter ~**; **unzustellbarer ~** | unclaimed (dead) letter | **postlagernder ~** | letter to be called for at the post office. | **einen ~ abfangen (auffangen)** | to intercept a letter | **einen ~ absenden** | to send off a letter | **einen ~ aufgeben** | to post (to mail) a letter.
Brief *m* Ⓑ [Angebot an der Börse] | offers *pl* | **~ und Geld** | asked and bid.
Brief *m* Ⓒ [Urkunde] | deed; instrument | **Adels~** | letters patent of nobility | **Bodmerei~** | letter of bottomry; bill of gross adventure (of bottomry) | **Bürger~** | certificate of citizenship | **Fracht~** | consignment note; letter of consignment (of conveyance) | **Grundschuld~** | certificate of a land charge | **Hypotheken~** | mortgage instrument (deed) (bond); certificate of registration of mortgage | **Kauf~** | bill of purchase (of sale) | **Kredit~** | letter of credit | **Reisekredit~** | traveller's letter of credit | **Rundreisekredit~** | circular letter of credit | **Sammelkredit~** | general letter of credit.
○ **Lehr~** ① | contract (articles) (deed) of apprenticeship | **Lehr~** ② | certificate of apprenticeship | **Rentenschuld~** | certificate of a rent charge | **Schiffs~**; **Schiffsregister~** | certificate of registry; ship's registry.
Brief..abfertigung *f* | mailing of letters.
—**abholung** *f* | collecting of letters.
—**ablage** *f* | letter binder (file).

Brief..abschrift *f* | copy of a letter; letter copy.
—**annahme** *f*; —**empfang** *m* | reception of letters.
—**aufgabe** *f* | posting (mailing) of a letter.
— —**stempel** *m* | postmark; date stamp.
—**ausgabe** *f*; —**bestellung** *f* | delivery of letters.
—**block** *m* | letter pad.
—**bogen** *m* | sheet of paper.
—**bote** *m* | letter carrier; postman.
—**entwurf** *m* | draft letter (of a letter).
—**form** *f* | **in ~** | by letter.
—**geheimnis** *n* | privacy (secrecy) of letters | **Unverletzlichkeit des ~ses** | inviolability of letters | **Verletzung des ~ses** | violation of the secrecy of letters | **das ~ verletzen** | to violate the secrecy of letters.
—**grundschuld** *f* | certificated charge; land charge for which a certificate has been issued.
—**hypothek** *f* | certificated mortgage.
—**karte** *f* | letter card.
—**kasten** *m* | letter box.
—**kopf** *m* | letterhead.
—**kopie** *f* | letter copy.
—**kopierbuch** *n* | duplicating (copying) book.
—**kurs** *m* | selling rate; price (rate) asked.
brieflich *adj* | by letter; by mail; in writing | **~e Anfrage** | letter of inquiry | **~er Verkehr** | exchange of letters; correspondence | **mit jdm. in ~em Verkehr stehen** | to correspond with sb.
Briefmarke *f* | postage-stamp; stamp.
Briefmarken..album *n* | stamp album.
—**ausgabe** *f* | issue of stamps.
—**heft** *n* | booklet of stamps.
—**sammler** *m* | stamp collector.
—**sammlung** *f* | stamp collection.
Brief..muster *n* | model (specimen) letter.
—**notiz** *f* | selling rate; price (rate) asked.
—**ordner** *m* | letter binder (file).
—**papier** *n* | letter (note) (writing) paper.
—**porto** *n* | letter postage (rate).
—**post** *f* | letter post (mail); mail.
— —**sendungen** *fpl* | [the] mails *pl*.
—**schaften** *fpl* | letters; correspondence.
—**schreiber** *m* | writer of a letter; letter writer; correspondent.
—**schulden** *fpl* | arrears of correspondence.
—**sendungen** *fpl* | [the] correspondence | **Luftpost~** | airmail correspondence.
—**siegel** *n* | letter seal.
—**steller** *m* Ⓐ [Korrespondent] | correspondent.
—**steller** *m* Ⓑ [Buch mit Briefmustern] | epistolary guide.
—**stempel** *m* | postmark.
—**tasche** *f* | bill (note) case (wallet); pocketbook.
—**taube** *f* | carrier (homing) pigeon.
—**telegramm** *n* | letter telegram; night letter.
—**träger** *m* | postman; letter carrier | **Geld~** | postman for money orders.
—**umschlag** *m* | envelope; cover | **Fenster~** | window (cut-out panel) envelope; envelope with transparent panel.
—**verkehr** *m* | correspondence; exchange of letters.
—**vorlage** *f* | model (specimen) letter; set form of letter.
Briefwechsel *m* | exchange of letters; correspondence | **mit jdm. in ~ stehen** | to correspond with sb.; to have (to be in) correspondence with sb.; to be corresponding with sb.; to exchange letters (correspondence) with sb. | **mit jdm. einen ~ unterhalten** | to carry on (to keep up) a correspondence with sb. | **mit jdm. einen geheimen ~ führen (unterhalten)** | to

keep up a secret correspondence with sb. | durch ~ | by an exchange of letters; by corresponding; by exchanging letters.

Brief..zensur *f* | postal censorship.

—**zustellung** *f* | delivery of letters; postal delivery.

bringen *v* Ⓐ | **etw. zu einem erfolgreichen Abschluß** ~; **etw. erfolgreich zu Ende** ~ | to bring sth. to a successful conclusion | **jdn. zur Aburteilung** ~ | to bring sb. to trial (up for trial) | **etw. in Abzug** ~ | to make deduction of sth.; to deduct sth. | **etw. in Anrechnung** ~ | to take sth. into account | **etw. auf den Erbteil in Anrechnung** ~ | to bring sth. into hotchpot | **etw. zur Anwendung** ~ | to bring sth. into operation; to apply sth.

○ **etw. zur Anzeige** ~ | to give notice of sth. to the authorities; to notify the authorities of sth. | **jdn. zur Anzeige** ~ | to denounce sb.; to lay (to prefer) an information against sb. | **etw. zur Ausführung (Durchführung)** ~ | to put (to carry) sth. into effect | **eine Einrede** ~ | to enter (to put in) a plea | **die Einrede der Unzuständigkeit** ~ | to plead incompetence | **jdn. vor das Gericht** ~ | to bring sb. before the court | **etw. unter den Hammer** ~ | to bring sth. under the hammer; to have sth. sold by auction (put up for auction).

○ **etw. in den Handel** ~; **etw. auf den Markt** ~ | to bring sth. out; to put sth. on the market | **jdm. etw. zur Kenntnis** ~ | to bring sth. to sb.'s knowledge (attention) | **etw. in Ordnung** ~ | to bring (to put) sth. in order; to order sth. | **sich in schlechten Ruf** ~ | to bring os. into disrepute | **etw. auf die Seite** ~ | to remove sth.; to make away with sth.

○ **etw. in Umlauf** ~ | to put sth. in (into) circulation; to circulate sth. | **etw. in Unordnung** ~ | to throw sth. in disorder (out of order) | **jdn. zur Vernunft** ~ | to bring sb. to reason | **etw. zur Versteigerung** ~ | to submit sth. to public sale; to put sth. up for auction (for sale by auction) | **etw. zur Vollendung** ~ | to bring sth. to perfection; to achieve (to accomplish) sth. | **einen Zeugen zur Stelle** ~ | to bring forward a witness | **etw. durcheinander** ~ | to mix up sth.

bringen *v* Ⓑ | **etw. an sich** ~ | to take possession of sth. | **etw. widerrechtlich an sich** ~ | to appropriate sth. unlawfully; to misappropriate sth.

bringen *v* Ⓒ [einbringen; abwerfen] | to yield | **eine Dividende von ...** ~ | to yield a ... per cent dividend (a dividend of ... per cent) | **Ertrag** ~; **Nutzen** ~ | to give (to yield) a return | **Gewinn** ~ | to yield a profit | **Zins(en)** ~ | to bear (to earn) (to bring in) (to yield) interest.

Bringschuld *f* | debt payable at the address of the payee.

broschiert *adj* | **—e Ausgabe** | paperback.

broschiert *adv* | ~ **erscheinen** | to be published as paperback.

Broschüre *f* | folder; booklet; pamphlet.

Brot..erwerb *m* | livelihood; means of living.

—**herr** *m* | employer; principal.

brotlos *adj* | without means.

brotlos *adv* | **jdn.** ~ **machen** | to throw sb. out of work.

Brot..neid *m* | professional jealousy.

—**studium** *n* | bread study.

—**verdiener** *m* | breadwinner.

Bruch *m* Ⓐ | breach; rupture; violation; break | ~ **des Berufsgeheimnisses** | breach of professional secrecy | **Ehe**~ | adultery | **Friedens**~ | breach (violation) of the peace | **Hausfriedens**~ | breach of domicile | ~ **des Heiratsversprechens; Verlöbnis-**

~ | breach of promise | **Kontrakt**~; **Vertrags**~; ~ **eines Übereinkommens** | breach of contract (of agreement); contract breach | **Landfriedens**~ | breaking (violation) of the public peace | ~ **eines Versprechens; Wort**~ | breach (violation) of promise; breaking of one's word | **Vertrauens**~ | breach of faith (of truth).

Bruch *m* Ⓑ; —**schaden** *m* | breakage | **frei von** ~ | free from breakage | **den** ~ **ersetzen** | to pay for breakage.

— —**versicherung** *f* | insurance against breakage.

bruchfrei *adj* | free from breakage.

Bruch..gefahr *f*; —**risiko** *n* | breakage risk.

—**stück** *n* | fragment | **in** ~**en** | in fragments; fragmentary.

Bruchteil *m* | fraction | **in (nach)** ~**en** | in fractions.

Bruchteilsgemeinschaft *f* [Gemeinschaft nach Bruchteilen] | community by undivided shares.

Brücken..geld *n*; —**zoll** *m* | bridge toll.

Bruder *m* | brother | **Halb**~ | half brother | **Stief**~ | foster brother | **Waffen**~ | brother in arms | **Zwillings**~ | twin brother | **leiblicher** ~ | full (own) (blood) brother.

Bruderkrieg *m* | civil strife (war).

brutto *adj* | gross.

Brutto..betrag *m* | gross amount.

—**bilanz** *f* | rough balance.

—**einkommen** *n* | gross income (earning).

—**einnahme** *f* | gross receipts (takings).

—**ertrag** *m* | gross proceeds (return).

—**gehalt** *n* | gross salary.

—**gewicht** *n* | gross weight.

—**gewinn** *m* | gross profit(s).

—**lohn** *m* | gross wage(s).

—**miete** *f* | gross rental.

—**preis** *m* | gross price.

—**registertonne** *f* | gross register ton.

—**sozialprodukt** *n* | gross national product.

—**tonnage** *f*; —**tonnengehalt** *m* | gross tonnage.

—**überschuß** *m* | gross surplus.

—**umsatz** *m* | gross turnover (sales).

—**verdienst** *m* | gross earnings.

—**spanne** *f* | gross profit margin.

—**verzinsung** *f* | gross interest return.

—**zinsen** *mpl* | gross interest.

Buch *n* | **Adreß**~ | directory | **Adressen**~ | address book | **Aktien**~ ① | share register (ledger) | **Aktien**~ ② | list (register) of shareholders | **Akzept**~ | bill book (diary); bills-payable book (journal); book of acceptances | **Arbeits**~ | service book | **Auftrags**~; **Bestell**~ | order book; book of orders | **Ausgaben**~; **Auslagen**~ | book of disbursements (of expenditures).

○ **Bank**~; **Bankkonto**~ | bank book; passbook | **Beschwerde**~ | book of complaints; claims book | **Bestands**~ | warehouse (stock) book | **Bilanz**~ | balance-sheet book | **Bilder**~ | picture book | **Bord**~ ① | log book; sea journal | **Bord**~ ② | travelling diary | **Briefkopier**~ | duplicating (copying) book | **Check**~ [S] | cheque book | **Debitoren**~ | bills-receivable book | **Depositen**~; **Einlagen**~ | deposit (depositor's) book | **Dienst**~ | service book.

○ **Dreh**~ | scenario | **Effekten**~ | securities ledger | **Eingangs**~; **Einnahmen**~ | book of receipts; receipts book | **Einkaufs**~ | purchase (invoice) book | **Elementar**~ | elementary guide | **Erscheinen eines** ~**es** | publication (publishing) of a book | **Expeditions**~ | shipping book | **Fakturen**~ | invoice book (ledger); book of invoices | **Familien**~; **Familienstamm**~ | family record | **Formular**~ |

Buch *n, Forts.*
book of forms (of printed forms) | **Gehalts~** | salary book | **Geheim~** | secret (private) ledger | **Geschenk-ausgabe eines ~es** | luxury edition of a book | **Ge-setz~** ① | law book | **Gesetz~** ② | statute book; code of law; code.

○ **Grund~** | land register | **Hand~** ① | handbook; manual; guidebook; guide | **Hand~** ② | book (work) of reference; reference book | **Haupt~** | ledger | **Haupt~ und Journal** | combined journal and ledger; journal and ledger combined | **Haupt-~ in Loseblattform** | loose-leaf ledger | **Herausgabe eines ~es** | publishing of a book | **Hilfs~** | sub-sidiary book; auxiliary ledger | **Jahr~** | year book; almanac | **Kassa~; Kassen~** | cash book | **Konten~** | book of accounts | **Konto~** | account book | **Kontogegen~** | bank book; passbook; depositor's (deposit) book | **Kontokorrent~** | account-current book; current account passbook | **Kontroll~** | at-tendance list (register) | **Kopier~** | duplicating (copying) book | **Kurs~** | time table; railway guide | **Lager~** | warehouse (stock) book | **Legitimations~** | certificate of identity.

○ **Lehr~** | school book | **Liefer~** | delivery book | **Log~** | log book; sea journal | **Lohn~** | salary book | **~ in Loseblattform** | loose-leaf book | **Luxusausgabe eines ~es** | luxury edition | **Mit-glieds~; Partei~** | membership card | **Nach-schlage~** | reference book | **Notiz~** | note (memo-randum) book | **Order~** | book of orders (of commissions); order book | **Porto~** | postage book | **mit einem Preis ausgezeichnetes ~** | prize book | **Protokoll~** | minute book | **Reisehand~** | guide (travel guide) book | **Reisetage~** | travelling diary | **Rimessen~** | book of remittances.

○ **Scheck~** | cheque book | **Schlußnoten~** | bargain book | **Schul~** | school book | **Sold~** | soldier's small book | **Spar~; Sparkassen~** | savings-bank book | **Staatsschuld~** | register (book) of the national (public) debt | **Tage~** | diary; journal; day book | **Taschen~; Taschennotiz~** | pocket-book; notebook | **Taschentage~** | pocket-book diary | **Telephon~** | telephone directory (book).

○ **Text~** | libretto | **Übertragungs~; Umschrei-bungs~** | register of transfers; transfer book | **Verkaufs~** | sales book (journal) | **Verlag (Ver-öffentlichung) eines ~es** | publication (publishing) of a book | **Versand~** | shipping book | **Waren-eingangs~** | stock-received book | **Wechsel~** | bill book (diary) | **Wechseldebitoren~** | bills-receivable book (journal) | **Wechselkreditoren~; Wechsel-verfall~** | bills-payable book (journal); book of acceptances | **Weiß~** | White Paper | **Wett~** | bet-ting book.

★ **juristisches ~** | law book | **kleines ~** | booklet | **preisgekröntes ~** | prize book.

★ **etw. zu ~ bringen** | to book (to register) (to record) (to note) sth.; to enter sth. in the books | **~ führen** | to keep books (accounts) | **ein ~ heraus-geben (verlegen) (veröffentlichen)** | to publish (to edit) a book | **zu ~ schlagen** | to come to (to turn out to be) an advantage | **zu ~ stehen mit** | to have a book-value of.

★ **als ~** | in book form | **nicht als ~ erscheinen** | not published in book form [VIDE: **Bücher** *npl*].

Buch..abschluß *m* | closing of the books.
—**ausstellung** *f* | book fair.
—**auszug** *m* Ⓐ | extract from a book.
—**auszug** *m* Ⓑ [Kontoauszug] | abstract of an ac-count.

Buch..auszug *m* Ⓒ [Aufstellung] | statement of ac-count.
—**beleg** *m* | bookkeeping voucher; accountable (formal) receipt.
—**besprechung** *f*; —**betrachtung** *f* | book review.
—**binder** *m* | bookbinder.
—**binderei** *f*; —**binderwerkstatt** *f* | bookbindery.
—**druck** *m* | printing.
—**drucker** *m* | printer.
—**druckerei** *f* | printing office.
—**eintrag** *m* Ⓐ [das Eintragen] | entering.
—**eintrag** *m* Ⓑ [der Eintrag] | book entry | **Haupt~** | ledger entry.
buchen *v* | **etw. ~** | to book (to record) sth.; to enter sth. in the books; to make an entry of sth. | **falsch (unrichtig) ~** | to make a misentry (a wrong entry) | **gleichlautend ~** | to book in conformity.
Bücher *npl* | **Abschluß (Abstimmung) der ~** | closing (balancing) of the books | **Eintragung in die ~** | booking; entry | **Fälschen (Fälschung) der ~** | falsi-fication of books (of accounts) | **Führung der ~** | keeping of the books (of the accounts); accounting | **Geschäfts~; Handels~; Konto~; kaufmännische ~** | account(ing) books; books of account; ledgers | **öffentliche ~** | public registers.

★ **die ~ abschließen** | to close (to balance) the books | **die ~ abstimmen** | to agree the books | **etw. in die ~ eintragen** | to enter sth. in the books; to book (to register) (to record) sth. | **die ~ fäl-schen** | to falsify the books (the accounts) | **die ~ frisieren** | to manipulate (to tamper with) the books | **die ~ führen** | to keep the accounts (the books) | **getrennte ~ führen** | to keep separate accounts | **die ~ prüfen (revidieren)** | to examine (to audit) the books | **nach den ~n** | according to the books.

Bücherei *f* | library | **Leih~; Miets~** | lending library | **Stadt~; städtische ~** | municipal library | **Volks~** | public (free) library | **Wander~** | circulating library.

Bücher..bestellkarte *f*; —**bestellzettel** *m*; —**zettel** *m* | book order form.
—**markt** *m* | book market | **großer Erfolg auf dem ~** | bestseller.
—**revision** *f* | audit (auditing) (examination) of the books (of the accounts).
—**revisor** *m* | auditor | **beeidigter ~** | sworn (chartered) accountant.

Buch..erfolg *m* | bestseller.
—**fälschung** *f* Ⓐ [falsche Buchung] | false (fraudulent) entry.
—**fälschung** *f* Ⓑ [Bücherfälschung] | falsification of books (of accounts).
—**forderung** *f* Ⓐ | book (ledger) claim (debt).
—**forderung** *f* Ⓑ | registered claim.
—**form** *f* | **in ~** | in book form | **nicht in ~ erschienen (veröffentlicht)** | not published in book form.

Buchführung *f* | bookkeeping; accounting; keeping of accounts | **Bank~** | bank accounting (bookkeep-ing) | **Finanz~** | financial bookkeeping | **Gesell-schafts~** | company bookkeeping | **Handels~; kaufmännische ~** | commercial bookkeeping | **In-dustrie~** | industrial bookkeeping.

★ **amerikanische ~** | columnar system (tabular method) of bookkeeping | **doppelte ~** | bookkeep-ing (accounting) by double entry; double-entry bookkeeping | **einfache ~** | bookkeeping (account-ing) by single entry; single-entry bookkeeping | **ordnungsgemäße ~** | keeping proper books (ac-counts).

Buchführungs..eintrag | book (bookkeeping) entry.

Buchführungs..kontrolle *f* | audit (auditing) (examin ation) of the books (of the accounts).
—**system** *n*; —**verfahren** *n* | accounting system (set-up); system of accounting.
Buch..gelehrsamkeit *f* | book learning (knowledge).
—**gemeinschaft** *f* | book club.
—**gewerbe** *n* | **das** ~ | the book trade.
—**gewinne** *mpl* | book profits.
—**gläubiger** *m* | book (ledger) creditor.
—**grundschuld** *f* | registered land charge.
Buchhalter *m* | accountant; bookkeeper | **Ober**~; **erster** ~; **leitender** ~ | chief (senior) accountant.
—**posten** *m*; —**stelle** *f* | position as accountant; accountantship.
Buchhalterin *f* | lady bookkeeper.
Buchhaltung *f* Ⓐ [Führung der Bücher] | bookkeeping; accounting; keeping of the books.
Buchhaltung *f* Ⓑ; **Buchhaltungs..abteilung** *f* [Buchhalterei] | bookkeeping (accounting) (accounts) department.
—**beleg** *m* | bookkeeping voucher; accountable receipt.
—**leiter** *m*; —**vorstand** *m* | chief accountant.
—**system** *n*; —**verfahren** *n* | accounting system (set-up).
Buchhandel *m* | book trade; bookselling | **Sortiments**~ | general bookseller's business | **Verlags**~ | publishing (publisher's) trade.
Buchhändler *m* | bookseller | **Sortiments**~ | general bookseller | **Verlags**~ | bookseller and publisher.
Buchhandlung *f* | bookshop; bookseller's shop; bookstore | **Alt**~ | second-hand bookshop | **Verlags**~ | publishing house.
Buch..hypothek *f* | registered land charge.
—**kredit** *m* | book credit.
—**kritik** *f* | book review.
—**kritiker** *m* | book reviewer.
—**laden** *m* | bookshop; bookstore.
—**macher** *m* | bookmaker.
—**macherei** *f* | bookmaking.
buchmäßig *adj* | ~e **Forderung** | book (ledger) claim | ~er **Wert** | book value.
buchmäßig *adv* | according to the books.
Buch..prüfer *m*; —**sachverständiger** *m* | auditor | **beeidigter** ~ | sworn (chartered) (certified public) accountant.
—**prüfung** *f* | audit (auditing) (examination) of the books (of the accounts) | **Buch- und Betriebsprüfung** | audit of the books and of the operating results; fiscal audit.
—**prüfungsbericht** *m* | report of the auditors (of examination); auditor's report.
—**prüfungsbescheinigung** *f* | accountant's certificate.
—**schuld** *f* | book (ledger) debt.
—**schuldner** *m* | book debtor.
Buchstabe *m* | letter; character | **mit dem Geist und dem** ~n **von etw. in Widerspruch stehen** | to be in opposition to the spirit and the letter of sth. | **nach dem** ~n **des Gesetzes** | according to the letter of the law | **in lateinischen** ~n | in latin characters | **in** ~n | in words; in letters; in full letters.
buchstäblich *adj* | literal | **im** ~en **Sinne** | in the literal sense of the word | ~e **Übersetzung** | literal translation.
buchstäblich *adv* | **etw.** ~ **auslegen** | to interpret (to take) sth. literally.
Buchstelle *f* [Buchführungsbüro] | bookkeeping (accounting) office.
Buchung *f* | entry; booking | **Abschluß**~ | closing entry | **Gegen**~; **Rück**~ | reversing (balancing)

entry; retransfer | **Um**~ | correcting (adjustment) entry | **durchlaufende** ~ | transit entry | **gleichlautende** ~ | entry in conformity | **irrtümliche** ~ | entry by mistake; erroneous entry | **transitorische** ~ | suspense entry | **unrichtige** ~ | misentry; false entry | **von etw.** ~ **vornehmen** | to make an entry of sth.; to register (to record) sth.
Buchungs..beleg *m*; —**quittung** *f* | accountable (formal) receipt; accounting voucher.
—**fehler** *m* | bookkeeping error.
—**formular** *n* | accounting form.
—**maschine** *f* | accounting (business) machine.
—**methode** *f* | accounting method.
—**posten** *m* | booking (bookkeeping) item (entry).
—**unterlagen** *fpl* | accounting vouchers (records).
Buch..verlag *m* | publishing firm; firm of publishers.
—**verleih** *m* | lending library.
—**verlust** *m* | accounting loss.
—**weisheit** *f*; —**wissen** *n* | book learning (knowledge).
—**wert** *m* | book value.
Budget *n* [Staatshaushalt] | budget | **das** ~ **einbringen** | to introduce (to open) the budget | **etw. im** ~ **vorsehen** | to budget for sth.; to include sth. in the budget | **außer** ~ | extra-budgetary.
Budget..abstriche *mpl* | budget economies.
—**ausgleich** *m* | balancing of the budget.
—**beratung** *f* | debate on the budget.
—**jahr** *n* | budget (fiscal) year.
—**kommission** *f* | budget committee; committee of ways and means; budgetary commission.
—**periode** *f* | budget period.
—**überschuß** *m* | budget(ary) surplus.
Büdnerrecht *n* | right of small peasant proprietors.
Bühne *f* | stage | **einen Roman für die** ~ **bearbeiten** | to adapt a novel for the stage; to stage (to dramatize) a novel.
Bühnen..arbeiter *m* | stage hand.
—**aufführung** *f* | stage (dramatic) representation; stage performance; staging; stage-setting.
—**aufführungsrechte** *npl*; —**rechte** *npl* | **die** ~ | the stage (dramatic) rights | **Verletzung der** ~ | infringement of dramatic copyright.
—**autor** *m* | playwright; dramatist.
—**bearbeitung** *f* | adaptation for the stage; stage adaptation | ~ **eines Romans** | dramatization of a novel.
—**direktor** *m* | stage manager; theater director.
—**kunst** *f* Ⓐ [Dramaturgie] | dramatic art.
—**kunst** *f* Ⓑ [Inszenierung] | stagecraft.
—**name** *m* | stage name.
—**requisiten** *npl* | stage property.
—**werk** *n* | dramatic work | **Urheberrecht an** ~en | dramatic copyright; stage rights.
Bummelstreik *m* | go-low strike; slowdown.
Bund *n* Ⓐ | union; league; federation; alliance | **Bauern**~ | farmers' union | **Beamten**~ | civil service association | **Geheim**~ | secret society | **Schutz**~ | defensive alliance | **Staaten**~ | federation of states; confederation; confederacy | **Welt**~ | world league | **zu einem** ~ **zusammengeschlossen** | federate; allied.
Bund *m* Ⓑ [als Sammelbegriff für die Bundesregierung] | **der** ~ | the Federal Government.
Bündel *n* | **ein** ~ **von Banknoten** | a wad (a bundle) of banknotes | **ein** ~ **von Briefen** | a bundle of letters | **ein** ~ **von Papieren** | a bundle (bunch) (file) of papers.
Bündeln *n* | bundling.
bündeln *v* | to bundle | **Urkunden** ~ **(zusammen**~**)** | to bundle documents together.

Bundes..amt *n* | federal office | **Statistisches ~** | national bureau of statistics.
—**angelegenheit** *f* | federal matter.
—**anstalt** *f* | federal institution (office) (agency).
—**anzeiger** *m* | federal gazette.
—**arbeitsgericht** *n* | federal labo(u)r court.
—**aufsichtsamt** *n* | federal control office.
—**bahn** *f* | federal railway(s).
—**bank** *f* | federal bank; Federal Reserve Bank [USA].
—**behörde** *f*; —**dienststelle** *f* | federal authority (agency).
—**berufungsgericht** *n* | federal court of appeal.
—**bezirk** *m* | federal district.
—**ebene** *f* | auf ~ | at the federal level.
bundeseigen *adj* | belonging to the federation (to the federal government).
Bundes..einkommensteuer *f* | federal income tax.
—**etat** *m* | federal budget.
—**finanzhof** *m* | federal finance court.
—**gebiet** *n* | territory of the federation.
—**genosse** *m* | ally; confederate.
—**genossenschaft** *f* | alliance; confederacy.
—**gericht** *n* | federal court.
—**gerichtsbarkeit** *f* | federal jurisdiction.
—**gerichtsentscheidung** *f* | federal decision; judgment by the federal court(s).
—**gerichtshof** *m* | federal court of justice (supreme court).
—**gesetz** *n* | federal law.
—**gesetzblatt** *n* | federal law gazette.
—**gesetzgebung** *f* | federal legislation.
—**hauptkasse** *f* | federal treasury.
—**hauptstadt** *f* | federal capital.
—**haushalt** *m* | federal budget.
—**heer** *n* | federal army.
—**kanzler** *m* | chancellor of the federation.
—**kongreß** *m* | federal congress.
—**mächte** *fpl* | confederate powers; [the] confederates.
—**minister** *m* | Federal Minister.
—**ministerium** *n* | Federal Ministry.
—**mittel** *npl* | federal funds.
—**parlament** *n* | federal parliament (diet).
—**patentamt** *n* | federal patent office.
—**patentgericht** *n* | federal patents court.
—**polizei** *f* | federal police.
—**post** *f* | federal postal administration.
—**präsident** *m* | president of the federation.
—**rat** *m* Ⓐ [Ratsversammlung] | federal council.
—**rat** *m* Ⓑ [Ratsmitglied] | federal councillor | **Alt-~** [S] | former federal councillor.
—**ratsbeschluß** *m* | federal decree.
—**regierung** *f* | federal government.
—**republik** *f* | federal republic.
—**richter** *m* | federal judge.
—**schuld** *f* | federal debt.
—**schuldbuch** *n* | ledger of the federal debt.
—**schuldenverwaltung** *f* | federal debt administration.
—**sozialgericht** *n* | federal social (labo(u)r) court.
—**staat** *m* | federal state.
bundesstaatlich *adj* | ~e Instanzen | federal authorities | ~e Verfassung | federal constitution | ~e Verwaltung | administration of the federation; federal government.
Bundes..steuer *f* | federal tax.
—**tag** *m*; —**versammlung** *f* | federal diet (parliament).
—**tagswahlen** *fpl* | federal (national) (parliamentary) elections.
—**verfassung** *f* | federal constitution.
—**verfassungsgericht** *n* | federal constitutional court.
—**vertrag** *m* | treaty of confederation.

Bundes..verwaltung *f* | federal administration.
—**verwaltungsgericht** *n* | federal administrative court.
bündig *adj* Ⓐ [kurzgefaßt] | brief; concise; succinct | ~e Antwort | concise answer | kurz und ~ | short and precise.
bündig *adj* Ⓑ [schlüssig] | ~er Beweis | conclusive evidence.
bündig *adj* © [bindend] | binding | ~e Erklärung | binding declaration.
bündig *adv* | etw. ~ erklären | to declare sth. with binding force.
Bündnis *n* Ⓐ | alliance | **Dreimächte~** | three-Power alliance | **Geheim~** | secret alliance | **Militär~** | military alliance | **Schutz~**; **Defensiv~** | defensive alliance | **Schutz- und Trutz~** | offensive and defensive alliance | mit jdm. ein ~ eingehen | to enter into (to form) an alliance with sb. | sein ~ mit jdm. erneuern | to reenter into an alliance with sb.
Bündnis *n* Ⓑ [Bundesgenossenschaft] | confederacy.
Bündnisblock *m* | block of alliances.
bündnisfrei *adj* | ~es Land | non-aligned country (nation).
Bündnis..freiheit *f* | non-alignment.
—**politik** *f* | policy of alliances.
—**vertrag** *m* | treaty of alliance | Bündnis- und Freundschaftsvertrag | treaty of alliance and friendship.
Bürge *m* | bail; surety; guarantor | **Ausfall~**; **Schadlos~** | collateral surety | **Gegen~**; **Rück~** | counter surety (security) (bail) | **Mit~**; **Neben~** | co-surety | **Nach~** | surety of a surety | ~ für eine Schuld | surety for a debt | **Solidar~** | joint surety (garantor) | durch Stellung eines ~n | by giving security | **Wechsel~** | surety; guarantor of a bill of exchange | als Wechsel~ auftreten; einen Wechsel als ~ unterschreiben | to guarantee a bill of exchange; to sign a bill of exchange as surety | selbstschuldnerischer ~ | absolute guarantor | sicherer ~; tauglicher ~ | sufficient (proper) (substantial) surety | einen ~n stellen | to provide security.
bürgen *v* [Bürge stehen] | für jdn. ~ | to guarantee; to stand (to go) (to give) bail for sb.; to stand (to be) security for sb.; to be surety for sb.; to warrant for sb. | für ein Indossament ~ | to guarantee an endorsement | für einen Wechsel ~ | to guarantee a bill of exchange; to sign a bill of exchange as surety.
Bürger *m* | citizen | **Ehren~** | honorary citizen; freeman [of a city] | **Mit~** | fellow citizen | **Staats~** | subject; citizen.
Bürger..brief *m* | certificate of citizenship.
—**krieg** *m* | civil war | Aufreizung (Aufstachelung) zum ~ | instigation (incitement) to civil war.
—**kunde** *f* | civics *pl*.
Bürgerin *f* | citizen.
bürgerlich *adj* Ⓐ | civil | die ~en Behörden | the civil authorities | ~e Ehe | civil marriage | eine ~e Ehe eingehen (schließen) | to contract a civil marriage | ~es Gesetzbuch | code of civil law; civil code | ~es Jahr | calendar year | ~e Klage | civil action (case) (suit) | im ~en Leben | in civil (civilian) life | ~es Recht | civil law | Gesellschaft des ~en Rechts | private company | nach ~em Recht | by (in) (under) civil law | ~er Rechtsstreit | civil action (case) (suit) | ~er Tod | civil death | ~e Unruhen | civil disorders (strife).
bürgerlich *adj* Ⓑ | civic | die ~en Ehrenrechte | the civic rights | Aberkennung (Verlust) der ~en Ehrenrechte; Ausstellung in den ~en Ehrenrechten [S] | deprivation of civic rights; civic degradation | die ~en Freiheiten (Grundrechte) | the civic liberties.

bürgerlich *adj* © | **die** ~**e Oberschicht** | the upper middle class | **die** ~**en Parteien** | the middle-class parties.
bürgerrechtlich *adv* | civilly; by (in) (under) civil law.
Bürgerlicher *m* | commoner.
Bürgermeister *m* | mayor; burgomaster | **Bezirks**~ | chairman of the borough (district) council | **Ehefrau des** ~**s** | mayoress | **Stellvertreter des** ~**s**; **stellvertretender** ~ | deputy mayor | **berufsmäßiger** ~ | city manager.
—**amt** *n* Ⓐ | mayoralty.
—**amt** *n* Ⓑ [Bürgermeisterei] | town hall.
—**wahl** *f* | election of the mayor; mayoral elections.
Bürger..pflicht *f* | **die** ~**en** | the civic duties.
—**recht** *n* | citizenship; franchise | **Ehren**~ | honorary citizenship; freedom of the city.
Bürgerschaft *f* [Gesamtheit der Bürger] | **die** ~ | the citizens; the community.
Bürger..stand *m* | middle class | **der kleine** ~ | the lower middle class; the small business people; the tradespeople.
—**steuer** *f* | poll tax.
—**wehr** *f* | civic (national) guard.
Bürgertum *n* | **das** ~ | the middle classes.
Burgfriede *m* | truce.
Bürgschaft *f* | guarantee; surety; warranty; caution | **After**~; **Gegen**~; **Rück**~ | counter security (bail) (bond) | **Ausfall**~ | deficiency guarantee; guarantee for the deficit | **Bank**~ | bank guarantee | **Kredit**~ | credit guarantee | **Neben**~ | collateral security; co-surety | **Solidar**~ | joint security | **Wechsel**~ | guarantee of a bill of exchange; bill surety | **für einen Wechsel** ~ **leisten** | to guarantee a bill of ex change; to sign a bill of exchange as surety.
★ **gesamtschuldnerische** ~ | joint and several guaranty | **selbstschuldnerische** ~ | absolute suretyship (guaranty) | **sichere** ~ | good (substantial) surety | ~ **leisten für jdn.**; **die** ~ **für jdn. übernehmen** | to guarantee for sb.; to stand (to go) (to give) bail for sb.; to stand (to be) security for sb. | **gegen** ~ | against (on) security | **jdn. gegen** ~ **freilassen (auf freien Fuß setzen)** | to release sb. on bail.
Bürgschafts..empfänger *m*; —**gläubiger** *m*; —**nehmer** *m* | guarantee; person guaranteed.
—**erklärung** *f* | declaration of suretyship.
—**kredit** *m* | bail credit.
—**leistung** *f* | giving security (bail); surety.
—**schein** *m* Ⓐ; —**urkunde** *f* | deed of suretyship.
—**schein** *m* Ⓑ [Garantieschein] | letter of guarantee (of indemnity); bond of indemnity; indemnity bond.
—**übernahme** *f* | giving security (bail).
—**vertrag** *m* | contract (deed) of suretyship.
Büro *n* | office(s); bureau | **Adressen**~ | address office | **Anzeigen**~ | publicity (advertising) agency | **Anwalts**~ | barrister's chambers; chambers; law (lawyer's) office | **Ausgabe**~ | office of issue | **Auskunfts**~ | information bureau (office); enquiry office | **Auswanderungs**~ | emigration office (agency) | **Befrachtungs**~ | chartering office | **Bezirks**~ | district office | **Detektiv**~ | detective agency | **das Direktions**~ | the manager's office | **Einkaufs**~ | purchasing office.
○ **Empfangs**~ | receiving (reception) office | **Fracht-**~ | chartering office | **Fund**~ | lost-property office | **Haupt**~ | head (central) office; registered offices | **Heiratsvermittlungs**~ | matrimonial agency | **Heuer**~ | maritime agency | **Immobilien**~ | estate (real estate) (land) agency (office) | **Inkasso**~ | debt collecting agency | **Inseraten**~ | advertising

agency; publicity bureau | **Konstruktions**~ | drawing office | **Makler**~ | broker's office | **Nachrichten**~ ① | news (press) agency; press bureau | **Nachrichten**~ ② | telegraph office.
○ **Notariats**~ | notary's office | **Partei**~ | party office | **Paß**~ | passport office | **Patent**~; **Patentanwalts**~ | patent agent's office; patent agency | **Redaktions**~ | office of publication | **Reise**~; **Verkehrs**~ | travel (travelling) (tourist) agency; tourist office | **Reklame**~; **Werbe**~ | advertising agency; publicity bureau | **Rekrutierungs**~ | recruiting office | **Schiffsmakler**~ | shipping office (agency) | **Schreib**~ | typewriting office | **Sortierungs**~ | sorting office | **Speditions**~ | shipping agency; freight office.
○ **Stadt**~ | city office | **Stellenvermittlungs**~ | employment agency (bureau); registry office | **Vermittlungs**~ | broker's office | **Versand**~ | shipping (forwarding) office (agency) | **Versicherungs**~ | insurance office | **Zeitungsausschnitt**~ | press-cutting agency | **Zentral**~ | head (central) office; registered offices | **Zweig**~ | branch office; sub-office.
Büro..angestellte *f* | lady clerk.
—**angestellter** *m*; —**beamter** *m* | office employee; clerk.
—**arbeit** *f* | office (clerical) work.
—**artikel** *mpl*; —**bedarfsartikel** *mpl*; —**bedarf** *m* | office supplies (appliances); stationery.
—**betrieb** *m* | office routine.
—**chef** *m*; —**leiter** *m* | office manager; head (managing) clerk.
—**diener** *m* | office boy.
—**einbruch** *m* | office breaking.
—**einrichtung** *f* | office furniture (equipment).
—**gemeinschaft** *f* | **mit jdm.** ~ **haben** | to share the (an) office with sb.
—**haus** *n* | office building.
Bürokrat *m* | bureaucrat.
Bürokratie *f* | bureaucracy; officialdom.
bürokratisch *adj* | bureaucratic; formal.
Bürokratismus *m* | bureaucratism; departmentalism; officialism.
Büro..material *n*; —**materialien** *npl* | office supplies (appliances); stationery.
—**miete** *f* | office rent.
—**personal** *n* | office staff (employees).
—**schluß** *m* | close of the office; closing time (hour).
—**stunden** *fpl*; —**zeit** *f* | office (business) hours.
—**unkosten** *pl* | office expenses.
—**vorsteher** *m* | office manager; head (managing) clerk.
Bürstenabzug *m* | brush (stone) proof.
Buße *f* Ⓐ | expiation; atonement.
Buße *f* Ⓑ [Wiedergutmachung] | punitive (retributive) damages.
Buße *f* © [Bußgeld; Strafe] | fine; penalty | **jdm. eine** ~ **auferlegen; jdn. in eine** ~ **nehmen** | to impose a fine on sb.; to fine sb.
büßen *v* Ⓐ | **ein Verbrechen** ~ | to expiate a crime.
büßen *v* Ⓑ [S] [strafen] | **jdn.** ~ | to fine sb.
Bußgeld..verfahren *n* | proceedings for assessing (collecting) fines (penalties).
—**vorschriften** *fpl* | legal provisions (regulations) governing fines (penalties).
—**zettel** *m* | police ticket.

*

C

Chance *f* | **Gewinn~n** | chances of profit (of winning).
Charakter *m* | character | **vertraulichen** ~ **haben** | to be confidential.
—**bildung** *f* | character building.
charakterfest *adj* | of strong character.
Charakter..festigkeit *f*; —**stärke** *f* | decision (strength) of character.
—**merkmal** *n*; —**zug** *m* [Charakteristikum] | feature; characteristic.
charakterisieren *v* | to characterize | **sich als ...** ~ | to assume the character of ...
Charakterisierung *f* | characterization.
charakteristisch *adj* | characteristic | ~**e Eigentümlichkeit** | distinctiveness; feature | **für etw.** ~ **sein** | to characterize sth.
charakterlos *adj* | without character.
Charter *m* Ⓐ; **Charterung** *f* | charter; chartering | ~ **für eine ganze Reise** | trip (voyage) charter | **Teil~** | part cargo charter | ~ **auf Zeit** | time charter.
Charter *f* Ⓑ; —**partie** *f*; —**vertrag** *m* | charter; charter party; contract of affreightment; freight contract.
Charterer *m* | charterer; affreighter.
chartern *v* [in Fracht nehmen] | to charter; to affreight.
Check *m* [S] VIDE: **Scheck** *m*.
Chef *m* Ⓐ | chief | **Abteilungs~**; **Sektions~** | head of department; department(al) chief (manager) | **Büro~** | chief (senior) clerk | **Polizei~** | police chief (superintendent) | ~ **des Protokolls** | chief of the protocol | **Regierungs~** | head of (of the) government | **Staats~** | head of (of the) State.
Chef *m* Ⓑ [Prinzipal] | head (owner) of the firm; chief partner; principal | **Senior~** | managing senior partner.
—**ingenieur** *m* | chief engineer.
—**konstrukteur** *m* | chief designer.
—**redakteur** *m*; —**redaktor** *m* [S] | chief editor; editor-in-chief.
Chemie..aktien *fpl*; —**werte** *mpl* | chemical shares (stocks).
Chiffre *f* Ⓐ | cipher | **in** ~ **schreiben** | to write in cipher (in code); to cipher; to code.
Chiffre *f* Ⓑ [Kennziffer] | reference number.
—**code** *m* | cipher code (system); figure code.
—**schlüssel** *m* | cipher key.
—**schrift** *f* | cipher writing; writing in cipher.
—**system** *n* | cipher system (code).
—**telegramm** *n* | code telegram (message); cipher telegram; telegram in cipher.
Chiffreur *m* | code clerk.
Chiffrieren *n*; **Chiffrierung** *f* | coding; ciphering.
chiffrieren *v* | to cipher; to write in cipher (in code) | **ein Telegramm** ~ | to cipher a telegram.
chiffriert *adj* | in cipher; in code | ~**es Telegramm** | code (cipher) telegram; telegram in cipher | **nicht** ~ | in plain language.
chronologisch *adj* | **in** ~**er Reihenfolge** | in chronological order.
Clearing *n* | clearing.
—**abkommen** *n* | clearing agreement.
—**bank** *f*; —**haus** *n* | clearing bank (house).
—**forderungen** *fpl* | clearing debts.
—**konto** *n* | clearing account.
—**kurs** *m* | settlement (clearing) rate.
—**verkehr** *m* | clearing operations; clearing.
Clique *f* | gang; set.
Code *m* | code | **der internationale Signal~** | the inter-

national code of signals | **Telegramm~**; **Telegraphen~** | telegraphic (cable) code | **Ziffern~** | cipher (figure) code.
—**adresse** *f* | code address.
—**buch** *n* | code book.
—**depesche** *f*; —**telegramm** *n* | telegram in code (in code language); code telegram.
—**schlüssel** *m* | cipher key.
—**sprache** *f* | cipher (code) language.
—**wort** *n* | word in cipher (in code).
coden *v* | [in Code abfassen] | to code; to write in ciphers | **ein Telegramm** ~ | to code a telegram.
Conto *n* | account | **à** ~ ① | as deposit | **à** ~ ② | on account | **à-~-Zahlung** ① [Anzahlung] | deposit; initial (down) payment | **à-~-Zahlung** ② [Teilzahlung] | payment on account (in part); part (partial) payment; instalment | [VIDE: **Konto**].
Coupon *m* Ⓐ [Abschnitt] | counterfoil | **Erneuerungs~** | renewal coupon.
Coupon *m* Ⓑ [Zinsschein] | interest coupon (warrant) | **Dividenden** ~ | dividend coupon (warrant) | **Halbjahres~** | half-yearly interest coupon | ~**s abschneiden (abtrennen)** | to cut (to detach) coupons | **ohne** ~ | ex-dividend.
—**bogen** *m* | coupon sheet.
—**steuer** *f* Ⓐ [auf Dividenden] | coupon (dividend) tax.
—**steuer** *f* Ⓑ [auf Zinsen] | tax on interest from bonds.
—**zinsen** *mpl* | interest on coupons.
Courtage *f* [Gebühr] | brokerage fee; commission | **Bank~** | bank (banking) (banker's) commission; bank brokerage | **Wechsel~** | exchange brokerage.
courtagefrei *adj* | free of (exempt from) brokerage; including brokerage.
Courtage..rechnung *f* | brokerage account.
—**satz** *m* | brokerage rate (commission).
Credit *m* | credit | **Debit und** ~ | debit and credit | [VIDE: **Kredit**].

D

dabeibleiben *v* [sich an etw. halten] | to abide [by sth.].
Dach..gesellschaft *f* | holding company; holding; controlling (parent) corporation.
—**gewerkschaft** *f* | parent union.
—**organisation** *f*; —**verband** *m* | parent organization.
Dampfer *m* | steamer; steamship | **Fracht~** | freight (cargo) steamer; cargo boat; freighter | **Handels~** | merchant (trading) vessel | **Hochsee~** | sea-going ship (vessel) | **Küsten~** | coasting vessel (ship); coaster | **Post~** | mail steamer | **Transport mit dem ersten (nächsten)** ~ | shipment on first steamer | **Transport mit dem darauffolgenden** ~ | shipment on following steamer.
Dampferlinie *f* | steamship line.
Dampfschiffahrt *f* | steam (steamship) navigation.
Dampfschiffahrtsgesellschaft *f* | steamship (steam-navigation) company.
Daniederliegen *n* | ~ **des Handels** | trade depression.
Dankadresse *f* | address (vote) of thanks.
Dankbarkeit *f* | gratitude.
Dankesschuld *f* | debt of gratitude.

Dankschreiben *n* | letter of thanks.
darauffolgend *adj* | **jedes ~e Jahr** | each succeeding year.
darlegen *v* | to explain; to declare; to state.
Darlegung *f* | explanation; declaration; statement | **~en machen** | to make (to give) explanations.
Darlehen, Darlehn *n* | loan; advance | **Abgeltungs~** | redemption loan | **Bank~** | bankers' (bank) loan | **Bar~** | loan (advance) of money; advance in cash | **Bodmerei~** | bottomry (respondentia) (marine) (maritime) loan; loan on bottomry | **Ehestands~** | marriage loan | **Geld~** | loan (advance) of money; advance in cash | **Gewährung eines ~s** | grant (granting) of a loan | **Handschein~; Schuldschein~** | loan against I.O.U. | **durch Hingabe als ~** | by loaning | **Hypotheken~; hypothekarisch gesichertes ~** | loan on mortgage; mortgage loan | **Kontokorrent~** | loan on overdraft | **auf Kündigung rückzahlbares ~** | loan at notice | **Lombard~; Wertpapier~** | loan against (on) securities; loan on collateral (on stock) | **Natural~** | loan in kind | **Pfand~; durch Pfand gesichertes ~; ~ gegen Pfand** | loan on pawn (on collateral); secured loan | **~ gegen Sicherheit** | advance (loan) against security; secured advance | **Verbrauchs~** | loan for consumption | **~ gegen Verpfändung von Waren** | loan upon goods (upon merchandise) | **~ zu Wucherzinsen** | loan at usurious interest | **Zins~** | loan at interest | **~ zu ermäßigten Zinsen** | reduced-interest loan | **~ zu verbilligten Zinsen; zinsverbilligtes ~** | loan at subsidized interest | **~ mit wöchentlicher Zinszahlung** | loan with weekly interest.
★ **gedecktes~; gesichertes ~** | secured loan (advance) | **kündbares ~** | loan at notice | **täglich kündbares ~** | loan (money) at call; call money; loan repayable on demand | **nicht kündbares ~; nicht rückzahlbares ~; unkündbares ~** | irredeemable loan | **kurzfristiges ~** | short-termed (short) loan | **langfristiges ~** | long-termed loan | **rückzahlbares ~** | repayable loan | **ungedecktes~; ungesichertes ~** | loan without security (against overdraft); uncovered loan | **wucherisches ~** | loan at usurious interest | **verzinsliches ~; zinsbares ~** | loan at interest; interest-bearing loan | **unverzinsliches ~; zinsfreies ~; zinsloses ~** | free (interest-free) loan.
★ **ein ~ aufnehmen** | to make (to contract) a loan | **jdm. ein ~ geben (gewähren)** | to grant sb. a loan; to advance (to loan) sb. money | **ein ~ kündigen** | to call in a loan | **ein ~ tilgen (zurückzahlen)** | to repay (to redeem) a loan | **als ~** | as a loan; on loan.
Darlehens..bank *f* | loan (lending) bank; loan institution.
—**geber** *m* | lender; money lender.
—**geschäft** *n* | loan operation (business).
—**gesellschaft** *f* | loan (lending) society.
—**gewährung** *f* | grant(ing) of a loan.
—**kapital** *n* | loan capital.
—**kasse** *f* | loan fund (office); credit (loan) bank.
—**kassen..schein** *m* | treasury note.
— —**verein** *m* | loan (mutual loan) society.
—**konto** *n* | loan account.
—**nehmer** *m*; —**schuldner** *m* | borrower; debtor of a loan.
—**nehmerin** *f* | borrowing company.
—**satz** *m* | loan rate.
—**schulden** *fpl* | loans *pl.*
—**urkunde** *f* | bond; loan certificate.
—**vermittler** *m* | money broker.

Darlehens..vermittlungsbüro *n* | loan office.
—**versprechen** *n* | promise to give a loan.
—**vertrag** *m* | loan contract.
darlehensweise *adv* | on (as a) loan.
Darlehens..zins *m* | interest on loan.
—**zinsen** *mpl* | loan interest.
—**zinssatz** *m* | loan rate.
darstellen *v* Ⓐ | to represent | **etw. in gedrängter Form ~** | to give a summary (an outline) of sth. | **den Sachverhalt ~** | to state the facts; to state the facts | **etw. erschöpfend ~** | to exhaust a subject; to deal with sth. comprehensively | **etw. falsch (unrichtig) ~** | to misrepresent sth.
darstellen *v* Ⓑ [bedeuten] | to constitute; to signify; to mean.
darstellen *v* Ⓒ [beschreiben] | to describe; to explain.
Darstellung *f* Ⓐ | presentation; statement | **~ des Sachverhalts; Sach~** | recital (account) of the facts | | **genaue (vollständige) ~ des Sachverhalts (des Tatbestands)** | full statement (recital) of the facts | **eine ~ des Sachverhalts (des Tatbestands) (der Tatumstände) geben** | to recite (to give) the facts; to give an account of the facts | **unter eingehender ~ des Sachverhaltes** | giving a detailed account of the facts.
★ **ausführliche ~** | detailed account (report) | **erneute ~** | restatement | **falsche ~; unrichtige ~; unzutreffende ~** | misrepresentation; false representation | **gedrängte ~** | summary outline | **weit auseinandergehende (weit voneinander abweichende) ~en** | widely different versions | **von etw. eine ~ geben** | to give an account (a report) of sth. | **zusammengefaßte ~** | summary.
Darstellung *f* Ⓑ [Erklärung] | explanation.
Darstellung *f* Ⓒ [Beschreibung] | description | **ausführliche ~; eingehende ~** | detailed description | **bildliche ~** | illustration | **bildliche ~ im Text** | text illustration | **graphische ~** | graph; diagram | **tabellarische ~** | tabulation.
dartun *v* Ⓐ [erklären] | to explain; to set forth.
dartun *v* Ⓑ [außer Zweifel stellen] | to demonstrate | **die Richtigkeit (die Wahrheit) von etw. ~** | to establish the correctness (the truth) of sth.
dartun *v* Ⓒ [unter Beweis stellen] | to prove; to evidence.
Dasein *n* | existence.
Daseins..bedingungen *pl* | conditions of existence (of life).
—**berechtigung** *f* | right of existence (to exist).
—**kampf** *m* | struggle for life.
Daten *npl* Ⓐ | **Liste der Abfahrts~** | shipping card | **in der Reihenfolge der ~** | in the order of the dates; in chronological order.
Daten *npl* Ⓑ [Angaben] | data; details; particulars | **technische ~** | specifications | **~ verarbeiten** | to handle (to process) data.
datenverarbeitend *adj* | data-handling.
Datenverarbeitung *f* | data processing.
datieren *v* | **einen Brief ~** | to date a letter | **etw. falsch (unrichtig) ~** | to misdate sth. | **früher ~; vor~; zurück~** | to antedate; to foredate; to date in advance | **nach~; später ~** | to postdate; to date back | **~ von** | to date from.
datiert *adj* | dated | **un~** | undated; without date; bearing no date | **vom; ~ sein vom** | to be dated; under date of; bearing date of.
Datierung *f* [Datieren] | dating | **Falsch~** | mistake in the date; misdating | **Nach~** | postdating | **Vor~** | antedating.

Dato; dato | from this date; after (from) date | **drei Monate** ~ | three months after date | **... Tage nach** ~ | ... days after date | **bis** ~ | up to this day; up to the present.
Dato..**sichtwechsel** *m* | bill payable at a fixed date after presentation.
—**wechsel** *m* | bill payable after date.
Datum *n* | date | **durch Angabe des** ~**s entwerten** | to date-cancel | **Annahme**~ | date of acceptance | **Ausfertigungs**~ | date of issue | **Brief**~ | date of a letter | ~ **der Einreichung; Einreichungs**~ | date (day) of filing; filing date | **Eintritts**~ | date (day) of entry | **Irrtum im** ~ | mistake in the date; misdating | ~ **des Poststempels** | date of the postmark. ★ **früheres** ~ | antedate; foredate | **vom gleichen** ~; **gleichen** ~**s** | of even date; of the same date | **unterm heutigen** ~ | under this (to-day's) date | **neueren (neuesten)** ~**s** | of recent date | **späteres** ~ | postdate | **zu einem vorherliegenden** ~ | at an earlier date.
★ **mit dem** ~ **abstempeln** ① | to put the date stamp on [sth.] | **mit dem** ~ **abstempeln** ② **(entwerten)** | to date-cancel | **ein** ~ **bestimmen (festsetzen)** | to date; to fix a date | **das** ~ **einsetzen** | to insert (to fill in) the date | **das** ~ **vom ... tragen** | to bear the date of ...; to be dated ... | **etw. mit** ~ **versehen** | to date sth.
★ **ohne** ~ | without date; undated; dateless; bearing no date | **unter dem** ~ **des** | under date of; bearing date of; dated.
Datums..angabe *f* | **ohne** ~ | without date; bearing no date; undated; dateless.
—**linie** *f* | date line.
—**stempel** *m* | date stamp (marker); dater | **mit dem** ~ **entwerten** | to date-cancel.
Dauer *f* | duration; term; period; time | **Amts**~ | term (tenure) of office | **Bezugs**~ | term of subscription | **Fort**~ | continuity; continuance | **Geltungs**~; **Gültigkeits**~ | period of availability; term (time) of validity; validity | **Höchst**~ | maximum duration | **Lebens**~ | duration (term) of life | **Lizenz**~ | term of the license | **Miets**~; **Pacht**~ | duration (term) of the lease | **Monopol**~ | term of a monopoly | **Patent**~ | term of the letters-patent; life of the patent | **während der** ~ **des Rechtsstreites (des Prozesses)** | during the pendency of the law-suit; pending the law-suit | ~ **der Unterbrechung;** ~ **des Unterbruchs [S]** | period of interruption | **Versicherungs**~ | term (period) of insurance | **Zeit**~ | space (length) of time.
★ **begrenzte** ~ | limited duration | **von kurzer** ~ **(Lebens**~**)** | short-lived; of short duration | **ununterbrochene** ~ | perpetuity; permanence.
★ **auf die** ~ | in the long run | **auf (für) die** ~ **von ...** | for a period of ...
Dauer..anlage *f* | permanent investment.
—**arbeitslosigkeit** *f* | chronic (permanent) unemployment.
—**auftrag** *m* | standing order.
—**ausstellung** *f* | permanent exposition.
—**betrieb** *m* | permanent operation.
dauerhaft *adj* | ~**er Frieden** | lasting peace.
Dauerhaftigkeit *f* | lastingness.
Dauer..karte *f* | subscription (season) ticket | **Inhaber einer** ~ | season ticket holder | **eine** ~ **lösen** | to take out a season ticket.
—**kunde** *m* | steady (standing) customer.
—**mieter** *m* | permanent tenant.
dauern *v* | to last | **fort**~ | to continue to last.
dauernd *adj* | permanent | ~**er Aufenthalt** | permanent abode | ~**er Frieden** | lasting peace | ~**er Sitz** | per-

manent seat | ~**e Stellung** | permanent position | ~**er Wohnsitz** | permanent residence (address).
dauernd *adv* | permanently.
dauernd *part* | **ein Jahr** ~ | lasting for one year.
Dauer..rente *f* | perpetual annuity.
—**sitzung** *f* | sitting in permanence; permanent session.
—**stellung** *f* | permanent situation; permanency.
—**visum** *n* | permanent visa.
—**vollmacht** *f* | permanent power of attorney.
—**wert** *m* | lasting (permanent) value.
—**zustand** *m* | permanent status.
dazwischenkommen *v* | to supervene; to occur.
Dazwischenkunft *f* | supervening; occurence.
Dazwischentreten *n* | intervention; intervening.
dazwischentreten *v* | to intervene | **vermittelnd** ~ | to mediate.
Debatte *f* | discussion; debate | **eine Frage zur** ~ **bringen** | to ventilate a question | **Plenar**~ | debate before the plenary assembly | **Schluß der** ~ | end (closing) of the discussion | **heftige** ~; **hitzige** ~ | heated debate | **die** ~ **abkürzen** | to cut the debate short | **in die** ~ **eintreten** | to enter into the debate | **die** ~ **eröffnen** | to open the debate | **die** ~ **schließen** | to close the debate.
debattieren *v* | **über eine Frage** ~ | to discuss (to debate) a question.
Debet *m* | debit; debtor; debit (debtor) side | ~ **und Kredit** | debit and credit; debtor and creditor | **in das** ~ **eintragen (stellen)** | to debit; to charge | **im** ~ **stehen** | to be on the debtor (debit) side.
—**anzeige** *f*; —**note** *f* | debit note.
—**konto** *n* | debtor account.
—**posten** *m* | debit item (entry).
—**saldo** *n* | debit balance; balance payable (due) (owing) | **einen** ~ **abdecken** | to cover a short account; to supply cover for an overdraft.
—**seite** *f* | debit (debtor) side.
—**spalte** *f* | debit column.
—**zins** *m* | interest on debit balances; debit interest.
Debit *m* | debit; debtor | ~ **und Credit** | debit and credit.
debitieren *v* | to debit; to charge | **jdn. mit einem Betrag** ~ | to charge a sum to sb.'s account; to debit an amount to sb.; to debit sb. with a sum (with an amount) | **zu** ~ | debitable.
Debitor *m* | debtor.
Debitoren *mpl* | accounts receivable; receivables.
Debitoren..konto *n* | debtor (debit) account.
—**saldo** *m* | debit balance; balance payable (due) (owing); balance of debt.
Deblockierung *f* | deblocking; unblocking.
dechiffrierbar *adj* | decipherable.
dechiffrieren *v* | to decipher; to decode.
Deck *n* | **Verschiffung (Verladung) auf** ~ | shipment on deck; deck shipment.
—**adresse** *f* | accommodation address.
—**arbeiter** *m* | deck hand.
decken *v* ⓐ | to cover | **seine Ausgaben (Auslagen) (Kosten) (Spesen)** ~ | to cover one's expenses | **einen Ausfall (Fehlbetrag)** ~; **ein Defizit** ~ | to cover (to make good) a deficit | **die Kosten** ~ | to cover (to defray) the cost (the expenses) | **ein Risiko** ~ | to cover a risk | **sich durch Rückversicherung** ~ | to cover os. by reinsurance; to reinsure | **den Schaden** ~ | to make good (to repair) the damage | **einen Verlust** ~ | to cover (to make good) a loss | **sich durch Versicherung** ~ | to cover os. by insurance (by insuring) (by taking out an insurance); to get covered by insurance | **einen Wechsel** ~ | to hono(u)r a bill of exchange.

decken *v* Ⓑ [befriedigen] | **jds. Bedarf** ~ | to meet sb.'s requirements | **seinen Bedarf** ~ | to cover one's needs.

decken *v* Ⓒ [entschuldigen; rechtfertigen] | to excuse; to justify | **einen Fehler** ~ | to cover (to excuse) a fault | **einen Untergebenen** ~ | to shield a subordinate.

Deck..gut *n*; —**güter** *pl*; —**ladung** *f* | deck cargo (load) (goods); shipment on deck; deck shipment.
—**name** | assumed name; pseudonym.

Deckung *f* Ⓐ [Sicherheit] | cover; security; guaranty | **Drittel**~ | coverage of one third | **Gold**~ | gold cover | **Noten**~ | cover (backing) of the note circulation; note coverage | ~ **eines Verlustes** | covering of a loss | ~ **durch Versicherung; Versicherungs-**~ | insurance cover (coverage) | ~ **für einen Wechsel; Wechsel**~ | cover (consideration) for a bill of exchange; bill cover | ~ **für einen Wechsel anschaffen (bereitstellen)** | to provide (to give) consideration for a bill of exchange.
★ **ausreichende** ~; **genügende** ~ | sufficient cover; ample security | **volle** ~ | full cover | **vorläufige** ~ | provisional cover.
★ ~ **haben** | to be covered; to hold security | **etw. als** ~ **(zur** ~**) hinterlegen** | to lodge sth. as cover (as security) | **sich** ~ **verschaffen** | to cover os. | **jdn. mit** ~ **versehen** | to provide sb. with cover; to furnish sb. with cover.
★ **mangels** ~ | for want of security | **ohne** ~ **sein** | to be uncovered (unsecured) (without security) (without cover) | **zur** ~ **von** | to (in order to) cover.

Deckung *f* Ⓑ [Befriedigung] | ~ **des Bedarfs; Bedarfs**~ | meeting sb.'s requirements.

Deckung *f* Ⓒ [Bezahlung] | payment | ~ **anschaffen** | to provide payment.

Deckung *f* Ⓓ [Einlösung] | reimbursement.

Deckungs..anschaffung *f* | providing cover; remittance to cover (to provide cover).
—**betrag** *m* | amount covered.
—**einzahlung** *f* | payment for cover.
—**geschäft** *n* | covering transaction.
—**kapital** *n*; —**mittel** *npl* | funds to cover.
—**kauf** *m* | purchase to cover; covering purchase.
—**klausel** *f* | cover clause.
—**note** *f*; —**schein** *m* | cover(ing) note.
—**reserve** *f*; —**rücklage** *f* | cover reserve.
—**spanne** *f* | cover margin.
—**stock** *m* | fund to cover liabilities.

dedizieren *v* | jdm. etw. ~ | to dedicate sth. to sb.

Defekt *m* | defect; deficiency | **geistiger** ~ | mental defect.

defekt *adj* Ⓐ | defective | **geistig** ~ | mentally deficient.

defekt *adj* Ⓑ [beschädigt] | damaged.

defensiv *adj* | defensive; in the defensive.

Defensivbündnis *n* | defensive alliance.

Defensive *f* | **in der** ~ **bleiben** | to be (to stand) on the defensive.

Defensivpakt *m* | defensive pact.

definierbar *adj* | definable | **nicht** ~ | not to be defined.

definieren *v* | **etw.** ~ | to give a (the) definition of sth.; to define sth. | **sich nicht** ~ **lassen; nicht zu** ~ **sein** | to defy definition.

Definition *f* | **von etw. eine** ~ **geben** | to give a (the) definition of sth.; to define sth.

definitiv *adj* | definite; definitive.

Defizit *n* | debit balance; deficit | **Außenhandels**~ | foreign trade deficit | **Bar**~; **Kassen**~ | cash deficit | **Etats**~; **Haushalts**~ | budget (budgetary) deficit | **mit einem** ~ **abschließen; ein** ~ **aufweisen** |

to show a deficit | **ein** ~ **ausgleichen (decken)** | to make up (to make good) (to cover) a deficit (a deficiency).

defizitär *adj* | ~**e Entwicklung (Tendenz)** | tendency to show deficits.

Defizitland *n* | country having a deficit.

Deflation *f* | deflation | **Kredit**~ | deflation of credit | **Währungs**~ | monetary deflation; deflation of the currency.

deflationär *adj*; **deflationistisch** *adj* | deflationary.

Deflationspolitik *f* | deflationary policy; policy of deflation.

Defloration *f* | defloration.

Deflorations..anspruch *m* | claim for damages arising from defloration.
—**klage** *f* | action (suit) for damages arising from defloration.

Defraudant *m* | defrauder.

Defraudation *f* Ⓐ [Betrug] | fraud; deceipt.

Defraudation *f* Ⓑ [Unterschlagung] | defraudation; embezzlement.

defraudieren *v* Ⓐ [betrügen] | to deceive.

defraudieren *v* Ⓑ [unterschlagen] | to defraud; to embezzle.

Degression *f* | [stufenweise Verminderung] | gradual decrease | **Kosten**~ | gradual decrease of costs | **Steuer**~ | decrease in tax rates.

degressiv *adj* | gradually diminishing (decreasing) | ~**e Besteuerung** | degressive taxation.

dehnbar *adj* | extensible | ~**er Begriff** | elastic (vague) (ambiguous) term | ~**e Fassung** | ambiguous wording.

Dehnbarkeit *f* | ambiguity; vagueness.

Deich..amt *n* | dike office.
—**vogt** *m* | surveyor of the dikes; dike reeve.

Dekade *f* [Zeitraum von zehn Tagen] | decade; period of ten days.

dekartellisieren *v* | to decartellize.

Dekartellisierung *f* | decartellization.

Deklarant *m* | declarant.

Deklaration *f* Ⓐ | declaration; return | **Abgabe einer** ~ | issue (making) of a declaration | **falsche** ~; **unrichtige** ~ | false declaration | **eine** ~ **abgeben** | to make a declaration (a return).

Deklaration *f* Ⓑ [Zoll~] | customs declaration (entry) | **Ausfuhr**~; **Export**~ | export declaration (specification); declaration outwards (for exportation) | **Durchfuhr**~ | transshipment (transit) entry | **Einfuhr**~; **Import**~ | import declaration; declaration inwards; bill of entry.

Deklarationspflicht *f* | obligation to make a declaration (a return).

deklarieren *v* Ⓐ | to declare | **sein Einkommen** ~ | to make one's income tax return; to make a return of one's income | **den Wert** ~ | to register the value.

deklarieren *v* Ⓑ [zur Verzollung] | to make a customs declaration | **etw.** ~ | to declare sth. at the customs | **Waren beim Zoll (beim Zollamt) (zur Verzollung) (zollamtlich)** ~ | to enter goods at the customhouse; to report goods at the customs.

deklariert *adj* Ⓐ | **der** ~**e Wert** | the insured (declared) (registered) value.

deklariert *adj* Ⓑ | **zollamtlich** ~ | declared (entered) at the customs.

Dekret *n* | decree; order | **Absetzungs**~ | order of removal | **Verfassungs**~ | constitutional decree | **ein** ~ **erlassen** | to issue (to pass) a decree; to decree; to order.

Dekretale *n* | decretal; order (decree) [issued by the pope].

dekretieren v | to decree; to order.
Delegation f | delegation | **Handels~** | trade delegation | **eine ~ leiten** | to head a delegation.
delegieren v | to delegate | **seine Befugnisse ~** | to delegate one's authority | **Verantwortung ~** | to delegate responsibility.
Delegierten..konferenz f; **—versammlung** f | delegate conference.
Delegierter m | delegate | **General~** | general representative | **Knappschafts~** | miners' delegate | **Senats~** | senate delegate.
Delikt n Ⓐ [unerlaubte Handlung] | unlawful (wrongful) act; tort.
Delikt n Ⓑ [Vergehen] | punishable act (offense) | **Kavaliers~** | socially acceptable offense | **Quasi~** | technical offense.
Delikts..fähigkeit f | responsibility for tort.
—haftung f | liability in tort.
—handlung f | tortious (illicit) act.
—klage f | action for tort.
Delinquent m Ⓐ | delinquent; offender.
Delinquent m Ⓑ [Angeklagter] | accused.
Delinquent m Ⓒ [Verbrecher] | criminal.
Delkredere n | delcredere; guarantee.
—agent m | delcredere agent.
—konto n | guarantee (delcredere) account.
—provision f | guarantee (delcredere) commission.
—reserve f; **—rückstellung** f | contingency reserve.
—vereinbarung f | guarantee (delcredere) agreement.
—versicherung f | delcredere (credit) insurance.
Demarkationslinie f | line of demarcation.
Dementi n | denial | **kategorisches ~** | absolute (categorical) (flat) (unqualified) denial.
dementieren v | to deny | **eine Behauptung formell (in aller Form) ~** | to give (to make) a formal denial to a statement; to deny a statement formally | **eine Erklärung ~** | to deny a declaration | **eine Nachricht ~** | to deny a news | **eine Tatsache ~** | to deny a fact | **etw. kategorisch ~** | to deny sth. categorically (flatly).
dementsprechend adv; **demgemäß** adv | consequently; accordingly; in consequence; therefore.
Demission f | resignation | **Gesamt~** | resignation in a body | **seine ~ einreichen** | to tender (to submit) (to hand in) (to send in) one's resignation; to resign | **die ~ erteilen** | to accept one's resignation.
demissionieren v | to resign; to tender (to hand in) (to send in) one's resignation; to resign one's office.
demobilisieren v; **demobilmachen** v | to demobilize.
Demobilisierung f; **Demobilmachung** f | demobilization; demobilizing.
Demokrat m | democrat.
Demokratie f | democracy.
demokratisch adj | democratic | **~e Regierung** | democratic government | **~e Regierungsform (Staatsform)** | democratic system (government) | **~e Verfassung** | democratic constitution.
demokratisieren v | to democratize.
demokratisiert part | **~werden** | to become democratized.
Demokratisierung f | democratization.
Demokratismus m | democratism.
Demonstrant m | demonstrator.
Demonstration f | demonstration | **Gegen~** | counter-demonstration.
demonstrativ adj | demonstrative.
demonstrieren v Ⓐ [dartun] | to demonstrate; to show; to explain; to prove.
demonstrieren v Ⓑ [an einer Demonstration teilnehmen] | to take part in a demonstration.

Demontage f | dismantling.
demontieren v | to dismantle.
Denaturierungsprämie f | denaturing premium.
Denkadresse f; **Denkschrift** f Ⓐ | address.
Denkschrift f Ⓑ [Memorandum] | memorial; memorandum.
Denkwürdigkeiten fpl | memoirs pl.
denkbar adj | **~er Feind** | potential ennemy.
denn | **es sei~, daß ...** | unless ...
Denunziant m | denouncer; informer; common informer.
Denunziation f | denunciation; information.
denunzieren v | jdn. **~** | to denounce sb.; to inform against sb.
Department n Ⓐ | department | **Finanz~** | Department of Finance | **Staats~** | Department of State.
Department n Ⓑ [S] [Ministerium] | Ministry.
Depesche f | telegraph message; telegram | **Antwort~** | reply telegram | **Code~** | telegram in code (in code language) | **Kabel~; überseeische ~** | cable; cablegram | **Kurs~** | exchange telegram | **Radio~; drahtlose ~** | radiogram; radio; wireless message | **Verstümmelung einer ~** | mutilation of a telegram.
★ **amtliche ~** | official despatch | **diplomatische ~** | diplomatic despatch | **verstümmelte ~** | mutilated telegram.
★ **eine ~ abschicken (aufgeben)** | to dispatch a telegram | **eine ~ abfangen** | to intercept a telegram.
Depeschen..bote m | telegraph messenger (boy).
—büro n | telegraph office.
—code m; **—schlüssel** m | cable (telegraph) code-cipher (telegraph) key.
—formular n | telegram (message) form.
—kosten pl | telegram (telegraph) charges (expenses); cable expenses.
—stil m | telegram style; telegraphese.
—tarif m | rates for telegrams.
—wechsel m | exchange of telegrams.
depeschieren v | to telegraph; to cable; to wire.
Deponent m | depositor.
deponieren v | to deposit | **etw. bei der Bank ~** | to deposit sth. in bank | **Geld bei der Bank ~** | to pay money into the bank | **eine Summe ~** | to deposit an amount (a sum of money).
Deponierung f | depositing; deposit | **~ von Geld** | cash deposit; deposit of money.
Deport m Ⓐ [Deportgeschäft] | backwardation (carrying-over) business.
Deport m Ⓑ [Kursabschlag] | discount; premium; backwardation.
Deportation f | deportation.
deportieren v | to deport.
Deportierter m | deportee; deported convict.
Deportkurs m | backwardation rate.
Deposit n | deposit; deposited amount.
Depositar m | depositary.
Depositen pl | deposited funds; time deposits | **Bank~** | bank deposits (accounts) | **Sicht~** | deposits at call.
Depositen..bank f | bank of deposit(s).
—einlagen fpl; **—gelder** npl | deposits; deposit (deposited) money.
—guthaben n | balance on deposit account.
—inhaber m | holder of the (of a) deposit account.
Depositenkasse f Ⓐ [Hinterlegungsstelle] | trustee (deposit and consignment) office.
Depositenkasse f Ⓑ [Bankfiliale] | local branch of a bank; local (auxiliary) branch office.
Depositenkonto n | deposit account; account of deposits | **Einlage auf ~** | payment on fixed deposit |

~ **mit festgesetzter Fälligkeit** | fixed deposit account; deposit account for a fixed period | ~ **mit vereinbarter Kündigungsfrist** | deposit account at notice | **Geld auf** ~ **anlegen (einzahlen)** | to place money on (to pay money into) deposit account.

Depositen..rechnung *f* | account of deposits.

—**schein** *m* | deposit (safe custody) receipt.

—**zins** *m*; —**zinsfuß** *m* | deposit rate; interest rate on deposits.

Depot *n* Ⓐ | deposit; deposited (trust) money; trust | **Bank**~ | bank deposit | **etw. bei einer Bank in** ~ **geben** | to deposit sth. with a bank | **Sperr**~; **gesperrtes** ~ | blocked deposit (account) | **geschlossenes** ~ | deposit in a strong box | **offenes** ~ | open deposit | **im** ~ | on deposit.

Depot *n* Ⓑ [Lagerhaus] | store; storehouse; warehouse | **Verpflegungs**~ | supply depot.

Depot..abteilung *f* | securities (safe deposit) department.

—**aufbewahrung** *f* | keeping in safe custody.

—**aufstellung** *f*; —**auszug** *m* | statement of deposit.

—**buch** *n* Ⓐ | pass (bank) book.

—**buch** *n* Ⓑ | securities ledger.

—**inhaber** *m*; —**kunde** *m*| holder of a deposit account; depositor.

—**quittung** *f*; —**schein** *m* | deposit receipt.

—**rücknahme** *f* | withdrawal of a deposit.

—**unterschlagung** *f* | misappropriation of funds deposited.

—**wechsel** *m* | pawned bill.

—**zinsen** *mpl* | interest allowed on deposits.

Depression *f* | **Wirtschafts**~ | economic depression (crisis).

Deputat *n*; **Deputat..entlohnung** *f* | allowance (remuneration) in kind.

—**kohle** *f* | free coal supplied as remuneration in kind.

Deputation *f* | deputation; delegation.

deputieren *v* | to depute; to delegate.

Deputierter *m* | deputy; delegate.

Deputierten-Kammer *f* | Chamber of Deputies (of Representatives).

desavouieren *v* | to disavow.

Desavouierung *f* | disavowal.

Deserteur *m* | deserter.

desertieren *v* | to desert from the army (from the colo(u)rs).

Desertierung *f*; **Desertion** *f* | desertion; desertion from the colo(u)rs.

Designationsrecht *n* | power of designation (of nomination).

Desorganisation *f* | disorganization; disorder; confusion.

desorganisieren *v* | to disorganize sth.; to throw sth. into disorder (into confusion).

Despot *m* | despot.

Despotie *f*; **Despotismus** *m* | despotic government (rule); despotism.

despotisch *adj* | despotic.

despotisch *adv* | despotically.

dessenungeachtet | notwithstanding; nevertheless.

Deszendent *m* [Abkömmling] | descendant.

Deszendenten *mpl*; **Deszendenz** *f* [Nachkommenschaft] | descendants; offspring.

Detail *n* Ⓐ [Einzelheit] | ~s **angeben** | to give details (particulars).

Detail *n* Ⓑ | **en** ~ | retail; by retail | **en** ~ **kaufen** | to buy retail (by retail).

—**absatz** *m* | retail sale.

—**geschäft** *n* Ⓐ; —**handel** *m* | retail business (trade).

—**geschäft** *n* Ⓑ | retail store.

Detail..händler *m* | retail dealer; retailer.

—**lager** *n* | retail store.

detaillieren *v* Ⓐ [im Kleinen verkaufen] | to retail; to sell by retail.

detaillieren *v* Ⓑ [eingehend darlegen] | to detail; to give particulars.

detailliert *adj* | detailed | ~**e Aufstellung** | specification | ~**e Auskunft** | detailed information; full particulars.

Detaillist *m*; **Detailverkäufer** *m* | retailer; retail dealer (trader) (merchant).

Detaillistenmakler *m* | retail broker.

Detail..preis *m*; —**verkaufspreis** *m* | retail price (selling price).

—**verkauf** *m* | retail sale; retailing.

Detektei *f*; **Detektivbüro** *n* | detective agency.

Detektiv *m* [Privat~] | detective; confidential enquiry agent.

deutbar *adj* | comprehensible.

Deutelei *f* | subtle (forced) interpretation.

deuteln *v* | to subtilize.

deuten *v* | to interpret; to construe; to explain | **etw. falsch** ~ | to misconstrue (to misinterpret) sth.

deutlich *adj* | distinct; clear; precise | ~**er Beweis** | plain (tangible) proof.

Deutlichkeit *f* | distinctness; clearness.

Deutung *f* | interpretation; construction | **falsche** ~ | misinterpretation; misconstruction.

Devise *f* | slogan.

Devisen *fpl* Ⓐ [Wechsel in fremder Währung] | foreign bills (values).

Devisen *fpl* Ⓑ [ausländische Zahlungsmittel] | foreign currency (money) | ~ **anmelden** | to declare foreign currency | **in** ~ **zahlbar** | payable in foreign currency.

Devisen..abkommen *n* | foreign exchange agreement.

—**abrechnung** *f* | foreign exchange settlement.

—**abschlüsse** *mpl* | foreign exchange transactions.

—**abteilung** *f* | foreign exchange department.

—**anforderungen** *fpl* | foreign exchange requirements.

—**ausgänge** *mpl* | foreign exchange expenditure.

—**ausgleichsfonds** *m* | foreign exchange equalization fund.

—**ausländer** *m* | person considered to be nonresident [for exchange control purposes].

—**bescheinigung** *f*; —**genehmigung** *f* | exchange (foreign exchange) certificate (permit).

—**beschränkungen** *fpl* | exchange restrictions.

—**bestand** *m* | foreign exchange reserve (funds).

—**bestimmungen** *fpl* | currency (foreign exchange) regulations.

—**betriebsfonds** *m* | working capital (funds) in foreign exchange.

—**bewirtschaftung** *f*; —**kontrolle** *f* | exchange (foreign exchange) control.

—**bewirtschaftungsstelle** *f* | exchange control office.

—**bilanz** *f* Ⓐ | foreign exchange balance.

—**bilanz** *f* Ⓑ | balance of foreign exchange payments.

—**bonus** *m* | bonus in foreign exchange.

—**clearing** *n* | foreign exchange clearing.

—**decke** *f* | foreign exchange holdings (reserves).

—**einnahmen** *fpl*; —**erlös** *m* | foreign exchange proceeds.

—**erklärung** *f* | currency declaration.

—**freibetrag** *m* | foreign exchange allowance.

—**geschäft** *n*; —**handel** *m* | business in foreign bills; foreign exchange transactions.

—**händler** *m* | foreign exchange dealer.

—**gesetz** *n* | foreign exchange law.

—**gesetzgebung** *f* | foreign exchange regulations.

Devisen..haushalt *m* | foreign exchange position.
—**inländer** *m* | person considered to be a resident [for exchange control purposes].
—**knappheit** *f* | shortage of foreign exchange.
—**kontingent** *n* | foreign exchange quota.
—**konto** *n* | account in foreign exchange.
—**kontrolle** *f* | foreign exchange control.
—**kurs** *m* | foreign exchange rate.
—**kurszettel** *m* | foreign exchange list.
—**lage** *f*; —**position** *f* | foreign exchange position.
—**markt** *m* | foreign exchange market.
—**notierung** *f*; —**notiz** *f* | foreign exchange quotation.
—**ordnung** *f* | foreign exchange regulation(s).
—**plafond** *m* | foreign exchange limit.
—**politik** *f* | foreign exchange policy.
devisenpolitisch *adj* | from the foreign exchange point of view.
Devisen..polster *n* | foreign exchange reserve (cushion).
—**recht** *n* | the foreign exchange regulations *pl.*
devisenrechtlich *adj* | ~e **Bestimmungen** | foreign exchange regulations.
Devisen..reserve *f*; —**rücklage** *f* | foreign exchange reserve.
—**schieber** *m* | currency trafficker.
—**schiebung** *f*; —**schmuggel** *m* | currency fraud (trafficking) (smuggling).
—**spekulation** *f* | speculation in foreign exchange (currency).
—**spekulationsgewinne** *mpl* | profits on exchange speculations.
—**spielraum** *m* | margin of available foreign exchange.
—**stelle** *f* | exchange (foreign exchange) control board (office).
—**termingeschäft** *n* | forward foreign exchange transaction.
—**überschuß** *m* | foreign exchange surplus.
—**überwachung** *f* | foreign exchange control.
—**vergehen** *n* | violation of the foreign exchange regulations.
—**vorschriften** *fpl* | foreign exchange regulations.
—**zwangswirtschaft** *f* | exchange (foreign exchange) control.
Dezentralisation *f*; **Dezentralisierung** *f* | decentralization; decentralizing | ~ **der Verwaltung** | administrative decentralization.
dezentralisieren *v* | to decentralize.
dezentralisierend *adj* | decentralizing.
Dezentralismus *m* | system of decentralization.
Dezernat *n* | department | **Betrugs**~ | fraud department [of the criminal police].
Dezernent *m* | department chief.
Diakon *m*; **Diakonus** *m* | deacon | **Archi**~; **Erz**~ | archdeacon.
Diakonat *n* | diaconate; deaconry; deaconship | **Archi**~; **Erz**~ ① | archdeaconate; archdeaconship | **Archi**~; **Erz**~ ② | archdeaconry.
Diarium *n* | diary; day (memorandum) (note) book.
Diäten *fpl* Ⓐ [Dienstbezüge] | emoluments.
Diäten *fpl* Ⓑ [Tagegeld] | daily allowance | **Reise**~ | travelling allowance.
Diäten *fpl* Ⓒ [Anwesenheitsgelder] | attendance fees.
Diätensteuer *f* | tax on allowances.
dichtbesiedelt *adj* | densely (thickly) populated; densely peopled.
Dichte *f* | **Bevölkerungs**~ | density of the population | **Verkehrs**~ | density (frequency) of the traffic.
Dieb *m* Ⓐ | thief | **Kirchen**~ | church thief | **Laden**~; **Warenhaus**~ | shoplifter | **Taschen**~ | pickpocket.
Dieb *m* Ⓑ [Einbrecher] | housebreaker; burglar.
Diebesbande *f* | gang of thieves.

diebessicher, diebssicher *adj* | burglarproof; theftproof; thief-resisting.
Diebin *f* | thief.
Diebsgut *n* | stolen goods (property).
Diebstahl *m* | theft; larceny | **Bagatell**~ | petty theft | **Banden**~ | gang robbery | **Einbruch**~ | housebreaking; burglary | ~ **mittels Einschleichens** | burglary committed by entering secretely | ~ **mittels Einsteigens; Einsteig**~ | burglary | **Eisenbahn**~ | train theft (robbery) | **Feld**~ | theft in the fields | **Kirchen**~ | church theft | **Laden**~; **Warenhaus**~ | shoplifting; shop theft | **Taschen**~ | pocket-picking.
★ **einfacher** ~ | larceny; theft; simple larceny | **geistiger** ~; **literarischer** ~ | plagiarism; piracy | **räuberischer** ~ | armed robbery | **schwerer** ~; **qualifizierter** ~ | compound (aggravated) larceny; qualified theft.
Diebstahls..gefahr *f* | theft risk.
—**klausel** *f* | theft clause.
—**versicherung** *f* | insurance against burglary; burglary (theft) insurance.
dienen *v* Ⓐ | to serve; to render (to be of) service | **zum Vorwand** ~ | to serve as a pretext.
dienen *v* Ⓑ | **beim Heer** ~ | to serve in the army (with the colo(u)rs) | **aktiv** ~ | to be in active service.
dienend *adj* | ~es **Grundstück** | servient tenement.
Diener *m* | servant | **Amts**~ | usher | **Gemeinde**~ | beadle | **Gerichts**~ ① | courts' messenger; messenger of the court; bailiff | **Gerichts**~ ② [im Sitzungssaal] | usher; court usher | **Gerichts**~ ③ [für Zustellungen] process (writ) server | **Herr und** ~ | master and servant | **Kassen**~ | bank messenger | **Kirchen**~ | parish clerk | **Lohn**~ | hired servant | **Religions**~ | churchman; ecclesiastic | ~ **des Staates** | civil (public) servant.
Dienerschaft *f* | [the] servants *pl* | **seine** ~ **entlassen** | to dismiss one's servants.
dienlich *adj* | ~ **sein** | to be of service.
Dienst *m* Ⓐ | service; employment | **Arbeits**~ | labo(u)r service | **als Begleichung für Ihre** ~**e** | in consideration of your services | **Entlohnung für seine** ~**e** | remuneration for his services | **Richter**~ | judicial service | **Trunkenheit im** ~ | drunkenness on duty.
★ **geleistete** ~**e** | services rendered | ~**e höherer Art** | qualified services | ~**e niedriger Art; untergeordnete** ~**e** | inferior services.
★ **seine** ~**e anbieten** | to offer one's services | **seinen** ~ **antreten** | to enter on (upon) one's duties (one's office) | **jdn. seines** ~**es entheben** | to relieve sb. from his office (from his post) | **jdn. aus dem** ~ **entlassen** | to dismiss sb. from service | **jdn. für seine** ~**e entlohnen** | to remunerate sb. for his services | **jdm. einen** ~ **erweisen** | to render (to do) sb. a service | **in** ~ **gehen** | to go into service; to engage one's services | ~**e leisten (tun)** | to render service(s); to serve | **jdn. in** ~ **nehmen** | to take sb. into one's service; to retain sb.'s services | **bei jdm. im** ~ **sein (stehen)** | to be in sb.'s service; to be employed by sb. | **bei jdm. in** ~ **treten** | to enter into sb.'s service | **über jds.** ~**e verfügen** | to command the services of sb. | **den** ~ **versehen als** | to act (to function) as.
★ **außer** ~ ① | off duty | **außer** ~ ② | retired; on the retired list; retired from service | **im** ~; **vom** ~ | in service; on duty.
Dienst *m* Ⓑ | **Abhol**~ | collecting service | **Bahn**~; **Eisenbahn**~ | railway (railroad) (rail) service (traffic) | **Bahnpaketpost**~ | railway parcels service | **Bereitschafts**~ | emergency service | **Bestell**~ | delivery service | **Eil**~ | express service | **Eilzustell**~ |

express delivery service | **Fernsprech~** | telephone service | **Flug~** | air service | **Fracht~; Frachten~** | cargo (freight) service | **Funk~** | wireless service | **Geheim~** | secret (intelligence) service.
○ **Hilfs~** | emergency service | **Luftpost~** | airmail service | **Nachrichten~** | news (information) service| **Ordnungs~** | service for maintaining order | **Passagier~** | passenger (travelling) service; passenger transport; conveyance of passengers | **Post~** | postal (mail) service | **Postzeitungs~** | delivery of newspapers by the mail | **Rollfuhr~** | cartage service | **Rundfunk~** | wireless broadcasting service | **Schiffahrts~e** | shipping services (connections) (lines).
○ **Sicherheits ~** | security police | **Sitzungs~** | courtroom service | **Spionage~** | secret service | **Spionageabwehr~** | counter-espionage service | **Staats~** | civil service | **Telegraphen~** | telegraph service | **Verwaltungs~** | civil service (administration) | **Zoll~** | customs service | **Zustell~** | delivery service.
★ **diplomatischer ~** | diplomatic service | **öffentlicher ~** | public service.
Dienst *m* © | **Anleihe~** | service of a loan; loan service | **Zinsen~** | payment of interest.
Dienst *m* ⓓ [**Heeres~; Militär~; Wehr~**] | military (army) service; service in the army | **Front~; Kriegs~** | field service | **seinen Militär~ ableisten** | to do one's service (one's military service); to complete one's term of service | **im aktiven ~ stehen** | to be in the active service (on the active list).
Dienstabzeichen *n* | badge of office.
Dienstalter *n* | years (length) of service; seniority | **Beförderung (Vorrücken) nach dem ~** | promotion by seniority | **Gehaltszahlung nach dem Besoldungs~** | payment of salaries (salary payment) according to length of service | **Pensions~; pensionsfähiges ~** | retirement (retiring) age; age of retirement | **Rang nach dem ~** | length (years) of service | **höheres ~** | longer years of service | **nach dem ~ vorrücken (befördert werden)** | to be promoted by seniority.
Dienstalterszulage *f* | seniority allowance (pay).
Dienst..älteste *m* | **der ~** | the senior in charge.
—**anerbieten** *n* | offer (tender) of service.
—**angelegenheit** *f* | official matter (business).
—**antritt** *m* | entering upon [one's] duties.
—**anweisung** *f* | service instruction (regulations).
—**aufsicht** *f* | **die ~ haben (führen)** | to be in charge.
—**aufsichtsverfahren** *n* | disciplinary proceedings.
—**aufwandsentschädigung** *f* | service (duty) allowance.
Dienstbarkeit *f* | easement | **Ablösung einer ~** | commutation of an easement | **Grund~** | easement; real servitude; charge | **ländliche ~** | rural servitude | **beschränkte persönliche ~** | limited personal servitude | **persönliche ~** | personal servitude | **städtische ~** | urban servitude | **eine ~ ablösen** | to commute an easement.
Dienst..berechtigter *m* | employer; master; principal.
—**bereich** *m* | competence.
dienstbereit *adj* | in serviceable condition; in running order.
Dienst..beschädigung *f* | disablement.
—**bescheinigung** *f* | character; testimonial.
—**bezüge** *mpl* ⓐ | perquisites; emoluments.
—**bezüge** *mpl* ⓑ [**Gehalt**] | salary.
—**bote** *m* | domestic servant; servant.
—**botendiebstahl** *m* | theft committed by domestic servants.
—**buch** *n* | service book.
—**eid** *m* | oath of service; official oath.

Dienst..einkommen *n* | salary.
—**eintritt** *m* | entering upon [one's] duties.
—**enthebung** *f* | suspension (removal) from office.
—**entlassung** *f* | dismissal from service (from office); discharge.
—**entlassungsentschädigung** *f* | discharge money; terminal (severance) pay.
—**erfindung** *f* | service invention.
dienstfähig *adj* | fit (qualified) for service.
Dienst..fähigkeit *f* | fitness for service.
—**fahrt** *f* | service trip.
dienstfertig *adj* | serviceable; ready for service.
dienstfrei *adj* | **~ haben** | to be off duty.
Dienst..geber *m*; —**herr** *m* | employer; master; principal.
—**geheimnis** *n* | official secret.
—**gespräch** *n* | service call.
diensthabend *adj* | on duty; in charge.
Dienst..handlung *f* | official function | **eine ~ vornehmen** | to officiate.
—**jahr** *n* | year of (spent in) service.
—**leistung** *f* | service; rendering of service; service rendered | **der zur ~ Berechtigte** | the employer.
Dienstleistungs..betrieb *m* | public service company (enterprise).
—**gewerbe** *n* | the service (servicing) trades *pl.*
—**industrie** *f* | service industries.
—**sektor** *m*; —**verkehr** *m* | service sector; the services.
—**vertrag** *m* | contract of service; service contract.
dienstlich *adj* | official | **~e Angelegenheit** | official matter (business) | **in ~er Eigenschaft** | in an official capacity | **aus ~en Gründen** | for official reasons | **~es Verschulden** | breach of duty; malfeasance in office | **~e Versetzung** | official transfer | **außer~** | outside one's official functions.
Dienst..lohn *m* | servant's wages.
—**lokal** *n* [**der Polizei**] | police station.
—**mann** *m* ⓐ | messenger.
—**mann** *m* ⓑ [**Gepäckträger**] | baggage (luggage) porter.
—**marke** *f* | official (revenue) (fiscal) stamp.
—**miete** *f* | hiring (hire) of services; service (employment) contract.
—**obliegenheiten** *fpl* | official duties.
—**ordnung** *f* | service regulations.
—**personal** *n* | service staff; personnel.
Dienstpflicht *f* ⓐ [**Pflicht zu dienen**] | liability to service; compulsory service | **Arbeits~** | compulsory labo(u)r service. | **Heeres~; Militär~** | compulsory military service.
Dienstpflicht *f* ⓑ [**Funktion**] | duty | **in Erfüllung seiner ~en** | in the performance of one's duties (functions) | **seine ~ (~en) verletzen** | to neglect (to infringe) one's duty (duties).
—**verletzung** *f* | breach (dereliction) (infringement) (neglect) of duty.
dienstpflichtig *adj* | **militär~** | subject to compulsory service (military service).
Dienst..pflichtiger *m* | conscript.
—**rang** *m* | official rank; character | **ältester ~** | seniority in rank; seniority.
—**rangliste** *f* | seniority list.
—**räume** *mpl* | offices *pl*
—**reise** *f* | official journey (tour).
—**sache** *f* | official matter (business).
—**schluß** *m* | closing hour(s).
—**siegel** *n*; —**stempel** *m* | official seal (stamp).
—**stelle** *f* | office; department | **nachgeordnete ~; untergeordnete ~** | subordinate office | **zuständige ~** | competent department.

Dienst..stellenleiter *m* | department head (chief).
—stellung *f* | official position; appointment.
—strafe *f* | disciplinary fine (punishment).
—strafverfahren | disciplinary proceedings *pl.*
—stunden *fpl* | official (business) hours; hours of duty.
diensttauglich *adj* | fit (qualified) for service | **militär~** | fit for military service.
Dienst..tauglichkeit *f* | fitness for service.
—telegramm *n* | service telegram (message).
dienst..tuend *adj* | on duty; in charge | **~er Aufsichtsbeamter** | superintendent on duty.
—unfähig *adj*; **—untauglich** *adj* | unfit for service; disabled; invalid.
Dienst..unfähigkeit *f*; **—untauglichkeit** *f* | unfitness for service; disablement.
—vergehen *n* | breach of duty; malfeasance in office.
—verhältnis *n* | employment; service | **in einem festen ~ stehen** | to be in fixed employment.
—verhältnisse *npl* | terms of employment.
—vermerk *m* | service instruction (notice).
—vernachlässigung *f*; **—versehen** *n* | dereliction (neglect) of duty; negligence in office.
dienstverpflichten *v* | jdn. **~** | to draft (to conscript) sb.
Dienst..verpflichtung *f* | labo(u)r conscription.
—verrichtung *f* | official function (duty).
—verschwiegenheit *f* | official secrecy.
—vertrag *m* | contract of (for) service (of employment); employment (service) contract.
—vorrang *m* | seniority in rank.
—vorschrift *f* | service instruction (regulation).
—waffe *f* | regulation arm.
—weg *m* | official routine | **auf dem ~** | through channels; through the official channels.
dienstwidrig *adj* | against the service regulations.
Dienst..widrigkeit *f* | malfeasance in office.
—wohnung *f* | lodgings pertaining to an office.
—zeit *f* | time spent in service; time of service | **Militär~** | term of military service; draft term.
—zeugnis *n* | written character; testimonial; "To whom it may concern".
—zulage *f* | service bonus.
—zwang *m* | compulsory service.
—zweig *m* | branch of service.
Differential..tarif *m* | differential tariff.
—zölle *mpl* | differential (discriminating) duties.
Differenz *f* ⓐ [Unterschied] | difference; balance | **Kassen~** | difference in the cash | **Kurs~** | difference of (on) exchange; exchange difference | **Kurs~en** | stock exchange differences | **die ~ bezahlen** | to pay the difference | **die ~ halbieren** | to split (to halve) the difference.
Differenz *f* ⓑ [Unstimmigkeit] | disagreement; difference; dispute.
Differenz..betrag *m* | balance; difference.
—geschäft *n* | time (option) bargain; put and call.
—tarif *m* | differential tariff.
—zahlung *f* | payment of the difference(s); marginal payment.
—zölle *mpl* | differential duties.
differenzieren *v* | to differentiate; to make a difference; to distinguish.
Differenzierung *f* | differentiation.
Diktat *n* ⓐ [Diktieren] | dictation | **~ aufnehmen; nach ~ schreiben** | to take down from dictation; to write at (from) (to) dictation.
Diktat *n* ⓑ | **~ der Bedingungen** | dictating (dictate of) the terms.
Diktatfrieden *m* | dictated peace.
Diktator *m* | dictator.

diktatorisch *adj* | **~e Gewalt** | dictatorial power.
Diktatzeichen *n* | reference initials.
Diktatur *f* | dictatorship.
diktieren *v* ⓐ | **einen Brief ~** | to dictate a letter.
diktieren *v* ⓑ [vorschreiben] | **die Bedingungen ~** | to dictate (to lay down) the terms.
Diktiermaschine *f* | dictating machine.
dilatorisch *adj* | dilatory | **~e Behandlung** | delaying (dilatory) tactics | **~e Einrede** | dilatory plea.
Ding *n* | **Lage (Stand) der ~e** | state of affairs | **so, wie die ~e gegenwärtig liegen** | as matters stand.
dingen *v* | to hire; to employ | **einen Mörder ~** | to hire a murderer.
dingfest *adj* | **einen Verbrecher ~ machen** | to arrest (to apprehend) a criminal.
dinglich *adj* | real | **~er Anspruch (Herausgabeanspruch)** | real claim | **~er Arrest** | distraint order; distraint | **~e Klage; Klage aus einem ~en Recht** | real action | **~es Recht** | real right; title; right in rem | **~e Sicherheit** | real security; security on mortgage | **~er Vertrag** | real contract.
dinglich *adv* | etw. **~ belasten** | to encumber sth. | **~ gesicherte Forderung** | claim (debt) secured by mortgage.
Diözesan *m* | diocesan.
Diözese *f* | diocese | **Erz~** | archdiocese; archbishopric.
Diplom *n* | diploma; certificate | **Doktor~** | doctor's diploma | **Ehren~** ① | certificate of hono(u)r | **Ehren~** ② | honorary degree | **Lehr~** | teacher's diploma.
Diplomat *m* | diplomat.
Diplomaten..konferenz *f* | diplomatic conference.
—paß *m* | diplomatic passport.
Diplomatie *f* | diplomacy | **~anwenden** | to use diplomacy.
diplomatisch *adj* ⓐ | diplomatic | **~e Anerkennung** | diplomatic recognition | **~e Beziehungen** | diplomatic relations | **Abbruch der ~en Beziehungen** | rupture of diplomatic relations; diplomatic rupture | **die ~en Beziehungen abbrechen** | to sever (to break off) diplomatic relations | **die ~en Beziehungen aufnehmen (wiederaufnehmen)** | to establish (to re-establish) diplomatic relations | **mit einem Land ~e Beziehungrn unterhalten** | to maintain diplomatic relations with a country.
★ **auf ~er Ebene** | at the diplomatic level | **~er Dienst** | diplomatic (foreign) service | **das ~e Korps** | the diplomatic corps | **in ~en Kreisen** | in diplomatic circles | **~e Schritte (Vorstellungen)** | diplomatic steps (representations) | **~er Schutz** | diplomatic protection | **~er Vertreter** | diplomatic agent (representative) | **~e Vertretung** | diplomatic representation | **auf ~em Wege** | through diplomatic channels.
diplomatisch *adj* ⓑ | **~e Antwort** | diplomatic (noncommittal) answer.
diplomatisch *adv* | diplomatically; with adroitness; with tact | **~ handeln (vorgehen)** | to act with diplomacy.
Diplomdolmetscher *m* | certified interpreter.
direkt *adj* | direct | **~e Abgaben** | direct taxes | **~e Abstammung** | lineal descent | **~e Besteuerung** | direct taxation | **~e Fahrkarte** | through ticket | **in ~em Gegensatz (Widerspruch)** | in direct contradiction | **~es Interesse** | immediate (personal) (direct) interest | **von jdm. in ~er Linie abstammen** | to be a direct descendant of sb. | **~e Steuern** | assessed (direct) taxes | **~e Verbindung** | direct line; through connection.

direkt *adv* | directly | **Waren** ~ **beziehen** | to buy goods first hand.
Direktion *f* Ⓐ [Leitung] | management; direction; administration.
Direktion *f* Ⓑ | [the] directors; board of directors (of managers) (of management).
Direktions..büro *n* | manager's office.
—**mitglied** *n* | member of the board of directors; board member.
—**sitzung** *f* | board (directors') meeting.
—**spesen** *pl* | management expenses.
Direktiven *fpl* | directions; instructions.
Direktor *m* | director; manager | **Bank**~ | manager of a bank; bank manager | **Betriebs**~ | operating manager | **Bezirks**~ | district manager; regional direktor | **Fabrik**~ | factory (works) manager | **Gefängnis**~ | prison governor (warden) | **General**~ | general manager | **Mit**~ | codirector; joint director | **Posten (Stelle) als** ~ | position as manager; directorship | **Verkaufs**~ | sales manager.
★ **ausscheidender** ~ | retiring director | **geschäftsführender** ~; **geschäftsleitender** ~; **leitender** ~ | managing director | **kaufmännischer** ~ | commercial manager; sales (business) manager | **stellvertretender** ~ | assistant (deputy) manager; submanager | **technischer** ~ | managing engineer.
Direktoren..gehälter *npl* | directors' fees.
—**tantiemen** *fpl* | directors' percentage of profits.
—**wechsel** *m* | rotation of directors.
Direktorium *n* | **das** ~ | the board of directors (of managers) (of management); the management; the managing board.
Direktrice *f* | manageress.
dirigieren *v* | to direct; to give directions.
Disagio *n* | loss on the exchange (on the exchange rate).
—**rücklage** *f* | provision for covering losses on the exchange.
Diskont *m* Ⓐ [Nachlaß] | discount; deduction | **Bar**~ | cash dicount; discount for cash | **Rechnungs**~; **Waren**~ | trade discount | **einen** ~ **gewähren** | to allow a discount | **abzüglich** ~ | less (deducting) discount.
Diskont *m* Ⓑ [Wechsel~] | bill discount | **einen Wechsel zum** ~ **geben** | to have a bill discounted | **einen Wechsel in** ~ **nehmen** | to take a bill on discount; to discount a bill of exchange | **zum** ~ **gehen** | to be (to get) discounted | **gegen** ~ | at a discount.
Diskont *m* Ⓒ [Diskontsatz] | discount rate; rate of discount | **der Bank**~; **der amtliche** ~ | the bank rate; the official rate (rate of discount) | **Herabsetzung (Senkung) des** ~s | reduction (lowering) of the discount (of the bank rate) | **handelsüblicher** ~ | commercial (trade) discount | **den** ~ **erhöhen** | to raise the discount (the bank rate) | **den** ~ **herabsetzen (senken)** | to reduce (to lower) the discount (the bank rate).
Diskont..bank *f* [Diskontobank] | discount bank; bank of discount.
—**bedingungen** *fpl* | discount terms.
—**erhöhung** *f*; —**heraufsetzung** *f* | raising of the discount (of the bank rate).
—**ermäßigung** *f*; —**herabsetzung** *f* | reduction (lowering) of the discount (of the bank rate).
diskontfähig *adj*; **diskontierbar** *adj* | discountable.
Diskont..fuß *m* | discount rate.
—**geschäft** *n* Ⓐ [Diskontogeschäft] | discounting business; bill discounting.
—**geschäft** *n* Ⓑ | discount transaction.

Diskontgesellschaft *f* | discount house.
diskontieren *v* | to discount | **einen Wechsel** ~ | to take a bill on discount; to discount a bill of exchange | **einen Wechsel** ~ **lassen** | to have a bill discounted; to give a bill on discount.
diskontierend *adj* | **die** ~**e Bank** | the discounting bank.
Diskontierer *m* | discounting banker.
diskontiert *part* | ~ **werden** | to be (to get) discounted.
Diskontierung *f* | discounting | ~ **ohne Regreß** | discounting without recourse | **Wechsel**~ | discounting of bills; bill discounting.
Diskontierungsmethode *f* | discounted cash flow method.
Diskont..kasse *f* | discount office.
—**kredit** *m* | discount credit.
—**makler** *m* | discount (bill) broker.
—**markt** *m* | discount market.
—**nota** *f*; —**rechnung** *f* | bill (account) of discount.
—**satz** *m* | rate of discount; discount rate | **den** ~ **erhöhen (heraufsetzen)** | to increase the bank rate | **den** ~ **herabsetzen (senken)** | to lower the bank rate.
—**senkung** *f* | reduction (lowering) of the discount (of the bank rate).
—**spesen** *pl* | discount charges *pl*.
—**wechsel** *m* Ⓐ | bill to be discounted.
—**wechsel** *m* Ⓑ | discounted bill.
Diskreditieren *n*; **Diskreditierung** *f* | discrediting; bringing into discredit.
diskreditieren *v* | to discredit; to bring into disrepute.
diskret *adj* | discreet.
diskret *adv* | discreetly; with discretion.
Diskretion *f* | discretion; discreetness | ~ **bewahren (beobachten)** | to use (to exercise) (to act with) discretion.
Diskrimination *f*; **Diskriminierung** *f* | discrimination.
diskriminieren *v* | to discriminate.
diskriminierend *adj* | ~**e Politik** | discriminating policy | ~**e Praktiken** | discriminating practices | ~**e Zölle** | discriminating duties (tariffs).
Diskussion *f* | discussion; debate | **etw. zur** ~ **stellen** | to submit sth. to debate | **zur** ~ **gestellt sein (werden)** | to be (to come) up for discussion.
Diskussionsfreiheit *f* | free discussion.
diskutierbar *adj* | discussible; debatable.
diskutieren *v* | to discuss; to debate.
Dispache *f* | average bill (adjustment) (statement); account of average | ~ **aufmachen** | to adjust (to settle) the average.
Dispacheur *m* | average adjuster (stater) (taker).
dispachieren *v* | to adjust (to settle) the average.
Disparität *f* | **Kosten-Preis-**~ | cost-price disparity; difference between cost and selling price.
Dispens *m* | dispensation; exemption | **jdm. für etw. (von etw.)** ~ **erteilen** | to exempt (to excuse) sb. from sth. | **Alters**~ | waiving of age limit.
Dispenserteilung *f*; **Dispensierung** *f* | dispensation.
dispensieren *v* | **jdn. von etw.** ~ | to exempt (to excuse) sb. from sth.
Disponent *m* | chief (managing) clerk.
disponibel *adj* | available.
disponieren *v* Ⓐ [planen] | to plan ahead.
disponieren *v* Ⓑ [Vorbereitungen treffen] | to make preliminary arrangements.
disponieren *v* Ⓒ [Bestellungen aufgeben] | to place orders.
disponieren *v* Ⓓ [verfügen] | **über etw.** ~ | to dispose of sth.
Disposition *f* | disposition; disposal | **Stellung zur** ~ | retirement on half-pay | **zur** ~ **stehen** | to be on half-pay | **zu jds.** ~ **stehen** | to be at sb.'s dis-

Disposition *f, Forts.*
posal | **jdn. zur ~ stellen** | to put sb. on half-pay |
jdm. etw. zur ~ stellen | to place sth. at sb.'s disposal
| **zu jds. ~** | at sb.'s disposal | **zur ~** | on half-pay.
Dispositionen *fpl* Ⓐ [Planung] | planning ahead.
Dispositionen *fpl* Ⓑ [Vorbereitungen] | preliminary
arrangements; preparations | **Voraus~** | arrange-
ments made in advance | **seine ~ treffen** | to make
arrangements.
Dispositionen *fpl* Ⓒ [Aufgabe von Bestellungen] |
placing of orders | **Einfuhr~** | orders placed
abroad | **Fehl~** | wrong actions; mistakes | **Lager~**
| orders placed for replenishing stocks.
Dispositionen *fpl* Ⓓ [Verfügungen] | **über etw. ~**
treffen | to dispose of sth.
Dispositions..fonds *m* | reserve fund.
—**reserve** *f* | general operating reserve.
Disproportionalität *f* | disproportion; lack of propor-
tion.
Disqualifikation *f* Ⓐ [Disqualifizierung] | disqualifica-
tion; disqualifying.
Disqualifikation *f* Ⓑ [Unfähigkeit] | disability; in-
competency.
disqualifizieren *v* | to disqualify; to disable.
Dissens *m* [mangelnde Willensübereinstimmung] |
absence of consent | **versteckter ~** | hidden (latent)
absence of consent.
Dissertation *f* | treatise; thesis.
dissertieren *v* | **über etw. ~** | to write a treatise about
sth.
Dissident *m* [Andersdenkender] | dissident.
Distanzfracht *f* | ratable (distance) freight; freight pro
rata.
Distanzgeschäft *n* | forward contract (deal) (trans-
action).
Distrikt *m* Ⓐ [Bezirk] | district; section | **Gemeinde~;**
Verwaltungs~ | borough; administrative district |
Wahl~ | electoral (polling) district (section);
constituency | **ländlicher ~** | rural district | **städti-**
scher ~ | city (municipal) borough; municipal
district.
Distrikt *m* Ⓑ [Gebiet] | region; area | **Bergbau~** |
mining district | **Gold~** | gold district | **Kohlen~** |
coal (coal-mining) district.
Distriktsrat *m* | district (county) council.
Disziplin *f* | discipline | **Partei~** | party discipline |
Selbst~ | self-discipline | **Standes~** | professional
discipline | **militärische ~** | military discipline |
strenge ~ | strict discipline | **die ~ aufrechterhalten**
| to keep (to maintain) discipline | **jdn. unter ~ hal-**
ten | to keep sb. under discipline | **jds. ~ unter-**
graben | to undermine sb.'s discipline | **der ~ unter-**
worfen | disciplinable; disciplinary.
disziplinär *adj* | disciplinary | **~e Ahndung (Verfol-**
gung) | disciplining | **~e Maßnahme** | measure of
discipline; disciplinary measure.
disziplinär *adv* | **~ geahndet werden** | to be punished
by disciplinary measures.
Disziplinar..ausschuß *m*; —**hof** *m*; —**kammer** *f* | dis-
ciplinary committee (board); court of discipline.
—**behörde** *f* | **Anklage vor der ~** | disciplinary pro-
ceedings.
—**fall** *m* | disciplinary case (offense).
—**gerichtsbarkeit** *f* | disciplinary jurisdiction.
—**gewalt** *f* | disciplinary power | **die ~ haben** | to have
disciplinary powers.
disziplinarisch *adj* | **~e Bestrafung** | disciplinary
punishment.
disziplinarisch *adv* | **jdn. ~ bestrafen** | to discipline sb. |
~ vorgehen | to take disciplinary action.

Disziplinar..strafe *f* | disciplinary penalty (punish-
ment).
—**untersuchung** *f* | disciplinary investigation.
—**urteil** *n* | judgment given by the court of discipline.
—**verfahren** *n* | disciplinary proceedings.
—**vergehen** *n* | disciplinary offense; breach of disci-
pline.
—**weg** *m* | **auf dem ~; im ~** | disciplinarily; by way
of disciplinary proceedings.
disziplinieren *v* | **jdn. ~** | to discipline sb.
divers *adj* | **~e Ausgaben** | sundry expenses.
Diverses *n* | sundries *pl*; miscellaneous.
Dividende *f* | dividend | **Abschlags~; Interims~;**
Zwischen~ | interim dividend | **Aktien~n** | divi-
dends on shares | **~ in Form eigener Aktien** | stock
dividend | **Auschüttung einer ~** | declaration of a
dividend | **aus dem Kapital gezahlte ~** | dividend
paid out of capital | **Quartals~** | quarter dividend |
| **Rest~; Schluß~** | final dividend | **Zusatz~** |
bonus.
★ **ausschließlich ~; exklusive ~; ohne ~** | dividend
off; ex dividend | **einschließlich ~; inklusive ~;**
mit ~ | cum dividend; dividend on | **fällige ~** |
dividend due (payable).
★ **eine ~ ausschütten (erklären)** | to declare a divi-
dend | **~n beziehen** | to draw dividends | **eine ~**
zahlen | to pay a dividend | **keine ~ ausschütten**
(zahlen) | to pass the dividend.
Dividenden..abgabe *f* | tax on dividends.
—**abschnitt** *m* | dividend coupon.
—**anspruch** *m* | right to a dividend.
—**ausfall** *m* | closing of the business year without
declaring a dividend; passing of the dividend.
—**ausschüttung** *f* | declaration of a dividend.
—**auszahlung** *f* | payment of a dividend; dividend pay-
ment.
dividenden..berechtigt *adj* | **~ sein** | to rank for divi-
dend.
—**bevorrechtigt** *adj* | **~ sein** | to rank first for dividend.
Dividenden..berechtigung *f* | qualification for divi-
dend(s).
—**bevorrechtigung** *f* | preference as to dividends.
—**beteiligung** *f* | **mit ~** | ranking for dividend.
—**bogen** *m* | coupon sheet.
—**erhöhung** *f*; —**heraufsetzung** *f* | increase of the divi-
dend.
—**erklärung** *f* | declaration of a dividend.
—**ertrag** *m* | dividend yield.
—**fonds** *m* | reserve fund for dividends.
—**garantie** *f* | guaranteed dividend.
—**herabsetzung** *f* | reduction of dividends.
—**konto** *n* | dividend account.
dividendenlos *adj* | without dividend.
Dividenden..satz *m* | rate of dividend; dividend rate.
—**scheck** *m* | dividend cheque (check).
—**schein** *m* | dividend coupon (warrant).
—**steuer** *f* | dividend (coupon) tax.
—**stop** *m* | limitation of dividends.
—**verteilung** *f* | declaration (distribution) of dividends.
—**vorschlag** *m* | recommendation of a dividend (of
dividends).
—**werte** *mpl* | dividend-bearing shares (stocks).
—**zahlung** *f* | dividend payment; payment of dividend.
Dock *n* Ⓐ | dock | **Einbringen ins ~; Unterbringung**
im ~ | docking | **Schwimm~** | floating dock |
Trocken~ | dry dock.
Dock *n* Ⓑ [Kai] | wharf.
Dockarbeiter *m* | docker; dock hand; stevedore;
wharf man (porter).
—**streik** *m* | dock strike.

Dock..empfangsschein *m*; —**lagerschein** *m*; —**schein** *m* | dock receipt (warrant).
—**gebühren** *fpl* | dock charges (dues) (rent); dockage; quayage.
Dogma *n* | dogma; tenet.
Doktor *m* | doctor | **Ehren~**; ehrenhalber verliehener ~ | Honorary Doctor | **Würde eines Ehren~s** | Honorary Doctor's degree | ~ **der Medizin** | Doctor of Medicine | ~ **der Philosophie**; ~ **der Wissenschaften** | Doctor of Philosophy (of Science) | ~ **der Rechte**; ~ **der Rechtswissenschaft** | Doctor of Law | ~ **beider Rechte** | Doctor of Civil and Canon Law | ~ **der Staatswissenschaften** | Doctor of Political Science | ~ **der Theologie** | Doctor of Divinity | **seinen** ~ **machen** | to take one's Doctor's degree.
Doktor..kandidat *m* [Doktorand] | candidate for a Doctor's degree.
—**diplom** *n* | Doctor's diploma.
—**examen** *n* | examination for a doctor's degree.
—**grad** *m*; —**titel** *m*; —**würde** *f* | doctor's degree; doctorate.
Doktrin *f* | doctrin | **Partei~** | party platform (doctrin).
Dokument *n* | document | **Geheim~** | secret document | **juristisches** ~ | legal document; instrument; deed.
Dokumentarfilm *m* | documentary film; documentary.
dokumentarisch *adj* | ~**er Beweis** | documentary evidence (proof).
dokumentarisch *adv* | **etw.** ~ **belegen** | to document sth.; to prove (to support) sth. by documents (by documentary evidence) | ~ **belegt** | documented; supported by documents (by documentary evidence).
Dokumente *npl* [Verschiffungs~; Versandpapiere] | shipping documents (papers).
Dokumenten..akkreditiv *n*; —**kreditbrief** *m* | documentary letter of credit.
—**kredit** *m* [Kredit gegen Sicherheit] | documentary credit.
—**sammlung** *f* | collection of documents.
—**tratte** *f*; —**wechsel** *m* | documentary bill (draft); draft with documents attached.
—**veröffentlichung** *f* | publication of documents.
dokumentieren *v* | **etw.** ~ | to document sth.; to prove (to support) sth. by documents (by documentary evidence).
Dokumentierung *f* | documentation; documentary evidence (proof).
Dollar..akzept *n* | dollar acceptance.
—**anleihe** *f* | dollar loan.
—**anleihen** *fpl* | dollar bonds.
—**bilanz** *f* | dollar balance of payments.
—**devisen** *fpl* | dollar exchange.
—**guthaben** *npl* | dollar holdings.
—**klausel** *f* | dollar clause.
—**kurs** *m* | dollar rate.
—**länder** *npl* | countries in the dollar zone.
—**lücke** *f* | dollar gap.
—**schwund** *m* | drain on the reserves of available dollars.
—**währungsgebiet** *n*; —**zone** *f* | dollar (dollar currency) zone.
—**werte** *mpl* | dollar shares (stocks).
dollarwertig *adj* | sold (available) for dollars.
Dolmetsch *m*; **Dolmetscher** *m* | interpreter | **Gerichts~** | court interpreter | **Zuziehung eines ~s** | employing an interpreter | **vereidigter** ~ | sworn interpreter | **einen** ~ **zuziehen** | to call in an interpreter.

dolmetschen *v* | to interpret; to act as interpreter.
Domäne *f* | estate | **Staats~** | government estate (farm); crown land (property).
Domänen..gut *n* | government estate (farm).
—**pächter** *m* | tenant of a state-owned farm.
Dominien *npl* | ~ **und Besitzungen** | dominions and possessions.
Dominienstatus *m* | dominion status.
dominieren *v* Ⓐ | to dominate; to rule.
dominieren *v* Ⓑ [vorherrschen] | to predominate; to prevail.
dominieren *v* Ⓒ [beherrschen] | to domineer.
Dominium *n* Ⓐ [Domäne] | estate.
Dominium *n* Ⓑ [Herrschaft] | sway.
Domizil *n* Ⓐ [Wohnsitz] | domicile; residence.
Domizil *n* Ⓑ [Zahlstelle] | address for payment | **einen Wechsel zu** ~ **stellen** | to domicile (to give a paying agent on) a bill of exchange.
—**akzept** *n* | domiciled acceptance (bill).
—**angabe** *f* | domiciliation; indication of a domicile | **mit** ~ | domiciled | **ohne** ~ | not domiciled.
Domiziliat *m* | paying agent [of a bill of exchange]; payee [of a domiciled bill].
domizilieren *v* | **einen Wechsel** ~ | to domicile (to give a paying agent on) a bill of exchange.
domiziliert *adj* Ⓐ [wohnhaft; ansässig] | domiciled; resident.
domiziliert *adj* Ⓑ | domiciled | ~**es Akzept** | domiciled acceptance | ~**e Tratte**; ~**er Wechsel** | domiciled bill (draft) (bill of exchange) | ~ **eigener Wechsel** | domiciled promissory note.
Domizilierung *f* | domiciliation.
Domizil..klausel *f* | domiciliary clause.
—**provision** *f* | domicile commission.
—**recht** *n* | right to take up one's residence (to establish one's domicile).
—**vermerk** *m* | address for payment.
—**wechsel** *m* Ⓐ [Wohnsitzwechsel] | change of domicile (of residence).
—**wechsel** *m* Ⓑ [domizilierter Wechsel] | domiciled (addressed) bill (draft) (bill of exchange).
Doppel *n* Ⓐ [Ausfertigung] | duplicate; counterpart.
Doppel *n* Ⓑ [Abschrift] | ~ **einer Quittung** | duplicate receipt; receipt in duplicate | **von etw. ein** ~ **anfertigen** | to take (to make) a copy of sth.; to copy sth.
—**besteuerung** *f* | double taxation.
—**besteuerungsabkommen** *n* | double taxation agreement (treaty).
—**ehe** *f* | bigamy; bigamous marriage.
—**gänger** *m* | double.
—**leben** *n* | **ein** ~ **führen** | to lead a double life.
—**mitgliedschaft** *f* | dual membership.
doppelsinnig *adj* | ambiguous; equivocal; with a double meaning.
Doppelsinnigkeit *f* | ambiguity; equivocation; double meaning.
doppelt *adj* | double; in duplicate; twofold | **in** ~**er Ausfertigung** | in duplicate | ~**e Buchführung** | bookkeeping by double-entry | ~**e Buchführung haben** | to keep books by double-entry | **aus** ~**em Grunde** | for two reasons | ~**e Quittung** | receipt in duplicate | **in** ~**er Urschrift** | in duplicate | **ein** ~**er Vorteil** | a twofold advantage.
doppelt *adv* | doubly | ~ **ausgefertigt** | made out (delivered) in duplicate | ~ **verbucht werden** | to be entered twice | ~ **zahlen** | to pay double.
Doppel..verdiener *m* | pluralist.
—**versicherung** *f* | double insurance.
—**währung** *f* | double standard; bimetallism | **Anhänger der** ~ | bimetallist.

Doppelwährungssystem *n* | bimetallic system.
Dorf..gemeinde *f* | country parish.
—**gemeinschaft** *f* | village (rural) community.
Dotalrecht *n* | dotal system.
Dotation *f* | endowment; dotation.
dotieren *v* | einen Fonds ~ | to endow a fund | **den Reservefonds (die Reserven) mit einem Betrag ~** | to allocate (to appropriate) an amount to the reserve (to the reserve fund).
dotiert *adj* | endowed.
Dotierung *f* | endowment; dotation | ~ **eines Fonds** | endowment of a fund | ~ **eines Kontos** | alimentation of an account | ~ **des Reservefonds;** ~ **der Reserven** | appropriation (allocation) to the reserve.
Dozent *m* | lecturer | **Privat~** | lecturer at a university.
Dozentenschaft *f* | body of university teachers.
Dozentin *f* | lady teacher; lecturess.
dozieren *v* | to lecture; to give lectures; to teach.
Draht..adresse *f*; —**anschrift** *f* | telegraphic (cable) address.
—**annahme** *f*; —**akzept** *n* | telegraphic (wire) acceptance; acceptance by wire (by cable).
—**antwort** *f* | telegraphic reply (answer); reply by wire (by telegram).
—**auskunft** *f*; —**bericht** *m* | telegraphic (cable) report.
drahten *v* | to telegraph; to wire; to cable.
Draht..fernsehen *n* | wired television.
—**funk** *m* | broadcast telephony | **durch ~ verbreiten** | to broadcast by telephone.
drahtlos *adj* | wireless | ~**e Bildtelegraphie** | wireless picture telegraphy | ~**er Empfang** | wireless (radio) reception | ~**e Telegraphie** | wireless telegraphy; radiotelegraphy | ~**e Telephonie** | wireless telephony; radiotelephony.
Draht..offerte *f* | cable (telegraphic) offer.
—**überweisung** *f* | cable transfer.
—**zieher** *m* | wire puller.
—**zieherei** *f* | wire pulling.
Drama *n* Ⓐ [dramaturgisches Werk] | dramatic work; play.
Drama *n* Ⓑ [Bühnenkunst] | dramaturgy.
Dramatiker *m* [Schauspieldichter] | playwright; dramatist.
dramatisieren *v* [für die Bühne bearbeiten] | to adapt for the stage.
Dramatisierung *f* [Bühnenbearbeitung] | adaptation for the stage; stage adaptation.
Dramaturg *m* | dramaturgist.
Drang *m* Ⓐ | pressure | **im ~ der Geschäfte** | in the hurry (in the pressure) of business.
Drang *m* Ⓑ | **Ausdehnungs~** | expansionism.
Drängen *n* | ~ **wegen einer Schuld** | pressing for a debt | **auf jds. ~** | at sb.'s insistence.
drängen *v* | jdn. ~ | to urge sb. | **mit der Arbeit ~** | to press on with the work | **einen Schuldner ~** | to dun a debtor; to press a debtor for payment | **auf Zahlung ~** | to urge (to press for) payment.
drängend *adj* | pressing | ~**er Gläubiger** | urgent (dunning) creditor.
drängend *adv* | pressingly.
drastisch *adj* | ~**e Maßnahme** | drastic measure.
Draufgabe *f*; **Draufgeld** *n* | earnest money; earnest | **etw. als ~ geben** | to give sth. as earnest.
Drehbuch *n* | scenario; film manuscript (script).
—**autor** *m*; —**schreiber** *m* | scenario (movie script) writer; film author; scripter.
drehen *v* | einen Film ~ | to take (to shoot) a film (a picture).
Dreieck(s)geschäft *n* | three-cornered deal.
Dreier..ausschuß *m* | committee of Three.

Dreier..pakt *m*; —**vertrag** *m* | tripartite pact (agreement) (treaty).
dreifach *adj* | triple; threefold | **in ~er Ausfertigung** | in triplicate.
Dreifelderwirtschaft *f* | three-course rotation.
Dreijahres... *adj* | triennial; three-year ...
Dreimächte..abkommen *n*; —**vertrag** *m* | tripartite agreement (treaty).
—**bündnis** *n* | three-power alliance.
—**konferenz** *f* | tripartite (three-power) conference.
Dreimeilen..grenze *f* | three-mile limit.
—**zone** *f* | three-mile zone.
dreimonatlich *adj* | every three months; quarterly; every quarter.
Dreimonats..akzept *n*; —**wechsel** *m* | three-months' acceptance (bill).
—**frist** *f* | period of three months.
—**ziel** *n* | three months' term for payment.
dreiseitig *adj* | trilateral.
dreiprozentig *adj* | bearing three per cent.
dreisprachig *adj* | tri-lingual.
Dreiteilung *f* | tripartite partition.
Dreiviertel..majorität *f*; —**mehrheit** *f* | majority of three fourths | **mit ~** | by a three-fourths majority.
Dreizehnerausschuß *m* | committee of Thirteen.
dringen *v* Ⓐ | **auf Antwort ~** | to press for a reply | **auf Zahlung ~** | to urge (to press for) payment | **in jdn. ~** | to urge sb.
dringen *v* Ⓑ [bestehen] | **auf etw. ~** | to insist on (upon) sth.
dringend *adj* | urgent; pressing | ~**e Angelegenheit** | matter of great urgency | ~**es Anraten** | strong recommendation; urging | ~**es Bedürfnis** | urgent need | ~**e Bestellung** | rush order | ~**e Bitte** | urgent entreaty | ~**e Gefahr** | imminent danger; immediate danger (peril) | ~ **Geschäfte** | urgent (pressing) business | ~**e Nachfrage** | pressing demand | ~**e Notwendigkeit** | urgent necessity; urgency | ~**es Telegramm** | urgent telegram | ~**er Verdacht** | strong suspicion | ~**e Vorstellungen** | urgencies | **auf jds. ~e Vorstellungen** | at sb.'s urgent request | ~**e Zahlungsaufforderung;** ~**e Mahnung zur Zahlung** | urgent (pressing) request to pay (for payment); dunning letter | **äußerst ~** | of the utmost urgency.
dringend *adv* | urgently | jdn. ~ **auffordern** | to urge sb. | etw. ~ **benötigen** | to need sth. urgently | ~ **geboten sein** | to be imperative; to be a matter of urgency | ~ **raten (anraten), etw. zu tun** | to advise strongly to do sth.; to urge that sth. should be done.
dringlich *adj* | [vor~] | urgent; pressing; exigent | ~**e Geschäfte** | urgent (pressing) business | ~**e Maßnahme** | urgent measure; measure of pressing urgency.
dringlich *adv* | urgently | etw. ~ **behandeln** | to deal urgently with sth.
Dringlichkeit *f* | urgency | **äußerste ~** | the utmost urgency | **wegen ~** | on account of urgency (of pressure).
Dringlichkeits..antrag *m* | urgent request | **einen ~ stellen** | to demand a vote of urgency.
—**bescheinigung** *f* | certificate of priority.
—**erklärung** *f* | declaration of urgency.
—**fall** *m* | case of urgency; urgent case; emergency | **im ~** | in case of emergency (of urgency).
—**maßnahme** *f* | urgency measure.
—**reparaturen** *fpl* | emergency repairs.
—**stufe** *f* | degree of urgency; priority | **höchste ~** | top priority.
dritt *adj* | ~**e Ausfertigung** | third copy; third | **aus ~er Hand** | at third hand; from a third party | **Angaben**

(Informationen) aus ~er Hand | third-hand information | ~er Klasse | third-class | eine ~e Person | a third person (party); a third | von ~er Qualität | of third (inferior) quality; third-rate | ~en Ranges | third-rate | für ~e Rechnung | for the account of a third party | der ~e Stand | the Third Estate; the Commonalty.

Dritt..ausfertigung *f* [eines Wechsels] | third of exchange.

—besitzer *m* | third holder.

—beteiligter *m* | intervening third party.

Dritte *m* | ein ~r | a third party (person); a third | im Auftrage eines ~n | by order of a third party | im Besitze eines ~n | in the hands of a third party | zu Gunsten eines ~n | for the benefit of a third party | Versprechen der Leistung an einen ~n | promise of performance to (in favo(u)r of) a third party | gutgläubiger ~r | third party acting in good faith; bona fide (innocent) third party.

Dritte *mpl* | third persons (parties) | für Rechnung ~r | for the account of a third party | Rechte ~r | third party rights | unbeschadet der Rechte ~r | without prejudice to the rights of third parties | mit Wirkung gegen ~ | effective against third parties | ~n gegenüber Wirkung haben (wirksam sein) | to have effect against third parties.

Drittel..beteiligung *f* | one-third interest.

—deckung *f* | coverage of one third.

drittens *adv* | thirdly; in the third place.

drittklassig *adj* | third-class.

Dritt..land *n*; —staat *m* | third (non-member) country (nation) (state).

drittrangig *adj* | third-rate.

Drittschuldner *m* | garnishee | Zahlungsverbot an den ~ | garnishee order | Pfändung beim ~ | garnishment | eine Forderung beim ~ pfänden | to garnish; to give notice to a third party for the purpose of attaching money.

Drohbrief *m* | threatening letter.

drohen *v* | to threaten | jdm. mit etw. ~ | to threaten sb. with sth. | ~, etw. zu tun | to threaten to do sth. | unmittelbar ~ | to be imminent; to impend.

drohend *adj* | threatening; menacing | unmittelbar ~e Gefahr | imminent danger; immediate peril | ~e Haltung | threatening attitude | ~e Kriegsgefahr | danger (menace) of war | in ~em Ton | threateningly; menacingly | ~er Verderb | imminent decay | ~er Verlust | danger of loss.

Drohung *f* | threat; menace | Streik~ | strike threat; warning to strike | leere ~en | empty (vain) threats | eine ~ ausführen | to carry out a threat | ~en ausstoßen | to utter threats.

drosseln *v* | die Ausgaben ~ | to curb expenditure | die Produktion ~ | to curtail (to limit) production.

Druck *m* Ⓐ | pressure; pression | unter ~ abgelegtes Geständnis | confession made under constraint | ~ auf die Preise (Kurse); Preis~; Kurs~ | forcing down the prices | unter dem ~ der Verhältnisse | under the pressure of (by force of) circumstances. ★ außenpolitischer ~ | pressure from outside | wirtschaftlicher ~ | economic pressure. ★ einen ~ auf jdn. ausüben | to bring pressure to bear upon sb.; to put (to exert) (to exercise) pressure on (upon) sb. | unter ~ handeln | to act under duress (under pressure) | jdn. unter ~ setzen | to put sb. under constraint | unter ~ stehen | to be under constraint | unter ~ ① | under pressing circumstances; under pressure | unter ~ ② | under constraint; under duress.

Druck *m* Ⓑ | print | Nach~ | reproduction | Neu~ | reprint | ~ und Verlag | printing and publishing house (firm); printers and publishers | im ~ erscheinen | to appear in print | im ~ erschienen | printed; in print | etw. in ~ geben | to send sth. to the press; to have sth. printed | im ~ | in the press.

Druck..anstalt *f* | printing plant.

—bewilligung *f* | license to print; imprimatur.

drucken *v* | to print | ein Buch ~ lassen | to print a book | eine Zeitung ~ | to print a newspaper | etw. ~ lassen | to have sth. printed; to send sth. to press.

drücken *v* | to press | auf die Kurse ~; die Preise ~ | to force down prices | den Markt ~ | to depress (to press) upon the market.

drückend *adj* | pressing | ~e Bedingungen | onerous terms | ~e Schuld | pressing debt | ~e Steuern | oppressive taxes.

Drucker *m* | printer | Angabe des ~s | printer's imprint | ~ und Verleger | printer and publisher.

Druckerei *f* [Buch~] | printing plant (house) | Falschgeld~ | bogus press | Geheim~ | clandestine printing plant | Staats~ | government printing office | Verlags~; ~ und Verlag | printing and publishing house (firm); printers and publishers.

Druckerlaubnis *f* | printing license; license to print; imprimatur.

Drucker..lehrling *m* | printer's devil.

—presse *f* | printing press; press.

—schwärze *f* | printer's ink.

druckfähig *adj* | printable; capable of being printed.

Druckfahne *f* | galley proof; proof sheet.

Druckfehler *m* | misprint; printer's (press) (typographical) error.

—berichtigung *f* | correction of a typographical error.

—berichtigungsbogen *m*; —verzeichnis *n* | errata sheet (slip).

druckfertig *adj* | ready for the press (for print) (to go to the press) | ~er Korrekturbogen | press proof (copy) (revise).

Druck..formular *n* | printed form (blank).

—freiheit *f* | freedom (liberty) of the press.

—genehmigung *f* | printing license; license to print; imprimatur.

—jahr *n* | year of publication.

—klischee *n* | printer's block.

—korrektur *f* | ~ lesen | to correct the press; to read for press.

—kosten *pl* [Drucklegungskosten] | printing expenses (charges) (costs).

Drucklegung *f* | printing | rechtzeitig für ~ | in time for the press.

Druckmittel *n* | means of bringing pressure to bear.

druckreif *adj* | ready for the press (for print) (to go to the press).

Drucksache *f* | printed matter (papers) | Geschäfts~ | business papers | als ~ | by book-post; as printed matter.

Drucksachen..porto *n* | printed-paper (book-post) rate.

—post *f* | book-post.

Drucksatz *m* | type | den ~ bestehen lassen | to keep the type standing.

Druckschrift *f* | printed work (paper).

druckschriftlich *adj* | ~e Veröffentlichung | printed publication.

druckschriftlich *adv* | ~ veröffentlicht | published in print.

Druck..stock *m* | printer's block.

—verbot *n* | inhibition to print.

—werk *n* | printed paper (book).

dubios *adj* | ~e Forderung | doubtful claim (debt).

Duell *n* | duel | **ein ~ austragen** | to fight a duel | **jdn. zum ~ fordern (herausfordern)** | to call sb. out (to challenge sb.) to duel.

Duellant *m* | duellist; dueller.

duellieren *v* | **sich ~** | to fight a duel.

dulden *v* | to tolerate.

duldsam *adj* | tolerant.

Duldsamkeit *f* | tolerance; indulgence.

Duldung *f* | toleration | **stillschweigende ~** [einer strafbaren Handlung] | connivance.

dünnbesiedelt *adj* | sparcely (thinly) populated.

Duplik *f* | rejoinder; defendant's rejoinder | **eine ~ einreichen** | to make a rejoinder.

Duplikat *n* | duplicate; copy | **Frachtbrief~** | duplicate consignment note | **Rechnungs~** | duplicate invoice | **Wechsel~** | duplicate of exchange (of a bill of exchange); second of exchange | **von etw. ein ~ anfertigen** | to take (to make) a copy of sth.; to copy (to duplicate) sth. | **etw. in ~ ausfertigen** | to make sth. out in duplicate.

—**frachtbrief** *m* | duplicate consignment note.

—**quittung** *f* | receipt in duplicate.

—**rechnung** *f* | duplicate invoice; invoice in duplicate.

—**wechsel** *m* | duplicate (second) of exchange.

duplizieren *v* Ⓐ [verdoppeln] | to double.

duplizieren *v* Ⓑ [erwidern] | to rejoin; to make a rejoinder.

Duplizität *f* | duplicity.

durcharbeiten *v* Ⓐ [bearbeiten] | **eine Sache ~** | to work through a matter.

durcharbeiten *v* Ⓑ [ohne Unterbrechung arbeiten] | to work without intermission.

durchberaten *v* | **eine Sache ~** | to debate a matter.

durchblicken *v* | **etw. ~ lassen** | to give sth. to understand; to suggest sth.

durchbrechen *v* | **die Blockade ~** | to run the blockade.

Durchbrechung *f* | **~ der Blockade** | running of the blockade.

durchbringen *v* Ⓐ | **ein Gesetz ~** | to pass a law.

durchbringen *v* Ⓑ [verschwenden] | **Geld ~** | to dissipate money.

durchdringen *v* | **mit einem Antrag ~; mit einer Klage ~** | to win one's point (one's case).

Durchdringung *f* | penetration | **friedliche ~** | peaceful penetration | **wirtschaftliche ~** | economic penetration.

durchdrücken *v* | **einen Antrag ~** | to press (to force) a motion through.

Durcheinander *n* | derangement; disorder | **Verkehrs~** | dislocation of traffic.

durcheinander *adj* | in disorder.

durcheinanderbringen *v* | **etw. ~** | to bring sth. into disorder; to derange sth. | **den Verkehr ~** | to dislocate the traffic.

durcheinanderkommen *v* | to become deranged; to get into disorder.

Durchfahrts..recht *n* | right of passage.

—**verbot** *n* | "No Thoroughfare".

Durchfall *m* [in einer Prüfung] | failure.

durchfallen *v* | **in einer Prüfung ~** | to fail in an examination.

durchfechten *v* | **eine Sache ~** | to fight out a case.

Durch..fracht *f* | transit (through) freight.

— —**brief** *m*; — —**konnossement** *n* | through bill of lading.

— —**satz** *m* | transit freight rate; through rate.

durchführbar *adj* | practicable; feasible | **~er Plan** | practicable scheme; workable plan | **nicht ~** | impracticable; unworkable | **schwer ~** | difficult to accomplish (of accomplishment).

Durchführbarkeit *f* [praktische ~] | practicability; feasibility.

durchführen *v* | **etw. ~** | to execute (to accomplish) (to achieve) sth.; to carry sth. through (out) | **die Blockade ~** | to enforce the blockade | **ein Experiment ~** | to carry out an experiment | **ein Gesetz ~** | to carry out (to enforce) a law | **einen Prozeß ~** | to carry through a lawsuit | **eine Reform ~** | to carry out a reform | **eine Untersuchung ~** | to carry through an investigation | **ein Verfahren ~** | to go through proceedings | **einen Vertrag ~** | to execute (to perform) a contract.

Durchführung *f* | execution; accomplishment; achievement | **~ des Gesetzes** | enforcement (operation) of the law; law enforcement | **die ~ eines Gesetzes hindern** | to interfere with the operation of a law | **~ eines Planes (Projektes)** | accomplishment (carrying out) (carrying into effect) of a plan | **einen Plan zur ~ bringen** | to carry out a project (a plan) | **mittels ~ eines Prozesses** | by litigating; by resorting to litigation; by going to law; by legal process | **in der ~ begriffen sein** | to be in course of execution | **etw. zur ~ bringen** | to execute sth.; to carry sth. out; to carry (to put) sth. into effect | **zur ~ gelangen (kommen)** | to be carried out; to be accomplished; to be fulfilled.

Durchführungs..bericht *m* | report about the execution.

—**bestimmungen** *fpl* | executive regulations.

—**richtlinien** *fpl* | indications for the application.

—**verordnung** *f*; —**vorschrift** *f* | executive order; implementing regulation.

Durchfuhr *f* | passage; transit; through transport.

—**bewilligung** *f* | transit permit.

—**bescheinigung** *f*; —**schein** *m* | transit bill (bond).

—**deklaration** *f* | transit (through) declaration.

—**güter** *npl*; —**waren** *fpl* | goods in transit; transit goods.

—**handel** *m* | transit trade (business).

—**kosten** *pl* | transit expenses (charges).

—**land** *n* | transit country.

—**recht** *n* | right of transit.

—**spedition** *f* | forwarding agency.

—**spediteur** *m* | forwarding (transit) agent.

—**tarif** *m* | transit rate (tariff).

—**verkehr** *m* | through transport; transit traffic.

—**zoll** *m* | transit duty.

Durchgang *m* Ⓐ | passage; through passage | **«Kein ~»; «Verbotener ~»** | "No Thoroughfare".

Durchgang *m* Ⓑ [Transit] | transit | **freier ~** | free transit.

durchgängig *adv* | generally; as a rule.

Durchgangs..abgabe *f* | transit duty.

—**anmeldung** *f* | note for transshipment; transit declaration (manifest).

—**bescheinigung** *f* | permit of transit; transit bill (bond).

—**fahrkarte** *f* | through ticket.

—**fracht** *f* | through freight.

—**gebühr** *f* | transit fee.

—**güter** *npl* | transit goods; goods in transit.

—**handel** *m* | transit trade (business).

—**kosten** *pl* | transit expenses (charges).

—**ladung** *f* | through shipment.

—**lager** *n* | transit camp.

—**land** *n* | transit country.

—**posten** *m* | transitory item.

—**recht** *n* | right of way (of passage) (of passing).

—**schein** *m* | transit bill (bond); permit of transit.

—**sendung** *f* | through shipment.

—**station** *f* | through station.

—**stelle** *f* | transit point.

Durchgangs..tarif *m* | transit tariff (rate).
—**verkehr** *m* | transit (through) traffic; transit | **Waren im** ~ **abfertigen** | to convey goods in transit | **freier** ~ | free transit.
—**visum** *n* | transit visa.
—**waren** *fpl* | transit goods; goods in transit.
—**weg** *m* | through way.
—**zertifikat** *n* | permit of transit; transit bill (bond).
—**zoll** *m* | transit duty.
durchgehen *v* Ⓐ [durchlesen] | **ein Schriftstück** ~ | to go through (over) a document; to peruse a document.
durchgehen *v* Ⓑ [prüfen] | to examine; to revise | **etw. erneut** ~ | to reexamine sth.
durchgehen *v* Ⓒ [angenommen werden] | to be accepted (adopted) (carried) (approved); to pass.
durchgehend *adj* Ⓐ | ~**es Billet;** ~**e Fahrkarte** | through ticket | ~**er Verkehr** | through traffic.
durchgehend *adj* Ⓑ | ~**e Arbeitszeit** | working hours through lunchtime | ~**er Betrieb** | working through lunchtime.
durchgreifend *adj* | ~**e Maßnahmen** | thorough (sweeping) measures.
Durchkonnossement *n* | through bill of lading.
durchkreuzen *v* | **jds. Absichten (Pläne)** ~ | to cross sb.'s intentions (plans).
durchlaufend *adj* | ~**er Posten** | transitory item.
durchlesen *v* | **etw.** ~ | to read sth. through | **einen Vertrag** ~ | to read through a contract | **einen Vertrag aufmerksam** ~ | to peruse a contract.
Durchreise *f* | transit; through passage | **auf der** ~ | on the way through.
—**erlaubnis** *f* | transit permit (pass).
—**visum** *n* | transit visa.
durchreisen *v* | **durch ein Land** ~ | to travel (to pass) through a country.
Durchreisender *m* | through (transit) passenger.
Durchsage *f* Ⓐ [telephonische ~] | message by (given by) telephone.
Durchsage *f* Ⓑ [Radio~] | announcement.
Durchschlag *m* | carbon copy.
durchschmuggeln *v* | **etw.** ~ | to smuggle sth. through.
Durchschnitt *m* | average; mean | **Alters**~ | average age | **Jahres**~ | annual average | **Monats**~ | monthly average | **guter** ~ | fair average | **ungefährer** ~ | rough average | **im** ~ **ausmachen (ergeben)** | to average | **den** ~ **nehmen** | to take (to strike) the average; to average | **im** ~ | on an average; averaging.
durchschnittlich *adj* | ~**es Alter** | average age | ~**e Erzeugung (Produktion)** | average output | ~**er Jahreserzeugung** | annual average output | ~**er Gewinn** | average profit | ~**e Laufzeit** ① | average duration (life) | ~**e Laufzeit** ② | average (mean) due date; average maturity | ~**es Lebensalter;** ~**e Lebensdauer** | average life | ~**e Leistungsfähigkeit** | mean capacity | **über**~ | above the average.
durchschnittlich *adv* | averaging; on an average | ~ **betragen** | to average; to give an average of.
Durchschnitts..alter *n* | average age.
—**auflage** *f* | average circulation.
—**betrag** *m* | average amount (sum).
—**dauer** *f*; —**laufzeit** *f* | average duration (life).
—**einkommen** *n* | average income | ~ **pro Kopf der Bevölkerung** | average per capita income.
—**einnahme** *f* | average receipts *pl*.
—**ergebnis** *n* | average result.
—**ertrag** *m* | average proceeds *pl* (yield).
—**erzeugung** *f*; —**produktion** *f* | average output.
—**kapazität** *f* | mean capacity.

Durchschnitts..kosten *pl* | average cost *pl*.
—**kurs** *m* | average price (rate).
—**laufzeit** *f* Ⓐ | average duration (life).
—**laufzeit** *f* Ⓑ | average (mean) due date; average maturity.
—**leistung** *f* Ⓐ [mittlere Leistungsfähigkeit] | mean efficiency.
—**leistung** *f* Ⓑ [durchschnittliche Erzeugung] | average output | **Jahres**~ | annual average output.
—**leistung** *f* Ⓒ [normale Ausbeute] | normal output.
—**leistung** *f* Ⓓ [mittelmäßige Leistung] | mediocre performance.
—**lohn** *m* Ⓐ | average wage.
—**lohn** *m* Ⓑ [Lohnniveau] | average wage level.
—**notierung** *f* | average quotation.
—**preis** *m* | average (middle) price.
—**qualität** *f* | average quality | **gute** ~ | fair average quality.
—**satz** *m* | average rate.
—**stundenlohn** *m* | average wage(s) per hour; average hourly earnings *pl*.
—**summe** *f* | average sum (amount).
—**verbrauch** *m* | average consumption.
—**verdienst** *m* | average earnings *pl*.
—**verhältnis** *n* | average proportion (rate).
—**ware** *f* | goods of average quality.
—**wert** *m* | average value.
—**verzinsung** *f* | average return (yield).
Durchschrift *f* | carbon copy.
durchsehen *v* | to examine; to revise; to review | **etw. erneut (nochmals)** ~ | to reexamine sth.
durchsetzen *v* | **sich** ~ | to assert os. | **einen Anspruch** ~; **eine Forderung** ~ | to enforce a claim | **einen Plan** ~ | to carry through a plan.
Durchsetzung *f* | assertion | ~ **eines Anspruchs;** ~ **einer Forderung** | assertion (enforcement) of a claim.
Durchsicht *f* | examination; inspection; revision | **erneute** ~; **nochmalige** ~ | re-examination | **sorgfältige** ~ | perusal | **etw. einer** ~ **unterziehen** | to examine (to revise) sth. | **bei** ~ | on inspection; on examination | **zur** ~ | for inspection.
durchsprechen *v* | **etw.** ~ | to discuss sth.; to talk sth. over.
Durchstecherei *f* Ⓐ | conspiracy (conspiring) to defraud.
Durchstecherei *f* Ⓑ [Bestechungsaffäre] | bribery and corruption.
durchstreichen *v* | to strike out; to delete; to cross out; to cancel.
Durchstreichung *f* | striking out; deletion; crossing out; cancelling; cancellation.
durchsuchen *v* | to search | **ein Haus** ~ | to search a house | **ein Schiff** ~ | to search (to rummage) a vessel | **jds. Taschen** ~ | to go through sb.'s pockets.
Durchsuchung *f* Ⓐ | search; searching.
Durchsuchnng *f* Ⓑ [Haussuchung] | search of a house; domiciliary (house) search | **in einem Haus eine** ~ **vornehmen** | to search a house.
Durchsuchungs..befehl *m* | search warrant.
—**recht** *n* Ⓐ Haussuchungsrecht] | right of visit.
—**recht** *n* Ⓑ |auf See] | right of search (of visit and search) (of visitation).
Dutzend *n* | dozen | **etw. per** ~ **(nach dem** ~**) verkaufen** | to sell sth. in (by the) (in sets of) dozens.
—**artikel** *mpl*; —**ware** *f* | articles (goods) sold by the dozen.
—**preis** *m* | price per dozen (by the dozen).
dutzendweise *adv* | by the dozen; by (in) dozens.
Dynastie *f* | dynasty.
dynastisch *adj* | dynastic; dynastical.

E

ebenbürtig *adj* | of equal birth (rank).
Ebenbürtigkeit *f* | equal birth; equality of birth (of rank).
Ebene *f* | auf höchster ~ | top-level.
echt *adj* Ⓐ | genuine; real | ~es Geld | legal currency (tender); genuine money | ~e Münze | genuine coin.
echt *adj* Ⓑ [authentisch] | authentic; of established authenticity.
Echtheit *f* | genuineness; authenticity | Beweis (Feststellung) der ~ | proof of authenticity; authentication | ~ einer Unterschrift | authenticity of a signature | ~ einer Urkunde | validity of a document | die ~ einer Urkunde bestreiten | to dispute the validity of a document | ~ der Wiedergabe | truthfulness of reproduction.
★ von verbürgter ~ | of established authenticity; authentic | die ~ von etw. bestreiten | to plead the falsity (to dispute the validity) of sth. | die ~ von etw. feststellen | to authenticate sth.
Echtheits..beweis *m* | proof of authenticity | den ~ für etw. antreten | to prove the authenticity of sth.; to prove sth. to be genuine.
—zeugnis *n* | certificate of authenticity.
Edelmetall *n* | precious metal | Handel mit ~en | bullion trade | ungemünztes ~ | bullion.
Edelstein *m* | precious stone | Halb~ | semi-precious stone.
Edikt *n* | edict; decree | ein ~ erlassen | to issue an edict | ein ~ widerrufen | to revoke an edict.
Effekt *m* | effect; result | Nutz~ | efficiency | Suspensiv~ | suspensive power.
Effekten *pl* Ⓐ [persönliche ~] | personal effects (belongings); articles for personal use.
Effekten *pl* Ⓑ [Wertpapiere] | securities; stocks; funds; stocks and bonds | ~ mit Dividendenberechtigung | dividend-bearing stocks | Industrie~ | industrial stock(s) | börsengängige ~; marktfähige ~ | negotiable (marketable) stocks | ~ lombardieren | to advance money on securities | ~ lombardieren lassen | to borrow on securities.
Effekten..abteilung *f* | securities department.
—arbitrage *f* | arbitrage in funds (in securities).
—bank *f* | securities (investment) bank.
—besitz *m* | stock ownership; holdings.
—besitzer *m* | holder of stocks (of securities).
—bestand *m* | stocks (stocks and bonds) on hand.
—börse *f* | stock (securities) exchange (market).
—buch *n* | securities ledger.
—depot *n* | securities (stock deposit) account.
—geschäft *n*; —handel *m* | stock broking (business) (brokerage).
—giro *n* | transfer of stocks.
—giroverkehr *m* | transactions in securities.
—händler *m*; —makler *m* | stockbroker; stock exchange broker; stockjobber; sharebroker.
—inhaber *m* | stockholder; bondholder.
—konto *n* | stock (share) account.
—kredit *m* | advance on securities.
—kurse *mpl* | share (stock) quotations (prices); stock exchange rates.
—kredit *m* | credit on securities.
—markt *m* | stock market (exchange); securities market.
—paket *n* | block of securities.
—reserven *fpl* | securities held in reserve.

Effekten..sammeldepot *n* | pool of stocks and bonds.
—schalter *m* | securities counter.
—spekulation *f* | speculation in stocks and bonds; stock market speculation.
—verkehr *m* | transactions in stocks and bonds.
effektiv *adj* | real; effective | ~e Stücke | securities actually held | der ~e Wert | the real (actual) (effective) value.
Effektiv..bestand *m* | real stock; stock actually held.
—einnahmen *fpl* | actual receipts (takings).
—gewinn *m* | actual profit(s).
—lohn *m* | real (actual) wage(s) (earnings *pl*).
—preis *m* | real price.
—verzinsung *f* | actual (real) amount (rate) of interest paid.
—wert *m* | real (true) (actual) value.
effektuieren *v* | to effectuate; to execute | einen Auftrag ~ | to execute (to fill) an order | einen Verkauf ~ | to effect a sale.
Effektuierung *f* | ~ eines Auftrags | execution (filling) of an order.
Ehe *f* | marriage; matrimony | Anfechtung der ~ | action (petition) for nullification of the marriage | Auflösung der ~ | dissolution of the marriage | Bruch der ~ | adultery | Doppel~ | bigamy; bigamous marriage | Ein~ | monogamy | Eingehung (Schließung) der ~ | conclusion (consummation) of marriage | ~ zur linken Hand | morganatic marriage | Misch~ | mixed marriage | Putativ~ | putative marriage | Scheidung der ~ | divorce | Stand der ~ | matrimony; legal wedlock | Vernunft~ | marriage of convenience (of property) | Zerrüttung der ~ | wrecking of the marriage | Zivil~ | civil (common-law) marriage.
★ anfechtbare ~ | contestable (voidable) marriage | bürgerliche ~ | civil marriage | aus erster ~ | of the first marriage | morganatische ~ | morganatic marriage | nichtige ~ | void marriage | wilde ~ | concubinage | zerrüttete ~ | ruined marriage | in zweiter ~ | in the second marriage.
★ die ~ abschließen | to consummate marriage | eine ~ anfechten | to contest the validity of a marriage | die ~ auflösen | to sever the marriage tie | die ~ brechen | to commit adultery | die ~ eingehen (schließen) | to celebrate the marriage; to marry | eine neue ~ eingehen | to contract a new marriage; to marry again (a second time) | die ~ für nichtig erklären | to annul the marriage | die ~ scheiden | to grant a divorce | die ~ zerrütten | to wreck the marriage.
Ehe..abschluß *m* | conclusion (consummation) of marriage.
—anbahnung *f* | procurement of marriage; matchmaking.
—anfechtung *f* | action (petition) for nullification of the marriage.
—aufgebot *n* | marriage banns *pl* | Erlaß des ~s | proclamation of banns | das ~ bestellen (ergehen lassen) | to publish the banns.
—auflösung *f* | dissolution of the marriage.
—aufwand *m* | the expenses of conjugal life.
—band *n* | marriage (matrimonial) bond (tie) | Lösung des ~es | divorce | das ~ lösen | to sever the marriage tie.
—berater *m* | marriage guidance counsellor.
ehebrechen *v* | to commit adultery.
Ehe..brecher *m* | adulterer.
—brecherin *f* | adulteress.
ehebrecherisch *adj* | adulterous | ~e Beziehungen; ~er Umgang | adulterous relations.

Ehe..bruch *m* | adultery | **doppelter (beidseitiger)** ~ | double adultery | **im ~ erzeugt** | adulterine | ~ **begehen (treiben)** | to commit adultery.

—bund *m* | marriage bond.

—eingehung *f* | conclusion (consummation) (celebration) of marriage.

—frau *f*; **—gattin** *f* | married woman; wife; spouse | **in Gütertrennung lebende** ~ | wife with separate property | **rechtmäßige (rechtmäßig angetraute)** ~ | lawful (lawful wedded) wife.

—gatte *m* | husband; married man; spouse; consort | **überlebender** ~ | surviving spouse (husband) (wife).

—gatten *pl* | the spouses; husband and wife.

—gelöbnis *n* | solemn promise of conjugal faith; marriage vow.

eheherrlich *adj* | marital.

Ehehindernis *n* | impediment to marriage (to contract marriage) | **Befreiung (Dispens) von einem** ~ | dispensation; marriage dispensation | **absolutes (auflösendes) (trennendes)** ~; ~, **dessen Verletzung die Nichtigkeit der Ehe zur Folge hat** | diriment (absolute) impediment; impediment which renders the marriage void | ~, **dessen Verletzung keine Nichtigkeit der Ehe zur Folge hat** | prohibitive impediment; impediment which does not prevent a valid marriage | ~, **welches nur für bestimmte Personen gilt** | relative impediment | **ein** ~ **bilden (darstellen)** | to be (to form) (to constitute) an impediment to contract marriage.

Ehekontrakt *m* | marriage contract (deed) (settlement).

—leute *pl* | married couple (people); husband and wife; the spouses.

ehelich *adj* Ⓐ | conjugal; matrimonial | **der** ~**e Aufwand** | the expense of conjugal life | **das** ~**e Band** | the marriage (matrimonial) bond (tie); the bond of matrimony | ~**e Gemeinschaft (Lebensgemeinschaft)** | conjugal community (community of life) | **Aufhebung der** ~**en Gemeinschaft** | dissolution of the conjugal community; legal separation | **Herstellung (Wiederherstellung) der** ~**en Gemeinschaft (des** ~**en Lebens)** | restoration (restitution) of conjugal rights | ~**e Gewalt** | marital powers | ~**es Güterrecht** | law of property between husband and wife | ~**es Leben (Zusammenleben)** | conjugal life | ~**e Treue** | conjugal faith | ~**e Verbindung** | matrimony | ~**er Verkehr** | conjugal intercourse.

ehelich *adj* Ⓑ [legitim] | legitimate | ~**e Abstammung** | legitimate descent | ~**e Geburt** | legitimate birth; legitimacy | ~**es Kind** | legitimate child | ~**er Nachkomme** | legitimate descendant | ~**e Nachkommen** | legitimate issue. ★ **außer**~ | illegitimate | **erst**~ | of the first marriage | **un**~ | illegitimate; out of wedlock | **vor**~ | antenuptial. ★ **für** ~ **erklären** | to legitimate | ~ **geboren** | born in wedlock; legitimate.

ehelichen *v* | to marry.

Ehelichkeit *f* [eheliche Geburt] | legitimacy; legitimate birth (descent) | **Anerkennung der** ~ | recognition of legitimacy | **Klage auf Anerkennung der** ~ | action of an illegitimate child to claim his status | **Anfechtung der** ~ | disclaiming paternity | **Vermutung der** ~ | presumption of legitimacy | **Klage auf Anfechtung der** ~ | bastardy proceedings | **die** ~ **eines Kindes anfechten** | to disclaim the legitimacy of a child.

Ehelichkeits..erklärung *f* | declaration of legitimation; legitimation.

—vermutung *f* | presumption of legitimacy.

ehelos *adj* | single; not married; unmarried.

Ehelosigkeit *f* | unmarried state; celibacy; single life.

Ehemakler *m* | marriage broker (agent).

ehemalig *adj* | former; previous.

Ehemann *m* | husband; spouse | **eheliche Gewalt des** ~**es; ehemännliche Gewalt** | marital powers.

ehemündig *adj* | of marriageable age.

Ehenichtigkeit *f* | nullity of the marriage.

Ehenichtigkeits..erklärung *f* | nullification of a marriage.

—klage *f* | action (petition) for nullification of a marriage.

Ehe..paar *n* | spouses; husband and wife; married couple.

—recht *n* | marriage law; law of husband and wife.

—ring *m* | wedding ring.

—sache *f* | matrimonial cause.

Ehescheidung *f* | divorce | ~ **im gegenseitigen Einverständnis** | divorce by mutual consent | **Klage auf** ~ | petition for divorce | **Widerklage auf** ~ | cross-petition for divorce | **die** ~ **beantragen; auf** ~ **klagen** | to apply (to petition) (to sue) for a divorce.

Ehescheidungs..grund *m* | cause of (ground for) divorce.

—klage *f* | petition for divorce; divorce petition.

—prozeß *m*; **—verfahren** *n* | divorce proceedings.

—recht *n* | law of divorce; divorce law.

—urteil *n* | decree of divorce; divorce decree.

—widerklage *f* | cross-petition for divorce.

Eheschließung *f* | conclusion (consummation) (celebration) of marriage | ~ **vor dem Standesbeamten; Zivil**~ | civil (common-law) marriage; marriage before the registrar | **zur Zeit seiner** ~ | at the time of his marriage; when he married | **heimliche** ~ | secret marriage.

Ehestand *m* | matrimony; wedlock | **in den** ~ **treten** | to contract marriage.

Ehestandsdarlehen *n* | marriage loan.

ehestens *adv* | at the earliest possible moment (date); as soon as possible.

ehetauglich *adj* | marriageable.

Ehe..tauglichkeitszeugnis *n* | certificate of fitness for marriage.

—trennung *f* | divorce.

—verkündigung *f* [S] | marriage banns *pl*.

—versprechen *n* | promise of marriage (to marry) | **Bruch des** ~**s** | breach of promise.

—vertrag *m* | marriage contract (deed) (settlement); articles of marriage.

ehewidrig *adj* | ~**e Beziehungen** | adulterous relations.

Ehezerrüttung *f* | wrecking of the marriage.

Ehrabschneider *m* | slanderer; calumniator.

Ehrabschneiderei *f* | slander; defamation; calumny.

ehrbar *adj* | hono(u)rable; respectable.

Ehrbarkeit *f* | hono(u)rableness; respectableness.

Ehre *f* | hono(u)r | **Entlassung in vollen** ~**n** | discharge with hono(u)r | **mit allen gebührenden** ~**n** | with all due (with full) hono(u)rs | **militärische** ~**n** | military hono(u)rs | **jdm. die** ~ **abschneiden** | to calumniate sb.; to blacken sb.'s name (character) | **es als** ~ **betrachten, etw. zu tun** | to consider it an hono(u)r to do sth. | **etw. zu** ~**n bringen** | to bring sth. into hono(u)r | **seine** ~ **einsetzen** | to stake one's hono(u)r | **auf** ~ **erklären, daß ...** | to state on one's hono(u)r that ... | **jdm. die (eine)** ~ **erweisen (antun)** | to do hono(u)r to sb.; to hono(u)r sb. | **jdm. die letzte** ~ **erweisen** | to pay (to render) the last hono(u)rs to sb. | **jdn. an der** ~ **fassen (packen)** | to put sb. on his hono(u)r | **jdn. in** ~**n halten** | to respect sb. | **seine** ~ **verlieren** | to lose one's hono(u)r | **in** ~**n** | with hono(u)rs; hono(u)rably | **zu** ~**n von** | in (for the) hono(u)r of.

ehren *v* | jdn. ∼ | to hono(u)r (to respect) (to esteem) sb. | jdn. **mit seinem Vertrauen** ∼ | to hono(u)r sb. with one's confidence.

Ehren..adresse *f* | address (reference) in case of need; case of need.

—**akzept** *n*; —**annahme** *f* | acceptance for hono(u)r (by intervention).

—**akzpetant** *m* | acceptor for hono(u)r.

—**amt** *n* | honorary office (appointment) (function).

ehrenamtlich *adj* | honorary | ∼e **Dienstleistungen** | honorary functions | ∼e **Pflichten** | honorary duties.

Ehren..beleidigung *f* | libel; slander; insult; defamation.

—**beleidigungsklage** *f* | action for libel (for slander); libel action (suit).

—**bezeigungen** *fpl* | **militärische** ∼ | military hono(u)rs.

—**bürger** *m* | honorary citizen; freeman.

— —**recht** *n* [Ehrenbürgerschaft] | honorary citizenship; freedom of the city | **das** ∼ **einer Stadt verliehen erhalten** | to receive (to be presented with) the freedom of a city.

—**denkmal** *n* | honorary monument.

—**diplom** *n* Ⓐ | diploma (certificate) of hono(u)r.

—**diplom** *n* Ⓑ | honorary degree.

—**doktor** *m* | honorary doctor's degree.

—**erklärung** *f* | reparation of hono(u)r; hono(u)rable amend; apology | **eine** ∼ **für jdn. abgeben** | to make a full apology to sb.

—**gast** *m* | guest of hono(u)r.

—**gericht** *n*; —**gerichtshof** *m* | court of discipline; disciplinary board.

ehrengerichtlich | disciplinary | ∼es **Verfahren** | disciplinary proceedings.

Ehren..gerichtsbarkeit *f* | disciplinary jurisdiction.

—**geschenk** *n* | presentation; donation.

ehrenhaft *adj* | hono(u)rable; respectable; honorary.

Ehrenhaftigkeit *f* | hono(u)rableness; uprightness; honesty.

ehrenhalber *adv* | ∼ **verliehener akademischer Grad** | honorary degree | ∼ **verliehener Rang** | honorary rank.

Ehren..handel *m* | affair of hono(u)r.

—**kodex** *m* | **der** ∼ | the code of ethics (of hono(u)r) (of conduct).

—**kränkung** *f* | libel; slander; defamation; insult; affront.

—**kränkungsklage** *f* | action for libel (for slander); libel suit (action).

—**legion** *f* | Legion of Hono(u)r.

—**mann** *m* | man of hono(u)r.

—**mitglied** *n* | honorary member.

—**mitgliedschaft** *f* | honorary membership.

—**pflicht** *f* | duty of hono(u)r | **durch** ∼ **gebunden sein, etw. zu tun** | to be in hono(u)r bound to do sth.

—**platz** *m* | seat of hono(u)r | **den** ∼ **einnehmen** | to hold a place of hono(u)r.

—**posten** *m* | honorary office (appointment) (function).

—**präsident** *m* | honorary president.

—**rat** *m* | court of hono(u)r.

Ehrenrechte *npl* | civic rights | **Aberkennung (Verlust) der bürgerlichen** ∼ ①; **Ausstellung in den bürgerlichen** ∼**en** [S] | deprivation (loss) (forfeiture) of civic rights | **Aberkennung (Verlust) der bürgerlichen** ∼ ② | civic degradation; national disgrace | **Genuß (Vollbesitz) der bürgerlichen** ∼ | enjoyment (full enjoyment) of civic rights | **jdm. die bürgerlichen** ∼ **aberkennen** ①; **jdn. in den bürgerlichen** ∼**en ausstellen** [S] | to deprive sb. of civic rights | **jdm. die bürgerlichen** ∼ **aberkennen** ② | to sentence sb. to civic degradation.

Ehren..retter *m* | vindicator.

—**rettung** *f* | vindication; rehabilitation.

ehrenrührig *adj* | defamatory; libellous; slanderous; calumnious.

Ehren..rührigkeit *f* | offensive (libellous) character; offensiveness.

—**sache** *f* | matter of hono(u)r.

—**schuld** *f* | debt of hono(u)r.

—**strafe** *f* | dishono(u)ring punishment.

—**tafel** *f* | hono(u)r roll.

—**tage** *mpl* | days of respite (of grace).

—**titel** *m* | honorary title.

—**urkunde** *f* | certificate of hono(u)r.

ehrenvoll *adj* | hono(u)rable; respectable; creditable | ∼e **Erwähnung** | hono(u)rable mention | ∼er **Friede** | hono(u)rable peace; peace with hono(u)r.

ehrenvoll *adv* | hono(u)rably; with hono(u)rs | **jdn.** ∼ **behandeln** | to treat sb. hono(u)rably | ∼ **erwähnt werden** | to be mentioned hono(u)rably.

Ehren..vorsitz *m* | honorary chairmanship.

—**vorsitzender** *m* | honorary president | **stellvertretender** ∼ | honorary vice-president.

ehrenwert *adj* | **mit** ∼**en Absichten** | with hono(u)rable intentions.

Ehrenwort *n* | word of hono(u)r; parole | **einen Gefangenen auf** ∼ **bedingt freilassen** | to release (to put) a prisoner on parole; to parole a prisoner | **Verpflichtung auf** ∼ | engagement by word of hono(u)r | **auf sein** ∼ **entlassen werden** | to be released (to be put) on parole; to be paroled | **sein** ∼ **brechen** | to break one's parole | **auf** ∼ **erklären, daß ...** | to state on one's hono(u)r that ... | **sein** ∼ **geben; sich auf** ∼ **verpflichten** | to give one's word of hono(u)r; to pledge one's hono(u)r.

Ehren..zahlung *f* | payment for hono(u)r (supra protest).

—**zeichen** *n* | decoration.

ehrerbietig *adj* | respectful.

Ehrerbietung *f* | respect; regard; respectfulness.

Ehrgefühl *n* | sense of hono(u)r.

ehrlich *adj* | honest; respectable; upright | **mit** ∼**en Absichten** | with hono(u)rable intentions | **der** ∼**e Finder** | the honest finder | ∼e **Leute** | honest (decent) (respectable) people | ∼er **Name** | good reputation | **auf** ∼e **Weise** | honestly; uprightly | **un**∼ | dishono(u)rable; dishonest.

Ehrlichkeit *f* | honesty; respectability; probity.

ehrliebend *adj* | hono(u)r-loving.

ehrlos *adj* | dishono(u)rable; disreputable | ∼es **Verhalten** | dishono(u)rable (infamous) conduct | ∼ **werden** | to lose one's hono(u)r.

Ehrlosigkeit *f* | dishonesty.

ehrsam *adj* | hono(u)rable; honest; respectable.

Ehrsamkeit *f* | hono(u)rableness; respectability; honesty.

Ehrung *f* | hono(u)rable distinction | **akademische** ∼**en** | academic hono(u)rs.

ehrverletzend *adj* | defamatory; libellous.

Ehrverletzung *f* | defamation; insult.

Ehrverletzungs..klage *f*; —**prozeß** *m* | action for libel (for slander); libel action (suit).

Ehrverlust *m* | civic degradation; loss (deprivation) of civic rights.

Eichen *n*; **Eichung** *f* | gauging; measuring; measurement.

eichen *v* | to gauge.

Eich..amt *n* | office of weights and measures; gauger's (gauging) office.

—**beamter** *m*; —**meister** *m* | gauger; inspector of weights and measures.

Eich..gebühr *f*; **—lohn** *m* | gauger's fee.
—maß *n* | gauge; standard measure (of measure).
—schein *m* | gauger's certificate.
Eid *m* | oath; swearing | **Ablegung (Ableistung) eines** ~**es** | taking of an oath | **Abnahme eines** ~**es** | administration of an oath | **Abschwörungs**~ | oath of abjuration | **Amts**~; **Dienst**~ | oath of office; official oath | **Beweis durch** ~ | evidence by taking the oath | **unter** ~ **abgegebene Bürgschaftserklärung** | sworn guarantee; guarantee given upon oath | **Entbindung von einem** ~ | release from an oath | **Erklärung unter** ~ | declaration upon oath; sworn statement | **Falsch**~ | false oath | **Huldigungs**~; **Treu**~; **Untertanen**~ | oath of allegiance (of loyalty) | **Leistung eines (des)** ~**es** | taking of an (of the) oath | **Mein**~ | perjury | **Offenbarungs**~ | oath of manifestation | **Partei**~ ① | oath given to either of the parties | **Partei**~ ② **Schieds**~ | decisive oath | **Sachverständigen**~ | oath taken by an expert | ~ **auf die Verfassung** | oath to the constitution | **Vernehmung unter** ~ | cross-examination under oath | **Zeugen**~ | oath taken by a witness | **Zeuge unter** ~ | sworn witness; witness under oath.
★ **gerichtlich (von Amts wegen) auferlegter** ~; **richterlicher** ~ | judicial oath | **vor Gericht (vor dem Richter) geleisteter (zu leistender)** ~ | judicial oath | **falscher** ~ | false oath | **wissentlich falscher** ~ | perjury | **einen falschen** ~ **schwören (leisten)** | to swear falsely; to commit perjury; to perjure os. | **zugeschobener** ~ | tendered oath | **zurückgeschobener** ~ | oath tendered back.
★ **einen** ~ **ablegen** | to swear an oath | **einen** ~ **auf etw. ablegen** | to confirm sth. by oath; to take an oath upon sth. | **jdm. einen** ~ **abnehmen (auferlegen)** | to administer an oath to sb.; to put sb. upon his oath; to give sb. the oath | **als Zeuge unter** ~ **aussagen; unter** ~ **aussagen (bezeugen)** | to depose (to declare) under oath; to make oath and depose; to give evidence upon oath | **etw. unter** ~ **bekräftigen (bestätigen) (erhärten)** | to confirm (to substantiate) sth. by oath (under oath); to affirm sth. on oath | **einen** ~ **brechen (nicht halten) (verletzen)** | to break (to violate) one's oath | **jdn. von seinem** ~ **(seines** ~**es) entbinden** | to release sb. from his oath | **durch einen** ~ **gebunden sein** | to be under oath (bound by oath) | **einen** ~ **leisten (schwören)** | to take (to swear) an oath; to swear; to make oath | **unter** ~ **stehen** | to be under (on) oath; to be sworn | **einen Zeugen unter** ~ **vernehmen** | to hear (to cross-examine) a witness under oath | **jdm. den** ~ **zurückschieben** | to tender back an oath to sb. | **jdm. den** ~ **zuschieben** | to tender the oath to sb. | **auf** ~ | upon (by) oath | **unter** ~ | under oath.
Eid..brecher *m* | perjurer.
—bruch *m* | violation of an oath; perjury.
eidbrüchig *adj* | perjured; guilty of perjury; forsworn | ~ **werden** | to break (to violate) one's oath; to commit perjury; to perjure os.; to forswear os.
Eides..ablegung *f* | taking of an (of the) oath.
—ablehnung *f* | refusal to take an oath.
—abnahme *f* | administration of the oath.
—entbindung *f* | release from an oath.
—formel *f*; **—norm** *f* | form (wording) of the oath.
—helfer *m* | cojuror; compurgator.
—leistung *f* | taking of an (of the) oath; act of swearing | **Verweigerung der** ~ | refusal to take the oath | **nach vorheriger** ~ **erklärte der Zeuge ...** | the witness, duly sworn, declared and deposed ... | **die** ~ **verweigern** | to refuse to take the oath.

Eidespflicht *f* | **Verletzung der** ~ | violation of one's oath | **die** ~ **verletzen** | to violate the sanctity of the oath.
Eides Statt *f* | **an** ~ | in lieu of an oath | **Erklärung (Versicherung) an** ~ | affidavit | **etw. an** ~ **erklären** | to declare (to affirm) sth. in the form of an affidavit.
eidesstattlich *adj* | in lieu of an oath | ~**e Erklärung (Versicherung)** | affidavit.
eidesstattlich *adv* | **etw.** ~ **erklären (versichern)** | to declare (to affirm) sth. in the form of an affidavit.
eidesunfähig *adj* | incapacitated from taking an oath.
Eides..unfähigkeit *f* | incapacity to take an oath.
—verletzung *f* | violation of an oath; false oath; perjury.
—verweigerung *f* | refusal to take the oath.
Eidgenosse *m* | confederate.
Eidgenossenschaft *f* | confederation; confederacy.
eidgenössisch *adj* | federal.
eidlich *adj* | by (on) (upon) oath; confirmed by oath; sworn | ~**e Aussage** | deposition upon oath; sworn deposition (evidence) | ~**e Bekräftigung** | affirmation on (upon) oath | ~**e Bürgschaftserklärung** | sworn guarantee; guarantee given upon oath | ~**e Entsagung** | abjuration; denial (renunciation); oath of abjuration | ~**e Erklärung** | sworn declaration (statement) | ~**e Vernehmung** | cross-examination under oath | **eine** ~**e Zeugenaussage machen** | to give evidence upon oath; to make oath and depose; to depose (to declare) under oath.
eidlich *adv* | ~ **aussagen** | to depose (to declare) upon oath | **als Zeuge** ~ **aussagen (erklären)** | to give evidence upon oath; to make oath and depose | **etw.** ~ **bekräftigen (beteuern) (bestätigen) (erhärten)** | to confirm (to substantiate) sth. by oath (under oath); to affirm sth. on oath; to take sth. upon one's oath | ~ **entsagen** | to abjure; to deny (to renounce) on oath; to forswear; to swear off | **einen Zeugen** ~ **vernehmen** | to hear (to cross-examine) a witness under oath; to take evidence upon oath | **sich** ~ **verpflichten** | to bind os. by an oath | **jdm.** ~ **zur Verschwiegenheit verpflichten** | to swear sb. to secrecy | ~ **verpflichtet (gebunden sein); sich** ~ **verpflichtet haben** | to be under oath (bound by oath).
eigen *adj* | ~**es Akzept** | promissory note | **nach seinen** ~**en Angaben** | by (according to) his own account (statements) | **aus** ~**em Entschluß (Willensentschluß)** | of one's own accord (initiative); by his own free will | **auf** ~**e Faust** | on one's own authority | **auf** ~**e Gefahr** | at one's own risk | **mit meinem** ~**en Gelde** | with money of my own | **einen Brief jdm. zu** ~**en Händen übergeben** | to deliver a letter personally (int› sb.'s own hands) | **sein** ~**er Herr sein** | to be one's own master (on one's own) | ~**e Mittel** | one's own funds (resources) | **in** ~**em (im** ~**en) Namen** | in (under) one's own name | **in** ~**er Person gehen** | to go personally (in person) | **auf (für) seine** ~**e Rechnung** | on (for) one's own account | **aus** ~**em Recht** | in one's own right | **auf** ~**es Risiko** | at one's own risk | **auf** ~**e Verantwortung** | on one's own responsibility | ~**er Wechsel** | promissory note.
Eigenart *f*; **Eigenartigkeit** *f* | peculiarity.
eigenartig *adj* | original; peculiar; singular.
Eigen..bedarf *m* | [sb.'s] own requirements *pl*.
—besitz *m* | possession as owner; proprietary possession.
—besitzer *m* | possessor as owner; proprietary possessor.

Eigen..betrieb *m* | own factory (establishment).
—**erzeugung** *f* | domestic (home) production.
—**finanzierung** *f* | financing from one's own resources; self-financing.
—**geschäft** *n* | business for one's own account.
—**gewicht** *n* | dead weight.
eigenhändig *adj* | by (under) one's own hand | ~es Testament | holographic will | ~e Unterschrift | autograph (one's own) signature.
eigenhändig *adv* | ~ abzuliefern | to be delivered into one's own hand | ~ geschrieben | written with one's own hand | ~ geschriebenes Testament | holographic will | ~ unterschrieben | signed in person; personally signed.
Eigen..heim *n* | private home; homestead.
—**heit** *f* | peculiarity.
—**investition** *f* | capital investment effected out of one's own resources.
—**kapital** *n* Ⓐ | own capital (funds *pl*).
—**kapital** *n* Ⓑ [einer Bank] | net worth; capital plus reserves.
—**macht** *f*; —**mächtigkeit** *f* | arbitrary action | verbotene ~ | unlawful interference.
eigenmächtig *adj* | arbitrary; unauthorized.
eigenmächtig *adv* | arbitrarily; on one's own authority | sich ~ Recht verschaffen | to take the law into one's own hand | ~ handeln | to act on one's own authority.
Eigenmittel *npl* | own resources.
Eigenname *m* | propre (family) name; surname.
Eigennutz *m* | self-interest; interestedness | strafbarer ~ | illicit gains | aus ~ | for self-interest; from interested motives.
eigennützig *adj* | self-interested | aus ~en Gründen | from interested motives; for self-interest.
Eigen..produktion *f* | own production.
—**risiko** *n* | own share in the risk.
eigens *adv* | expressly; particularly.
Eigenschaft *f* | quality; capacity | in amtlicher ~ | in an official capacity | wesentliche ~en | essential qualities | zugesicherte ~ | promised (warranted) quality | in derselben ~ | in the same capacity | in seiner (in ihrer) ~ als | in his (in her) capacity of | in der ~ als ... handeln | to act in one's capacity as ...
eigenstaatlich *adj* | national; autonomous.
Eigenstaatlichkeit *f* | autonomy.
eigentlich *adj* | real; true; proper | die ~e Bedeutung von etw. | the proper meaning of sth. | im ~en Sinne | in the proper sense of the word | der ~e Wert | the instrinsic value.
Eigentum *n* Ⓐ [Eigentumsrecht] | property; right of property; ownership; property right; title | Allein~ | exclusive (sole) ownership | Bergwerks~ | mining property | ~ nach Bruchteilen | community of property by undivided shares | Erwerb des ~s | acquisition of title | Gesamt~; Kollektiv~ | collective (common) ownership | Klage auf Herausgabe des ~s | action for the recovery of title | ~ (Mit~) zur gesamten Hand | undivided (joint) ownership | Mit~ | co-ownership.
O Privat~ | private property | im Privat~ stehen | to be privately owned | Rücklangung (Wiedererlangung) (Rückerwerb) (Zurücklangung) des ~s | recovery; recovery of title | Staats~ | government ownership | Staats~ sein, im Staats~ stehen | to be state-owned (government-owned) | Stockwerks~ | ownership of a particular story of a building | Übergang des ~s | passage of title (of ownership) (of property) | Übertragung des ~s | transfer (conveyance) of title (of ownership) (of property).

★ **ausschließliches** ~ | exclusive (sole) ownership | **geistiges** ~ | copyright | **gewerbliches** ~; **industrielles** ~ | industrial property | **künstlerisches** ~ | artistic copyright | **literarisches** ~ | literary copyright; copyright | **unumschränktes** ~ | absolute ownership | **wirtschaftliches** ~ | beneficial ownership.
★ **etw. zu** ~ **besitzen** | to own sth.; to hold sth. as owner; to possess sth. in one's own right | ~ **(das** ~) **erwerben** | to acquire title | **etw. zu** ~ **erwerben** | to acquire sth. (title to sth.) | **etw. zu** ~ **geben** (**übergeben**) | to give sth. as property | **jdm. zu** ~ **gehören** | to be owned by sb.; to be sb.'s property | **das** ~ **steht dem ... zu** | ownership resides with ...; title is vested in ... | **im öffentlichen** ~ **stehen** | to be publicly owned (under public ownership) | **teilweise in jds.** ~ **stehen** | to be partly-owned by sb. | **vollständig in jds.** ~ **stehen** | to be wholly-owned by sb. | **das** ~ **übertragen** | to transfer title; to convey property | **jds.** ~ **verletzen** ① | to infringe sb.'s property rights | **jds.** ~ **verletzen** ② | to trespass on (upon) sb.'s property | **das** ~ **vorbehalten** | to reserve one's title (proprietary rights); to retain title | **das** ~ **wiedererwerben** (**wiedererlangen**) (**zurückerlangen**) | to recover title (one's title).
Eigentum *n* Ⓑ [Vermögen] | property; estate | ~ **von Ausländern**; **ausländisches** ~ | alien property | **Grund**~ | landed (real) (real estate) property | **Nachbar**~ | adjoining property (estate) | **Sonder**~ | separate estate | **Staats**~ | state (government) (national) (public) property.
★ **bewegliches** ~ | personal property (estate); movables; personalty; chattel | **feindliches** ~ | enemy property | **freies** ~; **freies Grund**~ | freehold property | **fremdes** ~ | somebody else's property | **unbewegliches** ~ | landed (real) (real estate) property; immovables; realty.
Eigentümer *m* | owner; proprietor; holder | **Allein**~ | sole (exclusive) owner | **auf Gefahr des** ~s | at owner's risk | **Grund**~; **Grundstücks**~ | land (site) owner; owner of real estates | **Haftung des** ~s | responsibility of the owner | **Haus**~ | house owner; landlord | **Mit**~ | coproprietor; co-owner; joint (part) owner | **Nachbar**~; **benachbarter** ~ | neighbo(u)ring owner (landowner) | **Schiffs**~ | shipowner; owner of the (of a) ship | **Ufer**~ | riparian owner (proprietor) | **Vor**~; **vorheriger** ~ | previous owner; predecessor in title.
★ **der eingetragene** ~ | the inscribed (registered) owner | **nachfolgender** ~; **späterer** ~ | subsequent owner; successor in title | **rechtmäßiger** ~ | rightful (lawful) (legitimate) owner.
Eigentümer..grundschuld *f* | land charge which is registered in the owner's name.
—**haftpflicht** *f* | owner's public liability.
—**hypothek** *f* | mortgage which is registered in the name of the owner.
Eigentümerin *f* | proprietress.
eigentümlich *adj* | peculiar; singular.
Eigentümlichkeit *f* | peculiarity; particularity | **charakteristische** ~ | distinctive mark; distinctiveness; feature.
Eigentums..anspruch *m* | title; property right | **Rechtshängigkeit des** ~es | pendency of an action for recovery of title | **seinen** ~ **nachweisen** (**substantiieren**) | to give colo(u)r of title.
—**beeinträchtigung** *f* | trespassing on [sb.'s] property.
—**bescheinigung** *f* | certificate of title.
—**beschränkung** *f* | restriction on title.
—**delikt** *n* | offense against property.

Eigentums..entsetzung *f* | expropriation.
—**erwerb** *m* | acquisition of property (of title).
—**interesse** *n* | proprietary interest.
—**klage** *f* | claim of ownership.
—**nachweis** *m* | proof (evidence) of title.
—**recht** *n* | property (proprietary) right; right of property; title; ownership; proprietorship | **ausschließliches** ~ | exclusive property | **wohlerworbenes** ~ | vested title | **sich das** ~ **vorbehalten** | to reserve (to retain) title.
—**schutz** *m* | protection of property.
—**störung** *f* | trespassing on sb.'s property.
—**titel** *m* | title deed; title; evidence of title (of ownership).
—**übergabe** *f* | conveyance of title.
—**übergang** *m* | passage of title (of ownership) (of property).
—**übertragung** *f* | transfer (conveyance) of title (of ownership) (of property).
—**übertragungskontrakt** *m*; —**übertragungsurkunde** *f* | deed of conveyance; conveyance; title deed.
—**veränderung** *f* | change (passage) of title.
—**verbrechen** *n*; —**vergehen** *n* | offense against property.
—**vermutung** *f* | presumption of title.
—**vorbehalt** *m* | retention of title | **einen** ~ **machen** | to retain one's title; to reserve one's property rights | **unter** ~ | retaining one's title.
—**wechsel** *m* | change (passage) (transfer) of title.
Eigenverbrauch *m* | consumption for one's own use.
Eigenwechsel *m* | promissory note.
eignen *v* [geeignet sein | **sich für etw.** ~ | to be suitable (adapted) (fit) (qualified) for sth.
Eigner *m* | owner | **Allein**~ | sole (exclusive) owner | **Anteils**~ | holder (owner) of a share | **Mit**~ | joint owner; co-owner; part owner | **Schiffs**~ | shipowner; owner of a ship.
Eignung *f* | qualification; aptitude; aptness | **berufliche** ~ | vocational qualification | **fachliche** ~ | professional qualification.
Eignungsprüfung *f* | aptitude test; qualifying examination.
Eil..bedarf *m* | urgent (immediate) requirement.
—**beförderung** *f*; —**bestellung** *f* | express forwarding (delivery).
—**bestelldienst** *m* | express (special) delivery service.
—**bestellgeld** *n* | special delivery fee.
—**bote** *m* | express (special) messenger | **durch** ~**n** | by special messenger; by express delivery.
—**brief** *m* | letter sent by express (by special messenger); express letter.
— —**zustellung** *f* | special (express) delivery.
—**fracht** *f* | **durch (mit) (per) (als)** ~ | by express train; by mail train.
—**fracht** *f*; —**frachtgut** *n*; —**gut** *n* | express goods | **per** ~ | by express train.
eilig *adj* | pressing; speedy; urgent.
Eil..paket *n* | express parcel (package).
—**post** *f* | express mail | **durch** ~ | by express messenger; by special delivery.
—**sendung** *f* | express package.
—**zug** *m* | express train.
—**zustellgebühr** *f* | special delivery fee.
—**zustellung** *f* | express (special) delivery; special delivery service.
Einbahn..straße *f* | one-way street.
—**strecke** *f* | single track.
—**verkehr** *m* | one-way traffic.
einbegreifen *v* | to comprise; to comprehend; to include; to embrace.

einbegriffen *part* | included; including; comprising; inclusive.
einbehalten *v* | to retain | **jds. Lohn** ~ | to withhold (to retain) sb.'s wages | **so und soviel von jds. Lohn** ~ | to withhold so and so much out of sb.'s pay (from sb.'s wages).
einbehalten *adj* | ~**e Gewinne** | retained earnings; undistributed profits.
Einbehaltung *f* | retention | **unter** ~ **eines Betrages von ...** | withholding an amount of ...
einberufen *v* Ⓐ | to call; to convoke; to convene; to summon | **eine Generalversammlung** ~ | to convene (to call) a general meeting | **die Gläubigerversammlung** ~ | to summon the creditors | **eine Konferenz** ~ | to convoke a conference | **das Parlament** ~ | to convene (to summon) parliament | **eine Versammlung** ~ | to convene (to call together) a meeting | **die Aktionäre zu einer Versammlung** ~ | to summon the shareholders.
einberufen *v* Ⓑ | **jdn. zum Heeresdienst** ~ | to call sb. up (to the colo(u)rs) | **Reserven** ~ | to call up reserves | **wieder**~ | to recall.
Einberufer *m* | convoker.
Einberufung *f* Ⓐ | convocation; convening; summons | | ~ **der Gläubiger** | summoning of the creditors | ~ **des Parlaments** | convening of parliament | ~ **einer Versammlung** | convocation of (convening) (notice of convening) a meeting.
Einberufung *f* Ⓑ | | ~ **zum Heeresdienst** | call to the colo(u)rs (to arms) | **Wieder**~ | recall.
Einberufungs..befehl *m* | draft order.
—**brief** *m*; —**schreiben** *n* | letter of convocation; notice of a meeting.
einbeziehen *v* | to include; to comprehend.
einbrechen *v* Ⓐ | [mit Gewalt eintreten] | to break in.
einbrechen *v* Ⓑ | [Einbruchdiebstahl begehen] | to commit housebreaking (burglary) | **in ein Haus** ~ | to break into a house; to burgle a house.
Einbrecher *m* Ⓐ | housebreaker.
Einbrecher *m* Ⓑ | [nächtlicher ~] | burglar.
Einbrecher..alarm *m* | burglar alarm.
—**bande** *f* | gang of burglars.
Einbringen *n* | **das** ~ **der Frau** | property brought into the marriage by the wife | **das** ~ **in eine Gesellschaft** | the investment in a company | **Kapital**~ | capital investment (invested); cash deposit (invested) | **Natural**~; **Sach**~ | investment in kind.
einbringen *v* Ⓐ | **etw.** ~ | to bring in sth. | **etw. in die Ehe** ~ | to bring in sth. into a marriage | **etw. in eine Gesellschaft** ~ | to bring in sth. into a company | **Kapita** ~ | to pay in (to bring in) (to invest) capital.
einbringen *v* Ⓑ | [einreichen] | **einen Antrag** ~ | to make (to propose) (to put) (to table) (to bring in) (to file) a motion | **einen Abänderungsantrag** ~ | to move an amendment | **eine Entschließung** ~ | to propose a resolution; to put a resolution to the meeting | **eine Gesetzesvorlage** ~ | to table (to bring in) a bill | **gegen jdn. eine Klage** ~ | to bring (to enter) an action against sb. [VIDE: **Klage** *f* Ⓐ].
einbringen *v* Ⓒ | [als Erträgnis] | **etw.** ~ | to yield a return | **einen Gewinn** ~ | to bring (to yield) a profit.
einbringlich *adj* | paying; profitable; lucrative.
Einbringung *f* Ⓐ | ~ **von Sachen** | bringing in of goods.
Einbringung *f* Ⓑ | ~ **eines Antrages** | bringing in of a motion.
Einbruch *m* Ⓐ | [Einbrechen] | breaking in.
Einbruch *m* Ⓑ | [nächtlicher ~ und Diebstahl] | burglary; housebreaking | **Laden**~ | shopbreaking | **Lagerhaus**~ | warehouse-breaking | **Versicherung gegen** ~ | burglary insurance.

Einbruch *m* © [starker Rückgang] | **Kurs~** | sharp drop in the prices | **Preis~** | sharp (large-scale) drop (slump) of the prices.
Einbruchs..diebstahl *m* | housebreaking; burglary | **versuchter ~** | attempted burglary; burglarious attempt | **~ begehen** | to commit burglary.
—**versicherung** *f* | burglary insurance.
—**versuch** *m* | attempted burglary.
einbruchsicher *adj* | burglar-proof; thief-resisting | **feuer- und ~** | fire and burglar-proof.
einbürgern *v* Ⓐ [naturalisieren] | to naturalize | **sich ~ lassen** | to apply for naturalization; to become naturalized | **wieder~** | to repatriate.
einbürgern *v* Ⓑ [üblich werden] | **sich ~** | to become customary.
Einbürgerung *f* | naturalization | **Wieder~** | repatriation | **Zurücknahme der ~** | denaturalization; expatriation | **jds. ~ zurücknehmen** | to disnaturalize (to denaturalize) sb.
Einbürgerungs..gesuch *n* | application (petition) for naturalization.
—**papiere** *npl* | naturalization papers.
—**urkunde** *f* | certificate (act) (letters) of naturalization; naturalization certificate.
Einbuße *f* | loss; damage | **~ an Ansehen** | loss of reputation | **Vermögens~** | property (financial) loss; loss of property | **eine ~ erleiden** | to suffer a loss.
einbüßen *v* | to suffer (to sustain) a loss; to lose.
eindecken *v* | **sich ~** | to cover one's future requirements.
Eindeckung *f* | covering one's future requirements.
Eindeckungswelle *f* | wave of precautionary buying.
Eindringen *n* | penetration.
eindringlich *adv* | **~ empfehlen (nahelegen), etw. zu tun** | to urge that sth. should be done; to advise strongly to do sth.
Einehe *f* | monogamy.
einengen *v* Ⓐ [schmälern] | **die Gewinnspanne ~** | to narrow the margin; to make the profit margin narrower.
einengen *v* Ⓑ [beschränken] | to restrict; to restrain | **die Gewerbefreiheit ~** | to restrain trade.
einerseits | **~ ..., andererseits ...** | on the one hand ..., on the other hand ...
einfach *adj* | **~er Bankrott** | simple (casual) failure | **~e Buchführung** | bookkeeping by single entry; single-entry bookkeeping | **~er Diebstahl** | theft; larceny; simple larceny | **~e Fahrkarte; ~er Fahrschein** | single (one-way) ticket | **~er Fahrpreis** | single fare | **~e Havarie** | particular (common) (ordinary) average | **~e Leute** | plain (unpretentious) people | **~e Mehrheit; ~es Mehr** [S] | simple majority | **~es Porto** | ordinary postage.
Einfachheit *adj* | simplicity | **der ~ halber** | for simplicity's sake.
Einfall *m* | **~ in ein Land** | invasion of a country | **durch ~ in ein Land** | by invading a country.
einfallen *v* | **in ein Land ~** | to invade a country.
Einfamilienhaus *n* | one-family home (house).
einfinden *v* | **sich vor Gericht ~** | to appear in court; to appear (to come) before the court.
Einfluß *m* | influence | **bestimmender ~; entscheidender ~; maßgeblicher ~** | decisive influence; control | **seinen ganzen ~ aufbieten, um ...** | to bring every influence to bear in order to ... | **einen großen ~ auf jdn. haben** | to have great influence over sb. | **einen (seinen) ~ auf jdn. ausüben** | to exercise (to exert) an influence on sb.; to influence sb.; to bring influence to bear on sb. | **seinen ~ bei jdm. geltend machen** | to use one's influence with sb. | **~ haben** | to have

influence | **auf etw. ~ haben** | to have an influence on (upon) sth. | **keinen ~ auf etw. haben** | to have no control over sth. | **außerhalb jds. ~ liegen** | to be beyond one's control | **ohne ~** | uninfluential | **wenig ~ haben** | to have little weight | **von ~** | influential.
Einfluß..bereich *m*; —**gebiet** *n*; —**zone** *f* | sphere (zone) of influence.
einflußreich *adj* | influential | **~ sein** | to have influence | **~e Freunde haben** | to have influential friends | **~er Mann** | man of influence.
einfordern *v* | to call in | **Außenstände ~** | to collect sums outstanding | **Kapitali(en) ~** | to call in capital (funds) | **Nachschuß ~** | to call for additional cover | **Steuern ~** | to collect taxes.
Einforderung *f* | collection.
Einfrieren *n* | **~ von Guthaben** | freezing of credit balances | **~ von Krediten** | freezing of credits.
einfügen *v* | **eine Klausel (eine Bedingung) in einen Vertrag ~** | to insert a clause (a condition) into a contract.
Einfügung *f* | **~ einer Klausel (einer Bedingung) in einen Vertrag** | insertion of a clause (of a condition) in an agreement.
einführbar *adj* | importable; to be imported.
einführen *v* Ⓐ [vorstellen] | **jdn. bei jdm. ~** | to introduce sb. to sb. | **an der Börse ~** | to introduce at the stock exchange | **Neuerungen ~** | to make innovations.
einführen *v* Ⓑ [installieren] | **jdn. in ein Amt ~** | to install sb. in an office.
einführen *v* © [importieren] | **Waren ~** | to import goods | **erneut ~; wieder~** | to reimport.
einführend *adj* | **~e Worte** | introductory words.
Einführer *m* | importer.
Einführung *f* Ⓐ [als gesetzliche Maßnahme] | introduction; institution | **~ eines neuen Systems** | introduction of a new system | **zur ~ kommen** | to be introduced.
Einführung *f* Ⓑ [in ein Amt; Amts~] | installation; inauguration.
Einführung *f* © [Einführungsschreiben] | letter of introduction (of recommendation); introductory letter.
Einführung *f* Ⓓ [Vorwort; Einleitung] | introduction; preface | **Worte der ~** | introductory words.
Einführung *f* Ⓔ [Elementarbuch] | introduction; guide.
Einführung *f* Ⓕ [Vorstellung] | introduction; presentation.
Einführungs..bestimmungen *fpl* | introductory regulations.
—**gesetz** *n* | introductory law.
—**kurs** *m* | rate of issue.
Einfuhr *f* Ⓐ | importation | **private ~** | importation on private account | **zollfreie ~** | duty-free entry; free admission | **bei der ~** | when imported.
Einfuhr *f* Ⓑ | **die ~; die ~en** | the imports *pl* | **~ und Ausfuhr** | imports and exports | **Gesamt~** | total imports | **gewerbliche ~** | imports of industrial equipment | **unsichtbare ~en** | invisible imports.
Einfuhrabgaben *fpl* | import duties (taxes).
einfuhrabhängig *adj* | depending on imports.
Einfuhr..agent *m* | import agent.
—**artikel** *m* | import item.
—**artikel** *mpl* Ⓐ [Einfuhrwaren] | articles of importation.
—**artikel** *mpl* Ⓑ [eingeführte Waren] | imported articles; imports.
—**ausgleichsabgabe** *f* | import equalization tax (levy).
—**ausnahmetarif** *m* | tariff of penetration.

Einfuhr..bedarf *m*; —**bedürfnisse** *npl* | import requirements.
—**berechtigungsschein** *m*; —**erlaubnisschein** *m*; —**erlaubnis** *f*; —**genehmigung** *f*; —**bewilligung** *f* | import permit (license) (certificate).
—**beschränkung(en)** *fpl* | restriction (limitation) of imports; import restrictions.
—**bestimmungen** *fpl* | import regulations.
—**bewilligungsantrag** *m* | application for an import permit (license).
—**deklaration** *f*; —**erklärung** *f* | declaration inwards; bill of entry; import entry.
—**gebühren** *fpl* | import duties (taxes).
—**gesellschaft** *f* | importing (import) company; firm of importers.
—**güter** *npl* | import goods; articles of import; imports.
—**hafen** *m* | port of entry.
—**handel** *m* | import (passive) trade.
—**händler** *m* | importer; import dealer (merchant).
—**haus** *n* | import firm (house).
—**kommissionär** *m* | import commission merchant.
—**kontingent** *n* | import quota.
—**kontingentierung** *f* | quota system for imports.
—**kontrolle** *f* | control of imports.
—**land** *n* | importing country; country of importation.
—**liste** *f* | list of imports; import list.
—**lizenz** *f*; —**patent** *n* | import permit (license) (certificate).
—**posten** *m* | import item.
—**prämie** *f* | import premium; bounty on importation.
—**preis** *m* | import price.
—**programm** *n* | import program.
—**quote** *f* | import quota.
—**sperre** *f* | embargo on importation (on imports).
—**staat** *m* | country of importation.
—**statistik** *f* | import statistics *pl*.
—**steigerung** *f* | increase of imports; increased imports.
—**steuer** *f* | import duty (tax); duty on importation.
—**stop** *m* | ban (embargo) on imports.
—**tarif** *m* | import list.
—**überschuß** *m* | import surplus; excess of imports; imports in excess of exports.
—**verbot** *n* | embargo on importation; import prohibition.
—**waren** *fpl* Ⓐ | articles of importation; import goods.
—**waren** *fpl* Ⓑ | goods imported; imports.
—**wert** *m* | import value.
—**zoll** *m* | import duty; duty on importation | **einem ～ unterworfen sein** | to be subject to the payment of import duties; to be dutiable.
—**zolltarif** *m* | import list.
Eingabe *f* | petition; application; request | **eine ～ machen** | to submit (to make) an application (a petition) | **eine ～ abschlägig bescheiden** | to refuse a petition (an application).
Eingang *m* Ⓐ [Zutritt] | entrance; entry | **～ verboten; verbotener ～** | no admittance | **kein ～** | do not enter; private.
Eingang *m* Ⓑ [Einlaufen] | receipt | **～ von Aufträgen** | receipt of orders | **～ von Geld(ern)** | receipt (coming in) of money; receipts | **in der Reihenfolge des ～es** | in the order of receipt | **vorbehaltlich (unter Vorbehalt) des ～s; ～ vorbehalten** | due payment always provided; reserving due payment | **～ von Waren** | arrival of goods | **nach ～** | on (upon) (after) receipt (payment); when paid.
Eingang *m* Ⓒ [Einnahme] | receipt | **Bar～** | receipt in cash.

Eingänge *pl* | receipts; takings; payments received | **～ und Ausgänge** | incomings and outgoings | **Bar～** | cash receipts.
eingangs *adv* | at the beginning.
Eingangs..abgabe *f* | import duty; duty on importation.
—**anzeige** *f*; —**bekenntnis** *n*; —**bestätigung** *f* | acknowledgment (confirmation) of receipt.
—**buch** *n* | book of receipts.
—**datum** *n* | date (day) of receipt.
—**formel** *f* | preamble.
—**hafen** *m* | port of entry (of importation).
—**nummer** *f* | receipt number.
—**stempel** *m* | receipt (received) stamp.
—**vermerk** *m* | notice (date) of receipt.
—**verzeichnis** *n* | list of receipts.
—**zoll** *m* | import (customs) duty; duty on importation; duty inwards.
—**zollamt** *n* | custom-house at entry.
eingeben *v* | **um etw. ～** | to apply (to make application) for sth.
eingeboren *adj* | aboriginal; native; indigenous.
Eingeborener *m* | aboriginal; native.
Eingeborenen..arbeit *f* | native labo(u)r.
—**aufstand** *m* | native rising.
—**staat** *m* | native state.
—**stamm** *m* | native tribe; tribe of natives.
eingebracht *adj* | **～es Gut; ～e Sachen** | assets brought in | **～es Gut der Frau** | wife's dowry; marriage portion | **～es Kapital** | brought-in (invested) capital; capital invested.
Eingebrachtes *n* | assets brought in.
eingebürgert *adj* | naturalized | **～er Ausländer** | naturalized alien.
eingedeckt *adj* | stocked.
eingefroren *adj* | **～e Guthaben** | frozen assets (credit balances) (accounts) | **～e Kredite** | frozen credits.
eingeführt *adj* | **gut ～** | well established | **an der Börse ～** | quoted (listed) on the stock exchange.
eingegangen *adj* Ⓐ [empfangen] | received | **verspätet ～** | received late.
eingegangen *adj* Ⓑ | **～e Beträge (Gelder)** ① | amounts cashed (collected) | **～e Beträge (Gelder)** ② | receipts; takings; payments received.
Eingehen *n* Ⓐ [Empfang] | **～ von Geld(ern)** | receipt of money(s).
Eingehen *n* Ⓑ [Annahme] | **～ auf ein Angebot** | accepting (acceptation of) an offer | **～ auf eine Bedingung** | accepting a condition | **～ auf einen Vorschlag** | entertaining of a proposal.
Eingehen *n* Ⓒ [Aufhören] | **～ einer Firma** | closing down of a firm.
eingehen *v* Ⓐ [schließen] | **eine Ehe ～** | to contract a marriage | **einen (auf einen) Handel ～** | to conclude (to close) a bargain; to make a deal | **eine Verbindung mit jdm. ～** | to enter into relation to sb. | **einen Vergleich ～** | to enter into (to come to) an arrangement | **auf Verhandlungen ～** | to enter into negotiations | **einen Vertrag ～** | to enter into a contract.
eingehen *v* Ⓑ [annehmen] | **auf ein Angebot ～** | to entertain (to accept) an offer | **auf eine Bedingung ～** | to accept (to agree to) a condition | **auf ein Verlangen ～** | to comply with (to respond to) a request; to satisfy a demand | **auf einen Vorschlag ～** | to accept (to entertain) (to agree to) a proposal | **eine Wette ～** | to accept a wager.
eingehen *v* Ⓒ [kontrahieren] | to incur | **Kosten ～** | to incur expenses | **ein Risiko ～** | to incur (to assume) (to undertake) a risk | **Schulden ～** | to contract debts | **Verbindlichkeiten ～; Verpflichtungen ～;**

eingehen v Ⓒ *Forts.*
vertragliche Bindungen ~ | to enter into engagements; to contract (to undertake) obligations (liabilities) | eine Verpflichtung ~ | to incur a liability.
eingehen v Ⓓ [Bezug nehmen] | auf Einzelheiten ~ | to enter into particulars; to go into details | auf eine Frage ~ | to go into a question | auf etw. ~ | to refer to sth.; to take sth. into consideration.
eingehen v Ⓔ [empfangen werden] | to come in; to arrive | schleppend ~ | to come in slowly.
eingehen v Ⓕ [aufhören zu bestehen] | to cease to exist (to operate) | etw. ~ lassen | to discontinue sth.
eingehend adj Ⓐ | die ~e Post | the incoming mail | die ~en Zahlungen | the receipts; the incomings.
eingehend adj Ⓑ [ausführlich] | ~e Begründung | full reasons | ~e Beschreibung | detailed description | ~e Darstellung | detailed account (report) | ~e Kenntnisse | thorough knowledge | ~e Prüfung (Untersuchung) | close (thorough) (careful) examination.
eingehend adv | with all (full) particulars | etw. ~ begründen | to give full reasons for sth. | etw. ~ beschreiben | to give a full (detailed) description of sth. | etw. ~ prüfen (untersuchen) | to give sth. a close (thorough) examination.
eingeklagt adj | ~er Betrag | amount sued for | ~e Forderung | litigious claim.
eingelagert adj | ~e Waren | goods in warehouse; stored goods.
eingelöst adj | redeemed; paid | nicht ~; un~ | unredeemed; unpaid | nicht ~er Wechsel | dishono(u)red bill | bill returned dishono(u)red.
eingemeinden v | to incorporate in a community.
Eingemeindung f | incorporation in a community.
eingerechnet adj | alles ~ | all-inclusive.
Eingesandt n | letter to the editor.
eingeschossen adj | ~es Kapital | invested capital; investment.
eingeschränkt adj | limited; restricted | ~e Annahme | qualified acceptance | un~ | unlimited; unrestricted.
eingeschränkt adv | under reserve | un~ | unreservedly; without reserve.
eingeschrieben adj | ~er Brief | registered letter | durch ~en Brief | by registered mail.
eingeschrieben adv | einen Brief ~ schicken | to send a letter by registered mail (post).
eingeschmuggelt part | smuggled in.
Eingeständnis n | admission; avowal; confession.
eingestehen v | to admit; to confess.
eingetragen adj | registered | ~e Firma | registered firm | ~e Kurzanschrift | registered abbreviated address | ~e Genossenschaft | registered cooperative society | ~es Warenzeichen; ~e Schutzmarke | registered trade-mark | ~er Verein | registered club (society) | handelsgerichtlich ~ | registered in the trade register.
eingezahlt adj | paid in | bei der Bank ~ | paid into the bank | voll ~ | paid up.
eingliedern v | to incorporate; to integrate.
Eingliederung f | incorporation; integration.
Eingreifen n Ⓐ | intervention | gerichtliches ~ | judicial intervention | staatliches ~ | state (government) intervention.
Eingreifen n Ⓑ [Übergreifen] | encroachment | ~ in jds. Rechte | encroachment upon (infringement of) sb.'s rights.
eingreifen v Ⓐ | in eine Angelegenheit ~ | to intervene in a matter.
eingreifen v Ⓑ [übergreifen] | in jds. Recht ~ | to encroach upon (to infringe) sb.'s rights.

Eingriff m Ⓐ [Übergriff] | ~ in jds. Rechte | encroachment upon sb.'s rights.
Eingriff m Ⓑ [Intervention] | staatlicher ~ | state (government) intervention.
Eingriff m Ⓒ | operativer ~ | operation | strafbarer ~; unerlaubter ~; verbotener ~ | illegal operation | einen verbotenen ~ vornehmen | to perform an illegal operation.
eingruppieren v | to group; to class; to classify.
Eingruppierung f | grouping; classing; classification.
Einhalt m | stop | etw. ~ gebieten | to put a stop to sth.; to bring sth. to a stop.
einhalten v | eine Abmachung ~; einen Handel ~ | to keep within (to stick to) a bargain | Bedingungen ~ | to adhere to conditions | die Bedingungen ~ | to fulfil (to comply with) the conditions (the terms) | Bestimmungen ~ | to comply with rules | die gesetzlichen Bestimmungen ~ | to comply with the legal regulations (with the law) | eine Bestimmung genau ~ | to adhere strictly to a clause | Formalitäten ~ | to comply with formalities.
○ eine Frist ~ | to comply with a term | eine Frist nicht ~ | to exceed a period of time | das Gesetz ~ | to obey (to keep) (to comply with) (to abide by) the law | die Kündigungsfrist ~ | to observe the term of notice | die Lieferfrist ~ | to keep the term of delivery | ein Limit ~ | to keep within a limit | eine Regel ~ | to comply with a rule | einen Termin ~ | to comply with a term | eine Verabredung ① | to abide by an agreement | eine Verabredung ~ ② | to keep an appointment | seine Verpflichtungen ~ | to keep (to meet) (to satisfy) (to fulfil) one's engagements (one's obligations).
○ ein Versprechen ~ | to keep (to abide by) a promise | einen Vertrag ~ | to abide by a contract; to adhere to a treaty | eine Vertragsbestimmung ~ | to comply with a clause | Vorschriften ~ | to adhere to (to comply with) instructions | eine Wette ~ | to hold a wager; to take (to take up) a bet.
Einhaltung f | observance; fulfilment; compliance | ~ einer Bedingung | fulfilment of a condition | ~ der gesetzlichen Bestimmungen | compliance with the rules (regulations) of the law | die ~ einer Bestimmung erzwingen | to enforce a rule | unter ~ der Formalitäten | complying with the formalities | ~ einer Frist | keeping within a period | unter ~ einer Kündigungsfrist von ... | observing a term of notice of ... | ohne ~ einer Kündigungsfrist | without observing any term of notice | ~ der Lieferfrist | keeping the term of delivery | Nicht~ | non-observance; non-compliance | ~ einer Regel | observing (compliance with) a rule | ~ eines Versprechens | keeping of a promise | ~ eines Vertrages | adherence to a treaty | genaue ~; strikte ~ | strict observance.
einhändigen v | to hand in; to surrender.
Einhändigung f | handing in; surrender.
einheben v | Steuern ~ | to collect taxes.
Einheberolle f [Steuer~] | assessment roll; tax list.
Einhebestelle f [Steuer~] | tax collector's office.
Einhebungs..beamter m | collection.
—**bezirk** m | collection district.
—**gebühr** f | collecting (collection) charge (fee).
einheimisch adj | home; domestic; native; indigenous | ~er Bedarf | home demand | ~e Bevölkerung | native population | ~es Erzeugnis (Fabrikat) | home (inland) product | ~e Erzeugnisse ① | home (home-grown) produce | ~e Erzeugnisse ② | ~e Waren | home manufactures | ~e Erzeugung | home (domestic) production | ~e Industrie | native (home) industry | ~er Markt | home (domestic) market |

~er Verbrauch | home (domestic) consumption | ~e Werte (Wertpapiere) | home securities.
Einheimischer *m* | native.
einheiraten *v* | in eine Familie ~ | to marry into a family | in ein Geschäft ~ | to marry into a business.
Einheit *f* Ⓐ [Einigkeit] | unity.
Einheit *f* Ⓑ [Einheitlichkeit] | uniformity.
Einheit *f* Ⓒ | unit | Flächen~ | superficial unit | Geld~; Münz~; Währungs~ | monetary unit (standard); money standard | Gewichts~ | unit (standard) of weight | Maß~ | unit (standard) of measure; standard measure; unit of measurement; gauge | Standard~ | standard unit | Wert~ | unit (standard) of value | wirtschaftliche ~ | economic entity.
einheitlich *adj* Ⓐ | uniform.
einheitlich *adj* Ⓑ [vereinheitlicht] | standardized | ~e Größen | standardization of sizes.
Einheits..bestrebungen *fpl* | unification tendencies.
—**bewertung** *f* | standard evaluation.
—**buchführung** *f* | standard system of accounting.
—**fabrikation** *f*; —**fertigung** *f* | standardized manufacture (production).
—**format** *n* | standard size.
—**formular** *n* | standard form.
—**front** *f* | united front.
—**gebühr** *f* | uniform rate.
—**gewichtssatz** *m* | uniform weight scale.
—**kurs** *m* | standard rate (quotation).
—**liste** *f* [einzige Wahlliste] | single list.
—**löhne** *mpl* | standard wages.
—**miete** *f* | standard rent.
—**mietsvertrag** *m* | standard lease.
—**partei** *f* | united (sole) party.
—**police** *f* | standard policy.
—**preis** *m* | uniform (standard) price.
—**preisgeschäft** *n*; —**preisladen** *m* | one-price store.
—**satz** *m* | uniform (standard) rate.
—**steuer** *f* | uniform tax.
—**tarif** *m* | uniform tariff (rate).
—**taxe** *f* | standard charge (fee).
—**vertrag** *m* | standard contract (agreement).
—**wert** *m* Ⓐ | standard (uniform) value.
—**wert** *m* Ⓑ [steuerlicher ~] | taxable (ratable) value.
—**zeit** *f* | standard mean time.
einhellig *adj* | ~e Meinung | common consent.
einhellig *adv* | unanimously | ~ beschließen | to resolve (to vote) unanimously.
Einhelligkeit *f* | unanimity.
einholen *v* | Akzept ~ | to obtain (to secure) (to procure) acceptance | Auskunft ~; Auskünfte ~ | to gather information; to make inquiries | die Genehmigung ~ | ot obtain permission | Instruktionen ~ | to ask for instructions | ein Rechtsgutachten ~ | to take counsel's opinion | ein Sachverständigengutachten ~ | to obtain an expert opinion.
Einholung *f* | ~ des Akzepts; Akzept~ | procuring of acceptance | ~ von Auskünften | collecting (gathering) of information; making of inquiries.
einig *adv* | in agreement | ~ sein | to be in conformity; to be agreed; to agree | nicht ~ sein (gehen) | to disagree; to be in disagreement | ~ werden; handels~ werden | to come to terms (to an agreement).
einigen *v* | sich mit jdm. ~ | to come to terms (to an understanding) (to an agreement) with sb. | sich gütlich ~ | to come to a friendly (to an amicable) arrangement | sich vergleichsweise ~ | to come to a compromise.
Einigkeit *f* | unity; agreement.

Einigung *f* Ⓐ | unification.
Einigung *f* Ⓑ [Verständigung] | agreement; understanding | ~ zwischen den Parteien | agreement (understanding) between the parties | gütliche ~ | friendly arrangement | eine ~ erzielen (herbeiführen) (zustande bringen); zu einer ~ gelangen | to come to an understanding (to an arrangement) (to terms); to arrive at an agreement.
Einigungs..amt *n* | board (court) of conciliation; conciliation (arbitration) court; court of arbitration; mediation board.
—**bestrebungen** *fpl*; —**bewegung** *f* | movement of unification.
—**formel** *f* | modus vivendi.
—**plan** *m* | plan of conciliation.
—**versuch** *m* | attempt at conciliation (at reconciliation).
—**vorschlag** *m* | proposal of conciliation (of a settlement).
einjährig *adj* | one year old.
Einkammersystem *n* | unicameral system.
einkassieren *v* | to collect; to cash | Außenstände ~; Schulden ~ | to collect outstanding debts (outstandings) | einen Scheck ~ | to encash (to cash) a cheque; to get a cheque cashed.
Einkassierer *m* | collector; cashier.
Einkassierung *f* | collection; cashing; encashing.
Einkassierungs..gebühr *f* | collection fee.
—**provision** *f* | collecting commission.
—**spesen** *fpl* | charges for collection; collecting charges.
Einkauf *m* Ⓐ [der Kauf] | purchase; buying | ~ en gros | wholesale purchase | zentraler ~ | centralized purchasing | Einkäufe machen | to make purchases.
Einkauf *m* Ⓑ [das Gekaufte] | buy; acquisition.
Einkaufen *n* | shopping.
einkaufen *v* | to buy; to purchase | sich in eine Lebensversicherung ~ | to take out a life insurance policy.
Einkäufer *m* | buying agent (clerk); purchasing clerk; buyer | Groß~ | wholesale buyer | erster ~ | head buyer.
Einkaufs..abteilung *f* | purchasing department.
—**agent** *m* | buying (purchasing) agent.
—**buch** *n* | purchase book (account).
—**büro** *n*; —**kontor** *n* | purchasing office.
—**ermächtigung** *f*; —**genehmigung** *f* | purchasing authorization.
—**genossenschaft** *f* | purchasing association.
—**kommission** *f* | buying (purchasing) commission.
—**komissionär** *m* | buying (purchasing) agent.
—**konto** *n* | buying (purchase) account.
—**land** *n* | purchasing (importing) country.
—**order** *f* | buying order; order to buy.
—**preis** *m* Ⓐ | purchase (purchasing) price.
—**preis** *m* Ⓑ [Einstandspreis] | cost price; first (original) (prime) cost | unter ~ | below cost; under cost-price | zum ~ | at cost; at original cost (prime) cost.
—**provision** *f* | buying (purchasing) commission; buying brokerage.
—**rechnung** *f* | invoice; account for goods purchased.
—**verband** *m* | purchasing association.
—**vertreter** *m* | buying (purchasing) agent.
—**wert** *m* | original (prime) cost.
einklagbar *adj* | to be claimed; claimable; enforceable at law | ~er Betrag | amount which may be claimed | ~e Forderung | actionable claim.
einklagen *v* | eine Forderung (eine Schuld) gegen jdn. ~ | to sue sb. for debt (for payment) | einen Wechsel ~ | to sue on a bill of exchange.
Einklang *m* | etw. mit etw. in ~ bringen | to conciliate (to reconcile) sth. with sth.

Einklarierung *f* | clearance inwards.

Einkommen *n* | income; revenue | ~ **aus Arbeit; Arbeits**~ | earned income | ~ **aus unselbständiger Arbeit** | salaries; wages | ~ **aus Beruf;** ~ **aus freier Berufstätigkeit (Berufsausübung)** | professional earnings *pl* | ~ **aus Besitz; Besitz**~ | unearned income | **Brutto**~ | gross income | **Dienst**~ | salary | **Durchschnitts**~ | average income | **Durchschnitts**~ **pro Kopf der Bevölkerung** | average per capita income | ~ **aus Gewerbebetrieb** | trading income | **Jahres**~ | yearly income (revenue) | ~ **aus Kapital-(besitz); Kapital**~ | unearned (permanent) income | **Lebens**~ | income for life; life income | **Mehr**~ | surplus revenu | **National**~; **Volks**~ | national income | **Natural**~ | revenue in kind | **Real**~ | real income | **Rein**~ | net income (revenue) | **Staats**~ | state (national) (public) revenue | ~ **aus Vermögen** | unearned income | ~ **aus Vermögensanlagen;** ~ **aus Wertpapieren** | income on investments (from securities) (from bonds) | **Vierteljahrs**~ | a quarter's income.

★ **erarbeitetes** ~ | earned income | **festes** ~ | fixed (regular) income | **gesichertes** ~; **sicheres** ~ | settled (assured) income | **steuerbares** ~; **steuerpflichtiges** ~ | taxable (assessable) income (revenue) | **steuerfreies** ~ | tax-free (tax-exempt) income (revenue) | **tatsächliches** ~ | real income.

★ **sein** ~ **angeben** | to make a return of one's income | **sein ganzes** ~ **ausgeben** | to live up to one's income | ~ **an der Quelle besteuern** | to tax revenue at the source | **ein** ~ **beziehen** | to draw an income | **aus etw.** ~ **beziehen** | to derive income from sth.

einkommen *v* | **um etw.** ~ | to make an application (to petition) (to apply) for sth. | **um Erlaubnis** ~ | to ask for permission.

Einkommens..art *f* | type of revenue.

—**aufstellung** *f*; —**erklärung** *f* | return of [one's] income.

—**besteuerung** *f* | taxation of (on) revenue; income taxation.

—**entwicklung** *f* | growth of income.

—**grenze** *f* | limit of revenue.

—**gruppe** *f*; —**klasse** *f* | bracket of income; income bracket.

—**quelle** *f* | source of income (of revenue).

—**schicht** *f* | income group.

—**schichtung** *f* | grouping of incomes.

—**steigerung** *f* | increase in revenue.

Einkommen(s)steuer *f* | income tax; tax on revenue (on income) | **Bundes**~ | federal income tax | ~ **auf Leibrentenbezüge** | income tax on life annuities | ~ **von Löhnen und Gehältern** | income tax on wages | **Veranlagung zur** ~ | assessment on income | **gestaffelte** ~ | graduated income tax | **veranlagte** ~ | assessed income tax | **der** ~ **unterliegen** | to be liable (subject) to income tax.

—**bescheid** *m* | income tax assessment (bill).

—**erklärung** *f* | income tax return (declaration); return of income | **eine (seine)** ~ **abgeben** | to make a return of one's income; to file one's income tax return.

—**formular** *n* | form of income tax return; income tax form.

einkommensteuerfrei *adj* | free of income tax.

Einkommensteuer..freiheit *f* | exemption from income tax.

—**fuß** *m* | income tax rate.

—**gruppe** *f*; —**klasse** *f* | income tax bracket.

—**hinterziehung** *f* | income tax evasion (fraud).

einkommensteuerpflichtig *adj* | subject (liable) to income tax.

Einkommensteuer..rückerstattung *f* | refund(ing) of income tax.

—**rückstellung** *f* | reserve for income tax.

—**satz** *m* | rate of the income tax.

—**tabelle** *f* | income tax schedule.

—**veranlagung** *f* | assessment on income; income tax assessment.

—**vorauszahlung** *f* | advance payment on income tax.

—**zuschlag** *m* | supplement on income tax; supertax.

Einkommenstufe *f* | income bracket.

Einkommens..träger *m* | taxpayer.

—**verhältnisse** *npl* | **über seine** ~ **leben** | to exceed (to live beyond) one's income.

Einkreisung *f* | encirclement.

Einkreisungspolitik *f* | policy of encirclement.

Einkünfte *pl* | revenue; income | **Staats**~ | government (state) (public) revenue | **Steuer**~; **steuerliche** ~ | revenue from taxation; tax revenue | **steuerfreie** ~ | tax-free (tax-exempt) income | **steuerpflichtige** ~ | taxable revenue | **fortlaufende** ~; **laufende** ~; **wiederkehrende** ~ | regular income.

★ ~ **aus selbständiger Arbeit (Erwerbstätigkeit)** | | income from self-employment; earned income | ~ **aus nichtselbständiger Arbeit** | income from wages | ~ **aus Gewerbebetrieb** | industrial income | ~ **aus freiberuflicher Tätigkeit; Berufs**~ | professional income | ~ **aus Kapitalvermögen** | income from capital interest; unearned income | ~ **aus Vermietung oder Verpachtung** | income from rents; rentals | ~ **aus Wertpapieren** | income from securities.

einladen *v* | to invite; to convoke | **die Aktionäre zur Zeichnung** ~ | to invite shareholders to subscribe | **zur Einreichung von Angeboten für etw.** ~ | to invite tenders for sth. | **zu einer Versammlung** ~ | to convoke (to convene) a meeting.

Einladung *f* Ⓐ | invitation; convocation | ~ **zur Abgabe von Angeboten** | invitation of tenders | ~ **zur Versammlung** | convocation of the meeting; notice convening the meeting | ~ **zur Zeichnung; Zeichnungs**~ | invitation to the public to subscribe | **eine** ~ **absagen** | to decline an invitation | **auf** ~ **von** | at sb.'s invitation (request); by invitation of | **ohne** ~ | uninvited.

Einladung *f* Ⓑ; **Einladungs..karte** *f*; —**schreiben** *n* | invitation card; letter of invitation.

Einlage *f* Ⓐ [Beilage] | enclosure | **etw. als** ~ **senden** | to enclose sth.

Einlage *f* Ⓑ [Depot] | deposit | **Bank**~ | cash (deposit) in bank; deposit on bank account | **Bank**~**n** | bank (banker's) deposits | **Bar**~ | cash deposit | **Depositen**~**n** | deposits | ~ **auf Depositenkonto;** ~ **auf feste Kündigung** | deposit for a fixed period; fixed (time) deposit | **Kontokorrent**~**n** | deposits on current accounts; current account deposits | **gegen Kündigung rückzahlbare** ~ | deposit at notice | ~ **gegen tägliche Kündigung** | deposit at call (payable on demand); daily money | **Sicht**~**n** | sight deposits | **Spar**~; **Sparkassen**~ | savings bank deposit; deposit in a savings bank (on savings bank account) | **Stamm**~ | permanent deposit | **Verzinsung der** ~**n** | paying interest on deposits.

★ **kurzfristige** ~ | deposit at short notice | **verzinsliche** ~ | interest-bearing deposit.

★ **seine** ~ **abheben** | to withdraw one's deposit | **eine** ~ **verzinsen** | to pay interest on a deposit.

Einlage *f* Ⓒ [Geschäfts~] | capital invested; investment | **Bar**~; **Kapital**~ | cash (capital) investment; capital invested | ~**n der Gesellschafter** | shares of the partners | **Gesellschafts**~; **Stamm**~ | invest-

ment in a company | ～ **des Kommanditärs**; **Kommandit**～ | share (interest) of a partner in a limited partnership | **Sach**～ | investment in kind | **eine** ～ **machen** | to pay in; to invest.
Einlage..buch *n* Ⓐ | depositor's (deposit) book.
—**buch** *n* Ⓑ [Bankbuch] | bank book; passbook.
—**buch** *n* Ⓒ [Sparbuch] | savings bank book.
—**kapital** *n* | capital invested (paid in); investment.
—**konto** *n* | account of deposits; deposit account.
Einlagen..stand *m*; —**bestand** *m* | total deposits; deposits *pl* total.
Einlagerer *m* | depositor.
Einlagern *n* | storing; warehousing.
einlagern *v* | to store; to warehouse | **seine Möbel** ～ | to warehouse one's furniture | **Vorräte** ～ | to lay in provisions (stocks); to stock | **etw. unter Zollverschluß** ～ | to bond sth.; to put sth. in bond; to put (to place) sth. into bonded warehouse.
Einlagerung *f* | warehousing; storing; storage | ～ **von Waren** | depositing of goods | ～ **im Zollager (Zollschuppen)**; ～ **unter Zollverschluß** | bonding.
Einlagerungs..gebühr *f* | storage fee (charge); storage.
—**wechsel** *m* | bill on stored goods; warehouse bill.
Einlaß *m* | admission; admittance | ～ **zu etw. finden** | to gain admission to sth.
einlassen *v* Ⓐ | **jdn.** ～ | to admit sb.
einlassen *v* Ⓑ | **sich in (auf) ein Geschäft** ～ | to engage in a business; to embark on an enterprise | **sich in Spekulationen** ～ | to embark on speculations | **sich auf eine Streitfrage** ～ | to engage in a controversy | **sich auf eine Verpflichtung** ～ | to commit os.; to enter into an engagement | **sich auf etw.** ～ | to embark on sth.; to engage in sth. | **sich mit jdm.** ～ | to enter into relations with sb.
einlassen *v* Ⓒ | **sich auf die Klage** ～; **sich zur Hauptsache** ～ | to join issue.
Einlaß..gebühr *f* | admission (entrance) fee; entrance.
—**geld** *n* | entrance (admission) money; admission.
—**karte** *f* | admission ticket (card); ticket of admission; entrance card.
Einlassung *f* | ～ **zur Hauptsache**; ～ **auf die Klage**; **Klags**～ | joining (joinder of) issue.
Einlassungsfrist *f* | term (time) for joining issue.
Einlauf *m* | **in der Reihenfolge des** ～**es** | in the order of receipt | ～ **von Waren** | receipt (arrival) of goods.
einlaufen *v* | to come in; to arrive.
einlaufend *adj* | ～**e Bestellungen** | orders received | ～**e Briefe** | ～**e Post** | incoming letters (mail) | ～**e Gelder** | receipts.
einlegen *v* Ⓐ | **Berufung** ～ | to lodge (to file) an appeal; to appeal | **Anschlußberufung** ～ | to cross-appeal | **Beschwerde** ～ | to lodge a complaint | **Einspruch** ～ | to file an objection | **gegen etw. Einspruch (ein Veto)** ～ | to veto sth. | **Protest** ～; **Verwahrung** ～ | to enter (to lodge) (to make) a protest | **Revision** ～ | to appeal to the supreme court | **Verwahrung** ～ **gegen etw.** | to protest against sth. | **Widerspruch gegen etw.** ～ | to raise objection against sth.
einlegen *v* Ⓑ [investieren] | **Kapital(ien)** ～ | to invest capital (funds).
Einleger *m* | depositor | **Spar**～ | savings bank depositor.
Einlegung *f* | ～ **der Berufung**; **Berufungs**～ | giving notice of appeal; lodging of an appeal | ～ **der Revision**; **Revisions**～ | appealing (filing of an appeal) to the supreme court.
einleiten *v* | to open; to commence | **gegen jdn. einen Prozeß (gerichtliche Schritte)** ～ | to bring an action

(a lawsuit) against sb.; to institute (to commence) legal proceedings against sb.; to go to law with sb.; to sue sb. | **eine Untersuchung** ～ | to open an enquiry (an investigation) | **eine strafgerichtliche Untersuchung** ～; **eine Strafuntersuchung** ～ | to institute criminal proceedings | **ein Verfahren** ～ | to institute proceedings | **Verhandlungen** ～ | to open (to initiate) negotiations.
einleitend *adj* | introductory; preliminary | **nach einigen** ～**en Bemerkungen** | after a few introductory (preliminary) remarks | ～**e Besprechung** | preliminary discussion | ～**e Bestimmungen** | preliminary (introductory) dispositions (provisions) | ～**e Erklärung** | opening (introductory) statement | ～**e Schritte** | preliminary steps (measures).
Einleitung *f* Ⓐ | introduction; opening | ～ **eines Prozesses**; ～ **gerichtlicher Schritte** | institution of legal proceedings | ～ **einer Untersuchung** | opening of an enquiry (of an investigation) | ～ **einer strafgerichtlichen Untersuchung**; ～ **einer Strafuntersuchung** | opening (institution) of a judical enquiry (of a criminal investigation) | ～ **eines Verfahrens** | institution of proceedings | ～ **von Verhandlungen** | opening of negotiations.
Einleitung *f* Ⓑ [einleitende Bemerkung; Vorwort] | introduction; preface.
Einleitung *f* Ⓒ [Präambel] | preamble.
Einleitungsformel *f* | ～ **einer Urkunde** | heading (caption) of a document.
einliefern *v* | to hand in | **jdn. ins Gefängnis** ～ | to commit sb. to prison; to imprison sb.
Einlieferung *f* | handing in | ～ **ins Gefängnis** | committal to prison (to the cells).
Einlieferungs..befehl *m* | committal order; order to receive a prisoner in gaol.
—**schein** *m* [Post～] | postal (post office) receipt.
—**stelle** *f* | handing-in office.
—**zeit** *f* | time of posting.
einliegend *adj* | enclosed herewith; enclosed.
einlösbar *adj* | redeemable | **in Gold** ～ | redeemable (to be redeemed) in gold | ～**e Schuldverschreibung** | redeemable bond (debenture) | **nicht** ～ | irredeemable.
Einlösbarkeit *f* | redeemability.
einlösen *v* Ⓐ | **Banknoten** ～ | to redeem banknotes | **Coupons** ～; **Zinsscheine** ～ | to pay interest coupons | **ein Pfand** ～ | to redeem a pledge | **eine Schuldverschreibung** ～ | to redeem a debenture | **eine Tratte** ～; **einen Wechsel** ～ | to hono(u)r (to protect) (to pay) (to meet) a bill of exchange | **einen Wechsel nicht** ～ | to dishono(u)r a bill by non-payment; to leave a bill dishono(u)red.
einlösen *v* Ⓑ [zur Einlösung vorlegen] | **einen Scheck** ～ | to cash a cheque.
einlösen *v* Ⓒ [halten] | **seine Verpflichtungen** ～ | to meet (to satisfy) (to fulfill) one's obligations (one's engagements) | **sein Versprechen** ～; **sein Wort** ～ | to keep (to abide by) one's promise; to redeem one's word.
Einlöser *m* | paying agent.
Einlösung *f* Ⓐ | redemption; payment | ～ **von Banknoten** | redemption of banknotes | ～ **von Coupons (Zinsscheinen)** | payment of interest coupons | ～ **vor Fälligkeit** | redemption (repayment) before due date; repayment by anticipation | ～ **zum Nennwert** | redemption at par | ～ **von Obligationen (Pfandbriefen)** | redemption (repayment) of bonds | ～ **eines Pfandes** | redemption of a pledge | ～ **eines Wechsels** | payment (protection) of a bill of exchange | ～ **durch Ziehungen (durch Auslosung)** |

Einlösung *f* Ⓐ *Forts.*
redemption by drawings | **zur ~ aufrufen** | to call up for redemption | **zur ~ auslosen** | to draw for redemption.
Einlösung *f* Ⓑ [Vorlage zur ~] | presentation for payment | **~ eines Schecks** | cashing of a cheque.
Einlösung *f* Ⓒ | **~ eines Versprechens** | keeping of one's promise.
Einlösungs..auftrag *m* | order to pay.
—frist *f* | period of redemption.
—kasse *f*; **—stelle** *f* | redemption (cash) office.
—kurs *m* | rate of redemption; redemption rate.
—pflicht *f* | obligation to redeem.
—prämie *f* | redemption premium.
—recht *n* | right of redemption.
—schein *m* | certificate of redemption.
—termin *m* | date of redemption; redemption date.
—wert *m* | redemption (surrender) value.
Einlotsen *n* | pilotage inwards.
einlotsen *v* | **ein Schiff ~** | to pilot a ship in (into port).
einmalig *adj* | **~e Ausgaben** | non-recurring expenditure (expenses). | **~e Zahlung** | single payment (sum).
Einmalprämie *f* | single premium.
Einmann..betrieb *m* | one-man establishment (business).
—gesellschaft *f* | one-man company (firm).
einmieten *v* | **sich bei jdm. ~** | to take lodgings (a lodging) with sb.
einmischen *v* | **sich in jds. Angelegenheiten ~** | to interfere (to meddle) in sb.'s affairs (business) | **sich in die Angelegenheiten eines Landes ~** | to intervene in the affairs of a country.
Einmischung *f* | intervention; interference; meddling | **Nicht~** | non-intervention | **staatliche ~ in die Privatwirtschaft** | government interference in private enterprise (in private business).
Einmischungs..politik *f* | policy of intervention; intervention (interventionist) policy.
—versuch *m* | attempt at interference.
einmütig *sdj* | unanimous.
einmütig *adv* Ⓐ | with one accord.
einmütig *adv* Ⓑ [einstimmig] | unanimously.
Einmütigkeit *f* Ⓐ [Einigkeit] | unity; agreement.
Einmütigkeit *f* Ⓑ [Einstimmigkeit] | unanimity.
Einnahme *f* Ⓐ [Vornahme] | **~ eines Augenscheines** | visit to the scene | **~ eines Standpunktes** | taking of [a certain] position (view).
Einnahme *f* Ⓑ [Vereinnahmung] | **~ in bar** | receipt in cash | **~ von Geld** | receipt of money | **~ von Steuern** | collection of taxes.
Einnahme *f* Ⓒ | receipts; revenue; takings | **~n aus Anlagevermögen** | income from fixed investments; fixed revenue | **~n und Ausgaben** | receipts and expenses (expenditures) | **~- und Ausgabenbuch** | book of receipts and expenditures | **Bar~n** | cash receipts | **Bar~n und Ausgaben** | cash receipts and payments | **Betriebs~n** | operating receipts.
○ **Brutto~** | gross proceeds (receipts) (takings) (income) | **Geld~n** | cash receipts | **Gesamt~n** | total receipts | **Gemeinde~n** | rate receipts; city revenue | **Geschäfts~n** | business receipts | **Ist~** | actual receipts | **Minder~** ①; **Rückgang der ~n** | falling off in receipts (in takings); decrease in the receipts | **Minder~** ②; **verminderte ~** | diminished receipts (takings) | **Neben~n** | secondary (additional) (casual) extra income; perquisites.
○ **Netto~**; **Rein~** | net proceeds (receipts) (takings) (income) | **Soll~** | estimated receipts | **Staats-~n; Steuer~n** | tax receipts; inland (internal)

(state) (government) revenue | **Tages~** | day's receipts (takings) | **Verkehrs~n** | traffic receipts | **Zoll~n** | customs receipts.
★ **laufende ~n** | current receipts | **tatsächliche ~** | actual receipts | **verschiedene ~n** | sundry receipts | **etw. als ~ buchen (verbuchen)** | to book sth. as received.
Einnahmen..buch *n* | book of receipts; receipts book.
—konto *n* | revenue account.
—rückgang *m* | falling off in receipts; decrease in the receipts.
—überschuß *m* | surplus of receipts.
Einnahme..posten *m* | income (revenue) item.
—quelle *f* | source of income (of revenue).
—rückstände *mpl* | receipts in arrear.
—tag *m* | day (date) of receipt.
einnehmen *v* Ⓐ [innehaben] | **eine Haltung ~** | to take an attitude | **einen Posten ~; eine Stelle (Stellung) ~** | to hold a position; to occupy a place.
einnehmen *v* Ⓑ [vereinnahmen] | **Geld ~** | to receive (to collect) money | **Gelder ~** | to make collections | **Steuern ~** | to collect taxes.
Einnehmer *m* | collector; receiver | **Akzisen ~; ~ für indirekte Steuern** | collector of excise; excise officer | **Bezirkssteuer~** | district collector of taxes | **Brükkenzoll~** | toll gatherer (collector) (keeper) | **Hauptsteuer~** | chief collector of taxes | **Lotterie~** | lottery agent | **Miets~** | rent collector | **Stadtzoll~** | collector of town dues | **Steuer~** | collector of taxes; tax collector | **Umlagen~** | rating officer | **Zoll~** | collector (receiver) of customs.
Einparteiensystem *n* | one-party system.
Einpeitscher *m* | party whip.
Einquartierung *f* | quartering; billing.
Einquartierungs..schein *m*; **—zettel** *m* | billeting order; billet.
einräumen *v* Ⓐ [gewähren] | to concede | **einen Diskont ~; einen Rabatt ~** | to allow a discount | **jdm. einen Kredit ~** | to give (to grant) (to allow) (to open) sb. a credit | **jdm. ein Recht ~** | to grant a right to sb. | **jdm. den Vorrang ~** | to yield precedence to sb. | **jdm. ein Vorrecht ~** | to grant (to concede) a privilege to sb. | **jdm. Vorteile ~** | to allow sb. advantages.
einräumen *v* Ⓑ [zugestehen] | to admit.
einräumen *v* Ⓒ [Zugeständnisse machen] | to make concessions.
Einräumung *f* Ⓐ [Gewährung] | grant(ing) | **~ eines Kredits** | opening (granting) of a credit | **~ eines Rechts** | grant (granting) of a right | **~ des Vorrangs** | ceding priority of rank | **~ eines Vorrechts** | granting of a privilege.
Einräumung *f* Ⓑ [Zugeständnis] | admission | **~ einer Tatsache** | admission of a fact.
einrechnen *v* | **etw. ~** | to take sth. into account (into consideration) | **einen Betrag ~** | to include an amount.
Einrechnung *f* | inclusion | **unter ~ von ...** | including ...; taking into account ...; with the inclusion of ...
Einrede *f* Ⓐ [Widerspruch] | objection; contradiction.
Einrede *f* Ⓑ | **~ der mangelnden Aktivlegitimation** | plea of incompetence | **~ der Arglist** | defense of fraud | **~ der Aufrechnung** | plea of compensation | **~ der Nichtigkeit; Nichtigkeits~** | plea of nullity | **~ der mangelnden Parteifähigkeit** | plea of incapacity to be a party [in a lawsuit] | **~ der mangelnden Passivlegitimation** | plea of incapacity to be sued | **~ der mangelnden Prozeßfähigkeit** | plea of inca-

pacity to appear in court | ~ der **Rechtshängigkeit** | plea of pendency.

O ~ der **Rechtskraft;** ~ der **rechtskräftig entschiedenen Sache** | plea of autrefois convict | ~ der **mangelnden Sicherheitsleistung** | plea of absence of security (of failure to give security | ~ der **mangelnden Sicherheit für die Prozeßkosten** | plea of absence of security for legal costs | ~ der **Ungesetzlichkeit** ① | plea of illegality | ~ der **Ungesetzlichkeit** ② | plea of being ultra vires | ~ der **Unzulässigkeit des Rechtsweges** | plea in bar of trial by the civil courts | ~ der **Unzurechnungsfähigkeit** | plea of insanity.

O ~ der **Unzuständigkeit** | plea of incompetence | die ~ der **Unzuständigkeit erheben** | to plead incompetence | die ~ der **Verjährung bringen** | to plead the statute of limitations | ~ des **nicht erfüllten Vertrages** | plea of unperformed (non-fulfilled) contract | ~ der **rechtskräftigen Verurteilung** | plea of autrefois convict | ~ der **Vorausklage** | plea of preliminary proceedings against the main debtor | **Verzicht auf die** ~ der **Vorausklage** | waiving of preliminary proceedings against the main debtor | **im Wege der** ~ | by way of entering a plea | ~ des **Zurückbehaltungsrechts** | plea of the right of retention.

★ **aufschiebende** ~; **dilatorische** ~ | dilatory plea | **negatorische** ~ | denial | **prozeßhindernde** ~ | plea in bar; demurrer; bar; absolute bar | **eine prozeßhindernde** ~ **erheben** | to enter (to put in) a plea in bar (in bar of trial).

★ **jdm. eine** ~ **abschneiden** | to deprive sb. of a plea | **jdn. mit einer** ~ **ausschließen (präkludieren)** | to estop sb. from entering a plea | **mit einer** ~ **ausgeschlossen werden** | to be precluded from entering a plea | **eine** ~ **bringen (vorbringen) (erheben) (geltend machen)** | to enter (to put in) a plea | **eine** ~ **zurückweisen** | to reject a plea.

einreichen v | to file; to hand in; to present | **einen Antrag** ~ | to file an application | **einen Antrag zweifach (doppelt)** ~ | to file an application in duplicate | **Belege** ~ | to file (to present) vouchers | **eine Beschwerde** ~ | to lodge a complaint | **seine Entlassung** ~ | to tender (to send in) (to hand in) one's resignation | **eine Erklärung** ~ | to file a return | **ein Gesuch** ~ | to file (to present) a petition; to petition | **gegen jdn. eine Klage** ~ | to bring (to enter) an action against sb. [VIDE: **Klage** f ⓐ] | **eine Offerte** ~ | to submit an offer; to make (to send in) a tender | **eine Patentanmeldung** ~ | to file an application for a patent | **Scheidungsklage** ~ | to file a petition for divorce | **einen Schriftsatz** ~ | to file (to submit) a brief.

Einreichung f | handing in; filing; presentation | ~ **eines Antrages** | filing of an application (of a petition) | ~ **der Klage; Klags**~ | filing of the action | ~ **einer Patentanmeldung** | filing of an application for a patent.

Einreichungs..datum n | date of filing; filing date.
—**frist** f | term for filing.
—**tag** m | day of filing; filing date.

einreihen v ⓐ | to class; to classify.
einreihen v ⓑ | to range.
Einreise f | entry | **bei Ein- und Ausreise** | upon entering and leaving.
Einreise..bewilligung f; —**erlaubnis** f | entry permit.
—**sichtvermerk** m; —**visum** n | entry visa.
einreisen v | to enter.
einrichten v ⓐ | to instal.
einrichten v ⓑ [**arrangieren**] | to arrange; to dispose.
einrichten v ⓒ [**möblieren**] | **einen Laden** ~ | to equip a shop | **eine Wohnung** ~ | to furnish an apartment.

Einrichtung f ⓐ [**Anstalt**] | institution; establishment | **Hafen**~**en** | port installations | **städtische** ~**en** | municipal services | **soziale** ~**en** | social (welfare) institutions (services).
Einrichtung f ⓑ [**Ausstattung**] | installation; equipment.
Einrichtung f ⓒ [**Möbel**~; **Wohnungs**~] | furniture; set (suit) of furniture.
Einrichtungs..gegenstand m ⓐ | piece of equipment; fixture.
—**gegenstand** m ⓑ [**Möbelstück**] | piece of furniture.
—**kosten** pl | cost of installation.
Einrücken n | ~ **einer Anzeige** | insertion of an advertisement.
einrücken v | **eine Anzeige (eine Annonce) in eine Zeitung** ~ (~ **lassen**) | to insert (to put) an advertisement in a newspaper; to have an advertisement inserted in a paper.
Einrückung f | insertion.
Einrückungs..gebühren fpl; —**kosten** pl | advertising charges (expenses).
—**tarif** m | advertising rate; rate card.
einsammeln v | to collect; to gather.
Einsammeln n; **Einsammlung** f | gathering; collecting; collection.
Einsammler m | collector; gatherer.
Einsatz m ⓐ [**Verwendung**] | use; employment | ~ **von Arbeitskräften** | employment of labo(u)r.
Einsatz m ⓑ | stake | **die Einsätze machen** | to lay the stakes | **seinen** ~ **machen** | to put down one's stake | **um hohen** ~ **spielen** | to play for high stakes | **seinen** ~ **zurückziehen** | to withdraw one's stake.
einsatzbereit adj | ready for use (for service).
Einsatzpreis m | upset price; minimum bid.
einschalten v | to intercalate; to interpolate; to insert | **sich** ~ | to intervene.
Einschaltung f ⓐ [**Einfügung**] | intercalation; interpolation; insertion.
Einschaltung f ⓑ [**Eingreifen**] | intervention.
einschätzen v | **etw.** ~ | to appraise (to value) (to estimate) sth.; to make an appraisal (an estimate) of sth. | **etw. zu hoch** ~ | to overestimate (to overvalue) sth. | **etw. zu niedrig** ~ | to underestimate (to undervalue) sth. | **sich selbst** ~ | to make a self-assessment.
Einschätzung f | estimate; appraisal; appraisement; evaluation | **Selbst**~ | self-assessment | **Steuer**~ | tax evaluation (assessment) | **zu hohe** ~ | overestimate | **zu niedrige** ~ | underestimation; underestimate.
Einschätzungskommission f | assessment committee.
einschicken v | **Geld** ~ | to send in money (an amount).
einschieben v | to intercalate; to interpolate; to insert.
Einschiebung f | intercalation; interpolation; insertion.
Einschießen n | ~ **von Geld** | paying of money (of funds).
einschießen v | **einen Betrag** ~; **Geld** ~ | to pay in money (an amount) | **weitere Beträge** ~ | to make (to pay in) further instalments.
einschiffen v | **sich** ~ **nach** | to embark (to take ship) for.
Einschiffung f | embarking; embarkation.
Einschiffungshafen m | port of embarkation.
einschlägig adj | relevant | **die** ~**en Behörden** | the competent authorities | **die** ~**en Bestimmungen** | the governing regulations (rules) | **in allen** ~**en Geschäften** | in all shops of a certain branch.
Einschleichen n | **durch** ~ | by entering secretly | **Diebstahl mittels** ~**s** | burglary committed by entering secretly.

einschleichen *v* | **sich** ~ | to slip in (into).

einschleusen *v* | **Spione** ~ | to infiltrate spies.

Einschleusung *f* | ~ **von Spionen** | infiltration of spies.

einschließen *v* | to include; to comprehend; to comprise; to embrace | **etw. in den Handel (in die Abmachung)** ~ | to include sth. in the bargain.

einschließlich *adj* und *adv* | including; comprising; included; inclusive | **bis 31. Dezember** ~ | up to and including December 31st.

Einschluß *m* | **mit (unter)** ~ **von ...** | including ...; inclusive of ...; ... included; with the inclusion of ...; comprising.

einschmuggeln *v* | **etw.** ~ | to smuggle sth. in.

einschneidend *adj* | **von** ~**er Bedeutung** | of vital importance | ~**e Maßnahmen** | decisive (drastic) measures.

einschränken *v* Ⓐ | **[mit Vorbehalt abgeben]** | **eine Erklärung** ~ | to make a declaration under reserve.

einschränken *v* Ⓑ | **[beschränken]** | to restrain; to restrict; to limit | **jds. Betätigung** ~ | to restrain sb.'s activities | **die Freizügigkeit** ~ | to restrict the freedom of movement | **den Gebrauch von etw.** ~ | to restrain the use of sth. | **die Produktion** ~ | to restrict (to restrain) (to curb) production.

einschränken *v* Ⓒ | **[herabsetzen]** | **seine Ausgaben** ~; **sich** ~ | to cut down one's expenses; to economise.

einschränkend *adj* | restrictive; limiting; restricting | ~**e Auslegung** | restrictive interpretation | ~**e Bedingung (Klausel) (Bestimmung)** | restrictive condition (provision) (clause); limiting (limitative) clause; restriction; reserve | ~**e Maßnahme** | restrictive measure; restriction.

einschränkend *adv* | **etw.** ~ **auslegen** | to give sth. a restrictive interpretation.

Einschränkung *f* Ⓐ | **[Vorbehalt]** | reserve | **eine** ~ **machen** | to make a reserve | **mit** ~**en** | restrictively | **ohne** ~ | without reserve; unconditionally; unreservedly.

Einschränkung *f* Ⓑ | **[Beschränkung]** | ~ **der Betätigungsfreiheit** | impediment to free activity | ~ **der Pressefreiheit** | restriction of the freedom of the press.

Einschränkung *f* Ⓒ | **[Herabsetzung]** | reduction | **Ausgaben**~ | cutting down of expenditure.

Einschreibbrief *m* | registered letter | **per** ~ | by registered mail (post); under registered cover.

„Einschreiben" | ''Registered''.

einschreiben *v* Ⓐ | **etw.** ~ | to register (to book) sth. | **einen Namen** ~ | to inscribe a name | **sich** ~; **sich** ~ **lassen** | to register; to have os. registered; to enter one's name.

einschreiben *v* Ⓑ | **einen Brief** ~ **(~ lassen)** | to register a letter; to send a letter by registered mail (post); to have a letter registered.

Einschreib..gebühr *f* Ⓐ | registration fee.

—gebühr *f* Ⓑ | booking fee.

—paket *n* | registered parcel (packet).

—porto *n* | postage for registered letters.

—sendung *f* | registered parcel (packet).

Einschreibung *f* | registration; registering; entry; entering.

Einschreibungsgebühr *f* | registration fee.

Einschreiten *n* | intervention | **gerichtliches** ~ | judicial intervention | ~ **der Polizei; polizeiliches** ~ | police intervention.

einschreiten *v* | to intervene | **gegen etw.** ~ | to take measures against sth. | **gegen jdn. gerichtlich** ~ | to take legal steps (legal proceedings) against sb.; to proceed against sb.; to prosecute sb.

einschüchtern *v* | to intimidate; to exert undue influence.

Einschüchterung *f* | intimidation; undue influence | **Zeugen**~ | intimidation of witnesses.

Einschüchterungsversuch *m* | attempt at intimidation.

Einschuß *m* | paying in of funds | ~ **leisten** | to make (to effect) a payment.

—aufforderung *f* | call for additional payment.

—pflicht *f* | obligation to make further (additional) payments.

einschwören *v* | **jdn.** ~ | to swear sb. in.

Einschwörung *f* | swearing in.

einsehen *v* Ⓐ | **[Einsicht nehmen]** | to inspect | **die Bücher** ~ | to inspect (to examine) the books.

einsehen *v* Ⓑ | **[begreifen]** | to understand; to conceive.

einseitig *adj* Ⓐ | unilateral; one-sided | ~**er Antrag** | ex-parte application (motion) | ~**e Aufhebung** | unilateral denunciation | ~**e Bindung** | one-sided engagement; naked bond | **durch** ~**e Erklärung (Handlung)** | by unilateral action; unilaterally | ~**es Rechtsgeschäft** | unilateral legal transaction | ~**er Staatsakt** | one-sided act of public authority | ~**er Vertrag** | unilateral (nude) (naked) contract.

einseitig *adj* Ⓑ | **[parteiisch]** | partial; biassed; prejudiced.

einseitig *adv* Ⓐ | unilaterally; one-siddly | **einen Vertrag** ~ **lösen** | to denounce a treaty unilaterally (by one-sided action) | ~ **bindend** | unilaterally binding.

einseitig *adv* Ⓑ | **[voreingenommen]** | ~ **urteilen** | to be prejudiced.

Einseitigkeit *f* Ⓐ | unilateral nature; one-sidedness.

Einseitigkeit *f* Ⓑ | **[Parteilichkeit]** | partiality; bias; prejudice.

einsenden *v* | **einen Antrag** ~ | to send in an application | **Geld** ~ | to remit (to send in) money | **seine Rechnung** ~ | to send in one's bill.

Einsender *m* Ⓐ | sender.

Einsender *m* Ⓑ | **[eines Betrages]** | remitter.

Einsenderin *f* | sender.

Einsendung *f* | sending in | **gegen** ~ **(gegen Vor**~**) (gegen vorherige** ~**) eines Betrages von ...** | upon remittance (upon payment) of the sum of ...

einsetzen *v* Ⓐ | **[einführen]** | **jdn. in ein Amt** ~ | to install sb. in an office.

einsetzen *v* Ⓑ | **[ernennen]** | to appoint | **einen Ausschuß** ~ | to set up (to appoint) a committee | **jdn. zum (zu seinem) Erben** ~ | to appoint (to constitute) sb. as one's heir | **ein Gericht** ~ | to set up a court (a tribunal) | **einen Nachfolger** ~ | to appoint (to designate) a successor | **einen Treuhänder** ~ | to appoint a trustee (a custodian) | **einen Untersuchungsausschuß** ~ | to set up (to appoint) a committee (a board) of enquiry | **einen Verwalter** ~ | to appoint an administrator (an agent).

einsetzen *v* Ⓒ | **[einfügen]** | **eine Klausel (eine Bedingung) in einen Vertrag** ~ | to insert a clause into a contract.

einsetzen *v* Ⓓ | **[verwenden]** | **sich bei jdm. für jdn.** ~ | to intercede with sb. on sb.'s behalf.

einsetzen *v* Ⓔ | **etw. zum Pfand** ~ | to pledge (to pawn) sth.; to give sth. in pledge.

Einsetzung *f* Ⓐ | **[in ein Amt; Amts**~**]** | installation | **feierliche** ~ | inauguration.

Einsetzung *f* Ⓑ | **[Ernennung]** | appointment | ~ **eines Ausschusses** | setting up (appointment) of a committee | ~ **als Erbe** | appointment as sb.'s heir | ~ **eines Erben; Erb**~ | appointment of an heir | ~ **eines Gerichts** | setting up of a court (of a tribunal) | **Nacherb**~ | appointment of a reversionary heir | ~ **eines Nachfolgers** | appointment (designation) of a successor | ~ eines Treuhänders | appointment of a trustee (of a custodian) | ~ eines Untersuchungsausschusses | setting up (appointment) of a board (committee) of inquiry (of investigation) | ~ eines Verwalters | appointment of an administrator (of an agent).

Einsetzung *f* © [Einfügung] | insertion | ~ einer Klausel (einer Bedingung) in einen Vertrag | insertion of a clause (of a condition) in an agreement.

Einsicht *f* Ⓐ [Einsichtnahme] | inspection; examination | ~ in die Akten; Akten~ | inspection of the files | ~ in die Bücher | inspection (examination) of the books (of the accounts) | Grundbuch~ | inspection of the land register | Recht der ~ | right of inspection | ~ in Urkunden | inspection of documents | zur ~ zur Verfügung stehen | to be available for inspection | Vorlegung von Büchern zur ~ | production (presentation) of the books for inspection.
★ etw. zur ~ auslegen | to make sth. available for inspection (for scrutiny) | zur öffentlichen ~ auslegen | to be open to public inspection | in etw. ~ gewähren | to permit inspection of sth. | von etw. ~ nehmen | to inspect (to examine) sth. | etw. zur ~ vorlegen | to submit sth. for inspection | zur ~ | for inspection; for examination.

Einsicht *f* Ⓑ [Verständnis] | discernment; understanding; judgment.

einsparen *v* | to economise.

Einsparung *f* | saving; economy | ~ an Arbeitskräften | saving of labo(u)r; labo(u)r-saving | ~en im Staatshaushalt | budget restrictions | ~en machen | to make economies (savings).

einsperren *v* [ins Gefängnis sperren] | jdn. ~ | to imprison sb.; to put sb. into prison (into jail) | jdn. ~ lassen | to send sb. into prison (to jail).

Einsperrung *f* | imprisonment.

Einsprachefrist *f* [S] | period for filing protest.

Einspracherecht *n* [S] | right to object (to protest).

Einspruch *m* Ⓐ | objection; protest; protestation | ~ gegen die Eheschließung | protest against a marriage | im Falle des ~s (eines ~s); bei ~ | in case of opposition | ~ gegen ein Versäumnisurteil | appeal against a default judgement | Verzicht auf den ~ | waiving protest | Wahl~ | election petition.
★ ~ einlegen | to file an objection | gegen etw. ~ erheben | to object (to raise objections) to sth.; to protest against sth. | to enter (to lodge) a protest against sth. | schriftlich ~ erheben | to file a written protest | einem ~ stattgeben | to uphold an objection | dem ~ unterliegen | to be subject to appeal | den ~ verwerfen (zurückweisen) | to overrule an objection.

Einspruch *m* Ⓑ [Veto] | veto | gegen etw. ~ einlegen | to veto sth.

Einspruchs..frist *f* | period for filing protest.
—patent *n* | opposition patent.
—recht *n* Ⓐ | right to object (to protest).
—recht *n* Ⓑ [Vetorecht] | right (power) of veto.
—schrift *f* | appeal.
—verfahren *n* | opposition proceedings.

Einstand *m* | seinen ~ zahlen | to pay one's footing.

Einstands..geld *n* | entrance money.
—preis *m* | cost (original cost) price; prime (first) (actual) cost.

einstecken *v* | to pocket | eine Beleidigung ~ | to pocket an insult (an affront).

einstehen *v* Ⓐ [garantieren] | für jdn. ~ | to be answerable (to make os. answerable) for sb. | für den Schaden ~ | to be answerable (responsible) for the damage.

einstehen *v* Ⓑ [sich verbürgen] | für jdn. ~ | to guarantee for sb.; to stand (to go) bail for sb.; to stand (to become) security for sb.; to be surety for sb.

Einsteigen *n* | burglarious entry | Diebstahl mittels ~ | burglary | nächtliches ~ | burglarious entry at night.

einsteigen *v* | to enter burglariously.

einstellen *v* Ⓐ [anstellen] | to employ; to engage | Arbeiter ~; Arbeitskräfte ~ | to engage (to take on) workmen | jdn. wieder ~ | to re-employ (to reinstate) sb.

einstellen *v* Ⓑ [beendigen] | to stop | die Arbeit ~ | to stop (to suspend) work; to go on strike | den Betrieb ~ | to suspend operation | das Erscheinen ~ | to cease to appear | die Feindseligkeiten ~ | to cease (to suspend) hostilities | die Geschäfte ~ | to stop business | einen Prozeß ~; ein Verfahren ~ | to stop a case; to stay the proceedings | den Verkehr ~ | to break off (to discontinue) relations | die (seine) Zahlungen ~ | to stop (to suspend) payments | die Zwangsvollstreckung ~ | to grant a stay of execution; to stay execution.

einstellen *v* © [spezialisieren] | sich auf etw. ~ | to specialize in sth.

Einstellung *f* Ⓐ [Anstellung] | engagement | ~ von Arbeitern (von Arbeitskräften) | engaging (taking on) of workmen.

Einstellung *f* Ⓑ [Beendigung] | discontinuance; cessation; stoppage; stopping; stop | Arbeits~ | stoppage (suspension) (cessation) of work; strike; work stoppage | Betriebs~ | suspension of service | ~ der Feindseligkeiten | cessation of hostilities; truce | ~ des Konkursverfahrens | closing of bankruptcy proceedings | ~ der Schiffahrt | stoppage of navigation | ~ (vorläufige ~) des Verfahrens ① | stay of the proceedings | ~ des Verfahrens ② | closing of the proceedings | Antrag auf ~ des Verfahrens | plea in abatement; abater | ~ der Zahlungen; Zahlungs~ | stoppage (suspension) of payments | ~ der Zwangsvollstreckung | stay of execution.

Einstellung *f* © [Haltung; Meinung] | attitude | feindliche ~ | hostile attitude | politische ~ | political opinion.

Einstellungs..bedingungen *fpl* | conditions of employment.
—beschluß *m* Ⓐ [Verfahren] | order to stay the proceedings.
—beschluß *m* Ⓑ [Zwangsvollstreckung] | stay of execution.
—büro *n* | employment office.

einstimmig *adj* | unanimous | ~e Annahme | unanimous adoption | ~er Beschluß | unanimous vote; resolution, which was unanimously adopted.

einstimmig *adv* | unanimously | einen Antrag ~ annehmen | to adopt a motion unanimously | einen Beschluß ~ fassen | to adopt a resolution unanimously | gefaßter Beschluß | resolution which was adopted unanimously | jdm. ~ das Vertrauen aussprechen | to pass unanimously a vote of confidence to sb. | ~ gewählt | unanimously elected; returned unanimously | ~ angenommen | carried (agreed) unanimously | ~ beschließen | to vote (to resolve) unanimously.

Einstimmigkeit *f* | unanimity | einen Beschluß mit ~ fassen | to adopt a resolution unanimously | mit ~ beschließen | to vote (to resolve) unanimously | mit ~ | with unanimity; unanimously.

einstufen *v* Ⓐ | to class; to classify; to grade.

einstufen *v* Ⓑ [zwecks Besteuerung] | to assess; to rate | **jdn. höher** ~ | to put sb. into a higher tax bracket.

Einstufung *f* Ⓐ | classification; classing; grading.

Einstufung *f* Ⓑ [zwecks Besteuerung] | assessment; rating.

Einstufungsausschuß *m* | assessment (rating) committee.

einstweilen *adv* | **einen Posten (eine Stelle)** ~ **versehen** | to take over (to carry on) a post in the meantime.

einstweilig *adj* | provisional; temporary | ~**e Anordnung** | provisional arrangement | ~**e Dienstpflichten** | provisional duties | **zur** ~**en Einfuhr zugelassen** | passed for temporary importation | ~**e Maßnahmen** | provisional (temporary) measures | ~**er Ruhestand** | temporary retirement | ~**es Verbot;** ~**e Verfügung** | temporary (interlocutory) (preliminary) (interim) injunction; provisional order | **Erlaß einer** ~**en Verfügung** | granting (issuing) of an injunction [VIDE: **Verfügung** *f* Ⓒ].

einstweilig *adv* | provisionally; temporarily | ~ **ernannt** | appointed provisionally | **jdn.** ~ **festnehmen** | to place sb. under provisional arrest.

Eintausch *m* | **im** ~ **gegen** | in exchange for; in return for.

eintauschen *v* | **etw. für etw.** ~ | to receive (to obtain) sth. in exchange (in return) for sth.; to exchange (to barter) (to truck) sth. for sth.

einteilen *v* Ⓐ | to divide.

einteilen *v* Ⓑ [in Klassen ~] | to class; to classify

Einteilung *f* Ⓐ | division.

Einteilung *f* Ⓑ [Klassifizierung] | classification.

Eintrag *m* Ⓐ [Eintragung] | entry; entering; registration | **Abschluß**~ | closing entry | **Berichtigungs**~ | adjustment (correcting) entry | **Buch**~ | book (accounting) entry | **Eröffnungs**~ | opening entry | **Gegen**~ | counter-entry; cross (reversing) entry; reversal | ~ **in das Handelsregister** | registration in the trade register | **Schluß**~ | closing entry | **Tagebuch**~ | journal entry | **Übertragungs**~ | transfer entry | **falscher** ~ | false (wrong) entry; misentry.

Eintrag *m* Ⓑ [Schaden] | damage; injury; disadvantage | **einer Sache** ~ **tun** | to prejudice sth.; to be prejudicial (detrimental) to sth.

eintragen *v* Ⓐ [registrieren] | to register; to record; to inscribe | **etw. in die Bücher** ~ | to enter sth. into the books; to book sth. | **eine Firma** ~ (~ **lassen**) | to register a firm; to have a firm registered | **ins Handelsregister** ~ | to enter in the trade register | **seinen Namen** ~; **sich** ~ | to enter (to put down) one's name; to register | **eine Schutzmarke** ~ | to register a trademark | **etw. falsch** ~ | to mis-enter sth.

eintragen *v* Ⓑ [einbringen] | **einen Gewinn** ~ | to bring (to yield) a profit; to be profitable.

einträglich *adj* | profitable; lucrative; remunerative; paying | ~**e Arbeit** | remunerative work | ~**e Beschäftigung** | profitable (gainful) employment | ~**es Geschäft** | profitable transaction | ~**e Praxis** | a lucrative practice | **nicht** ~; **wenig** ~ | unremunerative; profitless; which does not pay.

einträglich *adv* | ~ **beschäftigt** | gainfully occupied.

Einträglichkeit *f* | profitableness; lucrativeness.

Eintragung *f* | registration; inscription | **Anmeldung zur** ~; **Antrag auf** ~ | application for registration | **Bewilligung der** ~ | authorization of inscription | ~ **einer Firma; Firmen**~ | registration of a firm | ~ **ins Grundbuch** | registration in the land register | ~ **einer Hypothek; Hypotheken**~ | registration

(recording) of a mortgage | ~ **ins Journal** | journalization | **Neu**~ | re-registration | ~ **eines Patents** | grant (issue) (issuance) of a patent | ~ **in ein öffentliches Register** | entering upon a public register (record) | **in der Reihenfolge der** ~ | in the order of the entries (of registration) | **Versagung der** ~ | refusal to register | ~ **eines Warenzeichens** | registration of a trade-mark | **Wieder**~ | re-registration.

★ **falsche** ~ | misentry; wrong (false) entry | **handelsgerichtliche** ~ | registration at the trade register | **hypothekarische** ~ | registration (recording) of a mortgage.

★ **etw. zur** ~ **anmelden** | to apply (to make application) for registration of sth.; to report sth. for registration | **eine** ~ **vornehmen** | to make an entry [of sth.]; to register [sth.].

Eintragungs..antrag *m* | application for registration.

—**bescheinigung** *f*; —**schein** *m* | certificate of entry (of registration); registration certificate.

—**bewilligung** *f* | authorization for registration.

—**gebühr** *f* | registration fee; fee for registration.

—**gesuch** *n* | application for registration.

—**kosten** *pl* | registration (cost(s) (expenses).

—**nummer** *f* | number of registration; registration number.

—**tag** *m* | date of registration; registration date.

—**urkunde** *f* | certificate of entry.

—**verfahren** *n* | registration procedure.

—**vermerk** *m* | note of entry.

—**versagung** *f* | refusal to register.

—**voraussetzungen** *fpl* | terms of (requirements for) registration.

—**zwang** *m* | compulsory registration.

Eintreffen *n* | arrival.

eintreibbar *adj* | enforceable; collectible.

Eintreibbarkeit *f* | enforceability; collectibility.

eintreiben *v* | to collect | **Außenstände** ~; **Forderungen** ~ | to collect accounts (outstandings); to make collections | **Rückstände** ~ | to collect arrears | **Steuern** ~ | to collect taxes.

Eintreibung *f* | collection; collecting | ~ **von Außenständen (von ausstehenden Schulden)** | recovery of debts (of amounts outstanding) | ~ **von Steuern** | collection (exaction) of taxes.

Eintreibungsspesen *pl* | collecting charges *pl*.

eintreten *v* Ⓐ | **in jds. Dienste** ~ | to enter into sb.'s service(s) | **ins Heer** ~ | to enter (to join) the army | **in ein Kloster** ~ | to enter a convent | **in den Krieg** ~ | to enter the war | **in eine Stellung** ~ | to enter an employment | **jdn.** ~ **lassen** | to give entrance to sb.; to let sb. enter; to admit sb.

eintreten *v* Ⓑ | **in die Beweisaufnahme** ~ | to proceed to take evidence | **in die Debatte** ~ | to enter into the debate | **in die Tagesordnung** ~ | to proceed to the order of the day | **mit jdm. in eine Unterhaltung** ~ | to enter into (upon) conversation with sb. | **in Verhandlungen** ~ | to enter into negotiations.

eintreten *v* Ⓒ [beitreten] | to join | **in eine Firma als Teilhaber** ~ | to enter (to join) a firm as a partner; to become a partner of a firm | **in eine Partei** ~ | to join a party | **in einen Verein** ~ | to enter (to join) an association.

eintreten *v* Ⓓ | **für den Schaden** ~ | to answer for the damage (for the loss) | **für etw.** ~ | to support (to endorse) sth.; to give sth. one's support | **für jdn.** ~ | to plead sb.'s cause; to give sb. one's support.

eintreten *v* Ⓔ | **für jdn.** ~ | to take the place of sb.; to serve as sb.'s substitute.

Eintretensdebatte *f* [S] | general (initial) debate of a bill in Parliament.

Eintritt *m* Ⓐ | entrance; admittance; admission | ∼ **in den Dienst; Dienst∼** | entering upon [one's] duties; entrance into (accession to) office | ∼ **in den Krieg; Kriegs∼** | entering the war | ∼ **in eine Partei** | accession to a party; joining a party | ∼ **in die Tagesordnung** | proceeding to the order of the day | ∼ **eines Teilhabers** | entering of a partner; joining a firm as partner | ∼ **frei; freier** ∼ | admission free | **den** ∼ **in etw. erzwingen** | to force an entry into sth. | ∼ **verboten** | "No admittance".
Eintritt *m* Ⓑ | ∼ **der Bedingung** | fulfilment of the condition | ∼ **der Rechtshängigkeit** | date of filing the action | **bei** ∼ **des Todes** | upon death | **bei** ∼ **des Versicherungsfalles** | in case of loss (of damage) | ∼ **der Volljährigkeit** | coming of age; reaching the age of maturity.
Eintritt *m* Ⓒ [Eintrittsgeld] | gate-money; admission (entrance) money; admission.
Eintritts..alter *n* | age of entry.
—**datum** *n*; —**tag** *m* | date (day) of entry.
—**gebühr** *f* | admission (entrance) fee; entrance money; entrance.
—**karte** *f* | admission ticket; entrance card; ticket of admission.
—**recht** *n* | befristetes ∼ | option.
einverleiben *v* Ⓐ | to incorporate; to embody.
einverleiben *v* Ⓑ [annektieren] | to annex.
Einverleibung *f* Ⓐ | incorporation.
Einverleibung *f* Ⓑ [Annektierung] | annexation.
Einvernehmen *n* | understanding; agreement | **im besten** ∼ | on excellent terms | **gegenseitiges** ∼ | mutual understanding | **in gegenseitigem** ∼ | by (with) mutual consent | **geheimes** ∼ | secret understanding | **gutes** ∼ | good understanding | **strafbares** ∼ | connivance; conspiracy.
★ **im** ∼ **mit jdm. arbeiten** | to act in concert with sb. | **mit jdm. in gutem** ∼ **leben (stehen)** | to be (to live) on good terms (on friendly terms) with sb. | **mit jdm. zu einem** ∼ **kommen; sich mit jdm. ins** ∼ **setzen** | to come to an understanding (to an agreement) with sb. | **im** ∼ **mit** | in agreement with | **in vollem** ∼ **mit** | in complete agreement with.
einvernehmen *v* | **einen Zeugen** ∼ | to examine (to interrogate) a witness.
Einvernehmung *f* | ∼ **von Zeugen** | examination (interrogation) of witnesses.
einverstanden *adj* | **sich mit etw.** ∼ **erklären** | to approve sth.; to consent to sth.; to accept sth. | ∼ **sein mit** | to be agreeable to; to agree to | **mit etw. nicht** ∼ **sein** | to disagree with sth.
einverständlich *adj* | by mutual consent | ∼**e Scheidung** | divorce by mutual consent.
Einverständnis *n* Ⓐ | understanding; agreement; accord | **in beiderseitigem** ∼; **in gegenseitigem** ∼ | by (with) mutual (common) consent | **geheimes** ∼ ① | secret understanding | **geheimes** ∼ ② | collusion; connivance | **stillschweigendes** ∼ | tacit understanding; implied consent | ∼ **über etw. erzielen** | to come to an understanding on sth. (over sth.) | **sein** ∼ **zu etw. geben** | to give one's approval to sth.; to approve sth. | **im** ∼ **mit** | in accordance with; in conformity with | **mit jds.** ∼ | with sb.'s consent; with the sanction of sb.
Einverständnis *n* Ⓑ [Beitritt] | accession; consent.
Einverständniserklärung *f* | declaration of consent.
Einwand *m* Ⓐ | objection; protest | ∼ **aus Gewissensgründen; Gewissens∼** | conscientious objection | **einen** ∼ **erheben** | to raise an objection | **über einen** ∼ **hinweggehen; sich über einen** ∼ **hinwegsetzen** | to disregard an objection.

Einwand *m* Ⓑ [Rechts∼; Einrede] | plea | ∼ **der Arglist** | defense of fraud | ∼ **der Aufrechnung; Aufrechnungs∼** | plea of compensation | ∼ **der Fälschung** | plea of forgery | ∼ **der Nichtigkeit; Nichtigkeits∼** | plea of nullity | ∼ **der Nötigung; ∼, unter Zwang gehandelt zu haben** | plea of duress | **Sach∼; sachlicher** ∼ | substantial plea | **Spiel∼** | plea of the gaming act | **den Spiel∼ bringen (erheben)** | to plead the gaming act | ∼ **der Unzurechnungsfähigkeit** | plea of insanity | **den** ∼ **der Unzurechnungsfähigkeit erheben** | to plead insanity | ∼ **der Unzuständigkeit; Unzuständigkeits∼** | plea of incompetence | **Verfahrens∼** | plea in bar | **den** ∼ **der Verjährung (den Verjährungs∼) bringen** | to plead the statute of limitations | **Verteidigungs∼** | defense; plea of defense | **Verzögerungs∼** | sham plea | **den** ∼ **der Wahrung berechtigter Interessen bringen** | to enter a plea of justification and privilege.
★ **peremptorischer** ∼ | peremptory plea (exception); bar; plea in bar | **unzulässiger** ∼ | inadmissible defense.
★ **einen** ∼ **erheben (vorbringen)** | to enter (to put in) (to present) a plea | **einen** ∼ **zurückweisen** | to reject a plea.
Einwanderer *m* | immigrant.
einwandern *v* | to immigrate.
Einwanderung *f* | immigration.
Einwanderungs..amt *n* | immigration office.
—**beamter** *m* | immigration officer.
—**beschränkungen** *fpl* | immigration restrictions; restrictions on immigration.
—**bewilligung** *f*; —**erlaubnis** *f* | immigration certificate (permit).
—**kontingent** *n*; —**quote** *f* | immigration quote.
—**land** *n* | immigration country.
—**politik** *f* | immigration policy.
—**sperre** *f*; —**verbot** *n* | ban on immigration.
einwandfrei *adj* | unobjectionable; irreproachable; blameless | ∼**er Wechsel** | clean bill | **in** ∼**er Weise** | irreproachably; without objection.
einwandfrei *adv* | ∼ **arbeiten** | to work properly (perfectly) | **etw.** ∼ **nachweisen** | to establish sth. beyond doubt.
einwechseln *v* | to exchange; to change.
Einwechslung *f* | exchange; change.
einweihen *v* Ⓐ [eröffnen] | to inaugurate; to open.
einweihen *v* Ⓑ | **jdn. in ein Geheimnis** ∼ | to initiate sb. into a secret.
Einweihung *f* Ⓐ [Eröffnung] | inauguration; opening.
Einweihung *f* Ⓑ [in ein Geheimnis] | initiation.
einweisen *v* | **jdn. in ein Amt** ∼ | to install sb. in an office | **jdn. in den Besitz** ∼ | to put sb. into possession | **sich in den Besitz** ∼ **lassen** | to have sb. put into possession.
Einweisung *f* | **Amts∼** | introduction; installation | ∼ **in den Besitz; Besitz∼** | vesting assent (order); livery of seisin.
einwenden *v* Ⓐ | to object; to protest.
einwenden *v* Ⓑ | to plead | **Bedürftigkeit** ∼ | to plead poverty | ∼, **in gutem Glauben gehandelt zu haben** | to plead one's good faith | **Geisteskrankheit** ∼; **Unzurechnungsfähigkeit** ∼ | to plead insanity | **die Unzuständigkeit** ∼ | to plead incompetence | **Verjährung** ∼ | to plead the statute of limitations | ∼, **daß in Wahrung berechtigter Interessen gehandelt worden ist** | to plead justification and privilege | ∼, **unter Zwang gehandelt zu haben** | to plead duress | ∼, **daß etw. gefälscht ist** | to plead the falsity of sth.
Einwendung *f* Ⓐ | objection | ∼**en gegen etw. erheben** | to raise (to make) (to lodge) objections to sth.; to

Einwendung *f* Ⓐ *Forts.*
object to sth. | **falls (wenn) keine ~en erhoben werden** | unless objection is (objections are) raised; if there is no objection; if there are no objections | **eine ~ zurückweisen** | to overrule an objection.
Einwendung *f* Ⓑ [Einrede] | plea.
Einwendung *f* Ⓒ [Verteidigungseinwand] | defense.
einwilligen *v* | **in etw. ~** | to give one's consent to sth. to consent to sth. | **~, daß etw. geschieht** | to consent to sth. being done.
Einwilligung *f* Ⓐ | consent; assent; previous assent | **elterliche ~** | parental consent | **fehlende ~** | lack (absence) of consent | **stillschweigende ~** | silent (tacit) (implied) consent | **seine ~ zu etw. geben (erteilen)** | to give one's consent to sth.; to consent to sth.
Einwilligung *f* Ⓑ [Einwilligungserklärung] | declaration of consent.
Einwilligung *f* Ⓒ [Erlaubnis] | authorization; permission.
einwirken *v* | **auf etw. ~** | to influence sth. | **auf jdn. ~** | to exert (to exercise) one's influence on sb.
Einwirkung *f* | action; influence | **Feind~; feindliche ~; Kriegs~** | enemy action; act of the enemy.
Einwohner *m* | inhabitant.
—liste *f* | national register.
—meldeamt *n* | registration office.
—meldepflicht *f* | obligation to get registered; compulsory registration (register).
—wehr *f* | civic (national) guard.
Einwohnerschaft *f* | **die ~** | the inhabitants *pl*; the population.
einzahlbar *adj* | payable; to pay in.
einzahlen *v* | to pay in | **eine Aktie ~** | to pay in a share | **bei der Bank ~** | to pay into the bank | **einen Betrag bei Gericht ~** | to pay a sum into court | **auf ein Konto ~** | to pay into an account | **bei der Post ~** | to pay at the post office | **Steuern ~** | to pay in taxes.
Einzahler *m* | payer; depositor.
Einzahlung *f* | paying in; payment | **Aufforderung zur ~** | call for payment | **bei der Bank; Bank~** | payment into the bank | **Bar~** | payment in cash | **~ bei Gericht** | payment into court | **~ auf laufendes Konto** | payment on current account | **~ bei der Post; Post~** | paying in (payment) at the post office | **Voll~** | full (final) payment | **eine ~ machen (leisten)** | to make (to effect) a payment | **~en auf Anteile** | to pay calls.
Einzahlungs..beleg *m*; **—schein** *m*; **—zettel** *m* | pay-in (deposit) slip (voucher).
—bescheinigung *f* | deposit slip.
—buch *n* | paying-in book.
—kasse *f* | paying-in office.
—kassier(er) *m* | receiving cashier.
—tag *m* | day (date) of payment.
Einzel..arrest *m* | solitary confinement.
—aufführung *f*; **—aufzählung** *f* | specification; enumeration.
—aufstellung *f* | detailed statement.
—ausgebot *n* | public auction with separate bidding.
—betrag *m* | individual amount.
—bewertung *f* | individual (separate) valuation.
—fall *m* Ⓐ | individual (particular) case.
—fall *m* Ⓑ [vereinzelter Fall] | isolated case.
—fertigung *f* Ⓐ | individual manufacture.
—fertigung *f* Ⓑ [von Einzelstücken] | manufacture of single pieces.
—firma *f* | private firm (trading company).
—gewerbetreibender *m* | single trader.

Einzel..haft *f* | solitary confinement.
—handel *m* | retail trade (business); retail.
—händler *m* | retail trader (dealer) (merchant); retailer.
Einzelhandels..geschäft *n* | retail business; shop.
—preis *m*; **—verkaufspreis** *m* | retail (retail selling) price.
—rabatt *m* | retail discount.
—spanne *f* | retail profit margin.
—umsatz *m*; **—umsätze** *mpl* | retail turnover (sales).
Einzelheiten *fpl* | details; particulars | **unter Angabe der ~** | setting forth the details | **genaue ~** | exact details; full particulars | **nähere ~** | fuller particulars | **untergeordnete ~** | minor details | **volle ~ über etw.** | full particulars of (about) sth. | **weitere ~ folgen** | further details (particulars) to follow | **auf ~ eingehen** | to go into details (particulars) | **ohne ~ anzugeben; ohne auf ~ einzugehen** | without entering into particulars; without going into details; without giving details (particulars) | **~ von (über) etw. geben (angeben)** | to give (to furnish) particulars of sth. | **weitere ~ zu erfragen bei ...** | for further particulars apply to ...
Einzel..inhaber *m* | sole proprietor.
—kaufmann *m* | single (sole) trader.
—mitglied *n* | individual member.
einzeln *adj* | **im ~en Falle** | in a particular (individual) case.
einzeln *adv* | **etw. ~ aufführen** | to specify sth.; to give particulars (details) (a detailed account) of sth. | **~ verkaufen** | to sell retail; to retail.
Einzelne *m* | **der ~** | the individual person; the individual.
Einzelne *n* | **etw. im ~n angeben** | to specify sth.; to give particulars (details) of sth. | **ins ~ gehen** | to go into the details of sth.
Einzel..nummer *f* | single copy.
—person *f* | individual; private person.
—preis *m* | price of a single piece.
—prokura *f* | single signature.
—prokurist *m* | managing clerk (signing clerk) authorized to sign alone.
—richter *m* | **~ in Strafsachen** | magistrate | **Verurteilung durch den ~** | summary conviction.
—sendung *f* | separate shipment.
—staat *m* | constituent (member) state.
—unternehmen *n* | private trading firm.
—unterricht *m* | private lessons.
—verkauf *m* | retail sale | **im ~** | by retail.
—verkaufspreis *m* | retail price (selling price).
einziehbar *adj* Ⓐ | collectable; collectible; to be collected.
einziehbar *adj* Ⓑ [konfiszierbar] | liable to be seized (to be confiscated).
einziehen *v* Ⓐ [kassieren] | to collect; to cash | **Außenstände ~** | to collect accounts (outstandings) | to make collections | **Beiträge ~** | to collect dues | **eine Forderung ~** | to collect a claim (a debt) | **einen Scheck ~** | to cash a cheque | **Steuern ~** | to collect taxes | **einen Wechsel ~** | to cash a bill.
einziehen *v* Ⓑ [einholen] | **Auskünfte ~; Erkundigungen ~** | to collect (to gather) information; to make inquiries.
einziehen *v* Ⓒ [zurückziehen] | **Banknoten ~** | to withdraw banknotes from circulation; to call in banknotes.
einziehen *v* Ⓓ [beschlagnahmen] | to seize; to confiscate | **etw. zu Gunsten des Staates ~** | to forfeit sth.
einziehen *v* Ⓔ [ablösen] | **Pfandbriefe ~** | to redeem bonds.

Einziehung *f* Ⓐ [Einkassierung] | collecting; collection | ∼ **von Außenständen** | collecting of accounts (of outstandings) | ∼ **einer Forderung** | collection of a claim | ∼ **eines Rechnungsbetrages** | collection of a bill | ∼ **von Steuern** | collection of taxes | ∼ **eines Wechsels** | cashing of a bill | **zur** ∼; **zwecks** ∼ **und Überweisung** | for collection; for collection and return.

Einziehung *f* Ⓑ [Einholung] | ∼ **von Auskünften (Erkundigungen)** | making of inquiries; collecting (gathering) of information.

Einziehung *f* Ⓒ [Zurückziehung] | withdrawal; calling in | ∼ **von Banknoten** | withdrawal of banknotes | ∼ **von Geld** | withdrawal of currency from circulation; calling in of currency.

Einziehung *f* Ⓓ [Beschlagnahme] | confiscation | ∼ **zu Gunsten des Staates** | forfeiture | ∼ **des Vermögens; Vermögens**∼ | confiscation (forfeiture) (seizure) of property | **der** ∼ **unterliegen** | to be liable to be seized.

Einziehung *f* Ⓔ [Ablösung] | ∼ **von Pfandbriefen** | redemption of bonds (of securities).

Einziehungs..auftrag *m* | instruction (order) to collect.
—**gebühr** *f* | collecting fee.
—**provision** *f* | collecting commission.
—**recht** *n* | right to collect.
—**spesen** *pl* | collecting charges *pl*.
—**verfahren** *n* | collecting procedure.

einzig *adj* | sole | **das** ∼**e Kind** | the only child | **der** ∼**e Sohn** | the only son.
einzig *adv* | solely.
einzigartig *adj* | unique; singular.

Einzug *m* Ⓐ | collection; cashing | ∼ **von Steuern** | collection of taxes | **zum** ∼ | for collection.
Einzug *m* Ⓑ [in eine Wohnung] | moving into an apartment.

Einzugs..gebühren *fpl*; —**kosten** *pl*; —**spesen** *pl* | collecting charges; charges for collection.
—**provision** *f* | collecting commission.
—**stelle** *f* | collection office.
—**verfahren** *n* | collecting procedure.
—**wechsel** *m* | bill for collection; country bill.

einzulassen *v* | **Bitte, den Vorzeiger dieses** ∼ | "admit bearer".

Eis *n* | **durch** ∼ **behindert (gesperrt)** | ice-bound; frozen in.
Eisbrecher *m* | ice-breaker.
Eisen *n* | ∼- **und Metallwarenbranche (-industrie)** | hardware (iron and metal) trades (industries).

Eisenbahn *f* | railway; railroad | **Staats**∼ | state railway | **mit der** ∼; **per** ∼ | by railway; by rail.
—**aktien** *fpl* | railway (railroad) (rail) shares (stock); rails.
—**angestellter** *m*; —**beamter** *m* | railway clerk (employee) (official) (man).
—**anleihe** *f* | railway loan.
—**anschluß** *m* Ⓐ [Gleisanschluß] | rail connection line.
—**anschluß** *m* Ⓑ [Verkehrsverbindung] | rail(way) connection.
—**attentat** *n* | train wrecking.
—**beförderung** *f* | transportation (forwarding) by railway (by rail); railway (rail) transport (carriage).
—**beirat** *m* | railway advisory board (council).
—**betrieb** *m* | railway (train) service.
—**betriebsordnung** *f* | bye-laws of a railway company.
—**billet** *n* | railway ticket.
—**diebstahl** *m* | train theft.
—**dienst** *m* | railway (rail) service.
—**direktion** *f* | head office (managing board) of a railway.

Eisenbahner *m* | railway man (official).
—**gewerkschaft** *f*; —**verband** *m* | railway (railroad) union; union of railwaymen; brotherhood of railroadmen.
—**streik** *m* | railway strike.
Eisenbahn..fähre *f* | train ferry.
—**fahrkarte** *f* | railway ticket.
—**fahrplan** *m* | railway guide (time table).
—**fracht** *f* | railway (rail) carriage; carriage by rail.
— —**brief** *m* | bill of freight (of carriage); way bill.
— —**führer** *m* | rail carrier.
— —**sätze** *mpl*; — —**tarif** *m* | railway freight rates.
— —**verkehr** *m* | railway goods (freight) traffic.
Eisenbahn..gesellschaft *f* | railroad (railway) company (line).
—**güterverkehr** *m* | railway goods traffic.
—**katastrophe** *f* | railway disaster.
—**knotenpunkt** *m* | railway (rail) junction.
—**kursbuch** *n* | railway guide.
—**linie** *f* | railway line.
—**netz** *n* | system of railways; railway (railroad) system.
—**obligationen** *fpl* | railway debentures (bonds).
—**paketdienst** *m* | railway parcels service.
—**papiere** *npl* | railway shares (stocks).
—**polizei** *f* | railway police.
—**prioritäten** *pl* | railway preference shares (stock).
—**projekt** *n* | railway project.
—**raub** *m* | train robbery.
—**radio** *n* | railophone.
—**recht** *n* | railway legislation.
—**reise** *f* | railway (train) journey.
—**stammaktien** *fpl* | railway ordinary shares (common stock).
—**strecke** *f* | railway line.
—**tarif** *m* | railway tariff (fares) (rates) | **Festsetzung der** ∼**e** | railway rating.
—**transport** *m* | transport (conveyance) (carriage) by rail (by railway); railway (rail) transport (carriage).
— —**recht** *n* | law on carriage by railways.
— —**verkehr** *m* | rail transportation.
— —**versicherung** *f* | rail transportation insurance.
—**unfall** *m*; —**unglück** *n* | railway (train) accident.
—**unfallversicherung** *f* | railway accident insurance.
—**unternehmen** *n* | railway company (concern) (undertaking).
—**unternehmer** *m* | railway operator.
—**verbindung** *f* | communication by rail; railway (train) (rail) connection.
—**verkehr** *m* | railway (rail) traffic.
—**verkehrsordnung** *f* | railway (railway traffic) regulations.
—**verwaltung** *f* | railway administration; management of the railway.
—**verwaltungsrat** *m* | board of directors of a railway company.
—**vorzugsaktien** *fpl* | railway preference shares (stock).
—**wagen** *m* | railway carriage (passenger car) (coach).
—**waggon** *m* | railway waggon; railroad freight car (truck).
—**werte** *mpl* | railway (railroad) (rail) stocks (shares); rails.

Eisen..handel *m* | iron (hardware) trade.
—**hütte** *f* | ironworks.
—**industrie** *f* | iron industry.

eisern *adj* | ∼**er Bestand** ① [an Geld] | permanent reserve | ∼**er Bestand** ② [an Waren] | permanent stock | ∼**e Ration** | iron (emergency) ration | ∼**er Vorhang** | iron curtain.

Eisernviehvertrag *m* | lease of livestock on the condition that stock of equal number and quality is returned at the end of the lease.
Eis..klausel *f* | ice clause.
—risiko *n* | ice risk.
—schaden *m* | ice damage; damage caused by ice.
elektrifizieren *v* | eine Eisenbahnlinie ~ | to electrify a railway line.
elektrifiziert *adj* | ~e Strecke | electrified line.
Elektrifizierung *f* | electrification.
elektrisch *adj* | der ~e Stuhl | the Electric Chair; the Chair.
Elektrizitäts..gesellschaft *f* | electricity (power) company.
—lieferung *f*; **—versorgung** *f* | supply of electric power (current); power supply.
—lieferungsgesellschaft *f* | electricity supply (power supply) company.
—verbrauch *m* | electricity (current) (power) consumption.
—werk *n*; **—zentrale** *f* | electricity works; power (generating) station.
Elektro..industrie *f* | electrical industry (industries).
—werte *mpl* | electrical stock(s).
elementar *adj* | elementary.
Elementar..buch *n* | elementary guide.
—ereignis *n* | act of God.
—schaden *m* | damage done by the elements.
—schulbildung *f*; **—unterricht** *m* | elementary (primary) education.
—schule *f* | primary (elementary) school.
Elend *n* | misery; destitution | im ~ | poverty-stricken.
Elends..bezirk *m*; **—gebiet** *n*; **—quartier** *n*; **—viertel** *n* | slum area; slums *pl*.
eliminieren *v* | to eliminate.
Eliminierung *f* | elimination.
elterlich *adj* | parental | ~e Einwilligung (Zustimmung) | parental consent | ~es Erbteil | patrimony | | ~e Gewalt | parental power | unter ~er Gewalt stehen | to be under parental power (control).
Eltern *pl* | parents | Groß~ | grandparents | Vor~ ① | ascendants | Vor~ ② | ancestors | leibliche ~ | natural parents.
elternlos *adj* | without parents; parentless.
Elternteil *m* ⓐ [Vater oder Mutter] | parent | angeheirateter ~ | parent-in-law.
Elternteil *m* ⓑ [elterlicher Erbteil] | patrimony.
Emballage *f* | packing; package.
Embargo *n* [Beschlagnahme eines Schiffes] | ~ auf ein Schiff legen | to lay (to put) embargo on a vessel; to embargo a vessel | das ~ aufheben | to take off the embargo | unter ~ (mit ~ belegt) sein | to be under an embargo.
emeritieren *v* | jdn. ~ | to retire sb.; to put sb. on the retired list.
emeritiert *adj* | retired from service | ~er Professor | emeritus professor.
Emeritierung *f* | retiring.
Emigrant *m* ⓐ [Auswanderer] | emigrant.
Emigrant *m* ⓑ | emigree | politischer ~ | political refugee; exile.
Emigration *f* [Auswanderung] | emigration | Massen~ | mass emigration | in der ~ leben | to live in exile.
emigrieren *v* | to emigrate.
Emission *f* | issue; issuing | ~ von Aktien; Aktien~ | issue (issuing) of shares (of stock); share (stock) issue | Anleihe~ | issuing of a loan | ~ gegen Barzahlung | issue against cash (against cash payment) | Kapital~ | capital issue | ~ zum Nennwert | issue at par | Neu~ | reissue | Markt der Neu~en | issue

market | Noten~ | issue of notes (of banknotes) | ungedeckte Noten~ | fiduciary note issue | ~ von Obligationen; ~ von Schuldverschreibungen | issue of bonds; bond issue | Über~ | over-issue | Vorzugsaktien zweiter ~ | second preference shares | zur ~ kommen | to be issued.
Emissions..abteilung *f* | issue (issuing) department.
—agio *n*; **—aufgeld** *n*; **—prämie** *f* | issuing premium.
—bank *f* | bank of issue; issuing bank.
—bedingungen *fpl* | terms of issue.
emissionsfähig *adj* | issuable.
Emissions..geschäft *n* ⓐ | issuing transaction.
—geschäft *n* ⓑ | investment banking.
—haus *n*; **—institut** *n* | issuing house (firm) (bank) (banker).
—jahr *n* | year of issue.
—konsortium *n* | issue (underwriting) syndicate.
—kontrolle *f* | control(s) on capital issues.
—kosten *pl* | cost of issue.
—kurs *m*; **—preis** *m* | rate of issue; issue (issuing) price.
—markt *m* | issue market.
—prospekt *m* | underwriting prospectus.
—sperre *f* | ban on new issues.
—stempel *m*; **—steuer** *f* | stamp duty (tax) on capital issues.
—syndikat *n* | underwriting (loan) syndicate | führende Bank eines ~s | leading bank (lead manager) of a loan syndicate.
—wert *m* | issuing value.
Emittent *m* | issuer.
emittierbar *adj* | issuable.
emittieren *v* | to issue; to emit.
Emittierung *f* | issue; emission.
Empfang *m* ⓐ [Inempfangnahme] | receiving; reception; receipt | ~ von Geld; Geld~ | receipt of money | Rück~ | receiving back | bei ~; nach ~ | on (upon) (after) receipt; when received | etw. in ~ nehmen | to receive sth. | den ~ bescheinigen | to give (to make out) a receipt; to give a written acknowledgment of receipt | den ~ von etw. bestätigen | to acknowledge receipt of sth. | «den ~ bescheinigt» | "Received".
Empfang *m* ⓑ [Entgegennahme der Lieferung] | taking delivery | Waren in ~ nehmen | to take delivery of goods | zahlbar bei ~ | payable (cash) on delivery | bei ~ | on (upon) delivery.
Empfang *m* ⓒ [offizieller ~] | official reception | ~ bei Hof | reception at court | Staats~ | state reception.
Empfang *m* ⓓ [Empfangsbüro] | reception office (desk).
Empfang *m* ⓔ [Aufnahme] | reception | feindseliger ~; unfreundlicher ~ | hostile (unfriendly) reception | jdm. einen guten ~ bereiten | to give sb. a friendly welcome (a good reception) | jdm. einen schlechten ~ bereiten | to give sb. an unfriendly welcome (a bad reception).
empfangen *v* ⓐ [in Empfang nehmen] | to receive; to take delivery; to accept | etw. zur Aufbewahrung ~ | to receive sth. for deposit (for keeping).
empfangen *v* ⓑ [offiziell ~] | jdn. in Audienz ~ | to grant (to give) sb. an audience.
empfangen *v* ⓒ [aufnehmen] | jdn. freundlich ~ | to give sb. a friendly welcome (a good reception) | jdn. schlecht (unfreundlich) ~ | to give sb. an unfriendly welcome (a bad reception).
empfangen *part* ⓐ | «Wert ~» | "Received".
empfangen *part* ⓑ | in Audienz ~ werden | to be received in audience.
Empfänger *m* ⓐ [Adressat] | addressee.

Empfänger *m* Ⓑ [einer Warensendung] | consignee | **auf Gefahr und Kosten des** ~**s** | at the risk and expense of the consignee.

Empfänger *m* Ⓒ [Anweisungs~; Zahlungs~] | payee | **Gehalts**~ | salary earner; salaried man | **Lohn**~ | wage earner | **Pensions**~; **Ruhegehalts**~ | pensioner.

Empfangnahme *f* Ⓐ | receipt; receiving; reception | **bei** ~ | on (upon) receipt; when received.

Empfangnahme *f* Ⓑ [Lieferannahme] | taking delivery.

Empfängnis *f* | conception.

—**verhütung** *f* | conception control.

—**zeit** *f* | period of conception (of possible conception) | **gesetzliche** ~ | legal period of conception (of possible conception).

Empfangs..anzeige *f* | notice of delivery (of receipt).

—**bekenntnis** *n* | receipt | **schriftliches** ~ | acknowledgment (memorandum) of receipt.

empfangsbedürftig *adj* | ~**e Willenserklärung** | declaration of intention which requires communication.

Empfangs..berechtigter *m* | addressee; consignee.

—**berechtigung** *f* | right to receive.

—**bescheinigung** *f* Ⓐ; —**bestätigung** *f* | acknowledgment (confirmation) of receipt.

—**bescheinigung** *f* Ⓑ [für Geld] | receipt | **gegen** ~ | against receipt.

—**buch** *n* | receipt book.

—**büro** *n* | reception office (desk).

—**chef** *m* | receptionist.

—**komitee** *n* | reception committee.

—**schein** *m* Ⓐ [Quittung] | receipt slip; receipt.

—**schein** *m* Ⓑ [Posteinlieferungsschein] | certificate of posting.

—**schein** *m* Ⓒ [Rückschein] | return receipt | **gegen** ~ | return receipt requested.

—**station** *f* | station of discharge (of delivery) (of destination).

—**tag** *m* | reception day.

empfehlen *v* | to recommend; to advise | **jdm. etw.** ~ | to commend (to recommend) sth. to sb. | **jdm.** ~, **etw. zu tun** | to recommend (to advise) (to counsel) sb. to do sth. | **eindringlich** ~, **etw. zu tun** | to advise strongly to do sth.

empfehlenswert *adj* | recommendable; commendable; advisable.

Empfehlung *f* | recommendation | **auf** ~ **von ...** | on (upon) the recommendation of ...

Empfehlungs..brief *m*; —**schreiben** *n* | letter of recommendation (of introduction).

—**karte** *f* | business card.

empfindlich *adj* | perceptible; sensible | ~**er Schaden** | serious damage.

empfindlich *adv* | **für etw.** ~ **sein** | to be susceptible to sth.

Ende *n* | end | **bei** ~ (**zu** ~) **des Jahres** | at the end (close) of the year | **etw. zu** ~ **bringen** | to bring sth. to a close; to end sth. | **zu** ~ **gehen** | to come to an end (to a close).

End..abrechnung *f* | final account (statement).

—**bescheid** *m*; —**entscheidung** *f* | final decision (decree).

—**ergebnis** *n* | final result.

Endesunterzeichnete *m*; **Endesunterschriebene** *m* | **der** ~ | the undersigned.

endgültig *adj* | final; definitive | ~**e Entscheidung** | final decision (decree).

endgültig *adv* | finally | ~ **entscheiden** | to decide in the last instance.

Endgültigkeit *f* | finality.

End..montage *f* | final assembly.

—**preis** *m* | price to the ultimate consumer.

End..produkt *n* | final product.

—**produktpreis** *m* | price of the final product.

—**resultat** *n* | final (end) result.

—**station** *f* | terminal station; terminus; rail head.

—**summe** *f* | sum (grand) total; total sum.

—**termin** *m* | final term; latest (final) date.

Endurteil *n* Ⓐ | judgment upon the merits; final judgment | **Teil**~ | partial judgment on the merits | **rechtskräftiges** ~ | final decision; absolute (final) judgment; decision (judgment) which has become absolute (final) (which is not subject to appeal) | **vollstreckbares** ~ | final and enforceable judgment.

Endurteil *n* Ⓑ [in Scheidungssachen] | decree absolute; final decree | **bedingtes** ~ | decree nisi | **rechtskräftiges** ~ | decree absolute.

Endverbraucher *m* | ultimate consumer.

Endzweck *m* | final aim (purpose).

Energie *f* | power; energy | **Kern**~ | nuclear power.

—**bedarf** *m* | demand for energy; power requirements.

—**lieferung** *f*; —**versorgung** *f* | power supply; supply of electric power.

—**quelle** *f* | source of energy.

—**quellen** *fpl* | energy resources.

—**reserven** *fpl* | energy reserves.

—**sparprogramm** *n* | energy-saving (energy-conservation) campaign.

—**verbrauch** *m* | energy consumption.

—**wirtschaft** *f* | electricity (electric power) industry.

energisch *adj* | **in** ~**en Ausdrücken** | in strong terms | **in** ~**er Sprache** | in strong language.

energisch *adv* | ~ **abgefaßt** | strongly worded.

eng *adj* | ~**e Begrenzung** | narrow limits | ~**e Beziehung** | close connexion | ~**e Bindungen** | close bonds | ~**es Bündnis** | close alliance | ~**e Freundschaft** | close friendship | **in** ~**en Grenzen** | within narrow bounds | ~**e Koordination** | close co-ordination | ~**e Zusammenarbeit** | close collaboration | ~**er Zusammenhang** | close connexion.

eng *adv* | ~ **auslegen** | to interpret (to construe) sth. narrowly | ~ **beschrieben**; ~ **geschrieben** | closely written.

Engagement *n* Ⓐ [Einstellung] | employment; engagement.

Engagement *n* Ⓑ [Stellung] | position; situation; place | **ohne** ~ **sein** | to be out of a situation.

Engagement *n* Ⓒ [Verpflichtung] | commitment | **ein** ~ **eingehen** | to enter into a commitment; to commit os. | **ein** ~ **glattstellen** | to even up a commitment.

engagieren *v* Ⓐ [einstellen] | **jdn.** ~ | to employ (to engage) sb.

engagieren *v* Ⓑ [verpflichten] | **sich** ~ | to bind os.; to commit os.

Enge *f*; **Engen** *fpl* | **die Meer**~ | the narrows.

enger *adj* | **der** ~**e Ausschuß** | the select committee | **Sitzung im** ~**en Kreis** | close session | **im** ~**en Sinne** | in a restricted sense | ~**e Wahl** | ballot | **in die** ~**e Wahl kommen** | to come to the ballot.

Engpaß *m* | ~ **in der Produktion** | bottle-neck of production.

Engros..abnehmer *m* | wholesale buyer.

—**einkaufspreis** *m* | wholesale cost.

—**geschäft** *n*; —**handel** *m* | wholesale business (commerce) (trade).

—**händler** *m* | wholesale dealer (trader) (merchant); wholesaler.

—**käufer** *m*; —**kaufmann** *m* | wholesale purchaser (dealer).

—**preis** *m* | wholesale price.

—**rabatt** *m* | wholesale (trade) discount.

—**verkauf** *m* | wholesale.

Enkel *m* | grandson | **Groß~** | great-grandson.
Enkel *mpl* | grandchildren.
Enkelin *f* | granddaughter.
Enkelkind *n* | grandchild.
entäußern *v* | **sich einer Sache ~** | to divest os. of sth.
Entäußerung *f* | divesting.
entbehren *v* | **der Begründung ~** | to be void of reasons | **jeder Grundlage ~** | to have absolutely no foundation; to be wholly unfounded (completely without foundation).
entbinden *v* | **jdn. vom Berufsgeheimnis ~** | to release sb. from his duty to keep professional secrecy | **jdn. von einem Eid ~; jdn. eines Eides ~** | to release sb. from an oath | **jdn. von einer Pflicht ~** | to release sb. from a duty | **jdn. von einem Versprechen (von seinem Wort) ~** | to release sb. from his promise (from his word).
Entbindung *f* Ⓐ | **~ von einem Eid; Eides~** | release from an oath | **~ von einem Versprechen** | release from a promise.
Entbindung *f* Ⓑ | confinement; childbirth.
Entbindungs..anstalt *f*; **—heim** *n*; **—station** *f* | lying-in hospital; maternity centre (ward) (home).
—kosten *pl* | expenses of confinement.
—urlaub *m* | maternity leave.
entdecken *v* | to discover.
Entdecker *m* | discoverer.
Entdeckung *f* | discovery.
Entdeckungsreise *f* | voyage of discovery (of discoveries) (of exploration).
entehrend *adj* | dishono(u)rable | **~e Strafe** | dishono(u)ring punishment.
enteignen *v* | to expropriate.
Enteignung *f* [**Zwangs~**] | expropriation.
Enteignungs..entschädigung *f* | compensation (indemnity) for expropriation.
—recht *n* | right to expropriate | **~ des Staates** | right of eminent domain.
—urteil *n* | expropriation order.
—verfahren *n* | expropriation proceedings.
enterben *v* | **jdn. ~** | to disinherit sb.
Enterbung *f* | exheredation; disinheriting.
entfallen *v* | to be dropped.
entfernen *v* | to remove | **jdn. aus dem Amt ~** | to remove sb. from office | **die Siegel ~** | to remove the seals | **sich ~** | to absent os.; to leave.
entfernt *adj* | **~er Verwandter** | distant relative (relation).
entfernt *adv* | **~ verwandt** | distantly related.
Entfernung *f* Ⓐ [**Distanz**] | distance.
Entfernung *f* Ⓑ [**Beseitigung**] | removal; removing | **~ der Möbel aus einem Hause** | unfurnishing of a house; removal of the furniture from a house | **~ der Siegel** | removal of the sales.
entflechten *v* Ⓐ [**entkartellisieren**] | to decartelize.
entflechten *v* Ⓑ [**dezentralisieren**] | to decentralize.
Entflechtung *f* Ⓐ [**Konzern~**] | decartelization.
Entflechtung *f* Ⓑ [**Dezentralisierung**] | decentralization.
entfliehen *v* Ⓐ | to flee; to abscond.
entfliehen *v* Ⓑ [**entkommen**] | to escape.
entfremden *v* | to alienate; to estrange | **sich jdm. ~** | to become estranged from sb. | **sich jdn. ~** | to estrange sb.; to alienate sb.'s affections.
Entfremdung *f* | alienation; estrangement | **Zweck~** | use [of sth.] to another purpose.
entführen *v* | **ein Flugzeug ~** | to highjack an aeroplane | **eine Minderjährige ~** | to abduct a minor | **jdn. gewaltsam ~** | to kidnap sb.

Entführer *m* | kidnapper; abductor | **Flugzeug~** | highjacker.
Entführung *f* | kidnapping; abduction | **~ eines Flugzeuges** | highjacking of an aeroplane | **~ einer Minderjährigen** | abduction of a minor.
Entgang *m* | loss | **Gewinn~** | loss of profit | **Nutzungs~** | loss of enjoyment | **Verdienst~** | loss of wages.
entgangen *part* | **~er Gewinn** | loss of profit.
entgegen *adj* | adverse.
entgegen *adv* | **~ den allgemein geltenden Ansichten** | contrary to accepted opinions | **~ den Erwartungen** | contrary to expectations.
entgegenarbeiten *v* | to counteract.
entgegengesetzt *adj* | opposed; opposite; in opposition | **~e Interessen** | contrary (conflicting) (opposed) (warring) interests | **in ~er Richtung** | in the opposite direction.
entgegenhalten *v* | **jdm. etw. ~** | to oppose sth. to sb. | **ein früheres (älteres) Patent ~** | to oppose a prior patent | **jdm. etw. ~ können** | to make sth. opposable to sb.
Entgegenhaltung *f* [eines früheren Patents] | opposing [a prior patent]; opposition.
Entgegenkommen *n* | obligingness; courtesy; kind attention | **jdm. ~ zeigen** | to be accommodating (obliging) to sb.
entgegenkommen *v* Ⓐ [zuvorkommend sein] | **jdm. ~** | to be obliging (accommodating) to sb.
entgegenkommen *v* Ⓑ | **jdm. ~** | to make sb. advances (concessions) | **jdm. auf halbem Wege ~** | to meet sb. halfway.
entgegenkommend *adj* | obliging; accommodating.
entgegenkommenderweise *adv* | obligingly; in an obliging manner (way).
Entgegennahme *f* Ⓐ [Lieferannahme] | accepting (taking) delivery.
Entgegennahme *f* Ⓑ | receiving; acceptance | **~ einer Erklärung** | receiving a declaration | **~ einer Zustellung** | acceptance of service.
entgegennehmen *v* Ⓐ [Lieferung annehmen] | to accept (to take) delivery.
entgegennehmen *v* Ⓑ | to receive; to accept | **eine Erklärung ~** | to receive a declaration.
entgegensetzen *v* | to oppose; to object.
entgegenstehen *v* | to be opposed to sth.
entgegenstehend *adj* | contrary | **~e Bestimmungen** | regulations to the contrary.
entgegentreten *v* | **einer Sache ~** | to oppose sth.
entgegenwirken *v* | **einem Plan ~** | to counteract a plan | **jdm. ~** | to work against sb.
entgegnen *v* Ⓐ [antworten] | to reply; to answer.
entgegnen *v* Ⓑ [scharf erwidern] | to retort.
entgegnen *v* Ⓒ [replizieren] | to make a replication.
Entgegnung *f* Ⓐ [Antwort] | reply; answer.
Entgegnung *f* Ⓑ [scharfe Erwiderung] | retort.
Entgegnung *f* Ⓒ [Replik] | replication.
Entgelt *n* | recompense; remuneration; compensation | **angemessenes ~** | adequate compensation | **gegen ~** | against (for valuable) consideration | **gleiches ~ für gleiche Arbeit** | equal pay for equal work | **ohne ~** | free of charge; without charge | **als ~** | in return.
entgeltlich *adj* | for pay; against payment (remuneration | **~es Rechtsgeschäft** | onerous transaction | **~er Vertrag** | onerous contract | **un~** | gratuitous; gratis.
entgeltlich *adv* | against (for a) consideration; for a valuable (for good) consideration | **un~** | without (free of) charge; gratuitously.

Entgleisen *n* | einen Zug zum ~ bringen | to derail (to wreck) a train.

entgleisen *v* | to derail; to become derailed; to jump (to leave) (to run off) the rails (the metals).

Entgleisung *f* | derailment; running off the rails.

enthalten *v* | sich einer Sache ~ | to abstain (to refrain) from sth. | sich der Stimme (der Stimmabgabe) ~ | to abstain from voting.

Enthaltung *f* | abstention; refraining [from] | Stimm~ | abstention from voting; abstention | bei ... ~en | ... abstaining.

enthaupten *v* | to behead; to decapitate.

Enthauptung *f* | beheading; decapitation.

entheben *v* | jdn. seines Amtes (seines Dienstes) (seines Postens) ~ | to relieve (to suspend) sb. from his office (from his post) | jdn. einer Verantwortung ~ | to relieve sb. of a responsibility | jdn. einer Verpflichtung ~ | to release sb. from an obligation.

Enthebung *f* | suspension; dismissal | ~ aus dem Amt; Amts~; Dienst~ | removal (suspension) from office.

Enthortung *f* | dishoarding.

enthüllen *v* | to reveal; to disclose | ein Geheimnis ~ | to disclose (to divulge) a secret.

Enthüllung *f* | disclosure; revelation | frühere ~ | prior discovery (disclosure).

entkartellisieren *v* | to decartelize.

Entkartellisierung *f* | decartelization.

entkolonisieren *v* | to decolonize.

Entkolonisierung *f* | decolonization.

Entkommen *n* | escape | ~ mit knapper Not | narrow escape.

entkommen *v* | to escape; to make one's escape | es gelang ihm, zu ~ | he made good his escape.

entkräften *v* | to invalidate | einen Beweis ~ | to invalidate a proof.

Entkräftigung *f* | invalidation.

Entlade..frist *f*; —**zeit** *f* | time for unloading; unloading time.

—**kosten** *f* | unloading charges.

entladen *v* | to unload.

Entladung *f* | unloading; discharging.

entlassen *v* Ⓐ [aus dem Arbeitsverhältnis] | einen Angestellten ~ | to dismiss an employee | einen Arbeiter ~ | to dismiss a workman | jdn. fristlos ~ | to dismiss sb. without notice.

entlassen *v* Ⓑ [aus dem Dienst] | jdn. ~ | to discharge sb. | einen Beamten ~ (aus dem Dienst ~) | to discharge an official.

entlassen *v* Ⓒ [aus disziplinären Gründen] | jdn. ~ | to dismiss sb. from the service.

entlassen *v* Ⓓ [freilassen] | jdn. aus der Haft ~ | to release sb. from custody; to release sb. | jdn. ~ | to set sb. free | jdn. bedingt ~ | to put sb. on parole; to parole sb. | jdn. vorläufig ~ | to discharge sb. conditionally.

entlassen *v* Ⓔ [freistellen] | jdn. aus einer Schuld (aus einer Verbindlichkeit) ~ | to discharge (to relieve) (to release) sb. from an obligation.

entlassen *part* | anordnen, daß jd. ~ wird | to order sb. released; to order sb.'s release | bedingt ~ werden | to be released on parole.

Entlassung *f* Ⓐ [aus dem Arbeitsverhältnis] | dismissal | ~ von Arbeitern; Arbeiter~ | dismissal of workmen | Grund zur ~ | reason (ground) for dismissal | Massen~ | mass dismissal | bei Vermeidung sofortiger ~ | under penalty of instant dismissal | fristlose ~; sofortige ~ | immediate (instant) dismissal | Grund zur fristlosen (sofortigen) ~ | ground for instant dismissal.

Entlassung *f* Ⓑ [Dienst~] | discharge; removal from office | ~ aus dem Heeresdienst | discharge; discharge from military service | ehrenhafte ~ | hono(u)rable discharge | unehrenhafte ~ | dishono(u)rable discharge | seine ~ erhalten | to be discharged | seine ~ nehmen | to take one's discharge.

Entlassung *f* Ⓒ [aus disziplinären Gründen] | dismissal from service.

Entlassung *f* Ⓓ [Freilassung; ~ aus der Haft; Haft~] | release; release from custody | ~ aus dem Gefängnis | discharge from prison | bedingte ~ | release on parole | vorläufige ~ | conditional release | jds. ~ anordnen | to order sb.'s release; to order sb. released.

Entlassung *f* Ⓔ [Freistellung] | ~ aus einer Schuld (Verbindlichkeit) | release from an obligation.

Entlassung *f* Ⓕ [Verabschiedung] | seine ~ einreichen (nehmen) | to tender one's resignation; to resign one's office; to resign.

Entlassungs..abfindung *f* | severance pay; terminal wage(s).

—**alter** *n* [Schul~] | school-leaving age.

—**befehl** *m* | order to release.

—**gesuch** *n*; —**schreiben** *n* | resignation; letter of resignation.

—**grund** *m* | reason (ground) for discharge (for dismissal).

—**schein** *m*; —**papiere** *npl* | discharge paper(s).

—**urlaub** *m* | terminal leave.

—**zeugnis** *n* Ⓐ | certificate of discharge.

—**zeugnis** *n* Ⓑ [Dienstzeugnis] | testimonial.

entlasten *v* Ⓐ [befreien] | discharge; release | jdn. von einer Schuld (von einer Verbindlichkeit) ~ | to exonerate (to release) sb. from an obligation | jdn. von einer Verantwortlichkeit ~ | to exonerate sb. from responsibility.

entlasten *v* Ⓑ [rechtfertigen] | sich ~ | to exonerate os.

entlasten *v* Ⓒ [entschulden] | ein Grundstück ~ | to disencumber an estate | ein Grundstück von einer Hypothek ~ | to discharge a property from a mortgage.

entlastend *adj* | exculpatory | ~es Beweismaterial | evidence for the defense | ~e Zeugenaussage | exonerating testimony (evidence).

Entlastung *f* Ⓐ | release; discharge | jdm. ~ erteilen | to grant sb. a release.

Entlastung *f* Ⓑ [Rechtfertigung] | exoneration; exculpation.

Entlastung *f* Ⓒ [Entschuldung] | ~ des Grundbesitzes; Grund~ | disencumbering of real estate property.

Entlastungs..beweis *m* | evidence for the defense.

—**klausel** *f* | exoneration (relieving) clause.

—**material** *n* | evidence (documents) for the defense.

—**zeuge** *m* | witness for the defense.

—**zeugnis** *n* | certificate of discharge.

Entlaufen *n* | ~ aus dem Elternhaus; ~ aus der ehelichen Lebensgemeinschaft | elopement.

entlaufen *v* | aus dem Elternhaus ~ | to elope.

entledigen *v* | sich eines Auftrages ~ | to carry out a commission | sich seiner Pflichten ~ | to discharge one's duties.

entlehnen *v*; **entleihen** *v* | etw. von jdm. ~ | to borrow sth. from sb.

Entlehnung *f* | borrowing.

Entleiher *m* | borrower.

entloben *v* | sich ~ | to break off an (one's) engagement.

Entlobung *f* | breaking off of an engagement.

entlohnen *v* | to pay | die Arbeiter ~ | to pay off the workmen | jdn. für seine Dienste ~ | to remunerate sb. for his services.

Entlohnung *f* | remuneration | ~ **der Arbeiter** | paying off of the workers | ~ **in bar; Bar~** | remuneration in cash; cash remuneration | ~ **für seine Dienste** | remuneration for his services | ~ **in Natur (in Sachwerten)** | remuneration in kind | ~ **nach dem Tarif** | remuneration according to tariff | **als ~ für** | in remuneration for | **gegen ~** | for pay; against (for a) consideration | **ohne ~** | unremunerated.

entmachten *v* | **jdn. ~** | to deprive (to strip) sb. of his power(s).

entmilitarisieren *v* | to demilitarize.

Entmilitarisierung *f* | demilitarization.

entmündigen *v* | **jdn. ~** | to incapacitate sb.; to place sb. under tutelage (under guardianship).

entmündigt *adj* | incapacitated.

Entmündigter *m* | incapacitated person.

Entmündigung *f* | incapacitation; judicial interdiction | ~ **wegen Geisteskrankheit** | interdiction of lunacy | ~ **wegen Verschwendung** | legal incapacitation for prodigality.

entmutigen *v* | to discourage.

Entmutigung *f* | discouragement.

Entnahme *f* | ~ **von Geld** | withdrawal of money | ~ **von Proben** | drawing of samples | ~ **von Stichproben** | random sampling.

entnehmen *v* | **Geld ~** | to draw money | **Proben ~** | to draw samples.

entpflichten *v* | **jdn. ~** | to relieve sb. of his duties.

Entpflichtung *f* | relief of duties; release.

entrechten *v* | **jdn. ~** | to deprive sb. of a right (of his rights).

entrichten *v* | to pay; to discharge | **Steuern ~** | to pay in taxes.

Entrichtung *f* | payment; discharge.

entsagen *v* | to renounce | **dem Thron ~** | to abdicate the throne | **feierlich ~** | to abjure.

Entsagung *f* | renunciation | **Thron~** | abdication of the throne | **feierliche ~** | abjuration.

entschädigen *v* | **jdn. für etw. ~** | to compensate (to indemnify) (to reimburse) sb. for sth. | **sich für etw. ~** | to indemnify os. (to compensate os.) for sth.

Entschädigung *f* Ⓐ | indemnity; indemnification; compensation; damages *pl* | **Abgangs~** | leaving indemnity; terminal (severance) pay | **Bar~; ~ in bar; Geld~; ~ in Geld** | cash (monetary) indemnity; compensation in cash; pecuniary compensation | **Dienstentlassungs~** | terminal pay; discharge money | **Enteignungs~** | compensation (indemnity) for expropriation | ~ **für entgangenen Gewinn** | consequential (indirect) damages | **Klage auf ~** | action for damages; damage suit | **Kriegs~; Kriegskosten~** | war reparations | **Unfall~** | accident benefit.
★ **angemessene ~** | adequate (fair and reasonable) compensation | ~ **beanspruchen** | to claim damages | **eine ~ leisten** | to give (to make) compensation; to pay damages | **eine ~ verlangen** | to claim damages (compensation) | **als ~ für** | by way of indemnity (of compensation) for; as compensation for | **gegen eine ~ von ...** | against (on) payment of ... as an indemnity.

Entschädigung *f* Ⓑ [Vergütung] | remuneration; allowance | **Bar~; ~ in bar** | remuneration in cash; cash remuneration | **Dienstaufwands~** | duty allowance | **Jahres~** | annual compensation | **Miets~** | allowance for rent | **Reisekosten~** | travelling allowance | **Tages~** | daily allowance | ~ **für Verdienstausfall** | compensation for lost wages.

Entschädigungsamt *n* | compensation office.

Entschädigungs..anspruch *m* | claim for compensation (for damages).

—**betrag** *m* | amount claimed (paid) as damages (as compensation).

—**gesetz** *n* | compensation law.

—**kasse** *f* | indemnity fund.

—**kommission** *f* | compensation committee.

—**leistung** *f* | indemnification; compensation.

entschädigungspflichtig *adj* | liable (under obligation) to pay compensation (damages).

Entschädigungs..summe *f* | amount of damages; indemnity in cash; cash indemnity.

—**verfahren** *n* | compensation proceedings.

—**zahlung** *f* | payment of compensation (of damages).

Entscheid *m* | decision | ~ **über die Genehmigung der Abtretung** | official approval (government permission) of assignment | **gegen einen ~ Berufung einlegen** | to appeal from a decision | **Ministerial~** | ministerial order; order in council | **Nichtigkeits~** | nullity decision | **Revisions~** | decision of the court of appeals | **Straf~** | conviction | **Teil~** | partial award | **Verwaltungs~** | decision handed down by an administrative authority | **Volks~** | referendum | **Vor~** ① | preliminary (provisional) decision| **Vor~** ②; **Zwischen~** | interlocutary decision.
★ **gerichtlicher ~** | court decision | **päpstlicher ~** | decretal; order (decree) issued by the pope | **schiedsgerichtlicher ~; schiedsrichterlicher ~** | arbitration award; award; arbitrament | **verwaltungsrechtlicher ~** | decision handed down by an administrative authority | **vorläufiger ~** | preliminary (provisional) decision.

entscheiden *v* Ⓐ [gerichtlich ~] | to judge; to rule; to give judgment | **nach (nach der) Aktenlage ~; auf Grund (nach Lage) der Akten ~** | to decide on the record | **von Fall zu Fall ~** | to decide each case on its particular merits | **zu jds. Gunsten ~** | to decide (to rule) in sb.'s favo(u)r; to give a ruling in favo(u)r of sb. | **zu Gunsten des Beklagten ~** | to find (to enter judgment) for the defendant; to nonsuit the plaintiff | **zu Gunsten des Klägers ~** | to find (to enter judgment) for the plaintiff | **dem Grunde nach ~** | to give a decision on the merits | **in der Hauptsache ~** | to give judgment on the merits | **in letzter Instanz ~** | to decide in the last instance | **über eine Rechtsfrage ~** | to decide (to determine) a point of law | **eine Sache ~; in einer Sache ~** | to decide a case; to give a decision on a case | **als Schiedsrichter ~; schiedsrichterlich ~** | to decide by arbitration; to arbitrate | **Streitigkeiten ~** | to settle disputes | **nach freier Überzeugung (nach freiem Ermessen) ~** | to decide freely | **zu jds. Ungunsten ~** | to decide against sb. | **im summarischen Verfahren ~** | to judge (to decide) by summary proceedings.
★ **bestätigend ~** | to come to a confirming decision | **endgültig ~; letztinstanziell ~** | to decide in the last instance | **neu ~** | to come to a fresh decision | **streitig ~** | to decide a defended case | **vorab ~; vorweg ~** | to give a preliminary ruling.

entscheiden *v* Ⓑ | to decide | **etw. durch Abstimmung ~** | to decide sth. by vote | **eine Frage ~** | to decide a question | **sich für den Krieg ~** | to decide on war | **zwischen Meinungen (Ansichten) ~** | to decide between opinions | ~, **daß ...** | to rule that ... | **etw. ~** | to decide sth.; to bring sth. to a decision | **sich für etw. ~** | to decide for (in favo(u)r of) sth.

entscheiden *v* Ⓒ [den Ausschlag geben] | to be decisive.

entscheidend *adj* Ⓐ | decisive; deciding | **im ~en Augenblick** | at the critical moment | ~**er Einfluß** | decisive influence | ~**en Einfluß haben** | to control;

to be controlling | ∼e **Frage** | decisive (crucial) question | **die** ∼**e Stimme** | the casting vote | **in (zum)** ∼**en Zeitpunkt** | on the critical date (day) | **prozeß**∼; **streits**∼ | which decides the case.
entscheidend *adj* Ⓑ [endgültig] | final; definitive | ∼e **Antwort** | definitive (final) answer.
entscheidend *adj* Ⓒ [schlüssig] | conclusive.
Entscheidung *f* Ⓐ [Entschluß] | resolution.
Entscheidung *f* Ⓑ [Entscheid] | decision; judgment; ruling | **Anfechtung einer** ∼; **Berufung gegen eine** ∼ | appeal against (from) a decision | **gegen eine** ∼ **Berufung einlegen** | to appeal against (from) a decision | **Bundesgerichts**∼ | federal court decision | **Gerichts**∼ | court decision (judgment) (sentence); judicial decision; rule of court | ∼ **des Obersten Gerichts** | ruling (decision) of the Supreme Court; High Court decision | ∼ **in der Hauptsache** | judgment on the merits | **Rechtsmittel**∼ | appeal decision; decision upon appeal | ∼ **auf Rückverweisung**; ∼ **auf Verweisung** | order (decree) remitting the case | **Vor**∼ | provisional (preliminary) decision | **Vorab**∼ | preliminary ruling | **Zwischen**∼ | interlocutory decision.
★ **abweichende** ∼ ① [von den Vorentscheidungen abweichend] | decision which departs from the precedents | **abweichende** ∼ ② [von der Mehrheitsentscheidung abweichend] | dissentient opinion; dissent | **abweisende** ∼ | dismissal | **angefochtene** ∼ | decision (judgment) under appeal | **aufhebende** ∼ | order setting aside | **bestätigende** ∼ | confirming judgment | **endgültige** ∼ | final decision (judgment) | **freie** ∼ ① | free (independent) decision | **freie** ∼ ② | freedom of decision | **gebührenpflichtige (kostenpflichtige)** ∼ | decision which entails the assessment of costs | **gerichtliche** ∼; **richterliche** ∼ | court decision (judgment) (sentence); judicial decision | **grundsätzliche** ∼; ∼ **von grundsätzlicher Bedeutung** | leading decision; authority | **höchstrichterliche** ∼ | ruling (decision) of the Supreme Court; High Court decision | **maßgebende, oberstrichterliche** ∼ | judicial authority | **rechtskräftige** ∼ | final decision (judgment) | **rechtschöpferische** ∼ | decision which makes law | **schiedsrichterliche** ∼ | award; arbitration award | **vollstreckbare** ∼ | executory judgment | **vorläufige** ∼ | provisional decision.
★ **eine** ∼ **abändern** | to revise a decision | **sich mit einer** ∼ **abfinden** | to submit to a judgment | **eine** ∼ **anfechten** | to appeal against (from) a decision | **auf** ∼ **antragen** | to ask for a stated case | **seine** ∼ **aufheben** | to reverse one's decision | **eine** ∼ **bekanntgeben (verkünden)** | to make known a decision | **eine** ∼ **bestätigen** | to uphold a decision | **etw. zur** ∼ **bringen** | to bring sth. to a decision; to decide sth. | **eine** ∼ **erlassen** | to give (to hand down) a decision; to pass (to enter) judgment | **eine** ∼ **erzwingen** | to bring matters to a head | **eine** ∼ **fällen** | to give a decision; to render judgment | **sich an eine** ∼ **halten** | to abide by a decision | **eine** ∼ **kommen**; **eine** ∼ **treffen** | to come to (to arrive at) (to reach) a decision; to rule; to decide | **sich einer** ∼ **unterwerfen** | to submit to (to abide by) a decision.
Entscheidungs..befugnis *f*; —**gewalt** *f* | competence.
—**gebühr** *f* | judgment fee.
—**gründe** *mpl* | grounds [upon which a judgment is based].
—**sammlung** *f* | summary of leading cases and decisions; law reports.
entscheidungsreif *adj* | ready (ripe) for judgment | ∼**er Prozeß** | suit ready for judgment.

entschieden *adj* Ⓐ | decided; determined; resolute; firm | ∼**Absage (Ablehnung)** | decided refusal | ∼e **Antwort** | decisive (clear) answer | ∼e **Meinung** | decided opinion | **in einem** ∼**en Ton** | in a decided tone | ∼e **Überlegenheit** | decided (clear) superiority.
entschieden *adj* Ⓑ **eine** ∼e **Sache** | a ruled case.
entschieden *adv* | decisively.
Entschiedenheit *f* | decisiveness; determination; resoluteness; firmness | **mit** ∼ | resolutely; in a decided (determined) manner | **mit** ∼ **handeln** | to act with decision | **mit aller** ∼ | peremptorily.
entschließen *v* | **sich** ∼, **etw. zu tun** | to resolve upon doing sth.; to make a resolution (a resolve) to do sth. | **sich für etw.** ∼ | to decide for sth. (in favo(u)r of sth.).
Entschließung *f* Ⓐ [Resolution] | resolution; decision | **gemeinsame** ∼ | joint resolution | **eine** ∼ **ablehnen** | to reject a resolution | **eine** ∼ **annehmen (fassen)** | to adopt (to carry) (to pass) a resolution | **eine** ∼ **einbringen (vorlegen)** | to propose a resolution; to put a resolution to the meeting.
Entschließung *f* Ⓑ [Willens∼] | **aus eigener** ∼ | at sb.'s own free will | **jds. freie** ∼ | sb.'s free discretion.
Entschließungs..entwurf *m* | draft resolution.
—**freiheit** *f* | free determination.
entschlossen *adj* | resolute; determined | **in einem** ∼**en Ton** | in a decided tone | ∼ **sein, etw. zu tun** | to be resolved (determined) to do sth.; to be intent on doing sth. | **un**∼ | irresolute.
entschlossen *adv* | resolutely; determinedly | ∼ **handeln** | to act resolutely (with determination); to take resolute action.
Entschlossenheit *f* Ⓐ | resoluteness; resolution | **mangelnde** ∼; **Un**∼ | lack of resolution; irresoluteness; indecision.
Entschlossenheit *f* Ⓑ [Festigkeit] | firmness.
entschlüsseln *v* | to decipher.
Entschlüsselung *f* | deciphering.
Entschluß *m* | determination; resolution | **fester** ∼ | firm intention (resolve) | **bei seinem** ∼ **bleiben** | to remain firm in one's resolve | **einen** ∼ **fassen** | to make (to come to) a resolution | **den** ∼ **fassen, etw. zu tun** | to make a resolution (a resolve) to do sth.; to resolve upon doing sth. | **zu einem** ∼ **kommen** | to come to a determination.
Entschlußfreiheit *f* | free determination; freedom of decision.
Entschlußkraft *f* | initiative | **Mangel an** ∼ | lack of initiative | **Mangel an** ∼ **zeigen** | to lack initiative | **Mann mit (von) großer** ∼ | man with large powers (with plenty) of initiative | ∼ **beweisen** | to show initiative.
entschuldbar *adj* | excusable; pardonable | ∼**er Irrtum** | excusable mistake.
Entschuldbarkeit *f* | excusability.
entschulden *v* | to disencumber.
entschuldet *adj* | free (freed) from encumbrances.
entschuldigen *v* | to excuse; to pardon | **sich bei jdm. wegen etw.** ∼ | to apologize to sb. for sth.; to make (to offer) one's apologies (excuses) to sb. for sth. | **jdn.** ∼; **jds. Ausbleiben (Fernbleiben) (Abwesenheit)** ∼ | to excuse sb. (sb. from attendance) (sb.'s absence) | **sich mit Unwissenheit** ∼ | to plead ignorance.
Entschuldigung *f* | excuse; apology | **ausreichende** ∼ | valid excuse | **unbefriedigende** ∼; **unzureichende** ∼ | lame (poor) excuse | **eine ausreichende** ∼ **angeben (anführen)** | to give (to offer) a reasonable excuse | **jdm. für (wegen) etw. um** ∼ **bitten** | to apologize to sb. for sth.; to make (to offer) one's apologies (ex-

Entschuldigung *f, Forts.*
cuses) to sb. for sth. | **etw. als ~ gelten lassen** | to accept sth. as an excuse; to countenance sth. | **eine ~ fordern** | to demand an excuse | **~en vorbringen** | to make excuses; to excuse os.; to apologize | **als (zur) ~ für** | in excuse of; in apology for.
Entschuldigungs..brief *m*; **—schreiben** *n* | letter of apology.
—grund *m* | excuse.
Entschuldung *f* | disencumbrement.
entsenden *v* | **jdn. ~** | to delegate sb. | **einen Bevollmächtigten ~; einen Vertreter ~** | to send (to delegate) a proxy; to have os. represented.
Entsendung *f* | **~ eines Bevollmächtigten (eines Vertreters)** | delegation of a representative.
entsetzen *v* | **jdn. seines Amtes ~** | to remove sb. from his office (post) | **jdn. aus dem Besitz ~** | to evict (to dispossess) (to eject) sb.
Entsetzung *f* | **~ aus dem Amt; Amts~** | removal from office | **~ aus dem Besitz; Besitz~** | eviction; ejection; dispossession.
entsiegeln *v* | to unseal.
Entsiegelung *f* | unsealing.
entspannen *v* | to ease; to ease up | **die Lage ~** | to relieve the tension.
Entspannung *f* | **~ des Geldmarktes; ~ am Kapitalmarkt** | easing of the money (capital) market | **~ der Lage** | relief of tension | **politische ~** | détente.
Entspannungspolitik *f* | policy of détente.
entsprechen *v* Ⓐ | **den Tatsachen ~** | to be in accordance with the facts.
entsprechen *v* Ⓑ [nachkommen] | **einem Antrag (Gesuch) ~** | to comply with a request; to grant an application | **den Erwartungen ~** | to come up to expectations | **einem Wunsch ~** | to meet a desire | **dem Zweck ~** | to answer (to serve) the purpose.
entsprechend *adj* | respective | **~e Anwendung** | analogical application | **~e Anwendung finden** | to be applicable by analogy; to apply analogically.
entsprechend *adv* | corresponding; according | **~ den Bestimmungen; den Vorschriften ~** | in accordance (in compliance) (in conformity) with the regulations | **den örtlichen Gebräuchen ~** | according to local custom | **dem Gesetz ~** | according to the law | **den Tatsachen ~** | in accordance with the facts | **den Umständen ~** | according to circumstances | **der Wahrheit ~** | in accordance with the truth | **~ anwendbar sein** | to apply analogically; to be applicable by analogy.
entstaatlichen *v* | to denationalize.
Entstaatlichung *f* | denationalization.
entstehen *v* | to come into being; to arise.
Entstehung *f* | coming into being | **in der ~ begriffen sein** | to be in the course of formation | **zur ~ bringen** | to create; to constitute.
entstellen *v* Ⓐ [verdrehen] | to disfigure; to distort | **den Sinn von etw. ~** | to distort (to twist) the meaning of sth. | **die Tatsachen ~** | to pervert (to distort) (to misrepresent) the facts | **die Wahrheit ~** | to distort the truth.
entstellen *v* Ⓑ [falsch darstellen] | to misrepresent; to misinterpret.
Entstellung *f* Ⓐ [Verdrehung] | distortion | **~ der Tatsachen** | distortion of the facts | **~ der Wahrheit** | distorting (distortion of) the truth.
Entstellung *f* Ⓑ [falsche Darstellung] | misrepresentation; misinterpretation.
entthronen *v* | to depose; to dethrone.
Entthronung *f* | deposition; dethronement.
entvölkern *v* | to depopulate.

Entvölkerung *f* | depopulation.
entwaffnen *v* | to disarm.
Entwaffnung *f* | disarmament.
Entweichen *n* | escape | **~ aus dem Gefängnis** | escape from prison; breaking goal.
entweichen *v* | to escape | **aus dem Gefängnis ~** | to escape from prison; to break goal.
entwenden *v* Ⓐ [stehlen] | to steal | **jdm. etw. ~** | to steal sth. from sb.
entwenden *v* Ⓑ | to pilfer | **jds. Ideen ~** | to pilfer sb.'s ideas.
entwenden *v* Ⓒ [unterschlagen] | to embezzle; to appropriate.
Entwendung *f* Ⓐ [Diebstahl] | stealing; theft.
Entwendung *f* Ⓑ [geringfügiger Diebstahl] | pilferage; pilfering.
Entwendung *f* Ⓒ [Unterschlagung] | embezzlement; embezzling.
entwerfen *v* | to draft; to draw up; to design | **einen Plan ~** | to draw up a plan | **eine Urkunde ~** | to draft (to make a draft of) a document | **einen Vertrag ~** | to draft a contract | **etw. ~** | to make a draft of sth.; to draft sth.
entwerten *v* Ⓐ [im Wert herabsetzen] | to depreciate; to reduce in value; to devalue.
entwerten *v* Ⓑ [wertlos machen] | to render [sth.] valueless.
entwerten *v* Ⓒ [durch Abstempeln] | to obliterate; to cancel | **durch Angabe des Datums ~; mit dem Datumstempel ~** | to date-cancel.
entwerten *v* Ⓓ [Zahlungsmittel außer Kurs setzen] | to demonetise.
entwertet *adj* Ⓐ [im Wert herabgesetzt] | depreciated; devalued.
entwertet *adj* Ⓑ [wertlos] | valueless.
entwertet *adj* Ⓒ [abgestempelt] | cancelled; obliterated.
entwertet *adj* Ⓓ [außer Kurs gesetzt] | out of circulation.
Entwertung *f* Ⓐ [Wertminderung] | depreciation; fall (decline reduction) in value | **Geld~; Währungs~** | currency (monetary) devaluation (depreciation); depreciation (devaluation) of the currency (of money); devalorization.
Entwertung *f* Ⓑ [Wertbeseitigung] | rendering [sth.] valueless.
Entwertung *f* Ⓒ [Abstempelung] | obliteration; cancellation; cancelling.
Entwertung *f* Ⓓ [Außerkurssetzung] | demonetization.
Entwertungs..klausel *f* Ⓐ [Minderwertklausel] | depreciation clause.
—klausel *f* Ⓑ [Abwertungsklausel] | devaluation clause.
—rücklage *f*; **—rückstellung** *f* | reserve against depreciation.
—satz *m* Ⓐ [Satz der Wertminderung] | rate of depreciation.
—satz *m* Ⓑ [Abwertungssatz] | rate of devaluation.
—stempel *m* | obliterating (cancelling) stamp.
entwickeln *v* | to develop; to evolve | **einen Gedanken ~** | to develop an idea | **einen Plan ~** | to work out (to develop) a plan.
Entwicklung *f* | development; evolution | **Einkommens~** | growth of incomes | **Einlagen~** | movement of deposits | **Ertrags~** | growth in earnings | **~ eines Gedankens** | development of an idea | **~ eines Geschäfts** | growth of a business | **industrielle ~** | industrial development | **voraussichtliche ~** | trend | **wirtschaftliche ~** | economic development | **die weitere ~ abwarten** | to await the further devel-

opments | **in der ∼ begriffen** | in the process of development.
entwicklungsfähig *adj* | capable of development.
Entwicklungs..gebühr *f* | engineering fee; development charge.
—**grad** *m* | degree of development.
—**hilfe** *f* | development assistance (aid).
—**kosten** *pl* | development expenses (costs).
—**länder** *npl* | developing (development) (undeveloped) (underdeveloped) (emergent) countries.
—**möglichkeiten** *fpl* | prospects of development (of extension); growth prospects.
—**projekt** *n*; —**vorhaben** *n* | development project.
—**stand** *m* | stage of development.
—**tendenz** *f*; —**trend** *m* | tendency (trend) of development.
—**unkostenkonto** *n* | development account.
Entwurf *m* | draft; plan; project | **Brief∼** | draft of a letter; draft letter | **Entschließungs∼** | draft resolution | **Gesetz∼** | bill | **einen Gesetz∼ ohne Abstimmung annehmen** | to pass a bill without division | **einen Gesetz∼ ausarbeiten (vorbereiten)** | to draft a bill | **Regierungs∼** | government bill | **∼ der Satzung; Satzungs∼** | draft articles | **Verfassungs∼** | draft constitution (of the constitution) | **Vertrags∼** | draft agreement (contract); agreement (contract) draft | **Vor∼; erster ∼** | first (rough) draft; preliminary plan (scheme) | **von etw. einen ∼ machen** | to make a draft of sth.; to draft sth.
Entwurfsstadium *n* | **im ∼** | in the planning stage.
entziehen *v* | **jdm. etw. ∼** | to deprive sb. of sth. | **jdm. den Besitz einer Sache ∼** | to dispossess sb. of sth. | **jdm. eine Erlaubnis ∼** | to withdraw a permission from sb. | **jdm. seine Freundschaft ∼** | to withdraw one's friendship from sb. | **jdm. den Führerschein ∼** | to suspend (to cancel) (to revoke) sb.'s driving license | **jdm. seine Gunst ∼** | to withdraw one's favo(u)r from sb. | **jdm. die Konzession ∼** | to withdraw sb.'s concession; to withdraw (to cancel) sb.'s license | **jdm. ein Recht ∼** | to deprive sb. of a right | **jdm. die (seine) Rente (Pension) ∼** | to suspend (to cancel) sb.'s pension | **jdn. dem (seinem) gesetzlichen Richter ∼** | to assist sb. evading justice | **jdm. die Staatsangehörigkeit ∼** | to denaturalize (to disnaturalize) (to expatriate) sb. | **jdm. sein Vertrauen ∼** | to withdraw one's confidence from sb. | **jdm. das Wahlrecht ∼** | to disfranchise sb. | **jdm. das Wort ∼** | to cut sb. short | **etw. seinem Zweck (seiner Zweckbestimmung) ∼** | to put sth. to another purpose.
entziehen *v* Ⓑ | **sich der Berechnung ∼** | to be incalculable | **sich der Bestrafung ∼** | to avoid punishment | **sich der Beurteilung ∼** | to be beyond judgment | **sich einer Diskussion ∼** | to avoid (to back out of a) discussion | **sich der Festnahme ∼** | to avoid arrestation | **sich der Gerechtigkeit ∼** | to evade the law (justice) | **sich seinen Gläubigern ∼** | to evade one's creditors | **sich der Kontrolle ∼** | to defy control; to be uncontrollable | **sich dem Militärdienst ∼** | to dodge military service | **sich der Nachahmung ∼** | to defy imitation | **sich einer Pflicht ∼** | to evade (to shirk) a duty | **sich der (seiner) Unterhaltspflicht ∼** | to shirk one's obligation to provide maintenance | **sich der Verantwortung ∼** | to evade (to shirk) responsibility | **sich der Verfolgung ∼** | to frustrate prosecution; to evade justice | **sich der Verhaftung durch die Flucht ∼** | to avoid arrestation by absconding; to abscond | **sich seinen Verpflichtungen ∼** | to shirk (to back out of) one's obligations.

Entziehung *f* | deprivation | **∼ des Besitzes; Besitz∼** | depriving (deprivation) of possession; dispossession | **Freiheits∼** | false imprisonment | **∼ des Genusses; Genuß∼** | deprivation of enjoyment | **∼ einer Konzession; ∼ einer Lizenz; Konzessions∼** | withdrawal (revocation) of a license (of a concession) | **∼ der Staatsangehörigkeit** | denaturalization; expatriation | **∼ der Vollmacht** | revocation of power | **Wahlrechts∼** | disfranchisement.
entzifferbar *adj* | decipherable.
entziffern *v* | to decipher; to decode.
Entzifferung *f* | deciphering; decoding.
Entzug *m* | **∼ des Wahlrechts** | disfranchisement.
Enzyklika *f* [päpstliche ∼] | encyclic(al); encyclic (encyclical) letter.
Enzyklopädie *f* | encyclopedia.
enzyklopädisch *adj* | encyclopedic(al).
Enzyklopädist *m* | encyclopedist.
Episkopalkirche *f* | [the] Episcopal Church | **Anhänger (Mitglied) der ∼** | episcopal(ian).
epochal *adj*; **epochemachend** *adj* | epoch-making; epoch-marking; epochal.
Epoche *f* | epoch; era; age | **∼ machen** | to mark (to make) an era (an epoch).
Erachten *n* | **meines ∼s** | in my opinion (view) (judgment).
erachten *v* | to deem | **es für notwendig ∼, etw. zu tun** | to deem (to judge) it necessary to do sth.
erarbeiten *v* | **etw. ∼** | to obtain sth. by work (by one's efforts).
Erb..adel *m* | hereditary aristocracy.
—**anfall** *m* | passing of the estate; devolution of the inheritance.
—**anfallsteuer** *f* | estate (death) (succession) (probate) duty; estate tax.
—**anspruch** *m* Ⓐ | pretension.
—**anspruch** *m* Ⓑ [Herausgabeanspruch] | claim to the inheritance.
—**ansprüche** *mpl* | **∼ erheben** | to lay claim (to claim rights) to an inheritance.
—**anteil** *m* | portion in an inheritance.
erbanteilsberechtigt *adj* | **∼ sein** | to share (to have a share) in a succession.
Erb..anwartschaft *f* | expectations *pl*.
—**auseinandersetzung** *f* | division (partition) of the estate.
—**auseinandersetzungsvertrag** *m* | contract for the partition of an inheritance.
—**baurecht** *n* | building lease.
erbberechtigt *adj* | entitled (qualified) to inherit; inheritable | **∼e Abkömmlinge (Nachkommen) (Nachkommenschaft)** | inheritable descendants | **als Nächster (als nächster Verwandter) ∼ sein** | to be next in line of succession | **∼er Verwandtschaftsgrad** | degree of relationship which entitles to inherit | **∼ sein** | to be capable of inheriting.
Erbberechtigter *m* | person entitled to inherit.
Erbberechtigung *f* | right of succession (of inheritance) (to succeed).
Erbe *m* | heir | **Allein∼; Universal∼** | sole (universal) heir | **Einsetzung als ∼** | appointment as [sb.'s] heir | **Einsetzung eines ∼n** | appointment of an heir | **Ersatz∼** | substituted heir | **Fideikommiß∼** | heir in tail | **Intestat∼** | intestate heir | **Mit∼** | coheir; joint heir | **Nach∼** | reversionary heir | **Pflicht∼** | heir entitled to a compulsory portion | **Testaments∼** | testamentary heir; devisee | **Vertrags∼** | contractual (conventional) heir | **Vor∼** | heir in tail.
★ **alleiniger ∼** | sole (universal) heir | **gesetzlicher ∼; gesetzmäßiger ∼** | heir at law; heir apparent |

Erbe *m, Forts.*
leiblicher ~ | natural heir | **mutmaßlicher** ~ | heir presumptive | **pflichtteilsberechtigter** ~ | heir entitled to a compulsory portion | **rechtmäßiger** ~ | lawful (rightful) heir; heir-at-law; heir apparent.
★ **als** ~ **auftreten; behaupten,** ~ **zu sein** | to claim to be heir | **jdn. zum** ~**n (zu seinem** ~**n) bestimmen (einsetzen)** | to appoint (to constitute) (to designate) sb. as one's heir | **sich als** ~ **gerieren** | to conduct os. (to act) as heir | **jds.** ~ **sein** | to be sb.'s heir; to be heir to sb. | ~ **von etw. sein** | to be heir of sth.; to inherit sth. | **ohne** ~**n** | heirless.
Erbe *n* | heritage; inheritance; estate.
Erbeinsetzung *f* | appointment of an heir (as sb.'s heir) | **Nach**~ | appointment of a reversionary heir | **Vor**~ | appointment as heir in tail; entailment.
erben *v* | **ein Gut** ~; **einen Grundbesitz** ~ | to succeed to an estate | **zu gleichen Teilen** ~ | to inherit equally | **ein Vermögen** ~ | to inherit (to succeed to) (to come into) a fortune | **gemeinsam** ~ | to inherit jointly | **etw.** ~ | to be heir to sth.; to inherit sth. | **von jdm. etw.** ~ | to inherit sth. from sb.
Erben..eigenschaft *f* | heirship.
—**gemeinschaft** *f* | community of heirs; estate in common.
erbfähig *adj* | capable of inheriting (of becoming heir) | ~**er Verwandtschaftsgrad** | degree of relationship which entitles to inherit.
Erbfähigkeit *f* | capacity to inherit.
Erbfall *m* | succession.
Erbfehler *m* | heritable defect.
Erbfolge *f* | succession; line of succession | **Intestat**~ | intestate succession | ~ **in der direkten Linie** | linear succession; succession in the direct line | ~ **nach Stämmen** | succession per stirpes | **Testaments**~; **testamentarische** ~ | testamentary succession; succession by testamentary disposition | **gesetzliche** ~ | legal (intestate) succession | **zur** ~ **berechtigt** | entitled to inherit (to succeed) | **durch** ~ **übertragbar** | hereditary; heritable; inheritable; hereditable; devisable.
Erbfolge..krieg *m* | war of succession.
—**ordnung** *f* | succession; order of succession | **gesetzliche** ~ | law of succession (of inheritance).
—**recht** | law of succession (of inheritance).
Erbgang *m* | devolution on (upon) death; devolution | **im** ~ **erworbener Rechtstitel** | title of succession | **durch** ~ **übertragbar** | hereditary; heritable; inheritable; hereditable; devisable.
Erbgut *n* Ⓐ [das Erbe] | heritage; inheritance; estate.
Erbgut *n* Ⓑ; **Erbhof** *m* | hereditary farm.
erbieten *v* | **sich** ~, **etw. zu tun** | to volunteer to do sth.
Erbin *f* | heiress | **Mit**~ | coheiress; joint heiress | **Testaments**~ | testamentary heiress; devisee | **gesetzliche** ~ | heiress-at-law.
erbitten *v* | **etw. von jdm.** ~ | to solicit sth. from sb.
Erbkrankheit *f* | hereditary disease.
Erblasser *m* | testator; devisor.
Erblasserin *f* | testatrix.
Erblehen *n* | fee in tail.
erblich *adj* | hereditary; heritable; inheritable; hereditable; which may pass by inheritance | ~**er Adel** | hereditary aristocracy | ~**e Belastung** | hereditary taint.
Erb..linie *f* | line of succession.
—**masse** *f* | estate; heritage.
—**monarchie** *f* | hereditary monarchy.
—**onkel** *m* | uncle from whom one has expectations.
—**pacht** *f* | hereditary lease.
—**prinz** *m* | hereditary prince.

Erb..rang *m*; — —**verhältnis** *n* | ranking in the line of succession.
Erbrechen *n* | [gewaltsames ~] | wilful breaking; smashing | ~ **des Siegels;** ~ **der Siegel** | breaking of the seal(s).
erbrechen *v* | **ein Siegel** ~ | to break a seal | **eine Tür** ~ | to break open (to force) a door.
Erbrecht *n* Ⓐ [die erbrechtlichen Bestimmungen] | law of succession (of inheritance).
Erbrecht *n* Ⓑ [das Recht zu erben] | right to succeed.
erbringen *v* | **den Beweis** ~ | to produce the evidence.
Erbringung *f* | ~ **des Beweises (von Beweisen)** | production of evidence.
Erbschaft *f* Ⓐ | [Erbgang] | **Mit**~ | coheritance | **jdm. durch** ~ **anfallen** | to devolve to (upon) sb.
Erbschaft *f* Ⓑ | heritage; inheritance; estate | **Anfall der** ~ | passing of the estate | **Antritt der** ~ | accession to an estate | **Ausschlagung der** ~ | renunciation (disclaimer) of the inheritance | **Erschleichung einer** ~ | captation of an inheritance | **Anspruch auf Herausgabe der** ~ | claim (title) to the inheritance | **Klage auf Herausgabe der** ~ | action for recovery of the inheritance | **dem Staat verfallene** ~ | escheated succession; escheat | **Teilung der** ~ | division (partition) of the estate | **Verzicht auf eine** ~ | renunciation of a future inheritance | **Vor**~ | estate in tail.
★ **zu erwartende** ~ | estate in expectancy | **herrenlose** ~ | estate in abeyance; vacant succession | **reiche** ~ | large estate.
★ **jds.** ~ **antreten** | to enter into sb.'s heritage | to accede to sb.'s estate | **die** ~ **ausschlagen** | to disclaim the inheritance | **eine große** ~ **hinterlassen** | to leave a large estate | **eine** ~ **machen** | to come into an inheritance | **auf eine** ~ **verzichten** | to renounce one's rights to a future inheritance.
Erbschafts..anfall *m* | passing (devolution) of the estate.
—**antritt** *m* | accession to an estate.
—**ausschlagung** *f* | disclaimer (renunciation) of the inheritance.
—**klage** *f*; —**prozeß** *m* Ⓐ [auf Herausgabe] | action for recovery of the inheritance.
—**prozeß** *m* Ⓑ [auf Anerkennung eines Testaments] | action for validation of a will.
—**prozeß** *m* Ⓒ [auf Anfechtung eines Testaments] | action (suit) to set aside (to annul) a will.
—**steuer** *f* | estate (death) (legacy) (succession) (probate) duty; estate tax.
Erbschein *m* | letters of administration | **einen** ~ **beantragen** | to ask for letters of administration | **einen** ~ **erteilen** | to grant probate.
Erbscheinserteilung *f* | probate.
erbschleichen *v* | to inveigle.
Erbschleicher *m* | inveigler; legacy hunter.
Erbschleicherei *f* | inveigling; legacy hunting.
erbschleicherisch *adj* | inveigling.
Erb..stück *n* [Familien~] | heirloom.
—**tante** *f* | aunt from whom one has expectations.
—**teil** *m* und *n* | hereditary portion; portion in an inheritance | **elterlicher** ~ | patrimony | **gemeinschaftlicher** ~ | joint portion in an inheritance | **gesetzlicher** ~ | legal (hereditary) portion; lawful share.
—**teilung** *f* | division (partition) of the estate (of the inheritance).
erbunfähig *adj* | incapable of succeeding.
Erbunfähigkeit *f* | incapacity to inherit.
erbunwürdig *adj* | unworthy of inheriting.
Erbunwürdigkeit *f* | state of being unworthy of inheriting.

Erb..vertrag *m* | testamentary arrangement by way of a mutually binding contract.
—**vertretung** *f* | substitution of an heir.
Erbweg *m* | Übergang im ~ | devolution; devolution on (upon) death | im ~ | by right of succession (of inheritance) | im ~ anfallen | to devolve by succession | im ~ erworben | acquired by succession (by right of succession); inherited | im ~ übertragbar | hereditary; heritable; hereditable; devisable.
Erb..verzicht *m* | renunciation of a future inheritance.
—**verzichtsvertrag** *m* | contract (deed) of renunciation of a future inheritance.
Erdbeben..klausel *f* | earthquake clause.
—**risiko** *n* | earthquake risk (hazard).
—**versicherung** *f* | earthquake insurance.
Erdöl..aktien *fpl;* —**werte** *mpl* | oil shares; oils *pl.*
—**gewinnung** *f* | oil production.
erdölhaltig *adj* | oil-bearing; petroliferous.
erdölhöffig *adj* | likely to contain oil.
Erdöl..industrie *f* | oil industry.
—**konzession** *f* | oil concession.
—**krise** *f* | oil crisis.
—**leitung** *f* | pipeline.
—**vorkommen** *n* | oil deposit.
erdrosseln *v* | to strangle.
Erdrosselung *f* [Mord durch ~] | strangulation murder.
Ereignis *n* | occurence; event | der Gang der ~se | the course of events | Tages~se | current events | unabwendbares ~ | act of God | unvorhergesehenes ~ | unforeseen event | unvorhersehbares ~; nicht vorherzusehendes ~ | fortuitous (unforeseeable) event.
ererben *v* | etw. ~ | to inherit sth.
ererbt *adj* | inherited; acquired by inheritance.
erfahren *v* Ⓐ | etw. ~ | to experience sth. | eine Erhöhung ~ | to be increased | eine Veränderung ~ | to undergo a change | einen Verlust ~ | to meet with a loss.
erfahren *v* Ⓑ [hören] | etw. ~ | to learn sth.; to hear of sth.
erfahren *adj* | experienced; versed; skilled | geschäfts~ | well versed (experienced) in business | lebens~ | experienced in life | in etw. ~ sein | to have experience (to be experienced) in sth.
Erfahrung *f* Ⓐ | experience; practice | Berufs~ ① | professional experience | Berufs~ ② | skill; practice; practical experience | Geschäfts~ | experience in business; business experience | Lebens~ | experience in life.
★ **aus eigener ~** | from one's own experience | **gewerbliche ~en** | technical experience (know-how) | **mangelnde ~** | lack of experience; inexperience | **praktische ~** | practical experience; practice | **vieljährige ~** | many years' experience.
★ **in etw. ~ haben** | to have experience (to be experienced) in sth. | **in etw. lange ~ haben** | to have a wide experience of sth. | **keine ~ haben** | to lack experience | **aus ~ lernen** | to profit by experience | **die ~ machen** | to experience | **aus ~** | from (by) experience.
Erfahrung *f* Ⓑ | etw. in ~ bringen | to ascertain (to learn) sth.
Erfahrungs..austausch *m* | exchange of experience.
erfahrungsgemäß *adv* | by (from) experience; as experience teaches.
Erfahrungs..grundsatz *m* | principle founded on experience.
—**tatsache** *f* | fact which is established by experience.
erfassen *v* Ⓐ [begreifen] | die Bedeutung (den Sinn) von etw. ~ | to make out (to comprehend) the meaning (the significance) of sth.

erfassen *v* Ⓑ | etw. steuerlich ~ | to make sth. taxable; to subject sth. to a tax (to taxation); to impose (to lay) (to levy) a tax on sth. | Einkommen (Einkünfte) an der Quelle ~ | to tax revenue (income) at the source.
erfassen *v* Ⓒ | to register.
erfaßt *part* | steuerlich ~ werden | to be (to become) subject to taxation; to become taxable | an der Quelle ~ werden | to be taxed at the source.
Erfassung *f* Ⓐ | registration.
Erfassung *f* Ⓑ | steuerliche ~ | taxation | steuerliche ~ an der Quelle | taxation (deduction of the tax) at the source.
erfinden *v* | to invent; to devise.
Erfinder *m* | inventor | Allein~ | sole inventor | Angestellten~ | salaried inventor | Erst~ | first inventor | Gelegenheits~ | occasional inventor | Gemeinschafts~ | joint inventors | Mit~ | coinventor | Nach~ | later inventor.
Erfinder..anteil | royalty.
—**eid** *m* | inventor's oath.
—**geist** *m* | inventive mind.
—**gemeinschaft** *f* | joint inventors.
—**schutz** *m* | protection of inventors.
—**tätigkeit** *f* | inventive activity.
Erfinderin *f* | inventress.
erfinderisch *adj* | inventive | ~e Begabung | inventiveness | ~e Leistung | creative act | ~e Tätigkeit | inventive activity.
Erfindung *f* | invention | Angestellten~; Betriebs~; Dienst~ | service invention | Gattungs~ | generic invention | Gemeinschafts~; Gesamt~ | joint invention | Kombinations~ | combination invention | Neuheit der ~ | novelty of the invention | Pionier~ | pioneer invention | Verbesserungs~ | invention of improvement | Verfahrens~ | invention which covers a process | Zufalls~ | accidental invention.
★ **ältere ~; frühere ~** | prior invention | **bahnbrechende ~** | epoch-making invention | **gemeinschaftliche ~** | joint invention | **patentfähige ~** | patentable invention | **eine ~ zum Patent anmelden (patentieren lassen)** | to apply for (to take out) a patent on an invention | **eine ~ patentieren** | to patent (to grant a patent for) an invention.
Erfindungs..gedanke *m* Ⓐ | creative idea.
—**gedanke** *m* Ⓑ; —**gegenstand** *m* | idea (subject matter) of the invention.
—**höhe** *f* | mangelnde ~ | insufficient subject matter.
—**idee** *f* | idea of the invention.
—**klasse** *f* | class of the invention.
—**patent** *n* | patent; letters-patent *pl.*
—**schutz** *m* | protection of inventions.
—**tag** *m* | date of the invention; invention date.
—**tätigkeit** *f* | inventive activity.
Erfolg *m* Ⓐ [Ergebnis; Resultat] | issue; outcome; result | ohne ~ | without (with no) result(s).
Erfolg *m* Ⓑ | success; successful outcome; favo(u)rable issue | Achtungs~ | success due to sympathy | Buch~; großer ~ auf dem Büchermarkt | bestseller | von ~ zu ~ | from success to success | Miß~| failure | Folge (Reihe) von ~en und Miß~en | succession of successes and failures.
★ **ein großer ~ sein** | to be a great success | **einen ~ davontragen** | to score a success | **einen vollen ~ davontragen; ein voller ~ sein** | to be a full (complete) success | **~ haben** | to be a success; to be successful; to achieve (to meet with) success | **sich als ~ herausstellen** | to turn out a success (to be as success).
★ **mit ~** | successfully | **ohne ~** | without success; unsuccessfully.

erfolgen *v* | to take place.
erfolglos *adj* Ⓐ | unsuccessful; without success.
erfolglos *adj* Ⓑ [vergeblich] | useless; futile.
Erfolglosigkeit *f* Ⓐ | ill success; failure.
Erfolglosigkeit *f* Ⓑ | uselessness; futility; fruitlessness.
erfolgreich *adj* | successful | ~er Ausgang | good success; successful outcome | etw. zu einem ~en Abschluß (Ende) bringen | to bring sth. to a successful conclusion | ~es Stück | successful play.
erfolgreich *adv* | successfully | sich einer Probe ~ unterziehen | to undergo a test successfully.
Erfolgs..anteil *m* | share in the results (in the proceeds).
—**anteilsystem** *n* | profit-sharing (bonus) system.
—**basis** *f* | auf ~ | on a contingent basis.
—**honorar** *n* | contingent fee.
—**konto** *n*; —**rechnung** *f* | profit and loss account.
erforderlich *adj* | requisite; necessary | die ~e Einsicht | the requisite discernment | das ~e Geld (Kapital) | the required money (capital) (funds) | mit aller ~en Sorgfalt | with all due care | absolut ~ | of prime necessity; essential | ~ machen | to necessitate | falls ~ | in case of necessity; when (if) necessary (required) | soweit ~ | as far as is (as may be) necessary.
Erforderliche *n* | das ~ | the necessary | das (alles) ~ tun (veranlassen) | to do the necessary; to take all necessary steps; to do whatever is required.
erforderlichenfalls *adv* | in case of need (of necessity); when (if) necessary (required).
erfordern *v* | to require; to demand; to necessitate; to render (to make) necessary; to call for.
Erfordernis *n* | requirement; requisite | Form~ | requirement in form; formality.
Erfordernisse *npl* | requirements; exigencies | die ~ des Anstandes (der Etikette) | the demands of etiquette | die ~ des Falles | the demands of the case | nach den ~n des Falles | as may be required | die ~ des Verkehrs | the requirements of traffic | die ~ eines Vertrages | the essentials of a contract | den ~n genügen (entsprechen) | to meet (to fulfil) the requirements.
erforschen *v* Ⓐ | to investigate; to research | die Wahrheit zu ~ suchen | to search after truth.
erforschen *v* Ⓑ | ein Gebiet ~ | to explore a region.
Erforschung *f* Ⓐ | investigation; research | die ~ der Wahrheit | the search after truth (for truth).
Erforschung *f* Ⓑ | ~ eines Gebietes | exploration of a territory.
erfragen *v* | etw. ~ | to find out sth. by asking (by inquiring).
erfüllen *v* | to fulfil; to accomplish; to carry out | eine Aufgabe ~ | to perform (to accomplish) a task | eine Bedingung ~ | to answer (to meet) (to fulfil) a condition | die Formalitäten ~ | to comply with the formalities | eine Mission ~ | to accomplish (to carry out) a mission | seine Pflicht ~ | to perform (to do) one's duty | eine Verpflichtung ~ | to perform an obligation | seine Verpflichtungen ~ | to meet one's obligations; to discharge one's engagements | ein Versprechen ~ | to fulfil a promise | einen Vertrag ~ | to perform (to carry out) (to fulfil) (to execute) a contract | die Voraussetzungen ~ | to fulfil (to meet) the requirements | den Zweck ~ | to serve (to answer) the purpose.
erfüllt *adj* | ~e Bedingung | fulfilled condition.
erfüllt *part* | ~ werden | to be accomplished.
Erfüllung *f* | fulfilment; accomplishment; performance | ~ einer Aufgabe | performance (accomplishment) of a task | ~ einer Bedingung | fulfilment of a condition | in ~ seiner Dienstpflichten | in the performance (exercise) (discharge) of one's duties | ~ von Formalitäten | observation of (compliance with) formalities | Klage auf ~ action for performance of a contract (for specific performance) | Natural~ | specific performance; payment in kind | Pflicht~; ~ seiner Pflichten | performance (discharge) of one's duties | Teil~; teilweise ~ | part performance | ~ einer Verpflichtung | performance of an obligation | Vertrags~; ~ eines Vertrages | performance (fulfilment) (implementation) of the terms of a contract | ~ Zug um Zug | contemporaneous performance | rechtzeitige ~ | punctual discharge | sofortige ~ | prompt discharge | auf ~ klagen | to sue for performance | an ~s Statt | in lieu of specific performance | Leistung an ~s Statt | payment in lieu of performance.
Erfüllungs..anspruch *m* | right to receive performance.
—**gehilfe** *m* | agent in the discharge of an obligation.
erfüllungshalber *adv* Ⓐ | in fulfilment [of].
erfüllungshalber *adv* Ⓑ | in payment of a debt.
Erfüllungs..interesse *n* Ⓐ | expectation (positive) interest.
—**interesse** *n* Ⓑ [negatives Erfüllungsinteresse] | reliance interest.
—**klage** *f* | action for performance of a contract (for specific performance).
—**ort** *m* Ⓐ | place where a contract is to be fulfilled; place of performance (of discharge).
—**ort** *m* Ⓑ [Lieferort] | place of delivery.
—**tag** *m* | settling day.
ergänzen *v* | to complete; to supplement; to replenish.
ergänzend *adj* | supplementary; supplemental; complementary | ~ abändern | to amend.
Ergänzung *f* | supplement; complement | als ~; zur ~ | by way of supplement; supplementary.
Ergänzungs..abgabe *f* | supplementary levy.
—**antrag** *m* | motion to amend; amendment | einen ~ einbringen | to move an amendment.
—**anweisungen** *fpl* | supplementary regulations.
—**band** *m* | supplement; supplementary volume.
—**bericht** *m* | supplementary report.
—**bestimmungen** *fpl* | supplementary provisions.
ergänzungsfähig *adj* | capable of being amended; amendable.
Ergänzungs..karte *f* | supplementary ticket.
—**kredit** *m* | supplementary credit.
—**veranlagung** *f* | additional assessment.
—**vertrag** *m* | supplementary agreement.
—**vorschlag** *m* | amendment.
—**wahl** *f* | by-election.
ergänzungsweise *adv* | by way of supplement.
ergeben *v* | einen (im) Durchschnitt ~ | to average; to come to an average [of] | einen Gewinn ~ | to leave (to yield) a profit | einen Verlust ~ | to result in (to show) a loss.
Ergebnis *n* | [Resultat] | result; issue; outcome | Abstimmungs~; Wahl~ | election results (return) | Betriebs~ | operating (working) results | ~ der Beweisaufnahme | results of the evidence | ~se bringen (zeitigen) | to bring (to yield) results | ohne ~ | without result(s); resultless.
ergebnislos *adj* | without result; resultless | ~e Bemühungen | fruitless efforts | ~er Versuch | ineffectual (futile) attempt.
Ergebnislosigkeit *f* Ⓐ | failure; ill success.
Ergebnislosigkeit *f* Ⓑ | futility; uselessness.
ergebnisreich *adj* | resultful.
ergiebig *adj* | well paying; remunerative; lucrative; profitable.

ergreifen *v* Ⓐ | to seize | **einen Beruf** ~ | to enter (to take up) a profession | **Besitz von etw.** ~ | to take possession of sth.; to possess os. of sth. | **eine Gelegenheit** ~ | to seize (to take) an opportunity | **die Initiative** ~ | to take the initiative (the lead) | **die Macht** ~ | to seize power | **Maßnahmen** ~ | to adopt measures; to take action (steps) | **Partei für jdn.** ~ | to side with sb. | **Vorsichtsmaßregeln** ~ | to take precautions | **das Wort** ~ | to take the floor; to begin to speak | **etw.** ~ | to seize sth.; to take possession of sth.
ergreifen *v* Ⓑ [festnehmen] | **jdn.** ~ | to apprehend (to arrest) sb. | **jdn. auf frischer Tat** ~ | to apprehend (to take) sb. in the act.
Ergreifung *f* Ⓐ | seizure; seizing | **Besitz**~ | taking possession; seizure | ~ **einer Gelegenheit** | seizing of an opportunity | **Macht**~ | seizure of power | ~ **von Maßnahmen** | adoption of measures.
Ergreifung *f* Ⓑ [Festnahme] | apprehension; arrest; arresting; arrestation | **eine Belohnung für jds.** ~ **aussetzen** | to offer a reward for sb.'s capture | ~ **eines Diebes** | capture of a thief | **Ort der** ~ | place of arrestation | ~ **auf frischer Tat** | apprehension in the act.
Erhalt *m* | receipt.
erhalten *v* Ⓐ [aufrecht~] | **etw. in einer Lage** ~ | to maintain sth. in a position | **etw. in einem guten (in gutem) Zustand** ~ | to keep sth. in good order (in good repair) (in repair); to keep up sth.
erhalten *v* Ⓑ [empfangen] | to receive; to obtain | **die Erlaubnis** ~, **etw. zu tun** | to obtain (to get) (to be given) permission to do sth. | **einen Preis** ~ | to be awarded a prize.
erhalten *part* | **Betrag dankend** ~ | received (receipt acknowledged) with thanks | **Wert** ~ | value received.
erhältlich *adj* | available.
Erhaltung *f* | maintenance; upkeep; keeping up; conservation.
Erhaltungskosten *pl* | cost of maintenance; upkeep.
erhandeln *v* | **etw.** ~ | to obtain sth. by trading (by bargaining).
erhärten *v* | to bear out; to confirm; to corroborate | **eine Erklärung eidlich** ~ | to substantiate (to verify) (to confirm) a statement by oath (under oath).
Erhärtung *f* | confirming; confirmation; corroboration | **zur** ~ **einer Behauptung** | to support (in support of) an allegation | **eidliche** ~ | confirmation (affirmation) upon oath (under oath).
erhebbar *adj* | collectable; collectible; to be collected.
erheben *v* Ⓐ | **einen Anspruch** ~; **eine Forderung** ~ | to raise (to lodge) (to make) (to put in) (to set up) a claim | **Beanstandungen** ~ | to make (to raise) objections; to protest | **Beweis** ~ | to hear (to take) evidence | **Einspruch** ~; **Widerspruch** ~ | to object; to raise an objection | **einen Einwand** ~ | to enter (to put in) (to present) (to put forward) a plea | **Einwendungen** ~ | to raise (to lodge) objections | **Einwendungen gegen etw.** ~ | to raise objections to sth. | **eine Frage** ~ | to raise a question | **gegen jdn. Klage** ~ | to bring suit (an action) against sb.; to sue sb. [VIDE: **Klage** *f* Ⓐ] | **Protest** ~ | to protest; to lodge (to raise) (to make) a protest.
erheben *v* Ⓑ [verlangen] | **eine Abgabe** ~ | to levy (to impose) a duty (a tax) | **Abgaben** ~ | to collect duties (taxes) | **Beiträge** ~ | to collect dues; to levy contributions | **Gebühren** ~ | to levy charges | **per Nachnahme** ~ | to collect on delivery | **Steuern** ~ | to levy (to raise) (to collect) taxes | **eine Steuer nach**~ ① | to levy (to collect) a tax by subsequent assessment | **eine Steuer nach**~ ② | to collect a tax afterwards | **eine Steuer durch Veranlagung (im Veranlagungsweg)** ~ | to levy (to collect) a tax by assessment (by way of assessment) | **zu** ~ | to be collected; collectible; collectable.
erheben *v* Ⓒ [abheben] | **einen Betrag** ~ | to draw an amount.
erheben *v* Ⓓ [revoltieren] | **sich** ~ | to rise; to revolt; to rise in revolt (in rebellion).
erheblich *adj* Ⓐ [beträchtlich] | considerable; important | ~**er Schaden** | serious damage | ~**er Verlust** | heavy loss.
erheblich *adj* Ⓑ [von sachlicher Bedeutung] | relevant; material | **alle** ~**en Tatsachen** | all relevant facts | **rechts**~ | relevant in law | **un**~ | irrelevant.
Erheblichkeit *f* Ⓐ | importance.
Erheblichkeit *f* Ⓑ | relevance; relevancy | **Rechts**~ | relevance in law.
Erhebung *f* Ⓐ | ~ **eines Anspruchs** | raising (lodging) of a claim | **Beweis**~ | hearing (taking) of evidence | ~ **von Einwendungen** | raising of objections | **Klags**~ | filing of an action (of a suit) | **Protest**~ | raising (entering) of a protest.
Erhebung *f* Ⓑ | levy; collection | ~ **einer Abgabe** | levy (levying) (imposition) of a duty (of a tax) | ~ **von Abgaben** | collection of taxes (of duties) | **Gebühren**~ | collection of fees (of charges) | **Nach**~ | supplementary collection | ~ **per Nachnahme** | collection on delivery | ~ **an der Quelle** | collection at the source | ~ **einer Steuer** | levy of a tax | ~ **von Steuern** ① | raising (levy) of taxes | ~ **von Steuern** ② | collection of taxes | **Umlagen**~ | collection of rates; rate collection | ~ **von Zöllen; Zoll**~ | collection of custom duties.
Erhebung *f* Ⓒ [Untersuchung] | inquiry; investigation | **amtliche** ~ | official inquiry | **polizeiliche** ~**en** | police investigation | **statistische** ~**en** | statistical inquiries | ~**en anstellen** | to make inquiries (investigations); to investigate.
Erhebung *f* Ⓓ [Aufstand] | rising; insurrection; revolt; rebellion | **Volks**~ | rising of the people.
Erhebungs..kosten *pl* | cost (charges) of collection.
—**kommission** *f* | board of enquiry.
—**verfahren** *n* | collection proceedings.
—**zeitraum** *m* Ⓐ [für eine Statistik] | period covered by statistics.
—**zeitraum** *m* Ⓑ [für eine Steuer] | period of assessment (of collection); taxation period.
erheiraten *v* | **etw.** ~ | to obtain (to acquire) sth. by marriage.
erhöhen *v* | to raise; to increase; to augment | **den Diskont** ~ | to raise the bank rate | **jds. Gehalt** ~ | to raise (to increase) sb.'s salary; to give sb. a raise | **das Kapital** ~ | to raise the capital | **das Kapital von ... auf ...** ~ | to increase the capital from ... to ... | **die Löhne** ~ | to increase wages | **den Preis von etw.** ~; **etw. im Preis** ~ | to raise (to increase) (to put up) the price of sth. | **eine Sicherheitsleistung** ~ | to enlarge a bail | **die Steuern** ~ | to increase the taxes | **einen Tarif** ~ | to raise a tariff | **den Wert** ~ | to increase (to improve) the value | **sich** ~ | to rise; to increase; to go up.
erhöht *adj* | ~**er Preis** | increased (higher) price | ~**er Umsatz** | increased (higher) turnover | ~**er Zoll** | increased duty.
Erhöhung *f* | increase; raising; rise | ~ **der Besteuerung** | increase in taxation | **Diskont**~; ~ **des Diskontsatzes** | raising of (rise in) the bankrate | **Fracht**~ | increase of freight | **Gebühren**~ | increase of charges | **Gefahr**~ | aggravation of the

Erhöhung *f, Forts.*
risk (of the insurance risk) | **Gehalts**~ | increase of salary; salary increase; raise | **Kapital(s)**~; ~ des **Kapitals** | increase of capital (of capital stock) | **Konsum**~ | increase of consumption; increased consumption | **Lohn**~ | wage increase; increase (rise) of wages | **Miets**~; **Mietzins**~ | increase of rent | **Preis**~ | increase (advance) (rise) in prices; price increase | **Steuer**~ | increase in taxation; increased tax(es) | **Tarif**~ | increase of (in) rates; increased rates | ~ **der Weltmarktpreise** | rise in world prices | **Wert**~ | increase of (rise in) value | **Zoll**~ | increase of customs duties | **eine** ~ **aufweisen** | to show an increase | **eine** ~ **erfahren** | to rise; to increase.

erholen *v* | **sich** ~ | to recover.

Erholung *f* | recovery.

Erholungs..aufenthalt *m*; —**urlaub** *m* | vacation; holiday.

—**reise** *f* | holiday (pleasure) trip.

erinnern *v* Ⓐ | **jdn. an etw.** ~ | to remind sb. of sth. | **jdn. an seine Pflicht(en)** ~ | to recall sb. to his duty (duties).

erinnern *v* Ⓑ [einwenden] | **etw. gegen etw. zu** ~ **haben** | to object (to protest) against sth. | **nichts zu** ~ **haben** | to make no objection.

Erinnerung *f* | reminder.

Erinnerungen *fpl* [Einwendungen] | objections | ~ **einlegen** | to make (to raise) objections | **ohne** ~ | without objections; no objection.

Erinnerungsschreiben *n* | letter of reminder; follow-up letter.

erkaufen *v* Ⓐ | **etw. teuer** ~ | to buy sth. dearly.

erkaufen *v* Ⓑ [bestechen] | to corrupt; to bribe.

erkennen *v* Ⓐ [entscheiden] | to decide; to judge | **über einen Antrag** ~ | to give a decision on an application | **nach (laut) Antrag** ~; **nach Klagsantrag** ~; **antragsgemäß** ~ | to find for the plaintiff as claimed | **auf Einziehung** ~ | to order [sth.] confiscated | **auf Gefängnis(strafe)** ~ | to inflict (to pronounce sentence of) imprisonment | **auf Geldstrafe** ~ | to impose a fine | **in einer Sache** ~ | to give (to pronounce) judgement in a case | **auf Schadensersatz** ~ | to award damages | **auf Scheidung** ~ | to grant a divorce | **auf Strafe** ~ | to pronounce (to inflict) punishment | **auf Todesstrafe** ~ | to pronounce sentence of death | **anderweitig** ~ | to come to a fresh decision.

erkennen *v* Ⓑ [gutschreiben] | **jdn. für einen Betrag** ~ | to credit sb. with an amount | to place an amount to sb.'s credit | **ein Konto mit einem Betrag** ~ | to credit an account with a sum.

erkenntlich *adj* | grateful.

Erkenntlichkeit *f* | gratitude.

Erkenntnis *n* | decision; judgment; sentence | **gerichtliches** ~; **richterliches** ~ | judicial decision; court decision (sentence) (judgment) | **obsiegendes** ~ | favo(u)rable judgment (decision) | **rechtskräftiges** ~ | final (absolute) judgment | **strafgerichtliches** ~ | sentence.

Erkennungs..dienst *m* | crime detection service.

—**karte** *f* | identity card.

—**marke** *f* | identity disk.

—**zeichen** *n* | identification (identity) (distinctive) mark | **polizeiliches** ~ | registration (police registration) number.

erklärbar *adj* | explicable; explainable; to be explained.

Erklärbarkeit *f* | explicableness.

erklären *v* Ⓐ [auslegen] | to explain; to interpret |

einen Text ~ | to interpret a text | **etw. falsch** ~ | to misinterpret sth. | **näher** ~ | to specify | **schwer zu** ~ | difficult to describe | **sich von selbst** ~ | to be selfexplanatory | **um etw. zu** ~ | in explanation of sth.

erklären *v* Ⓑ [aussprechen] | to declare; to state | **seine Absichten** ~ | to declare (to make known) one's intentions | **jdn. in Acht und Bann** ~ | to outlaw (to proscribe) sb. | **den Beitritt** ~ | to declare [one's] adherence | **eine Dividende** ~ | to declare a dividend | **etw. unter Eid (eidlich)** ~ | to declare sth. on (upon) (under) oath | **einem Lande den Krieg** ~ | to declare war on a country | **den Kriegszustand** ~ | to declare a state of war | **eine Sitzung (Versammlung) für geschlossen** ~ | to declare a meeting closed.

★ **etw. amtlich (offiziell)** ~ | to declare sth. officially | **etw. für bindend** ~ | to declare sth. to be binding | **gemeinschaftlich** ~ | to declare jointly; to make a joint declaration | **etw. für kraftlos (für ungültig)** ~ | to declare sth. void; to invalidate sth. | **etw. für null und nichtig** ~ | to declare sth. null and void; to annul sth. | **jdn. für schuldig** ~ | to find sb. guilty | **etw. für regelwidrig** ~ | to rule sth. out of order | **etw. für verfallen** ~ | to declare sth. forfeited | **jdn. für vogelfrei** ~ | to outlaw sb. | **sich für zahlungsunfähig** ~ | to declare os. insolvent.

★ **sich** ~ | to declare (to state) one's opinion; to make a declaration | **sich für jdn.** ~ | to declare for sb. | **sich für etw.** ~ | to declare in favo(u)r of sth. | **sich gegen etw.** ~ | to declare against sth.

erklären *v* Ⓒ [zollamtlich deklarieren] | **etw.** ~ | to declare (to enter) sth. at the customs.

erklärend *adj* | declaratory; explanatory; explicative.

erklärlich *adj* | explicable; explainable.

erklärt *adj* | ~**er Feind** | open (professed) (vowed) (declared) enemy.

erklärt *part* [deklariert] | declared (entered) at the customs | ~**er Wert** | declared (insured) value.

Erklärung *f* Ⓐ [Auslegung] | explanation; interpretation; definition | **eines Textes** | interpretation of a text | **erläuternde** ~ | explanatory statement | **genaue** ~ | detailed explanation; specification | ~**en geben** | to give explanations | **für etw. eine befriedigende** ~ **geben** | to give a satisfactory explanation of sth.; to explain sth. away | **von etw. eine** ~ **geben** | to give a definition of sth.; to define sth. | **zur** ~ **von etw.** | in explanation of sth.

Erklärung *f* Ⓑ | declaration; statement | **Abandon**~ | declaration of abandonment | **Abgabe einer** ~ | issue (making) of a declaration | **Unterlassung der Abgabe einer** ~ | failure to make a declaration (a return); non-declaration | **Abgeber einer** ~ | declarant | **Abtretungs**~ | declaration of assignment; assignment | **Abwesenheits**~ | declaration of absence | **Anerkennungs**~ | declaration of acknowledgement | **Anfechtungs**~ | declaration of avoidance | **Auflassungs**~ | vesting assent | **Aufrechnungs**~ | notice of compensation.

○ **Ausfuhr**~ | export declaration (specification); declaration outwards (for exportation) | **Beistands**~ | declaration of support | **Beitritts**~ | declaration of accession | **Berichtigungs**~ | rectifying statement | **Bürgschafts**~ | declaration of suretyship | **Durchfuhr**~ | transshipment (transit) entry | **Ehelichkeits**~ | declaration of legitimation | ~ **unter Eid** | declaration under (upon) oath | ~ **an Eides Statt** | affidavit.

○ **Einfuhr**~ | import declaration; declaration inwards; bill of entry | ~ **für zollfreie Einfuhr** | declaration for duty-free entry; entry for duty-free goods | **Einfuhr~ zwecks Einlagerung im Zollfreilager** | warehousing entry; entry for warehousing | **Einfuhr~ zwecks Verbrauchs im Inlande** | entry for home use; home use entry | **Einfuhr~ zwecks Verzollung** | duty-paid entry.

○ **Einkommensteuer~** | income tax return | **Einwilligungs~** | declaration of consent | **Entgegennahme einer ~** | receiving a declaration | **Freistellungs~** | release; deed of release | **Friedens~** | peace declaration | **Garantie~** ① | declaration of guarantee | **Garantie~** ② | letter of guarantee (of indemnity); bond of indemnity; indemnity bond | **Garantie~** ③ | deed of suretyship | **Gegen~** | counter-declaration | **Hinterlegungs~** | trust declaration.

○ **Inhalts~** | declaration of contents | **Konkurs~** | adjudication (declaration) of bankruptcy | **Kraftlos~; Nichtig~; Nichtigkeits~** | declaration of nullity; nullification; invalidation | **Kriegs~** | declaration of war | **Liebes~** | declaration of love | **Nichtabgabe einer ~** | non-declaration | **Options~** | declaration (exercise) of the option | **Regierungs~** | proclamation of the government | **Rücktritts~** ① | declaration of withdrawal | **Rücktritts~** ② | resignation | **Solidaritäts~** | declaration of solidarity | **Todes~** | declaration (adjudication) of death | **Transit~** | transshipment (transit) entry | **Übertragungs~** | declaration of transfer; assignment declaration; assignment | **Unabhängigkeits~** | declaration of independence | **Unterlassung einer ~** | non-declaration | **Unterwerfungs~** | deed of submission | **Unzuständigkeits~** | declaration of incompetence | **Verfassungs~** | bill of rights | **Verschollenheits~** | declaration of absence | **Verzichts~** | declaration of renunciation (of abandonment); waiver.

○ **Volljährigkeits~** | declaration (adjudication) of majority | **Vollstreckbarkeits~** | leave to issue execution | **Wiederausfuhr~** | declaration for re-exportation | **Willens~** | declaration of intention | **Zeichnungs~** | subscription | **Zoll~** | customs declaration (entry) (manifest) | **Zollausgangs~** | export declaration; declaration outwards (for exportation) | **Zolldurchgangs~** | transshipment (transit) entry | **Zusatz~** | supplementary declaration | **Zustimmungs~** | declaration of consent.

★ **amtliche ~** | official statement | **bindende ~** | binding statement | **bündige ~** | explicit declaration (statement) | **eidesstattliche ~** | affidavit | **eidliche ~** | declaration under (upon) oath | **einleitende ~** | opening (introductory) statement | **falsche ~; unrichtige ~** | false declaration; misrepresentation | **feierliche ~** | solemn declaration | **formelle ~** | explicit declaration (statement) | **förmliche ~** | formal declaration | **öffentliche ~** | public announcement | **öffentlich beglaubigte ~** | legalized statement | **offizielle ~** | official statement | **schriftliche ~** | written statement; declaration in writing | **eine umfassende ~** | a full statement.

★ **eine ~ abändern** | to modify a statement | **eine ~ abgeben** | to give (to make) a declaration | **eine ~ entgegennehmen** | to receive a declaration | **eine ~ verfassen** | to draw up a statement | **eine ~ veröffentlichen** | to publish a statement | **eine ~ widerrufen** | to retract a statement | **nach seiner eigenen ~** | according to his own statement.

erkundigen *v* | **sich ~** | to inquire; to make inquiries | **sich bei jdm. über etw. ~** | to seek information from sb. about sth. | **sich nach dem Preis von etw. ~** | to ask (to inquire about) the price of sth. | **sich nach jds. Verbleib ~** | to inquire about sb.'s whereabouts.

Erkundigungen *fpl* | inquiries | **über etw. ~ einholen (einziehen)** | to inquire (to make inquiries) (to gather information) about sth.

Erkundigungs..brief *m*; **—schreiben** *n* | letter of inquiry.

Erlagschein *m* Ⓐ | paying-in slip; deposit (credit) slip.

Erlagschein *m* Ⓑ [Posteinzahlungsschein] | post-office receipt.

erlangen *v* | to obtain; to acquire | **von etw. Besitz ~** | to come (to enter) into possession of sth.; to become possessed of sth. | **etw. durch Betrug (durch Vorspiegelung falscher Tatsachen) ~** | to obtain sth. by fraud (fraudulently) (by false pretenses) | **von etw. Kenntnis ~** | to obtain knowledge of sth.; to receive information of sth. | **Rechtskraft~** ① | to obtain legal force | **Rechtskraft~** ② | to become final (absolute) | **die Volljährigkeit ~** | to come of age; to attain one's majority | **einen Zahlungsaufschub ~** | to obtain a delay for payment | **jds. Zustimmung ~** | to obtain sb.'s consent.

Erlangung *f* | obtaining; acquisition | **~ des Besitzes** | gaining (entering upon) possession | **~ von Kredit durch Betrug (durch Vorspiegelung falscher Tatsachen)** | obtaining credit by fraud (by false pretenses) | **mit ~ der Rechtskraft des Urteils** | as and when the judgment becomes final | **~ der Volljährigkeit** | when (upon) coming of age; at (on) his coming of age.

Erlaß *m* Ⓐ [Verkündung] | promulgation | **~ eines Gesetzes** | promulgation of a law | **~ eines Urteils** | entering (pronouncing of) judgment | **~ einer einstweiligen Verfügung** | granting of an injunction.

Erlaß *m* Ⓑ [amtlicher ~] | decree; order; writ | **Ministerial~** | departmental order.

Erlaß *m* Ⓒ [Befreiung] | discharge | **~ von Gebühren** | cancellation of charges | **~ einer Schuld; Schuld~** | remission (cancellation) of the debt; acquittance from a debt | **Steuer~** | remission of the tax | **~ einer Strafe; Straf~** | remission of a sentence.

Erlaß *m* Ⓓ [Dispens] | exemption; dispensation.

erlassen *v* Ⓐ [verkünden] | to promulgate | **eine Amnestie ~** | to issue an amnesty | **einen Aufruf ~** | to issue an appeal (a proclamation) | **ein Gesetz ~** | to promulgate a law.

erlassen *v* Ⓑ [ergehen lassen] | **Bestimmungen ~** | to issue regulations; to establish rules | **eine Entscheidung ~** | to enter (to issue) a decree | **einen Haftbefehl (Steckbrief) gegen jdn. ~** | to issue a warrant for sb.'s arrest | **ein Urteil ~** | to give (to pronounce) (to hand down) a judgment | **ein Verbot gegen etw. ~** | to issue a decree prohibiting sth.; to impose a ban on sth.; to ban sth. | **eine Verfügung ~** | to pass (to issue) a decree; to decree; to order.

erlassen *v* Ⓒ [streichen] | **jdm. eine Schuld ~** | to remit (to cancel) sb.'s debt; to release sb. from a debt | **jdm. eine Strafe ~** | to remit sb.'s sentence.

erlassen *v* Ⓓ [entbinden] | **jdm. etw. ~** | to exempt (to excuse) (to dispense) sb. from sth.

erlauben *v* | **sobald die Umstände es ~** | as soon as circumstances (the circumstances) shall permit (allow) | **jdm. etw. ~** | to allow (to permit) sb. sth. | **jdm. ~, etw. zu tun** | to permit (to allow) (to authorize) sb. to do sth.; to give sb. leave to do sth. | **sich ~, etw. zu tun** | to venture (to take leave) to do sth.

Erlaubnis *f* Ⓐ | permission; authorization; consent | **Aufenthalts~** | permission to stay | **Erteilung einer ~** | grant of a permission | **Sonder~; besondere ~** | special license.

★ **schriftliche ~** | permission in writing; written permission | **volle ~** | full permission | **vorgängige**

Erlaubnis f Ⓐ *Forts.*
~; **vorherige** ~ | permission previously obtained.
★ **jdn. um** ~ **bitten; jds.** ~ **erbitten** | to ask sb.'s permission; to ask sb. for permission | **von jdm. die** ~ **erhalten** | to obtain sb.'s permission (permission from sb.) | **eine** ~ **erteilen** | to grant a permission | **jdm. eine** ~ **erteilen (geben)** | to give (to grant) sb. permission (leave) | **jdm. die** ~ **erteilen (geben), etw. zu tun** | to allow (to permit) (to authorize) sb. to do sth. | **mit** ~ **des (der) ...** | under license from ... | **mit besonderer** ~ | by special permission.
Erlaubnis f Ⓑ [Bescheinigung] | permit | **Arbeits**~ | labo(u)r permit | **Aufenthalts**~ | permit of residence; staying permit | **Ausfuhr** ~ | export license; permit of export; export (shipping) permit | **Ausreise**~ | exit permit | **Bau**~ | concession to build | ~ **zum Betrieb einer Rundfunkempfangsanlage** | wireless license | **Druck**~ | license to print; printing license | **Durchfuhr**~ | transshipment permit; permit to pass (to transit) | **Einfuhr**~ | import permit; permit of import; entry permit | **Einreise**~ | entry permit | **Handels**~ | trading license | **Lade**~; **Verlade**~ | loading permit | **Lande**~ | landing order (permit) | **Lösch**~ | discharging permit | ~ **zum Waffentragen** | gun (armorial bearings) license | **sich eine** ~ **ausstellen (geben) lassen** | to take out a permit.
Erlaubniserteilung f | grant of a permission.
Erlaubnisschein m [Erlaubniskarte] | permit; certificate | **Ausfuhr**~ | export permit; permit of export; clearance outward | **Einfuhr**~ | import permit; permit of import; clearance inward | **Jagd**~ | shooting license | **Zoll**~ | customs permit (clearance).
erlaubt adj | permitted; allowed; permissible | ~**e Handlung** | lawful act | **mit** ~**en Mitteln** | by lawful (fair) means | **gesetzlich** ~ | legal; lawful | **nicht** ~; **un**~ | illegal; unlawful; not permitted; inadmissible.
erläutern v Ⓐ [erklären] | to explain; to expound; to interprete.
erläutern v Ⓑ [mit Anmerkungen versehen] | to annotate; to comment.
Erläuterer m | annotator; commentator.
Erläuterung f Ⓐ [Erklärung] | explanation; interpretation.
Erläuterung f Ⓑ [Kommentar] | annotation; comment; commentary | **Text mit** ~**en** | annotated text | **einen Text mit** ~**en versehen** | to annotate (to comment upon) (to make annotations on) a text | **mit** ~**en versehen** ① *part* | annotated | **mit** ~**en versehen** ② v | to annotate; to comment.
erleben v | **einen bestimmten Zeitpunkt** ~ | to continue to live until a certain day (date).
Erlebens..fall m | **Versicherung auf den** ~ | endowment insurance | **gemischte Lebensversicherung auf den Erlebens- und Todesfall** | combined endowment and whole-life insurance.
—**versicherung** f | endowment insurance.
erledigen v Ⓐ | **eine Anfrage** ~ | to answer an inquiry | **eine Angelegenheit** ~ | to attend to (to deal with) (to handle) a matter | **seine Angelegenheiten** ~ | to attend to one's business | **Aufträge** ~ | to fill (to attend to) (to execute) orders | **Formalitäten** ~ | to attend to (to comply with) formalities | **seine Korrespondenz** ~ | to attend to one's corrrespondence | **etw. sofort** ~ | to attend to sth. at once (immediately) (promptly); to give sth. one's immediate attention.
erledigen Ⓑ [beseitigen] | **einen Gegner** ~ | to finish off an opponent.

Erledigung f Ⓐ | ~ **einer Anfrage** | answer to an inquiry | ~ **einer Angelegenheit (Sache)** | attending to a matter | ~ **fremder Angelegenheiten** | attending (handling) the affairs (the concerns) of others (of other people) | ~ **von Aufträgen** | filing (execution) of orders | ~ **von Formalitäten** | compliance with formalities | ~ **der laufenden Geschäfte** | attending to current business (matters) | **sofortige** ~; **umgehende** ~ | immediate (prompt) settlement (attention).
Erledigung f Ⓑ [Beseitigung] | finishing off.
Erlegung f | **gegen** ~ **eines Betrages** | on payment of an amount.
erleichtern v | to facilitate.
Erleichterung f | facilitation | **Steuer**~**en** | tax exemptions | **Zahlungs**~**en** | payment facilities; easy terms (payments).
erleiden v | to suffer; to sustain; to undergo | **Abänderungen** ~ | to undergo changes | **Abbruch** ~; **Einbuße** ~ | to suffer prejudice; to be prejudiced | **einen Brandschaden** ~ | to suffer damage by fire | **Schaden** ~ | to suffer damage; to be damaged | **Strafe** ~ | to suffer punishment; to be punished | **die Todesstrafe** ~ | to suffer death; to be put to death | **einen Unfall** ~ | to meet with an accident | **Verlust** ~ | to suffer (to sustain) (to experience) a loss | **schwere Verluste** ~ | to suffer heavy losses; to suffer severely | **eine Verzögerung** ~ | to suffer delay; to be delayed.
erlesen adj | ~**e Qualität** | choice (choicest) quality.
Erliegen n | **zum** ~ **kommen** | to come to a standstill.
Erlös m | proceeds pl | **Auktions**~ | proceeds of the auction | **Bar**~ | proceeds in cash | **Brutto**~ | gross proceeds (takings) | **Liquidations**~ | proceeds of the liquidation | **Mehr**~ | surplus | **Minder**~ ① | falling off in proceeds | **Minder**~ ②; **verminderter** ~ | diminished proceeds | **Netto**~; **Rein**~ | net proceeds | **Versteigerungs**~ | proceeds of the auction.
erloschen adj Ⓐ [abgelaufen] | expired | ~**e Firma** | extinct (dissolved) firm | ~**e Forderung** | extinct debt.
erloschen adj Ⓑ [verfallen] | lapsed | ~**e Police (Versicherung)** | lapsed policy (insurance).
Erlöschen m | expiration; extinction | ~ **eines Anspruches** | extinction of a claim | ~ **einer Firma** | extinction of a firm | ~ **der Hypothek** | satisfaction of mortgage | ~ **eines Patents** | expiry of a patent | ~ **einer Police (Versicherung)** | expiration (lapse) (running out) of a policy | ~ **einer Rente** | extinction of a pension | ~ **einer Schuld** | extinction of a debt | ~ **des Urheberrechts** | lapse of the copyright | ~ **einer Verpflichtung** | extinction of an obligation (of a liability) | ~ **der Vollmacht** | termination of the power of attorney.
erlöschen v Ⓐ [ablaufen] | to expire.
erlöschen v Ⓑ [verfallen] | to become extinct; to lapse.
ermächtigen v | **jdn.** ~ | to authorize sb.; to give sb. authority | **jdn.** ~, **etw. zu tun** | to authorize (to empower) sb. to do sth.
ermächtigt part | ~ **sein, etw. zu tun** | to be authorized (to be empowered) (to have power) (to have authority) to do sth. | ~ **werden** | to be empowered; to get authority (authorization) | **nicht** ~ | unauthorized.
Ermächtigung f Ⓐ | authorization; power; permission | ~ **zur Abhebung** | authorization to withdraw | **Auszahlungs**~; **Zahlungs**~ | authorization (permission) to pay | **richterliche** ~ | authorization by the court | **schriftliche** ~ | authorization in writing; written authority | ~ **erhalten** | to get authority

(authorization); to be empowered (authorized) |
jdm. die ~ erteilen (geben), etw. zu tun | to autho-
rize (to empower) sb. to do sth.; to give sb. authority
to do sth. | **laut ~** | as authorized | **ohne ~** | un-
authorized.
Ermächtigung *f* Ⓑ | permit.
Ermächtigungs..gesetz *n* | enabling act.
—**schreiben** *n* | letter of authority.
ermahnen *v* | to exhort | **jdn. zur Wahrheit ~; jdn. ~,
die Wahrheit zu sagen** | to admonish (to warn) sb. to
speak the truth.
ermahnend *adj* | exhortative; exhortatory.
Ermahnung *f* | exhortation; admonition | **~ zur
Wahrheit; ~, die Wahrheit zu sagen** | exhortation
(warning) to speak the truth.
Ermangelung *f* | **in ~ von** | in default of; for want of |
in ~ eines Besseren | in the absence of sth. better |
in ~ von Beweisen | in the absence of evidence.
ermangeln *v* | **etw. ~** | to lack sth. | **der Begründung ~** |
to be without reason.
ermäßigen *v* | to reduce; to cut down; to lower | **einen
Anspruch ~; eine Forderung ~** | to reduce a claim |
den Preis ~ | to reduce (to lower) (to cut) the price |
etw. ~ | to make reductions of sth.
ermäßigt *adj* | **zu ~en Preisen** | at reduced (cut) prices |
Verkauf zu bedeutend (stark) ~en Preisen | sale at
greatly reduced prices | **zu ~en Zinsen** | reduced-
interest.
Ermäßigung *f* | reduction; decrease | **~ eines An-
spruchs; ~ einer Forderung** | reduction of a claim |
Antrag auf ~ | request for reduction | **Diskont~;
~ des Diskontsatzes** | reduction of discount (of the
bank rate); lowering of the discount | **Fracht~** |
freight reduction; reduction of freight (of carriage) |
Porto~ | reduction of postage | **Preis~** | reduction
in price; price reduction (cut) (cutting); cutting
(lowering) of prices; cut in prices | **~ der Schulden** |
debt reduction | **Steuer~** | tax reduction (cut) |
Zoll~ | reduction (lowering) of customs duties.
★ **eine ~ gewähren (eintreten lassen)** | to grant (to
allow) a reduction | **mit einer ~** | at a reduction
(discount).
Ermäßigungs..anspruch *m* | right to a reduction (de-
duction).
—**antrag** *m* | request for reduction.
Ermessen *n* | discretion; discretionary power | **Miß-
brauch des ~s** | abuse of discretion | **nach bestem ~**
| to the best of one's judgment | **nach billigem ~** |
according to equity; equitably | **nach eigenem ~** |
at one's own discretion | **freies ~** | free discretion;
free discretionary power | **nach freiem ~** | at [sb.'s]
free discretion | **richterliches ~** | discretion of the
court | **dem richterlichen ~ überlassen sein** | to be
left to the court's discretion | **sein ~ mißbrauchen** |
to abuse one's discretion | **etw. in jds. ~ stellen** | to
leave sth. to sb.'s discretion | **in das ~ gestellt** | dis-
cretionary; left to [sb.'s] discretion | **nach jds. ~** | at
sb.'s discretion.
ermessen *v* | to appreciate; to estimate; to judge.
Ermessens..frage *f* | matter of discretion.
—**irrtum** *m* | error of (in) judgment.
—**mißbrauch** *m*; —**überschreitung** *f* | abuse of discre-
tion (of power).
—**spielraum** *m* | scope of (margin for the exercise of)
discretion.
ermitteln *v* Ⓐ [untersuchen] | to investigate; to inquire.
ermitteln *v* Ⓑ [strafgerichtlich untersuchen] | to make
a judicial inquiry.
ermitteln *v* Ⓒ [feststellen] | to ascertain | **den Sach-
verhalt ~; die Tatsachen ~** | to ascertain (to estab-

lish) the facts | **die Wahrheit ~** | to ascertain the
truth | **den Wert ~** | to ascertain the value | **soweit
zu ~ war** | as far as could be ascertained.
ermitteln *v* Ⓓ [ausfindig machen] | **etw. ~** | to find out
about sth. | **nicht zu ~** | not to be found | **Adressat
nicht zu ~** | addressee unknown.
Ermittlung *f* Ⓐ [Untersuchung] | inquiry; investiga-
tion | **~en anstellen** | to make (to start) inquiries
(investigations).
Ermittlung *f* Ⓑ [strafgerichtliche Untersuchung] |
criminal (judicial) investigation (inquiry) | **Anstel-
lung (Einleitung) von ~en** | opening of a judicial
inquiry.
Ermittlung *f* Ⓒ [Feststellung] | **~ des Sachverhalts
(der Tatsachen)** | ascertainment (finding) of the
facts | **~ der Wahrheit** | ascertaining the truth.
Ermittlungs..ausschuß *m* | investigation (fact-finding)
committee.
—**beamter** *m* | investigator.
—**tätigkeit** *f* | investigating activity.
—**verfahren** *n* | preliminary investigation | **Straf~** |
criminal (judicial) investigation (inquiry).
ermorden *v* | **jdn. ~** | to murder (to kill) sb. | **jdn.
meuchlings ~** | to assassinate sb.
Ermordung *f* | murder; assassination.
ermutigen *v* | **jdn. ~, etw. zu tun; jdn. zu etw. ~** | to
encourage sb. to do sth.
ermutigend *adj* | **~e Nachrichten** | encouraging (cheer-
ful) news.
Ermutigung *f* | encouragement.
ernähren *v* [unterhalten] | to support; to maintain.
Ernährer *m* | bread-winner.
Ernährung *f* [Unterhalt] | support; maintenance.
Ernährungs..lage *f* | food situation.
—**minister** *m* | minister of supply.
—**ministerium** *n* | ministry of supplies.
—**wirtschaft** *f* | food production.
ernannt *part* | **ordnungsgemäß ~** | duly appointed |
provisorisch ~ | appointed provisionally.
ernennen *v* | to nominate; to appoint | **jdn. zum Bevoll-
mächtigten ~** | to appoint sb. as proxy | **einen
Nachfolger ~** | to designate a successor | **jdn. zum
Präsidenten ~** | to appoint sb. president (to be
president | **einen Schiedsrichter ~** | to appoint an
arbitrator.
Ernennung *f* | nomination; appointment | **~ von
Beamten** | appointment of officials | **~ eines Nach-
folgers** | appointment (designation) of a successor |
~ auf Widerruf; provisorische ~ | provisional ap-
pointment.
Ernennungs..befugnis *f*; —**recht** *n* | right (power) of ap-
pointment.
—**urkunde** *f* | certificate (warrant) of appointment.
erneuerbar *adj* | renewable; to be renewed.
erneuern *v* Ⓐ | to renew | **ein Abonnement ~** | to
renew a subscription | **einen Auftrag ~** | to repeat (to
renew) an order | **seine Bekanntschaft mit jdm. ~** |
to renew one's acquaintance with sb. | **ein Bündnis
~** | to renew an alliance | **einen Mietsvertrag ~** | to
renew a lease | **einen Paß ~** | to renew a passport |
sein Personal ~ | to renew one's personnel (one's
staff) | **eine Police ~** | to renew a policy | **Verbin-
dungen ~** | to renew relations | **ein Versprechen ~** |
to renew a promise | **zu ~** | to be renewed; renew-
able.
erneuern *v* Ⓑ [verlängern] | to prolongate | **einen Ver-
trag ~; die Laufzeit eines Vertrags ~** | to pro-
longate a contract.
erneuern *v* Ⓒ [wiederholen] | to repeat | **einen Ver-
such ~** | to repeat an attempt.

erneuern *v* ⑩ [wieder aufleben lassen] | **einen Vertrag
~** | to revive an agreement.
Erneuerung *f* Ⓐ | renewal; renovation | **~ eines
Abonnements; Abonnements~** | renewal of a sub-
scription | **~ von Aufträgen** | renewal of orders | **~
eines Bündnisses** | renewal of an alliance | **~ eines
Eigentumstitels** | renewal of a title | **~ eines Miets-
vertrages** | renewal of a lease | **~ eines Passes** |
renewal of a passport | **~ einer Police; Policen~** |
renewal of a policy | **~ einer Versicherung** | renewal
of an insurance | **falls keine ~ stattfindet** | unless
renewed.
Erneuerung *f* Ⓑ [Verlängerung] | prolongation.
Erneuerung *f* Ⓒ [Wiederholung] | repetition.
Erneuerung *f* ⑩ [Wiederauflebenlassen] | **~ eines
Vertrages** | revival of an agreement.
Erneuerung *f* Ⓔ | **nationale ~** | national renovation.
Erneuerungs..antrag *m* | petition for revival (to revive).
—auftrag *m* | repeat (renewal) order.
—fonds *m* | revolving fund.
—gebühr *f* | renewal fee.
—police *f* | renewal policy.
—prämie *f* | renewal premium.
—quittung *f* | renewal receipt.
—rücklage *f* | reserve for renewals (for replacements);
depreciation reserve.
—schein *m* | renewal coupon; talon.
—tag *m* | renewal date.
—vertrag *m* | revival agreement.
—wahl *f* | by-election.
erneut *adj* | **~e Darstellung** | restatement | **~e Tätig-
keit** | renewed activity | **~e Verhandlung** | retrial |
~e Veröffentlichung | republication.
erneut *adv* | renewedly | **etw. ~ veröffentlichen** | to re-
publish sth.
Ernst *m* | **der ~ der Lage** | the seriousness of the
situation.
ernst *adj*; **ernstlich** *adj* | **~e Absicht** | serious intention |
~e Anstrengung | earnest effort | **~e Bitte** | entreaty.
Ernstfall *m* [Kriegsfall] | **im ~** | in case of war.
ernstgemeint *adj* | seriously meant | **~es Angebot** |
serious (bona fide) offer | **~es Versprechen** | serious
promise.
ernsthaft *adj* | **~e Anstrengung** | earnest effort | **~er
Käufer (Kaufinteressent)** | serious (genuine)
(seriously disposed) purchaser (buyer) | **~er Inter-
essent (Reflektant)** | serious applicant.
Ernsthaftigkeit *f* | seriousness.
ernstlich *adv* | **jdn. ~ bitten, etw. zu tun** | to entreat sb.
to do sth.
Ernstlichkeit *f* | serious intention.
Ernte *f* | harvest; crop | **~ auf dem Halm** | standing
crop.
ernten *v* | to harvest.
Ernte..aussichten *fpl* | harvest prospects.
—bericht *m* | harvest (crop) report.
—ertrag *m* | yield of the crop.
—finanzierung *f* | financing of the crop.
—schätzungen *fpl* | crop estimates (forecast).
—versicherung *f* | crop insurance.
—zeit *f* | harvest time.
erobern *v* | to conquer; to capture.
Eroberung *f* | conquest; capture.
Eroberungskrieg *m* | war of conquest.
eröffnen *v* Ⓐ | to open | **ein Bankkonto ~** | to open an
account with a bank (a bank account) | **einen Bank-
kredit ~** | to open a credit with the bank | **einen
Betrieb ~** | to open a factory | **die Debatte ~** | to
open the debate | **die Diskussion ~** | to open up dis-
cussions | **die Feindseligkeiten ~** | to open hostilities

| **ein Geschäft ~** | to open (to establish) (to start) a
business | **den Konkurs ~** ① | to go into bankruptcy
| **den Konkurs ~** ②; **das Konkursverfahren ~** | to
institute bankruptcy proceedings | **ein Konto ~** |
to open an account | **einen Kredit ~** | to open (to
grant) (to allow) a credit | **einen Laden ~** | to open
a shop; to set up shop | **das Parlament ~** | to open
Parliament | **eine Sitzung ~** | to open a meeting |
ein Verfahren ~ | to initiate (to institute) proceed-
ings.
eröffnen *v* Ⓑ [bekanntgeben] | **jdm. etw. ~** | to make
sth. known to sb. | **ein Testament ~** | to open a
testament and to make its contents known to the
heirs [by an official act before the court]; to prove
a will.
eröffnen *v* Ⓒ [einleiten] | **das Hauptverfahren gegen
jdn. ~** | to indict sb.
Eröffnung *f* Ⓐ | opening; commencement; beginning |
~ eines Betriebs; Betriebs~ | opening of a factory |
~ eines Geschäfts; Geschäfts~ | opening (com-
mencement) of a business | **~ des Konkurses** ②;
Konkurs~ | institution (opening) of bankruptcy
proceedings | **~ des Konkurses** ②; **~ des Konkurs-
verfahrens** | adjudication in bankruptcy | **Anzeige
über die Konkurs~** | bankruptcy notice | **~ eines
Kontos** | opening of an account | **Kredit~** | opening
of a credit | **~ des Parlaments; Parlaments~** |
opening of Parliament | **~ der Sitzung** | opening of
the session | **~ des Verfahrens** | institution of pro-
ceedings | **Wieder~** | reopening.
Eröffnung *f* Ⓑ [Bekanntgabe] | notification | **Testa-
ments~** | opening (opening and reading) of a will |
jdm. eine ~ machen | to announce [sth.] to sb.
Eröffnung *f* Ⓒ [Einleitung] | **~ des Hauptverfahrens** |
indictment | **Ablehnung der ~ des Hauptverfahrens** |
quashing of the indictment | **Antrag auf Ablehnung
der ~ des Hauptverfahrens** | motion to dismiss (to
quash) the indictment | **die ~ des Hauptverfahrens
ablehnen** | to dismiss (to quash) the indictment.
Eröffnungs..ansprache *f*; **—rede** *f* | opening speech;
inaugural address.
—antrag *m* [Konkurs~] | bankruptcy petition.
—beschluß *m* Ⓐ [Konkurs~] | bankruptcy order.
—beschluß *m* Ⓑ [im Strafprozeß] | order to commit
[sb.] for trial.
—bilanz *f* | opening balance sheet.
—eintrag *m* | opening entry.
—kurs *m* | opening rate (price) (quotation).
—protokoll *n* | opening protocol.
—sitzung *f* | opening session.
erörtern *v* | to discuss; to debate.
Erörterung *f* | discussion; debate.
erpressen *v* | **Geld von jdm. ~** | to extort money from
sb. | **von jdm. ein Geständnis ~** | to extort a confes-
sion from sb.
Erpresser *m* | extortioner; extortionist.
Erpresserbrief *m* | blackmailing letter.
erpresserisch *adj* | extortionate.
Erpressung *f* | extortion; blackmail.
Erpressungsversuch *m* | attempted blackmail.
erproben *v* | to test; to make a trial | **etw. ~** | to test
(to try) sth.; to put sth. to (through) the test.
erprobt *adj* | tested; tried | **~es Mittel** | tried remedy.
Erprobung *f* | testing | **~ auf dem Prüfstand** | shop
trial(s) | **in der ~** | undergoing trials | **zur ~** | by
way of trials.
Errechnen *n* | computing.
errechnen *v* | **etw. ~** | to calculate (to compute) sth.;
to make a computation of sth. | **die Zinsen ~** | to
compute (to work out) the interest.

Errechnung *f* | calculation; computation | ~ der Zinsen | working out of the interest.

erreichbar *adj* | within reach; attainable | un~ | impossible of attainment.

erreichen *v* | Abhilfe ~ | to obtain redress | die Altersgrenze ~ | to reach the age limit | das Pensionsalter (das Pensionsdienstalter) (das pensionsfähige Alter) ~ | to reach the age of retirement (the retirement age) | sein Ziel ~; seinen Zweck ~ | to achieve one's aim; to attain (to reach) one's end.

Erreichung *f* [Erreichen] | attainment | bei ~ der Altersgrenze | on (upon) attaining (reaching) the age limit | Pensionierung wegen ~ der Altersgrenze | retirement on account of age; superannuation | bei ~ des zwanzigsten Lebensjahres | on (upon) attaining the age of twenty | bei ~ der Volljährigkeit | at (on) his coming of age; on (upon) attaining full age | zur ~ seines Zwecks | for the attainment of his purpose.

errichten *v* Ⓐ [aufrichten] | to erect | Schranken ~ | to erect barriers.

errichten *v* Ⓑ | to establish | eine Gesellschaft ~ | to establish (to found) (to incorporate) a company | ein Inventar ~ | to make (to take) (to draw up) an inventory | ein Testament ~ | to make a will (one's will) | einen Vertrag ~ | to draw up (to make out) a contract.

Errichtung *f* Ⓐ [Aufrichtung] | erection | ~ von Schranken | erection of barriers.

Errichtung *f* Ⓑ | establishment | ~ einer Gesellschaft | establishment (foundation) (incorporation) of a company | ~ eines Inventars; Inventar~ | drawing up of a (of the) inventory | ~ eines Testaments; Testaments~ | making of a will | ~ eines Vertrags | drawing up of a contract (of a deed).

Errungenschaft *f* Ⓐ [Leistung] | achievement | die ~en der Wissenschaft (der Forschung) | the scientific achievements.

Errungenschaft *f* Ⓑ [das Errungene] | acquest.

Errungenschaftsgemeinschaft *f* | community of conquests (of acquisitions).

Ersatz *m* Ⓐ | als (zum) ~ für etw. | in order to replace sth.

Ersatz *m* Ⓑ [Erstattung] | ~ der Auslagen; ~ der Aufwendungen; Auslagen~ | reimbursement of expenses (of expenditure).

Ersatz *m* Ⓒ [Entschädigung] | compensation; indemnification; indemnity; restitution | ~ in Geld; Geld~ | cash indemnity; indemnification in cash | Schadens~ | payment of damages; indemnity; damages; compensation | ~ des Nutzungsentgangs; ~ immateriellen (indirekten) (mittelbaren) Schadens | consequential (indirect) (special) damages | Wert~ | compensation for the value.

★ zum ~ verpflichtet sein | to be liable for damages; to be responsible for a damage | ~ fordern | to claim damages | jdm. für etw. ~ leisten | to compensate (to indemnify) sb. for sth.; to pay sb. damages for sth. | als (zum) ~ für | in exchange for; in return for; in substitution for.

Ersatz *m* Ⓓ [Ersatzstoff] | substitute material; substitute.

Ersatz..anspruch *m* Ⓐ | claim for compensation.

—**anspruch** *m* Ⓑ [Schadens~] | claim for damages (for an indemnity) (for indemnification).

—**beschaffung** *f* | replacement(s).

—**erbe** *m* | substituted heir.

—**forderung** *f* | claim for damages.

—**geschworener** *m* | alternate juror; alternate; talesman.

Ersatz..investition *f* | replacement of investments (of capital assets).

—**kasse** *f* [private Krankenkasse] | sickness insurance fund.

—**leistung** *f* | indemnification; compensation; indemnity.

—**lieferung** *f* | replacement.

—**mann** *m* | substitute; alternate.

—**mannschaft** *f* | substitute crew.

—**material** *n*; —**mittel** *n* | substitute; substitute material; surrogate.

—**pfand** *n* | collateral.

—**pflicht** *f* | obligation to indemnify.

ersatzpflichtig *adj* | liable to pay damages | ~ sein | to be responsible (to be answerable) for a damage.

Ersatz..schöffe *m* | talesman.

—**teil** *m* | replacement part; replacement.

— —**lager** *n* | stock of replacements (of replacement parts); parts stock.

—**wahl** *f* | by-election.

—**ware** *f* | substitute.

—**wert** *m* | replacement value.

—**zustellung** *f* | substituted service.

ersatzweise *adj* | as a substitute.

Erscheinen *n* Ⓐ | appearance; entering an appearance | ~ vor Gericht; gerichtliches ~ | appearance in court (before the court) | Ladung zum persönlichen ~; Vorladung zum ~ | summons to appear; summons | Nicht~ | non-appearance; default of appearance; failure to appear | persönliches ~; ~ in Person | personal appearance; entering a personal appearance | zum ~ vorgeladen werden | to be summoned to appear.

Erscheinen *n* Ⓑ [Veröffentlichung] | appearance; publication | ~ eines Buches | publication of a book | das ~ einstellen | to cease publication (to be published) | bei ~ | when published; upon publication.

erscheinen *v* Ⓐ | to appear; to make (to enter) an appearance | vor Gericht ~ | to appear in (before the) court; to put in an appearance in court | persönlich ~; in Person ~ | to appear personally (in person); to enter (to put in) an appearance (a personal appearance) | als Prozeßbevollmächtigter für den Beklagten (die beklagte Partei) ~ | to appear for the defense (for the defendant) | als Prozeßbevollmächtigter für den Kläger ~ | to appear for the plaintiff | als Verteidiger für den Angeklagten ~ | to appear for the accused (for the defendant) | Vorladung zu ~ | summons to appear; summons | für jdn. ~ | to appear for sb.; to represent sb. | gegen jdn. ~ | to appear against sb. | nicht ~ | to fail to appear; to make default.

erscheinen *v* Ⓑ [veröffentlicht werden] | to be published; to appear | ein Buch ~ lassen | to publish (to bring out) a book | im Begriff sein, zu ~; in Kürze ~ | to be just ready (just about) to be published (for publication) | in Lieferungen (lieferungsweise) ~ | to appear (to be published) in instalments | einen Roman in Fortsetzungen ~ lassen | to serialize a novel.

Erscheinungs..datum *n* | publication date.

—**jahr** *n* | year of publication.

—**tag** *m* Ⓐ [einer Veröffentlichung] | day of publication.

—**tag** *m* Ⓑ [von Wertpapieren] | day (date) of issue; issue date.

erschienen *part* | ~e Werke | published works | die von ... ~en Werke | the publications (the published works) of ... | soeben ~ | just published; just out.

Erschienene *m* | der ~ | the person appearing | die ~n | the appeared *pl.*

erschleichen *v* | etw. ~ | to obtain sth. surreptitiously (by surreptitious means) | eine Erbschaft ~ | to inveigle | eine Zustimmung ~ | to obtain a consent surreptitiously.

Erschleichung *f* | obtaining (acquisition) by fraudulent means; subreption | ~ einer Erbschaft | captation of an inheritance; inveiglement; inveigling | Gunst~ | captation | durch ~ | surreptitiously; by surreptitious means.

erschlichen *adj* | surreptitious | ~e Zustimmung | surreptitiously obtained consent.

erschließen *v* | to develop | neue Absatzgebiete (Absatzmärkte) (Märkte) ~ | to open (to find) new markets (new outlets) | Bauland ~ | to develop building ground | die Bodenschätze eines Gebietes ~ | to develop (to exploit) the resources of an area | ein Gebiet ~ | to develop an area | neue Hilfsquellen ~ | to tap new resources (fresh sources).

Erschließung *f* | development | ~ eines Gebietes | development of an area | ~ neuer Hilfsquellen | tapping of new resources (of fresh sources) | ~ neuer Märkte (Absatzmärkte) | opening up (opening of) new markets (outlets) | ~ industrielle ~ | industrial development | wirtschaftliche ~ | economic development.

erschöpfen *v* | to exhaust | seine Mittel ~ | to exhaust one's means (one's resources) | sich ~ | to become exhausted.

erschöpfend *adj* | exhaustive | ~e Aufzählung | complete enumeration | ~e Auskunft | complete (comprehensive) information | ~e Beweismittel | conclusive evidence | von etw. eine ~e Darstellung geben | to exhaust a subject; to deal with sth. comprehensively.

erschöpfend *adv* | ~ aufgezählt | in complete enumeration | etw. ~ darstellen | to exhaust a subject; to deal with sth. comprehensively.

Erschöpfung *f* | exhaustion | ~ der Hilfsquellen; ~ der Mittel | drain on the resources | ~ des Kontingents | exhausting (using up) of the quota.

erschweren *v* | etw. ~ | to render sth. more difficult.

erschwerend *adj* | ~e Umstände | aggravating circumstances.

Erschwerung *f* | aggravation.

erschwindeln *v* | etw. ~ | to obtain sth. by fraud.

ersessen *part* | ~es Recht | right which has been acquired by prescription.

ersetzbar *adj* | replaceable; to be replaced.

ersetzen *v* Ⓐ | to substitute | jdn. durch jdn. ~ | to replace sb. by sb. | etw. durch etw. ~ | to substitute sth. by sth.

ersetzen *v* Ⓑ [erstatten] | to reimburse | jds. Auslagen ~; jdm. seine Auslagen (Aufwendungen) (Unkosten) ~ | to reimburse sb. for his expenses.

ersetzen *v* Ⓒ [Ersatz leisten] | einen Schaden ~ | to pay damages | einen Verlust ~ | to cover (to make good) a loss | den Wert ~ | to compensate for the value.

ersetzlich *adj* | to be replaced | un~ | irreplaceable; irreparable.

Ersetzung *f* | replacement; substitution | ~ von etw. durch etw. | substitution of sth. for sth.

ersinnen *v* | to devise.

ersitzen *v* | etw. ~ | to acquire sth. by use (by possession) (by prescription).

Ersitzung *f* | acquisition under the statute of limitations; acquisitive (positive) prescription | Tabular-~; Buch~ | acquisitive prescription based on registration in a public record.

Ersitzungs..frist *f*; —zeit *f* | period of usucapion.

ersparen *v* Ⓐ | to economize | sich Geld ~ | to save (to economize) money.

ersparen *v* Ⓑ | jdm. etw. ~ | to save sb. sth.

Ersparnis *f* | economy; saving | ~ von Arbeitskräften | labo(u)r saving | Geld~ | saving of money | Zeit~ | saving of time | ~ halber; der ~ wegen | in order to save; for economy's sake.

Ersparnis..gründe *mpl* | aus ~n | for reasons of economy.

—kasse *f* [S] | savings bank.

—prämie *f* | economy bonus.

Ersparnisse *npl* | savings *pl* | von seinen ~n abheben; seine ~ angreifen; auf seine ~ zurückgreifen | to draw on one's savings | von seinen ~n leben | to live on one's savings | ~ machen | to save; to economize.

Erspartes *n* | savings *pl.*

ersprießlich *adj* | profitable; advantageous | ~e Tätigkeit | productive (profitable) activity | ~e Zusammenarbeit | profitable collaboration.

erst *adj* | von ~er Dringlichkeit | of immediate urgency | ~e Hand | first option | aus ~er Hand | at first hand | ~e Hilfe | first-aid | ~e Hypothek | first mortgage | ~e Instanz | first instance | in ~er Linie | in the first place (instance); firstly | von ~er Qualität | of first (prime) quality; first-class | aus ~er Quelle | from first knowledge | ~en Ranges | first-rate | ~e Rate | first instalment | der ~en Wahl | of first choice.

Erst..anlage *f* | first (original) investment.

—anmelder *m* | first applicant.

erstatten *v* Ⓐ | eine Anzeige gegen jdn. ~ | to lay (to prefer) an information against sb.; to denounce sb.; to inform against sb. | über etw. Bericht ~ | to make (to give) a report on sth.; to give (to render) an account of sth.; to report on sth.

erstatten *v* Ⓑ [zurückgeben] | to return; to restitute.

erstatten *v* Ⓒ [zurück~] | to reimburse | Kosten ~ | to reimburse expenses (cost) | jdm. seine Ausgaben (Auslagen) (Aufwendungen) (Unkosten) ~ | to reimburse sb. for his expenses | Steuern ~ | to refund taxes.

erstattet *part* | etw. ~ bekommen | to obtain a refund of sth. | seine Ausgaben (Kosten) (Unkosten) ~ bekommen (erhalten) | to be reimbursed for one's expenses.

Erstattung *f* Ⓐ | ~ einer Anzeige; Anzeigen~ | denunciation; information | ~ eines Berichts; Bericht~ | rendering (delivery) of a report; reporting.

Erstattung *f* Ⓑ [Rückgabe] | return; returning; restitution.

Erstattung *f* Ⓒ [Rück~] | reimbursement | Auslagen~ | reimbursement of cash expenses (of outlays) | gegen Auslagen~ | against reimbursement (against refund) of outlays | Kosten~; Unkosten~ | reimbursement of cost (of expenses) | Steuer~ | refund of the tax; tax refund.

Erstattungs..anspruch *m* Ⓐ [auf Rückgabe] | claim for restitution.

—anspruch *m* Ⓑ [auf Rückzahlung] | claim for reimbursement (for repayment) (for refund).

erstattungsfähig *adj* | ~e Auslagen | repayable expenses.

erstattungsfähig *adv* | ~ sein | to be reimbursed (repaid).

Erstattungs..fähigkeit *f* | repayability.

—interesse *n* | restitution interest.

—pflicht *f* Ⓐ [Rückgabepflicht] | obligation to return (to make restitution).

Erstattungspflicht *f* Ⓑ [Rückzahlungspflicht] | obligation to reimburse (to repay) (to refund).

erstattungs..pflichtig *adj* Ⓐ | liable to make restitution.

—**pflichtig** *adj* Ⓑ | liable to reimburse (to refund) (to repay).

Erstattungsverfahren *n* | restitution proceedings.

Erst..auflage *f* | first edition (printing).

—**ausfertigung** *f* | ~ eines Wechsels | first of exchange.

—**ausgabe** *f* | first (princeps) edition.

—**ausstattung** *f* | initial allocation (capitalization).

erstehen *v* [durch Kauf erwerben] | **etw.** ~ | to buy (to purchase) sth. | **etw. bei einer Versteigerung** ~ | to buy sth. in (at) auction.

Ersteher *m* Ⓐ [Käufer] | buyer; purchaser.

Ersteher *m* Ⓑ; **Ersteigerer** *m* | adjudicatee; auction buyer.

Erstehung *f* [Erwerb durch Kauf] | purchase; acquisition.

ersteigern *v* | **etw.** ~ | to buy sth. in (at) auction.

ersteigert *part* | bought at auction.

Ersteigerung *f* | purchase in auction.

Ersterfinder *m* | first (original) inventor.

—**erfindung** *f* | first (prior) invention.

Ersterwerber *m* | first holder.

erstgeboren *adj* | first-born.

Erstgeburt *f* Ⓐ [das erstgeborene Kind] | first-born child.

Erstgeburt *f* Ⓑ [Recht der ~]; **Erstgeburtsrecht** *n* | primogeniture; right of primogeniture; priority of birth.

erstinstanziell *adj* | ~es Gericht | court of first instance.

erstklassig *adj* | first-class; first-rate | ~es Bankakzept (Bankpapier) | prime bank bill | ~er Handelswechsel | prime bill (trade bill) | ~e Kapitalanlage | first-class (gilt-edged) investment.

erstrangig *adj* Ⓐ | first-rate.

erstrangig *adj* Ⓑ; **erststellig** *adj* | ~e Hypothek | first mortgage | ~e Pfandbriefe | first debentures.

erstrecken *v* Ⓐ [ausdehnen] | **sich auf etw.** ~ | to apply (to extend) to sth.

erstrecken *v* Ⓑ [verlängern] | to extend; to prolong | **eine Frist** ~ | to extend a period (a term).

Erstreckung *f* | ~ einer Frist; **Frist**~ | extension of a term (of time) (of a period of time); time extension.

Erstversicherer *m* | first insurer.

Ersuchen *n* | request; demand | ~ um Aufklärung | request to explain | ~ um Rechtshilfe; **richterliches** ~ | letters rogatory | **unmittelbares** ~ | direct request | **wiederholtes** ~ | repeated (renewed) request | **einem** ~ **entsprechen (stattgeben)** | to grant a request (an application) | **an jdn. ein** ~ **stellen** | to make a request to sb. | **auf** ~ **von** | at the request of | **mit dem** ~ | with the request; requesting.

ersuchen *v* | to request; to demand; to solicit; to ask | **jdn.** ~, **etw. zu tun** | to ask (to request) sb. to do sth. | **jdn.** ~, **beizuwohnen (zugegen zu sein)** | to ask (to request) sb. to be present; to request sb.'s presence.

Ersuchsschreiben *n* | letters rogatory.

ertappen *v* | to catch; to seize | **jdn. auf frischer Tat** ~ | to take sb. in the act.

erteilen *v* | **Abrechnung** ~ | to render an account | **jdm. Auftrag (den Auftrag)** ~, **etw. zu tun** | to give sb. order (instruction) to do sth.; to instruct sb. (to charge sb.) to do sth. | **jdm. einen Auftrag** ~ | to place an order with sb.; to order [sth.] from sb. | **Aufträge** ~ | to give (to make) (to place) orders | **Auskunft** ~; **Auskünfte** ~ | to give (to furnish) information | **eine Bescheinigung** ~ | to grant a certificate | **Entlastung** ~ | to grant discharge | **jdm. die Erlaub-**nis **(Ermächtigung)** ~, **etw. zu tun** | to give sb. permission (leave) to do sth.; to allow sb. (to permit sb.) to do sth. | **jdm. die Ermächtigung** ~, **etw. zu tun** | to authorize sb. (to give sb. authorization) to do sth. | **Faktura** ~ | to invoice; to make out an invoice | **Instruktionen** ~ | to give instructions | **jdm. eine Konzession (eine Lizenz)** ~ | to grant sb. a concession (a license); to license sb. | **ein Patent** ~ | to grant a patent | **jdm. Prokura** ~ | to give sb. procuration (signing power) (the signature) | **Quittung** ~ | to give a receipt | **jdm. einen Rat** ~ | to give sb. an advice; to advise (to counsel) sb. | **Rechnung** ~ | to render account | **jdm. Vollmacht** ~ | to give sb. power of attorney; to authorize (to empower) sb. | **jdm. das Wort** ~ | to grant sb. permission to speak; to give sb. the floor | **den Zuschlag** ~ | to adjudicate; to allocate.

Erteilung *f* | ~ von Auskunft; ~ von Auskünften | giving information | ~ der Entlastung; **Entlastungs**~ | discharge | ~ einer Erlaubnis; **Erlaubnis**~ | grant of a permission (of a permit) | ~ einer Konzession (Lizenz) | grant (granting) of a license; licensing | ~ eines Patents; **Patent**~ | grant of a patent | ~ der Prokura | granting of procuration (power to sign) | ~ eines Rechts | grant (granting) of a right | ~ einer Vollmacht | granting of a power of attorney | ~ des Zuschlags; **Zuschlags**~ | allocation; adjudication; adjudicating; adjudging.

Erteilungs..beschluß *m* | granting order.

—**verfahren** *n* | procedure on the granting [of] | **Patent**~ | procedure on the granting of letters patent; patent procedure (practice).

Ertrag *m* | proceeds; returns; result; earnings; revenue; yield | **Arbeits**~ | proceeds of labo(u)r | **Boden**~ ① | produce of the soil; agricultural (farm) produce | **Boden**~ ② | farm revenue | **Brutto**~ | gross proceeds (income) | **Durchschnitts**~ | average proceeds (yield) | **Jagdpacht**~ | yield of a hunting lease | **Jahres**~ | annual returns | **Jahresrein**~ | annual net returns | **Kapital**~ | yield of a capital; capital return | **Mehr**~ | increased returns | **Miets**~ | rent relief; rental | **Minder**~ ① | falling off in returns | **Minder**~ ②; **verminderter** ~ | diminished returns | **Pacht**~ | farm rent | **Rein**~ | net proceeds (profits) (profit) | **Roh**~ | gross proceeds (income) | **Rückgang des** ~s | falling off in returns | **Steuer**~ | tax (taxation) receipts; revenue from taxation; tax revenue (yield); yield of taxes | ~ **nach Abzug der Steuern** | profit(s) after taxes | ~ **vor Abzug der Steuern** | profit(s) before taxes | **Zins**~ | interest yield | **abnehmender** ~ | diminishing return.

ertragbringend *adj*; **ertragreich** *adj* | productive; profitable.

ertraglos *adj* | non-productive.

Erträgnisse *pl* | proceeds *pl*; returns *pl*; yield | ~ **aus Beteiligungen** | revenue (income) from participations (from investments).

Ertrags..anschlag *m*; —**berechnung** *f* | estimate (calculation) of proceeds.

—**bilanz** *f* | [foreign] trade balance.

ertragsfähig *adj* | productive.

Ertrags..fähigkeit *f* | earning (productive) capacity (power); productiveness.

—**grenze** *f* | limit of productiveness.

—**lage** *f* | earnings; returns; financial results.

—**rechnung** *f* | profit and loss account.

—**rückgang** *m* | falling off in returns *pl*; diminished returns.

—**schwelle** *f* | break-even point.

—**spitze** *f* | maximum productiveness.

Ertrags..steigerung *f* | increased returns.
—steuer *f* | tax on revenue (on profits); income (profits) tax.
—verlust *m* | loss of earnings (of profits).
—wert *m* | productive value.
erübrigen *v* | Geld ∼ | to save (to put aside) money.
erwachsen *adj* | adult | in ∼em Alter | of adult age | ∼e Person | adult (grown-up) person.
erwachsen *v* | [entstehen] | to be caused (occasioned).
erwachsend *adj* | die ∼en Unkosten | the charges (expenses) incurred.
Erwachsene *m* | adult; grown-up person | Fortbildung für ∼ | adult education.
erwägen *v* | to consider; to envisage; to take into consideration; to deliberate | das Für und Wider ∼ | to weigh the pros and cons | einen Vorschlag ∼ | to consider a proposal.
Erwägung *f* | consideration; deliberation | ein Angebot in ∼ ziehen | to consider an offer | aus ∼en von weitergehender Bedeutung | for considerations of major importance | die Tatsachen in ∼ ziehen | to consider the facts | einen Vorschlag in ∼ ziehen | to consider a proposal | nach reiflicher ∼ | on (after) mature (due) consideration | etw. in ∼ ziehen | to take sth. into consideration; to have (to pay) regard to sth. | in ∼ gezogen werden | to be under consideration | in der ∼, daß | in consideration of; considering that; taking into account (into consideration) that.
Erwartung *f* | in ∼ Ihrer Antwort | awaiting your reply | den ∼en nicht entsprechen | to fall short of expectations.
Erwartungswert *m* | expectancy value.
erwählt *adj* | ∼er Wohnsitz | domicile of choice.
erwähnen *v* | etw. ∼ | to mention sth.; to make mention of sth.
Erwähnung *f* | mention.
erweisen *v* Ⓐ | jdm. einen Dienst ∼ | to render sb. a service.
erweisen *v* Ⓑ [herausstellen] | sich als notwendig ∼ | to prove necessary (to be necessary) | sich als nützlich ∼ | to prove useful (to be useful) | sich als unumgänglich notwendig ∼ | to prove to be unavoidable (absolutely necessary) | sich als wahr ∼ | to prove true.
erweislich *adj* | provable.
erweitern *v* | to extend; to enlarge | seinen Besitz ∼ | to enlarge one's property (one's estates) | den Betrieb ∼ | to extend operations | ein Geschäft ∼ | to enlarge a business | einen Handel ∼ | to extend a trade | seine Kenntnisse ∼ | to enlarge (to improve) one's knowledge | seine Macht ∼ | to extend one's power.
erweitert *adj* | ∼e Ausgabe | enlarged edition | ∼e Zuständigkeit | enlarged competence.
Erweiterung *f* | extension; enlargement | Betriebs∼ | extension of works | ∼ einer Fabrik | extension of a factory | Geschäfts∼ | enlargement of a business | Klags∼ | amendment of the action.
erweiterungsfähig *adj* | capable of extension.
Erweiterungs..bauten *fpl* | extensions.
—plan *m*; —programm *n* | plan for extension(s) (for enlargement); expansion plan (scheme).
Erwerb *m* Ⓐ [das Erwerben] | acquisition; acquiring | Art des ∼s | way of acquisition | ∼ des Eigentums; Eigentums∼ | acquisition of property (of title) | Geld∼ | money-making | Grund∼; Land∼ | purchase of land | ∼ unter Lebenden | acquisition inter vivos | ∼ von Todes wegen | acquisition by way of inheritance (by devolution) | gutgläubiger ∼ | acquisition in good faith.

Erwerb *m* Ⓑ [das Erworbene] | der gemeinsame ∼ der Ehegatten | the acquest.
Erwerb *m* Ⓒ [Verdienst] | gain; earning(s) | Brot∼; Lebens∼ | means of living; livelihood; living | auf ∼ gerichtet | for gain; for profit; acquisitive | nicht auf ∼ gerichtet | not for gain (profit); non-profit.
erwerben *v* | etw. ∼ | to acquire sth. | Eigentum ∼ | to acquire title | etw. zu Eigentum ∼; das Eigentum an etw. ∼ | to acquire sth. (title to sth.) | etw. durch Kauf ∼; etw. käuflich ∼ | to acquire sth. by purchase; to buy (to purchase) sth. | sich einen Ruf als ... ∼ | to win (to earn) a reputation for ... | ein Vermögen ∼ | to make (to realize) a fortune | etw. gutgläubig ∼ | to acquire (to buy) sth. in good faith | etw. rechtmäßig ∼ | to obtain sth. lawfully.
Erwerber *m* | acquirer; buyer; purchaser | bösgläubiger ∼; schlechtgläubiger ∼ | purchaser in bad faith; mala fide purchaser | gutgläubiger ∼ | purchaser in good faith; bona fide purchaser.
Erwerberin *f* | purchaser; buyer.
Erwerbsart *f* | way of acquisition.
erwerbsbeschränkt *adj* | partially disabled.
Erwerbs..einkommen *n* | income from wages; earned income.
—einkünfte *pl* | receipts from business activity.
erwerbsfähig *adj* | capable of earning | voll ∼ | of full earning capacity.
Erwerbs..fähigkeit *f*; —kraft *f* | earning capacity (power).
—genossenschaft *f* | co-operative society | Erwerbs- und Wirtschaftsgenossenschaft | producers and consumers' co-operative society.
—kapital *n* | working capital.
—leben *n* | business activity (life).
erwerbslos *adj* | unemployed; out of work; out of employment.
Erwerbslosen..fürsorge *f*; —hilfe *f*; —unterstützung *f* | unemployment relief (assistance) (benefit).
—versicherung *f* | unemployment insurance.
—ziffer *f* | number of unemployed.
Erwerbsloser *m* | unemployed.
Erwerbslosigkeit *f* | unemployment.
Erwerbs..preis *m* | purchase price.
—quelle *f* | source of income (of revenue).
—stellung *f* | position in business (in life); social position (standing).
erwerbstätig *adj* | ∼ sein | to be gainfully employed.
Erwerbstätiger *m* | selbständig(er) ∼ | self-employed person.
Erwerbs..tätigkeit *f* | productive activity; gainful employment.
—titel *m*; —urkunde *f* | transfer (title) deed.
erwerbsunfähig *adj* | incapable; disabled.
Erwerbs..unfähigkeit *f* | disability; disablement; incapacity | dauernde ∼ | permanent disablement | teilweise ∼; zeitweilige ∼ | partial disablement | völlige ∼; vollständige ∼ | total (complete) incapacity.
—verhältnisse *npl* Ⓐ | working conditions.
—verhältnisse *npl* Ⓑ | economic conditions.
—vertrag *m* | purchase contract.
—zweck *m* | zu ∼en | for gain.
—zweig *m* | branch of industry; line of business; profession; trade.
Erwerbung *f* Ⓐ | acquisition; acquiring | die neuesten ∼en | the latest acquisitions.
Erwerbung *f* Ⓑ [Kauf] | purchase.
erwidern *v* Ⓐ [antworten] | to reply; to answer.
erwidern *v* Ⓑ [scharf entgegnen] | to retort.
erwidern *v* Ⓒ [replizieren] | to make a replication.

Erwiderung *f* Ⓐ [Antwort] | reply; answer | in ∼ **Ihres Briefes** | in reply to (replying to) your letter.
Erwiderung *f* Ⓑ [scharfe Entgegnung] | retort.
Erwiderung *f* Ⓒ [Replik] | replication.
erwiesen *part* | etw. als ∼ **ansehen (betrachten) (erachten); etw. für ∼ halten** | to consider sth. as proved (as established) | **als ∼ gelten** | to be considered as proved | **un∼** | unproved; not proved; unproven.
erwirken *v* | **ein Urteil ∼** | to obtain a judgment.
erworben *adj* | acquired | **∼e Fähigkeit** | acquirement.
Erzbischof *m* | archbishop.
erzbischöflich *adj* | archiepiscopal | **∼es Palais** | archbishop's palace.
Erzbischofssitz *m* | archbishopric see.
Erzbistum *n*; **Erzdiözese** *f* | archdiocese; archbishopric.
Erzdiakon(us) *m* | archdeacon.
Erzdiakonat *n* Ⓐ | archdeaconate; archdeaconship.
Erzdiakonat *n* Ⓑ | archdeaconry.
erzeugen *v* | to produce; to manufacture; to make.
Erzeuger *m* Ⓐ [Hersteller] | producer; manufacturer | **∼ und Kleinverteiler** | producer retailer | **∼ und Verbraucher** | producer and consumer | **inländischer ∼** | inland producer.
Erzeuger *m* Ⓑ [eines Kindes] | father.
Erzeuger..kosten *pl* | cost of production; production (self) cost.
—land *n* | producer (producing) country; country of production.
—preis *m* | price at which the producer sells; producer (manufacturer's) price.
—verband *m* | producers' association.
Erzeugnis *n* | product; manufacture; make | **Boden∼** | produce of the soil | **Gewerbe∼** | manufactured (finished) product (article); finished manufacture | **Industrie∼** | product of industry; industrial product | **∼se der Kolonien** | colonial produce.
★ **ausländisches ∼; fremdländisches ∼** | foreign-made product; articles (goods) of foreign origin | **geistiges ∼** | product of intellectual labo(u)r; production | **einheimisches ∼** | home produce | **gewerbliches ∼; industrielles ∼** | manufactured (finished) product (article); finished manufacture | **inländisches ∼** | inland produce | **landwirtschaftliches ∼** | agricultural (farm) produce | **literarisches ∼** | literary production.
Erzeugung *f* Ⓐ [Herstellung] | production | **Massen∼; Serien∼** | mass (quantity) production | **einheimische ∼** | home (domestic) production | **industrielle ∼** | industrial (secondary) production | **landwirtschaftliche ∼** | farm production | **die ∼ beschränken (einschränken)** | to reduce (to curtail) production | **die ∼ steigern** | to increase (to step up) production.
Erzeugung *f* Ⓑ [Leistung] | output | **Durchschnitts∼** | average output (production) | **Jahres∼** | yearly (annual) output | **Welt∼** | world production (output).
Erzeugungs..fähigkeit *f* | productive (producing) power | **Grad der ∼** | rate of production.
—gebiet *n* | production area; area of production.
—kapazität *f* | production capacity.
—kosten *pl* | cost of production; production cost.
—kraft *f* | productive capacity (power); producing power; capacity to produce (of output).
—land *n* | producer (producing) country.
—ort *m* | place of production.
—preis *m* Ⓐ | cost of production; production cost.
—preis *m* Ⓑ [Selbstkosten] | cost (original cost) (prime) (first) (actual) price; self cost.
—programm *n* | production program (plan).

Erzeugungs..quote *f* | production quota.
—verfahren *n* | method (way) of production.
erziehbar *adj* | trainable.
erziehen *v* | jdn. ∼ | to educate sb.; to bring sb. up.
Erzieher *m* Ⓐ | teacher; instructor; educator.
Erzieher *m* Ⓑ [Privat∼] | tutor; family (private) tutor.
Erzieherin *f* [Privat∼] | governess; tutoress.
Erziehung *f* | education; bringing up; upbringing; training | **Anstalts∼; Fürsorge∼; Zwangs∼** | education in an institution (in a reformatory) | **Körper∼** | physical training | **Privat∼** | private education | **eine gute ∼ haben** | to be well educated (well-bred) | to have good breeding | **eine schlechte ∼ haben** | to be poorly educated (ill-bred) | **zur ∼** | for education purposes.
Erziehungs..anstalt *f* | educational establishment (institution) (institute) | **Fürsorge∼; Zwangs∼** | reformatory; reformatory school.
—berechtigter *m* | father; parent; guardian.
erziehungsfähig *adj* | capable of being educated.
Erziehungs..fähigkeit *f* | capability of being educated.
—kosten *pl* | cost of education.
—methode *f* | educative method.
—recht | right to educate.
—wesen *n* | national (public) education; educational system.
erzielen *v* | to attain; to realize | **einen Abschluß ∼** | to conclude a bargain | **über etw. Einverständnis ∼** | to come to an understanding over sth. | **einen Gewinn ∼; Gewinne ∼** | to make (to realize) a profit; to make profits | **einen guten (hohen) Preis ∼** | to realize (to reach) a good (high) price; to sell at a price.
erzielt *part* | **∼er Gewinn** | profit(s) made.
Erzielung *f* | achievement; attainment | **∼ von Gewinn(en)** | realization of profit(s).
erzogen *adj* | **schlecht ∼e Person** | ill-bred person; person without manners | **wohl∼** | well-educated; well-bred.
erzwingbar *adj* | enforceable | **nicht ∼** | non-enforceable.
Erzwingbarkeit *f* | **die ∼ eines Gesetzes** | the enforceability of a law.
erzwingen *v* Ⓐ | to enforce | **die Einhaltung einer Bestimmung ∼** | to enforce a rule | **die Einhaltung eines Gesetzes ∼** | to enforce a law (an act) | **Gehorsam ∼** | to enforce obedience | **Zahlung ∼** | to enforce payment.
erzwingen *v* Ⓑ [durch Gewalt erlangen] | to obtain by force | **ein Geständnis ∼** | to extort a confession.
Erzwingung *f* | enforcement.
Erzwingungs..strafe *f* | exacting penalty.
—verfahren *n* | enforcement procedure.
erzwungen *adj* | enforced; forced; obtained by force | **∼es Stillschweigen** | enforced silence.
etablieren *v* | to establish | **jdn. im Geschäft ∼** | to set sb. up in business | **sich im Geschäft ∼** | to establish os. (to set up) in business.
Etablierung *f* | establishment; setting-up.
Etagen..miete *f* | apartment rent.
—wohnung *f* | apartment; flat.
etappenweise *adv* | by stages.
Etat *m* [Staatshaushalt] | budget; the estimates *pl* | **Nachtrags∼** | supplementary budget (estimates) | **außerordentlicher ∼** | extra-ordinary budget | **ausgeglichener ∼** | balanced budget | **den ∼ aufstellen** | to make up (to draw up) the budget; to prepare the estimates | **den ∼ ausgleichen** | to balance the budget | **den ∼ vorlegen** | to present (to introduce) the budget | **den ∼ überschreiten** | to exceed the budget | **außer ∼** | extra budgetary.

Etat..anforderung f | amount on (included in) the budget.
—ansatz m | amount included in the budget estimates.
—aufstellung f | making up the budget.
—ausgleich m | balancing of the budget.
—beratung f | debate on the budget; budget debate.
—defizit m | budget (budgetary) deficit.
—gesetz n | budget (budgetary) law.
etatisieren v | **einen Betrag** ~ | to enter an amount in the budget; to budget for an amount.
Etatisierung f | budgeting.
etatrechtlich adj | according to budgetary law; under the budgetary regulations.
etatmäßig adj | budgetary | ~e **Stelle** | budgetary (permanent) post | **nicht-**~ | extra-budgetary.
Etats..jahr n | financial (fiscal) (budgetary) year.
—überschreitung f | exceeding the estimates.
—zuweisung f | budgetary allocation.
Etikett n | label; ticket | **Preis**~ | price label | etw. mit einem ~ **versehen** | to label (to ticket) sth.
etikettieren v | to label; to mark.
Etikettierung f | labelling; ticketing; marking.
Euromarkt m | Euromarket.
Eurodollarmarkt m | Eurodollar market.
Eurokapitalmarkt m | Eurocapital market.
Eurokredit m | Eurocredit.
evakuieren v | **die Bevölkerung** ~ | to emove (to evacuate) the population | **eine Zone** ~ | to evacuate an area.
Evakuierung f | evacuation.
Evakuierungszone f | area to be evacuated; evacuation (evacuated) zone.
Eventual..antrag m | secondary motion.
—fall m | contingency.
—haftung f; **—verpflichtung** f; **—verbindlichkeit** f | contingent liability.
—reserve f | contingency reserve; reserve for contingencies.
Eventualität f | eventuality | **Vorsorge treffen gegen alle** ~en | to provide for (against) all contingencies.
eventuell adj | possible.
eventuell adv | possibly | ~ **eintretende Verbindlichkeiten** | contingent liabilities.
evident adj | evident; obvious.
Evidenz f | evidence; obviousness.
exakt adj | exact | ~e **Angaben** | exact (accurate) details.
Exaktheit f | exactness; exactitude; accuracy.
Examen n | examination | **Schluß**~ | final examination | **Staats**~ | state examination | **Zulassung zum** ~ | admission to the examination | **mündliches** ~ | oral examination | **schriftliches** ~ | written examination | **ein** ~ **ablegen (machen)** | to take (to pass) an examination | **ein** ~ **bestehen** | to pass an examination | **ein** ~ **nicht bestehen; im** ~ **durchfallen** | to fail to pass (to fail in) an examination | **sich zur Teilnahme an einem** ~ **melden** | to enter for an examination | **sich einem** ~ **unterziehen** | to enter (to sit) for an examination | **jdn. zum** ~ **zulassen** | to admit sb. to the examination | **zum** ~ **zugelassen werden** | to be admitted to the examination.
Examens..arbeit f | paper.
—aufgabe f | test.
—gebühr f | examination fee.
Exekution f Ⓐ [Zwangsvollstreckung] | execution; enforcement.
Exekution f Ⓑ [Hinrichtung] | execution | **Massen**~ | mass execution(s).
Exekutions..befehl m | [Hinrichtungsbefehl] | execution order; death warrant.
—verkauf m | forced sale.

exekutiv adj | executive.
Exekutive f; **Exekutiv..gewalt** f | the executive; the executive power(s).
—ausschuß m; **—komitee** n | executive committee (board) (council).
—organ n | executive body.
Exempel n | **ein** ~ **statuieren** | to make (to set) an example.
Exemplar n | copy; number | **Beleg**~ | voucher copy | **Druck**~; **gedrucktes** ~ | printed copy | **Frei**~ | presentation (free) (gratis) copy | **Pflicht**~ | duty copy | **Presse**~ | press (review) copy | **Rezensions**~ | reviewer's copy | **Widmungs**~; **vom Verfasser gewidmetes** ~ | complimentary (presentation) copy | **einen Wechsel in zwei** ~en **ausstellen** | to draw (to make out) a bill of exchange in duplicate | **in mehreren** ~en | in several copies.
exemplarisch adj | ~e **Bestrafung (Strafe)** | exemplary punishment (penalty).
exemplarisch adv | jdn. ~ **bestrafen** | to punish sb. exemplarily.
Exequatur n | exequatur.
Exil n | banishment; exile | **ins** ~ **gehen** | to go into exile | **im** ~ **leben** | to live in exile | jdn. **ins** ~ **schicken** | to send sb. into exile; to banish sb.
Exilregierung f | government-in-exile.
Existenz f | existence; subsistence.
—bedingungen pl | conditions of existence (of life); living conditions.
—berechtigung f | right of existence (to exist).
existenzfähig adj | capable of existing.
Existenz..frage f | matter of existence (of survival).
—grundlage f | basis of existence.
—kampf m | struggle for life (for existence).
—minimum n | minimum of existence; subsistence level.
—mittel npl | means of subsistence (of existence); life means.
existieren v | to exist; to subsist; to be in existence.
exklusiv adj | exclusive | ~e **Gesellschaft**; ~e **Gesellschaftskreise** | exclusive society (circles of society) | ~er **Klub**; ~er **Verein** | exclusive club.
exklusive adv [ausschließlich; mit Ausschluß von] | exclusively; to the exclusion of.
Exklusivität f | exclusivity; exclusiveness.
Expansion f | expansion | **Über**~; **übermäßige** ~ | overexpansion.
Expansions..bestrebungen fpl; **—tendenzen** fpl | expansionist tendencies.
—politik f | policy of expansion; expansionism.
expatriieren v [ausbürgern] | jdn. ~ | to expatriate (to denaturalize) (to disnaturalize) sb.
Expatriierung f [Ausbürgerung] | expatriation; denaturalization.
Expedient m | forwarding (shipping) clerk.
expedieren v | to forward; to dispatch; to ship.
Expedition f Ⓐ | **Forschungs**~ | research expedition | **Straf**~ | punitive expedition.
Expedition f Ⓑ [Abfertigung; Absendung] | dispatch(ing); forwarding.
Expedition f Ⓒ; **Expeditions..abteilung** f; **—büro** n | office of dispatch; forwarding (shipping) office (department).
—buch n | forwarding (shipping) book.
—gebühren fpl | forwarding (shipping) charges (expenses).
Experiment n | test; practical test; experiment | **ein** ~ **machen** | to make (to carry out) an experiment | **durch** ~e | experimentally; by way of experiment | **durch** ~e **erwiesen** | to be proved by experiment.

experimentell *adj* | experimental | **auf** ~**em Weg** | experimentally; by way of experiment.
Experimentieren *n* | experimenting.
experimentieren *v* | to experiment; to make experiments.
Export *m* Ⓐ [Ausfuhr] | export; exportation.
Export *m* Ⓑ [Exporthandel] | export business.
Export..abgabe *f* | export duty; duty on exports (on exportation).
—**abteilung** *f* | export department | **Leiter der** ~ | export manager.
—**agent** *m* | export agent.
—**artikel** *m* | article of exportation.
—**artikel** *mpl* | export goods.
—**auflage** *f* | quota required for export(s) (exportation).
—**auftrag** *m* | foreign order; order from abroad.
—**bank** *f*; —**finanzierungsbank** *f* | export bank (credit bank).
—**bedingungen** *fpl* Ⓐ [Lage am Exportmarkt] | situation in the export market.
—**bedingungen** *fpl* Ⓑ [Zahlungsbedingungen] | terms for export; export terms.
—**beschränkungen** *fpl*; —**einschränkungen** *fpl* | restrictions on exports; export restrictions.
—**bestimmungen** *fpl* | export regulations.
—**deklaration** *f* | export declaration (specification).
—**erlaubnis** *f*; —**genehmigung** *f* | export permit (license).
—**erlös** *m* | receipts (income) from exports.
Exporteur *m* | exporter.
Exporteure *mpl* | firm of exporters; export house (firm).
exportfähig *adj* | exportable.
Export..finanzierung *f* | export financing | finance for exports.
—**firma** *f* | export house (firm) (business); exporters.
—**förderung** *f* | export promotion | **planmäßige** ~ | export drive.
—**förderungsprogramm** *n* | program (plan) for export promotion.
—**forderungen** *fpl*; —**guthaben** *npl* | proceeds (credit balances) from exports.
—**geschäft** *n* Ⓐ [Handel] | export trade.
—**geschäft** *n* Ⓑ [Transaktion] | export transaction.
—**geschäft** *n* Ⓒ; —**haus** *n* | export house (firm) (business); firm of exporters.
—**handel** *m* Ⓐ | export trade (business) | ~ **treiben** | to do export business.
—**handel** *m* Ⓑ [Aktivhandel] | active trade.
—**händler** *m* | exporter; export merchant (dealer).
exportieren *v* | **Waren** ~ | to export goods.
Export..industrie *f* | **die** ~ | the export (exporting) industries.
—**kapazität** *f*; —**potential** *n* | exporting capacity.
—**kartell** *n* | export cartel.
—**kaufmann** *m* | export merchant (dealer); exporter.
—**kommissionär** *m* | export agent (commission agent).
—**kontingent** *n* | export quota.
—**kredit** *m* | export credit.
—**land** *n* | exporting country | **Kapital**~ | capital exporting country.
—**lenkung** *f* | controlled exports *pl*.
—**lizenz** *f* | export permit (license) (certificate).
exportorientiert *adj* | export-oriented.
Export..plan *m* | export plan.
—**prämie** *f* | bounty; bounty on exportation; export bounty (subsidy).
—**quote** *f* | export quota.
—**risikogarantie** *f* | export credit guarantee.

Export..rückgang *m*; —**schrumpfung** *f* | shrinkage of exports; decline in exports.
—**steigerung** *f* | increase of exports; export promotion | **planmäßige** ~ | export drive.
—**überschuß** *m* | surplus of exports; export surplus; exports in excess of imports.
—**valuta** *f* | proceeds from exports.
— —**erklärung** *f* | declaration of export value.
—**volumen** *n* | volume of exports.
—**waren** *fpl* | export goods (articles).
—**zoll** *m* | export duty; duty on exportation.
Expreß *m* | **einen Brief per** ~ **senden** | to send a letter by special delivery.
Expreß..bote *m* | special messenger.
—**brief** *m* | express (special-delivery) letter.
—**dienst** *m* | express delivery service.
—**gut** *n* | express shipment.
—**gutkarte** *f* | express consignment note.
—**gutverkehr** *m* | express parcel service.
—**paket** *n* | express package (parcel).
—**zug** *m* | express train.
—**zustellung** *f* | express delivery.
—**zustellungsgebühr** *f* | special delivery fee.
exterritorial *adj* | exterritorial.
Exterritorialität *f* | exterritoriality | **im Schutze (unter dem Schutz) der** ~ | under the privilege of exterritoriality.
Extra..ausgaben *fpl*; —**kosten** *pl*; —**spesen** *pl* | extra charges; additional expenses; extras.
—**blatt** *n*; —**ausgabe** *f* | special edition.
—**bote** *m* | special messenger.
—**gebühr** *f* | extra (special) fee.
—**prämie** *f* | special bonus.
—**preis** *m* Ⓐ [Sonderpreis] | special (exceptional) (extra) price.
—**preis** *m* Ⓑ [Preisaufschlag] | extra charge.
—**rabatt** *m* | special discount.
—**steuer** *f* Ⓐ [Sondersteuer] | special tax.
—**steuer** *f* Ⓑ [Steuerzuschlag] | supertax.
—**stunden** *fpl* | overtime.
—**vergütung** *f* | extra (special) allowance; bonus.
—**zug** *m* | special train.
exzerpieren *v* | to excerpt; to extract.
Exzerpt *n* | excerpt; extract; abstract.
Extrem *n* | **aus einem** ~ **ins andere fallen** | to go from one extreme to the other | **in das entgegengesetzte** ~ **fallen (verfallen)** | to fall into the opposite extreme.
Extremismus *m* | extremism.
Extremist *m* | extremist; radical.
Exzeß *m* | excess | **Notwehr**~ | excess of justifiable defense.

F

Fabrik *f* | factory; works; mill | **Automobil**~ | automobile (motorcar) factory | ~ **in Betrieb** | working mill | **Farben**~ | dye-works | **Gas**~ | gas works | **Glas**~ | glass works | **Maschinen**~ | engineering works | **Motoren**~ | motor works | **Papier**~ | paper mill | **Rüstungs**~ | armaments factory | **Seifen**~ | soap works | **Tuch**~ | cloth (spinning) mill |

Fabrik *f, Forts.*
Zucker~ | sugar mill | **chemische ~** | chemical works | **ab ~** | ex works; ex mill.
Fabrikanlage *f* | industrial (manufacturing) plant.
Fabrikant *m* Ⓐ [Fabrikbesitzer] | mill owner; owner of a factory.
Fabrikant *m* Ⓑ [Hersteller; Erzeuger] | manufacturer; maker; producer | **Maschinen~** | manufacturing engineer.
Fabrik..anwesen *n* | factory; manufactory; factory property.
—**arbeit** *f* | factory work.
—**arbeiter** *m* | factory worker; factory (mill) hand; operative.
—**arbeiterin** *f* | factory (mill) girl (woman) (hand).
Fabrikat *n* | manufactured article; article of manufacture; article; product | **Fertig~** | finished product | **Fertig~e** | finished manufactures (goods); manufactures | **Halb~** | semi-finished product | **Halb~e** | semi-finished articles (goods); semi-manufactures.
★ **ausländisches ~** | foreign make (design) (product) | **bestes ~** | of the best make | **einheimisches ~** | home manufacture; inland product | **deutsches ~** | of German make; German-made | **inländisches ~** | inland manufacture.
Fabrikation *f* | manufacture; manufacturing; making | **Massen~; Serien~** | mass production.
Fabrikations..anlagen *fpl*; —**einrichtungen** *fpl* | producing facilities; productive equipment.
—**betrieb** *m* | manufacturing plant (establishment).
—**ertrag** *m* | production (manufacturing) result (output).
—**fehler** *m* | faulty construction.
—**geheimnis** *n* | secret process; manufacturing secret.
—**gewinn** *m* | manufacturing profit(s).
—**konto** *n* | manufacturing account.
—**kosten** *pl* | cost of production; manufacturing (production) cost.
—**leiter** *m* | production manager.
—**lizenz** *f* | license to make (to manufacture); manufacturing license.
—**methode** | method of production.
—**monopol** *n* | monopoly of production.
—**nummer** *f* | serial number.
—**preis** *m* Ⓐ [Herstellungskosten] | manufacturing price; cost of production; production cost.
—**preis** *m* Ⓑ [Selbstkostenpreis] | cost (original cost) price; self-cost; prime (first) cost.
—**preis** *m* Ⓒ [Erzeugerpreis] | producer (factory) (manufacturer's) price; price at which the producer sells.
—**programm** *n* | manufacturing (production) program.
—**prozeß** *m*; —**verfahren** *n* | process of manufacture; manufacturing process.
—**recht** *n* | right to manufacture (to make) (to produce).
—**rechte** *npl* | manufacturing (shop) rights.
—**stätte** *f* | manufacturing (production) plant (establishment); factory.
—**unkosten** *pl* | production cost.
—**zeugnis** *n* | certificate of origin.
—**zweig** *m* | branch (line) of manufacture.
Fabrik..besitz *m* | factory property.
—**besitzer** *m* | owner (proprietor) of a factory; mill owner; manufacturer.
—**betrieb** *m* | factory; mill | **im ~ hergestellt** | manufactured.
—**direktor** *m* | factory (works) (plant) manager.

Fabrik..erzeugnis *n* | manufactured article; article of manufacture; product.
—**gebäude** *n*; —**grundstück** *n* | factory premises (property); factory; manufacturing plant.
—**geheimnis** *n* | secret process; manufacturing secret.
—**herr** *m* | manufacturer; mill owner; owner (proprietor) of a factory.
—**industrie** *f* | manufacturing industry.
—**inspektor** *m* | factory inspector.
—**inventar** *n* | factory inventory.
—**leiter** *m* | factory (plant) (works) manager.
—**leitung** *f* | factory management.
—**marke** *f* | trade (manufacturer's) mark.
fabrikmäßig *adv* | **~ hergestellt** | factory-made; manufactured.
fabrikneu *adj* | fresh from the factory; brand-new.
Fabrik..preis *m* Ⓐ | factory (producer) (manufacturer's) price.
—**preis** *m* Ⓑ [Preis ab Werk] | price ex-mill (ex-works).
—**stadt** *f* | manufacturing (industrial) town.
—**vertreter** *m* | factory (manufacturer's) representative.
—**ware** *f* | manufactured goods *pl* (articles *pl*); manufactures *pl*.
—**zeichen** *n* | trade (manufacturer's) mark | **eingetragenes ~** | registered trade-mark.
—**zentrum** *n* | manufacturing center.
Fabrizieren *n* | manufacturing; making; manufacture.
fabrizieren *v* | to manufacture; to produce; to make.
Fach *n* Ⓐ [Abteilung] | department.
Fach *n* Ⓑ [Branche] | branch; line; line of business.
Fach *n* Ⓒ [Berufszweig] | profession; trade.
Fach..abteilung *f* | branch.
—**anwalt** *m* | specialized lawyer | **~ für Steuerrecht** | tax lawyer (counsel).
—**arbeit** *f* | skilled labo(u)r.
—**arbeiter** *m* | skilled worker (workman); specialist.
—**arbeiterschaft** *f*; —**arbeitskräfte** *fpl* | skilled workmen (labo(u)r).
—**ausbildung** *f* | professional (vocational) training.
—**ausdruck** *m* | technical term | **juristischer ~** | legal term | **seemännischer ~** | nautical term.
—**ausschuß** *m* | committee of experts.
—**berater** *m* | special adviser (consultant).
—**blatt** *n* | trade paper (journal).
—**gebiet** *n* | special field; speciality.
—**geschäft** *n* | specialized shop.
—**gruppe** *f* Ⓐ [Branche] | line (branch) of trade.
—**gruppe** *f* Ⓑ [Organisation] | professional group.
—**kenner** *m* | expert.
—**kenntnis** *f*; —**kenntnisse** *fpl* | expert (professional) knowledge.
—**kräfte** *fpl* Ⓐ | qualified personnel (staff).
—**kräfte** *fpl* Ⓑ | skilled workmen (labo(u)r).
—**kreis** *m* | **in ~en** | amongst experts.
fachkundig *adj* | competent; expert.
Fachmann *m* | expert; specialist | **Nicht~** | non-expert.
fachmännisch *adj* | competent; expert | **in ~er Weise** | expertly.
Fach..messe *f* | trade fair (exhibition).
—**personal** *n* | specialized (trained) personnel (staff).
—**presse** *f* | **die ~** | the trade papers.
—**schaft** *f*; —**verband** *m* | trade association.
—**schulbildung** *f* | vocational training (education).
—**schule** *f* | vocational (professional) school.
—**sparte** *f* | specialized (specialist) branch.
—**sprache** *f* | technical language | **in der juristischen ~** | in legal parlance; in legal (forensic) terms; in the legal language.
—**welt** *f* | [the] experts *pl*.

Fach..wissen *n* | technical (expert) knowledge.
—**wörterbuch** *n* | technical dictionary.
—**zeitschrift** *f*; —**zeitung** *f* | trade paper (journal).
fadenscheinig *adj* | ~**er Vorwand** | flimsy pretext.
fähig *adj* | able; capable [of]; apt; qualified | ~**er Kopf** | man of ability (of abilities) | ~**, einen Posten zu bekleiden** | fit (fitted) for a post | **eines Verbrechens** ~ | capable of committing a crime.
★ **arbeits**~ | capable of work | **bank**~ | bankable; negotiable | **nicht bank**~ | not negotiable | **erb**~ | entitled to inherit | **erwerbs**~ | capable of earning | **geschäfts**~ | capable of contracting | **konkurrenz**~ | able to meet (capable of meeting) competition | **kredit**~ | worthy of credit; credit-worthy | **partei**~ | capable of being a party [in court] | **prozeß**~ | capable of appearing in court | **testier**~ | capable of making a will; capable to devise property | **testiersein** | to be of testamentary capacity | **verbesserungs**~ ① | corrigible | **verbesserungs**~ ② | capable of improvement | **zahlungs**~ | able to pay | **zeugungs**~ | procreative | ~**, etw. zu tun** | fit (suited) (qualified) to do sth.
Fähigkeit *f* | ability; capability; capacity; aptitude | **Arbeits**~ | working capacity; capacity to work | **Aufnahme**~ | absorptive capacity | **Bank**~ | bancability | **Besteuerungs**~ | taxpaying (taxable) capacity | **Erb**~ | capability of inheritance; ability to inherit | **Ertrags**~ | productivity; productiveness | **Erwerbs**~ | earning capacity (power) | **Erzeugungs**~; **Leistungs**~; **Produktions**~ | productive capacity (power); capacity to produce; producing power; capacity of output | ~**, vor Gericht aufzutreten** | capability of appearing in court | **Geschäfts**~ | disposing capacity; legal competency | **Konkurrenz**~ | competitive power | **Lade**~ | carrying (cargo) capacity; capacity.
○ **Partei**~ | capacity to be a party [in court] | **Prozeß**~ | capability of appearing in court | **Rechts**~ | legal capacity (competency) (status) | **Steuer**~ | taxable (taxpaying) capacity | **Testier**~ | testamentary capacity; capacity to make a testament (to devise property) | **Trag**~; **Transport**~ | carrying capacity; capacity | **Verbesserungs**~ | corrigibleness; corrigibility | **Zahlungs**~ | solvency; ability to pay | **Zeugungs**~ | procreative power.
★ **von großen** ~**en** | of high abilities | ~**, etw. zu tun** | capacity of doing sth.
fahnden *v* | **nach jdm.** ~ | to search for sb.
Fahndung *f* | search; investigation.
Fahndungs..blatt *n* | police gazette.
—**dienst** *m* | investigation service | **Zoll**~ | preventive service.
Fahnen..abzug *m* | galley proof.
—**eid** *m* | oath to the colo(u)rs.
—**flucht** *f* | desertion from the colo(u)rs.
fahnenflüchtig *adj* | ~ **werden** | to desert the colo(u)rs (from the army).
Fahnenflüchtiger *m* | deserter.
Fahr..ausweis *m* | ticket; passenger (travel) ticket.
—**ausweise** *mpl* | travel(ing) papers (documents).
—**bereitschaft** *f* | haulage service; motor pool.
fahrend *adj* | ~**e Habe; Fahrnis** *f* | chattel; goods and chattels; movables.
Fahrerflucht *f* | hit-and-run.
Fahrerlaubnis *f* | driving (driver's) license.
Fahr..gast *m* | passenger | **Eisenbahn**~ | railway passenger.
—**geld** *n* | fare.
Fähr..betrieb *m* | ferry service.
—**geld** *n* | ferriage.

Fährnis *f* | danger; peril.
Fahr..gelegenheit *f* | transport facility (facilities).
—**geschwindigkeit** *f* | travelling speed | **höchstzulässige** ~ | speed limit.
Fahrkarte *f* Ⓐ [**Personen**~] | passenger (travel) ticket | **Anschluß**~ ① | transfer ticket | **Anschluß**~ ② | combined ticket | **Eisenbahn**~ | railway ticket | **Inhaber einer** ~ | ticket holder | ~ **zum halben Preis** | half-fare ticket | ~ **zum vollen Preis** | full-fare ticket | **Rück**~ | return ticket | **Rück**~ **mit einmonatiger Gültigkeit** | monthly return ticket | **Rück**~ **mit eintägiger Gültigkeit** | day ticket | ~ **Hin und Zurück; Rundreise**~ | roundtrip (circular) ticket | **Touristen**~ | tourist (excursion) ticket | **Übergangs**~ | excess ticket | **Vorzeigung der** ~**n** | production of tickets.
★ **durchgehende** ~ | through ticket | **einfache** ~ | single ticket | **verbilligte** ~ | ticket at reduced rate; cheap (reduced rate) ticket.
Fahrkarte *f* Ⓑ [**Schiffskarte**] | passage ticket.
Fahrkarten..ausgabe *f*; —**schalter** *m* | ticket office.
—**inhaber** *m* | ticket holder.
—**kontrolle** *f* | ticket control.
—**kontrolleur** *m* | ticket collector.
fahrlässig *adj* | negligent | ~**er Bankrott** | reckless bankruptcy | ~**e Tötung** | manslaughter | **grob** ~ | by gross negligence.
Fahrlässigkeit *f* | negligence | **grobe** ~ | gross negligence.
Fahrnis *f* | chattel; goods and chattels; movables.
—**gemeinschaft** *f* | community of movables and conquests.
—**pfändung** *f* | distraint on chattels (on furniture).
Fahrplan *m* | time table | **Eisenbahn**~ | railway guide.
—**änderung** *f* | change in (rearrangement of) the time table.
fahrplanmäßig *adj* | on (according to) schedule; scheduled.
Fahrpreis *m* Ⓐ [**Beförderungspreis**] | price of transportation.
Fahrpreis *m* Ⓑ [**Passagegeld**] | passage money.
Fahrpreis *m* Ⓒ | fare; rate | **zum ermäßigten** ~ | at reduced fare | **zum halben** ~ | half-fare; at half-price | **zum vollen** ~ | full-fare; full-rate.
—**ermäßigung** *f* | reduction of fare.
Fahrprüfung *f* | driving test.
Fahrschein *m* | ticket; passenger (travel) ticket | **Frei**~ | complimentary ticket | **Sammel**~ | party ticket.
—**heft** *n* | ticket book (booklet).
Fahr..schule *f* | motor (driving) school.
—**schüler** *m* | learner.
—**stunde** *f* | driving lesson.
Fahrt *f* | trip | **Versuchs**~ | trial trip (run) | **Frei**~; **freie** ~ | free transportation.
—**auslagen** *fpl*; —**kosten** *pl* | travel(ing) expenses *pl*.
Fahrverbot *n* | driving ban.
Fahrzeug *n* Ⓐ [**Land**] | vehicle.
Fahrzeug *n* Ⓑ [**See**] | vessel.
—**papiere** *npl* | registration papers.
—**steuer** *m* | vehicle tax.
—**verkehr** *m* | vehicular traffic.
—**versicherung** *f* | vehicle insurance.
Faksimile *n* Ⓐ | facsimile.
Faksimile *n* Ⓑ [**genaue Nachbildung**] | replica.
—**abschrift** *f* | copy in facsimile; facsimile copy.
—**stempel** *m* | facsimile (signature) stamp.
—**unterschrift** *f* | facsimile signature.
faktisch *adj* [**tatsächlich**] | actual; factual | ~**e Anerkennung** | de facto recognition.
Faktor *m* Ⓐ [**Umstand**] | factor | **Macht**~ | power factor | **Sicherheits**~ | factor of safety; safety factor

Faktor *m* Ⓐ *Forts.*
Unsicherheits~ | element of uncertainty | **der Zeit~** | the time element.
Faktor *m* Ⓑ [Geschäftsführer] | local manager.
Faktorei *f* [überseeische Handelsniederlassung] | foreign (overseas) trading station (agency).
—handel *m* | overseas trading.
Faktur(a) *f* | invoice; bill | **Konsulats~** | consular invoice | **Proforma~** | pro forma (advance) invoice | **Zoll~** | customs invoice | **~ erteilen** | to make out an invoice; to invoice | **laut ~** | as per invoice; as invoiced.
Fakturen..betrag *m* Ⓐ | amount of the invoice; invoice (invoiced) amount.
—betrag *m* Ⓑ; **—preis** *m* | invoice (invoiced) price.
—buch *n* | invoice book; book of invoices.
—stempel *m* | invoice stamp.
—wert *m* | invoice value.
Fakturieren *n*; **Fakturierung** *f* | invoicing; billing.
fakturieren *v* | to invoice; to make out an invoice; to bill | **zurück~** | to invoice back.
Fakturiermaschine *f* | billing machine.
Fakturist *m* | invoice clerk.
Fakultät *f* | faculty | **Rechts~; juristische ~** | faculty of law | **medizinische ~** | faculty of medicine; medical faculty | **philosophische ~** | faculty of letters (of science).
Fakultäts..ausschuß *m* | faculty committee.
—mitglied *n* | faculty member.
—sitzung *f* | faculty meeting.
fakultativ *adj* | optional.
Fakultativklausel *f* | optional clause.
Fall *m* | case | **im ~e des Ausbleibens** | in case of default (of non-appearance) | **Ausnahme~** | exceptional (special) case | **im Bedarfs~** | in case of need | **Dringlichkeits~** | case of urgency; urgent case | **im Einzel~** | in the (in a) particular case | **Erb~** | accrual of the inheritance | **Grenz~** | borderline case | **Grenzzwischen~** | frontier (border) incident | **im Kriegs~** | in case of war | **nach Lage des ~es** | as the case may be; according to circumstance(s) | **im ~e des Nichterscheinens** | in case of default (of non-appearance) | **im ~e der Nichtlieferung** | in case of non-delivery | **im ~e der Nichtübereinstimmung** | in case of disagreement | **Not~** | case of need (of emergency).
○ **Präzedenz~** ① | precedent | **Präzedenz~** ② | authority; leading case | **Prinzipien~** | principal case | **Rechts~** | law case; legal matter; cause | **Rück~** | repetition [of an offense]; relapse [into crime] | **im Rück~** | in case of relapse | **Schadens~; Verlust~** | case of loss; damage | **Sonder~** | special case | **Sterbe~; Todes~** | death | **im Todes~** | in case of death | **im Streit~** | in case of dispute (of controversy) | **Unglücks~** | accident; disaster | **im ~e eines Unglücks** | in case of accident | **im ~e der Unzustellbarkeit** | in case of non-delivery; if undeliverable; if undelivered | **Versicherungs~** | loss; damage | **im Wiederholungs~** | in case of repetition; if repeated | **im Wiederbetretungs~** | in case of relapse | **im Zweifels~** | in case of doubt | **Zwischen~** | incident.
★ **im äußersten ~** | in the extreme case (emergency) | **der betreffende ~** | the case in point (in question) | **im dringenden ~** | in an urgent case; in case of emergency | **im einzelnen ~** | in the (in a) particular case | **gesetzt den ~, daß** | put the case that; assuming that; supposing that | **grundsätzlicher ~; prinzipieller ~** | case of principle | **komplizierter ~; schwieriger ~** | hard (heavy) (difficult) case | **ein**

konkreter ~; ein tatsächlicher ~ | a concrete case | **im schlimmsten ~** | if the worst comes to the worse | **unvorhergesehener ~** | unforeseen event | **ein vereinzelter ~** | an isolated instance | **im vorliegenden ~** | in the present case; in the case under consideration | **sollte der ~ eintreten** | should the case occur.
★ **auf jeden ~** | in any case; at all events; at any rate | **auf keinen ~** | on no account; under no circumstance(s) | **im ~e, daß** | in case of; in the event of | **in diesem ~; in einem solchen ~** | in this case; n such a case | **in vielen Fällen** | in many instances | **ein ~ von ...** | a case (a piece) of ... | **von ~ zu ~** | as the case may be.
Fallbeil *n* | guillotine | **Hinrichtung mit dem ~** | guillotining; beheading; decapitation | **jdn. mit dem ~ hinrichten** | to guillotine (to behead) (to decapitate) sb.
Falle *f* | trap | **in die ~ gehen** | to fall into (to be caught in) the trap | **jdm. eine ~ stellen** | to set a trap for sb.
Fallen *n* | falling; fall | **~ der Preise** | falling of prices | **im ~ begriffen sein** | to be falling | **auf das ~ spekulieren** | to speculate for a fall.
fallen *v* Ⓐ [sinken] | to fall; to drop; to go down; to come down | **im Wert ~** | to fall in value; to depreciate.
fallen *v* Ⓑ | **unter das Gesetz ~** | to come within the meaning of the law (within the scope of the statute) | **jdm. zur Last ~** ① [obliegen] | to be incumbent on sb.; to fall on (upon) sb. | **jdm. zur Last ~** ② [von jdm. zu verantworten sein] | to be imputed to sb.; to be blamed on sb. | **jdm. zur Last ~** ③ [lästig werden] | to be (to become) a burden on sb. | **unter einen Vertrag ~** | to fall (to come) under an agreement; to fall within the scope of a contract.
fallend *adj* | **~e Preise** | falling prices | **~e Tendenz** | falling (bearish) (bear) tendency.
fallenlassen *v* | **einen Anspruch ~** | to abandon (to waive) (to drop) a claim | **eine Klage ~** | to abandon (to withdraw) an action.
fällen *v* | **eine Entscheidung ~; ein Urteil ~** | to pronouce (to pass) (to deliver) judgment (a sentence) | **einen Schiedsspruch ~** | to make an award.
fällig *adj* | due | **~er Betrag** | sum (amount) due | **zur Rückzahlung ~ sein** | to be (to become) due for repayment | **zur Zahlung ~** | payable; due for payment | **sofort zur Zahlung ~e Schuld; ~e und ohne Abzug zahlbare Schuld** | debt due for immediate payment (due for payment without deduction) | **~er Wechsel** | bill to mature | **~e Zinsen** | interest due.
★ **laufend ~ werdende Gebühren** | fees currently due | **noch nicht ~** | not (not yet) due | **~ am ...** | due (payable) on ... | **am ... ~ sein (werden)** | to fall due (to become due) on ... | **über~** | overdue; in arrear | **wenn ~** | at maturity; when due.
Fälligkeit *f* | [Fälligwerden] | falling due; maturity | **vor ~; vor Eintritt der ~** | before falling due | **Zahlung vor ~** | payment before due date | **Rückzahlung vor ~** | repayment before due date | **zahlbar bei ~** | cash at maturity | **vor ~ zahlen** | to pay before maturity | **bei ~** | at (on) maturity; when due.
Fälligkeits..datum *n* | maturity (due) date; date of maturity.
—jahr *n* | year of maturity.
—tag *m*; **—termin** *m* | day of maturity; maturity; due date.
fällig stellen *v* | to fix a due date.
Fälligstellung *f* | **unter ~ auf den ...** | fixing (giving) ... as due date.

Fällung *f* | ∼ **einer Entscheidung;** ∼ **eines Urteils** | pronouncing of a judgment; passing of a sentence.

falls *prep* | in case that; in the event of | ∼ **nicht** | unless.

Fallstrick *m* | **die** ∼**e des Gesetzes** | the pitfalls of the law.

fallieren *v* | to become insolvent (bankrupt).

falsch *adj* Ⓐ | false | ∼**e Adresse** | wrong (false) address | ∼**e Adressierung** | misdirection | ∼**e Angaben** | false particulars | ∼**e Anschauung (Ansicht)** | wrong opinion (judgment); misjudgment | ∼**e Anschuldigung** | false accusation | ∼**e Anwendung** | misapplication; misemployment; misuse | ∼**e Auffassung** ① | misconception; misconceived idea | ∼**e Auffassung** ② | misunderstanding | ∼**e Auslegung** | false interpretation; misinterpretation; misconstruction | ∼**e Behauptung** | mis-statement; misrepresentation | **eine** ∼**e Behauptung über etw. aufstellen** | to mis-state sth. | ∼**e Beratung** | ill advice; misguidance.

○ **falsche Berechnung** | miscalculation; miscount; error (mistake) of calculation (in calculating) | ∼**er Bericht** | misstatement | ∼**e Beschreibung** | misdescription | ∼**e Beurteilung** | misjudgment; false (wrong) judgment; error of (in) judgment | ∼**e Bezeichnung** | misnomer | ∼**e Buchung** | misentry | ∼**e Darstellung** | misstatement; misrepresentation | ∼**e Datierung (Datumsangabe)** | misdating; mistake of date | ∼**es Datum** | wrong date | ∼**er Eid** | false oath (swearing); perjury | **einen** ∼**en Eid leisten (schwören)** | to swear falsely; to forswear (to perjure) os. | ∼**er Eintrag** | misentry.

○ **falsche Erklärung** | false declaration (statement) | **eine** ∼**e Erklärung abgeben** | to make (to give) a wrong declaration | **einen** ∼**en Gebrauch von etw. machen** | to misapply (to misemploy) sth. | ∼**e Informierung (Information)** | misinformation; misdirection | ∼**er Name** | false (assumed) name | ∼**e Nummer** | wrong number | ∼**e Rechnung** | miscalculation; error (mistake) of calculation (in calculating) | ∼**e Schätzung** | misestimate; misjudgment | ∼**er Schlüssel** | false key | ∼**e Spekulation** | bad speculation | ∼**es Spiel** | foul play | ∼**e Tatsachenauslegung** | misapprehension (misinterpretation) of the facts | ∼**e Übermittlung** | mistransmission.

○ **falsche Übersetzung** | faulty (wrong) translation; mistranslation | ∼**es Urteil** ① | false judgment | ∼**es Urteil** ② | misjudgment | ∼**e Verbindung** | wrong connection | ∼**er Verdacht** | false (unfounded) suspicion | ∼**e Verwendung** | misapplication; misemployment; misuse | **Vorspiegelung** ∼**er Tatsachen** | false statement of facts | **betrügerische Vorspiegelung** ∼**er Tatsachen** | fraudulent misrepresentation | **unter Vorspiegelung** ∼**er Tatsachen** | by (on) (under) false pretences | ∼**e Vorstellung** | misconception; misconceived idea; misunderstanding | ∼**er Zeuge** | false witness | ∼**es Zeugnis** | false evidence | ∼**es Zeugnis ablegen (geben)** | to bear false witness; to give false evidence | ∼**es Zitat** | misquotation.

falsch *adj* Ⓑ [gefälscht] | forged; falsified | ∼**e Banknote** | forged (counterfeit) note (banknote) (bankbill) | ∼**es Geld** | false (counterfeit) money | ∼**es Geldstück;** ∼**e Münze** | false (counterfeit) coin | ∼**e Unterschrift** | forged (falsified) signature.

falsch *adv* | falsely | **einen Brief** ∼ **adressieren** | to misaddress a letter | **etw.** ∼ **anwenden** | to misapply (to misemploy sth.; to make the wrong use of sth. | ∼ **auffassen** | to misunderstand | **seine Pflichten** ∼ **auffassen** | to misconceive one's duties | **Geld** ∼ **aus-**

geben | to misspend one's money | **etw.** ∼ **auslegen** | to interpret sth. falsely; to misinterpret sth.; to misconstrue sth.; to put a false interpretation on sth. | ∼ **behandeln** | to mishandle; to misconduct.

○ **jdn.** ∼ **beraten** | to misadvise (to miscounsel) (to misguide) sb. | **etw.** ∼ **berichten** | to misstate sth. | **etw.** ∼ **beurteilen** | to misjudge sth. | ∼ **buchen;** ∼ **eintragen** | to misenter; to make a misentry (a wrong entry) | **etw.** ∼ **darstellen** | to misrepresent sth. | ∼ **datieren** | to misdate; to make a mistake in the date | **sich als** ∼ **herausstellen** | to prove false (to be false) | ∼ **informieren** | to misinform | ∼ **placieren** | to misplace | ∼ **rechnen** | to miscalculate; to misreckon.

○ **etw.** ∼ **schätzen** | to misestimate (to misjudge) sth. | ∼ **schwören** | to swear falsely; to forswear (to perjure) os. | ∼ **übersetzen** | to mistranslate | ∼ **unterrichten** | to misinform | **etw.** ∼ **verstehen** | to misunderstand (to mistake) sth. | **etw.** ∼ **zitieren** | to misquote sth.

fälschbar *adj* | falsifiable; to be falsified | **schwer** ∼ | difficult to counterfeit.

fälschen *v* | to falsify; to forge | **die Bilanz** ∼ | to cook (to doctor) the balance sheet | **die Bücher** ∼ | to falsify the books (the accounts) | **Geld** ∼ | to counterfeit (to forge) money | **Nahrungsmittel** ∼ | to adulterate food | **einen Text** ∼ | to adulterate a text | **eine Unterschrift** ∼ | to counterfeit (to forge) a signature | **eine Urkunde** ∼ | to forge a document | **einen Wechsel** ∼ | to forge a bill.

Fälscher *m* | forger; falsifier | **Münz**∼ | false coiner; money forger; counterfeiter | **Nahrungsmittel**∼ | adulterator of food | **Urkunden**∼ | forger of documents | **Wechsel**∼ | bill forger.

Fälscher..bande *f;* —**zentrale** *f* | gang of forgers; counterfeiting ring.

Fälscherei *f* | forgery; forging; falsification; falsifying.

Fälscherin *f* | woman forger.

fälschlich *adv;* **fälschlicherweise** *adv* | falsely; wrongly; wrongfully | ∼ **angeben (behaupten), daß ...** | to state falsely that ... | **jdn.** ∼ **anschuldigen** | to accuse sb. falsely (wrongfully).

Fälschung *f* | falsification; forgery; counterfeiting | **Buch**∼; **Bücher**∼ | falsification of accounts (of books) | **Einwand der** ∼ | plea of forgery; procedure in proof of the falsification of a document | **Münz**∼ | false coining; money forging; counterfeiting; making counterfeit money | **Nahrungsmittel**∼ | adulteration of food | **Paß**∼ | passport falsification | **Register**∼ | falsification of records | **Unterschrifts**∼ | falsification of signature | **Urkunden**∼ | falsification of documents | **die** ∼ **einer Urkunde einwenden** | to plead the falsity of a document | **Wahl**∼ | election fraud | **Wechsel**∼ | bill forgery; forging of bills | **sich als** ∼ **herausstellen** | to prove to be a forgery.

Fälschungseinwand *m* | plea of forgery | **den** ∼ **erheben** | to put in a plea of forgery; to plead forgery.

Falsch..benachrichtigung *f* | wrong information; misinformation.

—**bericht** *m* | false declaration (statement); misstatement; misrepresentation.

—**beurkundung** *f* | false (falsified) registration.

—**beurteilung** *f* | misjudgment; false (wrong) judgment; error of (in) judgment.

—**buchung** *f* | false (wrong) entry; misentry.

—**eid** *m* | false oath (swearing) | **einen** ∼ **leisten (schwören)** | to swear falsely; to forswear os.

—**geld** *n* | forged (counterfeit) money | **Druck (Drukken) von** ∼ | printing of counterfeit money | **Herstellung von** ∼ | false coining; money forging; coun-

Falsch..geld *n, Forts.*
terfeiting; making counterfeit money | ~ **anfertigen (herstellen)** | to make counterfeit money; to counterfeit money | ~ **in Umlauf bringen (setzen)** | to bring counterfeit money (forged notes) in circulation | ~ **ausgeben** | to utter false banknotes.
— —**druckerei** *f*; — —**presse** *f* | bogus press.
Falschheit *f* | falsehood; falseness; falsity.
falschliefern *v* | to misdeliver.
Falsch..lieferung *f* | misdelivery.
—**meldung** *f* | false news (report).
—**münzer** *m* | false coiner; money forger; counterfeiter.
— —**bande** *f* | gang of false coiners; counterfeiting ring.
Falschmünzerei *f* | money forging; counterfeiting; making counterfeit money | **Verbrechen der** ~ | crime of false coining; coinage offense.
Falschnote *f* | forged (counterfeit) note (banknote) (bankbill).
Falschspiel *n*; **Falschspielerei** *f* | cheating [at cards].
Falschspieler *m* | sharper; cardsharper; cheat.
Falsifikat *n* Ⓐ | falsification; forgery.
Falsifikat *n* Ⓑ [falsche Banknote] | forged (counterfeit) note (banknote) (bankbill).
Familie *f* | family | **aus guter** ~ | of good family; with a good family background | **kinderreiche** ~ | large family.
Familien..angehöriger *m* | member of the family.
—**angelegenheit** *f* | family affair (matter).
—**anzeige** *f* | personal announcement.
—**archiv** *n* | family records (papers).
—**bande** *npl* | family ties.
—**beihilfe** *f* | family allowance.
—**besitz** *m* | family estate.
—**betrieb** *m* | family concern (business) (enterprise).
—**buch** *n* | family record.
—**fideikommiß** *n* | family trust (entail).
—**gesellschaft** *f* | family company (partnership).
—**gründung** *f* | foundation of a family.
—**gut** *n* | family estate.
—**herkunft** *f* | family background.
—**hotel** *n* | residential hotel.
—**leben** *n* | family life.
—**mitglied** *n* | member of the family.
—**name** *m* | family name; surname.
—**oberhaupt** *n* | head of the (of a) family.
—**papiere** *npl* | family papers (records).
—**rat** *m* | family council.
—**recht** *n* | family law.
—**stammbuch** *n* | family record.
—**stand** *m* | family (civil) status.
—**stiftung** *f* | family settlement (trust).
—**unterstützung** *f*; —**zulage** *f* | family allowance.
—**unterstützungskasse** *f* | family allowance fund.
—**vater** *m* | head (father) of a (of the) family | **die Sorgfalt eines ordentlichen** ~**s anwenden** | to handle [sth.] with the care of a good family father.
—**vertrag** *m* | family contract (compact).
Fang *m* Ⓐ [Fischfang] | fishery; fishing | **Wal**~; **Walfisch**~ | whaling | **auf den Wal**~ **gehen** | to go whaling.
Fang *m* Ⓑ [die Beute] | catch.
Farbige *mpl* | colo(u)red people.
Farbiger *m* | colo(u)red man.
Fassaden..kletterei *f* | cat burglary.
—**kletterer** *m* | cat burglar.
fassen *v* Ⓐ [ausdrücken] | to express | **etw. in Worte** ~ | to translate sth. into words | **sich kurz** ~ | to be brief.

fassen *v* Ⓑ [ab~] | to draw up; to word; to formulate; to draft; to frame.
fassen *v* Ⓒ [ergreifen] | **jdn.** ~ | to apprehend sb. | **jdn. auf frischer Tat** ~ | to apprehend sb. in the act.
fassen *v* Ⓓ | **einen Beschluß** ~ | to make (to come to) a decision; to decide | **einen Entschluß** ~ | to take a resolution | **einen Plan** ~ | to conceive a plan.
Fassung *f* Ⓐ [Version] | version | **Kurz**~; **abgekürzte** ~ | abridged version | **Original**~; **Ur**~ | original version | **in kurzer** ~ | in substance.
Fassung *f* Ⓑ [Ab~] | drafting; drawing up.
Fassung *f* Ⓒ [Wortlaut] | wording; text.
Fassung *f* Ⓓ [Tenor] | tenor.
faul *adj* | ~**e Ausrede** | lame (poor) (empty) excuse | ~**e Schulden** | bad debts; doubtful receivables | ~**er Schuldner** | bad (insolvent) debtor | ~**er Zahler** | slow payer.
Faust *f* | **auf eigene** ~ **handeln** | to act on one's own (on one's own account).
Faustpfand *n* Ⓐ | pawn; pledge | **etw. als (zum)** ~ **geben** | to give sth. in pledge; to pledge (to pawn) sth.
Faustpfand *n* Ⓑ [Zurückbehaltungsrecht] | lien; right of lien (of retention).
—**gläubiger** *m* Ⓐ | pledgee; pawnee; pledge holder; pawnholder.
—**gläubiger** *m* Ⓑ [Inhaber eines Zurückbehaltungsrechts] | lien holder; lienor.
Faustrecht *n* | fist law.
Faustregel *f* | rule of thumb.
Fautfracht *f* | dead-weight charter; dead freight.
Fazit *n* | final result (issue).
federführend *adj* | handling the correspondence.
Fehl..anzeige *f* | "nil" return; negative report | ~ **erstatten** | ro report "nil"; "nothing to report".
—**besetzung** *f* | miscast(ing).
—**betrag** *m* | deficit; deficiency; difference; shortage | ~ **im Haushaltplan** | budgetary deficit | **Kassen**~ | cash deficit; shortage in the cash | **einen** ~ **abdekken (ausgleichen) (decken)** | to make up (to make good) a deficit | **einen** ~ **aufweisen** | to show a deficit | **mit einem** ~ **abschließen** | to close with a deficit.
—**disposition** *f* | wrong (misguided) action (arrangement).
—**druck** *m* | misprint.
—**einsatz** *m* | misdirection [of capital funds].
Fehlen *n* Ⓐ | missing; want; lack.
Fehlen *n* Ⓑ [Abwesenheit] | absence | **unentschuldigtes** ~ | unexcused absence.
fehlen *v* Ⓐ | to be missing (lacking).
fehlen *v* Ⓑ [abwesend sein] | to be absent.
fehlend *adj* Ⓐ | missing; lacking | ~**er Betrag** | deficite; shortage | ~**e Gegenleistung** | absence (want) of consideration.
fehlend *adj* Ⓑ [abwesend] | absent.
Fehler *m* Ⓐ [Irrtum] | fault; error; mistake | **Abschreib**~ | clerical error | **Additions**~ | error (mistake) in summing up (in addition); miscount | ~ **beim Ausgleichen** | **Kompensations**~ | compensating error | **Auszeichnungs**~; **Etikettierungs**~ | mistake in labelling | **Berechnungs**~; **Kalkulations**~; **Rechen**~ | error (mistake) of (in) calculation; miscalculation | **Buchungs**~ | bookkeeping error.
○ **Druck**~ | printer's (typographical) error; misprint | **Hör**~ | mishearing | **Kunst**~ | malpractice; treatment contrary to accepted rules | **Rechtschreib**~; **orthographischer** ~ | orthographical error; mistake in spelling | **Schreib**~ ① | lapse of the pen | **Schreib**~ ② | clerical error | **Schreib**~ ③; **Tipp**~ | typing error | **Übersetzungs**~ | mistranslation;

wrong (faulty) translation | **grober ~; schwerer ~** | bad (serious) (gross) mistake; blunder.

★ **einen ~ begehen (machen)** | to commit (to make) a mistake (an error) | **einen ~ berichtigen (verbessern)** | to repair (to correct) a mistake | **in einen ~ verfallen** | to fall (to run) into error; to be mistaken | **einen ~ wiedergutmachen** | to remedy a mistake.

Fehler m ⑧ [Mangel] | defect | **Form~** | defect in form; irregularity; formal defect | **Gewährs~; Haupt~; Wandlungs~** | principal defect | **Konstruktions~** | constructional defect; faulty construction | **Material~** | defective material | **Struktur~** | faulty structure | **innerer ~; innerlicher ~** | inherent (intrinsic) fault | **verborgener ~; versteckter ~** | latent (hidden) defect (fault) | **mit ~n behaftet** | faulty; defective.

fehlerfrei adj; **fehlerlos** adj | faultless; free from defects (from fault) (from error).

Fehlerfreiheit f; **Fehlerlosigkeit** f | faultlessness.

Fehlergrenze f | margin of error.

fehlerhaft adj | faulty; defective | **~es Prozeßverfahren** | mistrial | **~er Zustand** | defectiveness.

Fehlerhaftigkeit f | faultiness; defectiveness.

Fehlerquelle f | source of mistakes | **Ausschluß von ~n** | elimination of the sources of mistakes.

Fehlgeburt f | miscarriage; abortion | **eine ~ haben** | to miscarry | **eine ~ herbeiführen** | to procure miscarriage.

fehlgeleitet adj | misdirected.

Fehl..geld | allowance to cashier (cashier's allowance) for errors.

—**gewicht** n | short weight; underweight.

—**investition** f | misdirected investment.

—**kauf** m | bad (losing) bargain.

—**konstruktion** f | faulty construction.

fehlleiten v | to misdirect.

Fehl..leitung f | misdirection.

—**menge** f | deficit; shortage; deficiency.

—**rechnung** f | miscalculation.

—**schicht** f | lost shift.

—**schichten** fpl | absenteeism.

Fehlschlag m | failure; miscarriage; ill success | **einen ~ bedeuten; sich als ~ erweisen (herausstellen)** | to prove (to turn out) (to turn out to be) a failure | **mit seinen Unternehmungen einen ~ erleiden** | to fail in one's enterprises.

Fehlschlagen n | failure | **~ eines Planes** | falling through of a plan.

fehlschlagen v | to fail; to prove a failure; to miscarry; to fail to succeed.

Fehl..schluß m | false (wrong) conclusion; false (unsound) reasoning; fallacy.

—**spruch** m; —**urteil** n | miscarriage of justice; misjudgment; mistrial.

—**steuerung** f | wrong (misguided) policy.

—**tritt** m | slip.

feierlich adj | solemn; formal | **~e Beteuerung** | solemn protestation | **~e Erklärung** | solemn declaration | **~e Versicherung** | solemn affirmation (assertion).

feierlich adv | **etw. ~ begehen** | to solemnize (to celebrate) sth. | **~ beteuern, daß ...** | to make a solemn protestation that ...

Feierlichkeit f | solemnity; solemn ceremony.

Feiern n [Arbeitsunterbrechung] | suspension (stoppage) of work.

feiern v | [nicht arbeiten] | to suspend (to leave) work.

Feierschicht f | idle shift; shift not worked | **~en einlegen** | to institute short-time working.

Feiertag m | holiday | **National~** | national holiday | **gesetzlicher ~** | legal (official) (public) holiday.

feil adj | for sale; to be sold.

Feilbieten n; **Feilhalten** n | offer (offering) (putting up) (setting up) for sale.

feilbieten v; **feilhalten** v | **etw. ~** | to offer (to keep) sth. for sale; to have sth. on sale.

Feilschen n | haggling; bargaining.

feilschen v | to haggle; to bargain.

Feilscher m | haggler; bargainer.

Feind m | enemy; adversary; opponent | **Erb~** | inveterate enemy | **Handel mit dem ~** | trading with the enemy; enemy trading | **Staats~** | public enemy | **Tod~e** | bitter enemies.

★ **vom ~ besetzt** | enemy-occupied | **möglicher (denkbarer) ~** | potential enemy | **es mit einem starken ~ aufnehmen müssen** | to have a strong enemy to contend with | **sich jdn. zum ~ machen** | to make an enemy of sb.

Feind..begünstigung f | aiding and comforting the enemy.

—**einwirkung** f | act of the enemy; enemy action.

Feindes..gebiet n | enemy territory.

—**hand** f | **in ~ fallen** | to fall into enemy hands.

—**land** n | **den Krieg in ~ tragen** | to carry the war into the enemy's country.

feindlich adj | hostile | **~es Ausland** | enemy countries pl | **~er Ausländer** | alien enemy | **~es Eigentum** | enemy property | **~e Einstellung (Haltung)** | hostile attitude; hostility; animosity | **~e Flagge** | enemy flag | **~er Hafen** | enemy port | **~e Handlung** | act of hostility (of war); hostility | **~es Schiff** | enemy ship | **die ~en Staaten** | the warring nations.

Feind..propaganda f | enemy propaganda.

—**risiko** n | enemy risk.

feindselig adj | hostile; inimical.

Feindseligkeit f [feindselige Handlung] | hostility; act of hostility; hostile act | **bei Ausbruch (zu Beginn) der ~en** | at the beginning of hostilities | **Einstellung der ~en** ① | cessation of hostilities | **Einstellung der ~en** ② | cessation of arms | **Einstellung der ~en** ③ | truce; armistice | **Eröffnung der ~en** | outbreak of hostilities | **~en oder kriegerische Handlungen** | hostilities or warlike operations.

★ **offene ~en** | open war (warfare) | **die ~en einstellen** | to suspend the hostilities | **die ~en eröffnen** | to open the hostilities.

Feindvermögen n | enemy property.

Feingehalt m | standard; fineness; standard (degree) of fineness.

Feingehaltsstempel m | hallmark | **etw. mit einem ~ versehen** | to hallmark sth.

Feingold n | fine gold.

—**gehalt** m | weight of fine gold.

—**klausel** f | fine-gold clause.

Feinheit f ⓐ [Spitzfindigkeit] | nicety; subtlety.

Feinheit f ⑧ | fineness | **Geld von gesetzlicher ~** | standard money; coins of legal fineness | **Gold von gesetzlicher ~** | standard gold.

Feinsilber n | fine silver.

Feld..arbeit f | farm (agricultural) work.

—**arbeiter** m | agricultural (farm) labo(u)rer.

—**bau** m | agriculture.

—**diebstahl** m; —**frevel** m | theft in the fields.

—**dienst** m | active field service.

—**dienstordnung** f | army field manual.

—**geschworener** m | rural juryman.

—**hüter** m | rural policeman.

—**messen** n | surveying.

—**messer** m | surveyor.

Feld..polizei *f* | rural police | **Beamter der** ~ | rural policeman.
—**post** *f* | army postal service.
—**postamt** *n* | army post office.
—**weg** *m* | country lane.
Feldzug *m* | campaign | **Aufklärungs**~ | campaign of information | **Presse**~ | press campaign | **Propaganda**~; **Reklame**~; **Werbe**~ | publicity (advertising) campaign | **Wahl**~ | election (electioneering) (electoral) campaign | **einen** ~ **beginnen (einleiten)** | to enter upon a campaign | **einen** ~ **führen** | to campaign; to make (to conduct) (to lead) a campaign.
Fenster..briefumschlag *m* | window (cut-out panel) envelope; envelope with transparent panel.
—**recht** *n* | ancient lights *pl*; right to light from ancient windows.
—**steuer** *f* | window tax.
Ferien *pl* | vacation; holidays *pl* | **Gerichts**~ | vacation of the courts | **Hochschul**~; **Universitäts**~ | university vacation | **Parlaments**~ | recess.
Ferien..billet(t) *n* | excursion ticket.
—**kammer** *f* | vacation court.
—**kolonie** *f*; —**lager** *n* | vacation colony; holiday camp.
—**reise** *f* | holiday trip.
Fernamt *n* | exchange for trunk calls; long-distance exchange.
Fernbleiben *n* | absence | **dauerndes** ~ **(wiederholtes** ~**)** von der Arbeit | absenteeism | **unentschuldigtes** ~ | absence without excuse | **unerlaubtes** ~ | absence without leave.
fernbleiben *v* | to stay away; to absent os. | **unentschuldigt** ~ | to be absent without excuse | **unerlaubt** ~ | to be absent without leave.
Fern..drucker *m* | printing telegraph; teleprinter.
—**gespräch** *n* | long-distance call (conversation)
—**kurs** *m*; —**lehrgang** *m* | correspondence course.
—**lastverkehr** *m* | long-distance road haulage (traffic).
Fernmelde..dienst *m* | telecommunication service.
—**verkehr** *m*; —**wesen** *n* | telecommunications *pl*.
fernmündlich *adj* | telephonic; telephoned.
fernmündlich *adv* | ~ **zugestelltes Telegramm** | telegram by telephone; telephoned telegram.
Fern..ruf *m* | long-distance call.
—**schreiben** *n* | teletype; telex | **mit** ~ | by telex.
—**schreiber** *m* | teleprinter; teletypewriter.
fernschriftlich *adv* | by teleprinter; by telex.
—**sehen** *n* | television.
—**sprecher** *m* | telephone | **Münz**~ | public telephone box (booth).
Fernsprech..adresse *f* | telephone address.
—**amt** *n* | telephone exchange (office).
—**anschluß** *m* | telephone subscription (connection).
—**automat** *m* | public telephone box (booth).
—**gebühren** *fpl* | telephone fees (charges).
—**geheimnis** *n* | secrecy of telephone communications.
—**grundgebühr** *f* | telephone rate (subscription) (subscription rate).
—**linie** *f* | telephone line.
—**nummer** *f* | telephone number.
—**teilnehmer** *m* | telephone subscriber.
—**verbindung** *f* | telephone connection.
—**verkehr** *m* | telephone service.
—**verzeichnis** *n* | telephone directory (book).
—**wesen** *n* | telephony.
—**zelle** *f* | telephone box (booth); call box.
Fern..spruch *m* | telephone message.
—**studium** *n*; —**unterricht** *m* | correspondence course (study) (class).
—**transport** *m* | long-distance transport (haulage).

Fern..trauung *f* | marriage by proxy.
—**verkehr** *m* Ⓐ [Transport] | long-distance traffic.
—**verkehr** *m* Ⓑ [Telephon] | long-distance telephone service.
fertig *adj* Ⓐ [bereit] | ready.
fertig *adj* Ⓑ [fabriziert] | finished; manufactured.
fertigen *v* | to make; to manufacture; to produce.
Fertig..erzeugnis *n*; —**fabrikat** *n* | finished (manufactured) product.
fertigstellen *v* | to complete; to finish.
Fertigstellung *f* Ⓐ | completion.
Fertigstellung *f* Ⓑ | finishing.
Fertigung *f* [Herstellung] | making; producing; manufacturing.
Fertigungs..anlage *f*; —**betrieb** *m* | manufacturing plant; factory; plant.
—**industrie** *f* | manufacturing industry (industries).
—**kosten** *pl* | cost of production; production cost.
—**löhne** *mpl* | productive (manufacturing) wages.
—**planung** *f* | production planning.
fertigungsreif *adj* | ready to go (for going) into production.
Fertigungs..programm *n* | production program.
—**überwachung** *f* | product(ion) control.
Fertigwaren *fpl* | finished goods; manufactured products; manufactures.
—**industrie** *f* | manufacturing industry (industries).
fesseln *v* | **jdn.** ~ | to chain sb.; to put sb. in irons.
fest *adj* | fixed; firm | ~**e Abmachung**; ~**er Abschluß**; ~**es Geschäft** | firm bargain (deal) | ~**e Absicht**; ~**er Entschluß** | firm intention | ~**es Angebot** | firm offer (tender) | ~**e Anlagen** | time deposits | ~**e Anstellung**; ~**es Anstellungsverhältnis** | permanent appointment (post) (position) | ~**e Börse** | firm (steady) market | ~**es Einkommen**; ~**e Einkünfte** | fixed (regular) (permanent) income (revenue) | ~**es Gebot** | firm bid | ~**e Gebühr** | fixed rate (charge) | ~**es Gehalt** | fixed (regular) salary | ~**es Honorar** | retainer fee; permanent retainer | ~**er Kauf(abschluß)** | outright purchase | ~**e Kosten** | permanent cost(s) | ~**er Kunde**; ~**e Kundin** | regular client (customer) | **Einlage auf** ~**e Kündigung** | fixed deposit | ~**e Kundschaft** | [sb.'s] regular customers | ~**er Kurs** ① | fixed rate (rate of exchange) | ~**er Kurs** ② | standard rate | ~**er Markt** | steady market | ~**er Preis** | fixed (established) price | ~**e Preise** | steady (stable) prices | **zu** ~**en Preisen** | at fixed prices (terms) | ~**es Preisgefüge** | stable price structure | **auf** ~**e Rechnung** ① | on firm account | **auf** ~**e Rechnung** ② | at an agreed (at a fixed) price | **etw. auf** ~**e Rechnung kaufen** | to buy sth. firm (outright) | ~**e Regel** | fixed (established) rule | ~**er Satz** ① | fixed rate | ~**er Satz** ② | standard rate | ~**e Spanne** | fixed margin | ~**e Stimmung** | firm tendency | ~**er Umrechnungskurs** | fixed rate (rate of exchange) | ~**er Vergütung** | fixed allowance | ~**er Verkauf** | firm sale | ~**er Verkaufsabschluß**; **Abschluß zu einem** ~**en Verkaufspreis** | firm (outright) sale | ~**e Valuta** | stable currency | ~**e Währung** | stable currency | ~**e Werte** | firm stock(s) | ~**er Wohnsitz** | permanent residence | **ohne** ~**en Wohnsitz** | of no fixed address.
fest *adv* | ~ **in seinen Entschlüssen** | firm (steadfast) in one's resolutions | ~ **abgemacht** | firmly (definitely) agreed | ~ **angelegt** | tied up | ~ **angestellt** | in a permanent position | ~ **anbieten (offerieren)** | to make a firm bargain (deal) | **etw.** ~ **kaufen** | to buy sth. firm (outright) | ~ **verkaufen** | to make a firm sale; to sell [sth.] outright.

festangelegt *adj* | ~es **Geld (Kapital)**; ~e **Gelder** | tied up money(s) (capital).

festangestellt *adj* | in a permanent position.

Festanlage *f* | deposit for a fixed period; time deposit.

festbesoldet *adj* | ~ **sein** | to draw a fixed salary.

festbezahlt *adj* | salaried | ~er **Autor** | staff writer.

Festgehalt *n* | fixed (regular) salary.

Festgeld *n*; —**depot** *n* | time deposit.

festgesetzt *adj* | fixed; determined | ~e **Bedingungen** | conditions agreed upon; stipulated terms | **amtlich** ~er **Höchstpreis** | fixed (officially fixed) (controlled) maximum price; ceiling price | **zum amtlich** ~en **Preis** | at the officially determined (fixed) price; at the official price | **zur** ~en **Stunde (Zeit)** | at the appointed (destined) hour | **an dem** ~en **Tag; zum** ~en **Termin** | at the fixed (appointed) day (date) | **vertraglich** ~ | stipulated.

festgestellt *adj* | stated; ascertained; established | ~e **Schäden** | ascertained damages | **aktenmäßig** ~ | on record | **amtlich** ~ | officially established.

Festhalten *n* | adherence.

festhalten *v* | **an einer Entscheidung** ~ | to adhere to a decision | **an einem Grundsatze** ~ | to keep to a principle | **an einer Meinung** ~ | to maintain an opinion | **an einem Vertrage** ~ | to adhere (to abide by) a contract.

festigen *v* | **jds. Autorität** ~ | to strengthen sb.'s authority | **die Preise** ~ | to steady prices.

Festigung *f* | ~ **der Börse**; ~ **der Kurse**; ~ **des Marktes** | steadying of the market | ~ **der Preise** | firming-up (steadying) of prices.

Festigkeit *f* | firmness; stability | ~ **der Börse**; ~ **der Kurse** | firmness of the market (of stocks) | ~ **der Preise** | firmness (steadiness) of prices.

Fest..kauf *m* | firm purchase.

—**konto** *n* Ⓐ | time deposit.

—**konto** *n* Ⓑ [blockiertes Konto] | blocked account.

—**kurs** *m* | fixed rate.

Festland *n* | mainland; continent.

festlegen *v* | to fix; to state | **Bedingungen** ~ | to fix conditions; to stipulate terms | **eine Grenze** ~ | to fix a boundary | **einen Grundsatz** ~ | to lay down (to establish) a principle | **Kapital(ien)** ~ | to tie up capital (funds) | **Regeln** ~ | to determine (to establish) rules | **einen Tag (einen Termin) für etw.** ~ | to appoint (to set) (to fix) a day (a date) for sth. | **sich** ~ | to bind os.; to commit os.

Festlegung *f* | fixation; fixing; establishment | ~ **von Bedingungen** | stipulation of terms (of conditions) | **Grenz**~ ① | determination of a frontier | **Grenz**~ ② | fixing (fixation of the) boundaries | ~ **eines Grundsatzes** | laying down of a principle | ~ **von Geldern**; ~ **von Kapital(ien)** | tying up of money(s) (of capital) (of funds).

festliegen *v* | to be fixed.

festliegend *adj* | ~e **Gelder (Kapitalien)** | tied up moneys (funds).

Festnahme *f* | arrest; arrestation; apprehension | **Ort der** ~ | place of arrestation | **Widerstand gegen die** ~ | resisting arrest | **eine** ~ **durchführen** | to effect an arrest | **vorläufige** ~ | provisional arrest; preliminary custody | **sich der** ~ **entziehen** | to avoid arrestation | **sich der** ~ **widersetzen; bei der** ~ **(gegen die** ~) **Widerstand leisten; seiner** ~ **Widerstand entgegensetzen** | to resist arrest.

festnehmen *v* | **jdn.** ~ | to apprehend (to arrest) sb.; to place sb. under arrest | **jdn. vorläufig** ~ | to take sb. provisionally into custody.

Fest..offerte *f* | firm offer (bid).

—**preis** *m* | fixed (set) price.

Fest..rede *f* | festival address.

—**schrift** *f* | anniversary (commemorative) publication.

festsetzen *v* | to fix; to determine | **die Ausgaben anteilsmäßig** ~ | to assess the expenses | **Bedingungen** ~ | to lay down conditions (terms) | **eine Entschädigung** ~ | to fix damages (an indemnity) | **eine Frist** ~ | to fix a period (a term) (a time limit) | **ein Kontingent** ~ | to fix a quota | **Kontingente** ~; **Quoten** ~ | to fix a quota system | **die Kosten** ~ | to tax the costs | **den Kurs** ~ | to fix the rate | **ein Limit** ~ | to fix (to set) a limit | **einen Preis** ~ | to fix (to set) a price | **die Prozeßkosten gerichtlich** ~ | to tax the costs | **den Schaden** ~ | to assess the damage | **eine Steuer** ~ | to assess a tax | **eine Strafe** ~ | to fix (to determine) a penalty | **einen Tag (einen Termin) für etw.** ~ | to fix (to appoint) (to set) a day (a date) for sth. | **den Wert von etw.** ~ | to fix (to assess) the value of sth. | **etw. anteilsmäßig** ~ | to apportion sth. | **etw. vertraglich** ~ | to stipulate sth.

Festsetzung *f* | fixation; determination | ~ **von Bedingungen** | fixing of terms and conditions | ~ **der Eisenbahntarife** | railway rating | ~ **einer Entschädigung** | determination of compensation | ~ **des Betrages einer Geldstrafe** | assessment of a fine | ~ **einer Grenze; Grenz**~ | determination of a frontier; fixing of boundaries | **Kosten**~; ~ **der Kosten**; ~ **der zu erstattenden Kosten** | taxing of costs | ~ **eines Preises; Preis**~ | fixing a price (of a price); price fixing | ~ **einer Steuer; Steuer**~ | assessment of a tax; tax assessment | ~ **einer Summe** | appointment of a sum | ~ **von Tarifen** | fixing of rates; rating | ~ **eines Termins** | appointment (fixing) of a day (a date) | **Voraus**~ | prior (previous) determination (assessment) | ~ **von Zollsätzen** | fixing of custom rates | **anteilsmäßige** ~ | allocation; apportionment | **vertragliche** ~ | stipulation.

feststehend *adj* | ~er **Abschreibungssatz** | fixed depreciation | ~e **Tatsache** | established fact.

feststellbar *adj* Ⓐ | to be ascertained | ~e **Tatsache** | fact which can be ascertained (verified).

feststellbar *adj* Ⓑ [merklich] | appreciable; noticeable.

feststellen *v* | to determine; to establish; to ascertain | **den Durchschnitt von etw.** ~ | to draw the average of sth. | **die Echtheit von etw.** ~ | to establish the authenticity of sth.; to authenticate sth. | **jds. Identität** ~; **jds. Personalien** ~ | to establish sb.'s identity; to identify sb. | **den Kostenpreis** ~ | to ascertain the cost | **den Mietwert eines Gebäudes** ~ | to assess the rental value of a building | **den Schaden** ~ | to assess the damage | **den Schadensersatz** ~; **die Höhe des Schadensersatzes** ~ | to assess the damages (the amount of the damages) | **jds. Schuld** ~ | to establish sb.'s guilt | **eine Tatsache** ~ | to establish (to ascertain) a fact | **den Tod** ~ | to record the death | **abschließend** ~ | to conclude by stating | **etw. aktenmäßig (urkundlich)** ~ | to place sth. on record; to record sth.

Feststellung *f* | determination; establishment | ~ **der Echtheit** | authentication | ~ **der Identität** | proof of identity | ~ **der Personalien** | identification | ~ **des Sachverhalts** | finding of the facts | ~ **des Schadens; Schadens**~ | assessment of the damage | ~ **einer Tatsache** | establishment (ascertainment) of a fact | **zur** ~ **geeignete Tatsache** | fact which can be ascertained | **Gerichtsbeschluß (Urteil) auf** ~ **der Unehelichkeit** | bastardy order | **Verfahren zur** ~ **der Unehelichkeit** | bastardy proceedings | ~ **der Vaterschaft** | affiliation.

★ **abschließende** ~ | concluding (final) statement | | **aktenmäßige** ~ | placing on record | **amtliche** ~ |

Feststellung *f, Forts.*
official verification | **gerichtliche ~** | verification by the court | **die getroffenen ~en** | the findings | **tatsächliche ~** | ascertainment (finding) of the facts | **die tatsächlichen ~en** | the established (verified) facts | **eine ~ treffen** | to make a statement.
Feststellungs..bescheid *m* | notice of assessment; assessment.
—beschluß *m* | declaratory decree.
—klage *f* | declaratory action (suit) | **Zwischen~; Inzident~** | interpleader | **negative ~** | declaratory action to establish the non-existence of a right | **~ erheben** | to seek a declaratory judgment.
—protokoll *n* | verification.
—prozeß *m* | declaratory judgment proceedings.
—urteil *n* | declaratory judgment.
Festungshaft *f* | detention in a fortress.
festverzinslich *adj* | fixed-yield; fixed-interest; at a fixed rate of interest; fixed-interest bearing | **~e Anlage** | fixed-yield investment | **~e Schuldverschreibungen; ~e Wertpapiere; ~e Werte** | fixed-interest bearing securities; fixed-yield (fixed-interest) securities; coupon bonds | **Markt der ~en Werte** | gilt-edged market.
feudal *adj* | feudal.
Feudal..recht *n* | feudal law.
—system *n* | feudal system.
feuerbeschädigt *part* | damaged by fire; fire-damaged.
feuerfest *adj* | fireproof; incombustible | **~er Geldschrank** | fireproof strong box | **~es Gewölbe** | fireproof vault | **~e Mauer** | fireproof wall | **~e Trennmauer** | fireproof partition wall [between separate buildings].
Feuerfestigkeit *f* | incombustibility.
feuergefährlich *adj* | combustible; inflammable | **~e Stoffe** | combustibles.
Feuergefährlichkeit *f* | combustibility; inflammability.
Feuerlösch..dienst *m*; **—wesen** *n* | fire-fighting.
—ordnung *f* | fire regulations *pl.*
Feuer..melder *m* | fire alarm.
—polizei *f* | fire police.
—risiko *n* | fire risk(s) (hazard(s)).
—schaden *m* | damage (loss) by fire (caused by fire); fire damage.
—schutz *m* | protection against fire; fire protection.
Feuersgefahr *f* | danger (risk) of fire; fire risk.
feuersicher *adj* | fireproof.
Feuerversicherung *f* | insurance against loss by fire; fire insurance.
Feuerversicherungs..anstalt *f*; **—gesellschaft** *f* | fire (fire insurance) office (company).
—police *f* | fire (fire insurance) policy.
—prämie *f* | fire (fire insurance) premium.
Feuerwache *f* | fire station.
Feuerwehr *f* | **die ~** | the fire brigade (department).
—hauptmann *m* | fire chief.
—mann *m* | fireman.
Fideikommiß *n* | feoffment in trust; permanent entail; entail; entailed estate; estate in tail; trust | **Familien~** | family trust (entail) | **ein Gut als ~ auflösen; ein ~ ablösen** | to disentail an estate | **etw. als ~ besitzen (verwalten)** | to hold sth. in trust | **ein ~ einsetzen** | to leave (to make) a trust.
Fideikommiß..ablösung *f*; **—auflösung** *f* | disentailment [of an estate].
—erbe *m*; **—herr** *m* | feoffee in trust; tenant in tail.
fiduziarisch *adj* | fiduciary | **~er Eigentümer** | fiduciary holder | **~er Erbe** | fiduciary heir.
Fiktion *f* | **Gesetzes~; Rechts~** | fiction of law; legal fiction.

fiktiv *adj* | fictitious | **~es Konto** | fictitious account | **~er Preis** | fictitious price | **~e Vermögenswerte** | fictitious assets | **~er Wert** | fictitious value.
Filiale *f* | branch office (establishment); branch; agency | **Bank~** | branch (branch office) of a bank.
Filial..bank *f* | branch bank.
—banksystem *n* | branch (chain) banking.
—betrieb *m* | branch establishment.
—buchführung *f* | branch accounting.
—büro *n*; **—geschäft** *n* | branch office.
—direktor *m*; **—leiter** *m* | branch manager.
—netz *n* | system of branch offices; network of branches.
Film *m* Ⓐ [Filmwerk] | film; motion (moving) picture; photoplay; picture play; picture | **Dokumentar~; Kultur~** | documentary film; documentary | **Farb~** | colo(u)r film | **Lehr~** | instructional film | **Sprech~** | talking film (picture) | **Stumm~** | silent film (picture) | **Ton~** | sound film (picture) | **Trick~; Zeichen~** | picture (motion picture) cartoon | **~ mit Untertiteln** | talking film with subtitles | **öffentliche Vorführung eines ~s** | public presentation of a film | **Wochenschau~** | news film (reel) (picture); topical film.
★ **synchronisierter ~ (Ton~)** | synchronized picture (film) (sound picture) | **einen ~ aufnehmen (drehen)** | to take (to shoot) a picture (a film) | **in einem ~ mitwirken (spielen)** | to act (to play) in a film.
Film *m* Ⓑ [Filmwesen] | **der ~** | the films; the motion pictures; the cinema; the screen | **der Dokumentar~; der Kultur~** | the documentaries | **der Stumm~** | the silent films | **der Ton~** | the sound films.
Film..archiv *n* | film library | **Ton~** | sound-film library.
—atelier *n* | film studio | **Ton~** | sound-film (sound) studio.
—autor *m* | scenario writer; film author; screenwriter; scripter.
—bearbeitung *f* Ⓐ [Bearbeitung für den Film] | adaptation to the screen.
—bearbeitung *f* Ⓑ; **—fassung** *f* | screen version.
filmen *v* Ⓐ [einen Film drehen] | to take (to shoot) a picture (a film).
filmen *v* Ⓑ [verfilmen] | **einen Roman ~** | to film a story; to put a story on the screen.
filmen *v* Ⓒ [in einem Film spielen] | to act (to play) in a film.
Film..gesellschaft *f* | film (motion picture) (movie) company.
—größe *f* | film (screen) star.
—hersteller *m*; **—produzent** *m* | film producer (maker); producer.
—herstellung *f*; **—produktion** *f* | film production; film making.
—industrie *f* | film (motion picture) industry.
filmisch *adj* | cinematographic | **die ~e Wiedergabe eines Stücks** | the screen production of a play.
Film..komponist *m* | composer of film music.
—kritiker *m* | film critic.
—manuskript *n* | film manuscript; scenario.
—prüfstelle *f* | office of the film censor(s).
—rechte *npl* | **die ~** | the picture (film) (cinema) (screen) rights.
—reklame *f* | screen advertising.
—schauspieler *m* | film (cinema) (screen) actor.
—schauspielerin *f* | film (cinema) (screen) (movie) actress.
—star *m* | film (screen) (movie) star.
—studio *n* | film studio | **Ton~** | sound-film (sound) studio.

Film..stoff *m* | film story.
—**theater** *n* | picture (film) theatre; picture house; cinema | **Ton~** | sound cinema.
—**verleih** *m* Ⓐ [Verleihen] | film renting.
—**verleih** *m* Ⓑ; —**verleihanstalt** *f*; —**verleiher** *m* | film distributor (renter).
—**vorstellung** *f* | film performance; picture show.
—**werbung** *f* | screen advertising; film advertisement.
—**werk** *n* | motion (moving) picture; picture; picture play; photoplay; film.
—**wesen** *n* | **das ~** | the film (motion picture) industry.
—**zensor** *m*; —**zensur** *f* | film censor (censors) (censorship).
Finanz *f* | **die ~** | the financial world (circles); the financiers | **die Hoch~** | the world of high finance [VIDE: Finanzen *fpl*].
Finanz..abkommen *n* | financial agreement (treaty).
—**abordnung** *f* | delegation of financial experts.
—**abteilung** *f* | financial (treasury) department.
—**amt** *n* | tax (tax inspector's) (tax collector's) office; tax board.
finanzamtlich *adj* | **~e Genehmigung** | approval by the fiscal authorities.
Finanz..angelegenheiten *fpl* | financial affairs (matters).
—**anschlag** *m* | estimate of expenditures; estimates.
—**attaché** *m* | financial attaché.
—**aufsicht** *f* | financial control.
—**ausgleich** *m* | interstate financial adjustment.
—**ausschuß** *m* Ⓐ | finance (financial) committee; revenue (fiscal) (treasury) board.
—**ausschuß** *m* Ⓑ | Committee of Ways and Means [USA].
—**ausweis** *m* | finance (financial) statement; statement of finances.
—**beamter** *m* | revenue (fiscal) (treasury) officer.
—**bedarf** *m* | financial requirements *pl*.
—**behörde** *f*; —**departement** *n*; —**direktion** *f* | fiscal authority; board (office) of finances; board of revenue; finance (revenue) (treasury) department; the Treasury.
—**beirat** *m*; —**berater** *m* | financial adviser.
—**beratung** *f* | financial advice.
—**bericht** *m* | finance (finance) statement; statement of finances.
—**blockade** *f* | financial blockade.
—**buchführung** *f*; —**buchhaltung** *f* | financial accounting (bookkeeping).
Finanzen *fpl* | finances *pl* | **Staats~** | finances of the state | **Zerrüttung der ~** | financial disorder | **gesunde ~** | sound finances | **zerrüttete ~** | finances in disorder (in confusion).
Finanz..fragen *fpl* | financial questions; questions of finance.
—**gebarung** *f* | financial policy | **gesunde ~** | sound finance | **öffentliche ~** | conduct of the public finances.
—**gericht** *n*; —**hof** *m* | finance (revenue) (fiscal) court | **Ober~** | board of tax appeals.
—**gerichtsbarkeit** *f* | fiscal jurisdiction.
—**gesellschaft** *f* | financial (financing) company.
—**gesetz** *n* | financial law (act); finance act; money bill.
—**gruppe** *f* Ⓐ | group of banks (of bankers) (of financiers); syndicate (consortium) of bankers.
—**gruppe** *f* Ⓑ [Kombinat] | combine.
—**hilfe** *f* | financial assistance (support); pecuniary aid (assistance) | **staatliche ~** | state subsidy.
—**hoheit** *f* | fiscal autonomy.
finanziell *adj* | financial; monetary; pecuniary | **in ~er Bedrängnis (Notlage) sein** | to be in financial difficulties | **~e Belastung** | financial burden | **~e Beteili-**

gung | financial participation | **~e Entwicklung** | development of the financial situation | **~e Fragen** | financial questions (matters) (concerns); questions of finance | **aus ~en Gründen** | for financial reasons | **~e Hilfe (Unterstützung)** ① | financial assistance (backing) (support); pecuniary aid (assistance) | **~e Hilfe (Unterstützung)** ② | subsidy | **~e Hilfsquellen** | financial resources | **in ~er Hinsicht** | financially | **~e Interessen** | moneyed (pecuniary) interests | **~e Lage** | financial situation (position) | **~er Neuaufbau** | financial reconstruction | **~e Rückendeckung; ~er Rückhalt** | financial background (backing) | **~e Schwierigkeiten** | financial (pecuniary) difficulties | **die ~en Verhältnisse** | the financial circumstances.
finanziell *adv* | **~ gut stehen** | to be in funds (in cash) (in the money) | **~ schlecht stehen** | to be out of funds | **~ wohlfundiert** | financially sound | **jdn. ~ unterstützen** | to back sb. financially; to assist sb. with money.
finanzieren *v* | **jdn. ~**; **jds. Unternehmen ~** | to finance sb.; to finance (to provide money for) sb.'s enterprise.
finanziert *part* | **privat ~** | privately financed | **staatlich ~** | state-financed.
Finanzierung *f* | financing | **Bank~** | financing by (through) a bank | **Selbst~** | financing [of sth.] with one's own means; self-financing.
Finanzierungs..gesellschaft *f* | financing (finance) company.
—**kosten** *pl* | financing expenses.
—**mittel** *npl* | funds (resources) available for financing.
—**plan** *m* | financial program (scheme).
—**schwindler** *m* | shady financier.
Finanz..institut *n* | financial establishment.
—**interesse** *n* | financial interest.
—**jahr** *n* | financial (fiscal) year.
—**kammer** *f*; —**kollegium** *n*; —**komitee** *n*; —**kommission** *f* | finance (financial) committee; revenue (fiscal) board.
—**kasse** *f* | revenue (tax) (tax collector's) office; treasury.
—**konsortium** *n* | group of financiers; financial syndicate (group); finance syndicate.
—**kontrolle** *f* | financial control.
—**krach** *m* | financial crash.
—**kraft** *f* | financial strength (capacity).
finanzkräftig *adj* | financially strong.
Finanz..kreise *mpl* | financial circles (world); the financial community.
—**krise** *f* | financial crisis.
—**lage** *f* | financial situation (position) (status) | **gesunde ~** | sound financial position | **seine ~ gefährden** | to jeopardize one's finances (one's financial situation).
—**macht** *f* | financial power.
—**magnat** *m* | financial magnate.
—**makler** *m* | money (financial) broker.
—**mann** *m* | financier; financial man; capitalist.
—**markt** *m* | money market.
—**minister** *m* | Minister of Finance; Secretary of the Treasury [USA]; Chancellor of the Exchequer [GB].
—**ministerium** *n* | Ministry of Finance; Department of Finance; Treasury [USA]; Exchequer [GB].
—**monopol** *n* | financial monopoly.
—**operationen** *fpl* | financial operations (transactions).
—**organisation** *f* | financial organization.
—**periode** *f* | fiscal (financial) period.
—**plan** *m* | financial program (scheme).

Finanz..politik *f* | finance (financial) policy.
—position *f* | financial position (situation) (status).
—problem *n* | financial problem.
—programm *n* | financial program (scheme).
—quellen *fpl* | financial resources.
—reform *f* | financial (fiscal) reform.
—sachen *fpl* | financial concerns (matters).
—sachverständiger *m* | financial expert; expert in financial matters (questions).
—schwierigkeiten *fpl* | financial difficulties.
—schwindler *m* | shady financier; financial shark.
—statistik *f* | financial statistics *pl.*
—system *n* | financial system.
—transaktionen *fpl* | financial transactions.
—verhältnisse *npl* | financial conditions (position).
—verwaltung *f* | finance administration; board (office) of finances (of revenue).
—vorlage *f* | money (finance) (revenue) bill.
—wechsel *m* | financial (finance) bill.
—welt *f* | financial world (circles).
—wesen *n* | **Bank- und** ~ | banking and finance.
—wirtschaft *f* | financial system.
—wissenschaft *f* | ~ **studieren** | to study finance.
—zoll *m* | revenue (financial) duty.
—zuweisung *f* | allocation of funds; financial allocation.
Findelhaus *n*; **Findlingsheim** *n* | foundling hospital.
Findelkind *n*; **Findling** *m* | foundling.
finden *v* | **Anerkennung** ~ | to find (to obtain) recognition; to be recognized | **Beifall** ~ | to meet with applause | **Hilfe und Unterstützung** ~ | to find help and support | **Zustimmung** ~ | to meet with approval.
Finder *m* | finder | **der ehrliche** ~ | the honest finder.
Finderlohn *m* | finder's reward.
Fingerabdruck *m* | finger print (mark).
Fingerzeig *m* | hint; indication; clue.
fingieren *v* | to stimulate; to feign; to pretend.
fingiert *adj* | fictitious | ~**e Forderung** | simulated debt | ~**es Geschäft** | bogus (sham) (pro forma) (fictitious) (simulated) transaction | ~**er Name** | assumed (fictitious) (false) name | ~**e Rechnung** | pro forma account (invoice); simulated account | ~**er Umsatz** | fictitious sales | ~**er Verkauf** | fictitious (sham) sale | ~**er Vertrag** | sham (fictitious) contract | ~**er Wechsel** | fictitious bill | ~**er Wert** | fictitious (imaginary) value.
Fingierung *f* | simulation.
Firma *f* | [Handelshaus] | firm; business firm (house); trading company | **Bank**~ | banking firm (house) (business) establishment; bank | **Eingehen (Erlöschen) einer** ~ | closing down (extinction) of a firm | **Einzel**~ | private trading company | **Errichtung einer** ~ | establishment of a firm | **Export**~ | export house (firm) (business); firm of exporters.
○ **Handels**~ | commercial (business) (trading) firm | **Kommissions**~ | commission house (business) (merchants) | **Konkurrenz**~ | competitive firm; firm of competitors; rival business | **Reederei**~ | shipping house (firm); firm of shipowners | **Schwester**~ | affiliated (associated) firm | **Schwindel**~ | bogus firm; bogus (bubble) company | **Schwindelmakler**~ | bucket shop | **Spezial**~ | firm of specialists | **Teilhaber einer** ~ | partner (member) of a firm; trading partner | **in eine** ~ **als Teilhaber (als Gesellschafter) eintreten** | to enter (to join) a firm as partner; to become a partner in a firm | **Tochter**~; **Zweig**~; **Zweigniederlassung der** ~ | affiliated firm; branch office (establishment); branch.
★ **alteingesessene** ~ | old (old-established) firm |

angesehene ~ | firm of renown (of good standing) | **erloschene** ~ | extinct (dissolved) firm | **faule** ~; **schlechtstehende** ~ | bogus firm | **gut fundierte** ~ | sound firm | **reelle** ~; **solide** ~; **zuverlässige** ~ | respectable (reliable) firm.
Firma *f* ⑧ [Name; Bezeichnung] | firm name; firm; style (name) of the firm | **Eintragung einer** ~ | registration of a firm | **Einzel**~ | private firm | ~ **der Gesellschaft** | company name; name of the company | **Gesellschafts**~; **Kollektiv**~ | company firm | **Handels**~ | business (trade) (commercial) name | **Löschung einer (der)** ~ | cancellation of a (of the) firm | **Zeichnung der** ~ | signing of the firm | ~ **der Zweigniederlassung** | style of the branch office.
★ **eingetragene** ~ | registered firm | ~ **erloschen (gelöscht)** | cancelled firm registration.
★ **eine** ~ **eintragen (eintragen lassen)** | to register a firm; to have a firm registered | **eine** ~ **löschen** | to strike a firm off the register (off the rolls) | **die** ~ **zeichnen** | to sign the firm name | **in** ~ ...; **unter der** ~ **von** ... | trading as ...; under the firm of ...
Firmen..änderung *f* | change of the firm name (trade name).
—angabe *f*; **—aufdruck** *m* ⓐ | firm name.
—aufdruck *m* ⑧ [Briefkopf] | letter head.
—bezeichnung *f* | firm; firm (business) (trade) name; style (name) of the firm.
—eintragung *f* | registration of a (of the) firm.
—inhaber *m* | owner (proprietor) of the firm.
—löschung *f* | cancellation of a (of the) firm.
—name *m* ⓐ | firm; name (style) of the firm | **den** ~**n führen** | to trade under the firm name of ... (under the style of ...).
—name *m* ⑧ [Handelsname] | business (trade) name.
—name *m* ⓒ [einer Gesellschaft] | company name.
—recht *n* ⓐ | law on trade names.
—recht *n* ⑧ [Recht auf die Firma] | right to use the trade name; ownership of the firm; right to the firm name.
—register *n* | firm (trade) (company) register.
—schild *n* | firm sign; name (door) plate.
—siegel *n*; **—stempel** *m* | firm stamp; company (common) seal.
—teilhaber *m* | partner (member) of a firm; trading partner.
—vermögen *n* | firm property (assets).
—verzeichnis *n* | trade directory.
—wert *m* | goodwill.
—zeichnung *f* | signing of the firm.
firmieren *v* ⓐ | **als (mit)** ... ~ | to trade (to do business) under the firm of ...
firmieren *v* ⑧ [die Firma zeichnen] | to sign the firm.
Firmierung *f* ⓐ | trading (doing business) under the firm [of ...].
Firmierung *f* ⑧ [Zeichnung der Firma] | signing of the firm.
Fischerei *f* | fishing; fishery | **Fluß**~ | river fishery | **Hochsee**~ | deepsea fishing; high-sea(s) fishery | **Küsten**~ | coast (inshore) (long-shore) fishery | **Perlen**~ | pearl fishing.
Fischerei..aufseher *m* | water bailiff.
—berechtigter *m* | party (person) entitled to fish.
—flotte *f* | fishing fleet.
—genossenschaft *f* | [Fischerinnung] | fishermen's guild (corporation).
—gerechtsame *f*; **—recht** *n* | right (common) of piscary; right to fish.
—hafen *m* | fishing port.
—pächter *m* | lessee of a piscary.
—pachtvertrag *m* | fishing lease.

Fischereischutzkutter *m* | fishery-protection vessel.
Fisch..fang *m* | fishing; fishery.
—**gehege** *n* | fishing preserve.
—**grund** *m* | fishing ground; fishery.
—**karte** *f* | fishing license.
—**markt** *m* | fish market.
—**zucht** *f* | pisciculture; fish breeding.
— —**verein** *m* | piscicultural society.
fiskalisch *adj* | fiscal | **aus ~en Gründen** | for purposes of revenue; for fiscal reasons.
Fiskal..jahr *n* | fiscal (financial) (tax) year.
—**lasten** *fpl* | fiscal charges; rates and taxes.
—**vermögen** *n* | state (government) property.
Fiskus *m* | **der ~** | the Treasury; the Exchequer; the fiscal authorities | **der Staats~** | the national Treasury | **Vertreter des ~** | fiscal agent | **an den ~ fallen; dem ~ verfallen** | to be (to get) forfeited to the state; to revert by escheat; to escheat.
fix *adj* | fixed; firm | **~e Kosten** | overhead costs (expenses); overhead.
Fix..auftrag *m* | firm order.
—**geschäft** *n* Ⓐ | firm bargain (deal).
—**geschäft** *m* Ⓑ [**Termingeschäft**] | time bargain.
—**kauf** *m* | firm sale (purchase).
fixieren *v* | to fix | **Bedingungen ~** | to lay down conditions | **etw. schriftlich ~** | to set sth. down in writing; to reduce sth. to writing.
Fixierung *f* | fixing; fixation.
Fixum *n* Ⓐ [**fester Betrag**] | fixed (stated) sum.
Fixum *n* Ⓑ [**festes Gehalt**] | fixed (stated) (regular) salary.
Fixum *n* Ⓒ [**feste Vergütung**] | fixed (regular) allowance.
Fläche *f* Ⓐ | space | **Boden~** | floor space | **Büro~** | office space | **Grund~** [**eines Gebäudes**] | ground space | **Reklame~** | advertising space.
Fläche *f* Ⓑ; **Flächen..areal** *n*; —**raum** *m* | surface; superficial area.
—**abgabe** *f* | surface tax.
—**einheit** *f* | superficial unit.
—**maß** *n* | superficial measure.
Flagge *f* | flag | **Handels~** | merchant flag | **Kriegs~** | war flag | **die National~** | the national flag | **Not~** | flag of distress | **Parlamentär~** | white flag; flag of truce | **Quarantäne~** | yellow flag | **Reederei~** | house flag.
★ **unter falscher ~** | under false colo(u)rs | **unter neutraler ~** | under a neutral flag | **eine ~ führen** | to fly a flag | **die ~ zeigen** | to show one's flag (colo(u)rs).
Flaggen..attest *m* | certificate of registry.
—**diskriminierung** *f* | flag discrimination.
flau *adj* | dull; stagnant | **~e Börse** | dull (quiet) (flat) market.
Flauheit *f* | dullness; stagnation.
Flaute *f* | inactivity | **Absatz~** | dullness of the market | **Börsen~** | dull market | **Geschäfts~** | lull in business.
Fleisch..beschau *f* | meat inspection.
—**beschauer** *m* | meat (carcass) inspector.
Fleiß *m* [**Gewerbe~**] | diligence; industry (application) in trade.
fleißig *adj* | industrious; diligent.
Flickwerk *n* | patchwork.
fliegend *adj* | **~er Gerichtsstand** | itinerant tribunal | **~er Händler** | pedlar | **~es Personal** | flying personnel | **~es Postamt** | travelling post office.
Fliegerschule *f* | aviation school.
fliehen *v* | to flee; to abscond.
Fließbandarbeit *f* | work on the assembly line.

Fließband..arbeiter *m* | assembly-line worker.
—**fertigung** *f* | assembly-line production.
florieren *v* | to prosper; to thrive.
flößbar *adj* | navigable for rafts.
Flößen *n*; **Flößerei** *f* | rafting.
Floßrecht *n*; **Flößereirecht** *n* | right of rafting (to float rafts).
flott *adj* Ⓐ [**schwimmend**] | afloat; floating | **ein Schiff ~ halten** | to keep a ship afloat.
flott *adj* Ⓑ | **~es Geschäft** | brisk (flourishing) business.
flottmachen *v* | **ein Schiff ~** | to set a ship afloat.
Flottmachung *f* [**Wieder~**] | setting afloat.
Flotte *f* | fleet | **Fischerei~** | fishing fleet | **Handels~** | commercial (merchant) (mercantile) fleet (marine) | **Kriegs~** | navy; naval forces | **Luft~** | air fleet | **Tanker~** | tanker fleet | **Transport~** | cargo fleet.
Flotten..abkommen *n*; —**vertrag** *m* | naval agreement (treaty).
—**dienst** *m* | naval service.
—**konferenz** *f* | naval conference.
—**statut** *n* | naval statute.
—**stützpunkt** *m* | naval base (station) (port) | **Benützung eines Hafens als ~** | home-porting.
—**verein** *m* | naval (navy) league.
—**vorlage** *f* | naval bill.
—**zwischenfall** *m* | naval incident.
Flucht *f* | flight; escape | **Kapital~** | flight of capital | **Land~** | migration of the country people into the towns | **Massen~** | mass flight | **die ~ ergreifen** | to flee; to take to flight.
flüchten *v* Ⓐ | to flee | **aus einem Land ~** | to flee a country.
flüchten *v* Ⓑ [**entkommen**] | to escape | **über die Grenze ~** | to escape across the border.
Fluchthelfer *m* | escape agent.
flüchtig *adj* Ⓐ | absconding | **~er Schuldner** | absconding (fugitive) debtor.
flüchtig *adj* Ⓑ [**auf freiem Fuß**] | at large.
flüchtig *adj* Ⓒ [**oberflächlich**] | **~e Arbeit** | careless work | **~e Bekanntschaft** | casual acquaintance | **~e Bemerkung** | casual remark | **~e Durchsicht (Prüfung)** | superficial examination | **~e Kenntnisse** | superficial (hazy) knowledge | **~e Notizen** | casual notes.
flüchtig *adv* | **~ gehen; ~ werden** | to abscond; to take to flight.
Flüchtling *m* | refugee.
Flüchtlings..fürsorge *f*; —**hilfe** *f* | relief (assistance) for refugees.
—**lager** *n* | refugee camp.
—**siedlung** *f* | refugee settlement.
Flucht..kapital *n* | fugitive (flight) capital.
—**linie** *f* [**Bau~**] | building alignment (line).
—**linienplan** *m* | zoning plan.
—**plan** *m* | plan of escape.
—**steuer** *f* | emigration tax.
—**verdacht** *m* | suspicion of absconding.
—**versuch** *m* | attempt to escape (at escaping).
—**weg** *m* | escape route.
Flug..blatt *n* | leaflet; pamphlet; handbill.
—**dienst** *m* | air (airline) service; airline.
— —**liste** *f* | airline passenger list.
—**feld** *n* | airfield; aerodrome.
—**gast** *m*; —**passagier** *m* | airline passenger.
—**hafen** *m* | airport | **Umschlags~** | transshipment airport.
—**hafengebühr** *f* | airport tax (service charge).
—**karte** *f*; —**schein** *m* | airplane (aeroplane) (air) ticket.

Flug..leitung *f* | flight control.
—**linie** *f*; —**strecke** *f* | air line (route); airline; airway(s).
—**personal** *n* | flying personnel.
—**platz** *m*; —**station** *f* | aerodrome; air port (station) (base) (field).
—**post** *f* | air mail; airmail | **einen Brief per** ~ | to airmail a letter.
—**schrift** *f* | pamphlet; feuille volante | **verbotene** ~ | clandestine pamphlet (tract).
—**sicherung** *f*; —**überwachung** *f* | air traffic control.
—**stützpunkt** *m* | air base (station).
—**verbindung** *f* | air (airline) connection.
—**verkehr** *m* Ⓐ | air navigation; aeronautics *pl*.
—**verkehr** *m* Ⓑ | air traffic (service).
—**verkehrslinie** *f* | air line (route); airline; airway(s).
—**verkehrsnetz** *n* | network of air routes (lines).
—**wesen** *n* | aviation.
—**wettbewerb** *m* | air race.
—**zettel** *m* | leaflet; pamphlet; handbill.
Flugzeug *n* | airplane; aeroplane; aircraft | **Fracht**~ | heavy transport aeroplane | **Post**~ | mailplane | **Transport**~ | commercial aeroplane | **Passagier**~; **Verkehrs**~ | air liner | **per** ~ **reisen** | to travel by air.
—**fabrik** *f* | aircraft factory.
—**produktion** *f* | aircraft production.
—**unfall** *m* | airline accident.
Flurschaden *m* | damage done to rural property (to the fields).
Fluß *m* | **schiff barer** ~ | navigable river.
flüssig *adj* | liquid; available | ~**e Gelder (Kapitalien) (Mittel)** | liquid (available) funds (assets) (capital) (cash) | **Kapital(ien)** ~ **machen** | to liquidate capital; to make funds available.
Flüssigmachung *f* | ~ **von Kapital(ien)** | liquidation of capital.
Flüsterpropaganda *f* | whispering campaign.
Fluß..fischerei *f* | river fishing.
—**hafen** *m* | river port.
—**konnossement** *n*; —**ladeschein** *m* | river bill of lading.
—**schiffahrt** *f* | river (inland) navigation.
—**schiffahrtsgesellschaft** *f* | river navigation company.
—**verkehr** *m* | river traffic.
—**zölle** *mpl* | river dues.
Folge *f* Ⓐ [**Aufeinander**~; Reihen~] | succession; order of succession; order | ~ **der Ereignisse** | sequence; succession of events | ~ **von Erfolgen und Mißerfolgen** | succession of successes and failures | **in rascher** ~ | in rapid succession | **in ununterbrochener** ~ | in uninterrupted succession | **ununterbrochene** ~ **von Ereignissen** | continuous succession of events | **als** ~ **von** | as a sequel to | **in der** ~ | in the sequel; eventually.
Folge *f* Ⓑ | ~ **leisten** | to follow; to comply with | **einer Aufforderung** ~ **leisten** | to comply with a request | **einer Anordnung (einem Befehl)** ~ **leisten** | to comply with an order | **Anordnungen (Anweisungen)** ~ **leisten** | to comply with instructions | **einer Ladung (einer Vorladung)** ~ **leisten** | to answer (to comply with) a summons | **keine** ~ **leisten** | to disobey.
Folge *f* Ⓒ [**Konsequenz**] | consequence; outcome; result | ~**n des Ausbleibens (des Nichterscheinens)**; ~**n der Versäumnis** ① | consequences of non-appearance (of default) | ~**n der Versäumnis** ②; **Versäumnis**~**n**; **Unterlassungs**~**n** | consequences of omission.
★ **ernste** ~**n** | serious consequences | **nachteilige** ~**n** | detrimental effects (results) | **schwerwiegende** ~**n** | serious consequences.

★ **Folgen haben (nach sich ziehen)** | to be followed by consequences | **etw. zur** ~ **haben** | to have sth. as a consequence; to bring sth. about; to entail sth. | **Kosten zur** ~ **haben** | to involve expense | **die** ~**n auf sich nehmen; die** ~**n tragen** | to face (to take) (to put up with) the consequences | **die** ~ **sein von** | to follow (to result) from; to be the consequence of; to be consequent on (upon) sth. | **als (in)** ~ **von** | in consequence of; on account of; because of.
Folge *f* Ⓓ [**Fortsetzung**] | sequel.
Folge *f* Ⓔ [**Folgezeit**] | **für die** ~ | in the sequel; for the future; henceforward | **in der** ~ | in the sequel.
Folgeerscheinung *f* | result; outcome.
folgen *v* Ⓐ [**nachfolgen**] | to succeed; to follow | **jdm. im Amte** ~ | to succeed to sb.'s office | **jds. Beispiel** ~ | to follow sb.'s example | **weitere Einzelheiten** ~ | further details (particulars) to follow | **auf dem Thron** ~ | to succeed to the throne (to the Crown).
★ **etw.** ~ **lassen** | to let (to make) sth. follow | **aufeinander** ~ | to follow one another | **rasch aufeinander** ~ | to follow in quick succession | **auf etw.** ~ | to succeed to sth.
folgen *v* Ⓑ [**befolgen**] | **einem Rat** ~ | to follow (to take) (to act upon) an advice.
folgen *v* Ⓒ [**resultieren**] | ~ **aus** | to follow (to result) from; to be the consequence of.
folgend *adj* | following; subsequent | **jedes** ~**e Jahr** | each succeeding year | **im** ~**en Jahr** | in the following year; next year | **aufeinander**~ | successive; consecutive; in sequence.
folgendermaßen *adv* | in the following way; as follows.
folgenschwer *adj* | heavy with consequences.
Folgerecht *n* | right of stoppage in transitu.
folgerichtig *adj* | consequent; consistent; logical | ~**e Argumentierung** | consistent (coherent) reasoning.
Folgerichtigkeit *f* | consistency; logical consequence; logic | ~ **vermissen lassen** | to lack (to be lacking) sense of sequence.
folgern *v* | **von etw. auf etw.** ~; **etw. aus etw.** ~ | to conclude (to infer) from sth. to sth. (sth. from sth.) | **aus dem Gegenteil** ~ | to argue from the contrary | **analog** ~ | to argue (to conclude) from analogy.
Folgerung *f* [**Schluß**~] | conclusion; inference | ~**en ziehen** | to draw conclusions | **aus etw. eine** ~ **(eine Schluß**~**) ziehen** | to draw an inference from sth. | **durch** ~ | by (by way of) inference.
folgewidrig *adj* | inconsequent; inconsistent; illogical.
Folgewidrigkeit *f* | inconsequence; inconsistency | ~**en und Widersprüche** | inconsistencies and contradictions.
Folgezeit *f* | future time; time to come | **für die** ~; **in der** ~ | in the sequel; for the future; henceforward.
folglich *adv* | consequently; in consequence; therefore.
folgt *v* | **Fortsetzung** ~ | to be continued | **daraus** ~; **hieraus** ~ | it follows from; the consequence of this is | **wie** ~ | as follows.
Folio *n* | folio; page.
Fonds *m* | fund | **Ablösungs**~ | redemption (sinking) fund | **Anlage**~ | investment fund | **Arbeitslosenunterstützungs**~ | unemployment fund (insurance fund) | **Äufnen (Äufnung) [S] eines** ~ | increase (increasing) of a fund | **Ausgleichs**~ | equalization (control) fund | **Betriebs**~ | working (trading) (floating) fund (capital) (cash) (assets); employed funds; business capital; stock-in-trade | **Dispositions**~ | reserve fund | **Dotierung eines** ~ | endowment of a fund | **Einlagensicherungs**~ | guarantee fund for deposits | **Erneuerungs**~ | revolving fund | **Garantie**~ | guarantee fund | **Geheim**~ | secret fund | **Hilfs**~ | relief (aid) (provident) fund | **Inter-**

ventions~; **Kompensations~**; **Kontroll~**; **Manipulations~** | equalization (control) fund | **Kampf~** | fighting fund; war chest.
○ **Pensions~** | pension (retiring) fund | **Propaganda~** | publicity fund | **Reserve~** | reserve (contingency) fund; reserve | **Sammel~** | pooled fund; pool | **Schmiergelder~** | bribery fund | **Stabilisierungs~** | stabilization fund | **Streik~** | strike fund | **Tilgungs~** | sinking (redemption) fund | **Unterstützungs~** | provident fund | **Versicherungs~** | insurance fund | **Währungsausgleichs~** | exchange equalization fund | **Währungsstabilisierungs~**; **Kursstabilisierungs~** | currency (exchange) stabilization fund | **Wohltätigkeits~** | charity (charitable) (benevolent) fund.
★ **einen ~ äufnen** [S] | to increase a fund | **einen ~ bilden** | to create (to establish) a fund | **einen ~ dotieren** | to endow a fund.
Fonds *mpl* [Werte] | **Staats~**; **öffentliche ~** | public funds (moneys) | **fundierte (konsolidierte) ~** | funded government securities; consols.
—**anteile** *mpl* | shares in a fund.
—**bestände** *mpl* | fundholdings.
—**börse** *f* ⒜ [Effektenbörse] | stock exchange (market).
—**börse** *f* ⒝ [Börse der Staatspapiere] | market of government stocks (bonds).
—**makler** *m* | stock broker.
—**vermögen** *n* | assets of a (of the) fund.
—**verwaltung** *f* | management of the fund.
fordern *v* ⒜ | to claim; to demand; to request | **von jdm. Gehorsam ~** | to insist upon obedience from sb. | **Entschädigung ~**; **Schadensersatz ~** | to claim damages | **von jdm. Rechenschaft ~** | to call sb. to account | **sein Recht ~** | to claim one's right | **etw. wieder ~** | to ask for sth. again | **etw. zurück~** | to claim (to ask) (to ask for) sth. back | **etw. von jdm. ~** | to call upon sb. for sth.; to ask sb. for sth.; to demand sth. from sb. | **zu viel ~** | to ask too much | **zu ~** | demandable; claimable; due.
fordern *v* ⒝ [heraus~] | **jdn. ~**; **jdn. zum Zweikampf (zum Duell) ~** | to challenge sb. to a duel; to send sb. a challenge.
fördern *v* ⒜ [vorwärtsbringen] | to further; to advance; to promote | **den Absatz ~** | to promote sales | **jds. Interessen ~** | to further sb.'s interests | **um etw. zu ~** | in (for the) furtherance of sth.
fördern *v* ⒝ [ermutigen] | to encourage.
fördern *v* ⒞ | **Kohlen ~** | to mine coal.
Förderabgabe *f* | mining royalty (royalties).
Förderer *m* | promoter; furtherer.
Förderländer *npl* | **die ~** | the producer (producing) countries.
förderlich *adj* | useful | **einer Sache ~ sein** | to help a matter.
fördernd *adj* | **~es Mitglied** | paying member.
Förderschacht *m* | shaft of a mine.
Förderung *f* ⒜ | advancement; furtherance; promotion | **Ausfuhr~**; **Export~** | export promotion; increase of exports | **Absatz~**; **Verkaufs~** | sales promotion | **zur (zwecks) ~ von etw.** | in (for) the furtherance of sth.
Förderung *f* ⒝ | encouragement | **Verein zur ~ von ...** | society for the advancement of ... (for the promotion of ...).
Förderung *f* ⒞ [Bergbau] | mining | **~ im Tagebau** | open mining.
Förderung *f* ⒟ | [Fördergut] | output | **Kohlen~** | coal output; output of coal.
förderungsfähig *adj* | eligible for aid.
Förderzins *m* | mining royalty (royalties).

Forderung *f* ⒜ [Anspruch] | claim; right to claim (to demand) | **von einer ~ Abstand nehmen** | to withdraw one's claim | **Abtretung einer ~** | assignment (transfer) of a debt | **Alimenten~** | claim for maintenance | **die ~en der Arbeiterschaft** | the demands of labo(u)r | **Beitreibung (Betreibung** [S]**) (Einziehung) einer ~** | collection of a debt | **Beschlagnahme einer ~** | garnishment | **Buch~** | registered claim | **Gebühren~** | charge.
○ **Gegen~** | counter-claim; claim in return | **Geld~** | money (pecuniary) claim | **Geltendmachung ① (Erhebung) einer ~** | raising (lodging) of a claim | **Geltendmachung ② (Durchsetzung) einer ~** | enforcement (assertion) of a claim | **Gesamt~** | total claims | **Handels~** | commercial debt | **Haupt~** | principal claim | **Hypotheken~** | claim (debt) on mortgage; mortgage debt | **Klage auf Anerkennung einer ~** | declaratory action (suit).
○ **Konkurs~ ①** | debt provable in bankruptcy | **[angemeldete] Konkurs~ ②** | proved debt | **Anmeldung einer ~ zum Konkurs** | proof of debt in bankruptcy | **eine ~ zum Konkurs anmelden** | to prove one's claim (one's debt); to lodge (to tender) a proof of debt; to prove against the estate of a bankrupt.
○ **Lohn~** | wage claim | **Mehr~** | claim in excess | **Miets~**; **Mietzins~** | claim for rent | **Neben~** | secondary claim | **Pacht~**; **Pachtzins~** | claim for rent | **Pfand~** | secured debt | **Provisions~** | claim of commission | **Rest~** | balance (remainder) of the (of a) debt | **Rück~** | claiming back | **Über~ ①** | excessive (exaggerated) claim | **Über~ ②**; **Gebührenüber~** | excessive charge; overcharge | **Unterhalts~** | claim for maintenance | **Urteils~** | judgment debt; debt of record.
★ **abtretbare ~** | assignable claim | **nicht abtretbare ~** | non-assignable claim | **aufrechenbare ~**; **aufrechnungsfähige ~** | claim which can be set off | **ausgeklagte ~** | judgment debt | **ausstehende ~** | outstanding debt | **berechtigte ~**; **begründete ~** | just (equitable) claim | **beschlagnahmte ~** | attached claim | **bestrittene ~** | contested (litigious) claim | **bevorrechtigte ~**; **bevorzugte ~** | privileged (preferential) (preferred) debt | **nicht bevorrechtigte (nicht sichergestellte) (nicht bevorzugte) ~** | unsecured (ordinary) claim | **eingeklagte ~** | litigious claim | **einklagbare ~** | actionable claim.
○ **fällige ~** | mature (due) debt | **festgestellte ~** | proved debt | **gegenseitige ~en** | mutual (reciprocal) claims | **gerechte ~** | just (equitable) claim | **gesicherte ~** | secured debt | **hypothekarisch (durch Hypothek) gesicherte ~** | claim on mortgage; debt secured by mortgage | **getilgte ~** | paid (paid off) debt | **gewöhnliche ~** | ordinary (unsecured) debt (claim) | **klagbare ~** | actionable claim | **privilegierte ~** | privileged (preferred) claim | **schlechte ~** | doubtful (bad) debt; dubious claim | **strittige ~** | litigous claim | **überspannte ~**; **übertriebene ~** | excessive (exaggerated) claim; overcharge; unreasonable demand.
○ **unberechtigte ~**; **unbillige ~** | unreasonable (unfair) demand; unjust (unfounded) claim | **uneinbringliche ~** | irrecoverable (bad) debt | **ungesicherte ~** | unsecured (ordinary) debt (claim) | **verjährte ~** | barred (statute-barred) claim; claim barred by prescription | **verpfändete ~** | pawned debt | **verschiedene ~en** | sundry debtors | **verzinsliche ~** | interest-bearing debt | **vollstreckbare ~** | judgment debt | **wohlbegründete ~** | legitimate claim | **zweifelhafte ~** | dubious claim; doubtful (bad)

Forderung *f* Ⓐ *Forts.*
debt | **Rückstellung (Rücklage) (Reserve) für zweifel-
hafte** ~**en** | reserve for doubtful debts; bad debt
reserve.
★ **eine** ~ **abbuchen (abschreiben)** | to write off a
debt | **von einer** ~ **abstehen** | to renounce (to waive)
a claim | **eine** ~ **abtreten (zedieren)** | to assign a
claim | **eine** ~ **anerkennen** | to acknowledge a debt
| **eine** ~ **aufrechterhalten** | to insist on a claim | **eine**
~ **beitreiben (betreiben [S]) (eintreiben) (einziehen)** |
to collect (to recover) (to call in) a debt | **eine** ~
bestreiten | to contest (to dispute) a claim | **eine** ~
durchsetzen (geltend machen) | to assert (to enforce)
a claim | **eine** ~ **gegen jdn. einklagen** | to sue sb. for
debt (for payment).
○ **eine** ~ **erfüllen** | to grant a request | **eine** ~ **er-
heben auf etw.** | to lay claim to sth.; to claim sth. |
eine ~ **erheben (stellen)** | to raise (to make) (to
lodge) (to set up) a claim; to make a request | **gegen
jdn. eine** ~ **haben** | to have a claim against sb. | **eine**
~ **herabsetzen** | to reduce a claim | **eine** ~ **pfänden
(pfänden lassen)** | to garnish; to take (to institute)
garnishee proceedings | **einer** ~ **stattgeben** | to
admit (to allow) a claim | **auf eine** ~ **verzichten
(Verzicht leisten)** | to waive a claim | **seine** ~ **zu-
rücknehmen (zurückziehen)** | to withdraw one's
claim.
Forderung *f* Ⓑ [Herausforderung] | challenge; provo-
cation | ~ **zum Zweikampf;** ~ **zum Duell** | challenge
to a duel.
Forderungen *fpl* | accounts receivable | ~ **und Schul-
den** | active and passive debts | **ausstehende** ~ |
debts outstanding; oustandings.
Forderungs..abtretung *f* | assignment (transfer) of a
claim.
—**abtretungsvertrag** *m* | assignment deed (agreement).
—**anmeldung** *f* | proof of debt; proof against the
estate of a bankrupt.
—**beitreibung** *f*; —**betreibung** *f* [S] | collection of debts
(of claims) (of outstandings).
forderungsberechtigt *adj* | entitled to claim.
Forderungs..berechtigter *m* | rightful claimant; inter-
ested party.
—**betrag** *m* | amount of a claim.
—**klage** *f* | action (suit) for debt; personal action.
—**nachweis** *m* | proof of debt.
—**pfandgläubiger** *m* | garnisher.
—**pfändung** *f* | garnishment.
—**pfändungsbeschluß** *m* | garnishee order | **einen** ~ **er-
wirken** | to garnish.
—**pfändungsverfahren** *n* | garnishee proceedings.
—**recht** *n* | right to claim; claim.
—**übertragung** *f* | assignment (transfer) of a claim.
forensisch *adj* | forensic | ~**e Medizin** | medical juris-
prudence; forensic medecine | ~**e Praxis** | court
practice.
Forfaitierungswechsel *m* [S] | export bill without re-
course.
Form *f* | form; formality | **Ausführungs**~ | manner of
execution | ~ **und Inhalt** | the form and the sub-
stance | **Regierungs**~; **Staats**~ | form (system) of
government | **Schrift**~ | written form | **Tabellen**~ |
tabular form | **eine Urkunde in ordnungsgemäßer** ~
abfassen | to draw up a document in due form.
★ **in abgekürzter** ~ | in abridged form | **in aller** ~;
in entsprechender ~; **in gehöriger** ~; **in gültiger** ~ |
in due (in regular) (in proper) form; in form | **be-
glaubigte** ~ | authenticated (legalized) form | **in
beweiskräftiger** ~ | in conclusive form (manner) |
gesetzliche ~; **gesetzlich vorgeschriebene** ~;

rechtsgültige ~ | legal (judicial) form; form re-
quired (prescribed) by law | **notarielle** ~ | notarial
(notarized) form | **in notarieller** ~ **abschließen** | to
notarize; to conclude before a notary | **in rechts-
gültiger** ~ | in lawful (legally valid) form | **schrift-
liche** ~ | written form.
★ ~ **annehmen** | to take shape (form); to be formed
| **die** ~ **beobachten (einhalten) (wahren)** | to observe
(to comply with) the form | **jdn. in aller** ~ **benach-
richtigen** | to give sb. formal and due warning.
★ **nur der** ~ **halber (wegen)** | as a matter of form |
der ~ **halber (wegen); der guten** ~ **halber** | for
form's sake; as a matter of form | **ohne** ~ | informal.
Formalien *fpl* | formalities; formal requirements.
Formalismus *m* | formalism.
Formalist *m* | formalist.
formalistisch *adj* | formalistic.
Formalität *f* | formality; form; prescribed form | **Ein-
tragungs**~**en** | formalities of registration | **Erfül-
lung (Erledigung) einer** ~ | compliance with a
formality | **Nichtbeobachtung (Nichteinhaltung) der**
~**en** | non-observance of (non-compliance with)
the formalities | **Zoll**~**en** | customs formalities.
★ **gerichtliche** ~ | court formality | **eine reine** ~ | a
mere formality | **alle vorgeschriebenen** ~**en erfüllen**
| to comply with all necessary formalities | **die** ~**en
beobachten (einhalten)** | to observe (to comply
with) the formalities.
Format *n* | format | **Taschen**~ | pocket size.
Formation *f* | formation.
formbedürftig *adj* | ~**er Vertrag** | formel (solemn)
contract; contract under seal.
Formblatt *n* | form; printed form; blank.
Formel *f* | formula | **Abschwörungs**~ | formula of ab-
juration | **Beteuerungs**~ | form of a solemn assertion
| **Eides**~ | form (wording) of the oath; text of an
oath | **Eingangs**~ | preamble | **Einleitungs**~ **einer
Urkunde** | heading (caption) of a document | **Eini-
gungs**~ | formula of agreement; modus vivendi |
Urteils~ | wording of the sentence | **Vertrags**~ |
contractual term | **abgedroschene** ~**n** | hackneyed
formulas | **etw. in einer** ~ **ausdrücken; etw. auf
eine** ~ **bringen** | to express sth. in a formula; to
formulate sth.
Formel..buch *n*; —**sammlung** *f* | collection of formulae;
formulary.
—**kram** *m* | formalism.
formell *adj* | formal | ~**er Besuch** | formal call | **in** ~**er
Beziehung** | formally | ~**es Dementi** | formal denial
| ~**es Empfangsbekenntnis** | formal receipt | ~**es
Recht** | procedural (adjective) law.
formen *v* | to form.
Formerfordernis *f* | requirement (requisite) in form;
formal requirement.
Formfehler *m* | informality; formal defect; defect of
form | **Urkunde mit** ~**n** | document with formal
defects | **wegen** ~**s** | because of informality.
Formfrage *f* | matter of form.
formgerecht *adj* | in due (proper) (regular) form.
formgültig *adj* | formally correct.
förmlich *adj* | formal; in due form | ~**e Ladung** | formal
summons | ~**e Quittung** | formal receipt | ~**er Ver-
trag** | formal contract | ~**e Zustellung** | service in
proper form.
Förmlichkeit *f* | formality; form | **Erfüllung von** ~**en** |
observation of formalities | **Paß**~**en** | passport
formalities | **gerichtliche** ~**en** | legal formalities.
formlos *adj* | without forme; informal.
Formlosigkeit *f* | informality.
Formmangel *m* | informality; defect in (want of) form

| einen ~ beheben (heilen) | to remedy a defect in form | wegen ~s | because of an informality | wegen ~s nichtig; formnichtig | invalid because of defective form.

Formsache f | formality; matter of form | eine reine ~ | a mere formality | eine reine ~ sein | to be entirely formal | als reine ~ | as a matter of form.

Formular n [gedrucktes ~] | form; printed form; blank | Anmelde~; Anmeldungs~ | report form | Antrags~ | form of application; application (entry) (proposal) form | Auftrags~ | order form | Bestätigungs~ | form of confirmation | Blanko~ | blank form; blank | Erklärungs~ | form of return | Frachtbrief~ | form of a bill of lading | Muster~ | specimen form | Quittungs~ | form of receipt; receipt form | Scheck~; Check~ [S] | cheque form (blank); blank cheque | Telegramm~ | telegram form | Vollmachts~ | form of proxy; proxy form | Wechsel~ | form of bill of exchange; bill form; blank bill | ein ~ ausfüllen | to fill in (up) a form.

Formular..buch n; —**sammlung** f | book of forms; (of printed forms).

formulierbar adj | to be formulated.

formulieren v Ⓐ | to formulate; to draw up; to frame | einen Vertrag ~ | to draw up a contract.

formulieren v Ⓑ [in einer Formel ausdrücken] | to express [sth.] in a formula.

Formulierung f | formulation; wording.

formungültig adj | invalid because of defective form.

Formvorschrift f | formality; formal requirement.

formwidrig adj | not in the regular form; contrary to form.

forschen v | to research; to do research work.

Forscher m | researcher; research worker.

Forschung f | wissenschaftliche ~ | scientific research | ~en betreiben | to engage (to be engaged) in research (in research work).

Forschungs..abteilung f | research (experimental) department.

—**anstalt** f; —**institut** n | institute for scientific research; research institute.

—**arbeiten** fpl | research work | ~ betreiben; sich ~ widmen | to engage (to be engaged) in research (in research work).

—**auftrag** m | research assignment (contract).

—**ausgaben** fpl | research expenditure.

—**etat** m | research budget.

—**gruppe** f | research group (team).

—**tätigkeit** f | research work (activity) (activities).

—**zentrum** n | research centre (center).

Forst..akademie f | forestry school; high school of forestry.

—**amt** n | forest office.

—**aufseher** m; —**hüter** m | forest keeper (ranger) (guard).

—**beamter** m | forest officer; forester.

—**diebstahl** m | theft from the forest.

Förster m | forester; forest guard.

Forst..frevel m | offence against the forest regulations.

—**gesetz** n | die ~e | the forest laws.

—**meister** m | forest master; commissioner of woods and forests.

—**polizei** f | forest police.

forstpolizeilich adj | ~e Bestimmungen | forest regulations | ~e Übertretung | breach of forest regulations.

Forst..recht n | the forest laws pl.

—**revier** n | forest range.

—**rügesache** n | breach of forest regulations.

Forst..schutzbeamter m | forest officer (guard).

—**verwaltung** f | forest administration; administration of woods and forests.

—**wesen** n; —**wirtschaft** f | forestry; woods and forests.

forstwirtschaftlich adj | ~er Betrieb | forestry.

forstwirtschaftlich adv | ~ genutzte Bodenfläche | forest land (lands).

Forstwissenschaft f | science of forestry.

Fortbestand m | continuance | zur Sicherung des ~es von etw. | to insure the continued existence of sth.

fortbestehen v | to continue to exist; to remain in existence.

Fortbildung f | continued education; advanced training | berufliche ~ | advanced vocational training.

Fortbildungsschule f | continuation (adult) school.

Fortdauer f | continuation; continuance; duration | ununterbrochene ~ | perpetuity.

fortdauern v | to continue.

fortdauernd part | continued; continual.

fortfahren v | to proceed.

fortführen v | to continue; to carry on | eine Arbeit ~ | to carry on a job | die Firma ~; das Geschäft ~ | to continue (to carry on) the business.

Fortführung f | continuation; carrying on | ~ einer Arbeit | carrying on of a work.

Fortgang | progress.

fortgesetzt adj Ⓐ | continued; continuous | ~e Gütergemeinschaft | continued community of property.

fortgesetzt adj Ⓑ [ununterbrochen] | uninterrupted.

fortgesetzterweise adv Ⓐ | continuously.

fortgesetzterweise adv Ⓑ | uninterruptedly.

Fortkommen n | livelihood | sein ~ finden | to make a living.

fortlaufend adj | continual; continuous; continued; successive | ~e Einkünfte | regular income | ~e Nummer | consecutive (running) (serial) number | ~e Numerierung | consecutive numbering.

fortlaufend adv | successively; in succession | ~ numeriert | numbered consecutively.

Fortleben n | survival.

fortschaffen v Ⓐ [entfernen] | to remove.

fortschaffen v Ⓑ [heimlich beseitigen] | to remove secretly (fraudulently).

Fortschaffung f Ⓐ [Entfernen] | removal; removing.

Fortschaffung f Ⓑ [Beseitigung] | fraudulent removal.

Fortschreibung f [Wert~] | revaluation.

Fortschritt m Ⓐ [Fortgang] | advance | stetiger ~ | steady progress | ~e machen | to make progress (headway); to progress.

Fortschritt m Ⓑ | progress; advancement | ~ in der Kultur | progress in civilization | Zeitalter des ~s | progressive age | technischer ~ | technical (technological) progress | wirtschaftlicher ~ | economic progress (advancement).

Fortschrittler m | progressionist; progressist.

fortschrittlich adj | progressive | ~e Ideen | progressive (advanced) ideas.

Fortschrittlichkeit f | progressiveness.

Fortschrittspartei f | progressive party; [the] progressionists | Anhänger (Mitglied) der ~ | member of the progressive party; progressionist; progressist.

fortsetzen v | to continue.

Fortsetzung f | continuation; sequel | ~ eines Romans; Roman~ | sequel of a novel | Roman in ~en | serialized novel | in ~en erscheinen | to be published in instalments; to be serialized | einen Roman in ~en erscheinen lassen (veröffentlichen) | to serialize a novel | ~ folgt; ~ in der nächsten Nummer | to be continued | ~ und Schluß folgt | to be concluded.

Fortsetzungsblatt n | continuation sheet.

Fortsetzungsroman *m* | serialized novel.

Forum *n* | **vor dem** ∼ **der öffentlichen Meinung** | in the forum (tribunal) of public opinion.

Forumsdiskussion *f* | panel discussion.

Fotokopie *f* | photocopy; photoprint; photostatic copy; photostat.

fotokopieren *v* | to photocopy; to make a photocopy; to photostat.

Fotomontage *f* | photocomposition.

Fotozeitschrift *f* | photographic periodical.

Fracht *f* Ⓐ [Beförderung; Transport] | carriage [of goods]; freighting | **Bahn**∼ | railway (rail) carriage; carriage by rail | **Eil**∼ | express carriage | **Luft**∼ | carriage (freight) by air | **Pauschal**∼ | freighting by contract | **ein Schiff in** ∼ **nehmen** | to charter a ship.

Fracht *f* Ⓑ [Ladung] | load; freight | **Ausreise**∼; **Hin**∼ | outward freight (cargo) | **Ballast**∼; **Faut**∼; **Leer**∼ | dead-weight charter; dead weight | **Heimreise**∼; **Retour**∼; **Rück**∼ | home (homeward) freight; return cargo (freight) | **Luft**∼ | air freight | **Schiffs**∼ | cargo; ship's load (cargo) | ∼ **laden;** ∼ **nehmen** | to take in freight.

Fracht *f* Ⓒ [Kosten] | carriage; cost of carriage; freight; freightage | **Bahn**∼; **Eisenbahn**∼ | railway freight | **Brutto**∼; **Gesamt**∼ | gross freight | **Distanz**∼ | distance freight; freight pro rata | **Kosten, Versicherung und** ∼ | cost, insurance, freight | **unter Nachnahme der** ∼; ∼ **nachzunehmen** | carriage forward; freight following (to be paid by consigner) | **Mindest**∼ | minimum freight | **Netto**∼ | net freight | **Pauschal**∼ | contract freight | **Retour**∼; **Rück**∼ | freight (carriage) back | **Vor**∼ | charges of the previous carrier | **unter Vorauszahlung der** ∼ | carriage (freight) prepaid | **die** ∼ **nachnehmen** | to collect the freight upon delivery.

Fracht..angebot *n* | freigh offer; offering of tonnage; tonnage offered.

—**anteil** *m* Ⓐ | share in the freight.

—**anteil** *m* Ⓑ [Primgeld] | primage.

—**aufschlag** *m* | additional (extra) freight.

—**bedingungen** *fpl* | terms of freight; freight terms.

—**behälter** *m* | container.

—**berechnung** *f* | calculation of freight.

—**betrag** *m* | amount of freight; freight | ∼ **für eine Reise** | voyage freight.

—**brief** *m* Ⓐ | letter of consignment (of conveyance); consignment note.

—**brief** *m* Ⓑ [in der Binnenschiffahrt] | river bill of lading.

—**brief** *m* Ⓒ [für Landtransporte] | waybill | **durchgehender** ∼ | through waybill.

—**brief** *m* Ⓓ [für Lufttransporte] | bill of lading [for carriage by air]; shipping bill (note).

—**brief** *m* Ⓔ [für Seetransporte] | bill of lading; shipping (consignment) bill (note).

— —**duplikat** *n* | duplicate waybill.

—**dampfer** *m* | cargo boat; freight (cargo) steamer; freighter | **Passagier- und** ∼; ∼ **mit Passagierkabinen** | cargo and passenger steamer.

—**dienst** *m* | cargo (freight) service.

—**einkünfte** *fpl* | freight (cargo) revenue.

Frachten..ausgleich *m* | adjustment (equalization) of freight rates.

—**börse** *f* | shipping exchange.

—**dienst** *m* | cargo (freight) service.

—**makler** *m* | freight (shipping) agent (broker).

— —**geschäft** *n* | freight (ship) brokerage.

—**markt** *m* | freight market | **Angebot am** ∼ | freight offer; offering of tonnage; tonnage offered.

—**versicherer** *m* | cargo underwriter.

Frachter *m* | freighter; cargo boat | **Massengut**∼ | bulk carrier.

Fracht..erhöhung *f* | increase of freight.

—**ermäßigung** *f* | reduction of freight; freight reduction.

—**flugverkehr** *m* | air freight service.

frachtfrei *adj* Ⓐ [kostenlos] | free of freight; freight-free; carriage-free.

frachtfrei *adj* Ⓑ [Fracht vorausbezahlt] | freight (carriage) prepaid (paid) | **fracht- und spesenfrei** | freight and charges prepaid | **nicht** ∼ | without prepayment of freight (of carriage).

Frachtführer *m* Ⓐ [Transportunternehmer] | carrier | **Eisenbahn**∼ | rail carrier | **Luft**∼ | air carrier | **nachfolgender** ∼ | succeeding carrier | **öffentlicher** ∼ | common carrier.

Frachtführer *m* Ⓑ [Rollfuhrunternehmer] | carting (cartage) (haulage) contractor; town carrier.

Frachtführerpfandrecht *n* | carrier's lien.

Frachtfuhr..unternehmen *n* Ⓐ [Transportunternehmen] | carrier's business.

—**unternehmen** *n* Ⓑ [Rollfuhr] | carter's business.

Fracht..gebühr *f*; —**geld** *n* | carriage; freightage; freight.

—**geschäft** *n* | carrying trade; forwarding (freighting) (freight) (shipping) business | **Stückgüter**∼ | berth freighting; loading on the berth.

—**gut** *n* | freight; load; cargo; goods *pl* | **befördern** | to carry cargo (freight); to freight | **als** ∼ **senden** | to send (to despatch) by ordinary train (by goods-train).

— —**sendung** *f* | consignment by goods-train.

—**karte** *f* | way bill.

—**konto** *n* | freight (carriage) account; account of freight.

—**kontrakt** *m* | charter; charter-party.

—**kosten** *pl* | freightage; cost of freightage; freight (shipping) charges; carriage.

—**kursnotierung** *f* | quotation of freight rates.

—**liste** *f* Ⓐ [Frachttarif] | freight rates (tariff).

—**liste** *f* Ⓑ [Frachtgüterliste] | ship's (freight) manifest; freight list; list of freight; manifest (memorandum) of the cargo.

—**lohn** *m* | freightage; carriage; freight.

—**nachlaß** *m*; —**rabatt** *m* | freight rebate.

—**nachnahme** *f* | charges (carriage) forward; freight following | **unter** ∼ | carriage forward (to pay).

—**nota** *f*; —**rechnung** *f* | freight account (note) (bill); account (note) of freight.

—**notierung** *f* | freight quotation.

—**papiere** *npl* | shipping documents.

—**police** *f* | freight (cargo) policy.

—**raum** *m* | freight tonnage | **Belegung von** ∼ | freight booking | ∼ **belegen (mieten)** | to book freight.

— —**angebot** *n* | freight offer; offering of tonnage; tonnage offered.

—**recht** *n* | law of carriage | **Luft**∼ | law of carriage by air; air carriage law | **See**∼ | shipping law; law of carriage by sea.

—**satz** *m* | freight rate (tariff); freightage.

— —**herabsetzung** *f* | freight reduction; reduction of freight.

—**schiff** *n* | cargo boat; freight (cargo) steamer; freighter.

—**sendung** *f* | consignment.

—**spesen** *pl* | freight (shipping) charges; freightage; cost of freightage.

—**steuer** *f* | duty on transports (on transportation).

—**stück** *n* | package.

—**stundung** *f* | respite for freight; freight respite.

Fracht..tarif *m* Ⓐ [Frachtsatz] | freight rate; freightage.
—**tarif** *m* Ⓑ [Frachtliste] | freight tariff (rates).
—**transport** *m* | freight transport; transport of goods.
—**unternehmer** *m* Ⓐ [Transportunternehmer] | carrier.
—**unternehmer** *m* Ⓑ [Rollfuhrunternehmer] | carting (cartage) (haulage) contractor; town carrier.
—**verkehr** *m* | freight (goods) traffic (service) | **Eisenbahn**~ | railway goods traffic.
—**versicherer** *m* | cargo underwriter.
—**versicherung** *f* | cargo (freight) insurance; insurance on cargo (on freight).
—**versicherungspolice** *f* | cargo policy.
—**vertrag** *m* | contract of affreightment; freight contract; charter; charter party.
—**vorschuß** *m* | advance of freight.
—**zahlung** *f* | freight payment.
—**zettel** *m* | bill of freight (of carriage) (of lading) (of consignment); consignment note; letter of conveyance; freight (way) bill; shipping bill (note).
—**zuschlag** *m* | extra (additional) freight.
Frage *f* | question; query | **die** ~ **zur Abstimmung stellen** | to put the question to the vote | ~ **der Auslegung; Auslegungs**~ | matter of construction | **Beweis**~ | question of evidence | **Gegen**~ | counterquestion | **von der Gegenpartei gestellte** ~ | cross-question | **Geld**~; **Finanz**~ | monetary (pecuniary) (financial) (money) question; question of money | **Finanz**~**n** | questions of finance; financial questions (considerstions) | **Haupt**~ | main (principal) question | **eine** ~ **von Leben und Tod** | a question of life and death | **Neben**~ | side (sideline) issue.
○ **Preis**~ ①; ~ **des Preises** | matter of price | **Preis**~ ② | prize question | **Prinzipien**~ | fundamental question (point) | **Rechts**~ | question of law; legal question | **Schuld**~ | question of guilt (of guilty or not guilty) | **Stellung einer** ~ | posing (formulation) of a question | **Stellung von** ~**n** | questioning; interrogating; interrogation.
○ **Streit**~ | contentious question; disputed point; point at issue; controversy | **Suggestiv**~ | leading question | **Tat**~ | question (issue) (matter) of fact | **Verfahrens**~ | question of procedure; technical question; procedural issue | **Vertrauens**~ | question of confidence | **Vertrauens**~ **stellen** | to ask for a vote of ocnfidence | **Verwaltungs**~**n** | questions of administration | **Vor**~ | preliminary question | **die Wohnungs**~ | the housing problem | ~ **der Zeit; Zeit**~ | matter (question) of time | **Zeit**~**n** | current events.
★ **aktuelle** ~ | question of present interest | **entscheidende** ~ | decisive question | **heikle** ~ | delicate question | **juristische** ~ | legal question; question (issue) of law | **offene** ~; **schwebende** ~ | pending question | **prinzipielle** ~ | fundamental question (point) | **strittige** ~ | disputed question; matter in dispute | **untergeordnete** ~; ~ **von untergeordnetem Interesse** | secondary question; question of secondary (of minor) interest | **verfahrensrechtliche** ~ | question of procedure; technical question.
★ **über eine** ~ **abstimmen** | to put (to submit) a question to the vote; to take a vote on a question | **eine** ~ **aufwerfen** | to raise (to state) a question | **eine** ~ **beantworten** | to answer a question | **eine** ~ **bejahen** | to answer in the affirmative | **eine** ~ **erörtern** | to discuss a question | **in** ~ **kommen** | to come into consideration (into question) | **nicht in** ~ **kommen** | to be out of the question (out of consideration) | **eine** ~ **offen lassen** | to leave a question undecided | **eine** ~ **unerörtert lassen** | to leave a

question undiscussed | **in** ~ **stehend** | in question; under consideration.
○ **jdm. (an jdn.) eine** ~ **stellen** | to put a question to sb.; to ask sb. a question | **jdm.** ~**n stellen** | to question (to interrogate) sb. | **Recht,** ~**n zu stellen** | right to pose questions (to cross-examine) | **etw. außer** ~ **stellen** | to put sth. beyond doubt | **etw. in** ~ **stellen** ① | to call sth. into question; to question sth. | **etw. in** ~ **stellen** ② | to jeopardize sth. | **ohne** ~**n zu stellen** | without asking any questions; unquestioningly | **eine** ~ **verneinen** | to answer in the negative.
★ **außer** ~ | beyond (beyond all) (without) question (doubt) | **die** ~**, ob ...** | the question whether ...
Fragebogen *m* | questionary; question-form | **einen** ~ **ausfüllen** | to fill up (to fill in) (to complete) a questionnaire.
fragen *v* | **jdn. um seine (nach seiner) Ansicht (Meinung)** ~ | to ask sb. for his opinion; to ask sb.'s opinion | **jdn. nach seinem Namen** ~ | to ask sb.'s name | **nach dem Preis** ~ | to inquire about the price | **jdn. um Rat** ~ | to ask sb. for advise; to consult sb. | **nach jdm.** ~ | to ask after sb. | **jdn. etw.** ~ | to ask sb. a question.
fragend *adj* | questioning; inquiring; interrogative.
Fragenkomplex *m* | group of questions.
Frage..recht *n* Ⓐ | right to pose questions.
—**recht** *n* Ⓑ [im Prozeß] | right to interrogate (to cross-examine).
—**steller** *m* | interrogator.
—**stellung** *f* Ⓐ | posing (formulation) of a question.
—**stellung** *f* Ⓑ | questioning; interrogating; interrogation | **Recht der** ~ | right to pose questions (to cross-examine).
—**zeichen** *n* | mark of interrogation; question mark.
fraglich *adj* Ⓐ [zweifelhaft] | doubtful.
fraglich *adj* Ⓑ [in Frage stehend] | in question; under discussion | **die** ~**e Angelegenheit** | the matter in question.
fraglich *adj* Ⓒ [problematisch] | problematic; questionable.
fraglos *adj* | unquestionable.
fragwürdig *adj* | questionable; equivocal; ambiguous.
Fragwürdigkeit *f* | questionableness.
Fraktion *f* [Partei~] | group; fraction; party fraction.
Fraktions..ausschuß *m* | committee of the party fraction.
—**beschluß** *m* | party resolution.
—**disziplin** *f* | party discipline.
—**führer** *m*; —**vorsitzender** *m* | fraction leader.
fraktionslos *asj* [keiner Fraktion angehörig] | independent.
Fraktions..sitzung *f* | meeting of the party fraction.
—**zwang** *m* | party whip.
Frankatur *f* | prepayment of postage.
—**vermerk** *m* | note of prepayment.
—**zwang** *m* | compulsory prepayment.
frankieren *v* | to prepay the postage.
frankiert *adj* | postage paid; postpaid; prepaid | **un**~ | not prepaid | **ungenügend** ~ | insufficiently prepaid | **etw.** ~ **senden** | to send sth. postpaid (prepaid).
Frankierung *f* | prepayment of postage.
Frankier(ungs)maschine *f* | franking (stamping) machine; postage meter.
Frankierungszwang *m* | compulsory prepayment.
franko *adj* Ⓐ | free | ~**e Bahnhof** | free at station | ~ **Haus** | delivered free at residence | **Lieferung** ~ | delivery free (free of charge) | ~ **Schiff** | free on board.
franko *adj* Ⓑ [freigemacht] | post (postage) paid; postpaid; prepaid.

franko *adj* © [portofrei] | free of (exempt from) postage.

franko *adj* ⓓ [frachtfrei] | carriage paid (prepaid); freight prepaid.

Franko..umschlag *m* | stamped envelope.

—vermerk *m* | note of prepayment.

Frau *f* | woman | **Ehe~; verheiratete** ~ | married woman; wife; spouse | **Geschäfts~** | business woman | **selbständige Geschäfts~** | married woman engaged in business; feme sole trader (merchant) | **geschiedene** ~ | divorced woman; divorcee | **unverheiratete** ~ | single (unmarried) woman | **verwitwete** ~ | widowed woman; widow.

Frauen..beilage *f* | ladies' supplement.

—bewegung *f* | movement for the emancipation of women.

—emanzipation *f* | women's emancipation.

—gut *n* | property (assets) brought into the marriage by the wife.

—handel *m* | white slave trade.

—kongreß *m* | women's congress.

—rechte *npl* | woman's (women's) rights.

—rechtlerin *f* | suffragette.

—stimmrecht *n*; **—wahlrecht** *n* | women's suffrage.

—zulage *f* | allowance for a wife (for married women).

frei *adj* Ⓐ | free | ~**e Ansichten** | liberal views | **die ~en Berufe** | the liberal professions | ~**er Diskont** | private discount | ~**er Durchgang (Durchgangsverkehr)** | free transit (passage) | ~**e Einreise; ~er Grenzübertritt** | free entry; right of free entry | **Eintritt ~; ~er Eintritt** | free admittance; admission free | ~**e Entscheidung** | free (freedom of) decision | ~**es Ermessen** | free discretion.

○ **auf ~em Fuße** | at large; in liberty | **nicht auf ~em Fuße sein; sich nicht auf ~em Fuße befinden** | to be under arrest | **jdn. (jdn. wieder) auf ~en Fuß setzen** | to set sb. free (at large); to release sb. | **jdn. gegen Sicherheit auf ~en Fuß setzen** | to release sb. on bail; to admit sb. to bail | ~**es Geleit** | safe conduct | ~**e Gewerkschaften** | free (independent) unions | ~**er Grundbesitz; ~es Grundeigentum** | freehold estate (property) .

○ ~**e Hand haben** | to have a free hand | **jdm. ~e Hand lassen** | to allow (to give) sb. a free hand | ~**er Handel** | free trade | **unter ~em Himmel** | in the open air | ~**er Journalist** | free-lance journalist | ~**e Kost und Wohnung; ~e Station** | free board and lodging | **die ~en Künste** | the liberal arts | ~**er Makler** | unlicensed (outside) broker | ~**er Markt** | open market | ~**e Marktwirtschaft** | free-market economy; system of free enterprise | ~**e Praxis** | free practice [of a profession] | ~**e Religionsausübung** | free exercise of religion; freedom of worship | ~**e Reserven (Rücklagen)** | free (available) reserves | ~**e Stadt** | Free City.

○ ~**e Stelle** | vacant position (situation) (post); vacancy | ~**e Übersetzung** | free translation | ~**es Unternehmertum** | free (freedom of) enterprise | **vom Urheberrecht ~ werden** | to become public property; to fall into the public domain | **im Wege ~er Vereinbarung** | by private treaty | ~**e Verfügung; ~es Verfügungsrecht** | free disposal; right of free disposal | **im ~en Verkehr** | in the open (inofficial) market | ~**e Wahl** | free choice | ~**e Wahlen** | free elections | ~**e Wechselkurse** | floating exchange rates | **im ~en Wettbewerb** | in free and open competition | ~**er Wille** | free will | **aus ~em Willen** | of one's own free will | ~**e Zeit** | leisure time; leisure | ~**e Zustellung** | free delivery; delivery free.

frei *adj* Ⓑ | ~ **von** | free from (of); exempt from | ~ **von Abgaben; abgaben~** | free from taxes (of duties); tax-free; duty-free; tax-exempt | ~ **von Beschädigung** | free from damage; undamaged; free of (from) particular average | ~ **von Besorgnis** | free from anxiety | ~ **von Bruch; bruch~** | free from breakage | ~ **von Einkommenssteuer; einkommenssteuer~** | free of income tax; income-tax free | ~ **von Fehlern; fehler~** | faultless; free from defects (from fault) (from error) | **fracht~** | free of freight | ~ **von Gebühren; gebühren~** | free of duty; exempt from duty (from comission); duty-free | ~ **von Havarie; havarie~** | free of (from) average | ~ **von Hypotheken; hypotheken~** | free of mortgages (from encumbrances); unmortgaged | **hypotheken~es Grundstück** | unemcunbered estate.

○ ~ **von Kosten; kosten~** | free from charges; clear of expenses; all charges paid | ~ **von Lasten; lasten~** | exempt (free) from encumbrances; unencumbered | **miete~; pacht~** | rent free | ~ **von Militärdienst; militär~** | exempt from military service | **porto~** | free from (of) postage; post free | **prämien~e Police** | free policy | **provisions~** | free of commission; exempt from commission | ~ **von Schulden; schulden~** | clear of debt(s) | ~ **von Spesen; spesen~** | free (clear) of expenses; expenses covered | ~ **von Stempelgebühren; stempel~** | free of (exempt from) stamp duty.

○ **von Steuern; steuer~** ①; ~ **von Steuerabzügen** | tax-free; free of tax (of taxes) (of all taxes) | ~ **von Steuern; steuer~** ② | tax-exempt; exempt (free) from taxation | ~ **von Strafe; straf~** | exempt from punishment; unpunished | ~ **von Unkosten** | free of charges; exempt from charges | ~ **von Verantwortung** | free of responsibility | ~ **von Zinsen; zins~** | free of interest; interest-free | **zins~es Darlehen** | free loan | ~ **von Zoll; zoll~** | free of duty (of customs duties); duty-free; exempt from duty; non-dutiable.

frei *adv* Ⓐ | freely; unrestrained | ~ **erhältlich** | freely obtainable | ~ **konvertierbar** | freely convertible | ~ **und offen sprechen** | to speak freely | ~ **über etw. verfügen** | to dispose freely of sth.

frei *adv* Ⓑ | ~ **Bahnhof** | free at (at the) station | ~ **an Bord** | free on board | ~ **Hafen** | free shipping port | ~ **Haus** | delivered free | ~ **Kai** | free on quai; free at wharf; delivered free at the quai | ~ **Längsseite des Schiffes** | free alongside ship; free alongside.

Freiaktie *f* | bonus (free) share; stock dividend.

freiberuflich *adj* | professional | ~**er Journalist** | free-lance writer | ~**er Mitarbeiter** | free-lance collaborator | ~**e Tätigkeit** | professional activity (work).

Freiberuflicher *m* | professional (self-employed) man; professional.

Frei..betrag *m* Ⓐ | free (exempt) amount.

—betrag *m* Ⓑ [steuerlicher ~] | amount exempt from tax.

Freibeuter *m* | freebooter; pirate.

Freibeuterei *f* | freebooting; piracy; privateering.

freibeutern *v* | to freeboot.

freibleibend *adj* | not binding | ~**es Angebot** | conditional offer | ~**e Order** | conditional order.

freibleibend *adv* | etw. ~ **anbieten** | to offer sth. without engagement.

Frei..brief *m* Ⓐ | charter.

—brief *m* Ⓑ [freie Hand] | blank check | **jdm. einen ~ geben** | to give sb. a free hand.

—denker *m* | free-thinker.

—exemplar *n* | free (gratis) (presentation) copy.

Frei..fahrkarte *f*; **—fahrschein** *m* | free ticket.
Freigabe *f* Ⓐ | release | ~ **der Wechselkurse** | floating.
Freigabe *f* Ⓑ [~ **von gepfändeten Gegenständen**] | replevin | **die ~ erlangen** | to replevy.
Freigabeklage *f* | petition to cancel the enforcement order.
freigeben *v* Ⓐ | to release | **eine Straße für den Verkehr** ~ | to open a road to traffic | **etw. zur Veröffentlichung** ~ | to release sth. for publication | **den Wechselkurs** ~; **die Wechselkurse** ~ | to float the exchange(s).
freigeben *v* Ⓑ [einen Pfandgegenstand ~] | to replevy.
freigebig *adj* | liberal; generous.
Freigebigkeit *f* | liberality; generosity; munificence.
freigeboren *adj* | free-born; of free birth.
freigemacht *adj* | prepaid; postage paid.
Freigepäck *n* | free luggage; free allowance of luggage.
Freihafen *m* [Zoll~] | free (bonded) port.
—gebiet *n*; **—zone** *f* | free (free port) zone.
—niederlage *f* | sufferance wharf (warehouse).
Freihandel *m* | free trade; mercantilism.
Freihandels..anhänger *m* | advocate of free trade; free trader.
—gemeinschaft *f* | free-trade association.
—partei *f* | free traders *pl.*
—politik *f* | free-trade policy.
—system *n* | free trade.
—zone *f* | free-trade area.
freihändig *adj* | ~**er Verkauf** | sale by private treaty (contract); free sale.
freihändig *adv* | **etw.** ~ **verkaufen** | to sell sth. by private contract.
Freihändler *m* | free trader; mercantilist.
Freiheit *f* Ⓐ | liberty; freedom | **Bewegungs**~ | freedom (liberty) of movement | free movement | **Diskussions**~ | free discussion | **Ermessens**~ | discretion | **Gedanken**~; **Gewissens**~ | freedom of thought (of conscience) | **Gewerbe**~ | freedom of trade (of exercising a trade) | **Gewerkschafts**~ | freedom of association | **Glaubens**~ | freedom of faith.
○ **Handels**~ | freedom (liberty) of trade; free trade | **Handlungs**~ | freedom (liberty) of action (of enterprise) | **Kontrahierungs**~ | freedom of contracting (to contract) | **Lehr**~ | freedom of teaching | ~ **der Meere** | freedom of the seas | ~ **der Meinungsäußerung**; **Rede**~ | liberty (freedom) of opinion; freedom of speech | **Münz**~ | free coinage | ~ **des Nachrichtenwesens**; **Nachrichten**~ | freedom of communications | **Niederlassungs**~ ① | freedom to settle (to establish a residence) | **Niederlassungs**~ ② | freedom of establishment.
○ **Presse**~ | freedom of the press | **Religions**~ | religious freedom; freedom of religion | ~ **der Stimmabgabe**; **Wahl**~ | freedom of election; free vote (election) | **Unternehmungs**~ | freedom of action (of enterprise); free enterprise | **Vereinigungs**~ | freedom of association | **Versammlungs**~ | freedom of assembly | **Vertrags**~ | freedom (liberty) of contract (of contracting) | **Wettbewerbs**~ | free (freedom of) competition.
★ **bürgerliche** ~; **staatsbürgerliche** ~ | civic liberty | **persönliche** ~ | personal freedom; individual (personal) liberty | **politische** ~ | political freedom | **verfassungsmäßige** ~; **von der Verfassung gewährleistete** ~ | constitutional liberty | **jdm. volle** ~ **lassen** | to give sb. a free hand | **sich die** ~ **nehmen, etw. zu tun** | to take leave (the liberty) to do sth. (of doing sth.).
Freiheit *f* Ⓑ | exemption; franchise; immunity | **Gebühren**~ | exemption from duty (from duties)

(from charges) | **Porto**~; **Portogebühren**~ | exemption from postage | **Stempel**~; **Stempelgebühren**~ | exemption from stamp duty | ~ **von Steuern und Abgaben**; **Steuer**~ | exemption from tax (from taxation); tax exemption | **Zoll**~ | exemption from duty (from duties) (from customs duties).
Freiheit *f* Ⓒ | **in** ~ | at large; free | **in der** ~ **behindert** | under restraint | **jdn. in** ~ **setzen** | to set sb. free; to release sb.
freiheitlich *adj* | liberal.
freiheitlich *adv* | ~ **gesinnt** | liberal-minded.
Freiheits..beraubung *f*; **—entziehung** *f* | false imprisonment.
—beschränkung *f* | restriction of liberty; restraint.
—bewegung *f* | movement of independence.
—kampf *m* | struggle for liberation.
—krieg *m* | war of liberation (of independence).
—strafe *f* | imprisonment | **Verurteilung zu** ~ | sentence to imprisonment; prison sentence.
Frei..jahr *n* | year of grace.
—karte *f* |free ticket (pass); free (free admission) ticket.
—kuvert *n* | stamped envelope.
—lager *n* | bonded (customs) warehouse.
freilassen *v* Ⓐ | **jdn.** ~ | to set sb. free; to release (to discharge) sb. | **jdn. gegen Ehrenwort bedingt** ~ | to release sb. on parole; to parole sb. | **einen Gefangenen** ~; **einen Verhafteten** ~ | to release a prisoner | **einen Verhafteten gegen Sicherheitsleistung (gegen Kaution)** ~ | to release a prisoner on bail | **jdn. vorläufig** ~ | to discharge sb. conditionally.
freilassen *v* Ⓑ [offen lassen] | **eine Stelle** ~ | to leave a blank (a blank space).
Freilassung *f* | release; discharge | ~ **gegen Bürgschaftsleistung**; ~ **gegen Kaution**; ~ **gegen Sicherheitsleistung** | release on bail | ~ **auf (gegen) Ehrenwort** | release on parole (upon word of hono[u]r) | ~ **eines Gefangenen** | release (freeing) of a prisoner | ~ **eines Sklaven** | freeing (emancipation) of a slave | **bedingte** ~; **vorläufige** ~ | conditional release (discharge) | **jds.** ~ **anordnen** | to order sb.'s release; to order sb. released.
Freiliste *f* [Zoll~] | free list.
freimachen *v* | to prepay the postage.
Freimachung *f* | prepayment of postage.
Freimachungs..gebühr *f* | postage; prepayment fee.
—zwang *m* | compulsory prepayment.
Freimarke *f* | stamp; postage stamp.
Freimaurer *m* | freemason.
Freimaurerei *f* | freemasonry.
Freimaurerloge *f* | masonic lodge.
Freiplatz *m* | stipendium; scholarship.
Freiplätze *mpl* | „keine ~" | "no free seats".
freischaffend *adj* | free-lance | ~**er Journalist** | free-lance writer.
Freischaffender *m* | free-lance.
freisprechen *v* | to acquit | **jdn. von einer Anklage** ~ | to acquit sb. of a charge.
freisprechend *adj* | absolutory | ~**es Urteil** | acquittal; verdict of acquittal.
Freisprechung *f*; **Freispruch** *m* | acquittal; verdict (sentence) of acquittal | ~ **mangels Beweises** | acquittal because of insufficient evidence.
Freistaat *m* | Free State; Republic.
freistaatlich *adj* | republican.
Freistatt *f*; **Freistätte** *f* | asylum; sanctuary.
Freistelle *f* | scholarship.
freistellen *v* Ⓐ | **jdn. von einer Schuld (von einer Verpflichtung)** ~ | to discharge (to relieve) (to release) sb. from an obligation | **jdn. von einer Steuer** ~ | to exempt sb. from a tax.

freistellen *v* ⑧ | **jdm. etw.** ~ | to leave sth. to sb.'s choice (option).
Freistellung *f* | ~ **von einer Verpflichtung** | release from an obligation | ~ **von einer Steuer** | exemption from a tax.
Freistellungs..bescheid *m* | notice of exemption.
—erklärung *f* | release; deed of release.
—klausel *f* | exemption clause.
Frei..tod *m* | suicide.
—umschlag *m* | stamped envelope.
Freiverkehr *m* | trading in the outside market | **im** ~ | in the inofficial market.
Freiverkehrs..kurs *m*; **—notiz** *f* | free market quotation; inofficial rate (price); rate in the outside market.
—makler *m* | outside broker.
—markt *m* | open (outside) (inofficial) (free) (over-the-counter) market.
—umsätze *mpl* | transactions in the outside market; outside transactions.
—werte *mpl* | free-market securities.
freiwillig *adj* | voluntary | ~**e Beiträge** | voluntary contributions (subscriptions) | ~**e Gabe** | free-will offering | ~**e Gerichtsbarkeit** | non-contentious jurisdiction; jurisdiction in non-contentious matters | ~**e Versicherung** | optional insurance | ~**e Versteigerung** | private auction | **un**~ | involuntary.
freiwillig *adv* | voluntarily; spontaneously | ~ **übernommene Disziplin** | voluntary discipline | ~ **abgelegtes Geständnis** | voluntary confession | ~ **beschlossene Liquidation** | voluntary liquidation | **sich** ~ **melden** | to volunteer | **un**~ | involuntarily.
Freiwillige *m* | volunteer | **sich als** ~**r melden** | to volunteer.
Freiwilligkeit *f* | spontaneousness; free will.
Freizeit *f* | free (recreation) (leisure) time; leisure.
—beratung *f* | recreation guidance.
—beschäftigung *f*; **—gestaltung** *f* | leisure (recreational) activities.
—einrichtungen *fpl* | recreation(al) facilities.
—industrie *f* | leisure (recreation) industry.
Freizone *f* | free zone.
freizügig *adj* | free to move about.
Freizügigkeit *f* ④ [Bewegungsfreiheit] | liberty (freedom) of movement; free movement.
Freizügigkeit *f* ⑧ [Niederlassungsfreiheit] | freedom to take up a (one's) domicile (to settle) | ~ **des Handels** | freedom of trade.
fremd *adj* | ~**e Angelegenheiten** | the affairs (concerns) of other people | ~**es Eigentum** | other people's (sb. else's) property | ~**es Erzeugnis** | foreign produce | ~**es Geld** | foreign money (currency) (exchange) | ~**e Gelder** ① | money (funds) of third parties | ~**e Gelder** ②; ~**e Mittel**; ~**es Kapital** | borrowed money(s); funds borrowed from outside | ~**es Land** | foreign country | ~**er Name** | adopted (assumed) name | **für** ~**e Rechnung** | for the account of a third party; for third party account | ~**e Rechtsangelegenheiten** | the legal matters of other persons | ~**e Sache** | sb. else's property | **einer Sache** ~ | alien from sth.; foreign to the matter | ~**e Sprache** | foreign language | ~**e Währung** | foreign currency (money) (exchange).
Fremd..auftrag *m* | outside contract; contract with an outside supplier.
—besitz *m* | possession held in the name of sb. else.
Fremde *f* ④ [Ausland] | **in der** ~ | abroad.
Fremde *f* ⑧ [Ausländerin] | foreigner; alien; stranger.
Fremden..buch *n* ④ [für Reisende] | register of visitors; hotel register.
—buch *n* ⑧ [für Besucher] | visitors' book; guestbook.

Fremden..führer *m* | tourist guide.
—industrie *f* | tourist industry.
—kontrolle *f*; **—polizei** *f* | aliens' registration.
—legion *f* | foreign legion.
—liste *f* | list of arrivals.
—pension *f* | boarding house; private hotel.
—verkehr *m* | tourist traffic; tourism.
—verkehrs..abgabe *f* | visitors' (non-resident) tax.
— —amt *n*; **— —büro** *n* | tourist board (office).
— —förderung *f* | promotion of tourism; tourist promotion.
— —verband *m* | tourist association.
— —verein *m* | local tourist office; tourists' information bureau.
Fremder *m*; **Fremdling** *m* [Ausländer] | foreigner; alien; stranger.
Fremdherrschaft *f* | foreign rule.
Fremdkapital *n* ④ [ausländisches Kapital] | foreign capital; capital (funds *pl*) borrowed from abroad.
Fremdkapital *n* ⑧; **—geld** *n* [geborgtes Kapital] | borrowed capital (funds *pl*); funds borrowed from outside sources.
Fremdsprache *f* | foreign language.
fremdsprachig *adj* | in a foreign language | ~**er Ausdruck** | foreign expression (word); foreignism.
fremdsprachlich *adj* | ~**e Fähigkeiten** | linguistic abilities.
Fremdwährung *f* | foreign currency (money) (exchange).
Fremdwährungs..konto *n* | account in foreign currency.
—scheck *m*; **—check** *m* [S] | cheque made out in foreign currency.
—schuld *f* | debt in foreign currency.
—schuldverschreibungen *fpl* | bonds in foreign currency.
—guthaben *npl* | credit balances (assets) (holdings) in foreign currency.
—versicherung *f* | insurance in foreign currency.
Fremdwort *n* | foreign word (expression).
Fremdwörterbuch *n* | dictionary of foreign words and expressions.
Freund *m* | **Geschäfts**~ | business friend; correspondent.
Freundeskreis *m* | circle of friends.
freundlich *adj* | friendly; amicable | ~**e Aufnahme** | friendly reception | **mit** ~**er Genehmigung** | with kind permission.
Freundschaft *f* | friendship | **Bande der** ~ | bonds of friendship; friendly relations | **jdm. seine** ~ **entziehen** | to withdraw one's friendship from sb.
freundschaftlich *adj* | friendly; amicable | ~**e Bande** | bonds of friendship; friendly relations | ~**e Beziehungen** | friendly (amicable) relations | **mit jdm.** ~**e Beziehungen haben**; **mit jdm. auf** ~**em Fuße stehen** | to be on friendly terms with sb. | ~**er Rat** | piece of friendly advice.
freundschaftlich *adv* | **eine Sache** ~ **beilegen** | to settle a matter amicably (in a friendly way) (manner); to come to a friendly arrangement.
Freundschafts..besuch *m* | goodwill mission.
—dienst *m* | act of friendship; friendly service (turn).
—pakt *m*; **—vertrag** *m* | treaty of friendship | **Bündnis und** ~ | treaty of alliance and friendship.
Frevel *m* | **Feld**~ | theft in the fields | **Forst**~ | offense against the forest laws.
Frieden *m* | peace | **Arbeits**~ | industrial peace | **Bedrohung des** ~**s** | threat to peace | ~ **um jeden Preis** | peace at any price | ~ **und Ruhe** | peace and order | **Sonder**~; **Separat**~ | separate peace | **Welt**~ | world peace; peace of the world.
★ **bewaffneter** ~ | armed peace | **dauerhafter** ~ |

lasting peace | **ehrenvoller** ~ | peace with hono(u)r; hono(u)rable peace | **kollektiver** ~ | collective peace.
★ **um** ~ **bitten** | to sue for peace | ~ **herrscht** | peace prevails | **mit jdm. in** ~ **leben** | to be at peace with sb. | | ~ **schließen** | to make (to sign) peace | ~ **stiften** | to pacify; to appease | **den** ~ **stören** | to break (to disturb) the peace | **den** ~ **wahren** | to keep the peace.
★ **im** ~ | in time(s) of peace; in peace | **in** ~ | peacefully; peaceably; by peaceful means.
Friedens..abordnung *f* | peace delegation.
—**angebot** *n* | peace offer.
—**annäherungen** *fpl* | peace overtures.
—**appell** *m* | appeal for peace.
—**bedarf** *m* | peacetime requirements.
—**bedingungen** *fpl* | conditions (terms) of peace; peace terms.
—**bedrohung** *f* | threat to peace.
—**brecher** *m* | breaker (disturber) of the peace; peace-breaker.
—**bruch** *m* | breach (violation) of the peace; peace-breaking.
—**diktat** *n* | dictated peace.
—**erklärung** *f* | peace declaration.
—**front** *f* | peace front.
—**fühler** *m* | peace feeler.
—**konferenz** *f* | peace conference.
—**kongreß** *m* | peace congress.
friedensmäßig *adj* | peacetime.
Friedens..miete *f* | pre-war rent(al).
—**pakt** *m* | peace treaty (pact).
—**politik** *f* | peace policy.
—**präliminarien** *pl* | peace preliminaries.
—**produktion** *f* | peace-time production.
—**richter** *m* | justice of the peace; magistrate.
—**schluß** *m* | conclusion of peace.
—**stifter** *m* | peacemaker; pacifier.
—**störer** *m* | disturber of the peace.
—**unterhändler** *m* | peacemaker.
—**verhandlungen** *fpl* | peace negotiations (talks).
—**vermittlung** *f* | peacemaking.
—**vertrag** *m* | treaty of peace; peace treaty (pact).
—**vorschlag** *m* | proposal of peace; peace proposal.
—**wert** *m* | pre-war value.
—**wille** *m* | paceful intentions *pl.*
—**wirtschaft** *f* | peace-time economy.
—**zeit** *f* | **in** ~; **in** ~**en** | in time (in times) of peace; in peace times; in peace.
—**zustand** *m* | state of peace | **im** ~ | in peace.
friedlich *adj* | peaceful; peaceable; pacific; in peace | ~**e Absicht** | peaceful intention | ~**e Absichten** | amicable designs | ~**e Beilegung** | peaceful (peaceable) settlement | ~**e Durchdringung** | peaceful penetration | **mit** ~**en Mitteln; auf** ~**em Wege** | by peaceful means; peacefully; peaceably.
friedliebend *adj* | peace-loving.
frisch *adj* | **auf** ~**er Tat** | in the act | **auf** ~**er Tat ergriffen werden** | to be apprehended in the act | **auf** ~**er Tat überrascht (ertappt) werden** | to be taken in the act; to be caught redhanded.
frisieren *v* | **die Bilanz** ~ | to cook (to doctor) the balance sheet.
frisiert *adj* | ~**e Bilanz** | cooked balance sheet.
Frist *f* | time; time limit; time allowed; term; period of time; period | **Abandon**~ | period allowed for making a declaration of abandonment | **Abhol**~ | time (period) for collection | **Abkürzung einer** ~ | shortening of a period | **Ablauf der** ~ | expiration of the period (term) | **den Ablauf einer** ~ **hemmen** |

to suspend the running (the expiration) of a period of time | **nach Ablauf dieser** ~ | upon expiration of this period (of this term) | **Ablauf einer bestimmten** ~ | expiration of a certain period of time | **Ablaufs**~ | term of expiration | **Abnahme**~ | term for accepting delivery.
○ **Anmelde**~; **Anmeldungs**~ | term for filing the (an) application | **Annahme**~ | term (period of time) for acceptance | **Aufbewahrungs**~ | period for keeping (for safe keeping) | **Aufgebots**~ | term fixed by public summons | **Ausführungs**~ | term of execution | **Ausschlagungs**~ | period for renunciation | **Ausschluß**~ | final term.
○ **Bedenk**~ | time for consideration | **Beginn einer** ~ | beginning of a term | **Begründungs**~ | period for filing reasons of appeal | **Berechnung einer** ~ | computation of a period | **Berufungs**~; **Beschwerde**~ | time of appeal (for appealing) | **Dreimonats**~ | period of three months | **unter Einhaltung einer** ~ **von ...** | keeping within a period of ... | **Einlassungs**~ | term (time) for joining issue | **Einreichungs**~ | term for filing.
○ **Einspruchs**~ | term (time) for appealing (for filing appeal) | **Erklärungs**~ | time for answer (for making an answer) | **Ersitzungs**~ | period of usucapion | **Fälligkeits**~ | time (day) of maturity | **Genuß**~ | tenure | **Gewähr**~; **Gewährs**~ | period of warranty | **Gnaden**~ | days of grace | **Höchst**~ | maximum period | **Inkubations**~ | incubation period | **Inventar**~ | term for the taking of the inventory; period within which an inventory must be made.
○ **Jahres**~ | period of one year; one year's period | **Klage**~ | period for filing suit | ~ **zur Klagsbeantwortung (Klagserwiderung)** | time (period) for filing [one's] defense | ~ **zur Klagserhebung** | limitation of time for filing action | **Kündigungs**~ ① | notice; period (term) of notice; period for giving notice | **Kündigungs**~ ② | period for giving notice of termination | **Ladungs**~ | notice given in the summons | **Lauf einer** ~ | course of a term | **Liefer**~ | term of (time for) delivery | **Mindest**~ | minimum period.
○ **Monats**~ | period of one month; one month's period | **Nach**~ ① | additional period of time | **Nach**~ ② | respite | **Nichteinhaltung einer** ~ | non-compliance (failure to comply) with a period of time | **Not**~ | latest (final) term | **Options**~ | period for stating (for exercising) one's option | **Präklusiv**~ | strict time limit | **Prioritäts**~ | priority period (term) | **Rechtsmittel**~ | period (time) for filing appeal (within which appeal must be filed) | **Respekt**~; **Schon**~ ① | days of grace | **Schon**~ ② | closed season.
○ **Schutz**~; **Urheberrechtsschutz**~ | term (duration) of copyright | **Sperr**~ | waiting period | **Überschreitung einer** ~ | overstepping of the time limit | **Umtausch**~ | period during which exchange may take place | **Verjährungs**~ | time (term) (period) of limitation (of prescription) | **Verlängerung einer** ~ | extension of a period (of a term) (of time) | **Vierteljahres**~ | period of three months; three months' term (period); term | **Vorlegungs**~; **Vorzeigungs**~ | term of presentation | **Warte**~ | waiting time (period) | **Zahl**~; **Zahlungs**~ | time (delay) for payment; term of payment; time to pay | **Zeichnungs**~ | subscription period.
★ **achttägige** ~; ~ **von acht Tagen** | period of eight days; eight days' period | **innerhalb der angegebenen** ~ | within the time named | **angemessene** ~ | reasonable period of time | **in angemessener** ~ | within a

Frist *f, Forts.*
reasonable time | **äußerste** ~; **letzte** ~ | latest (final) term | **dreimonatige** ~ | period of three months; three months' period | **nach vollen Tagen berechnete** ~ | term which is computed in full days | **dreitägige** ~ | period of three days; three days' period | **innerhalb der festgesetzten (vereinbarten)** ~ | within the agreed period | **gerichtlich (richterlich bestimmte) (gewährte)** ~ | term (time) fixed by the court (by the judge) | **gesetzliche** ~; **gesetzlich vorgeschriebene** ~ | prescribed time; legal term | **gewährte** ~ | time allowed (fixed) | **in (innerhalb) (innert) kürzester** ~ | at the shortest notice; in (within) the shortest possible time; with the minimum delay | **vorgeschriebee** ~ | fixed period | **innerhalb der vorgeschriebenen (vorgesehenen)** ~ | within the required time.
★ **eine** ~ **abkürzen** | to shorten a period | **eine** ~ **ablaufen lassen** | to allow a period to expire; to allow a term to lapse | **eine** ~ **berechnen** | to compute a period | **eine** ~ **bestimmen** | to fix a time limit | **eine** ~ **bewilligen (gewähren)** | to allow (to grant) (to give) a period of time | **eine** ~ **einhalten (wahren)** | to comply with (to observe) a term | **jdm. mit einmonatiger** ~ **kündigen** | to give sb. a (one) month's notice | **einen Vertrag mit einmonatiger** ~ **kündigen** | to terminate a contract at one month's notice | **eine** ~ **setzen** | to fix a term (a time limit) | **eine** ~ **überschreiten** | to exceed (to overstep) a period | **eine** ~ **verlängern** | to extend (to prolong) a term (a period) | **eine** ~ **versäumen** | to fail to comply with a term | **eine** ~ **verstreichen lassen** | to allow a term to lapse | **eine** ~ **wahren** | to comply with a term.
★ **innerhalb einer** ~ **von ...** | within a period of ...; within ... | **innerhalb einer** ~ **von acht Tagen nach** | within a period of eight days after; within eight days after | **während einer** ~ **von** | during a period of.
Frist..abkürzung *f* | shortening of a period.
—**ablauf** *m* | expiration of the period of time; end of the term | **bei** ~ | at term.
—**beginn** *m* | commencement of a period; beginning of a term.
—**bestimmung** *f* | fixing of a period.
—**bewilligung** *f*; —**gewährung** *f* | granting of a period.
Fristenberechnung *f* | computation of periods.
fristgemäß *adv* | at the agreed date; punctually.
fristgerecht *adj* | punctual.
fristgerecht *adv* Ⓐ | in due time (course); in time.
fristgerecht *adv* Ⓑ | complying with the period of time as agreed (as fixed).
Frist..gesuch *n* | petition for a respite.
—**kalender** *m* | follow-up calendar.
fristlos *adj* | ~**e Entlassung** | immediate (instant) dismissal | **Grund zur** ~**en Entlassung** | ground for instant dismissal.
fristlos *adv* | ~ **entlassen werden** | to be dismissed without notice; to be summarily dismissed.
Frist..tag *m* | day of respite (of grace).
—**überschreitung** *f* | non-compliance with a period of time; overstepping of the time limit.
—**verlängerung** *f* | extension (prolongation) of time; extension of a term (of a period) | **eine** ~ **erlangen** | to obtain an extension of time.
—**versäumnis** *f* | **wegen** ~ | because of (on account of) default.
Fronarbeit *f*; **Frondienst** *m* | forced labo(u)r.
frondienstpflichtig *adj*; **fronpflichtig** *adj* | subject (liable) to forced labo(u)r.

Front *f* Ⓐ [**Vorder**~; **Vorderseite**] | front; face | **Haus**~; **Straßen**~ | frontage.
Front *f* Ⓑ | **Friedens**~ | Peace Front | **Volks**~ | popular (people's) front | **Einheits**~; **gemeinsame** ~ | common (united) front.
frontal *adv* | ~ **zusammenstoßen** | to collide head-on.
Frontalzusammenstoß *m* | head-on collission.
Front..ansicht *f* | front view.
—**dienst** *m* | service at the front; field service.
—**wechsel** *m* | **einen** ~ **machen** | to change front.
—**zulage** *f* | combat allowance.
Frostschaden *m* | damage done by frost.
Früchte *pl* | fruits; results | **die** ~ **des Fleißes** | the fruits of industry | ~ **auf dem Halm** | growing (standing) crops; emblements | **Pfändung der** ~ **auf dem Halm** | distraint by seizure of crops | **natürliche** ~ | emblements | **zivile** ~ | interest | ~ **tragen** | to bear fruit | **die** ~ **ziehen (beziehen)** | to collect (to receive) the fruits.
Frucht..bezug *m*; —**erwerb** *m* | acquisition (receipt) of the fruits.
fruchtbringend *adj* | fruitful.
Frucht..folge *f* | rotation (succession) (change) of crops | **die** ~ **ändern** | to change the rotation of crops.
—**genuß** *m* | enjoyment.
fruchtlos *adj* | without effect; without result; ineffective; ineffectual; fruitless | ~**e Anstrengungen (Bemühungen)** | fruitless efforts | ~**e Pfändung** | futile (unsuccessful) distraint.
fruchtlos *adv* | **Pfändung** ~ **verlaufen** | no leviable goods found.
Fruchtlosigkeit *f* | ineffectiveness; fruitlessness; uselessness.
Frucht..tragen *n* | fruit-bearing.
—**wechsel** *m*; ——**wirtschaft** *f* | rotation (change) (succession) (shift) of crops; rotating crops; alternate husbandry.
früh *adj*; **frühzeitig** *adj* | early.
früher *adj* Ⓐ [**ehemalig**] | former | **der** ~**e Präsident** | the former president; the ex-president.
früher *adj* Ⓑ [**vorherig**] | anterior; previous | ~**e Abmachungen** | previous (already existing) arrangements | **der** ~**e Eigentümer** | the previous owner | | ~**e Einreichung** | prior application (presentation) | ~**e Forderung** | prior claim | **der** ~**e Inhaber** | the previous holder | ~**es Patent** | prior patent | ~**er Rang** | prior rank; priority of rank | ~**es Recht** | prior right; priority | ~**e Veröffentlichung** | prior publication.
frühestens *adv* | at [sb.'s] earliest convenience; as early as possible.
Frühgeburt *f* | premature birth.
Frühjahrsmesse *f* | spring fair.
Frühpost *f* | morning post; first mail.
Fug *m* | **mit** ~ **und Recht** | with good reason; rightfully.
Fühler *m* | feeler | **Friedens**~ | peace feeler | **einen** ~ **ausstrecken** | to throw out (to put out) a feeler.
Fühlung *f* | ~ **aufnehmen** | to make (to establish) contact.
Fühlungnahme *f* | getting into touch; taking contact.
führen *v* Ⓐ [**leiten**] | **sich von jdm.** ~ **lassen** | to follow sb.'s lead; to take sb. as an example.
führen *v* Ⓑ | **ein Amt** ~ | to hold an office; to be in office | **einen Artikel** ~ | to carry an article on stock; to keep an article | **die Aufsicht über etw.** ~ | to supervise sth. | **Beschwerde** ~ | to complain; to make (to lodge) a complaint | **den Beweis** ~, **daß** | to prove that | **einen Briefwechsel mit jdm.** ~ |

to be in (to carry on) (to have) correspondence with sb. | **Bücher** ~ | to keep books (accounts) | **etw. zu Ende** ~ | to carry out sth. | **zu einem Ergebnis** ~ | to lead to a result | **ein Fahrzeug** ~ | to drive a car (a vehicle) | **einen Feldzug gegen jdn.** ~ | to conduct a campaign against sb. | **ein Geschäft** ~ ① | to manage (to direct) a business | **ein Geschäft** ~ ② | to keep (to run) a shop | **die Kasse** ~ | to be in charge (to have charge) of the cash; to keep the cash | **Klage gegen jdn.** ~ | to bring an action against sb.; to sue sb. | **ein Konto für jdn.** ~ | to carry an account for sb. | **Krieg** ~ **gegen** | to make (to wage) (to carry on) war against | **einen Laden** ~ | to keep (to run) a shop | **einen Namen** ~ | to bear a name | **Protokoll** ~ | to keep the minutes | **einen Prozeß** ~ | to conduct a lawsuit (a case); to plead a case | **Rechnung** ~ | to keep accounts | **eine Sache** ~ | to conduct (to direct) a matter (an affair) | **einen Titel** ~ | to bear a title | **eine Unterhaltung** ~ | to carry on a conversation | **ein Verzeichnis** ~ | to keep a list (an account) | **den Vorsitz** ~ | to preside; to be in the chair | **einen Wagen** ~ | to drive a car (a vehicle) | **Waren** ~ | to keep goods on stock | **etw. schlecht** ~ | to misdirect sth.; to mismanage sth.
führen v © [betragen] | **sich** ~ | to conduct os.; to behave | **sich gut** ~ | to behave well; to conduct os. well | **sich schlecht** ~ | to misconduct os.; to misbehave.
führend adj | **eine** ~**e Firma**; **ein** ~**es Haus** | a leading firm | ~**e Marke** | leading brand | **die** ~**en Persönlichkeiten** | the leaders | **die** ~**en Staatsmänner** | the leading statesmen | ~**e Stellung** | leading position.
Führer m Ⓐ | **Arbeiter**~ | labo(u)r leader | **Banden**~; **Rädels**~ | ringleader | **Bauern**~ | peasant leader | **Fracht**~ | carrier; common carrier | **Fraktions**~ | fraction leader | **Geschäfts**~ | manager; business manager; managing director | **Gewerkschafts**~ | union (trade union) leader | **die Industrie**~ | the captains of industry | **Mehrheits**~ | majority leader | **Oppositions**~ | opposition leader | **Partei**~ | party leader | **Streik**~ | strike leader | **Wirtschafts**~ | industrial leader.
Führer m Ⓑ [Handbuch] | guide; guidebook | **Reise**~ | travel guide | **amtlicher** ~ | official guide.
führerlos adj | leaderless.
Führer..eigenschaften fpl; —**fähigkeiten** fpl | leadership qualities; leadership.
—**schaft** f | **unter der** ~ **von** | under the leadership of.
Führerschein m | driving (driver's) license | **jdm. den** ~ **entziehen** | to withdraw sb.'s driving license; to disqualify sb. from driving | **jdm. den** ~ **zeitweilig entziehen** | to suspend sb.'s license | **der** ~ **wurde ihm entzogen** | he was disqualified from holding a driving license.
—**entzug** m | revocation of a driving license.
Führung f Ⓐ [Leitung] | management; direction; leadership; guidance | ~ **eines Beweises**; **Beweis**~ | proving | ~ **der Bücher**; **Buch**~ | keeping of books; bookkeeping | ~ **einer Firma** | management of a firm (of a business) | **Geschäfts**~; ~ **der Geschäfte** | conduct of affairs | ~ **eines Geschäfts** | keeping of a shop | ~ **des Protokolls** | keeping the (of the) minutes | ~ **eines Prozesses**; **Rechtsstreits** | conduct of a lawsuit | **durch** ~ **eines Prozesses** | by litigating; by litigation; by resorting to litigation; by going to law; by legal process; by due course of law | ~ **einer Sache** | management (direction) of an affair | ~ **eines Staates** | government of a state | ~ **eines Titels** | use of a title | ~ **eines Unternehmens** | direction (management) of an enter-

prise | ~ **von Verhandlungen** | conduct of negotiations.
★ **die** ~ **übernehmen** | to take the lead (the initiative) | **unter jds.** ~ | under sb.'s leadership (guidance) | **unter der** ~ **von** | under the management (leadership) of; directed by.
Führung f Ⓑ [Betragen] | conduct; behavio(u)r | **gute** ~ | good conduct (behavio(u)r) | **schlechte** ~ | bad conduct; misconduct; misbehavio(u)r.
Führungs..anspruch m | claim of leadership.
—**aufgaben** fpl | management (executive) functions.
—**gremium** n | governing (managing) body.
—**gruppe** f | management group (team).
—**kräfte** fpl | management (top) executives; executive personnel.
—**spitze** f | top management.
—**stab** m | executive staff.
—**zeugnis** n | certificate of good conduct (of good behavio(u)r) (of good character).
Fuhr..geld n; —**lohn** m | cartage; carriage.
—**unternehmen** n | cartage (haulage) contractors; carter's business.
—**unternehmer** m | cartage contractor; carrier; carter.
—**wesen** n | **das** ~ | the carrying business (trade); carting.
Fund m Ⓐ [das Finden] | finding | **einen** ~ **machen** | to find sth.
Fund m Ⓑ [Fundgegenstand; Fundsache] | thing (object) found | **Schatz**~ | treasure trove | **einen** ~ **unterschlagen** | to appropriate sth. found.
Fundament n | foundation; base; basis.
fundamental adj | ~**er Rechtsgrundsatz** | fundamental principle of law.
Fundamentalsatz m | fundamental principle.
Fund..amt n; —**büro** n | lost-property office.
—**diebstahl** m; —**unterschlagung** f | appropriation of a thing found.
fundieren v Ⓐ [begründen] | to found.
fundieren v Ⓑ [konsolidieren] | **die Staatsschuld** ~ | to fund (to consolidate) the public debt.
fundiert adj Ⓐ [begründet] | founded | **gut** ~**es Unternehmen** | well-founded enterprise.
fundiert adj Ⓑ | ~**e Anleihe** | funded (permanent) (consolidated) loan | **die** ~**e Staatsschuld**; **die** ~**en Staatsschulden** | the consolidated (funded) debt.
Fundierung f Ⓐ [Begründung] | foundation.
Fundierung f Ⓑ [Konsolidierung] | funding; consolidation.
Fundierungsanleihe f | funding (consolidation) loan.
Fundort m | place of finding.
Fünfjahresplan m | five-year plan.
Fünftagewoche f | five-day week.
fungieren v | **als ...** ~ | to act (to officiate) as ...; to perform the duties of ... | **als Vertreter** ~ | to act as deputy; to deputize.
Funk m | **Bild**~ | wireless picture telegraphy | **Draht**~ | broadcast telephony | **durch** ~ | by wireless; by radio.
Funkentelegraphie f | wireless telegraphy; radiotelegraphy.
funkentelegraphisch adj | by wireless; by radio.
Funk..bericht m | broadcast account [of an event]; running commentary.
—**dienst** m | radiocommunications; wireless (radio) service.
—**fernschreiber** m | radio teletypewriter.
—**fernsprecher** m | radio telephone.
—**geheimnis** n | secrecy of radiocommunications.
—**gespräch** n | wireless telephone (radiotelephone) conversation | **ein** ~ **führen** | to radio-telephone.

Funk..spruch *m* | radiogram; wireless message; radio-telegram | **eine Nachricht durch** ~ **geben (senden)** | to telephone a message by wireless; to wireless a message | **jdn. durch** ~ **benachrichtigen** | to wireless to sb.
—**station** *f* | wireless (radio) station.
—**taxi** *n* | radio taxi.
—**telegramm** *n* | radiogram; radiotelegram; telegram via wireless.
Funktion *f* Ⓐ | function | **Gesetzgebungs**~ | legislative function | **Staats**~; ~ **des Staates** | function of the state; state function | **Vollzugs**~ | executive function | **beratende** ~ | advisory function | **richterliche** ~**en ausüben** | to exercise judicial functions; to officiate (to sit) as judge.
Funktion *f* Ⓑ [Amt] | office; duty.
Funktionär *m* | functionary | **Partei**~ | party functionary.
Funktionieren *n* | functioning.
funktionieren *v* | to function; to run | **gut** ~ | to be in good working (running) order.
Funk..verbindung *f* | radio contact (communication).
—**verkehr** *m* | radiocommunications.
Für *n* | **das** ~ **und Wider** | the pros *pl* and cons *pl*.
Fürsorge *f* | care | **Alters**~ | old-age relief | **Arbeitslosen**~ | unemployment relief | ~ **für Entlassene** | after-care | **Flüchtlings**~ | refugee relief | **Gesundheits**~ | sanitary care | **Hinterbliebenen**~ | assistance for the surviving dependents | **Invaliden**~ | disablement relief | **Jugendlichen**~ | juvenile welfare. ★ **ärztliche** ~ | medical care | **öffentliche** ~ | public relief (assistance) (welfare) | **der öffentlichen** ~ **zur Last fallen** | to become a public charge; to come upon the rates (upon the parish) | **zu Lasten der öffentlichen** ~ | chargeable to the public funds | **soziale** ~ | social (public) welfare | **jdm. die** ~ **für etw. anvertrauen** | to entrust sb. with the care of sth.
Fürsorger(in) *m* **und** *f* | social worker.
Fürsorge..aufwand *m*; —**ausgaben** *fpl* | expenditure on social services (on welfare institutions); welfare expenditure.
—**ausschuß** *m* | public welfare committee.
—**einrichtungen** *fpl* | social (welfare) institutions; social services.
—**erziehung** *f* | education in an institution (in a reformatory).
—**lasten** *fpl* | welfare costs.
—**leistungen** *fpl* | welfare benefits.
—**tätigkeit** *f* | social (welfare) work.
—**unterstützung** *f* | national (public) (social) assistance.
—**verein** *m* | welfare (relief) association.
—**verband** *m* | welfare organization (institution) | **öffentlicher** ~ | public welfare organization.
—**zögling** *m* | ward.
Fürsprache *f* | intercession | **für jdn. bei jdm.** ~ **einlegen** | to intercede (to make intercession) with sb. for sb. (in sb.'s behalf).
Fürsprech *m* [S]; **Fürsprecher** *m* [S] Ⓐ [Rechtsanwalt] | attorney at law; barrister at law; lawyer.
Fürsprecher *m* Ⓑ [Mittler] | mediator.
Fürst *m* | prince.
Fürstentum *n* | principality.
Fusion *f* | merger; merging; amalgamation.
fusionieren *v* | to amalgamate; to merge.
Fusionierung *f* | merger; amalgamation | **Zwangs**~ | compulsory amalgamation.
Fusions..bilanz *f* | consolidated balance sheet.
—**plan** *m* | merger plan.
—**verhandlungen** *fpl* | negotiations for a merger.

Fusionsvertrag *m* | merger agreement; deed of amalgamation.
Fuß *m* Ⓐ | **auf dem Kriegs**~ | on a war footing; in a state of war | **auf freiem** ~**e** | at large | **jdn. (jdn. wieder) auf freien** ~ **setzen** | to set sb. free (at large); to release sb. | **jdn. vorläufig auf freien** ~ **setzen** | to release sb. on bail | **mit jdm. auf freundschaftlichem** ~ **stehen** | to be on a friendly footing (on friendly terms) with sb. | **mit jdm. auf gleichem** ~**e (auf gleichberechtigtem** ~**) stehen** | to be on a footing of equality (on terms of equality) (on an equal footing) (on equal terms) with sb. | **mit jdm. auf gutem** ~**e stehen** | to be on good terms (on friendly terms) (on a good footing) with sb. | **am** ~**e** | below.
Fuß *m* Ⓑ [Satz] | rate | **Zins**~ | rate of interest.
Fußbemerkung *f*; —**note** *f*; —**notiz** *f* | foot note.
fußen *v* | **auf etw.** ~ | to rest (to be based) on sth.
Fußgänger *m* | pedestrian; foot passenger.
—**verkehr** *m* | pedestrian traffic.
—**zone** *f* | pedestrian area.
Fußspur *f* | footprint; foot mark.
Futterneid *m* | professional (trade) jealousy.
Fütterungskosten *pl* | cost of maintenance.

G

Gabe *f* Ⓐ | present.
Gabe *f* Ⓑ [Fähigkeit] | faculty.
Gage *f* | salary; pay.
Galerie *f* Ⓐ [Tribüne] | gallery.
Galerie *f* Ⓑ [Museum] | **Kunst**~ | art gallery.
Galgen *m* | gibbet; gallows | **jdn. an den** ~ **bringen** | to hang sb. on the gallows; to bring sb. to the gallows | **dem** ~ **entrinnen** | to cheat the gallows.
Gang *m* Ⓐ | course | ~ **der Geschäfte** | course (running) of business | ~ **der Verhandlung** | course of the trial | ~ **des Verfahrens** | course of the proceedings.
Gang *m* Ⓑ [Rund~] | round | **Bestell**~ | delivery round.
gangbar *adj* Ⓐ | practicable; workable.
gangbar *adj* Ⓑ | current.
gangbar *adj* Ⓒ; **gängig** *adj* | salable; marketable | ~**e Ware(n)** | goods of fair quality.
ganz *adj* | **der** ~**e Betrag; die** ~**e Summe** | the full (total) amount | **die** ~**e Welt** | the whole world | **Arbeit (Beschäftigung) für die** ~**e Woche** | full-time job; whole-time work.
ganz *adv*; **gänzlich** *adv* | completely; fully; wholly; totally; entirely | ~ **oder teilweise** | as a whole or in part.
Ganze *n* | **das** ~ **von etw.** | the whole of sth. | **beinahe das** ~ **von etw.** | nearly (almost) the whole of sth. | **ein** ~**s bilden** | to form one whole | **für das** ~ **haften (haftbar sein) (verantwortlich sein)** | to be liable for the whole | **als** ~**s** | as a whole; wholly.
ganzjährig *adj* | all the year round.
ganzseitig *adj* | ~**e Anzeige (Reklame)** | full-page advertisement.
ganztägig *adj* | ~**e Arbeit (Beschäftigung)** | full-time job; whole-time work.
ganztägig *adv* | ~ **arbeiten** | to work full time (whole-time).

Garant *m* | guarantor; guarantee; surety; warrantor | **Mit~** | coguarantor; cosurety; joint guarantor (guarantee).

Garantie *f* | guarantee; guaranty | **Bank~** | bank guarantee | **die ~ der persönlichen Freiheiten** | guarantee of personal liberties | **~ für die Herkunftsangabe** | warranty of origin | **Mit~** | joint guaranty; cosurety | **~ für Qualität** | warranty of quality | **Sicherheits~** | security guarantee | **Zins~** | guarantee that interest payments will be met. ★ **sichere ~** | reliable guarantee | **die verfassungsmäßigen ~n** | the constitutional guarantees | **vertragliche ~** | warranty | **~ leisten; die ~ übernehmen** | to guarantee; to guaranty | **als ~** | as (as a) guaranty; as guarantee | **mit ~** | guaranteed; warranted | **ohne ~** | without guarantee; without engagement.

Garantie..abkommen *n* | treaty of guarantee.
—**betrag** *m* | amount of the security.
—**depot** *n* | guarantee deposit.
—**erklärung** *f* Ⓐ | declaration of guarantee.
—**erklärung** *f* Ⓑ [Freistellungserklärung] | letter of guarantee (of indemnity); bond of indemnity; indemnity bond.
—**erklärung** *f* Ⓒ [Bürgschaftserklärung] | deed of suretyship.
—**fonds** *m* | guarantee (safety) fund.
—**frist** *f* | term of warranty.
—**geber** *m* | guarantor.
—**klausel** *f* | warranty clause.
—**konsortium** *n* | underwriting syndicate (committee).
—**macht** *m* | guaranteeing power.
—**pakt** *m* | guarantee pact.
—**provision** *f* | guarantee (guaranteeing) commission.
garantieren *v* | to guarantee; to warrant | **für die Bezahlung einer Schuld ~** | to guarantee the payment of a debt | **einen Wechsel ~** | to guarantee a bill of exchange.
garantiert *adj* | guaranteed | **~e Mindestauflage** | guaranteed minimum circulation | **~er Mindestlohn** | guaranteed minimum wage.
Garantie..schein *m* Ⓐ | letter of guarantee (of indemnity); bond of indemnity; indemnity bond.
—**schein** *m* Ⓑ [Bürgschaftsschein] | deed of suretyship.
—**syndikat** *n* | underwriting syndicate.
—**verband** *m* | underwriting syndicate.
—**verpflichtung** *f* | surety (bail) bond; deed of suretyship | **eine ~ eingehen** | to enter into a surety bond.
—**versicherung** *f* | fidelity insurance.
—**vertrag** *m* | deed of suretyship; treaty of guaranty.
—**zeit** *f* | guaranteed period.
Garderobemarke *f* | cloak-room ticket.
Garnison *f* | garrison; station | **in eine Stadt eine ~ legen** | to garrison a town | **in ... in ~ liegen** | to be garrisoned (stationed) (in garrison) in ...
garnisoniert *adj* | **in ... ~ sein** | to be garrisoned at ...
Garnisons..ort *m* | place of garrison.
—**stadt** *f* | garrison town.
Garnitur *f* | set | **vollständige ~** | full set.
Gast *m* | guest | **Ehren~** | guest of hono(u)r | **zahlender ~** | paying guest.
Gästebuch *n* | visitors' (guest) book | **sich in das ~ eintragen** | to sign the guest book.
Gast..arbeiter *m* | foreign (alien) (immigrant) worker.
—**geber** *m* | host.
—**geberin** *f* | hostess.
—**haus** *n* | public restaurant.
Gasthof *m* | inn; hotel.
—**land** *n* | host country.

Gastrecht *n* | law of hospitality | **jdm. ~ gewähren** | to accord sb. hospitality.
Gaststätte *f* | restaurant.
Gaststätten..besitzer *m* | keeper of a restaurant; restaurant owner; innkeeper.
—**gewerbe** *n* | **das ~** | the restaurant trade (business).
—**vorlesung** *f* | guest lecture.
—**vorstellung** *f* | guest performance.
—**wirt** *m* Ⓐ | keeper of a restaurant; innkeeper.
—**wirt** *m* Ⓑ | hotel proprietor.
—**wirtschaft** *f* | public restaurant.
Gatte *m* | husband; spouse.
Gatten *mpl* | spouses; husband and wife.
Gattin *f* | spouse; wife.
Gattung *f* | species; description; kind.
Gattungs..anspruch *m* | generic claim.
—**erfindung** *f* | generic invention.
—**schuld** *f* | debt which is determined by description.
Gau *m* | district; canton.
Gauner *m* | swindler; cheat; crook.
Gaunerbande *f* | gang of crooks.
Gaunerei *f* | swindling; cheating; fraud; knavish trick(s).
geachtet *adj* | respected; reputed.
geächtet *adj* | outlawed; proscribed.
Geächteter *m* | outlaw.
Gebäude *n* | building; edifice | **Bank~** | bank building | **Neben~** | annexe | **Regierungs~; öffentliches ~** | government (public) building | **gewerblich genutzte ~** *pl* | industrial buildings | **landwirtschaftliche ~** *pl* | farm buildings | **städtisches ~** | municipal building.
Gebäude..abnutzung *f* | depreciation of buildings.
—**komplex** *m* | group of buildings.
—**register** *n* | land register for built-up property.
—**schäden** *mpl* | damage to buildings.
—**steuer** *f* | tax on house-property; rate.
—**versicherung** *f* | insurance (fire insurance) on house property.
—**verwaltung** *f* | building (estate) management.
—**wert** *m* | property value.
— —**steuer** *f* | tax (assessment) on the property value (on the rating value).
geben *v* | **Almosen ~** | to give alms | **Anlaß zu etw. ~** | to give rise to sth. | **Anlaß zu Kritik ~** | to provoke (to give rise) to comment | **ein Beispiel ~** | to give (to set) an example | **von etw. eine Beschreibung ~** | to give a description of sth. | **jdm. etw. zu Eigentum ~** | to give sth. to sb. as property | **jdm. seine Tochter zur Frau ~** | to give sb. one's daughter in marriage | **jdm. etw. an die Hand ~** | to give sb. an option (first option) on sth. (to buy sth.) | **jdm. etw. fest an (an die) Hand ~** | to make sb. a firm offer of sth. (for sth.) | **ein Handgeld ~** | to give an earnest | **jdm. Kredit ~** | to give sb. credit | **Nachricht ~** | to give notice | **etw. zum Pfand ~** | to give sth. in pledge | **jdm. recht ~** | to admit that sb. is right | **etw. im Tausch gegen etw. ~; etw. gegen etw. ~** | to give sth. in exchange for sth. | **jdm. unrecht ~** | to state that sb. is wrong | **Veranlassung zu etw. ~** | to give rise to sth.
Geber *m* | giver | **Auftrag~** ① | principal; employer | **Auftrag~** ② | client | **Bodmerei~** | lender on bottomry; bottomry lender (creditor) | **Geld~** | money lender | **Vollmacht~** | giver of a power of attorney | **Wechsel~** | drawer of a bill of exchange.
Geberin *f* | giver.
Gebiet *n* Ⓐ | territory; area; region | **Absatz~** | marketing (trading) area; zone (area) of supply (of distribution) | **Abstimmungs~** | plebiscite zone |

Gebiet *n* Ⓐ *Forts.*
　Auswanderungs~ | region for immigration | **Bergbau~** | mining district | **Einfluß~** | zone (sphere) of influence | **Erzeugungs~** | production area; area of production | **Grenz~** | frontier zone (district).
　○ **Herrschaft (Hoheit) über ein ~** | sovereignty (sway) over a territory | **Hoheits~** | national (state) territory | **Industrie~** | industrial area; manufacturing district | **Kohlen~** | coal (coal-mining) district; coal field | **Konsum~** | consumption area | **Kriegs~** | war (military) zone; combat area | **Küsten~** | coastal region | **Mandats~** | mandated territory; territory under mandate | **~ des Mutterlandes** | home territory; home (mother) country | **Notstands~** | distress area | **Öl~** | oil field (district) | **Operations~** | zone of operations; combat area; war zone | **Pacht~** | leased territory | **Post~** | postal territory | **Produktions~** | area of production; production area.
　○ **Schutz~** | protectorate | **Sperr~** | restricted (prohibited) area | **Sprach~** | linguistic area | **Staats~** | state (national) territory | **Stadt~** | city area | **Teil~** | section of a territory | **Übersee~** | overseas territory | **Unruhe~** | disturbed area | **Unverletzlichkeit des ~s** | territorial integrity | **Verbrauchs~** | consumption area | **Versorgungs~** | supply area | **Vorstadt~** | suburban area | **Wirtschafts~** | economic area | **Zoll~** | customs territory | **Zollausschluß~** | free zone.
　★ **abgetretenes ~** | ceded territory | **autonomes ~** | autonomous (self-governing) territory | **besetztes ~** | occupied zone (territory) | **entmilitarisiertes ~** | demilitarized zone | **geräumtes ~** | evacuated area (zone) | **unbesetztes ~** | non-occupied zone (area) | **unerschlossenes ~** | undeveloped area (land) | **unterentwickelte ~e** | underdeveloped regions (areas) | **ein ~ in Bezirke einteilen** | to district an area.
Gebiet *n* Ⓑ [Bereich] | sphere; field | **Anwendungs~** | field of use (of application) | **Arbeits~**; **Tätigkeits~** | field of activity | **Herrschafts~** | empire; sway | **Interessen~** | sphere of interest.
gebieten *v* | to command; to rule; to govern.
Gebieter *m* | ruler.
gebieterisch *adj* | peremptory.
Gebiets..abkommen *n* | regional pact.
—**abtretung** *f* | cession of territory.
—**änderung** *f* | change of territory.
—**ansprüche** *mpl*; —**forderungen** *fpl* | territorial claims.
—**aufteilung** *f* Ⓐ [Verteilung] | distribution of a territory.
—**aufteilung** *f* Ⓑ [Zerteilung] | dismemberment.
—**ausschuß** *m* | local committee.
—**austausch** *m*; —**tausch** *m* | exchange of territory.
—**beschränkungen** *fpl* | territorial restrictions.
—**erweiterung** *f* | extension (enlargement) of territory.
—**erwerb** *m* | acquisition of territory.
—**hoheit** *f* | sovereignty (sway) (jurisdiction) over a territory.
—**körperschaft** | regional administrative (corporate) (government) body.
—**streitigkeit** *f* | territorial dispute.
—**teil** *m* | part (section) of a territory.
—**veränderung** *f* Ⓐ [Austausch] | exchange of territory.
—**veränderung** *f* Ⓑ [Grenzverschiebung] | border (frontier) modification.
—**verletzung** *f* | territorial violation.
geboren *part* | born | **im Ausland ~** | foreign-born | **erst~** | first-born | **frei ~** | free-born | **neu~** | new-born | **tot~** | still-born | **unehelich ~** | born out of wedlock | **Frau X, ~e Y** | Mrs. X, née Y.

geborgt *part* | borrowed.
Gebot *n* Ⓐ | command | **die ~e; die Zehn ~e** | God's Commands; the Ten Commandments | **ein ~ brechen** | to break a commandment | **die ~e halten** | to keep the commandments.
Gebot *n* Ⓑ [Befehl] | order | **jdm. zu ~e stehen** | to be at the disposal of sb.; to be at sb.'s orders.
Gebot *n* Ⓒ [Angebot] | bid; bidding; offer | **Abgabe eines ~s** | making a bid | **Aufforderung zur Abgabe von ~en** | invitation to bid (to make bids) | **Bar~** | cash bid | **Gegen~** | counter offer | **Höchst~**; **Meist~** | highest bid (offer) (bidding) | **Minder~** | lower bid (offer) | **Mindest~** ① | lowest bid | **Mindest~** ② | upset (put-up) price | **Schein~** | sham bid | **Über~** | higher bid; overbid.
　★ **erstes ~** | opening bid | **festes ~** | firm bid | **geringeres ~; niedrigeres ~** | lower bid (offer) | **geringstes ~; niedrigstes ~** | lowest bid | **höchstes ~; letztes ~** | highest (last) bid | **höheres ~** | higher bid (offer) (bidding); overbid.
　★ **ein ~ abgeben (machen)** | to make a bid (an offer) | **ein höheres ~ machen** | to make a further (higher) bid | **~e machen** | to make bids; to bid.
geboten *part* | Eile ist ~ | time is of the essence | **dringend ~** | imperative.
Gebrauch *m* Ⓐ [Benützung] | use; usage; using | **Gegenstände des persönlichen ~s** | articles of personal use | **Gegenstände für den persönlichen ~ des Reisenden** | articles for the personal use of the passenger | **Gemein~** | common usage | **zum ~ oder Verbrauch** | for use or consumption.
　★ **gewöhnlicher ~** | ordinary use | **für den heimischen ~** | for home consumption | **vertragsmäßiger ~** | stipulated use.
　★ **in ~ kommen** | to come into general use | **außer ~ kommen** | to grow out of use; to fall into disuse | **von etw. ~ machen** | to make use of sth.; to employ sth.; to bring (to put) sth. into use | **von einem Recht ~ machen** | to exercise a right | **etw. in ~ nehmen** | to bring (to put) sth. into use | **sich den ~ einer Sache vorbehalten** | to reserve the right to use sth.; to reserve the use of sth.
　★ **außer ~** | out of use; not in use; disused | **in ~** | in use; used | **zum ~ von** | for the use of.
Gebrauch *m* Ⓑ [Brauch] | usage; custom | **Handels~** | commercial usage; trade custom; custom of the trade; usance | **Orts~** | local custom | **See~** | maritime custom.
gebrauchen *v* | **etw. ~** | to use (to employ) sth.; to make use of th.; to bring (to put) sth. to use | **etw. falsch ~** | to misuse sth.
gebräuchlich *adj* | usual; in use; customary | **allgemein ~** | in general (current) use | **nicht ~; un~** | out of use; not customary; unusual | **wenig ~** | little used | **wie ~** | according to custom.
Gebrauchs..anweisung *f* | directions *pl* (instructions *pl*) for use.
—**artikel** *m* | **täglicher ~** | article of daily use.
—**berechtigter** *m* | commoner.
gebrauchsfähig *adj* | in workable (serviceable) (working) condition; fit for use.
Gebrauchsfähigkeit *f* | usability; working condition.
gebrauchsfertig *adj* | ready for use.
Gebrauchs..garantie *f* | warranty for wear.
—**gegenstand** *m* | article for daily use (for everyday use).
—**graphik** *f* | applied art; industrial design.
—**graphiker** *m* | industrial designer.
—**güter** *npl* | consumer durable goods (durables).
—**leihe** *f* | loan for use.

Gebrauchs..lizenz *f* | license to use.
—**muster** *n* | registered design (pattern); petty patent.
— —**rolle** *f* | register of designs.
— —**schutz** *m* | protection of patterns and designs.
—**recht** *n* | right of use (of user); right to use; user.
—**überlassung** *f* | loan for use.
—**vorschrift** *f* | directions (instruction) for use.
—**wert** *m* | value in use.
gebraucht *adj* | used | ~**er Gegenstand** | second-hand article | ~**e Marke** | used stamp.
gebraucht *adv* | etw. ~ **kaufen** | to buy sth. secondhand.
Gebraucht..wagen *m* | used (secondhand) car.
— —**geschäft** *n* | used-car business.
— —**händler** *m* | used-car dealer.
gebrechlich *adj* | disabled; invalid.
Gebrechlichkeit *f* | infirmity; disability.
Gebrüder *mpl* | **die Firma „~ X"** | the Firm of "X Brothers".
Gebühr *f* Ⓐ | fee; charge; duty; tax | **Abfertigungs**~ | forwarding fee | **Abfertigungs**~**en** | forwarding charges | **Abhol**~; **Abholungs**~ | collection fee; charge for collection | **Ablade**~**en** | fees for unloading; discharging fees | **Abonnements**~ | subscription price (rate) (fee) | **Abschreib**~**en** | copying fees | **Anerkennungs**~ | recognition fee | **Anmelde**~ | filing fee | **Anwalts**~**en** | counsel's (attorney's) (lawyer's) fees | **Aufbewahrungs**~ | fee (charge) for safe keeping (for safe custody) | **Aufnahme**~ ① | entrance (admission) fee; entrance money | **Aufnahme**~ ② | registration fee.
○ **Bearbeitungs**~; **Behandlungs**~ | handling charge (fee) | **Beglaubigungs**~ | legalization fee | **Berufungs**~ | appeal fee | **Beweis**~ | court fee for taking evidence | **gegen Bezahlung (gegen Entrichtung) einer** ~ | against payment of a fee | **Durchgangs**~ | transit rate | **Eich**~ | fee for verification and stamping of weights and measures | **Eilzustell**~ | express fee; charge for express delivery | **Einhebungs**~; **Hebe**~ | collecting (collection) charge (fee) | **Einheits**~ | uniform charge | **Einschreib**~ | registration fee | **Eintragungs**~ | registration (booking) fee | **Eintritts**~ | entrance (admission) fee | **Einziehungs**~ | collecting commission (charge); collection fee | **Einlade**~**en** | charging (loading) fees | **Entwicklungs**~ | engineering fee; development charge | **Erneuerungs**~ | renewal fee.
○ **Fernsprech**~ | call charge | **Freimachungs**~ | postage fee; postage | **Gepäckaufbewahrungs**~ | cloak room fee | **Gerichts**~ | court (legal) fee; law charges | **Gesamt**~ | inclusive (total) fee; total charge | **Grund**~ | basic fee | **Hafen**~**en**; **Kai**~**en** | port (dock) (harbo(u)r) dues; berthage; anchorage | **Hinterlegungs**~ | fee (charge) for safe keeping (safe custody) | **Inkasso**~ | collecting commission (charge); collection fee | **Jahres**~ | annuity; annual fee | **Kanalbenützungs**~ | drainage rate | **Kanal**~**en** | canal dues (rates) | **Kommissions**~ | commission fee; commission | **Konsulats**~ | consular fee | **Kontoführungs**~**en** | account carrying charge | **Kontroll**~ | control (inspection) fee | **Konversions**~ | conversion charge | **Lade**~ | fee for loading; loading charge.
○ **Lager**~ | storage fee; storage | **Leuchtfeuer**~ | lighthouse toll; beaconage | **Lizenz**~ | license fee; royalty | **Lotsen**~**en** | pilotage dues; pilotage | **Markt**~**en** | market dues (toll) | **Mindest**~ | minimum charge | **Monopol**~ | monopoly duty | **Nachnahme**~ | cash-on-delivery fee | **Nachsendungs**~ | charge for redirection | **Notariats**~**en** | notary's (notarial) fees | **Patenterneuerungs**~; **Patent-**

jahres~ | patent annuity; renewal fee | **Pauschal**~; **Pausch**~ | lump sum charge | **Platz**~ | fee for reservation; booking fee.
○ **Porto**~; **Post**~ | postage fee; postage | **Postlager**~ | poste-restante fee | **Protest**~**en** | protest fees | **Prozeß**~ | trial fee | **Prüfungs**~ ① | control (inspection) fee | **Prüfungs**~ ② | examination fee | **Sachverständigen**~ | expert's fee | **Schiffahrts**~**en** | navigation (shipping) dues | **Schreib**~ | copying fee | **Spät**~; **Späteinlieferungs**~ | late fee | **Stand**~ | stall money | **Stempel**~ | stamp duty (fee) | **Straßenreinigungs**~ | street cleaning rate | **Übergangs**~; **Übertragungs**~ | duty on transfer (on transfer of title); transfer (conveyance) duty | **Untersuchungs**~ | inspection (control) fee.
○ **Verhandlungs**~ | hearing charge (fee) | **Verpackungs**~ | packing charge | **Versicherungs**~ | insurance fee (premium) | **Versteigerungs**~**en** | auction charges (fees); auctioneer's fees | ~ **für Vorausbestellung** | booking fee; fee for reservation | **Vorzeige**~ | charge (fee) for presentation | **Wert**~ | ad valorem duty | **Zeugen**~ | witnesses' fee | **Zoll**~ | customs duty (fee) | **Zollabfertigungs**~; **Verzollungs**~ | fee for clearance through customs | **Zuschlags**~; **Zusatz**~ | extra (additional) fee (charge) | **Zustell**~ ① | charge for delivery; delivery charge (fee) | **Zustell**~ ②; **Zustellungs**~ | service charge.
★ **laufend fällig werdende** ~**en** | fees currently due | **feste** ~ | fixed rate (duty) | **notarielle** ~**en** | notarial (notary's) fees | **statistische** ~ | statistical tax | **tarifmäßige** ~ | scale charge.
★ **etw. mit einer** ~ **belegen** | to levy a duty on sth. | **eine** ~ **erheben** | to charge (to collect) a fee | ~**en niederschlagen** | to cancel charges | **ohne** ~; **ohne** ~**en** | free of charge; free of cost; without cost.
Gebühr *f* Ⓑ [Verdienst] | merit | **nach** ~ | according to merit | **über** ~ | excessively.
gebühren *v* | jdm. ~ | to belong (to be due) to sb.
gebührend *adj* | due; proper | **mit** ~**er Sorgfalt** | with due (due and proper) care.
Gebühren..anhebung *f* | increase of fees (of charges) (of rates).
—**ansatz** *m* | charging of fees.
—**aufschlag** *m* | extra (additional) charge.
—**berechnung** *f* | calculation of charges (fees).
—**erhebung** *f* | collection of fees (of charges).
—**erlaß** *m* | cancellation of the charges.
—**ermäßigung** *f* | reduction of fees (of charges).
—**erstattung** *f* | refund (repayment) of fees (of charges).
gebühren..fällig *adj* | subject to the payment of fees.
—**frei** *adj* | free of charge (of charges) (of duty); exempt from duty; duty-free | ~**e Lizenz** | royalty-free license.
Gebühren..freiheit *f* | exemption from charges (from duties) | **Post**~ | exemption from postage.
—**liquidation** *f* | account of charges.
—**marke** *f* | revenue stamp.
—**niederschlagung** *f* | cancellation of the charges.
—**ordnung** *f* | regulation of charges (of fees) | **ärztliche** ~ | medical rates | **gesetzliche** ~; **amtliche** ~ | legal (official) scale of charges (of fees).
—**pflicht** *f* | obligation to pay fees.
gebührenpflichtig *adj* Ⓐ | subject to the payment of a fee (of fees); liable to pay duty.
gebührenpflichtig *adj* Ⓑ | subject to a commission.
Gebühren..rechnung *f* Ⓐ | note of fees (of charges).
—**rechnung** *f* Ⓑ [für Anwaltsgebühren] | bill of costs.
Gebührenrevision *f* | rate revision.

Gebühren..rückerstattung *f* | repayment (refund) of a charge (of charges).
—**satz** *m* | rate of charge (of commission).
—**stempel** *m* | stamp fee.
—**tabelle** *f*; —**tarif** *m* | scale of charges (of fees).
—**überhebung** *f* | overcharge; excessive charge.
—**vorschuß** *m* Ⓐ | advance on fees.
—**vorschuß** *m* Ⓑ [auf Anwaltshonorar] | retainer.
—**zuschlag** *m* | supplementary charge; extra fee (charge).
gebunden *adj* Ⓐ [kontrolliert] | subject to control; controlled | ~e **Preise** | controlled prices | ~e **Wirtschaft** | controlled economy.
gebunden *adj* Ⓑ [beschränkt] | subject to restriction | ~e **Preise** | limited (fixed) prices.
gebunden *part* | bound; committed | **sich an eine Abmachung** ~ **halten** | to hold (to consider) os. bound by an agreement | **an sein Angebot (an seinen Antrag)** ~ **sein** | to be bound by one's offer | **durch sein Versprechen** ~ **sein** | to be bound by one's promise | **eidlich (durch Eid)** ~ **sein** | to be bound by oath; to be under oath | **vertraglich (durch Vertrag)** ~ **sein** | to be bound by contract; to be under contract | **sich an etw. nicht mehr** ~ **halten** | to consider os. no longer bound by sth. | ~ **sein, etw. zu tun** | to be obliged (to be bound) to do sth.
Geburt *f* Ⓐ | birth | **Erst**~ | first-born | **Fehl**~ | miscarriage | **Früh**~ | premature birth | **Tag der** ~ | day of birth | **Tot**~ | still-born | **Wieder**~ | rebirth | **zur Zeit seiner** ~ | at the time of his birth; when he was born.
Geburt *f* Ⓑ [Abkunft] | descent; extraction | **von** ~ **Amerikaner** | American by birth | **von** ~ **britischer Untertan** | British-born subject | **von** ~ **Deutscher sein** | to be German by birth | **von** ~ **deutscher Staatsbürger** | German-born citizen; natural-born German citizen | **durch** ~ **erworbenes Recht** | birthright; inherent right.
★ **von ehelicher** ~ | born in lawful wedlock; of legitimate birth; legitimate | **von freier** ~; **von frei** | free-born | **von hoher** ~ | of high birth (extraction); high-born | **von niederer** ~ | of low birth (extraction); low-born; base-born | **uneheliche** ~ | illegitimate birth; illegitimacy | **von unehelicher** ~ | born out of wedlock; illegitimate | **von** ~**s wegen** | by right of birth.
Geburten..abnahme *f*; —**rückgang** *m*; —**schwund** *m* | fall (decline) in the birthrate.
—**beschränkung** *f*; —**kontrolle** *f*; —**regelung** | birth control.
—**häufigkeit** *f* | number of births; birthrate.
—**register** *n* | register of births.
—**überschuß** *m* | excess of births over deaths.
—**ziffer** *f* | birthrate | **Rückgang der** ~ | falling of the birth-rate | **fallende** ~ | falling birthrate.
gebürtig *adj* | native; native-born; natural-born | ~**er Amerikaner** | American by birth; American-born citizen | ~**er Brite** | British-born subject | ~**er Deutscher** | German by birth; natural-born German | **aus** ... ~ **sein** | to be a native of ...; to be born at ...
Geburtsadel *m* | hereditary aristocracy.
—**anzeige** *f*; —**anmeldung** *f* | notification of birth.
—**datum** *n* | date of birth.
—**haus** *n* | birthplace.
—**jahr** *n* | year of birth.
—**jahrgang** *m* | class.
—**land** *n* | country of birth; native country (land).
—**name** *m* Ⓐ | name at birth.
—**name** *m* Ⓑ [Mädchenname] | maiden name.
—**ort** *m* | place of birth; birthplace.

Geburts..recht *n* | birthright.
—**schein** *m*; —**urkunde** *f* | certificate of birth; birth certificate.
—**tag** *m* | anniversary of birth; birthday.
—**tagsgeschenk** *n* | birthday present.
—**zeit** *f* Ⓐ [Datum; Tag] | date (day) of birth.
—**zeit** *f* Ⓑ; —**stunde** *f* | hour of birth.
Gedächtnis *n* | memory | **zur Unterstützung des** ~**ses** | as a record; for record purposes | **Verlust des** ~**ses** | loss of memory | **dem** ~ **von jdm. nachhelfen** | to refresh sb.'s memory | ~ **verlieren** | to lose one's memory | **aus dem** ~ | by heart.
Gedanke *m* | **Erfindungs**~ | idea of the invention; inventive idea | **Leit**~; **Grund**~ | leading (directive) (fundamental) idea | **schöpferischer** ~ | creative idea.
Gedanken..austausch *m* | exchange of views | **in** ~ **mit jdm. treten** | to exchange ideas with sb.
—**gang** *m* | train of thoughts.
gedeckt *adj* | ~ **sein** | to be covered; to have securities | **durch Versicherung** ~ **sein** | to be insured (covered by insurance) | **durch Vertrag** ~; **vertraglich** ~ | covered (secured) by contract; covenanted.
Gedeih *m* | **auf** ~ **und Verderb** | for better or worse.
gedeihen *v* | to prosper; to be prosperous; to thrieve.
Gedenk..marke *f* | commemorative stamp.
—**münze** *f* | commemorative coin (medal).
—**protokoll** *n* | memorandum.
—**tag** *m* | anniversary.
gedruckt *adj* | printed; in print | ~**es Antragsformular** | printed application form | ~**es Exemplar** | printed copy | ~**es Formular** | printed blank (form) | ~**e Kopie** | printed copy; print.
geeignet *adj* | ~**e Maßnahmen** | appropriate measures (steps).
geerbt *adj* | acquired by inheritance; inherited.
Gefahr *f* | danger; peril; risk | **auf** ~ **des Absenders** | at sender's risk | **Brand**~; **Feuers**~ | fire risk (danger); risk (danger) of fire | **Bruch**~ | risk of breakage; breakage risk | **auf** ~ **des Eigentümers** | at (at the) owner's risk | **Eis**~ | ice risk | **auf** ~ **des Empfängers** | at the risk of the consignee | **Hafen**~ | risk of port | **Kollusions**~ | fear of collusion | **auf seine Kosten und** ~ | at his costs and risks (perils) | **Kriegs**~ | war risk; risk (peril) of war.
○ **Lebens**~ | danger to life | ~ **für Leib und Leben** | danger to life and health | **Leichter**~ | risk of craft (of lighters); craft (lighterage) risk | **auf eigene Rechnung und** ~ | at one's own risks | **auf jds. Risiko und** ~ | at sb.'s risks and perils | **See**~ | maritime (marine) risk (peril) (adventure); dangers (perils) of the sea; sea peril | ~ **für die Staatssicherheit** | threat to national security.
○ **Übergang der** ~ | passage of the risks | **Unfall**~ | accident risk | ~ **des zufälligen Unterganges** | risk of accidental loss (destruction) | **Verdunkelungs**~ | fear of collusion | ~ **des Verlustes oder der Beschädigung** | risk of loss or damage | ~ **der Verwechslung**; **Verwechslungs**~ | possibility of confusion | ~ **im Verzug** | danger in delay (in delaying) | **es ist** ~ **im Verzug** | there is some risk in waiting (in delay) | **bei** ~ **im Verzug** | in case of danger in delay | ~ **des Zusammenstoßes** | collision risk | **ernste** ~; **schwere** ~ | grave danger | **drohende** ~; **gegenwärtige** ~; **unmittelbare** ~ | imminent danger (peril) | **es besteht keine unmittelbare** ~ | there is no immediate danger.
★ **eine** ~ **abwenden (beseitigen)** | to avert (to ward off) a danger | **sich nicht in** ~ **begeben** | to keep out of danger | **eine** ~ **für etw. bilden** | to be a danger to

sth. | etw. in ~ bringen | to expose sth. to a risk (to a danger); to imperil (to endanger) sth. | die ~ geht über auf | the risk passes to | ~ laufen | to run a risk (risks); to be exposed to a risk (a danger); to risk | ~ laufen, zu unterliegen | to risk defeat | ~ laufen, alles zu verlieren | to risk (to run the risk of) losing everything | in ~ sein | to be in danger (in jeopardy) | den ~en von etw. trotzen | to dare the perils of sth.
★ auf alle ~en hin; auf jede ~ hin | at all risks (hazards) | auf jds. ~; auf seine ~ | at sb.'s risk (peril) | auf ~ von | at the risk of; at the peril of | außer ~ | out of danger | gegen alle ~en | against all risks | in ~ | in danger; in peril; in jeopardy; endangered; imperiled.

gefährden *v* | etw. ~ | to endanger sth.; to expose sth. to a danger; to imperil (to prejudice) sth. | **jds. Existenz** ~ | to endanger (to imperil) sb.'s livelihood | **jds. Interessen** ~ | to jeopardize sb.'s interest | **seinen Kredit** ~ | to imperil one's credit | **seinen guten Ruf** ~ | to imperil one's good name | **die Sicherheit des Landes (des Staates)** ~ | to endanger (to be a threat to) the security of the country | **die Steuer** ~ | to prejudice the tax.

gefährdet *adj* | endangered; imperiled; in danger; in peril | ~ **sein** | to be in jeopardy | **ernstlich** ~ **sein** | to be in serious jeopardy.

Gefährdung *f* | jeopardy; endangering | ~ **der öffentlichen Ordnung** | prejudice to public order | ~ **der Sicherheit des Staates** | threat to national security | ~ **der öffentlichen Sicherheit** | threat to public security | ~ **der Sittlichkeit** | prejudice to public decency.

Gefährdungshaftung *f* | absolute liability.

gefährlich *adj* | dangerous; perilous; risky | **ein** ~**er Gegner** | a dangerous opponent.

Gefährlichkeit *f* | danger; peril; risk.

Gefahren..bereich *m* | danger area.

—**klasse** *f* | class (category) of risks.

—**meldung** *f* | danger warning.

—**punkt** *m* | danger point.

—**quelle** *f* | source of danger.

—**tarif** *m* | schedule of risks.

—**zone** *f* | danger zone (area).

Gefahrerhöhung *f* | aggravation of the risk (of risks).

gefahrlos *adv* | without risk; safely; securely.

Gefahrübergang *m* | passage of the risk | **Zeitpunkt des** ~**es** | time at which the risk passes.

gefahrvoll *adj* | perilous; dangerous.

Gefälle *n* Ⓐ [Unterschied] | difference; margin; gap | **Preis**~ | difference in prices; price difference | **Zins**~ | margin between interest rates.

Gefälle *n* Ⓑ [Abgabe] | duty.

Gefälle *n* Ⓒ [Straßen~] | toll.

Gefälleinnehmer *m* | toll collector.

gefällig *adj* | obliging; accommodating | **zur (zu Ihrer)** ~**en Kenntnisnahme** | for your kind attention.

Gefallen *m*; **Gefälligkeit** *f* | favo(u)r; courtesy | **jdm. einen** ~ **(eine** ~**) erweisen (tun)** | to do sb. a favo(u)r | **von jdm. einen** ~ **(eine** ~**) verlangen** | to ask a favo(u)r of sb. | **als** ~; **aus** ~ | as a favo(u)r; in order to oblige.

Gefälligkeits..annahme *f*; —**akzept** *n* Ⓐ | accommodation acceptance.

—**akzept** *n* Ⓑ; —**wechsel** *m* | accommodation bill (paper).

—**darlehen** *n* | accommodation loan.

gefälscht *adj* | forged; falsified | ~**e Banknote** | forged bank note | ~**e Bilanz** | fraudulent (false) balance sheet | ~**es Geld** | forged money | ~**er Scheck**

(Check [S]) | forged cheque | ~**es Testament** | forged will (testament) | ~**e Unterschrift** | falsified signature.

gefangen *adj* | in prison; imprisoned; captive | **sich** ~ **geben** | to give os. up.

Gefangenen..anstalt *f* | prison.

—**arbeit** *f* | prison work (labo(u)r).

—**austausch** *m* | exchange of prisoners.

—**befreiung** *f* | rescue of a prisoner (of prisoners).

—**fürsorge** *f* | prison welfare.

—**lager** *n* | prison camp.

—**wagen** *m* | prison van.

Gefangener *m* | prisoner | **Kriegs**~ | prisoner of war | **Staats**~; **politischer** ~ | state (political) prisoner | **Untersuchungs**~ | prisoner awaiting trial.

gefangenhalten *v* | jdn. ~ | to hold sb. prisoner; to keep sb. imprisoned (in prison).

Gefangenhaltung *f* | detention.

Gefangennahme *f* | arrest; apprehension; capture.

gefangennehmen *v* Ⓐ | jdn. ~ | to arrest (to apprehend) sb.

gefangennehmen *v* Ⓑ | jdn. ~ | to take sb. prisoner; to imprison sb.

Gefangenschaft *f* | captivity; detention.

Gefängnis *n* Ⓐ [Strafe] | imprisonment; penalty of imprisonment; prison | ~ **auf Lebenszeit; lebenslängliches** ~ | imprisonment for life; life imprisonment | **drei Monate im** ~ | three months in prison; imprisonment for three months; a three months' prison term | **Strafzeit im** ~ | term in prison (of imprisonment); prison term | **Verurteilung zu** ~ | prison sentence.
★ **jdn. mit** ~ **bestrafen** | to punish sb. with imprisonment | **mit** ~ **zu bestrafen sein** | to be punishable with imprisonment | **mit** ~ **bestraft werden** | to be sentenced to (to be punished with) imprisonment | **auf** ~ **erkennen** | to inflict imprisonment; to pronounce sentence of imprisonment | **jdn. zu** ~ **verurteilen** | to sentence sb. to (to punish sb. with) imprisonment; to give sb. a prison term | **zu** ~ **verurteilt werden** | to be sentenced to go to prison; to be given a prison term.

Gefängnis *n* Ⓑ [Strafanstalt] | prison; jail; gaol | **Arbeits**~ | workhouse | **Ausbrechen aus dem** ~ | prison breaking; jailbreak | **Einlieferung in das** ~ **(ins** ~**)** | commitment to prison | **Entlassung aus dem** ~ | discharge (release) from prison | ~ **für politische Gefangene** | state prison | **Militär**~ | detention barracks | **Schuld**~ | debtor's prison | **Straf**~ | convict prison; penitentiary | **Untersuchungs**~ | house of detention; prison | **Zellen**~ | cellular prison.
★ **aus dem** ~ **ausbrechen** | to break jail (gaol); to break out of prison | **jdn. ins** ~ **bringen; jdn. dem** ~ **überweisen** | to commit sb. to prison | **ins** ~ **gehen** | to go to prison (to jail) | **im** ~ **sein (sitzen)** | to be in prison (in jail); to be imprisoned | **jdn. ins** ~ **stecken (werfen)** | to put sb. into prison (into jail); to send (to throw) sb. into prison.

Gefängnis..aufseher *m* | jailer; jailor.

—**ausbruch** *m* | jailbreaking.

—**direktor** *m* | prison governor (warden).

—**hof** *m* | prison yard.

—**revolte** *f* | prison riot.

—**schiff** *n* | floating prison.

Gefängnisstrafe *f* | penalty of imprisonment; imprisonment | **eine** ~ **in Geldstrafe umwandeln** | to convert imprisonment to fine | **Verurteilung zu** ~ | sentence of imprisonment; prison sentence | **lebenslängliche** ~ | imprisonment for life; life imprisonment | **eine**

Gefängnisstrafe f, Forts.
~ **absitzen (verbüßen)** | to serve a sentence (a term) of imprisonment (a prison term) | **jdn. mit ~ begen; jdn. zu ~ verurteilen** | to sentence sb. to (to punish sb. with) imprisonment; to give sb. a prison term; to send sb. to prison | **auf ~ erkennen; eine ~ verhängen** | to pronounce sentence of imprisonment; to inflict imprisonment | **bei ~** | under penalty of imprisonment.
Gefängnis..verwaltung f | prison administration.
—**wärter** m | warden; jailer; jailor.
—**wesen** n | penitentiary system; prison administration.
gefaßt part Ⓐ [ab~] | worded | **wohl ~** | well worded.
gefaßt part Ⓑ [ergriffen] | **~ werden** | to be apprehended.
Gefolge n | suite; retinue.
Gefolgschaft f Ⓐ [Belegschaft] | **die ~** | the staff; the body of workers.
Gefolgschaft f Ⓑ [Anhängerschaft] | **die ~** | the followers; the adherents.
Gefolgschaftsmitglied n | member of the staff.
gefragt part | **~ sein; ~ werden** | to be in demand; to come into demand | **stark ~ sein** | to be in great demand.
Gefüge n | **Preis~** | price structure.
gegebenenfalls | as the case may be; should the case arise (occur).
gegen prep | **~ X. und Genossen** | versus X. and others | **in Sachen X. ~ Y.** | in the matter of (in re) X. versus (vs.) Y.
gegen adv | **~ etw. sein** | to be opposed to sth.; to be against sth.
Gegen..aktion f | counteraction; counter-operation.
—**anerbieten** n; —**angebot** n | counter-offer | **ein ~ machen** | to offer sth. in return.
—**angriff** m | counter-attack | **einen ~ machen** | to counter-attack.
—**anschaffung** f | return remittance; reimbursement.
—**anspruch** m | counterclaim, counter-claim; cross-claim (demand) | **Gegenansprüche stellen** | to counterclaim.
—**antrag** m | counter-motion; counter-petition; cross-petition | **~ stellen** | to counter-petition; to cross-petition.
—**anwalt** m | opposing counsel.
—**argument** n | counter-argument.
—**aufstellung** f | counter-statement.
—**auftrag** m Ⓐ [Gegenbefehl] | counter-instruction; counter-order.
—**auftrag** m Ⓑ [Gegenorder] | countermand | **einen ~ erteilen** | to countermand an order.
—**aussage** f | deposition (statement) to the contrary.
—**bedingung** f | counter-condition.
—**behauptung** f Ⓐ | counter-statement.
—**behauptung** f Ⓑ | traverse; denial [of the facts alleged by the opposing party].
—**bescheinigung** f; —**bestätigung** f | counter-attestation; counter-confirmation.
—**beschuldigung** f | cross-charge; countercharge.
—**besuch** m | return visit.
—**bewegung** f | counter-movement; reaction.
—**beweis** m | counter-evidence; evidence (proof) to the contrary | **den ~ antreten (erbringen) (führen)** | to prove the contrary | **den ~ nicht ausschließen** | not to exclude evidence to the contrary.
—**blockade** f | counter-blockade | **die ~ verhängen** | to counter-blockade.
—**brief** m Ⓐ [Antwortbrief] | reply.

Gegen..brief m Ⓑ [Bestätigungsbrief] | letter of confirmation.
—**buch** n | control (pass) book.
gegenbuchen v | to make a counter-entry.
Gegen..buchung f [Gegeneintrag] | counter-entry; cross-entry; reversing entry; reversal | **eine ~ machen** | to reverse an entry.
—**bündnis** n | opposition league.
—**bürge** m | counter-security; counter-surety.
—**bürgschaft** f | counter-bail; counter-bond; counter-security.
Gegend f | region; area.
Gegen..deckung f | counter-security.
—**demonstranten** mpl | counter-demonstrators.
—**demonstration** f | counter-demonstration.
—**dienst** m | service in return | **jdm. einen ~ erweisen** | to render sb. a similar service; to reciprocate sb.'s services.
—**eintrag** m | reverse entry.
—**einwand** m | counter-plea.
—**entwurf** m | counter-project.
—**erklärung** f Ⓐ | counter-declaration; counter-statement.
—**erklärung** f Ⓑ [Replik] | rejoinder; retort.
—**erklärung** f Ⓒ [Duplik] | defendant's rejoinder.
—**erklärung** f Ⓓ [Dementi] | denial | **eine formelle ~ abgeben** | to give a formal denial; to enter a denial.
—**forderung** f | counterclaim; cross-claim; counter-demand | **eine ~ erheben; ~en erheben** | to counter-claim.
—**frage** f | counter-question.
—**gebot** n | counter-offer.
—**geschäft** n | return (counter-)transaction.
—**geschenk** n | present in return.
—**gesuch** n | cross-petition; counter-petition.
—**gewicht** n | counterbalance.
—**gutachten** n | counter-opinion.
—**instruktion** f | counter-instruction; counter-order.
—**instruktionen** fpl | instructions to the contrary.
—**kandidat** m | opposition (rival) candidate | **ohne ~** | uncontested; unopposed | **in einer Wahl ohne ~en gewählt werden** | to be returned unopposed.
—**klage** f [Widerklage] | counter-suit; cross-action.
—**kläger** m [Widerkläger] | defendant (party) bringing counteraction.
—**kritik** f | counter-criticism.
—**läufigkeit** f | opposite movement(s).
Gegenleistung f Ⓐ | counter-performance.
Gegenleistung f Ⓑ [Entschädigung] | consideration; compensation | **~ in Geld; geldeswerte ~** | consideration in money; money consideration | **angemessene ~** | fair and valuable consideration | **feste ~; festbestimmte ~** | agreed compensation | **gleichwertige ~** | adequate consideration | **als ~ für** | as compensation for | **mangelnde ~; mangels ~** | absence (want) of consideration | **ohne ~** | without valuable consideration.
Gegenleistung f Ⓒ [Gegenwert] | equivalent; counter-value.
Gegen..lizenz f | cross-license | **eine ~ erteilen** | to cross-license.
—**maßnahme** f; —**maßregel** f Ⓐ | countermeasure.
—**maßnahme** f; —**maßregel** f Ⓑ [Repressalie] | reprisal.
—**meinung** f | contrary opinion.
—**mittel** n | remedy.
—**offerte** f | counter-offer.
—**order** f Ⓐ [Gegenbefehl] | counter-instruction; counter-order.

Gegen..order *f* Ⓑ [Abbestellung] | countermand; cancellation of an order.

—**partei** *f* Ⓐ | **die** ∼ | the opposing party.

—**partei** *f* Ⓑ [der Gegner] | **die** ∼ | the opponent.

—**partei** *f* Ⓒ [Opposition] | **die** ∼ | the opposition party; the opposition.

—**petition** *f* | cross-petition; counter-petition | **eine** ∼ **abfassen (einreichen)** | to counter-petition.

—**pfand** *n* | counter-pledge.

—**plan** *m* | counter-project.

—**posten** *m* Ⓐ [Ausgleichsposten] | balancing entry; set-off; offset.

—**posten** *m* Ⓑ [Rückposten] | counter-entry; cross-entry; reversing entry.

—**probe** *f* | counter-proof.

—**protest** *m* | counter-protest.

—**quittung** *f* | counter-receipt; receipt in return.

—**rechnung** *f* Ⓐ | contra-account | **eine** ∼ **aufmachen** | to make out a contra-account.

—**rechnung** *f* Ⓑ [Ausgleich] | set-off; offset | **durch** ∼ **ausgleichen** | to counterbalance.

—**rede** *f* | counter-declaration.

—**regierung** *f* | counter-government.

—**repressalien** *fpl* | counter-retaliation.

—**revolution** *f* | counter-revolution.

—**revolutionär** *m* | counter-revolutionary.

gegenrevolutionär *adj* | counter-revolutionary.

Gegen..rimesse *f* | counter-remittance; return remittance.

—**saldo** *m* | counterbalance.

Gegensatz *m* | contrary; opposite | **im** ∼ **zu** | contrary to; in opposition to; in contradistinction to.

Gegensätze *mpl* | **fundamentale** ∼ | fundamental differences | **innere** ∼ | intrinsic divergencies.

gegensätzlich *adj* | contrary; opposite | ∼**e Ansichten (Meinungen)** | opposed opinions.

Gegen..schlag *m* | counter-blow.

—**schuld** *f* | counter-obligation.

Gegenseite *f* Ⓐ | **die** ∼ | the opposing (adverse) party.

Gegenseite *f* Ⓑ [Opposition] | **die** ∼ | the opposition.

gegenseitig *adj* | mutual; reciprocal | ∼**e Abhängigkeit** | interdependence | ∼**er Beistand** | mutual assistance | **in** ∼**em Einvernehmen (Einverständnis)** | by mutual consent (agreement) | ∼**es Testament** | reciprocal will | ∼**er Vertrag** | mutual (bilateral) contract.

gegenseitig *adv* | **sich** ∼ **aufheben** | to cancel each other | ∼ **voneinander abhängen** | to interdepend; to be interdependent.

Gegenseitigkeit *f* | mutuality; reciprocity | **unter der Bedingung (unter der Voraussetzung) (unter Wahrung) der** ∼; ∼ **vorausgesetzt** | on condition of reciprocity (of reciprocal treatment); subject to reciprocity | **auf der Grundlage der** ∼; **auf** ∼ | on mutual terms | **Grundsatz (Prinzip) der** ∼ | principle of reciprocity (of mutuality); bilateralism | **Handelsabkommen auf** ∼ | reciprocal trade agreement | **Kreditverein (Vorschußverein) auf** ∼ | mutual loan association (society) | **System der** ∼ | system of reciprocity | **Unterstützungsverein auf** ∼ | mutual (mutual-benefit) society | **Verband auf** ∼ | mutual association | **Versicherung auf** ∼ | mutual insurance (assurance) | **Versicherungsverein auf** ∼ | mutual (mutual insurance) company | ∼ **der Zolltarife** | tariff reciprocity | **auf** ∼ **beruhen** | to be reciprocal.

Gegenseitigkeits..abkommen *n* | reciprocal treaty (agreement).

—**geschäft** *n* | barter business (transaction).

—**klausel** *f* | reciprocity clause.

Gegenseitigkeits..prinzip *n* | principle of reciprocity (mutuality); bilateralism.

—**vereinbarung** *f*; —**vertrag** *m* | reciprocal treaty (agreement).

—**versicherung** *f* | mutual (reciprocal) insurance; insurance on the mutual principle.

Gegen..sicherheit *f* | counter-security.

—**spieler** *m* Ⓐ | adversary.

—**spieler** *m* Ⓑ | counterpart; opposite number.

—**spionage** *f* | counter-espionage.

Gegenstand *m* Ⓐ [Sache; Ding] | object; article | **Bedarfs**∼ | article of consumption | ∼ **des täglichen Bedarfs** | article of prime necessity | **Fund**∼ | lost article | ∼ **des täglichen Gebrauchs** | article in daily use | **Kauf**∼ | article of purchase | **Kunst**∼ | piece of art | **Erbschafts**∼; **Nachlaß**∼ | object forming part of the estate; object belonging to the inheritance | **Tausch**∼ | article of exchange | **Wert**∼ | valuable article; article of value | **verpfändeter** ∼ | pawn; pledge | **versicherter** ∼ | property insured.

Gegenstand *m* Ⓑ [Sach-; Angelegenheit] | subject; matter; subject matter | **Diskussions**∼ | matter for discussion | **Erfindungs**∼ | subject matter of an invention | **Prozeß**∼; **Streit**∼ ① | matter at issue (in dispute); case; litigious matter | **Streit**∼ ② | matter of dispute | ∼ **des Unternehmens** | object of the company (of the enterprise) | ∼ **der Verhandlung** | subject matter of the trial | **Vertrags**∼ | subject matter of a contract | **zum** ∼ **haben** | to purport.

Gegenstände *mpl* | ∼ **des persönlichen Gebrauchs** | articles for personal use; personal effects | **unpfändbare** ∼ | property which cannot be attached.

gegenstandslos *adj* | purposeless; irrelevant | ∼ **werden** | to become obsolete; to lose its purpose.

Gegen..stimme *f* | dissentient voice | **ohne** ∼**n** | unanimously | **ohne** ∼**n gewählt werden** | to be returned unopposed.

—**strömung** *f* | counter-current.

—**stück** *n* | counterpiece; counterpart; opposite number.

Gegenteil *n* | [the] contrary | **Behauptung des** ∼**s** | assertion of the contrary | **Beweis des** ∼**s** | evidence (proof) to the contrary | **bis zum Beweis des** ∼**s** | in the absence of evidence (failing proof) to the contrary; until the contrary is proved | **aus dem** ∼ **argumentieren** | to argue from the contrary | **das** ∼ **behaupten** | to maintain the contrary | **das** ∼ **beweisen** | to prove (to produce proof of) the contrary | **falls (wenn) nicht das** ∼ **bewiesen wird** | unless the contrary is proved | **genau das** ∼ | the very reverse; just the opposite; quite the contrary | **im** ∼ | on the contrary.

gegenteilig *adj* | contrary; opposed; opposite | ∼**e Anordnungen**; ∼**er Bescheid** | instructions to the contrary | ∼**e Ansicht (Meinung)** | opinion to the contrary | ∼**er Ansicht sein** | to be of contrary opinion | ∼**e Berichte (Nachrichten)** | reports to the contrary | **bis zum Eintreffen** ∼**er Nachricht(en)** | until I (we) (you) hear to the contrary.

Gegenteiliges *n* | **sofern nichts** ∼ **bekannt (mitgeteilt) wird** | unless I (we) (you) hear otherwise (to the contrary).

gegenüberstellen *v* Ⓐ [konfrontieren] | **zwei Zeugen einander** ∼ | to confront two witnesses.

gegenüberstellen *v* Ⓑ [vergleichend ∼] | to compare.

Gegenüberstellung *f* Ⓐ [Konfrontierung] | confrontation | ∼ **des Angeklagten und der Zeugen** | confrontation of the accused with the witnesses | ∼ **der (von) Zeugen; Zeugen**∼ | confrontation of (of the) witnesses.

Gegenüberstellung *f* Ⓑ [Vergleichung] | comparison; juxtaposition | **durch ～ der (von) Tatsachen; durch Tatsachen～** | by comparing facts | **in ～ zu** | as opposed to; in contradistinction to.
Gegenüberstellung *f* Ⓒ [vergleichende ～] | comparative table (tables).
Gegen..unterschrift *f* | counter-signature.
—untersuchung *f* | counter-enquiry.
—verpflichtung *f* | counter-obligation.
—versammlung *f* | opposition meeting.
—versicherung *f* | re-insurance, reinsurance; counter-assurance; counter-insurance.
—versprechen *n* | counter-bond.
—vorbehalt *m* | counter-reserve.
—vormund *m* | supervising (joint) guardian; co-guardian.
—vormundschaft *f* | supervising (joint) guardianship.
—vorschlag *m* | counter-proposal; counter-proposition.
—vorstellung *f* | remonstrance | **jdm. ～en machen** | to remonstrate with (against) sb.
Gegenwart *f* | presence | **Geistes～** | presence of mind | **ununterbrochene ～** | uninterrupted presence.
gegenwärtig *adj* | present | **～e Gefahr** | imminent danger.
Gegenwartswert *m* | present value.
Gegen..wechsel *m* | counter-bill.
—wehr *f* | defense; resistance | **in berechtigter ～** | in legitimate defense; in self-defense.
—weisung *f* | counter-order; countermand.
Gegenwert *m* Ⓐ | counter-value | **entsprechender ～** | adequate (valuable) consideration.
Gegenwert *m* Ⓑ [Äquivalent] | equivalent.
—mittel *npl* | counterpart funds *pl.*
Gegenzeichen *n* | countermark | **mit einem ～ versehen** | to countermark.
gegenzeichnen *v* | to countersign.
Gegen..zeichner *m* | countersigner; countersigning party.
—zeichnung *f* | countersigning; counter-signature.
—zeuge *m* | witness for the opposing party.
—zug *m* | counter-move.
Gegner *m* Ⓐ [Widersacher] | opponent; adversary; antagonist | **Regierungs～** | member of the opposition (of the opposition party); opposition member | **ein überzeugter ～** | a confirmed opponent | **einen ～ erledigen** | to finish off an opponent | **sich jdn. zum ～ machen** | to antagonize sb.
Gegner *m* Ⓑ [Prozeß～; Gegenpartei] | opposing party | **Anfechtungs～** | party subject to avoidance | **Vertrags～** | contracting partner.
Gegner *m* Ⓒ [Gegenanwalt] | opposing counsel.
gegnerisch *adj* | opposed; adverse | **der ～e Anwalt** | opposing counsel | **die ～e Partei** | the opposing party.
Gegnerschaft *f* Ⓐ [gegnerische Einstellung] | opposition; antagonism | **sich zu jdm. in ～ setzen** | to come into antagonism with sb. | **keine ～ finden** | to be (to remain) unopposed.
Gegnerschaft *f* Ⓑ [die Gegner] | **die ～** | the opponents.
gegründet *adj* | founded; established.
Gehalt *n* Ⓐ [Vergütung] | salary | **Abzug vom ～** | deduction from the salary; salary deduction | **Anfangs～** | starting (initial) salary | **Anspruch auf Zahlung eines ～s** | right to get a salary paid; salary claim | **Auszahlung der Gehälter** | payment of the salaries | **Fest～; festes ～** | fixed (regular) salary | **Höchst～** | maximum salary | **Jahres～** | annual (yearly) salary | **Monats～** | monthly (month's) salary (pay) | **Reduzierung (Abbau) der Gehälter** | reduction of salaries; salary reductions (cuts) | **～**

im Rückstand; rückständiges ～ | salary arrears (in arrear); back pay | **～ mit Rückwirkung vom ...** | salary with arrears as from ... | **Ruhe～** | retiring pension; pension | **～ nach Vereinbarung** | salary by agreement | **Vorschuß auf das ～** | advance on salary; salary advance | **Warte～** | half-pay; retaining pay.
★ gefordertes ～ | salary asked (requested) | **mit einem hohen ～; gegen ein hohes ～; mit hohen Gehältern** | high-salaried | **volles ～** | full pay.
★ die Gehälter auszahlen | to pay (to pay out) the salaries | **jdm. ein ～ bezahlen** | to pay sb. a salary; to salary sb. | **ein ～ beziehen** ① | to draw (to receive) a salary | **ein ～ beziehen** ② | to be in a salaried position | **ein festes ～ beziehen** | to draw a fixed salary.
Gehalt *m* Ⓑ [innerer Wert] | intrinsic value.
Gehalt *m* Ⓒ [Prozent～] | content; percentage | **Alkohol～** | alcoholic strength | **Fein～** | standard; fineness; standard (degree) of fineness | **Gold～** | gold content; standard of gold.
gehalten *part* | **～ sein, etw. zu tun** | to be obliged (to be bound) to do sth.
Gehalts..abbau *m* | reduction of salaries; salary reductions *pl* (cuts *pl*).
—abzug *m* | deduction from the salary.
—anspruch *m* | right to get a salary paid; salary claim.
—ansprüche *mpl* | salary asked (requested).
—aufbesserung *f*; **—erhöhung** *f* | increase of salary; salary increase; increase; rise.
—bezüge *mpl* | emoluments.
—einstufung *f* | salary classification.
—empfänger *m* | salary earner; salaried man.
—empfänger *mpl* | salaried personnel.
—forderung *f* | salary claim.
—grenze *f* | **oberste ～** | maximum salary | **unterste ～** | minimum salary.
—gruppe *f*; **—klasse** *f*; **—stufe** *f* | salary group (bracket).
—herabsetzung *f*; **—kürzung** *f*; **—reduzierung** *f*; **—senkung** *f* | reduction of salary (of salaries); salary reduction(s) (cuts).
—konto *n* | salary account.
—liste *f* | payroll | **jdn. auf die ～ setzen** | to pay sb. a salary; to put sb. on a salary basis | **auf der ～ stehen** | to be on the payroll.
—nachzahlung *f* | payment of salary arrears.
—pfändung *f* | attachment of salary (of pay).
—rückstände *mpl* | accrued salaries; salary arrears; back pay.
—scheck *m*; **—check** *m* [S] | pay cheque.
—tarif *m* | scale of salaries.
—vorschuß *m* | advance on salary; salary advance.
—zahlung *f* Ⓐ [Zahlung des Gehaltes] | salary payment.
—zahlung *f* Ⓑ [Auszahlung der Gehälter] | payment of the salaries.
—zulage *f* Ⓐ | increase of salary; salary increase; increase; rise.
—zulage *f* Ⓑ | extra pay.
gehandelt *part* | **an der Börse ～** | negotiated (traded) at the exchange.
geheim *adj* | secret | **～e Abstimmung** | secret vote; ballot; balloting | **～e Akten** | confidential papers (documents) | **～e Beratung** | deliberation in camera | **～es Bündnis** | secret alliance | **～e Dienstsache** | restricted (classified) matter | **～es Einvernehmen (Einverständnis)** | secret understanding | **～er Mangel** | hidden (latent) (secret) fault (defect) | **～e Reserve (Rücklage)** | secret (hidden) reserve | **～e Staatspolizei** | secret political (state) police | **～e**

Umtriebe | secret plots | ～er Vorbehalt | mental reservation | ～e Wahl | secrecy of vote (of voting); secret vote | durch ～e Wahl | by a secret ballot | ～e Zusammenkunft | secret assembly (meeting) | streng ～ | top secret | im ～en | secretly; in secrecy.

geheim *adv* | ～ abstimmen | to take a ballot; to ballot | etw. ～ halten | to keep sth. secret.

Geheim..abkommen *n* | secret treaty (pact); clandestine agreement.

—agent *m* | secret agent.

—bericht *m* | confidential (classified) report.

—buch *n* | private (secret) ledger.

—bund *m* | secret society.

—bündelei *f* | secret plots.

—bündnis *n* | secret alliance.

—code *m* | secret (cipher) code.

—dienst *m* | der ～ | the secret (intelligence) service.

—diplomatie *f* | secret diplomacy.

—dokument *n* | secret document.

—druckerei *f* | clandestine printing plant.

—erfindung *f* | secret invention.

—fonds *m* | secret fund.

geheimhalten *v* | etw. ～ | to keep sth. secret.

Geheimhaltung *f* | secrecy; discretion | jdn. zur ～ verpflichten | to bind sb. to secrecy | zur ～ verpflichtet sein | to be sworn to secrecy | mangelnde ～ | lack of secrecy (of privacy) | strengste ～ | utmost secrecy.

Geheimhaltungs..einstufung *f*; **—stufe** *f* | security grading (classification).

—pflicht *f* | professional secrecy | Verletzung der ～ | breach of professional secrecy.

Geheim..klausel *f* | secret clause.

—konto *n* | private (secret) account.

—nachrichten *fpl* | secret intelligence.

Geheimnis *n* | secret | Amts～ | official secret | Bank～ | bank secret | Berufs～ | professional secret | Beicht～ | confessional secret; secret of the confessional | Betriebs～; Geschäfts～; Gewerbe～ | trade secret | Brief～; Post～ | secrecy of letters (of correspondence); privacy of letters | Fabrik～; Fabrikations～ | secret process (manufacturing process) | Funk～ | secrecy of radiocommunications | Nachrichten～ | secrecy of telecommunications | Staats～ | official secret | Wahl～ | secret vote; secrecy of voting.

★ ein offenes ～ | an open secret | ein ～ wahren | to keep a secret | ein ～ preisgeben (verraten) | to betray a secret | das ～ kennen; in ein ～ eingeweiht sein | to be in the secret | jdn. in ein ～ einweihen | to let sb. into a secret.

Geheim..nummer *f* | unlisted [telephone] number.

—organisation *f* | secret organization.

—pakt *m* | secret (clandestine) pact.

—papiere *npl* | secret papers (documents).

—patent *n* | secret patent.

—polizei *f* | secret police (service).

—polizist *m* | detective.

—protokoll *n* | secret memorandum (protocol).

—schlüssel *m* | cipher key.

—schrift *f* | code; writing in cipher; cipher writing; ciphers *pl* | in ～ | coded; in code; in ciphers.

—sender *m* | secret transmitter.

—sitzung *f* | secret (closed) session.

—sprache *f* | secret (coded) (code) (cipher) language; ciphers *pl*.

—verbindung *f* | secret society.

—verfahren *n* | secret process (manufacturing process).

—versammlung *f* | secret assembly (meeting).

—vertrag *m* | secret pact (treaty); clandestine agreement.

Geheimwort *n* | password.

Gehilfe *m* Ⓐ [Assistent] | aid; assistant.

Gehilfe *m* Ⓑ [Handlungs～] | employee; clerk.

Gehilfe *m* Ⓒ [Komplize] | accomplice.

Gehilfin *f* Ⓐ [Assistentin] | lady assistant.

Gehilfin *f* Ⓑ [Angestellte] | lady employee (clerk).

Gehör *n* | hearing | jdm. ～ schenken | to give sb. a hearing | rechtliches ～; Anspruch auf rechtliches ～ | right to a day in court | jdn. ohne ～ (ohne rechtliches ～) verurteilen | to condemn sb. without a hearing.

gehören *v* Ⓐ | jdm. ～ | to belong to sb. | jdm. zu Eigentum ～ | to be owned by sb.; to be sb.'s property | dem Staat ～ | to be government-owned (state-owned) | jdm. zum Teil ～ | to be partly owned by sb. | jdm. vollkommen ～ | to be wholly owned by sb.

gehören *v* Ⓑ | zu etw. ～ | to be a part of sth.

gehörend *part* | belonging [to].

gehörig *adj* Ⓐ [zu～] | belonging [to] | jdm. zu Eigentum ～ | owned by sb. | der Krone ～ | appertaining to the Crown.

gehörig *adj* Ⓑ | zu etw. ～ | being (forming) a part of sth. | zur Sache ～ | relevant; pertinent | nicht zur Sache ～ | irrelevant.

gehörig *adj* Ⓒ [gebührend] | due; proper | mit der ～en Sorgfalt | with due diligence; with due care and attention.

gehörig *adv* [in gebührender Form] | due; duly; proper; properly; in due (proper) form.

gehorchen *v* | to obey | einer Anordnung ～; einem Befehl ～ | to comply with an order | nicht ～; sich weigern, zu ～ | to disobey; to refuse obedience (to obey).

Gehorsam *m* | obedience | Verweigerung des ～s | refusal to obey; disobedience; insubordination | blinder ～; unbedingter ～ | blind obedience | den ～ verweigern | to refuse obedience (to obey); to disobey | jdn. zum ～ zwingen | to compel obedience from sb.

gehorsam *adj* | obedient | un～ | disobedient.

Gehorsams..verweigerer *m* | insubordinate soldier (sailor).

—verweigerung *f* | refusal to obey; insubordination.

Geisel *f* | hostage | Austausch von ～n | exchange of hostages | Hinrichtung (Erschießung) von ～n | execution of hostages | ～n nehmen; als ～n behalten | to keep as hostages | ～n stellen | to give hostages | als ～ | as (as a) hostage.

Geiselmord *m* | murder (murdering) of hostages.

Geiselnahme *f* | taking hostages.

Geist *m* | mit dem ～ und dem Buchstaben von etw. in Widerspruch stehen (unvereinbar sein) | to be in opposition to the spirit and the letter of sth. | nach dem ～ des Gesetzes | according to the spirit of the law | Kasten～ | class consciousness | Korps～; Zunft～ | class spirit | Partei～ | party spirit | Unternehmungs～ | spirit of enterprise; enterprising spirit | Widerspruchs～ | spirit of opposition | schöpferischer ～ | creative mind.

Geistes..arbeit *f* | intellectual (brain) work.

—arbeiter *m* | brain worker.

—gegenwart *f* | presence (readiness) of mind.

geistesgestört *adj* | ～ sein | to be mentally deranged; to be of unsound (unbalanced) (deranged) mind.

Geistes..gestörtheit *f* | mental disorder (derangement).

—haltung *f* | attitude of mind.

—kraft *f* | strength of intellect.

geisteskrank *adj* | insane; of unsound mind | **unheilbar** ~ | incurably insane; of incurably unsound mind | ~ **werden** | to become insane | **jdn. für** ~ **erklären** | to declare sb. insane.

Geistes..kranker *m* | lunatic; insane person; insane | **entmündigter** ~ | certified lunatic (insane).

—**krankheit** *f* | insanity; mental alienation | **unheilbare** ~ | incurable insanity.

Geistesleben *n* | **das** ~ | the intellectual life.

Geistes..produkt *n*; —**schöpfung** *f* | intellectual product (creation).

geistesschwach *adj* | feeble-minded; weak-minded; imbecile.

Geistes..schwäche *f* | weak-mindedness; feeble-mindedness; imbecility.

—**schwacher** *m* | imbecile.

—**störung** *f* | mental disorder (alienation) (aberration); derangement of mind.

—**tätigkeit** *f* | mental activity | **Störung (krankhafte Störung) der** ~ | derangement of mind; mental derangement (deficiency) (defect) (trouble); unsound (unbalanced) mind | **in einem Zustande krankhafter Störung der** ~ | while (while in a state) of unsound mind; while insane | **vorübergehende Störung der** ~ | temporary derangement of mind.

—**verfassung** *f* | state of mind; mental state (condition).

—**verwirrung** *f*; —**zerrüttung** *f* | mental alienation; insanity.

Geisteszustand *m* Ⓐ | state of mind; mental state (condition) | **Untersuchung auf den** ~ | mental examination | **jdn. auf seinen** ~ **untersuchen** | to give sb. a mental examination | **jdn. auf seinen** ~ **untersuchen lassen** | to have sb. given a mental examination.

Geisteszustand *m* Ⓑ [Mentalität] | mentality.

geistig *adj* | mental; intellectual | ~e **Arbeit** | intellectual work | ~er **Arbeiter** | brain worker | ~er **Defekt** | mental defect (deficiency) | ~er **Diebstahl** | plagiarism | ~es **Eigentum** | copyright | ~e **Gemeinschaft** | spiritual (intellectual) fellowship | ~e **Mißhandlung** | mental cruelty | ~e **Störung** | mental derangement (deficiency) (defect) (trouble); unsound (unbalanced) mind | ~e **Umnachtung** | mental alienation; insanity | **in einem Zustand** ~er **Umnachtung** | while (while in a state) of unsound mind; while insane | **der** ~e **Urheber** | the author | **der** ~e **Vater** | the spiritual father | ~e **Verwandtschaft** | spiritual relationship.

geistig *adv* | ~ **arbeiten** | to do intellectual (mental) work | ~ **gesund** | of sound mind; sound in mind | ~ **umnachtet** | insane; of unsound mind | ~ **zurechnungsfähig** | mentally competent | ~ **zurückgeblieben** | mentally retarded.

geistlich *adj* | spiritual; clerical; ecclesiastical | ~e **Gerichtsbarkeit** | ecclesiastical jurisdiction | ~er **Orden** | religious order | **der** ~e **Stand** | the clergy | **Angehöriger des** ~en **Standes** | ecclesiastic; clergyman; minister | **in den** ~en **Stand treten** | to take holy orders.

Geistlicher *m* | ecclesiastic; clergyman; minister | **katholischer** ~ | priest | **protestantischer** ~ | minister; pastor.

Geistlichkeit *f* | clergy.

Gelände *n* | land; piece (plot) of land | **Bau**~ | building site (plot) | **erschlossenes** ~ | developed land.

—**abtretung** *f* | cession of land.

—**aufnahme** *f*; —**vermessung** *f* | land survey(ing).

Geld *n* Ⓐ | money; cash | **Abfindung in** ~ | financial (cash) settlement | **Anweisung von** ~ | money order (transfer); assignment of funds | **Aufbringen (Auf-**

bringung) (Aufnahme) (Beschaffung) von ~ | raising of money (of funds) (of capital) | **Bank**~ | bank money | **Bar**~ | cash; ready money | **Beitrag in** ~ | contribution in money | **Empfang von** ~ | receipt of money | **Entschädigung in** ~ | cash (monetary) indemnity; compensation in cash | **Ersatz**~ | emergency money.

○ **Falsch**~ | counterfeit (bad) (base) (forged) money; base (false) coin | ~ **von gesetzlicher Feinheit** | coin(s) of legal fineness; standard money | ~ **oder Geldeswert** | money or money's worth | **Gold**~ | gold coin (currency) | **Hart**~; **Metall**~ | metallic currency; coined money; hard cash | **Interims**~ | scrip money; scrip | **Klein**~ | change; small money (change) (coin) | **Kupfer**~ | copper coin; copper | **Leistung in** ~ | payment in cash; cash payment.

○ **Mündel**~ | orphan money | **Münz**~ | coined money; coin(s) | **Not**~ | emergency money | **Papier**~ | paper currency (money); fiduciary money (currency) | **Silber**~ | silver money (coin) (coinage) (currency) | **Summe** ~es | sum (amount) of money | **Taschen**~ | pocket money | **Wechsel**~ | change; small change (coin) (money); fractional (divisional) coin (currency) | ~ **auf Zinsen anlegen** | to put out money on interest.

★ **angelegtes** ~ | invested capital (money) | **fest angelegtes** ~ | tied-up capital (money) | **anvertrautes** ~ | deposit (trust) money; money in trust | **bares** ~ ① | cash; ready money | **bares** ~ ② | cash in hand | **echtes** ~ | genuine money; legal currency | **falsches** ~ | counterfeit (bad) (base) (forged) money; base (false) coin | **gemünztes** ~ | coined (minted) money; coin; coinage; currency | **täglich kündbares** ~; **tägliches** ~; ~ **auf tägliche Kündigung** | daily (day-to-day) money (loans); money at call; call money | ~ **wert sein** | to be worth money.

★ ~ **abheben** | to draw (to draw out) money | ~ **anlegen** | to invest money | ~ **fest anlegen**; ~ **festlegen** | to tie up money | ~ **zinsbringend (zinstragend) anlegen** | to place (to put out) money on interest | ~ **anweisen**; ~ **überweisen** | to transfer money (funds) | ~ **aufbringen**; ~ **auftreiben**; ~ **beschaffen** | to raise money (funds) | ~ **aufnehmen** | to borrow money | ~ **ausgeben** | to spend (to expend) money | ~ **auslegen** | to make cash disbursements | ~ **ausleihen** | to lend (to place out) money | **jdn. um** ~ **beschwindeln; aus jdm.** ~ **herauslocken** | to financier money out of sb. | ~ **einkassieren** | to collect money | ~ **einnehmen** | to receive money | ~ **haben** | to be in cash (in the money) | **aus etw.** ~ **herausschlagen** | to make money out of sth. | ~ **investieren** | to invest money | **etw. zu** ~ **machen (in** ~ **umsetzen)** | to turn (to convert) sth. into cash (into money) | ~ **unterschlagen** | to convert money to one's own use | ~ **verdienen** | to earn (to make) money | **sich** ~ **verschaffen** | to raise money (funds) | ~ **verschieben**; ~ **verschwinden lassen** | to financier money away | ~ **vorschießen**; ~ **vorstrecken** | to advance money | **in barem** ~ **zahlen** | to pay cash (cash down).

★ **in** ~ | cash; in cash | **ohne** ~ | penniless; without means; out of funds; destitute of money | **ohne** ~ **sein** | to be out of money (of cash) [VIDE: **Gelder** *npl*].

Geld *n* Ⓑ [Leistung] | **Abstands**~; **Reu**~ | forfeit money; forfeit; penalty | **Blut**~ | blood money | **Einlaß**~; **Eintritts**~ | door (entrance) (gate) money | **Kauf**~ | purchase (purchasing) price | **Kiel**~ | harbor (port) dues; dock charges (dues) | **Kranken**~ | sick pay; sickness benefit | **Nadel**~ | pin-money;

allowance | **Prisen~** | prize money | **Schmier~** | bribe | **Schweige~** | conscience (hush) money | **Stand~** | stall money | **Sterbe~** | death benefit | **Waisen~** | pension for orphans | **Warte~** | unemployed pay; interim payment; half-pay; retaining pay | **Witwen~** | pension for widows | **Wochen~** | maternity benefit.

Geld *n* © [in Kurszetteln] | money; bid; buyers *pl.*

Geld..abfindung *f* | financial (cash) settlement.

—**abhebung** *f* | withdrawal of money (of a sum of money).

—**abwertung** *f* | depreciation of money (of the currency); currency depreciation (devaluation).

—**angelegenheit** *f* | financial matter.

—**angelegenheiten** *fpl* | money (monetary) (financial) matters (affairs) (concerns).

—**anhäufung** *f* | accumulation of funds (of capital).

—**anlage** *f* | investment (employment) of funds.

—**anleihe** *f* | loan of money.

—**anspruch** *m* | money (pecuniary) claim.

—**anweisung** *f* | money order (transfer); assignment of funds | **telegraphische ~** | telegraphic money order.

—**aristokratie** *f* | aristocracy of finance; moneyed aristocracy.

—**aufnahme** *f* | borrowing (raising) of money (of funds) (of capital).

—**aufwertung** *f* | revaluation; revalorization.

—**ausfuhr** *f* | exportation of money.

— —**verbot** *n* | embargo on the exportation of money; money embargo.

—**ausgabe** *f* | expenditure of money; cash expenditure; disbursement.

—**ausgänge** *mpl* [Abhebungen] | withdrawals of money.

—**ausleiher** *m* | moneylender.

—**bedarf** *m* | want for money; demand for capital; pecuniary (financial) requirements *pl.*

—**beitrag** *m* | contribution in money.

—**beschaffung** *f*; —**besorgung** *f* | procuring (raising) of money (of funds).

—**bestand** *m* | cash on hand.

—**betrag** *m* | sum (amount) of money; amount | **Abhebung eines ~es** | withdrawal of a sum of money | **einen ~ abheben** | to withdraw a sum of money.

—**beutel** *m*; —**börse** *f* | purse; moneybag.

—**bewilligung** *f* | allocation (appropriation) of funds.

—**brief** *m* | money (insured) letter; letter with value declared.

—**briefträger** *m* | postman for money orders.

—**buße** *f* | fine; pecuniary penalty.

—**darlehen** *n* | loan (advance) of money; advance in cash.

—**eingang** *m* | receipt of money.

—**eingänge** *mpl* | receipts *pl*; takings *pl.*

—**einheit** *f* | money (monetary) standard (unit).

—**einlage** *f* | capital (share) paid in.

—**einnahme** *f* | cash receipts *pl.*

—**empfang** *m* | receipt of money.

—**entschädigung** *f* | compensation in cash; pecuniary compensation.

—**entwertung** *f* | depreciation of money (of currency); currency depreciation (devaluation).

—**entwertungs..abgabe** *f* | tax to compensate currency depreciation.

— —**ausgleich** *m* | compensation for currency depreciation.

Gelder *npl* | funds *pl*; moneys *pl* | **Anweisung von ~n** | appropriation (allocation) of funds | **Bestechungs~**; **Schmier~** | secret commissions; bribes | **Depositen~** | deposit money; money in trust; trust money; deposits | **Hilfs~**; **Unterstützungs~** | aid funds;

subsidies | **Mandanten~** | clients' money | **Mündel~** | orphan money | **Staats~** | public funds (money).
★ **festgelegte ~** | tied-up funds (moneys) | **flüssige ~** | available funds; ready money | **fremde ~** | customers' deposits | **kurzfristige ~** | money(s) at short notice | **langfristige ~** | long-term loans | **mündelsichere ~** | orphan (trust) (ward) money | **verfügbare ~** | disposable funds | **langfristig angelegte ~** | long-term funded capital | **öffentliche ~**; **staatliche ~** | public funds (money) | **~ aufbringen**; **~ aufnehmen**; **~ beschaffen** | to raise funds (money).

Geld..erpressung *f* | extortion of money; demanding money with menaces; blackmail.

—**ersatz** *m* Ⓐ [Entschädigung in Geld] | cash indemnity.

—**ersatz** *m* Ⓑ [Ersatz für Geld] | substitutes for money; token money.

—**ersparnis** *f* | economy; saving.

—**erwerb** *m* | money-making.

Geldeswert *m* | money (monetary) value; money's worth; equivalent in money | **Geld oder ~** | money or money's worth.

geldeswert *adj* | **~e Gegenleistung** | consideration in money; money (pecuniary) consideration.

Geld..forderung *f* | pecuniary (money) claim; request for money; pecuniary request.

—**frage** *f* | money (monetary) (financial) (pecuniary) question (matter).

—**geber** *m* Ⓐ | moneylender.

—**geber** *m* Ⓑ | financial backer.

—**geschäft** *n* | money trade (business); cash transaction (deal).

—**geschäfte** *npl* | money (financial) transactions (operations) (affairs).

—**geschenk** *n* | gratuity; present of money.

—**guthaben** *n* | cash holding(s).

—**heirat** *f* | marriage for money; money match | **eine ~ machen** | to marry money.

—**hilfe** *f* | financial (pecuniary) assistance (aid) (support).

—**hinterlegung** *f* | deposit of money; cash deposit.

—**inflation** *f* | monetary inflation; inflation of the currency.

—**institut** *n* | financial establishment; credit institution; bank.

—**kapital** *n* | available capital (funds).

— —**bildung** *f* | formation of capital (of liquid funds).

Geld..kasse *f*; —**kassette** *f* | cash; cash box; till.

—**knappheit** *f* | scarcity of money (of funds); shortness (tightness) of money.

—**kreislauf** *m* | circulation of money.

—**krise** *f* | monetary (financial) crisis.

—**kurs** *m* Ⓐ [Devisenkurs] | rate of exchange; exchange rate; bankers' buying rate.

—**kurs** *m* Ⓑ [Kaufkurs] | cash rate (price); price for cash.

— —**zettel** *m* | market report.

—**leistung** *f* | payment in cash; cash payment.

—**leute** *pl* | financiers; capitalists.

geldlich *adj* | financial; monetary; pecuniary.

Geld..lotterie *f* | lottery.

—**macht** *f* | financial power (strength).

—**makler** *m* | money (bill) (exchange) broker.

—**mangel** *m* Ⓐ | want (lack) of money.

—**mangel** *m* Ⓑ | scarcity (shortness) of money (of funds); pressure for money.

—**mann** *m* | financier; capitalist; moneyed (financial) man.

—**markt** *m* | money market | **Anlagen (Investierungen) am ~ (auf dem ~)** | investments in the money

Geld..markt *m, Forts.*
market | **angespannter** ~ | thightness of the money market; tight market | **flüssiger** ~ | easy money market | **am** ~ | in the money market; at the exchange.
Geld..markt..verknappung *f* | tightness of money (of the money market).
— **—verschuldung** *f* | indebtedness in the money market.
— **—versteifung** *f* | stiffening (tightening) of the money market.
—**menge** *f* | **verfügbare** ~ | available funds (moneys).
—**mittel** *npl* | financial means; pecuniary (financial) resources; resources; means | **Mißbrauch von öffentlichen** ~n | misappropriation of public funds | **bare** ~; **verfügbare** ~ | available funds.
—**münze** *f* | coin.
—**nachfrage** *f* | demand for money.
—**not** *f* | lack (want) (scarcity) of money; pressure for money.
—**politik** *f* | financial (monetary) policy.
—**prägung** *f* | coinage; coining; minting.
—**preis** *m* [Darlehenszinssatz] | price of money; interests on loans.
—**quelle** *f* | pecuniary (financial) resource.
—**rente** *f* | pension in cash; money annuity.
—**reserve** *f* | supply of money; cash reserve.
—**sache** *f* | money (monetary) (financial) (pecuniary) matter (question).
—**sammlung** *f* | collection of money; fund-raising.
—**sätze** *mpl* | rates for money (for loans); money (loan) rates.
—**schein** *m* | banknote; bankbill.
—**schneider** *m* | usurer.
—**schneiderei** *f* | usury.
—**schrank** *m* | strong (safe-deposit) box; safe | **diebessicherer** ~ | burglar-proof safe | **feuerfester** ~ | fireproof strong box.
— **—knacker** *m* | safebreaker.
—**schuld** *f* | money debt.
—**schwierigkeiten** *fpl* | financial (pecuniary) difficulties.
—**sendung** *f* | remittance in cash (in specie); cash (specie) remittance.
—**sorte** *f* | specie; currency; denomination.
—**sortenzettel** *m* | statement of specie.
—**spende** *f* | donation in cash.
—**stabilität** *f* | monetary stability.
Geldstrafe *f* | fine; penalty; pecuniary penalty | **eine Gefängnisstrafe in** ~ **umwandeln** | to convert imprisonment to a fine | **Verhängung einer** ~ | imposition of a fine.
★ **mit** ~ **bedroht** | punishable by a fine | **hohe** ~ | heavy fine | **strafbar mit** ~ **bis zu ...** | punishable with (subject to) a fine not exceeding ... | **zu** ~ **verurteilt werden** | to be fined | **verwirkte** ~ | forfeit; penalty.
★ **etw. mit** ~ **ahnden (belegen) (bestrafen)** | to subject sth. to a fine | **jdm. eine** ~ **auferlegen; jdn. mit einer** ~ **belegen; jdn. in eine** ~ **nehmen; gegen jdn. auf** ~ **erkennen (eine** ~ **verhängen); jdn. zu einer** ~ **verurteilen** | to impose (to inflict) a fine on (upon) sb.; to fine sb.; to sentence sb. to a fine (to pay a fine) | **mit** ~ **zu belegen** | amenable to a fine | **eine** ~ **bezahlen (entrichten)** | to pay (to pay off) a fine | **mit einer** ~ **davonkommen** | to be let off with a fine | **auf** ~ **erkennen** | to impose a fine | **eine** ~ **niederschlagen** | to remit a fine | **eine** ~ **verwirken** | to incur a fine (a penalty) | **eine** ~ **verwirkt haben** | to be liable to a fine (to pay a fine) | **bei** ~ | under penalty of a fine.

Geld..stück *n* | coin; piece of money.
—**summe** *f* | sum (amount) of money.
—**system** *n* | monetary system.
—**tasche** *f* | purse.
—**überfluß** *m*; —**überfülle** *f* | abundance (excessive supply) of money.
—**überhang** *m* | excessive circulation of money.
—**überschuß** *m* | surplus money.
—**überweisung** *f* | money transfer (order) | **telegraphische** ~ | telegraphic money order.
—**umlauf** *m* | circulation of money; money circulation; flow of currency.
—**umtausch** *m* | exchange of money (of currency).
—**unterschlagung** *f* | embezzlement.
—**unterstützung** *f* | financial (pecuniary) aid (assistance) (support).
—**verdienen** *n* | money-making.
—**verdiener** *m* | money-maker.
—**verhältnisse** *npl* Ⓐ | money (financial) (monetary) affairs.
—**verhältnisse** *npl* Ⓑ | money market situation.
—**verkehr** *m* | circulation of money; money transactions (circulation).
—**verknappung** *f* | shortness (scarcity) (tightness) of money.
—**verlegenheit** *f* | financial (pecuniary) embarassment; shortness of money | **sich in einer** ~ **befinden** | to find os. embarrassed; to be pressed (embarrassed) for money.
—**verleih** *m* | moneylending.
—**verleiher** *m* | moneylender.
—**verlust** *m* | pecuniary (capital) loss; loss of money (of capital).
—**vermittler** *m* | money broker.
—**vermögen** *n* | financial (monetary) resources *pl.*
—**verschwendung** *f* | waste of money; dissipation of funds.
—**versorgung** *f* | supply of (with) money.
—**volumen** *n* | volume of money.
—**vorrat** *m* | cash reserve; supply of money.
—**vorschuß** *m* | advance of money; cash advance.
—**vorteil** *m* | pecuniary advantage (profit).
—**währung** *f* | currency; money (monetary) standard.
—**wechsel** *m* | exchange of money.
—**wechsler** *m* | money changer (dealer); exchange broker; changer.
— **—geschäft** *n* | money changing (change).
—**wert** *m* | money (monetary) value.
— **—stabilität** *f* | currency stability.
— **—verschlechterung** *f* | depreciation of money (of currency); currency devaluation (depreciation).
Geldwesen *n* Ⓐ | monetary system.
Geld..wesen *n* Ⓑ | finance; money matters (concerns).
—**zähler** *m* [am Bankschalter] | receiving teller.
—**zahlung** *f* | payment in cash; cash payment.
—**zufluß** *m* | influx of money.
—**zuschuß** *m*; —**zuwendung** *f* | allowance in cash; cash allowance.
Gelegenheit *f* | opportunity; occasion; circumstance | **bei erster** ~ | at the first opportunity | **bei passender** ~ | as occasion arises | **verpaßte** ~ | lost opportunity.
Gelegenheits..arbeit *f* | casual labo(u)r (employment).
—**arbeiter** *m* | casual labo(u)rer; occasional hand.
—**beschäftigung** *f* | casual (occasional) employment.
—**erfindung** *f* | casual invention.
—**erfinder** *m* | casual inventor.
—**gewinne** *mpl* | casual profits.
—**kauf** *m* | bargain.
gelegentlich *adj* | occasional; casual.

gelehrt *adj* | learned.
Geleit *n* | conduct; convoy; escort | **freies** ~; **sicheres** ~ | safe conduct | **im** ~ | under convoy.
geleiten *v* | to convoy.
Geleitbrief *m* | letter of safe conduct.
Geleitschein *m* | pass-bill; customs certificate (permit) | **See**~ | navy certificate.
gelenkt *adj* | ~e **Wirtschaft** | controlled economy.
gelernt *adj* | ~e **Arbeit** | skilled labo(u)r (work) | ~er **Arbeiter** | skilled labo(u)rer (worker) (workman).
gelesen *part* | ~ **und genehmigt** | read and approved.
geloben *v* [feierlich versprechen] | to give (to make) a solemn promise; to vow.
Gelöbnis *n* [feierliches Versprechen] | solemn promise; vow | **Ehe**~ | solemn promise of conjugal faith; marriage vow.
gelöscht *part* | deleted | **als Mitglied (von der Mitgliederliste)** ~ **werden** | to be struck (to have one's name struck) off the register.
gelten *v* Ⓐ [in Kraft sein] | to be valid (in force) | **nicht mehr** ~ | to be no longer valid.
gelten *v* Ⓑ [anwendbar sein] | to be applicable; to rule | **kraft Gesetzes** ~ | to operate by law | **allgemein** ~ | to have general application | **unmittelbar** ~ | to be directly applicable.
gelten *v* Ⓒ [vorherrschen] | to prevail; to predominate.
gelten *v* Ⓓ | ~ **als** | to be deemed (considered as) | **als bewiesen (erwiesen)** ~ | to be considered as proved.
geltend *adj* | **nach den** ~en **Bestimmungen** | under the existing regulations | **die** ~en **Gesetze** | the laws in force | **das** ~e **Recht** | the law in force; te established law | ~e **Währung** | legal currency.
geltend machen *v* Ⓐ [vorbringen] | **einen Anspruch** ~ | to raise (to make) (to lodge) a claim | **eine Einrede** ~ | to enter a plea | **Verjährung** ~ | to plead the statute of limitations | **etw.** ~ | to advance (to plead) (to invoke) sth.
geltend machen *v* Ⓑ [durchsetzen] | **einen Anspruch** ~ | to assert (to enforce) a claim | **einen Anspruch gerichtlich** ~ | to assert (to enforce) a (one's) claim in court | **seinen Einfluß** ~ | to exert (to use) one's influence (authority) | **seine Rechte** ~ | to assert one's rights | **sich** ~ | to make itself felt.
Geltendmachung *f* Ⓐ [Vorbringen] | ~ **eines Anspruchs** | raising (lodging) of a claim | ~ **einer Forderung** | raising (lodging) of a claim | ~ **einer Einrede** | entering of a plea.
Geltendmachung *f* Ⓑ [Durchsetzung] | assertion | ~ **eines Anspruchs**; ~ **einer Forderung** | assertion (enforcement) of a claim | ~ **eines Rechts** | vindication of a right | ~ **eines Vorrechts** | exercise of a privilege.
Geltung *f* Ⓐ | validity | **dem Gesetz** ~ **verschaffen** | to enforce the law | **rechtliche** ~ | validity in law | **rechtliche** ~ **erlangen** | to become legally valid | **etw. zur** ~ **bringen** | to make sth. felt | ~ **haben** ① | to be valid | ~ **haben** ② | to be applicable | **allgemein (allgemeine)** ~ **haben** | to have general application | **keine** ~ **haben** | to be nul and void | **keine** ~ **mehr haben** | to be no longer valid | **zur** ~ **kommen; sich** ~ **verschaffen** | to make itself felt | **außer** ~; **nicht mehr in** ~ | invalid; no longer valid.
Geltung *f* Ⓑ [Ansehen] | reputation; standing; prestige | **Welt**~ | reputation in the world.
Geltungs..bereich *m* | scope of application; purview | **in den** ~ **eines Gesetzes fallen** | to come within the purview of a law.
—**dauer** *f* | term of validity.
Gemahl *m* | husband.
Gemahlin *f* | wife.
Gemarkung *f* | boundary.

gemäß *adv* | according to; in accordance with; in conformity to (with); pursuant to; corresponding to | ~ **Ihren Anordnungen** | in pursuance of (pursuant to) (according to) your instructions | ~ **den Bestimmungen** | pursuant to (in conformity with) the regulations | **Ihren Wünschen** ~ | in compliance with your wishes.
★ **auftrags**~; **instruktions**~ | according to instructions (to order) | **entscheidungs**~ | in accordance with the decision | **ordnungs**~ | properly | **plan**~ | in accordance with plan | **verordnungs**~ | in accordance with the regulations | **vertrags**~ | according to contract | **wahrheits**~ | in accordance with the truth.
gemäßigt *adj* | ~e **Ansichten** | moderate opinions | ~e **Partei** | moderate party.
gemäßigt *adv* | with moderation; moderately.
gemein *adj* Ⓐ [allgemein] | common | **der** ~e **Handelswert** | the common market value | ~er **Nutzen** | public utility | ~es **Recht** | common law | **nach** ~em **Recht** | at common law.
gemein *adj* Ⓑ [niedrig] | mean; base | ~e **Gesinnung** | base mind | ~e **Handlungsweise** | low (mean) (base) (contemptible) action; meanness | **ein** ~es **Subjekt** | a mean character | **ein** ~er **Trick** | a mean trick | ~es **Verbrechen** | mean (heinous) crime.
gemein *adv* | ~ **handeln** | to act in a mean (low) way.
Gemeinde *f* | community | **Belegenheits**~ | community (borough) of assessment | **Kirchen**~ | parish | **Kultus**~ | religious (cultural) community | **Land**~; **ländliche** ~ | rural borough (community) | **Stadt**~; **städtische** ~ | municipal (urban) borough; municipality; township | **der** ~ **zur Last fallen** | to come upon the parish.
Gemeinde..abgabe *f* | borough (municipal) rate.
—**abgaben** *fpl* | **die** ~ | the rates.
—**amt** *n* | municipal office.
—**anleihe** *f* | municipal loan.
—**ausschuß** *m* | parish (borough) (municipal) (town) council.
—**beamter** *m* | municipal official (officer).
—**behörde** *f* | communal (municipal) authority.
—**bezirk** *m* | borough district; borough.
—**bürgerrecht** *n* | freedom of the borough.
—**diener** *m* | beadle.
—**eigentum** *n* | communal (municipal) property.
—**einnahmen** *fpl* | rate receipts; communal (city) revenue.
—**finanzen** *fpl* | communal (city) finances.
—**grund** *m* | communal (city) property; common.
—**gut** *n* | parish property.
—**haus** *n* Ⓐ [Rathaus] | town hall.
—**haus** *n* Ⓑ [Armenhaus] | alms-house; poor-house; workhouse.
—**haushalt** *m* | communal (municipal) budget.
—**kasse** *f* Ⓐ | town (city) chest.
—**kasse** *f* Ⓑ | rate collector's office.
—**land** *n* | common (communal) (public) land (ground).
—**mitglied** *n* | member of the community; parishioner.
—**ordnung** *f* | local government act; communal statute.
—**polizei** *f* | communal (city) police (constabulary).
—**polizist** *m* | constable.
—**rat** *m* Ⓐ | parish (town) (borough) council.
—**rat** *m* Ⓑ; —**ratsmitglied** *n* | parish (town) councillor; member of the parish (town) council.
—**rats..beschluß** *m* | resolution taken by the town council.
— —**wahlen** *pl* | borough council (district council) (municipal) (local) elections.

Gemeinde..recht *n* | municipal (local) law.
—satzung *f*; —statut *n* | municipal charter (ordinance).
—schreiber *m* | town (parish) clerk.
—schule *f* | parish school.
—steuern *fpl*; —umlagen *fpl* | rates; borough (municipal) (local) rates.
—verband *m* Ⓐ [die Gemeinde als Körperschaft] | city (municipal) (borough) corporation; municipality.
—verband *m* Ⓑ [Verband von Gemeinden] | association of municipal corporations.
—versammlung *f* | parish meeting.
—verwaltung *f* | local (city) (municipal) administration.
—vorsteher *m* | chairman of the parish council; mayor.
—wahlen *pl* | borough council (district council) (municipal) (local) elections.
—waldung *f* | common of wood.
gemeindlich *adj* | communal; municipal.
Gemeineigentum *n* | common ownership.
Gemeingebrauch *m* | common use; current usage.
gemeingefährlich *adj* | constituting a public danger.
gemeingültig *adj* | generally applicable.
Gemeingut *n* | common property; public domain | zum ~ werden | to fall into the public domain.
Gemeinheit *f* Ⓐ | meanness.
Gemeinheit *f* Ⓑ [niedrige Handlungsweise] | low (mean) (base) (contemptible) action.
Gemeinheits..recht *n* | right of common.
—teilung *f* | partition (division) of the community.
Gemeinkosten *pl* | general expense; overhead (indirect) expenses (cost); overhead.
Gemeinlast *f* | common charge.
Gemeinnutz *m* | common (public) weal.
gemeinnützig *adj* | of public utility | ~e Anstalt; ~es Unternehmen | public utility undertaking (company) (corporation) | ~er Betrieb | public-service enterprise.
Gemeinnützigkeit *f* | public utility | Anerkennung der ~ | official recognition of public utility.
Gemeinplatz *m* | commonplace; platitude.
gemeinrechtlich *adj* | at common law.
gemeinsam *adj* | common; joint | ~e Anstrengungen | combined efforts | ~e Anteile | joint shares | auf ~e Anweisung | by joint order | ~es Benutzungsrecht | common; right of common | ~er Bericht | joint report | ~er Besitz | joint possession (tenancy) | ~es Eigentum ① | joint ownership | ~es Eigentum ② | joint property | ~e Entschließung | joint resolution | ~e Erfinder *pl* | joint inventors | ~e Erfindung | joint invention | ~er Erwerb | joint acquisition (purchase) | ~e Front | common front | ~er Gebrauch | joint use | ~es Konto | joint account | auf ~e Kosten | at joint expense | ~er Markt | common market | ~e Rechnung | joint adventure (venture) account | auf (für) ~e Rechnung | on (for) joint account | mit jdm. ~e Sache machen | to make common cause with sb. | ~es Testament | joint will | ~e Verbindlichkeit (Verpflichtung) | joint liability (debt) (obligation) | ~es Vermächtnis | joint legacy | ~es Vermögen | joint estate | ~e Verwaltung | joint administration | ~es Vorgehen | concerted (joint) action | ~es Wagnis | joint venture; coadventure.
gemeinsam *adv* | jointly | ~ ausgeführte Arbeit | combined work | mehreren ~ zustehendes Genußrecht | commonage; right of using sth. in common | etw. mit jdm. ~ besitzen | to hold (to possess) (to own) sth. jointly (in common) with sb. | ~ erben | to inherit jointly | ~ haften | to be jointly liable (responsible) | die Kosten ~ tragen | to share the expenses | ~ vorgehen | to take concerted (joint) action.

Gemeinschaft *f* | community | Arbeits~ | collaboration | ~ nach Bruchteilen; Bruchteils~ | community by undivided shares | Errungenschafts~ | community of conquests (of acquisitions) | Fahrnis~ | community of movables and conquests | Geschlechts~ | sexual intercourse.
○ Güter~ | community of property; common property | Aktivvermögen der Güter~ | assets of the community | Ausschluß der Güter~ | separation of property | Güterstand der Güter~ | community of property | allgemeine Güter~ | general community of property | vertragliche (vertragsmäßige) Güter~ | community of property stipulated by agreement.
○ Haftungs~ | joint liability | Interessen~ | community of interests | die ~ der Nationen | the commonwealth of nations | Rechts~ | community of rights.
★ eheliche ~ | conjugal community; community of life | Aufhebung der ehelichen ~ | separation; separation from bed and board | gerichtliche Aufhebung der ehelichen ~ | judicial separation | Wiederherstellung (Wiederaufnahme) der ehelichen ~ | restitution of conjugal rights | häusliche ~ | domestic community | in ~ mit | jointly with; in conjunction with.
gemeinschaftlich *adj* | common; joint | ~e Anteile | joint shares | ~ Bedachte | joint beneficiaries | ~es Eigentum ① | joint ownership | ~es Eigentum ② | common (joint) property | ~er Erbteil | joint portion in an inheritance | ~er Erwerb | joint acquisition (purchase) | ~es Konto | joint account | ~e Käufer | joint purchasers | ~e Mauer | party (common) wall | ~e Rechnung | joint adventure account | für (auf) ~e Rechnung | on (for) joint account | ~er Rechtstitel | unity of title | ~e Sache machen mit jdm. | to make common cause with sb. | ~es Testament | joint will | ~es Vermögen | common (joint) property; joint estate | ~es Vorgehen | concerted action.
gemeinschaftlich *adv* | jointly; conjointly | ~ begangene unerlaubte Handlung | joint tort | etw. ~ erklären | to declare (to state) jointly | ~ handeln | to take joint (concerted) action | ~ verfügen | to dispose jointly.
Gemeinschaftlichkeit *f* Ⓐ | joint ownership.
Gemeinschaftlichkeit *f* Ⓑ | joint use.
Gemeinschafts..arbeit *f* | team work.
—erfinder *mpl* | joint inventors.
—erfindung *f* | joint invention.
—farm *f* | collective farm.
—geschäft *n* | joint transaction.
—gründung *f* | joint venture (enterprise) (undertaking).
—haft *f* | group confinement.
—haftung *f* | joint liability (responsibility).
—hilfe *f* | community assistance.
—konto *n* | joint (participation) account.
—leben *n* | community life.
—patent *n* | joint (jointly-owned) patent.
—praxis *f* | joint practice.
—produktion *f* | co-production.
—projekt *n* | joint project.
—schule *f* | undenominational school.
—unternehmen *n* | joint undertaking (enterprise) (venture).
—werbung *f* | joint publicity.
Gemeinschuldner *m* | bankrupt; adjudicated bankrupt | entlasteter ~ | discharged bankrupt.
Gemeinsinn *m* | public spirit.
gemeinsinnig *adj* | public-spirited.
gemeinverständlich *adj* | intelligible to common people.

Gemeinwesen *n* | community | **das staatliche ~** | the commonwealth; the body politic.
Gemeinwirtschaft *f* | social economy.
gemeinwirtschaftlich *adj* | of public utility interest.
Gemeinwohl *n* | **das ~** | the common (public) welfare (weal) | **sich auf das ~ bedacht zeigen** | to show os. public-spirited.
gemietet *part* | rented; on hire; on lease.
gemischt *adj* | mixed | **~er Ausschuß; ~e Kommission** | joint commission (committee) (board); combined board | **~e Ehe** | mixed marriage | **~er Gerichtshof** | mixed tribunal | **~e Ladung** | mixed cargo | **~e Schule** | mixed school [for boys and girls].
Gemischtwaren..geschäft *n* | grocery business (store).
—**händler** *m* | grocer.
gemünzt *adj* | **~es Geld** | coined (minted) money; coin; coinage; currency | **~es Gold** | coined (minted) gold; gold coin.
genau *adj* | exact; accurate; precise | **~e Abschrift** | true copy | **~e Abrechnung** | detailed (specified) account | **~e Adresse (Anschrift)** | full address | **~e Angaben (Auskunft) (Einzelheiten)** | exact (full) details (information); full particulars | **~e Befolgung (Einhaltung)** | strict adherence (observance) | **~er Bericht** | accurate (true) account | **~er und sachlicher Bericht** | fair and accurate report | **~e Darstellung des Sachverhalts (des Tatbestands) (der Tatumstände)** | full statement (recital) of the facts | **das ~e Datum angeben** | to give the exact date | **~e Kenntnis** | exact knowledge | **~e Übersetzung** | accurate translation | **~er Wert** | exact value | **~e Zeit** | right time.
genau *adv* | exactly; accurately; precisely; with precision | **etw. ~ angeben** | to state sth. accurately; to specify sth.; to give exact (full) details (particulars) of sth. | **~ antworten** | to answer accurately | **eine Bestimmung ~ einhalten** | to adhere strictly to a clause | **~ entgegengesetzt** | directly opposite | **~ genommen** | strictly speaking | **sich ~ an eine Vorschrift halten** | to comply strictly with a rule | **etw. ~ präzisieren** | to define sth. strictly | **~ übersetzen** | to translate accurately.
Genauigkeit *f* | accuracy; exactness; exactitude; precision | **die ~ einer Argumentation (Schlußfolgerung)** | the exactness of reasoning | **Grad der ~** | degree of accuracy | **~ der Übersetzung** | accuracy of translation | **Un~** | inaccuracy; lack of precision.
Gendarm *m* | rural constable (policeman).
Gendarmerie *f* | rural police; county constabulary.
genehmigen *v* Ⓐ [nachträglich zustimmen] | to ratify; to sanction | **einen Vertrag ~** | to ratify an agreement.
genehmigen *v* Ⓑ [erlauben] | to approve; to consent | **die Aufführung eines Stückes ~** | to license a play | **behördlich ~; gewerbepolizeilich ~** | to license | **nicht ~** | to disapprove.
genehmigt *part* | approved; authorized | **gelesen (gesehen) und ~** | read and approved (confirmed).
Genehmigung *f* Ⓐ [nachträgliche Zustimmung] | subsequent approval; ratification; sanction | **~ des Protokolls** | approval of the minutes | **vorbehaltlich der ~** | subject to approval.
Genehmigung *f* Ⓑ [Erlaubnis] | approval; consent | **Aufenthalts~** | staying permit; permit of residence | **Ausfuhr~** | permit of export; export permit (license) | **Bau~** | concession to build; building permit | **Druck~** | license to print | **Einfuhr~** | permit of import; import permit (license) | **Gewerbe~** | trading license | **Rundfunk~** | wireless license | **Son-**

der~; besondere ~ | special permit | **allgemeine ~** | general license | **behördliche ~** | permission by the authorities | **besondere ~** | special permit | **gerichtliche ~** | approval by the court | **staatliche ~** | permission by the government; government permit | **stillschweigende ~** | tacit consent | **nach vorheriger ~** | upon prior approval.
★ **jds. ~ erhalten** | to meet with (to receive) sb.'s approval | **eine ~ erteilen** | to grant a permit; to give permission | **mit ~ des (der) ...** | under license from ... | **mit besonderer ~** | by special permission | **mit freundlicher ~ von** | by courtesy of.
Genehmigungs..antrag *m* | application for permission (for a permit).
genehmigungs..bedürftig *adj* | —**pflichtig** *adj* | subject to approval.
Genehmigungs..befugnis *f* | authority to approve.
—**bescheid** *m* | license; permit.
—**pflicht** *f* | obligation to obtain approval.
—**urkunde** *f* Ⓐ | declaration of consent.
—**urkunde** *f* Ⓑ | license; permit.
—**vermerk** *m* | note (signature) of approval.
General..abrechnung *f* | general settlement of accounts.
—**abtretung** *f* | general assignment.
—**agent** *m* | general agent (representative); agent general; chief (head) agent.
—**agentur** *f* | general agency.
—**akzept** *n* | general acceptance.
—**amnestie** *f* | amnesty; general pardon.
—**anwalt** *m* | general counsel (attorney).
—**bebauungsplan** *m* | town planning scheme; zoning code.
—**bereinigung** *f* | general settlement.
—**berichterstatter** *m* | general reporter.
—**bevollmächtigter** *m* Ⓐ | authorized representative invested with full power to act.
—**bevollmächtigter** *m* Ⓑ | plenipotentiary.
—**bilanz** *f* | general (final) balance sheet (balance).
—**delegierter** *m* | general representative.
—**direktion** *f* | general management; board of directors.
—**direktor** *m* | general manager (director); director general; managing director.
—**gouverneur** *m* | governor general.
—**hypothek** *f* | general mortgage.
—**inspektion** *f* | office of the inspector general; inspector general's office.
—**inspektor** *m*; —**inspekteur** *m* | inspector general.
—**intendant** *m* Ⓐ | general manager.
—**intendant** *m* Ⓑ; —**kommissar** *m* | commissary general.
—**intendantur** *f*; —**kommissariat** *n* | commissary general's office.
generalisieren *v* | to generalize.
Generalisierung *f* | generalization.
General..klausel *f* | general (blanket) (dragnet) clause.
—**konsul** *m* | consul general.
—**konsulat** *n* | consulate general.
—**konzil** *n* | general council.
—**lizenz** *f* | general license.
— —**nehmer** *m* | general licensee.
—**police** *f* | comprehensive (blank) (all-risks) policy.
—**postdirektion** *f* | General Post Office.
—**postmeister** *m* | Postmaster General.
—**probe** *f* | dress rehearsal.
—**quittung** *f* | receipt in full; final (full) (general) receipt.
—**rat** *m* | general council.
—**referent** *m* | general reporter.
—**sekretär** *m* | secretary general.

General..sekretariat *n* | office of the secretary general; secretary general's office.
—staatsanwalt *m* | director of public prosecutions; attorney general.
—streik *m* | general strike.
—unkosten *pl* | general expense; overhead (indirect) expenses (charges) (cost); overhead | **Aufteilung (Verteilung) der** ~ | allocation of general expense.
—vermächtnisnehmer *m* | general legatee.
Generalversammlung *f* | general meeting (assembly) | ~ **der Aktionäre** | meeting of shareholders (of stockholders); shareholders' meeting | **Beschluß der** ~ | resolution of the general meeting | **Jahres**~ | annual general meeting | **ordentliche Jahres**~ | annual ordinary general meeting | **außerordentliche** ~ | extraordinary general meeting | **konstituierende** ~ | general constituant meeting | **ordentliche** ~ | ordinary general meeting | **eine** ~ **einberufen** | to convene (to call) a general meeting.
Generalversammlungs..beschluß *m* | resolution of the general meeting.
—protokoll *n* | minutes *pl* of the general meeting.
General..vertreter *m* | general representative (agent); agent general; chief (head) agent.
—vertretung *f* | general agency.
—vollmacht *f* | general (full) power of attorney; full power.
generell *adj* | general.
Genesungs..heim *n* | convalescent home (hospital).
—urlaub *m* | sick leave.
genießen *v* | etw. ~ | to have (to be in) the enjoyment of sth. | **jds. Gunst** ~ | to be in high favo(u)r (in the good books) with sb. | **Kredit** ~ | to have credit | **ein Recht** ~ | to enjoy (to have) a right | **einen guten Ruf** ~ | to have a good reputation; to bear a good character | **jds. Vertrauen** ~ | to enjoy sb.'s confidence | **ein Vorrecht** ~ | to enjoy a privilege | **das Vorrecht** ~, **etw. zu tun** | to have the privilege of doing sth.; to be privileged to do sth. | **den Vorzug vor etw.** ~ | to have (to enjoy) preference (priority) over sth.
genormt *adj* | standardized.
Genosse *m* | fellow | **Amts**~ | colleague; associate | **Partei**~ | party member | **Streit**~**n** | joint parties | **gegen X. und** ~**n** | versus X. and others.
Genossenschaft *f* | association; co-operative society | **Absatz**~ | marketing co-operative | **Allmend**~; **Alp**~ | common of pasture in the hills | **Arbeiter**~ | workmen's co-operative society | **Bau**~ | building society | **Berufs**~ ① | trade association | **Berufs**~ ② | employers' association under the workmen's compensation act | **Bundes**~ | alliance; confederacy; confederation.
○ **Einkaufs**~; **Erwerbs**~ | purchasing association | **Ein- und Verkaufs**~ | purchasing and marketing association | **Forst**~ | forestry association | **Handels**~ | trading association | **Konsum**~ | consumers' co-operative society | **Kredit**~ | credit association; mutual loan society | **Produktiv**~ | productive co-operative society | **Raiffeisen**~ | farmers' credit association (co-operative) | **Siedlungs**~ | land settlement association.
○ **Verbraucher**~; **Verbrauchs**~ | consumers' co-operative society | **Versicherungs**~ | co-operative insurance company | **Vertriebs**~ | marketing association | **Wald**~ | forestry association | **Wirtschafts**~ | producing and marketing association | **Wohnungsbau**~ | co-operative building (house-building) society.
★ **eingetragene** ~ | registered co-operative society |

eingetragene ~ **mit beschränkter Haftpflicht** | registered co-operative society with limited liability | **eingetragene** ~ **mit unbeschränkter Haftpflicht** | registered co-operative society with unlimited liability | **gewerbliche** ~ | trade association | **landwirtschaftliche** ~ | farmers' association.
genossenschaftlich *adj* | co-operative | ~**es Kreditinstitut** | co-operative credit bank (credit institution) | ~**e Organisation** | organization in the form of a co-operative society.
Genossenschafts..bank *f* | co-operative bank; people's bank | **landwirtschaftliche** ~ | agricultural loan bank.
—bewegung *f*; **—wesen** *n* | co-operative movement (system).
—laden *m* | co-operative store.
—mitglied *n* [Genossenschafter] | member of a co-operative society.
—register *n* | public register of co-operative societies.
—unternehmen *n* | co-operative enterprise.
—verband *m* | union (association) of co-operative societies.
Genüge *n* Ⓐ | **zur** ~ | sufficiently.
Genüge *n* Ⓑ | **den Vorschriften des Gesetzes** ~ **tun** | to comply with the regulations of the law.
genügen *v* Ⓐ [ausreichen] | to suffice; to be sufficient.
genügen *v* Ⓑ | **den Anforderungen (Erfordernissen)** ~ | to meet the requirements | **den Vorschriften** ~ | to comply with the regulations | **den Anforderungen nicht** ~ | to be below standard.
Genugtuung *f* Ⓐ [Befriedigung] | satisfaction; contentment | **etw. mit** ~ **feststellen** | to notice sth. with satisfaction.
Genugtuung *f* Ⓑ [Satisfaktion] | satisfaction | **von jdm.** ~ **erlangen** | to obtain satisfaction from sb. | **von jdm.** ~ **fordern** | to demand satisfaction from sb. | **jdm.** ~ **geben** | to give sb. satisfaction | **jdm. die** ~ **verweigern** | to refuse sb. satisfaction.
Genuß *m* | enjoyment | ~ **der bürgerlichen Ehrenrechte** | enjoyment (full enjoyment) of civic rights | **Entziehung des Genusses** | deprivation of enjoyment | ~ **eines Rechtes** | enjoyment of a right | ~ **politischer Rechte** | enjoyment of political rights | **Zins**~ | right to get interest paid | **ungestörter** ~ | quiet (undisturbed) enjoyment | **in den** ~ **von etw. treten** | to enter into the enjoyment of sth. | **in den** ~ **einer Rente treten** | to enter into the enjoyment of a pension; to qualify for a pension.
Genuß..aktie *f*; **—schein** *m* | bonus share (certificate).
—recht *n* | right to enjoy (of enjoyment).
Geopolitik *f* | geo-politics *pl*.
geopolitisch *adj* | geo-political.
Gepäck *n* | luggage; baggage | **Abfertigung des** ~**s** | dispatch of luggage; luggage dispatch | **Frei**~ | baggage allowed; free luggage | **Hand**~ | personal (hand) luggage | **Passagier**~; **Reise**~ | passengers' luggage | **aufgegebenes** ~ | registered luggage | **persönliches** ~ | personal effects (luggage) | **das** ~ **abfertigen** | to dispatch the luggage | **sein** ~ **aufgeben** | to have one's luggage registered | **das** ~ **untersuchen (revidieren)** | to examine (to inspect) the luggage.
Gepäck..abfertigung *f* | dispatch of luggage; luggage dispatch.
—abholung *f* | collecting (collection) of luggage.
—adresse *f* | luggage label.
—annahme *f*; **—annahmestelle** *f* | luggage receiving (luggage registration) office.
—aufbewahrung *f* Ⓐ | leaving luggage at the cloak room.

Gepäck..aufbewahrung *f* Ⓑ [Gepäckaufbewahrungs-stelle] | luggage office; cloak room.
— —**sgebühr** *f* | cloakroom fee.
— —**sschein** *m* | luggage check (receipt) (ticket) (voucher); left-luggage (cloak room) ticket.
—**aufgabe** *f*; —**aufgabestelle** *f* | luggage (luggage receiving) (luggage registration) office.
—**ausgabe** *f*; —**ausgabestelle** *f* | luggage office (window).
—**beförderung** *f* | transportation of luggage.
—**beförderungsvertrag** *m* | luggage contract.
—**revision** *f* | customs inspection of the luggage; luggage inspection.
—**schalter** *m* | luggage office (window).
—**schein** *m* | luggage receipt (ticket) (check); baggage check.
—**schließfach** *n* | luggage locker.
—**stück** *n* | article (piece) of luggage.
—**tarif** *m* | luggage rates *pl.*
—**träger** *m* | luggage porter.
— —**gebühr** *f*; — —**lohn** *m* | porterage; porterage charge.
— —**marke** *f* | porter's badge (mark).
—**versicherung** *f* | baggage (luggage) insurance.
gepfändet *adj* | ~e Gegenstände | goods under distress | öffentlicher Verkauf ~er Gegenstände | distress sale.
Gepflogenheit *f* | örtliche ~ | local custom (practice).
geraten *v* | in Konkurs ~ | to get (to fall) into bankruptcy; to become bankrupt | in Schwierigkeiten ~ | to encounter (to run into) difficulties.
gerecht *adj* | just; equitable; right; righteous | ~er Anspruch | just title; legal claim (title) | ~e Ansprüche | legitimate claims | ~e Behandlung | just treatment | ~e Bestrafung | just punishment | eine ~e Entscheidung | a just and lawful decision | ~er Lohn | just reward | ~er Preis | equitable price | ~er Richter | upright judge | ~e Sache | just cause.
★ **selbst~** | self-righteous | jdm. gegenüber ~ sein | to be just to sb. | um jdm. ~ zu werden | in justice to sb.; to do sb. justice.
gerecht *adv* | righteously; justly; rightly; rightfully | einer Sache ~ werden | to do justice to a matter.
Gerechte *m* | die ~n | the just *pl.*
gerechtfertigt *adj* | justified.
Gerechtigkeit *f* Ⓐ | justice; justness; equity | Akt der ~ | act of justice | um der ~ in den Arm zu fallen | in order to defeat the ends of justice | Freund der ~ | lover of justice | die ~ nimmt ihren Lauf | the law takes its course (has its way) | die ~ einer Sache | the justness of a cause | Steuer~ | equality in fiscal matters.
★ höhere ~ | higher justice | ausgleichende ~ | law of retribution; retributive justice | soziale ~ | social justice.
★ ~ für jdn. fordern | to ask (to plead) for justice for sb. | jdm. ~ widerfahren lassen | to do justice to sb.; to do sb. justice; to right sb.
Gerechtigkeit *f* Ⓑ [Servitut] | right | Bergwerks~ | mining concession | Brennholz~; Holz~ | common of estover | Fischerei~ | right of fishing; common of fishery | Jagd~ | right to hunt | Wege~ | right of way | Weide~ | right of pasture.
Gerechtigkeitssinn *m* | sense of justice.
Gerechtsame *f* | privilege; franchise | Bohr~ | drilling concession.
Gericht *n* | court; law court; court of justice; tribunal | Amts~ | district (county) court; court of first instance; local (inferior) (lower) court | auf Anordnung des ~s | by order (by warrant) of the court;

by court order | durch Anrufung des ~s (der ~e) | by litigation; by resorting to litigation; by litigating; by going to law; by legal process; by due course of law | die ~e in Anspruch nehmen | to resort to litigation; to go to law | Appellations~; Berufungs~ | court of appeal; appeal court (tribunal); appellate court.
○ Arbeits~ | labo(u)r court | Ausnahme~ | special court | Bagatell~ | court of summary procedure (jurisdiction) | Berg~ | court of mines | Beschwerde~ | court of appeal | als Beschwerde~ entscheiden | to decide as appeal court (instance) | Bundes~ | federal court | Zuständigkeit der Bundes~e | federal jurisdiction | Bundesberufungs~ | federal court of appeal | Ehren~ | court of hono(u)r (of discipline); disciplinary board | Erbhof~ | hereditary farm tribunal.
○ Finanz~ | revenue court; board of tax appeals | Friedens~ | justice of peace | Geschäftsstelle des ~s | clerk's (record) (court) office | Geständnis vor ~ | confession in (before the) court | Gewerbe~; Kaufmanns~ | trade (industrial) court | Handels~ | tribunal of commerce; commercial (trade) court | Heeres~ | military court; court martial | ~ erster Instanz | court of first instance; lower (inferior) (local) court; trial judge | ~ zweiter Instanz | appellate court; court of appeal | ~ letzter Instanz | court of last instance (resort) | Jugend~ | juvenile court | Kirchen~ | church (ecclesiastical) court | Kompetenz~ | tribunal (court) for deciding disputes about jurisdiction | Konkurs~ | bankruptcy court | Kreis~ | district (county) court.
○ Kriegs~ | court martial; military court (tribunal) | Beisitzer bei einem Kriegs~ | judge-advocate | Vorsitzender der obersten Kriegs~s | judge-advocate-general | jdn. vor ein Kriegs~ stellen | to have sb. court-martialled; to try sb. by court martial; to court-martial sb. | vor ein Kriegs~ gestellt werden | to be court-martialled; to be brought before a court martial; to be tried by court martial.
○ Kriminal~ | criminal (correctional) court | Land~ | district court | Militär~ | military court (tribunal); court martial | internationales Militär~ | international military tribunal | den Militär~en unterworfen | subject to military law | Nachlaß~ | probate (surrogate) court; surrogate | Nachprüfung durch das ~ | review by the court; court review | durch Niederlegung bei ~ | by depositing [sth.] in court | Ober~ | upper (higher) (superior) court | Oberfinanz~ | board of tax appeals | Oberlandes~ | provincial court of appeal.
○ Polizei~; Polizeistraf~ | police (magistrate's) court | Prisen~ | prize court | Prozeß~ | trial judge | Revisions~ | court of appeal; appellate court | bei ~ anhängige Sache | case before the court | für diese Sache ist dieses ~ unzuständig (nicht zuständig) | this case does not come within the jurisdiction of this court | Scherben~ | ostracism | Schieds~ | court of arbitration (of arbitrators) (of referees); arbitration court | Schnell~ | court of summary procedure (jurisdiction) | Schöffen~ | jury.
○ Schwur~ | court of assizes; assizes *pl* | See~ | maritime (naval) court | Sonder~ | special court | Staats~ | state court | Stadt~ | municipal (city) court; court of aldermen | Stand~ | court martial | Straf~ | criminal (penal) court | Zuständigkeit der Straf~e | criminal (penal) jurisdiction | Ungebühr vor ~ | contempt of court | Unter~ ① | lower (inferior) court | Unter~ ② | court of first instance | vor ~ abgeschlossener Vertrag | agreement entered

Gericht *n, Forts.*
into before the court (signed in court) | **Verwahrung bei** ~ | deposit in (at the) court | **Verwaltungs**~ | administrative court; court of administration | **Volks**~ | people's court | **Vorladung vor** ~ | summons before the court; court summons.

○ **Vormundschafts**~ ① [in Mündelsachen] | court of guardianship; guardianship (orphans') court | **Vormundschafts**~ ② [in Entmündigungssachen] | judge (master) in lunacy | **der Vorsitzende des** ~**s** | the presiding judge | **Wahlprüfungs**~ | election court | **Zivil**~ | civil court (tribunal) | **Zuständigkeit der Zivil**~**e** | civil jurisdiction | **in die Zuständigkeit der Zivil**~**e fallen; zur Zuständigkeit der Zivil**~**e gehören** | to come under (within) the jurisdiction of the court(s) | **vor den Zivil**~**en** | before (in) the civil courts.

★ **das höhere** ~ | the upper (higher) (superior) court | **das Jüngste** ~**; der Tag des Jüngsten** ~**s** | the Last Judgment; judgment day | **das höchste** ~**; das oberste** ~ | the Supreme Court; the High (Supreme) Court of Justice | **oberstes** ~ **in Strafsachen** | High Court of Judiciary | **letztinstanzielles** ~ | court of last instance (resort) | **nachgeordnetes** ~ | lower court | **ordentliches** ~ | law court; ordinary court; court of justice | **übergeordnetes** ~ | higher (superior) court | **das untere** ~ | the court of first instance | **untergeordnetes** ~ | lower (inferior) court | **zuständiges** ~ | court of competent justice.

★ ~ **abhalten** | to hold court; to sit | **das** ~ **anrufen** | to go to law; to appeal to the law; to seek legal redress | **vor** ~ **auftreten** | to appear (to act) in court; to appear (to come) before the court | **jdn. vor** ~ **bringen** | to bring sb. to justice (before the court) (before the judge) | **eine Sache (einen Streitfall) vor** ~ **(vor das** ~**) (vor die** ~**e) bringen; das** ~ **(die** ~**e) mit einer Sache (mit einem Streitfall) befassen** | to bring a matter (a case) (a dispute) before the court(s) (into court); to refer (to submit) a matter (a case) to the court(s) | **ein** ~ **einsetzen** | to set up a court (a tribunal) | **etw. bei** ~ **einzahlen** | to pay sth. into court | **vor** ~ **(vor den Schranken des** ~**s) erscheinen** | to appear in court; to appear (to come) before the court | **vor** ~ **gestellt werden** | to be sent (to be brought up) for trial | **vor ein** ~ **gezogen (geladen) werden** | to be summoned (called) before the court | **jdn. vor** ~ **laden (vorladen)** | to summon (to cite) sb. before the court | **etw. bei** ~ **niederlegen** | to deposit sth. in court | **über jdn. zu** ~ **sitzen** | to sit in judgment on sb. | **vor** ~ **stehen** | to be on trial; to stand one's trial | **sich dem** ~ **stellen** | to give os. up to the law | **jdn. vor** ~ **stellen** | to bring sb. to trial (up for trial); to put sb. on trial | **das** ~ **tagt** | the court is sitting | **jdn. vor** ~ **verklagen** | to bring an action (to commence a lawsuit) against sb.; to go to law with sb.; to take legal proceedings against sb. | **jdn. vor** ~ **vertreten** | to represent sb. in court | **etw. dem** ~ **vorlegen** | to bring sth. into court.

★ **von** ~**s wegen** | by order (by warrant) of the court; by court order; ex officio | **vor** ~ | in court.

gerichtlich *adj* | judicial | ~**er Akt** | judicial act | ~**e Ankündigung** | legal notice | **durch** ~**e Anordnung** | by order (by warrant) of the court; by court order | ~**e Augenscheineinnahme** | visit to the scene | ~**e Auseinandersetzung** | settlement in court | ~**e Beglaubigung** | legalization | ~**er Beistand** | legal adviser | ~**e Beschlagnahme** | court attachment (seizure) | ~**e Besitzeinweisung** | vesting order | ~**e Bestätigung** | approval (confirmation) by the court |

~**e Beurkundung** | certification by the court | ~**es Eingreifen;** ~**es Einschreiten** | judicial intervention | ~**e Entscheidung;** ~**es Erkenntnis** | court decision (judgment) (sentence); judicial decision | ~**e Feststellung** | verification by the court | ~**es Geständnis** | confession in (before the) court | ~**e Hilfe in Anspruch nehmen** | to have resource to legal proceedings; to resort to litigation; to seek redress in court | ~**e Hinterlegung** | bail.

○ ~**e Klage** | action at law; law (court) action | ~**e Ladung** | court summons; writ of the court; subpoena | ~**er Liquidationsbeschluß** | winding-up order | ~**e Medizin** | legal (forensic) medicine; medical jurisprudence | ~**e Nachprüfung** | court (judicial) review; review by the court(s) | ~**e Nachrichten** | law reports | ~**es Nachspiel** | sequel in court; court sequel | ~**er Ortsaugenschein** | visit of the scene | ~**e Schritte tun (unternehmen)** | to take legal steps (legal measures); to go to law | ~**e Sicherheit** | legal security | ~**e Strafgewalt** | power of punishment | ~**e Strafverfolgung** | prosecution; criminal proceedings | ~**e Untersuchung** | court enquiry | ~**e Urkunde** | judicial act (document) (instrument) | ~**es Veräußerungsverbot** | judicial restraint on alienation.

○ ~**es Verfahren** | legal proceedings; proceedings at law; court proceedings | ~**e Verfügung** | court degree (order); order (writ) of the court; writ | **durch** ~**e Verfügung** | by order (by warrant) of the court; by court order | ~**e Verhandlung** | hearing; court hearing; trial | ~**er Verkauf;** ~**e Versteigerung** | sale by order of the court; judicial sale | ~**er Vertrag** | agreement entered into before the court | ~**e Verurteilung** | judicial sentence; court sentence; conviction | ~**es Vorgehen** | court (legal) proceedings *pl*; proceedings at law; lawsuit | ~**e Vorladung** | court summons; summons before the court | ~**er Vormund** | guardian appointed by the court | ~**e Zuständigkeit** | jurisdiction of a (of the) court | ~**er Zwang** | compulsion.

gerichtlich *adv* | **etw.** ~ **anerkennen** | to admit sth. (to acknowledge sth.) in (before the) court | **jdn.** ~ **belangen (verfolgen)** | to proceed against sb.; to sue sb. at law; to go to law with sb. | **etw.** ~ **beschlagnahmen** | to attach sth. through the court | **etw.** ~ **bestätigen lassen** | to have sth. approved (confirmed) by the court | ~ **bestellt** | appointed by the court | ~ **bestellter Vormund** | guardian appointed by the court | ~ **einschreiten** | to take legal steps (measures); to proceed by law | **einen Anspruch** ~ **geltend machen** | to assert (to enforce) a (one's) claim in court | **etw.** ~ **verfolgen** | to sue (to litigate) for sth. | ~ **vorgehen** | to proceed by law; to initiate legal proceedings; to go to law; to take legal steps | ~ **zuerkennen;** ~ **zusprechen** | to adjudge; to adjudicate.

Gerichts..akten *mpl* | court records (files); rolls (records) of the court.
—**arzt** *m* | medical expert of the court.
—**assessor** *m* | assistant judge.
Gerichtsbarkeit *f* | jurisdiction; judicature | **Ausnahme**~ | special jurisdiction | **Ausübung der** ~ | administration of justice | **Bagatell**~ | summary jurisdiction | **Bundes**~ | federal jurisdiction | **Ehren**~ | disciplinary jurisdiction | **Friedens**~ | justice of the peace | **Gebiet unter der** ~ **von** | area under (within) the jurisdiction of | **der** ~ **eines Gerichts unterstehen (unterworfen sein)** | to be amenable to the jurisdiction of a court | **Gewerbe**~; **Handels**~ | commercial arbitration | **Hals**~ | criminal jurisdic-

tion | **Laien~** | lay judiciary | der ~ **eines Landes unterworfen (unterliegend)** | subject to the jurisdiction of a country | **Militär~** | military jurisdiction (justice) | **Partei~** | party jurisdiction | **Schieds~** | arbitration; arbitral justice | **See~** | Admirality jurisdiction | **Straf~** | criminal (penal) jurisdiction | **Verwaltungs~** | administrative jurisdiction | **Zivil~** | civil jurisdiction.

★ **ausschließliche ~** | exclusive jurisdiction | **nicht-ausschließliche ~** | concurrent jurisdiction | **freiwillige ~; nichtstreitige ~** | non-contentious jurisdiction; jurisdiction in non-contentious matters | **geistliche ~** | ecclesiastical jurisdiction | **peinliche ~** | criminal jurisdiction | **streitige ~** | contentious jurisdiction | **jdn. der ~ ausliefern (überantworten)** | to bring sb. to justice | **eine ~ ausüben** | to exercise a jurisdiction | **einer ~ unterstehen (unterworfen sein)** | to be under the jurisdiction [of] | **unter der ~ von** | under the jurisdiction of.

Gerichts..beamter m | court official (officer); law (law enforcement) officer.

—**befehl** m | warrant; court warrant (decree); warrant (order) (writ) of the court | **einen ~ gegen jdn. erwirken** | to obtain (to take out) a warrant against sb.

—**behörde** f | judicial (court) authority.

—**beisitzer** m | assistant (associate) judge.

gerichtsbekannt adj | known to the court.

Gerichtsbeschluß m | order of the court; court decree (order) | **~ auf Aufhebung der ehelichen Gemeinschaft** | judicial (legal) separation; separation order | **einen ~ erlassen** | to enter a decree | **durch ~** | by order (by warrant) of the court; by court order.

Gerichts..bezirk m | court circuit; precincts pl of the court.

—**bote** m; —**diener** m Ⓐ | court's messenger; messenger of the court; bailiff; marshall.

—**diener** m Ⓑ [im Gerichtssaal] | usher; court usher (attendant).

—**diener** m Ⓒ [für Zustellungen] | process (writ) server.

—**dolmetscher** m | court interpreter.

—**entscheidung** f | court decision (judgment); legal (judicial) decision | **maßgebliche ~** | judicial authority | **eine ~ fällen** | to give (to hand down) a ruling.

—**ferien** pl | vacation of the courts; recess.

—**gebäude** n | law courts pl; courts of justice (of law); court house.

—**gebühren** fpl | court (legal) fees; law charges (costs).

Gerichtshof m | court of law (of justice) (of judicature); law court; court; tribunal | **Ehren~** | court of hono(u)r (of discipline); disciplinary board | **Kompetenz~** | tribunal (court) for deciding disputes about jurisdiction | **Kriegs~** | court martial; military court | **Patent~** | patent court | **Prisen~** | prize court | **Schieds~** | court of arbitration (of arbitrators) (of referees); arbitration court; arbitral tribunal | **gemischter Schieds~** | mixed arbitral tribunal | **Staats~** | state court | **Straf~** | criminal (penal) court | **internationaler Straf~** | international criminal court | **Verwaltungs~** | administrative court; court of administration | **Welt~** | world court | **gemischter ~** | mixed tribunal | **Oberster ~** | Supreme Court; high (supreme) court of justice; supreme court of judicature | **einen ~ einsetzen** | to constitute a tribunal.

Gerichts..instanz f | court instance.

—**kanzlei** f | record office.

Gerichts..kosten pl | court costs (fees); fees of the court; law charges (expenses); legal costs | **die ~ festsetzen** | to tax the costs.

— —**vorschuß** m | advance on the court fees.

gerichtskundig adj; **gerichtsnotorisch** adj | known to the court.

Gerichtsmedizin f | medical jurisprudence; forensic medicine.

gerichtsmedizinisch adj | **~er Sachverständiger** | medico-legal expert | **~es Institut** | medico-legal institute.

Gerichts..ordnung f | rules of the court.

—**ort** m | **zuständiger ~** | venue.

—**periode** f | law sitting; trial term.

—**polizei** f | judiciary (court) police.

—**präsident** m | presiding judge.

—**praxis** f | law (court) practice.

—**protokoll** n | record(s) of the court.

—**saal** m | court room | **im Zuhörerraum des ~es** | in the audience of the court | **den ~ räumen lassen** | to clear the court; to have the court cleared.

—**schreiber** m | clerk of the court; registrar; keeper of the records | **~ beim Strafgericht** | clerk of the criminal court.

—**schreiberei** f | court (record) (clerk's) office.

—**siegel** n | seal of the court; court seal.

—**sitz** m | seat of the court.

—**sitzung** f | sitting | **in öffentlicher ~** | in (in the) open court | **~ abhalten** | to hold court; to sit | **die ~ eröffnen** | to declare the court in session.

—**sitzungs..periode** f | law sitting(s); trial term.

— —**tag** m | court day.

—**sprache** f | legal language (terminology); law language.

—**sprengel** m | court circuit; precincts pl of the court.

Gerichtsstand m | competence of the court; court of jurisdiction (having jurisdiction); local jurisdiction | **~ des Erfüllungsortes** | forum contractus | **~ der Ergreifung** | forum deprehensionis | **~ der unerlaubten Handlung** | forum delicti; forum actus | **~ in Nachlaßsachen** | probate jurisdiction | **~ der belegenen Sache** | forum rei sitae | **~ der begangenen Tat** | forum actus; forum delicti | **Vereinbarung eines ~es** | agreement on electing a legal domicile | **~ der Vermögensverwaltung** | forum gestae administrationis | **~ des Wohnsitzes** | forum domicilii.

★ **allgemeiner ~** | court of general jurisdiction; common-law jurisdiction | **ausschließlicher ~** | court of exclusive jurisdiction | **dinglicher ~** | forum rei sitae | **fliegender ~** | itinerant tribunal | **örtlicher ~** | local (territorial) jurisdiction (competence); venue | **vereinbarter ~** | stipulated jurisdiction.

★ **einen ~ vereinbaren** | to stipulate (to agree to) a jurisdiction.

Gerichtsstandsklausel f | jurisdiction clause.

Gerichts..stelle f | seat of the court.

—**stil** m | law (legal) (official) style.

—**tafel** f | notice board of the court.

—**tag** m | court day; day in court (of hearing).

—**tage** mpl | law sittings pl.

—**termin** m | court hearing; day of hearing (of trial) | **einen ~ ansetzen** | to assign a day for the hearing.

—**untertan** m | person who is under sb.'s jurisdiction.

—**urteil** n | court decision (judgment) (sentence); judicial sentence.

Gerichtsverfahren n Ⓐ | proceedings pl at law; court proceedings (procedure); judicial (legal) proceedings | **Militär~** | military justice procedure | **abgekürztes ~; beschleunigtes ~; summarisches ~** |

Gerichtsverfahren *n* Ⓐ *Forts.*
summary proceedings | **im ordentlichen ~; durch ein ordentliches ~** | by due process of law | **ein ~ anstrengen** | to take (to institute) legal proceedings.
Gerichtsverfahren *n* Ⓑ [Rechtsprechung] | jurisdiction; administration of the law.
Gerichts..verfassung | court (judicial) system; judiciary.
—**verfassungsgesetz** *n* | Judicature Act; Act of the organization of the judiciary.
—**verfügung** *f* | order of the court; judicial order (writ); bench warrant.
—**verhandlung** *f* | proceedings *pl* of the court; hearing; court hearing; trial; court proceedings | **in öffentlicher ~** | in (in the) open court.
—**vollzieher** *m* | bailiff; sheriff's officer; marshall.
—**vollzieherei** *f* | bailiff's (sheriff's) office.
—**vorsitzender** *m* | presiding judge.
—**weg** *m* | **den ~ beschreiten** | to proceed by law; to take legal steps (proceedings) (measures); to initiate legal proceedings; to go to law.
—**wesen** *n* | **das ~** | the lawcourts *pl*; the court system; the judicial system; the judiciary.
—**zeitung** *f* | law journal (reports *pl*).
—**zug** *m* | instance.
—**zuständigkeit** *f* | legal domicile; venue.
gerieren *v* | **sich als Erbe ~** | to conduct os. heir; to act as heir.
geringfügig *adj* | insignificant; of little importance; unimportant | **~e Abänderungen (Änderungen)** | minor changes | **~er Diebstahl** | petty theft (larceny) | **~er Schaden; ~e Schäden** | small damage | **~e Summe** | paltry sum | **~er Verlust** | small (insignificant) loss.
Geringfügigkeit *f* | insignificance; unimportance.
geringwertig *adj* | of little value | **~e Waren** | goods of inferior quality.
Gerücht *n* | rumo(u)r | **~e im Umlauf; umlaufende ~e** | current (floating) rumors | **~e in Umlauf setzen; ~e ausstreuen** | to set rumors afloat | **beunruhigende ~e** | disquieting rumors | **falsches ~** | false reports | **leere (unbestätigte) ~e** | vague rumors | **wilde ~e** | wild rumors | **das ~ geht um, daß ...; es geht das ~, daß ...** | rumor has it that ...; there are rumors of ... | **ein ~ verbreiten** | to spread a rumor.
gesamt *adj* | total; entire; complete | **zur ~en Hand** | in joint ownership; jointly | **der ~e Schaden** | the total damage (loss).
Gesamt..absatz *m* | total sales *pl*.
—**abtretung** *f* | general assignment.
—**aktiven** *fpl* | total assets *pl*.
—**ansicht** *f* | general view.
—**arbeitsvertrag** *m* | collective contract (agreement).
—**auflage** *f* | total edition (circulation).
—**aufstellung** *f* | general statement.
—**ausfuhr** *f* | total exports *pl*.
—**ausgaben** *fpl* | total expenditure (expenses).
—**ausweis** *m* | consolidated statement of the financial position.
—**bestand** *m* [am Lager] | total stock on hand.
Gesamtbetrag *m* | total amount (sum); sum (grand) total; total | **im ~e von ... Dollars** | totalling ... dollars | **~ der Passiven; ~ der Verbindlichkeiten** | total liabilities | **den ~ von ... ergeben** | to total (to total up to) the amount of ...
Gesamt..bevölkerung *f* | entire (total) population.
—**bewertung** *f* | total evaluation.
—**demission** *f* | resignation in a body.
—**durchschnitt** *m* | total average.

Gesamt..eigentum *n* | collective ownership.
—**eindruck** *m* | general impression.
—**einfuhr** *f* | total imports *pl*.
—**einkommen** *n* | total (gross) income (revenue).
—**einnahme** *f* Ⓐ | total receipts *pl*.
—**einnahme** *f* Ⓑ | gross receipts *pl*.
—**eintrag** *m* | combined (compound) entry.
—**entwicklung** *f* | general (overall) trend.
—**erbe** *m* | universal (sole) heir.
—**erfindung** *f* | joint invention.
—**ergebnis** *n* | total (overall) result.
—**erlös** *m*; —**ertrag** *m* | total proceeds *pl* (returns *pl*).
—**forderung** *f* | total claim.
—**fracht** *f* | total freight.
—**gebühr** *f* | inclusive fee; lump sum charge.
—**gewinn** *m* | total profit(s).
—**gläubiger** *m* | joint creditor.
—**grundschuld** | land charge on several pieces of property.
Gesamtgut *n* | common (community) (joint) property.
Gesamtguts..gläubiger *m* | creditor of the community estate.
—**verbindlichkeiten** *fpl* | liabilities of the common property.
Gesamthaftung *f* | joint and several liability.
Gesamthand *f* | **Eigentum (Miteigentum) zur ~** | joint (undivided) ownership | **zur ~** | in joint ownership.
gesamthänderisch *adj* | in joint ownership.
gesamthänderisch *adv* | jointly.
Gesamthandelsbilanz *f* | total (overall) trade balance.
Gesamtheit *f* Ⓐ | totality; entirety; entireness | **in seiner ~** | in (in its) entirety; as a whole; totally.
Gesamtheit *f* Ⓑ [Allgemeinheit] | community | **Interesse der ~** | interest of the community.
Gesamt..herstellungskosten *pl* | total cost price; total production cost.
—**hypothek** *f* | general mortgage.
—**index** *m* | overall index.
—**interesse** *n* | interest of the community; common interest.
—**jahreseinkommen** *n* | total annual revenue.
—**kapital** *n* | total capital (capital stock) (capitalization).
—**kontingent** *n* | total quota.
—**konto** *n* | joint account.
—**kosten** *pl* | total cost.
—**leistung** *f* | total output.
—**masse** *f* | total assets *pl*.
—**nachfolge** *f*; —**rechtsnachfolge** *f* | universal succession; succession in law.
—**nachfolger** *m*; —**rechtsnachfolger** *m* | universal successor; successor in law.
—**plan** *m* | overall plan.
—**preis** *m* Ⓐ | total price.
—**preis** *m* Ⓑ | inclusive price.
—**produktion** *f* | total production (output).
—**prokura** *f* | joint signature.
—**quittung** *f* | final (general) (full) receipt; receipt in full.
—**quote** *f* | total quota.
—**rechnung** *f* | **volkswirtschaftliche ~** | national accounts.
—**regelung** *f* | overall settlement.
—**rücktritt** *m* | resignation in a body.
—**saldo** *m* | total (overall) balance.
—**schaden** *m* | total damage (loss).
—**schätzungswert** *m* | total appraised value.
Gesamtschuld *f* | joint and several debt.
Gesamtschuldner *m* und *mpl* | joint debtor(s) | **als ~ haften** | to be jointly and severally liable; to be liable

as joint debtors | **jdn. als ~ haftbar machen** | to make sb. jointly and severally liable | **sich als ~ verpflichten** | to assume a liability as joint debtors.
gesamtschuldnerisch *adj* | **~e Haftung** | joint liability.
gesamtschuldnerisch *adv* | jointly and severally | **~ haften** | to be jointly (jointly and severally) liable (responsible); to be liable as joint debtors | **~ haftende Mitschuldner** | joint and several codebtors | **jdn. ~ haftbar machen** | to make sb. jointly and severally liable | **sich ~ verpflichten** | to assume a liability as joint debtors.
Gesamt..strafe *f* | collective penalty.
—summe *f* | sum (grand) total; total sum (amount); total.
—tonnage *f* | total tonnage.
—überschuß *m* | total surplus.
—übersicht *f* | general report.
—umsatz *m* | total turnover (business turnover) (volume of sales).
gesamtverbindlich *adv* | jointly and severally; as joint debtors | **~ haften; ~ verantwortlich sein** | to be jointly (jointly and severally) liable (responsible).
Gesamt..verbindlichkeit *f* | joint and several liability.
—verlust *m* | total loss.
—vermögen *n* | total property (assets) | **sein ~** | the whole of one's estate (of one's fortune).
—versicherung *f* | comprehensive policy.
—vertretung *f* | joint representation.
—vollmacht *f* | general power of attorney.
—vorstand *m* | **der ~** | the full board; all board members.
—wert *m* | total (aggregate) value.
—wirtschaft *f* | **die ~** | the economy (trade and industry) as a whole.
—wohl *n* | common weal.
—zahl *f* | total number; total | **die ~ von ... ergeben** | to total ...
gesamtzeichnungsberechtigt *adv* | **~ sein** | to have joint signature.
Gesamtzeichnungsberechtigung *f* | joint signature.
Gesandter *m* Ⓐ [Ab~; Bote] | envoy; messenger.
Gesandter *m* Ⓑ [diplomatischer Vertreter] | envoy; minister | **außerordentlicher ~; Sonder~** | special envoy; envoy extraordinary | **außerordentlicher ~ und bevollmächtigter Minister** | envoy extraordinary and minister plenipotentiary | **päpstlicher ~** | Papal nuncio.
Gesandtschaft *f* Ⓐ | legation.
Gesandtschaft *f* Ⓑ [Gebäude] | legation; building of the legation.
Gesandtschafts..attaché *m* | attaché of legation.
—rat *m* | counsellor of legation.
—sekretär *m* | secretary of legation.
geschädigt *adj* | damaged | **brand~** | damaged by fire; fire-damaged | **unfall~** | injured (damaged) by an accident.
Geschädigte *m* | **der ~** | the aggrieved party | **die ~n** | the victims of a disaster | **der Brand~** | the party that suffered damage by fire | **der Unfall~** | the injured (damaged) party.
Geschäft *n* Ⓐ [Transaktion] | business; business transaction; transaction | **Abschluß eines ~s** | conclusion of a bargain (of a business) | **Abzahlungs~** | sale on deferred terms; hire-purchase | **Aktien~** | share transaction (deal) | **Bank~** | banking transaction (operation) | **Bar~** | cash transaction; transaction for cash | **Beteiligungs~** | operation on joint account; syndicate operation | **Börsen~** | stock exchange transaction | **Darlehens~** | credit trans-

action | **Devisen~** | exchange (foreign exchange) transaction | **Diskonto~** | discount operation | **im Drange der ~e** | in the pressure of business.
○ **Finanz~** | financial transaction | **Fix~** | firm deal | **Gegenseitigkeits~** | barter business (transaction) (deal) | **Geld~** | cash transaction (deal) | **Geld~e** | financial transactions (operations) | **Gemeinschafts~** | joint transaction; operation on joint account | **Handels~** | commercial transaction | **Kredit~** | credit transaction; transaction on credit | **Neben~** | supplementary transaction | **Prämien~** | option dealing.
○ **Rechts~** | legal transaction | **Schein~** | bogus (sham) transaction | **Spekulations~** | speculative dealings (transactions) | **Staats~e** | affairs of state | **Stiftungs~** | deed of foundation (of endowment) | **Tausch~** | barter business (deal) | **Termin~; Zeit~** | transaction on credit (for the account) | **Verlust~** | loosing transaction | **Vorschuß~** | credit transaction.
★ **gewagtes ~** | aleatory transaction | **die laufenden ~e** | the current business | **schwebende ~e** | pending matters.
★ **ein ~ abmachen** | to settle a matter | **ein ~ abschließen (zum Abschluß bringen)** | to make (to close) a business (a bargain) (a deal) | **~e machen** | to do (to transact) business | **gute ~e machen** | to do good business | **seinen ~en nachgehen; seine ~e besorgen** | to go about one's business.
Geschäft *n* Ⓑ [Unternehmen] | business; business firm; enterprise | **Abwrack~** | firm of ship breakers | **Bank~** | banking firm (house) (business) (establishment) | **Bau~** | firm of building contractors | **Beteiligung an einem ~** | interest (share) in a business | **Detail~; Einzelhandels~; Kleinhandels~** | retail business | **Eröffnung eines ~s** | opening of a business | **Großhandels~** | wholesale business | **Gründung eines ~s** | establishment (foundation) of a firm (of a business) | **Kommissions~** | commission house (business) (merchants) (agency) | **Leitung eines ~s** | management of a business | **Speditions~; Transport~** | firm of carriers; forwarding agents; haulage contractors | **Spezial~** | firm of specialists | **Zweig~** | branch office (business).
★ **altes ~; altrenommiertes ~** | old established business (firm) | **gutgehendes ~** | profitable business; going concern.
★ **ein ~ anfangen (aufmachen)** | to open (to set up) a business | **in einem ~ arbeiten** | to be employed in a business | **sein ~ aufgeben (verkaufen)** | to give up one's business | **ein ~ auflösen (liquidieren)** | to wind up a business | **jdn. an seinem ~ beteiligen** | to give sb. a share (an interest) in one's business; to make sb. a partner in one's business | **sich an einem ~ beteiligen** | to take an interest (a financial interest) in a business | **sich an einem ~ zur Hälfte beteiligen** | to take a half-interest in a business | **ein ~ betreiben** | to run (to carry on) a business | **ein ~ führen (leiten)** | to conduct (to manage) a business | **ein ~ gründen** | to establish (to found) a firm (a business) | **ein ~ kaufen** | to buy a business.
Geschäft *n* Ⓒ [Branche] | trade; business | **Agentur~** | agency business | **Seetransport~** | shipping business (trade) (industry) | **Speditions~; Transport~** | freight (forwarding) (shipping) business; carrying trade (business) | **im ~** | engaged in business; in business.
Geschäft *n* Ⓓ [Laden] | shop; store | **Einheitspreis~** | one-price store | **Einzelhandels~** | retail store (business); shop | **sein ~ aufgeben (verkaufen)** | to

Geschäft n ⑩ *Forts.*
give up one's shop | **ein ~ aufmachen (eröffnen)** | to set up shop; to open up | **ein ~ betreiben** | to keep (to run) a shop | **sein ~ schließen** | to close down.
Geschäft n ⑫ [Geschäftsraum] | shop; business premises *pl.*
geschäftlich *adj* | commercial; relating to business | **in ~er Angelegenheit; in ~en Angelegenheiten** | on business | **~e Besprechung** | business conversation | **~e Beziehungen** | business relations | **~e Tätigkeit** | business activity.
geschäftlich *adv* | **~ unerfahren** | inexperienced in business.
Geschäfts..abschluß m | closing of a business (of a deal).
—**abschlüsse** *mpl* | orders (contracts) secured.
—**adresse** f | business address.
—**agentur** f | general business agency (office).
—**anfang** m | commencement (opening) of a business.
—**angelegenheit** f | business matter (proposition) (affair) | **in ~en** | on business.
—**anteil** m | share in a business; business share | **maßgeblicher ~** | controlling interest.
—**anzeige** f | advertisement.
—**aufgabe** f | retiring from business.
—**auflösung** f | liquidation (winding-up) of a business.
—**aufsicht** f | **gerichtlich angeordnete ~** | receivership.
—**auftrag** m | order; business order.
—**ausgaben** *fpl* | business expenses (expenditure).
—**aussichten** *fpl* | business prospects.
—**ausstattung** f [als Bilanzposten] | equipment and materials.
—**ausweitung** f | expansion of business.
—**bedingungen** *fpl* | terms of business; trading (operating) conditions.
—**beginn** m | commencement of business (of business activities).
—**belebung** f | business recovery (revival).
—**bereich** m ⓐ | sphere (scope) (line) of business; field of activity.
—**bereich** m ⓑ [Zuständigkeit] | competence | **Minister ohne ~** | minister without portfolio.
—**bericht** m | statement of account | **~ und Abrechnung** | business (directors') report; report and account.
—**besorgung** f | management of affairs.
—**besorgungsvertrag** m | agency contract (agreement).
—**beteiligung** f | interest (share) in a firm (in a business).
—**betrieb** m | business enterprise; business | **wirtschaftlicher ~** | economic enterprise.
—**beziehungen** *fpl* | business (commercial) relations (connections).
—**branche** f | line of business.
—**brauch** m | business usage.
—**brief** m | business (commercial) letter.
—**bücher** *npl* | commercial books; account (accounting) books; ledgers.
—**buchführung** f | financial (company) accounting.
—**drang** m | **im ~** | in the pressure (rush) of business.
—**drucksache** f | printed business matter.
—**einlage** f | business share; share in a business.
—**entwicklung** f | course (trend) of business.
geschäftserfahren *adj* | experienced (skilled) (well versed) in business.
Geschäfts..erfahrung f | business experience; experience in business.
—**eröffnung** f | opening (commencement) of a business.
—**erweiterung** f | enlargement (extension) of a business.
geschäftsfähig *adj* | capable of contracting | **beschränkt ~** | of limited capacity | **unbeschränkt (voll) ~ sein** | to be competent without limitation.

Geschäftsfähigkeit f | legal competency; disposing (legal) capacity | **in der ~ beschränkte Person** | person whose competence is limited | **beschränkte ~** | limited capacity (competence) | **unbeschränkte ~** | unlimited (full) capacity | **in der ~ beschränkt sein** | to be limited in disposing capacity.
Geschäfts..finanzen *fpl* | business finance *sing.*
Geschäfts..frau f | business woman | **selbständige ~** | feme sole trader.
—**freund** m | business friend; correspondent.
geschäftsführend *adj* | executive; managing | **~er Ausschuß** | executive (administrative) committee | **~er Direktor** | managing director | **~er Gesellschafter (Teilhaber)** | managing partner | **~es Organ** | executive body | **~e Verwaltung** | managing board.
Geschäftsführer m ⓐ | agent | **~ ohne Auftrag** | agent who acts on sb.'s behalf without his request.
Geschäftsführer m ⓑ [Leiter] | manager; director; business manager | **stellvertretender ~** | acting manager.
Geschäftsführer..anteil m | management share.
—**honorar** n | management fee.
—**tätigkeit** f | managership.
Geschäftsführung f | management; administration | **~ ohne Auftrag; auftraglose ~** | conducting business on sb.'s behalf without his request | **ordnungsgemäße ~** | sound management | **schlechte ~** | mismanagement.
Geschäftsführungs..ausschuß m | management (executive) committee.
—**befugnis** f | power(s) to direct.
Geschäfts..bericht m | report and accounts.
—**gang** m ⓐ [Verkehr] | course (run) (flow) of business | **im gewöhnlichen (normalen) ~** | in the ordinary course of business.
—**gang** m ⓑ [Botengang] | errand.
—**gebaren** n [Gebarung] | way (mode) of doing business; business manners | **anständiges ~** | fair dealings (practices) | **unlauteres ~** | unfair practices.
—**gebiet** n | sphere (scope) (line) of business; field of activity.
—**gegend** f | business section (district) (quarter) [of a town].
—**geheimnis** n ⓐ | business (professional) (trade) secret.
—**geheimnis** n ⓑ [Fabrikgeheimnis] | manufacturing secret.
geschäftsgewandt *adj* | experienced (skilled) in business; skilful.
Geschäfts..gewandtheit f | business (commercial) skill; smartness.
—**gewinn** m | trading (business) profit.
—**grundlage** f | **~ eines Vertrages** | basis (basic intentions) of a contract.
—**grundsatz** m | business principle (policy).
—**grundstück** n | business (commercial) property.
—**gründung** f | establishment (foundation) of a business.
—**haus** n ⓐ [Firma] | business house (firm); commercial house; firm.
—**haus** n ⓑ [Gebäude] | commercial building.
—**herr** m ⓐ; —**inhaber** m | owner (proprietor) of a firm; proprietor.
—**herr** m ⓑ [Aufteraggber] | principal.
—**interesse** n | business interest | **im ~** | in the interest of business.
—**interessen** *npl* | business (commercial) concerns.
—**jahr** n | business (working) (financial) (fiscal) year.
—**kalender** m | docket.

Geschäfts..kapital *n* | business (trading) (working) capital; stock-in-trade.
—**karte** *f* | business (trade) card.
—**katalog** *m* | business (trade) catalog(ue).
—**kenntnis** *f* | experience in business; knowledge of commercial affairs.
—**konto** *n* | trading account.
—**korrespondenz** *f* | business (commercial) correspondence.
—**kreis** *m* | line (scope) (sphere) of business; field of activity | in ∼en | in business (commercial) circles.
—**kunde** *m* | business customer.
geschäftskundig *adj* | experienced (skilled) (well versed) in business.
Geschäftslage *f* | state of business; business situation.
Geschäftsleben *n* | business life | im ∼ stehen | to be in business.
geschäftsleitend *adj* | managing; executive | ∼er Ausschuß | managing (executive) (steering) committee (board) | ∼er Direktor | managing director.
Geschäfts..leiter *m* | manager; director; managing director.
—**leitung** *f* | management; board of directors (of management).
—**leute** *pl* | business men | kleine ∼ | small tradespeople.
—**lokal** *n* | office(s); business premises *pl*; place of business.
geschäftslos *adj* | featureless; dull; inactive.
Geschäftslosigkeit *f* | inactivity; dullness.
Geschäftsmann *m* | business man; man of business; merchant | kleiner ∼ | tradesman; trader.
geschäftsmäßig *adj* | businesslike; commercial; mercantile.
Geschäfts..methoden *fpl* | business practice(s) | unlautere ∼ | unfair practices | unsaubere ∼ | sharp practices.
—**moral** *f* | business morals *pl* (ethics *pl*).
—**name** *m* | business (trading) name.
—**neid** *m* | competitor's jealousy.
—**nummer** *f* | reference number.
—**ordnung** *f* Ⓐ [Tagesordnung] | order of the day; agenda.
—**ordnung** *f* Ⓑ | rules of order (of procedure).
—**ordnungs..antrag** *m* | motion to the order of the day; procedural motion.
— —**ausschuß** *m* | rules committee.
—**organisation** *f* | business organization.
—**papiere** *npl* | commercial (business) papers.
—**periode** *f* | fiscal (accounting) period.
—**personal** *n* | office staff; persons employed in a business.
—**politik** *f* | business politic(s).
—**prinzip** *n* | business principle (policy).
—**räume** *mpl* | business premises; place of business; offices.
—**reise** *f* | business trip (tour).
—**reisender** *m* | commercial traveller; travelling clerk (agent) (salesman).
—**risiko** *n* | business (commercial) risk(s).
—**routine** *f* | business practice (skill).
—**rückgang** *m* | decline (falling off) of business | vorübergehender ∼ | business (trade) recession.
—**sache** *f* | business matter (affair).
—**schließung** *f* | closing of a business.
—**schluß** *m* Ⓐ [Ladenschluß] | closing of the shops.
—**schluß** *m* Ⓑ | closing hour (time); hour of closing.
—**schulden** *fpl* | business liabilities; trade (commercial) debts.
—**sitz** *m* | registered office (place of business).

Geschäfts..spesen *pl* | business charges; overhead expenses.
—**sprache** *f* | business (commercial) language.
—**stelle** *f* | office; registered office (place of business) | Haupt∼ | principal place of business; head office; headquarters.
—**stille** *f* Ⓐ | dulness of trade.
—**stille** *f* Ⓑ | dead season.
—**stockung** *f* | stagnation of business; business stagnation (stagnancy).
—**straße** *f* | shopping street.
—**stunden** *f* | business (office) hours; hours of business | ∼ der Bank | banking hours.
—**tätigkeit** *f* | business activity.
—**teilhaber** *m* | business partner | stiller ∼ | sleeping partner.
Geschäftsträger *m* | chargé d'affaires.
geschäftstüchtig *adj* | experienced (skilled) (well versed) in business; skilful.
Geschäfts..tüchtigkeit *f* | business (commercial) skill; smartness.
—**übersicht** *f* Ⓐ | report and accounts.
—**übersicht** *f* Ⓑ | report on the firm's situation (operations) (business activities).
—**übertragung** *f* | transfer of a business; business transfer.
—**umfang** *m* | volume (scope) of business.
—**umsatz** *m* | business turnover.
—**umsätze** *mpl* | business transactions (dealings).
geschäftsunfähig *adj* Ⓐ | incapacitated; incompetent.
geschäftsunfähig *adj* Ⓑ | incapable of exercising rights.
Geschäfts..unfähigkeit *f* | legal incapacity.
—**unkosten** *pl* | general expense; overhead charges; overhead | Aufteilung (Verteilung) der ∼ | allocation of general expense.
—**unternehmen** *n* | commercial concern (undertaking); trading concern; business enterprise (concern).
—**verbindlichkeiten** *fpl* | business liabilities; trade (commercial) debts.
—**verbindung** *f* | business relations *pl* (connections *pl*) | neue ∼en anbahnen | to enter into (to open) new business connections | mit jdm. in ∼ stehen | to have (to do) business with sb.
—**verfahren** *n* | business (trade) (trading) practice (policy).
—**verkauf** *m* | sale (transfer) of a business.
—**verkehr** *j* | course (run) of business | im gewöhnlichen ∼; im normalen ∼ | in the ordinary course of business | im Rahmen des üblichen ∼s | incidental to the normal activity of a business.
—**verlegung** *f* | removal of a business.
—**verlust** *m* | trading (business) (operating) loss.
—**vermittler** *m* | intermediator.
—**vermögen** *n* | trading assets; stock-in-trade.
—**verteilung** *f* | distribution of business.
—**viertel** *n* | business quarter (section).
—**vorgang** *m* | business operation (transaction).
—**vorgänger** *m* | predecessor in business.
—**vorhaben** *n* | business project.
—**weise** *f* | way of doing business; manner of dealing; business policy.
—**welt** *f* | business (commercial) world; the trade.
—**wert** *m* | value of the business (of the enterprise); goodwill.
—**zahl** *f*; —**zeichen** *n* | reference (file) number.
—**zeit** *f* | business (office) hours *pl*.
—**zentrum** *n* | business centre.
—**zunahme** *f*; —**zuwachs** *m* | growth of business.
—**zwecke** *mpl* | business purposes.
—**zweig** *m* | line (branch) of business.

geschätzt *adj* | estimated; appraised | ~er Kostenbetrag | estimated cost | ~er Wert | estimated value.
geschätzt *part* Ⓐ [geachtet] | esteemed; respected.
geschätzt *part* Ⓑ [bewertet] | estimated.
Geschenk *n* | present; gift | ~ ohne Auflage(n) | unencumbered gift | Geburtstags~ | birthday present | Geld~ | present of money; gratuity | Hochzeits~ | wedding present | Weihnachts~ | Christmas present (gift) | jdm. ein ~ machen | to make sb. a present | jdm. etw. zum ~ machen; jdm. mit etw. ein ~ machen | to make a present of sth. to sb.; to give sth. to sb. for a present; to present sb. with sth.
Geschenk..artikel *m* | gift article.
—geber *m* | donor.
—nehmer *m* | donee.
geschenkweise *adv* | as a gift (a free gift).
geschieden *adj* | divorced | ~e Frau | divorced woman; divorcee | seine ~e Frau | his divorced wife | ~er Mann | divorced man; divorcee | ihr ~er Mann | her divorced husband.
Geschlecht *n* | Adels~ | noble family | Linie eines ~s | lineage | das Menschen~ | the human race; the race | Stamm eines alten ~s | stock of an old family | adligen ~s | of noble race.
geschlechtlich *adj* | mit jdm. ~en Umgang haben | to have sexual intercourse with sb.
Geschlechts..beziehungen *fpl*; —gemeinschaft *f*; —verkehr *m* | sexual intercourse.
—register *n* | genealogical table.
geschlossen *adv* | ~ zurücktreten (demissionieren) | to resign in a body.
Geschmacksmuster *n* | design patent.
—schutz *m* | protection of design patents.
geschmuggelt *adj* | ~e Ware(n) | smuggled (contraband) goods; contraband | ~e Werbung | masked advertising.
geschrieben *part* | mit der Maschine ~; maschinen~ | typewritten; typed | ~es Recht | written (statute) law | hand~ | handwritten | ~ oder un~ | written or unwritten.
geschützt *part* | gesetzlich ~ | protected by law | patentrechtlich ~ | protected by letters patent; patented | urheberrechtlich ~ | protected by copyright; copyrighted | nicht mehr ~ | no longer protected | nicht mehr ~ sein | to be no longer protected; to be (to have become) public property; to be out of copyright; to be in the public domain | un~ | unprotected.
Geschwindigkeits..begrenzung *f*; —beschränkung *f*; —höchstgrenze *f* | speed limit.
—kontrolle *f* | speed control.
—überschreitung *f* | exceeding the speed limit; speeding.
Geschwister *pl* | brothers and sisters | halbbürtige ~ | half brothers and half sisters | vollbürtige ~ | full brothers and sisters.
Geschwisterkinder *npl* [vollbürtige ~] | first (full) cousins | Nach~ | second cousins; cousins in the second remove.
geschworen *adj* | ~e Feinde | sworn enemies.
Geschworene *m* | juryman; juror | die ~n | the jurymen; the jury | Ablehnung eines ~n | challenging of a juror (of a juryman) | Aufruf der ~n | array of the panel | Auslosung der ~n | empanelling the jury | Ersatz~ | alternate juror; talesman | meine Herren ~n | Gentlemen of the Jury | einen ~n in die Jury aufnehmen | to empanel a juror | Obmann der ~n | foreman of the jury | Spruch (Wahrspruch) der ~n | verdict of the jury; jury's findings.
★ einen ~n ablehnen | to challenge a juror (a jury-

man) | die ~n aufrufen | to array the panel; to empanel the jury | die ~n belehren | to direct the jury | ~r sein | to be (to serve) on the jury.
Geschworenen..bank *f* Ⓐ | jury box.
—bank *f* Ⓑ | die ~ | the jury; the jurors | die ~ bilden | to array the panel; to empanel the jury | zur ~ gehören | to be (to serve) on the jury.
—liste *f* | jury list (panel); panel of the jury.
—obmann *m* | foreman of the jury.
Geselle *m* | journeyman.
Gesellenprüfung *f* | journeyman's examination.
Gesellschaft *f* Ⓐ | society; company; corporation; partnership | Aktien~ | stock (joint stock) company | die Aktiven (das Aktivvermögen) der ~ | the assets (the property) of the company; the corporate assets | Klage auf Auflösung einer ~ | application to wind up a company | Bank~ | banking company | Bau~ | firm of builders (of building contractors) | Beförderungs~ | forwarding (shipping) (transport) (transportation) company | Bergbau~; Bergwerks~ | mining (colliery) company | Beteiligungs~ | special partnership | Betriebs~ | management company | Binnenschiffahrts~ | river navigation company | Bücher der ~ | corporate books.
○ Dach~ | holding (trust) company | Dampfschiffahrts~ | steam navigation company | Einfuhr~ | import (importing) company; firm of importers | Einmann~ | one-man company | Eisenbahn~ | railway (railroad) company | Elektrizitäts~; Elektrizitätslieferungs~ | power company | Emissions~ | issuing company | Errichtung (Gründung) einer ~ | establishment (foundation) (incorporation) of a company | Familien~ | family company | Feuerversicherungs~ | fire insurance company; fire office | Finanz~; Finanzierungs~ | financing (financial) company | Flußschiffahrts~ | river navigation company | ~ auf Gegenseitigkeit | mutual society | Geschäftsjahr der ~ | business (financial) year of the company; company's year (financial year).
○ Grundstücks~ | real estate company | ~ mit beschränkter Haftung | company with limited liability; limited (limited liability) company | Handels~ | commercial company (partnership) | offene Handels~ | general (trading) partnership; partnership | Holding~ | holding company | Hypotheken~; Hypothekenkredit~ | mortgage bank | Immobilien~ | real estate company | Import~ | import (importing) company; firm of importers | Industrie~ | manufacturing (industrial) company | Investierungs~ | investment company | Kapital~ | financing (financial) company | ~ mit einem Kapital von ... | company with (having) a capital (capitalization) of ....
○ Kommandit~ | limited partnership | Kommanditaktien~ | partnership limited by shares | Konzern~ | associated (affiliated) company; sister company | Kredit~ | credit association | Lebensversicherungs~ | life assurance (insurance) company; life office | Liquidations~; ~ in Liquidation | company in liquidation | Luftschiffahrts~ | air (air navigation) company | Lufttransport~; Luftverkehrs~ | air transport company | Monopol~ | monopoly company | Mutter~ | parent company | Personal~; Privat~; ~ des bürgerlichen Rechts | private company (partnership); partnership | Reederei~ | shipping (liner) company | Rundfunk~ | broadcasting company (corporation) | Schachtel~ | associated (affiliated) (subsidiary) and wholly controlled company.

○ **Schiffahrts~** | shipping (navigation) (liner) company | **Schiffbau~** | shipbuilding company | **Schutzbrief~** | chartered company | **Schwester~** | sister (affiliated) (associated) company | **Schwindel~** | bogus (bubble) company; bogus firm | **Seetransport~** | shipping (navigation) company | **Seeversicherungs~** | marine insurance company; marine office | **Siedlungs~** | land settlement association | **Sitz der ~** | registered office(s) of the company | **Stromschiffahrts~** | river navigation company | **Terrain~** | real estate company | **Tochter~** | affiliated (subsidiary) company | **Tontinen~** | life insurance association.

○ **Transport~** | forwarding (shipping) (transport) (transportation) company | **Treuhand~** | trust company | **Treuhand- und Revisions~** | trust company and auditing office | **Verkehrs~** | public transport company (board) | **Versicherungs~** | insurance company | **Versicherungs~ auf Gegenseitigkeit** | mutual insurance company | **Verwertungs~** | realization corporation; exploitation (development) company | **Zweig~** ① | affiliated (associated) (subsidiary) company | **Zweig~** ② | sister company.

★ **abhängige ~** | controlled company | **eingetragene ~** | registered company | **gemeinnützige ~** | utility (public utility) company; public utility | **leoninische ~** | leonine company | **amtlich notierte ~ (nicht notierte ~)** | quoted (unquoted) company | **öffentlich-rechtliche ~** | corporation under public law | **private ~** | private company (partnership) | **privilegierte ~** | chartered company | **stille ~** | dormant (silent) (sleeping) partnership.

★ **eine ~ auflösen (liquidieren)** | to dissolve a partnership; to wind up (to liquidate) a company | **eine ~ errichten (gründen)** | to incorporate (to found) (to establish) a company; to form a partnership.

Gesellschaft f ⑧ [Gemeinschaft] | community | **Religions~** | religious community; ecclesiastical association.

Gesellschaft f © | society | **Dame der ~ (aus der ~)** | society woman | **Neuigkeiten aus der ~** | society news | **erlesene ~** | select company | **die obere ~** | High Society | **Leute aus der oberen ~** | society people.

Gesellschafter m ⑧ [Teilhaber; Partner] | partner; associate | **Ausscheiden eines ~s** | retiring (retirement) of a partner | **Mit~** | joint partner | **geschäftsführender ~** | managing (active) partner | **beschränkt haftender ~** | limited partner | **persönlich (unbeschränkt) haftender ~** | responsible (unlimited) (general) (active) partner | **stiller ~** | sleeping (silent) (dormant) (secret) partner | **jdn. als ~ aufnehmen** | to take sb. into partnership | **in eine Firma als ~ eintreten** | to join a firm as partner; to become a partner (a partner) of a firm.

Gesellschafter m ⑧ [einer Aktiengesellschaft] | shareholder; stockholder.

Gesellschafterin f | lady-companion.

Gesellschafter..anteil m | share; partnership share.

—**versammlung** f | company meeting; meeting of shareholders (of stockholders).

gesellschaftlich adj ⑧ [korporativ] | corporate.

gesellschaftlich adj ⑧ [sozial] | **~e Pflichten (Verpflichtungen)** | social duties (engagements) | **~e Rangordnung** | social scale | **~e Rangstufe** | social rank (status) | **~e Stellung** | social position | **die ~e Struktur** | the social structure.

gesellschaftlich adv | **~ organisiert** | incorporated.

Gesellschaftsanteil m | share; business (partnership) share.

Gesellschafts..auflösung f | dissolution of the (of a) partnership.

—**auseinandersetzungsvertrag** m | deed of dissolution of partnership.

—**bank** f | joint-stock bank.

—**beteiligung** f | share (interest) in the (in a) company.

—**bilanz** f | company (corporate) balance sheet.

—**buchführung** f | company bookkeeping.

—**direktor** m | company director (manager).

—**einkommen** n | company revenue.

—**einlage** f | business (company) share.

—**firma** f | company (partnership) firm; company (corporate) name.

—**form** f | form (organization) of a company; corporate structure.

—**gewinn** m | company profit(s).

—**gläubiger** mpl | creditors of the company.

—**gründer** m ⑧ [Gründer einer Gesellschaft] | founder (incorporator) of a company.

—**gründer** m ⑧ [Gründer von Gesellschaften] | company promoter.

—**gründung** f | formation (establishment) (foundation) (incorporation) of a company.

—**gründungsvertrag** m | memorandum (deed) (articles) of association; articles (deed) (contract) of partnership; partnership deed.

—**jahr** n | company's year (financial year) (business year).

Gesellschaftskapital n ⑧ | company capital; registered (authorized) capital; partnership capital (funds) | **Erhöhung des ~s** | increase of the company's authorized capital; capital increase | **Herabsetzung des ~s** | reduction of capital; capital reduction | **das ~ erhöhen** | to increase the company's authorized capital | **das ~ herabsetzen** | to reduce the capital.

Gesellschaftskapital n ⑧ [Grundkapital] | stock capital; original capital; capital stock; capitalization.

Gesellschaftskapital n © [Aktienkapital] | share capital.

Gesellschafts..kasse f | the company's cash; cash of the company.

—**leitung** f | company (corporate) management.

—**mittel** npl | company (corporate) funds.

—**name** m | company (corporate) name.

—**ordnung** f | social order (system).

—**protokoll** n | corporate minutes.

—**recht** n | company (corporate) law.

—**rechte** npl | corporate rights.

—**register** n | office of the companies' registrar; commercial (trade) register.

—**reise** f | organized tour (trip).

—**satzung** f; —**statut** n; —**statuten** npl | memorandum (deed) (articles) of association; articles (deed) (contract) of partnership; partnership deed.

—**schuld** f | partnership debt.

—**schulden** fpl | debts (liabilities) of the company.

—**siegel** n | corporate (common) seal.

—**sitz** m | registered office(s) of the company.

—**steuer** f | tax on the formation of companies.

—**verhältnis** n | **mit jdm. ein ~ eingehen** | to enter into partnership with sb.

—**vermögen** n | assets pl (property) of the company; corporate assets.

—**verpflichtungen** fpl | company (corporation) (partnership) debts (liabilities).

—**vertrag** m | memorandum (articles) (deed) of association articles (contract) (deed) of partnership; partnership deed | **Änderung des ~es** | modification (amendment) of the articles of association.

Gesellschafts..zeichnung *f* | signature of the company.
—zweck *m* | object of the company.
Gesetz *n* Ⓐ | law; Act; statute | **Abschaffung (Aufhebung) eines ~es** | repeal of a law | **~ zur Abschaffung; Aufhebungs~** | Act of abolition | **Abschnitt des ~es** | section of the law | **Aktien~** | law on stock companies (corporations) | **Amnestie~** | amnesty law | **Anwendung des ~es** | application of the law | **das ~ zur Anwendung bringen** | to bring the law into operation (into action) | **die Anwendung eines ~es hindern** | to interfere with the operation of a law | **in Ausführung des ~es** | in execution of the law | **Ausnahme~** | law of exception | **Bank~** | banking law.
○ **Bundes~** | federal law | **Depot~** | law on deposits of securities | **Devisen~e** | foreign exchange laws; laws (legislation) on foreign exchange | **Durchsetzung (Erzwingung der Einhaltung) der ~e** | law enforcement | **Einführungs~** | introductory law | **Entschädigungs~** | compensation law | **Erlaß der ~e** | legislation; law-giving; legislating | **Etat~; Haushalt~** | budgetary law | **Finanz~** | finance (financial) Act (law); money bill (Act) | **Gerichtsverfassungs~** | judiciary (judicature) Act | **~ über die Gesellschaften** | companies Act; company law | **Gleichheit vor dem ~** | equal justice under (equality before) the law.
○ **Handelsmarken~** | merchandise marks (trademark) Act | **die in Kraft befindlichen ~e** | the legislation in force | **ein ~ in Kraft setzen** | to put a law into force | **ein ~ außer Kraft setzen** | to repeal a law | **das ~ nimmt seinen Lauf** | the law takes its course (has its way) | **Militär~** | military law | **den Militär~en unterliegend (unterstehend)** | subject to military law | **Münz~** | currency (monetary) law | **im Namen des ~es** | in the name of the law | **Natur~** | law of nature | **Neutralitäts~** | neutrality Act | **Patent~** | patent Act | **Personenstands~** | law on registration of births, deaths, and marriages | **Polizei~** | police regulation (ordinance) | **Presse~** | press law | **im Sinne des ~es** | within the meaning of the law.
○ **Staats~** | state law (Act) | **Staatsangehörigkeits~** | nationality law | **Staatsgrund~** | constitution | **Staatsverfassungs~; Verfassungs~** | constitutional law | **Stelle im ~** | passage in the law | **Stempel~** | stamp Act | **Steuer~** | fiscal (tax) law | **Strenge des ~es** | rigour of the law | **Verletzer des ~es** | law breaker | **Verordnungs~; im Verordnungsweg erlassenes ~** | decree law | **~e im Verordnungsweg erlassen** | to govern by decree | **Versicherungs~** | insurance law | **Vormund kraft ~es** | statutory guardian | **Wahl~** | electoral law | **Warenzeichen~** | trade-mark (merchandise marks) Act | **Wortlaut des ~es** | text (wording) of the law.
★ **aufhebendes ~** | abrogative law | **das geltende ~; die geltenden ~e** | the law (the laws) in force; the established law | **das oberste ~** | the supreme law | **vor dem ~ verantwortlich** | legally responsible | **vor dem ~ vertretbar** | legally justifiable.
★ **ein ~ abändern** | to amend (to revise) a law | **das ~ achten** | to respect the law; to have respect for the law | **ein ~ annehmen** | to pass a bill (a law) | **das ~ anwenden (durchführen)** | to apply (to carry out) the law | **ein ~ aufheben** | to repeal a law | **das ~ befolgen (beobachten) (einhalten) (halten); dem ~ Folge leisten** | to obey (to keep) (to comply with) (to abide by) the law | **das ~ brechen** | to break (to violate) the law | **ein ~ einbringen** | to introduce (to table) a bill | **ein ~ erlassen** | to pro-

mulgate (to pass) a law | **unter das ~ fallen** | to come under the law (within the provisions of the law) | **~e geben** | to legislate; to make laws | **sich streng an die ~e halten** | to act strictly within the law | **die ~e handhaben** | to dispense justice | **im ~ nachlesen** | to read up the law | **vor dem ~ zu rechtfertigen** | legally justifiable | **~ sein** | to be law; to have force of law | **das ~ übertreten (verletzen)** | to transgress (to break) (to violate) the law | **das ~ umgehen** | to evade (to elude) (to get round) (to dodge) the law | **dem ~ unterliegen (unterstehen)** | to be amenable (subject) to the law | **sich einem ~ unterwerfen** | to obey (to submit to) a law | **dem ~ unterworfen sein** | to be subject to (to be governed by) the law | **ein ~ verabschieden** | to pass a bill (a law) | **das ~ verbietet es** | the law forbids it; it is forbidden by law | **ein ~ verkünden** | to promulgate a law | **gegen ein ~ verstoßen** | to infringe a law | **zum ~ werden** | to become law.
★ **durch ~; kraft ~es** | by law; by operation of law | **nach dem ~** | at law; in law; according to law.
Gesetz *n* Ⓑ [Grundsatz] | principle | **~ von Angebot und Nachfrage** | law of supply and demand (of demand and supply) | **das eherne (eiserne) Lohn~** | the iron (brazen) law of wages.
Gesetzblatt *n* | law gazette.
Gesetzbuch *n* Ⓐ | law book.
Gesetzbuch *n* Ⓑ [Kodex] | statute book; code of law(s); code | **Militär~** | military code | **bürgerliches ~; Zivil~** | civil code | **Straf~** | penal code.
Gesetzentwurf *m* Ⓐ | bill | **Abänderung an einem ~** | amendment of a bill | **einen ~ abändern** | to amend a bill | **einen ~ annehmen** | to pass a bill | **einen ~ einbringen** | to table (ot introduce) a bill | **einen ~ verabschieden** | to pass a bill | **einen ~ vorbereiten** | to draft a bill.
Gesetzentwurf *m* Ⓑ [Regierungsvorlage] | government bill.
Gesetzes..anwendung *f* | application of the law.
—artikel *m* | section of an act.
—auslegung *f*; **—interpretation** *f* | interpretation of the law.
—bestimmung *f* | rule of law; legal regulation (rule); statute.
—brecher *m* | law breaker.
—fiktion *f* | legal fiction; fiction of law.
—initiative *f* | right to table bills; legislative initiative.
—kenntnis *f*; **—kunde** *f* | legal knowledge.
—konflikt *m* | conflict of law.
—konkurrenz *f* | conflicting laws.
Gesetzeskraft *f* | legal power (force); statutory effect | **Verordnung mit ~** | decree-law; statutory order | **~ erlangen; in ~ erwachsen** | to pass into law; to become law | **~ haben** | to be law | **durch ~** | by operation of law.
gesetzeskundig *adj* | knowing the law.
Gesetzes..kundiger *m* | lawyer.
—lücke *f* | gap (loophole) in the law.
—recht *n* | statutory (statute) (written) law.
—sammlung *f* | compendium of laws.
—sprache *f* | legal language (terminology).
—stelle *f* | passage in the law | **eine ~ nachlesen** | to read up the law.
—strenge *f* | rigour of the law.
—text *m* | texte (wording) of the law.
gesetzestreu *adj* | law-abiding; law-respecting.
Gesetzes..treue *f* | respect for the law.
—übertretung *f* | contravention.
—umgehung *f* | evasion of the law.

Gesetzes..verletzung *f* | violation (infringement) of the law; law breaking.
—**vermutung** *f* | presumption of law; statutory presumption.
—**verordnung** *f* | decree-law; statutory order.
—**vorlage** *f* Ⓐ | bill | **eine ~ einbringen** | to table (to bring in) a bill.
—**vorlage** *f* Ⓑ [Regierungsvorlage] | government bill.
—**vorschrift** *f* | legal regulation; rule of law; statute.
—**zitat** *n* | quotation from the law.
gesetzgebend *adj* | legislative; legislating; lawgiving | **~er Akt** | act of legislation; legislative act | **~e Gewalt** | legislative power; legislature | **~e Kammer** | legislative chamber | **~e Körperschaft** | legislative council | **~e Versammlung** | legislative assembly.
Gesetzgeber *m* | legislator; lawmaker; lawgiver | **Absicht des ~s** | legislative intent | **der Wille des ~s** | the legislative fiat.
gesetzgeberisch *adj* | legislative | **~er Akt; ~e Handlung** | act of legislation; legislative act (enactment) | **~e Gewalt** | legislative power | **auf ~em Wege** | by legislation.
Gesetzgebung *f* | legislation; legislature; legislating; lawgiving | **Agrar~; Boden~** | agrarian legislation | **Akt der ~** | act of legislation; legislative act | **durch einen Akt der ~** | by an act of legislation; by legislation | **Arbeits~** | labo(u)r legislation | **Ausnahme~** | emergency legislation | **Bank~** | bank legislation; banking law | **Bundes~** | federal legislation | **Devisen~** | legislation (laws) on foreign exchange; foreign exchange laws | **Not~** | emergency legislation | **Sozial~** | social legislation | **~ auf Grund von Staatsverträgen** | legislation which is based on international treaties | **Steuer~** | tax (revenue) (fiscal) legislation (laws) | **Straf~** | penal legislation | **~ im Verordnungswege** | legislation by decree | **Wahl~** | electoral legislation | **Zivil~** | civil legislation (law) | **Zoll~** | tariff legislation | **nationale ~** | national law.
Gesetzgebungs..akt *m* | act of legislation; legislative act.
—**funktion** *f* | legislative function.
—**gewalt** *f* | legislative power (authority); legislature.
—**initiative** *f* | legislative initiative.
—**kompetenz** *f* | competence (power(s)) to make laws (to legislate); legislative competence (jurisdiction) | **konkurrierende ~** | concurrent powers to legislate; concurrent competence (jurisdiction) in legislative matters.
—**maschine** *f* | lawmaking machine (machinery); legislative machinery.
—**periode** *f* | legislative period; legislature.
—**programm** *n* | program of legislation; legislative program.
—**recht** *n* | legislative power (authority).
—**verfahren** *n* | legislative procedure.
gesetzlich *adj* | legal; lawful; legitimate; statutory | **~e Abhilfe** | legal redress | **~er Anspruch** | legal claim (title) | **~e Anzeige** | legale notice | **~e Bestimmungen** | statutory regulations (provisions) | **~e Empfängniszeit** | legal period of conception (of possible conception) | **~er Erbe** | heir-at-law; legitimate heir | **~e Erbfolgeordnung** | legal succession (order of succession) | **~er Feiertag** | legal (statutory) holiday | **~e Form** | legal form | **die ~en Formen** | the forms (formalities) required by law.
○ **~e Gebühren** | legal (statutory) fees | **~ Gebührenordnung** | legal scale of charges (of fees) | **~er Grund** | lawful cause | **~e Grundlage** | legal basis |

~e Gültigkeit | validity in law | **~e Gütergemeinschaft** | community of property by law | **~es Güterrecht; ~er Güterstand** | statutory community of property | **~e Kraft** | legal power (force); statutory effect | **~e Kündigungsfrist** | statutory term of notice | **~er Kurs** | legal currency | **Banknote mit ~em Kurs** | legal tender note | **~es Maß** | statute measure | **~e Meile** | statute mile | **~e Miete** | legal rent | **~es Minimum** | statutory minimum | **~es Pfandrecht** | statutory lien.
○ **~e Rücklage; ~e Reserve** | statutory reserve | **~es Veräußerungsverbot** | legal prohibition of sale | **~es Verbot** | prohibition by law | **~e Vermutung** | presumption of law; statutory presumption | **~e Verordnung** | decree-law | **~e Verpflichtung** | legal obligation | **~er Vertreter** | legal representative; statutory agent | **~er Vormund** | statutory guardian | **~e Vorschrift** | statute; legal rule (regulation) | **~e Währung** | legal currency | **~er Wohnsitz** | legal domicile | **~es Zahlungsmittel** | legal tender; lawful money | **~e Zinsen** | interest at the legal rate | **~er Zinsfuß** | legal rate of interest | **~es Zurückbehaltungsrecht** | statutory lien | **un~** | unlawful; against (contrary to) the law.
gesetzlich *adv* | legally | **~ bestätigen** | to legalize | **~ geschützt** ① | protected by law; legally protected | **~ geschützt** ② | protected (covered) by letters-patent; patented | **~ geschützt** ③ | protected by copyright; copyrighted | **es ist ~ verboten** | the law forbids it; it is forbidden by law | **~ verpflichtet sein** | to be legally bound (bound under the law) | **~ vorgeschrieben** | prescribed by law; statutory | **etw. ~ zulassen** | to legalize sth.; to make sth. legal.
Gesetzlichkeit *f* | lawfulness; legitimacy.
gesetzlos *adj* | lawless | **~er Zustand** | state of lawlessness.
Gesetzlosigkeit *f* | lawlessness; anarchism; anarchy | **Zustand der ~** | state of lawlessness.
gesetzmäßig *adj* | legal; lawful; legitimate.
Gesetzmäßigkeit *f* | legality; lawfulness; legitimacy.
Gesetzvorlage *f* VIDE: Gesetzesvorlage *f*.
Gesetzwerden *n* | passage (passing) into law.
gesetzwidrig *adj* | illegal; unlawful; illicit.
gesetzwidrig *adv* | illegally; unlawfully; against (contrary to) the law.
Gesetzwidrigkeit *f* Ⓐ [Ungesetzlichkeit] | illegality; unlawfulness.
Gesetzwidrigkeit *f* Ⓑ [gesetzwidrige Handlung] | unlawful act.
gesichert *adj* Ⓐ [sicher] | **~er Absatz** | secured outlet | **~e Zukunft** | secured future.
gesichert *adj* Ⓑ [gedeckt] | **~e Anleihe; ~es Darlehen** | loan against security (against collateral); secured loan | **~e Forderung** | secured debt | **~er Gläubiger** | secured creditor | **teilweise ~er Gläubiger** | partly secured creditor | **voll ~er Gläubiger** | fully secured creditor | **durch eine Hypothek ~;hypothekarisch ~** | secured by mortgage | **~er Kredit** | secured credit | **durch Pfänder ~ sein** | to be secured by pledges | **durch Obligationen ~; durch Schuldverschreibungen ~** | bonded | **~e Schuldverschreibung** | guaranteed bond | **~e Werte** | guaranteed stock (securities) | **vertraglich ~** | covered (secured) by contract; covenanted | **un~** | without security; without engagement; unsecured | **durch etw. ~ sein** | to be secured on sth. (by sth.) | **durch Pfand ~ sein** | to hold a security (a collateral).
Gesichtspunkt *m* | point of view; viewpoint | **juristischer (rechtlicher) ~** | point of law | **allgemeine ~e** | broad views.

Gesinde *n* | servants *pl*; domestic servants.
Gesinde..büro *n* | agency for servants.
—**ordnung** *f* | regulations *pl* for servants.
gesondert *adj* | separate.
gesondert *adv* | etw. ∼ berechnen (in Rechnung stellen) | to charge for sth. separately.
gespannt *adj* | ∼e Beziehungen | strained relations | ∼ Lage | tense situation.
gesperrt *adj* | ∼e Guthaben *pl* | blocked credit balances | ∼es Konto | blocked account.
Gespräch *n* Ⓐ | conversation | ∼ auf höchster Ebene | summit talks | ∼e am runden Tisch | round-table talks.
Gespräch *n* Ⓑ [Telephon∼] | call | R-∼ | telephone call with reversed charge.
gestaffelt *part* | graduated; graded | ∼er Preis | graduated price scale | ∼e Steuer; nach oben ∼e Steuer | graduated (progressive) tax | nach unten ∼e Steuer | degressive tax | ∼er Tarif ① | graduated scale | ∼er Tarif ② | graduated (differential) tariff | ∼e Zahlungen | graduated payments.
Gestalt *f* | form.
gestalten *v* | to form.
Gestaltung *f* | formation; forming.
geständig *adj* | ∼ sein ① | to make a confession; to confess | ∼ sein ② | to plead guilty; to enter a plea of guilty | nicht ∼ sein ① | to refuse to make a confession | nicht ∼ sein ② | to plead not guilty; to enter a plea of not guilty.
Geständnis *n* | confession | durch Ablegung eines ∼ses | by making a confession | unter Druck abgelegtes ∼ confession made under constraint | ∼ mit Einschränkungen | qualified confession; confession under reserve | ∼ vor Gericht; gerichtliches ∼ | confession in court | Widerruf des ∼ses | retractation of the confession.
★ nach jds. eigenem ∼; nach seinem eigenen ∼ | on sb.'s (on his) own confession | glaubwürdiges ∼ | confession worthy of belief.
★ ein volles (umfassendes) ∼ ablegen | to make a full confession | ein ∼ erpressen | to extort a confession | sein ∼ widerrufen | to retract one's confession.
gestatten *v* | jdm. etw. ∼ | to permit (to allow) sb. sth. | etw. nicht ∼ | to prohibit sth. | sobald die Umstände es ∼ | as soon as (as the) circumstances shall permit (allow).
Gestattung *f* | permission.
gestehen *v* Ⓐ [ein∼] | to confess; to admit | offen ∼ | to admit candidly (freely).
gestehen *v* Ⓑ | auf ... zu ∼ kommen | to cost ...
Gestehungs..kosten *pl*; —**preis** *m* | cost (original cost) price; cost of production; prime (first) cost; cost; costs | Gesamt∼ | total cost | unter den ∼ (unter dem ∼) verkaufen | to sell under cost (below cost) (at a loss).
gesteigert *adj* | ∼er Absatz | increased sales | ∼e Ausfuhr; ∼er Export | increased exports | ∼e Leistung | increased performance (output).
Gestellungsbefehl *m* | order to present os.; induction order.
gestempelt *adj* | ∼es Papier | stamped paper | un∼ | unstamped.
gestoppt *adj* | ∼er Preis | stop price.
gestört *adj* | geistig ∼ | mentally deranged.
gestrichen *part* | aus dem Text ∼ | deleted from the text.
gestundet *adj* | ∼e Steuer | deferred tax | ∼e Zahlung | deferred payment.
gestützt *adj* | ∼e Preise | supported prices | auf Tatsachen ∼ | supported by facts.

Gesuch *n* | petition; request; application | Ablehnung eines ∼es | refusal of a petition | Ablehnungs∼ | challenge | Abschieds∼ | letter of resignation; resignation | Anstellungs∼ | application for employment (for a job) | Aufnahme∼ | application for admission | Bau∼ | application for a building permit | Bitt∼ | petition | Einbürgerungs∼ | application for naturalization | ∼ um Erlaß | application for relief | Gegen∼ | cross-petition; counter motion | Gnaden∼ | petition for pardon (for reprieve) (for mercy) | ein Gnaden∼ einreichen | to petition for pardon (for mercy) | Stellen∼ | application for employment (for a job) | Stundungs∼ | request for respite | Zulassungs∼ | application for admission.
★ ein ∼ ablehnen (zurückweisen) | to refuse (to dismiss) a petition | ein ∼ einreichen (stellen) | to present a petition; to file an application; to petition | einem ∼ entsprechen (stattgeben) | to grant a request (an application) (a petition).
Gesuchsteller *m* | applicant; petitioner.
Gesuchstellung *f* | filing of a petition.
gesucht *part* | wanted | wegen Mordes ∼ | wanted for murder | steckbrieflich ∼ | wanted by the police.
gesund *adj* Ⓐ | of sound health | ∼er Geisteszustand | soundness of mind | geistig ∼ | mentally sound; of sound mind; sound in mind.
gesund *adj* Ⓑ | ∼e Finanzgebarung; ∼e Finanzen | sound finance | ∼es Urteil | sound judgment | wirtschaftlich ∼ | economically sound.
Gesundheit *f* | aus Gründen der ∼ (seiner ∼) | from considerations (for reasons) of health | Zerrüttung der ∼ | wrecking (ruining) of one's health | zerrüttete ∼ | wrecked (ruined) health.
Gesundheits..amt *n* | board of health; public health office; medical board | Leiter des ∼es | chief medical officer of health.
—**attest** *n* | bill (certificate) of health; health certificate [VIDE: —paß *m*].
—**behörden** *fpl* | the health authorities | Überwachung durch die ∼ | sanitary inspection.
—**bestimmungen** *fpl* | sanitary regulations.
—**dienst** *m* | medical (sanitary) (health) service.
gesundheitshalber *adv* | for reasons of health.
Gesundheits..kommission *f* | sanitary commission.
—**kontrolle** *f* | sanitary control.
—**minister** *m* | Minister of Health.
—**ministerium** *n* | Ministry (Department) of Health.
—**papiere** *npl* | health certificates.
—**paß** *m* | bill (certificate) of health; health certificate | Konsulats∼ | consular certificate of health | ∼ ohne Vermerke | clean bill of health | ∼ mit dem Vermerk "Ansteckend" | foul bill of health | ∼ mit dem Vermerk "Ansteckungsverdächtig" | suspected (touched) bill of health.
—**pflege** *f* | öffentliche ∼ | public health service.
—**polizei** *f* | sanitary police.
—**rücksichten** *fpl* | aus ∼ | from considerations (for reasons) of health.
gesundheits..schädlich *adj*; —**widrig** *adj* | insanitary; unhealthy.
Gesundheits..verhältnisse *npl* | sanitary (hygienic) conditions.
—**wesen** *n* | [the] medical department (service).
—**zeugnis** *n* | bill (certificate) of health; health certificate.
—**zustand** *m* | state of health; physical condition.
gesundschrumpfen *v* | sich ∼ | to shrink to profitable size; to slim down for recovery.
Gesundschrumpfung *f* | shrinking to profitable size.

Gesundung *f* | **finanzielle** ~ | financial reorganization.

geteilt *adj* | **über etw.** ~**er Ansicht (Meinung) sein** | to be divided in opinion over sth.   –

getilgt *part* | **nach und nach** ~ **werden** | to be gradually paid off (redeemed).

Getötete *m* | **der** ~ | the killed (dead) person.

Getränkesteuer *f* | beverage tax; duty on liquors.

Getreide..börse *f* | corn exchange.

—**einfuhr** *f* | grain imports *pl.*

—**händler** *m* | corn (grain) merchant (dealer).

—**makler** *m* | corn (grain) broker.

—**markt** *m* | grain market.

getrennt *adj* [ab~] | separate | ~**er Coupon** | detached coupon.

getrennt *adv* | ~ **leben** | to live apart (in separation).

Getrenntleben *n* | separation from bed and board; separation.

getrenntlebend *adj* | living separate and apart | **gerichtlich** ~ | in judicial separation.

gewagt *part* | risky; aleatory; hazardous | ~**es Geschäft**; ~**er Vertrag** | aleatory contract | ~**es Unternehmen** | venture; hazardous (risky) undertaking.

gewählt *part* | ~ **werden** | to be elected (returned) | **in einer Wahl ohne Gegenkandidaten** ~ **werden** | to be returned unopposed | **einstimmig** ~ | unanimously elected; returned unanimously | **zum Präsidenten (zum Vorsitzenden)** ~ **werden** | to be elected president; to be voted into the chair | **durch Zuruf** ~ **werden** | to be elected by applause.

Gewähr *f* | guaranty; warranty; security | ~ **für die Herkunftsangabe** | warranty of origine | **stillschweigende** ~ | implied guaranty (warranty) | ~ **bieten**; ~ **leisten; die** ~ **übernehmen** | to warrant; to guarantee | **mit** ~; **unter** ~ | guaranteed; warranted | **ohne** ~ ① | unwarranted; without engagement (responsibility) | **ohne** ~ ② | with all due reserve.

gewähren *v* | to grant; to allow; to furnish | **eine Anleihe** ~ | to grant a loan | **jdm. Aufschub** ~ | to grant sb. a respite | **jdm. ein Darlehen** ~ | to grant (to give) sb. a loan | **in etw. Einsicht** ~ | to permit inspection of sth. | **eine Entschädigung** ~ | to grant compensation | **jdm. eine Fristverlängerung** ~ | to grant sb. an extension of time | **jdm. eine Gunst** ~ | to bestow a favo(u)r on sb. | **jdm. eine Konzession** ~ | to grant sb. a concession (a license); to license sb. | **jdm. einen Kredit** ~ | to give (to grant) (to allow) (to open) sb. a credit | **einen Nachlaß (Diskont) (Rabatt)** ~ | to allow a discount (a reduction) | **... Prozent Zinsen** ~ | to allow ... per cent interest | **jdm. ein Recht** ~ | to grant a right to sb. | **jdm. gegen etw. Schutz** ~ | to protect sb. from (against) sth.; to give sb. protection from (against) sth. | **eine Summe** ~ | to allocate a sum | **jdm. einen Unterhaltsbeitrag von ... jährlich** ~ | to allow sb. an annual sum of ... | **jdm. ein Vorrecht** ~ | to grant (to concede) a privilege to sb. | **Vorteile** ~ | to offer advantages | **jdm. Zeit** ~, **etw. zu tun** | to allow sb. time to do sth. | **jdm. einen Zuschuß** ~ | to grant sb. an allowance (a subsidy).

gewährleisten *v* | to guarantee; to give security | ~, **daß etw. echt ist** | to warrant sth. to be genuine.

Gewährleistung *f* | warranty; guaranty | **unter Ausschluß der** ~ | without guaranty (warranty) | **Klage auf** ~ | action for warranty | **ohne** ~ **seitens des Staates** | not guaranteed by the government | **mit** ~ | guaranteed; warranted.

Gewährleistungs..bruch *m* | breach of warranty.

—**klage** *f* | action for warranty.

—**klausel** *f* | warranty clause.

—**pflicht** *f*; **Gewährspflicht** *f* | warranty; obligation of

warranty | **Verletzung der** ~ | breach of warranty | **gesetzliche** ~ | legal warranty | **vertragliche** ~; **vertraglich vereinbarte** ~ | warranty stipulated by contract.

Gewahrsam *m* | charge; custody | **in polizeilichem** ~ | in police custody | **sicherer** ~ ① | place of safety | **sicherer** ~ ② | safe custody (keeping) | **etw. in** ~ **(in seinem** ~**) haben** | to have sth. in one's custody | **etw. in** ~ **nehmen** | to take sth. into custody; to take charge of sth.

Gewährschaft *f* | guaranty; warranty.

Gewährsfrist *f* | period of warranty.

Gewährsmann *m* ④ [Auskunftsperson] | informant; correspondent; authority; source | **jdn. als** ~ **angeben** | to name sb. as one's authority.

Gewährsmann *m* ⑧ | **Gewährsträger** *m* | guarantor; warrantor; guarantee.

Gewährsmangel *m* | redhibitory defect.

Gewährung *f* | grant; granting; concession | ~ **einer Anleihe (eines Darlehens)** | grant (granting) of a loan | ~ **eines Kredites** | opening (granting) of a credit.

Gewalt *f* | force; power; authority | **unter (durch) Anwendung von** ~ | by use of force; by forcible means; forcibly | **Aufsichts**~; **Disziplinar**~ | disciplinary power | **Exekutiv**~; **Vollzugs**~ | executive power; executive | **Kirchen**~ | ecclesiastical power | **Trennung der** ~**en** | separation of powers | **Verordnungs**~ | power to issue decrees | **mit Waffen**~ | by force of arms | **Zentral**~ | central power.

★ **absolute** ~ | absolute power | **administrative** ~ | administrative power (authority) | **diktatorische** ~ | dictatorial power(s) | **eheliche** ~ | marital power | **elterliche** ~; **väterliche** ~ | paternal power (authority) | **unter elterlicher** ~ **stehen** | to be under parental power (control) | **geistliche** ~; **kirchliche** ~ | ecclesiastical power | **gesetzgebende** ~ | legislative power | **höhere** ~ ① | Act of God | **höhere** ~ ② | fortuitous (unforeseeable) event | **oberste** ~ | supreme (sovereign) (absolute) power; sovereignty | **obrigkeitliche** ~ | public authority | **öffentliche** ~ | public power | **richterliche** ~ | judicial authority (power) | **mit richterlicher** ~ **ausgestattet sein** | to be vested with judicial powers | **unumschränkte** ~ | absolute power | **vollziehende** ~ | executive power.

★ **jdm.** ~ **antun** | to do violence to sb. | **dem Gesetz** ~ **antun** | to strain the law | ~ **anwenden** | to resort to force; to employ (to use) force (forcible means) | **etw. in seine** ~ **bringen** | to take possession (to possess os.) of sth. | **mit** ~ **in ein Haus eindringen** | to force one's way into a house | **jdn. in seiner** ~ **haben** | to have sb. in one's power | **eine Tür mit** ~ **öffnen** | to force (to force in) (to force open) a door | **in jds.** ~ **sein** | to be in sb.'s power | **die** ~ **an sich reißen** | to seize power | **der** ~ **weichen** | to yield to force | **jdn. mit** ~ **zurückhalten** | to constrain sb.; to put sb. under constraint | **durch** ~; **mit** ~ | by force; forcibly; by forcible means.

Gewalt..akt *m* ; —**handlung** *f*; —**maßnahme** *f* | act of violence (of force); violence.

—**androhung** *f* | threat of violence.

—**anwendung** *f* | **durch (unter)** ~ | by use of force; by forcible means; forcibly.

Gewaltenteilung *f* | division of powers.

Gewalt..herrschaft *f* | despotism; tyranny.

—**losigkeit** *f* | non-violence.

gewaltsam *adj* | forceful | **durch** ~**e Mittel** | by force; by forcible means | ~**er Tod** | violent death.

gewaltsam *adv* | by force; forcibly | ~ **entfernt werden** | to be forcibly removed | **eine Tür** ~ **öffnen** | to

gewaltsam *adv, Forts.*
force (to force in) (to force open) a door | **jdn.** ~ **zurückhalten** | to constrain sb.; to put sb. under constraint.
Gewaltstreich *m* | stroke of force.
Gewalttätigkeit *f* | act of violence; violence; outrage | | **sich zu** ~**en hinreißen lassen; es zu** ~**en kommen lassen** | to let it come to blows.
Gewaltverzicht *m* | renunciation of force.
gewandt *adj* | experienced; well-versed.
Gewässer *npl* | **Binnen**~ | inland waters | **Heimat**~ | home waters | **Hoheits**~; **Küsten**~; **territoriale** ~ | territorial waters.
Gewerbe *n* | trade; business; industry | **Anmeldung eines** ~**s** | registration (application for registration) of a trade | **Ausübung eines** ~**s** | exercise of a trade | **Handel und** ~ | trade and industry | **Saison**~ | seasonal industry | ~ **im Umherziehen; Wander**~; **ambulantes** ~ | itinerant trade | **die konzessionierten** ~ | the licensed trades | **ein** ~ **anmelden** | to register a trade (a business); to report a trade for registration | **ein** ~ **betreiben (treiben) (ausüben)**; **einem** ~ **nachgehen** | to carry on (to follow) (to ply) a trade.
Gewerbe..anmeldung *f* | registration (application for registration) of a trade.
—**aufsicht** *f* | factory inspection.
—**ausstellung** *f* | industrial (trade) exhibition (show).
—**ausübung** *f* | exercise (pursuit) of a trade.
—**bank** *f* | trade (industrial) bank.
—**berechtigung** *f*; —**erlaubnis** *f*; —**genehmigung** *f*; —**konzession** *f*; —**lizenz** *f* | business (trade) (trading) license (concession).
—**betrieb** *m* Ⓐ [Geschäftsbetrieb; Handelsbetrieb] | commercial (business) enterprise (concern); business; trade | ~ **im Umherziehen; ambulanter** ~ | itinerant trade.
—**betrieb** *m* Ⓑ [Handwerksbetrieb] | handicraft.
—**betrieb** *m* Ⓒ [Industriebetrieb] | industrial enterprise (undertaking) (concern); industry.
—**erzeugnis** *n* | industrial (manufactured) product.
—**fleiß** *m* | industry (application) in [one's] trade.
—**freiheit** *f* | freedom (liberty) of trade; freedom of exercising a craft (a trade).
—**geheimnis** *n* | trade secret.
—**gericht** *n* | industrial (trade) court.
—**gerichtsbarkeit** *f* | industrial arbitration.
—**gesetzgebung** *f*; —**gesetze** *npl* | trade laws (regulations); industrial legislation.
—**gruppe** *f* | branch of industry (of industries).
—**inspektion** *f* | factory inspection.
—**inspektor** *m* | factory inspector.
—**kammer** *f* Ⓐ [Handwerkskammer] | trade corporation.
—**kammer** *f* Ⓑ [Industriekammer] | chamber of industry.
—**kapital** *n* | trading capital.
—**krankheit** *f* | industrial (occupational) (trade) disease.
—**kredit** *m* | industrial credit.
—**legitimationskarte** *f* | trade card.
—**ordnung** *f* | trade law (regulations); industrial code.
—**polizei** *f* | factory inspection | **Beamter (Aufsichtsbeamter) der** ~ | factory inspector.
gewerbepolizeilich *adj* | ~**e Bestimmungen** | factory laws.
Gewerbe..recht *n* | industrial (trade) law.
—**schau** *f* | industrial (trade) exhibition (show).
—**schein** *m* | trade (trading) license (certificate); license to carry on a trade.
—**schiedsgericht** *n* | industrial (trade) court.

Gewerbe..schule *f* | industrial (vocational) (trade) school.
—**stand** | trading class; trade.
Gewerbesteuer *f* Ⓐ | trade tax; tax on (levied on) the capital and profits of industrial enterprises.
Gewerbesteuer *f* Ⓑ; —**pflicht** *f* | **der** ~ **unterliegen** | to be subject to the payment of trade tax.
gewerbesteuerpflichtig *adj* | subject to trade tax.
Gewerbesteuertarif *m* | trade tax schedule.
Gewerbe..syndikat *n* | trade association.
—**tätigkeit** *f* [gewerbliche Tätigkeit] | industrial activity; industry.
gewerbetreibend *adj* Ⓐ [handeltreibend] | carrying on a trade.
gewerbetreibend *adj* Ⓑ [fabrizierend] | manufacturing.
gewerbetreibend *adj* Ⓒ [im Handwerk tätig] | carrying on a craft (a trade).
Gewerbetreibender *m* Ⓐ [Händler] | tradesman.
—**treibender** *m* Ⓑ [Handwerker] | handicraftsman.
—**treibende** *mpl* | **die** ~**n** | the tradespeople.
—**unfallversicherung** *f* | industrial insurance; workmen's compensation.
—**verband** *m* | trade association.
—**verein** *m* | tradesmen's union.
—**zweig** *m* | line of industry.
gewerblich *adj* | ~**e Bauten** | commercial and industrial buildings | ~**er Betrieb** | VIDE: Gewerbebetrieb *m* Ⓐ Ⓑ Ⓒ | ~**es Eigentum** | industrial property | ~**e Einkünfte** | revenue from industrial or commercial activities | ~**e Erfahrungen** | technical experience (know-how) | ~**es Erzeugnis (Produkt)** | manufactured (industrial) product | ~**e Erzeugung (Produktion)** | industrial production | ~**e Genossenschaft** | trade association | ~**er Gewinn** | trade (trading) profit | ~**e Niederlassung** | trade (industrial) establishment | ~**e Nutzung (Ausnutzung) (Verwertung)** | industrial exploitation | ~**er Rechtsschutz** | protection of industrial property (of property rights) | ~**e Schiedsgerichtsbarkeit** | industrial arbitration | ~**es Schutzrecht** | industrial right | ~**e Schutzrechte** | patents, designs and trademarks | ~**e Unfallversicherung** | workmen's compensation | ~**es Unternehmen** | industrial enterprise (concern) (undertaking) | ~**e Wirtschaft** | trade and industry.
gewerblich *adv* | ~ **genützter Grundbesitz** | commercial (industrial) property | ~ **tätig sein** | to carry on (to follow) a trade.
gewerbsmäßig *adj* | professional | ~**e Hehlerei** | making a business of receiving stolen goods.
gewerbsmäßig *adv* | professionally; by way of trade | **etw.** ~ **betreiben** | to make a business of sth.
Gewerbsunzucht *f* | prostitution.
Gewerbszweig *m* | branch of trade (of industry).
Gewerke *m* [Mitglied einer bergrechtlichen Gewerkschaft] | member of a mineworkers' association.
Gewerkschaft *f* Ⓐ [Arbeiter~] | trade (trades) union; labo(u)r union | **Angestellten**~ | employees' federation | **Bergarbeiter**~ | mineworkers' union | **Eisenbahner**~ | federation of railroadmen | **sich zu einer** ~ **vereinigen; eine** ~ **bilden** | to unionize; to form a trade union.
Gewerkschaft *f* Ⓑ [bergrechtliche ~] | corporation of miners; miners' (cost-book) company; mining (mineworkers') association.
Gewerkschaftler *m* | trade unionist; union member; unionist | **als** ~ **gewählt werden** | to be elected on the federation ticket.
gewerkschaftlich *adj* | ~**e Organisation** ① | organization in trade unions; unionization | ~**e Organisation** ②; ~**er Verband** | trade (trades) union.

gewerkschaftlich *adv* | ~ **organisiert** | unionized | ~ **organisierte Arbeiter (Arbeiterschaft)** | union men (members) | ~ **nicht organisierte Arbeiter (Arbeiterschaft)** | non-union men (members) | **sich** ~ **vereinigen (organisieren)** | to unionize.
Gewerkschafts..anerkennung *f* | union recognition.
—**angehöriger** *m* | union member (man); unionist.
—**angestellter** *m*; —**beamter** *m*; —**funktionär** *m* | union official (officer).
—**ausschuß** *m* | trade union committee (council).
—**beiträge** *mpl* | union dues.
—**bewegung** *f* | trade union movement.
—**bund** *m* Ⓐ; —**verband** *m* Ⓐ; —**verein** *m* | trade (trades) (labo(u)r) union; union.
—**bund** *m* Ⓑ; —**verband** *m* Ⓑ | federation of trade (labo(u)r) unions; federation of labo(u)r.
—**forderungen** *fpl* | union demands; demands of labo(u)r.
—**freiheit** *f* | freedom of association; free unionization.
—**führer** *m* | union (trade union) leader (executive).
—**führung** *f* | union leadership.
—**gelder** *npl* | union funds.
—**kongreß** *m* | trade union congress.
—**mitglied** *n* | union member (man); unionist.
—**mitgliedschaft** *f*; —**zugehörigkeit** *f* | union membership.
—**organisation** *f* | union (trade union) organization.
—**politik** *f* | trade union policy.
—**rat** *m* | union (trade union) council.
—**vertreter** *m* | union representative (delegate).
—**vertretung** *f* | labo(u)r representation.
—**vorschriften** *fpl* | union regulations.
—**wesen** *n* | trade unionism; unionism.
Gewerkverein *m* | trade (trades) union.
Gewicht *n* Ⓐ [Bedeutung] | weight; importance | **das** ~ **eines Arguments** | the weight of an argument | **einer Sache** ~ **beilegen (beimessen)** | to give weight to sth.
Gewicht *n* Ⓑ | weight | **Befrachtung nach dem** ~ | freighting on weight | **Brutto**~ | gross weight | **Frei**~ | weight allowed free | **Höchst**~; **Maximal**~ | maximum weight | **Kauf (Verkauf) nach** ~ | sale (purchase) by weight | **Ladungs**~ Ⓐ; **der Ladung** | freight weight | **Ladungs**~ Ⓑ; ~ **laut Frachtbrief** | weight as per bill of lading | **Netto**~ | net weight | **Zoll nach** ~ **(vom** ~**)** | specific duty.
★ **etw. nach** ~ **verkaufen** | to sell sth. by weight | **etw. für sein** ~ **in Gold verkaufen** | to sell sth. for its weight in gold.
Gewicht *m* Ⓒ | **Maße und** ~**e** | weights and measures | **falsche** ~**e** | false weights.
Gewichts..abgang *m* | loss (shortage) of weight; shrinkage | **auf dem Transport** | loss in transit.
—**differenz** *f*; —**manko** *n* | deficiency in (shortness of) weight; shortweight.
—**einheit** *f* | unit (standard) of weight.
—**grenze** *f* | weight limit.
—**schein** *m* | weight note (slip).
—**schwund** *m*; —**verlust** *m* | loss (deficiency) of weight; shrinkage.
—**unterschied** *m* | difference in weight.
—**zoll** *m* | specific duty.
Gewinn *m* Ⓐ | profit; gain | **Aktivierung von** ~**en** | capitalization of profits | **unvollständige Angabe der** ~**e** | understatement of profits | **Betriebs**~; **Geschäfts**~; **Handels**~; **Unternehmer**~ | operating (trading) (business) profit | **Brutto**~ | gross profit (earnings) | **Buch**~ | book profit | **Erzielung von** ~ **(von** ~**en)** | realization of profit(s) | **Gelegenheits**~**e** | casual profits | **Jahres**~ | annual profit; year's profit | **Kriegs**~; **Kriegs**~**e** | war profit(s) |

Kurs~ | profit on exchange | **Rein**~ net profit(s) (earnings) | **Roh**~ | gross profit(s) | ~ **nach Abzug der Steuer(n)** | profit after tax(es) | ~ **vor Abzug der Steuer(n)** | profit before tax(es); pretax profit (earnings) | **Über**~ | excess profits | **Unternehmer**~ ① | trading (operating) profit | **Unternehmer**~ ② | earnings *pl* (wages *pl*) of management | **Unternehmungs**~ | company (corporate) profit(s) | **an einem Verkauf einen** ~ **machen** | to make a profit on a sale | ~ **und Verlust** | profit and loss | **auf** ~ **und Verlust** | for profit or loss | ~- **und Verlustrechnung;** ~- **und Verlustkonto** | profit and loss account | **auf** ~ **gerichteter Vertrag** | contract for gain.
★ **angemessener** ~ | fair (reasonable) profit (return) | **buchmäßiger** ~ | book profit | **echter** ~; **tatsächlicher** ~ | actual profit | **einbehaltene** ~**e** | retained earnings; undistributed profits | **entgangener** ~; **erhoffter** ~ | gains prevented; anticipated profit | **nicht entnommener** ~ | undistributed profit | **erzielter** ~ | realized profit | **geringer** ~ | small profit | **gesicherter** ~; **sicherer** ~ | secured profit | **große** ~**e machen (erzielen)** | to make big (huge) profits; to profit largely | **stattlicher** ~ | handsome profit | **übermäßig hohe** ~**e** | excessive profits | **überschießende** ~**e** | surplus profits | **unerlaubte** ~**e** | illicit profits | **unerwarteter** ~ | windfall profit(s) | **unverteilter** ~; **nicht ausgeschütteter** ~ | undivided (unappropriated) profit.
★ **mit** ~ **abschließen** | to show a profit | ~**e aktivieren** | to capitalize profits | **einen** ~ **abwerfen (ergeben)** | to yield (to leave) a profit; to be profitable | **mit** ~ **arbeiten** | to operate at a profit | **seinen** ~ **aufzehren** | to eat up one's profits | **einen** ~ **aufweisen (ausweisen)** | to show a profit | **am** ~ **beteiligt sein** | to share (to have a share) in the profits | **etw. mit** ~ **betreiben** | to work sth. at a profit | **einen** ~ **(**~**e) erzielen (machen)** | to make (to realize) a profit | **auf** ~ **gerichtet** | profit-making; against profit; for gain | **nicht auf** ~ **gerichtet** | not for profit (gain); non-profit-making | **an einem Geschäft einen** ~ **machen** | to make a profit on (out of) a transaction | **etw. mit** ~ **verkaufen** | to sell sth. at a profit | ~ **aus etw. ziehen** | to derive advantage from sth.; to turn sth. to profit (to advantage); to benefit (to profit) by sth.
★ **gegen** ~ | against profit | **mit** ~ | at a profit; profitably | **mit** ~ **abschließend** | showing a profit | **ohne** ~ | profitless.
Gewinn *m* Ⓑ [Lotterie~] | prize in a lottery; lottery price | **mit einem** ~ **herauskommen** | to win a prize.
Gewinn..abschluß *m* | balance sheet showing a profit.
—**abschöpfung** *f* | taxing away of surplus profits.
—**aktivierung** *f* | capitalization of profits.
—**anteil** *m* | sl are in the profits.
——**plan** *m* | profit-sharing plan.
——**schein** *m* | dividend coupon (warrant).
—**aufschlag** *m* | markup.
—**ausfall** *m* | loss of earnings.
—**ausschüttung** *f* | distribution of profits.
—**berechnung** *f* | calculation (estimate) of profits.
gewinnberechtigt *adj* | ~**e Aktien** | profit-sharing stock; participating shares.
Gewinnbeschränkung *f* | limitation (control) of profits.
gewinnbeteiligt *adj* | participating.
Gewinn..beteiligung *f* | profit sharing; participation in profits | **Versicherung (Police) mit** ~ | with-profits policy | **Versicherungspolice ohne** ~ | non-participating (non-profit) policy | ~ **der Arbeitnehmer** | industrial partnership.

Gewinn..beteiligungs..plan *m* | profit-sharing plan.
— **—system** *n* | profit-sharing system (scheme).
—betrag *m* | amount of the profit(s).
—bilanz *f* | balance sheet showing a profit.
gewinnbringend *adj* | profitable; lucrative; remunerative; advantageous; paying | ~e Anlage | profitable (paying) investment | ~e Beschäftigung (Tätigkeit) | gainful occupation (activity) | ~es Geschäft | paying business (proposition); profitable business | ~es Unternehmen | paying concern; profitable enterprise | ~ sein | to be profitable; to yield profits (a profit).
gewinnbringend *adv* | profitably; at a profit | Kapital ~ anlegen | to invest capital profitably.
Gewinnchance *f* | chance of winning (of success).
—chancen *fpl* | chances of profit (of making a profit).
Gewinnen *n* | winning.
gewinnen *v* Ⓐ | to win; to gain | am (durch den) Kurs ~ | to benefit by the exchange | die Oberhand ~ | to gain the upper hand | den Preis ~ | to win the prize | einen Prozeß ~; eine Sache ~ | to win a case (a lawsuit) | das Rennen ~ | to win the race | jdn. für seine Sache ~ | to gain (to win) sb. over to one's cause | jds. Vertrauen ~ | to win sb.'s confidence | jds. Unterstützung ~ | to win sb.'s support | Zeit ~ | to gain time | einen Zeugen ~ | to bribe (to suborn) a witness | etw. zurück~ | to win sth. back.
gewinnen *v* Ⓑ [im Bergbau] | to mine.
Gewinnentgang *m* Ⓐ [entgangener Gewinn] | gains prevented.
Gewinnentgang *m* Ⓑ [erhofft gewesener Gewinn] | anticipated profit.
Gewinnentgang *m* Ⓒ [Verdienstentgang] | loss of earnings.
Gewinner *m* | winner; gainer.
Gewinnler *m* | profiteer | Inflations~ | inflation profiteer | Kriegs~ | war profiteer.
Gewinn..ergebnis *n* | profit result(s).
—ermittlung *f* | calculation of profits.
—erzielung *f* | making (realization) of profits.
—konjunktur *f* | business boom; prosperity.
—konto *n* | profit account | Gewinn- und Verlustkonto | profit and loss account.
—liste *f* | list of prices.
—los *n* | winning ticket.
—marge *f* | margin of profit; profit margin.
—nummer *f* | winning number.
—realisierung *f*; **—sicherung** *f* | profit taking.
—rechnung *f* | Gewinn- und Verlustrechnung | profit and loss account; operating account | konsolidierte ~ | consolidated profit and loss statement.
—rückgang *m* | decline (falling-off) in profits.
—rücklage *f*; **—rückstellung** *f* | unappropriated earned surplus.
—saldo *m* | profit balance | unverteilter ~ | undistributed profit(s).
—schwelle *f* | break-even point.
—spanne *f* | margin of profit; profit margin.
Gewinn..steuer *f* | profits tax | Kriegs~ | war profits tax | Über~ | excess profits tax.
—stopp *m* | limitation of profits.
Gewinnsucht *f* | love of gain; lucre | aus ~ | for gain; for lucre; with intent to profit | etw. aus ~ tun | to do sth. for gain.
gewinnsüchtig *adj* | in ~er Absicht | with intent to profit; for gain; for profit; for pecuniary benefit | ohne ~e Absicht | not for profit.
Gewinnüberschuß *m* Ⓐ | margin of profit; profit margin (balance).
Gewinnüberschuß *m* Ⓑ | profit surplus.

Gewinnung *f* | production; mining | Erdöl~ | oil production.
Gewinnungskosten *pl* | cost of production.
Gewinn..verteilung *f* | distribution of profits.
—verwendung *f* | appropriation of profits.
—vortrag *m* | profit (profit balance) carried forward (brought forward) | unverteilter ~; unausgeschütteter ~ | unappropriated balance (profit balance) (profit).
—zahlen *fpl* | winning numbers.
—ziehung *f* | drawing of prizes; drawing(s).
—zuschlag *m* | profit markup.
—zuwachs *m* | increase (advance) in profits.
Gewinst *m* [Lotterie~] | lottery prize.
gewiß *adj* Ⓐ | bis zu einem ~ssen Grad | to a certain extent; in some measure | unter ~ssen Voraussetzungen | under certain conditions.
gewiß *adj* Ⓑ | ein ~sser ...; ein ~sser Herr ... | a certain Mr. ...; one Mr. ...
Gewissen *n* | conscience | zur Erleichterung seines ~s | for the acquittal of one's conscience | nach bestem Wissen und ~ | to the best of my knowledge and belief | gutes ~; reines ~ | clear (good) conscience | mit gutem ~ | in good faith | mit reinem ~ | with a clear conscience | schlechtes ~; schuldbeladenes ~ | bad (burdened) (guilty) conscience | weites ~ | accommodating conscience | etw. auf dem ~ haben | to have sth. on one's conscience | sein ~ entlasten | to clear one's conscience | etw. mit seinem ~ vereinbaren | to take sth. upon one's conscience.
gewissenhaft *adj* Ⓐ | conscientious.
gewissenhaft *adj* Ⓑ | exact; correct.
Gewissenhaftigkeit *f* Ⓐ | conscientiousness.
Gewissenhaftigkeit *f* Ⓑ | exactitude; precision.
gewissenlos *adj* | ~ sein | to have no conscience; to be unscrupulous.
Gewissenlosigkeit *f* | unscrupulousness.
Gewissens..bisse *mpl* | conscientious scruples.
—einwand *m* | conscientious objection.
—frage *f*; **—sache** *f* | matter (point) of conscience.
—freiheit *f* | liberty of conscience; freedom of thought.
—konflikt *m* | conflict of conscience.
—zwang *m* | moral constraint.
Gewißheit *f* | certainty; certitude.
gewogen *adj* | ~es Mittel | mean average.
Gewohnheit *f* | habit; custom; usage.
gewohnheitsmäßig *adv* | habitually.
Gewohnheits..recht *n* | customary (common) law; custom.
—verbrecher *m* | habitual criminal.
gewöhnlich *adj* | ordinary; usual; customary | ~e Geschäftsstunden | usual hours of business | ~er Wohnsitz | habitual residence | außer~; un~ | extra-ordinary.
gewöhnlicherweise *adv* | ordinarily; usually; as a rule.
Gewöhnung *f* | ~ an etw. | getting accustomed to sth.
gezeichnet *part* Ⓐ [unterzeichnet] | signed.
gezeichnet *part* Ⓑ | subscribed.
gezeichnet *part* Ⓒ [aus~] | marked; labelled.
gezogen *part* [durch das Los] | drawn.
gezogen *adj* | ~er Wechsel | drawn bill; draft.
gezwungen *part* | ~ sein, etw. zu tun | to be under compulsion to do sth. | sich ~ sehen, etw. zu tun | to find os. constrained to do sth.
gezwungenermaßen *adv* | under duress; under coercion; under compulsion; forced; forcibly.
Gift *n* | poison | Tod durch ~ | death by poisoning | ~ nehmen | to take poison; to poison os. | durch ~ sterben | to die of poison.
—mord *m* | murder by poisoning.

Giftmörder *m* | poisoner.
Gilde *f* | guild; trade guild; corporation.
Gildenzwang *f* | obligation to join (to be a member of) a guild.
Gipfel..konferenz *f* | summit conference.
—**treffen** *n* | summit meeting.
Girant *m* | endorser; indorser | **späterer** ~ | subsequent endorser.
Girat *m*; **Giratar** *m* | endorsee; indorsee.
girierbar *adj* Ⓐ [übertragbar] | transferable; assignable | **nicht** ~ | not transferable; not assignable; unassignable.
girierbar *adj* Ⓑ [durch Indossament übertragbar] | negotiable; transferable by (by way of) endorsement | **nicht** ~ | not negotiable.
girieren *v* Ⓐ [übertragen] | to transfer; to assign; to make assignment.
girieren *v* Ⓑ [durch Indossament übertragen] | **einen Wechsel** ~ | to endorse a bill of exchange; to transfer a bill by (by way of) endorsement | **einen Wechsel zurück**~ | to endorse back a bill of exchange | **einen Wechsel in Blanko** ~ | to endorse a bill in blank.
Giro *n* Ⓐ [Übertragung] | transfer; assignment | **Bar**~ | cash transfer; transfer of funds | **Effekten**~ | transfer of stocks.
Giro *n* Ⓑ [Übertragung durch Indossament; Girierung] | endorsement; indorsement; transfer by way of endorsement | **Blanko**~ | blank endorsement; endorsement in blank | **Nach**~ | later (subsequent) endorsement | **mit** ~ **versehen** | endorsed; indorsed.
Giro..abteilung *f* | transfer department.
—**bank** *f* | clearing bank.
—**einlage** *f* | deposit on drawing account.
—**gläubiger** *m* | creditor by endorsement.
—**guthaben** *n* | credit balance on drawing account.
—**kasse** *f*; —**kontor** *n* | clearing office; bankers' clearing house.
—**konto** *n* Ⓐ | current account with a bank.
—**konto** *n* Ⓑ [Scheckkonto] | cheque (drawing) account.
—**provision** *f* | clearing commission (fee).
—**schuldner** *m* | debtor by endorsement.
—**verkehr** *m* | clearing operations *pl* (transactions *pl*); clearing | **im** ~ | by clearing.
—**zentrale** *f* | clearing office; bankers' clearing house.
Glas (Glasbruch)versicherung *f* | plate-glass insurance.
glattstellen *v* | to even up; to settle | **ein Engagement** ~; **eine Verpflichtung** ~ | to even up (to settle) an engagement.
Glattstellung *f* | settlement; evening-up.
Glattstellungsgeschäft *n* | evening-up transaction.
Glaube *m* Ⓐ | faith; religious faith; belief | **der christliche** ~ | the Christian faith | **seinen** ~**n aufgeben** | to renounce one's faith | **seinen** ~**n wechseln** | to change one's faith.
Glaube *m* Ⓑ [Vertrauen] | faith; trust; confidence | **einer Sache** ~**n beimessen (schenken)** | to give (to attach) faith to th.; to believe sth. | **auf Treu und** ~**n** | on trust | **nach Treu und** ~**n** | in good faith | **böser** ~; **schlechter** ~ | bad faith | **in bösem (schlechtem)** ~**n** | in bad faith | **guter** ~ | good faith | **in gutem** ~**n** | in good faith; in all good faith; bona fide | **öffentlicher** ~ | conclusive evidence; cogent proof | **öffentlichen** ~**n genießen** ① | to constitute conclusive evidence | **öffentlichen** ~**n genießen** ② | to be prima facie evidence | **den** ~**n erwecken** | to make believe.
glauben *v* | **etw.** ~ | to believe sth.; to give credit to sth. | **jdn.** ~ **machen** | to make sb. believe | **zu** ~ | believable; to be believed.

Glaubens..bekenntnis *n* Ⓐ [Konfession] | confession; faith; religion; creed.
—**bekenntnis** *n* Ⓑ | confession of faith | **politisches** ~ | political credo.
—**freiheit** *f* | freedom of faith (of religion)
—**gemeinschaft** *f* | religious community.
—**genosse** *m* | co-religionist.
—**krieg** *m* | war of religion; religious war.
—**streitigkeiten** *fpl* | religious quarrels.
glaubhaft *adj* | credible | **nicht** ~ | unbelievable.
glaubhaft *adv* | **etw.** ~ **machen** ① | to render sth. believable | **etw.** ~ **machen** ② | to establish the credibility of sth.
Glaubhaftigkeit *f* | credibility.
Glaubhaftmachung *f* | ~ **einer Behauptung** | substantiation (establishing the credibility) of a statement.
Gläubiger *m* | creditor | **Abfindung (Befriedigung) der** ~ | paying off the creditors | **Benachteiligung der** ~ | prejudice to the interests of the creditors | **Auslands**~ | foreign creditor | **Bodmerei**~ | creditor on bottomry (on respondentia) | **Buch**~ | book (ledger) creditor | **Gesamt**~ | joint creditor | **Giro**~ creditor by endorsement | **Haupt**~ | principal creditor | **Hypothekar**~; **Hypotheken**~ | creditor on mortgage; mortgage creditor; mortgagee | **Konkurs**~ | creditor in bankruptcy | **Masse**~ | creditor of a bankrupt's estate | **Nachlaß**~ | creditor of the estate | **Pfand**~ | secured creditor; mortgagee; pledgee; lienor | **Schiffs**~ | creditor on bottomry | **Staats**~ | state (public) creditor | **Urteils**~; **Vollstreckungs**~ | judgment creditor | **Versammlung der** ~ | meeting of creditors | **Verzug des** ~**s** | default of the creditor.
★ **bevorrechtigter** ~; **bevorzugter** ~; **privilegierter** ~ | privileged (preferred) (preferential) creditor | **gesicherter** ~ | secured creditor | **nicht gesicherter** ~; **nicht bevorrechtigter** ~; **ungesicherter** ~ | unsecured (general) creditor | **ranggleiche** ~ *pl* | creditors who rank equal; equal-ranking creditors.
★ **einen** ~ **abfinden (befriedigen)** | to satisfy (to pay off) a creditor | **mit den** ~**n akkordieren (zu einem Vergleich kommen)**; **einen Vergleich mit den** ~**n schließen (zustande bringen)**; **sich mit den** ~**n verständigen** | to compound (to come to terms) with one's creditors; to make a settlement (a composition) (a compromise) with the creditors | **einen** ~ **vor den anderen bevorzugen** | to prefer one creditor over others | **die** ~ **benachteiligen** | to cause prejudice to the interests of the creditors | **seine** ~ **vertrösten** | to put off one's creditors.
Gläubiger..abfindung *f* Ⓐ; —**befriedigung** *f* | paying off the creditors.
—**abfindung** *f* Ⓑ [durch Vergleich] | arrangement; composition.
—**aufgebot** *n* | calling together the creditors.
—**ausschuß** *m*; —**beirat** *m* | board (committee) of creditors.
—**begünstigung** *f*; —**bevorzugung** *f* | fraudulent preference of a creditor (of creditors).
—**benachteiligung** *f* | prejudice to the interests of the creditors.
—**land** *n*; —**nation** *f*; —**staat** *m* | creditor country (nation).
—**liste** *f* | list of creditors.
—**rang** *m* | ranking of creditors.
—**schutzverband** *m* | trade protection society.
—**versammlung** *f* | meeting of creditors; creditors' meeting.
—**verzug** *m* | default of the creditor.
—**vorrang** *m* | priority of creditors.

glaubwürdig *adj* | credible; worthy of belief | **von ~er Seite** | on good authority | **~er Zeuge** | trustworthy witness | **un~** | unworthy of belief; untrustworthy.
Glaubwürdigkeit *f* Ⓐ | credibility; trustworthiness | **Un~; mangelnde ~** | untrustworthiness.
Glaubwürdigkeit *f* Ⓑ | authenticity.
gleich *adj* | equal | **von ~er Art und Güte** | equal in kind and quality | **auf ~em Fuß; auf ~er Stufe** | on an equal footing; on equal terms; on a footing of equality | **aus dem ~en Grunde** | for the same reason | **~er Lohn für ~e Leistung** | equal pay for equal work | **in ~em Maße verantwortlich** | equally responsible | **in ~em Maße schuldig** | equally guilty | **mit jdm. ~er Meinung sein** | to share one's opinion with sb. | **~er Rang** | equal rank; equality of rank | **~e Rechte** | equal rights | **zu ~en Teilen** | in equal parts; equally | **zu ~en Teilen zu den Kosten beitragen (beisteuern)** | to contribute equal shares to (towards) the expense | **Teilung in ~e Teile** | division into equal parts | **mit ~en Waffen kämpfen** | to fight on equal terms | **~ im Werte; vom ~en Werte** | equal in value; equivalent | **einer Sache im Werte ~ sein** | to be equivalent (equal in value) to sth.
gleichaltrig *adj* | of the same age.
Gleichaltrigkeit *f* | equal (same) age.
gleichartig *adj* | of the same kind (quality).
Gleichartigkeit *f* | equality in kind.
gleichbedeutend *adj* | equivalent.
Gleichbehandlung *f* | equal (equality of) treatment; equality.
gleichberechtigt *adj* | **auf ~em Fuß** | on an equal footing; on equal terms; on a footing of equality | **~ sein** | to have the same rights; to be equal.
Gleichberechtigung *f* | equality of rights | **auf der Grundlage der ~** | on equal terms; on an equal footing; on a footing of equality | **von Mann und Frau** | equal rights of men and women | **politische ~** | equality of status.
gleichbleibend *adj* | **eine ~e Nachfrage nach etw.** | a steady demand for sth.
gleichförmig *adj* | **~e Buchung** | entry in cornformity.
gleichförmig *adv* | **~ buchen; ~ vortragen** | to book (to pass) in conformity.
Gleichförmigkeit *f* | uniformity; conformity.
gleichgeschaltet *adj* | co-ordinated.
gleichgestellt *adj* | on an equal footing.
Gleichgestellte *m* | equal | **jdn. als ~n behandeln** | to treat sb. as an equal.
Gleichgewicht *n* | equilibrium; balance | **~ des Haushalts; ~ des Staatshaushalts** | balance of the budget | **Herstellung des ~s** | balancing | **~ der Kräfte** | balance of power | **Störung des ~s** ① | unbalancing | **Störung des ~s** ② | **mangelndes ~** | disequilibrium; lack of balance | **politisches ~** | balance of power | **wirtschaftliches ~** | economic equilibrium | **etw. ins ~ bringen; das ~ von etw. herstellen** | to balance sth.; to equilibrate sth. | **den Haushalt ins ~ bringen** | to balance the budget | **etw. aus dem ~ bringen; das ~ von etw. stören** | to disturb (to upset) the balance of sth.; to throw sth. out of balance; to unbalance sth. | **sich das ~ halten** | to balance each other | **aus dem ~** | out of balance; imbalanced | **im ~** | balanced.
Gleichheit *f* | equality; conformity | **Alters~** | equal (same) age | **~ vor dem Gesetz** | equal justice under the law | **Rang~** | equality of rank; equal rank | **Rechts~** | equality of rights | **Rüstungs~** | equality of armements | **Steuer~** | equal distribution of taxes; uniformity in taxation | **Stimmen~** | equality (parity) of votes.

gleichkommen *v* | **einer Sache im Werte ~** | to be equivalent to sth.; to be equal in value of sth.
Gleichlaut *m* | **für den ~ der Abschrift** | certified true copy.
gleichlautend *adj* | conformable; identical | **~e Abschrift** ① | conformed (true) copy | **~e Abschrift** ② | duplicate | **~e Buchung** | entry in conformity.
gleichlautend *adv* | conformably; in conformity | **~ buchen (vortragen)** | to book (to enter) (to pass) conformably.
gleichmachen *v* Ⓐ | to make equal; to equalize.
gleichmachen *v* Ⓑ | [glattstellen] | to settle.
gleichmäßig *adj* | uniform; equal; in equal shares.
Gleichmäßigkeit *f* | equality.
gleichnamig *adj* | of the same name.
Gleichrang *m* | equal rank | **~ haben** | to rank pari passu.
gleichrangig *adj* | **~e Gläubiger** | creditors who rank equal; equal ranking creditors | **~ mit** | ranking pari passu with; of equal rank with.
gleichschalten *v* | to co-ordinate.
Gleichschaltung *f* | co-ordination.
gleichstehen *v* | **jdm. ~** | to be on a par (on an equal footing) (on a footing of equality) with sb.
gleichstehend *adj* | of equal standing.
gleichstellen *v* | **jdn. ~** | to treat sb. as an equal.
Gleichstellung *f* | treatment of equality; equal treatment.
Gleichung *f* | equation.
gleichwertig *adj* | equal; equivalent | **einer Sache ~ sein** | to be equivalent to sth.; to be equal in value of sth.
Gleichwertigkeit *f* | equivalence; equal value.
gleichzeitig *adj* | at the same time; simultaneous | **~e Anwesenheit** | simultaneous presence | **~es Vorhandensein** | coexistence.
Gleichzeitigkeit *f* | simultaneity; simultaneousness.
gleitend *adj* | **~e Lohnskala** | sliding scale of wages | **~e Skala** | sliding scale.
Gleitklausel *f* | escalator (escalation) clause | **Preis~** | sliding-price clause.
Gleitlohntarif *m* | sliding wage scale.
Gliederung *f* Ⓐ | classification; breakdown in categories.
Gliederung *f* Ⓑ | [Gruppierung] | grouping.
Gliedstaat *m* Ⓐ | federal state.
Gliedstaat *m* Ⓑ | [Mit~] | member state.
global *adj* | world-wide; overall.
Glossarium *n* | glossary.
Glossator *m* | glossator; annotator.
Glosse *f* | annotation; note | **Rand~** | marginal note.
glossieren *v* | **einen Text ~** | to expound a text.
glossiert *adj* | with notes in the margin; with marginal notes.
Glücks..ritter *m* | adventurer.
—**sache** *f* | matter of luck.
—**spiel** *n* | game of chance; gamble.
Glückwunsch..adresse *f* | address of congratulations; congratulatory address.
—**schreiben** *n* | letter of congratulation.
—**telegramm** *n* | congratulatory telegram.
Gnade *f* | grace; mercy | **von Gottes ~n** | by the Grace of God | **~ für Recht ergehen lassen** | to let mercy take the place of justice; to temper justice with mercy | **auf jds. ~ und Un~** | at sb.'s mercy | **sich auf ~ und Un~ ergeben** | to surrender unconditionally.
Gnaden..erlaß *m* Ⓐ | [Gnadenakt] | act of grace (of clemency); measure of grace.
—**erlaß** *m* Ⓑ | [Amnestie] | amnesty; general pardon.

Gnaden..frist *f* | reprieve; days *pl* of grace (of respite).
—**gehalt** *m* | pension.
—**gesuch** *n* | petition for pardon (for reprieve); plea for clemency | **ein** ~ **einreichen** | to make a petition for pardon; to petition for reprieve | **einem** ~ **stattgeben** | to grant a pardon.
—**recht** *n* | power (right) of pardon; prerogative of mercy.
—**stoß** *m* | finishing stroke.
—**weg** *m* | **auf dem** ~; **im** ~ | by way (by an act) of grace.
Gold *n* | gold | ~ **in Barren; Barren**~; **Stangen**~; **ungemünztes** ~ | gold in bars (in ingots); bar (ingot) gold | **Einlösung (Rückzahlung) in** ~ | redemption in gold | **Fein**~; **echtes** ~ | fine (sterling) gold | ~ **von gesetzlicher Feinheit** | standard gold | ~ **in Klumpen; rohes** ~ | gold in nuggets (in lumps) | **Münz**~; **gemünztes** ~ | gold in coins; monetary (coinage) gold | **in** ~ **einlösbar (rückzahlbar)** | redeemable (to be redeemed) in gold | **in (mit)** ~ **bezahlen** | to pay in gold.
Gold..abfluß *m*; —**abwanderung** *f* | drain (efflux) (outflow) of gold.
—**abhebung** *f* | gold withdrawal.
—**abzüge** *mpl* | gold withdrawals.
—**ader** *f* | gold-bearing vein (seam).
—**agio** *n* | gold agio (premium); premium on gold.
—**angebot** *n* | gold supply.
—**ankaufspreis** *m* | buying rate for gold.
—**anleihe** *f* | loan on a gold basis.
—**ausfuhr** *f* | export (exportation) of gold.
— —**punkt** *m* | gold export point.
— —**verbot** *n* | gold embargo.
Gold..barren *m* | gold bar (ingot) (bullion).
—**basis** *f* | gold basis | **Rückkehr zur** ~ | return to the gold standard | **auf** ~ **abschließen** | to sign on a gold basis | **etw. auf** ~ **vereinbaren** | to stipulate sth. on a gold basis | **auf** ~ | on gold.
—**bergbau** *n* | gold mining.
—**bergwerk** *n* | gold mine.
—**bergwerksaktien** *fpl* | gold shares.
—**bestand** *n* | gold reserve (stock); bullion reserve; stock of gold | **Gold- und Devisenbestände** | holdings of gold and foreign exchange.
—**bilanz** *f* | balance sheet on gold basis.
—**block** *m* | gold (gold-currency) block.
— —**länder** *npl* | gold-block countries.
—**deckung** *f* Ⓐ | gold coverage.
—**deckung** *f* Ⓑ [**Reserve**] | gold reserve; gold coin and bullion.
—**dollar** *m* | gold dollar.
—**feld** *n* | gold field.
—**franken** *m* | gold franc.
—**gehalt** *m* | gold content.
—**geld** *n* | gold coin.
—**gewicht** *n* | gold (troy) weight.
—**grube** *f* | gold mine.
—**gulden** *m* | gold florin.
—**index** *m* | index in gold.
—**klausel** *f* | gold clause.
—**kurs** *m* | rate (exchange) for gold; gold rate.
—**mark** *f* | gold mark.
—**markt** *m* | gold market.
—**mine** *f* | gold mine.
—**münze** *f* | gold coin.
—**obligation** *f*; —**pfandbrief** *m* | gold bond.
—**parität** *f* | gold parity.
—**pfund** *n* | gold sterling.
—**prämie** *f* | premium on gold; gold premium (agio).

Gold..preis *m* | gold price; rate for gold.
—**punkt** *m* | gold (bullion) (specie) point.
—**reserve** *f*; —**vorrat** *m* | gold reserve (stock); bullion reserve; stock of gold.
—**sendung** *f* | gold consignment (shipment).
—**standard** *m* | gold standard (currency) (coinage).
—**stück** *n* | gold coin.
—**sucher** *m* | gold prospector (digger).
—**vorkommen** *n* | occurrence of gold.
—**währung** *f* | gold standard (currency) (coinage).
—**währungs..block** *m* | gold (gold-currency) block | **zum** ~ **gehöriges Land** | gold-block country.
— —**land** *n* | gold-standard country.
—**wert** *m* | gold value; value in gold.
— —**basis** *f* | gold-value basis.
— —**klausel** *f* | gold-value clause.
— —**standard** *m* | gold-value standard.
— —**versicherung** *f* | insurance on a gold-value basis.
— —**zertifikat** *n* | gold certificate.
Gönner *m* Ⓐ | sponsor.
Gönner *m* Ⓑ [**Wohltäter**] | benefactor.
Gottes..dienst *m* | divine (church) service.
—**gericht** *n*; —**urteil** *n* | ordeal.
—**haus** *n* | church.
—**lästerer** *m* | blasphemer.
gotteslästerlich *adj* | blasphemous.
Gotteslästerung *f* | blasphemy.
Gouverneur *m* | governor | **General**~ | governor general | **Militär**~ | military governor | **Staats**~ | governor of state | **Vize**~ | vice governor | **stellvertretender** ~ | deputy governor.
Gouverneurs..amt *n* | governorship.
—**wahl(en)** *fpl* | gubernatorial election(s).
Grab *n* | **ein** ~ **schänden** | to rifle (to despoil) a tomb.
Grabschändung *f* | desecration of a grave.
Grad *m* Ⓐ | degree | **Bildungs**~ | degree of learning | **Entwicklungs**~ | degree of development | ~ **der Invalidität** | degree of disablement | ~ **der Liquidität** | ratio of liquid assets to current liabilities | **Schwägerschafts**~ | degree of affinity (of relationship by marriage) | **Verschuldungs**~ | debt ratio; capital gearing; leaverage | ~ **der Vervollkommnung** | degree of perfection | **Verwandtschafts**~ | degree of relationship (of consanguinity) | **erbfähiger Verwandtschafts**~ | degree of relationship which entitles to inherit | **in (bis zu) einem gewissen** ~**e** | to some degree; in some measure | **im höchsten** ~**e** | in the highest degree; to the last degree; extremely | **dem** ~**e nach am nächsten verwandt** | related nearest in degree.
Grad *m* Ⓑ [**Würde**] | **akademischer** ~ | university degree | **Doktor**~ | doctor's degree.
graphisch *adj* | ~**e Darstellung** | graph | ~**es Gewerbe** | printing trade.
Gratifikation *f* | bonus; gratification | ~ **in bar** | cash bonus | **Gehälter und** ~**en** | salaries and bonuses | **Weihnachts**~ | Christmas bonus.
gratis *adv* | gratuitously; gratis; free of charge; free of all charges | ~ **und franko** | gratis and post-free; free of charge and postage paid.
Gratis..aktien *fpl* | bonus shares.
—**beilage** *f* | free supplement.
—**exemplar** *n* | presentation copy.
—**muster** *n*; —**probe** *f* | free sample.
Grausamkeit *f* Ⓐ | cruelty; atrocity | **seelische** ~ | mental cruelty.
Grausamkeit *f* Ⓑ [**Akt der** ~]; **Grausamkeitsakt** *m* | act (piece) of cruelty; atrocious act.
gravierend *adj* | ~**er Fehler** | serious fault | ~**e Umstände** | aggravating circumstances.

greifbar *adj* | tangible | ∼e **Mittel** | available funds | ∼e **Werte (Vermögenswerte)** | tangible assets.

Gremium *n* Ⓐ | corporation; guild | **Handels**∼ | corporation of merchants; merchants' guild.

Gremium *n* Ⓑ | group | ∼ **von Sachverständigen** | group (committee) (panel) of experts.

Grenz..abfertigung *f* | customs clearance at the frontier (border).

—**abkommen** *n* | border treaty.

—**änderungen** *fpl* | border (frontier) modifications (rectifications).

—**arbeitnehmer** *m*; —**gänger** *m* | worker who crosses the border regularly to go (to come) to his place of work.

—**aufseher** *m*; —**beamter** *m* | frontier guard (official).

—**ausweis** *m*; —**bescheinigung** *f* | frontier pass.

—**bahnhof** *m* | frontier (border) station.

—**baum** *m* [Baum an der Grenze] | border tree.

—**bereinigung** *f*; —**berichtigung** *f* | rectification of the frontier; frontier revision (rectification).

—**bestimmung** *f* | fixation of the boundaries (of the frontier).

—**bewohner** *m* | borderer; frontierman; frontiersman.

—**bezirk** *m* | frontier (border) district (area) (zone) | **Nachbar**∼ | neighbo(u)ring border district.

Grenze *f* Ⓐ [Limit] | limit | **Alters**∼ | age limit; limit of age | **Geschwindigkeits**∼ | speed limit; maximum speed | **Höchst**∼ | maximum limit | **innerhalb der** ∼**n seines Machtbereichs** | within the limits of one's authority (power) | **innerhalb der** ∼**n des Möglichen** | within the bounds of possibility | **Preis**∼ | price limit | **Rentabilitäts**∼ | break-even point | **einer Sache** ∼**n setzen** | to put (to set) bounds to sth. | **innerhalb der** ∼**n der Wahrscheinlichkeit (des Wahrscheinlichen)** | within the bounds of probability | **Wert**∼ | limit of value.

★ **die äußersten** ∼**n** | the ultimate bounds | **innerhalb bestimmter (gewisser)** ∼**n** | within limits; within certain limits | **enge** ∼**n** | narrow limits | **in engen** ∼**n** | within narrow bounds | **in erträglichen (innerhalb erträglicher)** ∼**n** | within tolerable limits.

★ **sich in mäßigen (vernünftigen)** ∼**n halten; sich in** ∼**n halten** | to keep within bounds; to show moderation | **sich über alle** ∼**n hinwegsetzen; keine** ∼**n kennen** | to go beyond (to pass) all bounds; to have (to know) no bounds | **seine** ∼**n kennen** | to know one's limitations | **für etw. eine** ∼ **setzen** | to set a limit to sth. | **die** ∼ **überschreiten** | to overstep (to exceed) the limit | **die** ∼ **ziehen** | to give (to set) a limit | **alles hat seine** ∼**n** | there is a limit to everything.

Grenze *f* Ⓑ [Grenzlinie] | frontier; frontier line; boundary; borderline | **Abstecken einer** ∼ | demarcation of a frontier | **Berichtigung (Neufestsetzung) der** ∼**n** | rectification (revision) of the frontier(s) | **Dreimeilen**∼ | three-mile limit| **innerhalb der Dreimeilen**∼ | within the three-mile limit | **Festlegung einer** ∼ | determination (tracing) of a frontier | **Festlegung der** ∼**n** | fixing of (fixation of the) boundaries | **Land**∼; ∼ **zu Lande; trockene** ∼ | land frontier | **Landes**∼ | state border (frontier); border of the country | **Meeres**∼ | sea frontier | **Sprach**∼ | language border | **Staats**∼; ∼ **des Staatsgebietes** | state (national) border (frontier) | **Stadt**∼ | city boundary | **Ziehung einer** ∼ | tracing of a boundary | **Zoll**∼ | customs border (frontier).

★ **vertraglich festgelegte** ∼ | treaty frontier | **streitige** ∼; **strittige** ∼ | disputed frontier.

★ **die** ∼**n abstecken (festlegen) (festsetzen) (ziehen)** | to fix (to demarcate) (to mark out) the frontier |

über die ∼ **entkommen** | to escape over the border | **über die** ∼ **gehen; die** ∼ **überschreiten** | to cross the border (the frontier) | **die** ∼ **verletzen** | to violate the frontier.

grenzen *v* | **an etw.** ∼ | to border on sth.; to be adjacent (limitrophe) to sth.

grenzenlos *adj* | boundless; limitless; without limit.

Grenzenlosigkeit *f* | boundlessness.

Grenz..fall *m* | borderline case.

—**furche** *f* | boundary furrow.

—**festlegung** *f* Ⓐ | determination of a frontier.

—**festlegung** *f* Ⓑ | fixing of (fixation of the) boundaries.

—**gebiet** *n* | frontier zone; frontier (border) district.

—**graben** *m* | boundary ditch.

—**kommission** *f* | border commission.

—**kontrolle** *f* | frontier (border) control.

—**korrektur** *f* | frontier revision (rectification).

—**land** *n* Ⓐ | frontier land (country).

—**land** *n* Ⓑ [Zone] | frontier zone (area) (region).

—**linie** *f* Ⓐ [Abgrenzungslinie] | line of demarcation; boundary (frontier) line.

—**linie** *f* Ⓑ [Trennungslinie] | dividing line; borderline.

—**linie** *f* Ⓒ [Grenze] | frontier; boundary.

—**mauer** *f* | party wall.

—**nachbar** *m* | borderer; adjacent owner.

—**ort** *m* | frontier town.

—**pfahl** *m*; —**pfosten** *m* | boundary (frontier) post.

—**polizei** *f* | frontier (border) police.

—**posten** *m* | frontier post.

—**regelung** *f*; —**regulierung** *f* | rectification of the frontier; frontier rectification (revision).

—**scheidung** *f* | setting (fixing of) boundaries.

—**scheidungsklage** *f* | action for the fixation of boundaries.

—**schein** *m* | frontier pass.

—**schutz** *m* | frontier (border) control.

— —**beamter** *m* | frontier guard (official).

—**sperre** *f* | closing of the frontier(s).

—**staat** *m* | border (bordering) state.

—**stadt** *f* | frontier (border) town.

—**station** *f* | frontier (border) station.

—**stein** *m* | boundary stone (mark); abuttal | **einen** ∼ **entfernen** | to remove a boundary mark | ∼**e setzen** | to set (to fix) boundary marks | **einen** ∼ **versetzen** | to change the place of a boundary mark.

—**streitigkeit** *f* Ⓐ | frontier dispute.

—**streitigkeit** *f* Ⓑ | boundary litigation.

—**überbau** *m* | encroachment.

—**übergang** *m*; —**überschreitung** *f* Ⓐ; —**übertritt** *m* | crossing of the frontier (of the border); border crossing.

—**übergangsabgabe** *f* | frontier tax.

—**übergangsstelle** *f* | crossing point; checkpoint.

—**überschreitung** *f* Ⓑ [unerlaubte ∼] | trespassing beyond the boundary.

grenzüberschreitend *adj* | ∼**er Warenverkehr** | international goods traffic (trade).

—**überwachung** *f* | frontier (border) control.

—**verkehr** *m* | frontier traffic.

—**verlauf** *m* | course (running) of the frontier.

—**verletzung** *f* | violation of the frontier.

—**verwirrung** *f* | confusion about the border line.

—**wachdienst** *m*; —**wache** *f* | frontier guard.

—**zeichen** *n* | boundary mark; abuttal | ∼ **setzen** | to mark (to mark out) the boundaries; to set boundary marks.

—**ziehung** *f* Ⓐ | determination (tracing) of the frontier.

—**ziehung** *f* Ⓑ | fixing of (fixation of the) boundaries.

Grenz..zoll *m* | frontier customs *pl.*
— **—amt** *n* | frontier custom house; custom house on the frontier (at the border).
—zone *f* | frontier (border) zone.
—zwischenfall *m* | frontier (border) incident.
Greuel *mpl* | atrocities *pl.*
—meldung *f* | report of atrocities.
—propaganda *f* | atrocities propaganda.
—tat *f* | act of atrocity.
grob *adj* | ~e **Beleidigung** | gross insult | ~e **Fahrlässigkeit** | gross negligence | ~er **Fehler** | gross mistake | ~er **Mißbrauch** | gross abuse | ~e **Mißhandlung** | gross maltreatment; severe cruelty | ~e **Pflichtverletzung** | gross breach of duty | ~er **Undank** | gross ingratitude | ~e **Unwissenheit** | gross ignorance | ~es **Verschulden** | serious fault.
grob *adv* | ~ **fahrlässig** | by gross negligence | **jdn.** ~ **mißhandeln** | to maltreat sb. grossly.
gröblich *adv* | grossly.
Größenverhältnis *n* | **das** ~; **die** ~**se** | the dimensions.
Groß..abnehmer *m* | large consumer (user).
—aktionär *m* | principal shareholder.
—auftrag *m* | large (tall) order.
—bank *f* | big banking house.
—baustelle *f* | large building site.
—betrieb *m* | big concern; large establishment.
—einkauf *m* | quantity buying.
—einkäufer *m* | quantity buyer.
—eltern *pl* | grandparents.
—enkel *m* | great grandson | **die** ~ *mpl* | the great grandchildren.
—enkelin *f* | great granddaughter.
—finanz *f* | **die** ~ | the high finance; the big money interests.
—grundbesitz *m* | large (vast) estate(s) | **der** ~ | the big landowners.
—grundbesitzer *m* | big landowner; big landed proprietor.
—handel *m* | wholesale trade (business) (commerce); wholesale | **Groß- und Kleinhandel (Einzelhandel)** | wholesale and retail | ~ **betreiben** | to carry on a wholesale business; to do wholesale business; to wholesale.
Großhandels..firma *f*; **—geschäft** *n* | wholesale firm (business).
—index *m* | wholesale price index.
—preis *m* | wholesale price.
—rabatt *m* | wholesale (trade) discount.
—spanne *f*; **—verdienstspanne** *f* | wholesale margin.
—unternehmen *n* | wholesale enterprise.
Groß..händler *m* | wholesale merchant (dealer) (trader); wholesaler.
—handlung *f* | wholesale business; firm of wholesalers.
—industrie *f* | **die** ~ | the big industries.
—industrieller *m* | big industrial (manufacturer) (industrialist).
großindustriell *adj* | ~es **Unternehmen** | big industrial concern.
Grossist *m* | wholesale dealer (merchant) (trader); wholesaler.
Grossistenpreis *m* | wholesale price.
großjährig *adj* | ~ **sein** | to be of age (of full age) | **noch nicht** ~ **sein** | to be under age | ~ **werden** | to come of age; to attain one's majority.
Großjährigkeit *f* | full age; majority | **Eintritt der** ~ | coming of age.
Großkapital *n* | **das** ~; **die Großkapitalisten** *mpl* | the big capitalists *pl.*
Groß..kaufmann *m* | merchant; wholesale merchant.
—konzern *m* | big concern.

Groß..kraftwerk *n* | main power station.
—kunde *m* | big customer.
—loge *f* | grand lodge.
—macht *f*; **—staat** | great (major) power.
—machtstellung *f* | position as a great power.
—markt *m* | supermarket.
—mutter *f* | grandmother.
—neffe *m* | grand-nephew.
—nichte *f* | grand-niece.
—oheim *m*; **—onkel** *m* | great uncle; granduncle.
—tante *f* | great aunt; grandaunt.
—rat *m* | grand council.
—stadt *f* | big city (town).
— **—bezirk** *m* | metropolitan district.
— **—gebiet** *n* | metropolitan area (region).
— **—verkehr** *m* | city traffic.
—unternehmen *n* | big enterprise (business).
—vater *m* | grandfather.
—verbraucher *m* | big consumer.
—verkauf *m* | wholesale.
—verkäufer *m* | wholesale dealer.
—verteiler *m* | wholesaler.
—vertrieb *m* | wholesale distribution.
großzügig *adj* | generous; liberal | ~es **Angebot** | liberal offer | **in Geschäften** ~ **sein** | to be liberal in business.
großzügigerweise *adv* | liberally; generously.
Großzügigkeit *f* | generosity; liberality.
Grube *f* [Bergwerk] | mine | **Gold**~ | gold mine | **Kohlen**~ | coalmine; coalpit; colliery; pit.
Gruben..abbau *m*; **—bau** *m* | mining.
—abgabe *f* | mining royalty.
—arbeiter *m* Ⓐ [Bergarbeiter] | miner.
—arbeiter *m* Ⓑ [Kohlen~] | coalminer; pitman; collier.
—betrieb *m* | mining.
—distrikt *m* | mining area (district).
—feld *n* [Kohlenrevier] | coal field (district); coalmining district.
—kopf *m* | pithead.
—preis *m* | pit (pithead) price.
—syndikat *n* | colliery owners' association.
—verwaltung *f* Ⓐ [Behörde] | mining board (office) | **Staats**~ | administration of state-owned mines.
—verwaltung *f* Ⓑ [Leitung] | mine (pit) (colliery) management.
Grund *m* Ⓐ [Grundlage] | base; basis; foundation | **den** ~ **legen zu etw.** | to lay the foundations for sth. | **etw. zu** ~**e legen** | to base upon sth.; to take sth. as a base | **zu** ~**e liegen** | to be (to form) the basis | **auf** ~ **von** | on the ground (on the grounds) (on the authority) of; by virtue (by right) of.
Grund *m* Ⓑ [Beweggrund] | cause; reason; grounds; motive | ~ **zur Ablehnung; Ablehnungs**~ | grounds for challenge | **Anfechtungs**~ | ground for avoidance | **Ehescheidungs**~; **Scheidungs**~ | grounds for divorce; cause of divorce | ~ **zur Entlassung; Entlassungs**~ | reason (ground) for dismissal (for discharge) | ~ **zur sofortigen (fristlosen) Entlassung** | ground for instant dismissal | **Haupt**~ | principal cause (reason) | ~ **zur Klage haben;** ~ **haben, sich zu beklagen** | to have reason to complain (for complaint) | ~ **zur Kündigung; Kündigungs**~ | ground (reason) for giving notice | **Nichtigkeits**~ | reason for nullity | **Rechts**~ | legal cause; lawful reason | ~ **zu (zur) Unzufriedenheit** | cause for dissatisfaction | **Verdachts**~ | ground of suspicion | ★ **aus dem gleichen** ~ | for the same reason | **mit gutem** ~ | with good reason | **ohne hinreichenden** ~ | without just (just and legitimate) cause | **rechtli-**

Grund *m* Ⓑ *Forts.*
cher ~ | legal cause; lawful reason | **ohne rechtli-chen** ~ | without just cause; unjustified | **ohne stichhaltigen** ~ | without reasonable cause | **triftiger** ~ | reasonable and probable cause | **wichtiger** ~ | important reason.
★ **etw. als ~ für etw. angeben** | to give sth. as reason for sth. | **allen ~ haben, etw. zu tun** | to have every reason to do sth. (for doing sth.) | **ohne ~** | without any reason; groundless; causeless | **ohne irgend-welchen ~** | for no reason at all | **aus welchem ~e?** | for what reason? on what account (grounds)? [VIDE: **Gründe** *mpl*].
Grund *m* Ⓒ [Land] | land | ~ **und Boden** | real (real estate) (landed) property | **Besitz von ~ und Boden** | landowning.
Grund..abgabe *f* | ground rent.
—**akten** *mpl* | records of the land register.
—**bedeutung** *f* | primary (original) meaning.
—**bedingung** *f* | principal (main) (basic) condition.
—**begriff** *m* | fundamental notion (idea).
—**beitrag** *m* | basic fee (contribution).
—**belastung** *f* | land charge; charge on the land.
Grundbesitz *m* Ⓐ [Besitz von Grund und Boden] | landowning | ~ **in Erbpacht** | leasehold property.
Grundbesitz *m* Ⓑ | real (real estate) (landed) property; real estate; realty | ~ **in freiem (dauerndem) Eigentum**; **freier ~** | freehold property (estate) | **zu Wohnzwecken genützter ~** | residential property.
★ **ausgedehnter ~** | vast extent of ground (of property); vast estate | **ererbter ~** | inherited estate | **gewerblich genützter ~** | commercial property | **industriell genützter ~** | industrial property | **kleiner ~** | small property | **öffentlicher ~; staatlicher ~** | public property | **städtischer ~** | city (town) property | **einen ~ erben** | to succeed to an estate | **viel ~ haben** | to habe (to own) acres of land.
Grundbesitz *m* Ⓒ [Gesamtheit der Grundbesitzer] | **der ~** | the landowners | **der Groß~** | the big land-owners | **der kleine ~** | the small landowners (hold-ers) (holdings).
grundbesitzend *adj* | **die ~en Klassen** | the landed classes.
Grundbesitzer *m* | landed proprietor; landowner | **Groß~** | big landed proprietor | **die Groß~** | the big landowners.
Grundbestandteil *m* | basic element.
Grundbuch *n* Ⓐ | land register | **Eintragung (Eintrag) im ~** | entry in the land register.
Grundbuch *n* Ⓑ [Hypothekenregister] | public register of mortgages; mortgage register; land register.
—**amt** *n* Ⓐ | land-registry office.
—**amt** *n* Ⓑ [Hypothekenregisteramt] | mortgage reg-ister office; office of the registrar of mortgages.
—**auszug** *m* | extract from the land register; abstract of title.
—**beamter** *m* | clerk in charge of the land register; registrar of deeds; recording officer.
—**berichtigung** *f* | rectification of the land register.
—**bezirk** *m* | land registration district.
—**blatt** *n* | page in the land register.
—**einsicht** *f* | inspection of the land register.
—**eintragung** *f* Ⓐ [Vorgang] | registration (entry made) (recording) in the land register.
—**eintragung** *f* Ⓑ; —**eintrag** *m* | entry (title) of record.
—**ordnung** *f* | land registration (registry) act.
—**richter** *m* | registrar of mortgages.
—**zwang** *m* | compulsory registration in the land register (of title).

Grunddienstbarkeit *f* | real servitude; common; ease-ment.
Gründe *mpl* | **ohne Angabe von ~n** | without giving reasons (any reasons) (stating) | **unter Angabe der ~** | indicating the reasons; giving full reasons | **Be-rufungs~** | grounds for appeal | **aus Sicherheits~n** | for security reasons | **Urteils~** | grounds [upon which a judgment is based] | **aus Zweckmäßigkeits-~n** | on grounds of expediency.
★ **familiäre ~** | family reasons | **geschäftliche ~** | business reasons | **aus gesundheitlichen ~n** | for reasons of health | **aus juristischen ~n** | on legal grounds | **aus persönlichen ~n** | on personal grounds; for personal reasons | **aus steuerlichen ~n** | for tax (taxation) reasons | **plausible ~** | plausible reasons | **überzeugende ~** | convincing reasons | **mit ~n versehen** | substantiated | **zwingende ~** | forcing (compelling) reasons.
★ **~ (seine ~) für etw. angeben** | to give reasons (to state one's reasons) for sth. | **keine ~ angeben** | to give no reason(s) | **aus diesen ~n** | for these reasons; therefore.
gründen *v* Ⓐ [errichten] | to found; to establish | **eine Familie ~** | to found a family | **ein Geschäft ~; ein Handelshaus ~; eine Handelsfirma ~** | to establish (to found) a business (a firm) | **eine Gesellschaft ~** | to incorporate (to establish) (to found) a company.
gründen *v* Ⓑ [stützen] | **sich auf etw. ~** | to found os. on sth.; to be founded (based) on (upon) sth. | **sei-nen Verdacht auf etw. ~** | to found one's suspicion on sth.
Gründer *m* | founder | **~ einer Gesellschaft** | founder (incorporator) of a company | **Gesellschafts~** | company promoter | **Mit~** | co-founder.
Gründer..aktien *fpl* | founder's shares.
—**anteil** *m* | founder's share (preference share).
—**versammlung** *f* | founders' meeting.
Gründerin *f* | foundress | **Mit~** | co-foundress.
Grundeigentum *n* | real (real estate) (landed) property | **Abtretung von ~** | conveyance (transfer) of land (of real property).
Grund..eigentümer *m* Ⓐ [Eigentümer von Grund-stücken] | land owner; landed proprietor.
—**eigentümer** *m* Ⓑ [Eigentümer des Grundstücks] | owner of the property; site owner.
—**erwerb** *m* | purchase of land.
—**erwerbssteuer** *f* | tax on real estate transactions; tax on transfers (on the acquisition) (on the conveyance) of real estate property; real estate transfer tax.
—**fläche** *f* | acreage.
—**gebühr** *f* | basic fee | **Fernsprech~; Fernsprechteil-nehmer~; Telephon~** | telephone rate.
—**gedanke** *m*; —**idee** *f* | basic idea; fundamental notion.
—**gehalt** *n* | basic salary; base pay.
—**geschäft** *n* | underlying transaction.
—**gesetz** *n* | fundamental law; constitution.
—**herr** *m* | landlord.
—**industrie** *f* | basic industry.
—**kapital** *n* | original (initial) (registered) (authorized) capital; stock capital; capital stock; capitali-zation.
—**kredit** *m* | mortgage (real-estate) credit; advances (loans) on mortgage.
——**anstalt** *f*; ——**bank** *f* | mortgage (land) bank.
——**gesellschaft** *f* | land credit association.
Grundlage *f* | basis; base; fundament; foundation | **Berechnungs~** | basis for calculation | **Besteuerungs-~; Steuerberechnungs~; Veranlagungs~** | basis for the calculation of the tax; basis of (for) assess-

ment | auf der ∼ der Gegenseitigkeit | on the basis of reciprocity | Steuer∼ | basis of taxation | gesetzliche ∼ | legal basis | als ∼ dienen | to serve as a basis | jeglicher ∼ entbehren | to be absolutely baseless (without foundation); to be devoid of any foundation | etw. zur ∼ nehmen | to take sth. as basis.

Grundlagenforschung f | basic research.

Grundlast f | ground rent.

Grundlasten fpl | taxes and rates on real estate properties.

grundlegend adj | fundamental; basic; principal | von ∼er Bedeutung (Wichtigkeit) | of fundamental importance | ∼e Frage | fundamental question | ∼er Irrtum | fundamental error.

gründlich adj | von einem Gegenstand ∼e Kenntnis haben | to have a thorough knowledge of a matter; to be thoroughly versed in a matter | ∼e Prüfung (Untersuchung) | thorough investigation (examination).

gründlich adv | jdn. ∼ ausfragen | to question sb. closely | etw. ∼ untersuchen | to examine sth. thoroughly; to go thoroughly into sth.

Gründlichkeit f | thoroughness | die ∼ einer Arbeit | the perfection of a work.

Grundlohn m | basic wage.

—tarif m | basic wage rate.

grundlos adj | unfounded; groundless; baseless.

Grundlosigkeit f | groundlessness; baselessness.

Grund..patent n | basic (original) (master) patent.

—pfand n | mortgage on real estate.

—pfandbrief m | mortgage bond.

—pfandgläubiger m | mortgage creditor.

—pfandrecht n | mortgage lien.

—preis m | basic rate (price).

—prinzip n | fundamental (basic) principle.

—recht n | fundamental right.

—rechte npl | die bürgerlichen ∼ | the civic liberties; the constitutional rights.

—regel f | principle; basic principle.

—rente f | ground rent; rent-charge.

—riß m Ⓐ [Plan] | sketch.

—riß m Ⓑ [Lehrbuch] | text book; reader.

Grundsatz m | principle; rule | Erfahrungs∼ | principle founded on experience | ∼ der Gegenseitigkeit | principle of mutuality (of reciprocity) | ∼ der Kausalität | law of causality (of causation) | Rechts∼ | principle of law | leitender ∼; oberster ∼ | guiding principle.

—erklärung f Ⓐ; **—programm** n | policy statement; declaration of principle.

—erklärung f Ⓑ [Absichtserklärung] | declaration of intention.

—frage f | fundamental question.

grundsätzlich adj | on (in) principle; as a matter of principle | ∼e Entscheidung | leading decision | ∼e Erwägung | fundamental reason | ∼e Frage | fundamental question | über ∼e Fragen zu einer Einigung kommen | to come to an understanding on fundamentals.

grundsätzlich adv | principally | ∼ zu einer Einigung kommen | to agree (to come to an understanding) on fundamentals.

Grundschuld f | land charge; charge on the land | Buch∼ | registered land charge | Gesamt∼ | land charge on several pieces of property | eine ∼ bestellen | to register a land charge.

Grund..schuldbrief m | certificate of a land charge.

—schule f | primary (elementary) school.

—schulbildung f | primary (elementary) education.

—steuer f | land (property) (real-estate) tax.

Grund..steuer..einschätzung f; **— —veranlagung** f | assessment (taxation) on landed property; rating.

— —kataster n | land tax register.

— —pflichtiger m | ratepayer.

grundsteuerpflichtig adj | ratable.

Grundstoff..industrie f | basic industry.

—preise mpl | prices of basic materials.

Grundstück n | property; piece of property; real estate; piece (plot) of land | Anlieger∼; Nachbar∼ | adjoining estate (property) | Bau∼ | building site (lot) (estate) | Belastung eines ∼es | encumbrance of a property; charges on an estate | Betriebs∼; Fabrik∼ | factory property (premises) | ∼e und Gebäude | houses (buildings) and lands | Nießbrauch an einem ∼ | life estate | Pacht∼ | land on lease; leased ground | Privat∼ | private property (estate) | Wohn∼ | residential property (estate).

★ angrenzendes ∼; anliegendes ∼ | adjoining estate (property) | belastetes ∼ | encumbered property | hypothekarisch belastetes ∼ | mortgaged property | berechtigtes ∼; herrschendes ∼ | dominant tenement | dienendes ∼ | servient tenement | gemeinschaftliches ∼ | undivided (joint) property | gewerblich genütztes ∼ | commercial (industrial) property | kleines ∼ | small property (piece of property) | unbebautes ∼ | vacant plot | unbelastetes ∼ | estate free from encumbrances.

★ ein ∼ auflassen | to transfer (to convey) a property | ein ∼ mit einer Hypothek belasten | to mortgage a property | ein ∼ mit einer Umlage belasten | to lay a rate on an estate (on a building) | ein ∼ pachten (in Pacht nehmen) | to take a lease on a property; to take land (a property) on lease | ein ∼ schuldenfrei (lastenfrei) machen | to clear a property of debt; to free a property of encumbrances; to disencumber a property.

Grundstücks..abschreibungen fpl | depreciation on real estate property.

—abtretung f | cession of a piece of land.

—auflassung f | conveyance of real estate; transfer of title to land.

—belastung f | encumbrance of a property; charges on an estate.

—eigentümer m | owner of the property; site (property) (real estate) owner.

—erwerb m; **—kauf** m | acquisition (purchase) of property.

—finanzierung f | real estate financing.

—geschäfte npl | real estate transactions.

—gesellschaft f | real estate company.

—komplex m | plot of land.

—konto n | property (premises) account.

—makler m | estate (real estate) (landed property) agent.

— —büro n | estate (real estate) (land) agency.

—markt m | property (real estate) market.

—parzelle f | plot of land; lot.

—parzellierung f | parcelling of land into small lots.

—spekulant m | speculator in land (in landed property); land jobber.

—spekulation f | speculation in landed property; land speculation (jobbing).

—recht n | laws (legislation) on real property.

—teil m | part (portion) of an estate.

—übertragung f; **—umschreibung** f | conveyance of real estate (of land).

—verkauf m | sale of real estate (of real estate property).

—verkehr m | real estate market.

—vermessung f | survey (surveying) of a piece of land.

Grundstücks..verwalter *m* | land agent; estate manager.
—**verwaltung** *f* | land agency; estate management.
—**verwertungsgesellschaft** *f* | development (land development) company.
—**wert** *m* | real estate (land) (property) value.
Grundtarif *m* | fundamental tariff; basis (basic) rates *pl*.
Grundtaxe *f* | basic rate.
Gründung *f* | foundation; formation; establishment | **Gemeinschafts~** | joint venture (enterprise) | **~ einer Gesellschaft; Gesellschafts~** | incorporation (foundation) (establishment) of a company | **~ einer Partei** | formation of a party | **~ eines Reiches; Reichs~** | foundation of an empire | **Schwindel~; schwindelhafte ~** | bogus (bubble) company; bucket-shop | **~ eines Vereins** | formation (organization) of a club.
Gründungs..akt *m* Ⓐ; —**vorgang** *m* | foundation; establishment.
—**akt** *m* Ⓑ; —**vertrag** *m*; —**urkunde** *f* | deed (articles) (memorandum) of association; charter.
—**ausschuß** *m* | organizing committee.
—**kapital** *n* | original (initial) capital.
—**konsortium** *n* | syndicate of founders.
—**kosten** *pl*; —**spesen** *pl* | establishment charges; formation expenses.
—**mitglied** *n* | founder member; co-founder.
—**schwindel** *m* | share (share-pushing) fraud.
—**versammlung** *f* | founders' (organization) meeting.
Grund..vermögen *n* | (real estate) (landed) property; landed estate; realty.
—**wert** *m* | property (real estate) value.
— —**abgabe** *f* | tax (levy) on the value of real (real estate) property.
—**zeitraum** *m* | basic (base) period.
—**zins** *m* | ground rent; rentcharge.
—**zug** *m* | leading (main) feature.
Gruppe *f* | group | **Abnehmer~** | category of consumers | **Alters~** | age group | **Einteilung nach Alters~n** | age grouping | **Berufs~; Fach~** | occupational group | **Besoldungs~; Gehalts~** | salary bracket | **Banken~; Finanz~** ① | group of banks (of bankers) (of financiers); syndicate (consortium) of bankers; banking syndicate | **Finanz~** ② | combine | **Interessen~** | group of interests | **Lohn~** | schedule of wages | **Mächte~** | combination of powers | **Steuer~** | tax bracket (schedule) | **Unter~** | sub-group | **politische ~** | political group.
★ **eine ~ bilden** | to form a group | **zu einer ~ gehören** | to belong to an order (to a class) | **etw. nach ~n ordnen; etw. in ~n zusammenfassen** | to group sth.; to arrange sth. in groups.
Gruppen..akkord *m* | job work (piece work) done by the team.
—**arbeit** *f* | team work.
—**bildung** *f* | grouping.
—**reise** *f* | organized tour.
gruppieren *v* | **etw. ~** | to group sth.; to arrange sth. in groups | **etw. neu ~; etw. um~** | to regroup sth.
Gruppierung *f* | grouping; arrangement in groups | **Mächte~** | combination of powers | **Um~** | regrouping.
Guerillakrieg *m* | guerilla war (warfare).
Guillotine *f* | guillotine.
guillotinieren *v* | to guillotine; to behead; to decapitate.
Guillotinierung *f* | guillotining; beheading; decapitation | **Massen~** | mass guillotining (execution).
gültig *adj* | valid; available | **~er Beweis** | valid proof | **~er Fahrschein** | valid ticket | **in ~er Form** | in

valid (in due) form; duly; validly | **~e Quittung** | good receipt.
★ **form~** | formally correct | **rechts~** | valid (sufficient) in law; lawful | **un~** | invalid; void; null and void; not valid | **voll~** | fully valid in law | **für ~ erklären; ~ machen** | to render (to make) valid; to validate | **~ für** | good for; available for | **nicht mehr ~** | no longer available.
Gültigkeit *f* | validity | **~ eines Patents** | validity of a patent | **Rechts~** | validity (sufficiency) in law; legal validity; lawfulness | **Rechts~ haben** | to be valid in law; to be legally valid; to be lawful | **Voll~; volle ~** | full validity | **die ~ von etw. anfechten (bestreiten)** | to contest (to dispute) the validity of sth. | **~ haben** | to be valid | **die ~ verlieren** | to become invalid; to expire.
Gültigkeits..bereich *m* | scope of validity.
—**dauer** *f* | term (duration) of validity | **Verlängerung der ~** | extension of validity | **die ~ von etw. verlängern** | to extend the validity of sth. | **die ~ einer Fahrkarte verlängern** | to extend a ticket.
—**erklärung** *f* | validation | **~ einer Eheschließung** | validation of a marriage.
Gunst *f* | favo(u)r | **jds. ~ besitzen (genießen); in jds. ~ stehen** | to be in favo(u)r with sb.; to be in the good books with sb. | **jdm. seine ~ entziehen** | to withdraw one's favo(u)r from sb. | **jdm. eine ~ erweisen** | to show sb. a favo(u)r.
Gunsten *pl* | **zu ~ von** | in favo(u)r of; in behalf of; for the benefit of | **zu ~ eines Dritten** | for the benefit of a third party | **Saldo zu unseren ~** | balance in our favo(u)r | **zu jds. ~ parteiisch sein** | to show partiality in sb.'s favo(u)r; to favo(u)r sb. | **zu jds. ~ ausgehen** | to turn out to sb.'s advantage | **zu jds. ~ aussagen** | to give evidence in sb.'s favo(u)r | **zu jds. ~ entscheiden** | to decide in favo(u)r of sb. (in sb.'s favo(u)r) | **im Zweifelsfalle zu jds. ~ entscheiden** | to give sb. the benefit of the doubt | **zu jds. ~ sprechen** | to speak in sb.'s favo(u)r.
Gunsterschleichung *f* | captation.
günstig *adj* | favo(u)rable; advantageous | **~e Aufnahme** | favo(u)rable reception | **zu ~en Bedingungen** | on favo(u)rable terms | **~e Gelegenheit** | favo(u)rable occasion | **~ für das Geschäft** | beneficial to business | **~e Umstände** | favo(u)rable (propitious) circumstances | **un~; wenig ~** | unfavo(u)rable; unpropitious.
günstig *adv* | favo(u)rably; advantageously | **etw. ~ aufnehmen** | to give sth. a favo(u)rable reception.
günstigst *adj* | **im ~en Falle** | at best.
Günstlingswirtschaft *f* | favoritism.
Gut *n* Ⓐ [Eigentum; Vermögen] | property; estate | **Diebs~** | stolen property (goods) | **Familien~** | family property | **Gemein~** | public property | **Gesamt~** | common (community) property | **sein Hab und ~** | his belongings *pl*; his fortune | **Kron~** | crown property | **Staats~** | state (government) (public) (national) property | **Vorbehalts~** | separate estate.
★ **bewegliches ~** | movable (personal) property; movables *pl*; personality | **bewegliches und unbewegliches ~** | movables *pl* and immovables *pl*; personal and real property | **eingebrachtes ~** | property brought into the marriage; dowry | **fremdes ~** | another's (sb. else's) property | **herrenloses ~** | derelict (abandoned) property; goods *pl* unclaimed.
Gut *n* Ⓑ [Ware] | merchandise; goods *pl*.
Gut *n* Ⓒ [Transport~] | **Durchgangs~** | goods in transit | **Eil~; Expreß~** | express goods | **als Eil~;**

als Expreß~ | by fast goods service | **als Fracht~** | by slow goods service | **Passagier~** | passenger goods | **Sperr~** | bulky goods.

Gut *n* Ⓓ [Landgut] | estate | **Ritter~** | manor | **Stamm-~** | family estate.

[VIDE: **Güter** *npl*].

gut *adj* | **in ~er Absicht** | with good intent | **~e Ausrede** | good (valid) excuse | **~es Einvernehmen** | good understanding (feeling) | **mit jdm. in ~em Einvernehmen stehen (leben)** | to be on good terms with sb. | **~e Erziehung** | good breeding | **aus ~er Familie (Gesellschaft); aus ~en Kreisen** | good-class; of good family | **~e Forderung** | good debt | **~e Führung** | good behavio(u)r (conduct) | **Prämie für ~e Führung** | good-conduct prize | **~er Glaube** | good faith | **~en Glaubens; in ~em Glauben** | of (in) good faith; bona fide | **~e Manieren** | good breeding | **~e Nachrichten** | good news | **~e Partie** | good marriage (match) | **~e Presse** | good press | **~e Sitte** | morality | **gegen die ~en Sitten** | against (contrary to) (opposed to) public policy.

gut *adv* | **bei jdm. ~ angeschrieben sein** | to be in sb.'s goodwill | **~ erhalten** | well-preserved | **~ situiert** | well-to-do; well-off.

Gutachten *n* | opinion; award | **Gegen~** | counter-opinion | **Makler~** | broker's report (award) | **Ober~** | umpire's award | **Rechts~** | legal (counsel's) opinion | **Sachverständigen~** | expert (expert's) opinion | **ärztliches ~; medizinisches ~** | medical opinion | **ein ~ abgeben** | to give an opinion | **ein ~ einholen** | to secure an expression of opinion | **ein ~ erstatten** | to render an opinion.

Gutachter *m* Ⓐ [Sachverständiger] | expert.

Gutachter *m* Ⓑ [Schiedsrichter] | arbitrator; umpire.

—**ausschuß** *m*; —**kommission** *f* | panel (committee) of experts.

gutachtlich *adj* | **~e Äußerung** | expert opinion.

gutachtlich *adv* | **sich über (zu) etw. ~ äußern** | to give one's opinion on sth.

gutbringen *v* | **jdm. etw. ~** | to book (to enter) sth. to sb.'s credit; to credit sth. to sb.

Gutdünken *n* | discretion; best judgment | **etw. jds. ~ überlassen** | to leave sth. to sb.'s discretion | **nach ~; nach Ihrem ~** | at your discretion.

Güte *f* Ⓐ [Wohlwollen] | benevolence; kindness; friendliness | **eine Sache in ~ abmachen (erledigen) (beilegen)** | to settle a matter amicably (in a friendly way) | **Vorschlag zur ~** | friendly (conciliatory) proposal | **die ~ haben, zu** | to be kind enough to | **durch die ~ von ...** | by courtesy of ... | **in ~** | amicably; in a friendly manner (way).

Güte *f* Ⓑ [Bonität] | good quality | **von mittlerer Art und ~** | of medium kind and quality.

Güteantrag *m* | request for conciliatory proceedings.

Güte..grad *m*; —**klasse** *f* | grade; standard of quality.

—**klasseneinteilung** *f* | grading.

—**prüfung** *f* | quality inspection (control).

Güter *npl* | goods; merchandise | **Ausfuhr~; Export~** | goods (merchandise) for exportation | **Austausch~** | exchangeable goods | **Deck~** | deck cargo | **Durchgangs~** | goods in transit | **Eil~** | express goods | **Einfuhr~; Import~** | import (imported) goods | **Massen~** | bulk commodities | **Produktions~** | capital goods | **Schiffbruchs~** | shipwrecked goods | **Stapel~** | staple commodities (goods); commodities | **Stück~** | piece goods | **Verbrauchs~** | consumer (consumption) goods | **~ unter Zollverschluß** | bonded goods; merchandise in bond.

★ **bahnlagernde ~** | goods at the railway depot | **haltbare ~; langlebige ~** | durable goods; durables | **immaterielle ~** | intangible assets | **kriegswichtige ~** | strategic goods (material(s)) | **lebenswichtige ~** | essential goods; essentials | **sperrige ~** | bulky goods | **zollpflichtige ~** | dutiable goods.

Güter..abfertigung *f* | dispatch(ing) of goods.

—**abfertigungsstelle** *f* | dispatch office.

—**annahme** *f*; —**annahmestelle** *f* | goods (receiving) office.

—**ausgabe** *f*; —**ausgabestelle** *f* | delivery office.

—**austausch** *m* | exchange of goods.

—**bahnhof** *m* | goods (freight) station (yard) (depot).

—**beförderung** *f* | carriage (conveyance) (forwarding) (transport) (transportation) of goods.

—**begleitschein** *m* | bill of lading; waybill.

—**expedition** *f* | dispatch(ing) of goods.

—**fernverkehr** *m* | long-distance haulage (transport).

Gütergemeinschaft *f* | community of property | **Aufhebung der ~** | dissolution of the community | **Ausschluß der ~** | separation of property | **Güterstand (Recht) der ~** | community of property | **Verwaltung der ~** | administration of the community property.

★ **allgemeine ~** | general community of property | **eheliche ~** | community of property between husband and wife | **fortgesetzte ~** | continued community of property [between heirs] | **gesetzliche ~** | community of property by law | **vertragsmäßige ~; vertragliche ~** | community of property by contract (by agreement).

Gütergemeinschaftsteilung *f* | dissolution of the community.

Güter..halle *f* | goods depot.

—**kraftverkehr** *m* | motor transport of goods; transportation of goods by road; road haulage.

—**makler** *m* | estate (real-estate) agent (broker).

—**masse** *f* | estate; property.

—**nahverkehr** *m* | short-distance freight traffic.

Güterrecht *n* | law of property | **eheliches ~** | law of property between husband and wife | **gesetzliches ~** | the law (the statutes) on property rights between husband and wife | **vertragsmäßiges ~** | matrimonial property rights stipulated by agreement.

Güterrechtsregister *n* | marriage property register.

Gütersendung *f* | consignment of goods.

Güterstand *m* | law of property [between husband and wife] | **~ der Gütergemeinschaft** | community of property | **~ der Verwaltung und Nutznießung** | matrimonial right of management and enjoyment | **ehelicher ~** | law of property between husband and wife | **gesetzlicher ~** | statutory community of property | **vertraglicher ~** | matrimonial property rights stipulated by agreement.

Güter..station *f* | goods station (yard) (depot).

—**tarif** *m* | goods rates (tariff).

—**transport** *m* | conveyance (carriage) (transport) (transportation) of goods.

Gütertrennung *f* [Güterstand der ~] | separation of property | **in ~ lebende Ehefrau** | wife with separate property | **~ kraft Gesetzes; gesetzliche ~** | statutory separation of property | **in ~ leben** | to have separate property.

Güter..umschlag *m* | goods turnover.

—**verkehr** *m* | goods (merchandise) traffic; freight service | **Eisenbahn~** | railway goods traffic.

—**versicherung** *f* | insurance of goods (on cargo); cargo insurance.

—**verteilung** *f* | distribution of wealth.

—**zug** *m* | goods (freight) train.

Güte..termin *m* | day of the hearing for reconciliation | | Ladung zum ~ | summons to appear in reconciliation proceedings | zum ~ vorgeladen sein | to be summoned in reconciliation proceedings.
—verfahren *n* | conciliatory proceedings; conciliation.
—vorschlag *m* | conciliatory (friendly) proposal.
—zeichen *n* | quality label (mark).
gutgehend *adj* | ~es Geschäft | florishing business.
Gutgewicht *n* | good (fair) weight.
gutgläubig *adj* | in good faith | ~er Besitzer (Inhaber) | bona fide possessor (holder) | ~er Dritter | third party acting in good faith | ~er Erwerb | acquisition in good faith; innocent purchase | ~er Erwerber | purchaser in good faith; bona fide purchaser.
gutgläubig *adv* | etw. ~ erwerben | to buy sth. in good faith.
Guthaben *n* | credit balance; balance due; credit | Bank~ | bank (banking) account | Bar~; Konto~ | cash on account; value in (on) account | Privat~ | private account | Spar~; Sparkassen~ | credit (credit balance) with a savings bank; savings bank deposit | Sperr~ | blocked credit balance | Sperrung eines ~s | blocking of an account | die Sperre (die Sperrung) eines ~s verfügen (anordnen) | to order an account to be blocked | Währungs~ | credit balance in foreign exchange.
★ ausreichendes ~ | sufficient funds | unzureichendes ~ | insufficient funds | "Kein ~" | No funds; No assets | gesperrtes ~ | blocked account (credit balance) | verfügbares ~ | available assets | ein ~ sperren | to block an account.
Guthaben *npl* | im Ausland; ausländische ~ | foreign deposits (assets); deposits abroad | ausstehende ~ | accounts receivable; receivables | dubiose ~ | doubtful accounts (assets) | eingefrorene ~ | frozen assets.
Guthaben..bildung *f* | formation (building up) of credit balances.
—saldo *m* | account showing a credit balance.
—überschuß *m* | credit surplus.
gutheißen *v* | etw. ~ | to approve sth. (of sth.) | etw. nicht ~ | to disapprove sth. (of sth.).
gutheißend *adj* | approving.
gütig *adj* | benevolent; kind.
gütlich *adj* | ~es Abkommen; ~e Abmachung; ~e Auseinandersetzung; ~e Erledigung; ~er Vergleich | friendly (amicable) arrangement (agreement) (settlement) | ~e Einigung; ~e Verständigung | amicable arrangement (settlement); friendly understanding | auf ~em Weg; auf ~e Weise | amicably; in a friendly manner (way).
gütlich *adv* Ⓐ | sich ~ einigen; eine Sache ~ beilegen (abmachen) | to settle a matter amicably (in a friendly way).
gütlich *adv* Ⓑ [außergerichtlich] | out of court.
gutnachbarlich *adj* | goodneighbo(u)rly | ~e Beziehungen | goodneighbo(u)rly relations; good neighbo(u)rship.
gutnachbarlich *adv* | ~ handeln | to act in a neighbo(u)rly way.
gutsagen *v* | für jdn. ~ | to stand bail (security) (surety) for sb.
Gutsbesitzer *m* | land owner; landed proprietor.
Gutschein *m* | ticket; coupon | Steuer~ | tax (tax reserve) certificate | Waren~ | goods voucher.
Gutscheinheft *n* | coupon book.
gutschreiben *v* | einen Betrag einem Konto ~ | to pass (to enter) (to place) an amount to the credit of an account | jdm. etw. ~ | to book (to enter) sth. to sb.'s credit; to credit sth. to sb.

Gutschrift *f* Ⓐ | credit(ing) | jdm. über einen Betrag ~ erteilen | to pass an amount to sb.'s credit.
Gutschrift *f* Ⓑ [Posten] | credit item (entry).
Gutschrifts..anzeige *f*; —zettel *m* | credit note; advice of amount credited.
Guts..haus *n* | manor; mansion.
—herr *m* | landlord; lord of the manor.
—hof *m* | farmyard; estate.
gutsituiert *adj* | wealthy; well-to-do.
Gutspächter *m* | tenant-farmer.
gutstehen *v* | für jdn. ~ | to stand security (bail) (surety) for sb.; to answer for sb.
Gutsverwalter *m* | manager of an estate.
Gutsverwaltung *f* | management of an estate.

H

Habe *f* | belongings *pl*; property; fortune | bewegliche ~; fahrende ~ | chattel; goods and chattels; movables | persönliche ~ | personal effects; things personal | unbewegliche ~ | immovables.
Haben *n* Ⓐ [Gut~] | credit balance.
Haben *n* Ⓑ [Kreditseite] | credit (creditor) (asset) side | Soll und ~ | debit and credit; debitor and creditor; assets and liabilities | im ~ buchen | to place to the credit; to enter on the credit side.
Haben..posten *m* | credit item; entry on the credit side.
—saldo *m* | credit balance.
—seite *f* | credit (creditor) (asset) side.
—zinsen *mpl* | credit (black) interest; interest in black.
—zinssatz *m* | credit (deposit) (creditor interest) rate.
Habilitation *f*; Habilitierung *f* | habilitation.
Habilitationsschrift *f* | inaugural dissertation.
habilitieren *v* | sich ~ | to habilitate.
Habseligkeiten *fpl* | belongings *pl*.
Hab und Gut *n* | possessions; goods and chattels; chattels and effects | sein ganzes ~ | all his belongings.
Hafen *m* | port; harbo(u)r | Abfertigungs~; Abgangs~ | port of shipment (of loading) (of departure) (of embarcation); shipping (loading) (lading) port | Anlauf~ | port of call | Ausfuhr~; Export~ | port of exportation | Außen~ | outer harbo(u)r | Bestimmungs~ ① | port of destination (of arrival) | Bestimmungs~ ②; Auslade~ | port of discharge (of delivery) | Binnen~ | inland port | Durchgangs~ ① | port of transit (of transshipment); transit port | Durchgangs~ ② | warehousing port | Einfuhr~; Eingangs~ | port of entry | End~ | terminal port | Fischerei~ | fishing port | Flug~ | airport; aerodrome; port of landing | Fluß~ | river port | Frei~; Zollfrei~ | free (bonded) port | Gezeiten~ | tidal harbo(u)r | Handels~ | commercial (trading) port | Heimat~ | port of registry (of commission); home port | Kriegs~ | naval port (station) (base) | Not~ | port of necessity (of distress) (of refuge) | Quarantäne~ | port of quarantine | See~ | sea port | Transit~ ① | warehousing port | Transit~ ②; Umschlags~ | port of transit (of transshipment) | Verlade~; Versand~; Verschiffungs~ | port of shipment (of loading) (of

lading) (of embarcation); shipping (loading) (lading) port | **Zwischen~** | intermediate port; port of call.
★ **innerer ~** | inner (close) harbo(u)r | **einen ~ anlaufen** | to call at a port; to put into port | **aus dem ~ auslaufen** | to leave harbo(u)r; to clear the harbo(u)r | **in den ~ einlaufen** | to enter harbo(u)r; to come into port | **im ~** | in port.
Hafen..abgaben *fpl* | harbo(u)r (port) dues; port charges (tolls).
—**amt** *n*; —**behörde** *f* | office of the harbo(u)r master (commissioner); port (dock) authority.
—**anlagen** *fpl*; —**einrichtungen** *fpl* | harbo(u)r (port) installations.
—**arbeiter** *m* | dock labo(u)rer; stevedore; longshoreman.
——**streik** *m* | dock strike.
—**gebühren** *fpl*; —**geld** *n*; —**kosten** *pl* | harbo(u)r (port) dues; port tolls (charges); dock charges (dues).
—**gesundheitsbehörde** *f* | port sanitary authority.
—**kommandant** *m* | port admiral.
—**kommandantur** *f* | port admiral's office.
—**kommissar** *m*; —**meister** *m* | harbo(u)r commissioner (master).
—**konnossement** *n* | ocean bill of lading.
—**liegegebühren** *fpl* | port standage.
—**meisteramt** *n*; —**meisterei** *f* | office of the harbo(u)r master (commissioner); port (dock) authority.
—**ordnung** *f* | port regulations *pl*.
—**platz** *m* | port; seaport; harbo(u)r.
—**polizei** *f* | harbo(u)r police.
—**risiko** *n* | port risk.
—**sperre** *f* | embargo on a port.
—**stadt** *f* | seaport; port town.
—**verwaltung** *f* | harbo(u)r (port) (dock) authority.
—**viertel** *n* | dockland; waterfront.
—**zoll** *m* | harbo(u)r (port) dues; port tolls (charges).
—**zollstelle** *f* | port customs office.
Haft *f* | detention; custody | **Dunkel~** | confinement in a dark cell | **Einzel~** | solitary confinement | **Entlassung aus der ~** | release from custody | **Festungs~** | detention in a fortress | **Gemeinschafts~** | group confinement | **Polizei~** | detention by the police | **Schuld~** | imprisonment for debt | **Schutz~** | protective (preventive) custody | **Straf~** | penal confinement; imprisonment | **Untersuchungs~** | detention under remand (on suspicion); detention awaiting trial; investigatory detention | **Vorbeuge~**; **vorbeugende ~** | preventive custody | **strenge ~** | close confinement.
★ **jdn. in ~ behalten (halten)** | to keep (to hold) sb. in custody (under arrest); to detain sb. | **in ~ bleiben** | to be (to remain) under arrest | **jdn. aus der ~ entlassen** | to release sb. from custody; to release sb. | **jdn. in ~ nehmen** | to place (to put) sb. under arrest; to arrest sb. | **in ~ sein** | to be detained (under arrest) | **aus der ~ vorgeführt werden** | to appear on remand; to be brought from the prison cell before the tribunal.
Haftanordnung *f* | committal order.
haftbar *adj* | liable; responsible | **persönlich ~** | personally liable | **jdn. für etw. ~ machen** | to make (to hold) sb. liable (responsible) for sth. | **jdn. gesamtschuldnerisch (samtverbindlich) (als Gesamtschuldner) ~ machen** | to make sb. jointly and severally liable | **voll ~** | fully liable | **für etw. ~ sein** | to be held responsible (accountable) for sth.; to be liable for sth.
Haftbarkeit *f* | liability; responsibility.
Haftbedingungen *fpl* | prison conditions.

Haftbefehl *m* | warrant (order) (writ) of arrest; warrant of apprehension; warrant; detention order | **einen ~ erlassen** | to make out a warrant for the arrest | **gegen jdn. einen ~ erwirken** | to take out a warrant for sb.'s arrest.
Haftbestätigungsorder *f* | detainer; writ of detainer.
haften *v* | **für (auf) das Ganze ~** | to be liable for the whole | **für die Mängel ~** | to warrant for the faults (defects) | **mit seinem ganzen Vermögen ~** | to be liable with all one's assets | **allein ~** | to be (to be held) solely responsible | **gesamtschuldnerisch (samtverbindlich) (solidarisch) (als Gesamtschuldner) ~** | to be jointly and severally liable; to be liable as joint debtors | **persönlich ~** | to be (to be held) personally liable | **selbstschuldnerisch ~; als Selbstschuldner ~** | to be originally liable; to be liable as original debtor | **unbeschränkt ~** | to be fully liable.
★ **für etw. ~** | to be responsible (answerable) for sth. | **für jdn. ~** | to stand (to be) security for sb.
haftend *adj* | responsible | **persönlich ~er Teilhaber** | general (fully liable) (responsible) partner.
Haftentlassung *f* | release from custody | **vorläufige ~** | conditional release | **jds. ~ anordnen** | to order sb.'s release; to order sb. released.
Haftentlassungsbefehl *m* | order of release.
Häftling *m* | prisoner; detainee | **Entweichen eines ~s** | escape of a prisoner | **jugendlicher ~** | juvenile offender | **politischer ~** | political prisoner.
Haftpflicht *f* Ⓐ [Haftung] | liability; responsibility | **beschränkte ~** | limited liability | **unbeschränkte ~** | unlimited liability | **die ~ ablehnen** | to decline responsibility | **die ~ übernehmen** | to assume the responsibility.
Haftpflicht *f* Ⓑ [gegenüber Dritten] | third-party liability | **sich gegen ~ versichern** | to insure against third-parts risk(s).
haftpflichtig *adj* | responsible; liable | **jdn. ~ machen** | to hold sb. liable.
Haftpflicht..gesetz *n* | **Unfall~** | the employers' liability act.
—**risiko** *n* | third-party risk.
—**versicherung** *f* | public (third-party) liability insurance; liability (third-party risks) insurance | **Berufs~; berufliche ~** | professional risks indemnity insurance | **Unternehmer~** | employers' liability insurance.
—**versicherungspolice** *f* | third-party risks policy.
Haftstrafe *f* | detention.
Haftung *f* | liability; responsibility | **Ausschluß der ~** | exclusion of liability | **~ für Beeinträchtigungen** | guarantee against interference | **~ aus Delikt; Delikts~; ~ aus unerlaubter Handlung** | liability in tort | **Beschränkung der ~** | limitation of liability | **Eventual~** | contingent liability | **Erfolgs~; Gefährdungs~** | absolute liability; liability without fault | **Freistellung von der ~** | exemption from liability | **Gesellschaft mit beschränkter ~** | company with limited liability; private company limited by shares; limited company | **Mängel~** | warranty for defects; warranty | **Schulden~** | liability for debts | **Tierhalter~** | liability of the keeper of an animal | **Transport~** | carrier (carrier's) liability | **Übernahme der ~** | assumption of liability | **Umfang der ~** | extent of the liability | **Unternehmer~** | employers' liability | **~ aus Vertrag; Vertrags~** | liability in contract; warranty | **Viehmängel~** | warranty for deficiencies of cattle sold and delivered.
★ **außervertragliche ~** | liability in tort | **beschränk-**

Haftung *f, Forts.*
te ~ | limited liability | **gesamtschuldnerische** ~; **solidarische** ~; **samtverbindliche** ~ | joint (joint and several) liability | **gesetzliche** ~ | legal (statutory) liability | **obligatorische** ~ | contractual liability | **persönliche** ~ | personal (private) liability | **unbeschränkbare** ~ | illimitable liability | **unbeschränkte** ~ | unlimited liability | **vertragliche** ~; **vertraglich übernommene** ~ | warranty.
★ **die** ~ **ablehnen** | to deny (to repudiate) (to decline) responsibility | **die** ~ **ausschließen** | to exclude the liability | **sich einer** ~ **aussetzen** | to incur (to expose os. to) a liability | **die** ~ **beschränken** | to limit the liability | **die** ~ **bestreiten** | to contest the liability | **die** ~ **übernehmen** | to assume (to undertake) the responsibility.
Haftungs..ausschluß *m* Ⓐ | exclusion of liability.
—**ausschluß** *m* Ⓑ | non-liability.
—**begrenzung** *f*; —**beschränkung** *f* | limitation of liability.
—**beschränkungsbestimmung** *f* | limiting clause.
—**gemeinschaft** *f* | collective responsibility.
—**grenze** *f* | limit of liability.
—**höchstgrenze** *f* | upper limit (maximum) of liability.
—**umfang** *m* | extent of the liability.
Hagelschaden *m* | damage caused by hail.
Hagel(schaden)versicherung *f* | insurance against damage caused by hail (by hailstorms); hail (hailstorm) insurance.
halb *adj* | ~**es Gehalt** | half-pay | ~**er Fahrpreis** | halffare | **Fahrkarte zum** ~**en Preis** | half-fare ticket | ~**e Maßnahmen** | half-measures | ~**er Preis** | half price | **zum** ~**en Preis** | at half-price | ~**er Tarif** | half-fare; half-rate.
★ **jdm. auf** ~**em Wege entgegenkommen** | to meet sb. half-way | ~ **und** ~ | half-and-half.
halbamtlich *adj* | semi-official | **in** ~**er Weise** | semi-officially.
halbautomatisch *adj* | semi-automatic.
Halbbruder *m* | half brother | ~ **mütterlicherseits** | half brother on the mother's side | ~ **väterlicherseits** | half brother on the father's side.
halbbürtig *adj* Ⓐ [mütterlicherseits] | half blood on (by) the mother's side.
halbbürtig *adj* Ⓑ [väterlicherseits] | half blood on (by) the father's side.
Halbfabrikate *npl*; **Halbfertigwaren** *fpl* | semi-manufactured (half-finished) (semi-finished) goods; semi-manufactures.
halbfertig *adj* | half-finished; semi-finished.
Halbheit *f* [ungenügende Maßnahme] | half-measure; insufficient measure.
halbieren *v* | **etw.** ~ | to halve sth.; to divide (to cut) sth. into halves | **die Differenz** ~ | to split the difference | **die Kosten von etw.** ~ | to split the costs (the expenses) of sth.
halbiert *part* | divided into two halves.
Halbierung *f* | halving | ~ **der Kosten; Kosten** ~ | halving of the costs (of the expenses).
Halbjahr *n* | half year.
Halbjahrs..bericht *m* | half-yearly (semi-annual) report.
—**bilanz** *f* | half-yearly balance sheet.
Halbjahres..ausweis *m* | half-yearly statement (return).
—**coupon** *m*; —**zinsschein** *m* | half-yearly coupon.
—**dividende** *f* | half-yearly dividend.
—**einkommen** *n* | half year's (six months') income.
—**rechnung** *f* | half-yearly (semi-annual) account.
—**schrift** *f* | semi-annual magazine.
—**urlaub** *m* | six-months' leave.
—**versammlung** *f* | half-yearly meeting.

Halbjahreszahlung *f* | half-yearly payment.
halbjährlich *adj* | half-yearly; semi-annual.
halbjährlich *adv* | half-yearly; semi-annually; every six months | ~ **zahlbar** | payable half-yearly.
Halbmast *m* | **Flagge auf** ~ | flag at half-mast.
halbmonatlich *adj* | half-monthly; bi-monthly; fortnightly.
halbpart *adv* | **mit jdm.** ~ **machen** | to go halves (half and half) with sb.
Halbpension *f* | half-board.
Halbpensionär *m* | day-boarder.
Halbschwester *f* | half sister | ~ **mütterlicherseits** | half sister from the mother's side | ~ **väterlicherseits** | half sister from the father's side.
halbtägig *adv* | ~ **arbeiten** | to work half-day (half-time).
Halbtags..arbeit *f*; —**beschäftigung** *f*; —**stelle** *f* | half-time (part-time) employment (job).
—**arbeiter** *m*; —**kraft** *f* | half-timer; half-time worker.
Halbwaise *f* | fatherless (motherless) child.
Halbwelt *f* | demi-monde.
Halbwissen *n* | half-knowledge.
halbwöchentlich *adj* | half-weekly; bi-weekly.
Halbzeug *n* | semi-manufactured (semi-finished) (half-finished) goods; semi-manufactures *npl*.
Haldenbestand *m* | pithead stocks.
Haldenbestands..entnahme *f* | stocklift; withdrawal from pithead stocks.
—**haltung** *f* | maintenance of the level of pithead stocks.
Hälfte *f* | half | **Beteiligung zur** ~ | half-interest | **an einem Unternehmen zur** ~ **beteiligt sein** | to have a half-interest in an enterprise | **sich an einem Geschäft zur** ~ **beteiligen** | to take a half-interest (to go to half-share) in a business | **die Kosten zur** ~ **tragen** | to pay (to take) half the cost.
Hälfteanteil *m* | half-share; half
Hälftenbeteiligung *f* | half-interest.
Halm *m* | **Ernte (Früchte) auf dem** ~ | standing crop | **die Ernte auf dem** ~ **pfänden** | to seize the crop.
halsabschneiderisch *adj* | ~**e Konkurrenz** | cutthroat competition.
Halsgerichtsbarkeit *f* | criminal jurisdiction.
Halt *m* | stop.
haltbar *adj* | justifiable | **nicht** ~; **un**~ | not tenable; untenable.
Halten *n* | keeping | ~ **eines Kraftfahrzeuges** | keeping of a motor vehicle.
halten *v* | **jdn. unter strenger Aufsicht** ~ | to hold (to keep) sb. under strict control | **etw. in Bereitschaft** ~ | to hold sth. in readiness | **Besprechungen** ~ | to entertain conversations | **jdn. in Botmäßigkeit** ~ | to hold sb. at bay | **ein Volk unter Botmäßigkeit** ~ | to keep a people under (down) | **Dienstboten** ~ | to keep servants | **jdn. in Ehren** ~ | to hold sb. in respect | **jdn. hoch in Ehren** ~ | to hold sb. in great hono(u)r | **jdn. in Fesseln** ~ | to keep sb. in irons | **jdn. als Geisel** ~ | to hold sb. as hostage | **sich eine Geliebte (eine Maitresse)** ~ | to keep a mistress.
○ **sich in Grenzen** ~ | to keep within bounds | **jdn. unter Kontrolle** ~ | to hold (to keep) sb. under strict control | **jdn. (etw.) auf dem laufenden** ~ | to keep sb. (sth.) up to date | **jdn. über etw. auf dem laufenden** ~ | to keep sb. in touch with sth. | **den Rekord** ~ | to hold the record | **etw. in Reserve** ~ | to keep sth. in reserve (in store) | **jdn. in Schach** ~ | to hold sb. at bay | **etw. in der Schwebe** ~ | to keep (to hold) sth. in suspense | **eine Sitzung** ~ | to hold a session | **den Sonntag** ~ | to keep (to observe) Sunday | **etw. zu jds. Verfügung** ~ | to hold sth. at sb.'s disposal.

○ etw. unter Verschluß ~ | to keep sth. under lock and key | ein Versprechen ~ | to keep a promise | sein Wort ~; Wort ~ | to keep one's word | jdn. zwingen, sein Wort zu ~ | to hold sb. to his word | eine Zeitung ~ | to keep a newspaper | etw. in gutem Zustande ~ | to keep sth. in good order.
★ etw. bereit ~ | to hold sth. in readiness | jdn. beschäftigt ~ | to keep sb. at work | jdn. gefangen ~ | to hold sb. prisoner | sich etw. gegenwärtig ~ | to bear sth. in mind | etw. geheim ~ | to keep sth. secret | jdn. an etw. interessiert ~ | to keep sb. interested in sth. | jdn. für schuldig ~ | to account sb. to be guilty; to hold sb. guilty | es für unehrenhaft ~, etw. zu tun | to consider it dishono(u)rable to do sth. | jdn. für unschuldig ~ | to hold sb. not guilty | sich aus Ehrgefühl für verpflichtet ~, etw. zu tun | to consider os. in hono(u)r bound to do sth. | etw. vorgemerkt ~ | to keep note of sth. | etw. für wahr ~ | to take sth. as true | zurück~ | to withhold; to keep back | jdn. ~ | to have a hold on (over) sb.
Halter m | keeper; owner | auf Gefahr des ~s | at owner's risk | Haftung des ~s | responsibility of the owner | Kraftfahrzeug~ | owner of a motor vehicle | Pfand~ | holder of a security (of a lien) | Tier~ | owner (keeper) of an animal.
Haltesignal n | stop signal | ein ~ überfahren | to run past a stop signal.
Haltestelle f | station; stopping place | Omnibus~ | bus stop | Straßenbahn~ | tramway stop.
haltlos adj | ~e Behauptung | untenable (unmaintainable) (unmotivated) assertion (statement) | ~es Gerücht | groundless report | ~e Verdächtigung | groundless suspicion.
Haltlosigkeit f | groundlessness; untenableness.
Haltung f Ⓐ | attitude; conduct; behavio(u)r; demeanour; deportment | Geistes~ | attitude (frame) of mind | abwartende ~ | observant attitude; policy of wait and see | berechnende ~ | calculating attitude (policy) | drohende ~ | threatening attitude | feindliche (feindselige) ~ | hostile attitude; attitude of hostility | feste ~ | firm attitude; firmness | unentschlossene ~ | undecided attitude; indecision | unnachgiebige ~ | unbending attitude | unversöhnliche ~ | uncompromising attitude | eine bestimmte ~ einnehmen | to maintain (to take) (to take up) a certain attitude.
Haltung f Ⓑ [Unter~] | maintenance; keeping; keeping-up | ~ eines Kraftfahrzeuges | keeping of a motor vehicle.
Haltungsänderung f | change of attitude.
Hammelsprung m | Abstimmung durch ~ | division lobby; voting on division.
Hammer m [des Versteigerers] | hammer [of the auctioneer] | etw. unter den ~ bringen | to bring sth. under the hammer; to have sth. sold by auction; to have sth. put up for auction (for sale by auction) | unter den ~ kommen | to come (to be sold) under the hammer; to be sold by auction; to be put up for sale by auction.
Hamstern n | hoarding | ~ von Vorräten | hoarding of supplies.
hamstern v | to hoard.
Hand f | von der ~ in den Mund leben | to live a hand-to-mouth existence | in Privat~ übergehen | to pass into private hands (ownership) | Verfügung von hoher ~ | decree of high authority | Verkauf aus freier ~ | sale by private contract (treaty).
★ aus erster ~ | first-hand adj | aus zweiter ~ | secondhand adj | aus dritter ~ | at third hand | gesamte ~; Eigentum (Miteigentum) zur gesamten ~

| joint (undivided) ownership; co-ownership | von hoher ~ | of high authority | von langer ~ | long beforehand | die öffentliche ~ Ⓐ | the public authorities; the authorities | die öffentliche ~ Ⓑ | the State | die öffentliche ~ Ⓒ | the Fisc | im Besitz der öffentlichen ~ | public-owned; publicly owned | zur ungeteilten ~ | jointly | tote ~ | mortmain.
★ jdm. etw. an die ~ geben | to give sb. an option (first option) on sth. (to buy sth.) | jdm. etw. fest an ~ geben | to make sb. a firm offer of sth. (for sth.) | mit der ~ geschrieben | handwritten; in long-hand | freie ~ haben | to have a free hand | jdm. freie ~ lassen | to allow sb. (to give sb.) a free hand | auf der ~ liegen | to be obvious (evident) | etw. mit der ~ schreiben | to write sth. in long-hand | etw. unter der ~ verkaufen | to sell sth. privately | etw. aus freier ~ verkaufen | to sell sth. by private treaty | an ~ von | supported by | unter der ~ | privately.
Hand..akten mpl | files; papers.
—arbeit f | manual labo(u)r; handwork.
—arbeiter m | manual worker; workman; laborer.
—aufheben n | Abstimmung durch ~ | vote by (on a) show of hands | durch ~ abstimmen | to vote by a show of hands.
—ausgabe f | small (pocket) edition.
—betrieb m | operation by hand | im ~; mit ~ | operated by hand.
—bibliothek f | reference library.
—buch n Ⓐ [Führer] | handbook; manual; guide | Reise~ | travel guide.
—buch n Ⓑ [Nachschlagewerk] | reference book; book of reference.
Hände fpl | zu eigenen ~n | into sb.'s own hands | zu treuen ~ | on trust | jdm. etw. zu treuen ~n überlassen | to entrust sth. to sb.'s care (to sb.'s safekeeping) | in andere ~ übergehen | to pass into other hands; to change hands | zu ~n von | care of; c/o.
Handel m Ⓐ | trade; commerce; business | Aktiv~ Ⓐ | active trade | Aktiv~ Ⓑ; Ausfuhr~ | export trade; exports pl | Außen~; Auslands~ | foreign (international) trade (commerce) | Binnen~ | home (domestic) trade | Börsen~; Effekten~ | stock broking (trading) | Durchfuhr~; Durchgangs~ | transit (re-export) trade | Einfuhr~ | import trade | Einzel~ | retail trade (business) | ~ mit dem Feinde | enemy trading.
○ Frei~ | free trade | ~ und Gewerbe | trade and industry | Hausier~ | sale from door to door; door-to-door peddling; hawking | Inlands~ | home (domestic) trade | Klein~ | retail trade (business) | Kolonial~ | colonial trade | Kuh~ | horse trade | Küsten~ | coastal (coastwise) (coasting) trade | Mädchen~ | white slave trade | Passiv~ Ⓐ | passive trade | Passiv~ Ⓑ | import trade; imports pl | Ramsch~ | petty trade | Rauschgift~ | drug traffic | Schleich~ | illegal trade; trafficking | See~ | maritime trade; sea-borne (sea-going) trade | Sklaven~ | slave trade | Straßen~ | street vending; hawking; peddling.
○ Tausch~ | barter trade (business); barter | Transit~ | transit (intermediate) trade | ~ mit Übersee; Übersee~ | transoceanic (maritime) (overseas) trade | ~ im Umherziehen | itinerant trade | ~ und Verkehr; ~ und Wandel | trade and traffic (and commerce) | Vieh~ | cattle trade | Waffen~ | trade in arms; arms traffic | Welt~ | world trade | Wiederausfuhr~ | reexport trade | Wiederbelebung des ~s | revival of trade; trade recovery | Zwischen~ | intermediate trade.

Handel *m* Ⓐ *Forts.*

★ **ausländischer** ~ | foreign (international) trade | **inländischer** ~ | home (domestic) trade | **in- und ausländischer** ~ | foreign and domestic trade | **überseeischer** ~ | transoceanic (maritime) (overseas) trade | **unerlaubter** ~ | illicit trade; trafficking | **zwischenstaatlicher** ~ ① | interstate commerce [USA]; commerce between the States [of the Union] | **zwischenstaatlicher** ~ ② | international (foreign) trade (commerce).

★ **den** ~ **beleben (wiederbeleben)** | to revive trade | **etw. in den** ~ **bringen** | to bring sth. on the market; to market sth. | **einen** ~ **erweitern** | to extend a trade | ~ **treiben** | to carry on a trade; to be in trade | ~ **treiben mit etw.** | to trade in sth. | **nicht mehr im** ~; **im** ~ **nicht mehr erhältlich** | no longer in (on) the market.

Handel *m* Ⓑ [Abmachung] | bargain; agreement; contract; business; transaction | **ehrlicher** ~ | honest (square) deal | **einen** ~ **abschließen** | to close (to conclude) a bargain; to make (to consummate) a deal | **einen** ~ **einhalten** | to keep within (to stick to) a bargain | **einen** ~ **rückgängig machen** | to cancel a bargain.

Handel *m* Ⓒ [der Handelsstand] | the traders; the trade.

Handel *m* Ⓓ [die Handelswelt] | the commercial world.

Händel *mpl* | quarrels; dispute; conflict | ~ **suchen** | to pick a quarrel.

Handeln *n* Ⓐ [Aktion] | acting; action | **jdn. zum** ~ **bringen (bewegen)** | to get (to cause) sb. to act.

Handeln *n* Ⓑ [Handel treiben] | trading.

Handeln *n* Ⓒ [Feilschen] | bargaining.

handeln *v* Ⓐ | to act; to proceed | **von Amts wegen** ~ | to act officially (in an official capacity) | **in der Eigenschaft als ...** ~ | to act (to function) as ... | **in gutem Glauben** ~ | to act in good faith | **aus eigener Machtvollkommenheit** ~ | to act on one's own authority | **in jds. Namen** ~; **für jdn.** ~ | to act in sb.'s name (for sb.) | **mit vollem Recht** ~ | to act rightfully (with good reason) | **nach den Umständen** ~ | to act according to circumstance | **innerhalb seiner Vertretungsmacht** ~ | to act within the scope of one's authority.

★ **gemeinsam** ~; **gemeinschaftlich** ~ | to act jointly | **von sich aus** ~ | to act on one's own initiative.

handeln *v* Ⓑ [Handel treiben] | to trade; to do (to transact) business; to be in business; to carry on a trade.

handeln *v* Ⓒ [feilschen] | to bargain; to cheapen | **mit sich** ~ **lassen** | to be accommodating.

handeln *v* Ⓓ | ~ **von etw.** | to deal with sth. (about sth.).

Handels..abkommen *n* | trade (trading) agreement (pact); treaty of commerce; commercial treaty | **Allgemeines Zoll- und** ~ | General Agreement on Tariffs and Trade (GATT) | **Handels- und Assoziierungsabkommen** | trade and association agreement | **vielseitiges** ~ | multilateral trade agreement | **zweiseitiges** ~ | bilateral trade agreement.

—**abmachungen** *fpl* | trade agreements.

—**abordnung** *f* | trade delegation.

—**adreßbuch** *n* | commercial (trade) (city) directory.

—**agent** *m* | commercial (trading) agent; business agent (representative).

—**agentur** *f* | commercial (mercantile) agency.

—**akademie** *f* | commercial academy (high school).

—**akzept** *n* | trade acceptance (bill).

—**amt** *n* | board of trade.

Handels..angelegenheit *f* | commercial concern (matter); trade matter.

—**artikel** *mpl* | articles of commerce; trade (commercial) articles; merchandise.

—**attaché** *m* | commercial attaché.

—**ausdruck** *m* | trade (business) (commercial) term; mercantile expression.

—**bank** *f* | commercial (mercantile) bank; trade (trading) bank; bank of commerce.

—**bedingungen** *fpl* | trading terms; terms of trade.

—**befugnis** *f*; —**bewilligung** *f* | trading (trade) license; trade certificate.

—**bericht** *m* | trade (market) report; commercial (mercantile) report.

—**beschränkungen** *fpl* | trade restrictions; restrictions (restraints) of commerce.

—**besprechungen** *fpl* | trade talks.

—**betrieb** *m* | commercial enterprise (concern) (establishment) (firm).

—**bezeichnung** *f* | trade (trading) name.

Handelsbeziehungen *fpl* | trade relations (connections); commercial relations | **Aufnahme der** ~ | establishment of trade relations | **Unterbrechung der** ~ | trade disruption.

Handelsbilanz *f* | balance of trade; trade balance | **Außen**~ | foreign trade balance | **Handels- und Dienstleistungs-Bilanz** | balance of payments for goods and services | **aktive** ~ | active (favo(u)rable) trade balance (balance of trade) | **defizitäre** ~; **passive** ~ | adverse (unfavo(u)rable) trade balance.

—**überschuß** *m* | surplus of balance of payments.

Handels..blatt *n* | commercial paper; trade journal.

—**brauch** *m*; —**gebrauch** *m* | trade custom (usage); commercial custom; custom of the trade; usage.

—**bücher** *npl* | accounting (trade) books; books of account; ledgers.

—**buchführung** *f* | commercial bookkeeping.

—**defizit** *n* | trade deficit.

—**delegation** *f* | trade delegation.

handelseinig *adj* | ~ **werden** | to come to terms (to an agreement).

Handels..erlaubnis *f* | trading (trade) license; trade certificate.

—**fach** *n* | line (branch) of business; trading line.

handelsfähig *adj* | negotiable.

Handels..firma *f* Ⓐ [Haus] | commercial (business) (trading) firm.

—**firma** *f* Ⓑ [Bezeichnung] | business (trade) name.

—**flagge** *f* | merchant flag.

—**flotte** *f* | merchant fleet.

—**forderung** *f* | commercial debt.

—**fragen** *fpl* | trade (commercial) matters.

—**frau** *f* | business (trading) woman | **selbständige** ~ | feme sole merchant (trader).

—**freiheit** *f* | freedom (liberty) of trade; free trade | **Beschränkung der** ~ | restraint of trade.

—**genossenschaft** *f* | traders' co-operative society; trading co-operative.

—**geographie** *f* | commercial geography.

—**gericht** *n* | commercial (trade) court.

handelsgerichtlich *adj* | ~**e Eintragung** | entry in the trade register.

handelsgerichtlich *adv* | ~ **eingetragene Firma** | registered firm.

Handels..gerichtsbarkeit *f* | jurisdiction of the commercial courts (in commercial matters).

—**geschäft** *n* Ⓐ [Firma] | trading (firm) business | **ein** ~ **betreiben** | to carry on a trade; to trade.

—**geschäft** *n* Ⓑ [Transaktion] | business matter (affair); commercial transaction.

Handels..gesellschaft *f* | trading (commercial) company | ~ **mit beschränkter Haftung** | limited partnership | **offene** ~; **private** ~ | private partnership (firm) (company).
—**gesetz** *n* | commercial (mercantile) law; trade law.
—**gesetzbuch** *n* | commercial code; code of commerce.
—**gesetzgebung** *f* | trade (commercial) legislation.
—**gewerbe** *n* | trade | **ein** ~ **betreiben** | to trade.
—**gewicht** *n* | avoirdupois.
—**gewinn** *m* | trading (business) profit.
—**gewohnheitsrecht** *n* | law merchant.
—**gilde** *f* | trade guild; corporation of merchants.
—**gremium** *n* | committee (corporation) of merchants.
—**gut** *n* | merchandise.
—**hafen** *m* | commercial (trade) port.
—**haus** *n* | commercial house (firm) (establishment); trading firm | **angesehenes** ~ | firm of renown.
—**herr** *m* | merchant; head of a trading firm.
—**hochschule** *f* | commercial academy (high school).
—**index** *m* | trade index.
—**interessen** *npl* | commercial (mercantile) interests.
—**kammer** *f* | chamber of commerce | **Industrie- und** ~ | chamber of industry and commerce.
—**kauf** *m* | commercial transaction.
—**konzession** *f*; —**lizenz** *f* | trading license.
—**korrespondenz** *f* | commercial (mercantile) correspondence; business correspondence.
—**kredit** *m* | commercial credit.
—**krieg** *m* | trade war; economic warfare.
—**krise** *f*; —**krisis** *f* | trade depression.
—**kunde** *f* | commercial knowledge.
—**lehranstalt** *f* | commercial school.
—**lehrling** *m* | commercial (merchant's) apprentice.
—**leute** *pl* | tradesmen; tradespeople; traders.
—**makler** *m* | mercantile (commercial) broker (agent).
—**mann** *m* | tradesman; trader.
—**marine** *f* | merchant fleet; mercantile marine.
—**marke** *f* | trade mark.
—**markenschutz** *m* | protection of trade marks.
—**minister** *m* | Minister of Commerce; President of the Board of Trade [GB]; Secretary of Commerce [USA].
—**ministerium** *n* | Ministry of Commerce; Board of Trade [GB]; Department of Commerce [USA].
—**mission** *f* | trade mission.
—**monopol** *n* | trade monopoly | **ein** ~ **haben** | to control (to monopolize) the market.
—**moral** *f* | trade (business) ethics *pl* (morals *pl*).
—**nachrichten** *fpl* | trade (business) intelligence (news); commercial intelligence (news).
—**name** *m* | trade (commercial) (business) name.
—**niederlassung** *f* Ⓐ [Handelshaus] | commercial establishment (firm).
—**niederlassung** *f* Ⓑ [überseeische ~] | trade (trading) settlement.
—**organisation** *f* | trade (trading) organization | **staatliche** ~ | state retail store.
—**papier** *n* | trade (negotiable) paper; bill of exchange.
—**partner** *m* | trade (business) partner.
—**platz** *m* Ⓐ | business (market) place (town).
—**platz** *m* Ⓑ | market place; market.
—**politik** *f* | trade (commercial) (mercantile) policy.
handels..politisch *adj* | ~**e Abmachungen** | trade agreements | ~**e Beziehungen** | trade relations.
—**politisch** *adv* | from the viewpoint of trade policy.
Handels..prämie *f* | trade premium (bounty).
—**preis** *m* | market price.
—**privileg** *n* | trade (trading) privilege.
—**recht** *n* | commercial (mercantile) (trade) law | **See**~ | merchant shipping law.

Handelsregister *n* | commercial (trade) register; official (public) register of commercial firms; registrar of companies | **Anmeldung zum** ~ (**zur Eintragung ins** ~) | application for registration in the trade register | **Auszug aus dem** ~ | extract from the trade register.
Handels..reisender *m* | commercial traveller; salesman.
—**richter** *m* | commercial judge; judge of the commercial court.
—**sache** *f* | business (commercial) (mercantile) affair; trade matter (concern) | **in** ~**n** | in commercial (business) matters.
—**schiedsgerichtsbarkeit** *f* | commercial arbitration.
—**schiff** *n* | merchantman; trading (merchant) vessel (ship).
—**schiffahrt** *f* | merchant shipping; commercial navigation; merchant (shipping) service.
—**schranken** *fpl* | trade barriers.
—**schuld** *f* | business (commercial) debt.
—**schule** *f* | commercial school.
—**spanne** *f* | trade profit margin (margin of profit).
—**sperre** *f* | stoppage (prohibition) of trade (of commerce).
—**sprache** *f* | commercial (business) language.
—**stadt** *f* | business (commercial) place (town).
—**stand** *m* | **der** ~ | the traders *pl*; the trade.
—**statistik** *f* | commercial (trade) (business) statistics | **Außen**~ | foreign trade statistics.
—**stockung** *f* | stagnancy of trade; commercial stagnation.
—**streitigkeit** *f* | commercial (trade) dispute.
—**tätigkeit** *f* | commercial (business) activity.
—**tonnage** *f* | freight tonnage.
handelsüblich *adj* | usual (customary) in trade; accepted in the trade | ~**e Bezeichnung** | trade name; brand | ~**er Rabatt** | ordinary trade discount.
Handels..unternehmen *n*; —**unternehmung** *f* | business enterprise; commercial enterprise (undertaking).
—**usance** *f* | trade (commercial) custom; custom of the trade; usage.
—**verband** *m*; —**vereinigung** *f* | trade association.
—**verbindung** *f* | business connection (relations).
—**verbot** *n* | prohibition (stoppage) of trade (of commerce).
—**verkehr** *m* | trade; trading; commerce; commercial intercourse; traffic.
—**vertrag** *m* | trade (trading) agreement (pact); treaty of commerce; commercial treaty.
—**vertrags..partner** *m* | trade partner.
— —**politik** *f* | trade treaty policy.
— —**verhandlungen** *fpl* | trade agreement negociations.
Handels..vertreter *m* | commercial (trading) agent; business agent (representative).
—**vertretung** *f* | commercial (mercantile) agency.
—**volk** *n* | trading (commercial) nation.
—**ware** *f* | merchandise; commercial goods *pl*; articles of commerce.
—**wechsel** *m* | commercial bill (paper) (bill of exchange); trade bill; mercantile paper | **erstklassiger** ~ | prime (fine) trade paper (bill); white paper.
—**weg** *m* | trade route.
—**welt** *f* | commercial (business) world.
—**wert** *m* | commercial (marketable) value; market (trade) (business) value | **gemeiner** ~ | common market value.
—**wissenschaft** *f* | commercial science.
—**wörterbuch** *n* | commercial (trade) (business) dictionary.
—**zeichen** *n* | trade mark; brand.
—**zeitschrift** *f*; —**zeitung** *f* | commercial (trade) paper.
—**zentrum** *n* | business centre.

Handelszweig *m* | line of business; branch of commerce; commercial (trading) line.

handeltreibend *adj* | trading; commercial.

Handeltreibender *m* | trader; tradesman; merchant.

handfest *adj* | ~e **Klausel** | iron-clad clause.

handgearbeitet *adj*; **handgemacht** *adj* | handmade; made by hand.

Handgeld *n* | earnest money; earnest; deposit; handsel | **jdm. ein** ~ **geben** | to give sb. an earnest.

Handgepäck *n* | personal baggage (luggage); hand luggage.

Handgeschenk *n* | gift; present | **jdm. etw. als** ~ **geben** | to make a gift of sth. to sb.

handgeschrieben *adj* | handwritten; in long-hand.

Handhabe *f* Ⓐ | **jdm. eine** ~ **gegen jdn. bieten** | to give sb. a handle against sb.

Handhabe *f* Ⓑ [Vorwand] | pretext.

handhaben *v* Ⓐ | to handle; to manage.

handhaben *v* Ⓑ [anwenden] | to apply.

Handhabung *f* Ⓐ | handling; management; administration; working.

Handhabung *f* Ⓑ [Anwendung] | application.

Händler *m* | trader; dealer | **Absatz**~ | distributor | **Detail**~; **Einzel**~; **Klein**~ | retail dealer (merchant); retailer | **Groß**~ | wholesale merchant (dealer) (trader); wholesaler | **Kunst**~ | art dealer | **Rauschgift**~ | drug trafficker | **Schwarz**~ | black-marketeer; black-market operator | **Straßen**~ | street trader (vendor) | **Vieh**~ | cattle dealer | **Zeitungs**~; **Zeitschriften**~ | news agent (vendor) | **ambulanter** ~; **fliegender** ~ | itinerant trader; hawker.

Händlerin *f* | tradeswoman.

Händler..konferenz *f* | dealer conference.

—organisation *f*; **—vereinigung** *f* | dealer organization.

—preis *m* | trade price.

—rabatt *m* | trade (dealer) discount.

—verdienstspanne *f* | dealer markup (profit margin).

Handlung *f* Ⓐ | act; action | **Amts**~ | official act (function) | **Angriffs**~ | act of aggression | **Ausführungs**~ | act of execution; execution | **eine Besitz**~**vornehmen** | to act (to behave) as possessor | **Delikts**~ | unlawful (wrongful) act; malfeasance; tort; offense | ~ **oder Verschulden eines Dritten** | act or fault of a third party | **eine Erben**~ **vornehmen** | to act (to conduct os.) as heir | **Kriegs**~ | act of war | **Prozeß**~ | procedural act | **Rechts**~ | legal act (transaction) | **eine Rechts**~ **vornehmen** | to perform a legal act | **zum Schadensersatz verpflichtende** ~ | act giving rise to a claim for compensation | **Übertragungs**~ | act of transfer | **Unterbleiben einer** ~ | omission | **Unterbrechungs**~ | act of interruption | ~**en und Unterlassungen** | acts and omissions | **richterliche Untersuchungs**~ | judicial act of investigating | **Verwaltungs**~ | act of administration; administrative measure | **Vollstreckungs**~ | act of execution; execution | **Vorbereitungs**~ | preparatory (overt) act | **strafbare Vorbereitungs**~ | inchoate crime | **unlautere Wettbewerbs**~ | act of unfair competition.

★ **aufschiebende** ~ | suspensive act | **betrügerische** ~ | fraudulent act | **einleitende** ~ | overt act | **erlaubte** ~ | lawful act | **fahrlässige** ~ | negligent act | **feindliche** ~; **feindselige** ~ | act of hostility; hostile act | **gerichtliche** ~ | judicial act | **gesetzmäßige** ~ | legal (lawful) act | **gesetzwidrige** ~ | illegal (unlawful) act | **gewalttätige** ~ | act of violence; violence | **kriegerische** ~ | act of war; warlike act | **rechtsbegründende** ~ | action constituting a right | **schlüssige** ~ | conclusive action | **sittenwidrige** ~; **un-**

sittliche ~ | act against (contrary to) public policy | **strafbare (strafrechtlich unerlaubte)** ~ | punishable act; offense; malfeasance | **unerlaubte (zivilrechtlich unerlaubte) (ungesetzliche)** ~ | unlawful (wrongful) act; tort | **Klage aus unerlaubter** ~ | action for tort | **Schadensersatz aus unerlaubter** ~ | damages arising from an unlawful act | **unfreundliche** ~ | unfriendly act | **unzüchtige** ~ | indecent act | **vorbereitende** ~ | preparatory (overt) act | **willkürliche** ~ | arbitrary act.

Handlung *f* Ⓑ [Geschäft] | business; commerce.

Handlungs..agent *m* | trading agent.

—bevollmächtigter *m* Ⓐ | proxy; attorney in fact.

—bevollmächtigter *m* Ⓑ | authorized clerk.

handlungsfähig *adj* | authorized to act.

Handlungs..fähigkeit *f* | capacity to act.

—freiheit *f* | freedom (liberty) of action (of enterprise).

—gehilfe *m* | clerk; commercial (merchant's) clerk; commercial employee.

—lehrling *m* | commercial (merchant's) apprentice.

—pflicht *f* | obligation to act.

—reisender *m* | travelling clerk (agent); commercial traveller.

handlungsunfähig *adj* | incompetent to act.

Handlungs..unfähigkeit *f* | incapacity; incompetence to act.

—unkosten *pl* | general (overhead) (working) expenses; overhead.

—vollmacht *f* Ⓐ | power (authority) to act.

—vollmacht *f* Ⓑ | power of attorney; procuration.

—weise *f* | manner (way) of acting (of dealing); line of acting.

Handschein *m* | handbill; note of hand.

Handscheindarlehen *n* | loan against I.O.U.

Handschellen *fpl* | handcuffs; manacles | **jdm.** ~ **anlegen** | to handcuff (to manacle) sb.

Handschlag *m* | **gegen** ~; **mittels** ~ | by claps of hands; by shaking hands.

Handschreiben *n* | handwritten (long-hand) letter.

Handschrift *f* Ⓐ | handwriting; hand | **leserliche** ~; **gut lesbare** ~ | legible hand (writing); readable hand (writing).

Handschrift *f* Ⓑ [Manuskript] | manuscript.

Handschriften..probe *f* | specimen of one's handwriting.

—vergleichung *f* | comparing handwritings.

handschriftlich *adj* | in long-hand; in handwriting | ~e **Bewerbung** | handwritten application | ~e **Klausel** | written (handwritten) clause.

handschriftlich *adv* | **eine Klausel** ~ **beifügen** | to insert a clause in handwriting (in long-hand).

Hand..schuldschein *m* | handbill; note of hand; I.O.U.

—siegel *n* | seal.

—stempel *m* | rubber stamp.

—streich *m* | bold stroke.

—verkauf *m* | sale by private contract (treaty); private sale.

—wechsel *m* | promissory note; handbill.

Handwerk *n* | craft; handicraft | **ein** ~ **betreiben** | to ply (to follow) a trade.

Handwerker *m* | handicraftsman; craftsman; artisan.

—fachschule *f* | industrial (vocational) (trade) school.

—stand *m*; **—schaft** *f* | trade; the artisan class; the artisans *pl*.

—zunft *f* | trade corporation (guild).

handwerklich *adj* | ~er **Betrieb** | handicraft.

Handwerks..arbeit *f* | handiwork.

—beruf *m* | skilled trade.

—betrieb *m* | handicraft; craft.

—bursche *m* | journeyman.

Handwerks..genossenschaft *f* | artisans' co-operative society.
—**gilde** *f*; —**innung** *f* | trade guild.
—**kammer** *f* | chamber of handicrafts.
—**lehrling** *m* | apprentice.
handwerksmäßig *adj* | by handicraft.
Handwerksmeister *m* | master craftsman.
Handwörterbuch *n* | dictionary in handbook size.
Handzeichen *n* Ⓐ | handmark; manual sign; mark.
Handzeichen *n* Ⓑ [Anfangsbuchstaben] | initials *pl* | **Beisetzung seines** ~**s** | initialling | **etw. mit seinem** ~ ~ **versehen** | to put (to give) (to sign) one's initials to sth.; to initial sth. | **mit jds.** ~ **versehen** | initialled by sb.
Handzeichnung *f* [Namenszug] | signature.
Hansestadt *f* | Hanse (Hanseatic) City.
harmonisieren *v* [aufeinander abstimmen] | to harmonize.
Harmonisierung *f* | harmonization | ~ **der Zolltarife** | harmonization of tariffs.
hart *adj* | ~**e Arbeit** | hard work | ~**e Bedingungen** | hard (onerous) terms | ~ **Bestrafung** | severe punishment | ~**e Prüfung** | severe trial | ~**e Strafe** | severe penalty (punishment) | ~**es Urteil** | severe sentence | ~**e Währung** *f* | hard currency | ~**e Worte** | hard (harsh) words.
Härte *f* Ⓐ [Ungerechtigkeit] | hardship; injustice | **Ausgleich von** ~**n** | equalization of hardship | **soziale** ~ | social hardship | **unbillige** ~ | undue hardship | ~**n ausgleichen** | to equalize hardship.
Härte *f* Ⓑ [Strenge] | severity | **die** ~ **der Strafen** | the severity of the penalties | **die** ~ **eines Urteils** | the severity (the harshness) of a sentence.
Härte..fall *m* | case of hardship.
—**fonds** *m* | hardship fund.
—**klausel** *f* | hardship clause.
—**kontingent** *n* | hardship quota.
Hartgeld *n* | metallic currency; coined money; hard cash | **in** ~ | in coin.
hartnäckig *adj* | ~**er Widerstand** | obstinate; persistent; unyielding | ~**er Widerstand** | obstinate (dogged) resistance.
hartnäckig *adv* | ~ **darauf bestehen, etw. zu tun** | to persist in doing sth. | ~ **an einer Meinung festhalten** | to cling to an opinion.
Hartnäckigkeit *f* | obstinacy.
Hasard *m* | hazard.
Hasardspiel *n* | gamble; gambling; game of chance (of hazard).
häufen *v* | **sich** ~ | to pile up; to accumulate.
häufend *adj* | cumulative.
Häufigkeit *f* | frequency.
Häufung *f* | cumulation | **Ämter**~ | plurality of offices; pluralism | **Klage**~ | plurality of actions | **Strafen**~ | cumulative sentence.
Haupt..abrechnung *f* | general settlement of accounts.
—**absatzmarkt** *m* | main (chief) market.
—**absicht** *f* | principal aim (object); main design.
—**agent** *m* | principal (chief) (head) agent.
—**agentur** *f* | general (head) agency.
—**aktionär** *m* | principal (leading) shareholder (stockholder).
—**amt** *n* | principal (main) office.
—**angeklagte** *m* | **der** ~ | the principal defendant.
—**angeschuldigte** *m* | **der** ~ | the principal accused.
—**anliegen** *n* | main (principal) objective.
—**anschluß** *m* | direct [telephone] line.
—**anspruch** *m* | principal claim.
—**anstifter** *f* | principal instigator.
—**anstoß** *m* | chief impulse; leading motive.
—**anteil** *m* | principal part.

Haupt..arbeit *f* | chief work (labo(u)r).
—**augenmerk** *n* | special (chief) attention.
—**ausschuß** *m* | main committee.
—**bahnhof** *m* | main station.
—**bank** *f* | central bank.
—**bedingung** *f* | main condition.
—**belastungszeuge** *m* | principal witness for the prosecution; star prosecution witness.
—**berichterstatter** *m* | general reporter.
—**beruf** *m* | main profession.
—**berufung** *m* | main appeal.
—**beschäftigung** *f* | principal (chief) occupation.
—**bestandteil** *m* | principal (main) part.
—**beteiligter** *m* | principal party (person) concerned.
—**betrieb** *m* | principal establishment (place of business).
—**beweggrund** *m* | leading motive.
—**bilanz** *f* | general balance (balance sheet) (statement of accounts).
Hauptbuch *n* | ledger; general ledger.
—**halter** *m*; —**führer** *m* | chief accountant; first (head) bookkeeper; ledger clerk.
—**haltung** *f* | general accounting department.
—**konto** *n* | ledger account.
—**posten** *m* | ledger item.
Haupt..büro *n* | head (principal) (central) office; headquarters *pl*.
—**depot** *n* | principal (central) (main) warehouse.
—**entlastungszeuge** *m* | principal witness for the defense.
—**erbe** *m* | principal heir.
—**erfordernis** *n* | main condition.
—**fach** *n* | specialty.
—**fehler** *m* Ⓐ [Defekt] | principal defect.
—**fehler** *m* Ⓑ [Irrtum] | chief mistake.
—**feststellung** *f* | general (main) assessment.
—**feststellungszeitraum** *m* | main assessment period.
—**filiale** *f* | main branch.
—**film** *m* | feature picture; feature.
—**forderung** *f* | principal claim; principal.
—**frage** *f* | main (principal) (chief) question.
—**gegenstand** *m* | principal (main) (chief) object.
—**geschäft** *n* Ⓐ | main (principal) business (trade).
—**geschäft** *n* Ⓑ; —**geschäfts..stelle** *f* | head (central) office; headquarters *pl*; principal establishment.
— —**führer** *m* | general manager.
— —**sitz** *m* | principal place of business.
— —**stunden** *fpl*; — —**zeit** *f* | rush (peak) hours.
—**gesellschafter** *m* | chief partner.
—**gewinn** *m*; —**gewinst** *m* | first prize.
—**gläubiger** *m* | principal (chief) (main) creditor.
—**grund** *m* | chief (main) reason.
—**handel** *m* | principal trade.
—**handelsplatz** *m* | principal market.
—**intervention** *f* | interpleading summons; interpleader.
—**interesse** *n* | principal (chief) interest.
—**kartei** *f* | master file.
—**kasse** *f* | chief (head) cash office.
—**kassier(er)** *m* | head (chief) (first) cashier.
—**klage** *f* | main action.
—**kläger** *m* | principal plaintiff.
—**konto** *n* | principal (general) account.
—**kontor** *n* | head (principal) (central) office; headquarters *pl*.
—**leitung** *f* Ⓐ [Direktion] | general management.
—**leitung** *f* Ⓑ [Büro] | head office; headquarters *pl*.
—**lieferant** *m* | main supplier.
Häuptling *m* | chief; chieftain | **Stammes**~ | tribal chieftain.

Häuptlingsrang *m*; **—würde** *f* | chiefdom; chieftainship.
Haupt..mangel *m* | principal defect.
—marke *f* | principal (chief) (leading) mark.
—markt *m* | leading (principal) (chief) market.
—masse *f* | bulk.
—merkmal *n* | main (leading) (distinctive) (characteristic) feature.
—mieter *m* | principal lessee (tenant).
—mitarbeiter *m* | chief collaborator (assistant).
—nachfrage *f* | chief (principal) demand.
—niederlage *f* | principal (main) warehouse (depot).
—niederlassung *f* | head (principal) (central) office; headquarters *pl*; principal establishment.
—ort *m* | principal place.
—patent *n* | principal (main) (original) patent.
—post *f*; **—postamt** *n* | general (central) post-office.
—prozeß *m* | main case.
—quartier *n* | headquarters *pl*.
—quittung *f* | general receipt.
—rechnung *f* | general (principal) account.
—rolle *f* | leading part.
—rücklage *f* | main reserve fund.
Hauptsache *f* Ⓐ | principal (chief) (essential) thing (matter); main thing (point) | **Haupt- und Nebensache** | principal and costs *pl* | **in der** ~ | principally; mainly.
Hauptsache *f* Ⓑ | main issue [of a law suit] | **Anträge (Klagsanträge) zur** ~ | claims on the main issue | **Einlassung zur** ~ | joining (joinder of) issue | **Einrede zur** ~ | plea in bar | **Entscheidung zur** ~ | decision (judgment) on the main issue (on the merits) | **Verfahren zur** ~ | proceedings on the main issue | **Verhandlung zur** ~ | hearing of the main issue.
★ **sich zur** ~ **einlassen** | to join issue | **in der** ~ **entscheiden** | to give judgment on the main issue | **in der** ~ **unterliegen** | to lose on the main issue | **zur** ~ **verhandeln** | to plead the main issue; to deal [with a case] upon its merits.
hauptsächlich *adj* | principal; chief; main; essential.
hauptsächlich *adv* | principally; chiefly; mainly; essentially.
Haupt..schriftleiter *m* | chief (managing) editor; editor-in-chief; editor-manager.
—schriftleiterin *f* | managing editress.
—schriftleitung *f* Ⓐ | **die** ~ | the chief editor's office.
—schriftleitung *f* Ⓑ | **die** ~ | the editorial board.
—schuld *f* Ⓐ | principal debt.
—schuld *f* Ⓑ [Verschulden] | principal fault.
—schuldner *m* | principal debtor.
—sitz *m* Ⓐ | head office(s); headquarters *pl*.
—sitz *m* Ⓑ | residence (seat) (registered office) of a company.
Hauptstadt *f* | capital | **Bundes**~ | federal capital | **Landes**~ | capital of the country | **Provinz**~ | provincial capital.
Haupt..stapelplatz *m* | principal market.
—stelle *f* | principal establishment; head office; headquarters *pl*.
—steuereinnehmer *m* | chief collector of taxes.
—straße *f* | main street (thoroughfare).
—strecke *f* | main route (line).
—summe *f* | principal sum; principal.
—täter *m* [eines Verbrechens] | principal [of a crime] | **Haupt- und Mittäter; der** ~ **und seine Komplizen** | the principal and his accomplices.
—tätigkeit *f* | principal occupation.
—teil *m* | main (principal) part; bulk.
—teilhaber *m* | leading (senior) (chief) partner.
—treffer *m* | first prize.

Haupt..umschlagsplatz *m* | main place of transshipment.
—umtauschstelle *f* | principal exchange office.
—unterschied *m* | main (principal) difference.
—unterstützungsempfänger *m* | person who draws unemployment benefit.
—ursache *f* | principal (main) cause.
—veranlagung *f* | general (basic) assessment.
—veranlagungs..tag *m*; **— —zeitpunkt** *m* | day (date) of the basic assessment.
— —zeitraum *m* | period of the main (basic) assessment.
—verband *m*; **—vereinigung** *f* | federation.
—verbindlichkeit *f* | principal (main) debt.
—verhandlung *f* [in Strafsachen] | trial [in criminal cases].
—verkehr *m*; **—verkehrszeit** *f* | rush (peak) hours; peak of the traffic.
—verkehrslinie *f* | main line.
—verkehrsstraße *f* | main road (thoroughfare) (highway).
Hauptversammlung *f* | general meeting | **Jahres**~ | annual general meeting | **außerordentliche** ~ | extraordinary general meeting | **ordentliche** ~ | ordinary general meeting.
Haupt..verteidiger *m* | leading defense counsel.
—vertreter *m* | general agent (representative).
—vertretung *f* | general (head) agency.
—verwaltung *f* Ⓐ [Sitz] | head office; headquarters *pl*.
—verwaltung *f* Ⓑ [Niederlassung] | principal establishment.
—verwaltung *f* Ⓒ [einer Gesellschaft] | principal (central) (registered) office(s) of a company; company headquarters *pl*.
—verzeichnis *n* | general statement.
—wache *f* | police headquarters *pl*.
—zahlungstermin *m* | principal (main) due date.
—zeuge *m* | principal (material) witness.
—ziel *n* | main (chief) object; principal aim.
—zollamt *n* | general custom house (customs office).
—zweck *m* | chief purpose (design); main (principal) object (aim).
—zweig *m* | main branch.
Haus *n* Ⓐ [Parlament] | **Abgeordneten**~; **Repräsentanten**~ | House (Chamber) of Representatives (of Deputies) | **Herren**~; **Ober**~ | Upper House; House of Lords | **Unter**~ | Lower House; House of Commons.
Haus *n* Ⓑ | **Arbeits**~ | work house | **Armen**~ | alms house | **Bank**~ | banking house (firm) (establishment); bank | **Emissions**~ | issuing bank; investment house | **Freuden**~ | brothel | **Gemeinde**~ | town (city) hall; municipal building | **Handels**~ | business (commercial) house (firm) | **Kommissions**~ | commission house (business) | **Kranken**~ | hospital | **Leih**~; **Pfand**~ | pawnshop | **Mutter**~; **Stamm**~ ① | parent house | **Stamm**~ ② | head office | **Stadt**~; **Rat**~ | town (city) hall | **Schul**~ | schoolhouse; school | **Waren**~ | department (departmental) store | **Zoll**~ | custom house | **Zucht**~ | convict prison; penitentiary.
Haus *n* Ⓒ [Wohnung] | house; dwelling; home | **Land**~ | country house (seat) | **Miets**~; **Rente(n)**~ | appartment house; tenements *pl* | **Privat**~ | private house (residence) | **Stadt**~ | town house | **Wohn**~ | dwelling house.
★ **frei** ~; **frei ins** ~ | delivered free; delivered free of charge at residence | **von** ~ **zu** ~ | from house to house; from door to door.
Hausangestellte *f* | domestic (woman) servant; maid.

Haus..angestellte *mpl* | domestic servants *pl.*
—arbeit *f*; —aufgabe *f* | homework.
—arrest *m* | house arrest.
—arzt *m* | family doctor.
—bank *f* | unsere ~ | our bank; our bankers *pl.*
—besitz *m* | house property.
—besitzer *m* | house owner; owner (proprietor) of a house; landlord.
— —verein *m* | house owners' association.
—bettel *m* | house-to-house begging.
—bewohner *m* | tenant; occupant of a house.
—diener *m* | domestic servant.
—durchsuchung *f* | domiciliary search (visit).
—eigentümer *m* | house owner; landlord.
Häuser..block *m*; —komplex *m* | block of buildings.
—makler *m* |real estate (estate) (house) agent.
—makler *mpl*; —maklerfirma *f* | real estate agency.
Haus..frau *f* | housewife.
—friedensbruch *m* | breach of domicile.
—gebrauch *m* | für den ~ | for domestic use.
—gehilfe *m* | man-servant.
—gehilfin *f* | domestic servant; woman-servant; maid-servant; maid.
—gemeinschaft *f* | domestic community.
—genosse *m* | co-tenant.
—gesetz *n* | family law.
—gesinde *n* | domestic servants *pl.*
Haushalt *m* Ⓐ | household | die Fürsorge für den ~; die Pflichten des ~s | the domestic cares | getrennter ~ | separate housekeeping | im ~ arbeiten | to do housework | den ~ führen | to keep house.
Haushalt *m* Ⓑ [Staats~; Etat] | budget; estimates *pl* Bundes~ | federal budget | Gleichgewicht des ~s | balance of the budget | den ~ ins Gleichgewicht bringen | to balance the budget | Nachtrags~ | supplementary budget (estimates) | ausgeglichener ~ | balanced budget | ordentlicher ~ | ordinary estimates | unausgeglichener ~ | unbalanced budget | im ~ vorgesehen | budgeted. [VIDE: Haushalt-plan *m*]
haushalten *v* | to economize.
Haushälterin *f* | lady housekeeper.
haushälterisch *adj* | sparing; economical.
Haushalt(s)..abstriche *mpl* | budget economies *pl* (cuts).
—ansätze *mpl* | budget provisions.
—abteilung *f* | budget department.
—artikel *mpl* | domestic articles.
—ausgaben *fpl* | household expenses.
—besteuerung *f* | taxation by family households.
—debatte *f* | budget debate.
—defizit *n* [—fehlbetrag] | budget (budgetary) deficit | ein ~ ausgleichen | to balance an adverse budget.
—einnahmen *fpl* | budget receipts.
—einsparungen *fpl* | budgetary economies.
—führung *f* Ⓐ | housekeeping.
—führung *f* Ⓑ | budget economy.
—gesetz *n* | budget (budgetary) law.
—gleichgewicht *n* | balanced budget; balance of the budget.
—jahr *n* | fiscal (financial) (budgetary) year.
—kredit *m* | budget credit.
—kürzungen *fpl* | budget cuts.
—mittel *npl* | budgetary means; budget funds | ~ bewilligen | to vote the estimates (the funds).
—nachtrag *m* | supplementary budget (estimates *pl*).
—ordnung *f* | budget (budgetary) regulations *pl.*
—periode *f* | budget period.
Haushaltsplan *m* | budget | den ~ annehmen | to pass the budget | den ~ aufstellen | to make up the budget | den ~ einbringen | to introduce (to open)

the budget | etw. im ~ vorsehen; etw. in den ~ aufnehmen | to budget for sth.; to include sth. in the budget | im ~ vorgesehen | included in the budget; budgeted | im ~ nicht vorgesehen | not budgeted; extra-budgetary.
Haushalt(s)..politik *f* | budgetary politic.
—recht *n* | budget law.
—rede *f* | budget statement.
—streichungen *fpl* | budget cuts.
—verbrauch *m* | domestic (household) consumption.
—volumen *n* | total volume of the budget.
—voranschlag *m* | budget (budgetary) estimates *pl.*
Haushaltung *f* | household; housekeeping.
Haushaltungs..buch *n* | housekeeping account.
—geld *n* | household (housekeeping) money (allowance).
—konto *n* | housekeeping account.
—kosten *pl* | housekeeping expenses.
—vorstand *m* | householder.
Haushaltsvorlage *f* | budget estimates *pl.*
Hausherr *m* | landlord; owner of the house.
Hausherrin *f* | lady (lady owner) of the house.
Hausieren *n* | hawking; peddling.
hausieren *v* | to hawk; to peddle; to peddle from door to door.
Hausierer *m*; Hausier..händler *m* | hawker; pedlar; canvasser.
—handel *m* | hawking; sale from door to door; pedlary; door-to-door peddling | ~ treiben | to hawk; to peddle | ~ mit Zeitschriften | book canvassing.
—handelsschein *m* | pedlar's (hawker's) license.
Haus..industrie *f* | home (house) (cottage) (domestic) industry.
—instandsetzung *f* | building repair.
Hauslehrer *m* | private teacher (tutor).
Häuslerrecht *n* | right of small tenant farmers.
häuslich *adj* | ~e Angelegenheiten | family (domestic) affairs | ~e Arbeit | house work | ~e Gemeinschaft ① | domestic community | ~e Gemeinschaft ② | conjugal community; community of life | Aufhebung der ~en Gemeinschaft | separation; separation of bed and board | Wiederherstellung der ~en Gemeinschaft | restitution of conjugal rights | die ~en Pflichten | the domestic duties | ~e Streitigkeiten (Szenen) | domestic quarrels | ~er Unfrieden | domestic troubles *pl.*
Haus..makler *m* | house (estate) (real estate) agent.
—marke *f* | own brand.
—meister *m* Ⓐ | caretaker.
—meister *m* Ⓑ [S] | owner of the house; house owner.
—miete *f* | house rent; rent.
—mietsvertrag *m* | lease for a house.
—nummer *f* | house number | unter Angabe von Straße und ~ | giving name of street and number of the house (street name and house number).
—ordnung *f* | house regulations *pl.*
—personal *n* | das ~ | the servants *pl*; the staff of servants.
—rat *m* | household furniture (equipment).
—ratversicherung *f* | household insurance; comprehensive household policy.
—recht *n* | domestic rights *pl.*
Hausse *f* | rise; upward tendency | auf ~ spekulieren | to speculate on (for) a rise; to go bull.
Hausse..bewegung *f*; —neigung *f*; —tendenz *f* | upward (rising) (advancing) (bullish) movement (tendency).
—börse *f*; —markt *m* | bull (bullish) market.
—geschäft *n* | bull transaction (operation).
—spekulant *m* | speculator for a rise; bull.

Haussespekulation *f* | speculation for a rise; bull transaction (speculation).

haussieren *v* | to move upward.

Haus..stand *m* | household | **einen eigenen ~ gründen** | to set up house.

—**steuer** *f* | house tax.

—**suchung** *f* | search of a house; domiciliary search (visit); house search | **bei jdm. eine ~ vornehmen** | to search sb.'s house (sb.'s home) (sb.'s premises).

—**suchungsbefehl** *m* | search warrant.

—**vater** *m* | family father (head).

—**vertrag** *m* | family compact (contract).

—**verwalter** *m* Ⓐ | house (real-estate) agent.

—**verwalter** *m* Ⓑ; —**wart** *m* | caretaker.

—**verwaltung** *f* | property (real-estate) management.

—**wesen** *n* | household | **jdm. das ~ führen** | to keep house for sb.

—**wirt** *m* | landlord.

—**wirtin** *f* | landlady.

—**wirtschaft** *f* | **die ~** | housekeeping; the domestic arrangements; the household.

—**wirtschaftslehre** *f* | home economics.

—**zeitschrift** *f* | company (house) magazine.

—**zins** *m* | house rent.

—**zinssteuer** *f* | rent tax; tax on rents.

Havarie *f*; **Haverei** *f* | average; damage by sea | **allgemeine ~; große ~** | general (gross) average | **Verlust durch große ~** | general average loss | **besondere ~; einfache ~; kleine ~** | particular (ordinary) (petty) average | **frei von ~** | free from average; free of particular average | **~ aufmachen** | to adjust (to settle) (to state) the average | **~ erleiden** | to suffer (to make) average.

Havarie..agent *m*; —**dispacheur** *m*; —**kommissar** *m* | average adjuster (stater) (taker).

—**akte** *f* | average bond.

—**attest** *n*; —**protest** *m* | certificate of average; sea (captain's) protest.

—**aufmachung** *f*; —**berechnung** *f*; —**rechnung** *f*; —**regelung** *f*; —**verteilung** *f* | average bill (adjustment) (statement); assessment of the damage.

havariefrei *adj* | free from average; free of particular average.

Havarie..klausel *f* | average clause.

—**kosten** *pl* | average charges (expenses).

havarieren *v* | to make (to suffer) average.

Havarieschaden *m*; **Havereischäden** *mpl* | sea damage; damage done by sea.

havariert *adj* | averaged; under (with) average; seadamaged | **~es Schiff** | ship under average | **~e Waren** | averaged (sea-damaged) goods.

Hebe..bezirk *m* | collection district.

—**gebühr** *f* | collecting (collection) charge (fee).

—**liste** *f*; —**register** *n*; —**rolle** *f* | assessment roll.

—**satz** *m* | rate of assessment.

—**stelle** *f* | collector's (collecting) (receiver's) office.

Hebung *f* | **~ des Fremdenverkehrs** | promotion of tourist traffic | **~ des Lebensstandards** | improvement of the living standard.

Heer *n* | army | **Berufs~; Söldner~** | professional army | **Besatzungs~** | army of occupation | **~ des Mutterlandes** | home forces | **stehendes ~** | standing (regular) army | **beim ~ dienen (sein)** | to be in the army; to serve with the colo(u)rs | **ins ~ eintreten** | to join the army.

Heeresdienst *m* | military service; service in the army | **Einberufung (Einziehung) zum ~** | call to the colo(u)rs | **Wiedereinberufung zum ~** | recall to the colo(u)rs | **jdn. zum ~ einberufen (einziehen)** | to call sb. to the colo(u)rs.

Heeresdienstpflicht *f* | compulsory service (military service); conscription.

heeresdienstpflichtig | subject to compulsory (military) service.

Heeresdienstpflichtiger *m* | conscript.

Heeres..gericht *n* | military court; court-martial.

—**lieferant** *m* | army contractor (furnisher) (supplier).

—**lieferung** *f* [Heeresauftrag] | army contract.

—**lieferungen** *fpl* | army supplies.

—**ministerium** *n* | War Office (Department); Department of the Army.

—**verpflegungsamt** *n* | army commissary.

—**verwaltung** *f* | army administration.

Heft *n* | notebook.

Hehlen *f* | receiving.

hehlen *v* [Hehlerei treiben] | to receive stolen goods; to receive.

Hehler *m*; **Hehlerin** *f* | receiver of stolen goods; receiver.

Hehlerei *f* | receiving (receiving of) stolen goods | **gewerbsmäßige ~** | making a business of receiving stolen goods.

Heilanstalt *f* | mental hospital (home); insane (lunatic) asylum.

heilbar *adj* | remediable; curable | **un~** | past (beyond) cure.

Heilbarkeit *f* | curability.

heilen *v* | to cure | **einen Mangel ~** | to repair (to remedy) a defect | **nicht mehr zu ~** | to be beyond (past) remedy.

Heiligkeit *f* | sanctity; inviolability | **die ~ des Eides verletzen** | to violate the sanctity of the oath | **die ~ der Verträge** | the sanctity of contracts (of treaties).

Heilmittel *n* | remedy.

Heilsarmee *f* | Salvation Army.

Heilung *f* | cure.

Heim *n* | home | **Alters~; Versorgungs~** | home for the aged | **Armen~** | poorhouse; workhouse; almshouse | **Blinden~** | home for the blind | **Entbindungs~; Wöchnerinnen~** | maternity ward (home) (centre); lying-in hospital | **Findlings~** | foundling hospital | **Jugend~** | youth hostel | **Kinder~** | day nursery | **~ für verwahrloste Kinder** | home for waifs and strays | **Seemanns~** | sailors' home.

Heimarbeit *f* | home work; outwork.

Heimarbeiter(in) *m* und *f* | home worker; outworker.

Heimat *f* Ⓐ; **Heimatland** *n* | native (home) country (land); country of birth.

Heimat *f* Ⓑ [Ort] | native place; birthplace.

Heimat..adresse *f* | home address.

—**bahnhof** *m* | home station.

—**hafen** *m* | port of registry; native (home) port.

heimatlos *adj* Ⓐ [ohne Wohnsitz] | without domicile.

heimatlos *adj* Ⓑ [staatenlos] | stateless.

Heimatlosigkeit *f* | statelessness.

Heimat..ort *m* | native place; birthplace.

—**recht** *n* | right of residence (of domicile).

—**schein** *m* | certificate of citizenship.

—**staat** *m* | native (home) country; country of origin.

—**stadt** *f* | native town.

—**vertriebener** *m* | expellee; refugee.

Heimfall *m* Ⓐ [durch Erbschaft] | reversion.

Heimfall *m* Ⓑ [an den Staat] | escheat.

heimfallen *v* Ⓐ | to revert.

heimfallen *v* Ⓑ | to escheat; to revert by escheat.

Heimfall..rente *f* | reversionary annuity; annuity in reversion.

—**recht** *n* Ⓐ | reversion; right of reversion.

—**recht** *n* Ⓑ | escheat; right of escheat; escheatage.

Heimfallsgut *n* | escheat; property reverted by escheat.

heimführen *v* | to send (to bring) home | **Auslandsguthaben** ~ | to repatriate foreign credit balances | **Auslandskapital** ~ | to repatriate capital | **Gefangene** ~ | to repatriate prisoners.

Heimführung *f* | repatriation | ~ **von Gefangenen** | repatriation of prisoners | ~ **von Auslandsguthaben** | repatriation of foreign credit balances | ~ **von Auslandskapitalien; Kapital**~ | repatriation of capital.

Heimindustrie *f* | cottage (house) industry.

heimisch *adj* | native; domestic; home | ~**es Fabrikat** | home manufacture | **für den** ~**en Gebrauch (Verbrauch)** | for home consumption | ~**e Industrie** | domestic industry (industries) | ~**e Produktion** | home (domestic) production | ~**er Markt** | home market | ~**e Währung** | local currency.

heimlich *adj* | secret; clandestine | ~**er Ausschank** | illicit sale of liquor | ~**e Eheschließung** | secret marriage | ~**er Mangel** | hidden (latent) (secret) fault (defect) | ~**er Nachdruck eines Buches** | surreptitious reprint (edition) of a book | ~ **und unerlaubt** | clandestine and illicit | ~**e Zusammenkunft** | clandestine (secret) meeting.

heimlich *adv* | secretly; clandestinely | ~ **nachgedruckte Ausgabe eines Buches** | surreptitious edition (reprint) of a book | ~ **eingefügte Stelle** | surreptitious (fraudulently introduced) passage.

Heim..reise *f* | homeward (return) voyage (journey) (passage) (trip) | **auf der** ~ | homeward bound; homebound.

—**fracht** *f* | return (homeward) (home) freight; carriage (freight) back.

—**sendung** *f* | ~ **von Gefangenen** | repatriation of prisoners.

—**stätte** *f* | homestead.

heimzahlen *v* | to repay; to reimburse; to pay back | **eine Hypothek** ~ | to pay off (to redeem) a mortgage.

Heimzahlung *f* | repayment; reimbursement.

Heirat *f* | marriage | ~ **nach Geld; Geld**~ | marriage for money; money marriage (match) | **eine reiche** ~ **(Geld**~**) machen** | to marry money | **Liebes**~**; Neigungs**~ | love match | **Vernunft**~ | marriage of convenience (of propriety).

heiraten *v* | to marry; to get married; to celebrate the marriage | **jdn.** ~ | to marry sb.; to take sb. in marriage | **nach Geld** ~ | to marry money | **jdn. zur linken Hand** ~ | to marry sb. with the left hand; to marry sb. over the broomstick | **unter seinem Stand** ~ | to marry beneath one | **reich** ~ | to marry a fortune | **wieder** ~ | to marry again (a second time); to contract a new marriage.

Heirats..absichten *fpl* | marriage intentions; intentions | **auf jdn.** ~ **haben** | to have designs on sb.

—**alter** *n* | marriageable age.

—**antrag** *m* | proposal (offer) of marriage; marriage proposal | **einen** ~ **ausschlagen** | to refuse an offer of marriage | **einen** ~ **machen (stellen)** | to propose marriage; to propose.

—**anzeige** *f* | notice of marriage; wedding announcement.

—**aufgebot** *n* | marriage bans *pl*; proclamation of bans; [the] banns.

—**büro** *n* | matrimonial agency.

—**einspruch** *m* | protest against a marriage.

—**erlaubnis** *f* | marriage license.

heiratsfähig *adj* | marriageable; of an age to be married | **in** ~**em Alter** | of marriageable age; of (of a) marrying age | ~**e Tochter** | marriageable daughter.

Heiratsfähigkeit *f* | marriageable age.

Heirats..gut *n* | dowry; marriage portion (settlement).

—**register** *n* | register of marriages; marriage register.

—**schein** *m*; —**urkunde** *f* | marriage certificate (license).

—**vermittler(in)** *m* und *f* | matrimonial agent; marriage broker (agent).

—**vermittlung** *f* | procurement of marriage; marriage brokerage.

—**vermittlungsbüro** *n* | matrimonial agency.

—**versprechen** *n* | promise of marriage (to marry) | **Bruch des** ~**s** | breach of promise.

—**vertrag** *m* | marriage contract (deed) (settlement).

Helfer *m* | helper; aid | ~ **in Steuersachen** | adviser in tax (fiscal) matters.

Helfershelfer *m* | accomplice.

hemmen *v* | **den Ablauf einer Frist** ~ | to suspend the running (the expiration) of a period of time | **den Lauf der Verjährung** ~ | to suspend the running of the statute.

Hemmung *f* | ~ **der Verjährung** | suspension of the running of the statute.

Henker *m* | executioner; hangman.

herabdrücken *v* | **die Preise** ~ | to bring down (to force down) the prices.

herabgehen *v* Ⓐ | to go down; to come down.

herabgehen *v* Ⓑ [fallen] | to fall; to drop.

herabgesetzt *adj* | reduced | ~**es Kapital** | reduced capital | ~**er Preis** | reduced price | **zu bedeutend (stark)** ~**en Preisen** | at greatly reduced prices | **im Werte** ~ | depreciated | **stark** ~ | much (greatly) reduced.

herabsetzbar *adj* | reducible.

Herabsetzbarkeit *f* | reducibility.

herabsetzen *v* | to reduce; to lower | **einen Anspruch** ~ | to cut a claim | **seine Ansprüche** ~ | to abate one's pretentions | **seine Ausgaben (Spesen)** ~ | to reduce (to cut down) one's expenses | **den Diskont** ~ | to lower (to reduce) the discount (the bank rate) | **die Erzeugung (Produktion)** ~ | to reduce (to curtail) production (the output) | **das Kapital** ~ | to reduce the capital | **den Preis** ~ | to reduce (to lower) (to cut) the price | **die Steuern** ~ | to reduce taxes | **die Tarife** ~ | to reduce (to lower) (to cut) the rates | **im Werte** ~ | to depreciate | **den Zins (Zinsfuß)** ~ | to reduce (to lower) the rate of interest.

Herabsetzung *f* | reduction | **Antrag auf** ~ | request for reduction | ~ **der Ausgaben (Kosten) (Spesen)** | cut in expenses; reduction (cutting down) of expenses | ~ **des Diskontsatzes; Diskont**~ | reduction of discount (of the bank rate); lowering of the discount | **Kapital**~**;** ~ **des Kapitals** | reduction of capital (of the capital stock); capital reduction | **Klage auf** ~ | action for reduction | **Klage auf anteilsmäßige** ~ | action in abatement | **Lohn**~ | reduction (cutting) of wages; wage cut (cutting) (reduction) | **Miets**~ | reduction of rent | **Preis**~ | price reduction (cut) (cutting); reduction in price; cutting (lowering) of prices; cut in prices | **Schulden**~ | debt reduction | **verhältnismäßige Schulden**~ | abatement of debts | ~ **der Strafe** | reduction (mitigation) of the penalty | **Tarif**~ | reduction of the rates; rate cutting | **proportionelle** ~ **der Vermächtnisse** | abatement of legacies (of gifts and legacies) | **Wert**~ | depreciation; reduction in value | **Zins**~ | reduction of the rate of interest | **anteilsmäßige** ~**; proportionelle** ~**; verhältnismäßige** ~ | abatement.

Herabsetzungs..anspruch *m* | right to a deduction (reduction).

—**antrag** *m* | request for reduction.

—**klage** *f* | action in abatement (in abatement of legacies) (in abatement of gifts and legacies).

Herabsetzungsklausel *f* | abatement clause.
herantreten *v* | **an jdn. wegen etw.** ~ | to approach sb. on (for) sth.
heranziehen *v* Ⓐ [anführen] | to cite; to quote.
heranziehen *v* Ⓑ | **jdn. zur Beitragsleistung (zu Beiträgen)** ~ | to make sb. contribute (pay contributions); to collect dues from sb. | **etw. zur Besteuerung (zu einer Steuer)** ~ | to subject sth. to a tax; to impose (to lay) (to levy) a tax on sth. | **jdn. zur Umlagenzahlung (zu einer Umlage)** ~ | to rate (to assess) sb. | **etw. zu einer Umlage** ~ | to lay a rate on sth.
Heranziehung *f* Ⓐ | putting into operation | ~ **von Kapital(ien) (von Mitteln)** | mobilization (making use) of capital (of funds).
Heranziehung *f* Ⓑ | ~ **zu Beiträgen;** ~ **zur Beitragsleistung** | obligation to pay contributions (dues) | ~ **zur Besteuerung;** ~ **zu Steuern** | assessment; taxation | ~ **zu einer Umlage;** ~ **zur Umlagenzahlung** | rating.
heraufsetzen *v* | to increase | **den Diskont(satz)** ~ | to increase the rate of discount (the bank rate) | **die Tarife** ~ | to increase the rates | **den Zins(fuß)** ~ | to increase the rate of interest.
Heraufsetzung *f* | increase | ~ **des Diskonts; Diskont**~ | increase of the rate of discount (of the bank rate); raising the bankrate | ~ **des Zinses (des Zinsfußes) (der Zinssätze)** | increase of the rate(s) of interest.
herausbringen *v* | **ein Buch** ~ | to publish a book.
Herausforderer *m* | challenger.
herausfordern *v* Ⓐ [provozieren] | **etw.** ~ | to provoke sth. | **die (zur) Kritik** ~ | to invite (to ask for) criticism.
herausfordern *v* Ⓑ [fordern] | **jdn. zum Zweikampf (zum Duell)** ~ | to challenge sb. to a duel; to send sb. a challenge.
herausfordernd *adj* | provocative; challenging; provoking.
Herausforderung *f* | challenge; provocation | ~ **zum Zweikampf;** ~ **zum Duell** | challenge to a duel.
Herausgabe *f* Ⓐ [Aushändigung] | delivery; actual delivery; handing over | **Klage auf** ~ | action for recovery (for recovery of title) | **Klage auf** ~ **der Erbschaft (des Nachlasses)** | action for recovery of the inheritance | **auf** ~ **klagen** | to sue for recovery (recovery of title) | **die** ~ **verweigern** | to refuse delivery.
Herausgabe *f* Ⓑ [Rückgabe] | restitution; restoration; return | **Entscheidung auf** ~ | restitution sentence | **Klage auf** ~ | action for return (for restitution) | **Klage auf** ~ **der ungerechtfertigten Bereicherung** | action for the return (restoration) of unjustified gain | **auf** ~ **klagen** | to sue for return.
Herausgabe *f* Ⓒ [Veröffentlichung] | publication; publishing | ~ **eines Berichts** | publication of a report | **Neu**~ | republication | **in der** ~ **begriffenes Werk** | work in course of publication.
Herausgabeanspruch *m* | right to claim (to demand) restoration (restitution) | **dinglicher** ~ | real claim; claim; title.
Herausgabeklage *f* Ⓐ [Eigentums~; dingliche ~] | action for recovery (for recovery of title) | **Erbschafts**~ | action for recovery of the inheritance | ~ **erheben** | to sue for recovery (for recovery of title).
Herausgabeklage *f* Ⓑ [Klage auf Rückgabe] | action for return (for restitution) | ~ **erheben** | to sue for return.
Herausgabepflicht *f* | obligation to return.

Herausgeben *n* Ⓐ [Aushändigen] | delivering; delivery up.
Herausgeben *n* Ⓑ [Zurückgeben] | restitution; restoration; return.
Herausgeben *n* Ⓒ [Veröffentlichen] | publication; publishing; edition; editing.
herausgeben *v* Ⓐ [aushändigen] | to hand over; to hand; to deliver.
herausgeben *v* Ⓑ [zurückgeben] | to return; to restore; to restitute | **das Wechselgeld** ~ | to give the change.
herausgeben *v* Ⓒ [veröffentlichen] | to publish; to edit | **etw. neu** ~ | to re-edit sth.
Herausgeber *m* | editor; publisher | **verantwortlicher** ~ | responsible editor.
herausgegeben *part* | ~ **von ...** | published (edited) by ... .
herauskommen *v* Ⓐ | to come out; to be (to get) published | **in Lieferungen** ~ | to be published (issued) in installments.
herauskommen *v* Ⓑ | **mit einem Gewinn** ~ | to win (to draw) a prize.
herauspressen *v* | **Geld aus jdm.** ~ | to extract money from sb.; to get money out of sb.
herausstellen *v* Ⓐ [hervorheben] | **seine Verdienste** ~ | to stress one's merits.
herausstellen *v* Ⓑ [sich erweisen] | **sich als eine Fälschung** ~ | to prove to be a forgery | **sich als nützlich** ~ | to prove useful | **sich als wahr** ~ | to prove true.
herauszahlen *v* Ⓐ | to pay out | **einen Anteil** ~ | to pay out a share | **jdm. seinen Anteil** ~ | to pay sb. out | **einen Teilhaber** ~ | to buy out a partner.
herauszahlen *v* Ⓑ [zurückzahlen] | to pay back; to reimburse; to return | **einen Betrag** ~ | to refund (to repay) an amount.
Herauszahlung *f* Ⓐ | ~ **eines Anteils** | paying out of a share | ~ **eines Teilhabers** | buying out of a partner.
Herauszahlung *f* Ⓑ [Rückzahlung] | ~ **eines Betrages** | refund (repayment) of an amount.
herausziehen *v* Ⓐ | to extract | **Geld aus jdm.** ~ | to extract money from sb.; to get money out of sb.
herausziehen *v* Ⓑ [zurückziehen] | to withdraw | **Geld aus einem Geschäft** ~ | to withdraw money from a business.
herbeiführen *v* | **einen Unfall** ~ | to cause an accident.
Herbeischaffung *f* | production.
Herberge *f* | hostel | **Jugend**~ | youth hostel.
Herbergsvater *m* | innkeeper.
Herbstferien *pl* | autumn holiday(s).
Hereinnahme *f* | ~ **von Wechseln** [zum Diskont] | discounting of bills.
hereinnehmen *v* | **Wechsel zum Diskont** ~ | to discount bills.
Hergang *m* Ⓐ [Gang der Ereignisse] | course of events.
Hergang *m* Ⓑ [Sachverhalt] | **der** ~ | the facts; the actual (factual) circumstances | **genaue (vollständige) Darstellung des** ~**s** | full statement (recital) of the facts | **eine Darstellung des** ~**s geben** | to recite (to give) the facts; to give an account of the facts.
hergeben *v* | **seinen Namen zu etw.** ~ | to lend one's name to sth.
hergebracht *adj* Ⓐ [überkommen] | traditional; established.
hergebracht *adj* Ⓑ [üblich] | customary.
Herkommen *n* Ⓐ [Brauch] | use; usage; practice; custom | **dem** ~ **entsprechen** | to be customary | **dem** ~ **entsprechend** | as customary.
Herkommen *n* Ⓑ [Herkunft] | descent; extraction; birth.
herkömmlich *adj* | customary.

Herkunft *f* Ⓐ [Abstammung] | descent; extraction; birth | **von guter** ~ | of good family; with a good family background.
Herkunft *f* Ⓑ [Ursprung] | origin; provenience; source | **ausländischer** ~ | of foreign origin.
Herkunfts..angabe *f*; —**bezeichnung** *f* | indication (designation) of origin.
—**bescheinigung** *f*; —**zeugnis** *n* | certificate of origin.
—**kennzeichen** *n* | mark of origin.
—**land** *n* | country of origin.
—**nachweis** *m* | proof of origin.
—**ort** *m* | place of origin.
herleiten *v* | to derive | **seine Ansprüche (Rechte) von jdm.** ~ | to derive one's rights from sb. | **sein Eigentum (sein Eigentumsrecht) (seinen Rechtstitel) von jdm.** ~ | to derive one's title from sb. | **seinen Ursprung von etw.** ~ | to derive (to draw) its origin from sth.; to be derived (to originate) from sth.
Herleitung *f* | derivation.
Herr *m* | **Geschäfts**~ | principal | **Haus**~ | landlord | ~ **im eigenen Haus sein** | to be master in one's own house | ~ **der Lage sein** | to be master of the situation | **sein eigener** ~ **sein** | to be one's own master.
Herrenhaus *n* Ⓐ [Oberhaus] | House of Lords; Upper House.
Herrenhaus *n* Ⓑ [Herrschaftshaus] | mansion house; manor.
herrenlos *adj* | abandoned; ownerless | ~**er Gegenstand;** ~**e Sache** | unclaimed (ownerless) object; derelict | ~**es Gut** | abandoned property; derelicts *pl*.
Herrin *f* | mistress | **Haus**~ | landlady.
Herrschaft *f* | rule; dominion; domination; sway | ~ **der Hochfinanz** | rule of high finance | **Schreckens**~ | reign of terror | **See**~ | naval supremacy | **Welt**~ | world rule (domination) | **Willkür**~ | arbitrary government (rule); despotism.
★ **die** ~ **führen** | to exercise control; to hold sway | **die** ~ **über etw. übernehmen** | to assume (to establish) one's rule over sth. | **die** ~ **zurückerlangen** | to regain control | **unter der** ~ **von** | under the control (rule) (sway) of.
Herrschafts..bereich *m*; —**gebiet** *n* | sway; empire.
herrschen *v* Ⓐ | **über etw.** ~ | to rule (to govern) (to dominate) (to dominate over) (to hold sway over) sth. | **unumschränkt** ~ | to have (to reign with) absolute power.
herrschen *v* Ⓑ [vor~] | to predominate; to prevail.
herrschend *adj* Ⓐ | dominant; ruling | ~**es Grundstück** | dominant tenement | **die** ~**en Klassen** | the ruling (governing) classes | **die** ~**e Partei** | the party in power.
herrschend *adj* Ⓑ [vor~] | predominant; preponderant | **die** ~**e Ansicht (Meinung)** | the prevailing opinion | **nach der** ~**en Lehre** | according to the ruling doctrine | ~**e Vorurteile** | existing (prevailing) prejudices.
Herrscher *m* | ruler; sovereign | **Gewalt**~ | despot.
Herrscher..geschlecht *n*; —**haus** *n* | dynasty; ruling family.
herrühren *v* | ~ **von** | to emanate (to result) (to come) from.
herrührend *adj* | emanating.
herstellen *v* Ⓐ | to establish | **Beziehungen** ~ | to establish relations | **einen Plan** ~ | to draw up a plan | **wieder**~ | to re-establish.
herstellen *v* Ⓑ [fabrizieren] | to make; to produce; to manufacture | **fabrikmäßig** ~ | to manufacture; to fabricate | **serienmäßig** ~ | to mass-produce | **etw. billig (preiswert)** ~ | to produce sth. cheap.

Hersteller *m* | maker; manufacturer; producer | **Film**~ | film producer; producer | **Preis ab** ~ | producer (manufacturer's) price.
Hersteller..firma *f* | manufacturing firm (company).
—**land** *n* | manufacturing (producer) country.
—**lizenz** *f* | license to manufacture (to make); manufacturing license.
—**preis** *m* Ⓐ [Preis des Herstellers] | price at which the producer sells; producer (manufacturer's) (factory) price.
—**preis** *m* Ⓑ | cost of production; cost price.
—**verband** *m* | manufacturers' (producers') association.
Herstellung *f* Ⓐ | establishing | **Wieder**~ | re-establishing; restitution | ~ **(Wieder**~**) der ehelichen Gemeinschaft** | restitution of conjugal rights.
Herstellung *f* Ⓑ [Erzeugung] | making; production; producing; manufacture; manufacturing | **Massen**~; **serienmäßige** ~ | mass production | **fabrikmäßige** ~ | wholesale manufacture | **die** ~ **einschränken (beschränken)** | to reduce (to curtail) the production.
Herstellungs..abgabe *f* | manufacturing license.
—**anlagen** *fpl* | manufacturing facilities.
—**berechnung** *f* | costing; cost accounting.
—**betrieb** *m* | manufacturing enterprise (plant).
—**gebiet** *n* | area of production; production area.
—**jahr** *n* | year of manufacture.
—**kosten** *pl*; —**preis** *m* | cost of production; cost (manufacturing) price; production cost.
—**land** *n* | producer (producing) country.
—**lizenz** *f* | license to manufacture (to make); manufacturing license.
—**methode** *f* | manufacturing process.
—**ort** *m* | place of manufacture (of production).
—**programm** *n* | production (manufacturing) program.
—**prozeß** *m* | manufacturing process; process of manufacture.
—**recht** *n* | right (license) to manufacture (to make) (to produce).
—**verfahren** *n* | manufacturing process; process of manufacture | **geheimes** ~ | secret process | **patentiertes** ~ | patented process.
Heruntergehen *n* | falling; sinking.
heruntergehen *v* Ⓐ [sinken] | to go down; to fall.
heruntergehen *v* Ⓑ [senken] | **mit dem Preis** ~ | to lower (to reduce) the price.
heruntersetzen *v* | **die Preise** ~ | to reduce (to cut) the prices.
hervorbringen *v* | to produce.
Hervorbringung *f* | production; creation.
hervorgehen *v* | **aus etw.** ~ | to follow (to result) from sth.
hervorheben *v* | **etw.** ~ | to stress sth.; to lay stress upon sth.
Hetzartikel *m* | inflammatory article.
Hetze *f* | agitation.
hetzen *v* | **gegen etw.** ~ | to agitate against sth.
Hetzer *m* | agitator.
Hetzfeldzug *m* | campaign of agitation.
Hetzrede *f* | inflammatory speech.
Heuer *f* | hire; wages *pl*.
Heuerbaas *m* | shipping master.
Heuerbüro *n* | maritime (seamen's employment) agency.
heuern *v* Ⓐ | to hire; to engage.
heuern *v* Ⓑ | **ein Schiff** ~ | to charter a ship (a vessel).
Heuervertrag *m* Ⓐ | ship's articles *pl*; seaman's agreement.
Heuervertrag *m* Ⓑ | charter-party; charter; contract of affreightment; freight contract.

Hexenprozeß *m* | witch trial.
Hierarchie *f* | hierarchy.
hierarchisch *adj* | hierarchic(al) | ∼es System | hierarchical system.
Hilfe *f* | assistance; help; aid | Arbeitslosen∼ | unemployment relief (benefit) (pay) (assistance); out-of-work benefit | jdm. ∼ und Beistand leihen | to lend sb. one's aid and assistance | Geld∼ | financial (pecuniary) aid (assistance) (support); moneyed assistance | Kranken∼ | assistance in case of sickness | ärztliche Kranken∼ | medical assistance | Rechts∼ | legal aid | Selbst∼ | self redress | Sofort∼ | emergency aid | Staats∼ | state (government) aid (subsidy;) government assistance | Überbrückungs∼; Übergangs∼; Zwischen∼ | interim aid | ∼ und Unterstützung | help and assistance | Winter∼ | winter relief (relief work) (relief fund).
★ ärztliche ∼ | medical aid | Erste ∼ | first aid | Station für Erste ∼ | first-aid station | finanzielle ∼ | financial (pecuniary) aid (assistance) (support); moneyed assistance | gegenseitige ∼ | mutual aid | gerichtliche ∼ in Anspruch nehmen | to seek redress in court | staatliche ∼ | state (government) aid.
★ jdn. um ∼ angehen; jds. ∼ in Anspruch nehmen | to approach sb. (to ask sb.) for help; to turn to sb.)(to appeal to sb.) for help; to call in sb.'s aid | um ∼ bitten | to ask for help | jdm. zu ∼ kommen | to come to sb.'s assistance (help) | jdm. ∼ leisten; jdm. seine ∼ leihen; jdm. ∼ angedeihen lassen | to give (to lend) (to render) sb. assistance; to assist (to help) sb. | jdn. zu ∼ rufen | to call sb. for help | um ∼ rufen | to call for help.
★ mit jds. ∼ | with sb.'s help (assistance) | ohne ∼ | without help; unassisted; unaided | ∼!; zu ∼! | help!
Hilfeleistung *f* | assistance; help; aid; aiding | finanzielle ∼ | financial assistance | gegenseitige ∼ | mutual aid | ∼ in Seenot | salvage.
Hilferuf *m* | call for help; distress call.
hilflos *adj* | helpless.
Hilflosigkeit *f* | helplessness.
hilfreich *adj* | helpful | ∼e Hand leihen | to lend a helping hand.
Hilfs..adresse *f* | address in case of need; accommodation address.
—**aktion** *f* | relief work.
—**angebot** *n* | offer to help.
—**antrag** *m* | secondary motion.
—**arbeiter** *m* Ⓐ [ungelernter Arbeiter] | unskilled worker.
—**arbeiter** *m* Ⓑ [Assistent] | assistent.
—**ausschuß** *m* | relief committee | Zentral∼ | central relief committee.
—**beamter** *m* | auxiliary official.
hilfsbedürftig *adj* | needy; in want; in need of help (of assistance) | ∼ werden | to come on the parish.
Hilfs..bedürftigkeit *f* | distress.
—**bedürftige** *m* | die ∼n | the poor *pl*; the destitute *pl*; the needy *pl*.
hilfsbereit *adj* | helpful.
Hilfs..bereitschaft *f* | helpfulness.
—**buch** *n* | auxiliary book.
—**buchhalter** *m* | assistant accountant (bookkeeper).
—**dienst** *m* | relief (auxiliary) service.
—**fonds** *m* | relief (emergency) fund | Katastrophen∼ | emergency disaster relief fund.
—**gelder** *npl* | aid funds.
—**gesuch** *n* | request for help.
—**kasse** *f* | benevolent fund.
—**kassier(er)** *m* | assistant cashier (teller).

Hilfs..komitee *n* | relief (emergency) committee.
—**kraft** *f* | help; aid.
—**kredite** *mpl* | relief credits.
—**maßnahme** *f* | relief (emergency) measure.
—**mittel** *npl* | resources; means; aids and appliances.
—**polizei** *f* | auxiliary police.
—**polizeibeamter** *m* ; —**polizist** *j* | special constable.
—**postamt** *n* | branch post office; sub-post office.
—**programm** *n* | aid program | Not∼; Sofort∼ | emergency aid program.
Hilfsquelle *f* | resource | Erschließung neuer ∼n | tapping of new resources | Erschöpfung (Schwächung) der ∼n | exhaustion of the resources | Inanspruchnahme der ∼n | drain on the resources.
★ finanzielle ∼n | financial resources | steuerliche ∼n | tax resources | wirtschaftliche ∼n | economic resources.
★ seine ∼n in Anspruch nehmen | to draw on one's resources | neue ∼n erschließen | to tap (to open up) new resources.
Hilfs..redakteur *m*; —**redaktor** *m* [S] | assistant editor.
—**revisor** *m* | junior (assistant) auditor.
—**richter** *m* | assistant judge (barrister).
—**schöffe** *m* | talesman.
—**schule** *f* | school for retarded (subnormal) children.
—**station** *f* | aid station.
—**verein** *m* | relief (benefit) society | ∼ auf Gegenseitigkeit | mutual benefit (mutual-aid) society; mutual (friendly) society.
—**werk** *n* | relief work; mutual aid | Winter∼ | winter relief (relief work) (relief fund).
Himmels..schreiber *m* | skywriter.
—**schrift** *f* | skywriting.
hinauftreiben *v* | die Preise (Kurse) ∼ | to force up the prices.
hinauslaufen *v* | auf etw. ∼ | to amount (to come) to sth.
hinausschieben *v* Ⓐ [vertagen] | to postpone; to defer; to delay; to adjourn | die Zahlung eines Betrages ∼ | to postpone the payment of a sum.
hinausschieben *v* Ⓑ [verlängern] | to prolong | die Fälligkeit eines Wechsels ∼ | to prolong (to renew) a bill of exchange.
hinausschieben *v* Ⓒ [verschleppen] | to protract; to procrastinate.
Hinausschiebung *f* Ⓐ [Vertagung] | postponement.
Hinausschiebung *f* Ⓑ [Verlängerung] | prolongation | ∼ der Fälligkeit eines Wechsels | prolongation (renewal) of a bill of exchange.
Hinausschiebung *f* Ⓒ [Verschleppung] | protraction; procrastination; calculated (intended) delay.
hinausziehen *v*; **hinauszögern** *v* | to protract; to delay | sich ∼ | to drag on; to be protracted (delayed).
Hinausziehung *f* | protraction.
Hinblick *m* | im (in) ∼ auf | in consideration of; considering; with a view to; with regard to.
hindern *v* | etw. ∼ | to hinder (to impede) sth. | jdn. daran ∼, etw. zu tun | to prevent sb. from doing sth.
Hindernis *n* | obstacle; impediment; hindrance | Ehe∼ | impediment to marriage (to contract marriage) | Verkehrs∼ | obstruction of traffic; impediment to traffic | einer Sache ein ∼ in den Weg legen | to hinder (to impede) sth.; to put an obstacle in the way of sth. | ein ∼ beseitigen | to remove an obstacle | auf ∼se stoßen | to encounter (to meet with) difficulties.
Hinderungsgrund *m* | cause of impediment.
hineinlesen *v* | etw. in eine Klausel ∼ | to read sth. into a clause.
hinfällig *adj* | void | ∼ werden | to become void; to expire.
Hinfracht *f* | outward freight.

hineinstecken *v* | Geld in etw. ~ | to invest (to engage) money in sth.
Hinhalte..manöver *n*; —**taktik** *f* | delaying tactics *pl.*
hinkend *adj* | ~er Vergleich | poor comparison | ~e Währung | limping standard.
hinlänglich *adv* | sufficiently; adequately.
hinreichend *adj* | sufficient | ~er Verdacht; ~e Verdachtsgründe | reasonable suspicion (ground for suspicion).
hinreichend *adv* | sufficiently; adequately | er ist ~ verdächtig, ... zu haben | there is reasonable ground for suspicion that he ...
Hinreise *f* | outward journey.
hinrichten *v* | to execute | auf (mit) dem elektrischen Stuhl ~ | to electrocute.
Hinrichtung *f* | execution | ~ auf (mit) dem elektrischen Stuhl | electrocution.
Hinrichtungsbefehl *m* | death warrant; execution order.
Hinscheiden *n*; **Hinschied** *m* [S] | decease; departure.
Hinsicht *f* | mit ~ auf | in consideration of; with regard to | in finanzieller ~ | financially | in gewisser ~ | in certain (in some) respects | in vieler ~ | in many respects | in dieser ~ | in this respect | in jeder ~ | in every respect.
hinsichtlich *adv* | concerning; in respect of; with respect to; as to.
hintansetzen *v* Ⓐ [benachteiligen] | to cause prejudice; to prejudice.
hintansetzen *v* Ⓑ [vernachlässigen] | to neglect.
Hintansetzung *f* Ⓐ [Benachteiligung] | detriment; prejudice.
Hintansetzung *f* Ⓑ [Vernachlässigung] | neglect.
Hinterbliebene *mpl* | die ~n | the survivors; the surviving dependants.
Hinterbliebenen..fürsorge *f* | assistance for the surviving dependants.
—**versicherung** *f* | survivors' (survivorship) insurance; insurance for surviving dependents | Alters- und ~ [S: AHV] | old age and survivors' insurance.
hintereinander *adv* | in succession | kurz ~; rasch ~ | in rapid succession.
hintergehen *v* | to deceive; to cheat; to double-cross.
Hintergehung *f* | deception; cheat.
Hinterland *n* | region behind the coast district; hinterland.
hinterlassen *v* | eine Nachricht ~ | to leave word | eine große Erbschaft ~ | to leave a large estate | jdm. ein Vermächtnis ~ | to bequeath sth. to sb. | jdm. etw. testamentarisch (durch Testament) ~ | to leave sth. to sb. by will (in one's testament) | jdm. etw. ~ | leave sth. to sb.
Hinterlassenschaft *f* | property left; inheritance; estate; heritage.
Hinterlassung *f* | unter ~ einer Familie von ... | leaving a family of ... | unter ~ von Schulden | leaving unsettled (unpaid) debts | unter ~ eines Testaments | leaving a will; testate | ohne ~ eines Testaments sterben | to die intestate.
hinterlegen *v* | to deposit | Belege ~; Urkunden ~ | to deposit documents (vouchers) | einen Betrag ~; eine Summe ~ | to deposit an amount (a sum) | einen Betrag als Sicherheit ~ | to deposit an amount as guarantee; to lodge a sum as security | für etw. einen Betrag ~ | to leave (to make) a deposit on sth. | Effekten ~; Wertpapiere ~ | to deposit securities | Geld bei jdm. ~ | to deposit money with sb. | etw. bei der Gepäckaufbewahrung ~ | to leave sth. at the cloak-room | Waren bei jdm. ~ | to consign goods to sb.
Hinterleger *m* | depositor.

hinterlegt *adj* | ~er Betrag | deposited amount; deposit.
Hinterlegung *f* | deposit; depositing | Bargeld~; ~ von Bargeld; Geld~ | deposit of cash (of money); cash deposit | ~ bei Gericht; gerichtliche ~ | deposit in court; payment into court | Effekten~; Wertpapier~ | deposit of stocks (of securities) | Sicherheits~; ~ zur Sicherheit | deposit as guarantee; guarantee deposit | ~ einer Sicherheit; ~ zwecks Sicherheitsleistung | deposit of a security | ~ von Zollgebühren | deposit of custom duties | gegen ~ von | against a deposit of; upon depositing.
Hinterlegungs..abteilung *f* [einer Bank] | escrow department.
—**erklärung** *f* | trust declaration.
hinterlegungsfähig *adj* | ~e Wertpapiere | securities which may be deposited.
Hinterlegungs..gelder *npl* | deposited funds; trust money (moneys) (funds).
—**kasse** *f*; —**stelle** *f* | public trust office.
—**konto** *n* | deposit (consignment) account | Wertpapier~ | securities deposit account.
—**kosten** *pl* | cost of deposit.
—**quittung** *f*; —**schein** *m*; —**urkunde** *f* | certificate (letter) of deposit; deposit (depositary) receipt.
—**summe** *f* | sum deposited (on deposit).
—**vertrag** *m* | escrow (deposit) agreement.
Hintermann *m* Ⓐ | finanzieller ~ | financial backer.
Hintermann *m* Ⓑ [in einer Indossamentenreihe] | subsequent endorser.
Hinterlist *f* Ⓐ | malice.
Hinterlist *f* Ⓑ | ruse.
hintertreiben *v* | etw. ~ | to prevent (to frustrate) sth. | einen Plan ~ | to frustrate (to wreck) a plan.
Hintertreibung *f* | prevention; frustration.
hinterziehen *v* | to defraud | die Einkommensteuer ~ | to defraud the income tax | Gebühren ~ | to evade duties | die Steuer ~; Steuern ~ | to evade (to defraud) the tax; to defraud the revenue | Zoll ~ | to defraud the customs.
Hinterzieher *m* | defrauder | Steuer~ | tax defrauder.
Hinterziehung *f* | evasion; defraudation | Einkommensteuer~ | income-tax evasion (fraud) | Porto~ | evasion (defraudation) of postage | Steuer~ | evasion of tax; tax fraud (evasion); defraudation of the revenue | Zoll~ | evasion of duty (of customs duties); defraudation of the customs.
hinweggehen *v* | über einen Einwand ~ | to disregard an objection.
hinwegsetzen *v* | sich über etw. ~ | to disregard sth. | sich über einen Einwand ~ | to disregard an objection.
Hinweis *m* | indication | unter ~ auf | making reference to | unter ~ auf die Folgen | pointing out the consequences.
hinweisen *v* | jdn. auf etw. ~ | to point out sth. to sb.
hinziehen *v* | einen Prozeß ~ | to delay (to protract) a lawsuit.
hinzufügen *v* Ⓐ | to add | nichts verschweigen und nichts ~ | to add and to withhold nothing | ohne etw. zu verschweigen oder hinzuzufügen | adding and withholding nothing.
hinzufügen *v* Ⓑ [beifügen] | to subjoin; to enclose.
Hinzufügung *f* | addition.
hinzurechnen *v* | to add.
Hinzurechnung *f* | addition | unter ~ von | adding.
Hinzusetzung *f* | addition.
hinzuzählen *v* | to add.
hinzuziehen *v* | einen Sachverständigen ~ | to call in (to consult) an expert.

Hinzuziehung *f* | calling in; consultation.
Hirtenbrief *m* | pastoral letter.
Hochachtung *f* | esteem; regard | **bei aller ~ für die Anwesenden** | with all due deference to those present | **mit ausgezeichneter ~; mit vorzüglicher ~** | respectfully yours; yours respectfully; I am (I remain) respectfully yours.
hochachtungsvoll *adv* Ⓐ | with (in) high esteem.
hochachtungsvoll *adv* Ⓑ [als Briefschluß] | yours truly; very truly yours.
Hochadel *m* | high aristocracy; nobility.
hochaktuell *adj* | topical; of topical interest.
hochangesehen *adj* | of high repute (standing).
hochbezahlt *adj* | highly paid.
Hochfinanz *f* | **die ~** | high finance; the world of high finance; financial world (circles); the financiers.
hochgeachtet *part* | **~ werden** | to be held in high respect.
hochgestellt *adj* | of high rank.
hochgradig *adj* | high-grade.
hochindustrialisiert *adj* | highly industrialized.
Hochkommissar *m* | High Commissioner.
Hochkonjunktur *f* | boom; general boom; boom conditions; booming economy; buoyant market | **~ haben** | to boom; to be booming.
hochprozentig *adj* | of (with) a high percentage.
hochqualifiziert *adj* | highly qualified; high-level; of high caliber.
Hochrechnung *f* [von Teilergebnissen bei Wahlen] | computer projection.
Hochsaison *f* | midst (hight) of the business season.
Hochschule *f* | high school; university; academy | **technische ~** | technical high school.
Hochschul..bildung *f* | university education (training).
—**lehrer** *m* | university professor.
Hochsee..dampfer *m*; —**schiff** *n* | sea-going (ocean-going) ship (vessel) | **mit ~n (~en) befahrbar** | navigable by sea-going vessels.
—**fischerei** *f* | deep-sea fishing (fishery); high-sea(s) fishery.
—**flotte** *f* | ocean-going fleet.
—**reederei** *f* | shipping (shipowning) business (trade) (industry); shipowning.
—**schiffahrt** *f* | high-seas (foreign) (maritime) navigation.
höchst *adj* | **~e Auszeichnung** | highest award | **~er Betrag** | maximum amount | **der ~e Bieter** | highest bidder | **das ~e Gebot** | the highest (last) bid (bidding) (offer) | **das ~e Gericht** | the court of last instance | **im ~en Grade (Maße)** | supremely; in the highest degree | **~e Instanz** | highest (last) instance; last resort | **~er Preis** | highest (maximum) price | **~es Strafmaß** | maximum punishment (penalty) | **von ~er Wichtigkeit** | of paramount importance.
Hochstapelei *f* | swindle; sharping.
Hochstapler *m* Ⓐ | chevalier of industry; adventurer | **Finanz~** | financial shark; shady financier.
Hochstapler *m* Ⓑ [Schwindler] | imposter; swindler; sharper.
hochstehend *adj* | of high rank; high-ranking | **eine ~e Persönlichkeit** | a person of high consequence.
Höchstbelastung *f* | maximum load.
höchstbesteuert *adj* | subject to the highest tax (tax rate).
Höchstbetrag *m* | maximum (highest) amount; maximum | **~ des Risikos** | maximum risk | **bis zum ~ von ...** | up to an amount of ...; up to ...; not exceeding ...
Höchstbetragshypothek *f* | floating charge; mortgage which is registered for a maximum amount.

Höchst..bietender *m* | the highest (last) bidder.
—**dauer** *f* | maximum duration.
—**gebot** *n* | the highest bid (bidding) (offer).
—**gehalt** *n* | maximum salary.
—**geschwindigkeit** *f* | maximum speed | **zulässige ~** | speed limit.
—**gewicht** *n* | maximum weight.
—**grenze** *f* | upper limit | **amtliche (gesetzliche) ~ der Löhne** | wage ceiling | **~ der Preise** | price seiling.
—**kurs** *m* | the highest (maximum) price (rate).
—**leistung** *f* | top capacity; highest output.
—**löhne** *mpl* | gesetzliche (amtlich festgesetzte) ~ | fixed (officially fixed) (controlled) maximum wages; ceiling wages.
höchstpersönlich *adj* | strictly personal.
Höchst..preis *m* Ⓐ [höchster Preis; Maximalpreis] | maximum (highest) (top) price.
—**preis** *m* Ⓑ [amtlich festgesetzter ~] | fixed (officially fixed) (controlled) maximum price; ceiling price.
— —**bestimmungen** *fpl* | maximum price regulations.
— —**festsetzung** *f* | price control.
—**rabatt** *m* | highest (maximum) discount.
—**satz** *m* | highest (maximum) rate.
—**stand** *m* | highest (maximum) level.
—**strafe** *f* | maximum punishment (penalty).
—**tarif** *m* | highest (maximum) rate; highest tariff.
—**verkaufspreis** *m* | maximum selling price.
—**versicherungssumme** *f* | maximum insured sum.
—**wert** *m* | maximum value.
—**zahl** *f* | maximum number.
höchstzulässig *adj* | **~e Geschwindigkeit** | maximum speed; speed limit.
Hochverrat *m* [Verbrechen des ~s] | high treason; treason-felony | **Unternehmen des ~es** | attempted high treason.
Hochverräter *m* | traitor.
hochverräterisch *adj* | traiterous | **~es Unternehmen** ① | attempted high treason | **~es Unternehmen** ② | high treason.
Hochverratsprozeß *m* | treason (conspiracy) trial.
hochverzinslich *adj* | yielding high interest | **~e Kapitalanlage** | investment which yields high interest.
hochverzinslich *adv* | **Geld ~ ausleihen** | to lend money at high interest | **~ sein** | to yield hight interest.
hochwertig *adj* Ⓐ | of great value.
hochwertig *adj* Ⓑ | of high quality; high-grade.
Hochzeit *f* Ⓐ | wedding; marriage | **diamantene ~** | diamond wedding | **goldene ~** | golden wedding | **Silber~; silberne ~** | silver wedding | **vor der ~** | antenuptial; prenuptial.
Hochzeit *f* Ⓑ; **Hochzeits..feier** *f*; —**fest** *n* | the wedding festivities *pl*.
Hochzeits..gast *m* und *f* | wedding guest.
—**geschenk** *n* | wedding present.
—**gesellschaft** *f* | wedding party.
—**reise** *f* | honeymoon (wedding) trip.
—**tag** *m* Ⓐ | wedding day (date).
—**tag** *m* Ⓑ | wedding anniversary.
Hof *m* Ⓐ [Fürsten~] | court | **einen Empfang bei ~e geben** | to hold a court | **Nachrichten vom ~e** | court circular | **bei ~e** | at court.
Hof *m* Ⓑ [Tribunal] | **Appellationsgerichts~; Appellgerichts~; Appell~; Kassationsgerichts~** | court of appeal; appeal (appellate) court | **Disziplinar~; Ehrengerichts~** | court (board) of discipline; board of hono(u)r | **Gerichts~** | court of law (of justice); tribunal | **Rechnungs~** | court of finances | **Schiedsgerichts~; Schieds~** | court of arbitration (of arbitrators) (of arbitral justice); arbitration court |

Staatsgerichts~ | state court; court of state | **Verwaltungsgerichts~** | court of administration; administrative court | **Weltgerichts~** | world court.
Hof *m* © [Hofraum] | court; courtyard | **Ehren~** | court of hono(u)r | **Gefängnis~** | prison yard | **Hinter~** | back yard | **Kirch~** | church yard; graveyard; cemetery | **Schlacht~** | slaughter house | **Schul~** | school playground | **Vieh~** | stockyard.
Hof *m* ⑨ [Bauern~] | farm; farm yard | **Erb~** | hereditary farm | **Guts~** | estate.
Hofbeamter *m* | court official.
Höflichkeit *f* | courtesy; civility; courteousness | **Austausch von ~en** | exchange of courtesies (of civilities) | **aus ~** | as a matter of courtesy.
Höflichkeits..besuch *m* | courtesy (duty) call; courtesy visit.
—titel *m* | courtesy title.
Hof..lieferant *m* | purveyor to the court.
—nachrichten *fpl* | court circular.
—übergabe *f* | transfer of a farm (of a farmyard).
Höhe *f* | **in die ~ gehen** | to rise | **bis zur ~ von** | at most; not exceeding; up to the limit.
hohe *adj* | **von ~r Abkunft** | of high birth (extraction); high-born | **von jdm. mit ~r Achtung sprechen** | to speak of sb. in high terms | **~s Amt** | high position | **ein ~s Amt bekleiden** | to be in a high office; to be high-placed | **~r Beamter; Beamter in ~r Stellung** | official in a high position; high (high-placed) official | **von ~r Geburt** | high-bred; of high birth | **~ Geldstrafe** | heavy fine (penalty) | **von ~n Grundsätzen** | high-principled | **von ~r Hand** | high-handed | **eine ~ Meinung von jdm. haben** | to have a high opinion of sb. | **~r Preis** | high price | **~r Prozentsatz; ~r Satz** | high rate (percentage) | **von ~m Rang** | of high rank | **auf ~r See** | on the open (high) seas | **an ~r Stelle** | in a high place; in an influential position | **~ Stellung** | high position | **in einer ~n Stellung sein** | to be in high office; to be high-placed | **die ~n Vertragschließenden; die ~n vertragschließenden Teile** | the high contracting parties | **Geld für ~ Zinsen** | high (dear) money.
Hoheit *f* | **Finanz~; Steuer~** | jurisdiction in tax (fiscal) matters | **Gebiets~** | sovereignty (sway) over a territory | **Ober~** | suzerainty | **Staats~; staatliche ~** | sovereignty | **Zoll~** | jurisdiction in customs (revenue) matters.
hoheitlich *adj* | **~er Akt** | act of sovereignty (of sovereign power) (of state).
Hoheits..akt *m* | act of sovereignty.
—gebiet *n* | national (state) territory.
—gewässer *npl* | territorial (jurisdictional) waters (sea).
—rechte *npl* | sovereign rights | **Ausübung von ~en** | exercice of sovereign rights.
—zeichen *n* | national emblem.
Höhepunkt *m* | culminating point | **Erreichung des ~es** | culmination | **den ~ (seinen ~) erreichen** | to culminate; to reach its highest point.
höher *adj* | **~es Gebot** | higher bid (bidding) (offer) | **~e Gewalt** ① | act of God | **~e Gewalt** ② | fortuitous (unforeseeable) event | **~e Instanz** | higher court (instance) | **~e Schulbildung** | secondary education | **die ~en Schulklassen** | the higher (upper) forms.
höher *adv* | **~ bieten** | to make a higher bid; to bid higher; to overbid.
Höherbewertung *f* | appreciation in value.
höhergestellt *adj*; **höherstehend** *adj* | superior in rank.
Höker *m* | hawker; street trader (vendor).

Holding *f*; **Holdinggesellschaft** *f* | holding (proprietary) company.
Höllenmaschine *f* | time bomb.
holographisch *adj* [eigenhändig geschrieben] | holograph(ic).
Holschuld *f* | debt which must be collected at the debtor's address.
Holz..anteil *m* | estover.
—berechtigter *m* | holder of a right to cut firewood.
—einschlag *m* | rate of felling.
—gerechtigkeit *f*; **—nutzung** *f*; **—schlagsrecht** *n* | common of estover; right to cut firewood.
—handel *m* | lumber trade; lumbering.
—lager *n*; **—lagerplatz** *m* | lumber yard.
Honorar *n* | remuneration; fee(s) | **Anwalts~** | attorney's (lawyer's) (counsel's) fee(s) | **Arzt~** | doctor's (medical) fee(s) | **Autoren~** | author's fees (royalties) | **Erfolgs~** | contingent fee | **Pauschal~** ① | lump-sum fee | **Pauschal~** ② | retainer (retaining) fee; retainer | **Sachverständigen~** | expert's fee | **Sonder~; Zusatz~** | extra fees.
★ **sein ~ beziehen** | to draw one's fees | **große (hohe) ~e einstecken (einstreichen)** | to pocket large fees.
Honorar..konsul *m* | honorary consul.
—nota *f*; **—note** *f*; **—rechnung** *f* | bill of charges (of costs).
—professor *m* | honorary professor.
—teilung *f* | fee-splitting; splitting of fees.
—vertrag *m* | retainer agreement; retainer.
honorieren *v* ④ | to hono(u)r; to pay | **seine Unterschrift ~** | to hono(u)r one's signature | **einen Wechsel ~** | to hono(u)r (to discharge) (to meet) (to protect) (to pay) a bill of exchange | **einen Wechsel nicht ~** | to dishono(u)r a bill of exchange; to leave a bill in sufferance.
honorieren *v* ⑧ | **jdn. ~** | to pay sb. his fees.
Honorierung *f* ④ [Zahlung] | discharge; payment; hono(u)ring.
Honorierung *f* ⑧ [Honorarzahlung] | payment of a fee (of fees).
Hörensagen *n* | **vom ~** | by (from) hearsay | **Beweis vom ~** | evidence from hearsay; hearsay evidence | **etw. vom ~ erfahren** | to learn sth. from hearsay; to take sth. on hearsay.
Hörfehler *m* | mishearing.
horten *v* ④ [ansammeln] | to hoard | **Vorräte ~** | to hoard supplies.
horten *v* ⑧ [Kapital ansammeln] | to hoard up capital.
Hortung *f* ④ [Ansammlung] | hoarding | **~ von Lagerbeständen; Waren~** | inventory hoarding | **~ von Vorräten** | hoarding of supplies.
Hortung *f* ⑧ [~ von Kapital] | hoarding of capital.
Hospital *n* | hospital.
Hospiz *n* | hostel.
Hotel..angestellter *m* | hotel employee.
—besitzer *m* | hotel proprietor (keeper).
—besitzerin *f* | lady hotel owner.
—direktion *f* | hotel management.
—direktor *m* | hotel manager.
—fachmann *m* | hotel expert.
—fachschule *f* | professionnal school for the hotel trades.
—gast *m* | guest.
—gesellschaft *f* | hotel (hotel management) company.
—gewerbe *n* | **das ~** | the hotel trade.
—gutschein *m* | hotel voucher (bon).
Hotelier *m* | hotel owner (keeper).
Hotelierverband *m* | hotel owners' association.
Hotel..kette *f* | chain of hotels.
—nachweis *m* | hotel (tourist) agency.

Hotel..personal *n* | hotel staff.
—**rechnung** *f* | hotel bill.
—**zimmer** *n* | hotel room.
huldigen *v* | **jdm.** ~ | to do (to render) (to pay) homage to sb. | **sich** ~ **lassen** | to receive homage.
Huldigung *f* | homage.
Huldigungseid *m* | oath of allegiance (of loyalty).
human *adj* | ~**e Behandlung** | treatment as a human being.
human *adv* | **jdn.** ~ **behandeln** | to treat sb. with humanity.
Humanitätsverbrechen *n* | crime against humanity.
Hundertsatz *m* Ⓐ | percentage; rate per cent.
Hundertsatz *m* Ⓑ | rate | **zu einem** ~ **von ...** | at the rate of ... per cent.
Hunger..löhne *mpl* | starvation wages.
—**revolten** *fpl* | food riots.
—**streik** *m* | hunger strike | **in den** ~ **treten** | to hunger strike.
—**streiker** *m* | hunger striker.
Hungersnot *f* | famine.
Hüter *m* | keeper | **Feld**~; **Flur**~ | rural policeman | **Fischerei**~ | keeper | ~ **des Gesetzes** | policeman | **Wald**~ | keeper | **Wild**~ | game keeper.
Hütte *f*; **Hüttenwerk** *n* | smelting works; foundry; ironworks.
Hütten..arbeiter *m* | foundry worker.
—**besitzer** *m* | owner of a foundry.
—**wesen** *n* | smelting.
Hypothek *f* | mortgage | **Ablösung (Abtragung) einer** ~ | redemption (paying off) of a mortgage | **Aufnahme (Bestellung) einer** ~ | constituting a mortgage | **Brief**~ | certificated mortgage | **Buch**~ | uncertificated mortgage | **Eigentümer**~ | mortgage which is registered in the name of the owner | **Eintragung einer** ~ | registration (recording) of a mortgage | **Erlöschen der** ~ | satisfaction of mortgage | **General**~; **Gesamt**~ | general (aggregate) (blanket) (collective) (joint and several) mortgage | **ein Grundstück (ein Haus) mit einer** ~ **belasten** | to mortgage a property (a house) | **Höchstbetrags**~; **Maximal**~ | floating charge; maximum mortgage | **Kaufgeld**~; **Restkaufgeld**~ | purchase money secured by mortgage | **Löschung der** ~ | entry of satisfaction of mortgage | **Rangordnung der** ~**en** | ranking of mortgages | **im Rang nachstehende** ~; **nachrangige** ~; **nachstellige** ~ | subsequent (junior) mortgage | **im Rang vorgehende** ~; **vorrangige** ~ | prior (senior) mortgage | **Rückzahlung einer** ~ | redemption (paying off) of a mortgage | **Sicherungs-**~ | cautionary mortgage | **Zwangs**~ | judicial mortgage.
★ **erste** ~; **erstrangige** ~; **erststellige** ~ | first mortgage | **zweite** ~; **zweitrangige** ~; **zweitstellige** ~ | second mortgage | **frei von** ~**en** | free from mortgages; unmortgaged; unencumbered | **mit** ~**en belastet** | mortgaged; encumbered (burdened) with mortgages.
★ **eine** ~ **ablösen (abtragen) (heimzahlen) (zurückzahlen) (tilgen) (amortisieren)** | to pay off (to redeem) a mortgage | **eine** ~ **aufnehmen** | to raise (to take) a mortgage | **mit einer** ~ **belasten** | to burden (to encumber) with a mortgage; to mortgage | **eine** ~ **bestellen** ① | to create a mortgage | **eine** ~ **bestellen** ② **; eine** ~ **eintragen** | to register a mortgage | **auf** ~ **borgen (leihen)** | to borrow on mortgage | **eine** ~ **kündigen** | to call in a mortgage | **eine** ~ **löschen** | to make an entry of satisfaction of mortgage | **aus einer** ~ **(zwangs)vollstrecken** | to foreclose a mortgage.

Hypothekar *m*; **Hypothekargläubiger** *m* | creditor on mortgage; mortgage creditor; mortgagee.
hypothekarisch *adj* | by (on) mortgage | ~**e Belastung (Lasten) (Schuld)** | mortgage charge (debt); debt on mortgage | ~**e Klage** | mortgage foreclosure action; foreclosure proceedings | ~**er Kredit** | credit on mortgage | ~**e Sicherheit** | security on mortgage; real (landed) security.
hypothekarisch *adv* | by mortgage | **eine Forderung** ~ **sicherstellen (sichern)** | to secure a debt by mortgage | ~ **belastetes Grundstück** | mortgaged (affected) property | **ein Haus** ~ **belasten** | to mortgage a house | ~ **belastet** ① | mortgaged | ~ **belastet** ② | encumbered (burdened) with mortgages | ~ **unbelastet;** ~ **nicht belastet** | free from mortgages; unmortgaged; unencumbered | ~ **belastet werden** | to be (to become) mortgaged | ~ **gesichert** | secured by mortgage | ~ **gesicherte Forderung** | claim on mortgage; debt secured by mortgage | ~ **gesicherte Wertpapiere** | bonds secured by mortgage; mortgage bonds | **eine Schuld** ~ **sichern** | to secure a debt by mortgage | ~ **verpfändbar** | mortgageable | ~ **verpflichtet sein** | to be bound by mortgage.
Hypothekarkredit *m* | credit on mortgage; mortgage credit.
Hypotheken..ablösung *f* | paying off (redemption) of the mortgages.
—**abtretung** *f* | assignment of a mortgage.
—**amt** *n* | mortgage registry (register office); office of the registrar of mortgages.
—**anlagen** *fpl* | investment in mortgages; mortgage securities (bonds).
—**anleihe** *f* | mortgage loan; loan on mortgage.
—**aufwertung** *f* | revalorization (revaluation) of mortgages.
—**bank** *f* | mortgage (land) bank.
—**bestellung** *f* Ⓐ | constituting a mortgage.
—**bestellung** *f* Ⓑ | registration of a mortgage.
—**bestellungsvertrag** *m* | mortgage deed (instrument).
—**brief** *m* Ⓐ | mortgage instrument (deed) (bond) (note) (receipt).
—**brief** *m* Ⓑ | certificate of registration of mortgage.
—**buch** *n* | register of mortgages; mortgage register.
—**darlehen** *n* | loan on mortgage; mortgage loan.
—**eintragung** *f* | registration (recording) of mortgage.
—**forderung** *f* | claim on mortgage (secured by mortgage).
hypothekenfrei *adj* | free from mortgages; unmortgaged; unencumbered.
Hypotheken..gesellschaft *f*; —**institut** *n* | mortgage bank.
—**gewinnabgabe** *f* | levy (tax) on mortgage profits.
—**gläubiger** *m* | creditor on mortgage; mortgage creditor; mortgagee.
—**kasse** *f* | mortgage bank.
—**kredit** *m* | mortgage credit; credit on mortgage.
——**gesellschaft** *f* | mortgage bank.
—**last** *f* Ⓐ | debt on mortgage; mortgage charge (debt).
—**last** *f* Ⓑ | encumbrance by mortgages.
—**löschung** *f* | cancellation of the mortgage.
—**löschungs..vermerk** *m* | entry of satisfaction of mortgage.
——**bescheinigung** *f* | certificate on the extinction of a mortgage.
——**klage** *f* | action for cancellation of a mortgage.
Hypotheken..makler *m* | mortgage broker.
—**markt** *m* | market for mortgages.
—**obligation** *f*; —**pfandbrief** *m* | mortgage debenture (bond) (certificate).

Hypotheken..obligationär *m*; **—pfandbriefgläubiger** *m* | mortgage debenture holder (stockholder).
—pfandrecht *n* | mortgage charge (lien).
—rang *m* | ranking of a mortgage (of mortgages).
—register *n* | mortgage register; register of mortgages.
—registeramt *n* | mortgage registry (register office); office of the registrar of mortgages.
—richter *m* | registrar of mortgages.
—rückzahlung *f* | paying off of a mortgage.
—schein *m* Ⓐ | mortgage instrument (deed) (bond).
—schein *m* Ⓑ | certificate of registration of mortgage; mortgage receipt.
—schuld *f* | mortgage debt (charge); debt on mortgage (secured by mortgage) | **frei von ~en** | free from mortgages; unmortgaged.
—schuldner *m* | mortgager; mortgagor; debtor on mortgage.
—schuldverschreibung *f* | mortgage debenture (bond).
—tilgung *f* | redemption (paying off) of a mortgage.
—titel *m*; **—urkunde** *f* | mortgage instrument (deed) (bond).
—verschuldung *f* | mortgage indebtedness.
—vorrang *m* | ranking (priority ranking) of a mortgage.
—zinsen *mpl* | mortgage interest; interest on mortgage.
—zinssatz *m* | mortgage interest rate.
—zwangsvollstreckungsklage *f* | mortgage foreclosure action.

I

identifizierbar *adj* | identifiable.
identifizieren *v* | **jdn. ~** | to identify sb.; to establish sb.'s identity | **sich mit einer Sache ~** | to identify os. (to become identified) with a cause.
Identifizierung *f* | identification | **~ durch Gegenüberstellung** | identification by confrontation | **~ eines Verbrechers** | identification of a criminal.
Identifizierungszeichen *n* | mark of identification.
identisch *adj* | identic(al) | **~ mit** | identical with.
Identität *f* | identity | **Feststellung (Nachweis) der ~** | proof of identity | **die ~ feststellen (nachweisen)** | to prove (to establish) the identity.
Identitäts..feststellung *f* | identification.
—karte *f* | identification (personal identification) card.
—nachweis *m* | certificate of identity; identity certificate.
—verwechslung *f* | mistaken identity.
—zeichen *n* | identification mark.
illegal *adj* | illegal; unlawful | **etw. für ~ erklären** | to declare sth. illegal (unlawful).
Illegalität *f* | illegality; unlawfulness | **Einrede der ~** | plea of illegality.
illegitim *adj* [außerehelich geboren] | illegitimate; born out of wedlock.
Illegitimität *f* [außereheliche Geburt] | illegitimate birth; illegitimacy.
illoyal *adj* | disloyal.
Illoyalität *f* | disloyalty; disloyal act.
illusorisch *adj* | illusory.
Illustration *f* Ⓐ [Erläuterung] | explanation.
Illustration *f* Ⓑ [Abbildung] | illustration.

illustrieren *v* Ⓐ [erläutern] | to explain.
illustrieren *v* Ⓑ [durch Bilder veranschaulichen] | to illustrate.
illustriert *adj* | illustrated | **~er Katalog** | trade (illustrated) catalogue; illustrated price list | **~e Zeitung** | illustrated paper | **reich ~** | richly illustrated.
Illustrierung *f* | illustrating; explanation.
Imitation *f* Ⓐ [Fälschung] | counterfeiting; forgery.
Imitation *f* Ⓑ [Falsifikat] | imitation; copy.
imitieren *v* Ⓐ [nachahmen] | to imitate.
imitieren *v* Ⓑ [fälschen] | to falsify; to forge.
imaginär *adj* | imaginary.
immateriell *adj* | immaterial | **~er Schaden** | nominal damages *pl* | **~e Werte** | intangible assets | **~er Wert** [eines Geschäfts; einer Firma] | goodwill.
Immatrikulation *f* | matriculation; registration.
Immatrikulationsgebühr *f* | registration fee.
immatrikulieren *v* | to register | **sich ~ lassen** | to get registered.
Immobiliar..exekution *f* | foreclosure.
—kredit *m* | mortgage credit; credit on landed property; advances (loans) on mortgage.
—pfandrecht *n* | mortgage.
—pfändung *f* | seizure of real estate property.
—vermögen *n* | real (real estate) (landed) property; landed estate; realty.
Immobilien *pl* | real estate; real (real estate) (landed) property.
Immobilien..büro *n* | estate (real estate) (land) agency.
—gesellschaft *f* | real estate company.
—handel *m* | dealing in real estate; real estate business.
—händler *m* | real estate dealer; land agent.
—konto *n* | property (premises) account.
—makler *m* | estate (real estate) (landed property) agent.
—markt *m*; **—verkehr** *m* | property (real estate) market.
—recht *n* | laws (legislation) on real property.
—vermögen *n* | real (real estate) (landed) property; landed estate; realty.
—verwaltung *f* | estate (real estate) (land) agency.
immobilisieren *v* | **Gelder ~; Kapital(ien) ~** | to tie up capital (funds).
Immunität *f* [parlamentarische Unverletzlichkeit] | parliamentary immunity; privilege | **Aufhebung der ~** | revocation of the privilege of immunity | **im (unter dem) Schutz der ~** | under the privilege of immunity | **die ~ aufheben** | to revoke the privilege of immunity.
Imperialismus *m* | imperialism.
imperialistisch *adj* | imperialist(ic).
Impf..pflicht *f*; **—zwang** *m* | compulsory vaccination.
—schein *m*; **—zeugnis** *n* | certificate of vaccination.
implizite *adv* | implicitly.
Imponderabilien *npl* | imponderables *pl*.
Import *m* | import; importation; import trade (business).
Import..abgabe *f* | duty on imports; import duty.
—agent *m* | import agent.
—akkreditiv *n* | import letter of credit.
—artikel *m* | article of importation.
—artikel *mpl* Ⓐ [Einfuhrwaren] | articles of importation.
—artikel *mpl* Ⓑ [eingeführte Waren] | imported articles; imports *pl*.
—antrag *m*; **—bewilligungsantrag** *m* | application for an import permit (license).
—ausgleichsabgabe *f* | import equalization tax (levy).
—beschränkungen *fpl* | import restrictions.
—bestimmungen *fpl* | import regulations.

Importdrosselung f | cutting down (restricting) imports.
Importeur m | importer; import dealer (merchant).
Import..geschäft n Ⓐ [Importhandel] | import trade (business).
—**geschäft** n Ⓑ; —**firma** f; —**haus** n; —**handelshaus** | importing (import) firm (house).
—**gesellschaft** f | importing (import) company.
—**hafen** m | port of import (of entry).
—**handel** m | import trade (business).
—**händler** m; —**kaufmann** m | importer; import dealer (merchant).
importierbar adj | importable; to be imported.
importieren v | to import.
Import..kontingent n; —**quote** f | import quota.
—**kontingentierung** f | quota system for imports.
—**kontrolle** f | control on imports.
—**lizenz** f | import permit (license) (certificate).
—**lücke** f | import gap.
—**monopol** n | import monopoly.
—**rohstoffe** mpl | raw materials which have to be imported.
—**subvention** f | import subsidy.
—**überschuß** m | import surplus.
—**ware(n)** fpl | imported goods; imports.
—**zoll** m | import duty; duty on importation.
Impressum n | printer's imprint.
Imprimatur n | license to print; printing license | **für ein Buch das** — **erteilen** | to pass a book for the press.
Improvisation f; **Improvisieren** n | improvising; extemporizing.
improvisieren v | to improvise; to extemporize.
improvisiert adj | improvised; extemporaneous; extempore.
Inangriffnahme f | beginning of (setting to) work; putting into operation.
Inanspruchnahme f Ⓐ | — **eines Rechts** | claiming a right (of a right).
Inanspruchnahme f Ⓑ [Heranziehung] | **durch (unter)** — **eines Anwaltes (eines Rechtsanwaltes)** | by engaging counsel | — **mit (durch) Arbeit** | occupation with work; load of work | **durch (unter)** — **des Gerichtes (gerichtlicher Hilfe)** | by resorting to litigation | — **der Hilfsquellen** | drain on the resources | **durch** — **von Kredit** | by borrowing.
Inauguraldissertation f | thesis.
Inauguration f [feierliche Amtseinsetzung] | inauguration; formal introduction.
Inbegriff m | **Sach**— | aggregate (entirety) of things.
inbegriffen part | included; inclusive of | **Alles** — | terms inclusive; inclusive terms.
Inbesitznahme f | taking possession.
Inbetriebnahme f; **Inbetriebsetzung** f | putting into operation (into exploitation).
Index m Ⓐ [Sachregister] | table of contents.
Index m Ⓑ [Kennziffer] | index figure (number); index | **Gold**— | index in gold | **Großhandels**— | wholesale price index | **Handels**— | trade index | **Kleinhandels**— | retail price index | **Lebenshaltungs**— | cost-of-living index | **Preis**— | price index | **Produktions**— | production index | **Verbraucherpreis**— | consumer price index.
Index m Ⓒ [Index librorum prohibitorum] | Index | **ein Buch auf den** — **setzen** | to put a book on the index; to ban a book.
indexgebunden adj | tied to the (to an) index.
Indexierung f | indexation.
Index..karte f | index card.
—**klausel** f | escalator clause.
—**löhne** mpl | wages tied to the cost-of-living index.
—**zahl** f; —**ziffer** f | index number (figure).

Indienststellung f | commissioning; putting into operation.
indirekt adj | indirect | —**e Abgaben (Steuern)** | indirect taxes.
indiskret adj | indiscret.
Indiskretion f | indiscretion.
Individualrechte npl | individual rights; rights of the individual.
individuell adj | individual | —**e Freiheit** | freedom of the individual.
Indiz n [Anhaltspunkt] | clue.
Indizienbeweis m [Beweis durch Indizien] | circumstantial (inferential) evidence (proof).
indossabel adj | transferable by endorsement.
Indossament n | endorsement; indorsement | **Blanko**— | blank endorsement | **Inkasso**— | endorsement for collection | — **ohne Regreß** | endorsement without recourse | **Wechsel**— | endorsement on a bill of exchange.
★ **eingeschränktes** — | qualified endorsement | **nachfolgendes (späteres)** — | subsequent (later) endorsement | **durch** — **übertragbar** | negotiable; endorsable; transferable by endorsement | **durch** — **übertragen** | to transfer by endorsement.
Indossant m | endorser; indorser | **nachfolgender** —; **späterer** — | subsequent endorser | **vorhergehender** —; **früherer** — | previous endorser.
Indossat m; **Indossatar** m | endorsee.
indossierbar adj | transferable by endorsement.
indossieren v | **einen Wechsel** — | to endorse (to indorse) a bill of exchange | **einen Wechsel zurück**— | to endorse back a bill of exchange | **in blanko** — | to endorse in blank.
Indossierung f | endorsing; endorsement | **durch** — | by endorsement.
industrialisieren v | to industrialize.
Industrialisierung f | industrialization.
Industrialismus m | industrialism.
Industrie f | industry; manufacturing | **Ausgangs**— | basic industry | **Auto**—; **Automobil**— | automobile industry | **Bekleidungs**— | garment industry | **Bergwerks**— | mining industry; mining | **Brau**— | the breweries | **Eisen**— | iron industry | **Erdöl**— | the oil industry | **die Export**— | the export (exporting) industries pl | **Fabrik**— | manufacturing industry | **Film**— | film (motion picture) industry | **die Groß**— | the big industries pl.
○ **Grundstoff**— | basic industry | **Handel und** — | trade and industry | **Haus**—; **Heim**— | home industry | — **in den Kinderschuhen** | infant industry | **Klein**— | the small industries pl (trades pl) | **Leinen**— | linen industry (trade) | **Montan**— | mining industry; mining | **Porzellan**— | china industry | **Privat**— | private industry | **Rüstungs**— | armament industry | **Saison**— | seasonal industry | **Schlüssel**— | key industry | **Schuh**— | shoe industry.
○ **Schwer**— | heavy industries (industry) | **Seiden**— | silk industry (industries) (trade) | **Seifen**— | soap industry (trade) | **Stahl**— | steel industry | **Textil**— | textile industry (trade) (industries) (trades) | **Verarbeitungs**— | manufacturing (transforming) industry | **Verbrauchsgüter**— | consumer-goods industries | **Veredelungs**— | finishing industry.
★ **bodenständige** —**en** | stable industries | **chemische** — | chemical industry | **einheimische** — | domestic industry | **erzeugende** — | manufacturing industry | **staatlich subventionierte** — | subsidized industry | **verarbeitende** — | manufacturing (transforming) industry | **... und verwandte** —**n** | ... and cognate industries.

★ **eine** ~ **staatlich subventionieren** | to subsidize an industry | **eine** ~ **(zur** ~**) werden** | to become industrialized.
Industrie..aktien *fpl* | industrial shares (stock) (stocks) (securities); industrials.
—**anlage** *f* | industrial (manufacturing) plant; factory.
—**anleihe** *f* | industrial loan.
—**arbeiter** *m* | factory worker (hand); industrial worker.
—**arbeiterschaft** *f* | the industrial workers *pl.*
—**ausrüstung** *f* | industrial equipment.
—**ausstellung** *f* | industrial exhibition (show) (fair).
—**ausstoß** *m* | industrial output.
—**bahn** *f* | industrial railway.
—**bank** *f* | industrial bank.
—**bauten** *mpl* | industrial buildings.
—**berater** *m* | industrial (management) consultant.
—**beteiligungen** *fpl* | industrial participations.
—**betrieb** *m* | industrial enterprise (concern) (plant); factory; mill.
—**bezirk** *m* | industrial area; manufacturing district (center).
—**buchführung** *f*; —**buchhaltung** *f* | industrial bookkeeping (accounting).
—**emissionen** *fpl* | industrial issues.
—**ertrag** *m* | industrial production (output).
—**erzeugnis** *n* | industrial (manufactured) product; manufacture.
—**erzeugung** *f* | industrial production.
—**finanzierung** *f* | financing of industry.
—**finanzierungsgesellschaft** *f* | industrial finance company.
—**förderung** *f* | encouraging (encouragement) of industries.
—**führer** *m* | industrial leader; captain of industry.
—**gebiet** *n* | industrial area (district); manufacturing district (center).
—**gelände** *n* | trading (industrial) estate.
—**gesellschaft** *f* | industrial (manufacturing) company; industrial concern.
—**gesetzgebung** *f* | the factory acts *pl* (laws *pl*).
—**gewerkschaft** *f* | industrial union (trades union).
—**grundstück** *n* | industrial property; factory site.
—**kapazität** *f* | industrial capacity.
—**kapital** *n* | capital (funds) engaged in industry.
—**kartell** *n* | industrial cartel.
—**kontrolle** *f* | control of industry.
—**konzern** *m* | industrial concern.
—**kredit** *m* | industrial credit.
—**kreditbank** *f* | industrial credit bank.
—**krise** *f* | industrial crisis.
—**land** *n* | industrial (industrialized) country.
industriell *adj* | industrial | ~**e Entwicklung (Erschließung)** | industrial development | ~**es Erzeugnis (Produkt)** | industrial (manufactured) product; manufacture | ~**e Erzeugung (Produktion)** | industrial production | ~**e Kapazität** | industrial capacity | ~**e Mobilmachung** | industrial mobilization | ~**e Umwälzung** | industrial revolution | ~**e Verwertung** | industrial exploitation | ~**es Wachstum** | industrial growth.
Industriellenverband *m* | manufacturing (trade) association; association of manufacturers.
Industrieller *m* | industrialist; industrial; manufacturer | **Groß**~ | big manufacturer (industrial).
Industrie..marke *f* | trade mark; industrial brand.
—**messe** *f* | industrial exhibition; industries fair.
—**monopol** *n* | industrial monopoly.
—**niveau** *n* | level of industry.
—**obligationen** *fpl* | industrial bonds.

Industrie..papiere *npl*; —**werte** *mpl* | industrial shares (stock) (stocks) (securities) (bonds); industrials *pl.*
—**politik** *f* | industrial policy.
—**potential** *n* | industrial capacity.
—**produkt** *n* | industrial (finished) (manufactured) product.
—**produkte** *npl* | manufactured goods (articles); manufactures.
—**produktion** *f* | industrial (factory) production; manufacturing.
—**proletariat** *n* | industrial proletariat.
—**ritter** *m* | adventurer.
—**spionage** *f* | industrial espionage.
—**staat** *m* | industrial country (nation).
—**stadt** *f* | manufacturing (industrial) town.
—**system** *n* | structure of industry.
—**tätigkeit** *f* | industrial activity.
Industrie- und Handelskammer *f* | chamber of industry and commerce.
Industrie..unternehmen *n* | industrial (manufacturing) enterprise (concern).
—**verband** *m* | industrial (trade) organization (association).
—**verlagerung** *f* | relocation of industry (industries).
—**viertel** *n* | industrial area (district).
—**werk** *n* | industrial plant; factory.
—**zentrum** *n* | industrial (manufacturing) center.
—**zweig** *m* | line (branch) of industry.
Inempfangnahme *f* | reception; receiving.
infam *adj* [schändlich] | infamous.
Infamie *f* | infamy.
Inflation *f* | inflation | **Geld**~; **Währungs**~ | monetary inflation; inflation of the currency | **Kredit**~ | inflation of credit | **galoppierende** ~ | galopping inflation | **latente** ~; **schleichende** ~ | latent (creeping) inflation | **die** ~ **dämpfen** | to curb inflation | **der** ~ **Einhalt gebieten** | to halt inflation | **die** ~ **eindämmen** | to contain (to check) inflation.
inflationistisch *adj* | inflationist; inflationary | ~**e Politik** | policy of inflation | ~**e Tendenzen** | inflationist tendencies.
Inflations..bekämpfung *f* | fight (combat) against inflation.
—**gefahr** *f* | danger of inflation.
—**gewinne** *mpl* | inflation (inflationary) profits.
—**gewinnler** *m* | inflation profiteer.
—**politik** *f* | inflationist (inflationary) policy; policy of inflation.
—**rate** *f* | rate of inflation.
—**schraube** *f* | inflationary spiral.
—**tendenzen** *fpl* | inflationist tendencies.
—**wert** *m* | inflated value.
—**zeit** *f* | time of (of the) inflation.
infolge | ~ **eines Irrtums** | through an error | ~ **von** | in consequence of; on account of; because of.
infolgedessen *adv* | consequently.
Information *f* | information; advise | **Austausch von** ~**en** | exchange (interchange) of information | ~ **(**~**en) einholen (einziehen)** | to make inquiries; to inquire | ~ **(**~**en) erteilen** | to give (to furnish) information; to inform | **zu Ihrer** ~ | for your information.
Informations..austausch *m* | exchange of information.
—**blatt** *n* | newspaper; news sheet.
—**brief** *m* | news letter.
—**büro** *n* | information bureau (office) | **Presse**~ | news (press) agency.
—**dienst** *m* | information (news) service.
—**ministerium** *n* | Ministry of Information.
—**mittel** *n* und *npl* | media of information.

Informations..quelle *f* | source of information.
—reise *f* | information (fact-finding) tour.
informativ *adj*; **informatorisch** *adj* | informative; informatory.
informieren *v* | **jdn. über (von) etw.** ~ | to inform sb. of (about) sth.; to give sb. information on (about) sth. | **jdn. falsch** ~ | to misinform sb. | **sich über etw.** ~ | to inquire (to make inquiries) about sth.; to get information of (about) sth. | **sich** ~**, ob ...** | to inquire if ...
informiert *adj* | **von** ~**er (von gut** ~**er) Seite** | from a well-informed source | **falsch** ~; **schlecht** ~ | misinformed; ill-informed | **gut** ~ | well-informed | **in gut** ~**en Kreisen** | in well-informed quarters.
informiert *part* | **jdn. über etw.** ~ **halten** | to keep sb. informed about sth.
Infrastruktur *f* | infrastructure.
Ingangsetzung *f* | putting into operation.
Ingebrauchnahme *f* | putting into use.
Ingenieur *m* | engineer | **Bau**~ | structural engineer | **Berg**~ | mining engineer | **Chef**~ | chief engineer; superintending engineer | **Elektro**~ | electrical engineer | **Maschinenbau**~ | mechanical engineer | **Schiffbau**~ | shipbuilding engineer; naval engineer (architect) | **Zivil**~ | civil engineer.
★ **beratender** ~ | consulting engineer | **leitender** ~ | superintending (chief) engineer.
Ingenieur..beruf *m* | **der** ~ | engineering | **der Zivil**~ | civil engineering.
—schule *f* | engineering college.
—stab *m* | staff of engineers.
inhaftieren *v* | **jdn.** ~ | to arrest sb.; to put sb. under arrest.
Inhaftierung *f* | arrest; arresting.
Inhaber *m* Ⓐ [Besitzer; Träger] | holder; bearer | **Anweisung auf den** ~ | bearer certificate (scrip) | **durch eine zusammenhängende Reihe von Indossamenten ausgewiesener** ~ | holder in due course | **Legitimation des** ~**s** | proof of the holder's identity | **Scheck**~; **Check**~ [S]; ~ **eines Schecks** | bearer (holder) (payee) of a cheque | **Schuldverschreibung auf den** ~ | bearer bond (debenture) | ~ **einer Tratte** | holder of a draft | **Vor**~ | previous holder | **Wechsel**~ | bearer (holder) (payee) of a bill of exchange.
★ **bösgläubiger** ~; **schlechtgläubiger** ~ | holder in bad faith; mala fide holder | **früherer** ~ | prior holder | **gutgläubiger** ~ | holder in good faith; bona fide holder | **nachfolgender** ~ | subsequent holder | **rechtmäßiger** ~ | holder in due course.
★ **etw. auf den** ~ **ausstellen** | to make sth. out (to issue sth.) to bearer | **auf den** ~ **ausgestellt** | made out to bearer | **auf den** ~ **lauten** | to be made out to bearer | **auf den** ~ **lautend** | issued (made out) to bearer; to bearer | **an den** ~ **zahlbar** | payable to bearer.
Inhaber *m* Ⓑ [Eigner; Berechtigter] | holder; owner; proprietor | **Aktien**~ | holder of a share; shareholder | ~ **von Aktien** | holder (owner) of shares (of stock); stockholder | **Allein**~ | sole owner (proprietor) | **Anteils**~ | owner of a share | ~ **eines Bankkontos; Bankkonten**~ | holder (owner) of a banking account | ~ **einer Dauerkarte** | season-ticket holder | ~ **einer Fahrkarte** | ticket holder.
○ **Firmen**~; **Geschäfts**~ | owner (proprietor) of a business (of a firm) (of the firm) | ~ **einer Genehmigung** | holder of a permit | **Konto**~; **Konten**~ | owner (holder) of the (of an) account | ~ **eines Kreditbriefes** | bearer (holder) (payee) of a letter of credit | **Lizenz**~; ~ **einer Lizenz** | licensee | **Marken**~ | owner of the trademark; trade mark owner |

Obligationen~; **Obligations**~; **Pfandbrief**~; **Schuldverschreibungs**~ | debenture holder (stockholder); bondholder; bond creditor | ~ **eines Passes; Paß**~ | holder of a (of the) passport.
○ **Patent**~ | patent owner (holder); patentee | ~ **eines Postens** | holder of a post (of a position) | **Postscheckkonten**~ | owner (holder) of a postal cheque account | ~ **eines Rechts; Rechts**~ | holder (owner) of a right | ~ **eines Schiffspfandrechtes** | holder of a bottomry-bond | ~ **von Staatspapieren** | fund holder | ~ **einer Stelle (einer Stellung)** | holder of a position (of a post) | ~ **des (eines) Urheberrechts** | copyright-owner | **Vollmachts**~ | holder of a power of attorney; proxy | **Vor**~ | previous owner; predecessor in title | **Warenzeichen**~; **Zeichen**~ | owner of the trademark; trade mark owner.
★ **alleiniger** ~ | sole owner | **rechtmäßiger** ~ | lawful (rightful) (legitimate) owner | **den** ~ **wechseln** | to change hands.
Inhaberin *f* Ⓐ [Besitzerin] | holder; bearer.
Inhaberin *f* Ⓑ [Eigentümerin] | owner; proprietress.
Inhaber..aktien *fpl*; **—papiere** *npl*; **—wertpapiere** *npl* | bearer shares (stock) (stocks) (securities).
—kreditbrief *m* | open letter of credit.
—ladeschein *m* | bill of lading made out to bearer.
—obligation *f*; **—schuldverschreibung** *f* | bearer bond (debenture).
—schaft *f* | ownership.
—scheck *m*; **—check** *m* [S] | cheque to bearer; bearer (open) cheque.
—zertifikat *n* | certificate made out to bearer; bearer certificate.
inhaftieren *v* | **jdn.** ~ | to arrest sb.; to take sb. into custody.
Inhaftierung *f* | arresting; taking [sb.] into custody.
Inhalt *m* Ⓐ | contents *pl* | ~ **eines Briefes; Brief**~ | contents of a letter | **Form und** ~ | the form and the substance | ~ **einer Urkunde** | contents of a document.
★ **allgemeinen** ~**s** | of general import | **folgenden** ~**s** | of this (of the following) tenor | **gleichen (gleichlautenden)** ~**s** | of the same tenor | **wesentlicher** ~ | substance | **des** ~**s, daß ...** | to the effect that ...
Inhalt *m* Ⓑ [Gegenstand] | subject; subject-matter.
Inhalt *m* Ⓒ [Text] | text; wording.
inhaltlich *adj* | relating to the contents (to the text); textual.
inhaltlich *adv* | ~ **abweichen** | to read differently; to have a different wording.
Inhalts..angabe *f* Ⓐ | summary of contents; synopsis.
—angabe *f* Ⓑ; **—erklärung** *f* | declaration (statement) of contents.
—übersicht *f*; **—verzeichnis** *n* | index; register; contents *pl*; summary of contents.
—wert *m* Ⓐ | value of the contents.
—wert *m* Ⓑ [deklarierter Wert] | declared value.
Initiative *f* Ⓐ [Antrieb] | initiative | **Privat**~; **private** ~; **Unternehmer**~ | private initiative | **etw. aus eigener** ~ **tun** | to do sth. on one's own initiative | **die** ~ **ergreifen, um etw. zu tun** | to take the initiative in doing sth.
Initiative *f* Ⓑ [Recht der ~] | initiative; right to take the initiative | **Gesetzes**~ | right to table bills; legislative initiative | **mit Bezug auf etw. die** ~ **(das Recht der** ~**) haben** | to have the initiative in (with) respect to sth.
Inkasso *n* | collection; collecting | **Wechsel**~ | collection of bills | **das** ~ **besorgen (machen)** | to make collection(s) | **etw. zum** ~ **vorlegen (vorzeigen)** | to present sth. for collection (for payment).

Inkasso..agent *m*; —**beauftragter** *m*; —**mandatar** *m* | collecting agent.
—**auftrag** *m*; —**mandat** *n* | order (instruction) to collect.
—**bedingungen** *fpl* | terms for (of) collecting (for collection).
—**befugnis** *f* | power to collect.
—**büro** *n* | debt collecting agency.
—**dienst** *m* | collection service.
—**gebühren** *fpl* | collecting charges (fees).
—**geschäft** *n* Ⓐ | collecting business (transaction).
—**geschäft** *n* Ⓑ | collections *pl*.
—**indossament** *n* | endorsement for collection.
—**kommission** *f*; —**provision** *f* | collecting commission.
—**spesen** *pl* | charges for collection; collecting charges.
—**stelle** *f* | collection office; collecting agency.
—**vollmacht** *f* | collecting power; power to collect.
—**wechsel** *m* | bill for collection.
inklusive *adj* | including; comprising; included; inclusive.
Inkraftsetzen *n*; **Inkraftsetzung** *f* | carrying into effect; putting into force (into operation).
Inkrafttreten *n* Ⓐ | coming into effect (into operation) (into force).
Inkrafttreten *n* Ⓑ [Tag des ~s] | effective date.
Inland *n* Ⓐ [das Innere des Landes] | das ~ | the interior of the country; the interior country; the inland; the interior | im ~ | inland *adj*.
Inland *n* Ⓑ | im In- und Ausland | at home and abroad | | im ~ ausgegebene Banknoten | home currency issues | Friede im ~ | internal peace | Wechsel auf das ~ | inland bill | im ~ geboren | native-born | im ~ erzeugt (hergestellt) | home-made.
Inländer *m* | inhabitant; resident; national; native.
inländisch *adj* | inland; home; domestic | ~e Aktien | home stocks | ~er Bedarf | home (domestic) demand(s) | ~es Erzeugnis ① | home (inland) (native) produce (produkt) | ~es Erzeugnis ②; ~es Fabrikat | home (inland) manufacture | ~e Gerichtsbarkeit | interior jurisdiction | ~e Gesetzgebung | national legislation | ~e Grundstoffe | basic materials produced within the country | ~er Handel | home (inland) (domestic) (internal) trade; domestic commerce | ~e Marke | inland (home) brand | ~er Markt | home (domestic) (internal) market(s) | ~e Produktion | home (domestic) production | ~e Steuern und Abgaben | inland duties (rates and taxes) | ~er Verbrauch | home (domestic) consumption | ~e Wasserstraßen (Wasserwege) | inland waterways | ~er Wechsel | inland bill | ~e Werte | home securities.
Inlands..abgaben *fpl* | inland duties; internal revenue taxes.
—**absatz** *m* | inland (domestic) sales *pl*; sales in the home market.
—**anleihe** *f* | internal loan.
—**aufträge** *mpl* | orders from within the country; domestic orders.
—**bedarf** *m* | home (domestic) demand(s).
—**belieferung** *f* | supplying (supply of) the inland market.
—**brief** *m* | inland letter.
—**erzeugung** *f* | home (national) production; domestic output.
—**gebühr** *f* | inland duty.
—**handel** *m* | home (inland) (domestic) (internal) trade; domestic commerce.
—**konto** *n* | internal account.
—**markt** *m* | home (domestic) (internal) market(s).
—**nachrichten** *fpl* | home news.

Inlands..paket *n* | inland parcel.
—**porto** *n* Ⓐ | inland postage.
—**porto** *n* Ⓑ [Tarif] | inland postage rate.
—**postanweisung** *f* | inland money order.
—**preis** *m* | home (home-market) (domestic) price.
—**produktion** *fpl* | domestic production.
—**schuld** *f* | internal debt.
—**standort** *m* | inland site (location).
—**tarif** *m* | inland rate.
—**telegramm** *n* | inland telegram.
—**verbrauch** *m* | home (domestic) consumption | **Abgabe auf den** ~ | consumption tax.
—**verkaufspreis** *m* | inland price; price in the home market.
—**verkehr** *m* | inland traffic.
—**waren** *fpl* | inland goods.
—**wechsel** *m* | inland bill.
—**wert** *m* | inland (home) value.
—**wohnsitz** *m* | inland domicile.
inliegend *adj* | enclosed (inclosed) herewith.
innehaben *v* | to hold; to possess; to be in possession | eine Wohnung ~ | to occupy an apartment.
Innehabung *f* | occupation; habitation | **Nicht**~ | non-occupation.
Innendienst *m* | indoor (office) work.
—**minister** *m*; **Minister des Inneren** | Minister of the Interior (for internal affairs); Secretary of State for Home Affairs [GB]; Home Secretary [GB]; Secretary of the Interior [USA].
—**ministerium** *n*; **Ministerium des Innern** | Ministry of the Interior (of Internal Affairs); Home Office [GB]; Department of the Interior [USA].
—**politik** *f* | internal (home) policy; internal politics.
innenpolitisch *adj* | in the home field; ~e Angelegenheiten (Probleme) | domestic affairs (problems).
Innen..seite *f* | inner page.
—**stadt** *f* | center of town; city.
inner *adj* | interior; internal | ~e Angelegenheiten | interior affairs | ~e Anleihe | internal loan | ~e Streitigkeiten (Zwistigkeiten) | domestic quarrels | ~e Unruhen | civil disorders (strife) (commotions) | ~er Verderb | intrinsic deterioration | ~er Wert | intrinsic (real) value | ~e Wirren | internal (civil) (domestic) warfare.
Innere *n* | das ~ | the interior; the internal affairs.
innergemeinschaftlich *adj* [EG] | within the Community; intra-Community [EEC].
innerhalb *adv* Ⓐ | ~ der Grenzen | within the frontiers | ~ der Schranken des Gesetzes (des gesetzlich Erlaubten) | within the law.
innerhalb *adv* Ⓑ **innert** *adv* [S] [binnen] | ~ einer Frist von ... | within a period of ... | ~ kürzester Frist | within the shortest possible delay | ~ der vorgeschriebenen Frist | within the required time | ~ eines Jahres | within a year | ~ Menschengedenken | within the memory of men | ~ von drei Monaten | within three months | ~ von vierundzwanzig Stunden | within twenty-four hours | ~ von ... Tagen | within ... days | ~ einer Woche | within a week | ~ der nächsten (kommenden) Woche | within the next week.
innerstaatlich *adj* | internal; domestic.
innewohnen *v* | to inhere; to be inherent.
Innung *f* | guild; corporation | **Handwerker**~ | trade guild | **Zwangs** ~ | trade guild with compulsory membership.
Innungs..brief *m* | charter of the (of a) corporation.
—**krankenkasse** *f* | health insurance fund of the corporation.
—**meister** *m* | member of the (of a) guild.

Innungs..obermeister *m* | foreman of the (of a) guild.
—satzung *f* | by-laws of the corporation.
—wesen *n* | das ~ | the trade guilds *pl*.
—zwang *m* | obligation to join (to be a member of) a trade guild.
inoffiziell *adj* Ⓐ [nicht amtlich] | inofficial.
inoffiziell *adj* Ⓑ [offiziös] | inofficious.
Inrechnungsstellung *f* | billing; invoicing.
Insasse *m* Ⓐ | inmate | die ~n eines Armenhauses | the inmates of an almshouse | ~ einer Irrenanstalt | inmate of a lunatic asylum | Krankenhaus~ | inmate of a hospital.
Insasse *m* Ⓑ [Passagier] | passenger.
insbesondere *adv* | particularly; in particular.
Inschrift *f* | inscription.
Inserat *n* | advertisement | Zeitungs~ | newspaper advertisement | ~ unter Ziffer | advertisement under a box number | etw. durch ~ anbieten | to advertise sth. for sale | ein ~ aufgeben | to have an advertisement inserted; to advertise | etw. durch ein ~ (durch ~e) suchen | to advertise for sth.
Inseraten..annahme *f*; **—büro** *n* | advertising agency (bureau) (office).
—blatt *n* | advertiser; advertising paper.
—reklame *f*; **—werbung** *f* | newspaper advertising.
—teil *m* | advertising space.
Inserent *m* | advertiser.
Inserieren *n* | durch ~ | by advertising in the newspapers; by newspaper advertising.
inserieren *v* | to insert; to advertise | in einer Zeitung ~ | to advertise (to have an advertisement inserted) in a newspaper.
Insertions..gebühren *fpl* | advertising rates.
—kosten *pl* | advertising charges (expenses) (costs).
—vertrag *m* | advertising contract.
insgeheim *adv* | secretly; in secrecy; clandestinely | etw. ~ vorbereiten | to prepare sth. in secrecy.
insolvent *adj* | insolvent.
Insolvenz *f* | insolvency; suspension of payments; failure | ~ anmelden | to declare os. insolvent (bankrupt); to file one's bankruptcy petition.
insoweit *adv* | ~ als | to the extent of.
Inspektion *f* | inspection; examination | ~ bei der Ausreise | survey on sailing. | eine ~ durchführen | to carry out (to make) a survey.
Inspektions..bericht *m* | certificate (report) of survey; survey certificate (report).
—reise *f* | tour of inspection; inspection tour (trip).
Inspektor *m* | inspector; superintendent | Abteilungs~; Bezirks~ | district inspector | Berg~; Bergwerks~ | inspector of mines; mine surveyor | Fabrik~ | factory inspector | General~ | inspector general | ~ der Grundschulen | primary school inspector | Polizei~ | police inspector | Schul~ | school inspector | Steuer~ | tax inspector; inspector (surveyor) of taxes | Zoll~ | customs inspector; inspector of customs.
inspizieren *v* | to inspect; to examine; to survey.
instandhalten *v* | etw. ~ | to keep sth. in order (in good order and condition) (in repair).
Instandhaltung *f* | maintenance in good order and condition.
Instandhaltungskosten *pl* | cost of maintenance (of keeping in repair); maintenance cost.
instandsetzen *v* | etw. ~ | to put sth. in order | etw. wieder ~ | to recondition (to repair) sth.
Instandsetzung *f* | putting [sth.] in order | Wieder~ | reconditioning; repair.
Instandsetzungs..arbeiten *fpl* | repair work(s); repairs *pl*.

Instandsetzungskosten *pl* | cost of putting [sth.] in order | Wieder~ | cost of repair (of reconditioning); repairs *pl*.
Instanz *f* | instance | Berufungs~ | appeal instance; second instance | Beschwerde~ | appeal instance | Gerichts~ | court instance | Ober~ | higher instance | Revisions~ | appeal instance | Unter~; Vor~ | lower instance.
★ erste ~ | first instance | höhere ~; obere ~; übergeordnete ~ | higher instance | letzte ~ | last instance | in letzter ~ | in the last instance (resort) | in letzter ~ entscheiden | to decide in the last instance | nächsthöhere ~ | next higher instance | untere ~ | lower instance | zweite ~ | second instance | durch alle ~en | through all instances.
Instanzenweg *m* | the official channels *pl* | den ~ einhalten | to go through channels (through the usual channels) | auf dem ~ | through the official channels; through channels.
Instanzenzug *m* Ⓐ | order of instances | im ~e übergeordnet | of the next higher instance.
Instanzenzug *m* Ⓑ [Rechtsmittelinstanzen] | stages of appeal.
Institut *n* | establishment; institution; institute | Bank~ | bank (banking) establishment | Emissions~ | issuing bank | Erziehungs~ | tutorial (educational) establishment | Geld~; Finanz~ | financial establishment (institution) | Kredit~ | credit institution; bank | Lehr~ | tutorial (educational) establishment | ~ für gerichtliche Medizin; gerichtsmedizinisches ~ | medico-legal (forensic science) institute.
Institution *f* | institution; establishment.
instruieren *v* Ⓐ [beauftragen] | to instruct; to direct; to charge.
instruieren *v* Ⓑ [durch Informationserteilung vorbereiten] | einen Anwalt ~ | to brief counsel (a barrister) | einen Prozeß ~ | to prepare a case for trial.
Instruktion *f* | instruction; direction; order | ~ eines Anwalts | briefing (brief to) counsel | Auszahlungs~en | payment instructions | Versand~en; Verschiffungs~en | shipping instructions | schriftliche ~en | written instructions.
★ jds. ~en abwarten | to await sb.'s instructions | jds. ~en ausführen | to carry out sb.'s instructions | jds. ~en einhalten (befolgen) | to follow (to obey) (to adhere to) (to comply with) sb.'s instructions | | ~en einholen | to ask for instructions | ~en erteilen (geben) | to give instructions | seine ~en überschreiten | to go beyond one's instructions.
instruktionsgemäß *adv* | according to (in conformity with) instructions (orders).
Instrument *n* | legal instrument; deed; official document.
Inszenierung *f* Ⓐ | staging; stage-setting.
Inszenierung *f* Ⓑ | scenic arrangements.
Integration *f*; **Integrierung** *f* | integration.
Integrationsprozeß *m* | process of integration.
integrieren *v* | to integrate.
integrierend *adj* | einen ~en Bestandteil von etw. bilden | to form an integral part of sth.
Integrität *f* | integrity.
Intendant *m* Ⓐ | intendant; manager | Bühnen~; Theater~ | stage manager | General~ | general manager.
Intendant *m* Ⓑ [Heeres~] | commissary | General~ | commissary general.
Intendantur *f* Ⓐ; **Intendanz** *f* [Intendantenstelle] | position as intendant (as manager) | General~ | position of general manager.

Intendantur *f* Ⓑ [Büro] | intendance; intendancy | **General~** | general managers' office.
Intendantur *f* Ⓒ [Heeres~] | commissary; commissaryship | **General~** | commissary-general's office | **Marine~** | navy commissariat.
intensivieren *v* | to intensify.
Intensivierung *f* | intensifying; intensification.
interalliiert *adj* | interallied.
Interesse *n* Ⓐ | interest; concern | **das Allgemein~**; **das ~ der Allgemeinheit** | the public (common) (general) interest; the common weal | **Berufs~** | professional interest | **im ~ aller Beteiligten** | in the interest of all concerned (of all parties concerned) | **Eigentums~** | property interest | **Erfüllungs~** ① | expectation (positive) interest | **Erfüllungs~** ② [negatives ~] | reliance interest | **Erstattungs~** | restitution interest.
○ **Gesamt~**; **~ der Gesamtheit** | common interest; interest of the community | **Geschäfts~** | business interest | **Haupt~** | principal (chief) interest | **Lebens~** | vital interest | **Lokal~** | local interest | **Neben~** | subsidiary (secondary) interest; bye-interest.
○ **Privat~n** | private interests | **Sonder~n** | particular interests | **Staats~** | interest of the state (of the nation) | **Vermögens~** | pecuniary (property) interest | **Vertrags~** | expectation (positive) interest | **negatives Vertrags~**; **negatives ~** | reliance interest | **Wahrnehmung der ~n einer Person** | protection (safeguarding) of sb.'s interests | **Wahrnehmung (Wahrung) berechtigter ~n** | safeguarding legitimate interests | **Einwand der Wahrnehmung (Wahrung) berechtigter ~n** | plea of justification (of justification and privilege) | **einwenden, in Wahrnehmung (in Wahrung) berechtigter ~n gehandelt zu haben** | to plead (to enter a plea of) justification and privilege.
★ **von allgemeinem ~** | of general interest | **im allseitigen ~** | in the interest of all concerned (of all parties concerned) | **ausgleichspflichtige ~n** | interests liable to contribute | **im beiderseitigen ~**; **im gegenseitigen ~** | in the common interest | **berechtigtes ~** | legitimate interest | **finanzielle ~n** | moneyed (pecuniary) interests | **gegensätzliche ~n** | conflicting (clashing) interests.
○ **gegenseitiges ~** | mutual interest | **gemeinsame ~n** | common interests | **geschäftliche ~n** | business interests (concerns) | **lebenswichtiges ~** | vital interest | **materielle ~n** | pecuniary (material) interests | **öffentliches ~** | public interest | **im öffentlichen ~** | in the common interest; for the public benefit | **private ~n** | private interests.
○ **rechtliches ~** | legitime (lawful) interest | **tatsächliches ~**; **wirkliches ~** | actual interest | **unterschiedliche ~n** | varied interests | **unvereinbare ~n** | incompatible (irreconcilable) interests | **unverzichtbare ~n** | interests which cannot be waived | **vermögensrechtliches ~** | pecuniary (property) interest | **vielseitige ~n** | multiple interests | **weltliche ~n** | worldly interests | **weltumspannende ~n** | worldwide interests | **widerstreitende ~n** | conflicting (clashing) interests.
★ **jds. ~n beeinträchtigen (in Mitleidenschaft ziehen) (Abbruch tun)** | to affect (to interfere with) (to be prejudicial to) sb.'s interests | **jds. ~n gefährden** | to jeopardize sb.'s interests | **in jds. bestem ~ handeln** | to act in sb.'s best interest | **in jds. ~ liegen** | to be in sb.'s interest | **an etw. ~ nehmen** | to take an interest in sth. | **an etw. kein ~ (kein ~ mehr) haben (nehmen)** | to take

no (no further) interest in sth. | **jds. ~n schädigen (verletzen)** | to prejudice (to be prejudicial to) sb.'s interests | **jds. ~n wahren (vertreten)** | to safeguard (to protect) (to look after) sb.'s interests | **jds. ~n wahrnehmen** | to take care of (to look after) sb.'s interests.
Interesse *n* Ⓑ [Versicherungs~; Risiko] | interest; risk | **Angabe des ~es** | declaration of interest; description of the interest | **versicherbares ~** | insurable interest.
Interessen..bereich *m*; **—gebiet** *n* | sphere of interest (of influence).
—gegensatz *m*; **—gegensätze** *mpl* | clashing (conflict) of interests.
—gemeinschaft *f* | community of interests.
—gruppe *f* | group of interests.
—kampf *m* | struggle of conflicting interests.
—kollision *f*; **—konflikt** *m* | collision (conflict) (clashing) of interests; conflicting (clashing) (colliding) interests.
—politik *f* | policy of pursuing one's interests.
—sphäre *f* | sphere of interest.
Interessent *m* | interested party; party interested (concerned).
Interessentenkreis *m* | interested people (parties).
Interessen..verband *m* | syndicate.
—verfolgung *f* | pursuit of [one's] interests.
—vertreter *m* | representative.
—vertretung *f*; **—wahrnehmung** *f*; **—wahrung** *f* | protection (safeguarding) of interests.
interessieren *v* | **jdn. an etw. ~** | to interest sb. in sth.; to win sb. over to sth. | **sich für etw. ~** | to interest os. (to take an interest) (to be interested) in sth.
interessiert *part* | **an etw. ~ sein** | to be interested (to interest os.) in sth.
interimistisch *adj* | provisional; temporary.
Interims..aktie *f* | provisional share; scrip.
—dividende *f* | interim dividend; dividend ad interim.
—konto *n* | suspense account.
—quittung *f* | interim (provisional) receipt.
—regierung *f* | provisional (caretaker) government.
—schein *m* | interim (provisional) certificate; scrip; scrip certificate.
—wechsel *m* | interim bill; provisional bill of exchange.
interkontinental *adj* | intercontinental.
intern *adj* | interior; internal | **~e Abmachung** | private agreement (contract); internal (private) arrangement | **~e Besprechungen** | private (internal) talks.
intern *adv* | **etw. ~ abmachen (regeln)** | to settle sth. privately | **sich ~ verständigen** | to come to a private arrangement (settlement).
Internat *n* | boarding school.
international *adj* | international | **~es Abkommen**; **~es Übereinkommen**; **~e Übereinkunft** | international treaty (convention) | **~e Niederlassung** | international settlement (concession) | **~es Privatrecht** | international private law | **~es Recht** | international law | **~er Signalcode** | international code (code of signals) | **~er Urheberrechtsschutz** | international copyright protection | **~er Währungsfonds** | international monetary fund | **~es Warenzeichen** | international trademark.
international *adv* | internationally | **~ eingetragenes (~ geschütztes) Warenzeichen** | international trademark.
internationalisieren *v* | to internationalize.
Internationalisierung *f* | internationalization.
Internationalismus *m* | internationalism.
Internationalität *f* | the quality of being international.

internieren *v* | to intern | **ein Schiff** ~ | to intern a vessel.
Internierter *m* | interned; internee.
Internierung *f* | internment.
Internierungslager *n* | internment camp.
Internunzius *m* | internuncio.
interparlamentarisch *adj* | ~**er Ausschuß** | interparliamentary committee.
Interpellant *m* | interpellator.
Interpellation *f* | interpellation.
Interpellationsrecht *f* | right to interpellate.
interpellieren *v* | to interpellate.
Interpretation *f* | interpretation | **Frage der** ~ | matter of construction | **Gesetzes**~ | interpretation of the law; legal interpretation | **Vertrags**~ | interpretation of an agreement.
★ **ausdehnende** ~ | extensive interpretation | **einschränkende** ~ | restrictive interpretation | **enge** ~ | narrow (close) interpretation | **falsche** ~; **unrichtige** ~; **sinnwidrige** ~ | misinterpretation; misconstruction | **richterliche** ~ | judical interpretation | **sinngemäße** ~ | interpretation by analogy.
interpretieren *v* | to interpret | **etw. ausdehnend** ~ | to put a wide interpretation on sth. | **etw. einschränkend** ~ | to put a restrictive interpretation on sth. | **etw. falsch (unrichtig)** ~ | to misinterpret (to misconstrue) sth.; to put a misconstruction on sth. | **etw. richtig** ~ | to put the right construction on sth. | **etw. sinngemäß** ~ | to interpret sth. by analogy | **etw. sinnwidrig** ~ | to put the wrong meaning on sth.
Interpretierung *f* | interpretation.
Intervenient *m* | intervener; intervening party | **Ehren**~ | acceptor for hono(u)r.
intervenieren *v* Ⓐ [sich einmischen] | to intervene; to interfere; to meddle.
intervenieren *v* Ⓑ [vermittelnd dazwischentreten] | to mediate.
intervenieren *v* Ⓒ [durch Ehrenannahme] | to intervene for hono(u)r; to accept by intervention.
intervenieren *v* Ⓓ [im Prozeß] | to join; to interplead.
Intervention *f* Ⓐ [Einmischung] | intervention; interference; meddling | **staatliche** ~ | government (state) intervention.
Intervention *f* Ⓑ [Vermittlung] | mediation.
Intervention *f* Ⓒ [im Wechselrecht] | **Ehren**~ | intervention on (supra) protest (for hono(u)r).
Intervention *f* Ⓓ [im Prozeß] | interpleading | **Haupt**~ | interpleading summons | **Neben**~ | joinder of parties.
Interventionismus *m* | state intervention (government meddling) in business.
Interventionist *m* | interventionist.
interventionistisch *adj* | interventionist.
Interventions..akzept *n*; —**annahme** *f* | acceptance by intervention (supra protest) (for hono(u)r).
—**klage** *f*; —**prozeß** *m* | interference proceedings *pl*.
—**krieg** *m* | war of intervention.
—**kurs** *m* | point of intervention.
—**politik** *f* | policy of intervention; interventionist policy | **Anhänger der** ~ | interventionist.
—**provision** *f* | commission for intervention.
—**recht** *n* | right to intervene (of intervention).
—**spesen** *pl* | charges for intervention.
—**zahlung** *f* | payment for hono(u)r (supra protest).
interzonal *adj* | interzonal.
Interzonen..abkommen *n* | interzonal agreement.
—**austausch** *m* | interzonal exchange.
—**handel** *m* | interzonal trade.
—**paß** *m* | interzonal travel permit.

Interzonenverkehr *m* | interzonal trafic.
Intestat..erbe *m* | intestate heir; heir-at-law.
—**erbfolge** *f* | intestate succession.
Intrigant *m* | intriguer; schemer; plotter.
intrigant *adj* | intriguing; scheming; plotting.
Intrige *f* | intrigue; plot.
Intrigen *fpl* | machinations; underhand practices (dealings) (plots); secret practices.
Intrigieren *n* | **durch** ~ | by intriguing; by intrigues.
intrigieren *v* | to intrigue; to plot.
Inumlaufsetzen *n* | emission; putting into circulation.
Invalide *m* | invalid; disabled man.
invalide *adj* | disabled.
Invaliden..fürsorge *f* | disablement relief.
—**pension** *f*; —**rente** *f*; —**unterstützung** *f* | invalidity (disability) pension.
—**versicherung** *f* | invalidity (disability) insurance.
—**versicherungsbeitrag** *m* | social security contribution.
Invalidität *f* | invalidity; disablement | **Grad der** ~ | degree of disablement | **dauernde** ~ | permanent disablement.
Invaliditätsversicherung *f* | insurance against invalidity.
Invasion *f* | ~ **eines Landes** | invasion of a country.
Invasions..armee *f* | invading army.
—**krieg** *m* | war of invasion.
Inventar *n* Ⓐ | inventory | **Errichtung eines** ~**s** | drawing up of an inventory | **Schiffs**~ | ship's inventory | **lebendes** ~ | live stock; livestock | **totes** ~ | dead stock | **von etw. ein** ~ **aufnehmen (aufstellen) (errichten) (machen)** | to make (to draw up) (to take) an inventory of sth.; to inventory sth. | **zum** ~ **gehören** | to be on (to be part of) the inventory.
Inventar *n* Ⓑ [im Erbrecht] | **Rechtswohltat des** ~**s** | benefit of the inventory.
Inventar..aufnahme *f*; —**errichtung** *f* | drawing up of the (of an) inventory; taking an inventory; inventory-taking; stocktaking.
—**buch** *n* | inventory (stock) book; inventory; stock ledger.
—**frist** *f* | period for taking (for drawing up) the inventory; inventory period.
inventarisieren *v* | to make (to draw up) an inventory.
Inventarisierung *f* | making up (drawing up) the inventory.
Inventar..konto *n* | furniture and fixtures account; inventory account.
—**prüfung** *f* | verification (auditing) of the inventory; inventory audit.
—**stück** *n* | article of (item on) the inventory.
—**wert** *m* | inventory value.
Inventur *f* | inventory; stock taking | ~ **aufnehmen** | ~ **machen** | to make (to draw up) an inventory; to take stock; to inventory.
Inventur..aufnahme *f* | stock-taking; inventory-taking; taking stock.
—**ausverkauf** *m* | clearance (stock-taking) sale.
Inventurenbuch *n* | inventory (stock) book.
Inverkehrbringen *n* | putting in circulation.
Inverzugsetzung *f* | formal notice.
investieren *v* | to invest | **Geld** ~ ① | to invest money | **Geld** ~ ② | to make investments.
Investierung *f* | investment; placing | ~ **von Kapital** | investment of capital (of funds) | ~ **in Staatspapieren** | investment in government bonds | ~**en machen** | to invest money.
Investierungsgesellschaft *f* | investment company.
Investition *f* | investment | ~**en im Ausland** | investment(s) abroad | **Kapital**~**en** | investment of capital (of funds); capital investments | **Neu**~**en** | fresh capital investments (expenditure) | **Sach**~**en** | ex-

penditure on capital assets (equipment) | „~ statt Subvention" | "It is better to invest than subsidize".
Investitions..anleihe f | investment loan.
—**aufwand** m; —**aufwendungen** fpl; —**ausgaben** fpl | expenditure on capital assets (equipment); capital expenditure.
—**ausschuß** m | investment committee.
—**bedürfnisse** npl | financing requirements.
—**beschränkung** f | restriction of investment.
—**fähigkeit** f | capacity to invest (to make investments).
—**förderungsmaßnahmen** fpl | investment incentives; steps to stimulate (to encourage) investment.
—**geschäft** n | investment banking.
—**güter** npl | capital goods.
— —**industrie** f | industry producing capital goods; capital goods industry.
—**kosten** pl | capital cost.
—**kredit** m | loan for capital investments; investment loan.
—**leistungen** fpl | investments made (actually effected).
—**lenkung** f | investment planning (control).
—**plan** m; —**vorhaben** n | investment plan (project).
—**programm** n | investment program.
—**risiko** n | investment risk.
—**tätigkeit** f | investment activity (activities).
—**zinsen** mpl | interest on capital (investment(s) (invested).
investitionswillig adj | willing (ready) to invest.
Investitionszulage f | investment allowance.
Investment..fonds m; —**gesellschaft** f; —**trust** m | investment fund (company) (trust).
Inzidentfeststellungsklage f | interpleader.
Inzucht f | in-breeding.
irreführen v Ⓐ [falsch leiten] | to misguide; to mislead.
irreführen v Ⓑ [betrügen] | to deceive.
irreführend adj | deceitful; false | ~e **Angaben** | misleading statements.
Irreführung f Ⓐ [Täuschung] | mystification.
Irreführung f Ⓑ [Betrug] | deception; deceit; fraud | durch ~ | deceitfully; fraudulently; by fraud.
irrelevant adj Ⓐ [unerheblich] | irrelevant.
irrelevant adj Ⓑ [nicht zur Sache gehörig] | without any bearing on the subject; irrelevant to the subject.
Irrenanstalt f; **Irrenhaus** n | lunatic (insane) asylum.
Irrer m | lunatic; insane person; insane.
irrig adj | erroneous; wrong | in der ~en **Annahme** | under the misapprehension | ~e **Ansicht** | erroneous opinion | ~er **Eintrag** | incorrect (false) entry; misentry.
irrig adv; **irrigerweise** adv | erroneously; in error; by mistake.
Irrläufer m | voucher (document) (paper), which has gone astray.
Irrsinn m | alienation of mind; mental alienation; lunacy; insanity.
irrsinnig adj | insane; lunatic.
irrtümlich adj | erroneous; faulty; mistaken | ~e **Ansicht** | erroneous opinion | **rechts**~ | erroneous in point of law.
irrtümlich adv; **irrtümlicherweise** adv | erroneously; by mistake; wrongly; through an error.
Irrtum m | error; mistake | **Justiz**~ | mistrial; miscarriage of justice | ~ **über die Person** | mistaken identity | **Rechts**~ | error of law | **Tatsachen**~ | error (mistake) of fact.
★ **grundlegender** ~ | fundamental error | **weitverbreiteter** ~ | common mistake | **wesentlicher** ~ | error on a material point.
★ **sich im** ~ **befinden; im** ~ **sein** | to be mistaken (in error) | **einen** ~ **begehen** | to make (to commit) a

mistake | **in einen** ~ **geraten** | to fall (to run) into error | ~ **vorbehalten; Irrtümer und Auslassungen vorbehalten** | errors and omissions excepted; barring errors.
Isolationismus m | isolationism.
isolationistisch adj | isolationistic.
Isolierung f | isolation.
Ist..ausgabe f | actual expense (expenditure).
—**bestand** m | real (actual) stock.
—**betrag** m | ~ **der Ausgaben** | total expenses incurred.
—**einnahme** f | real (actual) receipts pl; actuals pl.
—**stärke** f | total (effective) strength.

J

Jagd f | hunting | **Aufgehen der** ~ | opening of the shooting season | **eine** ~ **pachten** | to rent a hunt (a shoot).
Jagd..aufseher m | game warden; gamekeeper.
—**ausbeute** f; —**beute** f | booty.
—**berechtigter** m | party entitled to hunt.
—**berechtigung** f | hunting (sporting) right; right to hunt.
—**bezirk** m; —**gebiet** n | hunting (shooting) ground; hunt.
—**erlaubnis** f; —**erlaubnisschein** m; —**schein** m | shooting (hunting) (game) license.
—**frevel** m | poaching.
—**frevler** m | poacher.
—**gehege** n | game preserve.
—**gesellschaft** f | shooting party; hunt.
—**gesetz** n; —**ordnung** f | game laws pl.
—**pacht** f Ⓐ; — —**vertrag** m | tenancy of a hunting ground; shooting lease.
—**pacht** f Ⓑ; — —**erlös** m; — —**ertrag** m; — —**summe** f | shooting rent.
—**pächter** m | shooting (game) tenant.
—**polizei** f | game police.
—**recht** n Ⓐ [die Jagdgesetze] | **das** ~ | the game laws pl.
—**recht** n Ⓑ [Jagdberechtigung] | hunting (sporting) right; right to hunt.
—**revier** n | hunting (shooting) ground; hunt.
—**steuer** f | hunting tax; tax on shooting.
—**zeit** f | shooting season | **Eröffnung der** ~ | opening of the shooting season | **Schluß der** ~ | closing of the shooting season.
Jagen n | **unbefugtes** ~; **unerlaubtes** ~ | unauthorized hunting.
Jäger m | **Mitgift**~ | dowry hunter | **Stellen**~ | place hunter.
Jahr n | year | **Amts**~; **Dienst**~ | year of (in) office | **Ausstellungs**~ | year of issue | **Berichts**~ | year under review (under report) | **Betriebs**~ | working (trading) (business) year | **Fälligkeits**~ | year of maturity | **Finanz**~ | financial (fiscal) year | **Frei**~ | year of grace | ... ~e **Gefängnis** | ... years of imprisonment.
○ **Geschäfts**~ | business (trading) (working) year | **Gesellschafts**~ | company's year (financial year); business year of the company | **Haushalt**~ | budgetary year | **Kalender**~ | calendar (legal) (natural) year | **Pacht**~ | tenancy year.

Jahr *n, Forts.*

○ **Rechnungs**~ | account (business) (financial) year | **Schalt**~ | leap year | **Schul**~ | school year | **Steuer**~ | tax (fiscal) year | **Veranlagungs**~ | year of assessment | **Viertel**~ | quarter; quarterly period; three months | **das Vor**~ | the preceding (previous) year | **Wirtschafts**~ | trading (working) (business) year.

★ **das abgelaufene** ~; **das vergangene** ~ | last year; past year | **in ... aufeinanderfolgenden** ~**en** | for ... years in succession | **das ganze** ~ **hindurch; während des ganzen** ~**es** | all the year round | **das gegenwärtige** ~ | this year | **das laufende** ~ | the current (present) year | **in den letzten** ~**en** | of late (of recent) years | **das vorhergegangene** ~ | the preceding (previous) year.

★ **alle** ~**e** | every year; yearly | **ein** ~ **alt** | year-old | **dieses** ~; **dies** ~ | this year | **einmal im** ~ | once a year; yearly | **jedes** ~ | every year; yearly.

Jahrbuch *n* Ⓐ | year book; yearbook; annual.
Jahrbuch *n* Ⓑ [Kalender] | almanac; calendar.
Jahres..abgabe *f* | annual royalty.
—**abonnement** *n* | annual subscription.
—**abrechnung** *f* Ⓐ | yearly account (statement).
—**abrechnung** *f* Ⓑ | annual settlement of accounts.
—**abschluß** *m* Ⓐ [Kontenabschluß] | annual closing of accounts; annual balancing of the books.
—**abschluß** *m* Ⓑ [Gewinn- und Verlustrechnung] | accounts *pl* to the end of the financial year; annual financial statement.
—**abschluß** *m* Ⓒ [Bilanz] | annual (yearly) balance sheet.
—**abschluß** *m* Ⓓ [Vertrag auf ein Jahr] | contract for one year; a year's contract.
— —**bilanz** *f* | balance sheet for the end of the year.
— —**buchung** *f* | annual closing entry.
— —**prüfung** *f* | annual (general) audit.
—**arbeitsverdienst** *m* | annual salary (pay) | **durchschnittlicher** ~ | average annual pay.
—**ausgabe** *f* | annual expenditure | **durchschnittliche** ~ | average annual expenditure.
—**ausweis** *m* | annual return (report) (statement).
—**bedarf** *m* | annual requirements *pl.*
—**beitrag** *m* | annual subscription; annuity.
—**bericht** *m* | annual report (statement).
—**betrag** *m* | annual amount.
—**bilanz** *f* | annual balance (balance sheet).
—**budget** *n* | annual (the year's) budget.
—**dividende** *f* | annual dividend.
—**durchschnitt** *m* | annual average.
—**einkommen** *n* | yearly (annual) income (revenue).
—**einnahme** *f*; —**einkünfte** *fpl* | annual receipts *pl.*
—**ende** *n* | end of the year; year end.
—**entschädigung** *f* | annual compensation.
—**ertrag** *m* | annual proceeds *pl.*
—**erzeugung** *f*; —**förderung** *f*; —**produktion** *f* | annual (yearly) output; annual production.
—**feier** *f* | yearly festival.
—**frist** *f* | period of a (of one) year | **binnen** ~; **innerhalb** ~; **innert** ~ [S] | within a (one) year; within the period of one year.
—**gebühr** *f* | annuity; annual fee (renewal fee) (charge) | **Patent**~ | patent annuity.
—**gehalt** *n* | annual salary.
—**generalversammlung** *f*; —**hauptversammlung** *f* | annual general meeting | **ordentliche** ~ | annual ordinary general meeting.
—**gewinn** *m* | annual profit(s).
—**gratifikation** *f* | annual bonus.
—**inventur** *f* | annual inventory (stock-taking).

Jahres..klasse *f* | class.
—**kontingent** *n* | annual quota (contingent).
—**kontrakt** *m* | one year's contract; contract for one year.
—**kredit** *m* | credit for one year.
—**leistung** *f* Ⓐ | annual payment.
—**leistung** *f* Ⓑ | annual (yearly) output (production).
—**liste** *f* | annual list.
—**lohn** *m* | annual wage(s).
—**miete** *f* | annual (yearly) (year's) rent.
—**mietwert** *m* | annual rental value.
—**mitte** *f* | midyear.
—**mittel** *n* | annual average.
—**mittelkurs** *m* | annual average (mean) rate.
—**police** *f* | annual policy.
—**prämie** *f* | annual premium.
—**prüfung** *f* | annual audit.
—**rate** *f* | annual (yearly) instalment | **in** ~**n rückzahlbar** | repayable by annual instalments; redeemable by yearly payments.
—**rechnung** *f* Ⓐ | annual (yearly) account.
—**rechnung** *f* Ⓑ | annual balance sheet.
—**reinertrag** *m*; —**reingewinn** *m* | annual net profits *pl.*
—**rendite** *f* | annual return (yield).
—**rente** *f* | annuity.
—**satz** *m* | annual rate.
—**schluß** *m* | close (end) of the year.
— —**bilanz** *f*; — —**rechnung** *f* | final annual balance sheet; accounts to the end of the financial year.
—**soll** *n* | budget provisions *pl.*
—**steuer** *f* | annual (year's) tax.
—**tag** *m* | anniversary.
—**tagung** *f* | annual convention.
—**übersicht** *f* | annual report (return) (statement).
—**umsatz** *m* | annual turnover (sales *pl*).
—**urlaub** *m* | annual leave.
—**verbrauch** *m* Ⓐ | annual consumption.
—**verbrauch** *m* Ⓑ | one year's consumption.
—**versammlung** *f* | annual meeting.
—**vertrag** *m* | contract for one year.
—**wechsel** *m*; —**wende** *f* | turn of the year.
—**wert** *m* | annual value.
—**zahlung** *f* | annual payment; annuity.
—**zeit** *f* | season.
jahreszeitlich *adj* | ~**e Belebung;** ~**e Zunahme** | seasonal increase.
Jahres..zinsen *mpl* | annual interest; interest per annum.
—**zuwachsrate** *f* | annual growth rate.
Jahrgang *m* | year; class.
jährlich *adj* | annual; yearly | ~**e Abrechnung** | annual closing of the accounts; annual balancing of the books; accounts to the end of the financial year | ~**e Dividende** | annual dividend | ~**e Mietszahlung** | annual rent payment | ~**er Umsatz** | annual turnover.
jährlich *adv* | yearly; annually; per annum | ~ **zahlen** | to pay by the year.
Jahrmarkt *m* | fair.
jahrweise *adv* | annually; yearly.
Jahrzehnt *n* | decade; period of ten years.
jederzeit *adv* | at any time.
jetzig *adj* | [**die** ~**en Preise** | the present (current) prices.
jetzt *adv* | **ab** ~ | from now on.
Jetztwert *m* | actual (present) value.
Journal *n* Ⓐ [Tageszeitung] | newspaper; daily paper; journal.
Journal *n* Ⓑ [Tagebuch] | diary; journal | **See**~ | log book; log; sea journal.

Journal *n* © [kaufmännisches ~] | day-book; journal | **Einkaufs~** | purchases book (day-book); purchase (bought) book (journal) | **Eintrag (Eintragung) ins ~** | journalization; journal entry | **Hauptbuch und ~** | combined journal and ledger; journal and ledger combined | **Hilfs~** | subsidiary journal | **Kassa~** | cash journal | **Verkaufs~** | sales book (journal); book of sales | **Wechsel~** | bill (bills payable) book (journal) | **etw. in das ~ eintragen** | to enter sth. in the journal; to journalize (to journal) sth.

Journal..eintrag *m* Ⓐ; —**eintragung** *f* | entering in the journal; journalisation.

—**eintrag** *m* Ⓑ; —**posten** *m* | journal entry (item); item (article) in the journal.

Journalismus *m* | journalism.

Journalist *m* | journalist | **freier ~; unabhängiger ~** | free-lance journalist (writer); free-lance | **den Beruf eines ~en ausüben; ~ sein** | to be a journalist; to follow the profession of a journalist; to write for the newspapers.

Journalistenstand *m* | profession of a journalist; journalism.

Journalistik *f* | journalism.

Journalistin *f* | lady journalist (reporter).

journalistisch *adj* | journalistic.

journalistisch *adv* | ~ **tätig sein** | to write for the press (for the papers) (in the papers).

Jubiläum *n* | jubilee; anniversary.

Jubiläums..ausgabe *f*; —**schrift** *f* | anniversary publication.

—**marke** *m* | jubilee stamp.

Journalnummer *f* | reference number.

Jugend *f* | youth | **die frühe ~** | the early youth; infancy.

Jugend..alter *n* | juvenility; youthful age.

—**amt** *n* | youth (youth welfare) office.

—**bewegung** *f* | youth movement.

—**führer** *m* | youth leader.

—**gericht** *n*; —**schutzkammer** *f* | juvenile court.

—**herberge** *f* | youth hostel.

—**kriminalität** *f* | juvenile delinquency.

jugendlich *adj* | juvenile; youthful | **in ~em Alter** | of juvenile age | **~e Unreife** | juvenility | **~er Verbrecher** | youthful (juvenile) offender.

Jugendlicher *m* | juvenile; adolescent.

Jugendlichen..arbeit *f* | juvenile (child) labo(u)r.

—**fürsorge** *f* | juvenile welfare.

Jugendschutz *m* | youth welfare.

jung *adj* | ~**e Aktien** | new shares.

Jungfräulichkeit *f* | virginity; virginhood.

Junggeselle *m* | bachelor.

Junggesellensteuer *f* | bachelor tax.

Junior *m* | junior.

Juniorpartner *m* | junior partner.

Jura *npl* | ~ **studieren** | to study (to read) law; to study for law; to read for the law.

—**student** *m* | law student.

—**studium** *n* | law studies *pl*.

Jurisdiktion *f* | jurisdiction | **einer ~ unterworfen sein** | to be under the jurisdiction of.

Jurisprudenz *f* | jurisprudence; legal science.

Jurist *m* | lawyer; counsel; attorney; counsellor-at-law | **~ sein** | to be in the law | **~ werden** | to enter (to go into) the legal profession.

Juristen *mpl*; **Juristenschaft** *f*; **Juristenwelt** *f* | **die ~** | the lawyers; the legal fraternity (profession) (world); the Bar.

Juristensprache *f* | legal language (parlance).

juristisch *adj* | legal; judicial | **~e Abteilung** | legal (law) department | **~e Angelegenheit** | legal matter; law affair (matter) | **~e Ausbildung** | legal education (training); education for the Bar | **~er Beirat (Berater)** | legal adviser | **~er Fachausdruck** | legal (law) term | **~e Fakultät** | faculty of law; law faculty | **~e Kenntnisse** | legal knowledge | **die ~e Laufbahn einschlagen (ergreifen) (wählen)** | to go in for the law; to enter (to go into) the legal profession | **~e Person** | juridical personality | **~e Person des Privatrechtes** | corporate body under civil law | **~e Person des öffentlichen Rechts** | corporate body; body corporate | **~e Persönlichkeit** | legal personality (status) | **~er Sachverständiger** | legal expert | **~es Schrifttum** | legal literature | **~e Spitzfindigkeit** | legal nicety (subtlety).

juristisch *adv* | judicially; juridically; legally | **sich ~ beraten lassen** | to take legal advice | **~ vertretbar; ~ zu rechtfertigen** | legally justifiable.

Jury *f* | jury; the jurymen | **einen Schöffen (Geschworenen) in die ~ aufnehmen** | to empanel a juror.

Justiz *f* Ⓐ [Gerechtigkeit] | justice | **Klassen~** | class justice | **Lynch~** | Lynch law | **käufliche ~** | venal justice | **jdn. der ~ überantworten** | to hand sb. over to the law.

Justiz *f* Ⓑ [Gerichtswesen] | judiciary; justice; judicature | **Straf~** | criminal (penal) jurisdiction | **Verwaltungs~** | administrative jurisdiction | **Zivil~** | civil jurisdiction.

Justiz..beamter *m* | law (law enforcement) (court) officer.

—**behörde** *f* | court (judicial) authority | **oberste ~** | highest judicial administration.

—**gebäude** *n*; —**palast** *m* | Law Courts *pl*.

—**gewalt** *f* | judiciary power.

—**hoheit** *f* | jurisdiction.

—**irrtum** *m* | judicial error; miscarriage of justice.

—**minister** *m* | minister of Justice; Lord Chancellor [GB]; Attorney General [USA].

—**ministerium** *n* | Ministry of Justice; Department of Justice [USA].

—**mord** *m* | judicial murder.

—**rat** *m* | senior counsel; King's (Queen's) counsel [GB].

—**reform** *f* | judicial reform.

—**verfassung** *f* | judicial (court) system; judiciary.

—**verwaltung** *f*; —**wesen** *n* | administration of justice; judicial administration; judiciary.

Juwelen *npl* | jewelry; jewels.

—**versicherung** *f* | jewelry insurance.

K

Kabel *n*; **Kabel..depesche** *f*; —**telegramm** *n* | cable; cablegram.

—**adresse** *f* | cable (telegraphic) address.

—**bericht** *m* | cable (cabled) telegraphic report.

—**spesen** *pl* | cabling expenses.

—**überweisung** *f* | cable (telegraphic) transfer.

—**verbindung** *f* | cable connection.

Kabeln *n* | cabling; sending a cablegram.

kabeln *v* | **jdm. ~** | to cable sb.; to send sb. a cablegram; to advise sb. by cablegram.

Kabinett *n* | cabinet | **Bildung eines ∼s** | forming of a government | **Koalitions∼** | coalition cabinet (government) | **Kriegs∼** | war cabinet | **Rücktritt des ∼s** | resignation of the cabinet | **Sturz des ∼s** | fall of the government | **Stürzung des ∼s** | overthrowing of the government | **Umbildung des ∼s** | change in (reshuffle of) the cabinet.
★ **ein ∼ bilden** | to form a cabinet (a government) | **das ∼ umbilden** | to make changes in (to reshuffle) the cabinet.
Kabinetts..bildung *f* | forming of a government.
—**chef** *m* | head of the government.
—**krise** *f* | cabinet (ministerial) crisis.
—**minister** *m* | cabinet minister.
—**mitglied** *n* | member of the cabinet (of the government); cabinet member (minister).
—**order** *f* | order in council.
—**rat** *m* | cabinet council (in council); council of ministers.
—**sitzung** *f* | meeting of the cabinet.
—**umbildung** *f* | change in (reshuffle of) the cabinet.
—**wechsel** *m* | change of the government.
Kai *m* | dock; wharf | **Anlegen am ∼** | berthing | **Kohlen∼** | coal wharf | **Verlade∼** | loading berth | **Zoll∼** | bonded warehouse.
★ **auf dem ∼ abstellen** | to wharf | **am ∼ anlegen** | to berth | **am ∼ festlegen (festmachen)** | to wharf | **ein Schiff am ∼ festmachen** | to dock (to berth) a ship.
★ **ab ∼** | ex wharf | **am ∼; am ∼ angelegt; längsseits ∼** | berthed; docked; alongside.
Kai..aufseher *m*; —**meister** *m* | wharfinger.
—**besitzer** *m* | wharfinger.
—**gebühr** *f*; —**geld** *n*; —**lagergeld** *n*; —**lagermiete** *f*; —**liegegebühr** *f*; —**liegegeld** *n*; —**zoll** *m* | dock rent; wharfage; quayage; wharf (dock) dues *pl*; pierage.
—**lagerschein** *m* | wharfinger's warrant (certificate).
—**quittung** *f* | wharfinger's receipt.
Kalender *m* | calendar | **Abreiß∼** | block calendar | **der Julianische ∼** | the Julian calendar.
Kalender..jahr *n* | calendar year.
—**monat** *m* | calendar month.
—**tag** *m* | calendar day (date).
—**vierteljahr** *n* | calendar quarter.
Kalkulation *f* | calculation; computation | **Fracht∼** | calculation of freight | **Kosten∼** | calculation of cost; costing | **falsche ∼** | miscalculation.
Kalkulations..abteilung *f* | costing (cost accounting) department.
—**basis** *f*; —**grundlage** *f* | basis for (of) calculation.
—**fehler** *m* | calculating error; error in calculation; miscalculation.
—**preis** *m* | calculated price.
Kalkulator *m* | calculator; accountant.
kalkulieren *v* | to calculate; to make a calculation; to compute | **falsch ∼** | to miscalculate.
Kalkulierung *f* | calculation; calculating.
Kammer *f* Ⓐ [Parlament] | Chamber; House | **Auflösung der ∼** | dissolution of the Chamber | **Deputierten∼** | Chamber of Deputies; House of Deputies (of Representatives) (of Commons); Lower House (Chamber).
Kammer *f* Ⓑ [Gerichtshof] | division of a court of justice | **Berufungs∼** | court of appeal | **Berufungsstraf∼** | court of criminal appeals | **Disziplinar∼** | disciplinary board (court) (committee); court (board) of discipline | **Ferien∼** | vacation court | **für Handelssachen** | commercial court | **Jugendschutz∼** | juvenile court | **Rechnungs∼; Oberrechnungs∼** | chamber of accounts; [the] Audit Office | **Straf∼** | criminal court; court of criminal jurisdic-

tion | **Zivil∼** | civil court | **vor die ∼ kommen** | to come up for hearing (for trial).
Kammer *f* Ⓒ [Berufsvertretung] | chamber | **Anwalts∼; Rechtsanwalts∼** | Bar; Bar Association | **Ärzte∼** | Medical Association | **Gewerbe∼; Handwerks∼** | trade corporation | **Handels∼** | chamber of commerce | **Industrie- und Handels∼** | chamber of industry and commerce | **Landwirtschafts∼** | chamber of agriculture | **Notar∼** | notaries' association | **Patentanwalts∼** | patent bar | **Wirtschafts∼** | chambre of economics.
Kammer *f* Ⓓ [Raum] | chamber; room | **Rats∼** | council chamber (room); consulting room | **Stahl∼** | strong room.
Kämmerei *f* | treasurer's office | **Stadt∼** | the city treasurer's office.
Kämmerer *m* [Schatzmeister] | treasurer | **Stadt∼** | city treasurer.
Kammer..auflösung *f* | dissolution of the Chamber (of Parliament).
—**system** *n* | **das Ein∼** | the single Chamber system | **das Zwei∼** | the double Chamber system.
—**wahlen** *fpl* | general (parliamentary) elections *pl*.
Kampf *m* | fight; struggle | **∼ gegen die Arbeitslosigkeit** | war on unemployment | **Daseins∼; ∼ ums Dasein** ①; **Existenz∼** | fight for existence | **∼ ums Dasein** ②; **∼ ums Leben** ①; **Lebens∼** | fight (struggle) for life | **∼ ums Leben** ②; **∼ auf Leben und Tod** | fight to the death; life-and-death struggle | **Klassen∼** | class war (struggle) | **∼ um die Macht; Macht∼** | struggle for power | **Nah∼** | close fighting; fight hand to hand | **Straßen∼** | street fighting | **Tarif∼** | rate war | **Wahl∼** | electoral (election) (electioneering) campaign; electioneering.
Kampfabstimmung *f* | contested vote.
kämpfen *v* | to fight; to struggle | **für die Freiheit ∼** | to fight for liberty | **für die gute Sache ∼** | to fight the good fight | **für eine verlorene Sache ∼** | to fight a losing battle | **anständig ∼** | to fight fair | **gegen jdn. an∼** | to fight sb.; to war against sb.
Kampf..fonds *m* | fighting (strike) fund.
—**gebiet** *n*; —**zone** *f* | combat (battle) zone.
—**stärke** *f* | fighting strength.
—**mittel** *npl* | means of fighting.
—**tarif** *m* | fighting tariff.
Kanal *m* Ⓐ [Schiffahrts∼] | ship canal.
Kanal *m* Ⓑ [Entwässerungs∼] | drainage.
—**abgaben** *fpl*; —**gebühren** *fpl* Ⓐ; —**zoll** *m* | canal dues (rates) (tolls).
—**benützungsgebühren** *fpl*; —**gebühren** *fpl* Ⓑ | drainage rates.
—**fracht** *f* | canal (river) freight.
—**netz** *n*; —**system** *n* | network (system) of canals; canal system.
—**zone** *f* | canal zone.
Kandidat *m* Ⓐ [Wahl∼] | candidate; nominee | **Präsidentschafts∼** | presidential candidate | **Gegen∼** | rival (opposition) candidate | **einen ∼en aufstellen** | to nominate (to present) a candidate | **sich als ∼ aufstellen lassen; in einer Wahl als ∼ auftreten** | to run in an election; to stand (to offer os.) as candidate | **sich erneut als ∼ aufstellen lassen** | to offer os. again as candidate (for re-election) | **einen ∼en unterstützen** | to back up a candidate | **als ∼ zurücktreten** | to withdraw one's candidature.
Kandidat *m* Ⓑ [Bewerber] | applicant.
Kandidat *m* Ⓒ [Prüfling] | examinee | **Doktor∼** | candidate for the doctor's degree.
Kandidatenaufstellung | nomination of a candidate (of candidates).

Kandidatenliste *f* | list of candidates; ticket | ~ **einer Partei** | party ticket.
Kandidatur *f* | candidature | **von seiner ~ zurücktreten** | to withdraw one's candidature.
kandidieren *v* | to stand (to offer os.) as candidate | **für eine Wahl ~** | to run in an election.
Kannvorschrift *f* | discretionary provision.
kanonisch *adj* | canon; canonical | ~**es Recht** | canon (canonical) (ecclesiastical) law; church law.
Kanton *m* | canton; district.
kantonal *adj* | cantonal.
Kantonal..regierung *f* | cantonal government.
—**wahlen** *fpl* | cantonal elections.
Kanzlei *f* | office(s); chancellary | **Anwalts~** | law office; chambers *pl* | **Gerichts~** | record office | **Präsidial~** | presidential bureau.
Kanzlei..beamter *m* | office employee (clerk).
—**bote** *m* | office messenger.
—**direktor** *m*; —**vorsteher** *m* | office chief; chief clerk.
—**papier** *n* | foolscap paper.
—**sprache** *f*; —**stil** *m* | official (legal) style.
Kanzler *m* | chancellor | **Schatz~** ① | Minister of Finances | **Schatz~** ② [GB] | Chancellor of the Exchequer | **Vize~** | Vice-Chancellor.
Kanzleramt *n* Ⓐ | chancellery.
Kanzleramt *n* Ⓑ; **Kanzlerwürde** *f* | chancellorship.
Kanzlist *m* | office clerk.
Kapazität *f* Ⓐ [Leistungsfähigkeit] | capacity; power | **Erzeugungs~**; **Produktions~** | productive (production) (producing) capacity (power); capacity to produce (of output) | **Industrie~** | industrial capacity | **freie ~**; **überschüssige ~** | spare (surplus) capacity | **un(aus)genützte ~** | idle capacity.
Kapazität *f* Ⓑ [Autorität] | authority.
Kaper *m* Ⓐ [Aufbringer eines Schiffes] | captor.
Kaper *m* Ⓑ; **Kaperschiff** *n* | captor; captor ship.
Kaperei *f* | capture.
Kapern *n*; **Kaperung** *f* | [Aufbringung] | capture; capturing | ~ **auf hoher See** | capture at sea.
Kapergefahr *f* | danger (risk) of capture.
kapern *v* [aufbringen] | to capture; to seize.
Kapital *n* Ⓐ | capital; funds *pl* | **Ablösungs~** | redemption capital | **Abfluß (Abwanderung) von ~ nach dem Ausland** | efflux (exodus) (outflow) of capital | **Aktien~** | share (stock) capital; capital stock; capitalization | **Anfangs~** | opening (original) (initial) capital | **Anhäufung von ~ien** | accumulation of funds (of capital) | **Anlage (Anlegung) von ~** | investment of capital (of funds); capital investment | **Anlage~** ①; **Einlage~** | invested capital; investment | **Anlage~** ②; **Einlage~** ② | fixed (permanent) capital (assets) | **Anleihe~**; **Darlehens~** | loan (borrowed) capital | **Bank~** | bank capital | **Bar~** | cash capital (assets).
○ **Betriebs~** | working (trading) (floating) capital (assets) (fund); employed funds; stock-in-trade; business capital | **Aufruf von ~ zur Einzahlung** | call upon shareholders to pay in capital (funds) | **zur Einzahlung aufgerufenes ~** | called-up capital | **noch nicht zur Einzahlung aufgerufenes ~** | outstanding capital | **~ zur Einzahlung aufrufen** | to make a call for funds (capital) | **Erhöhung des ~s** | increase of capital (of capital stock); capital increase | **Flucht~** | fugitive (flight) capital | **Geschäfts~**; **Handels~** | stock-in-trade; business (trading) capital (funds).
○ **Gesellschafts~** ①; **Grund~** ① | company (registered) (authorized) capital | **Gesellschafts~** ②; **Grund~** ② | original (opening) (initial) capital | **Gesellschafts~** ③ | share (stock) capital; capital

stock; capitalization | **Herabsetzung des ~s** | reduction of (of the) capital; capital reduction | **Investierung von ~** | investment (employment) of capital (of funds); capital investment; investment | **Leih~** | borrowed capital (money); loan capital | **Nominal~** | nominal (registered) (authorized) capital | **Obligationen~** | debenture capital.
○ **Spar~** ① [erspartes ~] | savings *pl*; savings capital | **das Spar~** ② [Gesamtheit der Sparkapitalien] | the savings-bank deposits *pl* | **Stamm~** | original (registered) capital; capital stock; capitalization | **Stammaktien~** | ordinary (deferred) share capital | **Vorzugsaktien~** | preference (preferred share) capital | **Umlaufs~**; **Wirtschafts~** | circulating (working) (floating) (trading) capital (assets); employed funds; stock-in-trade | **~ und Zinsen** | principal and interest | **ein ~ auf Zinsen anlegen** | to put money on interest | **Zinsen zum ~ schlagen (dem ~ zuschlagen)** | to capitalize (to fund) interest | **Zinsrückstände zum ~ schlagen** | to fund interest arrears.
★ **amortisiertes ~** | redeemed capital | **angelegtes ~**; **eingebrachtes ~** | capital (money) invested; invested capital; investment | **eingezahltes ~** | paid up (paid in) (actually paid) capital | **voll eingezahltes ~** | fully paid up capital | **noch nicht voll (nur teilweise) eingezahltes ~** | partly (not yet fully) paid capital | **flüssiges ~**; **flüssige ~ien** | available capital (funds) | **genehmigtes ~** | authorized capital | **gezeichnetes ~** | subscribed capital.
○ **totes ~** | idle money (capital); barren money; money lying idle | **überschüssiges ~** | excess capital | **umlaufendes ~** | circulating (floating) capital (assets) | **unverzinsliches ~**; **zinsfreies ~**; **zinsloses ~** | interest-free capital | **verantwortliches ~** | registered (authorized) capital | **verfügbares ~**; **verfügbare ~ien** | available capital (funds) | **werbendes ~**; **verzinsliches ~** | interest-bearing capital.
★ **~ abschreiben** | to write off capital | **~ anlegen** | to invest capital (funds) | **~ nutzbar (nutzbringend) (gewinnbringend) anlegen** | to invest capital profitably; to put money (capital) out on interest | **~ anschaffen**; **~ beschaffen** | to supply capital; to provide funds (for capital) | **~ aufnehmen** | to raise capital (funds) | **sein ~ aufzehren** | to eat up one's capital | **~ einschießen** | to pay in capital | **das ~ von ... auf ... erhöhen** | to increase the capital from ... to ... | **das ~ herabsetzen** | to reduce the capital | **von seinem ~ leben** | to live on one's means (capital) | **etw. zu ... machen** | to capitalize sth. (on sth.) | **aus etw. ~ schlagen** | to make capital out of sth.; to exploit sth. | **~ nach dem Inland zurückbringen** | to repatriate capital | **das ~ verwässern** | to water the stock.
Kapital *n* Ⓑ [als Personengesamtheit] | **das ~** | the capitalists *pl* | **das Groß~** | the big capitalists; high finance | **das Spar~** | the savings-bank depositors |**das kleine Spar~**|the small depositors (investors).
Kapital..abfindung *f* | settlement in cash (in a lump sum); cash settlement (indemnity); financial settlement | **~ an Stelle einer Rente** | settlement in cash in lieu of a pension.
—**abfluß** *m* | outflow of capital.
—**abgabe** *f* | capital levy (tax).
—**abschöpfung** *f* | taxing away of surplus capital.
—**abwanderung** *f* | efflux (exodus) (outflow) of capital.
—**abzug** *m* | withdrawal of capital (of funds).
—**anhäufung** *f* | accumulation of capital (of funds).
—**anlage** *f* [Kapitalanlage] | investment of capital (of funds); employment of funds; capital invest-

Kapital..anlage *f, Forts.*
ment | **gewinnbringende** ~; **vorteilhafte** ~ | profitable (interest-bearing) investment | **langfristige** ~ | long-term (long-termed) investment | **mündelsichere** ~ | gilt-edged (trustee-act) investment | **sichere** ~ | safe (secure) investment.
——**gesellschaft** *f* | investment company (trust).
—**anleger** *m* | capital investor.
—**ansammlung** *f* | accumulation of capital (of funds).
—**ansammlungsvertrag** *m* | agreement providing for the accumulation of capital.
—**anteil** *m* | capital share; share in the capital.
—**aufbringung** *f* | mobilization of capital.
—**aufnahme** *f* | raising of capital (of money) (of funds).
—**aufstockung** *f* | increase of capital (of stock capital); capital increase.
—**aufwand** *m* | capital expenditure (investment).
—**ausfuhr** *f* | capital exports *pl.*
—**ausstattung** *f* | provision with capital; capitalzation.
—**ausweitung** *f* | capital expansion.
—**bedarf** *m* Ⓐ | demand for capital; want of money.
—**bedarf** *m* Ⓑ | pecuniary requirements *pl.*
—**belastung** *f* | capital charge.
—**berichtigung** *f* | adjustment of the capital.
—**berichtigungskonto** *n* | capital adjustment account.
—**beschaffung** *f* | providing (provision of) capital.
—**beteiligung** *f* | share in the capital.
—**betrag** *m* | amount of (of the) capital.
—**bewegung** *f* | movement of capital.
—**bewegungen** *fpl* | capital transactions.
—**bewertung** *f* | evaluation of assets; capital valuation.
—**bildung** *f* | creation (accumulation) of capital; accumulation of funds.
—**einbringen** *n*; —**einlage** *f* | capital invested; investment paid in (brought in); investment.
—**einkommen** *n* | permanent (unearned) income; income from investments.
—**einziehung** *f* | reduction of capital; capital reduction; retirement of capital stock.
—**emission** *f* | capital issue.
—**entnahme** *f* | withdrawal of capital.
—**entwertung** *f* | depreciation of (of the) capital.
—**entwertungskonto** *n* | capital depreciation account.
—**entwertungsrücklage** *f* | provision for capital depreciation.
—**erhöhung** *f* | increase of capital (of stock capital); capital increase.
—**ertrag** *m* Ⓐ | yield of a capital; capital return.
—**ertrag** *m* Ⓑ | income (revenue) from capital (from capital investments).
——**steuer** *f* | tax on income derived from capital; capital yield tax; tax on unearned income.
—**export** *m* | export of capital.
——**land** *n* | capital exporting country.
—**fehler** *m* | capital fault.
—**fehlleitung** *f* | misguided investment of capital.
—**flucht** *f* | flight (exodus) of capital.
——**steuer** *f* | tax on exportation of capital.
—**gesellschaft** *f* Ⓐ [Finanzierungsgesellschaft] | financing (finance) company.
—**gesellschaft** *f* Ⓑ [Korporation] | stock (joint stock) company; stock corporation.
—**güter** *npl* | capital (durable) goods.
—**herabsetzung** *f* | reduction of (of the) capital (of stock capital); capital reduction.
—**herrschaft** *f* | capitalism.
Kapitalien *npl* | funds *pl.*
Kapitalinteressen *npl* | financial interests.
Kapitalinvestierung *f* | investment of capital (of funds); capital investment.

kapitalisierbar *adj* | capitalizable | ~ **sein** | to be capitalized.
kapitalisieren *v* | **eine Rente** ~ | to capitalize an annuity | **Zinsen** ~ | to capitalize interest.
Kapitalisierung *f* Ⓐ [Ausstattung mit Kapital] | capitalization.
Kapitalisierung *f* Ⓑ [Hinzuschlagen zum Kapital] | capitalization | ~ **von Zinsen** | capitalization of interest.
Kapitalisierungssatz *m* | rate of capitalization.
Kapitalismus *m* | capitalism.
Kapitalist *m* | capitalist; financial (moneyed) man; financier; investor | **die Groß**~**en** | the big capitalists; the high finance.
kapitalistisch *adj* | capitalistic | **das** ~**e System** | the capitalistic system; the capitalism.
kapitalknapp *adj* | short of capital.
Kapital..knappheit *f* | capital shortage; scarcity of funds.
—**konto** *n* | capital account | **Übernahme von Ausgaben auf** ~ | capitalisation of expenditure | **Ausgaben auf** ~ **übernehmen** | to charge expenditure to capital account.
kapitalkräftig *adj* | financially strong; well provided with capital; of sound financial standing; on a sound financial basis.
Kapital..lenkung *f* | investment control.
—**mangel** *m* | scarcity (shortage) (lack) of funds.
—**markt** *m* | capital (money) market.
kapitalmäßig *adj* | ~**e Beteiligung** | financial interest.
Kapital..mehrheit *f* | controlling interest.
—**quellen** *fpl* | capital (moneyed) resources.
—**rente** *f* Ⓐ [Rente in bar] | cash annuity.
—**rente** *f* Ⓑ; —**rendite** *f* | income (revenue) from capital (from capital investments).
—**rentensteuer** *f* | tax on unearned income (on income derived from capital).
—**reserve** *f* | capital reserve.
—**rückwanderung** *f* | reflow (repatriation) of capital.
—**rückzahlung** *f* | repayment of capital; capital repayment.
—**schöpfung** *f* | creation (accumulation) of capital.
kapitalschwach *adj* | financially weak.
kapitalstark *adj* | financially strong (sound).
Kapital..schwund *m* | dwindling of assets.
—**steuer** *f* | capital tax (levy).
—**steuerung** *f* | investment control.
—**strom** *m* | flow of capital.
—**überschuß** *m* | surplus cash: capital surplus.
—**umlauf** *m* | circulation of money (of capital).
—**umsatz** *m*; —**umschlag** *m* | capital turnover.
Kapitalverbrechen *n* | capital crime | **Anklage wegen eines** ~**s** | indictment on a capital charge | **wegen eines** ~**s unter Anklage stehen (angeklagt sein)** | to be tried on a capital charge; to be on trial for one's life | **jdm. wegen eines** ~**s den Prozeß machen** | to try sb. for his life.
Kapital..verflechtung *f* | financial interrelation (interdependence).
—**verkehr** *m* | movement of capital; capital transactions *pl.*
—**verkehrssteuer** *f* | tax on the movement of capital (on capital transactions); capital transfer tax.
—**verlust** *m* Ⓐ [Geldverlust] | loss of capital; capital loss.
—**verlust** *m* Ⓑ [Totalverlust] | total (dead) loss.
—**verminderung** *f* | reduction of (of the) capital (of stock capital); capital reduction.
—**vermögen** *n* | moneyed capital; capital (cash) assets | **Steuer auf** ~ | capital tax (levy).

Kapital..verschuldung *f* | capital indebtedness.
—**verteilung** *f* | distribution of capital.
—**verwässerung** *f* | depreciation (watering) of capital stock.
—**verwendung** *f* | employment of capital (of funds).
—**verwertung** *f* | utilization of capital (of funds).
—**verzinsung** *f* | interest (return) on capital (on capital investment).
—**wert** *m* | capital (capitalized) value.
— —**zuwachs** *m* | increase of the capital value.
—**zins** *m* | rate of interest on capital.
—**zinsen** *mpl* | capital interest; interest on capital.
—**zufluß** *m*; —**zufuhr** *f* | afflux (influx) of capital.
—**zusammenlegung** *f* | reduction of capital.
—**zuschuß** *m* | cash subsidy; capital grant; financial aid.
—**zuwachssteuer** *f* | tax on capital increase (on unearned increment); capital gains tax.
Kapitän *m* | captain; master; skipper | ~ **und Besatzung** | master and crew | ~ **bei der Handelsmarine**; ~ **eines Handelsschiffes** | captain (master) of a trading vessel.
Kapitänspatent *n* | master's certificate.
Kapitel *n* | chapter; heading.
Kapitulation *f* | capitulation; surrender [on terms] | **bedingungslose** ~ | unconditional surrender | **jdn. zur** ~ **zwingen** | to force sb. to surrender.
Kapitulationsbedingungen *fpl* | terms of surrender; surrender terms.
kapitulieren *v* | to capitulate; to surrender on terms | **bedingungslos** ~ | to surrender unconditionally.
Karat *n* | carat.
Karatgewicht *n* | carat (troy) weight.
Karawanenhandel *m* | caravan trade.
Karawanserei *f* | caravansary; caravanserai.
Kardinalfrage *f* | cardinal point.
Kardinalswürde *f* | cardinalship.
karitativ *adj* | charitable.
Karriere *f* [Laufbahn] | career | **eine** ~ **einschlagen** | to enter upon (to take up) a career | ~ **machen** | to have a good career.
Karte *f* Ⓐ | card | **Ansichts**~ | picture post card | **Antwort**~ | reply card | **Ausweis**~; **Personalausweis**~; **Legitimations**~ | identity (identification) (personal identification) card | **Besuchs**~ | visiting card | **Brief**~ | letter card | **Einladungs**~ | invitation card | **Empfehlungs**~; **Geschäfts**~ | business (trade) card | **Expreßgut**~ | express consignment note | **Fracht**~ | way-bill | **Gewerbelegitimations**~ | trade (trading) license (certificate) | **Index**~; **Kartei**~; **Kartothek**~ | index card | **Korrespondenz**~ | correspondence card | **Leit**~ | guide card | **Muster**~ | pattern (sample) card | **Neujahrs**~; **Neujahrsglückwunsch**~ | New Year's card | **Post**~ | post card; postcard | **Quittungs**~ | receipt card | **Speise(n)**~ | bill of fare | **Versicherungs**~ | insurance card | **Visiten**~ | visiting card | **Wahl**~ ① | voting card | **Wahl**~ ② | ballot (balloting) (voting) paper | **Weihnachts**~ | Christmas card | **Zahl**~ | paying-in form.
Karte *f* Ⓑ [Land~; geographische ~] | map | **See**~; **nautische** ~ | sea (nautical) chart | **Straßen**~; **Wege**~ | road map | **Welt**~ | map of the world.
Karte *f* Ⓒ [Billett] | ticket | **Abonnements**~; **Dauer**~ | subscription (season) ticket | **Arbeiter**~; **Arbeiterabonnements**~ | workman's season ticket | **Ausflugs**~ | excursion ticket | **Bahnsteig**~ | platform ticket | **Bett**~ | berth ticket | **Einlaß**~; **Eintritts**~ | admission ticket; ticket of admission.

○ **Fahr**~ | passenger (travel) ticket | **Ferien**~ | excursion ticket | **Flug**~ | airplane (aeroplane) ticket | **Frei**~ | complimentary (free) ticket | **Landungs**~ | landing ticket | **Monats**~ | monthly ticket | **Netz**~ | free pass.
○ **Platz**~ | reserved-seat ticket | **Rundreise**~ | roundtrip (circular) ticket | **Saison**~ | season ticket | **Schiffs**~ | passage ticket | **Schüler**~; **Schülerabonnements**~ | students' season ticket | **Theater**~ | theater ticket | **Vorzugs**~ | privilege (complimentary) ticket | **Wochen**~ | weekly ticket | **Zusatz**~; **Zuschlags**~ | supplement; supplementary ticket.
Kartei *f*; **Kartothek** *f* | card index (catalogue); card-index file.
Kartei..form *f* | **in** ~ | card-indexed.
Karteikarte *f*; **Kartothekkarte** *f* | index card.
Kartell *n* | cartel; trust; ring | **Banken**~ | cartel of banks | **Export**~ | export cartel | **Industrie**~ | trust | **Preis**~ | price cartel | **Produktions**~ | producers' association | **Stahl**~ | steel cartel (trust) | **Verkaufs**~ | sales syndicate (cartel) | **Zusammenfassung in** ~**e**; **Zusammenschluß in einem** ~ **(in** ~**en)** | cartelization; cartelizing | **Zwangs**~ | compulsory cartel | **ein** ~ **(Kartelle) entflechten** | to decartelize | **in** ~**e zusammenfassen** | to cartelize | **in** ~**en zusammengefaßte Industrie** | cartelized industry.
Kartellbildung *f*; **Kartellierung** *f* | formation of a cartel (of cartels).
Kartell..aufsicht *f* | supervision (control) of cartels.
—**entflechtung** *f* | decartelization.
—**gesetz** *n* Ⓐ; —**recht** *n* | law on cartels.
—**gesetz** *n* Ⓑ | anti-trust law.
—**gesetzgebung** *f* Ⓐ | legislation on cartels.
—**gesetzgebung** *f* Ⓑ | anti-trust legislation (laws *pl*).
kartellieren *v* | to cartelize.
kartelliert *adj* | ~**e Industrie** | cartelized industry.
Kartell..klage *f* | anti-trust action (suit).
—**mitglied** *n* | member of a (of the) cartel.
—**organisation** *f* | organization of (as) a cartel.
—**vertrag** *m* | cartel agreement.
Karten..brief *m* | letter card.
—**verkauf** *m*; —**verkaufsstelle** *f* | booking (ticket) office.
—**vorverkauf** *m* | advance booking.
Karzer *m* | cell; prison cell.
Kasko..police *f* | comprehensive (all-risks) insurance policy.
—**versicherung** *f* | property-damage (all-risks) insurance [on vehicles].
Kassa *f* | cash | **gegen** ~ | for (against) (in) cash (ready cash).
—**buch** *n* | cash book.
—**diskont** *m* | cash discount.
—**geschäft** *n* | cash bargain (business) (deal) (transaction) (sale).
—**journal** *n* | counter (teller's) cash book.
—**kauf** *m* | cash purchase; purchase for cash.
—**käufer** *m* | cash buyer
—**konto** *n* | cash account.
—**posten** *m* | cash entry (item).
—**preis** *m* | cash price.
—**skonto** *m* | cash discount; discount for cash.
Kassation *f* Ⓐ [Aufhebung **eines Urteils**] | quashing (setting aside) of a sentence; reversing.
Kassation *f* Ⓑ [Ungültigmachung] | cancellation; annulment.
Kassation *f* Ⓒ [Dienstentlassung] | dismissal; discharging.
Kassations..gericht *n*; —**gerichtshof** *m*; —**hof** *m* | supreme court of appeal.

Kassationsgesuch *n* | notice of appeal.

Kassa..verkauf *m* | cash sale; sale for cash.

—**werte** *mpl* | securities (bonds) (stocks) which are traded only for cash.

Kasse *f* Ⓐ | fund | **Altersversicherungs**~ | old age pension fund | **Amortisations**~ | sinking fund | **Arbeitslosenunterstützungs**~ | unemployment fund | **Ausgleichs**~ | equalization fund | **Darlehens**~ | loan fund (office); credit (loan) bank | **Entschädigungs**~ | indemnity (compensation) fund | **Ersparnis**~ [S] | savings bank.

○ **Finanz**~ | revenue (tax) (tax collector's) office | **Gemeinde**~ | community chest | **Hilfs**~ | relief fund | **Hypotheken**~ | mortgage pay-office (loan office) (bank) | **Kranken**~ | health insurance fund | **Kriegs**~ | war (military) chest | **Kriegspensions**~ | war pension fund | **Lohn**~ | wage fund | **Pensions**~; **Renten**~ | pension fund | **Postspar**~ | postal (post office) savings bank | **Reise**~ | traveling fund | **Schuldentilgungs**~; **Tilgungs**~ | sinking fund.

○ **Spar**~ | savings bank | **Staats**~ | public treasury (funds) (purse); exchequer; Treasury | **Sterbe**~ | burial fund (club) | **Steuer**~ | revenue (tax collector's) office | **Unfallversicherungs**~ | accident insurance fund | **Unterstützungs**~ | relief fund | **Versicherungs**~ | insurance fund | **Vorschuß**~ | loan fund.

Kasse *f* Ⓑ [Bargeld] | cash; ready money; cash on hand | ~ **bei Empfang** | cash on delivery | ~ **gegen Dokumente**; ~ **gegen Papiere** | cash against documents | **gut bei** ~ **sein** | to be in funds | **schlecht bei** ~ **sein** | to be short of cash; to be out of funds | **die** ~ **abstimmen**; ~ **machen** | to make up the cash account; to balance (to balance up) the cash | **die** ~ **führen** | to keep the cash; to act as cashier | **die** ~ **revidieren (stürzen)** | to revise (to audit) the cash | **netto** ~ | net cash | **gegen** ~ | for (against) cash.

Kasse *f* Ⓒ [Abteilung] | cash office (department); pay office | **auszahlende** ~ | paying office.

Kasse *f* Ⓓ [Schalter] | cashier's pay desk | **Theater**~ | box office; cash (pay) box.

Kasse *f* Ⓔ [Geld~] | cash (money) box | **Kontroll**~; **Registrier**~ | cash register | **Laden**~ | till | **Porto**~ | stamp box | **Schiffs**~ | sea chest.

Kassen..abschluß *m* | balancing (closing of) (making up) the cash account.

—**abstimmung** *f* | cash reconciliation.

—**abteilung** *f* | cash department (office); pay (paying) office.

—**anweisung** *f* Ⓐ | order to pay.

—**anweisung** *f* Ⓑ; —**beleg** *m* | cash voucher.

—**arzt** *m* | panel doctor.

—**aufsichtsbeamter** *m* | head of the cash department; supervisory cashier.

—**ausfall** *m* | cash deficit.

—**ausgänge** *mpl*; —**auszahlungen** *fpl* | cash disbursements (payments).

—**ausweis** *m*; —**bericht** *m* | cash statement (report).

—**beamter** *m* | cashier; teller.

—**bestand** *m* | cash in (on) hand; cash balance; balance (funds *pl*) (stock) in cash.

—**bilanz** *f* | cash balance | **die** ~ **ziehen** | to make up the cash account; to balance (to balance up) the cash.

—**bote** *m* | bank messenger.

—**buch** *n* | cash book.

—**buchführung** *f*; —**buchhaltung** *f* | cash accounting (bookkeeping).

—**büro** *n* | cash office (department); pay office.

Kassen..darlehen *n* | cash advance (loan).

—**defizit** *n*; —**fehlbetrag** *m*; —**manko** *n* | cash deficit.

—**diebstahl** *m* | depredation; embezzlement; misappropriation of funds.

—**diener** *m* | cashier's attendant.

—**einnahme** *f* | cash (box-office) receipts *pl* | **die** ~ **pfänden** | to seize the till.

—**eintrag** *m* | cash entry (item).

—**erfolg** *m*; —**schlager** *m* | box-office success.

—**führer** *m* | cashier.

—**führung** *f* Ⓐ | keeping the cash (of the cash)

—**führung** *f* Ⓑ | cash accounting.

—**gegenbuch** *n*; —**kontrollbuch** *n* | counter (teller's) cash book.

—**gehilfe** *m* | assistant cashier; cashier's assistant.

—**guthaben** *n* | cash in (on) hand.

—**konto** *n* | cash account.

—**kredit** *m* | cash credit (advance); credit on overdraft.

—**lage** *f*; —**position** *f* | cash position.

—**liquidität** *f* | liquidity; liquid cash.

kassenmäßig *adj* | ~**e Ausgabe(n)** | cash expenses (expenditure).

Kassen..obligation *f* | deposit certificate.

—**posten** *m* | cash item (entry).

—**prüfung** *f*; —**revision** *f* | audit(ing) of the cash | **eine** ~ **vornehmen (durchführen)** | to audit the cash.

—**quittung** *f* | cashier's receipt; cash voucher.

—**rabatt** *m* | cash discount.

—**reserve** *f* | cash reserve; reserve in cash.

—**saldo** *n* | cash balance; balance in cash.

—**schalter** *m* Ⓐ | cashier's (pay) desk (counter) | ~ **für Auszahlungen** | paying teller's counter | ~ **für Einzahlungen** | receiving teller's counter.

—**schalter** *m* Ⓑ [Theaterkasse] | box office; cash (pay) box.

—**scheck** *m*; —**check** *m* [S] [Barscheck] | open (uncrossed) cheque (check).

—**schein** *m* Ⓐ [Anweisung] | cash order; order to pay (for payment).

—**schein** *m* Ⓑ [Banknote] | bank note (bill); banknote.

—**schein** *m* Ⓒ [Schatzanweisung] | treasury bill.

—**schrank** *m* | safe.

—**stand** *m* | cash position.

—**stelle** *f* | cash department (office).

—**stunden** *fpl* | business hours [of the pay counters]; banking hours.

—**sturz** *m* Ⓐ [Abschluß] | making up (closing of) (balancing) the cash | ~ **machen** | to make up the cash account; to balance (to balance up) the cash.

—**sturz** *m* Ⓑ [Revision] | audit(ing) of the cash.

—**überschuß** *m* | cash surplus; surplus in the cash.

—**verwalter** *m*; —**wart** *m* | cashier; treasurer.

—**verwaltung** *f* | cash department.

—**vorschuß** *m* | cash advance.

—**vorstand** *m* | chief cashier.

—**wesen** *n* Ⓐ | cash accounting.

—**wesen** *n* Ⓑ | the treasury.

—**zettel** *m* | cash slip.

—**zugang** *m*; —**zugänge** *mpl* | inflow of cash.

—**zwang** *m* | compulsory membership in the public health insurance plan.

Kassette *f* | **Geld**~ | cash (money) box | **Urkunden**~ | deed box; document case.

Kassier *m* Ⓐ [Kassenbeamter] | cashier; teller; cash clerk | **Auszahlungs**~ | paying cashier (teller) | **Bank**~ | bank cashier | **Buchhalter und** ~ | cashier and bookkeeper | **Einzahlungs**~ | receiving cashier (teller) | **Haupt**~ | chief cashier.

Kassier m Ⓑ [Kassenwart; Rechnungsführer] | treasurer; paymaster.

Kassier m Ⓒ [Einkassierer] | money collector.

kassieren v Ⓐ [ein~] | to cash; to collect.

kassieren v Ⓑ [ungültig erklären] | to annul; to cancel; to invalidate.

kassieren v Ⓒ [aufheben] | ein Urteil ~ | to quash (to set aside) a judgment (a decision).

Kassierer m | collector; money collector.

Kassiererin f | lady cashier; cashier.

Kaste f | caste | aus der ~ Ausgestoßener | outcaste | jdn. aus der ~ ausstoßen | to outcaste sb.

Kastengeist m | class consciousness.

Kasuist m; **Kasuistiker** m | casuist.

Kasuistik f | casuistry.

kasuistisch adj | casuistic(al).

Katalog m | catalogue; list | Auktions~ | auction catalogue | ~ mit Beschreibung | descriptive catalogue | Bilder~; illustrierter ~; bebilderter ~ | illustrated price list; trade catalogue | ~ mit Preisangaben; Preis~ | priced catalogue; price current (list) | Preis~ | list (catalogue) of prices | Verlags~ | publisher's catalogue; list of publications | Zettel~ | card index (catalogue); card-index file | von etw. einen ~ anfertigen (anlegen) (machen) | to list sth.; to make (to prepare) a catalogue (a list) of sth.; to catalogue sth.

Katalogisieren n; **Katalogisierung** f | cataloguing; listing.

katalogisieren v | etw. ~ | to catalogue sth.; to list sth.; to make (to prepare) a catalogue (a list) of sth.

Katalog..nummer f | catalogue (index) number.

—**preis** m | list (catalogue) price.

Kataster n | cadastral survey | Grundsteuer~ | land tax register.

Kataster..amt n | land survey office.

—**auszug** m | extract from the cadastral survey.

—**beamter** m | employee of the land survey office.

—**nummer** f | cadastral number.

—**plan** m | cadastral map (plan) (survey).

katastrieren v | to survey and register.

Katastrierung f | registration [of land or buildings] in a cadastral survey.

katastrophal adj | disastrous; catastrophic.

Katastrophe f | disaster; catastrophe | Schiffs~ | disaster at sea.

Katastrophen..alarm m | emergency alert.

—**gebiet** n | distressed area.

—**hilfe** f | disaster relief.

—**hilfsprogramm** n | disaster relief programme.

—**jahr** n | disastrous year.

—**rücklage** f | catastrophe reserve.

Kategorie f | category; class; order.

kategorisch adj | categorical | ~e Absage | flat (categorical) refusal | ~es Dementi | absolute (flat) (categorical) denial.

kategorisch adv | categorically | ~ ablehnen | to refuse flatly | etw. ~ dementieren (leugnen) | to deny sth. flatly (categorically).

Kauf m Ⓐ | purchase; bargain; sale | ~ auf Abzahlung; Abzahlungs~ | hire-purchase; purchase on deferred terms | ~ nach Ansicht | purchase upon inspection | Auf~ | buying up | Bar~ | purchase for (against) cash; cash purchase | ~ in Bausch und Bogen | purchase in the lump; lump-sum purchase | ~ auf Besicht | purchase subject to examination; sale for inspection | Deckungs~ | covering purchase | Erbschafts~ | purchase of an inheritance | Gattungs~; Spezies~ | purchase of goods by description.

○ Gelegenheits~ | bargain | Kassa~; ~ gegen Kassa | purchase for (against) cash; cash purchase | Kommissions~ | purchase on commission | Kredit~; ~ auf (gegen) Kredit | purchase on credit (on term); credit purchase | ~ nach Maß | purchase according to measure | ~ nach Muster; ~ laut (nach) Probe | (according to) purchase by (on) sample | ~ auf Probe | purchase (sale) on approval | ~ auf feste Rechnung | firm purchase.

○ Schein~ | sham (pro forma) purchase | Stimmen~ | buying of votes | Termin~; ~ auf Ziel; ~ auf Zeit | purchase for future delivery (for the settlement); time bargain | ~ und Verkauf | purchase and sale; buying and selling | ~ unter Vorbehalt | purchase on condition | Wieder~ | repurchase; buying back.

★ ~ gegen bar | purchase for (against) cash (for money); cash purchase | fester ~ | firm purchase; closed bargain.

★ einen ~ abschließen | to conclude (to make) a purchase; to close a bargain | einen ~ betätigen (tätigen) (bewirken) | to effect (to make) a purchase | einen ~ einhalten | to stand by a bargain | etw. durch ~ erwerben | to obtain sth. by purchase | einen ~ rückgängig machen (widerrufen) | to cancel (to annul) a purchase | etw. in ~ nehmen | to put up with sth. | durch ~ | by way of purchase.

Kauf m Ⓑ [Erwerb] | acquisition.

Kauf..abschluß m Ⓐ | conclusion of a sale (of a purchase).

—**abschluß** m Ⓑ | bargain; deal.

—**andrang** m | pressure to buy.

—**angebot** n | offer to buy.

—**auftrag** m | buying (purchasing) order; order to buy (to purchase).

—**bedingungen** fpl | purchase terms.

—**brief** m Ⓐ | bill (deed) of sale; contract of sale (of purchase).

—**brief** m Ⓑ | title deed.

Kaufen n | buying | Auf~ | buying up.

kaufen v Ⓐ | etw. ~ | to buy (to purchase) sth. | etw. auf Abzahlung (auf Raten) (auf Ratenzahlungen) ~ | to buy sth. on the hire-purchase system | auf der Auktion ~ | to buy at (by) auction | gegen Kasse ~; gegen bar ~ | to buy for (against) cash | auf (gegen) Kredit ~ | to buy on credit | etw. auf eigene Rechnung ~ | to buy sth. for one's own account | etw. auf feste Rechnung ~ | to buy sth. firm | etw. für fremde Rechnung (für Rechnung Dritter) ~ | to buy sth. for third-party account | mit Verlust ~ | to buy at a loss.

★ zu ~ sein bei | to be obtainable at | ~ und verkaufen | to buy and sell.

★ jdm. (für jdn.) etw. ~ | to buy sth. for sb.; to buy sb. sth. | von jdm. etw. ~ | to buy sth. from sb.

kaufen v Ⓑ [erwerben] | to acquire.

kaufen v Ⓒ [bestechen] | jdn. ~ | to bribe sb. | einen Zeugen ~ | to buy (to suborn) a witness.

Käufer m | buyer; purchaser; vendee | Bar~; Kassa~ | cash buyer | Ein~ | purchasing clerk | Rück~ | purchaser who exercises his right of repurchase | ~ und Verkäufer | demand and supply | nach Wahl des ~s | at buyer's option.

★ bösgläubiger ~; schlechtgläubiger ~ | purchaser in bad faith: mala fide purchaser | ernsthafter ~ | serious (seriously disposed) purchaser (buyer) | gutgläubiger ~ | purchaser in good faith; bona fide purchaser | möglicher ~ | potential (prospective) buyer.

Käuferin f | lady purchaser; woman buyer.

Käufermarkt *m* | buyers' market.
Kauffahrer *m*; **Kauffahrtei..schiff** *n* | merchant ship (vessel); trading vessel; merchantman.
—**flotte** *f* | mercantile (merchant) marine (fleet).
—**schiffahrt** *f* | merchant shipping; commercial navigation; maritime trade.
Kauf..gegenstand *m* | object of the purchase.
—**geld** *n* | purchase money (price) (sum).
—**gelegenheit** *f* | opportunity to buy.
—**haus** *n* | store; department store; departmental (general) stores.
—**herr** *m* | merchant.
—**interesse** *n* | interest to buy.
—**interessent** *m* | prospective (intending) (would-be) (potential) buyer | **ernster (ernsthafter)** ~ | serious (seriously disposed) purchaser (buyer).
—**kontrakt** *m* | purchase agreement.
Kaufkraft *f* | purchasing (buying) power | ~ **abschöpfen** | to absorb (to tax away) buying power.
—**abschöpfung** *f* | taxing away of surplus buying power.
—**überhang** *m* [überschüssige Kaufkraft] | surplus purchasing power (of spending power).
Kauf..kurs *m* | buying rate.
—**leute** *pl* | merchants *pl*; tradesmen.
—**liebhaber** *m* Ⓐ | prospective (intending) (would-be) buyer.
—**liebhaber** *m* Ⓑ [Bieter] | bidder.
käuflich *adj* Ⓐ [zu kaufen] | purchasable; on sale; to be sold | **nicht** ~ | not on (for) sale.
käuflich *adj* Ⓑ [bestechlich] | venal; corrupt; corruptible; bribable | ~**e Justiz** | venal justice | ~**e Presse** | corrupt press.
käuflich *adv* [durch Kauf] | by way of purchase | **etw.** ~ **erwerben** | to acquire sth. by way of purchase; to purchase (to buy) sth. | **jdm. etw.** ~ **überlassen** | to sell sth. to sb.; to sell sb. sth.
Käuflichkeit *f* [Bestechlichkeit] | venality; corruptibility.
Kauflust *f* | inclination (disposition) to buy.
Kauflustiger *m* | prospective (intending) (would-be) buyer.
Kaufmann *m* | merchant; trader; businessman | **Groß**~ | wholesale dealer | **Minder**~ | small (petty) trader (tradesman).
kaufmännisch *adj* | commercial; mercantile; trading | ~**er Angestellter** | commercial employee (clerk) | ~**e Ausbildung** | business (commercial) training | ~**er Ausdruck** | business (trade) (commercial) term; mercantile expression | ~**er Betrieb**; ~**es Unternehmen** | commercial (business) (trading) concern (enterprise) | ~**e Firma** ① | commercial (trading) firm | ~**e Firma** ② | trade (firm) name ~**e Korrespondenz** | business correspondence (letters).
kaufmännisch *adv* | ~ **betriebenes Unternehmen** | enterprise which is run on commercial lines | ~ **geschult** | trained in business | ~ **tätig sein** | to be in business (in the trade).
Kaufmannsbrauch *m* | trade custom (usage).
Kaufmannschaft *f* | **die** ~ | the merchants *pl*; the body (corporation) of merchants; the commercial world; the trade.
Kaufmanns..firma *f* | trading firm.
—**gericht** *n* | trade court.
—**gilde** *f*; —**innung** *f* | merchants' corporation; merchant (trade) guild.
—**lehrling** *m* | merchant's apprentice.
—**stand** *m* | **der** ~ | the trade; the commercial world (class).

Kauf..note *f* | purchase contract; sales note; bought note.
—**option** *f* | option to buy (to purchase); buying option.
—**order** *f* | order to buy (to purchase); buying (purchasing) order.
—**potential** *n* | purchasing power.
—**preis** *m*; —**schilling** *m*; —**summe** *f* | purchase price (money) (consideration).
—**preisminderung** *f* | reduction (abatement) of the purchase price.
—**urkunde** *f* Ⓐ | bill (deed) of sale; contract of sale (of purchase).
—**urkunde** *f* Ⓑ [Eigentumstitel] | title deed.
—**vereinbarung** *f* | sales agreement.
—**vertrag** *m* | contract (bill) (deed) of sale; sales agreement | **notarieller** ~ | notarial deed of sale (contract under seal).
—**wert** *m* | buying (purchasing) value.
—**williger** *m* | intending (potential) buyer.
—**zwang** *m* | **kein** ~; **ohne** ~ | without obligation to buy.
kausal *adj* | causal; causative.
Kausalität *f* | causality; causation.
Kausalitätsprinzip *n* | law of causality (of causation).
Kausalzusammenhang *m* | relation of (correspondence between) cause and effect; causality.
Kautelen *f pl* | safeguard clauses; safeguards.
Kaution *f* | guarantee; security; security (surety) bond; caution money; bail | ~**- und Kreditversicherung** | fidelity and credit insurance | **Stellung einer** ~ | putting up a guarantee | **leisten (stellen)** | to give security; to guarantee | **eine** ~ **stellen** | to give (to furnish) bail | **eine** ~ **für verfallen erklären** | to forfeit a security | **jdn. gegen** ~ **freilassen** | to admit sb. to bail; to let sb. out on bail | **gegen** ~ **freigelassen** | out on bail | **gegen** ~ | against (on security); on bail.
Kautionsbestellung *f* | giving of security; bailment.
kautionsfähig *adj* | able to give security.
Kautions..höhe *f* | amount of the security.
—**leistung** *f* | bail; bailment.
—**nachschuß** *m* | supplementary guaranty (guarantee).
kautionspflichtig *adj* | subject to giving security; liable to give security.
Kautions..schwindel *m* | credit fraud.
—**stellung** *f* | giving (depositing) of security.
—**summe** *f* | amount of the security; caution money.
—**versicherung** *f* | guarantee (fidelity) insurance.
—**versicherungsgesellschaft** *f* | guarantee (fidelity) insurance company; guarantee company (society) (association); surety company.
—**wechsel** *m* | bill of exchange which is deposited as guarantee; security bill.
Kavaliersdelikt *n* | socially acceptable offense.
Keller..miete *f*; —**zins** *f* | cellar rent | —**wechsel** *m* | fictitious bill; kite; windmill.
Kenner *m* [Sach~] | expert.
Kennkarte *f* | identity card.
kenntlich *adj* | **etw.** ~ **machen** | to mark sth.
Kenntlichmachung *f* | marking.
Kenntnis *f* | knowledge | **Sach**~ | knowledge of the facts; factual knowledge | **genaue** ~; **volle** ~ | exact (full) knowledge | **in voller** ~ **der Tatsachen (der Tatumstände)** | with full knowledge of the facts (of the factual circumstances) | **nach meiner sicheren** ~ | to my certain knowledge | **jdm. etw. zur** ~ **bringen; jdn. von etw. in** ~ **setzen** | to bring sth. to sb.'s knowledge (to sb.'s attention); to advise (to notify) sb. of sth. | **von etw.** ~ **erlangen**

(erhalten) | to receive information of sth.; to obtain knowledge of sth. | **zu jds.** ~ **gelangen; jdm. zur** ~ **kommen** | to come to sb.'s knowledge | **von etw.** ~ **haben** | to be aware (cognisant) of sth. | **von etw.** ~ **nehmen; etw. zur** ~ **nehmen** | to take note (notice) (cognisance) of sth.

Kenntnisnahme *f* | taking notice | **zu Ihrer** ~ | for your information | **nach** ~ | after having taken notice.

Kenntnisse *fpl* | knowledge | **Fach**~ | expert (specialized) (technical) knowledge | **Rechts**~; **juristische** ~ | knowledge of the law | **gründliche** ~ | profound knowledge | **umfassende** ~ | extensive (wide) knowledge | **einige** ~ **in etw. haben** | to have a working knowledge of sth. | **in etw. gründliche** ~ **besitzen** | to have a thorough knowledge of sth.; to be well versed in sth.

Kennwort *n* | cipher (code) word.

Kennwortanzeige *f* [Kennzifferanzeige] | advertisement under a cipher.

Kennzahl *f* | code (index) number.

Kennzeichen *n* Ⓐ | mark.

Kennzeichen *n* Ⓑ [Unterscheidungsmerkmal] | distinctive mark | **besondere** ~ *pl* | characteristic signs *pl*.

Kennzeichen *n* Ⓒ [polizeiliches ~ der Kraftfahrzeuge] | registration (police registration) plate.

kennzeichnen *v* Ⓐ [markieren] | to mark; to label.

kennzeichnen *v* Ⓑ [charakterisieren] | to characterize.

kennzeichnend *adj* | characteristic; typical | **für etw.** ~ **sein** | to characterize sth.; to be typical of sth.

Kennzeichnung *f* Ⓐ [Markierung] | marking; labelling.

Kennzeichnung *f* Ⓑ [Charakterisierung] | characterization.

Kennziffer *f* | index (code) number.

Kerker *m* Ⓐ [Kerkerzelle] | cell; prison cell | **im** ~ **sitzen** | to be in prison (in jail).

Kerker *m* Ⓑ [Kerkerstrafe] | imprisonment | **zu** ~ **verurteilt werden** | to be sentenced to imprisonment.

Kern..kraftanlage *f*; —**kraftwerk** *n* | nuclear power plant.

—**punkt** *m* [Kernfrage] | quintessential point (question).

Ketten *fpl* | **in** ~ | in chains | **jdn. in** ~ **legen** | to put sb. in chains; to chain sb.

Ketten..brief *m* | chain letter.

—**handel** *m* | trade (trading) through intermediaries.

—**laden** *m* | chain store.

— —**geschäft** *n*; — —**unternehmen** *n* | chain store business.

Kielgeld *n* | harbo(u)r (port) dues *pl*; dock charges *pl* (dues); keelage.

Kilometer..geld *n* | mileage allowance.

—**satz** *m*; —**tarif** *m* | mileage rate.

Kind *n* | child; infant | **Adoptiv**~ | adopted child | **in Blutschande erzeugtes** ~ | child born of incestuous intercourse | **aus erster Ehe** | child of the first marriage | **im Ehebruch erzeugtes** ~ | child born from adulterous intercourse | **Findel**~ | foundling. ★ **adoptiertes** ~; **angenommenes** ~ | adopted child | **außereheliches** ~ | natural (illegitimate) child | **außerehelich geborenes** ~ | child born out of wedlock | **eheliches** ~ | legitimate child | **geistiges** ~ | brainchild | **legitimiertes** ~ | legitimated child | **minderjähriges** ~ | descendant of minor age; minor | **nachgeborenes** ~ | posthumous child | **neugeborenes** ~ | newly-born child | **totgeborenes** ~ | still-born child | **uneheliches** ~ | natural (illegitimate) child | **ungeborenes** ~ | unborn child | **verwahrlostes** ~ | stray child | **voreheliches** ~ | child born out of wedlock.

★ **ein** ~ **an Kindes Statt annehmen** | to adopt a child | **ein** ~ **zur Welt bringen** | to bear (to give birth) to a child | **ein** ~ **erwarten** | to be with child.

Kinder..arbeit *f* | child (juvenile) labo(u)r.

—**ermäßigung** *f*; —**freibetrag** *m* | allowance (reduction) for children.

—**fahrkarte** *f* | children's half-fare ticket.

—**fürsorge** *f* | child welfare.

—**hort** *m*; —**garten** *m*; —**heim** *n*; —**bewahranstalt** *f* | day nursery.

kinderlos *adj* | ~**e Ehe** | childless marriage.

kinderlos *adv* | ~ **sterben** | to die childless (without issue.)

Kinderlosigkeit *f* | childlessness.

kinderreich *adj* | ~**e Familie** | large family.

Kinder..schuhe *mpl* | **Industrie in den** ~**n** | industry in its infancy.

—**schule** *f* | infant class.

—**schutz** *m* | child welfare.

—**sterblichkeit** *f*; —**sterblichkeitsziffer** *f* | infant mortality; infantile mortality (death-rate).

—**zulage** *f* | allowance for children; child bounty.

Kindes..alter *n* | infancy.

—**annahme** *f* | adoption.

—**aussetzung** *f* | abandoning (exposure) of a child.

—**entführung** *f* | child-stealing; kidnapping.

—**kind** *n* | grand-child.

—**kinder** *npl* | grand-children.

Kindes Statt *f* | **Annahme an** ~ | adoption of a child | **Vertrag auf Annahme an** ~ | contract (deed) of adoption | **ein an** ~ **angenommenes Kind** | adopted child | **an** ~ **annehmen** | to adopt a child.

Kindes..teil *m* | hereditary portion of a child.

—**unterschiebung** *f* | substitution of a child.

Kindschaft *f* | filiation.

Kinds..mord *m*; —**tötung** *f* | infanticide.

—**mörder** *m*; —**mörderin** *f* | infanticide.

—**mutter** *f* [unverheiratete Mutter] | unmarried mother.

—**raub** *m* | kidnapping.

—**vater** *m* [unverheirateter Vater] | unmarried father.

Kino *n* [Kinotheater] | picture (film) theatre; picture house; cinema | **Ton**~ | sound cinema | **Wochenschau**~ | news theatre.

—**besitzer** *m* | exhibitor.

—**besucher(in)** *m* und *f* | picture (cinema) goer.

—**programm** *n* | cinema program(me).

—**reklame** *f*; —**werbung** *f* | screen (cinema) advertising.

—**vorstellung** *f* | cinema performance.

Kippen *n* [~ und Wippen] | circulating clipped money (coins).

kippen *v* | **Geld** ~; **Münzen** ~ | to clip coins (money) | ~ **und wippen** | to circulate (to traffic in) clipped money (coins).

Kipper *m* [Geldbeschneider] | clipper | ~ **und Wipper** | counterfeiter of coins (of money).

Kipperei *f* | ~ **und Wipperei** | circulating clipped money (coins).

Kippgeld *n* | clipped money.

Kirche *f* | **die Staats**~ | the Established Church | ~**und Staat** | Church and State | **Trennung von** ~ **und Staat** | separation of the churches and the state | **die streitbare** ~ | the militant church.

Kirchen..ausschuß *m* | church committee.

—**bann** *m* | interdict.

—**baulast** *f* | fabric; charge of construction and maintenance of a church.

—**behörden** *fpl* | church authorities.

—**buch** *n* | parish register.

Kirchen..dieb *m* | church thief.
—**diener** *m* | parish clerk.
—**gemeinde** *f* | parish.
—**gemeindemitglied** *n* | parishioner; member of the parish (of the church).
kirchengemeindlich *adj* | parochial; of the parish.
Kirchen..gut *n*; —**ländereien** *fpl* | church land(s) (property).
—**jahr** *n* | ecclesiastical year.
—**patron** *m* | advowee.
—**patronat** *n* | advowson.
—**rat** *m* Ⓐ | consistory.
—**rat** *m* Ⓑ | church assembly.
—**recht** *n* | canon (canonical) (ecclesiastical) (church) law.
kirchenrechtlich *adj* | canonical | ∼**es Ehehindernis** | canonical impediment.
Kirchen..rechtslehrer *m* | canonist.
—**register** *n* | parish (church) register.
—**sprengel** *m* Ⓐ | circuit.
—**sprengel** *m* Ⓑ | parish.
—**sprengel** *m* Ⓒ | diocese.
—**steuer** *f*; —**umlage** *f* | church tax (rate).
—**versammlung** *f* Ⓐ | church assembly.
—**versammlung** *f* Ⓑ [Konzil] | synod.
—**vermögen** *n* | church property.
Kirchhof *m* | cemetery; churchyard.
kirchlich *adj* | ecclesiastical | ∼**e Angelegenheiten** | ecclesiastical matters | ∼**e Baulast** | fabric; charge of construction and maintenance of a church | **die** ∼**en Behörden** | the ecclesiastical powers | ∼**e Partei** | church party | ∼**e Trauung** | church wedding.
Kirchspiel *n* | parish.
Kirchturmpolitik *f* | parish-pump politics *pl*.
Kladde *f* Ⓐ | waste (scrap) (rough) book | **Ausgaben**∼ | paid-cash-book | **Laden**∼ | counter cash-book.
Kladde *f* Ⓑ [Entwurf] | draft.
klagbar *adj* | actionable; enforceable; suable | ∼**er Anspruch** | enforceable claim | **nicht** ∼ | not to be enforced by law; non-enforceable.
klagbar *adv* | ∼ **vorgehen** | to take action (legal action); to go to law; to commence (to initiate) (to institute) (to take) legal proceedings [VIDE: **Klage erheben**].
Klage *f* Ⓐ | action; suit | **Abweisung der** ∼ | dismissal of the action; judgment given against the plaintiff; nonsuit | ∼ **auf Anerkennung dinglicher Rechte** | action for recognition of title | ∼ **auf Anerkennung der Ehelichkeit** | action of an illegitime child to claim his status | ∼ **auf Anerkennung einer Forderung** | declaratory action (suit) | ∼ **auf Anerkennung der Vaterschaft** | application for an affiliation order; affiliation proceedings.
○ **Anfechtungs**∼ ① | action to set aside | **Anfechtungs**∼ ② | action for annulment | ∼ **auf Anfechtung der Ehelichkeit** | bastardy proceedings | **Aufhebungs**∼; ∼ **auf Aufhebung** | action for rescision (to set aside) | **Arrestaufhebungs**∼ | action to set aside the receiving order | ∼ **auf Auflösung einer Gesellschaft** | winding-up petition.
○ **Beleidigungs**∼ | libel (slander) action (suit); action for libel (for slander) | ∼ **aus ungerechtfertigter Bereicherung; Bereicherungs**∼ | action for the return (recovery) of unjustified gain | ∼ **auf Beseitigung der Beeinträchtigung (der Störung); Besitzstörungs**∼ | action to restrain interference | ∼ **aus Besitz; Besitz**∼; ∼ **auf Wiedereinräumung des Besitzes** | action for the recovery of possession | **Deflorations**∼ | action (suit) for damages arising from defloration | **Delikts**∼ | action for tort | **Ehenich-**

tigkeits∼ | action for the annulment (nullification) of marriage.
○ **Ehescheidungs**∼ | divorce petition (suit); petition for divorce | **Ehescheidungswider**∼ | cross-petition for divorce | **Eigentums**∼; **Eigentumsherausgabe**∼ | action for the recovery of title | **Einlassung auf die** ∼ | joining (joinder of) issue | **Einreichung (Erhebung) der** ∼ | filing of the action | ∼ **auf Entschädigung** | action for damages; damage suit | ∼ **auf Erfüllung;** ∼ **auf Vertragserfüllung; Erfüllungs**∼ | action for performance of a contract (for specific performance).
○ **Feststellungs**∼; ∼ **auf Feststellung des Bestehens oder Nichtbestehens eines Rechts** | declaratory action (suit) | **negative Feststellungs**∼ | declaratory action to establish the non-existence of a right | **Feststellungs**∼ **erheben** | to seek a decaratory judgment | **Forderungs**∼ | action (suit) for debt (for payment) | **Freigabe**∼ | petition to cancel the enforcement order.
○ **Gegen**∼ | cross-action; counter-suit | **Gewährleistungs**∼ | action for warranty | **Grenzscheidungs**∼ | action for the fixation of boundaries | **Grundbuchberichtigungs**∼ | action for rectification of the land register | ∼ **aus unerlaubter Handlung** | action for tort | **Häufung von** ∼**n** | plurality of actions | **Haupt**∼ | main action.
○ **Herabsetzungs**∼; ∼ **auf Herabsetzung (auf Minderung); Minderungs**∼ | action for reduction | ∼ **auf Herausgabe** ①; ∼ **auf Herausgabe des Eigentums** | action for the recovery of title | ∼ **auf Herausgabe** ②; ∼ **auf Rückgabe; Herausgabe**∼ | action for return (for restitution) | ∼ **auf Herausgabe der Erbschaft; Erbschaftsherausgabe**∼; **Erbschafts**∼ | action for recovery of the inheritance | **Hypotheken**∼ | mortgage foreclosure action | **Hypothekenlöschungs**∼ | action for cancellation of a mortgage | **Interventions**∼ | interference proceedings.
○ **Löschungs**∼; ∼ **auf Löschung** | motion to expunge | **Markenlöschungs**∼ | nullity action [for the cancellation of a trademark] | ∼ **auf Nichtigkeitserklärung; Nichtigkeits**∼ | nullity action (suit); action for annulment | **Nichtigkeitswider**∼ | cross-action for annulment | **Offizial**∼ | public prosecution | **Patentlöschungs**∼ | nullity action | ∼ **auf Preisminderung; Preisminderungs**∼ | action for reduction of price | **Privat**∼ ① | private prosecution | **Privat**∼ ② | libel (slander) action (suit); action for libel (for slander) | ∼ **auf Abtretung (Abänderung) des Ranges;** ∼ **auf Rangänderung;** ∼ **auf Rangabtretung** | action for cession of rank.
○ **Räumungs**∼ | action for eviction (for ejection) | ∼ **auf Rechnungslegung** | action for a statement of accounts | **Regreß**∼; **Rückgriffs**∼ | action for recovery | **Restitutions**∼; ∼ **auf Rückerstattung; Rückerstattungs**∼; ∼ **auf Rückgabe** | action for restitution | ∼ **auf Rückkauf** | action which is based on a right of repurchase | ∼ **auf Rücknahme der fehlerhaften Sache** | action to set aside a sale on account of a certain defect.
○ **Schadensersatz**∼; ∼ **auf Schadensersatz** | action (suit) for damages; damage suit | **Scheidungs**∼ | divorce petition (suit); petition for divorce | **Scheidungswider**∼ | cross-petition for divorce | **Schuld**∼ | personal action; suit for debt; action for contract | **Straf**∼ | criminal action (suit) | **Teilungs**∼; ∼ **auf Teilung** | action for division | ∼ **auf Trennung von Tisch und Bett;** ∼ **auf Ehetrennung** | petition for a separation order.

○ Unterhalts~; ~ auf Unterhalt | action (suit) for maintenance | ~ auf Unterlassung; Unterlassungs~; ~ auf Unterlassung der Beeinträchtigung | action to restrain interference | Unzulässigkeit der ~ | inadmissibility of the action | ~ wegen Urheberrechtsverletzung | action for infringement of copyright | Vaterschafts~ | application for an affiliation order | Verhandlung über eine ~ | hearing (trial) of an action (of a case) | ~ aus Vertrag; ~ aufgrund Vertrags | action of contract (for debt) | ~ auf Vertragserfüllung | action for performance of a contract; action for specific performance | ~ aus (wegen) Vertragsverletzung | action for breach of contract | Vollstreckungsgegen~ | petition to cancel the enforcement order | Einrede der Voraus~ | plea of preliminary proceedings against the main (original) debtor.

○ Wandlungs~ | action to set aside a sale on account of a certain defect | Wechsel~ | summary proceedings for non-payment of a bill of exchange | im Wege der ~ | by bringing action (suit); by way of action; by suing | Wider~ | cross-action; counter-suit | ~ auf Wiederaufhebung; Wiederaufhebungs~ | action for rescission | ~ auf Wiederherstellung der ehelichen Gemeinschaft; Wiederherstellungs~ | action (suit) for restitution of conjugal rights | ~ auf Zahlung | action (suit) for payment.

○ Zivil~ | civil action (suit) | Zulassung einer ~ | finding for the plaintiff | Zurücknahme (Zurückziehung) der ~ | withdrawal of the action | ~ auf Berichtigung des Zivilstandes | action for rectification of the civil-status register | Zustellung der ~ | service of the writ (writ of summons).

★ bürgerliche ~ | civil action (suit) | dingliche ~; ~ aus einem dinglichen Recht | real action | gerichtliche ~ | action at law; law (court) action; lawsuit | hypothekarische ~ | mortgage foreclosure action | öffentliche ~ | public prosecution | obligatorische ~; schuldrechtliche ~ | personal action; action (suit) for debt | possessorische ~ | action for the recovery of possession | wechselrechtliche ~ | summary proceedings for non-payment of a bill of exchange | zivilgerichtliche ~ | civil action.

★ eine ~ abweisen | to dismiss an action | den Kläger mit seiner ~ abweisen | to nonsuit the plaintiff; to enter judgment for the defendant | die ~ kostenpflichtig abweisen | to dismiss the action with costs | mit seiner ~ abgewiesen werden (unterliegen) | to be dismissed from one's suit; to be nonsuited | eine ~ bei Gericht anhängig machen | to enter an action for trial | jdm. ~ androhen | to threaten sb. to sue (to bring action) | die ~ beantworten | to file an answer | sich auf die ~ einlassen | to join issue; joining issue.

○ gegen jdn. ~ erheben; gegen jdn. eine ~ einbringen (einreichen) (anstrengen) | to sue sb.; to bring (to enter) an action against sb.; to file (to bring) suit against sb.; to institute legal proceedings against sb. | über eine ~ entscheiden (erkennen) | to decide an action | der ~ stattgeben | to find (to enter judgment) for the plaintiff | ~n miteinander verbinden | to consolidate actions | seine ~ zurücknehmen (zurückziehen) | to withdraw one's action | durch ~ | by way of action; by bringing action (suit); by suing.

Klage f ⑧ [Klageschrift] | statement of claim; writ.
Klage f © [Beschwerde] | complaint | Grund zur ~ haben | to have reason to complain (for complaint) |

bei jdm. ~ führen | to lodge a complaint with sb. | über etw. ~ führen | to complain (to make complaints) about sth.
Klage(Klags)..abweisung | dismissal of the action; judgment against the plaintiff; nonsuit | ~ durch Versäumnisurteil | default judgment (judgment by default) against the plaintiff | ~ beantragen | to demand judgment against the plaintiff.
— (—)änderung f | modification of the statement of claim.
— (—)androhung f | warning to file suit.
— (—)anspruch m | cause of action | seinen ~ beweisen | to prove (to make out) one's case.
— (—)antrag m | bill of particulars | ~ zur Hauptsache | claims pl on the main issue | Wider~ | counter claims pl | nach ~ erkennen | to find for the plaintiff as claimed.
— (—)beantwortung f | defendant's answer (denial); statement of defense.
— (—)begehren n | dem ~ stattgeben | to find for the plaintiff as claimed.
— (—)begründung f | substantiation (statement) of claim.
— (—)behauptungen fpl | die ~ | the allegations of the plaintiff.
— (—)erhebung f | filing of the action | durch ~ | by bringing action (suit); by suing; by litigating.
— (—)gegenstand m | subject of the action.
Klagefrist f | period for filing suit.
Klagegrund m | cause of action | Leugnen des ~es | plea of demurrer; demurrer at law.
Klagehäufung f | plurality of actions.
klagen v Ⓐ [vor Gericht] | gegen jdn. ~ | to sue sb. [VIDE: Klage erheben] | auf etw. ~ | to sue (to file suit) for sth. | auf (im) Armenrecht ~ | to sue as a pauper (in forma pauperis) | auf Erfüllung ~ | to sue for performance | aus unerlaubter Handlung ~ | to bring (to file) action for tort | auf Herausgabe ~ ① | to sue for recovery (for recovery of title) | auf Herausgabe ~ ② | to sue for return | auf Räumung ~ | to sue for eviction; to bring an action for eviction | Recht, zu ~ | right (power) to sue | gegen jdn. wegen Rechtsverletzung ~ | to sue for infringement | auf Schadensersatz ~ | to sue (to bring an action) for damages | auf Scheidung ~ | to petition (to sue) for a divorce; to seek a divorce | auf Trennung von Tisch und Bett ~ | to sue for a separation | auf Unterlassung ~ | to bring action to restrain interference; to bring suit for discontinuance | aus Vertrag ~ | to sue (to claim) under a contract | gegen jdn. ~ können | to have a cause of action against sb.
klagen v Ⓑ [sich beklagen] | über etw. ~ | to complain (to make complaints) about sth.
klagend adj | die ~e Partei | the plaintiff.
Kläger m | plaintiff | Anfechtungs~ | plaintiff in a nullity action (suit) | der Anwalt (der Prozeßbevollmächtigte) des ~s | counsel for the plaintiff; plaintiff's counsel | die Beweislast obliegt dem ~ (trifft den ~) | the onus of proof rests with the plaintiff | Berufungs~; Rechtsmittel~ | plaintiff on appeal; appellant | Haupt~ | principal plaintiff | Mit~ | joint plaintiff; coplaintiff | Neben~ ① | intervening party | Neben~ ② | plaintiff (party) claiming damages [in a criminal case] | als Neben~ auftreten | to claim damages [in a criminal case] | Nichtigkeits~ | plaintiff in a nullity action (suit) | Privat~; Privatstraf~; Straf~ | complainant | als ~ auftreten | to be (to act as) plaintiff | als Prozeßbevollmächtigter für den ~ auftreten | to appear for the plaintiff | Revisions~ | appellant | Wider~ | de-

Kläger *m, Forts.*
fendant (party) bringing countersuit | **zu Gunsten des** ~**s entscheiden** | to find for the plaintiff | **den** ~ **mit seiner Klage abweisen** | to nonsuit the plaintiff.
Klagerecht *n* | right of action; right to sue | **gegen jdn. ein** ~ **haben** | to have a cause of action against sb.
Klägerin *f* | plaintiff.
klägerisch *adj* | **der** ~**e Anwalt (Prozeßbevollmächtigte) (Vertreter)** | counsel for the plaintiff; plaintiff's counsel; prosecuting counsel | **die** ~**e Partei** | the plaintiff | **das** ~**e Vorbringen** | the allegations of the plaintiff.
klägerischerseits *adv* | on the part of the plaintiff; for the plaintiff.
Klage..sache *f* | action at law; law action; lawsuit; suit | **streitige** ~ | contested (defended) suit.
—**schrift** *f* | statement of claim | **Zustellung der** ~ | service of the writ (writ of summons).
—**schriftsatz** *m* | writ | **jdm. einen** ~ **zustellen** | to serve a writ on sb.
—**substantiierung** *f* | substantiation of claim.
—**tatsachen** *fpl* | **die** ~ | the allegations of fact.
Klage(Klags)..verbindung *f* | consolidation (joinder) of actions.
— **(—)verjährung** *f* | limitation (extinction) of the right of action.
— **(—)vorbringen** *n* | **das** ~ | the allegations of the plaintiff | **das gesamte** ~ **bestreiten** | to plead the general issue | **sein** ~ **beweisen** | to prove one's case.
Klageweg *m* | **im** ~; **auf dem** ~ | by way of action; by bringing suit; by suing | **den** ~ **beschreiten** | to take legal steps; to go to law; to institute legal proceedings.
ceedings.
Klags..einlassung *f* | joining (joinder of) issue.
—**erhebung** *f*; —**einreichung** *f* | filing of the action; bringing action; suing.
—**erweiterung** *f* | amendment of the action.
—**erwiderung** *f* | statement of defence; defendant's answer (denial) | **Frist zur** ~ **(zur Einreichung der** ~**)** | time (period) for filing [one's] defense.
—**partei** *f* | **die** ~ | the plaintiff | **der Anwalt (der Prozeßbevollmächtigte) (der Vertreter) der** ~ | counsel for the plaintiff; plaintiff's counsel; prosecuting counsel.
—**voraussetzung** *f* | admissibility of the action.
—**zurücknahme** *f*; —**zurückziehung** *f* | withdrawal of the action (of the suit).
—**zustellung** *f* | service of the writ (writ of summons) (of process).
Klammer *f* | bracket; parenthesis | **in** ~**n** | in parentheses | **Worte in** ~**n setzen** | to put words between brackets; to bracket (to parenthesize) words.
Klarierung *f* Ⓐ [Verzollung von Schiffsgütern] | clearance through customs; customs clearance; clearance.
Klarierung *f* Ⓑ [Bezahlung der Zollgebühren] | payment (discharge) of customs duties.
Klarierungs..brief *m*; —**schein** *m* | bill of clearance; clearance certificate; customs permit.
—**kosten** *pl* | clearance charges.
klarstellen *v* Ⓐ [aufklären] | to clarify; to clear up.
klarstellen *v* Ⓑ [erklären] | **etw.** ~ | to explain sth.
Klarstellung *f* Ⓐ [Aufklärung] | clarification.
Klarstellung *f* Ⓑ [Erklärung[| explanation.
Klasse *f* Ⓐ | class; category | **Alters**~ | age group | **Besoldungs**~; **Gehalts**~ | salary bracket | **Gefahren**~ | category of risks | **Lohn**~ | schedule of wages | **Rang**~ | priority | **Steuer**~ | tax bracket; schedule | **Tarif**~ | tariff schedule | **Unter**~ | sub-

bracket | **Unternehmer**~ | business category | **Waren**~ | class of goods.
★ **erster** ~ | first-class | **etw. in** ~**n einteilen; etw. nach** ~**n ordnen** | to arrange sth. in classes; to classify (to class) sth.
Klasse *f* Ⓑ [Schicht] | class | **die Arbeiter**~; **die arbeitende(n)** ~ **(**~**n)** | the working class (classes); the working-class population | **die Gesellschafts**~**n** | the classes of society | **aus allen** ~**n der Gesellschaft** | of all ranks | **die Ober**~**n** | the upper (higher) classes.
★ **die besitzenden** ~**n** | the moneyed (propertied) classes | **die bürgerliche** ~ | the middle class | **die grundbesitzenden** ~**n** | the landed classes | **die herrschenden** ~**n** | the ruling (governing) classes | **die oberen** ~**n** | the upper (higher) classes | **die unteren** ~**n** | the lower classes (people) | **zu einer** ~ **gehören** | to belong to a class (to a group).
Klasse *f* Ⓒ [Schul~] | **die Mittel**~**n** | the middle school | **die Ober**~**n** | the upper (the senior) school | **die Unter**~**n** | the lower school (grades).
Klassen..auszeichnung *f* | class prize.
—**bescheinigung** *f* | classification certificate.
—**bewußtsein** *n*; —**dünkel** *m* | class consciousness.
—**bildung** *f* | formation of classes.
—**einteilung** *f* | classification.
—**haß** *m* | **Aufhetzung zum** ~ | incitement to class hatred.
—**justiz** *f* | class justice.
—**kamerad** *m* | schoolmate; classmate; schoolfellow.
—**kampf** *m* | class war (struggle).
—**lotterie** *f* | class (serial) lottery.
—**register** *n* | classification register.
—**tarif** *m* | classified tariff.
—**unterschied** *m* | **die** ~**e** | the class distinctions.
—**vorurteil** *n* | class prejudice (bias).
—**wahlrecht** *n* | class vote.
—**zimmer** *n* | schoolroom; classroom.
Klassifikation *f* | classification; classing; arrangement in classes.
klassifizierbar *adj* | classable; classifiable.
klassifizieren *v* | **etw.** ~ | to classify sth.; to arrange sth. by classes | **neu** ~ | to reclassify.
klassifizierend *adj* | classifying.
Klassifizierung *f* | classing; classification; arrangement in classes | **Neu**~ | reclassification.
Klausel *f* | clause; condition; stipulation | **Abwertungs**~ | devaluation clause | **Anwachsungs**~ | accretion clause | **Aufhebungs**~ | cancellation (abrogation) (rescinding) clause | **Ausnahme**~ | exception (exemption) clause | **Ausweich**~ | escape clause | **Befreiungs**~ | exemption clause | **Doppelbewertungs**~ | dual valuation clause | **Dringlichkeits**~ | emergency clause | **Eis**~ | ice clause | **Einfügung (Einsetzung) einer** ~ | insertion of a clause (of a condition) in an agreement | **Entwertungs**~ ① | depreciation clause | **Entwertungs**~ ② | devaluation clause | **Fakultativ**~ | optional clause.
○ **Garantie**~; **Gewährleistungs**~ | warranty clause | **Geheim**~ | secret clause | **General**~ | general (blanket) clause | **Gleit**~ | escalator clause | **Gold**~ | gold clause | **allgemeine Havarie**~ | general average clause | **Härte**~ | hardship clause | **Herabsetzungs**~ | abatement clause | **Kollisionsschadens**~ | collision clause.
○ **Konkurrenz**~ | stipulation in restraint of trade | **Kriegs**~ | war clause | **Kriegsgefahr**~ | war risks clause | **Kündigungs**~ | termination clause | **Meistbegünstigungs**~ | most-favo(u)red nation clause | **Minderwert**~ | depreciation clause | **Not**~ | emergency (escape) clause | **Order**~ | clause "pay

to order" | **Paritäts~** | parity clause | **Rechts-eintritts~** | subrogation clause | **Rücktritts~** | cancellation (escape) clause.

○ **Sammel~** | dragnet (general) (blanket) clause | **Schieds~** | arbitration clause | **Sicherheits~** | escape clause | **Sicherungs~** | safeguard clause | **Straf~** | penalty clause | **Streik~** | strike clause | **Transit~** | transshipment clause | **Verfalls~**; **Verwirkungs~** | forfeit clause | **Vertrags~** | contract (agreement) clause; stipulation | **Vollstreckungs~** | order of enforcement; writ of execution | **Vorbehalts~** | hedge clause.

○ **Währungs~** | currency clause | **~ „Wert anerkannt"** | value-admitted clause; agreed valuation clause | **Widerrufs~** | revocation clause | **Zusatz~** | additional clause; rider | **Zuständigkeits~** | jurisdiction clause.

★ **eingefügte ~** | inserted clause | **nachträglich eingefügte ~** | clause which has been inserted afterwards | **einschränkende ~** | restrictive clause | **entgegenstehende ~** | provision (stipulation) to the contrary | **gedruckte ~; vorgedruckte ~** | printed clause | **handfeste ~; unumgehbare ~** | iron-clad clause | **handschriftliche ~; handschriftlich beigefügte ~** | hand-written clause | **eine ~ einem Vertrag beifügen** | to add a clause to a contract | **eine ~ in einen Vertrag einsetzen (einfügen)** | to insert (to include) a clause into a contract | **etw. durch vertragliche ~n (etw. vertraglich durch ~n) sichern (absichern) (schützen)** | to guard (to safeguard) sth. by clauses.

Klausur f; **—arbeit** f; **—aufgabe** f | examination under supervision; test paper | **die ~ (seine ~) machen** | to work examination papers under supervision; to do (to sit for) a paper.

Klebemarke f | adhesive stamp.

klein adj | small; petty; insignificant | **~er Aktienbesitz;** **~e Aktienbeteiligung** | small holdings (share) | **die ~en Aktienbesitzer (Aktionäre)** | the small stockholders (holders) (stockholdings) (holdings of shares) | **~er Angestellter** | small clerk | **~e Anzeige** | small (classified) advertisement | **~e Ausgaben** | petty expenses (charges) | **~er Beamter** | petty official | **~er Fehler** | slight mistake (error) | **~e Geschäftsleute** | small tradespeople | **~er Geschäftsmann** | small (petty) tradesman (trader) | **~er Grundbesitz** ①; **~es Grundstück; ~er Landbesitz; ~es Besitztum** | small holding (property) (piece of property) | **der ~e Grundbesitz** ②; **die ~en Grundbesitzer (Landbesitzer)** | the small holdings (holders) (property) (landowners); the smallholders | **~es Guthaben; ~e Spareinlage** | small holding | **die Inhaber von ~en Guthaben; die ~en Sparer** | the small holders (holdings) | **~e Havarie** | petty average | **~e Kasse** | petty cash | **~er Ladenbesitzer** | small shopkeeper | **Partei der ~en Landwirte** | smallholders' (small holders') party | **~e Spareinlagen** | small deposits | **~e Stücke; ~e Werte** | small denominations | **im ~en Umfange** | on a small scale.

Klein..aktie f | baby share.

—aktienbesitz m Ⓐ [Besitz an Kleinaktien] | holding(s) of baby shares.

—aktienbesitz m Ⓑ [kleiner Besitz an Aktien] | small holding (share).

—aktienbesitz m Ⓒ [die kleinen Aktionäre; die Kleinaktionäre] | the small stockholders.

—anzeige f | small (classified) advertisement.

—bahn f | light railway.

—bauer m | small farmer; smallholder.

—bauernpartei f | smallholders' (small holders') party.

Kleinbesitz m Ⓐ [an Land] | small holding (property) (piece of property).

Kleinbesitz m Ⓑ [der Kleinlandbesitz; die kleinen Landbesitzer; die Kleinbesitzer] | the small holders (landowners); the smallholders.

Kleinbesitz m Ⓒ [an Aktien] | small holding (share).

Kleinbesitz m Ⓓ [die kleinen Aktionäre] | the small holdings of shares (of stock); the small stockholders pl.

Kleine n | **im ~n** | on a small scale | **im ~n verkaufen** | to sell [goods] retail; to retail.

Klein..betrieb m | small industry (enterprise) | **Klein- und Mittelbetriebe** | small and medium-sized businesses.

—geld n | small coin (change) (money).

kleingestückelt adj | in small denominations.

Klein..gewerbe n | small industry (craft).

—handel m | retail trade (business) | **im Groß- und ~** | wholesale and retail | **Waren im ~ verkaufen** | to sell goods retail (by retail) | **~ treiben** | to do retail business; to retail.

—handels..geschäft n | retail shop.

——preis m; **——verkaufspreis** m | retail price (selling price).

——rabatt m | retail discount.

—händler m | retail dealer (trader); retailer.

—heit f | smallness.

Kleinigkeit f | trifle; bagatelle.

Klein..industrie f | the small (smaller) industries pl; small craft.

—krieg m | guerilla war (warfare); desultory warfare.

—landbesitz m | the small holdings pl (property) (holders pl) (landowners pl).

kleinlich adj | small-minded | **~er Geist** | small-mindedness.

Klein..obligationen fpl | baby bonds.

—rentner m | small pensioner.

—siedler m | small settler.

—sparer mpl | **die ~** | the small holders pl (investors pl) (holdings pl).

—staat m | small state.

—staaterei f | particularism.

—stadt f | small town.

—städter m | provincial; suburbanite.

—städtisch adj | provincial; suburban.

—verkauf m | retail sale (trade) (business); retail | **im Groß- und ~** | wholesale and retail | **etw. im ~ vertreiben** | to retail sth.; to sell sth. retail.

—verkäufer m | retailer; retail dealer.

—verkaufspreis m | retail price (selling price).

—vieh n | small stock.

Kleptomanie f [Stehlsucht] | stealing mania.

klerikal adj | clerical | **die ~e Partei; die Klerikalen** | the church party.

Klerikalismus m | clericalism.

klerikalisieren v | to clericalize.

klerikalpolitisch adj | clerico-political.

Kleriker m | ecclesiastic; clergyman; minister.

Klerus m | clergy.

Klient m Ⓐ [Mandant] | client.

Klient m Ⓑ [Kunde] | customer.

Klientel f Ⓐ [Mandantschaft] | clients pl; clientship.

Klientel f Ⓑ [Kundschaft] | the customers pl; the goodwill.

Klientin f | lady client.

klingend adj | **in ~er Münze** | in hard cash; in coin.

Klischee n | printing block.

Kloster n Ⓐ [Mönchs~] | monastery.

Kloster n Ⓑ [Nonnen~] | convent.

—gelübde n | monastic vow.

Kloster..kirche *f* | convent church.
—**ordnung** *f*; —**regel** *f* | monastic discipline.
—**schule** *f* | convent school.
Klub *m* | club | **Spiel**~ | gambling club (house).
—**beitrag** *m* | club fee (subscription).
—**lokal** *n* | club premises.
—**mitglied** *n* | club (fellow) member.
—**mitgliedschaft** *f* | club membership.
Klüngel *m* | [political] clique (circle).
knapp *adj* | scarce | ~ **bei Kasse** | short of cash | ~e
Mehrheit | bare majority.
knapp *adv* | ~ **gewinnen** | to win with (by) a narrow
margin.
Knappheit *f* | shortage; scarcity; dearth | ~ **an Ar-
beitskräften** | shortage (scarcity) of manpower (of
labo(u)r); manpower shortage | **Geld**~; **Kapital**~
| lack (want) (scarcity) (shortness) of money (of
funds) | **Material**~ | shortage (scarcity) of material
| **Nahrungsmittel**~ | food shortage | **Rohstoff**~ |
scarcity of raw materials | **Waren**~ | shortage of
goods.
knappheitsbedingt *adj* | due to (caused by) a shortage.
Knappe *m* Ⓐ [Bergmann] | miner; mineworker.
Knappe *m* Ⓑ [Kohlenbergarbeiter] | coalminer; pit-
man; collier.
Knappschaft *f*; **Knappschafts..verein** *m* | miners' union
(company); mining (mineworkers') association;
corporation of miners.
—**versicherung** *f* | mineworkers' insurance.
knappschaftlich *adj* | ~e **Pensions-(Renten-)Versi-
cherung** | mineworkers' pension insurance.
knappschaftlich *adv* | ~ **organisiert** | unionized.
Knecht *m* | valet; servant | **Bauern**~ | farm labo(u)rer
(hand).
knechten *v* | to enslave.
Knechtschaft *f* | bondage.
Knechtung *f* | enslavement.
Knotenpunkt *m* | junction | **Bahn**~; **Eisenbahn**~ | rail
junction.
Koalition *f* | coalition | **Links**~; **Rechts**~ | leftist
(rightist) coalition | **Regierungs**~ | government
coalition | **Wahl**~ | electoral coalition | **eine** ~ **bil-
den (eingehen)** | to form (to enter into) a coalition.
Koalitions..bildung *f* | formation of a coalition.
—**kabinett** *n*; —**regierung** *f*; —**ministerium** *n* | coali-
tion government (cabinet).
—**recht** *n* | right to enter into a coalition.
—**partner** *m* | coalition partner.
—**partei** *f* | coalition party.
Kodex *m* | code | **Ehren**~ | the code of conduct (of
ethics) (of hono(u)r) | **der Justinianische** ~ | the
Justinian (Justinianian) code.
Kodifikation *f*; **Kodifizierung** *f* | codification.
kodifizieren *v* | to codify.
Kodizill *n* | codicil.
Kohlen..abbaurecht *n* | coalmining right(s).
—**becken** *n* | coal basin.
—**bergbau** *m* | coalmining industry; coalmining | ~
treiben | to mine coal.
—**bergwerk** *n*; —**grube** *f* | coalmine; colliery; coalpit;
pit.
—**distrikt** *m*; —**gebiet** *n*; —**revier** *n* | coalmining
district; coal district (field).
—**förderung** *f*; —**produktion** *f* | coal output; output of
coal.
—**hafen** *m*; —**station** *f* | coaling station.
—**händler** *m* | coal merchant.
—**knappheit** *f* | coal shortage.
—**syndikat** *n* | colliery owners' association.
—**transporte** *mpl* | coal transports.

Kohlen..verkaufsbüro *n* | coal sales office.
—**zeche** *f* Ⓐ [Grube] | coalmine; colliery; coalpit; pit.
—**zeche** *f* Ⓑ [Gesellschaft] | colliery company.
kollateral *adj* [in der Seitenlinie] | collateral; in the
collateral line.
Kollation *f* [Ausgleichung unter Miterben] | bringing
(throwing) into hotchpot.
Kollationieren *n*; **Kollationierung** *f* [vergleichende
Nachprüfung] | collation; checking; counter-
checking.
kollationieren *v* [vergleichend nachprüfen] | to check;
to countercheck; to collate; to compare.
Kollationspflicht *f* | [Ausgleichungspflicht] | obligation
to bring [sth.] into hotchpot.
kollationspflichtig *adj* | liable to bring [sth.] into hotch-
pot.
Kolleg *n* | course of lectures.
Kollege *m* | colleague.
Kollegenrabatt *m* | trade discount.
Kolleggeld *n* | lecture fee.
Kollegialbehörde *f* | board.
Kollegium *n* | council; committee; board.
Kollekte *f* [Kirchen~] | collection.
Kollekteur *m* | collector.
Kollektion *f* | collection; assortment | **Muster**~ | as-
sortment of patterns; pattern (sample) assortment |
Reisemuster~ | traveller's samples.
Kollektiv *n* Ⓐ [Körperschaft] | collective (corporate)
body.
Kollektiv *n* Ⓑ [Arbeits- oder Produktionsgemein-
schaft] | collective enterprise (undertaking).
Kollektiv *n* Ⓒ [gemeinschaftliches Eigentum] | com-
mon ownership.
kollektiv *adj* | collective | ~**er Friede** | collective
peace | ~**e Sicherheit** | collective security | ~**e Ver-
antwortung** | collective responsibility.
kollektiv *adv* | ~ **gesicherter Friede** | collective peace |
~ **betriebene Landwirtschaft** | collective farming.
Kollektivisierung *f* | collectivization.
Kollektivität *f* | collectivity.
Kollektiv..arbeitsvertrag *m* | collective agreement
(bargain).
—**gesellschaft** *f* | partnership.
—**haftung** *f* | joint responsibility (liability).
—**konto** *n* | joint account.
—**marke** *f* | collective trade-mark.
—**prokura** *f* | joint power to sign; joint signature.
—**schuld** *f* | collective guilt.
—**strafe** *f* | collective punishment.
—**versicherung** *f* | collective insurance.
—**vertrag** *m* | collective (group) contract.
—**vertragsverhandlung** *f* | collective bargaining.
—**vollmacht** *f* | joint (collective) power (power of at-
torney).
—**zeichen** *n* | collective mark.
—**zeichnung** *f*; —**zeichnungsberechtigung** *f* | joint
(collective) power to sign; joint signature.
kollidieren *v* | to collide; to come into collision | **mit
jds. Interessen** ~ | to collide (to clash) with sb.'s
interests.
kollidierend *adj* | clashing | ~**e Interessen** | conflicting
(colliding) (clashing) interests.
Kollision *f* | collision; clashing | **Interessen**~ | collision
(clashing) (conflict) of interests.
Kollisions..klausel *f* | collision clause.
—**normen** *fpl* | conflicting rules.
—**risiko** *n* | collision risk.
Kollo *n* | parcel; package | **Post**~ | postal parcel.
Kollusion *f* Ⓐ [geheimes Einverständnis] | collusion;
secret understanding.

Kollusion *f* Ⓑ [strafbares Einvernehmen] | connivance; criminal collusion; complicity.
Kollusionsgefahr *f* | fear of collusion.
Kolonial..aktien *fpl* | colonial shares (stocks).
—**amt** *n* | Colonial Office.
—**anleihen** *fpl* | colonial bonds.
—**ansprüche** *mpl* | colonial claims.
—**bank** *f* | colonial bank.
—**besitz** *m* | colonial (overseas) possessions.
—**erzeugnis** *n*; —**produkt** *n* | colonial produce.
—**gesellschaft** *f* | colonial company.
—**handel** *m* | colonial trade.
—**macht** *f* | colonial power.
—**mandat** *n* | colonial mandate.
—**märkte** *mpl* | colonial markets.
—**ministerium** *n* | Colonial Office (Department).
—**papiere** *npl*; —**werte** *mpl* | colonial stocks (bonds); colonials.
—**politik** *f* | colonial policy.
—**reich** *n* | colonial empire.
—**verwaltung** *f* | colonial administration.
—**waren** *fpl* | colonial produce.
— —**geschäft** *n*; — —**handlung** *f* | grocer's shop (store); grocery.
— —**handel** *m* | trade (business) in colonial produce; grocery business.
— —**händler** *m* | dealer in colonial produce; grocer.
—**wesen** *n* | colonialism.
Kolonie *f* | colony; settlement | **Ferien**~ | holiday camp | **Kron**~ | Crown Colony | **Straf**~ | penal settlement (colony) | **Verschickung in die** ~**n** | relegation to a colony | **nach den** ~**n ausführen (exportieren)** | to export colonially.
Kolonisation *f*; **Kolonisierung** *f* | colonization.
Kolonisator *m* | colonizer.
kolonisieren *v* | to colonize.
Kolonist *m* | colonist; settler.
Kolportage *f* [Zeitschriften~] | hawking (peddling) of books or periodicals.
Kolporteur *m* | book canvasser.
kolportieren *v* | to hawk; to circulate.
Kombinat *n* | combine | **Industrie**~ | industrial combine (concern) (trust).
Kombination *f* | combination; grouping.
Kombinations..erfindung *f* | combination invention.
—**patent** *n* | combination patent.
—**verfahren** *n* | combination process.
kombinieren *v* | to combine.
kombiniert *adj* | combined; joint | ~**er Tarif** | combined rate (tariff).
Komitee *n* | committee; board | **Aktions**~ | action committee | **Empfangs**~ | reception committee | **Exekutiv**~ | executive committee | **Finanz**~ | finance (financial) committee; revenue (fiscal) board | **Hilfs**~ | relief (emergency) committee | **Organisations**~ | organizing committee | **Streik**~ | strike committee | **Wahl**~ | electoral committee (commission); election commission; board of elections | **Zentral**~ | central committee (commission) | **Zentralvollzugs**~ | central executive committee | **ein** ~ **einsetzen** | to appoint (to set up) a committee.
Kommandant *m* | governor; commander | **Hafen**~ | port admiral.
Kommandantur *f* | **Hafen**~ | port admiral's office.
Kommandit..aktiengesellschaft *f* | partnership limited by shares.
—**anteil** *m*; —**einlage** *f* | share (interest) of a partner in a limited partnership.
—**gesellschaft** *f* | limited partnership | ~ **auf Aktien** | | partnership limited by shares.

Kommanditist *m* | limited partner.
Kommentar *m* Ⓐ [Anmerkung] | commentary; comment | **Presse**~ | press commentary (comments *pl*).
Kommentar *m* Ⓑ [zu einem Gesetz] | textbook.
Kommentator *m* Ⓐ | commentator.
Kommentator *m* Ⓑ | text (textbook) writer.
kommentieren *v* Ⓐ | to comment; to write commentaries (a commentary).
kommentieren *v* Ⓑ | to annotate.
Kommerzialbank *f* | bank of commerce; commercial (mercantile) bank.
kommerzialisieren *v* | to commercialize.
Kommerzialisierung *f* | commercialization.
Kommerzialrat *m*; **Kommerzienrat** *m* | commercial councillor.
kommerziell *adj* | commercial; mercantile.
Kommis *m* [kaufmännischer Angestellter] | clerk; employee.
Kommissar *m* | commissioner; commissary | **Amt eines** ~**s** | commissionership | **Bezirkszoll**~ | district customs officer | **General**~ | Commissary-General | **Hafen**~ | harbour (dock) commissioner | **Havarie**~ | average surveyor | **Kriminal**~; **Polizei**~ | commissioner of police; police commissioner (superintendent) | **Ober**~ | High Commissioner | **Preis**~ | price commissioner | **Regierungs**~ | Government Commissioner | **Staats**~ | State Commissioner | **Wahl**~ | revising barrister.
Kommissariat *n* Ⓐ [Funktion] | commissionership | **Ober**~ | high commissionership.
Kommissariat *n* Ⓑ | office of the commissioner; commissioner's office | **General**~ | commissary-general's office | **Ober**~ | office of the High Commissioner | **Polizei**~ | central police station.
kommissarisch *adj* | ~**e Vernehmung**; ~**e Zeugenvernehmung** | hearing (examination) by a judge on commission.
kommissarisch *adv* | **einen Zeugen** ~ **vernehmen (vernehmen lassen)** | to hear (to examine) a witness on commission.
Kommission *f* Ⓐ [Ausschuß] | committee; commission | **Abschätzungs**~ | appraisal committee | **Bergbau**~ | mining committee | **Einsetzung einer** ~ | appointment (setting-up) of a committee | **Finanz**~ | finance (financial) committee; revenue (fiscal) board | **Grenz**~ | border commission | **Hilfs**~ | relief committee | **Kontroll**~ | commission (board) of control; control board | **Mandats**~ | mandate commission | **Mitglied einer** ~ | member of a commission; commission member | **Patent**~ | patent commission.
○ **Prüfungs**~ | board of examination; board (body) of examiners | **Regierungs**~ | government commission | **Reparations**~ | reparation commission (committee) | **Sachverständigen**~ | committee of experts | **Schätzungs**~ | appraisal committee | **Schieds**~; **Schlichtungs**~ | arbitration (mediation) (conciliation) board; arbitration commission (committee) | **Senats**~ | Senate Committee; senatorial Committee | **Sonder**~ | special committee (commission) | **Stillhalte**~ | standstill committee (commission) | **Studien**~ | committee for studying [sth.] | **Teilungs**~ | partition commission.
○ **Überwachungs**~ | commission (board) of control; control board | **Untersuchungs**~ | commission (board) (court) (committee) of enquiry | **Wahl**~ | electoral committee (commission); election commission; board of elections | **Währungs**~ | monetary commission | **Wiedergutmachungs**~ | reparation commission (committee) **Wirtschafts**~ | eco-

Kommission *f* Ⓐ *Forts.*
nomic commission | **Weltwirtschafts~** | world economic commission | **Zentral~** | central committee (commission) | **Zuteilungs~** | allocation committee (commission) | **gemischte ~** | mixed (joint) commission | **eine ~ einsetzen** | to appoint (to set up) a committee.

Kommission *f* Ⓑ [Entgelt] | commission; commission fee; brokerage | **Bank~** | bank (banking) (banker's) commission; bank brokerage | **Einkaufs~** | buying (purchasing) commission | **Inkasso~** | commission for collection; collecting (cashing) commission | **Verkaufs~** | commission on sales; selling commission | **Verkauf gegen ~** | sale on commission.

Kommission *f* Ⓒ [Auftrag] | commission; order | **Verkauf auf ~** | sale on commission | **etw. in ~ geben** | to consign sth.; to give sth. in commission | **etw. in ~ nehmen** | to receive sth. in consignment | **etw. in ~ übernehmen** | to take sth. on a commission basis | **in ~** | on (by way of) commission; in (on) consignment; on a commission basis.

Kommissionär *m* [Kommissionsagent] | commission agent (merchant) | **Ausfuhr~; Export~** | agent for exportation; export (export commission) agent | **Delkredere~** | del credere agent | **Einkaufs~** | buying agent.

Kommissions..artikel *mpl* | goods (articles) sold (to be sold) on a commission basis.
—**basis** *f* | **auf ~** | on a commission basis.
—**bericht** *m* | report of the committee; committee report.
—**buch** *n* | order book.
—**einkauf** *m* | buying (purchase) (purchasing) on commission.
—**firma** *f* | firm of commission merchants; commission house (business).
—**gebühr** *f* | commission; brokerage; commission fee.
—**geschäft** *n* Ⓐ [Transaktion] | commission business; transaction on a commission basis | **~e betreiben (machen)** | to do commission business; to buy and sell on commission.
—**geschäft** *n* Ⓑ [Firma] | commission agency (house) (merchants) (business).
—**geschäft** *n* Ⓒ [Handel] | commission (agency) trade (business).
—**gut** *n* | goods on commission; consigned goods.
—**handel** *m* | commission (agency) trade (business) | **~ treiben** | to do commission business; to buy and sell on commission.
—**haus** *n* | commission agency (house) (merchants).
—**kauf** *m* | buying (purchasing) on commission.
—**konto** *n*; —**rechnung** *f* | commission account; account of commission.
—**lager** *n* | stock on commission (on consignment).
—**makler** *m* | commission broker.
—**mitglied** *n* | committee member | **~ sein** | to sit on a committee.
—**reisender** *m* | traveller on commission; commission traveller.
—**satz** *m* | rate(s) of commission; commission rates *pl.*
—**sendung** *f* | consignment.
—**sitzung** *f* | meeting of the committee; committee meeting.
—**verkauf** *m* | sale on commission.
—**vertrag** *m* | commission contract.
—**vertreter** *m* | commission agent (merchant).
—**ware** *f* | goods on commission; goods consigned for sale on commission; consigned goods.
—**warenbuch** *n* | consignment book.

kommissionsweise *adj* | in (on) (by way of) commission; on a commission basis | **~r Verkauf** | sale on commission.
Kommittent *m* | consignor; consigner.
kommunal *adj* | communal; municipal | **~e Selbstverwaltung** | local self-government | **~e Steuern** | communal (local) taxes; rates.
kommunalisieren *v* | etw. **~** | to take sth. over as (to turn sth. into) municipal property.
Kommunalisierung *f* | taking [sth.] over as municipal property.
Kommunal..abgaben *fpl* | municipal (local) taxes; rates.
—**anleihe** *f* | municipal loan.
—**anleihen** *fpl* | municipal bonds (stock) (loans); municipals.
—**bank** *f* | municipal (city) bank.
—**beamter** *m* | municipal (city) official.
—**behörden** *fpl* | municipal (city) authorities.
—**betrieb** *m* | municipal (city) (public utility) enterprise.
—**bezirk** *m* | municipal district (borough).
—**darlehen** *n* | communal (municipal) loan.
—**finanzen** *fpl* | municipal (city) finance(s).
—**kredit** *m* | communal credit.
—**obligationen** *fpl*; —**papiere** *npl*; —**schuldverschreibungen** *fpl* | municipal bonds (securities).
—**politik** *f* | local politics *pl.*
—**steuer** *f* | municipal (city) (borough) rate; rate.
—**verband** *m* Ⓐ | borough; city (municipal) corporation.
—**verband** *m* Ⓑ | association of municipal corporations.
—**verschuldung** *f* | indebtedness of the communal bodies; municipal indebtedness.
—**verwaltung** *f* | city (municipal) (borough) administration.
—**wahlen** *fpl* | municipal (local) (local-government) elections.
Kommune *f* Ⓐ [Gemeinde] | municipality.
Kommune *f* Ⓑ | leftist communal authority.
Kommunismus *m* | communism.
Kommunist *m* | communist.
kommunistisch *adj* | communist.
Kompanie *f* | company | **Industrie~** | industrial company (enterprise).
Kompagnon *m* [Teilhaber] | partner.
Kompendium *n* | manual.
Kompensation *f*; **Kompensierung** *f* | compensation.
Kompensations..abkommen *n* | treaty (agreement) of compensation.
—**geschäft** *n* | compensation business (transaction).
—**kasse** *f* | clearing office (house).
—**kurs** *m* | rate of compensation.
—**verkehr** *m* | clearing.
—**zoll** *m* | compensatory (countervailing) duty.
kompensierbar *adj* | subject to compensation.
kompensieren *v* | to compensate; to set off; to offset.
kompetent *adj* | competent; responsible.
Kompetenz *f* Ⓐ | competence; competency.
Kompetenz *f* Ⓑ; —**bereich** *m* | jurisdiction.
—**gerichtshof** *m* | tribunal (court) for deciding disputes about jurisdiction.
—**konflikt** *m*; —**streit** *m*; —**streitigkeit** *f* | conflict (clashing) of authority | **positiver ~** | overlapping of authority.
Komplementär *m* [persönlich haftender Gesellschafter] | unlimited (responsible) (active) partner.
Komplex *m* Ⓐ [Inbegriff] | **Fragen~** | group of questions.

Komplex *m* Ⓑ [Grundstücks~] | plot of land | **Bau~** | building plot.

Komplex *m* Ⓒ | **Minderwertigkeits~** | inferiority complex.

Komplikation *f* | ~en vermeiden | to avoid (to eliminate) complications.

Komplize *m* | accomplice; accessory | der Haupttäter und seine ~n | the principal and his accomplices.

kompliziert *adj* | complicated; intricate; difficult.

Kompliziertheit *f* | complexity; intricacy.

Komplott *n* | plot; conspiracy | **ein ~ aufdecken** | to unmask (to discover) a conspiracy | **ein ~ schmieden (anzetteln)** | to devise (to lay) (to hatch) a plot; to plot; to conspire | **ein ~ vereiteln** | to frustrate (to foil) (to defeat) a plot.

Komponist *m* | composer; musical composer.

Komposition *f* | composition; musical composition.

Kompromiß *m* | compromise | **zu einem ~ kommen; einen ~ schließen** | to come to an arrangement (to a composition) (to a settlement); to effect (to make) a compromise; to arrive at a compromise; to compromise.

—bereitschaft *f* Ⓐ | readiness to make (to come to) a compromise.

—bereitschaft *f* Ⓑ | spirit of conciliation; conciliatory spirit.

kompromißlos *adj* | uncompromising.

Kompromiß..lösung *f* | compromise settlement.

—politik *f* | policy of compromise (of give-and-take).

—vorschlag *m* | proposed (proposal of a) compromise.

kompromittieren *v* | jdn. ~ | to expose sb.; to compromise sb.

Kondolenz..brief *m*; **—schreiben** *n* | letter of condolence.

Konferenz *f* Ⓐ [Besprechung] | conference; conversation | **eine ~ abhalten** | to hold a conference | **mit jdm. eine ~ haben** | to be conferring (in conference) with sb.

Konferenz *f* Ⓑ [Zusammenkunft] | conference; meeting; congress | **Abrüstungs~** | disarmament conference | **Außenminister~** | Foreign Ministers' Conference | **Botschafter~** | conference of ambassadors | **Diplomaten~** | diplomatic conference | **Dreier~; Dreimächte~** | tripartite (Three-Power) Conference | **~ auf höchster Ebene** | top-level conference | **Flotten~** | naval conference | **Friedens~** | peace conference | **Meerengen~** | straits conference | **Minister~** | conference of Ministers | **Nichteinmischungs~** | non-intervention conference | **Partei~** | party conference (congress) (rally) | **Presse~** | press (news) conference | **Regierungs~** | diplomatic conference | **Schiffahrts~** | shipping conference | **Staaten~** | conference of states; diplomatic conference | **~ am runden Tisch** | round-table conference | **Währungs~** | monetary conference | **Wirtschafts~** | economic conference | **Weltwirtschafts~** | world economic conference | **Zusammentritt einer ~** | meeting of a conference.

★ **eine ~ einberufen** | to convoke (to convene) a conference | **eine ~ für eröffnet erklären** | to declare a conference open | **eine ~ leiten** | to preside at (over) a conference | **an einer ~ teilnehmen** | to take part in a conference.

Konferenz..bericht *m* | report of a conference; conference report.

—dolmetscher *m* | conference interpreter.

—teilnehmer *m* | member of a (of the) conference.

konferieren *v* | to confer; to have (to hold) a conference; to be conferring.

Konfession *f* | confession; denomination.

konfessionell *adj* | denominational | **über~** | inter-denominational.

konfessionslos *adj* | undenominational.

Konfessionsschule *f* | denominational school.

Konfiskation *f*; **Konfiszierung** *f* | confiscation; seizure | **Vermögens~** | confiscation (seizure) of property.

konfiszierbar *adj* | liable to be seized.

konfiszieren *v* | to confiscate; to seize.

Konflikt *m* | conflict | **Arbeits~** | labo(u)r (trade) (industrial) dispute; labo(u)r conflict | **Beilegung eines ~es** | settlement of a dispute | **Beweis~** | conflicting (conflict of) evidence | **Gesetzes~** | conflict of laws | **Interessen~** | conflict (clash) (clashing) of interests | **Kompetenz~** | conflict of authority | **positiver Kompetenz~** | overlapping (clashing) of authority.

★ **nicht zu beseitigender ~** | irrepressible conflict | **bewaffneter ~; kriegerischer ~** | armed conflict.

★ **sich von einem ~ fernhalten** | to keep outside of a dispute | **mit etw. in ~ geraten (kommen)** | to come into conflict with sth.

konform *adv* | **~ buchen** | to book (to pass) in conformity | **~ gehen mit** | to be according to; to correspond to | **~ mit** | in conformity with; in accordance with; according to.

Konfrontation *f*; **Konfrontierung** *f* | confrontation | **~ der Zeugen; Zeugen~** | confrontation of (of the) witnesses.

konfrontieren *v* | to confront | **zwei Zeugen ~** | to confront two witnesses | **den Angeklagten mit den Zeugen ~** | to confront the accused with the witnesses.

Konfusion *f* [Vereinigung von Rechten] | merging of [two or more] rights in one.

Kongregation *f* | congregation.

Kongreß *m* | congress; conference | **Bundes~** | federal congress | **Diplomaten~** | conference of diplomats | **Erzieher~** | educational congress | **Friedens~** | peace congress | **Mitglied des ~ses** | Member of Congress; congressman | **Pazifisten~** | pacifist meeting | **Teilnehmer an einem ~** | member of a congress | **Welt~** | world congress | **wissenschaftlicher ~** | meeting of scientists | **an einem ~ teilnehmen** | to attend a congress.

Kongreß..mitglied *n* | Member of Congress; congressman.

—teilnehmer *m* | delegate.

—wahlen *fpl* | congressional elections.

Königsmord *m* | regicide.

Konjunktur *f* Ⓐ [Marktlage] | situation (position) (state) of the market; market situation | **nachlassende ~** | declining market.

Konjunktur *f* Ⓑ [Wirtschaftslage] | economic situation (activity); state of the economy | **rückläufige ~** | declining economic activity.

Konjunktur *f* Ⓒ [günstige Marktlage] | favo(u)rable market | **Abflachung (Abflauen) der ~** | slackening of the boom | **Bau~** | building boom | **Hoch~** | boom; boom conditions; buoyant market | **Inlands~** | internal boom | **Rüstungs~** | armaments boom | **Überhitzung der ~** | overheating of the economy | **Übersteigerung der ~** | exaggeration of the economic activity | **überhitzte ~** | overheated economy | **die ~ ausnützen** | to profit by the favo(u)rable situation of the market | **die ~ dämpfen** | to place a check on the boom.

Konjunktur..abschwächung *f* | downward trend (decline) in economic activity; economic recession.

—anstieg *m*; **—aufschwung** *m*; **—auftrieb** *m*; **—belebung** *f* | upward business trend; business (trade) revival (recovery).

Konjunktur..belebungsmaßnahmen *fpl* | measures to stimulate the economy (the market).
—**dämpfung** *f* | damping down (putting a check) on a boom (on excessive economic activity).
—**dämpfungsmaßnahmen** *fpl* | measures to damp down (to check) a boom.
konjunkturell *adj* | ~e **Auftriebstendenz(en)** | boom tendency (tendencies) | ~e **Aufwärtsbewegung; ~e Belebung** | increase in business activity.
konjunkturell *adv* | ~ **bedingt** | determined (influenced) by the trend of business activity.
Konjunktur..entwicklung *f* | economic trend (development).
—**forscher** *m* | market researcher.
—**forschung** *f* | market research (analysis).
—**lage** *f* | economic (market) situation.
—**politik** *f* | economic policy.
—**politiker** *m* | political jumping-jack.
—**risiko** *n* | risk(s) of the market; market risk(s).
—**rückgang** *m* | downward movement (trend); recession.
—**rückschlag** *m* | business slump; slump in trade.
—**schwankungen** *fpl* | fluctuations of the market; market fluctuations.
—**spritze** *f* | measure (injection) to stimulate the economy.
—**steuerung** *f* | control of the economic (trade) cycle.
—**überhitzung** *f* | overheating of the economy.
—**umschlag** *m* | reversal of economic (market) conditions.
—**verlauf** *m* | economic (business) trend.
—**verlust** *m* | loss from market risks (from market fluctuations).
konkludent *adj* | implied | ~e **Handlung; ~es Verhalten** | implied attitude (consent).
Konkordat *n* Ⓐ [Vertrag zwischen Kirche und Staat] | concordat [between the Church and the State].
Konkordat *n* Ⓑ [S] [Vertrag zwischen Kantonen] | treaty (agreement) [between Cantones].
konkret *adj* | ~er **Fall** | actual case | ~er **Schaden** | material (actual) damage | **Vorschläge in ~er Form; ~e Vorschläge** | suggestions in positive form.
konkretisieren *v* | **seine Vorschläge** ~ | to itemize one's suggestions.
Konkubinat *n* | concubinage | **im ~ leben** | to live in concubinage.
Konkubine *f* | concubine; woman who lives in concubinage.
Konkurrent *m* | competitor.
Konkurrentin *f* | competitress; woman competitor.
Konkurrenz *f* | competition | **unter Ausschluß der ~** | non-competitive | **Gesetzes~** | competing laws | **freie ~** | unfettered competition | **halsabschneiderische ~** | cutthroat competition | **scharfe ~** | keen (strong) competition | **unlautere ~** | unfair competition | **es mit der ~ aufnehmen; sich gegen die ~ behaupten** | to sustain (to meet) competition; to be competitive | **jdm. ~ machen; mit jdm. in ~ stehen** | to compete (to be in competition) with sb. | **sich gegenseitig ~ machen** | to compete with one another | **in ~ stehen um** | to compete for | **mit jdm. in ~ treten** | to enter into competition with sb. | **außer ~** | not competing | **in ~ mit** | in competition with.
konkurrenzfähig *adj* | able to meet (capable of meeting) competition; able to compete | ~er **Preis** | competitive price.
Konkurrenzfähigkeit *f* | competitive power; competitiveness.

Konkurrenz..firma *f*; —**geschäft** *n* | competitive firm; firm of competitors; rival business.
—**kampf** *m* | competitive struggle; competition.
—**klausel** *f* | stipulation in restraint of trade.
konkurrenzlos *adj* | without competition; unrivalled.
Konkurrenz..neid *m* | professional (trade) jealousy.
—**unternehmen** *n* | competitive firm; firm of competitors; rival business.
—**verbot** *n* | restraint of trade.
konkurrieren *v* | **mit jdm. ~** | to enter into (to be in) competition with sb.; to compete with sb.
konkurrierend *adj* | concurrent; competing | ~e **Gesetzgebungskompetenz** | concurrent powers to legislate; concurrent competence (jurisdiction) in legislative matters | ~e **Gesetze** | conflicting laws (statutes) | ~e **Interessen** | conflicting (clashing) interests | ~es **Verschulden** | contributory negligence.
Konkurs *m* | bankruptcy; failure | **Anmeldung (Antrag auf Eröffnung) des ~es** | bankruptcy petition; petition in bankruptcy | **Anmeldung einer Forderung im ~** | proof of debt in bankruptcy | **Eröffnung des ~es** | adjudication in bankruptcy (of insolvency) | **Anzeige über die Eröffnung des ~es** | bankruptcy notice | **eine (seine) Forderung zum ~ anmelden** | to prove one's claim (one's debt); to tender a proof of debt; to prove a claim (to lodge a proof) in bankruptcy | **in ~ geratener (befindlicher) Geschäftsmann** | bankrupt merchant | **Nachlaß~** | bankruptcy of an estate (of the estate of a deceased person) | **über sein Vermögen wurde der ~ eröffnet** | he was adjudicated (adjuged) bankrupt.
★ **den (seinen) ~ anmelden** | to file (to present) one's petition (one's bankruptcy petition) (one's schedule); to declare os. bankrupt | **in ~ gehen; in ~ geraten; ~ machen; den ~ eröffnen** ① | to become bankrupt (insolvent) (a bankrupt); to go bankrupt (into bankruptcy); to fail | **den ~ eröffnen** ② | to institute bankruptcy proceedings | **im ~ sein; in ~ stehen** | to be bankrupt (a bankrupt) | **vor dem ~ stehen** | to be faced with bankruptcy | **jdn. in ~ treiben** | to force sb. into bankruptcy; to make sb. bankrupt; to bankrupt sb.
Konkurs..anmeldung *f* | petition in bankruptcy; bankruptcy petition | **seine ~ einreichen** | to file (to present) one's petition (one's bankruptcy petition) (one's schedule).
—**antrag** *m* | petition in bankruptcy; bankruptcy petition | **gegen jdn. ~ stellen** | to file a bankruptcy petition against sb.
—**anzeige** *f* | bankruptcy notice.
—**ausfallversicherung** *f* | insurance of loss(es) due to a bankruptcy.
—**einstellung** *f* | closing of bankruptcy proceedings.
—**erklärung** *f* | declaration of (adjudication in) bankruptcy.
—**eröffnung** *f* | adjudication in bankruptcy (of insolvency) | **Antrag auf ~** | petition in bankruptcy; bankruptcy petition | **Anzeige über die ~** | bankruptcy notice.
—**eröffnungsantrag** *m* | petition in bankruptcy; bankruptcy petition | **~ stellen** | to file a (one's) petition (a declaration) in bankruptcy.
—**eröffnungsbeschluß** *m* | adjudication (decree) in bankruptcy; adjudication order.
—**forderung** *f* Ⓐ [anzumeldende ~] | debt (claim) provable in bankruptcy | **Anmeldung einer ~** | proof of debt in bankruptcy | **Anmeldung der ~en** | proof of debts | **eine ~ anmelden** | to file a proof of debt; to prove a claim (one's claim) in bankruptcy.
—**forderung** *f* Ⓑ [angemeldete ~] | proved debt.

Konkurs..gericht *n* | bankruptcy court; court of bankruptcy.
—**gläubiger** *m* | creditor in bankruptcy.
—**masse** *f* | bankrupt's estate.
—**ordnung** *f* | bankruptcy act.
—**pfleger** *m* | trustee in bankruptcy; bankruptcy trustee.
—**recht** *n* | law of bankruptcy; bankruptcy law; legislation (regulations) on bankruptcy.
konkursrechtlich *adj* u. *adv* | under the bankruptcy law(s).
Konkurs..richter *m* | magistrate in bankruptcy.
—**schuldner** *m* | bankrupt; adjudicated bankrupt.
—**tabelle** *f* | schedule of the bankrupt's creditors (of a bankrupt's debts).
—**verbrechen** *n* | fraudulent bankruptcy.
—**verbrecher** *m* | fraudulent (criminal) bankrupt.
Konkursverfahren *n* | bankruptcy proceedings; proceedings in bankruptcy | **Aufhebung (Einstellung) des** ~**s** | closing of bankruptcy proceedings | **Eröffnung des** ~**s** ① | institution (opening) of bankruptcy proceedings | **Eröffnung des** ~**s** ② | adjudication in bankruptcy | **Antrag auf Eröffnung des** ~**s** | bankruptcy petition; petition in bankruptcy | **Anzeige über die Eröffnung des** ~**s** | bankruptcy notice | **über sein Vermögen wurde das** ~ **eröffnet** | he was adjudicated (adjudged) bankrupt | **das** ~ **eröffnen** | to institute bankruptcy proceedings.
Konkurs..vergleich *m* | composition in bankruptcy.
—**vergleichsverfahren** *n* | composition proceedings.
—**verwalter** *m* | trustee (assignee) (receiver) (curator) in bankruptcy; trustee of a bankrupt's estate.
—**verwaltung** *f* | administration of the bankrupt's estate.
Kolonatspacht *f* | tenant farming.
Kolonatspächter *m* | tenant farmer.
Konnossement *n* | bill of lading; shipping (consignment) bill (note) | **Bord**~ | shipped bill of lading | **Export**~ | outward (export) bill of lading | **Gesamt**~ | general bill of lading | **Hafen**~; **Hochsee**~ | ocean bill of lading | **Import**~ | inward bill of lading | **auf den Inhaber lautendes** ~ | bill of lading to bearer | **auf den Namen lautendes** ~ | bill of lading to a specified person | **Order**~ | bill of lading made out to order | **Original**~ | original stamped bill of lading | **Sammel**~ | collective bill of lading | **Transit**~ | through bill of lading.
Konnossements..klausel *f* | clause in the bill of lading.
—**vertrag** *m* | bill of lading contract.
konsequent *adj* | consistent; consequential.
konsequent *adv* | consequently; in consequence.
Konsequenz *f* | consistency; consequence | ~**en haben (nach sich ziehen)** | to be followed by consequences | **die** ~**en ziehen (auf sich nehmen)** | to face (to take) (to put up with) the consequences.
konservativ *adj* | conservative.
Konservative *mpl* | **die** ~**n** | the conservatives.
Konsignant *m* | consignor.
Konsignatar *m* [Konsignationsempfänger] | consignee.
Konsignation *f* | consignment | **Waren in** ~ **nehmen** | to take goods on consignment.
Konsignations..buch *n* | consignment book.
—**faktura** *f*; —**rechnung** *f* | invoice of consignment.
—**güter** *npl*; —**ware** *f* | goods consigned; consigned goods; goods received (sent) on consignment.
—**konto** *n* | consignment account.
—**lager** *n* | stock of goods received on consignment; stock on commission.
—**sendung** *f* | consignment.
konsignationsweise *adv* | on consignment.

konsignieren *v* | to consign; to send on consignment.
Konsistorialgericht *n* | consistorial court.
Konsistorialrat *m* | consistorial councillor.
Konsistorium *n* | consistory | **Entscheid des** ~**s** | consistorial decree | **Mitglied des** ~**s** | member of the consistory | **Ober**~ | high consistory.
konsolidieren *v* | to consolidate; to fund | **eine Anleihe** ~ | to fund a loan | **eine Schuld** ~ | to fund a debt | **die Staatsschuld** ~ | to fund the public debt.
konsolidiert *adj* | ~**e Anleihe** | consolidated loan | ~**e Bilanz** | consolidated balance sheet (statement) | ~**e Schuld** | consolidated (funded) debt | ~**e Staatsanleihen (Staatsrenten)** | consolidated annuities (funds); funded government securities; consols | **die** ~**e Staatsschuld** | the consolidated (funded) national debt.
Konsolidierung *f* ④ | funding; consolidation | ~ **der schwebenden Schuld** | funding of the floating debt.
Konsolidierung *f* ⑥ [Stabilisierung] | stabilization.
Konsolidierungs..anleihe *f* | funding (consolidation) loan.
—**prozeß** *m* | process of restoring stability.
Konsols *pl* | consolidated annuities (funds); funded government securities; consols *pl*.
Konsorten *pl* | **in der Sache (in Sachen) gegen X. und** ~ | in the matter versus X. and others.
Konsortial..anteil *m* | underwriting share.
—**bank** *f* | member bank of a syndicate; consortium bank.
—**beteiligung** *f* | participation as underwriter.
—**geschäft** *n* | operation on joint account; syndicate operation.
—**gruppe** *f* | underwriting syndicate.
—**konto** *n*; —**rechnung** *f* | syndicate (joint) account.
—**kredit** *m* | syndicate credit.
Konsortium *n* | syndicate; group | **Banken**~ | syndicate (group) (consortium) of bankers; group of banks | **Börsen**~ | market syndicate | **Emissions**~ | issue syndicate | **Finanz**~ | financial syndicate (group); group of financiers | **Stillhalte**~ | standstill syndicate.
konstatieren *v* | to state; to verify.
Konstatierung *f* | statement; verification.
konstituieren *v* | to constitute | **sich als Ausschuß** ~ | to resolve itself into a committee.
konstituierend *adj* | constituent | ~**e Generalversammlung** | general constituent assembly | ~**e Nationalversammlung** | Constituent National Assembly.
Konstitution *f* [Staatsverfassung] | constitution; fundamental law.
konstitutionell *adj* | constitutional | ~**e Monarchie** | constitutional monarchy | ~**e Staatsform** | constitutional government.
konstruierbar *adj* | constructible.
konstruieren *v* ④ [entwerfen] | to design.
konstruieren *v* ⑥ [bauen] | to construct; to build; to erect.
Konstrukteur *m* | designer; constructor.
Konstruktion *f* ④ [Entwurf] | design | **Fehl**~ | faulty design; constructional defect.
Konstruktion *f* ⑥ [Bau] | construction; constructing.
Konstruktions..fehler *m* | fault in design (in designing).
—**merkmale** *npl* | constructional features.
konstruktiv *adj* | constructive | ~**e Kritik** | constructive criticism.
Konsul *m* | consul | **Beglaubigung durch den** ~ | consular verification | **Berufs**~ | salaried consul | **General**~ | consul general | **Vize**~ | vice consul | **Wahl**~ | trading (unsalaried) (honorary) consul.

konsularisch *adj* | consular | **das ~e Korps** | the consular corps | **~er Vertreter** | consular agent | **~e Vertretung** | consular representation.
Konsular..agent *m* | consular agent.
—**behörden** *fpl* | consular authorities.
—**bezirk** *m* | consular circuit.
—**gericht** *n* | consular court.
—**gerichtsbarkeit** *f* | consular jurisdiction.
Konsulat *n* | consulate | **Beglaubigung durch das ~** | consular verification | **General~** | consulate general.
Konsulats..beamter *m* | consular officer.
—**bericht** *m* | consular report.
—**bescheinigung** *f* | consular certificate.
—**bestimmungen** *fpl* | consular regulations.
—**dienst** *m* | consular service.
—**faktura** *f*; —**rechnung** *f* | consular invoice.
—**gebühren** *fpl* | consular fees (charges).
—**gesundheitspaß** *m* | consular bill of health.
—**papiere** *npl* | consular documents.
—**sichtvermerk** *m* | consular visa.
Konsulent *m* | consultant; adviser | **Rechts~** ① | solicitor | **Rechts~** ② | legal adviser.
Konsultation *f* Ⓐ [Befragung] | consultation.
Konsultation *f* Ⓑ [ärztliche Beratung] | consultation of a physician.
Konsultation *f* Ⓒ [gemeinsame Beratung] | deliberation.
Konsultationsrecht *n* | right to be consulted; right of consultation.
konsultativ *adj* | consultative; consultatory; consulting.
Konsultativpakt *m* | consultative pact.
konsultieren *v* Ⓐ [befragen] | **einen Anwalt ~** | to consult a lawyer | **einen Arzt ~** | to consult a physician.
konsultieren *v* Ⓑ [gemeinsam beraten] | to deliberate.
Konsulwürde *f* | consular dignity.
Konsum *m* Ⓐ | consumption | **den ~ steigern** | to increase consumption.
Konsum *m* Ⓑ [Konsumvereinsladen] | co-operative store(s).
Konsument *m* | consumer | **Produzenten und ~en** | producers and consumers.
Konsum..artikel *m* | article of consumption.
—**bedarf** *m* | consumer demand.
—**dämpfung** *f* | reduction (damping-down) of consumption.
—**erhöhung** *f*; —**steigerung** *f* | increase of consumption; increased consumption.
—**gebiet** *n* | consumption area.
—**genossenschaft** *f*; —**verein** *m* | consumers' co-operative society.
—**güter** *npl* | consumption (consumer) goods.
— —**industrie** *f* | consumer-goods industry.
konsumierbar *adj* | consumable.
konsumieren *v* | to consume.
Konsumkraft *f* | consuming (consumptive) power.
Konsum(enten)preis *m* | price to consumer; consumer price.
Konsumsteuer *f* | tax on articles of consumption; excise duty.
Konsumverhalten *n* | consumer(s) behaviour (habits *pl*).
Kontakt *m* | contact | **~ aufnehmen** | to take (to enter into) contact | **mit jdm. in ~ sein** | to be in contact with sb. | **den ~ verlieren** | to lose touch.
Kontaktaufnahme *f* | getting into touch; taking contact.
Konten *npl* | **Abstimmung der ~** | comparison of accounts | **debitorische ~** | accounts receivable | **kreditorische ~** | accounts payable | **laufende ~** | current accounts | **zweifelhafte ~** | doubtful receiv-

ables | **die ~ abstimmen** | to agree (to compare) the accounts | **die ~ glattstellen** | to settle (to square) the accounts.
Konten..abgleichung *f* | balancing of accounts.
—**abrechnung** *f* | settlement of accounts.
—**abschluß** *m* | closing of an account (of the accounts).
—**abstimmung** *f* | comparison of accounts.
—**aufgliederung** *f*; —**einteilung** *f* | classification of accounts.
—**buch** *n* | book of accounts | **Privat~** | private ledger.
—**inhaber** *m* | holder of the account; depositor | **Postscheck~** | holder of the postal cheque account | **Spar~** | savings bank depositor.
—**rahmen** *m* | accounting system.
—**sparen** *n* | saving on (through) savings accounts.
—**sperre** *f*; —**sperrung** *f* | blocking of an account (of accounts).
Konterbande *f* | contraband (smuggled) goods; contraband | **absolute ~** | absolute contraband.
Kontinental..macht *f* | continental (European) power.
—**schelf** *n* | continental shelf.
Kontingent *n* | quota; contingent | **Ausfuhr~** | export quota | **Einfuhr~** | import quota | **Erschöpfung des ~s** | exhausting (using up) of the quota | **Festsetzung eines ~s** | fixing of a quota | **Festsetzung von ~en** | fixing of quotas (of a quota system) | **Gesamt~** | total quota | **Härte~** | hardship quota | **Sonder~** | special quota | **Windhund~** [beim Zoll] | greyhound quota; first come-first served | **Zoll~** | customs quota | **Zwischen~** | interim quota.
★ **~e festsetzen** | to fix (to establish) quotas (a quota system) | **etw. nach einem ~ zuteilen** | to distribute (to allocate) sth. according to a quota.
kontingentieren *v* Ⓐ [anteilsmäßig zumessen] | **etw. ~** | to apportion sth. pro rata.
kontingentieren *v* Ⓑ [Quoten festsetzen] | to fix (to establish) a quota (quotas).
kontingentieren *v* Ⓒ [nach Quoten zuteilen] | **etw. ~** | to distribute (to allocate) sth. by a quota system.
kontingentiert *adj* | subject to quota (to the quota system).
Kontingentierung *f* Ⓐ [anteilsmäßige Zumessung] | pro rata apportionment.
Kontingentierung *f* Ⓑ [Festsetzung von Quoten] | fixing of quotas (of a quota system) | **Einfuhr~** | fixing of quotas for imports (for importations).
Kontingentierung *f* Ⓒ [Quotensystem] | system of quotas; quota system.
Kontingentierungs..satz *m* | quota.
—**system** *n* | system of quotas; quota system.
Kontingents..anteil *m* | share of a quota.
—**bescheinigung** *f*; —**schein** *m* | quota certificate.
Konto *n* | account | **Abschluß eines ~s** | closing of an account | **Aktien~** | account of shares | **Ander~**; **Auftraggeber~** | clients' account | **Anlage~** | capital (property) (investment) account | **Ausgleichs~** | reconciliation account | **zum Ausgleich eines ~s** | to settle (in settlement of) an account.
○ **Bank~** | bank (banking) account | **Bareinzahlung auf ~** | cash on account | **Berichtigungs~** | adjustment account | **Beteiligungs~** | joint (joint venture) (syndicate) account | **Betriebs~** | operating (trading) (working) (management) account | **Bilanz~** | balance account | **Debitoren~** | debit (debitor) account.
○ **Depositen~** | current (drawing) (deposit) account; account of deposits | **Effekten~** | stock (securities) account | **Einlage~** | capital (property) account | **Erfolgs~** | profit and loss account | **Eröffnung eines ~s** | opening of an account | **Fabrikations~** | man-

ufacturing account | **Filial~** | branch account | **Fracht~** | account of freight; freight (carriage) account | **Fremdwährungs~** | account in foreign currency | **Gegen~** | contra account | **Gegenwert auf ~** | value on (in) account.

○ **Gehalts~** | salary account | **Geheim~** | secret account | **Gewinn- und Verlust~** | profit and loss account | **Hilfs~** | subsidiary account; sub-account | **Hinterlegungs~** | deposit account | **Immobilien~** | property (premises) account | **Interims~** | suspense account | **Inventar~** | inventory account; furniture and fixtures account | **Kapital~** | capital account | **Kassa~; Kassen~** | cash account | **Kollektiv~** | joint account | **Kommissions~** | consignment account | **Konsortial~** | syndicate account.

○ **Kreditoren~** | credit (creditor's) account | **Kunden~** | clients' account | **Lager~** | store (warehouse) (inventory) account | **Liegenschafts~** | premises (property) account | **Meta~** | joint (joint venture) account | **Nummern~** | numbered account | **Postscheck~** | postal cheque account | **Postsparkassen~** | post-office savings account | **Privat~** | private account | **Reparations~** | reparation account | **Reserve~; Rücklagen~** | reserve account | **Sach~** | inventory (property) account; furniture and fixtures account.

○ **Scheck~** | drawing account | **Sonder~** | special (separate) account | **Spar~** | saving accounts | **Sperr~** | blocked account | **Sperrung eines ~s** | blocking of an account | **die Sperre (die Sperrung) eines ~s anordnen (verfügen)** | to order an account to be blocked | **Übergangs~** | suspense account | **Überziehung eines ~s** | overdrawing of an account; overdraft.

○ **Unkosten~** | cost account | **Unter~** | subsidiary account; sub-account | **Verkaufs~** | sales account | **Verlust~** | deficiency account | **~ „Verschiedenes"** | sundries account | **Vorschuß~** | loan account | **Waren~** | goods (merchandise) account | **Wechsel~** | bill (bills) account | **Wertberichtigungs~** | adjustment account | **Wertpapier~** | securities (stock) account | **Wertpapierhinterlegungs~** | securities deposit account | **Zinsen~** | interest account.

★ **ausgeglichenes ~** | balanced account | **gemeinsames ~** | joint (participation) (joint venture) account | **gesperrtes ~** | blocked account | **laufendes ~** | current account | **überzogenes ~** | overdrawn account; overdraft.

★ **ein ~ abrechnen** | to settle (to square) (to adjust) an account | **ein ~ abschließen (schließen)** | to close an account | **von einem ~ abheben** | to draw on (against) an account | **ein ~ ausgleichen** | to balance an account | **ein ~ mit einem Betrag belasten** | to debit an account with an amount; to charge an amount to an account | **ein ~ mit einem Betrag erkennen; einem ~ einen Betrag gutschreiben** | to credit an amount to an account; to pass an amount to the credit of an account | **ein ~ errichten (eröffnen)** | to open an account | **ein ~ für jdn. führen** | to carry an account for sb. | **ein ~ bei der Bank haben** | to have an account with (at) the bank; to have a bank account | **auf seinem ~ haben** | to have to the credit of one's account | **sein ~ überziehen** | to overdraw one's account.

Konto..abrechnung f | settlement of an account.
—**abschluß** m | closing of an account.
—**auszug** m | statement of account.
—**auszugsbestätigung** f | verification of account.
—**bezeichnung** f | name (title) of an account.

Konto..buch n | book of account; account book | **Privat~** | private book (account book).
—**eröffnung** f | opening of an account.
—**gegenbuch** n | account pass book; pass (customer's) (bank) book.
—**guthaben** n | value in (on) account; credit balance.
—**inhaber** m | holder of an (of the) account; depositor | **Postscheck~** | holder of a postal cheque account.

Konto..korrent n | current account; account current.
— —**auszug** m | statement of account.
— —**buch** n | account current book; current account passbook.
— —**einlagen** fpl | deposits on current accounts; current account deposits.
— —**forderungen** fpl | current account receivables.
— —**kredit** m | cash (open) (blank) (personal) credit; credit on overdraft.
— —**schuldner** m | debtor in current account.
— —**zinsen** pl | interest on current account deposits.

Kontonummer f | account number.

Kontor n Ⓐ [Geschäftsraum] | office(s); business office | **Privat~** | private office.

Kontor n Ⓑ [Handelsniederlassung] | trade (trading) settlement.

Kontor n Ⓒ [Syndikat] | syndicate; association | **Kohlen~** ① | coal-owners' association | **Kohlen~** ② | coal-merchants' association.

Kontorist m | office employee; clerk.

Kontoristin f | lady clerk.

Kontor..arbeit f | clerical (office) work.
—**haus** n | office building.
—**personal** n | office staff (employees pl).
—**schluß** m | closing of the office; closing time (hour).
—**stunden** fpl | office hours.

Konto..spesen pl | account carrying charges.
—**stand** m | value in (on) account.

kontradiktorisch adj | contentious | **~e Sache** | contested suit; contentious matter (case) | **~es Urteil** | defended judgment | **~es Verfahren** | contentious proceedings; procedure in defended cases | **im ~en Verfahren** | by litigation; by litigating | **~e Verhandlung** | trial of a defended case | **nicht ~** | non-contentious.

kontradiktorisch adv | **~ verhandeln** | to hear legal arguments.

Kontrahent m [Vertrags~] | contracting party; party to a contract | **Gegen~** | contracting partner | **als Selbst~ auftreten** | to act as contracting party.

kontrahieren v | to contract; to bind os. by contract | **Schulden ~** | to incur debts.

Kontrahierung f | contracting | **~ von Schulden** | incurring debts.

Kontrahierungs..freiheit f | freedom (liberty) of contracting (to contract).
—**zwang** m | obligation to contract.

Kontrakt m | contract; agreement | **Abschluß eines ~s** | conclusion (consummation) of a contract | **Anstellungs~** | contract of employment; employment contract | **Ehe~; Heirats~** | marriage contract (deed) (settlement); articles of marriage | **Familien~** | family compact (contract) | **Kauf~** | purchase agreement; contract of sale (of purchase) | **Miets~** | lease contract (agreement); lease; lease for rent.

★ **durch ~ gebunden** | bound by contract; under contract | **einen ~ aufheben** | to cancel a contract (an agreement) | **einen ~ brechen (verletzen)** | to break (to violate) a contract (an agreement) | **einen ~ schließen** | to conclude (to make) (to sign) a

Kontrakt *m, Forts.*
contract; to conclude (to enter into) an agreement | **laut ~** | according to contract; as per (as under) contract.
Kontraktbruch *m* | breach of contract (of covenant); infringement (violation) of a contract.
kontraktbrüchig *adj* | **~ werden** | to break (to violate) a contract (an agreement).
kontraktgemäß *adv* | according to contract; as per (as under) contract.
kontraktlich *adj* | contractual | **~e Bindung** | contractual commitment | **~e Verpflichtung** | contractual obligation.
kontraktlich *adv* | **~ gebunden (verpflichtet)** | bound by contract; under contract.
kontraktwidrig *adv* | contrary to the terms of the contract (of the agreement); in violation of the contract.
Kontribution *f* | contribution | **Kriegs~** | contribution of war | **einem Land eine ~ auferlegen** | to lay a country under a contribution.
Kontroll..abschnitt *m* | counterfoil; tally counterpart.
—ausschuß *m* | committee of control; control (supervisory) committee.
—beamter *m* | supervisor; control officer; inspector.
—befugnis *f* | authority (power) to control.
—behörde *f* | board of control.
—dienst *m* | control (supervising) service; control.
Kontrolle *f* | control; supervision | **Absatz~** | marketing control | **Aufenthalts~** | supervision of aliens | **Aufhebung der ~** | decontrol | **Buch~** | control (verification) of the books | **Devisen~** | exchange (currency) control | **Finanz~** | financial control | **Gesundheits~** | control by the health authorities | **Grenz~** | frontier (border) control | **Kassen~** | verification of the cash | **Paß~** | examination of passports | **Preis~** | price control (administration) | **Rüstungs~** | control and inspection of armaments | **See~** | naval control | **Staats~** | state (government) control | **Währungs~** | currency (exchange) control | **Zoll~** | customs supervision; supervision of (by) the customs authorities.
★ strenge ~ | strict control (supervision) | **eine ~ ausüben** | to exercise control | **sich der ~ entziehen** | to defy control; to be uncontrollable | **einer ~ unterworfen sein** | to be subject to a control | **die ~ verschärfen** | to tighten the control.
Kontrolleur *m* | supervisor; superintendent | **Fahrkarten~** | ticket collector.
Kontrollfonds *m* | control fund.
Kontrollgebiet *n* | control (controlled) area.
kontrollierbar *adj* | controllable.
kontrollieren *v* Ⓐ [überwachen] | to supervise | **die Preise ~** | to administer the prices | **den Verkehr ~** | to control the traffic.
kontrollieren *v* Ⓑ [nachprüfen] | to examine; to inspect.
Kontroll..kasse *f* | cash register.
—kommission *f* | control commission.
—konto *n* | control account.
—marke *f* | check mark; check.
—muster *n* | counter sample.
—nummer *f*; **—zahl** *f* | control (reference) number.
—organ *n* | control organ; controlling body.
—rat *m* | control council.
—recht *n* Ⓐ | right of control (of supervision).
—recht *n* Ⓑ [Buchprüfung] | auditing right.
—stelle *f* | control office | **Absatz~** | marketing board.
—stempel *m* | inspection stamp.
—system *n* | system of control(s); control system.

Kontrollvermerk *m* | note of inspection; check mark.
Kontroverse *f* Ⓐ [Streitpunkt] | point in controversy; controversial point (question).
Kontroverse *f* Ⓑ [Meinungsstreit] | controversy | **etw. zum Gegenstand einer ~ machen** | to contest (to dispute) sth. | **Gegenstand einer ~ sein** | to be controversial (in controversy) (a controversial subject) | **Gegenstand einer heftigen ~ sein** | to be much in controversy; to be highly controversial.
Konvention *f* | convention; treaty | **Beitritt zu einer ~** | accession to a convention | **Münz~** | monetary convention | **einer ~ beitreten** | to accede to a convention.
Konventionalstrafe *f* | penalty clause; stipulated (liquidated) damages.
konventionell *adj* | conventional.
Konventionen *fpl* | conventions | **die gesellschaftlichen ~** | conventionalism | **den ~ trotzen** | to defy conventions.
Konversion *f* | conversion | **Zwangs~** | compulsory conversion.
Konversions..angebot *n* | conversion offer.
—anleihe *f* | conversion loan.
—gebühr *f* | conversion fee.
—papiere *npl* | conversion stock(s) (securities).
konvertierbar *adj* | convertible.
Konvertierbarkeit *f*; **Konvertibilität** *f* | convertibility.
konvertieren *v* | **Anleihen ~** | to convert stock.
Konvertierung *f* | conversion.
Konvertierungs..kurs *m*; **—satz** *m* | rate of conversion; conversion rate.
konzedieren *v* | to concede.
Konzentration *f* | concentration | **Kräfte~** | concentration of power.
Konzentrationslager *n* | concentration (detention) camp.
konzentrieren *v* | **seine Aufmerksamkeit auf etw. ~** | to concentrate on sth. (on doing sth.) | **Fähigkeit, sich zu ~** | power of concentration.
Konzern *m* | concern | **Industrie~** | industrial concern | **vertikaler ~** | integrated concern (trust).
Konzern..bilanz *f* | consolidated balance sheet.
—entflechtung *f* | decartelization.
—gesellschaft *f* | member company of an industrial concern; affiliated (associated) company (corporation).
Konzession *f* Ⓐ [Zugeständnis] | concession | **Preis~en** | concessions in price; price concessions | **Tarif~en** | tariff concessions | **~en machen** | to make concessions.
Konzession *f* Ⓑ [behördliche Genehmigung] | concession; license | **Bau~** | concession to build; building permit | **Bergbau~**; **Bergwerks~**; **Berg~** | mining concession (license) | **~ zum Betrieb einer Druckerei** | printer's license | **~ zum Betrieb einer Luftverkehrslinie** | air transport license | **Bewilligung (Erteilung) der ~** | grant (granting) of the concession | **Ausschuß zur Erteilung von ~en** | licensing committee | **Entziehung der ~** | revocation (withdrawal) of the concession (of the license) | **Erdöl~** | oil concession | **Gewerbe~**; **Handels~** | trade (trading) license | **Inhaber der (einer) ~** | concessionnaire; concessionary | **Land~** | concession (grant) of land | **Schank~** | liquor license | **Staats~** | state (government) concession (grant) | **Unter~** | sublicense | **die ~ zum Verkauf von etw. haben** | to be licensed to sell sth.
★ eine ~ beantragen | to apply for a license | **eine ~ besitzen (haben)** | to hold a license; to be licensed | **sich eine ~ beschaffen (verschaffen)** | to take out a

license; to get licensed | **jdm. eine ~ bewilligen (erteilen) (geben) (gewähren) (verleihen)** | to grant sb. a concession (a license); to give (to grant) a license to sb.; to license sb. | **jdm. die ~ entziehen** | to withdraw sb.'s. concession; to withdraw (to cancel) to revoke) sb.'s license | **mit voller ~ (Schank~)** | fully licensed.

Konzession f © [Niederlassung] | concession; settlement | **internationale ~** | international settlement (concession).

Konzessionär m Ⓐ | concessionnaire; concessionary.

Konzessionär m Ⓑ [Lizenznehmer] | license holder; licensee.

konzessionieren v | **jdn. ~** | to grant sb. a concession (a license); to give (to grant) a license to sb.; to license sb.

konzessioniert adj | licensed | **~e Gesellschaft** | concessionary (concession-holding) company | **die ~en Gewerbe** | the licensed trades | **~e Schankstätte** | licensed house | **der ~e Spirituosenhandel** | the licensed victuallers | **~er Verkaufsvertreter** | licensed dealer | **voll ~** | fully licensed | **ordnungsgemäß ~ sein** | to be duly licensed | **~ sein, etw. zu tun** | to be authorized (to be empowered) (to be licensed) (to have power) (to have authority) (to have a license) to do sth.

Konzessionierung f | grant (granting) of the concession (of a license); licensing.

Konzessions..bedingungen fpl | terms of the license.

—**entziehung** f; —**entzug** m | revocation (withdrawal) of the concession (of the license).

—**erteilung** f | grant (granting) of the concession.

—**gebühren** fpl | license fees; royalties.

—**gesuch** n | application for a concession.

—**inhaber** m Ⓐ | concessionnaire; concessionary; holder of a trading license | **Schank~** | licensed victualler.

—**inhaber** m Ⓑ | licensee.

—**inhaberin** f | concessionary company.

konzessionspflichtig adj | requiring (subject to) a license | **Gewerbesteuer ~er Betriebe** | trade tax payable on licensed premises.

Konzessions..urkunde f Ⓐ; —**vertrag** m | license (licensing) agreement.

—**urkunde** f Ⓑ [einer Bank] | bank charter.

Konzil n | synod; council.

Koordination f; **Koordinierung** f | co-ordination.

Koordinationsausschuß m; **Koordinierungsausschuß** m | co-ordinating committee.

koordinieren v | to co-ordinate.

koordiniert adj | co-ordinate.

Kopf m Ⓐ [Person] | **auf den ~; pro ~** | per head; per capita | **Verbrauch pro ~** | consumption per head; per capita consumption | **soundsoviel pro ~ zahlen** | to pay so much per head.

Kopf m Ⓑ | **~ des (eines) Briefes; Brief~** | head (heading) of a letter; letter head (heading) | **Briefbogen mit ~** | headed notepaper | **~ der (einer) Rechnung**; **~ eines Rechnungsvordrucks** | heading of a bill; bill head (heading).

Köpfe mpl | **Abstimmung nach ~n** | poll.

Kopf..arbeit f | brain (head) work.

—**arbeiter** m | brain (head) (intellectual) worker.

—**bahnhof** m; —**station** f | terminus.

—**betrag** m | amount per head.

—**bogen** m | headed notepaper.

—**geld** n | allowance per head.

—**rechnen** n | mental arithmetics pl.

—**steuer** f | poll (capitation) tax.

Kopfteil m | **nach ~en** | per capita.

Kopie f Ⓐ [Abschrift] | copy; duplicata | **Brief~** | copy of a letter; letter copy | **Photo~** | photostatic copy | **beglaubigte ~** | certified copy | **gleichlautende ~** | conformed copy | **wortgetreue ~** | close (true) copy | **von etw. eine ~ anfertigen** | to copy (to duplicate) sth.; to take (to make) a copy of sth.

Kopie f Ⓑ [Nachahmung] | imitation.

Kopierbuch n | copying book | **Brief~** | letter book; copy letter book.

kopieren v | **etw. ~** | to copy sth.; to take (to make) a copy of sth.

kopieren v Ⓑ [nachahmen] | to imitate.

Kopier..maschine f | copying machine.

—**verfahren** n | copying process.

Koppelungs..geschäft n | package (tie-in) deal.

—**verkauf** m | tie-in sale.

Kopist m | copyist.

Korn n [Feinheit] | fineness; alloy.

Korn..börse f | corn exchange.

—**makler** m | corn (grain) broker.

—**markt** m | grain market.

—**wucher** m | cornering the grain market.

—**zoll** m | corn duty.

Körper m | **Selbstverwaltung~** | self-governing body | **Verwaltungs~** | administrative body.

Körperbeschädigter m | disabled person.

körperlich adj | bodily; corporal | **~e Arbeit** | manual labo(u)r | **~e Strafe** | corporal punishment | **~er Zwang** | physical compulsion.

körperlich adv | **jdn. ~ verletzen** | to inflict (to cause) bodily harm to sb.

Körperschaft f Ⓐ | corporation; body; corporate body; body corporate | **Gebiets~** | regional administrative (corporate) (government) body | **~ des öffentlichen Rechts; öffentlich-rechtliche ~** | public corporation; corporation under public law | **beratende ~** | deliberative body | **gemeinnützige ~** | public utility corporation | **gesetzgebende ~** | legislative body; legislature | **die leitende ~** | the governing body.

Körperschaft f Ⓑ [juristische Person] | juridical personality.

körperschaftlich adj | corporate; corporative.

körperschaftlich adv | **~ organisiert** | incorporated.

Körperschaftssteuer f | corporate (corporation income) tax; tax on corporation profits.

—**erklärung** f | corporation tax return.

—**gesetz** n | corporation tax law.

Körperstrafe f | corporal punishment.

Körperverletzung f | bodily harm (injury) | **schwere ~** | grievous bodily harm; causing (inflicting) grievous bodily harm | **jdm. eine ~ zufügen** | to cause (to inflict) bodily harm to sb.

Korporation f | corporation; corporate body; body corporate.

korporativ adj | corporate | **~es System; ~e Verfassung** | corporate system.

Korps n | **das diplomatische ~** | the diplomatic corps.

korrekt adj | correct; accurate.

Korrektheit f | correctness; accuracy | **~ des Verhaltens** | correctitude of conduct.

Korrektur f Ⓐ | correction | **Grenz~** | rectification of the frontier; frontier revision (rectification).

Korrektur f Ⓑ [von Druckbogen] | proof reading (correcting) | **~ lesen; die ~ machen** | to read (to correct) proofs | **bei der ~** | under correction.

Korrektur..bogen m Ⓐ | proof sheet; reader's proof | **druckfertiger ~** | press proof (revise).

—**bogen** m Ⓑ [Druckfahne] | galley proof.

Korrektur..lesen *n* | proof reading (correcting) (correction).

—leser *m*; **—leserin** *f* | proof (publisher's) reader.

—zeichen *n* | reader's (press reader's) (proof-correction) mark.

Korrespondent *m* Ⓐ [Berichterstatter] | correspondent | **Sonder~** | special correspondent | **Zeitungs~** | press (news) correspondent (reporter).

Korrespondent *m* Ⓑ [eines Handelshauses] | correspondence (corresponding) clerk.

Korrespondenz *f* Ⓐ [Briefwechsel] | correspondence | **mit jdm. in ~ stehen** | to correspond with sb.; to exchange letters with sb. | **mit jdm. in ~ treten** | to enter into correspondence with sb. | **mit jdm. eine ~ unterhalten** | to carry on (to keep up) a correspondence with sb.

Korrespondenz *f* Ⓑ [Post; Briefe] | letters *pl*; mail | **die ~ erledigen** | to attend the correspondence; to do the mail.

Korrespondenz *f* Ⓒ [Papiere] | **die ~** | the papers *pl* | **die Vor~** | the previous files (papers).

Korrespondenz *f* Ⓓ [Übereinstimmung] | conformity.

Korrespondenzkarte *f* | correspondence card.

Korrespondentreeder *m*; **Korrespondenzreeder** *m* | managing owner [of a ship]; ship's husband (manager); manager-freighter.

Korrespondieren *n* | **durch ~** | by an exchange of letters; by letters; by corresponding.

korrespondieren *v* Ⓐ | to correspond; to be in correspondence | **mit jdm. insgeheim ~** | to keep up a secret correspondence with sb.

korrespondieren *v* Ⓑ [übereinstimmen] | **mit etw. ~** | to correspond with sth.; to be correspondent to (with) sth.

korrespondierend *adj* | **~es Mitglied** | associate (corresponding) member; associate.

korrigieren *v* Ⓐ [verbessern] | to correct.

korrigieren *v* Ⓑ [berichtigen] | to rectify.

korrumpieren *v* | to corrupt.

korrupt *adj* | corrupt; corrupted | **~e Methoden** | corrupt (venal) practices.

Korruption *f* | corruption; bribery.

Kost *f* | board; boarding | **~ und Logis** | board and lodging; room and board | **jdm. ~ und Wohnung geben** | to board and lodge sb.

kostbar *adj* | precious; valuable.

Kostbarkeiten *fpl* | valuables; valuable articles.

Kosten *pl* | cost; costs; expenses; charges | **Ablade~** | charges for unloading | **Absatz~** | cost of distribution; distribution cost | **nach Abzug der ~** | after deduction of expenses (of charges); charges deducted | **nach Abzug aller ~** | all charges deducted | **Anlage~** | first (prime) (original) (initial) cost; investment.

○ **Anschaffungs~** | purchase (cost) price; original (actual) cost | **Anwalts~** | lawyer's (attorney's) fees | **Aufenthalts~** | cost of staying | **unter Auferlegung der ~** | awarding the costs [against sb.] | **Auseisungs~** | icebreaking costs | **Bau~** | cost of construction | **Beerdigungs~**; **Bestattungs~**; **Begräbnis~** | funeral expenses | **Beförderungs~** | cost of transportation; transportation cost; carriage | **Beitreibungs~**; **Betreibungs~** [S] | law costs of collection | **Bergungs~** | salvage charges | **Bestreitung der ~** | payment of the cost.

○ **Betriebs~** | working (running) (operating) expenses (costs) | **zur Deckung der ~** | for covering (in order to cover) the cost (the expenses) | **Druck~**; **Drucklegungs~** | printing cost (expenses); cost of printing | **Durchgangs~** | transshipment expenses |

Durchschnitts~ | average cost | **Einhebungs~**; **Erhebungs~** | collecting expenses; charges for collecting | **Einrückungs~** | cost of publication.

○ **Eintragungs~** | cost of registration; registration cost | **Entbindungs~** | expenses of confinement | **Ersatz der ~** | refund (repayment) of the cost | **Erziehungs~** | cost of education | **Fracht~** | shipping charges (expenses) | **~, Fracht und Versicherung** | cost, insurance and freight | **auf ~ und Gefahr von** | at the cost and risk of | **Gemein~** | general expense; overhead (indirect) expenses (cost); overhead.

○ **Gerichts~** | law costs (charges); court costs (fees); legal costs (expenses) | **Gesamt~** | total cost (expense) | **Gesamtherstellungs~** | total cost price; total production cost | **Gestehungs~** | cost (original cost) price; prime (first) (original) (self) cost | **Gründungs~** | formation expenses.

○ **Herstellungs~** | cost of production (of manufacture); production cost; cost price; cost | **Hinterlegungs~** | cost of deposit | **Kriegs~** | war costs | **Lager~** | charges for storage; warehousing cost; storage | **Lande~** | landing charges | **Lebenshaltungs~** | cost of living; living costs | **Liquidations~** | cost of liquidation; liquidation charges | **Lösch~** | charges for unloading | **Luftbeförderungs~**; **Lufttransport~** | charges for carriage by air; air carriage | **Mehr~** | additional (extra) cost | **unter Nachnahme der ~** | charges (expenses) to be collected; expenses charged forward | **Neben~** | incidental (extra) (additional) cost | **Pauschal~** | lump sum charge | **Porto~** | postage; charges for postage | **Produktions~** | cost of production (of manufacture); production cost.

○ **Prozeß~**; **~ des Rechtsstreits**; **~ der Rechtsverfolgung** | cost of the proceedings; legal (court) cost | **~ der Rechtsverteidigung** | costs of the defense | **Reise~** | travelling expenses (charges) | **Reparatur~** | cost of repair | **Repräsentations~** | cost of representation; entertainment allowance | **Rückerstattung der ~** | refund (repayment) of the costs | **Schiedsgerichts~**; **Schieds~** | cost (costs) of arbitration | **Selbst~** | cost; self cost | **auf Staats~** | at the public expense | **Studien~** | costs of studying | **Tragung der ~** | payment of the expenses | **jdn. zur Tragung der ~ verurteilen** | to sentence sb. to pay the costs; to award the costs against sb.

○ **Transport~** | cost of transportation; carriage | **Überwachungs~** | cost of supervision | **Umlade~**; **Umladungs~** | transshipment expenses | **Umzugs~** | removal expenses | **Unterhalts~**; **Verpflegungs~** | cost of maintenance; maintenance; board | **Unterhaltungs~** | cost of maintenance (of upkeep); maintenance.

○ **Verfahrens~**; **~ des Verfahrens** | cost of the proceedings | **Veröffentlichungs~** | cost of publication | **Verpackungs~** | cost of packing; packing cost (charges) | **Versand~**; **Verschiffungs~** | forwarding (shipping) charges (expenses) | **Versicherungs~** | insurance charges | **Versteigerungs~** | auction expenses | **Verteidigungs~** | costs of the defense | **Vertrags~** | costs (expense) of the contract | **Vertretungs~** | cost of representation.

○ **Vertriebs~** | cost of distribution; distribution cost | **Verwaltungs~** | administration (managing) expenses | **Wiederbeschaffungs~** | replacement cost | **Wiege~** | weighing charges | **Zubilligung von ~ (der ~)** | award (awarding) of costs.

★ **beitreibbare ~** | recoverable expenses (costs) | **fällige ~** | expenses due | **auf gemeinsame ~; auf**

gemeinschaftliche ~ | at joint cost (expense) | **große ~; hohe ~** | heavy expenses | **auf öffentliche ~** | at the public expense | **die damit verbundenen ~** | the cost (expense) connected therewith; the expense involved | **zusätzliche ~** | additional (extra) cost. ★ **jdm. die ~ (die ~ des Verfahrens) auferlegen; die ~ auf jdn. überbürden** | to award the costs against sb.; to order sb. to pay the costs | **die ~ gegeneinander aufheben** | to compensate the costs | **für die ~ aufkommen** | to meet the cost (the expense) | **die ~ bestreiten (tragen)** | to defray (to bear) the expenses | **die ~ ersetzen (erstatten)** | to refund (to repay) (to reimburse) the expenses | **auf seine ~ kommen** | to make (to cover) one's expenses; to get back one's expenses | **sich ~ machen** | to incur expenses; to go to expense | **die ~ niederschlagen** | to cancel the charges | **mit ~ verbunden sein; ~ verursachen** | to involve expense | **zu den ~ verurteilt sein** | to be sentenced to pay the costs; to have the costs awarded against os. | **jdm. die ~ zubilligen (zusprechen)** | to award the costs to sb.; to give sb. the costs.
★ **abzüglich der ~** | after deduction of the charges; less costs; less charges | **einschließlich der ~** | charges included; inclusive of cost(s) | **zuzüglich der ~** | charges to be added | **auf ~ von** ① | at the expense of; at the cost of | **auf ~ von** ② | to the detriment of | **ohne ~** | no expenses (no charges) to be incurred.
kosten v | to cost.
Kosten..abbau m | reduction (retrenchment) of costs.
—**abzug** m | deduction of charges.
—**ansatz** m | cost item.
—**anschlag** m | estimate of cost (of costs); valuation of charges (of expenses); estimates | **einen ~ aufstellen** | to make an estimate of the costs.
—**anteil** m | share of (in) the cost (expenses).
—**aufstellung** f | statement of costs (of expenses).
—**aufwand** m | expenditure | **unter großem ~** | at large expenditure (cost).
—**beleg** m | cost (expense) voucher.
—**berechnung** f Ⓐ [Kostenerrechnung] | calculation of cost; cost calculation; costing.
—**berechnung** f Ⓑ [Kostenbuchführung] | cost accounting.
—**berechnung** f Ⓒ [Kostenrechnung] | account (note) (statement) of charges (of costs) (of expenses).
—**betrag** m | amount of the cost.
kostendeckend adv | **~ arbeiten** | to operate so as to cover costs (to break even).
Kosten..deckung f | payment (covering) of costs (of expenses).
—**einsparung** f | reduction of expenses; economy (saving) of costs.
—**entscheidung** f | judgment on the costs; order to pay the costs.
—**erhöhung** f | increase of charges.
—**ersatz** m; —**erstattung** f | refund (reimbursement) of expenses (of cost).
—**ersparnis** f | saving of expenses.
kostenfällig adv | **~ verurteilt werden** | to be sentenced with costs; to be ordered to pay the costs.
Kostenfestsetzung f | taxing (assessment) of costs.
Kostenfestsetzungs..antrag m; —**gesuch** n | request to tax the costs.
—**bescheid** m; —**beschluß** m | taxed bill of costs.
Kostenfrage f | question (matter) of costs.
kostenfrei adj Ⓐ | free of (clear of) (exempt from) charges (expenses).
kostenfrei adj Ⓑ | charges (all charges) paid.
Kostenfreiheit f | exemption from charges (from costs).

Kosten..höhe f | amount of the costs.
—**kalkulation** f | calculation of cost; cost calculation; costing.
—**last** f | burden of the costs.
—**liquidation** f | account (bill) (note) (statement) of charges (of expenses) (of costs).
kostenlos adj | gratuitous; free of charge.
kostenlos adv | gratuitously; gratis.
Kostenpflicht f | liability to pay the costs.
kostenpflichtig adj | liable to pay the costs (the charges).
kostenpflichtig adv | **jdn. ~ verurteilen** | to sentence sb. with costs | **~ verurteilt werden** | to be sentenced with costs.
Kostenpreis m | cost (original cost) price; prime (first) (original) (self) cost | **unter dem ~ verkaufen** | to sell under cost (below cost price) (at a loss) | **zum ~** | at cost.
Kosten-Preis-Disparität f | cost-price disparity; difference between cost and selling price.
Kosten..punkt m | cost factor | **Entscheidung über den ~** | judgment on the costs.
—**rechnung** f | account (bill) (note) (statement) of charges (of expenses) (of costs) | **eine ~ festsetzen** | to tax a bill of costs.
—**schuldner** m | debtor of the cost.
—**senkung** f | reduction of costs; cost reduction.
kostensparend adj | cost-saving.
Kosten..spirale f | spiral of costs.
—**teilung** f | division (partition) of costs.
—**überschlag** m | estimate of expenditures (of costs); estimates pl.
—**umlegung** f | apportioning (apportionment) of costs.
—**urteil** n | sentence (order) to pay the cost.
—**verringerung** f | reduction (retrenching) of expenses.
—**verteilung** f | allocation of costs.
—**verzeichnis** n | account (statement) of charges (of expenses) (of costs).
—**voranschlag** m | estimate of cost (of costs) (of charges) (of expenses); estimates pl.
—**vorauszahlung** f | payment of costs (of expenses) in advance.
—**vorschuß** m | advance on costs (on expenses); expenses advanced.
—**zahlung** f | payment of costs (of expenses).
Kostgänger m | boarder.
Kostgeld n | board; board (boarding) money.
Kostprobe f | sample.
kostspielig adj | expensive; costly.
Kostspieligkeit f | expensiveness; costliness.
Krach m [Zusammenbruch] | **Bank~** | failure of a bank; bank crash | **Börsen~** | collapse of the market | **Finanz~** | financial crash.
Kraft f Ⓐ | force; power | **Beweis~** | probatory force; probative weight | **Gesetzes~; Rechts~** ① [Wirksamkeit] | legal power (force); statutory effect; force of law | **Rechts~** ② [Rechtsgültigkeit] | validity in law; legal validity | **Rechts~** ③ [Unanfechtbarkeit] | force of a final judgment.
★ **bindende ~** | binding force | **mit bindender ~** | binding | **bindende ~ haben** | to have binding force (effect); to be binding | **gesetzliche ~** | statutory effect; legal power (force); force of law | **rückwirkende ~** | retroactive effect | **rückwirkende ~ haben** | to be retroactive | **mit rückwirkender ~** | retroactively | **rückwirkend in ~ treten** | to become retroactive | **ohne rückwirkende ~** | without retroactive effect.

Kraft *f* Ⓐ *Forts.*

★ **in** ～ **bleiben** | to remain (to continue to be) in force | **in** ～ **sein** | to be in force | etw. **in** ～ **setzen** | to put sth. into effect | **ein Gesetz in** ～ **setzen** | to put a law into force; to give effect to a law | etw. **wieder in** ～ **setzen** | to put sth. into effect again | etw. **außer** ～ **setzen** ① | to invalidate sth. | etw. **außer** ～ **setzen** ② | to declare sth. invalid | **ein Gesetz außer** ～ **setzen** | to repeal a law | **in** ～ **treten am ...** | to come into force (into effect) on ...; to take effect on ...; to begin to take effect on ...; to become effective from ... | **außer** ～ **treten (gesetzt werden)** | to cease to have effect (force); to lose force; to become invalid | **außer** ～ **gesetzt** | repealed | **nicht außer** ～ **gesetzt** | unrepealed.

★ **in** ～ | in force; valid; effectual | **gegenwärtig (zur Zeit) in** ～ | in force at present.

Kraft *f* Ⓑ | strength | **Geistes**～; **Verstandes**～ | strength of intellect | **treibende** ～ | driving force, prime mover.

Kraft *f* Ⓒ [Kapazität] | capacity; power | **Arbeits**～ | working capacity | **Erzeugungs**～; **Produktions**～ | productive capacity (power) | **Kauf**～ | purchasing (buying) power | **Konsum**～ | consuming power | **Steuer**～ | taxable capacity | **Wirtschafts**～ | economic power (strength) | **produktive** ～ | productive power (capacity).

kraft *adv* | by (in) virtue [of] | ～ **seines Amtes** | by virtue of his office | ～ **Gesetzes** | by law; by operation of law.

Kräfte *fpl* | **Natur**～ | natural forces | **die Streit**～ | the fighting forces | **reaktionäre** ～ | forces of reaction | **umstürzlerische** ～ | subversive forces | **seine** ～ **vereinigen** | to combine forces | **seine** ～ **zersplittern** | to scatter (to diffuse) one's efforts.

Kräfte..konzentration *f* | concentration of power.

—**verhältnis** *n* | ratio of strength | **Verschiebung der** ～**se** | shift of power.

—**zersplitterung** *f* | scattering (diffusion) of effort.

Kraftentfaltung *f* | display of power.

Kraftfahrer *m* | motorist.

Kraftfahrzeug *n* | motor vehicle | **ein** ～ **lenken** | to drive a motor vehicle | **ein** ～ **in angetrunkenem (betrunkenem) Zustand lenken** | to drive a motor vehicle while intoxicated (while under the influence of drink).

Kraftfahrzeug..brief *m* | motor vehicle certificate.

—**halter** *m* | owner of a motor vehicle.

—**haltung** *f* | operating (maintenance of) a motor vehicle.

—**industrie** *f* | automobile (motor car) industry.

—**steuer** *f* | automobile (motor) tax; tax on motor vehicles.

—**verkehr** *m* | vehicular (motor vehicle) traffic.

—**versicherung** *f* | automobile (motor car) (motor vehicle) insurance.

—**zulassungsbescheinigung** *f* | car license | **internationale** ～ | international travelling pass.

kraftlos *adj* | void; null and void | etw. **für** ～ **erklären** | to declare sth. null and void; to invalidate (to annul) sth. | **für** ～ **erklärt werden** | to be declared invalid; to be invalidated | ～ **werden** | to become invalid; to cease to be valid.

Kraftloserklärung *f* | declaration of invalidity; invalidation; annulment | ～ **eines Wertpapieres** | legal annulment of a bond.

Kraft..probe *f* | test of strengths.

—**post** *f* | postal autobus (autobus service).

—**stoff** *m* | fuel.

—**stoffverbrauch** *m* | fuel consumption.

Kraft..stromverbrauch *m* | power consumption.

—**reserve** *f* | reserve of power; power reserve.

—**station** *f* | generating (power) plant (station).

—**vergeudung** *f*; —**verschwendung** *f* | waste of force.

—**verkehr** *m* | motor (road) traffic | **Personen**～ | road passenger transport.

—**verkehrs..unternehmen** *n*; ——**unternehmer** *m* | road transport undertaking; road haulage contractor.

Kraftwerk *n* | generating (power) station (plant) | **Gezeiten**～ | tidal power station | **Groß**～ | main power station | **Kern**～ | nuclear power station | **Wasser**～ | hydroelectric power station.

Krämer *m* | grocer.

Kram..handel *m* | small-ware business.

—**händler** *m* | small-ware dealer.

Krankengeld *n* | sickness (sick) benefit; sick pay.

Krankenhaus *n* | hospital | **Aufnahme in ein** ～ | admission to a hospital | **Einlieferung (Verbringung) ins (in ein)** ～ | hospitalization | **Überweisung an ein** ～ | ordering to a hospital | **jdn. in ein** ～ **aufnehmen** | to admit sb. into a hospital | **jdn. ins (in ein)** ～ **einliefern (verbringen)** | to hospitalize sb. | **jdn. in ein** ～ **einweisen; jdn. einem** ～ **überweisen** | to send sb. (to order sb. sent) to a hospital.

Krankenhaus..aufenthalt *m* | stay in hospital.

—**behandlung** *f* | hospital treatment.

—**insasse** *m* | hospital inmate (patient).

—**kosten** *pl* | cost of hospital treatment; hospital costs.

—**patient** *m* | in-patient.

Kranken..hilfe *f* | sick(ness) benefit.

—**kasse** *f* | sickness (health) insurance fund | **Betriebs**～ | works (factory) sickness insurance fund | **Innungs**～ | health insurance fund of the corporation | **Orts**～ | public health insurance fund | **Privat**～ | private health insurance.

—**kassenbeitrag** *m* | contribution to the health insurance fund.

—**schein** *m* | sickness certificate.

—**versicherung** *f* | sickness (health) (sick) insurance.

krankhaft *adj* | ～**e Störung der Geistestätigkeit** | state of unsound mind.

Krankheit *f* | sickness; illness; disease | **Berufs**～ | professional (occupational) (industrial) disease | **Geistes**～ | insanity; mental alienation | **ansteckende** ～ | contagious disease | **meldepflichtige** ～ | notifiable disease.

krankheitshalber *adv* | because (on account) of illness (of ill-health).

Krankheitsurlaub *m* | sick leave.

kraß *adj* | ～**sses Mißverhältnis** | gross disproportion | ～**sses Unrecht** | blatant (crying) (gross) injustice; flagrant piece of injustice | **im** ～**ssen (in** ～**ssem) Widerspruch** | in flagrant contradiction.

Kredit *m* Ⓐ [Glauben] | belief; credence.

Kredit *m* Ⓑ [Ruf] | repute; reputation; renown.

Kredit *m* Ⓒ [Haben; Guthaben] | credit; credit side | **Debit und** ～ | debit and credit.

Kredit *m* Ⓓ | credit | **Abdeckung (Ablösung) eines** ～**s** | repayment of a credit | **Akzept**～ | paper (acceptance) credit | **Ankurbelungs**～ | starting credit | **Ausfuhr**～; **Export**～ | export credit | **Bank**～ | bank (banking) (banker's) credit; credit with the bank | **Bar**～; **Blanko**～ | cash (open) (blank) (personal) credit; credit on overdraft | **Bau**～ | building credit | **Betriebsmittel**～ | operating credit.

○ **Boden**～; **Grund**～; **Immobiliar**～; **Real**～ | credit on landed property (on real estate property) | **Bodmerei**～ | loan on bottomry | **Diskont**～ | discount credit | **Dreimonats**~ | three months' credit | **Er-langung von** ~ **durch Betrug** | obtaining credit by fraud (by false pretenses); credit fraud | **Euro**~ | Eurocredit | **Export**~ | export credit | **Handels**~ | commercial credit.

○ **Hypothekar**~; **Hypotheken**~ | credit on mortgage | **Inanspruchnahme von** ~ **(eines** ~**s)** | taking up a credit | **Industrie**~ | industrial credit | **Investitions**~ | loan for capital investments; investment loan | **Kauf auf** ~ | purchase on credit (on term) | **Konsortial**~ | syndicate credit.

○ **Kontokorrent**~; **Personal**~ | cash (open) (blank) (personal) credit; credit in current account (on overdraft) | **Lombard**~ | credit on security; documentary (secured) credit | **Meliorations**~ | agricultural improvement credit | **Mobiliar**~ | credit on personal property | **Rembours**~ | documentary (shipping) credit | ~ **gegen Sicherheit** | credit on security; secured (documentary) credit | **Siedlungs**~ | land settlement credit.

○ **Staats**~ | national (public) credit | **Stillhalte**~ | standstill credit | **Stützungs**~ | emergency credit | **Überbrückungs**~ | interim credit | **Überschreitung eines** ~**s** | overdrawing of a credit; overdraft | **Verkauf auf** ~ | credit sale; sale on deferred terms | **Verlängerung eines** ~**s** | extension of a credit | **Währungs**~ | credit in foreign exchange | **Währungsstabilisierungs**~ | exchange stabilization credit | **Waren**~ | commercial credit | **Wechsel**~ | paper (acceptance) credit; advance on bills of exchange | **Zusatz**~ | additional (further) credit | **Zwischen**~ | interim credit.

★ **bestätigter** ~ | confirmed (guaranteed) credit | **eingefrorene** ~**e** | frozen (blocked) credits | **gedeckter** ~; **gesicherter** ~ | secured credit; credit on security (on collateral) | **gegenseitiger** ~ | mutual credit | **gewerblicher** ~ | industrial (trade) credit | **hypothekarischer** ~; **hypothekarisch gesicherter** ~ | credit on mortgage | **kurzfristiger** ~ | short (short-term) credit | **landwirtschaftlicher** ~ | farming credit | **langfristiger** ~ | long (long-term) credit | **mittelfristiger** ~ | medium-term credit | **laufender** ~; **offener** ~; **ungedeckter** ~ | open (blank) (cash) credit; credit on overdraft | **überzogener** ~ | overdrawn credit; overdraft | **zusätzlicher** ~ | additional (further) credit.

★ **einen** ~ **abdecken** | to repay a credit | **einen** ~ **aufnehmen (in Anspruch nehmen)** | to take up (to make use of) a credit | **einen** ~ **bewilligen** | to grant (to vote) a credit | **jdm. einen** ~ **einräumen (eröffnen) (geben) (gewähren)** | to allow (to grant) (to give) (to open) sb. a credit | **etw. auf** ~ **geben** | to give sth. on credit | ~ **genießen (haben)** | to enjoy (to have) a credit | **auf** ~ **kaufen** | to buy on credit | **einen** ~ **kündigen** | to give notice of withdrawal of a credit | **einen** ~ **überschreiten (überziehen)** | to overdraw a credit; to make an overdraft | **auf** ~ **verkaufen** | to sell on credit | **einen** ~ **zurückzahlen** | to repay a credit (a loan) | **auf** ~ | on (upon) credit.

Kredit..abkommen *n* | loan agreement.
—**aktien** *fpl* | credit shares; financial stock.
—**anstalt** *f* | credit institution (bank) | **Boden**~ | mortgage bank.
—**aufnahme** *f* | borrowing.
—**auftrag** *m* | credit order.
—**ausdehnung** *f*; —**ausweitung** *f* | credit expansion.
—**auskunft** *f* | credit report (information).
—**auskunftei** *f* | credit bureau (agency).
—**bank** *f* | credit (loan) bank.

Kredit..bedarf *m*; —**bedürfnis** *n* | credit (borrowing) needs (requirements).
—**begrenzung** *f* | credit ceiling.
—**bereitstellung** *f* | allocation of credit funds.
—**betrug** *m* | obtaining credit by false pretenses (by fraud) (by falsified statements); credit fraud.
—**bewilligung** *f*; —**einräumung** *f*; —**eröffnung** *f* | opening of a credit; granting of credit.
—**bewirtschaftung** *f* | credit control.
—**brief** *m* | letter of credit.
— —**inhaber** *m* | holder of a letter of credit.
—**bürgschaft** *f* | credit guarantee.
—**drosselung** *f*; —**einschränkung** | restriction on credit(s); credit restriction(s).
—**einschätzung** *f* | credit rating.
—**eröffnung** *f* | opening a (of a) credit.
kreditfähig *adj* Ⓐ | worthy of credit.
kreditfähig *adj* Ⓑ [vertrauenswürdig] | trustworthy; reliable; sound.
Kreditfähigkeit *f* Ⓐ | borrowing power | **geschätzte** ~ | credit (financial) standing; credit rating.
Kreditfähigkeit *f* Ⓑ | trustworthiness; reliability.
Kredit..finanzierung *f* | financing by borrowing.
—**geber** *m* | grantor of a credit; creditor.
—**genossenschaft** *f* | mutual loan society; credit association (society); loan society.
—**geschäft** *n* | transaction upon (operation on) credit; credit transaction.
—**gewährung** *f* | opening of a credit; granting of credits; lending(s) | **kurzfristige** ~ | granting of short-term credits.
—**gewerbe** *n* | banking business; banking.
—**grenze** *f* | limit of credit(s) granted.
kreditieren *v* Ⓐ [gutschreiben] | to credit | **jdm. einen Betrag** ~ | to put (to place) (to enter) (to book) an amount to sb.'s credit | **ein Konto** ~ | to credit an account.
kreditieren *v* Ⓑ [Kredit gewähren] | **jdm.** ~ | to give sb. credit.
kreditiert *adj* | ~**e Beträge** | credited amounts; amounts on credit | ~**e Importe** | imports on credit.
Kreditierung *f* | granting of credit(s); lending(s).
Kredit..inanspruchnahme *f* | taking up of a credit (of credits).
—**inflation** *f* | credit inflation.
—**information** *f* | credit information (report).
—**institut** *n* Ⓐ | credit (financial) institution.
—**institut** *n* Ⓑ | bank; banking establishment.
—**kapital** *n* | borrowed capital; funds on credit.
—**kasse** *f* | credit (loan) bank.
—**kauf** *m* | purchase on credit (on deferred terms).
—**knappheit** *f* | tight money (credits).
—**konto** *n* | credit account (balance); credit.
—**kosten** *pl* | credit charges.
—**kunde** *m* | credit customer.
—**kündigung** *f* | notice of withdrawal (of termination) of a credit.
—**lage** *f* | credit (financial) situation.
—**makler** *m* | money broker.
—**markt** *m* | financial (money) market.
—**nachfrage** *f* | demand(s) for credit.
—**nahme** *f* | borrowing.
—**nehmer** *m* | party receiving credit; borrower.
—**nehmerin** *f* | borrowing company.
Kreditnote *f* | credit note.
Kreditor *m* | creditor.
Kreditoren *mpl* | accounts payable | ~ **und Debitoren** | accounts payable and receivable | ~ **aus Schuldverschreibungen** | bonds payable | ~ **aus Wechseln** | bills payable.

Kreditorenkonto *n* | creditors' account.
Kredit..plafond *m* | credit ceiling.
—**politik** *f* | credit (lending) policy.
—**posten** *m* | credit item (entry); entry on the credit side.
—**rechnung** *f* | credit account.
—**risiko** *n* | credit risk; risk of credit.
—**rückzahlung** *f* | repayment of a credit (of a loan).
—**saldo** *m* | credit balance; balance standing to [sb.'s] credit.
—**schädigung** *f* | reflecting (adverse effect) on [sb.'s] credit.
—**schrumpfung** *f* | shrinkage (shortening) of credit; contraction of credits.
—**schutzverband** *m*; —**schutzverein** *m* | trade protection society.
—**schwindel** *m* | obtaining credit by fraud (by false pretenses); credit fraud.
—**seite** *f* | creditor (credit) side.
—**status** *m* | credit (financial) standing; credit rating.
—**überschreitung** *f*; —**überziehung** *f* | overdrawing of one's credit; overdraft.
kreditunwürdig *adj* Ⓐ | not worthy of credit.
kreditunwürdig *adj* Ⓑ [unzuverlässig] | unreliable; unsound.
Kredit..verein *m* | loan (credit) society (association); mutual loan society | **landwirtschaftlicher** ∼ | farmers' loan association.
—**verfall** *m* | loss (shrinkage) of credit.
—**verkauf** *m* | sale on credit (on deferred terms).
—**vermittler** *m* | financial agent.
—**versicherung** *f* | credit insurance (guarantee); insurance of credits | **Kautions- und** ∼ | fidelity (guarantee) and credit insurance.
—**vertrag** *m* | credit (loan) agreement.
—**volumen** *n* | volume of credits.
—**weg** *m* | **auf dem** ∼ | by borrowing.
—**wesen** *n*; —**wirtschaft** *f* | financing; credit and finance; credit system; money-lending.
—**wucher** *m* | usurious credit.
kreditwürdig *adj* Ⓐ | worthy of credit; creditworthy; financially sound.
kreditwürdig *adj* Ⓑ [zuverlässig] | reliable; trustworthy.
Kreditwürdigkeit *f* Ⓐ | credit position (standing) (rating); soundness; creditability.
Kreditwürdigkeit *f* Ⓑ | reliability; trustworthiness.
Kreditzusage *f* | promised credit(s).
Kreis *m* Ⓐ [Bezirk] | district; borough | **Land**∼ | rural district | **Stadt**∼ | city borough; municipal district (borough) | **Wahl**∼ | constituency; polling (electoral) district (section); election district.
Kreis *m* Ⓑ | circle; quarter | **in Fach**∼**en; in fachkundigen** ∼**en** | amongst experts | **in Regierungs**∼**en** | in government circles | **in diplomatischen** ∼**en** | in diplomatic circles | **in maßgebenden** ∼**en** | in competent quarters | **in wohlunterrichteten** ∼**en** | in well-informed circles (quarters).
Kreis *m* Ⓒ [Bereich] | **Geschäfts**∼ | line (scope) (sphere) of business | **Wirkungs**∼ | field of activity.
Kreis..amt *n* | district (county) (borough) office.
—**arzt** *m* | district medical officer (officer of health).
—**ausschuß** *m* | district committee.
—**blatt** *n* | county gazette.
—**direktor** *m* | district prefect.
—**gericht** *n* | district (county) court.
—**hauptstadt** *f* | county seat.
—**richter** *m* | district judge.
—**stadt** *f* | county town.
—**steuer** *f*; —**umlage** *f* | county rate.

Kreis..tag *m* | county (district) council.
—**tagswahlen** *fpl* | county elections.
Kreuzband *m* | **unter** ∼ | under open cover.
Kreuzverhör *n* | cross-examination | **jdn. ins** ∼ **nehmen** | to cross-examine sb.
Krieg *m* | war | **Abnützungs**∼ | war of attrition | **Angriffs**∼ | war of aggression; offensive war | **Atom**∼ | atomic war | **Befreiungs**∼; **Freiheits**∼ | war of liberation (of independence) | **Bruder**∼; **Bürger**∼ | civil strife (war) | **Defensiv**∼ | defensive war | **Eintritt in den** ∼ | entering the war | **Erbfolge**∼ | war of succession | **Eroberungs**∼ | war of conquest | **den** ∼ **in Feindesland tragen** | to carry the war into the enemy's country | **im Frieden wie im** ∼**e** | in peace and war | **Glaubens**∼ | religious war | **Guerilla**∼; **Klein**∼; **Partisanen**∼ | guerilla warfare (war); partisan (desultory) warfare | **Handels**∼ ① | trade war | **Handels**∼ ② | economic warfare | **Interventions**∼ | war of intervention | ∼ **ohne vorherige Kriegserklärung** | undeclared war | **Luft**∼ | war in the air | ∼ **bis aufs Messer** | war to the knife | **Nerven**∼ | psychological warfare | **Papier**∼ | paper war (warfare) | **Präventiv**∼ | preventive war | **Religions**∼ | religious war | **See**∼ | war at sea; naval war (warfare) | **Unabhängigkeits**∼ | war of independence | **Verteidigungs**∼ | defensive war | **Vorbereitung auf den** ∼ | preparing for war | **Welt**∼ | world war | **Wirtschafts**∼ | economic war (warfare) | **Zermürbungs**∼ | war of attrition | **Zoll**∼ | tariff war | **heiliger** ∼ | holy war | **vom** ∼ **mitgenommen (verwüstet)** | war-worn.
★ **den** ∼ **ächten** | to outlaw war | **den** ∼ **erklären** | to declare war | ∼ **führen gegen** | to wage (to make) (to carry on) war against | **zum** ∼ **hetzen (treiben)** | to agitate for war | **in den** ∼ **hineintreiben (hineingezogen werden)** | to drift into the war | **im** ∼ **liegen (sein) mit** | to be at war with | **in den** ∼ **ziehen gegen** | to go to war against.
★ **im** ∼**e** | in time(s) of war; in war time(s) | **mitten im** ∼**e** | in the midst of war | **nach dem** ∼**e** | post-war | **vor dem** ∼**e** | pre-war | **während des** ∼**es** | during the war; in the war.
Kriegerbund *m* | association of ex-soldiers; veterans' association.
kriegerisch *adj* | warlike | ∼**e Haltung** | hostile attitude; hostility | ∼**e Handlung** | act of war (of hostility); warlike operation | ∼**er Konflikt** | armed conflict | ∼**e Maßnahmen** | acts of war | ∼**e Nation** | warfaring nation | ∼**e Verwicklung** | warlike entanglement.
Kriegerwaise *f* | war orphan.
Kriegerwitwe *f* | war widow.
kriegführen *v* | ∼ **gegen** | to make (to wage) (to carry on) war against.
kriegführend *adj* | **die** ∼**en Mächte; die Kriegführenden** | the belligerent powers; the belligerents.
Kriegführendenrechte *npl* | belligerent (belligerency) rights.
Kriegführender *m* | belligerent.
Kriegführung *f* Ⓐ | conduct of war; warfare | **Regeln der** ∼ | rules of war | **Wirtschafts**∼ | economic war (warfare).
Kriegführung *f* Ⓑ [Status] | belligerency; belligerence.
Kriegs..abgabe *f* | war tax (levy).
—**ächtung** *f* | outlawry of war.
—**akademie** *f* | staff college; military academy.
—**anleihe** *f* | war loan (bond); liberty bond.
—**anstrengung** *f* | war effort.
—**ausbruch** *m*; —**beginn** *m* | outbreak of war.
—**ausgaben** *fpl* | war expenses.

Kriegs..ausweitung *f* | extension of the war.
—**bedarf** *m* | war material.
—**bereitschaft** *f* | readiness (preparedness) for war; war preparedness.
—**bericht** *m* | war report (dispatch).
—**berichterstatter** *m* | war correspondent.
—**berichterstattung** *f* | war correspondence.
—**beschädigter** *m* | war disabled; disabled serviceman.
—**beschädigten..fürsorge** *f* | relief for the war disabled.
— —**rente** *f* | war pension.
—**beute** *f* | war booty.
—**dienst** *m* | field service.
— —**pflicht** *f* | compulsory service (military service); conscription.
— —**verweigerer** *m* | conscientious objector.
— —**verweigerung** *f* | conscientious objection.
—**dauer** *f* | duration of the war.
—**drohung** *f* | threat of war.
—**eintritt** *m* | entering (entry into) the war.
—**einwirkung** *f* | enemy action.
—**entschädigung** *f* | war indemnity (reparation).
—**erklärung** *f* | declaration of war.
—**fall** *m* | **im ~** | in case (in the event) of war.
—**flagge** *f* | war flag.
—**flotte** *f* | navy; naval forces *pl*.
—**folgen** *fpl* | effects (after effects) of the war.
— —**fürsorge** *f*; — —**hilfe** *f* | assistance (relief) to persons who suffered damage by the war.
—**fuß** *m* | war footing | **auf dem ~ stehen** | to be at war (in a state of war).
—**gebiet** *n* | zone of operations; combat area; war zone.
—**gebrauch** *m* | usage of war.
—**gefahr** *f* | danger (menace) of war; war risk (danger) (peril) | **Versicherung gegen ~** | war (war risks) insurance | **drohende ~** | imminent danger (menace) of war.
—**gefangenenaustausch** *m* | exchange of war prisoners.
—**gefangener** *m* | prisoner of war; war prisoner.
Kriegsgericht *n* | court-martial | **jdn. vor ein ~ stellen** | to court-martial sb. | **vor ein ~ gestellt und erschossen werden** | to be brought before a court-martial and shot; to be court-martialled and shot.
Kriegsgerichtsverfahren *n* | procedure of (by) court-martial.
Kriegs..gerüchte *npl* | war talk.
—**gewinne** *mpl* | war profits.
—**gewinnler** *m* | war profiteer.
—**gewinnsteuer** *f* | war profits tax.
—**hafen** *m* | naval port (station) (base).
—**handlung** *f* | act of war.
—**handwerk** *n*; —**kunst** *f* | warcraft.
—**herr** *m* | war lord.
—**industrie** *f* | armaments (war) industry.
—**invalide** *m* | war disabled.
—**jahre** *npl* | war years.
—**kabinett** *n* | war cabinet.
—**kasse** *f* | war chest.
—**klausel** *f* | war (war-risks) clause.
—**konjunktur** *f* | war boom.
—**konterbande** *f* | contraband of war.
—**kontribution** *f* | contribution of war.
—**kosten** *pl* | cost of war; war expenses.
—**lasten** *fpl* | war burdens.
—**lieferungen** *fpl* | war supplies.
—**list** *f* | artifice of war.
—**macht** *f* | military (war) strength.
—**marine** *f* | navy; naval forces.
— —**werft** *f* | naval dockyard; navy yard.
—**maßnahmen** *fpl* | acts of war.

Kriegs..material *n* | war material.
—**minister** *m* | Minister (Secretary) of War; Secretary of State for war.
—**ministerium** *n* | Ministry of War; War Office (Department).
kriegsmüde *adj* | war-weary.
Kriegs..müdigkeit *f* | war weariness.
—**opfer** *n* | victim of the war; war victim.
— —**versorgung** *f* | pension to war victims.
—**potential** *n* | military (war) (war-making) potential.
—**produktion** *f* | war (armaments *pl*) production.
—**propaganda** *f* | war propaganda.
—**rat** *m* | council of war | **oberster ~** | supreme war council.
—**recht** *n* Ⓐ | articles *pl* of war | **nach ~** | according to the laws of war.
—**recht** *n* Ⓑ [Standrecht] | martial law | **das ~ verhängen** | to proclaim martial law.
—**rente** *f* | war pension.
—**risiko** *n* | war risk (peril).
—**rüstungen** *fpl* | armaments *pl*.
—**schaden** *m*; —**schäden** *mpl* | war damage.
—**schadensregelung** *f*; —**schädenregelung** *f* | settlement of war damages.
—**schadens..rente** *f* | war damage pension.
— —**versicherung** *f* | war damage insurance.
—**schauplatz** *m* | theatre of war (of operations).
—**schiff** *n* | warship; man-of-war.
Kriegsschuld *f* Ⓐ | war debt.
Kriegsschuld *f* Ⓑ [Schuld am Krieg] | war guilt.
Kriegsschulden..erlaß *m*; —**streichung** *f* | cancellation of war debts.
—**regelung** *f* | settlement of war debts.
Kriegs..stärke *f* | war establishment (strength) | **eine Einheit auf ~ bringen** | to bring a unit up to war establishment | **in ~** | on a war establishment.
—**steuer** *f* | war tax.
—**teilnehmer** *m* | war veteran.
—**testament** *n* | war testament.
—**treiber** *m* | warmonger.
—**treiberpolitik** *f* | warmongering policy.
—**verbrecher** *m* | war criminal.
— —**prozeß** *m* | war crimes trial.
—**verletzter** *m*; **versehrter** *m* | war disabled.
—**versehrtenrente** *f* | war pension.
—**versicherung** *f* | war risks insurance.
—**verwicklung** *f* | warlike entanglement; armed conflagration.
—**vorbereitungen** *fpl* | preparations for war; war preparations.
—**vorräte** *mpl* | war supplies (material); military stores.
—**waise** *f* | war orphan.
kriegswichtig *adj* | essential for war | **~e Güter** | strategic goods | **~es Material** | stratetic material | **~e Rohstoffe** | strategic raw material.
Kriegs..wirtschaft *f* | war economy.
—**witwe** *f* | war widow.
—**zeit** *f* | **in ~en** | in time(s) of war; in war time(s); during the war | **in Friedens- und ~en** | in peace and war.
—**zone** *f* | war zone.
—**zulage** *f* | field allowance; war bonus.
—**zustand** *m* | state of war | **sich mit einem Lande im ~ betrachten** | to consider os. in a state of war with a country | **mit einem Lande im ~ sein** | to be at war (in a state of war) with a country | **den ~ erklären** | to declare a state of war.
Kriminalabteilung *f* | criminal investigation department.

Kriminal..beamter *m*; **—inspektor** *m*; **—kommissar** *m* | officer of the criminal investigation department; detective inspector.
—fall *m*; **—sache** *f* | criminal case.
—gericht *n* | criminal court; court of criminal jurisdiction.
—gerichtsbarkeit *f* | criminal (penal) jurisdiction; jurisdiction in criminal cases.
Kriminalist *m* [Strafrechtslehrer] | criminalist; specialist on criminal law.
Kriminalistik *f* | knowledge of criminal law.
kriminalistisch *adj* | criminal.
Kriminalität *f* | criminality; crime rate | ~ **bei (der) Jugendlichen; Jugend**~ | juvenile delinquency | **Wirtschafts**~ | white-collar dishonesty (criminality).
Kriminal..polizei *f* Ⓐ | criminal police.
—polizei *f* Ⓑ | **die** ~ | the Criminal Investigation Department | **Beamter der** ~ | officer of the criminal investigation department.
—prozeß *m*; **—verfahren** *n* | criminal procedure (proceedings).
—recht *n* | criminal (penal) law.
—roman *m* | detective story (novel).
—statistik *f* | crime statistics *pl*.
kriminell *adv* Ⓐ [verbrecherisch] | criminally; in a criminal manner.
kriminell *adv* Ⓑ [S] [strafbar] | punishable.
Kriminologe *m* | criminologist.
Kriminologie *f* | criminology; criminal sociology.
kriminologisch *adj* | ~**es Institut (Laboratorium)** | criminological (forensic science) institute (laboratory).
Krise *f* [Krisis] | crisis | **Absatz**~ | slump in sales | **Bank**~ | banking crisis | **Börsen**~ | crisis on the Stock Exchange | **Erdöl**~ | oil crisis | **Finanz**~; **Geld**~ | financial crisis | **Kabinetts**~; **Regierungs**~ | cabinet (ministerial) crisis | **Verfassungs**~ | constitutional crisis | **Währungs**~ | monetary crisis | **Welt**~ | world crisis | **Wirtschafts**~ | economic crisis; depression | **Weltwirtschafts**~ | world economic crisis; world depression | **eine** ~ **durchmachen (durchlaufen)** | to pass through a crisis | **einer** ~ **Einhalt gebieten** | to check a crisis | **eine** ~ **überwinden** | to overcome a crisis.
krisenanfällig *adj*; **krisenempfindlich** *adj* | easily affected by crisis conditions.
krisenfest *adj* | unaffected by crisis conditions.
Krisen..herd *m*; **—zentrum** *n* | crisis centre (center).
—jahr *n* | year of crisis; depression year.
—steuer *f* | crisis tax.
—welle *f* | wave of depression.
—zeit *f* | time (period) of crisis.
Kriterium *n* [Unterscheidungsmerkmal] | criterion.
Kritik *f* Ⓐ | criticism | **Quellen**~ | historical criticism | **Text**~ | textual criticism | **abfällige** ~ | adverse criticism | **beißende** ~ | blistering criticism | **konstruktive** ~ | constructive criticism | **zur** ~ **neigend** | criticizing | **scharfe** ~ | severe criticism | **unfruchtbare** ~ | negative criticism | **der** ~ **unterliegend (unterworfen)** | open to criticism | **verantwortungsbewußte** ~ | criticism which is mindful of its responsibilities | **sich der** ~ **aussetzen** | to lay os. open to criticism.
Kritik *f* Ⓑ [Tadel] | censure | **öffentliche** ~ | public censure | **sich der** ~ **aussetzen** | to incur censure.
Kritik *f* Ⓒ [kritische Beurteilung] | **eine** ~ **über ein Stück schreiben** | to write a critique of a play | **eine gute** ~ **bekommen** | to have a good press.
Kritik *f* Ⓓ [Gesamtheit der Kritiker] | **die** ~ | the critics *pl*.

Kritikaster *m*; **Kritisierer** *m* | criticizer; fault-finder.
Kritiker *m* | critic | **Buch**~ | book reviewer | **Kunst**~ | art critic | **Theater**~ | theater critic | **strenger** ~ | severe critic.
Kritiksucht *f* | censoriousness.
kritisch *adj* Ⓐ | critical | ~**e Abhandlung** | critical treatise | ~**e Anmerkungen** | critical notes | ~**e Betrachtung (Stellungnahme)** | critical comment | ~**e Zuhörerschaft** | critical audience.
kritisch *adj* Ⓑ [entscheidend] | decisive; crucial | **zum** ~**en Zeitpunkt** | on the critical (crucial) day (date).
kritisch *adj* Ⓒ [gefährlich] | dangerous | ~**e Lage** | critical (dangerous) situation.
kritisch *adv* | critically | **einer Sache** ~ **gegenüberstehen** | to be critical of sth. | **zu etw.** ~ **Stellung nehmen; sich zu etw.** ~ **äußern** | to criticize sth.
kritisieren *v* Ⓐ | **etw.** ~ | to criticize sth.
kritisieren *v* Ⓑ [bemängeln] | to blame; to censure | **zu** ~ | deserving of censure; censurable.
kritisiert *adj* | **allgemein** ~ **werden** | to incur general censure.
Krone *f* | crown | **Kaiser**~ | imperial crown | **Königs**~ | royal crown | **Vorrecht der** ~ | royal prerogative | **der** ~ **entsagen; die** ~ **niederlegen** | to abdicate the throne.
Kron..anteil *m* | seigniorage.
—anwalt *m* | crown lawyer.
—gut *n*; **—land** *n* | crown property (land) (lands) (estates).
—juwelen *npl* | crown jewels.
—kolonie *f* | crown colony.
—prinz *m* | crown prince.
—prinzessin *f* | crown princess.
—rat *m* | Privy Council.
—recht *n*; **—regal** *n* | royal prerogative.
—zeuge *m* [Hauptzeuge] | principal witness.
Krönung *f* | coronation.
Krönungseid *m* | coronation oath.
Kuhhandel *m* | horse trade; shady bargain (bargaining).
kulant *adj* | obliging | ~**e Bedingungen** | fair (accommodating) terms.
Kulanz *f* | obliging way of dealing; readiness to accommodate.
Kult *m*; **Kultus** *m* | worship.
Kultus..angelegenheiten *fpl* | ecclesiastical matters.
—gemeinde *f* | church community (society).
—minister *m* Ⓐ | minister of public education.
—minister *m* Ⓑ | minister for ecclesiastical matters.
—ministerium *n* Ⓐ | ministry of public education.
—ministerium *n* Ⓑ | ministry for ecclesiastical matters.
—stätte *f* [Kultstätte] | place of worship.
Kultur *f* | civilization.
Kulturfilm *m* | documentary film; documentary.
Kulturstaat *m* | civilized country.
kumulativ *adj* | cumulative.
kumulativ *adv* | cumulatively.
kündbar *adj* Ⓐ | ~**er Vertrag** | terminable contract.
kündbar *adj* Ⓑ | subject to notice of withdrawal | ~**e Anleihe** | redeemable loan | ~**es Darlehen** | loan at notice | **täglich** ~**es Darlehen** | call loan | **täglich** ~**es Geld** | call money | ~**e Schuldverschreibungen (Obligationen)** | redeemable bonds (debentures).
Kunde *m* | customer; client | **Abfangen (Abspenstigmachen) eines** ~**n** | enticing away a customer | **Bank**~ | client of a bank; depositor | **Postscheck**~ | holder of a postal cheque account | **Privat**~ | private customer | **Stamm**~; **fester** ~; **regelmäßiger** ~ | regular customer (client) | **fauler** ~; **unsicherer** ~ | bad customer | **gelegentlicher** ~ | stray customer |

jds. ~n abfangen; jdm. einen ~n abspenstig machen | to entice away sb.'s customer | **~n ausspannen** | to alienate customers.

Kunden *mpl* | **die ~** | the customers *pl*; the custom; the goodwill; the patronage | **Abwanderung von ~** | loss (falling off) of custom; disaffection of customers.

Kunden..auftrag *m* | customer's order.

—beratung *f* | advisory service(s).

—buch *n* | clients' (customers') ledger (book).

—dienst *m* | service to customers.

—fang *m* | canvassing.

—konto *n* | clients' account.

—kredit *m* | consumer credit.

—kreditkarte *f* | credit card.

—kreis *m* | clientel; goodwill.

—kartei *f*; **—liste** *f*; **—verzeichnis** *n* | list of customers.

—wechsel *m* | customer's acceptance; third-party bill; bill on customers.

—werber *m* | canvasser.

—werbung *f* Ⓐ | getting of customers (of orders); canvassing.

—werbung *f* Ⓑ [Reklame] | publicity; consumer advertising.

Kundgebung *f* Ⓐ [Kundmachung; Bekanntmachung] | proclamation; public notice.

Kundgebung *f* Ⓑ [Demonstration] | demonstration | **Massen~** | mass (collective) demonstration.

kündigen *v* Ⓐ | **jdm. ~** | to give sb. notice | **jdm. mit einmonatiger Frist ~** | to give sb. a (one) month's notice | **einem Mieter ~** | to give a tenant notice to quit | **seinem Vermieter ~** | to give one's landlord notice (notice of leaving) | **jdm. fristlos ~** | to dismiss sb. without notice (at a moment's notice) | **jdm. kurzfristig ~** | to give sb. short notice.

kündigen *v* Ⓑ [auf~] | **ein Abkommen ~; einen Vertrag ~** | to give notice of an agreement; to denounce a treaty | **einen Vertrag mit einmonatiger Frist ~** | to denounce a contract at one month's notice.

kündigen *v* Ⓒ | **eine Anleihe ~** | to call in a loan | **einen Betrag zur Rückzahlung ~** | to give notice of withdrawal of an amount | **eine Einlage ~** | to withdraw a deposit | **eine Hypothek ~** | to call in a mortgage loan.

Kündigung *f* Ⓐ | notice to quit (to leave); notice | **Grund zur ~** | ground (reason) for giving notice | **einmonatige (monatliche) ~** | a (one) month's notice | **kurzfristige ~** | short notice | **rechtzeitige ~** | due notice | **rechtzeitige und ordnungsgemäße ~** | due and proper notice | **auf tägliche ~** | on (at) call | **vierteljährliche ~** | three months' notice | **gegen wöchentliche ~** | at seven days' notice | **seine ~ erhalten** | to receive notice.

Kündigung *f* Ⓑ [Entlassung] | dismissal | **fristlose ~** | immediate (instant) dismissal.

Kündigung *f* Ⓒ [Auf~] | notice of termination | **~ eines Abkommens (Vertrages)** | notice of termination of a treaty (of a contract).

Kündigung *f* Ⓓ | **~ einer Anleihe** | calling in a loan (of a loan) | **gegen ~ rückzahlbare Einlage** | deposit at notice | **Einlage gegen tägliche ~** | deposit at call; daily money | **Hypotheken~** | calling in a mortgage loan | **~ zur Rückzahlung** | notice of withdrawal; withdrawal notice | **gegen ~ rückzahlbar** | repayable subject to notice of withdrawal | **ohne ~ rückzahlbar** | repayable at call.

Kündigungsfrist *f* Ⓐ | notice; period (term) of notice | period for giving notice | **nach Ablauf der ~** | upon expiration of the term of notice | **ohne Einhaltung einer ~** | without observing any term of notice | **unter Einhaltung einer ~ von ...** | observing a term of notice of ... | **~ von einer Woche; einwöchige ~** | a (one) week's notice.

★ angemessene ~ | reasonable notice | **mit dreimonatiger ~** | at (subject to) three months' notice | **gesetzliche ~** | statutory term of notice | **tarifliche ~; tarifvertragsmäßige ~** | term of notice as fixed in (by) the tariff | **vertragliche ~; vertragsmäßige ~** | term of notice as stipulated by contract | **die ~ einhalten** | to observe a term of notice.

Kündigungsfrist *f* Ⓑ [zur Beendigung eines Vertrages] | period for giving notice of termination.

Kündigungs..grund *m* | ground (reason) for giving notice.

—klausel *f* | termination clause.

—recht *n* Ⓐ | right to give notice (of giving notice).

—recht *n* Ⓑ | right to terminate (to give notice of termination).

—schreiben *n* | written notice; notice in writing.

—termin *m* | term of notice.

Kundin *f* | woman customer.

Kundschaft *f* | **die ~** | the customers; the goodwill; the custom; the patronage | **Lauf~** | chance customers | **Privat~** | private customers | **Stamm~; feste ~** | [sb.'s] regular customers | **Verlust (Abwanderung) von ~** | loss (falling off) of custom; disaffection of customers | **eine ~ erwerben; sich eine ~ machen** | to build up a goodwill.

künftig *adj* | future; prospective.

künftig *adv* | **~ lieferbar** | for future delivery.

künftighin *adv* | in the future; at some future date.

Kunst *f* | **~ und Gewerbe** | arts *pl* and craft.

—akademie *f* | art school.

—ausstellung *f* | art exhibition.

—betrachter *m* | art critic.

—fehler *m* | treatment contrary to accepted rules; malpractice.

—galerie *f*; **—museum** *n* | art gallery.

—gegenstand *m* | object of art.

—gewerbe *n* | art handicraft.

—griff *m* | artifice.

—handel *m* | **der ~** | the art trade.

—händler *m* | art dealer.

—handlung *f* | art shop.

—kritik *f* | art critique.

—kritiker *m* | art critic.

—sammlung *f* | art collection.

—schätze *mpl* | art treasures.

—schule *f* | art school.

—werk *n* | work (piece) (object) of art.

Künste *fpl* | **die angewandten ~** | the useful arts | **die freien ~** | the liberal arts.

künstlerisch *adj* | **~es Urheberrecht** | artistic copyright | **Verletzung des ~en Urheberrechts** | infringement of artistic copyright.

Künstlername *m* | stage name.

Kupfer..geld *n*; **—münzen** *fpl* | copper coin; coppers *pl*.

Kupon *m* Ⓐ [Abschnitt] | counterfoil | **Erneuerungs~** | renewal coupon | **bereits fällige ~s** | coupons in arrears.

Kupon *m* Ⓑ [Z¹nsschein] | interest coupon (warrant) | **Dividenden~** | dividend warrant (coupon) | **Halbjahres~** | half-yearly coupon | **~s abschneiden (abtrennen)** | to cut (to detach) coupons | **ohne ~** | ex coupon; ex dividend.

Kupon..aufstellung *f*; **—rechnung** *f* | coupon account.

—bogen *m* | coupon sheet.

—steuer *f* Ⓐ [auf Dividenden] | coupon (dividend) tax.

—steuer *f* Ⓑ [auf Zinsen] | tax on interest from bonds.

Kuponzinsen *mpl* | interest on coupons.
Kuppelei *f* | procuring; pandering.
kuppeln *v* | to procure; to pander.
Kuppelpelz *m* | commission for bringing about a match.
Kuppler *m* | procurer; pander.
Kupplerin *f* | procuress; panderess.
Kuratel *f* | guardianship; trusteeship | **unter ~ stehen** | to be under trusteeship | **jdn. unter ~ stellen (stellen lassen)** | to put (to place) sb. under guardianship.
Kurator *m* | curator; trustee; guardian.
Kuratorium *n* | board of trustees; the curators *pl*; the trustees *pl*.
Kurier *m* | bearer of dispatches; messenger.
—gepäck *n* | diplomatic pouch.
Kurort *m* | health resort.
Kurpfuscher *m* | quack; quack doctor; charlatan.
Kurpfuscherei *f* | quackery; charlatanery.
Kurs *m* Ⓐ | rate; current rate (price) | **Abbröckeln der ~e** | crumbling of prices | **Ablösungs~** | rate of redemption | **Abrechnungs~** | settlement (clearing) rate | **Aktien~e; Effekten~e** | share (stock) prices (quotations); stock exchange rates | **Anfangs~; Eröffnungs~** | opening rate (price) (quotation) | **Ausgabe~; Emissions~** | rate of issue; issue price | **Bar~** | cash rate (price); price for cash | **Börsen~** | market price | **Brief~** | selling rate; price (rate) asked | **Clearing~** | clearing rate | **Deport~** | contango (continuation) (backwardation) rate; rate of continuation; contango.
○ **Devisen~①** | quotation of exchange rates | **Devisen~②; Devisenumrechnungs~** | exchange (foreign exchange) rate; rate of exchange; foreign exchange; exchange | **Durchschnitts~** | average rate of exchange; medium rate | **Einlösungs~** | rate of redemption | **Festigkeit der ~e** | firmness of the market (of stocks) | **Festigung der ~e** | steadying of the market | **Freiverkehrs~** | free market quotation; rate in the outside market; inofficial rate.
○ **Geld~ ①** | rate of exchange; exchange rate; bankers' buying rate | **Geld~②; Kauf~** | cash rate (price); price for cash | **Gold~** | rate for gold | **Jahresmittel~** | annual mean rate | **~ bei sofortiger Lieferung** | spot rate (price) | **Mittel~** | average rate of exchange; medium rate | **Options~** | option rate; rate of option | **Paritäts~; ~ der Parität; al pari** | exchange at par (at parity); parity rate | **Report~** | contango (continuation) (backwardation) rate; rate of continuation; contango | **Rückzahlungs~** | rate of redemption | **Scheck~** | cheque rate | **Schluß~** | closing (last) rate (price) | **Silber~** | rate of silver | **Stand der ~e** | level of the rates | **Tages~** | current rate; quotation of the day; market price (quotation) | **Termins~** | forward (settlement) price (rate).
○ **Umrechnungs~ ①** | rate of exchange; exchange rate; exchange | **Umrechnungs~ ②; Umtausch~** | rate of conversion; conversion rate | **Verkaufs~** | selling rate; price (rate) asked | **Verrechnungs~** | making-up price | **Wechsel~** | exchange rate; rate of exchange | **Zeichnungs~** | rate of subscription | **Zwangs~** | forced (compulsory) rate (rate of exchange).
★ **amtlicher ~** | official (legal) rate | **außerbörslicher ~; inoffizieller ~** | inofficial rate (price); rate in the outside market | **fester ~; festgesetzter ~** | fixed (established) rate | **nicht fester ~** | fluctuating rate | **zum gegenwärtigen ~** | at the current rate of exchange; at the present quotation | **tatsächlich gehandelte ~e** | actual quotations | **gesetzlicher ~** | legal (official) rate | **günstiger ~** | favo(u)rable

exchange | **höchster ~** | highest (maximum) rate (price) | **zum laufenden ~** | at the current rate | **letzter ~** | last (closing) rate (price) | **die letzten ~e** | the latest quotations | **limitierter ~** | limited price | **zum mittleren ~** | at the average rate | **nachbörslicher ~** | price after hours | **nachgebende ~e** | crumbling rates (prices) | **niedrigster ~** | lowest rate (price) | **notierter ~** | quoted rate (price) | **offizieller ~** | official (legal) rate | **schwankender ~** | fluctuating rate | **ungünstiger ~** | unfavo(u)rable exchange.
★ **den ~ behaupten** | to maintain the exchange (the market) | **auf die ~e drücken** | to force down prices; to cause a fall in prices; to depress the market | **einen ~ festsetzen** | to make a price | **die ~e hinauftreiben** | to send up (to force up) the prices | **einen ~ notieren** | to quote; to make a quotation | **im ~e stehen** | to be quoted | **den ~ stützen** | to peg the exchange (the market).
★ **über dem ~** | above the quotation | **unter dem ~e** | below the quotation; below the rate of exchange | **zum ~ von ...** | at the rate of ...
Kurs *m* Ⓑ [Umlauf] | circulation | **Zwangs~** | forced circulation (currency) | **gesetzlichen ~ haben** | to have lawful currency; to be legal tender | **etw. in ~ setzen** | to put sth. into circulation; to circulate sth. | **etw. außer ~ setzen** | to withdraw sth. from (to put sth. out of) circulation; to call sth. in.
Kurs *m* Ⓒ [Schiffs~] | course | **vom ~ abkommen** | to deviate from the course | **den ~ (ein)halten** | to stay on the course.
Kurs *m* Ⓓ | politischer ~ | orientation of policy | **Änderung des politischen ~es** | new alignment of policy | **einen neuen ~ einschlagen** | to adopt a new line (a new line of policy).
Kurs..abschlag *m* | discount.
—abweichung *f* Ⓐ | difference in the rates.
—abweichung *f* Ⓑ; **—änderung** *f* Ⓐ | deviation from the course; alteration of course; change of route.
—änderung *f* Ⓑ [Neuorientierung] | re-orientation.
—angabe *f* Ⓐ | indication of the rates.
—angabe *f* Ⓑ [Quotierung] | quotation.
—angleichung *f* | adjustment of the exchange rates (of rates).
—anstieg *m*; **—aufbesserung** *f* | improvement (advance) in prices.
—bericht *m* [Kursblatt] | money market report (intelligence); stock list; list of quotations | **amtlicher ~** | daily official list; official (quoted) list; stock exchange official list.
—buch *n* | railway guide; time table.
—depesche *f* | exchange telegram; telegraphic exchange quotation.
—differenz *f* | difference of exchange; exchange difference.
—druck *m* | forcing down the prices.
—einbuße *f* | loss on exchange.
—einbruch *m* | fall (heavy drop) in the rates (in the prices).
—entwicklung *f* | movement (tendency) of the market.
kursfähig *adj* | quotable; quoted.
Kurs..festsetzung *f* [durch behördliche Maßnahme] | fixation of the rate(s).
—festellung *f* | [an der Börse] | quotation.
—gefälle *n* | price differential.
—gewinn *m* | profit on exchange (on the rate of exchange); market profit.
kursieren *v* | to circulate; to be current.
kursierend *adj* | in circulation | **~es Geld** | money in circulation; currency.
Kurslimit *n* | limited price.

Kurs..liste *f* | list of quotations (of exchange); stock list.
—**makler** *m* | exchange broker.
—**notierung** *f* Ⓐ | quotation; quoting | **Fracht~** | freight quotation; quotation of freight rates | **zur ~ zugelassene Werte (Wertpapiere)** | securities quoted in the official list; listed securities; shares (stocks) admitted to quotation (to official quotation) | **amtliche ~** | official quotation (quotation of stocks).
—**notierung** *f* Ⓑ; —**notiz** *f* | price (market) quotation; quotation of prices.
—**parität** *f* | parity of exchange rates; exchange parity.
—**risiko** *n* | exchange risk; risk of loss on the market.
—**rückgang** *m* | decline (fall) of the rates of exchange.
—**rückschlag** *m* | setback at the stock exchange.
—**schwankung** *f* | fluctuation in the rates of exchange; exchange fluctuation; fluctuation of prices (of the market).
—**spanne** *f* | exchange difference.
—**spekulant** *m* | market operator.
—**spekulation** *f* | speculation on exchanges; exchange speculation.
—**stabilität** *f* | stability of prices.
—**stand** *m* | level of the prices.
—**steigerung** *f* | rise (climb) of the prices.
—**sturz** *m* | fall (sudden fall) (collapse) of the prices.
—**stützung** *f* | pegging the exchange.
—**tabelle** *f* | list of exchange(s).
—**telegramm** *n* | exchange telegram; telegraphic exchange quotation.
—**tendenz** *f* | tendency (trend) of prices.
—**treiberei** *f* | forcing up the prices; market rigging.
—**unterschied** *m* | difference in (of) quotations.
Kursus *m* | class; course of lectures | **Abend~** | evening class | **Ferien~** | summer school | **Fortbildungs~** | continuation school | **einen ~ abhalten** | to hold (to give) a course of lectures | **einen ~ besuchen; an einem ~ teilnehmen** | to attend classes (a course of lectures).
Kurs..verlust *m* | loss on exchange.
——**versicherung** *f* | insurance against loss on exchange (against redemption at par).
—**wechsel** *m* | change of (in) policy | **außenpolitischer ~** | re-orientation of foreign policy | **politischer ~** | new alignment of policy.
—**wert** *m* | market value | **veränderlicher ~** | fluctuating market value | **einen ~ haben** | to have a market value; to be quoted.
—**zettel** *m* | list of quotations; exchange list; money market report | **Börsen~; amtlicher ~** | stock exchange official list; official (quoted) list.
Kurtaxe *f* | visitor's tax.
kurz *adj* | **mit jdm. ~en Prozeß machen** | to make short work of sb. | **auf ~e Sicht** | at short sight.
kurz *adv* | **sich ~ fassen** | to make it short.
Kurz..anschrift *f* | telegraphic (cable) address.
—**arbeit** *f* | short-time work(ing); working short hours.
kurzarbeiten *v* | to work (to be on) short-time.
Kurz..arbeiter *m* | short-time worker; man (worker) on short time.
——**geld** *n* | short-time allowance.
—**ausgabe** *f* | abridged edition.
—**bericht** *m* | summary report; summary.
Kürze *f* | brevity; briefness | **Nachrichten in ~** | news in brief | **der ~ halber** | for brevity's sake | **in ~** | in brief; in short.
kürzen *v* | **etw. ~** | to reduce (to cut down) sth. | **jdm. das Gehalt ~** | to reduce (to cut down) sb.'s salary |

jdm. einen Betrag am Gehalt ~ | to deduct an amount from sb.'s salary | **jds. Pension ~** | to retrench sb.'s pension.
kurzerhand *adv* | summarily; simply.
Kurzfassung *f* | abridged version.
kurzfristig *adj* Ⓐ | at short notice.
kurzfristig *adj* Ⓑ | short-date(d); short-term | **~e Anlage; ~e Depot; ~e Einlage** | short-term investment; deposit at short notice | **~e Anleihe; ~es Darlehen** | loan at short notice; short loan | **~e Finanzierung** | short-term financing | **~e Forderung** | short-term debt | **~e Gelder** | short-term loans | **~er Kredit** | short (short-term) credit | **~er Schatzwechsel** | treasury bill | **~e Schuld** | short-term debt | **~e Verpflichtungen** | short-term obligations | **~er Wechsel** | short bill; bill at short date.
kurzfristig *adv* | **~ anlegen** | to invest at short notice | **~ lieferbar** | for short delivery.
kurzgefaßt *adj* | concise; brief; succint; condensed.
kurzgefaßt *adv* | concisely; briefly; succintly.
Kurzgeschichte *f* | short story.
kurzlebig *adj* | short-lived | **~e Verbrauchsgüter** | perishable consumer goods | **~e Wirtschaftsgüter** | short-lived assets [eligible for accelerated depreciation].
Kurz..nachrichten *fpl* | news in brief.
—**schrift** *f* | shorthand | **Maschinen~** | typed shorthand | **Schreiben in ~** | shorthand writing | **in ~** | in shorthand; stenographic | **etw. in ~ aufnehmen** | to take sth. down in shorthand.
kurzschriftlich *adj* | in shorthand; stenographic | **~e Notizen** | shorthand notes.
Kürzung *f* | reduction | **~ des Etats (des Haushalts); Etat~** | cut(s) in the budget | **Gehalts~** | salary cut (reduction); reduction of salaries | **Lohn~** | wage cut (reduction); cut in wages; reduction of wages | **~ der Vermächtnisse** | abatement of legacies (of gifts and legacies) | **anteilsmäßige ~; proportionelle ~; verhältnismäßige ~** | abatement.
Kurzwaren *fpl* | dry goods; haberdashery.
—**händler** *m* | haberdasher.
—**handlung** *f* | dry goods store; haberdashery.
Küsten..dampfer *m*; —**fahrer** | coasting vessel (steamer) (trader); coaster.
—**fahrt** *f* Ⓐ | coasting voyage.
—**fahrt** *f* Ⓑ | coasting (coastwise) navigation.
—**fischerei** *f* | longshore fishery.
—**fracht** *f* | coasting cargo.
——**fahrt** *f* | coasting trade.
—**gebiet** *n* | coastal region.
—**gewässer** *npl* | territorial waters.
—**handel** *m* | coasting (coastwise) (coastal) trade; coasting | **~ treiben** | to be in the coasting trade; to coast.
—**polizei** *f* | coast guard.
—**schiffahrt** *f* | coasting (coastwise) navigation; coasting.
—**verteidigung** *f* | coast defense.
—**wachdienst** *m*; —**wache** *f* | coast guard (patrol).
—**wachschiff** *n* | coast-guard vessel.
—**wachstation** *f* | coast-guard station.
—**werk** *n* | plant (factory) at the coast; coastal works.
—**zollschutz** *m* | preventive service.
—**zone** *f* | coastal region.
Kux *m* [börsenmäßig gehandelter Bergwerksanteil] | mining share (stock); share in a mining company.
—**inhaber** *m* | shareholder in a mine.
—**schein** *m* | share certificate of a mining company.
—**werte** *mpl* | mining shares (stock) (stocks); mines *pl.*

L

ladebereit *adj*; **ladefertig** *adj* | ready to take cargo.
Lade..brief *m* | bill of lading; shipping (lading) (load-ing) (freight) bill (note); consignment note.
—**buch** *n* | freight (cargo) book.
—**erlaubnis** *f* | loading permit.
—**fähigkeit** *f*; —**kapazität** *f* | carrying (cargo) capacity; capacity; tonnage.
—**fläche** *f* | loading space.
—**frist** *f* | time for (of) (allowed for) loading; loading days *pl*.
—**gebühren** *fpl*; —**geld** *n*; —**kosten** *pl* | loading charges.
—**gewicht** *n* | pay load.
—**hafen** *m* | shipping (loading) (lading) port; port of loading (of shipping) (of shipment).
—**linie** *f* | load line.
—**liste** *f* | list of freight; freight list; report and mani-fest; ship's (captain's) (freight) manifest.
Laden *m* Ⓐ [Kauf~; Verkaufs~] | shop; store | **Ein-heitspreis~** | one-price store | **Ketten~** | chain (multiple) store | **einen ~ aufmachen** | to open a shop; to open up; to set up shop | **seinen ~ auf-geben; den ~ schließen** | to shut up shop; to give up one's shop.
Laden *n* Ⓑ [Beladen] | loading.
Laden *n* Ⓒ [Vor~] | summoning | **~ unter Straf-androhung** | subpoena.
laden *v* Ⓐ | to load | **eine Schuld auf sich ~** | to be-come guilty | **Verantwortung auf sich ~** | to incur responsibility.
laden *v* Ⓑ [Ladung nehmen] | to take in freight (cargo); to embark cargo; to load.
laden *v* Ⓒ [vor~] | to summon | **jdn. ~** | to summon (to call) (to call in) sb.; to summon sb. to attend | **die Beteiligten ~; die Parteien ~** | to summon the parties | **jdn. vor Gericht ~** | to cite (to summon) sb. before the court | **jdn. unter Strafandrohung ~** | to subpoena sb. | **einen Zeugen ~** | to subpoena a witness | **jdn. als Zeugen ~** | to call sb. as witness | **jdn. erneut ~** | to summon sb. again; to resummon sb. | **jdn. ~ zu erscheinen** | to summon sb. to appear.
Laden..angestellte *f* | shop assistant (girl).
—**angestellter** *m* | shop assistant.
—**besitzer** *m*; —**inhaber** *m* | shopkeeper; owner of the (of a) shop.
—**besucher** *m* | shopper.
—**dieb** *m* | shoplifter.
—**diebstahl** *m* | shoplifting.
—**einbrecher** *m* | shopbreaker.
—**einbruch** *m* | shopbreaking.
—**front** *f* | shop front.
Ladengeschäft *n* | shop; store | **Betrieb eines ~es** | shopkeeping | **Verkäufer in einem ~** | shop assistant (attendant); salesman | **Verkäuferin in einem ~** | shop assistant (girl) | **offenes ~** | open shop | **ein ~ betreiben** | to keep (to run) a shop | **ein ~ er-öffnen** | to set up shop; to open up.
Laden..hüter *m* | unsaleable article.
—**kasse** *f* | till; petty cash.
—**miete** *f* | shop rent.
—**preis** *m* | retail (retail selling) price.
—**schild** *n* | shop sign.
—**schluß** *m* Ⓐ | closing of the shops.
—**schluß** *m* Ⓑ | closing time (hour); hour of closing.
—**straße** *f* | shopping street.
—**tisch** *m* | counter.
—**verkauf** *m* | retail sale.

Ladenverkaufspreis *m* | retail (retail selling) price.
Lade..papiere *npl* | shipping documents (papers).
—**platz** *m* | place of loading.
—**raum** *m* Ⓐ | cargo (loading) space; hold.
—**raum** *m* Ⓑ [Schiffsraum; Güterfrachtraum] | ton-nage; freight tonnage.
— —**vorausbestellungen** *fpl* | freight bookings.
—**schein** *m* | bill of lading; shipping bill (note); con-signment note; freight bill.
—**spesen** *pl* | loading charges.
—**station** *f*; —**stelle** *f* | place of loading; loading place.
—**tage** *mpl* | loading days.
—**tonnage** *f* | load displacement; displacement loaded.
—**vermögen** *n* | carrying (cargo) capacity; capacity; tonnage.
—**verzeichnis** *n* | cargo list; manifest.
—**zeit** *f* | time (days) for (of) loading; loading days (hour).
—**zettel** *m* | receiving (shipping) note.
Ladnerin *f* | shop assistant (girl).
lädieren *v* | to damage.
Ladung *f* Ⓐ [Fracht] | freight; cargo; load; shipment | **Deck~** | deck cargo (load) | **als Deck~ schicken** | to ship on deck | **Gewicht der ~** | freight weight | **Reise mit ~** | cargo passage | **Rück~** | home (home-ward) (return) freight | **Sammel~; Stückgut~** | general (mixed) cargo | **Schiffs~** | shipload; ships' load (cargo) (freight) | **Versicherung von Schiff und ~** | insurance of hull and cargo | **gemischte ~** | mixed (general) cargo | **schwimmende ~** | cargo afloat | **~ einnehmen (nehmen)** | to take in cargo (freight) | **die ~ löschen** | to discharge (to unload) the cargo.
Ladung *f* Ⓑ [Vor~] | summons; citation | **~ durch den Gerichtsvollzieher** | summons by the bailiff | **Ausbleiben auf eine ~; Nichtbefolgung einer ~** | non-compliance with a summons | **~ unter Straf-androhung** | subpoena | **~ zum Sühnetermin** | sum-mons to appear in conciliation proceedings | **Zeu-gen~; ~ der (von) Zeugen** | subpoena of witnesses | **einem Zeugen eine ~ zustellen** | to subpoena a wit-ness | **Zustellung einer ~** | serving of a summons (of a writ); writ of summons.
★ **förmliche ~** | formal summons | **gerichtliche ~** | court summons; citation | **öffentliche ~** | summons by publication.
★ **an jdn. eine ~ ergehen lassen; jdm. eine ~ zu-stellen (zugehen lassen)** | to serve (to issue) a sum-mons on sb.; to take out a summons against sb.; to subpoena sb. | **einer ~ nachkommen (Folge lei-sten)** | to answer (to comply with) a summons | **auf eine ~ hin ausbleiben; einer ~ nicht nachkommen** | to fail to comply with a summons.
Ladungs..empfänger *m* | consignee; consignee of the cargo.
—**frist** *f* | notice given in the summons.
—**gewicht** *n* Ⓐ [Gewicht der Ladung] | freight weight.
—**gewicht** *n* Ⓑ [Gewicht laut Frachtbrief] | weight as per bill of lading.
—**hafen** *m* | shipping (loading) (lading) port; port of loading (of shipping) (of shipment).
—**kosten** *pl* Ⓐ [Kosten der Verladung] | shipping (loading) charges.
—**kosten** *pl* Ⓑ [Kosten der Vorladung] | cost of service.
—**manifest** *n*; —**verzeichnis** *n* | list of freight; freight list; ship's (captain's) (freight) manifest.
—**wert** *m* | value of the cargo.
—**zustellung** *f* | service of a writ of summons (of pro-cess).

Lage *f* | situation; position | **nach ~ der Akten ent-scheiden** | to decide on the record | **nach ~ der Dinge** | according to circumstances | **der Ernst der ~** | the seriousness of the situation | **Finanz~** | financial situation (position) (status) | **Entspannung der ~** | relief of tension | **Kassen~** | cash position | **Markt~** | condition (situation) of the market; market situation | **Rechts~** | legal situation (position) (status) | **Sach~** | state of affairs (of things) | **Vermögens~** | financial situation (position) (status) | **Vorrats~** | stock position | **Wirtschafts~** | economic situation (conditions).

★ **allgemeine ~** | general situation | **außenpolitische ~** | foreign situation | **bedrängte ~** | difficult situation | **finanzielle ~** | financial situation (position) | **geographische ~** | geographical position | **gespannte ~** | tense situation | **heikle ~** | embarrassing situation | **die gegenwärtig im Lande herrschende ~** | the conditions now prevailing in the country | **mißliche ~; schwierige ~; unangenehme ~** | predicament; difficult situation | **wirtschaftliche ~** | economic situation (conditions).

★ **die ~ auseinandersetzen (erklären)** | to explain the situation | **in der ~ sein, etw. zu tun** | to be able to do sth.; to be in a condition (position) to do sth. | **die ~ entspannen** | to relieve the tension | **jdn. in die ~ versetzen, etw. zu tun** | to enable sb. to do sth.

Lageplan *m* | site plan.

Lager *n* Ⓐ [Depot] | store; storehouse; warehouse | **Auslieferungs~** | distributing depot; depository; promptuary | **Durchgangs~; Transit~** | transit store | **Ersatzteil~** | stock of replacements (of replacement parts); parts stock | **Betriebsstoff~; Brennstoff~; Treibstoff~** | fuel yard | **Kommissions-~; Konsignations~** | stock on commission | **seine Möbel auf ~ stellen** | to warehouse one's furniture | **Wander~** | travelling (flying) (itinerant) store | **Waren~** | stock of merchandise (of goods); goods depot | **Zoll~; Zollfrei~** | customs (bonded) warehouse (store) | **ab Zollfrei~** | ex bond | **wohlassortiertes ~** | well-assorted stock.

★ **das ~ abbauen** | to liquidate (to reduce) the inventory | **etw. auf ~ haben (halten)** | to keep sth. in store; to carry sth. in stock | **auf ~ nehmen** | to store; to stock; to warehouse | **etw. auf ~ nehmen; von etw. ein ~ anlegen** | to lay sth. in stock; to lay in a stock of sth. | **das ~ räumen** | to clear off the stock | **nicht auf ~ sein** | to be out of stock | **ab ~** | ex store; ex warehouse | **auf ~** | in store; in (on) stock.

Lager *n* Ⓑ | camp | **Anhalte~** | detention camp | **Flüchtlings~** | refugee camp | **Gefangenen~** | war prisoners' camp | **Internierungs~** | internment camp | **Konzentrations~** | concentration (detention) camp.

Lager..abbau *m* | reduction of stock(s) (of inventory).

—**abschreibung** *f* | overhauling of (writing down) stock.

—**arbeiter** *m* | warehouseman.

—**auffüllung** *f* | replenishing (replenishment) of stocks.

—**aufnahme** *f* | stock (inventory) taking; taking stock.

—**aufseher** *m* | storekeeper; warehouse keeper; warehouseman.

—**bestand** *m* | stock; inventory | **den ~ aufnehmen** | to take stock; to make up the inventory | **den ~ (wieder) auffüllen** | to replace the stock; to restock.

—**bestände** *mpl* | **Abschreibung von ~n** | overhauling of stock | **Hortung von ~n** | inventory hoarding | **alte ~** | old stock.

Lager..bestands..aufnahme *f* | stock taking; taking stock; making up an inventory.

— —**verzeichnis** *n* | stock list; inventory.

Lager..bewertung *f* | inventory valuation.

—**buch** *n* | stock (warehouse) (store) book.

—**buchführung** *f*; —**buchhaltung** *f* | stock bookkeeping (accounting).

—**einbruch** *m* | warehouse breaking.

—**fähigkeit** *f* Ⓐ [Fähigkeit, eingelagert zu werden] | capability of being stored.

—**fähigkeit** *f* Ⓑ; —**kapazität** *f* | storage (storing) capacity.

—**fläche** *f* | storage space.

—**frist** *f* | time (period) of storage.

—**gebühren** *fpl*; —**geld** *n* | storage fees; storage; warehouse charges (rent); store rent.

—**geschäft** *n* | storage (storing) (warehousing) business.

—**gewinn** *m* | inventory profit.

—**gut** *n* | stored goods; goods in storage.

—**halter** *m* Ⓐ | warehouse keeper; storekeeper.

—**halter** *m* Ⓑ [Lagerverwalter; Lagerist] | warehouse (store) clerk; warehouseman.

— —**pfandrecht** *n* | warehouseman's lien.

—**haltung** *f* | stock-keeping.

—**haus** *n* | warehouse; storehouse; store; depository | **Einbruch in einem ~** | warehouse breaking | **Zoll~** | customs (bonded) warehouse (store) | **ab ~** | ex warehouse.

—**hortung** *f* | inventory hoarding.

—**investition(en)** *fpl* | inventory investment.

—**konto** *n* | store (warehouse) (inventory) account.

—**kontrolle** *f* | stock (inventory) control.

—**kosten** *pl* | storing (warehouse) charges; storage.

—**liste** *f* | inventory; stock sheet.

—**marke** *f* | store mark.

—**miete** *f* | warehouse (store) rent; storage.

Lagern *n* | storing; warehousing; storage.

lagern *v* Ⓐ [auf Lager liegen] | to lie in storehouse (in warehouse) | **beim Zoll ~; unter Zollverschluß ~** | to be in bond; to be bonded.

lagern *v* Ⓑ [einlagern] | to store; to warehouse; to put in store | **unter Zollverschluß ~** | to put (to place) into bonded warehouse; to bond.

lagernd *adj* | **bahn~** | to be kept till called for | **post~** | to be called for.

Lager..pfandschein *m* | warehouse warrant.

—**platz** *m* | yard.

—**raum** *m* | store (storage) room.

—**räumung** *f* | clearance.

—**rechnung** *f* | store (warehouse) account.

—**schein** *m* | warehouse certificate (receipt).

—**spesen** *pl* | storage fees; warehouse (storage) charges.

—**umsatz** *m*; —**umschlag** *m* | stock (inventory) turnover; turnover in stocks.

Lagerung *f* | storing; warehousing; storage.

Lager..vermögen *n* | storage capacity.

—**verwalter** *m* | storekeeper; warehouse keeper; warehouseman.

—**verzeichnis** *n* | inventory; stock sheet.

—**wert** *m* | inventory value.

—**zeit** *f* | time (period) of storage.

—**zins** *m* | warehouse rent; storage.

Laie *m* Ⓐ | lay; layman.

Laie *m* Ⓑ | non-expert.

Laien..beisitzer *m* | lay assessor.

—**gerichtsbarkeit** *f* | lay judiciary.

—**richter** *m* | lay judge.

Laienschaft *f* | the laity.

Laiin *f* | laywoman.

Lancieren *n* | **~ einer Anleihe** | flotation of a loan.

lancieren *v* | to launch | **eine Anleihe** ~ | to float a loan.

Land *n* Ⓐ | land; country; territory | **Abnehmer**~ | customer country | **Ausbeute**~ | country for exploitation | **Ausfuhr**~ | exporting country | **Bestimmungs**~ | country of destination | **Durchfuhr**~; **Durchgangs**~ | transit country | **Einfuhr**~ | importing country | **Erzeuger**~; **Erzeugungs**~; **Herstellungs**~; **Produktions**~ | producer (producing) country | **Export**~ | exporting country | **Geburts**~; **Heimat**~ | native land (country); home country | **Gläubiger**~ | debtor country.
○ **Herkunfts**~ | country of origin | **Industrie**~ | industrial country | **Mandats**~ | mandated territory; mandate | **Mitglieds**~ | member country | **Mutter**~ | mother (home) country | **Protektorats**~ | protectorate; country under protectorate | **Schuldner**~ | debtor country | **Unions**~; **Vereins**~ | country of the Union; member (union) country | **Ursprungs**~ | country of origin | **Vater**~ | home country; fatherland | **Versand**~ | shipping country | **Vertrags**~ ① | agreement country | **Vertrags**~ ② | member country | ~ **ohne Zugang zum Meer** | landlocked country.
★ **außer** ~**es** | abroad | **außer** ~**es gehen** | to go abroad; to leave the country.

Land *n* Ⓑ | **zu** ~ **und zur See (zu Wasser); zu Wasser und zu** ~ | by land and sea; on land and at sea | **etw. an** ~ **bringen** | to land sth.; to put sth. ashore | **vom** ~ **eingeschlossen** | land-locked | **an** ~ **gehen** | to disembark; to land | **Erlaubnis, an** ~ **zu gehen** | landing permit | **über** ~ | by land; overland.

Land..adel *m* Ⓐ | country gentry.
—**adel** *m* Ⓑ | landed aristocracy.
—**anwachs** *m* | alluvial deposit; alluvium.
—**arbeit** *f* | farm work; agricultural work (labo(u)r).
—**arbeiter** *m* | farm (land) (agricultural) worker; farm hand.
—**arzt** *m* | country doctor.
—**aufkäufer** *m* | land grabber.
—**bank** *f* Ⓐ [Provinzbank] | provincial (county) bank.
—**bank** *f* Ⓑ [Bauernbank] | farmers' (country) (rural) bank.
—**befreiung** *f* | land release.
—**besiedlung** *f* | land settlement.
—**besitz** *m* Ⓐ [Landeigentum] | landowning.
—**besitz** *m* Ⓑ | real (real estate) (landed) property; realty | **großer** ~ | vast extent of ground (of property); vast estate | **kleiner** ~ | small property.
—**besitzer** *m*; —**eigentümer** *m* | landowner; landed proprietor; real estate owner.
—**bestellbezirk** *m* | rural delivery district.
—**bevölkerung** *f* | rural population.
—**bezirk** *m* | rural (country) district.
—**briefträger** *m* | rural postman.
—**edelmann** *m* | country squire.
Landeerlaubnis *f* | landing permit; permission to land.
Landen *n* | **beim** ~ | on landing; on (upon) arrival.
landen *v* Ⓐ [an Land gehen] | to disembark; to land.
landen *v* Ⓑ [an Land bringen] | to discharge; to land; to put on shore.
Länder *npl* | **fremde** ~ | foreign countries | **unterentwickelte** ~ | underdeveloped countries.
Ländereien *fpl* | landed property; land | **ausgedehnte** ~ | vast (extensive) lands.
Landes..arbeitsamt *n* | regional labo(u)r office.
—**arbeitsgericht** *n* | higher labo(u)r court.
—**aufnahme** *f* | land survey (surveying) (measuring).
—**bank** *f* | national (regional) bank.
—**bedarf** *m* | home consumption.

Landes..erzeugnisse *npl* | home (home-grown) (domestic) produce.
—**farben** *fpl* | national colo(u)rs.
—**fürst** *m*; —**herr** *m* | sovereign.
—**gebiet** *n* | state territory; territory.
—**gesetz** *n* | state (national) law.
—**grenze** *f* | state border; frontier.
—**hauptstadt** *f* | capital.
—**hoheit** *f* | sovereignty.
—**münze** *f* | national (legal) currency.
—**polizei** *f* | state police.
—**produkte** *npl* | agricultural produce.
—**recht** *n* | law of the land; national law.
—**regierung** *f* | state government.
—**sozialgericht** *n* | higher social court.
—**sprache** *f* | national language.
landesüblich *adj* | customary; usual.
Landes..valuta *f* | legal currency of the land.
—**versicherungsamt** *n* | regional insurance office.
—**verrat** *m* | high treason; treason-felony.
—**verräter** *m* | traitor.
—**verteidigung** *f* | national defense.
—**verweisung** *f* | deportation; banishment.
—**währung** *f* | national (legal) currency.
—**zentralbank** *f* | regional state bank.
Land..flucht *f* | migration of the country people into the towns.
—**fracht** *f* | land carriage (freight) (transport).
—**frieden** *m* | public peace.
—**friedensbruch** *m* | breaking (violation) of the public peace.
—**gefahr** *f*; —**risiko** *n* | land (land transport) risk.
—**gemeinde** *f* | rural (country) borough.
—**gericht** *n* | regional court.
—**gerichtsprozeß** *m* | suit (case) before the regional court.
—**grenze** *f* | land frontier.
—**gut** *n* | farm (country) estate (property).
—**haus** *n* | country house (residence) (seat); rural mansion.
—**jäger** *m* | rural constable (policeman).
—**jägerei** *f* | rural police; county constabulary.
—**krieg** *m* | land warfare.
landläufig *adj* | customary; current; usual; generally accepted | **im** ~**en Sinne** | in the ordinary sense.
ländlich *adj* | rural | ~**e Genossenschaft** | farmers' (agricultural) association (co-operative).
Land..macht *f* | land power.
—**messer** *m* | land surveyor; surveyor.
—**pacht** *f* | lease; lease contract (agreement).
—**post** *f* | rural post.
— —**zustellung** *f* | rural delivery.
—**rat** *m* | district prefect.
—**recht** *n* | common law.
—**richter** *m* | judge of a provincial court.
Landschaft *f* | rural borough (district).
Landsgemeinde *f* [S] | regional (cantonal) diet.
Landsiedlung *f* | land settlement.
Landsiedlungsgesellschaft *f* | land settlement association.
Landsitz *m* | country seat (residence).
Landsmann *m* | fellow-countryman; compatriot.
Land..stadt *f* | country (provincial) town.
—**steuer** *f* | land tax.
—**streicher** *m* | vagabond; vagrant; tramp.
—**streicherei** *f* | vagrancy.
—**tag** *m* | diet; chamber of deputies.
Landtags..abgeordneter *m* | member of the diet; deputy.
—**sitzung** *f* | session of the diet.

Landtagswahlen *fpl* | elections to the diet; state elections.

Landtransport *m* | land carriage (transport) (conveyance) (freight); conveyance by land; overland conveyance | **Beschädigung auf dem** ~ | land damage; damage in transit overland.

—**risiko** *n* | land risk.

—**versicherung** *f* | insurance overland.

Landung *f* | landing; disembarkation; disembarking; discharging.

Landungs..attest *n*; —**schein** *m* | landing certificate (account).

—**gebühren** *fpl* | landing charges.

—**karte** *f* | landing card (ticket).

—**nummer** *f* | landing number.

Land..urlaub *m* | shore leave.

—**vermessung** *f* | land survey (surveying) (measuring).

—**versicherung** *f* | insurance overland.

—**verteilung** *f* | distribution of land.

Landweg *m* | land route | **auf dem** ~ | by land; overland | **Reise auf dem** ~**e** | overland journey (travel) | **Beförderung (Transport) auf dem** ~ | land carriage (transport) (conveyance); conveyance by land; overland conveyance.

Landwirt *m* | farmer | **Diplom**~; **wissenschaftlich gebildeter** ~ | scientific agriculturist; agronomist.

Landwirtschaft *f* Ⓐ | agriculture; farming; husbandry.

Landwirtschaft *f* Ⓑ [**Bauernhof**] | farm.

landwirtschaftlich *adj* | agricultural | ~**e Absatzorganisation** | agricultural marketing association | ~**er Arbeiter** | agricultural labourer; farm worker (hand) | ~**e Ausstellung** | agricultural show | ~**er Betrieb** | farm; farming; husbandry | ~**e Erzeugnisse (Produkte)** | farm (agricultural) produce | ~**e Erzeugung (Produktion)** | agricultural production | ~**e Gebäude** *pl* | farm buildings | ~**e Genossenschaft** | farmers' association (co-operative society) | ~**e Genossenschaftsbank** | agricultural co-operative bank | ~**e Geräte (Maschinen)** | farming (farm) equipment (implements) | ~**er Großbetrieb** | large-scale farming | ~**e Kreditgenossenschaft**| agricultural (farmers') credit co-operative | ~**er Musterbetrieb** | model farm (economy) | ~**e Schule** | agricultural college; farm school | ~**e Versicherung** | agricultural insurance.

Landwirtschafts..bank *f* | country (farmers') bank.

—**kammer** *f* | chamber of agriculture.

—**kredit** *m* | agricultural (farm) credit.

—**minister** *m* | Minister of Agriculture.

—**ministerium** *n* | Ministry (Board) (Department) of Agriculture.

—**schule** *f* | agricultural college; farm school.

Landzwang *m* | terror.

längerfristig *adj* | at medium and long term; medium- and long-term.

langfristig *adj* | long-term; long-termed; long-dated | ~**es Abkommen** | long-term agreement | ~**e Anlage (Kapitalsanlage) (Einlage)** | long-term investment (deposit) | ~**e Anleihe**; ~**es Darlehen** | long-term loan | ~**er Kredit** | long-term credit | ~**es Lieferabkommen**; ~**er Liefervertrag** | long-term supply arrangement (contract) | ~**er Mietsvertrag** | long lease | ~**e Schuld** | long-term debt | ~**e Verbindlichkeiten (Verpflichtungen)** | long-term engagements (commitments) | ~**e Verschuldung** | long-term indebtedness | ~**er Vertrag** | long-term contract.

langfristig *adv* | ~ **angelegte Gelder (Kapitalien)** | long-term funded capital | **Kapital** ~ **anlegen** | to make a long-term investment.

langjährig *adj* | ~**e Beziehungen** | relations (connections) of long standing | ~**e Erfahrungen** | long years of experience | ~**er Mietsvertrag** | long lease

langlebig *adj* | ~**e Gebrauchsgüter** | consumer durables | ~**e Wirtschaftsgüter** | durable goods; durables.

längsseits *adv* | alongside.

Läpperschulden *fpl* | paltry (small) debts.

Lärm *m* | **nächtlicher** ~; **ruhestörender** ~ | disturbance; disorder by night.

Lärmbekämpfung *f* | noise control.

Last | burden; charge; onus | **Arbeits**~ | load of work | **Beweis**~ | burden (onus) of (of the) proof; onus of proving | ~ **der Beweise (des Beweismaterials)** | weight of the evidence | **zu** ~**en der öffentlichen Fürsorge** | chargeable to the public funds | **Gemein**~ | common charge | **Grund**~; **Real**~ | ground rent | **Hypotheken**~ | mortgage charge (debt); debt on mortgage | **Kirchenbau**~ | charge of constructing (of maintaining) a church; fabric | **Kosten**~ | burden of the cost (expenses) | **Kosten zu** ~**en von ...** | costs taxable to ... | **Kriegs**~ | war burdens | **Nutz**~ | pay load | **Schulden**~ | burden of debts; indebtedness | **Sozial**~**en**; **soziale** ~**en** | social charges; social security contributions | **die Steuer**~ | the tax burden; the burden of taxation | **die Steuer**~**en**; **die fiskalischen** ~**en** | the fiscal charges | **Zinsen**~; **Zins**~ | interest charge.

★ **finanzielle** ~ | financial burden | **öffentliche** ~**en** | public charges; rates and taxes.

★ **jdm. zur** ~ **fallen** ① [jdm. obliegen] | to be incumbent on sb.; to fall on (upon) sb. | **jdm. zur** ~ **fallen** ② [von jdm. zu verantworten sein] | to be imputed to (blamed on) sb. | **jdm. zur** ~ **fallen** ③ [lästig werden] | to be (to become) a burden on sb. | **der Gemeinde zur** ~ **fallen** | to come upon the parish | **die Kosten gehen zu** ~ **von** | costs to be borne by | **jdm. etw. zur** ~ **legen** | to charge sb. with sth.; to impute sth. to sb.; to lay the blame for sth. at sb.'s door; to lay sth. to sb.'s charge | **jdm. etw. zur** ~ **schreiben** | to enter sth. to sb.'s debit; to debit sth. to sb. | **zu** ~**en von ...** | at the cost (at the expense) of ...

lasten *v* | **auf dem Grundstück** ~ **Hypotheken** | the estate is mortgaged (encumbered with mortgages).

Lastenausgleich *m* Ⓐ | compensation (equalization) (repartition) of charges.

Lastenausgleich *m* Ⓑ [**Kriegs**~] | equalization of war burdens.

Lastenausgleichs..abgabe *f*; —**steuer** *f* | levy for the equalizing of burdens.

lastenfrei *adj* Ⓐ | free of (exempt from) charges (encumbrances); unencumbered.

lastenfrei *adj* Ⓑ [hypothekenfrei] | free of mortgages.

Laster *n* | vice | **dem** ~ **verfallen** | to sink into vice.

lasterhaft *adj* | vicious; depraved | **ein** ~**es Leben führen** | to live in vice.

Lasterhaftigkeit *f* | viciousness.

lästern *v* | **jdn.** ~ | to slander sb.; to defame sb. | **Gott** ~ | to blaspheme.

Lästerung *f* | slander; defamation | **Gottes**~ | blasphemy.

lästig *adj* Ⓐ | onerous; cumbersome | **unter einer** ~**en Bedingung** ① | subject to certain obligations | **unter einer** ~**en Bedingung** ② | for valuable consideration | ~**er Vertrag** | burdensome contract.

lästig *adj* Ⓑ [unerwünscht] | ~**er Ausländer** | undesirable alien.

Lastschrift *f* Ⓐ [**Belastung**] | debit; debiting.

Lastschrift *f* Ⓑ [**Eintrag**] | debit entry (item).

Lastschrift f ©; —**anzeige** f; —**zettel** m | debit note. —**beleg** m | debit voucher.

Lastverkehr m | **Fern~** | long-distance road haulage.

latent adj | latent; hidden | **~er Fehler (Mangel)** | hidden (latent) (secret) fault (defect) (deficiency) | **~e Hilfsquellen** | potential resources | **~e Leistungsfähigkeit** | potential capacity.

Lauf m | course; run; running | **~ der Ereignisse** | course of events | **der Gerechtigkeit ihren ~ lassen (nehmen lassen)** | to let justice take its course | **im ~e des (dieses) Jahres** | during the course of this year | **der Verjährung** | running of the statute | **im ~e von** | in the course of.

Laufbahn f | career | **eine ~ einschlagen** | to enter upon (to take up) a career.

Laufbursche m; **Laufjunge** m | errand (office) boy.

Laufen n | running; functioning; operating.

laufen v Ⓐ [funktionieren] | to run; to function.

laufen v Ⓑ | **die Zinsen ~ vom ...** | the interest runs from ... | **von ... zu ... beginnen** | to begin to run from ...

laufen v © | **Gefahr ~; ein Risiko ~; Risiken ~** | to run a risk (risks); to be exposed to a risk (a danger); to risk.

laufend adj | current | **~e Akzepte** | bills (notes) receivable | **~e Arbeiten** | work in progress | **~e Ausgaben** | current expenses | **~e Einkünfte** | regular income | **~e Fälligkeiten** | current liabilities | **~e Geschäfte** | current business (matters) | **~es Guthaben mit Zinsen** | current account with interest | **~es Jahr** | current (present) year | **~er Kredit** | open credit | **~es Konto** | current account | **~e Kosten** | current expense(s) | **~er Kurs** | current rate (price) | **~e Mittel** | operating funds | **~er Monat** | current month | **~e (fort~e) Nummer** | consecutive number | **~e Nummer einer Zeitschrift** | current number of a periodical | **~e Rechnung** | current account; account current | **~e Risiken** | running (pending) risks **~e Schuld** | running (pending) (floating) debt | **~e Unkosten** | current expenses | **~e Verbindlichkeiten** | current liabilities | **~e Verhandlungen** | negotiations in progress | **~e Versicherungen** | current (pending) insurance risks | **~e Vertrag** | pending (running) contract | **~er Wechsel** | current bill of exchange; bill in circulation | **~e Zinsen** | running (current) interest.

laufend adv | currently | **~ fällig werden** | to fall currently due | **~ fällig werdend** | currently due | **~ fällig werdende Gebühren** | fees currently falling due.

Laufende n | **auf dem ~** | up-to-date | **sich auf dem ~n halten** | to keep os. informed (up-to-date) | **jdn. über etw. auf dem ~en halten** | to keep sb. informed about sth.

Laufkunde m | chance customer.

Laufkundschaft f | chance customers pl.

Laufzeit f Ⓐ | term; duration; validity | **Durchschnitts~; durchschnittliche ~** | average duration (life) | **~ eines Mietsvertrages (Pachtvertrages)** | duration (term) of a lease | **~ eines Patentes** | life of a patent | **~ eines Vertrages** | duration (term) (currency) (life) of a contract; contract period | **die volle ~** | the full end of the term.

Laufzeit f Ⓑ [Fälligkeit] | due date; maturity | **Durchschnitts~; durchschnittliche ~** | average (mean) due date; average maturity | **~ eines Wechsels** | currency (maturity) of a bill of exchange.

Laufzettel m | circular letter; circular.

laut prep | as per; according to; in accordance with | **~ Anweisung; ~ Instruktion** | according to instruction(s) | **~ Aufstellung; ~ Rechnung** | as per account (invoice) | **~ Auftrag** | according to order | **~ Bericht** | as per advice; as advised | **~ Inventar** | according to inventory; as per stock list.

lauten v | **auf den Betrag von ... ~** | to be made out in the amount of ... | **auf den Inhaber ~** | to be issued (to be made out) to bearer | **auf den Namen von ... ~** | to be made out in the name of ... | **dahin ~, daß** | to be to the effect that.

lautend adj | **auf den Inhaber ~** | made out (payable) to bearer | **auf den Namen ~** | inscribed; registered | **auf den Namen von ... ~** | made out in the name of ... | **~ wie folgt** | reading (worded) as follows | **dahin ~, daß** | to the effect that.

lautend adv | **gleich~** | in conformity; in accordance.

Lauterkeit f Ⓐ [Wahrheitsliebe] | veracity.

Lauterkeit f Ⓑ [Ehrlichkeit] | uprightness; righteousness | **die ~ seiner Absichten** | the honesty of his intentions.

Leben n | life | **Berufs~** | professional life | **Ehe~** | conjugal (married) life | **Familien~** | family life | **Gemeinschafts~** | social (community) life | **das zum ~ Notwendigste** | the necessities (the necessaries) of life | **Recht über ~ und Tod** | right of life and death | **jds. Vor~** | his past | **Wirtschafts~** | economic life | **eheliches ~ (Zusammen~)** | conjugal (married) life | **öffentliches ~** | public life (affairs) | **ums ~ kommen** | to loose one's life; to perish | **sich das ~ nehmen** | to commit suicide | **ins ~ rufen** | to create; to originate; to bring into existence | **am ~ sein** | to be alive; to exist | **jdm. nach dem ~ trachten** | to make an attempt at sb.'s life | **ins ~ treten** | to come into being; to enter into existence | **sein ~ versichern** | to insure one's life; to take out a life insurance policy | **am ~** | alive; living.

leben v | to live | **getrennt ~** | to live apart | **von der Hand in den Mund ~** | to live a hand-to-mouth existence | **von seinem Kapital (Vermögen) ~** | to live on one's means (capital) | **auf Kredit ~** | to live off credit | **von den Zinsen ~** | to live on one's interest income.

lebend adj | alive; living | **~es Inventar** | lifestock.

Lebende pl | living persons | **Erwerb unter ~n** | acquisition inter vivos | **durch Rechtsgeschäft unter ~n** | by contract inter vivos | **Schenkung unter ~n** | donation inter vivos; lifetime gift | **Verfügung unter ~n** | disposition inter vivos.

Lebendgewicht n | live weight.

Lebens..abschnitt m | period of [one's] life.

—**alter** n | age; life; time of life | **durchschnittliches ~** | average life; mean duration of life.

—**anschauung** f; —**auffassung** f | view (concept) of life; outlook on life.

—**art** f | manner of life; way of living | **mangelnde ~** | lack of breeding.

—**aussichten** fpl | life expectation (expectancy); expectation of life.

—**bedingungen** pl | living conditions; conditions of existence (of life).

—**bedürfnisse** pl | necessities of life; livelihood.

—**beruf** m | profession.

—**dauer** f | duration of life; lifetime | life span | **mittlere ~; normale ~** | normal (average) span of life | **mutmaßliche ~; Lebenserwartung** f | expectation of life; life expectation (expectancy).

—**ende** n | **bis ans ~** | until death.

—**erfahrung** f | experience in life.

lebensfähig adj | viable.

Lebens..fähigkeit f | vitality.

—**frage** f | vital question (interest); matter of life and death.

Lebensgefahr *f* | danger to life | in ~ | in danger (in peril) of one's life (of losing one's life) | **mit eigener ~; unter ~** | at the risk (at the peril) (at the hazard) of his life.
lebensgefährlich *adj* | endangering life; perilous; dangerous to life.
Lebensgefährte *m*; **Lebensgefährtin** *f* | companion for life; life companion.
Lebensgemeinschaft *f* | community of life | **eheliche ~** | conjugal (matrimonial) community; conjugal (married) life | **häusliche ~** | family life.
Lebens..haltung *f* | standard of life (of living); living standard.
—**haltungs..index** *m* | cost of living index.
— —**kosten** *pl* | cost of living | **Steigerung (Verteuerung) der ~** | rise in the cost of living; cost-of-living increment.
— —**standard** *m* | standard of life (of living); living standard.
— —**zuschuß** *m* | cost-of-living allowance.
Lebensjahr *n* | year | **Vollendung des einundzwanzigsten ~es** | completion of the twenty-first year | **bis zum vollendeten einundzwanzigsten ~e** | until the twenty-first year has been completed.
lebenslänglich *adj* | for life; during life; life tenure; lifelong | **~es Einkommen** | life income; income for life | **~es Gefängnis; ~e Gefängnisstrafe** | imprisonment for life; life imprisonment | **~er Nießbrauch** | life interest (estate) (tenancy); tenancy for life; liferent | **jdm. etw. zum ~en Nießbrauch überlassen** | to liferent sth. to sb. | **~er Nießbraucher** | tenant for life; liferenter | **~e Rente** | life annuity (pension); liferent | **~es Zuchthaus; ~e Zuchthausstrafe** | penal servitude for life.
Lebenslänglichkeit *f* | duration for life.
Lebenslauf *m* | curriculum vitae.
Lebenslinie *f* | life line.
Lebensmittel *npl* | provisions; victuals; foodstuffs | **die ~ rationieren** | to ration food | **jdn. mit ~n versehen** | to provision sb. | **~ verfälschen** | to adulterate foodstuffs.
Lebensmittel..bedarf *m* | food requirements.
—**einfuhr(en)** *fpl* | importation(s) of foodstuffs.
—**fälschung** *f* | adulteration of food.
—**geschäft** *n* | food shop (store).
—**händler** *m* | provisions dealer.
—**karte** *f* | ration book (card).
—**knappheit** *f* | shortage of foodstuffs.
—**polizei** *f* | inspection of foodstuffs.
—**versorgung** *f* | supply of food (of foodstuffs); victualling.
—**vorräte** *mpl* | reserve(s) (stocks) of food.
Lebens..nachstellung *f* | attempt at [sb.'s] life.
—**nachweis** *m* | life certificate.
—**niveau** *n* | standard of life (of living).
lebensnotwendig *adj* | vital.
Lebensnotwendige *n* | **das ~** | the necessities *pl* of life.
Lebens..notwendigkeit *f* | vital necessity.
—**raum** *m* | living space.
—**recht** *n* | right of existence (to exist).
—**rente** *f* | life annuity; annuity for life.
—**rettung** *f* | life saving.
—**spanne** *f* | span of life; life span.
—**standard** *m* | standard of life (of living); living standard.
—**stellung** *f* Ⓐ | situation for life; permanent situation.
—**stellung** *f* Ⓑ [gesellschaftliche Stellung] | social position.
—**verhältnisse** *npl* | living conditions.

Lebens..unterhalt *m* | livelihood; living; maintenance | **Kosten des ~s** | cost of living | **seinen ~ verdienen** | to make (to earn) one's living; to gain one's livelihood.
—**vermutung** *f* | presumption of life.
—**versicherer** *m* | life insurer (underwriter).
—**versicherung** *f* | life insurance (assurance) | **~ auf den Erlebensfall** | endowment insurance | **~ mit Gewinnbeteiligung** | participating life contract | **~ auf den Todesfall** | life insurance payable upon death | **eine ~ abschließen** | to insure one's life; to take out a life insurance policy.
—**versicherungs..agent** *m* | life insurance agent.
— —**anstalt** *f* | life insurance office; life office.
— —**gesellschaft** *f* | life insurance company; life company.
— —**police** *f* | life insurance policy; life policy | **~ auf den Erlebensfall** | endowment insurance policy.
— —**prämie** *f* | life insurance premium.
— —**summe** *f* | life insurance sum.
— —**vertrag** *m* | life insurance contract; life contract.
Lebens..wahrscheinlichkeit *f* | expectation of life; life expectancy.
—**wandel** *m* | life; conduct of life | **schlechter ~** | misconduct | **unsittlicher ~** | immoral life | **einen unordentlichen ~ führen** | to lead a disorderly life.
—**weise** *f* | manner (mode) (course) (way) of living.
—**werk** *n* | life work.
lebenswichtig *adj* | vital; of vital importance; essential | **~e Arbeiten** | essential work | **~er Betrieb** | essential service | **~e Güter** | essential goods | **~es Interesse** | vital interest | **nicht ~** | non-essential.
Lebenswichtigkeit *f* | vital importance.
Lebenszeit *f* | lifetime; time of life | **Einkommen auf ~** | life income; income for life | **Rente auf ~** | pension for life; life pension | **auf ~** | for (during) life; lifelong | **auf ~ ernannt werden** | to be appointed for life.
lebhaft *adj* | active; lively | **~er Absatz** | brisk sale | **~e Befriedigung** | lively satisfaction | **~er Betrieb** | brisk business | **~e Börse** | active (brisk) market | **~e Debatte** | lively debate | **~er Handel** | brisk trade | **~e Nachfrage** | brisk demand | **~er Protest** | loud protest | **~er Umsatz** | active dealings | **~er Verkehr** | heavy traffic.
lebhaft *adv* | **sich für etw. ~ interessieren** | to take a keen interest in sth.
Lebzeiten *fpl* | **zu ~ einer Person; zu jds. ~** | in (during) the lifetime of sb.; during sb.'s life (lifetime).
Leckage *f* Ⓐ | leakage; leaking.
Leckage *f* Ⓑ [Verlust durch Auslaufen] | loss by leakage.
ledig *adj* Ⓐ [frei] | free; exempt.
ledig *adj* Ⓑ [unverheiratet] | single; unmarried | **~es Kind** | illegitimate child | **~e Person** | unmarried person (man) (woman) | **der ~e Stand** | the single state.
Ledigensteuer *f* | bachelor tax.
Lediger *m* | bachelor.
leer *adj* Ⓐ | empty.
leer *adj* Ⓑ; **leerstehend** *adj* | tenantless; unoccupied; uninhabited.
leer *adv* | **~ zurück** | returned empty.
Leer..fracht *f* | dead-weight charter; dead freight.
—**gewicht** *n* | deadweight.
—**gut** *n* | empties *pl* | **~ zurück** | returned empties.
—**lauf** *m* | waste; wastage.
—**tonnage** *f* | dead-weight tonnage.
legal *adj* | legal; lawful; rightful | **mit ~en Mitteln** | by lawful means.

Legalisation *f* | legalization; authentication; certification.

legalisierbar *adj* | to be legalized.

legalisieren *v* | to legalize | **ein Schriftstück** ∼; **eine Urkunde** ∼ | to legalize (to authenticate) a deed.

legalisiert *adj* | authenticated; legalized | ∼e **Erklärung** | duly attested (certified) (legalized) declaration.

Legalisierung *f* | legalization; authentication.

Legalisierungs..klausel *f* | attestation clause.

—protokoll *n* | record of legalization.

Legalität *f* | legality; lawfulness.

Legalservitut *n* | statutory easement.

Legat *n* | legacy; bequest | **anteilsmäßige Kürzung der** ∼e | abatement of legacies.

Legatar *m* | legatee.

Legation *f* | legation; embassy.

Legations..rat *m* | counsellor of legation.

—sekretär *m* | secretary of legation.

Legende *f* | caption.

Legierung *f* | alloy; alloying; alloyage.

Legion *f* | **Ehren**∼ | legion of hono(u)r | **Fremden**∼ | foreign legion.

Legislative *f* Ⓐ [gesetzgebende Gewalt] | legislatif power.

Legislative *f* Ⓑ [gesetzgebende Versammlung] | legislatif assembly.

Legislaturperiode *f* | parliamentary session; legislature.

legitim *adj* | legitime.

Legitimation *f* Ⓐ | legitimation | ∼ **durch Ehelichkeitserklärung** | legitimation by declaration of legitimity | ∼ **durch nachfolgende Eheschließung (Ehe)** | legitimation by subsequent marriage | ∼ **eines unehelichen Kindes** | legitimation of an illegitimate child.

Legitimation *f* Ⓑ [Legitimationsnachweis] | proof of identity; identification | ∼ **des Inhabers** | proof of the holder's identity.

Legitimation *f* Ⓒ | **Aktiv**∼ ① | power to act | **Aktiv**∼ ② | right (power) to sue | **Passiv**∼ | capacity to be sued | **Aktiv- und Passiv**∼ | power to sue and to be sued.

Legitimations..karte *f* | identity (identification) (personal identification) card; certificate of identification | **Gewerbe**∼ | trade card.

—papiere *npl* | papers of identification; identity (identification) papers.

legitimieren *v* Ⓐ | **ein Kind** ∼ | to legitimate a child.

legitimieren *v* Ⓑ [sich ausweisen] | **sich** ∼ | to prove (to establish) one's identity; to show one's identity papers.

legitimiert *adj* Ⓐ | ∼es **Kind** | legitimated child.

legitimiert *adj* Ⓑ | ∼er **Vertreter** | authorized representative (agent) | **aktiv** ∼ | entitled to act | **aktiv** ∼ **sein** | to have power (to have the right) to sue | **aktiv nicht** ∼ **sein** | to have no power to sue | **aktiv und passiv** ∼ **sein** | to be capable of suing and being sued | **ordnungsgemäß** ∼ | properly authorized.

Legitimierung *f* Ⓐ | ∼ **eines Kindes** | legitimation of a child.

Legitimierung *f* Ⓑ [Ausweis über die Person] | proof of one's identity.

Legitimist *m* | legitimist.

Legitimistenpartei *f* | the legitimists *pl*.

legitimistisch *adj* | legitimist.

Legitimität *f* | legitimacy; legitimate birth.

Lehen *n*; **Lehns..gut** *n* | fee.

—besitz *m* | feudal tenure.

—eid *m* | oath of fealty.

—recht *n* | feudal law.

Lehenwesen *n* | feudal system; feudalism.

Lehr..amt *n* Ⓐ | post of (situation as) teacher.

—amt *n* Ⓑ | professorship.

—anstalt *f* | educational (tutorial) establishment; school | **höhere** ∼ | high school | **öffentliche** ∼ | public school.

—beruf *m* | teaching profession; teaching | **den** ∼ **ergreifen** | to take up (to adopt) the profession of teacher; to become a teacher.

—brief *m* Ⓐ | contract (articles *pl*) (deed) of apprenticeship.

—brief *m* Ⓑ [Lehrzeugnis] | certificate (letter) of apprenticeship.

—buch *n* | school (text) book; reader.

—bursche *m* | apprentice.

Lehre *f* Ⓐ [Doktrin] | doctrine; body of doctrine | **Ableitung einer** ∼ | derivation of a theory | **Rechts**∼ | legal doctrine | **nach der herrschenden** ∼ | according to the ruling doctrine | **eine** ∼ **aus etw. ziehen** | to draw a lesson from sth.

Lehre *f* Ⓑ [Ausbildung] | apprenticeship | **jdn. zu jdm. in die** ∼ **geben** | to apprentice sb. to sb. | **jdn. in die** ∼ **nehmen** | to take sb. as apprentice | **in der** ∼ **sein** | to serve one's apprenticeship | **in der** ∼ | apprenticed; articled.

lehren *v* | to teach; to give lessons.

Lehrer *m* | teacher; instructor | **Fahr**∼ | driving instructor | **Haus**∼; **Privat**∼ | tutor; family (private) tutor | **Hochschul**∼ | university professor; lecturer | **Schul**∼ | school teacher; teacher | ∼ **sein** | to be a teacher; to teach school; to teach | ∼ **werden** | to take up (to adopt) the profession of teacher; to become a teacher.

Lehrer..beruf *m* | post as teacher.

—bildungsanstalt *f*; **—seminar** *n* | college (training college) for teachers.

Lehrerin *f* | lady teacher; school mistress | **Haus**∼ | governess; tutoress.

Lehrerrat *m* | council of teachers.

Lehrerschaft *f* | staff (body) of teachers; teaching staff.

Lehr..fach *n*; **—gegenstand** *m* | teaching subject.

—film *m* | educational (instructional) film.

—freiheit *f* | free teaching.

—gang *m* | training course; class.

—geld *n* | apprentice fee | ∼ **zahlen** | to pay for one's apprenticeship.

—herr *m* | master; principal.

—institut *n* | educational establishment.

—jahre *npl* | years of apprenticeship | **seine** ∼ **ableisten** | to serve one's apprenticeship.

—junge *m* | apprentice.

—kontrakt *m* | articles *pl* of apprenticeship.

—körper *m* | teaching staff; body (staff) of teachers.

Lehrling *m* | apprentice | **Gewerbe**∼ | trade apprentice | **Handels**∼; **Kaufmanns**∼ | commercial (merchant's) apprentice | **Handwerks**∼ | artisan's apprentice | **jdn. als** ∼ **nehmen** | to take sb. as apprentice | ∼ **sein** | to serve one's apprenticeship.

Lehrlings..ausbildung *f* | training of apprentices.

—vermittlung *f* | placing of apprentices.

Lehr..meister *m* | master; principal.

—mittel *npl* | appliances for teaching; teaching material.

——freiheit *f* | teaching material supplied free (free of charge).

—plan *m* | course of teaching; teaching program(me).

—stuhl *m* | chair; professorship.

—verhältnis *n* | apprenticeship.

—vertrag *m* | articles *pl* (contract) of apprenticeship.

Lehr..zeit *f* | time of apprenticeship | **seine ~ durch-machen** | to serve one's apprenticeship.
—zeugnis *n* | certificate of apprenticeship.
Leib *m* | **Gefahr für ~ und Leben** | danger to life and health.
Leibeigener *m* | serf; bondsman.
Leibeigenschaft *f* | serfdom; bondage.
Leibes..erbe *m* | direct descendant (issue).
—frucht *f* | child unborn (in womb) | **Abtreibung der ~** | abortion; procured abortion | **Pflegschaft für die ~** | administrator for a child unborn.
—strafe *f* | corporal (corporeal) punishment.
—visitation *f* | bodily search.
Leib..gedinge *n* | life annuity; apanage; dower.
—gedingsvertrag *m* Ⓐ | annuity agreement.
—gedingsvertrag *m* Ⓑ; **—zuchtvertrag** *m*; **—zucht** *f* | contract providing for a life annuity stipulated in consideration of or in connection with the transfer of a farm or sale of a piece of land.
leiblich *adj* Ⓐ [körperlich] | corporal; bodily | **jds. ~e Bedürfnisse befriedigen** | to supply sb.'s bodily wants.
leiblich *adj* Ⓑ [vollbürtig] | of full blood | **~er Bruder** | full brother | **~e Schwester** | full (blood) sister | **~er Erbe** | direct issue.
Leibrente *f* | life annuity | **aufgeschobene ~** | deferred annuity | **jdm. eine ~ aussetzen** | to settle a life annuity on sb.
Leibrenten..empfänger *m* [Leibrentner] | life annuitant.
—vertrag *m* | annuity agreement.
Leiche *f* Ⓐ; **Leichnam** *m* | corpse; body; dead body.
Leiche *f* Ⓑ; **Leichen..begängnis** *n* | funeral; burial.
—ausgrabung *f* | exhumation.
—beschauer *m* | public health officer for attesting deaths; coroner.
—besorger *m*; **—bestatter** *m* | undertaker.
—bestattungsverein *m* | burial club (society).
—haus *n*; **—halle** *f* | mortuary.
—kasse *f* | burial fund.
—öffnung *f* [gerichtliche ~] | autopsy.
—schändung *f* | desecration of a dead body.
—schau *f* [gerichtliche ~] | post-mortem examination; coroner's inquest.
—schauhaus *n* | morgue.
Leichter *m* | lighter; barge | **Transport durch ~** | lighterage | **etw. mit ~ (mit ~n) befördern (transportieren)** | to lighter sth. | „**frei ~**" | "free over side".
Leichter..gebühr *f*; **—geld** *n*; **—kosten** *pl*; **—lohn** *m* | cost of lighterage.
—gefahr *f*; **—risiko** *n* | lighter risk.
leichtfertig *adj* | reckless.
Leichtsinn *m* | recklessness.
leichtsinnig *adj* | reckless | **~er Bankerott** | reckless bankruptcy | **~er Lebenswandel** | flighty conduct.
leichtverderblich *adj* | **~e Waren** | perishable goods; perishables.
Leih..amt *n* [städtisches ~] | municipal pawnshop.
—bank *f* | loan bank (office).
—bibliothek *f*; **—bücherei** *f* | lending (circulating) (subscription) library | **Abonnement bei einer ~** | subscription to a lending (circulating) library.
Leihe *f* | loan; gratuitous loan | **Gebrauchs~** | loan for use | **Pacht-~** | lend-lease.
Leihen *n* Ⓐ [Ausleihen] | lending.
Leihen *n* Ⓑ [Entleihen] | borrowing.
leihen *v* Ⓐ [verleihen; ausleihen] | **jdm. etw. ~** | to lend sb. sth.; to lend sth. to sb. | **Geld auf (gegen) Pfand ~** | to lend (to advance) money upon pawn | **auf Hypothek ~** | to lend on mortgage | **gegen Sicherheit ~** | to lend on (against) security | **auf Ware**

~ | to lend (to advance) on merchandise | **auf Wucher ~**; **gegen Wucherzinsen ~** | to lend at usurious interest | **Geld auf Zinsen ~** | to lend money at interest.
leihen *v* Ⓑ [entleihen] | **etw. von jdm. ~** | to borrow sth. from sb. | **auf Hypothek ~** | to borrow on mortgage.
Leiher *m* Ⓐ [Ausleiher] | lender | **Pfand~** | pawnbroker.
Leiher *m* Ⓑ [Entleiher] | borrower.
Leih..gabe *f* | **Ausstellung von ~n** | loan collection | **als ~** | as a loan; on loan.
—gebühr *f* | rental.
—haus *n* | loan office; pawnhouse; pawnshop.
—kapital *n* | borrowed capital (money).
—pacht *f* | lend-lease.
—versprechen *n* | promise to make (to give) a loan.
—vertrag *m* | loan contract; contract of loan for use.
leihweise *adv* | as a loan; by way of a loan; on loan.
Leinpfad *m* | towing path.
leisten *v* Ⓐ | **jdm. Abbitte ~** | to apologize to sb.; to ask sb.'s pardon | **eine Anzahlung ~** | to make a payment on account; to make a deposit | **nützliche Arbeit ~** | to perform useful work | **Beistand ~** | to render assistance | **Beitrag ~** | to make a contribution; to contribute | **Bürgschaft ~** | to stand bail (security) | **einen Dienst ~** | to render a service | **einen Eid ~** | to take an oath | **eine Einzahlung ~** | to make (to effect) a payment | **Ersatz ~** | to give compensation | **Folge ~** | to comply | **Garantie ~** | to give security | **Hilfe ~** | to render assistance; to assist; to help | **Kaution ~**; **Sicherheit ~** | to give security; to find bail | **Schadenersatz ~** | to pay (to respond in) damages | **auf etw. Verzicht ~** | to renounce sth.; to resign sth. | **Vorschuß ~** | to make an advance | **einer Vorladung Folge ~** | to answer (to comply with) a summons | **Widerstand ~** | to offer resistance; to resist | **eine Zahlung ~** | to effect (to make) a payment; to pay | **nach~** | to pay afterwards | **vor~** Ⓐ | to perform first | **vor~** Ⓑ | to pay in advance.
leisten *v* Ⓑ [bieten] | **sich etw. ~** | to afford os. sth.
Leistung *f* Ⓐ | performance | **Abgeltung von ~en** | payment for services rendered | **~ einer Anzahlung** | payment of a deposit (of a sum as deposit) | **Arbeits~** | working performance | **Bar~** | payment in cash; cash payment | **Beistands~** | assistance; help | **Beitrags~** ① | payment of dues | **Beitrags~** ② | contribution; subscription | **Bürgschafts~** | giving security (bail); surety; guarantee | **Dienst~**; **~ eines Dienstes** | rendering of service (of services); service(s) rendered | **Durchschnitts~** | mediocre performance | **Eides~** | taking an (the) (of the) oath | **~ an Erfüllungsstatt** | payment in lieu of performance | **Ersatz~** | compensation; indemnification; indemnity.
○ **Gegen~** ① | counter-performance | **Gegen~** ② | consideration; equivalent; compensation | **Gegen~** ③ | equivalent | **~ in Geld; Geld~** | payment in cash; cash payment | **Gewähr~** | warranty; guaranty | **Hilfe~** | assistance; help; aid; aiding | **Jahres~** | annual payment | **Klage auf ~** | action for performance (for performance of contract) | **Nach~** | subsequent performance | **~ in Natur; in Naturalien; Natural~** | specific performance; payment in kind | **Neben~** | accessory (additional) consideration | **Ort der ~** | place of performance | **Sach~** | specific performance; payment in kind | **Schadenersatz~** | payment of damages; indemnification.

Leistung *f* Ⓐ *Forts.*

○ **Sicherheits~** | giving security (bail); surety; guarantee | **Teil~** | part performance | **Versicherungs~** | insurance benefit; benefit | **Versprechen der ~ an einen Dritten** | promise of performance to (in favo(u)r of) a third party | **Verzicht~** | renunciation; resignation; waiver | **Vor~** ①; **Voraus~** | performance in anticipation | **Vor~** ② | payment in advance | **Vorschuß~** | advance | **~ einer Zahlung** | effectuation of a payment | **Zahlungs~** | payment | **~ Zug um Zug** | performance for performance | **Zwangs~en** | compulsory services.

★ **mittelmäßige ~** | mediocre performance | **rückständige ~** | payment overdue | **teilbare ~** | performance which may be divided | **unteilbare ~** | performance which may not (must not) be divided | **vertragsmäßige ~** | performance agreed upon; contractual performance | **wiederkehrende ~en** | recurring payments.

★ **~en abgelten** | to pay for services rendered | **eine ~ ablehnen** | to decline to perform sth. | **die ~ anbieten** | to offer performance | **eine ~ bewirken** | to make a performance | **auf ~ klagen** | to sue for performance | **die ~ verweigern** | to decline to perform | **die Annahme der ~ verweigern** | to refuse to accept performance.

Leistung *f* Ⓑ [Erzeugung] | **Arbeits~** | output; production | **Durchschnitts~** ① | mean efficiency | **Durchschnitts~** ② | average output | **Durchschnitts~** ③ | normal output | **Jahres~** | annual output | **Jahresdurchschnitts~** | annual average output | **Maximal~** | best performance | **Nutz~** | efficiency | **Schicht~** | output per shift | **Tages~** | production (output) per day; daily output | **wirtschaftliche ~** | commercial (industrial) efficiency; productivity.

Leistung *f* Ⓒ [Kapazität] | capacity; production (productive) capacity | **Jahres~** | annual capacity | **Tages~** | daily (a day's) capacity.

Leistung *f* Ⓓ [Anstrengung] | **erfinderische ~**; **schöpferische ~** | creative act.

Leistungs..anforderungen *fpl* | standards of performance.

—**angebot** *n* | offer.

—**berechtigte** *m* | **der ~** | the party (person) entitled to receive performance; the beneficiary.

leistungsbezogen *adj* | **~e Erlöse (Erträgnisse)** | performance-related returns (earnings).

Leistungs..bilanz *f* | service balance.

—**bilanzdefizit** *n* | service balance deficit.

leistungsfähig *adj* Ⓐ | capable.

leistungsfähig *adj* Ⓑ | productive; efficient.

Leistungsfähigkeit *f* Ⓐ | efficiency; capacity.

Leistungsfähigkeit *f* Ⓑ | productive capacity; capacity (power) to produce; producing power | **durchschnittliche ~** | average production standard | **finanzielle ~** | financial capacity (power).

Leistungsfähigkeit *f* Ⓒ | output; capacity of output.

Leistungs..faktor *m* | rate of efficiency.

—**frist** *f* | period within which performance must be made.

—**gesellschaft** *f* | meritocracy.

—**grad** *m* | level of efficiency.

—**grenze** *f* | margin of productivity.

—**klage** *f* | action for performance (for performance of contract).

—**maxime** *f*; —**prinzip** *n* | principle of efficiency.

—**lohn** *m* | efficiency wage(s); incentive payment scheme.

—**norm** *f* | standard of performance.

—**ort** *m* | place of performance (of delivery).

Leistungs..prämie *f* | production bonus.

—**prüfung** *f* | performance control.

—**reserve** *f* | reserve power (capacity).

—**schau** *f* | trade exhibition.

—**schuldner** *m* | debtor of the performance.

—**steigerung** *f* | increased performance (output).

—**system** *n* | efficiency bonus plan (system).

—**vermögen** *n* Ⓐ | capacity.

—**vermögen** *n* Ⓑ [Produktionskraft] | productive (production) capacity (power); producing power; capacity to produce (of output).

—**verpflichtung** *f* | obligation to perform.

—**verzeichnis** *n* | articles *pl* and conditions *pl*.

—**zeit** *f* | time of performance.

—**zulage** *f* | production bonus.

Leitartikel *m* | leading article; leader; editorial | **über etw. im ~ schreiben; zu etw. im ~ Stellung nehmen** | to comment on sth. editorially.

Leitartikelschreiber *m*; **Leitartikler** *m* | editorial writer.

leiten *v* | to direct; to manage; to conduct | **eine Firma ~** | to manage a firm | **die Geschäfte ~** | to conduct (to direct) the business | **eine Schule ~** | to direct a school | **ein Unternehmen ~** | to direct an enterprise | **eine Versammlung ~** | to preside at (over) a meeting.

leitend *adj* | managing; directing | **~er Angestellter** | executive; employee in an executive position | **~er Direktor** | managing director | **~es Grundsatz** [leading (guiding) principle | **die ~e Körperschaft** | the governing body | **~e Stellung** | leading position; executive post.

Leiter *m* | manager; director | **Verkaufs~** | sales manager | **Werbe~** | advertising manager | **stellvertretender ~** | acting (deputy) manager; submanager | **verantwortlicher ~** | responsible manager.

Leit..faden *m* | manual; handbook; guide.

—**gedanke** *m* | leading (directive) (governing) idea.

—**satz** *m* | leading (governing) principle.

—**stelle** *f* | head office.

Leitung *f* Ⓐ | management; direction | **Betriebs~** | superintendence of works | **Fabrik~**; **Werks~** | factory management | **~ der Geschäfte** | conduct of affairs | **Ober~** | general management | **Streik~** | strike committee | **~ eines Unternehmens** | direction (management) (conducting) of an enterprise | **behördliche ~**; **staatliche ~** | government (state) control | „**unter neuer ~**" | "under new management" | **oberste ~** | top management; supreme control | **die ~ übernehmen** | to assume the management | **unter der ~ von** | under the management (the conduct) of; directed by.

Leitung *f* Ⓑ [Telephon~] | line; telephone line | **besetzte ~** | line engaged (busy).

Leitvermerk *m*; **Leitwegangabe** *f* | routing; direction for routing; route instructions *pl*.

Leitweg *m* | route to be followed.

Lektion *f* | lesson; lecture.

Lektor *m* | lecturer.

Lektorenstelle *f*; **Lektorat** *n* | lectureship.

lenken *v* | to direct; to steer | **die Produktion ~** | to guide production.

Lenkung *f* | steering; direction; control | **Absatz~**; **Markt~** | controlled distribution | **Export~** | controlled exports | **Investitions~** | investment planning (control) | **Wirtschafts~** | controlled economy | **staatliche Wirtschafts~** | state-controlled economy | **staatliche ~** | government management (control); control by the authorities | **zentrale ~** | central control.

Lenkungs..ausschuß *m* | steering committee.
—**maßnahme** *f* | measure of control; control measure.
—**stelle** *f* | control office.
leoninisch *adj* | ~e **Gesellschaft** | leonine partnership | ~er **Vertrag** | leonine contract (convention).
Lesart *f* Ⓐ [Fassung] | version; reading.
Lesart *f* Ⓑ [Auslegung] | interpretation | ~ **eines Textes** | reading (interpretation) of a text.
lesbar *adj* | readable; legible.
lesbar *adv* | ~ **schreiben** | to write legibly.
Lesbarkeit *f* | readibility; readableness; legibility.
Lesebuch *n* | reader.
lesen *v* | **Korrektur** ~ | to read proofs (the proofs) | **zwischen den Zeilen** ~ | to read between the lines | **etw. nochmals** ~ | to read sth. over | **etw. immer und immer wieder** ~ | to read sth. over and over.
lesenswert *adj* | readable; worth reading.
Leser *m* | reader | **Korrektur**~ | proof (publisher's) reader | **Zeitungs**~ | newspaper reader | **der geneigte** ~ | the gentle reader.
Leserbrief *m* | letter to the editor.
Leserin *f* | woman reader | **Korrektur**~ | proof (publisher's) reader.
Leserkreis *m* | **einen großen** ~ **haben** | to have a large number (circle) of readers.
leserlich *adj* | readable; legible | ~e (**gut** ~e) **Handschrift (Schrift)** | legible handwriting (hand).
leserlich *adv* | ~ **schreiben** | to write legibly.
Leserlichkeit *f* | readability; readableness; legibility.
Leserschaft *f* | the readers *pl*.
Leserumfrage *f* | readership analysis.
Leserwelt *f* | the reading public.
Lese..stoff *m* | reading matter.
—**zimmer** *n* | reading room.
—**zirkel** *m* | book club.
Lesung *f* | reading; lecture | **in erster** ~ | at the first reading | **der Gesetzesentwurf erhielt seine erste** ~ | the bill was given its first reading.
letzt *adj* | last | ~es **Angebot** | final proposal | **als** ~er **Ausweg** | as a last resort (resource) | ~es **Gebot** | last (highest) bid | **in** ~er **Instanz** | in the last instance (resort) | **in** ~er **Instanz entscheiden** | to decide in the last instance | **in den** ~en **Jahren** | of recent (of late) years | ~e **Nachrichten** | latest news | ~e **Neuheiten** | latest novelties | ~e **Notierung** | last (previous) quotation | **der** ~e **Preis** | the latest (lowest) price | ~e **Rate** ① | last (final) instalment | ~e **Rate** ② | payment in full settlement | ~er **Termin** | final term | **die** ~en **Vorbereitungen** | the final preparations | ~er **Wille** | last will.
Letztbietender *m* | last and highest bidder.
Letzte *m* | **der** ~ | the last | **der Dritt**~ | the last but two | **der Vor**~ | the last but one; the second last.
Letztere *m* oder *f* | **der** ~; **die** ~ | the latter | **die** ~n | the latter.
letztinstanziell *adv*; **letztinstanzlich** *adv* | in the last instance | ~ **entscheiden;** ~ **urteilen** | to decide in the last instance.
Letzt..kreditnehmer *m*; —**schuldner** *m* | ultimate borrower.
—**lebender** *m* | last survivor.
—**verbraucher** *m* | ultimate (last) consumer (user).
letztwillig *adj* | by will; by testament; testamentary | ~e **Verfügung** | disposition by will (by testament) | **durch** ~e **Verfügung** | by will; by last will; by testament | **eine** ~e **Verfügung aufheben** | to revoke (to invalidate) a will | ~e **Verfügungen treffen** | to dispose by will | ~e **Zuwendung** | bequest; legacy.
letztwillig *adv* | **jdn.** ~ **bedenken** | to mention sb. in

one's will | ~ **verfügen** | to dispose by will | **jdm. etw.** ~ **vermachen (zuwenden)** | to bequeath sth. to sb.; to leave sth. to sb. by will.
Leuchtfeuergeld *n* | light dues *pl*; lighthouse charges.
Leuchtmittelsteuer *f* | tax on matches.
Leuchtreklame *f* | illuminated advertising.
Leugnen *n* | denial; abnegation; disavowal | ~ **des Klaggrundes** | plea of demurrer; demurrer at law | **sich aufs** ~ **verlegen** | to resort to denials.
leugnen *v* Ⓐ | to deny; to abnegate; to disavow | **etw. kategorisch** ~ | to deny sth. categorically (flatly) | ~, **etw. getan zu haben** | to deny (to abnegate) having done sth.
leugnen *v* Ⓑ [seine Schuld ~] | to deny the charge(s); to plead not guilty.
Leumund *m* | reputation; repute; standing; renown | **guter** ~ | good reputation (record) | **einen guten** ~ **haben** | to have a good reputation (character) | **schlechter** ~; **übler** ~ | bad reputation; discreditable record | **einen schlechten** ~ **haben** | to have a bad reputation; to be in bad repute | **jdn. in schlechten** ~ **bringen** | to bring sb. into disrepute; to ruin sb.'s reputation (sb.'s character).
Leumundszeugnis *n* | certificate of good character (conduct) (behaviour); good-conduct certificate.
Leute *pl* Ⓐ | people *pl*; persons *pl* | **Geschäfts**~ | business people; businessmen | ~ **aus der Gesellschaft** | society people | **See**~ | sailors | **ehrliche** ~ | honest (decent) people | **kleine** ~ | small people; people of small means.
Leute *pl* Ⓑ [Dienst~] | servants; domestic servants; attendants.
Lexikograph *m* | lexicographer; dictionary-maker.
Lexikographie *f* | lexicography; dictionary-making.
lexikographisch *adj* | lexicographical.
Lexikon *n* | lexicon.
liberal *adj* Ⓐ | liberal.
liberal *adj* Ⓑ | **Mitglied der** ~en **Partei; Liberaler** *m* | member of the liberal party; Liberal | **die** ~e **Partei; die Liberalen** | the liberal party; the Liberals.
liberalisieren *v* | to liberalize.
Liberalisierung *f* | liberalization.
Liberalismus *m* | liberalism | ~ **in der Wirtschaft; Wirtschafts**~ | economic liberalism.
liberalistisch *adj* | liberalistic.
Librettist *m* | librettist; libretto writer.
Libretto *n* | libretto.
Lichtpause *f* | blueprint.
Lichtrecht *n* | ancient (free) lights *pl*.
Lichtreklame *f* | illuminated advertising.
Lichtspiel..haus *n*; —**theater** *n* | picture (film) theatre; picture house; cinema.
Liebes..affaire *f*; —**verhältnis** *n* | love affair.
—**heirat** *f* | love match.
—**brief** *m* | love letter.
Liebhaberpreis *m* | fancy price.
—**wert** *m* | fancy value.
Lieferabkommen *n* | contract for delivery; supply (delivery) contract | **langfristiges** ~ | long-term supply arrangement (contract).
Lieferangebot *n* Ⓐ | offer to deliver.
Lieferangebot *n* Ⓑ [im Submissionsweg] | tender.
Lieferannahme *f* | accepting (taking) delivery.
Lieferant *m* | supplier; purveyor; furnisher | **die** ~en | the tradesmen; the tradespeople | **Haupt**~ | main supplier | **Heeres**~ | army contractor | **Hof**~ | purveyor of the Court | **Hof**~ **Ihrer Majestät** | by appointment (by special appointment) of Her Majesty | ~ **von Schiffsbedarf** | ship (ship's) chandler; marine-store dealer.

Lieferanten..eingang *m* | tradesmen's entrance.
—konto *n* | suppliers' account.
—kredit *m* | credit granted by suppliers.
—liste *f* | list of suppliers.
—schulden *fpl*; **—verbindlichkeiten** *fpl* | trade accounts payable.
Lieferauftrag *m* | supply (purchase) order; order to supply.
lieferbar *adj* Ⓐ | deliverable; available | ∼ **bei Eingang (bei Empfang) der Bestellung** | delivery upon receipt of order | **beschränkt** ∼ | in short supply | **kurzfristig** ∼ | for short delivery | **sofort** ∼ | for immediate delivery | **nicht mehr** ∼ | no longer on sale | ∼ **am** | deliverable (to be delivered) on ...
lieferbar *adj* Ⓑ [begebbar] | negotiable.
Lieferbarkeit *f* Ⓐ | deliverability; availability.
Lieferbarkeit *f* Ⓑ | negotiability.
Lieferbarkeitsbescheinigung *f* | certificate of negotiability.
Lieferbedingungen *fpl* | terms (conditions) of delivery.
lieferbereit *adj* | ready for delivery (for being delivered).
Liefer..bezirk *m* | service area.
—buch *n* | delivery book (docket).
—dienst *m* | delivery (supply) service.
Lieferer *m* | supplier; purveyor; furnisher.
lieferfähig *adj* | deliverable; available.
Lieferfähigkeit *f* | ability to deliver.
Lieferfirma *f* | firm of suppliers.
Lieferfrist *f* | term (time) of (for) delivery | **Einhaltung der** ∼ | keeping the term of delivery | **Nichteinhaltung (Überschreitung) der** ∼ | exceeding the term of delivery | **die** ∼ **einhalten** | to keep the term of delivery | **die** ∼ **nicht einhalten; die** ∼ **überschreiten (versäumen)** | to exceed the term of delivery.
Liefergeschäft *n* | contract for delivery.
Lieferland *n* | supplier country.
liefern *v* Ⓐ | to furnish; to supply; to deliver.
liefern *v* Ⓑ [beibringen] | **den Beweis** ∼ | to produce evidence.
Liefer..ort *m* | place of delivery.
—preis *m* | purchase (contract) (contracting) price; price of delivery.
—quelle *f* | source of supply.
—schein *m* | delivery note (order); certificate (bill) of delivery.
—spesen *fpl* | delivery charges (cost).
—tag *m*; **—termin** *m* | day (date) of delivery.
Lieferung *f* Ⓐ | delivery; supplying | **einen Abschluß für die** ∼ **von etw. betätigen** | to contract (to sign a contract) for the supply of sth. | **Annahme der** ∼ | accepting (taking) delivery | ∼ **frei (franko) Bahnhof** | delivered free at the station | ∼ **an Bord** | delivered on board | **Falsch**∼ | misdelivery | ∼ **ins Haus** | delivery at residence | ∼ **frei Haus** | delivered free at residence | **Kriegs**∼**en** | war supplies | **Kauf auf feste** ∼ | firm delivery purchase (bargain) | ∼ **gegen Nachnahme** | payment (cash) on delivery | **im Falle der Nicht**∼**; falls die** ∼ **unterbleibt** | in case of non-delivery | **Teil**∼ | partial delivery | ∼ **von Waren; Waren**∼ | delivery of goods.
★ **freie (kostenlose) (unentgeltliche)** ∼ | delivered free of charges | **irrtümliche** ∼ | misdelivery | **prompte (sofortige) (umgehende)** ∼ | prompt (immediate) delivery | **verspätete** ∼ | late delivery | **zukünftige** ∼ | forward delivery.
★ **die** ∼ **abnehmen (annehmen) (entgegennehmen)** | to accept (to take) delivery | **die** ∼ **(**∼**en) einstellen** | to stop delivery (supplies) | **auf** ∼ | for delivery | **zahlbar bei** ∼ | payable (cash) on delivery.

Lieferung *f* Ⓑ [einer Veröffentlichung] | instalment of a publication | **in** ∼**en erscheinen (veröffentlicht werden)** | to appear (to be issued) (to be published) in instalments.
Lieferungs..angebot *n* Ⓐ | offer to deliver.
—angebot *n* Ⓑ [im Submissionsweg] | tender.
—annahme *f* | accepting (taking) delivery.
—bedingungen *fpl* | terms (conditions) of delivery.
—kurs *m* | settling price.
—ort *m* | place of delivery.
—verkauf *m* | sale for future delivery.
—vertrag *m*; **Liefervertrag** *m* | contract of (for) delivery; delivery (supply) contract | **langfristiger** ∼ | long-term supply contract.
Liefer..verpflichtung *f* | obligation to deliver.
—verzögerung *f* | delay(ing) of the delivery.
—verzug *m* | default of delivery | **im** ∼ **sein** | to be in default of delivery.
—zeit *f* Ⓐ | time (term) of (for) delivery.
—zeit *f* Ⓑ | date of delivery.
—zettel *m* | delivery order (note); certificate (bill) of delivery.
Liegegeld *n* Ⓐ [Liegegebühr; Lagergebühr] | storage fee; storage.
Liegegeld *n* Ⓑ [Quaigebühr] | demurrage.
Liegenschaften *fpl* | real (real estate) (landed) property.
Liegenschafts..agentur *f* | estate (real estate) agency.
—konto *n* | premises (property) account.
—masse *f* | real estate property; landed estate (property).
—recht *n* | laws (legislation) on real property.
Liegetage *mpl*; **Liegezeit** *f* | lay days; laytime | **Über**∼ | extra lay days; days of demurrage; demurrage | **die** ∼ **überschritten haben** | to be on demurrage.
Liga *f* | league | **Gegen**∼ | opposition league | **Welt**∼ | world league.
Ligamitglied *n* | league member.
liieren *v* | **sich mit jdm.** ∼ | to associate with sb.
Limit *n* | limit | **Preis**∼ | price limit; limit | **ein Preis**∼ **setzen** | to limit a price | **das** ∼ **ausdehnen** | to extend the limit | **ein** ∼ **einhalten** | to keep to (within) a limit | **ein** ∼ **setzen** | to fix (to set) a limit; to limit | **das** ∼ **überschreiten** | to exceed (to overstep) the limit.
limitieren *v* | to fix (to set) a limit | **einen Preis** ∼ | to limit a price.
limitiert *adj* | limited | **nicht** ∼ | unlimited.
Limitpreis *m* | price limit; ceiling price.
Limitierung *f* | limitation.
Linie *f* Ⓐ | line; descent; branch | **Abstammungs**∼ | line of descent; genealogical line; lineage | ∼ **der Familie** | branch of the family | **Seiten**∼ | collateral line | **in der Seiten**∼ **verwandt** | related collaterally (in the collateral line).
★ **absteigende** ∼ | descending line | **aufsteigende** ∼ | ascending line | **Verwandte aufsteigender** ∼ | ascendants | **Verschwägerte in aufsteigender** ∼ | ascendants of the in-laws.
★ **in gerader** ∼ **verwandt** | related in the direct line | **Abstammung in gerader** ∼ | descent in the direct line | **Verwandtschaft in gerader** ∼ | relationship in the direct line | **in gerader** ∼ **abstammend** | descending in the direct line; lineally descended | **absteigende gerade** ∼ | descending direct line | **aufsteigende gerade** ∼ | ascending direct line.
★ **in der männlichen** ∼ | in the male line | **mütterliche** ∼ | maternal line | **väterliche** ∼ | paternal line | **in der weiblichen** ∼ | in the female line.
Linie *f* Ⓑ [Verbindungs∼] | **Anschluß**∼ | line of communication | **Autobus**∼ | bus line (service) | **Bahn**∼;

Eisenbahn~ | railway line | **Dampfer~**; **Dampf-schiffahrts~** | steamship line | **Fernbahn~**; **Hauptverkehrs~** | main (trunk) line | **Flug~**; **Flugverkehrs~**; **Luftverkehrs~** | air line | **Lebens~** | vital supply line; life line | **Lokalbahn~** | branch (local) line | **Lufttransport~** | air transport line | **Schifffahrts~** | shipping line | **Straßenbahn~** | tramway (tram) line | **Telegraphen~** | telegraph line | **Telephon~** | telephone line | **Verbindungs~**; **Verkehrs~** | line of communication; communication | **~ mit regelmäßigem Verkehr** | regular service line | **Zubringer~** | feeder line; feeder | **Zweig~**; **Zweigbahn~** | branch line | **durchgehende ~** | through line.

Linie *f* © [Trennungs~] | **Abgrenzungs~**; **Demarkations~** | line of demarcation | **Bauflucht~** | building line | **Datums~** | date line | **Equidistanz~** | median line | **Grenz~** | boundary (border) line; borderline; frontier | **Lade~** | load (water) line | **Trenn~** | separation (border) line | **Verteidigungs~** | line of defense | **in erster ~** | in the first instance; primarily.

linientreu *adj* | true (holding strictly) to the party line.

Linke *f* | **die ~** | the left wing | **die äußerste ~** | the extreme teft.

linksgerichtet *adj* | leftist.

Links..koalition *f* | leftist coalition.

—**opposition** *f* | left-wing opposition.

—**politiker** *m* | leftist.

—**presse** *f* | leftist press.

linksradikal *adj* | of the extreme left.

Links..regierung *f* | left-wing government.

—**verkehr** *m* | left-hand traffic.

liquid *adj* | liquid | **~e Mittel** | available (ready) funds | **nicht ~** | illiquid ! | **~e Reserven** | liquid reserves (resources).

Liquidation *f* | liquidation; winding up | **Gesellschaft in ~** | company in liquidation | **~ einer Gesellschaft** | liquidation (winding up) of a company | **Klage auf ~ des Gesellschaftsvermögens** | action to wind up the company assets | **Verfügung der ~** | opening of the liquidation.

★ **freiwillige ~** | voluntary liquidation (winding up) | **gerichtliche ~** | compulsory liquidation (winding up); liquidation by order of the court | **Beschluß auf Anordnung der gerichtlichen ~** | winding-up order | **zwangsweise ~** | compulsory liquidation (winding up) | **in ~ gehen** | to go into liquidation; to liquidate; to wind up.

Liquidations..antrag *m* | winding-up petition.

—**ausverkauf** *m* | clearing off (out); clearance sale.

—**beschluß** *m* | liquidation order | **gerichtlicher ~** | order to wind up; winding-up order.

—**datum** *n* | day (date) of settlement; settling day.

—**erlös** *m* | proceeds of the liquidation.

—**firma** *f*; —**gesellschaft** *f* | company in liquidation.

—**kasse** *f* | clearing office.

—**konto** *n* | realization (settlement) account.

—**kosten** *pl* | cost of liquidation.

—**kurs** *m* | settling rate.

—**pfandbrief** *m* | redemption bond.

—**plan** *m* | liquidation plan.

—**tag** *m* | account (settling) day.

—**termin** *m* | date fixed for liquidation.

—**verfahren** *n* | liquidation (winding-up) proceedings.

—**verkauf** *m* | clearing off (out); clearance sale.

—**wert** *m* | liquidating value.

Liquidator *m* | liquidator | **General~** | general liquidator | **gerichtlich bestellter ~** | liquidator who is appointed by the court; official liquidator.

liquidieren *v* Ⓐ [auflösen] | **eine Gesellschaft ~** | to liquidate (to wind up) a company.

liquidieren *v* Ⓑ [flüssig machen] | to realize.

liquidieren *v* © [ausgleichen] | **Rechnungen ~** | to settle accounts.

liquidieren *v* Ⓓ [beseitigen] | **einen Gegner ~** | to liquidate (to finish off) an opponent.

Liquidierung *f* Ⓐ [Auflösung] | liquidation; winding up | **Akt der ~** | act of liquidating (of winding up) | **Auseinandersetzungs~** | liquidation and partition; winding up for the purpose of distribution | **Zwangs-~** | compulsory liquidation (winding up); liquidation by order of the court.

Liquidierung *f* Ⓑ [Kosten~; Rechnungsstellung] | statement of accounts.

Liquidierung *f* © [Ausgleichung] | settlement.

Liquidität *f* | liquidity.

Liquiditäts..abschöpfung *f* | absorption of surplus liquidity.

—**anspannung** *f* | shortage of liquid assets.

—**erfordernisse** *npl*; —**vorschriften** *fpl* | liquidity requirements.

—**grad** *m* | degree of liquidity.

—**lage** *f* | cash (liquid) position.

—**reserve(n)** *fpl* | liquid reserve(s).

—**überhang** *m*; —**überschuß** *m* | excess (surplus) liquidity.

List *f* | artifice | **Kriegs~** | artifice of war.

Liste *f* | list; schedule; register; roll | **~ der Abfahrtsdaten (Abgangsdaten)** | sailing list | **Abnehmer~** | list of customers | **Abonnenten~**; **Besteller~**; **Bezieher~** | list of subscribers | **~ der Aktionäre** | list of names of shareholders; share register (ledger) | **Anwalts~** | roll of lawyers | **einen Anwalt (einen Rechtsanwalt) von der ~ streichen** | to disbar a lawyer (a barrister) (an attorney) | **Anwesenheits~**; **~ der Anwesenden** | list of those present; attendance sheet (list); record of attendance | **~ der Ärzte** | panel of doctors; medical list.

○ **Bestands~** | inventory | **Bewerber~** | list of applicants | **Dienst~** | roster | **~ der zur Disposition Gestellten** | retired list | **Einwohner~**; **Einwohnermelde~** | national register | **Fracht~**; **Frachtgüter~** | ship's (freight) manifest; manifest (memorandum) of the cargo; freight list | **Frei~** | free list | **Gefangenen~** | prison list | **Gehalts~**; **Lohn~** | list of salaries; salaries list; pay roll (sheet) | **Geschworenen~**; **Schöffen~** | panel of jurors (of the jury); array of the panel | **die Geschworenen~ (Schöffen~) aufstellen** | to array the panel; to empanel the jury | **Gläubiger~** | list of creditors | **Hebe~** | assessment roll ! | **Jahres~** | annual register | **Kranken~** | sick list (report) | **Kunden~** | list of customers.

○ **Lieferanten~** | list of suppliers | **Mannschafts~**; **~ der Schiffsbesatzung** | list of the crew; crew list; muster roll | **Nachtrags~** | supplementary list | **Namens~** | roster | **Passagier~** | list of passengers; passenger list | **Patentanwalts~** | register of patent attorneys | **Post~** | mailing list | **Präsenz~** | list of those present; attendance sheet (list); record of attendance | **Preis~** | list of prices; price list | **Rang~**; **Dienstrang~** | list of precedence; seniority list | **Schulabgangs~** | passing-out list | **~ der Schuldverschreibungsinhaber** | list of debenture holders | **~ der Schwerkranken** | danger list | **Sold~** | pay sheet | **Steuer~** | assessment roll; tax list | **Straf~** | police (criminal) record.

○ **Teilnehmer~** | list of participants (of subscribers) | **Termins~** | cause list; roll of the court | **Verlags~**; **~ der Veröffentlichungen** | list of publications |

Liste *f, Forts.*
Wahl~ ①; **Wähler~** | electors' (voters') list; list (register) of voters; poll book; panel | **Wahl~** ②; **Wahlkandidaten~** | ticket; parliamentary register | **Wahl nach ~n** | list voting; voting for a list (for members out of a list) | **Nachprüfung der Wahl~n** | scrutiny of the electoral lists | **~ der schlechten Zahler;** **~ der Zahlungsunfähigen** | black list | **Zeichner~** | list of subscribers | **Zeichnungs~** | subscription list | **Zivil~** | civil list | **Zollfrei~** | free list | **Zubehör~** | inventory of fixtures | **amtliche ~;** **amtlich bekanntgemachte ~** | official list.
★ **Schwarze ~** | black list | **Aufstellung einer schwarzen ~ (von schwarzen ~n)** | black-listing | **jdn. auf die schwarze ~ setzen** | to black-list sb. | **auf der schwarzen ~ stehen** | to be black-listed.
★ **in eine ~ aufnehmen (eintragen); auf eine ~ setzen** | to enter into a list | **eine ~ aufstellen** | to prepare (to compile) (to make up) a list | **jdn. auf die ~ setzen** | to put sb. on the list | **sich auf einer ~ befinden; auf einer ~ stehen** | to be (to figure) on a list | **jdn. von einer ~ streichen** | to strike sb. off a list.
Listen..preis *m* | list (schedule) (posted) (catalogue) price.
—schluß *m* | closing of the lists (of the subscription).
—wahl *f* | list voting; voting for a list (for members out of a list).
literarisch *adj* | **~er Diebstahl** | plagiarism | **~es Eigentum (Schutzrecht) (Urheberrecht)** | literary property (copyright); copyright | **~es Erzeugnis (Werk)** | literary work | **~e Gesellschaft** | literary society | **~e Zeitschrift** | literary periodical.
Literat *m* | literary man; man of letters.
Literatur *f* | literature; the works *pl* of literature | **Schmutz~; unsittliche ~; unzüchtige ~** | obscene (indecent) literature | **Handel mit unzüchtiger ~** | traffic in obscene literature | **Schund~** | base literature | **Werk der ~** | literary work.
Literatur..angaben *fpl* | bibliographical data.
—beilage *f* | literary supplement.
—verzeichnis *n* | bibliography.
Lizenz *f* Ⓐ | license; licence | **Ausfuhr~** | export license | **~ zum Betrieb einer Druckerei** | printer's license | **~ zum Betrieb einer Luftverkehrslinie** | air transport license | **Dauer der ~** | duration of the license | **Erteilung einer ~** | grant (granting) of a license | **Fabrikations~; Hersteller~; Herstellungs-~** | license to manufacture (to make); manufacturing license | **Gebrauchs~** | license to use | **General~** | general license | **Gewerbe~; Handels~** | trading license | **Patent~** | patent license | **Unter~** | sublicense | **Verkaufs~** | selling license; license to sell | **Zurückziehung einer ~** | revocation (cancellation) of a license | **Zwangs~** | compulsory (forced) license.
★ **abgabenfreie ~; gebührenfreie ~** | royalty-free license | **ausschließliche ~** | exclusive license | **nicht ausschließliche ~; einfache ~** | non-exclusive license | **stillschweigende ~** | implied license | **jdm. eine ~ bewilligen (erteilen) (gewähren); an jdn. eine ~ vergeben** | to grant (to give) sb. a license (a concession); to license sb. | **eine ~ einziehen (zurücknehmen) (zurückziehen)** | to revoke a license | **sich eine ~ geben lassen** | to take out a license | **eine ~ zeitweilig außer Kraft setzen** | to suspend a license.
Lizenz *f* Ⓑ [Erlaubnisschein] | permit; license | **Heirats~** | marriage license.
Lizenz *f* Ⓒ [Gebühr] | license fee; royalty | **Mindest~** | minimum royalty | **Prozent~** | percentage royalty | **Stück~** | piece royalty.

Lizenz..abgabe *f* | license fee; royalty | **frei von ~n** | free of royalties; royalty-free.
—abkommen *n* | license (licensing) agreement (contract).
—abrechnung *f* | royalty statement.
—bau *m* | construction under license.
—bedingungen *fpl* | terms of the license.
—bereitschaft *f* | readiness to grant licenses.
—dauer *f* | duration (period) (term) of the license.
—erteilung *f*; **—gewährung** *f*; **—vergebung** *f* | grant (granting) (issuance) (issuing) of a license (of licenses).
lizenzfrei *adj* | free of royalties; royalty-free.
Lizenz..geber *m* | licensor.
—gebühr *f* | license fee; royalty.
—inhaber *m* | licensee; license holder; holder of the license.
Lizenziat *m* | licentiate.
lizenzieren *v* | to license.
lizenziert *adj* | licensed; under license.
Lizenzierung *f* | licensing.
Lizenz..nehmer *m* | licensee | **General~** | general licensee | **Unter~** | sub-licensee.
—nehmerin *f* | licensed company; licensee.
—vereinbarung *f*; **—vertrag** *m* | license (licensing) agreement (contract).
lizenzpflichtig *adj* | subject to the payment of royalties.
Lizenzzahlung *f* | royalty payment; payment of royalties.
Loch..karte *f* | punch card.
—kartensystem *n* | punch card system.
—streifen *m* | punched tape.
lockern *v* | **die Bestimmungen ~; die Vorschriften ~** | to relax the regulations | **die Disziplin ~** | to relax discipline | **die Kontrollen ~** | to relax the controls.
Lockerung *f* | **~ der Bestimmungen; ~ der Vorschriften** | relaxing of regulations | **~ der Disziplin** | relaxation of discipline | **~ der Kontrollen** | relaxation of controls.
Lockspitzel *m* | agent provocateur.
Logbuch *n* | log book; sea journal (log); ship's journal.
Loge *f* | lodge | **Freimaurer~** | masonic lodge | **Groß~** | grand lodge.
Logen..bruder *m*; **—mitglied** *n* | member of a lodge.
—mitgliedschaft *f*; **—zugehörigkeit** *f* | lodge membership.
logieren *v* | to lodge | **bei jdm. ~** | to lodge with sb.
Logiergast *m* | paying guest.
Logis *n* | lodging; accommodation | **Kost und ~** | board and lodging.
logisch *adj* | logical; consistent | **nicht ~ sein** | to be inconsistent [with].
Lohn *m* Ⓐ [Arbeitslohn] | wages *pl*; pay | **Akkord~; Stück~** | piece (piece-work) wages | **Bar~** | cash wages | **Durchschnitts~** | average wages | **Grund~** | basic wages | **Mäher~** | pay for mowing | **Mahl~** | multure | **Natural~** | wages in kind | **Orts~** | local wages | **Real~** | real wages | **Stunden~** | hourly wages; pay by the hour | **Tag~; Tages~** | day's (daily) wages | **Wochen~** | weekly (week's) pay | **Zeit~** | time-rate wages.
★ **fester ~** | fixed wages | **gleicher ~ für gleiche Arbeit** | equal pay for equal work | **ortsüblicher ~** | local wages | **rückständiger ~** | back pay (wages).
★ **gegen ~ arbeiten** | to work for money (for pay) | **seinen ~ beziehen** | to receive one's wage(s) | **so und so viel vom ~ einbehalten** | to deduct so and so much from the wages | **bei jdm. im ~ stehen** | to be in sb.'s services (in sb.'s pay) | **für einen ~ von ...** | at a wage of ...

Lohn *m* Ⓑ [Belohnung] | reward | **Finder~** | finder's reward | **als ~ für etw.** | as a reward for sth.
Lohn *m* © [Gebühr] | **Makler~** | brokerage; broker's fee (commission).
Löhne *mpl* Ⓐ | **Absinken der ~** | wage deflation | **Abbau (Herabsetzung) (Reduzierung) (Senkung) der ~** | reduction of (cuts in) wages; wage reductions (cuts) | **Ansteigen (Anstieg) der ~** | increase of (in) wages | **Auszahlung der ~** | payment of wages | **Höchst~**; **Maximal~** | maximum wages | **amtliche (gesetzliche) Höchstgrenze der ~** | wage ceiling | **Hunger~** | starvation wages | **Leistungs~** | efficiency wages | **Mindest~**; **Minimal~** | minimum wages | **die ~ auszahlen** | to pay out the wages.
Löhne *mpl* Ⓑ [Bilanzposten] | **~ und Gehälter** | payroll(s) | **~ und Material(kosten)** | labo(u)r and material.
Lohn..abbau *m* | reduction of (cuts in) wages; wage reductions *pl* (cuts *pl*).
—**abkommen** *n* | wages agreement.
—**abrechnung** *f*; —**abrechnungszettel** *m* | pay (wage) slip.
—**abschluß** *m* | wage settlement.
—**abzüge** *mpl* | payroll deductions.
—**angleichung** *f* | wage adjustment.
—**ansprüche** *mpl* | wage claims.
—**anstieg** *m* | increase of (in) wages.
—**arbeit** *f* | paid (hired) labo(u)r | **Zeit~** | time work.
—**arbeiter** *m* | paid worker; wage earner.
—**aufbesserung** *f* | wage increase; increase of wages.
—**auftrieb** *m* | upward tendency of wages.
—**aufwand** *m*; —**ausgaben** *fpl* | wages *pl*; labo(u)r; cost of labo(u)r.
—**ausfall** *m* | lost pay; loss of pay (of wages).
—**ausgleich** *m* | wage adjustment.
—**auszahlung** *f* | payment of wages.
Lohn..beutel *m* | pay envelope.
—**bediensteter** *m* | salaried man; wage earner.
—**bewegung** *f* | movement (trend) of the wages.
—**buch** *n* | pay booklet.
—**buchführung** *f*; —**buchhaltung** *f*; —**büro** *n* | payroll department.
—**drückerei** *f* | squeezing.
—**durchschnitt** *m* | average wage(s).
—**einbehaltung** *f* | retaining (retention) of wages (of salary).
—**einkommen** *n* | revenue (income) from wages; salaried income.
—**empfänger** *m* | wage (salary) earner.
lohnen *v* | jdm. etw. ~ | to reward sb. for sth.
lohnend *adj* | profitable; remunerative; lucrative; advantageous; paying | **~e Arbeit** | remunerative work | **~e Beschäftigung** | profitable (gainful) employment | **~er Ertrag** | profitable results | **~es Geschäft** | paying (profitable) business | **~e Kapitalanlage** | profitable investment | **~er Preis** | profitable price.
Lohnerhöhung *f* | wage increase; increase of wages.
—**etat** *m* | payroll estimates *pl*.
—**festsetzung** *f* | fixing of salaries.
—**forderung** *f* | wage(s) claim.
—**forderungen** *fpl* | wage demands.
—**fuhrwerksbetrieb** *m* | carrier's (carter's) business.
—**gefälle** *n* | wage differential.
—**gesetz** *n* | **das eherne (eiserne) ~** | the iron (brazen) law of wages.
—**gruppe** *f* | wage group (bracket).
—**herabsetzung** *f*; —**kürzung** *f* | reduction of wages; wage (pay) cut.
—**index** *m* | salary index.

lohnintensiv | labo(u)r-intensive.
Lohn..kampf *m* | wage (labo(u)r) conflict (dispute).
—**kasse** *f* | wage fund.
—**klasse** *f* | schedule of wages.
—**kosten** *pl* | cost of labo(u)r; labo(u)r; wages *pl*.
—**kürzung** *f* | reduction of wages; wage cut (cutting).
—**liste** *f* | payroll; pay sheet.
—**minimum** *n* | minimum wage(s).
—**niveau** *n* | wage level.
—**pfändung** *f* | garnishment of wages.
—**politik** *f* | wages policy.
—**rückstände** *mpl* | arrears of wages; wage arrears.
—**satz** *m* | rate of wages (of pay).
—**senkung** *f* | reduction of wages; wage reduction; cut (cuts) in wages.
—**skala** *f* | wage scale; wages schedule | **gleitende ~**; **bewegliche ~** | sliding scale of wages.
—**stabilisierung** *f* | wage stabilization.
—**stabilität** *f* | stability of wages.
—**steigerung** *f* | wage increase; increase of (in) wages.
—**steuer** *f* | income tax on wages | **einbehaltene ~** | withholding tax | **die ~ einbehalten** | to withhold the income tax.
— —**abzug** *m* | tax withheld from the salary (from the wages).
— —**tabelle** *f*; — —**tarif** *m* | schedule of withholding taxes.
Lohn..stopp *m* | wage freeze | **Lohn- und Preisstopp** | wage and price freeze.
—**streitigkeit** *f* | wage dispute.
—**stufe** *f* | schedule of wages.
—**summensteuer** *f* | tax on the total of salaries paid; payroll tax.
—**tarif** *m* Ⓐ [kollektiver Lohnvertrag] | wages agreement.
—**tarif** *m* Ⓑ; —**tabelle** *f* | scale of wages; wages schedule.
—**tüte** *f* | pay envelope.
—**überweisung** *f* | transfer of salary (of salaries) (of wages).
Löhnung *f* | salary; pay; wage(s).
Löhnungstag *m*; **Lohnzahlungstag** *m* | pay day.
Lohn..vereinbarung *f* | wages agreement.
—**veredelung** *f* | processing under contract (for payment).
—**verhandlungen** *fpl* | wage negotiations (talks).
—**welle** *f* | wave of wage (salary) increases.
—**zahlung** *f* | payment of wages; wage payment.
—**zettel** *m* | wage (pay) slip.
—**zulage** *f* | wage increase; raise.
—**zuschlag** *m* | extra pay; wage supplement.
—**zuwachsrate** *f* | rate of increase in wages and salaries.
Lokal *n* | premises *pl*; place | **Abstimmungs~**; **Wahl~** | polling station | **Geschäfts~** | business premises; office(s) | **Vereins~** | club premises | **Vergnügungs~** | place of amusement | **Verkaufs~** | sales room; shop.
lokal *adj* | **von ~em Interesse** | of local interest | **~e Nachrichten** | local news.
Lokal..ausdruck *m* | local term; localism.
—**bahn** *f*; — —**linie** *f* | local (branch) railway (line).
—**bedarf** *m* | local requirements *pl* (wants *pl*) (needs *pl*).
—**behörden** *fpl* | local authorities.
—**blatt** *n* | local paper.
—**interessen** *npl* | local interests.
lokalisieren *v* | to localize.
lokalisiert *part* | **~ werden** | to be (to become) localized.
Lokalisierung *f* | localization.

Lokalität *f* | locality.
Lokalitäten *fpl* | premises *pl.*
Lokal..kenntnisse *fpl* | local knowledge (information).
—**nachrichten** *fpl* | local news.
—**patriotismus** *m* | localism.
—**politik** *f* | local politics.
—**presse** *f* | local press (papers).
—**streitigkeiten** *fpl* | local quarrels.
—**tarif** *m* | local rate(s).
—**termin** *m* | visit to the scene.
—**verbrauch** *m* | local (home) consumption.
—**verkehr** *m* | local traffic.
—**vertreter** *m* | local (resident) agent.
Loko..geschäft *n*; —**handel** *m* | spot transaction (business).
—**markt** *m* | spot market.
—**preis** *m* | spot price.
—**ware** *f* | spot goods *pl.*
Lombard *m* | lending on (upon) securities.
—**anleihe** *f*; —**darlehen** *n* | loan against (on) securities (on collateral) (on stock).
—**bank** *f* | loan bank (office).
lombardfähig *adj* | capable of being pledged as security; eligible as collateral.
Lombardgeschäft *n* | loan (lending) on security.
lombardieren *v* | to lend (to advance) on security (on securities); to grant loans on security (on deposit of security).
lombardiert *adj* | ~e Effekten (Wertpapiere) (Wertschriften [S]) | pawned securities; securities in pawn | ~er Wechsel | pawned bill of exchange.
Lombardierung *f* | lending on security (against collateral).
Lombard..kredit *m* | credit on security (on securities); secured credit.
—**verkehr** *m* | lending on security.
—**wechsel** *m* | pawned bill of exchange.
—**zins** *m* | interest on secured loans.
—**zinsfuß** *m*; —**zinssatz** *m* | rate (bank rate) for loans on security (for secured advances).
Los *n* Ⓐ | lot | Entscheidung durch das ~ | decision by drawing lots | durch Ziehung des ~es | by drawing lots (the lot); by lot | durch das ~ entscheiden | to decide by lot (by drawing lots) | für etw. das ~ ziehen | to draw the lots for sth.; by lot | aus ... durch das ~ gezogen (bestimmt) | drawn by lot from amongst ... | durch das ~ bestimmt werden | to be determined by lot.
Los *n* Ⓑ | Anleihe~ ① | lottery bond | Anleihe~ ② | loan ticket | Lotterie~ | lottery ticket | Ziehung der ~e | lottery (prize) drawing | das große ~ | the great (big) (first) prize.
lösbar *adj* | ~es Problem | soluble (solvable) problem.
Löscharbeiten *fpl* | unloading operations.
Löschen *n* Ⓐ [Streichung] | striking out; expunging.
Löschen *n* Ⓑ [Austilgung] | cancellation.
Löschen *n* Ⓒ [Ausladen] | discharging; discharge; unloading.
löschen *v* Ⓐ [streichen] | to expunge; to strike out; to delete; to efface | einen Eintrag ~; eine Eintragung ~ | to cancel an entry | eine Firma ~ | to strike a firm off the register (off the rolls) | eine Hypothek ~ | to make an entry of satisfaction of mortgage.
löschen *v* Ⓑ [austilgen] | to cancel | eine Schuld ~ | to cancel a debt.
löschen *v* Ⓒ [ausladen] | to discharge; to unload.
Lösch..erlaubnis *f*; —**schein** *m* | discharging permit; landing order (certificate).
—**gebühren** *fpl* | discharging fees.
—**platz** *m* | place of discharge.

Lösch..risiko *n* | unloading risk.
—**spesen** *fpl* | unloading (landing) charges; discharging expenses.
—**tage** *mpl* | lay days.
Löschung *f* Ⓐ [Streichung] | striking out; expunging; cancellation | ~ von Amts wegen | cancellation ex officio | Antrag auf ~ | motion to expunge | ~ eines Eintrages; ~ einer Eintragung | cancellation of an entry | ~ einer (der) Firma; Firmen~ | cancellation of a (of the) firm | ~ der Hypothek; Hypotheken~ | entry of satisfaction of mortgage | Klage auf ~ | motion to expunge | Zwangs~; zwangsweise ~ | cancellation by order of the court. ★ die ~ beantragen | to request cancellation | die ~ eines Eintrages bewilligen | to consent to an entry being expunged | etw. zur ~ bringen | to expunge sth.
Löschung *f* Ⓑ [Ausladen] | discharge; discharging; unloading.
Löschungs..antrag *m* | motion to expunge.
—**bescheinigung** *f* | certificate of cancellation.
—**bewilligung** *f* | authorization for cancellation | Hypotheken~ | entry of satisfaction.
—**gebühren** *fpl* | cancellation charges.
—**hafen** *m* | port of discharge.
—**klage** *f* | motion to expunge | Marken~ | nullity action for the cancellation of a trade-mark | Patent~ | nullity action on a patent.
—**spesen** *pl* | discharging (unloading) expenses; unloading charges.
—**urkunde** *f* | certificate of cancellation.
—**verfahren** *n* | cancellation proceedings *pl.*
—**vermerk** *m* | notice of cancellation.
Löschzeit *f* Ⓐ | period (time) for unloading.
Löschzeit *f* Ⓑ [Liegezeit] | laytime; lay days.
lose *adj* [unverpackt] | unpacked; not packed.
Loseblattbuchführung *f* | accounting with loose-leaf ledgers.
Lösegeld *n* | ransom | von jdm. ~ erpressen | to exact ransom from sb. | jdn. gegen ~ gefangenhalten | to hold sb. to ransom | für jdn. ~ zahlen | to ransom sb.
losen *v* | um etw. ~ | to ballot for sth.; to draw lots (the lot) for sth.
lösen *v* Ⓐ [auflösen] | Verbindungen ~ | to break off relations | eine Verlobung ~ | to break off an engagement | einen Vertrag ~ | to terminate (to annul) (to cancel) a contract.
lösen *v* Ⓑ [klären] | eine Frage ~; ein Problem ~ | to solve a question (a problem).
lösen *v* Ⓒ [kaufen] | eine Fahrkarte ~ | to buy a ticket.
Loskauf *m* | redemption | ~ eines Gefangenen | ransom (redemption) of a prisoner.
loskaufen *v* Ⓐ | jdn. ~ | to ransom sb. | einen Gefangenen ~ | to ransom a prisoner.
loskaufen *v* Ⓑ | sich ~ | to redeem os.
loslösen *v*; **lostrennen** *v* | sich ~ von | to disaffiliate from.
Loslösung *f*; **Lostrennung** *f* | disaffiliation.
Losnummer *f* | number of a lottery ticket; lottery (ticket) number.
Lospreis *m* | price of a lottery ticket.
losschlagen *v* [um jeden Preis verkaufen] | Waren ~; Warenbestände ~ | to sell goods (stocks) off at any price.
lossprechen *v* | to absolve; to acquit.
Lossprechung *f* | absolution; acquittal.
Losung *f* Ⓐ [Einnahme] | proceeds *pl*; receipts *pl*; takings *pl* | Tages~ | day's takings (receipts); daily receipts.

Losung *f* Ⓑ [Losungswort] | watchword; password.
Lösung *f* Ⓐ [Auflösung] | ～ **von Verbindungen** | breaking off (discontinuance) of relations | ～ **eines Vertrages** | rescission (annulment) of a contract.
Lösung *f* Ⓑ [Klärung] | ～ **einer Aufgabe** | solution of a task | ～ **einer Frage; ～ eines Problems** | solution of a question (of a problem) | **Vorschlag zur ～** | settlement proposal | **Zwischen～** | temporary solution | **friedliche ～** | peaceful solution (settlement).
Lösung *f* Ⓒ [Kauf] | ～ **einer Fahrkarte** | taking (buying) a ticket.
loswerden *v* | **Waren ～** | to dispose of (to get rid of) goods.
Losziehung *f* | drawing.
Lotse *m* | pilot | **Hafen～** | dock pilot | **Hochsee～** | deep-sea pilot | **Küsten～** | coast pilot | **den ～n absetzen** | to drop the pilot | **den ～n an Bord nehmen** | to take the pilot.
Lotsen *n* | piloting; pilotage | **Aus～** | pilotage outwards | **Ein～** | pilotage inwards.
lotsen *v* | to pilot | **ein Schiff aus～** | to pilot a ship out (out of port) | **ein Schiff ein～ (in den Hafen ～)** | to pilot a ship in (into port).
Lotsen..amt *n* | pilot office.
—beruf *m* | common piloting.
—dienst *m* | pilot service; pilotage duty.
—gebühr *f*; **—geld** *n* | pilot's fee; pilotage dues *pl*; pilotage.
—patent *n* | pilot's license.
—zwang *m* | compulsory pilotage.
Lotterie *f* [Geld～] | lottery | **Klassen～** | class (serial) lottery | **Staats～** | state lottery | **eine ～ ziehen** | to draw a lottery | **eine ～ erneut ziehen** | to hold another draw of a lottery.
Lotterieanleihe *f* | lottery loan.
—anleihen *fpl* | lottery (prize) (premium) bonds.
—einnehmer *m* | lottery agent.
—gewinn *m*; **—gewinst** *m* | prize in the lottery; lottery prize; winning ticket.
—klasse *f* | lottery class.
—los *n* | ticket in a lottery; lottery ticket.
—steuer *f* | lottery tax.
—vertrag *m* | lottery contract.
—ziehung *f* | drawing of a lottery; lottery (prize) drawing.
Lotto *n* [Zahlenlotterie] | numbers lottery.
Lottoschein *m* | numbers lottery ticket.
Löwenanteil *m* | lion's share.
loyal *adj* Ⓐ [treuergeben] | loyal; faithful.
loyal *adj* Ⓑ [anständig; ehrlich] | fair; honest.
Loyalität *f* Ⓐ [Pflichttreue] | loyalty.
Loyalität *f* Ⓑ [Anständigkeit; Ehrlichkeit] | honesty; fairness.
Loyalitäts..eid *m* | oath of loyalty.
—erklärung *f* | declaration of loyalty.
Lücke *f* | gap | ～ **im Gesetz; Gesetzes～** | gap in the law.
lückenlos *adj* | without gaps.
Luft..abkommen *n* | air pact.
—abwehr *f* | aerial defense.
—attaché *m* | air attaché.
—aufnahme *f*; **—bild** *n* | aerial view.
—aufsicht *f* | air traffic control.
—beförderung *f* | transport by air; air transportation (transport).
—beförderungskosten *pl* | cost of air transportation.
—brücke *f* | airlift.
—expressdienst *m* | air express service.
—expresstarif *m* | air express rates.
—fahrkarte *f* | aeroplane (air) ticket.

Luft..fahrt *f* | aerial (air) navigation; aviation | **Verkehrs ～** | commercial aviation | **Zivil～** | civil aviation (flying).
— —abkommen *n* | air navigation agreement; treaty on aerial navigation.
—flotte *f* | air fleet.
—fracht *f* | air freight (cargo).
— —brief *m* | air freight consignment note.
— —dienst *m* | air freight service.
— —führer *m* | air carrier.
— —recht *n* | air carriage law.
— —tarif *m* | air freight rates.
— —verkehr *m* | air transportation.
Luft..hoheit *f* | sovereignty in the air.
—korridor *m* | air lane (corridor).
—krieg *m* | war in the air.
—macht *f* | air power.
—pakt *m* | air pact.
—pirat *m* | air pirate.
—piraterie *f* | air piracy.
—polizei *f* | air police.
—post *f* | air mail, airmail | **Paketbeförderung durch ～** | air parcel service | **durch ～** | by air mail; by air.
— —brief *m* | air mail (air) letter.
— —briefsendung *f* | air mail correspondence.
— —dienst *m* | air mail service; air mail(s).
— —gebühr *f*; **— —zuschlag** *m* | air mail fee (postage).
— —gesellschaft *f* | air mail company.
— —paket *n* | air parcel; air mail package.
— —verbindung *f* | air mail connection.
— —verkehr *m* | air mail service.
Luft..raum *m* | air space.
—recht *n* | air law; air traffic law.
—reise *f* | air trip; trip (journey) by air.
—reiseverkehr *m* | air travel.
—reklame *f* | air advertisement; sky writing.
—rennen *n* | air race.
—schutz *m* | air raid protection.
—taxi *n* | air taxi.
—transport *m* | carriage (transport) by air; air transportation (transport).
— —gesellschaft *f* | air transport company.
— —kosten *pl* | cost of air transportation.
— —linie *f* | air transport line; air line; airways *pl*.
— —recht *n* | law of carriage by air; air carriage law.
— —unternehmer *m* | air carrier.
— —versicherung *f* | insurance of air carriage.
lufttüchtig *adj* | airworthy.
Luft..tüchtigkeit *f* | airworthiness.
—verkehr *m* Ⓐ [Luftfahrt] | aerial navigation; aeronautics *pl*.
—verkehr *m* Ⓑ [Flugverkehr] | air traffic.
—verkehrs..abkommen *n* | treaty on aerial navigation; air navigation agreement.
— —gesellschaft *f* | air (air transport) company (line).
— —linie *f* | air line (route); airways *pl*.
— —netz *n* | air traffic system.
— —recht *n* | air (air traffic) law.
—verteidigung *f* | aerial defense.
Luftweg *m* | **Beförderung (Transport) auf dem ～** | transport (carriage) by air; air transport (transportation) | **Reise auf dem ～** | air journey; journey by air | **Versorgung auf dem ～** | supply(ing) by air | **Güter auf dem ～ befördern** | to carry goods by air.
Lüge *f* | lie | **eine ausgesprochene ～** | a downright lie.
lügen *v* | to tell lies.
Lügendetektor *m* | lie detector.
lukrativ *adj* | lucrative; remunerative; profitable | ～**er Vertrag** | contract for gain.
Lustbarkeits..abgabe *f*; **—steuer** *f* | entertainment tax.

lustlos *adj* | dull; stagnant | ~e **Börse** | dull (quiet) (flat) market | ~e **Tendenz** | dull tendency (tone).
Lustmord *m* | murder committed without motive.
luxuriös *adj* | luxurious.
Luxus *m* | luxury.
—**artikel** *m*; —**gegenstand** *m* | article of luxury; luxury article (item).
—**artikel** *mpl*; —**waren** *fpl* | luxury goods; luxuries.
—**ausgabe** *f* | de luxe edition.
—**dasein** *n* | luxurious life.
—**hotel** *n* | luxurious hotel.
—**kabine** *f* | stateroom.
—**steuer** *f* | luxury tax; tax on luxury articles (items).
—**wohnung** *f* | luxury flat.
—**zug** *m* | train with first-class and Pullman only; salon (de luxe) train.
Lynchjustiz *f* | Lynch law.

M

Maat *m* | leading seaman.
machen *v* Ⓐ | **Fortschritte** ~ | to make progress | **von etw. Gebrauch** ~ | to make use of sth. | **jdm. ein Geschenk** ~ | to make sb. a present; to make a present to sb. | **Gewinne** ~ | to make profits | **eine Kontoaufstellung** ~ | to make out an account (a statement of account) | **eine Konzession** ~ | to make a concession | **Schulden** ~ | to run into debt | **Unannehmlichkeiten** ~ | to make trouble | **eine Unterscheidung** ~ | to make a distinction | **ein (sein) Vermögen** ~ | to make a fortune (one's fortune) | **einen Vorschlag** ~ | to make a proposal.
machen *v* Ⓑ [herstellen] | to manufacture; to make; to produce.
machen *v* Ⓒ | **etw. bekannt**~ | to announce sth.; to make sth. known | **jdn. für etw. haftbar** ~ **(verantwortlich** ~) | to hold (to make) sb. liable (responsible) for sth. | **etw. offenbar** ~ | to make sth. evident | **etw. verständlich** ~ | to make sth. understood | **sich verständlich** ~ | to make os. understood.
Machenschaften *fpl* | machinations | **geheime** ~ | secret practices; underhand manoeuvres | **unlautere** ~ | unfair (sharp) practices.
Macherlohn *m* | charge for making [sth.] | **Material und** ~ | the material and the making.
Macht *f* Ⓐ [Staat] | power; state | **Besatzungs**~; **Besetzungs**~ [S] | occupational power | **Festlands**~; **Kontinental**~ | continental power | **Groß**~ | great (major) power | **Kolonial**~ | colonial power | **Land**~ | land power | **Luft**~ | air power | **Mandats**~ | mandatory power | **Militär**~ | military power | **Schutz**~ | protecting power | **See**~ | sea (naval) power | **Welt**~ | world power.
★ **auswärtige** ~ | foreign power | **bewaffnete** ~ | armed force | **kriegführende** ~ | belligerent power; belligerent | **souveräne** ~ | sovereign power (state). [VIDE: **Mächte** *fpl*].
Macht *f* Ⓑ [Gewalt] | power; force | **Finanz**~; **Geld**~ | financial power (capacity) | **die Partei an der** ~ | the party in power | **diktatorische** ~ | dictatorial power | **politische** ~ | political power.
★ **die** ~ **ausüben** | to exercise power; to hold sway |

die ~ **ergreifen** | to assume (to seize) power | **seine** ~ **erweitern** | to extend one's power | **zur** ~ **gelangen** | to come in (into) power | **die** ~ **an sich reißen** | to usurp power | **an der** ~ **sein** | to be in power | **die** ~ **übernehmen** | to assume (to seize) power.
Machtbefugnis *f* | power(s); authority | **Übertragung von** ~**sen** | delegation of powers | **seine** ~**se überschreiten** | to exceed one's powers.
Machtbereich *m* | sphere of power (of control); competence; competency; sway.
Mächte *fpl* | **die Signatar**~ | the signatory powers (states) | **die Vertrags**~; **die vertragschließenden** ~ | the contracting powers | **die alliierten und assoziierten** ~ | the allied and associated powers | **die hohen vertragschließenden** ~ | the high contracting parties.
Mächte..gruppe *f* | group of powers.
—**gruppierung** *f* | combination of powers.
mächtig *adj* | powerful.
Macht..ergreifung *f* | seizure of power.
—**faktor** *m* | power factor.
—**gebot** *n* | authoritative order; high-handed act.
—**haber** *m* | man in power; ruler.
—**kampf** *m* | struggle for power.
machtlos *adj* | ~ **sein, etw. zu tun** | to be powerless to do sth.
Macht..losigkeit *f* | powerlessness.
—**politik** *f* | power politics *pl*.
—**spruch** *m* | authoritative decision.
—**stellung** *f* | power; powerful position.
—**übernahme** *f* | seizure (assumption) of power; accession to power; rise to power.
—**verschiebung** *f* | shift of power.
—**verteilung** *f* | distribution of power.
—**vollkommenheit** *f* | absolute power | **aus eigener** ~ | of one's own authority.
—**wille** *m* | will to power.
—**zuwachs** *m* | increase in power.
Mädchen..handel *m* | white slave trade (traffic).
—**händler** *m* | white slave trader.
—**name** *m* | maiden name.
Magazin *n* Ⓐ [Lager] | store; storehouse; warehouse; depot.
Magazin *n* Ⓑ [Zeitschrift] | periodical; revue.
Magazinverwalter *m* | storekeeper; warehouseman; warehouse keeper.
Magistrat *m* Ⓐ [Beamter mit Vollzugsbefugnissen] | magistrate; civil officer invested with executive powers.
Magistrat *m* Ⓑ [Chef der Verwaltung oder der Regierung] | magistrate; official first in rank.
Magistrat *m* Ⓒ [Körperschaft] | municipal body (corporation).
Magistrats..beamter *m* | municipal officer.
—**bezirk** *m* | municipal borough (district).
—**mitglied** *n*; —**rat** *m* | municipal (town) (city) councillor.
—**sitzung** *f* | council meeting.
—**wahlen** *fpl* | municipal elections.
Magnat *m* | **Finanz**~ | magnate of finance; financial magnate | **Industrie**~ | magnate of industry; industrial magnate.
Mäherlohn *m* | pay for mowing.
Mahl..gebühr *f*; —**geld** *n*; —**lohn** *m* | milling dues *pl*.
—**steuer** *f* | duty on milling.
Mahn..brief *m*; —**schreiben** *n* Ⓐ [Erinnerungsschreiben] | letter of reminder; follow-up letter.
—**brief** *m*; —**schreiben** *n* Ⓑ | urgent request to pay; letter demanding (urging) payment; dunning letter.
—**brief** *m*; —**schreiben** *n* Ⓒ [Inverzugsetzung] | letter giving formal notice.

mahnen *v* Ⓐ | **jdn.** ∼ | to remind sb. | **einen Schuldner** ∼ | to press (to dun) a debtor | **jdn. zur Zahlung** ∼; **jdn.** ∼**, zu zahlen** | to press (to request) sb. to pay; to demand payment from sb.
mahnen *v* Ⓑ [in Verzug setzen] | **jdn.** ∼ | to serve formal notice on sb.
Mahnung *f* Ⓐ | reminder | **dringende** ∼ | urgent request (notice) | **dringende** ∼ **zur Zahlung (zu zahlen)** | urgent (pressing) request for payment (to pay) | **gerichtliche** ∼ | summons.
Mahnung *f* Ⓑ [Inverzugsetzung] | formal notice.
Mahn..verfahren *n* | collection proceedings *pl.*
—**zettel** *m* | reminder; chaser.
Majestäts..beleidigung *f* | lese (leze) majesty.
—**verbrechen** *n* | crime of lese majesty; crime committed against the sovereign power.
Majorat *n*; **Majorats..gut** *n* | entail; entailed estate (property); estate in tail.
—**erbe** *m* | heir of an entail.
majorenn *adj* | of age; of full age | ∼ **werden** | to come of age; to attain one's majority.
Majorennität *f* | full age; majority.
majorisieren *v* | to outvote; to vote down.
majorisiert *part* | ∼ **werden** | to be (to find os.) outvoted.
Majorität *f* Ⓐ [Mehrheit] | majority | **Dreiviertel**∼ | majority of three fourths; three-fourths majority | **Regierungs**∼ | government majority | **Stimmen**∼ | majority of votes | **Zweidrittel**∼ | majority of two thirds; two-thirds majority.
★ **absolute** ∼ | absolute majority | **arbeitsfähige** ∼ | working majority | **einfache** ∼ | simple majority | **erdrückende** ∼; **überwältigende** ∼ | crushing (overwhelming) majority | **qualifizierte** ∼ | qualified majority | **relative** ∼ | relative majority.
Majorität *f* Ⓑ [Volljährigkeit] | full age; majority.
Majoritäts..beschluß *m* | decision (resolution) of (taken by) the majority; majority vote.
—**beteiligung** *f* | majority (controlling) interest.
Makel *m* | fault; blame; blemish; stain.
makellos *adj* | without blemish; blameless; stainless | ∼**er Ruf** | unblemished reputation (character).
Makellosigkeit *f* | purity.
Makler *m*; **Mäkler** *m* | broker; agent | **Aktien**∼; **Börsen**∼; **Effekten**∼; **Fonds**∼; **Kurs**∼ | stock (share) (bill) (exchange) (stock exchange) broker; broker | **Ehe**∼ | matrimonial agent; marriage agent (broker) | **Finanz**∼ | financial agent | **Geld**∼ | money (exchange) broker | **Frachten**∼ | ship's (ship) broker; shipping agent (broker); forwarding agent | **Grundstücks**∼; **Häuser**∼; **Immobilien**∼ | land (estate) (real estate) (landed property) agent | **Handels**∼ | broker; mercantile (commercial) broker (agent) | **Produkten**∼ | produce (commercial) broker | **Schiffs**∼ | ship broker; shipping broker (agent) | **Schlußnotenbuch des** ∼**s** | broker's contract book (day book); brokerage book | **Speditions**∼; **Transport**∼ | forwarding (shipping) agent | **Verkaufs**∼ | selling broker (agent) | **Versicherungs**∼ | insurance broker (agent) | **Wechsel**∼ | bill (exchange) broker; broker | **Winkel**∼ | unlicensed broker | **Zwischen**∼ | intermediate broker.
★ **amtlich zugelassener** ∼ | certified broker (agent); official broker | **beeidigter** ∼; **vereidigter** ∼ | sworn broker | **freier** ∼; **amtlich nicht zugelassener** ∼ | outside (unlicensed) broker.
Makler..büro *n* | broker's office.
—**firma** *f* | firm of brokers; brokerage firm (house).
—**gebühr** *f*; —**lohn** *m*; —**provision** *f* | brokerage; broker's (brokerage) fee (commission).

Makler..gebührenrechnung *f* | brokerage account.
—**geschäft** *n* | broker's business (trade); brokerage | **Effekten**∼ | share (exchange) broking | **Frachten**∼ | freight brokerage (broking) | **Schiffs**∼ | ship brokerage | ∼**e betreiben** | to do broking (broking business); to be a broker.
—**gutachten** *n* | broker's report (award) (valuation).
—**journal** *n* | broker's book (day book) (contract book); brokerage book.
—**vertrag** *m* | brokerage; broker's contract; brokerage agreement (contract).
Makulatur *f* | surplus (waste) sheet(s).
Mandant *m* [Auftraggeber] | client.
Mandantengelder *npl* | clients' money.
Mandat *n* Ⓐ [Auftrag mit Bevollmächtigung] | instruction and authorization | **Prozeß**∼; **Prozeßführungs**∼ | brief; trial brief | **Straf**∼ | summons *sing* | **Vertretungs**∼ | authorization (power) to represent | **Zahlungs**∼ | order to pay.
Mandat *n* Ⓑ [Abgeordneten∼; Wahl∼] | electoral mandate | **Ablauf des** ∼**s** | expiration of the mandate | **sein** ∼ **niederlegen** | to vacate one's seat.
Mandat *n* Ⓒ [völkerrechtliches ∼] | **Völkerbunds**∼ | mandate of the League of Nations | **Kolonial**∼ | colonial mandate.
Mandatar *m* [beauftragter Bevollmächtigter] | mandatary; authorized agent (representative); proxy | **Inkasso**∼ | debt collector.
Mandatar..macht *f*; —**staat** *m*; **Mandatsmacht** *f* | mandate (mandatory) power.
Mandats..gebiet *n*; —**land** *n* | mandated territory; territory (country) under mandate.
—**kommission** *f* | mandate commission.
—**regierung** *f* | mandate (mandatory) government.
—**verwaltung** *f* | mandate administration; mandate | **unter** ∼ | under mandate.
Mangel *m* Ⓐ [Fehler] | fault; defect; default; deficiency | **Form**∼ | defect in form; defective form; irregularity | **Haupt**∼ | principal defect | **Rechts**∼; ∼ **im Recht** | defect of (deficiency in) title; defective title | **Sach**∼; ∼ **der Sache** | material defect (deficiency) | **Verfahrens**∼ | faulty proceedings; mistrial | **Willens**∼ | absence of assent.
★ **augenscheinlicher** ∼; **offenkundiger** ∼ | apparent defect | **geheimer** ∼; **verborgener** ∼; **versteckter** ∼ | latent (hidden) (invisible) defect; hidden fault; latent deficiency | **innerer** ∼; **innerlicher** ∼ | inherent (intrinsic) defect (fault) | **wesentlicher** ∼ | principal defect.
★ **einem** ∼ **abhelfen; einen** ∼ **heilen (beheben) (beseitigen)** | to remedy (to correct) a fault | **einen** ∼ **anzeigen (rügen)** | to notify a defect.
Mangel *m* Ⓑ [Fehlen] | lack; absence; want | **Arbeiter**∼; ∼ **an Arbeitskräften** | shortage of labo(u)r; labo(u)r shortage | ∼ **an Beweisen** | lack of evidence | **wegen** ∼**s (aus** ∼**)** | because of insufficient evidence | **Geld** ∼① | lack (want) of money | **Geld**∼ ② | scarcity (shortness) of money (of funds); pressure for money | **Geld**∼ **(**∼ **an Geld) haben** | to be short of money (of funds) | **Kapital**∼ | scarcity of funds (of capital) | ∼ **der Parteifähigkeit** | incapacity to be a party in a lawsuit | **Rohstoff**∼ | scarcity of raw materials | ∼ **an Vertrauen** | lack of confidence; mistrust | ∼ **der Vertretungsbefugnis**; ∼ **der Vollmacht** | absence of authority | ∼ **an Voraussicht** | lack of foresight | **an etw.** ∼ **haben** | to lack sth. | **aus** ∼ **(wegen** ∼**) an ...** | for lack of ...
Mängel *mpl* | defects; faults | **Haftung für** ∼ | warranty for defects; warranty | **für** ∼ **haften** | to be responsible (to answer) for defects (for faults).

Mängelanzeige *f* | notification of a defect (of defects).
mangelfrei *adj* | free from faults (defects); without fault(s); faultless.
Mängelfreiheit *f* | faultlessness.
mangelhaft *adj* | faulty; defective; deficient | ∼e Sache | defective thing | ∼er Zustand | defectiveness | in etw. ∼ sein | to be defective in sth.
Mangelhaftigkeit *f* | defectiveness; faultiness.
Mängelhaftung *f* | warranty for defects; warranty | Vieh∼ | warranty for deficiencies of cattle sold and delivered.
Mangellage *f* | shortage.
mangeln *v* | to lack; to be wanting (lacking).
mangelnd *adj* | missing; absent; wanting; lacking | ∼e Aktivlegitimation | incompetence (incapacity) to sue | ∼e Erfindungshöhe | insufficient subject-matter | ∼e Erziehung | lack of breeding; ill-breeding | ∼e Gegenleistung | absence of consideration | ∼e Lebensart | lack of good manners | ∼e Prozeßfähigkeit | incapacity to appear in court | ∼e Urteilskraft | lack (want) of judgment | ∼e Verfügungsmacht | incapacity to dispose | ∼e Vertretungsmacht | absence of authority | ∼e Willenseinigung | absence of assent.
mangels *prep* | for want of; in default of; in the absence of; failing | ∼ Akzeptes ①; ∼ Annahme ① | for non-acceptance; for want of acceptance | ∼ Akzeptes ②; ∼ Annahme ② | in case of non-acceptance; failing acceptance | ∼ Anzeige; ∼ Benachrichtigung; ∼ Bericht | for want of advice | ∼ Beweises | in the absence (for lack) of evidence; because of insufficient evidence | ∼ Deckung | "no funds"; absence of consideration | ∼ Gegenleistung | without consideration; without valuable consideration | ∼ Masse | "no assets" | ∼ Nachfrage | for lack of demand | ∼ Sicherheit | in the absence of securities | ∼ Übereinstimmung | in case of disagreement | ∼ Zahlung ① | in default of payment; for non-payment; for want of payment | ∼ Zahlung ② | in case of non-payment.
Mängelrüge *f* | notification of a defect (of defects).
Mangelware(n) *fpl* | goods *pl* in short supply.
Manifest *n* Ⓐ [Ladungs∼; Schiffs∼] freight (ship's) (captain's) manifest; list of freight; freight list; manifest of the cargo.
Manifest *n* Ⓑ | Wahl∼ | election (electioneering) manifesto.
Manifestant *m* | demonstrator.
Manifestation *f* | manifestation.
manifestieren *v* | to manifest.
Manipulation *f* Ⓐ [Behandlung] | handling.
Manipulation *f* Ⓑ [Manipulierung; Schiebung] | manipulation | Börsen∼; Kurs∼ | manipulation of the market | Währungs∼ | manipulation of the currency; currency manipulation.
Manipulations..fonds *m* | manipulating fund.
—gebühr *f* | handling fee (charge).
manipulieren *v* | to manipulate.
manipuliert *adj* | ∼e Währung | manipulated (managed) currency.
Manko *n* | deficiency; deficit | Gewichts∼ | deficiency in (shortness of) weight; shortweight | Kassen∼ | cash deficiency.
Mankogeld *n* | cashier's allowance for errors.
Mann *m* Ⓐ | Ehren∼ | man of hono(u)r | ∼ vom Fach; Fach∼ | expert; specialist | Finanz∼ | financier | Geschäfts∼ | business man | Mittels∼ | intermediary; middleman | Partei∼ ① | party man | Partei∼ ② | party member | ∼ in einer Schlüsselstellung | key man | See∼ | seaman; sailor; mariner |

Staats∼ | statesman | Schutz∼ | policeman | ∼ von der Straße | man in the street | Stroh∼ | dummy | Vertrauens∼ | man of confidence | Worts∼ | man of word (of his word) | verheirateter ∼ | married man | vermögender ∼; wohlhabender ∼ | man of money (of means); wealthy man.
Mann *m* Ⓑ [Ehe∼] | husband.
Manneskraft *f* | in voller ∼ | in the full vigor of manhood.
Mannesstamm *m* | im ∼ | on the male line | Seitenverwandter im ∼ | relation on the father's side | Seitenverwandtschaft im ∼ | agnation | im ∼e vererblich | hereditary in the male line.
männlich *adj* | ∼er Erbe | male heir | Kind ∼en Geschlechts | male child | in der ∼en Linie | on (in) the male line.
Mannschaft *f* Ⓐ [Schiffsbesatzung] | crew | Ersatz∼ | substitute crew | ∼ und Schiff | crew and cargo | die ∼ abmustern | to muster out (to pay off) the crew.
Mannschaft *f* Ⓑ [Personal] | complement; personnel.
Mannschafts..bestand *m* | establishment.
—liste *f* | list of the crew; crew list.
Manöver *n* | manoeuvre | Ablenkungs∼; Täuschungs∼ | diverting manoeuvre; diversion | Börsen∼ | stock-exchange manoeuvre.
Manöver *npl* | Wahl∼ | election disturbances.
Manövrieren *n* | manoeuvering.
manövrierfähig *adj* | manoeuvrable.
manövrierunfähig *adj* | incapable of manoeuvering.
Manteltarif *m*; Manteltarifvertrag *m* | basic (general) wage(s) agreement.
Manufaktur *f* | manufacture; manufacturing.
—industrie *f* | manufacturing industry.
—waren *pl* | manufactured goods; manufactures *pl*; articles of manufacture.
Manuskript *n* | manuscript | Film∼ | scenario | als ∼ gedruckt | printed as manuscript.
Mappe *f* | folder.
Marge *f* | margin | Gewinn∼; Profit∼ | profit margin.
Marginalien *fpl* | marginal notes.
Marine *f* | Handels∼ | commercial (merchant) (mercantile) marine (fleet) (shipping) | Kriegs∼ | navy; naval forces *pl*.
Marine..akademie *f*; —schule *f* | naval academy (college).
—amt *n* | navy office.
—angelegenheiten *fpl* | naval affairs.
—attaché *m* | naval attaché.
—etat *m*; —haushalt *m* | navy estimates *pl*.
—werft *f* | navy yard.
Marineminister *m* | Secretary of the Navy [USA]; First Lord of the Admiralty [GB].
Marineministerium *n* | Department of the Navy [USA]; Navy Department [USA]; Admiralty [GB].
Marionettenregierung *f* | puppet government.
Marke *f* Ⓐ [Zeichen] | mark; sign | Anwesenheits∼; Präsenz∼ | attendance check | Erkennungs∼ ① | identification (identity) mark | Erkennungs∼ ② | distinctive mark | Garderoben∼ | cloak-room ticket | Kontroll∼ | check | Rabatt∼ | trading stamp | Siegel∼; Verschluß∼ | paper seal | Wert∼ | money token.
Marke *f* Ⓑ [Wertzeichen] | stamp | Brief∼; Frei∼; Porto∼; Post∼ | postage stamp | Entwertung der ∼n | cancellation of stamps | Klebe∼ | adhesive stamp | Spar∼ | savings stamp | Stempel∼; Steuer∼ | revenue stamp | Versicherungs∼ | insurance stamp | ∼n abstempeln (entwerten) | to cancel (to obliterate) stamps.

Marke *f* © [Warenzeichen] | **Fabrik~**; **Handel~**; **Industrie~**; **Schutz~** | trade-mark | **Kollektiv~** | collective mark (trade-mark) | **Qualitäts~** | sign (mark) of quality | **eingetragene Schutz~** | registered trade-mark | **Welt~** | world mark.

Marke *f* ⓓ [Herkunftsbezeichnung] | brand | **ausländische ~** | foreign brand | **beste ~** | of the best make; best brand | **inländische ~** | inland (home) brand | **einer wohlbekannten ~** | of a well-known brand.

Marke *f* ⓔ [Erzeugnis; Fabrikat] | manufacture; make | **ausländische ~** | foreign make (design) | **inländ:sche ~** | home (inland) manufacture.

Marke *f* ⓕ [Abzeichen] | badge.

Marken..artikel *mpl* | branded articles (goods).

—**bezeichnung** *f* | description of the trade-mark

—**erzeugnis** *n*; —**produkt** *n* | make; brand.

—**erzeugnisse** *npl*; —**fabrikate** *npl* | trade-marked (branded) goods (articles).

—**geber** *m* | automatic machine delivering stamps.

—**heft** *n* | book of stamps; stamp booklet.

—**inhaber** *m* | trade-mark owner; owner of the trade-mark.

—**löschungsklage** *f* | nullity action for the cancellation of a trade-mark.

—**name** *m* | trade (brand) name.

—**recht** *n* | law of trade-marks; trade-mark law.

—**register** *n* | register of trade-marks.

—**sammler** *m* | stamp collector.

—**sammlung** *f* | stamp collection.

—**schutz** *m* | protection of trade-marks; trade-mark protection.

—**schutzgesetz** *n* | trade-mark act.

—**ware** *f* | branded article | **beste ~** | best brand; of the best make.

—**zwang** *m* | obligation to use a trade-mark.

Markieren *n* | marking.

markieren *v* ⓐ [kennzeichnen] | **etw. ~** | to mark sth.; to put a mark on sth.

markieren *v* ⓑ | to signalize.

Markierung *f* ⓐ [Kennzeichnung] | marking.

Markierung *f* ⓑ [Straßen~; Wege~] | system of road signs.

Markscheider *m* | surveyor of mines.

Markscheidung *f* | mine survey(ing).

Markstein *m* | boundary stone (mark); abuttal stone; abuttal.

Markt *m* ⓐ | market | **Absatz~** | outlet | **Aktien~**; **Effekten~** | stock (share) (bond) market | **Anlage~**; **~ für Anlagewerte** | investment market | **Arbeits~**; labo(u)r (employment) market | **Auslands~**; **~ für Auslandswerte** | foreign market | **Binnen~** | home (domestic) (internal) market | **Devisen~** | foreign exchange market | **Frachten~** | freight market | **Freiverkehrs~** | unofficial (street) (over-the-counter) (free) market.

○ **Geld~**; **Kapital~**; **Kredit~** | money (capital) (credit) market | **Getreide~** | corn exchange | **Grundstücks~**; **Immobilien~** | real estate market | **Inlands-~** | domestic (internal) (home) market | **Montan~**; **~ der Montanwerte** | mining market | **Produkten~** | commodity (produce) market | **Rohstoff~**; **Rohprodukten~** | raw material market.

○ **Stellen~** | employment (labo(u)r) market | **Überschwemmung des ~es** | glut of the market | **Vieh~** | cattle market | **Waren~** | commodity (produce) market | **Welt~** | world market | **~ der festverzinslichen Werte**; **Obligationen~** | bond market | **~ der mündelsicheren Werte** | gilt-edged market | **Wertpapier~**; **Wertschriften~** [S] | stock market.

★ **aufnahmefähiger ~** | ready market | **nicht aufnahmefähiger ~**; **überschwemmter ~** | glutted market | **ausländischer ~** | foreign market | **einheimischer ~** | home (domestic) (internal) market | **flauer ~** | dull market | **lebhafter ~** | brisk (lively) market | **öffentlicher ~** | market overt | **schwarzer ~** | black market | **übersättigter ~** | glutted (overstocked) market | **überseeischer ~** | overseas market.

★ **den ~ aufkaufen** | to corner the market | **den ~ beliefern (beschicken)** | to send goods to the market; to supply the market | **auf den ~ bringen** | to market | **etw. auf den ~ bringen** | to put sth. on the market; to bring out sth.; to market sth. | **auf den ~ kommen** | to come on the market | **auf dem ~ sein** | to be on the market | **den ~ überschwemmen** | to glut (to cause a glut of) the market | **der ~ ist überschwemmt** | the market is glutted; there is a glut of the market.

Markt *m* ⓑ [Jahr~; Messe] | fair.

Markt *m* ⓒ [Marktplatz] | market place (square).

Märkte *mpl* | **Rohstoff~** | raw material markets | **Weltrohstoff~** | world markets in raw materials | **Weltwaren~** | world commodity markets | **neue ~ erschließen** | to open up (to tap) new markets.

Markt..abrede *f*; —**absprache** *f* | market(ing) agreement (arrangement).

—**analyse** *f* | market analysis (study) (survey).

—**anteil** *m* | share of the market; market share.

—**aufteilung** *f* | division (allocation) of (of the) markets.

marktbeherrschend *adj* | dominating the market | **~e Stellung** | dominant position on the market.

Markt..beherrschung *f* | domination of the market.

—**belebung** *f* | stimulation of the market.

—**belieferung** *f*; —**beschickung** *f* ⓐ | supply (supplying) of the market.

—**belieferung** *f*; —**beschickung** *f* ⓑ | supplies reaching (which have reached) the market.

—**bericht** *m* | market report (news) (review); report (review) (statement) of the market.

markten *v* ⓐ [auf den Markt bringen] | to market.

markten *v* ⓑ [feilschen] | to bargain; to haggle.

marktfähig *adj*; **marktgängig** *adj* | marketable; negotiable; sal(e)able | **nicht ~** | unsal(e)able; unmerchantable.

Markt..fähigkeit *f*; —**gängigkeit** *f* | marketability.

—**flecken** *m* | market town (borough).

—**forschung** *f* | market study (survey).

—**freiheit** *f* | free market.

—**gebühren** *fpl* | market dues.

—**geld** *n* | market toll; stallage; stall money.

—**halle** *f* | market hall; central (covered) market.

—**kurs** *m* | market price (rate).

—**lage** *f* | situation (position) (state) of the market | **angespannte ~** | tight market | **schwache ~** | weakness of the market.

—**nachrichten** *fpl* | market news.

—**notierung** *f*; —**notiz** *f* | market quotation.

—**ordnung** *f* | market regulations *pl*.

—**ordnungsvertrag** *m* | market regulation (marketing) agreement.

—**organisation** *f* | marketing organization (system).

—**ort** *m* | market town.

—**platz** *m* | market place.

—**politik** *f* | market(ing) policy | **Offen~** | free-market policy.

—**polizei** *f* | market police.

—**preis** *m* | market price (quotation); current price | **einen ~ haben** | to have a market price; to be quoted | **zum ~** | at the current market price(s).

Markt..produktion *f* | production for the market.
—**regelung** *f* | marketing co-ordination (control).
—**risiko** *n* | risk(s) of the market; market risk(s).
—**schreierei** *f* | undue advertising; puffing.
marktschreierisch *adj* | ∼e **Anpreisung** | puffing advertisement.
Markt..schutzabkommen *n* | marketing (market protection) agreement.
—**schwankungen** *fpl* | fluctuations of the market; market fluctuations.
—**studie** *f*; —**untersuchung** *f* | market study (survey) (analysis).
—**sturz** *m* | collapse (slump) of the market.
—**stützung** *f* | support of the market.
—**tag** *m* | market day.
—**übersicht** *f* | review of the market; market review.
—**vereinbarung** *f* | marketing agreement.
—**verkehr** *m* | trading on the market.
—**versorgung** *f* | supply of the market.
—**vorhersagen** *fpl* | market forecasts.
—**wechsel** *m* | bill of exchange payable at a fair.
—**wert** *m* | market (marketable) value.
— —**schwankungen** *fpl* | fluctuations in the market value.
—**wirtschaft** *f* Ⓐ | market economy.
—**wirtschaft** *f* Ⓑ; **freie** ∼ | free-market economy; system of free enterprise.
—**zeit** *f* | market time.
—**zoll** *m* | market toll (dues *pl*).
Maschine *f* Ⓐ | **Abstimmungs**∼ | balloting machine | **Höllen**∼ | time bomb | **Kopier**∼ | copying machine | **Kurzschrift**∼ | shorthand typewriter.
Maschine *f* Ⓑ [Schreib∼] | **mit der** ∼ **geschrieben** | typewritten; typed | **mit der** ∼ **schreiben** | to typewrite; to type.
Maschinen..buchhaltung *f* | mechanical accounting.
—**fabrik** *f* | engineering works.
maschinengeschrieben *adj* | typewritten; typed | ∼es **Schriftstück** | typescript.
Maschinen..kurzschrift *f*; —**stenographie** *f* | typed shorthand.
—**park** *m* | machinery; equipment.
—**miete** *f* | equipment lease.
—**satz** *m* | machine setting.
—**schreiben** *n* | typewriting; typing.
maschinenschreiben *v* | to typewrite; to type.
Maschinen..schreiber *m* | typist.
—**schreiberin** *f* | lady typist.
—**schrift** *f* | typewriting; typing | **in** ∼ | typewritten; typed.
Maß *m* | measure; measurement | **Aus**∼ | measure; extent; degree | **Flächen**∼ | square measure | ∼e **und Gewichte** | weights and measures | **Hohl**∼ | cubic measure; measure of capacity | **Längen**∼ | measure of length | **mit** ∼ | with moderation; with due measure; moderately | **nach** ∼ | according to measure.
Maß..anfertigung *f*; —**arbeit** *f* | manufacture (work) according to measure.
—**einheit** *f* | unit (standard) of measure; standard measure; unit of measurement; gauge.
Masse *f* Ⓐ | **die Arbeiter**∼**n; die arbeitenden (werktätigen)** ∼**n** | the working people (masses) | **die** ∼ **der Gläubiger** | the general body of (of the) creditors | **die Volks**∼ | the masses; the populace | **die** ∼ **des Volkes** | the mass of the people (of the population).
Masse *f* Ⓑ | mass | **die Aktiv**∼ | the assets | **Erb**∼ | estate | **Güter**∼ | estate; property | **Konkurs**∼ | bankrupt's estate | **die Passiv**∼; **die Schulden**∼ ① | the liabilities | **die Schulden**∼ ② | the total indebted-

ness | **Sonder**∼ | separate estate | **Teilungs**∼ | assets for distribution | **Vermögens**∼ | estate; property | **mangels** ∼ | no assets.
Masse..forderung *f* | claim against the [bankrupt's] estate.
—**gläubiger** *m* | creditor of the [bankrupt's] estate; general (unsecured) creditor.
—**kosten** *pl* | cost of the administration of the [bankrupt's] estate.
Massen..absatz *m* | heavy sales *pl*.
—**abwanderung** *f* | mass exodus.
—**arbeitslosigkeit** *f* | mass unemployment.
—**artikel** *mpl* | articles of (manufactured in) mass production; mass-produced articles.
—**auswanderung** *f* | mass emigration.
—**einkauf** *m* | wholesale purchase; purchase in bulk.
—**einwanderung** *f* | mass immigration.
—**entlassung** *f* | mass dismissal | **meldepflichtige** ∼ | notifiable mass redundancy.
—**entlassungen** *fpl* | collective (mass) (multiple) redundancy (redundancies).
—**erzeugung** *f*; —**fabrikation** *f*; —**fertigung** *f*; —**herstellung** *f*; —**produktion** *f* | mass (quantity) production; wholesale production (manufacturing).
—**flucht** *f* | mass flight.
—**güter** *npl* | bulk articles (commodities) (goods).
—**gutfrachter** *m* | bulk carrier.
—**gutladung** *f* | bulk cargo.
massenhaft *adv* | in great quantities; in bulk.
Massen..hinrichtung *f* | mass execution.
—**kaufkraft** *f* | purchasing power of the population (of the masses).
—**konsum** *m*; —**verbrauch** *m* | mass consumption.
—**medien** *npl* | mass media.
—**mord** *m* | mass murder.
—**mörder** *m* | mass murderer.
—**verhaftungen** *fpl* | wholesale (mass) arrests.
—**versammlung** *f* | mass meeting.
—**vertrieb** *m* | mass (bulk) selling.
—**ware** *f* | bulk articles (commodities) (goods).
massenweise *adv* | in great quantities; in bulk.
Masseschuld *f* | claim against the [bankrupt's] estate.
Masseschuldner *m* | debtor of the [bankrupt's] estate.
Masse(n)verwalter *m* | trustee in bankruptcy (of a bankrupt's estate); receiver.
Masseverzeichnis *n* | list (schedule) of assets.
Maßgabe *f* | **mit der** ∼**, daß** | provided that; on the understanding (on the condition) (it being understood) that | **nach** ∼ **von** | in proportion to; according to.
maßgebend *adj*; **maßgeblich** *adj* | decisive; deciding; competent | **die** ∼**en Bestimmungen** | the governing rules (regulations) | ∼e **Beteiligung** | controlling interest | **die** ∼e **Fassung; der** ∼e **Text (Wortlaut)** | the authentic (authoritative) text | **aus** ∼**en Kreisen; aus** ∼**er Quelle** | from authoritative (authorized) source | **in** ∼**en Kreisen** | in competent (influential) circles (quarters).
mäßig *adj* | moderate | ∼es **Einkommen** | moderate income | ∼**er Preis** | moderate price | **zu einem** ∼**en Preis** | at a reasonable (low) price.
mäßigen *v* | to moderate; to mitigate | **seine Ansprüche** ∼ | to moderate one's pretensions | **sich** ∼ | to control os.
Mäßigkeit *f* | moderateness | ∼ **eines Preises** | moderateness (reasonableness) of a price.
Mäßigkeitsverein *m* | temperance society.
Mäßigung *f* | moderation; moderateness; restraint | ∼ **in seinen Ansichten** | moderateness in one's opinion | **mit** ∼ | with moderation; moderately.

maßlos *adv* | without (beyond) measure; excessively.
Maßnahme *f* | measure; step | **Abhilfs~** | remedial measure; remedy | **Bewirtschaftungs~** | measure of control | **Dringlichkeits~** | emergency measure | **Einspar~** | measure of economy | **Gegen~** | counter-measure, counter measure; reprisal | **~ der Gesetzgebung** | legal measure; legislative enactment | **Gewalt~** | act of force | **Hilfs~**; **Neben~** | measure of assistance; secondary measure | **Ordnungs~** | regulating measure | **~ der Polizei** | police measure | **Schutz~** | protective measure | **Sicherheits~** | safety (precautionary) measure; precaution | **Sofort~** | emergency measure | **Spar~** | measure of economy | **Straf~** | punitive measure | **Sühne~**; **Vergeltungs~** | retaliatory measure; measure of retaliation; reprisal | **Übergangs~** | transitory measure | **Verwaltungs~** | administrative measure | **Vorsichts~** | precautionary measure; precaution | **Vorsichts~n ergreifen** | to take precautions | **Zwangs~** | compulsory (coercive) measure.
★ **behördliche ~** | administrative measure | **disziplinäre ~** | disciplinary measure | **drastische ~; durchgreifende ~; einschneidende ~** | drastic (thorough) measure | **einschränkende ~** | restrictive measure; restriction | **flankierende ~n** | supporting measures | **gesetzliche ~** | legal measure; legislative enactment | **gerichtliche ~** | court action | **halbe ~n; nicht durchgreifende ~n** | half-measures | **polizeiliche ~** | police measure | **scharfe ~** | drastic measure | **staatliche ~** | government action | **unwirksame ~; unzureichende ~** | inefficient measure | **vorbeugende ~** | preventive steps (measure) | **vorläufige ~** | temporary (transitory) measure.
★ **~n ergreifen (treffen)** | to take measures (steps); to adopt measures | **die äußersten ~n ergreifen** | to take extreme measures; to go (to proceed) to extremes | **alle seine ~n (alle erforderlichen ~n) ergreifen** | to take all due measures | **als eine ~ der (des)** | as a measure of.
Maßregel *f* | measure | **Sicherheits~**; **Vorsichts~** | safety (precautionary) measure; precaution | **Vergeltungs~** | retaliatory measure; measure of retaliation; reprisal | **Vorbeugungs~** | preventive measure; precaution | **Zwangs~**; **zwingende ~** | compulsory (coercive) measure | **gesetzliche ~** | legal measure | **~n treffen** | to take (to adopt) measures.
maßregeln *v* | jdn. **~** | to discipline sb.; to take steps against sb.
Maßregelung *f* | disciplining; disciplinary action (punishment).
Maßstab *m* Ⓐ [Bemessungsgrundlage] | measure; standard | **Bewertungs~** | measure (standard) of valuation | **strenger ~** | strict measure.
Maßstab *m* Ⓑ [eines Planes; einer Karte] | scale [of a plan; of a map] | **Karte nach (in) einem großen ~** | large-scale map | **in großem ~** | on a large scale; to a large extent | **vergrößerter ~** | enlarged scale | **verkleinerter ~** | reduced scale | **etw. nach ~ zeichnen** | to draw sth. to scale | **im ~ von ...** | on the scale of ...
maßstabgerecht *adj* | **~es Modell** | scale model | **~e Zeichnung** | scaling; drawing according to scale.
maßvoll *adj* | moderate.
maßvoll *adv* | moderately; with moderation.
Material *n* Ⓐ | material | **Arbeitslohn und ~** | labo(u)r and material | **Bau~**; **Bau~ien** | building materials | **Ersatz~** | substitute material; substitute | **Kriegs~** | war material | **Roh~**; **Roh~ien** | raw materials.
★ **kriegswichtiges ~** strategic material(s) | **rollen-**des **~** | rolling stock | **fehlerhaftes ~; schadhaftes ~** | defective (faulty) material | **spaltbares ~** | fission material | **statistisches ~** | statistical data.
Material *n* Ⓑ [Stoff] | matter | **Prozeß~** | subject-matter of (for) a lawsuit.
Material *n* Ⓒ [urkundliches **~**] | documents *pl*; vouchers *pl*.
Material *n* Ⓓ [Beweis~] | evidence | **Belastungs~; belastendes ~** | evidence for the prosecution; state's (Crown) (King's) evidence | **Entlastungs~; entlastendes ~** | evidence for the defense | **Sammlung von ~** | gathering of evidence | **neues ~** | fresh evidence | **unterstützendes ~** | corroborative evidence | **~ sammeln** | to gather evidence | **neues ~ vorbringen** | to offer (to tender) fresh evidence.
Material..bedarf *m* | material requirements *pl*.
—**beschaffung** *f* | supply of material.
—**fehler** *m* | faulty (defective) material.
—**knappheit** *f* | shortage of material.
—**kosten** *pl* | cost(s) of material | **~ und Löhne** | labo(u)r and material.
—**sammlung** *f* | gathering of material.
—**schaden** *m* | material damage.
—**verbrauch** *m* | material consumption.
—**verlust** *m* | waste.
Materie *f* | subject matter | **mit einer ~ vertraut sein** | to be familiar (conversant) with a matter.
materiell *adj* Ⓐ | material | **die ~en Bedürfnisse** | the necessities of life | **~e Hilfe** | material (pecuniary) assistance | **~er Schaden** | material damage | **~e Unmöglichkeit** | physical impossibility | **~e Vorteile** | pecuniary advantages.
materiell *adj* Ⓑ | **das ~e Recht** | substantive law | **aus ~en Gründen** | on substantive grounds.
materiellrechtlich *adv* | under (according to) substantive law.
Matrikel *f* | register; roll | **in die ~ eintragen** | to register; to enrol.
Matrose *m* | seaman; sailor; mariner.
Matrosenheuer *f* | seaman's wages *pl*.
Mauer *f* Ⓐ | **Brand~** ①; **feuerfeste ~** | fire-proof wall | **Brand~** ②; **feuerfeste Trenn~** | fire-proof partition wall [between separate buildings] | **Grund~** | foundation wall | **Scheide~**; **Trenn~** | partition wall | **Umfassungs~** | enclosing wall | **gemeinschaftliche ~ (Grenz~)** | party wall.
Mauer *f* Ⓑ [Schutz~; Schranke] | defensive (protective) wall; barrier | **Zoll~n** | tariff walls.
Maueranschlag *m* | poster.
Maut *f* | duty; customs (excise) duty; excise.
Mauteinnahmen *fpl* | toll receipts *pl*.
maximal *adj* | maximum.
Maximal..betrag *m* | maximum (highest) amount; maximum.
—**gewicht** *n* | maximum weight.
—**hypothek** *f* | maximum mortgage; floating charge.
—**last** *f* | maximum load.
—**leistung** *f* | maximum output.
—**lohn** *m* | maximum wage(s).
—**preis** *m* | maximum (highest) (top) price.
—**satz** *m*; —**tarif** *m* | maximum rate (tariff).
—**summe** *f* | maximum amount.
Maxime *f* | maxim; principle | **Leistungs~** | principle of efficiency.
Maximum *n* | maximum.
Media, Medien *npl* | **Massen~** | mass media | **Werbe~** | publicity (advertising) media.
Medienrecht *n* | law governing the mass media.
Medio *m* | am **~** | in the middle of the calendar quarter.

Mediowechsel *m* | bill of exchange which falls due in the middle of the quarter.

Medizin *f* Ⓐ [Heilkunde] | medicine | **Doktor der** ∼ | doctor of medicine | **Student der** ∼ | medical student | **gerichtliche** ∼ | forensic (legal) medicine; medical jurisprudence | **Institut für gerichtliche** ∼ | medico-legal institute.

Medizin *f* Ⓑ [Heilmittel] | remedy.

Medizinalbeamter *m* | medical (health) officer.

Mediziner *m* | medical man.

medizinisch *adj* | medical | ∼**er Beirat** | medical adviser | ∼**e Bücher** | medical books | ∼**e Fakultät** | medical faculty | ∼**es Gutachten** | medical opinion | ∼**es Institut** | medical school | ∼**e Praxis** | practice of medicine | ∼**er Sachverständiger** | medical expert | **gerichts**∼ | medico-legal; concerning forensic (legal) medicine.

Medizinstudent *m* | medical student.

Meer *n* | sea | **das offene** ∼ | the open (high) sea | **auf offenem** ∼ | on the high sea(s).

Meerengen..abkommen *n* | straits *pl* convention.

—**konferenz** *f* | straits *pl* conference.

Meeresgrenze *f* | sea frontier.

Mehr *n* Ⓐ [Überschuß] | surplus; exceeding amount | **ein** ∼ **an Kosten** | additional cost (expenses) (expenditure).

Mehr *n* Ⓑ [Zuwachs] | increase; addition.

Mehr *n* Ⓒ [S] [Majorität] | majority | **das absolute** ∼ | the absolute majority.

Mehr..aufwand *m*; —**ausgabe** *f* Ⓐ | additional (extra) expenses *pl* (expenditure).

—**ausgabe** *f* Ⓑ [Ausgabenerhöhung] | increase in expenditure.

—**ausgabe** *f* Ⓒ [Ausgabenüberschuß] | excess of expenditure.

—**ausgabe** *f* Ⓓ [Überemission] | overissue.

mehrbändig *adj* | in (comprising) several volumes.

Mehr..bedarf *m* | additional requirements *pl*.

—**belastung** *f* | additional charge.

—**beschäftigung** *f* | more (increased) employment.

—**betrag** *m* Ⓐ [überschießender Betrag] | excess (exceeding) amount; sum in excess.

—**betrag** *m* Ⓑ [Überschuß] | surplus.

—**bewertung** *f* | excess valuation.

—**bezug** *m* | salary increase.

mehrbietend *adj* | higher bidding; outbidding.

Mehr..bietender *m*; —**bieter** *m* | higher bidder; outbidder.

mehrdeutig *adj* | equivocal; ambiguous; of double meaning.

Mehr..deutigkeit *f* | equivocation; ambiguity.

—**einkommen** *n* Ⓐ [erhöhtes Einkommen] | higher income; increased revenue.

—**einkommen** *n* Ⓑ [überschüssiges Einkommen] | surplus (excess) revenue.

— —**steuer** *f* | excess income tax.

—**einnahme** *f* | surplus receipts *pl* (takings *pl*).

—**erlös** *m*; —**ertrag** *m* | surplus profits *pl*.

mehrfach *adj* | multiple.

mehrfach *adv* | several times.

Mehrfache *n* | **das** ∼ | the multiple.

Mehrfach..besteuerung *f* | double (cumulative) taxation.

—**stimmrecht** *n* | multiple voting (vote).

—**versicherung** *f* | multiple (cumulative) insurance.

Mehr..forderung *f* Ⓐ [höhere Forderung] | higher claim.

—**forderung** *f* Ⓑ [Betrag der ∼] | excess (exceeding amount.

—**förderung** *f* | extra output.

Mehr..fracht *f* | extra (additional) freight.

—**gebot** *n* | higher bid.

—**gehalt** *n* | salary increase; increased salary.

—**gepäck** *n* | excess luggage (baggage).

—**gewicht** *n* | excess weight; overweight.

—**gewinn** *m* | excess (surplus) profit.

— —**steuer** *f* | excess profits tax.

Mehrheit *f* | majority | ∼ **des Aktienkapitals** | majority holding | **nach** ∼ **gefaßter Beschluß** | decision (resolution) of the majority (taken by a majority) | ∼ **der erschienenen Mitglieder** | majority of the members present | **Dreiviertel**∼ | majority of three fourths | **mit Dreiviertel**∼ | by a three-fourths majority | **Parlaments**∼; ∼ **im Parlament** | parliamentary majority | **Stimmen**∼ | majority of votes | **mit einer** ∼ **von einer Stimme** | with a majority of one vote | **mit einer** ∼ **von ... Stimmen** | by a majority of ... votes | **Wahl nach Stimmen**∼ | election by an absolute majority | **mit Stimmen**∼ **gewählt** | elected by a majority | **Zweidrittel**∼ | majority of two thirds; two-thirds majority.

★ **absolute** ∼ | absolute majority | **arbeitsfähige** ∼ | working majority | **beschlußfähige** ∼ | quorum | **einfache** ∼ | simple majority | **erforderliche** ∼ | required majority; quorum | **die große** ∼ | the great majority | **mit großer** ∼ | with a strong majority | **knappe** ∼; **schwache** ∼ | narrow majority | **qualifizierte** ∼ | qualified majority | **relative** ∼ | relative majority | **schwache** ∼ | narrow majority | **überwältigende** ∼ | crushing (overwhelming) majority | **zahlenmäßige** ∼ | numerical majority; majority in numbers.

★ **sich der** ∼ **anschließen** | to side with the majority | **eine** ∼ **auf bringen (erzielen)** | to secure (to obtain) a majority; to be carried by a majority | **die** ∼ **haben; in der** ∼ **sein** | to be in the (in a) majority.

Mehrheits..aktionär *m* | majority shareholder (stockholder).

—**beschluß** *m*; —**entscheidung** *f* | decision (resolution) of (taken by) the majority; majority vote.

—**beteiligung** *f* | controlling interest.

—**führer** *m* | majority leader.

—**sozialist** *m* | **die** ∼**en** | the majority socialists.

—**vertretung** *f* | majority representation.

Mehr..kosten *pl* | additional (extra) cost (charges).

—**leistung** *f* Ⓐ [Steigerung der Leistung] | increase of output.

—**leistung** *f* Ⓑ; —**produktion** *f* | additional (increased) output.

—**parteiensystem** *n* | multiple party system.

—**preis** *m* | higher price; increase in price.

mehrseitig *adj* | multilateral | ∼**es Handelsabkommen** | multilateral trade agreement.

Mehrseitigkeitsvertrag *m* [mehrseitiges Abkommen] | multilateral agreement (treaty).

mehrsprachig *adj* | in several languages; multilingual.

Mehrstimmenwahlrecht *n* | plural (multiple) voting (vote).

Mehrstimmrechtsaktie *f*; **Mehrstimmaktie** *f* | multiple share.

Mehrung *f* | increase.

Mehr..umsatz *m* Ⓐ | increased turnover.

—**umsatz** *m* Ⓑ | increased sales *pl*.

—**verbrauch** *m* Ⓐ | increased consumption.

—**verbrauch** *m* Ⓑ | excess consumption.

—**wert** *m* Ⓐ | surplus (excess) value; increase in value.

—**wert** *m* Ⓑ | added value.

—**wertsteuer** *f* | tax on the added value; value-added tax; VAT.

—**zahl** *f* | majority; the greater part.

Mehrzahlung *f* | additional (extra) payment.
Meilen..gebühr *f*; **—geld** *n* | mileage fee (charge).
—tarif *m* | mileage rate.
Meineid *m* | perjury; false oath; forswearing | **Verleitung zum ~** | subornation of perjury | **einen ~ leisten (schwören)** | to commit perjury; to perjure os.; to swear falsely; to forswear os. | **jdn. zum ~ verleiten** | to suborn sb.; to suborn sb. to commit perjury.
meineidig *adj* | perjured; forsworn | **~ werden** | to perjure (to forswear) os.; to commit perjury | **als Zeuge ~ werden** | to give perjured evidence.
Meineidiger *m* | perjurer; forswearer.
Meineids..verleiter *m* | suborner of perjury.
—verleitung *f* | subornation of perjury.
Meinung *f* | opinion; view; point of view | **Bildung einer ~** | formation of an opinion | **Streit der ~en** | controversy | **Widerstreit der ~en** | clash (clashing) (conflict) of opinions.

★ **abweichender (anderer) (verschiedener) ~ sein** | to be of different opinion; to differ in opinion; to dissent | **allgemeine ~** | general (common) (generally accepted) opinion | **eigene ~** | personal opinion | **sich eine eigene ~ zutrauen** | to have the courage of one's opinions | **von jdm. eine geringe ~ haben** | to have (to hold) a low opinion of sb.; to think ill of sb. | **gleicher ~ sein** | to share (to endorse) (to agree with) an opinion | **von jdm. eine günstige ~ haben** | to have a favo(u)rable opinion of sb. | **die herrschende ~** | the prevailing opinion | **von jdm. eine hohe ~ haben** | to have (to hold) a high opinion of sb.; to think highly (well) of sb. | **irrige ~** | misconception | **öffentliche ~** | public opinion | **die öffentliche ~ für etw. einnehmen** | to excite (to rouse) public opinion for sth. | **nach sachverständiger ~** | in the opinion of experts | **die überwiegende ~; die vorherrschende ~** | the prevailing opinion | **umstrittene ~** | controversial opinion | **übereinstimmende ~** | consensus of opinion | **vorgefaßte ~ ①** | preconceived notion; biased opinion | **vorgefaßte ~ ②** | prejudice; bias | **eine weitverbreitete ~** | a widely held opinion | **widerstreitende ~en** | clashing opinions.

★ **jdn. von seiner ~ abbringen** | to make sb. change his opinion | **seine ~ ändern** | to change one's opinion | **sich einer ~ anschließen; einer ~ beitreten (beipflichten)** | to agree with (to assent to) an opinion; to endorse (to share) a view (an opinion) | **die ~ äußern (vertreten), daß** | to express (to hold) the opinion that; to put forward that; to opine that | **jdn. um seine ~ befragen (bitten)** | to ask sb.'s opinion; to consult sb. | **sich eine ~ bilden** | to form an opinion | **hartnäckig an einer ~ festhalten** | to cling to an opinion | **jdm. seine ~ (die ~) sagen** | to give sb. a piece of one's mind | **der ~ sein, daß** | to be of (of the) opinion that; to opine that | **eine ~ teilen; einer ~ zustimmen** | to share (to endorse) a view (an opinion); to agree with an opinion | **nach meiner ~; meiner ~ nach** | in my opinion (view).
Meinungs..änderung *f* | shift (change) of opinion.
—äußerung *f* | expression of one's opinion | **Freiheit der ~; freie ~** | liberty (freedom) of opinion (to express one's opinion) | **Unterdrückung der ~** | suppression of opinion.
—austausch *m* | exchange of views (of ideas).
—befrager *m*; **—forscher** *m* | public-opinion analyst (research man).
—befragung *f*; **—forschung** *f* | public-opinion research (poll) (census).
—bildung *f* | forming of an opinion.

Meinungs..freiheit *f* | liberty (freedom) of opinion.
—streit *m* | controversy.
—umschwung *m* | reversal of opinion.
—verschiedenheit *f* | difference (divergence) of opinion (of view); dissent; dissension; disagreement | **im Falle von ~; bei ~** | in case of dispute (of disagreement).
meistbegünstigt *adj* | most favo(u)red | **~es Land; ~e Nation** | most-favo(u)red nation.
Meistbegünstigung *f* | most-favo(u)red nation treatment.
—begünstigungs..klausel *f* | most-favo(u)red nation clause.
— —tarif *m*; **— —zoll** *m*; **— —zollsatz** *m* | most-favo(u)red-nation tariff (rate).
Meistbetrag *m* | maximum amount.
meistbietend *adv* | **~ verkaufen** | to sell by auction (to the highest bidder).
Meistbietende *m* | **der ~** | the highest (last) bidder | **Vergebung an den ~n** | adjudication to the highest bidder | **etw. an den ~n verkaufen (losschlagen)** | to sell sth. (to knock sth. down) to the highest bidder | **etw. dem ~n zuschlagen** | to allot sth. to the highest bidder.
Meister *m* Ⓐ [Handwerks~] | master [who follows a trade on his own account] | **Innungs~** | member of the (of a) guild.
Meister *m* Ⓑ [Chef] | chief | **Groß~** | grand master | **Hafen~** | harbor master; port commissioner.
Meisterbrief *m* | master's diploma (certificate).
Meisterin *f* | mistress.
meistern *v* | to master | **eine Schwierigkeit ~** | to master a difficulty.
Meister..prüfung *f* | masterhip examination.
—stück *n*; **—werk** *n* | masterpiece.
—titel *m* | master's title.
Meisterschaft *f* Ⓐ | mastery; mastership.
Meisterschaft *f* Ⓑ | championship.
Meistgebot *n* | highest bid (bidding) (offer).
Melde..amt *n* [Einwohner~] | registration office | **~ für Ausländer; Ausländer~** | aliens' registration office.
—bogen *m*; **—formular** *n* | registration form.
—frist *f* Ⓐ | period in which notice must be given.
—frist *f* Ⓑ | period for making registration.
—kartei *f* | personal card index.
melden *v* Ⓐ | **jdm. etw. ~** | to notify sth. to sb.; to advise (to inform) sb. of sth. | **jdn. der Polizei ~** | to report sb. to the police | **etw. der Polizei ~** | to notify the police of sth.
melden *v* Ⓑ [an~] | **sich ~** | to present os.; to have os. entered (registered) | **sich zum Dienst ~** | to report for service (for duty) | **sich polizeilich (bei der Polizei) ~** | to register (to register os.) with the police | **sich krank ~** | to report sick.
Melde..pflicht *f* Ⓐ | obligation to notify (to give notice).
—pflicht *f* Ⓑ [Einwohner~] | obligation to register (to get registered); compulsory registration.
meldepflichtig *adj* Ⓐ | compulsorily notifiable.
meldepflichtig *adj* Ⓑ | subject to registration.
Melde..schein *m*; **—zettel** *m* | registration form.
—stelle *f* | registration office.
—wesen *n* | **Ausländer~** | registration of aliens; aliens' registration | **Einwohner~; polizeiliches ~** | police (national) register.
Meldung *f* Ⓐ [Bericht] | notification; notice; report | **~ bei der Polizei** | notification to (of) the police.
Meldung *f* Ⓑ [An~] | **~ bei der Polizei; polizeiliche ~** | registration with the police.

Meliorationen *fpl* [Boden~] | ameliorations (improvements) of the soil; amelioration works.
Meliorationskredit *m* | agricultural improvement credit.
Memoiren *pl* | memoires *pl.*
Memorandum *n* | memorandum; memo.
Memorial *n* [Memorandenbuch] | memorandum book.
Menge *f* Ⓐ [Quantität] | quantity.
Menge *f* Ⓑ [Volksmenge] | crowd.
Mengen..abschlag *m*; **—nachlaß** *m*; **—rabatt** *m* | discount for quantities; quantity rebate (discount).
—kontrolle *f* | quantitative control.
—leistung *f* | productive capacity.
mengenmäßig *adj* | by quantities; quantitative.
Menschen..freundlichkeit *f* | **Maßnahmen der ~** | humanitarian (humane) measures.
—gedenken *n* | **seit ~** | from time immemorial; within living memory.
—handel *m* | slave trade.
—händler *m* | slave trader.
—mögliche *n* | **das ~** | the humanly possible.
—raub *m* | kidnapping.
—recht *n* | **die ~e** | the rights of man; human rights.
—reservoir *n* | manpower reserve(s).
Menschheit *f* | **die ~** | mankind; man; humanity.
menschlich *adj* | **~e Behandlung** | treatment as a human being | **~e Beziehungen** | human relations | **die ~e Seite** | the human factor.
menschlich *adv* | **jdn. ~ behandeln** | to treat sb. with humanity.
Menschlichkeit *f* | **nach den Gesetzen der ~** | according to the laws of humanity | **Verbrechen gegen die ~** | crime against humanity.
Mentalreservation *f* | mental reservation.
meritorisch *adj* | according to one's merits; meritorious.
Merkantilismus *m*; **Merkantilsystem** *n* | mercantilism; mercantile system.
Merkantilist *m* | mercantilist.
merkantilistisch *adj* | mercantilistic.
Merkblatt *n* | "Notice"; "Instructions"; "Directions".
Merkbuch *n* | note (memorandum) book.
Merkmal *n* Ⓐ [Kennzeichen] | mark.
Merkmal *n* Ⓑ [Besonderheit] | particularity; peculiarity.
Merkmal *n* Ⓒ [Charakteristikum] | feature; characteristic | **Neuheits~** | novel feature | **Tatbestands~** | factual characteristic; ingredient fact | **Unterscheidungs~**; **unterscheidendes ~** | criterion | **wesentliches ~** | principal feature.
Merkzeichen *n* Ⓐ | mark | **etw. mit ~ npl versehen** | to mark sth.; to tick sth. off.
Merkzeichen *n* Ⓑ [Unterscheidungszeichen] | distinctive mark.
Meßamt *n* | office of weights and measures; gauger's (gauging) office.
meßbar *adj* | measurable.
Messe *f* | fair; exposition; exhibition | **Frühjahrs~** | spring fair | **Herbst~** | autumn fair | **Muster~** | samples fair | **auf der ~ ausstellen; die ~ beschicken (beziehen)** | to exhibit at the fair | **die ~ besuchen** | to attend (to visit) the fair.
Messe..amt *n* | office of the fair.
—behörde *f* | fair authorities.
—bericht *m* | report of the fair.
—besuch *m* | fair attendance.
—besucher *m* | visitor of a fair.
—freiheit *f* | privilege of holding a fair.
—gelände *n* | exhibition (fair) grounds.
—kosten *pl* | cost(s) (expenses) of the fair.

Messe..lokal *n*; **—stand** *m* | stand at the fair.
—ordnung *f* | regulations *pl* of the fair.
—recht *n* | law(s) concerning fairs and exhibitions.
— und Marktsachen *fpl* | business at fairs and public markets.
—wechsel *m* | bill of exchange payable at the fair.
—zeit *f* | time of the fair.
Meßfierant *m* | exhibitor at a fair.
Meßgebühr *f* | gauging (measuring) fee; metage.
Meßkosten *pl*; **Meßlohn** *m* [Messerlohn] | gauging (measuring) charges.
Meßzahl *f* | index.
Messung *f* | measuring; measurement.
Meta..geschäft *n* | joint venture (adventure).
—konto *n*; **—rechnung** *f* | joint (joint venture) (participation) account.
Metall *n* | **Edel~** | precious metal | **Währungs~** | standard metal.
Metall..arbeiter *m* | metalworker.
—bestand *m*; **— reserve** *f*; **—vorrat** *m* | metal (bullion) reserve; stock of bullion; cash and bullion in hand.
—branche *f* | the metal trades *pl.*
—geld *n* | coined money; coin; hard cash.
—geldumlauf *m* | metallic currency.
—industrie *f* | metal industry.
—warenindustrie *f* | hardware industry.
—währung *f* | metallic standard.
—wert *m* | metal value.
Methode *f* Ⓐ [System] | method; system | **Lehr~**; **Unterrichts~** | method of teaching.
Methode *f* Ⓑ [Verfahren] | manner (way) of proceeding.
methodisch *adj* | methodical; systematic.
methodisch *adv* | methodically; systematically | **etw. ~ ordnen** | to bring a system into sth.; to methodize sth.
metrisch *adj* | **das ~e System** | the metric system.
Meuchelmord *m* | assassination; murder.
Meuchelmörder *m* | assassin; assassinator; murderer.
meuchelmörderisch *adj* | murderous.
meuchlings *adv* | **~ ermorden** | to assassinate; to murder.
Meuterei *f* Ⓐ | mutiny.
Meuterei *f* Ⓑ [Aufstand] | rebellion.
Meuterer *m* | mutineer.
meuterisch *adj*; **meuternd** *adj* | mutinous.
meutern *v* | to mutiny.
mietbar *adj* | rentable; hireable; for hire.
Miet..beihilfen *fpl* | rent subsidies.
—besitz *m* | tenancy.
Miete *f* Ⓐ [Mietsverhältnis] | lease; hire | **Dienst~** | hiring (hire) of services; service (employment) contract | **Platz~** | subscription | **Sach~** | hire (hiring) of things | **Schrankfach~**; **Schließfach~**; **Tresorfach; Tresor~** | renting of safes | **Unter~** | sublease; underlease | **etw. in ~ nehmen** | to hire sth.; to take sth. on lease | **in ~** | on lease; on hire; by way of lease; rented.
Miete *f* Ⓑ [Mietzins] | rent; rental; amount of rent | **Büro~** | office rent | **Einhebung der ~n** | rent collection | **Einheits~** | standard rent | **Jahres~** | annual (yearly) rent | **Dreimonats~**; **Vierteljahrs~** | quarter's rent | **Senkung der ~n** | rent reduction. ★ **angemessene ~** | fair rent | **hohe ~** | heavy (high) rent | **geringe ~**; **niedrige ~** | low rent | **rückständige ~** | rent in arrear; arrears of rent.
mietefrei *adv* | rent-free; free of rent.
Mieteinigungsamt *n* | arbitration court (arbitration board) for matters concerning lease agreements.
Mieten *n* | renting.

mieten *v* | etw. ~ | to hire (to rent) sth.; to take sth. on lease; to take a lease on sth. | **Frachtraum**~ | to book freight | **ein Schiff** ~ | to charter a vessel | etw. **unter**~ | to sublease sth.; to take a sublease on sth. | **zu** ~ | for hire.

Mieter *m* | lessee; tenant | **Haupt**~ | principal lessee | **dem** ~ **obliegende Reparaturen; vom** ~ **auszuführende (zu tragende) Reparaturen;** | tenant's (tenantable) repairs | ~ **eines Schiffes; Schiffs**~ | charterer | **Schrankfach**~**; Schließfach**~**; Tresorfach**~**; Tresor**~ | hirer of a safe | **Unter**~ | sublessee; underlessee; subtenant | **Vermieter und** ~ | landlord and tenant.

Mieter..schutz *m* Ⓐ | protection for tenants.

—**schutz** *m* Ⓑ; ——**bestimmungen** *fpl* | rent restrictions *pl.*

——**verband** *m*; ——**verein** *m* | tenants' protective society.

Miet..ertrag *m* | rental; rent-roll.

—**ertragswert** *m* | rental value.

Mietpreis *m* | rent; rental; amount of rent.

—**kontrolle** *f* | rent control (restriction).

—**niveau** *n* | level of rent(s).

Miets..ablauf *m* | date of expiration of tenancy.

—**aufkommen** *n*; —**ertrag** *m* | rent roll; revenue from rentals | **Jahres**~ | yearly rental (rent roll).

—**ausfall** *m* | loss of rent.

——**versicherung** *f* | insurance of rents; rent insurance.

—**beschränkungen** *fpl* | rent restrictions.

—**betrag** *m* | amount of the rent; rental; rent.

—**bibliothek** *f*; —**bücherei** *f* | lending (subscription) library | **Abonnement bei einer** ~ | subscription to a lending (circulating) library.

—**dauer** *f* | duration (term) of a lease.

—**einkommen** *n*; —**einnahmen** *fpl* | rent roll; rentals *pl*; revenue from rents (from rentals).

—**einnehmer** *m* | rent collector.

—**entschädigung** *f* | allowance for rent.

—**erhebung** *f* | rent collection.

—**forderung** *f* | claim for rent.

—**gebühr** *f*; —**geld** *n* | rent.

—**haus** *n* | rented house (dwellings); apartment (tenement) house.

—**herabsetzung** *f*; —**senkung** *f* | reduction of rent(s); rent reduction.

—**höchstpreis** *m* | rent ceiling.

—**kaserne** *f* | tenement house(s).

—**konto** *n* | rent account.

—**kontrakt** *m* | lease; lease contract (agreement); agreement and lease.

—**nachlaß** *m* | remission of rent.

—**preis** *m* | rent; rental; amount of rent.

—**quittung** *f* | receipt for rent.

—**rechnung** *f* | rent account.

—**rückstand** *m*; —**schuld** *f* | rent in arrear; arrears *pl* of rent.

—**sache** *f* Ⓐ | property let (to be let).

—**sache** *f* Ⓑ | hired object.

—**senkung** *f* | reduction of rent(s).

—**steigerung** *f* | increase (raising) of rent(s).

—**verhältnis** *n* | lease; lease for rent; tenancy | **Tag des Ablaufs des** ~**ses** | date of expiration of tenancy.

Mietsvertrag, Mietvertrag *m* | lease; lease contract (agreement); agreement and lease | **Laufzeit eines** ~**es** | duration (term) (life) of a lease | **Sach**~ | hire (hiring) of things | **Schiffs**~ | charter-party; contract of affreightment | **Unter**~ | sublease; sublease contract | **langfristiger** ~ | long (long-term) lease | **einen** ~ **aufsetzen (unterzeichnen)** | to draw (to sign) a lease (an agreement and lease) | **einen** ~

erneuern | to renew a lease | **einen** ~ **verlängern** | to extend a lease.

Mietsvorschuß *m* | advance on rent; rent in advance.

mietsweise, mietweise *adv* | on lease; on hire; by way of lease | etw. ~ **überlassen** | to let sth.; to let sth. out (on lease).

Miets..wert *m* | renting (letting) (rental) value | **Jahres**~ | annual (yearly) rental.

—**zahlung** *f* | rent payment.

—**zahlungstermin** *m* | rent day.

—**zeit** *f* | term (duration) (life) of a lease.

Mietung *f* | hiring; renting.

Mietversicherung *f* | insurance of rents.

Mietwohngrundstück *n* | rented house-property.

Mietwohnung *f* | rented apartment; lodging(s).

Miet..zins *m* | rent; rental.

——**forderung** *f* | claim for rent.

mietzinsfrei *adv* | rent-free; free of rent.

Mietzins..quittung *f* | receipt for rent.

—**steigerung** *f* | increase of rent(s).

—**steuer** *f* | tax on rents; rent tax.

—**stopp** *m* | rent restriction.

Mietzuschuß *m* | allowance for rent; lodging allowance.

Milch..geschäft *n* | dairy.

—**produzent** *m* | dairy farmer.

—**wirtschaft** *f* | dairy farming; dairying | **Erzeugnisse der** ~ | dairy produce.

mild *adj* Ⓐ | ~**e Beurteilung** | mild (lenient) judgment | ~**e Maßnahmen** | lenient measures | ~**e Strafe** | lenient (mild) punishment | ~**es Urteil** | mild (lenient) judgment (sentence).

mild *adj* Ⓑ [wohltätig] | charitable | ~**e Gabe(n)** | charity; alms *pl* | ~**e Stiftung** | charitable endowment (foundation) (trust).

mild *adv* | leniently | **einen Fall** ~ **(mit Milde) beurteilen** | to judge a matter leniently (with leniency).

mildern *v* | to attenuate; to extenuate; to mitigate | **jds. Schuld** ~ | to extenuate sb.'s guilt | **eine Strafe** ~ | to mitigate a punishment.

mildernd *adj* | ~**er Einfluß** | moderating influence | ~**e Umstände** | extenuating (mitigating) circumstances | **straf**~ | extenuatory.

Milderung *f* | attenuation; extenuation; mitigation | ~ **einer Strafe; Straf**~ | mitigation of punishment; reduction (mitigation) of the penalty | etw. **zur** ~ **einer Strafe vortragen** | to plead sth. in extenuation of punishment.

Milderungs..antrag *m* [Straf~] | plea in mitigation.

—**grund** *m* [Straf~] | reason for mitigation.

mildtätig *adj* | ~ **gegen jdn.** | charitable to (towards) sb. | **zu** ~**en Zwecken** | for (out of) charity.

Mildtätigkeit *f* | charity | **Akt (Werk) der** ~ | act of charity (of benevolence); charity | **von der** ~ **leben** | to live on charity | **aus** ~ | out of charity.

Militär *n* | military; soldiery; armed force | ~ **einsetzen** | to call out the military.

Militär..akademie *f* | military academy.

—**attaché** *m* | military attaché.

—**behörde** *f* | military authority.

—**bündnis** *n* | military alliance.

—**dienst** *m* | military (active) service | **vom** ~ **befreit** | exempt (free) from military service.

——**entlassung** *f* | discharge from military service.

——**pflicht** *f* | compulsory service (military service); conscription.

militärdienstpflichtig *adj* | subject to compulsory service; liable to military service.

Militär..dienstzeit *f* | term of military service; draft term.

Militärdiktatur *f* | military dictatorship.
militärfrei *adj* | free (exempt) from military service.
Militär..gericht *n* Ⓐ | military court (tribunal).
—**gericht** *n* Ⓑ [Kriegsgericht] | court martial.
—**gerichtsbarkeit** *f* | military justice; jurisdiction of the military courts.
—**gerichtsverfahren** *n* | military justice procedure.
—**gesetz** *n* | military law | **den ~en unterstehend** | subject to military law.
—**gesetzbuch** *n* | military code.
militärisch *adj* | military | **~e Auszeichnungen (Ehrungen)** | military decorations (hono(u)rs) | **~er Beistandpakt** | pact of military assistance.
militärisch *adv* | **ein Land ~ besetzen** | to occupy a country militarily.
militarisieren *v* | to militarize.
Militarisierung *f* | militarization.
Militarismus *m* | militarism.
Militarist *m* | militarist.
Militär..macht *f* | military power.
—**mission** *f* | military mission.
—**paß** *m* | soldier's small book.
—**person** *f* | person in military service; soldier.
—**pflicht** *f*; —**pflichtigkeit** *f* | compulsory service (military service); conscription.
militärpflichtig *adj* | subject to compulsory service (to military service) | **in ~em Alter** | of military age.
Militär..polizei *f* | military police.
—**polizeiabteilung** *f* | provost marshall's office.
—**regierung** *f* | military government.
—**strafgesetzbuch** *n* | code of military justice.
—**testament** *n* | military testament (will).
—**verwaltung** *f* | army administration.
Miliz *f* | militia; national guard | **Soldat der ~** | militiaman; national guard.
Mille *n* | **pro ~** | per thousand.
Milliardär *m* | billion(n)aire.
Milliarde *f* | a thousand millions; billion.
Millionär *m* | million(n)aire | **Multi~; vielfacher ~** | multimillion(n)aire.
minderbemittelt *adj* | of moderate means.
Minder..betrag *m* | deficit; difference; shortage.
—**bewertung** *f* | undervaluation.
—**einnahme** *f* Ⓐ [Einnahmenrückgang] | falling off in receipts (in takings); decrease in the receipts.
—**einnahme** *f* Ⓑ [verminderte Einnahme] | reduced receipts *pl* (takings *pl*).
—**erlös** *m* Ⓐ [Verminderung des Erlöses] | falling off in proceeds *pl*.
—**erlös** *m* Ⓑ [verminderter Erlös] | diminished proceeds *pl*.
—**erlös** *m* Ⓒ [Verkaufsdefizit] | deficiency in sales proceeds *pl*.
—**ertrag** *m* Ⓐ [Ertragsrückgang] | falling off in returns *pl*.
—**ertrag** *m* Ⓑ [verminderter Ertrag] | diminished returns *pl*.
—**gebot** *n* | lower bid (offer).
—**gewicht** *n* | shortweight; underweight; deficiency in weight.
Minderheit *f* | minority | **in der ~ sein** | to be in the (in a) minority.
Minderheiten *fpl* | **die ~** | the minorities | **Rasse~** | racial minorities | **Sprach~** | linguistic minorities.
Minderheiten..schutz *m* | protection of minorities.
—**statut** *n* | statute of minorities.
Minderheits..aktionär *m* | minority shareholder (stockholder).
—**beteiligung** *f* | minority participation (holding) (interest).

minderjährig *adj* | under age | **~ sein** | to be under age; to be a minor.
Minderjährige *m* | minor; person under age | **Vormundschaft über ~** *mpl* | tutelage.
Minderjährige *f* | female person under age | **Entführung einer ~n** | abduction of a minor | **eine ~ entführen** | to abduct a minor.
Minderjährigkeit *f* | minority; minor age.
Minderkaufmann *m* | small (petty) trader.
mindern *v* | to lessen | **den Preis ~** | to reduce the price.
Minderumsatz *m* | reduced (reduction in) turnover.
Minderung *f* Ⓐ | diminuation | **Klage auf ~** | action for reduction | **Preis~** | reduction of price; price reduction | **Schulden~** | reduction of debts | **Vermögens~** | loss of property; property loss.
Minderung *f* Ⓑ [Wert~] | depreciation; decrease in value.
Minderung *f* Ⓒ [Verschlechterung] | deterioration; degradation.
Minderungsklage *f* | action for reduction.
Minderwert *m* | depreciation; decrease (decline) in value.
minderwertig *adj* Ⓐ | of little value.
minderwertig *adj* Ⓑ | of inferior quality; low-grade | **~e Waren** | inferior goods | **~e Arbeit** | work of inferior quality.
Minderwertigkeit *f* | inferiority.
Minderwertigkeitskomplex *m* | inferiority complex.
Minderwertklausel *f* | depreciation clause.
Mindest..alter *n* | minimum age.
—**auflage** *f* | minimum number of copies.
—**bemannung** *f* | minimum crew.
—**besteuerung** *f* | minimum tax.
—**betrag** *m* | minimum amount (sum).
—**bietender** *m* | lowest bidder.
—**einkommen** *n* | minimum income.
—**einlage** *f* Ⓐ [auf eine Beteiligung] | minimum investment.
—**einlage** *f* Ⓑ [auf ein Konto] | minimum deposit.
—**ertrag** *n* | minimum return (yield).
—**festpreis** *m* | fixed minimum price.
—**fracht** *f*; —**frachtsatz** *m* | minimum (lowest) freight (freight rate).
—**gebot** *n* Ⓐ | put-up price.
—**gebot** *n* Ⓑ | lowest (smallest) bid.
—**gebühr** *f* | minimum charge.
—**gehalt** *n* | minimum (lowest) salary.
—**guthaben** *n* | minimum balance (deposit).
—**kapital** *n* | minimum capital.
—**kurs** *m* | minimum (lowest) price.
—**lizenz** *f* | minimum royalty.
—**löhne** *mpl* | minimum wages *pl*.
—**preis** *m* | minimum price.
—**reserve** *f*; —**rücklage** *f* | minimum reserve.
—**reservenerfordernisse** *npl* | minimum reserve requirements.
—**satz** *m*; —**tarif** *m* | minimum rate.
—**steuer** *f* | minimum tax.
—**verdienst** *m* | minimum pay.
—**wert** *m* | minimum value.
—**zahl** *f* | minimum number.
—**zeitraum** *m* | minimum period.
—**zins(satz)** *m* | minimum rate (interest rate).
Mineral..gewinnungsrecht *n* | mining (mineral) right.
—**schätze** *mpl*; —**vorkommen** *npl* | **die ~ eines Landes** | the mineral resources of a country.
Mineralöl..preis *m* | oil price.
—**produkte** *npl* | petroleum products.
—**steuer** *f* | tax on mineral oil.
Minimalbetrag *m* | minimum amount (sum).

Minimal..löhne *mpl* | minimum wages *pl.*
—**satz** *m*; —**tarif** *m* | minimum rate (tariff).
Minimum *n* | minimum | **Existenz~** | minimum of existence; subsistence level.
Minister *m* | Minister | ~ **für auswärtige Angelegenheiten; Außen~;** ~ **des Äußeren** | Minister of Foreign Affairs; Secretary of State [USA]; Foreign Secretary [GB] | ~ **für innere Angelegenheiten; Innen~;** ~ **des Innern** | Minister of the Interior; Secretary of State for Home Affairs [USA] | Home Secretary [GB] | **Arbeits~** | Minister of Labo(u)r | **Finanz~** | Minister of Finance; Secretary of the Treasury [USA]; Chancellor of the Exchequer [GB] | ~ **ohne Geschäftsbereich;** ~ **ohne Portefeuille** | Minister (Cabinet Minister) without Portfolio | **Handels~** | Minister of Commerce; President of the Board of Trade [GB] | **Kriegs~** | Secretary of State for War; Minister of (for) War | **Landwirtschafts~** | Minister of Agriculture | **Luftfahrt~** | Air Minister | **Marine~** | Minister for the Navy; Secretary for the Navy [USA]; First Lord of the Admiralty [GB] | **Premier~** | Prime Minister; Premier | **Staats~** | Minister (Secretary) of State | **Versorgungs~** | Minister of Supplies | **Verteidigungs~** | Minister of Defense | **Vize~** | vice minister | **bevollmächtigter** ~ | Minister Plenipotentiary.
Minister..bank *f* | treasury bench.
—**bevollmächtigter** *m* | Minister Plenipotentiary.
Ministerial..abteilung *f* | government department.
—**beamter** *m* | ministerial officer.
—**erlaß** *m*; —**entscheid** *m*; —**verfügung** *f* | ministerial (departmental) order (decree).
—**rat** *m* | ministerial counsellor.
ministeriell *adj* | **auf ~er Ebene (Ministerebene)** | at ministerial level | ~**e Gegenzeichnung** | countersignature by one of the ministers.
Ministerium *n* ⒜ [Regierung] | cabinet; government | **Koalitions~** | coalition government (cabinet).
Ministerium *n* ⒝ | Ministry; Department [USA]; Board [GB] | ~ **für auswärtige Angelegenheiten; Außen~** | Ministry of Foreign Affairs; State Department [USA]; Foreign Office [GB] | ~ **für öffentliche Arbeiten** | Ministry of Public Works; Board of Works [GB] | **Arbeits~** | Ministry (Board) (Department) of Labo(u)r | **Bundes~** | Federal Ministry | **Finanz~** | Ministry (Department) of Finance; Exchequer [GB] | **Gesundheits~** | Ministry (Department) of Health; Bord of Health [GB].
○ **Handels~** | Ministry (Department) of Commerce; Board of Trade [GB] | **Informations~** | Ministry of Information | **Innen~;** ~ **des Innern** | Ministry of Home Affairs (of the Interior); Home Office [GB] | **Justiz~** | Ministry (Department) of Justice | **Kolonial~** | Ministry of Colonial Affairs; Colonial Office [GB] | **Kriegs~** | Ministry of War; War Department [USA]; War Office [GB] | **Kultus~; Unterrichts~** | Ministry (Board) of Education.
○ **Landwirtschafts~** | Ministry (Department) (Board) of Agriculture | **Luftfahrt~** | Air Ministry | **Marine~** | Ministry of the Navy; Navy Department [USA]; Board of Admiralty [GB]; Naval (Navy) Office [GB] | **Staats~** | Ministry (Department) of State; State Ministry (Department) | **Versorgungs~** | Pension Office.
Minister..konferenz *f* | Conference of Ministers.
—**krise** *f* | ministerial (cabinet) (government) crisis.
—**präsident** *m* | Prime Minister.
—**rat** *m* | Council of Ministers; Cabinet Council (in Council) | **Außen~** | Council of Foreign Ministers.

Minister..resident *m* | minister resident.
—**verantwortlichkeit** *f* | ministerial responsibility.
—**wechsel** *m* | change in the cabinet.
minorenn *adj* | under age.
Minorität *f* | minority.
Minoritätenstatut *n* | statute of minorities.
Minoritäts..aktionär *m* | minority shareholder (stockholder).
—**beteiligung** *f* | minority interest (holding).
Minus *n* [Fehlbetrag] | deficit; deficiency; shortage | **Kassen~** | cash deficit; shortage in the cash.
Minute *f* | **in letzter** ~ | at the last moment; in the eleventh hour.
Mischehe *f* | mixed marriage.
Mischling *m* | half caste.
Mischrasse *f* | mixed race.
mißachten *v* | to disdain; to disregard.
Mißachtung *f* | disdain; disregard; contempt | ~ **des Gerichts** | contempt of court | ~ **einer Vorschrift** | disregard of a rule | **unter** ~ **eines polizeilichen Verbots** | in defiance of a police ban.
mißbilligen *v* | etw. ~ | to disapprove of sth.; to reprobate (to censure) sth. | **zu** ~ | reprochable.
mißbilligend *adj* | disapproving; reprobatory | ~**e Äußerungen (Bemerkungen)** | expressions of disapproval; disapproving remarks | **zu** ~**e Handlung** | censurable act | ~**er Ton** | reproachful (reproving) tone | **in** ~**er Weise** | disapprovingly.
Mißbilligung *f* | disapproval; deprecation; reprobation; censure | **Ausspruch der** ~ [durch Abstimmung in einer Versammlung] | vote of censure | **allgemeine** ~; **öffentliche** ~ | public reprobation.
Mißbrauch *m* | abuse; misuse; ill use; misapplication | **Abstellung eines ~s** | redress of an abuse | **Amts~;** ~ **der Amtsgewalt** | abuse (misuse) of authority (of power); misfeasance | **Blankett~** | fraudulent misuse of a blank signature | ~ **des Ermessens (der Ermessensfreiheit)** | abuse of discretion | ~ **eines Namens; Namens~** | misuse (abuse) (unauthorized use) of a name | ~ **des jugendlichen Alters einer Person** | undue influence upon a minor | ~ **eines Rechtes; Rechts~** | misuse (unlawful use) of a right | ~ **der Unerfahrenheit eines andern** | taking undue advantage of sb.'s inexperience | **Vertrauens~** | abuse (breach) of confidence (of trust).
★ **grober** ~; **schwerer** ~ | gross abuse | **einen** ~ **abstellen** | to remedy an abuse | **mit etw.** ~ **treiben** | to misuse (to abuse) sth.; to make ill use of sth.
mißbrauchen *v* | etw. ~ | to misuse (to abuse) sth.; to make ill use of sth.; to misapply sth. | **sein Ermessen** ~ | to abuse one's discretion | **eine Frau** ~ | to abuse a woman | **jds. Vertrauen** ~ | to take advantage of sb.
mißbräuchlich *adj* | abusive | ~**e Anwendung (Benutzung) (Verwendung)** | abuse; misuse; misapplication | ~**e Rechtsausübung** | unlawful use of a right; misuser | ~**e Verwendung von Geldern** | misapplication (misappropriation) of funds.
mißbräuchlich *adv* | abusively | etw. ~ **benutzen (verwenden)** | to misuse (to abuse) sth.; to make ill use of sth.; to misapply sth.
mißdeuten *v* | to misinterpret; to misconstrue.
Miß..deutung *f* | misinterpretation; misconception; misconstruction.
—**erfolg** *m* | ill-success; failure; unsuccess | ~ **eines Planes** | failure (miscarriage) of a plan | **mit einem** ~ **enden** | to result in failure; to fail.
—**ernte** *f* | crop failure.
—**griff** *m* | mistake.
—**gunst** *f* | disfavo(u)r.

mißhandeln *v* | to ill-treat; to treat badly | **jdn. grob ~** | to maltreat sb. grossly.

Miß..handlung *f* | ill-treatment | **geistige ~** | mental cruelty | **grobe ~; schwere ~** | gross maltreatment; severe cruelty.

—helligkeit *f* | disagreement; difference; difficulty.

Mission *f* Ⓐ [Auftrag] | mission | **~ des guten Willens** | goodwill mission | **in einer Sonder~** | on a special mission | **zu jdm. mit einer Sonder~ entsandt werden** | to be sent on a mission to sb. | **in diplomatischer ~** | on an embassy; on a diplomatic mission | **in geheimer ~** | on a secret mission | **seine ~ erfüllen** | to fulfill (to accomplish) one's mission.

Mission *f* Ⓑ [Vertretung] | mission; delegation | **Militär~** | military mission | **die auswärtigen ~en** | the foreign missions.

Missions..chef *m* | head of a (of the) mission.

—gesellschaft *f* | missionary society.

Mißkredit *m* | discret; disrepute | **jdn. in ~ bringen** | to discredit sb.; to bring sb. into disrepute; to reflect discredit upon sb. | **in ~ kommen** | to fall into disrepute (into discredit).

Mißlingen *n* | failure; ill success | **im Falle des ~s** | in case (in the event) of failure.

mißlingen *v* | to fail; to prove a failure.

Mißstand *m* | abuse; grievance; injustice | **einem ~ abhelfen** | to redress a grievance; to remedy an abuse.

Mißtrauen *n* Ⓐ | distrust; mistrust; lack of confidence | **voll ~** | mistrustfully | **jdm. das ~ aussprechen** | to pass a vote of no confidence against sb. | **jdm. mit ~ begegnen** | to mistrust (to distrust) sb.; to show distrust towards sb.

Mißtrauen *n* Ⓑ [Verdacht] | suspicion.

mißtrauen *v* | **jdm. ~** | to mistrust (to distrust) sb.

Mißtrauens..antrag | motion for a vote of no confidence | **einen ~ annehmen** | to pass a vote of no confidence | **einen ~ einbringen** | to present a motion of no confidence | **einen ~ stellen** | to ask for a vote of no confidence.

—votum *n* | vote of no confidence.

mißtrauisch *adj* | distrustful.

mißtrauisch *adv* | distrustfully; with distrust.

Mißverhalten *n* | misconduct; misbehavio(u)r.

Mißverhältnis *n* | disproportion | **auffälliges ~** | obvious disproportion | **krasses ~; schreiendes ~** | gross disproportion | **in einem ~** | misproportioned; disproportionate; out of proportion.

mißverständlich *adj* | ambiguous; equivocal; liable to be misunderstood.

Mißverständnis *n* | misunderstanding; misinterpretation; misconception; mistake | **in einem ~** | under a misapprehension | **infolge eines ~ses** | through a misunderstanding.

Mißverstehen *n* | mistaking.

mißverstehen *v* | to misunderstand; to misconceive; to misapprehend; to miscomprehend.

Mißwirtschaft *f* Ⓐ [schlechte Geschäftsführung] | maladministration; mismanagement.

Mißwirtschaft *f* Ⓑ [schlechte Regierung] | misgovernment; misrule.

mißwirtschaften *v* Ⓐ | to mismanage.

mißwirtschaften *v* Ⓑ [schlecht regieren] | to misgovern; to misrule.

Mitangeklagte *m* oder *f*; **Mitangeschuldigte** *m* oder *f* | **der ~; die ~** | the co-accused; the co-defendant.

Mitanmelder *m* | joint applicant.

Mitarbeit *f* | collaboration; collaboratorship.

mitarbeiten *v* | to collaborate.

Mitarbeiter *m* Ⓐ | collaborator.

Mitarbeiter *m* Ⓑ [Korrespondent] | correspondent.

Mitarbeiter *m* Ⓒ [Mitautor] | joint author.

Mitarbeiter *m* Ⓓ [Arbeitskamerad] | fellow worker.

Mitarbeiterschaft *f* | collaboratorship.

Mitarbeiterstab *m* | staff of collaborators.

Mitaufsicht *f* | joint supervision.

Mitautor *m* | co-author.

Mitautorin *f* | co-authoress.

Mitautor(en)schaft *f* | joint authorship.

Mitbeauftragte *m* oder *f* | **der ~; die ~** | the joint proxy.

Mitbegünstigte *m* oder *f* | **der ~; die ~** | the cobeneficiary.

Mitbegründer *m* | joint founder; co-founder.

Mitbegründerin *f* | co-foundress.

Mitbeklagte *m* oder *f* | **der ~; die ~** | the co-defendant; the joint defendant | **der (die) Berufungs~** | the co-respondent; the joint respondent | **der (die) ~ im Scheidungsprozeß** | the co-respondent.

mitbenutzen, mitbenützen *v* | **etw. ~** | to use sth. jointly (in common).

Mitbenutzung, Mitbenützung *f* | joint use.

Mitbenützungsrecht *n* | right of common; commonage; common.

Mitberechtigte *m* oder *f* | **der ~; die ~** | the cointerested party.

Mitbesitz *m* Ⓐ | joint possession (tenancy).

Mitbesitz *m* Ⓑ [Miteigentum] | joint ownership (proprietorship); co-ownership.

mitbesitzen *v* | to possess in common.

Mitbesitzer *m* Ⓐ | joint possessor (holder).

Mitbesitzer *m* Ⓑ [Miteigentümer] | joint owner (proprietor); co-proprietor.

Mitbesitzerin *f* | joint holder.

mitbestimmen *v* | to participate (to have a say) in the management.

Mitbestimmung *f*; **Mitbestimmungsrecht** *n* | worker participation (co-determination) in management; voice in decision-making.

mitbeteiligt *adj* | participating.

Mitbeteiligter *m* Ⓐ | partner.

Mitbeteiligter *m* Ⓑ | cointerested party.

Mitbeteiligter *m* Ⓒ [an einem Verbrechen] | accomplice in a (accessory in) crime.

Mitbeteiligung *f* | participation; co-partnership.

Mitbevollmächtigter *m* | joint proxy.

Mitbewerb *m* | competition.

mitbewerben *v* | **sich mit jdm. um etw. bewerben** | to compete with sb. for sth.

Mitbewerber *m* | competitor; rival.

Mitbewohner *m* | co-inhabitant.

Mitbürge *m* | joint guarantor (surety); co-guarantor; co-surety.

Mitbürger *m* | fellow citizen.

Mitbürgschaft *f* | joint guarantee (security) (surety) co-suretyship.

Mitdirektor *m* | joint director (manager); co-director.

Mitdirektrice *f* | joint directress (manageress).

Mitdirektion *f* | joint directorship (management); co-directorship.

Miteigentum *n* | co-ownership | **~ zur Gesamthand (zur gesamten Hand)** | joint (undivided) ownership.

Miteigentümer *m*; **Miteigner** *m* | joint owner (proprietor); co-owner; co-proprietor.

Miteigentumsrecht *n* | joint ownership; co-ownership.

Miterbe *m* | joint heir; coheir.

miterben *v* | to inherit jointly.

Miterbengemeinschaft *f* | joint inheritance.

Miterbin *f* | joint heiress; coheiress.

Miterbschaft *f* | coheritage; coinheritance.

Miterfinder *m* | joint inventor.

Miterfinderschaft *f* | joint inventorship.
Miterwerb *m* | joint acquisition.
Miterwerber *m* | joint purchaser.
Mitgarant *m* | joint guarantor (surety); co-guarantor; co-surety.
Mitgebrauch *m* | joint use.
mitgerechnet *part* | included; inclusive.
Mitgesellschafter *m* | partner; co-partner.
Mitgift *f* | marriage portion; dowry.
—**jäger** *m* | fortune hunter.
—**versicherung** *f* | children's endowment insurance.
Mitgläubiger *m* | joint (fellow) creditor; co-creditor.
Mitglied *n* | member | **Aufnahme von ~ern** | admission of members | **Aufsichtsrats~** | member of the board of supervisors | **Ausschuß~** | member of a (of the) committee; committee member | **Austritt eines ~es** | withdrawal of a member | **Börsen~** | member of the exchange | **Direktions~; des Direktoriums** | member of the board (of the board of directors); board member | **Ehren~** | honorary member | **Familien~** | member of the family.
○ **Gründungs~** | foundation (founder) member; co-founder | **Kabinetts~** | member of the cabinet; cabinet member | **~ eines Konsortiums; Konsortial~** | underwriting member; member of the syndicate | **Logen~** | member of a lodge | **Liga~** | league member | **Oberhaus~** | member of the Upper House | **Parlaments~** | member of Parliament | **Partei~** | party member | **Pflicht~** | compulsory member | **Rats~** | member of the council; council member | **Regierungs~** | member of the government | **Senats~** | senate member | **~ des Staatsrates** | member of the privy council | **~ eines Syndikats** | member of a syndicate | **Unions~** | union member | **Unterhaus~; ~ des Unterhauses** | Member of the House of Commons | **Vereins~** | club member; member of a club (of an association).
○ **Verwaltungsrats~; ~ des Verwaltungsrates; Vorstands~; ~ des Vorstandes** | member of the board (of the board of directors); board member | **Völkerbunds~** | member of the League of Nations | **Voll~** | full member | **Zahl der ~er** | number of members; membership | **Zulassung von ~ern** | admission of members.
★ **ältestes ~** | oldest member | **auswärtiges ~; korrespondierendes ~** | associate (corresponding) member; associate | **förderndes ~** | paying member | **früheres ~** | ex-member | **ordentliches ~** | regular (full) member | **passives ~** | passive member | **ständiges ~** | permanent member | **stellvertretendes ~** | deputy member | **stimmberechtigtes ~; wahlberechtigtes ~** | voting member | **weibliches ~** | woman member | **zahlendes ~** | paying (contributing) member.
★ **~ sein von (bei)** | to be a member of | **~ werden** | to become a member.
Mitglieder..liste *f*; —**verzeichnis** *n* | membership list (register).
—**versammlung** *f* | meeting of the members.
Mitglieds..ausweis *m*; —**karte** *f* | membership card.
—**bank** *f* | member bank.
—**beitrag** *m* | membership dues *pl*; subscription; dues *pl*.
—**betrieb** *m* | member firm.
—**land** *n* | member country.
—**nummer** *f* | membership number.
—**staat** *m* | member state (nation) | **Nicht~** | non-member state.
Mitgliedschaft *f* Ⓐ | membership; affiliation | **Doppel~** | dual membership | **Ehren~** | honorary

membership | **Partei~** | party membership | **Pflicht~; Zwangs~** | compulsory membership | **Vereins~** | club membership | **Voll~** | full membership | **Voraussetzungen für den Erwerb der ~** | qualification for membership; membership qualifications.
★ **beitragsfreie ~; kostenlose ~** | free membership | **jdn. von der ~ ausschließen** ① | to exclude sb. from membership | **jdn. von der ~ ausschließen** ② | to deny sb. admission | **die ~ erwerben** | to acquire membership; to become affiliated (a member).
Mitgliedschaft *f* Ⓑ **[bei einer wissenschaftlichen Gesellschaft]** | fellowship [of a learned society].
Mitgliedschaft *f* Ⓒ **[Zahl der Mitglieder]** | membership; number of members.
Mitgründer *m* | joint founder; co-founder.
mithaften *v* | to be jointly liable.
Mithaftung *f* | joint liability.
Mitherausgeber *m* | joint (associate) editor; co-editor.
Mitherausgeberin *f* | joint editress.
Mithilfe *f* | co-operation.
Mitinhaber *m* Ⓐ; **Mitinhaberin** *f* Ⓐ | joint holder.
Mitinhaber *m* Ⓑ; **Mitinhaberin** *f* Ⓑ | joint partner; co-partner.
Mitinhaber *m* Ⓒ | co-owner; joint owner.
Mitinhaberin *f* Ⓒ | joint owneress.
Mitinhaberschaft *f* | joint partnership; co-partnership.
Mitinteressent *m* | co-interested party.
Mitkläger *m* | joint plaintiff; co-complainant.
Mitklägerin *f* | co-plaintiff.
Mitläufer *m* | fellow traveler.
Mitleidenschaft *f* | **etw. in ~ ziehen** | to affect sth.; to interfere with sth. | **jds. Interessen in ~ ziehen** | to affect sb.'s interests | **durch etw. in ~ gezogen werden** | to be adversely affected by sth.
Mitleitung *f* | joint directorship (management); co-directorship.
Mitmieter *m*; **Mitpächter** *m* | joint tenant.
Mitpacht *f* | joint tenancy.
Mitpatenschaft *f* | joint sponsorship.
Mitreeder *m* Ⓐ | ship's husband (manager).
Mitreeder *m* Ⓑ | joint owner of ship.
Mitregent *m* | joint regent.
Mitregentschaft *f* | joint regency.
Mitreisender *m* | fellow traveler; travel compagnon.
Mitschuld *f* Ⓐ **[gemeinsame Verbindlichkeit]** | joint debt (obligation) (liability).
Mitschuld *f* Ⓑ | complicity; participation in guilt.
mitschuldig *adj* | **an einem Verbrechen ~ sein** | to be an accomplice in a crime; to be guilty of having aided and abetted in a crime.
Mitschuldiger *m* | accessory; accomplice; associate in guilt.
Mitschuldner(in) *m* und *f* | joint debtor; codebtor.
Mitschüler *m* | classmate.
Mitsprache *f* Ⓐ **[politisch]** | dialogue; consultation.
Mitsprache *f* Ⓑ **[industriell]** | dialogue between management and workers; consultation of workers by management.
Mitspracherecht *n* | right to have a say in management; voice in decision-making.
Mittags..ausgabe *f* | noon edition.
—**blatt** *n* | noon paper.
—**verabredung** *f* | lunch(eon) appointment.
—**zeit** *f* | lunch time (hour).
Mittäter *m* | accessory; accomplice; accessory in the fact | **Haupt- und ~** | the principal and his accomplices | **die ~ eines Verbrechens** | the accomplices (the accessories) in a crime.
Mittäterschaft *f* | complicity.

Mitte *f* | middle; center; centre.
mitteilen *v* | **jdm. etw.** ~ | to advise (to inform) (to notify) sb. of sth.; to communicate sth. to sb.
Mitteilhaber *m* | joint partner.
Mitteilung *f* | communication; notification; information; report | **Presse**~**en** | press news | **amtliche** ~ | official notice | **durch besondere** ~ | by special notice (communication) | **schriftliche** ~ | notification in writing; written communication | **vertrauliche** ~ | confidential message (communication) | **vertrauliche** ~**en** | private (confidential) information | **wichtige** ~ | important notice | **für jdn. eine** ~ **hinterlassen** | to leave a message for sb. | **jdm. von etw.** ~ **machen** | to communicate sth. to sb.; to give information; to advise (to notify) (to inform) sb. of sth.
Mitteilungs..blatt *n* | gazette.
—**pflicht** *f* | duty (obligation) to notify.
Mittel *n* oder *npl* Ⓐ | means *sing* or *pl* | **Angriffs**~ | means of attacking | **Beförderungs**~; **Transport**~ | means of transportation (of transport) | **Beweis**~ | means of proving; evidence | **Gegen**~ | remedy | **Kampf**~ | means of fighting | **Lebens**~ | foodstuffs | **Produktions**~ | means of production | **Rechts**~ | means of redress | **Tausch**~ | medium of exchange | **Verkehrs**~ | means of communication | **Verteidigungs**~ | means of defense | ~ **und Wege** | ways and means | **Zahlungs**~ | means of payment (of paying) | **Zucht**~ | means of discipline | **Zwangs**~ | coercive means.
★ **mit bedenklichen (zweifelhaften)** ~**n** | with doubtful (dubious) means | **mit erlaubten (legalen)** ~**n** | by lawful (fair) means | **mit friedlichen** ~**n** | peacefully; by peaceful means | **mit unerlaubten** ~**n; durch (unter) Anwendung unerlaubter** ~ | by (by using) unlawful means | **mit unlauteren** ~**n; durch (unter) Anwendung unlauterer** ~ | by employing unfair means.
★ **die** ~ **haben, zu** | to have the means to | ~ **(**~ **und Wege) finden, um etw. zu tun** | to find a means (a way) of doing sth.
Mittel *n* Ⓑ [Durchschnitt] | average | **Jahres**~ | annual average | **Monats**~ | monthly average | **das arithmetische** ~ | the arithmetical mean | **das** ~ **ziehen** | to take the average.
Mittel *npl* [Geldmittel] | funds *pl*; means *pl*; financial means; capital; resources *pl* | **Ansammlung von** ~**n** | accumulation of funds | **Betriebs**~ | working (operating) funds | **Eigen**~ | own resources | **Erschöpfung der** ~ | drain on the resources | **Existenz**~; ~ **für den Lebensunterhalt** | means of subsistence (of existence) | **ausreichende** ~; **hinreichende** ~ | sufficient funds | **begrenzte** ~; **beschränkte** ~ | limited means (resources) | **flüssige** ~; **liquide** ~; **verfügbare** ~ | available (liquid) means (funds) (assets) | **fremde** ~ | borrowed funds | **öffentliche** ~; **staatliche** ~ | public funds (money) | **überschüssige** ~ | surplus funds | **ohne** ~ | without means; without (destitute of) money; possessed of no means; penniless.
unzureichende ~ | inadequate means (resources)
mittelbar *adj* | indirect | ~**er Besitz** | indirect possession | ~**er Besitzer** | intermediate holder.
Mittel..aufbringung *f*; —**beschaffung** *f* | raising of funds.
—**bedarf** *m* | capital requirements.
—**betrieb** *m* | medium-size(d) business (enterprise).
—**bewilligung** *f* | appropriation of funds.
—**bindung** *f* | commitment of funds.
—**einsatz** *m* | employment (utilization) of funds.

mittelfristig *adj* | medium-term | ~**e Einlagen** | medium-term deposits | ~**e Verpflichtungen** | medium-term engagements.
Mittel..klasse *f* | middle classe.
—**knappheit** *f* | shortage (scarcity) of funds.
—**kurs** *m* Ⓐ | medium (average) rate (rate of exchange.
—**kurs** *m* Ⓑ; **Mittelpreis** *m* | average (middle) price.
—**kurs** *m* Ⓒ [Mittelweg] | middle course; middle-of-the-road.
mittellos *adj* | without means; possessed of no means; destitute of money; destitute; penniless.
Mittellosigkeit *f* | destitution; deprivation.
mittelmäßig *adj* | mediocre; moderate | ~**e Fähigkeiten** | moderate capacities | ~**e Leistung** | mediocre performance.
Mittelmäßigkeit *f* | mediocrity; moderateness.
Mittel..punkt *m* | central point; centre.
—**qualität** *f*; —**sorte** *f* | middle (medium) quality.
mittels | by means of; by way of.
Mittelschulbildung *f* | middle school (secondary) education.
Mittelschule *f* | secondary (junior high) school.
Mittelsmann *m*; **Mittelsperson** *f* | intermediary; middleman; go-between.
Mittelstand *m* | **der** ~ | the middle class; the middle-class society.
mittelständisch *adj* | middle-class *adj*.
Mittelweg *m* | middle course | **Politik des** ~**es** | middle-of-the-road policy | **der goldene** ~ | the golden mean | **den** ~ **einhalten** | to take the middle course.
Mittelwert *m* | mean (average) value.
—**zufluß** *m* | influx of funds.
—**zuweisung** *f* | appropriation of funds.
Mittestamentsvollstrecker *m* | joint executor; co-executor.
Mittestamentsvollstreckerin *f* | joint executrix; co-executrix.
Mittler *m* | mediator; intermediary.
mittler *adj* | ~**es Alter** | middle age | ~**en Alters** | middle-aged *adj* | **von** ~**er Art und Güte (Beschaffenheit)** | of average kind and quality | ~**er Fälligkeitstag (Verfalltag) (Zahlungstermin)** | average (mean) due date; average maturity | ~**er Größe** | medium-sized; middle-sized | ~**es Lebensalter**; ~**e Lebensdauer** | average life | ~**er Preis** | average price | ~**e Qualität** | average (medium) quality.
Mitunternehmer *m* | joint contractor.
mitunterschreiben *v*; **mitunterzeichnen** *v* | to sign jointly; to countersign.
Mitunterschrift *f*; **Mitunterzeichnung** *f* | joint signature; counter-signature.
Mitunterzeichner *m*; **Mitunterzeichneter** *m* | joint signatory; co-signatory.
Miturheber *m* | co-author.
Miturheberschaft *f* | co-authorship.
mitverantworten *v* | to share responsibility.
Mitverantwortung *f* | joint responsibility.
Mitverfasser *m* | co-author.
Mitverfasserin *f* | co-authoress.
Mitverkäufer(in) *m* oder *f* | joint seller.
mitverklagt *adv* | as joint defendant; as co-defendant.
Mitverklagter *m* | joint defendant; co-defendant.
Mitvermächtnisnehmer *m* | joint legatee; co-legatee.
Mitverpflichteter *m* | joint debtor; codebtor.
Mitverschulden *n* | contributory negligence (fault).
Mitverschwörer *m* | fellow conspirator.
Mitversicherung *f* | collateral insurance.

mitvertragschließend *adj* | cocontracting.
Mitvertragschließender *m* | cocontractant.
Mitverwaltung *f* | joint administration; co-administration
Mitverwaltungsrecht *n* | right to take part in the administration.
Mitvollstrecker m | joint executor; co-executor.
Mitvorhandensein *n* | coexistence.
Mitvormund *m* | joint guardian; co-guardian.
Mitvormundschaft *f* | joint guardianship; co-guardianship.
mitwirken *v* | to co-operate; to collaborate.
mitwirkend *adj* | ～es Verschulden | contributory negligence.
Mitwirkender *m* | co-operator.
Mitwirkung *f* | co-operation; collaboration; collaboratorship.
Mitwissender *m*; **Mitwisser** *m* | confidant.
Mitwisserschaft *f* | conspiracy.
Möbel *n* oder *npl* | furniture.
Möbel..spediteur *m* | furniture remover.
—**spedition** *f* | removal contractors; moving company; furniture removal.
Mobiliar *n* | furniture; movable goods; movables *pl*.
Mobiliar..kredit *m* | credit on personal property.
—**pfändung** *f* | distraint on chattels (on furniture).
—**steuer** *f* | tax on personal property.
—**vermögen** *n* | personal estate (property) ; net personalty; movables *pl*.
—**versicherung** | insurance of personal property.
—**verzeichnis** *n* | inventory of furniture.
Mobilien *npl* | movables *pl*; movable property; goods and chattels.
Mobilienkonto *n* | account of movables; furniture account.
mobilisieren *v*; **mobilmachen** *v* | to mobilize.
Mobilisierung *f*; **Mobilmachung** *f* | mobilization.
möbliert *adj* | ～es Zimmer | furnished room (apartment).
möbliert *adv* | ～ wohnen | to live in a furnished room (appartment) (in furnished rooms).
Modalität *f* | modality | Zahlungs～en | terms of payment.
Mode..artikel *m* oder *mpl*; —**waren** *fpl* | article(s) of fashion; fashion item(s).
—**beilage** *f* | fashion supplement.
—**geschäft** *n*; —**haus** *n* | fashion business (house).
—**journal** *n*; —**zeitung** *f* | fashion journal.
—**schöpfer** *m* | fashion designer.
Modell *n* Ⓐ | model | betriebsfähiges ～ | working model.
Modell *n* Ⓑ [Bau～] | design | neuestes ～; letztes ～ | latest design.
—**werkstätte** *f* | pattern shop.
—**zeichner** *m* | pattern designer.
modernisieren *v* | to modernize.
Modernisierung *f* | modernization.
Modifikation *f*; **Modifizierung** *f* | modification.
modifizieren *v* | to modify.
Modus *m* | mode; way | Wahl～ | mode (method) of election; method (manner) of voting.
möglich *adj* | possible; practicable | ～er Feind | potential enemy | ～e Gefahr | potential danger | ～e Hilfsquellen | potential resources | ～er Kunde | potential customer.
Möglichkeit *f* | possibility.
Möglichkeiten *fpl* | facilities; opportunities.
Molkerei *f* Ⓐ [Milchwirtschaft] | dairy farming; dairying.
Molkerei *f* Ⓑ [Milchgeschäft] | dairy; milk shop.

Molkerei *f* Ⓒ [Meierei] | dairy farm.
—**erzeugnisse** *npl*; —**produkte** *npl* | dairy produce.
—**genossenschaft** *f* | co-operative dairy (dairies).
Monarch *m* | monarch; sovereign.
Monarchie *f* | monarchy | Doppel～ | dual monarchy | Erb～; erbliche ～ | hereditary monarchy | absolute ～; unumschränkte ～ | absolute monarchy | beschränkte ～ | limited monarchy | konstitutionelle ～ | constitutional monarchy.
monarchisch *adj* | monarchical.
Monarchist *m* | monarchist.
monarchistisch *adj* | monarchist.
Monat *m* | month | mit (mit dem) Ablauf eines ～s | upon the expiration of one month | Abrechnungs～ | accounting month | Beitrags～ | contribution month | Berichts～ | month under report (under review) | Kalender～ | calendar month | der laufende ～ | the current month | vorigen ～s; vom vergangenen ～ | ultimo | alle ～e; jeden ～ | monthly; every (each) month | alle drei ～e | every three months; three monthly; quarterly; every quarter | alle zwei ～e | bimonthly | drei ～e dato | three months after date | dieses ～s | instant.
monatlich *adj* | monthly | ～e Kündigung | a (one) month's notice | Geld auf (gegen) ～e Kündigung | monthly money (loans) | in ～en Raten (Teilzahlungen) | in (by) monthly instalments.
monatlich *adv* | monthly; by the month | all～ | every month; monthly | drei～ | every three months; three monthly; quarterly; every quarter | halb～; zweimal ～ | every fortnight; fortnightly; half-monthly; twice a month | zwei～ | every two months; bimonthly.
Monats..abonnement *n* | monthly ticket.
—**abschluß** *m*; —**aufstellung** *f*; —**ausweis** *m*; —**bericht** *m*; —**bilanz** *f* | monthly return (balance) (statement).
—**bedarf** *m* | monthly requirements *pl*.
—**betrag** *m* | monthly amount.
—**durchschnitt** *m* | monthly average.
—**ende** *n* | end of the month | am ～ | at the end of the month (of the present month).
—**frist** *f* | period of one month | Drei～ | period of three months | binnen ～ | within a month.
—**gehalt** *n* | monthly salary; month's salary (pay) | sein ～ abheben | to draw (to receive) one's month's pay (salary).
—**geld** *n* Ⓐ [Darlehen] | monthly money (loans); loans for one month.
—**geld** *n* Ⓑ [Zahlung] | monthly payment (instalment) (allowance) (remittance).
—**heft** *n* | monthly magazine (review).
—**karte** *f* | monthly ticket (season-ticket).
—**lohn** *m* | month's pay (wages *pl*) | seinen ～ einstecken (in Empfang nehmen) | to draw (to receive) one's month's pay (wages).
—**miete** *f* | one month's rent.
—**nachweisung** *f* | monthly return (report).
—**produktion** *f* | monthly output.
—**rate** *f* | monthly instalment | in ～n | in (by) monthly instalments.
—**rechnung** *f* | monthly account.
—**schluß** *m* | end of the month.
—**schrift** *f* | monthly paper; monthly.
—**übersicht** *f* | monthly statement.
—**verdienst** *m* | monthly earnings *pl* (wages *pl*) (profit).
—**wechsel** *m* Ⓐ | one month's bill; bill of exchange at one month's date | Drei～ | bill at three months; three month's bill.

Monatswechsel *m* Ⓡ; **—zuschuß** *m* | monthly allowance.

monatsweise *adv* | monthly; by the month.

Monats..zahlung *f* | monthly payment (instalment).

—zeitschrift *f* | monthly review; monthly.

monieren *v* | jdn. ∼ | to urge sb.

Monopol *n* | monopoly | **Alkohol**∼; **Branntwein**∼ | state monopoly on liquor | **Finanz**∼ | financial monopoly | **Handels**∼ | trade monopoly | **Inhaber eines** ∼s | monopolist | **Patent**∼ | patent monopoly | **Post**∼ | postal privilege | **Regierungs**∼; **Staats**∼ | state (government) monopoly | **Rohstoff**∼ | monopoly of (on) raw materials | **Tabak**∼ | tobacco monopoly | **Verkaufs**∼ | exclusive right to sell; sales monopoly | **Zündwaren**∼ | match monopoly.

★ das ∼ für etw. haben | to have the monopoly of (on) sth. | etw. zum ∼ machen | to monopolize sth.

monopolartig *adj* | monopolistic.

Monopol..abgabe *f*; **—gebühr** *f* | monopoly (excise) duty | etw. mit einer ∼ belegen | to excise sth.

—dauer *f* | term of a monopoly.

—gesellschaft *f* | monopoly company.

—gewinn *m* | monopoly (excise) revenue.

—industrie *f* | monopolistic (monopolized) industry.

monopolisieren *v* | etw. ∼ | to monopolize sth.; to have the monopoly of sth.

Monopolisierung *f* | monopolization; monopolizing.

Monopolist *m* | monopolist; monopolizer.

monopolistisch *adj* | monopolistic.

Monopol..kapitalismus *m* | monopoly capitalism.

—macht *f* | monopoly power.

—patent *n* | monopoly patent; patent monopoly.

—politik *f* | monopoly policy.

—stellung *f* | monopolistic position.

—steuer *f* | monopoly duty.

—verwaltung *f* | excise department.

Montage *f* | installation; assembly.

—kosten *pl* | cost of installation.

—werk *n* | assembly plant.

Montan..aktien *fpl*; **—papiere** *npl*; **—werte** *mpl* | mining shares (stock).

—industrie *f* | mining industry; mining.

—markt *m* | mining market.

—unternehmungen *fpl* | mining concern.

Montanunion *f* | European Coal and Steel Community.

Moral *f* | morality; morals; moral sense | **Geschäfts**∼ | trade (business) ethics (morals) | **von zweifelhafter** ∼ | of doubtful honesty.

moralisch *adj* | moral | ∼e **Pflicht** | moral duty | ∼er **Schwachsinn** | moral insanity | ∼er **Sieg** | moral victory | ∼e **Verantwortung** | moral responsibility.

moralisch *adv* | ∼ verantwortlich | morally responsible | ∼ verpflichtet sein, etw. zu tun | to be morally bound (in hono(u)r bound) to do sth.

Moratorium *n* | moratorium | **Transfer**∼ | moratorium for transfers of foreign exchange.

Moratoriumsanleihe *f* | moratory loan.

Mord *m* Ⓐ [mit Überlegung ausgeführter ∼] | murder in the first degree; premeditated murder.

Mord *m* Ⓑ [vorsätzliche Tötung] | murder | unter Anklage wegen ∼es; des ∼es angeklagt | accused of (charged with) murder; on a charge of murder | unter der Anklage wegen ∼es vor Gericht gestellt werden | to be tried for murder | **Bruder**∼ | fratricide | ∼ durch Erdrosselung | strangulation murder | **Gift**∼ | poisoning | **Kinds**∼ | infanticide | **Königs**∼ | regicide | **Lust**∼ | murder committed

without motive | **Meuchel**∼ | assassination | **Mutter**∼ | matricide | **Raub**∼ | murder with robbery | **Ritual**∼ | ritualistic murder | **Selbst**∼ | suicide | **Vater**∼ | parricide | des ∼es schuldig | guilty of murder | des ∼es überführt | convicted of murder | einen ∼ begehen | to commit murder (a murder).

Mordanklage *f* | unter ∼ | accused of (charged with) murder; on a charge of murder | unter ∼ vor Gericht gestellt werden | to be tried for murder | unter ∼ stehen | to be (to stand) indicted for murder.

Mordanschlag *m* | attempt at [sb.'s] life; attempted assassination.

morden *v* | to murder; to assassinate.

Mörder *m* | murderer | **Bruder**∼ | fratricide | **Meuchel**∼ | assassin; assassinator | **Mutter**∼ | matricide | **Raub**∼ | murderer and robber | **Selbst**∼ | suicide | **Vater**∼ | parricide | gedungener ∼ | hired assassin | einen ∼ dingen | to hire a murderer.

Mörderin *f* | murderess.

Mord..plan *m* | assassination plot.

—prozeß *m* | murder trial.

—verdacht *m* | unter ∼ stehen | to be suspect (suspected) of having committed murder (a murder); to be under suspicion of murder.

—versuch *m* | attempted (attempt at) murder.

—waffe *f* | murderous (lethal) weapon.

morganatisch *adj* | ∼e **Ehe** | morganatic marriage.

Morgen..ausgabe *f* | morning edition.

—blatt *n*; **—zeitung** *f* | morning paper.

—gabe *f* | dowry.

—post *f* | morning post (mail); first mail.

—veranstaltung *f* | morning performance.

Motiv *n* | motive; ground.

motivieren *v* | to give (to state) reasons; to motivate.

Motivierung *f* | motivation.

Motor..fahrzeug *n* | motor vehicle.

—fahrzeugsteuer *f* | motor vehicle tax.

Mühewaltung *f* | trouble(s).

Müllabfuhr *f*; **Müllbeseitigung** *f* | garbage disposal; disposal of refuse.

multilateral *adj* | ∼e **Abkommen** | multilateral agreements.

Multimillionär *m* | multimillionnaire.

multinational *adj* | ∼e **Konzerne (Unternehmungen)**; „die Multis" | multinational concerns.

Multiplikation *f* | multiplication.

multiplizieren *v* | to multiply.

Mündel *m* | ward | ∼ unter Amtsvormundschaft | ward in chancery; ward of court.

Mündelgeld *n*; **Mündelgelder** *npl* | orphan (trust) (ward) money | **Anlegung von** ∼ (von ∼ern) | trusteeship investment.

mündelsicher *adj* | ∼e **Anlage (Kapitalanlage)** | trustee-act (gilt-edged) investment | ∼e **Anlagewerte (Papiere) (Wertpapiere) (Werte)** | chancery (trustee) (gilt-edged) securities (stocks) | ∼e **Sparkasse** | trustee savings-bank.

mündelsicher *adv* | **Geld** ∼ anlegen | to invest money in gilt-edged securities (stocks).

Mündelvermögen *n* | orphan (ward) money; trust property.

mündig *adj* | of age; of full age | ∼ werden | to attain one's majority; to come of age.

Mündigkeit *f* | full age; majority.

Mündigkeitsalter *n* | age of consent.

mündlich *adj* | oral; verbal | ∼es **Abkommen**; ∼e **Abmachung**; ∼e **Vereinbarung** | verbal arrangement (agreement); oral contract | ∼e **Anweisung (In-**

struktion) | verbal order (instruction) | ~e Anzeige; ~er Bescheid | verbal notice | ~e Erklärung ① | verbal statement | ~e Erklärung ② | deposition | in ~er Form | by word of mouth; verbally; orally | in ~er oder schriftlicher Form | verbally or in writing; in oral or written form | ~e Prüfung | oral examination | ~es Testament [vor Zeugen] | nuncupative will | ~e Überlieferung | verbal tradition | ~e Übersetzung | oral (verbal) translation | ~es Verfahren | oral proceedings pl | ~e Verhandlung | oral arguments pl | ~er Vertrag | verbal agreement (contract); oral (parol) contract | ~e Verwarnung | oral caution (warning) | in ~em Vortrag | viva voce.

mündlich adv | orally; by word of mouth | ~ getroffene Abmachung | verbal arrangement (agreement); oral contract | ~ aufgegebene Bestellung | verbal order | ~ abgeschlossener Vertrag | verbal agreement (contract); oral contract.
★ etw. ~ abmachen (vereinbaren) | to make a verbal agreement on sth. | ~ oder schriftlich | in oral or written form; verbally or in writing | etw. ~ vorbringen | to make an oral proposal of sth. | ~ vorgetragen | viva voce.

Mündliche n [mündliche Prüfung] | das ~ | the oral examination; the oral(s).

Mundraub m | theft of comestibles [for immediate consumption].

Münzautomat m | penny-in-slot machine.

münzbar adj | coinable.

Münze f ⓐ [Geldstück] | coin; piece of money | **Gold**~ | gold coin (piece) | **Scheide**~ | small coin (money); token coin (coinage); fractional (divisional) coin (currency) | **Silber**~ | silver coin (money) (coinage) (currency); coined money (silver).
★ abgegriffene ~; abgenutzte ~ | defaced coin | falsche ~; gefälschte ~ | counterfeit (base) (false) coin | gesetzliche ~ | legal (lawful) money | klingende ~ | hard cash; specie | in klingender ~ zahlen | to pay in hard cash | etw. für bare ~ nehmen | to take sth. on its face value | ~n prägen (schlagen) | to coin (to mint) (to stamp) money; to coin; to mint.

Münze f ⓑ; **Münz..amt** n; **—anstalt** f | mint office; mint.

—einheit f | monetary unit (standard); money standard.

—einwurf m | coin slot.

münzen v | to mint; to coin; to mint (to coin) (to stamp) money | **Gold aus**~ | to coin gold into money; to monetize gold.

Münzen..sammler m | collector of coins.

—sammlung f | coin collection.

Münzer m | coiner | **Falsch**~ | money forger; false coiner.

Münz..fälscher m | false coiner.

—fälschung f | false coining.

—fernsprecher m | public telephone box.

—fuß m ⓐ [Feinheit] | fineness of coinage.

—fuß m ⓑ [Währungsstandard] | monetary standard (unit); standard money; money standard; currency; mint par.

—gebühr f | mintage; seigniorage.

—gehalt m | fineness (standard) of coinage.

—geld n | coined money; coin; hard cash.

—gesetz n | monetary (currency) law.

—gewinn m [Schlagschatz] | gain of the mint; mintage; seignorage.

—gold n | monetary (coinage) gold.

Münz..hoheit f | monetary sovereignty.

—kontrolle f | monetary control.

—konvention f | monetary convention.

—kosten pl | mintage; mint (coinage) charges; coinage expenses.

—monopol n | exclusive right to coin money.

—ordnung f | monetary law.

—parität f | parity of the mint; mint parity.

—prägung f | minting; coining.

—recht n; **—regal** n | right (prerogative) of coining money.

—sorte f | specie of money; specie.

—standard m | monetary standard.

—stätte f | mint; mint office.

—stempel m | stamp (die) for coining.

—system n; **—wesen** n | monetary system; currency; coinage.

—umlauf m | circulation of coin; currency.

—union f | monetary union.

—verbrechen n; **—vergehen** n | coinage offense; false coining; money forging; counterfeiting; making counterfeit money.

—verschlechterung f | depreciation of coin; debasement of the coinage.

—wardein m | mintmaster; warden of the mint.

—zeichen n | mintmark; coiner's mark.

Musik..verlag m; **—verleger** m | music (musical) publisher(s).

Muster n ⓐ; **—beispiel** n | example.

Muster n ⓑ [Modell] | model | etw. nach dem ~ von etw. machen | to model sth. after (on) sth.

Muster n ⓒ [Probe] | specimen | **Brief**~ | specimen letter | dem ~ entsprechen | to correspond to the sample.

Muster n ⓓ [Gebrauchs~] | pattern; design | **Geschmacks**~ | design patent | eingetragenes ~ | registered design.

Muster n ⓔ [Warenprobe] | model; sample | **Reise**~ pl | traveller's samples; assortment of patterns; pattern (sample) assortment | **Vergleichs**~ | reference sample | ~ ohne Wert | sample without value (of no value) (of no commercial value) | etw. als ~ ohne Wert senden | to send sth. by sample post.

Muster..auftrag m | sample (trial) order.

—ausstellung f | sample exhibition (fair).

—auswahl f | assortment (range) of patterns.

—bedingungen fpl | standard terms.

—betrieb m | gewerblicher ~; industrieller ~ | model factory | landwirtschaftlicher ~ | model farm (economy).

—bilanz f | standard balance sheet.

—brief m | specimen letter.

—buch n | book of patterns; pattern book.

—diebstahl m | theft (illegal copying) of patterns (of designs).

—entnahme f | sampling.

—exemplar n | specimen copy (number); specimen.

—fall m | typical case.

mustergemäß adj; **mustergetreu** adj | according to (as per) (up to) sample.

mustergültig adj; **musterhaft** adj | exemplary | ~es Verhalten | exemplary conduct.

Muster..gut n | model farm.

—haushalt m | standard budget.

—karte f | pattern (sample) card.

—katalog m | pattern (sample) book.

—kollektion f ⓐ | assortment of patterns; pattern (sample) assortment.

—kollektion f ⓑ [eines Reisenden] | traveller's samples pl.

Muster..lager *n* | **ein ~ unterhalten** | to keep a stock of samples.
—**messe** *f* | sample fair (exhibition).
mustern *v* | to muster | **die Besatzung ab~** | to muster out (to pay off) the crew.
Muster..register *n*; —**rolle** *f* Ⓐ [Gebrauchs~] | register of designs.
—**rolle** *f* Ⓑ [Stammrolle] | muster roll.
—**rolle** *f* Ⓒ [Schiffs~] | muster roll of a ship's crew; list of the crew.
—**sammlung** *f*; —**zusammenstellung** *f* | collection (assortment) of samples.
—**schutz** *m* Ⓐ [Gebrauchs~] | protection of (copyright in) designs; protection of patterns and designs.
—**schutz** *m* Ⓑ [Geschmacks~] | protection of design patents.
—**sendung** *f* Ⓐ [Sendung von Mustern] | shipment of samples.
—**sendung** *f* Ⓑ [Versendung als Muster ohne Wert] | shipment by sample post | **Tarif für ~en** | sample rate.
Musterung *f* Ⓐ [ärztliche Untersuchung vor Aushebung] | medical examination [before draft].
Musterung *f* Ⓑ [muster; recruitment | **Ab~** | mustering out; paying off.
Musterungsausschuß *m* | draft (recruiting) board.
Muster..untersuchung *f* | pilot study.
—**vereinbarung** *f*; —**vertrag** *m* | model (standard) contract.
—**verordnung** *f* | model regulation.
—**wirtschaft** *f* | model economy (farm).
Mutationsgebühr *f* | transfer fee (charge).
Muten *n* | claiming of a mining concession.
muten *v* | to claim a mining concession.
mutmaßen *v* [vermuten] | to presume; to assume; to conjecture.
mutmaßlich *adj* [vermutlich] | presumptive; assumable; presumable | **der ~e Erbe** | the presumptive heir; the heir apparent.
mutmaßlich *adv* | presumptively; presumably.
Mutmaßung *f* [Vermutung] | presumption; supposition; conjecture | **~en anstellen** | to make conjectures; to conjecture.
Mutter *f* | mother | **Adoptiv~**; **Pflege~** | foster-mother | **Groß~** | grandmother | **Kinds~**; **uneheliche ~**; **unverheiratete ~** | unmarried mother | **Königin~** | queen mother | **Schwieger~** | mother-in-law | **Stief~** | stepmother | **Urgroß~** | great-grandmother.
Muttergesellschaft *f* | parent society (company).
Mutterland *n* | mother (home) country | **Gebiet des ~es** | territory of the home country.
mütterlich *adj* | maternal | **~es Erbe**; **~er Erbteil** | portion inherited from the mother's side | **in der ~en Linie** | in the maternal line; on the mother's side.
mütterlicherseits *adv* | on the mother's (maternal) side; in the maternal line | **Großvater ~** | maternal grandfather | **Halbbruder ~** | half brother on the mother's side | **Vorfahren** *mpl* **~** | ascendants on the mother's side.
Muttermord *m* | matricide.
Mutterrolle *f* | roll; register; list.
Mutterschaft *f* | motherhood; maternity.
Mutterschaftsversicherung *f* | maternity insurance.
Muttersprache *f* | mother language (tongue); native language.
Mutung *f* Ⓐ; **Mutungsanspruch** *m* | claiming of a mining concession; mining claim.

Mutung *f* Ⓑ [Schürfrecht] | prospecting license.
mutwillig *adj* | **~er Angriff** | wanton aggression | **~e Sachbeschädigung** | wilful damage | **~e Zerstörung** | wanton destruction.
mutwillig *adv* | wilfully.
mystisch *adj* | **~es Testament** | mystic will.

N

nachahmbar *adj* | imitable; to be imitated.
nachahmen *v* Ⓐ [kopieren] | **etw. ~** | to copy; to be imitative of sth.
nachahmen *v* Ⓑ [fälschen] | to imitate; to counterfeit; to forge.
Nachahmer *m* Ⓐ | imitator.
Nachahmer *m* Ⓑ [Fälscher] | forger; counterfeiter.
nachahmenswert *adj* | imitable.
Nachahmung *f* Ⓐ [Fälschung] | counterfeiting; forgery | **geringwertige ~**; **schlechte ~** | inferior (weak) imitation | **sklavische ~** | slavish imitation | **sich der ~ entziehen** | to defy imitation | **als ~ von etw.** | in imitation (on the model) of sth.
Nachahmung *f* Ⓑ [Falsifikat] | imitation; copy | **vor ~en wird gewarnt** | beware of imitations (of counterfeits) | **~en werden verfolgt** | imitations will be prosecuted.
Nacharbeit *f* | extra (late) work.
Nachbar *m* | neighbo(u)r.
Nachbar..eigentum *n*; —**grundstück** *n* | adjoining property (estate).
—**eigentümer** *m* | neighbo(u)ring owner.
—**grenzbezirk** *m* | neighbo(u)ring border district.
—**land** *n* | neighbo(u)ring country.
nachbarlich *adj* | neighbo(u)rly | **~e (gut~e) Beziehungen** | neighbo(u)rly intercourse; good-neighbo(u)rly relations.
Nachbarschaft *f* Ⓐ | neighbo(u)rhood | **Politik der guten ~** | policy of good neighbo(u)rhood.
Nachbarschaft *f* Ⓑ [Nähe] | vicinity | **gefahrerhöhende ~** | surrounding risk.
Nachbarrecht *n* | law of neighbo(u)rs.
—**staat** *m* Ⓐ [Anliegerstaat] | riparian state (nation).
—**staat** *m* Ⓑ [Grenzstaat] | neighbo(u)ring (bordering) state; border state.
—**volk** *n* | neighbo(u)ring people (nation).
Nachbau *m* | copying.
nachbelasten *v* | **etw. ~** | to make an additional charge for sth.
Nachbesitzer *m* | subsequent holder.
Nachbesserung *f* [nachträgliche Instandsetzung eines gelieferten Gegenstandes nach erfolgter Mängelrüge] | subsequent reconditioning [of a delivered article upon notification of a defect (of defects)].
nachbestellen *v* | to repeat (to renew) an order.
Nachbestellung *f* Ⓐ | renewal (completive) order.
Nachbestellung *f* Ⓑ | supplementary (additional) (subsequent) order.
nachbezahlen *v* Ⓐ [zusätzlich bezahlen] | to make an additional payment.
nachbezahlen *v* Ⓑ [nachträglich bezahlen] | to pay afterwards.
Nachbezahlung *f* Ⓐ [zusätzliche Bezahlung] | additional payment.

Nachbezahlung *f* Ⓑ [nachträgliche Bezahlung] | subsequent payment.

nachbilden *v* Ⓐ [nachmachen] | to copy.

nachbilden *v* Ⓑ [genau nachmachen] | to make a replica.

nachbilden *v* Ⓒ [nachahmen] | to imitate.

nachbilden *v* Ⓓ [plagiieren] | to plagiarize.

nachbilden *v* Ⓔ [fälschen] | to counterfeit; to forge.

Nachbildung *f* Ⓐ [Nachmachen] | copy; copying.

Nachbildung *f* Ⓑ [genaue Kopie] | replica.

Nachbildung *f* Ⓒ [Nachahmung] | imitation; imitating | **sklavische** ~ | slavish imitation | **sich der** ~ **entziehen** | to defy imitation | **als** ~ **von etw.** | in imitation (on the model) of sth.

Nachbildung *f* Ⓓ [Plagiat] | plagiarism; plagiary.

Nachbildung *f* Ⓔ [Fälschung] | counterfeiting; forgery.

Nachbörse *f* Ⓐ | after-hours *pl.*

Nachbörse *f* Ⓑ [Freiverkehrsmarkt] | open (outside) market.

nachbörslich *adj* | after the closing of the Exchange | **der** ~**e Kurs (Preis)** | the price after hours (in the open market).

Nachbuchung *f* | supplementary (additional) entry.

Nachbürge *m* | second (counter) bail.

nachdatieren *v* [ein späteres Datum einsetzen] | to postdate; to insert a later date.

Nachdruck *m* Ⓐ | emphasis; stress | **einem Argument** ~ **verleihen** | to reinforce an argument | **einem Punkt** ~ **geben** | to stress a point | ~ **legen auf etw.** | to lay stress upon sth. | **mit** ~ | insistently; vigorously; energetically.

Nachdruck *m* Ⓑ | reprint; reproduction | **nicht autorisierter** ~**; unberechtigter** ~ | unauthorized (counterfeit) reprint | **heimlicher** ~ **eines Buches** | surreptitious edition (reprint) of a book | ~ **verboten** | copyright (all rights) reserved.

Nachdruck *m* Ⓒ [unerlaubter ~] | piracy | ~ **wird verfolgt** | counterfeits will be prosecuted.

nachdrucken *v* Ⓐ | to reprint; to reproduce.

nachdrucken *v* Ⓑ [unerlaubterweise] | to pirate.

nachdrücklich *adj* | ~**e Hinweise** | insistencies *pl.*

nachdrücklich *adv* | insistently; vigorously; energetically | **einen Punkt** ~ **betonen** | to urge a point | **jdm. gegenüber** ~ **darauf bestehen, daß etw. gemacht wird** | to urge on sb. the necessity of doing sth. | **etw.** ~ **versichern** | to insist on (upon) sth.

Nachdrucksrecht *n* | copyright.

Nachdruckvermerk *m* | copyright notice.

nachehelich *adj* | post-nuptial.

nacheinander *adv* | in succession | **kurz** ~**; rasch** ~ | in rapid succession.

Nach..erbe *m* | reversionary heir; remainderman | **Einsetzung als** ~ | appointment as reversionary heir.

—**erbeinsetzung** *f* | appointment as (of a) reversionary heir.

—**erbfolge** *f* | reversionary succession.

—**erbschaft** *f* | remainder.

—**erfinder** *m* | later (subsequent) inventor.

nacherheben *v* Ⓐ [zusätzlich erheben] | **eine Steuer** ~ | to assess a tax for additional payment.

nacherheben *v* Ⓑ [nachträglich erheben] | **eine Steuer** ~ | to levy a tax by subsequent assessment.

Nacherhebung *f* Ⓐ | additional assessment.

Nacherhebung *f* Ⓑ | subsequent assessment.

Nachfahre *m* | descendant | **die** ~**n** | the descendants; the offspring; the issue.

Nachfinanzierung *f* | additional (supplementary) financial assistance.

Nachfolge *f* | succession | **Gesamt**~ | succession in law | ~ **in gerader Linie** | lineal succession | ~ **in der Seitenlinie** | succession in the collateral line | ~ **in der Präsidentschaft** | succession to the presidency | **Rechts**~ | succession in law | **durch Rechts**~ | by succession | **Recht der** ~ | right to succeed (of succession) | ~ **auf dem Throne** | succession to the Crown (to the throne).

nachfolgen *v* | **jdm. im Amte** ~**; jdm.** ~ | to succeed to sb.'s office; to succeed sb.

nachfolgend *adj* | succeeding | **der** ~**e Indossant (Girant)** | the subsequent (the following) endorser | ~**es Indossament** | subsequent endorsement | **im Nachfolgenden** | hereinafter.

Nachfolge..gesellschaft *f*; —**organisation** *f* | successor company (organization).

Nachfolger *m* | successor | **Besitz**~**; Rechts**~ ① | successor in law; legal successor | **Besitz**~**; Rechts** ~ ② | subsequent owner; successor in title | **Sonder**~ | successor by special arrangement | **rechtmäßiger** ~ | rightful (legitimate) successor | **als** ~ **von jdm.; als jds.** ~ | in succession to sb.

Nachfolgerschaft *f* Ⓐ | succession.

Nachfolgerschaft *f* Ⓑ [Recht der Nachfolge] | right to succeed.

Nachfolgestaat *m* | succession state.

nachfordern *v* | **etw.** ~ | to claim sth. additionally.

Nachforderung *f* | additional (supplementary) claim.

nachforschen *v* | to inquire; to investigate.

Nachforschung *f* | search; inquiry; investigation | ~**en anstellen** | to make inquiries; to inquire; to investigate; to search.

Nachfrage *f* Ⓐ [Erkundigung] | inquiry | ~ **halten nach etw.** | to inquire (to make inquiries) after (into) sth.

Nachfrage *f* Ⓑ [Bedarf] | demand | **Angebot und** ~ | supply (offer) and demand | **das Gesetz von Angebot und** ~ | the law of supply and demand | **Binnen**~**; Inlands**~ | home (domestic) (inland) demand | **abnehmende** ~**; rückläufige** ~ | diminishing (shrinking) demand | **anhaltende (ständige)** ~ | persistent (steady) demand | **lebhafte** ~ | active (brisk) demand | **eine** ~ **befriedigen** | to meet a demand | ~ **finden** | to come into demand.

nachfragen *v* | **nach etw.** ~ | to inquire (to make inquiries) after (into) sth.

Nachfrist *f* Ⓐ [zusätzliche Frist] | additional period of time; extension of time.

Nachfrist *f* Ⓑ [Gnadenfrist] | respite.

nachgeahmt *part* Ⓐ [kopiert] | copied.

nachgeahmt *part* Ⓑ [gefälscht] | imitated.

nachgeben *v* Ⓐ [Konzessionen machen] | to make concessions.

nachgeben *v* Ⓑ [zurückgehen] | to decline; to recede.

Nachgeben *n* Ⓐ | **im Wege gegenseitigen** ~**s** | by way of mutual concessions.

Nachgeben *n* Ⓑ [Zurückgehen] | ~ **der Preise (Kurse)** | decline (falling off) of the prices.

nachgeboren *adj* Ⓐ [später geboren] | later born.

nachgeboren *adj* Ⓑ [nach dem Tode des Vaters geboren] | posthumous.

Nachgebot *n* | later (subsequent) bid.

Nachgebühr *f* | surcharge.

Nachgebührenmarke *f* | postage-due stamp.

nachgedruckt *adj* | reprinted | **heimlich** ~**e Ausgabe eines Buches** | surreptitious reprint (edition) of a book.

nachgehen *v* | **seinen Geschäften** ~ | to attend to one's business | **einer Sache** ~ | to follow up a matter.

nachgemacht *adj* Ⓐ [imitiert] | imitated; copied | ~e **Waren (Gegenstände)** | imitations.
nachgemacht *adj* Ⓑ [gefälscht] | counterfeit; forged; false.
nachgeordnet *adj* Ⓐ [untergeordnet] | subordinate | ~e **Dienststelle** | subordinate office | ~es **Gericht** | lower court.
nachgeordnet *adj* Ⓑ [sekundär] | secondary.
nachgiebig *adj* | conciliatory; conciliating; indulgent.
Nachgiebigkeit *f* | indulgence.
Nachgiro *n* | later (subsequent) endorsement.
Nachhilfe..kurs *m* | supplementary course.
—**stunden** *fpl* | private lessons.
Nachholbedarf *m* | pent-up demand.
nachholen *v* | **etw.** ~ | to make up for sth.
Nachkomme *m* | descendant | **ehelicher** ~ | legitimate descendant | ~ **in gerader (direkter) Linie** | lineal descendant | ~ **in der Seitenlinie** | collateral descendant | **ein** ~ **von ... sein** | to descend from; to be descended from (a descendant of).
Nachkommen *mpl* | descendants *pl*; descent; issue; offspring | **erbberechtigte** ~ | issue in tail | ~ **hinterlassen** | to leave issue | **keine** ~ **hinterlassen; ohne** ~ **sterben** | to leave no descendants; to die without issue.
nachkommen *v* | **einer Aufforderung** ~ | to comply with a request | **einem Befehl** ~ | to obey an order | **einer Ladung** ~ | to obey (to comply with) a summons | **seinen Verpflichtungen** ~; **seinen Verbindlichkeiten** ~ | to meet (to fulfill) (to satisfy) one's obligations (one's engagements) | **Weisungen** ~ | to follow instructions (directions).
Nachkommenschaft *f* | descent; descendants *pl*; issue; offspring | **erbberechtigte** ~ | issue in tail | **männliche** ~; ~ **im Mannesstamm;** ~ **in der männlichen Linie** | issue in tail male | **eine große (zahlreiche)** ~ **hinterlassen** | to leave a large offspring | **keine** ~ **hinterlassen; ohne** ~ **sterben** | to leave no descendants; to die without issue.
Nachkömmling *m* | descendant.
Nachkontrolle *f* | check.
Nachkriegs... | post-war...
Nachlaß *m* Ⓐ [Hinterlassenschaft] | inheritance; estate; property left | **Klage auf Herausgabe des** ~sses | action for recovery of the inheritance.
Nachlaß *m* Ⓑ [Abzug] | reduction; deduction | **Steuer**~ | tax reduction; abatement of taxes | **Zins**~ | reduction of interest | **einen** ~ **gewähren** | to grant a reduction.
Nachlaß *m* Ⓒ [Preis~; Rabatt; Diskont] | abatement; rebate; remission; discount | **Fracht**~ | freight rebate; rebate of freight | **etw. unter Gewährung eines Nachlasses verkaufen** | to sell sth. at a discount | **Mengen**~ | quantity discount (rebate); discount for quantities | **ein** ~ **von ... Prozent** | a rebate of ... per cent; a ... per cent rebate | **auf eine Rechnung einen** ~ **gewähren** | to allow a rebate on an account (on an invoice).
★ **auf etw. einen** ~ **gewähren** | to make a reduction on sth. | **einen** ~ **von ... gewähren** | to grant a rebate of ...; to allow a discount of ...; to allow (to make) an abatement | **einen starken** ~ **gewähren** | to allow a heavy discount | **mit einem** ~ **von ...** | at a discount (reduction) of ...
Nachlassen *n* | ~ **der Konjunktur** | business (economic) slowdown | ~ **der Spannung** | relief of tension.
nachlassen *v* | to grant a reduction (a deduction) | **etw. im Preis** ~ | to make a reduction in price | **etw. vom Preis** ~ | to deduct sth. from the price |

so und so viel am Preis ~ | to make a reduction of so much on the price.
Nachlaß..gegenstand *m* | object forming part of the estate.
—**gericht** *n* | probate (surrogate) court; wills and probate department; wills and probate.
—**gläubiger** *m* | creditor of the estate.
—**inventar** *n* | inventory of the estate.
—**konkurs** *m* | bankruptcy of an estate (of the estate of a deceased person).
—**pfleger** *m* | curator (administrator) of the estate.
—**pflegschaft** *f* | curatorship (administration) of an estate.
—**register** *n* | probate register.
—**richter** *m* | probate judge.
—**schulden** *fpl* | debts of the estate.
—**steuer** *f* | estate (succession) (legacy) (probate) (death) duty; estate (inheritance) tax.
—**verbindlichkeit** *f* | liability of the estate.
—**verfahren** *n* | probate proceedings.
—**verwalter** *m* | administrator of the estate; executor.
—**verwaltung** *f* | administration of the estate.
—**verzeichnis** *n* | inventory of the estate.
—**wert** *m* | value of the estate.
nachlässig *adj* | negligent; neglectful.
Nachlässigkeit *f* | negligence; neglect.
Nachleistung *f* | subsequent performance.
nachlesen *v* | **etw.** ~ | to read up a subject | **im Gesetz** ~; **eine Gesetzesstelle** ~ | to read up the law.
nachliefern *v* | to deliver (to furnish) sth. afterwards.
Nachlieferung *f* | supplementary (subsequent) delivery; supplement.
nachlösen *v* | to take a supplementary ticket.
nachmachen *v* Ⓐ [imitieren] | to imitate; to copy.
nachmachen *v* Ⓑ [fälschen] | to counterfeit; to forge; to falsify.
Nachmann *m* | subsequent (following) endorser.
Nachmittagsveranstaltung *f* | afternoon performance.
Nachnahme *f* [Erhebung durch ~] | collection on delivery | **Fracht**~ | freight following; carriage forward | **unter** ~ **der Kosten (der Spesen); unter Kosten**~; **unter Spesen**~ | charges following (collected on delivery) | **unter Porto**~ | postage (carriage) to be collected | **Versand gegen** ~; **Zusendung gegen (unter)** ~ | shipment against collection on delivery (c.o.d.) | **einen Betrag per** ~ **erheben** | to charge forward an amount | **etw. per** ~ **schicken** | to send sth. C.O.D.
Nachnahme..betrag *m* | amount charged forward (to be collected on delivery).
—**gebühr** *f* | cash-on-delivery fee.
—**paket** *n*; —**sendung** *f* | cash-on-delivery package.
Nachname *m* | surname; last (family) name.
nachnehmen *v* | to make follow; to collect on delivery | **die Fracht** ~ | to collect the freight upon delivery.
Nach..patent *n* | later patent; patent with a later date.
—**pfändung** *f* | second (subsequent) distress.
Nachporto *n* | additional postage; surcharge.
Nachportomarke *f* | postage-due stamp.
nachprüfbar *adj* | verifiable.
nachprüfen *v* Ⓐ | to verify; to re-examine | **eine Behauptung** ~ | to verify a statement.
nachprüfen *v* Ⓑ [vergleichend ~; kollationieren] | to check; to collate; to tick off | **die Stimmen** ~ | to scrutinize the votes | **die Wahllisten** ~ | to scrutinize the electoral lists (rolls).
Nachprüfung *f* | re-examination; second examination (verification) | ~ **durch das Gericht; gerichtliche** ~ | court (judicial) review; review by the court(s) | ~ **des Wahlergebnisses** | scrutiny; official exami-

nation of the votes | ~ **der Wahllisten** | scrutiny of the electoral lists | **der** ~ **unterliegend** | subject to examination | **jds.** ~ **unterliegen** | to be subject to sb.'s control.
Nachprüfungs..antrag *m* | petition for review.
—**recht** *n* | right to (of) review.
—**stelle** *f* | control office.
nachrangig *adj* | of subsequent rank; ranking subsequently.
nachrechnen *v* | to verify; to check; to revise.
Nachrechnung *f* | verification; checking; revision.
Nachrede *f* | **üble** ~ | defamation of character; slander.
nachreichen *v* | to file subsequently.
Nachreichung *f* | subsequent filing.
Nachricht *f* | news; advice; information | **Presse**~ | news item | **jdm.** ~ **geben** | to inform sb.; to advise sb.; to give sb. advice (information) | **eine** ~ **durch Funkspruch geben (übermitteln)** | to transmit a message by wireless | **jdm. eine** ~ **übermitteln (überbringen)** | to deliver a message to sb. | **eine** ~ **durch Boten übermitteln** | to send a message by messenger | **eine** ~ **telegraphisch übermitteln** | to wire (to telegraph) a message | **jdm.** ~ **zurücklassen** | to leave a message for sb. | **bezüglich ... ohne** ~ **sein** | to have no information regarding ...
Nachrichten *fpl* | news *pl* | **Auslands**~; ~ **aus dem Auslande** | foreign intelligence (news); news from abroad | **Austausch von** ~ | exchange (interchange) of information | **Börsen**~ | financial news; stock exchange (money market) intelligence | **Draht**~ | wired (telegraphic) news | **Handels**~ | business (trade) (commercial) news (intelligence) | **Hof**~; ~ **vom Hofe** | court circular | **Kurz**~; ~ **in Kürze** | news in brief | **durch Rundfunk verbreitete** ~; **Rundfunk**~ | broadcast news | **Schiffahrts**~ | shipping intelligence (news) (report); movement of shipping.
★ **geschäftliche** ~ | business (trade) news | **letzte** ~; **allerneueste** ~ | stop-press news | **neueste** ~ | latest news (intelligence); the latest information | **telegraphische** ~ | telegraphic (wired) news.
Nachrichten..agent *m* | news (press) agent.
—**agentur** *f*; —**büro** *n* Ⓐ | news (press) agency; press bureau.
—**agentur** *f*; —**büro** *n* Ⓑ | telegraph office.
—**austausch** *m* | exchange of information.
—**blatt** *n* | newspaper; news sheet.
—**dienst** *m* Ⓐ [Pressedienst] | news service (agency).
—**dienst** *m* Ⓑ [Fernverbindungen] | the communications *pl*.
—**dienst** *m* Ⓒ [Spionagedienst] | intelligence service (department).
—**geheimnis** *n* | secrecy of telecommunications.
—**freiheit** *f* | free communications *pl*.
—**magazin** *n* | news magazine.
—**mittel** *n* u. *pl* | means *pl* of communication.
—**netz** *n* | communications network.
—**organ** *n* | news organ.
—**quelle** *f* | source of information.
—**sendung** *f* | news broadcast.
—**stelle** *f* | intelligence office (bureau).
—**verkehr** *m* | **der** ~ | the communications *pl*; the lines of communication.
—**wesen** *n* | **das** ~ | communications *pl*; the information services *pl* | **Freiheit des** ~**s** | free communications.
—**zentrale** *f* | information center; intelligence office (bureau).
Nachrichter *m* | executioner.

nachrichtlich *adv* | for information.
Nachruf *m* | obituary notice; obituary.
Nachschätzung *f* | counter-appraisal.
nachschicken *v* | to forward; to re-direct.
nachschießen *v* | **Geld** ~ | to pay in an additional amount; to make a supplementary payment.
Nachschlage..buch *n*; —**werk** *n* | reference book; book (work) of reference; handbook.
Nachschlüssel *m* | false key | **Anfertigung von** ~**n** | making false keys.
Nachschrift *f* | postscript.
Nachschub *m* | supplies *pl*; flow of supplies.
Nachschuß *m* Ⓐ [zusätzliche Zahlung] | additional (supplementary) payment.
Nachschuß *m* Ⓑ [zusätzliche Deckung] | additional cover.
Nachschuß..pflicht *f*; —**verpflichtung** *f* | liability to pay an additional amount (to make additional payments).
nachschußpflichtig *adj* | liable to pay an additional amount (to make additional payments).
Nachschuß..prämie *f* | additional premium.
—**zahlung** *f* | additional payment (cover).
Nachsendeadresse *f* | forwarding address.
nachsenden *v* Ⓐ [umadressieren] | to re-address; to re-direct.
nachsenden *v* Ⓑ [nachschicken] | to send on; to forward.
Nachsendung *f* | re-direction; forwarding.
Nachsicht *f* | indulgence; forbearance; leniency | **einen Fall mit** ~ **beurteilen** | to judge a matter leniently (with leniency) | ~ **haben mit jdm.** | to be indulgent towards sb.
nachsichtig *adj* | indulgent; forbearing; lenient | ~ **gegen jdn. sein** | to be indulgent (lenient) towards sb. | ~**e Beurteilung** | mild judgment.
Nachspiel *n* | aftermath; sequel | **ein gerichtliches** ~ **haben; ein** ~ **vor Gericht haben** | to have a judicial sequel (a sequel in court).
nachstehend *adj*; **im Nachstehenden** | hereinafter mentioned.
nachstellig *adj* | ~**e Hypothek** | mortgage with a later rang.
Nachsteuer *f* | additional (supplementary) tax.
nächstfolgend *adj* | following immediately.
Nachsuchen *n*; **Nachsuchung** *f* Ⓐ [Nachforschung] | search; inquiry.
Nachsuchen *n*; **Nachsuchung** *f* Ⓑ [Ansuchen] | solicitation; request.
nachsuchen *v* Ⓐ [nachforschen] | to search; to inquire.
nachsuchen *v* Ⓑ [ansuchen] | **um etw.** ~ | to ask (to apply) for sth.; to solicit (to request) sth.
Nacht *f* | **Tag und** ~ **arbeiten** | to work day and night | **Unterkunft für die** ~ | night's lodging | **bei** ~ | at (in the) night (night-time).
Nacht..arbeit *f* | night work.
—**asyl** *n* | night shelter.
—**dienst** *m* | night service (duty).
Nachteil *m* | disadvantage; detriment; prejudice | **Wettbewerbs**~ | competitive disadvantage | **zu jds.** ~ **ausgehen** | to turn to sb.'s disadvantage | ~**e erleiden** | to suffer prejudice (damage) | **zum** ~ **gereichen** | to cause prejudice; to prejudice; to be detrimental | **im** ~ **sein** | to be at a disadvantage | **zu jds.** ~; **zum** ~ **von jdm.** | to the disadvantage (prejudice) (detriment) of sb.; to sb.'s detriment.
nachteilig *adj* | prejudicial; detrimental; adverse; unfavo(u)rable | ~ **erscheinen** | to show os. to a disadvantage | **für etw.** ~ **sein** | to be detrimental to sth. | **für jdn. (für jds. Interessen)** ~ **sein** | to be

nachteilig *adj, Forts.*
prejudicial to sb.'s interests | ~e Folgen (Wirkungen) | detrimental effects (results) | auf etw. ~e Wirkungen haben | to affect sth. prejudicially.
nachteilig *adv* | etw. ~ beeinflussen; auf etw. ~ wirken | to affect sth. prejudicially | ~ sein; ~ wirken | to be prejudicial.
nächtlich *adj* | ~e Ruhestörung | disorder by night.
Nacht..gebühr *f* | night rate.
—lokal *n* | night club.
—quartier *n* | night's lodging.
Nachtrag *m* | supplement; annex; postscript | Testaments~ | codicil | Vertrags~ | supplement; supplementary clause.
nachtragen *v* | to supplement; to make an addition.
Nachträge *mpl* | addenda.
nachträglich *adj* Ⓐ [nachfolgend] | subsequent | ~e Leistung | subsequent performance | ~e Lieferung | subsequent delivery | ~e Zahlung | subsequent payment | ~e Zustimmung | subsequent assent; ratification.
nachträglich *adj* Ⓑ [zusätzlich] | supplementary; by way of addition | ~e Zahlung | additional (extra) payment.
nachträglich *adj* Ⓒ [nach dem Tode] | posthumous | ~e Verleihung | posthumous award.
nachträglich *adv* | ~ fabrizierte Beweismittel | fabricated evidence | ~ eingefügte Klausel | clause which has been inserted afterwards | ~ entstehende (entstandene) Kosten | subsequent charges (costs) | ~ zahlen | to pay subsequently (afterwards) | ~ zustimmen | to ratify.
Nachtrags..abkommen *n* | supplementary agreement.
—anschlag *m*; **—etat** *m*; **—haushalt** *m* | supplementary estimates *pl* (budget).
—band *m* | supplementary volume; supplement.
—bestimmung *f* | supplementary (additional) clause.
—buchung *f* | supplementary (subsequent) entry.
—erklärung *f* | supplementary return.
—gesetz *n* | amending law; amendment.
—haushalt(plan) *m* | supplementary budget.
—klausel *f* | supplementary clause.
—liste *f* | supplementary list (statement).
—police *f* | endorsement; supplemental (supplementary) policy.
—veranlagung *f* | supplementary assessment.
—verteilung *f* | supplementary distribution.
—vertrag *m* | supplementary agreement.
—verzeichnis *n* | supplementary list.
Nachtruhe *f* | Störung der ~ | disorder by night.
nachts *adv* | at (in the) night (night-time).
Nacht..schicht *f* | night shift | ~ haben | to be on night shift.
—sitzung *f* | night session.
—tarif *m* | night rate.
—tresor *m* | night depository.
—vorstellung *f* | night performance.
—wache *f* | night watch.
—wächter *m* | night watchman.
—zeit *f* | zur ~ | at night; at night-time.
—zug *m* | night train.
Nachuntersuchung *f* [ärztliche ~] | second medical examination.
Nachurlaub *m* | prolongation of leave of absence; extension of leave.
nachveranlagen *v* Ⓐ [nachträglich veranlagen] | eine Steuer ~ | to levy (to collect) a tax by subsequent assessment.
nachveranlagen *v* Ⓑ [zusätzlich veranlagen] | to assess [sb.] for an additional tax payment.

Nachveranlagung *f* Ⓐ [nachträgliche Veranlagung] | subsequent assessment.
Nachveranlagung *f* Ⓑ [zusätzliche Veranlagung] | additional assessment.
nachverlangen *v* | etw. ~ | to demand sth. in addition.
Nachvermächtnis *n* | residuary legacy.
Nachvermächtnisnehmer *m* | reversionary (residuary) legatee.
nachversichern *v* | to increase the sum insured.
Nachversicherung *f* additional insurance.
Nachversteuerung *f* | payment of additional tax(es).
nachverzollen *v* Ⓐ [nachträglich verzollen] | Waren ~ | to clear goods subsequently through customs.
nachverzollen *v* Ⓑ [zusätzliche Zollgebühren bezahlen] | to pay additional duties (customs duties).
Nachverzollung *f* Ⓐ [nachträgliche Verzollung] | subsequent clearance through customs.
Nachverzollung *f* Ⓑ [nachträgliche Bezahlung von Zollgebühren] | subsequent payment of customs duties.
Nachverzollung *f* Ⓒ [Bezahlung von zusätzlichen Zollgebühren] | payment of additional duties (customs duties).
Nachwahl *f* Ⓐ [Ersatzwahl] | by-election.
Nachwahl *f* Ⓑ [zweiter Wahlgang] | second ballot.
Nachweis *m* Ⓐ | proof; evidence | Befähigungs~ | certificate of qualification (of competency); proof of ability (of qualification); qualifying certificate | ~ der Echtheit | proof of authenticity | Herkunfts~; Ursprungs~ | proof (certificate) of origin | ~ der Identität; Identitäts~ | proof of identity | ~ des Todes; ~ des Ablebens; Todes~ | proof of death | ~ der Verladung | evidence of shipment | ~ über den Verlust | proof of loss | ~ der Vertretungsbefugnis; ~ der Vertretungsmacht | proof of authority | ~ der Zustellung; ~ der erfolgten Zustellung; Zustellungs~ | proof of service.
★ den ~ erbringen (führen) | to give (to produce) evidence; to furnish (to give) proof; to prove | als ~; zum ~ | as a proof; as evidence.
Nachweis *m* Ⓑ [Namhaftmachung] | indication; indicating | Hotel~; Hotelzimmer~ | hotel (tourist) agency.
nachweisbar *adj* | to be proved; verifiable; capable of being proved | nicht ~ | not capable of proof.
Nachweisbarkeit *f* | demonstrability.
nachweisen *v* Ⓐ [beweisen] | to prove; to demonstrate | jdm. ein Verbrechen ~ | to convict sb. of a crime.
nachweisen *v* Ⓑ [unter Beweis stellen] | etw. ~ | to give (to produce) evidence of sth.; to establish sth. | sein Alibi ~ | to establish (to prove) one's alibi | seine Befähigung (Eignung) ~ | to prove one's qualification; to qualify | die Zustellung ~ | to give (to present) proof of service.
nachweisen *v* Ⓒ [namhaft machen] | to indicate | jdm. Adressen ~ | to indicate names and addresses to sb.
Nachweiser *m* | index.
Nachweisung *f* | report; return | Monats~ | monthly report (return).
Nachweisungen *fpl* | statistics *pl.*
Nachweisungsbüro *n* | information bureau; inquiry office.
Nachwelt *f* | die ~ | the next (coming) generations; the posterity.
Nachwiegen *n* | check weighing.
nachwiegen *v* | to reweigh.
Nachwirkung *f* | die ~en | the after-effects *pl.*
Nachwuchs *m* | the next (the rising) generation.

Nachwuchskräfte *fpl* | fresh generation of workers; fresh labo(u)r force.

nachzahlen *v* Ⓐ [postnumerando zahlen] | to pay subsequently (afterwards).

nachzahlen *v* Ⓑ [zuzahlen] | jdm. einen Betrag ~ | to make sb. an additional payment; to pay sb. an additional amount.

Nachzahlung *f* Ⓐ [nachträgliche Zahlung] | subsequent payment | Gehalts~ | payment of salary arrears.

Nachzahlung *f* Ⓑ [zusätzliche Zahlung] | additional (supplementary) (extra) payment.

nachzählen *v* | to recount; to make a second count.

Nachzählung *f* | second counting; recount.

Nachzügler *m* | latecomer.

Nadelgeld *n* | pin-money; personal allowance for a wife.

nahe *adj* | ~ Verwandtschaft | near relationship; proximity of blood.

Nähe *f* | proximity | ~ des Verwandtschaftsgrades; Verwandtschafts~ | proximity of relationship (of consanguinity) | in der ~ von ... | in the proximity of ...; in proximity to ...

nahelegen *v* | jdm. etw. ~ | to give sb. sth. to understand; to suggest sth. to sb. | eindringlich ~, etw. zu tun | to advise strongly to do sth.; to urge that sth. should be done.

Nähere *n* | das ~ | the particulars *pl*; the details *pl*.

Nahrungsmittel *npl* | foodstuffs *pl*; food | Verfälscher von ~n | adulterator of food | Verfälschung von ~n | adulteration of food | ~ verfälschen | to adulterate food.

—fälschung *f* | adulteration of food.

—gesetz *n* | pure food act.

Nahverkehr *m* | local traffic.

Name *m* Ⓐ | name | Annahme eines ~ns | assumption of a name | Annahme eines anderen ~ns; Änderung des ~ns | changing of one's name; change of name | Bei~ | surname | Eigen~; Familien~ | family name | Geburts~ | name at birth | im ~n des Gesetzes | in the name of the law | Handels~ | commercial (trade) (business) name | ~ des Inhabers | name of bearer | Künstler~ ①; Deck~ | pseudonym | Künstler~ ②; Bühnen~ | stage name | Mädchen~ | maiden name | Orts~ | place name | Phantasie~ | fancy name | Tauf~; Vor~ | Christian (given) (first) name | Vaters~; Zu~ | family name; surname | Vor- und Zu~ | full name(s).

★ angenommener ~ | assumed name | im eigenen ~n | in (under) one's own name | falscher ~ | false (assumed) name | auf den ~n lautend | inscribed; registered; personal.

★ einen ~n annehmen; sich einen ~n beilegen | to assume a name | seinen ~n ändern; einen anderen ~n annehmen | to change one's name | einen ~n führen | to bear a name | in jds. ~n handeln | to act in sb.'s name (in sb.'s behalf) | seinen ~n unter ein Schriftstück setzen | to put one's name to a deed | unter dem ~n ... bekannt sein | to go by the name of ... | seinen ~n aus der Liste (aus den Listen) streichen lassen | to take one's name off the books (off the register) | den ~n tragen von | to bear the name of.

★ nur dem ~n nach | only (merely) by name; only nominally | in jds. ~n | in the name of; on behalf of.

Name *m* Ⓑ [Bezeichnung] | name; designation | Firmen~ | style of a firm.

Name *m* Ⓒ [Ruf] | renown; reputation | einen guten ~n haben | to have a good reputation; to be held in reputation | sich einen ~n machen | to make a name for os.

namens Ⓐ [im Namen von] | in the name of; on behalf of.

namens Ⓑ [mit dem Namen] | by the name of; having (known by) the name.

Namens..aktie *f* | registered (inscribed) share.

—aktien *fpl* | registered (inscribed) stock.

—aktionär *m* | registered shareholder; stockholder of record.

—änderung *f* | change of name; changing of one's name.

—angabe *f* | indication of name | ohne ~ | without giving one's name; anonymously | unter ~ | giving the (one's) name.

—aufruf *m* | call; roll call | Abstimmung durch ~ | division; poll | durch ~ abstimmen | to take a vote by calling over the names.

—bezeichnung *f* | name; denomination.

—liste *f*; **—verzeichnis** *n* | list of names; roster.

—mißbrauch *m* | abuse (misuse) of a name.

—papiere *npl* Ⓐ | registered (inscribed) securities (stock).

—papiere *npl* Ⓑ [Aktien] | registered shares.

—pfandbriefe *mpl*; **—schuldverschreibungen** *fpl* | registered debentures (bonds).

—recht *n* | right of (to) the use of a name.

—schild *n* | name plate | ~ der Herstellerfirma | manufacturer's name plate.

—stempel *m* | facsimile stamp.

—tag *m* | name day.

—unterschrift *f* | subscription of one's name; signature.

—verwechslung *f* | confusion of names.

—vetter *m* | namesake.

—wechsel *m* | change of name.

—zug *m* | signature; initials *pl* | etw. mit seinem ~ versehen | to initial sth.; to put one's initials to sth.

namentlich *adj* | by name; nominal; individual | ~e Abstimmung | division; poll.

namentlich *adv* | ~ abstimmen | to take a vote by calling over the names.

namhaft *adj* Ⓐ [von Ruf] | well known; renowned.

namhaft *adj* Ⓑ [beträchtlich] | considerable.

namhaft *adv* | jdm. etw. ~ machen | to name (to mention) (to nominate) sth. to sb.

Namhaftmachung *f* | naming.

Nämlichkeits..nachweis *m*; **—zeugnis** *n* | proof (certificate) of identity.

Nation *f* | nation; people | Gläubiger~ | creditor nation | meistbegünstigte ~ | most favo(u)red nation | seefahrende ~ | seafaring nation.

national *adj* | national | ~e Erneuerung | national renovation (restoration) | ~er Notstand | national emergency.

National..bank *f* | national (State) Bank.

—einkommen *n* | national income (revenue).

—flagge *f* | national flag.

—garde *f* | national guard; militia.

—hymne *f* | national anthem.

nationalisieren *v* | to nationalize.

Nationalisierung *f* | nationalization; socialization.

Nationalismus *m* | nationalism | Wirtschafts~ | economic nationalism.

nationalistisch *adj* | nationalist.

Nationalität *f* | nationality | doppelte ~; mehrfache ~ | double (dual) nationality | jdm. die ~ entziehen | to expatriate sb.

Nationalitätenstaat *m* | state with a population of different nationalities.

Nationalitätenstatut *n* | statute of nationalities.
Nationalitätsprinzip *n* | principle of nationality.
National..konvent *m* | national assembly.
—**kredit** *m* | national (public) credit.
—**ökonom** *m* | political economist.
—**ökonomie** *f* Ⓐ [Volkswirtschaftslehre] | political economy (science); economics *pl*.
—**ökonomie** *f* Ⓑ [Staatswirtschaft] | national (state) economy.
—**rat** *m* | national council.
—**regierung** *f* | national government.
—**vermögen** *n* | national property (wealth).
—**versammlung** *f* | national assembly | **verfassunggebende (konstituierende)** ~ | constituent national assembly.
—**verteidigung** *f* | national defense.
—**währung** *f* | national currency.
Natur *f* | in ~ | in kind | **in** ~ **zahlen** | to pay in kind | **etw. in** ~ **zurückgeben** | to return sth. in kind.
Natural..ausgleich *m* | settlement in kind.
—**bezüge** *mpl* | remuneration in kind.
—**einbringen** *n* | investment in kind.
—**entschädigung** *f* | indemnity in kind.
—**erfüllung** *f*; —**leistung** *f* | payment in kind; specific performance.
—**ersatz** *m* | reparations *pl* (replacement) in kind.
Naturalien *fpl* | foodstuffs *pl*; victuals *pl* | **in** ~ **zahlen (bezahlen)** | to pay in kind.
Naturalisation *f*; **Naturalisierung** *f* | naturalization.
Naturalisationsurkunde *f* | certificate (letters *pl*) of naturalization; naturalization certificate.
naturalisieren *v* | to naturalize | **sich** ~ **lassen** | to apply for naturalization; to become naturalized.
naturalisiert *adj* | ~**er Ausländer** | naturalized alien.
Naturalisierungsgesuch *n* | application for naturalization.
Natural..obligation *f* | moral (imperfect) obligation.
—**pacht** *f* | farming (farm system) by which rent is paid in kind.
—**restitution** *f* | restitution in kind.
—**vergütung** *f* | remuneration in kind.
Natur..ereignis *n* | act of God; unforeseen circumstances *pl*.
—**erzeugnisse** *npl*; —**produkte** *npl* | produce *sing*.
—**gesetz** *n*; —**recht** *n* | natural law; law of nature.
—**schutz** *m* | conservation; protection of wild-life.
— —**gebiet** *n* | wild-life reserve.
natürlich *adj* | ~**e Gabe** | natural gift | **in** ~**er Größe** | life-size; natural size | ~**e Person** | natural person | ~**e Tendenz** | natural tendency | ~**er Tod; Tod aus** ~**en Ursachen** | natural death; death from natural causes | **eines** ~**en Todes sterben** | to die a natural death | **wider**~ | unnatural.
nautisch *adj* | nautical | ~**es Jahrbuch** | nautical almanac | ~**e Karte** | nautical chart.
Navigation *f* | navigation; sailing.
Navigationsakte *f* | navigation act; maritime law.
navigationsunfähig *adj* | incapable of navigating.
Navigieren *n* | navigating; manoevering.
Neben..abgabe *f* | supplementary tax; subsidiary (secondary) charge.
—**abrede** *f* | sub-agreement; subsidiary (collateral) agreement.
—**absicht** *f* | subsidiary (incidental) intention; secondary object (motive); by-end.
—**adresse** *f* Ⓐ | subsidiary (supplementary) (second) address; by-address.
—**adresse** *f* Ⓑ [Notadresse] | address (reference) in case of need.
—**amt** *n* | by-office.

nebenamtlich *adv* [im Nebenamt] | as a by-office (secondary occupation).
Neben..anschluß *m* | extension line; extension.
—**anspruch** *m* | secondary (subsidiary) claim.
—**arbeit** *f* | extra (sparetime) work.
—**ausgaben** *fpl* | extra (additional) (incidental) expenses (charges); extras *pl*.
—**bahn** *f* | secondary (branch) line.
—**bedingung** *f* | secondary condition.
—**beklagter** *m* | co-defendant.
—**beruf** *m*; —**beschäftigung** *f*; —**betätigung** *f* | by-occupation; by-work.
—**betrieb** *m* | subsidiary establishment.
—**bezüge** *mpl* | additional (secondary) (casual) income; perquisites *pl*.
—**börse** *f* | outside (street) (curb) market.
nebenbörslich *adv* | ~ **gehandelt** | traded in the street (curb) market.
Neben..buch *n* | auxiliary ledger.
—**buhler** *m* | rival; competitor.
—**buhlerschaft** *f* | rivalry; competition.
—**bürge** *m* | additional (second) bail.
—**bürgschaft** *f* | collateral security; co-surety.
Nebeneinanderstellung *f* | comparison.
Neben..einkommen *n*; —**einkünfte** *fpl*; —**einnahmen** *fpl* | secondary (additional) (casual) (extra) income; perquisites *pl*.
—**einnahmequelle** *f* | subsidiary source of income.
—**erwerb** *m* | subsidiary income.
—**erzeugnis** *n* | by-product.
—**forderung** *f* | secondary (accessory) claim.
—**frage** *f* | secondary question; side (sideline) issue; by-issue.
—**gebäude** *n* | annex; outbuilding; dependency.
—**gebühren** *fpl* | extra (secondary) charges; additional fees.
—**geschäft** *n* Ⓐ | supplementary transaction.
—**geschäft** *n* Ⓑ | branch office (establishment).
—**gewinn** *m* | casual profit; by-gain.
—**interesse** *n* | subsidiary (secondary) interest; by-interest.
—**intervenient** *m* | intervening third party.
—**intervention** *f* | joinder of parties.
—**klage** *f* | incidental action.
—**kläger** *m* Ⓐ | intervening party.
—**kläger** *m* Ⓑ [in a criminal case] | plaintiff (party) claiming damages | **als** ~ **auftreten** | to join as plaintiff (as third party).
nebenklägerisch *adv* | as joint plaintiff.
Neben..konto *n* | auxiliary (subsidiary) account.
—**kosten** *pl* | additional (extra) (incidental) charges; extras *pl*.
—**leistung** *f* | accessory consideration.
—**leistungen** *fpl* [für Arbeitnehmer] | fringe benefits.
—**maßnahme** *f* | secondary measure.
—**produkt** *n* | by-product; residual product.
—**punkt** *m* | secondary point.
—**sache** *f* Ⓐ | subordinate (secondary) matter | **Haupt- und** ~ | principal and costs.
—**sache** *f* Ⓑ | matter of secondary (minor) importance.
nebensächlich *adj* Ⓐ | secondary; incidental.
nebensächlich *adj* Ⓑ | subordinate; of minor importance; immaterial | **die** ~**en Einzelheiten** | the minor details | ~**er Punkt** | secondary point.
Nebensächlichkeit *f* | matter of minor importance; subordinate (secondary) (nonessential) matter.
Neben..schuldner *m* | co-debtor.
—**sicherheit** *f* | collateral (secondary) (additional) security.

Nebenspesen *pl* | additional (extra) charges (costs); extras *pl*.
nebenstehend *adj* Ⓐ | opposite.
nebenstehend *adj* Ⓑ | in the margin.
Neben..stelle *f* | branch office; sub-office.
—**strafe** *f* | additional penalty.
—**straße** *f* | secondary road.
—**umstand** *m* | accessory circumstance.
—**unkosten** *pl* | additional (extra) charges (expenses); extras *pl*.
—**verdienst** *m* | additional (casual) income; extra gain.
—**vereinbarung** *f*; —**vertrag** *m* | subsidiary (collateral) agreement; sub-agreement.
—**vergütung** *f* | accessory consideration.
—**verpflichtung** *f* | additional obligation.
—**vertrag** *m* | supplementary agreement.
—**vormund** *m* | co-guardian; joint guardian.
—**vorteil** *m* | incidental (additional) advantage; by-gain; casual (incidental) profit.
—**wirkungen** *fpl* | incidental consequences; side effects.
—**zweck** *m* | secondary object (intention); by-end.
Neffe *m* | nephew.
negativ *adj* | ~**er Beweis** | proof in the negative | ~**e Feststellungsklage** | declaratory action to establish the non-existence of a right | ~**es Interesse;** ~**es Vertragsinteresse** | reliance interest.
Negativzinsen *mpl* | negative (red) interest.
negatorisch *adj* | ~**e Einrede** | denial | ~**e Klage** | action to restrain interference.
negieren *v* | etw. ~ | to deny sth.; to enter a denial to sth. | **einen Anspruch** ~ | to reject a claim | **seine Schuld** ~ | to plead not guilty.
Nehmen *n* | taking.
nehmen *v* | **seinen Abschied** ~ | to take one's leave | **von etw. Abstand** ~ | to desist from sth. | **von seinen Forderungen Abstand** ~ | to withdraw one's claims | **an etw. Ärgernis (Anstoß)** ~ | to take offense at sth.; to take exception to sth. | **Geld auf Bodmerei** ~ | to borrow money on bottomry | **etw. in Empfang** ~ | to receive sth. | **sich die Freiheit** ~, **etw. zu tun** | to take leave to do sth.; to take the liberty to do (of doing) sth. | **etw. in Gewahrsam** ~; **etw. in seine Obhut** ~ | to take charge (custody) of sth.; to take sth. into custody | **jdn. in Haft** ~ | to place (to put) sb. under arrest | **an etw. Interesse** ~ | to take an interest in sth. | **von etw. (etw. zur) Kenntnis** ~ | to take notice of sth. | **etw. auf Kredit** ~ | to take sth. on credit | **etw. in Pacht** ~ | to take sth. on lease; to lease sth. | **etw. in Verwahrung** ~ | to take sth. into safekeeping | **jdn. beim Wort** ~ | to take sb. at his word | **etw. in Zahlung** ~ | to accept sth. as (in lieu of) payment | **Waren aus dem Zollverschluß** ~ | to take goods out of bond | **Zuflucht** ~ | to take refuge.
Nehmer *m* Ⓐ [Ab~; Käufer] | taker; buyer.
Nehmer *m* Ⓑ [Empfänger] | payee | **Versicherungs~** | insured person; insured | **Wechsel~** | taker (payee) of a bill.
Neigung *f* | inclination | **Investitions~** | readiness to invest.
Nenn..betrag *m* | nominal amount.
—**gebühr** *f* | entrance fee.
nennen *v* Ⓐ | to name; to call; to nominate; to denominate.
nennen *v* Ⓑ [zitieren] | to quote.
nennenswert *adj* | notable; considerable.
Nenner *m* | denominator | **General~; gemeinsamer** ~ | common denominator.
Nennung *f* Ⓐ | denomination; designation; naming.

Nennung *f* Ⓑ [Zitat] | quotation.
Nennwert *m* | nominal (par) value | **Einlösung zum** ~ | redemption at par | **über (unter) dem** ~ **stehen** | to be above (below) pari.
Nerven..arzt *m*; —**spezialist** *m* | mental specialist.
—**heilanstalt** *f* | lunatic (insane) asylum.
—**klinik** *f* | mental hospital (home).
—**krieg** *m* | psychological warfare; war of nerves.
netto *adj* | net | ~ **Kasse** | net cash | ~ **einbringen;** ~ **verdienen** | to net.
Netto..beanspruchung *f* [eines Kredits] | net (actual) borrowing.
—**betrag** *m* | net amount; net.
—**eingänge** *mpl* | net receipts.
—**einkommen** *n* | net (clear) revenue (income) | ~ **pro Kopf der Bevölkerung** | per capita net income.
—**einnahme** *f* | net receipts *pl* (takings *pl*).
—**ersparnis** *f* | net savings *pl*.
—**ertrag** *m* | net proceeds *pl* (result) (gain) (avails *pl*).
—**fracht** *f* | net freight.
—**gehalt** *n* | nominal salary.
—**gewicht** *n* | net weight.
—**gewinn** *m* | net profit (gain); clear profit.
—**lohn** *m* | nominal wage.
—**preis** *m* | net price.
—**tonnage** *f* | net tonnage.
—**umsatz** *m* | net sales *pl* (turnover).
—**verdienst** *m* | net earnings. *pl*.
—**verkaufspreis** *m* | net sales price.
—**verlust** *m* | net (clear) loss.
—**vermögen** *n* | actual (net) assets *pl*; net property.
—**verzinsung** *f* | net interest return (yield).
—**wert** *m* | net value.
Netz *n* | **Bahn~; Eisenbahn~** | system (network) of railways | **Fernsprech~; Telephon~** | telephone system (network) | **Filial~; Niederlassungs~** | system of branch offices | **Kanal~** | system of canals | **Luftpost~** | air mail system (service) | **Luftverkehrs~** | air traffic system | **Sender~;** ~ **von Sendern;** ~ **von Sendestationen** | radio network; network of transmitters (of transmitting stations) | **Straßen~** | system (network) of roads; road system | **Strom~** | current (power) supply system | **Telegraphen~** | telegraph system (network).
Netzkarte *f* | rover (universal season) ticket.
Neu..abschlüsse *mpl* | new (fresh) contracts (orders) (business).
—**ankömmling** *m* | newcomer; new arrival.
—**anmeldung** *f* | new (fresh) application.
—**anschaffung** *f* | new acquisition.
—**anschaffungs..kosten** *pl* | replacement cost.
— —**wert** *m* | replacement value.
—**auflage** *f* | new (reprint) edition; reprint | **eine** ~ **herausgeben** | to bring out (to publish) a new edition; to reprint.
—**ausfertigung** *f* | fresh copy (duplicate).
—**ausgabe** *f* Ⓐ [Neubegebung] | new (fresh) issue.
—**ausgabe** *f* Ⓑ [Neuauflage] | new (reprint) edition; reprint.
—**ausrüstung** *f*; —**ausstattung** *f* | reequipment.
—**bearbeitung** *f* | revised edition.
—**besicht** *m*; —**besichtigung** *f* | reexamination; re-inspection.
—**bewertung** *f* | revaluation.
—**bewertungs..gewinn** *m* | revaluation surplus.
— —**reserve** *f* | revaluation reserve.
—**bildung** *f* | new formation; reconstruction | **in der** ~ **begriffen** | in the course of reconstruction.
—**druck** *m* | reimpression; reprint.
—**einstufung** *f*; —**einteilung** *f* | reclassification.

Neu..eintragung *f* | re-registration.
—erscheinung *f* [neu erschienenes Werk] | new publication.
Neuerung *f* | innovation | ∿en einführen | to make (to introduce) innovations | an etw. ∿en vornehmen | to make innovations in sth.
Neu..erwerb *m* | new acquisition.
—fassung *f* | revision; new (revised) version.
—festsetzung *f* | new fixation | ∿ der Einheitswerte | reassessment of property (real-estate) values | ∿ von Kontingenten | redetermination of quotas | ∿ der Währungskurse (Paritäten) | rearrangement (realignment) of exchange rates (of parities).
—feststellung *f* | fresh evaluation.
—gestaltung *f* | reorganization; reconstruction.
—gruppierung *f* | regrouping.
Neuheit *f* Ⓐ | newness; novelty | **patentrechtliche** ∿ | patentable novelty.
Neuheit *f* Ⓑ [neuer Artikel] | novelty | **die letzten** ∿en | the latest novelties.
Neuheits..merkmal *n* | novel feature.
—wert *m* | novelty value.
neuheits..schädlich *adj*; **—zerstörend** *adj* | ∿e Tatsache | fact which may negative novelty | ∿e Veröffentlichung | publication destructive of novelty.
Neuherausgabe *f* | republication.
Neuigkeit *f* | news; piece of news.
Neujahrstag *m* | new year's day.
Neu..investitionen *fpl* | fresh capital investments *pl* (expenditure).
—klassifizierung *f* | reclassification.
—ladung *f* | new (fresh) summons *sing*.
Neuling *m* | newcomer; novice; beginner.
Neu..ordnung *f* | reform.
—organisation *f* | reorganization; reconstruction.
—organisieren *v* | to reorganize; to reconstruct.
—organisierung *f* | reorganizing.
—orientierung *f* | re-orientation; change of policy | ∿ der Außenpolitik | re-orientation of foreign policy | ∿ der Politik | new alignment of policy.
—regelung *f* | rearrangement; reorganization.
neutral *adj* | neutral | unter ∿er Flagge | under a neutral flag | ∿er Hafen | neutral port | ∿es Schiff | neutral ship | ∿er Status | neutrality | ∿e Zone | neutral zone.
neutral *adv* | ∿ bleiben | to remain (to stay) neutral.
Neutraler *m* Ⓐ [neutraler Staat] | neutral state (country); neutral.
Neutraler *m* Ⓑ [Angehöriger eines neutralen Staates] | national of a neutral state (country).
neutralisieren *v* | to neutralize.
Neutralisierung *f* | neutralization.
Neutralität *f* | neutrality | bewaffnete ∿ | armed neutrality | wohlwollende ∿ | friendly neutrality | ∿ beobachten; die ∿ wahren | to remain neutral | die ∿ verletzen | to violate neutrality.
Neutralitäts..abkommen *n* | treaty of neutrality.
—bruch *m*; **—verletzung** *f* | violation of neutrality.
—erklärung *f* | declaration of neutrality.
—gesetz *n* | neutrality act.
—politik *f* | policy of neutrality; neutrality policy.
Neu..überprüfung *f* | reexamination; fresh examination.
—veranlagung *f* | reassessment; revised assessment.
—verhandlung *f* Ⓐ | renegotiation.
—verhandlung *f* Ⓑ [erneute Verhandlung] | retrial.
—verteilung *f* | redistribution; reallocation; reallotment.
—wahlen *fpl* | new elections.
—wert *m* | original value.

neuwertig *adj* | as new.
neuzeitlich *adj* | modern.
neuzeitlich *adv* | etw. ∿ gestalten (herrichten) | to modernize sth.
Neuzuteilung *f* | fresh allocation; reallocation.
Nicht..abgabe *f* | ∿ einer Erklärung | failure to make a declaration (a return); non-declaration.
—ablieferung *f* | failure to surrender.
—achtung *f* | disregard.
nichtamtlich *adj* | unofficial; non-official | ∿e Äußerungen | unofficial comment.
Nicht..anerkennung *f* | non-recognition; disavowal; repudiation.
—angabe *f* | nondisclosure; failure to disclose.
—angriffspakt *m* | pact (treaty) of non-aggression.
—anliegerstaat *m* | non-riparian state (nation).
—annahme *f* | non-acceptance; refusal of acceptance | Protest wegen ∿ | protest for non-acceptance.
—anwendung *f* | non-application.
—anwesenheit *f* | absence; non-attendance.
—anzeige *f* | failure to give notice | pflichtwidrige ∿ eines Verbrechens | misprision of felony.
—ausführung *f* | non-execution; non-performance; non-fulfilment.
—ausübung *f* | non-exercise; non-use; non-usage | Verfall (Verfallen) infolge von ∿ | termination through failure to exercise; lapse.
—beachtung *f* | disregard; non-observance | ∿ des Gesetzes | non-compliance with the law.
—beantwortung *f* | failure to give a reply.
—befolgung *f* | non-compliance; non-observance | ∿ einer Anordnung | failure to obey an order; disobeying an order | ∿ einer Bestimmung | non-compliance (default in complying) with a rule; failure to keep a regulation | im Falle der ∿ | in case of non-compliance | ∿ einer Ladung | non-compliance with a summons.
—beitreibbarkeit *f* | im Falle der ∿ | in case of insolvency; in case of failure to collect.
—beiwohnung *f* | Vermutung der ∿ | presumption of non-access.
—benutzung *f* | non-usage.
—beobachtung *f* | disregard | ∿ der Formalitäten | non-observance of (non-compliance with) the formalities.
nichtberechtigt *adj* | unqualified; unauthorized.
Nicht..berechtigter *m* | unauthorized person.
—bestehen *n* | non-existence | das Bestehen oder ∿ eines Rechts | the existence or non-existence of a right.
—bestreiten *n* | ∿ einer Tatsache | admission of a fact.
—beteiligung *f* | non-participation.
nichtbevorrechtigt *adj* | non-privileged.
Nicht..bezahlung *f* | non-payment | im Falle der ∿ | in case of non-payment (of default) | ∿ eines Wechsels | dishono(u)ring of a bill of exchange | wegen ∿ | for (because of) non-payment.
Nichte *f* | niece.
Nichteigentümer *m* | person who is not the owner.
Nichteinhaltung *f* | non-compliance; non-observance | ∿ der Bedingungen | failure to comply with conditions | ∿ einer Bestimmung | non-compliance (default in complying) with a rule; failure to keep a regulation | ∿ der Formalitäten | non-observance of (non-compliance with) the formalities | ∿ einer Frist | non-compliance with a period of time | ∿ seiner Verpflichtungen | failure to meet one's obligations; defaulting | ∿ seines Versprechens | failure to keep one's promise.

Nicht..einigung *f* | **im Falle der** ~ | in case of non-agreement; failing agreement.
—**einlösbarkeit** *f* | non-convertibility.
—**einlösung** *f* Ⓐ [durch Nichtannahme] | dishono(u)r by non-acceptance.
—**einlösung** *f* Ⓑ [durch Nichtzahlung] | dishono(u)r by non-payment.
Nichteinmischung *f* | non-intervention.
Nichteinmischungs..abkommen *n*; —**pakt** *m* | non-intervention agreement (pact).
—**ausschuß** *m* | non-intervention committee.
—**politik** *f* | non-intervention policy.
Nichteintritt *m* | ~ **einer Bedingung** | non-fulfilment of a condition.
Nichterfüllung *f* | non-fulfilment; non-performance; non-execution | ~ **der Bedingungen** | failure to comply with conditions | ~ **der Gewährleistung (spflicht)** | failure to fulfil the warranty (the guaranteed condition(s)) | **Schadensersatz wegen** ~ | damages for non-performance (for non-fulfilment) | ~ **eines Vertrages** | non-fulfilment of a contract | ~ **der Zahlungsverpflichtungen** | failure to meet one's obligations.
Nichterneuerung *f* | non-renewal.
Nichterscheinen *n* | non-appearance; default of appearance; failure to appear | **im Fall des** ~s | in case of default (of non-appearance) (of absence) | **Folgen des** ~s | consequences of non-appearance (of default).
nichterschienen *part* | defaulting; absent.
Nichterschienene *m* | **der** ~ | the defaulter | **die** ~**n** | the defaulting parties.
Nichterstattung *f* | ~ **eines Berichts** | failure to make (to render) a report.
Nichtfachmann *m* | non-expert; layman.
Nichtgebrauch *m* | non-usage; non-use; disuse.
nichtgeschuldet *adj* | not owed.
nichtig *adj* Ⓐ | null; void; invalid | **wegen Formmangels** ~; **form**~ | invalid because of defective form | ~**es Rechtsgeschäft** | void transaction | ~**es Verfahren** | void process | **null und** ~ | null and void | **etw. für** ~ **(für null und** ~**) erklären** | to declare (to render) sth. null and void; to annul (to invalidate) sth. | **einen Vertrag für** ~ **erklären** | to nullify a contract | **für** ~ **erklärt** | invalid; void.
nichtig *adj* Ⓑ [fadenscheinig] | ~**er Vorwand** | flimsy pretext; poor excuse.
Nichtigerklärung *f* | decree of nullity; nullification; invalidation | **Klage auf** ~ | action for annulment; nullity suit | **Widerklage auf** ~ | cross-action for annulment.
Nichtigkeit *f* | nullity | **Ehe**~; ~ **der Ehe** | nullity of a marriage | **Einrede (Einwand) der** ~ | plea of nullity | **Klage auf** ~ | action for annulment; nullity suit | **bei Strafe der** ~ | under penalty of nullity | **Widerklage auf** ~ | cross-action for annulment.
★ **absolute** ~ | complete (absolute) nullity | **bedingte** ~; **relative** ~ | relative nullity; voidability | **teilweise** ~ | partial nullity | **unbedingte** ~ | complete nullity | **wegen** ~ **angefochten werden** | to be voided.
Nichtigkeits..abteilung *f* | department for nullity proceedings.
—**beklagter** *m* | defendant in an action for nullity.
—**beschwerde** *f* | appeal to the supreme court | **Einreichung der** ~ | appealing (filing of an appeal) to the supreme court | **die** ~ **einreichen** | to appeal to the supreme court.

Nichtigkeits..einrede *f*; —**einwand** *m* | plea in abatement (of nullity).
—**entscheid** *m* | decree of nullity; nullity decree.
—**erklärung** *f* | declaration of nullity; nullification; invalidation | **Klage auf** ~ | action for annulment; nullity suit | **Klage auf** ~ **oder Löschung** | action to nullify or to expunge.
—**grund** *m* | ground for annulment.
—**klage** *f* | action for annulment; nullity suit | **im Wege der** ~ | by means of an action for nullity; through an action for annulment; by nullity proceedings.
—**kläger** *m* | plaintiff in a nullity suit.
—**mangel** *m* | **mit einem** ~ **behaftetes Rechtsgeschäft** | transaction which may be vitiated.
—**prozeß** *m*; —**verfahren** *n* | nullity proceedings *pl* (suit).
—**senat** *m* | nullity section of the supreme court.
—**urteil** *n* | decree of nullity; nullity decree.
—**widerklage** *f* | cross-action for annulment.
Nicht..leistung *f* | failure to deliver (to make delivery); non-performance.
—**lieferung** *f* | **im Falle der** ~ | in case of non-delivery.
—**mitglied** *n* | non-member.
— —**staat** *m* | non-member state.
nichtöffentlich *adj* | **in** ~**er Sitzung** | in chambers.
Nicht..rückwirkung *f* | absence of retroactive effect; nonretroactivity.
—**schuld** *f* | debt not owed.
nichtssagend *adj* | insignificant.
nichtstreitig *adj* | non-contentious; non-litigious | ~**e Gerichtsbarkeit** | non-contentious jurisdiction | jurisdiction in non-contentious matters.
Nicht..übereinstimmung *f* Ⓐ [Abweichung] | discrepancy.
—**übereinstimmung** *f* Ⓑ [abweichende Meinung] | dissentient opinion; dissent.
—**übereinstimmung** *f* Ⓒ [Nichteinigung] | non-agreement | **bei** ~; **im Falle der** ~ | in case of disagreement.
—**verteilung** *f* | non-distribution.
—**vertragsstaat** *m* | non-agreement (non-participating) country.
—**vollstreckbarkeit** *f* | non-enforceability.
—**vollziehung** *f*; —**vollzug** *m* | non-execution; non-fulfilment; non-performance.
—**vorhandensein** *n* | non-existence; absence.
—**vorlegung** *f*; —**vorzeigung** *f* | non-production.
—**wählbarkeit** *f* | ineligibility.
—**weitergabe** *f* | **Abkommen (Vertrag) über die** ~ **von Atomwaffen** | nonproliferation treaty.
—**wissen** *n* | absence of knowledge; ignorance | **schuldhaftes** ~ | guilty ignorance | **sich mit** ~ **entschuldigen** | to plead ignorance.
—**zahlung** *f* | non-payment; default of payment; failure to pay | **im Falle der** ~ | in case of non-payment (of default) | **wegen** ~ | for (because of) non-payment.
—**zulassung** *f* | non-admission.
—**zuständigkeit** *f* | incompetence.
—**zutreffendes** *n* | ~ **streichen**; ~ **zu streichen** | delete parts which do not apply.
nieder *adj* [gemein] VIDE: **niedrig** *adj* Ⓑ.
Niedergang *m* | decline.
Niederkunft *f* | confinement; childbirth.
Niederlage *f* Ⓐ [Unterliegen] | defeat | **eine** ~ **erleiden** | to suffer (to sustain) defeat (a defeat); to be defeated | **Wahl**~ | defeat at the polls.
Niederlage *f* Ⓑ [Mißerfolg] | failure | **eine** ~ **erleiden** | to meet with ill success.

Niederlage *f* © [Depot] | storehouse; depot | **Waren~** | warehouse; goods depot | **Zoll~** | customs (bonded) warehouse.

niederlassen *v* Ⓐ | **sich ~** | to establish os.; to settle down.

niederlassen *v* Ⓑ [Wohnsitz nehmen] | **sich ~** | to take up one's domicile.

Niederlassung *f* Ⓐ | establishment | **Handels~** | commercial (trade) establishment | **Haupt~** | head office; principal establishment | **Zweig~** | branch office; branch | **gewerbliche ~** | trade (industrial) establishment.

Niederlassung *f* Ⓑ [Wohnsitz] | domicile.

Niederlassung *f* © [Kolonie] | settlement; colony | **Handels~; ausländische ~; überseeische ~** | foreign (over-seas) trading station (agency) | **internationale ~** | international settlement (concession).

Niederlassung *f* Ⓓ [S]; **Niederlassungsbewilligung** *f* | permission to establish one's residence.

Niederlassungs..freiheit *f* Ⓐ [von Personen] | freedom to settle (to establish a residence).

—freiheit *f* Ⓑ [von Unternehmungen] | freedom of establishment.

—netz | system of branch offices.

—recht *n* Ⓐ | right to settle (of settlement).

—recht *n* Ⓑ [Recht, Wohnsitz zu nehmen] | right to take up one's residence (to establish one's domicile).

niederlegen *v* Ⓐ [aufgeben] | to resign | **sein Amt ~** | to resign one's office (one's post); to resign; to give (to tender) one's resignation | **sein Mandat [im Parlament] ~** | to vacate one's seat [in Parliament] | **die Verteidigung ~** | to abandon the defense.

niederlegen *v* Ⓑ [einstellen] | **die Arbeit ~** ① | to stop (to cease) (to suspend) work; to walk out | **die Arbeit ~** ② | to go on strike; to strike.

niederlegen *v* © [deponieren] | **etw. bei Gericht ~** | to deposit sth. in court.

niederlegen *v* Ⓓ [festlegen] | **etw. schriftlich ~** | to fix sth. (to set sth. down) (to lay sth. down) in writing; to commit sth. to writing.

niederlegen *v* Ⓔ [abdanken] | **die Krone ~** | to abdicate the crown.

Niederlegung *f* Ⓐ | **Amts~** | resignation | **~ des Mandats; Mandats~** | vacating of one's seat [in Parliament].

Niederlegung *f* Ⓑ [Einstellung] | stoppage | **~ der Arbeit; Arbeits~** ① | stoppage (suspension) (cessation) of work; work stoppage; walkout | **Arbeits~** ② | strike.

Niederlegung *f* © [Deponierung] | deposit; depositing | **durch ~ bei Gericht** | by depositing [sth.] in court.

Niederlegung *f* Ⓓ [Festlegung] | **durch schriftliche ~** | by writing [sth.] down; by committing [sth.] to writing.

Niederlegung *f* Ⓔ [Abdankung] | **~ der Krone** | abdication of the crown.

niederschlagen *v* Ⓐ | **eine Anklage ~** | to quash an idictment | **eine Geldstrafe ~** | to remit a fine | **die Gebühren ~; die Kosten ~** | to cancel the charges | **das Verfahren ~** | to quash the proceedings.

niederschlagen *v* Ⓑ; **niederwerfen** *v* | **einen Aufstand ~** | to crush (to quell) a revolt (a rebellion).

Niederschlagung *f* Ⓐ | **~ der Kosten; Kosten~** | cancelling (cancellation) of the charges | **~ des Verfahrens** | quashing of the proceedings.

Niederschlagung *f* Ⓑ; **Niederwerfung** *f* | **~ eines Aufstandes** | quashing of a rebellion.

niederschreiben *v* | **etw. ~** | to make a minute of sth.; to take note of sth.

Niederschrift *f* | minutes *pl*; official report; record | **Führung der ~** | drawing up of the minutes | **Sitzungs~** | minutes of the meeting | **Verhandlungs~** | minutes of the hearing; trial record | **eine ~ aufnehmen** | to draw up the minutes.

niederstimmen *v* | **etw. ~** | to vote sth. down.

niederträchtig *adj* | low-down; mean.

niedrig *adj* Ⓐ | **~e Geburtenziffer** | low birthrate | **~er Lebensstandard** | low standard of living | **~er Preis** | low price | **auf ~er Stufe** | on (at) a low level | **~e Ziffer** | low figure.

niedrig *adj* Ⓑ [gemein] | mean; base | **von ~er Abkunft (Abstammung)** | of low (mean) birth; of low (lowly) extraction; low-born; base-born | **~e Handlungsweise** | low (mean) (contemptible) action; meanness.

Niedrigkeit *f* | **~ der Abkunft** | lowness of birth.

niedriggesinnt *adj* | low-minded.

niedrigst *adj* | **~es Gebot** | lowest bid | **~er Kurs** | lowest quotation | **der ~e Preis** | the lowest (rock-bottom) price | **~es Preisniveau** | lowest price level.

Niedrigstpreis *m* | floor price.

Nießbrauch *m* | enjoyment; beneficial interest | **lebenslänglicher ~** | life interest (estate) (tenancy); tenancy for life; lifent.

Nießbraucher *m* [Nießbrauchsberechtigter] | usufructuary; beneficial owner | **lebenslänglicher ~** | tenant for life; liferenter.

Nießbrauchsrecht *n* | usufructuary right; right of user (of enjoyment); beneficial interest.

Niete *f* | blank.

Niveau *n* Ⓐ | level; standard | **auf hohem Geistes~ (geistigem ~)** | on a high level of intelligence | **Industrie~** | level of industry | **Lohn~** | standard of wages; wage level | **Preis~** | price level | **mit etw. auf gleichem ~** | on a level with sth.

Niveau *n* Ⓑ [Bildungsstand; Bildungsstufe] | standard of knowledge (of learning).

Nochgeschäft *n* | **~ nach oben** | call of more | **~ nach unten** | put of more.

nominal *adj* | nominal.

Nominal..betrag *m* | nominal amount.

—kapital *n* | nominal (registered) capital.

—preis *m* | nominal price.

—wert *m* | nominal (face) value.

nominell *adj* [dem Namen nach] | nominal; by name.

Norm *f* Ⓐ [Regel] | rule | **Kollisions~en** | conflicting rules | **Rechts~** | rule of law.

Norm *f* Ⓑ [Formel] | formula | **Eides~** | form (wording) of the oath.

Norm *f* © [Standard] | standard | **anerkannte ~en** | established standards | **als ~ gelten** | to serve as standard | **~en setzen** | to standardize | **unter der ~** | substandard.

normal *adj* | normal; regular; standard; ordinary | **von ~en Abmessungen** | of standard dimensions | **in ~er Ausführung** | of standard design (make) | **~es Verfahren** | ordinary proceeding(s).

Normal..arbeitstag *m* | standard working day.

—arbeitszeit *f* | standard working time.

—ausführung *f* | **in ~** | of standard model (design).

—ausstattung *f* | standard equipment.

—bedingungen *fpl* | standard terms.

normalerweise *adv* | normally; in the ordinary course.

Normal..format *n* | standard (regular) size.

—frachtsatz *m* | standard (regular) freight rate.

—gewicht *n* | standard weight.

—größe *f* | standard size.

normalisieren *v* | to normalize; to standardize.

Normalisierung *f* | standardization; normalization.

Normal..kurs *m* | standard rate.
—**maß** *n* | standard measure.
—**preis** *m* | standard (regular) price.
—**satz** *m* | standard (regular) rate.
—**spur** *f*; —**spurweite** *f* | standard gauge.
—**verbraucher** *m* | ordinary (average) consumer.
—**wert** *m* Ⓐ [normaler Wert] | standard (normal) value.
—**wert** *m* Ⓑ [Wertmaß] | standard of value.
—**zeit** *f* | standard (mean) time.
—**zuteilung** *f* | ordinary (normal) ration.
normativ *adj* | normative.
Normativbestimmung *f* | regulation.
normen *v*; **normieren** *v* | to standardize; to normalize.
Normenausschuß *m* | standardization committee.
Normierung *f*; **Normung** *f* | standardization; normalization.
Normsatz *m* | standard.
Not *f* Ⓐ | necessity; destitution | **im Falle der** ∼ | in case of need (of emergency) | **in** ∼ **geraten** | to become needy (destitute) | **in** ∼ **sein** | to be destitute | **in** ∼ | in needy circumstances; in need.
Not *f* Ⓑ [drückender Mangel] | shortage | **Wohnungs**∼ | house (housing) shortage.
Not *f* Ⓒ [große Gefahr] | distress | **Schiff in See**∼ | ship in distress.
Not *f* Ⓓ | ∼ **leiden** | to remain in sufferance; to be overdue | **einen Wechsel** ∼ **leiden lassen** | to leave a bill of exchange dishono(u)red.
Nota *f* [Rechnung] | invoice; bill; account | **Fracht**∼ | freight note (account) (bill); account (note) of freight | **Kosten**∼ | expense account (note).
Not..abgabe *f* | emergency levy.
—**adressat** *m* | case of need.
—**adresse** *f* | address (reference) in case of need | **eine** ∼ **beifügen** | to add an address in case of need | **auf einen Wechsel eine** ∼ **setzen; einen Wechsel mit einer** ∼ **versehen** | to enface a bill with an address in case of need.
—**akzept** *n* | acceptance in case of need; collateral acceptance.
Notar *m* | notary | **Dienstsiegel des** ∼**s** | notarial (notary's) seal | **vor einem** ∼ **aufgenommene Urkunde** | deed authenticated by (executed before) a notary; notarial deed (document) | **öffentlicher** ∼ | notary public | **vor einem** ∼ **errichtet werden** | to be concluded before a notary | **durch einen** ∼ | by a notary; in notarial (notarized) form; notarially.
Notariat *n* Ⓐ [Amt des Notars] | office (profession) of a notary.
Notariat *n* Ⓑ [Büro] | notary's office.
Notariat *n* Ⓒ [Gesamtheit der Notare] | the body of notaries.
Notariats..akt *m* | notarial deed (document); deed authenticated by (executed before) a notary | **durch** ∼ | notarially; by a notary; in notarial form.
—**akten** *mpl* | notarial records (files).
—**beamter** *m*; —**gehilfe** *m* | notary's clerk.
—**büro** *n*; —**kanzlei** *f* | notary's (notarial) office.
—**gebühren** *fpl*; —**kosten** *pl* | notary's (notarial) fees (charges).
—**praxis** *f* | practice as a notary.
—**siegel** *n* | notary's (notarial) seal.
—**urkunde** *f* | notarial document (deed).
—**verweser** *m* | substitute of a notary.
notariell *adj* | notarial | ∼**er Akt;** ∼**e Urkunde** | notarial deed (document); deed authenticated by (executed before) a notary | ∼**e Beglaubigung** | legalization by a notary | ∼**e Bescheinigung** | notarial certificate | ∼**e Beurkundung** | notarial

verification; notarization | **in** ∼**er Form** | by (before) a notary; in notarial (notarized) form; notarially | ∼**er Form bedürfen; in** ∼**er Form abgeschlossen werden** | to be taken before a notary; to be notarized | **in** ∼**er Form abschließen** | to draw up (to conclude) before a notary | **in** ∼**er Form errichtet werden** | to be concluded before a notary | **durch einen** ∼ | notary's (notarial) fees (charges) | ∼**e Gebühren** | notary's (notarial) fees (charges) | **Erklärung zu** ∼**em Protokoll** | declaration before a notary public | ∼**e Vollmacht** | power of attorney drawn up before a notary.
notariell *adv* | notarially; by (before) a notary public | ∼ **abgefaßte Urkunde** | notarial document (act) (deed) | ∼ **beglaubigt** | legalized (attested) by a notary public; notarized | ∼ **beglaubigte Abschrift** | copy legalized by a notary | ∼ **beglaubigte Vollmacht** | power of attorney legalized by a notary; notarized power of attorney | ∼ **abschließen** | to draw up (to conclude) before a notary; to notarize | **etw.** ∼ **beglaubigen** | to legalize sth. by a notary | **etw.** ∼ **beurkunden** | to notarize sth.
Notarkammer *f* | notaries' association.
Not..ausgang *m* | emergency exit.
—**auswurf** *m* | jettison(ing).
—**behelf** *m* | makeshift; expedient.
—**dienst** *m* | emergency service.
notdürftig *adj* | **der** ∼**e Unterhalt** | the absolutely necessary.
Note *f* Ⓐ [Anzeige] | note; bill; account | **Debit**∼ | debit note | **Kredit**∼ | credit note | **Schluß**∼ | broker's contract note.
Note *f* Ⓑ [Anmerkung] | note; remark | **Fuß**∼ | footnote | **Rand**∼ | marginal note.
Note *f* Ⓒ [diplomatische ∼] | diplomatic note | **Protest**∼ | note of protest | **Verbal**∼ | memorandum | **eine** ∼ **überreichen** | to hand over (to present) a note | ∼**n wechseln** | to exchange notes.
Note *f* Ⓓ [Bank∼] | banknote; bank bill | ∼**n ausgeben** | to issue notes.
Noten *fpl* [Schulnoten] | marks | **gute** ∼ | high marks | **schlechte** ∼ | bad marks.
Noten..aufruf *m* | withdrawal (calling in) of banknotes.
—**ausgabe** *f* | issue of notes (of banknotes); note issue | **fiduziäre** ∼ | fiduciary note issue.
— —**recht** *n* | note-issuing privilege.
—**austausch** *m* | exchange of notes.
—**bank** *f* Ⓐ [Notenbankinstitut] | bank of issue; issuing bank.
—**bank** *f* Ⓑ [Zentralbank] | Central Bank.
—**deckung** *f* | note coverage; cover of the note circulation (of the notes in circulation).
—**druck** *m* | printing of bank notes.
—**einlösung** *f* | payment (redemption) of issued notes.
—**emission** *f* | note issue; issuing of notes (of banknotes).
—**inhaber** *m* | noteholder.
—**privileg** *n* | right of issuing notes; note-issuing privilege.
—**umlauf** *m* | circulation of bank notes; note (active) circulation | **Deckung des** ∼**s** | cover of the note circulation; note coverage | **ungedeckter** ∼ | uncovered (credit) (paper) (fiduciary) circulation.
—**wechsel** *m* | exchange of notes.
Notfall *m* | case of need (of necessity) (of emergency); emergency | **bei Eintritt dieses** ∼**s** | in this emergency | **bereit für jeden** ∼ | ready for every emergency | **im** ∼**e** | in case of need (of emergency).

Notfälle *mpl* | **gegen** ~ **Vorsorge treffen** | to provide for (against) emergencies | **auf alle** ~ **vorbereitet** | ready for every emergency.
notfalls *adv* | in case of need (of emergency).
Not..flagge *f* | flag of distress.
—**frist** *f* | latest (final) term (date).
—**geld** *n* | emergency money.
—**gesetzgebung** *f* | emergency legislation.
—**hafen** *m* | port of refuge (of distress) (of necessity); harbor of refuge | **einen** ~ **anlaufen** | to put into a port of refuge.
—**hilfe** *f* | aid; help in need.
— —**programm** *n* | emergency aid program.
notierbar *adj* | quotable.
notieren *v* Ⓐ [Notiz nehmen] | **etw.** ~ | to note sth.; to take note of sth.
notieren *v* Ⓑ [buchen] | **einen Posten** ~ | to enter an item in the books | **etw. gleichlautend** ~ | to pass (to enter) sth. in conformity.
notieren *v* Ⓒ | **Aktien, die mit ...** ~ | shares quoted at ... | **an der Börse** ~ | to quote on the Stock Exchange | **einen Kurs** ~ | to make a quotation | **amtlich** ~ | to be quoted officially.
notiert *adj* | ~**e (amtlich** ~**e) Aktien** | quoted (officially quoted) shares (stocks) | ~**e Werte** | listed (quoted) securities; securities on the official list.
notiert *part* | **an der Börse** ~ **sein** | to be quoted on the Stock Exchange | **amtlich** ~ | officially quoted; on the official list.
Notierung *f* | quotation; quoting | **Aktien**~ | share (official) quotation | **Börsen**~ | official list | ~ **der Devisen** | quotation of exchange rates | **Frachtkurs**~ | freight quotation; quotation of freight rates | **Kurs**~; **Preis**~ | quotation; quoting | **Markt**~ | market report | **Schluß**~ | closing quotation | **Tages**~ | quotation of the day | **Valuta**~ | quotation of exchange rates.
★ **amtliche** ~ | official quoting (quotation) | **Zulassung zur amtlichen** ~ | admission to quotation | **zur amtlichen** ~ **zugelassene Werte (Wertpapiere)** | securities quoted in the official list; listed securities | **ohne** ~ | unquoted; unlisted.
Notierungsausschuß *m* | quoting (listing) committee.
Notifikation *f*; **Notifizierung** *f* | notification; notice.
notifizieren *v* | to notify.
nötig *adj* | essential; necessary.
nötigen *v* | to compel; to force.
nötigenfalls *adv* | in case of need (of necessity); if need be.
Nötigung *f* Ⓐ | compulsion; duress; undue influence | **Einwand der** ~ | plea of duress.
Nötigung *f* Ⓑ | constraint; physical coercion.
Notiz *f* Ⓐ | note | **Presse**~ | press (news) item | **Rand**~ | marginal note | ~**en machen** | to take notes | **von etw.** ~ **nehmen** | to take note (due note) (cognisance) of sth.; to note sth.
Notiz *f* Ⓑ | **Börsen**~ | quotation | **Fracht**~ | freight quotation | **Freiverkehrs**~ | inofficial rates *pl* | **Kurs**~; **Preis**~ | quotation of prices; price quotation | **Tages**~ | quotation of the day.
Notiz..block *m* | note (memorandum) pad.
—**buch** *n* | notebook.
Notklausel *f* | emergency (escape) clause.
Notlage *f* Ⓐ | distress; difficulty | **Ausbeutung der** ~ **eines andern** | taking undue advantage of sb.'s difficulty (difficulties) | **jds. ausbeuten** | to take undue advantage of sb.'s difficulty (difficulties) | **in einer** ~ **sein; sich in einer** ~ **befinden** | to be in difficulty | **sich aus einer** ~ **befreien** | to get out of a difficulty.

Notlage *f* Ⓑ | need; indigence | **in** ~ **geraten** | to become needy.
Notlandung *f* | forced (emergency) landing.
notleidend *adj* Ⓐ [bedürftig] | needy; in need.
notleidend *adj* Ⓑ | in abeyance; in suspense | ~**er Wechsel** | unpaid (dishono(u)red) bill; bill overdue.
notorisch *adj* | notorious; well-known; generally (commonly) known.
Not..maßnahme *f* | urgency (emergency) measure.
—**opfer** *n* | emergency levy.
—**pfennig** *m* | penny for a rainy day.
—**programm** *n* | emergency program.
—**reparatur** *f* | emergency repairs *pl*.
—**reserve** *f*; —**rücklage** *f* | contingency reserve (fund); emergency fund; reserve for contingencies.
—**ruf** *m* | emergency call.
—**signal** *n* | distress signal.
Notstand *m* | state of distress (of need); distress | **nationaler** ~ | national emergency | **einem** ~ **abhelfen** | to meet an emergency.
Notstands..arbeit *fpl* | relief work(s).
—**arbeiter** *m* | relief worker.
—**gebiet** *n* | distressed area.
—**gesetzgebung** *f* | emergency legislation.
—**maßnahmen** *fpl* | emergency measures.
Not..steuer *f* | emergency tax.
—**trauung** *f* | marriage of necessity.
—**verordnung** *f* | emergency decree (edict) (regulation).
—**vorrat** *m* | emergency supply.
—**weg** *m*; — —**recht** *n* | way of necessity; right of way (of passage).
Notwehr *f* | self-defense | **Putativ**~ | putative self-defense | **Überschreitung der** ~ | excess of justifiable defense | **in** ~ | in legitimate self-defense.
notwendig *adj* | necessary; essential | ~**e Reparaturen** | emergency repairs | **absolut** ~; **unbedingt** ~ | of prime necessity | ~ **machen** | to necessitate | ~ **sein** | to be required | ~ **werden** | to become necessary (a necessity) | ~, **um etw. zu tun** | necessary (required) for doing sth. | **falls** ~ | when (if) necessary (required); in case of need (of necessity).
Notwendige *n* | **das** ~ | the necessary | **das unbedingt** ~ | the bare necessities *pl* | **das** ~ **tun** | to do what is necessary | **das** ~ **veranlassen** | to make all necessary arrangements; to take all necessary steps.
notwendigerweise *adv* | necessarily; of necessity.
Notwendigkeit *f* | necessity; needfulness; requisiteness | **bei Eintritt dieser** ~ | in this emergency | **die Lebens**~**en** | the necessaries of life | **dringende** ~ | extreme necessity (urgency) | **die harte** ~ | dire necessity | **eine** ~ **sein** | to be a matter of necessity.
Notwurf *m* | jettison(ing).
Notzeit *f* | **in** ~; **in** ~**en** *fpl* | in time(s) of distress.
Notzucht *f*; **Notzuchtsverbrechen** *n* | rape; criminal assault.
notzüchtigen *v* | to violate; to commit rape; to outrage.
Notzuchtsversuch *m* | attempted rape.
Novation *f* [Schuldumwandlung] | novation; substitution of debt.
Novelle *f* Ⓐ [Gesetzes~] | amending law; amendment.
Novelle *f* Ⓑ [Erzählung] | short novel (story).
Novität *f* Ⓐ [Neuheit] | newness; novelty.
Novität *f* Ⓑ [Neuerscheinung] | new publication.
Novum *n* [neue Tatsache] | new fact (feature).
Nuklear..krieg *m* | nuclear war.
—**macht** *f* | nuclear power.

null *adj* | ~ **und nichtig** | null and void | **etw. für ~ und nichtig erklären** | to declare (to render) sth. null and void; to annul (to invalidate) sth.

Nullwachstum *n* | zero growth.

numerieren *v*; **nummern** *v* | to number | **fortlaufend ~** | to number consecutively.

Numerierung *f*; **Nummerung** *f* | numbering | **Seiten~** | paging.

numerisch *adj* | numerical.

Nummer *f* Ⓐ | number | **Auftrags~** | order number | **Beleg~** | voucher number | **Eintragungs~** | registration number; number of registration | **Geschäfts~** | reference (file) number | **Haus~** | house number | **Los~** | lot (ticket) number | **Ordnungs~** | serial (running) (reference) number | **Register~** | number of registration; registration number | **Ruf~**; **Telephon~** | call (telephone) number | **laufende ~** | serial (running) (reference) number.

Nummer *f* Ⓑ [Ausgabe] | copy | **Einzel~** | single copy (number) | **in einzelnen ~n** | in serials; serially | **frühere (früher erschienene) ~** | back number | **vereinzelte ~n** | odd numbers.

Nummernkonto *n* | numbered account.

Nuntiatur, Nunziatur *f* | nunciature.

Nuntius, Nunzius *m* | nuncio | **apostolischer ~**; **päpstlicher ~** | Papal nuncio.

Nutzanwendung *f* | practical application.

nutzbar *adj* | profitable; lucrative.

nutzbar *adv* | **Kapital ~ anlegen** | to invest capital profitably.

Nutzbarmachung *f* | utilization; turning [of sth.] to account.

nutzbringend *adj* | profitable; remunerative; advantageous; productive | **~e Anlage (Kapitalsanlage)** | profitable investment | **~ sein** | to be profitable.

Nutzeffekt *m* | useful (practical) effect; effective power.

Nutzen *m* Ⓐ [Vorteil] | advantage; profit | **~ für die Allgemeinheit**; **öffentlicher ~** | public utility | **einen ~ abwerfen** | to yield a profit (a return) **jdm. ~ bringen** | to profit sb. | **aus etw. ~ ziehen** | to turn sth. to account (to profit) (to advantage); to benefit (to profit) by sth. | **zum ~ von** | in favo(u)r (on behalf) of; for the benefit (advantage) of.

Nutzen *m* Ⓑ [Gewinnspanne] | margin of profit; profit margin | **mit einem ~ von** | leaving a margin of.

nutzen, nützen *v* | **jdm. ~** | to profit sb.; to be to sb.'s profit.

Nutzlast *f* | pay load.

Nutzleistung *f* | effective power (output).

nützlich *adj* | useful; profitable; advantageous | **etw. für ~ halten** | to consider sth. useful.

Nützlichkeit *f* | usefulness; utility.

Nützlichkeitsrücksichten *fpl* | **aus ~** | for reasons of expediency.

nutzlos *adj* | useless; futile.

Nutzlosigkeit *f* | uselessness.

Nutznießer *m* Ⓐ | beneficiary.

Nutznießer *m* Ⓑ [Nießbraucher] | usufructuary; beneficial owner.

Nutznießung *f* Ⓐ [Genuß] | enjoyment | **Entbehrung der ~** | non-enjoyment | **Verwaltung und ~** | management and enjoyment | **gemeinsame ~** | joint use and enjoyment | **lebenslängliche ~** | enjoyment for life; life enjoyment | **die ~ von etw. haben** | to have the enjoyment of sth.

Nutznießung *f* Ⓑ [Nießbrauch] | right of user; life interest.

Nutznießungsrecht *n* | right to enjoy (of enjoyment); beneficial interest (enjoyment).

Nutzpfand *n* | antichresis.

Nutzschwelle *f* | break-even point.

Nutzung *f* | enjoyment | **gewerbliche ~** | industrial (commercial) exploitation.

Nutzungen *fpl* | benefits *pl* | **wiederkehrende ~** | recurring benefits | **die ~ aus etw. ziehen** | to draw the benefits from sth.

Nutzungs..berechtigter *m* Ⓐ | usufructuary.

—**berechtigter** *m* Ⓑ [einer Dienstbarkeit] | commoner.

—**entgang** *m* | loss of enjoyment | **Ersatz des ~s** | consequential (indirect) (special) damages.

—**pfandrecht** *n* | antichresis.

—**recht** *n* Ⓐ [Genußrecht] | right of enjoyment (to enjoy).

—**recht** *n* Ⓑ [Benutzungsrecht] | right of use (to use).

—**wert** *m* Ⓐ | value in use.

—**wert** *m* Ⓑ [Mietwert] | rental value.

—**schaden** *m*; —**verlust** *m* | loss of use (of enjoyment).

O

Obdach *n* | shelter; cover | **jdm. ~ gewähren** | to give cover to sb.; to put sb. under shelter; to harbo(u)r sb.

obdachlos *adj* | without shelter; homeless.

Obdachlosenasyl *n* | night shelter; casual ward.

Obdachloser *m* | homeless person.

Obdachlosigkeit *f* | homelessness.

Obduktion *f* [gerichtliche ~] | post-mortem examination.

obduzieren *v* | **eine Leiche ~** | to hold a post-mortem examination on a dead body.

obenerwähnt *adj*; **obengenannt** *adj* | above-mentioned; above-named; above-quoted; above-cited; aforesaid | **wie ~** | as mentioned above; as previously mentioned.

Oberappellationsgericht *n* | high (supreme) court of appeal.

Ober..aufseher *m* | superintendent; chief inspector (supervisor).

—**aufsicht** *f* | superintendence; supervision | **die ~ führen** | to superintend.

—**aufsichtsbehörde** *f* | superior authority.

—**beamter** *m* | superior officer.

—**behörde** *f* | higher (superior) authority.

—**bergamt** *n*; —**bergbehörde** *f* | board of mines.

—**buchhalter** *m* | chief accountant.

—**bürgermeister** *m* | chief burgomaster.

obere *adj* | **~ Instanz** | higher instance (court) | **die ~n Klassen (Schichten)** | the higher (upper) classes | **die ~n Schulklassen** | the upper forms | **die ~n Zehntausend** | the upper ten (ten thousand).

Oberfinanzgericht *n* | board of tax appeals.

Oberfinanzkasse *f* | chief revenue office.

oberflächlich *adj* | **~e Bekanntschaft** | casual acquaintance | **~e Betrachtung** | surface inspection | **~e Kenntnisse** | superficial (hazy) knowledge | **~es Wissen** | superficial learning.

Oberflächlichkeit *f* | superficiality; cursoriness.

Obergericht *n* | higher (superior) court.

Ober..gutachten *n* | umpire's award.
—gutachter *m* | umpire; referee.
—hand *f* | über jdn. die ~ gewinnen | to get the upper hand of sb.
—haupt *n* | head; chief | **Familien~** | head of a family | **Staats~** | head of a state.
—haus *n* | Upper House; House of Lords.
— —mitglied *n* | Member of the Upper House.
—herrschaft *f* | suzerainty; supremacy.
—hoheit *f* | sovereignty.
Oberin *f* | Mother (Lady) Superior; superioress.
Ober..klasse *f* Ⓐ | die ~n | the upper (higher) classes.
—klasse *f* Ⓑ [einer Schule] | die ~n | the upper forms.
—kommissar *m* | High Commissioner.
—kommission *f* | High Commission.
—konsistorium *n* | high consistory.
—landes..gericht *n* | higher regional court.
— —gerichtspräsident *m* | president of the higher regional court.
—leitung *f* Ⓐ | general management.
—leitung *f* Ⓑ [Oberaufsicht] | superintendence.
—meister *m* | foreman.
—postdirektion *f* | general post office.
—postmeister *m* | postmaster general.
—präsident *m* | governor.
—rechnungs..hof *m*; **— —kammer** *f* | audit office; board (commissioners *pl*) of audit.
—richter *m* | chief justice.
—schicht *f* | die ~ | the upper (higher) classes | die bürgerliche ~ | the upper middle class.
—schiedsrichter *m* | umpire.
oberst *adj* | ~e **Aufsichtsbehörde** | highest administrative authority | ~es **Berufsgericht** | High Court of Appeal | ~e **Gehaltsgrenze** | maximum salary | ~es **Gericht**; ~er **Gerichtshof** | High (Supreme) Court (Court of Justice) | ~e **Gewalt** | supreme (absolute) power | ~e **Grenze**; ~es **Limit** | maximum (highest) limit | ~er **Grundsatz** | guiding principle | ~e **Justizbehörde** | highest judicial administrative body | ~er **Rat** | supreme council | ~es **Revisionsgericht** | High Court of Appeal | die ~e **Verantwortung** | the overall responsibility.
oberstrichterlich *adj* | maßgebende, ~e **Entscheidung** | judicial authority | nach ~er **Rechtsprechung** | according to the judicial authorities.
Ober..staatsanwalt *m* | attorney general; director of public prosecutions.
—staatsanwaltschaft *f* | office of the director of public prosecutions.
—stufe *f* [in Schulen] | the higher grade(s); the senior classes.
—verwaltungsgericht *n* | higher administrative court.
—zollamt *n*; **—zollbehörde** *f* | chief (general) customs office; board of customs (of excise).
Obhut *f* | charge; care; protection | in sicherer ~ | in safe custody; in good care | für jds. ~ verantwortlich sein | to be responsible for the care of sb. | jdn. jds. ~ anvertrauen; jdn. bei jdm. in ~ geben | to commit sb. to the care of sb.; to place (to put) sb. in (under) the care of sb. | jdn. in (unter) seiner ~ haben | to have the care of sb. | etw. in seine ~ nehmen | to take sth. into one's care | unter jds. ~ stehen | to be in (under) sb.'s care.
Objekt *n* | object.
objektiv *adj* | objective; impartial; unbiased | der ~e **Tatbestand** | the material facts *pl*.
objektiv *adv* | ~ **unmöglich** | physically impossible.
Objektivität *f* | objectivity; objectiveness; impartiality.

obliegen *v* | jdm. ~ | to be incumbent on sb.; to be sb.'s duty | ihm obliegt die Pflicht | the duty falls on him.
Obliegenheit *f* | duty; obligation; function; incumbency.
obligat *adj* | obligatory; compulsory; indispensable.
Obligation *f* Ⓐ [Verpflichtung] | obligation; duty | **Alternativ~** | alternative obligation | **Natural~** | moral (imperfect) obligation.
Obligation *f* Ⓑ [Wertpapier] | bond; debenture bond (certificate) | **Eisenbahn~en** | railway debentures (bonds) | **Gold~** | gold bond | **Hypotheken~**; hypothekarisch gesicherte ~ | mortgage debenture (bond) | **Industrie~en** | industrial bonds (securities) | **Kommunal~en** | municipal bonds | **Lotterie~en** | prize (lottery) (premium) bonds | **auf den Namen lautende (ausgestellte)** ~ | registered bond (debenture); non-negotiable bond | **Prämien~en** | premium bonds | **Wandel~en** | convertible bonds.
★ noch nicht ausgegebene ~en | unissued debentures | **auslosbare (kündbare) (tilgbare)** ~en | redeemable bonds (debentures) | **mündelsichere** ~ | trustee (gilt-edged) bonds | **nicht übertragbare** ~ | registered bond (debenture); non-negotiable bond | **unkündbare (untilgbare)** ~en | irredeemable bonds (debentures) | **steuerfreie** ~en | tax-exempt (tax-free) bonds | ~en zeichnen | to subscribe bonds.
Obligationär *m* | bondholder; debenture holder; bond creditor; holder of a debenture | **Hypotheken~** | mortgage debenture holder.
Obligationenanleihe *f* | debenture loan; loan on debentures.
—ausgabe *f* | issue of bonds (of debentures); bond issue.
—dienst *m* | interest payment on debenture capital.
—gläubiger *m*; **—inhaber** *m* | bondholder; bond creditor; debenture holder; holder of a debenture | **Vereinigung der** ~ | debenture holders' association.
—kapital *n* | debenture capital.
—recht *n* Ⓐ | law of contract.
—recht *n* Ⓑ [S] [Handelsgesetzbuch] | commercial code.
—schuld *f* | bond (debenture) debt.
—schulden *fpl* | bonds (debentures) payable.
—schuldner *m* | bond debtor.
—steuer *f* | tax on bonds (on bond issues).
—tilgung *f* | bond redemption.
—zinsen *mpl* | debenture interest; interest on bonds (on debentures).
—zinsendienst *m* | interest payment on debenture capital.
obligatorisch *adj* Ⓐ [im Gegensatz zu dinglich] | ~e **Klage** | action for debt | ~er **Vertrag** | consensual contract.
obligatorisch *adj* Ⓑ [zwangsweise] | compulsory; obligatory; binding | ~e **Versicherung** | compulsory insurance.
obligatorisch *adj* Ⓒ [gesetzlich vorgeschrieben] | prescribed (imposed) by law.
Obligo *n* | ohne ~ | without prejudice (engagement) (liability) (responsibility).
Obmann *m* Ⓐ | foreman | ~ **der Geschworenen**; **Geschworenen~** | foreman of the jury | **Betriebs~** | chairman of the shop stewards committee; works convenor.
Obmann *m* Ⓑ [Schieds~] | umpire; referee.
Obrigkeit *f* | public power (authority) | die ~ | the authorities.

obrigkeitlich *adj* | ∼er **Akt** | act of high (public) authority | ∼e **Gewalt** | public power.

Obsiegen *n* | winning.

obsiegen *v* | to gain (to win) (to carry) the day | **in einer Sache** ∼; **in einem Prozeß** ∼ | to win a case (a lawsuit) | **teilweise** ∼ | to win partly; to be partly successful.

obsiegend *adj* | ∼es **Erkenntnis (Urteil)** | favo(u)rable judgment (decision) | **die** ∼e **Partei; der** ∼e **Teil** | the successful party.

Obstruktion *f* | ∼ **treiben** | to practice obstruction; to obstruct | **um** ∼ **zu treiben; zwecks** ∼ | obstructively.

Obstruktions..methoden *fpl*; —**taktik(en)** *fpl* | obstructive measures (tactics).

—**politik** *f* | policy of obstruction; obstructive policy; obstructionism; filibustering.

—**politiker** *m* | obstructionist; filibusterer.

—**treiberei** *f* | obstructiveness.

obwalten *v* | to exist; to prevail; to rule.

obwaltend *adj* | **unter den** ∼**en Umständen** | under the present (existing) circumstances | **unter den seinerzeit (damals)** ∼**en Umständen** | under the circumstances then obtaining.

offen *adj* | ∼er **Arrest** | receiving order | ∼es **Depot (Konto)** | open (current) account | ∼er **Feind** | open enemy | ∼e **Feindseligkeiten** | open hostilities (war) (warfare) | ∼e **Frage** | open (doubtful) (disputed) (pending) (undecided) question | ∼es **Giro** | blank endorsement; endorsement in blank | ∼e **Handelsgesellschaft** | trading (general) partnership | ∼er **Krieg** | open war (warfare) (hostilities) | ∼er **Kredit** | open (unsecured) (personal) credit; credit on overdraft | ∼e **Marktpolitik** | free-market (open-market) policy | **das** ∼e **Meer** | the open (high) sea (seas) | ∼e **Police** | open (floating) policy | ∼e **Praxis** | free (open) practice [of a profession] | ∼e **Rechnung** | open (current) account | ∼e **Reserven** | open (declared) reserves | ∼er **Scheck (Check [S])** | open cheque | ∼e **Stelle** | vacant situation (position) (post); vacancy | **auf** ∼er **Tat** | in the act | **Grundsatz der Politik der** ∼**en Tür** | principle (policy) of the open door; open-door principle (policy) | ∼e **Ziele** | open due-dates.

offenbar *adj* | evident; obvious; manifest.

offenbaren *v* | to reveal; to disclose.

Offenbarung *f* | revelation; disclosure.

Offenbarungseid *m* | oath of disclosure (of manifestation).

offenkundig *adj* Ⓐ [offenbar] | evident; manifest.

offenkundig *adj* Ⓑ [notorisch] | notorious | ∼e **Tatsache** | evident (established) fact.

Offenkundigkeit *f* | notoriousness.

offenlegen *v* | **etw.** ∼ | to lay sth. open.

Offenlegung *f* | communication | **mangelnde** ∼ | non-disclosure | **ungenügende** ∼ | insufficient disclosure.

Offenmarktpolitik *f* | free-market (open-market) policy.

offensichtlich *adj* | evident; obvious | ∼er **Mangel** | apparent defect.

offensichtlich *adv* | evidently; obviously.

Offensichtlichkeit *f* | evidence; obviousness.

offensiv *adj* | offensive.

offensiv *adv* | offensively.

Offensivbündnis *n* | offensive alliance.

Offensive *f* | offensive | **die** ∼ **ergreifen** | to assume (to take) the offensive.

offenstehen *v* | **noch** ∼ | to be (to remain) owing (outstanding) (unpaid).

offenstehend *adj* | ∼e **Rechnung** | open (unpaid) bill (account) (invoice).

öffentlich *adj* | public | ∼e **Abbitte** | apology; amends *pl* | ∼e **Abgabe** | government (state) tax | ∼e **Abgaben** | rates and taxes; taxes and dues | ∼es **Amt** | public (government) office | **ein** ∼**es Amt bekleiden** | to hold a public office | ∼e **Angelegenheiten** | affairs of state; state affairs | **der** ∼e **Ankläger** | the public prosecutor; the prosecuting attorney; the Prosecution; the Crown | ∼e **Ankündigung** | public announcement.

○ ∼e **Anleihe** | public loan; government loan | ∼e **Anleihen** | government loans (securities) (bonds) (stock) (stocks); public bonds | ∼e **Anstalt** | public institution | ∼e **Arbeiten** | public works | ∼es **Ärgernis** | public indecency; public (common) nuisance | ∼e **Armenhilfe** | public assistance (relief); state relief | ∼es **Armenhaus (Armensyl)** | poorhouse | ∼e **Aufforderung** | public summons | ∼er **Aufruf** | public proclamation | ∼e **Auktion** | public auction (sale); sale by public auction | ∼er **Beamter** | government (state) official; official; civil (public) servant | ∼e **Bedürfnisanstalt** | public convenience | ∼e **Beglaubigung** | legalization.

○ ∼e **Bekanntmachung** | public notice | ∼ **Beleidigung** | public insult | ∼e **Bibliothek (Bücherei)** | public library | **der** ∼e **Bereich** | the public sector | ∼er **Dienst** | public (civil) service | **Angestellter im** ∼**en Dienst** | government (state) official (employee); civil (public) servant | ∼e **Dienststelle** | public office | ∼e **Dirne** | prostitute; common prostitute | ∼e **Druckschrift** | printed publication | **im** ∼**en Eigentum stehen** | to be publicly owned | ∼e **Einrichtung** | public institution | ∼er **Feiertag** | public (legal) holiday | ∼e **Fernsprechstelle** | public call office (box) | ∼e **Fürsorge** | public assistance (relief); state relief | ∼er **Fürsorgeausschuß** | public assistance committee | ∼e **Gelder** | public funds (money) | **in** ∼**er Gerichtsverhandlung; in** ∼**er Sitzung vor Gericht** | in (the) open court.

○ ∼e **Gewalt** | public power (authority) | **die** ∼e **Hand** ① | the public authorities; the authorities | **die** ∼e **Hand** ② | the State | **die** ∼e **Hand** ③ | the Fisc | ∼es **Interesse** | public (national) interest | ∼e **Körperschaft** | public body | ∼er **Kredit** | public credit | ∼e **Ladung** | public summons; summons (service) by public notice | **das** ∼e **Leben** | public life | **im Brennpunkt des** ∼**en Lebens stehen** | to be in the public eye | **die im** ∼**en Leben stehenden Persönlichkeiten** | men in public life | ∼e **Lehranstalt** | public school | ∼es **Leihamt** | public pawn-house | ∼e **Meinung** | public opinion | ∼e **Mittel** | public funds (money) | ∼er **Notar** | notary public | ∼e **Ordnung** | public (common) interest; public policy | **Verstoß gegen die** ∼e **Ordnung** | public nuisance.

○ ∼es **Recht** | public law | **Anstalt (Körperschaft) (juristische Person) des** ∼**en Rechts** | corporate (public) body; body corporate; public corporation | **internationales** ∼es **Recht** | public international law | ∼es **Register** | public (official) register | ∼e **Schule** | public school | ∼e **Sicherheit** | public security (safety) | ∼e **Sitzung** | sitting in public | **Verhandlung in** ∼**er Sitzung** | trial in open court; public hearing | ∼er **Skandal** | public scandal | ∼er **Transportunternehmer** | common carrier | ∼e **Urkunde** | official document; public record | ∼es **Verfahren** | proceedings in public | ∼e **Verhandlung** |

öffentlich *adj, Forts.*

public hearing; trial in open court; open trial | ~er Verkauf; Verkauf durch ~e Versteigerung | public sale (auction); sale by public auction | ~er Verkehr | traffic | für den ~en Verkehr freigegebene Straße | road open to traffic | ~e Verkündung | promulgation.

○ ~e Versammlung | public (open) meeting | ~er Versorgungsbetrieb | public utility; public utility undertaking (company) (corporation) (concern) | Werte von ~en Versorgungsbetrieben | public utility stocks | ~e Versteigerung | public auction (sale); sale by public auction | ~e Verwaltung | public administration | ~er Vortrag | public lecture | das ~e Wohl | the common (public) weal (interest) | die ~e Wohlfahrt | public welfare | ~e Wohlfahrtseinrichtung | public welfare organization | ~e Zustellung | public service; service by public notice.

öffentlich *adv* | ~ anschlagen | to post; to post up; to placard | ~ auftreten | to make a public appearance | ~ beglaubigen | to certify; to legalize | ~ beglaubigte Urkunde | legalized (certified) document.

★ jdm. ~ Abbitte leisten | to make hono(u)rable amends (a full apology) to sb. | etw. ~ bekanntmachen (bekanntgeben) | to make sth. public; to publish sth.; to give public notice of sth. | ein Gesetz ~ bekanntmachen | to promulgate a law | ~ bekannt sein | to be a matter of common knowledge | ~ bekannt werden | to become public | ~ protestieren | to make a public protest | ~ verhandeln | to hold the trial in open court | etw. ~ verkaufen (versteigern) | to sell sth. by public auction; to put sth. up for public sale; to put sth. up to auction (for public auction).

Öffentlichkeit *f* Ⓐ | die ~ | the public; the general public | Mann der ~ | man in the public eye | Sprechen in der ~ | speaking in public; public speaking | die breite ~ | the general public; the public at large | in der ~ | in public; publicly | in die ~ kommen | to become public | der ~ zugänglich | open to the public.

Öffentlichkeit *f* Ⓑ [~ der Verhandlung] | publicity of the proceedings (of the trial); proceedings in public | unter Ausschluß der ~ | in camera; in private | für die Beweisaufnahme die ~ ausschliessen (den Ausschluß der ~ anordnen) | to order evidence to be heard (to be taken) in camera | die Beweisaufnahme unter Ausschluß der ~ durchführen | to take (to hear) evidence in camera | Sitzung unter Ausschluß der ~ | meeting (session) in private | Verhandlung unter Ausschluß der ~ | trial in camera | den Ausschluß der ~ anordnen ①; die ~ ausschließen ① | to clear the hall (the court room) (the court); to have the hall (the court room) cleared | den Ausschluß der ~ anordnen ②; die ~ ausschließen ②; anordnen, daß eine Sache unter Ausschluß der ~ verhandelt wird | to order the proceedings (the trial) (the meeting) to be held in camera; to order a case to be heard in camera | Wiederherstellung der ~ | resumption of the trial in public.

★ den Ausschluß der ~ beantragen | to request the case to be heard (to be tried) in camera | eine Sache unter Ausschluß der ~ verhandeln | to hold a trial in camera; to hear a case in camera | die ~ wiederherstellen | to resume the trial in public.

Öffentlichkeits..arbeit *f* | public-relations work.

—prinzip *n* | principle of publicness.

öffentlichrechtlich, öffentlich-rechtlich *adj* | under public law | ~e Anstalt (Körperschaft) | institution (corporation) incorporated under public law; corporate (public) body; body corporate; public corporation.

offerieren *v* | to offer; to make an offer.

Offertbrief *m* | letter containing a formal offer.

Offerte *f* | offer | Abgabe einer ~ | making (filing) of an offer | Blanko~ | offer in blank | Draht~ | offer by telegraph | Fest~; feste ~ | firm offer | Real~ | tender | Submissions~ | tender | freibleibende ~ | offer without engagement | ~en einholen | to invite tenders | eine ~ abgeben (machen) | to make (to lay) an offer; to tender | ~en einreichen (unterbreiten) | to submit tenders.

Offertpreis *m* | asking price.

Offizial..klage *f* | public prosecution.

—verteidiger *m* | counsel assigned by the court.

offiziell *adj* | official; authentic | ~e Bezeichnung | official nomenclature | ~e Erklärung | official statement | ~er Kurs | official quotation (rate) | ~e Nachrichten | official news | ~e Notierung | official quotation | ~es Organ | official newspaper (paper) (gazette) | aus ~er Quelle | from an official source | ~e Verlautbarung | official statement | in~ | inofficial; informal.

offiziell *adv* | etw. ~ ankündigen | to announce sth. officially (in an official manner) | ~ notiert werden | to be quoted on the stock exchange.

Offiziers..patent *n* | officer's commission.

—rang *m*; **—stelle** *f* | officership; commission.

Offizin *f* [Druckerei] | printing plant.

offiziös *adj* | unofficial; non official.

Öffnungszeiten *fpl* | opening (business) hours.

Oheim *m* | uncle.

Okkupationsheer *n* | army of occupation.

Ökonom *m* Ⓐ [Wirtschaftler] | economist | National~ | political economist.

Ökonom *m* Ⓑ [Landwirt] | farmer.

Ökonomie *f* | economy | National~ | political economy; economics *pl*.

ökonomisch *adj* | economic(al).

Oktroi *n* | toll; duty.

Oligarchie *f* | oligarchy.

oligarchisch *adj* | oligarchic(al).

Öl..aktien *fpl* | oil shares.

—bedarf *m* | demand for oil.

—boykott *m* | oil sanctions.

—einfuhr *f* | oil import(s).

—erlössteuer *f* | petroleum revenue tax.

—gesellschaft *f* | oil company.

—feld *n* | oil field.

—förderung *f* | oil production.

—industrie *f* | oil industry.

—kartell *n* | oil producers' cartel.

—konzession *f* | oil concession.

—länder *npl* | die ~ | the oil-producing countries.

—leitung *f* | oil pipeline.

—lieferung(en) *fpl* | oil supply (supplies).

—raffinerie *f* | oil-refining plant; oil refinery.

—vorkommen *n* | oil deposit(s).

—werte *mpl* | oil shares; oils.

Onkel *m* | uncle | Erb~ | uncle from whom to inherit | Groß~ | great-uncle.

Operation *f* | operation | Börsen~ | stock exchange transaction.

Operations..basis *f* | basis of operation(s).

—plan *m* | plan of operation(s).

operieren *v* | to operate; to transact.

Opfer *n* Ⓐ | sacrifice.

Opfer *n* Ⓑ | victim.
opfern *v* | to sacrifice.
Opponent *m* | opponent; adversary.
opponieren *v* | gegen etw. ~ | to make opposition to sth.; to oppose sth.
opportun *adj* | opportune; convenient | etw. ~ finden | to think sth. proper.
Opportunismus *m* | opportunism.
Opportunist *m* | opportunist.
opportunistisch *adj* | opportunist.
Opportunität *f* | opportuneness.
Opposition *f* Ⓐ [Gegnerschaft] | opposition; antagonism | zu etw. in ~ stehen | to oppose sth.
Opposition *f* Ⓑ [Gegenpartei] | opposition; opposition party | der ~ angehören | to be in the opposition.
oppositionell *adj* | in the opposition.
Oppositions..führer *m* | opposition leader.
—**kandidat** *m* | opposition (rival) candidate.
—**partei** *f* | opposition party; opposition.
oppositionslos *adj* | without opposition.
Optant *m* | optant.
optieren *v* | für etw. ~ | to vote in favo(u)r of sth.
optimal *adj* | ~e Bedingungen; ~e Voraussetzungen | best possible terms (conditions) | ~er Beschäftigungsgrad | highest possible degree of employment | ~er Ertrag; ~e Ertragsfähigkeit | maximum output (efficiency).
Option *f* | option | Kauf~ | option to purchase | Verkaufs~ | option to sell; selling option | Zahlstellen~ | choice of domicile of a bill | eine ~ ausüben | to state (to exercise) one's option; to exercise one's right of option | seine ~ verfallen lassen | to abandon one's option.
optionell *adj* | optional.
Options..ausübung *f* | exercise of the (of an) option.
—**erklärung** *f* | declaration (exercise) of the option.
—**frist** *f* | period for stating (for exercising) one's option; option period.
—**klausel** *f* | option (optional) clause.
—**recht** *n* | right of option; option | sein ~ ausüben | to state (to declare) one's option | sein ~ nicht ausüben | to abandon one's option.
—**vertrag** *m* | option agreement.
Orden *m* | order | Mönchs~ | monastic order | Ritter~ | order of knighthood | geistlicher ~; religiöser ~ | religious order.
Ordensregel *f* | rule of the order.
ordentlich *adj* | ordinary | ~e Generalversammlung | ordinary general meeting | ~es Gericht | law (ordinary) court | durch ein Verfahren vor den ~en Gerichten; durch ein ~es Gerichtsverfahren | by due process (course) of law | ~er Gesandter | ordinary ambassador | ~er Professor | full professor | ~es Verfahren | due process | ~er Vertreter | ordinary agent | in ~er Weise | in an orderly way.
Order *f* Ⓐ | order | Anweisung an ~ | bill made out to order | Wechsel an eigene ~ (an die eigene ~) | bill of exchange made out to the order of the drawee | einen Wechsel an jds. ~ stellen (ausstellen) (zahlbar machen) | to make a bill payable (to make out a bill) to sb. (to sb.'s order) | an ~ lautend (gestellt) | made out to order | an unsere ~; an unsere eigene ~ | to our proper order | nicht an ~ gestellt | not to order (to anybody's order) | zahlbar an die ~ von ... | pay to the order of ... | zahlbar an ... oder dessen ~ | pay ... or order.
Order *f* Ⓑ [Bestellung; Anweisung] | order | Kauf~ | buying (purchasing) order; order to buy | Verkaufs~ | selling order; order to sell | Versand~ |

despatch order | bedingte ~ | contingent order | freibleibende ~ | conditional order | laufende ~ | standing order | laut ~ | as ordered; as per (according to) order.
Order *f* Ⓒ [Befehl] | Kabinetts~ | order in council | bis auf weitere ~ | until further orders | versiegelte ~ | sealed orders *pl*.
Order..buch *n* | order book.
—**klausel** *f* | clause "pay to order" | negative ~ | clause "not to order".
—**frachtbrief** *m*; —**konnossement** *n* | bill of lading made out to order.
—**lagerschein** *m* | negotiable warehouse receipt.
—**papier** *n* | negotiable instrument.
—**police** *f* | policy made out to order.
—**scheck** *m*; —**check** *m* [S] | order cheque; cheque to order.
—**stellung** *f* | drawing to order.
Ordinariat *n* [ordentliche Professur] | full professorship.
Ordinarius *m* [ordentlicher Professor] | full professor.
ordnen *v* | to order; to arrange | etw. alphabetisch ~ | to arrange sth. in alphabetical order | etw. tabellarisch ~ | to tabulate sth.
Ordner *m* Ⓐ | organizer.
Ordner *m* Ⓑ [Brief~] | file.
Ordnung *f* Ⓐ | order | Aufrechterhaltung der ~ | maintenance of order (of law and order) | die Gesellschafts~ | social order | Mangel an ~ | lack of order | Ruhe (öffentliche Ruhe) und ~ | law and order | Un~ | disorder.
★ in guter ~ | in order; in an orderly way | öffentliche ~ | public order (peace) (interest) | Störung der öffentlichen ~ | breach of the peace | der öffentlichen ~ entsprechen | to be public policy | die öffentliche ~ stören | to disturb the peace.
★ in einem Lande die ~ aufrechterhalten | to maintain (to keep) order (discipline) (order and discipline) in a country; to police a country | etw. in ~ bringen | to put (to set) sth. in order | seine Angelegenheiten (seinen Nachlaß) in ~ bringen | to set (to put) one's affairs in order; to settle (to order) one's affairs; to set one's house in order | in ~ gehen | to be in order | jdn. zur ~ rufen | to call sb. to order | die ~ wiederherstellen | to restore order | dies ist nicht in ~ | this is out of order (against the rules) (not according to the rules) | der ~ (der guten ~) halber (wegen) | for the sake of regularity (of good order); for order's sake.
Ordnung *f* Ⓑ [Reihenfolge] | order; succession | Erbfolge~ | order of succession | gesetzliche Erbfolge~ | legal order of succession | Rang~ | order of rank | Tages~ | order (business) of the day; agenda | Verteilungs~ | order of distribution.
Ordnung *f* Ⓒ [Vorschrift] | regulation; statute; law; code | Absatz~ | marketing regulations *pl* | Arbeits~ | labo(u)r code (charter); working (shop) regulations | Besoldungs~ | regulations covering salary payments | Betriebs~ ① | shop (factory) regulations | Betriebs~ ② | working regulations (instructions) | Börsen~ | rules of the exchange | Dienst~ | service regulations (instructions) | Gebühren~ | scale of charges (of fees) | Gemeinde~ | local government act | Gerichts~ | rules of the court | Geschäfts~ | rules of procedure | Gewerbe~ | trade law (charter) (regulations); statutory trade regulations; industrial code | Grundbuch~ | land registry (registration) act | Hafen~ | port regulations.

Ordnung *f* © *Forts.*
  ○ **Konkurs~** | bankruptcy act | **Polizei~** | police regulation (ordinance); bylaws *pl* | **Prozeß~**; **Verfahrens~** | judicial code; rules of procedure (of the court) | **Seestraßen~**; **Seeverkehrs~** | the rules of the road at sea | **Strafprozeß~** | code of criminal procedure | **Straßenverkehrs~** | the rules of the road | **Tarif~** | collective agreement (contract) | **Vergleichs~** | rules of conciliation | **Verwaltungs~** | administrative regulations | **Vollzugs~** | executive order | **Wahl~** | code of election | **Zivilprozeß~** | code of civil procedure; rules of civil practice.
Ordnungsdienst *m* | security service.
ordnungshalber *adv* | for the sake of good order.
ordnungsgemäß *adj*; **ordnungsmäßig** *adj* Ⓐ | proper; regular.
ordnungsgemäß *adj*; **ordnungsmäßig** *adj* Ⓑ | in the prescribed form | **~e Kündigung** | due notice | **~e Quittung** | formal receipt | **~es Verfahren** | due process.
ordnungsgemäß *adv*; **ordnungsmäßig** *adv* | **~ ausgewiesen (befugt)** | properly authorized | **~ bestellt** | duly appointed.
Ordnungs..mäßigkeit *f* | regularity.
—nummer *f* | serial (reference) number.
—polizei *f* | security police.
—ruf *m* | call to order.
—strafe *f* Ⓐ | fine; penalty | **jdn. mit einer ~ belegen** | to fine sb.
—strafe *f* Ⓑ [Disziplinarstrafe] | disciplinary penalty.
—strafe *f* © [Erzwingungsstrafe] | exacting penalty.
ordnungswidrig *adj* | contrary to order; against the rules (regulations); irregular.
Ordnungswidrigkeit *f* | breach of the rules (of the regulations); irregularity.
Organ *n* Ⓐ [Instrument] | organ; instrument | **~ des Staates**; **Staats~** | agency of the State | **ausführendes ~** | executive body.
Organ *n* Ⓑ [Nachrichten~] | organ; news organ | **Partei~** | party organ | **Regierungs~** | government organ | **amtliches ~**; **offizielles ~** | official organ (gazette).
Organe *npl* | **die ~ einer Gesellschaft** | the executives (the executive organs) of a company | **die ~ der Rechtspflege (der Justiz)**; **die Rechtspflege~**; **die Justiz~** | the organs (the agents) of the law | **die Sicherheits~** | the forces of order (of law and order).
Organisation *f* Ⓐ [Organisierung] | organizing; organization | **~ des Absatzes** | organization of the distribution | **ungenügende ~**; **unzureichende ~** | inadequate planning (arrangements).
Organisation *f* Ⓑ [Organismus] | organization; organized body | **Absatz~** | marketing organization | **Arbeiter~** | labo(u)r organization; labo(u)r (trade) union | **Arbeitgeber~** | employers' (trade) association (federation); organization of employers | **Dach~** | holding organization | **Händler~** | dealer organization | **Überwachungs~** | control organization (association).
Organisations..aufbau *m*; **—struktur** *f* | organizational structure (set-up).
—ausschuß *m*; **—komitee** *n* | organizing committee.
—fonds *m* | organizing fund.
—kosten *pl* | organizing expenses.
—plan *m* | organization chart.
—programm *n* | organization program.
Organisator *m* | organizer.
organisatorisch *adj* | organizing.
organisieren *v* | to organize; to arrange; to set up.
Organisierung *f* | organizing; organization.

organisiert *adj* Ⓐ | organized.
organisiert *adj* Ⓑ [gewerkschaftlich ~] | unionized; organized in trade unions | **~e Arbeiter (Arbeitskräfte) (Arbeiterschaft)** | unionized labo(u)r.
Organogramm *n* | organization chart.
Organschaft *f* [Beziehung zwischen Konzerngesellschaften] | interlocking relation(ship) between parent and affiliated companies.
Organschaftsvertrag *m* | agreement which covers the interlocking corporate relations between parent, associated and affiliated companies.
orientieren *v* | **sich ~** | to gather information.
orientiert *part* | **gut ~** | well informed.
Orientierung *f* | orientation | **die ~ der Außenpolitik** | the orientation of the foreign policy | **Neu~** | re-orientation; new direction | **zur ~** | as a guideline.
Original *n* | original | **~ einer Rechnung** | original of an invoice | **~ einer Urkunde** | original of a deed | **vom ~ abweichen** | to depart (to deviate) from the original | **mit dem ~ übereinstimmen** | to correspond to the original | **im ~** | in the original.
Originalität *f* | **mangelnde ~** | lack (absence) of originality.
Original..ausgabe *f* | first (original) edition.
—faktur(a) *f*; **—rechnung** *f* | original invoice.
—fassung *f* | original version.
—handschrift *f*; **—manuskript** *n* | original manuscript.
—preis *m*; **—verkaufspreis** *m* | manufacturer's (producer) price; price at which the producer sells.
—quittung *f* | original receipt.
—sprache *f* | original language.
—text *m* | original text.
—unterlagen *fpl* | original data.
—urkunde *f* | original document.
—(ver)packung *f* | original packing (package).
—wechsel *m* | original bill.
Ort *m* | place | **Abgangs~** | place of sailing (of departure); sailing place | **Ablieferungs~** | place of delivery | **~ der Ankunft** | place of arrival | **Aufenthalts~** | place of abode (of residence); abode; sojourn | **Aufgabe~**; **Auflieferungs~** | place of origin | **Auslade~** | place of unloading (of discharge) | **Ausstellungs~** | place of issue; issuing place | **Bade~** | watering place | **Beschäftigungs~** | place of work | **Bestimmungs~** | place of destination | **~ und Datum** | place and date.
  ○ **Erfüllungs~** | place of performance (of discharge) | **Erzeugungs~**; **Fabrikations~**; **Herstellungs~** | place of manufacture (of production) | **Fund~** | place of finding | **Garnisons~** | place of garrison | **Geburts~** | place of birth (of origin); birth place | **Heimats~**; **Herkunfts~** | place of origin | **Kur~** | watering place; spa | **Leistungs~** | place of performance (of discharge) | **~ der Lieferung**; **Liefer~** | place of delivery | **an ~ und Stelle** | on the spot; on the premises | **Tat~** | scene of the crime | **~ der Übergabe** | place of transmission | **Umladungs~**; **Umschlags~** | place of transshipment | **Ursprungs~** | place of origin | **Verhaftungs~** | place of arrestation | **Verhandlungs~** | place of the hearing (of the trial) | **Verladungs~**; **Versand~**; **Versendungs~** | place of shipment (of loading); shipping (loading) place | **Versteigerungs~** | place of auction | **Wahl~** | place of election.
  ○ **Wohn~** | residence; domicile | **einen ~ als Wohnsitz wählen** | to elect domicile at a place | **an einem bestimmten ~ seinen Wohnsitz haben (wohnen)** | to reside (to be in residence) in a specified place | **Zahlungs~** | place of payment |

zu passender Zeit und an einem geeigneten ~ | at a convenient time and place | **Zufluchts**~ | place of refuge (of distress) | ~ **des Zusammentreffens** | place of meeting | **Zustellungs**~ | place of service.
★ **höheren** ~**s** | in high(er) quarters | **sicherer** ~ | place of safety | **sich an einem** ~ **befinden; an einem** ~ **liegen** | to be located in a place | **einen** ~ **bereisen** | to canvass a place (a town).
örtlich *adj* | local | ~**e Abgabe** | local tax (rate) | ~**e Begrenzung (Beschränkung)** | localization | ~**e Gepflogenheit** | local custom (practice) | ~**e Eigentümlichkeit** | localism | ~**e Interessen** | local interests | **von** ~**em Interesse** | of local interest | ~**er Verbrauch** | local consumption | ~**e Zuständigkeit** | local competence (jurisdiction).
örtlich *adv* | locally | ~ **begrenzen (beschränken)** | to localize | ~ **begrenzt (beschränkt) werden** | to be (to become) localized.
Örtlichkeit *f* | locality | **Information über die** ~ | local information.
Orts..abgabe *f* | local tax (rate).
—**angabe** *f* | indication of a place; address.
ortsansässig *adj* | resident; local | ~**e Bank** | local bank | **die** ~**e Bevölkerung** | the resident population | ~**er Leiter** | resident manager | ~**er Vertreter** | local agent | **nicht** ~ | non-resident.
Ortsansässiger *m* | resident citizen; local man.
ortsanwesend *adj* | present.
Orts..bedarf *m* | local requirements *pl* (wants *pl*) (needs *pl*).
—**befund** *m* | status of matters; local status.
—**behörde** *f* | local authority.
—**besichtigung** *f* | visit to the scene.
—**bezeichnung** *f* | name of the place; place name.
—**brief** *m* | local letter.
Ortschaft *f* | place; locality | **geschlossene** ~ | built-up area.
ortsfremd *adj* | non-resident.
Orts..gebrauch *m* | local custom (use); localism.
—**gebühr** *f* | local fee (charge).
—**gemeinde** *f* | community.
—**gespräch** *n* | local call.
—**gruppe** *f* | local section (branch) (chapter); local.
—**kenntnis** *f* | knowledge of a place.
—**krankenkasse** *f* | local sickness insurance fund.
—**nachrichten** *fpl* | local news.
—**name** *m* | name of the place; place name.
—**polizei** *f*; — —**behörde** *f* | local (borough) police; local police authority.
—**recht** *n* | local law.
—**statut** *n* | local by-laws (regulations).
—**tarif** *m* | local rate.
—**teilnehmer** *m* | local subscriber.
—**telegramm** *n* | local telegram.
ortsüblich *adj* | according to local usage | ~**er Ausdruck** | local term; localism.
Orts..üblichkeit *f* | local custom.
—**verbrauch** *m* | local consumption.
—**verein** *m* | local branch; local.
—**verkehr** *m* | local traffic.
—**vermittlungsstelle** *f* | local exchange.
—**vertreter** *m* | local (resident) agent; local dealer.
—**verwaltung** *f* | local administration.
—**verwaltungsbehörde** *f* | local government (administrative authority).
—**verweis** *m*; —**verweisung** *f* | local banishment.
—**vorsteher** *m* | mayor.
—**zeit** *f* | local time | **mittlere** ~ | local mean time.
—**zulage** *f* | residential allowance.

P

Pacht *f* Ⓐ | farming (farm) lease | **Erb**~ | hereditary lease | **Jagd**~ | tenancy of a hunting ground; shooting lease | **Mit**~ | joint tenancy | **Vieh**~ | lease of livestock (of cattle) | **etw. in** ~ **geben** | to let out (to give) sth. on lease; to lease (to rent) sth. | **etw. in** ~ **nehmen** | to take sth. on lease | **auf** ~**; in** ~ | by way of lease; leased.
Pacht *f* Ⓑ [Pachtgeld] | farm rent (rental) | **Natural**~ | rent (rent payment) in kind | **Vierteljahrs**~ | quarter's rent.
Pacht..besitz *m* | tenancy.
—**brief** *m* | lease; farming lease.
—**dauer** *f* | duration (term) of the lease (of the tenancy); tenancy.
pachten *v* | to take on lease; to lease; to rent | **ein Grundstück** ~ | to take land on lease.
Pächter *m* | tenant; lessee | **Erb**~ | leaseholder | **Fischerei**~ | lessee of a fishery | **Guts**~**; Land**~; **landwirtschaftlicher** ~ | tenant farmer; farm tenant | **Jagd**~ | shooting tenant | **Mit**~ | joint tenant | **Unter**~ | subtenant; sublessee.
Pachtertrag *m* | rental; farm rent | **Jagd**~ | shooting rent.
pachtfrei *adj* | rent free.
Pacht..geld *n* | farm rent; rent of a farm; rental.
—**grundstück** *n*; —**land** *n* | leasehold (leased) property; land on lease.
—**gut** *n*; —**hof** *m* | tenant farm.
—**herr** *m* | landlord; lessor.
—**jahr** *n* | tenancy year.
—**-Leihe** *f* | lend-lease.
—**recht** *n* | legislation on farm leases.
—**schilling** *m*; —**summe** *f* | rental; farm rent.
Pachtung *f*; **Pacht..verhältnis** *n* | leasing; lease; tenure by lease; tenancy.
—**vertrag** *m* | lease; lease contract (agreement) | **Unter**~ | farm (farming) sublease.
pachtweise *adv* | on (by way of) lease.
Pacht..wert *m* | rental value.
—**zeit** *f* | term (duration) of a lease (of a tenancy); tenancy.
—**zins** *m* | rent; farm rent; rent of a farm; rental.
— —**forderung** *f* | claim for rent.
pachtzinsfrei *adv* | rent free.
packen *v* | to pack.
Packerlohn *m* | packing; charge for (cost of) packing.
Päckchen *n* | package.
Pack..papier *n* | wrapping paper.
—**zettel** *m* | packing slip.
Packung *f* | wrapping | **verlorene** ~ | non-returnable container.
Pagina *f* | page.
paginieren *v* | to page; to paginate; to number the pages.
Paginierung *f* | pagination; paging.
Paket *n* | parcel; package; packet | **Aufgabe eines** ~**s** | dispatch of a parcel | **Eil**~; **Expreß**~ | express parcel | **Luftpost**~ | air parcel | **Nachnahme**~ | cash on delivery parcel | **Post**~ | postal parcel (package) | **als Post**~ | by parcel post | **Wert**~ | insured parcel.
★ **gewöhnliches** ~**; unversichertes** ~ | uninsured parcel | **postlagerndes** ~ | parcel to be called for | **ein** ~ **aufgeben** | to send off a parcel.
Paketbeförderung *f*; —**dienst** *m* | parcel(s) delivery; parcel service.

Paket..empfangsschein *m* | parcel receipt.
—**gebühr** *f*; —**porto** *n* | parcel postage; parcel-post rate(s).
—**karte** *f* | dispatch note.
—**post** *f* | parcel post (mail) | **mit der ~** | by parcel post.
— —**annahme** *f* | parcels office.
— —**dienst** *m* | parcel service.
paketpostlagernd *adj* | parcel to be called for.
Pakettarif *m* | parcel(s) rate.
Pakt *m* | pact; agreement; treaty | **Beistands~** | pact of mutual assistance | **militärischer Beistands~** | pact of military assistance | **Defensiv~** | defensive pact | **Freundschafts~** | treaty of friendship | **Friedens~** | peace pact | **Garantie~** | guaranty pact | **Geheim~** | secret treaty (pact); clandestine pact (agreement) | **Luft~** | air pact | **Nichtangriffs~** | pact (treaty) of non-aggression | **Nichteinmischungs~** | non-intervention pact | **Regional~** | regional pact | **Sicherheits~** | security pact.
★ **einem ~ beitreten** | to accede to a treaty | **einen ~ schließen** | to make (to sign) a pact; to covenant.
paktieren *v* | to make (to sign) a pact.
Palette *f* [Sortiment der Erzeugnisse einer Firma] | range of products.
Panik *f* | panic | **Börsen~** | panic on the stock exchange | **von ~ diktierte Maßnahmen** | panicky measures.
Panikmacher *m* | panic monger.
Panikpresse *f* | panic press.
Panne *f* | breakdown | **eine ~ haben** | to have (to suffer) a breakdown.
Panzer..gewölbe *n* | bank (safety) vault.
—**schrank** *m* | safe; strongbox.
Papier *n* Ⓐ [Schreib~] | writing paper | **Akten~** | official paper | **Alt~** | waste paper | **Brief~** | letter (note) paper | **Druck~** | printing paper | **Durchschlag~**; **Kohle~** | carbon paper | **Lösch~** | blotting paper | **Paus~** | copying paper | **Schreibmaschinen~** | typewriting paper | **Stempel~** | stamped paper | **Trauerrand~** | black-edged letter paper | **Zeitungs~** | newsprint.
★ **gestempeltes ~** | stamped paper | **nicht gestempeltes ~**; **stempelfreies ~**; **ungestempeltes ~** | unstamped paper | **etw. zu ~ bringen** | to put sth. down on paper; to commit sth. to paper | **auf dem ~** ① | on paper | **auf dem ~** ② | theoretically; only in theory.
Papier *n* Ⓑ [Urkunde] | document | **Beweis~** | voucher; proof | **Verkehrs~**; **begebbares ~**; **indossables ~**; **durch Indossament übertragbares ~** | negotiable instrument.
Papier *n* Ⓒ [Wechsel] | bill; bill of exchange; paper; draft | **bankfähiges ~** | bank paper (bill) | **kurzfristiges ~** | short (short dated) (short termed) bill | **langristiges ~** | long (long dated) (long termed) bill.
Papier *n* Ⓓ [Wertpapier] | share; security | **mündelsicheres Wert~** | gilt-edged security.
Papiere *npl* Ⓐ [Schriftstücke] | papers; documents | **Bord~**; **Schiffs~** | ship's (clearance) papers; sea letter | **Einbürgerungs~** | letters of naturalization; naturalization papers | **Familien~** | family papers | **Geschäfts~** | business (commercial) papers | **Gesundheits~** | health certificates | **Zoll~** | customs papers.
Papiere *npl* Ⓑ [Ausweis~; Legitimations~] | identity (identification) papers; papers of identity.
Papiere *npl* Ⓒ [Lade~; Verladungs~; Versand~; Verschiffungs~] | shipping papers (documents).

Papiere *npl* Ⓓ [Wert~; Wertschriften [S]; Effekten] | securities; stocks; shares | **Börsen~**; **börsengängige ~** | stock exchange (quoted) (listed) securities; stocks and bonds | **Industrie~** | industrial stock (shares) (securities) | **Inhaber~**; **Order~** | bearer securities (stocks) (shares) (bonds) | **Namens~**; **auf den Namen lautende ~** | registered (inscribed) stock | **Spekulations~** | speculative securities (stocks) | **Staats~** | government stock (securities) (bonds) | **festverzinsliche ~** | fixed-interest securities.
Papier..fabrik *f* | paper factory (mill).
—**fabrikant** *m*; —**hersteller** *m* | paper maker (manufacturer).
—**geld** *n* | paper (fiduciary) money (currency) | **Ausgabe von ~** | fiduciary note issue.
— —**inflation** *f* | paper-money inflation.
— —**umlauf** *m* | fiduciary circulation; paper currency.
— —**währung** *f* | paper currency.
—**großhändler** *m* | paper merchant.
—**händler** *m* | stationer.
—**herstellung** *f*; —**industrie** *f* | paper trade (industry) (making) (manufacturing).
—**krieg** *m* | paper war (warfare); red tape.
—**währung** *f* | paper currency (standard).
—**wert** *m* | paper (book) value; value on paper.
—**werte** *mpl* | paper securities (holdings).
Papst *m* | Pope.
päpstlich *adj* | papal | **~e Enzyklika** | encyclic(al); encyclic (encyclical) letter | **~er Gesandter (Legat)** | Papal legate | **~er Nuntius** | Papal nuncio | **der ~e Stuhl** | the Holy See | **~e Würde** | papacy; pontificate.
Papsttum *n* | papacy; pontificate.
Papstwahl *f* | Papal election.
Paragraph *m* Ⓐ [Abschnitt] | paragraph; section | **etw. in ~en einteilen** | to divide sth. in sections; to arrange sth. in paragraphs.
Paragraph *m* Ⓑ [Artikel] | **Gesetzes~** | article (clause) (section) of the law.
Parallele *f* | **zwischen etw. und etw. eine ~ ziehen** | to draw a parallel (a comparison) between sth. and sth.
Parallelwährung *f* | parallel standards *pl*.
Paraphernalgüter *pl* | paraphernalia *pl*.
paraphieren *v* | to initial.
Paraphierung *f* | initialling.
pari | **al ~** | at par; at parity | **Wert al ~** | par value | **al ~ rückzahlbar** | repayable at par | **al ~ stehen** | to be at par | **über ~ stehen** | to be above par; to be at a premium | **unter ~ stehen** | to be below par; to be at a discount | **unter ~ sinken** | to fall below par.
Pari..emission *f* | issue at par.
—**kurs** *m* | par of exchange.
Parität *f* | parity; par of exchange | **Effekten~** | parity (par) of stocks | **Gold~** | gold parity | **Münz~** | mint par | **Währungs~** | par of exchange; commercial par | **zur ~ von** | at the parity of.
paritätisch *adj* | at par; at parity | **~e Vertretung** | representation on a basis of equality.
Paritäts..kurs *m* | exchange at par.
—**punkt** *m* | parity point.
—**tabelle** *f* | parity table; table of parities.
Pariwert *m* | value at par; par value.
Parken *n*; **Parkieren** *n* [S] | parking.
parken *v*; **parkieren** *v* [S] | to park.
Park..gebühr *f* | parking fee.
—**möglichkeiten** *fpl* | parking facilities.
—**platz** *m* | parking lot (space); car park.

Park..scheibe *f* | parking disk.
—**uhr** *f* | parking meter.
—**verbot** *n* | parking prohibited; No Parking.
—**vergehen** *n* | parking offence.
—**zeit** *f* | parking time | Überschreitung der ∼ | parking (parking-meter) offence.
Parlament *n* | parliament | Auflösung des ∼s | dissolution of parliament | Bundes∼ | federal diet | Einberufung des ∼s | convening of parliament | Eröffnung des ∼s | opening of parliament | Jugend∼ | youth parliament | Mitglied des ∼s | member of parliament | Sitzung des ∼s | sitting of parliament | Tagung des ∼s | session of parliament; parliamentary session | Vertagung des ∼s | prorogation of parliament | Zusammentritt des ∼s | meeting of parliament.
★ das ∼ auflösen | to dissolve parliament | das ∼ einberufen | to convene (to convoke) (to summon) parliament | das ∼ vertagen | to prorogue parliament.
Parlamentarier *m* | parliamentarian; member of parliament.
parlamentarisch *adj* | parliamentary | ∼e Anfrage | interpellation; private notice question | ∼er Ausschuß | parliamentary committee; committee of parliament | ∼e Beredsamkeit | parliamentary eloquence | ∼e Immunität (Unverletzlichkeit) | parliamentary immunity; privilege | ∼e Mehrheit | majority in parliament | ∼e Regierungsform (Verfassung); ∼es System | parliamentary government (system); parliamentarism | ∼e Sprache | parliamentary language.
Parlamentarismus *m* | parliamentarism; parliamentary system.
Parlaments..abstimmung *f* | parliamentary vote.
—**akte** *f* | act of parliament.
—**auflösung** *f* | dissolution of parliament.
—**ausschuß** *m* | parliamentary committee.
—**beschluß** *m* | vote of parliament.
—**einberufung** *f* | convening (convokation) (summons) of parliament.
—**eröffnung** *f* | opening of parliament.
—**ferien** *pl* | recess.
—**gebäude** *n* | Houses *pl* of Parliament; parliament house.
—**mehrheit** *f* | majority in parliament; parliamentary majority.
—**mitglied** *n* | member of parliament; parliamentarian.
—**sitz** *m* | seat in parliament.
—**sitzung** *f* | sitting of parliament.
—**tagung** *f* | session of parliament; parliamentary session.
—**wahlen** *fpl* | parliamentary (general) elections | Kandidat für die ∼ | parliamentary candidate.
Partei *f* Ⓐ | party | die Absichten der ∼en | the intentions of the parties | Gegen∼; gegnerische ∼ | opposing party; party opposed; opponent | die Klags∼ | the plaintiff | Prozeß∼; ∼ in einem Zivilprozeß | party to (in) a lawsuit (in a civil action) | Vertrags∼ | party to a contract; contracting party.
★ die ausgebliebene ∼; die nicht erschienene ∼ | the defaulting party; the party in default | die beklagte ∼ | the defending party; the defendant(s) | die beteiligten ∼en | the parties concerned (to the case); the interested parties; those concerned | die klägerische ∼ | the plaintiff | die obsiegende ∼ | the successful (winning) party | die säumige ∼; die in Verzug befindliche ∼ | the defaulting party; the party in default | die streitenden ∼en | the litigants | die unterliegende ∼ | the unsuccessful (losing)

party | die vertragschließenden ∼en | the contracting parties.
★ ∼ ergreifen für | to take the part of; to side with | für jdn. ∼ ergreifen | to take sb.'s part; to take part with sb. | ∼ ergreifen gegen | to take part against | ∼ sein bei | to be a party to.
Partei *f* Ⓑ [politische ∼] | political party | die Arbeiter∼ | the labo(u)r party | die Bauern∼ | the peasant (farmers') party | die Fortschritts∼ | the progressive party | die Kleinbauern∼ | the small holders' party | die Koalitions∼ | the coalition party | die Königs∼ | the royalist party; the Royalists | die Links∼en | the leftist parties; the Leftists | die ∼ an der Macht | the party in power | die Mehrheits∼ | the majority party | die Minderheits∼en | the minority parties | die Oppositions∼en | the opposition parties; the opposition | die Rechts∼en | the rightist parties; the Rightists | die Regierungs∼ | the government party | Splitter∼ | splinter (fractional) party | die Staats∼ | the state party | die Volks∼ | the people's party | die demokratische Volks∼ | the democratic people's party | die Zentrums∼ | the center (catholic) party.
★ die demokratische ∼ | the democratic party; the Democrats | die gemäßigten ∼en | the moderate parties | die klerikale ∼ | the clerical party; the Clericals | die kommunistische ∼ | the communist party; the Communists | die konservative ∼ | the conservative party; the Conservatives | die liberale ∼ | the liberal party; the Liberals | die nationale ∼ | the nationalist party; the Nationalists | die national-liberale ∼ | the national-liberal party | die national-sozialistische ∼ | the national-socialist party; the National-Socialists | die radikale ∼ | the radical party; the Radicals | die radikalsozialistische ∼ | the radical-socialist party; the Radical-Socialists | die republikanische ∼ | the republican party; the Republicans | die sozialdemokratische ∼ | the social-democratic party; the Social-Democrats | die sozialistische ∼ | the socialist party; the Socialists | sich einer ∼ anschließen; einer ∼ beitreten | to join a party; to become a member of a party.
Partei..abzeichen *n* | party badge (emblem).
—**anhänger; —gänger** | party follower (man); partisan.
—**antrag** *m* | ex parte application.
—**apparat** *m* | party machinery.
—**behauptung(en)** *fpl* | allegation(s) made by the parties.
—**buch** *n* | membership card.
—**büro** *n* | party office.
—**disziplin** *f* | party discipline.
—**eid** *m* Ⓐ | oath given to either of the parties.
—**eid** *m* Ⓑ [Schiedseid] | decisive oath.
parteifähig *adj* | capable of being a party [in court].
Parteifähigkeit *f* | capacity to be a party [in court] | Mangel der ∼; mangelnde ∼ | incapacity to be a party in a lawsuit | Einrede der mangelnden ∼ | plea of incapacity to be a party [in a lawsuit].
Partei..führer *m* | party leader.
—**geist** *m* | party (partisan) spirit.
—**genosse** *m* | party member.
—**gericht** *n* ! party court (tribunal).
—**gerichtsbarkeit** *f* | party jurisdiction.
—**hader** *m* | party quarrel (warfare).
parteiisch *adj* Ⓐ | partial; biassed; interested | ∼ zu jds. Gunsten | partial to sb.; biassed in favo(u)r of sb. | ∼ werden | to become partial (biassed).

parteiisch *adj* Ⓑ [voreingenommen] | prepossessed; prejudiced.
parteiisch *adv* | with partiality; one-sided.
Partei..konferenz *f*; —**kongreß** *m*; —**tag** *m*; —**versammlung** *f* | party conference (congress) (rally).
—**leitung** *f* | party headquarters.
Parteilichkeit *f* | partiality; bias.
parteilos *adj* | independent.
Partei..losigkeit *f* | independence.
—**mann** *m* | party man.
—**mitglied** *n* | party member | **eingeschriebenes** ∼ | enrolled party member.
—**organ** *n* | party organ; official party paper.
—**politik** *f* | party politics *pl.*
parteipolitisch *adj* | party- (partisan-) political | ∼**e Streitigkeiten** | party warfare (quarrels).
Partei..presse *f* | the party newspapers *pl.*
—**programm** *n* | party platform (program); ticket.
—**streitigkeiten** *fpl*; —**zwist** *m* | party quarrels (warfare); political strife.
—**vereinbarung** *f* | agreement between the parties.
—**vergleich** *m* | arrangement (compromise) between the parties.
—**verrat** *m* | prevarication; collusion with the opposing party.
—**vertreter** *m* | representative of one of the parties.
—**vorbringen** *n* | argument(s) (allegations) of the parties.
—**vorsitzender** *m* | chairman of the party.
—**vorstand** *m* | executive committee of the party.
—**wille** *m* | **der** ∼ | the intention(s) of the parties.
—**zeitung** *f* | party paper; official party paper.
—**zentralorgan** *n* | central party organ.
—**zugehörigkeit** *f* | party membership (affiliation).
Partie *f* Ⓐ [Menge] | lot; quantity | **in** ∼**n** | in lots; by the bulk | **etw. in** ∼**n verkaufen** | to sell sth. in lots.
Partie *f* Ⓑ [Heirats∼] | match; marriage | **eine gute** ∼ | a good match.
partiell *adj* | partial; in part.
Partie..preis *m* | price of the lot; wholesale price.
—**verkauf** *m* | sale in lots (by the bulk).
—**ware** *f* | job lot (goods *pl*).
partieweise *adv* | by (in) lots.
Partikularismus *m* | particularism.
Partikularist *m* | particularist.
partikularistisch *adj* | particularistic.
Partisane *m* | guerilla soldier; partisan.
Partisanenkrieg *m* | guerilla warfare.
Partitur *f* | score.
Partizipationsgeschäft *n* | joint venture; transaction on joint account.
partizipieren *v* | **an etw.** ∼ | to participate in sth.; to have an interest in sth.
Partner *m* Ⓐ [Teilhaber] | partner; associate | **Ausscheiden eines** ∼**s** | retiring (retirement) of a partner | **Geschäfts**∼ | business (trading) partner | **Junior**∼ | junior partner | **Senior**∼ | senior partner.
Partner *m* Ⓑ [Vertrags∼] | contracting partner | **Handels**∼; **Handelsvertrags**∼ | trade (trading) partner | **die Sozial**∼ *pl* | management and labo(u)r.
Partnerschaft *f* | partnership; copartnership | **Handels**∼ | trading partnership.
Parzelle *f* [Grundstücks∼; Parzellengrundstück] | plot of land; lot; parcel | **Aufteilung in** ∼**n** | parcelling out.
parzellieren *v* | to divide into lots; to parcel out.
Parzellierung *f* | parcelling.
Parzellierungsplan *m* | parcelling plan.
Paß *m* Ⓐ [Reise∼] | passport; travelling pass; traveller's passport | **Militär**∼; **Wehr**∼ | soldier's

small book | **Sammel**∼ | collective passport | **jdm. einen** ∼ **ausstellen** | to issue a passport to sb.
Paß *m* Ⓑ [Bescheinigung] | **Gesundheits**∼ | bill (certificate) of health | **Konsulatsgesundheits**∼ | consular bill of health | **Schiffs**∼; **See**∼ | sea letter (pass); ship's patent; permit of navigation.
Passage *f* Ⓐ [Überfahrt] | passage; crossing.
Passage *f* Ⓑ [Überfahrtspreis] | passage money; fare.
Passagier *m* | passenger | ∼ **der I. Klasse;** ∼ **der Kabinenklasse** | first-class passenger | ∼ **der Touristenklasse** | tourist passenger | ∼ **der III. Klasse;** **Zwischendecks**∼ | steerage passenger | **blinder** ∼ | stowaway | **zahlender** ∼ | revenue passenger.
Passagier..beförderung *f*; —**dienst** *m* | passenger service.
Passagier..dampfer *m*; —**schiff** *m* | passenger steamer (ship).
—**gepäck** *m* | passenger's (passengers') luggage.
—**liste** *f* | list of passengers; passenger list.
—**verkehr** *m* | passenger traffic.
Paßamt *n*; **Paßbüro** *n* | passport office.
Passantenhotel *n* | transient hotel.
passend *adj* | suitable; proper; fit; appropriate.
Paßfälschung *f* | passport falsification.
Paßförmlichkeiten *pl* | passport formalities.
passieren *v* Ⓐ | to occur; to happen.
passieren *v* Ⓑ [durchgehen] | **die Grenze** ∼ | to cross the border | **die Zensur** ∼ | to pass the censor.
Passier..gewicht *n* | remedy; remedy of the mint.
—**schein** *m* Ⓐ | permit; permit to pass.
—**schein** *m* Ⓑ [Durchlaßschein] | pass bill.
Paßinhaber *m* | bearer (holder) of a passport.
passiv *adj* Ⓐ [nicht tätig] | passive | ∼**es Mitglied** | associate (paying) member | ∼**e Parteifähigkeit** | capacity to be sued | ∼**er Teilhaber** | sleeping (silent) (dormant) (secret) partner | ∼**es Wahlrecht** | eligibility | ∼**er Widerstand** | passive resistance.
passiv *adj* Ⓑ [Gegensatz zu aktiv] | ∼**e Handelsbilanz** | adverse (unfavo(u)rable) balance of trade (trade balance).
passiv *adv* Ⓐ | ∼ **legitimiert sein** | to be capable of being sued.
passiv *adv* Ⓑ | ∼ **abschließen** | to show a debit (a debit balance).
Passiva *npl*; **Passiven** *pl* | liabilities *pl*; accounts *pl* payable | **Aktiva und** ∼; **Aktiven und** ∼ | assets and liabilities.
Passiv..bilanz *f* | adverse balance.
—**handel** *m* Ⓐ | passive trade.
—**handel** *m* Ⓑ [Einfuhr] | import trade; imports *pl.*
passivieren *v* | **einen Betrag** ∼ | to enter an amount on the passive side of the balance sheet.
Passivierung *f* | entry on the passive side.
Passivität *f* | passiveness; passivity.
Passivlegitimation *f* | capacity to be sued | **Aktiv- und** ∼ | power to sue and be sued | **Einrede der mangelnden** ∼ | plea of incapacity to be sued.
Passiv..masse *f* | the liabilities *pl.*
—**posten** *m* | debit item (entry).
—**saldo** *m* | debit balance; balance due (payable).
—**schulden** *pl* | liabilities; accounts (debts) payable; passive debts.
—**seite** *f* | debit side; debit.
—**wechsel** *m* | bill payable.
—**zinsen** *mpl* | interest payable.
Passivum *n* | debit item.
Paßkarte *f* Ⓐ [Kennkarte] | identity (identification) (personal identification) card; certificate (card) of identity.

Paß..karte *f* ⑧ [Passierschein] | pass; permit to pass; permit.
—**kontrolle** *f*; —**revision** *f* | examination of passports; passport control.
—**stelle** *f* | passport office.
—**verlängerung** *f* | renewal (extension) of the passport.
—**vermerk** *m*; —**visum** *n* | visa.
—**zwang** *m* | compulsory passport system.
Passus *m* | clause | ∼ **in einem Vertrag** | contract clause.
Pate *m* ⓐ [Taufzeuge] | godfather | **jdm.** ∼ **stehen** | to stand godfather to sb.
Pate *m* ⑧ [Förderer] | sponsor; promoter.
Paten..geschenk *n* | christening present.
—**kind** *n* | godchild.
—**schaft** *f*; —**stelle** *f* | sponsorship.
Patent *n* ⓐ [Erfindungspatent] | patent; letters *pl* patent | **Ablauf (Erlöschen) eines** ∼**es** | lapse of a patent | **Auslands**∼ | foreign patent | **Auswertung eines** ∼**es** | exploitation of a patent | **Eintragung (Erteilung) eines** ∼**es** | grant (issue) (issuance) of a patent | **Geheim**∼ | secret patent | **Haupt**∼ | principal (main) (basic) patent | **Inhaber eines** ∼**es** | owner of a patent; patentee; patent holder | **Klage auf Löschung eines** ∼**es** | nullity action | **Kombinations**∼ | combination patent | **Nachtrags**∼; **Zusatz**∼ | patent of addition (of amendment) | **Pionier**∼; **bahnbrechendes** ∼ | pioneer patent | **Sperr**∼ | blocking patent | **Stamm**∼; **Ursprungs**∼ | basic (original) patent | **Übertragung eines** ∼**es** | assignment of a patent | **Verbesserungs**∼ | patent of addition (of amendment) | **Verwertung eines** ∼**es** | exploitation of a patent.
★ **abgelaufenes** ∼; **erloschenes** ∼; **verfallenes** ∼ | expired (lapsed) patent | **grundlegendes** ∼ | basic patent | ∼ **angemeldet** | patent applied for (pending) | **etw. zum** ∼ **anmelden** | to take out (to apply for) a patent for sth. | **ein** ∼ **ausüben** | to work a patent | **ein** ∼ **auswerten (verwerten)** | to exploit a patent | **ein** ∼ **erteilen** | to grant (to issue) a patent; to grant letters patent | **etw. durch** ∼ **schützen** | to protect sth. by a patent; to patent sth. | **auf jdn. ein** ∼ **übertragen** | to assign a patent to sb. | **ein** ∼ **umgehen** | to construct around a patent | **ein** ∼ **verfallen lassen (fallenlassen)** | to permit a patent to lapse (to expire); to abandon (to drop) a patent | **ein** ∼ **verlängern** | to extend a patent | **ein** ∼ **verletzen** | to infringe a patent.
Patent *n* ⑧ [Erlaubnis] | permit; license; certificate | **Einfuhr**∼ | import permit (certificate).
Patent *n* ⓒ [Urkunde] | warrant | **Adels**∼ | patent (letters *pl*) of nobility | **Offiziers**∼ | officer's commission; commission | **Kapitäns**∼; **Schiffer**∼ | master's certificate | **Steuermanns**∼ | mate's certificate.
Patent..abgabe *f* | license fee; royalty.
—**ablauf** *m* | expiration (lapse) of a patent.
—**abteilung** *f* | patent department.
—**amt** *n* | patent office.
—**anmelder** *m* | applicant for a patent.
—**anmeldung** *f* | application for letters patent (for a patent); patent application | **fallengelassene** ∼ | abandoned patent application | **eine** ∼ **betreiben** | to prosecute a patent | **eine** ∼ **einreichen** | to file a patent application.
—**anspruch** *m* | claim; patent claim.
—**anwalt** *m* | patent attorney (lawyer) (agent).
—**anwalts..büro** *n* | patent agent's office; patent agency.
— —**kammer** *f* | patent bar.

Patent..anwalts..liste *f* | register of patent attorneys.
— —**vereinigung** *f* | patent law association.
—**berühmung** *f* | arrogation of a patent.
—**beschreibung** *f* | patent specification (description).
—**büro** *n* | patent agency.
—**dauer** *f* | duration (life) of a patent; term of the letters patent | **Verlängerung der** ∼ | extension of a patent.
—**erneuerung** *f* | renewal of a (of the) patent.
—**erneuerungsgebühr** *f* | patent annuity (renewal fee).
—**erteilung** *f* | grant (issuance) of a patent.
—**erteilungsanspruch** *m* | right to the grant of the patent.
—**erteilungsverfahren** *n* | procedure on the granting of letters patent.
patentfähig *adj* | patentable | ∼**e Erfindung** | patentable invention | ∼**e Neuheit** | patentable novelty.
Patent..fähigkeit *f* | patentability | **mangelnde** ∼ | insufficient subject matter.
—**gebühr** *f* ⓐ [Anmeldungsgebühr] | filing fee.
—**gebühr** *f* ⑧ [Jahresgebühr] | patent annuity (renewal fee).
—**gerichtshof** *m* | patent court.
—**gesetz** *n* | patent law (act).
—**gesetzgebung** *f* | patent legislation.
patentierbar *adj* | patentable.
patentieren *v* | to patent; to grant (to issue) a patent | **sich etw.** ∼ **lassen** | to take out a patent for sth.
patentiert *adj* | protected (secured) by letters patent; patented | **nicht** ∼; **un**∼ | not patented; unpatented; not protected by letters patent | ∼ **oder nicht** ∼ | patented or unpatented | **vor**∼ | protected by prior patent.
Patentierung *f* | grant (issuance) of a patent; patenting | **Vor**∼ | protection by (by a) prior patent.
Patentierungsverfahren *n* | procedure on the granting of letters patent.
Patent..inhaber *m* | owner of the patent; patentee; patent holder.
—**jahresgebühr** *f* | patent annuity (renewal fee).
—**klage** *f* | patent (patent infringement) action (suit).
—**klasseneinteilung** *f* | patent classification.
—**kommission** *f* | patent committee.
—**lizenz** *f* | patent license; license fee.
—**löschungsklage** *f* | nullity action against a patent.
—**monopol** *n* | patent monopoly.
—**prozeß** *m* | patent suit; patent infringement proceedings.
—**prüfer** *m* | patent examiner.
—**recht** *n* | patent law (act).
—**rechte** *npl* | patent rights.
patentrechtlich *adj* | ∼**e Neuheit** | patentable novelty.
patentrechtlich *adv* | ∼ **geschützt** | protected by letters patent; patented.
Patent..rechtsspezialist *m* | patent counsel.
—**register** *n*; —**rolle** *f* | patent roll (register).
—**sachen** *fpl* | patent matters | **in** ∼ | in matters concerning patents.
—**schrift** *f* | patent specification (description).
—**schutz** *m* | protection by letters patent (by patents); patent protection | **Erlangung des** ∼**es** | patenting.
—**schutzklausel** *f* | patent protection clause.
—**umfang** *m* | scope of a patent.
—**umgehung** *f* | constructing around a patent.
—**verfahren** *n* | procedure on the granting of letters patent.
—**verlängerung** *f* | renewal (extension) of the life of a patent.
—**verlängerungsgebühr** *f* | renewal fee.

Patent..verletzung *f* | patent infringement; infringement of a patent (of patents).

—**verletzungs..prozeß** *m*; — —**streit** *m* | patent infringement suit (proceedings).

—**versagung** *f* | rejection of the patent application.

—**vertreter** *m* | patent agent.

—**verwertung** *f* | exploitation of a patent (of patents).

patentwürdig *adj* | worthy of being patented; patentable.

Patrimonialgüter *npl* | patrimonial estate.

Patriot *m* | patriot.

patriotisch *adj* | patriotic.

Patriotismus *m* | patriotism.

Patronat *n* | patronage; sponsorship.

Patronatsrecht *n* | advowson.

pauschal *adv* | in the lump; in (by the) bulk.

Pauschal..abfindung *f* | lump-sum settlement.

—**abkommen** *n*; —**abschluß** *m* | bulk bargain (deal).

—**besteuerung** *f* | taxation in bulk.

—**betrag** *m* | lump sum | **Zahlung eines ~es** | lump-sum payment | **Regulierung durch Zahlung eines ~es** | lump-sum settlement.

—**bewertung** *f* | evaluation in bulk.

Pauschale *f* | lump sum | **gegen Zahlung einer ~** | against a lump-sum payment.

Pauschal..entschädigung *f* | lump-sum settlement.

—**fracht** *f* Ⓐ | freighting by contract.

—**fracht** *f* Ⓑ | lump-sum freight.

—**gebühr** *f* | lump-sum charge.

—**honorar** *n* Ⓐ | lump-sum fee.

—**honorar** *n* Ⓑ | retainer (retaining) fee; retainer.

pauschaliert *adj* | in a lump sum; in round amounts.

Pauschalierung *f* | **~ von Abgaben** | composition for duties | **~ von absetzbaren Ausgaben** | deduction of a lump sum for expenses.

Pauschal..police *f* | open (floating) policy.

—**preis** *m* | price in the lump; lump-sum price.

—**regelung** *f*; —**regulierung** *f* | lump-sum settlement.

—**reise** *f* | organized (package) tour.

—**satz** *m* | flat rate.

—**steuer** *f* | lump-sum tax.

—**summe** *f* | lump sum | **Zahlung einer ~** | lump-sum payment.

—**vereinbarung** *f* | bulk deal.

—**verfrachtung** *f* | freighting by contract.

—**vergütung** *f* | lump-sum allowance (payment).

—**wert** *m* | overall value.

—**zahlung** *f* | lump-sum payment.

Pausch..besteuerung *f* | taxation in bulk.

—**betrag** *m* | lump sum.

—**satz** *m* | flat rate.

Pazifismus *m* | pacifism.

Pazifist *m* | pacifist.

Pazifistenkongreß *m* | pacifist meeting.

pazifistisch *adj* | pacifist.

Pendel..betrieb *m*; —**verkehr** *m* | commuter service.

Pendler *m* | commuter.

peinlich *adj* | **~e Gerichtsbarkeit** | criminal jurisdiction.

pekuniär *adj* | pecuniary; financial; monetary | **in ~er Hinsicht** | financially; pecuniarily.

Pension *f* Ⓐ [Ruhestand] | retirement | **in ~ gehen** | to retire on a pension; to go into retirement; to retire | **in ~ sein** | to be retired (in retirement).

Pension *f* Ⓑ [Ruhegehalt] | pension; pension allowance | **Alters~** | old-age pension | **Beamten~** | civil service pension | **einen Beamten mit ~ verabschieden** | to pension off (to retire) an official; to put an official on the retired list | **Invaliden~** |

disability (invalidity) pension | **~ auf Lebenszeit; lebenslängliche ~** | pension for life; life pension (annuity) | **Militär~** | war pension | **Witwen~** | widow's pension; pension for widows | **staatliche ~** | government pension.

★ **jdm. eine ~ aussetzen** | to settle a pension on sb. | **zu einer ~ berechtigen** | to carry a pension (pension allowances) | **eine ~ beziehen** | to draw a pension | **jdm. die ~ (seine ~) entziehen** | to suspend (to cancel) sb.'s pension | **jdm. eine ~ gewähren** | to grant sb. a pension | **jdn. mit ~ verabschieden** | to pension sb. off.

Pension *f* Ⓒ [Unterkunft und Verpflegung] | board and lodging (residence) | **volle ~** | full board | **bei jdm. in ~ sein** | to board with sb.

Pension *f* Ⓓ [Hotel] | boarding house | **Familien~; Privat~** | residential hotel.

Pensionär *m* Ⓐ [Ruhegehaltsempfänger] | pensioner; pensionary.

Pensionär *m* Ⓑ [Kostgänger] | boarder.

Pensionat *n* | private boarding school | **ein Kind in ein ~ schicken (geben)** | to send a child to a boarding school.

pensionieren *v* | **einen Beamten ~** | to pension off an official; to put an official on the retired list | **einen Beamten wegen Erreichung der Altersgrenze ~** | to superannuate an official | **sich ~ lassen** | to retire on a pension.

pensioniert *adj* | retired; pensioned off; on the retired list | **~ werden** | to retire on a pension; to go into retirement.

Pensionierung *f* | retirement; pensioning; pensioning off | **~ wegen Erreichung der Altersgrenze** | retirement on account of age; superannuation | **~ auf Verlangen** | optional retirement | **~ auf eigenen Wunsch** | voluntary retirement | **Zwangs~** | compulsory retirement | **vorzeitige ~** | early retirement.

Pensions..alter *n*; —**dienstalter** *n* | retirement (pensionable) (retiring) age; age of retirement | **festgesetztes ~** | mandatory retirement age | **das ~ erreichen** | to superannuate; to reach the age limit.

—**beitrag** *m* | contribution to the pension fund.

pensionsberechtigt *adj* | entitled to (eligible for) a pension.

Pensions..berechtigter *m* | pensioner; person entitled to a pension.

—**berechtigung** *f* [Pensionsanspruch] | pensionary right; expectation of a pension | **~ geben (gewähren)** | to carry pension allowances.

—**empfänger** *m* | pensioner; pensionary.

pensionsfähig *adj* | **~es Alter** | retirement age; age of retirement | **in ~em Alter** | eligible by age to retire (to be retired) on a pension.

Pensions..fonds *m*; —**kasse** *f* | pension (retiring) fund | **Alters~** | old-age pension fund | **Angestellten~** | employees' pension fund | **Arbeiter~** | workmen's pension fund | **Kriegs ~** | war pension fund.

—**plan** *m* | pension scheme (plan).

—**preis** *m* | cost of board and lodging.

pensionsreif *adj* | due for retirement.

Pensions..versicherung *f* | old-age pension insurance.

—**zahlung** *f* | pension payment; retirement pay.

peremtorisch *adj* | peremptory | **~e Einrede; ~er Einwand** | peremptory plea.

perfektionieren *v* Ⓐ [vervollkommnen] | to render perfect; to bring (sth.) to perfection.

perfektionieren *v* Ⓑ [abschließen] | **ein Geschäft ~; einen Handel ~** | to consummate a deal (a transaction).

Perfektionierung *f* Ⓐ [Vervollkommnung] | perfecting; perfection.
Perfektionierung *f* Ⓑ [Abschluß] | consummation.
Pergament *n* | document; parchment.
Pergamentschrift *f* | parchment manuscript.
Periode *f* | period | **Amts~** | term (tenure) of office; term | **Anpassungs~** | period of adjustment (for adaptation) | **Beitrags~** | contribution period | **Dreimonats~** | three months' period | **Gerichts~**; **Gerichtssitzungs~** | trial term; term | **Legislatur~** | legislative session | **Sitzungs~** | session | **Steuer~**; **Veranlagungs~** | tax (taxation) (assessment) period; period of assessment | **Wirtschafts~** | accounting period.
periodisch *adj* | periodical.
Periodizität *f* | periodicity.
Person *f* | person | **ohne Ansehen der ~** | without exception (distinction) of persons | **Auskunfts~** | informant | **Einzel~** | individual | **Militär~** | military man; soldier | **Mittels~**; **Zwischen~** | intermediary; go-between | **Privat~** | private person (individual) | **Sorge für die ~** | care of the person | **Unverletzlichkeit der ~** | inviolability of person | **Urkunds~** | person who is qualified to certify documents; notary public | **Vertrauens~** | man of confidence; trustee | **Zivil~** | civilian.
★ **eine dritte ~** | a third person (party) | **juristische ~** | juristic (artificial) (conventional) person | **juristische ~ des öffentlichen Rechts** | corporate body; body corporate | **natürliche ~** | natural person | **unbefugte ~** | unauthorized person | **eine unbekannte ~** | some person unknown | **in ~** | in eigener ~; in höchsteigener ~ | in person; in one's own person; personally.
Personal *n* | das ~ | the staff; the employees *pl* | das **Betriebs~** | the shop staff | das **Büro~** | the office (indoor) (clerical) staff | das **Haus~** | the domestic staff | das **Hotel~** | the hotel staff | das **Lehr~** | the teaching staff.
★ das ~ **abbauen (vermindern)** | to reduce the staff | das ~ **entlassen** | to dismiss the staff | zum ~ **gehören** | to be on the staff | ein **Büro mit ~ versehen** | to staff an office | mit ~ **versehen (besetzt)** | staffed | mit ~ **wohlausgestattet sein** | to be well-staffed | mit ~ **überbesetzt sein**; zuviel ~ **haben** | to be overstaffed | zu wenig ~ **haben** | to be understaffed.
Personal..abbau *m* | reduction of staff.
—**abteilung** *f* | personnel department.
—**akten** *mpl* | personal files *pl.*
—**angaben** *fpl* | personal data.
—**angelegenheiten** *fpl* | personal (staff) matters.
—**arrest** *m*; —**haft** *f* | personal arrest.
—**aufwendungen** *fpl*; —**ausgaben** *fpl* | expenses on personnel.
—**ausbildung** *f* | staff training.
—**ausweis** *m* | certificate of identification; identity card.
—**bedarf** *m* | personnel (staff) (manpower) requirements.
—**beschreibung** *f* | description | mit der ~ **übereinstimmen** | to answer to the description.
—**bestand** *m* | payroll strength; total manpower.
—**bogen** *m*; —**fragebogen** *m* | personal record (questionnaire).
—**büro** *n* | personnel department (division).
—**chef** *m* | head of the personnel department.
—**einsparungen** *fpl* | economies (savings) in manpower.
—**gesellschaft** *f* | private company (partnership); partnership.

Personalien *pl* | personal data.
Personal..knappheit *f*; —**mangel** *m* | shortage of personnel (of staff); manpower shortage.
Personal..kredit *m* | blank (cash) (open) credit.
—**papiere** *npl* | identification papers.
—**statut** *n* | personal statute.
—**steuer** *f* | personal (poll) tax.
—**union** *f* | personal union.
—**verminderung** *f* | reduction of staff.
Personenbeförderung *f* | conveyance of passengers; passenger transport (service) | **Zulassungsschein für ~** | passenger certificate.
—**beförderungsvertrag** *m* | passenger contract.
—**fahrkarte** *f* | passenger (travel) ticket.
—**gesamtheit** *f* | body corporate; corporate body; collectivity.
—**kraftverkehr** *m* | road passenger transport.
Personenstand *m* | status; civil (personal) status; family status | **Klage auf Anerkennung des ~** | action of an illegitimate child to claim his status | **Klage auf Anfechtung des ~es** | bastardy proceedings | **Beurkundung des ~es** | registration of births, deaths and marriages | **Unterdrückung des ~es** | concealment of [sb.'s] civil status.
Personenstands..beamter *m* | registrar of births, deaths and marriages.
—**gesetz** *n* | law on registration of births, deaths and marriages.
—**klage** *f* | action of an illegitimate child to claim his status.
—**register** *n* | register of births, deaths, and marriages.
—**urkunde** *f* | record of civil status.
Personen..steuer *f* | personal (poll) tax.
—**tarif** *m* | passenger rates *pl.*
—**vereinigung** *f* | association; society.
—**verkehr** *m* | passenger traffic.
—**verwechslung** *f* | mistaken identity.
personifizieren *v* | to personify; to impersonate.
Personifizierung *f* | personification; impersonation.
persönlich *adj* | personal | ~**er Adel** | life peerage | ~**e Bekanntschaft** | personal acquaintance | ~**e Effekten** | articles for personal use; personal belongings | ~**es Erscheinen in person** | appearance in person | ~**e Freiheit** | personal liberty (freedom) | ~**e Haftung** | personal liability | ~**es Konto** | personal (private) account | ~**er Kredit** | open (blank) (cash) (personal) credit | ~**e Meinung** | private opinion | ~**e Steuern** | direct taxes.
persönlich *adv* | personally; in person | ~ **haftender Gesellschafter** | general (fully liable) partner | sich ~ **bewerben** | to make a personal application | ~ **erscheinen** | to attend (to appear) personally (in person); to enter (to put in) an appearance | ~ **haften**; ~ **haftbar sein** | to be personally liable (responsible).
Persönlichkeit *f* | personality; personage; person | **Rechts~**; **juristische ~** | juridical personality | **eine hochstehende ~** | a person of high consequence (of high rank) (of distinction).
Persönlichkeits..beurteilung *f* | personality (individual) rating.
—**recht** *n* | individual (personal) right.
Petent *m* | petitioner; person filing a petition.
Petition *f* | petition.
petitionieren *v* | to petition; to file a petition.
Petitionsrecht *n* | right to file (to present) petitions.
Petro..dollars *mpl* | petro dollars.
—**guthaben** *npl* | petro funds.
Petroleumvorkommen *n* oder *npl* | oil deposit(s).
Petschaft *f* | signet; seal.

Pfand *n* Ⓐ [Faust~] | pledge; pawn | **Ersatz~** | collateral | **Grund~**; **Hypotheken~** | mortgage | **Nutz~**; **Nutzungs~** | antichresis | **durch ~ gesicherte Schuld** | debt secured by a pledge (by a lien) | **Sicherheits~** | security; collateral | **Wertpapiere als ~ geben** | to pawn securities.
★ **etw. als ~ auslösen; ein ~ auslösen (einlösen)** | to take sth. out of pawn (out of pledge); to redeem a pledge | **etw. als ~ behalten** | to hold sth. in pawn | **als ~ behalten (zurückbehalten) werden** | to be held in pawn (in pledge) | **an etw. ein ~ bestellen** | to pawn sth. | **etw. als ~ (zum ~) geben (setzen) (einsetzen)** | to pawn (to pledge) sth.; to give sth. in pledge; to put sth. in pawn; to mortgage sth. | **auf ~ (gegen ~) leihen** | to lend on collateral | **etw. in ~ (als ~) nehmen** | to take sth. in pledge | **jdn. durch ein ~ sicherstellen** | to secure sb.; to give security to sb. | **ein ~ zurückziehen (zurücknehmen)** | to withdraw a pledge | **als ~; auf ~; zum ~** | in pledge; in pawn; as (on) (by way of) security; on (as) collateral.
Pfand *n* Ⓑ [Handgeld] | deposit; earnest money; earnest | **Unter~** | token; sign.
pfändbar *adj* | distrainable; attachable | **ohne ~es Vermögen sein** | to be void of attachable property; to be judgment-proof | **un~**; **nicht ~** | not distrainable; not attachable.
Pfändbarkeit *f* | liability to distraint (to attachment).
pfänden *v* | to seize; to attach; to distrain | **ein Bankkonto ~** | to garnish a bank account | **Früchte auf dem Halm ~** | to levy distraint by seizure of crops | **jdn. ~; jdn. ~ lassen** | to distrain upon sb.; to have sb.'s property seized (attached).
Pfänder *npl* | **durch ~ gesichert sein** | to be secured by pledges | **auf ~ leihen** | to lend on pawn.
Pfand..besitzer *m* | holder of a pledge; pawnee; pledgee.
—**bestellung** *f* | pledging; pawning.
—**bestellungsvertrag** *m* | bond of security.
Pfandbrief *m* | debenture bond (deed); debenture | **Ablösungs~**; **Liquidations~** | redemption bond | **Gold~** | gold bond | **Hypotheken~** | mortgage debenture (bond) (debenture bond).
—**anstalt** *f*; —**institut** *n* | mortgage (land) bank.
—**inhaber** *m* | bond creditor; bondholder; debenture stockholder | **Hypotheken~** | mortgage debenture holder (stockholder).
—**markt** *m* | bond market.
—**rendite** *f* | yield (revenue) from bonds.
—**umlauf** *m* | bond circulation.
—**zinsen** *mpl* | interest on debentures (on debenture loans); debenture interest.
Pfand..bruch *m* | tampering with goods under attachment; rescue of goods distrained.
—**darlehen** *n* | loan upon (on) pawn (against security).
—**forderung** *f* | secured debt.
—**freigabe** *f* | replevin.
—**geber** *m* | pawner; pledger.
—**gläubiger** *m*; —**halter** *m*; —**inhaber** *m*; —**nehmer** *m* | pawnee; pledgee; holder of a pledge.
—**haus** *n*; —**leihanstalt** *f* | pawnshop; public pawnshop.
—**leihe** *f* Ⓐ | lending money on the security of pledged chattels; pawnbroking.
—**leihe** *f* Ⓑ [Pfandleihgewerbe] | pawnbroker's business.
—**leiher** *m* | pawnbroker.
—**objekt** *n* | pledge; pawn.
Pfandrecht *n* | lien; mortgage | **Faust~** | lien | **Frachtführer~** | carrier's lien | **General~** | general lien |

Grund~; **Immobilien~**; **Immobiliar~**; **~ an unbeweglichen Sachen** | mortgage | **Hypotheken~** | mortgage charge; mortgage | **einem ~ unterliegende Möbel** | furniture under a lien (under distraint) | **~ an beweglichen Sachen** | lien; mortgage on chattel | **Schiffs~** | maritime lien | **durch Urteil festgestelltes ~** | judgment lien | **Verkäufer~** | vendor's lien | **Vermieter~** | lessor's lien | **Waren~** | lien on goods | **~ aus Werklieferungsvertrag** | material-man's lien.
★ **gesetzliches ~** | statutory (common-law) lien | **vertragsmäßiges ~** | contract (contractual) lien.
★ **ein ~ begründen** | to constitute a lien | **ein ~ bestellen** | to create a pledge | **durch ~ gesichert sein** | to be secured by a lien | **ein ~ haben** | to have the rights of a pledgee | **an etw. ein ~ haben** | to have a lien on (upon) sth.; to have a mortgage on sth.
Pfand..schein *m* | pawn ticket (note).
—**schuld** *f* | debt on pawn; debt secured by a pledge (by a lien).
—**schuldner** *m* | pledger; pawner; distrainee.
—**sicherheit** *f* | collateral security; collateral.
Pfändung *f* | seizure; distraint; attachment | **Anschluß~** | distraint by another creditor | **Aufhebung der ~** | replevin | **~ bei einem Dritten; ~ beim Drittschuldner** | garnishment | **Forderungs~** | garnishee (distraint) order; distress warrant; warrant of distress | **~ der Früchte auf dem Halm** | distraint by seizure of crops | **Gehalts~** | attachment of salary (of pay) | **Immobiliar~**; **~ von unbeweglichen Sachen** | distraint on real property | **Mobiliar~**; **~ von beweglichen Sachen; Fahrnis~** | distraint on chattels (on furniture) | **Lohn~** | attachment of wages | **~ gegen Sicherheitsleistung** | attachment (distraint) against security | **~ und Überweisung** | distraint and vesting order | **Vor~** ①; **vorausgehende ~** | previous attachment | **Vor ~** ②; **vorläufige ~** | preliminary seizure | **erfolglose ~**; **fruchtlose ~** | futile (unsuccessful) distraint.
★ **gegen jdn. die ~ betreiben** | to distrain (to levy distraint) upon sb.; to have sb.'s property seized (attached) | **der ~ unterworfen sein** | to be subject to attachment (to distraint) | **der ~ nicht unterworfen** | not subject to attachment | **~ fruchtlos verlaufen** | no leviable goods found | **~ vornehmen** | to distrain; to levy distress.
Pfändungs..befehl *m* | distress warrant; warrant of distress.
—**beschluß** *m* | distraint order; order of attachment | **~ gegen einen Drittschuldner; Forderungs~** | garnishee order.
—**gläubiger** *m* | distrainer; judgment creditor.
—**pfandrecht** *n* | lien acquired by seizure; execution lien.
—**recht** *n* | right to attach (to seize).
—**verfahren** *n* | attachment (garnishee) proceedings *pl*.
—**verfügung** *f* | distress warrant; warrant of distress; distraint (garnishee) order.
Pfand..verkauf *m* | sale of the pledge; distress sale.
—**vertrag** *m* | deed of security.
—**verwahrung** *f* | keeping of the pledge.
pfandweise *adv* | by way of security; by (on) pawn; as collateral.
Pfarramt *n* | vicariate; parish office.
Pfarrei *f* Ⓐ [Pfarrbezirk; Gemeinde] | parish.
Pfarrei *f* Ⓑ [Pfarrstelle] | benefice; living | **Inhaber einer ~** | incumbent | **eine ~ innehaben** | to hold a benefice (a living).

Pfarrer *m* | minister; clergyman | **katholischer** ~ | priest; parish priest | **protestantischer** ~ | pastor.
Pfarrgemeinde *f*; **Pfarrkinder** *npl* | **die** ~ | the parishioners *pl*; the parish.
Pfarrkirche *f* | parish church.
Pflege *f* | care | **Kranken**~ | nursing | **mangelnde** ~ | want of care | **etw. bei jdm. in** ~ **geben** | to place sth. under (to commit sth. to) the care of sb. | **etw. in** ~ **nehmen** | to take care of sth. | **in jds.** ~ **sein** | to be in (under) sb.'s care.
Pflegebefohlener *m* | ward; charge.
—**eltern** *pl* | foster parents.
—**kind** *n* Ⓐ | foster (nurse) child.
—**kind** *n* Ⓑ | adopted (adoptive) child.
—**mutter** *f* | foster mother.
pflegen *v* | to cultivate | **jds. Bekanntschaft** ~ | to cultivate sb.'s acquaintance | **eine Beziehung** ~ | to cultivate a connection | **jds. Freundschaft** ~ | to cultivate sb.'s friendship | **mit jdm. Umgang** ~ | to have (to entertain) relations with sb. | **Unterhandlungen** ~ | to conduct negociations | **die Wissenschaften** ~ | to cultivate science.
Pfleger *m* | guardian; curator; trustee; warden | **Abwesenheits**~; **Verschollenheits**~ | curator absentis | **Armen**~; **Fürsorge**~; **Wohlfahrts**~ | social worker | **Erbschafts**~; **Nachlaß**~ | curator (administrator) of an estate | **vom Gericht (gerichtlich) bestellter** ~ | guardian appointed by the court | ~ **für die Leibesfrucht** | administrator to an unborn chield | **vorläufiger** ~ | interim curator.
Pflegerin *f* | curator; trustee; guardian | **Nachlaß**~ | administratrix | **Wohlfahrts**~ | social worker.
Pflege..sohn *m* | foster son.
—**tochter** *f* | foster daughter.
—**vater** *m* | foster father.
Pflegling *m* | ward; charge.
Pflegschaft *f* | trusteeship; guardianship | **Abwesenheits**~; **Verschollenheits**~ | guardianship for managing the affairs of an absent person | ~ **der Leibesfrucht** | administrator for a child unborn | **Nachlaß**~ | administration | **jdn. unter** ~ **stellen** | to place (to put) sb. under guardianship.
Pflicht *f* | duty; obligation | **Amts**~ | official duty (function) | **Arbeitsdienst**~ | compulsory labo(u)r service; labo(u)r (industrial) conscription | **Aufsichts**~ | obligation to superintend (to control); control duty | **Ausgleichs**~ ①; **Ausgleichungs**~ ① | obligation to make compensation; liability to compensate | **Ausgleichs**~ ①; **Ausgleichungs**~ ① [unter Miterben] | obligation (liability) to bring [sth.] into hotchpot | **Berufs**~ | professional duty | **Verletzung der Berufs**~ | professional misconduct | ~**en als Bürger; Bürger**~**en** | duties as citizen; civic duties.
○ **Dienst**~ | compulsory service (military service); liability to service | **in Erfüllung seiner Dienst**~**en** | in the performance of one's duties | **Ehren**~ | debt of hono(u)r | **Eides**~ | sanctity of the oath | **Einwohnermelde**~ | compulsory register (registration) | **Entschädigungs**~; **Ersatz**~ | liability (obligation) to indemnify (to pay damages) (to pay compensation) (to compensate) | **Garantie**~; **Gewährleistungs**~ | warranty.
○ **Genehmigungs**~ | obligation to obtain approval | **auf** ~ **und Gewissen** | solemnly and sincerely | **Erstattungs**~ ①; **Rückgabe**~ | obligation to return (to make restitution) | **Erstattungs**~ ②; **Rückerstattungs**~; **Rückzahlungs**~ | obligation to reimburse (to refund) (to repay) | **Haft**~ | liability | **beschränkte Haft**~ | limited liability | **Heraus-**

gabe~ | obligation to return | **Kollations**~ | obligation to bring [sth.] into hotchpot | **Militär**~; **Militärdienst**~ | compulsory service (military service) | **Regreß**~ | liability to indemnify upon recourse.
○ **Schadensersatz**~ | obligation to pay damages (to repair the damage) (to pay compensation) (to compensate) | **Schul**~ | compulsory education (schooling) (school attendance) | **jds.** ~ **und Schuldigkeit** | one's bounden duty | ~**en als Staatsbürger; staatsbürgerliche** ~**en** | civic duties; duties as citizen | **Standes**~ | professional duty | **Steuer**~; **Umlagen**~ | liability to pay taxes (rates); tax liability; ratability | **Unterhalts**~ | obligation (duty) (to give maintenance) (to support) (to maintain); maintenance | **Versicherungs**~ | compulsory insurance | **Verwertungs**~ | compulsory exploitation.
○ **Wahl**~ | duty (obligation) to vote | **Wehr**~; allgemeine **Wehr**~ | compulsory military service | **Zahlungs**~ | obligation to pay.
★ **eheliche** ~ | conjugal duty | **moralische** ~; **sittliche**~ | moral duty.
★ **von seiner** ~ **abweichen** | to deviate from one's duty | **eine** ~ **erfüllen** | to fulfill one's duty | **seine** ~ **nicht erfüllen; seiner** ~ **nicht nachkommen; seine** ~**en vernachlässigen (versäumen)** | to fail in (to be failing in) (to neglect) one's duty (one's duties) | **sich etw. zur** ~ **machen** | to make it one's duty; to make it a point of duty | ~ **sein** | to be obligatory | **seine** ~ **tun** | to do (to discharge) (to perform) one's duty | ~, **zu wählen** | duty (obligation) to vote.
Pflicht..aktie *f* | qualifying (qualification) share.
—**beitrag** *m* | compulsory contribution.
—**besuch** *m* | duty (courtesy) call; courtesy visit.
pflichtbewußt *adj* | as in duty bound; from a sense of duty.
Pflicht..bewußtsein *n*; —**gefühl** *n* | sense of duty.
—**erfüllung** *f* | performance of [one's] duty.
—**exemplar** *n* | presentation (deposit) copy.
—**fach** *n* | compulsory subject.
—**feiertag** *m* | legal holiday.
pflichtgetreu *adj* | as in duty bound.
pflichtig *adj* | **abgaben**~ | taxable; liable to pay taxes; subject to taxation | **ausgleichs**~ ①; **ausgleichungs**~ ① | liable to make compensation (to compensate) | **ausgleichs**~ ②; **ausgleichungs**~ ②; **kollations**~ | liable to bring [sth.] into hotchpot | **dienst**~; **militärdienst**~; **wehr**~ | subject to compulsory service (military service); liable to military service | **einfuhrzoll**~ | subject to (liable to pay) import duty | **einkommensteuer**~ | liable to (to pay) income tax | **erstattungs**~ ①; **rückgabe**~ | liable to return (to make return) (to make restitution) | **erstattungs**~ ②; **rückerstattungs**~; **rückzahlungs**~ | liable to reimburse (to refund) (to repay).
○ **gebühren**~ ① | subject to the payment of a fee (of fees); liable to pay duty | **gebühren**~ ② | subject to a commission | **genehmigungs**~ | subject to approval | **kosten**~ | liable to pay the costs (the charges) | **nachschuß**~; **nachzahlungs**~ | liable to pay an additional amount (to make additional payments) | **lizenz**~ | liable to pay royalties; subject to royalty | **regreß**~ | liable to indemnify upon recourse.
○ **schadensersatz**~ | liable for damages (to pay damages) | **stempel**~ | liable (subject) to stamp duty | **steuer**~ | liable to pay a tax (to pay taxes);

pflichtig *adj, Forts.*
subject to taxation; taxable | **unterhalts~** | liable to give maintenance | **versicherungs~** | subject to compulsory insurance | **wechselregreß~** | liable as endorser of a bill | **zoll~** | subject to duty; liable to pay duty; dutiable.
Pflichtiger *m* | **Steuer~** ① | person liable for tax (to pay tax) | **Steuer~** ② | taxpayer; ratepayer | **Unterhalts~** | person liable to give maintenance | **Versicherungs~** | person subject to compulsory insurance.
Pflichtigkeit *f* | **Abgaben~; Steuer~** | liability to pay tax (taxes) (duty) (duties).
pflichtmäßig *adv* | in accordance with one's duties.
Pflicht..mitglied *n* | compulsory member.
—**mitgliedschaft** *f* | compulsory membership.
—**reserve** *f*; —**rücklage** *f* | minimum (legal minimum) reserve.
pflichtschuldigst *adv* | as in duty bound.
Pflichtteil *m* | sb.'s legal portion in the estate of its parents; compulsory portion | **Entziehung des ~s** | withdrawal of the compulsory portion | **jdm. den ~ entziehen** | to withdraw the compulsory portion | **jdn. auf den ~ setzen** | to limit sb. to his compulsory portion.
Pflichtteils..anspruch *m* | right to a compulsory portion | **seinen ~ geltend machen** | to stand on the reserve.
—**berechnung** *f* | calculation of the compulsory portion.
pflichtteilsberechtigt *adj* | having a right to receive a compulsory portion | **~er Erbe; Pflichtteilsberechtigter** | heir entitled to a compulsory portion.
Pflichtteils..entziehung *f* | withdrawal of the compulsory portion.
—**recht** *n* | right to a compulsory portion.
Pflicht..treue *f* | loyalty to one's duty; faithfulness.
—**untersuchung** *f* [ärztliche ~] | compulsory medical examination.
—**verband** *m* | association with compulsory membership.
pflichtvergessen *adj* | derelict in one's duty (duties).
Pflicht..vergessenheit *f* | dereliction of duty.
—**verletzung** *f* | breach (violation) (infringement) of duty | **~ im Amt; Amts~** | malfeasance in office; malpractice | **grobe ~; schwere ~** | gross breach of duty.
—**vernachlässigung** *f*; —**versäumnis** *f* | neglect (dereliction) of duty.
—**versicherter** *m* | person employed under the compulsory insurance regulations.
—**versicherung** *f* | compulsory insurance.
—**verteidiger** *m* | defense counsel (barrister) appointed by the court.
—**verteidigung** *f* | official defense.
pflichtwidrig *adj* | culpable.
pflichtwidrig *adv* | **~ handeln** | to deviate from one's duty.
Pflicht..widrigkeit *f* Ⓐ | breach (violation) of duty.
—**widrigkeit** *f* Ⓑ | prevarication; deviation from duty.
Pfründe *f* Ⓐ [Einkommen aus einem Kirchenamt] | prebend; benefice | **Inhaber einer ~** | prebendiary; beneficiary.
Pfründe *f* Ⓑ [Platz in einem Versorgungsheim] | place in a home for the aged.
Pfründenbesetzungsrecht *n* | advowson.
Pfründenrecht *n* | prebendary right; right of stipend.
Pfründner *m* Ⓐ [Pfründeninhaber] | prebendiary; beneficiary.

Pfründner *m* Ⓑ [Insasse eines Versorgungsheims] | inmate in a home for the aged.
Pfund..anleihe *f* | sterling loan.
—**guthaben** *n* | credit balance on sterling account.
Phantasiebezeichnung *f* | fancy name.
Phantasiepreis *m* | fancy price.
Photokopie *f* | photocopy; photostatic copy.
photokopieren *v* | to photocopy; to make a photocopy.
Pionier..erfindung *f* | pioneer invention.
—**patent** *n* | pioneer patent.
Pirat *m* Ⓐ [Seeräuber] | pirate.
Pirat *m* Ⓑ [literarischer ~; Plagiator] | plagiarist; literary thief.
Piraterie *f* Ⓐ [Seeräuberei] | piracy | **von ~ leben** | to live on piracy | **~ treiben** | to pirate.
Piraterie *f* Ⓑ [Plagiat] | literary piracy; plagiarism.
placieren *v* [plazieren] | **eine Anleihe ~** | to place (to negotiate) a loan | **eine Emission ~** | to place a loan issue.
Placierung *f*; **Plazierung** *f* | **~ einer Anleihe** | placing (negotiation) of a loan.
Plädieren *n* | pleading.
plädieren *v* | to plead; to argue.
Plädoyer *n* | pleadings *pl.*
Plagiat *n* | plagiarism; literary theft (piracy) | **offenes ~** | blatant plagiarism | **ein ~ begehen** | to commit a plagiat | **~ treiben** | to commit plagiarism; to plagiarize.
Plagiator *m* | plagiarist; literary thief.
plagiieren *v* | **jds. Werke ~** | to plagiarize sb.'s works.
Plakat *n* | poster; placard bill | **Reklame~** | advertising poster; advertisement | **Wahl~** | election poster (sign) | **ein ~ anschlagen** | to poster a placard.
Plakat..anschlag *m* | **durch ~** | by public posters; by billposting.
—**säule** *f* | advertising pillar.
—**tafel** *f* | billboard.
—**werbung** *f* | outdoor advertising | **Büro für ~** | outdoor advertising agency.
Plan *m* Ⓐ | pan; project; design | **Abänderungs~** | plan of alteration | **Absatz~** | marketing scheme; distribution plan | **Abzahlungs~** ①; **Amortisations~** | redemption plan (table) | **Abzahlungs~** ② | hire-purchase plan | **Angriffs~** | plan of attack | **Arbeits~** | working program | **Attentats~ gegen jdn.** | assassination plot against sb. | **Aufrüstungs~** | rearmament program | **Aufteilungs~** | partition (division) plan.
○ **Auseinandersetzungs~** | liquidation plan | **Ausfuhr~** | export plan | **Ausführung (Durchführung) eines ~es** | accomplishment (carrying out) (carrying into effect) of a plan | **Autarkie~** | self-sufficiency plan | **Bebauungs~** | zoning plan | **Beteiligungs~; Gewinnbeteiligungs~** | income-sharing (profit-sharing) plan | **Einigungs~** | plan of conciliation | **Einschlags~** | felling plan | **Entflechtungs~** | disengagement plan | **Export~** | export plan | **Fahr~** | time-table | **Feldzugs~** | plan of campaign.
○ **Finanz~; Finanzierungs~** | financial program (scheme) | **Flucht~** | plan of escape | **Fünfjahres~** | five-year plan | **Gesamt~** | general plan | **Haushalts~** | budget; money bill | **Mord~** | assassination plot | **Organisations~** ① | organizing program | **Organisations~** ② | organization chart | **Pensions~** | pension scheme (plan) | **Produktions~** | production plan (program) | **Ratenzahlungs~** | hire-purchase plan | **Sanierungs~** | scheme of reconstruction; capital reconstruction scheme |

Studien~ | plan (program) of studies | **Stunden~** | time-table.

○ **Teilungs~** | partition plan; plan for the distribution | **Tilgungs~** | redemption plan | **Vergleichs~; ~ eines Vergleichs mit den Gläubigern** | scheme of arrangement (of composition) | **Versicherungs~** | insurance plan (scheme) | **Verteilungs~** | distribution plan | **Verwirklichung eines ~es** | accomplishment (carrying out) (carrying into effect) of a plan | **Vierjahres~** | four-year plan | **~ für den Wiederaufbau** | plan of reconstruction | **Wirtschafts~** | economic plan | **Zeit~** | time schedule | **Zuteilungs~** | distribution plan; allocation scheme.

★ **ausführbarer ~; durchführbarer ~** | workable plan | **vorgefaßter ~** | preconceived plan | **«Grüner» ~** | farm (farming) program.

★ **einen ~ abändern** | to amend (to modify) a plan | **von einem ~ abweichen** | to deviate from a plan | **einen ~ aufgeben; von einem ~ abstehen** | to abandon (to give up) a project (a plan) | **den ~ für etw. ausarbeiten (entwerfen)** | to work out (to draw up) the plan of sth.; to plan sth. | **einen ~ ausdenken (fassen)** | to conceive a plan; to form a project | **einen ~ ausführen (durchführen) (verwirklichen)** | to carry out a project; to realize a plan; to carry a plan into effect | **einen ~ entwickeln** | to evolve a plan | **einen ~ umstoßen (umwerfen)** | to upset a project.

Plan *m* Ⓑ [Absicht] | intention; design.

Plan *m* Ⓒ [Zeichnung] | **Bau~** | constructional drawing(s) | **Kataster~** | cadastral (survey) map | **Stadtbebauungs~** | town planning (urban planning) scheme.

Plan *m* Ⓓ [Lageplan] | site plan.

Pläne *mpl* | **~ auf lange Sicht** | long-range planning | **seine ~ ändern** | to change one's plans; to make other plans.

planen *v* Ⓐ | to devise; to plan | **auf lange Sicht ~** | to make long-range plans | **etw. ~** | to draw up (to work out) the plan of sth.

planen *v* Ⓑ [beabsichtigen] | to contemplate; to intend.

Planfeststellung *f* [von Bauzonen] | zoning.

Planfeststellungs..ausschuß *m* | zoning board (committee).

—**verfahren** *n* | zoning procedure.

planmäßig *adj* Ⓐ | according to plan; as scheduled.

planmäßig *adj* Ⓑ | methodical; systematic | **~e Absatzförderung (Absatzsteigerung)** (Verkaufssteigerung) | sales drive (promotion) | **~e Exportsteigerung** | export drive (promotion).

planmäßig *adj* Ⓒ [etatmäßig] | budgetary | **~er Beamter** | regular (permanent) official | **~e Stelle** | budgetary (permanent) post.

planlos *adj* | without a fixed (preconceived) plan; at random; aimless.

Plan..losigkeit *f* | aimlessness.

—**pause** *f* | blueprint.

—**skizze** *f* | sketch map.

—**soll** *n*; —**ziel** *n* | production target.

—**stelle** *f* | budgetary (permanent) post.

Planung *f* | planning | **Stadt~; Städte~** | town planning | **~ auf lange Sicht** | long-range planning.

Planungs..abteilung *f* | planning department (section).

—**amt** *n* | planning board (office).

—**ausschuß** *m* | planning committee.

Planwirtschaft *f* | planned (managed) economy.

Platz *m* Ⓐ [Ort; Stadt] | place; town; locality | **Bank~** | bank (banking) place | **Börsen~; Han-**

dels~ | business (market) place (town); market | **Lade~** | place of loading (of shipping); loading (shipping) place.

Platz *m* Ⓑ | **fehl (nicht) am ~** | out of place; misplaced | **~ greifen** | to take place.

Platz *m* Ⓒ | seat | **Bett~** | berth; bunk | **belegter ~; bestellter ~; reservierter ~** | reserved seat | **einen ~ belegen (vorausbestellen)** | to reserve (to book) a seat.

Platz *m* Ⓓ [Grundstück] | site | **Bau~** | building site | **Lager~** | yard | **Park~** | parking place (site) (lot); car park | **Zimmer~** | lumber (timber) yard.

Platz *m* Ⓔ | **Markt~** | market place | **öffentlicher ~** | public square.

Platz..agent *m* | local agent.

—**bedarf** *m* | local requirements *pl* (wants *pl*) (needs *pl*).

—**bedingungen** *fpl* | local terms (conditions).

—**bericht** *m* | market report.

—**gebrauch** *m* | local use (custom).

—**gebühr** *f*; —**geld** *n* | stall money | **Park~** | parking fee.

—**geschäft** *n* | local trade.

—**geschäfte** *npl* | local business (transactions).

—**karte** *f* | reserved seat ticket.

—**käufe** *mpl* | local purchases.

—**kurs** *m* | local rate (price).

—**miete** *f* | subscription.

—**reisender** *m* | town traveller (canvasser).

—**reservierung** *f* | booking (reservation) of seats (of a seat).

—**scheck** *m* | town cheque.

—**verkehr** *m* | local business (trade).

—**vertreter** *m* | local (resident) agent; local dealer.

—**wechsel** *m* Ⓐ [Arbeits~] | change of employment.

—**wechsel** *m* Ⓑ | local bill (bill of exchange); town bill.

plausibel *adj* | apparently right; plausible | **plausible Gründe** | plausible reasons.

Plazet *n* | approval.

Plenar..ausschuß *m* | plenary committee.

—**debatte** *f* | debate before the plenary assembly.

—**entscheidung** *f* | plenary decision taken in joint session by all chambers.

—**sitzung** *f* | full (plenary) session.

—**versammlung** *f*; **Plenum** *n* | plenary meeting.

Plombe *f* | lead seal | **die ~n abnehmen** | to remove the seals.

Plombenabnahme *f* | removal of the seals.

Plombenverschluß *m*; **Plombieren** *n*; **Plombierung** *f* | closing with lead; sealing.

plombieren *v* | **etw. ~** | to put sth. under leads; to seal sth. with lead.

Plünderer *m* | pillager; plunderer; looter.

plündern *v* | to pillage; to plunder; to loot.

Plünderung *f* | pillage; plundering; looting.

Pluralwahlrecht *n* | plural vote.

Plutokrat *m* | plutocrat.

Plutokratie *f* | plutocracy.

plutokratisch *adj* | plutocratic.

Podiumsgespräch *n* | panel discussion.

Police *f*; **Polizze** *f* | policy | **Ausstellung einer ~** | making out of a policy | **Einheits~** | standard policy | **Erneuerung einer ~** | renewal of a policy | **Erneuerungs~** | renewal policy | **Feuerversicherungs~** | fire (fire insurance) policy | **Frachtversicherungs~** | cargo policy | **General~** | comprehensive (blank) (all-risks) policy | **Inhaber~; auf den Inhaber ausgestellte (lautende) ~** | policy to bearer (made out to bearer); bearer policy | **Lebens-**

Police f, Forts.
  versicherungs∼ | life (life insurance) policy |
Nachtrag zu einer ∼ | endorsement | **auf den Namen
lautende ∼** | policy made out to a named person |
Order∼; an Order ausgestellte ∼ | policy to order
(made out to order) | **Reiseversicherungs∼;
Reise∼** | voyage policy | **Rückkauf einer ∼** |
surrender of a policy | **Rückkaufswert einer ∼** |
surrender value of a policy | **Seeversicherungs∼** |
marine (marine insurance) policy | **Verlängerungs∼** |
extension policy | **Versicherungs∼** | insurance
policy (certificate); policy of insurance | **∼ mit
Wertangabe; bewertete ∼** | valued policy | **Zeit∼** |
time policy.
  ★ **beitragsfreie ∼; prämienfreie ∼** | premium-free
policy | **erloschene ∼** | expired policy | **offene ∼** |
open (floating) (adjustable) (unvalued) (declara-
tion) policy | **Versicherung unter einer offenen ∼** |
insurance under a floating policy | **taxierte ∼** |
valued policy.
  ★ **eine ∼ ausfertigen (ausstellen)** | to issue (to make
out) a policy | **eine ∼ erneuern** | to renew a policy |
eine ∼ zurückkaufen | to redeem a policy.
Policen..erneuerung f | renewal of the policy.
—**formular** n | policy form.
—**inhaber** m | policy holder; insured.
—**nachtrag** m | endorsement; rider.
Politik f | policy; politics pl | **∼ des Abwartens** |
policy of wait and see | **Agrar∼** | agricultural
policy | **Außen∼** | foreign policy | **Befriedungs∼;
∼ der Befriedung; Beschwichtigungs∼** | policy of
appeasement (of appeasing); appeasement policy.
  ○ **Bevölkerungs∼** | population policy | **Bündnis∼** |
policy of alliances | **Deflations∼** | policy of defla-
tion | **Einkreisungs∼** | policy of encirclement | **Ein-
mischungs∼** | policy of intervention; intervention
(interventionist) policy | **Festpreis∼** | policy of
stable prices | **Finanz∼** | financial (finance) policy |
Freihandels∼ | free trade policy; | **Friedens∼** |
peace policy | **Geo∼** | geopolitics pl.
  ○ **Handels∼** | trade (commercial) (mercantile)
policy | **Handelsvertrags∼** | trade treaty policy |
Innen∼ | internal (home) policy; internal politics |
Interessen∼ | policy of pursuing one's interests |
Interventions∼ | policy of intervention; inter-
ventionist policy | **Katastrophen∼** | disastrous
policy; policy which leads to disaster | **Kirchturm∼** |
parish-pump politics | **Kriegstreiber∼** | war-
mongering policy.
  ○ **Lohn∼** | wage (wages) policy | **Macht∼** | power
politics | **∼ der Mitte (des Mittelweges)** | policy of
the middle road; middle-of-the-road policy |
Monopol∼ | monopoly policy | **∼ der guten Nach-
barschaft** | good-neighbo(u)r policy | **Neuorien-
tierung der ∼** | realignment (new alignment) of
policy.
  ○ **Neutralitäts∼** | policy of neutrality; neutrality
policy | **Nichteinmischungs∼** | policy of non-inter-
vention; non-intervention policy | **Partei∼** | party
politics pl | **Preis∼** | price policy | **Preisbildungs∼** |
pricing policy | **Preissenkungs∼** | policy of lowe-
ring prices | **Pressions∼** | policy of bringing
pressure to bear | **Rassen∼** | racial policy | **Sank-
tions∼** | policy of sanctions | **Sozial∼** | social
policy | **Stabilisierungs∼; Stabilitäts∼** | stabi-
lizing (stabilization) policy | **Steuer∼** | fiscal
policy | **Tarif∼** | tariff policy | **∼ der offenen Tür** |
policy of the open door | **Unterdrückungs∼** |
policy of oppression.

  ○ **Währungs∼** | monetary (currency) policy |
Welt∼ | world politics pl | **Wirtschafts∼** | eco-
nomic policy | **Zoll∼** | customs policy | **∼ der Zu-
sammenarbeit** | policy of collaboration.
  ★ **abwartende ∼** | policy of wait and see | **aus-
wärtige ∼** | foreign policy | **blockfreie ∼; bündnis-
freie ∼** | non-alignment policy | **zielbewußte ∼** |
steadfast policy | **zurückhaltende ∼** | policy of
restraint.
Politiker m | politician.
politisch adj | political | **∼e Betätigung** | political
activities pl | **∼e Einstellung (Meinung)** | political
opinion | **∼er Gefangener (Häftling)** | political
prisoner | **∼e Gleichberechtigung** | equality of
status | **aus ∼en Gründen** | for political reasons |
∼e Polizei | political (state) police | **∼es Programm** |
political platform (program) (doctrine) | **∼e Rech-
te** | political rights (liberties) | **∼e Unbeständigkeit
(Unsicherheit)** | political instability | **∼es Verbre-
chen** | political crime; crime against the state | **∼es
Vergehen** | political offense.
  ★ **außen∼** | in the field of foreign politics pl |
inner∼ | in home politics pl | **partei∼** | party
(partisan) political | **sozial∼** | social-political.
politisch adv | **∼ orientiert** | politically-orientated.
politisieren v | to talk politics.
Polizei f | police | **Anmeldung bei der ∼** | registration
with the police | **Anzeige bei der ∼** | notification to
(of) the police | **Bahn∼** | railway police | **Bundes∼** |
federal police | **Einschreiten der ∼** | police inter-
vention | **Feld∼** | rural police | **Feuer∼** | fire
police | **Geheim∼** | secret police | **Gerichts∼** |
judicial police | **Gesundheits∼** | sanitary police |
Gewerbe∼ | factory police | **Grenz∼** | frontier
(border) police | **Hafen∼** | harbor police | **Hilfs∼** |
auxiliary police | **Kriminal∼** | criminal police |
die Kriminal∼ | the Criminal Investigation De-
partment | **Küsten∼** | coast guard(s) | **Lebensmit-
tel∼; Nahrungsmittel∼** | inspection of foodstuffs;
food control | **Maßnahme der ∼** | police measure |
Meldung bei der ∼ ① | notification to (of) the
police | **Meldung bei der ∼** ② | registration with the
police | **Militär∼** | military police | **Orts∼** | local
(borough) police | **Sicherheits∼** | security (state)
police | **Sitten∼** ① | police supervision of public
morality (decency) | **Sitten∼** ② | vice squad |
Sitzungs∼ | judicial police | **Staats∼** | state
(political) police | **geheime Staats∼** | secret poli-
tical police | **Straßen∼** | road police | **Strom∼;
Wasser∼** | water (river) police | **Verkehrs∼** |
traffic police | **Veterinär∼** | veterinary police |
Widerstand gegen die ∼ | resisting the police (the
agents of the law) | **berittene ∼** | mounted po-
lice.
  ★ **jdn. bei der ∼ anzeigen; jdn. der ∼ melden** | to
report sb. to the police | **sich der ∼ stellen** | to
give os. up to the police | **der ∼ Widerstand leisten;
sich der ∼ widersetzen** | to resist the police.
Polizei..abzeichen n | police badge.
—**agent** m | police agent.
—**aktion** f | police action.
—**amt** n | police station (office).
—**arzt** m | police surgeon.
—**aufgebot** n | police detachment; detachment of
police; posse.
—**aufsicht** f | police supervision | **Stellung unter ∼** |
placing under police supervision | **unter ∼ stehen** |
to be under police supervision | **jdn. unter ∼ stellen** |
to place sb. under police supervision.
—**ausweis** m | police pass.

Polizei..beamter *m* | police officer (constable); policeman.

—**beamtin** *f* | policewoman.

—**befugnisse** *npl* | police powers.

—**behörde** *f* | police authority.

—**bericht** *m* | official police report.

—**chef** *m* | police chief.

—**dezernat** *n* | police department.

—**direktion** *f* | police headquarters *pl*.

—**gefängnis** *n* | police prison.

—**gericht** *n* | police (magistrate's) court.

—**gesetz** *n* | police regulations *pl*.

—**gewalt** *f* | police power.

—**hund** *m* | police dog.

—**inspektor** *m* | police inspector.

—**kommissar** *m* | police superintendent; superintendent of police.

polizeilich *adj* | ~e **Aufsicht** | police supervision | ~er **Ausweis** | police pass | ~e **Bedeckung** | police escort | ~es **Einschreiten** | police intervention | ~es **Erkennungszeichen (Kennzeichen)** | number (registration) (police registration) plate | ~er **Lockspitzel** | police decoy | ~e **Maßnahme** | police measure | ~es **Meldeblatt; ~er Meldeschein** | police (registration) form | ~e **Meldung** ①; ~e **Anzeige** | notification to (of) the police | ~e **Meldung** ②; ~e **Anmeldung** | registration with the police | ~e **Strafverfügung** | police order inflicting punishment | ~e **Übertretung** | police offense | ~e **Untersuchung** | police investigation (inquiry) | ~es **Verbot** | police ban | **trotz** ~em **Verbot; unter Mißachtung eines** ~en **Verbots** | in defiance of a police ban | ~e **Verordnung** | police regulation.

polizeilich *adv* | **sich** ~ **abmelden** | to notify the police of one's departure | **sich** ~ **anmelden (melden)** | to register (to register os.) with the police | ~ **einschreiten (vorgehen)** | to take police measures.

Polizei..macht *f* | police force (power).

—**maßnahme** *f*; —**maßregel** *f* | police measure.

—**ordnung** *f* | police regulations *pl*.

—**posten** *m* | police picket.

—**präfekt** *m*; —**präsident** *m* | chief commissioner of the police; chief constable.

—**präfektur** *f*; —**präsidium** *n* | police headquarters *pl*.

—**razzia** *f* | police raid.

—**register** *n* | police register.

—**revier** *n*; —**station** *f*; —**wache** *f* | police station.

—**richter** *m* | magistrate.

—**sache** *f* | police matter.

—**spitzel** *m* | police spy (informer).

—**staat** *m* | police state.

—**strafe** *f* | police penalty.

—**strafgericht** *n* | police court.

—**streife** *f* | police picket.

—**stunde** *f* | closing time (hour).

—**übertretung** *f*; —**vergehen** *n* | police offense.

—**verbot** *n* | police ban.

—**verordnung** *f*; —**vorschrift** *f* | police regulations *pl* (ordinance).

—**wachtmeister** *m* | police sergeant.

polizeiwidrig *adj* | contrary to police regulations.

Polizist *m* | policeman; police constable (officer) | **Verkehrs**~ | traffic policeman; policeman on point duty | ~ **in Zivil** | plain-clothes policeman.

Polizistin *f* | policewoman; woman police officer.

Polster *n* **Devisen** ~ | foreign exchange reserve(s).

Polygamie *f* | polygamy.

Poolvertrag *m* | pooling agreement.

populär *adj* | popular | ~ **sein** | to be popular; to enjoy popularity.

Popularität *f* | popularity | **große** ~ **genießen** | to be very popular; to enjoy great popularity.

popularisieren *v* [populär machen] | **etw.** ~ | to popularize sth.; to make sth. popular.

Popularisierung *f* | popularization.

Portefeuille *n* ④ [Geschäftsbereich] | **Minister ohne** ~ | minister without portfolio.

Portefeuille *n* ⑧ | portfolio | **Wechsel**~ | bills *pl* in hand (in portfolio); portfolio of bills.

Portion *f* | portion; share | **Erb**~ | hereditary portion; portion in an inheritance.

Porto *n* | postage; mail charges | **Brief**~ | letter postage (rate); postage on a letter | **Drucksachen**~ | printed paper rate | **Inlands**~ | inland postage (rate) | **Nach**~; **Straf**~ | additional (extra) postage; postage due | **Paket**~ | parcel | **Rück**~ | return postage | **Zeitschriften**~ | newspaper rate | **Zuschlags**~ | additional (extra) postage.

★ **einfaches** ~; **gewöhnliches** ~ | ordinary postage | **zuzüglich** ~ | postage extra.

Porto..auslagen *fpl* | disbursements (expenses) for postage.

—**buch** *n* | postage account-book.

—**erhöhung** *f* | increase (raising) of postal rates.

—**ermäßigung** *f* | reduction of postage.

—**ersatz** *m* | reimbursement of postage.

portofrei *adj* | free of (exempt from) postage; post (carriage) free; postage paid; prepaid | ~e **Sendung** | postpaid shipment.

portofrei *adv* | **etw.** ~ **senden** | to send sth. prepaid (postage-paid).

Porto..freiheit *f* | exemption from postage.

—**gebühr** *f* | postage.

—**hinterziehung** *f* | evasion (defraudation) of postage | **zwecks** ~ | to (in order to) evade payment of postage.

—**kasse** *f* | stamp box.

—**kosten** *pl*; —**spesen** *pl* | expenses for postage; postal expenses.

—**nachnahme** *f* | **unter** ~ | postage to be collected; carriage forward.

portopflichtig *adj* | liable to postage.

Porto..rückvergütung *f* | reimbursement (refunding) of postage.

—**satz** *m* [Portogebührensatz] | rate of postage; postal rate | ~ **für Mustersendungen** | sample rates.

—**tarif** *m* | postage rates *pl*; postal rates (tariff).

—**zuschlag** *m* | additional (extra) postage.

Position *f* ④ [Stellung] | place; position; post; situation | **in einflußreicher** ~ | in an influential position | **erstklassige** ~; **vorzügliche** ~ | first-rate position | **gesellschaftliche** ~; **soziale** ~ | social position (standing) | **hohe** ~ | high position | **in einer hohen** ~ | in a high place | **marktbeherrschende** ~ | dominant market position (position on the market) | **in untergeordneter** ~ | in a subordinate position.

Position *f* ⑧ [Lage] | **Rechts**~ | legal position (situation) (status) | **unhaltbare** ~ | untenable position.

Position *f* © [Artikel] | **Tarif**~ | tariff schedule.

Post *f* ④ [der Postdienst] | **die** ~ | the post; the postal service | **Aufgabe zur** ~ | posting; mailing | **Beförderung durch die** ~ | dispatch by post (by mail) (by the mail) | **Brief**~ | letter post; first-class mail | **einen Brief zur** ~ **geben** | to post (to mail) a letter | **Brieftauben**~ | pigeon-post | **die Bundes**~ | the Federal Postal Administration | **Drucksachen**~ | book post; printed-matter mail | **Eil**~ | express mail | **Einschreib**~ | registered mail (post) | **Feld**~ |

Post *f* Ⓐ *Forts.*
army postal service | **Luft~** | air mail | **Paket~** | parcel post | **Rohr~** | express mail transmitted by pneumatic tube | **Schiffs~** | ocean (surface) mail | **Zustellung durch die ~** ① | delivery by the post (by the mail) | **Zustellung durch die ~** ② | service by mail.
★ **etw. bei der ~ aufgeben; etw. zur ~ geben** | to mail (to post) sth.; to send sth. by post (by the mail) | **durch die ~ befördern** | to forward (to transmit) sth. by post | **etw. durch die ~ zustellen** ① | to deliver (to forward) sth. by mail | **etw. durch die ~ zustellen** ② | to serve sth. by post.

Post *f* Ⓑ [die Postsachen] | **die ~** | the mail | **Abend~** | evening mail | **Abfertigung der ~** | dispatch of the mail | **die Brief~** | the letter mail | **Morgen~** | morning (first) mail | **Zustellung der ~** | delivery (distribution) of the mail; mail delivery.
★ **mit gleicher ~** | by the same mail (post) | **mit nächster ~** | by next mail | **mit umgehender ~** | by return of post (of mail); by return mail.
★ **die ~ abfertigen** | to dispatch the mail | **die ~ aufmachen (öffnen)** | to open the mail | **seine ~ erledigen** | to do one's mail.

Post *f* Ⓒ [das Postamt] | **die ~** | the post office | **einen Brief bei der ~ aufgeben** [am Postschalter] | to mail a letter at the post office.

Post..abfertigung *f* | dispatch of the mail.
—**abholung** *f* | collection of mail.
—**abschnitt** *m* | postal receipt.
—**abteilung** *f* | mailing department.
—**adresse** *f*; —**anschrift** *f* | mailing (postal) address.
—**agentur** *f* | sub-post (branch post) office.
postalisch *adj* | postal.
Postamt *n* | post office | **Abgangs~** | dispatching office | **Aufgabe~** | office of posting (of origin) | **Bestimmungs~** | office of destination | **Bezirks~** | district post office | **Haupt~** | general post office | **Hilfs~** | branch (district) post office | **Paket~** | parcels office | **Zustell~** | receiving office | **fliegendes ~** | travelling post office.
Post..angelegenheit *f* | postal matter.
—**angestellter** *m* | postal employee; postal (post-office) clerk.
—**anschluß** *m* | postal connection.
—**anstalt** *f* | post office | **Aufgabe~** | office of posting (of origin).
—**anweisung** *f* | postal (post-office) money order | **telegraphische ~** | telegraphic money order (transfer); cable prepaid.
—**anweisungsformular** *n* | printed form for a postal money order.
—**aufgabe** *f*; —**auflieferung** *f* | mailing; posting.
—**aufgabeschluß** *m* | latest time of posting.
—**auftrag** *m* | collection by (through) the post.
—**auslieferung** *f* | mail delivery.
—**beamter** *m* | post official; postal officer (clerk).
—**beförderung** *f* Ⓐ | carriage of the mail.
—**beförderung** *f* Ⓑ | conveyance by mail.
—**beförderungsvertrag** *m* | mail contract.
—**begleitadresse** *f* | postal despatch note.
—**behörden** *fpl* | postal (post-office) authorities.
—**betrieb** *m* | postal service.
—**bezirk** *m* | postal district.
—**bezug** *m* [von Zeitungen oder Zeitschriften] | postal subscription.
—**bote** *m* | postman; letter carrier.
—**dampfer** *m* | mail steamer (boat).
—**diebstahl** *m* | post-office robbery; mail depredation.

Post..dienst *m* | postal (mail) service | **Luft~** | airmail service | **Paket~** | parcel service.
—**direktion** *f* | **General~**; **Ober~** | General Post Office.
—**direktor** *m* | postmaster | **General~** | Postmaster General.
—**einlieferungsschein** *m* | post-office receipt; certificate of posting.
—**einzahlung** *f* | payment (paying in) at the post office.
Posten *m* Ⓐ [Stellung] | position; post; situation; place | **Besetzung eines ~s** | filling of a post (of a position) (of a vacancy) | **~ als Buchhalter; Buchhalter~** | accountship; position as (as an) accountant | **Vertrauens~** | confidential post; position of trust | **freier ~; unbesetzter ~** | vacant (position); vacancy.
★ **jdn. von seinem ~ abberufen** | to recall sb. from his post | **von einem ~ abtreten; einen ~ aufgeben** | to withdraw from a post; to give up an appointment | **einen ~ besetzen (neu besetzen)** | to fill (to fill up) a post (a situation) (a vacant post) (a vacancy) | **jdn. seines ~s entheben** | to relieve sb. from his post (from his office) | **einen ~ wieder übernehmen (wieder antreten)** | to resume a (one's) post.
Posten *m* Ⓑ [Buch~] | entry; item | **Ausgabe~** | expense item; item of expenditure | **Ausgleichs~** | balancing entry | **Gutschrift~** | credit item | **~ im Hauptbuch; Hauptbuch~** | ledger item (entry) | **~ im Journal** | journal entry | **Kassa~** | cash item (entry) | **Kontokorrent~** | item on current account | **Lastschrift~** | debit item | **Rechnungs~** | item in the account | **Übertragungs~** | transfer entry | **durchlaufender ~** | suspense (transitory) item.
★ **einen ~ eintragen** | to post an item (an entry); to make an entry | **einen ~ auswerfen** | to write an item on the margin | **einen ~ streichen (stornieren)** | to cancel (to reverse) an entry (an item).
Posten *m* Ⓒ [Waren~] | lot; quantity (lot) of goods | **Rest~** | remnants *pl.*
Posten *m* Ⓓ [Betrag] | sum; amount | **absetzbarer ~** | deductible item (amount).
Posten *m* Ⓔ [Polizei~] | police picket | **Streik~** | strike picket.
Postentwertungsstempel *m* | postal obliteration stamp; postmark.
Postfach *n* | post office box.
postfähig *adj* | mailable.
Postflagge *f* | mail flag.
postfrei *adj* Ⓐ [frankiert] | post free; postage paid; postpaid; prepaid.
postfrei *adj* Ⓑ | exempt from (free of) postage.
Post..freiheit *f* | exemption from postage.
—**gebäude** *n* | post office building.
—**gebiet** *n* | postal district (territory).
—**gebühren** *fpl* | postal charges.
— —**freiheit** *f* | exemption from postage.
— —**satz** *m*; — —**tarif** *m* | rate of postage; postage rates *pl.*
Post..geheimnis *n* | secrecy of letters (of correspondence).
—**gesetz** *n* | postal law; the postal regulations.
—**halter** *m* | mail (postal transport) contractor.
—**handbuch** *n* | post office guide.
—**hilfsstelle** *f*; —**nebenstelle** *f* | auxiliary post office; postal agency; sub-post office.
—**hoheit** *f* | postal privilege.
—**karte** *f* | postcard; postal card | **Ansichts~** | picture postcard | **Antwort~; ~ mit Rückantwort; ~ mit Antwortkarte** | double post card; reply-paid postcard.

Post..kasse *f* | postage (postal) account.
—konvention *f* | mail convention.
—kreditbrief *m* | post office travellers' cheque.
—lagergebühr *f* | poste restante fee.
postlagernd *adj* | to be called for | paket~ | parcel to be called for.
Postleitzahl *f* | postal code (ZIP code) number | Register der ~en | post (postal) (ZIP) code.
Postleitzone *f* | post (ZIP) code area.
Post..liste *f* | mailing list.
—marke *f* | postage stamp; stamp.
—meister *m* | postmaster.
—minister *m* | Postmaster General.
—ministerium *n* | General Post Office.
—monopol *n* | postal privilege.
—nachnahme *f* | post office collection; postal cash on delivery.
postnumerando *adv* | ~ zahlen | ~ to pay afterwards (subsequently).
Post..ordnung *f* | postal regulations *pl.*
—paket *n* | postal (mail) package (parcel) | Luft~ | air parcel.
—privileg *n*; —regal *n* | postal privilege.
—quittung *f* | post-office receipt; certificate of posting.
—raub *m* | depredation of the mails; post-office (mail-van) robbery; mail depredation.
—recht *n* | postal law (regulations).
—reisescheck *m* | post-office travellers' cheque.
—sachen *fpl* Ⓐ [Angelegenheiten] | postal matters.
—sachen *fpl* Ⓑ [Sendungen] | mail goods.
—schalter *m* | mail window.
Postscheck *m*; Postcheck *m* [S] | postal cheque.
—amt *n* | office of postal cheque accounts.
—brief *m* | letter to the office of postal cheque accounts.
—guthaben *n* | balance on postal cheque account.
—konto *n* | postal (post office) cheque account.
—kontoinhaber *m*; —kunde *m* | holder of a postal cheque account.
—überweisung *f* | post office crossed warrant; transfer from postal cheque account.
—verkehr *m* | transfers *pl* from (payments *pl* on) postal cheque accounts.
Post..schein *m* | post-office receipt.
—schiff *n* | mail steamer (boat).
—schließfach *n* | post-office box.
—schluß *m* | latest time of posting.
—sendung *f* Ⓐ [Sendung durch die Post] | dispatch by post; consignment by mail.
—sendung *f* Ⓑ [Postgut] | postal matters *pl* | unzustellbare ~en | undeliverable mail | noch nicht zugestellte ~en | undelivered mail | unzustellbare ~ | undeliverable letter (package).
—sparbuch *n*; —sparkassenbuch *n* | postal (post-office) savings book.
—spareinlagen *fpl*; —sparkasseneinlagen *fpl* | postal (post-office) savings deposits.
—sparkasse *f* | post-office (postal) savings bank.
—sparkassenkonto *n* | post-office savings account.
—spesen *pl* | expenses for (on) postage.
—stempel *m* | postmark; post mark (stamp); post-office (mail) stamp | Datum des ~s | date of the postmark.
—stunden *fpl* | post office hours.
—tag *m* | mail (mailing) day.
—tarif *m* | postal tariff (rates *pl*); rates of postage | Inlands~ | inland postage rates.
—überwachung *f* | mail surveillance (cover).
—überweisung *f* | postal money order; remittance by post.

Post..verbindung *f* | postal connection (communication) | Luft~ | air-mail connection.
—verkehr *m* | postal (mail) service | Luft~ | air-mail service.
—versand *m* | delivery by mail.
— —geschäft *n*; — —haus *n*; — —unternehmen *n* | mail-order business (house) (establishment).
— —katalog *m* | mail-order catalog.
— —reklame *f* | mail-order advertising.
—vertrag *m* | postal convention | Welt~ | world post convention.
—verwaltung *f* Ⓐ | postal (post office) administration.
—verwaltung *f* Ⓑ [die Postbehörden] | the postal (post office) authorities *pl.*
postwendend *adv* | by return of mail.
Post..wertzeichen *n* | postage stamp.
—wesen *n* | postal matters *pl.*
—zeitungsdienst *m*; —zeitungsverkehr *m* | delivery of newspapers by the mail; postal newspaper service.
—zensur *f* | postal censorship.
—zug *m* | mail train.
—zustelladresse *f* | mailing (postal) address.
—zustelldienst *m* | mail (mail delivery) service; service by mail (by the post).
—zustellung *f* Ⓐ [Zustellung der Post, der Postsachen] | delivery (distribution) of the mail; mail delivery.
—zustellung *f* Ⓑ [Zustellung durch die Post] | delivery by post (by mail).
—zustellungsurkunde *f* | proof of service by mail.
—zwang *m* | postal privilege.
Potential *n* | potential | Arbeits~ | potential labo(u)r forces *pl* | Erzeugungs~; Produktions~ | productive (production) capacity (power); producing power | Export~ | exporting capacity | Geldschöpfungs~ | potential to create money | Industrie~; industrielles ~ | industrial capacity | Kriegs~; Rüstungs~ | war potential.
Präambel *f* [Einleitung; Vorwort] | preamble; introduction; preface.
Prädialservitut *n* [Grunddienstbarkeit] | easement; servitude.
Präfekt *m* | prefect | Bezirks~ | district prefect | Polizei~ | prefect of police.
Präfektur *f* | prefecture | Hafen~ | port admiral's office | Polizei~ | police headquarters *pl.*
Präfektur..erlaß *m* | order of the prefect.
—rat *m* Ⓐ | council of the prefecture.
—rat *m* Ⓑ | councillor of the prefecture.
Präferenz *f* | Zoll~ | preferential treatment.
—abkommen *n* | preferential arrangement.
—zoll *m*; —zollsatz *m* | preferential tariff.
Präge..anstalt *f* | mint.
—druck *m* | relief print.
—kosten *pl* | mint (coinage) charges; mintage.
—lohn *m*; —schatz *m* | gain of the mint; seigniorage; mintage.
Prägen *n* | coining; minting.
prägen *v* Ⓐ | Geld ~ | to mint (to stamp) (to coin) money | Geld neu ~ (um~) | recoinage (recoining) (reminting) of money(s).
prägen *v* Ⓑ [in Relief] | to emboss.
Prägestempel *m* Ⓐ [Prägestock] | die | Münz~ | die (stamp) for striking coins.
Prägestempel *m* Ⓑ [Trockenstempel] | embossing (embossed) stamp.
Prägung *f* Ⓐ | coining; minting | Neu~ (Um~) des Geldes (von Geld) | recoinage (recoining) (reminting) of money(s).

Prägung *f* ⑧ [Trocken~] | embossing.

Präjudiz *f* | prejudice.

präjudizieren *v* | to prejudge | **einen Anspruch** ~ | to preclude a claim.

präkludieren *v* | to preclude; to foreclose | **jdn. mit einer Einrede** ~ | to estop sb.

Präklusion *f* | estoppage.

Präklusivfrist *f* | latest (final) term (date); strict time limit.

Praktikant *m* | sb. who serves his period of instruction | **Rechts~** | junior lawyer; law (articled) clerk.

Praktiken *pl* | practices *pl*; machinations *pl* | **diskriminierende** ~ | discriminating practices | **unlautere** ~; **unsaubere** ~ | unfair (sharp) (underhand) practices.

Praktiker *m* | practical man; practitioner.

Praktikum *n* ⓐ [Kursus] | practical course.

Praktikum *n* ⑧ [Ausbildung in der Praxis] | practical training.

praktisch *adj* | practical | ~**e Anwendung** | practical application; reduction to practice | ~**er Arzt** | practising doctor; practitioner; medical practitioner | ~**e Durchführbarkeit** | practicability; feasibility; practicableness | ~**e Erfahrung** | practice; experience | **Mann der** ~**en Erfahrung** | man of practical experience | ~**e Erfahrung in etw. haben** | to have practical experience in sth. | ~**e Kenntnis** | practical knowledge | ~**er Sinn** | practical sense; practicability | **auf** ~**e Weise** | practically; in a practical manner | **ohne** ~**en Wert** | of no practical value | **un~** | impractical.

praktisch *adv* | practically; in practice; in practical use | ~ **die Gesamtheit von ...** | practically the whole of ... | ~ **anwendbares Mittel** | practical (practicable) means | **jds. Ratschläge** ~ **anwenden** | to put sb.'s advice into practice | ~ **durchführbar** | practicable; feasible; workable | ~ **wertlos** | practically worthless | ~ **anwenden**; ~ **ausüben**; ~ **verwerten** | to practice; to reduce to (to put into) practice; to make practicable | ~ **nicht verwertbar (zu verwerten)** | of no practical value.

praktizieren *v* | to practice; to practise | to be in practice (practise) | **als Anwalt** ~; **als Rechtsanwalt** ~ | to practice law | **als Arzt** ~ | to practice medicine | **nicht mehr** ~ | to be no longer in practice.

praktizierend *adj* | practising | ~**er Anwalt** | legal practitioner; barrister in practice; practising attorney (barrister) | ~**er Arzt** | medical practitioner.

Präliminarien *pl* | preliminaries | **Friedens~** | preliminaries of peace; peace preliminaries.

Prämie *f* ⓐ [Bonus] | bonus; bounty | **Ausfuhr~**; **Export~** | export bonus; bounty on exports (on exportation) | **Einfuhr~** | bounty on importation | **Ersparnis~** | economy bonus | **Leistungs~** | output bonus | **Produktions~** | production bonus; bounty on production.

Prämie *f* ⑧ [Vergütung] | remuneration | **Einlösungs~** | redemption premium.

Prämie *f* ⓒ [Versicherungs~] | insurance premium | **Erneuerungs~** | renewal premium | **Feuerversicherungs~** | fire insurance (fire) premium | **Jahres~** | annual premium | **Lebensversicherungs~** | life insurance premium | **Rückversicherungs~** | reinsurance premium | **Zeit~** | time premium.

Prämienanleihe *f* | premium (lottery) loan.

prämienfrei *adj* | ~**e Police** | free (premium-free) policy | ~**e Versicherung** | free insurance.

Prämien..geschäft *n*; —**handel** *m* | option bargain (business).

—**händler** *m* | option dealer.

—**kauf** *m* | purchase of an option; option bargain.

—**kurs** *m* | option rate (price).

—**los** *n* | lottery bond.

—**lotterie** *f* | lottery (premium) loan.

—**markt** *m* | option market.

—**pfandbrief** *m*; —**schuldverschreibung** *f* | lottery bond.

—**quittung** *f* | receipt for premium paid.

—**reserve** *f* | reserve of premium(s) paid in advance; premium reserve.

—**rückerstattung** *f*; —**rückgewähr** *f* | reimbursement of premium(s) paid.

—**satz** *m* | rate of premium | ~ **der Seetransportversicherung** | marine rate | **Versicherungs~** | insurance rate.

—**schatzanweisung** *f* | premium treasury bond.

—**schein** *m* ⓐ [Los] | lottery bond; lot.

—**schein** *m* ⑧ [Quittung] | receipt for premium paid.

—**vergütung** *f* | bonus on premium payments.

—**verkauf** *m* | option sale.

—**versicherung** *f* | insurance against premium.

—**zahlung** *f* | premium payment.

—**ziehung** *f* | drawing of premiums (of lots).

—**zuschlag** *m* | additional premium.

prämiieren *v* | etw. ~ | to award a prize to sth.

Prämiierung *f* | award(ing).

pränumerando *adv* | in advance; beforehand | ~ **zahlen** | to pay in advance (beforehand); to prepay.

Pränumerandozahlung *f* | payment in advance; prepayment.

Präsentation *f*; **Präsentierung** *f* | presentation; sight | ~ **zur Annahme**; ~ **zum Akzept** | presentation for acceptance | ~ **zur Zahlung** | presentation for payment | **bei** ~ | on presentation; at sight.

Präsentationsfrist *f* | period for presentation.

präsentieren *v* [vorzeigen] | to present; to produce | **einen Scheck zur Zahlung (zur Einlösung)** ~ | to present a cheque for payment | **einen Wechsel zur Annahme (zum Akzept)** ~ | to present a bill for acceptance | **einen Wechsel zur Zahlung (zur Einlösung)** ~ | to present a bill for payment.

Präsenz..gelder *pl* | attendance fees.

—**liste** *f* | list of persons present; attendance list (register) (sheet).

—**marke** *f* | attendance check.

Präsident *m* | president; chairman | **Alters~** | president by age | **Amt des** ~**en** | presidency; chairmanship | **Ansprache des** ~**en** | presidential address | **Bank~** | bank governor | **Bundes~** | federal president | **Ehren~**; **ehrenamtlicher** ~ | honorary president | **Gerichts~** | president of the court | **Kammer~** | president of the chamber | **Minister~** | Prime Minister; Premier | **Polizei~** | chief commissioner of the police | **Senats~** | president of the senate | **Staats~** | president of state; state president | ~ **des Verwaltungsrates** | chairman (president) of the board | **Vize~** | vice-president | **amtierender** ~ | acting president | **geschäftsführender** ~ | managing president | **stellvertretender** ~ | vice-president | **zum** ~**en gewählt werden** | to be elected president; to be voted into the chair.

Präsidentenwahl *f* [Präsidentschaftswahlen] | presidential elections *pl*.

Präsidentschaft *f* ⓐ [Präsidentenwürde] | presidency; chairmanship | **Ehren~** | honorary presidency | **für die** ~ **kandidieren** | to run for president (for the presidency).

Präsidentschaft f ⑧ [Amtsdauer] | term of office of the (of a) president; presidency.

Präsidentschaftskandidat m | presidential candidate.

Präsidialerlaß m | order of the president.

Präsidialkanzlei f | presidential bureau.

präsidieren v | to preside; to fill (to occupy) (to be in) the chair.

Präsidium n Ⓐ [Präsidentschaft] | presidency; chairmanship | **das ~ übernehmen** | to take the chair.

Präsidium n ⑧ [Direktorium] | board of directors; board.

Präsumptiverbe m | heir presumptive.

Prätendent m | claimant | **Thron~** | pretender to the throne.

Präventiv..krieg m | preventive war.

—**maßnahme** f | preventive measure.

Praxis f Ⓐ [Ausübung; Übung] | practice; application | **Anwendung in der ~** | reduction to practice; practical application | **Gerichts~; Spruch~** | court practice; practice of the courts | **Rechts~** | practice of the law; legal practice | **Strafrechts~** | criminal practice | **Verwaltungs~; ~ der Verwaltungsbehörden** | administrative practice | **Zivilrechts~** | civil (common-law) practice.

★ **freie ~; offene ~** | free (open) practice [of a profession] | **ständige ~ sein** | to be the usual (the usual practice); to be quite usual | **etw. in die ~ umsetzen** | to reduce sth. to practice; to put sth. into practice; to make sth. practicable ! **in der ~** | in practical use; in practice; practically.

Praxis f ⑧ [Erfahrung] | practice; experience.

Praxis f Ⓒ [Berufstätigkeit] | practice | **Anwalt in offener ~** | barrister in practice; practising barrister; legal practitioner | **Anwalts~; anwaltschaftliche ~** | law (legal) practice; practice of law | **Gemeinschafts~** | joint practice | **ärztliche ~** | doctor's (medical) practice; practice of medicine | **beratende ~** | chamber (office) practice | **die ~ ausüben** | to be in practice; to practice.

Praxis f Ⓓ [Kundschaft] | goodwill; clients pl | **eine ausgedehnte ~** | a large (a fine) practice (clientel) | **eine einträgliche ~** | a lucrative practice | **eine ~ erwerben (kaufen)** | to buy a practice.

Praxis f Ⓔ [Regel] | **ständige ~ sein** | to be the usual practice.

Präzedenzfall m Ⓐ | precedent | **einen ~ bilden** | to become a precedent | **einen ~ schaffen** | to create (to set) a precedent.

Präzedenzfall m ⑧; **Präzedenzurteil** n | authority; leading case.

präzisieren v | to state accurately (precisely); to specify | **seinen Standpunkt ~** | to define one's attitude.

Präzision f | precision; exactitude.

Präzisions..arbeit f | precision (accurate) work.

—**instrument** n | precision instrument.

Preis m Ⓐ [Kaufpreis] | price; cost | **Abbau der ~e** | reduction of prices | **Abbröckeln der ~e** | crumbling of prices | **Abgabe~** | selling (sales) price | **Abonnements~** | subscription price (rate) (fee) | **Abtretungs~** | assignment price | **Abzahlungs~** | hire-purchase price | **Anhebung der ~e** | increase of the prices.

○ **Anschaffungs~** | purchase (purchasing) price | **Ansteigen (Anstieg) (Anziehen) der ~e** | rise (rising) (stiffening) of prices | **Anzeigen~** | advertising rate | **Ausgabe~** | issue price; rate of issue | **Ausnahme~** | exceptional (special) (extra) price | **Ausverkaufs~** | bargain price | **Bar~; Barzahlungs~** | cash price; price for cash | **Beförde-**

rungs~ | price of conveyance; cost of transportation (of carriage); transportation cost; shipping (forwarding) (transport) charges; carriage.

○ **Bezugs~** ① | subscription price (rate) | **Bezugs~** ② | price of delivery | **Detail~; Detailhandels~; Detailverkaufs~** | retail (retail selling) price | **Durchschnitts~** | average price | **Einheits~** | uniform price | **Einkaufs~; Erwerbs~** | purchase (purchasing) price | **Einstands~** | cost (original cost) price; prime (first) (actual) cost | **Emissions~** | issue price; rate of issue | **Engros~** | wholesale price | **Erhöhung der ~e** | rise (increase) of the prices.

○ **Fabrikations~** ① | manufacturing price; cost of production; production cost | **Fabrikations~** ② | cost (original cost) price; self-cost; prime (first) cost | **Fabrikations~** ③; **Fabrik~; Erzeuger~; ~ ab Erzeuger** | producer (factory) (manufacturer's) price; price at which the producer sells | **Extra~** | special (exceptional) (extra) price; bargain price | **Fahr~** | fare; passage money | **Fakturen~** | invoice price (amount) | **Fallen der ~e** | decline in prices; fall of the prices | **Fest~** | fixed price | **Festigkeit der ~e** | stability (steadiness) (of the) prices | **Festigung der ~e** | firming-up (steadying) of prices | **Gesamt~** | total (inclusive) (overall) price.

○ **Gestehungs~** ① | cost (original cost) price; prime (first) cost | **Gestehungs~** ② | cost of production | **Gold~** | gold price | **Großhandels~; Großverkaufs~** | wholesale price | **Grund~** | base rate (price) | **~ zweiter Hand** | second-hand price | **Handels~** | trade (current) price; market price (quotation) | **Händler~** | dealer (trade) (reselling) price.

○ **Hersteller~** | manufacturer's (producer) price; price at which the producer sells | **Herstellungs~** ① | cost (original cost) price; prime (first) cost | **Herstellungs~** ② | cost of production | **Höchst~** ① | maximum (highest) (top) price | **Höchst~** ② | fixed (officially fixed) (controlled) maxium price; ceiling price | **Inlands~** | home (home-market) price | **Insertions~** | advertising rate | **Katalog~** | list (catalogue) price.

○ **Kauf~** | purchase (purchasing) price; business rate | **Kleinhandels~; Kleinverkaufs~** | retail (retail selling) price | **Konsum~; Konsumenten~** | price to consumer; consumer price | **Kosten~** ① | cost (original cost) price; prime (first) cost; cost | **Kosten~** ② | cost of production | **Liebhaber~** | fancy price | **Liefer~** | price of delivery | **Lieferungs~** | contract price | **~ für künftige Lieferung** | forward price | **~ bei sofortiger Lieferung** | spot price (quotation) | **Liquidations~** | settlement (settling) price | **Listen~** | list (catalogue) (posted) (schedule) price.

○ **Markt~** | trade (current) price; market price (quotation) | **Mehr~** ① | higher price | **Mehr~** ② | increase (advance) (rise) in price | **Miets~** | rent; rental | **Mindest~** | minimum (lowest) price | **Mittel~** | average price | **Netto~** | net price | **Nettoverkaufs~** | net sales price | **Normal~** | ordinary price | **Options~** | option price (rate); rate of option | **Original~; Originalverkaufs~** | manufacturer's (producer) price; price at which the producer sells.

○ **Pauschal~** | price in the lump; lumpsum price | **Phantasie~** | fancy price | **Ratenzahlungs~** | hire-purchase price | **Rechnungs~** | invoice price

Preis *m* Ⓐ *Forts.*

(amount) | **Regulierungs~** | settlement (settling) price | **Reklame~** | knock-down price | **Schleuder~; Schund~** | ruinous (giveaway) (under-cost) (underselling) price | **Rückgang (Sinken) der ~e** | decline in prices; fall (falling) of the prices.

○ **Selbstherstellungs~; Selbstkosten~** | cost (original cost) price; prime (first) cost; cost | **Silber~** | rate of silver | **Sonder~** | exceptional (special) (extra) price | **Spitzen~** | top price | **Spott~** | knock-out price | **Stabilisierung der ~e** | price stabilization | **Stabilität der ~e** | stability (steadiness) of (of the) prices | **Stopp~** | controlled price | **Submissions~** ① | contract price | **Submissions~** ② [bei öffentlichen Arbeiten] | contract price.

○ **Tarif~; ~e nach dem Tarif** | scale charges; tariff rates | **Tax~** ① | estimated price | **Tax~** ② | upset (put-up) price | **Überfahrts~** | passage money | **Über~** | exaggerated (exorbitant) (excess) price | **Veräußerungs~; Verkaufs~** | sales (selling) price | **Verbraucher~** | consumer (consumers') price | **Verbraucherhöchst~** | maximum price to the consumer | **Verlust~** | losing (under-cost) price | **Versteifung der ~e** | firming-up (steadying) of prices | **Versteigerungs~** | auction price | **Vertrags~** | contract price | **Vorbestell~** | subscription price.

○ **Vorzugs~** | exceptional (special) (extra) (bargain) price | **Waren~e** | commodity prices | **Weltmarkt~** | world price | **~ ab Werk** | price ex works (ex factory) (ex mill) | **Wiederansteigen (Wiederanstieg) der ~e** | recovery of prices; price recovery | **Wiederverkaufs~** | reselling (resale) (retail) price | **~ für Wiederverkäufer** | discount (trade) price | **Wucher~** | usurious (exorbitant) price | **Zeichnungs~** | subscription price | **Zuschlags~** | price of adjudication.

★ **abgemachter ~; ausgemachter ~; bedungener ~; ausbedungener ~** | agreed price | **amtlich kontrollierter ~** | controlled price | **angemessener ~** | fair (reasonable) (honest) price | **annehmbarer ~** | acceptable price | **zu billigem ~** | low-priced | **durchschnittlicher ~** | average price | **enormer ~** | huge price | **erhöhter ~** | increased (higher) price | **ermäßigter ~; herabgesetzter ~** | reduced price (rate) | **der erzielbare ~** | the price the market will bear.

○ **feste ~e** | steady prices | **zu festen ~en** | at fixed prices (terms) | **fester ~; festgesetzter ~** | fixed (set) price | **zum amtlich festgesetzten ~** | at the established (official) price | **durch ... festgesetzter ~** | price fixed (laid down) by ... | **zu einem festgesetzten ~** | at an arranged (agreed) price | **gebundene ~e; gelenkte ~e** | controlled prices | **gestaffelte ~e** | scaled (scheduled) prices | **gestoppter ~** | controlled maximum price | **gestützter ~** | supported price | **zum halben ~** ① | at half price | **zum halben ~** ② [Fahrpreis] | half-fare.

○ **hoher ~** | high price | **für (gegen) einen hohen ~** | for a high price; for gold | **höherer ~** | higher price | **höchster ~** | highest (top) price | **konkurrenzfähiger ~** | competitive price | **lohnender ~** | paying (profitable) price | **marktfähiger ~; marktgerechter ~** | fair market price | **mäßige ~e** | moderate (reasonable) prices | **mittlerer ~** | average price.

○ **niedriger ~** | low price | **niedrigster ~** | lowest (knock-down) (rock-bottom) price | **stabile ~e** | steady prices | **steigender ~** | increasing price |

zu teurem ~ | high-priced | **überhöhter ~; übermäßiger ~** | exaggerated (exorbitant) price | **üblicher ~** | current (market) price | **verbilligter ~** | reduced price (rate) | **zu einem vereinbarten ~** | at an arranged (agreed) price | **voller ~** ① | full price | **voller ~** ② [Fahrpreis] | full rate (fare) (tariff) | **zivile ~e** | moderate (reasonable) prices.

★ **die ~e abbauen** | to reduce (to cut) the prices | **etw. vom ~ abhandeln** | to obtain a reduction in (of) price | **jdm. einen ~ angeben** | to quote a price to sb. | **die ~e anheben** | to increase (to put up) the prices | **einen ~ aushandeln** | to negotiate a price | **einen ~ berechnen (ermitteln)** | to arrive at a price | **die ~e bröckeln ab** | the prices crumble (crumble off) | **einen guten (hohen) ~ erzielen** | to realize a good (high) price | **den ~ für (von) etw. festsetzen** | to fix (to set) a price on sth.; to price sth. | **die ~e von Waren festsetzen** | to price goods; to fix the prices of goods | **mit dem ~ heruntergehen** | to go down with the price | **die ~e hinauftreiben** | to force up the prices | **einen ~ kalkulieren** | to calculate (to make out) a price | **jdm. einen ~ machen (nennen)** | to quote a price to sb. | **den ~ von etw. regeln** | to fix (to regulate) the price of sth. | **die ~e senken (reduzieren)** | to lower the prices | **die ~e stabilisieren** | to steady prices | **im ~ steigen** | to advance (to rise) in price; to become dearer | **den ~ steigern** | to increase (to advance) the price | **jdn. im ~ unterbieten** | to underbid (to undersell) (to undercut) sb. | **die ~e unterbieten** | to undercut (to underquote) prices | **zu jedem ~ (um jeden ~)** | to sell at any price | **unter dem ~ verkaufen** | to sell under price (under cost) | **zum ~e von ...verkauft werden** | to be priced at ...

★ **für (um) keinen ~** | not at any price; not on any terms | **für (um) jeden ~** | at any price (cost); at all cost | **unter ~** | under price; underpriced.

Preis *m* Ⓑ [Gewinst] | prize; reward | **Geld~** | money prize | **Trost~** | consolation prize.

Preis..abbau *m* | reduction of prices.

—**abkommen** *n*; —**abrede** *f*; —**absprache** *f* | price agreement (arrangement).

—**abmachungen** *fpl* | price-fixing arrangements (agreements).

—**abschlag** *m*; —**abzug** *m* | discount; deduction; allowance; deduction from the price.

—**abstriche** *mpl* | price cuts *pl.*

—**abweichungen** *fpl* | discrepancies in the prices.

—**änderung** *f* | change in the price(s).

—**anfrage** *f* | inquiry for price.

—**angabe** *f* | price quotation; quotation of prices | **Katalog mit ~** | priced catalogue; price list | **ohne ~** | not priced; not marked.

—**angebot** *m* | offer; quotation.

—**angleichung** *f*; —**anpassung** *f* | price alignment; adjustment of prices.

—**ansatz** *m* | fixing of a (of the) price.

—**anstieg** *m* | recovery of prices; price recovery.

—**aufgabe** *f* | prize question.

—**aufschlag** *m* Ⓐ | rise (advance) (increase) in prices.

—**aufschlag** *m* Ⓑ | extra (additional) charge.

—**aufsicht** *f* | price control.

—**aufsichtsstelle** *f* | price control office (board).

—**auftrieb** *m* | price increase; rise in (rising of) (upward trend of) prices.

—**ausgleich** *m* | equalization of prices; price adjustment.

—**ausschreiben** *n* | prize competition.

—**auszeichnung** *f* Ⓐ | indication of the price; labelling.

Preis..auszeichnung *f* Ⓑ [Preiszettel] | price label.

—**bedingungen** *fpl* | terms.

—**behörde** *f* | price control authority.

—**bericht** *m* | market report.

—**beschränkung** *f* Ⓐ | price limit.

—**beschränkung** *f* Ⓑ | limitation of (of the) prices.

—**bestimmung** *f* | price fixing; pricing.

—**bestimmungen** *fpl* | price regulations *pl.*

—**bewegung** *f* | movement of prices; price fluctuation(s).

—**bewerber** *m* | competitor.

—**bewerbung** *f* | prize competition.

—**bildung** *f* | calculation of prices; price calculation (fixing); pricing.

—**bildungspolitik** *f* | pricing policy.

—**bindung** *f* | maintenance of prices; price maintenance | ~ **der zweiten Hand** | maintenance of resale prices.

—**bindungen** *fpl* | price-fixing clauses (agreements).

—**bindungs..abkommen** *n* | price (resale price) agreement.

— —**klausel** *f* | resale price clause.

—**differenz** *f* | price difference; difference in prices.

—**druck** *m* | pressure on prices; forcing down the prices.

—**drücker** *m* Ⓐ | underseller; undercutter.

—**drücker** *m* Ⓑ [Feilscher] | haggler.

—**drückerei** *f* Ⓐ | price cutting; undercutting.

—**drückerei** *f* Ⓑ [Feilschen] | haggling.

—**einbruch** *m* | heavy (sharp) fall of the prices.

—**entwicklung** *f* | price movement.

—**erhöhung** *f* | rise (increase) (advance) in prices; price increase.

—**ermäßigung** *f* | reduction of (in) price; discount.

—**ermittlung** *f* | calculation of prices; price calculation; pricing.

—**festsetzung** *f* | price fixing; pricing | **amtliche** ~; **offizielle** ~ | official fixing of prices.

—**feststellung** *f* | calculation of prices; price calculation (pricing).

—**frage** *f* Ⓐ [Frage des Preises] | matter of price.

—**frage** *f* Ⓑ | prize question.

Preisgabe *f* Ⓐ [Abandonnierung] | abandonment | ~ **eines Schiffes**; ~ **eines Wracks** | abandonment of a ship (of a shipwreck) | ~ **von Zollgut an die Zollbehörden** | abandonment of goods in customs.

Preisgabe *f* Ⓑ [Enthüllung] | disclosure.

preisgeben *v* Ⓐ [abandonnieren] | **etw.** ~ | to abandon sth.; to make abandonment of sth.

preisgeben *v* Ⓑ [enthüllen] | **etw.** ~ | to disclose sth.

preisgebunden *adj* | price-controlled.

Preis..gefälle *n* | difference in prices; price difference.

—**gefüge** *n* | price structure.

—**gericht** *n* | jury.

—**gestaltung** *f*; —**kalkulation** *f* | calculation of prices; price calculation (fixing); pricing.

—**grenze** *f*; —**limit** *n* | price limit.

preisgünstig *adj* | at a favo(u)rable price; economy-priced.

Preis..herabsetzung *f* | price reduction; reduction of (in) price; cut in prices.

—**index** *m* | price index | **Großhandels**~ | wholesale price index | **Waren**~ | commodity price index.

—**kartell** *n* | price cartel (ring).

—**katalog** *m* | price list (catalogue).

—**klasse** *f* | schedule (class) of prices.

—**kodex** *m* | price code.

—**kommissar** *m* | price commissioner (administrator).

—**kontrolle** *f* | price control (administration); control of prices.

Preis..konzessionen *fpl* | concessions in price; price concessions.

—**lage** *f* | range of prices | **in dieser** ~ | in this range of prices.

—**lenkung** *f* | regulation (regulating) of prices.

preislich *adj* | in price | ~**e Bewertung** | pricing.

Preisliste *f* | price current (list) (catalogue); priced catalogue; list (catalogue) of prices | **Anzeigen**~ | advertising rates; rate card | **amtliche** ~; **offizielle** ~ | official table of prices | **illustrierte** ~ | illustrated price list; trade (illustrated) catalogue.

Preis..minderung *f* | reduction of (in) price.

—**minderungsklage** *f* | action for reduction of price.

—**nachlaß** *m* | discount; rebate; reduction in (of) price | **Mengen**~ | discount for quantities; quantity rebate | **mit einem** ~ | at a reduced price.

—**niveau** *n* | price level; standard (level) of prices | **niedrigstes** ~ | lowest price level.

—**notierung** *f* Ⓐ; —**notiz** *f* Ⓐ | quotation of prices; price quotation.

—**notierung** *f* Ⓑ; —**notiz** *f* Ⓑ | quoted price(s).

—**politik** *f* | price policy.

—**prüfung** *f* | price control.

—**prüfungsstelle** *f* | price control office (board).

—**recht** *n* | regulations on prices; price regulations *pl.*

—**regelung** *f* | regulation of the prices.

—**richter** *m* | judge; umpire.

—**richterkollegium** *n* | jury; the judges.

—**rückgang** *m* | decline (fall) in prices.

—**rückschlag** *m* | drop in prices.

—**rutsch** *m* | slide (rapid fall) in prices.

—**schleuderei** *f*; —**schleudern** *n* | price cutting; undercutting.

—**schwäche** *f* | depressed price(s) (price level) (market).

—**schwankungen** *fpl* | fluctuations in prices (of the market); price fluctuations.

—**senkung** *f* | reduction of (cut in) prices.

—**senkungspolitik** *f* | policy of lowering prices.

—**skala** *f* | scale (range) of prices.

—**spanne** *f* | price margin.

—**spiegel** *m* | lowest price level.

—**spirale** *f* | inflationary spiral.

—**stabilisierung** *f* | stabilization of prices; price stabilization.

—**stabilität** *f* | stability of (of the) prices.

—**stand** *m* | price level; standard of prices | ~ **1975** | at 1975 prices.

—**steigernd** *adj* | price-raising.

—**steigerung** *f* | rise (increase) (advance) in prices; price increase (raising) | **knappheitsbedingte** ~ | price rise due to shortage | **unerlaubte** ~ | unlawful increase in price.

—**stellung** *f* | quotation.

—**stopp** *m* | freezing of prices; price freeze.

—**struktur** *f* | price structure.

—**sturz** *m* | heavy (sharp) fall in prices; collapse of the prices.

—**stützung** *f* | price support(ing).

—**tabelle** *f* | price table (schedule).

—**tarif** *m* | price list (current); list (statement) of prices | **Bezugs**~ | rates of subscription; subscription rates *pl.*

—**träger** *m* | prize winner.

—**treiberei** *f* | forcing up the prices (the market).

—**überschreitung** *f* | excess price.

—**überwachung** *f* | price control (fixing) (administration); control of prices.

—**überwachungs..ausschuß** *m*; — —**stelle** *f* | price control board (committee).

Preis..unterbietung *f* | price cutting; underselling; undercutting.
—**unterschied** *m* | difference in prices; price difference.
—**veränderung** *f* | change in the price(s).
—**vereinbarung** *f* | price (price-fixing) agreement.
—**verhältnisse** *npl* | price situation.
—**verständigung** *f* | understanding about prices (about the prices).
—**verteilung** *f* | distribution of prizes.
—**verzeichnis** *n* | list (statement) of prices; price current (list).
preiswert *adj*; **preiswürdig** *adj* | moderately (reasonably) (well) priced; worth the money.
Preis..wettbewerb *m* | prize competition.
—**zettel** *m* | price tag (label).
—**zuschlag** *m* | additional (extra) charge.
prekär *adj* Ⓐ [widerruflich] | precarious; revocable.
prekär *adj* Ⓑ [unsicher] | uncertain; insecure.
Premiere *f* | first performance; first (opening) night.
Premierminister *m* | prime minister.
Presse *f* Ⓐ [Drucker~] | printing press | **Falschgeld~** | bogus press | **Kopier~** | copying press.
Presse *f* Ⓑ [die Zeitungen] | **die ~** | the press; the newspapers *pl* | **die Asphalt~**; **die Sensations~**; **die Skandal~** | the gutter press (papers) | **die Fach~** | the trade papers | **Links~** | leftist press | **Lokal~** | local press | **die Tages~** | the daily papers | **durch die ~** | through the newspapers.
Presse *f* Ⓒ [Kritik] | **eine gute ~ haben** | to have a good press.
Presse..agent *m* | press (news) agent.
—**agentur** *f* | press (news) agency.
—**artikel** *m* | newspaper article.
—**attaché** *m* | press attaché.
—**ausschnitt** *m* | press cutting (clipping).
—**bericht** *m* | news (newspaper) report.
—**berichterstatter** *m* | press (news) correspondent (reporter).
—**delikt** *n* | violation of the press laws.
—**dienst** *m* | news (press) service.
—**erklärung** *f* | statement to the press; press statement.
—**exemplar** *n* | press (review) copy.
—**feldzug** *m* | press campaign.
—**freiheit** *f* | freedom (liberty) of the press | **Behinderung (Einschränkung) der ~** | restriction of the freedom of the press.
—**gesetz** *n* | press laws *pl*.
—**informationsbüro** *n* | news (press) agency.
—**kommentar** *m* | press commentary (comments).
—**konferenz** *f* | press (news) conference.
—**mitteilung** *f* | press release.
—**mitteilungen** *fpl*; —**nachrichten** *fpl* | press news.
pressen *v* | to urge; to press.
Presse..notiz *f* | press item (notice).
—**photograph** *m* | press photographer.
—**sekretär** *m* | press secretary.
—**stimmen** *fpl* | press comments.
—**telegramm** *n* | press message (telegram).
—**tribüne** *f* | press gallery.
—**verband** *m*; —**verein** *m* | press association.
—**vergehen** *n* | violation of the press laws.
—**verlautbarung** *f* | press release.
—**vertreter** *m* | news (press) agent.
—**vertrieb** *m* | distribution of publications.
—**vorschau** *f* | press preview.
—**zensur** *f* | censorship of the press; press censorship.
Prestige *n* | reputation; prestige.
Prestige..frage *f* | matter of prestige.
—**verlust** *m* | loss of prestige.

Prima *f* [Wechsel~]; **Primawechsel** *m* | first of exchange; first bill.
prima *adj* | first-class; top-grade.
Primgeld *n* | primage; primage and average.
Primogenitur *f* | primogeniture; right of primogeniture; priority of birth.
Prinzgemahl *m* | prince consort.
Prinzip *n* | principle; rule | **Anklage~** | accusatory principle | **Gegenseitigkeits~** | principle of mutuality | **Geschäfts~** | business principle (policy) | **Grund~** | fundamental (basic) principle | **Kausalitäts~** | law of causality (of causation) | **Legalitäts~** | principle of legality | **Nationalitäts~** | principle of nationality | **Verschuldens~** | fault principle | **im ~** | in (on) (as a matter of) principle.
Prinzipal *m* | principal; employer.
prinzipiell *adj* | **~e Entscheidung** | principal decision | **~e Frage** | question of principle.
prinzipiell *adv* | on (in) (as a matter of) principle; principally.
Prinzipien..frage *f* | question of principle.
—**streit** *m* | dispute about principles.
Priorität *f* Ⓐ [Vorrang] | priority; right of priority | **~ genießen** | to enjoy priority (priority rights) | **die ~ beanspruchen** | to claim priority (priority of rank).
Priorität *f* Ⓑ [Vorzug] | preference | **~ genießen** | to enjoy preference.
Prioritäten *fpl* | priority (preference) stock (shares) | **Eisenbahn~** | railway preference shares (stock).
Prioritäts..aktie *f* | preference (preferred) (preferential) share.
—**anleihe** *f* | preference (preferential) loan.
—**anspruch** *m* | priority (prior) claim (right).
—**beanspruchung** *f* | claiming priority (of priority).
—**erklärung** *f* | declaration of priority.
—**frist** *f* | priority period; period of priority.
—**gläubiger** *m* | preferential (privileged) creditor.
—**jahr** *n* | priority year.
—**obligationen** *fpl* | preference bonds.
—**ordnung** *f* | priority; ranking.
—**papiere** *npl* | priority (preference) (preferred) (preferential) stock (shares).
—**recht** *n* | right of priority (of preference); priority right; preference.
—**streit** *m*; —**verfahren** *n* | priority proceedings *pl*.
—**tag** *m* | date of priority; priority date.
Prise *f* | prize; capture | **ein Schiff als gute ~ erklären** | to declare (to condemn) a ship as a lawful prize | **ein Schiff als ~ wegnehmen** | to make prize of a ship.
Prisen..anteil *m*; —**geld** *n* | prize money.
—**gericht** *n*; —**gerichtshof** *m*; —**hof** *m*; —**rat** *m* | prize court.
—**güter** *npl* | prize goods.
—**kommandant** *m* | prize master.
—**kommando** *n* | prize crew.
—**ordnung** *f* | prize code.
privat *adj* | private | **~e Barschaft** | private cash | **in ~en Besitz übergehen** | to pass into private hands | **~e Einfuhr** | imports on private account | **~e Firma (Handelsfirma) (Handelsgesellschaft)** | private firm (partnership) | **~e Gesellschaft** | private company (corporation) | **~e Guthaben** | private accounts | **in ~en Händen** | privately-owned | **~e Initiative** | private initiative | **~e Mildtätigkeit** | private charity | **~e Mitteilungen** | private (confidential) information | **~e Mittel** | private means | **~e Vereinbarung** | private agreement (arrangement).

Privat..abkommen *n*; **—abmachung** *f* | private agreement (contract).
—adresse *f*; **—anschrift** *f* | private (home) address.
—angelegenheit *f* | private affair (matter).
—angestellter *m* | employee in a private business.
—anleihe *f* | private loan.
—audienz *f* | private audience | **in ~ empfangen werden** | to be received in private audience.
—auskunft *f* | private information.
—bahn *f*; **—eisenbahn** *f* | private railway company.
—bank *f* | private bank.
—bankier *m* | private banker.
—besitz *m* | private property (ownership) | **in ~** | privately-owned | **in ~ übergehen** | to pass into private hands.
—betrieb *m* | private establishment (enterprise) (undertaking) (concern) | **in ~** | privately-operated.
—brief *m* | private letter.
—büro *n* | private office.
—detektiv *m* | confidential enquiry agent; private detective.
—diskont *m*; **—diskontsatz** *m* | private discount (discount rate).
—dozent *m* | university lecturer.
—eigentum *n* | private property (ownership) | **im ~ stehend** | privately-owned.
—einkommen *n*; **—einkünfte** *fpl* | private (personal) income.
—entnahme *f* | private (personal) withdrawal.
—erzieher *m* | tutor; family (private) tutor.
—erzieherin *f* | tutoress; governess.
—erziehung *f* | private education.
—firma *f* | private business.
—gebrauch *m* | private (personal) use | **nur für den ~** | for private use only.
—geschäfte *npl* | private transactions (deals); operations for private (personal) account.
—gesellschaft *f* Ⓐ [private Handelsgesellschaft] | private partnership (firm) (company).
—gesellschaft *f* Ⓑ [Gesellschaft des bürgerlichen Rechts] | private company.
—gesellschaft *f* Ⓒ [geschlossene Gesellschaft] | private party.
—gespräch *n* | personal call.
—gründung *f* | private establishment.
—guthaben *npl* | private accounts *pl* (credit balances *pl*).
—hand *f* | **in ~ übergehen** | to pass into private hands (ownership).
—haus *n* | private house (home).
—hotel *n* | private hotel.
Privatier *m* | private capitalist; man of (with) private means.
Privatiere *f* | private lady; independant woman.
privatim *adv* | privately.
Privat..industrie *f* | private industry.
—information *f* | private (confidential) information.
—initiative *f* | private initiative (enterprise).
—interessen *npl* | private (particular) interests.
privatisieren *v* | to live on one's private income (on one's capital).
Privat..kapital *n* | private capital (funds *pl*).
—kasse *f* | private cash; privy purse.
—klage *f* | private prosecution.
— —verfahren *n* | proceedings *pl* (action) for libel (for slander); libel suit (action); slander action.
—kläger *m* | complainant.
—konto *n* | private (personal) account.
—kontobuch *n* | private account book.
—kontenbuch *n* | private ledger.

Privat..kontor *n* | private office.
—korrespondence *f* | private (personal) correspondence.
—kredit *m* | personal credit.
—kunde *m* | private customer.
—kundschaft *f* | private customers *pl*.
—leben *n* | **im ~** | in private life.
—lehrer *m* | private tutor.
—mann *m* | private person (citizen).
—pension *f* | private boarding house.
—person *f* | private individual (person) | **als ~** | as a private individual; privately | **nur (lediglich) als ~ handeln** | to act only as (merely as) a private individual.
—post *f* | private mail.
—recht *n* | private law | **internationales ~** | private international law.
privatrechtlich *adj* | according to private law | **~e Verhältnisse** | relations under private law.
Privat..sache *f* | private (personal) affair (matter).
—schatulle *f* | privy purse.
privatschriftlich *adj* | **~e Urkunde** | private document (instrument); deed under private seal | **~er Vergleich** | private arrangement | **~es Versprechen** | promise by private instrument | **~er Vertrag** | private agreement | **~e Vollmacht** | power of attorney by private instrument.
privatschriftlich *adv* | by private instrument.
Privat..schulden *fpl* | private (personal) debts.
—schuldschein *m* | note of hand; hand bill; promissory note.
—schuldverschreibung *f* | private bond.
—schule *f* | private school.
—sekretär *m*; **—sekretärin** *f* | personal (private) secretary.
—strafkläger *m* | complainant.
—studien *npl* | private studies.
—stunden *fpl*; **—unterricht** *m* | private lessons (tuition).
—telegramm *n* | private telegram.
—unternehmen *n*; **—unternehmung** *f* | private (personal) enterprise; private undertaking (concern) (establishment).
—unternehmer *m* | private contractor.
—urkunde *f* | private document (instrument).
—vergleich *m* | private arrangement.
—verhältnisse *npl* | private situation.
—verkauf *m* | private sale.
—vermögen *n* | private (personal) property (fortune) (means); personal assets.
—versicherung *f* | the private insurance companies *pl*.
—vertrag *m* | private contract (agreement) | **durch ~** | by private treaty.
—weg *m* | private road.
—wirtschaft *f* | private economy (industry).
—wohnung *f* | private apartment (home).
—zwecke *mpl* | private ends.
Privileg *n* Ⓐ; **Privilegium** *n* | privilege; prerogative; chartered right | **die Adels~ien** | the privileges of the nobility | **Handels~** | trade privilege | **Banknoten~**; **Notenbank~** | note issuing privilege (right); right of issuing (right to issue) bank notes | **Post~** | postal privilege.
★ **mit einem ~ ausstatten** | to privilege | **in jds. ~ien eingreifen** | to invade sb.'s privileges | **jdm. ein ~ einräumen** | to license sb. | **das ~ genießen, etw. zu tun** | to enjoy (to have) the privilege of doing sth.; to be privileged to do sth.
Privileg *n* Ⓑ | charter | **Bank~** | bank charter | **Zunft~** | charter of the (of a) corporation | **mit einem ~ ausstatten** | to charter.

Privilegienausschuß *m* | committee of privileges.
privilegieren *v* | to privilege; to grant a privilege; to charter.
privilegiert *adj* | privileged; preferential; chartered | **~e Bank** | chartered bank | **~e Forderung** | preferential (privileged) (preferred) claim (debt) | **~e Gesellschaft** | chartered company (corporation) | **~er Gläubiger** | preferential (privileged) (preferred) creditor | **die ~en Klassen** | the privileged classes | **~ sein, etw. zu tun** | to be privileged to do sth.; to enjoy (to have) the privilege of doing sth.
Probe *f* Ⓐ [Versuch] | trial; test | **An~** | trying on; fitting | **Blut~** | blood test | **Gegen~** | control test | **Kauf auf ~** | purchase (sale) on approval | **Stich~** | random examination | **Stich~n machen** | to make examinations at random | [VIDE: **Probe** *f* Ⓑ] | **Zerreiß~** | endurance (punishment) test.
★ **jdn. auf ~ anstellen** | to engage sb. on probation | **die ~ bestehen** | to pass (to stand) the test | **etw. auf ~ kaufen** | to buy sth. on trial (on approval) | **etw. einer ~ unterwerfen** | to test (to try) sth.; to put sth. to (through) the test.
Probe *f* Ⓑ [Warenprobe] | sample | **Entnahme von ~n** | sampling | **Kauf nach ~** | purchase (sale) according to sample | **Stich~** | sample taken at random | **Entnahme von Stich~n** | random sampling | **Stich~n entnehmen (machen)** | to take samples at random | **eine ~ entnehmen** | to take a sample | **~n entnehmen** | to draw samples; to sample | **~n versenden** | to send out samples | **der ~ entsprechend**; **laut ~** | according to (as per) (up to) sample | **zur ~** | as a sample.
Probe *f* Ⓒ [Muster] | specimen | **Unterschrifts~** | specimen signature; specimen of one's (sb.'s) signature.
—abdruck *m*; **—abzug** *m*; **—druck** *m* | proof sheet; proof; printer's proof.
—abschluß *m* Ⓐ | trial balance.
—abschluß *m* Ⓑ; **—auftrag** *m*; **—bestellung** *f* | trial order.
—abstimmung *f* | test ballot; test (straw) vote.
—anstellung *f* | employment on probation.
—arbeit *f* | test paper; written examination.
—band *m* | specimen copy.
—bilanz *f* | trial balance.
—dienst *m* | trial service.
—engagement *n* | trial engagement.
—(n)entnahme *f* | taking samples (a sample); sampling | **gemeinsame ~** | joint sampling.
—fall *m*; **—prozeß** *m* | test case (action).
—exemplar *n*; **—heft** *n*; **—nummer** *f* | specimen copy (number).
probegemäß *adj*; **probemäßig** *adj* | according to (as per) (up to) sample.
Probe..jahr *n* | year of trial; trial year.
—kauf *m* | purchase (sale) on trial; sale on approval.
—lauf *m* | test (trial) run.
—nehmer *m* | sampler.
—sendung *f* | trial shipment (lot); sample parcel.
—stück *n* | specimen; sample.
probeweise *adv* | by way of trial (of experiment); on trial; as an experiment; experimentally | **jdn. ~ anstellen** | to engage sb. on probation.
Probe..zeit *f* Ⓐ | trial period.
—zeit *f* Ⓑ [Vorbereitungszeit] | period of instruction | **in der ~ sein; seine ~ machen** | to make one's period of instruction (one's articles).
—zeit *f* Ⓒ [Bewährungsfrist] | probationary time (period); probation.
probieren *v* | **etw. ~** | to try (to test) sth.

Probier..gewicht *n* | assay (assaying) weight.
—schein *m* | certificate of assay.
Problem *n* | problem | **das Wohnungs~** | the housing problem.
problematisch *adj* | problematic(al).
Produkt *n* | product; produce | **Abfall~** | waste product | **Gewerbe~; Industrie~; gewerbliches ~; industrielles ~** | industrial (manufactured) product | **Kolonial~** | colonial produce | **Natur~** | natural produce | **Neben~** | by-product; residual (secondary) product | **Roh~e** | primary products | **landwirtschaftliches ~** | agricultural (farm) produce.
Produkten..börse *f* | produce exchange; commodity market.
—handel *m* | produce trade.
—händler *m* | produce merchant (dealer).
—makler *m* | produce broker.
—markt *m* | produce market (exchange).
Produktion *f* Ⓐ [Erzeugung] | production; manufacture | **Engpaß in der ~** | bottle-neck of production | **Kriegs~; Rüstungs~** | war (armaments) production | **Massen~** | quantity (mass) production | **Über~; überschüssige ~** | excess (excessive) (surplus) production; overproduction | **einheimische ~; inländische ~** | home production | **industrielle ~; industrielles ~** | industrial (secondary) production | **die ~ aufnehmen** | to go into production | **die ~ beschränken (einschränken) (drosseln)** | to curtail (to reduce) production; to put a check on production | **die ~ steigern** | to increase (to step up) production.
Produktion *f* Ⓑ [Leistung] | output | **Durchschnitts~** | average production (output) | **Jahres~** | yearly (annual) output | **Mehr~** | increased output; production increase | **Minder~** | reduced output; production decrease | **Welt~** | world production (output).
Produktions..anlage *f* | production plant.
—anlagen *fpl* | productive (manufacturing) assets (facilities).
—apparat *m* | productive machinery.
—aufnahme *f* | going into production.
—aufwand *m* | production cost.
—ausfall *m* | loss of production; production loss.
—bedingungen *fpl* | conditions for production.
—beschränkung *f* | curtailing (curtailment) (restriction) of production.
—betrieb *m* | producing firm (company).
—einrichtungen *fpl* | productive equipment.
—einschränkungen *fpl* | production cutbacks.
—entwicklung *f* | growth of production.
—erhöhung *f* Ⓐ | production increase; increased (stepped up) production.
—erhöhung *f* Ⓑ | increased output.
—fähigkeit *f*; **—kapazität** *f*; **—kraft** *f* | productive capacity (power); producing power; capacity to produce (of output).
—gebiet *m* | production area; area of production.
—genossenschaft *f* | productive (producers') cooperative society.
—gewinn *m* | manufacturing (operating) profit.
—güter *npl* | means of production; capital goods.
—güterindustrie *f* | industries manufacturing producers' goods (capital goods).
—index *m*; **—kennziffer** *f* | production index; index of industrial production.
—kartell *n* | production cartel.
—konto *n* | production (manufacturing) account.
—kontrolle *f* | production control.
—kosten *pl* Ⓐ | cost of production; production cost.

Produktions..kosten *pl* Ⓑ [Selbstkosten] | cost (original cost) (first) (actual) price; self cost.
— —**kontrolle** *f* | manufacturing cost control.
— —**steigerung** *f* | increased (increase of) production cost.
—**land** *n* | producing (producer) country; country of production.
—**leistung** *f* | production output.
—**leiter** *m* | production manager.
—**leitung** *f* | plant management.
—**lenkung** *f* | controlled production; production control.
—**methode** *f* | method of production.
—**mittel** *npl* | means *pl* of production; capital goods.
—**monopol** *n* | production monopoly.
—**ort** *m* | place of production (of manufacture).
—**plan** *m*; —**programm** *n* | production plan (program).
—**planung** *f* | production planning.
—**prämie** *f* | production bonus.
—**prozeß** *m* | production process.
—**quote** *f* | production quota.
—**reserven** *fpl* | reserves of productive capacity.
—**rechte** *npl* | manufacturing (shop) rights.
—**rückgang** *m* | production decrease; falling off of production.
—**stand** *m* Ⓐ | volume of production.
—**stand** *m* Ⓑ | level of production (of output); production level.
—**stätte** *f* Ⓐ [Ort] | place of production.
—**stätte** *f* Ⓑ [Betrieb] | production (manufacturing) plant (establishment).
—**steigerung** *f* Ⓐ | production increase.
—**steigerung** *f* Ⓑ | increased output.
—**steuer** *f* | tax on production.
—**steuerung** *f* | control of production.
—**stillstand** *m* | stoppage of production.
—**störung** *f* Ⓐ | interference with production.
—**störung** *f* Ⓑ [Unterbrechung] | interruption of production.
—**überschuß** *m* | surplus of production; production surplus.
—**umfang** *m*; —**volumen** *n* | volume of production; production volume.
—**verfahren** *n*; —**vorgang** *m* | production (manufacturing) process.
—**verlust** *m* | loss of production; production loss.
—**wert** *m* | value of the production; production value.
—**zeit** *f* | production period.
—**zentrum** *n* | production (manufacturing) center.
—**ziffer** *f* | rate of production; production rate.
—**zweig** *m* | line of production.
produktiv *adj* | productive | ∼e **Anlage** | productive (paying) (profitable) investment | ∼e **Kraft** | productive (producing) power (capacity).
Produktiv..genossenschaft *f* | productive (producer's) co-operative society.
—**wert** *m* | productive value.
Produktivität *f* | productivity; productive capacity.
Produktivitäts..grenze *f* | limit of productivity.
—**niveau** *n* | level of productivity.
Produzent *m* Ⓐ [Erzeuger] | producer | ∼ **und Konsument** | producer and consumer.
Produzent *m* Ⓑ [Hersteller] | manufacturer; maker.
Produzentenverband *m* | producer association.
produzieren *v* Ⓐ [erzeugen] | to produce; to manufacture; to make.
produzieren *v* Ⓑ [vorbringen] | **Beweismaterial** ∼ | to tender (to offer) (to produce) evidence.
Profession *f* | profession.

professionell *adj* | professional.
professionell *adv* | professionally; by profession.
Professor *m* | **Austausch**∼ | exchange professor | **Hochschul**∼; **Universitäts**∼ | university (high school) professor | **Honorar**∼ | honorary professor | ∼ **der Rechtswissenschaft** | professor of (in) law | **emeritierter** ∼ | emeritus professor | **ordentlicher** ∼ | titular professor.
Professur *f* | professorship.
Profit *m* | profit; advantage; gain.
profitabel *adj* | remunerative; gainful; paying.
Profitgier *f* | lucre.
profitieren *v* | to profit | **an einem Geschäft** ∼ | to make a profit on (out of) a transaction | **steuerlich** ∼ | to profit (to benefit) tax-wise.
Profitmacherei *f* | profiteering.
pro forma Ⓐ [der Form wegen] | pro forma; proforma; as a matter of form.
pro forma Ⓑ [zum Schein] | simulated; sham.
Proforma..faktur *f*; —**rechnung** *f* | pro forma account (invoice).
—**verkauf** *m* | fictitious sale.
—**wechsel** *m* Ⓐ | pro forma bill of exchange.
—**wechsel** *m* Ⓑ | fictitious bill.
Prognose *f* | prognosis | **Absatz**∼(n) | sales forecast | **Wirtschafts**∼(n) | economic forecasting.
Programm *n* | program; programme; plan | **Arbeits**∼ | labo(u)r (working) program | **Arbeitsbeschaffungs**∼ | workproviding program | **Aufbau**∼ | plan (scheme) of reconstruction | **Aufrüstungs**∼ | rearmament program | **Bau**∼ | construction (building) program | **Erzeugungs**∼; **Fertigungs**∼ | production program (plan) | **Finanz**∼ | financial program (scheme) | **Gesetzgebungs**∼ | program of legislation; legislative program | **Hilfs**∼ | aid program | **Industrie**∼ | industrial program | **Not**∼ | emergency program | **Nothilfe**∼ | emergency aid program.
○ **Partei**∼ | party ticket (platform) | **Produktions**∼ | production program (plan) | **Reform**∼ | reform program | **Rüstungs**∼ | armament program | **Soforthilfe**∼ | emergency aid program | **Wahl**∼ | electioneering program | **Wiederaufbau**∼ | plan (scheme) of reconstruction | **Wiederaufrüstungs**∼ | rearmament program | **Wirtschafts**∼ | economic program (plan) | **Wohnungsbau**∼ | housing (home construction) program.
★ **politisches** ∼ | platform; party platform (program) (doctrine) | **ein** ∼ **aufstellen** | to draw up a program | **ein** ∼ **entwickeln** | to evolve a program.
Programmänderung *f* | change of (in the) program.
programmgemäß *adv* | according to program (to plan).
Programm..rede *f* | address.
—**wechsel** *m* | change of program.
Progression *f* | progression.
progressiv *adj* | progressive | ∼e **Besteuerung** | progressive taxation.
Progressivsteuer *f* | progressive (graduated) tax.
prohibitiv *adj* | prohibitive.
Prohibitiv..maßregel *f* | prohibitive measure.
—**system** *n* [Schutzzollsystem] | prohibitive (protectionist) system.
—**zoll** *m* | prohibitive duty.
Projekt *n* | project; plan.
projektieren *v* | to project; to plan.
Proklamation *f* | proclamation | ∼ **der Unabhängigkeit** | declaration (proclamation) of independence | **eine** ∼ **erlassen (ergehen lassen)** | to issue (to make) a proclamation.
proklamieren *v* | **etw.** ∼ | to proclaim sth.; to announce (to declare) sth. publicly.

Prokura *f* | procuration; power of procuration | **Allein~; Einzel~** | single signature | **Erteilung der ~** | granting of procuration (of power to sign) | **Gesamt~; Kollektiv~; gemeinschaftliche ~** | joint signature | **Unterschrift per ~** | signature by procuration | **Zurücknahme der ~** | withdrawal of the power to sign | **jdm. ~ erteilen** | to give sb. procuration (signing power); to give sb. the signature | **~ haben; per ~ zeichnen** | to have procuration (power to sign); to sign | **die ~ zurückziehen** | to withdraw the power to sign | **per ~** | by procuration; by proxy.

Prokurator *m* | procurator.

Prokurist *m* | signing (confidential) clerk.

Proletariat *n* | proletariat.

Proletarier *m* | proletarian.

proletarisch *adj* | proletarian.

proletarisieren *v* | to proletarianize.

Proletarisierung *f* | proletarianization.

Prolongation *f*; **Prolongierung** *f* | prolongation; renewal | **~ eines Wechsels; Wechsel~** | renewal (prolongation) of a bill of exchange.

Prolongations..abkommen *n* | extension (renewal) agreement.

—**akzept** *n*; —**wechsel** *m* | renewal bill; bill of renewal.

—**gebühr** *f*; —**provision** *f*; —**satz** *m* | renewal (continuation) rate.

—**geschäft** *n* | continuation (contango) business.

—**klausel** *f* | continuation clause.

prolongieren *v* | **einen Wechsel ~** | to prolongate (to renew) a bill of exchange.

Promille *n* | per thousand | **~ Alkohol im Blut** | blood alcohol content (level).

Promotion *f* | graduation.

promovieren *v* | **zum Doktor ~** | to take one's doctor's degree.

prompt *adj* Ⓐ [schnell] | prompt | **~e Antwort** | prompt reply | **~e Bedienung** | prompt service.

prompt *adj* Ⓑ [pünktlich] | punctual | **~er Zahler** | good payer.

prompt *adv* Ⓐ | promptly; immediately; with dispatch.

prompt *adv* Ⓑ | punctually.

Promptgeschäft *n* | cash business (transaction).

Promptheit *f* Ⓐ [Schnelligkeit] | promptitude; promptness; dispatch.

Promptheit *f* Ⓑ [Pünktlichkeit] | punctuality.

Propaganda *f* | publicity | **Flüster~** | whispering campaign | **Greuel~** | atrocities propaganda | **Kriegs~** | war propaganda; warmongering | **Wahl~** | election propaganda; electioneering | **für etw. ~ machen** | to make propaganda (publicity) for sth.; to propagate sth.

Propaganda..abteilung *f* | publicity (advertising) department.

—**feldzug** *m* | publicity campaign.

—**fonds** *m* | publicity fund.

—**leiter** *m* | publicity manager.

—**ministerium** *n* | ministry of information.

propagieren *v* | to promote.

Propagierung *f* | promotion.

Proportion *f* | proportion; ratio.

Proportional..besteuerung *f* | proportional taxation.

—**wahl** *f* | proportional vote.

—**wahlrecht** *n* | **Proporz** *m* [S]; **Proporzwahl** *f* | proportional representation.

proportionell *adj* | proportional; pro rata.

proportionell *adv* | **etw. ~ herabsetzen** | to reduce sth. proportionately; to abate sth.

Prospekt *m* | leaflet; brochure; pamphlet; prospectus.

Prospekt..material *n* | advertising literature.

—**versand** *m* | distribution of circulars.

protegieren *v* | **jdn. ~** | to protect (to patronize) sb.

Protektion *f* | protection; patronage | **~ genießen (haben)** | to have influence (influential friends).

Protektionismus *m* Ⓐ [bevorzugter Schutz] | system of protection; protective system; protectionism | **Flaggen~** | official measures favo(u)ring ships sailing under the national flag.

Protektionismus *m* Ⓑ [Schutz durch Zölle; Zoll~] | system of protective duties; tariff protectionism.

Protektionismus *m* Ⓒ [Günstlingswirtschaft] | favo(u)ritism.

Protektionist *m* | protectionist.

protektionistisch *adj* | protectionist.

Protektor *m* | protector; patron.

Protektorat *n* Ⓐ [Schirmherrschaft; Schutzherrschaft] | protectorate | **unter dem ~ von** | under the auspices of.

Protektorat *n* Ⓑ [Protektoratsland] | protectorate; country under protectorate.

Protektorat *n* Ⓒ [Amt des Protektors] | protectorate; protectorship.

Protest *m* | protest; protestation | **~ wegen Abwesenheit; Abwesenheits~** | protest for absence | **~ mangels Annahme; ~ wegen Akzeptverweigerung; ~ wegen Nichtannahme** | protest for non-acceptance (for want of acceptance) | **Erlaß des ~es** | dispensation with protest | **Gegen~** | counter-protest | **Interventions~** | protest of intervention | **Scheck~** | cheque protest | **See~** | sea (ship's) (captain's) protest | **~ mangels Sicherheit** | protest for want of security | **~ mangels genügender (wegen ungenügender) Sicherheit** | protest for better (insufficient) security | **Wahl~** | election petition | **Wechsel~** | bill protest | **einen Wechsel zum ~ gehen lassen** ① | to protest a bill of exchange | **einen Wechsel zu ~ gehen lassen** ② | to have a bill of exchange protested; to allow a bill (to cause a draft) to be protested | **Weitergabe zum ~** | handing over for protestation | **Zahlung unter ~** | payment under protest | **~ mangels Zahlung** | protest for non-payment (for want of payment) | **zum Zeichen des ~es** | as a protest.

★ **energischer ~** | strong protest | **rechtzeitiger ~** | due protest | **rechtzeitig erhobener ~** | protest in due course.

★ **den ~ anzeigen** | to give notice of protest | **~ aufnehmen** | to make formal (to draw up a) protest | **~ einlegen; ~ erheben** | to make (to enter) (to lodge) a protest; to protest | **etw. ohne ~ hinnehmen** | to accept sth. (to leave sth.) unprotested.

★ **mangels ~es** | in the absence of a protest | **ohne ~** | without protest; no protest; protest waived in case of dishono(u)r | **unter ~** | under protest; under reserve | **zum ~** | as a protest.

Protestant *m* | protestant.

protestantisch *adj* | protestant.

Protestantismus *m* | protestantism.

Protest..anzeige *f* | notice of protest.

—**aufnahme** *f* | drawing up of a protest (of a deed of protest).

—**demonstration** *f*; —**kundgebung** *f* | protest demonstration.

—**erhebender** *m*; **Protestierender** *m* | protester.

—**erhebung** *f* Ⓐ | protestation | **Antrag auf ~** | motion of protest (to protest).

—**erhebung** *f* Ⓑ; **Protestierung** *f* [formelle Protestaufnahme] | drawing up of a deed of protest | **Tag der ~** | day of protestation (of protest).

Protest..erlaß *m* | dispensation with (waiver of) protest.
—**frist** *f* | period of protestation.
—**gebühren** *fpl* | protest fees (charges).
protestieren *v* Ⓐ | gegen etw. ~ | to protest (to enter a protest) against sth.
protestieren *v* Ⓑ | einen Wechsel ~ | to protest a bill of exchange | einen Wechsel ~ lassen | to have a bill protested; to allow a bill (to cause a draft) to be protested.
protestiert *adj* | ~er Wechsel | protested (dishono(u)red) (returned) bill | nicht ~ | unprotested.
Protest..kosten *pl*; —**spesen** *pl* | protest charges (expenses).
—**note** *f* | note of protest.
—**streik** *m* | protest strike.
—**tag** *m* | day of protest (of protestation).
—**urkunde** *f* | deed (bill) of protest; certificate (deed) of protestation.
—**versammlung** *f* | protest (indignation) meeting.
—**wechsel** *m* | protested (dishono(u)red) (returned) bill.
—**zahlung** *f* | payment under protest.
Protokoll *n* Ⓐ [Niederschrift] | minutes *pl*; record; report | **Abfassung (Aufnahme) eines** ~s | drawing up of the minutes | **Eröffnungs**~ | opening protocol | **Feststellungs**~ | verification | **Gedenk**~ | memorandum | **Geheim**~ | secret protocol (memorandum).
○ **Generalversammlungs**~; **Hauptversammlungs**~ | minutes of the general meeting (of a corporate meeting); corporate minutes | **Pfändungsabstands**~ | report verifying absence of assets | **Revisions**~ | auditor's (auditors') report | **Schluß**~ | final protocol | **Sitzungs**~ | minutes of the meeting | **Vergleichs**~ | record of the conciliation proceedings | **Vermessungs**~ | verification of survey | **Versammlungs**~ | minutes of the meeting | **über die Verhandlungen einer Versammlung** ~ **führen** | to draw up the minutes of the proceedings of a meeting | **Versteigerungs**~ | record of the auction | ~ **der Vorstandssitzung** | minutes of the meeting of the board of directors; board minutes | **Zeichnungs**~ | signing protocol | **Zusatz**~ | supplementary protocol.
★ **ein** ~ **aufnehmen (abfassen)** | to draw up the minutes | **etw. ins** ~ **aufnehmen; etw. im** ~ **vermerken** | to enter sth. in the minutes (on the record(s)) | **etw. zu** ~ **erklären (geben)** | to minute sth. down; to place sth. on record | **das** ~ **führen** | to keep the minutes (the register) (the rolls) | **etw. zu** ~ **nehmen** | to take note of sth.; to put sth. on record | **im** ~ **stehen** | to stand (to be) on record.
Protokoll *n* Ⓑ [Staatszeremoniell] | protocol; state etiquette | **chef** *m* ~s | chief of the protocol.
protokollarisch *adv* | etw. ~ **feststellen** | to minute sth. down.
Protokoll..aufnahme *f* | recording (entry) in the minutes (in the minute book).
—**buch** *n* | minute book.
—**chef** *m* | chief of protocol; protocol chief.
—**führer** *m* Ⓐ | secretary.
—**führer** *m* Ⓑ [des Gerichts] | clerk.
—**führung** *f* | keeping the minutes; drawing up of the minutes.
protokollieren *v* | to record; to keep (to enter in) the minutes | eine Versammlung ~ | to minute a meeting.
Protokollierung *f* | recording; entering in (drawing up) the minutes.

Provenienz *f* | origin.
Proviant *m* | provision; supply.
Proviant..amt *n* | supply (victualling) office.
—**magazin** *n* | supply depot.
Provinz *f* | in der ~ | in the country.
Provinzbank *f*; **Provinzialbank** *f* | provincial (country) (county) bank.
Provinz..behörden *fpl* | provincial authorities.
—**filiale** *f* | country branch.
Provinzial..regierung *f* | provincial government.
—**wahlen** *fpl* | provincial elections.
Provinzler *m* | provincial | zum ~ werden | to become provincialized (countrified).
Provinzstadt *f* | provincial town.
Provision *f* [Provisionsgebühr] | commission fee; commission | **Abschluß**~ | signing commission; brokerage | **Agenten**~; **Agentur**~ | agent's commission | **Akzept**~ | commission for acceptance | **Auslieferungs**~ | commission on delivery | **Aussteller**~ | commission for drawing | **Aval**~ | bill guarantee commission | **Bank**~ | bank (banking) (banker's) commission; bank brokerage.
○ **Delkredere**~ | delcredere (guarantee) commission | **Diskont**~ | discounting commission | **Domizil**~ | commission of domiciliating | **Einkaufs**~ | buying (purchasing) commission; buying brokerage | **Einziehungs**~; **Einzugs**~; **Inkasso**~; **Nachnahme**~ | cashing (collecting) commission; commission for collection.
○ **Garantie**~ | underwriting commission | **Interventions**~ | commission for intervention | **Kontoführungs**~ | commission for keeping an account | **Liefer**~ | commission on delivery | **Makler**~ | brokerage | **Reise**~ | traveller's commission | **Report**~ | commission on contangoes | **Retour**~ | return commission | **Übernahme**~ | underwriting commission | **Umsatz**~ | commission on turnover.
○ **Verkaufs**~ | selling brokerage (commission); commission on sales | **Verkauf gegen** ~ | sale on commission | **Vermittler**~; **Vermittlungs**~ | agent's commission; brokerage | **Versand**~ | forwarding commission | **Vertreter**~ | agent's commission | **Wechsel**~ | exchange brokerage | **ohne** ~ | free of commission; no commission.
Provisions..agent *m* | commission merchant (agent).
—**anspruch** *m* | claim of commission.
—**aufstellung** *f*; —**berechnung** *f* | statement (bill) of commission; commission account (note).
—**basis** *f* | auf ~ | on commission; on a commission basis.
—**buch** *n* | commission book.
provisionsfrei *adj* | free of commission; no commission.
provisionspflichtig *adj* | subject to a commission.
Provisions..konto *n*; —**rechnung** *f* | commission account; account (statement) of commission.
—**reisender** *m* | traveller on commission; commission traveller.
—**satz** *m* | rate of commission; commission rates *pl*.
—**vertreter** *m* | commission agent.
—**zahlung** *f* | payment of commission.
provisionsweise *adv* | in (on) (by way of) commission; on a commission basis.
provisorisch *adj* | provisional; temporary | ~es Konto | provisional account | ~e Maßnahme | temporary (provisional) measure | ~e Regierung | provisional (caretaker) government.
provisorisch *adv* | ~ ernannt | provisionally (temporarily) appointed.

Provisorium *n* | provisional arrangement.
Provokation *f* | provocation.
provozieren *v* | to provoke.
provozierend *adj* | provocative.
Prozent *m* | per cent | ~e abwerfen | to bring (to produce) a percentage | gegen ~e | on a percentage basis | in ~en | percentaged.
Prozent..betrag *m* | amount per cent.
—satz *m* Ⓐ [Hundertsatz] | percentage; rate per cent | auf etw. einen ~ gewähren | to allow a percentage on sth. | zum ~e von ... | at the rate of ... per cent.
—satz *m* Ⓑ [Grad] | rate | ~ der Invalidität | degree of invalidity | hoher ~ | high rate.
prozentual *adj* | percentaged; in per cents | ~er Anteil | percentage.
Prozeß *m* Ⓐ [Verfahren] | process | Arbeits~ | operating (working) process | Entwicklungs~ | evolutionary process | Herstellungs~; Produktions~ | manufacturing (production) process | Integrations~ | process of integration.
Prozeß *m* Ⓑ [Rechtsstreit] | lawsuit; law case; suit; proceedings *pl*; legal proceedings *pl* | Anfechtungs~ | annulment proceedings | durch Anstrengung (mittels Durchführung) (durch Führung) eines ~sses | by litigating; by litigation; by resorting to litigation; by going to law; by legal process; by due course of law | Anwalts~ | proceedings in which the parties must be represented by counsel | Attentats~ | assassination (conspiracy) trial | Beleidigungs~ | libel suit (action); action for libel; slander action | Berufungs~ | appeal proceedings | Ehescheidungs~ | divorce proceedings | Einleitung eines ~sses | institution of legal proceedings. ○ Erbschafts~ ① [auf Herausgabe der Erbschaft] | action for recovery of the inheritance | Erbschafts~ ② [auf Anerkennung eines Testaments] | action for validation of a will | Erbschafts~ ③ [auf Anfechtung eines Testaments] | action (suit) to set aside (to annul) a will | Feststellungs~ | declaratory judgment proceedings; declaratory suit (action) | Haupt~ | main case | Hexen~ | witch trial | Hochverrats~ | treason (conspiracy) trial | Monster~; Riesen~ | monster trial | Mord~ | murder trial | Nichtigkeits~ | nullity proceedings | Patent~; Patentverletzungs~ | patent infringement proceedings (suit). ○ Scheidungs~ | divorce proceedings | Schweben eines ~es | pendency of an action | Spionage~ | official secrets trial | Straf~ | criminal proceedings | Urkunden~ | trial by record | Vaterschafts~ | affiliation (paternity) case (proceedings) | Verletzungs~ | infringement suit (proceedings) | Verschleppung eines Prozesses | protraction of the proceedings | Wechsel~ | summary proceedings for non-payment of a bill of exchange | Zivil~ | civil proceedings (suit) (action).
★ anhängiger ~; laufender ~; schwebender ~ | pending lawsuit (case) (litigation) | fetter ~; teurer ~ | costly lawsuit.
★ jdm. einen ~ androhen | to threaten sb. with legal proceedings; to threaten sb. to sue him | gegen jdn. einen ~ anfangen (anstrengen) (anhängig machen) (einleiten) | to bring an action (a lawsuit) against sb.; to institute (to commence) legal proceedings against sb.; to go to law with sb.; to sue sb. | es auf einen ~ ankommen lassen | to venture (to risk) a lawsuit | einen ~ gütlich beilegen (erledigen) | to settle a case (a lawsuit) amicably | einem ~ beitreten | to join a lawsuit |

einen ~ durchführen | to carry through a lawsuit | einen ~ führen | to plead a case | seinen ~ gewinnen | to win one's lawsuit (one's case) | einen ~ instruieren (für die Verhandlung vorbereiten) | to prepare a case for trial | mit jdm. im ~ liegen | to be at law with sb. | jdm. den ~ machen | to prosecute sb. | mit jdm. kurzen ~ machen | to make short work of sb. | seinen ~ verlieren | to lose one's case (one's lawsuit) | den ~ verschleppen | to delay the proceedings | in einen ~ verwickelt sein | to be involved (entangled) in a lawsuit.
Prozeß..abkommen *n* | agreement on procedure.
—akten *mpl* | case files (records).
—anwalt *m* | trial counsel (lawyer).
—auftrag *m* | brief; counsel's brief.
—behauptung *f* | die ~en | the allegations of (made by) the parties.
—beitritt *m* | joinder.
—bevollmächtigter *m* | counsel; attorney of record | ~ des Beklagten; ~ der beklagten Partei | counsel for the defendant(s) (for the defense) | ~ des Klägers; ~ der Klagspartei; klägerischer ~ | counsel for the plaintiff; plaintiff's counsel | als ~ für den Kläger auftreten | to appear for the plaintiff.
prozeßfähig *adj* | capable of appearing in court | nicht ~ | incapable of appearing in court.
Prozeßfähigkeit *f* | right (capacity) to appear in court; capability of appearing in court; capacity to sue | Mangel der ~; mangelnde ~ | incapacity to appear in court | Einrede der mangelnden ~ | plea of incapacity to appear in court.
prozeßführend *adj* | die ~en Parteien | the parties to a lawsuit; the litigant parties; the litigants.
Prozeß..führung *f* | conduct of the case.
—gebühr *f* | trial fee.
—gegenstand *m* | matter at issue (in dispute).
—gegner *m* Ⓐ [Gegenanwalt] | opposing counsel.
—gegner *m* Ⓑ [Gegenpartei] | opposing party; adversary; opponent.
—gericht *n* | trial court (judge).
—handlung *f* | pleadings *pl*.
prozeßhindernd *adj* | ~e Einrede | plea in bar; demurrer; bar; absolute bar | eine ~e Einrede erheben | to enter (to put in) a plea in bar (in bar of trial).
Prozessieren *n* | durch ~ | by litigating; by litigation; by legal process.
prozessieren *v* Ⓐ [einen Prozeß einleiten] | to litigate; to institute (to commence) legal proceedings | gegen jdn. ~ | to go to law with sb.
prozessieren *v* Ⓑ [einen Prozeß führen] | to be involved (entangled) in a lawsuit.
Prozeßkosten *pl* | costs of the proceedings; legal (law) costs | ~ erster Instanz | cost of the first instance | ~ zweiter Instanz | appeal cost | Sicherheit für die ~ | security for costs (for legal costs) | Verurteilung zu den ~ | sentence (order) to pay the cost | die ~ tragen | to pay the cost | jdn. zu den ~ verurteilen | to condemn sb. to the cost (to pay the cost); to order sb. to pay the cost | zu den ~ (zur Tragung der ~) verurteilt werden (sein) | to be condemned to the cost (to pay the cost); to be ordered to pay the cost.
Prozeßkostensicherheit *f* | security for costs (for legal costs) | Einrede der mangelnden ~ | plea of absence of security for legal costs.
Prozeß..mandat *n*; **—führungsmandat** *n* | brief; trial brief.
—material *n*; **—stoff** *m*; **—unterlagen** *fpl* | grounds (cause) for litigation.

Prozeß..ordnung *f* | rules *pl* of procedure (of the court) | **Straf~** | code of criminal procedure | **Zivil~** | code of civil procedure.
—**partei** *f* | party to a lawsuit | **die ~en** | the litigant parties; the litigants *pl.*
—**recht** *n* | procedural (adjective) law; law of procedure.
—**register** *n* | docket; cause list.
—**sache** *f* | law case; lawsuit; case; cause; suit.
—**sucht** *f* | litigiousness.
prozeßsüchtig *adj* | litigious; quarrelsome.
prozessual *adj* | **~er Mangel** | mistrial.
Prozeß..verfahren *n* | proceedings *pl*; legal proceedings *pl.*
—**vergleich** *m* | compromise in court; settlement in (before the) court.
—**verschleppung** *f* | protraction of the proceedings.
—**vollmacht** *f* | power of attorney for a lawsuit.
—**weg** *m* | **auf dem ~** | under process of law; by legal process; by going to law.
prüfen *v* | to examine; to check | **die Bücher ~** | to audit the books | **etw. gründlich (sorgfältig) (eingehend) ~** | to examine sth. thoroughly (closely); to scrutinize sth. | **etw. näher (eingehender) ~** | to examine (to consider) sth. more closely; to go thoroughly into sth. | **etw. sachlich ~** | to examine sth. materially.
Prüfer *m* | examiner | **Patent~** | patent examiner | **Wahl~** | scrutinizer.
Prüfling *m* [Prüfungskandidat] | candidate; examinee.
Prüf..stand *m* | test bench.
—**stelle** *f* | inspection (control) (examining) office.
Prüfung *f* Ⓐ [Über~] | examination; verification; inspection; checking | **Betriebs~; Steuer~** | fiscal audit | **Buch~** | audit(ing) of the books | **Güte~** | quality inspection | **~ der Kasse; Kassen~** | cash audit | **Nach~** | re-examination; second examination (verification) | **Rechnungs~** | audit(ing) of the accounts | **nach ~ der Sachlage** | after ascertaining the facts | **Vor~** | preliminary examination | **Wahl~** | scrutiny; official examination of the votes | **Zoll~** | customs inspection.
★ **genaue ~; sorgfältige ~** | close examination (verification); scrutiny | **nochmalige ~; erneute ~** | re-examination; second examination (verification) | **sachliche ~** | verification of the facts | **steuerliche ~** | fiscal examination (audit) | **nach ~** | on (upon) examination.
Prüfung *f* Ⓑ [Examen] | examination; test | **Abgangs~** | leaving examination | **Abschluß~** | final examination | **Aufnahme~** | entrance examination; examination for admission | **nach Bestehen einer ~** | after having passed an examination | **Eignungs~** | aptitude test | **Intelligenz~** | intelligence test | **Reife~** | school certificate examination | **Schluß~** | final examination | **Staats~** | state examination | **Vor~** | preliminary examination | **Zulassung zur ~** | admission to the examination | **Zulassungs~** | entrance examination; examination for admission | **Zwischen~** | intermediate examination.
★ **mündliche ~** | oral examination | **schriftliche ~** | written examination.
★ **eine ~ ablegen (machen)** | to take (to undergo) an examination | **eine ~ bestehen (mit Erfolg ablegen)** | to pass (to be successful in) an examination | **eine ~ nicht bestehen; in der ~ durchfallen** | to fail in an examination | **sich zur Teilnahme an einer ~ melden** | to enter for an examination | **sich auf eine ~ vorbereiten; auf eine ~ hinarbeiten** | to prepare (to go in) for an examination | **sich einer**

~ unterziehen | to enter (to sit) (to go in) for an examination | **jdn. zur ~ zulassen** | to admit sb. to the examination | **zur ~ zugelassen werden** | to be admitted to the examination.
Prüfungs..amt *n* | inspection (control) office.
—**arbeit** *f*; —**aufgabe** *f* | examination paper(s).
—**ausschuß** *m*; —**kommission** *f* | board of examination (of examiners); examining body.
—**bericht** *m* Ⓐ [Inspektions~] | inspection(al) report.
—**bericht** *m* Ⓑ [Buch~] | report of examination (of the auditors); audit report.
—**bescheinigung** *f* Ⓐ; —**protokoll** *n* Ⓐ [Inspektion] | certificate of inspection; inspection certificate.
—**bescheinigung** *f* Ⓑ; —**protokoll** *n* Ⓑ [Buchprüfung] | audit (auditor's) (auditors') certificate.
—**gebühr** *f* Ⓐ | control (inspection) (audit) fee.
—**gebühr** *f* Ⓑ | examination fee.
—**gesellschaft** *f* | auditing company; firm of auditors.
—**recht** *n* | right of control (of supervision).
—**stelle** *f* | inspection (control) office.
—**termin** *m* | day of examination | **~ im Konkurs** | public examination.
—**verfahren** *n* | examination proceedings *pl.*
—**vermerk** *m* | note of inspection.
—**vorsitzender** *m* | presiding examiner.
—**zeugnis** *n* Ⓐ | diploma.
—**zeugnis** *n* Ⓑ | certificate of examination (of inspection).
Prügelei *f* | brawl; scuffle; row | **~ auf der Strasse** | street row.
Prügelstrafe *f* | corporal punishment; flogging.
Pseudonym *n* Ⓐ [Deckname] | assumed name; pseudonym.
Pseudonym *n* Ⓑ [Künstlername] | pen name.
Publikum *n* Ⓐ | **das ~** | the public; the people | **ein großes ~** | a large public.
Publikum *n* Ⓑ [Zuhörerschaft] | audience.
publizieren *v* | to publish.
Publizist *m* | publicist; writer on matters of political interest.
Publizistik *f* | political writing.
Puffer..staat *m* | buffer state.
—**zone** *f* | buffer zone.
Punkt *m* Ⓐ [festbestimmter Ort] | determined place | **Ausgangs~** | point of departure; starting point | **Gesichts~; Stand~** | point of view; viewpoint | **Höhe~** | culminating point | **Sättigungs~** | point of saturation | **Stütz~** | base | **Flottenstütz~** | naval base (station) (port).
Punkt *m* Ⓑ | **auf dem toten ~ angelangen** | to come to a deadlock | **auf dem toten ~ angelangt sein** | to be at a deadlock; to be deadlocked.
Punkt *m* Ⓒ [Gegenstand] | **einem ~ Nachdruck geben; auf einen ~ Nachdruck legen** | to stress (to lay stress upon) a point | **die wesentlichen ~e** | the essential (main) points; the essentials; the merits | **auf einem ~ beharren (bestehen bleiben)** | to insist on (upon) a point | **der ~, um den es sich handelt** | the subject matter in question | **einen ~ hervorheben** | to make a point.
Punkt *m* Ⓓ [Artikel] | **Anklage~** | point of the charge; count | **~ der Geschäftsordnung (der Tagesordnung)** | item on the agenda | **Streit~; strittiger ~** Ⓐ | disputed (contended) point; point in dispute | **strittiger ~** Ⓑ | point at issue.
Punkt *m* Ⓔ [an der Börse] | **um zwei ~e steigen** | to rise (to go up) two points | **Gold~; Goldausfuhr~** | gold point; gold export point | **Silber~; Silberausfuhr~** | silver (silver export) point | **Gold- und Silberausfuhr~** | bullion point.

punktiert *adj* | ~e Linie | dotted line.
pünktlich *adj* | punctual; prompt | in seinen Zahlungen ~ sein | to be punctual in one's payments.
pünktlich *adv* | punctually; promptly | etw. ~ tun | to be punctual (to be prompt) in doing sth. | ~ zahlend | punctual in paying.
Pünktlichkeit *f* | punctuality; promptness; promptitude; exactitude.
Putativehe *f* | putative marriage.
Putativnotwehr *f* | putative self-defense.
Putsch *m* | attempted insurrection (rebellion).
Pyramide *f* | Bevölkerungs~ | age pyramid.

Q

Quacksalber *m* | quack doctor; charlatan.
Quacksalberei *f* | quackery; charlatanry.
Quadruplik *f* | rebutter.
Qualifikation *f* Ⓐ [Befähigung] | qualification; capacity.
Qualifikation *f* Ⓑ [Befähigungsnachweis] | certificate (proof) of qualification; qualifying certificate.
qualifizierbar *adj* | qualifiable.
qualifizieren *v* | sich für eine Stelle (für einen Posten) ~ | to qualify (to qualify os.) for a job (for a post).
qualifiziert *adj* Ⓐ [befähigt] | ~ sein, etw. zu tun | to be qualified to do sth.; to have the necessary qualifications for doing sth.
qualifiziert *adj* Ⓑ | ~e Annahme | qualified acceptance; acceptance under reserve.
qualifiziert *adj* Ⓒ | ~e Mehrheit; ~es Mehr [S] | qualified majority.
qualifiziert *adj* Ⓓ [unter erschwerenden Umständen] | ~er Diebstahl | qualified (aggravated) theft.
Qualifizierung *f* | qualification; qualifying.
Qualifizierungsnachweis *m* | qualifying certificate.
Qualität *f* | quality | ~ laut Besicht | quality subject to approval | Durchschnitts~; Mittel~ | average quality | gute Durchschnitts~; gute Mittel~ | good (fair) average quality | ~ laut Muster | quality as per sample (according to samples).
★ ausgesuchte ~ | choice quality | bessere ~ | higher (superior) quality | von bester (erster) ~ | of first (of the best) quality; first-rate | durchschnittliche ~; mittlere ~ | medium (average) quality | erstklassige ~ | top quality | gangbare ~ | average (fair) (standard) quality | von geringer ~ | lowgrade | hervorragende ~; vorzügliche ~ | prime (superior) quality | minderwertige ~ | poor (inferior) quality | zugesicherte ~ | warranted quality.
Qualitäts..abschlag *m* | quality penalty.
—**abweichung** *f*; —**differenz** *f* | deviation of (difference in) quality.
—**abweichungen** *fpl* | variations in quality.
—**arbeit** *f* | precision (high-quality) work.
—**arbeiter** *m* | qualified workman.
—**artikel** *m* | branded article.
—**bescheinigung** *f* | certificate of quality.
—**erzeugnis** *n* | high-quality (high-grade) product.
—**förderung** *f* | means of improving the quality.
—**kontrolle** *f*; —**prüfung** *f* | quality inspection (control).

Qualitäts..marke *f* | mark of quality; brand.
—**probe** *f* | sample of the quality.
—**unterschied** *m* | difference in quality.
—**unterschiede** *mpl* | fluctuations in quality.
—**waren** *fpl* Ⓐ | quality (branded) goods *pl.*
—**waren** *fpl* Ⓑ | choice goods *pl.*
—**zuschlag** *m* | quality premium.
—**zusicherung** *f* | warranted quality.
qualitativ *adj* | qualitative | in ~er Beziehung | as to (in point of) quality.
Quantität *f* | quantity.
quantitativ *adj* | quantitative.
quantitativ *adv* | as to quantity.
Quantum *n* [Menge] | quantity.
Quarantäne *f* | quarantine | in ~ gehen | to go into quarantine; to quarantine | jdn. in ~ legen | to quarantine sb. | ~ machen; in ~ sein (liegen) | to do (to pass) (to be in) quarantine.
Quarantäne..anstalt *f* | quarantine station.
—**beamter** *m* | quarantine officer.
—**bestimmungen** *fpl* | quarantine regulations.
—**flagge** *f* | quarantine (yellow) flag.
—**gebühren** *fpl*; —**gelder** *npl* | quarantine dues *pl.*
—**hafen** *m* | port of quarantine.
—**schein** *m*; —**zeugnis** *n* | quarantine certificate.
Quartal *n* | quarter; three months.
quartaliter *adv*; **quartalsmäßig** *adv*; **quartalsweise** *adv* | quarterly; every quarter; by the quarter; three monthly; every three months.
Quartals..abonnement *n* | quarterly subscription.
—**abrechnung** *f*; —**rechnung** *f* | quarterly account (statement).
—**dividende** *f* | quarterly dividend.
—**tag** *m*; —**termin** *m* | quarter day.
—**zahlung** *f* | quarterly payment (instalment).
Quartier *n* Ⓐ [Wohnung] | lodging(s); quarters; accommodation.
Quartier *n* Ⓑ [Stadtviertel] | quarter; section | Industrie~ | industrial area | Wohn~ | residential section.
Quartier..geber *m* | landlord.
—**geld** *n* | billet money.
—**schein** *m*; —**zettel** *m* | billeting order (paper); billet.
Quasi..delikt *n* | technical offense.
—**kontrakt** *m*; —**vertrag** *m* | quasi-contract; implied contract.
Quelle *f* | source; origin | Einkommens~; Einnahme~; Erwerbs~ | source of income (of revenue)|Erfassung (Erhebung) (Steuerabzug) an der ~ | taxation (deduction of the tax) at the source | Geld~n; Finanz~n; Kapital~n | financial (capital) resources | Bezugs~; Liefer~; Versorgungs~ | source of supply | Nachrichten~ | source of information | Steuer~ | source of taxation; tax source (resource).
★ aus amtlicher (offizieller) ~ | from an official source | aus maßgebender ~ | from authorized (competent) source | aus sicherer (zuverlässiger) ~ | from a reliable source | aus wohlunterrichteter ~ | on good authority.
★ die ~n (seine ~n) angeben | to quote one's authorities | Einkommen an der ~ besteuern (steuerlich erfassen) | to tax revenue (income) at the source | eine Steuer an der ~ erheben | to levy a tax at the source.
Quellen..angabe *f* | acknowledgment of the origin (of one's authorities).
—**besteuerung** *f* | taxation at the source.
—**steuer** *f* | tax levied (collected) (deducted) at the source; withholding tax.

Querschnitt *m* | cross-section.
Quertreiber *m* | obstructionist; machinator; plotter.
Quertreibereien *pl* | obstructionism; machinations; underhand manœuvres (practices) (dealings).
Querulant *m* | litigious person; pettifogger.
Quintuplik *f* | surrebutter.
quitt *adj* | even | ∼ **sein mit** | to be even (all-square) with.
quittieren *v* Ⓐ [verlassen] | **den Dienst** ∼ | to quit office (the service).
quittieren *v* Ⓑ | **etw.** ∼; **für etw.** ∼ | to receipt sth.; to give a receipt for sth. | **eine Rechnung** ∼ | to receipt an invoice (a bill) | **per Saldo** ∼ | to give a receipt in full payment (in full discharge).
Quittung *f* | receipt; acknowledgment of receipt | **Ausgleichs**∼; **General**∼; **Gesamt**∼ | receipt in full (in full discharge); final (general) (full) receipt | **Bank**∼ | bank receipt | **Gegen**∼ | counter receipt | **Transit**∼ | transit bill (bond) | **Zoll**∼ | customs receipt | **doppelte** ∼ | duplicate receipt; receipt in duplicate | **eine** ∼ **ausstellen;** ∼ **erteilen** | to give a receipt; to receipt | **gegen** ∼ | against receipt.
Quittungs..abschnitt *m* | counterfoil of receipt.
—**blankett** *n*; —**formular** *n*; —**vordruck** *m* | receipt form.
—**buch** *n* | receipt book.
—**duplikat** *n* | duplicate receipt.
—**karte** *f* | receipt card.
—**marke** *f*; —**stempel** *m* | receipt stamp.
Quote *f* Ⓐ [Anteil] | share | **Vergleichs**∼ | rate of composition | **nach** ∼**n** | according to quotas; proportionally; pro rata.
Quote *f* Ⓑ [Kontingent] | quota; contingent | **Ausfuhr**∼ | export quota | **Einfuhr**∼ | import quota | **Einwanderungs**∼ | immigration quota | **Festsetzung von** ∼**n** | fixing of quotas (of a quota system) | **Gesamt**∼ | total quota | ∼**n festsetzen** | to fix (to establish) quotas.
quotenmäßig *adj* und *adv* | proportionate(ly).
Quotensystem *n* | system of quotas; quota system.
quotieren *v* | **einen Preis** ∼ | to quote (to make) a price.
Quotierung *f* | **Fracht**∼ | quotation of freight rates; freight quotation | ∼ **eines Preises; Preis**∼ | quotation (quoting) of a price; price quotation.

R

Rabatt *m* | discount; rebate | **Angleichungs**∼ | alignment rebate | **Barzahlungs**∼ | cash discount; discount for cash | **Einkaufs**∼ | discounts *pl* on purchases | **Fracht**∼ | rebate of freight; freight rebate | **Großhandels**∼; **Händler**∼; ∼ **für Wiederverkäufer** | trade (dealer) (wholesale) discount | **Kleinhandels**∼ | retail discount | **Mengen**∼ | quantity discount (rebate); discount for quantities | **auf die Preise einen** ∼ **gewähren** | to allow a discount off the prices | **auf eine Rechnung einen** ∼ **gewähren** | to allow a rebate on an account (on an invoice) | **Schadensfreiheit**∼ | no-claim bonus | **Sonder**∼ | special (additional) discount | **Verkaufs**∼ | discounts on sales.

★ **einen** ∼ **von ... gewähren (bewilligen) (zugestehen)** | to grant a rebate of ...; to allow a discount (a deduction) of ... | **etw. mit** ∼ **verkaufen** | to sell sth. at a discount (at a reduced price) | **ein** ∼ **von ... Prozent** | a rebate of ... per cent; a ... per cent rebate | **gegen** ∼ | at a discount.
Rabatt..gewährung *f*; **Rabattierung** *f* [S] | allowance of discount.
—**marke** *f* | trading stamp.
—**satz** *m* | rate of discount; discount rate.
—**sätze** *mpl* | **gewährte** ∼ | discounts *pl* allowed.
Racheakt *m* | act of revenge.
Radarfalle *f* | speed trap.
Rädelsführer *m* | ringleader.
radieren *v* | to erase.
Radierung *f* Ⓐ [das Radieren] | erasing.
Radierung *f* Ⓑ [Radierstelle] | erasure.
Radierung *f* Ⓒ [Kunstwerk] | etching; engraving.
radikal *adj* | radical; extreme | **die** ∼**e Partei** | the radical party; the Radicals.
Radikalismus *m* | radicalism.
Radikal-Sozialist *m* | **die** ∼**en** | the Radical-Socialists.
radikal-sozialistisch *adj* | **die** ∼**e Partei** | the radical-socialist party.
Radio *n* | broadcasting | **Ankündigung im** ∼ | broadcast announcement | **eine Nachricht durch** ∼ **senden** | to wireless (to radio) a message.
Radio..apparat *m*; —**empfangsgerät** *n*; —**empfänger** *m* | wireless set (receiving set).
—**durchsage** *f* | radio announcement.
—**empfang** *m* | wireless (radio) reception.
—**gesellschaft** *f* | broadcasting (radio) company.
—**gramm** *n*; —**telegramm** *n* | radiogram; radio-telegram; telegram via wireless.
—**reklame** *f*; —**werbung** *f* | wireless (radio) advertising; broadcast advertisement.
—**sendung** *f* | wireless broadcast.
—**station** *f* | wireless (radio) (broadcasting) station (transmitter station).
—**übertragung** *f* | wireless (radio) transmission; wireless broadcasting.
—**telegraphie** *f* | wireless telegraphy; radiotelegraphy.
—**telephonie** *f* | wireless telephony; radiotelephony.
—**werbesendungen** *fpl* | commercials *pl* [USA].
Rahmen *m* [Bereich] | frame; scope | **im** ∼ **des Möglichen** | as far as possible | **in den** ∼ **eines Werkes fallen** | to fall within the scope of a work.
Rahmen..abkommen *n* Ⓐ; —**vertrag** *m* Ⓐ | basic agreement.
—**abkommen** *n* Ⓑ; —**vertrag** *m* Ⓑ | model contract.
—**gebühren** *fpl* | basic charges.
—**tarif** *m*; —**tarifvertrag** *m* | basic wage(s) agreement.
Raiffeisen..bank *f*; —**kasse** *f* | farmers' cooperative bank.
Ramsch..geschäft *n*; —**handel** *m* | job-goods trade.
—**händler** *m* | dealer in job goods.
—**ware** *f* | waste (shoddy) (job) goods *pl*; goods of inferior quality.
Rand *m* | margin | **Vermerk am** ∼**e** | marginal note | **etw. auf den** ∼ **schreiben** | to write sth. in (on) the margin | **etw. am** ∼**e vermerken** | to make a note of sth. in the margin; to margin sth. | **wie am** ∼**e vermerkt** | as per margin.
Rand..bemerkung *f* | marginal note | ∼**en in ein Buch machen; ein Buch mit** ∼**en versehen** | to make marginal notes in a book; to margin a book | **mit** ∼**en versehen** *part* | with notes in the margin; with marginal notes.
—**glosse** *f*; —**notiz** *f*; —**vermerk** *m* | marginal note; annotation (note) in the margin.

Randstaat *m* | border (bordering) (neighbo(u)ring) state.
Rang *m* Ⓐ [Reihenfolge] | rank; order | **Abtretung (Abänderung) des** ~**es** | cession (change) of rank; alteration of precedence (of the order of priority) | **Klage auf Abänderung (Abtretung) des** ~**es** | action for cession of rank | **Beanspruchung des** ~**es** | claiming of the rank | **Gläubiger**~ | ranking of a creditor (of creditors) | **Hypothcken**~ | ranking of mortgages | **Vor**~ | prior rank; priority of rank; preference; priority; precedence | **den Vor**~ **haben** | to rank before (in priority) | **Zurücktreten im** ~**e** | cession of rank.
★ **älterer** ~; **früherer** ~ | prior rank; priority of rank | **ersten** ~**es** | first-rate; first-class; of first order | **gleichen** ~ **haben; in gleichem** ~ **stehen; im** ~ **gleich stehen; Gleich**~ **haben** | to rank concurrently (equally) (pari passu) | **im** ~**e gleich (gleich-stehend)** | of equal rank.
★ **den** ~ **abtreten** | to pass the rank | **einen** ~ **beanspruchen** | to claim a rank | **einen** ~ **einnehmen** | to rank | **den ersten** ~ **einnehmen** | to rank first | **im** ~**e nachstehen (nachgehen)** | to rank after (next to) | **im** ~**e nachstehend** | of subsequent rank | **vor etw.** ~ **nehmen** | to rank in priority to sth. | **im** ~**e vorgehen** | to rank before (in priority) | **im** ~**e vorgehend** | of prior rank; ranking in priority | **im** ~**e zurücktreten** | to rank later.
Rang *m* Ⓑ [Stand] | rank; station in life; social status (standing) | **nach seinem** ~ **und Stand** | | according to one's rank (station) | **hoher** ~ | high rank (position) (station); exalted rank | **von hohem** ~ | of high rank; of rank | **jdm. gegenüber einen höheren** ~ **einnehmen** | to rank above sb. | **jdm. gegenüber einen untergeordneten** ~ **einnehmen** | to rank below sb.; to be inferior in rank to sb.
Rang *m* Ⓒ [Dienst~] | official rank; character | ~ **nach dem Dienstalter** | seniority in rank; seniority.
Rang..abtretung *f*; —**änderung** *f* | cession (change) of rank; alteration of precedence (of the order of priority) | **Klage auf** ~ | action for cession of rank.
—**abzeichen** *n* | badge.
—**ältester** *m* | senior.
—**folge** *f* | ranking.
—**gleichheit** *f* | equality of rank; equal rank.
rangieren *v* | to rank; to range | **in zeitlicher Reihenfolge** ~ | to rank according to the date.
Rangierbahnhof *m* | marshalling yard; shunting station.
Rang..liste *f* | list of precedency (of priorities).
—**ordnung** *f* Ⓐ | rank; ranking; order of rank | ~ **der Ansprüche** | ranking of claims | ~ **der Gläubiger** | ranking of creditors | ~ **der Hypotheken** | ranking of mortgages.
—**ordnung** *f* Ⓑ | precedence | **System der strengen** ~ | hierarchical system | **soziale** ~ | social scale.
—**stufe** *f* | **gesellschaftliche** ~; **soziale** ~ | social status (rank); station in life.
—**unterschied** *m* | distinction of rank.
—**verhältnis** *n* Ⓐ | rank; order of rank; ranking.
—**verhältnis** *n* Ⓑ | order of priority (of precedence); precedence; priority.
—**vorbehalt** *m* | reserved rank.
—**vortritt** *m* | cession of rank.
Rarität *f* | rare piece; curiosity.
Raritätenhändler *n* | curiosity dealer.
Rasse *f* | race; breeding.
rassebewußt *adj* | race-conscious.
Rasse..bewußtsein *n* | race consciousness (feeling).
—**minderheiten** *fpl* | racial minorities.

Rassen..haß *m* | race hatred | **Aufhetzung zum** ~ | racial incitement.
—**kunde** *f* | racialism.
—**kampf** *m* | race conflict.
—**mischung** *f* | racial intermixture.
—**politik** *f* | racial policy.
—**schranke** *f*; —**trennung** *f* | colo(u)r bar; segregation.
—**unruhen** *fpl* | racial troubles (riots).
—**unterschied** *m* | difference in race.
—**verfolgung** *f* | racial persecution.
—**verhetzung** *f* | racial incitement.
—**verwandtschaft** *f* | racial affinity.
—**vorurteil** *n* | racial prejudice.
Rassereinheit *f* | purity of race.
Rassezugehörigkeit *f* | racial origin (stock).
Rat *m* Ⓐ [Ratschlag] | advice | **juristischer** ~ | legal advice | **juristischen** ~ **einholen** | to take legal advice (counsel's opinion) | **jds.** ~ **annehmen (befolgen)** | to follow (to take) sb.'s advice | **jdn. um** ~ **bitten (angehen) (fragen); bei jdm.** ~ **einholen; sich bei jdm.** ~ **holen** | to ask sb. for advice; to consult sb.; to seek sb.'s advice | **jdn. einen** ~ **erteilen (geben)** | to give sb. an advice; to advise (to counsel) sb. | **jdm. den** ~ **geben, etw. zu tun** | to advise (to recommend) sb. to do sth. | ~ **halten** | to deliberate; to confer | **nach jds.** ~ **handeln** | to act on sb.'s advice | **nach jds.** ~ | at (on) (upon) (under) sb.'s advice.
Rat *m* Ⓑ [Ratsversammlung] | council; board | **Ältesten**~ | Council of Elders | **Aufsichts**~ | board of supervisors (of trustees) | ~ **der Außenminister; Außenminister**~ | Council of Foreign Ministers; Foreign Ministers' Council | **Bei**~ | advisory board (council) | **Betriebs**~ | shop (works) (factory) committee (council); worker's council | **Bezirks**~; **Distrikts**~ | district (county) council.
○ **Bundes**~ | federal council | **Familien**~ | family council; board of guardians | **Gemeinde**~ | town (city) (borough) (municipal) council | **Groß**~ | grand council | **Kabinetts**~ | cabinet council (in council); Council of Ministers | **Kirchen**~ ① | church council | **Kirchen**~ ② | consistory | **Kreis**~; **Präfektur**~ | county council | **Kriegs**~ | council of war | **Minister**~ | Council of Ministers | **National**~ | national council | **Regentschafts**~ | regency council | **Schul**~ | school board.
○ **Sicherheits**~ | Security Council | **Staats**~ | Council of State | **Stadt**~ | town (city) (municipal) council | **Treuhänder**~ | trusteeship council | **Verteidigungs**~ | council of defense | **Verwaltungs**~ | board of management (of managers) (of directors) | **Vierer**~ | Council of Four | **Vormundschafts**~ | board of guardians | **Vorsitz des** ~**es** | presidency of the council | **Wirtschafts**~ | economic council | **geheimer** ~ | privy council | **gesetzgebender** ~ | legislative council.
Rat *m* Ⓒ [Ratsmitglied] | councillor | **Bei**~ | deputy councillor | **Gemeinde**~ | parish (municipal) councillor | **Präfektur**~ | member of the district (county) council | **Staats**~ | privy councillor; member of the privy council | **Stadt**~ | municipal (town) councillor; member of the town council.
Rat *m* Ⓓ [Titel] | counsellor; councillor | **Botschafts**~ | councillor of embassy | **Bundes**~ | federal councillor | **Geheim**~; **Geheimer** ~ | privy councillor | **Handels**~; **Kommerzien**~; **Kommerzial**~ | commercial counsellor | **Justiz**~ | King's (Queen's) Counsel | **Konsistorial**~ | consistorial councillor | **Land**~ | district prefect |

Legations~ | councillor of legation | **Ministerial~** | ministerial councillor | **Regierungs~** | state councillor.

Rate *f* Ⓐ [Teilzahlung] | installment; instalment; part-payment; partial payment | **Abzahlung (Tilgung) (Zahlung) in ~n** | payment by (in) installments | **mit mehr als einer ~ im Rückstand bleiben** | to fall behind with more than one installment | **Schluß~; Tilgungs~** | final installment | **Wochen~** | weekly installment.
★ **erste ~** ① | first installment | **erste ~** ② [Anzahlung] | deposit; initial (down) payment | **letzte ~** ① | last (final) installment | **letzte ~** ② | [Abschlußzahlung] | payment in full settlement (in full discharge) | **rückständige ~n** | installments in arrear | **in ~ rückzahlbar (tilgbar) (zu tilgen)** | repayable (redeemable) by (in) installments | **in ~n zahlbar** | payable by (in) installments.
★ **in ~n zahlen** | to pay by (in) installments | **eine ~ zahlen** | to pay an installment | **in kleinen ~n zahlen (abbezahlen)** | to pay in small installments | **auf ~n** | on (by) installments; on deferred terms; on hire-purchase.

Rate *f* Ⓑ [Satz] | rate | **Inflations~** | rate of inflation | **Zuwachs~** | growth rate.

raten *v* | **jdm. etw. (zu etw.) ~** | to advise (to counsel) sb. to do sth.; to recommend sth. to sb. | **dringend ~, etw. zu tun** | to advise strongly to do sth.; to urge that sth. should be done.

Raten..geschäft *n* | installment (hire-purchase) business (transaction); sale on deferred terms.
—**kauf** *m* | hire-purchase; purchase on deferred terms (on installments).

ratenweise *adv* | by (on) installments; on deferred terms; on hire-purchase.

Raten..zahlung *f* Ⓐ [Zahlung in Raten] ! payment by (in) installments | **Preis bei ~** | hire-purchase price.
—**zahlung** *f* Ⓑ [Rate] | installment; part payment | **eine ~ leisten** | to pay (to make) an installment.
—**zahlungen** *fpl* | payments on the installment system | **in ~** | on (by) installments; on deferred terms; on hire-purchase; on the installment plan.
—**zahlungs..geschäft** *n* | installment (hire-purchase) business; sale on deferred terms.
— —**plan** *m* | hire-purchase plan.
— —**preis** *m* | hire-purchase price.
— —**system** *n* | installment (hire-purchase) system.
— —**vertrag** *m* | hire-purchase agreement.

Räte..regierung *f* | soviet government.
—**republik** *f* | soviet republic.
—**system** *n* | soviet system of government.

Ratgeber *m* | counsellor; advisor.

Rathaus *n* | town (city) hall.

Ratifikation *f*; **Ratifizierung** *f* | ratification.

Ratifikationsurkunde *f* | instrument of ratification | **Austausch der ~en** | exchange of ratifications.

ratifizieren *v* | to ratify.

Ration *f* | ration; portion | **eiserne ~** | iron (emergency) ration.

Rationalisierung *f* | rationalization.

rationell *adj* | rational; efficient.

rationieren *v* | to ration.

Rationierung *f* | rationing | **Aufhebung der ~** | derationing.

Ratlosigkeit *f* | embarrassment.

ratlos *adv* | without advice.

rätlich *adj*; **ratsam** *adj* | advisable; to be advised.

Rats..ältester *m* | senior member of the council.
—**ausschuß** *m* | council committee.
—**beschluß** *m* | council decision.

Ratschlag *m* | counsel; advice; piece of advice.

ratschlagen *v* | to deliberate; to confer.

Rats..diener *m* | beadle.
—**herr** *m* | councilman; town councillor.
—**sitz** *m* | seat in the council | **freier ~; freigewordener ~** | council vacancy | **einen ~ haben** | to have a seat in the council; to be a member of the council.
—**sitzung** *f* | meeting of the council; council meeting.
—**kammer** *f*; —**zimmer** *n* | council chamber (room).
—**mitglied** *n* | member of the council; councillor | **ständiges ~** | permanent member of the council.
—**versammlung** *f* | assembly (meeting) of the council | **eine ~ abhalten** | to hold a council | **zur ~ zusammentreten** | to meet in council.
—**wahlen** *fpl* | council elections.

Raub *m* Ⓐ | robbery; robbing | **Banden~** | gang robbery | **Bank~** | bank robbery (hold-up) | **Eisenbahn~** | train robbery | **Kinds~** | kidnapping | **~ unter Mitführung von Waffen** | armed robbery; robbery under arms | **Menschen~** | kidnapping | **Mund~** | theft of comestibles [for immediate consumption] | **Post~** | depredation of the mails; mail depredation; post-office (mail-van) robbery | **Straßen~** | highway robbery.

Raub *m* Ⓑ [geraubtes Gut] | stolen goods; booty.

Raub..bau *m* | predatory exploitation | **an etw. ~ treiben** | to exploit sth. in a predatory manner.
—**druck** *m* | pirated edition.

Rauben *n* | robbing.

rauben *v* | to rob | **ein Kind ~** | to kidnap a child.

Räuber *m* | robber | **Straßen~** | highway robber; highwayman; bandit.

Räuberbande *f* | gang of robbers (of thieves).

räuberisch *adj* | **~er Überfall** | armed robbery; robbery under arms (by force).

Raubmord *m* | murder with robbery.
—**mörder** *m* | murderer and robber.
—**überfall** *m* | hold-up; armed robbery.
—**zug** *m* | raid.

Rauferei *f*; **Raufhandel** *m* | brawl; scuffle; fight; row.

Raum *m* Ⓐ | **Ausstellungs~** | show room | **Büro~** | office | **Empfangs~** | reception room | **Lade~** | hold | **Lager~** | store room | **Verkaufs~** | sales room | **Vorführungs~** | show room | **Vorrats~** | store room.

Raum *m* Ⓑ [als Gesamtbegriff] | **Fracht~; Güterfracht~; Lade~; Schiffs~** | tonnage; freight tonnage.

Raum *m* Ⓒ | space | **Lebens~** | living space | **Luft~** | air space | **beschränkter ~** | limited space.

Räume *mpl* [Lokalitäten] | premises *pl* | **Ausstellungs~** | show rooms | **Büro~; Geschäfts~** | business premises | **Dienst~** | offices | **gewerbliche ~** | commercial premises | **leere ~; leerstehende ~** | vacant premises | **die ~ frei machen** | to vacate the premises.

Raumeinteilung *f* | spacing.

räumen *v* Ⓐ [ausziehen] | **eine Wohnung ~** | to vacate an apartment.

räumen *v* Ⓑ [evakuieren] | **eine Zone ~** | to evacuate an area.

räumen *v* Ⓒ [durch Verkauf] | **sein Lager ~** | to clear off one's stock.

Raumfahrt *f* | space travel; astronautics *pl*.
—**behörde** *f* | space agency.
—**programm** *n* | space program.

raumfremd *adj* | **~e Interessen** | interests from outside; outside interests.

Räumlichkeit *f* | locality; premises *pl*.

Räumung *f* Ⓐ [Ausziehen] | ~ **einer Wohnung** | vacating an (of an) apartment.
Räumung *f* Ⓑ [Zwangs~; zwangsweise ~] | eviction | **Klage auf** ~ | action for eviction | **auf** ~ **klagen** | to sue for eviction; to bring action for eviction.
Räumung *f* Ⓒ [Evakuierung] | evacuation.
Räumung *f* Ⓓ | ~ **des Lagers; Lager**~ | clearance (clearing) of the stocks.
Räumungs..ausverkauf *m*; —**schlußverkauf** *m*; —**verkauf** *m* | clearance (closing-down) sale.
—**befehl** *m* Ⓐ | eviction order; order to quit; writ of ejectment.
—**befehl** *m* Ⓑ [Evakuierungsbefehl] | order to evacuate.
—**klage** *f* | action for eviction | ~ **erheben** | to bring an action for eviction; to sue for eviction.
—**kosten** *pl* | cost of evacuation [of the premises].
—**termin** *m* | day (date) fixed for vacating the premises.
—**urteil** *n* | eviction order; order to quit.
Rauschgift *n* | drug; narcotics *pl*.
—**handel** *m* | drug traffic.
—**händler** *m* | drug trafficker; dope pedlar | **Bande von** ~**n** | narcotics (dope) ring.
—**schmuggel** *m* | dope (narcotics) smuggling.
Razzia *f* | raid | **Polizei**~ | police raid | **eine** ~ **machen** | to raid.
reagieren *v* | to react | **auf eine Aufforderung nicht** ~ | to pay no attention to a request | **ohne zu** ~ | without reaction.
Reaktion *f* Ⓐ [Gegenwirkung] | reaction; counter action.
Reaktion *f* Ⓑ [reaktionäre Partei] | the reactionary party.
Reaktion *f* Ⓒ [die Gegenkräfte] | **die** ~ | the forces *pl* of reaction.
Reaktionär *m* | reactionary.
reaktionär *adj* | reactionary.
reaktivieren *v* | to reactivate; to revive.
real *adj* Ⓐ [körperlich] | material; substantial | ~**e Vermögenswerte** | tangible assets.
real *adj* Ⓑ [tatsächlich] | actual.
Real..angebot *n* | real offer; tender.
—**gewerbeberechtigung** *f* | real right to the conduct of an industry.
—**einkommen** *n* | real income.
—**injurie** *f* | assault and battery.
—**injurienklage** *f* | action for assault and battery.
Realisation *f* | realization.
realisierbar *adj* | realizable | **nicht** ~**e Werte** | unmarketable (frozen) assets.
realisieren *v* Ⓐ [verwirklichen] | to realize | **einen Plan** ~ | to realize a plan; to carry a plan into effect.
realisieren *v* Ⓑ [zu Geld machen] | to convert [sth.] into money | **Aktien** ~ | to sell out shares | **eine Beteiligung (Kapitalbeteiligung)** ~ | to realize an investment.
Realisierung *f* Ⓐ [Verwirklichung] | realization; carrying into effect.
Realisierung *f* Ⓑ [Verwertung] | realization | ~ **von Aktien** | selling out of shares.
Realisierungs..auftrag *m* | realization order.
—**verkauf** *m* | profit-taking sale.
Realität *f* | reality | **sich an** ~**en halten** | to stick to realities (to facts).
Realitäten *fpl* [Realvermögen] | real assets *pl* (estate) (property) (estate property).
—**makler** *m* | land (real-estate) broker.
Realkontrakt *m* | real contract.

Real..kredit *m* | credit on real property (on landed property).
— —**institut** *n* | mortgage (land) bank.
—**last** *f* | land charge.
—**lohn** *m* | real wages *pl*.
—**offerte** *f* | real offer; tender.
—**politik** *f* | realistic politics *mpl*.
—**schule** *f* | secondary (junior high) school.
—**servitut** *f* | easement.
—**sicherheit** *f* | real security; security on mortgage.
—**steuer** *f* | tax on land (on buildings).
—**steuern** *fpl* | taxation on real estate (on real estate property) (on landed property).
—**vermögen** *n* | real (real-estate) property.
—**wert** *m* Ⓐ [Sachwert] | real value.
—**wert** *m* Ⓑ [tatsächlicher Wert] | actual (true) value.
—**wert** *m* Ⓒ [innerer Wert] | intrinsic value.
Rebell *m* | rebel; insurgent.
rebellieren *v* | to rebel; to revolt; to rise in revolt (in rebellion); to rise.
Rebellion *f* | rebellion; revolt; insurrection | **in offener** ~ | in open rebellion.
rebellisch *adj* | rebellious; insurrectional; seditious.
Rechen..fehler *m* | error (mistake) in calculation; miscalculation.
—**maschine** *f* | calculating machine; reckoner; calculator.
—**tabelle** *f* | ready reckoner.
Rechenschaft *f* | **über etw.** ~ **ablegen** | to give (to render) an account of sth. | **von jdm. wegen etw.** ~ **fordern; jdn. wegen etw. zur** ~ **ziehen** | to call sb. to account for sth.; to bring sb. to book.
Rechenschafts..bericht *m* | report; account rendered; report and account.
—**legung** *f* | rendering of account(s).
—**pflicht** *f* | accountability.
rechenschaftspflichtig *adj* | **jdm. für etw.** ~ **sein** | to be accountable (responsible) to sb. for sth.
Recherche *f* | investigation; inquiry | ~**n anstellen** | to make inquiries (investigations).
recherchieren *v* | to investigate; to inquire; to make inquiries.
Rechnen *n* | reckoning; calculating.
rechnen *v* | to reckon; to calculate | **auf etw.** ~ | to reckon upon (to rely) on sth. | **falsch** ~ | to misreckon; to miscalculate | **mit jdm.** ~ **müssen (zu** ~ **haben)** | to have to reckon with sb.
Rechner *m* | calculator; reckoner | **ein guter** ~ **sein** | to be a good (an accurate) reckoner.
rechnerisch *adj* | ~**er Überschuß** | book surplus | ~**er Wert** | book value.
rechnerisch *adv* | **etw.** ~ **ermitteln (feststellen)** | to arrive at sth. by calculating (by calculation).
Rechnung *f* Ⓐ [Berechnung] | calculation; calculating; computation | **falsche** ~ | misreckoning; miscalculation | **etw. mit in** ~ **ziehen** | to take sth. into consideration (into account); to consider sth.
Rechnung *f* Ⓑ | account | **für** ~ **Dritter; auf Kunden**~ | for the account of a third party; on (for) third-party account; on clients' account | **auf (für)** ~ **und Gefahr von** | for the account and at the risk of | ~ **und Gegen**~ | debit and credit | **Gewinn- und Verlust**~ | profit and loss statement | **Versicherung für fremde** ~ **(für** ~ **Dritter)** | insurance for third party account | **Vortrag auf neue** ~ | balance carried (carried forward) to new account | **Vortrag aus letzter** ~ | balance brought forward from last account.
★ **auf meine alleinige** ~ | for my own (sole) account | **ausgeglichene** ~ | balanced account | **auf**

(für) seine eigene ~ | for (on) his own account | **auf feste~** ① | on firm account | **auf feste ~** ② | at an agreed (at a fixed) price | **auf feste ~ kaufen** | to buy firm (on firm account) | **auf (für) fremde ~** | for third-party account | **gemeinschaftliche ~** | joint account | **auf (für) gemeinschaftliche ~; auf halbe ~** | on (for) joint account | **laufende ~** | current account; account current | **offene ~; offenstehende ~** | open (unsettled) account.

★ **~ ablegen (legen)** | to give (to render) an account | **eine ~ abschließen** | to close (to balance) an account | **~ führen** | to keep accounts | **jdm. über etw. ~ legen** | to account to sb. for sth. | **eine ~ prüfen** | to verify (to examine) an account | **etw. in ~ stellen** | to charge sth.; to put sth. into account; to place sth. to account; to bill (to invoice) sth. | **auf neue ~ übertragen (vortragen)** | to carry forward to the new account | **auf neue ~ vorgetragen** | carried (brought) forward | **eine ~ vorlegen** | to render (to present) an account | **auf (für) ~ von** | for (on) the account of.

Rechnung f © [Faktura; Nota] | account; bill; note; invoice | **Apotheker~** | grossly overcharged account | **Aufmachung (Ausstellung) (Erteilung) einer ~** | drawing up (making out) of an account | **Auslagen~** | expense account | **Barauslagen~** | account of cash expenses | **Begleichung (Bezahlung) einer ~** | settlement (payment) of an account | **Diskont~** | account of discount | **Einkaufs~** | account of goods purchased.

○ **Fracht~** | note (account) of freight; freight note (account) (bill) | **Gebühren~** | account of charges | **Gegen~** | counter-invoice | **Halbjahres~** | half-yearly (semi-annual) account | **Konsulats~** | consular invoice | **Kosten~** | account of charges | **Kupon~** | coupon account | **Miets~** | rent account | **Proforma~** | proforma invoice | **Quartals~; Vierteljahrs~** | quarterly account | **Retour~; Rück~** | account of goods returned | **Schluß~** | account of settlement; final invoice (statement).

○ **Spesen~** | account of charges; expense account | **Ursprungs~** | invoice of origin | **Verkaufs~** | account sales; sales invoice; bill of sale | **Versand~** | shipping invoice | **Waren~** | invoice | **Zoll~** | customs account (invoice).

★ **detaillierte ~; spezifizierte ~** | detailed (itemized) account | **eine ~ ausstellen (ausschreiben) (aufmachen) (erteilen)** | to render an account; to send (to make out) an invoice; to invoice; to bill | **etw. auf ~ bestellen** | to order sth. against invoice | **eine ~ bezahlen (begleichen)** | to settle an account; to pay a bill | **eine ~ quittieren** | to give a receipt on an invoice | **etw. auf die ~ setzen** | to charge sth. on the bill; to put sth. on the invoice | **laut ~** | as per account (invoice); as invoiced.

Rechnungs..abgleichung f | balancing of accounts.
—**abnahme** f | audit(ing) of accounts; audit.
—**abschluß** m | closing (balancing) (balance) of accounts | **jährlicher ~** | annual accounts | **vierteljährlicher ~** | quarterly accounts.
—**art** f | method (way) of calculating.
—**abschnitt** m | accounting period.
—**abteilung** f; —**büro** n | accounts (accounting) department.
—**aufstellung** f | statement of accounts.
—**ausstellung** f | making out an account (an invoice).
—**auszug** m | statement (abstract) of account; account current.

Rechnungs..beleg m | accounting voucher; accountable (formal) receipt.
—**betrag** m Ⓐ | amount of the invoice; invoice (invoiced) amount.
—**betrag** m Ⓑ | invoice price.
—**buch** n Ⓐ | invoice book.
—**buch** n Ⓑ | accounting book; ledger.
—**defizit** n | accounting deficit.
—**einheit** f | accounting unit.
—**erteilung** f | rendering of accounts.
—**führer** m | accountant; bookkeeper.
—**führung** f | keeping of accounts; accountancy; accounting.
—**geld** n; —**münze** f | money of account.
—**grundlage** f | basis of calculation.
—**halbjahr** n | half of the financial year.
—**hof** m; —**kammer** f | audit office; chamber of accounts.
—**jahr** n | business (accounting) (financial) (fiscal) year.
—**legung** f | rendering of accounts (of an account) | **Klage auf ~** | action for a statement of accounts | **zur ~ verpflichtet sein** | to be accountable; to have to account.
—**legungspflicht** f | liability to render account(s); accountability.
—**periode** f | period of accounts; accounting period.
—**posten** m | item of the (of an) account.
—**preis** m | invoice price (amount).
—**prüfer** m; —**revisor** m | auditor.
—**prüfung** f | audit (auditing) (examination) of accounts; audit; audits pl.
—**prüfungs..amt** n | audit office.
— —**ausschuß** m | auditing committee.
— —**kommissar** m | official auditor.
Rechnungs..sachverständiger m | accounting expert.
—**saldo** m | balance of account(s); balance.
—**stelle** f | accounting (accounts) department; accounting office.
—**stempel** m | stamp duty on invoices.
—**tag** m | date of the invoice.
—**überschuß** m | accounting surplus.
—**übersicht** f | statement of account.
—**vordruck** m | bill head.
—**währung** f | money of account.
—**wert** m | invoice value.
—**wesen** n | accounting; accounts pl; accounting matters pl.
Recht n Ⓐ [subjektiv; Berechtigung] | right; claim; title | **Abbau~e** | mineral (mining) rights | **Ablehnungs~** ① | right of rejection (of refusal) (to refuse) | **Ablehnungs~** ② | right of challenge | **Ablösungs~** | right of redemption; right (option) of repurchase | **Absonderungs~** | right to a separate (preferential) settlement | **Abtretung eines ~s** | assignment of a right.
○ **Allein~** | exclusive (sole) right | **Alleinverwertungs~** | exclusive right of exploitation | **Aneignungs~** | right of appropriation (to appropriate) | **Anfechtungs~** | right of avoidance | **Anhaltungs~** | right of pursuit (of stoppage in transit) (of search) (of visitation) (of visit and search).
○ **Anklage~** | right to prosecute | **Anmaßung eines ~s** | usurpation of a right | **Anwachs~** | right of accession | **Anwachsungs~** | right of accrual (accretion) | **Asyl~** | right of sanctuary | **Aufführungs~** | right of performance | **die Aufführungs~e** | the dramatic rights | **Aufgabe eines ~es** | renunciation (relinquishment) of a right | **Auflösungs~** | right to dissolve | **Aufsichts~** |

Recht *n* Ⓐ *Forts.*

right of control (of supervision) | **Ausbeutungs~** | right of exploitation (to exploit) | **Ausführungs~** | right to perform | **Auslosungs~** | redemption right | **Ausschluß~** | exclusive (sole) right.

○ **Ausübung eines ~s** | exercise (use) of a right | **Auswahl~** | right of choice (to choose); option | **Ausweisungs~** | right to expulse | **Auswertungs~** | right of exploitation (to exploit) | **Bann~** | territorial monopoly | **Bebauungs~** | privilege of building | **~ auf abgesonderte Befriedigung** | right to a preferential settlement | **Begnadigungs~** | power of pardon | **Benennungs~** | right to nominate | **Benutzungs~, Benützungs~** | right of use (to use) | **Bergungs~** | right of flotsam, jetsam and lagan; right of salvage | **Berufungs~** | right of appeal (to appeal) | **Beschlagnahme~** | right to seize (to attach).

○ **Beschwerde~** | right to appeal (to make complaints) | **Besitz~** | right of possession; possession | **das Bestehen oder Nichtbestehen eines ~** | the existence or nonexistence of a right | **Besteuerungs~** | right (power) to levy taxes; taxing power | **Büdner~** | right of small peasant proprietors | **Bürger~** | citizenship | **Domizil~** | right to take up one's residence (to establish one's domicile) | **~e Dritter** | third party rights | **unbeschadet der ~e Dritter** | without prejudice to the rights of third parties.

○ **Durchfahrts~; Durchgangs~** | right of way (of passage) | **Durchsuchungs~** ① | right of visit (of inspection) | **Durchsuchungs~** ② | right of search (of visit and search) | **Ehren~** | honorary right | **die bürgerlichen Ehren~e** | the civic rights | **Ehrenbürger~** | honorary freedom; freedom of the city | **Eigentums~** | title; right of property; property right | **~ der Einsicht(nahme)** | right of inspection | **Einspruchs~** | right to veto (to object) (to appeal); power of veto | **Eintritts~** | right of admission | **Einziehungs~** | right of collection (to collect).

○ **Erb~; Erbfolge~** | right of inheritance (of succession) | **Erbbau~** | hereditary right to have a structure upon or under the surface of a piece of land | **mit dem ~ des Eroberers** | by right of conquest | **Erbpacht~** | heritable right of tenant farmers | **Ernennungs~** | power (right) of appointment | **~ der Erstgeburt** | primogeniture; right of primogeniture; priority of birth | **Erziehungs~** | right to educate | **Fabrikations~** | right to manufacture (to produce) (to make).

○ **Faustpfand~** | lien; pledge | **die Film~e** | the film (picture) (cinema) rights | **Fischerei~** | right of fishing (to fish); right (common) of piscary | **Floß~** | right of rafting (to float rafts) | **Folge~** | right of pursuit (of stoppage in transit) (of search) (of visit) | **Forderungs~** | right to claim; claim | **Frauenstimm~; Frauenwahl~** | women's suffrage | **mit Fug und ~** | in all reason; with good reason; justly | **Gebrauchs~** | right of use (to use); use.

○ **Geburts~** | birthright | **Gemeindebürger~** | citizenship | **Gemeinheits~** | right of common | **Genuß~** | right of enjoyment | **Genuß eines ~es** | enjoyment of a right | **~, vor Gericht als Partei aufzutreten** | right (capacity) to appear in court | **Gesetzgebungs~** | legislative power (authority) | **Gnaden~** | power of pardon | **Häusler~** | right of small tenant farmers | **Heimfall~** | right of escheat (of reversion).

○ **Herstellungs~** | right to manufacture (to produce) (to make) | **Hoheits~** | sovereign right | **Inter-**pellations~** | right to interpellate | **Interventions~** | right to intervene | **Klage~; ~, Klage zu erheben** | right to sue (to bring action) | **Kontroll~** | right of control (of supervision) | **Kriegsführenden~e** belligerent (belligerency) rights | **Kündigungs~** ① | right to terminate (to give notice of termination) | **Kündigungs~** ② | right to give (of giving) notice.

○ **Lebens~** | right of existence (to exist); right to life (to live) | **das ~ über Leben und Tod** | the right (power) of life and death | **~ auf Lebenszeit** | life (life-time) interest | **Macht geht vor ~** | might is right | **Mangel im ~e** | defect of title | **Menschen~e** | rights of man | **Miteigentums~** | joint property | **Münz~** | right of coining money | **Namens~** | right to the use of a name | **Nichtausübung eines ~s** | non-use of a right; non-user.

○ **Niederlassungs~** ①; **~, eine Niederlassung zu gründen; ~, sich niederzulassen** | right of settlement (to settle) | **Niederlassungs~** ② ; **~, Wohnsitz zu nehmen** | right to take up one's residence (to establish one's domicile) | **Notenausgabe~** | right of issuing (to issue) bank notes | **Notweg~** | right of way (of passage) | **Nutzungs~** | right of enjoyment | **Persönlichkeits~** | personal right (claim) | **Pfand~** | lien; pledge; right of attachment | **Pflichtteils~** | right to a compulsory portion | **Pfründen~** | right of stipend; prebendal (prebendary) right | **Prioritäts~** | right of priority; priority right | **Prüfungs~** | right of control (of supervision) | **Rückfalls~** | right of escheat (of reversion) | **Rückgriffs~** | right to take recourse | **Rückkaufs~** | right of redemption (to redeem); option (right) of repurchase.

○ **Rücktritts~** | right of withdrawal (of rescission) | **Schiffspfand~** | maritime lien | **Schürf~** | prospecting license | **Selbstbestimmungs~** | right of self-determination | **Selbsthilfe~** | right to selfredress | **Selbstverwaltungs~** | autonomy | **Sonder~** | privilege | **~e als Staatsbürger** | political rights.

○ **Stimm~** | right to vote (of voting); elective (voting) right; suffrage | **Straf~** | right (power) to punish | **Streik~** | right to strike | **Tränke~** | right of watering | **Trift~** | right to commonage (to pasturage) | **Übergriff in jds. ~e** | encroachment upon sb.'s rights | **Übersetzungs~** | right of translation | **Un~** | wrong; injustice; tort | **~ und Un~** | right and wrong | **zu ~ oder Un~** | right or wrong | **Urheber~** | copyright | **Untersagungs~; Verbietungs~; Verbots~** | right to forbid | **Untersuchungs~** | right of search (of visit).

○ **Veräußerungs~; Verfügungs~** | right to alienate (to dispose) | **Vereinigungs~** | right to form societies | **Verfilmungs~e** | film (picture) (cinema) rights | **Verfolgungs~** | right of pursuit (of stoppage in transit) | **Verkaufs~** | right to sell | **Verlags~; Veröffentlichungs~** | right to publish; copyright | **Vermögens~** | property right; right of property; title | **Verordnungs~** | power to decree | **Versammlungs~** | right of meeting | **Vertrags~** | contractual right.

○ **Vertretungs~** | right (power) to represent | **Verwaltungs~** | right of management (to manage) | **Verwertungs~** | right of exploitation (to exploit) | **Veto~** | right to veto; power of veto | **Vorbenutzungs~** | right of prior user | **Vorfahrts~** | right of way | **Vorkaufs~** | right of preemption (of pre-emption); buyer's option | **Vorschlags~** | right to nominate | **Vor~; Vorzugs~** | privilege; right of preference; preferential right.

○ **Wahl**~ ① | right of choice (to choose); option | **Wahl**~ ② | right to vote (of voting) (of election); electoral suffrage (franchise); suffrage; vote | **passives Wahl**~ | eligibility | **Wege**~ | right of way (of passage) | **Weide**~ | right of pasture (of pasturage) | **Widerrufs**~ | right of revocation (to revoke) | **Widerspruchs**~ | right of objection (to object) | das ~ **der Wiedergabe (des Nachdrucks) in Zeitschriften** | the magazine rights | **Wiederkaufs**~; ~ **des Wiederkaufs** | right of repurchase.

○ **Wohn**~; **Wohnungs**~ | right of occupancy (of residence) | **Zeichnungs**~ | right of application; subscription right | **Zeugnisverweigerungs**~ | right to refuse to give testimony (to testify) | **Züchtigungs**~ | right to inflict corporal punishment | **Zugangs**~; ~ **des Zutritts** | right of access | **Zurückbehaltungs**~ | right of lien (of retention); lien | **Zuwachs**~ | right of accession.

★ **absolutes** ~ | absolute (peremptory) right | **abtretbares** ~ | transferable right | **älteres** ~; **früheres** ~ | prior right | **ausschließliches** ~ | exclusive (sole) right | **die bürgerlichen** ~e | the civil (civic) rights | **dingliches** ~ | real right; right in rem | **eingetragenes** ~ | registered claim | **gemeinsames** ~ | joint right | **göttliches** ~; **höheres** ~ | divine right | **lebenslängliches** ~ | life (life-time) interest | **persönliches** ~ | personal right (claim) | **private** ~e | civil rights | **staatspolitische** ~e | political rights | **strittiges** ~ | litigious claim | **übertragbares** ~ | transferable right | **unabdingbares** ~ | peremptory right | **unkörperliches** ~ | incorporal right | **unpfändbares** ~ | non-attachable right | **unübertragbares** ~ | nontransferable right | **veräußerliches** ~ | alienable right | **verbriefte** ~e | chartered (vested) rights | **vertragliche** ~e | treaty rights | **unbeschränkt wirksames** ~ | absolute right | **wohlerworbene** ~e | well-established rights; vested interests.

★ **jdm. ein** ~ **aberkennen** | to deprive sb. of a right | **jdm. das** ~ **abstreiten, etw. zu tun** | to contest (to dispute) sb.'s right to do sth. | **jdm. ein** ~ **abtreten** | to assign (to cede) a right to sb. | **ein** ~ **ändern** | to modify a right | **sich ein** ~ **anmaßen** | to usurp a right | **sich jds.** ~e **anmaßen** | to encroach (to usurp) on (upon) sb.'s rights.

○ **ein** ~ **aufgeben** | to abandon (to relinquish) a right | **ein** ~ **aufheben** | to cancel a right | **ein** ~ **ausüben** | to exercise a right | **ein** ~ **begründen** | to establish a right | **auf seinem** ~ **beharren (bestehen bleiben)** | to assert (to stand on) one's rights | **in jds.** ~e **eingreifen** | to encroach on (upon) sb.'s rights | **sein** ~ **behaupten** | to vindicate one's rights | ~ **bekommen** | to win; to gain (to carry) the day.

○ **jdm. ein** ~ **einräumen (gewähren)** | to grant sb. a right | **mit** ~ **einwenden** | to argue rightfully | **jdm.** ~ **geben** | to decide (to give a decision) in favo(u)r of sb. | **von einem** ~ **Gebrauch machen** | to exercise a right | **seine** ~e **geltend machen** | to establish one's rights | **ein** ~ **auf etw. gründen** | to base a claim on sth. | ~ **haben** | to be right | **ein** ~ **haben auf etw.; das** ~ **haben zu etw.** | to have a right (a title) to sth.; to be entitled to sth. | **das** ~ **haben, etw. zu tun** | to be justified in doing sth. | **mit vollem** ~ **handeln** | to act with good reason; to act by right | **ein** ~ **herleiten von** | to derive a right from | ~ **zu klagen** | right to sue (to bring action) | ~ **zu kündigen** | right to give (of giving) notice.

○ **im** ~ **sein** | to be in the right (within one's rights) |

nicht im ~ **sein** | to be in the wrong | **jdm. ein** ~ **streitig machen** | to dispute sb.'s right | **in jds.** ~e **übergreifen** | to encroach (to usurp) on (upon) sb.'s rights | **ein** ~ **übertragen** | to assign (to transfer) a right | **ein** ~ **verleihen** | to grant (to bestow) a right | **jds.** ~e **verletzen** | to infringe sb.'s rights | ~, **zu veröffentlichen** | right to publish; copyright | **auf seine** ~e **verzichten** | to waive one's rights | **alle** ~e **vorbehalten** | all rights reserved | **sich das** ~ **vorbehalten, etw. zu tun** | to reserve the right to do sth. (of doing sth.).

★ **mein volles** ~ | my just right | **mit** ~; **mit gutem (vollem)** ~ | rightly; righteously; rightfully; by rights; in all justice; with good reason | **mit welchem** ~? | by what right? | **von** ~s **wegen** | by right; rightfully | **jdm. von** ~s **wegen gehören** | to belong to sb. by right.

Recht n Ⓑ [objektiv; Gesamtheit der Rechtsnormen] | law | **Anlieger**~ | law of neighbo(u)rs | **Arbeits**~ | labo(u)r law(s) | **Armen**~; **Armenfürsorge**~ | poor law | **Bank**~ | banking law; bank legislation | **Billigkeits**~ | equity law; law of equity; equity | **Budget**~ | budgetary law | **Devisen**~ | foreign exchange laws; laws (legislation) on foreign exchange | **Ehe**~ | law of marriage (of husband and wife) (of matrimony); matrimonial law | **Ehescheidungs**~ | divorce law | **Erb**~; **Erbfolge**~ | law of inheritance (of succession) | **Familien**~ | family law | **Faust**~ | fist law | **Flaggen**~ | law of the ship's flag.

○ **Gesellschafts**~ | companies Act; company law | **Gesetzes**~ | statutory (written) (statute) law | **Gewohnheits**~ | common (customary) law | **Grundstücks**~; **Immobilien**~; **Liegenschafts**~ | law (legislation) on real property | **Handels**~ | commercial (mercantile) law | **Jagd**~ | game laws pl | **Konkurs**~ | law of bankruptcy; legislation (regulations) on bankruptcy | **Kriegs**~ | martial law; the laws of war | **Land**~ | common law | **Landes**~ | state law | **Lehns**~ | feudal law | **Luft**~ | air law | **Luftfracht**~; **Lufttransport**~ | law of carriage by air; air carriage law | **Menschen**~ | right of man | **Nachbar**~ | law of neighbo(u)rs.

○ **Obligationen**~ ① | law of contract | **Obligationen**~ ② [S] | commercial code | **Pacht**~ | legislation on farm leases | **Preis**~ | regulations on prices; price regulations | **Privat**~ | civil (private) law | **internationales Privat**~ | private international (international private) law | **Prozeß**~ | procedural (adjective) law; law of procedure | **Sachen**~ | law of property | **Scheidungs**~ | divorce law | ~ **der Schuldverhältnisse** | law of contract (of obligations).

○ **See**~ ①; **Seestraßen**~ | maritime law; the navigation laws; right of way at sea | **See**~ ②; **Seekriegs**~ | naval law | **Seefracht**~; **Seetransport**~ | shipping law; law of carriage by sea | **Staats**~ | state (public) (national) law | **Staatsangehörigkeits**~ | nationality law | **Stammes**~ | tribal law | **Stand**~ | martial law | ~ **des Stärkeren** | fist law.

○ **Straf**~ | criminal (penal) law | **Strafprozeß**~ | laws on criminal procedure | **Strand**~ | right of jetsam, flotsam, and lagan; law of wreckage | **Transport**~ | law of carriage | **Urheber**~ | law on copyright(s) | **Vereins**~ | public law concerning societies | **Verfahrens**~ | procedural law | **Verfassungs**~ | constitutional law | **Vergeltungs**~ |

Recht *n* Ⓑ *Forts.*
law of retaliation | **Verjährungs~** | statute of limitation | **das Verlags~** | the law(s) on publications; copyright law | **Versicherungs~** | insurance laws | **Vertrags~** |law of contract (of obligations) | **Verwaltungs~** | administrative law | **Völker~** | law of nations | **Wahl~** | electoral law | **Wechsel~** | law on bills of exchange | **Zivil~** | civil (common) law | **Zivilprozeß~** | laws *pl* on procedure in civil cases.
★ **das anzuwendende ~** | the law which applies | **ausländisches ~** | foreign law | **bürgerliches ~** | civil (common) law | **nach bürgerlichem ~** | at common law | **nach deutschem ~** | under German law | **einheimisches ~** | national law | **formelles ~** | procedural law | **das geltende ~** | the law (the laws) in force; the established law | **gemeines ~** | common law | **nach gemeinem ~** | at common law.
○ **geschriebenes ~** | statutory (written) (statute) law | **internationales ~** | international law | **kanonisches ~** | canon (church) (ecclesiastical) (canonical) law | **materielles ~** | substantive law | **nationales ~** | national law.
○ **öffentliches ~** | public law | **Anstalt (Körperschaft) (juristische Person) des öffentlichen ~s** | institution (corporation) under public law; corporate (public) body; body corporate | **römisches ~** | Roman law | **ungeschriebenes ~** | unwritten law.
★ **von ~s wegen gelten** | to be the law | **von ~s wegen** | by law; of right.
Recht *n* © [Gerechtigkeit] | justice | **nach ~ und Billigkeit** | according to right and justice | **Gewalt und ~** | might and right | **ohne einen (ohne jeden) Schein des ~s** | without a semblance (without any colo(u)r) of right | **mit vollem ~** | in all justice | **das ~ beugen (verdrehen)** | to pervert justice; to pervert the course (the true course) of justice | **für ~ erkennen** | to hold | **~ sprechen** | to administer justice (the law); to dispense justice | **sich selbst (eigenmächtig) ~ verschaffen** | to take the law into one's own hands | **jdm. ~ widerfahren lassen** | to do justice to sb.; to do sb. justice.
recht *adj* | just; right | **~ und billig** | fair and just; just and equitable; right and proper | **es ist nicht mehr als ~ und billig** | it is only right | **wie es nur ~ und billig ist** | as it is only just.
Rechte *f* | **die ~** | the conservatives; the rightists | **Angehöriger der ~n** | member of the Right | **die äußerste ~** | the extreme right (rightists).
Rechte *npl* | **Doktor der ~** | doctor of law | **Student der ~** | law student; student of law | **Studium der ~** | study of law; law studies *pl* | **die ~ studieren** | to study (to read) law; to read for the law.
rechten *v* | **mit jdm. ~** | to reason (to argue) with sb.
Rechtens | by (at) law | **es ist ~** | it is the law.
rechtfertigen *v* Ⓐ | to justify | **eine Erklärung ~** | to justify a statement | **vor dem Gesetz zu ~;** **juristisch zu ~** | legally justifiable | **sich vor jdm. ~** | to justify os. before sb. | **kaum zu ~** | hardly justifiable.
rechtfertigen *v* Ⓑ [verteidigen] | to defend.
rechtfertigend *adj* | justifying; justificatory | **in einer zu ~en Weise** | in a justifiable manner.
Rechtfertigung *f* Ⓐ | justification.
Rechtfertigung *f* Ⓑ [Verteidigung] | defense.
Rechtfertigung *f* © [Entlastung] | exoneration; excuse.
Rechtfertigungsgrund *m* | justification.

Rechtfertigungs..schrift *f* Ⓐ | vindication; particulars *pl* of justification.
—schrift *f* Ⓑ | apology.
Rechthaberei *f* | disputatiousness; quarrelsome disposition.
rechthaberisch *adj* | disputatious; quarrelsome.
rechtlich *adj* | legal; judicial | **tatsächliche und ~e Ausführungen** | statements of fact and legal arguments | **ohne ~e Bedeutung** | irrelevant in law (in point of law) | **~e Bindungen** | legal ties | **~es Gehör** | right to a day in court | **ohne ~en Grund** | unlawful | **aus ~en Gründen** | for legal reasons; at law | **~es Interesse** | legitimate (lawful) interest | **~er Status; ~e Stellung** | legal status (position) (situation) | **tatsächliches und ~es Vorbringen zur Sache** | relevant statements of fact and legal points | **~e Wirkung** | legal effect.
★ **bürger~; gemein~** | at common law | **völker~** | under international law | **wider~** | unlawful | **zivil~** | under civil law.
rechtlich *adv* | lawfully; legally | **~ begründet** | legitimate; lawful; rightful | **~ bindend (verbindlich)** | legally binding | **~ verpflichtet** | bound by law; legally bound | **~ und tatsächlich** | in law and in fact | **~ und sachlich begründet** | good in law and in fact.
Rechtlichkeit *f* Ⓐ | legality; legitimacy; lawfulness.
Rechtlichkeit *f* Ⓑ [Ehrlichkeit] | integrity; honesty; uprightness; loyalty.
rechtlos *adj* | without right (rights); outlawed.
Rechtlosigkeit *f* | outlawry.
rechtmäßig *adj* | legal; legitimate; lawful; rightful; just; proper | **~er Anspruch** | legal claim (title); just title | **~er Anteil** | lawful (rightful) share | **~er Besitz** | lawful possession | **~er Besitzer** | lawful (legitimate) holder | **~er Eigentümer** | legal (rightful) owner | **~er Erbe** | rightful heir | **~er Erwerb** | lawful (rightful) purchase | **~er Inhaber** | rightful owner (holder) | **un~** | illegitimate; unlawful.
rechtmäßig *adv* | rightly; rightfully; properly | **für ~ erklären** | to justify | **~ erworben** | rightfully (legally) obtained | **jdm. ~ gehören** | to belong to sb. by right | **~ handeln** | to act by right (with good reason).
Rechtmäßigkeit *f* | legality; legitimacy; legitimateness; lawfulness; rightfulness.
Rechts..abteilung *f* | legal (law) department.
—abtretung *f* | assignment (cession) (transfer) of rights.
—änderung *f* | change of title.
—angelegenheit *f* | legal matter; law affair (matter) | **Besorgung (Erledigung) fremder ~en** | attending (handling) the legal matters of other persons (of others) | **fremde ~en besorgen (erledigen)** | to attend (to handle) the legal matters of other people.
—anmaßung *f* | usurpation of a right.
—anspruch *m* Ⓐ | right to claim; legal claim; claim; right | **sich eines ~s begeben** | to renounce a claim | **einen ~ auf etw. haben** | to be entitled (legally entitled) to sth.
—anspruch *m* Ⓑ [rechtmäßiger Anspruch] | legitimate claim; just title.
Rechtsanwalt *m* | attorney; barrister; counsellor; attorney-at-law; barrister-at-law; counsellor-at-law | **durch einen bei Gericht zugelassenen ~** | by way of representation through a lawyer | **~ mit Strafrechtspraxis** | criminal lawyer | **~ mit Zivilrechtspraxis** | civil practice lawyer | **~ sein; als ~ tätig**

sein | to practise at the bar; to be in the law | als
~ zugelassen werden | to be admitted to the bar
[VIDE: Anwalt *m* Ⓐ].
Rechtsanwältin *f* | woman barrister.
Rechtsanwaltschaft *f* | bar; legal profession | **Zulassung zur** ~ | call to the bar | **jdn. von der** ~ **ausschließen** | to disbar sb. | **zur** ~ **zugelassen werden** |
to be called to the bar.
Rechtsanwalts..beruf *m* | legal profession | **den** ~
ausüben | to practise law; to be in the law.
Rechtsanwalts..büro *n*; —**kanzlei** *f* | law (lawyer's)
office.
—**firma** *f* | firm of solicitors; law firm (office).
—**gebühren** *fpl* | counsel's (lawyer's) fees *pl*; legal
charges *pl*.
—**kammer** *f* | bar; bar council | **Präsident der** ~ |
president of the bar council.
Rechts..anwendung *f* | application of the law.
—**auffassung** *f* | legal concept (interpretation).
—**ausdruck** *m*; —**begriff** *m* | legal term.
—**ausführungen** *fpl* | legal arguments *pl*.
—**auslegung** *f* | legal interpretation (concept).
—**ausübung** *f* | exercise of a right (of rights); use of
a right | **mißbräuchliche** ~ | misuse of [one's] rights.
rechtsbegründend *adj* | ~e **Handlung** | transaction
which constitutes (confers) rights.
Rechts..behelf *m* | plea.
—**beistand** *m* Ⓐ; —**beratung** *f* | legal advice | **unentgeltliche(r)** ~ | legal aid.
—**beistand** *m* Ⓑ; —**berater** *m* | legal adviser; counsel;
counsellor-at-law.
—**belehrung** *f* | warning of [sb.'s] rights.
—**bestand** *m*; —**beständigkeit** *f* | legal validity (standing); validity (sufficiency) in law.
rechtsbeständig *adj* | valid in law; legally valid;
legal; lawful.
Rechts..beugung *f* Ⓐ [Verletzung] | departure from
the law.
—**beugung** *f* Ⓑ | miscarriage of justice | **eine** ~ **begehen** | to pervert the course of justice | **zum
Zwecke der Herbeiführung einer** ~ | in order to
defeat the ends of justice (to pervert the course of
justice).
—**beugung** *f* Ⓒ | mal-administration of justice.
—**beziehung** *f* | legal relation.
rechtschaffen *adj* | honest; upright; righteous;
right-minded; right-thinking.
Rechtschaffenheit *f* | honesty; uprightness; integrity;
probity.
rechtschöpferisch *adj* | ~e **Entscheidung** | decision
which makes law.
Rechtschreibungsfehler *m* | orthographical error.
Rechts..einheit *f* | uniformity of law.
—**einwand** *m* | plea; legal plea | **einen** ~ **erheben** | to
enter (to put in) (to put forward) a plea.
rechtserheblich *adj* | relevant in law | ~er **Einwand** |
relevant plea | ~es **Vorbringen** | relevant statements.
Rechtserheblichkeit *f* | relevance in law.
Rechtserwerb *m* | acquisition of a right (of rights).
rechtsfähig *adj* | having legal status (personality) |
~er **Verein** | association having (with) legal status |
~ **sein** | to have legal status | ~ **werden** | to acquire
legal status.
Rechts..fähigkeit *f* | legal capacity (status) | **Mangel
der** ~; **mangelnde** ~ | legal incapacity | ~ **besitzen** | to have legal status.
—**fakultät** *f* | faculty of law; law faculty.
—**fall** *m* | case; legal (law) case; cause; case in law.
—**fiktion** *f* | legal fiction; fiction of law.
—**folge** *f* | legal consequence.

Rechts..folgerung *f* | legal conclusion.
—**form** *f* | legal form.
—**formalität** *f* | legal formality.
—**frage** *f* | legal question; question (issue) (matter)
of law | **Streit über** ~n | dispute at law; legal
dispute | **über eine** ~ **streiten** | to argue a point of
law.
—**gang** *m* Ⓐ [Prozeß] | legal proceedings *pl*; proceedings at law.
—**gang** *m* Ⓑ [Instanz] | instance.
—**gefühl** *n* | sense of justice.
—**gelehrsamkeit** *f* | jurisprudence.
—**gelehrter** *m* | lawyer; jurist; legal expert.
—**gemeinschaft** *f* | community of rights.
—**genuß** *m* | enjoyment of a right (of rights).
rechtsgerichtet *adj* | right-wing; rightist.
Rechtsgeschäft *n* | legal act (transaction) | **durch** ~
unter Lebenden | by contract inter vivos | **mit
einem Nichtigkeitsmangel behaftetes** ~ | transaction
which may be vitiated.
★ **anfechtbares** ~ | voidable transaction | **auflösend bedingtes** ~ | act which is subject to a
resolutive condition | **betrügerisches** ~ | fraudulent
transaction | **einseitiges** ~ | unilateral transaction |
entgeltliches ~ | onerous transaction | **nichtiges** ~ |
void transaction | **sittenwidriges** ~ | transaction
against public policy | **unentgeltliches** ~ | naked
transaction | **unerlaubtes** ~; **unzulässiges** ~ |
illegal (unlawful) transaction | **zweiseitiges** ~ |
bilateral transaction.
rechtsgeschäftlich *adj* | ~e **Verfügung** | disposal by
contract.
rechtsgeschäftlich *adv* | by legal transaction.
Rechts..geschichte *f* | historical jurisprudence.
—**gleichheit** *f* | equal (equality of) rights.
—**grund** *m* | title; argument.
—**grundlage** *f* | legal basis | **ohne** ~ | without (void of)
legal title.
—**grundsatz** *m* | principle (maxim) (rule) of law;
legal maxim | **fundamentaler** ~ | fundamental
principle of law.
rechtsgültig *adj* | valid (sufficient) in law; valid;
legal; lawful | ~er **Anspruch** | valid (legal) title |
in ~er **Form** | in lawful (legally valid) form |
~e **Unterschrift** | authentic signature | ~er **Vertrag** | valid deed (instrument) (contract).
Rechts..gültigkeit *f* | validity (sufficiency) in law;
validity; legal validity; lawfulness | ~ **einer Unterschrift** | authenticity of a signature
—**gutachten** *n* | legal (counsel's) opinion | **ein** ~ **einholen** | to take counsel's opinion.
—**handel** *m* | legal (law) case; cause; case in law;
lawsuit | **in einen** ~ **verwickelt sein** | to be involved
in a case (in litigation).
—**handlung** *f* | legal act | **eine** ~ **vornehmen** | to
perform a legal act.
rechtshängig *adj* | pending at law (in court) (before
the court); litigious.
Rechtshängigkeit *f* | pendency | ~ **des Eigentumsanspruchs** | pendency of an action for recovery of
title | **Einrede der** ~ | plea of pendency | **Eintritt
der** ~ | date of filing the action.
Rechts..hilfe *f* | legal aid; judicial assistance | **Ersuchen um** ~ | letters rogatory.
— —**ersuchen** *n* | letters *pl* rogatory.
— —**verfahren** *n* | proceedings *pl* under letters rogatory.
—**inhaber** *m* | holder of a right.
—**irrtum** *m* Ⓐ [irrtümliche Rechtsauffassung] | error
in point of law.

Rechtsirrtum *m* Ⓑ [Verfahrensirrtum] | judicial error; miscarriage of justice.

rechtsirrtümlich *adj* | erroneous in point of law.

Rechts..kenntnis *f*; **—kenntnisse** *fpl* | legal knowledge.

—koalition *f* | right-wing coalition.

—konsulent *m* | solicitor; legal adviser.

Rechtskraft *f* Ⓐ [Wirksamkeit] | force of law; legal force (effect) | ~ **erlangen** | to obtain legal force; to become law.

Rechtskraft *f* Ⓑ [Gültigkeit] | validity in law; legal validity.

Rechtskraft *f* Ⓒ [Unanfechtbarkeit eines Urteils] | force of a final judgment | **Einrede der** ~ | plea of autrefois convict | **mit** ~ **(mit Erlangung der** ~**)** **des Urteils** | as and when the judgment becomes final (absolute) | **Urteil, welches** ~ **erlangt hat** | final (absolute) judgment | ~ **erlangen; in** ~ **erwachsen** | to become absolute (final).

Rechtskraftzeugnis *n* | certificate according to which a judgment is final (a decree is absolute).

rechtskräftig *adj* Ⓐ [wirksam] | of legal force (effect); effective in law; legally effective.

rechtskräftig *adj* Ⓑ [gültig] | valid in law; legally valid.

rechtskräftig *adj* Ⓒ [endgültig; nicht mehr anfechtbar] | ~**es Endurteil;** ~**e Entscheidung;** ~**es Erkenntnis;** ~**es Urteil** | final decision; absolute (final) judgment; decision (judgment) which has become absolute (final) (which is not subject to appeal | ~**es Scheidungsurteil** | decree absolute | ~**e Verurteilung** | final sentence (conviction) | **Einrede der** ~**en Verurteilung** | plea of autrefois convict | ~ **sein** | to be final (absolute) | ~ **werden** | to become absolute (final).

rechtskräftig *adv* | ~ **abgeurteilt;** ~ **verurteilt** | under final sentence | ~ **entschieden** | final | **Einrede der** ~ **entschiedenen Sache** | plea of autrefois convict.

Rechtskunde *f* | jurisprudence.

rechtskundig *adj* | with a legal training.

Rechts..kundiger *m* | lawyer; legal expert.

—lage *f* | legal situation (position) (status).

—lehre *f* | legal doctrine.

—lehrer *m* | teacher (professor) of law.

—literatur *f* | legal literature.

—mangel *m* | defect of (deficiency in) title; defective title.

—maxime *f* | legal maxime; principle (maxim) (rule) of law.

—mißbrauch *m* | misuse of [one's] rights.

Rechtsmittel *n* | redress; means of redress; appeal at law; appeal | ~ **der Berufung** | right of appeal (to appeal) | ~ **der Beschwerde** | appeal | **Einlegung eines** ~**s** | filing (lodging) (entering) of an appeal | ~ **der Revision** | appeal on a question (point) of law | **gegen ein Urteil ein** ~ **einlegen** | to attack a judgment | **Zulässigkeit von** ~**n** | admissibility of appeals | **Zulassung eines** ~**s** | granting of an appeal.

★ **durch** ~ **(mit** ~**n) anfechtbar** | appealable; subject to appeal | **durch** ~ **(mit** ~**n) nicht anfechtbar** | not appealable; not subject to appeal | **ein** ~ **einlegen** | to appeal; to file (to lodge) (to enter) (to institute) an appeal | **einem** ~ **unterliegen** | to be subject to appeal; to be appealable.

Rechtsmittel..begründung *f* | reasons *pl* of appeal.

—beklagter *m* | respondent; appellee.

—belehrung *f* | warning to sb. of his rights to appeal; caution.

Rechtsmittel..entscheidung *f* | appeal decision; decision upon appeal.

—frist *f* | period (time) for filing appeal (within which appeal must be filed).

—instanz *f* | **als** ~ **entscheiden** | to decide as court of appeal; to have appellate jurisdiction.

—kläger *m* | appellant.

—schrift *f* | petition (notice) of appeal.

—verfahren *n* | appeal proceedings *pl* (procedure).

—verzicht *m* | acceptance of a judgment.

Rechts..nachfolge *f* | legal succession; succession in title | **durch** ~ | by succession.

—nachfolger *m* | successor in title; legal successor; assign; assignee.

—nachteil *m* | prejudice.

—norm *f* | legal rule; rule of law; law.

—ordnung *f* | legal order; law and order | **für die** ~ **eintreten** | to support law and order.

—persönlichkeit *f* | juridical (legal) personality; legal status | ~ **haben** | to have legal status (personality) | **eigene** ~ **haben** | to be a separate (a separate and distinct) entity.

Rechtspflege *f* [Ausübung der ~] | administration of justice; justice | **Beamter der** ~ | law (law enforcement) officer | **Stillstand der** ~ | suspension of the administration of law; cessation of the administration of justice | **Straf**~ | criminal (penal) jurisdiction | **Verwaltungs**~ | administrative jurisdiction | **Zivil**~ | jurisdiction in civil cases | **die** ~ **ausüben** | to administer (to dispense) justice; to administer the law.

Rechts..philosophie *f* | philosophy of law.

—position *f* | legal position (situation) (status); juridical position.

—praktikant *m* | junior lawyer.

—praxis *f* | law practice; practice of law; law | **die** ~ **ausüben** | to practise law.

Rechtsprechung *f* Ⓐ | jurisdiction | ~ **der Berufungsinstanz** | appellate jurisdiction | ~ **nach Billigkeitsrecht** | equitable jurisdiction | ~ **in Nachlaßsachen** | probate jurisdiction | ~ **nach gemeinem Recht** | common-law jurisdiction | ~ **nach Zivilrecht** | civil jurisdiction | **streitige** ~ | contentious jurisdiction.

Rechtsprechung *f* Ⓑ [Gesamtheit der richterlichen Entscheidungen] | the precedents *pl* | **nach oberstrichterlicher** ~ | according to the judicial authorities | **ständige** ~ **sein** | to be consistent (established) practice | **nach der** ~ | according to the precedents.

Rechtsprechung *f* Ⓒ [Gesamtheit der Richter] | the judiciary.

Rechts..sache *f* Ⓐ [juristische Angelegenheit] | legal matter; law affair (matter).

—sache *f* Ⓑ [streitige Sache] | case; legal (law) case; cause; case in law.

—schutz *m* Ⓐ | **gewerblicher** ~ | protection of industrial property (property rights).

—schutz *m* Ⓑ [Rechtshilfe] | legal aid | ~ **gewähren** | to give (to grant a certificate for) legal aid.

— —versicherung *f* | legal aid insurance.

—sprache *f* | legal terminology (language) (parlance); law language.

—sprichwort *n* | legal proverb.

—staat *m* | state which is governed by law and order.

—standpunkt *m* | legal point of view | **vom** ~ **aus** | legally speaking; in legal contemplation.

—stellung *f* | legal position (situation) (status).

Rechtsstreit *m* [Rechtsstreitigkeit] | law case; lawsuit; suit | **Kosten des** ~**s** | law costs; legal costs (charges) | **zu den Kosten des** ~**s verurteilt werden** | to be sentenced with costs (to pay the costs of the proceedings) | **in jeder Lage des** ~**s** | at any time during the course of the proceedings | **Verwaltungs**~ | litigation in an administrative matter | **anhängiger (schwebender)** ~ | pending case (action) | **bürgerlicher** ~ | civil case (action) | **sich auf den** ~ **einlassen** | to join issue | **in einen** ~ **verwickelt sein** | to be involved in a lawsuit.

Rechts..student *m*; —**studierender** *m* | law student; student of law.

—**studium** *n* | study of law; law studies *pl.*

—**system** *n* | judicial (court) system.

—**titel** *m* Ⓐ [Rechtsanspruch] | title; just title; legitimate claim.

—**titel** *m* Ⓑ [Erwerbstitel] | transfer deed.

—**titel** *m* Ⓒ [Eigentumstitel] | document (instrument) of title; title (deed) of property; title deed | **einwandfreier** ~ | good (perfect) title.

—**übergang** *m* | devolution of title.

—**übertragung** *f* Ⓐ [Abtretung] | transfer (cession) of rights.

—**übertragung** *f* Ⓑ [Auflassung] | transfer of title; conveyance.

rechtsunfähig *adj* | legally incapable (incapacitated); incapable of exercising rights.

Rechtsunfähigkeit *f* | legal incapacity.

rechtsungültig *adj* | insufficient (invalid) at law.

Rechts..ungültigkeit *f* | legal invalidity.

—**unkenntnis** *f* | ignorance of the law.

—**unsicherheit** *f* | juridical insecurity.

rechtsunwirksam *adj* Ⓐ | without legal force; invalid (insufficient) at law; legally ineffective.

rechtsunwirksam *adj* Ⓑ [nichtig] | void; null and void.

Rechts..unwirksamkeit *f* Ⓐ | insufficiency at law; legal invalidity.

—**unwirksamkeit** *f* Ⓑ [Nichtigkeit] | nullity.

rechtsverbindlich *adj* | legally binding; binding in law.

Rechts..verdreher *m* | lawmonger; pettifogger; hedge (pettifogging) (snitch) lawyer; shyster.

—**verdrehung** *f* Ⓐ | pettifogging; pettifoggery.

—**verdrehung** *f* Ⓑ | perverting the course (the true course) of justice.

—**verfahren** *n* | legal procedure (process); judicial proceedings; court proceedings (procedure); proceedings at law | **im ordentlichen** ~ | by due process of law.

—**verfassung** *f* | judicial system; judiciary.

—**verfolgung** *f* | prosecution | **kostspielige** ~; **teure** ~ | dear law.

—**vergleichung** *f* | comparative law (jurisprudence).

—**verhältnis** *n* | legal relation.

—**verletzer** *m* | law breaker.

—**verletzung** *f* Ⓐ | infringement of a right (of sb.'s rights).

—**verletzung** *f* Ⓑ [Gesetzesverletzung] | infringement (breaking) (violation) of the law; law breaking.

—**verlust** *m* | loss of a right (of rights).

—**vermutung** *f* | presumption of law; legal (statutory) presumption | **unwiderlegbare** ~ | irrebuttable (non-rebuttable) (irrefutable) presumption | **widerlegbare** ~ | rebuttable (refutable) presumption.

—**verordnung** *f* | statutory order.

—**verteidigung** *f* | defense.

—**vertreter** *m* | legal representative; proxy; statutory agent; attorney in fact.

—**verweigerung** *f* | denial of justice.

—**verwirkung** *f* | forfeiture of a right (of rights).

—**verzicht** *m* | disclaimer (renunciation) of a right (of rights).

Rechts..vorbehalt *m* | reservation of a right.

—**vorgänger** *m* | predecessor in title.

—**vorschrift** *f* | legal regulation; rule of law.

Rechtsweg *m* | course of law | **unter Ausschluß des** ~**es** | excluding the right to take legal proceedings | **Unzulässigkeit des** ~**es** | bar of trial | **Zulässigkeit des** ~**es** | leave to institute legal proceedings.

★ **den** ~ **ausschließen** | to bar legal proceedings; to oust jurisdiction | **den** ~ **beschreiten** | to go to law; to proceed by law; to take legal proceedings (steps) (measures); to initiate legal proceedings | **etw. auf dem** ~ **geltend machen** | to assert (to enforce) sth. in court | **auf dem** ~**e** | by legal course (process) (means); by process of law | **auf dem ordentlichen** ~ | by due process (course) of law.

rechtswidrig *adj* | illegal; unlawful; wrongful; contrary to (to the) law; against the law | ~**e Handlung** | wrongful (tortious) act; tort.

Rechtswidrigkeit *f* | illegality; unlawfulness.

rechtswirksam *adj* Ⓐ | of legal force (effect); effective in law; legally effective.

rechtswirksam *adj* Ⓑ [rechtsgültig] | valid in law; legally valid.

Rechtswirksamkeit *f* Ⓐ [Rechtskraft] | force of law; legal force (effect).

Rechtswirksamkeit *f* Ⓑ [Rechtsgültigkeit] | validity in law; legal validity.

Rechtswirkung *f* | legal effect | **ohne** ~ | legally ineffective; invalid (insufficient) at law.

Rechtswissenschaft *f* | jurisprudence; law | **Doktor der** ~ | Doctor of law | **Student der** ~ | law student; student of law | **vergleichende** ~ | comparative law (jurisprudence) | ~ **studieren** | to study (to read) law; to read for the law.

rechtswissenschaftlich *adj* | jurisprudential | ~**e Fakultät** | faculty of law.

Rechtswohltat *f* | benefit of the law | ~ **des Inventars (der Inventarerrichtung)** | benefit of the inventory | ~ **der Teilung** | benefit of partition | ~ **der Vorausklage** | benefit of the plea of preliminary proceedings against the main debtor | ~ **der Vermögensabtretung;** ~ **der Abtretung des Vermögens an die Gläubiger** | benefit of the assignment of the assets to the creditors | ~ **des Zweifels** | benefit of the doubt.

Rechtswörterbuch *n* | legal dictionary.

Rechtszug *m* | instance.

Rechtszustand *m* | legal status (position).

rechtzeitig *adj* | in due course | ~**e Benachrichtigung** | timely notice | ~**e Kündigung** | due notice | ~**e und ordnungsgemäße Kündigung** | due and proper notice.

rechtzeitig *adv* | **jdn.** ~ **benachrichtigen** | to give sb. due and proper notice; to give sb. fair warning.

Redakteur *m,* **Redaktor** *m* [S] | editor | ~ **des Börsenteils (des Wirtschaftsteils)** | city (financial) editor | **Chef**~ | editor-in-chief; chief (managing) editor; editor-manager | **Hilfs**~ | sub-editor | **Sport**~ | sports editor | **verantwortlicher** ~ | responsible editor.

Redaktion *f* Ⓐ [Herausgabe einer Zeitung] | edition [of a newspaper].

Redaktion *f* Ⓑ [Stellung als Schriftleiter] | editorship | **unter der** ~ **von ....** | under the editorship of ....

Redaktion *f* Ⓒ [Redaktionsbüro] | the editorial (the editor's) office.

redaktionell *adj* | editorial | **der** ~**e Teil** | the editorial part.

Redaktions..ausschuß *m* | drafting committee.
—schluß *m* | final (copy) date; deadline.
—stab *m* | editorial staff; staff of editors.
—tätigkeit *f* | editorial work.
Rede *f* | speech; address | **Antritts~** ① | inaugural speech (address) | **Antritts~** ②; **Thron~** | accession declaration; speech from the throne | **Eröffnungs~** | opening speech | **Jungfern~** | maiden speech | **Programm~** | program speech | **Rundfunk~** | radio speech (address) | **Schluß~** | closing speech | **Wahl~** | campaign (election) speech.
★ **aufreizende ~n** | inflammatory speeches | **in freier ~** | in free speech; viva voce | **eine ~ halten** | to make (to deliver) a speech; to give an address | **jdn. wegen etw. zur ~ stellen** | to call sb. to account for sth.
Redefreiheit *f* | freedom of speech; free speech.
redegewandt *adj* | eloquent.
Redegewandtheit *f* | eloquency.
Redezeit *f* | time for speaking; time limit for a speaker.
redigieren *v* | to draw up; to write out.
Redigierung *f* | drawing up; drafting; editing.
Rediskont *m* | rediscount.
rediskontieren *v* | to rediscount.
Rediskontierung *f* | rediscounting.
Rediskont..kredit *m* | rediscount credit.
—satz *m* | rediscount rate.
redlich *adj* Ⓐ [ehrlich] | honest.
redlich *adj* Ⓑ [gutgläubig] | **~er Erwerber** | purchaser in good faith.
Redlichkeit *f* | honesty; probity.
Redner *m* | speaker; orator | **der Vor~** | the previous speaker.
Rednerin *f* | woman orator.
Rednerliste *f* | list of speakers.
Reduktion *f* | reduction.
reduzierbar *adj* | reducible.
reduzieren *v* | **einen Anspruch ~** | to reduce a claim | **seine Ausgaben ~** | to reduce (to curtail) one's expenses.
Reduzierung *f* | reduction.
Reede *f* | roads *pl*; roadstead | **auf der ~** | in the roads.
Reeder *m* [Schiffs~] | shipowner; shipper | **~ und Befrachter** | owner and charterer | **Korrespondent~; Korrespondenz~; Mit~** ① | managing owner of a ship; ship's husband (manager); manager-freighter | **Mit~** ②; **Parten~** | joint owner (co-owner) of a ship | **Tramp~** | tramp shipowner.
Reederbrief *m* | ship's register (certificate of registry).
Reederei *f* Ⓐ; —betrieb *m*; —geschäft *n* | shipping (shipowning) business (trade) (industry); shipowning | **Parten~** | joint ownership (co-ownership) of ships.
Reederei *f* Ⓑ; —firma *f* | shipping firm (house).
—flagge *f* | house flag.
—gesellschaft *f* | shipping company (line).
reell *adj* Ⓐ | respectable; honest | **~e Bedienung** | realiable service | **~e Firma; ~es Geschäft** | respectable (reliable) firm | **~e Preise** | fair prices.
reell *adj* Ⓑ [tatsächlich] | actual | **~er Wert** | real (actual) value.
Refaktie *f* [Abzug wegen Verlust oder Beschädigung] | allowance for loss (for shrinkage) (for breakage).
Referat *n* Ⓐ [Bericht] | report | **ein ~ erstatten (halten)** | to make (to give) a report; to read a paper.

Referat *n* Ⓑ [Abteilung; Department] | department; division.
Referendar *m* | junior lawyer.
Referendum *n* | referendum; popular referendum (vote) plebiscite.
Referent *m* | reporter | **General~** | general reporter.
Referenz *f* | reference | **Angabe von ~en** | giving references (of references) | **gute ~en haben** | to have good references | **~en angeben (aufgeben)** | to give (to furnish) references | **jdn. als ~ aufgeben** | to use sb.'s name as reference | **bei jdm. ~en einholen** | to go for a reference (for references) to sb. | **über jdn. ~en einholen** | to take up sb.'s references.
Referenzangabe *f* | **unter ~** | giving references.
Referenzjahr *m* | year which serves as basis; basis (basic) year.
referieren *v* | **über etw. ~** | to report on sth.; to make (to give) a report on sth.
refinanzieren *v* | to refinance.
Refinanzierung *f* | refinancing.
Reflektant *m* Ⓐ | interested party | **ernsthafter ~** | serious applicant.
Reflektant *m* Ⓑ [Kauf~] | intending (presumptive) (prospective) buyer (purchaser).
reflektieren *v* | **ernsthaft ~** | to have serious intentions; to mean business.
Reform *f* | reform | **Agrar~; Boden~** | land reform | **Sozial~** | social reform | **Strafrechts~** | penal reform | **Verfassungs~** | constitutional reform | **Wahl~** | electoral reform | **Währungs~** | monetary reorganization | **durchgreifende ~en** | sweeping reforms.
reformieren *v* | to reform.
Reform..bestrebungen *fpl*; —bewegung *f* | reform movement.
—programm *n* | reform program.
Regal *n* [Kron~] | royal prerogative; prerogative of the crown; royalty.
Regalien *npl* | regalia *pl*.
Regel *f* | rule; principle | **Auslegungs~** | rule (canon) of interpretation (of construction) | **eine Ausnahme von einer ~ bilden (machen)** | to be (to make) an exception to a rule | **Beweis~** | rule of evidence | **Fusions~n** | rules governing mergers; merger rules | **Ordens~** | rule of the order | **Prozeß~; Verfahrens~** | rules of the court; judicial (procedural) code | **die Spiel~n** | the rules of the (of a) game | **die Spiel~n einhalten** | to observe the rules of the game | **in Übereinstimmung mit den ~n handeln** | to act according to rule | **Wettbewerbs~n** | rules of competition.
★ **als allgemeine ~** | as a general rule | **nach der allgemeinen ~** | according to general rules *pl* | **goldene ~** | golden rule | **stehende ~; unabänderliche ~** | standing rule.
★ **eine ~ festlegen** | to lay down a rule | **es sich zur ~ machen, etw. zu tun** | to make it a rule to do sth. | **als ~; in der ~** | as a rule; as a general rule; generally; ordinarily | **nach der ~; nach den ~n** | according to (in accordance with) the rule(s).
Regelfall *m* | normal (ordinary) case | **im ~** | normally.
regellos *adj* | irregular.
Regellosigkeit *f* | irregularity.
regelmäßig *adj* | regular | **~er Besucher** | regular visitor | **~er Dienst** | regular service | **~es Einkommen** | regular income | **~er Kunde; ~e Kundin** | regular client (customer).
regelmäßig *adv* | regularly | **~ wiederkehrend** | recurring at regular intervals.

Regelmäßigkeit *f* | regularity.

regeln *v* | to regulate; to order | **eine Sache außergerichtlich** ~ | to settle a case (a matter) out of court | **den Verkehr** ~ | to direct (to control) the traffic | **etw. einheitlich** ~ | to regulate sth. uniformly | **etw. gütlich (in Güte)** ~ | to settle sth. amicably.

regelrecht *adv* | according to the rules; regular.

Regelung *f* Ⓐ [Regulierung] | regulation | **Absatz**~ | marketing control; market regulations *pl* | **Sonder**~ | special regulation | **Verkehrs**~ | traffic control (regulation) | **einheitliche** ~ | uniform regulation | **gesetzliche** ~ | regulation by statutes.

Regelung *f* Ⓑ [Erledigung] | settlement; arrangement; adjustment | **Pauschal**~ | lump settlement | **Schadens**~ | adjustment of losses | **Sonder**~ | special arrangement | **vergleichsweise** ~ | settlement by a compromise | **vorläufige** ~ | provisional settlement.

Regelverletzung *f* | violation of a rule (of the rules).

regelwidrig *adj* | against (contrary to) the rules (the regulations); contrary to order; irregular | **etw. für** ~ **erklären** | to rule sth. out of order.

Regelwidrigkeit *f* | irregularity.

Regent *m* | regent; sovereign | **Prinz**~ | prince regent.

Regentschaft *f* Ⓐ | regency.

Regentschaft *f* Ⓑ [Herrschaft] | reign | **unter der** ~ **von ...** | under the reign of ...

Regentschaftsrat *m* | regency council.

Regie *f* Ⓐ [staatliche Verwaltung] | state (government) control.

Regie *f* Ⓑ [Staatsmonopol; staatliche Monopolverwaltung] | state (government) monopoly | **Tabak**~ | state tabacco monopoly.

Regie *f* Ⓒ [Regieführung; Leitung] | management; direction | **Film**~ | direction | **Theater**~ | stage management.

Regie..arbeiten *fpl* | works *pl* under contract.

—betrieb *m* | government (state) enterprise.

—kosten *pl* | administration expenses; overhead charges.

regieren *v* Ⓐ | to govern; to rule | **im Verordnungsweg** ~ | to govern by decree.

regieren *v* Ⓑ [herrschen] | to reign.

regierend *adj* | reigning; governing; ruling | **ein** ~**es Haus** | a reigning house (dynasty) | **die** ~**e Partei** | the party in power.

Regierung *f* Ⓐ [Obrigkeit] | government | **Akt der** ~ | act of high (public) authority | **Ausnahme**~ | emergency government | **Bundes**~ | federal government | **Exil**~ | government-in-exile | **Kirchen**~ | church government | **Mandats**~ | mandate government | **Marionetten**~ | puppet government | **National**~ | national government | **Provinzial**~ | provincial government | **Schatten**~ | shadow government | **Sprecher der** ~ | government spokesman | **Staats**~ | state government | **Vertrags**~ | signatory government | **Zentral**~ | central government | **die** ~ **übernehmen** | to take over the government | **zur** ~ **(an die** ~**) gelangen** | to come to power | **an der** ~ **sein** | to be in power; to be in.

Regierung *f* Ⓑ [Kabinett] | government; cabinet | **Arbeiter**~ | labo(u)r government | **Bildung einer** ~ | forming of a government | **Koalitions**~ | coalition cabinet (government) (ministry) | **Rücktritt der** ~ | resignation of the cabinet | **Sturz der** ~ | fall of the government | **Stürzung der** ~ | overthrowing the (of the) government | **Umbildung der** ~ | change in the cabinet | **geschäftsführende** ~; **provisorische** ~;

vorläufige ~ | caretaker (provisional) government.

★ **aus der** ~ **austreten** | to resign from the cabinet | **eine** ~ **bilden** | to form a cabinet | **die** ~ **stürzen** | to overthrow the government | **die** ~ **umbilden** | to make changes in the cabinet; to reshuffle the cabinet | **die** ~ **ist zurückgetreten** | the government (the cabinet) has resigned.

Regierung *f* Ⓒ [Regierungsform] | system (form) of government.

Regierung *f* Ⓓ [Regentschaft] | **unter der** ~ **von ...** | under the reign of ...

Regierungs..amt *n* | government office.

—anhänger *m* | government supporter.

—antritt *m* | accession to the throne; accession.

—apparat *m* | governmental machinery.

—ausgaben *fpl* | governmental expenditure; government spending.

—ausschuß *m* | government commission; governmental committee.

—beamter *m* | government (state) official (employee).

—bezirk *m* | administrative district.

—bildung *f* | forming (formation) of a government (cabinet).

—blatt *n* | government newspaper.

—chef *m* | head of the government.

—ebene *f* | **auf** ~ | on government level.

—erklärung *f* | government (cabinet) communiqué.

regierungsfeindlich *adj* | against the government; anti-governmental.

Regierungsform *f* | system (form) of government | **absolute** ~; **unumschränkte** ~ | absolute government; absolutism | **demokratische** ~ | democratic government; democracy | **monarchische** ~ | monarchic(al) government; monarchy | **parlamentarische** ~ | parliamentary system; representative government | **totalitäre** ~ | totalitarian government.

Regierungs..gebäude *n* | government (public) building.

—gegner *m* | member of the opposition (of the opposition party); opposition member.

—koalition *f* | government coalition; coalition government.

—kommissar *m* | government commissioner.

—kommission *f* | government commission.

—konferenz *f* | diplomatic conference.

—kreise *mpl* | **in** ~**n** | in government(al) circles.

—krise *f* | cabinet (ministerial) crisis.

—majorität *f*; **—mehrheit** *f* | government majority.

—mitglied *n* | member of the government (of the cabinet); cabinet member.

—monopol *n* | state (government) monopoly.

—organ *n* | government (official) organ.

—partei *f* | government party; party in power.

—präsident *m* | head of the provincial government.

—rücktritt *m* | resignation of the cabinet.

—schutz *m* | protection by the government; government protection.

—sitz *m* | seat of the government.

—sprecher *m* | government spokesman.

—stelle *f* | government department (office).

—sturz *m* Ⓐ | overthrowing of the government.

—sturz *m* Ⓑ | fall of the government.

—system *n* | system (form) of government.

—umbildung *f* | change in (reshuffle of) the cabinet.

—verlautbarung *f* | government (cabinet) communiqué.

—vertreter *m* | government representative.

—vorlage *f* | government bill.

Regierungs..wechsel *m* | change of government (in the cabinet).
—zeit *f* | reign.
—zuschuß *m* | government (state) subsidy; grant-in-aid.
Regiespesen *pl* [Generalunkosten] | general expense; overhead (indirect) expenses (charges) (cost); overhead.
Regiment *n* | **das geistliche ~** | the church government | **das weltliche ~** | the secular powers *pl* | **das ~ führen** | to rule; to govern.
Regional..abkommen *n*; **—pakt** *m* | regional pact.
—bank *f* | district (regional) bank.
—verband *m* | regional association.
Regisseur *m* | **Film~** | film director | **Theater~** | stage manager (director).
Register *n* | register; list; record; roll | **Aktien~** | share register (ledger); register (list) of shareholders | **Geburten~** | register of births | **Genossenschafts~** | public register of cooperative societies | **Güterrechts~** | marriage property register.
○ **Handels~** | trade register | **Heirats~** | register of marriages | **Hypotheken~** | mortgage register; register of mortgages | **Muster~** | register of designs | **Patent~** | patent register (roll); register of patents | **Personenstands~**; **Standes~**; **Standesamts~** | register of births, deaths, and marriages.
○ **Prozeß~** | cause list; roll of the court | **Schiffs~** | shipping (naval) register | **Eintragung ins Schiffs~** | marine registry | **Sterbe~** | register of deaths | **Straf~** | record of convictions; criminal (police) record | **Vereins~** | register of societies (of clubs) | **Wahl~** | electors' (voters') list; list (register) of voters; poll book.
★ **amtliches ~** | public register | **etw. in ein ~ eintragen** | to register sth. | **ein ~ fälschen** | to tamper with a register | **ein ~ führen** | to keep the register | **etw. im ~ löschen** | to strike sth. off the register.
Register..amt *n* | registry (registration) (public records) office | **Hypotheken~** | mortgage registry office | **Schiffs~** | marine registry office.
—auszug *m* | extract from a public register | **Straf~** | extract from [sb.'s] police record.
—behörde *f* | registry office; registry.
—brief *m* [**Schiffs~**] | certificate (ship's certificate) of registry.
—eintragung *f* | entry in the register.
—führer *m* | registrar; keeper of the records.
—führung *f* | keeping of the register(s) (of the records).
—gericht *n* | registry office; registry.
—hafen *m* | port of registry (of registration).
—richter *m* | the companies' registrar; recorder.
—staat *m* | state of registry; country of registration.
—tonnage *f* | register(ed) tonnage.
—tonne *f* | register ton.
Registrator *m* | registrar; recorder.
Registratur *f* Ⓐ [die Akten] | the records *pl*; the files *pl*; the filing system.
Registratur *f* Ⓑ [Aktenschrank] | filing cabinet.
registrieren *v* | **etw. ~** | to register (to record) sth. | **jdn. ~** | to put sb. on the list.
Registrierkasse *f* | cash register.
registriert *part* | registered; on record.
Registrierung *f* | registering; registration | **~ von Ausländern** | aliens' registration | **~ des Urheberrechts** | copyright registration.
Registrierungsbescheinigung *f* | certificate of registration.

Registrierungspflicht *f* | obligation to register; compulsory registration.
Reglement *n* | regulations *pl*; by-laws *pl*; rules *pl* and by-laws *pl*.
Reglementierung *f* | regulating.
Regreß *m* | recourse; redress | **~ auf Sicherstellung** | recourse for want of security | **Sprung~** | recourse against one of the previous endorsers | **~ mangels Zahlung** | recourse for want of payment | **Wechsel~ mangels Zahlung** | recourse for non-payment [of a bill of exchange] | **~ nehmen** | to have recourse | **an jdm. ~ nehmen** | to have recourse to sb.; to fall back upon sb.; to have one's redress against sb.; to recur to sb. | **~ an jdm.** | falling back upon sb. | **ohne ~** | without recourse.
Regreß..anspruch *m* | right of recourse; redress.
—haftung *f* | liability to recourse.
—klage *f* | action for recourse | **Wechsel~** | action for recourse on a bill of exchange.
—nehmer *m* | party (person) seeking recourse.
regreßpflichtig *adj* | liable to recourse.
Regreß..pflichtiger *m*; **—schuldner** *m* | party (person) liable to recourse.
—recht *n* | right of recourse.
—weg *m* | **im ~** | by having recourse.
regulär *adj* | regular.
Regulation *f* | regularization.
Regulativ *n* | regulation(s); by-laws *pl*.
regulierbar *adj* | adjustable.
regulieren *v* | to regulate; to adjust | **einen Anspruch ~; eine Forderung ~** | to settle a claim.
Regulierung *f* Ⓐ | regulation; regulating.
Regulierung *f* Ⓑ | settlement; adjustment | **Pauschal~** | settlement on a lump sum basis | **Schadens~** | adjustment of losses.
Regulierungs..kurs *m* | settling rate.
—preis *m* | settlement (settling) price.
rehabilitieren *v* | to rehabilitate.
Rehabilitierung *f* | rehabilitation.
Reich *n* | empire; realm | **Kaiser~** | empire | **Kolonial~** | colonial empire | **König~** | kingdom | **Welt~** | world empire.
Reiche *m* | **die ~n** | the rich *pl*; the wealthy *pl* | **die Neu~n** | the new (newly) rich *pl*.
reichlich *adj* | plentiful | **~e Mittel** | ample means (funds).
Reichtum *m* | wealth | **zu ~ kommen** | to achieve (to come to) wealth.
Reichtumssteuer *f* [S] | surtax; extra tax [on incomes over a certain level].
Reichweite *f* | reach | **außer ~** | beyond (out of) reach.
Reife *f* | maturity.
reifen *v* | **eine Sache ~ lassen** | to permit a matter to mature.
Reifeprüfung *f* | maturity (school leaving) examination.
Reifezeugnis *n* | school leaving certificate; graduation.
reiflich *adj* | **nach ~er Überlegung** | after mature consideration.
reiflich *adv* | **etw. ~ überlegen** | to give sth. mature deliberation.
Reihe *f* | series *sing*; succession; rank | **Ahnen~** | line of ancestors | **~ von Jahren** | series of years | **außer der ~** | out of turn | **der ~ nach** | in succession; in turn | **Anordnung der ~ nach** | seriation.
Reihen..anfertigung *f*; **—fertigung** *f*; **—fabrikation** *f* | serial (mass) production.
Reihenfolge *f* | order; succession; rank; ranking | **in der ~ der Daten** | in the order of the dates;

in their order of time | **in der ~ des Einganges (des Einlaufes)** | in the order of receipt | **in der ~ der Eintragung** | in the order of registration | **in der ~ der Tagesordnung** | in (according to) the order of the day | **alphabetische ~** | alphabetical order | **in chronologischer ~; in zeitlicher ~** | in chronological order | **in umgekehrter ~** | in reverse order.

rein *adj* | **~e Aktiva (Aktiven)** | net assets *pl* | **~er Verlust** | net (dead) loss | **~er Wert** | net value.

Rein..ausgaben *fpl* | net expenses (expenditure).

—**einnahme** *f* | net income (revenue).

—**einnahmen** *fpl* | net receipts *pl* (takings *pl*).

—**einkommen** *n* | net (clear) income.

—**erlös** *m* | net proceeds *pl*.

—**ertrag** *m* | net proceeds *pl* (result) (gain) | **als ~ bringen (erbringen)** | to net.

—**gewicht** *n* | net weight.

—**gewinn** *m* | net profit (gain) (proceeds *pl*) (earnings *pl*) | **unverteilter ~; nicht verteilter ~; nicht verwendeter ~** | undivided profit(s); unappropriated earned surplus | **verfügbarer ~** | available surplus.

reinigen *v* | **sich von einer Anschuldigung ~** | to clear os. of a charge.

Reinigungseid *m* | oath of purgation; compurgatorial oath.

Reinschrift *f* | fair (clean) copy | **Anfertigung (Herstellung) der ~ (einer ~)** | making out a clean copy | **von einem Brief eine ~ anfertigen (herstellen)** | to make a fair copy of a letter.

Rein..überschuß *m* | net surplus.

—**verdienst** *m* | net profit (gain) (earnings).

—**verlust** *m* | net loss.

—**vermögen** *n* | actual (net) assets *pl*; net property (capital).

Reise *f* | journey; voyage; trip | **Aus~** | outbound (outward) (outward bound) voyage (passage) (journey) | **Auslands~** | trip abroad | **Bahn~; ~ per Bahn; Eisenbahn~** | railway journey | **Dienst~** | official trip (journey) | **Durch~** | transit | **Ferien~** | holiday trip | **Geschäfts~** | business trip; journey on business | **Gesellschafts~** | conducted (organized) tour (trip) | **Heim~** | homeward (inward bound) journey; return journey (trip) (voyage) (passage) | **Hin~** | outward (outbound) (outward bound) voyage (passage) (journey) | **Hin- und Rück~** | round voyage; trip there and back | **Hochzeits~** | honeymoon trip; wedding tour | **Informations~** | information trip; fact-finding tour | **Inspektions~** | inspection trip (tour); tour of inspection | **~ auf dem Landwege** | overland journey (travel) | **~ auf dem Luftwege** | air journey | **Pauschal~** | all-expense tour; all-inclusive trip | **Rück~** | return journey (trip) (voyage) (passage) | **Rund~** | round trip; circular voyage; tour | **See~** | sea voyage (journey) (passage); voyage | **Studien~** | trip (tour) for studying [sth.] | **Vergnügungs~** | pleasure trip | **Welt~** | tour (a)round the world.

★ **eine ~ antreten; auf eine ~ gehen** | to go (to set out) on a journey | **auf einer ~ sein** | to be traveling (on tour) | **~n machen** | to travel | **auf ~n sein** | to be traveling.

Reise..abkommen *n* | travel agreement.

—**agent** *m* | travel(ing) agent.

—**agentur** *f* | **–büro** *n* | travel agency; tourist office.

—**artikel** *mpl* | traveling requisites.

—**auskünfte** *fpl* | touring (travel) information.

—**auslagen** *fpl* | travel(ing) expenses.

Reise..begleiter *m* | travel(ing) companion; fellow traveler.

—**bericht** *m*; —**beschreibung** *f* | travelogue.

—**dienst** *m* | travel service.

—**diplomatie** *f* | traveling diplomacy.

—**entschädigung** *f* | allowance for travel(ing) expenses.

—**führer** *m* Ⓐ; —**leiter** *m* | guide.

—**führer** *m* Ⓑ; —**handbuch** *n* | travel guide (book); guide book.

—**geld** *n* Ⓐ | travel money (funds).

—**geld** *n* Ⓑ]Überfahrtsgeld] | passage money; fare.

—**geld** *n* Ⓒ [für Zeugen] | conduct money.

—**gepäck** *n* | passenger's luggage (baggage).

— —**versicherung** *f* | baggage (luggage) insurance.

—**gesellschaft** *f* | touring company (party).

—**kasse** *f* | travel(ing) chest.

—**kosten** *pl* | travel(ing) expenses (charges).

— —**vergütung** *f* Ⓐ | payment of travel(ing) expenses.

— —**vergütung** *f* Ⓑ | travel(ing) allowance (expenses).

— —**vorschuß** *m* | advance on traveling expenses.

—**kreditbrief** *m* | traveler's (circular) letter of credit.

—**muster** *npl* Ⓐ | traveler's samples *pl*.

—**muster** *npl* Ⓑ [Musterkollektion] | assortment of patterns; pattern (sample) assortment.

Reisen *n* | travel(ing); touring; journeying.

reisen *v* | to travel.

Reisender *m* Ⓐ | traveler; passenger | **Durch~** | transit passenger | **Mit~** | fellow traveler | **See~** | sea passenger.

Reisender *m* Ⓑ [Geschäfts~; Handlungs~] | traveling agent; commercial traveler | **Kommissions~; Provisions~** | traveler on commission; commission traveler | **Stadt~** | town traveler (canvasser).

Reise..paß *n* | passport; traveling pass.

—**police** *f* | voyage (tourist) policy.

—**provision** *f* | traveler's commission.

—**scheck** *m* | traveler's cheque | **Post~** | post office traveler's cheque.

—**spesen** *pl* | travel(ing) expenses (charges).

—**tagebuch** *n* | travel(ing) diary.

—**unfall** *m* | accident on a trip.

— —**versicherung** *f* | insurance against accidents on travels; traveller's accident insurance.

—**unkosten** *pl* | travel(ing) expenses (charges).

—**unterbrechung** *f* | interruption of [one's] trip (journey).

—**utensilien** *pl* | travel(ing) requisites.

—**vergütung** *f* | payment of travel(ing) expenses.

—**verkehr** *m* | passenger (tourist) traffic.

—**verkehrs..abkommen** *n* | tourist agreement.

— —**zentrum** *n* | tourist centre.

—**versicherung** *f* | travel(ing) (voyage) insurance.

—**versicherungspolice** *f* | voyage (tourist) policy.

—**vertreter** *m* | traveling agent (salesman).

—**weg** *m* | itinerary.

—**zahlungsmittel** *npl* | travelers' cheques *pl*.

—**zug** *m* | passenger train.

Reitwechsel *m* Ⓐ | fictitious bill (paper); kite | **Ausstellung eines ~s** | flying a kite; kite flying; kiting | **einen ~ ausstellen** | to fly a kite; to kite.

Reitwechsel *m* Ⓑ [Gefälligkeitswechsel] | accommodation bill.

Rekapitulation *f* | recapitulation; summing up; summary.

rekapitulieren *v* | to recapitulate; to sum up.

Reklamation *f* | complaint | **eine ~ erheben** | to make a complaint; to complain.

Reklamations..abteilung *f* | claims department.
—frist *f* | time for making complaint.
—recht *n* | right to complain.
Reklame *f* Ⓐ | publicity; advertising | ～ im Fernsehen; Fernseh～ | television advertising | ～ durch Himmelsschreiber; Luft～ | air advertisement | ～ durch den Rundfunk; Rundfunk～ | radio advertising | ～ in Zeitschriften | magazine advertising | Zeitungs～ | newspaper advertising; publicity in newspapers | ～ machen | to make publicity; to advertise | für jdn. ～ machen | to give sb. a boost | marktschreierische ～ | puffing; puffery.
Reklame *f* Ⓑ [Reklameschild] | publicity (advertisement) sign (signboard) | Leucht～ | illuminated sign.
—abteilung *f* | publicity department.
—ausgaben *fpl* | expenditure on publicity (on advertising).
—büro *n* | advertising (publicity) agency (office).
—chef *m*; —leiter *m* | publicity (advertising) manager.
—etat *m*; —haushalt *m* | advertising expenses budget.
—fachmann *m* | publicity expert (man).
—feldzug *m* | publicity (advertising) campaign.
reklamehaft *adj* | puffing | ～e Anzeige | puffing advertisement; puff.
Reklame..kosten *pl* | advertising (publicity) expenses.
—macherei *f* | puffing; puffery.
—material *n* | advertising material.
—plakat *n*; —schild *n* | publicity sign.
—säule *f* | advertising pillar.
—sendung *f* | radio advertising; commercial *s*.
—steuer *f* | tax on advertising.
—verkauf *m* | special sale.
—vertreter *m* | advertising (publicity) agent.
—wort *n* | slogan.
reklamieren *v* Ⓐ [fordern] | etw. ～ | to claim (to demand) sth.
reklamieren *v* Ⓑ [sich beklagen] | etw. ～; wegen etw. ～ | to complain (to make complaints) about sth.
Rekord..leistung *f* | record performance.
—ziffer *f* | record figure.
rekrutieren *v* | to recruit.
Rekrutierung *f* | recruiting.
Rekrutierungsbüro *n* | recruiting office.
Rekta..indossament *n* | endorsement marked "Not negotiable".
—klausel *f* [negative Orderklausel] | clause "Not to order".
—papier *n* [Namenspapier] | bond made out in the name of the bearer.
—wechsel *m* | bill (promissory note) made out in the name of a person (of the bearer).
Rektifikation *f*; Rektifizierung *f* | rectification; correction.
rektifizieren *v* | to rectify; to correct.
Rektor *m* | rector; headmaster; principal.
Rektorat *n* | rectorship; headmastership.
Rektoratswahl *f* | rectorial election.
Rekurs *m* | appeal | im Wege des ～es | by appeal; by appealing | ～ einlegen (nehmen) | to appeal.
—verfahren *n* | appeal proceedings *pl*.
—bescheid *m* | appeal decision; decision upon appeal.
relativ *adj* | ～er Wert | relative value.
Religion *f* | religion; denomination | Staats～ | the Estabslished Church; state religion.
Religions..ausübung *f* | worship | Freiheit der ～; freie ～ | free exercise of religion; freedom of worship | Behinderung der freien ～ | impediment to the free exercise of religion.
—diener *m* | churchman; ecclesiastic.

Religions..freiheit *f* | freedom of religion (of faith).
—friede *m* | confessional peace.
—gemeinschaft *f* | religious (church) community.
—gesellschaft *f* | clerical (ecclesiastical) association; church society.
—unterricht *m* | religious instruction (education).
—wechsel *m* | change of faith (of religion).
—zugehörigkeit *f* | religious affiliation.
religiös *adj* | ～e Minderheit | religious minority | ～er Orden | religious order.
Rembours *m* | reimbursement.
—kredit *m* | documentary (acceptance) credit.
—tratte *f* | documentary draft.
Remittent *m* | remitter; sender.
Remittenten *npl* | unsold (returned) copies.
remittieren *v* | to remit; to send back.
Rendite *f* | yield | effektive ～ | net yield (return).
Renditengesichtspunkte *mpl* | questions of financial returns.
Rennwettsteuer *f* | race betting tax | Rennwett- und Lotteriesteuer | tax on race betting and lotteries.
Renommee *n* | reputation; renown.
renovieren *v* | to recondition; to renovate.
Renovierung *f* | renovation.
rentabel *adj* | profitable; remunerative; lucrative; profit-earning; profit-making; paying | rentables Geschäft | paying business (proposition); profitable business | un～ | unprofitable; not paying.
rentabel *adv* | Kapital ～ anlegen | to invest capital profitably.
Rentabilität *f* | profitableness; profit-earning capacity; earning power; economic viability.
Rentabilitäts..berechnung *f* | calculation of profits (of proceeds).
—grenze *f* | limit (margin) of profitability.
—rechnung *f* | cost accounting; costing.
—schwelle *f* | break-even point.
Rentamt *n* Ⓐ | revenue office.
Rentamt *n* Ⓑ [einer Universität] | purser's office.
Rente *f* | annuity; pension | Ablösung einer ～ | redemption (commutation) of an annuity | Ablösungs～ | redemption annuity | Alters～ | old-age pension | Bestellung einer ～ | settlement of an annuity | Dauer～ | perpetual annuity | Entrichtung einer ～ | payment of a pension | Erlöschen einer ～ | extinction of a pension.
○ Geld～ | pension in cash; money annuity | Heimfall～ | reversionary annuity; annuity in reversion | Hinterbliebenen～ | pension for widows and orphans | Invaliden～ | invalidity pension | Jahres～ | annual pension; annuity | Kapital～ ① | cash annuity | Kapital～ ② | income (revenue) from capital (from capital investments).
○ Lebens～ | life annuity; pension for life | Militär～ ① | pension for long military service | Militär～ ② | war pension | Überlebens～ | reversionary annuity; annuity in reversion | Unfall～ | accident benefit | Unterhalts～ | allowance | Voll～ | full pension | Vorzugs～ | preferential annuity | Waisen～ | pension for orphans | Witwen～ | widow's pension; pension for widows | Wohlfahrts～ | charitable allowance | ～ auf Zeit; Zeit～ | terminable annuity.
★ ablösbare ～ | redeemable annuity | aufgeschobene ～ | deferred annuity | ewige ～; immerwährende ～; nicht ablösbare ～ | perpetual annuity | lebenslängliche ～ | life annuity (pension); pension for life.
★ eine ～ ablösen (tilgen) | to redeem an annuity | jdm. eine ～ aussetzen | to settle a pension (an

annuity) on sb. | **eine ~ auszahlen** | to pay a pension
| **eine ~ beziehen** | to draw a pension | **jdm. eine ~
gewähren** | to grant sb. a pension; to pension sb. |
von einer ~ leben | to live on a pension.

Renten *fpl* [Pfandbriefe] | bonds *pl* | **Aktien und ~** |
stocks (shares) and bonds | **Staats~** | govern-
ment bonds (stocks) (securities) | **konsolidierte
(fundierte) Staats~** | consolidated annuities
(funds); funded government securities; consols |
Geld in ~ anlegen | to place moneys (funds) in
government bonds.

Renten..abfindung *f* Ⓐ | settlement by way of grant-
ing a pension.

—**abfindung** *f* Ⓑ; —**ablösung** *f* | redemption of an
annuity.

—**alter** *n* | pensionable age.

—**anspruch** *m* | right to a pension.

—**anstalt** *f*; —**bank** *f* | annuity office (bank); life-
annuity company.

rentenberechtigt *adj* | entitled to a pension.

Renten..berechtigter *m* | person entitled to a pen-
sion; holder (beneficiary) of an annuity.

—**bestellung** *f* | settlement of an annuity.

—**bezieher** *m*; —**empfänger** *m*; —**inhaber** *m* | pen-
sioner; annuitant.

—**brief** *m* | annuity bond (certificate).

—**einkommen** *n* | income (revenue) from annuities.

—**markt** *m* | bond market.

—**papiere** *npl*; —**werte** *mpl* | bonds *pl*; annuities;
fixed-interest-bearing securities.

—**schein** *m* Ⓐ | annuity bond (certificate).

—**schein** *m* Ⓑ [Kupon] | annuity coupon.

—**schuld** *f* | annuity charge | **Gesamt~** | annuity
charge on several estates.

— —**brief** *m* | annuity bond.

—**versicherung** *f* | annuity insurance | **sich in eine ~
einkaufen** | to buy (to invest money) in an annuity.

—**zahlung** *f* | payment of a pension; annuity pay-
ment.

Rentier *m* Ⓐ; **Rentner** *m* | annuitant; pensioner.

Rentier *m* Ⓑ [Privatier] | man (gentleman) of private
(independent) means.

rentieren *v* | **sich ~** | to be profitable; to yield a
profit; to give good returns; to pay.

Rentnerin *f* | lady of private means.

Reorganisation *f*; **Reorganisierung** *f* | reorganiza-
tion; reorganizing; reconstruction.

Reorganisations..ausschuß *m* | reorganization com-
mittee.

—**plan** *m* | scheme of reorganization (of recon-
struction).

Reorganisator *m* | reorganizer.

reorganisieren *v* | to reorganize; to reconstruct.

Reparationen *fpl* | reparations | **Kriegs~** | war
reparations | **~ leisten** | to make reparations.

Reparations..abkommen *n* | reparation(s) agreement.

—**anleihe** *f* | reparation loan.

—**kommission** *f* | reparations commission.

—**leistung** *f* | payment of reparations.

—**zahlungen** *fpl* | reparation payments; reparations.

Reparateur *m* | repairer.

Reparatur *f* | repair(ing); reparation | **~en auf der
Reise** | road (road-side) repairs | **dem Mieter
obliegende ~en; Schönheits~en** | tenant's repairs |
Unterhalts~en; ~en zwecks Unterhalt | keeping
in repair | **kleine (leichte) ~en** | slight repairs |
große (umfangreiche) ~en | gross (extensive)
repairs | **in ~ (zur ~) gehen** | to undergo repairs |
~en machen (vornehmen) | to make (to carry
out) repairs | **in ~** | under repair.

Reparatur..abteilung *f* | repair department.

—**anstalt** *f*; —**werkstatt** *f*; —**werkstätte** *f* | repair
shop (works *pl*).

reparaturbedürftig *adj* | in want of (out of) repair.

Reparatur..bedürftigkeit *f* | state of disrepair.

—**dienst** *m* | repair service.

—**kosten** *pl* | cost of repair; repair costs | **die ~
bezahlen** | to pay the damage.

—**lager** *n* | repair (service) depot.

reparierbar *adj* | repairable.

reparieren *v* | **etw. ~** | to repair sth.; to have sth.
repaired; to put sth. in repair | **nicht mehr zu ~** |
beyond repair.

repariert *part* | **~ werden** | to be under repair.

repartieren *v* | to apportion; to allot.

Repartierung *f* | allotment; apportionment; repar-
tition.

Repartierungsverfahren *n* | system of repartition (of
allotment).

repatriieren *v* Ⓐ [heimführen; nach dem Inland
zurückbringen] | to send (to bring) home | **Aus-
landsguthaben** | to repatriate foreign credit
balances | **Auslandskapital ~** | to repatriate
capital | **Gefangene ~** | to repatriate prisoners.

repatriieren *v* Ⓑ [wiedereinbürgern] | to repatriate.

Repatriierter *m* | repatriate.

Repatriierung *f* Ⓐ [Heimführung] | repatriation |
~ von Auslandsguthaben | repatriation of foreign
credit balances | **~ von Auslandskapitalien** |
repatriation of capital | **~ von Gefangenen** |
repatriation of prisoners.

Repatriierung *f* Ⓑ [Wiedereinbürgerung] | repatria-
tion.

Repatriierungsabkommen *n* | repatriation agreement.

Repertoire *n* [Verzeichnis] | list; index.

Repertorium *n* [Sammelwerk] | repertory.

repetieren *v* | to repeat.

Repetition *f* | repetition.

Replik *f* | replication; reply.

replizieren *v* | to make a replication.

Report *m* Ⓐ [Bericht] | report.

Report *m* Ⓑ [Übertrag] | carry-over.

Report *m* Ⓒ [Prolongationsgeschäft] | continuation;
continuation business.

Reportage *f* [Berichterstattung] | reporting.

Reporter *m* | press (news) reporter.

reportieren *v* | to do continuation business.

Report..gebühr *f* | contango (continuation) rate.

—**geschäft** *n* | continuation business; contango.

—**kurs** *m*; —**satz** *m* | continuation rate.

—**prämie** *f* | contango; continuation price.

—**tag** *m* | contango day.

Repräsentant *m* | representative; agent.

Repräsentantenhaus *n* | chamber (house) of repre-
sentatives.

Repräsentation *f* | representation.

Repräsentations..aufwand *m* | expenditure on rep-
resentation.

—**gelder** *npl*; —**kosten** *pl* | extra pay (allowance)
to cover expenses for entertainment.

repräsentativ *adj* | representative.

repräsentieren *v* | to represent.

Repressalie *f* | reprisal | **~n ergreifen** | to make
reprisals; to retaliate.

Reprise *f* | **Film~** | re-run (re-showing) of a film.

reprivatisieren *v* | denationalize.

reprivatisiert *part* | **~ werden** | to become dena-
tionalized.

Reprivatisierung *f* | denationalization.

Reproduktion *f* Ⓐ [Wiedergabe] | reproduction.

Reproduktion *f* Ⓑ [Vervielfältigung] | multiplication.
reproduzieren *v* Ⓐ [bildnerisch wiedergeben] | to portray; to reproduce; to copy.
reproduzieren *v* Ⓑ [vervielfältigen] | to multiply.
Republik *f* | republic; republican government.
Republikaner *m* | republican.
republikanisch *adj* | republican.
requirieren *v* | to requisition.
Requirierung *f*; **Requisition** *f* | requisition(ing).
Requisitions..amt *n* | requisition office.
—**recht** *n* | right to requisition (to make requisitions).
—**schein** *m* | requisition receipt.
—**verfahren** *n* | requisitioning procedure.
Reservat *n* Ⓐ [Reservatrecht] | reserved right; reservation.
Reservat *n* Ⓑ [Reservation; Reservatgebiet] | preserve; reservation; reserved public land.
Reserve *f* Ⓐ | reserve | **Abschreibungs~** | reserve for depreciation; depreciation reserve | **Bank~** | bank (banking) reserve | **Bar~** | cash reserve(s) | **Devisen~** | foreign exchange reserve | ~ **für zweifelhafte Forderungen** | reserve for doubtful debts; bad-debt reserve | **Geld~** | cash reserve; financial reserves | **Gold~** | gold (bullion) reserve | **Kapital~** | capital reserve | **Kraft~**; **Leistungs~** | reserve of power; power reserve | **Metall~** | cash and bullion in hand | **Not~** | contingency (reserve) fund; reserve for contingencies | **Prämien~** | reserve for premiums (for premiums paid in advance) | **Schadens~** | loss reserve.
★ **offene ~** | declared (open) reserve | **stille ~**; **versteckte ~** | inner (hidden) (secret) reserve | **gesetzmäßige ~**; **gesetzlich vorgeschriebene ~** | statutory reserve | **satzungsmäßige ~**; **auf Grund der Satzungen vorgeschriebene ~** | reserve provided by the articles.
★ **etw. in ~ halten** | to keep (to have) sth. in reserve | **einen Betrag in (zur) ~ stellen** | to allocate an amount to the reserve [VIDE: **Reserven** *fpl*].
Reserve *f* Ⓑ [Ersatzreserve] | reserve; reserve list | **zur ~ gehören** | to be on the reserve list.
Reservefonds *m* | reserve fund; reserve | **einen Betrag an den ~ (dem ~) überweisen** | to transfer (to place) an amount to reserve (to the reserve fund) | **Dotierung des ~** | appropriation (allocation) to the reserve | **Überweisung (Zuweisung) eines Betrages an den ~** | transfer of an amount to reserve (to the reserve fund) | **Wiederauffüllung des ~** | building up the reserve fund again | **gesetzlicher ~** | legal reserve | **den ~ mit einem Betrag dotieren** | to allocate (to appropriate) an amount to the reserve (to the reserve fund) | **den ~ wiederauffüllen** | to build up the reserve fund again | **einen Betrag dem ~ zuführen (zuweisen)** | to place (to put) an amount to the reserve.
Reserve..kapital *n* | capital reserve.
—**konto** *n* | reserve account | **einen Betrag auf ~ verbuchen (dem ~ überweisen)** | to place (to carry) an amount to the reserve.
—**maschine** *f* | spare engine.
—**teil** *n* | spare part.
Reserven *fpl* | reserves *pl*; sums *pl* reserved | **Bildung von ~** | building up of reserves | **Einsatz der ~** | drawing on the reserves | **Mindest~** | minimum (required minimum) reserves | **Rohstoff~** | reserves of raw materials | **Währungs~** | currency reserves.
★ ~ **ansammeln**; ~ **aufbauen** | to accumulate (to build up) reserves | **die ~ äufnen** [S] **(auffüllen)** | to replenish the reserves | ~ **halten** | to keep (to

hold) reserves | **die ~ angreifen (in Anspruch nehmen)**; **auf die ~ zurückgreifen**; **von den ~ zehren** | to draw (to fall back) on the reserves.
Reserven..bildung *f* | accumulation (building up) of reserves.
—**erhöhung** *f* Ⓐ | increase of the reserves.
—**erhöhung** *f* Ⓑ [Erhöhung der Mindestreserven] | increase of the required minimum reserves.
—**satz** *m*; —**soll** *n* | minimum reserve requirement(s).
reservieren *v* | etw. ~ | to reserve sth. | **jdm. einen Platz ~** | to reserve a seat for sb.
reserviert *adj* Ⓐ | ~**er Platz** | reserved seat.
reserviert *adj* Ⓑ [zurückhaltend] | ~**e Haltung** | reserved attitude.
Reservierung *f* | reservation | **Platz~** | reserving of seats.
Reservierungsgebühr *f* | booking (reservation) fee.
Reservist *m* | reserve man; man on the reserve.
Resident *m* | resident | **General~** | resident-general | **Minister~** | resident minister.
Residentschaft *f* | residentship.
Residenz *f* [Residenzstadt] | residency.
Residenzpflicht *f* | obligation to reside [at a certain place].
residieren *v* | to reside.
Resolution *f* | resolution | **eine ~ einbringen** | to put a resolution to the meeting | **eine ~ fassen** | to adopt (to carry) (to pass) a resolution.
Resolutions..annahme *f* | passing of a (of the) resolution.
—**ausschuß** *m* | resolutions committee.
—**entwurf** *m* | draft resolution.
Resolutivbedingung *f* | condition subsequent; resolutive (resolutory) condition.
Respekt *m* | respect | ~ **für andere** | respect for others | **Selbst~** | self-respect | **jdm. ~ entgegenbringen** | to hold sb. in respect; to have respect for sb. | **dem Gesetz ~ verschaffen** | to enforce the law | **sich ~ verschaffen** | to command (to enforce) respect.
respektabel *adj* | respectable; worthy of respect | **respektable Gesellschaft** | respectable society.
respektieren *v* | etw. ~ | to respect sth.; to be respectful to sth. | **jdn. ~** | to hold sb. in respect; to have respect for sb. | **jds. Ansicht (Meinung) ~** | to respect sb.'s opinion.
respektiv *adv* | respectively.
respektlos *adj* | disrespectful; irreverent | **gegen jdn. ~ sein** | to be disrespectful to sb.
Respektlosigkeit *f* | disrespect; irreverence.
Respekttage *mpl* | days of grace (of respite).
respektvoll *adj* | respectful.
respektwidrig *adj* | disrespectful.
Respektwidrigkeit *f* | disrespect.
Ressort *n* | department; division.
Ressort..chef *m* | department head.
—**minister** *m* | minister holding a portfolio.
Rest *m* | rest; remainder | **Schuld~** | balance due (owing); remainder of a debt.
Rest..bestand *m* | remainder of stock.
—**betrag** *m* Ⓐ | balance | **geschuldeter ~** | balance due (owing) | **den ~ bezahlen** | to pay the balance.
—**betrag** *m* Ⓑ [rückständiger Betrag] | sum (amount) in arrears; arrearage.
Resteverkauf *m*; **Restenverkauf** *m* [S] | remnant sale.
Rest..forderung *f* | remainder of the (of a) debt.
—**guthaben** *n* | balance of account; remaining credit balance.
restituieren *v* [zurückerstatten] | to restitute; to make restitution.

Restitution *f* [Rückerstattung] | restitution.
Restitutions..anspruch *m* | claim for restitution.
—**klage** *f* [Klage auf Rückerstattung] | action for restitution.
—**prozeß** *m* | restitution case.
Restkaufgeld *n*; **Restkaufsumme** *f* | balance of the purchase price [for real estate property].
restlich *adj* | remaining | **der** ~**e Betrag** | the remaining amount; the remainder | **das** ~**e Guthaben** | the remaining credit balance; the balance of account.
restlos *adv* | without leaving anything.
Rest..posten *m* | residual item.
—**posten** *mpl* | remnants *pl*.
—**saldo** *m* | remaining balance.
—**schuld** *f* | balance (remainder) of the (of a) debt; amount which remains unpaid.
—**summe** *f* | remainder; balance.
—**wert** *m* | residual value.
—**zahlung** *f* | payment of the balance.
Resultat *n* | result; issue; outcome | **Wahl**~ | election result (return) | **ohne** ~ | resultless; fruitless.
resultatlos *adj* | without result; resultless.
Resultatlosigkeit *f* | fruitlessness.
resultieren *v* | to result.
Resümee *n* Ⓐ [Zusammenfassung] | summing up; summary.
Resümee *n* Ⓑ [zusammenfassende Wiederholung] | recapitulation; summary account (statement).
resümieren *v* Ⓐ [zusammenfassen] | to sum up; to summarize.
resümieren *v* Ⓑ [rekapitulieren] | to recapitulate.
Retention *f* [Zurückbehaltung] | retention.
Retentionsrecht *n* | right of retention; lien.
Retorsion *f* | retortion.
Retorsions..maßnahme *f*; —**maßregel** *f* | retaliatory measure; reprisal; retortion.
—**recht** *n* | law of retaliation.
—**zoll** *m* | retaliatory duty.
retournieren *v* [zurücksenden] | to return; to send back.
Retournierung *f* | return.
Retouren *fpl* [retournierte Waren] | goods *pl* returned.
Retour..fracht *f* Ⓐ | home (homeward) freight; cargo home; return freight (cargo).
—**fracht** *f* Ⓑ [Kosten des Rücktransportes] | carriage (freight) back.
—**provision** *f* | return commission.
—**rechnung** *f* | account of return; return account.
—**spesen** *pl* | back (return) charges.
—**ware** *f*; —**waren** *fpl* | returned goods *pl*; goods returned; returns *pl*.
—**wechsel** *m* Ⓐ | unpaid (dishono(u)red) bill; bill returned unpaid.
—**wechsel** *m* Ⓑ | return draft; redraft.
retten *v* | to rescue; to salvage; to save.
Rettung *f* | salvage; rescue | **Lebens**~ | life-saving.
Rettungs..aktion *f* | rescue (salvage) operation.
—**gebühren** *pl*; —**geld** *n*; —**lohn** *m* | salvage charges (money); salvage.
—**mannschaft** *f* | rescue party.
—**station** *f* | salvage station.
Reugeld *n*; **Reukauf** *m* | forfeit; forfeit money; penalty.
Revalierung *f* [Deckung] | providing additional (fresh) cover.
Revalierungs..anspruch *m* | request to provide additional (fresh) cover.
—**klage** *f* | action for recourse on a bill of exchange.

Revers *m* [schriftliche Garantieerklärung] | written undertaking | **einen** ~ **ausstellen (unterschreiben)** | to give an undertaking in writing.
revidieren *v* Ⓐ [nachprüfen; überprüfen] | to re-examine | **die Bücher** ~ | to examine (to audit) the books (the accounts) | **die Kasse** ~ | to revise the cash.
revidieren *v* Ⓑ [nach erfolgter Durchsicht abändern oder verbessern] | to revise; to correct (to amend) on re-examination.
revidieren *v* Ⓒ [inspizieren] | to inspect; to make an inspection | **das Gepäck** ~ | to inspect the luggage.
Revier *n* Ⓐ | **Industrie**~ | industrial (manufacturing) district | **Jagd**~ | hunting (shooting) ground; hunt | **Kohlen**~ | coal (coal-mining) district; coal field | **Polizei**~ | police station.
Revier *n* Ⓑ [Stadtviertel] | district; quarter | **Wohn**~ | residential quarter (section).
revisibel *adj* [der Revision unterliegend] | subject to appeal [on questions of law] | **revisibles Urteil** | appealable judgment.
Revision *f* Ⓐ [Überprüfung; Nachprüfung] | re-examination | **Bücher**~ | audit of accounts; auditing | **Kassen**~ | audit (auditing) of the cash | **etw. einer** ~ **unterziehen** | to subject sth. to a re-examination; to re-examine sth.
Revision *f* Ⓑ [Abänderung nach erfolgter Überprüfung] | correction (amendment) upon re-examination | **Tarif**~ | rate revision | **Vertrags**~ | treaty revision.
Revision *f* Ⓒ [Rechtsmittel] | appeal on a question (point) of law | **Anschluß**~ | cross appeal on a point of law | **Aufhebung und Zurückverweisung auf Grund** ~ | writ of error | **Einlegung der** ~ | lodging (filing) (institution) of the appeal | **Verwerfung der** ~ | dismissal of appeal.
★ **sich der** ~ **anschließen** | to cross-appeal (to file a cross appeal) [on a point of law] | ~ **einlegen; in die** ~ **gehen** | to appeal (to lodge an appeal) (to institute an appeal) on a question of law | **der** ~ **stattgeben** | to allow (to grant) the appeal | **der** ~ **unterliegen; mit** ~ **anfechtbar sein** | to be subject to an appeal on questions of law | **die** ~ **verwerfen** | to dismiss the appeal.
Revision *f* Ⓓ [Inspektion] | inspection | **Gepäck**~ | luggage inspection | **Zoll**~; **zollamtliche** ~ | customs inspection (examination).
Revisionismus *m* | revisionism | **Anhänger des** ~ | revisionist; partisan of revision.
Revisions..abteilung *f* | audit(s) department.
—**amt** *n* | audit office.
—**anschlußschrift** *f* | notice of cross appeal.
—**antrag** *m* | motion in error.
—**anträge** *mpl* | points of appeal.
—**ausschuß** *m* | board of auditors; auditing commission (committee).
—**beamter** *m* | official auditor.
—**begründung** *f* | reasons *pl* of appeal.
—**beklagter** *m* | respondent; appellee.
—**bericht** *m* | report of examination (of the auditors); auditors' report.
—**bescheinigung** *f* | audit (accountant's) certificate.
—**büro** *n* | audit(ing) (auditor's) office.
—**einlegung** *f* | appealing (filing of an appeal) to the supreme court.
—**entscheid** *m* | decision upon appeal; appeal decision.
—**frist** *f* | time (period) for appeal.
—**gebühr** *f* Ⓐ | auditing fee.

Revisions..gebühr *f* ⑧ | inspection fee.
—**gericht** *n* | supreme court of appeal.
—**gesellschaft** *n* | auditing company; firm of auditors | Treuhand- und ~ | trustees *pl* and auditors *pl*.
—**grund** *m* | reason for appeal [on a point of law].
—**instanz** *f* | appeal instance | Entscheidung der ~ | decision of the court of appeals | in die ~ gehen | to appeal (to lodge an appeal) (to institute an appeal) on a point of law.
—**kläger** *m* | appellant.
—**politik** *f* | revisionism.
—**protokoll** *n* | auditor's (auditors') report (certificate).
—**schrift** *f*; —**schriftsatz** *m* | notice of appeal; motion in error.
—**urteil** *n* | decision of the supreme court.
—**verfahren** *n* | appeal proceedings *pl*.
Revisor *m* ⓐ [Prüfer; Nachprüfer] | examiner.
Revisor *m* ⑧ [Bücher~; Rechnungs~] | auditor; person appointed (authorized) to audit accounts.
Revisor *m* © [Inspektor] | inspector.
Revolte *f* | revolt; rebellion | Gefängnis~ | gaol (prison) riot | Hunger~n | food riots | eine ~ unterdrücken | to put down a revolt.
revoltieren *v* | to revolt; to rise in revolt (in rebellion).
Revolution *m* | revolution | Welt~ | world revolution.
Revolutionär *m* | revolutionary.
revolutionär *adj* | revolutionary.
revoluzionieren *v* | to revolutionize.
Revolutions..gericht *n* | revolutionary tribunal.
—**rat** *m* | revolutionary council.
—**regierung** *f* | revolutionary government.
Rezensent *m* | book reviewer (critic).
rezensieren *v* | to review.
Rezension *f* | book review.
Rezensionsexemplar *n* | review copy.
Rezept *n* [ärztliches ~] | doctor's prescription.
Rezession *f* | ~ der Wirtschaft | business (economic) recession.
reziprok *adj* | reciprocal.
Reziprozität *f* | reciprocity.
richten *v* ⓐ [zu Gericht sitzen] | über jdn. ~ | to pass sentence upon sb.; to sit in judgment on sb.
richten *v* ⑧ | sich nach etw. ~ | to take sth. as a lead | seine Aufmerksamkeit auf etw. ~ | to fix (to turn) one's attention to sth.
Richter *m* | judge | Ablehnung eines ~s | challenge (challenging) of a judge | Amts~ | judge at the court of first instance | Berufs~ | judge by profession; professional judge | Berufungs~ | judge of appeal; appeal judge | Bundes~ | federal judge | Einzel~ in Strafsachen | magistrate | Erst~ | judge at the court of first instance | Ferien~ | vacation judge | Friedens~ | justice of the peace | Handels~ | member of the trade court | Hilfs~ | assistant judge | Konkurs~ | magistrate in bankruptcy | Laien~ | lay judge | Ober~ | chief justice | Polizei~; Schnell~ | police-court judge (magistrate) | Preis~ judge | Prozeß~ | trial judge | Schieds~ | arbitrator | Selbstablehnung eines ~s | abstention of a judge | Straf~ | criminal court; magistrate | Tat~ | trial judge | Untersuchungs~ | examining (investigating) magistrate | Vorder~ | judge of the court of first instance | Vormundschafts~ | judge of the guardianship court | Zivil~ | civil court.
★ abgelehnter ~ | challenged judge | amtierender ~ | sitting judge | beauftragter ~ | commissioned judge | beisitzender ~ | associate judge | bestechlicher ~; käuflicher ~ | venal (corrupt) judge |

dienstältester ~ | senior judge | gerechter ~ | upright judge | voreingenommener ~ | partial judge.
★ einen ~ ablehnen | to challenge a judge | den ~ anrufen | to go to court (to law) | zum ~ ernannt werden | to be appointed judge | als ~ | magisterially.
Richter..amt *n* | justiceship; magistrateship; magistrature | die Befähigung zum ~ haben | to be qualified for appointment as judge | in einem hohen ~ | in a high judicial office.
—**bank** *f* ⓐ | bench of justices; judicial bench.
—**bank** *f* ⑧ [die Richter als Gesamtheit; das Richterkollegium] | the Bench; the Judges *pl*; the Magistrates *pl*.
—**gehalt** *n* | judicial salary.
richterlich *adj* | judicial | ~e Auslegung | judicial interpretation | ~er Beamter | judicial officer | ~er Entscheid; ~e Entscheidung; ~es Erkenntnis | legal (judicial) decision; court decision (judgment) (sentence); judgment | ~es Ermessen | discretion of the judge (court) | dem ~en Ermessen überlassen sein | to be left to the discretion of the court | ~e Funktionen ausüben | to exercise judicial functions | ~e Gewalt | judicial (judiciary) power | ~e Interpretation | judicial interpretation | ~e Unabhängigkeit | independence of the judges | ~e Untersuchung | judicial enquiry | ~e Untersuchungshandlung | judicial act of investigating | ~es Veräußerungsverbot | judicial restraint on alienation | ~e Verfügung | order (ruling) of the court; court (judicial) order | ~e Vollmachten | judicial powers.
Richter..stand *m* [Richterschaft] | bench; judgeship; justiceship; judicature; the judges *pl* | Beamter des ~es | judicial officer; judge; magistrate | dem ~ angehören | to be (to sit) on the bench.
—**spruch** *m* | court decision (judgment) (sentence); legal (judicial) decision.
—**unabhängigkeit** *f* | independence of the judiciary.
richtig *adj* | correct; accurate; exact; right | ~e Adresse | right (proper) address | ~e Antwort | correct (right) answer | ~e Argumentation (Beweisführung) | sound reasoning | ~e Beschreibung | correct description | ~e Beurteilung | correctness of judgment | ~er Grundsatz | right principle | ~er Name | real name | der ~e Mann auf dem ~en Posten | the right man at the right place | ~es Maß | full measure | ~es Verhalten | correct attitude.
richtig *adv* | correctly; exactly; properly | ~ antworten | to answer correctly | ~ argumentieren | to argue soundly (rightly) | ~ zu stellen | to be corrected; to be rectified; rectifiable.
Richtigbefund *m* | nach ~ | after (on) verification.
Richtigbefundsanzeige *f* [S] | statement of verification.
Richtigkeit *f* | correctness; correctitude; exactitude; conformity | für die ~ der Abschrift | certified to be a true copy | ~ einer Entscheidung | rightness of a decision | die ~ eines Kontos bestätigen | to verify an account | ~ einer Meinung | correctness of an opinion.
Richtigkeitsvermutung *f* | presumption of accuracy.
richtigstellen *v* | etw. ~ | to correct (ot rectify) sth.; to put sth. right.
Richtigstellung *f* | rectification; correction | ~ eines Fehlers | correction of an error | unter Irrtums~ | under correction | vorbehaltlich (unter Vorbehalt) der ~ | subject to correction.
Richtlinie *f* | rule; directive | ~n erlassen | to issue directives | durch ~n | by means of directives | etw. als ~ nehmen | to take sth. as a guide.
Richtpreis *m* ⓐ[Grundpreis] | basic price.

Richtpreis *m* ⑧ [Normalpreis] | normal (standard) price.

Richtpreis *m* ⑨ [Listenpreis] | list price.

Richtpreis *m* ⑩ [amtlich festgesetzter Grundpreis] | officially fixed base price | **empfohlener** ~ | suggested (recommended) price.

Richtsatz *m* ⓐ | basic (standard) rate.

Richtsatz *m* ⑧ | officially quoted (fixed) rate.

Richtschnur *f* | guidance; guiding principle | **als** ~ | for sb.'s guidance | **als (zur)** ~ **dienen** | to serve as guiding principle (as guidance).

Richtung *f* ⓐ | direction.

Richtung *f* ⑧ [Tendenz] | tendency; trend; movement in a certain direction.

richtunggebend *adj*; **richtungweisend** *adj* | indicative.

Richtungsänderung *f* | change of direction.

Richtwert *m* | standard (basic) value.

Richtzahl *f* | index figure.

Riesen..konzern *m* | mammoth enterprise.

—**prozeß** *m* | monster process (trial).

Rikambio *m*; —**wechsel** *m* | redraft; reexchange.

Rimesse *f* | remittance | **Gegen**~ | return remittance; counter-remittance | **Saldo**~ | balancing remittance.

Rimessenbuch *n* | book of remittances.

Ring *m* ⓐ | ring; syndicate; pool.

Ring *m* ⑧ | **Ehe**~ | wedding ring | **Siegel**~ | signet ring | **Verlobungs**~ | engagement ring.

Ring..bildung *f* | syndication.

—**buch** *n* loose-leaf (ring) binder.

ringfrei *adj* [nicht kartelliert] | not syndicated.

Risiken *npl* | **Häufung von** ~ | accumulation of risks | **die** ~ **des Krieges** | the hazards of war | **See**~ | marine risks (adventure); dangers of the sea | **gemischte See- und Land**~ | mixed sea and land risks | **die** ~ **eines Unternehmens** | the risks (the riskiness) of an undertaking; the chances of a venture | **laufende** ~ **(Versicherungs**~**)** | current risks | **viele** ~ **mit sich bringen** | to be full of risks | ~ **laufen** | to take risks | **gegen alle** ~ | against all risks | **ungedeckte** ~ | uninsured risks | **unvermeidbare** ~ | unavoidable risks (hazards).

Risiko *n* ⓐ | risk; peril; danger; venture | **Brand**~ | fire risk; risk of fire | **Bruch**~ | risk of breakage; breakage risk | **Deckladungs**~ | deck cargo risk | **Diebstahls**~ | theft risk | **Eis**~ | ice risk | **Entlade**~ | unloading risk | **Erdbeben**~ | earthquake risk | **auf jds.** ~ **und Gefahr** | at sb.'s risks and perils | **Hafen**~ ① | port risk; risk of port | **Hafen**~ ② | hull port risk | **Haftpflicht**~ | third-party risk | **Höchstbetrag des** ~**s** | maximum risk | ~ **des Käufers; Käufer**~ | buyer's risk | **Kredit**~ | credit risk | **Lade**~ | loading risk | **Land**~ | land risk | **Quarantäne**~ | quarantine risk | **See**~ | maritime (marine) (sea) peril; dangers of the sea | **Transit**~ | transshipment risk | **Transport**~ | risk of conveyqnce (of transport) | **Tumultschäden**~ | civil commotions risk | **Unfall**~ | accident risk | ~ **des zufälligen Untergangs** | risk of accidental loss (destruction) | **Unternehmer**~; **unternehmerisches** ~ | risk(s) of an enterprise | **Verlust**~ | risk of loss | **Wechselkurs**~ | exchange rate risk.

★ **äußerstes** ~ | maximum risk | **auf eigenes** ~ | at one's own risk(s) (risks and perils) | **wohlerwogenes** ~ | calculated risk | **zweifelhaftes** ~ | bad risk.

★ **sich einem** ~ **aussetzen** | to run a risk | **ein** ~ **eingehen (übernehmen)** | to incur (to accept) (to assume) (to undertake) a risk | **ein** ~ **laufen** | to run a risk; to be exposed to a risk (to a danger) | **ein großes** ~ **laufen** | to run (to be running) a great risk (great risks) | **ein** ~ **auf sich nehmen** | to expose os. to a risk | **ein** ~ **tragen** | to entertain a risk | **das** ~ **verteilen** | to spread the risk | **ohne** ~ | without risk.

Risiko *n* ⑧ [Versicherungsobjekt] | risk; interest; insurance risk | **für ein** ~ **die Versicherung übernehmen** | to cover a risk | **für ein** ~ **die Versicherung anteilsmäßig übernehmen** | to underwrite a risk | **Verteilung des** ~**s** | diversification (distribution) of risks | **übernehmbares** ~ | acceptable risk | **versicherbares** ~ | coverable risk; risk which can be covered by insurance | **vorher nicht bestimmbares** ~ | unknown risk | **ein** ~ **decken (unterbringen)** | to cover a risk; to insure against a risk.

Risiko..ausgleich *m* | compensation of risks.

—**erhöhung** *f* | aggravation of risk(s).

—**geschäft** *n* | speculative affair (enterprise).

—**prämie** *f* | premium payable (paid) for special risks.

—**rückstellung** *f* | contingency reserve.

—**übernahme** *f* | assumption of a risk (of risks) | **volle** ~ | full coverage.

—**verteilung** *f* | diversification (distribution) of risks.

risikolos *adj* | without risk.

riskant *adj* | risky; aleatory; adventurous; hazardous | ~**es Unternehmen** | hazardous (risky) undertaking; venture.

Riskante *n* | **das** ~ **eines Unternehmens** | the risks (the riskiness) of an undertaking; the chances of a venture.

riskieren *v* | to risk; to run (to take) a risk; to hazard; to venture | **sein Geld in einem Unternehmen** ~ | to venture one's money in an enterprise | **einen Prozeß** ~ | to venture a lawsuit; to risk litigation | **viel** ~ | to run (to be running) a great risk (great risks) | ~, **zu unterliegen** | to risk defeat | ~, **alles zu verlieren** | to risk (to run the risk of) losing everything.

Riß *m* [roher Entwurf] | sketch; draft.

ristornieren *v* | to cancel.

Rittergut *n* | manor; seignorial estate.

rituell *adj* | ritual; according to the rite(s).

Ritus *m* | rite.

Rivale *m* | rival; competitor.

rivalisieren *v* | **mit jdm.** ~ | to rival (to compete) with sb.

Rivalität *f* | rivalry.

Robe *f* [Amts~] | robe.

roh *adj* | ~**er Entwurf** ① | rough draft | ~**er Entwurf** ②; ~**e Skizze** | rough sketch | ~**e Schätzung** | rough estimate | ~**er Überschlag (Kostenüberschlag)** | rough estimate of costs | ~**e Übersetzung** | rough translation.

roh *adv* | ~ **geschätzt;** ~ **überschlagen** | on (at) a rough estimate

Roh..betrag *m* | gross amount.

—**bilanz** *f* | rough (trial) balance.

—**einnahme** *f*; —**einkünfte** *fpl*; —**ertrag** *m* | gross receipts *pl* (proceeds *pl*) (takings *pl*) (income) (revenue).

—**gewinn** *m* | gross profit.

Rohmaterial(ien) *npl*; **Rohstoff(e)** *mpl* | raw material(s).

Roh..produkte *npl* | raw produce.

—**produktenmarkt** *m* | raw material market.

Rohrpost *f* | pneumatic dispatch (delivery).

—**netz** *n* | installation for pneumatic delivery; pneumatic tube system.

Rohstoff..abkommen *n* | raw materials agreement.

—**ausfuhr** *f* | export (exportation) of raw materials.

—**bedarf** *m* | requirements *pl* of raw materials.

—**einfuhr** *f* | import(s) of raw materials.

—**knappheit** *f*; —**mangel** *m* | scarcity of raw materials.

Rohstoff..märkte *mpl* | raw material markets | **Welt~** | world markets in raw materials.
—**monopol** *n* | monopoly of (on) raw materials.
—**reserven** *fpl* | reserves of raw materials.
—**verarbeitung** *f* | using (use of) raw materials for manufacture (for production).
—**versorgung** *f*; —**zufuhr** *f* | supply of (with) raw materials.
Rolle *f* Ⓐ | roll; list; register | **Gebrauchsmuster~** | register of designs | **Hebe~** | assessment roll | **Grundsteuer~** | land tax register | **Luftfahrzeug~** | register of aircraft | **Muster~** | muster roll | **Nachtrags~** | supplementary list | **Patent~** | patent roll (register); register of patents | **Schiffsmuster~** | muster roll of a ship's crew; list of the crew; ship's articles | **Stamm~** | muster roll | **Steuer~** | assessment roll | **jdn. in eine ~ eintragen** | to put sb. on the list.
Rolle *f* Ⓑ | part | **Geld spielt keine ~** | money does not count | **Haupt~** | leading part | **Neben~** | supporting part | **Titel~** | name part.
★ **führende ~** | leading part; leadership | **jdm. eine ~ geben** | to cast sb. for a part | **seine ~ spielen** | to play one's part | **die ~ des (der) ... spielen** | to play (to take) the part of ...; to impersonate ... | **die ~n vertauschen** | to turn the tables.
rollend *adj* | **~es Material** | rolling stock.
Rollen..besetzung *f*; —**verteilung** *f* | cast (casting) of parts.
Rollfuhr *f* Ⓐ [Rollgeschäft] | carting; cartage; town carriage.
Rollfuhr *f* Ⓑ [Rollgebühr; Rollgeld] | cartage.
Rollfuhr *f* Ⓒ [Rollfuhrdienst] | cartage service.
—**geschäft** *n*; —**unternehmen** *n* | carter's business | **bahnamtliches ~** | official cartage contractors (town carriers).
—**unternehmer** *m* | cartage (haulage) contractor | **bahnamtlicher ~** | official cartage contractor.
Roman *m* | novel; work of fiction | **Detektiv~** | detective novel | **~ in Fortsetzungen; Fortsetzungs~** | serialized novel | **Tendenz~** | novel with a tendency | **einen ~ in Fortsetzungen erscheinen lassen (veröffentlichen)** | to serialize a novel.
Roman..autor *m*; —**schriftsteller** *m* | writer of fiction; fiction writer; novelist.
—**bibliothek** *f* | fictional library.
—**folge** *f* | serialized novel; serial.
—**literatur** *f* | fiction | **leichte ~** | light fiction.
Rotte *f* | gang.
Rottenführer *m* | foreman.
Routine *f* | routine; prectice.
routiniert *adj* | experienced; skilled; versed | **im Geschäft ~** | experienced in business.
Rubrik *f* Ⓐ [Titel; Überschrift] | title; heading | **in der gleichen ~** | under the same heading (head) (title).
Rubrik *f* Ⓑ [Spalte] | column.
rubrizieren *v* Ⓐ [überschreiben] | to head.
rubrizieren *v* Ⓑ [einordnen; einstufen] | to classify.
Rubrum *n* [eines Urteils] | heading; title.
Rück..abtretung *f* | reassignment.
—**anspruch** *m* | counterclaim; claim in return.
—**antwort** *f* | reply | **Postkarte mit ~** | reply postcard | **~ bezahlt** | reply paid; prepaid reply.
— —**karte** *f* | reply card (postcard).
— —**telegramm** *n* | reply telegram (cable); prepaid telegram.
—**äußerung** *f* | reply; answer.
—**behaltungsrecht** *n* | right to retain; lien.
—**berufung** *f* | recall; calling home | **~ eines Gesandten** | recall of an ambassador.

Rück..buchung *f* | reverse entry; reversal of an entry.
—**bürge** *m* | counter surety.
—**bürgschaft** *f* | counter security (bail) (bond).
rückdatieren *v* | to antedate.
Rückdatierung *f* | antedating.
Rückempfang *m* | receiving back.
Rückendeckung *f* | cover | **finanzielle ~** ① | financial background | **finanzielle ~** ② | financial backing (support); pecuniary aid (assistance).
Rückerlangung *f* | **~ des Besitzes** | regaining possession; repossessing | **~ des Eigentums** | recovery of title; recovery.
rückerstatten *v* Ⓐ [zurückgeben] | to return; to restore.
rückerstatten *v* Ⓑ [zurückzahlen] | to repay; to pay back; to reimburse.
Rückerstattung *f* Ⓐ [Rückgabe] | restitution; restoration; returning | **Klage auf ~** | action for restitution.
Rückerstattung *f* Ⓑ [Rückzahlung] | repayment; reimbursement | **Steuer~** | refund of the tax; tax refund | **~ in bar** | cash refund.
Rückerstattungs..anspruch *m* Ⓐ | claim for restitution.
—**anspruch** *m* Ⓑ | claim for repayment.
—**pflicht** *f* | obligation to repay.
rückerstattungs..fähig *adj* | repayable; refundable.
—**pflichtig** *adj* | liable to make restitution.
Rückerwerb *m* Ⓐ [Rückkauf] | repurchase.
Rückerwerb *m* Ⓑ [Rückerlangung des Besitzes] | regaining possession; repossessing.
Rückerwerb *m* Ⓒ [Rückerlangung des Eigentums] | recovery; recovery of title.
Rückfahr..karte *f*; —**schein** *m* | return ticket.
Rückfahrt *f* | return passage (journey) (trip) (voyage) | **Hin- und ~** | round trip.
Rückfall *m* Ⓐ [Rückschlag] | relapse; setback.
Rückfall *m* Ⓑ [Wiederholungsfall] | relapse into crime | **im ~e** | in case of recidivism.
Rückfall *m* Ⓒ [Heimfall] | reversion.
rückfällig *adj* | **~er Verbrecher** | recidivist | **~ werden** | to relapse; to become recidivous.
Rückfälligkeit *f* | relapse.
Rückfalls..recht *n* | right of reversion; reversionary right.
—**strafe** *f* | penalty in case of repetition.
—**verbrecher** *m* | recidivist.
—**vergehen** *n* | second offense.
Rückforderung *f* | claiming back; reclaiming | **~ von Geld** | demanding money back.
Rückforderungs..anspruch *m* Ⓐ [Anspruch auf Rückgabe] | claim for restitution.
—**anspruch** *m* Ⓑ [Anspruch auf Rückzahlung] | claim for repayment.
—**recht** *n* | right to take back.
Rückfracht *f* Ⓐ [Ladung] | return freight (cargo); home (homeward) freight.
Rückfracht *f* Ⓑ [Kosten] | carriage (freight) back.
Rückfrage *f* | inquiry | **~ halten** | to inquire.
Rückführung *f* Ⓐ [Heimführung] | repatriation.
Rückführung *f* Ⓑ [Wiedergewinnung] | **~ von Materialien in den Kreislauf** | recycling of material(s).
Rückgabe *f* | restitution; restoration; returning | **~ von Fundsachen; ~ gefundener Gegenstände** | restoration of lost property | **Klage auf ~** | action for restitution | **bei ~** | on (upon) returning | **gegen ~** | to be returned.
Rückgabe..pflicht *f* | obligation to return (to make return).
—**recht** *n* | right to return | **Verkauf mit ~** | sale with return privilege.

Rückgang *m* | decrease; decline; falling off | ~ **der Aufträge; Auftrags**~ | falling off of orders | ~ **der Einnahmen; Einnahmen**~ | falling off in receipts (in takings); decrease in the receipts | **Ertrags**~ | falling off in returns; diminished returns | **Geburten**~ | falling of the birthrate | ~ **der Geschäfte; Geschäfts**~ | decline (falling off) of business | **vorübergehender Geschäfts**~ | business recession | ~ **der Kurse; Kurs**~; **Preis**~ | fall (decline) in prices | **Produktions**~ | falling off of production | **Wirtschafts**~ | economic (trade) recession.

rückgängig machen *v* | to cancel; to annul; to countermand | **einen Auftrag** ~ | to cancel (to revoke) an order | **einen Handel** ~ | to cancel (to call off) a bargain | **einen Kauf (Verkauf)** ~ | to cancel a sale | **einen Vertrag** ~ | to cancel (to annul) (to rescind) a contract.

Rückgängigmachung *f* | cancellation; annulment | ~ **eines Auftrages** | cancellation of an order | ~ **des Kaufes (Verkaufes)** | cancellation of the sale | ~ **des Vertrages** | cancellation (annulment) (rescission) of the contract.

Rückgewähr(ung) *f* | restitution; return.

rückgewähren *v* | to return; to restore.

Rückgriff *m* Ⓐ | recourse | **an jdm.** ~ **nehmen** | to fall back upon sb. | **im Wege des** ~**s** | by having recourse.

Rückgriff *m* Ⓑ | ~ **auf Reserven** | drawing on (on the) reserves.

Rückgriffs..klage *f* | action for recourse.

—**recht** *n* | right of recourse.

Rückhalt *m* Ⓐ [Stütze] | support | **finanzieller** ~ ① | financial backing (support) | **finanzieller** ~ ② | financial background | **moralischer** ~ | moral support.

Rückhalt *m* Ⓑ [Zurückhaltung] | **ohne** ~ | without restraint | **ohne** ~ **sprechen** | to speak without restraint.

rückhaltlos *adj* | unreserved; unrestricted; unqualified; unconditional.

rückhaltlos *adv* | unreservedly; unconditionally; without reserve; without restraint | ~ **sprechen** | to speak without restraint.

Rückkauf *m* | repurchase; buying back; redemption | ~ **von Aktien; Aktien**~ | redemption of stock; stock redemption | **Amortisation (Tilgung) durch** ~ | redemption by repurchase | **Klage auf** ~ ! action which is based on a right of repurchase | **Verkauf mit dem Recht des** ~**es** | sale with option of repurchase (of redemption) | **etw. mit dem Recht des** ~**es verkaufen** | to sell sth. with the right (with option) of repurchase | **vorzeitiger** ~ | anticipated redemption.

rückkaufbar | redeemable.

Rückkäufer *m* | repurchaser.

Rückkaufs..angebot *n* | offer to buy back.

—**prämie** *f* | redemption premium.

—**preis** *m* | redemption price.

—**recht** *n* | right (option) of repurchase | **Verkauf unter Vorbehalt des** ~**es** | sale with option of repurchase.

—**vertrag** *m* | covenant of redemption.

—**wert** *m* | redemption (surrender) value.

Rückkehr *f* | return(ing).

Rückladung *f* | return (homeward) freight (cargo).

Rücklage *f* Ⓐ [Rücklagefonds] | reserve(s); reserve (contingency) fund | **Bank**~ | bank(ing) reserve | **Bildung von** ~**n** | building up of reserves | **Entwertungs**~ | provision for depreciation | ~ **für zweifelhafte Forderungen** | reserve for doubtful debts (receivables); bad-debt reserve | **Gold**~ |

gold (metal) reserve; bullion reserve | **Not**~; **Sicherheits**~ | contingency reserve; reserve for contingencies | ~ **für laufende Risiken** | loss reserve; reserve for current risks | **Steuer**~ | reserve for taxes; tax reserve | **offene** ~ | declared (open) reserve | **satzungsgemäße** ~ | statutory reserve; reserve provided by the articles | **stille** ~ | undeclared (inner) (hidden) reserve.

★ **die** ~**n angreifen** | to draw on the reserves | **die** ~**n äufnen** [S]; **den** ~**n zuführen (zuweisen)** | to add (to transfer) (to place) to the reserve fund | ~**n bilden** | to create (to build up) reserves.

Rücklage *f* Ⓑ [Betrag der Rücklage] | sum reserved.

Rücklagen..bildung *f* | building up of reserves.

—**konto** *n* | reserve account.

rückläufig *adj* | retrogressive; retrograde | ~**e Bewegung** | downward movement | ~**e Konjunktur** | declining economic activity | ~**e Nachfrage** | declining (shrinking) demand | ~**e Preise** | falling prices | ~**e Tendenz** | downward tendency.

Rück..lieferung *f* | return; restitution.

—**nahme** *f* | taking back.

—**porto** *n* [Rücksendeporto] | return postage | ~ **trägt der Absender** | return postage guaranteed.

—**rechnung** *f* | account of return (of goods returned).

—**reise** *f* | return journey (voyage) (passage) | **Hin- und** ~ | trip there and back; round (circular) voyage.

—**reisefahrkarte** *f* | return ticket.

—**schein** *m* Ⓐ [Empfangserklärung] | advice (notice) of delivery.

—**schein** *m* Ⓑ [Quittung] | return receipt | **gegen** ~ | return receipt requested.

—**schlag** *m* | setback | ~ **an der Börse; Kurs**~ | setback at the stock exchange | **Preis**~ | drop in prices | **einen** ~ **erleiden** | to suffer a reverse; to have a setback.

—**schleusung** *f* [von Kapitalien] | recycling [of funds].

—**schluß** *m* | conclusion; deduction.

—**schritt** *m* | retrogression; retrograde step.

rückschrittlich *adj* | retrogressive | ~**e Politik** | retrograde policy | ~**e Tendenz** | retrograde tendency.

Rückseite *f* | **die** ~ | the reverse; the reverse side.

rückseitig *adj* [auf der Rückseite] | on the reverse; verso.

Rücksendung *f* | sending back; return.

Rücksendungs..kosten *pl*; —**spesen** *pl* | return charges.

Rücksicht *f* | consideration | **Ehren**~**en** | considerations (reasons) (motives) of hono(u)r | **ohne** ~ **auf die Folgen** | regardless of the consequences | **mit** ~ **auf die Kosten** | in view (in consideration) of the cost(s) (of the expenses) | **ohne** ~ **auf die Kosten** | regardless of cost (of expense) | **auf etw.** ~ **nehmen** | to pay attention to sth.; to take sth. into consideration (into account); to have (to pay) regard to sth.; to consider (to respect) sth. | **aus** ~ **für** | out of consideration (respect) for | **mit** ~ **auf** | in consideration of; in view of; considering that | **ohne** ~ **auf** | regardless of; without regard to; regardless (irrespective) of.

Rücksichtnahme *f* | consideration; considerateness | **voll** ~ | considerate | **aus** ~ **auf** | out of consideration for.

rücksichtslos *adj* | inconsiderate; reckless.

Rücksichtslosigkeit *f* | inconsiderateness; recklessness.

rücksichtsvoll *adj* | considerate.

Rückspesen *pl* | back (return) charges.

Rücksprache f | consultation; conference | **nach ~ mit** | having communicated with | **mit jdm. ~ nehmen** | to confer (to communicate) (to consult) with sb.

Rückstand m Ⓐ [Verzug] | arrear | **Gehalt im ~** | salary arrears (in arrear) | **mit drei Monaten im ~ sein** | to be three months in arrear | **mit mehr als einer Rate im ~ bleiben** | to fall behind with more than one instalment | **im ~ sein** | to be in arrear | **in ~ geraten (kommen)** | to get (to fall) into arrears; to fall behind.

Rückstand m Ⓑ [Zahlungs~] | arrears pl | **Miets~** | rent in arrear; back rent; arrears of rent.

Rückstand m Ⓒ [Rest] | rest; remainder.

Rückstände mpl Ⓐ | arrears pl | **Arbeits~** | arrears (backlog) of work | **~ aufarbeiten** | to make up (to work off) arrears | **~ haben** | to be in arrears.

Rückstände mpl Ⓑ [rückständige Zahlungen] | arrears pl | **Beitrags~** | contributions (dues) in arrear | **Dividenden~** | dividends in arrears; accumulated dividend(s) | **Lohn~** | arrears of wages | **Miets~** | arrears of rent; rent in arrear; back rent | **Raten~** | instalments in arrear | **Steuer~** | arrears of taxes; tax arrears | **Umlagen~** | arrears of rates | **Unterhalts~** | arrears of maintenance; maintenance arrears | **Zins~** | interest in arrear; arrears of interest; back interest | **Zins~ auflaufen lassen** | to allow the back interest to accumulate | **~ begleichen** | to pay up arrears.

rückständig adj Ⓐ | in arrear | **~e Beiträge** | contributions (dues) in arrear | **~e Beträge** | sums (amounts) in arrears; arrears | **~e Dividende** | dividend in arrear | **~es Gehalt** | salary arrears (in arrear) | **~e Lieferung** | delivery in arrear | **~e Löhne** | arrears of wages | **~e Miete** | rent in arrear; arrears of rent; back rent | **~e Raten** | instalments in arrear | **~er Sold** | arrears of pay; back pay | **~e Steuern** | arrears of taxes; tax arrears | **~e Zahlung** | payment in arrear; back payment | **~e Zinsen** | interest in arrear; arrears of interest; back interest | **Kapital und ~e Zinsen** | capital and back interest.

rückständig adj Ⓑ [überfällig] | overdue | **~e Zahlung** | overdue payment.

rückständig adj Ⓒ [zurückgeblieben] | backward; behind the times | **~e Ansichten** | backward ideas | **~e Gebiete** | underdeveloped areas | **~es Land** | backward (underdeveloped) country.

rückständig adj Ⓐ [im Rückstand] | **~ sein** | to be in arrear | **~ werden** | to get (to fall) into arrears; to fall behind.

rückständig adj Ⓑ [in der Entwicklung zurückgeblieben] | **~ sein** | to be behind (behindhand).

Rückständigkeit f | backwardness.

Rückstellung f Ⓐ | reserve; transfer to reserve | **~ für Abnutzung; ~ für Abschreibungen** | reserve for depreciation; depreciation reserve | **~ für Ersatzbeschaffungen** | replacement reserve | **~ für zweifelhafte Forderungen** | reserve for doubtful debts (receivables); bad-debt reserve | **~ für Neubewertungen** | revaluation reserve | **~ Sonder~** | special (contingency) reserve | **~ für Steuern** | tax reserve | **~ für Währungsausgleich** | provision for exchange equalization | **~ für Währungsschwankungen** | provision for exchange fluctuations | **~ für Wertberichtigung** | reserve for revaluation | **~ für Wertminderung** | provision (reserve) for depreciation | **~en machen** | to make provisions.

Rückstellung f Ⓑ; **Rückstellungs..betrag** m | sum reserved; amount placed to reserve (transferred to reserve fund).

—fonds m | reserve fund.

—konto n | reserve account.

—zuweisung f | allocation to the reserve fund.

Rückstufung f [Degradierung] | demotion.

Rücktrag m | carry-back | **Verlust~** [zwecks Rückerstattung bezahlter Steuern] | loss carry-back.

Rücktransport m | return transport(ation).

rücktrassieren v | **auf jdn. ~** | to redraw on sb.

Rücktratte f | redraft.

Rücktritt m Ⓐ | rescission | **~ vom Vertrag; Vertrags~** | rescission of a contract | **seinen ~ vom Vertrag erklären** | to rescind a contract.

Rücktritt m Ⓑ [Amtsniederlegung] | resignation | **Gesamt~** | demise as a body | **~ der Regierung; Regierungs~** | resignation of the cabinet | **seinen ~ erklären** | to tender (to hand in) (to send in) one's resignation; to resign.

Rücktritts..erklärung f Ⓐ | declaration of withdrawal.

—erklärung f Ⓑ; **—schreiben** n | resignation; letter of resignation.

—gesuch n | resignation; tender of resignation | **sein ~ einreichen** | to tender (to hand in) (to send in) one's resignation.

—klausel f | cancellation (escape) clause.

—recht n | right of cancellation.

Rückübereignung f | reconveyance.

rückübersetzen v | to retranslate.

Rückübersetzung f | retranslation.

rückübertragen v | to re-assign.

Rückübertragung f | reassignment; retransfer.

Rücküberweisung f | retransfer.

rückvergüten v | to reimburse; to refund.

Rückvergütung f | reimbursement; repayment | **~ von Auslagen (von Spesen)** | reimbursement of expenses | **~ von Steuern** | refund(ing) of taxes.

Rückversicherer m | reinsurer.

rückversichern v | to reinsure.

Rückversicherung f | reinsurance | **Deckung durch ~** | reinsurance cover | **sich durch ~ decken** | to cover os. by reinsurance; to reinsure.

Rückversicherungs..gesellschaft f | reinsurance company.

—konsortium n | reinsurance syndicate.

—police f | reinsurance policy.

—prämie f | reinsurance premium.

—vertrag m | reinsurance agreement (contract).

Rückverweisung f Ⓐ | cross-reference.

Rückverweisung f Ⓑ | remitting [the case] to the lower court.

Rückwanderung f | repatriation | **Kapital~** | reflow (repatriation) of capital.

Rückwaren fpl | returned goods pl.

Rückwechsel m Ⓐ [unbezahlt gebliebener Wechsel] | unpaid (unaccepted) (dishono(u)red) bill.

Rückwechsel m Ⓑ [zurücktrassierter Wechsel] | redraft; return draft.

rückwirken v Ⓐ [Gegenwirkung haben] | to react.

rückwirken v Ⓑ [zurückwirkend sein] | to be retroactif.

rückwirkend adj | retroactive | **~e Kraft** | retroactive effect (force); retroaction; retroactivity | **mit ~er Kraft** | with retroactive effect; retroactively | **ohne ~e Kraft** | without retroactive effect | **~e Kraft haben** | to be retroactif | **keine ~e Kraft haben** | to have no (to be without) retroactive effect.

rückwirkend adv | retroactively | ～ in Kraft treten | to become retroactive | ～ sein | to be retroactive; to retroact; to have retroactive effect | nicht ～ sein | to have no (to be without) retroactive effect.
Rückwirkung f [rückwirkende Kraft] | retroactive effect; retroaction | Gehalt mit ～ vom ... | salary with arrears as from ...
Rückwirkungen fpl | repercussions pl.
rückzahlbar adj | repayable; redeemable | in Gold ～ | redeemable (to be redeemed) in gold | in Jahresraten ～ | repayable by annual instalments | gegen Kündigung ～ | repayable subject to notice of withdrawal | al pari ～ | repayable at par | ～e Obligationen (Schuldverschreibungen) | redeemable bonds (debentures) | nicht ～e Schuldverschreibung | irredeemable bond (debenture) | ～ auf Verlangen | repayable on demand | nicht ～ | not repayable; not redeemable; irredeemable | ～ sein; ～ werden | to be (to become) due for repayment.
Rückzahlbarkeit f | repayability; redeemability.
Rückzahlung f | repayment; reimbursement | ～ vor Fälligkeit | redemption (repayment) before due date | ～ in Gold | redemption in gold | ～ des Kapitals; Kapital～ | repayment (return) of capital; capital repayment | ～ eines Kapitalbetrages | repayment of a capital sum | Klage auf ～ | action for repayment | ～ zum Nennwert | repayment at par | ～ in Raten | repayment by instalments | vorzeitige ～ | anticipated repayment | zur ～ fällig sein (fällig werden) | to be (to become) due for repayment | zur ～ kommen | to be repaid; to be redeemed.
Rückzahlungs..bedingungen fpl | terms of repayment (of redemption).
—**kurs** m | rate of redemption; redemption rate.
—**plan** m | redemption plan.
—**termin** m | redemption date.
—**wert** m | redemption value.
Rückzession f | reassignment.
Rückzinsen mpl | rediscount.
Rückzoll m Ⓐ [Zollrückerstattung] | drawback; customs drawback.
Rückzoll m Ⓑ [Wiederausfuhrprämie] | bounty on reexportation.
Rückzug m | retreat.
Ruder n Ⓐ [Leitung] | das Staats～ | the helm of the state | das ～ führen | to be at the helm | das ～ übernehmen | to take the helm.
Ruder n Ⓑ [politische Macht] | am ～ sein | to be in power | ans ～ kommen | to come (to rise) to power.
Ruf m Ⓐ [Ansehen] | reputation; repute; renown; standing | Welt～ | world-wide reputation | guter ～ | good reputation | von gutem ～ | of good reputation | jdn. um seinen guten ～ bringen | to ruin sb.'s reputation; to bring sb. in disrepute | einen guten ～ haben | to have a good character | in gutem ～ stehen | to be held in good repute | seinen guten ～ verlieren | to loose one's good reputation; to fall into discredit | von hohem ～ | in great repute | in hohem ～ stehen | to be held in high repute.
○ schlechter ～; übler ～ | bad reputation | von schlechtem ～ | of ill (bad) reputation; of bad renown (character); ill-reputed | jdn. in schlechten ～ bringen | to ruin sb.'s reputation (sb.'s character); to bring sb. in disrepute | in schlechtem ～ stehen | to have a bad reputation (character); to be in bad repute.

○ makelloser ～; tadelloser ～; untadeliger ～ | spotless (unimpeachable) reputation | zweifelhafter ～ | doubtful reputation (standing) | seinen ～ behaupten (wahren) | to maintain one's reputation | sich einen ～ erwerben | to make a name for os. | in dem ～ stehen, ... zu sein | to be reputed ... | von ～ | renowned; famed; well-known.
Ruf m Ⓑ [Berufung] | einen ～ erhalten | to be offered a professorship (a chair).
Ruf m Ⓒ | call | Hilfe～ | call for help (for assistance) | Ordnungs～ | call to order | Telephon～ | telephone (telephonic) call; call.
rufen v | to call | die Feuerwehr ～ | to call out the firemen | um Hilfe ～ | to call for help | etw. ins Leben ～ | to call sth. into being (into existence) | jdn. zur Ordnung ～ | to call sb. to order | jdn. ～; jdn. herbei～ | to call in sb.; to send for sb.; to summon sb.; to summon sb. to attend.
Ruf..mord m | character assassination.
—**name** m | christian (first) name.
—**nummer** f | call number.
—**zeichen** n | call signal.
Rüge f Ⓐ [Tadel] | reprimand; censure | jdm. eine ～ erteilen | to reprimand sb. | sich eine ～ zuziehen | to incur a blame.
Rüge f Ⓑ [Anzeige] | Mängel～ | notification of a defect (of defects).
Rügefrist f | period (time limit) for notifying defects.
rügen v Ⓐ [tadeln] | to reprimand.
rügen v Ⓑ [einen Mangel anzeigen] | to notify a defect.
Ruhe f Ⓐ | Arbeits～ | stoppage of work | die öffentliche ～ und Ordnung | public order; law (peace) and order | für ～ und Ordnung sorgen | to maintain (to support) law and order | die öffentliche ～ und Ordnung stören | to break the peace | Sonntags～ | Sunday (Lord's Day) observance.
Ruhe f Ⓑ [Ruhestand] | retirement | sich zur ～ setzen | to retire from business; to go into retirement; to retire.
Ruhegehalt n | retired pay; pension; retiring pension (allowance) | ～ beziehen | to draw a pension.
Ruhegehalts..bezüge mpl | retirement income.
—**empfänger** m | pensioner; pensionary; recipient of a pension.
Ruhegeld n | retirement benefit (allowance).
Ruhen n | suspension | das ～ der Pension (der Rente) | suspension of pension payments | ～ des Verfahrens | stay (suspension) of proceedings | das ～ des Verfahrens anordnen | to order a stay of the proceedings; to stay (to suspend) the proceedings.
ruhen v Ⓐ | im Depot ～ | to be deposited (on deposit).
ruhen v Ⓑ | to be suspended (in suspense).
Ruhestand m | retirement | einen Beamten in den ～ versetzen | to retire (to pension off) an official; to put an official on the retired list | Versetzung in den ～ | retirement; pensioning; pensioning off | zeitweiliger ～ | temporary (provisional) retirement | Versetzung in den zeitweiligen ～ | retirement on half-pay | jdn. in den zeitweiligen ～ versetzen | to put sb. on half-pay.
★ im ～ leben | to live in retirement; to be on the retired list | im ～ sein | to be retired; to have retired from business | in den ～ treten | to retire; to go into retirement | in den ～ versetzt werden | to be put on the retired list; to be pensioned off.
Ruhestandsbezüge mpl | retirement pay; pension.
Ruhestörer m | disturber of the peace.

Ruhestörung *f* | disturbance of the peace | **nächtliche ~** | disorder by night.
Ruhetag *m* | day of rest; rest day; holiday | **öffentlicher ~** | public (official) holiday.
Ruhezeit *f* | time of (for) rest.
ruhig *adj* | **~e Börse** | featureless (dull) market | **~er Wahlverlauf** | quiet (undisturbed) elections.
Ruin *m* | ruin | **jds. ~ herbeiführen** | to bring about the ruin of sb. | **jds. ~ sein (werden)** | to prove ruinous to sb. | **vor dem ~ stehen** | to be on the brink (on the verge) of ruin.
ruinieren *v* | to ruin | **sich beim Spiel (durch Spielen) ~** | to ruin os. gambling | **jdn. ~** | to drive sb. into bankruptcy.
Ruinierung *f* | ruination | **durch die ~ anderer reich werden** | to grow rich through the ruination of others.
ruinös *adj* | ruinous | **~er Aufwand; ~e Ausgaben** | ruinous expenditure | **~e Bedingungen** | ruinous terms | **~e Konkurrenz; ~er Wettbewerb** | cutthroat competition.
rund *adj* | **~e Summe** | round sum.
Runde *f* | round | **Abhol~** | collection round | **Inspektions~** | inspection round | **Liefer~** | delivery round | **Verhandlungs~** | round of negotiations.
Runderlaß *m* | circular letter.
Rundfrage *f* | inquiry by a circular letter.
Rundfunk *m* | broadcasting; wireless broadcasting; wireless; radio | **Ankündigung im ~** | broadcast announcement | **durch ~ verbreitete Nachricht** | broadcast message | **Verbreitung durch ~** | broadcasting by wireless | **Werbung durch ~** | wireless (radio) advertising; broadcast advertisement | **etw. durch ~ verbreiten** | to broadcast sth. by wireless | **durch ~** | by wireless broadcasting.
Rundfunk..ansage *f* | wireless (radio) announcement.
—ansager *m*; **—sprecher** *m* | radio announcer; broadcaster.
—ansprache *f* | speech over the radio; radio speech.
—anstalt *f* | broadcasting corporation.
—apparat *m*; **—empfangsgerät** *n*; **—gerät** *n* | wireless (radio) set (receiving set) (receiver).
—dienst *m* | wireless broadcasting service.
—empfang *m* | wireless (radio) reception.
—genehmigung *f* | wireless (radio receiving) licence.
—gesellschaft *f*; **—unternehmen** *n* | broadcasting (radio) company.
—hörer *m* | wireless (radio) listener.
—kommentar *m* | radio commentary.
—kommentator *m* | radio (news) commentator.
—nachricht *f* | wireless communication.
—nachrichten *fpl* | broadcast news.
—programm *n* | wireless (radio) program(me).
—reklame *f*; **—werbung** *f* | wireless (radio) advertising; broadcast advertisement.
—sender *m*; **—sendestation** *f* | broadcasting (wireless) station (transmitter).
—sendung *f*; **—übertragung** *f* | broadcasting.
—vertrag *m* | treaty on radio-communications.
Rundgang *m* | round | **Inspektions~** | inspection round.
Rundreise *f* | circular (round trip) voyage.
—billet *n*; **—fahrkarte** *f*; **—karte** *f* | circular (round trip) ticket.
Rund..schreiben *n* | circular; circular letter | **Versand von ~** | circularizing | **päpstliches ~** | encyclic(al); encyclic (encyclical) letter.
—verkehr *m* | roundabout traffic.
Rüsten *n*; **Rüstung** *f* | arming; armament | **Auf~** | rearmament | **~ zur See** | naval armaments.

rüsten *v* | to arm.
Rüstungen *fpl* [**Kriegs~**] | armaments of war.
Rüstungs..anleihe *f* | defense (war) loan.
—arbeiter *m* | war (munition) worker.
—auftrag *m* | defense (war) contract.
—ausgaben *fpl* | armaments expenditure.
—begrenzung *f*; **—beschränkung** *f* | limitation of armaments; armament limitation.
—betrieb *m* | armament factory.
—gewinn *m* | war profit(s).
—gewinnsteuer *f* | war profits tax.
—gleichheit *f*; **—parität** *f* | parity in armaments.
—hausse *f*; **—konjunktur** *f* | armaments boom.
—industrie *f*; **—wirtschaft** *f* | armament (war) industry.
—kontrolle *f* | control and inspection of armaments.
—ministerium *n* | ministry of munitions.
—politik *f* | armaments policy.
—potential *n* | war potential.
—produktion *f* | armaments (war) production.
—programm *n* | armament program.
—vorlage *f* | defense bill.
—wettlauf *m* | arms (armament) race.

S

Saal *m* | **Empfangs~** | reception room | **Hör~** | lecture room | **Sitzungs~**; **Verhandlungs~** | court room | **Warte~** | waiting room | **Zeichen~** | drawing room.
Sabotage *f* | sabotage | **Wirtschafts~** | economic sabotage.
—akt *m* | act of sabotage; sabotage.
—prozeß *m* | sabotage trial.
—versuch *m* | attempt of sabotage.
sabotieren *v* | to sabotage | **einen Plan ~** | to sabotage (to frustrate) a plan.
Sach..aufruf *m* | call of the case.
—aufwendungen *fpl* | expenditure on material; material expenses.
—bearbeiter *m* | the competent official.
—beschädigung *f* | damage to property | **mutwillige ~; vorsätzliche ~** | wilful (malicious) damage.
—bezüge *mpl* | remuneration (allowance) in kind.
—darstellung *f* | recital (account) of the facts | **falsche ~** | misstatement (misrepresentation) of the facts | **genaue ~; vollständige ~** | full statement (recital) of the facts | **eine ~ geben** | to give an account of the facts; to give (to recite) the facts.
sachdienlich *adj* | pertinent; appropriate; relevant; to the purpose | **~e Angaben** | relevant information.
Sachdienlichkeit *f* | relevance; relevancy.
Sache *f* Ⓐ [**Ding**; **Gegenstand**] | thing | **Haupt~** | principal (essential) thing | **Mangel der ~** | material defect (deficiency) | **Miet~** | hired article.
★ **bewegliche ~n** | movable things; things personal; chattel; loose chattels | **fremde ~; fremde bewegliche ~** | another's (somebody else's) property | **gestohlene ~** | stolen object | **herrenlose ~** | derelict (ownerless) thing | **mangelhafte ~** | defective (faulty) thing | **unbewegliche ~n** | immovables | **unkörperliche ~n** | intangible property | **unpfändbare ~** | property which cannot be attached | **verbrauchbare**

~n | consumable goods (things) | **leicht verderbliche** ~n | perishable goods; perishables | **verlorengegangene** ~ | lost article | **vertretbare (ersetzbare)** ~n | fungibles; replaceable things.
Sache *f* Ⓑ [Rechtssache] | case; cause | **Aufruf der** ~ | call of the case | **Bagatell**~ | petty cause; summary proceedings | **Ehe**~ | matrimonial cause | **vor Gericht anstehende** ~ | case before the court | **Handels**~ | commercial (mercantile) case (affair) | **Haupt- und Neben**~ | principal and costs | **Meß- und Markt**~n | business at fairs and public markets | **Prozeß**~; **Streit**~ | matter in dispute (at issue); litigious matter | **Straf**~ | criminal case | **Verwaltungs**~ | administrative matter | **Zivil**~; **Zivilklage**~ | civil action (suit).
★ **zur** ~ **gehörig** | relevant | **nicht zur** ~ **gehörig** | irrelevant | **gerechte** ~ | rightful cause | **rechtskräftig entschiedene** ~ | case, on which final judgment has been passed.
★ **eine** ~ **aufrufen** | to call a case | **eine** ~ **(in einer** ~**) entscheiden** | to determine a cause; to pronounce judgment in a cause | **eine** ~ **verfolgen** | to proceed with a matter | **eine** ~ **verhandeln** | to try a case | **eine** ~ **vertreten** | to plead a cause | **eine** ~ **zurückverweisen** | to remand a case.
★ **in** ~**n** | in the matter of; regarding; concerning; in re; re | **in** ~**n X. gegen Y.** | in the matter of (in re) X. versus (vs.) Y. | **in** ~**n gegen X. und andere (und Consorten)** | in the matter of X. and others.
Sache *f* Ⓒ [Angelegenheit] | matter; affair; business | ~ **der Allgemeinheit** | the public welfare; the common weal | **Ansichts**~ | matter of opinion | **eine** ~ **jdm. zur Beurteilung überlassen (übergeben)** | to refer a matter to sb.'s judgment | **Ehren**~ | matter of hono(u)r | **Eil** ~ | urgent matter (business) | **Erledigung einer** ~ | settlement of a matter | **Form**~ | matter of form | **Geld**~ | money matter; matter of money; monetary (financial) (pecuniary) affair (matter) | **eine** ~ **des Geschäfts** | a matter of business | **Geschmacks**~ | matter of taste | **eine** ~ **in jds. Hände legen** | to place a matter in (into) sb.'s hands | **Neben**~ | matter of secondary (minor) importance | **Privat**~ | private affair (matter) (business) | **Verwaltungs**~ | administrative matter.
★ **die fragliche** ~; **die** ~, **um die es sich handelt** | the matter in question | **mit jdm. gemeinsame (gemeinschaftliche)** ~ **machen** | to make common cause with sb. | **gewinnbringende** ~; **gewinnreiche** ~ | lucrative transaction; capital (splendid) bargain; gold mine | **unerledigte** ~**n** | arrears of work | **die vorliegende** ~ | the subject matter | **in der vorliegenden** ~ | in this matter | **zusammenhängende** ~**n** | related matters.
★ **mit jdm. eine** ~ **abmachen** | to transact business with sb. | **einer** ~ **nachgehen**; **eine** ~ **verfolgen** | to follow up a matter | **eine** ~ **übernehmen** | to take charge of a matter | **eine** ~ **verschieben** | to defer (to put off) a matter | **zur** ~ **sprechen** | to speak to the point | **zur** ~ **kommen** | to come to the point; to get down to business.
Sach..einbringen *n*; **—einlage** *f* | investment (contribution) in kind.
—einwand *m* | substantial plea.
Sachenrecht *n* Ⓐ [dingliches Recht] | real right; title.
Sachenrecht *n* Ⓑ | law of property.
Sach..entscheidung *f* | decision (judgment) in the merits.
—gebiet *n* | field.
—gegenstand *m* | subject matter.

sachgemäß *adj* | appropriate; proper.
sachgemäß *adv* | to the purpose.
Sach..gesamtheit *f*; **—inbegriff** *m* | aggregate (entirety) of things.
—investition *f* | investment in material assets.
—kenner *m* | expert.
—kenntnis *f* Ⓐ [Kenntnis der Tatsachen] | knowledge of the facts; factual knowledge.
—kenntnis *f* Ⓑ [sachverständige Kenntnisse] | expert knowledge; know-how.
—konto *n* | inventory (property) account.
sachkundig *adj* Ⓐ | acquainted with the matter.
sachkundig *adj* Ⓑ [sachverständig] | expert; competent; experienced | **in** ~**er Weise** | expertly.
Sachkundiger *m* | expert; specialist.
Sachlage *f* | state of affairs; circumstances *pl*; situation | **jdn. über die** ~ **unterrichten** | to make sb. acquainted with the position (with the facts) | **bei dieser** ~ | under these circumstances.
Sachleihe *f* | lending of things; commodatum.
Sachleistung *f* | payment in kind.
sachlich *adj* | objective; substantial; material | **aus** ~**en Gründen** | on substantive grounds | ~**e Prüfung** | verification of the facts | ~**er Unterschied** | factual difference | ~**er Zusammenhang** | actual (factual) relation | ~**e Zuständigkeit** | material jurisdiction.
sachlich *adv* | **etw.** ~ **prüfen** | to examine sth. materially.
Sachlichkeit | objectiveness; objectivity.
Sach..lieferung *f* | payment (performance) in kind.
—mangel *m* | material defect (deficiency).
—mängelhaftung *f* | warranty.
—miete *f* | hire (hiring) of things.
—register *n* | table of contents; contents *pl.*
—schaden *m* | material damage; damage to property.
—spende *f* | donation in kind.
Sachverhalt *m* | **der** ~ | the facts *pl*; the real facts *pl*; the actual (factual) circumstances *pl* | **Darstellung des** ~**s** | recital (account) of the facts | **genaue (vollständige) Darstellung des** ~**s** | full statement (recital) of the facts | **unter eingehender Darstellung des** ~**s** | giving a detailed account of the facts | **eine Darstellung des** ~**s geben** | to recite (to give) the facts; to give an account of the facts | **Kenntnis des** ~**es** | knowledge of the facts; factual knowledge | **der wahre** ~ | the true facts | **den** ~ **darlegen** | to give (to state) the facts.
Sach..vermögen *n* | material (tangible) property (assets).
—versicherung *f*; **—schadensversicherung** *f* | insurance against material damage (against loss and damage).
sachverständig *adj* | expert; competent | **nach** ~**em Rat** | according to expert advice | ~**er Zeuge** | expert (skilled) witness | **sich als** ~ **ausgeben** | to pose as an expert | **in etw.** ~ **sein** | to be an expert on (in) sth.
Sachverständige *mpl* | **Abschätzung durch** ~ | expert appraisal; official appraisement | **nach Ansicht der** ~**n** | according to the experts (to expert opinion) | **Begutachtung durch** ~ | appraisal (examination) by experts | **Beweis durch** ~ | expert evidence | **Schätzung durch** ~ | expert valuation.
Sachverständigen..ausschuß *m*; **—kommission** *f* | committee of experts.
—bericht *m*; **—gutachten** *n* | expert opinion; experts' opinion (findings *pl*) (award).
—beweis *m* | expert evidence.
—eid *m* | expert's oath.
—gebühr *f* | expert's fee.
—gremium *n* | group (panel) of experts.

Sachverständigenkosten *pl* | cost of experts.
Sachverständiger *m* | expert | **Bank~** | banking expert | **Buch~; Rechnungs~** | qualified accountant | **geprüfter Buch~** | chartered accountant | **Finanz~** | financial expert | **Schrift~** | handwriting expert.
★ **ärztlicher ~; medizinischer ~** | medical expert | **beeidigter ~; vereidigter ~** | sworn expert | **gerichtlich bestellter ~** | expert appointed by the court | **gerichtsmedizinischer ~** | medico-legal expert | **juristischer ~** | legal expert | **landwirtschaftlicher ~** | agricultural expert.
Sachverzeichnis *n* Ⓐ [Inhaltsverzeichnis] | table of contents *pl*.
Sachverzeichnis *n* Ⓑ [Inventar] | inventory.
—vortrag *m* | statement of a case; report on a matter.
Sachwalter *m* | trustee; agent.
Sachwert *m* Ⓐ [materieller Wert] | real value.
Sachwert *m* Ⓑ [innerer Wert] | intrinsic value.
Sachwerte *mpl* | material (tangible) assets *pl*.
Sachzusammenhang *m* | actual (factual) relation.
Saison *f* | season | **stille ~** | dull season; off-season | **tote ~** | dead season.
saisonabhängig *adj* | subject to seasonal influences (fluctuations).
Saison..abschlag *m* | seasonal reduction in price.
—arbeit *f* | seasonal work.
—arbeiter *m* | seasonal worker.
—arbeiter *mpl* | seasonal labo(u)r.
—ausverkauf *m*; **—schlußverkauf** *m* | seasonal clearance sale.
saisonbedingt *adj* | seasonal | **~e Arbeitslosigkeit** | seasonal unemployment | **~er Konjunkturaufschwung** | seasonal revival (recovery) (trend) | **~er Rückgang** | seasonal recession.
saisonbereinigt *adj* | seasonally-corrected (-adjusted).
Saison..beruf *m* | seasonal occupation.
—betrieb *m*; **—industrie** *f* | seasonal industry.
—geschäft *n*; **—gewerbe** *n* | season (seasonal) business (trade).
—index *m* | index of seasonal fluctuations.
—schwankungen *pl* | seasonal variations (fluctuations).
Säkularisation *f* | laicization; secularization.
säkularisieren *v* | to secularize; to laicize.
Säkularisierung *f* | conversion of church property to secular use; secularization.
Salden *mpl* | **die ~ ausgleichen** | to pay (to settle) the balances.
saldieren *v* | to balance; to square | **ein Konto ~; eine Rechnung ~** | to balance an account.
saldiert *part* | balanced; settled.
Saldierung *f* | balancing; striking of the balance.
Saldo *m* | balance of account | **Abdeckung (Ausgleich) eines ~s** | payment of a balance | **Aktiv~** | credit balance | **Bank~** | bank balance; balance in (at the) bank | **Debitoren~; Debet~** | debit balance; balance due (payable) (owing) | **Fakturen~** | balance of an invoice | **Fracht~** | balance of freight | **Gegen~** | counter-balance | **Gewinn~** | profit balance | **~ laut Gewinn- und Verlustrechnung** | balance as per profit and loss account | **~ zu unseren Gunsten** | balance in our favo(u)r | **Haben~; Kredit~; Kreditoren~** | credit balance | **~ zu unseren Lasten** | balance at our debit | **Rechnungs~** | balance of account | **einen ~ auf neue Rechnung vortragen** | to carry (to bring) forward a balance to new (next) account | **Soll~** | debit balance; overdraft | **Verlust~** | balance deficit | **Zins~; Zinsen~** | balance of interest.
★ **berichtigter ~** | adjusted balance | **verfügbarer ~** | available balance | **vorgetragener ~** | balance

carried (brought) forward | **einen ~ abdecken (ausgleichen)** | to pay (to pay up) a balance | **einen ~ aufweisen** | to show a balance | **den ~ vortragen** | to carry forward the balance | **einen ~ ziehen** | to draw (to strike) a balance.
Saldo..abdeckung *f*; **—ausgleich** *m* | payment of the balance.
—anschaffung *f*; **—rimesse** *f* | balancing remittance.
—auszug *m* | statement of account.
—barabdeckung *f* | cash to balance.
—betrag *m* | amount of balance; balancing amount.
—guthaben *n* | credit balance.
—übertrag *m*; **—vortrag** *m* | balance brought (carried) forward | **~ aus letzter Rechnung** | balance carried (brought) forward from last account | **~ auf neue Rechnung** | balance carried (brought) forward to next (new) account.
—wechsel *m* | balance bill; appoint.
—zahlung *f* | payment (settlement) of the balance.
Salz..monopol *n*; **—regal** *n* | salt monopoly.
—steuer *f* | salt duty.
Sammel..aktion *f* | collection (fund-raising) drive.
—begriff *m* | comprehensive term.
—bestand *m* | **~ an Wertpapieren (an Effekten); Effekten~** | securities *pl* held (security holdings *pl*) on collective deposit.
—depot *n* | collective deposit | **Effekten~** | collective account of stocks (of stocks and bonds).
—fonds *m* | pooled fund; pool.
—fahrschein *m* | party ticket.
—frachtbrief *m* | collective consignment note.
—gut *n* | general (mixed) cargo.
—klausel *f* | general (dragnet) clause.
—konossement *n* | collective bill of lading.
—konto *n* | collective (joint) account.
—ladung *f* Ⓐ; **—sendung** *f* [Verladung per Sammeltransport] | collective (mixed) consignment.
—ladung *f* Ⓑ [Stückgutladung] | general (mixed) cargo.
Sammeln *n* | collecting; collection; gathering.
sammeln *v* | to collect; to gather | **Beweismaterial ~** | to gather evidence | **Stimmen ~** | to canvass votes.
Sammel..name *m* | collective name.
—nummer *f* | collective call number; party line.
—paß *m* | collective passport.
—platz *m*; **—punkt** *m* | rallying (collecting) point.
—police *f* | group policy.
—posten *m* | collective item.
—stelle *f* | central depot.
—tarif *m* | group tariff (rate).
—transport *m* | general (group) transport.
—überweisung *f* | general transfer.
—verwahrung *f* | general deposit.
—werk *n* | compilation.
Sammler *m* Ⓐ | collector.
Sammler *m* Ⓑ [Einsammler] | gatherer.
Sammlung *f* Ⓐ [Sammeln] | **~ von Beweismaterial** | gathering of evidence.
Sammlung *f* Ⓑ | compilation | **Dokumenten~; Urkunden~** | collection of documents | **Entscheidungs~** | law reports *pl* | **Gesetz~** | compendium of laws.
Sammlung *f* Ⓒ [Kollekte] | collection | **öffentliche ~** | public subscription | **wohltätige ~; ~ zu einem wohltätigen Zweck** | charity collection.
samtverbindlich *adv* | joint and severally; as joint debtors | **~ haften (haftbar sein)** | to be jointly (jointly and severally) liable (responsible); to be liable as joint debtors | **~ haftende Mitschuldner** | joint and several codebtors | **jdn. ~ haftbar machen** | to make sb. jointly and severally liable.

sanieren *v* | to reconstruct; to reorganize | **die Finanz-lage** ~ | to reorganize the finances | **ein Unternehmen** ~ | to reconstruct a company.
Sanierung *f* [der Finanzen] | financial reconstruction (reorganization) (rehabilitation) | **Wirtschafts**~; **wirtschaftliche** ~ | economic reconstruction.
Sanierungs..fonds *m* | reorganization fund.
—**maßnahme** *f* | measure of reorganization.
—**kredit** *m* | reconstruction credit.
—**plan** *m* ; —**programm** *n* | scheme of reconstruction (of reorganization); capital reconstruction scheme (plan).
Sanitäts..beamter *m* | health officer.
—**behörden** *fpl* | **die** ~ | the health authorities.
Sanktion *f* | sanction | **wirtschaftliche** ~**en** | economic sanctions.
sanktionieren *v* | to sanction.
sanktioniert *part* | **durch langjährigen Gebrauch (durch Herkommen)** ~ | sanctioned by usage.
Sanktions..land *n* | sanctionist country.
—**maßnahmen** *fpl* | sanctions.
—**politik** *f* | policy of sanctions.
Satelliten..staat *m* | satellite state.
—**stadt** *f* | satellite town (suburb).
Sättigung *f* | saturation.
Sättigungspunkt *m* | saturation point.
Satz *m* Ⓐ | rate | **Abgaben**~ | rate of assessment (of duty); tax rate | **Abschreibungs**~ | rate of depreciation | **Abwertungs**~ ①| rate of devaluation | **Abwertungs**~ ②; **Entwertungs**~ | rate of depreciation; depreciation rate | **Beitrags**~ | contribution rate | **Deckungs**~ | reserve ratio | **Diskont**~ | discount (bank) (bill) rate; rate of discount | **Einheits**~ | standard (uniform) rate | **Einheitsgewichts**~ | standard weight unit | **Fracht**~ | freight rate; rate of freight | **Gebühren**~ | rate of the charge | **Gehalts**~ | rate of salary | **Höchst**~ | highest (maximum) rate.
○ **Hundert**~ ① | rate per cent; percentage | **Hundert**~ ② | rate | **Kapitalisierungs**~ | rate of capitalization | **Kilometer**~ | mileage rate | **Konversions**~ | rate of conversion; conversion rate | **Lohn**~ | wage rate | **Lombard**~ | rate (bank rate) for bank loans on security.
○ **Maximal**~ | highest (maximum) rate) | **Mindest-**~ | minimum rate | **Normal**~ | standard rate | **Options**~ | rate of option; option rate | **Pausch**~; **Pauschal**~ | flat rate | **Pensions**~ | scale of pension | **Prämien**~ | rate of premium | **Provisions**~ | rate of commission; commission rate | **Prozent**~ | rate per cent; percentage; per cent | **Stabilisierungs**~ | rate of stabilization.
○ **Steuer**~ | tax rate; rate of assessment | **Tages**~ | rate of the day; current rate | **Tarif**~ | tariff rate | **Umrechnungs**~① | rate of exchange; exchange rate; exchange | **Umrechnungs**~ ② | rate of conversion; conversion rate | **Veranlagungs**~ | rate of assessment; tax rate | **Vorzugs**~ | preferential (special) rate (tariff) | **Zins**~ | rate of interest; interest rate | **Zoll**~ | rate of duty; tariff (custom) rate | **Zuschlags-**~ | supplementary (surcharge) rate.
★ **amtlicher** ~ | official (officially fixed) rate | **zum (zu einem) ermäßigten** ~ | at a reduced rate | **zum günstigsten** ~ | at the best possible rate | **hoher** ~ | high rate (percentage) | **zu einem überhöhten** ~ | at a too high rate | **den** ~ **von etw. festsetzen** | to fix (to regulate) the rate of sth. | **zum** ~ **von ...** | at the rate of ...
Satz *m* Ⓑ [Garnitur] | set | **vollständiger** ~ | full (complete) set (series).

Sätze *mpl* | **Zoll**~ | customs rates *pl* | **die geltenden** ~ | the rates *pl* in force.
Satzung *f* Ⓐ [Statuten] | rules *pl*; regulations *pl*; by-laws *pl*; bye-laws *pl*; charter | **Änderung der** ~**en** | amendment of the by-laws | **Innungs**~ | by-laws of the corporation | **Vereins**~ | by-laws of the association | **Völkerbunds**~ | Covenant of the League of Nations; League Covenant.
Satzung *f* Ⓑ [Gesellschaftsvertrag] | articles *pl* (memorandum) of association | **Änderung der** ~ | modification of the articles of association | **nach den** ~**en** | under (in accordance with) (provided by) the articles.
Satzungs..änderung *f* Ⓐ | amendment of the by-laws.
—**änderung** *f* Ⓑ | modification of the articles of association.
—**bestimmung** *f*; —**vorschrift** *f* | provision in the articles; charter provision.
satzungsgemäß *adj*; **satzungsmäßig** *adj* | statutory | ~**e Reserve (Rücklage)** | statutory reserve; reserve provided by the articles.
satzungsgemäß *adv*; **satzungsmäßig** *adv* | in accordance with the statutes | ~ **vorgeschriebener Zins** | statutory interest.
satzungswidrig *adv* Ⓐ | against the rules (the regulations) (the by-laws).
satzungswidrig *adv* Ⓑ | against the articles.
sauber *adj* | ~**e Abschrift** | fair copy | **mit** ~**en Absichten** | with clean intentions.
Säuglings..alter *n* | infanthood.
—**fürsorge** *f* | infant welfare.
—**sterblichkeit** *f* | infant mortality.
säumig *adj* | defaulting | **die** ~**e Partei** | the defaulting party; the party in default | ~**er Schuldner** | tardy (defaulting) debtor | ~**er Zahler** | tardy (slow) payer
Säumnis *f* | default.
Säumniszuschlag *m* | extra charge for late (belated) payment.
Schacher *m* | haggle.
Schacherer *m* | haggler; bargainer.
Schachern *n* | haggling; bargaining.
schachern *v* | to haggle; to bargain.
Schachtel..beteiligung *f* | interlocking participation.
—**gesellschaft** *f* Ⓐ | associated (affiliated) (subsidiary) and wholly controlled company.
—**gesellschaft** *f* Ⓑ | group of companies with inter-related (interlocking) participation.
—**privileg** *n* | special tax treatment (exemption) for interrelated companies.
Schaden *m* Ⓐ | damage | **Abwendung eines** ~**s** | avoidance of damage | **Brand**~; **Feuer**~ | damage caused by fire; damage and loss by fire; fire damage | **Eis**~ | damage caused by ice | **Feld**~; **Flur**~ | damage to the fields | **Gesamt**~ | total damage (loss) | **Hagel**~ | damage caused by hail (by hailstorms) | **Kriegs**~ | war damage | **Material**~; **Sach**~ | material damage | **Schiffs**~ | ship damage | **See**~ | sea damage; damage by sea | **Sturm**~ | damage caused by storm | **Tumult**~ | damage done during riots (during rioting) | **Verhütung eines** ~**s** | avoidance of damage | **Vermögens**~ | financial (property) damage | ~ **verursachendes Verschulden** | fault which causes (which is the cause of) damage | **Verzugs**~ | damage caused by default (resulting from late delivery) | **Wasser**~ | damage caused by water | **Wild**~ | damage done (caused) by game.
★ **beträchtlicher** ~ | extensive damage | **empfindlicher** ~; **ernstlicher** ~; **schwerer** ~ | serious damage | **geringfügiger** ~; **unerheblicher** ~ | small (nominal) damage | **erlittener** ~ | suffered

Schaden *m* Ⓐ *Forts.*
damage; sustained loss | **immaterieller** ~; **indirekter** ~; **mittelbarer** ~ | consequential (constructive) (indirect) damages | **materieller** ~ | material damage | **unersetzlicher** ~; **nicht wiedergutzumachender** ~ | irreparable damage; irretrievable loss.
★ **jdn. für einen** ~ **abfinden** | to indemnify (to compensate) sb. for a damage | **einen** ~ **abwenden** | to avert (to avoid) (to prevent) damage | ~ **anrichten** | to cause damage; to damage | **für den** ~ **aufkommen** | to compensate for a loss | **jdn. vor** ~ **bewahren** | to protect sb. (to keep sb. protected) from damage | **für den** ~ **einstehen (verantwortlich sein); den** ~ **vertreten müssen (zu vertreten haben)** | to be answerable (responsible) for the damage | **einen** ~ **erleiden** | to suffer damage; to become damaged; to sustain a loss | **den** ~ **ermitteln (feststellen)** | to estimate (to assess) the damage | **einen** ~ **ersetzen** | to repair the damage; to pay damages | **für den** ~ **haften (haftbar) sein** | to be liable for the damage (to pay damages) | **zu** ~ **kommen;** ~ **nehmen** | to suffer damage; to come to grief; to become damaged | **den** ~ **tragen** | to shoulder the damage; to bear the loss | **einen** ~ **verhüten** | to avoid (to prevent) damage | **gegen** ~ **versichern** | to insure against damage | ~ **verursachen (zufügen)** | to cause (to inflict) damage; to damage | **einen** ~ **wiedergutmachen** | to repair a damage; to make good a loss.
[VIDE: **Schäden** *mpl*].
Schaden *m* Ⓑ [Beeinträchtigung] | detriment; prejudice | ~ **bringen** | to be to the detriment of; to be detrimental to | **zum** ~ **von** | to the detriment of.
Schaden *m* Ⓒ [Verlust] | loss | **mit** ~ **verkaufen** | to sell at a loss; to sell under cost.
schaden *v* | to damage; to cause damage.
Schäden *mpl* | damage *sing* | **Brand**~ | damage caused by fire; damage and loss by fire; fire damage | **Folge**~ | consequential damage(s) | **Sach**~ | material damage | **geringfügige** ~ | small damage.
schadenbringend *adj* | damaging | ~**es Ereignis** | accident.
Schadenersatz *m* VIDE: **Schadensersatz** *m*.
Schadenfall *m* | case of damage (of damage or loss).
Schadenfeuer *n* | fire which causes material damage.
Schadens..abfindung *f* | indemnification; indemnity; compensation.
—**anzeige** *f* | notice of damage.
—**ausmaß** *n* | extent of the damage.
—**berechnung** *f* | estimate (assessment) of damages.
—**bericht** *m* | damage report; statement of damage.
Schadensersatz *m* | payment (recovery) of damages; indemnity; damages *pl*; indemnification; compensation | ~ **in Geld** | cash indemnity; indemnification in cash | ~ **aus unerlaubter Handlung** | damages arising from an unlawful act | **Klage auf** ~ | action (suit) for damages; damage suit | ~ **in Natur** | compensation for damage in kind | ~ **wegen Nichterfüllung** | damages for non-performance (for non-fulfilment) | ~ **wegen Verzuges** | damages for delay | **Verurteilung zu** ~ | judgment for damages; sentence (order) to pay damages | **Zubilligung (Zuerkennung) von** ~ | award of damages.
★ **zum** ~ **berechtigt** | entitled to indemnity (to compensation) | **auf** ~ **erkennen** | to award (to adjuge) damages | ~ **beanspruchen (fordern) (verlangen)** | to claim (to demand) damages | ~ **erlangen** | to recover damages | **auf** ~ **klagen** | to sue for damages | ~ **leisten** | to pay (to respond in) damages | **jdn. auf** ~ **verklagen** | to sue sb. for damages; to bring a

damage suit (an action for damages) against sb. | **zum** ~ **verpflichtet sein** | to be liable for damages; to be responsible for a damage | **zum** ~ **verurteilt werden** | to be ordered to pay damages.
Schadensersatz..anspruch *m* | claim for damages (of indemnification) (for compensation) (for indemnity) | **anerkannter** ~; **festgestellter** ~ | liquidated damages | **gesetzlicher** ~ | damages at law.
—**klage** *f* | action (suit) for damages; damage suit | ~ **aus (wegen) unerlaubter Handlung** | action for tort | ~ **erheben (einreichen)** | to sue (to bring an action) for damages.
—**pflicht** *f* | obligation (liability) to pay damages; obligation to indemnify.
schadensersatzpflichtig *adj* | liable (responsible) to pay damages | ~**e Fahrlässigkeit (Nachlässigkeit)** | actionable negligence | ~ **sein** | to be responsible (to be answerable) for the damage | **jdn.** ~ **machen** | to make (to hold) sb. liable for damages.
Schadensersatzprozeß *m* | damage suit; action (suit) for damages.
Schadens..festsetzung *f*; —**feststellung** *f* | appraisal of the damage; assessment of damages.
—**feststellungsverfahren** *n* | method of assessing damages.
schadensfrei *adj* Ⓐ [unbeschädigt] | undamaged; free from damage.
schadensfrei *adj* Ⓑ [ohne Inanspruchnahme der Versicherung] | free of insurance claims.
Schadens..freiheitrabatt *m* | no-claim bonus.
—**höhe** *f*; —**umfang** *m* | extent of the damage.
—**regelung** *f*; —**regulierung** *f* | adjustment of damages (of losses); settlement of a claim for damages.
—**reserve** *f* | reserve against current risks; outstanding loss reserve.
—**ursache** *f* | cause of loss (of the damage).
—**verhütung** *f* | avoidance of damage; loss prevention.
—**versicherung** *f* | insurance against loss (losses) (damage) (damages).
—**verteilung** *f* | repartition of loss; loss repartition.
—**verursachung** *f* | **strafbare** ~ | causing criminal damage.
schadhaft *adj* | damaged; defective; imperfect | **in** ~**em Zustand** | in damaged condition.
Schadhaftigkeit *f* | damaged condition.
schädigen *v* | to damage; to injure; to prejudice; to cause damage | **in der Absicht, zu** ~ | with intent to harm (to injure) | **jds. Interessen** ~ | to prejudice sb.'s interests.
schädigend *adj* | damaging | ~**es Ereignis** | act which causes damage.
Schädigung *f* | causing damage (detriment) (prejudice) | **Kredit**~ | reflecting (adverse effect) on [sb.'s] credit.
Schädigungsabsicht *f* | intention to damage (to cause damage); intent to harm.
schädlich *adj* | detrimental; prejudicial; injurious | **gesundheits**~ | detrimental to health.
Schädlichkeit *f* | injurious caracter; injuriousness.
Schädling *m* | parasit.
schadlos *adv* | without loss; without (free from) damage | **jdn. für etw.** ~ **halten** | to indemnify (to compensate) sb. for sth.; to hold sb. harmless from sth. | **sich an jdm. für etw.** ~ **halten** | to indemnify (to repay) (to reimburse) os.; to recover one's loss from sb.
Schadlos..bürge *m* | collateral surety.
—**bürgschaft** *f* | deficiency guarantee; guarantee for the deficit.
—**haltung** *f* | indemnification; indemnity; compensation.

schaffend *adj* | **die** ~**e Bevölkerung** | the working people (population).

Schaffung *f* | creation; formation.

Schalter *m* | counter | **Bank**~ | bank counter | **Kassen**~; **Zahl**~ | cash (paying) counter; pay (cashier's) desk.

Schalter..beamter *m* Ⓐ | clerk at the counter; counter clerk.

—beamter *m* Ⓑ [an der Kasse] | teller; cashier.

—dienst *m* | service at the counter(s).

—schluß *m* | closing of the counters.

—stunden *fpl* | business hours for the counters; time when counters are open.

Schaltjahr *n* | intercalary (leap) year.

Schalttag *m* | intercalary (leap) day.

Schande *f* | dishono(u)r; infamy | **Kultur**~ | shame to civilization.

schänden *v* | to dishono(u)r; to violate | **ein Grab** ~ | to rifle (to despoil) a tomb.

Schänder *m* | violater; despoiler.

schändlich *adj* | infamous | ~**es Verbrechen** | outrageous (heinous) crime.

Schändung *f* | violation | **Grab**~ | desecration of a grave | **Leichen**~ | desecration of a dead body.

Schank..erlaubnis *f*; **—konzession** *f* | publican's (liquor) license.

—steuer *f* | tax on beverages.

Scharfrichter *m* | executioner; hangman.

Schatz *m* | treasure | **Staats**~ | Treasury.

Schatzamt *n* | Treasury; public Treasury; Exchequer [GB]; Treasury Department [USA]; Board of Treasury (of Exchequer).

Schatzanweisung *f* | treasury bond (certificate); exchequer bond.

schätzbar *adj* | appreciable.

Schatzbildung *f* | creation (accumulation) of capital.

Schätze *mpl* | **Boden**~; **Natur**~ | natural wealth | **Kunst**~ | art treasures | ~ **ansammeln** | to accumulate riches; to treasure up wealth.

schätzen *v* Ⓐ | to esteem; to respect | **jdn. gering** ~ | to hold sb. in low esteem | **jdn.** ~; **jdn. hoch** ~ | to have a great regard for sb.; to hold sb. in high esteem.

schätzen *v* Ⓑ [ab~] | to value; to appraise; to estimate | **den Wert von etw.** ~ | to appraise sth. | **zu hoch** ~ | to overvalue; to overestimate; to overrate | **zu niedrig** ~ | to undervalue; to underestimate; to underrate | **von neuem** ~ | to revalue; to reappraise.

Schätzer *m* | appraiser; valuer | **amtlicher** ~; **vereidigter** ~ | official (sworn) appraiser (valuer).

Schatz..fund *m* | treasure trove.

—kammer *f* Ⓐ [Raum] | vault.

—kammer *f* Ⓑ [Amt] | Treasury; Exchequer [GB]; Treasury Department [USA].

—kanzler *m* | Chancellor of the Exchequer [GB]; Secretary of the Treasury [USA].

—meister *m* | treasurer.

—meisteramt *n* | treasurership.

—meisterei *f* | treasurer's office.

Schätzung *f* Ⓐ [Hoch~; Wert~] | esteem; regard; respect.

Schätzung *f* Ⓑ [Ab~] | valuation; appreciation; appraisal; estimate | **Nach**~ | counter appraisal | **Steuer**~ ① [Schätzung der Einnahmen aus Steuern] | estimate of revenue from taxes; estimated tax revenue | **Steuer**~ ② [Einschätzung zwecks Besteuerung] | valuation (appraisal) (estimate) for assessment | **amtliche** ~ | official appraisement | **annähernde** ~ | approximate valuation; approxi-

mation | **zu hohe** ~ | over-estimate | **rohe** ~; **ungefähre** ~ | rough estimate | **vorsichtige** ~ | conservative estimate.

Schätzungskommission *f* | appraisal (appraisement) committee.

schätzungsweise *adv* | approximately; by approximation.

Schätzungswert *m*; **Schätzwert** *m* | appraised (estimated) value; valuation | **Gesamt**~ | total appraised value.

Schatzwechsel *m* Ⓐ [Anweisung] | treasury (exchequer) bond.

Schatzwechsel *m* Ⓑ [kurzfristiger ~] | treasury (exchequer) bill.

—finanzierung *f* | treasury financing.

Schau *f* Ⓐ | **seine Waren zwecks Verkaufs zur** ~ **stellen** | to expose (to display) one's goods for sale | **zur** ~ **gestellte Waren** | exposed goods; goods on view.

Schau *f* Ⓑ [Ausstellung; Messe] | show; exhibition; exposition | **Gewerbe**~ | industrial exhibition.

Schauerleute *pl* | stevedores; longshoremen.

Schauprozeß *m* | show trial.

Schausteller *m* | exhibitor.

Schaumweinsteuer *f* | tax on sparkling wines.

Scheck *m*; **Check** *m* [S] | cheque [GB]; check [USA] | **Auslands**~ | foreign cheque | **Bank**~ | bank draft (cheque); banker's draft | **Bar**~ | cash (open) cheque | **Blanko**~ | blank cheque | ~ **ohne Deckung** | uncovered cheque | **Dividenden**~ | dividend cheque | **Gehalts**~ | pay cheque | **Inhaber**~ | bearer cheque; cheque to bearer | **Order**~ | order cheque; cheque to order | **Platz**~ | town cheque | **Post**~ | postal cheque | **Postreise**~ | post office traveller's cheque | **Reise**~ | traveller's cheque | ~ **für Steuerzahlungen** | special cheque for the payment of taxes | **Verrechnungs**~; „**Nur zur Verrechnung**" | crossed cheque | **Vorlegung eines** ~**s** | presentation of a cheque.

★ **beglaubigter** ~; **bestätigter** ~ | guaranteed (certified) cheque | **gefälschter** ~ | forged (bogus) cheque | **gesperrter** ~ | blocked cheque | **offener** ~ | open (cash) cheque | **uneingelöster** ~ | unpaid (dishono(u)red) cheque | **ungedeckter** ~ | uncovered cheque.

★ **einen** ~ **ausstellen (ausschreiben)** | to make out a cheque | **einen** ~ **einlösen** | to cash a cheque | **einen** ~ **girieren** | to endorse a cheque | **einen** ~ **honorieren** | to pay a cheque | **einen** ~ **sperren (sperren lassen)** | to stop payment on a cheque.

Scheck..aussteller *m* | drawer of a cheque.

—ausstellung *f* | making out a cheque.

—bestand *m* | cheques *pl* on hand.

—betrag *m* | amount of the cheque.

—betrug *m* | cheque fraud.

—blankett *n*; **—formular** *n*; **—vordruck** *m* | cheque form (blank).

—buch *n*; **—heft** *n* | cheque book.

—einlösung *f* | cashing of a cheque.

—fälscher *m* | forger of a cheque (of cheques).

—inhaber *m* | holder of a cheque.

—karte *f* | credit card.

—konto *n*; **—rechnung** *f* | cheque (drawing) account.

—steuer *f*; **—stempel** *m* | cheque stamp.

—verkehr *m* | transactions *pl* by cheque.

—verrechnung *f* | clearing of cheques.

—zahlung *f* | payment by cheque.

Scheidemauer *f* | partition wall.

Scheidemünze *f* | fractional (divisional) (subsidiary) coin (currency); token coin (coinage); small coin (money) (change).

scheiden *v* Ⓐ [trennen] | to separate | **aus dem Dienst ~** | to retire from service (from office).

scheiden *v* Ⓑ [die Scheidung aussprechen] | **jdn. ~.** | to divorce sb.; to grant sb. a divorce.

scheiden *v* Ⓒ | **sich ~ lassen** | to apply (to petition) (to sue) for a divorce | **sich von seinem Ehemann (von seiner Ehefrau) ~ lassen** | to divorce one's husband (one's wife).

Scheidung *f* Ⓐ [Trennung] | separation.

Scheidung *f* Ⓑ [Ehescheidung] | divorce | **Beweismaterial für die ~** | divorce evidence | **~ auf Grund gegenseitiger Einwilligung (im gegenseitigen Einvernehmen); einvernehmliche ~** | divorce by mutual agreement | **Klage auf ~** | petition for divorce; divorce action (petition) | **Widerklage auf ~** | cross-petition for divorce.

★ **die ~ aussprechen; auf ~ erkennen** | to grant a divorce | **die ~ beantragen (einleiten); auf ~ klagen** | to petition (to sue) for a divorce; to file a petition for divorce; to start divorce proceedings | **miteinander in ~ liegen** | to be in the divorce courts.

Scheidungs..antrag *m*; **—begehren** *n*; **—klage** *f* | petition for a divorce; divorce petition (action).

—grund *m* | ground for divorce; cause of divorce.

—kläger *m*; **—klägerin** *f* | divorce petitioner.

—material *n* | divorce evidence.

—prozeß *m*; **—verfahren** *n* | divorce proceedings *pl*.

—recht *n* | law of divorce; divorce law.

—sache *f* | divorce case (suit).

—urteil *n* | decree of divorce; divorce decree | **bedingtes ~** | decree nisi | **endgültiges ~** | decree absolute.

—widerklage *f* | cross-petition for divorce.

Schein *m* Ⓐ [Anschein] | appearance | **ohne einen ~ (ohne jeden ~) des Rechts** | without a semblance (without any colo(u)r) of right | **nach dem ~ (nach dem äußeren ~) urteilen** | to judge by appearances | **den ~ wahren** | to keep up the appearances | **der ~ ist gegen ihn** | the appearance is (the appearances are) against him | **dem ~e nach; zum ~** | for semblance; pretended.

Schein *m* Ⓑ [Bescheinigung] | certificate; attestation | **Abfertigungs~** | dispatch note | **Aktien~** | share certificate | **Ablieferungs~** | receipt | **Anmelde~** | application form | **polizeilicher Anmelde~** | registration form | **Antwort~** | reply coupon | **Aufbewahrungs~; Gepäckaufbewahrungs~** | cloak room (left-luggage) ticket | **Auftrags~** | commission order | **Ausfuhr~; Ausfuhrerlaubnis~** | export permit; permit to export | **Auslosungs~** | lottery bond | **Auszahlungs~** | order to pay | **Begleit~** | covering note; delivery sheet (note) | **internationaler Begleit~** | international way bill.

○ **Bestell~** ① | order form (sheet); purchasing order | **Bestell~** ② | application (subscription) form | **Bezugs~** | coupon | **Bürgschafts~** ① | deed of suretyship | **Bürgschafts~** ②; **Garantie~** | letter of guarantee (of indemnity); bond of indemnity; indemnity bond | **Depositen~; Depot~** ① | certificate (receipt) of deposit; deposit (safe-custody) receipt | **Depot~** ② | warehouse warrant; warrant | **Dividenden~** | dividend coupon (warrant) | **Durchfuhr~** | permit of transit; transshipment permit.

○ **Einfuhr~; Einfuhrberechtigungs~; Einfuhrerlaubnis~** | import permit (license); clearance inward | **Einlieferungs~** | receipt | **Einquartierungs~** | billeting order; billet | **Eintragungs~** | certificate of registration (of registry) | **Einzahlungs~; Erlags~** | paying-in-slip; credit slip | **Empfangs~** | receipt | **Erb~** | letters of administration | **Erlaubnis~** | permit; certificate | **Erneuerungs~** | talon;

renewal coupon (warrant) | **Fahr~** | ticket | **Flug~** | aeroplane (airplane) ticket | **Führer~** | driver's (driving) license | **Geburts~** | birth certificate; certificate of birth.

○ **Geld~** | currency note; bill | **Genuß~** | bonus certificate | **Gepäck~; Gepäckaufgabe~** | baggage ticket; luggage check (voucher) | **Gewerbe~** | trading (trade) license | **Gewinnanteil~** | dividend warrant (coupon); coupon | **Hausier~; Hausierhandels~; Wandergewerbe~** | pedlar's license | **Heirats~** | certificate of marriage; marriage certificate (license) | **Hinterlegungs~** | certificate (receipt) of deposit; deposit (safe-custody) receipt | **Hypotheken~** | mortgage deed (instrument) (bond) | **Interims~** | provisional (interim) (ad interim) certificate; scrip | **Jagd~; Jagderlaubnis~** | shooting license | **Kontingent~** | quota permit | **Kranken~** | sick voucher; doctor's certificate.

○ **Lade~** ① | waybill, way bill | **Lade~** ②; **Schiffslade~** | bill of lading; shipping (consignment) bill (note); certificate of shipping | **Lager~** | warehouse warrant; warrant | **Liefer~** | certificate of delivery | **Passier~** | permit to pass; pass | **Pfand~** | pawn ticket (note) | **Postbegleit~** | dispatch note | **Posteinlieferungs~** | receipt; certificate of posting | **Quartier~** | billeting order; billet | **Registrierungs~** | registration form | **Renten~** | annuity coupon | **Rück~** | return receipt | **Schatz~** | Treasury note | **Schluß~** | contract (broker's contract) (sales) (bought and sold) note.

○ **Schuld~** | acknowledgment of debt (of indebtedness) | **Steuergut~** | tax (tax reserve) certificate | **Tauf~** | baptismal certificate; certificate of baptism | **Tilgungs~** | certificate of redemption | **Toten~** | certificate of death; death certificate | **Trau~** | certificate of marriage; marriage certificate (license) | **Übernahme~** | certificate of receipt | **Verkaufs~** | note of sale | **Verlade~; Versand~** | consignment (despatch) (dispatch) (shipping) note; bill of lading; shipping bill; certificate of shipping | **Versicherungs~** | certificate of insurance; insurance certificate (policy) | **Waffen~** | gun (armorial bearings) license.

○ **Wahl~** | voting (ballot) (balloting) paper | **Wiege~** | weight note (slip) | **Zeichnungs~** | subscription (application) form; form (letter) of application | **Zins~** | interest coupon (warrant) | **Zollverschluß~** | warehouse bond | **Zollabfertigungs~; Zollerlaubnis~** | clearance; customs permit (clearance); bill of clearance | **Zollvormerk~** | bond note | **Zulassungs~** | certificate of admission | **Zwischen~** | provisional (interim) (ad interim) certificate; scrip | **einen ~ ausstellen** | to grant (to make out) a certificate.

Schein..aktiven *npl* | fictitious assets *pl*.

—angebot *n* | sham offer.

—auktion *f* | mock auction.

scheinbar *adj* | apparent.

scheinbar *adv* | seemingly.

Schein..bieter *m* | sham bidder.

—ehe *f* | fictitious marriage.

—einwand *m* | sham plea.

—forderung *f* | simulated debt.

—gebot *n* | sham bid.

—geschäft *n* | sham (fictitious) (simulated) (bogus) transaction.

—gewinn *m* | imaginary (paper) profit.

—kauf *m* | sham (pro forma) purchase.

—konto *n* | fictitious account.

—quittung *f* | sham (pro forma) receipt.

—republik *f* | sham republic.

Schein..tod *m* | semblance of death.
—**verkauf** *m* | fictitious (pro forma) sale.
—**vertrag** *m* | sham (simulated) contract; fictitious contract; bogus agreement.
—**wechsel** *m* Ⓐ [Proformawechsel] | pro-forma (accommodation) bill of exchange.
—**wechsel** *m* Ⓑ | fictitious bill.
—**wissen** *n* | sham learning.
Scheitern *n* Ⓐ [Fehlschlagen] | failure; ill success | ~ **der Verhandlungen** | failure (breakdown) of the negotiations | **einen Plan zum** ~ **bringen** | to bring about the failure of a plan; to frustrate (to defeat) a plan | **einen Versuch zum** ~ **bringen** | to foil an attempt | **zum** ~ **verurteilt sein** | to be condemned (to be doomed) to failure.
Scheitern *n* Ⓑ [Strandung] | stranding; grounding.
scheitern *v* Ⓐ [fehlschlagen] | to fail; to fall through.
scheitern *v* Ⓑ [stranden] | to strand; to ground; to run aground.
Schema *n* | model; pattern.
schematisch *adj* | schematic | ~**e Darstellung** | diagram.
schematisieren *v* | to schematize.
schenken *v* Ⓐ | **jdm. etw.** ~ | to present sb. with sth.; to make a present of sth. to sb.; to give sb. a present.
schenken *v* Ⓑ [erlassen] | **jdm. eine Strafe** ~ | to remit sb.'s sentence.
Schenker *m* | donor; donator; giver.
Schenknehmer *m* | donee.
Schenkung *f* | donation; bestowment; gift | **Annahme einer** ~ | acceptance of a donation (of a gift) | ~ **unter Auflage** | donation which is encumbered with a charge | ~ **unter Lebenden** | donation inter vivos; lifetime gift | ~ **von Todes wegen** | gift by will; testamentary gift | **wohltätige** ~ | charitable gift | **eine** ~ **widerrufen** | to revoke a donation | **durch** ~ | by way of donation; by free gift.
Schenkungs..annahme *f* | acceptance of a donation (of a gift).
—**brief** *m*; —**urkunde** *f* | deed (instrument) of donation.
—**empfänger** *m* | donee; receiver of a gift.
—**steuer** *f* | tax (duty) on donations inter vivos; gift tax.
—**versprechen** *n* | promise to make a gift.
—**widerruf** *m* | revocation of a donation.
schenkungsweise *adv*; **schenkweise** *adv* | by way of donation; as (as a) donation (gift).
Scherbengericht *n* | ostracism | **jdn. durch ein** ~ **verurteilen** | to ostracize sb.
Schicht *f* Ⓐ [Arbeits~; Belegschaft] | shift; gang | **Arbeit in** ~**en** | work in shifts | **Nacht**~ | night shift | **Tag**~; **Tages**~ | day shift | **in drei** ~**en** | in three shifts | **in** ~**en arbeiten** | to work in shifts.
Schicht *f* Ⓑ [Tagewerk] | shift; working day; day's work | **Feier**~ | shift not worked.
Schicht *f* Ⓒ [Klasse] | **aus allen** ~**en** | of all ranks | **die bürgerliche** ~ | the middle class | **die bürgerliche Ober**~ | the upper (higher) middle class | **die oberen** ~**en**; **die Ober**~ | the upper (higher) classes | **die herrschenden** ~**en** | the ruling classes | **die unteren** ~**en** | the lower classes.
Schicht..ausfall *m* | shift(s) not worked.
—**betrieb** *m* | working (operation) in shifts.
—**leistung** *f* | output per shift | ~ **pro Mann** | output per man-shift.
—**lohn** *m* | shift pay (wage).
—**wechsel** *m* | change of (of the) shifts; change-over.

schicken *v* | to send; to forward | **Geld** ~ | to remit money | **etw. per Post** ~ | to send sth. by post (by mail); to mail sth. | **jdn. nach etw.** ~; **jdn. auf die Suche nach etw.** ~ | to send sb. after sth. (for sth.).
schieben *v* | to traffic; to engage in illegal transactions.
Schieber *m* Ⓐ | trafficker; profiteer | **Devisen**~ | currency trafficker.
Schieber *m* Ⓑ [Schwarzmarkthändler] | black-market operator; blackmarketeer.
Schiebergeschäft *n* | illegal transaction (deal).
Schieberunwesen *n* | trafficking.
Schiebung *f* Ⓐ | traffick(ing) | **Devisen**~ | currency traffick(ing).
Schiebung *f* Ⓑ [unsauberes Manöver] | underhand dealings *pl*; manipulation | **Wahl**~ ① | gerrymander(ing) | **Wahl**~ ② | vote fraud; electoral corruption; trafficking in votes.
Schiebung *f* Ⓒ [Falschspiel] | underhand trick; foul play.
Schieds..abkommen *n* Ⓐ [Vereinbarung eines Schiedsgerichts] | arbitration agreement (bond) (treaty); agreement (contract) of arbitration.
—**abkommen** *n* Ⓑ [Vergleich] | deed of arrangement; compromise.
—**amt** *n* | board of arbitration (of arbitrators); arbitration board (court).
—**ausschuß** *m* | arbitration committee (commission); board of arbitration (of arbitrators).
Schiedsgericht *n* | court of arbitration (of arbitrators); court of referees (of arbitral justice); arbitral tribunal | ~ **in Arbeitssachen** | industrial court | **Obmann des** ~**s** | umpire; referee | **durch ein** ~ **entschieden werden** | to be settled by arbitrators | **in einem Streit ein** ~ **anrufen; einen Streit(fall) einem** ~ **überweisen** | to refer (to submit) a dispute to arbitration.
schiedsgerichtlich *adj* | arbitral | ~**es Urteil** | arbitrators' award (finding); arbitration (arbitral) (umpire's) award; award | ~**es Verfahren** | arbitration procedure (proceedings); arbitration.
schiedsgerichtlich *adv* | ~ **entschieden werden** | to be settled by arbitrators (by arbitration).
Schieds..gerichts..barkeit *f* | arbitral justice (jurisdiction); arbitration | **Gesetz über die** ~ | arbitration law | **Handels**~ | commercial arbitration | **gewerbliche** ~ | industrial arbitration | ~ **in arbeitsrechtlichen Streitigkeiten** | labo(u)r (industrial) arbitration.
——**hof** *m*; ——**instanz** *f* | court of arbitral justice (of arbitration) (of arbitrators); arbitral tribunal | **gemischter** ~ | mixed arbitral tribunal.
——**klausel** *f* | arbitration clause (agreement) (bond); agreement (contract) of arbitration.
——**kosten** *pl* | arbitration (arbitrator's) (arbitrating) fees; cost of arbitration.
——**verfahren** *n* | arbitration procedure (proceedings *pl*); arbitration | **Gebühren (Kosten) des** ~**s** | cost of arbitration; arbitration (arbitrating) fees.
Schieds..gutachten *n* | arbitrator's (arbitrators') award (finding) (findings).
—**klausel** *f* | arbitration clause (agreement) (bond).
—**kommission** *f* | arbitration committee (commission).
—**mann** *m* | arbitrator; referee.
—**obmann** *m* | umpire.
Schiedsrichter *m* Ⓐ | arbitrator; arbiter; referee | **Ober**~ | umpire; referee | **als** ~ **amtieren (entscheiden) (fungieren)** | to act as arbitrator; to arbitrate | **durch** ~ **entschieden werden** | to be settled by arbitrators (by arbitration).

Schiedsrichter *m* ⑧ [in Handelsstreitigkeiten] | referee [in commercial disputes].
—**amt** *n* | arbitratorship.
—**ausschuß** *m* | panel of arbitrators.
Schiedsrichterin *f* | arbitress.
schiedsrichterlich *adj* | arbitral | ~e **Entscheidung**; ~es **Urteil** | arbitrator's award (finding); arbitration (umpire's) (arbitral) award; award | **einen Streitfall einer** ~en **Entscheidung unterwerfen** | to refer (to submit) a dispute to arbitration | ~e **Vereinbarung** | arbitration agreement (bond) | ~es **Verfahren** | arbitration procedure (proceedings *pl*); arbitration.
schiedsrichterlich *adv* | by arbitration; by arbitrators | **eine Sache** ~ **beilegen** | to settle a matter by arbitration | ~ **entscheiden** | to arbitrate | ~ **entschieden werden** | to be settled by arbitrators (by arbitration).
Schiedsspruch *m*; **Schiedsurteil** *n* | arbitrator's award (finding); arbitration (arbitral) (umpire's) award; award | **Beilegung (Erledigung) durch** ~ | settlement by arbitration | **durch** ~ **zugesprochener Betrag** | amount awarded by arbitration | **eine Streitsache durch** ~ **erledigen (entscheiden)** | to settle a dispute by arbitration | **einen** ~ **anerkennen** | to abide by an award | **durch** ~ **entschieden werden** | to be settled by arbitration (by arbitrators) | **einen** ~ **fällen** | to make (to pronounce) an award | **sich jds.** ~ **unterwerfen** | to abide by sb.'s arbitration | **durch** ~ | by arbitration.
Schieds..verfahren *n* | arbitration procedure (proceedings *pl*); arbitration | **Beilegung (Erledigung) im** ~ | settlement by arbitration.
—**vertrag** *m* ④ [Vereinbarung eines Schiedsgerichts] | arbitration agreement (bond); agreement (contract) of arbitration.
—**vertrag** *m* ⑧ [Vergleich] | deed of arrangement; compromise.
Schienen..netz *n* | railway (railroad) (rail) system.
—**verkehr** *m* | rail traffic.
—**weg** *m* | railway; railroad | **auf dem** ~ | by rail | **auf dem** ~ **befördert** | railborne.
Schiff *n* | ship; vessel | **Bergungs**~ | salvage vessel | **Charterung eines** ~es | charter(ing) of a ship (vessel) | **Fracht**~ | cargo boat; freighter; freight (cargo) steamer | **Handels**~; **Kauffahrtei**~ | trading (merchant) vessel (ship); merchantman | **Kriegs**~ | man of war; war-ship | **Lazarett**~ | hospital ship | **Passagier**~ | passenger ship (boat) | **Passagier- und Fracht**~ | cargo and passenger ship | **Post**~ | mail steamer (boat) | **Schul**~ | training ship | ~ **auf hoher See** | ship at sea | ~ **in Seenot** | ship in distress | **Tramp**~ | ocean tramp; tramp steamer | **frei** ~ | free on board | **frei ab** ~ | ex ship.
Schiffahrt *f* ④ | shipping; shipping concerns *pl*.
Schiffahrt *f* ⑧ | navigation | **Binnen**~ | inland (home) navigation | **Dampf**~ | steam (steamship) navigation | **Fluß**~ | river navigation | **Handels**~; **Kauffahrtei**~ | merchant (mercantile) (commercial) fleet (marine) (shipping) | **Hochsee**~ | high-seas (foreign) navigation | **Küsten**~ | coasting (coastwise) navigation; coasting | **Luft**~ | air (aerial) navigation | **See**~ | maritime (foreign) navigation | **Segel**~ | sailing navigation | **Strom**~ | river navigation | **Tramp**~ | tramp navigation (shipping) | **Vergnügungs**~ | pleasure navigation.
Schiffahrts..abgaben *fpl* | navigation (shipping) dues *pl*.
—**abkommen** *n* | navigation agreement.

Schiffahrts..akte *f* | navigation act (law).
—**aktien** *fpl* | shipping shares.
—**angelegenheiten** *fpl*; —**interessen** *npl* | shipping interests *pl* (concerns *pl*); marine (maritime) affairs *pl*.
—**behörde** *f* | shipping board (authority).
—**dienste** *mpl* | shipping services *pl* (connections *pl*).
—**gebühren** *fpl* | tonnage (shipping) (navigation) dues *pl*.
—**geschäft** *n* | shipping line (trade) (business).
—**gesellschaft** *f* | shipping company (line) | **Dampf**~ | steam navigation (steamship) company | **Strom**~ | river navigation company.
—**konferenz** *f* | shipping conference.
—**kontor** *n* | shipping office (agency).
—**linie** *f*; —**unternehmen** *n* | shipping line (concern).
—**nachrichten** *fpl* | shipping intelligence (news) (reports); movement of shipping.
—**recht** *n* | maritime law.
—**straße** *f*; —**weg** *m* | shipping (sea) route.
—**verkehr** *m* | shipping.
—**vertrag** *m* | navigation agreement.
—**werte** *mpl* | shipping shares.
—**wesen** *n* | marine (maritime) affairs *pl*.
—**zeichen** *n* | navigation mark.
schiffbar *adj* | ~er **Fluß** (**Strom**) | navigable river.
Schiffbarkeit *f* | navigability; navigableness.
Schiffbau *m* | shipbuilding industry; shipbuilding.
Schiffbauer *m* | shipbuilder.
Schiffbaugesellschaft *f* | shipbuilding company; shipyard.
Schiffbruch *m* | shipwreck | ~ **leiden (erleiden)** | to suffer shipwreck; to be shipwrecked; to shipwreck.
schiffbrüchig *adj* | shipwrecked.
Schiffbrüchiger *m* | shipwrecked person.
Schiffbruchsgüter *npl* | shipwrecked goods.
Schifferpatent *n* | master's certificate.
Schifferzeugnis *n* | sea pass (letter); navigation permit.
Schiffs..agent *m* | shipping agent.
—**agentur** *f* | shipping agency.
—**anteil** *m* | share (interest) in a ship.
—**attest** *n* | certificate of seaworthiness.
—**bedarf** *m* | ship (marine) stores *pl* | **Lieferant von** ~ | ship chandler (store dealer).
—**bedarfsmagazin** *n* | marine stores *pl* | ship chandlery.
—**befrachter** *m* | charterer; freighter; affreighter; shipper.
—**befrachtung** *f* | freighting; affreightment; chartering; charterparty.
—**besatzung** *f* | ship's company; crew.
—**brief** *m* | ship's letter (pass).
—**bücher** *npl*; —**dokumente** *npl* | ship's papers (books).
—**eigentümer** *m*; —**eigner** *m* | shipowner; ship's owner; shipper.
—**fracht** *f* | cargo; ship's load (cargo); freight.
— —**brief** *m* | shipping bill (note); bill of lading (of loading); consignment bill.
— —**vertrag** *m* | contract of affreightment; charter party.
—**gläubiger** *m* | bottomry bondholder.
—**hypothek** *f* | mortgage on a ship.
—**journal** *n* | sea (ship's) journal; logbook; log.
—**kapitän** *m* | captain; skipper.
—**karte** *f* | passage ticket.
—**kasse** *f* | sea chest.
—**klasse** *f* | ship's class.
—**kontor** *n* | shipping agency (office).
—**ladung** *f* | cargo; ship's load (cargo); freight.

Schiffs..makler m | ship (shipping) agent (broker); ship's agent.
—**maklerei** f; —**maklergeschäft** n | shipping office; ship brokerage.
—**manifest** n | ship's manifest; manifest of the cargo.
—**mannschaft** f | ship's company; crew.
—**mietsvertrag** m | contract of affreightment; charterparty.
—**musterrolle** f | ship's articles pl.
—**nachrichten** fpl | shipping intelligence (news) (reports); movement of shipping.
—**papiere** npl | ship's papers (books).
—**part** m | share (interest) in a ship.
—**paß** m | ship's passport; sea letter.
—**pfandbrief** m | bottomry bond; bill of bottomry.
—**pfandrecht** n Ⓐ [auf Seeschiffe] | maritime lien.
—**pfandrecht** n Ⓑ [auf Schiffe in Binnengewässern] | mortgage on inland vessels.
—**proviant** m | ship's stores pl.
—**raum** m [Frachtraum] | tonnage.
—**raummangel** m | scarcity of freight tonnage.
—**reeder** m | shipowner; owner of a ship (of ships); shipper.
—**reederei** f Ⓐ | shipowner's (shipping) office.
—**reederei** f Ⓑ | shipowning business; shipping.
—**register** n Ⓐ | naval (shipping) register.
—**register** n Ⓑ; —**registeramt** n | marine registry office.
—**register** n Ⓒ; —**registerbrief** m | ship's certificate of registry.
—**schaden** m | ship damage.
—**tagebuch** n | sea (ship's) journal; logbook; log.
—**unfall** m | shipping casualty; accident of navigation.
—**verbindung** f | shipping connection.
—**verkehr** m | navigation; shipping.
—**versicherer** m | hull insurer (underwriter).
—**versicherung** f | hull insurance.
—**versicherungspolice** f | hull policy.
—**wechsel** m | bottomry bond.
—**werft** f | shipbuilding yard; dockyard; shipyard.
—**zertifikat** n | ship's certificate of registry.
Schikane f | chicanery | **mit ～n arbeiten** | to use chicanery; to chicane.
Schikaneur m | one who uses chicanery.
Schikanieren n; **Schikanierung** f | chicanery.
schikanieren v | to chicane.
schikanös adj | using chicanery | **～er Anspruch** | vexatious claim | **～e Einwendungen** | pettifogging objections | **～er Prozeß** | vexatious prosecution.
Schild n | sign; signboard.
Schilderung f | recital; account | **eine ～ des Sachverhalts (des Tatbestandes) geben** | to give an account of the facts; to recite the facts | **ausführliche ～** | detailed account (report).
Schirmherr m | patron; protector.
Schirmherrschaft f | patronage; protectorate.
Schlacht..geld n | charge for slaughtering.
—**haus** n; —**hof** m | slaughter house.
—**steuer** f | slaughtering tax.
Schlafwagen m | sleeping car; sleeper.
—**gesellschaft** f | sleeping-car company.
—**karte** f | berth (sleeping-car) ticket.
Schlägerei f | brawl; scuffle; fight; row | **Wirtshaus～** | public-house brawl.
Schlagschatz m | mintage; seigniorage; gain of the mint.
Schlagzeile f | headline.
Schlange f | **Währungs～** | "European Currency Snake".

schlank adj | **～er Absatz** [S] | ready sale.
schlecht adj | **～e Arbeit** | bad work; poor workmanship | **～e Behandlung** | bad (ill) treatment | **～es Benehmen**; **～e Führung** | misconduct | **～e Beratung** | misguidance | **～e Forderung** | bad (doubtful) debt | **～er Leumund**; **～er Ruf** | bad repute (reputation) | **von ～em Ruf** | of bad (ill) reputation; in bad repute; ill-reputed | **～e Regierung** | misgovernment; misrule | **～e Übersetzung** | bad (incorrect) (poor) translation; mistranslation | **～e Verteilung** | maldistribution | **～e Verwaltung** | maladministration; mismanagement | **～er Zustand** | bad state; badness.
schlecht adv | **～ begründet** | ill-founded | **～ behandeln** ① | to maltreat; to ill-treat | **～ behandeln** ②; **～ handhaben** | to mishandle | **～ beleumdet** | of ill repute; in bad repute | **～ beraten** | ill-advised | **～ verwalten** | to mismanage.
schlechtgläubig adj | **～er Erwerber** | purchaser in bad faith; mala fide purchaser.
Schleich..handel m Ⓐ [Schmuggel] | smuggling trade | **～ treiben** | to smuggle.
—**handel** m Ⓑ | illicit trade (trading).
—**händler** m | smuggler; contrabandist.
—**weg** m | **auf ～en** | clandestinely.
—**werbung** f | masked advertising.
Schleppen n | towing; towage.
schleppen v | to tow | **sich ～ lassen** | to be towed.
schleppend adj | **～er Geschäftsgang** | slack business.
schleppend adv | **～ eingehen** | to come in slowly.
Schlepp..gebühr f; —**lohn** m [Schlepperlohn] | towing dues pl; towage.
—**schiffahrt** f | towage.
—**schiffer** m; —**schiffahrtsunternehmer** m | towage contractor.
schleudern v | to sell at ruinous prices.
Schleuder..preis m | ruinous (under-cost) (giveaway) price.
—**ware** f | waste (shoddy) (job) goods pl; goods of inferior quality.
Schleusengeld n | lock dues pl (charges pl); lockage.
schlicht adj | **～er Abschied** | unceremonious discharge.
schlichten v | to arbitrate; to settle; to accommodate | **eine Meinungsverschiedenheit ～** | to adjust a difference | **einen Streit ～** | to reconcile (to adjust) (to settle) a dispute.
Schlichter m | conciliation officer; conciliator; mediator; arbitrator.
Schlichtung f | conciliation; composition; arbitration | **～ eines Streites** | settlement (settling) of a dispute.
Schlichtungs..amt n; —**ausschuß** m; —**kommission** f | mediation board; arbitration board (commission); conciliation board (court); board of arbitration.
—**verfahren** n | arbitration procedure (proceedings pl); arbitration.
—**versuch** m | attempt at reconciliation.
Schließen n; **Schließung** f Ⓐ | **～ eines Abkommens (eines Vertrages)** | conclusion (consummation) of an agreement (of a contract).
Schließen n; **Schließung** f Ⓑ | **～ eines Geschäfts** | closing (closing up) of a business | **～ der Grenzen** | closing of the borders.
schließen v Ⓐ [abschließen] | **eine Ehe ～** | to contract a marriage | **Frieden ～** | to make (to conclude) peace | **einen Vergleich ～** | to come to (to arrive at) an understanding; to make (to effect) a compro-

schließen v Ⓐ *Forts.*
mise; to compromise | **einen Vertrag** ~ | to make
(to conclude) (to sign) (to consummate) a contract
(an agreement).
schließen v Ⓑ [absperren] | to close | **ein Geschäft** ~ |
to close (to close down) a business.
schließen v Ⓒ [beendigen] | **die Aussprache (De-
batte)** ~ | to close the debate | **die Sitzung (Ver-
sammlung)** ~ | to close the meeting | **die Ver-
handlung** ~ | to close the hearing.
schließen v Ⓓ [folgern] | **von etw. auf etw.** ~; **etw.
aus etw.** ~ | to infer (to conclude) from sth. to
sth. (sth. from sth.) | **aus dem Gegenteil** ~ | to
argue from the contrary.
Schließfach n | **Bank**~; **Tresor**~ | safe-deposit box;
safe | **Post**~ | post office box.
Schließfach..aufbewahrung f; —**depot** n | keeping in
safe deposit.
—**miete** f | hire (hiring) of a safe-deposit box.
—**mieter** m | hirer of a safe-deposit box.
—**vermietung** f | renting of safes.
Schluß m Ⓐ [Ende] | end | ~ **einer Ansprache (Rede)** |
close of a speech | ~ **der Debatte** | end (closing) of
the debate | ~ **der Verhandlung** | closing of the trial.
Schluß m Ⓑ [Abschluß] | **Friedens**~ | conclusion
of peace.
Schluß m Ⓒ [Schließung] | closing | **Geschäfts**~;
Laden~ ① | closing of the shops | **Geschäfts**~;
Laden~ ② | hour of closing; closing hour.
Schluß m Ⓓ [Schlußfolgerung] | conclusion; inference
| **Analogie**~ | argument (reasoning) by (from) anal-
ogy | **Fehl**~; **Trug**~; **falscher** ~ | false conclu-
sion; false (unsound) reasoning; fallacy | **aus etw.
einen** ~ **ziehen** | to draw an inference from sth. |
von etw. auf etw. einen ~ **ziehen** | to conclude
(to infer) from sth. to sth. (sth. from sth.) | **Schlüsse
ziehen** | to draw conclusions | **voreilige Schlüsse
ziehen** | to jump to conclusions.
Schluß..abrechnung f | final account (statement).
—**abstimmung** f | final vote.
—**ansprache** f | closing speech.
—**antrag** m | final plea; conclusion.
—**bemerkung** f | final (concluding) remark.
—**berechnung** f | final account (statement).
—**bericht** m | final report.
—**bestimmung** f | final clause.
—**bilanz** f | final (general) balance sheet.
—**dividende** f | final dividend.
Schlüssel m Ⓐ | key | **Code**~; **Depeschen**~ | key to a
cipher; cipher key | **Haus**~ | latch (front door) key
| **Nach**~; **falscher** ~ | duplicate (skeleton) key |
Sicherheits~ | safety key | **Signal**~ | signalling
key.
Schlüssel m Ⓑ [Verhältniszahl] | index | **Vertei-
lungs**~ | distribution quotas *pl.*
Schlüssel..gewalt f | the wife's power to represent
the husband in matters concerning the con-
jugal household.
—**industrie** f | key (basic) industry.
—**kraft** f | key man.
—**kräfte** *fpl*; —**personal** n | key personnel.
—**position** f; —**stellung** f | key position | **Mann in
einer** ~ | key man.
—**wort** n | key word; cipher key.
—**zahlen** *fpl* | quota figures.
Schlußergebnis n | final (ultimate) result.
—**examen** n | final (terminal) examination.
—**feier** f | closing celebration.
Schlußfolgerung f | conclusion; inference | **falsche** ~ |
false conclusion; false (unsound) reasoning; fal-

lacy | **aus etw. eine** ~ **ziehen** | to draw an inference
from sth. | **von etw. auf etw. eine** ~ **ziehen** | to
conclude (to infer) from sth. to sth. (sth. from
sth.) | **durch** ~ | by (by way of) inference.
schlüssig *adj* | conclusive; convincing | ~**es Argu-
ment** | conclusive argument | ~**er Beweis** | conclu-
sive evidence | ~**e Handlung** | conclusive act.
schlüssig *adv* | **ein Argument** ~ **vortragen** | to argue
conclusively.
Schlüssigkeit f | ~ **einer Beweisführung;** ~ **einer
Argumentation;** ~ **eines Arguments** | conclusive-
ness of an argument | **mangelnde** ~ | inconclusive-
ness.
Schluß..inventur f | final inventory (stocktaking).
—**kurs** m | closing price (quotation).
—**note** f; —**schein** m | contract (broker's contract)
(sales) (bought and sold) note; note of purchase.
—**notenbuch** n; —**notenregister** n | bargain book.
—**notenstempel** m; —**scheinstempel** m | stamp duty
on contract notes (on sales notes).
—**notierung** f; —**notiz** f | closing quotation (price)
(rate).
—**preis** m | closing price.
—**protokoll** n | final protocol.
—**prüfung** f | final (terminal) examination.
—**rechnung** f | final account (statement); account of
settlement.
—**rede** f | closing speech.
—**satz** m | finishing sentence.
—**sitzung** f | closing session.
—**tag** m [letzter Tag] | last day.
—**termin** m Ⓐ [Endtermin] | final term; latest (final)
date.
—**termin** m Ⓑ; —**verhandlung** f | final hearing.
—**urteil** n | final judgment.
—**verkauf** m Ⓐ [Räumungsausverkauf] | clearance
sale.
—**verkauf** m Ⓑ [Saisonausverkauf] | seasonal sale.
—**verteilung** f | final distribution.
—**verzeichnis** n | final list.
—**vorschriften** *fpl* | concluding clauses.
—**vortrag** m | final address (pleadings *pl*).
—**wahl** f | final election.
Schmähbrief m | defamatory (insulting) letter.
—**rede** f | invective.
—**schrift** f | libellous pamphlet.
Schmähung f | vituperation; diatribe; abuse.
schmälern v | **jds. Rechte** ~ | to encroach upon sb.'s
rights.
Schmerzensgeld n | smart money; sum of money
allowed for injuries received.
Schmieren n | handing out of bribes.
schmieren v [bestechen] | to bribe.
Schmiergelder *npl* | bribes *pl*; secret (illicit) com-
missions *pl*.
—**fonds** m | bribery fund.
—**unwesen** n | corruption; nuisance of secret com-
missions.
Schmuckblatttelegramm n | greetings telegram.
Schmucksachen *pl* | jewelry; jewellery; jewels.
Schmuggel m Ⓐ | smuggling | **Alkohol**~; **Brannt-
wein**~ | liquor smuggling (traffic); bootlegging |
Devisen~ | currency traffic(king) | **Waffen**~ |
arms traffic; smuggling of arms | ~ **treiben** | to
smuggle.
Schmuggel m Ⓑ [Zollvergehen] | revenue fraud.
Schmuggeln n | **durch** ~ | by smuggling.
schmuggeln v | to smuggle | **Alkohol** ~; **Branntwein** ~ |
to smuggle liquor (alcool); to bootleg | **Waren** ~ |
to smuggle goods.

Schmuggelware *f* | smuggled (contraband) goods *pl*; contraband.
Schmuggler *m* | smuggler | **Alkohol~** | liquor smuggler; bootlegger.
—**bande** *f* | gang of smugglers.
—**schiff** *n* | contraband vessel.
Schmutz..blatt *n* | gutter paper.
—**konkurrent** *m* | mean competitor.
—**konkurrenz** *f* | mean (cutthroat) competition.
—**literatur** *f* | obscene literature.
—**presse** *f* | gutter press.
Schneeballsystem *n* | snowball system.
Schnell..dienst *m* | express service.
—**gericht** *n* | magistrate's (police) court.
—**gerichtsbarkeit** *f* | summary jurisdiction.
—**richter** *m* | police magistrate.
—**straße** *f* | express highway; expressway.
Schnitt *m* | section | **Längs~** | longitudinal section | **Quer~** | cross-section.
Schöffe *m* | juryman; juror | **die ~en** | the jury; the trial jury; the jurymen | **Ablehnung eines ~** | challenging of a juror (of a juryman) | **einen ~n ablehnen** | to challenge a juror (a juryman) | **einen ~n in die Jury aufnehmen** | to empanel a juror | **die ~n aufrufen** | to array the panel; to empanel the jury | **~ sein** | to be (to serve) on the jury.
Schöffen..amt *n* | function of a juryman.
—**bank** *f* Ⓐ | jury box.
—**bank** *f* Ⓑ | **die ~** | the jury; the jurors *pl* | **die ~ bilden** | to array the panel; to empanel the jury | **zur ~ gehören** | to be (to serve) on the jury.
—**gericht** *n* | jury; common jury | **vor einem ~ verhandelt werden** | to be tried by a jury.
—**liste** *f* | panel of the jury; jury panel (list).
Schonfrist *f* Ⓐ [Gnadenfrist] | days *pl* of grace.
Schonfrist *f* Ⓑ; **Schonzeit** *f* | closed season.
Schonung *f* Ⓐ [Nachsicht] | forbearance; indulgence | **ohne ~** | without indulgence.
Schonung *f* Ⓑ [Einfriedigung] | fenced-in part; preserve.
schonungslos *adj* | relentless; unsparing.
schöpfen *v* Ⓐ [schaffen] | to create.
schöpfen *v* Ⓑ | **Verdacht ~** | to form suspicion; to become suspicious.
Schöpfer *m* | creator; author; originator.
schöpferisch *adj* | creative | **~er Gedanke** | creative idea | **~e Kraft** | creative (productive) power | **~e Leistung** | creative effort | **~e Tätigkeit** | creative activity.
schöpferisch *adv* | **sich ~ betätigen** | to do creative work.
Schöpfertätigkeit *f* | creative activity.
Schöpfung *f* | creation.
Schranke *f* | barrier | **Aufrichtung (Errichtung) von ~n** | erection of barriers | **Handels~n** | trade barriers | **Zoll~** | customs (tariff) barriers; tariff walls | **in den gesetzlichen ~n** | within the limits of the law | **sich ~n auferlegen** | to restrain os. | **~n aufrichten (errichten)** | to erect barriers | **etw. in ~n halten** | to set (to put) bounds to sth. | **sich über alle ~n hinwegsetzen** | to go beyond (to pass) all bounds; to know (to have) no bounds.
Schrankfach *n* | safe.
—**miete** *f* | renting of safes.
Schreib..arbeit *f* | clerical (desk) work.
—**bedarf** *m* | writing material; stationery.
—**block** *m* | writing pad (block).
—**büro** *n* | typewriting office (bureau).
Schreiben *n* | letter; writing | **Abberufungs~** | letter(s) of recall; recall | **Beglaubigungs~** | letter(s) of

credence; credentials *pl* | **Benachrichtigungs~** | letter of advice; advice | **Ermächtigungs~** | letter of authority | **Rund~** | circular letter; circular.
schreiben *v* | **etw. mit der Hand ~** | to write sth. in long-hand | **mit der Maschine ~; maschinen~** | to typewrite; to type | **lesbar ~; leserlich ~** | to write legibly | **zurück~** | to write back; to answer in writing.
Schreiber *m* Ⓐ [Autor] | writer | **der ~ dieses Briefes** | the writer of this letter | **Drehbuch~** | scenario writer.
Schreiber *m* Ⓑ [Kanzlist] | clerk | **Ab~** | copist.
Schreib..fehler *m* Ⓐ | lapse (slip) of the pen.
—**fehler** *m* Ⓑ | clerical error.
—**fehler** *m* Ⓒ [Tippfehler] | typing error.
—**gebühr** *f*; —**gebühren** *fpl* | copying fee(s).
—**heft** *n* | writing book.
—**kraft** *f* | clerical (secretarial) help.
—**kräfte** *fpl* | clerical staff.
—**maschine** *f* | typewriting machine; typewriter | **Reise~** | portable typewriter.
—**maschinenbüro** *n* | typewriting office.
—**material(ien)** *npl* | writing material(s); stationery.
—**papier** *n* | writing (note) paper.
—**pult** *n*; —**tisch** *m* | writing table (desk).
—**waren** *fpl* | stationery.
—**geschäft** *n*; —**handlung** *f* | stationer's shop.
schreiend *adj* | **~e Ungerechtigkeit; ~es Unrecht** | crying (blatant) (gross) injustice; flagrant piece of injustice.
Schrift *f* Ⓐ | writing | **Hand~** | handwriting; hand | **Kurz~** | shorthand; stenography | **Maschinen~** | typewriting | **Unter~** | signature | **flüssige ~** | current handwriting | **leserliche ~** | legible handwriting (hand) | **unleserliche ~** | illegible handwriting.
Schrift *f* Ⓑ [Schriftzeichen] | characters *pl*; letters *pl*.
Schrift *f* Ⓒ [Schriftstück] | writing; written work (document) | **Ab~** | copy | **Anklage~** | indictment; bill of indictment | **Berufungs~** | notice of appeal | **Beschwerde~** | complaint | **Denk~** | memorandum | **Druck~** | printed paper | **Durch~** | carbon copy | **Einspruchs~** | notice of appeal | **Flug~** | leaflet | **Hand~** | manuscript | **Klage~** | statement of claim | **Patent~** | patent specification | **Rechtfertigungs~** ① | statement of defense | **Rechtfertigungs~** ② | apology | **Rechtsmittel~** | notice of appeal | **Revisions~** | statement (notice) of appeal | **Schmäh~** | pamphlet | **Schutz~**; **Verteidigungs~** | written defense; statement of defense | **Zweit~** | duplicate.
Schrift *f* Ⓓ [literarisches Werk] | work; writing | **die ~en eines Autors** | the writings *pl* (works *pl*) of an author.
Schriftform *f* | written form | **in ~** | in writing.
Schriftführer *m* | secretary; reporter.
Schriftleiter *m* | editor | **Haupt~** | chief (managing) editor; editor-in-chief.
Schriftleitung *f* Ⓐ [Stellung des Schriftleiters] | editorship | **die Haupt~** | the editorial board.
Schriftleitung *f* Ⓑ [Redaktionsbüro] | editor's office | **die Haupt~** | the chief editor's office.
schriftlich *adj* | written; in writing | **~e Abmachung** | agreement in writing; written agreement | **~e Anzeige (Benachrichtigung) (Mitteilung)** | notice in writing; written notice | **~e Bestätigung** | confirmation in writing; written confirmation | **~er Beweis** | evidence in writing; documentary evidence | **~e Einwilligung** | written consent | **~e Form** | written form | **in ~er Form** | in writing |

schriftlich *adj, Forts.*
  durch ~e Niederlegung | by writing [sth.] down; by committing [sth.] to writing | ~e Prüfung | written examination | ~es Übereinkommen; ~e Vereinbarung; ~er Vertrag | agreement in writing; written agreement | ~e Unterlage | voucher (document) in support (in proof); voucher | ~e Zustimmung | written consent | vorherige ~e Zustimmung | consent in writing previously obtained.
schriftlich *adv* | etw. ~ abfassen | to draw sth. up (to set sth. down) in writing | ~ abgefaßt sein | to be in writing | etw. ~ abmachen (vereinbaren) | to agree on (upon) sth. (to stipulate sth.) in writing | ~ antworten ① | to answer in writing | ~ antworten ② [brieflich] | to answer by letter | etw. ~ festhalten (niederlegen) | to fix (to set sth. down) in writing; to commit sth. to writing | hand~ | handwritten.
Schriftprobe *f* | specimen of [one's] handwriting.
Schriftsachverständiger *m* | handwriting expert.
Schriftsatz *m* | pleadings *pl*; writ | Erwiderungs~ | answering brief; answer | Klage~ | statement of claim | Revisions~ | notice of appeal | ergänzender ~ | amended pleadings | vorbereitender ~ | brief | einen ~ abfassen (vorbereiten) | to draw up a brief | einen ~ einreichen | to file (to submit) a brief | jdm. einen ~ zustellen | to serve a writ on sb.
Schriftsteller *m* Ⓐ [Autor] | writer; author | Bühnen~ | playwright | Film~ | film author; scenario writer | Roman~ | novel writer; novelist.
Schriftsteller *m* Ⓑ [Journalist] | publicist; journalist; newspaper man | freier ~ | free-lance writer; free lance.
Schriftstellerberuf *m* | der ~; die Schriftstellerei *f* | the writing (literary) profession.
Schriftstellerin *f* | woman writer; authoress.
schriftstellerisch *adj* | ~e Tätigkeit | writing; literary work.
schriftstellern *v* | to write; to compose.
Schriftstellername *m* | pen name.
Schriftstück *n* | writing; document; deed.
Schriftstücke *npl* | papers; documents; records.
Schrifttum *n* | das ~ | the literature; the works of literature.
Schrift..vergleichung *f* | comparison of handwritings.
—**wart** *m* [Schriftführer eines Vereins] | secretary.
—**wechsel** *m* | correspondence; exchange of letters | den ~ führen | to keep the correspondence.
—**zeichen** *n* | character; letter | in lateinischen ~ | in latin characters.
Schritt *m* | step; measure | diplomatischer ~ | diplomatic steps *pl* | einleitende ~e | preliminary steps (measures) | gerichtliche ~ | legal proceedings (steps) | ~e unternehmen | to take steps | die notwendigen ~e tun (unternehmen) | to do the necessary.
Schrott *m* | scrap.
Schrottwert *m* | scrap value.
Schrumpfung *f* | shrinkage; diminishing; diminution | Export~ | shrinkage of exports | Kredit~ | shrinkage of credit.
Schubladen..programm *n* [Bereitschaftsprogramm] | contingency program(me).
—**planung** *f* [Planung für Notfälle] | contingency planning.
schubladisieren *v* [S] | eine Angelegenheit ~ | to shelve (to pigeonhole) a matter; to put a matter off indefinitely.
Schulabgang *m* | school leaving.

Schul..abgangs..alter *n* | school-leaving age.
— —**prüfung** *f* | school certificate examination.
— —**zeugnis** *n* | school-leaving certificate.
Schul..anmeldung *f* | school enrolment.
—**anstalt** *f* | school; place of learning (of education).
—**arbeit** *f*; —**aufgabe** *f* | lesson; homework.
—**aufsichtsbehörde** *f* | school board (committee).
—**ausgabe** *f* | school edition.
—**bedarf** *m* | school requisites *pl*.
—**behörde** *f* | school board.
—**beispiel** *n* | test case.
—**besuch** *m* | school attendance.
—**buch** *n* | school (text) book.
Schulbildung *f* | education | Elementar~; Grund~; Volks~ | primary (elementary) (common-school) education | Handels~ | commercial education | Hoch~ | college (university) education | Mittel~; höhere ~ | secondary (high-school) education (training) | freie ~; nichtstaatliche ~ | private education.
Schuld *f* Ⓐ [Verbindlichkeit] | debt | Abdeckung (Ablösung) einer ~; Abzahlung einer ~ ① | settlement (clearing off) (paying off) of a debt | Abzahlung einer ~ ② [in Raten] | paying off of a debt by instalments | Anleiheablösungs~ | loan liquidation (loan redemption) debt | Auslands~ | foreign debt | Außenstände (Forderungen) und ~en | accounts payable and receivable | ~ | contingent liability in respect of an acceptance | Bagatell~ | paltry (petty) debt | Bar~ | money debt | Begleichung (Bezahlung) einer ~ | payment (discharge) (liquidation) of a debt | Bodmerei~ | bottomry debt | Bring~ | debt payable at the address of the payee | Buch~ | book debt.
○ Dankes~ | debt of gratitude | Ehren~ | debt of hono(u)r | Erlaß der ~ | remission of a (of the) debt | Fremdwährungs~ | debt in foreign currency | Gattungs~ | debt which is determined by description | Gegen~ | counter-obligation | Geld~ | money debt | Gesamt~ | joint (joint and several) liability | Gesellschafts~ | debt of the company; partnership debt.
○ Grund~ | rent (land) charge; charge on the land | Haupt~ | principal debt | Hol~ | debt which must be collected at the debtor's address | Hypotheken~ ① | mortgage debt (charge); debt on mortgage (secured by mortgage) | Hypotheken~ ② [Belastung] | encumbrance by mortgages | Kriegs~ | war debt | Leibrenten~ | life annuity charge | Miets~ | rent owing | Mit~ | joint debt (obligation) | Nachlaß~ | liability of the estate.
○ Obligationen~ | debenture (bond) debt | Personal~ | personal debt | Pfand~; durch Pfand gesicherte ~ | secured debt; debt on pawn | Renten~ | annuity charge | Rest~ | balance of a debt; balance due | Rückzahlungs~ | liability to return (to refund) | Spezies~ | debt which is determined by description | Spiel~ | gambling debt.
○ Staats~ | national debt | die konsolidierte Staats~ | the consolidated national debt | die schwebende Staats~ | the floating national debt | Tilgung einer ~ | payment (discharge) (liquidation) of a debt | Übernahme einer ~ | assumption of a debt | Übernehmer einer ~ | transferee of a debt | Unterhalts~ | debt for maintenance | Wechsel~ | bill debt.
★ ausstehende ~ | outstanding debt | bevorrechtigte ~ | preferred (preferential) (privileged) debt (claim) | nicht bevorrechtigte ~ | unsecured debt | beitreibbare ~; einklagbare ~ | enforceable

debt (claim) | **nicht beitreibbare (nicht einklagbare)** ~; **uneinbringliche** ~ | irrecoverable debt | **bezahlte** ~ | paid (liquidated) debt | **fällige** ~ | due (liquid) debt; sum (amount) due | **noch nicht fällige** ~ | debt not due (not yet due) | **fundierte** ~ | consolidated (funded) debt | **gerichtlich festgestellte** ~ | judgment debt (claim) | **hypothekarische** ~ | mortgage debt; debt on mortgage | **kommerzielle** ~ | commercial debt | **konsolidierte** ~ | consolidated (funded) debt | **kurzfristige** ~ | short-term debt | **langfristige** ~ | long-term debt | **öffentliche** ~ | public debt (indebtedness) | **persönliche** ~ | personal debt | **privilegierte** ~ | preferential (preferred) (privileged) debt (claim) | **schlechte** ~; **zweifelhafte** ~ | doubtful (bad) debt; dubious claim | **schwebende** ~; **unfundierte** ~ | floating debt | **ungesicherte** ~ | unsecured debt | **unverzinsliche** ~ | debt which bears no interest | **verjährte** ~ | debt barred by limitation; statute-barred claim | **verzinsliche** ~ | interest-bearing debt.

★ **eine** ~ **abarbeiten (abdienen) (abverdienen)** | to work off a debt | **seine** ~**en abbezahlen (bezahlen)** | to pay (to pay off) one's debts | **eine** ~ **abdecken (ablösen); eine** ~ **abtragen** ① | to pay off (to discharge) (to redeem) a debt | **eine** ~ **abtragen** ②; **eine** ~ **in Raten abzahlen (abbezahlen)** | to pay off a debt in (by) instalments | **eine** ~ **abtreten** | to make over a debt | **eine** ~ **anerkennen** | to acknowledge a debt | **eine** ~ **bezahlen (begleichen)** | to pay (to discharge) (to pay off) a debt | **eine** ~ **beitreiben** | to collect (to recover) (to call in) a debt | **mit** ~**en belastet** | burdened (encumbered) with debt | **für eine** ~ **bürgen (einstehen); sich für eine** ~ **verbürgen** | to answer (to stand security) for a debt | ~**en eintreiben (einziehen)** | to collect (to recover) (to call in) debts | **jdm. eine** ~ **erlassen** | to release sb. from a debt; to remit a debt to sb. | **in** ~**en geraten** | to run into debt; to become indebted | ~**en haben** | to be in debt | ~**en machen** | to contract (to incur) (to make) debts; to run into debt | **keine** ~**en machen** | to keep out of debt | **bis über die Ohren in** ~**en stecken** | to be head over ears in debt | ~**en tilgen** | to redeem (to pay off) debts | **eine** ~ **übernehmen** | to assume (to take over) a debt. [VIDE: **Schulden** *fpl* ⒜ ⒝.]

Schuld *f* ⒝ [Verschulden] | guilt; responsibility; fault | **Kollektiv**~ | collective guilt | ~ **am Kriege; Kriegs**~ | war guilt | **Mit**~ | complicity; participation in guilt.

★ **seine** ~ **abstreiten (bestreiten)** | to deny the charge(s); to plead not guilty | **jdm. die** ~ **an etw. beimessen (zumessen) (zuschreiben)** | to attribute the blame for sth. to sb. | ~ **haben** | to be guilty (responsible) | **seine** ~ **leugnen** | to deny being guilty; to plead not-guilty | **die** ~ **auf sich nehmen** | to bear the blame | **die** ~ **auf jdn. schieben** | to shift the blame on to sb. else | **eine** ~ **sühnen** | to expiate a guilt | **an etw.** ~ **(die** ~**) tragen** | to be guilty of sth. | **seine** ~ **zugeben** | to admit one's guilt; to plead guilty.

Schuld..ablösung *f* | liquidation (discharge) of a debt.
—**abtretung** *f* | transfer (assignment) of a debt.
—**anerkenntnis** *n* | acknowledgment of debt (of indebtedness | **abstraktes** ~ | naked acknowledgment of debt.
—**aufnahme** *f* | incurring of a debt (of debts); borrowing.
—**bekenntnis** *n* | plea of guilty.

Schuld..betrag *m* ⒜ | sum (amount) of a debt; amount (sum) due (owing).
—**betrag** *m* ⒝ [Verschuldung] | indebtedness.
—**beweis** *m* | proof (evidence) of one's guilt.
—**bewußtsein** *n* | guilty knowledge (conscience).
—**buch** *n* ⒜ | accounts-receivable ledger.
—**buch** *n* ⒝ [Haupt~] | debit ledger | **das Staats**~ | the national debt register.
— —**forderung** *f* ⒜ | ledger debt.
— —**forderung** *f* ⒝ | debt inscribed in the national debt register.
Schulden *fpl* ⒜ [Aktiv~] | accounts receivable; outstanding debts; outstandings; assets.
Schulden *fpl* ⒝ [Passiv~] | debts; liabilities; accounts payable | **mit** ~ **belastet** | encumbered with debt(s); in debt | **frei von** ~ | unencumbered free from debt(s).
schulden *v* | jdm. etw. ~ | to owe sb. sth.
Schulden..abbau *m* | reduction of debts; debt reduction.
—**abdeckung** *f*; —**begleichung** *f* | settlement of debts; debt settlement.
—**beitreibung** *f*; —**eintreibung** *f* | collection of debts; debt collecting.
—**dienst** *m* | servicing of debts; debt service.
—**erlaß** *m* | remission of debts.
schuldenfrei *adj* ⒜ | free from (of) debt; clear of debts | **sich** ~ **machen** | to clear (to free) os. of debt; to pay off one's debts; to get out of debt | **sich** ~ **halten** | to keep out of debt | ~ **sein** | to be out of debt.
schuldenfrei *adj* ⒝ [unbelastet] | unencumbered.
Schulden..haftung *f* | liability for debts.
—**herabsetzung** *f* | debt reduction.
—**konferenz** *f* | debts conference.
—**last** *f* | burden of debts; indebtedness; encumbrance.
—**machen** *n* | running into debts.
—**masse** *f* ⒜ | **die** ~ | the liabilities *pl*.
—**masse** *f* ⒝ | **die** ~ | the total indebtedness.
—**minderung** *f*; —**senkung** *f* | reduction of debts.
—**regelung** *f* | settlement of debts; debt settlement.
—**rückzahlung** *f*; —**zahlung** *f* | debt repayment; payment (discharge) of debts.
—**tilgung** *f* | payment (discharge) of debts; debt retirement.
—**tilgungs..fonds** *m*; — —**kasse** *f* | sinking (redemption) fund.
— —**plan** *m* | sinking (redemption) plan.
—**trennung** *f* | separation of debts.
—**verwaltung** *f* | administration of debts | **Staats**~ | administration of the national debt.
—**zahlung** *f* | payment (settlement) of debts.
Schuld..erlaß *m* | remission of the (of a) debt.
—**erleichterung** *f* | reduction of the debt.
—**frage** *f* | question of guilt | **Bejahung der** ~ | verdict of guilty | **Verneinung der** ~ | verdict of not-guilty.
—**gefängnis** *n* | debtor's prison.
—**geständnis** *n* | confession of guilt.
—**haft** *f* | detention (imprisonment) for debt.
schuldhaft *adj* | culpable | **auf** ~**e Art und Weise** | in a guilty manner; negligently | ~**e Beteiligung** | criminal participation; complicity | ~**e Versäumnis** | culpable negligence | ~**e Verzögerung** | culpable delay.
schuldhaft *adv* ⒜; **schuldhafterweise** *adv* ⒜ | culpably; in a guilty manner.
schuldhaft *adv* ⒝; **schuldhafterweise** *adv* ⒝ | negligently; through negligence.

schuldig *adj* Ⓐ [verantwortlich] | guilty; responsible | der ～e Teil | the guilty (responsible) party | des Todes ～ | guilty of death.
★ ～ oder un～ | guilty or innocent (or not guilty) | sich ～ bekennen | to plead guilty; to enter a plea of guilty | sich nicht ～ bekennen | to plead not guilty; to enter a plea of not guilty | für ～ befunden werden | to be found guilty | jdn. für ～ erklären; jdn. ～ sprechen | to find (to pronounce) sb. guilty | für ～ erklärt werden | to be found (to be pronounced) guilty | für allein ～ erklärt werden | to be declared to be the exclusively guilty party | jdn. für ～ halten | to account sb. to be guilty.
schuldig *adj* Ⓑ [geschuldet] | due; owing; payable | ～er Betrag | amount (sum) due (owing); indebtedness | ～ bleiben | to remain due | jdm. etw. ～ bleiben | to remain sb.'s debtor for sth. | jdm. etw. ～ sein | to owe sb. a debt; to be indebted to sb. for sth.
Schuldige *m* | der ～ | the guilty party; the guilty | der Mit～ | the accomplice; the associate in guilt | der ～ eines Unfalls | the party at fault in an accident.
Schuldigerklärung *f* | verdict of guilty.
Schuldigkeit *f* | debt; obligation | jds. Pflicht und ～ | sb.'s bounden duty | seine ～ tun | to do one's duty.
Schul..direktor *m* | head master.
—**direktorin** *f*; —**direktrice** *f* | head mistress.
Schuldklage *f* Ⓐ | action (suit) for debt.
Schuldklage *f* Ⓑ [obligatorische Klage] | action based on contract.
schuldlos *adj* | innocent; guiltless; not guilty | jdn. für ～ halten | to hold sb. guiltless (free of guilt).
schuldlos *adv* | ～ geschieden | divorced without being the guilty party.
Schuldlosigkeit *f* | innocence | bei erwiesener ～ | when (if) innocence is proved.
Schuldner *m* | debtor | Bodmerei～ | borrower on bottomry | Dritt～ | garnishee | Gemein～ | bankrupt; insolvent debtor | Gesamt～ | joint debtor; codebtor | als Gesamt～ haften | to be jointly and severally liable | Giro～ | debtor by endorsement | Haupt～ | principal (original) debtor | Hypotheken～ | mortgage debtor; debtor on mortgage; mortgagor | Mit～ | co-debtor; joint debtor | Obligations～; Pfandbrief～ | bond debtor | Selbst～ | original debtor | Wechsel～ | debtor of a bill of exchange; bill debtor | säumiger ～ | debtor in default; defaulting debtor | unsicherer ～ | dubious debtor | zahlungsunfähiger ～ | insolvent debtor; bankrupt.
Schuldnerin *f* Ⓐ | woman debtor.
Schuldnerin *f* Ⓑ [die schuldnerische Gesellschaft] | the debtor company.
schuldnerisch *adj* | gesamt～e Haftung | joint liability.
schuldnerisch *adv* | gesamt～ haften | to be jointly and severally liable.
Schuldner..land *n* | debtor country.
—**staat** *m* | debtor state (nation).
—**verzug** *m* | default of the debtor; debtor's default.
Schuldposten *m* Ⓐ [geschuldeter Betrag] | sum due (owing).
Schuldposten *m* Ⓑ [Debetposten] | debit item.
Schuldrecht *n* | law of contract.
schuldrechtlich *adj* | contractual | ～er Anspruch | personal claim | ～e Klage | action based on contract | ～e Verpflichtung | contractual obligation.
Schuld..rest *m*; —**saldo** *m* | balance due (owing).
—**schein** *m* | acknowledgment of debt (of indebtedness) | Hand～ | handbill; note of hand; I.O.U.

Schuld..schein..darlehen *n* | loan against I.O.U.
— —**forderung** *f* | claim based on an I.O.U.
Schuld..spruch *m* | verdict of guilty; conviction.
—**summe** *f* | sum (amount) due (owed) (owing); amount (sum) of a debt.
—**titel** *m* | proof of indebtedness | vollstreckbarer ～ | enforceable proof of indebtedness.
—**übernahme** *f* Ⓐ [Übernahme einer Schuld] | assumption of a debt (of an obligation).
—**übernahme** *f* Ⓑ [Übernahme von Schulden] | assumption of debts (of indebtedness); promise to answer for debts.
—**übernahmevertrag** *m* | contract of indemnity.
—**übernehmer** *m* | transferee of a debt.
—**übertragung** *f* | transfer of a debt.
—**umwandlung** *f* | novation; substitution of one obligation for another one.
—**urkunde** *f* | proof of indebtedness.
—**verhältnis** *n* | obligation; contractual obligation | Recht der ～se | law of contract.
—**verpflichtung** *f* | obligation; liability.
Schuldverschreibung *f* | debenture bond (certificate); bond; debenture | Ablösungs～ | redemption bond | Ausgabe von ～en | issue of bonds; bond issue | Fremdwährungs～en | bonds (debentures) in foreign currency | Hypotheken～ | mortgage debenture (bond) (certificate) | ～ auf den Inhaber | bearer bond (debenture) | auf den Namen lautende (ausgestellte) ～ | registered bond (debenture); non-negotiable bond | Teil～ | partial debenture | eine ～ in Verkehr bringen | to issue a debenture | Wandel～en | convertible bonds.
★ noch nicht ausgegebene ～en | unissued debentures | festverzinsliche ～en | coupon bonds | ablösbare ～; einlösbare ～; rückzahlbare ～; kündbare ～ | redeemable bond (debenture) | nicht ablösbare ～; nicht einlösbare ～; nicht rückzahlbare ～; unkündbare ～ | irredeemable bond (debenture) | nicht übertragbare ～ | registered bond (debenture) | ungesicherte ～ | simple (naked) debenture.
★ ～en ausgeben (ausstellen) | to issue bonds; to float a bond issue | ～en kündigen | to call in (to redeem) bonds | ～en zeichnen | to subscribe bonds.
Schuldverschreibungsinhaber *m* | bondholder; debenture holder.
Schuld..versprechen *n* | acknowledgment of debt (of indebtedness) | abstraktes ～ | naked acknowledgment of debt.
—**wechsel** *m* | bill payable.
—**wechselbuch** *n* | bills-payable book (ledger).
—**zinsen** *mpl* | interest on debts.
Schule *f* Ⓐ | school | Abend～ | evening (night) (continuation) school | Ackerbau～; Landwirtschafts～ | agricultural school | Bergbau～ | mining school; school of mines | Berufs～; Fach～; Gewerbe～ | vocational (professional) school | Bürger～; Elementar～; Gemeinde～; Grund～ | primary (elementary) (board) (council) (parish) school | Einheits～ | normal school | Fahr～ | driving school | Flieger～; Flug～ | aviation school | Fortbildungs～ | continuation (adult) school | Freilicht～ | open-air school.
○ Handels～ | commercial school | Handelshoch～ | commercial high school | Handwerkerfach～ | school for artisans | Haushaltungs～ | school of domestic economy | Hilfs～ | auxiliary school | Hoch～ | university | Knaben～ | school for boys; boys' school | Kolonial～ | colonial school | Kriegs～ | military school (high school) | Kunst～ |

school of art; art school | **Latein~** | grammar school | **Mädchen~** | school for girls; girls' school | **Marine~** | naval school (college) (academy).
○ **Mittel~** | secondary school; college; high school [USA] | **Musik~** | school of music; music school | **Mütter~** | nursery (infant) school | **Normal~** | normal school | **Piloten~** | aviation school | **Privat~** | private school | **Rechts~** | law school | **Reit~** | riding school | **Seemanns~** | school of navigation | **Sonntags~** | sunday school | **Sprach~** | school of languages; language school | **Tanz~** | school of dancing; dancing school | **Volks~** | primary (elementary) (public elementary) school | **Volkshoch~** | popular high school | **Vor~**; **Vorbereitungs~** | preparatory school | **Wald~** | open-air school.
★ **gemischte ~** | coeducational school | **höhere ~** | college; middle (secondary) school | **öffentliche ~**; **staatliche ~** | public school.
★ **die ~ besuchen; zur ~ gehen** | to go to school | **die ~ besuchen; in der ~ sein** | to be at school.
Schule f ⑧ [Schulhaus; Schulgebäude] | school; schoolhouse; school building.
Schuleinrichtung f | school furniture (equipment).
schulen v | to school; to teach; to train.
Schul..entlassung f | school leaving.
—**entlassungs..alter** n | school-leaving age.
——**zeugnis** n | school-leaving certificate.
Schüler m | schoolboy; pupil | **Mit~** | schoolmate; schoolfellow | **einen ~ aus der Schule nehmen** | to remove a pupil from school.
Schüler..ausschuß m; —**beirat** m | student council.
—**austausch** m | exchange of students.
—**zeitung** f | school paper (magazine).
Schülerin f | schoolgirl; pupil.
Schul..ferien pl | vacation(s).
—**freund** m; —**kamerad** m | schoolmate; schoolfellow.
—**geld** n | school (tuition) money (fees pl); schooling.
—**inspektor** m | school inspector.
—**jahr** n | school year | **die ~e** | school time; the school-days.
—**kinder** npl | school children.
—**klasse** f | school form; grade | **die oberen ~n** | the upper (the senior) school (grades) | **die unteren ~n** | the lower school.
—**lehrer** m | school teacher; teacher.
—**lehrerin** f | lady teacher.
—**leiter** m | head (school) master.
—**leiterin** f | head (school) mistress.
—**ordnung** f | school regulations pl.
—**pflicht** f | compulsory schooling (education).
schulpflichtig adj | schoolable | **~es Alter** | schoolable age | **Kinder in ~em Alter** | children of schoolable age.
Schul..rat m | school superintendent.
—**reformen** fpl | school reforms pl.
—**schiff** n | school ship; training ship (vessel).
—**stiftung** f | foundation (endowed) school.
—**streik** m | school strike.
—**stunden** fpl | school hours.
—**tag** m | school day.
Schulung f | schooling; training | **Berufs~**; **berufliche ~** | vocational training | **Um~** | re-training.
Schulungs..kurs m | training course.
—**lager** n | training camp.
—**programm** n | training program(me).
Schulunterricht m | school teaching.

Schul..wesen n | schooling; public education.
—**zeit** f | school time; the school days pl | **Verlängerung der ~** | raising of the school-leaving age.
—**zeugnis** n | school certificate.
—**zimmer** n | schoolroom; class room.
—**zwang** m | compulsory education (schooling).
Schund..blatt n | gutter paper.
—**literatur** f | base literature.
—**preis** m | ruinous (under-cost) price.
—**ware** f | waste (shoddy) (job) goods pl; goods of inferior quality.
Schürfen n | prospecting; digging.
schürfen v | to prospect; to dig.
Schürfer m | prospector.
Schürfrecht n | prospecting license.
Schurke m | rogue; scoundrel; crook.
Schutz m | protection | **Ausstellungs~** | temporary protection at exhibitions | **Brand~**; **Feuer~** | protection against fire; fire protection | **Erfinder~** | protection of (for) inventors | **Erfindungs~** | protection of inventions | **im ~ (unter dem ~) der Exterritorialität** | under the privilege of exterritoriality | **~ von Gebrauchsmustern; Muster~** | protection of registered designs | **~ durch die Gesetze** | legal protection | **unter dem ~ der Gesetze** | under the protection of the law | **Grenz~** | frontier (border) control | **Handelsmarken~**; **Marken~** | protection of trade-marks; trademark protection | **im ~ (unter dem ~) der Immunität** | under the shield (privilege) of immunity | **Luft~** | air raid protection | **Muster~** | protection of registered designs.
○ **Patent~** | protection by patents (by letters patent); patent protection | **Rechts~** | legal aid (protection) | **gewerblicher Rechts~** | protection of industrial property (property rights) | **Regierungs~** | protection by the government | **Selbst~** | self-protection | **Staats~** | protection by the state | **Urheberrechts~** | protection by copyright | **Vollstreckungs~** | stay of execution | **Werk~** | plant protection | **Zoll~**; **~ durch Zölle** | protection by tariffs; tariff protection.
★ **diplomatischer ~** | diplomatic protection | **gesetzlicher ~** | legal protection | **staatlicher ~** | protection by the state; government protection | **strafrechtlicher ~** | protection by penal sanctions | **wirksamer ~** | effective protection.
★ **jds. ~ anrufen; jdn. um ~ bitten (angehen)** | to ask (to call upon) sb. for protection | **jdm. gegen etw. ~ gewähren** | to protect sb. from (against) sth. | **jdn. unter seinen ~ nehmen** | to take sb. under one's protection.
Schutz..ablauf m | expiration of the protection.
—**brief** m ⓐ | letter(s) of denization.
—**brief** m ⑧ [Geleitsbrief] | safe conduct; letter of safe conduct.
—**brief** m © [Satzung] | charter.
——**gesellschaft** f | chartered company.
—**bund** m ⓐ [Schutzverband] | defense association; protective society.
—**bund** m ⑧ [Schutzbündnis] | defensive alliance.
—**dauer** f; —**frist** f | period of protection | **Ablauf der ~** | expiration of the protection.
schützen v | to protect; to guard; to safeguard | **etw. patentrechtlich (durch Patent) ~** | to protect sth. by letters patent; to patent sth. | **etw. urheberrechtlich ~** | to protect sth. by copyright; to copyright sth. | **jdn. gegen (vor) etw. ~** | to protect sb. from (against) sth. | **sich gegen (vor) etw. ~** | to protect os. from sth.; to guard against sth.

schutzfähig *adj* Ⓐ | capable of being protected | ~es **Interesse** | legitimate interest.
schutzfähig *adj* Ⓑ [patentrechtlich ~; patentfähig] | patentable | ~e **Erfindung** | patentable invention.
Schutz..fähigkeit *f* | patentrechtliche ~ | patentability.
—**gebiet** *n* Ⓐ [Protektorat] | protectorate; country under protectorate.
—**gebiet** *n* Ⓑ [Kolonie] | colony.
—**geleit** *n* | safe conduct; escort.
—**genosse** *m* | denizen.
—**gesetz** *n* | law for the protection [of].
—**haft** *f* | protective custody.
—**herr** *m* | protector; patron.
—**herrschaft** *f* | protectorate; patronage.
Schützling *m* | protégé; charge; ward.
schutzlos *adj* | unprotected.
Schutz..macht *f* | protecting power.
—**mann** *m* | police constable; policeman.
—**marke** *f* | trade-mark | eingetragene ~ | registered trade-mark.
—**markenrecht** *n* | law on trade-marks; trademark law.
—**polizei** *f* | security police; constabulary.
—**polizist** *m* | police officer; policeman; constable.
—**maßnahme** *f*; —**maßregel** *f* | protective (preventive) measure; precaution.
—**recht** *n* | gewerbliche ~e | industrial rights; patents, designs and trademarks | literarisches ~ | literary copyright; copyright.
—**staat** *m* | protectorate; country under protectorate.
—**truppe** *f* | colonial force.
—**umfang** *m* | extent of the protection.
Schutz- und Trutzbündnis *n* | offensive and defensive alliance.
Schutz..verband *m* | defense association; protective union | Gläubiger~ | creditors' protective (trade protection) society.
—**verein** *m* | protective society | Jugend~ | society for the protection of children | Tier~ | society for the prevention of cruelty to animals.
—**vorrichtung** *f* | safety (protective) device.
schutzwürdig *adj* | worthy of protection | ~es **Interesse** | legitimate (lawful) interest.
Schutz..zeit *f* | gesetzliche ~ | legal term of protection.
—**zoll** *m* | protective (protecting) duty (tariff).
— —**anhänger** *m*; — —**politiker** *m*; —**zöllner** *m* | protectionist.
schutzzöllnerisch *adj* | protectionist | ~e **Maßnahmen** | protectionist measures.
Schutzzoll..politik *f* | policy of customs protectionism: protectionist policy.
—**system** *n* | system of protection (of protective duties); protective system; customs protectionism | Anhänger des ~s | protectionist.
—**tarif** *m* | protective (protecting) tariff.
schwach *adj* | ~es **Argument** | weak argument | ~er **Besuch** | poor attendance | ~e **Majorität** | bare majority | ~e **Nachfrage** | slack demand | geistes~ | weak-minded; feeble-minded; imbecile.
Schwäche *f* | weakness | Charakter~ | weakness of character | Geistes~ | weakness of mind; weak-mindedness; feeble-mindedness.
schwächen *v* | weaken.
schwachsinnig *adj* | imbecile; weak-minded; feeble-minded.
Schwachsinn *m*; **Schwachsinnigkeit** *f* | imbecility; weak-mindedness; feeble-mindedness.
Schwächung *f* | weakening.
Schwager *m* | brother-in-law.

Schwägerin *f* | sister-in-law.
Schwägerschaft *f* | affinity; relationship by marriage.
Schwägerschaftsgrad *m* | degree of affinity.
schwanger *adj* | pregnant.
Schwangere *f* | expectant mother.
Schwangerschaft *f* | pregnancy.
Schwangerschaftsunterbrechung *f* | abortion.
Schwängerung *f* | impregnation.
schwanken *v* | to fluctuate | die Preise ~ zwischen | prices fluctuate between.
schwankend *adj* | fluctuating | ~e **Haltung** | undecided attitude | ~er **Kurs** | fluctuating rate | ~er **Markt** | fluctuating market.
Schwankung *f* | fluctuation | Kurs~en ① [der Börsenkurse] | exchange fluctuations | Kurs~en ② [der Devisenkurse] | fluctuations in the rates of exchange | Markt~en | market fluctuations | Marktwert~en | fluctuations in the market value | Preis~en | fluctuation of prices; price fluctuations | Saison~en | seasonal variations | Währungs~en ① | currency fluctuations | Währungs~en ② | monetary instability | ~en unterworfen sein | to be subject to fluctuations.
schwarz *adj* | ~e **Börse**; ~er **Markt** | black market | ~es **Brett** | blackboard; bulletin board | ~e **Liste** | black list [VIDE: Liste *f*].
Schwarz..arbeit *f* | work done but not reported to the authorities.
—**arbeiter** *m* | person who works secretly.
—**handel** *m* | black market | im ~ | in (on) the black market.
—**handelsgeschäft** *n* | black-market operation.
—**handelskurs** *m* | black-market rate.
—**händler** *m* | black market operator; black marketeer.
—**markt** *m* | black market | auf dem ~ | on the black market.
—**marktpreis** *m* | black-market price.
—**sender** *m* | secret transmitter.
Schwebe *f* | in der ~ bleiben | to remain pending (in suspense) | etw. in der ~ halten | to hold (to keep) sth. in suspense | in der ~ sein | to be pending (in suspense); to be abeyant (in abeyance).
Schweben *n* | ~ eines Prozesses | pendency of an action (of a lawsuit).
schweben *v* | to be pending (in suspense).
schwebend *adj* Ⓐ [anhängig] | ein ~er Prozeß | a pending lawsuit | ~e **Verhandlungen** | pending negotiations.
schwebend *adj* Ⓑ | ~e **Schuld** | floating debt.
Schwebezeit *f* | period of suspense; suspension period.
Schwebezustand *m* | suspense; abeyance.
Schweigegeld *n* | hush money | Erpressung von ~ | extortion of hush money; blackmail.
Schweigen *n* | silence | ~ bedeutet (gilt als) Zustimmung | silence gives consent | jdn. zum ~ bringen | to silence sb. | jds. ~ erkaufen | to bribe sb. to silence.
Schweigepflicht *f* | professional secret.
schwer *adj* | ~e **Bestrafung (Strafe)** | severe punishment; heavy (severe) penalty | ~er **Diebstahl** | grand larceny | ~e **Fahrlässigkeit** | gross negligence | ~e **Verantwortung** | heavy (onerous) responsibility | ~e **Verletzung** | serious injury | ~er **Verlust** | heavy loss | mit ~en **Verlusten** | with heavy losses.
schwer *adv* | ~ verkäuflich | difficult to sell.
Schwere *f* | gravity.
Schwerarbeit *f* | hard (heavy) work.

Schwer..arbeiter *m* | hard (heavy) worker; hard-working man.

—**industrie** *f* | heavy industrie (industries).

schwerbeschädigt *adj* | seriously disabled.

Schwer..beschädigter *m* | disabled man; invalid.

—**kriegsbeschädigter** *m* | war invalid.

—**punkt** *m* | gravitation point.

—**verbrecher** *m* | big criminal.

—**verletzter** *m* | severely wounded.

Schwester *f* | sister | **Halb**~ ① | half sister | **Halb**~ ② [mütterlicherseits] | half sister on the mother's side | **Halb**~ ③ [väterlicherseits] | half-sister on the father's side | **Zwillings**~ | twin sister | **leibliche** ~ | full (own) (blood) sister.

Schwester..firma *f* | affiliated (associated) firm.

—**gesellschaft** *f* | sister (affiliated) (associated) company.

—**schiff** *n* | sister ship.

Schwesternschaft *f* | sisterhood.

Schwesternverband *m* | nurses' union.

Schwieger..eltern *pl* | parents-in-law *pl*.

—**mutter** *f* | mother-in-law.

—**sohn** *m* | son-in-law.

—**tochter** *f* | daughter-in-law.

—**vater** *m* | father-in-law.

schwierig *adj* | difficult | ~**e Lage** | critical situation; exigency.

schwierig *adv* | ~ **auszuführen** | difficult of accomplishment.

Schwierigkeiten *fpl* | difficulties | **Geld**~; **Zahlungs**~; **finanzielle** ~ | financial (pecuniary) difficulties | **Transport**~ | transport difficulties | **Versorgungs**~ | difficulties of supply | **unüberwindliche** ~ | insurmountable difficulties | ~ **beheben (beseitigen)** | to remove difficulties | **sich in** ~ **bringen** | to get os. into difficulties (into troubles) | ~ **machen (bereiten)** | to make (to raise) difficulties | **jdm.** ~ **machen** | to put obstacles into sb.'s way | **auf** ~ **stoßen** | to meet with (to run into) difficulties | **von** ~ **strotzen** | to bristle with difficulties | ~ **überwinden** | to surmount (to bridge) (to overcome) difficulties.

schwimmend *adj* | ~**e Ladung** | cargo afloat | ~**e Waren** | goods afloat; floating goods.

Schwindel *m* | fraud; swindle; deception; deceit; cheating | **Aktien**~ | share (share-pushing) (bucket-shop) fraud | **Kautions**~; **Kredit**~ | obtaining credit by fraud (by false pretenses); credit fraud | **Versicherungs**~ | insurance fraud | **Wahl**~ | vote fraud.

Schwindel..affaire *f*; —**geschäft** *n* [Schwindelei] | fraudulent (bogus) transaction; bogus affair; bubble scheme.

—**auktion** *f* | mock auction.

—**firma** *f*; —**gesellschaft** *f*; —**gründung** *f*; —**unternehmen** *n* | bogus firm (company); bubble company.

schwindelhaft *adj* | fraudulent; deceitful; deceptive.

schwindeln *v* | to swindle; to cheat.

Schwindelmakler *m* | shady broker.

Schwindler *m* | swindler; cheat; imposter; trickster | **Finanz**~ | shady financier | **Heirats**~ | wedding hoaxer.

Schwindlerbande *f* | gang of swindlers (of sharpers).

schwören *v* | to swear | ~ **bei allem, was einem heilig ist** | to swear by all that one holds sacred | **auf die Bibel** ~ | to swear on the Bible (on the Book) | **Rache** ~ | to swear revenge | **jdm. die Treue** ~ | to swear fidelity to sb. | ~**, die reine Wahrheit zu sagen, nichts zu verschweigen und nichts hinzu-**

zufügen | to swear to speak (to tell) the truth, the whole truth, and nothing but the truth | **falsch** ~ ① | to swear falsely | **falsch** ~ ② | to perjure os.; to commit perjury.

Schwund *m* | diminuation; shrinkage | **Geburten**~ | decline (falling) of the birth rate | **Kapital**~; **Vermögens**~ | dwindling of assets.

schwunghaft *adj* | ~**er Handel** | prosperous trade.

Schwur *m* | oath | **einen** ~ **ablegen (leisten)** | to take (to swear) an oath.

Schwurgericht *n* | court of assizes; assizes *pl*.

Schwurgerichts..verfahren *n*; —**verhandlung** *f* | trial by the assizes.

See *f* | sea | **zu Land und zur** ~ | on (by) land and sea | **Beförderung zu Land und zur** ~; ~- **und Landtransport** | sea and land carriage | **Schiff auf hoher** ~ | ship at sea | **Über**~ | oversea(s) | **von Über**~ | from beyond the seas | **Vergnügungsreise auf** ~ | sea trip; cruise; pleasure cruise | **Vorherrschaft zur** ~ | naval supremacy.

★ **die hohe (offene)** ~ | the open (high) sea | **auf hoher** ~ | on the high seas | **zur** ~ | at sea.

See..amt *n* | maritime (naval) court; shipping board.

—**bad** *n* | seaside resort.

—**beförderung** *f* | carriage by sea; maritime transport.

seebeschädigt *adj* | averaged; sea-damaged | ~**e Waren** | sea-damaged goods; goods damaged by sea water.

See..beschädigung *f* | average; sea damage.

—**dienst** *m* | shipping service.

seefahrend *adj* | ~**e Nation** | seafaring (maritime) nation.

Seefahrt *f* | navigation.

seefest *adj* | seaworthy.

Seefischerei *f* [Hoch~] | deep-sea fishing (fishery); high-sea(s) fishery.

See..fracht *f* | cargo; ocean freight.

— —**brief** *m* | bill of lading; shipping (consignment) bill (note).

— —**recht** *n* | shipping law; law of carriage by sea.

— —**satz** *m* | ocean freight rate.

— —**vertrag** *m* | ocean freight contract.

See..gebrauch *m* | maritime custom.

—**gefahr** *f* | maritime (marine) risk (peril) (adventure); risk (hazard) at sea; perils *pl* (dangers *pl*) of the sea; sea peril | **Versicherung gegen** ~ | marine (maritime) assurance; marine insurance.

—**geleitschein** *m* | navy certificate.

—**gericht** *n* | maritime (naval) court.

—**gerichtsbarkeit** *f* | maritime jurisdiction.

—**gesetz** *n* | maritime (naval) (sea) law.

—**hafen** *m* | sea port.

—**handel** *m* | ocean (maritime) (sea-borne) (sea-going) trade (commerce).

—**handelsrecht** *n* | merchant shipping act (law).

—**herrschaft** *f* | naval supremacy.

—**journal** *n* | sea log (journal); ship's journal; log.

—**karte** *f* | sea (nautical) (maritime) chart.

—**konnossement** *n* | ocean bill of lading; shipping (consignment) bill (note).

—**kontrolle** *f* | naval control.

—**krieg** *m* | naval warfare; war at sea.

—**kriegsrecht** *n* Ⓐ | naval law.

—**kriegsrecht** *n* Ⓑ | articles *pl* of war at sea.

—**macht** *f* | sea (naval) (maritime) power.

Seemann *m* | sailor; seaman; mariner.

seemännisch *adj* | maritime; seamanlike | ~**er Ausdruck (Fachausdruck)** | nautical (sea) term.

Seemanns..amt *n* | shipping board.

—**brauch** *m* | seamen's custom.

Seemanns..kunst *f* | seamanship.
—ordnung *f* | regulations *pl* for seamen.
—schule *f* | naval (navigation) school; school of navigation.
seemäßig *adj* | ~e Verpackung | packing for shipment overseas.
seemäßig *adv* | ~ verpackt | packed for shipment overseas.
See..not *f* | Schiff in ~ | ship in distress.
—paß *m* | shipping permit; sea letter (pass).
—protest *m* | ship's (sea) (captain's) protest.
Seeräuber *m* | pirate.
Seeräuberei *f* | piracy; pirating | von ~ leben | to live on piracy | ~ treiben | to pirate.
See..recht *n* | maritime (naval) (sea) (shipping) law.
—rechtskonferenz *f* | conference on the law of the sea.
—reise *f* | sea voyage (passage) (journey); voyage | eine ~ machen | to travel by sea.
—reisender *m* | sea passenger.
—risiko *n* | maritime (marine) risk (peril) (adventure); risk (hazard) at sea; perils *pl* (dangers *pl*) of the sea.
—rüstung *f* | naval armament(s).
—schaden *m* | sea damage; average.
—schadensversicherung *f* | marine (maritime) insurance.
—schiffahrt *f* [Hoch~] | sea (ocean) (maritime) navigation; maritime shipping.
—sieg *m* | naval victory.
—stadt *f* | sea-side town.
—straße *f* | maritime (sea) route; ocean course (lane).
—straßenordnung *f*; —verkehrsordnung *f*; —straßenrecht *n* | the rules *pl* of the road at sea; the right of way at sea.
—streitkräfte *fpl* | naval forces.
—stützpunkt *m* | naval base.
—transport *m* | carriage (shipment) by sea; sea carriage (conveyance); marine (maritime) (ocean) (sea) transport | auf dem ~ | sea-borne.
— —geschäft *n* | shipping business (concerns *pl*); shipping.
— —recht *n* | law of carriage by sea; shipping law.
— —versicherung *f* | marine (maritime) insurance.
Seetrift *f* | flotsam.
seetüchtig *adj* | in ~em Zustande | in seaworthy (navigable) condition.
Seetüchtigkeit *f* | seaworthiness; navigability.
seeuntüchtig *adj* | unseaworthy; not seaworthy.
See..unfall *m* | sea accident; accident at sea.
— —versicherung *f* | insurance against accidents at sea.
—verbindung *f* | sea route (lane).
—verkehr *m* | maritime (ocean) traffic.
—versicherung *f* | marine (maritime) (ocean) insurance.
—versicherungs..bedingungen *fpl* | marine insurance clauses.
— —gesellschaft *f* | marine insurance company.
— —makler *m* | marine insurance broker.
— —police *f* | marine policy (insurance policy).
Seewechsel *m* | respondentia bond; sea bill.
Seeweg *m* | sea (maritime) route; ocean course (lane) | Ausfuhr auf dem ~ | sea-borne exports *pl* | Beförderung (Transport) (Versendung) auf dem ~e | sea (ocean) transport; carriage (shipment) by sea; marine (maritime) transport(ation) | den ~ nehmen | to travel by sea | auf dem ~e | by sea; seaborne.

Seewesen *n* | naval (maritime) (marine) affairs *pl*; shipping concerns *pl*.
Seewurf *m* Ⓐ [auf Strand geworfene Güter; Strandgut] | jetsam and flotsam; jetsam.
Seewurf *m* Ⓑ [Überbordwerfen] | jettisoning.
Seewurf *m* Ⓒ [auf See ausgeworfene Güter] | jettisoned goods *pl* (cargo).
Seezeichen *n* | navigation (sea) mark.
Seezoll *m* | navigation (shipping) dues *pl*.
seinerzeit *adj* | unter den ~en Umständen (Verhältnissen) | in the circumstances then obtaining.
Seite *f* Ⓐ | side | von berufener (maßgebender) (zuständiger) ~ | from (on) competent authority | von gut unterrichteter ~ | on good authority.
Seite *f* Ⓑ [Partei] | party | die Gegen~ | the other side; the adverse party | beide ~n anhören | to hear both sides (parties) | sich auf jds. ~ stellen; auf jds. ~ treten | to take the side of sb.; to take sides with sb.
Seite *f* Ⓒ [Pagina] | page | auf der gegenüberliegenden ~ | on the opposite page.
Seitenbezeichnung *f* | paging.
Seitenlinie *f* | collateral line | Nachkomme in der ~ | collateral descendant | in der ~ verwandt | related collaterally (in the collateral line).
seitens *prep* | on the part of.
Seitenverwandter *m* | collateral relative.
Seitenverwandte *mpl*; Seitenverwandtschaft *f* | the collateral relatives.
Seitenzahl *f* | page number | mit ~en versehen | to page.
Sekretär *m* | secretary; clerk | General~ | secretary general | Gewerkschafts~ | union (trade union) secretary | Legations~ | secretary of legation | Presse~ | press secretary | Privat~ | private secretary | Staats~ | secretary of State | Unterstaats~ | under-secretary of State | Stadt~ | town clerk | Unter~ | under-secretary; sub-secretary.
Sekretariat *n* | secretary's office | General~ | office of the secretary general.
Sekretärin *f* | secretary | Aushilfs~ | relief typist | Privat~ | private secretary.
Sektion *f* Ⓐ [Abschnitt] | section; paragraph.
Sektion *f* Ⓑ [Zweigverein] | branch (of an association].
Sektion *f* Ⓒ [Leichenöffnung] | autopsy.
Sektionschef *m* | department(al) chief (head).
Sektsteuer *f* | tax on sparkling wines.
Sekundant *m* | second.
Sekundärbahn *f* | local railway (line).
Sekundawechsel *m* [Wechselsekunda] | second of exchange (bill of exchange).
Selbst..abholung *f* | self-service.
—ablehnung *f* | ~ eines Richters | abstention of a judge.
Selbstachtung *f* | self-respect | mit ~ | self-respecting.
selbständig *adj* Ⓐ [unabhängig] | independent.
selbständig *adj* Ⓑ [autonom] | autonomous.
selbständig *adv* | ~ handeln (vorgehen) | to act (to proceed) independently.
Selbständigkeit *f* Ⓐ [Unabhängigkeit] | independence.
Selbständigkeit *f* Ⓑ [Autonomie] | autonomy.
Selbst..anklage *f* | self-accusation.
—bedarf *m* | one's own requirements *pl*.
Selbstbedienung *f* | self-service.
Selbstbedienungs..geschäft *n*; —laden *m* | self-service store.
—restaurant *n* | cafeteria.
—system *n* | self-service system; self-service.

Selbst..behalt *m* | [the insured's] own share in the risk.
—**beherrschung** *f* | self-control; self-command; self-possession.
—**beschränkung** *f* | self-restraint | **freiwillige** ~ | voluntary restraint | **freiwillige** ~ **der Löhne** | voluntary wage restraint.
—**beschuldigung** *f*; —**bezichtigung** *f* | self-incrimination.
—**bestimmung** *f* | self-determination.
—**bestimmungsrecht** *n* | right of self-determination | **das** ~ **der Völker** | the self-determination (the right of self-determination) of nations.
—**biographie** *f* | autobiography.
—**disziplin** *f* | self-discipline.
—**einschätzung** *f* | self-assessment.
—**eintritt** *m* | self-contracting.
—**erhaltung** *f* | self-preservation.
—**erhaltungstrieb** *m* | instinct of self-preservation.
—**erziehung** *f* | self-instruction; self-improvement.
—**finanzierung** *f* | financing [of sth.] with one's own means (out of one's own resources); self-financing.
selbstgemacht *adj* | home-made.
Selbstgenügsamkeit *f* | self-sufficiency; autarchy.
selbstgerecht *adj* | self-righteous.
Selbst..gerechtigkeit *f* | self-righteousness.
—**herabsetzung** *f* | self-abasement.
—**herstellungspreis** *m* | cost price; self-cost.
—**hilfe** *f* | self-redress; self-help | **erlaubte** ~ | right to self-redress | **zur** ~ **greifen** | to take the law into one's own hands.
—**interesse** *n* | self-interest.
—**kontrahent** *m* | **als** ~ **auftreten** | to act as contracting party.
—**korrektur** *f* | automatic correction (corrective effect) (adjustment); self-adjustment.
—**kosten** *pl* | prime cost; self-cost | **zur Deckung der** ~ | to cover one's cost.
— —**berechnung** *f* Ⓐ | calculation of cost; costing.
— —**berechnung** *f* Ⓑ | cost accounting.
— —**preis** *m* | cost (original cost) (first) (actual) price; cost | **unter dem** ~ | under cost price | **zum** ~ | at cost price; at cost.
Selbstmord *m* | suicide | ~ **begehen** | to commit suicide; to take one's life | ~ **versuchen** | to attempt suicide.
Selbstmörder *m* | suicide; felo de se.
selbstmörderisch *adj* | suicidal | **in** ~**er Absicht** | with intent to commit suicide.
Selbstmord..klausel *f* | suicide clause.
—**versuch** *m* | attempted suicide.
Selbst..rechtfertigung *f* | self-justification.
—**regierung** *f* | self-government; self-administration; autonomy.
—**schuldner** *m* | original debtor | **als** ~ **haften (haftbar sein)** | to be primarily (originally) liable.
selbstschuldnerisch *adj* | ~**er Bürge** | absolute guarantor | ~**e Bürgschaft** | absolute suretyship | ~**e Haftung** | direct liability.
selbstschuldnerisch *adv* | ~ **haften** | to be primarily (originally) (directly) liable.
Selbst..schutz *m* | self-protection.
—**sicherheit** *f* | self-assertion.
—**täuschung** *f* | self-deception.
—**unterricht** *m* | self-instruction; self-tuition | **Handbuch zum** ~ | self-instructor | **im** ~ **(durch** ~**) erlernt** | self-instructed; self-taught.
—**unterrichtsbriefe** *mpl* | letters for self-tuition.
—**veranlagung** *f* | self-assessment.

Selbst..verbrauch *m* | use for one's own requirements; private consumption.
—**verlag** *m* | **im** ~ **des Verfassers** | published by the author.
—**verleger** *m* | author-publisher.
—**vernichtung** *f* | self-destruction.
—**verschulden** *n* | one's own fault.
—**versicherung** *f* | self-insurance.
—**versorger** *m* | self-supporter | ~ **sein** | to be self-supporting.
—**versorgung** *f* | self-sufficiency.
selbstverständlich *adj* | self-evident.
Selbst..verstümmelung *f* | self-mutilation; self-inflicted wound.
—**verteidigung** *f* | self-defense | **Recht der** ~; **berechtigte** ~ | legitimate (lawful) (right of) self-defense | **in berechtigter** ~ | in self-defense.
—**vertrauen** *n* | self-assurance; self-reliance.
—**verwaltung** *f* | self-administration; self-government; administrative autonomy.
—**verwaltungs..körper** *m* | self-governing body.
— —**recht** *n* | right of self-government.
— —**system** *n* | autonomous system.
Selbstwähl..anschluß *m* | automatic telephone.
—**betrieb** *m* | dial system.
—**fernverkehr** *m* | inter-city (long-distance) dialling.
—**verkehr** *m* | automatic operation (dialling).
Seltenheitswert *m* | scarcity value.
Semester *n* | term.
Seminar *n* | training college.
Senat *m* Ⓐ | senate | **Wahlen zum** ~ | senatorial elections.
Senat *m* Ⓑ [Revisionsinstanz] | Supreme Court | **Beschwerde**~ | senate of appeals of the Supreme Court | **Straf**~ | senate of criminal appeals of the Supreme Court.
Senator *m* | senator | ~ **auf Lebenszeit** | life senator.
Senats..ausschuß *m*; —**kommission** *f* | senate committee; senatorial commission.
—**beschluß** *m* | senatorial degree.
—**mitglied** *n* | senate member.
—**präsident** *m* | president of the senate.
—**sitz** *m* | senatorial seat.
—**wahlen** *fpl* | senatorial elections.
Sendedienst *m* | broadcasting (wireless broadcasting) service.
senden *v* Ⓐ [schicken] | to send; to forward; to consign | **etw. als Eilgut** ~ | to send sth. per express (by special delivery) | **etw. als Frachtgut** ~ | to send sth. (to dispatch sth.) by ordinary train (by goods train) | **etw. unter Umschlag** ~ | to send sth. in an envelope.
senden *v* Ⓑ [durch Rundfunk verbreiten] | to broadcast.
Sender *m* [Rundfunk~] | broadcasting (transmitting) (radio) station; wireless transmitter | **Geheim**~; **Schwarz**~ | secret transmitter.
Sendernetz *n* | radio network.
Sendung *f* Ⓐ | sending; forwarding; consignment | **Bar**~ | cash remittance; remittance in cash | **Brief**~ | correspondence; mail | **Eil**~ | parcel sent by express train; express package | **Einschreib**~; **eingeschriebene** ~ | registered letter (package) (parcel) | ~ **als Frachtgut; Fracht**~ | consignment by goods train | **Luftpostbrief**~ | airmail correspondence | **Muster**~ | sample package | **Nachnahme**~ | cash-on-delivery package | **Waren**~ | consignment of goods | **Wert**~; ~ **unter Wertangabe** | consignment with declared (insured) value | **eingeschriebene** ~ | registered consignment.

Sendung f ⑧ [Rundfunk~] | broadcasting; wireless (radio) broadcasting | **Nachrichten~** | news broadcast; the news pl.
Senior m | senior.
—chef m | managing senior partner.
—partner m | senior (chief) partner.
senken v | to reduce | **den Bankdiskont ~; den Diskontsatz ~** | to lower the bank (discount) rate | **die Mieten ~** | to lower (to reduce) the rents | **den Preis von etw. ~** | to lower (to reduce) the price of sth. | | **die Preise ~** | to reduce (to bring down) (to mark down) prices | **die Steuern ~** | to reduce the taxes.
Senkung f | reduction | **~ der Ausgaben; Ausgaben~** | reduction of expenses; cutting expenses | **~ des Bankdiskonts; Diskont~** | lowering of the bank (discount) rate | **~ der Kosten; Kosten~** | reduction of costs | **~ der Mieten** | reduction of rents; rent reduction | **~ des Preises** | reduction in price; price reduction (cut) | **~ der Preise; Preis~** | cutting (lowering) of prices; cut in prices | **~ der Steuern; Steuer~** | reduction in taxation; lowering of the taxes | **~ der Zinslasten** | lowering of interest charges | **~ des Zinssatzes; ~ der Zinssätze; Zins~** | reduction of the rate of interest | **~ der Zollschranken** | lowering of customs barriers | **~ der Zollsätze (der Zölle); Zoll~** | lowering of customs duties.
Sensation f | **eine ~ bilden** | to make (to create) a sensation.
sensationell adj | sensational | **~e Nachricht** | sensational piece of news.
Sensations..nachrichten fpl | sensational news; sensations | **Verbreiter von ~** | sensationmonger.
—roman m | thriller.
separat adj | separate; particular.
Separat..abkommen n | special (separate) treaty (contract).
—frieden m | separate peace.
Separatismus m | separatism.
Separatist m | separatist.
separatistisch adj | separatist.
Separat..konto n | separate account.
—vertrag m | separate (special) agreement.
Sequester m ⓐ [Beschlagnahme] | sequestration | **etw. mit ~ belegen** | to sequestrate (to attach) sth.
Sequester m ⑧ [Sequestrator] | sequestrator; receiver.
Sequestration f | sequestration; seizure.
sequestrierbar adj | attachable; seizable.
sequestrieren v | **etw. ~** | to seize (to attach) (to sequestrate) sth.
sequestriert adj | under attachment.
Sequestrierung f | attachment; sequestration.
Serie f | series sing | **in ~n** | in series pl | **in ~n hergestellt** | mass-produced.
Serien..artikel m; **—erzeugnis** n; **—fabrikat** n | mass-produced article.
—erzeugung f; **—fabrikation** f ; **—herstellung** f | mass production.
—los n | ticket of a serial lottery.
—lotterie f | serial lottery.
serienmäßig adj | **~e Herstellung** | mass production.
serienmäßig adv | **~ hergestellt** | mass-produced.
Serien..modell n | standard model.
—nummer f | serial number.
—preis m | standard price.
serienweise adv | in series; serially | **~ anordnen** | to arrange in series; to seriate | **~ angeordnet** | seriate; seriated.
Serienziehung f | drawing by series; serial drawing.

seriös adj | **~e Firma; ~es Geschäft** | sound (respectable) firm (business).
Servitut f [Prädial~; Grunddienstbarkeit] | easement; servitude | **Ablösung einer ~** | commutation of an easement | **Legal~** | statutory easement | **Rustikal~** | rural servitude | **Urbanal~** | urban servitude | **eine ~ ablösen** | to commute an easement.
Servitutenablösung f | commutation of easements.
seßhaft adj ⓐ | sedentary.
seßhaft adj ⑧ [ansässig] | domiciled; established.
Session f ⓐ [Tagung] | session.
Session f ⑧ [Sitzung] | sitting.
Seuchen..bekämpfung f; **—verhütung** f | prevention of epidemics.
—gefahr f | danger of the outbreak of epidemics.
Sezession f | secession.
Sezessionskrieg m | war of secession.
sicher adj ⓐ | safe; secure; in security | **~e Anlage; ~e Kapitalanlage** | safe (sound) (secure) investment | **~er Ort (Aufbewahrungsort)** | place of safety | **~e Forderung** | secured debt | **~es Geleit** | safe-conduct | **~er Gewahrsam** | safekeeping | **in ~em Gewahrsam; in ~en Händen** | in safe hands; in safe custody; in safe-keeping | **in ~em Gewahrsam sein** | to be in a safe place; to be safe | **aus ~er Quelle** | from a reliable source | **~es Urteil** | security of judgment.
sicher adj ⑧ | certain; sure | **mit ~en Absatzmöglichkeiten** | certain to sell | **ein ~er Erfolg** | a certain (a sure) (an assured) success | **~er Gewinn** | secured profit | **einer Sache ~ sein** | to feel sure of sth. | **selbst~** | sure of os.
sicher adv | **~ angelegt** | well invested | **~ angelegtes Geld** | safely invested money.
sichergestellt adj [gesichert] | **durch eine Hypothek ~** | secured by mortgage | **~e Schuldverschreibung** | guaranteed bond | **~e Werte** | guaranteed stock (securities) | **eine ~e Zukunft** | a secure future.
Sicherheit f ⓐ | security; guaranty; guarantee; caution | **eine ~ in Anspruch nehmen** | to call on a guarantee | **Bank~** | bank security (guarantee) | **einen Betrag als ~ zahlen (einzahlen)** | to pay (to pay in) a sum as security | **Empfänger einer ~** | guarantee; person guaranteed | **~ für eine Forderung (Schuld)** | security (surety) for a debt | **Geld gegen ~ ausleihen** | to lend money on securities.
○ **Hinterlegung einer ~** | deposit of a security | **Hinterlegung zur ~** | deposit as (by way of) a security | **Protest mangels ~** | protest for want of security | **Prozeßkosten~; ~ für die Prozeßkosten** | security for costs (for legal costs) | **durch Stellung von ~** | by offering security; by giving bail | **Vorschuß gegen ~** | advance against security | **Wertpapiere als ~ hinterlegen** | to lodge stock as security | **zur ~ hinterlegte Wertpapiere** | securities lodged as collateral.
★ **angemessene ~** | fair security | **ausreichende ~; hinreichende ~** | sufficient security | **dingliche ~; hypothekarische ~** | real security; security on mortgage | **weitere ~; zusätzliche ~** | additional (collateral) security.
★ **~ bieten für** | to give security for | **etw. als ~ deponieren (hinterlegen); etw. zur ~ geben** | to leave sth. as guarantee; to give sth. as (as a) security | **als ~ dienen** | to serve as security (as a collateral) | **~ geben (leisten) (stellen)** | to give security; to offer a guaranty; to guarantee.
★ **als (zur) ~ für** | as (in) (by way of) security for | **mangels ~** | for want of security | **als weitere ~; zur weiteren ~** | for better security | **ohne ~** | without guarantee (security); unsecured.

Sicherheit *f* ⑱ [Gewißheit] | certainty; certitude.
Sicherheit *f* ⓒ | security; safety | **Betriebs~** ① | safety of work | **Betriebs~** ② | dependability | **Staats~** | security of the state; public safety | **Verkehrs~** | safety of traffic; road safety | **kollektive ~** | collective security | **System der kollektiven ~** | system of collective security | **die öffentliche ~** | public security (safety) | **etw. in ~ bringen** | to secure sth. | **in ~ leben** | to live in security | **in ~** | secure; in security; in safety.
Sicherheits..beamter *m* | police officer.
—**behörden** *fpl* | police authorities; forces of order.
—**bestimmungen** *fpl* | safety regulations.
—**depot** *n* | guarantee deposit (fund).
—**dienst** *m* | police; security police.
—**faktor** *m* | safety factor.
—**fonds** *m* | provident reserve fund; safety (guarantee) fund.
—**garantie** *f* | security guarantee.
—**gründe** *mpl* | **aus ~n** | for security reasons.
sicherheitshalber *adv* | for safety's sake.
Sicherheits..hinterlegung *f* | deposit as (by way of) security.
—**klausel** *f* | safety (escape) clause.
Sicherheitsleistung *f* | security; bond of security; bail; guarantee | **~ zur Abwendung der Vollstreckung** | bail | **als ~ gestellter (hinterlegter) Betrag** | bail | **~ durch einen tauglichen Bürgen** | sufficient (proper) surety | **Einrede der mangelnden ~** | plea for failure to give security (for the absence of security).
○ **Freilassung gegen ~** | bail; bailment; release on bail | **den Antrag auf Freilassung gegen ~ ablehnen** | to refuse bail | **jds. Freilassung gegen ~ erreichen (veranlassen)** | to bail sb. out; to have sb. released on bail | **jdn. gegen ~ auf freien Fuß setzen; jdn. gegen ~ freilassen** | to admit sb. to bail; to release sb. on bail | **gegen ~ auf freien Fuß gesetzt (freigelassen) werden** | to be remanded (to be released) on bail | **sich gegen ~ auf freiem Fuße befinden** | to be out on bail | **Hinterlegung zwecks ~** | deposit of a security.
★ **gerichtlich angeordnete ~** | bail | **gesetzlich vorgeschriebene ~** | statutory guarantee | **vertraglich vereinbarte ~** | security stipulated by contract | **gegen ~** | against (on) security.
Sicherheits..maßnahme *f* | safety (precautionary) measure; precaution | **~n treffen** | to take precautions.
—**organe** *npl* | forces of order (of law and order).
—**pakt** *m* | security pact.
—**pfand** *n* | security; guarantee; deposit; pledge of security.
—**polizei** *f* | state (security) police | **Beamter der ~** | police officer.
—**protest** *m* | protest for want of security.
—**rang** *m* | **gleichen ~ haben** | to rank pari passu in point of security.
—**rat** *m* | Security Council.
—**rücklage** *f* | contingency reserve; reserve for contingencies.
—**vorkehrung** *f* | precaution; safety (protective) measure.
—**vorrichtung** *f* | safety appliance (device).
—**vorschrift** *f* | safety (precautionary) measure; precaution.
—**zone** *f* | safety zone.
sichern *v*; **sicherstellen** *v* | to secure; to protect; to safeguard | **jdn. (etw.) hypothekarisch ~** | to secure sb. (sth.) by a mortgage.
★ **jdn. ~** | to cover sb. | **jdn. gegen etw. ~** | to

secure sb. against sth. | **etw. ~** | to secure sth. | **sich ~** | to secure os.
Sicherstellung *f*; **Sicherung** *f* | security; guarantee; safeguard; securing | **~ des Arbeitsplatzes** | job security | **~ gegen Verlust** | cover against loss | **hypothekarische ~** | security on (by) mortgage.
Sicherungs..beschlagnahme *f* | seizure by court order [of goods in dispute].
—**fonds** *m* | contingency fund (reserve).
—**hypothek** *f* | cautionary mortgage.
—**klausel** *f* | safeguard clause.
—**übereignung** *f* | transfer of title for the purpose of securing a debt.
—**übereignungsvertrag** *m* | contract (letter) of lien; contractual lien.
—**verwahrung** *f* | preventive detention | **dauernde ~ von Rückfallsverbrechern** | life internment for habitual criminals.
Sicht *f* | sight | **bei ~** | on demand; on request; at (on) call | **bei ~ zahlbar** | payable at sight (on presentation) | **bei ~ zahlbarer Wechsel** | draft at sight (payable at sight) (on presentation); sight draft (bill) | **bei ~ zahlbarer eigener Wechsel** | promissory note payable at sight (on presentation) | **auf kurze ~** | at a short date; short-dated | **auf lange ~** | at long date; long-dated; long-term; long-termed | **Pläne (Planung) auf lange ~** | long-range plans (planning) | **drei Tage nach ~** | three days after sight; at three days' sight.
sichtbar *adj* | **~e Reserven** | open (declared) reserves.
sichtbar *adv* | **für jedermann ~** | upon sight of all; openly.
Sicht..anweisung *f* | sight bill.
—**depositen** *pl*; —**einlagen** *fpl* | deposits on demand; sight deposits.
—**scheck** *m* | cheque payable upon presentation.
—**tratte** *f*; —**wechsel** *m* | draft at sight; sight draft (bill); draft (bill) payable at sight (on presentation).
Sichtvermerk *m* | visa | **Durchreise~** | transit visa | **Einreise~** | immigration visa | **Konsulats~** | consular visa.
Siedler *m* | settler.
Siedlung *f* ⑳ [Besiedlung] | settlement; settling | **Land-~** | land settlement | **Stadtrand~** | ribbon development.
Siedlung *f* ⑱ [Kolonie] | colony | **Arbeiter~** | labo(u)r colony (settlement).
Siedlungs..gebiet *n* | settling (development) district (area).
—**genossenschaft** *f*; —**verband** *m* | land settlement association.
—**gesellschaft** *f* [Land~] | land settlement company.
—**kredit** *m* | land settlement credit.
—**recht** *n* [bezüglich eines Grundstücks] | settler's claim.
Sieg *m* | **Wahl~** | electoral victory; victory at the polls | **moralischer ~** | moral victory | **den ~ davontragen (erringen)** | to gain (to achieve) the victory; to win (to carry) (to gain) the day.
Siegel *n* ⑳ [Amts~; Dienst~] | seal; official seal | **Abnahme der ~** | removal of the seals | **Anlegung von ~n** | affixing of the seals | **Erbrechen des ~s (der ~)** | breaking of the seal (of seals) | **Zoll~** | customs (custom-house) seal | **unverletztes ~** | unbroken seal.
★ **ein ~ abdrücken** | to impress a seal | **von etw. die ~ abnehmen (entfernen)** | to remove the seals from sth. | **an etw. ~ anbringen (anlegen)** | to affix seals to sth. | **sein ~ beidrücken** | to affix one's seal | **ein ~ erbrechen** | to break a seal.

Siegel n ⑱ [Privat~] | seal; mark | **Gesellschafts~** | corporate (common) seal | **unter dem ~ der Verschwiegenheit** | under the seal of secrecy (of silence); in strict confidence | **Wachs~** | wax seal | **Waffel~** | wafer seal; signet wafer.
Siegel..abnahme f | removal of the seals.
—**anlegung** f | affixing of (of the) seals.
—**bruch** m | breaking of (of the) seals.
—**lack** m; —**wachs** n | sealing wax.
—**marke** f | paper seal.
siegeln v | **eine Urkunde ~** | to seal a deed.
Siegelung f | sealing; affixing of the seal(s).
Sieger m | **das Recht des ~s** | the right of victory.
Siegermächte fpl | **die ~** | the victorious powers; the Victors.
siegreich adj | victorious | **~ sein** | to gain (to achieve) the victory; to win (to carry) (to gain) the day.
Signal n | signal | **Alarm~** | alarm signal | **Not~** | distress signal | **Übermittlung von ~en** | signalling | **Warn~** ① | warning; alert | **Warn~** ② | road warning | **ein ~ geben** | to give a signal; to signal.
Signalbuch n; **Signalcode** m | signal book (code).
Signalement n | description.
Signalisieren n | signalling; giving (transmitting) signals.
signalisieren v | to signal; to give a signal (signals).
Signatar m | signatory; signer.
—**mächte** fpl; —**staaten** mpl | signatory powers (states); signatories pl.
signieren v | to mark; to sign.
Signierung f | mark.
Silber n | silver | **Barren~** | silver in ingots (in bars) | **Fein~** | fine (refined) silver | **gemünztes ~** | coined silver; silver coin (money) (coinage) (currency) | **ungemünztes ~** | silver bullion.
Silber..agio n | silver agio (premium).
—**ausfuhrpunkt** m; —**punkt** m | silver (bullion) (silver export) point.
—**barren** m | silver bar (ingot).
—**bestand** m | silver and bullion.
—**geld** n | silver money (coinage) (currency).
—**hochzeit** f | silver wedding.
—**kurs** m; —**preis** m | rate of silver.
—**münze** f | silver coin.
—**prämie** f | silver premium (agio).
—**währung** f | silver standard (coinage) (currency) | **Land mit ~** | country with silver currency; silver standard country.
Simulant m Ⓐ | simulator.
Simulant m ⑱ [Krankheitsheuchler] | malingerer.
Simulieren n | malingering.
simulieren v Ⓐ [vorgeben] | to simulate.
simulieren v ⑱ [Krankheit vorschützen] | to feign illness; to malinger.
simultan adj | simultaneous.
Simultan..schule f | undenominational school.
—**übersetzung** f | simultaneous interpretation.
Sinken n | fall; decrease | **~ der Preise** | decline in prices; fall (falling) of the prices.
sinken v | to fall; to fall off | **im Preis ~** | to fall (to go down) in price; to become cheaper | **im Wert ~** | to depreciate.
Sinn m Ⓐ [Verstand] | sense; judgment | **Gemein~** | public spirit; public-spiritedness | **mit Gemein~** | public-spirited | **Gerechtigkeits~** | sense of justice | **Orts~** | sense of direction.
Sinn m ⑱ [Bedeutung] | meaning; purport | **im ~e des Artikels...** | within the meaning of article ... | **Doppel~** | double meaning; ambiguity | **im ~e des Gesetzes** | within the meaning of the law.

★ **im eigentlichen ~e** | in the proper meaning | **im engsten (strengsten) ~e** | in the narrowest (strictest) sense | **in einem gewissen ~e** | in a sense; in a certain manner | **im übertragenen ~e** | in the figurative sense; figuratively | **unterstellter ~** | implied meaning; implication | **im weitesten ~e** | in the broadest sense.
★ **den ~ eines Textes entstellen** | to distort the meaning of a text | **ohne ~** | without meaning; meaningless.
sinngemäß adj | **~e Anwendung** | analogical application | **~e Anwendung finden** | to apply analogically | **~e Auslegung** | interpretation by analogy.
sinngemäß adv | **~ anwendbar sein** | to apply analogically | **etw. ~ anwenden** | to apply sth. analogically | **etw. ~ auslegen** | to interpret sth. by analogy.
sinnlos adj | without meaning; meaningless.
sinnwidrig adj | **~e Auslegung** | misinterpretation.
sinnwidrig adv | **etw. ~ auslegen** | to put the wrong meaning on sth.; to misinterpret sth.
Sinnwidrigkeit f | paradox.
Sippe f; **Sippschaft** f | kinship; relations pl.
sistieren v Ⓐ [festnehmen] | **jdn. ~** | to arrest (to apprehend) sb.
sistieren v ⑱ | to stop; to suspend.
Sistierung f Ⓐ [Festnahme] | apprehension; arrestation.
Sistierung f ⑱ | stoppage; suspension | **~ des Verfahrens** | stay of (of the) proceedings | **~ der Zahlungen** | stopping of payments.
Sitte f | custom; usage | **die ~n und Gebräuche** | the established customs | **die ~n und Gebräuche eines Landes** | the manners and customs of a country | **Handeln wider die guten ~n** | act against (contrary to) public policy | **alte ~** | time-hono(u)red custom | **gegen die guten ~n; den guten ~n zuwider** | against (contrary to) public policy | **gegen die guten ~n verstoßen** | to be against (opposed to) public policy.
Sittenpolizei f Ⓐ | police supervision of public decency.
Sittenpolizei f ⑱ | **die ~** | the vice squad.
sittenpolizeilich adj | **~e Übertretung** | offense against public decency.
sittenwidrig adj | against (contrary to) (opposed to) public policy | **~e Handlung** | act against public policy; public indecency | **~es Rechtsgeschäft** | transaction against public policy.
Sittenzeugnis n | certificate of good character (conduct) (behavio(u)r); good-conduct certificate.
sittlich adj | moral | **~e Pflicht** | moral duty | **un~** ① | against (contrary to) public policy | **un~** ② | immoral; indecent.
sittlich adv | **~ einwandfrei** | of good morals.
Sittlichkeit f | morality | **Gefährdung der ~** | prejudice to public decency.
Sittlichkeits..delikt n; —**verbrechen** n; —**vergehen** n | indecent assault.
—**verbrecher** m | criminal who has committed an indecent assault.
Situationsplan m | site plan.
situiert adj | **gut ~ sein** | to be well off (well-to-do) | **schlecht ~** | badly off.
Sitz m Ⓐ | see | **Bischofs~** | bishopric see | **Erzbischofs~** | archbishopric see.
Sitz m ⑱ [Mitgliedschaft] | **Abgeordneten~** | seat in Parliament (in the Chamber) | **~ im Aufsichtsrat (im Verwaltungsrat)** | seat on the board | **einen ~ in einem (im) Ausschuß haben** | to have a seat on a committee | **~ im Parlament; Parlaments~** |

seat in Parliament (in the House) | **einen ~ im Parlament haben** | to sit in Parliament; to be a member of Parliament | **~ im Rat; Rats~** | seat in the Council | **~ in der Regierung; Regierungs~** | seat in the cabinet | **~ im Senat; Senats~** | senatorial seat; seat in the senate | **ständiger ~** | permanent seat.

Sitz *m* © [Domizil] | seat; residence | **Amts~** | official residence | **Betriebs~** | business place | **Gerichts~** | seat of the court | **Geschäfts~** | registered place of business | **Gesellschafts~; ~ einer Gesellschaft** | residence (registered office) of a company | **Haupt~; ~ der Hauptniederlassung** | head office; principal place of business; headquarters | **Regierungs~; ~ der Regierung** | seat of government | **~ des Unternehmens** | registered business place | **~ der Verwaltung** | seat of the administration | **Wohn~** | domicile; residence | **seinen ~ in ... haben** | to have its domicile in (at) ...; to be domiciled in (at) ...

Sitz *m* ⑩ | **Land~** | country seat; place; manor.

sitzen *v* Ⓐ | **im Ausschuß ~** | to sit on the committee | **im Gefängnis ~** | to sit in jail | **über jdn. zu Gericht ~** | to sit in judgment on sb.

sitzen *v* Ⓑ [eine Strafe ab~] | to serve a (one's) sentence.

Sitzplatz *m* | seat | **Zahl der Sitzplätze** | seating capacity.

Sitzstreik *m* | sit-down (sit-in) strike; sit-in.

Sitzstreiker *m* | sit-down striker.

Sitzung *f* | session; sitting; meeting | **Arbeits~** | working meeting | **Aufsichtsrats~** | meeting of the board of supervisors (of directors); board meeting | **Ausschuß~** | session (sitting) of a commission (of a committee); committee meeting | **Dauer~** | sitting in permanence | **Eröffnungs~** | opening (inaugural) session | **Eröffnung der ~** | opening of the session | **Fraktions~** | meeting of the party fraction | **Geheim~** | secret (closed) session.

○ **Gerichts~** | hearing | **in öffentlicher Gerichts~** | in open court | **~ im engeren Kreis** | close session | **Nacht~** | night session | **~ des Parlaments; Parlaments~** | sitting of parliament | **Plenar~; Voll~** | plenary (full) session | **Schluß~** | closing session | **Verwaltungsrats~; ~ des Verwaltungsrats** | meeting of the board (of the board of directors); board meeting | **Wiedereröffnungs~** | reopening session | **geheime ~** | secret session | **öffentliche ~** | open (public) meeting | **nichtöffentliche ~** | closed session | **in öffentlicher ~** | in open meeting.

★ **eine ~ abhalten (halten)** | to hold a session (a meeting) | **eine ~ aufheben** | to dissolve a meeting | **eine ~ eröffnen** | to open a meeting | **eine ~ für eröffnet erklären** | to declare a meeting open | **die ~ leiten** | to preside over the meeting | **eine ~ schließen** | to close a meeting | **zu einer ~ zusammentreten** | to meet; to meet in session | **in (während) der ~** | during the sitting.

Sitzungs..beginn *m* | **bei ~** | at the opening of the meeting; when the meeting was opened.

—**bericht** *m*; —**niederschrift** *f*; —**protokoll** *n* | minutes of the meeting; record of the proceedings.

—**dienst** *m* | court-room service.

—**periode** *f* Ⓐ [Parlament] | parliamentary session.

—**periode** *f* Ⓑ [Gericht] | law (sitting) term.

—**polizei** *f* | judicial police.

—**saal** *m* | meeting (board) room; court room.

Sitz..verlegung *f* | change of offices.

—**verteilung** *f* | allocation (allotment) of seats.

Skala *f* | **gleitende ~** | sliding scale | **gleitende Lohn~** | sliding wage scale | **nach einer gleitenden ~** | on a sliding-scale basis.

Skandal *m* | scandal | **einen ~ vertuschen** | to hush up a scandal.

—**blatt** *n* | gutter paper.

—**presse** *f* | gutter press.

skandalös *adj* | scandalous.

Skizze *f* | rough draft.

Sklave *m* | slave | **als ~ geboren** | slaveborn | **wie ein ~ arbeiten** | to slave.

Sklaven..handel *m* | slave trade (traffic) (trading).

—**händler** *m* | slave trader (dealer).

—**markt** *m* | slave market.

Sklaverei *f* | slavery | **Anhänger der ~** | partisan of slavery | **Staat mit ~** | slave state.

Sklavin *f* | slave.

sklavisch *adj* | **~e Nachahmung (Wiedergabe)** | servile (slavish) imitation.

sklavisch *adv* | **~ gehorchen** | to obey slavishly | **etw. ~ nachahmen** | to imitate sth. slavishly.

Skonto *m* und *n* | discount; trade discount | **Kassa~** | cash discount; discount for cash.

Skontoabzug *m* | discount.

sofort *adv* | immediately; forthwith; without delay | **~ lieferbar** | for immediate delivery | **~ zahlbar** | to be paid immediately.

Sofort..bedarf *m* | immediate needs *pl* (requirements *pl*).

—**hilfe** *f* | emergency aid.

— —**programm** *n* | emergency aid program.

sofortig *adj* | immediate; prompt | **~e Entlassung** | immediate (instant) dismissal | **Grund zur ~en Entlassung** | ground for instant dismissal | **e~ Zahlung** | prompt payment.

Sofort..kredit *m* | emergency credit.

—**maßnahme** *f* | emergency measure.

—**programm** *n* | emergency program.

sogenannt *adj* | so-called.

Sohn *m* | son | **Schwieger~** | son-in-law | **Stief~** | stepson | **vom Vater auf den ~** | from father to son; from generation(s) to generation(s).

Solawechsel *m* | single bill of exchange.

Sold *m* | pay | **seinen ~ beziehen** | to draw one's pay.

Soldatenstand *m* Ⓐ [Status als Militärperson] | military status.

Soldatenstand *m* Ⓑ [Waffenhandwerk] | soldiering.

Soldbuch *n* | soldier's small book.

Söldner *m* Ⓐ | mercenary.

Söldner *m* Ⓑ [Berufssoldat] | professional soldier.

Söldnerheer *n* | professional army.

Solennitätszeuge *m* [S] | attesting witness.

solid *adj* | sound; reliable | **~e Finanzgebarung** | sound finance | **~e Firma; ~es Geschäft** | sound business; firm of sound standing.

Solidar..bürge *m* | joint surety (guarantor).

—**bürgschaft** *f* | joint security (guaranty).

—**haftung** *f* | joint (joint and several) liability.

solidarisch *adj* | **~e Haftung (Verbindlichkeit)** | joint (joint and several) liability; joint responsibility.

solidarisch *adv* | **~ haften** | to be jointly and severally liable; to be liable as joint debtors | **jdn. ~ haftbar machen** | to make sb. jointly and severally liable.

Solidarität *f* | solidarity.

Solidaritäts..erklärung *f* | declaration of solidarity.

—**streik** *m* | sympathetic strike.

Solidarschuldner *m* | joint debtor.

Solidarschuldner *mpl* | joint and several debtors *pl*.

Solidität *f* | soundness; reliability.
Soll *n* Ⓐ | debit; debtor (debit) side | ∼ **und Haben** | debtor and creditor | **einen Betrag ins** ∼ **eintragen (zu** ∼ **stellen)** | to debit an amount; to enter an amount on the debit side | **im** ∼ **stehen** | to be on the debit side.
Soll *n* Ⓑ [geschuldeter Betrag] | **Miets**∼ | rent owing | **Steuer**∼ | tax(es) due.
Soll *n* Ⓒ [geschätzter Betrag] | **Ablieferungs**∼ | deliveries *pl* required by regulation(s) | **Einnahme(n)**∼ | estimated (budgeted) receipts *pl* | **Förder**∼ | planned output | **Produktions**∼ | production target | **Reserve**∼ | required minimum reserve(s).
Soll..aufkommen *n* | estimated (expected) (budgeted) yield.
—**betrag** *m* Ⓐ | amount owing (payable).
—**betrag** *m* Ⓑ [Debet] | debit amount.
—**einnahme** *f* | estimated receipts *pl*.
—**posten** *m* | debit item.
—**saldo** *m* | debit balance; balance payable (due) (owing) | **einen** ∼ **abdecken** | to cover a short account (an overdraft); to supply cover for an overdraft.
—**seite** *f* | debtor (debit) side.
—**spalte** *f* | debit column.
—**zins** *m* [Satz] | debit (debtor) interest rate| **Soll- und Habenzins** | debtor and creditor interest rates.
—**zinsen** *mpl* | interest on debit balances; debit interest.
solvent *adj* | solvent; able to pay.
Solvenz *f* | solvency; ability to pay.
Sommerzeit *f* | summer (daylight-saving) time.
Sonder..abdruck *m* | separate print.
—**abgabe** *f* | special tax (levy) (charge).
—**abkommen** *n*; —**abmachung** *f* | special (separate) arrangement (contract) (treaty).
—**abteilung** *f* | special department (branch).
—**aktion** *f* | special scheme.
—**anfertigung** *f* | special make.
—**angebot** *n* Ⓐ | preferential (special) offer.
—**angebot** *n* Ⓑ [Gelegenheitskauf] | special bargain.
—**aufgaben** *fpl* | special duties.
—**auftrag** *m* Ⓐ | special order.
—**auftrag** *m* Ⓑ [Sondermission] | special mission.
—**ausgabe** *f* [einer Zeitschrift] | special issue (edition).
—**ausgaben** *fpl* | extra (special) charges; additional expenses; extras *pl.*
—**ausschuß** *m* | special commission; special (select) committee.
—**beauftragter** *m* Ⓐ | special envoy.
—**beauftragter** *m* Ⓑ | special proxy.
—**beilage** *f* | special supplement.
—**beitrag** *m* | extra contribution.
—**bericht** *m* | special report.
—**berichterstatter** *m* | special correspondent.
—**bestimmung** *f* Ⓐ [im Gesetz] | special regulation.
—**bestimmung** *f* Ⓑ [in einem Vertrage] | special clause (provision).
—**bestrebungen** *fpl* | particularist tendencies.
—**bevollmächtigter** *m* | special attorney.
—**bevollmächtigung** *f* | special authorization (proxy).
—**botschaft** *f* | special message.
—**botschafter** *m* | ambassador extraordinary; special envoy (emissary).
—**dienst** *m* | special service | **Nachrichten**∼ | special news service.
—**druck** *m* | separate print; off-print.
—**eigentum** *n* | separate estate (property).
—**einkommen** *n* | special (separate) income.

Sonder..einkünfte *fpl* | incidental revenue.
—**einnahmen** *fpl* | separate receipts.
—**ermäßigung** *f* | special deduction (allowance).
—**fall** *m* | special (exceptional) (particular) (isolated) case.
—**friede** *m* | separate peace.
—**gebühr** *f* | extra (special) fee (charge).
—**genehmigung** *f* | special permission (permit).
—**gericht** *n* | special court.
—**gesandter** *m* | special envoy; envoy extraordinary.
—**gut** *n* Ⓐ | separate estate (property) | **privates** ∼ | private property; paraphernalia *pl.*
—**gut** *n* Ⓑ [Vorbehaltsgut] | separate estate [of a married woman].
—**guthaben** *n* | separate account (credit balance).
—**honorar** *n* | special (extra) fee.
—**information** *f* | special (private) information.
—**interesse** *n* | special (private) (particular) interest; by-interest.
—**klasse** *f* | special class (category).
—**kommission** *f* | special commission; special (select) committee.
—**kontingent** *n* | special quota.
—**konto** *n*; —**rechnung** *f* | separate account.
—**korrespondent** *m* | special correspondent.
—**kosten** *pl* | extra charges.
—**kredit** *m* | special credit.
—**masse** *f* | separate estate.
—**meldung** *f* | special announcement.
—**mission** *f* | **in einer** ∼ | on a special mission | **zu jdm. mit einer** ∼ **entsandt werden** | to be sent on a mission to sb.
—**nachfolger** *m* | successor by special arrangement.
—**nummer** *f* | special issue (edition).
—**preis** *m* | special (exceptional) (extra) price.
—**rabatt** *m* | special (exceptional) discount.
—**recht** *n* | special (preferential) right; privilege.
—**regelung** *f* Ⓐ | special regulation.
—**regelung** *f* Ⓑ | special arrangement.
—**reserve** *f*; —**rücklage** *f*; —**rückstellung** *f* | special (provident) (contingency) reserve.
—**reservefonds** *m* | provident (contingency) reserve fund.
—**schicht** *f* | extra shift.
—**stellung** *f* | exceptional (special) (privileged) position.
—**steuer** *f* Ⓐ | special tax.
—**steuer** *f* Ⓑ | super-tax.
—**tarif** *m* | special (preferential) tariff.
—**übereinkommen** *n*; —**vereinbarung** *f* | separate agreement; special treaty (agreement) (contract).
—**vergütung** *f* | special (extra) allowance; bonus.
—**vermögen** *n* | separate estate (property).
—**vertrag** *m* | separate (special) agreement (contract) (treaty).
—**vollmacht** *f* | special authorization (power of attorney).
—**vorschrift** *f* | special regulation.
—**vorzugspreis** *m* | extra special price.
—**vorzugsrecht** *n* | special privilege.
—**ziehungsrecht** *n* | special drawing right.
—**zulage** *f* | special (extra) allowance.
—**zuschlag** *m* | extra charge.
—**zustelldienst** *m*; —**zustellung** *f* | special delivery service.
—**zuteilung** *f* | special (extra) ration.
—**zuweisung** *f* | special allocation.
Sonnenenergie *f* | solar energy.
Sonntags..arbeit *f* | sunday work.
—**ausgabe** *f* | sunday edition.

Sonntags..ruhe *f* Ⓐ [Einhaltung der ∼] | Sunday (Lord's Day) observance (observancy).
—**ruhe** *f* Ⓑ [∼ der Geschäfte] | Sunday closing.
—**verkehr** *m* | sunday traffic.
—**zeitung** *f* | sunday paper.
Sonstiges *n* [sonstige Ausgaben] | sundries *pl*; sundry expenses.
Sorge *f* | care | ∼ für die Person | care (custody) of the person | jdm. die ∼ für etw. anvertrauen | to entrust sb. with the care of sth.
Sorgerecht *n* | custody; care.
Sorgfalt *f* | care; carefulness; attention | ∼ wie in eigenen Angelegenheiten; die ∼, welche jd. in eigenen Angelegenheiten anzuwenden pflegt | care as applied in one's proper affairs; such care as one is accustomed to exercise (to use) in one's own affairs | ∼ eines ordentlichen Kaufmanns | attention (care) of a conscientious businessman; proper (due) care in business | die im Verkehr erforderliche ∼ (übliche ∼) | ordinary care; reasonable care and diligence | die erforderliche ∼ anwenden | to take all necessary care | mit der gehörigen ∼; mit aller erforderlichen ∼ | with due care (diligence) (and attention) | mangelnde ∼ | negligence.
sorgfältig *adj* | careful; care-taking.
sorgfältig *adv* | carefully; with care.
Sorgfaltspflicht *f* | diligence.
Sorte *f* | kind; species *sing*.
Sorten *fpl* [Geld∼; Münz∼] | foreign currency (notes and coin).
Sorten..abteilung *f* | foreign currency (foreign exchange) department.
—**handel** *m* | trading (dealings) in foreign currency (notes and coins).
—**zettel** *m* | bill (statement) of specie.
sortieren *v* | to sort; to assort.
Sortieren *n*; **Sortierung** *f* | sorting; assorting | ∼ nach Klassen | classification| ∼ nach Güteklassen; ∼ nach Qualitäten | grading.
Sortierungsbüro *n* | sorting office.
Sortiment *n* Ⓐ | assortment | Waren∼ | assortment of goods | einen Laden mit einem Waren∼ ausstatten | to assort a shop; to stock a shop with assorted goods.
Sortiment *n* Ⓑ; **Sortiments..buchhandel** *m* | general bookseller's business.
—**buchhandlung** *f*; —**buchhändler** *m*; **Sortimenter** *m* | general (retail) bookseller.
Souverän *s* Ⓐ [Herrscher] | sovereign.
Souverän *s* Ⓑ [S] [Gesamtheit der Wahlberechtigten] | those entitled to vote; the electorate.
souverän *adj* | sovereign; supreme | ∼e Gewalt | sovereign power; sovereignty.
Souveränität *f* | sovereignty; supreme (absolute) (sovereign) power.
Souveränitätsverlust *m* | loss of sovereignty.
sozial *adj* Ⓐ [gesellschaftlich] | ∼e Härte(n) | social hardship | ∼e Marktwirtschaft | free enterprise system | die ∼e Ordnung | the social order (system) | ∼e Rangordnung | social scale | ∼e Rangstufe | social status (rank); station in life | ∼e Stellung | social position | die ∼e Struktur | the social structure | ∼e Unterschiede | social inequalities | ∼e Unzufriedenheit | social unrest.
sozial *adj* Ⓑ | social | ∼e Abgaben (Lasten) | social (social security) contributions | ∼e Einrichtung; ∼es Hilfswerk | social (welfare) institution | ∼e Fürsorge | social welfare.
Sozial..abgaben *fpl* | social (social security) contributions.

Sozial..aufwand *m*; —**ausgaben** *fpl* | social (welfare) expenditure.
—**beiträge** *mpl* | contributions to the social insurance funds.
Sozialdemokrat *m* | social-democrat.
Sozialdemokratie *f* | social-democracy.
sozialdemokratisch *adj* | ∼e Partei | social-democratic party.
Sozial..fürsorge *f* | social welfare (relief).
—**gericht** *n* | social court.
—**gesetzgebung** *f* | social legislation.
sozialisieren *v* [verstaatlichen] | to socialize; to nationalize.
Sozialisierung *f* [Verstaatlichung] | socialization; nationalization.
Sozialismus *m* | socialism | Staats∼ | state socialism | Wirtschafts∼ | economic socialism.
Sozialist *m* | socialist.
Sozialisten *mpl* | die ∼ | the socialist party | die Mehrheits∼ | the majority socialists | die Radikal∼ | the radical-socialist party; the Radical-Socialists.
Sozialistenführer *m* | socialist (labo(u)r) leader.
sozialistisch *adj* | socialist(ic).
Sozial..kontrakt *m*; —**vertrag** *m* | social contract (compact).
—**kredit** *m* | social credit.
—**lasten** *fpl* | social charges; social security contributions.
—**leistungen** *fpl* | social (social security) benefits.
—**ordnung** *f* | social order.
—**partner** *mpl* | management and labo(u)r.
—**politik** *f* | social policy.
sozialpolitisch *adj* | social-political.
Sozial..produkt *n* | national product | das Brutto∼ | the gross national product | Zuwachs des ∼s | growth of national productivity.
—**reform** *f* | social reform.
—**reformer** *m* | social reformer.
—**rente** *f* | old-age (social security) pension.
—**rentner** *m* | old-age pensioner.
Sozialversicherung *f* | die ∼ | the social insurance institutions *pl*.
Sozial..versicherungs..abgaben *fpl*; —**beiträge** *mpl* | contributions to the social insurance fund(s); social security (payroll) taxes [USA].
——**fonds** *m* | social insurance fund.
——**leistungen** *fpl* | social insurance benefits.
——**rente** *f* | social insurance pension.
——**träger** *m* | social insurance institution.
Sozial..vorschriften *fpl* | social regulations (legislation).
—**wirtschaft** *f* | socio-economics *pl*.
—**wissenschaft** *f*; **Soziologie** *f* | social science; sociology.
—**wissenschaftler** *m*; **Soziologe** *m* | sociologist.
—**wohnung** *f* | subsidized tenement (dwellings *pl*).
—**wohnungsbau** *m* | subsidized housing; council housing [GB].
sozialwissenschaftlich *adj*; **soziologisch** *adj* | sociological.
Sozietät *f* [Teilhaberschaft zwischen Berufsangehörigen] | partnership | Anwalts∼ | law partnership.
Sozius *m* | partner; associate | Anwalts∼ | law partner.
Spalte *f* | column | die ∼n einer Zeitung | the columns of a newspaper | in ∼n | columnar.
spalten *v* | sich ∼! | to split up.
Spaltung *f* | split; splitting | ∼ einer Partei | splitting up of a party | ∼ des Wechselkurses | splitting of the exchange rate.
Spanne *f* Ⓐ [Unterschied] | difference | Währungs∼ | difference of exchange; exchange difference.

Spanne f ⓑ | margin | **Gewinn~**; **Profit~**; **Verdienst~** | margin of profit; profit margin | **Handels~** | trade margin | **Sicherheits~** | margin for safety; safety margin | **geringe ~** | narrow margin.
Spannung f | tension; strain | **Nachlassen der ~** | relief of tension.
Spar..bank f | savings bank.
—**buch** n | savings bank book.
—**einlage** f ⓐ | deposit on savings bank account; savings bank deposit | **~n machen** | to make deposits on savings bank account.
—**einlage** f ⓑ; —**guthaben** n | credit (credit balance) with a savings bank.
—**einlagen..bestand** m | total (total credit balances) on savings bank accounts (deposits).
— —**zugang** m; — —**zuwachs** m | increase in (accruals of) savings bank deposits.
Spareinleger m | savings bank depositor.
Sparen n ⓐ [Spartätigkeit] | saving.
Sparen n ⓑ [Sparsamkeit] | economy; economizing; thrift.
sparen v ⓐ [Ersparnisse machen] | to save | **Geld ~** | to save (to put aside) money.
sparen v ⓑ [Einsparungen machen] | to economize; to make economies.
Sparer m | savings bank depositor | **die kleinen ~** | the small depositors (investors).
Sparerschaft f | **die ~** | the savings bank depositors pl.
Spar..guthaben n | credit (credit balance) with the (with a) savings bank.
—**kapital** n ⓐ [erspartes Kapital; Spargelder] | savings pl.
—**kapital** n ⓑ [Gesamtheit der Sparer] | **das ~** | the savings bank deposits pl (depositors pl).
—**kapitalbildung** f | formation (accumulation) of savings capital.
Sparkasse f | savings bank | **Bau~** | savings fund for building | **Betriebs~**; **Werk~** | works savings bank | **Post~** | postal (post office) savings bank | **genossenschaftliche ~** | co-operative savings bank.
Sparkassen..buch n | savings bank book (deposit book); deposit (depositor's) book.
—**einlage** f; —**guthaben** n | deposit on savings bank account; savings bank deposit; credit (credit balance) with a savings bank.
—**verband** m | association of savings banks.
Spar..konteninhaber m | savings bank depositor.
—**konto** n | savings account.
—**marke** f ⓐ | savings (savings bank) stamp.
—**marke** f ⓑ [Rabattmarke] | trading stamp.
—**maßnahme** f | economy; measure of economy.
—**pfennige** mpl [Spargroschen] | savings pl.
sparsam adj ⓐ [haushälterisch] | saving; sparing; parsimonious.
sparsam adj ⓑ [wirtschaftlich] | economical.
sparsam adv | **~ wirtschaften** | to practise economy.
Sparsamkeit f | saving; economy.
Spartätigkeit f | **die ~ ermutigen** | to encourage saving.
Sparte f | branch; line.
spartenweise adj | **~ Aufteilung**; **~ Aufgliederung** | division (breakdown) by (in) branches.
Spar..vertrag m | savings agreement (plan).
—**zins** m; —**zinssätze** mpl | interest (interest rates) on savings accounts.
spät adj [verspätet] | late; belated; delayed.
Spät..gebühr f; —**einlieferungsgebühr** f | late fee.
—**lieferung** f | late delivery.
Speciesschuld f | debt which is determined by description.

Spediteur m ⓐ | forwarding (shipping) agent; carrier; forwarder.
Spediteur m ⓑ [Rollfuhrunternehmer] | carting (cartage) (haulage) contractor | **bahnamtlicher ~** | common carrier; railway express agency.
Spediteurhaftpflicht f | common carrier's liability.
Spedition f | forwarding; shipping.
Speditions..agentur f; —**büro** n | forwarding (freight) (shipping) office (agency).
—**gebühren** fpl; —**kosten** pl | forwarding charges (expenses).
—**geschäft** n ⓐ; —**gewerbe** n; —**handel** m | forwarding (shipping) business (trade).
—**geschäft** n ⓑ; —**haus** n; —**unternehmen** n | forwarding (shipping) agency (office).
—**geschäft** n ⓒ [Rollfuhrunternehmen] | firm of cartage (haulage) contractors.
—**gesellschaft** f | forwarding (shipping) company.
—**rechnung** f | bill of conveyance.
—**vertrag** m | forwarding (shipping) contract.
Speicher m | warehouse.
—**geld** n | warehousing fees (charges).
—**miete** f | store (warehouse) rent; storage.
speichern v | to warehouse; to stock; to store.
Speise(n)karte f | bill of fare.
Spekulant m | speculator; gambler | **Baisse~** | speculator on a fall in prices; bear | **Aktien~**; **Börsen~** | speculator (gambler) on the stock exchange; stock jobber | **Grundstücks~** | land jobber | **Hausse~** | speculator on a rise in prices; bull | **Wechsel~** | speculator in bills; bill jobber.
Spekulation f | speculation; gambling | **Aktien~**; **Börsen~**; **Effekten~**; **Kurs~** | gambling in stocks (on the stock exchange); stock (stock exchange) speculation | **Baisse~** | bear speculation (operation); speculation on a fall | **Boden~**; **Grundstücks~** | speculation in landed property (in real estate); land speculation (jobbing) | **Devisen~** | exchange speculation | **Hausse~** | speculation on a rise; bull speculation (operation) | **Wechsel~** | jobbing in bills; bill jobbing | **blanke ~** | pure gamble | **sich auf ~en einlassen** | to embark on speculations | **etw. als ~ kaufen** | to buy sth. on (as a) speculation | **aus ~** | speculatively.
Spekulations..geschäfte npl | speculative operations (transactions) (dealings); speculations pl; gambling operations.
—**gewinne** mpl | profits from speculations | **Devisen~** | profits on exchange speculations.
—**kauf** m | purchase on speculation; speculative purchase.
—**käufer** m | speculative buyer (purchaser).
—**papiere** npl | speculative (fancy) (gambling) stocks.
—**steuer** f | tax on speculative gains (on profits from speculations).
—**verluste** mpl | gambling losses.
spekulativ adj | speculative | **~es Unternehmen** | speculation; venture.
Spekulieren n | speculating.
spekulieren v ⓐ | to speculate; to gamble | **in Aktien ~** | to speculate in stocks | **auf dem Aktienmarkt ~** | to play the (in the) stock market | **auf Baisse ~** | to speculate (to gamble) for a fall; to go a bear | **an der Börse ~** | to speculate (to gamble) on the stock exchange | **in Devisenkursen ~** | to speculate in exchanges | **auf Hausse ~** | to speculate for a rise; to go a bull.
spekulieren v ⓑ | **auf etw. ~** | to speculate on (upon) sth.

Spende *f* | donation | **wohltätige** ~ | contribution to charity.

spenden *v* | etw. ~ | to donate sth.

Spender *m* | donor.

Sperrbetrag *m* | blocked amount.

Sperrdepot *n* | blocked deposit (account).

Sperre *f* Ⓐ [Blockierung] | blocking.

Sperre *f* Ⓑ | embargo; ban | **Aufhebung der** ~ | lifting of the ban | **Ausfuhr**~ | embargo on exportation (on exports); export embargo | **Ausgeh**~ | curfew | **Brief**~; **Post**~ | embargo on the mail | **Einfuhr**~ | embargo on importation (on imports) | **Einwanderungs**~ | stoppage of (ban on) immigration | **Emissions**~ | ban on new issues | **Handels**~ | trade embargo; stoppage of trade | **Verhängung der** ~ | imposition of the ban.

★ **die** ~ **aufheben** | to lift the ban (the embargo) | **eine** ~ **verhängen** | to impose a ban (an embargo).

Sperren *n* | blocking.

sperren *v* Ⓐ | **ein Guthaben** ~ | to block a credit balance | **ein Konto** ~ | to block an account | **einen Scheck** ~ | to stop the payment of a check.

sperren *v* Ⓑ | **ein Bankkonto** ~ **lassen** | to garnish a bank account.

sperren *v* Ⓒ | **einen Hafen** ~ | to blockade a port.

Sperr..frist *f* | waiting (stop) period.

—**gut** *n*; —**güter** *npl* | bulky goods (articles).

—**guthaben** *n* | blocked credit balance.

sperrig *adj* | ~**e Güter** | bulky articles (goods).

Sperr..jahr *n* | waiting period of one year.

—**konto** *n* | blocked account.

—**majorität** *f* | blocking majority.

—**mark** *f* | blocked mark.

—**patent** *n* | blocking patent.

—**stunde** *f* | closing hour (time).

Sperrung *f* Ⓐ | ~ **eines Kontos** | blocking of an account | **die** ~ **eines Kontos anordnen (verfügen)** | to order an account to be blocked.

Sperrung *f* Ⓑ | ~ **eines Hafens** | blockade of a port.

Sperr..vermerk *m* | note (notice) "Blocked".

—**zeit** *f* Ⓐ | closing hour (time).

—**zeit** *f* Ⓑ [Ausgehverbot] | curfew.

—**zoll** *m* | prohibitive duty.

—**zone** *f* | restricted area.

Spesen *pl* | expense(s) | **abzüglich (nach Abzug) aller** ~ | clear of all expense; after deduction of all expenses; all deductions made | **Bank**~ | bank charges | **Betriebs**~ ① | operating (running) costs (expenses); working expenses | **Betriebs**~ ② | general expense; overhead cost (expenses); overhead.

○ **Gründungs**~ | preliminary expenses; establishment charges | **Inkasso**~ | collecting expense | **Kabel**~; **Telegramm**~ | cable (cabling) expense | **gegen (unter) Nachnahme der** ~ | expenses charged forward; expenses to be collected | **Reise**~ | travelling expenses | **Retour**~; **Rück**~ | back (return) charges | **Transport**~ | cost of transportation (of carriage); transportation cost(s); shipping charges; carriage | **Verkaufs**~ | expense of selling.

○ **Versand**~; **Verschiffungs**~ | forwarding (shipping) charges (expenses) | **Verwaltungs**~ | administration (management) expense | **Verzollungs**~ | customs charges; charges for clearance through customs (for customs clearance) | **Wechsel**~ | bill charges.

★ **seine** ~ **decken** | to cover (to get back) one's expenses | **jdm. seine** ~ **ersetzen** | to allow sb. his expenses | **die** ~ **verringern** | to cut down expenses | **ohne** ~ | no expense.

Spesen..anschlag *m* | estimate of expenses.

—**betrag** *m* | amount of expenses.

spesenfrei *adj* | free (exempt) of charges; charges (expenses) paid; free from expenses.

Spesen..konto *n* | expense(s) account.

—**nachnahme** *f* | **gegen** ~; **unter** ~ | expenses (charges) to be collected; expenses charged forward.

—**nota** *f*; —**note** *f*; —**rechnung** *f* | account (note) of expenses (of charges).

—**rückerstattung** *f*; —**vergütung** *f* | reimbursement of incurred expenses.

—**tarif** *m* | scale (schedule) of charges.

—**vorschuß** *m* | advance on cost (on expenses); expenses advanced.

—**zettel** *m* | expense voucher.

Spezial..anwalt *m* | specialist.

—**arbeiter** *m* | expert; specialist.

—**auftrag** *m* | special order.

—**bericht** *m* | special report.

—**fall** *m* | special case.

—**firma** *f*; —**geschäft** *n* | firm of specialists.

spezialisieren *v* | **sich auf etw.** ~ | to specialize in sth.; to become (to be) a specialist in sth.

Spezialisierung *f* | specialization; specializing.

Spezialismus *m* | specialism.

Spezialist *m* | specialist.

Spezialität *f* | speciality, specialty | **aus etw. eine** ~ **machen** | to make a speciality of sth.

Spezial..verfahren *n* | special process.

—**vollmacht** *f* | special (qualified) power of attorney; special power.

—**wissen** *n* | specialized (expert) (technical) knowledge.

speziell *adv* | specially.

Spezies *f* | species *sing*; kind.

—**kauf** *m* | purchase [of goods] by description.

—**schuld** *f* | debt which is determined by description.

Spezifikation *f* Ⓐ; **Spezifizierung** *f* | specification; itemization.

Spezifikation *f* Ⓑ [spezifizierte Aufstellung] | detailed (specified) (itemized) account; detailed statement.

spezifizieren *v* | to specify; to itemize.

spezifiziert *adj* | specified; itemized; detailed | ~**e Rechnung** | detailed (specified) (itemized) account | **nicht** ~; **un**~ | unspecified.

Sphäre *f* | **Einfluß**~ | sphere (zone) of influence | **Interessen**~ | sphere of interest(s).

Spiel *n* | game | **Börsen**~ | gambling on the stock exchange; stock exchange speculation | **ein Doppel**~ **treiben** | to play a double game | **Falsch**~ | cheating | **Geschicklichkeits**~**e** | games of skill | **Glücks**~; **Hasard**~ | game of chance; gamble | **die auf dem** ~**e stehenden Interessen** | the interests at stake | **Pfänder**~**e** | forfeit (parlour) games | ~ **und Wette** | gaming and wagering | **Wort**~ | play on words; game of words.

★ **doppeltes** ~ **treiben** | to play a double game; to double-cross | **ehrliches** ~ | fair play | **falsches** ~ ① | cheating | **falsches** ~ ② | foul play.

★ **ein unsauberes** ~ **treiben** | to play an underhand game | **ein verlorenes** ~ **spielen** | to play a losing game | **von vornherein verlorenes** ~ | lost game | **etw. aufs** ~ **setzen** | to stake sth.; to expose sth. to a danger (to a risk); to imperil (to jeopardize) sth. | **seine Ehre aufs** ~ **setzen** | to jeopardize one's hono(u)r | **sein Leben aufs** ~

Spiel *n, Forts.*
setzen | to risk (to venture) one's life | **auf dem ~e stehen** | to be at stake (in hazard) | **beim ~ verlieren** | to lose at play; to have gambling losses.
Spielbank *f* | gaming house.
Spieleinwand *m* | plea of the gaming act; gaming act plea | **den ~ bringen (erheben)** | to plead the gaming act.
spielen *v* Ⓐ | to gamble | **an der Börse ~** | to speculate (to gamble) on the stock exchange | **um hohe Einsätze ~; hoch ~** | to play (to gamble) for high stakes; to play high | **um Geld ~** | to play for money | **mit offenen Karten ~** | to play above-board | **in der Lotterie ~** | to take (to have) a stake in the lottery | **nach den Spielregeln ~; ehrlich ~** | to play fair; to play the game; to play a fair (straight) game | **falsch ~** | to cheat.
spielen *v* Ⓑ | to play; to perform | **in einem Film ~** | to play in a film | **eine Rolle ~** | to play a role (a part) | **ein Stück ~** | to perform (to act) (to give) a play.
Spieler *m* Ⓐ | gambler | **Börsen~** | speculator in stocks (in shares) | **Falsch~** | cheat | **gewerbsmäßiger ~** | professional gambler.
Spieler *m* Ⓑ | **Berufs~** | professional player; professional | **Schau~** | actor.
Spiel..hölle *f* | gambling den.
—**karte** *f* | playing card.
—**kartensteuer** *f* | tax on playing cards.
—**klub** *m* | gambling club (house).
—**leiter** *m* | stage manager.
—**marke** *f* | counter; chip.
—**police** *f* | wager policy.
Spielraum *m* | scope; margin; allowance | **Ermessens~** | scope of discretion | **freien ~ haben** | to have free (full) scope | **genügend ~ haben** | to have enough margin | **geringer ~** | narrow margin | **für etw. einen guten (ausreichenden) ~ lassen** | to make a generous allowance for sth. | **jdm. einigen ~ geben** | to allow (to give) sb. some latitude (some margin) | **einen ~ lassen** | to reserve a margin.
Spiel..regel *f* | rule of a game | **nach den ~n spielen** | to play the game; to play a fair (straight) game.
—**schuld** *f* | gambling debt.
—**verbot** *n* | disqualification.
—**verlust** *m* | gambling loss(es) | **~e haben** | to lose at game.
—**vertrag** *n* | gambling (wagering) contract.
Spion *m* | spy.
Spionage *f* | espionage; spying | **Betriebs~; Industrie~; Werk~; Wirtschafts~** | industrial espionage.
—**abwehr** *f* [Gegenspionage] | counter-espionage; counter-intelligence.
—**netz** *n* | spy network.
—**prozeß** *m* | official secrets trial; spy trial.
—**organisation** *f* | spy ring.
spionieren *v* | to spy.
Spionin *f* | spy; woman spy.
Spitze *f* Ⓐ [überschießender Betrag] | remaining margin | **freie ~; frei verfügbare ~** | free balance; balance for free disposal.
Spitze *f* Ⓑ [Maximum] | peak | **Einnahme(n)~** | maximum (peak in) receipts | **Ertrags~** | maximum (peak) yield.
Spitzen..ausgleich *m* | clearing transfer; evening up.
—**bedarf** *m* | urgent (immediate) requirement(s).
—**belastung** *f* | peak load.
—**betrag** *m* | balance.

Spitzen..einkommen *n* | income(s) in the top brackets.
—**erzeugnis** *n* | top-grade product.
—**gehalt** *n* | top salary.
—**institut** *n* | central institute.
—**kraft** *f* | top-level executive.
—**kräfte** *fpl* | top management (executives).
—**leistung** *f* | maximum output; peak performance.
—**lohn** *m* | maximum wage.
—**organisation** *f* | central (top) organization.
—**papiere** *npl*; —**werte** *mpl* | leading (gilt-edged) stocks (securities).
—**verband** *m* | central association.
—**vertretung** *f* | central (top) representation.
Spitzel *m* Ⓐ [Lockspitzel] | informer.
Spitzel *m* Ⓑ [Spion] | spy | **Polizei~** | police spy (informer).
spitzfindig *adj* | quibbling | **~e Unterschiede machen** | to quibble | **~e Unterscheidung** | subtle (delicate) distinction.
Spitzfindigkeit *f* Ⓐ [Finesse] | nicety | **juristische ~** | legal nicety (subtlety).
Spitzfindigkeit *f* Ⓑ [Wortklauberei] | quibbling.
Splitterpartei *f* | splinter (fractional) party.
Sporteln *fpl* [Nebenzüge] | emoluments *pl*; perquisites *pl.*
Spottpreis *m* | knockdown price.
Sprache *f* | language | **Amts~** | official language | **Fach~** | technical language | **Fremd~; fremde ~** | foreign language | **Geheim~** | code language; coded (secret) language | **Gerichts~** | court (legal) (law) language | **Geschäfts~; Handels~** | business (commercial) language | **in der ~ der Juristen; in der Juristen~; in der juristischen Fach~** | in legal parlance; in legal (forensic) terms; in the legal language | **Mutter~** | mother tongue; native language | **Original~; Ur~** | original language | **in der Umgangs~** | in common parlance | **Welt~** | world language | **Zeichen~** | sign language.
★ **klare ~** | clear language | **in offener ~** | in plain language; not coded; not in code | **Übertragung in offene ~** | transcription into plain language | **in verabredeter ~; in verschlüsselter ~** | in code; coded; in code language | **in energischer ~** | in strong language.
★ **mehrere ~ kennen (beherrschen)** | to have a knowledge (a command) of several languages | **einige Kenntnis(se) in einer ~ haben** | to have a working knowledge of a language | **einen Punkt zur ~ bringen** | to raise (to broach) a point.
Sprach..gebiet *n*; —**raum** *m* | language (linguistic) area.
—**gebrauch** *m* | parlance.
—**grenze** *f* | language border.
—**minderheit** *f* | linguistic minority.
Sprecher *m* | spokesman; speaker | **~ der Regierung** | government spokesman.
Sprecherin *f* | spokeswoman.
Sprech..stelle *f* [Telephon~] | telephone box (booth); call box.
—**stunden** *fpl*; —**zeit** *f* | consulting (consultation) hour(s).
—**tage** *mpl* | consulting days.
Sprengel *m* [Kirch~] | parish.
sprengen *v* | **die Bank ~** | to break the bank | **eine Versammlung ~** | to break up a meeting.
Sprengstoff *m* | explosive.
Spruch *m* Ⓐ [Wahr~] | verdict | **~ der Geschworenen** | verdict of the jury; jury's findings *pl* | **Frei~** | verdict of not guilty | **Schuld~** | verdict of guilty | **einen ~ fällen** | to return (to bring in) a verdict |

einen ~ zu jds. Gunsten fällen | to find for sb. (in favo(u)r of sb.); to decide in sb.'s favo(u)r | einen ~ zu jds. Ungunsten fällen | to find against sb. | zu einem ~ kommen | to arrive at (to come to) a verdict.

Spruch m Ⓑ | judgment; sentence | Richter~ | court decision (sentence) (judgment) | Schieds~ | arbitration award; award.

—band n | banner.

—kammer f | board (court) of arbitration.

spruchreif adj | ~ sein | to be ready for judgment.

Sprungregreß m | recourse against one of the previous endorsers.

Spur f Ⓐ | trace | die ~en beseitigen | to remove the traces | keine ~en hinterlassen | to leave no trace.

Spur f Ⓑ [Spurweite] | gage; gauge.

Staat m Ⓐ | state; nation; country | Agrar~ | agrarian state | Angreifer~ | aggressor state | Anlieger~; Anrainer~ | neighbo(u)ring (riparian) (bordering) (border) state (country) | Bundes~; Glied~ | federal state | Frei~ ① | free state | Frei~ ② | republic | Gläubiger~ | creditor nation (state).

○ Heimat~ | country of origin; home country | Kultur~ | civilized country | Marionetten~ | puppet state | Mitglied~ | member state | Nachbar~ | neighbo(u)ring state (country) | Nachfolge~ | successor state | Nationalitäten~ | state with a population of different nationalities | Nichtanlieger~ | non-riparian state (nation) | Nichtmitglied~ | non-member state | Nichtvertrags~ | non-signatory state | Polizei~ | police state | Puffer~ | buffer state | Rand~ | border (bordering) (riparian) state (country).

○ Rechts~ | state which is governed by law and order | Register~ | state of registry; country of registration | Satelliten~ | satellite state | Schuldner~ | debtor state (nation) | Signatar~ | signatory state (power) | Stadt~ | city state | Trennung von Kirche und ~ | separation of church and state | Vasallen~ | vassal state | Volks~ | people's state.

★ autoritärer ~ | authoritarian state | totalitärer ~ | totalitarian state | die vertragschließenden ~en | the contracting powers | dem ~ dienen | to serve the state (the nation).

Staat m Ⓑ [Regierung] | der ~ | the government | im Eigentum des ~es sein (stehen); dem ~ gehören | to be government-owned (state-owned) | vom ~e unterstützt | government-aided; state-aided.

Staat m Ⓒ [Allgemeinheit] | der ~ | the public | vom ~ unterhalten werden | to live at the common (public) expense.

Staat m Ⓓ [Fiskus] | der ~ | the fisc.

Staaten..bund m | confederation of states; federation; confederacy.

—konferenz f | conference of states.

staatenlos adj | stateless; without a nationality.

Staatenlose f; Staatenloser m | stateless person.

Staatenlosigkeit f | statelessness.

staatlich adj | state; public | ~es Amt | public office | ~e Anstellung | government situation (employment) | ~e Aufsicht | state (government) control | unter ~er Aufsicht | controlled by the government; government-controlled; state-controlled | ~er Eingriff; ~es Einschreiten | state intervention | ~e Einmischung | state (government) interference | ~e Gelder | public funds (money) | ~es Ge-

meinwesen | body politic | ~e Grube | state mine | ~e Hilfe | government aid | ~e Schule | public school | ~e Unterstützung | government (state) subsidy (aid) (assistance) | ~e Verleihung | state grant | ~e Wirtschaftslenkung | government management (planning).

staatlich adv | ~ betrieben | state-operated | ~ finanziert | state-financed | ~ garantiert; ~ gesichert | state-guaranteed; government-secured | ~ gefördert | government-sponsored | ~ subventioniert | subsidized by the state (by the government); state-aided; state-subsidized; government-subsidized.

staatlicherseits adv | on the part of the state.

Staats..abgaben fpl | state (government) taxes; fiscal dues.

—akt m | act of high (public) authority | einseitiger ~ | one-sided act of public authority.

—amt n | public office | das höchste ~ | the highest office of the state.

—ämter npl | hohe ~ | high public offices.

Staatsangehöriger m Ⓐ | national | ~ kraft Geburt | natural born citizen (subject) | ~ eines neutralen Staates | neutral | ausländischer ~ | foreign national; foreigner.

Staatsangehöriger m Ⓑ [Staatsbürger] | citizen.

Staatsangehöriger m Ⓒ [Untertan] | subject.

Staatsangehörigkeit f | nationality; citizenship | durch Geburt erworbene ~ | nationality at birth | Aberkennung (Entziehung) der ~ | expatriation | Wiederaberkennung (Wiederentziehung) der ~ | disnaturalization | ohne Unterschied der ~ | without distinction of nationality | doppelte ~ | dual nationality | jdm. die ~ aberkennen (entziehen) | to deprive sb. of his nationality; to expatriate sb. | jdm. die ~ wieder aberkennen (wieder entziehen) | to disnaturalize sb. | die ~ erlangen | to become a citizen (a subject) | aus einer ~ entlassen werden | to become divested of a nationality | ohne ~ | stateless.

Staatsangehörigkeits..ausweis m | certificate of nationality (of citizenship).

—gesetz n | nationality law.

Staats..angelegenheiten fpl | state affairs (business); affairs of state; public (national) affairs.

—angestellter m | state (government) employee.

—anleihe f | government (public) loan.

—anleihen fpl | government (public) stocks (bonds) (securities).

—anwalt m | public prosecutor; prosecuting attorney; district attorney | General~ | director of public prosecutions.

—anwaltschaft f | public prosecutor's office.

staatsanwaltschaftlich adj | ~es Ermittlungsverfahren | criminal investigation by the public prosecutor (by the public prosecutor's office).

Staats..anzeiger m | official gazette; state advertiser.

—apparat m | state (government) machinery.

—archiv n | public records pl.

—aufgaben fpl | state functions.

—aufsicht f | state (government) control | unter ~ | controlled by the government; government-controlled; state-controlled.

—ausgaben fpl | public (government) expenditure.

—autorität f | public authority (power); state authority; authority of the state.

—bahn f | government (state) railway.

—bank f | Government (State) (National) Bank.

—bankrott m | national bankruptcy.

Staats..beamter *m* | government (state) official (employee); civil servant | **höherer** ~ | senior official | ~ **sein** | to be in the civil service; to have civil service status.
—**behörde** *f* | public authority.
—**beihilfe** *f* | government (state) subsidy; state grant.
—**besitz** *m* | government (national) (public) property.
—**betrieb** *m* | government (state) (government-owned) enterprise.
Staatsbürger *m* | citizen; subject | **im Ausland ansässiger** ~ | non-resident citizen | **ausländischer** ~ **mit Wohnsitz im Inland** | resident alien.
staatsbürgerlich *adj* | ~**e Rechte** | civic (political) rights.
Staatsbürgerrecht *n* Ⓐ | citizenship.
Staatsbürgerrecht *n* Ⓑ [Nationalität] | nationality.
Staatsbürgerschaft *f* | citizenship; nationality | **doppelte** ~ | dual citizenship | **jdm. die** ~ **aberkennen** | to deprive sb. of his nationality; to expatriate sb. | **jdm. die** ~ **wieder aberkennen** | to disnaturalize sb. | **die** ~ **erlangen** | to acquire citizenship | **seiner** ~ **für verlustig erklärt werden** | to be deprived of one's citizenship.
Staats..chef *m* | head of the state.
—**departement** *n* | department of state.
—**dienst** *m* | government service | **Beamter im** ~ | government (state) official (employee) | **im** ~ **sein (stehen)** | to be in the civil service; to have civil service status.
—**dokumente** *npl* | state documents; government papers.
—**domäne** *f* | public domain.
—**druckerei** *f* | state (government) printing office.
staatseigen *adj* Ⓐ | state- (government-) (publicly) (nationally) owned.
staatseigen *adj* Ⓑ [volkseigen] | owned by the people; nationalized.
Staats..eigentum *n* | state (government) (national) (public) property | **im** ~ **stehen** | to be state-owned (government-owned).
—**eingriff** *m* | state intervention.
—**einmischung** *f* | state (government) interference.
—**einkünfte** *pl*; —**einnahmen** *fpl* | public (state) (government) revenue.
—**eisenbahn** *f* | state (government) railway.
—**empfang** *m* | state reception.
—**examen** *n* | state examination.
—**feind** *m* | public enemy | ~ **Nr. 1** | public enemy number one.
staatsfeindlich *adj* | anarchist | ~**e Umtriebe** | subversive activities; anarchist plots.
Staats..finanzen *fpl* | **die** ~ | the finances (the financial position) of the state.
—**fiskus** *m* | **der** ~ | the fisc; the state fisc; the national treasury.
—**form** *f* | form (system) of government | **autoritäre** ~ | authoritarian state | **monarchische** ~ | monarchy | **republikanische** ~ | republic | **totalitäre** ~ | totalitarian state.
—**funktion** *f* | state function.
—**garantie** *f* | guarantee by the government.
—**gebiet** *n* | state (national) territory.
—**gefangener** *m* | state (political) prisoner.
—**gefüge** *n* | state structure.
—**geheimnis** *n* | state (official) secret.
—**gelder** *npl* | public funds *pl* (money).
—**gericht** *n* | state court.
—**gerichtshof** *m* | high court of state.
—**geschäfte** *npl* | state affairs (business); affairs of state; public affairs.

Staatsgesetz *n* | state law.
Staatsgewalt *f* | public authority (power); state authority; authority of the state | **Akt der** ~ | act of public authority | **durch Verfügung der** ~ | by order of the government (of the public authority) | **Widerstand gegen die** ~ ① | resisting the constituted authorities (the agents of the law) | **Widerstand gegen die** ~ ② | resisting the police.
Staats..gläubiger *m* | public (state) creditor.
—**gouverneur** *m* | governor of state.
—**grenze** *f* | state (national) border.
—**grundgesetz** *n* | fundamental law of the State; constitution.
—**grundsatz** *m* | state maxim.
—**gut** *n* | public property; government (state) (crown) property.
Staatshaushalt *m* Ⓐ | budget; state budget | **ausgeglichener** ~ | balanced budget | **ordentlicher** ~ | ordinary estimates *pl* | **unausgeglichener** ~ | unbalanced budget.
Staatshaushalt *m* Ⓑ [eines Bundesstaats] | federal budget.
Staats..hilfe *f* | state (government) subsidy (aid); government assistance.
—**hoheit** *f* | sovereignty.
—**interesse** *n* Ⓐ | public (national) (common) interest; interest of the state (of the nation).
—**interesse** *n* Ⓑ [Staatsraison] | public (state) policy.
—**kapitalismus** *m* | state capitalism.
—**kasse** *f* | public treasury (purse); Exchequer; Treasury | **unter Überbürdung der Kosten auf die** ~ | awarding the costs against the State | **die Kosten auf die** ~ **überbürden** | to award the costs against the State.
—**kassenschein** *m* | treasury bond.
—**kirche** *f* | state (national) church.
—**kommissar** *m* | state commissioner.
—**konkurs** *m* | state (national) bankruptcy.
—**kontrolle** *f* | state (government) control; state management | **etw. unter** ~ **stellen** | to put sth. under state control | **unter** ~ | controlled by the government; government-controlled; state-controlled.
—**konzession** *f* | state grant.
—**kosten** *pl* | public expenses | **auf** ~ | at the public expense (charge).
—**kredit** *m* | national (public) credit.
—**kunst** *f* | statesmanship; statecraft | **die Grundsätze erprobter** ~ | sound and statesmanly (statesmanlike) principles.
—**kutsche** *f* | state carriage.
—**leitung** *f* | state management.
—**lieferant** *m* | purveyor (supplier) of the government.
—**lotterie** *f* | state lottery.
—**mann** *m* | statesman; diplomat.
staatsmännisch *adj* | statesmanlike; statesmanly.
Staats..minister *m* | State Minister; Secretary (Minister) of State.
—**ministerium** *n* | Ministry (Department) of State.
—**monopol** *n* | government (state) monopoly.
—**notstand** *m* | national emergency.
—**oberhaupt** *n* | head of the state.
—**organ** *n* | state (government) (official) organ.
—**organisation** *f* | state organisation.
Staatspapiere *npl* | government stock (stocks) (bonds) (securities); public funds (stock) | **Anlage (Investierung) in** ~**n** | investment in government bonds; government investment | **Besitz an** ~**n** | funded property | **Geld in** ~**n anlegen** | to invest

money in public funds; to fund money | **Inhaber von ~n** | fund holder | **~ kaufen** | to buy funds.
Staatspartei *f* | state party.
Staatspension *f* | state (government) pension.
staatspolitisch *adj* | **~e Rechte** | political rights.
Staats..polizei *f* | state police | **geheime ~** | secret political police.
—präsident *m* | president of the country.
—prozeß *m* | state trial.
—prüfung *f* | state examination.
—raison *f* Ⓐ | state policy.
—raison *f* Ⓑ [Staatsinteresse] | interest of the state (of the nation).
—rat *m* Ⓐ [Gesamtheit] | Council of State; Privy Council.
—rat *m* Ⓑ [Mitglied] | Member of the Privy Council; privy councillor.
—recht *n* | public law.
—regierung *f* | government; state government.
—religion *f* | state religion.
—rente *f* | government annuity.
—säckel *m*; **—schatz** *m* | public treasury (purse); treasury; exchequer.
Staatsschuld *f* | national (public) debt | **die fundierte ~; die konsolidierte ~** | the consolidated (funded) debt (national debt) | **die schwebende ~** | the floating national debt | **die ~ fundieren (konsolidieren)** | to fund the public debt.
Staatsschuldbuch *n* | register of the national (public) debt.
Staatsschulden..dienst *m*; **—verwaltung** *f* | administration (servicing) of the public (national) debt.
—tilgungsfonds *m*; **—tilgungskasse** *f* | public sinking-fund.
Staats..schuldverschreibung *f* | treasury bond.
—sekretär *m* | secretary of state | **Unter~** | undersecretary of state.
—sekretariat *n* | office of the secretary of state.
—sicherheit *f* | public security; safety of the state | **Gefahr für die ~; Gefährdung der ~** | danger to the national security.
—siegel *n* | official seal.
—sozialismus *m* | state socialism.
—stelle *f* | public office (function).
—stellung *f* | government situation (employment).
—steuer *f* | state tax | **die ~n** | the government taxes.
—stipendium *n* | state sholarship.
—straße *f* | national highway.
—streich *m* | coup d'Etat.
—subvention *f*; **—unterstützung** *f* | government (state) subsidy (aid); government assistance.
—telegramm *n* | state (official) telegram.
—verbrechen *n* | political crime; crime against the state.
—verfassung *f* | constitution of the state; state constitution.
—vermögen *n* | public funds (money); state (national) property.
—verschuldung *f* | state (national) indebtedness.
—vertrag *m* | treaty; convention | **einem ~ beitreten** | to accede to a treaty.
—verwaltung *f* | state (public) administration.
—voranschlag *m* | the budget estimates *pl* | the national budget.
—wesen *n* | **das ~** | the commonwealth; the public.
—wirtschaft *f* | political (national) (public) economy.
—wissenschaft *f* | political science; state economy.
—wohl *n* | **das ~** | the public weal (welfare).
—zeche *f* | state mine.
—zugehörigkeit *f* | nationality.

Staats..zugehörigkeitszeichen *n* oder *npl* | nationality marks *pl* (markings *pl*).
—zuschuß *m* | government (state) grant (subsidy) (allowance) | **einen ~ erhalten** | to receive a state grant (state grants) | **durch Staatszuschüsse unterstützt** | grant-aided.
Stab *m* | staff | **ein ~ von Beamten; ein Beamten~** | a staff of officials | **~ von Mitarbeitern; Mitarbeiter~** | staff of collaborators.
stabil *adj* | stable; steady | **~e Preise** | steady (stable) prices | **~e Währung** | stable currency.
Stabilhaltung *f* | **~ der Preise** | keeping prices stable.
stabilisieren *v* | to stabilize.
Stabilisierung *f* | **~ der Preise; Preis~** | price stabilization | **Währungs~** | stabilization of the currency; currency (monetary) stabilization.
Stabilisierungs..anleihe *f* | stabilization loan.
—fonds *m* | stabilization fund | **Währungs~** | currency stabilizing (stabilization) fund.
—politik *f* [Stabilitätspolitik] | stabilizing (stabilization) policy.
—rücklage *f* | stabilization reserve.
Stabilität *f* | stability; firmness | **Währungs~** | currency (monetary) stability.
Stadium *n* | stage; phase; state | **im Vor~** | in the preliminary state (stage) | **Zwischen~** | provisional stage | **entscheidendes ~** | decisive stage.
Stadt *f* Ⓐ | town; city | **Grenz~** | bordertown | **Groß~** | big city | **Provinz~** | provincial (country) town | **See~** | sea-side town | **Universitäts~** | university town | **freie ~** | free city.
Stadt *f* Ⓑ [Stadtgemeinde] | municipality; municipal corporation.
Stadt..abgaben *fpl* | rates; town rates; municipal taxes (rates).
—anleihe *f* | municipal loan (stock); city loan.
—anzeiger *m* | town gazette.
—arzt *m* | officer of health; medical officer.
—autobahn *f* | urban freeway (expressway).
—bahn *f* | metropolitan (city) railway.
—bank *f* | city bank.
—behörde *f* | municipal authority; municipality.
—bevölkerung *f* | urban population; town dwellers *pl*.
—bewohner *m* | town (city) dweller.
—bezirk *m* | urban district; municipal borough.
—bibliothek *f*; **—bücherei** *f* | public library.
—filiale *f*; **—geschäft** *n* | city branch.
—gebiet *n* | urban area; township.
—gemeinde *f* | municipality; municipal borough.
—gemeindeverband *m* | municipal corporation.
—gespräch *n* | local call.
—grenze *f* | city boundary.
—haus *n* | town (city) hall.
städtisch *adj* Ⓐ | municipal | **~e Abgabe (Steuer)** | municipal tax (rate); rate | **~er Amtsarzt** | city officer of health; medical officer | **~e Anleihe** | municipal loan | **~e Anleihen** | municipal stock(s) (bonds) | **~er Beamter** | municipal (city) official (employee) | **~er Bezirk** | municipal borough (district) | **~e Einrichtungen** | municipal (city) services | **~e Gasversorgung** | town gas | **~e Sparkasse** | municipal savingsbank | **~e Verwaltung** | municipal (city) administration | **~e Wasserversorgung** | town water supply.
städtisch *adj* Ⓑ | urban | **~e Bevölkerung** | urban population; townspeople.
Stadt..kämmerei *f* | town treasury; city treasurer's office.
—kämmerer *m* | city (town) treasurer.

Stadt..kasse *f* Ⓐ [einer Bank] | city branch [of a bank].
—kasse *f* Ⓑ | city treasury.
—kreis *m* | urban (city) area (district).
—parlament *n* | town (city) council.
—plan *m* | map of the town; city plan.
—randsiedlung *f* | ribbon development.
—rat *m* Ⓐ | town (municipal) (city) council.
—rat *m* Ⓑ [Stadtverwaltung] | municipality.
—rat *m* Ⓒ [Stadtratsmitglied] | town (municipal) councillor; alderman; councilman.
—rätin *f* | town councillor.
—ratssitzung *f* | council meeting.
—ratswahl *f* | municipal (local) (borough council) elections.
—recht *n* | municipal (city) law.
—rechte *npl* | privileges of a town.
—reisender *m* | town traveller.
—säckel *m* | city funds.
—schreiber *m*; —sekretär *m* | town (city) clerk.
—sparkasse *f* | municipal savings bank.
—staat *m* | city state.
—syndikus *m* | city solicitor.
—telegramm *n* | local telegram.
—umlagen *pl* | municipal rates (taxes); town rates.
—verordnetenversammlung *f* | town (municipal) (city) council.
—verordneter *m* Ⓐ | municipal (town) councillor; alderman.
—verordneter *m* Ⓑ | city delegate.
—verordnung *f* | municipal regulations *pl* (by-laws *pl*) (bye-laws *pl*).
—vertreter *m* | town traveller (canvasser).
—verwaltung *f* | municipal (local) administration (government); city administration.
—viertel *n* | quarter of a town; borough.
—werke *npl* | city works.
—zoll *m* | city dues *pl*.
Staffel *f* | bracket.
staffeln *v* | to graduate; to differentiate.
Staffel..anleihe *f* | loan with decreasing (increasing) rate(s) of interest.
—auszug *m* | interest statement.
—besteuerung *f* | progressive taxation.
—gebühren *fpl* | differential duties.
—lohn *m* | differential wage(s).
—rechnung *f* | equated accounts.
—sätze *mpl* | progressive rates.
—skonto *n* | progressive discount rates *pl*.
—tarif *m* | differential (flexible) (graduated) tariff.
Staffelung *f* | gradation; system of gradation; differentiation | ~ der Steuersätze | progressive system of taxation.
Staffel..zinsen *mpl* | interest on equated accounts.
—zinsrechnung *f* | equated interest account(s); equated calculation of interest.
Stagnation *f*; Stagnieren *n* | stagnation; standstill.
stagnieren *v* | to stagnate; to be a at standstill.
stagnierend *adj* | stagnant; stagnating; at a standstill.
Stahl..erzeugung *f*; —produktion *f* | steel production; steelmaking.
—erzeugungskapazität *f* | steelmaking capacity.
—industrie *f* | steel industry.
—kammer *f* | strong room; safe-deposit vault.
—konzern *m*; —trust *m* | steel concern (trust).
Stamm *m* Ⓐ | stirps *sing* | im Mannes~ vererblich | hereditary in the male line.
Stamm *m* Ⓑ [Volks~] | tribe | Eingeborenen~ | native tribe; tribe of natives.
Stammaktie *f* | ordinary share.

Stamm..aktien *fpl* | deferred (ordinary) shares (stock); shares of common stock; common stock.
— —kapital *n* | deferred (ordinary) share capital.
—aktionär *m* | ordinary shareholder (stockholder).
—baum *m* Ⓐ [von Menschen] | genealogical tree (table); family tree.
—baum *m* Ⓑ [von Tieren] | pedigree.
—buch *n* | album.
—dividende *f* | dividend on the deferred shares (share capital); ordinary dividend.
—einlage *f* Ⓐ [Geschäftsanteil] | capital invested; investment.
—einlage *f* Ⓑ [Depot] | permanent deposit.
Stämme *mpl* | Erbfolge nach ~n | succession per stirpes.
stammen *v* | to descend (to originate) from ...
Stammeshäuptling *m* | tribal chieftain.
Stammesrecht *n* | tribal law.
Stamm..gast *m* | steady (regular) customer.
—gut *n* | family estate.
—halter *m* | son and heir.
—haus *n* Ⓐ | parent firm (company).
—haus *n* Ⓑ [Hauptniederlassung] | principal establishment.
—haus *n* Ⓒ [Zentrale] | central office.
—haus *n* Ⓓ [Hauptsitz] | head office; headquarters *pl*.
— —konto *n* | head office account.
—kapital *n* | original (initial) capital; capital stock; capitalization.
—kunde *m* | regular customer.
—kundschaft *f* | steady (regular) customers *pl*.
—patent *n* | original (basic) patent.
—personal *m* | permanent staff.
—rolle *f* | roll; register | Eintragung in die ~ | inscription (entry) in the roll; registration | in die ~ eintragen | to enter upon the rolls.
—rollen..auszug *m* | registration certificate.
— —eintrag *m* | inscription (entry) in the roll.
—tafel *f* | genealogical table (tree); family tree.
—vermögen *n* | original capital (assets *pl*).
—verwandt *adj* | cognate.
—vorzugsaktie *f* | original preference share.
—wert *m* | original value.
Stand *m* Ⓐ [Lage] | situation; position; status | Besitz~; tatsächlicher Besitz~ | actual possession; seizin in deed | ~ der Dinge; Sach~ | state of affairs (of things); position; circumstances | Not~ | state of emergency | der ~ der Technik | the art (prior art) | der gegenwärtige ~ der Technik | the present state of the art | Vermögens~ | financial position (situation) (status) (standing) | Vorkriegs~ | pre-war level (status) | bei dem gegenwärtigen ~ der Sache | as the case stands at present; in the present state of things | Wiedereinsetzung in den vorigen ~ | restitution; reinstatement | etw. auf den neuesten ~ bringen | to bring sth. up-to-date | etw. in den ~ setzen (versetzen), zu | to put sth. in a state of (in a position to).
Stand *m* Ⓑ [persönlicher Status] | status | Ehe~ | married state; matrimony; marriage; wedlock | Familien~; Personen~; Zivil~ | civil status | Ruhe~ | retirement | zeitweiliger Ruhe~; Warte~ | provisional (temporary) retirement | der ledige ~ | the single state | ledigen ~es sein | to be single (unmarried).
Stand *m* Ⓒ [Beruf] | profession; trade; calling | Anwalts~ | profession as a lawyer.
Stand *m* Ⓓ [Berufs~] | der Anwalts~ | the legal profession; the lawyers *pl* | der Beamten~ | the civil

service | **der Handwerker**~ | the artisan class; the artisans *pl.*

Stand *m* Ⓔ [Beschäftigung] | occupation; description; calling | ~ **oder Beruf** | profession or business.

Stand *m* Ⓕ [soziale Stellung] | social standing (condition) (position) (rank).

Standard *m* Ⓐ [Grad; Norm] | level; standard | **Bildungs**~ | standard of knowledge (of learning) | **Lebens**~; **Lebenshaltungs**~ | standard of life (of living); living standard | **Leistungs**~ | standard of efficiency.

Standard *m* Ⓑ [Werteinheit; Wert~] | standard (unit) of value.

Standard *m* Ⓒ [Münzfuß; Münzeinheit] | money (monetary) standard; currency | **Gold**~ | gold standard | **Goldwert**~ | gold value standard.

Standard *m* Ⓓ [Maßeinheit; Normalmaß] | standard measure.

Standard..ausgabe *f* | standard edition.

—**ausrüstung** *f* | standard equipment.

standardisieren *v* | to standardize; to normalize.

standardisiert *adj* | standardized | ~**e Produktion** | standardized production.

Standardisierung *f* | standardization; normalization.

Standard..vertrag *m* | standard agreement.

—**werk** *n* | standard work.

—**wert** *m* | standard (unit) of value.

—**werte** *mpl* | standard (representative) stocks.

Standesamt *n* | registrar's office.

standesamtlich *adj* | ~**e Trauung** | marriage before the registry; civil (common-law) marriage.

standesamtlich *adv* | ~ **geschlossene Ehe** | civil marriage | **sich** ~ **trauen lassen** | to marry at (before) the registry.

Standesbeamter *m* | registrar of births, deaths, and marriages; civil status officer | **Eheschließung vor dem** ~**en** | marriage before the registrar; civil (common-law) marriage.

standesbewußt *adj* | class-conscious.

Standesbewußtsein *n* | class-consciousness.

Standesehre *f* | professional hono(u)r.

standesgemäß *adj* | ~**er Unterhalt** | support according to one's social condition.

standesgemäß *adv* | ~ **leben** | to live according to one's station.

Standes..person *f* | person of rank.

—**pflicht** *f* | professional duty | **Verfehlung gegen die** ~ | professional misconduct; breach of professional discipline; malpractice | **Wahrung der** ~**en** | professional discipline.

—**recht** *n* [die Standesregeln] | the ethics *pl* of the profession; the canons *pl* of professional ethics.

standesrechtlich *adj* | ~**e Verfehlung**; ~**es Vergehen** | professional misconduct; malpractice.

Standes..register *n* | register of births, marriages, and deaths.

—**unterschied** *m* | class distinction.

—**vergehen** *n* | professional misconduct; malpractice; breach of professional duty (etiquette) | **schweres** ~ | gross professional malpractice.

—**vorurteil** *n* | class prejudice.

standeswidrig *adj* | against professional discipline | ~**es Verhalten** | professional misconduct; breach of professional duty (etiquette).

Standgebühr *f*; **Standgeld** *n* | stall money.

Standgericht *n* | court martial | **vor ein** ~ **gestellt werden** | to be tried by court martial; to be court-martialled.

ständig *adj* | permanent; fixed; regular | **jds.** ~**er Anwalt sein** | to be sb.'s standing counsel; to hold a

general retainer for sb. | ~**er Ausschuß** | standing (permanent) committee | **ein** ~**er Bedarf für etw.**; **eine** ~**e Nachfrage nach etw.** | a steady demand for sth. | ~**es Einkommen** | permanent (fixed) (regular) income | ~**e Praxis sein** | to be current practice | ~**es Ratsmitglied** | permanent member of the council | ~**e Rechtsprechung sein** | to be consistent practice | ~**er Vertreter** | regular agent | ~**e Vertretung** | permanent representation | ~**er Wohnsitz** | permanent residence | ~**e Zunahme** | steady increase.

ständig *adv* | ~ **zunehmend** | steadily increasing.

Standpunkt *m* | point of view | **unter Wahrung seines** ~**es** | maintaining one's point of view | **unter Wahrung des gegenseitigen** ~**es** | each party maintaining its position | **seinen** ~ **behaupten (wahren)** | to insist on one's point of view | **den** ~ **vertreten, daß ...** | to contend (to take the view) that ...

Standrecht *n* | martial law | **das** ~ **verhängen** ① | to proclaim martial law | **das** ~ **verhängen** ② | to proclaim (to declare) a state of siege.

standrechtlich *adj* | under (according to) martial law | ~**e Erschießung** | execution under martial law.

standrechtlich *adv* | **jdn.** ~ **erschießen** | to court-martial and shoot sb. | ~ **erschossen werden** | to be court-martialled and shot.

Stangengold *n* | gold in ingots (in bars).

Stangensilber *n* | silver in ingots (in bars).

Stapel..güter *fpl*; —**ware** *f* | staple commodities (goods); commodities.

—**handel** *m* | staple trade.

—**platz** *m* | staple; depository.

stark *adj* | ~**e Nachfrage** | keen demand | ~**er Verkehr** | heavy traffic | ~**e Verschuldung** | heavy indebtedness.

Station *f* Ⓐ | station | **Kohlen**~ | coaling station | **Küstenwach**~ | coastguard station | **Polizei**~ | police station | **Radio**~; **Sende**~ | broadcasting (radio) (wireless) station | **Rettungs**~ | lifeboat station.

Station *f* Ⓑ [Bahn~] | railway station; station | **Abgangs**~ | station of departure (of origin) | **Absende**~ | station of dispatch | **Ankunfts**~ | station of arrival | **End**~; **Kopf**~ | railhead; terminus | **Grenz**~ | frontier station | **Güter**~ | goods station (depot) | **Versand**~ | forwarding station.

Station *f* Ⓒ [kurzer Aufenthalt] | short stop | ~ **machen** | to make a stopover; to break one's journey.

Station *f* Ⓓ [Unterkunft und Verpflegung] | board and lodging | **freie** ~ | free board and lodging.

stationär *adj* | stationary.

stationieren *v* | **jdn. an einer Stelle** ~ | to station sb. at a place.

stationiert *adj* | **in ...** ~ **sein** | to be stationed at ...

Statistik *f* | statistics *pl* | **Außenhandels**~ | foreign trade statistics | **Ausfuhr**~ | export statistics | **Einfuhr**~ | import statistics | **Kriminal**~ | crime statistics.

Statistiken *fpl* | statistics *pl*; statistical data *pl* (returns) (tables).

Statistiker *m* | statistician.

statistisch *adj* | statistical | ~**es Amt** | statistical office (bureau) | ~**e Angaben**; ~**e Material**; ~**e Unterlagen** | statistical data; statistics *pl* | ~**e Berichte** | statistical reports (returns) | ~**e Erhebung** | statistical inquiry | ~**e Gebühr** | statistical tax (fee).

statistisch *adv* | **etw.** ∼ **erfassen** | to ascertain sth. by statistics (in statistical form) | ∼ **erfassbar** | statistically ascertainable | ∼ **erfaßt** | shown (presented) in statistical form; statistically ascertained.

Stätte *f* | **Arbeits**∼ | place of work; working place | **Münz**∼ | mint office; mint | **Produktions**∼ ① | place of production (of manufacture) | **Produktions**∼ ② | production (manufacturing) plant.

stattfinden *v* | to take place; to come to pass; to occur.

stattgeben *v* | to allow; to admit | **einem Antrag (Ersuchen) (Gesuch)** ∼ | to grant a request (an application) (a petition) | **einem Anspruch** ∼ | to allow (to admit) a claim | **einer Berufung** ∼ | to allow (to grant) an appeal | **einer Berufung nicht** ∼ | to disallow an appeal | **einer Forderung** ∼ | to allow a request | **einem Gnadengesuch** ∼ | to grant sb. a pardon; to pardon sb. | **der Klage** ∼; **dem Klagsbegehren** ∼ | to find for the plaintiff as claimed | **der Revision** ∼ | to allow (to grant) the appeal.

statthaft *adj* | admissible; lawful; allowed; permitted | **nicht** ∼ | inadmissible; unlawful; not permitted.

Statthaftigkeit *f* | admissibility.

Statthalter *m* | governor.

Statthalterei *f*; **Statthalterschaft** *f* | government; governorship.

statuieren *v* | **ein Exempel** ∼ | to set (to make) an example.

Status *m* ④ [Stand der Dinge] | state of affairs.

Status *m* ⑧ [finanzielle Situation] | financial status (position).

Status *m* © [Rechtszustand] | status; position | **Dominien**∼ | dominion status | **rechtlicher** ∼ | legal position (situation) (status).

Statut *n* | statute; charter; set of rules | **Arbeits**∼ | labo(u)r charter | **Flotten**∼ | naval statute | **Gebiets**∼ | territorial statute | **Gemeinde**∼; **Orts**∼ | by-law; local (city) (municipal) by-laws | **Minderheiten**∼; **Minoritäten**∼ | statute of minorities | **Muster**∼ | model by-laws | **Nationalitäten**∼ | statute of nationalities | **Personal**∼ | personal statute | **Real**∼ | real statute | **Welthandels**∼ | world trade charter.

statutarisch *adj* | statutory.

statutarisch *adv* | in accordance with the statutes.

Statuten *npl* ④ [Satzung] | rules; statutes; by-laws; bye-laws; regulations.

Statuten *npl* ⑧ [Gesellschaftsvertrag] | articles (memorandum) of association (of incorporation).

Statuten *npl* © [Verfassung] | charter | ∼ **der Vereinten (Vereinigten [S]) Nationen** | Charter of the United Nations.

Statutenänderung *f* | amendment of the by-laws.

statutengemäß *adj*; **statutenmäßig** *adj* | statutory; in accordance with the statutes.

Statutenkollision *f* | conflict of laws.

statutenwidrig *adj* | against (contrary to) the rules (the regulations).

Stauattest *n* | stowing certificate.

Stauer *m* | stower; trimmer.

Stauerlohn *m* | stowage.

Staulücken *fpl* | broken stowage.

Stauung *f* | **Verkehrs**∼ | traffic congestion.

Stechkarte *f* | time card.

Steckbrief *m* ④ [Personalbeschreibung] | description.

Steckbrief *m* ⑧ [Verhaftungsbefehl] | writ of attachment; warrant of apprehension; warrant to

apprehend the body; tipstaff's warrant; warrant | **einen** ∼ **erlassen (ergehen lassen)** | to send out a tipstaff's warrant.

steckbrieflich *adv* | **jdn.** ∼ **verfolgen** | to search for sb. by tipstaff's warrant | ∼ **gesucht (verfolgt) werden** | to be wanted by the police | **er wird** ∼ **gesucht** | there is a warrant out for his arrest.

Stegreif *m* | **aus dem** ∼ **gehaltene Rede** | extempore speech | **aus dem** ∼ **reden** | to speak extempore; to make an extempore speech; to extemporize.

stehend *adj* | ∼**es Heer** | regular (standing) army | **eine** ∼**e Regel** | a standing rule.

Stehlen *n* | stealing.

stehlen *v* | to steal; to commit theft | **jdm. etw.** ∼ | to steal sth. from sb.

Stehlsucht *f* | thievishness; cleptomania.

Steigen *n* | rise; rising | **im** ∼ **befindliche Einnahmen** | receipts on the increase | ∼ **und Fallen** | rising and falling | ∼ **der Kurse** | rise (upward movement) of the market | ∼ **der Preise** | advance (increase) (rise) in prices; price increase | **im** ∼ **begriffen sein** | to be on the increase (rise); to be rising.

steigen *v* | to rise; to increase | **im Preis** ∼ | to rise in price; to become dearer.

steigend *adj* | ∼**e Ausgaben** | growing expenditure | ∼**e Kurse** | rising market | ∼**e Nachfrage** | increasing demand | ∼**e Preise** | rising prices | ∼**e Schuld** | growing debt | ∼**e Tendenz** | rising (upward) tendency; tendency to rise.

Steigerer *m* | bidder.

steigern *v* ④ | to raise; to increase; to augment; to enhance | **den Absatz** ∼ | to increase sales | **die Ausfuhr** ∼; **den Export** ∼ | to increase exports | **die Nachfrage** ∼ | to increase the demand | **den Preis** ∼ | to increase (to advance) the price | **die Produktion** ∼ | to increase (to step up) production.

steigern *v* ⑧ [bei einer Auktion] | to bid; to make bids.

Steigerung *f* | increase; augmentation; raise; rise | **Absatz**∼ | increased sales *pl* | **Ausfuhr**∼; **Export**∼ | increase of exports; increased exports *pl* | **Einfuhr**∼; **Import**∼ | increase of imports *pl* | **Einkommens**∼ | increased income | **Ertrags**∼ | increased returns *pl* | **Konsum**∼ | increase of consumption; increased consumption.

○ **Kurs**∼ | rise (climb) of the prices | **Leistungs**∼ | increased performance | **Lohn**∼ | increase (rise) of wages; wage increase (rise) | **Miets**∼ ① | increase of rent | **Miets**∼ ②; ∼ **der Mieten** | raising of rents; increased (higher) rents | ∼ **des Papiergeldumlaufs** | increase in the circulation of paper money.

○ **Preis**∼ | increase (advance) (rise) in prices; price increase | **Produktions**∼ | increase of production; increased production | **Vermögens**∼ | increment | **Wert**∼ | increase of (rise in) value; appreciation | **eine Wert**∼ **erfahren** | to rise (to increase) (to advance) in value; to appreciate | **sprunghafte** ∼ | sharp rise | **eine** ∼ **aufweisen (verzeichnen)** | to show a rise.

Steigerungs..fähigkeit *f*; —**möglichkeit** *f* | possibility of increasing (of intensification).

Stellage *f* [Stellagegeschäft] | put and call.

—**geber** *m*; —**verkäufer** *m* | giver for a put and call.

—**nehmer** *m*; —**käufer** *m* | taker for a put and call.

Stelle *f* ④ [Posten] | place; situation; post; appointment; employment | ∼ **als Buchhalter**; **Buchhalter**∼ | accountantship; post as accountant | **Plan**∼ | budgetary (permanent) post | **freie** ∼ | vacant office (post) (position) (situation);

vacancy | **offene** ~ | vacant situation; vacancy | **offene** ~**n** | situations (vacancies) to fill | **in ungekündigter** ~ | not (without being) under notice.

★ **seine** ~ **aufgeben** | to give up one's position; to throw up one's job | **eine** ~ **ausschreiben** | to invite applications for a position; to advertise a post | **eine** ~ **bekleiden (einnehmen) (innehaben)** | to occupy a post (a situation) | **eine** ~ **bekommen** | to obtain (to get) a post (a situation) (a position) | **eine** ~ **(eine freie** ~**) besetzen** | to fill a vacancy | **sich um eine** ~ **bewerben** | to apply for a position (for a job); to seek employment | **eine** ~ **haben** | to hold a position; to have a job | **sich eine** ~ **suchen** | to seek employment; to look for a job | **seine** ~ **verlieren** | to lose (to be thrown out of) one's job | **ohne** ~ **sein** | to be out of a situation (out of a job).

Stelle f ⑧ [Dienststelle] | office; bureau | **Abgangs**~; **Aufgabe**~ | office of origin | **Abrechnungs**~; **Ausgleichs**~ | clearing house (office) | **Abwicklungs**~ | liquidation office | **Amts**~ | government(al) department (office) (service) | **Anmelde**~ | registration office; filing agency | **Ausfuhr**~ | export office | **Ausgabe**~ | office of issue.

○ **Auskunfts**~ | information office (bureau); enquiry office | **Außenhandels**~ | foreign trade bureau | **Auszahlungs**~ | paying office; office of payment | **Beratungs**~ | advisory board | **Beschwerde**~ | the complaints office | **Devisen**~ | exchange control office (board) | **Frachtannahme**~ | **Güterabfertigungs**~ | freight office | **Gepäckannahme**~; **Gepäckaufbewahrungs**~; **Gepäckaufgabe**~ | luggage (luggage receiving) office | **Gerichts**~ | record office; office of the clerk of the court.

○ **Geschäfts**~ | office; business place | **Hebe**~ | collecting office | **Hinterlegungs**~ | public trustee office | **Kontroll**~; **Nachprüfungs**~ | control office | **Paketannahme**~ | parcels office | **Prüfungs**~ | inspection office | **Regierungs**~ | government (governmental) department (office) | **Register**~ | registration (registry) office; registry | **Schlichtungs**~ | mediation board; conciliation court | **Stempel**~ | stamp office | **Überwachungs**~ | control board (office).

○ **Vermittlungs**~ | telephone exchange; exchange | **Verteilungs**~; **Vertriebs**~; **Zuteilungs**~ | distribution office | **Vorverkaufs**~ | booking office | **Zahl**~ | paying office; office of payment | **Zeichnungs**~ | subscription office | **Zentral**~ | head (central) office | **Zoll**~ | custom-house | **Zollaufsichts**~ | board of customs | **Zweig**~ | branch (agency) office; sub-office | **zuständige** ~ | competent office (department).

Stelle f © | passage | ~ **im Gesetz; Gesetzes**~ | passage in the law | ~ **im Text; Text**~ | passage in the text | **heimlich eingefügte** ~ | surreptitious passage | **an anderer** ~ | in some other part | **eine** ~ **zitieren** | to quote (to refer to) a passage.

stellen v Ⓐ | **etw. in Abrede** ~ | to deny sth.; to disclaim sth.; to enter a denial of sth. | **einen Antrag** ~ | to make (to propose) (to put) (to table) (to bring in) (to file) a motion; to move | **jdm. Bedingungen** ~ | to make sb. conditions; to state one's terms to sb. | **etw. in jds. Ermessen** ~ | to leave sth. to sb.'s discretion | **jdm. (an jdn.) eine Frage** ~ | to put a question to sb.; to ask sb. a question | **etw. außer Frage** ~ | to put sth. beyond doubt | **etw. in Frage** ~ | to call sth. into

question; to question sth.; to jeopardize sth. | **etw. in Rechnung** ~ | to place sth. to (to put sth. into) account; to charge (to bill) (to invoice) sth. | **jdn. wegen etw. zur Rede** ~ | to call sb. to account for sth. | **jdm. etw. zur Verfügung** ~ | to place sth. at sb.'s disposal | **sich jdm. zur Verfügung** ~ | to place (to put) os. at sb.'s disposal | **die Vertrauensfrage** ~ | to ask for a vote of confidence.

stellen v Ⓑ | **sich dem Gericht** ~ | to give os. up to the law | **sich der Polizei** ~ | to give os. up to the police.

stellen v © [leisten] | **einen Bürgen** ~ | to give security | **Geiseln** ~ | to give hostages | **Kaution** ~ | to put up a guaranty | **einen Zeugen** ~ | to produce a witness.

stellen v Ⓓ | **jdn. vor Gericht** ~ | to bring sb. to (up for) trial | **jdn. vor ein Kriegsgericht** ~ | to court martial sb. | **jdn. unter Polizeiaufsicht** ~ | to place sb. under police supervision | **jdn. unter Vormundschaft** ~ | to place sb. under guardianship.

Stellen..angebot n | offer of employment; employment offered.

—**angebote** npl | vacancies.

—**besetzung** f | filling of vacancies.

—**bewerber** m | applicant.

—**bewerbung** f | application for a post.

—**gesuch** n | application for a place.

stellenlos adj | out of employ; unemployed; out of work.

Stellen..markt m | employment (labo(u)r) market.

—**nachweis** m; —**vermittlung** f; —**vermittlungsbüro** n | employment agency (bureau); registry office | ~ **für Hausangestellte** | domestic agency; servants' registry.

—**vermittler** m; —**vermittlerin** f | employment agent.

Stellung f Ⓐ [Posten] | place; position; post; situation | ~ **als Buchhalter** | place (situation) as accountant; accountship | **Dauer**~ | permanent situation | **Lebens**~ | position for life | **Schlüssel**~ | key position | **Vertrauens**~ | position of trust.

★ **in einflußreicher** ~ | in an influential position | **besoldete** ~ | salaried position | **erstklassige** ~; **vorzügliche** ~ | first-rate position | **feste** ~ | firm (permanent) position; permanent post (situation) | **gesellschaftliche** ~; **soziale** ~ | social position (standing) | **hohe** ~ | high position | **in einer hohen** ~ | in a high place | **leitende** ~ | leading (managing) (executive) position | **in ungekündigter** ~ | not (without being) under notice | **in untergeordneter** ~ | in a subordinate position.

★ **seine** ~ **befestigen** | to strengthen one's position | **eine** ~ **bekleiden** | to hold (to occupy) a position | **sich um eine** ~ **bewerben** | to apply for a position (for a job) | **jdn. um seine** ~ **bringen** | to throw sb. out of work | **eine** ~ **haben** | to hold a position; to have a job | **seine** ~ **kündigen** | to give notice | **seine** ~ **verlieren** | to lose (to be thrown out of) one's job | **ohne** ~ **sein** | to be out of a situation (out of a job).

Stellung f Ⓑ [als Hausangestellte] | **in** ~ **gehen** | to take a position as a domestic servant | **in** ~ **sein** | to be a domestic servant (a maid) (a housemaid).

Stellung f © [Haltung] | **zu einer Frage** ~ **nehmen** | to comment (to take up a position) on a question | **eine** ~ **einnehmen** | to maintain (to observe) an attitude | **zu etw. kritisch** ~ **nehmen** | to criticize sth. | **ohne** ~ **zu nehmen** | without making any comment.

Stellung *f* ⓓ | ~ **eines Antrags; Antrag**~ | formulation (filing) of a request | ~ **von Bedingungen** | posing conditions | ~ **einer Frage; Frage**~ ① | posing (formulation) of a question | ~ **von Fragen; Frage**~ ② | questioning; interrogation; interrogating | ~ **eines Gesuches; Gesuch**~ | filing of a petition.

Stellung *f* ⓔ [Lage] | situation; position | **Ausnahme**~; **Sonder**~ | exceptional (special) (privileged) position | **Rechts**~; **rechtliche** ~ | legal position (situation) (status) | **Monopol**~ | monopolistic position; monopoly | **finanzielle** ~ | financial (capital) rating.

Stellung *f* ⓕ [Leistung] | **durch** ~ **eines Bürgen** | by giving security | ~ **einer Kaution; Kautions**~ | putting up a guaranty.

Stellung *f* ⓖ | ~ **unter Polizeiaufsicht** | placing under police supervision | ~ **unter Vormundschaft** | placing under guardianship.

Stellungnahme *f* ⓐ | taking position.

Stellungnahme *f* ⓑ [Äußerung] | remark; comment | **kritische** ~ | critical comment | **sich jeder** ~ **(jeglicher** ~**) enthalten** | to abstain from comment | **keine** ~ | "No comment".

Stellungnahme *f* ⓒ [Rückäußerung] | reaction.

stellungslos *adj* | out of employ; unemployed; out of work.

stellvertretend *adj* | ~**er Direktor;** ~**er Geschäftsführer** ① | assistant (deputy) manager | ~**er Direktor;** ~**er Geschäftsführer** ② | acting manager | ~**er Parteiführer** | deputy leader (party leader) | ~**er Standesbeamter** | deputy registrar | ~**er Vorsitzender** | vice-chairman; vice-president; deputy chairman.

Stellvertreter *m* ⓐ | substitute; deputy | **als jds.** ~ **handeln (fungieren)** | to deputize for sb.; to act as deputy for sb. (as sb.'s deputy) | **jdn. zu seinem** ~ **ernennen (einsetzen)** | to deputize sb.

Stellvertreter *m* ⓑ [Vertreter] | attorney in fact.

Stellvertretung *f* | representation; substitution | **in jds.** ~ **handeln** | to act as deputy for sb. (as sb.'s deputy); to deputize for sb.

Stellvertretungskosten *pl* | costs of representation.

Stempel *m* ⓐ | stamp | **Amts**~ | official stamp (seal) | **Datum**~ | date stamp | **Eingangs**~; **Einlauf**~ | received (date-of-receipt) stamp | **Entwertungs**~ | cancelling stamp | **Faksimile**~ | facsimile stamp | **Firmen**~ | firm (business) stamp | **Gummi**~ | rubber (pad) stamp | **Kontroll**~ | denoting stamp | **Münz**~; **Münzpräge**~ | stamp (die) for coining | **Namens**~ | signature stamp | **Post**~ | postmark | **Präge**~; **Trocken**~ | embossed (embossing) (impressed) stamp | **Quittungs**~ | receipt stamp | **Tages**~ ① | date stamp | **Tages**~ ② | date-of-receipt stamp | **Unterschrifts**~ | signature stamp | **Zeit**~ | time stamp | **einen** ~ **beidrücken** | to affix a stamp (a seal).

Stempel *m* ⓑ [Gebühr] | stamp duty (fee) (tax) | **Börsen**~ | stamp duty (fee) on stock exchange dealings | **Policen**~; **Versicherungs**~ | stamp duty on policies (on insurance policies) | **Quittungs**~ | stamp duty on receipts | **Rechnungs**~ | stamp duty on invoices | **Scheck**~ | stamp duty on cheques | **Schlußnoten**~; **Schlußschein**~ | stamp duty on sales notes (on contract notes) | **Urkunden**~ | stamp duty on deeds | **Vollmachts**~ | stamp duty on powers of attorney | **Wechsel**~ | stamp duty on bills of exchange | **Wert**~ | ad valorem stamp duty.

Stempelabdruck *m* | stamp mark.

Stempel..abgabe *f* | stamp duty (tax) (fee).

—**amt** *n*; —**büro** *n* | stamp office.

—**beidrückung** *f* | stamping.

—**bogen** *m* | stamped (stamp) paper.

stempelfrei *adj* | exempt from (free of) stamp duty; duty-free.

Stempel..freiheit *f* | exemption from stamp duty.

—**gebühr** *f* | stamp duty (fee) (tax) | ~ **nach dem Wert** | ad valorem stamp duty.

—**gesetz** *n* | stamp act (law).

—**hinterziehung** *f* | evasion of stamp duty.

—**kissen** *n* | stamp pad.

—**kosten** *pl* | cost of stamping.

—**marke** *f* | stamp | ~ **zum Aufkleben** | adhesive stamp | **eingeprägte** ~ | impressed (embossed) stamp.

stempeln *v* | to stamp; to mark.

Stempel..papier *n* | stamped (stamp) paper.

—**pflicht** *f* | **ohne** ~ | free (exempt) from stamp duty; duty-free.

stempelpflichtig *adj* | subject to stamp duty; to be stamped | **nicht** ~ | exempt from stamp duty.

Stempel..steuer *f* | stamp-tax (duty).

——**gesetz** *n* | stamp act (law).

——**pauschalierung** *f* | composition for stamp duty.

—**strafe** *f* | fine for evasion of stamp duty.

Stenogramm *n* | shorthand notes *pl* (writing) (report) | **ein** ~ **aufnehmen** | to take (to take down) shorthand (shorthand notes) | **ein** ~ **ausschreiben** | to transcribe shorthand notes.

Steno(gramm)block *m* | shorthand notebook.

Stenograph *m* | stenographer; shorthand writer (reporter).

Stenographie *f* | shorthand; stenography | **Maschinen**~ | typed shorthand | ~ **und Maschinenschreiben** | shorthand and typewriting.

stenographieren *v* | to write (to take down) in shorthand.

Stenographiermaschine *f* | stenotyping machine.

stenographisch *adj* | in shorthand; stenographic | ~**e Niederschrift** | stenographic record | ~**e Notizen** | shorthand notes.

Stenotypist *m* | shorthand typist.

Stenotypistin *f* | lady typist; shorthand secretary.

Sterbe..fall *m* | death | **auf den** ~ | upon death.

—**geld** *n* | death benefit.

—**haus** *n* | house of the deceased.

—**jahr** *n* | year of [sb.'s] death.

—**kasse** *f* | burial fund.

—**monat** *m* | month of death.

sterben *v* | to die; to decease | **an Gift** ~; **durch Vergiftung** ~ | to die poisoned (of poison) | **Hungers** ~ | to die of starvation | ~, **ohne ein Testament zu hinterlassen** | to die intestate (without leaving a will) | **eines gewaltsamen Todes** ~ | to die a violent death | **eines natürlichen Todes** ~ | to die a natural death (from natural causes) | **früher** ~; **vorher** ~; **zuerst** ~ | to die earlier (first); to predecease | **kinderlos** ~ | to die childless.

Sterbe..register *n* | register of deaths.

—**statistik** *f* | mortality statistics *pl*.

—**stunde** *f* | hour of death.

—**tag** *m* | day of death.

—**urkunde** *f* | certificate of death; death certificate.

—**versicherung** *f* | insurance payable at (upon) death.

Sterblichkeit *f* ⓐ | number of deaths; mortality | **Kinder**~ | infantile mortality.

Sterblichkeit *f* ⓑ; **Sterblichkeits..ziffer** *f* | death (mortality) rate.

Sterblichkeits..tafel *f*; —**tabellen** *fpl* | mortality (experience) tables *pl*.
Sterling..block *m* | sterling block.
—**gebiet** *n* | sterling area.
stetig *adj* | ~**er Fortschritt** | steady progress | ~**e Zunahme** | steady increase.
Stetigkeit *f* | continuity; steadiness.
Steuer *f* | tax | **Abführung von** ~**n** | payment of taxes | ~**n und Abgaben** | rates and taxes; taxes and dues | **ohne Abzug von (für)** ~**n** ① | free of tax (of taxes) (of all taxes); tax-free | **ohne Abzug von (für)** ~**n** ② | tax-exempt; exempt (free) from taxation | **unter (nach) Abzug der** ~ | tax deducted; less tax | **vor dem Abzug der** ~**(n)** | before deduction of tax(es); pre-tax | **Armen**~ | poor rate | **Aufenthalts**~ | visitors' (non-resident) tax | **Aufsichtsrats**~; ~ **auf Aufsichtsratsvergütungen** | tax on directors' fees | **Ausfuhr**~ | export duty; duty on exportation | **Ausgleich**~ | compensatory (compensation) tax | **Automobil**~ | tax on motor cars; automobile (motor car) tax.
○ **Beförderungs**~ | tax (duty) on transportation; duty on transports | **Beitreibbarkeit einer** ~ | possibility of collecting a tax | **Beitreibung der** ~**n; Betreibung** [S] **der** ~**n** | collection of taxes; tax collection | **Benzin**~ | gasoline (petrol) tax | **Bergwerks**~ ① | mining royalty | **Bergwerks**~ ② | mining tax | **Betrag der** ~ | amount of the tax | **nach Bezahlung der** ~ **(der** ~**n)** | tax-paid; after taxes | **Bier**~ | beer tax (duty) | **Börsenumsatz**~ | stock exchange turnover tax; turnover tax on stock exchange dealings (transactions) | **Branntwein**~ | duty on alcoholic beverages | **Bundes**~ | federal tax | **Dividenden**~ | dividend (coupon) tax.
○ **Einfuhr**~ | import duty (tax); duty on importation (on imports) | **Einheits**~ | poll (single) tax | ~ **auf Einheitspreisgeschäfte** | chain store tax | **Einkommen**~ | income tax; tax on revenue (on income) | **Erbschafts**~; **Erbanfall**~ | death (estate) duty; inheritance (estate) (successor) tax | **Erhebung einer** ~ | levy of a tax | **Erhebung von** ~**n** ① | raising (levy) of taxes | **Erhebung von** ~**n** ② | collection of taxes | **Flucht**~ | emigration tax | **Fracht**~ | duty on transports; tax (duty) on transportation.
○ **Gebäude**~; **Gebäudeertrags**~ | tax on buildings (on built-up real estates) | **Gemeinde**~ | local (municipal) (borough) rate; rate | **Getränke**~ | beverage tax; duty on liquors | **Gewerbe**~ | trade tax; tax on trade and industry; tax on (levied on) the capital and profits of industrial enterprises | **Gewinn**~ | profits tax.
○ **Grund**~ | land (property) tax; tax on real estate | **Grunderwerbs**~ | tax on transfers of real estate property; real estate transfer tax | **Haus**~ | tax on buildings (on built-up property) | **Hauszins**~ | tax on rents | **Heizöl**~ | fuel tax | **Hunde**~ | dog license (tax) (rate) | **Hypotheken**~ | mortgage duty | **Jahres**~ | annual tax | **Junggesellen**~ | bachelor tax.
○ **Kapital**~ | capital tax (levy); tax on capital | **Kapitalertrag**~ | tax on income derived from capital; capital yield tax; unearned income tax | **Kapitalflucht**~ | tax on the exportation of capital | **Kapitalverkehrs**~ | tax on transfers of stocks and bonds; capital transfer tax | **Kirchen**~ | church rate (tax) | **Kohlen**~ | coal tax | **Konsum**~ | tax on articles of consumption; indirect tax; excise duty; excise | **Kopf**~ | poll tax; personal (single) tax.

○ **Körperschafts**~ | income tax payable by corporations; corporation tax | **Kraftfahrzeug**~ | tax on motor cars (motor vehicles); motor car (automobile) tax | **Kraftfahrzeugzulassungs**~ | motor vehicle registration tax | **Kriegs**~ | war tax | **Kriegsgewinn**~ | war profits tax | **Krisen**~ | crisis tax | **Kupon**~ ① | coupon (dividend) tax | **Kupon**~ ② | tax on interest from bonds.
○ **Ledigen**~ | bachelor tax | **Leuchtmittel**~ | tax (duty) on matches | **Lohn**~ | income tax on wages; salary tax | **Lohnsummen**~ | payroll tax | **Lotterie**~ | lottery tax | **Lustbarkeits**~ | entertainment tax | **Luxus**~ | luxury tax | **Mahl**~ | grinding duty | **Mehreinkommen**~ | excess income tax.
○ **Mehrwert**~ | tax on the added value; added-value (value added) tax; VAT | **Miets**~; **Mietzins**~ | tax on rents | **Mindest**~ | minimum tax | **Mineralöl**~ | tax (duty) on mineral oils | **Monopol**~ | monopoly (excise) duty | **Nachlaß**~ | death (estate) duty; inheritance (estate) tax | **Pauschal**~ | lump-sum tax | ~ **auf Pensionszahlungen (auf Pensionsbezüge)** | income tax on pensions | **Personal**~ | personal (poll) tax | **Quellen**~ | tax levied at the source.
○ **Real**~ | tax on land (on buildings) (on real estate) (on real property) | **Reichtums**~ [S] | surtax; extra tax [on incomes over a certain level] | **Rennwett**~ | race betting tax | **Salz**~ | duty on salt; salt duty | **Schaumwein**~; **Sekt**~ | tax on sparkling wines | **Schenkungs**~ | gift tax | **Schlacht**~ | slaughtering tax | **Sonder**~ | special tax; surtax; supertax.
○ **Staats**~ | state tax | **Staffel**~ | progressive (graduated) tax | **Stempel**~ | stamp duty (tax) (fee) | **Tabak**~ | tax on tobacco | **Talon**~ | talon tax | **Transport**~ | tax (duty) on transportation; duty on transports | **Übergewinn**~; ~ **auf Übergewinne** | excess profits tax | **Übertragungs**~; **Verkehrs**~ | transfer duty; duty on transfer of title | **Verrechnungs**~ [S] | withholding tax | ~**n und Umlagen** | rates and taxes; taxes and dues.
○ **Umsatz**~; **Warenumsatz**~ | turnover (sales) tax; tax on turnover | **Universal**~ | single (poll) tax | **Urkunden**~ | stamp duty on deeds (on documents) | **Verbrauchs**~ | tax on articles of consumption; excise duty; indirect tax; excise | **Vereins**~ | tax on clubs.
○ **Vergnügungs**~ | entertainment tax | **Vermächtnis**~ | legacy duty | **Vermögens**~ | property (capital) tax | **Vermögenszuwachs**~ | capital gains tax | **Versicherungs**~ | insurance tax | **Wandergewerbe**~ | tax on itinerant trades | **Warenhaus**~ | special tax on profits made by department stores | **Wechselstempel**~ | stamp duty on bills of exchange.
○ **Wehr**~ | defense tax | **Wein**~ | duty on wine | **Wert**~ | ad valorem tax | **Wertzuwachs**~; **Zuwachs**~ | increment duty (tax) | **Wohlstands**~ [S] | wealth tax; property levy (extra tax on property over a certain level) | **Zündholz**~; **Zündwaren**~ | tax (duty) on matches | **Zuschlag**~ | special tax; surtax; supertax.

★ **abzüglich der** ~ | tax deducted; less tax | **direkte** ~ | direct (assessed) tax | **fällige** ~**n** | taxes payable (due for payment) | **frei von** ~**n** ① [ohne Abzug von ~n] | tax-free; free of tax (of taxes) (of all taxes) | **frei von** ~**n** ② [von ~n befreit] | tax-exempt; tax-free; exempt (free) of taxation; free

Steuer *f, Forts.*
of tax | **frei von allen gegenwärtigen und zukünftigen** ∼n | free of present and future taxes | **gestaffelte** ∼; **progressive** ∼ | progressive (graduated) tax | **gestundete** ∼ | deferred tax | **drückende** ∼; **hohe** ∼ | heavy tax | **hinterzogene** ∼ | defrauded tax | **indirekte** ∼ | indirect tax; excise duty; duty | **inländische** ∼n **und Abgaben** | inland duties (revenue) | **rückständige** ∼n | tax arrears (in arrear); back taxes | **städtische** ∼n | local (municipal) (communal) (borough) rates; rates | **nicht der** ∼ **unterliegend** | tax-exempt (free) from taxation; free of tax | **veranlagte** ∼ | assessed (scheduled) tax.
★ ∼n **abführen** | to pay in taxes | **die** ∼ **abwälzen** | to shift the burden of the tax | ∼n **beitreiben (eintreiben)** | to collect taxes | **etw. mit einer** ∼ **(mit** ∼n**) belegen; eine** ∼ **auf etw. legen** | to impose (to lay) a tax on sth.; to tax sth.; to make sth. taxable; to subject sth. to a tax (to taxation) | **jdn. mit einer** ∼ **belegen; jdn. zu einer** ∼ **heranziehen** | to tax sb. | **seine** ∼n **bezahlen** | to pay one's taxes | **eine** ∼ **einführen** | to create a tax | ∼n **einnehmen (einziehen) (erheben)** | to collect taxes | **eine** ∼ **erheben** | to impose (to assess) (to levy) a tax | **eine** ∼ **an der Quelle erheben** | to levy a tax at the source | **eine** ∼ **festsetzen** | to assess a tax | **eine** ∼ **gefährden** | to prejudice the tax | **eine** ∼ **herabsetzen (senken)** | to reduce a tax | ∼ **hinterziehen** | to defraud the tax (the revenue) | **die** ∼ **überwälzen** | to shift the tax (the burden of the tax) | **der** ∼ **unterliegen** | to be taxable | **der** ∼ **nicht unterliegen** | to be tax-free (tax exempt) | ∼n **veranlagen** | to assess taxes | ∼n **zahlen** | to pay taxes (the tax).
Steuer..abkommen *n* | tax treaty (convention).
—**abschnitt** *m* | tax (taxation) (assessment) period; period of assessment.
—**abteilung** *f* | tax division.
—**abzug** *m* Ⓐ | tax deduction; deduction of the tax | ∼ **an der Quelle** | taxation (deduction of tax) at the source; withholding of the tax | **ohne** ∼; **frei von Steuerabzügen** | free of tax (of all taxes); tax-free | **nach** ∼ | after taxes | **vor** ∼ | before deduction of tax(es); pre-tax.
—**abzug** *m* Ⓑ | tax withheld; amount witheld for tax(es).
—**akt** *m* | tax file.
—**amnestie** *f* | fiscal amnesty.
—**amt** *n* | revenue (tax) (tax collector's) office | **Stadt**∼; **städtisches** ∼ | rate collector's office | ∼ **für Verbrauchssteuern** | excise office.
—**anfall** *m* | incidence of the tax.
—**anwalt** *m* | tax attorney.
—**aufkommen** *n* | taxation (tax) receipts *pl*; revenue from taxation; tax revenue (yield); yield of taxes.
—**aufschlag** *m* | supplementary tax; surtax.
—**aufsicht** *f* | fiscal control.
—**ausfall** *m* | falling off in the tax yield.
—**ausschuß** *m* | tax (revenue) board.
steuerbar *adj* | taxable; rateable; assessable | ∼es **Einkommen** | taxable (assessable) income (revenue) | ∼er **Umsatz** | taxable turnover | ∼er **Wert** | rateable (taxable) value | ∼ **sein** | to be taxed; to be taxable; to be liable to pay taxes.
Steuerbarkeit *f* | taxability; rat(e)ability.
Steuerbeamter *m* | revenue (fiscal) officer (agent).
steuerbefreit *adj* | tax-exempt; exempt (free) from taxation; tax-free; free of tax.

Steuerbefreiung *f* | exemption from taxes (from taxation); tax exemption.
steuerbegünstigt *adj* | enjoying tax privileges; tax-privileged | ∼e **Anleihe** | loan with tax privileges.
Steuer..begünstigung *f* | fiscal (tax) privilege.
—**behörde** *f* | fiscal authority (administration); taxation (tax) authorities *pl*; revenue office; the fisc | **unter Aufsicht der** ∼n | under excise supervision.
—**beitreibung** *f* | collection of taxes; tax collection.
—**belastung** *f* Ⓐ | tax burden; burden of taxation.
—**belastung** *f* Ⓑ | **die** ∼ | the fiscal charges *pl*.
—**berater** *m* | tax counsel; adviser on tax matters.
—**berechnungsgrundlage** *f* | basis for the assessment of the tax.
—**bescheid** *m* | tax assessment (bill); notice of assessment.
—**betrag** *m* | amount of the tax; tax amount.
—**betrug** *m* | evasion of tax; tax evasion (fraud); revenue offense; defraudation of the revenue.
—**bezirk** *m*; —**distrikt** *m* | taxing (assessment) (rating) area (district).
—**bevollmächtigter** *m* | tax representative.
—**bilanz** *f* | fiscal balance sheet.
—**druck** *m* | tax burden; pressure of taxation.
—**eingang** *m* | receipt of taxes; tax receipts.
—**einheberolle** *f* | assessment roll.
—**einhebestelle** *f* | tax collector's office.
—**einnahmen** *fpl* Ⓐ; —**einkünfte** *fpl* [Eingänge] | tax receipts (revenue); revenue from taxes (from taxation).
—**einnahmen** *fpl* Ⓑ [Ertrag] | tax yield.
—**einnehmer** *m* | collector of taxes; tax collector; taxgatherer.
—**einschätzung** *f*; —**einstufung** *f* | tax evaluation (assessment) | **zu hohe** ∼ | overassessment.
—**einspruch** *m* | tax appeal.
—**entrichtung** *f* | payment of the tax (of taxes).
—**erhebung** *f* Ⓐ [Besteuerung] | imposition (levy) (raising) of taxes; taxation.
—**erhebung** *f* Ⓑ [Steuereinziehung] | collection of taxes.
—**erhöhung** *f* Ⓐ | increase of the tax.
—**erhöhung** *f* Ⓑ | tax increase; increase of the taxes.
Steuererklärung *f* | tax return | **Abgabe (Einreichung) einer** ∼ | filing of a tax return | **Einkommen**∼ | return of income; income tax return (declaration) | **Umsatz**∼ | turnover tax return | **Vermögens**∼ | property return; return of [one's] property | **eine** ∼ **(seine** ∼**) abgeben** | to file (to make) a tax return (one's return).
Steuererklärungs..formular *n*; —**vordruck** *m* | tax form.
Steuererlaß *m* | remission of the tax.
—**erleichterungen** *fpl* | tax exemptions (relief).
—**ermäßigung** *f* | reduction of tax (of taxes); tax reduction.
—**ersparnis** *f* | tax saving.
—**erstattung** *f* | restitution (refund) of tax (of overpaid tax).
—**ertrag** *m* | taxation (tax) receipts *pl*; tax yield (revenue); revenue from taxation.
—**fachmann** *m* | tax expert.
steuerfähig *adj* | taxable; assessable; rat(e)able.
Steuer..fähigkeit *f* | taxpaying (taxable) capacity.
—**fahndung** *f* | fiscal investigation.
—**fälligkeit** *f* | date when the tax is due.
—**festsetzung** *f* | assessment of the tax(es); tax assessment.
—**flucht** *f* | tax evasion (avoidance).

Steuer..forderung f | tax (fiscal) claim.
—**frage** f | fiscal question.
steuerfrei adj Ⓐ [ohne Abzug für Steuern] | tax-free; free of tax(es) (of all taxes).
steuerfrei adj Ⓑ [von der Besteuerung befreit] | exempt (free) of taxation; tax-exempt.
Steuer..freibetrag m | tax (tax-free) allowance (credit).
—**freigrenze** f | limit of tax exemption; exemption limit.
—**freiheit** f | exemption from taxes (from taxation); tax exemption.
—**fuß** m | basis (rate) of taxation (of the tax).
—**gemeinde** f | assessment borough (parish).
—**gerechtigkeit** f; —**gleichheit** f | equality in fiscal matters; equal distribution of taxes.
—**gesetz** n | tax (revenue) law.
—**gesetzgebung** f | die ~ | the tax (revenue) (fiscal) legislation; the legislation on taxation; the revenue laws pl.
—**grundlage** f | basis of (of the) assessment; basis (rate) of taxation (of the tax).
—**gruppe** f | tax bracket (schedule).
—**guthaben** n | credit balance with the revenue office.
—**gutschein** m | tax (tax reserve) (tax credit) certificate.
—**hebeliste** f; —**heberolle** f | assessment roll.
—**helfer** m | advisor in tax matters.
—**herabsetzung** f | reduction of taxes; tax reduction.
—**hinterzieher** m | tax dodger.
—**hinterziehung** f | evasion of tax; tax evasion (fraud); revenue offense.
—**hoheit** f | jurisdiction in tax (fiscal) matters; power of taxation; taxing power.
—**inspektor** m | inspector of taxes (of inland revenue).
—**jahr** n | tax (fiscal) year.
—**kasse** f | tax collector's office.
—**klasse** f | tax schedule (bracket); schedule | höchste ~ | highest rate (scale) of taxation.
—**kraft** f | taxable (taxpaying) capacity.
—**last** f Ⓐ | tax burden; burden of taxation.
—**last** f Ⓑ [die fiskalischen Lasten] | die ~; die ~en | the fiscal charges.
—**leistung** f [eines Kraftfahrzeuges] | treasury rating.
steuerlich adj | fiscal | ~e Belastung | tax burden; burden of taxation | die ~en Belastungen | the fiscal charges | ~e Einkünfte | revenue from taxation; tax revenue (yield); tax receipts; yield of taxes | ~e Erfassung | taxation | ~e Erfassung an der Quelle | taxation (deduction of the tax) at the source | ~e Prüfung | fiscal examination (audit) | ~e Vergünstigungen | tax benefits (credits) (relief).
steuerlich adv | ~ absetzbar | deductible from income tax | ~ begünstigt | enjoying fiscal privileges | ein Anwesen ~ bewerten (veranlagen) | to assess a property | etw. ~ entlasten | to reduce the tax of sth. | etw. ~ erfassen | to make sth. taxable; to subject sth. to a tax (to taxation); to impose (to lay) (to levy) a tax on sth. | ~ erfaßt werden | to be (to become) subject to taxation; to be taxable.
Steuerliste f | assessment roll; tax list.
Steuermannspatent n | mate's certificate.
Steuer..marke f | revenue (tax) stamp.
—**meßbetrag** m | rate of the tax; tax rate.
—**meßwert** m | taxable (ratable) value.
—**mittel** npl | tax money.
—**nachlaß** m | reduction (abatement) of taxes | ~ für unterhaltsberechtigte Angehörige | allowance for dependent relatives.
—**nachzahlung** f | payment of tax arrears.
—**oase** f; —**paradies** n | tax haven.

Steuer..oberaufsichtsbeamter m | superintendent of taxes (of inland revenue).
—**periode** f | tax (taxation) (assessment) period.
—**pflicht** f | liability to pay taxes; tax liability | die die ~ begründende Tatsache | the fact which creates the tax liability | beschränkte ~ | tax liability as a non-resident | unbeschränkte ~ | liability as a resident taxpayer | der ~ unterliegen | to be liable to pay taxes; to be subject to taxation; to be taxable.
steuerpflichtig adj | liable to pay a tax (to pay taxes); subject to taxation; taxable; assessable | ~es Einkommen | taxable (assessable) income (revenue)| ~er Gewinn | taxable profit(s) | ~er Umsatz | taxable turnover | ~er Vorgang | taxable transaction | ~er Wert | taxable (rateable) value | ~ sein | to be taxable; to be subject to taxation; to be taxed | beschränkt ~ sein | to be taxable as a non-resident | unbeschränkt ~ sein | to be taxable as a resident.
Steuerpflichtiger m | person liable; to pay tax(es); taxpayer; ratepayer | beschränkt ~ | nonresident taxpayer | unbeschränkt ~ | resident taxpayer.
Steuer..politik f | fiscal policy.
—**prüfer** m | tax auditor.
—**prüfung** f | tax (fiscal) audit.
—**quelle** f Ⓐ | tax resource.
—**quelle** f Ⓑ | tax source; source of the tax.
—**quittung** f | receipt for taxes; tax receipt.
—**recht** n | fiscal (revenue) law.
steuerrechtlich adj | fiscal.
steuerrechtlich adv | under fiscal law.
Steuer..reform f | tax reform.
—**register** n; —**rolle** f | assessment roll.
—**reserve** f; —**rücklage** f; —**rückstellung** f | reserve for taxes; tax reserve (provision).
—**reservefonds** m | reserve fund for taxes.
—**revision** f | fiscal examination; tax inspection (audit).
—**revisor** m | tax (fiscal) auditor.
—**rückerstattung** f; —**rückvergütung** f; —**rückzahlung** f | refund (repayment) of the tax; tax refund.
—**rückstände** mpl | arrears of taxes; tax arrears.
—**sache** f | tax matter | Berater (Helfer) in ~n | adviser in tax (fiscal) matters; tax counsel.
—**sachverständiger** m | tax expert.
—**satz** m | rate of assessment (of duty); tax rate | Einkommen~ | rate of the income tax; income tax rate.
—**schätzung** f Ⓐ [Schätzung der Einnahmen aus Steuern] | estimate of revenue from taxes; estimated tax revenue.
—**schätzung** f Ⓑ [Einschätzung zwecks Besteuerung] | valuation (appraisal) (estimate) for assessment.
—**schuld** f | tax liability; tax owed (due).
—**schuldner** m | person liable to pay the tax.
—**senkung** f | reduction in taxation (of taxes).
—**soll** n | tax(es) due.
—**strafe** f | fiscal penalty.
—**streik** m | taxpayers' strike.
—**streit** m | tax litigation.
—**stufe** f | tax bracket.
—**stundung** f | tax respite.
—**system** n | system of taxation; tax (fiscal) system.
—**tabelle** f; —**tarif** m | tax schedule | Einkommen~ | income tax schedule | Gewerbe~ | trade tax schedule.
—**termin** m | due date for tax payments.
—**überschuß** m | revenue surplus.

Steuer..überwälzung *f* | shift(ing) of the burden of the tax.

—**überzahlung** *f* | overpayment of the tax.

—**umgehung** *f* | evasion of tax; tax evasion (avoidance) (fraud).

—**veranlagung** *f* | assessment of the tax; tax assessment.

—**veranlagungs..ausschuß** *m* | valuation (tax) committee.

— —**behörde** *f* | assessment committee; tax commissioner [GB].

— —**bezirk** *m* | assessment (taxing) district.

— —**stelle** *f* | assessment office.

— —**zeitraum** *m* | assessment period.

—**vergehen** *n* | revenue offense.

—**vergünstigung** *f* | tax preference (benefit).

—**verkürzung** *f*; —**vermeidung** *f* | tax evasion (avoidance).

—**verpflichtung** *f* | liability to pay taxes; tax liability.

—**verwaltung** *f* Ⓐ | administration of taxes; fiscal administration.

—**verwaltung** *f* Ⓑ [Behörde] | tax board; board of internal revenue.

—**vorauszahlung** *f* | prepayment of tax(es).

—**vorlage** *f* | finance (revenue) bill.

—**vorteil** *m* | tax advantage (benefit).

—**wert** *m* | taxable (rateable) value.

—**wesen** *n* | fiscal (tax) matters *pl*.

—**wirtschaft** *f* | tax economy.

—**wohnsitz** *m* | fiscal domicile.

—**zahler** *m* | taxpayer; ratepayer | **säumiger** ~ | taxpayer (ratepayer) in arrears.

—**zahlkarte** *f* | free money order for payment of taxes.

—**zahlung** *f* | payment of taxes; tax payment | **Scheck für** ~**en** | special cheque for the payment of taxes.

—**zeichen** *n* | revenue stamp.

—**zettel** *m* | tax bill.

—**zinsen** *mpl* | interest on tax due.

—**zuschlag** *m* | additional tax (duty); surtax.

Stichentscheid *m* | ballot(ing); second ballot.

stichhaltig *adj* | ~**es Argument** | sound (valid) argument | **ohne** ~**en Grund** | without reasonable cause | ~**e Gründe** | good (sound) (valid) reasons | ~**er Verteidigungsgrund** | solid defense.

Stichhaltigkeit *f* | **die** ~ **einer Schlußfolgerung (eines Arguments)** | the soundness (validity) of an argument.

Stichprobe *f* Ⓐ | sample taken at random | ~**n entnehmen (machen)** | to take samples at random.

Stichprobe *f* Ⓑ | random examination (test) | ~**n machen** | to make examination at random.

Stichprobenentnahme *f* | sampling at random; bulk sampling; sample survey.

Stichtag *m* | critical (crucial) (decisive) date (day) | **Abschluß**~ | settling (closing) day | **Bewertungs**~ | valuation date.

Stichwahl *f* | ballot(ing); second ballot.

Stichwort *n* | key word; catchword; watchword.

—**verzeichnis** *n* | index.

Stief..bruder *m* | stepbrother; foster brother.

—**eltern** *pl* | stepfather and stepmother.

—**kind** *n* | stepchild; stepson; stepdaughter.

—**mutter** *f* | stepmother.

—**schwester** *f* | stepsister; foster sister.

—**sohn** *m* | stepson.

—**tochter** *f* | stepdaughter.

—**vater** *m* | stepfather.

Stift *m* | foundation.

stiften *v* | to found; to endow; to establish.

Stifter *m* | founder; donor.

Stifterin *f* | foundress.

Stiftung *f* Ⓐ [Stiftungsgeschäft] | act of endowment.

Stiftung *f* Ⓑ [gestiftete Einrichtung] | endowed institution; endowment; foundation; trust | **letztwillig (testamentarisch) errichtete** ~ | testamentary trust | **wohltätige** ~; **mildtätige** ~ | charitable foundation (endowment) | **eine** ~ **errichten** | to create a trust (a foundation).

Stiftung *f* Ⓒ [gestifteter Betrag] | endowment (trust) fund.

Stiftungs..brief *m*; —**urkunde** *f* | charter of foundation.

—**schule** *f* | foundation school.

—**vermögen** *n* | property of the foundation; trust property.

Stil *m* | **Gerichts**~; **Kanzlei**~ | law (legal) (official) style.

stilisieren *v* | to word; to frame; to formulate.

Stilisierung *f* | wording.

still *adj* Ⓐ | ~**es Geschäft** | stagnant (slack) business | ~**e Jahreszeit (Saison)** | dead (dull) season.

still *adj* Ⓑ | ~**e Beteiligung (Gesellschaft) (Teilhaberschaft)** | silent partnership | ~**er Gesellschafter (Teilhaber)**; ~**e Gesellschafterin (Teilhaberin)** | silent (sleeping) partner | ~**e Reserve** | inner (hidden) reserve.

Stille *f* | slackness | **Geschäfts**~ | slackness of the market.

stillegen *v* | to close up; to close (to shut) down.

Stillegung *f* | closing up; closing down | ~ **eines Bergwerks** | closure (shutdown) of a pit | ~ **eines Schiffes** | laying-up of a ship | ~ **eines Betriebs**; **Betriebs**~ | closing of a factory.

Stillgeld *n* | nursing allowance.

Stillhalte..abkommen *n*; —**vereinbarung** *f* | standstill agreement.

—**kommission** *f* | standstill commission.

—**konsortium** *n* | standstill syndicate.

—**kredit** *m* | standstill credit.

Stillhaltung *f* | prolongation of credits; moratorium.

Stillschweigen *n* | silence | ~ **bedeutet Zustimmung** | silence gives consent | ~ **beobachten (bewahren)** | to observe (to keep) silence | **etw. mit** ~ **übergehen** | to pass over sth. in silence | **jdn. zum** ~ **verpflichten** | to bind sb. to secrecy; to enjoin silence on sb. | **durch** ~ | tacitly.

stillschweigend *adj* | tacit; implied | ~**e Anerkennung** | implicit recognition | ~**e Annahme** | tacit (implied) acceptance | ~**e Bedingung** | implied condition | ~**es Einverständnis** | tacit understanding | ~**e Folgerung** | implication | ~**e Gewähr** | implied guaranty (warranty) | ~**es Übereinkommen** | tacit agreement; implied contract | ~**e Vereinbarung** | implicit agreement | ~**e Verlängerung** | renewal by tacit agreement | ~**er Verzicht** | implied waiver | **unter der** ~**en Voraussetzung, daß** ... | with the implicit understanding that ... | ~**er Vorbehalt** | mental reservation | ~**e Zustimmung** | silent (tacit) (implied) consent | **ausdrücklich oder** ~ | express or implied.

stillschweigend *adv* | tacitly; impliedly; implicitly; by implication | **ausdrücklich oder** ~ | expressly or tacitly (or impliedly) | ~ **gewährte Garantie** | implied guaranty (warranty) | ~ **verlängert werden** | to be renewed implicitly (automatically) | ~ **zustimmen** | to consent tacitly.

Stillstand *m* | stoppage; stop; standstill | ~ **der Geschäfte** | stoppage (cessation) of business |

∼ der Rechtspflege | suspension of the administration of law; cessation of the administration of justice | zum ∼ bringen | to stop sth.; to bring sth. to a standstill | zum ∼ kommen ① | to come to a standstill | zum ∼ kommen ② | to come to a deadlock.
stillstehen v Ⓐ | to be at a standstill.
stillstehen v Ⓑ | to be (to stand) idle.
Stimmabgabe f | casting (recording) of votes; voting; vote | Freiheit der ∼; freie ∼ | freedom of election; free vote.
stimmberechtigt adj | ∼es Aktienkapital | voting stock | ∼ sein | to be entitled to vote.
Stimm..berechtigter m | voter.
—berechtigung f | right to vote; electoral suffrage (franchise); franchise; suffrage.
—bezirk m | polling (electoral) district (section); election district (precinct); constituency.
Stimme f | voice; vote | Abgabe der ∼n | casting of votes; voting; vote | die den Ausschlag gebende ∼ | the casting vote | Gegen∼ | vote against; dissentient voice | mit einer Mehrheit (mit einem Mehr [S]) von ... ∼n | with (by) a majority of ... votes | Wahl∼ | vote; suffrage.
★ die abgegebenen ∼n | the votes cast | die Zahl der abgegebenen ∼n | the number of votes cast | die ausschlaggebende (entscheidende) ∼ | the casting vote | beratende ∼ | consultative voice | beschließende ∼ | deliberative voice | ungültige ∼ | vote cast but invalid; spoiled ballot (voting) paper.
★ seine ∼ abgeben | to cast (to record) one's vote; to vote | sich der ∼ enthalten | to abstain from voting; to abstain | die ∼ des Präsidenten entscheidet | the president has the casting vote | soundso viele ∼n erhalten (auf sich vereinigen) | to get (to poll) so many votes | jdm. seine ∼ geben | to give one's vote to sb.; to vote for sb. | ∼ haben | to be entitled to vote | ∼n werben | to canvass (to solicit for) votes | die ∼n zählen | to count (to cast up) the votes.
★ die Ja∼n; die ∼n „für" | the ayes; the pros | die Nein∼n; die ∼n „gegen" | the noes; the cons | die Ja- und Nein∼n | the ayes and noes; the pros and cons | mit ... ∼n gegen ... ∼n | by ... votes to ...
stimmen v | to vote; to cast one's vote | für jdn. ∼ | to give one's vote to sb.; to vote for sb. | dagegen ∼ | to vote against | etw. nieder∼ | to vote sth. down. ⁴
Stimmen..abgabe f | casting of votes; voting; vote.
—auszählung f | counting of votes.
—einheit f | unanimity of votes | mit ∼ | unanimously; without a dissentient voice.
—fang m; —fängerei f | vote getting.
—gleichheit f | equality (parity) of votes | bei ∼ entscheidet die Stimme des Präsidenten | if the votes are equal, the president has the casting vote.
—häufung f | cumulative voting.
—kauf m | buying of votes.
—mehr n [S] | majority of votes.
—mehrheit f | majority (plurality) of votes | eine Entschließung mit ∼ annehmen; einen Beschluß mit ∼ fassen | to pass a resolution by a majority of votes | einfache ∼ | bare majority of votes | mit ∼; nach ∼ | by a majority vote (of votes).
Stimmenthaltung f | abstention from voting; abstention | ∼ üben | to abstain from voting | ohne ∼en | without any abstentions.
Stimmen..werber m | canvasser; electioneerer.
—werbung f | canvassing (soliciting) of votes.

Stimmen..zahl f | number of votes | die Gesamt∼ | the aggregate (the total) of votes cast.
—zähler m | vote counter; scrutineer.
—zählung f | counting (scrutiny) of votes.
Stimmkarte f | balloting (ballot) (voting) paper; voting card (ticket).
Stimmrecht n | right to vote; electoral suffrage (franchise); suffrage; franchise | Frauen∼ | women's suffrage | allgemeines ∼ | universal suffrage | mehrfaches ∼ | plural vote (voting) | ohne ∼ | non-voting.
Stimmrechts..aktie f | share which is entitled to vote (to take part in the vote) | Mehr∼ | multiple share.
—aktien fpl | voting shares (stock).
Stimmschein m | Wähler (Wahlberechtigter) mit ∼ | out-voter.
Stimmung f Ⓐ | öffentliche ∼ | public opinion.
Stimmung f Ⓑ [Tendenz] | tendency | Börsen∼ | tendency at the stock exchange.
Stimmzettel m | ballot (balloting) (voting) paper; voting card (ticket) | Abstimmung durch ∼ | voting by ballot; balloting | leerer ∼ | blank voting paper | ungültiger ∼ | void voting paper | durch ∼ abstimmen | to vote by ballot; to ballot; to take a ballot.
Stimmzwang m | compulsory voting.
Stipendiat n | scholar; bursar.
Stipendium n | scholarship | ∼ für ein Auslandsstudium | scholarship for studying abroad | ∼ für eine Studienreise | scholarship for a studying tour | sich um ein ∼ bewerben | to try for a scholarship | ein ∼ erhalten | to win a scholarship.
Stipulation f | stipulation; clause.
stipulieren v | to stipulate.
Stock m | capital stock; fund.
Stocken n | im ∼ | stagnating; stagnant | Geschäft im ∼ | stagnating business | ins ∼ geraten | to stagnate; to come to a standstill.
stocken v | to become interrupted; to get stopped; to stop; to come to a standstill.
stockend adj | stagnant; stagnating.
Stockung f | stagnation; interruption; standstill | Absatz∼; Verkaufs∼ | slump (falling off) in sales | Geschäfts∼ | stagnation (standstill) (dullness) of business; business stagnation | Verkehrs∼ | congested traffic; block of carriages; traffic jam.
Stockwerkseigentum n | ownership of a particular story of a building; condominium.
Stopp m | stop; stopping | Dividenden∼ | freeze of dividends | Lohn∼ | wage freeze | Preis∼ | freeze of prices; price freeze.
Stoppreis m | blocked (ceiling) price.
Stoppstraße f | stop street.
Stoff m Ⓐ | material | Betriebs∼; Brenn∼; Treib∼ | fuel | Ersatz∼ | substitute material; substitute | Roh∼ | raw material.
Stoff m Ⓑ | matter | Film∼ | film (screen) story | Verfilmung eines ∼es | adaptation of a story to the screen; picturization of a story | Lese∼ | reading matter | Prozeß∼ | subject-matter of (for) a lawsuit | Streit∼ | cause of controversy.
★ einen ∼ für den Film bearbeiten | to adapt a story for the screen; to picturize a story | einen ∼ verfilmen | to put a story on the screen | ∼ sammeln | to gather material (data).
stören v | etw. ∼ | to disturb sth. | den Arbeitsfrieden ∼ | to cause labo(u)r troubles | jds. Besitz ∼; jdn. im Besitz ∼ | to interfere with sb.'s possession; to disturb sb.'s enjoyment | jdn. im

stören *v, Forts.*
Genuß eines Rechts ~ | to interfere with sb.'s enjoyment of a right; to disturb sb. in the enjoyment of a right | **die öffentliche Ordnung** ~; **den Frieden** ~ | to create (to make) a disturbance; to break (to disturb) the peace | **den Verkehr** ~ | to interrupt (to obstruct) to dislocate) traffic.
störend *adj* | ~**er Eingriff** | interference; disturbance.
störend *adv* | **sich** ~ **bemerkbar machen** | to prove to be a trouble.
Störer *m* | disturber | **Friedens**~; **Ruhe**~ | disturber of the peace.
Störung *f* | disturbance; interference | **Beseitigung der** ~ | stopping interference | **Klage auf Beseitigung der** ~ | action to restrain interference | ~ **des Besitzes; Besitz**~ | disturbance of possession; prevention of enjoyment; interference; trouble | **Betriebs**~ | interruption of work; breakdown | ~ **der Geistestätigkeit; Geistes**~ | derangement of mind; mental derangement (deficiency) (defect) (trouble); unsound (unbalanced) mind | **krankhafte** ~ **der Geistestätigkeit** | state of unsound mind | **in einem Zustande krankhafter** ~ **der Geistestätigkeit** | while of unsound mind; while in a state of unsound mind; while insane | **vorübergehende** ~ **der Geistestätigkeit** | temporary derangement of mind | ~ **des Gleichgewichts; Gleichgewichts**~ | disturbing the balance; disequilibrium | **Markt**~ | disturbance of the market | ~ **der Nachtruhe** | disorder by night | ~ **der öffentlichen Ordnung** | disturbance of the peace | **Produktions**~ ① | interference with production | **Produktions**~ ② | interruption of production | **Ruhe**~ | disturbance of the peace | **Verkehrs**~ | interruption (obstruction) (dislocation) of traffic; traffic hold-up | **die** ~ **beseitigen** | to stop (to cease) (to eliminate) interference.
Störungsdienst *m* | breakdown service.
stornieren *v* | to cancel; to annul | **einen Auftrag** ~ | to cancel (to countermand) an order | **einen Eintrag (Posten)** ~ | to reverse an entry (an item).
Stornierung *f* | cancellation | ~ **eines Eintrages** | reversal of an entry.
Storno *n* | reversing (cross) entry; counter-entry.
Stornobuchung *f* | reversal; reversed (reversing) entry.
Stoß..wirkung *f* | shock effect.
—**zeit** *f* | rush (peak) hour.
Straf..akt *m* | case record.
—**aktion** *f* | punitive action.
—**androhung** *f* ④ | penalty clause.
—**androhung** *f* ⑱ | sanction; punitive sanction | **unter** ~ | under penalty [of].
—**anstalt** *f* | penitentiary; house of correction; penal establishment.
—**anwendung** *f* | application of the penalties.
—**antrag** *m* | charge | **einen** ~ **stellen** | to bring a charge.
—**anzeige** *f* | charge | **gegen jdn.** ~ **erstatten** | to denounce sb.; to lay (to prefer) an information against sb.; to inform against sb.
—**aufschub** *m* | suspended (suspension of) sentence; reprieve | **Gesuch um** ~ | petition for reprieve | **Verurteilung unter** ~ | conviction with suspension of sentence | **jdm. zeitweilig** ~ **gewähren** | to reprieve sb.
—**ausschließungsgründe** *mpl* | reasons which exclude punishment.
strafbar *adj* | punishable; liable to punishment (to prosecution) (to penalties) | ~**e Handlung** | offense; criminal (penal) offense; punishable

(unlawful) (wrongful) act; malfeasance | ~ **mit Geldstrafe bis zu** ... | punishable with (subject to) a fine not exceeding ...
strafbar *adv* | **sich** ~ **machen** | to render os. liable to prosecution.
Strafbarkeit *f* | criminal nature; punishability | **die** ~ **erhöhen** | to aggravate the guilt | **die** ~ **vermindern** | to reduce the guilt.
Straf..befehl *m*; —**bescheid** *m* | summons | **einen** ~ **erlassen** | to issue a summons.
—**befugnis** *f* | power (right) to punish.
—**bestimmung** *f* | penalty clause.
—**bestimmungen** *fpl* | penal provisions.
Strafe *f* | punishment; penalty | **Disziplinar**~ | disciplinary punishment (penalty) | **Ehren**~ | dishono(u)ring punishment | **Erlaß der** ~ | remission of the penalty | **Erzwingungs**~ | exacting penalty | **Freiheits**~; **Gefängnis**~ | penalty of imprisonment; imprisonment; prison.
○ **Geld**~ | fine; penalty; pecuniary penalty | **Gesamt**~ | collective penalty | **Haft**~ | detention | **Haupt**~ | main penalty | **Höchst**~ | maximum penalty | **Kerker**~ | penalty of imprisonment | **Kollektiv**~ | collective penalty.
○ **Konventional**~ | stipulated penalty; penalty clause | **Körper**~; **Leibes**~ | corporal punishment | **Maximal**~ | maximum penalty | **Milderung der** ~ | mitigation of punishment | **Mindest**~ | minimum penalty | **Neben**~ | additional penalty.
○ **Ordnungs**~ ① | fine; penalty | **Ordnungs**~ ② | disciplinary penalty | **Ordnungs**~ ③ | exacting penalty | **Polizei**~ | police penalty | **Prügel**~ | flogging | **Rückfalls**~ | penalty in case of repetition | **Stempel**~ | fine for evasion of stamp duty | **Steuer**~ | fiscal penalty.
○ **Todes**~ | death penalty; penalty (punishment) of death; capital punishment | **bei Todes**~; **unter Todes**~ | under penalty of death; punishable with death | **Übertretungs**~ | police penalty | **die** ~ **dem Vergehen anpassen** | to make the punishment fit the crime | **bei** ~ **der Verhaftung** | under penalty of arrest | **Verhängung einer** ~ | infliction of a penalty | **Vermögens**~ | fine; pecuniary punishment | **Verschärfung der** ~ | aggravation of penalty | **Verschickungs**~; ~ **der Verschickung** | punishment of relegation [to a penal colony].
○ **Vertrags**~ | penalty fixed by contract; stipulated penalty | **bei** ~ **der Verwirkung** | under penalty of forfeiture | **Vollstreckung der** ~ | execution of the sentence | **Vor**~ | previous conviction | **Zoll**~ | customs fine | **Zuchthaus**~ | penal servitude | **lebenslängliche Zuchthaus**~ | penal servitude for life | **Zumessung der** ~ | fixing of the penalty | **Zusatz**~ | extra penalty.
★ **entehrende** ~ | dishono(u)ring punishment | **exemplarische** ~ | exemplary penalty (punishment) | **harte** ~ | severe punishment | **milde** ~ | light penalty (punishment) | **die mildere** ~ | the more lenient punishment; the milder penalty | **die härtere** ~; **die schwerere** ~ | the heavier penalty | **verwirkte** ~ | forfeited penalty.
★ **eine** ~ **abbüßen (absitzen)** | to serve a sentence | **etw. mit** ~ **bedrohen** ① | to make sth. punishable | **etw. mit** ~ **bedrohen** ② | to attach a penalty to sth.; to sanction sth. | **mit** ~ **bedroht** | punishable; amenable to punishment | **mit** ~ **bedroht sein** | to come (to fall) under the penal sanctions of the law | **auf** ~ **erkennen** | to pronounce punish-

ment | **jdm. eine ~ erlassen** | to remit sb.'s penalty (sb.'s sentence) | **eine ~ erleiden** | to suffer punishment; to be punished | **die ~ mildern** | to mitigate the punishment | **etw. unter ~ stellen** | to make sth. punishable; to sanction sth. | **unter ~ gestellt** | punishable; subject to penalty | **eine ~ umwandeln** | to commute a sentence | **eine ~ verbüßen** | to serve a sentence | **eine ~ verhängen** | to inflict (to impose) punishment | **die ~ verschärfen** | to aggravate the penalty | **eine ~ vollstrecken (vollziehen)** | to execute a sentence | **die ~ zumessen (festsetzen)** | to fix (to determine) the penalty | **~ zumessen** | to mete out punishment | **sich eine ~ zuziehen** | to bring punishment upon os. ★ **als ~ für etw.** | as a punishment for sth. | **bei ~ von** | under (on) penalty of; under pain of.

strafen v | to punish; to sanction.
Strafenhäufung f | concurrently running sentences pl.
Straf..erkenntnis f | sentence.
—**erlaß** m | remission of a penalty; pardon | **allgemeiner ~** | amnesty | **bedingter ~** | suspended (suspension of) sentence.
—**ermäßigung** f | reduction of the penalty.
—**ermittlung** f; —**ermittlungsverfahren** n | criminal (judicial) investigation (inquiry).
—**erschwerungsgründe** mpl | reasons for aggravating the penalty.
—**expedition** f | punitive expedition.
straffällig adj | culpable; liable to punishment.
straffällig adv | **~ werden** | to incur punishment.
Straffälligkeit f | punishability; culpability.
straffrei adj | exempt from punishment; unpunished | **~ ausgehen (bleiben)** | to go unpunished | **sich ~ geführt haben** | to have no previous convictions.
Straf..freiheit f | exemption from punishment; impunity.
—**gebühr** f | extra postage.
—**gedinge** n | penalty clause.
—**gefangener** m | convict.
—**gefängnis** n | penitentiary; house of correction; convict prison.
—**geld** n | fine.
—**gericht** n | criminal court.
strafgerichtlich adj | criminal | **~es Urteil** | sentence; conviction | **~e Verfolgung** | prosecution; criminal prosecution | **~e Verurteilung** | conviction.
strafgerichtlich adv | criminally; in (before) the criminal courts.
Straf..gerichtsbarkeit f | criminal (penal) jurisdiction.
—**gerichtshof** m | criminal court.
—**gesetz** n | penal (criminal) law | **das härtere ~** | the law which provides the heavier punishment | **das mildere ~** | the law which provides the milder punishment.
—**gesetzbuch** n | penal (criminal) code | **Militär~** | code of military justice.
—**gesetzgebung** f | penal legislation.
—**gewalt** f | power of punishment.
—**haft** f | penal confinement; detention.
—**herabsetzung** f | reduction of a sentence.
—**justiz** f | penal (criminal) jurisdiction; punitive justice.
—**kammer** f | criminal court; court of criminal jurisdiction | **Berufungs~** | court of criminal appeals.
—**klage** f | penal (criminal) action | **~ wegen Schutzrechtsverletzung; Verletzungs~** | criminal proceedings pl for infringement.
—**klausel** f | penalty clause.

Strafkolonie f [Sträflingskolonie] | penal colony (settlement).
sträflich adj Ⓐ [strafbar] | punishable.
sträflich adj Ⓑ [schuldhaft] | culpable | **~er Leichtsinn** | culpable negligence.
Sträfling m | convict.
Sträflingsschiff n | convict ship.
Strafliste f | record of previous convictions; criminal record.
straflos adj | unpunished | **~ ausgehen** | to escape punishment; to come off unpunished | **~ bleiben** | to go unpunished | **jdn. für ~ erklären** | to acquit sb. | **sich ~ geführt haben** | to have no previous convictions.
Straflosigkeit f | impunity.
Straf..mandat n | summons sing.
—**maß** n | measure of the punishment.
—**maßnahme** f | punitive measure | **wirtschaftliche ~n** | economic sanctions.
strafmildernd adj | mitigating.
strafmildernd adv | in mitigation of punishment | **etw. ~ berücksichtigen** | to consider sth. in mitigation.
Strafmilderung f | mitigation of punishment.
Strafmilderungsgrund m | circumstances pl in mitigation of punishment.
strafmündig adj | responsible.
Strafmündigkeit f | responsible age; criminal responsibility.
Strafporto n | postage-due; extra postage.
—**portomarke** f | postage-due stamp.
—**prozeß** m | criminal proceedings pl (procedure).
——**ordnung** f | code of criminal procedure.
——**recht** n | law of criminal procedure.
Strafrecht n | criminal (penal) law.
strafrechtlich adj | criminal; penal | **~e Bestimmungen** | penal provisions | **in ~er Hinsicht** | criminally; under penal law | **~er Schutz** | protection by penal law | **~e Verantwortlichkeit** | criminal responsibility | **Mangel der ~en Verantwortlichkeit** | irresponsibility | **~es Verfahren** | criminal proceedings | **~e Verfolgung** | criminal prosecution | **~e Verjährung** | limitation of criminal proceedings | **~es Vergehen** | criminal offense.
strafrechtlich adv | criminally | **~ verantwortlich** | responsible under penal law | **~ verfolgbar** | criminally punishable (actionable); indictable | **~ verfolgbar sein** | to be liable to be prosecuted | **jdn. ~ verfolgen** | to prosecute sb.; to take criminal proceedings against sb. | **~ verfolgt werden** | to be prosecuted.
Strafrechts..lehrer m | professor of criminal law.
—**pflege** f (Strafrechtsprechung) | criminal (penal) jurisdiction.
—**praxis** f | criminal practice.
—**reform** f | penal reform.
—**wissenschaft** f | criminology.
Strafregister n Ⓐ [Strafliste] | record of previous convictions; criminal (police) record | **Vermerk im ~** | entry in the police record.
Strafregister n Ⓑ [Strafregisterbehörde] | the criminal records office.
—**auszug** m; —**blatt** n | extract from [sb.'s] police record.
Straf..richter m | criminal judge; magistrate.
—**sache** f | criminal action (case) | **in ~n** | in criminal cases (proceedings) | **Berufung in ~n** | appeal in criminal cases.
—**sanktion** f | punitive sanction.

Straf..summe *f* | penalty.
—**tat** *f* | criminal (penal) offense; punishable (penal) act; offense | **Verdacht einer** ~ | indication (suspicion) of a criminal act | **eine** ~ **verfolgen; wegen einer** ~ **vorgehen** | to take proceedings for a criminal offense.
—**umwandlung** *f* | commutation of penalty (of a sentence).
—**untersuchung** *f* | criminal investigation | **eine** ~ **einleiten** | to open a judicial inquiry.
—**urteil** *n* | conviction; sentence.
—**verbüßung** *f* | **während der** ~ | whilst serving one's term.
—**verfahren** *n* | criminal proceedings *pl* (procedure).
—**verfolgung** *f* | prosecution | **Androhung der** ~ | warning to start criminal proceedings | **gerichtliche** ~ | criminal prosecution (proceedings) | **eine** ~ **einleiten** | to start criminal proceedings | **die** ~ **einstellen** | to stop the proceedings (the case).
—**verfügung** *f* | **gerichtliche** ~ | court order inflicting punishment | **polizeiliche** ~ | police order inflicting punishment.
—**verjährung** *f* | limitation of criminal proceedings.
strafverschärfend *adj* | in aggravation of penalty.
Straf..verschärfung *f* | aggravation of penalty.
—**verschärfungsgrund** *m* | reason for aggravating the penalty.
strafversetzen *v* | **jdn.** ~ | to transfer an official for reasons of discipline.
Straf..versetzung *f* | transfer for reasons of discipline.
—**verteidiger** *m* | counsel for the defense; defense (trial) lawyer.
—**verteidigung** *f* | defense in a criminal case (in criminal cases).
—**verwaltung** *f* | prison administration.
—**vollstreckung** *f* | execution of a sentence.
Strafvollzug *m* Ⓐ | execution of sentences | **während des** ~**es** | whilst serving one's term.
Strafvollzug *m* Ⓑ; **Strafvollzugs..behörde** *f*; —**verwaltung** *f* | prison administration.
—**system** *n* | penitentiary system.
Strafvorschrift *f* Ⓐ | penal statute.
Strafvorschrift *f* Ⓑ | penalty clause.
strafwürdig *adj* | punishable.
Straf..zeit *f* [einer Freiheitsstrafe] | term [in prison] | ~ **im Gefängnis** | term of imprisonment (in prison); prison term | **seine** ~ **absitzen** | to serve one's term.
—**zettel** *m* Ⓐ | police ticket.
—**zettel** *m* Ⓑ [wegen verbotswidrigen Parkens] | parking ticket.
—**zoll** *m* | penalty duty.
—**zumessung** *f* Ⓐ [Zumessung der Strafe] | fixing of the penalty.
—**zumessung** *f* Ⓑ [Zumessung von Strafe] | meting out punishment.
—**zweck** *m* | purpose of punishment.
Stranden *n* | stranding.
stranden *v* | to strand.
Strand..gut *n*; —**güter** *npl* | stranded (wrecked) goods *pl*; wreckage; flotsam, jetsam, and lagan.
—**recht** *n* | right of jetsam, flotsam, and lagan; law of wreckage.
—**vogt** *m* | wreck commissioner; wreckmaster; receiver of wrecks.
Strandung *f* | stranding.
Strandungsordnung *f* | law of wreckage.
Strang *m* | **jdn. zum Tode durch den** ~ **verurteilen** | to sentence sb. to be hanged (to death by hanging).

Strangulation *f*; **Strangulierung** *f* | strangulation.
strangulieren *v* | to strangle.
Straße *f* Ⓐ | road; highway | **Bezirks**~; **Neben**~ | local road; by-road | **Binnenwasser**~ | inland waterway | **Haupt**~; **Hauptverbindungs**~; **Hauptverkehrs**~ | main (national) highway | **Schifffahrts**~; **See**~ | shipping (maritime) (sea) route; ocean lane | **Seiten**~ | side road; by-road | **Umgehungs**~ | by-pass road; by-pass | **Verkehrsbeanspruchung einer** ~ | frequency of traffic on the road | **Wasser**~ | waterway; water route | **Zufahrts**~ | way of access | **befahrbare** ~; **benutzbare** ~ | road fit for traffic | **offene** ~ | public highway (thoroughfare) | ~ **gesperrt** | road up | **eine** ~ **unterhalten** | to keep a road in good repair | **eine** ~ **für den Verkehr freigeben** | to open a road for public traffic.
Straße *f* Ⓑ [in der Stadt] | street | **Einbahn**~ | one-way street | **Geschäfts**~ | shopping street | **Haupt**~ | main street | **Quer**~ | side street | **Seiten**~ | side street; siding | **Verkauf auf offener** ~ | street sale (vending).
Straßen..abgaben *fpl* | road (highway) taxes.
—**anlieger** *m* | wayside owner; owner of wayside property.
—**atlas** *m* | road book.
—**aufseher** *m* | road surveyor.
—**ausbesserungsarbeiten** *fpl*; —**bauarbeiten** *fpl* | road repairs *pl*.
—**bandit** *m* | highwayman.
—**bauamt** *n*; —**bauinspektion** *f* | highways department.
—**bauflucht** *f*; —**baufluchtlinie** *f*; —**flucht** *f* | building alignment (line).
—**baukosten** *pl* | roadbuilding cost(s).
—**bauverwaltung** *f* | highways (road) construction department.
—**behörde** *f* | highway department (authority).
—**güterverkehr** *m* | road haulage.
—**güterverkehrssteuer** *f* | road haulage tax.
—**handel** *m* | street vending; hawking.
—**händler** *m* | street trader (vendor); hawker.
—**karte** *f* | road map.
—**kreuzung** *f* | road (street) crossing (intersection).
—**netz** *n* | system (network) of roads; road system.
—**polizei** *f* | highway police.
—**raub** *m* | highway robbery | **von** ~ **leben** | to live on highway robbery | **sich dem** ~ **zuwenden** | to take to the highway (the road).
—**räuber** *m* | highwayman; bandit.
—**sicherheit** *f* | safety on the roads.
—**transport** *m* | road transport (haulage).
—**verkauf** *m* | sale in the streets; street sale (vending).
—**verkäufer** *m* | street vendor (trader).
—**verkehr** *m* | street (road) traffic.
—**verkehrsordnung** *f* | road regulations *pl*; highway code.
—**verzeichnis** *n* [einer Stadt] | street guide.
—**wesen** *n* | **das** ~ | the roads *pl*; the highways *pl*.
—**zoll** *m* | toll; turnpike money.
—**zustand** *m* | state of the road(s).
Stratege *m* | strategist | **Schreibtisch**~ | desk (closet) strategist.
Strategie *f* | strategy.
strategisch *adj* | strategic.
Strazze *f* | waste (rough) book.
streichen *v* Ⓐ [aus~; durch~] | to strike out; to delete | **jdn. (jds. Namen) von der Liste** ~ | to strike sb. (sb.'s name) off the list (off the rolls).

streichen *v* Ⓑ [annullieren] | **einen Auftrag** ∼; **eine Order** ∼ | to cancel an order.

streichen *v* Ⓒ [erlassen] | **eine Schuld** ∼ | to cancel a debt.

Streichung *f* Ⓐ [Ausstreichen] | striking out; deletion; expunging | ∼ **eines Namens von der Liste** | striking a name from the list (from the rolls).

Streichung *f* Ⓑ [gestrichene Stelle] | deleted passage (word) | **Ausgabe ohne** ∼**en** | unexpurgated edition.

Streichung *f* Ⓒ [Annullierung] | ∼ **eines Auftrages**; ∼ **einer Order** | cancellation (cancelling) of an order.

Streichung *f* Ⓓ [Erlaß] | ∼ **einer Schuld**; **Schulden**∼ | cancellation of a debt | **Kriegsschulden**∼ | cancellation of war debts.

Streifband *m* | wrapper | **etw. unter** ∼ **senden** | to mail sth. under newspaper (postal) wrapper.

Streife *f* | **Polizei**∼ | police patrol (detachment).

Streifenwagen *m* [der Polizei] | police (patrol) car.

Streik *m* | strike; stoppage of work | ∼ **ohne vorherige Ankündigung**; **Blitz**∼ | lightning strike | **Bummel**∼ | go-slow; work-to-rule | **Einstellung des** ∼**s** | calling off the strike (of the strike) | **einen** ∼ **zur Einstellung bringen** | to stop a strike | **Eisenbahner**∼ | railway (railroad) (rail) strike | **General**∼ | general strike | **Gruben**∼; **Kohlen**∼ | coal (colliery) strike | **Hunger**∼ | hunger strike | **Protest**∼ | protest strike | **Schul**∼ | school strike | **Sitz**∼ | sit-down (sit-in) strike; sit-in | **Sympathie**∼ | sympathy (sympathetic) strike | ∼ **im Turnus** | rolling (rotating) strike | **Warnungs**∼ | warning strike.

★ **wilder** ∼ | wildcat strike | **einen** ∼ **abbrechen (absagen) (einstellen)** | to call off (to countermand) a strike | **einen** ∼ **ausrufen** | to call a strike | **in** ∼ **(in den** ∼**) treten** | to go (to come out) on strike; to strike (to stop) work; to strike | **einen** ∼ **unterdrücken** | to break a strike | **im** ∼ | on strike; striking | **vom** ∼ **betroffen** | strike-bound.

Streik..ausschuß *m* | strike committee.

—**befehl** *m* | strike order | **Zurückziehung des** ∼**s** | calling off the strike (of the strike) | **den** ∼ **zurücknehmen (zurückziehen)** | to call off the strike.

—**bewegung** *f* | strike movement.

—**brecher** *m* | strike breaker; non-striker.

—**drohung** *f* | strike threat; warning to strike.

—**einstellung** *f* | calling off the strike (of the strike).

Streiken *n* | striking.

streiken *v* Ⓐ [in Streik treten] | to go (to come out) on strike; to strike; to stop (to strike) work | **Recht zu** ∼ | right to strike; freedom of strike | **aus Sympathie** ∼ | to walk out (to strike) in sympathy.

streiken *v* Ⓑ [im Streik sein] | to be on strike; to strike.

streikend *adj* | on strike; striking.

Streiker *m* [Streikender] | striker | **Hunger**∼ | hunger striker | **Sitz**∼ | sit-down striker.

Streik..fonds *m*; —**kasse** *f* | strike fund.

—**führer** *m*; —**leiter** *m* | strike leader.

—**hetzer** *m* | strikemonger.

—**klausel** *f* | strike clause.

—**komitee** *n*; —**leitung** *f* | strike committee.

—**posten** *m* | strike picket; striker on picket duty | ∼ **aufstellen** | to place strikers on picket duty; to picket.

—**recht** *n* | right to strike; freedom of strike.

—**unruhen** *fpl* | strike riots.

—**unterstützung** *f* | strike pay.

Streik..unterstützungsfonds *m* | strike (sustentation) fund.

—**welle** *f* | wave of strikes; strike wave.

Streit *m* | dispute; quarrel; difference; conflict; controversy | **Beilegung eines** ∼**es** | settlement (arrangement) of a dispute | **Grenz**∼ | frontier dispute; boundary litigation | **Kompetenz**∼ | conflict of authority | ∼ **der Meinungen** | dispute (controversy) of opinions | **Patentverletzungs**∼ | patent infringement suit (proceedings) | **Prioritäts**∼ | dispute about priority | **Rechts**∼ | law suit; litigation; dispute at law | **einen** ∼ **durch Schiedsspruch erledigen** | to settle a dispute by arbitration | **Steuer**∼ | tax litigation | **Verletzungs**∼ | infringement suit (proceedings) | **Zuständigkeits**∼ | conflict of authority.

★ **im** ∼ **befangen** | in litigation; litigious; contentious | **einen** ∼ **beilegen (gütlich beilegen)** | to settle (to accommodate) (to compromise) a dispute | **sich von einem** ∼ **fernhalten** | to keep outside of a dispute | **mit jdm. in** ∼ **sein** | to be in conflict (at strife) (at variance) with sb. | **jdm. den** ∼ **verkünden** | to serve third-party notice on sb.

streitbar *adj* | ∼**e Nation** | warfaring nation.

streitbefangen *adj* | in litigation; litigious; contentious.

streiten *v* | to dispute; to quarrel; to argue | **sich mit jdm. über etw.** ∼① | to argue (to dispute) with sb. about sth. | **sich mit jdm. über etw.** ∼ ② | to fight sb. over sth.

streitend *adj* | **die** ∼**en Parteien** | the parties in dispute; the disputing (contending) parties; the litigants.

Streit..fall *m* | controversy | **einen** ∼ **beilegen** | to settle (to accommodate) (to compromise) a dispute | **im** ∼ | in case of controversy (of dispute).

—**frage** *f* | point of issue; disputed point; contentious question; controversy.

—**gegenstand** *m* | matter in dispute (at issue); contention | **Wert des** ∼**es** | value in litigation; value of the object in dispute (in controversy).

—**genossen** *mpl* | joint parties.

—**genossenschaft** *f* | joinder of parties.

streitig *adj* Ⓐ [kontradiktorisch] | contentious | ∼**e Gerichtsbarkeit** | contentious jurisdiction | ∼**e Sache** | contentious matter (case); contested suit | ∼**es Urteil**; **auf Grund** ∼**er Verhandlung ergangenes Urteil** | defended judgment | ∼**es Verfahren** | contentious proceedings; procedure in defended cases | **im** ∼**en Verfahren** | by litigation; by litigating | ∼**e Verhandlung** | trial of a defended case | ∼**e Verwaltung** | procedure in contentious administrative matters | ∼**e Verwaltungssache** | contentious administrative matter | **nicht**∼ | non-contentious.

streitig *adj* Ⓑ [strittig; bestritten] | contested; disputed; in dispute | **nicht** ∼; **un**∼ | uncontested; undisputed; beyond (not in) dispute.

streitig *adj* Ⓒ [streitbefangen] | litigious; in litigation | ∼**e Forderung** | litigious claim | **nicht** ∼; **un**∼ | non-litigious.

streitig *adj* Ⓓ [Gegenstand einer Kontroverse] | controversial; controvertible; in controversy | ∼**e Ansicht (Meinung)** | controversial (controvertible) opinion | **nicht** ∼; **un**∼ | non-controversial; not in controversy.

streitig *adj* Ⓔ [bestreitbar] | contestable; disputable; debatable | **un**∼ | incontestable; indisputable.

streitig *adv* | ∼ **entscheiden** | to decide a defended case | ∼ **verhandeln** | to hear legal arguments |

streitig *adv, Forts.*
  jdm. etw. ~ machen | to contend with sb. for sth. |
jdm. die Erbfolge ~ machen | to contest sb.'s
succession (sb.'s right to succeed) | **jdm. das
Recht ~ machen, etw. zu tun** | to contest (to
dispute) sb.'s right to do sth.
Streitigkeit *f* | dispute; quarrel; difference; contro-
versy; disagreement; litigation | **Arbeits~**; **Ta-
rif~** | labo(u)r (trade) (industrial) dispute; labo(u)r
conflict | **Grenz~** | frontier dispute; boundary
litigation | **Handels~** | commercial dispute |
Lokal~en | local quarrels | **Kompetenz~** | con-
flict of authority | **Lohn~** | wage dispute | **Par-
tei~en** | political strife; party warfare | **Zivil~** |
civil action (suit) | **eine ~ beilegen** | to settle a
dispute.
Streitkräfte *fpl* | **die ~** | the fighting (armed) forces |
Land~ | land forces | **Luft~** | air forces | **See~** |
naval forces | **Land- und See~** | land and sea
forces | **überlegene ~** | superior forces.
Streitlust *f* | quarrelsome disposition.
streitlustig *adj* | disputatious; quarrelsome.
Streit..objekt *n* | matter in dispute (at issue).
—punkt *m* | point at issue (in dispute); disputed
(contested) (contentious) point; contention.
—sache *f* Ⓐ [Streitgegenstand] | matter at issue (in
dispute).
—sache *f* Ⓑ | litigious (contentious) matter; law
case (suit); case under dispute; suit | **eine ~ durch
Schiedsspruch erledigen** | to settle a dispute by
arbitration.
—schrift *f* | disputation.
Streitteile *mpl* | **die ~** | the parties in dispute; the
contending parties; the litigants *pl.*
Streitsucht *f* | quarrelsomeness; litigiousness; con-
tentiousness; disputatiousness.
streitsüchtig *adj* | quarrelsome; litigious; conten-
tious; disputatious; captious | **~er Mensch** |
quareller; quarrelsome person; arguer.
Streit..summe *f* | amount in dispute (in litigation).
—verfahren *n* | contentious proceedings *pl* | **Verwal-
tungs~** | procedure in contentious administrative
matters | **im ~ entscheiden** | to decide a defended
case.
—verkündung *f* | notice summoning a third party to
appear in a law suit; third-party notice; gar-
nishment.
—verkündungsverfahren *n* | third-party procedure;
garnishee proceedings *pl.*
—wert *m* | value in litigation.
streng *adj* | strict; rigid; rigorous; stringent | **~e
Anwendung** | strict application | **~er Arrest** |
close arrest | **jdn. unter ~er Aufsicht halten** |
to keep (to hold) sb. under strict control (under
close supervision) | **~e Auslegung** | strict inter-
pretation | **~e Bestrafung** | severe punishment |
~e Disziplin | strict discipline | **~e Form** | stringent
form | **~e Haft** | close confinement (imprison-
ment) | **~e Justiz** | severe justice | **~e Logik** |
close reasoning | **~e Maßnahmen** | severe (rigo-
rous) measures | **~e Moral**; **~e Sitten** | strict
morals *pl* | **~e Prüfung** | stiff examination | **~e
Strafe** | severe punishment | **~e Rationierung** |
strict rationing | **~en Rechts sein** | to be stringent
law | **~e Regel** | strict rule | **~er Richter** | severe
judge | **~e Untersuchung** | close investigation |
~e Verwarnung | severe reprimand | **form~** | in
stringent form | **übermäßig ~** | unduly severe (strict).
streng *adv* | **~ durchgeführte Blockade** | close block-
ade | **sich ~ an eine Klausel (an eine Vertrags-**

bestimmung) halten | to adhere strictly to a clause |
sich ~ an eine Vorschrift halten | to comply
carefully with a regulation | **~ vertraulich** | strictly
confidential | **jdn. ~ bestrafen** | to punish sb.
severely | **~ genommen** | strictly speaking | **~
verboten** | strictly prohibited (forbidden) | **mit
jdm. ~ verfahren** | to deal severely with sb.
Strenge *f* | strictness; rigor; stringency | **die ~ der
Disziplin** | the strictness of discipline | **Form~** |
stringent (strict) form | **die ~ des Gesetzes** | the
rigor of the law | **die ~ elner Vorschrift** | the
strictness (the stringency) of a rule | **unerbittliche ~** |
pitiless (ruthless) rigor.
strengst *adj* | **unter dem Siegel ~er Verschwiegen-
heit** | in strictest confidence.
strikt *adj* | **~e Anweisungen** | strict orders | **~e Be-
folgung (Einhaltung)** | strict observance (adher-
ence) | **~e Neutralität** | strict neutrality.
strittig *adj* Ⓐ [streitig] | contentious | **~er Punkt** |
contentious point.
strittig *adj* Ⓑ [bestritten] | contested; disputed; in
dispute | **~e Forderung** | disputed claim | **~er
Punkt** | disputed (contended) point; point in
dispute | **nicht ~** | uncontested; undisputed;
beyond (not in) dispute.
strittig *adj* Ⓒ [streitbefangen] | litigious; in litiga-
tion | **~e Forderung** | litigious claim | **~er Punkt** |
point at issue.
strittig *adj* Ⓓ [umstritten] | controversial; in con-
troversy | **~e Ansicht (Meinung)** | controversial
opinion.
Strittigkeit *f* | **die ~ einer Sache** | the contentious
nature of an issue.
Strohmann *m* | nominee; stooge.
Strom *m* Ⓐ [Fluß] | **schiffbarer ~** | navigable river.
Strom *m* Ⓑ [elektrischer ~] | electric current (pow-
er).
Strom..abnehmer *m* | consumer of electricity.
—abschaltung *f* | power cut.
—bauverband *m* | river conservancy board.
—bedarf *m* | requirements *pl* of electric current;
power requirements.
—einschränkung *f* | restriction(s) on the consump-
tion of electric current.
—lieferung *f* | supply of electricity (of electric cur-
rent); electric supply service.
—lieferungsvertrag *m* | contract for the supply of
electric current.
—polizei *f* | river police.
—rechnung *f* | electricity bill.
—schiffahrt *f* | river (inland) navigation.
—schiffahrtsgesellschaft *f* | river navigation com-
pany.
—sperre *f* | power cut.
—tarif *m* | electricity (power) rate.
—unterbrechung *f* | interruption of the supply of
electric current.
—verbrauch *m* Ⓐ | consumption of electricity.
—verbrauch *m* Ⓑ [Kraft~] | power consumption
(consumed).
—versorgung *f* | supply of electric current; power
supply.
—zähler *m* | electric meter.
—zölle *mpl* | river dues *pl.*
Strömung *f* | mouvement; trend | **politische ~en** |
political trends (tendencies).
Struktur *f* | structure | **Bedarfs~** | pattern (structure)
of demand | **Preis~** | price structure | **Wirt-
schafts~** | economic structure | **die gesellschaft-
liche ~; die soziale ~** | the social structure.

strukturbedingt *adj*; **strukturell** *adj* | structural.

Struktur..änderung *f*; —**veränderung** *f*; —**wandlung** *f* | change in the structure; structural change(s).

—**fehler** *m* | faulty structure; structural error.

Strukturierung *f* | structuring.

Stubenarrest *m* | confinement to quarters (to one's room).

Student *m* | student | ~ **der Rechte**; ~ **der Rechtswissenschaft**; **Rechts**~ | law student.

Studenten..ausschuß *m* | student council.

—**austausch** *m* | student exchange.

—**unruhen** *fpl* | student riots.

—**verbindung** *f*; —**vereinigung** *f* | student fraternity.

Studentenschaft *f* | the students *pl*.

Studentin *f* | student.

Studie *f* | study; survey | **Markt**~ | market study (analysis) (survey).

Studien..beihilfe *f* | scholarship.

—**gang** *m* | course of studies.

—**kommission** *f* | studying committee.

—**kosten** *pl* | costs of studying.

—**reise** *f* | trip for making studies.

studieren *v* | to study | **Rechtswissenschaft (die Rechte) (Jura)** ~ | to read (to study) law; to study for the law.

Studierender *m* | student.

Studierzimmer *n* | study.

Studium *n* | study; studies | ~ **der Rechte (der Rechtswissenschaft)**; **Rechts**~ | study of law; law study; reading for the bar | **Selbst**~ | self-study | **sein** ~ **abschließen** | to finish one's studies.

Stück *n* Ⓐ [Gegenstand] | piece | **Beweis**~ | article of evidence (of proof) | **Gepäck**~ | piece of luggage | **Grund**~; ~ **Land** | piece (plot) of land; piece of property | **Inventar**~ | article of (item on) the inventory | **Meister**~ | masterpiece | **Möbel**~ | piece of furniture | **Muster**~; **Probe**~ | sample | **Vermögens**~ | piece of property | **Vieh**~ | head of cattle | ~ **für** ~ | piece by piece; piecemeal | **nach dem** ~ | by the piece.

Stück *n* Ⓑ [Schrift~] | paper | **Akten**~ | document | **Beleg**~ | voucher | **Beweis**~ | document (voucher) in support (in proof); exhibit.

Stück *n* Ⓒ [Münze] | **Geld**~ | coin; piece of money | **Gold**~ | gold coin.

Stück *n* Ⓓ [Theater~] | play | **eine Rolle in einem** ~ **spielen; in einem** ~ **auftreten** | to act in a play | **Erfolgs**~; **Zug**~; **erfolgreiches Theater**~ | attraction; draw | **ein** ~ **aufführen (geben) (zur Aufführung bringen) (in Szene setzen)** | to stage (to produce) (to give) a play; to put a play on the stage | **ein** ~ **schreiben** | to write a play.

Stück *n* Ⓔ [Musik~] | piece of music.

Stück..akkord *m*; —**arbeit** *f* | piecework; piece work; work paid by the job.

—**arbeiter** *m*; —**arbeiterin** *f* | pieceworker; piece (piece-rate) (job) worker; jobber.

Stücke *npl* [Wertpapiere] | securities; shares; stocks; bonds.

Stückekonto *n* | share (stock) (securities) account.

Stückelung *f* | division into shares; denomination | **in kleiner** ~ | in small denominations.

Stückeverzeichnis *n* Ⓐ | list of securities (of investments).

Stückeverzeichnis *n* Ⓑ [Sortenzettel] | bill of specie.

Stückgüter *npl* | piece goods; mixed cargo | **ein Schiff mit** ~**n befrachten** | to load a ship with a general cargo; to load a ship on the berth.

—**fracht** *f* Ⓐ | general mixed cargo.

—**fracht** *f* Ⓑ | berth terms *pl*.

Stückgüterfrachtgeschäft *n* | berth freighting; loading on the berth.

Stück..gut *n* | **Verfrachten (Verfrachtung) als** ~ | freighting by the case (by contract); loading on the berth.

—**gutladung** *f* | general (mixed) cargo.

—**gutsbefrachtung** *f* | freighting by the case (by contract).

—**lizenz** *f* | piece royalty.

—**lohn** *m* | piece-rate wage(s) | **Arbeit gegen** ~ | piece-work; job (jobbing) work | **nach** ~ **bezahlen** | to pay by the piece | **im** ~ | by the piece (job).

—**preis** *m* | price per unit; piece (unit) price.

stückweise *adv* | by the piece; piecemeal; piece by piece.

Stückwerk *n* | patchwork.

Stückzahl *f* | **nach der** ~ | by the piece.

Stückzinsen *mpl* Ⓐ [Pfandbriefzinsen] | interest on bonds (on debentures) (on debenture loans); debenture interest | **ausschließlich** ~ | ex interest | **einschließlich** ~ | with (cum) interest.

Stückzinsen *mpl* Ⓑ [Dividenden] | dividends on shares; share interest | **ausschließlich** ~ | ex dividend | **einschließlich** ~ | with (cum) dividend.

Stückzinsen *mpl* Ⓒ [aufgelaufene Zinsen] | interest accrued.

Stufe *f* Ⓐ | degree; grade; rank | **Besoldungs**~; **Gehalts**~ | salary bracket | **Lohn**~ | schedule of wages; wage bracket | **Tarif**~ | tariff schedule | **mit jdm. auf gleicher** ~ **stehen** | to be on a footing of equality with sb. | **zwei Personen miteinander auf gleiche** ~ **stellen** | to place two persons on the same footing.

Stufe *f* Ⓑ [Klasse] | **die Mittel**~ | the middle school (grades) | **die Ober**~ | the upper (the senior) school (grades) | **die Unter**~ | the lower school (grades).

Stufengründung *f* | incorporation by stages.

Stufentarif *m* | differential tariff.

stufenweise *adv* | by degrees; gradually.

Stunde *f* | **Geburts**~ | hour of birth | **Sterbe**~; **Todes**~ | hour of death | **in letzter** ~ | in the eleventh hour | **die verabredete** ~ | the time of an appointment | **die vereinbarten** ~ | at the appointed time | **bis zur** ~ | up to this hour.

Stunden *fpl* Ⓐ | **Arbeits**~ | working hours; hours of work | **Bank**~; **Geschäfts**~ **der Bank** | banking hours | **Börsen**~ | stock exchange hours | **Büro**~; **Geschäfts**~ ① | office hours | **Geschäfts**~ ② | hours of business (of attendance); business hours | **Dienst**~ | office (official) hours | **Hauptgeschäfts**~; **Hauptverkehrs**~ | rush (peak) hours | **Sprech**~ | consulting hours | **Über**~ | overtime | ~ **mit geringem Verkehr** | slack hours | **nach** ~ **entlohnt werden** | to be paid by the hour | **jdn. nach** ~ **bezahlen** | to pay sb. by the hour.

Stunden *fpl* Ⓑ [Lektionen] | ~ **geben** | to give lessons | ~ **nehmen** | to take lessons.

stunden *v* | **eine Zahlung** ~ | to grant a respite for payment; to delay (to hold over) a payment | **jdm. etw.** ~ | to grant sb. a respite (a delay).

Stunden..geben *n* | giving (teaching) lessons.

—**leistung** *f* | output per hour.

—**lohn** *m* | pay (wages) by the hour.

——**arbeit** *f* | work paid by the hour; time work.

—**plan** *m* | time table.

—**satz** *m*; —**tarif** *m* | rate (tariff) by the hour; hourly rate.

—**zettel** *m* | time sheet.

stundenweise *adv* | by the hour | **jdn. ∼ beschäftigen** | to employ sb. by the hour | **jdn. ∼ bezahlen (entlohnen)** | to pay sb. by the hour | **∼ bezahlt (entlohnt) werden** | to be paid by the hour (by time).
Stundung *f* | respite | **Fracht∼** | freight respite; respite for freight | **Steuer∼** | tax respite | **∼ bewilligen** | to grant a respite.
Stundungsgesuch *n* | request for respite | **ein ∼ stellen** | to apply for a respite.
Stundungsvertrag *m* | letter of respite.
Sturz *m* Ⓐ [starkes Fallen] | **Finanz∼** | financial collapse | **∼ der Kurse (der Preise); Kurs∼; Preis∼** | slump in (of the) prices | **Markt∼** | collapse (slump) of the market.
Sturz *m* Ⓑ | **der ∼ einer Regierung (eines Ministeriums); Regierungs∼** | the downfall of a government (of a ministry) | **der ∼ eines Reiches** | the fall (the downfall) of an empire.
Sturz *m* Ⓒ [Umsturz] | **der ∼ einer Regierung; Regierungs∼** | the overthrow of a government | **gewaltsamer ∼ der Regierung** | overthrowing the government by force.
Sturz *m* Ⓓ | **Kassen∼** | making up (closing of) (balancing) the cash.
Stürzen *n* | **∼ der Preise** | slump of prices.
stürzen *v* Ⓐ | to slump | **sich in Schulden ∼** | to run os. into debt.
stürzen *v* Ⓑ [um∼] | **ein Ministerium (eine Regierung) ∼** | to overthrow a government.
stürzen *v* Ⓒ | **die Kasse ∼** | to make up the cash account; to balance (to balance up) the cash.
Stütze *f* | support.
stützen *v* | **seine Ansicht (seine Meinung) auf etw. ∼** | to base (to ground) one's opinion on sth. | **den Markt ∼** | to support the market | **die Preise ∼** | to support the prices | **ein Unternehmen ∼** | to back an enterprise financially | **die Währung ∼** | to back (to peg) the currency | **sich auf etw. ∼** | to take sth. as a basis; to found (to build) upon sth. | **sich auf jdn. ∼** | to rely (to depend) on sb.
Stützpunkt *m* | base | **Flotten∼** | naval base (station) (port) | **Flug∼** | air (aviation) base; air station.
Stützung *f* | support | **∼ des Marktes** | support (pegging) of the market | **Preis∼** | price support(ing) | **∼ der Währung** | backing of the currency | **finanzielle ∼** | financial support.
Stützungs..aktion *f* | supporting action.
—käufe *mpl* | buying to support the price(s); supporting orders.
—kredit *m* | emergency credit.
—preis *m* | supported (pegged) price.
—syndikat *n* | supporting syndicate.
Subhastation *f* [gerichtliche Versteigerung] | judicial sale; auction by order of the court.
Submission *f* | tender | **durch ∼** | by tender; by inviting tenders | **für etw. eine ∼ ausschreiben; etw. in ∼ vergeben** | to invite tenders for sth.; to give sth. out by contract.
Submissions..aufforderung *f*; **—einladung** *f* | call for tenders.
—bedingungen *fpl* | conditions of contracts for tenders; specifications *pl*.
—bewerber *m* | contractor.
—offerte *f* | tender.
—preis *m* | contract price.
—vergebung *f* | allocation by contract.
—weg *m* | Vergebung im **∼** | giving out (allocation) by tenders | **etw. im ∼ vergeben** | to give sth. out by contract | **auf dem ∼; im ∼** | by tender.
Submittent *m* | contractor.

Subordination *f* | subordination.
subordinieren *v* | to subordinate.
subskribieren *v* [vorbestellen] | to subscribe | **auf ein Buch ∼** | to subscribe to (for) a book.
Subskription *f* [Vorbestellung] | subscription.
Subskriptions..einladung *f* | invitation to subscribe.
—gebühr *f* | subscription fee.
—preis *m* [Vorbestellungspreis] | subscription price.
—schein *m*; **—vordruck** *m* | subscription form (blank).
substantiieren *v* | **einen Anspruch ∼** | to substantiate a claim.
Substantiierung *f* | substantiation.
Substanz..erhaltung *f* | preservation of real assets.
—schwund *m*; **—verringerung** *f*; **—verzehr** *m* | dwindling of assets; depletion.
—verlust *m* | loss of substance (of material value).
—wert *m* | material value; value of material assets.
substituieren *v* Ⓐ [vertreten] | **jdn. ∼** | to substitute for sb.; to act as substitute for sb.
substituieren *v* Ⓑ [ersetzen] | **etw. durch etw. ∼** | to substitute sth. for sth.; to replace sth. by sth.
Substituierung *f* [Ersetzung] | substitution | **∼ von etw. durch etw.** | substitution of sth. for sth.; replacement of sth. by sth.
Substitut *m* Ⓐ [Ersatzmann; Stellvertreter] | substitute.
Substitut *n* Ⓑ [Ersatzmittel] | substitute material; substitute.
Substitution *f* Ⓐ [Stellvertretung] | substitution.
Substitution *f* Ⓑ [Erbvertretung] | substitution of an heir.
subsumieren *v* [zusammenfassen] | to sum up; to summarize.
Subsumption *f* [Zusammenfassung] | summarizing.
Subvention *f* | subsidy; financial aid | **Staats∼** | state (government) subsidy (grant).
subventionieren *v* | to subsidize; to grant financial aid | **eine Industrie staatlich ∼** | to subsidize an industry.
subventioniert *adj* | subsidized | **staatlich ∼** | subsidized by the government (by the state); government-subsidized; state-subsidized; grant-aided | **staatlich ∼e Ausfuhr** | subsidized exports *pl* | **staatlich ∼e Industrie** | subsidized industry | **staatlich ∼ sein** | to be state-subsidized.
Subventionierung *f* | subsidizing.
Subventions..betrug *m* | obtaining subsidies (a subsidy) by false statements.
—fonds *m* | subsidy fund.
—politik *f* | policy of subsidizing.
Suche *f* [Suchaktion] | search | **die ∼ nach neuen Absatzmärkten** | the search for new markets (new outlets) | **auf die ∼ nach etw. gehen** | to go searching for sth. | **auf der ∼ nach etw. sein** | to be in search (in quest) of sth.
suchen *v* | **etw. ∼** | to be in search of sth.; to search after sth. | **nach jdm. ∼** | to search for sb.
Such-, Entwicklungs- und Förderkosten *pl* [Ölindustrie] | prospection, development and production costs.
Suchkartei *f* | tracing index (file).
suggerieren *v* | **jdm. eine Antwort ∼** | to prompt sb. with an answer.
Suggestivfrage *f* | leading question.
Sühne *f* Ⓐ | expiation; atonement | **als (zur) ∼ für sein Verbrechen** | in expiation of his crime.
Sühne *f* Ⓑ [Schmerzensgeld] | smart money.
—amt *n* | board (court) of conciliation; conciliation board.

Sühne..antrag *m* | request for conciliatory proceedings.
—maßnahme *f* | sanction.
sühnen *v* | eine Schuld ~ | to expiate a guilt | etw. ~ |
to make atonement for sth.
Sühne..termin *m* | day of the hearing for reconcili-
ation | **Ladung zum ~** | summons *sing* to appear
in conciliation proceedings | **zum ~ vorgeladen
sein** | to be summoned in conciliation proceedings.
—verfahren *n* | conciliatory proceedings *pl* (pro-
cedure) | **Antrag auf Einleitung des ~s** | request
for conciliatory (conciliation) proceedings.
—versuch *m* | attempt at reconciliation (at con-
ciliation).
—vorschlag *m* | conciliatory proposal.
sukzessiv *adj* | successive.
Sukzessivlieferung *f* | successive delivery.
summarisch *adj* | summary | **~es Verfahren** | sum-
mary procedure (proceedings) | **im ~en Verfahren
entscheiden** | to decide by summary proceedings |
**im ~en Verfahren verhandelt (erledigt) (ab-
geurteilt) (verurteilt) werden** | to be summarily
tried | **Verurteilung im ~en Verfahren** | summary
conviction.
summarisch *adv* | summarily | **~ verhandelt werden** |
to be summarily tried.
Summe *f* | sum; amount | **Abfindungs~; Entschä-
digungs~** | indemnity; amount (sum) paid in
compensation (for indemnification) | **Ablösungs~** |
amount required for redemption; redemption
capital | **Abrundung einer ~** | rounding off of a
sum | **End~; Gesamt~** | total sum (amount);
sum total; total | **Geld~; ~ Geldes** | sum (amount)
of money | **Pausch~; Pauschal~** | lump sum |
Schuld~ | amount (sum) of the debt; amount
(sum) due; amount owing | **Teil~** | sub-total |
Versicherungs~ | sum insured | **Wechsel~** |
amount of a bill of exchange.
★ **geringfügige ~** | paltry sum | **große ~** | large
sum | **eine ~ abrunden** | to round off a sum.
summieren *v* | to sum up.
Summierung *f* | summing up.
Super..dividende *f* | super (surplus) dividend; bonus.
—markt *m* | supermarket.
—numerar *m* | supernumerary; auxiliary official.
supranational *adj* | supranational.
suspendieren *v* | to suspend.
Suspendierung *f*; **Suspension** *f* | suspension.
Suspensivbedingung *f* | condition precedent.
Symbol *n* | token; symbol.
Sympathiebezeugung *f* | token of sympathy.
Sympathiestreik *m* | sympathy (sympathetic) strike |
in den ~ treten | to strike (to walk out) in sym-
pathy.
Syndikalismus *m* | syndicalism.
Syndikalist *m* | syndicalist.
syndikalistisch *adj* | syndicalist.
Syndikat *n* | syndicate; association | **Arbeiter~** |
trade (trades) union | **Emissions~** | issue (loan)
(underwriting) syndicate | **Industrie~e bilden** |
to trustify industrial enterprises | **Kohlen~** ①
coal-owners' association | **Kohlen~** ② | coal-
merchants' association | **Mitglied eines ~s** |
member of a syndicate | **Schwindel~** | bucket
shop | **Vereinigung zu einem ~** | syndication |
Versicherungs~ | syndicate of underwriters;
underwriting syndicate | **etw. zu einem ~ zu-
sammenschließen** | to form (to combine) sth. into a
syndicate | **sich zu einem ~ zusammenschließen** |
to syndicate; to unite (to form) a syndicate.
Syndikatsanteil *m* | underwriting share.

Syndikats..beteiligung *f* | participation as underwriter.
—bildung *f* | forming of a syndicate (of syndicates);
syndication | **Anleihe~** | loan syndication.
—mitglied *n* | member of the (of a) syndicate; under-
writing member.
—vertrag *m* | underwriting contract (agreement).
Syndikus *m* | counsellor; counsel; corporation
lawyer | **Chef~; General~** | general attorney
(counsel) | **Stadt~** | city counsel (attorney).
System *n* | system | **Abzahlungs~** | instalment
(deferred payments) (hire-purchase) system |
Akkordlohn~ | piece-work system | **Besteue-
rungs~** | system of taxation; tax (fiscal) system |
Buchführungs~ | accounting set-up (system) |
Bank~ | banking system | **Einkammer~** | uni-
cameral system | **Feudal~** | feudal system; feu-
dalism | **Freihandels~** | free trade.
○ **Gerichts~; Rechts~** | court (juridical) system |
Kantonal~ | cantonal system | **Kollektiv~** |
collective system | **Kontingent(ierungs)~** | system
of quotas; quota system | **Kontroll~** | system
of controls; control system | **Münz~** | monetary
system; currency | **Ratenzahlungs~** | instalment
(deferred payments) (hire-purchase) system |
○ **Regierungs~** | form (system) of government |
Selbstverwaltungs~ | autonomous system; self-
government | **Sicherheits~** | security system |
Steuer~ | tax system; system of taxation | **Straf~** |
penitentiary (prison) system | **Vorprüfungs~** |
system of preliminary examination | **Wahl~** |
electoral system | **Währungs~** | monetary system;
currency | **~ flexibler Wechselkurse** | system of
flexible exchange rates; floating.
○ **Wirtschafts~** | economic system (structure) |
kontrolliertes Wirtschafts~ | controlled economy |
Zweikammer~ | parliamentary system of two
Houses | **kapitalistisches ~** | capitalist system;
capitalism | **metrisches ~** | metric system | **par-
lamentarisches ~** | parliamentary system; par-
liamentarism.
systematisch *adj* | systematic.
systematisch *adv* | **~ arbeiten** | to work systemati-
cally.
systematisieren *v* | etw. ~ | to systematize sth.; to
reduce sth. to a system; to bring sth. into a system.
Systematisierung *f* | systemization.
systemlos *adj* | without system.
Szene *f* | scene | **ein Stück in ~ setzen** | to put a play
on the stage.

T

Tabak..händler *m* | tobacconist.
—monopol *n* | tobacco monopoly.
—regie *f* | state tobacco monopoly.
—steuer *f* | tax on tobacco.
—trafik *f*; **—verkaufsstelle** *f* | tobacconist's shop.
tabellarisch *adj*; **tabellenförmig** *adj* | tabular.
tabellarisch *adv*; **tabellenförmig** *adv* | in tabular
form | **Ziffern ~ anordnen** | to arrange figures in
tabular form (in a tabulation); to tabulate figures |
~ angeordnet | arranged in tabular form; tabu-
lated.

Tabelle *f* | scale; schedule; tabulation | **Einkommensteuer~** | income schedule | **Gebühren~** | table (scale) of charges (of rates) (of fees) | **Gebühr nach der amtlichen (gesetzlichen)** ~ | legal scale charge (fee) | **Preis~** | scale (schedule) of prices | **Rechen~** | ready reckoner | **an der Spitze der** ~ | at the top of the scale; heading the scale | **Sterblichkeits~n** | mortality (experience) tables | **Umrechnungs~** ①; **Kurs~** | table of exchanges (of exchange rates) | **Umrechnungs~** ②; **Paritäten~** | table of par values (of parities) | **Zins~** | table of interests; interest table.

Tabellenform *f* | **in** ~ | in tabular form; tabulated | **Anordnung in** ~; **Zusammenstellung in** ~ | tabulation | **Ziffern in** ~ **anordnen** | to tabulate figures.

Tabellisierung *f* | tabulation.

Tabularersitzung *f* | acquisitive prescription based on registration in a public record.

Tadel *m* | reprimand; rebuke; blame | **sich** ~ **aussetzen (zuziehen)** | to incur reproaches | ~ **verdienen** | to deserve blame (censure).

tadelfrei *adj*; **tadellos** *adj* | blameless; irreproachable | **nicht** ~ | not beyond reproach.

Tadellosigkeit *f* | blamelessness.

tadeln *v* | to reprimand; to blame; to censure.

tadelnswert *adj* | reproachable.

Tadels..antrag *m*; **—motion** *f* [S] | motion of censure.

—resolution *f*; **—votum** *n* | censure resolution; vote of censure.

Tafel *f* Ⓐ | board | **Anschlags~** | bill (poster) frame | **Gerichts~** | notice board of the court | **Mitteilungs~** | notice board | **Schalt~** | switchboard | **Schul~** | blackboard.

Tafel *f* Ⓑ [Schild] | signboard.

Tafel *f* Ⓒ [Tabelle] | table; scale; schedule; tabulation | **Abstammungs~** | genealogical (family) tree | **Gezeiten~** | tide gauge | **Preis~** | scale (schedule) of prices | **Sterblichkeits~** | mortality (experience) tables *pl* | **Zins~** | table of interest; interest table.

Tag *m* Ⓐ | day | **Abgangs~** ①; **Abreise~** | date of sailing; sailing date | **Abgangs~** ②; **Absende~** | date of dispatch | **Ablaufs~** | date of expiration | **Ablieferungs~** | day (date) of delivery | **Abrechnungs~** | account (settlement) (pay) day | **Abschluß~** | settling (closing) day | **Achtstunden~** | eight-hour day | **der All~** | everyday life | **Anfangs~** | initial date | **Ankunfts~** | day of arrival | **Annahme~** | date of acceptance.

○ **Arbeits~** | working (work) day; workday | **Aufgabe~** | date of filing | **Ausgabe~** | day (date) of issue | **Ausgangs~** | day off | **Bekanntmachungs~** | day of publication | **Börsen~** | market (business) day | **Ehren~e** | days of grace (of respite) | **Eingangs~**; **Empfangs~** | time of receipt | **Einnahme~** | date of receipt.

○ **Einreichungs~**; ~ **der Einreichung** | day (date) of filing; filing date | **Eintragungs~** | day (date) of registration | **Eintritts~** | day (date) of entry | **Erfindungs~** | date of the invention | **Erneuerungs~** | renewal date | **Erscheinungs~** | day (date) of publication (of issue).

○ **Fälligkeits~** | day (date) of maturity (of expiration); due date | **einen Wechsel mit einem Fälligkeits~ versehen** | to due-date a bill | **Feier~**; **Fest~** | holiday; red-letter day; day of rest | **gesetzlicher (öffentlicher) Feier~** | legal (public) holiday | **Geburts~** ①; ~ **der Geburt** | day (date) of birth | **Geburts~** ② | birthday; anniversary.

○ **Gerichts~** | court day | **der** ~ **des Jüngsten Gerichts** | the last day; the day of judgment; Judgment Day | **Hochzeits~** | wedding day | **der** ~ **des Inkrafttretens** | the effective date | **Kalender~** | calendar day | **Lade~** | loading day | **im Laufe des** ~**es** | in the course of the day | **Liefer~**; ~ **der Lieferung** | day (date) of delivery | **Liquidations~** | account (settlement) (settling) (pay) day | **Lohnzahlungs~** | date of wage payment; pay day.

○ **Markt~** | market (business) day | ~ **und Nacht arbeiten** | to work day and night | **Namens~** | name day | **Nationalfeier~** | national holiday | **Prioritäts~** | date of priority; priority date | **Quartalsabrechnungs~** | quarter day | **Respekt~e** | days of grace (of respite) | **Ruhe~** | holiday; day of rest | **Schul~** | school day | **Sterbe~**; **Todes~** | day of death.

○ **Stich~** | crucial date; critical date (day) | ~ **für** ~ | day by day | ~ **der Trauung** | day of marriage; wedding day | **Überliege~** | day of demurrage | **Verfall~** | date of expiration (of expiry) (of maturity); due date; date due | **Veröffentlichungs~** | day of publication (of issue) | **Versöhnungs~** | Day of Expiation | **Vor~** | preceding day; day before | **Wahl~** | election day.

○ **Werk~** | working (work) (business) (lawful) day | **Wert~** | value date | **Wochen~** | weekday | ~ **der Zahlung**; **Zahlungs~**; **Zahl~** ① | day of payment | **Zahl~** ②; **Lohnzahlungs~** | pay day; date of wage payment | **Zeichnungs~** | day of application | **Ziehungs~** | drawing day | **Zinszahlungs~** | date interest is payable.

★ **an einem bestimmten** ~ | on a given day | **dienstfreier** ~ | day off | **festgesetzter** ~ | fixed (appointed) day | **freier** ~ | day out | **den ganzen** ~ | all day long | **den ganzen** ~ **arbeiten** | to work all day (all the day) (all day long) | **am hellen** ~**e**; **mitten am** ~**e** | in broad daylight | **der Jüngste** ~ | the last day; the day of judgement; Judgment Day | ... **volle** ~**e** | ... clear days.

★ **sich einen** ~ **freigeben lassen; sich einen** ~ **frei nehmen** | to take a day off | **von einem** ~ **auf den andern leben; in den** ~ **hinein leben** | to live from day to day (from hand to mouth); to live a hand-to-mouth existence | **einen** ~ **festsetzen; einen** ~ **vereinbaren; eine Vereinbarung für einen** ~ **treffen** | to appoint (to agree upon) a day; to make an appointment | **alle acht** ~**e** | every eight days; once a week | **am** ~**e**; **bei** ~**e** | by daytime; by daylight | **bis zu diesem** ~**e** | to date | **am heutigen** ~**e** | this day; to-day; to date | **Zinsen bis zum heutigen** ~**e** | interest to date | **jeden** ~ | every day; daily | **pro** ~ | per day; daily | **von** ~ **zu** ~ | from day to day | **während des** ~**es** | in the daytime; in the course of the day | **ein zwischen ... und ... liegender** ~ | some day (some date) between ... and ...

Tag *m* Ⓑ | **unter** ~ **arbeiten** | to work underground.

Tag *m* Ⓒ [Versammlung] | **Bundes~** | federal diet; meeting of the confederates | **Land~** | diet | **Partei~** | party congress (conference) (rally).

Tagblatt *n* | daily paper; journal.

Tagebau *m* [Förderung im ~] | open mining.

Tagebuch *n* | diary; day book | **Reise~** | travelling diary | **Schiffs~** | log book; logbook; sea journal (log).

Tagegeld *n* Ⓐ | daily allowance.

Tagegeld *n* Ⓑ [Reise~] | travel(ling) allowance.
tagen *v* | to sit; to be in session | **in geheimer Sitzung** ~ | to sit in camera.
Tagelohn *m* | a day's pay; daily pay (wages *pl*). [VIDE: **Taglohn** *m*.]
Tages..arbeit *f* | a day's work.
—**ausweis** *m* | daily bulletin (return).
—**auszug** *m* | daily statement.
—**bericht** *m* | report of the day; daily report.
—**dienst** *m* | day service.
—**einnahme** *f* | day's receipts *pl* (takings *pl*).
—**entgelt** *n* | daily pay.
—**entschädigung** *f* | daily allowance.
—**ereignisse** *npl* | current events.
—**förderung** *f* | production (output) per day; daily output.
—**gebühr** *f* | day charge; charge per day.
—**geld** *n* [Geld auf tägliche Kündigung] | money for one day; daily (day-to-day) money.
—**karte** *f* | day ticket.
—**kasse** *f* Ⓐ [Schalter] | box office.
—**kasse** *f* Ⓑ; —**losung** *f* | day's takings *pl* (receipts *pl*).
—**kurs** *m* | current rate; rate (quotation) of the day; market price (quotation) | **zum** ~ | at the current rate (rate of exchange) (exchange rate) (market rate) (market rates); at the present quotation.
—**leistung** *f* Ⓐ | production (output) per day; daily output.
—**leistung** *f* Ⓑ [Kapazität] | daily (a day's) capacity.
—**licht** *n* | Ausnützung von ~ | daylight saving | **bei** ~ | by daylight.
—**meldung** *f* | daily (day's) report.
—**notierung** *f*; —**notiz** *f* | quotation (rate) of the day.
Tagesordnung *f* | order (business) of the day; agenda paper (sheet); agenda | **Abschrift der** ~ | order paper | **Änderung der** ~ | rearrangement of business | **Aufstellung einer** ~ | drawing up an agenda | **Eintritt in die** ~; **Übergang zur** ~ | proceeding to the order of the day | **Frage zur** ~ | question of the order of the day | **Punkt der** ~ **(auf der** ~) | item of (on) the agenda | **in der Reihenfolge der** ~ | in (according to) the order of the day | **das Wort zur** ~ **ergreifen; zur** ~ **sprechen** | to speak on a point of order.
★ **etw. von der** ~ **absetzen** | to strike sth. off the agenda; to remove sth. from the agenda | **über die** ~ **(zur** ~**) abstimmen** | to vote on the order of the day | **eine** ~ **aufstellen** | to formulate (to draw up) an agenda | **an der** ~ **sein** | to be the order of the day | **etw. auf die** ~ **setzen** | to put sth. down on the agenda | **auf der** ~ **stehen** | to be on the agenda | **zur** ~ **übergehen** | to proceed to the order of the day | **über einen Einwand zur** ~ **übergehen** | to overrule (to brush aside) an objection | **nicht zur** ~ **gehörig** | out of order.
Tages..post *f* | **die** ~ | the day's mail.
—**preis** *m* | current (actual) market price; price (rate) of the day.
—**presse** *f* | **die** ~ | the daily papers (press).
—**produktion** *f* | production (output) per day; daily output.
—**programm** *n* | daily (the day's) schedule.
—**reise** *f* | **eine** ~ **entfernt** | a day's journey distant.
—**satz** *m* | daily (per diem) rate.
—**spesen** *pl* | per diem expenses (charges).
—**stempel** *m* | date stamp (marker); dater.
—**umsatz** *m* Ⓐ | daily (a day's) turnover.
—**umsatz** *m* Ⓑ [Verkäufe] | a day's sales *pl*.

Tages..verbrauch *m* | daily consumption.
—**verdienst** *m* Ⓐ [Lohn] | a day's wages *pl*.
—**verdienst** *m* Ⓑ [Gewinn] | a day's profit.
—**wert** *m* Ⓐ | actual buying value.
—**wert** *m* Ⓑ [Kurswert] | rate of the day.
—**zeitung** *f* | daily paper; daily | **die führenden** ~**en** | the leading dailies.
—**zinsen** *mpl* | daily interest; interest per day.
—**zuteilung** *f* | allocation per day.
tageweise *adv* | by the day.
Tagewerk *n* | a day's work; day | **zum gewöhnlichen** ~ **gehören** | to be in the day's work (routine).
Tagfahrt *f* | hearing.
täglich *adj* | daily | ~**e Aufgabe** | daily task | ~**es Geld; Geld auf** ~**e Kündigung** | daily (day-to-day) money (loans *pl*); call money | **auf** ~**e Kündigung** | at (on) call | ~**er Verbrauch** | daily consumption | **all**~ | everyday.
täglich *adv* | from day to day; per day; daily | ~ **fällige Einlagen (Deposten)** | deposits payable on demand | ~ **kündbares Geld (Darlehen)** | daily (day-to-day) money (loans *pl*); call money.
Taglohn *m* | a day's pay; daily pay (wages *pl*) | **im** ~; **auf** ~ | for daily pay; by the day | **Arbeit im** ~ | day labo(u)r | **gegen (im) (auf)** ~ **arbeiten** | to work by the day (against daily pay).
Taglöhner *m* Ⓐ | day labo(u)rer.
Taglöhner *m* Ⓑ [im Bergbau] | daywageman.
Taglöhnerarbeit *f* | day labo(u)r.
Tagsatzung *f* Ⓐ [Augenschein] | visit to the scene.
Tagsatzung *f* Ⓑ [Termin] | hearing.
Tagschicht *f* | day shift.
Tagtonnen *fpl* | tons per day.
Tagung *f* | sitting; session; meeting | **Arbeits**~ | working session | ~ **des Parlaments** | session of parliament; parliamentary session | **eine** ~ **abhalten** | to hold a meeting | **zu einer** ~ **zusammentreten** | to meet in session.
Tagungs..bericht *m* | conference paper.
—**ort** *m* | meeting place.
—**teilnehmer** *m* | conference member.
Takt *m* | tact.
Taktik *f* | tactics *pl*.
taktisch *adj* | tactical.
taktlos *adj* | tactless.
Taktlosigkeit *f* | tactlessness.
Talar *m* | robe | **im** ~ | robed.
Talon *m* Ⓐ [Abschnitt] | counterfoil; stub.
Talon *m* Ⓑ [Erneuerungsschein] | renewal coupon; talon.
—**steuer** *f* Ⓐ | talon tax.
—**steuer** *f* Ⓑ [Kuponsteuer] | coupon tax.
Tankerflotte *f* | tanker fleet.
Tanklager *n* | tank farm.
Tante *f* | aunt | **Groß**~ | great-aunt | **angeheiratete** ~ | aunt-in-law.
Tantieme *f* Ⓐ [Gewinnanteil] | percentage (share) of profits | **Aufsichtsrats**~ | supervisors' percentage of profits | **Direktoren**~**n** | directors' percentage of profits.
Tantieme *f* Ⓑ [Autorenhonorar] | royalty; author's fee.
Tantiemen..abgabe *f*; —**steuer** *f* | tax on directors' fees.
Tara *f* Ⓐ; **Taragewicht** *n* | weight of the container (of the packing); tare | **die** ~ **bestimmen** | to ascertain the tare.
Tara *f* Ⓑ; **Taravergütung** *f* | allowance for tare; tare allowed | **Pauschal**~ | lump tare | **übliche** ~; **handelsübliche** ~ | customary tare | **die** ~ **vergüten (in Abzug bringen)** | to allow for tare.

Tara *f* © [Leergewicht] | weight when empty.
Taranote *f*; **Tararechnung** *f* | tare note (account).
Tarieren *n*; **Tarierung** *f* | taring.
tarieren *v* Ⓐ [das Verpackungsgewicht bestimmen] | to ascertain the tare.
tarieren *v* Ⓑ [die Tara vergüten] | to allow for tare.
Tarif *m* | tariff | **Abonnements~; Bezugspreis~** | rates *pl* of subscription; subscription rates *pl* | **Anzeigen~; Annoncen~** | advertising rate; rate card | **Artikel~** | scheduled tariff | **Ausfuhr~** | export rate | **Ausgleichs~** | rate of compensation | **Ausnahme~** | special (preferential) tariff (rate).
○ **Bahn~; Eisenbahn~** | railway tariff (rates *pl*); tariff of railway fares; rail tariff | **Einfuhr~** | import list | **Einfuhrausnahme~** | tariff of penetration | **Einheits~** | uniform tariff (rate) | **Entlohnung nach dem ~** | remuneration according to tariff | **Festsetzung von ~en** | rating; fixing of rates | **Fracht~** | freight tariff (rates); rate of freight | **Gebühren~** | schedule (tariff) of charges (of fees); scale of rates (of charges) | **Gefahren~** | schedule of risks | **Gehalts~** | scale of salaries | **Gepäck~** | luggage (baggage) rates *pl* | **Grund~** | fundamental tariff; basic rates *pl*.
○ **Güter~** | goods (freight) rates *pl* | **Höchst~**; **Maximal~** | highest (maximum) rate; highest tariff | **Kampf~** | fighting tariff | **Kilometer~** | flat mileage rate | **Klassen~** | classified tariff | **Lohn~** ① | wages agreement | **Lohn~** ② | scale of wages; wage schedule | **Mantel~** | basic (general) wage(s) agreement | **Minimal~** | minimum rate (tariff) | **Paket~** | parcels tariff; parcel rates *pl* | **Personen~; Personenbeförderungs~** | passenger rates *pl* (tariff).
○ **Post~; Porto~** | postal tariff (rates *pl*); rates of postage; postage rates *pl* | **Prämien~** | insurance tariff (rates *pl*) | **Provisions~** | commission rates *pl*; rate(s) of commission | **Sammel~** | group tariff | **Sonder~; Vorzugs~** | special (preferential) tariff (rate) | **Staffel~; Stufen~** | flexible (graduated) tariff | **Stunden~** | tariff by the hour; hourly rate | **Verbands~** | joint tariff | **Verhandlungs~** | bargaining tariff | **Versicherungs~** | insurance tariff (rates *pl*) | **Wettbewerbs~** | competitive tariff | **Zoll~** | customs tariff; tariff schedule.
★ **ermäßigte ~e; herabgesetzte ~e** | reduced rates | **der geltende ~** | the rates *pl* in force; the prevailing rates *pl* | **gestaffelter ~** | differential tariff (rates) | **halber ~** | half-rate | **kombinierter ~** | combined rate (tariff) | **voller ~** | full rate.
★ **einen ~ aufstellen (festsetzen)** | to establish a tariff; to fix rates | **einen ~ erhöhen** | to raise a tariff | **einen ~ senken** | to lower a tariff | **laut ~** | according to tariff (to a fixed rate).
Tarif..abbau *m* | cut in rates; rate cuts.
—abkommen *n* | tariff agreement.
—änderung *f* | tariff amendment (revision).
—bestimmung *f* | tariff provision.
—bestimmungen *fpl* | tariff regulations.
—bruch *m* | tariff violation.
—erhöhung *f* | raising of the tariff; rate increase.
—ermäßigung *f* | reduction of the tariff; rate reduction.
—festsetzung *f* | fixing of rates; rating; rate fixing.
—gebühr *f* | scale (legal scale) charge.
—gruppe *f* Ⓐ [von Löhnen] | wage group (class).
—gruppe *f* Ⓑ [von Steuern] | tax bracket.
tarifieren *v* | to tariff; to fix rates.
Tarifierung *f* | rating; fixing of rates | **Zoll~** | fixing of custom rates.

Tarif..kampf *m* | tariff war; rate competition.
—klasse *f* | tariff schedule.
—kommission *f* | tariff (rating) commission.
—konferenz *f* | tariff (rate) conference.
—kürzung *f* | cut in the rates; rate cutting.
tariflich *adj* | as fixed (as agreed) in the tariff.
Tariflohn *m*; **Tariflöhne** *mpl* | wages *pl* fixed in (by) the tariff agreement(s); tariff wages.
tarifmäßig *adj* | according to tariff (to a fixed rate) | **~e Gebühr** | scale (legal scale) charge.
Tarif..ordnung *f* | collective agreement (contract).
—politik *f* | tariff (rate) policy.
—position *f* | tariff heading.
—preise *mpl* | tariff rates; scale charges.
—reform *f* | tariff reform.
—satz *m* | tariff rate.
—senkung *f* | lowering of the rates; rate (tariff) reduction.
—streitigkeit *f* | trade (rate) dispute.
—stufe *f* | tariff bracket.
—system *n* | system of tariffs; tariff (rating) system.
—stundenlohn *m* | hourly wages *pl* as fixed in the tariff agreement(s).
—tabelle *f* Ⓐ | tariff schedule.
—tabelle *f* Ⓑ | table of charges.
—verband *m* | tariff syndicate.
—verhandlungen *fpl* | collective bargaining.
—vertrag *m* | collective agreement (wages agreement) (bargain).
—vorschrift *f* | tariff regulation (provision).
—zoll *m* | tariff duty.
—zugeständnis *n* | tariff concession.
Tarnung *f* | camouflage.
Tasche *f* | **Akten~** | brief case | **Brief~** | pocketbook | **Geld~** | purse | **Geldbrief~** | bill wallet; pocketbook | **jdn. aus eigener ~ bezahlen** | to pay sb. from one's own pocket | **etw. in die ~ stecken** | to pocket sth.; to put sth. into one's pocket.
Taschen..ausgabe *f* | pocket edition.
—buch *n*; **—notizbuch** *n* | pocketbook; notebook.
—buchausgabe *f* | pocketbook edition.
—dieb *m*; **—diebin** *f* | pickpocket.
—diebstahl *m* | pocket-picking.
—format *n* | pocket size.
—geld *n* | pocket money; allowance for personal expenses.
—kalender *m* | pocketbook diary.
—wörterbuch *n* | pocket dictionary.
Tat *f* | action; act; deed | **bei Ausübung der ~; auf frischer ~** | in the act; in the fact | **Gewalt~** | act of violence; violence | **Mann der ~** | man of action | **Straf~** | punishable (illicite) (unlawful) (wrongful) act; offense | **auf frischer ~ ergriffen (betroffen) (ertappt) werden** | to be caught (to be apprehended) in the act (in the fact) (redhanded) | **etw. in die ~ umsetzen** | to bring (to call) sth. into action; to put sth. in action.
Tatbericht *m* | statement of facts.
Tatbestand *m* Ⓐ | **der ~** | the facts *pl*; the real facts; the actual (factual) circumstances *pl* | **genaue (vollständige) Darstellung des ~s** | full statement (recital) of the facts | **eine Darstellung des ~s geben** | to recite (to give) the facts; to give an account of the facts | **der ~ eines Falles** | the facts of the case | **jdn. mit dem ~ eines Falles bekanntmachen** | to acquaint sb. with the facts of a case | **der objektive ~** | the material facts.
Tatbestand *m* Ⓑ [**~ des Urteils**] | summing up | **Berichtigung des ~es** | rectification of the factual statements in a judgment.

Tatbestands..aufnahme *f* Ⓐ | ascertainment (finding) of the facts.
—**aufnahme** *f* Ⓑ | statement of the facts.
—**berichtigung** *f* | rectification of the statement of the facts.
—**merkmal** *n* | factual characteristic; ingredient fact.
Tateinheit *f* | concomitance | **in** ~ | concomitant; accompanying.
Täter *m* | perpetrator | **Haupt**~ | principal | **Mit**~ | accessory in the fact; accomplice | **Haupt- und Mit**~ *mpl* | the principal and his accomplices | **durch einen unbekannten** ~; **durch unbekannte** ~ *mpl* | by some person or persons unknown.
Täterschaft *f* | **Mit**~ | complicity; joint commission of an offense.
Tatfrage *f* | question (issue) (matter) of fact.
tätig *adj* | active; acting | ~**er Gesellschafter (Teilhaber)** ① | active (working) partner | ~**er Gesellschafter (Teilhaber)** ② | managing partner | **freiberuflich** ~ | in a professional activity | ~ **sein als** | to act (to function) as.
tätig *adv* | actively | **an einer Sache** ~ **teilnehmen** | to take an active part (to be actively engaged) in a matter.
tätigen *v* | **einen Abschluß** ~; **ein Geschäft** ~ | to conclude a bargain (a deal).
Tätigkeit *f* Ⓐ | activity; action | **Bau**~ | building activity | **Erfinder**~; **erfinderische** ~ | inventive activity | **Ermittlungs**~ | investigating activity | **Erwerbs**~ | productive activity | **Geistes**~; **geistige** ~ | brain work | **Gewalt**~ | act of violence; violence | **Schöpfer**~; **schöpferische** ~ | creative activity | **Spar**~ | saving | **berufliche** ~ | professional activity | **ehrenamtliche** ~ | honorary (unpaid) service | **geschäftliche** ~ | business activity | **gewerbliche** ~ | industrial activity | **gewinnbringende** ~; **ersprießliche** ~ | productive (profitable) activity | **selbständige** ~ | self-employment | **in voller** ~ | in full activity (operation) | **eine** ~ **ausüben** | to carry on (to perform) an activity.
Tätigkeit *f* Ⓑ [Funktion] | function | **Amts**~ | period in office.
Tätigkeits..bericht *m* | report on the activity (activities).
—**bereich** *m*; —**feld** *n*; —**gebiet** *n*; —**kreis** *m* | field (sphere) of activity (of action).
t ätlich *adj* | ~**er Angriff**; ~**e Beleidigung** | assault and battery; assault.
t ätlich *adv* | **jdn.** ~ **angreifen** | to commit an assault on sb.; to assault sb.
Tätlichkeiten *fpl* | assault and battery; violence; assault | **schwere** ~ | aggravated assault | **zu** ~ **kommen** | to exchange (to come to) blows | **es zu** ~ **kommen lassen; sich zu** ~ **hinreißen lassen** | to let it come to blows | **gegen jdn.** ~ **verüben** | to commit (to make) an assault on sb.
Tatort *m* | scene of the crime | **den** ~ **besichtigen** | to visit the scene | **am** ~ **sein** | to be on the spot.
Tatrichter *m* | trial judge.
Tatsache *f* | fact; matter (issue) (question) of fact | **Behauptung über eine** ~ **(über** ~**n)** | statement of fact | **Einräumung (Nichtbestreiten) einer** ~ | admission of a fact | **Erfahrungs**~ | fact which is established by experience | **Ermittlung (Feststellung) der** ~**n** | ascertainment (finding) of the facts | **Verdrehung der** ~**n** | distortion of the facts | **Vorspiegelung falscher** ~**n** | false pretences; false statement of fact | **unter Vorspiegelung falscher** ~**n** | by (on) (under) false pretences.

★ **abgesehen von der** ~, **daß** ... | apart from the fact that ... | **anerkannte** ~ | recognized fact | **angesichts der** ~, **daß** ... | owing to the fact that ... | **bekannte** ~; **wohlbekannte** ~ | known (well-known) fact | **die nackten (unabänderlichen)** ~**n** | the hard facts | **neuheitszerstörende** ~ | fact which may negative novelty | **unabhängig von (ungeachtet) der** ~ | irrespective of the fact | **vollendete** ~ | accomplished fact; definite situation | **eine** ~ **ableugnen (bestreiten)** | to deny a fact | **etw. als** ~ **hinnehmen** | to accept sth. as a fact | ~ **werden; zur** ~ **werden** | to become a fact.
Tatsachen *fpl* | **die vorgebrachten** ~ | the allegations of fact; the factual allegations | **die** ~ **anführen** | to state the facts | **die** ~, **auf die es ankommt** | the material (essential) facts; the essentials | **sich den** ~ **beugen (fügen)** | to bow before the facts (before the evidence) | **bei den** ~ **bleiben; sich an die** ~ **halten** | to stick to (to the) facts | **den** ~ **entsprechen** | to be in accordance with the facts | **die** ~ **entstellen (verdrehen)** | to distort (to pervert) the facts.
Tatsachen..behauptung *f* | statement of fact; factual statement; averment.
—**bericht** *m* | factual statement (report).
—**irrtum** *m* | factual error.
—**material** *n* | factual data (evidence).
—**verdrehung** *f* | distortion of the facts.
—**vermutung** *f* | presumption of fact.
tatsächlich *adj* | real; actual; factual | ~**es Angebot** | real (actual) offer; tender | ~**e Ausführungen** | statements of fact | ~**e Ausgabe** | actual expense (expenditure) | **die** ~**en Behauptungen** | the allegations of fact; the factual allegations | ~**er Besitz** | actual possession | ~**er Bestand** | real stock | **in** ~**er Beziehung (Hinsicht)** | in point (as a matter) of fact; in actual fact | ~**e Einnahme(n)** | actual receipts (takings) | ~**e Feststellung** | ascertainment (finding) of the facts | ~**e Feststellungen** | statement of facts; established (verified) facts | ~**er Gesamtverlust** | actual total loss | ~**er Gewinn** | actual profit (profits) | **aus** ~**en Gründen** | in fact | ~**es Interesse** | actual (real) interest | ~**er Notenumlauf** | active circulation | **die** ~**en Umstände** | the facts; the real facts; the actual (factual) circumstances | **mit den** ~**en Verhältnissen vertraut sein** | to be acquainted with the facts of the matter | **das** ~**e Vorbringen** | the allegations of fact | ~**es und rechtliches Vorbringen zur Sache** | relevant statements of fact and legal points | ~**er Wert** | real (actual) (true) value | ~**er Wohnsitz** | actual domicile.
tatsächlich *adv* | in the fact; as a matter of fact; in actual fact; actually; really | ~ **eingezahltes Kapital** | paid up (paid in) capital | ~ **und rechtlich** | in fact and in law.
Tatumstände *mpl* | **die** ~ | the facts; the actual (factual) circumstances | **eine Darstellung der** ~ **geben** | to recite (to give) the facts; to give an account of the facts | **Kenntnis der** ~ | knowledge of the facts; factual knowledge | **dies sind die** ~, **soweit sie bekannt sind** | such are the known facts.
Tatverdacht *m* | indication (suspicion) of a criminal act.
Taubstummer *m* | deaf-mute.
Tauf..name *m* | baptismal (christian) name.
—**pate** *m* | godfather.
—**patin** *f* | godmother.
—**register** *n* | baptismal register.
—**schein** *m* | baptismal certificate.

taugen *v* | **zu etw. ~** | to be fit for sth.
tauglich *adj* Ⓐ | apt; able; capable; qualified | **~er Bürge** | sufficient (proper) surety.
tauglich *adj* Ⓑ [dienst~] | able-bodied; fit.
tauglich *adj* Ⓒ [brauchbar] | serviceable.
Tauglichkeit *f* Ⓐ [Qualifizierung] | ability; aptitude; qualification.
Tauglichkeit *f* Ⓑ [Dienst~] | physical fitness.
Tauglichkeit *f* Ⓒ [Brauchbarkeit] | serviceableness.
Tauglichkeitszeugnis *n* Ⓐ [Befähigungszeugnis] | certificate (proof) of ability (of qualification); qualifying certificate.
Tauglichkeitszeugnis *n* Ⓑ [Attest] | certificate of fitness.
Tausch *m* | exchange | **Gebiets~** | exchange of territories | **Waren~** | barter; truck | **etw. im ~ gegen etw. erhalten** | to receive (to obtain) sth. in exchange (in return) for sth. | **etw. für etw. in ~ geben** | to exchange (to barter) (to truck) sth. for sth. | **einen ~ machen** | to make an exchange; to barter | **etw. in ~ nehmen** | to take sth. in exchange | **etw. durch ~ weggeben** | to barter sth. away | **durch ~** | by way of barter (of truck) | **im ~ gegen (für)** | in exchange for; in return for.
Tauschabkommen *n* | barter agreement.
tauschen *v* | to exchange; to barter.
täuschen *v* | **jdn. ~** | to deceive sb.
täuschend *adj* | deceiving.
Tausch..gegenstand *m* | article of exchange.
—geschäft *n* | exchange; barter; exchange (barter) transaction.
—handel *m* | barter; barter trade (business); trade by barter; bartering; truck | **~ treiben** | to barter; to trade by barter.
—händler *m* | barterer.
—mittel *n*; **—objekt** *n* | medium (article) of exchange.
Täuschung *f* | deception; deceit | **arglistige ~** | fraud | **vorsätzliche ~** | fraudulent misrepresentation.
Täuschungs..absicht *f* | intention to deceive.
—manöver *n* | diverting manoeuvre; diversion.
—versuch *m* | attempted deceit.
Tauschvertrag *m* | barter contract (deal).
Tauschweg *m* | **im ~** | by way of barter (of exchange) (of truck) | **etw. im ~ erlangen** | to get (to obtain) sth. by exchange.
tauschweise *adv* | by way of exchange (of barter).
Tauschwert *m* | exchange (exchangeable) value.
Tausendsatz *m* | rate per thousand.
Taxation *f*; **Taxieren** *n*; **Taxierung** *f* | valuing; appraising; rating; evaluation.
Taxator *m*; **Taxierer** *m* | valuer; appraiser; taxer | **amtlicher ~** | official appraiser | **beeidigter ~** | sworn appraiser (assessor).
Taxe *f* Ⓐ [Abgabe; Gebühr] | tax; rate; rate of duty | **Aufenthalts~; Kur~** | visitors' (non-resident) tax | **Grund~** | basic fee | **Jahres~** | annual (renewal) tax; annuity.
Taxe *f* Ⓑ [Schätzung] | evaluation; appraisal | **~ über dem Wert** | overvaluation | **~ unter dem Wert** | undervaluation.
Taxenermäßigung *f* | reduction of duties.
taxfrei *adj* | free of (exempt from) duty (duties).
Taxgebühren *fpl* Ⓐ [Abgaben] | duties; rates.
Taxgebühren *fpl* Ⓑ [Schätzgebühren] | appraiser's fees.
taxieren *v* | to value; to estimate; to rate; to appraise | **etw. nach seinem Wert ~** | to make a valuation of sth. | **zu hoch ~** | to overrate; to overvalue; to

overestimate | **zu niedrig ~** | to underrate; to undervalue; to underestimate.
Taxierung *f* | valuation; appraisal; appraisement; rating.
taxmäßig *adj* | according to tariff (to a fixed rate).
Taxpreis *m* Ⓐ [geschätzter Preis] | estimated price.
Taxpreis *m* Ⓑ [Auktion] | upset (put-up) price.
Taxwert *m* | estimated value; appraisement.
Technik *f* | **Stand der ~** | state of the art; the art (prior art).
technisch *adj* | **~e Abteilung** | technical section (department) | **~e Ausbildung** | technical training | **~e Einzelheiten** | technicalities | **der ~e Fortschritt** | technological progress | **aus ~en Gründen** | for technical reasons | **~e Hochschule** | technical high school | **~es Institut** | technical institute; laboratory | **~e Schule** | technical school | **~e Schwierigkeiten** | technical difficulties | **~e Zeitschrift** | technical periodical (journal) (review).
Technologie *f* | **fortgeschrittene ~** | advanced technology.
technologisch *adj* | **der ~e Fortschritt** | the technological progress (advancement).
Teil *m* Ⓐ [Partei] | party | **die Streits~e** | the parties in a law suit (in a civil action) | **der angreifende ~** | the aggressor | **der obsiegende ~** | the successful party | **der schuldige ~** | the guilty (responsible) party | **der überlebende ~** | the surviving party.
Teil *m* Ⓑ [~ eines Ganzen] | share; portion; part | **Erb~** | hereditary portion | **Gebiets~** | part (section) of a territory | **Pflicht~** | natural portion | **zu gleichen ~en** | in equal shares; share and share alike | **unerläßlicher ~ (Bestand~)** | principal feature | **einen ~ von etw. bilden** | to be (to form) a part of sth. | **einen wesentlichen ~ (Bestand~) von etw. bilden** | to form an integral (essential) part of sth.; to be part and parcel of sth. | **in allen ~en** | in its entirety | **zum ~** | partly; in part.
Teil *m* Ⓒ [Bruch~] | fraction.
Teil *m* Ⓓ [Teilstück] | part | **Ersatz~** | replacement (spare) part; replacement; spare | **Zubehör~** | accessory; appurtenance; fitting.
Teil..abtretung *f* | partial assignment.
—akzept *n*; **—annahme** *f* | partial acceptance; acceptance in part.
—angebot *n* | partial offer.
—anmeldung *f* | divisional application.
—aufrechnung *f* | partial compensation.
—auftrag *m* | partial order.
teilbar *adj* | divisible; dividable.
Teilbarkeit *f* | divisibility; capacity of being divided.
Teil..besitz *m* | part ownership.
—besitzer *m*; **—eigner** *m* | part owner.
—betrag *m* | partial (fractional) amount.
teilen *v* Ⓐ | to divide; to share | **unter Brüdern ~; brüderlich ~; gerecht ~; gleichmäßig ~; gleichheitlich ~** | to share and share alike | **mit jdm. zur Hälfte ~** | to go half shares with sb. | **sich mit jdm. in die Kosten einer Sache ~** | to go shares with sb. in the expenses of sth. | **sich in die Verantwortung ~** | to share the responsibility | **auf~; aus~; ver~** | to divide; to partition; to portion out; to apportion | **zu~** | to apportion; to allot | **etw. ~** | to divide sth.; to share (to portion) out sth. | **mit jdm. ~** | to go shares with sb.
teilen *v* Ⓑ | **jds. Ansicht (Meinung) ~** | to share sb.'s opinion (sb.'s view).
teilhaben *v* | **an etw. ~** | to participate (to partake) in sth.

Teilhaber *m* Ⓐ [Gesellschafter; Partner] | partner | **Abfindung eines** ~**s** | buying out a partner | **Aufnahme eines** ~**s** | admission of a partner | **Ausscheiden eines** ~**s** | retiring (retirement) of a partner | **Eintritt eines** ~**s** | entering of a partner | ~ **einer Firma; Firmen**~ | member (partner) of a firm; trading partner | **in eine Firma als** ~ **eintreten** | to become a partner of a firm; to enter (to join) a firm as partner | **Geschäfts**~; ~ **an einer Handelsgesellschaft** | business (trading) partner | **Haupt**~ | leading (senior) (head) (chief) partner | ~ **auf gemeinsame Rechnung** | partner on joint account.

★ **aktiver (tätiger)** ~ | active (working) partner | **ausscheidender** ~ | retiring partner | **geschäftsführender** ~; **geschäftsleitender** ~ | managing partner | **beschränkt haftender** ~ | limited (general) partner | **persönlich (unbeschränkt) haftender** ~ | special (active) partner | **passiver** ~; **stiller** ~ | sleeping (silent) (dormant) (secret) (general) partner | **verantwortlicher** ~ | responsible partner.

★ **einen** ~ **abfinden** | to buy out a partner | **jdn. als** ~ **aufnehmen; jdn. zum** ~ **(zu seinem** ~**) machen** | to take sb. into partnership; to receive sb. as partner | **als** ~ **ausscheiden** | to withdraw from partnership | **in eine Firma als** ~ **eintreten** | to become a partner of a firm; to enter (to join) a firm as partner.
Teilhaber *m* Ⓑ [Anteilsberechtigter] | participant; part owner; participator.
Teilhaberschaft *f* | partnership; copartnership | **stille** ~ | dormant (silent) partnership | **eine** ~ **auflösen (liquidieren)** | to dissolve a partnership | **mit jdm. eine** ~ **eingehen; mit jdm. in** ~ **treten** | to enter (to go) into partnership with sb.
Teil..haftung *f* | partial commitment.
—**hypothek** *f* | partial mortgage.
—**leistung** *f* | part delivery (performance).
—**lieferung** *f* | part delivery (shipment).
teilmöbliert *adj* | partly furnished.
Teilnahme *f* Ⓐ | ~ **an etw.** | participation in sth. | **von der** ~ **ausgeschlossen sein** | to be disqualified from participation.
Teilnahme *f* Ⓑ [Mitwirkung] | cooperation.
Teilnahme *f* Ⓒ [Anwesenheit] | attendance.
Teilnahme *f* Ⓓ [Mittäterschaft] | complicity | ~ **an einem Verbrechen** | participation in a crime.
—**bedingungen** *fpl* | conditions of participation.
teilnahmeberechtigt *adj* | capable of taking part; entitled to take part.
teilnehmen *v* Ⓐ | **an etw.** ~ | to take part (to participate) (to partake) in sth. | **gemeinsam** ~ | to share jointly.
teilnehmen *v* Ⓑ [beiwohnen] | **an etw.** ~ | to assist (to be present) at sth.; to attend sth.; to partake in sth. | **an einem Kursus** ~ | to attend (to take) a course (a course of lectures) | **an einer Versammlung** ~ | to attend a meeting.
Teilnehmer *m* Ⓐ | participant; partaker.
Teilnehmer *m* Ⓑ [Abonnent] | subscriber | **Fernsprech**~ | telephone subscriber.
—**liste** *f*; —**verzeichnis** *n* | list of subscribers.
—**nummer** *f* | subscriber's (telephone) number.
Teil..offerte *f* | partial offer.
—**order** *f* | partial order.
—**pächter** *m* | farmer who pays his rent in kind; sharecropper.
—**produkt** *n* | partial product.
—**quittung** *f* | receipt in part.

Teil..rückerstattung *f*; —**rückzahlung** *f* | partial restitution (repayment).
teils *adv* | in part; partly.
Teil..schaden *m* | part (partial) damage.
—**schuldverschreibung** *f* | partial debenture.
—**sendung** *f* | consignment in part; part shipment.
—**streik** *m* | partial (sectional) strike.
—**summe** *f* | subtotal.
Teilung *f* | division; partition; distribution | **Arbeits**~ | division (distribution) of labo(u)r | **Auf**~; **Aus**~ | repartition | **Drei**~ | tripartite partition (division) | **Ein**~ **nach Altersstufen** | age grouping | **Erb**~ | distribution of an inheritance | **Klage auf** ~ | action for division | **Ver**~ | repartition | **jdm. bei der** ~ **zufallen** | to fall to sb.'s share.
Teilungs..aufstellung *f* | partition plan.
—**anordnung** *f* | plan of distribution.
—**beschränkung** *f* | restriction on distribution.
—**klage** *f* | action for division.
—**kommission** *f* | partition commission.
—**konto** *n* | division account.
—**masse** *f* | property divisible.
—**plan** *m* Ⓐ [Aufteilungsplan] | partition plan.
—**plan** *m* Ⓑ [Verteilungsplan] | plan for distribution.
—**urkunde** *f* | instrument of division.
—**verfahren** *n* | procedure of partition.
—**versteigerung** *f* | public sale for the purpose of arranging for a division.
—**vertrag** *m* | partition treaty; instrument of division.
Teilurteil *n* | partial verdict.
Teilverlust *m* | partial loss.
teilweise *adj* | partial | ~**r Verlust** | partial loss | ~ **Verurteilung** | partial verdict.
teilweise *adv* | partly; in part | ~ **gesicherter Gläubiger** | partly secured creditor | ~ **eingezahlt** | partly paid up; not (not yet) fully paid up | ~ **obsiegen** | to win partly; to be partly successful | **ganz oder** ~ | wholly or partly.
Teilwert *m* | partial value.
Teilzahlung *f* | part (partial) payment; payment on account; instalment | **eine** ~ **machen (leisten)** | to pay on account (in part); to make (to pay) an instalment | **in (auf)** ~**en** | in (by) instalments; on deferred terms; on hire-purchase.
Teilzahlungs..bank *f*; —**institut** *n* | bank (institution) for the financing of instalment buying.
—**bedingungen** *fpl* | hire-purchase terms.
—**finanzierung** *f* | financing of instalment buying.
—**kredit** *m* | instalment credit.
—**plan** *m* | instalment (hire-purchase) plan.
—**preis** *m* | hire-purchase (instalment) price.
—**system** *n* | hire-purchase system.
—**verkauf** *m* | hire-purchase; sale on deferred terms.
—**vertrag** *m* | hire-purchase agreement.
Telefon *n*. VIDE: **Telephon** *n*.
Telegraf *m*. VIDE: **Telegraph** *m*.
Telegramm *n* | telegram; wire; telegraph (wire) message | **Abfangen von** ~**en** | intercepting (interception of) telegraphic messages | **Antwort**~ | reply telegram | ~ **mit bezahlter Antwort (Rückantwort)** | reply-paid telegram; telegram with answer prepaid (with reply paid) | **Berichtigungs**~ | rectifying telegram.
○ **Brief**~ | telegraph (night) letter; letter telegram | **Chiffre**~ | telegram in cipher | ~ **in Codesprache** | **Code**~ | code telegram; telegram in code (in code language) | **Dienst**~ | service telegram | ~ **mit Empfangsbenachrichtigung** | telegram with

Telegramm n, Forts.
notice of delivery | **Funk~** | radiogram; radio-telegram; telegram via wireless | **Glückwunsch~** | greetings telegram | **Kabel~** | cablegram; cable | **Kurs~** | exchange telegram.
○ **Presse~** | press telegram (message) | **Privat~** | private telegram | **~ in offener Sprache** | telegram in plain language | **Staats~** | official telegram | **Überweisungs~** | telegraphic money order | **Verstümmelung eines ~s** | mutilation of a telegram.
★ **abzuholendes ~; postlagerndes ~** | telegram to be called for | **dringendes ~** | urgent telegram | **fernmündlich (telephonisch) zugestelltes ~** | telegram by telephone; telephoned telegram | **verschlüsseltes ~** | code (cipher) telegram; telegram in code | **verstümmeltes ~** | mutilated telegram.
★ **ein ~ abfangen** | to intercept a telegram | **ein ~ absenden (aufgeben)** | to send (to dispatch) (to hand in) a telegram; to telegraph | **ein ~ telephonisch durchsagen (zustellen)** | to telephone a telegram; to deliver a telegram by telephone | **jdm. ein ~ schicken** | to send sb. a wire (a telegram) | **per ~** | by telegram; by telegraph; by wire.
Telegramm..adresse f; **—anschrift** f | telegraphic cable address.
—austausch m; **—wechsel** m | exchange of telegrams.
—beförderung f | transmission of telegrams.
—code m | cipher (cable) code.
—formular n | telegram (message) form.
—gebühr f | charge for telegram(s).
—kosten pl; **—spesen** pl | telegram charges (expenses).
—schalter m | telegram counter.
—schlüssel m | telegraphic (cable) code; cipher (telegraph) key.
—stil m | telegram style; telegraphese.
—tarif m | rates pl for telegrams.
—verstümmelung f | mutilation of a telegram.
—wechsel m | exchange of telegrams.
Telegraph m | telegraph | **Druck~** | printing telegraph; teleprinter.
Telegraphen..agentur f; **—büro** n | telegraph (cable) agency (office).
—beamter m | telegraph clerk (operator); telegraphist.
—bote m | telegraph messenger (boy).
—code m | cipher (cable) code.
—dienst m | telegraph (cabling) service.
—geheimnis n | secrecy of telegrams.
—gesellschaft f | telegraph (cable) company.
—linie f | telegraph line.
—netz n | system (network) of telegraphs; telegraph system.
—ordnung f | telegraph regulations pl.
—schalter m | telegram counter.
—schlüssel m | telegraphic (cable) code; cipher (telegraph) key.
—spesen pl | telegraph (cable) expenses.
—wesen n | telegraphy.
telegraphieren v | jdm. ~ | to telegraph (to wire) to sb. | jdm. ~, zu kommen | to telegraph to sb. (to wire for sb.) to come.
telegraphisch adj | telegraphic | **~e Annahme** | telegraphic (wire) acceptance; acceptance by wire | **~e Antwort** | telegraphic reply; reply by wire (by telegram) | **~e Auszahlung** | telegraphic remittance | **~e Bestellung** | telegraphic order | **~e Postanweisung (Überweisung)** | telegraphic money order (transfer); cable transfer | **~e Weisung** | wired instruction.

telegraphisch adv | by telegraph; by wire; by telegram | **Geld ~ anweisen** | to transfer money by cable | **~ antworten** | to reply by telegraph (by wire); to wire back | **jdn. ~ herbeirufen** | to wire for sb.
Telephon n | telephone | **per ~** | by telephone.
Telephonat n | telephone call (conversation).
Telephon..adresse f | telephone address (number).
—amt n | telephone exchange.
—anruf m | telephone call.
—anschluß m | telephone connection.
—buch n | telephone book (directory).
—gebühren fpl | telephone fees (charges).
—gespräch n | telephonic conversation | **Abhören von ~en** | wire-tapping.
—grundgebühr f | telephone rate (subscription) (subscription rate).
telephonieren v | to telephone; to communicate by telephone.
telephonisch adj | telephonic | **~er Anruf** | telephone call | **~e Unterredung** | telephonic conversation | **~e Verbindung** | telephone connection.
telephonisch adv | **~ zugestelltes Telegramm** | telegram by telephone; telephoned telegram.
Telephon..linie f | telephone line.
—netz n | telephone network.
—nummer f | telephone number.
—verbindung f | telephone connection.
—verkehr m | telephone service.
—zelle f | telephone box (booth); call box.
—zentrale f | telephone exchange (switchboard).
temporär adj | temporary.
Tendenz f | tendency; trend | **Abschwächungs~; Baisse~** | downward (bearish) tendency | **Börsen~** | tendency at the stock exchange | **Hausse~** | upward (bullish) tendency | **die Preis~** | the tendency of the prices.
★ **einheitliche ~** | uniform tendency | **feste ~** | firm tendency | **inflationistische ~ (~en)** | inflationary trend(s) | **die geschäftliche ~** | the trend of affairs; the business trends pl | **rückläufige ~** | retrograde (downward) tendency | **steigende ~; wachsende ~; zunehmende ~** | growing (upward) tendency.
tendenziös adj | tendencious.
Tendenz..stück n | play with a tendency.
—umkehr f; **—umschwung** m | reversal of the tendency.
tendieren v | to show a tendency; to take a [certain] trend.
Tenor m | tenor | **Urteils~** | wording of the sentence.
Termin m Ⓐ | term; date; time | **Ablaufs~** ① | term of expiration | **Ablaufs~** ② | day (date) of expiration | **Abrechnungs~** | account (settlement) (settling) (pay) day | **Anfangs~** | initial term; beginning of a term | **Anmelde~; Anmeldungs~; Einreichungs~** | time (term) for filing the (an) application | **Auszahlungs~** ① | time (term) of payment | **Auszahlungs~** ② | date (day) for payment | **End~; Schluß~** | final term; latest (final) date | **Fälligkeits~** | date due (of maturity); maturity (due) date | **Kündigungs~** | term of notice | **Liefer~; Lieferungs~** | term (date) (day) of delivery; time for delivery | **Steuer~** | due date for tax payment(s) | **Verfall~** | day (date) of maturity; date due; due date; maturity | **Versand~** | shipping time | **Versteigerungs~** | day of the auction | **Wahl~** ① | day of elections; election (polling) day | **Wahl~** ② | expiration of the electoral period | **Zahlungs~** | time for (term

of) payment; time to pay | **Zinszahlungs~** | date interest is payable | **äußerster ~; letzter ~** | time limit; deadline | **festgesetzter ~** | fixed (appointed) day.
Termin *m* Ⓑ [Verhandlungstag; Verhandlungs~] | day of the hearing (of the trial); hearing; trial | **Beweis~** | hearing, in which evidence is taken | **Güte~; Sühne~** | day of the hearing for reconciliation | **Wahrnehmung eines ~s** | attending a hearing (a trial) | **einen ~ anberaumen (ansetzen)** | to fix a day for the hearing; to assign a day for trial; to put [a case] on the calendar | **einen ~ aussetzen (verschieben)** | to postpone a hearing | **einen ~ versäumen** | to make default; to fail to appear | **einen ~ wahrnehmen** | to attend a hearing (a trial).
Termin *m* Ⓒ [Gerichts~] | court hearing; hearing; trial | **Güte~; Sühne~** | hearing for reconciliation | **Schluß~** | final hearing.
Termin *m* Ⓓ [Kaufabschluß] | **auf ~ kaufen** | to purchase for future delivery | **auf ~ verkaufen** | to sell for future delivery; to sell forward.
Termin..einlagen *fpl*; **—gelder** *npl* | time deposits.
termingerecht *adj* | according to due date; when due.
Termin..geschäft *n* | time bargain; option bargain (business).
—geschäfte *npl* | option dealings | **~ machen** | to deal in options; to trade in futures.
terminieren *v* | to time; to schedule.
Terminierung *f* | timing.
Termin..kalender *m*; **—liste** *f*; **—rolle** *f* | cause list; docket; calendar.
—kauf *m* | purchase for future delivery.
—markt *m* | option market.
Terminologie *f* | terminology; phraseology.
Termins..abschluß *m* | buying (selling) for the account; time bargain; forward deal.
—handel *m* | option business | **Kurs (Preis) im ~** | put and call price.
—kurs *m* | forward rate (price); settlement price.
—lieferung *f* | future (forward) delivery.
—notierung *f* | quotation for future delivery; forward quotation.
—tag *m* | day of hearing (of the trial).
—verlängerung *f* | extension of a period.
Terminwechsel *m* | time draft.
Terrain..aufnahme *f* | land surveying.
—gesellschaft *f* Ⓐ | real estate company.
—gesellschaft *f* Ⓑ | development (land development) company.
—spekulation *f* | real estate speculation.
territorial *adj* | **~e Ansprüche (Forderungen)** | territorial claims.
Territorialitätsprinzip *n* | principle of territoriality.
Territorial..gewässer *npl* | territorial waters.
—hoheit *f* | territorial jurisdiction.
Territorium *n* | territory; area; region.
Terror *m* | terror; terrorism | **Wahl~** | election terror.
Terrorakt *m* | act of terrorism.
terrorisieren *v* | to terrorize.
Terrorisierung *f* | terrorization.
Terrorismus *m* | terrorism.
Terrorist *m* | terrorist.
Terroristen..anschlag *m*; **—attentat** *n* | terrorist plot.
—bande *f* | terrorist gang.
terroristisch *adj* | terrorist; of terror.
Terrororganisation *f* | terrorist organization.

Tertiawechsel *m* | third of exchange; third (triplicate) bill of exchange.
Testament *n* | will; testament; last will; last will and testament | **Anfechtung eines (des) ~s** | contesting a will (of a will) | **Bestimmung eines ~s** | clause of (in) a will; testamentary clause (disposition) | **Dorf~** | village testament | **durch ~ eingesetzter Erbe** | testamentary heir; devisee | **durch ~ eingesetzte Erbin** | testamentary heiress; devisee.
○ **Eröffnung eines ~s** | official act before the court whereby a testament is opened and its contents made known to the heirs | **Eröffnung und Bestätigung eines ~s** | proving of a will | **Errichtung eines ~s** | making of a will | **ohne Hinterlassung eines ~s sterben** | to die intestate | **Klausel eines ~s** | clause of (in) a will; testamentary clause | **Kriegs~** | war testament | **Militär~** | testament made by a soldier in active service.
○ **Nachtrag zum ~** | codicil | **vor einem Notar errichtetes ~** | will (testament) made before the (a) notary | **Privat~** | holograph (holographic) will | **Verfügung durch ~** | disposition (disposal) by will | **Vollstreckung eines ~s** | execution of a will | **durch ~ eingesetzter Vormund** | testamentary guardian | **Widerruf eines ~s** | revocation of a will.
★ **eigenhändiges ~; eigenhändig geschriebenes ~** | holograph (holographic) will | **früheres ~** | previous will | **gegenseitiges ~; gemeinschaftliches ~** | joint (mutual) will | **gerichtliches ~** | testament made before the court | **mündliches ~** [vor Zeugen] | nuncupative will; verbal testament | **mystisches ~; unverständliches ~** | inconsistent will | **notarielles ~; notariell errichtetes ~** | will (testament) made before a notary | **öffentliches ~; in einer öffentlichen Urkunde errichtetes ~** | testament made before a notary and in the presence of witnesses | **späteres ~** | later testament.
★ **ein ~ anfechten** | to contest (to dispute) a will (a testament) | **ein ~ aufsetzen** | to draw up a will | **jdn. in seinem ~ bedenken** | to mention (to include) sb. in one's will | **ein ~ für ungültig erklären** | to invalidate (to set aside) a will | **ein ~ eröffnen** | to open a testament and to make its contents known to the heirs [by an official act before the court]; to prove a will | **ein ~ gerichtlich bestätigen** | to grant probate of a will | **ein ~ errichten** | to make a will | **sein ~ machen** | to make one's will (one's will and testament) | **sein ~ umstoßen** | to revoke one's will | **durch ~ verfügen** | to dispose by will | **über etw. in seinem ~ verfügen** | to will sth.; to bequeath sth. | **jdm. etw. durch ~ vermachen** | to bequeath (to will) sth. to sb.; to leave sth. to sb. by will (in one's testament) | **ein ~ zur Eröffnung und Bestätigung vorlegen** | to propound a will | **sein ~ widerrufen** | to revoke one's will | **ohne ~ (ohne Hinterlassung eines ~s) sterben** | to die without leaving a will; to die intestate | **durch ~; kraft ~s** | by will; by testament; testamentary.
testamentarisch *adj* | testamentary; by will; by testament | **~e Erbfolge** | testamentary succession; succession by will (by testamentary disposition) | **~e Schenkung (Zuwendung)** | bequest; legacy; testamentary gift | **~e Verfügung** | disposition by will; testamentary disposition | **durch ~e Verfügung** | by will; by testament | **~e Verfügungen** | testamentary arrangements.
testamentarisch *adv* | **jdn. ~ bedenken** | to mention (to include) sb. in one's will | **jdn. ~ einsetzen** | to appoint sb. by testament | **~ verfügen** | to

testamentarisch *adv, Forts.*
dispose by will | **über etw.** ~ **verfügen** | to will sth. |
jdm. etw. ~ **vermachen** | to bequeath (to one's) sth.
to sb.; to leave sth. to sb. by will (in one's testament).
Testaments..anfechtung *f* | contesting a will (of a will).
—**bestimmung** *f* | testamentary clause; provision in (of) a will.
—**erbe** *m* | testamentary heir; devisee.
—**erbin** *f* | testamentary heiress; devisee.
—**erbfolge** *f* | testamentary succession; succession by testamentary disposition.
—**eröffnung** *f* | official act before the court whereby a testament is opened and its contents made known to the heirs.
—**errichtung** *f* | making of a will.
—**klausel** *f* | clause in (of) a will; testamentary clause (disposition).
—**nachtrag** *m* | codicil.
—**urkunde** *f* | testamentary instrument.
—**vollstrecker** *m* | executor | **einen** ~ **einsetzen (ernennen)** | to appoint (to nominate) an executor.
—**streckerin** *f* | executrix.
—**vollstreckung** *f* | execution of a will.
—**widerruf** *m* | revocation of a will.
—**zeuge** *m* | testamentary witness.
Testator *m* | testator; devisor.
testieren *v* Ⓐ | to make a (one's) will | **Fähigkeit, zu** ~ | testamentary capacity; capacity to make a testament | **fähig zu** ~ | capable of making a will.
testieren *v* Ⓑ [bezeugen] | to attest; to testify.
testierfähig *adj* | capable of making a will | ~ **sein** | to be of testamentary capacity | **voll** ~ **sein** | to be of sound disposing mind.
Testierfähigkeit *f* | testamentary capacity; capacity to make a testament.
testierunfähig *adj* | incapable of making a will; lacking testamentary capacity.
Testierunfähigkeit *f* | incapacity to make a will.
teuer *adj* | expensive; costly.
teuer *adv* | ~ **zu stehen kommen** | to cost dearly | ~ **verkaufen** | to sell dear.
Teuerung *f* Ⓐ | dearness.
Teuerung *f* Ⓑ [Verteuerung] | rise (rising) of the prices.
Teuerungs..rate *f* | rate of price increases.
—**welle** *f* | wave of price increases.
—**zulage** *f*; —**zuschlag** *m* | allowance for high cost of living; cost-of-living supplement (bonus).
teurer *adj* | ~ **werden** | to become dearer (more expensive); to rise in price.
Text *m* | text; wording; tenor | **Abbildung im** ~ | text illustration | ~ **mit Anmerkungen** | text with notes | **Bild**~ | caption | **Gesetzes**~ | text (wording) of the law | ~ **einer Predigt** | text of a sermon.
★ **abgekürzter** ~ | abridged text | **abweichender** ~ | different text (wording); differently worded text | **authentischer** ~; **maßgeblicher** ~ | authentic text | **illustrierter** ~ | text with illustrations | **voller** ~ | full text | **im** ~ **abweichen** | to read differently; to have a different wording | **auf den** ~ **bezüglich** | textual; relating to the text (to the contents).
Text..ausgabe *f* | text edition.
—**buch** *n* | libretto.
——**schreiber** *m* | libretto writer; librettist.
—**fehler** *m* | textual error.
—**kritik** *f* | textual criticism.
—**stelle** *f* | passage in the text.
—**verarbeitungsmaschine** *f* | word processor.

Textvergleichung *f* | comparison of texts.
Textil..gewerbe *n*; —**industrie** *f* | textile industry (trade) (industries).
Theater *n* | theatre; playhouse | **Film**~; **Lichtspiel**~ | picture (film) theatre; cinema | **Wochenschau**~ | news theatre.
Theater..abonnement *n* | theatre subscription.
—**agent** *m* | theatrical agent.
—**agentur** *f* | theatrical agency.
—**arbeiter** *m* | stage hand.
—**besucher(in)** *m* und *f* | playgoer; theatregoer.
—**betrieb** *m* | theatrical enterprise.
—**betriebsgesellschaft** *f*; —**gesellschaft** *f* | theatre (theatrical) company.
—**direktor** *m* | theatre manager.
—**führer** *m* | play book.
—**intendant** *m* | theatrical director (manager).
—**karte** *f* | theatre ticket.
—**kasse** *f* | box office.
—**kritiker** *m* | dramatic critic.
—**programm** *n*; —**zettel** *m* | theatre (play) bill.
—**saison** *f*; —**spielzeit** *f* | theatre season.
—**stück** *n* | play.
—**unternehmen** *n* | theatrical enterprise.
—**vorstellung** *f* | stage (theatrical) performance.
—**zensur** *f* | dramatic censorship.
Thema *n* | subject; topic.
Theoretiker *m* | theoretician; theorician.
theoretisch *adj* | theoretic(al).
Theorie *f* | theory | ~ **und Praxis** | theoretics and practice | **eine** ~ **aufwerfen (vortragen)** | to advance (to set forth) a theory | **eine** ~ **formulieren** | to formulate a theory | **eine** ~ **verfechten** | to advocate a theory | **die** ~, **nach welcher ...** | the theory that ... | **nur in der** ~ | only in theory (on paper).
thesaurieren *v* Ⓐ [Kapital bilden] | to create (to accumulate) capital.
thesaurieren *v* Ⓑ [horten] | to hoard capital; to hoard up treasure.
Thesaurierung *f* Ⓐ [Schatzbildung; Kapitalbildung] | creation (accumulation) of capital.
Thesaurierung *f* Ⓑ [Horten] | hoarding; hoarding of capital (of treasure).
These *f* | thesis.
Thron *m* | throne | **den** ~ **besteigen** | to ascend (to come to) the throne; to assume the crown | **dem** ~ **entsagen** | to abdicate the throne.
Thron..besteigung *f* | accession to the throne; accession.
—**entsagung** *f*; —**verzicht** *m* | abdication of the throne.
—**erbe** *m*; —**folger** *m* | heir (successor) to the throne.
—**erbin** *f*; —**folgerin** *f* | heiress to the throne.
—**folge** *f* | succession to the throne.
—**prätendent** *m* [Anwärter] | pretender to the throne.
—**rede** *f* | speech from the throne.
Tiefkonjunktur *f* | period of economic depression.
Tiefstand *m* | lowest point; low | **den** ~ **überwinden** | to bottom out.
Tierhalter *m* | owner (keeper) of an animal.
Tierhalterhaftung *f* | liability of the keeper of an animal.
Tierquälerei *f* | cruelty to animals.
Tierschutzverein *m* | society for the prevention of cruelty to animals.
tilgbar *adj* | redeemable; repayable | ~**e Obligationen**; ~**e Schuldverschreibungen** | redeemable bonds (debentures) | **nicht** ~; **un**~ | not redeemable; irredeemable.

Tilgbarkeit *f* | redeemability.
tilgen *v* Ⓐ | to redeem; to pay off | **eine Anleihe** ~ | to pay off (to return) (to retire) a loan | **eine Hypothek** ~ | to pay off (to redeem) a mortgage | **eine Schuld** ~ | to extinguish a debt | **eine Schuld in Raten** ~ | to pay off a debt by instalments | **Schulden** ~ | to pay off debts | **eine Schuldverschreibung** ~ | to redeem a debenture; to retire a bond.
tilgen *v* Ⓑ [streichen] | to strike off | **einen Posten** ~ | to delete an item (an article).
Tilgung *f* | redemption; repayment; discharge | ~ **einer Anleihe** | redemption of a loan | ~ **einer Hypothek** | redemption (paying off) of a mortgage | ~ **in Raten** | paying off by instalments | ~ **durch Rückkauf** | redemption by repurchase; redemption | ~ **von Schulden; Schulden**~ | payment (discharge) (redemption) (liquidation) of debts; debt retirement | ~ **durch Ziehung** | redemption by drawings | **vorzeitige** ~ | anticipated redemption | **zur** ~ **aufrufen** | to call up for redemption | **zur** ~ **bringen** | to redeem.
Tilgungs..abkommen *n* | redemption agreement.
—**anerkenntnis** *n* | acknowledgment of satisfaction.
—**anleihe** *f*; —**darlehen** *n* | redemption loan.
—**bedingungen** *fpl* | terms of redemption.
—**bescheinigung** *f*; —**bestätigung** *f* | certificate of redemption.
—**betrag** *m* | redemption amount.
—**fonds** *m*; —**kasse** *f* | sinking (redemption) fund.
—**hypothek** *f* | redemption mortgage.
—**last** *f* | redemption charge.
—**plan** *m* | redemption plan (table); plan of redemption.
—**quote** *f*; —**satz** *m* | rate of redemption; redemption rate.
—**rate** *f* | sinking-fund instalment.
—**rente** *f* | redemption annuity.
—**rücklage** *f* | redemption reserve.
—**schein** *m* | certificate of redemption.
—**schulden** *fpl* | redemption debts.
—**stock** *m* | sinking fund.
—**termin** *m* | date of redemption.
—**wert** *m* | redemption value.
Tippfehler *m* | typing error.
Titel *m* Ⓐ [Rechts~] | title deed; title | **Besitz**~; **Eigentums**~ | document (instrument) of title; deed of property; title deed | **Eigentumsübertragungs**~ | deed of conveyance | **Erwerbs**~ | transfer deed | **Hypothek**~ | mortgage deed (bond) (intrument) | **Schuld**~ | proof of debt; evidence of indebtedness | **Sonder**~ | special title | **Universal**~ | general title | **Vollstreckungs**~; **vollstreckbarer** ~ | executory deed | **rechtsbegründender** ~; **ursprünglicher** ~ | original document.
Titel *m* Ⓑ [Überschrift] | title | **Unter**~; **Zusatz**~ | sub-title | **Verfasser des** ~**s (der** ~**)** | caption writer.
Titel *m* Ⓒ [Anrede] | style; style (form) of address.
Titel *m* Ⓓ [Rang] | character; rank | **Adels**~ | title of nobility | **Ehren**~ | honorary title | **einen** ~ **ablegen** | to renounce a title | **sich den** ~ ... **beilegen** | to assume the title of ...; to style os. ... | **den** ~ ... **führen** | to bear (to hold) the title of ... | **einen** ~ **führen (haben)** | to have a title | **jdm. einen** ~ **geben** | to give sb. a title | **jdm. einen** ~ **nehmen** | to deprive sb. of a title.
Titel *mpl* | **Börsen**~ | stock exchange securities; stocks and bonds.
Titel..bild *n* | frontispiece.
—**blatt** *n*; —**seite** *f* | title (front) page.

Titel..rolle *f* | title part (role).
—**verleihung** *f* | conferment of title(s).
Titularrang *m* | nominal rank.
Tochter *f* | daughter | **Schwieger**~ | daughter-in-law | **Stief**~ | stepdaughter | **eine** ~ **abfinden** | to portion a daughter.
Tochter..firma *f* | affiliated firm.
—**gesellschaft** *f*; —**unternehmen** *n* | subsidiary (affiliated) company (corporation); subsidiary.
—**mann** *m* | son-in-law.
Tod *m* | death; decease | **Erwerb von** ~**es wegen** | acquisition by way of inheritance (by devolution) | **Nachweis des** ~**es** | proof of death | **Recht über Leben und** ~ | right over life and death | **Schein**~ | semblance of death | **Übergang von** ~**es wegen** | devolution on (upon) death | **beim** ~ **des letzten Überlebenden** | upon the death (demise) of the last survivor | ~ **durch Unfall; Unfall**~ | death by accident; accidental death | ~ **durch Unglücksfall** | death by misadventure.
○ **Verfügung von** ~**es wegen** | disposition by will (by testament) | **durch Verfügung von** ~**es wegen übertragbar** | devisable | **etw. durch Verfügung von** ~**es wegen übertragen** | to devise sth.; to dispose of sth. by will | **Vermutung des** ~**es** | presumption of death | **Verurteilung zum** ~**e** | sentence of death; death sentence.
○ **Zeitpunkt des** ~**es** | time (date) of death | **im Zeitpunkt des** ~**es** | at the time of death | **bürgerlicher** ~ | civil death | **Anzeichen eines gewaltsamen** ~**es** | indications of a violent death | **eines gewaltsamen (unnatürlichen)** ~**es sterben** | to die a violent death | **eines natürlichen** ~**es sterben** | to die a natural death | **mit dem** ~ **zu bestrafen** | punishable with death | **jdn. zum** ~**e verurteilen** | to sentence sb. to death; to pass sentence of death on sb. | **von** ~**es wegen** | mortis causa.
Todes..anzeige *f* | announcement of sb.'s death.
—**anzeigen** *fpl* [in den Zeitungen] | death notices.
—**erklärung** *f* | declaration of death | **Urteil auf** ~ | judicial decree for declaration of death.
Todesfall *m* | death; decease | **Versicherung auf den** ~ | insurance payable at death; whole-life insurance (policy) | **gemischte Lebensversicherung auf den Erlebens- und** ~ | combined endowment and whole-life insurance | **zufälliger** ~ | accidental death; casualty | **einen** ~ **anzeigen** | to notify a death.
Todesfallversicherung *f* | insurance payable at death; whole-life insurance (policy).
Todes..gefahr *f* | danger to life; peril of [one's] life.
—**nachricht** *f* | news of sb.'s death.
—**nachrichten** *fpl* [in der Zeitung] | death notices.
—**nachweis** *m* | certificate of death.
—**stoß** *m* | death (mortal) blow.
Todesstrafe *f* | penalty (punishment) of death; death penalty; capital punishment | **mit** ~ **bedroht** | punishable with death | **auf** ~ **erkennen; die** ~ **verhängen** | to pronounce sentence of death; to impose the death sentence | **bei** ~ | under penalty of death.
Todes..stunde *f* | hour of death.
—**tag** *m* | day of death.
—**urkunde** *f* | certificate of death; death certificate.
—**ursache** *f* | cause of death.
—**urteil** *n* | sentence of death; death sentence | **ein** ~ **fällen** | to pronounce sentence of death.
—**vermutung** *f* | presumption of death.
—**zeit** *f* | time (moment) of death.
Todfeind *m* | mortal enemy (foe).

tödlich *adj* | fatal | ~er **Unfall** | fatal accident; accidental death | ~e **Verletzungen** | fatal injuries.
tödlich *adv* | ~ **verletzt (verwundet)** | mortally wounded.
tolerant *adj* | tolerant.
Toleranz *f* Ⓐ [Duldsamkeit] | tolerance.
Toleranz *f* Ⓑ [Remedium] | remedy allowance; remedy.
—**klausel** *f* | deviation clause.
Tonband *n* | sound (recording) tape.
—**aufnahme** *f* | tape recording.
Tonfilm *m* | sound (talking) film (picture).
Tonnage *f* Ⓐ [Tonnengehalt] | tonnage; displacement in tons | **Brutto**~ | gross tonnage | **Bruttoregister**~ | gross register (registered) tonnage | **Lade**~ | load displacement | **Leer**~ | deadweight tonnage; light displacement | **Nettoregister**~ | net register (registered) tonnage; net tonnage | **Register**~ | register (registered) tonnage | **die** ~ **eines Schiffes feststellen** | to measure the tonnage of a vessel | **eine** ~ **von ... Tonnen haben** | to have a tonnage of ... tons.
Tonnage *f* Ⓑ [Ladefähigkeit] | tonnage | **Befrachtung nach** ~ | freighting per ton.
Tonnage *f* Ⓒ [Handels~; Schiffsraum; Frachtraum] | tonnage; freight tonnage | **Paketfahrt**~ | parcels tonnage | **Tanker**~ | tanker tonnage | **aufgelegte** ~ | idle tonnage (shipping) | **eingesetzte** ~ | active tonnage.
Tonnageverlust *m* | loss of tonnage.
Tonne *f* Ⓐ [Gewichts~] | ton | **metrische** ~ | metric ton.
Tonne *f* Ⓑ [nautische ~] | ton; nautical ton | **Befrachtung nach** ~**n** | freighting per ton | **Bruttoregister**~ | gross register ton | **Meilen**~; ~ **per Meile** | ton mile | **Nettoregister**~ | net register ton | **eine Tonnage von ...** ~**n haben** | to have a tonnage of ... tons.
Tonnen..fracht *f* | ton freight.
—**gebühr** *f*; —**geld** *n* | tonnage duty; tonnage.
Tontinen..gesellschaft *f* | life insurance association.
—**vertrag** *m* | life annuity (life insurance) contract.
Torf(stech)gerechtigkeit *f* | common of turbary.
tot *adj* | dead; deceased; defunct | ~e **Hand** | mortmain | ~es **Inventar** | dead stock | ~es **Kapital** | idle (unproductive) capital; idle money | ~e **Saison** | dead saison | **bürgerlich** ~ | civilly (legally) dead | **jdn. für** ~ **erklären** | to declare sb. dead | **für** ~ **erklärt werden** | to be declared dead.
total *adj* | total; complete; entire; whole.
Total..ausverkauf *m* | clearance sale; clearance.
—**betrag** *m*; —**summe** *f* | total amount (sum); sum total.
—**ertrag** *m* | total proceeds *pl.*
—**gewicht** *n* | total weight.
Totalisator *m* | totalizator; totalizer.
totalitär *adj* | totalitarian | ~er **Staat** | totalitarian state | ~e **Staatsform** | totalitarian government.
Total..schaden *m*; —**verlust** *m* | total loss.
Totenschein *m* | certificate of death; death certificate.
totgeboren *adj* | stillborn.
Totgeburt *f* Ⓐ | stillbirth.
Totgeburt *f* Ⓑ [totgeborenes Kind] | stillborn child.
töten *v* | to kill | **in der Absicht, zu** ~ | with intent to kill.
Totschlag *m* | manslaughter; homicide | ~ **im Affekt** | homicide while under strong emotion.
Tötung *f* | homicide; killing | **fahrlässige** ~ | manslaughter | **vorsätzliche** ~ | murder.
Tötungsabsicht *f* | intent to kill.

Tötungsversuch *m* | attempt to kill.
Touristen..ausgaben *fpl* | tourist spending (expenditure).
—**fahrkarte** *f* | tourist (excursion) ticket.
—**klasse** *f* | tourist (economy) class.
—**konjunktur** *f* | tourist boom.
—**passagier** *m* | tourist (economy-class) passenger.
—**verkehr** *m* | tourist travel; tourism.
—**visum** *n* | tourist visa.
Tradition *f* Ⓐ [Herkommen] | tradition; custom.
Tradition *f* Ⓑ [Übergabe] | handing over; transfer.
traditionell *adj* [überkommen; hergebracht] | traditional.
Traditionspapier *n* | negotiable instrument.
tragbar *adj* Ⓐ | portable.
tragbar *adj* Ⓑ | **nicht** ~; **un**~ | unsupportable.
Tragen *n* | ~ **von Waffen; Waffen**~ | carrying arms | **unerlaubtes (verbotenes) Waffen**~ | carrying arms (a weapon) without a license.
tragen *v* Ⓐ | to bear | **die Ausgaben** ~ | to bear (to carry) the expense(s) | **das Datum vom ...** ~ | to bear the date of ... | **die Folgen** ~ | to bear the consequences | **Geld bei sich** ~ | to carry money about | **die Konsequenzen** ~ | to bear the consequences | **die Kosten** ~ | to bear the charges | **ein Risiko** ~ | to bear a risk | **den Schaden** ~ | to shoulder the damage | **jds. Unterschrift** ~ | to bear sb.'s signature (the signature of sb.) | **für etw. die Verantwortung** ~ | to bear the responsibility of sth. | **einen Verlust** ~ | to bear a loss | **Waffen** ~ | to bear arms.
tragen *v* Ⓑ [einbringen] | to yield; to produce; to bring in | **Früchte** ~ | to bear fruit | **Zinsen** ~ | to bear (to yield) (to carry) interest.
tragend *adj* | **frucht**~ | fruit-bearing | **voll**~ | in full bearing | **zins**~ | bearing interest.
Träger *m* Ⓐ | bearer; holder | ~ **von Rechten** | holder of rights | ~ **von Rechten und Pflichten** | person having rights and duties | **Versicherungs**~ | insurer; underwriter.
Träger *m* Ⓑ | porter; carrier; conveyer | **Brief**~ | letter carrier | **Gepäck**~ | luggage porter.
Trägerlohn *m*; **Traglohn** *m* | porterage; portage.
Tragfähigkeit *f* | carrying capacity.
Tragung *f* | ~ **der Kosten; Kosten**~ | payment of the cost | **Verurteilung zur** ~ **der Kosten** | sentence (order) to pay the cost | **jdn. zur** ~ **der Kosten (der Prozeßkosten) verurteilen** | to condemn sb. to the cost (to pay the cost); to order sb. to pay the cost.
Tragweite *f* | bearing; reach; consequence; scope.
Traktanden *npl* [S]; —**liste** *f* [S] | order (business) of the day; agenda.
Traktandum *n* [S] | item of (on) the agenda.
traktandierend *adj* [S] [auf der Traktandenliste stehend] | appearing on the order of the day (on the agenda).
Traktat *m* | treatise.
Tramp..dampfer *m*; —**schiff** *n* | tramp steamer; tramp.
—**fahrt** *f*; —**schiffahrt** *f* | tramp shipping (navigation); tramping.
—**reeder** *m* | tramp shipowner | **Küsten**~ | coasting tramp shipowner.
Tranche *f* | ~ **einer Anleihe** | portion of a loan.
Transaktion *f* | transaction; operation | **Baisse**~ | bear transaction | **Bank**~; **bankmäßige** ~ | banking transaction (operation) (business) | **Bar**~ | transaction for cash; cash transaction | **Börsen**~ | stock exchange transaction (operation) | **Devisen**~ | exchange (foreign exchange) transaction | **Finanz**~ | financial transaction (opera-

tion) | **Hausse~** | bull transaction | **geschäftliche ~** | commercial transaction | **eine ~ durchführen** | to transact business.
Transfer *m* | **Devisen~** | transfer of foreign exchange.
Transfer..abkommen *n* | transfer agreement.
—**gebühr** *f* | transfer charge (fee).
transferfähig *adj*; **transferierbar** *adj* | transferable.
transferieren *v* | to transfer; to transmit.
Transferierung *f* | transfer; transmitting.
Transfer..moratorium *n* | moratorium for transfers of foreign exchange.
—**steuer** *f* | transfer duty (tax).
Transit *m* | transit; through passage.
—**abgaben** *fpl* | transit dues (charges) (duties).
—**deklaration** *f*; —**erklärung** *f* | transit declaration (manifest) (entry).
—**frachtsatz** *m* | transit freight rate.
—**gebühren** *fpl*; —**spesen** *pl* | transit charges.
—**güter** *npl* | transit goods; goods in transit.
—**hafen** *m* | transit port.
—**handel** *m* | transit (intermediary) trade.
—**klausel** *f* | transshipment clause.
—**konnossement** *n* | through bill of lading.
—**kosten** *pl* | transit charges (expenses).
—**lager** *n* | transit store.
transitorisch *adj* | **~e Aktiva (Aktiven)** | transitory assets *pl* | **~es Konto** | adjustment (suspense) account | **~e Passiva (Passiven)** | suspense liabilities.
Transit..quittung *f*; —**schein** *m* | transit bill (bond).
—**sendung** *f* | through shipment.
—**spesen** *pl* | transit charges.
—**verkehr** *m* | transit traffic (trade) (business); through traffic.
—**versicherung** *f* | insurance in transit; transit insurance.
—**visum** *n* | transit visa *sing*.
—**waren** *fpl* | transit goods; goods in transit.
—**zoll** *m* | transit duty.
Transport *m* | transport(ation); conveyance | **Ab~** | removal | **~ per Achse** ① [**durch Fuhrwerk**] | transport by carriage; cartage; horse-drawn transport | **~ per Achse** ②; **Straßen~** | road transport; transport by road (by road haulage).
○ **Bahn~**; **~ per Bahn**; **~ per Eisenbahn** | railway (rail) transport (carriage); transportation (forwarding) (carriage) by rail | **~ im Binnenschifffahrtsverkehr** | river transport; transport on inland waterways | **~ mit dem ersten (nächsten) Dampfer** | shipment on first steamer | **~ mit dem darauffolgenden Dampfer** | shipment on following steamer | **Kohlen~** | coal transports *pl* | **~ mit Kraftfahrzeug** | motor (mechanical) transport.
○ **Land~**; **~ auf dem Landweg** | transport by land; land carriage (transport); overland conveyance | **Luft~** | transport (carriage) by air; air transport (carriage) | **Möbel~** | removal | **~ per Schiff**; **~ auf dem Wasserweg**; **Wasser~** | carriage by water; water carriage; water-borne transport.
○ **See~**; **~ auf dem Seeweg** | carriage (shipment) by sea; sea carriage; sea (ocean) (maritime) (sea-borne) transport | **See- und Land~** | sea and land carriage | **~ im Transitverkehr** | through transport | **Übersee~** | ocean shipment | **Verpackung für Übersee~** | packing for ocean shipment (for shipment overseas) | **Waren~** | carriage of goods.

transportabel *adj*; **transportierbar** *adj* | transportable; conveyable.
Transport..agent *m* | shipping (forwarding) (transport) agent; freight broker.
—**agentur** *f* | transport(ation) agency.
—**anweisungen** *fpl* | forwarding (shipping) instructions.
—**arbeiter** *m* | transport worker.
—**art** *f* | manner (mode) of conveyance; means of transportation; way of forwarding.
—**bedingungen** *fpl* | terms of carriage (of transportation); shipping terms.
—**dampfer** *m* | transport vessel (steamer); cargo boat (steamer).
Transporter *m* [**Truppen~**] | transport; troopship.
transportfähig *adj* | transportable.
Transport..fähigkeit *f* Ⓐ | transportability.
—**fähigkeit** *f* Ⓑ [**Tragfähigkeit**] | transport (carrying) capacity.
—**flotte** *f* | cargo fleet.
—**flugzeug** *n* | cargo (freight) airplane (plane).
—**gefahr** *f* | transport risk(s); risk of conveyance.
—**geschäft** *n* Ⓐ | carrier's (carter's) (forwarding) business.
—**geschäft** *n* Ⓑ; —**gewerbe** *n*; —**industrie** *f* | carrying trade; transports *pl*.
—**gesellschaft** *f* | forwarding (transport) (shipping) company; shipping concern.
—**haftung** *f* | carrier's liability.
transportieren *v* | to transport; to forward; to carry | **Güter ~**; **Waren ~** | to transport (to convey) (to forward) (to dispatch) goods | **zu ~** | transportable; conveyable.
Transport..kosten *pl* | transportation cost(s); carrying fees; shipping (forwarding) (carrier's) charges | **~ zu Lasten des Empfängers** | carriage (transportation charges) forward | **angefallene ~** | freight earned (not repayable).
— —**rechnung** *f* | freight account.
—**makler** *m* | freight broker; shipping (forwarding) (transport) agent.
—**mittel** *npl* | means *pl* of transport(ation) | **öffentliche ~** | public conveyance.
—**möglichkeiten** *fpl* | transportation facilities.
—**papiere** *npl* | shipping (consignment) papers.
—**recht** *n* | law of carriage | **Luft~** | law of carriage by air; air carriage law | **See~** | law of carriage by sea; shipping law.
—**risiko** *n* | transport risk(s); risk of conveyance.
—**satz** *m* | price of conveyance (of transportation).
—**schaden** *m* | damage done on transport.
—**schein** *m* | way bill; consignment note.
—**schiff** *n* | transport vessel; cargo boat.
—**schwierigkeiten** *fpl* | transport difficulties.
—**spesen** *pl* | transportation cost(s); carriage; shipping (forwarding) (carrier's) charges.
—**steuer** *f* | duty on transports; transport tax; traffic duty.
—**unternehmen** *n* | transport (carrier's) business.
—**unternehmer** *m* | carrier; cartage (haulage) contractor; forwarding agent | **Luft~** | air carrier | **See~** | shipping agent | **öffentlicher ~** | common carrier.
—**vermögen** *n* | transport (carrying) capacity.
—**versicherung** *f* | transportation insurance | **Land~** | insurance overland | **Luft~** | insurance of air carriage | **See~** | marine (maritime) insurance.
—**vertrag** *m* | shipping contract.
—**weg** *m* | route (way) of transportation | **Angabe des ~s** | forwarding instructions *pl*.

Transport..wesen *n* Ⓐ | **das** ∼ | transports *pl*; transportation | **das öffentliche** ∼ | public transports (transportation) (transport service(s)).
—**wesen** *n* Ⓑ | forwarding business (trade).
Trassant *m* | drawer of a bill.
Trassat *m* | drawee of a bill.
trassieren *v* | **auf jdn.** ∼ | to draw a bill on sb.; to make out a draft on sb. | **in blanko** ∼ | to draw (to make out) in blank.
trassiert-eigen *adj* | ∼**er Wechsel** | house bill.
Trassierung *f* [Trassieren] | drawing.
Trassierungs..kredit *m* | drawing (acceptance) credit.
—**provision** *f* | commission for drawing; drawing commission.
Tratte *f* [gezogener Wechsel; Handelswechsel] | draft; bill of exchange; commercial (trade) bill; bill | **Bank**∼ | bank (banker's) draft | **Dokumenten**∼ | documentary bill (draft); document bill; bill with documents attached | **Rück**∼ | redraft | **Sicht**∼ | draft (bill) at sight (payable at sight); sight draft (bill); bill payable on demand | **domizilierte** ∼ | domiciliated (addressed) bill | **nicht eingelöste** ∼ | dishono(u)red draft | **eine** ∼ **ausstellen** | to make out a draft (a bill of exchange); to issue (to draw) a bill | ∼ **an meine (unsere) eigene Order** | bill (draft) made out to my (to our) own order.
Tratten..anzeige *f*; —**avis** *n* | advice of draft.
—**kredit** *m* | credit on acceptance(s); acceptance credit.
—**umlauf** *m* | bills *pl* in circulation.
trauen *v* | **sich** ∼ **lassen** | to get married; to marry.
Traueranzeige *f* | announcement of (of sb.'s) death.
Trauerfall *m* | death.
Trauung *f* Ⓐ | wedding; marriage | **Fern**∼ | marriage by proxy | **Not**∼ | marriage of necessity | **Zivil**∼; **standesamtliche** ∼ | marriage before the registrar; civil (common-law) marriage | **kirchliche** ∼ | church wedding.
Trauung *f* Ⓑ [Traugottesdienst] | marriage service.
Trauzeuge *m* | witness at a marriage.
Treffen *n* | meeting | **Gipfel**∼ | summit meeting.
treffen *v* | **eine Abänderung** ∼ | to make a change | **eine Feststellung** ∼ | to make a statement | **ein Übereinkommen** ∼ | to make an arrangement (an agreement).
Treffer *m* | **Lotterie**∼ | lottery prize | **der Haupt**∼ | the first prize; the winning number.
Treffpunkt *m* | meeting place.
treiben *v* | **ein Gewerbe** ∼ | to carry on a trade | **Handel** ∼ | to carry on a trade; to be in trade | **Handel** ∼ **mit etw.** | to trade in sth.
Treibstoff *m* | fuel | ∼ **einnehmen** | to fuel; to fuel up.
—**einnahme** *f* | fuelling.
—**knappheit** *f* | fuel shortage.
—**lager** *n* | fuel yard (depot).
—**verbrauch** *m* | fuel consumption.
—**versorgung** *f* | fuel supply.
trennen *v* Ⓐ | **sich von jdm.** ∼ | to separate from sb.; to part company with sb.
trennen *v* Ⓑ [auflösen] | **eine Ehe** ∼ | to dissolve a marriage | **Kirche und Staat** ∼ | to separate church and state; to disestablish the Church.
trennend *adj* | ∼**es Ehehindernis** | diriment (absolute) impediment.
Trennmauer *f*; **Trennwand** *f* | partition wall.
Trennung *f* Ⓐ | separation | ∼ **der Gewalten** | separation of powers | **Güter**∼ | separation of estates | ∼ **von Kirche und Staat** | separation of church and state; disestablishment of the Church | ∼ **von Pro-**

zessen | disjoining of causes | ∼ **von Tisch und Bett** | separation from bed and board; separation | **Urteil auf** ∼ **von Tisch und Bett** | separation order | **Vertrag über** ∼ **von Tisch und Bett** | separation deed (agreement).
Trennung *f* Ⓑ [Ehe∼; Auflösung] | dissolution of a marriage; divorce.
Trennungs..entschädigung *f*; —**zulage** *f* | separation allowance.
Tresor *m* Ⓐ [Geldschrank] | safe.
Tresor *m* Ⓑ [Bank∼] | bank vault; strong room.
—**fach** *n* | safe-deposit box; safe.
— —**miete** *f* | renting of safes; safe deposit fee.
Treu *f* | ∼ **und Glauben** | loyalty and good faith | **nach** ∼ **und Glauben** | in good faith.
treu *adj* | faithful; loyal | **zu** ∼**en Händen** | in trust | **regierungs**∼ | loyalist | **vertrags**∼ **bleiben** | to abide by an agreement | **un**∼ | unfaithful; disloyal.
Treubruch *m* | breach of faith; faithlessness; perfidy.
treubrüchig *adj* | disloyal; perfidious.
Treue *f* | loyalty | **Pflicht**∼ | loyalty to one's duty | **eheliche** ∼ | conjugal faith.
Treueid *m* | oath of allegiance (of loyalty).
Treue..pflicht *f* | allegiance.
—**rabatt** *m* | special discount to regular customers.
Treuhand *f* | ∼- **und Revisionsgesellschaft** | trustees *pl* and auditors *pl* (and chartered accountants *pl*).
Treuhandbank *f* | trust bank.
—**bericht** *m* | trustee report.
Treuhänder *m* | trustee; custodian | **Amt des (eines)** ∼**s** | trusteeship | **Bestellung (Einsetzung) eines** ∼**s** | appointment of a trustee | **Mit**∼ | co-trustee | ∼ **für die Verwaltung von Feindvermögen** | Alien (Enemy) Property Custodian | **einen** ∼ **einsetzen (bestellen)** | to appoint a trustee.
treuhänderisch *adj* | in trust; held in trust | ∼**er Verwalter** | fiduciary; trustee; trustee-administrator | **unter** ∼**er Verwaltung** | under trusteeship.
treuhänderisch *adv* | ∼ **verwaltet werden** | to be under trusteeship.
Treuhänder..konto *n* | trust (trusteeship) account.
—**rat** *m* | trusteeship council; board of trustees.
Treuhänderschaft *f* | trusteeship | **etw. unter** ∼ **stellen** | to place sth. under trusteeship.
Treuhand..fonds *m* | trust fund.
—**gesellschaft** *f* | trust company.
—**gut** *n*; —**vermögen** *n* | trust estate (property) | ∼ **verwalten** | to administer a trust.
—**verhältnis** *n* | trust.
—**verwaltung** *f* | **unter** ∼ | under trusteeship.
treulos *adj* | perfidious; false.
Treulosigkeit *f* | perfidiousness; perfidy.
Treu..pflicht *f* | loyalty.
—**pflichtverletzung** *f* | breach of trust.
Tribunal *n* | tribunal | **Militär**∼ | military tribunal.
Tribüne *f* | **die Fremden**∼ | the public (the strangers') gallery | **die Presse**∼ | the press (the reporters') gallery | **Redner**∼ | speaker's platform.
Tribut *m* | tribute | **seinen** ∼ **an etw. bezahlen** | to pay one's toll of sth. | **jdm.** ∼ **zahlen** | to pay tribute to sb. | **einem Land einen** ∼ **auferlegen** | to lay a country under tribute.
tributpflichtig *adj* [zinsbar] | tributary.
Trick *m* | trick; piece of trickery | **sich etw. durch einen** ∼ **verschaffen** | to obtain sth. by a trick (by tricking).
triftig *adj* | well founded; conclusive | ∼**er Grund** | reasonable and provable cause.
Triftrecht *n* | right to commonage (to pasturage).
Trinker *m* [Gewohnheits∼] | drunkard.
Trinkgeld *n* | tip; gratuity | **jdm. ein** ∼ **geben** | to tip sb.

Triplik *f* | surrejoinder.
Triplikat *n* | **in** ∼ | in triplicate; in three copies.
trocken *adj* | ∼**es Verfahren** | dry process | ∼**er Wechsel** | promissory note.
Trockendock *n* | drydock | **ein Schiff ins** ∼ **bringen** | to dry-dock a ship | **in** ∼ **gehen** | to dry-dock.
Trockenstempel *m* | embossing (embossed) (relief) stamp.
Trödel..geschäft *n*; —**laden** *m* | second-hand (curiosity) shop.
—**handel** *m* | second-hand trade business; dealing in second-hand goods.
—**ware(n)** *fpl* | second-hand goods.
Trödler(in) *m* und *f* | second-hand (curiosity) (junk) dealer.
Trostpreis *m* | consolation prize.
Trugschluß *m* | false conclusion; fallacy; false (unsound) reasoning.
Trunkenheit *f* Ⓐ [Zustand des Betrunkenseins] | drunkenness; intoxication; inebriation | ∼ **im Dienst** | drunkenness on duty.
Trunkenheit *f* Ⓑ [gewohnheitsmäßige ∼] | habitual drunkenness.
Trunksucht *f* | habitual drunkenness | **Entmündigung wegen** ∼ | legal incapacitation because of habitual drunkenness | **jdn. wegen** ∼ **entmündigen** | to place sb. under restraint because of habitual drunkenness.
trunksüchtig *adj* | addicted to drink.
Trunksüchtiger *m* | drunkard.
Trust *m* | trust; ring; combine | **Bildung von** ∼**s** | trustification | **Öl**∼ | oil trust | **Stahl**∼ | steel trust.
Trustbildung *f* | trustification.
Trutzbündnis *n* | **Schutz- und** ∼ | offensive and defensive alliance.
tüchtig *adj* | apt | **luft**∼ | airworthy | **see**∼ | seaworthy.
Tüchtigkeit *f* | aptitude | **Geschäfts**∼ | business abilities *pl* | **Luft**∼ | airworthiness | **See**∼ | seaworthiness.
Tumult *m* | tumult; commotion; riot.
tumultuarisch *adj* | tumultuary; tumultuous; riotous.
Tumultschäden *mpl* | damage done during riots (during rioting).
—**risiko** *n* | civil commotions risk.
—**versicherung** *f* | insurance against civil commotions risks.
tunlich *adj* | practicable; feasible.
Tunlichkeit *f* | practicability; feasibility; expediency.
Turnus *m* [Abwechslung im ∼] | rotation | **Streik im** ∼ | rolling (rotation) strike | **im** ∼; **nach dem** ∼ | by (in) rotation; on (according to) a rota | **durch das Los bestimmter** ∼ | rotation determined by lot | **im** ∼ **ausscheiden** | to retire by rotation.
turnusmäßig *adj* | ∼**er Wechsel der Direktoren** | rotation of directors.
turnusmäßig *adv* | by (in) rotation | ∼ **abwechseln** | to alternate | ∼ **ausscheiden** | to retire by rotation.
Type *f* [Baumuster] | design; model | **Einheits**∼ | standard model.
Typen..begrenzung *f*; —**beschränkung** *f* | limitation of designs.
—**vereinheitlichung** *f* | standardization.
typisch *adj* | typical | **für etw.** ∼ **sein** | to be typical of sth.
typisieren *v* | to standardize.
Typisierung *f* | standardization.
Tyrann *m* | tyrant; despot.
Tyrannei *f* | tyranny; despotism.
tyrannisch *adj* | tyrannical; despotic.
tyrannisieren *v* | to tyrannize.

U

Übel *n* | evil; wrong | **einem** ∼ **abhelfen** | to undo the mischief.
übel *adv* | ∼ **beleumdet** | of ill repute (fame); in bad repute; ill-reputed.
Übelstand *m* | grievance | **einem** ∼ **abhelfen** | to remedy an abuse; to redress a grievance.
Übeltat *f* | misdeed; offense.
Übeltäter *m* | evildoer; wrongdoer; offender.
Übelwollen *n* | malevolence; ill will.
übelwollen *v* | **jdm.** ∼ | to bear malice (ill will) to (towards) sb.
überaltert *adj* | obsolete; superannuated.
Überangebot *n* | offer in excess of the demand | ∼ **an Arbeitskräften** | surplus manpower | ∼ **auf dem Markt** | glut of the market | ∼ **an Waren** | excessive supply (supplies) | **ein** ∼ **von etw.** | an excess of sth.
überantworten *v* | **jdn. der Justiz (dem Gericht) (dem Richter)** ∼ | to surrender sb. to the courts (to the law).
Überantwortung *f* | surrender.
überarbeiten *v* Ⓐ [erneut bearbeiten] | **einen Entwurf** ∼ | to revise a draft.
überarbeiten *v* Ⓑ [zu viel arbeiten] | **sich** ∼ | to overwork os.
Überarbeitung *f* Ⓐ [Neubearbeitung] | ∼ **eines Buches** | revision (revised edition) (re-edition) of a book.
Überarbeitung *f* Ⓑ [übermäßiges Arbeiten] | overwork(ing).
Überbau *m* | structure built over the boundary.
—**rente** *f* | annuity for the structure built over the boundary.
überbeanspruchen *v* | **seine Beziehungen** ∼ | to overstrain one's relations.
überbesetzt *adj* [mit Personal] | overstaffed.
Überbesetzung *f* | overstaffing; overmanning.
Überbestand *m* | surplus stock(s); surplus.
überbesteuern *v* | to overtax.
Überbesteuerung *f* | overtaxation; excessive taxation.
überbewerten *v* | to overvalue; to overestimate.
Überbewertung *f* | overvaluation; overestimate.
überbieten *v* | to over-bid; to bid higher; to outbid.
Überbietender *m*; **Überbieter** *m* | outbidder; highest bidder.
Überbietung *f* Ⓐ | overbidding; outbidding.
Überbietung *f* Ⓑ [höheres Gebot] | higher bid.
Überblick *m* | summary; survey.
Überbordwerfen *n* [in Seenot] | jettison(ing) | ∼ **der Deckladung** | jettison of deck cargo (of goods shipped on deck) | ∼ **der Ladung** | jettison of cargo.
überbringen *v* | to bring; to deliver.
Überbringer *m* | bearer; carrier; bringer | ∼ **dieses Briefes** | bearer of this letter | ∼ **von Nachrichten** | bringer (bearer) of news | **auf den** ∼ **lautend** | made out to bearer; in bearer form | **an den** ∼ **zahlbar** | payable to bearer.
—**klausel** *f* | bearer clause.
Überbringung *f* | delivery.
Überbrückung *f*; **Überbrückungs..hilfe** *f* | interim aid (assistance); tiding over.
—**kredit** *m* | interim credit; accommodation loan.
überbürden *v* | **die Kosten auf jdn.** ∼ | to award the costs against sb.
Überbürdung *f* | **unter** ∼ **der Kosten auf die Staatskasse** | awarding the costs against the State.
überdenken *v* | **etw.** ∼ | to rethink (to reconsider) sth.

überdurchschnittlich *adj* | above-average; above normal.

übereignen *v* | jdm. etw. ~ | to transfer property (title) to sth. to sb.

Übereignung *f* | transfer of property (of title); conveyance | **Rück~** | reconveyance | **Sicherungs~** | bill of sale given by way of security.

Übereinandergreifen *n* | overlapping.

Übereinkommen *n* | agreement; arrangement; understanding | **Absatz~** | marketing agreement | **Zusatz~** | supplementary arrangement | **geheimes ~** | secret understanding | **gütliches** | friendly (amicable) arrangement (agreement) | **stillschweigendes ~** | tacit agreement | **ein ~ abschließen** | to conclude (to consummate) (to enter into) an agreement | **mit jdm. ein ~ treffen** | to come to an agreement (to an understanding) with sb. | **laut ~** | as agreed upon.

übereinkommen *v* | to agree; to make an agreement; to come to an agreement (to an understanding) | **gütlich ~** | to come to a friendly arrangement.

Übereinkunft *f* | convention; treaty; agreement | **Bedingungen nach ~** | terms to be agreed upon.

übereinstimmen *v* Ⓐ | **mit jdm. ~** | to agree (to concur) with sb. | **mit jdm. nicht ~** | to disagree (to be in disagreement) with sb.

übereinstimmen *v* Ⓑ | **mit etw. ~** | to conform to sth.; to be correspondent to (with) sth. | **nicht mit einer Vertragsbestimmung ~** | not to conform to a clause.

übereinstimmend *adj* | **~e Buchung** | corresponding entry | **~e Meinung** | consensus of opinion | **~e Zeugenaussagen** | concordant depositions *pl* | **im Wortlaut ~** | identic(al).

übereinstimmend *adv* Ⓐ | concurrently.

übereinstimmend *adv* Ⓑ | **~ mit** | in conformity (in accordance) with; according to; conformable to | **mit dem Original ~** | corresponding to the original | **~ buchen** | to book (to enter) (to pass) conformably (in conformity).

Übereinstimmung *f* Ⓐ | agreement; accord | **~ der Ansichten** | common consent | **Willens~** | mutual consent (agreement) | **~ der Zeugenaussagen** | concordant depositions | **~ erzielen** | to reach (to come to an) agreement | **mangels ~** | in case of disagreement | **in ~ mit** | in accordance with; according to.

Übereinstimmung *f* Ⓑ | conformity | **etw. mit etw. in ~ bringen** | to conform sth. to sth.; to harmonize sth. with sth. | **in ~ mit** | in conformity to (with) | **~ zwischen etw. und etw.** | conformity of sth. with sth.

Übererzeugung *f* | overproduction.

Überexpansion *f* | overexpansion.

Überfahrt *f* | passage.

Überfahrts..geld *n*; **—preis** *m* | passage money; rate of passage; fare.

—vertrag *m* | passage contract.

Überfall *m* | attack; assault | **~ auf ein Land** | invasion of a country | **bewaffneter ~; räuberischer ~** | hold-up; robbery.

überfallen *v* | to attack; to assault | **ein Land ~** | to invade a country.

überfällig *adj* Ⓐ | [rückständig] | overdue | **~er Wechsel** | bill overdue.

überfällig *adj* Ⓑ | [noch nicht eingetroffen] | belated; out of time.

Überfallkommando *n* | flying squad.

Überfluß *m* | abundance | **von etw. ~ haben** | to have a surplus of sth. | **im ~ vorhanden sein** | to abound | **im ~** | abundantly.

Überflußgesellschaft *f* | affluent society.

überflüssig *adj* | abundant; superfluous.

überfordern *v* | to ask too much | **jdn. ~** | to make sb. pay too much (too high) | **Gebühren ~** | to charge too much; to overcharge.

Überforderung *f* | exaggerated (excessive) claim | **Gebühren~** | excessive charge; overcharge | **Preis~** | excessive price.

Überfracht *f* | overfreight; excess freight.

überfrachten *v* | to overfreight.

überfremden *v* | to bring under foreign influence (control).

überfremdet *adj* | under foreign control; foreign-controlled.

Überfremdung *f* Ⓐ | [Überhandnehmen ausländischen Einflusses] | getting under foreign control.

Überfremdung *f* Ⓑ | [Kontrolle durch ausländische Interessen] | foreign control | **kapitalmäßige ~** | control by foreign capital.

Überfremdung *f* Ⓒ | [Überzahl von Ausländern] | excessive proportion of foreigners (of foreign workers).

Überfremdung *f* Ⓓ | [übermäßiger Besitz von Ausländern] | excessive proportion of foreign capital or ownership.

überführen *v* | **jdn. eines Verbrechens ~** | to convict sb. (to find sb. guilty) of a crime.

überführt *part* | **eines Verbrechens ~ sein** | to stand convicted of a crime.

Überführung *f* | conviction.

Überfülle *f* | abundance.

überfüllen *v* Ⓐ | [mit Menschen] | to overcrowd.

überfüllen *v* Ⓑ | [mit Waren] | to overstock | **den Markt ~** | to overstock (to glut) the market.

überfüllt *adj* | **~es Warenlager** | overstock of goods; overstocked inventory.

Überfüllung *f* Ⓐ | overcrowding.

Überfüllung *f* Ⓑ | overstocking.

Übergabe *f* Ⓐ | handing over; transfer | **Eigentums~** | transfer of title (of property) (of ownership) | **Einigung und ~** | consent and delivery | **Hof~** | transfer of a farm (of a farmyard) | **tatsächliche ~** | actual handing over; manual delivery.

Übergabe *f* Ⓑ | surrender | **~ auf Grund Kapitulation** | surrender on terms; capitulation | **bedingungslose ~** | unconditional surrender.

Übergabe..aufforderung *f* | summons *sing* to surrender.

—bedingungen *fpl* | surrender terms; terms of surrender.

—bescheinigung *f* | receipt of delivery.

Übergang *m* Ⓐ | transfer; transmission | **~ des Eigentums; Eigentums~** | passage of title (of ownership) (of property) | **~ im Erbgang; ~ von Todes wegen** | devolution on (upon) death | **~ der Gefahr** | passage of risk | **~ eines Rechts; Rechts~** | transfer of a right | **~ zur Tagesordnung** | passing (proceeding) to the order of the day | **~ durch Testament** | transfer by will (by testament).

Übergang *m* Ⓑ | [Zwischenzeit] | period of transition; transitional period.

Übergangs..abkommen *n* | transitional arrangement.

—bestimmungen *pl* | transitional (transitory) dispositions (provisions).

—fahrkarte *f* | excess (transfer) ticket.

—gesetz *n* | transitional law.

—hilfe *f* | interim aid.

—konto *n* | suspense (transitory) account.

—maßnahme *f* | transitory measure.

—periode *f*; **—zeit** *f* | period of transition; transitional (transition) period.

—posten *m* | suspense (transitory) item.

Übergangs..punkt *m* | crossing point; checkpoint.
—regelung *f* | temporary (transitional) arrangement.
—regierung *f* | provisional (caretaker) government.
—stadium *n* | transition stage.
—vereinbarung *f* | transitory arrangement.
—vorschrift *f* | transitional regulation (provision).
—zustand *m* | transitional state; state of transition.
übergeben *v* Ⓐ | **etw. ~** | to hand sth. over; to transfer sth. | **eine Sache einem Rechtsanwalt ~** | to place a matter into the hands of a lawyer | **jdm. etw. zu treuen Händen ~** | to entrust sth. to sb.'s care | **jdm. etw. eigenhändig ~** | to deliver sth. into sb.'s hands.
übergeben *v* Ⓑ [aushändigen] | **etw. ~** | to surrender sth; to give sth. up.
übergeben *v* Ⓒ [abliefern] | **etw. ~** | to deliver sth.
Übergebot *n* | higher bid; overbid.
übergehen *v* Ⓐ | **auf jdn. ~** | to pass to sb. | **in anderen Besitz ~; in andere Hände ~** | to change hands; to pass into other hands | **in Privatbesitz ~; in privaten Besitz ~; in Privathand ~** | to pass into private hands (ownership).
übergehen *v* Ⓑ | **auf jdn. ~** | to devolve to (upon) sb. | **auf den Nachfolger ~** | to devolve upon the successor.
übergehen *v* Ⓒ [übertragen werden] | **auf jdn. ~** | to be transferred to sb.
übergehen *v* Ⓓ | **zur Tagesordnung ~** | to proceed to the order of the day.
übergehen *v* Ⓔ | **jdn. ~** | to pass sb. over | **einen Einspruch ~; ein Veto ~** | to override a veto | **die Einzelheiten ~** | to pass over the details | **etw. stillschweigend (mit Stillschweigen) ~** | to pass over sth. in silence.
Übergehung *f* | omission; omitting.
übergeordnet *adj* | **~es Gericht** | higher (superior) court | **im Instanzenzug ~** | of the next higher instance.
Übergewicht *n* Ⓐ | excess weight; overweight.
Übergewicht *n* Ⓑ [Überlegenheit] | predominance; preponderance | **das ~ haben** | to be predominant (preponderant); to preponderate; to predominate.
Übergewinn *m* | excess profit.
—steuer *f* | excess profits tax.
übergreifen *v* | **auf etw. ~** | to encroach on (upon) sth. **auf jds. Grundstück ~** | to encroach on (upon) sb.'s land | **in jds. Rechte ~** | to encroach (usurp) on (upon) sb.'s rights; to infringe sb.'s rights.
Übergriff *m* | trespass; encroachment; infringement (of) | **~ in jds. Rechte** | encroachment upon (infringement of) sb.'s rights.
Überhang *m* Ⓐ [überhängende Zweige] | overhanging branches *pl*.
Überhang *m* Ⓑ [unerwünschter Überschuß] | surplus | **Auftrags~** | backlog of unfilled orders | **Kaufkraft~** | surplus purchasing power.
überhitzt *adj* | **~e Konjunktur** | overheated economy.
Überhitzung *f* | **~ der Konjunktur** | overheating of the economy.
überhöht *adj* | **~er Preis** | excessive price.
überholen *v* | to overhaul.
überholt *adj* Ⓐ | overhauled; reconditioned.
überholt *adj* Ⓑ [veraltet] | outdated; antiquated; obsolete.
Überholung *f* | overhaul(ing); reconditioning.
Überkapazität *f* | excess capacity; overcapacity.
überkapitalisiert *adj* | overcapitalized.
Überkapitalisierung *f* | overcapitalization.
überkonfessionell *adj* | interdenominational.
überladen *v* | to overcharge; to overload.
Überladung *f* | overcharging; overloading.

Überland..leitung *f* | power line.
—transport *m* | transport(ation) overland.
—verkehr *m* | overland (road) traffic.
—weg *m* | overland route.
—werk *n*; **—zentrale** *f* | long-distance power station.
überlassen *v* Ⓐ [abtreten] | to cede; to yield.
überlassen *v* Ⓑ [den Besitz aufgeben] | to relinquish possession.
überlassen *v* Ⓒ [preisgeben] | to abandon | **ein Schiff den Versicherern ~** | to abandon a ship to underwriters.
Überlassung *f* Ⓐ [Abtretung] | cession.
Überlassung *f* Ⓑ [Übertragung] | transfer | **~ des Vermögens an die Gläubiger** | assignment of assets to creditors.
Überlassung *f* Ⓒ [Preisgabe] | abandon | **~ eines Schiffes an die Versicherer** | abandonment of a ship to the underwriters.
überlasten *v* | to overcharge; to overload; to overburden | **mit Steuern ~** | to overburden with taxes; to tax excessively.
überlastet *adj* | **mit Arbeit ~ sein** | to be overburdened with work; to be overworked.
Überlastung *f* | overcharge; excessive load | **Arbeits~** | overworking.
Überläufer *m* | defector.
Überleben *n* | **im Falle des ~s** | in case of survival.
überleben *v* | **jdn. ~** | to outlive (to survive) sb.
überlebend *adj* | surviving | **der ~e Ehegatte (Eheteil)** | the surviving spouse.
Überlebende *m* | **der ~** | the survivor.
Überlebens..fall *m* | survival; case of survival; survivorship.
—rente *f* | reversionary (survivorship) annuity.
—vermutung *f* | presumption of survival.
—versicherung *f* | survivorship insurance.
überlebt *adj* | outdated; obsolete.
überlegen *adj* | **jdm. ~ sein** | to be superior to sb. | **jdm. zahlenmäßig ~ sein** | to be superior in number to sb.; to outnumber sb.
überlegen *v* Ⓐ | to deliberate | **sich etw. ~** | to consider sth. | **sich seine Schritte (Handlungen) ~** | to consider one's actions | **ohne zu ~** | without consideration.
überlegen *v* Ⓑ [vorher ~] | to premeditate.
Überlegenheit *f* | superiority; supremacy | **wirtschaftliche ~** | economic superiority | **zahlenmäßige ~** | superiority in number; outnumbering | **durch zahlenmäßige ~** | by force of numbers.
überlegt *adj* Ⓐ | considered | **sorgfältig ~e Antwort** | carefully considered answer (reply) | **~es Handeln; ~e Handlung** | deliberate action | **un~** | inconsiderate; unadvised | **wohl~** | well considered.
überlegt *adj* Ⓑ [vorher ~] | premeditated | **un~** | unpremeditated.
überlegt *adv* Ⓐ | **wohl~** | considerately; advisedly | **un~** | inconsiderately; unadvisedly.
überlegt *adv* Ⓑ [mit Überlegung] | with premeditation; aforethought | **un~** | without premeditation; undesignedly.
Überlegung *f* Ⓐ | reflection; consideration; deliberation | **ohne genügende (gründliche) ~** | without due consideration (reflection) | **mangelnde ~** | absence of consideration; inconsideration; inconsiderateness | **bei näherer ~** | on second thoughts | **nach reiflicher (gründlicher) ~** | after mature (due) (careful) consideration; after due deliberation | **nach reiflicher ~ gewonnene Ansicht** | considered opinion | **steuerliche ~en** | tax considerations.

Überlegung *f* ⑧ [vorherige ~] | premeditation | **mit Vorsatz (vorsätzlich) und mit** ~ | with malice aforethought (prepense) | **mit** ~ | with premeditation; premeditated; aforethought | **ohne** ~ | without premeditation; undesignedly.
Überleitung *f* | transition.
Überleitungs..bestimmungen *fpl* | transitory (transitional) provisions.
—**vertrag** *m* | transition agreement.
Überlieferung *f* | tradition.
Überliege..geld *n* | demurrage.
—**tage** *mpl*; —**zeit** *f* | extra lay days; days of demurrage; demurrage.
Überliquidität *f* | excess (surplus) liquidity.
überlisten *v* | jdn. ~ | to outwit sb.
übermachen *v* ⑧ | to make over; to transfer | **jdm. sein Vermögen** ~ | to make over one's property to sb.
übermachen *v* ⑧ [S] [übersenden] | **jdm. etw.** ~ | to send sb. sth.
Übermacht *f* | superiority; supremacy.
Übermachung *f* | making over.
Übermaß *n* | excess.
übermäßig *adj* | immoderate; excessive; exaggerated.
übermäßig *adv* | excessively | ~ **hoher Preis** | exaggerated (exorbitant) price.
übermitteln *v* | jdm. etw. ~ | to remit (to transmit) sth. to sb. | **einen Auftrag** ~ | to transmit an order.
Übermittlung *f* | ~ **eines Auftrages** | transmission of an order | **falsche** ~ | mistransmission.
Übernahme *f* ⑧ | taking charge | ~ **eines Amtes; Amts**~ | entrance into (accession to) office | ~ **einer Erbschaft; Erbschafts**~ | accession to an estate | ~ **eines Geschäftes; Geschäfts**~ | taking over of a (of the) business | ~ **der Macht; Macht**~ | seizure (assumption) of power; accession (rise) to power.
Übernahme *f* ⑧ [Abnahme] | taking (accepting) delivery; acceptance.
Übernahme..bedingungen *pl* | conditions of acceptance.
—**gebühr** *f* | acceptance fee.
—**konsortium** *n*; —**syndikat** *n* | syndicate of underwriters; underwriting syndicate.
—**preis** *m* | contract price.
—**provision** *f* | underwriting commission.
—**schein** *m* | receipt; certificate of receipt.
—**vertrag** *m* | purchase agreement.
übernehmen *v* | die Aktiven und Passiven ~ | to take over the assets and liabilities | **eine Arbeit** ~ | to undertake a work | **ein Amt** ~ | to take over an office; to take charge | **jds. Amt** ~ | to succeed to sb.'s office; to replace sb. | **die (eine) Bürgschaft** ~ | to stand security (bail) | **die Garantie** ~; **die Gewähr** ~ | to undertake the guaranty; to guarantee; to warrant | **jds. Geschäft** ~ | to take over the business of sb. | **die Leitung von etw.** ~ ① | to take over the management of sth. | **die Leitung von etw.** ~ ② | to take charge of sth. | **die Macht** ~ | to assume power | **das Präsidium** ~; **den Vorsitz** ~ | to take the chair | **die Regierung** ~ | to take over the government | **ein Risiko** ~ | to accept (to entertain) (to undertake) a risk | **eine Schuld** ~ | to assume a debt | **die volle Verantwortung** ~ | to assume (to take) all (full) responsibility | **eine Verbindlichkeit (Verpflichtung)** ~ | to assume (to contract) an obligation | **Verbindlichkeiten** ~ | to enter into engagements; to bind (to commit) os. | **etw.** ~; **es** ~, **etw. zu tun** | to undertake (to agree) (to consent) to do sth.
Übernehmer *m* ⑧ [Käufer] | purchaser.

Übernehmer *m* ⑧ [Zessionar] | assign; assignee | ~ **einer Schuld; Schuld**~ | transferee of a debt.
Überorganisation *f* | over-organization.
überparteilich *adj* | non-partisan.
überplanmäßig *adj* | supernumerary.
Überpreis *m* ⑧ [übertrieben hoher Preis] | exaggerated (exorbitant) price.
Überpreis *m* ⑧ [Preisüberschreitung] | excess (excessive) price.
Überproduktion *f* | overproducton; excess (surplus) production; production surplus.
überproduzieren *v* | to overproduce.
überprüfen *v* | to examine | **eine Frage** ~ | to examine (to look into) (to go into) a question | **etw. erneut** ~ | to re-examine (to reconsider) sth.
Überprüfer *m* | reviser.
überprüft *part* | ~ **werden** | to be under examination (under consideration).
Überprüfung *f* | examination; checking | **Neu**~; **erneute** ~; **nochmalige** ~ | re-examination; second examination.
Überprüfungs..ausschuß *m*; —**stelle** *f* | board of review.
überschätzen *v* | to over-estimate; to overvalue; to overrate.
Überschätzung *f* | over-estimation; over-estimate; overvaluation.
überschießend *adj* | exceeding | ~**er Betrag** ① | exceeding (excess) amount; sum in excess | ~**er Betrag** ② | surplus amount; surplus.
Überschlag *m* | estimate | **Kosten**~ | estimate of expenditure(s) | **roher** ~; **ungefährer** ~ | rough calculation; approximate computation.
überschlagen *v* | etw. ~ | to estimate sth. roughly.
Überschlagsrechnung *f* | rough estimate (calculation).
Überschneidung *f* | overlapping.
überschreiben *v* ⑧ [übertragen] | jdm. ein Grundstück ~ | to convey (to make over) a property to sb.; to transfer a real estate to sb.
überschreiben *v* ⑧ [umschreiben] | to transcribe.
Überschreibung *f* ⑧ [von Grundeigentum] | conveyance; making over; conveyance of property; deed of conveyance.
Überschreibung *f* ⑧ [Umschreiben] | transcription.
Überschreiten *n* | ~ **der Grenze** | crossing of the frontier (of the border) | **beim** ~ **der Grenze** | when crossing the border.
überschreiten *v* ⑧ [überqueren] | to cross | **die Grenze** ~ | to cross the frontier (the border).
überschreiten *v* ⑧ [darüber hinausgehen] | to overstep; to exceed; to transgress; to go beyond | **seine Befugnisse** ~ | to exceed (to overstep) one's competence; to exceed one's authority | **den Etat** ~ | to exceed the budget | **eine Frist** ~ | to exceed a period of time | **die Höchstgeschwindigkeit** ~ | to exceed the speed limit; to speed | **seine Instruktionen** ~ | to exceed (to go beyond) one's instructions | **den Kostenanschlag** ~ | to go beyond the estimates | **seinen Kredit** ~ | to overdraw one's credit | **die Lieferfrist** ~; **den Liefertermin** ~; **das Ziel** ~ | to exceed the term of delivery | **seine Rechte** ~ | to overstep (to exceed) one's rights | **seinen Urlaub** ~ | to overstay one's leave | **seine Vollmacht(en)** ~ | to exceed one's powers.
Überschreitung *f* ⑧ | transgression | ~ **des Etats; Etats**~ | exceeding the budget | ~ **einer Frist; Frist**~ | exceeding a period of time | ~ **der Geschwindigkeitsgrenze;** ~ **der Höchstgeschwindigkeit** | exceeding the speed limit; speeding | ~ **eines Kredits; Kredit**~ | overdrawing of one's credit;

overdraft | ∼ **der Lieferfrist; Lieferfrist**∼; **Ziel**∼ |
exceeding the term of delivery | **das Limit** ∼ | to go
beyond the limit | ∼ **des Urlaubs; Urlaubs**∼ | over-
staying one's leave.
Überschreitung *f* Ⓑ [Exzeß] | excess | ∼ **der Amts-
gewalt** | abuse of administrative authority (power) |
| ∼ **der Notwehr** | excess of justifiable defense | ∼
der Vollmacht; Vollmachts∼ | excess of authority
(power).
Überschrift *f* | heading; title; headline.
überschuldet *adj* Ⓐ | encumbered with debts.
überschuldet *adj* Ⓑ [insolvent] | insolvent.
Überschuldung *f* Ⓐ | excess indebtedness; excess of
liabilities over the assets.
Überschuldung *f* Ⓑ [Insolvenz] | insolvency.
Überschuß *m* | excess; surplus; excess amount | ∼ **der
Aktiven über die Passiven; Bilanz**∼ | surplus (excess)
of assets over liabilities | ∼ **an Arbeitskräften** | sur-
plus of labo(u)r; redundant labo(u)r; redundancy.
Ausfuhr∼; **Export**∼ | surplus of exports; export
surplus; exports in excess of imports | **Ausgaben**∼ |
excess of expenditure | **Bar**∼ | cash balance | **Be-
völkerungs**∼ | surplus population.
○ **Einfuhr**∼ | excess of imports; import surplus;
imports in excess of exports | ∼ **des Einkommens
über die Werbungskosten** | excess of income over
expenditure | ∼ **der Einnahmen über die Ausgaben** |
surplus of receipts | **Geburten**∼ | excess of births
over deaths | **Gewichts**∼ | excess in weight; excess
weight; overweight.
○ **Gewinn**∼ ① | surplus profit | **Gewinn**∼ ② | profit
balance | **Haushalt**∼ | budget surplus | **Kassen**∼ |
surplus in the cash; cash surplus | **Produktions**∼ |
production surplus; excess (surplus) production |
Rein∼ | net surplus | **Steuer**∼ | surplus in taxes |
Wert∼ | excess value; surplus | **mit einem** ∼ **ab-
schließen** | to close with a surplus | **einen** ∼ **abwer-
fen** | to yield a profit.
Überschuß..bildung *f* | accumulation of surpluses.
—**gebiet** *n* | surplus area.
—**land** *n* | surplus country; country with a surplus.
überschüssig *adj* | surplus; exceeding | **der** ∼**e Betrag** |
the surplus | ∼**e Arbeitskräfte** | surplus (surplus
of) (redundant) labo(u)r | ∼**er Ertrag** | excess yield;
surplus | ∼**e Exemplare** | surplus copies | ∼**e
Kaufkraft** | surplus purchasing (spending) power |
∼**e Mittel** | surplus funds | ∼**e Produktion** | excess
(surplus) production; production surplus.
überschüssig *adv* | in excess.
Übersee *f* | oversea(s) | **Besitzungen in** ∼ | oversea pos-
session; possessions in oversea | **Export nach** ∼ |
export to overseas markets | **Märkte in** ∼ | overseas
markets | **Verladung nach** ∼ | overseas shipment |
nach ∼ **gehen** | to go overseas | **von** ∼ | from
beyond the seas.
Übersee..gebiet *n* | overseas territories *pl.*
—**handel** *m* | overseas trade.
—**markt** *m* | overseas market.
überseeisch *adj* | oversea(s); beyond (from beyond)
the seas | ∼**e Besitzungen** | overseas possessions;
possessions in oversea | ∼**e Märkte** | overseas
markets.
Überseetransport *m* | overseas shipment | **Verpackung
für** ∼ | packing for ocean shipment.
übersenden *v* | to send; to forward | **Geld** ∼ | to remit
money.
Übersender *m* Ⓐ | sender; forwarder.
Übersender *m* Ⓑ [von Geld] | remitter.
Übersendung *f* Ⓐ | sending; forwarding; dispatch.
Übersendung *f* Ⓑ [von Geld] | remittance.

Übersendungskosten *pl* | forwarding charges (costs).
übersetzbar *adj* | translatable; to translate.
übersetzen *v* | **etw.** ∼ | to translate sth.; to make (to
do) a translation of sth. | **etw. aus dem Deutschen ins
Englische** ∼ | to translate sth. from (from the)
German into English | **falsch** ∼ | to mistranslate |
| **frei** ∼ | to translate freely | **wortgetreu** ∼ | to
translate literally | **wortwörtlich** ∼ | to translate
word-by-word.
Übersetzer *m* | translator | **beeidigter** ∼ | sworn trans-
lator.
Übersetzerin *f* | translator.
übersetzt *adj* [übertrieben] | exaggerated; overstated |
∼**e Besteuerung** | excessive taxation | ∼**e Forde-
rungen** | exaggerated claims | ∼**e Geschwindigkeit** |
excessive speed | **mit Personal** ∼ | overstaffed | ∼**er
Preis** | exaggerated (exorbitant) price | ∼**e Rech-
nung** | exorbitant bill.
übersetzt *part* | **aus dem Deutschen** ∼ | translated from
(from the) German.
Übersetzung *f* | translation; translating | **Recht der** ∼
| right of translation | **die autorisierte** ∼ | the
authorized version | **die authentische** ∼; **die maß-
gebliche** ∼ | the authentic translation | **falsche** ∼ |
mistranslation | **freie** ∼ | free translation | **revidierte**
∼ | revised version | **schlechte** ∼ | poor translation |
ungenaue ∼ | inaccurate translation | **wortgetreue**
∼ | faithful (close) translation | **wörtliche** ∼ |
literal translation | **wortwörtliche** ∼ | word-by-word
(word-for-word) translation | **von etw. eine** ∼ **an-
fertigen (machen)** | to make (to do) a translation of
sth.; to translate sth.
Übersetzungs..büro *n* | translating bureau; translation
office (agency).
—**fehler** *m* | mistake in translation; mistranslation.
—**gebühr** *f* | translation charge (fee).
—**recht** *n* | right to translate (of translation).
—**rechte** *npl* | translation rights.
Übersicht *f* | summary; outline | **tabellarische** ∼ |
schedule; tabulation | **vergleichende** ∼ | compari-
son table; synopsis.
übersiedeln *v* | to move.
Übersiedlung *f* | removal; relocation.
überstaatlich *adj* | supranational.
übersteigen *v* | to exceed.
übersteigern *v* Ⓐ | to outbid.
übersteigern *v* Ⓑ | to exaggerate.
übersteigert *adj* | excessive.
Übersteigerung *f* Ⓐ | outbidding.
Übersteigerung *f* Ⓑ | exaggeration.
Überstimmen *n* | ∼ **eines Antrages** | defeat (voting
down) of a motion.
überstimmen *v* | **jdn.** ∼ | to obtain a majority over sb.;
to outvote sb. | **einen Antrag mit ... Stimmen** ∼ | to
defeat a motion by ... votes.
überstimmt *part* | ∼ **werden** | to be (to find os.) out-
voted; to be defeated (voted down).
Überstunden *fpl* | overtime *sing* | ∼ **arbeiten (machen)** |
to work (to make) (to do) overtime; to work extra
hours.
—**arbeit** *f* | extra working hours *pl*; working overtime.
—**lohn** *m*; —**vergütung** *f* | overtime wage (pay)
(allowance).
—**satz** *m* | overtime rate.
—**verbot** *n* | prohibition to work overtime.
—**zulage** *f*; —**zuschlag** *m* | overtime bonus.
Übertagebelegschaft *f* | surface workers *pl.*
übertariflich *adj* | above (in excess of) the tariff scale |
| ∼**er Lohn** | wage(s) in excess of the agreed wage
scale.

übertaxieren v | to over-estimate; to overvalue; to overrate.

überteuern v [zu teuer machen] | etw. ~ | to make (to render) sth. too expensive.

Überteuerung f | overcharge; overcharging.

Übertrag m Ⓐ [Übertragen] | transferring; transfer; assignment | einen ~ machen | to pass a transfer.

Übertrag m Ⓑ [Vortrag; Rechnungsübertrag] | balance carried (brought) forward; carrying over.

übertragbar adj Ⓐ [abtretbar] | transferable | ~es Recht | transferable (assignable) right | nicht ~ ①; un~ ① | not transferable; not assignable; unassignable | nicht ~ ②; un~ ② | registered.

übertragbar adj Ⓑ [begebbar] | negotiable | nicht ~ | not negotiable.

übertragbar adj Ⓒ [zu veräußern] | alienable; to be alienated | nicht ~ | inalienable.

übertragbar adj Ⓓ [übersetzbar] | translatable.

Übertragbarkeit f Ⓐ [Abtretbarkeit] | transferability; assignability.

Übertragbarkeit f Ⓑ [Fähigkeit, durch Indossament übertragen zu werden] | negotiability.

Übertragbarkeit f Ⓒ [Fähigkeit, veräußert zu werden] | alienability.

Übertragen n | transferring.

übertragen v Ⓐ [abtreten] | to transfer; to transmit; to assign | das Eigentum ~ | to transfer title; to convey property | durch Indossament ~; durch Giro ~ | to transfer by endorsement; to endorse | auf jdn. ein Patent ~ | to assign a patent to sb. | ein Recht ~ | to assign (to transfer) a right | etw. urkundlich ~ | to assign (to transfer) sth. by deed | rück~; zurück~ | to reassign; to retransfer.

übertragen v Ⓑ [indossieren] | to endorse; to transfer by endorsement.

übertragen v Ⓒ [veräußern] | to alienate.

übertragen v Ⓓ | jdm. ein Amt ~ | to delegate functions to sb. | einem Anwalt eine Sache (ein Mandat) ~ | to place a matter in the hands of an attorney | jdm. seine Befugnisse (seine Vollmachten) ~ | to delegate one's authority (one's powers) to sb. | jdm. Rechte ~ | to assign (to transfer) rights to sb.

übertragen v Ⓔ [übersetzen] | to translate.

übertragen v Ⓕ [durch Rundfunk übertragen] | to broadcast.

übertragen v Ⓖ [vortragen] | to carry over; to transfer.

übertragen part | in ~em Sinne | in the figurative sense.

Übertragung f Ⓐ [Abtretung] | assignment; assigning; transfer; transferring | Abtretung und ~ | assignment and transfer | Aktien~ | transfer of shares | ~ des Eigentums; Eigentums~ ① | transfer (conveyance) of property (of title) (of ownership); making over by transfer of title | Eigentums~ ② | deed of conveyance; transfer (title) deed; conveyance | ~ einer Forderung; Forderungs~ | assignment (transfer) of a claim (debt); assignment; cession | Geschäfts~ | business transfer | Hypotheken~ | transfer of mortgage | ~ eines Patentes | assignment of a patent | ~ eines Rechts; Rechts~ | transfer (assignment) of a right | Rück~ | retransfer; transfer back; reassignment | ~ einer Schuld; Schuld~ | transfer (assignment) of a debt | ~ durch letztwillige Verfügung | disposition by will (by testament).

Übertragung f Ⓑ [~ durch Indossament] | endorsement, indorsement; transfer by way of endorsement.

Übertragung f Ⓒ [Veräußerung] | alienation.

Übertragung f Ⓓ | delegation | ~ von Machtbefugnissen; ~ von Vollmachten | delegation of powers.

Übertragung f Ⓔ [Übersetzung] | translation.

Übertragung f Ⓕ | ~ im Rundfunk; ~ im (durch) Radio | wireless broadcasting; broadcasting | ~ im Fernsehen; Fernseh~ | transmission by television.

Übertragung f Ⓖ [gerichtliche Einweisung] | vesting order.

Übertragungs..akt m; —urkunde f | transfer (assignment) deed; deed of assignment | Eigentums~ | deed of conveyance; transfer (title) deed.

—bedingungen fpl | terms of assignment.

—beleg m | transfer voucher.

—buch n; —register n | transfer book (register).

—eintrag m | transfer entry.

—empfänger m | transferee.

—erklärung f | declaration of transfer (of assignment).

—formular n | transfer form.

—gebühr f | tax (duty) on transfer of property; transfer duty.

—schein m | transfer certificate.

—stempel m | transfer stamp.

—steuer f | transfer tax (duty) (stamp tax).

—verfügung f | vesting order.

—vermerk m | notice of transfer.

—vertrag m Ⓐ [Abtretungsvertrag] | deed (contract) of assignment (of transfer); assignment (transfer) deed.

—vertrag m Ⓑ [Eigentumsübertragung] | contract (deed) of transfer (of conveyance); conveyance.

übertreiben v | to exaggerate; to overstate | die Tatsachen ~ | to overstate the facts.

Übertreibung f | exaggeration; overstatement.

übertreten v | to trespass; to transgress; to violate | die Bestimmungen ~ | to contravene the regulations; to act in contravention of the regulations | das Gesetz ~ | to infringe (to break) (to violate) the law.

Übertreter m | infringer; contravener; trespasser.

Übertretung f | infringement; violation; trespass; contravention | ~ des Gesetzes; Gesetzes~ | violation (contravention) of the law | polizeiliche ~ | police offense | sittenpolizeiliche ~ | offense of public morality | verkehrspolizeiliche ~ | traffic (motoring) offense.

Übertretungsfall m | im ~ | in case of infringement (of non-compliance).

übertrieben adj | exaggerated; overstated | ~e Forderung | exaggerated claim; exorbitance.

übertrieben adv | ~ hoher Preis | exaggerated (exorbitant) (unduly high) price.

überversichern v | to over-insure.

überversichert adj | over-insured.

Überversicherung f | over-insurance; excess insurance.

übervölkert adj | over-populated.

Übervölkerung f | over-population.

übervorteilen v | to overreach; to overcharge.

Übervorteilung f | overreaching; overcharging.

überwachen v | to superintend; to supervise; to control.

Überwachung f | superintendence; supervision; control | ~ durch die Gesundheitsbehörden | sanitary control (inspection) | Grenz~ | frontier (border) control | Preis~ | price control; control of prices | polizeiliche ~ | police supervision | Zoll~; zollamtliche ~ | customs supervision (control).

Überwachungs..ausschuß m | supervisory committee; board of control; control board | Preis~ | price control board.

—dienst m | supervising (supervisory) service.

—kosten pl | cost of supervision.

—organ n | supervisory organ.

—organisation f | control organization.

Überwachungs..recht *n* | right (power) to supervise; control power.

—**stelle** *f* | control board (office); board of control; supervisory agency | **Preis**~ | price control board.

—**tätigkeit** *f* | controlling activity; control.

überwältigend *adj* | ~e **Mehrheit (Majorität)** | overwhelming (crushing) majority.

überwälzen *v* | **die Steuer** ~ | to shift the burden of the tax.

überweisen *v* Ⓐ | **einen Betrag** ~ | to transfer an amount | **einen Betrag durch die Bank** ~ | to remit an amount through a bank | **eine Summe postwendend** ~ | to remit a sum by return of post.

überweisen *v* Ⓑ | **einen Antrag an einen Ausschuß** ~ | to commit (to refer) a request to a committee.

Überweisung *f* Ⓐ | transfer; remittance | **Bank**~ | bank transfer; transfer from a bank account | ~ **eines Betrages** | transfer of an amount | **Postscheck**~ | transfer from (to) postal cheque account | ~ **an den Reservefonds** | transfer to (to the) reserve fund | **Rück**~ | retransfer | **telegraphische** ~ | telegraphic (cable) transfer.

Überweisung *f* Ⓑ | **gerichtliche** ~ | vesting order | **Pfändung und** ~ | distraint and vesting order.

Überweisungs..auftrag *m* | order to transfer; transfer (remittance) order.

—**beschluß** *m* | garnishee order | **Pfändungs- und** ~ | writ of attachment.

—**formular** *n* | remittance form.

—**gebühr** *f* | remittance fee.

—**möglichkeit** *f* | transfer facility (facilities).

—**provision** *f* | transfer commission.

—**verkehr** *m* | **im** ~ | by transfer.

Überwiegen *n* Ⓐ | preponderance.

Überwiegen *n* Ⓑ [Vorherrschen] | predominance.

überwiegen *v* Ⓐ | to preponderate; to be preponderant (prevalent).

überwiegen *v* Ⓑ [vorherrschen] | to predominate.

überwiegend *adj* | preponderant; outweighing | ~ **Bedeutung** | controlling importance | ~**er Einfluß** | controlling influence | ~**e Mehrheit** | overwhelming majority | **die** ~**e Meinung** | the prevailing opinion | ~**e Schuld;** ~**es Verschulden** | preponderant fault.

Überzahl *f* | numerical superiority | **in** ~ | outnumbering.

überzahlen *v* | to overpay.

überzählig *adj* | supernumerary.

Überzähliger *m* | supernumerary.

überzahlt *part* | overpaid.

Überzahlung *f* | overpayment.

überzeichnen *v* | to oversubscribe | **eine Anleihe** ~ | to oversubscribe a loan.

überzeichnet *adj* | oversubscribed.

Überzeichnung *f* | oversubscription.

überzeugen *v* | to carry conviction | **jdn.** ~ | to convince sb. | **sich** ~ **lassen** | to be open to conviction.

überzeugend *adj* | conclusive; convincing | ~**er Beweis** | conclusive evidence | ~ **sein (wirken)** | to carry conviction.

überzeugt *part* | **ein** ~**er Gegner** | a confirmed opponent.

Überzeugung *f* | **aus** ~ | by conviction | **nach freier** ~ | at sb.'s free discretion | **der eigenen** ~ **zuwider** | against one's better judgment | **nach seiner** ~ **leben** | to live up to one's convictions.

überziehen *v* | **ein Konto** ~ | to overdraw an account; to make an overdraft.

Überziehung *f* | ~ **eines Kontos; Konto**~ | overdraft; overdrawing of an account.

Überziehungskredit *m* | credit on overdraft.

Überziehungsprovision *f* | commission on overdraft; overdraft commission.

überzogen *adj* | ~**es Konto** | overdrawn account; overdraft.

üblich *adj* | usual; customary | ~**e Unterschrift** | usual signature | ~ **sein** | to be common (normal) practice | **wie** ~ | as customary.

Übung *f* | exercise; practice; usage | **bestehende** ~ | common (established) practice | **außer** ~ **kommen** | to fall into disuse.

Ufer..anlieger *m*; —**eigentümer** *m* | riparian owner; riverside resident; riverain.

—**grundstück** *n* | riverside (waterside) (riparian) property | **Mutungsrecht an einem** ~ | bank-claim.

—**recht** *n* | riparian rights *pl*.

—**staat** *m* | riparian state (nation).

Ukas *m* [Erlaß] | ukase.

ultimativ *adj* | **in** ~**er Form** | in the form of an ultimatum.

Ultimatum *n* | ultimatum | **Stellung eines** ~**s** | issuance of an ultimatum | **jdm. ein** ~ **stellen** | to deliver (to issue) an ultimatum to sb.

Ultimo *m* Ⓐ [Monatsende] | end of the month | **vom** ~ | of the last month.

Ultimo *m* Ⓑ [letzter Werktag im Monat] | last weekday (working day) of the month.

Ultimo..abrechnung *f*; —**abschluß** *m*; —**liquidation** *f*; —**regulierung** *f* | settlement at the end of the month; monthly settlement.

—**bedarf** *m* | monthly requirements *pl*.

—**fälligkeiten** *fpl* | amounts (sums) falling due at the end of the month.

—**geld** *n* | money (loans *pl*) repayable at the end of the month.

—**wechsel** *m* | bill payable at the end of the month.

Ultra *m* | extremist.

umadressieren *v* | to readdress; to redirect.

Umadressierung *f* | redirection.

umändern *v* | to alter; to modify; to change.

Umänderung *f* | alteration; modification; change.

umarbeiten *v* | to revise.

Umarbeitung *f* | revision.

Umbau *m* Ⓐ [einer Organisation] | reorganization.

Umbau *m* Ⓑ [eines Gebäudes] | rebuilding; reconstruction.

umbauen *v* Ⓐ [umorganisieren] | to reorganize.

umbauen *v* Ⓑ | **ein Haus** ~ | to rebuild (to reconstruct) a house.

umbenennen *v* | to rename.

umbesetzen *v*; **umbilden** *v* | **das Kabinett** ~; **die Regierung** ~ | to reshuffle the cabinet.

Umbildung *f* | **Kabinetts**~; **Regierungs**~ | change in (reshuffle of) the cabinet; cabinet reshuffle.

umbuchen *v* Ⓐ | to transfer from one account to another one.

umbuchen *v* Ⓑ [gegenbuchen] | to reverse | **einen Eintrag** ~; **einen Posten** ~ | to reverse an entry (an item).

Umbuchung *f* Ⓐ | transfer from one account to another one; book transfer.

Umbuchung *f* Ⓑ [Gegenbuchung] | reversing (reversal) of an entry; counter-entry; cross entry | **eine** ~ **machen** | to reverse an entry (an item).

Umdruck *m* | reprint; reimpression.

umdrucken *v* | to reprint.

umdatieren *v* | to change the date.

umdisponieren *v* | to redispose.

Umdisponierung *f*; **Umdisposition** *f* | redisposition.

Umfang *m* | extent; scope | **Geschäfts**~ | volume of business; business turnover | ~ **der Haftung; Haf-**

Umfang *m, Forts.*
 tungs~ | extent of the liability | **~ des Risikos** | extent of the risk | **~ des Schadens** | extent of the damage | **~ der Vertretungsmacht; ~ der Vollmacht** | extent of the powers of attorney.
 ★ in angemessenem ~ | to a reasonable extent | **in festumgrenztem ~** | by way of limitation | **in großem ~e** | to a large (great) extent; considerably | **in vollem ~** | to the full extent | **in welchem ~?** | to what extent?
umfangreich *adj* | voluminous | **~e Aufträge** | large orders.
umfassen *v* | to comprehend; to comprise; to include; to embrace.
umfassend *adj* | extensive; comprehensive | **~es Geständnis** | full confession | **~e Kenntnisse** | extensive knowledge | **~es Programm** | comprehensive program | **~e Studien** | comprehensive studies | **~e Vollmachten** | wide powers | **~e Vorkehrungen** | extensive measures (precautions) | **in ~er Weise** | extensively.
Umfassungsmauer *f* | surrounding wall.
umformen *v* | to transform.
Umformung *f* | transformation.
Umfrage *f* | inquiry | **Meinungs~** | opinion poll | **~ halten** | to inquire; to make inquiries; to gather information.
Umgang *m* | intercourse | **ehebrecherischer ~** | adulterous intercourse | **mit jdm. geschlechtlichen ~ haben** | to have sexual intercourse with sb. | **mit jdm. ~ haben (pflegen)** | to have (to entertain) relations with sb.
Umgebung *f* | vicinity; environs *pl.*
umgehen *v* | to evade; to bypass | **das Gesetz ~** | to evade the law.
umgehend *adj* | **~e Antwort** | reply without delay | **mit ~er Post** | by return of mail.
umgehend *adv* | immediately; without delay | **~ antworten** | to give an immediate reply (answer).
Umgehung *f* | **~ des Gesetzes; Gesetzes~** | evasion of the law | **~ einer Steuer; Steuer~** | tax evasion (avoidance).
umgekehrt *adj* | reverse | **die ~e Politik einschlagen** | to reverse one's policy | **in ~er Reihenfolge** | in the reverse order | **das ~e Verfahren wählen** | to reverse a process | **im ~en Verhältnis** | in the reversed ratio.
umgestalten *v* | to transform; to reorganize.
Umgestaltung *f* | transformation; reorganization.
umgrenzen *v* | to circumscribe.
Umgrenzung *f* | circumscription.
umgründen *v* | **eine Gesellschaft ~** | to reorganize a company.
Umgründung *f* | **~ einer Gesellschaft** | reorganization (reconstruction) of a company.
umgruppieren *v* | **etw. ~** | to regroup sth.
Umgruppierung *f* | regrouping.
Umherziehen *n* | **Gewerbebetrieb im ~** | itinerant trade | **Gewerbetreibender im ~** | itinerant merchant; hawker; pedlar | **Handel im ~** | hawking.
umherziehend *adj* | itinerant.
Umkehr *f*; **Umkehrung** *f* | reversal; reversing | **~ der Beweislast** | reversal of the burden of proof.
umkehrbar *adj* | **~es Verfahren** | reversible process | **nicht ~** | irreversible.
umkehren *v* | to reverse | **eine Vermutung ~** | to reverse a presumption.
Umlade..gebühren *fpl*; **—kosten** *pl*; **Umladungskosten** *pl* | transshipment (reshipping) (reloading) charges.
umladen *v* | to transship; to reship; to reload.

Umladung *f* | transshipping; transshipment; reshipment; reloading.
Umladungsplatz *m* | place of transshipment.
Umlage *f* Ⓐ [Repartition] | distribution; allocation | **einen Beitrag durch ~ erheben** | to impose (to levy) a contribution | **~ der Generalunkosten** | allocation of general expense (of overhead cost).
Umlage *f* Ⓑ [öffentliche Abgabe] | rate | **Armen~** | poor rate | **Befreiung von ~n** | relief from rates; derating | **Bezirks~n; Kreis~n** | county rates | **Gemeinde~; städtische ~** | communal (municipal) (local) (borough) rate; rate | **Heranziehung zu einer ~** | assessment; rating | **Kirchen~** | church rate | **Steuern und ~n** | rates and taxes; taxes and dues.
 ★ etw. mit einer ~ belegen; etw. zu einer ~ heranziehen | to lay a rate on sth. | **jdn. mit einer ~ belegen; jdn. zu einer ~ heranziehen** | to rate sb.; to assess sb. | **die ~n für etw. senken (herabsetzen) (ermäßigen)** | to reduce the rates on sth.
Umlagen..befreiung *f* | relief from rates; derating.
—behörde *f* | rating authority.
—betrag *m* | rate; rating.
—bezirk *m* | rating area (district).
—einnehmer *m* | rating officer.
—erhebung *f* | rating; collection of rates; rate collection.
—ermäßigung *f*; **—herabsetzung** *f* | reduction of rates; rate reduction.
—pflicht *f* | rat(e)ability | **von der ~ (von ~n) befreit** | exempt from rates; rate-free.
umlagenpflichtig *adj* | rateable; taxable | **nicht ~** | rate-free.
Umlagen..pflichtiger *m* | ratepayer.
—register *n* | rate book.
—rückstände *mpl* | arrears of rates.
—senkung *f* | rate reduction.
—veranlagung *f*; **—verteilung** *f* | rating assessment.
—zahler *m* | ratepayer.
—zahlung *f* | **Heranziehung zur ~** | assessment; rating; imposition.
—zone *f* | rate (rating) zone.
Umlageverfahren *n* | allocation procedure.
Umlauf *m* | circulation | **Banknoten~; Noten~** | circulation of bank notes; note (banknote) circulation | **Geld~** | money circulation; circulation of money | **Geld im ~** | coinage in circulation | **Kapital~** | circulation of capital | **Metallgeld~** | metallic currency | **Papiergeld~** | paper circulation (currency); credit circulation | **Pfandbrief~** | bond circulation | **~ von Zahlungsmitteln** | money circulation; circulation of money | **in ~; im ~; in ~ befindlich** | circulating; in circulation; current.
 ★ etw. in ~ bringen (setzen) | to put sth. into circulation; to circulate sth.; to give currency to sth. | **im ~ sein; sich im ~ befinden** | to be current; to be in circulation; to circulate | **nicht mehr im ~ sein** | to be out of circulation | **etw. außer ~ setzen** | to withdraw sth. from circulation.
umlaufen *v* | to be current; to be in circulation; to circulate.
umlaufend *adj* | circulating; in circulation.
Umlaufs..geschwindigkeit *f* | **~ des Geldes** | velocity of the circulation of money.
—kapital *n* | circulating (floating) capital.
—kredit *m* | revolving credit.
—mittel *n* | currency; current money.
—mittel *npl* | current assets *pl.*
—police *f* | revolving policy.
—schreiben *n* | circular letter; circular.

Umlaufs..vermögen *n* | circulating (floating) (working) capital (assets *pl*).
—**zettel** *m* | circular.
umlegen *v* | **die Kosten** ~ | to apportion the costs.
Umlegung *f* Ⓐ ! | ~ **der Kosten; Kosten**~ | allocation (apportionment) of costs.
Umlegung *f* Ⓑ [Beitrags~] | rating.
umleiten *v*; **umlenken** *v* | to divert; to deroute.
Umleitung *f*; **Umlenkung** *f* | diversion; derouting; detour.
umnumerieren *v* | to renumber.
Umnumerierung *f* | renumbering.
umorganisieren *v* | to reorganize.
Umorganisierung *f* | reorganisation.
umprägen *v* | **Geld** ~ | to recoin (to remint) money.
Umprägung *f* | ~ **des Geldes**; ~ **von Geld** | recoinage (recoining) (reminting) of money(s).
umrechnen *v* | to convert; to change.
Umrechnung *f* | conversion.
Umrechnungs..kurs *m* Ⓐ | rate of exchange; exchange rate; exchange; rate | **Zwangs**~ | forced (compulsory) rate (rate of exchange) | **amtlicher** ~ | official rate of exchange | **zum** ~ **von ...** | at the rate of exchange of ...
—**kurs** *m* Ⓑ; —**satz** *n*; —**verhältnis** *n* | rate of conversion; conversion rate (ratio).
—**tabelle** *f* Ⓐ [Kurstabelle] | table of exchange (of exchange rates).
—**tabelle** *f* Ⓑ [Paritätentabelle] | table of par values (of parities).
Umriß *m* | outline | **die allgemeinen Umrisse** | the broad (general) outlines | **etw. in großen Umrissen darstellen** | to outline sth.
umsatteln *v* | to change one's profession.
Umsatz *m* | turnover | ~ **des Betriebskapitals** | turnover of working capital | **Brutto**~ | gross turnover | **Jahres**~ | annual turnover | **Konzern**~ | group turnover | **Mehr**~ | increased turnover | **steuerbarer** ~; **steuerpflichtiger** ~ | taxable turnover.
—**ausgleichssteuer** *f* | import equalization tax.
Umsätze *mpl* | **Bar**~ | cash transactions | **die gegen Barzahlung (auf Barzahlungsgrundlage) erfolgten** ~ | business done (transacted) for cash (on cash terms) | **Börsen**~ | exchange (stock exchange) transactions | **Devisen**~ | exchange (foreign exchange) transactions | **Wertpapier**~ | transactions in securities | **tatsächliche** ~; **tatsächlich erzielte** ~ | business done (transacted).
Umsatz..erlös *m*; —**gewinn** *m* | profit on (income from) sales.
—**prämie** *f* | premium on turnover; sales premium.
—**provision** *f* | commission on turnover.
—**rendite** *f* | yield on turnover (on sales).
—**steuer** *f* | turnover tax | **Börsen**~ | stock exchange turnover tax; turnover tax on stock exchange dealings.
— —**erklärung** *f* | turnover tax return.
— —**rückvergütung** *f* | turnover tax refund.
—**steigerung** *f* | increased (increase in) turnover.
umschichten *v* | to regroup.
Umschichtung *f* | regrouping.
Umschlag *m* Ⓐ [Umsatzziffer] | turnover | **Güter**~ | goods turnover | ~ **des Kapitals** | capital turnover | **Lager**~ | stock turnover.
Umschlag *m* Ⓑ [Umladung] | transshipment.
Umschlag *m* Ⓒ [Brief~] | envelope; cover | **in getrenntem** ~ | under separate cover | **unter verschlossenem** ~ | under sealed cover | **in versiegeltem** ~ | in a sealed envelope.
umschlagen *v* Ⓐ [umsetzen] | to turn over.

umschlagen *v* Ⓑ [umladen] | **Güter** ~ | to transship goods.
Umschlags..agentur *f* | handling agency.
—**geschwindigkeit** *f*; —**häufigkeit** *f* | rate of turnover | ~ **des Kapitals** | rate of capital turnover | ~ **des Warenbestandes** | rate of stock turnover.
—**hafen** *m* | port of transshipment (of transit); transshipment port.
—**lufthafen** *m* | transshipment airport.
—**platz** *m* | place of transshipment.
—**verkehr** *m* | transshipment.
umschreiben *v* Ⓐ | **etw.** ~ | to circumscribe sth.
umschreiben *v* Ⓑ [neu schreiben] | to rewrite.
umschreiben *v* Ⓒ [übertragen] | **ein Grundstück auf jdn.** ~ | to convey (to make over) a property to sb.; to transfer a real estate to sb.
umschreibend *adj* | circumlocutory.
Umschreibung *f* Ⓐ | circumlocution.
Umschreibung *f* Ⓑ [Neuschreiben] | rewriting.
Umschreibung *f* Ⓒ [Übertragung] | conveyance; making over; conveyance of property; deed of conveyance.
Umschreibungs..gebühr *f* | transfer (registration) fee.
—**stelle** *f* | registration office.
Umschrift *f* [auf dem Rand] | marginal inscription.
Umschuldung *f* | debt refunding; conversion of debts.
Umschuldungs..angebot *n* | conversion offer.
—**anleihe** *f* | conversion loan.
Umschulung *f* | re-education; retraining | **berufliche** ~ | vocational retraining.
Umschwung *m* | reversal | **Meinungs**~ | reversal of opinion |, ~ **der Politik** | reversal of policy.
umseitig *adj* | on the other side; overleaf; verso.
umsetzbar *adj* | negotiable.
Umsetzbarkeit *f* | negotiability.
umsetzen *v* Ⓐ | to convert | **etw. in Geld** ~ | to convert sth. into money.
umsetzen *v* Ⓑ [absetzen] | to sell | **... im Jahr** ~; **... jährlich** ~ | to turn over ... par annum; to have an annual turnover of ...
Umsichgreifen *n* | spreading.
Umsicht *f* | circumspection; prudence; care; precaution | **mit** ~ | with deliberation; with caution; circumspectly.
umsichtig *adj* | careful; circumspect.
umsichtig *adv* | ~ **handeln** | to act with deliberation (with caution).
Umsiedler *m* | resettler.
—**lager** *n* | resettlement camp.
umsiedeln *v* | **die Bevölkerung** ~ | to resettle (to relocate) the population.
Umsiedlung *f* | resettlement; relocation.
umsonst *adv* Ⓐ [gratis] | free of charge; gratuitously; gratis.
umsonst *adv* Ⓑ [vergebens] | in vain; useless.
Umstände *mpl* | circumstances | **Begleit**~; **Neben**~ | accessory (attendant) circumstances | **in Anbetracht aller** ~; **unter (nach) Berücksichtigung aller** ~ | taking everything into account; considering all circumstances; all circumstances considered | **Beweis aus den** ~**n** | circumstantial evidence | **die Tat**~ | the actual circumstances | **die tatsächlichen** ~ | the circumstances of fact; the factual (actual) circumstances; the facts | **durch den Zwang der** ~ | by force of circumstances. ★ **belastende** ~ | incriminating circumstances | **erschwerende** ~ | aggravating circumstances | **unter den gegebenen (gegenwärtigen)** ~**n** | in the present state of things; under the present (existing) (prevailing) circumstances | **mildernde** ~ | mitigating (extenuating) circumstances | **Zubilligung mildern-**

Umstände *mpl, Forts.*
der ∼ | granting extenuating circumstances | jdm.
mildernde ∼ zubilligen | to grant sb. mitigating
circumstances | **strafverschärfende** ∼ | aggravating
circumstances.
★ den ∼n angepaßt | according to circumstances |
nach den ∼n | according to circumstances; circum-
stantial | **je nach den** ∼n | circumstances permitting |
unter allen ∼n | by all means; under all (any) cir-
cumstances; on every account | **unter diesen (sol-
chen)** ∼n | under the (these) (such) circumstances;
in such a case; under these conditions | **unter keinen**
∼n | on no account; under (in) no circumstances.
umständehalber *adv* | owing to circumstances.
umständlich *adj* | circumstantial; complicated.
umstehend *adj* Ⓐ | on the following page.
umstehend *adj* Ⓑ | on the preceding page.
Umsteigefahrschein *m* | correspondence ticket.
umstempeln *v* | to restamp.
umstellen *v* Ⓐ | to regroup.
umstellen *v* Ⓑ [auf eine andere Währung] | to convert.
Umstellung *f* Ⓐ | regrouping.
Umstellung *f* Ⓑ [Währungs∼] | conversion.
Umstellungs..bilanz *f* | conversion balance sheet.
—**konto** *n* | conversion account.
—**kosten** *fpl* | cost(s) of conversion; conversion costs.
—**kurs** *m* | conversion rate.
umstoßen *v* Ⓐ [widerrufen] | to revoke | **ein Testa-
ment** ∼ | to revoke (to invalidate) a testament.
umstoßen *v* Ⓑ [aufheben] | to rescind; to annul | **eine
Entscheidung** ∼; **ein Urteil** ∼ | to quash (to rescind)
(to reverse) (to set aside) a decision (a. judgment).
Umstoßung *f* Ⓐ [Widerruf] | revocation | ∼ **eines
Testaments** | revocation of a will.
Umstoßung *f* Ⓑ [Aufhebung] | rescission; annulment |
∼ **einer Entscheidung**; ∼ **eines Urteils** | quashing
(rescission) (reversal) of a decision (of a judgment).
umstritten *adj* | ∼e **Ansicht (Meinung)** | controversial
opinion | ∼ **sein** | to be controversial; to be in
controversy | **stark** ∼ **sein** | to be highly contro-
versial; to be much in controversy | **un**∼ | beyond
controversy.
Umstrukturierung *f* | restructuring; reorganization;
reconstruction.
Umsturz *m* | revolution | **einen** ∼ **versuchen** | to at-
tempt a revolution.
Umsturz..bestrebungen *fpl* | subversive tendencies.
—**bewegung** *f* | subversive movement.
—**partei** *f* | revolutionary party.
—**versuch** *m* | **einen** ∼ **machen** | to attempt a revolution.
umstürzlerisch *adj* | subversive; revolutionary.
umtaufen *v* | to rename.
Umtausch *m* Ⓐ | exchange; change.
Umtausch *m* Ⓑ [Konversion] | conversion.
Umtauschanleihe *f* | conversion loan.
umtauschbar *adj* | convertible.
Umtauschbarkeit *f* | convertibility.
umtauschen *v* | to exchange | **eine Anleihe** ∼ | to con-
vert a loan | **etw. gegen etw.** ∼ | to commute sth. for
sth.
Umtausch..frist *f* | period for conversion; conversion
period.
—**satz** *m;* —**verhältnis** *n* | rate (basis) of exchange.
—**stelle** *f* | conversion office.
Umtriebe *pl* Ⓐ | schemings; machinations; doings |
anarchistische ∼; **staatsfeindliche** ∼ | anarchist
plots; subversive activities | **geheime** ∼ | secret
plots; underhand manœuvres.
Umtriebe *pl* Ⓑ [S] | inconveniencies; trouble(s).
Umverteilung *f* | redistribution; reallocation.

Umwälzung *f* | revolution | **industrielle** ∼; **wirtschaft-
liche** ∼ | industrial revolution.
umwandelbar *adj* | convertible | ∼e **Strafe** | commu-
table penalty (sentence) | **nicht in Geldstrafe** ∼ | not
commutable by a fine.
Umwandelbarkeit *f* | commutability | ∼ **einer Strafe;**
∼ **eines Strafurteils** | commutability of a penalty (of
a sentence).
umwandeln *v* Ⓐ | **eine Gesellschaft** ∼ | to transform
(to reorganize) a company.
umwandeln *v* Ⓑ | **eine Strafe** ∼ | to commute a penalty
(a sentence) | **die Todesstrafe in lebenslängliches
Gefängnis** ∼ | to commute the death sentence to
life imprisonment.
umwandeln *v* Ⓒ | **Anleihen** ∼ | to convert stock(s).
Umwandlung *f* Ⓐ | ∼ **einer Gesellschaft; Gesell-
schafts**∼ | change of the corporate status of a
company.
Umwandlung *f* Ⓑ | ∼ **einer Strafe; Straf**∼ | com-
mutation of a sentence.
Umwandlung *f* Ⓒ | ∼ **einer Anleihe; Anleihe**∼ | loan
conversion | ∼ **von Wertpapieren in Bargeld** | con-
version of securities into cash.
Umwandlungs..kurs *m* | rate of conversion; conversion
rate.
—**prozeß** *m* | process of transformation.
umwechseln *v* | to exchange; to change.
Umwechslung *f* | exchange; change.
Umwechslungskurs *m* | rate of exchange; exchange
rate.
Umwelt *f* | environments *pl.*
umweltbedingt *adj* | environmental.
Umwelt..bedingungen *fpl* | environmental conditions.
—**schutz** *m* | environmental protection.
—**verschmutzung** *f* | environmental pollution.
umwerten *v* | to revalue; to revaluate.
Umwertung *f* | revaluation.
umziehen *v* | to change one's residence.
Umzug *m* | removal.
Umzugs..anzeige *f* | notice of removal.
—**geld** *n* | allowance for removal; moving allowance.
—**kosten** *pl* | removal expenses.
—**termin** *m* | removal date.
unabänderlich *adj* | unalterable; immutable; un-
changeable.
Unabänderlichkeit *f* | unalterability; immutability.
unabdingbar *adj* | ∼es **Recht** | peremptory (inalien-
able) right.
unabgestempelt *adj* | undefaced.
unabhängig *adj* Ⓐ | independent | **wirtschaftlich** ∼ |
self-supporting | **von jdm.** ∼ **sein** | to be independent
of sb.
unabhängig *adj* Ⓑ [unparteiisch] | impartial.
Unabhängigkeit *f* Ⓐ | independence | **Richter**∼; **rich-
terliche** ∼ | independence of the judiciary.
Unabhängigkeit *f* Ⓑ [staatliche ∼] | autonomy | **wirt-
schaftliche** ∼ | economic (national) self-suf-
ficiency.
Unabhängigkeits..bewegung *f* | movement of inde-
pendence.
—**erklärung** *f* | declaration of independence.
—**krieg** *m* | war of independence.
—**tag** *m* | independence day.
unabkömmlich *adj* | non-available.
Unabkömmlichkeit *f* | non-availability.
Unabkömmlichkeitsstellung *f* | exemption from military
(field) service.
unablösbar *adj* | irredeemable; not redeemable | ∼e
Schuldverschreibung | irredeemable bond (deben-
ture).

unabsetzbar *adj* | irremovable; holding appointment for life.
Unabsetzbarkeit *f* | irremovability; permanence of office.
unabsichtlich *adj* | unintentional.
unabsichtlicherweise *adv* | unintentionally; without intention.
Unabsichtlichkeit *f* | absence of intention.
unabtretbar *adj* | not assignable; not transferable; unassignable; not to be transferred.
Unabtretbarkeit *f* | unassignability.
unabweisbar *adj* | imperative.
unabwendbar *adj* | inevitable; unavoidable | ~es Ereignis; ~er Zufall | act of God.
Unabwendbarkeit *f* | inevitability.
unachtsam *adj* | negligent.
unachtsamerweise *adv* | inadvertently.
Unachtsamkeit *f* | negligence; inadvertence; inattention | aus ~ | by inadvertence; inadvertently.
unakzeptiert *adj* | ~er Wechsel | unaccepted bill; bill dishono(u)red by non-acceptance.
unanfechtbar *adj* Ⓐ | incontestable; indisputable.
unanfechtbar *adj* Ⓑ [endgültig] | absolute.
Unanfechtbarkeit *f* | incontestability; indisputability.
unangebracht *adj* Ⓐ [ungehörig] | improper; undue.
unangebracht *adj* Ⓑ [deplaziert] | out of place; inappropriate | ~e Bemerkung | inopportune (unsuitable) remark.
unangefochten *adj* | unquestioned; uncontradicted | etw. ~ lassen | to let sth. pass unquestioned.
unangemeldet *adj* | undeclared | ~e Vermögenswerte | undeclared (unreported) assets.
unangemessen *adj* | inequitable; unreasonable.
Unangemessenheit *f* | inadequacy; unreasonableness.
unangreifbar *adj* Ⓐ | unassailable.
unangreifbar *adj* Ⓑ [unbestreitbar] | indisputable.
unannehmbar *adj* | inacceptable; unacceptable.
Unannehmlichkeit *f* | inconvenience; trouble; annoyance | jdm. ~en bereiten | to cause inconvenience to sb.; to inconvenience (to trouble) sb.
Unannehmlichkeiten *fpl* | sich ~ machen (zuziehen) | to get os. into trouble | ~ mit der Polizei bekommen | to get into trouble with the police.
unanständig *adj* | indecent | in ~er Weise | indecently.
unantastbar *adj* | inviolable.
Unantastbarkeit *f* | inviolability.
unanwendbar *adj* | inapplicable.
unauffindbar *adj* | untraceable.
unaufgefordert *adv* | spontaneously; voluntarily.
unaufgeklärt *adj* | unexplained; unsolved.
unaufschiebbar *adj* | urgent; pressing.
Unaufschiebbarkeit *f* | urgency.
unausführbar *adj* | impracticable; inexecutable; unfeasible.
Unausführbarkeit *f* | impracticability; impracticableness.
unausgeführt *adj* | unaccomplished.
unausgefüllt *adj* | left blank | ~es Formular | blank form.
unausgeglichen *adj* Ⓐ [unbezahlt] | unsettled; unpaid | ~e Bücher | unbalanced books.
unausgeglichen *adj* Ⓑ [außer Gleichgewicht] | out of balance.
Unausgeglichenheit *f* | imbalance.
unausgesetzt *adj* | uninterrupted; unremitting; unintermitting.
unauslöschbar *adj* | indelible.
unbeabsichtigt *adj* | unintended; unintentional.
unbeabsichtigterweise *adv* | unintendedly; unintentionally.

unbeachtet *adj* | etw. ~ lassen | to disregard sth. | eine Aufforderung ~ lassen | to pay no attention to a request | einen Einwand ~ lassen | to disregard an objection.
unbeanstandet *adj* Ⓐ | undisputed.
unbeanstandet *adj* Ⓑ | unopposed; without opposition (objection) | ~ bleiben | to remain (to stand) unchallenged.
unbeantwortet *adj* | unanswered.
unbebaut *adj* | ~es Grundstück | vacant plot | ~er Grundbesitz | vacant real estate property.
unbedenklich *adj* | unobjectionable.
Unbedenklichkeitsbescheinigung *f* | permit.
unbedeutend *adj* | insignificant; unimportant; of little (of no) importance | ~e Einzelheiten | small details | ~er Schaden | negligible damage.
unbedingt *adj* | unconditional; unqualified.
unbeeidigt *adj* | unsworn.
unbeeinflußt *adj* Ⓐ | uninfluenced.
unbeeinflußt *adj* Ⓑ | unbiassed; unprejudiced.
unbeeinträchtigt *adj* | uninjured; unimpaired.
unbefangen *adj* Ⓐ [ohne Vorurteil] | unprejudiced.
unbefangen *adj* Ⓑ [unparteiisch] | unbiassed; impartial.
Unbefangenheit *f* | impartiality.
unbefriedigt *adj* | unsatisfied; not satisfied.
unbefristet *adj* Ⓐ | not subject to a period of time.
unbefristet *adj* Ⓑ [permanent] | perpetual.
unbefugt *adj* | unauthorized; without authority.
unbefugt *adv*; **unbefugterweise** *adv* | without being authorized | ein Grundstück ~ betreten | to trespass on a property.
Unbefugte *m* | unauthorized person | „~n ist der Zutritt verboten“ | "No admittance except on business".
unbeglaubigt *adj* | uncertified; unauthenticated.
unbegleitet *adj* | unaccompanied.
unbeglichen *adj* | unpaid; unsettled.
unbegreiflich *adj* | incomprehensible.
unbegrenzbar *adj* | illimitable; which cannot be limited.
unbegrenzt *adj* | limitless; unlimited | zeitlich ~ | without any restrictions on time.
unbegründet *adj* Ⓐ | unfounded; baseless; groundless | ~er Verdacht | unfounded suspicion | ~ sein | to be without foundation.
unbegründet *adj* Ⓑ [ohne stichhaltigen Grund] | without reasonable cause.
unbegütert *adj* | without means; possessed of no means.
unbehindert *adj* | without objection; unrestricted.
Unbekannt *m* | unknown person | Anzeige gegen ~ | charge against a person or persons unknown | Haftbefehl gegen ~ | warrant against a person or persons unknown.
unbekannt *adj* | unknown | ~en Aufenthalts | of unknown abode | eine ~e Person | an (some) unknown person | durch einen ~en Täter; durch ~e Täter | by some person or persons unknown.
unbelastet *adj* Ⓐ | unencumbered; free from encumbrance.
unbelastet *adj* Ⓑ [hypothekarisch ~] | unencumbered by mortgages.
unbemittelt *adj* | without means; possessed of no means; pennyless; indigent.
unberechenbar *adj* | incalculable.
unberechnet *adj* | not charged; free of charge.
unberechtigt *adj* Ⓐ | unauthorized; without authority.
unberechtigt *adj* Ⓑ [ungerechtfertigt] | unjustified.
unberechtigt *adj* Ⓒ [ungesetzlich] | illicite; unlawful.

Unberechtigte *m* | **ein ~r** | an unauthorized person.
unberichtigt *adj* Ⓐ [nicht richtiggestellt] | not rectified; not corrected.
unberichtigt *adj* Ⓑ [unbezahlt] | unpaid; unsettled.
unberücksichtigt *adj* | **etw. ~ lassen** | to leave sth. out of account (out of consideration); to disregard sth.
unberührt *adj* | intact.
unbeschadet *adv* | **~ des (der) ...** | without prejudice to ... | **~ anderweitiger Bestimmungen** | notwithstanding any clause (provision) to the contrary | **~ der Rechte Dritter** | without prejudice to third party rights; with due reserve to the interests of third parties.
unbeschädigt *adj* | undamaged; uninjured; without (free from) damage.
unbeschäftigt *adj* | unemployed; idle; out of employment (employ) (work); unoccupied.
unbescholten *adj* | blameless; irreprochable; unblemished | **~er Ruf** | unblemished reputation (character).
unbescholten *adv* | of unblemished character.
Unbescholtenheit *f* | integrity; unblemished character.
unbeschränkbar *adj* | illimitable | **~e Haftung** | illimitable liability.
unbeschränkt *adj* | unlimited; unrestricted | **~es Eigentum** | absolute ownership (property) | **~e Haftpflicht; ~e Haftung** | unlimited liability | **~e Monarchie** | absolute monarchy | **~e Vollmacht(en)** | unlimited (blank) power(s).
unbeschränkt *adv* | without restriction | **~ haften** | to be fully liable.
Unbeschränktheit *f* | unlimitedness.
unbeschrieben *adj* | blank.
unbeschwert *adj* | unencumbered; free from encumbrances.
unbesetzt *adj* | vacant; unoccupied | **~er Posten** | vacant post (office) | **~e Stelle** | vacant position (situation); vacancy | **~ sein** | to be vacant.
unbesoldet *adj* Ⓐ | unsalaried.
unbesoldet *adj* Ⓑ [ehrenamtlich] | unpaid; honorary.
unbeständig *adj* | unstable; unsteady | **~e Währung** | unstable (fluctuating) currency.
Unbeständigkeit *f* | instability | **politische ~** | political instability (uncertainty).
unbestätigt *adj* Ⓐ | unconfirmed | **nach ~en Meldungen; ~en Nachrichten zufolge** | according to unconfirmed reports.
unbestätigt *adj* Ⓑ | unacknowledged.
unbestechlich *adj* | incorruptible; unbribable.
Unbestechlichkeit *f* | incorruptibility.
unbestellbar *adj* | undeliverable | **~er Brief** | letter returned undelivered; dead letter.
Unbestellbarkeitsmeldung *f* | advice of non-delivery.
unbestellt *adv* | not ordered; without being ordered.
unbesteuert *adj* | untaxed; tax-exempt | **etw. ~ lassen** | to leave sth. tax-free.
unbestimmbar *adj* Ⓐ | indeterminable.
unbestimmbar *adj* Ⓑ [undefinierbar] | indefinable; undefinable.
unbestimmt *adj* Ⓐ | undetermined.
unbestimmt *adj* Ⓑ [unsicher] | uncertain.
unbestimmt *adj* Ⓒ [unspezifiziert] | unspecified.
unbestimmt *adj* Ⓓ [unentschieden] | undecided.
unbestimmt *adj* Ⓔ [ungenau] | inexact; inaccurate.
unbestimmt *adj* Ⓕ [nicht genau festgelegt] | not accurately (definitely) determined.
unbestimmt *adj* Ⓖ [undefiniert] | undefined; indefinite.
Unbestimmtheit *f* Ⓐ | indefiniteness.
Unbestimmtheit *f* Ⓑ [Ungewißheit] | uncertainty.

Unbestimmtheit *f* Ⓒ [Ungenauigkeit] | lack of precision; inexactness; inaccuracy.
Unbestimmtheit *f* Ⓓ [Unentschiedenheit] | indecision.
unbestraft *adj* Ⓐ [nicht vorbestraft] | with a clean record; without any previous convictions.
unbestraft *adj* Ⓑ [straffrei] | **~ ausgehen (bleiben)** | to go unpunished.
unbestreitbar *adj* | incontestable; indisputable; unquestionable; undeniable | **~e Tatsache** | indisputable (incontestable) fact.
Unbestreitbarkeit *f* | indisputability.
unbestritten *adj* | uncontested; uncontradicted; undisputed; unchallenged.
unbeteiligt *adj* Ⓐ [uninteressiert] | disinterested; uninterested; not involved; unconcerned.
unbeteiligt *adj* Ⓑ [unparteiisch] | unbiassed; impartial.
unbeteiligt *adj* Ⓒ [unvoreingenommen] | unprejudiced.
Unbeteiligter *m* | disinterested party.
unbeträchtlich *adj* | insignificant.
unbetroffen *adj* Ⓐ | not involved.
unbetroffen *adj* Ⓑ | unconcerned; disinterested.
unbewacht *adj* | unguarded.
unbewaffnet *adj* | unarmed; without arms.
unbeweglich *adj* | immovable | **~er Besitz; ~es Vermögen** | real (fixed) (real estate) property; real estate; realty.
unbeweisbar *adj* | not capable of proof.
Unbeweisbarkeit *f* | impossibility to prove [sth.].
unbewiesen *part* | unproved; not proved; unproven | **es ist noch ~** | it remains to be proved.
unbewohnbar *adj* | uninhabitable; untenantable.
unbewohnt *adj* Ⓐ [nicht bewohnt] | uninhabited; unpopulated.
unbewohnt *adj* Ⓑ [unvermietet] | untenanted; tenantless.
unbewohnt *adj* Ⓒ [leerstehend] | unoccupied.
unbezahlbar *adj* | priceless; inestimable.
unbezahlt *adj* Ⓐ [nicht bezahlt] | unpaid | **~e Rechnungen** | bills outstanding; unpaid bills | **~er Wechsel** | unpaid (dishono(u)red) bill | **~ bleiben** | to remain unpaid.
unbezahlt *adj* Ⓑ [ohne Vergütung] | unsalaried; unremunerated | **~e Arbeit** | work without pay; unpaid (unremunerated) work | **~e Beschäftigung** | unsalaried employment | **~er Urlaub** | leave (vacation) without pay.
unbezeugt *adj* | unattested; not witnessed.
unbillig *adj* Ⓐ | inequitable; unreasonable; unfair | **~es Verlangen** | unreasonable demand.
unbillig *adj* Ⓑ [ungerecht] | unjust | **~e Härte** | undue hardship.
Unbilligkeit *f* Ⓐ | iniquity; unreasonableness.
Unbilligkeit *f* Ⓑ [Ungerechtigkeit] | injustice.
unbotmäßig *adj* | insubordinate.
Unbotmäßigkeit *f* | insubordination.
unbrauchbar *adj* | unserviceable; not in serviceable condition.
Unbrauchbarkeit *f* | unserviceableness; state of being unserviceable.
Undank *m* | ingratitude | **grober ~** | gross ingratitude | **~ ernten** | to reap ingratitude | **wegen ~s** | for ingratitude.
undankbar *adj* | unthankful; ungrateful | **~e Aufgabe** | ungrateful task; thankless job.
undankbar *adv* | **sich jdm. gegenüber ~ erweisen (zeigen)** | to show ingratitude to sb.
Undankbarkeit *f* | ingratitude; ungratefulness.
undatiert *adj* | undated; without date; bearing no date.
undefinierbar *adj* | undefinable; indefinable.
undeklariert *adj* | undeclared; unentered.

undemokratisch *adj* | undemocratic.
undienlich *adj* | inexpedient.
undiszipliniert *adj* | undisciplined.
unduldsam *adj* | intolerant.
Unduldsamkeit *f* | intolerance | **rassische** ~ | racial intolerance | **religiöse** ~ | religious intolerance.
undurchführbar *adj* | impracticable; unfeasible.
Undurchführbarkeit *f* | impracticability; impracticableness.
unecht *adj* | false; not genuine | ~e **Banknote** | forged (counterfeit) note | ~e **Juwelen** | imitation jewelry.
Unechtheit *f* | falsity; falsehood.
unehelich *adj* | illegitimate | ~e **Geburt** | illegitimacy | **von** ~er **Geburt** | born out of wedlock; of illegitimate birth | ~es **Kind** | illegitimate child.
Unehelichkeit *f* | illegitimacy | **Gerichtsbeschluß (Urteil) auf Feststellung der** ~ | bastardy order.
Unehre *f* | dishono(u)r; discredit | **jdn. in** ~ **bringen** | to bring dishono(u)r upon sb. | **jdm. zur** ~ **gereichen** | to disgrace sb.
unehrenhaft *adj* | dishono(u)rable.
unehrlich *adj* | dishonest.
Unehrlichkeit *f* | dishonesty.
uneinbringlich *adj* | irrecoverable; not recoverable | ~e **Forderung** | bad debt.
Uneinbringlichkeit *f* | impossibility to recover.
uneingelöst *adj* | unredeemed | ~er **Wechsel** | dishono(u)red bill; bill returned dishono(u)red; bill dishono(u)red by non-payment.
uneingelöst *adv* | **ein Akzept (einen Wechsel)** ~ **zurückgehen lassen** | to return a bill unpaid.
uneingeschränkt *adj* | unqualified; unrestricted; unlimited | ~e **Annahme** | unqualified acceptance; acceptance without reserve.
uneingeschränkt *adv* | unreservedly.
uneinheitlich *adj* | irregular.
uneinig *adj* | **mit jdm.** ~ **sein** | to disagree (to be at variance) with sb.
Uneinigkeit *f* | disagreement; variance.
uneinträglich *adj* | unprofitable; unproductive; unremunerative.
Uneinträglichkeit *f* | unprofitableness; unproductivity.
uneintreibbar *adj* | not enforceable; not recoverable | ~e **Forderung** | irrecoverable (unenforceable) debt.
unentbehrlich *adj* Ⓐ | indispensable.
unentbehrlich *adj* Ⓑ | absolutely necessary.
unentgeltlich *adj* | gratuitous; gratis | ~e **Beratung** | free consultation | ~er **Rat** | free (gratuitous) advice | ~es **Rechtsgeschäft** | naked transaction | ~er **Vertrag** | gratuitous (naked) contract.
unentgeltlich *adv* | without (free of) charge; gratuitously.
unentschieden *adj* Ⓐ | undecided; undetermined | **eine** ~e **Frage** | an undecided (undetermined) question.
unentschieden *adj* Ⓑ **[in der Schwebe]** | pending | ~ **sein** | to be (to be left) in suspense (in abeyance).
Unentschiedenheit *f* | suspense; abeyance.
unentschlossen *adj* | undetermined; undecided.
Unentschlossenheit *f* | indecision; irresolution; lack of decision.
unentschuldbar *adj* | inexcusable; unpardonable | ~es **Versäumnis** | inexcusable omission.
unentschuldigt *adj* | ~es **Ausbleiben (Fernbleiben)** | absence without excuse.
unentwertet *adj* | undefaced; unobliterated.
unentwickelt *adj* | undeveloped.
unentwirrbar *adj* | inextricable.
unentzifferbar *adj* | undecipherable.
unerfahren *adj* | inexperienced; lacking experience | ~ **sein** | to lack experience.

Unerfahrenheit *f* | inexperience; lack of experience | **jds.** ~ **ausnutzen** | to take advantage of sb.'s inexperience.
unerfüllbar *adj* | which cannot be fulfilled (realized).
unergiebig *adj* | unproductive.
Unergiebigkeit *f* | unproductivity; unproductiveness.
unerheblich *adj* Ⓐ | insignificant; unimportant; of little (of no) importance | ~e **Änderungen** | minor changes | ~er **Schaden** | small damage.
unerheblich *adj* Ⓑ | irrelevant | **rechts**~ | irrelevant in law (in point of law).
Unerheblichkeit *f* Ⓐ | insignificance.
Unerheblichkeit *f* Ⓑ | irrelevance; irrelevancy | **Rechts**~ | irrelevancy in law (in point of law).
unerhoben *adj* | not collected.
unerläßlich *adj* | indispensable; essential; strictly (absolutely) necessary; not to be dispensed with | ~e **Pflicht** | indispensable duty | **es ist** ~, **daß** | it is indispensable (essential) that; it is of importance that | ~ **sein** | to be essential.
unerläßlich *adv* | indispensably.
Unerläßlichkeit *f* | indispensability.
unerlaubt *adj* | illicit; unlawful; not allowed; illegal | ~es **Geschäft** | illicit transaction | ~e **Gewinne** | illicit profits | ~er **Handel** | illicit trade (traffic) | ~e **Handlung** ①; **strafrechtlich** ~e **Handlung** | punishable act; offense; malfeasance | ~e **Handlung** ②; **zivilrechtlich** ~e **Handlung** | unlawful (wrongful) (tortious) act; civil offense; tort | **Klage aus (wegen)** ~er **Handlung** | action for tort | **Schadensersatz aus** ~er **Handlung** | damages arising from an unlawful act | **aus** ~er **Handlung klagen** | to bring (to file) action for tort | ~er **Nachdruck eines Werkes** | surreptitious edition of a work | **mit** ~en **Mitteln; durch (unter) Anwendung** ~er **Mittel** | by (by using) unlawful means | ~e **Preissteigerung** | unlawful increase in price (price increase) | ~er **Vorteil** | unlawful gain | ~er **Waffenbesitz** | illegal possession of arms.
unerledigt *adj* | unsettled; pending | ~e **Arbeit(en)** | pending work; arrears of work | ~e **Aufträge** | unfilled orders.
unerledigt *adv* | ~ **bleiben** | to remain unsettled.
unermeßlich *adj* | immeasurable.
uneröffnet *part* | unopened.
unerörtert *adj* | undiscussed | **eine Frage** ~ **lassen** | to leave a question undiscussed.
unerreichbar *adj* Ⓐ | out of reach.
unerreichbar *adj* Ⓑ | unachievable.
unerreicht *adj* | unequalled; unrivalled.
unerschöpflich *adj* | inexhaustible.
unersetzlich *adj* | irreplaceable | ~er **Verlust** | irreparable loss.
unerwähnt *adj* | **etw.** ~ **lassen** | to let sth. pass unnoticed.
unerwartet *adj* | unexpected | ~e **Ausgaben** | contingent expenditure.
unerwiesen *part* | unproved; unproven.
unerwünscht *adj* | not desired; undesirable.
unfähig *adj* Ⓐ **[untauglich]** | incapable | **arbeits**~; **dienst**~ | incapacitated; disabled | **betriebs**~ | out of order | **eides**~ | disqualified from taking the oath | **erb**~ | incapable of succeeding | **geschäfts**~ ① | incapacitated | **geschäfts**~ ②; **rechts**~ | legally incapable (incapacitated); incapable of exercising rights | ~ **zu testieren; testier**~ | incapable of making a will | ~ **für** ~ **erklären; zu tun** | to disable (to disqualify) sb. from doing sth. | **jdn. zu etw.** ~ **machen** | to incapacitate sb. for (from) doing sth.

unfähig *adj* Ⓑ [untüchtig] | inefficient; unfit.
unfähig *adj* Ⓒ [außerstande] | unable | **jdn.** ~ **machen, etw. zu tun** | to disable sb. from doing sth. | **zeugungs~** | impotent.
Unfähigkeit *f* Ⓐ [Untauglichkeit] | incapacity | ~ **zur Bekleidung öffentlicher Ämter** | incapacity to hold a public office | **Arbeits~; Erwerbs~** | disability; incapacitation from work; disablement; invalidity | **Eides~** | incapacity to take the oath | **Erb~** | incapacity to inherit | **Geschäfts~; Rechts~** | legal incapacity | ~ **zur Geschäftsführung** | incapacity to manage | **Testier~** | incapacity to make a will.
Unfähigkeit *f* Ⓑ [Untüchtigkeit] | inefficiency; unfitness.
Unfähigkeit *f* Ⓒ [Unvermögen] | inability; incapacity | **Zeugungs~** | impotence; impotency.
Unfall *m* | accident | **Arbeits~; Betriebs~** | working (occupational) accident | **Auto~** | automobile (motoring) (motor vehicle) accident | **Eisenbahn~** | railway accident | **Schiffs~** | shipping casuality; accident of navigation | **See~** | accident at sea; sea accident | **Straßenverkehrs~** | road traffic accident | **Tod durch** ~ | death by accident; accidental death | **Verkehrs~** | traffic accident.
★ **schwerer** ~ | serious accident | **tödlicher** ~; ~ **mit tödlichem Ausgang** | fatal accident; fatality | **an einem** ~ **beteiligt sein** | to be involved in an accident | **einen** ~ **erleiden** | to meet with an accident | **durch** ~ | by accident; accidentally.
Unfallsanzeige *f* | notice of accident; accident report.
Unfälle *mpl* | **bei** ~**n** | in case of accident.
Unfall..entschädigung *f* | accident benefit.
—**folgen** *fpl* | damage resulting from an accident.
unfallfrei *adj* | accident-free.
Unfall..haftpflicht *f* Ⓐ | liability for accidents.
—**haftpflicht** *f* Ⓑ [der Arbeitgeber] | employers' liability.
—**rente** *f* | accident benefit.
—**station** *f* | ambulance (first-aid) station.
—**statistik** *f* | accident statistics *pl*.
—**tod** *m* | death by accident; accidental death.
—**ursache** *f* | cause of accident.
—**verhütung** *f* | prevention of accidents; accident prevention.
—**verhütungsvorschriften** *fpl* | regulations *pl* for preventing accidents.
unfallverletzt *adj* | injured by an accident.
Unfallversicherung *f* | insurance against accidents; accident insurance | **Arbeiter~; gewerbliche** ~ | workmen's compensation.
Unfallzeuge *m* | witness of an accident.
unfehlbar *adj* | infallible.
Unfehlbarkeit *f* | infallibility.
unfertig *adj* | incomplete; inaccomplished.
unfrankiert *adj* | postage unpaid (due).
unfreiwillig *adj* | involuntary.
unfreiwillig *adv* | involuntarily.
unfreundlich *adj* | unfriendly | ~**er Akt;** ~**e Handlung** | unfriendly act.
Unfug *m* | nuisance; disorderly conduct | **grober** ~ | gross misdemeanour | **öffentlicher** ~ | public nuisance; disturbance of the peace.
unfundiert *adj* | ~**e Schuld** | unfunded (floating) debt.
ungangbar *adj* | impracticable; unworkable; unpractical.
ungeachtet *prep* | notwithstanding | ~ **etwa entgegenstehender Bestimmungen** | notwithstanding any provision (clause) to the contrary | ~ **dieser Einwände** | notwithstanding these objections.

ungebräuchlich *adj* | not used; little used.
ungebraucht *adj* | new; all new.
Ungebühr *f* Ⓐ | impropriety.
Ungebühr *f* Ⓑ [Mißverhalten] | misconduct | ~ **vor Gericht** | contempt of court.
ungebührlich *adj* | undue; improper.
Ungebührlichkeit *f* | impropriety.
ungebunden *adj* Ⓐ [unbegrenzt] | unlimited.
ungebunden *adj* Ⓑ [nicht an Vorschriften gebunden] | ~**er Preis** | price which is not fixed by regulation(s).
ungedeckt *adj* | ~**es Darlehen** | unsecured loan; loan on overdraft | ~**es Konto** | overdrawn account; overdraft | ~**er Kredit** | unsecured (blank) credit | ~**e Notenausgabe** | fiduciary note issue | ~**er Notenumlauf** | fiduciary (uncovered) note circulation | ~**er Scheck** | uncovered cheque | **einen** ~**en Scheck ausstellen** | to make out an uncovered cheque (a cheque which represents no deposit) | ~**e Schuld** | unsecured claim | ~**er Wechsel** | uncovered bill; kite | **einen** ~**en Wechsel ausstellen** | to draw a bill without cover; to fly a kite; to kite | ~ **sein** | to be without cover.
ungeeignet *adj* Ⓐ [unpassend] | unsuitable.
ungeeignet *adj* Ⓑ [untunlich] | inopportune.
Ungeeignetheit *f* | unsuitableness; inopportunity.
ungefähr *adj* | ~**e Berechnung** | rough calculation | ~**er Durchschnitt** | rough average | ~**er Kostenpreis** | rough cost | ~**e Schätzung** | rough estimate | ~**er Überschlag (Kostenüberschlag)** | rough estimate (estimate of cost).
ungefähr *adv* | approximately.
ungefälscht *adj* | unadulterated.
ungehörig *adj* | undue; improper.
Ungehörigkeit *f* | impropriety.
Ungehorsam *m* | disobedience | **bürgerlicher** ~**; ziviler** ~ | civil disobedience.
ungehorsam *adj* | disobedient | **gegen jdn.** ~ **sein** | to disobey sb.
ungekündigt *adj* | **in** ~**er Stelle (Stellung)** | not (without being) under notice.
ungekürzt *adj* | ~**e Ausgabe** | unabridged (unexpurgated) edition.
ungelegen *adj* Ⓐ | inopportune; untimely; unseasonable.
ungelegen *adj* Ⓑ [unbequem] | inconvenient.
Ungelegenheit *f* Ⓐ | inopportunity.
Ungelegenheit *f* Ⓑ [Unbequemlichkeit] | inconvenience; trouble.
ungelernt *adj* | unskilled; untrained | ~**er Arbeiter** | unskilled workman | ~**e Arbeitskräfte** | unskilled labo(u)r.
ungemünzt *adj* | not minted.
ungenannt *adj* Ⓐ | unnamed; without name.
ungenannt *adj* Ⓑ | anonymous; undisclosed.
ungenau *adj* Ⓐ | inexact; inaccurate; incorrect.
ungenau *adj* Ⓑ [unbestimmt] | vague; indefinite.
ungenau *adv* | ~ **übersetzen** | to translate inaccurately.
Ungenauigkeit *f* Ⓐ | inexactness; inaccuracy; incorrectness | ~ **der Übersetzung** | inaccuracy of translation.
Ungenauigkeit *f* Ⓑ [Unbestimmtheit] | vagueness.
ungenügend *adj* | insufficient; not sufficient | ~**e Adresse** | insufficient address | ~**e Deckung** | insufficient funds | ~**e Versorgung** | insufficient supplies | **etw. für** ~ **erachten** | to consider sth. insufficient.
ungeordnet *adj* | in disorder.
ungerade *adj* | odd; uneven.

ungerecht *adj* Ⓐ [unbillig] | unjust; unfair; inequitable.
ungerecht *adj* Ⓑ [unrecht] | wrongful; tortious.
ungerechtfertigt *adj* | unjustified; unwarranted; unreasonable | **vollkommen** ~ | wholly unjustified | ~ **Bereicherung** | unjust (unjustified) gain | **Klage aus** ~**er Bereicherung; Klage auf Herausgabe der** ~**en Bereicherung** | action for the return (restoration) of unjustified gain.
ungerechtfertigt *adv* | ~ **bereichert sein** | to have an unjustified gain.
Ungerechtigkeit *f* Ⓐ [Unbilligkeit] | injustice; unfairness | **schreiende** ~ | crying (blatant) (gross) injustice; flagrant piece of injustice.
Ungerechtigkeit *f* Ⓑ [Unrecht] | wrong; tort.
ungeschmälert *adj* | uncurtailed; undiminished.
ungeschrieben *adj* | ~**es Recht** | unwritten law | **geschrieben oder** ~ | written or unwritten.
ungeschützt *adj* | unprotected.
ungesetzlich *adj* | illegal; unlawful; illicit | ~**e Handlung** | unlawful (wrongful) act | **etw. für** ~ **erklären** | to declare sth. illegal (unlawful).
ungesetzlich *adv* | illegally; unlawfully; against (contrary to) the law.
Ungesetzlichkeit *f* Ⓐ [Illegalität] | unlawfulness | **Einrede der** ~ | plea of illegality.
Ungesetzlichkeit *f* Ⓑ | **Einrede der** ~ | plea of being ultra vires.
ungesichert *adj* | unsecured | ~**e Forderung** | unsecured claim | ~**e Schuld** | unsecured debt.
ungestempelt *adj* | unstamped.
ungestört *adj* | undisturbed; uninterrupted | ~**er Besitz** | quiet (undisturbed) enjoyment.
ungestraft *adj* | unpunished.
ungestraft *adv* | with impunity | ~ **ausgehen (bleiben)** | to come off (to go) unpunished.
ungeteilt *adj* | undivided | **zur** ~**en Hand** | jointly.
ungetrennt *adj* | unseparated.
ungetreu *adj* | unfaithful.
ungewiß *adj* Ⓐ | uncertain.
ungewiß *adj* Ⓑ [zweifelhaft] | doubtful; dubious.
Ungewißheit *f* Ⓐ | uncertainty; incertitude.
Ungewißheit *f* Ⓑ [Zweifel] | doubt; doubtfulness.
unglaublich *adj* | unbelievable.
unglaubwürdig *adj* | unworthy of belief; discreditable; untrustworthy.
Unglaubwürdigkeit *f* | untrustworthiness.
ungleich *adj* | unequal.
Ungleichgewicht *n* | disequilibrium; imbalance.
Ungleichheit *f* | inequality.
ungleichmäßig *adj* | uneven.
Unglück *n* Ⓐ [Unfall] | accident | **Eisenbahn**~ | railway accident.
Unglück *n* Ⓑ [schweres ~] | disaster; catastrophy | **Eisenbahn**~ | railway disaster.
Unglücksfall *m* | accident.
Ungnade *f* | disgrace | **auf jds. Gnade und** ~ | at sb.'s mercy | **sich auf Gnade und** ~ **ergeben** | to surrender unconditionally | **bei jdm. in** ~ **fallen** | to fall out of grace with sb.
ungültig *adj* | invalid; void; null and void; not valid | **form**~ | informal | **rechts**~ | invalid (insufficient) at law | **etw. für** ~ **erklären; etw.** ~ **machen** | to declare sth. invalid (null and void); to annul (to invalidate) sth. | ~ **werden** | to become invalid.
Ungültigkeit *f* | invalidity; nullity.
Ungültigkeitserklärung *f* | declaration of nullity; invalidation; annulment | **Klage auf** ~ | action (suit) for annulment; nullity action (suit).
Ungültigmachung *f* | invalidation; vitiation; nullification; annulment.

Ungunst *f* | **die** ~ **der Verhältnisse** | unfavo(u)rable conditions | **zu jds.** ~**en entscheiden** | to decide (to give judgment) against sb.
ungünstig *adj* | unfavo(u)rable; disadvantageous.
unhaltbar *adj* | untenable; unbearable | ~**e Behauptung** | unmaintainable (unwarrantable) assertion | ~**e Lage (Position)** | untenable position | ~**e Zustände** | untenable (unbearable) conditions.
Unhaltbarkeit *f* | untenability; untenableness.
Unheil *n* | mischief | ~ **anrichten** | to do mischief.
unheilbar *adj* | irremediable; past cure; past (beyond) remedy | ~ **geisteskrank** | incurably of unsound mind.
uninteressiert *adj* | disinterested.
Union *f* | union | **Münz**~ | monetary union | **Personal**~ | personal union | **Währungs**~ | monetary (currency) union | **Wirtschafts**~ | economic union | **Zoll**~ | customs union | **Interparlamentarische** ~ | Interparliamentary Union.
Unions..land *n* | country of the Union; member country.
—**mitglied** *n* | member of the union.
—**priorität** *f* | priority under the Convention.
—**vertrag** *m* | convention of the union.
Universal..erbe *m* | sole (universal) heir.
—**erbfolge** *f*; —**sukzession** *f* | universal succession.
—**versicherung** *f* | comprehensive policy.
Universität *f* | university | **Staats**~ | state university | **die** ~ **beziehen** | to go up to the university | **die** ~ **besuchen; auf der** ~ **sein; an (auf) der** ~ **studieren** | to be at the university; to go through university.
Universitäts..bibliothek *f* | university library.
—**bildung** *f* | university education (training).
—**ferien** *pl* | university vacation.
—**professor** *m* | university professor.
—**stadt** *f* | university town.
—**studium** *n* | university education; academical training.
unkaufmännisch *adj* | unbusinesslike.
unkenntlich *adj* | ~ **machen** | to deface; to efface; to obliterate.
Unkenntlichkeit *f* | **bis zur** ~ | beyond recognition.
Unkenntlichmachung *f* | defacement; effacement; cancellation; obliteration | ~ **von Urkunden** | spoliation.
Unkenntnis *f* | absence of knowledge; ignorance | ~ **des Gesetzes schützt nicht vor Strafe** | ignorance of the law is no excuse | **in** ~ **einer Tatsache** | ignorant of a fact | **schuldhafte** ~ | guilty ignorance | **jds.** ~ **ausnützen** | to trade on sb.'s ignorance | ~ **vorschützen** | to plead ignorance | **aus** ~ | through (out of) ignorance.
unklagbar *adj* | unactionable; unenforceable.
unklar *adj* Ⓐ | not clear; ambiguous.
unklar *adj* Ⓑ [zweideutig] | equivocal.
Unklarheit *f* | ambiguity; ambiguousness.
unkontrollierbar *adj* | uncontrollable.
unkontrolliert *adj* | uncontrolled.
unkorrekt *adj* | incorrect | ~**es Verhalten** | incorrectitude.
Unkosten *pl* | cost; costs; expenses; charges | **nach Abzug (unter Berücksichtigung) aller** ~ | all charges paid; after deduction of all expenses | **Betriebs**~ | operating (running) costs (expenses) | **Büro**~ | office expenses (expenditure) | **General**~; **allgemeine** ~; **laufende** ~ | general expense; overhead cost (expenses); overhead; indirect (undistributed) cost | **Verteilung der General**~ | allocation of general expense | **Geschäfts**~ | business (establishment) charges | **Verwaltungs**~ | administration (manage-

Unkosten *pl, Forts.*
ment) expenses | **abzugsfähige** ~ | permissible expenses | **diverse** ~ | sundry expense(s); sundries | **laufende** ~ | current expense; running costs | **die** ~ **bestreiten (decken)** | to cover (to defray) the expense(s) | **sich in** ~ **stürzen** | to go to great expense.
Unkosten..aufstellung *f* | statement of expense; expense account.
—**beitrag** *m* | share in the cost (in the expense); contribution to (towards) the expenses.
—**beleg** *m* | expense voucher.
—**berechnung** *f* | cost accounting.
—**betrag** *m* | amount of charges (of expenses).
—**konto** *n* Ⓐ [Spesenkonto] | expenses account.
—**konto** *n* Ⓑ [General~] | general expense account.
—**spezifizierung** *f* | breakdown of expenses.
—**verteilung** *f* | allocation of expense.
unkündbar *adj* Ⓐ [nicht absetzbar] | irrevocable | ~e Stellung | permanent appointment (position).
unkündbar *adj* Ⓑ [nicht rückzahlbar] | not redeemable | ~e Anleihe | irredeemable loan | ~e Rente | funded (irredeemable) annuity | ~e Schuld | permanent (funded) debt.
unkundig *adj* | ignorant | des Schreibens und Lesens ~ | unable to write and to read; illiterate.
unlauter *adj* Ⓐ | unfair | mit ~en Mitteln; durch (unter) Anwendung ~er Mittel | by employing unfair means | ~er Wettbewerb | unfair competition | Gesetz gegen den ~en Wettbewerb | fair trade (trade practice) act | ~e Machenschaften | unfair (sharp) practices.
unlauter *adj* Ⓑ [unsauber] | ~e Absichten | sordid intentions.
Unlauterkeit *f* | die ~ einer Handlungsweise | the unfairness of an act.
unleserlich *adj* | illegible | etw. ~ machen | to deface (to efface) sth.
Unleserlichkeit *f* | illegibility.
unleugbar *adj* Ⓐ | undeniable.
unleugbar *adj* Ⓑ [unbestreitbar] | indisputable.
unleugbar *adj* Ⓒ [unwiderlegbar] | irrefutable.
Unlogik *f* | inconsequence; inconsistency.
unlogisch *adj* | illogical; inconsequent; inconsistent.
unlogischerweise *adv* | inconsequently; inconsistently.
unmäßig *adj* | immoderate.
unmenschlich *adj* | ~e Behandlung | inhuman treatment.
unmenschlich *adv* | jdn. ~ behandeln | to treat sb. inhumanly (with cruelty).
Unmenschlichkeit *f* | inhumanity; cruelty; brutality.
unmittelbar *adj* | immediate; direct | ~er Besitz | actual (physical) possession | ~e Gefahr | immediate danger (peril) | das ~ Drohende einer Gefahr | the imminence (imminency) (impendency) of a peril (of a danger) | in der ~en Nachbarschaft | in the immediate neighbo(u)rhood.
unmittelbar *adv* | ~ bevorstehen; ~ drohen | to be imminent; to impend | ~ bevorstehend | imminent | das ~ Bevorstehende eines Ereignisses | the impendency of an event | ~ drohende Gefahr | imminent danger; immediate peril | ~ haftbar sein | to be personally (directly) liable.
unmöbliert *adj* | unfurnished.
unmöglich *adj* | impossible; unfeasible | ~e Forderungen stellen | to raise vexatious claims.
Unmögliche *n* | das ~ | the impossible | ~s (das ~) verlangen | to demand the impossible (impossibilities) | das ~ versuchen | to attempt the impossible.

Unmöglichkeit *f* | impossibility | ~ der Erfüllung (der Vertragserfüllung) | impossibility of performance of contract | absolute ~ | blank impossibility | materielle ~ | physical impossibility | nachträgliche ~ | subsequent impossibility | teilweise ~ | partial impossibility.
unmoralisch *adj* | immoral | ~e Handlung | immoral act; piece of immorality.
unmündig *adj* | minor | ~ sein | to be under age.
Unmündiger *m* | minor; person under age.
Unmündigkeit *f* | minority; minor age.
unnachgiebig *adj* | unyielding; uncompromising.
Unnachgiebigkeit *f* | unyielding attitude.
unnachsichtig *adj* | relentless; unrelenting.
unnachsichtigerweise *adv* | relentlessly; without indulgence.
unnotiert *adj* | unquoted | ~e Werte | unquoted (unlisted) securities.
unnötig *adj* | unnecessary | ~e Bemerkung | needless remark.
Unnötige *n* | das ~ von etw. | the needlessness of sth.
unnütz *adj* | useless.
unordentlich *adj* | disorderly | ein ~es Leben führen | to lead a disorderly (dissolute) life | ~er Zustand | disorderly state; disorder.
unordentlich *adv* | in a disorderly manner; in disorder.
Unordnung *f* | disorder | etw. in ~ bringen | to throw sth. into disorder; to disorganize sth.; to put sth. out of order | in ~ geraten (kommen) | to fall into disorder; to get out of order.
unparlamentarisch *adj* | unparliamentary.
unparteiisch *adj* Ⓐ [unbefangen] | unbiassed; impartial; free from bias.
unparteiisch *adj* Ⓑ [vorurteilslos] | unprejudiced.
unparteiisch *adj* Ⓒ [unbeteiligt] | disinterested.
Unparteiischer *m* | umpire; arbiter; referee.
Unparteilichkeit *f* | impartiality; freedom from bias.
unpassend *adj* | unsuitable | ~e Bemerkung | inopportune (unsuitable) remark.
unpatentierbar *adj* | not patentable; non-patentable.
unpatentiert *adj* | not patented; unpatented; not protected by letters patent.
unpersönlich *adj* | impersonal.
unpfändbar *adj* Ⓐ [der Pfändung nicht unterworfen] | not subject to distraint (to attachment); not distrainable; not attachable.
unpfändbar *adj* Ⓑ | void of attachable property; judgement proof.
Unpfändbarkeit *f* Ⓐ | immunity from distraint (from attachment).
Unpfändbarkeit *f* Ⓑ | lack of assets; insolvency.
unpolitisch *adj* | unpolitical; non-political.
unpraktisch *adj* | unpractical.
unproduktiv *adj* | unproductive | ~e Arbeit | improductive work | ~es Kapital | unproductive capital | ~er Verbrauch | unproductive consumption.
Unproduktivität *f* | unproductivity; unproductiveness.
unpünktlich *adj* | unpunctual.
Unpünktlichkeit *f* | unpunctuality.
unqualifizierbar *adj* | unqualifiable.
unquittiert *adj* | unreceipted; without receipt.
unratsam *adj* | inadvisable; not to be advised.
Unrecht *n* | wrong; injustice; tort | Recht und ~ | right and wrong | mit (zu) Recht oder ~ | rightly or wrongly | Wiedergutmachung eines ~s | righting of a wrong | schreiendes ~; krasses ~ | crying (blatant) (gross) injustice; flagrant piece of injustice.
★ **ein** ~ **abstellen** | to undo the mischief | jdm. ~ **geben** | to state that sb. is wrong | **ein** ~ **gutmachen** | to right a wrong | **im** ~ **sein** | to be wrong (in the

wrong) | **sich ins ~ setzen** | to put os. in the wrong | **jdm. ein ~ zufügen** | to do sb. an injustice; to wrong sb. | **mit ~; zu ~** | wrongly; wrongfully; unjustly.

unrecht *adj* | wrong; unjust; wrongful.

unrechtmäßig *adj* | unlawful; illegal; illegitimate; wrongful | **~er Besitz** | wrongful (illegal) possession.

unrechtmäßig *adv*; **unrechtmäßigerweise** | wrongly; illegally; unlawfully; wrongfully | **~ erworben** | unlawfully (illegally) acquired.

Unrechtmäßigkeit *f* | illegality.

unredlich *adj* Ⓐ | dishonest | **~er Kassier** | dishonest cashier | **~e Verwaltung** | corrupt administration.

unredlich *adj* Ⓑ [bösgläubig] | in bad faith | **~er Besitzer** | mala fide holder.

Unredlichkeit *f* | dishonesty.

unreell *adj* | dishonest | **~es Geschäft** | dishonest business.

unregelmäßig *adj* | irregular.

Unregelmäßigkeit *f* | irregularity | **sich ~en zu Schulden kommen lassen** | to commit irregularities.

unrentabel *adj* | unprofitable; uneconomic; unremunerative; not paying.

unrichtig *adj* Ⓐ | incorrect.

unrichtig *adj* Ⓑ [ungenau] | inexact | **~e Übersetzung** | inaccurate translation.

unrichtig *adj* Ⓒ [falsch] | wrong; false.

unrichtig *adj* Ⓓ [unwahr] | untrue.

unrichtig *adv* Ⓐ | incorrectly | **etw. ~ behandeln** | to mishandle sth.

unrichtig *adv* Ⓑ [ungenau] | inexactly | **~ übersetzen** | to translate inaccurately.

unrichtig *adv* Ⓒ [falsch] | wrongly; falsely.

unrichtig *adv* Ⓓ [unwahr] | untruly.

Unrichtigkeit *f* Ⓐ | incorrectness | **~ im Ausdruck** | incorrect expression.

Unrichtigkeit *f* Ⓑ [Ungenauigkeit] | inexactness; inaccuracy | **~ der Übersetzung** | inaccuracy of translation.

Unrichtigkeit *f* Ⓒ [Fehlerhaftigkeit] | falsehood.

Unrichtigkeit *f* Ⓓ [Unwahrheit] | untruth.

Unruhen *fpl* | public disturbances; riots | **Arbeiter~** | labo(u)r troubles (disturbances) (unrest) | **Ausbruch von ~** | outbreak of riots (of rioting) | **Streik~** | strike riots | **innere ~** | civil commotions (strife) (disorders).

Unruhestifter *m* | disturber of the peace.

unsachlich *adj* Ⓐ [nicht zur Sache gehörig] | irrelevant.

unsachlich *adj* Ⓑ [voreingenommen] | partial; prejudiced; biassed.

unschätzbar *adj* | invaluable; priceless.

unsauber *adj* | unsound; disloyal | **~es Geschäft** | dishonest business | **~e Geschäfte** | underhand dealings (practices).

unschädlich *adj* | **etw. ~ machen** | to render sth. harmless.

unschlüssig *adj* Ⓐ [unentschlossen] | irresolute; undecided.

unschlüssig *adj* Ⓑ [nicht schlüssig] | inconclusive.

Unschlüssigkeit *f* | irresolution; indecision.

Unschuld *f* | innocence | **seine ~ beteuern** | to assert (to protest) (to insist upon) one's innocence.

unschuldig *adj* | innocent; not guilty | **jdn. für ~ erklären** | to acquit sb. | **jdn. für ~ halten** | to hold sb. guiltless.

unschuldigerweise *adv* | innocently.

unselbständig *adj* | dependent [on].

Unselbständigkeit *f* | dependence.

unsicher *adj* Ⓐ | uncertain; insecure | **~e Forderung** | doubtful (dubious) claim.

unsicher *adj* Ⓑ [unbeständig] | unstable.

Unsicherheit *f* Ⓐ | uncertainty; insecurity | **Rechts~** | juridical insecurity | **die herrschende ~** | the general insecurity.

Unsicherheit *f* Ⓑ [Unbeständigkeit] | instability | **Währungs~** | monetary instability.

unsichtbar *adj* | **~e Ausfuhr(en)** | invisible exports | **~e Einfuhr(en)** | invisible imports | **~e Reserven** | latent (hidden) reserves.

unsittlich *adj* Ⓐ | immoral; indecent | **~e Handlung** | indecent act | **~er Lebenswandel** | immoral life | **~es Verhalten** | immoral conduct | **zu ~en Zwecken** | for immoral purposes.

unsittlich *adj* Ⓑ [sittenwidrig] | **~es Rechtsgeschäft** | act against (contrary to) public policy.

Unsittlichkeit *f* | immorality.

unsolid *adj* Ⓐ [unzuverlässig] | unsound; unreliable.

unsolid *adj* Ⓑ [unehrlich] | dishonest.

unsolid *adj* Ⓒ [unsauber] | disloyal.

Unsolidität *f* | unreliability.

Unstabilität *f* | instability.

unstatthaft *adj* | inadmissible; not allowed; not permitted.

Unstatthaftigkeit *f* | inadmissibility.

Unstimmigkeit *f* Ⓐ [Uneinigkeit] | variance; disagreement.

Unstimmigkeit *f* Ⓑ [Unregelmäßigkeit] | irregularity.

Unstimmigkeit *f* Ⓒ [Abweichung] | discrepancy.

unstreitig *adj* Ⓐ [nicht streitig] | non-contentious.

unstreitig *adj* Ⓑ [unbestritten] | uncontested; undisputed; beyond (not in) dispute.

unstreitig *adj* Ⓒ [nicht im Streit befangen] | non-litigious.

unstreitig *adj* Ⓓ [nicht strittig] | non-controversial; not in controversy.

unstreitig *adj* Ⓔ [unbestreitbar] | incontestable; indisputable; unquestionable.

Unsumme *f* | enormous sum (amount).

untadelhaft *adj*; **untadelig** *adj* | irreproachable; blameless.

Untadelhaftigkeit *f* | blamelessness.

untätig *adj* | inactive.

Untätigkeit *f* | inactivity; inaction.

untauglich *adj* Ⓐ [ungeeignet] | unfit; unsuitable | **~er Versuch** | attempt which is foredoomed to failure | **Versuch mit ~en Mitteln** | attempt with unsuitable (insufficient) means.

untauglich *adj* Ⓑ [unfähig] | unfit; unqualified | **für einen Posten (für eine Stellung) ~ sein** | to be unfitted for a post (for a position) | **dienst~** | unfit for service | **militärdienst~** | unfit for military service | **jdn. für ~ erklären** | to disqualify sb.

untauglich *adj* Ⓒ [unbrauchbar] | unserviceable; not in serviceable condition.

Untauglichkeit *f* Ⓐ [Ungeeignetheit] | unsuitability; unsuitableness.

Untauglichkeit *f* Ⓑ [Unfähigkeit] | unfitness.

Untauglichkeit *f* Ⓒ [Unbrauchbarkeit] | unserviceableness; state of being unserviceable.

unteilbar *adj* | indivisible | **ein ~es Ganzes** | an indivisible whole.

Unteilbarkeit *f* | indivisibility.

untenerwähnt *adj*; **untengenannt** *adj*; **untenstehend** *adj* | mentioned below; undermentioned.

Unterabschnitt *m*; **Unterabteilung** *f* | subsection; subdivision; sub-paragraph.

Unteragent *m* | sub-agent; under-agent.

Unteragentur *f* | sub-agency.

Unteraufseher *m* | sub-inspector.

Unterauftrag *m* | sub-contract.

Unterausschuß *m* | subcommittee | **Arbeits~** | working subcommittee | **Untersuchungs~** | investigations subcommittee | **Unterausschüsse bilden** | to form subcommittees.
Unterbeamter *m* | subordinate (subaltern) official; underling.
unterbefrachten *v* | to under-freight; to refreight.
Unterbefrachter *m* | under-freighter; refreighter.
Unterbefrachtung *f* | refreighting.
unterbesetzt *adj* | understaffed.
Unterbevollmächtigter *m* | sub-agent.
unterbewerten *v* | to undervalue; to underestimate.
Unterbewertung *f* | undervaluation; underestimation.
Unterbezirk *m* | sub-district.
unterbieten *v* | jdn. ~; jdn. im Preis ~ | to underbid (to undersell) (to undercut) sb. | **die Preise** ~ | to undercut (to underquote) prices.
Unterbietung *f* [Preis~] | price cutting; underselling; undercutting.
Unterbilanz *f* Ⓐ | adverse balance.
Unterbilanz *f* Ⓑ | deficit; deficiency.
unterbleiben *v* | not to take place.
unterbrechen *v* Ⓐ | to interrupt; to discontinue | **seine Reise** ~ | to interrupt (to break) one's trip (one's journey) | **die Verhandlungen** ~ | to interrupt the negotiations | **die Verjährung (den Lauf der Verjährung)** ~ | to interrupt the prescription (the running of the statute of limitations) | **den Verkehr** ~ | to stop the traffic.
unterbrechen *v* Ⓑ [aussetzen] | **das Verfahren** ~ | to stay the proceedings | **die Verhandlung** ~ | to suspend the hearing (the trial).
Unterbrechung *f* Ⓐ | interruption; discontinuance | ~ **der Handelsbeziehungen** | trade disruption | **Reise~** | interruption of (one's) trip (journey) | ~ **der Verjährung** | interruption of prescription (of the running of the statute) | ~ **des Verkehrs** | interruption of traffic; stoppage of the traffic | ~ **der Zustellung** | interruption of service | **ohne** ~ | uninterrupted.
Unterbrechung *f* Ⓑ [Aussetzung] | suspension | ~ **des Verfahrens** | stay of proceedings | ~ **der Verhandlung** | suspension of the hearing (the trial).
Unterbrechungshandlung *f* | act of interruption.
unterbreiten *v* | to lay before; to submit; to present | **eine Frage dem Gericht** ~ | to submit a question to the court | **einen Streitfall einem Schiedsrichter** ~ | to submit a dispute to an arbitrator.
Unterbreitung *f* | submission; presentation.
unterbringen *v* Ⓐ | jdn. ~ | to find accommodation for sb.
unterbringen *v* Ⓑ [placieren] | jdn. ~ | to find a place (a position) for sb. | **eine Anleihe** ~ | to place a loan.
unterbringen *v* Ⓒ [absetzen] | **Waren** ~ | to sell (to dispose of) goods.
Unterbringung *f* Ⓐ | finding accommodation.
Unterbringung *f* Ⓑ [Placierung] | finding employment | ~ **einer Anleihe** | placing a loan.
Unterbringung *f* Ⓒ [Absatz] | sale; disposal.
unterbrochen *adj* | interrupted | **un~** | uninterrupted; without interruption.
Unterbruch *m* [S] | interruption; discontinuance [VIDE: **Unterbrechung** *f* Ⓐ.]
unterdrücken *v* Ⓐ [verheimlichen] | to conceal | **Beweismaterial** ~ | to suppress (to conceal) evidence | **eine Urkunde** ~ | to suppress (to conceal) a document | **die Wahrheit** ~ | to suppress (to conceal) the truth.
unterdrücken *v* Ⓑ | **einen Aufstand** ~; **eine Revolte** ~ | to repress (to quell) (to suppress) a revolt.

unterdrücken *v* Ⓒ | **ein Volk** ~ | to oppress a nation.
Unterdrücker *m* | oppressor | **die** ~ **und die Unterdrückten** | the oppressors and the oppressed.
Unterdrückung *f* Ⓐ [Verheimlichung] | concealment | ~ **von Beweismaterial** | suppression (concealment) of evidence | ~ **des Personenstandes** | concealment of [sb.'s] civil status | ~ **der Wahrheit** | suppression (concealment) of the truth.
Unterdrückung *f* Ⓑ | repression; suppression | ~ **eines Aufstandes;** ~ **einer Revolte** | suppression (repression) of an insurrection (of a revolt).
Unterdrückung *f* Ⓒ | ~ **eines Volkes** | oppression of a nation.
Unterdrückungsmaßnahmen *fpl* | suppressive (repressive) measures.
unterdurchschnittlich *adj* | below average (standard).
untereinander *adv* | between each other; mutually; reciprocally.
Untereinteilung *f* | subdivision.
unterentwickelt *adj* | ~e **Gebiete** | underdeveloped areas.
Unterentwicklung *f* | underdevelopment.
unterernährt *adj* | undernourished; underfed.
Unterernährung *f* | malnutrition; underfeeding.
unterfertigen *v* | to sign; to subscribe; to execute.
Unterfertigte *m* oder *f* | **der** ~; **die** ~ | the undersigned.
Unterfertigung *f* | signing; subscription.
Unterfrachtvertrag *m* | recharter.
Untergang *m* Ⓐ [einer Sache] | destruction.
Untergang *m* Ⓑ [eines Schiffes] | sinking.
untergeben *adj* | subordinate; subaltern.
Untergebener *m* | subordinate; inferior.
untergehen *v* Ⓐ [zerstört werden] | to perish; to be destroyed.
untergehen *v* Ⓑ [sinken] | to sink | **mit der gesamten Besatzung** ~ | to be lost with all hands.
untergeordnet *adj* | subordinate; inferior; secondary | ~er **Beamter** | subordinate (subaltern) official | **von** ~er **Bedeutung** | of minor (secondary) importance | ~e **Dienste** | inferior services | ~e **Dienststelle** | subordinate office | ~e **Einzelheiten** | minor details | ~es **Gericht** | lower (inferior) court | **von** ~em **Interesse** | of minor (secondary) interest | ~e **Interessen** | subordinate interests | **in** ~er **Position (Stellung)** | in a subordinate position | ~er **Rang** | subordinate rank.
Untergericht *n* Ⓐ | lower (inferior) court.
Untergericht *n* Ⓑ [Gericht erster Instanz] | court of first instance.
Untergewicht *n* | underweight; shortweight; deficiency in weight.
Untergruppe *f* | sub-group.
Unterhalt *m* | support; maintenance | ~ **in einem Armenhaus** | in-maintenance | **Bestreitung (Gewährung) des** ~s | providing (giving) maintenance | **den** ~ **seiner Familie vernachlässigen** | to neglect to maintain one's family | **Klage auf** ~ | action (suit) for maintenance | **Lebens~** | subsistence | **Straßen~** | maintenance of roads.
★ **der notdürftige** ~ | the absolutely necessary; the bare necessaries | **rückständiger** ~ | maintenance in arrear | **standesgemäßer** ~; **standesmäßiger** ~ | support according to one's social position | **jds.** ~ **bestreiten; jdm.** ~ **gewähren** | to maintain (to support) sb.; to provide maintenance to sb. | **Anspruch auf** ~ **haben** | to be entitled to maintenance (to alimony) | **sich seinen** ~ **verdienen** | to earn one's living.
unterhalten *v* Ⓐ [pflegen] | to entertain | **zu jdm. Beziehungen** ~ | to entertain relations with sb. | **mit**

einem Land diplomatische Beziehungen ∼ | to maintain diplomatic relations with a country | einen ausgedehnten Briefwechsel ∼ | to carry on a wide correspondence | ein Konto ∼ | to have (to keep) an account.

unterhalten *v* Ⓑ | to support; to maintain | jdn. ∼ | to provide maintenance to sb.; to maintain (to support) sb. | sich ∼; sich selbst ∼ | to earn one's living; to support os. | eine Familie ∼ | to support a family | ein Heer ∼ | to keep up an army.

Unterhaltgeber *m* | supporter; bread-winner.

Unterhalts..anspruch *m*; —**forderung** *f* | claim for maintenance (of alimony).

—**beitrag** *m* | contribution towards maintenance.

unterhaltsberechtigt *adj* | entitled to maintenance (to alimony) | ∼er Angehöriger | dependent.

Unterhalts..berechtigter *m* | dependent.

—**betrag** *m* | alimony | **monatlicher** ∼ | monthly allowance.

—**klage** *f* | action (suit) for maintenance (for support).

—**kosten** *pl* | cost of maintenance (of keeping in repair); maintenance cost; maintenance.

Unterhaltspflicht *f* [Unterhaltsverpflichtung] | obligation (duty) to give maintenance (to support) (to maintain); maintenance | **Vernachlässigung der** ∼ | neglect (neglecting) to provide maintenance | **sich der** ∼ **entziehen** | to shirk one's obligation to provide maintenance.

unterhaltspflichtig *adj* | ∼ **sein** | to be liable (to be under obligation) to give maintenance (to pay alimony).

Unterhalts..pflichtiger *m* | person liable to give maintenance.

—**prozeß** *m* | suit for maintenance (for alimony).

—**rente** *f* | allowance.

—**rückstände** *mpl* | arrears of maintenance; maintenance arrears.

—**urteil** *n* | maintenance order.

—**zahlung** *f* | payment of alimony.

—**zuschuß** *m* | allowance for maintenance.

Unterhaltung *f* Ⓐ [Unterhalt] | maintenance; upkeep; sustenance | **Straßen**∼ | maintenance of roads; road maintenance.

Unterhaltung *f* Ⓑ [Unterredung] | conversation; interview | **mit jdm. in eine** ∼ **kommen** | to enter (to get) into conversation with sb.

Unterhaltung *f* Ⓒ [Vergnügung] | entertainment.

Unterhaltungs..beilage *f* | literary supplement.

—**blatt** *n* | literary magazine.

—**kosten** *pl* | cost of maintenance (of keeping in repair); maintenance cost.

—**pflicht** *f* | obligation to maintain; upkeep; maintenance.

unterhandeln *v* | to negotiate; to parley.

Unterhändler *m* Ⓐ [Verhandler] | negotiator.

Unterhändler *m* Ⓑ [Vermittler] | broker; intermediator; go-between.

Unterhandlung *f* | negotiation | **freundschaftliche** ∼**en** | friendly negotiations | **in** ∼**en treten (eintreten)** | to enter into negotiations | ∼**en pflegen; in** ∼**en stehen** | to be in negotiation.

Unterhaus *n* | **das** ∼ | the lower house; the House of Commons; the Commons *pl* [GB]; the House of Representatives [USA] | **im** ∼ | in the Commons.

Unterhaus..debatte *f* | parliamentary debate.

—**mitglied** *n* | Member of the House of Commons (of Representatives).

—**wahlen** *fpl* | parliamentary (general) elections.

unterjochen *v* | to subjugate; to subdue.

Unterjochung *f* | subjugation.

Unterklasse *f* | sub-bracket.

Unterkommen *n* | accommodation | **sein** ∼ **finden** | to find shelter.

Unterkommission *f* | subcommittee.

Unterkonto *n* | subsidiary account; sub-account.

Unterkontrahent *m* | subcontractor.

Unterkonzession *f* | sub-license.

Unterkunft *f* | accommodation | ∼ **und Verpflegung** | board and lodging.

Unterlage *f* Ⓐ [Grundlage] | base; foundation.

Unterlage *f* Ⓑ [Belegstück; schriftliche ∼] | voucher (document) in support (in proof); voucher | ∼**n beibringen (einreichen) (vorlegen)** | to produce vouchers (documents).

unterlassen *v* Ⓐ | to omit; to neglect.

unterlassen *v* Ⓑ [sich enthalten] | to abstain; to refrain.

Unterlassung *f* Ⓐ [Vernachlässigung] | neglect | ∼ **von Vorsichtsmaßregeln** | neglect of precautions.

Unterlassung *f* Ⓑ | omission; neglect | ∼ **der Abgabe einer Erklärung** | failure to make a declaration (a return); non-declaration | **Handlungen und** ∼**en** | acts and forbearances | **Klage auf** ∼ | action to restrain interference (to cease and desist) | ∼ **der Lieferung** | non-delivery | **pflichtwidrige** ∼ ① | nonfeasance | **pflichtwidrige** ∼ ② [einer Anzeige] | misprision | **auf** ∼ **klagen** | to bring action to restrain interference; to bring suit for discontinuance.

Unterlassungs..fall *m* | **im** ∼ | in case of non-compliance.

—**klage** *f* | action to restrain interference (to cease and desists) | ∼ **erheben** | to bring action to restrain interference; to bring suit for discontinuance.

—**pflicht** *f* | obligation to refrain (to desist) (to abstain).

Unterlieferant *m* | subcontractor | **Vertrag mit einem** ∼**en** | subcontract | **als** ∼ **auftreten** | to subcontract | **etw. vertraglich als** ∼ **übernehmen** | to subcontract for sth.

Unterliegen *n* | **im Falle des** ∼**s** | in case of defeat; if defeated.

unterliegen *v* Ⓐ [verlieren] | **in der Hauptsache** ∼ | to lose on the main issue | **im Prozeß** ∼ | to lose one's case (one's lawsuit).

unterliegen *v* Ⓑ [unterworfen sein] | to be subject to (liable to) | **der Zuständigkeit eines Gerichts** ∼ | to come within the jurisdiction of a tribunal | **der Gerichtsbarkeit eines Landes** ∼ | to be subject to the jurisdiction of a country | **dem Gesetz** ∼ | to be subject (amenable) to the law | **der Gewerbesteuer** ∼ | to be subject to trade tax | **der Steuerpflicht** ∼ | to be subject to taxation; to be taxable | **der Verjährung** ∼ | to be subject to prescription; to fall under the statute of limitation | **einem Zweifel** ∼; **Zweifeln** ∼ | to be open to doubt | **keinem Zweifel** ∼ | to admit of no doubt.

Unterliegende *m* | **der** ∼ | the losing (unsuccessful) party; the loser.

Unterlizenz *f* | sublicense | **jdm. eine** ∼ **erteilen** | to sublicense sb.

Unterlizenznehmer *m* | sublicensee.

Untermiete *f*; **Untermietsverhältnis** *n* | sublease; underlease.

untermieten *v* | to sublease.

Untermieter *m* | sublessee; subtenant.

Unternehmen *n* Ⓐ | enterprise; undertaking; concern | **Abbruchs**∼ | housebreaker's yard | **Bahn**∼; **Eisenbahn**∼ | railway company (concern) (undertaking) | **Bank**∼ | banking house (firm) (establishment) (business) | **Beerdigungs**∼; **Bestattungs**∼ | undertaker's business | **Beförderungs**∼ | transport (carrier's) business.

Unternehmen *n* Ⓐ *Forts.*

○ **Handels~** | commercial enterprise (undertaking) (concern); business (trading) concern | **Industrie~** | industrial enterprise (concern) (undertaking) | **Ketenladen~** | multiple firm (store); chain store | **Konkurrenz~** | competitive firm; firm of competitors; rival business (establishment) | **Kraftverkehrs~** | road transport company | **Leiter eines ~s** | managing (operating) (company) director.

○ **Privat~** | private enterprise (undertaking) | **Schiffahrts~** | shipping concern | **Schwindel~** | bogus (bubble) company; bogus firm | **Sitz des ~s** | business place; registered place of business | **Staats~** | government concern | **Transport~** | transport (carrier's) business | **öffentliches Verkehrs~** | common carrier | **Versicherungs~** | insurance company | **Wirtschafts~** | commercial (industrial) undertaking (concern); trading concern | **Zweig~** | branch office; branch | **~ mit Zweigniederlassungen** | company (firm) with branch offices.

★ **gemeinnütziges ~** | public utility undertaking (company); undertaking of public utility; public utility | **gemeinwirtschaftliches ~** | public service enterprise | **genossenschaftliches ~** | co-operative enterprise (association) | **gewerbliches ~;** **industrielles ~** | industrial enterprise (concern) | **gewinnbringendes ~; gutgehendes ~** | paying concern; profitable business | **kaufmännisches ~** | commercial enterprise (concern); trading (business) concern | **riskantes ~** | speculative enterprise (venture) | **staatliches ~** | state-owned (government-owned) enterprise.

Unternehmen *n* Ⓑ [strafbarer Versuch] | attempt | **~ des Hochverrates; hochverräterisches ~** | high treason; attempted high treason | **~ der Meineidsverleitung** | attempted subornation of perjury.

unternehmen *v* Ⓐ | to undertake | **eine Reise ~** | to undertake a journey.

unternehmen *v* Ⓑ [versuchen] | **einen Versuch ~** | to make an attempt | **etw. ~** | to attempt to do sth.

unternehmend *adj* | enterprising; of enterprise.

Unternehmens..berater *m* | management consultant.

—**beratung** *f* | management consulting.

—**dividenden** *fpl* | company dividends.

—**leitung** *f* | company management.

—**zusammenschluß** *m* | merger.

Unternehmer *m* | contractor | **Abbruchs~** | housebreaker; house demolisher | **Bau~** | building contractor | **Beerdigungs~** | undertaker; mortician | **Beförderungs~; Transport~** | cartage (haulage) contractor; carrier | **Bergwerks~** | owner (operator) of a mine | **Eisenbahn~** | railway operator.

○ **Fabrik~; Industrie~** | manufacturer; industrialist | **Groß~** | big manufacturer | **Kraftverkehrs~** | road transport contractor | **Lufttransport~** | air carrier | **Reklame~** | advertising contractor | **Schleppschiffahrts~** | towage contractor | **~ von Staatsaufträgen** | government contractor.

Unternehmer..gewinn *m* Ⓐ | earnings *pl* (wages *pl*) of management.

—**gewinn** *m* Ⓑ [Betriebsgewinn] | trading (operating) profit.

—**haftpflicht** *f* Ⓐ [Haftung des Arbeitgebers] | employer's liability.

—**haftpflicht** *f* Ⓑ [Haftung des Unternehmers] | contractor's liability.

—**haftpflichtversicherung** *f* | employer's liability insurance; workmen's compensation insurance.

—**klasse** *f* | business category.

Unternehmer..organisation *f* | trade association.

—**risiko** *n* | contractor's risk.

Unternehmertum *n* | **freies ~** | free enterprise; freedom of enterprise.

Unternehmer..verband *m* | employers' (trade) association.

—**vertrag** *m* | contract for work.

Unternehmung *f* | enterprise; concern; undertaking | **Privat~** | private undertaking; private (personal) enterprise.

Unternehmungs..freiheit *f* Ⓐ | freedom of enterprise.

—**freiheit** *f* Ⓑ [Kontrahierungsfreiheit] | freedom of contract.

—**geist** *m;* —**lust** *f* | spirit of enterprise; enterprising (entrepreneurial) spirit; initiative | **Mann mit ~** | man of enterprise.

—**gewinn(e)** *mpl* | company (corporate) profits.

unternehmungslustig *adj* | enterprising; of enterprise.

unterordnen *v* | to subordinate.

Unterordnung *f* | subordination.

Unterpacht *f* | sublease; underlease; subtenancy.

Unterpächter *m* | sublessee; underlessee; subtenant.

Unterpfand *n* | pledge; pawn | **etw. zum ~ geben (setzen)** | to pledge sth.

Unterpräfekt *m* | sub-prefect.

Unterpräfektur *f* | sub-prefecture.

Unterproduktion *f* | under-production.

Unterredung *f* | conversation; conference.

Unterricht *m* | instruction | **Anschauungs~** | visual instruction | **Elementar~** | elementary education | **jdm. Nachhilfe~ erteilen** | to tutor sb. | **Privat~** ① | private education (tuition) | **Privat~** ② | private lessons | **Religions~** | religious instruction (education) | **Schul~** | school teaching | **Selbst~** | self-instruction; self-tuition | **Handbuch zum Selbst~** | self-instructor | **im Selbst~ erlernt** | self-instructed; self-taught.

★ **~ erteilen** | to teach; to give lessons | **zum ~ geeignet** | teachable | **~ nehmen** | to take lessons.

unterrichten *v* Ⓐ | **jdn. ~** | to school (to instruct) (to teach) sb. | **jdn. in etw. ~** | to instruct sb. in sth.

unterrichten *v* Ⓑ [benachrichtigen] | **jdn. von etw. ~** | to instruct (to inform) sb. of sth. | **jdn. falsch ~** | to misinform sb.

Unterrichts..anstalt *f* | institution of learning; school.

—**briefe** *mpl* | letters for self-tuition; correspondence lesson(s).

—**methode** *f* | method of teaching; teaching method.

—**minister** *m* | minister of public education.

—**ministerium** *n* | board of education.

—**stunde** *f* | lesson | **die ~n** | school time.

—**wesen** *n* | schooling; public education | **Gesetz über das ~** | education act | **das öffentliche ~** | public schooling; the public school system.

Unterrichtung *f* Ⓐ [Unterweisung] | instruction.

Unterrichtung *f* Ⓑ [Benachrichtigung] | information.

untersagen *v* | to forbid; to prohibit.

untersagt *part* | prohibited.

Untersagung *f* | interdiction; prohibition.

Untersagungsrecht *n* | right to forbid.

unterschätzen *v* | to underestimate; to undervalue; to underrate.

Unterschätzung *f* | underestimation; undervaluation.

unterscheidbar *adj* | discernible.

unterscheiden *v* | to discern; to distinguish | **sich deutlich von etw. ~** | to be readily (plainly) distinguishable from sth.

unterscheidend *adj* | distinctive; differentiating.

Unterscheidung *f* | distinction; differentiation.

unterscheidungsfähig *adj* | capable to discern | ~es Alter | age (years) of discretion; age of understanding.
Unterscheidungs..merkmal *n* | distinctive mark (feature).
—**vermögen** *n* | discernment.
—**zeichen** *n* | distinctive mark.
unterschieben *v* Ⓐ [unterstellen] | to impute | jdm. etw. ~ | to insinuate sth. to sb.
unterschieben *v* Ⓑ | to substitute | ein Kind ~ | to substitute a child.
Unterschiebung *f* Ⓐ [Unterstellung] | imputation; insinuation.
Unterschiebung *f* Ⓑ | substitution | Kindes~ | substitution of a child.
Unterschied *m* | difference; distinction | Alters~ | difference in age; disparity in years | die Klassen~e | the class distinctions | Kurs~; Währungs~ | difference of (on) exchange; exchange difference | Preis~ | difference in price(s) | soziale ~e | social inequalities.
★ einen ~ machen | to differentiate; to distinguish | einen ~ machen zwischen | to make a difference between | den ~ unter sich teilen | to split (to halve) the difference | mit dem ~, daß ...; zum ~ von | with the difference that ... | ohne ~ | indifferently; indiscriminately.
unterschiedlich *udj* Ⓐ | different.
unterschiedlich *adj* Ⓑ [benachteiligend] | discriminating | ~e Behandlung | discrimination | ~ Sätze | discriminating rates (tariff) | ~e Zollsätze | discriminating duties.
unterschiedlich *adv* | jdn. ~ behandeln | to discriminate against sb.
unterschiedslos *adj* | non-discriminatory.
unterschiedslos *adv* | indiscriminately.
unterschlagen *v* Ⓐ | to embezzle; to defraud | Geld ~; Gelder ~ | to misappropriate money; to embezzle to convert money(s) to one's own use | öffentliche Gelder ~ | to misappropriate public funds; to peculate | eine große Summe ~ | to embezzle a large sum.
unterschlagen *v* Ⓑ [unterdrücken] | Nachrichten ~ | to suppress news | ein Testament ~ | to suppress a testament | eine Urkunde ~ | to suppress a document.
unterschlagen *v* Ⓒ [abfangen] | einen Brief ~ | to intercept a letter.
Unterschlagung *f* Ⓐ | embezzlement; defraudation | ~ im Amt; Amts~; ~ öffentlicher Gelder | malversation; peculation; misappropriation (fraudulent conversion) of public funds | eine Amts~ begehen | to misappropriate public funds; to peculate | Fund~ | illegal detention of sth. found | ~ von Geld; ~ von Geldern | misappropriation (embezzlement) (fraudulent conversion) of funds; defalcation | eine große ~ begehen | to embezzle a large sum.
Unterschlagung *f* Ⓑ [Unterdrückung] | ~ von Beweismaterial | suppression of evidence | ~ von Nachrichten | suppression of news | ~ eines Testaments | suppression of a testament | ~ einer Urkunde | suppression of a document.
Unterschlagung *f* Ⓒ [Abfangen] | ~ von Briefen | interception (intercepting) of letters.
Unterschleif *m* Ⓐ [Unterschlagung von Geld] | defraudation; misappropriation (embezzlement) (fraudulent conversion) of funds; defalcation.
Unterschleif *m* Ⓑ [Unterschlagung im Amt] | malversation; peculation; misappropriation (fraudulent conversion) of public funds | ~e begehen | to misappropriate (to embezzle) public funds; to peculate.

unterschoben *adj* | ~es Kind | substituted child; changeling | ~es Testament | forged (substituted) will.
Unterschreiben *n* | signing; execution.
unterschreiben *v* | to undersign; to sign; to subscribe; to execute.
unterschrieben *part* | eigenhändig ~ | signed in person; personally signed | ordnungsgemäß ~ | duly signed | ~ werden | to be signed | von jdm. ~ sein | to bear sb.'s signature.
Unterschrift *f* | signature | Faksimile ~ | facsimile (stamped) signature | Namens~ | subscription (signing of one's name); signature | eigenhändige ~ | autograph (autographic) signature | mit der eigenhändigen ~ versehen | signed in person; personally signed | übliche ~ | usual signature | eine ~ beglaubigen | to attest (to legalize) a signature | seine ~ beglaubigen lassen | to have one's signature legalized | seine ~ beifügen (beisetzen) | to set one's hand to [sth.]; to subscribe one's name | eine ~ erschleichen | to obtain a signature by fraud.
Unterschriften..buch *n* | signature book.
—**sammlung** *f* Ⓐ | collecting (collection of) signatures.
—**sammlung** *f* Ⓑ | autograph book.
Unterschrifts..beglaubigung *f* | attestation (legalization) of a (of one's) signature.
unterschriftsberechtigt *adj* | ~ sein | to be entitled to sign; to have power to sign.
Unterschrifts..leistung *f* | signing.
—**linie** *f* | dotted line.
—**muster** *n*; —**probe** *f* | specimen signature.
—**stempel** *m* Ⓐ [Faksimilestempel] | signature (facsimile) stamp.
—**stempel** *m* Ⓑ [gestempelte Unterschrift] | facsimile signature.
—**vollmacht** *f* | authority (power) to sign.
—**zeuge** *m* | attesting witness.
untersiegeln *v* | etw. ~ | to put (to affix) one's seal to sth. | ein Schriftstück ~ | to seal a deed.
Unterstaatssekretär *m* | under-secretary of State | Ständiger ~ | permanent under-secretary of State.
unterstehen *v* | to be subordinate | jdm. ~ | to be subordinate to sb.; to be under sb. | jdm. unmittelbar ~ | to be immediately under sb.
unterstellen *v* Ⓐ [annehmen] | to assume; to suppose.
unterstellen *v* Ⓑ [bezichtigen] | jdm. etw. ~ | to impute sth. to sb.
unterstellen *v* Ⓒ [unterschieben] | jdm. etw. ~ | to insinuate sth. to sb.
unterstellen *v* Ⓓ [unterordnen] | jdn. jdm. ~ | to put sb. under sb. (under the control of sb.).
Unterstellung *f* Ⓐ [Annahme] | assumption; supposition.
Unterstellung *f* Ⓑ [unterstellter Sinn] | imputation; implication; implied meaning | eine ~ widerlegen | to refute an implication.
Unterstellung *f* Ⓒ [Unterschiebung] | insinuation.
unterstempelt *adj* | understamped.
Unterstreichen *n*; **Unterstreichung** *f* | underlining.
unterstreichen *v* | to underline; to underscore.
unterstützen *v* | etw. ~ | to assist (to aid) (to support) sth.; to give (to lend) support to sth. | einen Antrag ~ | to second a motion | die Armen ~ | to assist the poor | eine Behauptung ~ | to sustain an assertion; to corroborate a statement | ein Bittgesuch ~ | to support a petition | jdn. mit seiner Forderung ~ | to support sb. in his request | jdn. mit Geld ~; jdn. finanziell ~ | to assist (to aid) sb. with money | einen Vorschlag ~ | to second a proposal | ein Un-

unterstützen *v, Forts.*
ternehmen finanziell ∼ | to subsidize an enterprise |
sich gegenseitig ∼ | to assist one another | jdn.
nachhaltig (wirksam) ∼ | to lend effective help to sb.
Unterstützung *f* | assistance; aid; relief | **Alters**∼ | old-
age relief | **Arbeitslosen**∼; **Erwerbslosen**∼ | un-
employment benefit (relief) (assistance) (pay); out-
of-work benefit | **Armen**∼ | assistance of the poor;
poor relief | **öffentliche Armen**∼ | public poor relief
| **Armen**∼ **erhalten (beziehen)** | to be on relief
(on the parish) | **Geld**∼ | financial (pecuniary)
aid (assistance) (support); moneyed assistance |
Hilfe und ∼ | help and assistance | ∼ **eines Kandi-
daten** | backing up of a candidate | **Kranken**∼ | sick
allowance; sickness benefit | **Staats**∼ | state (govern-
ment) subsidy (aid) | **Streik**∼ | strike pay | **Wohl-
fahrts**∼ | public (poor) relief; public assistance
relief.
★ **finanzielle** ∼ ① | financial (pecuniary) assitance
(aid) (support); moneyed assistance | **finanzielle** ∼
② | subsidy; subsidizing | **gegenseitige** ∼ | mutual
assistance | **moralische** ∼ | moral support | **staat-
liche** ∼ | state relief; government support | **ohne** ∼
bleiben | to obtain no support | **einer Sache seine** ∼
∼ **geben** | to give (to lend) one's aid to sth. | **jdn.** ∼
gewähren | to give (to lend) (to render) sb. assist-
ance; to help (to assist) (to aid) sb. | **etw. ohne** ∼
machen | to do sth. unaided.
★ **mit jds.** ∼ | with the aid of sb.; with sb.'s help
(assistance) | **zur** ∼ **von** ① | in support of | **zur** ∼
von ② | in aid of.
Unterstützungsanspruch *m* | right to receive assistance.
unterstützungsbedürftig *adj* | needy; in need | ∼ **wer-
den** | to come on (to fall upon) the parish.
Unterstützungsbedürftiger *m* | pauper.
unterstützungsberechtigt *adj* | eligible for relief.
Unterstützungs..berechtigung *f* | eligibility for relief.
—**empfänger** *m* | person on relief.
—**fonds** *m* | relief (charity) fund | **Arbeitslosen**∼ | un-
employment relief fund | **Streik**∼ | sustentation
fund.
—**gelder** *npl* | subsidies *pl*; relief (aid) funds *pl*.
—**kasse** *f* | relief (charity) fund | **Familien**∼ | family
allowance fund.
—**satz** *m* | rate of benefit.
—**verein** *m* | benevolent (friendly) society; relief (ben-
efit) society | ∼ **auf Gegenseitigkeit** | mutual
(mutual-aid) (mutual benefit) society.
—**wohnsitz** *m* | residence of a person entitled to public
relief.
—**zahlungen** *fpl* | maintenance (relief) payments;
allowances.
untersuchen *v* Ⓐ | etw. ∼ | to examine (to investigate)
sth. | **etw. eingehend (gründlich)** ∼ | to give sth. a
close (thorough) examination; to scrutinize sth. |
jdn. auf seinen Geisteszustand ∼ | to give sb. a
mental examination.
untersuchen *v* Ⓑ [gerichtlich ∼; strafgerichtlich ∼] |
to make (to start) an investigation; to open a judicial
inquiry.
Untersuchung *f* Ⓐ | examination; inspection; investi-
gation | ∼ **auf den Geisteszustand** | mental exami-
nation | ∼ **eines Unfalls**; ∼ **von Unfällen**; **Unfall**∼ |
investigation of an accident (of accidents); accident
investigation | **Zoll**∼ | customs inspection (exami-
nation).
★ **ärztliche** ∼ | medical examination | **eingehende**
∼; **gründliche** ∼ | thorough (close) (careful)
examination; scrutiny | **polizeiliche** ∼ | police in-
vestigation | **strenge** ∼ | close investigation.

★ **eine** ∼ **anstellen** | to make an inquiry; to start an
investigation | **eine** ∼ **einleiten** | to open (to set up)
an inquiry | **eine** ∼ **führen (durchführen)** | to con-
duct an investigation.
Untersuchung *f* Ⓑ [Studie] | **Markt**∼ | market study |
Muster∼; **Probe**∼ | pilot study.
Untersuchung *f* Ⓒ [gerichtliche ∼; strafgerichtliche
∼] | criminal (judicial) investigation (inquiry) | **Ein-
leitung einer** ∼ | opening of a judicial inquiry |
Gang der ∼ | course of the investigation | **Vor**∼ |
preliminary investigation | **eine** ∼ **einleiten** | to open
a judicial inquiry.
Untersuchungs..ausschuß *m* | commission (board)
(committee) of inquiry (of inspection) (of investiga-
tion); investigating committee | **einen** ∼ **einsetzen** |
to set up a committee of inquiry.
—**befehl** *m* | search warrant.
—**ergebnis** *n* | report of inquiry; findings *pl*.
—**gefangener** *m*; —**häftling** *m* | prisoner on remand.
—**gefängnis** *n* | remand prison.
Untersuchungshaft *f* | detention under remand (pend-
ing investigations); investigative custody; investi-
gatory detention; custody awaiting trial (during
criminal investigation) | **Anrechnung der** ∼ | making
allowance for the period passed in custody while
awaiting trial | **die** ∼ **anrechnen** | to make allowance
for the time already served while awaiting trial |
jdn. gegen Sicherheitsleistung aus der ∼ **entlassen** |
to admit sb. to bail; to allow (to grant) sb. bail; to
release sb. (to remand sb.) (to let sb. out) on bail |
in ∼ **genommen werden; in die** ∼ **abgeführt werden** |
to be remanded in custody; to be taken into
custody | **jdn. in** ∼ **nehmen** | to remand sb. in
custody; to remand sb. | **in** ∼ **sein; sich in** ∼ **be-
finden** | to be in custody awaiting trial.
Untersuchungs..handlung *f* | **richterliche** ∼ | judicial
act of investigating.
—**kommission** *f* | commission (board) (committee)
(court) of inquiry; investigating committee.
—**pflicht** *f* | obligation (duty) to examine.
—**recht** *n* Ⓐ | right of search (to search) (to examine).
—**recht** *n* Ⓑ [auf See] | right of search (of visit and
search) (of visitation).
—**richter** *m* | examining (investigating) magistrate.
—**unterausschuß** *m* | investigating subcommittee.
Untertage..arbeiter *m* | underground worker; miner.
—**bau** *m* | underground mining.
—**belegschaft** *f* | the underground miners *pl*.
Untertan *m* | subject | ∼ **britischer Geburt** | British-
born subject | **Gerichts**∼ | person who is under sb.'s
jurisdiction.
untertan *adj* | subject.
Untertanen..eid *m* | oath of allegiance.
—**pflicht** *f*; —**treue** *f* | allegiance.
Untertänigkeit *f* | subserviency.
unterteilen *v* | to subdivide.
Unterteilung *f* | subdivision.
Untertitel *m* | sub-title.
Unterveranlagung *f* | underassessment.
Unterverbrauch *m* | under-consumption.
unterverfrachten *v* Ⓐ | to under-freight; to subcharter;
to recharter.
unterverfrachten *v* Ⓑ | to re-load; to re-ship.
Unterverfrachter *m* | refreighter; subcharter; re-
charterer.
Unterverfrachtung *f* Ⓐ | refreighting; subchartering;
recharter.
Unterverfrachtung *f* Ⓑ | re-loading; reshipment.
untervermieten *v* | to sublet; to underlet; to sublease.
Untervermieter *m* | sublessor.

Untervermietung *f* | subletting; underletting; subleasing.

unterverpachten *v* | to sublet; to underlet; to sublease; to underlease.

Unterverpächter *m* | subletter; sublessor.

Unterverpachtung *f* | subleasing; subletting; underletting.

unterversichern *v* | to under-insure.

unterversichert *adj* | under-insured.

Unterversicherung *f* | under-insurance.

Unterverteilung *f* | subdivision.

Untervertreter *m* | sub-agent; under-agent.

Untervertretung *f* | sub-agency.

Untervollmacht *f* | substitute power (power of attorney).

unterwandern *v* | to infiltrate.

Unterwanderung *f* | infiltration.

unterweisen *v* | to instruct; to teach | **jdn. in etw.** ∼ | to instruct sb. in sth.

Unterweisung *f* | instruction; teaching; schooling.

Unterwelt *f* [Verbrecherwelt] | **die** ∼ | the underworld.

unterwerfen *v* Ⓐ | to subject; to submit | **sich einer Entscheidung** ∼ | to submit to (to acquiesce in) a decision | **sich dem Gesetz** ∼ | to submit to (to obey) the law | **sich einer Regel** ∼ | to subject os. to a rule | **sich jds. Schiedsspruch** ∼ | to abide by sb.'s arbitration; to accept sb.'s award | **sich einem Urteil** ∼ | to submit to (to accept) a judgment | **sich jds. Willen** ∼ | to submit to sb.'s will; to comply with sb.'s wishes | **sich** ∼ | to subject os.; to acquiesce.

unterwerfen *v* Ⓑ [unterjochen] | to subdue; to subjugate | **ein Land** ∼ | to subjugate a country; to bring a country into subjection.

Unterwerfung *f* Ⓐ | submission.

Unterwerfung *f* Ⓑ [Unterjochung] | subjection; subjugation.

Unterwerfungserklärung *f* | deed of submission.

unterworfen *part* | **dem Gesetz** ∼ | subject (amenable) to the law | **der Gerichtsbarkeit eines Landes** ∼ | subject to the jurisdiction of a country | **der Militärgerichtsbarkeit** ∼ | subject to military law | **Schwankungen** ∼ | subject to fluctuations | **einer zollamtlichen Untersuchung** ∼ **werden** | to be subject to customs inspection | **jdm.** ∼ **sein** | to be in subjection to sb.

Unterwürfigkeit *f* | obedience; submissiveness.

unterzeichnen *v* | to undersign; to sign; to subscribe | **eine Urkunde** ∼ | to sign (to execute) a deed; to set one's hand to a deed; to subscribe one's name to a document | **in blanko** ∼ | to sign in blank.

Unterzeichner *m* | signer; signatory; subscriber | ∼ **eines Vertrages** | signatory to a contract (to an agreement).

Unterzeichnerstaat *m* | signatory power; signatory.

unterzeichnet *adj* | undersigned | **die** ∼**en Regierungen** | the signatory governments.

unterzeichnet *part* | ∼ **werden** | to be signed | ∼ **vor mir, am heutigen Tag, dem ...** | subscribed to before me this day of ...

Unterzeichnete *m* | **der** ∼ | the undersigned | **die** ∼**n** | the undersigned *pl*; the undersigned parties.

Unterzeichnung *f* | signing; subscription; execution | **zur** ∼ **kommen** | to be (to get) signed.

unterziehen *v* | to submit | **sich einer Operation** ∼ | to undergo an operation | **jdn. einer Probe** ∼ | to put sb. through a test | **einen Prozeß (einen Rechtsstreit) einer Revision** ∼ | to review a case (a lawsuit) | **jdn. einer Prüfung** ∼ | to subject sb. to an examination | **etw. einer Prüfung** ∼ | to subject sth. to an exami-

nation (to an inspection); to examine sth. | **etw. einer Nachprüfung (Überprüfung) (Revision)** ∼ | to subject sth. to a re-examination; to re-examine sth.

untilgbar *adj* | not redeemable; irredeemable.

untragbar *adj* | inacceptable.

untrennbar *adj* | inseparable.

Untrennbarkeit *f* | inseparableness.

untreu *adj* | unfaithful; disloyal; dishonest | **seiner Frau** ∼ **sein** | to be unfaithful to one's wife.

Untreue *f* Ⓐ | unfaithfulness; faithlessness.

Untreue *f* Ⓑ [im Amt] | malversation; peculation; fraudulent conversion.

untüchtig *adj* Ⓐ | unfit | **luft**∼ | not airworthy | **see**∼ | not seaworthy; unseaworthy.

untüchtig *adj* Ⓑ | inefficient.

Untüchtigkeit *f* Ⓐ | unfitness.

Untüchtigkeit *f* Ⓑ | inefficiency.

untunlich *adj* Ⓐ [unausführbar] | impracticable; unfeasable.

untunlich *adj* Ⓑ [unpassend] | inopportune.

Untunlichkeit *f* | impracticability; impracticableness.

unüberlegt *adj* | inconsiderate; unadvised | ∼**e Bemerkung** | unconsidered remark | ∼**es Handeln;** ∼**e Handlung** | unconsidered action.

unüberlegt *adv* | inconsiderately; unadvisedly | ∼ **handeln** | to act inconsiderately (without consideration).

Unüberlegtheit *f* | inconsideration; absence of consideration.

unübersetzbar *adj* | untranslatable; not translatable.

unübersetzt *adj* | untranslated.

unübertragbar *adj* Ⓐ [nicht abtretbar] | not transferable; not assignable; unassignable; untransferable; not to be transferred.

unübertragbar *adj* Ⓑ [auf den Namen lautend] | registered.

unübertragbar *adj* Ⓒ [nicht begebbar] | not negotiable.

Unübertragbarkeit *f* | unassignability.

unüberwindlich *adj* | insurmountable; insuperable.

unumgänglich *adj* | indispensable; unavoidable.

unumgehbar *adj* | ∼**e Klausel** | iron-clad clause.

unumschränkt *adj* | absolute | ∼**e Gewalt** | absolute (unlimited) power | ∼**e Monarchie** | absolute monarchy | ∼**e Regierungsform** | absolutism.

Unumschränktheit *f* | absoluteness.

unumstößlich *adj* | incontestable; irrefutable; irrevocable.

unumstritten *adj* | uncontested | ∼**er Inhaber** | uncontested owner.

ununterbrochen *adj* | uninterrupted | **in** ∼**er Weise** | without interruption; uninterruptedly.

unveränderlich *adj* | unchangeable; unalterable.

unverändert *part* | unchanged; unaltered.

unverantwortlich *adj* Ⓐ | irresponsible.

unverantwortlich *adj* Ⓑ [unentschuldbar] | inexcusable; unpardonable; unjustifiable.

Unverantwortlichkeit *f* | irresponsibility.

unverausgabt *adj* | unexpended | ∼**er Rest** | unspent balance.

unveräußerlich *adj* Ⓐ | inalienable | ∼**es Recht** | inalienable right.

unveräußerlich *adj* Ⓑ [nicht übertragbar] | not transferable; not assignable; unassignable.

unveräußerlich *adj* Ⓒ [unverkäuflich] | not for sale.

Unveräußerlichkeit *f* Ⓐ | inalienability.

Unveräußerlichkeit *f* Ⓑ | unassignability.

unverbesserlich *adj* | ∼**er Verbrecher** | confirmed criminal | ∼**er Trinker** | inveterate drunkard.

unverbindlich *adj* Ⓐ | without obligation | ∼**e Besichtigung** | free inspection.

unverbindlich *adj* Ⓑ | unobliging; unaccommodating.
unverbrieft *adj* | ~er **Kredit** | unsecured credit.
unverbürgt *adj* | unwarranted; unauthentic.
unverdächtig *adj* | unsuspected; above suspicion.
unverdient *adj* | undeserved; unmerited.
unverehelicht *adj* | unmarried; single.
unvereidigt *adj* | unsworn; not under oath.
unvereinbar *adj* | incompatible; inconsistent; irre-concilable | ~e **Ansichten (Auffassungen)** | con-flicting views | ~e **Interessen** | incompatible (irre-concilable) interests.
unvereinbar *adv* | [in ~er Weise] | incompatibly.
Unvereinbarkeit *f* | incompatibility; inconsistency; ir-reconcilability | ~ **der Temperamente** | incompati-bility of temper.
unverfälscht *adj* | unadulterated; genuine; real | **die** ~e **Wahrheit** | the unadulterated (nacked) truth.
Unverfälschtheit *f* | genuineness.
Unverfrorenheit *f* | effrontery; insolence.
unverhältnismäßig *adj* | out of proportion; dispropor-tionate.
unverheiratet *adj* | unmarried; single.
Unverheirateter *m* | unmarried (single) person.
unverjährbar *adj* | imprescriptible; not subject to prescription (to the statute of limitations).
unverjährt *adj* | not (not yet) barred by the statute of limitations.
unverkäuflich *adj* Ⓐ [nicht zu verkaufen] | not for sale; not to be sold.
unverkäuflich *adj* Ⓑ [nicht absetzbar] | unsalable; un-merchantable.
Unverkäuflichkeit *f* Ⓐ | **die** ~ **eines Grundstücks** | the fact that a piece of property is not for sale.
Unverkäuflichkeit *f* Ⓑ | **die** ~ **eines Artikels** | the im-possibility of selling an article.
unverkauft *adj* | unsold | ~e **Exemplare** | unsold copies | **Rücklieferung** ~er **Exemplare** | return of unsold copies.
unverkauft *adv* | ~ **bleiben** to remain unsold.
unverkürzt *adj* Ⓐ [ungekürzt] | ~e **Ausgabe** | un-abridged edition.
unverkürzt *adj* Ⓑ [ohne Abzug] | uncurtailed; without any deduction.
unverletzbar *adj*; **unverletzlich** *adj* | inviolable.
Unverletzlichkeit *f* | inviolability | ~ **des Bankgeheim-nisses** | inviolability of the bank secret (secrecy) | ~ **des Briefgeheimnisses** | inviolability of letters | ~ **der Person** | inviolability of person | **parlamen-tarische** ~ | parliamentary immunity; privilege.
unverletzt *adj* Ⓐ [unversehrt] | uninjured; unhurt.
unverletzt *adj* Ⓑ [intakt] | intact | ~es **Siegel** | un-broken seal.
unverletzt *adj* Ⓒ [wohlbehalten] | safe and sound.
unvermeidbar *adj*; **unvermeidlich** *adj* | unavoidable; inevitable.
unvermietet *adj* Ⓐ | not rented; tenantless.
unvermietet *adj* Ⓑ [leerstehend] | unoccupied; vacant.
unvermindert *adj* | undiminished.
Unvermögen *n* | inability; incapacity.
unvermögend *adj* Ⓐ [unfähig] | incapable.
unvermögend *adj* Ⓑ [vermögenslos] | penniless; hav-ing (possessed of) no means.
Unvernunft *f* | unreasonableness; senselessness.
unvernünftig *adj* | unreasonable; senseless.
unveröffentlicht *adj* | unpublished.
unverpackt *adj* | not packed; without packing.
Unverschämtheit *f* | effrontery; insolence.
unverschlüsselt *adj* | not in cipher; not coded; in plain language.
unverschuldet *adj* [unverdient] | undeserved.

unversehrt *adj* Ⓐ | intact.
unversehrt *adj* Ⓑ [unverletzt] | uninjured; unhurt.
unversehrt *adj* Ⓒ [unbeschädigt] | undamaged; with-out (free from) damage.
unversehrt *adj* Ⓓ [wohlbehalten] | safe and sound.
Unversehrtheit *f* | integrity | ~ **des Staatsgebiets** | territorial integrity.
unversichert *adj* | uninsured; not insured.
unversöhnlich *adj* | irreconcilable; implacable.
Unversöhnlichkeit *f* | irreconcilability; implacability.
unversorgt *adj* | unprovided for; without means of existence.
unverständlich *adj* | inconceivable.
unversteuert *adj* Ⓐ [steuerfrei] | tax-free; tax-exempt.
unversteuert *adj* Ⓑ [noch zu versteuern] | tax unpaid; before tax(es).
unverteilt *adj* | ~er **Gewinn (Gewinnsaldo)**; ~e **Ge-winne** | undistributed profit(s).
unverwendbar *adj* | unemployable.
unverwertbar *adj* | unexploitable.
unverzeihlich *adj* | unpardonable; inexcusable.
unverziehen *part* | unpardoned.
unverzichtbar *adj* | ~e **Interessen** | interest which cannot be waived.
unverzinslich *adj* | paying (bearing) no interest; with-out (free of) interest; interest-free | ~es **Darlehen** | free (interest-free) loan | ~es **Kapital** | money paying no interest | ~e **Werte** | bonds (stocks) which bear no interest.
unverzollt *adj* Ⓐ [zollfrei] | duty-free; exempt from duty.
unverzollt *adj* Ⓑ [noch zu verzollen] | duty unpaid | ~e **Waren** | duty-unpaid (unentered) goods.
unverzüglich *adj* | immediate; instant.
unverzüglich *adv* Ⓐ [sofort] | immediately; without delay; forthwith; without loss of time.
unverzüglich *adv* Ⓑ [ohne schuldhaftes Zögern] | without undue delay.
unvollendet *adj* | unfinished; unaccomplished.
Unvollendetsein *f* | incompleteness; incompletion.
unvollkommen *adj* | defective.
Unvollkommenheit *f* | incompleteness; imperfection.
unvollständig *adj* | incomplete; defective.
Unvollständigkeit *f* | incompleteness; imperfection.
unvollstreckt *adj* | not executed.
unvollzählig *adj* | incomplete.
unvorbedacht *adj* | unpremeditated; undesigned.
unvorbedacht *adv* | without premeditation; undesign-edly.
unvordenklich *adj* | immemorial | **seit** ~er **Zeit; seit** ~en **Zeiten** | from time immemorial; since times immemorial; from time beyond all memory; beyond the memory of man.
unvoreingenommen *adj* Ⓐ [ohne Vorurteil] | unpre-judiced | ~er **Beobachter** | unbiassed observer.
unvoreingenommen *adj* Ⓑ [unparteiisch] | unbiassed; impartial.
Unvoreingenommenheit *f* | impartiality.
unvorhergesehen *adj* | unforeseen | ~es **Ereignis** | un-expected (unforeseen) event; occurrence | **falls** ~e **Umstände eintreten sollten** | in case of a contin-gency; should a contingency arise.
unvorhersehbar *adj* | unforeseeable; not to be foreseen | ~es **Ereignis** | unforeseeable (fortuitous) event.
unvorsätzlich *adj* | undeliberate; undesigned.
unvorsätzlich *adv* | undeliberately; undesignedly.
unvorschriftsmäßig *adj* | improper; irregular.
unvorschriftsmäßig *adv* | against (contrary to) the rules (the regulations).
unvorsichtig *adj* | imprudent.

Unvorsichtigkeit *f* | imprudence.
unvorteilhaft *adj* | disadvantageous; unfavo(u)rable.
unwahr *adj* | untrue; untruthful; false.
Unwahrheit *f* | untruth; truthlessness; falsehood | **die ~ einer Behauptung beweisen** | to prove a statement to be untrue.
unwahrscheinlich *adj* | improbable; unlikely | **höchst ~ sein** | to be highly improbable.
Unwahrscheinlichkeit *f* | improbability; unlikelihood; unlikeliness.
Unwesen *n* | nuisance | **Bestechungs~** | corruption.
unwesentlich *adj* Ⓐ [unkörperlich] | incorporeal.
unwesentlich *adj* Ⓑ [unerheblich] | immaterial; unessential; irrelevant.
unwesentlich *adj* Ⓒ; **unwichtig** *adj* | unimportant; of little (of no) (without) importance.
Unwichtigkeit | unimportance; insignificance.
unwiderlegbar *adj*; **unwiderleglich** *adj* | irrefutable | **~es Argument** | incontestable argument | **~e Behauptung** | irrefutable statement | **~er Beweis** | incontestable proof | **~e Zeugenaussage** | irrefutable evidence.
Unwiderlegbarkeit *f* | irrefutability.
unwiderlegt *adj* | unrefuted.
unwiderruflich *adj* | irrevocable.
unwiderruflich *adv* | irrevocably.
Unwiderruflichkeit *f* | irrevocability.
unwidersprochen *adj* | uncontradicted; unopposed; unchallenged | **~ bleiben** | to remain uncontradicted | **etw. ~ lassen** | to leave sth. uncontradicted (unopposed).
unwiederbringlich *adj* | irretrievable; irrecoverable.
unwiederbringlich *adv* | **~ verloren** | irrepairably (unretrievably) lost.
unwirksam *adj* Ⓐ [wirkungslos] | ineffective; inefficacious; without (of no) effect | **~ werden** | to cease to have effect.
unwirksam *adj* Ⓑ [rechts~] | without legal force; invalid (insufficient) at law.
unwirksam *adj* Ⓒ [nichtig] | void; null and void | **etw. ~ machen** | to invalidate sth.; to render sth. invalid | **~ werden** | to become void.
Unwirksamkeit *f* Ⓐ [Wirkungslosigkeit] | inefficacy.
Unwirksamkeit *f* Ⓑ [Rechts~] | insufficiency at law; legal invalidity.
Unwirksamkeit *f* Ⓒ [Nichtigkeit] | nullity.
unwirtschaftlich *adj* Ⓐ [unproduktiv] | unproductive.
unwirtschaftlich *adj* Ⓑ [unökonomisch] | uneconomic(al); unremunerative.
Unwirtschaftlichkeit *f* | unproductiveness.
Unwissenheit *f* Ⓐ [Unkenntnis] | absence of knowledge.
Unwissenheit *f* Ⓑ [Unerfahrenheit] | ignorance | **jds. ~ ausbeuten (ausnutzen)** | to exploit (to trade upon) sb.'s ignorance.
unwürdig *adj* | unworthy | **einer Sache ~ sein** | to be unworthy (undeserving) of sth. | **in ~er Weise** | in an unworthy manner | **erb~** | unworthy of inheriting.
Unzeit *f* | **zur ~** | at the wrong time.
unzeitgemäß *adj* | untimely; inopportune.
unzensiert *adj* | uncensored.
unzivilisiert *adj* | uncivilized.
Unzucht *f* | indecent act; impudicity | **gewerbsmäßige ~** | prostitution | **zur ~ verleiten** | to incite to immorality.
unzüchtig *adj* | indecent; obscene | **~e Abbildung** | obscene (indecent) picture | **~e Handlung** | indecent act | **~e Literatur** | obscene literature.
Unzüchtigkeit *f* | obscenity.

unzufrieden *adj* | **mit etw. ~ sein** | to be dissatisfied with sth.
Unzufriedenheit *f* | discontent; dissatisfaction | **Grund zu ~** | cause for dissatisfaction | **soziale ~** | social discontent (unrest).
unzugänglich *adj* | inaccessible.
Unzugänglichkeit *f* | inaccessibility.
unzulänglich *adj* | inadequate; insufficient; not sufficient | **~e Mittel** | inadequate means.
Unzulänglichkeit *f* | insufficiency; inadequacy.
unzulässig *adj* Ⓐ | inadmissible | **die Berufung als ~ verwerfen** | to disallow the appeal because the judgment (the decision) is not appealable | **eine Klage für ~ erklären (als ~ abweisen)** | to refuse to hear an action | **~er Verteidigungseinwand** | inadmissible defense.
unzulässig *adj* Ⓑ [unerlaubt] | unlawful | **~e Beeinflussung** | undue influence | **~e Bevorzugung** | undue preference | **~es Rechtsgeschäft** | unlawful (illegal) transaction.
unzulässigerweise *adv* | unlawfully; without authority.
Unzulässigkeit *f* | inadmissibility | **~ der Klage** | inadmissibility of the action | **Einrede der ~ des Rechtswegs** | plea in bar of trial by the civil courts.
unzurechnungsfähig *adj* | irresponsible; not responsible for one's actions | **für ~ erklärt werden** | to be certified insane.
Unzurechnungsfähiger *m* | insane (irresponsible) person.
Unzurechnungsfähigkeit *f* | irresponsibility | **Einwand (Einrede) der ~** | plea of insanity | **~ einwenden** | to enter a plea of insanity; to plead insanity.
unzureichend *adj* | insufficient; not sufficient; inadequate | **~e Aktiven** | insufficient assets | **etw. für ~ erachten** | to consider sth. insufficient.
unzureichend *adv* | **mit etw. ~ versehen** | inadequately provided with sth.
unzuständig *adj* | incompetent; not competent | **sich für ~ erklären** | to disclaim competence.
Unzuständigkeit *f* | incompetence | **Einrede der ~** | plea of incompetence | **die Einrede (den Einwand) der ~ erheben; die ~ einwenden** | to plead incompetence.
unzustellbar *adj* | undeliverable | **~er Brief; ~e Postsendung** | undeliverable letter (package); dead letter | **~e Post (Postsendungen)** | dead letters; undeliverable mail.
unzustellbar *adv* | **~ gebliebener Brief** | letter returned undelivered | **falls ~** | if undeliverable; in case of non-delivery.
Unzustellbarkeit *f* | **im Falle der ~** | in case of non-delivery; if undeliverable; if undelivered.
Unzustellbarkeitsmeldung *f* | notice of non-delivery.
unzuverlässig *adj* Ⓐ | unreliable; not dependable | **aus ~er Quelle** | from an unreliable source.
unzuverlässig *adj* Ⓑ [nicht vertrauenswürdig] | untrustworthy | **~e Nachrichten** | untrustworthy information.
Unzuverlässigkeit *f* Ⓐ | unreliability.
Unzuverlässigkeit *f* Ⓑ | untrustworthiness.
unzweckmäßig *adj* | inexpedient; unsuitable.
Unzweckmäßigkeit *f* | inexpediency.
unzweideutig *adj* | unambiguous.
unzweifelhaft *adj* | doubtless; beyond doubt.
Urabstimmung *f* | ballot vote | **Streik~** | strike-vote meeting.
Uraufführung *f* | first night; première.
Ureinwohner *m* | original inhabitant; native; aborigine; aboriginal.
Urenkel *m* | great-grandson; great-grandchild.

Urenkel *mpl* | great-grandchildren.
Urenkelin *f* | great-granddaughter.
Urerzeuger *m* | first (original) producer.
Urerzeugung *f* | first (original) production.
Urfassung *f* | original version.
Ur..groß..eltern *pl* | great-grandparents.
— —mutter *f* | great-grandmother.
— —onkel *m* | great-great-uncle.
— —tante *f* | great-great-aunt.
— —vater *m* | great-grandfather.
Urheber *m* Ⓐ [Autor] | author.
Urheber *m* Ⓑ [Schöpfer] | originator.
Urheber *m* Ⓒ [Gründer] | founder.
Urheberrecht *n* | copyright; literary copyright | ~ an Bühnenwerken | dramatic copyright | Verletzung des ~s | infringement of copyright (of literary copyright); copyright infringement | Herausgabe unter Verletzung des ~s | pirated edition | unter Verletzung des ~s herausgegebenes Werk | pirated edition | Verletzung des künstlerischen ~s | infringement of artistic copyright | das ~ an einem Werk | the ownership of a work | ~ an Werken der bildenden Kunst | artistic copyright | ~ an Werken der Literatur | literary copyright (property); copyright. ★ internationales ~; zwischenstaatliches ~ | international copyright | künstlerisches ~ | artistic copyright | literarisches ~ | literary copyright (property); copyright. ★ das ~ aufgeben | to abandon the copyright | das ~ erlischt | the copyright expires | das ~ verletzen | to infringe the copyright | vom ~ frei werden | to become public property; to fall into the public domain.
urheberrechtlich *adv* | in copyright matters | ~ geschützt | copyrighted; protected by copyright | ~ nicht mehr geschützt | out of copyright | ~ schutzfähig sein | to be capable of copyright protection | etw. ~ schützen | to copyright sth.
Urheberrechts..behörde *f* | copyright office.
—erneuerung *f* | renewal of copyright.
—gebühren *fpl* | copyright fees.
—gesetz *n* | copyright act (law).
—inhaber *m* | copyright owner (holder).
—lizenzen *fpl* | royalties *pl.*
—schutz *m* | protection by copyright | internationaler ~ | international copyright protection | noch unter ~ stehend | still under copyright | dem ~ nicht (nicht mehr) unterliegend | not (no longer) protected by copyright | unter ~ | protected by copyright; copyrighted.
—verletzung *f* | infringement of copyright (of literary copyright); copyright infringement | Klage (Prozeß) wegen ~ | action (suit) for infringement of copyright | gegen jdn. wegen ~ vorgehen | to sue sb. for copyright infringement.
—vermerk *m* | copyright notice.
Urheberschutz *m* | copyright protection.
Urheberschaft *f* | authorship | Mit~ | co-authorship | die ~ von etw. für sich in Anspruch nehmen | to claim the authorships of sth. | die ~ ablehnen | to disclaim authorship.
Urkund *f* | zu ~ dessen | in witness (in testimony) whereof.
Urkunde *f* | document; deed; paper | Abdankungs~ | deed (instrument) of abdication | Abtretungs~ | deed of assignment; assignment deed | Anerkennungs~ | deed of acknowledgment (of recognition) | Auflassungs~ | deed of conveyance; transfer (title) deed; conveyance | Ausbürgerungs~ | expatriation permit | Beitritts~ | deed of consent.

○ Besitz~ | document (proof) of title; proof (evidence) of ownership; title deed | Bestallungs~ | deed of appointment | Beweis~ | piece (article) of evidence; voucher in proof; voucher | Beweis durch ~n | documentary evidence (proof) | Bürgschafts~ | deed of suretyship; letter of indemnity (of guarantee); bond of indemnity; indemnity bond | Darlehens~ | bond.
○ Echtheit einer ~ | validity of a document | die Echtheit einer ~ bestreiten | to dispute the validity of a document | Eigentumsübertragungs~ | deed of conveyance; conveyance | Einbürgerungs~ | certificate (letters) of naturalization; naturalization certificate | Errichtungs~; Gründungs~ | charter | Erwerbs~ | transfer (title) deed.
○ Geburts~ | certificate of birth; birth certificate | Genehmigungs~ | permit | Gesellschafts~ | memorandum of association; articles (deed) of association (of partnership) (of incorporation); partnership deed | Heirats~ | certificate of marriage; marriage certificate | Hypotheken~ | mortgage deed | Konzessions~ | license; charter | vor einem Notar aufgenommene ~ | notarial document (deed); deed executed before (authenticated by) a notary | Original~ | original document.
○ Patent~ | letters *pl* patent | Personenstands~ | record of civil status | Postzustellungs~ | certificate of postal service | Privat~ | deed under private seal; private deed (document) | Protest~ | act of protest; deed of protestation.
○ Ratifikations~ | ratification | Schenkungs~ | deed (instrument) of donation | Schuld~ | proof of debt; evidence of indebtedness | Sterbe~; Todes~ | certificate of death; death certificate | Stiftungs~ | charter of foundation; trust deed | Teilungs~ | instrument of division | Übertragungs~ | transfer (assignment) deed; deed of conveyance (of transfer) (of assignment).
○ Verfassungs~ | charter of the constitution; constitutional charter | Vergleichs~ | deed of arrangement | Verkaufs~ | bill of sale | Verleihungs~ | charter; license | Verpfändungs~ | bond of security | eine ~ in gerichtliche Verwahrung geben | to impound a document | Vollmachts~ | power of attorney | Vorlegung (Vorzeigung) von ~n | production (presentation) of documents | Zessions~ | deed of assignment; assignment deed | Zustellungs~ | proof of service.

★ amtliche ~ | official document | beglaubigte ~ | certified document | öffentlich beglaubigte ~ | legalized document | beweiserhebliche ~ | document valid in evidence | gerichtliche ~ | judicial document | notarielle ~ | notarial deed (document); deed executed before (authenticated by) a notary | öffentliche ~ | official document; public register (record) | privatschriftliche ~ | private deed (document); deed under private seal | rechtsgültige ~ | valid document (deed) | nach bisher unveröffentlichten ~n | according to hitherto unpublished documents | vollstreckbare ~ | enforceable deed.
★ eine ~ abfassen (aufnehmen) (aufsetzen) (ausfertigen) (ausstellen) | to draft (to prepare) a deed; to draw up a document | eine ~ beglaubigen | to certify a document | eine ~ beglaubigen lassen | to have a document authenticated | eine ~ öffentlich beglaubigen; eine ~ legalisieren | to legalize (to authenticate) a deed | eine ~ beseitigen | to suppress (to conceal) a document | etw. mit ~n (durch ~n) belegen | to support sth. by documents (by docu-

mentary evidence) (by vouchers) | **eine ~ unterfertigen (unterschreiben) (unterzeichnen)** | to execute a document (a deed); to set one's name (one's signature) to a document | **~n vorlegen (vorzeigen)** | to produce (to present) documents (documentary evidence) | **durch ~n** | documentary.

Urkunden..beseitigung *f* | spoliation; removal of a document (of documents).

—beweis *m* | documentary evidence (proof).

—fälscher *m* | forger of documents.

—fälschung *f* | forging (falsification) of documents.

—material *n* | documentation; documentary evidence.

—prozeß *m* | trial by record (based on documents).

—prüfung *f* | inspection of documents.

—register *n*; **—rolle** *f* | record book; register of deeds.

—sammlung *f* | collection of documents.

—stempel *m*; **—steuer** *f* | stamp duty on deeds (on documents).

—unterschlagung *f* | suppression of documents.

—vernichtung *f* | spoliation.

—vorlage *f* | exhibition of documents.

urkundlich *adj* | documentary; authentic | **~e Belegung** | documentation | **~e Beweise**; **~es Material** | documents in support; documentary evidence; vouchers.

urkundlich *adv* | founded on documents; accompanied by documents | **etw. ~ belegen** | to support sth. by documents (by documentary evidence) (by vouchers) | **etw. ~ übertragen** | to assign (to transfer) sth. by deed | **~ belegt** | documented; supported by documents | **~ dessen** | in witness (in testimony) (in verification) whereof (of which).

Urkunds..beamter *m* | certifying officer; registrar | **~ des Gerichts** | clerk of the court.

—person *f* | person who is qualified to certify documents; notary public.

Urlaub *m* | leave of absence; leave | **Abgangs~** | terminal leave | **Erholungs~**; **Genesungs~** | sick leave | **~ mit vollem Gehalt** | leave with full pay; full-pay leave | **Krankheits~** | sick leave | **Land~** | shore leave | **Nach~** | extension of leave; prolongation of leave of absence | **Sonder~** | special short leave.

★ **bezahlter ~** | leave (holidays) (vacation) with pay; paid holidays | **voll bezahlter ~** | leave with full pay; full-pay leave | **unbezahlter ~** | leave without pay; pay-less vacation | **ein Monat ~**; **einmonatiger ~** | one month's leave (holiday) | **vierzehntägiger ~** | a two-weeks' (fortnight's) holiday.

★ **seinen ~ antreten; auf (in) ~ gehen** | to go on leave (on holiday) | **um ~ bitten** | to apply for leave | **~ gewähren** | to grant a leave of absence | **~ nehmen**; **~ machen** | to take (to go on) leave | **auf ~ sein** | to be on leave (on leave of absence) | **jeden ~ sperren** | to stop all leave | **seinen ~ überschreiten** | to overstay one's leave | **auf ~** | on leave.

Urlauber *m* Ⓐ [Beurlaubter] | man (person) (soldier) (sailor) on leave.

Urlauber *m* Ⓑ [Ferienmacher] | holidaymaker; vacationist.

Urlaubs..bezahlung *f*; **—entschädigung** *f*; **—geld** *n*; **—lohn** *m* | holiday (vacation) pay.

—gesuch *n* | application for leave.

—liste *f* | leave book.

—reise *f* | holiday (vacation) trip.

—schein *m* | certificate of leave; permit.

—sperre *f* | suspension (stoppage) of leave.

—verlängerung *f* | extension of leave; prolongation of leave of absence.

—vertretung *f* | holiday (vacation) replacement.

Urlaubszeit *f* | holiday (vacation) season.

Urliste *f* | original (general) list.

Urne *f* | urne | **Wahl~** | ballot box.

Ursache *f* | cause; reason; ground | **Haupt~** | principal cause | **Mit~** | concurrent cause | **Zusammenhang zwischen ~ und Wirkung** | relation of (correspondence between) cause and effect; chain of causation; causality | **aus einer nicht feststellbaren ~** | of an undetermined (unassigned) cause.

ursächlich *adj* | causal | **~er Zusammenhang** | relation of (correspondence between) cause and effect; chain of causation; causality.

Ursächlichkeit *f* | causality.

Urschrift *f* | original | **in ~** | in the original | **in doppelter ~** | in duplicate.

urschriftlich *adj* | in the original.

Ursprache *f* | original language.

Ursprung *m* | origin; provenience; source | **ausländischen (fremden) ~s** | of foreign origin | **seinen ~ haben in** | to originate in (from).

ursprünglich *adv* | originally.

Ursprungs..angabe *f*; **—bezeichnung** *f*; **—vermerk** *m* | indication (designation) of origin.

—attest *n*; **—bescheinigung** *f*; **—nachweis** *m*; **—schein** *m*; **—zeugnis** *n* | certificate (proof) of origin; certificate of production.

—garantie *f* | guarantee of origin.

—land *n* | country of origin.

—ort *m* | place (point) of origin; originating point.

—patent *n* | original (basic) patent.

—rechnung *f* | invoice of origin.

Urteil *n* Ⓐ | judgment; sentence; decision; decree; order | **Abfassung des ~s** | wording of the judgment | **Anerkenntnis~** | judgment (decree) by consent; consent decree | **Aufhebung eines ~s** | reversal (quashing) of a sentence | **Ausschluß~** | judgment of foreclosure; judgment (decree) of exclusion | **~ zugunsten des Beklagten** | judgment for the defendant.

○ **Berufungs~**; **~ des Berufungsgerichts (der Berufungsinstanz)** | judgment of the court of appeal; appeal judgment | **Berufung gegen ein ~** | appeal from a decision | **gegen ein ~ Berufung einlegen**; **gegen ein ~ in die Berufung (in die Berufungsinstanz) gehen** | to appeal from a judgment (from a decision).

○ **Ehescheidungs~** | divorce decree; decree for divorce | **End~** | judgment on the main issue | **Enteignungs~** | expropriation order | **~ auf Feststellung der Unehelichkeit** | bastardy order | **Gerichts~** | court judgment (order) | **Gottes~** | ordeal; trial by combat (by battle) (by duel) | **~ zur Hauptsache** | judgment upon the merits | **~ erster Instanz** | judgment of the court of first instance | **~ in zweiter Instanz** | judgment on appeal (of the court of appeal); appeal judgment | **~ letzter Instanz** | judgment in the last instance | **~ zugunsten des Klägers** | judgment for the plaintiff.

○ **Kosten~** | judgment on the costs | **Nichtigkeits~** | decree of nullity; nullity decree | **Präzedenz~** | precedent | **~ auf Räumung; Räumungs~** | order to quit; eviction order (decree) | **~ welches Rechtskraft erlangt hat** | final (absolute) judgment; decree absolute | **Restitutions~**; **~ auf Rückgabe**; **~ auf Rückerstattung** | restitution sentence | **Revisions~** | decision (ruling) upon appeal.

○ **Scheidungs~** | decree for divorce; divorce decree | **Schieds~** | award; arbitration award | **Straf~** | sentence; conviction | **ein Straf~ fällen** | to pass (to pronounce) sentence (judgment) | **Teil~** | partial

Urteil *n* Ⓐ *Forts.*
judgment; judgment in part | **Teilend~** | partial judgment on the merits | **Todes~** | death sentence; sentence of death | **~ auf Todeserklärung** | judicial decree for declaration of death | **~ auf Trennung von Tisch und Bett** | separation order | **Unterhalts~** | maintenance order | **Vaterschafts~** | affiliation order | **Veröffentlichung des ~s** | publication of the sentence.
○ **Versäumnis~** | judgment by default; default judgment | **Versäumnis~ ergehen lassen** | to deliver (to give) (to pass) judgment by default | **Vollstrekkungs~** | enforceable judgment | **Vollstreckung eines ~s** | execution of a sentence | **Vor~** | prejudice | **Vorbehalts~** | provisional judgment | **~ auf Wiederherstellung der ehelichen Gemeinschaft; Wiederherstellungs~** | decree of restitution of conjugal rights; restitution decree | **Zivil~** | judgment in a civil case | **Zwischen~** | interlocutory decree; provisional (interlocutory) judgment.

★ **nicht mehr anfechtbares ~; endgültiges ~** | final (absolute) judgment; decree absolute; final decree | **angefochtenes ~** | judgment under appeal | **bedingtes ~** | conditional (provisional) judgment; decree nisi | **erstinstanzielles ~** | judgment of the court of first instance | **freisprechendes ~** | acquittal; verdict of acquittal; discharge | **ein gerechtes ~** | a just and lawful sentence | **hartes ~** | harsh (severe) sentence (judgment) | **höchstrichterliches ~; oberstrichterliches ~** | ruling (decision) of the Supreme Court; High Court decision.
○ **kontradiktorisches ~** | defended judgment; judgment after trial | **letztinstanzielles ~** | judgment in the last instance | **mildes ~** | mild (lenient) (light) judgment (sentence) | **obsiegendes ~** | favo(u)rable judgment (decision) | **rechtskräftiges ~** | final decision; absolute (final) judgment; decision (judgment) which has become absolute (final) (which is not subject to appeal).
○ **schiedsgerichtliches ~** | arbitration (arbitrators') award; award | **strafgerichtliches ~** | sentence; conviction | **strenges ~** | severe sentence | **vollstreckbares ~** | enforceable judgment | **vorläufig vollstreckbares ~** | provisionally enforceable judgment | **vorläufiges ~** | interlocutory decree; provisional (interlocutory) judgment.
★ **ein ~ anfechten** | to attack (to appeal against) a judgment | **ein ~ annehmen; sich mit einem ~ abfinden; sich einem ~ unterwerfen** | to accept a judgment; to acquiesce in a judgment; to submit to a sentence | **ein ~ aufheben** | to reverse (to set aside) a judgment; to quash a sentence | **ein ~ aufrechterhalten** | to uphold a judgment | **ein ~ begründen** | to set forth the reasons for a judgment | **ein ~ aussprechen (erlassen) (fällen); ~ sprechen** | to pass (to give) (to pronounce) (to deliver) judgment; to pass a sentence | **ein ~ bestätigen** | to confirm (to uphold) a judgment | **ein ~ umstoßen** | to quash a sentence | **ein ~ verkünden** | to pronounce judgment | **ein ~ vollstrecken** | to execute a judgment.
Urteil *n* Ⓑ [Meinung; Ansicht] | opinion | **sein ~ über etw. abgeben** | to give one's opinion about sth.; to give one's judgment on sth. | **sein ~ ändern** | to reverse one's judgment | **sich ein ~ über etw. bilden** | to form an opinion (a judgment) on sth.
Urteil *n* Ⓒ [Urteilsvermögen] | judiciousness | **von gesundem ~** | judicious | **ein gesundes ~ haben** | to have a clear (good) (sound) judgment | **gutes ~ beweisen** | to show good judgment.

urteilen *v* | to judge | **in einer Sache ~** | to pass judgment in a case | **letztinstanziell ~** | to decide in the last instance.
Urteils..abfassung *f* | wording of the judgment.
—ausfertigung *f* | certified copy of the judgment.
—begründung *f*; **—gründe** *mpl* | grounds *pl* [upon which a judgment is based].
urteilsfähig *adj* | judicious.
Urteils..fällung *f* | passing (pronouncement) of judgment.
—fassung *f*; **—formel** *f*; **—tenor** *m* | wording of the sentence.
—forderung *f* | judgment debt; debt of record.
—gebühr *f* | judgment fee.
—gläubiger *m* | judgment creditor.
—kraft *f* | judgment; discernment | **mangelnde ~** | lack of judgment; indecision.
—schuldner *m* | judgment debtor.
—spruch *m* | sentence; court sentence; judgment.
—verkündung *f* | pronouncing (pronouncement) of judgment | **die ~ aussetzen** | to reserve judgment.
—vermögen *n* | judical faculty | **gutes ~ beweisen** | to show judgment (good judgment).
—veröffentlichung *f* | publication of the sentence.
—vollstreckung *f* | execution of the judgment.
Urtext *m* | original text (version) | **im ~** | in the original.
Ururenkel *m* | great-great-grandson.
Ururenkel *mpl*; **Ururenkelkinder** *pl* | great-great-grandchildren.
Ururgroßmutter *f* | great-great-grandmother.
Ururgroßvater *m* | great-great-grandfather.
Urwahl *f* | primary election.
Urwähler *m* | elector.
Urwählerversammlung *f* | die ~ | the primary meeting (elections *pl*); the primaries *pl*.
Usance *f* | usage; custom; usual practice | **Bank~n** | banking customs | **Börsen~n** | exchange customs; customs of the stock exchange | **Hafen~** | usage of the port | **kaufmännische ~n** | trade customs | **örtliche ~** | local usage (custom) (customs).
usancemäßig *adj* | customary; according to custom.
Uso *m* | nach ~ | at usance.
Usowechsel *m* | bill at usance (payable at usance).
Usurpation *f* | usurpation.
Usurpator *m* | usurper.
usurpieren *v* | to usurp.
Usus *m* | usage; custom; practice.
Utensilien *pl* | implements | **Reise~** | travelling requisites *pl*.

V

Vagabund *m* | vagabond; vagrant.
Vagabundieren *n* | vagabondage; vagrancy.
vagabundieren *v* | to vagabond; to tramp.
vagabundierend *adj* | vagabond.
vakant *adj* | vacant; unoccupied.
Vakanz *f* | vacancy; vacant post (position) (situation).
Valoren *mpl* [S] | securities; stocks and bonds.
Valuta *f* Ⓐ [Gegenwert] | value | **Bank~** | cash in bank | **~ in Gold** | value in gold.

Valuta *f* Ⓑ [Währung] | exchange; currency | **Land mit starker** ~ | hard-currency country [VIDE: **Valuten** *fpl*].
Valuta *f* Ⓒ; **Valutierung** *f*; **Valutierungstag** *m* | value date.
Valuta..abschluß *m*; —**geschäft** *n* | currency transaction.
—**anleihe** *f* | loan in foreign currency.
—**entwertung** *f* | depreciation of the currency; currency depreciation; devaluation.
—**guthaben** *n* | holding (credit balance) in foreign currency.
—**klausel** *f* | clause "value received".
—**konto** *n* Ⓐ | currency account.
—**konto** *n* Ⓑ [Fremdwährungskonto] | account in foreign currency.
—**kredit** *m* | credit in foreign currency.
—**kurs** *m* | rate of exchange; exchange rate.
—**mangel** *m* | shortage in foreign exchange; currency shortage.
—**notierung** *f* | quotation of exchange rates.
—**papiere** *npl* | foreign stocks (stocks and bonds); stocks in foreign currency.
—**risiko** *n* | exchange risk.
valutaschwach *adj* | ~**es Land** | soft-currency country.
Valuta..schwankung *f* | exchange fluctuation.
—**spekulation** *f* | speculation in foreign exchange; currency speculation.
valutastark *adj* | ~**es Land** | hard-currency country (area).
Valuten *fpl* [fremde ~] | foreign exchange.
valutieren *v* | to value; to fix (to state) the value date.
Vasallenstaat *m* | vassal state.
Vater *m* | father | **Adoptiv**~ | adoptive father; foster-father | **Familien**~ | head (father) of a (of the) family | **Groß**~ | grandfather | **vom** ~ **auf den Sohn** | from father to son; from generation to generation | **Stamm**~ | forefather; ancestor.
Väter *mpl* | **die Stadt**~ | the city fathers *pl* | **unsere** ~ | our forefathers *pl*; our ancestors *pl*.
Vaterhaus *n* | the paternal roof (home).
Vaterland *n* | native country; fatherland.
vaterländisch *adj* | patriotic; national.
Vaterlandsliebe *f* | patriotism.
väterlich *sdj* | paternal | ~**es Erbe**; ~**es Erbteil** | inheritance from the father's side; patrimony | ~**e Gewalt** | paternal (parental) power (authority) | **in der** ~**en Linie** | in the paternal line; on the father's side.
väterlicherseits *adv* | on the father's (paternal) side; in the paternal line | **Großvater** ~ | paternal grandfather | **Halbbruder** ~ | half brother on the father's side | **Vorfahren** ~ | ascendants on the paternal side.
vaterlos *adj* | fatherless.
Vatermord *m* | parricide.
Vatermörder *m* | parricide.
Vaterschaft *f* | paternity; fatherhood | **Anerkennung der** ~ | affiliation | **Klage auf Anerkennung der** ~ | application for an affiliation order; affiliation proceedings *pl* | **Klage auf Anfechtung der** ~ | bastardy proceedings *pl* | **Ermittlung (Feststellung) der** ~ | affiliation | **gerichtliche Feststellung der** ~ | affiliation order | **Vermutung der** ~ | presumption of paternity.
★ **außereheliche** ~; **uneheliche** ~ | illegitimate fatherhood | **eheliche** ~ | legitimate fatherhood.
★ **die** ~ **eines Kindes anerkennen** | to father (to own) a child | **jds.** ~ **an einem Kind gerichtlich feststellen** |

| to affiliate a child on sb. (upon sb.) (to sb.) | **jdm. die** ~ **eines Kindes zuschreiben** | to father a child on sb. (upon sb.).
Vaterschafts..feststellung *f* | affiliation.
—**klage** *f* | application for an affiliation order; action for affiliation.
—**prozeß** *m* | paternity (affiliation) proceedings *pl*; bastardy case.
—**urteil** *n* | affiliation order.
—**vermutung** *f* | presumption of paternity.
Vatersname *m* | family name; surname.
Vaterstadt *f* | native town.
Vaterstelle *f* | **an jdm.** ~ **vertreten** | to act as a father to sb.
verabfolgen *v* | to deliver; to hand over.
Verabfolgung *f* | delivery; handing over.
verabreden *v* Ⓐ [vereinbaren] | **etw.** ~ | to agree upon sth.
verabreden *v* Ⓑ [stipulieren] | to stipulate.
verabreden *v* Ⓒ [festsetzen] | **einen Tag** ~ | to appoint (to set) (to fix) a day (a date) | **sich mit jdm.** ~ | to make an appointment with sb.
verabredet *adj* Ⓐ [vereinbart] | agreed upon | **wie** ~ | as agreed; according to the agreement(s).
verabredet *adj* Ⓑ [stipuliert] | stipulated.
verabredet *adj* Ⓒ [festgesetzt] | appointed.
Verabredung *f* Ⓐ [Vereinbarung] | agreement; arrangement.
Verabredung *f* Ⓑ [Klausel] | clause; stipulation.
Verabredung *f* Ⓒ | **eine** ~ **einhalten** | to keep an appointment | **eine** ~ **nicht einhalten** | to break an (one's) appointment | **mit jdm. eine** ~ **treffen** | to make an appointment with sb. | **sich mit jdm. laut** ~ **treffen** | to meet sb. by appointment.
verabredungsgemäß *adv* | as agreed; as arranged; as per arrangement.
verabschieden *v* | **ein Gesetz** ~ | to pass a bill.
Verabschiedung *f* | ~ **eines Gesetzes** | passage of a bill.
verächtlichmachen *v* | **jdn.** ~ | to bring sb. into contempt.
Verächtlichmachung *f* | disparagement.
Verachtung *f* | contempt.
verakkordieren *v* | **etw.** ~ | to give sth. out on contract.
verallgemeinern *v* | to generalize.
verallgemeinernd *adj* | generalizing.
Verallgemeinerung *f* | generalization; generalizing.
veralten *v* | to become obsolete (outdated).
veraltet *adj* | outdated; antiquated; obsolete.
veränderlich *adj* | changeable.
Veränderlichkeit *f* | changeability.
verändern *v* | to alter; to modify | **etw.** ~ | to effect (to make) a change in sth.; to change sth. | **sich** ~ | to undergo a change.
verändert *adj* | ~**e Haltung** | change of attitude.
Veränderung *f* | change; modification; alteration | **Aufenthalts**~ | change of abode | ~ **der Bedingungen** | change of conditions | **Gebiets**~ ① | exchange of territory | **Gebiets**~ ②; **Grenz**~ | border (frontier) modification | **Kurs**~ | change in the rates of exchange | ~ **des Personenstandes** | change in one's personal status | **Preis**~; ~ **in den Preisen** | change in prices | **Wohnsitz**~ | change of domicile (of residence) | **Zweck**~ | change of object | **gründliche** ~ | radical change; change-over | **eine** ~ **erfahren (erleiden)** | to undergo a change.
veranlagen *v* | **jdn.** ~ | to assess (to rate) sb. | **ein Anwesen steuerlich** ~ | to assess a property | **Steuern** ~ | to assess taxes | **eine Steuer nach**~ | to levy (to collect) a tax by subsequent assessment | **zu hoch** ~

veranlagen *v, Forts.*
| to overassess | **jdn. nach~** | to assess sb. for an additional tax payment | **jdn. zu niedrig** ~ | to underrate sb. | **etw. niedriger** ~ | to reduce the assessment on sth. | **zu** ~ | assessable.

veranlagt *adj* Ⓐ | predisposed | **verbrecherisch** ~ **sein** | to be predisposed to crime.

veranlagt *adj* Ⓑ | assessed | **~e Einkommensteuer** | assessed income tax | **~e Steuer** | tax which is levied by assessment; assessed (direct) tax | **~er Wert** | assessed (assessment) value.

Veranlagung *f* Ⓐ | predisposition | **verbrecherische** ~ | criminal predisposition (twist).

Veranlagung *f* Ⓑ | assessment; imposition; taxation | ~ **von Amts wegen; ~ auf Grund von Schätzung; ~ durch amtliche Schätzung** | arbitrary assessment | **Antrag auf Herabsetzung der** ~ | claim for reduction of assessment | **einen Antrag auf Herabsetzung der** ~ **stellen; eine Herabsetzung der** ~ **beanspruchen (verlangen)** | to claim a reduction of assessment | ~ **zur Einkommensteuer; Einkommensteuer~** | assessment on income (of income tax) | ~ **zur Grundsteuer; Grundsteuer~** | assessment (taxation) on landed property | **Nach~** ① | subsequent assessment | **Nach~** ② | additional (second) assessment | **Neu~** | reassessment; revised assessment | **Steuer~;** ~ **von Steuern** | assessment of taxes; tax assessment | **Selbst~** | self-assessment | ~ **zur Vermögensteuer** | assessment on property | **Über~; zu hohe** ~ | overassessment | **Umlagen~** | rating (tax) assessment | **Unter~; zu niedrige** ~ | under-assessment | **Zusatz~** | additional assessment | **eine Steuer durch** ~ **erheben** | to levy a tax by assessment.

Veranlagung *f* Ⓒ [Besteuerungsgrundlage] | basis of assessment.

Veranlagungs..ausschuß *m;* **—kommission** *f* | board of assessment; assessment committee (commission); rating commission.

—beamter *m* | assessor of taxes; district commissioner.

—bescheid *m* | notice of assessment.

—bezirk *m* | assessment area (district).

—grundlage *f* | basis for (of) assessment.

—jahr *n* | year of assessment.

—periode *f* | assessment period.

veranlagungspflichtig *adj* | assessable; taxable.

Veranlagungs..register *n* | assessment book.

—satz *m* | rate of assessment | ~ **für Grundbesitz** | assessment on landed property.

—verfahren *n* | assessment.

—weg *m* | **eine Steuer im** ~ **erheben** | to levy a tax by assessment (by way of assessment) | **im** ~ **erhobene Steuern** | assessed taxes.

—wert *m* | assessable (assessed) (taxable) value.

—zeitraum *m* | tax (taxation) (assessment) period; period of assessment.

veranlassen *v* Ⓐ [verursachen; herbeiführen] | to occasion; to cause; to bring about; to prompt; to provoke.

veranlassen *v* Ⓑ [anordnen] | to order; to direct.

Veranlassung *f* Ⓐ [Verursachung] | cause; occasion; suggestion | **die** ~ **zu etw. geben** | to bring about sth.; to give rise to sth. | **auf** ~ **von ...** | at the suggestion (instance) of ... | **zur weiteren** ~ | for further action.

Veranlassung *f* Ⓑ [Anordnung] | order; direction | **auf** ~ **von ...** | upon request (by direction) (by order) of ...

veranschlagen *v* | to estimate; to value | **etw. in Geld** ~ | to evaluate sth. in money | **die Kosten** ~ | to evalu-

ate the cost | **etw. zu hoch** ~ | to overestimate sth. | **etw. zu niedrig** ~ | to underestimate sth.

veranschlagt *adj* | **~er Betrag** | estimated amount | **~e Kosten** | estimated cost | **~er Wert** | estimated value; valuation.

Veranschlagung *f* | estimate; valuation.

veranstalten *v* | to arrange; to organize.

Veranstalter *m* | organizer.

Veranstaltung *f* | arrangement; organization.

verantworten *v* | **etw.** ~ | to answer (to account) (to assume) the responsibility for sth. | **nicht zu** ~ | irresponsible | **sich für etw.** ~ | to justify os. for sth.

verantwortlich *adj* | responsible; answerable; liable | **~es Kapital** | registered (authorized) capital | **~er Leiter** | responsible manager | **~er Redakteur; ~er Redaktor** [S] | responsible editor | **~er Teilhaber** | responsible partner.

★ **samtverbindlich** ~ **sein** | to be jointly (jointly and severally) liable (responsible) | **strafrechtlich** ~ | responsible under penal law | **un~** | irresponsible | **voll** ~ | fully responsible | **zivilrechtlich** ~ **sein** | to be civilly liable (responsible).

★ **jdn. für etw.** ~ **machen** | to make (to hold) sb. responsible (liable) (accountable) for sth. | ~ **sein für etw.** | to be responsible (accountable) (liable) for sth.; to respond for sth. | **jdm. gegenüber** ~ | responsible to sb.

verantwortlich *adv* | ~ **zeichnen** | to have power (full power) to sign.

Verantwortlichkeit *f* Ⓐ | responsibility; liability | **Minister~** | ministerial responsibility | **kollektive** ~ | collective responsibility | **strafrechtliche** ~ | criminal responsibility | **zivilrechtliche** ~ | civil responsibility | **ohne** ~ | without responsibility.

Verantwortlichkeit *f* Ⓑ [Verschulden] | fault; blame | **jds.** ~ **feststellen** | to establish sb.'s guilt; to assess sb.'s fault.

Verantwortung *f* Ⓐ [Rechtfertigung] | justification.

Verantwortung *f* Ⓑ [Verantwortlichkeit] | responsibility; liability | **Ablehnung der** ~ | disclaimer of responsability | **Teilung der** ~ | division of responsibility.

★ **auf eigene** ~ | on one's own responsibility | **drückende** ~; **schwere** ~ | heavy (onerous) responsibility | **die oberste** ~ | the overall responsibility | **geteilte** ~ | divided responsibility | **kollektive** ~ | collective responsibility.

★ **die** ~ **ablehnen** | to decline (to disclaim) the responsibility | **jede** ~ **für etw. ablehnen** | to decline all responsibility for sth. | **die** ~ **für etw. auf jdn. abwälzen** | to shift the responsibility of sth. to (upon) sb. | **sich in die** ~ **teilen** | to share the responsibility | **die** ~ **tragen (übernehmen)** | to assume the responsibility | **die** ~ **trägt ...** | the responsibility rests with ... | **die** ~ **gemeinsam übernehmen (tragen)** | to join together in responsibility | **persönlich die** ~ **übernehmen** | to assume personal responsibility | **die** ~ **für etw. übernehmen** | to accept responsibility for sth. | **jdn. zur** ~ **ziehen** | to call sb. to account | **jdm. die** ~ **zuschieben** | to shift the responsibility on to sb.; to make sb. responsible (liable).

verantwortungsbewußt *adj* | **~e Kritik** | criticism which is mindful of its responsibilities.

Verantwortungs..bewußtsein *n;* **—gefühl** *n* | sense of responsibility.

verantwortungsfreudig *adj* | ~ **sein** | to be ready to take responsibilities.

verantwortungslos *adj* | irresponsible.

verantwortungsvoll *adj* | responsible | **~er Posten** | post of responsibility.

verarbeiten v | **Material** ~ | to use material for work (for manufacture) (for production); to process material.

verarbeitend adj | ~**e Industrie** | transforming (manufacturing) industry.

Verarbeitung f [industrielle ~] | manufacture | **Material**~ | using (use of) material for manufacture (for production) | **Rohstoff**~ | processing of raw material(s).

Verarbeitungs..betrieb m | processing plant.

—**industrie** f | transforming (manufacturing) (finishing) industry.

—**stufe** f | processing stage.

verarmen v | to become impoverished (poor) (poorer).

verarmt adj | impoverished; reduced to poverty.

Verarmung f | impoverishment; pauperization | **ein Volk der** ~ **preisgeben** | to reduce a people to poverty; to impoverish (to pauperize) a people.

verauktionieren v | to sell sth. by (at) auction; to put sth. up for auction.

verauktioniert part | ~ **werden** | to be sold by (at) auction.

Verauktionierung f | sale by auction (by public auction); auction sale.

verausgaben v [ausgeben] | **Geld** ~ | to spend (to expend) money.

Verausgabung f | spending.

verauslagen v | [auslegen] | to lay out; to disburse | **Geld** ~ | to lay out money; to make cash disbursements.

Veräußerer m Ⓐ | alienator.

Veräußerer m Ⓑ [Verkäufer] | seller.

veräußerlich adj Ⓐ | alienable | **nicht** ~; **un**~ | inalienable.

veräußerlich adj Ⓑ [übertragbar] | transferable; assignable | **nicht** ~; **un**~ | not transferable; not assignable; unassignable; not to be transferred.

veräußerlich adj Ⓒ [verkäuflich] | to be sold; for sale; saleable | **nicht** ~; **un**~ | not for sale | **schwer** ~ | difficult (hard) to sell.

Veräußerlichkeit f Ⓐ | alienability.

Veräußerlichkeit f Ⓑ [Übertragbarkeit] | transferability; negotiability.

veräußern v Ⓐ | to alienate.

veräußern v Ⓑ [übertragen] | to transfer; to assign.

veräußern v Ⓒ [verkaufen] | to sell.

Veräußerung f Ⓐ | alienation.

Veräußerung f Ⓑ [Übertragung] | transfer; disposal.

Veräußerung f Ⓒ [Verkauf] | sale; selling off.

Veräußerungsrecht n | right to alienate (to sell).

Veräußerungsverbot n | restraint on alienation | **gerichtliches** ~; **richterliches** ~ | judicial restraint on alienation; legal prohibition of sale.

Verbalinjurie f [Beleidigung] | insult.

Verbalnote f | verbal note.

Verband m | association; federation; syndicate; union | **Anschluß an einen** ~ | affiliation with an association (with a union) | **Arbeitgeber**~ | federation of employers; trade association | **Arbeitnehmer**~; **Arbeiter**~ | workers' (trade) (labo(u)r) union; trades-union | **Bergarbeiter**~ | mineworkers' association (federation); miners' company; corporation of miners.

○ **Berufs**~ | trade association | **Bezirks**~ | district association | **Erzeuger**~ | producers' association | **Gemeinde**~ ① | city corporation; municipal corporation (body) | **Gemeinde**~ ② | association of municipal corporations | **Genossenschafts**~ | association of co-operative societies.

○ **Gewerkschafts**~ ① | trade (labo(u)r) union | **Ge-**

werkschafts~ ② | federation of trade unions; industrial alliance | **Industrie**~ | industrial association | **Interessen**~ | syndicate | **Kommunal**~ | municipal corporation (body) | ~ **der Obligationäre** = ~ **der Schuldverschreibungsinhaber** | debenture holders' association | **Produzenten**~ | producers' association | **Stadtgemeinde**~ | city corporation; municipal corporation (body) | ~ **der Stadtgemeinden** | association of municipal corporations | ~ **der Steuerzahler** | taxpayers' association.

○ **Unternehmer**~ | trade (employers') association; federation of employers; employers' federation | **Wirtschafts**~ | industrial association | ~ **zu einem gemeinnützigen Zweck; gemeinnütziger** ~ | utility (public utility) company | **öffentlicher** ~ | public body (corporation); body corporate | **sich einem** ~ ~ **anschließen** | to affiliate (to affiliate os.) with an association.

Verbands..land n | member (union) country.

—**mitglied** n | member of the association.

—**mitgliedschaft** f | association membership.

—**organ** n; —**zeitschrift** f | paper (publication) of the association.

—**preis** m | price fixed by the association.

—**syndikus** m | attorney of the association.

—**zeichen** n | collective mark.

verbannen v | jdn. ~ | to banish (to exile) sb.

Verbannter m | exile.

Verbannung f | jdn. in die ~ **schicken** | to send sb. into exile; to exile sb.

Verbergen n | concealment.

verbergen v | to conceal.

verbeschieden part | **abschlägig** ~ **werden** | to meet with a refusal.

verbessern v | to correct; to rectify; to ameliorate; to improve | **einen Fehler** ~ | to correct (to rectify) an error | **einen Text kritisch durchsehen und** ~ | to amend (to revise and correct) a text | **sich** ~ | to improve.

verbessert adj | ~**e Auflage** | revised and improved edition.

Verbesserung f | correction; rectification; improvement; amelioration | ~ **eines Fehlers** | correction of an error | ~ **eines Patents** | amendment of a patent | **kritische Durchsicht und** ~ **eines Textes** | amending of a text | **an etw. textliche** ~**en vornehmen** | to amend (to revise and correct) a text | **bei der** ~ | under correction.

Verbesserungs..antrag m | amendment | **einen** ~ **einbringen** | to move an amendment.

—**erfindung** f | invention of improvement.

verbesserungsfähig | ~ **sein** | to be open to improvement.

Verbesserungs..fähigkeit f | corrigibility; corrigibleness.

—**patent** n | patent of improvement.

—**vorschlag** m | proposal for improvement.

verbieten v Ⓐ | to forbid; to inhibit; to interdict.

verbieten v Ⓑ [gesetzlich ~] | to prohibit.

Verbietungsrecht n | right to forbid.

verbilligen v | etw. ~ | to make sth. cheaper; to reduce the price of sth.

verbilligt adj [zu einem ~**en Preis**] | at a reduced price; lower-priced | ~**e Fahrkarte** | cheap (reduced-rate) ticket | ~**er Tarif** | reduced fare (rate).

Verbilligung f | reduction of (in) price.

verbinden v | to connect; to unite | **Klagen miteinander** ~ | to consolidate actions | **zwei Teilnehmer miteinander** ~ | to connect two subscribers | **sich** ~ | to associate; to join.

verbindlich *adj* Ⓐ [rechtsverbindlich] | binding; binding at law; legally binding | **allgemein~** | generally binding | **gesamt~; samt~** | jointly (jointly and severally) liable | **un~** | without engagement (obligation) (prejudice) | **für jdn.** ~ **sein** | to be binding on (upon) sb.; to bind sb.
verbindlich *adj* Ⓑ [zwingend] | compulsory.
verbindlich *adj* Ⓒ | obliging | **in** ~**er Weise** | obligingly; in an obliging way (manner) | ~**es Wesen** | obligingness.
verbindlich *adv* | etw. **für** ~ **erklären** | to declare sth. as binding | **für jdn.** ~ **zeichnen** | to bind sb. by one's signature.
Verbindlichkeit *f* | obligation; engagement; liability | **Berichtigung (Erfüllung) einer** ~ | discharge of a liability | **Gesamt~; Samt~** | joint liability | **Geschäfts~** | commercial debt | **Haupt~** | principal obligation | **Nachlaß~** | liability of the estate | **Nichterfüllung einer** ~ | inexecution of (failure to discharge) an obligation | **Wahl~** | alternative obligation.
★ **ausländische** ~ | foreign debt | **befristete** ~; **betagte** ~ | deferred obligation | **mit gegenseitiger** ~ | mutually binding | **vertragsmäßige** ~ | contractual obligation | **eine** ~ **eingehen (übernehmen)** | to contract (to assume) (to undertake) a liability (an obligation) | **ohne** ~ | without engagement (obligation) (prejudice).
Verbindlichkeiten *fpl* | liabilities; accounts payable | **Akzept~** | acceptance liabilities | **Auslands~** | foreign liabilities | **Außenstände und** ~ | assets and liabilities | **die Gesamtheit der** ~ | the total liabilities | **Inlands~** | home (domestic) liabilities | **Wechsel~** | liabilities upon bills; accepted bills.
★ **bedingte (eventuell eintretende)** ~ | contingent liabilities | **fällige** ~ | current liabilities | **noch nicht fällige** ~ | liabilities presently not (not yet) due | **kurzfristige** ~ | short-term liabilities | **langfristige** ~ | long-term liabilities | **laufende** ~ | current liabilities (engagements) | **seine** ~ **einhalten (erfüllen); seine** ~ **nachkommen** | to fulfill (to meet) one's obligations (one's liabilities) | **seine** ~ **nicht einhalten (nicht erfüllen); seinen** ~ **nicht nachkommen** | to fail to meet one's obligations | ~ **übernehmen** | to assume obligations.
Verbindung *f* Ⓐ [Beziehung] | connection; relation | **Geschäfts~en; geschäftliche** ~**en** | business relations (connections) | **langjährige** ~**en** | connections of long standing | ~**en abbrechen (lösen)** | to break off (to discontinue) relations; to sever connections | **alle** ~**en mit jdm. abbrechen** | to break off all correspondence with sb. | **eine** ~ **mit jdm. eingehen** | to enter into relation to sb. | **mit jdm. in** ~ **stehen** | to correspond with sb. | **mit jdm. in** ~ **treten** | to contact sb.; to get into touch (to enter into connection) with sb.
Verbindung *v* Ⓑ [Zusammenhang] | connection; connexion | **enge** ~ | close connection | **in** ~ **mit** | in conjunction (connection) with.
Verbindung *f* Ⓒ [Vereinigung] | union.
Verbindung *f* Ⓓ [Verkehrs~] | connection; line of communication | **Bahn~; Eisenbahn~** | railway (rail) connection | **Fernsprech~** | telephone connection | **mit Fernsprech~; mit Telephon~** | connected by telephone | **Flug~** | connection by air | **Kabel~** | cable connection | **Luftpost~** | air mail connection | **Post~** | postal connection | **Schiffs~** | connection by sea.
Verbindung *f* Ⓔ [Telephon~] | telephone connection | **Fern~** | trunk connection (call) | **Orts~** | local

connection (call) | ~ **im Vorortsverkehr** | toll call | **falsche** ~ | wrong connection (number).
Verbindung *f* Ⓕ [Anschluß] | connection | **Bahn~; Eisenbahn~** | train connection | **durchgehende** ~ | through connection.
Verbindungs..linie *f* | line of communication; communication line.
—**mann** *m* | contact (liaison) man.
—**stelle** *f* | liaison office.
—**wege** *mpl* | communications.
Verbleib *m* | whereabouts | **sich nach jds.** ~ **erkundigen** | to inquire about sb.'s whereabouts.
verbleibend *adj* | remaining | **der** ~**e Betrag** | the remainder | **das** ~**e Guthaben** | the remaining credit balance; the balance of account | **der** ~**e Kassenbestand** | the balance of cash in hand; the cash balance | **der** ~**e Schuldbetrag** | the balance due (owing).
verbodmen *v* | to borrow on bottomry.
Verbodmung *f* | borrowing on bottomry.
verborgen *adj* | ~**er Mangel** | hidden (latent) (secret) fault (defect) (deficiency) | ~**es Tragen von Waffen** | concealed weapons.
Verbot *n* | interdiction; prohibition | **Aufenthalts~** | local banishment | **Ausfuhr~** | prohibition (restriction) of exportation; embargo on exports; export embargo | **Auszahlungs~** | stop order | **Ausgeh~** | curfew | **Auslieferungs~** | prohibition of delivery | **Druck~** | inhibition to print | **Durchfahrts~** | "No Thoroughfare" | **Einfuhr~** | prohibition of importation; embargo on imports | **Einwanderungs~** | ban on immigration | **Erlaß eines** ~**es** | imposition of a ban | **Handels~** | interdiction of commerce; trade embargo | **Veräußerungs~; Verkaufs~** | restraint on alienation; prohibition of sale | **Versammlungs~** | ban on public meetings | **Zahlungs~** | stop order.
★ **amtliches** ~ | ban | **gerichtliches** ~ | injunction; court injunction | **gesetzliches** ~ | interdiction | **polizeiliches** ~ | police ban | **das** ~ **aufheben** | to lift the ban | **ein** ~ **gegen etw. erlassen** | to issue a decree prohibiting sth.; to impose a ban on sth.
verboten *part* Ⓐ [unerlaubt] | prohibited | ~**e Eigenmacht** | unlawful interference | **Eintritt** ~! | No admittance! | **Nachdruck** ~! | copyright reserved | **Rauchen** ~! | No smoking!.
verboten *part* Ⓑ [gesetzwidrig] | illicit; illegal.
Verbots..gesetz *n* | prohibitory law.
—**zone** *f* | prohibited area (zone).
Verbrauch *m* | consumption | **Betriebsstoff~; Brennstoff** ~ | fuel consumption | **Durchschnitts~; durchschnittlicher** ~ | average consumption | **Eigen~; häuslicher** ~ | domestic consumption | **Energie~** | power consumption (consumed) | **Gesamt~** | total consumption | **Gesamtjahres~** | total annual consumption | **Jahres~** | annual consumption | **Inlands~; inländischer** ~ | domestic (home) consumption | ~ **pro Kopf** | consumption per head; per-capita consumption | **Strom~** | consumption of electricity | **Tages~** | daily consumption | **Treibstoff~** | fuel consumption | **Unter~** | under-consumption | **gewerblicher** ~ | industrial consumption | **übermäßiger** ~ | excessive consumption | **den** ~ **anregen** | to stimulate (to encourage) consumption | **den** ~ **einschränken** | to reduce consumption.
verbrauchbar *adj* | consumable | ~**e Sachen** | consumable things.
verbrauchen *v* | to consume | **übermäßig** ~ | to waste | **etw. vollständig** ~ | to exhaust sth.

Verbraucher *m* | consumer; user | **End~**; letzter ~ | final (ultimate) consumer (user) | **Gas~** | consumer of gas | **Groß~** | large consumer | **Hersteller** *pl* **und** ~ *pl* | producers and consumers | **Strom~** | consumer of electricity | **gewerblicher** ~ | industrial user (consumer).

Verbraucher..ausgaben *fpl* | consumer spending.

—**bedarf** *m* | consumer demand (needs).

—**genossenschaft** *f* | consumers' cooperative society.

—**höchstpreis** *m* | maximum price to the consumer; retail ceiling price.

—**land** *n* | consumer (consuming) country.

—**markt** *m* | consumer market.

—**nachfrage** *f* | consumer demand.

—**organisation** *f* | consumer organization (association).

—**preis** *m* | consumer price.

—**preisindex** *m* | consumer price index.

Verbraucherschaft *f* | **die** ~ | the consumers *pl.*

Verbraucher..schutz *m* | consumer protection.

—**streik** *m* | consumer strike.

Verbrauchs..abgabe *f;* —**steuer** *f* | tax on articles of consumption; indirect tax; excise duty; excise | **Steueramt für** ~**n** | excise office | **frei von** ~**n** | free from excise.

—**artikel** *m;* —**gegenstand** *m* | article of consumption.

—**darlehen** *n;* —**leihe** *f* | loan for consumption.

—**gebiet** *n* | consumption area.

—**güter** *npl* | consumption (consumer) goods | **die Einfuhr von** ~**n;** **die eingeführten** ~ | consumer imports | **kurzlebige** ~ | non-durable consumer goods.

— —**industrie** *f* | consumer goods industry (industries).

Verbrauchs..land *n* | consumer country.

—**lenkung** *f* | consumption control.

—**menge** *f* | consumed quantity.

—**nachfrage** *f* | consumer demand.

—**regelung** *f* | regulating the consumption.

—**rückgang** *m* | reduced (reduction of) consumption.

—**satz** *m* | rate of consumption.

—**steigerung** *f* | increased (increase in) consumption.

—**waren** *fpl* | consumable (consumption) (consumer) goods.

—**wert** *m* | consumption value.

Verbrechen *n* | crime; felony | **Aufdeckung von** ~ *pl* | crime detection | **Begehung eines** ~**s** | perpetration of a crime | **strafbares Zusammenwirken zur Begehung eines** ~**s** | connivance in a crime | **bei der Begehung eines** ~**s mitwirken** | to be an accessory (an accomplice) in a crime | **zur Begehung eines** ~**s sträflich zusammenwirken** | to connive at a crime | ~ **der Brandstiftung** | arson | **Hang zum** ~ | criminal predisposition (twist) | ~ **des Hochverrats** | high treason | **Humanitäts~;** ~ **gegen die Menschlichkeit** | crime against humanity.

○ **Kapital~** | capital crime | **Majestäts~;** ~ **gegen das Staatsoberhaupt** | crime of lese (leze) majesty; crime committed against the sovereign power | **Münz~;** ~ **der Falschmünzerei** | coinage offense | **Notzuchts~** | criminal assault | **Opfer eines** ~**s** | victim of a crime | **das Schändliche (das Ungeheuerliche) eines** ~**s** | the heinous nature (the heinousness) of a crime | **Sittlichkeits~** | indecent assault.

○ **Staats~;** ~ **gegen den Staat;** ~ **gegen die Sicherheit des Staates;** ~ **gegen die Staatssicherheit** | crime against the state (against the security of the state) | **Täter eines** ~**s** | perpetrator of a crime | **Haupttäter eines** ~**s** | principal of a crime | **Mittäter eines** ~**s (bei einem** ~**)** | accomplice in a (accessory in) crime | ~ **der Urkundenfälschung** | forgery | **Verübung eines** ~**s** | perpetration of a crime.

★ **politisches** ~ | political crime | **ruchloses** ~; **schändliches** ~; **scheußliches** ~ | heinous (outrageous) crime | **vollendetes** ~ | consummated crime.

★ **ein** ~ **begehen (verüben)** | to commit (to perpetrate) a crime | **eines** ~**s schuldig sein** | to be guilty of a crime | **eines** ~**s für schuldig befunden werden** | to be found guilty of a crime | **an einem** ~ **mitschuldig sein** | to be an accomplice in a crime; to be guilty of having aided and abetted in a crime | **eines** ~**s überführt werden (sein)** | to be (to stand) convicted of a crime.

Verbrechens..begünstigung *f* | abetment in crime.

—**bekämpfung** *f* | suppression of crime.

—**verhütung** *f* | prevention of crime; crime prevention.

Verbrecher *m* | criminal | **Berufs~** | habitual criminal | **Gewohnheits~;** **Rückfalls~;** **rückfälliger** ~ | habitual criminal | **Kriegs~** | war criminal | **Schwer-** ~ | big criminal | **Sittlichkeits~** | criminal who has committed an indecent assault | **jugendlicher** ~ | juvenile offender | **politischer** ~ | political offender | **unverbesserlicher** ~ | confirmed criminal | **einen** ~ **begünstigen** | to abet a criminal.

Verbrecher..album *n* | rogues' gallery; collection of portraits of criminals.

—**bande** *f* | criminal organization; gang of criminals.

Verbrecherin *f* | woman criminal.

verbrecherisch *adj* | criminal | **in** ~**er Absicht** | with criminal (felonious) intent; with intent to commit a felonious act (a felony) | ~**e Handlung** | criminal (felonious) act | ~**e Organisation** | criminal organization | ~**e Veranlagung** | criminal predisposition (twist).

verbrecherisch *adv* | criminally | ~ **veranlagt sein** | to be predisposed to crime; to have a criminal predisposition (twist).

Verbrecherische *n* | **das** ~ **einer Handlung** | the criminal nature of an act | **ein ans** ~ **gehendes Verhalten** | a criminous conduct.

Verbrecher..jagd *f* | man hunt.

—**kolonie** *f* | penal colony (settlement).

—**organisation** *f* | criminal organization.

—**viertel** *n* | gangland.

—**welt** *f* | **die** ~ | the underworld.

verbreiten *v* Ⓐ [in Umlauf setzen] | to spread; to circulate | **Gerüchte** ~ | to spread (to disseminate) rumours | **Nachrichten** ~ | to spread news.

verbreiten *v* Ⓑ [weitläufig darstellen] | **sich über etw.** ~ | to expatiate (to amplify) (to enlarge) on sth. (upon sth.).

verbreiten *v* Ⓒ | **etw. durch Rundfunk** ~ | to broadcast sth. by wireless.

Verbreiter *m* | ~ **von Gerüchten** | spreader (disseminator) of rumours.

verbreitern *v* | **sich über einen Gegenstand** ~ | to enlarge upon a subject.

verbreitet *adj* | **weit** ~**e Meinung** | widely-held opinion.

Verbreitung *f* Ⓐ | spreading; circulation | ~ **von Gerüchten** | spreading (dissemination) of rumours | ~ **von Nachrichten** | spreading of news | ~ **von Wissen** | spreading of knowledge.

Verbreitung *f* Ⓑ [eingehende Darstellung] | ~ **über einen Gegenstand** | amplification upon a subject.

Verbreitung *f* Ⓒ | ~ **durch Rundfunk** | broadcasting by wireless.

verbriefen *v* Ⓐ [dokumentarisch niederlegen] | **ein Recht** ~ | to confirm a right in a document.

verbriefen *v* Ⓑ [auflassen] | to convey; to transfer by deed | **jdm. ein Grundstück** ~ | to convey (to transfer) the title of a real estate to sb.

verbrieft *adj* Ⓐ [urkundlich niedergelegt] | confirmed by a document (by deed) | ~e **Forderung** | guaranteed (bonded) debt | ~e **Rechte** | chartered (vested) rights | ~e **Schuld** | debt which is represented by a deed.

verbrieft *adj* Ⓑ [aufgelassen] | conveyed; transferred by deed.

Verbriefung *f* Ⓐ [urkundliche Bestätigung] | acknowledgment (stipulation) in writing; documentation.

Verbriefung *f* Ⓑ [Auflassung] | conveyance (transfer) of title (of property).

verbrüdern *v* | **sich** ~ | to fraternize.

Verbrüderung *f* | fraternization; fraternizing.

verbuchen *v* | to book; to enter; to enter in the books | **etw. als Einnahme** ~ | to book sth. as received | **etw. ins Hauptbuch** ~ | to enter sth. in the ledger | **etw. auf Reservekonto** ~ | to place sth. to (into the) reserve.

Verbuchung *f* | entering in the books; entry.

Verbund *m* [wirtschaftliche oder industrielle Integration] | economic (industrial) integration | **Firmen~** | combine.

Verbundwirtschaft *f* | integrated economy.

verbünden *v* | **sich** ~ | to confederate; to enter into (to form) a confederacy.

verbündet *adj* | confederate; allied | ~er **Ausländer** | subject of an allied country | **die** ~en **Mächte** | the confederate states (powers).

Verbündete *m* | **die** ~n | the confederates; the allies.

verbürgen *v* | **sich für etw.** ~ | to guarantee (to warrant) sth.; to pledge os. for sth. | **sich für jdn.** ~ | to guarantee for sb.; to stand (to go) bail for sb.; to stand (to become) security for sb.; to be surety for sb. | **sich für eine Schuld** ~ | to guarantee a debt.

verbürgt *adj* | authentic; confirmed | **von** ~er **Echtheit** | of established authenticity.

Verbürgtheit *f* | authenticity.

verbüßen *v* | **eine Strafe** ~ | to serve a sentence.

Verbüßung *f* | ~ **einer Strafe** | serving a (of a) sentence.

verchartern *v* | **ein Schiff** ~ | to freight (to freight out) a ship.

Verdacht *m* | suspicion | **Flucht~** | suspicion of absconding | ~ **einer strafbaren Handlung;** ~ **einer Straftat; Tat~** | indication (suspicion) of a criminal act | **unter Mord~ stehen** | to be suspect(ed) of having committed murder | **unter** ~ **der Parteilichkeit** | under suspicion of partiality | **bezüglich einer Sache** ~ **hegen** | to have suspicion about sth.; to attach suspicion to sth.

★ **begründeter** ~ | well-founded suspicion; reason to suspect | **bloßer** ~ | mere suspicion | **dringender** ~; **starker** ~ | strong suspicion | **wegen dringenden** ~**s** | upon strong suspicion | **über jeden** ~ | above (beyond) suspicion | **hinreichender** ~ | reasonable suspicion | **bei hinreichendem** ~ | upon reasonable suspicion (ground for suspicion) | **unbegründeter** ~ | unfounded suspicion.

★ **einen** ~ **von sich abwälzen (ablenken)** | to remove suspicion from os. | **den** ~ **ablenken** | to divert suspicion | **sich einem** ~ **aussetzen** | to lay os. open to suspicion | ~ **beseitigen;** ~ **zerstreuen** | to dispel suspicions | **jds.** ~ **bestätigen** | to confirm sb.'s suspicion | **jdn. in** ~ **bringen** | to cast (to throw) suspicion upon sb. | ~ **erwecken;** ~ **erregen** | to become suspect; to arouse (to excite) suspicion | **jdn. auf bloßen** ~ **hin festnehmen (verhaften)** | to arrest sb. on a mere suspicion | **er wurde unter dem** ~ **des Diebstahls festgenommen (verhaftet)** | he was arrested on suspicion of theft | **jdn. in** ~ **haben, zu ...** | to suspect sb. of ... | **wegen etw.** ~ **hegen** | to attach

suspicion to sth.; to have (to entertainus) spicions about sth. | **in** ~ **kommen** | to provoke (to excite) suspicion | **der** ~ **richtet sich gegen X.** | X. is suspected (under suspicion) | ~ **schöpfen** | to form suspicions; to become suspicious | **in (im) (unter)** ~ **stehen** | to be suspected (under suspicion).

★ **unter** ~ | suspect; suspected; under suspicion | **wegen** ~**s** | on suspicion.

verdächtig *adj* | suspect; suspected; suspicious | **eine** ~e **Person** | a suspected person; a suspect | **dringend** ~ **sein** | to be under strong suspicion | **er ist hinreichend** ~, **... zu haben** | there is reasonable ground for suspicion that he ...

verdächtigen *v* | **jdn.** ~ | to suspect sb.; to cast suspicion on sb.; to hold sb. suspect | **jdn.** ~, **etw. getan zu haben** | to suspect sb. of having done sth.

Verdächtiger *m* | suspect.

verdächtigt *part* | ~ **werden** | to be suspect(ed).

Verdächtigung *f* | casting suspicion [on sb.].

Verdachtsgrund *m* | ground of (for) suspicion.

verdeckt *adj* | ~es **Rechtsgeschäft** | fictitious (bogus) transaction.

Verderb *m* | decay; deterioration | **auf Gedeih und** ~ | for better or worse | **dem** ~ **ausgesetzt** | perishable | **drohender** ~ | imminent decay | **innerer** ~ | intrinsic deterioration.

verderben *v* | to decay; to deteriorate.

verderblich *adj* Ⓐ | perishable | ~e **Ladung** | perishable cargo | ~e **(leicht** ~e) **Waren** | perishable goods; perishables *pl*.

verderblich *adj* Ⓑ | injurious | ~er **Einfluß** | corrupting influence.

Verderblichkeit *f* | perishableness.

verdienen *v* Ⓐ [würdig sein] | to deserve | **Achtung** ~; **Hochachtung** ~ | to deserve (to be deserving of) esteem | **Aufmerksamkeit** ~ | to merit attention | **eine Belohnung** ~ | to merit a reward | **Bestrafung** ~; **Strafe** ~ | to merit punishment | **Lob** ~ | to earn (to deserve) praise | **den Tod** ~ | to deserve death.

verdienen *v* Ⓑ | to earn; to gain; to win | **Geld** ~ | to make (to earn) (to gain) money | **an einem Geschäft** ~ | to make a profit on (out of) a transaction | **seinen Lebensunterhalt (seinen Unterhalt)** ~ | to earn (to make) (to gain) one's living; to earn one's livelihood | **an einem Verkauf** ~ | to make a profit on a sale | **gut** ~ | to earn (to make) good money | **schwer** ~ | to make big (huge) profits (big money).

Verdiener *m* | earner; gainer | **Brot~** | bread-winner; support | **Doppel~** | pluralist.

Verdienst *m* Ⓐ [Lohn] | salary; wages *pl* | **Brot~** | livelihood; means of living; living | **Monats~** | monthly earnings *pl* (wages *pl*).

Verdienst *m* Ⓑ [Gewinn] | earnings *pl*; profit | **Anlage~** | profit on investments | **Brutto~** | gross earnings (profit) | **Netto~** | net earnings (profit).

Verdienst *n* Ⓒ | merit | **das** ~ **für etw. für sich in Anspruch nehmen** | to take (to claim) the credit for sth. | **sich große** ~e **um etw. erwerben** | to take great merits to os. for sth. | **jds.** ~e **um etw. anerkennen** | to give sb. credit for sth. | **nach** ~; **nach seinen** ~en | according to one's merits.

Verdienst..ausfall *m*; —**entgang** *m* | loss of wages (of earnings).

—**möglichkeiten** *fpl* | earning facilities.

—**spanne** *f* | margin of profit; profit margin.

verdienstlich *adj*; **verdienstvoll** *adj* | deserving; meritorious.

verdient *adj* Ⓐ | ~er **Mann** | man of merit (of ability)

| **sich um etw.** ~ **machen** | to take great merits to os. for sth. | **sich um sein Land** ~ **machen** | to deserve well of one's country.

verdient *adj* Ⓑ [angefallen] | ~**e** Transportkosten | freight earned.

verdient *adv*; **verdientermaßen** *adv* | deservedly.

verdingen *v* | **sich an jdn.** ~; **sich jdm.** ~ | to enter sb.'s service; to hire os. out to sb.

Verdingung *f* | hiring out; hire.

verdolmetschen *v* | to interpret.

Verdolmetschung *f* | interpretation.

verdoppeln *v* Ⓐ | to double | **das Kapital (das Stammkapital) einer Gesellschaft** ~ | to double a company's capital (stock capital).

verdoppeln *v* Ⓑ [verstärken] | to redouble | **seine Bemühungen** ~ | to redouble one's efforts.

Verdoppelung *f* Ⓐ | doubling | ~ **des Kapitals (des Stammkapitals); Kapital**~ | doubling of the capital (of the stock capital).

Verdoppelung *f* Ⓑ [Verstärkung] | redoubling | ~ **seiner Bemühungen** | redoubling of his efforts.

verdorben *adj* Ⓐ [in Verderb übergegangen] | spoiled; decayed; deteriorated.

verdorben *adj* Ⓑ [korrupt] | corrupt(ed).

Verdorbenheit *f* | corruption; depravation.

verdrängen *v* | to displace.

Verdrängung *f* | displacement | **Wasser**~ [eines Kriegsschiffes] | displacement ton.

verdrehen *v* Ⓐ [entstellen] | to distort | **das Recht** ~ ① | to pettifog | **das Recht** ~ ② | to pervert justice; to pervert the course (the true course) of justice | **die Tatsachen** ~ | to distort (to pervert) the facts | **die Wahrheit** ~ | to twist (to distort) the truth | **jds. Worte** ~ | to distort sb.'s words.

verdrehen *v* Ⓑ [falsch darstellen] | to misinterpret; to misrepresent.

verdrehen *f* Ⓒ [Ausflüchte machen] | to tergiversate; to make (to use) subterfuges.

Verdreher *m* | **Rechts**~ | lawmonger; pettifogger; hedge (pettifogging) (shyster) (snitch) lawyer | **Wort**~ | twister.

Verdrehung *f* Ⓐ [Entstellung] | distortion | **Rechts**~ ① | pettifogging; pettifoggery | **Rechts**~ ② | perverting the course (the true course) of justice | ~ **der Tatsachen; Tatsachen**~ | distortion of the facts | ~ **der Wahrheiten** | distortion of the truth.

Verdrehung *f* Ⓑ [falsche Darstellung] | misinterpretation.

Verdrehung *f* Ⓒ [Ausflucht] | twisting; tergiversation | ~**en gebrauchen** | to use (to resort to) subterfuges.

Verdrehungskünste *fpl* | tergiversations; subterfuges.

verdreifachen *v* | to treble; to triple | **sich** ~ | to become trebled; to treble.

Verdreifachung *f* | trebling; triplication.

verdrucken *v* | **etw.** ~ | to misprint sth.

Verdunkelung *f* Ⓐ [rechtswidriges Einwirken auf ungesicherte Beweismittel] | secret understanding to obtain an object forbidden by law (to prejudice the course of law); collusion.

Verdunkelung *f* Ⓑ [Luftschutz] | blackout.

Verdunkelungsgefahr *f* | fear of collusion.

veredeln *v* | to process; to finish; to upgrade.

Veredelung, Veredlung *f* | finishing; processing; upgrading | **Lohn**~ | processing under contract (for payment) | **aktive** ~ [Zoll] | inward processing | **passive** ~ [Zoll] | outward processing.

Vered(e)lungs..erzeugnisse *npl* | processed (finished) products *pl*.

—**industrie** *f* | finishing industry.

—**prozeß** *m*; —**verfahren** *n* | finishing process.

Vered(e)lungsverkehr *m* | importation and re-exportation of processed products.

verehelichen *v* | **sich** ~ | to marry; to get married.

Verehelichung *f* | marriage.

vereidigen *v* | **jdn.** ~ | to swear sb. in; to put sb. on oath.

vereidigt *adj* | sworn | ~**er Makler** | sworn broker | ~**er Sachverständiger** | sworn expert | ~**er Übersetzer** | sworn translator | ~ **werden** | to be sworn in.

Vereidigung *f* Ⓐ [Eidesleistung] | taking of an oath.

Vereidigung *f* Ⓑ [Eidesabnahme] | swearing-in; administration of an oath (of the oath).

Verein *m* Ⓐ | association; club | **Anwalts**~ | law society (association) | **Arbeiter**~ | workmen's club | **Bank**~ | bankers' association | **Beerdigungs**~; **Bestattungs**~ | burial club (society) | ~ **zur Förderung von ...** | society for the advancement (for the promotion) of ... | **Fremdenverkehrs**~ | association for the encouragement of touring.

★ **Hilfs**~; **Unterstützungs**~; **Wohltätigkeits**~ | friendly (charitable) society | **Hilfs**~ **auf Gegenseitigkeit** | mutual (mutual benefit) (mutual guarantee) society | **Jugendschutz**~ | society for the protection of children | **Knappschafts**~ | miners' union (federation) (company); corporation of miners.

○ **Konsum**~ | consumers' cooperative society | **Kredit**~ | credit association; guarantee (mutual loan) society | **Schutz**~ | protective society | **Schützen**~ | rifle club | **Tierschutz**~ | society for the prevention of cruelty to animals | **Turn**~ | athletic club | **Versicherungs**~ | insurance company.

★ **eingetragener** ~ | registered club | **gemeinnütziger** ~; ~ **zu einem gemeinnützigen Zweck** | utility (public utility) company | **genossenschaftlicher** ~ | co-operative society | **nichtwirtschaftlicher** ~; ~ **zu nicht wirtschaftlichem Zweck** | nonprofit association | **rechtsfähiger** ~ | association with (having) legal status | **wirtschaftlicher** ~; ~ **zu einem wirtschaftlichen Zweck** | profit-making association | **wohltätiger** ~ | charitable (friendly) (benevolent) society | **einem** ~ **beitreten; in einen** ~ **eintreten** | to join (to become a member) of an association.

Verein *m* Ⓑ [Union] | union; league | **Flotten**~ | naval (navy) league | **Post**~ | postal union | **Zoll**~ | customs union.

vereinbar *adj* | ~ **mit** | compatible (associable) (consistent) with | **nicht** ~ **(un**~**) mit** | incompatible (inconsistent) (irreconcilable) (at variance) with.

vereinbaren *v* Ⓐ [verabreden] | to agree | **Bedingungen** ~ | to stipulate conditions | **ein Gehalt** ~ | to appoint a salary | **einen Gerichtsstand** ~ | to stipulate (to agree to) a jurisdiction | **einen Tag** ~; **einen Termin** ~ | to appoint (to set) (to fix) a day (a date) | **mit jdm. etw.** ~ | to agree with sb. upon sth.; to come to (to arrive at) an agreement with sb. on (upon) (concerning) (about) sth. | **etw. schriftlich** ~ | to stipulate sth. (to agree upon sth.) (to lay sth. down) in writing | **etw. vertraglich** ~ | to stipulate sth.; to covenant [with sb.] for sth.

vereinbaren *v* Ⓑ [in Einklang bringen] | **etw. mit seinem Gewissen** ~ | to take sth. upon one's conscience | **mit etw. zu** ~ | compatible (associable) (consistent) with sth. | **mit etw. nicht zu** ~ | incompatible (inconsistent) (at variance) with.

Vereinbarkeit *f* | compatibility.

vereinbart *adj* | **die** ~**en Bedingungen** | the conditions agreed upon | ~**er Preis** | agreed price | **zur** ~**en Stunde (Zeit); zum** ~**en Zeitpunkt** | at the appointed hour (time).

vereinbart *part* | es wird gegenseitig ~, daß | it is mutually agreed that | sofern nichts anderweitiges (gegenteiliges) ~ ist | unless otherwise agreed | wie ~ | as agreed; as per agreement; as stipulated; as arranged.

Vereinbarung *f* | agreement; arrangement | Beteiligungs~ | share splitting | Gegenseitigkeits~ | reciprocal treaty | ~ eines Gerichtsstandes | agreement on electing a legal domicile | ~ des Getrenntlebens | separation agreement | Muster~ | model contract | Markt~ | marketing agreement | Übergangs~ | transitional (transitory) arrangement | Zusatz~ | supplementary agreement | Zuständigkeits~ | agreement on electing a legal domicile.

★ im Wege freier ~ | by private treaty | durch gütliche ~; im Wege gütlicher ~ | by an amicable agreement; by a friendly arrangement; amicably | mündliche ~ | oral (verbal) agreement | schriftliche ~ | agreement in writing; written agreement (contract) | stillschweigende ~ | tacit agreement | vertragliche ~ | stipulation; covenant; agreement.

★ sich an eine ~ halten | to abide by an agreement | mit jdm. eine ~ treffen (schließen) (abschließen) | to come to (to arrive at) an agreement with sb.; to conclude (to make) (to enter into) an agreement with sb.

★ mangels ~ | failing agreement | mangels anderweitiger ~ | unless otherwise agreed | durch ~ | by way of agreement | laut ~ | as per agreement; as agreed | nach ~ | by appointment.

vereinbarungsgemäß *adv* | as agreed; as per agreement.

vereinfachen *v* | to simplify | zu ~ | capable of simplification | ein Verfahren ~ | to simplify a process.

vereinfacht *adj* | ~es Verfahren | simplified method (process).

vereinfacht *part* | ~ werden | to become simplified.

Vereinfachung *f* | simplification; simplifying.

vereinheitlichen *v* | to unify; to make uniform; to standardize.

Vereinheitlichung *f* | unification; standardization.

vereinigen *v* Ⓐ | sich ~ mit | to unite with | sich zu einer Gewerkschaft ~ | to form a trades-union; to unionize.

vereinigen *v* Ⓑ [verschmelzen] | sich ~ | to amalgamate; to merge | sich in einer Person ~ | to merge in one person.

vereinigt *adj* | associated; joint.

Vereinigung *f* Ⓐ [Konfusion] | ~ von Forderung und Schuld | consolidation | ~ von Gläubiger und Schuldner in einer Person | confusion of rights.

Vereinigung *f* Ⓑ [Verschmelzung; Fusion] | merger; amalgamation.

Vereinigung *f* Ⓒ [Verband] | association; federation | Arbeiter~ | workers' (trade) (labo(u)r) union; tradesunion | Arbeitgeber~ | employers' association | Berufs~ | occupational group | Eltern~ | parents' association | ~ der Obligationäre; ~ der Obligationsgläubiger; ~ der Schuldverschreibungsinhaber | debenture holders' association | Personen~ | association; federation | gemeinnützige ~ | non-profit association | wohltätige ~ | charitable (friendly) (benevolent) society | eine ~ gründen | to form an association.

Vereinigung *f* Ⓓ [Verein] | society; club.

Vereinigung *f* Ⓕ [Koalition] | coalition.

Vereinigungs..freiheit *f* | freedom of association.

—recht *n* | right of association.

vereinnahmen *v* | to encash; to cash; to receive; to collect.

Vereinnahmung *f* | collection; cashing; receipt.

Vereins..beitrag *m* | subscription to a club; club dues *pl.*

—jahr *n* | business year of the society.

—kasse *f* | cash of the society.

—land *n* | country of the Union; member country.

—lokal *n* | club premises *pl.*

—mitglied *n* | member of the (a) club | ~ werden | to join a club; to become a member of a club.

—mitgliedschaft *f* | club membership.

—organ *n* | representative body of the association.

—recht *n* Ⓐ | law on societies.

—recht *n* Ⓑ [Recht, sich zu vereinigen] | freedom of association.

—register *n* | registrar of societies; register of associations.

—satzung *f*; **—statuten** *npl* | articles *pl* of association.

—steuer *f* | tax on clubs (on societies).

—vermögen *n* | property of the association; club fund(s).

—wesen *n* | das ~ | clubs *pl* and societies *pl.*

vereinzelt *adj* | isolated.

vereiteln *v* | einen Anschlag (ein Komplott) ~ | to defeat (to foil) (to frustrate) a plot | einen Plan ~; ein Projekt ~ | to frustrate (to defeat) a plan (a project); to bring about the failure of a plan.

Vereitelung *f* | frustration | ~ eines Anschlages | frustration (defeat) of a plot | ~ eines Planes (eines Projektes) | defeat of a plan (of a project) | ~ der Zwangsvollstreckung | obstructing the execution.

verelendet *adj* | poverty-stricken; paupered.

Verelendung *f* | pauperization.

vererben *v* | etw. auf jdn. ~; jdm. etw. ~ | to leave sth. to sb.; to leave sb. sth. | zu ~ | inheritable.

vererblich *adj* [vererbbar; durch Erbgang übertragbar] | inheritable; hereditary; heritable; hereditable; which may pass by inheritance | ~er Fehler | heritable defect | ~e Krankheit| hereditary (heritable) disease | im Mannesstamm ~ | hereditary in the male line | ~es Recht | heritable right.

Vererblichkeit *f* | inheritableness.

vererbt *part* | auf jdn. ~ werden | to devolve upon (to) sb.

Vererbung *f* [Übergang von Todes wegen] | devolution upon (on) death.

Verfahren *n* Ⓐ | process | Abrechnungs~ | way of settling | Arbeits~ | operating (working) process | Fabrikations~; Herstellungs~ | manufacturing (production) process | Geheim~ | secret process | Spezial~ | special process | Veredelungs~ | process of refinement; finishing process | Wiedergewinnungs~ | process of recuperating | geschütztes ~; patentiertes ~ | patented process | patentfähiges ~ | patentable process.

Verfahren *n* Ⓑ [Gerichts~] | procedure; proceeding(s) | Abschätzungs~ | proceedings of appraisement | ~ nach Aktenlage (nach Lage der Akten) | trial by record | Anklage~ | prosecution | Aufgebots~ | public summons | Auslieferungs~ | extradition proceedings | Ausschluß~ ① | proceedings of foreclosure | Ausschluß~ ② | expulsion proceedings (procedure) | Aussetzung des ~s | stay of proceedings | Antrag auf Aussetzung des ~s | motion to stay proceedings | Beitreibungs~; Betreibungs~ [S] | collection proceedings; proceedings for recovery.

○ Berufungs~; Beschwerde~ | appeal proceedings; appellate procedure | Beweis~; Beweisaufnahme~ | proceedings to take (to hear) evidence | Disziplinar~ | disciplinary proceedings | ~ in Ehesachen | matrimonial proceedings | Ehescheidungs~ | divorce proceedings | Einleitung eines ~s | institution of proceedings | **die Einleitung eines ~s gegen jdn. anordnen** | to order proceedings against sb.

○ **Einspruchs~** | opposition proceedings | **Einstellung (vorläufige Einstellung) des ~s** ① | stay of proceedings | **Einstellung des ~s** ② | stopping of the proceedings | **Antrag auf Einstellung des ~s** | plea in abatement; abater | **Eintragungs~** | registration procedure | **Enteignungs~** | expropriation proceedings | **das Enteignungs~ gegen jdn. einleiten** | to start proceedings in sb.'s expropriation.

○ **Entmündigungs~** | proceedings for placing [sb.] under guardianship | **Erteilungs~** | procedure on the granting [of] | **Erzwingungs~** | enforcement procedure | **Frage des ~s** | matter of procedure; procedural (technical) question | **Gerichts~** | proceedings at law; court proceedings (procedure); judicial (legal) proceedings | **~ der freiwilligen Gerichtsbarkeit** | non-contentious procedure | **Güte~** | conciliatory proceedings | **Haupt~** | main proceedings | **~ zur Hauptsache** | proceedings on the main issue | **Interferenz~** | interference proceedings.

○ **Konkurs~** | bankruptcy proceedings; proceedings in bankruptcy | **Kosten des ~s** | cost(s) of the proceedings; law (legal) cost | **zu den Kosten des ~s verurteilt werden** | to be condemned to the cost (to pay the cost); to be ordered to pay the cost | **in jeder Lage des ~s** | at any stage (at any time during the course) of the proceedings | **Löschungs~** | cancellation proceedings.

○ **Mahn~** | proceedings to put [sb.] under formal notice of default | **Militärgerichts~** | military justice procedure | **Patenterteilungs~; Patentierungs~** | procedure on the granting of letters patent | **Pfändungs~** | attachment (garnishee) proceedings | **Prioritäts~** | priority (interference) proceedings | **Privatklage~** | proceedings (action) for libel (for slander); libel suit (action); slander action.

○ **Prozeß~** | legal proceedings; lawsuit | **~ nach der Prozeßordnung** | code procedure; judicial proceedings | **Prüfungs~** | examination proceedings | **Rechtsmittel~** | appeal proceedings (procedure); proceedings on (upon) appeal | **Revisions~** | appeal proceedings | **Ruhen des ~s** | stay (suspension) of the proceedings | **das Ruhen des ~s anordnen** | to order a stay of the proceedings; to stay (to suspend) the proceedings.

○ **Schieds~; Schiedsgerichts~** | arbitration procedure (proceedings); arbitration | **Sonder~** | special procedure | **Spruch~; Streit~** | judgment (contentious) proceedings | **Straf~** | criminal proceedings | **Streitverkündungs~** | third-party procedure | **Sühne~; Vergleichs~** | conciliatory proceedings | **Teilungs~** | procedure of partition | **Umlage~** | rating | **Veranlagungs~** | proceedings of assessment.

○ **Versäumnis~** | default proceedings | **Verteilungs~** | distribution proceedings | **Verwaltungs~** | administrative procedure | **Verwaltungsstreit~** | procedure in contentious administrative matters | **Vor~** | preparatory proceedings | **Wahl~** | electoral procedure.

○ **Wiederaufnahme~** | retrial; rehearing; fresh trial | **Wiederaufnahme des ~s** | reopening of the proceedings | **Antrag auf Wiederaufnahme des ~s** | petition in error | **Zivil~; ~ in Zivilsachen** | civil proceedings | **Zwangs~** | enforcement procedure | **Zwangsvollstreckungs~** | execution (foreclosure) proceedings | **Zwischen~** | interlocutory proceedings.

★ **abgekürztes ~; beschleunigtes ~** | summary proceedings (procedure) | **bürgerliches ~** | civil proceedings | **gerichtliches ~** | proceedings at law; legal (judicial) (court) proceedings | **gesetzlich vorgeschriebenes ~** | statutory proceedings | **kontradiktorisches ~** | contentious proceedings; procedure in defended cases | **langwieriges ~** | lengthy process | **mündliches ~** | oral proceedings | **nichtstreitiges ~** | non-contentious procedure | **ordentliches ~** | proceedings at common law; due process of law | **schiedsrichterliches ~; schiedsgerichtliches ~** | arbitration procedure; arbitration | **strafgerichtliches ~; strafrechtliches ~** | criminal proceedings (procedure) (prosecution) | **streitiges ~** | contentious proceedings; procedure in defended cases | **summarisches ~** | summary proceedings (procedure) | **im summarischen ~** | by summary proceedings (jurisdiction) | **vorbereitendes ~** | preparatory proceedings | **zivilgerichtliches ~; zivilrechtliches ~** | civil proceedings; proceedings in the civil courts.

★ **das ~ aussetzen** | to stay (to suspend) the proceedings | **ein ~ durchführen** | to go through proceedings | **ein ~ einleiten (eröffnen)** | to institute (to initiate) proceedings | **das ~ einstellen** | to stay the proceedings | **das ~ niederschlagen** | to quash the proceedings | **das ~ wiederaufnehmen** | to reopen the proceedings.

verfahren *v* | to proceed.

Verfahrens..änderung *f* | change of process.

—**ausschuß** *m* | procedural committee.

—**bestimmung** *f* | rule of procedure.

—**einstellung** *f* | stay of proceedings.

—**einwand** *m* | plea in bar.

—**erfindung** *f* | invention which covers a process.

—**frage** *f* | matter (question) of procedure; procedural issue.

—**kosten** *pl* | costs of the proceedings; law (legal) cost *pl.*

—**mangel** *m* | faulty proceedings; procedural error; mistrial.

—**ordnung** *f* | rules *pl* of procedure; procedural rules.

—**patent** *n* | process patent.

—**recht** *n* | adjective (procedural) law.

—**rechte** *npl* | process rights *pl.*

verfahrensrechtlich *adj* | procedural | **~e Frage** | question of procedure; technical question; procedural issue | **aus ~en Gründen** | on procedural grounds | **aus ~en und sachlichen (materiellen) Gründen** | on procedural and substantial grounds.

Verfahrens..regeln *fpl*; —**vorschriften** *fpl* | rules of procedure.

Verfall *m* Ⓐ [Fälligwerden] | maturity; falling due | **bei ~** | at (on) (upon) maturity; when falling due | **vor ~** | before maturity; before falling due | **zahlbar bei ~** | payable when due.

Verfall *m* Ⓑ [Verfalltag; Fälligkeitstag] | day (date) of maturity; maturity date.

Verfall *m* Ⓒ [Ablauf; Erlöschen] | lapse; expiration; extinction; termination.

Verfall *m* Ⓓ [Ablaufstag; Ablauftermin] | day (date) of expiration (of expiry).

Verfall *m* Ⓔ [Verwirkung] | forfeiture; forfeit; loss.

Verfall *m* Ⓕ [Niedergang] | decay; decline; ruin; decadence | **Kredit~** | loss (shrinkage) of credit | **der ~ eines Reiches** | the decline of an empire | **Vermögens~** | dwindling of assets | **Zeichen des ~s** | sign of decay | **im ~ begriffen sein** | to be in a state of decay | **in ~ geraten** | to fall into decay (into disrepair) | **im ~** | in decay; on the decline; in a state of decline; declining; decaying.

Verfallbuch *n* | bills-receivable (bills-payable) book; bill diary.

Verfall..datum *m* Ⓐ [Fälligkeitsdatum] | date of maturity; due date; maturity.
—**datum** *m* Ⓑ [Ablaufsdatum] | date of expiration; expiring date.
Verfallen *n* Ⓐ [Fälligwerden] | maturity; falling due.
Verfallen *n* Ⓑ [Hinfälligwerden] | lapse.
verfallen *adj* Ⓐ [fällig] | due; matured; payable.
verfallen *adj* Ⓑ [überfällig] | overdue; more than due; held over.
verfallen *adj* Ⓒ [abgelaufen; erloschen] | expired; lapsed; void | ein ~es Patent | an expired (a lapsed) patent.
verfallen *adj* Ⓓ [verwirkt] | forfeited | dem Staate ~ | forfeited to the state | ~es Pfand | forfeited pledge.
verfallen *adj* Ⓔ [in Verfall] | decayed; in decay.
verfallen *v* Ⓐ [fällig werden] | to mature; to fall (to become) due; to become payable.
verfallen *v* Ⓑ [ablaufen; erlöschen] | to expire; to lapse; to become extinct; to come to an end | ein Patent ~ lassen | to allow a patent to expire (to lapse); to abandon (to drop) a patent | ein Recht ~ lassen | to allow a right to lapse.
verfallen *v* Ⓒ [verwirkt werden] | to become forfeited | eine Kaution (eine Sicherheit) ~ lassen | to forfeit a bond.
verfallen *v* Ⓓ [in Verfall geraten] | to decay; to decline.
verfallen *part* | etw. für ~ erklären | to forfeit sth.; to declare sth. forfeited.
Verfallfrist *f* | period (term) of expiration.
Verfalls..erscheinungen *fpl* | signs of decay (of a decline) (of decadence).
—**klausel** *f* | forfeit clause.
Verfall..tag *m* Ⓐ [Verfalltermin; Fälligkeitstag] | day (date) of maturity; date due; due date; maturity | mittlerer ~ | average (mean) due date.
—**tag** *m* Ⓑ [Zahltag] | day (date) (time) of payment.
—**tag** *m* Ⓒ [Ablaufstag] | day (date) of expiry (of expiration); expiry date.
verfälschen *v* | to falsify; to adulterate | die Bilanz ~ | to cook (to tamper with) the balance sheet | Nahrungsmittel ~ | to adulterate food | einen Text ~ | to adulterate a text.
Verfälscher *m* | falsifier | ~ von Nahrungsmitteln | adulterator of food.
verfälscht *adj* | falsified; false.
verfälscht *adj* Ⓑ | adulterated | ~e Nahrungsmittel | adulterated food | ~er Text | adulterated text.
Verfälschung *f* | falsification; falsifying | ~ der Bilanz | tampering with the balance sheet | ~ von Nahrungsmitteln | adulteration of food | ~ eines Textes | adulteration of a text.
verfassen *v* Ⓐ | to compose; to write.
verfassen *v* Ⓑ [entwerfen] | to draw up.
Verfasser *m* | author; writer | Mit~ | co-author; part author | ~ und Verleger | author and publisher | alleiniger ~ | sole author | gemeinsame ~ | joint authors | unbekannter ~; ungenannter ~ | anonymous writer | mehrere ~ | several (joint) authors | vom ~ gewidmetes Exemplar | complimentary (presentation) (dedication) copy.
Verfasser..anteil *m*; —**lizenzen** *fpl* | —**tantiemen** *fpl* | royalties *pl*.
Verfasserin *f* | authoress; woman author | Mit~ | co-authoress; part authoress.
Verfassung *f* Ⓐ [Staats~] | constitution; fundamental law of the State | Bundes~ | constitution of the federation; federal constitution | Eid auf die ~ | oath on the constitution | Ergänzung der ~ | amendment of the constitution; constitutional amendment | nach (auf Grund) der ~ | constitutionally;

under the constitution | einem Land eine ~ geben | to give a country a constitution | Übereinstimmung mit der ~ | constitutionality | in Übereinstimmung mit der ~ | constitutionally | freistaatliche ~; republikanische ~ | republican constitution | monarchische ~ | monarchic constitution | ungeschriebene ~ | unwritten constitution | die ~ ändern | to amend the constitution.
Verfassung *f* Ⓑ [Statut] | charter | Arbeits~ | labo(u)r charter.
Verfassung *f* Ⓒ [Organisation] | system; structure; organization | Agrar~ | agricultural structure | Gerichts~; Justiz~ | court (judicial) system | Wirtschafts~ | economic structure (organization).
Verfassung *f* Ⓓ [Zustand] | state; condition; state of repair | Geistes~ | mental condition; state (frame) of mind | in guter ~ | in good condition; in condition | körperliche ~ | physical condition.
verfassunggebend *adj* | ~e Gewalt | constitutional power(s) | ~e Nationalversammlung | Constituent National Assembly | ~e Versammlung | constituent assembly.
verfassungsändernd *adj* | which contains a constitutional amendment.
Verfassungs..änderung *f* | constitutional amendment; amendment of the constitution.
—**ausschuß** *m* | constitution committee.
—**beschwerde** *f* | constitutional complaint.
—**bestimmung** *f* | provision in the constitution.
—**bruch** *m* | violation of the constitution.
—**entwurf** *m* | draft constitution; draft of the constitution.
—**gericht** *n*; —**gerichtshof** *m* | constitutional court (tribunal).
—**gesetz** *n* | constitutional (fundamental) law.
—**krise** *f* | constitutional crisis.
verfassungsmäßig *adj* Ⓐ [verfassungsgemäß] | constitutional; in accordance with the constitution.
verfassungsmäßig *adj* Ⓑ [statutengemäß] | in accordance with the articles.
Verfassungs..mäßigkeit *f* | constitutionality; constitutional character.
—**partei** *f* | constitutional party.
—**recht** *n* | constitutional law.
—**rechtler** *m* | constitutionalist.
verfassungsrechtlich *adj* | constitutional.
Verfassungs..reform *f* | constitutional reform.
—**urkunde** *f* | constitutional charter; Bill of Rights.
verfassungswidrig *adj* | unconstitutional; not in accordance with the constitution.
Verfassungswidrigkeit *f* | unconstitutionality.
Verfassungszusatz *m* | constitutional amendment.
verfechten *v* | to defend; to advocate.
Verfechter *m* | defender; advocate.
Verfechtung *f* | advocating; defending.
verfehlen *v* Ⓐ | gegen Bestimmungen ~ | to infringe rules (regulations) | gegen ein Gesetz ~ | to infringe a law.
verfehlen *v* Ⓑ | seinen Zweck ~ | to fail its purpose.
verfehlt *adj* | ~e Spekulationen | speculations which have failed.
Verfehlung *f* | breach | schwere ~ | serious breach | standesrechtliche ~ | professional misconduct | strafbare ~ | offense.
verfeinden *v* | sich mit jdm. ~ | to fall out with sb.
verfertigen *v* | to make; to prepare; to fabricate.
Verfertigung *f* | making; preparing; preparation.
verfilmen *v* | einen Roman ~ | to put a novel (a story) on the screen; to film a story | ein Stück ~; ein Theaterstück ~ | to adapt a play to the screen.

Verfilmung *f* | screen adaptation; film version.
Verfilmungsrechte *npl* | **die ~** | the picture (film) (cinema) (screen) rights.
Verflechtung *f* | interdependence | **kapitalmäßige ~** | financial interrelation | **wirtschaftliche ~** | economic interdependence.
Verfolg *m* | **im ~ seiner Ziele** | in pursuit of one's aims.
verfolgbar *adj* | **strafrechtlich ~** | criminally punishable; indictable | **zivilrechtlich ~** | actionable; to be pursued in the civil courts.
verfolgen *v* Ⓐ | **jdn. ~** | to pursue (to chase) sb.; to set out in pursuit of sb. | **jdn. steckbrieflich ~** | to search for sb. by tipstaff's warrant.
verfolgen *v* Ⓑ | [einhalten] | **seine Karriere ~** | to pursue one's career | **eine Linie ~** | to follow (to pursue) a line of conduct | **eine Sache ~** | to follow up a matter.
verfolgen *v* Ⓒ | **eine Straftat ~; eine strafbare Handlung ~** | to take proceedings for a criminal offense | **einen Anspruch zivilrechtlich (zivilgerichtlich) (vor den Zivilgerichten) ~** | to pursue a claim in the civil courts | **jdn. gerichtlich ~** | to proceed against sb. by law; to proceed against sb.; to sue sb.; to initiate (to institute) legal proceedings against sb. | **jdn. strafrechtlich (strafgerichtlich) ~** | to prosecute sb.; to take criminal proceedings against sb.
verfolgen *v* Ⓓ | [grausam] | to persecute.
Verfolger *m* Ⓐ | pursuer.
Verfolger *m* Ⓑ | persecutor.
verfolgt *adj* | **~e Person** | persecuted person; persecutee.
verfolgt *part* | **~ werden** | to be persecuted | **grausam ~ werden** | to be cruelly persecuted.
Verfolgung *f* Ⓐ | pursuit; pursuance | **in ~ seiner Ziele** | in pursuit of one's aims | **auf jds. ~ gehen** | to set out in pursuit of sb.; to chase after sb.; to pursue sb. | **auf der ~ von etw. sein** | to be in pursuit of sth.
Verfolgung *f* Ⓑ | [Rechts~] | legal proceedings *pl* (steps *pl*) | **disziplinäre ~** | disciplinary proceedings | **Straf~; gerichtliche Straf~; strafgerichtliche ~; strafrechtliche ~** | prosecution; criminal proceedings | **die ~ (die Straf~) einstellen** | to abandon (to drop) the prosecution | **strafgerichtlicher ~ unterliegen (ausgesetzt sein)** | to be liable to be prosecuted (liable to prosecution) | **zivilrechtliche ~; im zivilgerichtlichen Verfahren; ~ vor den Zivilgerichten** | civil proceedings; proceedings in the civil courts | **jdn. außer ~ setzen** | to stop the proceedings against sb.
Verfolgung *f* Ⓒ | persecution | **~en ausgesetzt sein** | to be persecuted | **grausamen ~en ausgesetzt sein** | to be cruelly persecuted.
Verfolgungsrecht *m* | right of pursuit (of stoppage in transitu).
Verfolgungswahn *m* | persecution mania.
verfrachten *v* Ⓐ | [verchartern] | to freight; to charter | **unter~** | to underfreight; to subcharter; to recharter.
verfrachten *v* Ⓑ | [verladen] | to load; to ship | **unter~** | to reload; to reship.
Verfrachter *m* | freighter; charterer; affreighter; shipper | **Unter~** | refreighter; subcharterer; recharterer.
Verfrachtung *f* Ⓐ | freighting; chartering; freightage | **Unter~** | refreighting; subchartering; recharter.
Verfrachtung *f* Ⓑ | [Verladung] | loading; shipment | **Unter~** | reloading; reshipment.
Verfrachtungsbedingungen *fpl* | chartering conditions; conditions of chartering.

Verfrachtungsvertrag *m* | contract of affreightment; freight contract; charter party.
verfrüht *adj* | premature.
verfügbar *adj* | available | **~es Bargeld** | cash on hand | **~er Betrag** | available amount (sum) | **~e Gelder (Kapitalien) (Mittel) (Werte) (Vermögenswerte)** | available funds (capital) (means); liquid assets; funds at [sb.'s] disposal | **~es Guthaben; ~er Saldo** | available balance (credit balance) | **alle ~en Mittel** | every available means | **~er Überschuß** | disposable surplus | **der ~e Vermögensteil** | the disposable portion of an estate (of property) | **nicht ~** | unavailable.
Verfügbarkeit *f* | availability; liquidity; liquidness | **~ von Kapital(ien)** | availability of capital.
Verfügbarmachung *f* | mobilization of funds.
verfügen *v* Ⓐ | [disponieren] | **über etw. ~** | to dispose of sth. | **bei jdm. über einen Betrag ~** | to draw on sb. for an amount (for a sum of money) | **durch Testament ~** | to dispose by will (by testament) | **über sein Vermögen ~** | to dispose of one's property | **über seine Zeit ~** | to dispose of one's time.
★ anderweitig ~ | to dispose otherwise | **frei ~** | to dispose freely | **gemeinschaftlich ~** | to dispose jointly (in common) | **letztwillig ~; testamentarisch ~** | to dispose by will (by testament) | **über etw. wirksam (rechtswirksam) ~** | to dispose of sth. legally.
verfügen *v* Ⓑ | [zu seiner Verfügung haben] | **über Geld (Gelder) (Kapital) ~** | to have funds (money) (moneys) (capital) at one's disposal | **über eine (die) Majorität ~** | to have a majority; to be in the majority.
verfügen *v* Ⓒ | [anordnen] | to order; to decree.
verfügend *adj* | **die ~en Bestimmungen (der ~e Teil) eines Gesetzes** | the enacting part (terms) (clauses) of law (of a statute).
verfügt *part* | **es wird ferner ~, daß ...** | be it further enacted that ...
Verfügung *f* Ⓐ | [Disposition] | disposal; disposition | **Betrag (Kapital) zu meiner ~** | funds at my disposal (under my control) | **~ gegen Entgelt** | disposal against a consideration | **~ unter Lebenden** | disposition inter vivos | **~ von Todes wegen** | disposition by will | **Vermögens~** | disposal of property | **je nach der zur ~ stehenden Zeit; soweit Zeit zur ~ steht** | as time is available.
★ anderweitige ~ | disposal in some other manner | **entgeltliche ~** | disposal against a consideration | **freie ~** | free disposal | **gegenseitige ~; wechselseitige ~** | mutual disposition | **letztwillige ~; testamentarische ~** | disposition by will; last will; testamentary disposition; last will and testament | **durch letztwillige ~; durch testamentarische ~** | by will; by last will | **rechtsgeschäftliche ~** | disposal by contract | **unentgeltliche ~** | disposal free of charge.
★ die ~ über etw. haben | to have the disposal of sth. | **etw. zu seiner ~ haben** | to have sth. at one's disposal | **etw. zur freien ~ haben; über etw. freie ~ haben** | to have entire disposal of sth. | **etw. zu jds. ~ halten** | to hold sth. at sb.'s disposal | **jdm. zur ~ stehen** | to be at sb.'s disposal | **jdm. etw. zur ~ stellen** | to put (to place) sth. at sb.'s disposal | **sich jdm. zur ~ stellen (halten)** | to place (to put) os. at sb.'s disposal (orders) | **~en treffen** | to take steps; to make provisions | **über etw. eine ~ treffen** | to dispose of sth.
Verfügung *f* Ⓑ | [gesetzliche ~] | enactment.

Verfügung *f* © [Anordnung] | order; decree; ruling | **Beschlagnahme**~ | distress warrant; distraint order | **der Erlaß einer** ~ | the issue of an order | ~ **von hoher Hand** | decree of high authority | ~ **der Liquidation** | opening of the liquidation | **durch** ~ **der Staatsgewalt** | by order of the government (of the public authority) | **Stillhalte**~ | standstill order | **im Verordnungsweg erlassene** ~ | statutory order (decree).

★ **einstweilige** ~; **vorläufige** ~ | provisional order; temporary (preliminary) (interlocutory) (interim) injunction | **Erlaß einer einstweiligen** ~ | granting (issuing) of an injunction | **Antrag auf Erlaß einer einstweiligen** ~ | motion for an interlocutory injunction; injunction bill | **im Wege der einstweiligen** ~ | by a temporary injunction | **ministerielle** ~ | departmental order | **gerichtliche** ~; **richterliche** ~ | order (writ) of the court; court order (decree); judicial writ | **durch gerichtliche** ~ | by order (by warrant) of the court; by court order | **eine** ~ **erlassen** | to pass (to issue) a decree; to decree; to order.

Verfügungs..befugnis *f*; —**berechtigung** *f* | power to dispose (of disposition).
verfügungsberechtigt *adj* | **über etw.** ~ **sein** | to dispose of sth.; to have the right to dispose of sth.
—**beschränkung** *f* | limitation of the right to dispose; restriction on transfer.
—**gewalt** *f* | right to dispose (of disposal) | **freie** ~ | right of free disposal.
—**handlung** *f* | disposition; act of disposing.
—**macht** *f* | power (right) to dispose (of disposal) | **mangelnde** ~ | incapacity to dispose | **über etw.** ~ **haben** | to dispose of sth.; to have the right to dispose of sth. | **die** ~ **über etw. haben** | to have the disposal of sth.
—**recht** *n* | right to dispose (of disposing) | **freies** ~ | right of free disposal.
—**verbot** *n* | suspense of the right to dispose; restraint on alienation.
—**weg** *m* | **im** ~ | by way of decree.
verführen *v* | to seduce.
Verführer | seducer.
Verführung *f* | seduction.
verfünffachen *v* | to quintuple.
Vergabe *f* [VIDE: **Vergabung** *f*].
vergeben *v* | **Aufträge** ~ | to give (to make) (to place) orders | **etw. im Submissionswege** ~ | to give sth. out by contract; to give out the contract for sth.
Vergebung *f* | ~ **eines Auftrages** | placing of a contract (of an order) | ~ **von Aufträgen** | contracting; placing of contracts | ~ **an den Meistbietenden** | adjudication to the highest bidder | ~ **im Submissionswege** | allocation by tenders.
vergeblich *adj* | futile; useless | ~**e Bemühungen** | fruitless efforts | ~**er Versuch** | ineffectual (futile) attempt.
Vergehen *n* | offense; offence | ~ **im Amt; Amts**~ | malfeasance in office | **Devisen**~ | violation of the exchange regulations | **Eides**~ | violation of one's oath | **Presse**~ | violation of the press laws | **Rückfalls**~ | second offense | **Sittlichkeits**~ | indecent assault | **Steuer**~ | revenue (tax) offense | **Zoll**~ | customs (revenue) offense.
★ **fortgesetztes** ~ | continuously committed offense; successive offenses | **geringfügiges** ~ | petty crime; minor offense | **politisches** ~ | political offense | **standesrechtliches** ~ | professional misconduct | **strafrechtliches** ~ | criminal offense | **völkerrechtliches** ~ | violation of international law.

vergehen *v* | **sich** ~ | to commit an offense | **sich gegen ein Gesetz** ~ | to infringe a law.
vergelten *v* | to retaliate; to make reprisals.
Vergeltung *f* | ~ **üben** | to exercise retaliation; to retaliate | **zur** ~ | in retaliation; by way of retaliation.
Vergeltungs..aktion *f*; —**maßnahme** *f*; —**maßregel** *f* | reprisal; retaliatory measure.
—**recht** *n* | right of retaliation.
—**zoll** *m* | retaliatory duty.
—**zollsatz** *m* | retaliatory tariff.
vergesellschaften *v* Ⓐ | to incorporate.
vergesellschaften *v* Ⓑ [verstaatlichen] | to socialize; to nationalize.
Vergesellschaftung *f* Ⓐ | incorporation.
Vergesellschaftung *f* Ⓑ [Verstaatlichung] | socialization; nationalization.
vergeuden *v* | **etw.** ~ | to squander (to dissipate) sth. | **seine Zeit** ~ | to waste one's time.
Vergeudung *f* | waste; wasting; squandering; dissipation | **Kraft**~ | waste of force.
vergewaltigen *f* | **jdn.** ~ | to commit an assault on sb.
Vergewaltigung *f* | violence; rape; violation.
vergiften *v* | to poison | **sich** ~ | to poison os.; to take poison; to commit suicide by taking poison.
vergiftet *adj* | poisoned.
Vergiftung *f* | poisoning | **Tod durch** ~ | death by poisoning.
Vergleich *m* Ⓐ [Gegenüberstellung] | comparison | **hinkender** ~ | poor comparison | **den** ~ **mit etw. aushalten** | to stand (to bear) (to sustain) comparison with sth. | **einen** ~ **zwischen etw. und etw. anstellen; einen** ~ **von etw. zu etw. ziehen** | to make (to draw) a comparison (a parallel) between sth. and sth. | **im** ~ **zu** | in comparison with; as compared with.
Vergleich *m* Ⓑ [gütliches Übereinkommen] | arrangement; compromise; settlement; accord | **Beilegung durch** ~ | settlement by compromise | ~ **mit den Gläubigern** | composition with one's creditors | **Konkurs**~ | composition | **Privat**~ | private arrangement | **Prozeß**~ | compromise in court; settlement in (before the) court | **im Wege des** ~**s** | by way of compromise | **Zwangs**~ | compulsory composition.
★ **außergerichtlicher** ~ | settlement out of court; private arrangement | **gerichtlicher** ~ | settlement in (before the) court | **gütlicher** ~ | private (friendly) (amicable) arrangement (settlement) | **privatschriftlicher** ~ | arrangement by private deed | **schiedsgerichtlicher** ~ | settlement by arbitration | **vollstreckbarer** ~ | enforceable compromise.
★ **einen** ~ **anbahnen** | to initiate a compromise | **einen Streit durch** ~ **beilegen** | to accommodate a dispute; to settle a dispute by compromise | **durch** ~ **beizulegen** | to be settled (which can be settled) by compromise | **zu einem** ~ **kommen** | to come to terms (to a settlement) (to an arrrangement) | **mit seinen Gläubigern zu einem** ~ **kommen** | to compound with one's creditors | **einen** ~ **schließen** | to make (to effect) a compromise; to come to an arrangement | **durch** ~; **durch Herbeiführung eines** ~**s** | by way of compromise (of composition).
vergleichbar *adj* Ⓐ | comparable | **mit etw.** ~ **sein** | to be comparable with sth. | **nicht** ~ | without comparison; beyond (out of) all comparison; incomparable.
vergleichbar *adj* Ⓑ [durch Vergleich beizulegen] | to be settled (which can be settled) by compromise | **nicht** ~; **nicht mehr** ~ | beyond compromise.
Vergleichbarkeit *f* | comparableness.

Vergleichen *n* | comparing | **durch ～ der Ergebnisse (der Resultate)** | by comparing results (notes) | **～ von Urkunden** | comparison of documents | **durch ～** | by (by way of) comparison.
vergleichen *v* Ⓐ [gegenüberstellen] | **etw. mit etw. ～** | to compare sth. with (to) sth. | **eine Abschrift mit dem Original ～** | to compare a copy with the original | **die Bücher ～** | to compare the books (accounts) | **Ergebnisse ～; Resultate ～** | to compare results (notes) | **Handschriften ～; Schriften ～** | to compare handwritings | **Schriftstücke ～; Urkunden ～** | to compare (to confront) documents | **den Text ～; die Texte ～** | to compare texts | **nicht zu ～** | without comparison; beyond (out of) all comparison.
vergleichen *v* Ⓑ [kollationieren] | to collate; to check; to countercheck.
vergleichen *v* Ⓒ [zu einem Vergleich kommen]; **sich ～** | to come to (to make) an arrangement (a compromise); to compromise | **sich mit seinen Gläubigern ～** | to compound (to come to a composition) with one's creditors | **sich außergerichtlich ～** | to settle (to compromise) out of court | **sich gütlich ～** | to make (to come to) an amicable arrangement.
vergleichend *adj* | comparative | **～e Gegenüberstellung** ① | comparison | **～e Gegenüberstellung** ②; **～e Übersicht** | comparative table(s) | **～e Rechtswissenschaft** | comparative jurisprudence (law) | **～e Werbung** | comparative advertising.
vergleichend *adv* | **～ gegenüberstellen** | to compare.
Vergleichs..abkommen *n* | composition agreement; deed of arrangement.
—**abschluß** *m* Ⓐ | conclusion (signing) of a compromise.
—**abschluß** *m* Ⓑ | signing of the composition.
—**abschnitt** *m* | comparative period.
—**angebot** *n* | offer of a compromise.
—**antrag** *m* | petition for opening composition proceedings (for reorganization).
—**basis** *f* | basis for (for a) compromise.
—**bedingungen** *fpl* | terms of composition (of settlement).
—**behörde** *f* | board of conciliation.
vergleichs..bereit *adj* Ⓐ | **～ sein** | to be ready to compromise (to come to a compromise).
—**bereit** *adj* Ⓑ [nachgiebig] | **～ sein** | to be ready to conciliate.
Vergleichs..bereitschaft *f* Ⓐ | readiness to make (to come to) a compromise.
—**bereitschaft** *f* Ⓑ [Bereitschaft, nachzugeben] | spirit of conciliation; conciliatory spirit.
—**gebühren** *fpl* | charges of settlement.
—**jahr** *n*; —**periode** *f* | basic year (period).
—**niederschrift** *f*; —**protokoll** *n* | record of the conciliation proceedings.
—**ordnung** *f* | rules *pl* of conciliation.
—**punkte** *mpl* | points for comparison.
—**quote** *f* | rate of composition.
—**termin** *m* | date of (date set for) conciliation.
—**verfahren** *n* Ⓐ | composition proceedings *pl* | **Antrag auf Eröffnung des ～s stellen** | to file a petition to open composition proceedings.
—**verfahren** *n* Ⓑ | conciliatory proceedings *pl*.
—**vertrag** *m* Ⓐ | deed of arrangement.
—**vertrag** *m* Ⓑ [Zwangsvergleich] | composition agreement.
—**vorschlag** *m* | proposal for (offer of) a compromise.
—**weg** *m* | **auf dem ～** | by way of compromise (of composition).

vergleichsweise *adj* Ⓐ [gegenüberstellend] | comparative.
vergleichsweise *adj* Ⓑ [durch Vergleich] | **～ Erledigung (Regelung)** | compromise; compromising; compromise settlement | **einer ～n Regelung zustimmen** | to agree to a compromise.
vergleichsweise *adv* Ⓐ | by (by way of) comparison.
vergleichsweise *adv* Ⓑ | by way of compromise.
Vergleichs..werte *mpl* | items (articles) for comparison.
—**zahlen** *fpl*; —**ziffern** *fpl* | comparative figures.
—**zeitraum** *m* | comparable (corresponding) period.
Vergleichung *f* Ⓐ [Gegenüberstellung] | comparison; comparing | **Rechts～** | comparative law (jurisprudence) | **Handschriften～; Schrift～** | comparison of handwritings | **Text～** | comparison of texts | **Urkunden～** | comparison (confrontation) of documents | **durch ～** | by (by way of) comparison.
Vergleichung *f* Ⓑ [Kollationierung] | checking; counterchecking.
Vergleichung *f* Ⓒ [Herbeiführung eines Vergleichs] | **durch ～** | by way of compromise (of composition).
verglichen *part* | **～ mit** | as compared with; in (by) comparison with | **mit etw. ～ werden können** | to be comparable with sth.
Vergnügungs..industrie *f* | entertainment industry; show business.
—**reise** *f* | pleasure trip | **～ auf See** | pleasure cruise.
—**schiffahrt** *f* | pleasure navigation.
—**steuer** *f* | entertainment tax.
—**viertel** *n* | amusement center.
vergriffen *adj* | out of print; sold out; out-of-stock; exhausted.
vergrößern *v* | to enlarge; to increase; to augment | **sein Geschäft ～** | to extend (to enlarge) one's business | **seinen Grundbesitz ～** | to extend one's estate | **sein Vermögen ～** | to increase one's fortune.
Vergrößerung *f* | enlargement; extension | **Betriebs～** | extension of works | **Geschäfts～** | expansion (enlargement) of [one's] business.
Vergünstigung *f* | favo(u)r; privilege; advantage | **Steuer～** | tax preference (privilege) | **Zoll～** | preferential treatment | **in den Genuß einer ～ kommen** | to become entitled to a privilege | **～en genießen** | to enjoy privileges.
Vergünstigungs..klausel *f* | preferential clause.
—**zoll** *m* | preferential duty (tariff).
vergüten *v* Ⓐ [bezahlen] | to remunerate; to pay | **x % Zinsen ～** | to pay (to allow) x per cent interest.
vergüten *v* Ⓑ [zurückerstatten] | to restore; to refund; to reimburse | **jds. (jdm. seine) Auslagen ～** | to reimburse sb. for his outlays.
vergüten *v* Ⓒ [entschädigen] | to indemnify; to compensate.
Vergütung *f* Ⓐ [Bezahlung] | remuneration | **Bar～; ～ in bar** | remuneration in cash | **als ～ für Ihre Dienste** | in payment of (in remuneration for) your services | **Reisekosten～** | travelling expenses (allowance) | **feste ～** | fixed allowance.
Vergütung *f* Ⓑ [Rückerstattung] | reimbursement.
Vergütung *f* Ⓒ [Entschädigung] | indemnification; compensation | **angemessene ～** | fair and reasonable compensation.
Vergütung *f* Ⓓ [Extra～] | bonus.
verhaften *v* | **jdn. ～** | to arrest (to apprehend) (to attach) sb.; to put sb. under arrest.
verhaftet *adj* | under arrest; in custody | **～er Schuldner** | attached debtor.
verhaftet *part* | **～ werden** | to be placed under arrest.
Verhafteter *m* | prisoner.

Verhaftung *f* | arrest; apprehension; arresting; attachment | **Massen~en** | mass (wholesale) arrests | **eine ~ durchführen** | to effect an arrest | **sich der ~ widersetzen** | to resist arrest.
Verhaftungs..befehl *m* | writ of attachment; warrant of apprehension; warrant to apprehend the body | **gegen jdn. einen ~ erlassen** | to make out a warrant for sb.'s arrest.
—**ort** *m* | place of arrestation.
—**welle** *f* | wave of arrestations.
Verhalten *n* | conduct; attitude; behavio(u)r; demeanour; deportment | **Art des ~s** | line of conduct; policy | **Miß~; schlechtes ~; ungehöriges ~** | misconduct; misbehavio(u)r; misdemeanour; laxity of conduct | **einverständliches (aufeinander abgestimmtes) ~** | concerted action | **einwandfreies ~; korrektes ~; richtiges ~** | correct attitude | **mustergültiges ~** | exemplary conduct | **standesgemäßes ~** | professional conduct | **standeswidriges ~** | professional misconduct; malpractice | **~ gegenüber jdm.** | conduct towards sb.
verhalten *v* | **sich ~** | to conduct os. | **sich abwartend ~** | to take an attitude of wait and see | **sich passiv ~** | to maintain a passive attitude.
Verhältnis *n* ⓐ [Proportion] | proportion | **im gleichen Anteils** | in equal proportions | **nach ~ der Dauer** | in proportion to the duration | **Miß~** | disproportion.
★ **im direkten ~** | in direct proportion (ratio) | **zu etw. im direkten ~ stehen** | to be directly proportional to sth. | **in einem festen ~** | in a fixed proportion | **im richtigen ~** | in due proportion | **im umgekehrten ~** | in inverse ratio (proportion) | **nach ~ beitragen** | to contribute proportionally.
★ **außer ~** | disproportionate; out of proportion | **außer jedem ~** | out of all proportion | **im ~** | in proportion; proportionally; proportionately; prorata | **nach ~** | proportionately; pro rata.
Verhältnis *n* ⓑ [Beziehung] | relation; relationship | **Abhängigkeits~** ① | dependent condition | **Abhängigkeits~** ② | subordinate position | **Miets~** | lease; tenancy | **Pacht~** | lease | **Rechts~** | legal relation | **Verwandtschafts~** | relationship | **freundschaftliches ~** | friendly relationship (footing) | **gutnachbarliches ~** | goodneighbo(u)rly relation(s); goodneighbo(u)rliness.
Verhältnisanteil *m* | proportionate share.
verhältnismäßig *adj* | proportional; proportionate; in proportion | **~er Anteil** | proportional share | **~er Wert** | relative value | **un~** | disproportionate; out of proportion [to].
Verhältnismäßigkeit *f* | proportionateness; proportionality.
Verhältnisse *npl* | circumstances; conditions | **unter dem Druck der ~** | under the pressure of (by force of) circumstances | **die Vermögens~; die finanziellen ~** | the financial (pecuniary) circumstances; the financial situation | **in bedrängten (beschränkten) ~en** | in narrow (straitened) circumstances | **in bescheidenen ~n** | in humble circumstances | **in guten ~n leben** | to be (to live) in comfortable (easy) (good) circumstances | **in kleinen ~n leben** | to live in narrow circumstances | **in schlechten ~n sein (leben)** | to be in bad circumstances | **nach seinen ~n** | according to his means | **über seine ~ leben** | to live beyond one's means | **unter den bestehenden (obwaltenden) ~n** | under the existing conditions | **unter diesen ~n** | under (in) these circumstances.
Verhältniswahl *f* | elections *pl* on the basis of proportional representation.

Verhältnis..wahlsystem *n* | proportional representation | **Anhänger des ~s** | proportionalist.
—**ziffer** *f* | proportion; prorata.
Verhaltungsmaßregeln *fpl* | instructions; directions; rules of conduct.
Verhandeln *n* | **durch ~** | by (by way of) negotiations; by negotiating.
verhandeln *v* ⓐ [unterhandeln] | to negotiate | **über eine Anleihe ~** | to negotiate a loan | **über einen Vertrag ~** | to negotiate a treaty.
verhandeln *v* ⓑ [vor Gericht] | to plead before the court | **zur Hauptsache ~** | to plead on the main issue | **über eine Sache ~** | to hear a case | **streitig ~; kontradiktorisch ~** | to hear legal arguments.
verhandeln *v* ⓒ [debattieren] | to discuss; to debate.
verhandeln *v* ⓓ [zu Gericht sitzen] | **unter Ausschluß der Öffentlichkeit ~** | to hold the trial in camera | **öffentlich ~** | to hold the trial in public.
verhandelt *part* | **~ werden** | to come up for trial (for judgment) | **öffentlich ~ werden** | to be tried in open court.
Verhandler *m* | negotiator; bargainer.
Verhandlung *f* ⓐ [Unterhandlung] | negotiation; negotiating | **~ über eine Anleihe** | negotiation of a loan | **Aufnahme der (von) ~en** | entering into negotiations | **Friedens~en** | peace negotiations (talks) | **Handelsvertrags~en** | trade agreement negotiations | **Kollektivvertrags~** | collective bargaining | **Neu~** | renegotiation | **Sache der ~** | matter of negotiation | **Scheitern der ~en** | failure (breakdown) of the negotiations | **Vertrags~; ~ über einen Vertrag** | negotiation of a treaty (of an agreement) | **Waffenstillstands~en** | negotiations for an armistice | **auf dem Wege der ~en** | by negotiations; by way of negotiations; by negotiating | **Wiederaufnahme der ~en** | renewal (resumption) of negotiations.
★ **die ~en abbrechen** | to break off the negotiations | **~en aufnehmen (anknüpfen); in ~en treten (eintreten)** | to enter into negotiations | **~ en einleiten** | to start (to initiate) negotiations | **~ wiederaufnehmen** | to resume negotiations.
Verhandlung *f* ⓑ [Gerichts~; gerichtliche ~] | hearing; court hearing; trial | **~ über den Antrag** | hearing of the application | **Aussetzung der ~** | suspension of the hearing (of the trial) | **Berufungs~** | hearing of the appeal | **Gang der ~** | course of the trial (hearing) | **Haupt~** [in Strafsachen] | trial in criminal cases | **~ zur Hauptsache** | hearing of the main issue | **~ über eine Klagesache** | hearing (trial) of an action | **Neu~; erneute ~** | retrial | **~ unter Ausschluß der Öffentlichkeit** | trial (hearing) in camera (in private) | **die ~ unter Ausschluß der Öffentlichkeit führen; für die ~ die Öffentlichkeit ausschließen** | to hold the trial in camera | **~ über eine Sache** | hearing of a case | **Schluß~** | final hearing | **Schluß der ~** | closing of the trial | **~ vor dem Schöffengericht** | trial by jury; jury trial | **Schwurgerichts~** | trial by the assizes | **~ in öffentlicher Sitzung** | trial in open court | **Termin zur ~** | day (date) of hearing (of the hearing) | **Vertagung der ~** | postponement of the trial | **Wiederaufnahme der ~** | reopening (resumption) of the trial.
★ **abgesonderte ~** | separate hearing | **einseitige ~; nichtstreitige ~** | undefended trial | **kontradiktorische ~; streitige ~** | defended trial | **mündliche ~** | hearing; oral arguments; trial | **öffentliche ~** | trial in open court; public trial.
★ **zur ~ anstehen (kommen)** | to be up (to come up) for trial; to be down for hearing | **die ~ aussetzen** | to suspend the hearing (the trial) | **die ~ eröffnen** |

to open the trial | **die ~ führen (leiten)** | to conduct the trial | **die ~ schließen** | to close the hearing | **die ~ vertagen** | to adjourn (to postpone) the trial (the hearing) | **die ~ wiederaufnehmen** | to resume the hearing (the trial) | **die ~ wurde fortgesetzt (wieder aufgenommen)** | the court resumed; the trial was resumed.

Verhandlung *f* © [Unterredung] | debate; discussion.

Verhandlungs..basis *f*; **—grundlage** *f* | basis of (for) negotiations.

—befugnis *f* | negotiating (bargaining) power.

—bericht *m* | statement (minutes *pl*) (report) of the proceedings.

verhandlungsbereit *adj* | **~ sein** | to be open to negotiate (to negotiations).

Verhandlungs..führer *m* | negotiator.

—führung *f* | conduct of (of the) negotiations.

—gebühr *f* | hearing charge (fee).

—leitung *f* | conducting of the proceedings.

—niederschrift *f*; **—protokoll** *n* | minutes *pl* of the hearing; trial record.

—ort *m* | place of the hearing (of the trial).

—punkte *mpl* | heads *pl* of negotiation.

verhandlungsreif *adj* | ready of be tried (for hearing).

Verhandlungs..runde *f* | round (series) of negotiations.

—saal *m* | court room.

—tarif *m* | bargaining tariff.

—termin *m* | day (date) of the hearing | **einen ~ anberaumen** | to fix a hearing (a day of hearing) (a day for the hearing).

—vollmacht *f* | negotiating power; power to negotiate.

—weg *m* | **im ~** | by (by way of) negotiations; by negotiating.

verhängen *v* Ⓐ | **gegen jdn. eine Geldstrafe ~** | to impose (to inflict) a fine on (upon) sb.; to fine sb. | **eine Sperre ~** | to impose a ban (an embargo) | **eine Strafe über jdn. ~** | to impose (to inflict) a penalty (a punishment) on sb. | **die Todesstrafe ~** | to impose the death sentence; to pronounce sentence of death.

verhängen *v* Ⓑ | **den Ausnahmezustand ~**; **den Belagerungszustand ~** | to proclaim (to declare) a state of siege | **das Standrecht ~** | to declare (to establish) (to proclaim) martial law.

verhängt *adj* | **die ~e Strafe** | the inflicted penalty.

Verhängung *f* Ⓐ | **~ einer Geldstrafe** | infliction of a fine | **~ der Sperre** | imposition of the ban (of the embargo) | **~ einer Strafe** | infliction of a penalty (of a punishment).

Verhängung *f* Ⓑ | **~ des Ausnahmezustandes**; **~ des Belagerungszustandes** | proclamation of a state of siege | **~ des Standrechtes** | proclamation of martial law.

verheimlichen *v* | to conceal | **Auslandsguthaben ~**; **ausländische Vermögenswerte ~** | to conceal foreign credit balances (foreign assets) | **eine Tatsache ~** | to suppress (to conceal) a fact | **eine Urkunde ~** | to suppress a document | **die Wahrheit ~** | to suppress (to conceal) the truth.

Verheimlichung *f* | concealment | **~ von Auslandsguthaben**; **~ von ausländischen Vermögenswerten**; **~ von Vermögenswerten im Ausland** | concealment of foreign credit balances (of foreign assets) | **~ einer Tatsache** | suppression (concealment) of a fact | **~ von Vermögenswerten** | concealment of assets.

verheiraten *v* | to marry | **sich mit jdm. ~** | to marry (to wed) sb.; to get married to sb.; to take sb. in marriage | **sich unter seinem Stand ~** | to marry beneath one | **sich wieder ~** | to marry again (a second

time); to remarry; to contract a new marriage | **seine Tochter ~** | to give one's daughter in marriage.

verheiratet *adj* | **~e Frau** | married woman; spouse; wife | **~er Mann** | married man | **un~** | not married; unmarried; single.

Verheiratung *f* | marriage | **Wieder~** | remarriage.

verhindern *v* | to prevent.

Verhinderung *f* | prevention | **im Falle der ~** | in case of prevention.

Verhinderungs..fall *m* | **im ~** | in case of prevention (of being prevented).

—grund *m* | cause of impediment.

Verhör *n* | interrogation; questioning | **Kreuz~** | cross-examination | **Vor~** | preliminary interrogation | **Zeugen~** | hearing (cross-examination) of witnesses | **jdn. ins ~ nehmen** | to cross-examine sb. | **jdn. einem ~ unterziehen** | to question (to cross-examine) sb. | **jdn. einem strengen ~ unterziehen** | to question sb. closely.

verhören *v* | to question; to cross-examine; to interrogate.

Verhör..amt *n* [S] | office of the examining magistrate.

—richter *m* [S] | examining judge (magistrate).

verhört *part* | **~ werden** | to be questioned (interrogated).

verhüten *v* | to prevent | **Schaden ~** | to avoid (to avert) damage.

Verhütung *f* | prevention | **Brand~** | precautions *pl* against fire | **Empfängnis~** | conception control | **Krankheits~** | prevention of disease | **Maßnahmen zur ~ von ... treffen** | to take measures for the prevention of ... | **Schadens~** | avoidance of damage | **Unfall~** | prevention of accidents | **Verbrechens~** | crime prevention | **Verlut~** | loss prevention.

Verhütungs..maßregel *f* | preventive measure.

—mittel *n* | contraceptive.

verjährbar *adj* | subject to the statute of limitations | **nicht ~** | not subject to the statute of limitations.

verjähren *v* | to fall under (to become barred by) the statute of limitations | **in ... Jahren ~** | to be limited to ... years; to be barred at the end of ... years | **durch Zeitablauf ~** ! to become invalid by lapse of time.

verjährt *adj* Ⓐ | barred by statute of limitations | **~er Anspruch** | statute-barred claim | **noch nicht ~**; **un~** | not (not yet) forfeited by prescription.

verjährt *adj* Ⓑ [veraltet] [S] | outdated; antiquated; obsolete.

Verjährung *f* | statute of limitations | **~ eines Anspruchs**; **Anspruchs~** ① | exclusion of a claim by limitation | **Anspruchs~** ② | limitation of claims; prescription | **die Einrede der ~ bringen** | to plead the statute of limitations | **die prozeßhindernde Einrede der ~ bringen** | to plead the statute of limitations in bar of an action | **Hemmung der ~** | suspension of the running of the statute | **Klags~** | limitation of the right of action | **Lauf der ~** | running of the statute | **den Lauf der ~ hemmen** | to suspend the running of the statute | **Straf~**; **~ der Strafverfolgung** | limitation of criminal proceedings | **Unterbrechung der ~** | interruption of the running of the statute | **Zeitpunkt des Beginns der ~** | time when the statute (the limitation) begins to run.

★ **einjährige ~** | limitation of one year | **dreißigjährige ~** | limitation of thirty years.

★ **durch ~ ausgeschlossen** | barred by statute of limitations; statute-barred | **die ~ ausschließen** | to bar prescription | **~ einwenden** | to plead the statute of limitations | **die ~ hemmen** | to suspend the

Verjährung *f, Forts.*
running of the statute | **die ~ läuft von (vom) ...** | the statute of limitations runs (begins to run) from ... | **die ~ unterbrechen** | to interrupt the running of the statute | **der ~ unterliegen (unterworfen sein)** | to fall under (to come under) (to be subject to) the statute of limitations; to come within the operation of the statute | **der ~ nicht unterworfen** | not subject to the statute of limitations | **durch ~ ungültig werden** | to become invalid by prescripiton.
Verjährungs..einwand *m* | **den ~ bringen (erheben)** | to plead the statute of limitations.
—frist *f* | period of limitation | **die ~ läuft vom ... (beginnt am ... zu laufen)** | the statute of limitations runs (begins to run) from ...
—zeitraum *m* | statutory period of limitation.
verkalkulieren *v* | **sich ~** | to miscalculate; to make a mistake in calculation.
Verkauf *m* | sale; selling | **~ auf Abzahlung** | sale on deferred terms | **~ vorbehaltlich sicherer Ankunft** | sale subject to safe arrival | **Aus~** | clearance (bargain) sale; selling out (off); sale | **Bar~; ~ gegen bar; ~ gegen Barzahlung** | cash sale; sale for (against) cash (for money) | **~ gegen sofortige Barzahlung** | spot sale (deal) | **~ in Bausch und Bogen** | outright sale.
○ **Bereitstellung zum ~** | putting up (offering) for sale | **~ auf Besicht** | sale subject to inspection | **Einzel~** | retail sale | **Engros~; Groß~** | wholesale | **~ beweglicher Gegenstände** | sale of goods | **~ aus freier Hand** | private (free) sale; sale by private contract (treaty) | **~ aus zweiter Hand** | secondhand sale; resale | **Kassa~** | cash sale; sale for (against) cash (for money).
○ **Kauf und ~** | purchase and sale | **Klein~; Laden~** | retail sale | **Kommissions~; ~ gegen Kommission (Provision)** | sale on commission | **~ auf Kommissionsbasis** | consignment sale | **~ auf Kredit; Kredit~** | sale on credit; credit sale | **~ auf Lieferung; ~ für zukünftige Lieferung** | time (forward) (short) sale; sale for (for future) delivery | **~ zur sofortigen Lieferung** | sale for prompt delivery (shipment) | **~ an den Meistbietenden** | sale to the highest bidder | **~ nach Muster (nach Probe)** | sale on (by) sample; sale (purchase) according to sample | **~ gegen Nachnahme** | cash-on-delivery sale | **Partie~** | sale in lots (in the bulk) | **Pfand~** | sale of the pledge | **Ramsch~** | jumble sale | **~ gegen Ratenzahlung** | instalment sale; hire purchase.
○ **Räumungs~** | clearance sale | **Reklame~** | bargain sale | **~ mit dem Rechte des Rückkaufs; ~ mit Vorbehalt des Rückkaufsrechtes** | sale with option (with the right) of repurchase | **Schein~** | bogus (pro forma) (fictitious) (pretended) sale | **~ unter Selbstkosten** | sale under cost | **~ unter Spekulation auf Baisse** | bear sale | **~ auf offener Straße; Straßen~** | street sale (vending) | **~ im Submissionsweg; Submissions~** | sale by tender.
○ **Termin~** | time (forward) (short) sale; sale for (for future) delivery | **~ im Umherziehen** | sale from door to door | **~ mit Verlust** | sale at a loss (at a sacrifice) | **~ im Wege der Versteigerung** | sale by auction; auction sale | **~ durch öffentliche Versteigerung; ~ im Wege der öffentlichen Versteigerung** | sale by public auction; selling by auction | **~ unter dem Wert** | sale below value (at a sacrifice) | **Wohltätigkeits~** | charity sale | **~ auf Ziel** | sale on credit (for the account) (for the settlement); credit sale | **~ ab Zollager; ~ ab Zollfreilager; ~ unter Zollverschluß** | sale ex bond (in bonded warehouse)

| **~ mit Zugabe** | premium sale | **Zwangs~; ~ im Wege der Zwangsversteigerung** | forced (compulsory) (execution) sale.
★ **fester ~** | firm sale | **freihändiger ~** | private (free) sale; sale by private contract (treaty) | **gerichtlicher ~; gerichtlich angeordneter ~** | sale by order of the court; judicial sale | **glatter ~** | ready (quick) sale(s) | **kommissionsweiser ~** | consignment sale | **öffentlicher ~** | public sale | **öffentlicher ~ gepfändeter Sachen** | distress sale | **privatrechtlicher ~** | sale by private contract | **zwangsweiser ~** | forced (compulsory) sale.
★ **einen ~ abschließen** | to effect a sale | **etw. zum ~ anbieten** | to offer sth. (to put sth. up) (to set sth. up) for sale | **etw. zum ~ ausstellen** | to exhibit (to expose) sth. for sale | **einem ~ beiwohnen** | to attend a sale | **zum ~ bestimmt** | on (for) sale; offered to be sold; in the market | **etw. zum ~ stellen** | to place sth. on sale; to put (to set) sth. up for sale.
verkaufen *v* | to sell | **etw. gegen bar (gegen Barzahlung) ~** | to sell sth. for cash | **etw. in Bausch und Bogen ~** | to sell sth. outright | **ohne Deckung ~** | to sell short | **Geschäft zu ~** | business for sale | **mit Gewinn ~; mit Nutzen ~** | to sell at a profit | **aus freier Hand (freihändig) ~** | to sell by private treaty (contract); to sell privately | **Haus zu ~** | house for sale | **im Kleinen ~; im Kleinhandel ~** | to sell retail (by retail); to retail | **auf (gegen) Kommission ~** | to sell on commission | **unter dem Kostenpreis (Gestehungspreis) ~** | to sell under cost price | **auf Kredit (auf Ziel) ~** | to sell on credit | **etw. an den Meistbietenden ~; etw. meistbietend ~** | to sell sth. (to knock sth. down) to the highest bidder | **etw. in Partien ~** | to sell sth. in lots | **günstig (zu einem günstigen Preis) ~** | to sell for a good price | **zu jedem (um jeden) Preis ~** | to sell at any price | **etw. mit dem Recht des Rückkaufes (des Rückerwerbs) ~; etw. unter Vorbehalt des Rückkaufsrechtes ~** | to sell sth. with option (with the right) of repurchase | **etw. mit Verlust ~** | to sell sth. at a loss (at a sacrifice) | **etw. im Wege der Versteigerung ~; etw. öffentlich ~** | to sell sth. by auction (by public auction); to auction sth. | **seinen ganzen Vorrat ~** | to sell out | **an Wiederverkäufer ~** | to sell to the trade.
★ **etw. billig (preiswert) ~** | to sell sth. cheap | **billiger als jd. ~** | to undersell sb. | **fest ~** | to make a firm sale | **leicht zu ~ sein** | to sell well; to find a ready sale | **etw. teuer ~** | to sell sth. dear.
★ **etw. an jdn. ~; jdm. etw. ~** | to sell sth. to sb.; to sell sb. sth. | **zu ~** | to be sold; for sale | **nicht zu ~** | not for sale.
Verkäufer *m* Ⓐ [Veräußerer] | seller; vendor | **Detail~** | retailer | **Wieder~** | reseller.
Verkäufer *m* Ⓑ [Angestellter] | salesman.
Verkäufer *m* Ⓒ [Ladenangestellter] | shop assistant.
Verkäuferin *f* Ⓐ [Veräußerin] | seller; vendor.
Verkäuferin *f* Ⓑ [Angestellte in einem Ladengeschäft] | saleswoman; shopgirl; shop assistant.
Verkäufer..markt *m* | seller's market.
—pfandrecht *n* | vendor's lien.
verkäuflich *adj* Ⓐ [zu verkaufen] | for (on) sale; to be sold | **un~; nicht ~** | not for sale; not to be sold.
verkäuflich *adj* Ⓑ [absetzbar] | saleable; marketable | **gut ~; leicht ~** | easily (readily) sold; easy to sell | **gut (leicht) ~e Ware** | goods which sell well (which have a ready sale) | **schwer ~** | hard (difficult) to sell (to place) | **schwer ~er Artikel** | unsaleable article | **schwer ~ (un~) sein** | to be unsaleable (unmarketable).

Verkäuflichkeit *f* [Absetzbarkeit] | saleableness.
Verkaufs..abrechnung *f* | account sales.
—**abteilung** *f* | sales department.
—**agent** *m* | distributor; selling agent; sales representative (agent).
—**agentur** *f* | sales (selling) agency.
—**angebot** *n* | offer for sale (to sell).
—**auftrag** *m* | order to sell; selling order.
—**ausstellung** *f* | exposition for sale.
—**automat** *m* | selling (vending) machine.
—**bedingungen** *fpl* | sales terms (conditions); terms of sale.
—**berechtigung** *f* | right to sell.
—**beschränkung** *f* | restriction on selling.
—**buch** *n* Ⓐ [Journal] | book of sales; sales book.
—**buch** *n* Ⓑ [Kontokorrentbuch] | sales ledger.
—**büro** *n* | sales (selling) office.
—**erlös** *m* | proceeds *pl* of the sale; sales returns *pl*.
—**eröffnung** *f* | opening of the sale.
verkaufsfähig *adj* | sal(e)able; marketable.
Verkaufs..förderung *f* | sales promotion.
—**genossenschaft** *f* | cooperative selling association.
—**gewandtheit** *f* ! salesmanship.
—**kartell** *n* | sales syndicate (cartel).
—**kommission** *f* | sales (selling) commission.
—**kommissionär** *m* | selling agent.
—**kommissionsgeschäft** *n* | selling agency.
—**kontingent** *n* | sales quota.
—**konto** *n* | sales account.
—**kontor** *n* | sales (selling) office.
—**kontrakt** *m* | sales agreement (contract); contract (bill) of sale.
—**kontrolle** *f* | sales control.
—**kurs** *m* | selling rate; price (rate) asked.
—**lager** *n*; —**niederlage** *f* | sales (distributing) depot.
—**leiter** *m* | sales manager.
—**leitung** *f* | office in charge of sales; sales management.
—**liste** *f* | list of sales.
—**lizenz** *f* | selling license.
—**lokal** *n* | sales room.
—**makler** *m* | selling broker.
—**methode** *f* | selling method.
—**monopol** *n* | monopoly of sale; sales monopoly.
—**offerte** *f* | offer to sell.
—**option** *f* | option to sell; selling option.
—**order** *f* | order to sell; selling order.
—**organisation** *f* | sales (distributing) organization.
—**personal** *n* | **das** ~ | the sales staff; the salesmen; the salespeople.
—**politik** *f* | sales policy.
—**preis** *m* | sales (selling) price | ~ **ab Fabrik** | factory price; price ex factory | **Klein~** | retail sales (selling) price | **Netto~** | net sales price.
—**provision** *f* | commission on sales; sales (selling) commission.
—**rabatt** *m* | sales discount; rebate on sales.
—**raum** *m* | sales room.
—**rechnung** *f* | account sales; sale invoice.
—**recht** *n* | right to sell.
—**schlager** *m* | bestseller.
—**spesen** *pl*; —**unkosten** *pl* | selling expenses.
—**stand** *m* | stand | **Zeitungs~** | newspaper (news) stand.
—**stelle** *f* Ⓐ [Ort] | place of sale.
—**stelle** *f* Ⓑ | shop; sales (selling) office | **Klein~** | retail shop | ~ **für Postwertzeichen** | shop selling postage stamps | **Tabak~** | tobacconist's shop | **Vor~** | booking office.
—**technik** *f* | sales (selling) technique.

Verkaufs..verbot *n* | prohibition of sale.
—**vergütung** *f* | commission on sales; sales commission.
—**versprechen** *n* | promise to sell.
—**vertrag** *m* | bill (contract) of sale; sales contract (agreement).
—**vertreter** *m* | sales representative; sales (selling) agent | **alleiniger** ~ | sole distributor (agent) | **konzessionierter** ~ | licensed dealer.
—**vertretung** *f* | sales agency.
—**vollmacht** *f* | power to sell.
—**volumen** *n* | sales volume.
—**werbung** *f* | sales publicity.
—**wert** *m* | sales (selling) value.
—**ziffern** *fpl* | sales figures; turnover.
verkauft *part* | **zum Preise von** ... ~ **werden** | to be sold (to sell) (to be priced) at ...
Verkehr *m* Ⓐ | traffic | **Abrechnungs~** | clearing | **Achtung auf den** ~ | attention to the traffic | **Automobil~** | motor traffic | **Bahn~; Eisenbahn~** | railway (rail) traffic | **Binnen~** | inland traffic | **Durchfuhr~; Durchgangs~** | through (transit) traffic | **Einbahn~** | one-way traffic | **Expreßgut~** | express parcel service.
○ **Fahrzeug~** | vehicular traffic | **Fern~** ① | long-distance traffic | **Fern~** ② | trunk traffic | **Fernlast-~** | long-distance road haulage | **Fernsprech~** | telephone service | **Flug~** | air traffic | **Fluglinien~** | scheduled air traffic (services) | **Fluß~** | river traffic | **Fracht~** | freight service | **Frei~** | open market | **Funk~** | radio communications *pl*.
○ **Grenz~** | frontier traffic | **Grundstücks~** | real estate market | **Güter~** | goods (freight) traffic; freight service | **Handel und** ~ | trade and commerce | **Kraft~** | motor (road) traffic | **Land- und See~** | sea and land traffic | **Luft~** | air traffic | **Luftpost~** | air mail service | **Nachrichten~** | telecommunications *pl* | **Orts~** | local traffic | **Passagier~; Personen~** | passenger traffic | **Personenkraft~** | road passenger transport.
○ **Post~** | postal service | **Postzeitungs~** | delivery of newspapers by the mail | **Reise~; Touristen~** | tourist traffic | **Schiffs~** | navigation | **See~** | ocean (maritime) traffic | **Sonntags~** | sunday traffic | **Straßen~** | road traffic | **Tausch~** | exchange | **Transit~** | through (transit) traffic | **Umschlags~** | through traffic | **Waren~** | goods traffic; freight service | **Zahlungs~** | money transfers *pl*.
★ **bargeldloser** ~ | payments by money transfer | **im freien** ~ | in the open market | **starker** ~ | heavy traffic.
★ **den** ~ **aufhalten (behindern)** | to block (to obstruct) the traffic | **etw. in** ~ **bringen** | to put sth. into circulation; to circulate sth. | **den** ~ **durcheinander bringen** | to dislocate the traffic | **den** ~ **regeln** | to direct (to control) the traffic | **etw. außer** ~ **setzen; etw. aus dem** ~ **ziehen** | to withdraw sth. from circulation | **eine Straße dem** ~ **übergeben** | to open a road for traffic | **den** ~ **umleiten** | to divert the traffic.
Verkehr *m* Ⓑ [intimer ~] | intercourse | **Geschlechts~** | sexual intercourse | **außerehelicher** ~ | illegitimate intercourse | **ehebrecherischer** ~ | adulterous intercourse | **ehelicher** ~ | conjugal intercourse | **vorehelicher** ~ | antenuptial intercourse | **mit jdm.** ~ **haben** | to have sexual intercourse with sb.
verkehren *v* Ⓐ | **mit jdm.** ~ | to keep company (to entertain relations) with sb.
verkehren *v* Ⓑ [geschlechtlich ~] | **mit jdm.** ~ | to have sexual intercourse with sb.

Verkehrs..abgaben *fpl* | duties on traffic.
—**ampel** *f* | traffic light(s) (signal).
—**amt** *n* Ⓐ; —**abteilung** *f*; —**dezernat** *n* | traffic (transportation) department.
—**amt** *n* Ⓑ; —**büro** *n* | tourist (travel) office (agency).
—**anlagen** *fpl* | transport installations.
—**anstalt** *f* | transporting enterprise | **öffentliche** ~ | common carrier.
—**ausweis** *m* | traffic returns *pl.*
—**bedürfnisse** *npl* | traffic needs (requirements).
—**behinderung** *f* | obstruction of traffic.
—**betrieb** *m* | transporting enterprise | **die öffentlichen** ~e | public transports.
—**delikt** *n* | motoring offense.
—**dichte** *f* | density of traffic.
—**durcheinander** *n* | dislocation (disorganization) of traffic.
—**einnahmen** *fpl* | traffic receipts.
—**einrichtungen** *fpl* | transport facilities.
verkehrsfähig *adj* | negotiable.
Verkehrs..fähigkeit *f* | negotiability.
—**flugzeug** *n* | commercial (passenger) airplane; airliner.
—**gesellschaft** *f* | public transport company.
—**hindernis** *n* | obstruction (interruption) of traffic; traffic hold-up.
—**knotenpunkt** *m* | traffic junction.
—**kontrolle** *f* | traffic control.
—**licht** *n* | traffic light.
—**luftfahrt** *f* | commercial aviation.
—**minister** *m* | Minister of Transports.
—**ministerium** *n* | Ministry of Transports.
—**mittel** *n* | means of communication | **mit öffentlichen** ~n | by public transport.
—**ordnung** *f*; —**vorschriften** *fpl* | traffic regulations *pl.*
—**papier** *n* | negotiable instrument.
—**polizei** *f* | traffic (road) police.
verkehrspolizeilich *adj* | ~e **Übertretung** | traffic violation.
Verkehrs..polizist *m*; —**schutzmann** *m* | traffic policeman.
—**regelung** *f* | traffic regulation (control).
—**sicherheit** *f* | safety of traffic; road safety.
—**signal** *n* | traffic signal (sign).
—**sitte** *f* | usage | **nach der** ~ | according to usage.
—**spitze** *f* | traffic peak.
—**statistik** *f* | traffic returns *pl.*
—**steuer** *f* | tax on transactions (on transfer of property); transfer duty.
—**stauung** *f*; —**stockung** *f* | block of vehicles; congested traffic; traffic jam.
—**störung** *f* | obstruction (interruption) of traffic; traffic hold-up.
—**streife** *f* | traffic patrol.
—**teilnehmer** *m* | road user.
—**umleitung** *f* | diversion of traffic.
—**unfall** *m* | traffic accident | **Straßen**~ | road (road traffic) accident.
—**unternehmen** *n* | transport (carrier's) business | **Kraft**~ | road transport undertaking | **öffentliches** ~ | common carrier.
—**verein** *m* | tourist association.
—**verhältnisse** *npl* | traffic conditions.
—**vorschriften** *fpl* | traffic regulations.
—**weg** *m* | way of communication.
—**werbung** *f* | tourist (travel) publicity.
—**wert** *m* | current market (commercial) value.
—**wesen** *n* | **das** ~ | the traffic; the transports *pl.*
—**zählung** *f* | traffic census.
—**zeichen** *n* | traffic signal; road sign.

Verkehrsziffern *fpl* | traffic returns *pl.*
verkennen *v* | **die Tatsachen** ~ | to fail to recognize the facts | **die Tatsachen nicht** ~ | to be aware of the facts | **etw. nicht** ~ | to appreciate sth. fully; to be fully aware of sth.
Verkennung *f* | ~ **der Tatsachen** | misconstruction of the facts.
Verkettung *f* | ~ **von Umständen** | chain of events.
verklagen *v* | **jdn.** ~ | to sue sb.; to bring suit (an action) against sb.; to take legal proceedings against sb. | **jdn. wegen Beleidigung** ~ | to sue sb. for libel (for slander); to bring an action for libel (for slander) against sb. | **jdn. wegen Patentverletzung** ~ | to sue sb. for patent infringement; to bring an action against sb. for infringement of patent | **jdn. wegen Rechtsverletzung** ~ | to sue sb. for infringement | **jdn. auf Schadenersatz** ~ | to sue sb. for damages; to bring a damage suit (an action for damages) against sb. | **jdn. auf Unterlassung** ~ | to sue sb. to restrain interference | **jdn. erneut** ~ | to sue sb. again.
verklaren *v* | to make a sea protest.
Verklarung *f* | sea (ship's) (captain's) protest.
Verklarungsakte *f* | deed of sea protest.
verklausulieren *v* | **etw.** ~ | to hedge sth. in by clauses | **einen Vertrag** ~ | to put hedge clauses into a contract.
verklausuliert *adj* | garded (hedged in) by clauses; hedged in.
Verklausulierung *f* | garding [sth.] by clauses.
Verknappung *f* | shortage; scarcity | **Devisen**~ | shortage of foreign currency | **Geld**~ | tightness of money (of the money market) | **Material**~ | scarcity of material | **Waren**~ | shortage of goods.
verkörpern *v* | to embody.
Verkörperung *f* | embodiment.
verköstigen *v* | **jdn.** ~ | to board sb.; to give sb. board.
verkünden *v* Ⓐ [offiziell mitteilen] | to announce | **jdm. den Streit** ~ | to give sb. third-party notice | **ein Urteil** ~ | to pronounce (to deliver) judgment.
verkünden *v* Ⓑ [veröffentlichen] | to publish; to make public | **ein Gesetz** ~ | to promulgate a law.
Verkündung *f* Ⓐ [offizielle Mitteilung] | announcement | **Streit**~ | third-party notice | ~ **des Urteils**; **Urteils**~ | pronouncing of judgment; delivering judgment.
Verkündung *f* Ⓑ [Veröffentlichung] | publication; proclamation; public announcement | ~ **eines Gesetzes** | promulgation of a law.
Verkündungs..termin *m* | court hearing at which judgment is pronounced.
—**vermerk** *m* | notice that [the judgment] has been pronounced.
verkürzen *v* | to shorten; to reduce; to curtail | **die Arbeitszeit** ~ | to shorten working hours | **jdn. in seinen Rechten** ~ | to curtail sb.'s rights.
verkürzt | shortened; curtailed | ~e **Arbeitszeit** | short time.
Verkürzung *f* | shortening; reduction; curtailment; curtailing | **Arbeitszeit**~ | shortening of working hours.
Verlade..bestimmungen *fpl* | loading regulations.
—**gebühr(en)** *fpl* | loading charges.
Verladen *n* | lading; shipping; shipment.
verladen *v* | to load; to ship | **auf Deck** ~ | to ship on deck.
Verlade..papiere *npl* | shipping documents.
—**schein** *m* | shipping bill; bill of lading; consignment note.
Verlader *m* | shipper; shipping agent.

Verladung *f* | loading; shipping; shipment | ～ **auf Deck** | shipment on deck; deck shipment | **Nachweis der** ～ | evidence of shipment.
Verladungs..gebühren *fpl*; —**kosten** *pl*; —**spesen** *pl* | shipping (forwarding) (loading) charges (expenses).
—**papiere** *npl* | shipping documents.
—**schein** *m* | bill of lading; shipping bill.
—**ort** *m* | place of shipment.
Verlag *m* Ⓐ [Veröffentlichung] | ～ **eines Buches** | publication (publishing) of a book | **ein Buch in** ～ **nehmen** | to publish a book; to unterdake the publication of a book.
Verlag *m* Ⓑ [Verlagsfirma; Verlagshaus] | publishing firm (house); firm of publishers.
Verlags..agent *m* | literary agent.
—**agentur** *f* | literary agency.
—**anstalt** *f*; —**buchhandlung** *f*; —**haus** *n* | publishing house (firm); firm of publishers.
—**buchhandel** *m*; —**geschäft** *n* | publishing trade (business).
—**buchhändler** *m* | publisher.
—**katalog** *m*; —**liste** *f* | publisher's catalogue; list of publications.
—**kosten** *pl* | publishing expenses; cost of publication.
—**lektor** *m* | publisher's reader.
—**ort** *m* | place of publication.
—**preis** *m* | publishing price.
—**recht** *n* Ⓐ | **das** ～ | the law(s) relating to publications; copyright law.
—**recht** *n* Ⓑ | right to publish; copyright | **das** ～ **besitzen** | to own the copyright; to be the copyright owner.
verlagsrechtlich *adv* | ～ **geschützt** | under (protected by) copyright; copyrighted.
Verlags..rechtsinhaber *m* | copyright owner.
—**unternehmen** *n* | publishing house (company).
—**vertrag** *m* | publishing contract.
—**werk** *n* | published work; publication.
—**wesen** *n* | **das** ～ | the publishing (bookselling) (book) trade.
verlagern *v* | **eine Industrie** ～ | to relocate an industry | **Wertgegenstände** ～ | to remove objects of value to a place of safety.
Verlagerung *f* | removal | ～ **einer Industrie** | relocation of an industry.
Verlangen *n* | request; demand | **Muster auf** ～ | samples sent on request | **Preisangabe (Preisliste) auf** ～ | prices on application.
★ **auf eigenes** ～ | at one's own request | **auf sein ernstes** ～ | at his earnest request | **auf** ～ **rückzahlbar** | repayable on demand | **zahlbar auf** ～ | payable on demand (at sight).
★ **auf jds.** ～ **handeln** | to act on sb.'s request | **einem** ～ **nachkommen** | to grant a request (an application); to accede to (to comply with) a request | **an jdn. ein** ～ **stellen** | to make a request to sb. | **auf** ～ ① [auf Antrag] | on demand; on request; on application | **auf** ～ ② [bei Vorzeigung] | on presentation; at sight | **auf** ～ **von** | on the demand of; at (on) the request of.
verlangen *v* | to require; to claim; to demand | **die Aufhebung** ～; **die Annullierung** ～ | to demand the annulment; to ask for an annulment | **eine Entschuldigung** ～ | to demand (to call for) an apology | **Entschädigung** ～; **Schadenersatz** ～ | to claim damages | **Unmögliches** ～; **das Unmögliche** ～ | to demand the impossible | **die Vorlage von Urkunden** ～ | to call for production of documents | **etw. wieder** ～ | to ask for sth. again | **etw. zurück**～ | to claim (to ask) sth. back | **zu viel** ～ | to ask too much.

★ **etw. von jdm.** ～ | to ask sb. (to call upon sb.) for sth.; to demand sth. from sb. | **von jdm.** ～, **etw. zu tun** | to ask (to request) sb. to do sth.
verlängern *v* | to prolong; to extend | **ein Abonnement** ～ | to renew a subscription | **eine Frist** ～ | to extend a period | **die Gültigkeitsdauer einer Fahrkarte** ～ | to extend a ticket | **einen Mietsvertrag** ～; **einen Pachtvertrag** ～ | to renew a lease | **einen Paß** ～ | to renew a passport | **ein Patent** ～ | to renew a patent | **einen Wechsel** ～ | to prolong (to renew) a bill (a bill of exchange) | **zu** ～ | extensible.
verlängert | *part* | ～ **werden** | to be prolonged (extended) **stillschweigend** ～ **werden** | to be renewed implicitly (automatically).
Verlängerung *f* | prolongation; extension | ～ **eines Abonnements** | renewal of a subscription | **Antrag auf** ～ | application (demand) for (for an) extension | ～ **der Arbeitszeit** | extension of working hours | **Aufenthalts**～ | lengthening of a stay | ～ **einer Frist; Frist**～ | extension of a term (of time) (of a period); time extension | ～ **der Gültigkeitsdauer (der Laufzeit); Laufzeit**～ | extension of validity | ～ **eines Kredits (Kreditbriefes)** | extension of credit | ～ **eines Mietsvertrages** | renewal of a lease | **stillschweigende** ～ **eines Mietsvertrages** | tacit renewal of lease; renewal of a lease by tacit agreement | **Patent**～; ～ **der Patentdauer** | extension of a patent (of the life of a patent) | **Urlaubs**～ | extension of leave; prolongation of a leave of absence | ～ **eines Wechsels** | renewal (prolongation) of a bill of exchange | **in** ～ **von** | in prolongation of.
verlängerungsfähig *adj* | renewable.
Verlängerungs..antrag *m* | application (demand) for (for an) extension.
—**klausel** *f* | prolongation clause.
—**police** *f* | extension (renewal) policy.
—**zeitraum** *m* | term (period) of extension.
verlangsamen *v* | to slow down.
Verlangsamung *f* | slowdown; deceleration.
Verlassen *n* | desertion; abandon | **böswilliges** ～; **bösliches** ～ | wilful desertion; malicious abandonment | **böswilliges** ～ **der Familie** | desertion of wife and children; abandonment of one's family.
verlassen *v* Ⓐ | **sich auf jdn.** ～ | to rely (to count) (to depend) on (upon) sb.
verlassen *v* Ⓑ | to desert; to abandon | **jdn. böslich (böswillig)** ～ | to desert sb. wilfully (maliciously) | **seine Familie böslich** ～ | to desert one's family | **seinen Posten** ～ | to abandon one's post | **das Schiff** ～ | to abandon ship.
Verlassenschaft *f* Ⓐ [Nachlaß] | property left; inheritance; estate.
Verlassenschaft *f* Ⓑ [S] [die Hinterbliebenen] | **die** ～ | the survivors *pl*; the surviving dependents *pl*.
verläßlich *adj* | reliable; dependable.
Verläßlichkeit *f* | reliability; dependability.
Verlassung *f* | desertion | **bösliche** ～; **böswillige** ～ | wilful (malicious) desertion.
Verlaub *m* | **mit** ～ | with your permission.
Verlauf *m* Ⓐ | course | **Grenz**～ | course of the frontier | ～ **der Wahl(en); Wahl**～ | course of the election(s).
Verlauf *m* Ⓑ [Entwicklung] | development.
verlaufen *v* | to pass | **ruhig** ～ | to pass quietly.
verlautbaren *v* | to divulge.
Verlautbarung *f* | publication | **Regierungs**～ | government communiqué | **amtliche** ～ | official announcement.
verlegen *v* Ⓐ [an einen anderen Ort ～] | to remove | **seinen Wohnsitz** ～ | to move; to move one's residence to some other place.

verlegen *v* Ⓑ [auf einen anderen Zeitpunkt ⏦] | to postpone; to adjourn | **eine Sitzung** ⏦ | to adjourn a meeting | **einen Termin** ⏦ | to postpone a date.

verlegen *v* Ⓒ [herausgeben] | to edit (to publish) a book | **eine Zeitung** ⏦ | to publish (to edit) a newspaper.

verlegen *v* Ⓓ | **sich** ⏦ **auf** | to resort to; to take resort to | **sich auf Ausflüchte** ⏦ | to resort to subterfuges | **sich aufs Leugnen** ⏦ | to resort to denials.

verlegen *v* Ⓔ | **etw.** ⏦ | to misplace sth.

Verlegenheit *f* | embarrassement; difficulty; inconvenience | **Geld⏦; finanzielle** ⏦ | financial difficulty | **jdn. in** ⏦ **bringen** | to embarrass (to inconvenience) sb.

Verleger *m* | editor; publisher | **Kunst⏦** | art publisher | **Zeitungs⏦** | newspaper editor (publisher).

Verleger..firma *f* | publishing firm (house); firm of publishers.

—**verband** *m* | association of publishers.

verlegt *part* Ⓐ | misplaced.

verlegt *part* Ⓑ [veröffentlicht] | ⏦ **bei** | published (edited) by.

Verlegung *f* Ⓐ | removal | **Wohnsitz⏦** | removal; transfer of domicile.

Verlegung *f* Ⓑ [Termins⏦] | postponement; adjournment.

Verlegungskosten *pl* | removal expenses.

Verleih *m* Ⓐ [das Verleihen] | renting | **Film⏦** | film renting.

Verleih *m* Ⓑ [Verleihanstalt] | hiring business.

verleihen *v* Ⓐ [gewähren] | to grant | **jdm. ein Recht** ⏦ | to grant sb. a right (a right to sb.); to vest sb. with a right.

verleihen *v* Ⓑ | to confer; to bestow | **jdm. einen Titel** ⏦ | to bestow (to confer) a title on (upon) sb.

verleihen *v* Ⓒ [ausleihen] | to lend; to loan | **Geld** ⏦ | to lend money | **gegen Pfand** ⏦ | to lend against security.

verleihen *v* Ⓓ [vermieten] | to hire out; to let out.

Verleiher *m* Ⓐ | lender | **Geld⏦** | moneylender.

Verleiher *m* Ⓑ [Vermieter] | hirer out | **Film⏦** | film renter.

Verleih..gebühr *f* | lending fee.

—**geschäft** *n*; —**institut** *n* | lending business.

Verleihung *f* Ⓐ [Gewährung] | concession; grant(ing) | ⏦ **Konzession** | grant(ing) of a concession | **Land⏦** | concession (grant) of land | **Patent⏦** | grant (issuance) of the patent | ⏦ **eines Rechts** | grant(ing) of a right | **staatliche** ⏦ | state grant.

Verleihung *f* Ⓑ | conferment; bestowal | ⏦ **einer Auszeichnung** | awarding of a decoration | ⏦ **eines akademischen Grades** | conferment of an academic degree | ⏦ **eines Preises** | awarding a prize | ⏦ **eines Titels** | conferment of a title | ⏦ **einer Würde** | bestowal (bestowment) of a dignity | **nachträgliche** ⏦ | posthumous award.

Verleihung *f* Ⓒ [Verleihen; Ausleihen] | lending; loaning.

Verleihung *f* Ⓓ [Vermietung] | letting out; hiring out.

Verleihungsurkunde *f* | charter.

verleiten *v* | **jdn. zum Meineid** ⏦ | to suborn sb. | **einen Zeugen** ⏦ | to suborn (to bribe) a witness | **jdn. zu etw.** ⏦; **jdn. dazu** ⏦, **etw. zu tun** ⏦ | to incite (to entice) (to seduce) sb. to sth. (to do sth.).

Verleitung *f* | seduction | ⏦ **zum Meineid; Meineids⏦** | subornation of perjury.

Verlesen *n* | reading | **beim** ⏦ **von etw.** | when reading sth.

verlesen *v* | **etw.** ⏦ | to read sth.; to read out sth. | **die Anklage** ⏦; **die Anklageschrift** ⏦ | to read the in-

dictment | **einen Bericht** ⏦ | to read a report | **die Namen** ⏦ | to make a roll call | **das Protokoll** ⏦ | to read the minutes.

Verlesung *f* | reading | ⏦ **der Namen** | roll call | ⏦ **des Protokolls** | reading the minutes | **etw. zur** ⏦ **bringen** | to read sth.; to read out sth. | **nach** ⏦ | upon reading.

verletzen *v* Ⓐ [verwunden] | **jdn. körperlich** ⏦ | to injure sb.

verletzen *v* Ⓑ | to violate | **eine Abmachung** ⏦ | to break an agreement (a contract); to commit a breach of contract | **einen Eid** ⏦ | to violate an oath | **die Heiligkeit des Eides** ⏦ | to violate the sanctity of the oath | **jds. Eigentum** ⏦ | to trespass upon sb.'s property | **das Gesetz** ⏦ | to infringe (to violate) the law | **die Grenze** ⏦ | to violate the frontier | **ein Patent** ⏦ | to infringe a patent | **seine Pflicht** ⏦ | to break (to violate) one's duty; to fail in one's duty | **jds. Rechte** ⏦ | to infringe (to encroach) upon sb.'s rights | **eine Regel** ⏦ | to infringe (to violate) a rule; to break a rule | **ein Siegel** ⏦ | to break a seal | **einen Vertrag** ⏦ | to violate a contract (an agreement); to commit a breach of contract | **ein Warenzeichen** ⏦ | to infringe a trade-mark.

Verletzer *m* | infringer; infringing party; violator | **Gesetzes⏦** | breaker (infringer) (transgressor) of the law; lawbreaker.

Verletzte *m* oder *f* | **der** ⏦; **die** ⏦ | the injured; the injured party.

Verletzung *f* Ⓐ [Körper⏦] | personal (bodily) injury | **tödliche** ⏦ | fatal injury.

Verletzung *f* Ⓑ | breach; violation; infringement; infringing | ⏦ **der Aufsichtspflicht** | neglect of control duty | ⏦ **der Bedingungen;** ⏦ **der Bestimmungen** | breach of the conditions; violation of the covenants | ⏦ **des Berufsgeheimnisses** | breach of professional secrecy | ⏦ **der Berufspflicht** | professional misconduct | ⏦ **des Briefgeheimnisses** | violation of the secrecy of letters | **Ehr⏦** | breach of hono(u)r | **Eides⏦;** ⏦ **der Eidespflicht** | violation of one's oath | **Garantie⏦;** ⏦ **der Gewährspflicht** | breach of warranty | **Gebiets⏦** | territorial violation | ⏦ **der Geheimhaltungspflicht** | breach of professional secrecy. ○ **Gesetzes⏦** | violation (infringement) (breaking) of the law | **Grenz⏦** | violation of the border | **Neutralitäts⏦** | violation of neutrality | **Patent⏦** | patent infringement; infringement of a patent (of patents) (of patent rights) | **Pflicht⏦** | breach (infringement) (violation) of duty | **Rechts⏦** | infringement of rights; infringement | ⏦ **der Rechte Dritter** | infringement of the rights of third parties | ⏦ **der Regeln** | breach (breaking) of the rules | ⏦ **der Treupflicht** | breach of trust. ○ **Urheberrechts⏦** | infringement of copyright; copyright infringement | ⏦ **der Vereinbarungen** | breach of the conditions; violation of the covenants | ⏦ **der Verkehrsvorschriften** | traffic violation | **Vertrags⏦;** ⏦ **eines Vertrages** | breach (violation) (infringement) of a treaty; breach of contract (of an agreement) | ⏦ **der Vorschriften** | breach (violation) of the regulations | **Warenzeichen⏦** | infringement of a trade-mark; trade-mark infringement. ★ **gemeinsame** ⏦; **gemeinschaftliche** ⏦ | contributory infringement | **krasse** ⏦; **schwere** ⏦ | gross (flagrant) violation | **strafbare** ⏦ | punishable offense | **unter** ⏦ **von** | in violation of.

Verletzungs..absicht *f* Ⓐ | intention to damage (to cause damage); intent to harm.

—**absicht** *f* Ⓑ | malice | **in** ⏦; **mit** ⏦ | with malice; maliciously.

Verletzungs..handlung *f* | unlawful (wrongful) act; malfeasance; tort.

—**prozeß** *m* | infringement suit (proceedings *pl*).

verleumden *v* | jdn. ∼ | to slander (to calumniate) sb.

Verleumder *m* | slanderer; calumniator.

verleumderisch *adj* | slanderous; calumnious; defamatory | ∼e **Beleidigung** | slander(ing); slander and libel | in ∼er **Weise** | slanderously.

Verleumdung *f* | slander; calumny; calumniation; defamation.

Verleumdungs..feldzug *m* | smear(ing) campaign.

—**klage** *f* | libel action (suit).

Verlieren *n* | ∼ von Kunden | loss of custom(ers) | ∼ eines Prozesses | losing a lawsuit.

verlieren *v* | to lose | ... **Dollars** ∼ | to lose (to have a loss of) ... dollars | **seinen Prozeß** ∼ | to lose one's lawsuit | **ein Recht** ∼ | to lose a right | **seine Stellung** ∼ | to lose one's job (one's employment) | **an Wert** ∼ | to lose in value; to depreciate | **ohne Zeit zu** ∼ | without loss of time; without losing any time | **nichts zu** ∼ **haben** | to stand to lose nothing.

Verlierer *m* | loser | **der** ∼ **sein** | to be a loser.

verloben *v* | sich mit jdm. ∼ | to become engaged to sb.

Verlöbnis *n* | engagement; betrothal | **Auflösung des** ∼**ses** | breaking off of the engagement; dissolution of the betrothal | **vom (von einem)** ∼ **zurücktreten** | to break off an engagement.

Verlöbnisbruch *m* | breach of promise.

verlobt *adj* | engaged to be married; betrothed.

Verlobte *f* | betrothed; fiancée.

Verlobter *m* | betrothed; fiancé.

Verlobung *f* | engagement; betrothal | **Aufhebung (Auflösung) einer** ∼ | breaking off of an engagement | **eine** ∼ **auflösen (aufheben)** | to break off an engagement.

Verlobungs..anzeige *f* | announcement of [sb.'s] engagement.

—**ring** *m* | engagement ring.

—**tag** *m* | day of engagement.

verloren *adj* | ∼e **Packung** | non-returnable container | **eine** ∼e **Sache vertreten** | to defend a lost cause | **ein** ∼es **Spiel spielen** | to play a losing game | ∼e **Zuschüsse** | non-repayable subsidies.

verloren *part* | etw. ∼ **geben (als** ∼ **betrachten)** | to give up for lost (as lost).

verlorengehen *v* | to get lost.

verlosbar *adj* [durch Auslosung rückzahlbar] | redeemable (repayable) by drawings (by drawing lots).

verlosen *v* | to draw by lots.

verlost *adj* [ausgelost] | drawn; drawn by lot(s).

Verlosung *f* Ⓐ [Ziehung; Auslosung] | drawing; drawing by lots.

Verlosung *f* Ⓑ [Lotterie] | lottery; drawing of a lottery.

Verlust *m* | loss | ∼ **an Ansehen** | loss of reputation | **Bar**∼; **Geld**∼ | loss of money (of cash); net (pecuniary) loss | **Betriebs**∼; **Geschäfts**∼ | operating (trading) (business) loss | **Bilanz**∼; **in der Bilanz ausgewiesener** ∼ | loss shown on (in) the balance sheet | ∼e **an der Börse; Börsen**∼e | loss at the exchange | **Brutto**∼ | gross loss | ∼ **der bürgerlichen Ehrenrechte** | loss (deprivation) of civic rights; civil degradation | **Gesamt**∼ | total loss | **Gewichts**∼ | loss (deficiency) of weight; short-weight; underweight.

○ **Gewinn und** ∼ | profit and loss | ∼ **durch allgemeine Havarie** | loss by general average; general average loss | **Kapital**∼ | loss of capital | ∼ **aus Kapitalanlagen** | loss on investments | **Konjunktur**∼; ∼ **aus Konjunkturänderungen** | loss from market risks (fluctuations) | **Kurs**∼; ∼ **durch Kursschwan-**

kungen | loss on exchange | ∼ **(**∼e**) an Menschenleben** | loss of life; losses in human lives | **Netto**∼; **Rein**∼ | net loss | **Prestige**∼ | loss of prestige | **Produktions**∼ | loss of production (of output); production loss.

○ **Rechts**∼; ∼ **eines Rechts** | loss of right(s) | ∼ **an Schiffsraum; Tonnage**∼ | tonnage loss | ∼ **auf See** | marine loss; loss at sea | **Substanz**∼ | loss of substance | **Teil**∼ | partial loss | **Total**∼ | total loss | **Verkauf mit** ∼ | sale at a loss (at a sacrifice) | **bei Vermeidung des** ∼**s** | under penalty of forfeiture | **Wechsel**∼ | loss on exchange | **Zeit**∼ | loss of time; lost time.

★ **einen** ∼ **aufweisend; mit** ∼ **abschließend** | showing a loss | **beträchtlicher (empfindlicher) (großer) (schwerer)** ∼ | considerable (heavy) (severe) loss | **buchmäßiger** ∼ | book (accounting) loss | **drohender** ∼ | imminent loss | **reiner** ∼ | net loss | **schwere** ∼e **erleiden** | to suffer (to sustain) heavy losses | **mit schweren** ∼**en** | at heavy sacrifice | **uneinbringlicher** ∼; **unersetzlicher** ∼ | irrecoverable (irretrievable) loss | **unermeßlicher** ∼ | incalculable loss | **vorgetragener** ∼ | loss brought forward from previous account.

★ **mit** ∼ **abschließen; einen** ∼ **ausweisen** | to show (to make) a loss | **einen** ∼ **abschreiben (abbuchen)** | to write off a loss | **mit** ∼ **arbeiten** | to operate at a loss | **am** ∼ **beteiligt sein; sich am** ∼ **beteiligen** | to participate in the loss | **seine** ∼e **wieder ausgleichen** | to make up one's losses | **einen** ∼ **decken (abdecken)** | to cover (to make up) a loss | **einen** ∼ **ergeben** | to result in (to show) a loss | **einen** ∼ **erleiden** | to suffer (to incur) (to meet with) a loss | ∼e **erleiden (machen)** | to suffer (to sustain) losses | **einen** ∼ **ersetzen (wieder gutmachen) (wieder einbringen)** | to cover (to make good) a loss | **den** ∼ **tragen** | to bear the loss | **etw. mit** ∼ **verkaufen** | to sell sth. at a loss (at a sacrifice) | **den** ∼ **vortragen** | to carry forward the loss.

★ **bei** ∼ | in case of loss | **bei** ∼ **von** | under penalty of forfeiture | **mit** ∼; **unter** ∼ | at (with) a loss; with a deficit.

Verlust..abschluß *m*; —**bilanz** *f* | balance sheet showing a loss.

—**anzeige** *f* | loss report.

—**betrieb** *m* | operation at a loss; money-losing operation.

verlustbringend *adj* | involving a loss; detrimental | **ein** ∼**er Abschluß** | a losing bargain.

Verlustfall *m* | **im** ∼; **bei Eintritt des** ∼**es** | in case (in the event) of loss.

Verlustgeschäft *n* | losing transaction.

verlustig *adv* | jdn. eines Anspruches für ∼ **erklären** | to declare sb.'s claim to be forfeited | **eines Rechts** ∼ **gehen (für** ∼ **erklärt werden)** | to lose (to forfeit) a right; to be declared forfeited of a right | **seiner Staatsbürgerschaft für** ∼ **erklärt werden** | to be deprived of one's nationality.

Verlust..jahr *n* | year which closes (closed) with a deficit.

—**liste** *f* | casualty list; death roll.

—**konto** *n* | loss account.

—**preis** *m* | losing price.

—**rechnung** *f* | **Gewinn- und** ∼ | profit and loss account.

—**reserve** *f* | loss reserve.

—**rücktrag** *m* [zwecks Rückerstattung bezahlter Steuern] | loss carry-back.

—**saldo** *m* | balance deficit.

—**verhütung** *f* | loss prevention.

—**vortrag** *m* | loss brought forward from previous account.

vermachen *v* | **jdm. etw. ~ (testamentarisch ~)** | to bequeath (to leave) sth. to sb.; to leave sth. by will to sb.

vermacht *part* | bequeathed.

Vermächtnis *n* | legacy; bequest | **Anfall des (eines) ~ses** | devolution of the (of a) legacy | **Aussetzung eines ~ses** | bequeathal; bequeathment | **Ersatz~** | reversionary legacy | **Gesamt~** | residuary bequest | **Nach~** | residuary legacy | **Schulderlaß durch ~** | remission of a debt by request | **Sonder~; Stück~** | specific legacy (bequest) | **Voraus~** | preferential legacy | **Wahl~** | alternative legacy | **gemeinsames ~** | joint legacy | **wohltätiges ~** | charitable bequest. ★ **ein ~ ausrichten** | to discharge (to pay off) a legacy | **jdm. ein ~ aussetzen; jdn. mit einem ~ bedenken** | to make a bequest to sb.; to leave a legacy to sb. | **jdm. etw. als ~ hinterlassen** | to leave (to bequeath) sth. to sb. | **etw. mit einem ~ beschweren** | to encumber sth. with a legacy.

Vermächtnis..anfall *m* | devolution of the (of a) legacy.

—**erbe** *m* | legatee; devisee.

—**nehmer** *m* | legatee; devisee | **General~** | sole (universal) (general) legatee; sole (residuary) devisee | **Nach~** | reversionary (residuary) legatee | **Sonder~** | special (specific) legatee.

—**steuer** *f* | legacy duty.

Vermachung *f* | **testamentarische ~** | disposal by will.

vermählen *v* | **sich ~** | to marry; to get married.

Vermählung *f* | marriage.

Vermählungsanzeige *f* | notice of marriage.

vermarken *v* | to mark out: to set boundary marks.

Vermarkung *f* | marking out.

Vermarktung *f* [S] | marketing.

vermehren *v* | to increase; to augment | **sein Vermögen ~** | to increase (to enlarge) one's fortune | **sich um ... ~** | to increase by ...

vermehrt *adj* | **~e und verbesserte Ausgabe (Auflage)** | enlarged and improved edition.

Vermehrung *f* | increase; increasing; augmentation.

vermeidbar *adj*; **vermeidlich** *adj* | avoidable.

vermeiden *v* | **~, etw. zu tun** | to avoid doing sth.

Vermeidung *f* | avoidance | **bei ~ von** | under penalty of | **bei ~ des Ausschlusses** | under penalty of foreclosure.

vermeintlich *adj* | supposed; presumed; presumptive.

Vermerk *m* | note | **Anerkennungs~** | acknowledgment | **Beglaubigungs~; Bestätigungs~; Beurkundungs~** | authentication | **Dienst~** | service (official) note | **Domizil~** | address for payment | **Eingangs~** | notice (date) of receipt | **Eintragungs~** | note of entry | **Genehmigungs~** | note of approval | **Hypothekenlöschungs~** | entry of satisfaction of mortgage | **Kontroll~; Prüfungs~** | note of inspection | **Leit~** | routing; direction for routing | **Löschungs~** | notice of cancellation | **~ am Rande; Rand~** | marginal note | **Sicht~** | visa | **Sperr~** | note (notice) "Blocked" | **~ im Strafregister; Strafregister~** | entry in the police record | **Urheberrechts~** | copyright notice | **Verkündungs~** | notice that the judgment has been pronounced | **Zustimmungs~** | note of approval.

vermerken *v* | **etw. ~** | to note (to mention) sth.; to take (to make) note of sth. | **etw. am Rand ~** | to make a note of sth. in the margin; to margin sth.

Vermessen *n* | survey; surveying; land surveying (measuring).

vermessen *v* [Land ~] | to survey; to measure land.

Vermesser *m* | surveyor.

Vermessung *f* | survey; surveying; land surveying.

Vermessungs..amt *n* | land surveying (surveyor's) office.

—**beamter** *m* | land surveyor; surveying officer.

—**gebühren** *fpl*; —**kosten** *pl* | survey charges; surveyor's fees; cost of surveying.

—**protokoll** *n* | verification of survey.

—**schein** *m* | certificate of survey.

—**schiff** *n* | surveying ship; survey vessel.

vermietbar *adj* | rentable; for rent.

Vermieten *n* | letting.

vermieten *v* | to let; to lease; to let on lease | **Haus zu ~** | house to let (to be let) | **ein Haus in Wohnungen ~** | to let off a house into flats | **bezugsfertig zu ~** | to be let with immediate possession.

Vermieter *m* | lessor; landlord | **~ und Mieter** | landlord and tenant | **~ möblierter Wohnungen** | landlord of furnished apartments (rooms).

Vermieterin *f* | landlady.

Vermieterpfandrecht *n* | lien.

Vermietung *f* | letting; leasing.

Vermietungs..agent *m* | housing agent.

—**büro** *n* | letting office.

vermindern *v* | to diminish; to reduce | **seine Ausgaben ~** | to reduce (to cut down) (to curtail) one's expenses | **das Kapital ~** | to reduce the capital | **das Personal ~** | to reduce the staff.

Verminderung *f* | diminution; reduction; decrease | **~ der Ausgaben** | reduction (cutting down) (curtailing) of expenses | **Kapital~** | reduction of capital; capital reduction | **Personal~** | reduction of staff.

Vermischtes *n* | miscellaneous.

vermißt *part* | **~ werden** | to be missing.

Vermißte *m* | missing person | **die ~n** | the missing *pl.*

vermitteln *v* | to mediate; to intervene; to interpose; to act as intermediary | **eine Anleihe ~** | to negotiate a loan.

vermittelnd *adj* | conciliatory; conciliating; mediating; mediatory.

vermittels *prep* | by way of; by means of; through.

Vermittler *m* Ⓐ | intermediary; intermediator; middleman; go-between; negotiator | **Heirats~** | matrimonial agent; marriage agent (broker) | financial agent | **„Vermittler verbeten"** | "No Agents"! | **als ~** | in the capacity of intermediary | **als ~ auftreten** | to act as intermediary; to intermediate.

Vermittler *m* Ⓑ [Schlichter] | arbitrator; conciliator.

Vermittler..geschäft *n* | agency (middleman's) business.

—**provision** *f* | agent's (broker's) commission; commission fee.

Vermittlung *f* Ⓐ | **Arbeits~; Stellen~** | procurement of work | **Ehe~; Heirats~** | procurement of marriage | **jds. ~ annehmen** | to accept sb.'s good offices | **sich der ~ einer Person bedienen** | to avail os. of sb.'s good offices.

Vermittlung *f* Ⓑ | mediation; intervention; intermediation | **durch jds. ~** | through the medium (agency) (instrumentality) (intermediary) of sb.; through sb.'s good offices.

Vermittlung *f* Ⓒ; **Vermittlungs..büro** *n* Ⓐ [Agentur] | agency | **~ für Büroangestellte** | office agency | **Heirats~** | matrimonial agency | **Stellen~** | employment agency (bureau); domestic agency.

—**büro** *n* Ⓑ [Maklerbüro] | broker's office.

—**amt** *n* [Telephonamt] | telephone exchange; exchange.

—**angebot** *n* | offer of mediation.

—**ausschuß** *m* | mediation committee (board).

—**gebühr** *f* | commission fee; commission; brokerage.

—**geschäft** *n* | agency (middleman's) business.

Vermittlungs..provision f | commission; commission fee.
—**stelle** f Ⓐ [Agentur] | agency.
—**stelle** f Ⓑ [Telephonamt] | telephone exchange.
—**vorschlag** m | proposal for (offer of) a compromise.
vermöge prep | by virtue of; on the strength of.
Vermögen n Ⓐ [Fähigkeit] | ability; capacity; faculty; capability | **Arbeits~** | working capacity; capacity to work | **Fassungs~**; **Lade~** | carrying (cargo) capacity | **Lager~** | storage capacity.
Vermögen n Ⓑ | fortune; property; funds pl | **Aktiv~** | assets pl | **Anlage~** | investment; fixed (trading) (capital) assets pl | **~ von Ausländern**; **Ausländer~** | foreign-owned property (assets) | **Auslands~**; **~ im Ausland** | property (assets) abroad; foreign assets | **Bar~** | cash assets; cash | **Betriebs~** | working (trading) assets (capital); working fund; stock-in-trade; floating (circulating) assets | **jds. Eigen~** | sb.'s own (private) property | **Feind~** | enemy property | **Gesamt~** | total property (assets).
○ **Gesellschafts~** | assets of the company; company assets | **Grund~** | real (real estate) (landed) property | **Mobiliar~** | movable property; personal estate movables; personalty; net personalty | **Mündel~** | orphan (ward) money; trust property | **National~** | national property (wealth) | **Netto~** | actual (net) assest.
○ **Privat~** | personal (private) property; private fortune | **Rein~** | actual (net) assets | **Sach~** | material assets | **Sonder~** | separate estate (property) | **Sorge für das ~** | care (administration) of the property (estate) | **Treuhand~** | trust property (estate) | **Umlaufs~** | circulating (floating) (working) capital (assets) | **Vereins~** | property of the association | **Volks~** | national wealth.
○ **ansehnliches ~** | sizable property (fortune) | **ausländisches ~** | property abroad; foreign assets | **beachtliches ~** | respectable competence | **bewegliches ~** | movable (personal) property; personal estate; personalty; net personalty; goods and chattels; movables | **bewegliches und unbewegliches ~** | personal and real estate; real and personal property | **feindliches ~** | enemy property | **gebundenes ~** | fixed assets | **das gegenwärtige und zukünftige ~** | present and future property | **gesamtes ~** | total property (assets) | **hypothekarisch verpfändbares ~** | mortgageable property | **immaterielles ~** | intangible property | **privates ~** | private (personal) property (assets) | **unbewegliches ~** | real property (estate); real estate property; realty | **ohne pfändbares ~** | void of attachable (seizable) property.
★ **sein ~ anmelden** | to declare (to report) one's property | **ein ~ ansammeln** | to amass a fortune | **ein ~ erben** | to inherit (to succeed to) a fortune | **ein ~ erwerben (machen)** | to make (to realize) a fortune | **sein ~ flüssig machen** | to liquidate one's assets | **mit seinem ganzen ~ haften** | to be liable with all one's assets | **sein ~ vergrößern (vermehren)** | to increase (to enlarge) one's fortune.
vermögend adj Ⓐ [fähig] | capable.
vermögend adj Ⓑ [reich] | wealthy; possessed of ample means; moneyed | **~ sein** | to be well off; to be of means.
Vermögens..abgabe f | capital levy (tax).
—**abtretung** f | assignment of property.
—**anfall** m Ⓐ [Übergang] | passing of an estate.
—**anfall** m Ⓑ [Erwerb] | accession to an estate.
—**angabe** f; —**anmeldung** f | return of one's property.
—**angelegenheiten** fpl | financial affairs (matters).
—**anlage** f | investment; capital investment.

Vermögens..anteil m | share in an estate.
—**anwachs** m | appreciation of assets.
—**aufnahme** f | taking an inventory of one's property.
—**aufsicht** f | control of assets; financial control.
—**aufstellung** f | statement of affairs; summary (account) of assets and liabilities; inventory.
—**auseinandersetzung** f | partition of an estate.
—**ausweis** m | statement of assets.
—**beschlagnahme** f | confiscation (attachment) (distraint) of property.
—**bestand** m | financial status.
—**bestandteil** m | part of the assets.
—**besteuerung** f | taxation of (tax on) property.
—**bewertung** f | evaluation of property.
—**bilanz** f | statement of assets (of affairs).
—**bildung** f | accumulation of capital (of assets); formation of wealth.
—**einbuße** f | property loss; loss of property.
—**einziehung** f; —**konfiskation** f | confiscation of property.
—**erklärung** f | return of one's property.
—**ertrag** m; —**erträge** mpl; —**ertragnis** n; —**erträgnisse** npl | receipts pl from capital; capital earnings pl.
—**erwerb** m | acquisition of property.
—**gegenstand** m | piece of property; asset.
—**interesse** n | property (pecuniary) (financial) interest.
—**konto** n | property account.
—**lage** f | financial position (status).
vermögenslos adj | without means; pennyless.
Vermögens..losigkeit f | absence of assets.
—**masse** f Ⓐ [Gesamtvermögen] | total assets.
—**masse** f Ⓑ [Konkursmasse] | assets of the bankrupt's estate.
—**minderung** f | loss of property; property loss.
—**nachteil** m | financial damage.
—**recht** n | real (property) right.
vermögensrechtlich adj | financial | **~er Anspruch** | financial (money) claim.
Vermögens..schaden m | damage to (loss of) property; financial damage.
—**schätzung** f | valuation of property.
—**schwund** m | dwindling of assets.
—**stand** m | state of fortune; financial situation.
—**status** m | statement of assets and liabilities.
—**steuer** f | property (capital) tax | **~ auf Kapitalvermögen** | tax on capital stock.
——**erklärung** f | property tax declaration.
——**satz** m | rate of property tax.
—**strafe** f | fine.
—**stück** n | piece (article) of property; asset.
—**teil** m | piece of property | **der verfügbare ~** | the disposable portion of an estate (of property).
—**übernahme** f | transfer of property.
—**übersicht** f | summary of assets and liabilities; statement of affairs; inventory.
—**übertragung** f | assignment of property (assets).
—**veräußerung** f | sale of assets.
—**verfall** m | financial collapse | **in ~ geraten** | to become insolvent.
—**verhältnisse** npl | financial (pecuniary) circumstances; financial situation.
—**verlust** m | financial loss (damage); property loss.
—**verschleierung** f | concealment of assets.
—**verteilung** f | distribution of wealth.
—**verwalter** m | trustee; custodian.
—**verwaltung** f | administration of an estate; administration (management) of property | **die ~ anordnen** | to give (to grant) an administration order; to appoint an administrator.

Vermögens..verzeichnis *n* | summary of assets and liabilities; statement of affairs; inventory.

—**vorteil** *m* | pecuniary benefit; capital gain | **rechtswidriger** ~ | unlawful gain | **in der Absicht, sich oder einem andern einen ~ zu verschaffen** | with the intention to procure an unlawful gain to himself or to a third person.

—**wert** *m* Ⓐ [Wert des Vermögens] | value of the property.

—**wert** *m* Ⓑ [Objekt] | piece of property; asset.

—**werte** *mpl* | assets *pl*; capital assets | ~ **einer Gesellschaft** | corporate assets | **ausländische** ~ | foreign assets.

—**zusammenbruch** *m* | financial collapse.

—**zuwachs** *m* | appreciation of assets; capital gain.

—**zuwachssteuer** *f* | capital-gains tax.

vermuten *v* | to presume; to assume; to suppose.

vermutet *adj* | ~**es Verschulden (Mitverschulden)** | presumption of fault.

vermutlich *adj* | presumptive; assumable; presumable | ~**er Erbe** | presumptive heir | ~**er Verlust** | presumptive loss.

vermutlicherweise *adv* | presumptively; presumably.

Vermutung *f* | presumption; supposition | ~ **der Abwesenheit; Abwesenheits**~ | presumption of absence | ~ **der Beiwohnung** | presumption of access | ~ **der Ehelichkeit; Ehelichkeits**~ | presumption of legitimacy | **Gesetzes**~ | presumption of law; statutory presumption | **Lebens**~ | presumption of life | ~ **der Nichtbeiwohnung** | presumption of non-access | **Rechts**~ | presumption of law | ~ **der Richtigkeit; Richtigkeits**~ | presumption of accuracy | **Tatsachen**~ | presumption of fact | ~ **des Todes; Todes**~ | presumption of death | ~ **des Überlebens; Überlebens**~ | presumption of survival.

★ **gesetzliche** ~ | presumption of law | **unwiderlegbare** ~ | non-rebuttable (irrebuttable) presumption | **widerlegbare** ~ | rebuttable presumption.

★ **die** ~ **begründen, daß** | to establish the presumption that | **eine** ~ **entkräften (widerlegen)** | to rebut a presumption | **eine** ~ **umkehren** | to reverse a presumption.

vernachlässigen *v* | to neglect | **seine Pflicht** ~ | to neglect (to be derelict in) one's duty (duties).

Vernachlässigung *f* | neglect(ing) | **Pflicht**~ | neglect (dereliction) of duty | ~ **der Unterhaltspflicht** | neglect to provide maintenance.

Vernehmen *n* | **dem** ~ **nach** | according to accounts (to reports) (to information received).

vernehmen *v* | to interrogate | **jdn. eidlich (unter Eid)** ~ | to cross-examine sb. under oath | **einen Zeugen** ~ | to hear (to cross-examine) a witness | **einen Zeugen kommissarisch (durch einen beauftragten Richter)** ~ | ~ (~ **lassen**) | to hear (to examine) a witness on commission | **Zeugen** *pl* ~ | to hear evidence.

Vernehmer *m* | interrogator; cross-examiner.

Vernehmung *f* | interrogation; cross-examination | ~ **unter Eid; eidliche** ~ | cross-examination under oath | ~ **von Zeugen; Zeugen**~ | hearing (cross-examination) of witnesses | ~ **durch einen beauftragten (ersuchten) Richter; kommissarische** ~ | hearing (examination) by a judge on commission.

vernehmungsfähig *adj* | **in** ~**em Zustande** | in a state of being interrogated.

Vernehmungs..beamter *m*; —**richter** *m* | examining magistrate (judge).

—**protokoll** *n* | record of interrogation.

verneinen *v* | to answer (to reply) in the negative.

verneinend *adj* | negative | ~**e Antwort** | negative answer.

verneinend *adv* | ~ **antworten** | to answer (to reply) in the negative.

Verneinung *f* | denial.

Verneinungsfall *m* | **im** ~ | in the case of a reply in the negative.

vernichtbar *adj* | **durch Anfechtung** ~ | voidable; capable of being adjudged void.

vernichten *v* | to annihilate; to destroy.

vernichtend *adj* | ~**e Kritik** | scathing criticism.

Vernichtung *f* | annihilation; destruction.

Vernichtungs..krieg *m* | war of annihilation.

—**politik** *f* | policy of annihilation.

—**protokoll** *n* | certificate of destruction.

Vernunft *f* | reason.

Vernunft..ehe *f*; —**heirat** *f* | marriage of convenience.

—**gründe** *mpl* | **auf** ~ **hören** | to listen to reason.

vernunftgemäß *adj* | reasonable.

vernünftig *adj* | reasonable; judicious | ~**es Angebot** | acceptable (reasonable) offer | ~**er Preis** | reasonable price | **un**~ | void of reason; unreasonable.

vernunftwidrig *adj* | opposed to common sense.

veröffentlichen *v* Ⓐ [bekanntgeben] | to announce; to make public; to make [sth.] known to the public | **etw. durch Anzeigen** ~ | to announce sth. by advertisement(s); to advertize sth. | **ein Gesetz** ~ | to promulgate a law | **etw. durch die Zeitung** ~ | to announce sth. through the newspapers.

veröffentlichen *v* Ⓑ [publizieren] | to publish | **einen Roman in Fortsetzungen** ~ | to serialize a novel | **etw. kommentarlos** ~ | to publish sth. without commentary | **erneut** ~; **wieder** ~ | to republish.

Veröffentlichung *f* Ⓐ [Bekanntmachung] | public announcement | **durch** ~ **in der Zeitung** | by announcement in the newspapers.

Veröffentlichung *f* Ⓑ [Publikation] | publication | ~ **eines Buches** | publication of a book | **Dokumenten**~ | publication of documents | ~ **in Fortsetzungen** | serialization | **Vor**~; **frühere** ~ | prior publication | **Wieder**~; **erneute** ~ | republication | **druckschriftliche** ~ | printed publication | **urheberrechtlich geschützte** ~ | copyrighted publication.

Veröffentlichung *f* Ⓒ [veröffentlichtes Werk] | publication; published work | **Monats**~ | monthly periodical.

Veröffentlichungs..befugnis *f*; —**recht** *n* | right to publish; copyright.

—**datum** *n*; —**tag** *m* | date (day) of publication; publication date.

—**kosten** *pl* | cost of publication; publication cost.

—**preis** *m* | publication price.

—**tag** *m* | day of publication.

verordnen *v* | to order; to decree; to enact; to pass a decree.

Verordnung *f* | order; decree; enactment; regulation | **Absatz**~ | marketing order | **Ausführungs**~; **Durchführungs**~ | executive order | **Auslegungs**~ | rule (canon) of construction; rule of interpretation | **Bundes**~ | federal order | **Erlaß einer** ~ | issuance of an order | **Gesetzes**~; ~ **mit Gesetzeskraft** | statutory order (decree); Order in Council | **Muster**~ | model regulation | **Not**~ | emergency decree (regulation) | **Polizei**~ | police regulation (ordinance) | ~ **des Präsidenten** | presidential decree | **Regierungs**~ | government decree (regulation) | **Verkehrs**~ | traffic ordinance | **Verwaltungs**~ | by-laws *pl* | **Vollzugs**~ | executive order | **ärztliche** ~ | prescription | **ministerielle** ~ | department order | **eine** ~ **erlassen** | to pass (to issue) a decree; to decree | **durch** ∼ **geregelt** | regulated by rules | **durch** ∼ **regeln** | to regulate by decree.

Verordnungs..blatt *n* | official gazette.

—**dekret** *n*; —**gesetz** *n* | statutory order (decree).

—**entwurf** *m* | draft regulation.

verordnungsgemäß *adj* | statutory.

Verordnungs..gewalt *f*; —**recht** *n* | statutory power; power to issue regulations.

Verordnungsweg *m* | **Gesetze im** ∼ **erlassen** | to govern by decrees | **Gesetzgebung im** ∼**e** | legislation by decrees | **im** ∼**e erlassene Verfügung** | statutory decree (order) | **im** ∼**e** | by decree; by directive | **im** ∼ **regieren** | to govern by decree.

verpachten *v* | to lease; to let out on lease; to farm out | **unter**∼; **weiter**∼ | to sublease; to sublet | **zu** ∼ | to be let on lease.

Verpächter *m* | lessor; landlord | ∼ **und Pächter** | landlord and tenant | **Unter**∼ | sublessor.

verpachtet *part* | ∼ **sein** | to be leased out; to be out on lease.

Verpachtung *f* | letting on lease; leasing; farming out | **Unter**∼ | subleasing; subletting.

verpacken *v* | to pack.

verpackt *part* | **packed** | **vorschriftsmäßig** ∼ | packed according to regulations.

Verpackung *f* | package | ∼ **für Überseetransport; seemäßige** ∼ | ocean packing; packing for ocean shipment | **einschließlich** ∼ | packing included | **handelsübliche** ∼ | customary packing | **mangelhafte** ∼ | insufficient packing | **unsachgemäße** ∼ | improper packing.

Verpackungs..gewicht *n* | tare.

—**kosten** *pl* | packing cost (charges); cost of packing.

—**material** *n* | packing material.

verpfändbar *adj* | pawnable | **hypothekarisch** ∼ | mortgageable | **hypothekarisch** ∼**es Vermögen** | mortgageable property.

verpfänden *v* | **etw.** ∼ | to pawn (to pledge) sth.; to put sth. in pawn | **sein Vermögen** ∼ | to pawn one's property | **Wertpapiere** ∼ | to pawn securities.

Verpfänder *m* | pawner; pledger.

verpfändet *adj* | in pawn | ∼**er Gegenstand** | pawn; pledge | ∼**e Wertpapiere** | pawned stock.

Verpfändung *f* | pawning; pledging; bailment.

Verpfändungs..urkunde *f* | bond of security.

—**vertrag** *m* | bond.

verpflegen *v* | **jdn.** ∼ | to board sb.

Verpflegung *f* | board; boarding.

Verpflegungs..geld *n*; —**zulage** *f* | allowance for board; maintenance allowance.

—**kosten** *pl* | cost of maintenance; board.

verpflichten *v* | to oblige; to bind; to engage | **sich ehrenwörtlich (durch Ehrenwort)** ∼ | to bind os. by pledging one's hono(u)r | **jdn. durch Handschlag** ∼ | to bind sb. by handshake | **jdn. eidlich** ∼ | to put sb. under oath | **sich eidlich** ∼ | to bind os. by an oath **sich vertraglich (durch Vertrag)** ∼ | to bind os. by contract | **sich jdn.** ∼ | 'to oblige sb.; to place sb. in one's debt | **jdn.** ∼**, etw. zu tun** | to make it binding (obligatoɪy) on (upon) sb. to do sth. | **sich** ∼**, etw. zu tun** | to bind os. (to undertake) (to commit os.) to do sth.

verpflichtet *adj* | **jdm.** ∼ **bleiben** | to remain under an obligation to sb. | ∼ **sein, zu** | to be obliged (bound) to; to be under an obligation to | ∼ **sein, etw. zu tun** | to be obliged (obligated) to do sth. | **eidlich** ∼ **sein** | to be under oath; to be bound by oath | **gesetzlich** ∼ | bound by law | **vertraglich** ∼ | bound by (liable under) contract.

Verpflichteter *m* | obligee; debtor | **Wechsel**∼ | debtor of a bill of exchange | **zur Zahlung einer Rente** ∼ | debtor of an annuity charge.

Verpflichtung *f* | obligation; liability; engagement; duty; responsibility | **Abnahme**∼ | obligation to take delivery | **Beistands**∼ | obligation to give assistance | ∼ **auf Ehrenwort** | engagement by word of hono(u)r | **Einhaltung (Einlösung) (Erfüllung) einer** ∼ | discharge of a liability | **Garantie**∼ | bond of indemnity; indemnity (surety) bond; letter of indemnity (of guarantee); deed of suretyship | **Gegen**∼ | counter obligation | **Leistungs**∼ | obligation to perform | **Nachschuß**∼ | reserve liability | **Neben**∼ | collateral obligation | **Nichteinhaltung seiner** ∼**en** | failure to meet one's obligations; defaulting | **Unterhalts**∼ | obligation (duty) of maintenance (to support) (to maintain) | **Vertrags**∼ | contractual commitment (obligation) | **Zahlungs**∼ | obligation to pay.

★ **außenpolitische** ∼**en** | foreign commitments | **außervertragliche** ∼ | extra-contractual obligation | **finanzielle** ∼**en** | financial commitments | **gegenseitige** ∼ | mutual obligation | **gesellschaftliche** ∼ | social engagement | **gesetzliche** ∼ | legal (perfect) obligation; duty | **langfristige** ∼**en** | long-term commitments | **laufende** ∼**en** | current engagements | **vertragliche** ∼ | contractual commitment (obligation) | **zusätzliche** ∼ | collateral obligation.

★ **jdm. eine** ∼ **auferlegen** | to lay a charge on sb. | **eine** ∼ **begründen (zur Entstehung bringen)** | to create a liability (an obligation) | **jdm. die** ∼ **auferlegen, etw. zu tun** | to make it binding (obligatory) upon sb. to do sth.; to obligate sb. to do sth.; to put sb. under an obligation to do sth. | **eine** ∼ **eingehen** | to incur a liability; to enter into an obligation; to obligate os.; to commit os. | ∼**en eingehen** | to contract (to undertake) liabilities (obligations); to enter into engagements.

○ **seine** ∼**en einhalten (einlösen); seinen** ∼**en nachkommen** | to meet (to satisfy) (to fulfill) one's obligations (one's engagements) | **seine** ∼**en nicht einhalten; seinen** ∼**en nicht nachkommen** | to fail to meet one's engagements | **sich auf eine** ∼ **einlassen** | to commit os. | **eine** ∼ **erfüllen** | to meet (to fulfill) an obligation | **die** ∼ **haben, zu** | to be under an obligation to; to be obliged to | **eine** ∼ **übernehmen** | to assume (to contract) an obligation | ∼**en nach sich ziehen (zur Folge haben)** | to involve obligations (liabilities) | **ohne** ∼ | without engagement (liability) (responsibility).

Verpflichtungs..erklärung *f* | undertaking.

—**ermächtigung** *f* | contracting (purchasing) (commitment) authority.

—**geschäft** *n* | act which creates an obligation (obligations).

—**schein** *m* | undertaking; bond.

verproviantieren *v* | to provision; to supply | **sich** ∼ | to lay in (to take in) supplies (a supply).

verproviantiert *adj* | **wohl**∼ | well stocked (supplied).

Verproviantierung *f* | supplying; provisioning | **Schiffs**∼ | ship's victualling.

Verrat *m* | betrayal; treason | **Hoch**∼; **Verbrechen des Hoch**∼**s** | high treason; treason-felony | **Partei**∼ | breach of trust.

verraten *v* | to betray | **ein Geheimnis** ∼ | to betray a secret.

Verräter *m* | betrayer | **Hoch**∼ | traitor | **Landes**∼ | traitor.

Verräterin *f* | woman traitor.

verräterisch *adj* | traitorous; treasonable.

Verrechnen *n* | error in calculating; miscalculation.
verrechnen *v* Ⓐ [in Rechnung stellen] | **etw. ~** | to put (to pass) sth. to account.
verrechnen *v* Ⓑ [aufrechnen] | to compensate; to set off | **die Kosten ~** | to compensate the costs.
verrechnen *v* Ⓒ [falsch rechnen] | **sich ~** | to make a mistake in calculating (in the calculation); to miscalculate.
Verrechnung *f* Ⓐ [Einbeziehung in die Rechnung] | placing [sth.] to account.
Verrechnung *f* Ⓑ [Aufrechnung] | compensation; setting-off; set-off | **Kosten~** | compensation of costs | „Nur zur ~" | for payee's account only.
Verrechnungs..abkommen *n* | clearing agreement.
—bank *f* | clearing (clearing member) bank.
—defizit *n* | clearing deficit.
—geschäft *n* | clearing operation (transaction).
—kasse *f*; **—stelle** *f* | clearing house (office).
—konto *n* | settlement (clearing) account.
—kurs *m* | clearing rate.
—saldo *m* | clearing (clearinghouse) balance.
—scheck *m*; **—check** [S] | crossed cheque; cheque marked "Not negotiable".
—system *n*; **—verkehr** *m* | clearing system; clearing.
—verfahren *n* | clearing | **im ~** | by clearing.
verrichten *v* | to perform; to execute.
Verrichtung *f* | performance; execution.
verringern *v* | to reduce; to lower | **seine Ausgaben ~** | to reduce (to cut down) (to curtail) one's expenses | **die Kosten ~; die Unkosten ~** | to reduce (to cut down) the costs | **das Personal ~** | to reduce the staff.
Verringerung *f* | reduction | **Ausgaben~** | reduction of expenses | **Kosten~** | reduction of costs | **~ des Personals (des Personal(be)standes)** | reduction of staff.
Verruf *m* | disrepute; discredit; ill repute | **jdn. in ~ bringen** | to bring sb. in disrepute; to ruin sb.'s reputation; to discredit sb. | **jdn. in ~ erklären** | to boykott sb.
verrufen *adj* | of ill repute; disreputable | **~er Ort** | place of ill repute.
Verrufserklärung *f* | boycott.
Versagen *n* | failure to operate.
versagen *v* | to refuse; to decline | **seine Einwilligung (Zustimmung) ~** | to withhold one's consent.
Versagung *f* | refusal | **~ der Eintragung** | refusal to register | **~ der Zustimmung** | refusal of consent; non-compliance; non-concurrence.
Versagungs..fall *m* | **im ~** | in case of refusal.
—grund *m* | reason for refusing.
versammeln *v* | to summon together | **sich ~** | to assemble; to get together.
Versammlung *f* | assembly; meeting | **Bundes~** | federal congress | **Einladung zur ~** | notice convening the meeting | **Gemeinde~** | parish meeting.
○ **General~** | general meeting (assembly) | **General- ~ der Aktionäre** | meeting of shareholders (of stockholders); shareholders' (stockholders') meeting | **Beschluß der General~** | resolution of the general meeting | **Jahresgeneral~** | annual general meeting | **ordentliche Jahresgeneral~** | annual ordinary general meeting | **außerordentliche General~** | extraordinary general meeting | **konstituierende General~** | general constituant meeting | **ordentliche General~** | ordinary general meeting | **eine General~ einberufen** | to convene (to call) a general meeting.
○ **Gesellschafter~** | meeting of shareholders; shareholders' meeting | **Gläubiger~** | creditors' meeting;

meeting of the creditors | **Haupt~** | general meeting | **~ unter freiem Himmel** | meeting in the open air | **Jahres~** | annual meeting | **Massen~** | mass meeting | **Mitglieder~** | meeting of the members; members' meeting.
○ **National~** | National Assembly | **konstituierende (verfassungsgebende) National~** | national constituent assembly | **Partei~** | party congress (meeting) | **Plenar~** | plenary meeting | **Protest~** | protest meeting | **Rats~** | assembly (meeting) of the council | **die Urwähler~; die Wahlmänner~** | the primary meeting (elections); the primaries *pl* | **Volks~** | popular assembly | **Voll~** | plenary meeting | **Vor~** | preliminary meeting | **Wahl~; Wähler~** | election meeting.
★ **gesetzgebende ~** | legislative assembly | **konstituierende ~; verfassunggebende ~** | constituent assembly | **öffentliche ~** | public (open) meeting | **ordentliche ~** | ordinary (statutory) meeting | **politische ~** | political meeting.
★ **eine ~ abhalten** | to hold a meeting | **eine ~ einberufen** | to convoke a meeting | **an einer ~ teilnehmen** | to assist at a meeting.
Versammlungs..freiheit *f* | freedom of assembly.
—ort *m* | place of assembly; meeting place.
—raum *m* | assembly room.
—recht *n* | right of assembly.
—verbot *n* | ban on public meetings.
Versand *m* Ⓐ [Versendung] | sending; forwarding | **~ ins (nach dem) Ausland** | dispatch to foreign countries | **~ gegen Nachnahme** | dispatch against cash-on-delivery | **etw. zum ~ bringen** | to send (to consign) (to ship) (to post) (to mail) sth.
Versand *m* Ⓑ; **Versand..abteilung** *f* | dispatch (mailing) department.
—anzeige *f*; **—benachrichtigung** *f* | dispatch (shipping) note; advice of dispatch (of shipment); forwarding (shipping) advice.
—auftrag *m* | dispatch (shipping) order.
—bedingungen *fpl* | shipping terms.
versand..bereit *adj*; **—fertig** *adj* | ready for dispatch (for shipment).
Versandbüro *n* | shipping (forwarding) office.
versandfähig *adj* | capable of being shipped.
Versand..gebühren *fpl* | shipping charges.
—geschäft *n*; **—haus** *n* | distributing (mail-order) business (house).
—hafen *m* | port of lading (of loading) (of shipment); shipping (loading) (lading) port.
—katalog *m* | mail-order catalogue.
—kosten *pl*; **—spesen** *pl* | forwarding expenses; shipping costs.
—note *f* | dispatch (consignment) note; shipping advice.
—ort *m* | shipping place.
—papiere *npl* | shipping documents (papers) | **~ gegen Akzept** | documents against acceptance | **bar gegen ~** | cash against documents | **~ gegen Zahlung** | documents against payment.
—provision *f* | forwarding commission.
—rechnung *f* | shipping invoice.
—schein *m* | dispatch (shipping) note; forwarding (shipping) advice.
—station *f* | station of dispatch.
—stück *n* | package; parcel.
—wechsel *m* | bill for collection; country bill.
Versatzamt *n* | municipal pawnshop.
versäumen *v* Ⓐ [vernachlässigen] | to neglect.
versäumen *v* Ⓑ [unterlassen] | to omit; to fail | **~, etw. zu tun** | to omit (to fail) to do sth. | **eine Frist ~** | to

fail to comply with a term | **die Gelegenheit** ∼**, etw.
zu tun** | to omit an opportunity of (for) doing sth.
Versäumnis *n* Ⓐ [Vernachlässigung] | negligence; default.
Versäumnis *n* Ⓑ [Unterlassung] | omission | **unentschuldbares** ∼ | unpardonable omission.
Versäumnis..folgen *fpl* Ⓐ [Folgen des Ausbleibens] | consequences of non-appearance (of default).
—**folgen** *fpl* Ⓑ [Unterlassungsfolgen] | consequences of omission.
—**kosten** *pl* | costs which are caused by default.
—**urteil** *n* | default judgment; judgment by default | **Einspruch gegen ein** ∼ | appeal against a default judgment | ∼ **gegen den Kläger; Klagsabweisung durch** ∼ | default judgment against the plaintiff | ∼ **erlassen;** ∼ **ergehen lassen** | to deliver (to give) (to pass) judgment by default.
—**verfahren** *n* | default proceedings *pl* | **im** ∼ **urteilen** | to pass judgment by default.
Versäumung *f* | omission | ∼ **einer Frist** | non-compliance with a period of time.
verschachern *v* | etw. ∼ | to barter sth. away.
verschachteln *v* | to interlock.
Verschachtelung *f* | ∼ **von Gesellschaften** | interlocked (interlocking of) companies.
verschaffen *v* | jdm. etw. ∼ | to provide (to furnish) sb. with sth. | **sich Geld** ∼ | to find (to raise) (to procure) money.
Verschaffung *f* | procuring; providing.
verschärfen *v* Ⓐ | **die Lage** ∼ | to aggravate the situation | **die Strafe** ∼ | to aggravate the penalty.
verschärfen *v* Ⓑ [verstärken] | to strengthen; to reinforce | **die Bestimmungen** ∼ | to tighten the regulations | **die Blockade** ∼ | to tighten (to tighten up) the blockade | **Einschränkungen** ∼ | to tighten restrictions | **die Kontrolle** ∼ | to tighten the control.
verschärfend *adj* | aggravating.
Verschärfung *f* Ⓐ | ∼ **der Lage** | aggravation of the situation | **Straf**∼ | aggravation of penalty.
Verschärfung *f* Ⓑ [Verstärkung] | strengthening; reinforcement | ∼ **der Bestimmungen** | tightening of the regulations | ∼ **der Blockade** | tightening of the blockade | ∼ **der Kontrolle; Kontroll**∼ | tightening of the control.
verschenken *v* | etw. ∼ | to give sth. away as a present.
verschicken *v* Ⓐ [versenden] | to forward; to dispatch.
verschicken *v* Ⓑ [deportieren] | to exile.
Verschickung *f* Ⓐ [Versendung] | forwarding; dispatch.
Verschickung *f* Ⓑ [Deportierung] | banishment; deportation.
Verschiebebahnhof *m* | marshalling yard; shunting station.
verschieben *v* Ⓐ [hinausschieben] | to defer; to postpone; to delay; to adjourn | **etw. auf später** ∼ | to defer sth. to a later date; to procrastinate sth. | **etw. bis auf Weiteres** ∼ | to defer sth. until further notice.
verschieben *v* Ⓑ [beiseite schaffen] | **Geld** ∼ | to financier money away.
Verschiebung *f* Ⓐ [Hinausschiebung] | postponement; adjournment; delay | ∼ **auf unbestimmte Zeit;
ohne Neuansetzung eines Termins** | adjournment sine die | ∼ **auf später** | procrastination.
Verschiebung *f* Ⓑ [Beiseiteschaffung] | ∼ **ins Ausland** | clandestine (illegal) removal to a foreign country.
verschieden *adj* | sundry; different | ∼**e Ausgaben** | sundry expenses; sundries.

verschiedenartig *adj* | of different kind; diversified.
Verschiedenes *n* | sundries *pl* | **Konto „**∼**"** | sundries account | **Spalte „**∼**"** | miscellaneous column.
Verschiedenheit *f* Ⓐ | difference | **Meinungs**∼ | difference (diversity) (divergence) of opinion; dissent; dissension.
Verschiedenheit *f* Ⓑ [Ungleichheit] | inequality; disparity.
Verschiffen *n* | shipping; shipment.
verschiffen *v* | to send by water; to ship.
Verschiffer *m* | shipper; shipping agent.
Verschiffung *f* | shipment; shipping; transport (carriage) by water | ∼ **auf Deck** | shipment on deck; deck shipment.
Verschiffungs..agentur *f* | shipping (freight) (forwarding) agency (office).
—**anzeige** *f* | shipping note (advice).
verschiffungsbereit *adj* | ready for shipment.
Verschiffungs..dokumente *npl*; —**papiere** *npl* | shipping documents (papers).
—**hafen** | shipping (loading) (lading) port; port of loading (of shipping) (of shipment).
—**konnossement** *n* | ocean bill of lading; shipping (consignment) bill (note).
—**kontor** *n* | shipping office (agency).
—**kosten** *pl*; —**spesen** *pl* | shipping (forwarding) charges (expenses).
verschlechtern *v* | to deteriorate; to debase; to degrade | **Münzen** ∼ | to debase (to adulterate) the coinage | **die Währung** ∼ | to lower (to depreciate) the currency | **sich** ∼ ① [schlechter werden] | to deteriorate | **sich** ∼ ① [weniger gezahlt bekommen] | to get less pay.
Verschlechterung *f* Ⓐ | debasement; degradation; deterioration | ∼ **der Kaufkraft** | deterioration (dwindling) of purchasing power | **Münz**∼ | debasement of the coinage | **Qualitäts**∼ | deterioration in quality | ∼ **der Währung; Währungs**∼ | currency depreciation (devaluation); weakening of the currency.
Verschlechterung *f* Ⓑ [weniger Gehalt] | less pay.
verschleiern *v* | **die Bilanz** ∼ | to dress up (to tamper with) the balance sheet. | **Vermögenswerte** ∼ | to conceal assets.
verschleiert *adj* | ∼**e Bilanz** | dressed up balance sheet | ∼**e Vermögenswerte** | concealed assets.
Verschleierung *f* | concealment | ∼ **von Vermögenswerten** | concealment of assets.
Verschleiß *m* Ⓐ [Vertrieb] | sale; distribution.
Verschleiß *m* Ⓑ [Kleinvertrieb] | retail sale.
Verschleiß *m* Ⓒ [Abnutzung] | wear; wear and tear.
verschleißen *v* Ⓐ [vertreiben] | to sell; to distribute.
verschleißen *v* Ⓑ [im Kleinen vertreiben] | to sell by retail; to retail.
verschleißen *v* Ⓒ [sich abnutzen] | to wear; to become worn.
verschleppen *v* Ⓐ [hinauszögern] | to protract; to procrastinate | **den Prozeß**∼; **das Verfahren** ∼ | to delay the proceedings.
verschleppen *v* Ⓑ [entführen] | to kidnap.
Verschleppter *m* | displaced person.
Verschleppung *f* Ⓐ [Hinausschiebung] | procrastination; protraction; calculated (intended) delay | ∼ **eines Prozesses; Prozeß**∼ | protraction of the proceedings.
Verschleppung *f* Ⓑ [Entführung] | kidnapping.
Verschleppungs..politik *f* | policy of obstruction; obstructionism.
—**taktik** *f* | delaying tactics *pl*.
verschleudern *v* Ⓐ | to dissipate; to squander.

verschleudern *v* Ⓑ [zu Schleuderpreisen verkaufen] | to sell under price (at cut-rate prices).
Verschleuderung *f* Ⓐ | dissipation; squandering.
Verschleuderung *f* Ⓑ [Preisschleuderei] | selling at cut-rate prices; price dumping.
verschlimmern *v* | to worsen.
Verschluß *m* | lock | **Zoll~; zollamtlicher ~** | bond | **unter Zoll~ sein** | to be bonded (in bond) | **etw. unter ~ halten** | to keep sth. under lock and key.
Verschlüsseln *n* | coding; ciphering.
verschlüsseln *v* | to code; to cipher; to write in code.
verschlüsselt *adj* | in code; ciphered | **~es Telegramm** | cipher telegram.
Verschlußmarke *f* | paper seal.
verschmelzen *v* | to amalgamate; to consolidate; to merge.
Verschmelzung *f* | amalgamation; merger; consolidation.
Verschmelzungsvertrag *m* | merger; amalgamation agreement.
verschmutzen *v* | to pollute.
Verschmutzung *f* | pollution | **Umwelt~** | environmental pollution.
Verschmutzungsschaden *m* | damage by pollution.
verschollen *part* | **~ sein** | to be missing | **als ~ gelten** | to be considered as missing.
Verschollener *m* | missing (disappeared) person.
Verschollenheit *f* | disappearance; presumption of absence.
Verschollenheits..erklärung *f* | declaration of absence.
—frist *f* | period of disappearance.
—pfleger *m* | guardian appointed to manage the affairs of an absent person.
—pflegschaft *f* | guardianship for managing the affairs of an absent person.
—vermutung *f* | presumption of absence (of death).
Verschreiben *n* | typographical (clerical) error.
verschreiben *v* Ⓐ | **sich ~** | to make a mistake in writing.
verschreiben *v* Ⓑ [ärztlich] | to prescribe.
Verschreibung *f* | **Schuld~** | debenture deed; debenture | **Teilschuld~** | partial debenture.
Verschulden *n* | fault; blame | **Mit~; mitwirkendes ~; beiderseitiges ~; konkurrierendes ~** | contributory negligence (fault) | **Schaden verursachendes ~** | fault which causes (which is the cause of) damage | **aus Selbst~** | from sb.'s own fault | **dienstliches ~** | negligence in office | **geringes ~** | minor fault | **grobes ~; schweres ~** | serious fault; gross negligence | **überwiegendes ~** | preponderant fault | **ohne jds. ~** | without one's fault.
verschulden *v* Ⓐ [verursachen] | **etw. ~** | to be the cause of sth.
verschulden *v* Ⓑ [in Schuld geraten] | **sich ~** | to run into debt; to make debts.
Verschuldensprinzip *n* | fault principle.
verschuldet *adj* Ⓐ [schuldig] | indebted; liable.
verschuldet *adj* Ⓑ [in Schuld] | in debt.
verschuldet *adj* Ⓒ [überschuldet] | encumbered with debts.
Verschuldetsein *n* | indebtedness.
Verschuldung *f* Ⓐ | indebtedness | **Anleihe~** | indebtedness by loans | **~ an das Ausland; Auslands~** | indebtedness to foreign countries | **In- und Auslands~** | domestic and foreign indebtedness | **Gesamt~** | total indebtedness | **~ der öffentlichen Hand** | indebtedness of the public authorities | **Hypotheken~** | mortgage indebtedness | **Pro-Kopf-~** | per capita indebtedness | **Staats~** | state (national) indebtedness | **kurzfristige ~** | short-

term indebtedness | **langfristige ~** | long-term indebtedness | **starke ~** | heavy indebtedness.
Verschuldung *f* Ⓑ [Überschuldung] | excess of liabilities over the assets.
Verschuldungs..grad *m* | debt ratio; capital gearing; leaverage.
—grenze *f* | limit up to which debts may be incurred; debt limit.
—höhe *f* | amount (total amount) of the indebtedness.
—rate *f* | rate (degree) of indebtedness.
verschwägert *part* | related by marriage.
Verschwägerung *f* | affinity; relationship by marriage | **Grad der ~** | degree of affinity.
Verschweigen *n* | concealment | **~ der Wahrheit** | withholding of the truth | **arglistiges ~** | fraudulent concealment.
verschweigen *v* | to conceal | **eine Tatsache ~** | to suppress (to conceal) a fact | **wesentliche (wichtige) Tatsachen ~** | to withhold (to suppress) important (material) facts | **jdm. die Wahrheit ~** | to withhold the truth from sb. | **etw. arglistig ~** | to conceal sth. fraudulently | **nichts ~ und nichts hinzufügen** | to add and to withhold nothing | **ohne etw. zu ~ oder hinzuzufügen** | adding and withholding nothing.
Verschweigung *f* | concealment | **durch (unter) ~ von Tatsachen** | by dissimulating (by suppressing) facts.
verschwenden *v* | **etw. ~** | to squander (to dissipate) sth.; to be prodigal of sth. | **sein Geld ~** | to waste one's money | **sein Vermögen ~** | to waste one's fortune.
Verschwender(in) *m* und *f* | spendthrift; squanderer; prodigal.
verschwenderisch *adj* | prodigal; wasteful.
verschwenderisch *adv* | **mit etw. ~ umgehen** | to be prodigal of sth.; to squander (to dissipate) sth.
Verschwendung *f* | waste; wasting; squandering; dissipation | **Geld~** | waste of money; dissipation of funds | **Kraft~** | waste of force | **Zeit~** | waste of time.
Verschwendungssucht *f* | prodigality | **Entmündigung wegen ~** | legal incapacitation for prodigality | **wegen ~ entmündigt sein (werden)** | to be legally incapacitated because of prodigality.
verschwiegen *adj* Ⓐ [diskret] | discreet.
verschwiegen *adj* Ⓑ [vertrauenswürdig] | trustworthy.
verschwiegen *adv* | discreetly; with discretion.
Verschwiegenheit *f* Ⓐ [Diskretion] | discretion; discreetness.
Verschwiegenheit *f* Ⓑ [Geheimhaltung] | secrecy | **Amts~** | professional secrecy | **unter dem Siegel der ~** | under pledge of secrecy | **strengste ~** | strictest secrecy | **sich auf jds. ~ verlassen** | to rely on sb.'s secrecy | **jdn. zur ~ verpflichten** | to bind sb. to secrecy; to enjoin silence on sb. | **zur ~ verpflichtet sein** | to be sworn to secrecy | **jdm. ~ versprechen** | to promise sb. secrecy.
Verschwinden *n* | disappearance.
verschwinden *v* | to disappear.
verschwören *v* | **sich ~** | to conspire; to hatch (to lay) a plot | **sich ~, um etw. zu tun** | to conspire (to plot) to do sth.
Verschwörer *m* | conspirator; plotter.
Verschwörerbande *f* | gang of plotters.
Verschwörung *f* | conspiracy; plot | **eine ~ aufdecken** | to unmask (to discover) a conspiracy | **eine ~ gegen jdn. anzetteln** | to lay (to hatch) a plot against sb.; to plot (to conspire) against sb.
versechsfachen *v* | to multiply by six.
Versehen *n* | oversight; error; mistake; fault | **Dienst~** | breach of duty | **Schreib~** ① | mistake in writing |

Schreib~ ② | clerical error | **aus ~** | through inadvertence; inadvertently; through an oversight; by mistake.
versehen *v* | **jdn. mit etw. ~** | to provide (to furnish) sb. with sth. | **seinen Dienst ~** | to do (to attend to) one's duty | **jdn. mit Geld ~** | to provide sb. with money | **einen Wechsel mit Akzept ~** | to provide a draft with acceptance.
versehentlich *adv* | by mistake; through inadvertence; through an oversight (an error).
Versehrtenrente *f* | disability pension.
Versehrter *m* | invalid | **Kriegs~** | war invalid.
Versenden *n* | sending; forwarding; dispatch.
versenden *v* | to send; to forward; to dispatch.
Versender *m* | sender; forwarder; consigner.
Versendung *f* | sending; forwarding | **~ von Rundschreiben** | sending out of circulars.
Versendungs..anzeige *f* | dispatch note; advice of shipment (of dispatch); forwarding (shipping) advice.
—**gebühren** *fpl*; —**kosten** *pl*; —**spesen** *pl* | shipping charges (cost).
versetzen *v* Ⓐ | **einen Beamten ~** | to transfer (to move) an official | **jdn. straf~** | to transfer an official for reasons of discipline.
versetzen *v* Ⓑ | **einen Beamten in den Ruhestand ~** | to retire (to pension off) an official; to put an official on the retired list | **jdn. in den zeitweiligen Ruhestand ~** | to put sb. on half-pay | **jdn. in (in den) Anklagezustand ~** | to impeach (to accuse) (to arraign) (to indict) sb.; to commit sb. for trial.
versetzen *v* Ⓒ [verpfänden] | **etw. ~** | to pawn (to pledge) sth.; to put sth. in pawn.
Versetzung *f* Ⓐ | **~ eines Beamten** | transfer of an official | **Straf~; strafweise ~** | transfer for reasons of discipline.
Versetzung *f* Ⓑ | **~ in den Ruhestand** | retirement; retiring; pensioning; pensioning off | **~ in den zeitweiligen Ruhestand** | retirement on half-pay | **~ in den Anklagezustand** | indictment; impeachment; arraignment.
Versetzung *f* Ⓒ [Verpfändung] | pawning; pledging; bailment.
versicherbar *adj* | insurable | **~es Interesse** | insurable interest | **~er Wert** | insurable value.
Versicherer *m* | insurer | **Frachten~** | cargo (marine) underwriter | **Schiffs~** | hull insurer (underwriter).
versichern *v* Ⓐ [erklären] | to affirm; to assert | **etw. eidesstattlich (an Eides Statt) ~** | to declare (to affirm) sth. in the form of an affidavit.
versichern *v* Ⓑ | to insure; to take out an insurance (an insurance policy) | **sich gegen etw. ~** | to insure against sth. | **ein Gebäude gegen Feuer (gegen Brand) ~** | to insure a building against fire | **sich bei einer Gesellschaft ~** | to assure with a company | **sich gegen Haftpflicht ~** | to insure against third-party risks | **sein Leben ~ (~ lassen)** | to insure one's life; to have one's life insured; to take out a life insurance | **jds. Leben ~** | to assure sb.'s life | **sich gegen Unfall (gegen Unfälle) ~** | to insure against possible accidents.
versichert *adj* | insured; covered by insurance | **~er Betrag** | amount (sum) insured; insured sum; insurance sum (money) | **~er Wert** | value (sum) insured | **unter dem Wert ~; unterversichert** | underinsured.
Versicherter *m* | insured; policy holder.
Versicherung *f* Ⓐ [Erklärung] | assertion; affirmation; assurance | **~ an Eides Statt; eidesstattliche ~** | affidavit | **eidliche ~** | sworn statement (declaration) |

feierliche ~ | solemn declaration (affirmation (assertion).
Versicherung *f* Ⓑ [Assekuranz] | insurance | **Abonnenten~** | subscribers' insurance | **Alters~** | old-age (old-age pension) insurance | **Angestellten~** | employees' social (state) insurance.
○ **Arbeitslosen~; ~ gegen Arbeitslosigkeit** | unemployment insurance | **Arbeiterunfall~; Arbeitsunfall~** | workmen's compensation; employers' liability insurance | **Aufruhr~** | insurance against damage done by riots (by rioting) | **Aussteuer~** | children's endowment insurance | **Beitrags~; ~ auf Grund der Leistung von Beiträgen** | contributory insurance | **~ gegen Beraubung** | insurance against robbery | **~ gegen Blitzschaden; Blitz~** | insurance against damage by lightning | **Bodmerei~** | bottomry insurance.
○ **Brand~** | fire insurance | **Dampfkessel~** | boiler insurance | **Deckung durch ~** | insurance cover (coverage) | **Delkredere~** | credit insurance | **Diebstahls~; ~ gegen Einbruchdiebstahl; ~ gegen Einbruch** | burglary insurance.
○ **Doppel~** | double insurance | **~ zugunsten Dritter** | insurance for the benefit of third parties | **Eisenbahnunfall~** | insurance against railway (railroad) accidents | **Ergänzungs~** | supplementary insurance | **Erlebens~; ~ auf den Erlebensfall** | endowment insurance | **Erlöschen der ~** | expiration of the insurance (of the policy) | **Ernte~** | crop insurance | **Exportrisiko~** | insurance of credit risks on export.
○ **Feuer~** | insurance against loss by fire; fire insurance | **Fracht~** | freight (cargo) insurance; insurance on freight | **Fremdwährungs~** | insurance in foreign currency | **Frostschäden~** | insurance against damage by frost(s) | **Garantie~** | guarantee (fidelity) insurance | **Gebäude~** | insurance on real estate property | **~ gegen alle Gefahren** | insurance against all risks; all-risks insurance (policy) | **Gegenseitigkeits~; ~ auf Gegenseitigkeit** | insurance on the mutual principle; mutual (reciprocal) insurance.
○ **Gepäck ~** | baggage (luggage) insurance | **~ mit Gewinnbeteiligung; ~ mit Gewinnanteil** | profit-sharing insurance; with-profits policy | **~ ohne Gewinnbeteiligung** | without-profits (no-profits) (non-participating) policy | **Glas~; Glasbruch~; Glasschaden~** | glass (plate glass) insurance | **Gruppen~** | collective insurance | **Güter~** | cargo insurance; insurance on cargo (on goods) (on merchandise).
○ **Haftpflicht~** | liability (third party) (third-party risk) (third-party liability) insurance | **Hagel~; Hagelschaden~** | insurance against damage caused by hail (by hail-storms); hail (hail-storm) insurance | **Hausrat~** | household insurance; insurance under a comprehensive policy | **Hinterbliebenen~** | survivors' insurance | **Hin- und Rückreise~** | insurance out and home | **Hypotheken~** | mortgage insurance.
○ **Invaliden~; Invaliditäts~** | invalidity (disability) (disablement) insurance | **Juwelen~** | insurance on jewelry | **Kautions~** | fidelity (guarantee) insurance | **Kautions- und Kredit~** | guarantee and credit insurance | **Kollektiv~** | group (collective) insurance | **Kraftfahrzeug~** | motor-car (motor-vehicle) insurance.
○ **Kranken~** | health (sickness) (sick) insurance | **Kranken- und Invaliden~** | sickness and disablement insurance | **Kredit~** | credit (credit-risk)

Versicherung *f* ⑬ *Forts.*
insurance | ~ **gegen Kriegsrisiken; Kriegsrisiko~** | war risks insurance | **Kursverlust~** ① | insurance against loss on exchange | **Kursverlust~** ② | insurance against redemption loss by drawing [of bonds] | **Landtransport~** | insurance overland (of overland transports).
○ **Lebens~** | life assurance (insurance) | **Leibrenten-~** | annuity insurance | **Lufttransport~** | insurance of air carriage | **Mehrfach~** | multiple (cumulative) insurance | **Mietsausfalls~; Mietsverlust~** | insurance of rents | **Minderwert~** | insurance against depreciation | **Mitgift~** | children's endowment insurance | **Mobiliar~** | household insurance | **Mutterschafts~** | maternity insurance.
○ **Pensions~; Renten~** | pension insurance | **Personen~; ~ gegen Personenschäden** | casualty (personal accident) insurance | **Pflicht~** | compulsory insurance | ~ **unter einer offenen Police** | insurance under a floating policy | **Prämien~; ~ gegen Prämie** | insurance against premium (on a premium basis) | ~ **mit Prämienrückgewähr** | insurance with repayment of premium | ~ **auf feste Prämie** | fixed-premium insurance.
○ **Privat~** | private insurance | ~ **für fremde Rechnung (für Rechnung Dritter)** | insurance for third-party account | **Reise~** | travel (travelling) (voyage) insurance | **Reisegepäck ~** | baggage (luggage) insurance | **Reiseunfall~** | insurance against accidents on travels | **Rück~** | reinsurance.
○ **Sach~; Schadens~; Sachschadens~** | insurance against loss (against material damage) (against loss and damage) | **Schiffs~** | insurance on hull; hull insurance | ~ **von Schiff und Ladung** | insurance of hull and cargo | **See~; ~ gegen Seegefahr; Seeschaden~** | marine (maritime) insurance; insurance against the perils of the sea | **Seetransport~** | ocean transport insurance.
○ **Sozial~; Arbeitersozial~** | industrial insurance | **staatliche Sozial~** | national (social) (state) insurance | **Spiegelglas~** | plate-glass insurance | ~ **gegen Streik(s)** | insurance against strike(s) | ~ **auf den Todesfall** | insurance payable at death; whole-life insurance | **Transit~** | insurance in transit; transit insurance | **Transport~; Transportrisiko~** | insurance against transport risks; transportation insurance | **Über~** | overinsurance | **Überlebensfall-~** | survivors' insurance.
○ **Unfall~** | accident (personal accident) insurance; insurance against accidents | **Unter~** | underinsurance | ~ **gegen Veruntreuung** | fidelity insurance | **Vieh~** | cattle (livestock) insurance | **Vollkasko~** | insurance against all risks; all-risks insurance (policy) | **Waisen~** | orphanage (orphans') insurance.
○ **Waren~** | cargo insurance; insurance on cargo (on merchandise) (on goods) | **Wasserschaden~** | insurance against damage by water | ~ **auf Zeit; Zeit~** | time insurance | **Zeitungs- (Zeitschriften-) Abonnenten~** | subscribers' insurance | **Zusatz~** | supplementary insurance | **Zwangs~** | compulsory insurance.

★ **abgelaufene ~; erloschene ~** | expired insurance policy | **beitragsfreie ~; prämienfreie ~** | free (premium-free) insurance | **bestehende ~; laufende ~** | current insurance (policy) | **freiwillige ~** | optional (voluntary) insurance | **gegenseitige ~** | mutual insurance | **gewerbliche ~** | industrial insurance | **zu hohe ~** | overinsurance | **mehrfache ~** |

double insurance | **obligatorische ~; zwangsweise ~** | compulsory insurance.
★ **eine ~ abschließen (eingehen)** | to effect an insurance; to take out an insurance policy | **sich durch ~ decken** | to cover os. by insurance (by insuring) (by taking out an insurance); to get covered by insurance | **durch ~ gedeckt** | covered by insurance; insured | **die ~ erlischt** | the insurance policy expires | **für etw. eine ~ übernehmen** | to effect an insurance on sth.
Versicherungs..abschluß *m* | closing of an insurance contract; taking out an insurance policy.
—**agent** *m* | insurance agent (broker) | **Lebens~** | life insurance agent.
—**agentur** *f* | insurance office.
—**akquisiteur** *m* | insurance canvasser.
—**aktien** *fpl* | insurance shares (stocks).
—**amt** *n* | insurance office | **Ober~** | supervising insurance office.
—**anspruch** *m* | insurance claim.
—**anstalt** *f* | insurance (assurance) office | **staatliche ~** | national insurance office.
—**antrag** *m* | insurance proposal (application).
—**anzeige** *f* ⓐ [Deckungsanzeige] | cover note.
—**anzeige** *f* ⑬ [Schadensmeldung] | immediate notice.
—**auftrag** *m* | insurance order.
—**bank** *f* | insurance bank (company).
—**beamter** *m* | insurance officer.
—**bedingungen** *fpl* | conditions (terms) of insurance; conditions of the policy.
—**beitrag** *m* | insurance fee (premium).
—**berechtigter** *m* | beneficiary of the insurance.
—**bescheinigung** *f* | insurance certificate.
—**bestimmungen** *fpl* | insurance regulations.
—**betrag** *m* | insurance money (sum); insured sum; sum (amount) insured.
—**betrug** *m* | insurance fraud.
—**betrüger** *m* | insurance swindler.
—**buch** *n* | insurance book.
—**büro** *n* | insurance office | **Lebens~** | life insurance (life) office.
—**courtage** *f* | insurance brokerage (commission).
—**dauer** *f* | period (term) of insurance.
—**deckung** *f* | insurance cover (coverage) | **vorläufige ~** | provisional insurance cover.
versicherungsfähig *adj* | insurable.
Versicherungsfall *m* | accident; damage; loss | **bei Eintritt des ~s** | in case of damage or loss.
versicherungsfrei *adj* | exempt from compulsory insurance.
Versicherungs..fonds *m* | insurance fund.
—**gebühr** *f*; —**geld** *n* | insurance fee (money) (premium).
—**genossenschaft** *f* | cooperative insurance company.
—**geschäft** *n* ⓐ | insurance transaction.
—**geschäft** *n* ⑬ [Gesamtheit der Versicherungen] | **das ~** | the insurance business; the insurances *pl* | **das See~** | underwriting business; underwriting.
—**gesellschaft** *f* | insurance company | ~ **auf Gegenseitigkeit** | mutual assurance company | **Lebens~** | life insurance company.
—**gesetz** | insurance act (law).
—**gewerbe** *n* | insurance trade (business) (industry).
—**höhe** *f* | amount of the insurance; insured amount.
—**interesse** *n* | insurable (insured) interest.
—**kapital** *n* | capital insured.
—**karte** *f* | insurance card.
—**kasse** *f* | insurance fund | **Unfall~** | accident insurance fund.
—**klausel** *f* | insurance clause.

Versicherungs..konto *n* | insurance account; account of insurance.
—**kosten** *pl* | insurance charges (costs).
—**leistung** *f* | insurance benefit.
—**makler** *m* | insurance broker (agent).
—**marke** *f* | insurance stamp.
—**mathematik** *f* | actuarial sience.
—**mathematiker** *m* | actuary.
—**mathematisch** *adj* | actuarial.
—**nachtrag** *m* | endorsement.
—**nehmer** *m* | insured party; insured.
—**ordnung** *f* | insurance regulations *pl* (laws *pl*).
—**pflicht** *f* | compulsory insurance.
versicherungspflichtig *adj* | subject to compulsory insurance.
Versicherungspflichtiger *m* | person subject to compulsory insurance.
Versicherungspolice *f* | policy of insurance; insurance policy (certificate) | **Feuer~** | fire (fire insurance) policy | **Fracht~** | cargo policy | **~ mit Gewinnbeteiligung** | participating (with-profits) policy | **~ ohne Gewinnbeteiligung** | non-participating (no-profit) (without-profits) policy | **~ zu Gunsten eines bestimmten Berechtigten** | policy made out in behalf of a named beneficiary | **Inhaber einer ~** | policy holder; insured | **Lebens~** | life (life insurance) policy | **Pauschal~** | open policy for a specific amount | **Reise~** | voyage policy | **Schiffs~** | hull policy | **See~** | marine insurance (insurance policy) | **offene ~** | open (floating) policy.
Versicherungs..prämie *f* | insurance premium | **seine ~ bezahlen** | to pay one's insurance.
—**prämiensatz** *m* | insurance rate.
—**provision** *f* | insurance commission (brokerage).
—**rechnung** *f* | insurance account.
—**recht** *n* | insurance law.
—**risiko** *n* | insurance (insurable) (insured) risk | **laufende —risiken** | pending risks.
—**rückkauf** *m* | repurchase (redemption) of the policy.
—**sachverständiger** *m* | insurance expert.
—**schein** *m* | insurance policy (certificate) | **vorläufiger ~** | memorandum of insurance; cover note.
—**schutz** *m* | insurance protection (cover) (coverage).
—**statistik** *f* | actuarial statistics *pl*.
—**statistiker** *m* | actuary.
—**statistisch** *adj* | actuarial.
—**stempel** *m*; —**stempelmarke** *f* | policy (insurance) stamp.
—**steuer** *f* | policy duty; insurance tax.
—**summe** *f* | amount (sum) insured; insurance sum (money); insured sum.
—**syndikat** *n* | syndicate of underwriters; underwriting syndicate; the underwriters *pl*.
—**tarif** *m* | insurance rates *pl*.
—**träger** *m* | insurer; underwriter.
—**umfang** *m* | scope of the policy; coverage.
—**unternehmen** *n* | insurance company.
—**verband** *m* | association of underwriters.
—**verein** *m* | co-operative insurance company | **~ auf Gegenseitigkeit** | mutual (mutual insurance) company.
—**vertrag** *m* | insurance (underwriting) contract; contract of insurance | **Lebens~** | life insurance contract.
—**vertreter** *m* | insurance agent.
—**wert** *m* | value (sum) insured; insurance value.
—**wesen** *n* | insurance matters (business); the insurances *pl*.
—**zwang** *m* | compulsory insurance.
—**zweig** *m* | branch (line) of insurance.

versiegeln *v* Ⓐ | to seal; to affix seals (a seal); to put (to place) [sth.] under seal.
versiegeln *v* Ⓑ [plombieren] | to affix a lead seal.
versiegelt *adj* | **~er Brief** | sealed letter.
Versiegelung *f* Ⓐ | sealing; affixing the (of the) seals.
Versiegelung *f* Ⓑ [Plombierung] | fixing of lead seals (of a lead seal).
versiert *adj* | skilled; experienced | **im Geschäft ~** | well-versed in business.
versilbern *v* | to convert into money (into cash); to realize.
Versilberung *f* | realization.
Version *f* | **Original~** | original version.
versklaven *v* | **eine Nation ~** | to enslave a nation.
Versklavung *f* | enslavement.
versöhnen *v* | **sich mit jdm. ~** | to become reconciled with sb. | **die Parteien miteinander ~** | to reconcile the parties.
versöhnend *adj* | conciliative; conciliating.
versöhnlich *adj* | reconcilable; conciliatory.
Versöhnung *f* | reconciliation; reconcilement; conciliation | **Geist der ~** | spirit of conciliation; conciliatory spirit | **Versuch der ~** | attempt at conciliation | **eine ~ zwischen den Parteien herbeiführen** | to bring about a reconciliation between the parties; to bring the parties together.
versöhnungsbereit *adj* | **~ sein** | to be ready to conciliate.
Versöhnungsbereitschaft *f* | spirit of conciliation; conciliatory spirit.
versorgen *v* | to furnish; to supply; to provision | **seine Kinder ~** | to provide for one's children | **jdn. mit Lebensmitteln ~** | to furnish sb. with supplies | **den Markt mit Waren ~** | ot supply the market | **sich mit etw. ~** | to supply (to provision) os. with sth.
versorgt *adj* | stocked; supplied | **wohl~** | well-stocked | **~ sein** | to be provided for.
Versorgung *f* Ⓐ | supply; supplying; provisioning | **Energie~; Kraft~; Strom~** | power (electric) supply (supply service) | **Lebensmittel~** | supplying with provisions; supply with food; food supply | **Rohstoff~** | supply with (of) raw materials | **Unter~; ungenügende** | insufficient supply (supplies) | **Wasser~** | water supply; supply of water.
Versorgung *f* Ⓑ | **Alters~** | old-age pension (pension insurance) | **Kriegsopfer~** | relief to the war disabled.
versorgungsberechtigt *adj* | entitled to (eligible for) a pension.
Versorgungs..betrieb *m*; —**dienst** *m* | **die öffentlichen ~e** | the public utilities; the public utility undertakings (companies); the utilities *pl*.
—**bezüge** *mpl*; —**gebührnisse** *npl* | pension payments.
—**dienstalter** *n* | pensionable age.
—**fonds** *m* | provident fund.
—**gebiet** *n* | supply area.
—**haus** *n*; —**heim** *n* | home for the aged.
—**lage** *f* | supply situation.
—**lücke** *f* | gap in the supplies.
—**minister** *m* | Minister of Supply (of Supplies).
—**quelle** *f* | source of supply (of supplies).
—**schema** *n* | supply strategy.
—**schwierigkeiten** *fpl* | difficulties of supply.
—**sicherheit** *f* | security of supplies; assured supplies.
verspäten *v* | to delay | **sich ~** | to be late.
verspätet *adj* | delayed; belated; late | **~e Ankunft; ~es Eintreffen** | late arrival | **~e Annahme** | delayed acceptance | **~er Eingang** | belated (late) receipt | **~e Lieferung** | delayed (late) delivery; delay in delivery | **~e Zahlung** | belated (late) payment.

verspätet *adv* | ~ eingegangen | received late | ~ eingelegte Berufung | belated appeal | stark ~ | heavily delayed.

Verspätung *f* | delay; lateness; retardation | ~ der Lieferung; Liefer~ | delay in delivery; delayed (late) delivery | starke ~ | long delay | ~ erleiden | to be delayed; to suffer delay.

verspekulieren *v* | sich ~ | to make a bad speculation.

verspielen *v* | etw. ~ | to gamble away sth.

Versprechen *n* | promise | Darlehens~ | promise to lend | Ehe~; Heirats~ | promise of marriage (to marry) | Einhaltung (Einlösung) eines ~s | keeping of one's promise | Entbindung von einem ~ | release from a promise | Leistungs~ | promise to perform | ~ der Leistung an einen Dritten | promise of performance to (in favo(u)r of) a third party | Schenkungs~ | promise to make a gift | Schuld~ | promise of debt | Verkaufs~ | promise to sell | Zahlungs~ | promise of payment (to pay) | privatschriftliches ~ | promise by private instrument.

★ bei seinem ~ bleiben; seinem ~ treu bleiben | to abide by one's promise | jdn. seines ~s (von seinem ~) entbinden | to release sb. from a promise | ein ~ erfüllen | to carry out a promise | sein ~ halten (einlösen) | to keep one's promise | sein ~ nicht halten | to break one's promise | sein ~ zurücknehmen | to go back on one's promise.

versprechen *v* Ⓐ | jdm. etw. ~ | to promise sth. to sb.; to promise sb. sth. | jdm. ~, etw. zu tun | to promise sb. to do sth. | jdm. seine Tochter zur Frau ~ | to promise sb. one's daughter in marriage | Zahlung ~ | to promise payment (to pay).

versprechen *v* Ⓑ | sich ~ | to make a mistake in speaking.

Versprechende *m* | der ~ | the promisor; the person who has given a promise.

Versprechensempfänger *m* | der ~ | the promisee; the person who has been given a promise.

Versprechungen *fpl* | promises; expectations | leere ~ | empty promises | jdm. ~ machen | to hold out promises (expectations) to sb.

verstaatlichen *v* Ⓐ | to nationalize.

verstaatlichen *v* Ⓑ | etw. ~ | to put (to take) sth. under state control.

verstaatlicht *adj* ["volkseigen"] | socialized.

Verstaatlichung *f* Ⓐ | socialization; nationalization | Aufhebung (Rückgängigmachung) der ~ | denationalization.

Verstaatlichung *f* Ⓑ | acquisition by the state.

verstädtern *v* | to urbanize.

Verstädterung *f* | urbanization.

Verstandes..kraft *f* | strength of intellect; intellectual power.

—reife *f* | maturity of intellect.

—schwäche *f* | mental weakness.

verständig *adj* | reasonable; judicious.

verständigen *v* Ⓐ | jdn. von etw. ~ | to inform (to advise) sb. of sth.

verständigen *v* Ⓑ | sich mit jdm. über etw. ~ | to come to an understanding (to an arrangement) with sb. on (about) sth.

Verständigung *f* Ⓐ | information; advice.

Verständigung *f* Ⓑ | [gegenseitige ~] | understanding; arrangement; agreement | eine ~ erzielen; zu einer ~ gelangen (kommen) | to reach (to come to) (to arrive at) an understanding.

Verständigungspolitik *f* | policy of mutual understanding (of give-and-take).

verständlich *adj* | jdm. etw. ~ machen | to explain sth. to sb.

Verständnis *n* | discernment; understanding | zum besseren ~ | for a fuller understanding | mit ~ | understandingly.

verstärken *v* | to reinforce | seine Bemühungen ~ | to redouble (to increase) one's efforts | wirtschaftliche Bindungen ~ | to tighten economic bonds.

Verstärkung *f* | reinforcement | ~ seiner Bemühungen | redoubling of his efforts | ~ der Polizei | police reinforcement(s).

Verstauen *n* | stowing; stowage.

verstauen *v* | to stow; to trim | die Ladung ~ | to stow the cargo; to stow | Ware ~ | to stow merchandise.

Verstauung *f* | stowing; stowage; trimming | fehlerhafte ~; unrichtige ~ | improper stowage.

Verstauungskosten *pl* | costs of stowage.

versteckt *adj* | ~er Fehler; ~er Mangel | hidden (latent) (secret) fault (defect) (deficiency) | ~e Reserve | hidden reserve | jdn. ~ halten | to keep sb. in concealment | sich ~ halten | to keep in hiding.

versteifen *v* Ⓐ | sich auf etw. ~ | to insist upon sth.

versteifen *v* Ⓑ | to stiffen.

Versteifung *f* | stiffening | ~ des Geldmarktes | stiffening (tightening) of the money market | ~ der Kurse; ~ der Preise | firming-up (stiffening) of prices.

Versteigerer *m* | auctioneer.

Versteigern *n* | auctioneering.

versteigern *v* | etw. ~ | to auction sth.; to auction sth. off; to sell sth. by auction; to put sth. up for auction | etw. gerichtlich ~ | to sell sth. by order of the court | etw. ~ lassen | to have sth. sold by auction; to have sth. put up for auction (for sale by auction)

versteigert *part* | ~ werden | to be sold by auction; to be put up for sale by auction; to come under the hammer.

Versteigerung *f* | auction; auction-sale; sale (selling) by auction | Teilungs~; ~ zwecks Teilung | public sale for the purpose of arranging for a division | Verkauf durch ~ (im Wege der ~) | sale by auction (by public auction); auction sale | im Wege öffentlicher ~ | by means of (by way of) public auction | Zuschlag bei der ~ | allocation to the highest bidder | Zwangs~ | compulsory auction (public sale).

★ gerichtliche ~ | judicial sale; auction by order of the court | öffentliche ~ | public auction | eine ~ abhalten | to hold an auction | etw. zur ~ bringen | to submit sth. to public sale; to put sth. up for auction (for sale by auction) | etw. bei einer ~ erstehen | to buy sth. in (at) auction | zur ~ kommen | to be sold by auction; to be put up for sale by auction; to come under the hammer.

Versteigerungs..ankündigung | notice of sale by auction.

—antrag *m* | request to order a judicial sale.

—bedingungen *fpl* | terms for public sale (of auction) (of sale by auction).

—erlös *m* | proceeds *pl* of the auction.

—gebühren *fpl* | auction charges (fees).

—kosten *pl* | auction expenses.

—liste *f* | auction catalogue.

—lokal *n*; —raum *m*; —saal *m* | auction room.

—ort *m* | place of auction.

—preis *m* | auction price.

—protokoll *n* | record of the auction.

—termin *m* | auction day; day fixed for the auction.

verstempeln *v* | to stamp; to pay stamp duty | eine Urkunde ~ | to stamp a deed.

verstempelt *adj* | stamped; stamp-duty paid.

Verstempelung *f* | stamping; payment of the stamp duty (of stamp duties) | der ~ unterliegen | to be subject to stamp duty.

Versterben *n* | decease; natural death | **Vor~** | predecease.

versterben *v* | to decease; to die | **vor~** | to predecease; to die first (earlier).

Versterbende *m* | **der zuerst ~** | the first deceased | **der zuletzt ~** | the last deceased.

versteuerbar *adj* | taxable.

versteuern *v* | **etw. ~** | to pay the tax (taxes) on sth. | **zu ~** | taxable; assessable | **nach dem Wert zu ~** | taxable on value.

versteuert *part* | tax-paid.

Versteuerung *f* | payment of the tax(es).

Versteuerungswert *m* | tax (taxable) (rateable) value.

verstorben *adj* | deceased; defunct | **der ~e König** | the late king | **Sohn des ~en ...** | son of ... deceased | **Tochter der ~en ...** | daughter of ... deceased | **sein ~er Vater** | his late father | **vor~** | predeceased.

Verstorbene *m* oder *f* | **der ~; die ~** | the deceased; the defunct.

Verstoß *m* Ⓐ [Fehler] | mistake; error.

Verstoß *m* Ⓑ [Verletzung] | **~ gegen etw.** | offense against sth.; breach of sth.

verstoßen *v* Ⓐ [verletzen] | **gegen etw. ~** | to offend against sth.; to commit a breach of sth.

verstoßen *v* Ⓑ [von sich stoßen] | **seine Frau ~** | to repudiate one's wife | **ein Kind ~** | to disown a child.

Verstoßung *f* | **~ einer Frau** | repudiation of one's wife | **~ eines Kindes** | disowning of a child.

Verstreichen *n* | **~ einer Zeitspanne** | lapse of a period of time.

verstreichen *v* | to pass; to lapse; to elapse | **eine Frist ~ lassen** | to allow a period to expire; to allow a term to lapse.

Verstreichenlassen *n* | **durch ~ der Frist** | by permitting the term to lapse.

verstrichen *adj* | expired.

verstricken *v* | **sich in etw. ~** | to get entangled in sth. | **jdn. in eine Angelegenheit ~** | to implicate sb. in a matter.

Verstrickungsbruch *m* | rescue of goods distrained (under distraint).

verstümmeln *v* | to mutilate.

verstümmelt *adj* | **~es Telegramm** | mutilated telegram.

Verstümmelung *f* | mutilation | **Selbst~** | self-mutilation | **~ eines Telegramms** | mutilation of a telegram.

Versuch *m* Ⓐ | attempt; tentative | **Ablenkungs~** | attempt to divert | **Abtreibungs~** | attempt to procure abortion | **Annäherungs~** | attempt at reconciliation | **Ausbruchs~; Flucht~** | attempt to escape (at escaping) | **Bestechungs~** | attempt at bribery (to offer a bribe); attempted bribery | **Betrugs~** | attempted (attempt at) fraud | **Diebstahls~** | attempted (attempt at) theft | **~ einer gütlichen Einigung; Sühne~** | attempt at conciliation (at reconciliation) | **Einmischungs~** | attempt at interference.

◯ **Einschüchterungs~** | attempt at intimidation | **Erpressungs~** | attempted blackmail | **~, Gewalttätigkeiten zu begehen** | attempt at violence | **~ | ~ einer strafbaren Handlung** | attempt to commit a punishable act; punishable attempt | **Mord~** | attempted (attempt at) murder | **Selbstmord~** | attempted suicide.

◯ **Umsturz~** | attempt on the state | **einen Umsturz~ machen** | to attempt to overthrow [the government] | **~ eines Verbrechens** | attempted crime; attempt to commit a crime | **~ eines Vergehens** | attempted offense; attempt to commit an offense |

Versöhnungs~ | attempt af reconciliation | **Widerstands~; ~, Widerstand zu leisten** | attempt at resistance (to offer resistance).

★ **nutzloser ~** | vain attempt | **strafbarer ~** | punishable attempt | **untauglicher ~** | attempt which is foredoomed to failure | **~ mit untauglichen Mitteln** | attempt with unsuitable (insufficient) means | **einen ~ zum Scheitern bringen** | to foil an attempt | **den ~ machen (unternehmen), etw. zu tun** | to attempt (to make an attempt) to do sth.

Versuch *m* Ⓑ [Experiment] | experiment | **Anstellen (Anstellung) von ~en** | experimenting | **~e anstellen** | to make trials (tests); to experiment | **durch ~ erwiesen** | proved by experiment | **einen ~ machen** | to make (to carry out) an experiment; to conduct a test.

Versuch *m* Ⓒ [Probe] | trial; testing | **zum ~** | on trial; by way of trial.

versuchen *v* | **~, Widerstand zu leisten** | to attempt resistance (to offer resistance) | **~, etw. zu tun** | to make an attempt at doing sth.

Versuchs..abteilung *f* | experimental (research) department.

—**anlage** *f* | experimental installation; pilot plant.

—**anstalt** *f* | experimental station; research institute.

—**auftrag** *m* | trial order.

—**ballon** *m* | trial balloon.

—**fahrt** *f* Ⓐ [~ eines Schiffes] | trial trip.

—**fahrt** *f* Ⓑ [~ eines Landfahrzeuges] | trial run (trip).

—**fall** *m* | test case.

—**farm** *f*; —**gut** *n* | experimental farm.

—**feld** *n* | experimental field.

—**flug** *m* | test (trial) flight.

—**laboratorium** *n* | research laboratory; testing plant.

—**modell** *n* | working (experimental) model.

—**projekt** *n* | pilot project.

—**prozeß** *m* | test action.

—**stadium** *n* | experimental stage; trial period.

versuchsweise *adj* | by way of trial (of experiment); as an experiment; experimentally.

Versuchszweck *m* | purpose of the experiment | **zu ~en** | for experimental purposes.

versucht *adj* | **~e Bestechung** | attempted bribery; attempt at bribery (to offer a bribe) | **~er Betrug** | attempted (attempt at) fraud | **~er Diebstahl** | attempted (attempt at) theft | **~e Erpressung** | attempted blackmail | **~er Mord** | attempted (attempt at) murder | **~es Verbrechen** | attempted crime; attempt to commit a crime | **~es Vergehen** | attempted offense; attempt to commit an offense | **~er Widerstand** | attempt at resistance (to offer resistance).

vertagen *v* | to adjourn; to postpone; to prorogue | **eine Sache ~** | to postpone (to adjourn) (to remand) a case | **die Verhandlung ~** | to adjourn (to postpone) the hearing | **sich auf unbestimmte Zeit ~; sich ohne Festsetzung eines neuen Termins ~** | to adjourn sine die.

vertagt *part* | **die Sache wurde ~** | the hearing (the trial) was adjourned (postponed).

Vertagung *f* | adjournment; postponement; prorogation | **Antrag auf ~** | motion to adjourn (for adjournment); adjournment motion | **~ einer Sache** | postponement of a case (of a trial) | **~ auf unbestimmte Zeit; ~ ohne Neuansetzung eines Termins** | adjournment without day (sine die) | **eine ~ beantragen** | to move an adjournment | **eine ~ beschließen** | to order an adjournment.

Vertagungsantrag *m* | motion to adjourn (for adjournment); adjournment motion.

Vertagungsbeschluß *m* | order to adjourn.

verteidigen *v* | to defend; to protect | **eine Sache vor Gericht ~** | to plead a case in court | **sich selbst vor Gericht ~** | to plead one's own case; to conduct one's own defense | **sein Recht ~** | to protect (to vindicate) one's right.

Verteidiger *m* Ⓐ [Verfechter] | advocate; defender.

Verteidiger *m* Ⓑ [Straf~] | counsel for the defense (for the defendant); defense counsel | **Bestellung eines ~s** | instructing counsel for the defense | **Bestellung eines ~s von Amts wegen** | assigning (assignment of) counsel for the defense | **von Amts wegen bestellter ~**; **Offizial~**; **Pflicht~** | counsel assigned by the court | **Wahl~** | appointed defense counsel | **als ~ auftreten** | to appear for the defense | **zum ~ bestellt werden** | to be briefed for the defense; to be briefed (instructed) as counsel for the defense | **einen ~ bestellen** | counsel for the defense | **einen ~ von Amts wegen bestellen** | to assign counsel for the defense.

Verteidigung *f* Ⓐ [Rechts~] | defense | **Offizial~**; **Pflicht~** | official defense | **Selbst~** | self-defense | **Recht der Selbst~** | lawful defense; legitimate self-defense | **in berechtigter Selbst~** | in (in legitimate) self-defense | **Straf~** | defense in a criminal case (in criminal cases).

★ **sich auf die ~ beschränken** | to remain (to stand) on the defensive | **die ~ niederlegen** | to abandon the defense | **die ~ übernehmen** | to assume the defense | **etw. zu jds. ~ vorbringen** | to state sth. in sb.'s defense.

Verteidigung *f* Ⓑ | **Landes~**; **National~** | national defense.

Verteidigungs..abkommen *n* | defense agreement (treaty).

—**anleihe** *f* | defense loan.

—**aufwand** *m* | defense spending.

—**ausgaben** *fpl* | defense expenditure.

—**ausschuß** *m* | defense committee.

—**beitrag** *m* | defense contribution.

—**bündnis** *n* | defense (defensive) pact; defensive alliance.

—**einwand** *m* | plea of defense | **unzulässiger ~** | inadmissible defense.

—**etat** *m* | defense budget.

—**kosten** *pl* | cost of the defense.

—**krieg** *m* | defensive war.

—**kunst** *f* | forensic eloquence; advocacy.

—**maßnahmen** *fpl* | defensive measures.

—**minister** *m* | Minister (Secretary) of Defense.

—**ministerium** *n* | Ministry (Department) of Defense.

—**mittel** *npl* | means *pl* of defense.

—**rat** *m* | council of defense | **oberster ~** | supreme council of defense.

—**rede** *f* | address for the defense.

—**schrift** *f* | written defense; statement of defense.

—**vorbringen** *n* | defendant's answer (plea); defensive allegation; defense.

—**zustand** *m* | state of defense.

verteilbar *adj* | distributable | **~er Gewinn** | profit available for distribution.

verteilen *v* | to distribute; to apportion; to allot | **eine Dividende ~** | to distribute (to declare) (to pay) a dividend | **den Erlös ~** | to distribute the proceeds | **einen Gewinn ~** | to distribute a profit | **etw. auf mehrere Jahre ~** | to spread sth. over several years | **ein Risiko ~** | to spread a risk | **neu ~** | to redistribute | **zu ~** | distributable.

Verteiler *m* | distributor.

Verteilerorganisation *f* | distributing organization.

Verteilung *f* | distribution; repartition; apportionment | **Abgaben~** | distribution of taxation | **Abschlags~** | interim (preliminary) distribution | **Dividenden~** | payment (declaration) of dividend | **~ von verbotenen Flugschriften** | distribution of secret pamphlets | **~ der Generalunkosten** | allotment of general expense | **Gewinn~**; **~ des Reingewinnes** | distribution of profits (of the net profits) | **zur ~ kommender Gewinn** | distributable profit | **Güter~** | distribution of wealth | **Kosten~** | distribution (apportionment) of (of the) cost(s) | **Macht~** | distribution of power | **Nachtrags~** | supplementary distribution | **Neu~**; **Um~** | redistribution; reallocation | **Preis~** | distribution of prizes; prize distribution | **Risiko~**; **Wagnis~** | distribution (diversification) of risks | **Schluß~** | final distribution (dividend) | **~ der Unkosten** | allocation of expenses | **Unter~** | subdivision.

★ **anteilsmäßige ~** | pro-rata distribution | **mangelhafte ~**; **schlechte ~** | maldistribution | **prozentuale ~** | distribution by percentages | **weitere ~** | second distribution | **etw. zur ~ bringen** | to distribute sth.

Verteilungs..kosten *pl* | cost of distribution.

—**methode** *f* | method of distribution.

—**modus** *m* | way of distribution.

—**netz** *n* | distribution network.

—**ordnung** *f* | order of distribution.

—**plan** *m* | plan of distribution.

—**schlüssel** *m* | distributor.

—**stelle** *f* | distribution agency; marketing board | **Zentral~** | central distributing office.

—**verfahren** *n* | proceedings *pl* for partition.

verteuern *v* | to make dearer (more expensive).

Verteuerung *f* | becoming dearer (more expensive).

vertilgen *v* | to exterminate; to extirpate; to eradicate.

Vertilgung *f* | extermination; extirpation; eradication.

Vertonung *f* | setting into music.

Vertrag *m* | contract; agreement; covenant; treaty | **Abfindungs~** | settlement agreement; settlement | **Ablauf des (eines) ~s** | expiry (expiration) of the (of a) contract | **Abschluß eines ~s** | conclusion (consummation) of a contract | **Abtretungs~** | contract of assignment; transfer (assignment) agreement | **Abzahlungs~** | hire-purchase (credit sale) agreement | **Adoptions~**; **Annahme~** | contract of adoption.

○ **Agentur~** | agency agreement (contract) | **Altenteils~**; **Auszugs~** | deed whereby an annuity is settled on an estate upon its transfer to a descendant | **Anfechtung eines (des) ~s** | avoidance (vitiation) of a (of the) contract | **Anlage zu einem ~** | enclosure (schedule) to a contract | **Anleihe~** | loan agreement (contract) | **Anstellungs~** | contract of employment; employment contract.

○ **Arbeits~** | labo(u)r (service) (employment) contract | **Artikel eines ~s** | article of an agreement; clause of a contract; contract clause | **Aufhebung (Auflösung) des ~s** | cancellation (annulment) (rescission) of the agreement | **Aufhebungs~** ① | cancellation (termination) agreement | **Aufhebungs~** ② [bezüglich eines Arbeitsverhältnisses] | severance agreement | **Auftrags~** | agency contract (agreement) | **Auslieferungs~** | treaty of extradition; extradition treaty | **Ausspiel~** | raffle contract | **Bau~** | builder's contract | **Bedingungen laut ~** | conditions (terms) as per contract; contract terms | **Beförderungs~** | contract of carriage | **Befrachtungs~**; **Charter~**; **Fracht~** | contract of affreightment; freight contract; charter-party | **Beistands~** | pact of mutual assistance.

○ **Beitritt zu einem** ~ | adherence to a treaty | **Beitritts~** | treaty of accession | **Bestätigung eines ~s** | ratification of an agreement | **Bestimmungen eines ~s** | articles (clauses) (sections) of a contract (of an agreement) | **Bodmerei~** | bottomry bond (letter); bill of bottomry (of adventure) | **Bundes~** | treaty of confederation | **Bündnis~** | treaty of alliance | **Bündnis- und Freundschafts~** | treaty of alliance and friendship | **Bürgschafts~** | contract (deed) of suretyship | **Clearing~** | clearing agreement.

○ **Darlehens~** | loan contract (agreement) | **Dauer eines ~s** | currency (life) of a contract | **Dienst~** ! service (employment) contract; contract of (for) employment (of service) | **~ zugunsten Dritter** | contract (agreement) for the benefit of a third party (of third parties) | **Ehe~** | marriage contract (settlement); articles of marriage | **Eigentumsübertragungs~** | deed of conveyance; transfer deed; conveyance | **Einhaltung (Erfüllung) eines ~s** | performance (fulfilment) of a contract; fulfilment of the terms of a contract | **Einrede des nichterfüllten ~s** | plea of unperformed (non-fulfilled) contract | **Eisernvieh~** | lease of livestock on the condition that stock of equal number and quality is returned at the end of the lease | **Entschädigungs~** | contract of indemnity | **Entwurf eines ~s** | draft of an agreement (of a contract); draft agreement (treaty); agreement draft.

○ **Erb~** | testamentary arrangement by way of a mutually binding contract | **Erbauseinandersetzungs~** | contract for the partition of an inheritance | **Erbverzichts~** | contract (deed) of renunciation of a future inheritance | **Erneuerung eines ~s** | renewal of a contract | **Erneuerungs~** | revival agreement | **Familien~** | family compact (contract) | **Flotten~** | naval treaty (agreement) | **Freundschafts~** | treaty of friendship | **Friedens~** | peace treaty; treaty of peace | **Fusions~** | amalgamation agreement; merger | **Garantie~** | guaranty pact; treaty of guaranty | **Gegenseitigkeits~** | reciprocal agreement (treaty); reciprocity treaty | **Gegenstand des ~s** | subject-matter of the agreement | **der ~ hat zum Gegenstand** | the contract purports.

○ **Geheim~** | secret treaty (pact); clandestine agreement | **Gemeinschafts~** | community arrangement | **Generalvertretungs~** | general agency agreement | **Gepäckbeförderungs~** | luggage contract | **vor Gericht abgeschlossener ~** | agreement made in court (entered into before the court) | **Gesamtarbeits~** | collective agreement (bargain) | **Geschäftsführungs~** | management agreement.

○ **Gesellschafts~** | memorandum (articles) of association; corporate contract; contract (agreement) of partnership; partnership deed | **Haftung aus ~** | liability in contract | **Handels~** | trade agreement; trade (trading) pact; commercial treaty; treaty of commerce | **Haupt~** | main agreement | **Haus~** | family compact (contract) | **Heirats~** | marriage contract (settlement); articles of marriage | **Heuer~** ① | charter-party; charter | **Heuer~** ② | seaman's agreement; ship's articles pl | **Hinterlegungs~** | contract of deposit; escrow agreement | **Inhalt des ~s** | subject matter (scope) of the agreement | **Insertions~** | advertising contract | **Kartell~** | cartel agreement.

○ **Kauf~** | purchase agreement; contract of sale (of purchase) | **Klage aus ~** | action of contract | **Kollektiv~** | collective (group) contract | **Kollektivarbeits~** | collective agreement (bargain) | **in Kraft befindlicher ~** | executory (open) (existing)

(running) contract | **Landpacht~** | lease contract (agreement) | **Laufzeit eines ~s** | currency (life) of a contract | **Lebensversicherungs~** | life insurance contract; contract for life insurance | **~ auf Lebenszeit** | life contract.

○ **Lehr~** | contract (articles pl) of apprenticeship | **Leibgedings~; Leibzuchts~** | contract providing for a life annuity (life pension) stipulated in consideration of or in connection with the transfer of a farm or sale of a piece of property | **Leibrenten~** | contract for a life annuity | **Leih~** | contract of loan for use | **Liefer~** | supply contract | **Lizenz~** | licence agreement (contract) | **Makler~** | brokerage agreement | **Mandats~** | agency contract (agreement).

○ **Miets~** | lease agreement (contract); lease for rent; lease | **Muster~** | model (standard) contract | **Neben~** | supplementary agreement | **Neutralitäts~** | treaty of neutrality | **Nichteinhaltung (Nichterfüllung) eines ~s** | non-fulfilment (non-performance) of a contract | **~ über die Nichtweitergabe von Atomwaffen** | nonproliferation treaty | **Options-~** | option agreement | **Pacht~** | lease contract (agreement); lease | **Personenbeförderungs~** | passenger contract | **Pfandbestellungs~** | bond of security | **Post~; Postbeförderungs~** | mail contract.

○ **Privat~** | private agreement (contract) (treaty) | **Provisions~** | broker's (commission) contract | **Ratenzahlungs~** | hire-purchase (credit sale) agreement | **Rückgängigmachung des ~s** | cancellation of the contract | **Rücktritt vom ~** | rescission of a contract | **Rückversicherungs~** | reinsurance contract | **Rundfunk~** | broadcasting contract | **Schein~** | sham (simulated) contract; bogus agreement.

○ **Schieds~** ① | arbitration agreement (bond); agreement (contract) of arbitration | **Schieds~** ② | compromise; composition agreement | **Schifffahrts~** | navigation agreement | **Schiffsmiete~** | contract of affreightment; freight contract; charterparty; charter | **Schließung eines ~s** | conclusion (signing) of a contract | **Schuldübernahme~** | contract of indemnity | **Seeversicherungs~** | marine insurance contract | **Separat~; Sonder~** | special (separate) agreement; separate treaty | **Sicherungs~** | bond | **Sicherungsübereignungs~** | bill of sale given by way of security.

○ **Staats~** | treaty; international treaty (convention) | **Syndikats~** | underwriting contract | **Tarif~** | collective agreement (contract); group contract | **Tausch~** | barter agreement; barter | **Transport~** | contract of carriage | **in Übereinstimmung mit dem ~** | in accordance (in compliance) (in conformity) with (according to) the contract.

○ **Übertragungs~** ① | deed (contract) of assignment (of transfer); assignment (transfer) deed | **Übertragungs~** ② | contract (deed) of conveyance; conveyance | **Unions~** | convention (covenant) of the Union | **Unternehmer~** | builder's contract | **Unterzeichner eines ~s** | signatory to a contract (to an agreement) | **Unterzeichnung des ~s** | signing (execution) of the agreement (of the contract) | **Verfrachtungs~** | freight contract; contract of affreightment; charter-party | **Vergleichs~** ① | deed of arrangement | **Vergleichs~** ② | composition agreement.

○ **Verkaufs~** | contract of sale; sales contract; bill of sale | **Verlags~** | publishing contract | **Verletzung des ~s** | breach of contract | **Verschmelzungs~** | amalgamation agreement; merger | **Versicherungs-**

Vertrag *m, Forts.*

∼ | contract of insurance; insurance contract | **Vertretungs∼** | agency agreement | **Verwahrungs∼** | contract of deposit | **Vollmachts∼** | agency contract | **Vor∼** | preliminary contract; preliminary (binder) agreement; binder | **Werk∼** | builder's contract; contract for work and material | **im (durch) Werk∼** | on (by) (upon) contract; contractually | **Zusatz∼** | supplementary agreement | **Zustandekommen eines ∼s** | conclusion (consummation) of a contract.

★ **aleatorischer** ∼ | aleatory contract | **anfechtbarer** ∼ | voidable contract | **bindender** ∼ | binding agreement | **dinglicher** ∼ | real contract | **einseitiger** ∼ | unilateral (naked) (nude) (gratuitous) contract | **entgeltlicher** ∼; **lästiger** ∼ | onerous contract | **formbedürftiger** ∼; **formeller** ∼; **förmlicher** ∼ | formal (solemn) contract; contract under seal | **formgültiger** ∼ | contract which is formally correct | **formloser** ∼ | parol (simple) contract | **formungültiger** ∼ | informal contract | **durch** ∼ **gebunden** | bound by contract; under contract.

○ **gegenseitiger** ∼ | reciprocal (mutual) agreement | **gerichtlicher** ∼ | agreement entered into before the court (signed in court) | **gewagter** ∼ | aleatory contract | **internationaler** ∼ | international treaty; convention; treaty | **langfristiger** ∼ | long-term contract | **laufender** ∼ | executory (open) (running) contract | **lebenslänglicher** ∼ | life contract | **lukrativer** ∼ | contract for gain | **mehrseitiger** ∼ | multilateral agreement | **mündlicher** ∼ | parol (simple) contract | **nichtiger** ∼ | void agreement | **notarieller** ∼ | notarized agreement | **obligatorischer** ∼ | consensual contract.

○ **privatschriftlicher** ∼ | private treaty (contract) (agreement) | **durch privatschriftlichen** ∼ | by private contract | **schlichter** ∼ | parol (simple) contract | **schriftlicher** ∼ | written agreement; contract (agreement) in writing | **synallagmatischer** ∼; **wechselseitiger** ∼ | synallagmatic (mutual) (reciprocal) agreement | **unentgeltlicher** ∼ | naked (gratuitous) contract | **ungültiger** ∼ | void contract (agreement) | **vorläufiger** ∼ | preliminary (binder) agreement; binder | **zweiseitiger** ∼ | bilateral contract.

★ **einen** ∼ **abändern** | to amend (to modify) an agreement | **einen** ∼ **abschließen (zum Abschluß bringen)** | to conclude (to make) (to sign) a contract; to conclude (to come to) (to enter into) an agreement; to contract | **einen** ∼ **aufheben (auflösen) (annullieren)** | to cancel an agreement (a contract) | **einen** ∼ **abfassen (aufsetzen) (ausarbeiten) (ausfertigen) (entwerfen) (formulieren)** | to draw up (to make out) (to prepare) a contract | **einen** ∼ **aufkündigen** | to give notice of termination of a contract | **einen** ∼ **aushandeln** | to negotiate a contract | **einem** ∼ **beitreten** | to accede to a treaty | **einen** ∼ **bestätigen** | to ratify an agreement (a contract) | **der** ∼ **bestimmt (sieht vor)** | the contract stipulates (lays down) | **einen** ∼ **brechen** | to break (to violate) a contract (an agreement), to commit a breach of contract | **mit jdm. einen** ∼ **eingehen** | to enter into (to conclude) (to come to) an agreement (a contract) with sb.

○ **einen** ∼ **erfüllen** | to perform (to fulfil) (to execute) a contract | **der** ∼ **erlischt (läuft ab)** | the contract expires (terminates) | **einen** ∼ **erneuern** | to renew a contract | **unter einen** ∼ **fallen** | to fall (to come) under an agreement | **sich an einen** ∼ **halten** | to abide by an agreement | **aus** ∼ **klagen** | to sue (to claim) under a contract | **einen** ∼ **kündigen** | to give notice of an agreement; to denounce a treaty | **einen** ∼ **lösen** | to dissolve a contract | **einen** ∼ **für nichtig erklären** | to nullify (to invalidate) an agreement; to declare a contract nul and void | **einen** ∼ **ratifizieren** | to ratify an agreement.

○ **einen** ∼ **schließen (unterzeichnen)** | to conclude (to make) (to sign) a contract; to conclude (to enter into) (to come to) an agreement; to contract | **einen** ∼ **verlängern** | to prolongate a contract | **einen** ∼ **verletzen** | to violate an agreement; to commit a breach of contract | **von einem** ∼ **zurücktreten** | to denounce (to withdraw from) an agreement | **einen** ∼ **zustande bringen** | to conclude (to consummate) a contract (an agreement) | **durch** ∼ | by contract; by (by way of) agreement; contractually; stipulated by contract (by agreement).

Verträge *mpl* | **Heiligkeit (Unverletzlichkeit) der** ∼ | sanctity of contracts (of treaties).

vertragen *v* [S] [austragen] | to deliver [on a delivery round].

Verträger *m* [S] [Austräger] | delivery man; roundsman.

vertraglich *adj* | contractual | ∼**e Abmachung** | stipulation; covenant; agreement | ∼**e Bedingungen** | conditions (terms) as per contract | ∼**e Beziehung** | contractual relation | ∼**e Bindung** | contractual commitment | ∼**e Gütergemeinschaft** [zwischen Ehegatten] | community of property by agreement [between husband and wife] | ∼**e Haftungsbeschränkung** | contractual limitation of liability | **laut** ∼**er Vereinbarung** | as per (as under) (as agreed by) contract; according to contract; as contracted; as stipulated | ∼**e Verpflichtung** | contractual obligation (commitment).

vertraglich *adv* | contractually; by agreement; by (according to) contract | ∼ **abgemacht;** ∼ **festgelegt** | fixed (stipulated) by contract | ∼ **abgesichert** | contractually secured | ∼ **begründet** | based upon contract | ∼ **vergebene Arbeit** | contract labo(u)r | ∼ **vorgesehenes Datum** | contract date | ∼ **vereinbarte Fracht;** ∼ **vereinbarter Frachtsatz** | contract freight | **sich** ∼ **binden (verpflichten)** | to bind os. by contract | ∼ **gebunden;** ∼ **verpflichtet** | bound by contract; under contract | ∼ **gesichert** | covered (secured) by contract; covenanted | **es** ∼ **übernehmen, etw. zu tun** | to contract to do sth. | **etw.** ∼ **vereinbaren (abmachen)** | to stipulate (to covenant) sth. | **wie** ∼ **vereinbart (vorgesehen)** | as per (as under) (as agreed by) contract; according to contract; as contracted; as stipulated; as covenanted.

Vertrags..ablauf *m* | expiration of the (of a) contract.
—**abschluß** *m* | conclusion (consummation) of a contract (of an agreement) | **Datum (Tag) des** ∼**sses** | contract date | **Kosten des** ∼**sses** | costs (expense) of the contract | **zur Zeit des** ∼**sses** | at the time when the agreement was signed.
vertragsähnlich *adj* | ∼**es Verhältnis** | implied contract; quasi-contract.
Vertrags..änderung *f* | alteration (modification) of the contract.
—**anfechtung** *f* | avoidance (vitiation) of the contract.
—**anlage** *f* | enclosure (schedule) to a contract.
—**ansprüche** *mpl* | contractual claims; claims under contract.
—**antrag** *m* | offer for the conclusion of a contract.
—**artikel** *m* | article of an agreement; clause of a contract; contract clause.
—**aufhebung** *f*; —**auflösung** *f* | cancellation of the agreement.

Vertrags..aufkündigung *f* | notice of termination of the agreement (of the treaty).

—**auslegung** *f* | interpretation of the language (of the text) of a contract.

—**bedingungen** *fpl* | terms (conditions) as per contract (of the contract).

—**beitritt** *m* | adherence (adhesion) to a treaty.

—**bestimmung** *f* | clause of a contract (of an agreement); contract (agreement) clause.

—**beziehung** *f* | contractual relation(ship).

—**bruch** *m* | breach of contract; infringement (violation) of a contract | ∼ **begehen** | to act in violation of the agreement; to violate (to break) the agreement.

vertragsbrüchig *adj* | ∼ **werden** | to break (to violate) a contract (an agreement).

vertragschließend *adj* | contracting | **die ∼en Mächte (Staaten)** | the contracting (treaty) powers | **die ∼e Partei; der ∼e Teil** | the contracting party.

Vertragschließende *mpl* | **die Hohen ∼n** | the High Contracting Parties.

Vertrags..dauer *f* | currency (life) of the (of a) contract.

—**entwurf** *m* | draft of an agreement (of a contract); draft agreement (treaty); agreement draft.

—**erbe** *m* | contractual (conventional) heir.

—**erfüllung** *f* | performance (fulfilment) of a contract; fulfilment of the terms of a contract | **Klage auf ∼** | action for specific performance of contract.

—**erneuerung** *f* | renewal of the (of a) contract.

—**fähigkeit** *f* | contractual capacity.

—**formel** *f* | contractual term (form).

—**freiheit** *f* | freedom (liberty) of contract.

—**gegenstand** *m* | subject-matter of the contract (of the agreement).

—**gegner** *m* | contracting partner.

vertragsgemäß *adj* | contractual; according to contract; according to the terms of the agreement; as per (as under) contract; as stipulated; as agreed upon.

vertragsgemäß *adv* | contractually; stipulated by contract (by agreement).

Vertrags..grundlage *f* | basis of the agreement.

—**hafen** *m* | treaty port.

—**haftung** *f* | contractual responsibility (liability).

—**inhalt** *m* | subject-matter (scope) of the contract | **wesentlicher ∼** | essence of the agreement.

—**interesse** *n* | expectation (positive) interest | **negatives ∼** | reliance interest.

—**klausel** *f* | clause of a contract; article of an agreement; contract clause.

—**kontrahent** *m* | contracting party (partner); party to the agreement.

—**kosten** *pl* | costs (expense) of the contract.

—**land** *n* Ⓐ | agreement country.

—**land** *n* Ⓑ [Mitgliedsland] | member country.

—**lücke** *f* | loophole in the agreement.

—**mächte** *fpl* | **die ∼** | the contracting (treaty) powers.

vertragsmäßig *adj* | contractual; according to contract; according to the terms of the agreement; as per (as under) contract; as stipulated; as agreed upon | **∼er Gebrauch** | stipulated (intended) use | **∼e Kündigungsfrist** | term of notice as stipulated by contract | **∼e Leistung** | performance agreed upon | **∼e Verbindlichkeit** | contractual obligation (commitment).

vertragsmäßig *adv* | contractually; stipulated by contract (by agreement) | **∼ verpflichtet** | bound by contract; under contract.

Vertragsmäßigkeit *f* | conformity with the contract.

Vertrags..partei *f* | party to a contract; contracting party.

—**partner** *m* | contracting partner | **Handels∼** | trade (trading) partner.

—**politik** *f* | treaty policy | **Handels∼** | trade treaty policy.

—**preis** *m* | contract (contracting) price; price as per contract.

—**punkte** *mpl* | dispositions (articles) of the (of a) contract.

—**recht** *n* | law of contract.

—**rechte** *npl* | treaty (contractual) rights.

—**regierung** *f* | contracting (treaty) government.

—**revision** *f* | revision of the contract (of contracts); treaty revision.

—**staat** *m* Ⓐ | contracting state.

—**staat** *m* Ⓑ [Mitgliedsstaat] | member state (country).

—**strafe** *f* | penalty fixed by contract | **∼ wegen Nichterfüllung** | penalty for non-fulfilment of contract | **unverhältnismäßig hohe ∼** | unreasonably high contract penalty.

—**streitigkeit** *f* | dispute (controversy) arising out of a contract.

—**tarif** *m* | treaty tariff.

vertragstreu *adj* | **∼e Partei** | observant party.

vertragstreu *adv* | **∼ bleiben; ∼ sein** | to abide by an agreement.

Vertrags..treue *f* | loyalty to a contract; observance of the terms of a contract (of contracts).

—**unterschrift** *f* | signature of (to) a contract.

—**unterzeichnung** *f* | signing (execution) of the agreement (of the contract).

—**urkunde** *f* | deed; contract.

—**verbindlichkeit** *f* | contractual obligation.

—**verhältnis** *n* | contractual relation(ship).

—**verhandlungen** *fpl* | treaty negotiations *pl* (talks *pl*).

—**verlängerung** *f* | prolongation (renewal) of a contract.

—**verletzung** *f* | breach (infringement) (violation) of contract.

—**verpflichtung** *f* | contractual obligation (commitment).

—**vollmacht** *f* | power to sign an agreement.

—**werk** *n* | set (package) of agreements.

vertragswidrig *adj* | contrary (opposed) to the terms of the agreement; in violation of the contract.

Vertrags..zinsen *mpl* | interest as per agreement; stipulated interest.

—**zoll** *m*; —**zollsatz** *m* | treaty duty (tariff).

Vertrauen *n* | confidence; trust | **Mangel an ∼** | lack of confidence | **Selbst∼** | self-confidence; self-assurance | **gerechtfertigtes ∼** | well-placed confidence | **das ∼ ausgesprochen erhalten** | to receive a vote of confidence | **jdm. das ∼ aussprechen** | to pass a vote of confidence to sb. | **jdm. einstimmig das ∼ aussprechen** | to pass unanimously a vote of confidence to sb. | **jdm. sein ∼ entziehen** | to withdraw one's confidence from sb. | **jds. ∼ genießen** | to be in sb.'s confidence | **in jdn. (zu jdm.) volles ∼ haben** | to have every confidence in sb. | **jds. ∼ mißbrauchen** | to misuse sb.'s confidence; to break faith with sb. | **jds. ∼ rechtfertigen** | to deserve sb.'s confidence | **in jdn. (auf jdn.) ∼ setzen; zu jdm. ∼ haben; jdm. sein ∼ schenken** | to put one's trust in sb.; to place confidence in sb.; to rely on sb.; to trust sb. | **jdn. ins ∼ (in sein ∼) ziehen** | to take sb. into one's confidence | **im ∼** | confidentially; privately.

vertrauen *v* | **jdm. ∼; auf jdn. ∼** | to trust sb.; to rely on sb.; to put one's trust in sb.; to place confidence in sb.

Vertrauens..arzt *m* | health officer.
—beweis *m* | expression of [one's] confidence.
—bruch *m* | breach of trust (of faith).
—frage *f* | question of confidence | **die ~ stellen** | to raise the question of confidence; to ask for a vote of confidence | **Abstimmung über die ~; Vertrauensabstimmung** | vote on the question of confidence; confidence vote.
—mann *m*; **—person** *f* | man of confidence; trustee.
—mißbrauch *m* | breach of trust (of faith).
—posten *m*; **—stellung** *f* | position of trust; confidential post.
—sache *f* | matter of confidence; confidential matter.
—seligkeit *f* | trustfulness.
—verhältnis *n* | bond of trust; confidential relationship.
vertrauensvoll *adj* | trusting; trustful.
vertrauensvoll *adv* | **etw. ~ annehmen** | to take sth. on trust.
Vertrauensvotum *n* | vote of confidence.
vertrauenswürdig *adj* | trustworthy; creditable; reliable.
Vertrauenswürdigkeit *f* | trustworthiness; reliability.
vertraulich *adj* | confidential; in confidence | **~e Mitteilung** | confidential message (communication) | **~e Mitteilungen** | private (confidential) information.
vertraulich *adv* | **etw. ~ behandeln** | to treat sth. confidentially | **streng ~** | strictly confidential | **etw. streng ~ behandeln** | to treat sth. in strict confidence.
Vertraulichkeit *f* | **sich jdm. gegenüber ~en herausnehmen** | to take liberties (familiarities) with sb.
vertraut *adj* | **sich mit etw. ~ machen** | to familiarize os. with sth. | **mit etw. vollkommen ~ sein** | to be thoroughly acquainted with sth.
Vertrauter *m* | trusted (intimate) friend.
vertreiben *v* Ⓐ [absetzen; verkaufen] | to sell; to distribute; to market | **Zeitschriften ~** | to distribute publications.
vertreiben *v* Ⓑ [entsetzen] | **jdn. aus dem Besitz ~** | to dispossess sb.; to eject sb.
Vertreibung *f* | expulsion | **~ aus dem Besitz** | eviction; ejection; dispossession.
vertretbar *adj* Ⓐ [zu vertreten] | tenable; arguable | **~e Ansicht; ~e Meinung** | defensible (tenable) opinion | **eine ~e Sache** | an arguable case | **juristisch ~** | legally justifiable | **nicht ~; un~** | indefensible; untenable.
vertretbar *adj* Ⓑ [fungibel] | fungible; interchangeable; capable of mutual substitution | **~e Sachen** | fungible things; fungibles *pl.*
Vertretbarkeit *f* | fungible nature.
vertreten *v* Ⓐ | **jdn. ~** | to represent sb.; to be agent for sb.; to be sb.'s agent; to act for sb. | **den Beklagten ~** | to appear for the defendant (for the defense) | **den Kläger ~** | to appear for the plaintiff | **eine Firma allein ~** | to be sole (exclusive) agent for a firm | **jdn. vor Gericht ~** | to represent sb. (to appear for sb.) in court | **jds. Interessen ~** | to represent (to safeguard) sb.'s interests | **einen Wahlkreis ~** | to sit for a constituency | **jdn. anwaltschaftlich ~** | to act as sb.'s counsel; to plead sb.'s case | **jdn. gerichtlich und außergerichtlich ~** | to represent sb. in court and out of court | **sich ~ lassen** | to appoint (to send) a representative | **sich selbst ~** | to plead one's own case; to conduct one's own defense.
vertreten *v* Ⓑ [ersetzen] | **jdn. ~** | to deputize for sb.; to act as deputy for sb. (as sb.'s deputy).
vertreten *v* Ⓒ | **die Ansicht (die Meinung) ~, daß** | to hold (to take) the view that; to opine (to propose) that.

vertreten *v* Ⓓ [einstehen] | **etw. ~ müssen; etw. zu ~ haben** | to answer for sth.; to be answerable (responsible) for sth.
vertreten *part* | **im Aufsichtsrat ~ sein** | to be represented on the board | **im Rat ~ sein** | to be represented in (on) the council; to have a representative (a seat) in the council | **anwaltschaftlich ~** | represented by counsel.
Vertretene *m* | **der ~** | the principal.
Vertreter *m* Ⓐ [Agent] | representative; agent | **Allein-~; alleiniger ~** | sole (exclusive) agent (representative) | **Anzeigen~; Reklame~** | advertising (publicity) agent | **Auslands~** | foreign representative | **General~** | general representative (agent) | **Handels~** | commercial (business) (trade) agent (representative) | **Konsular~** | consular agent | **Nachrichten~; Presse~** | news (press) agent | **Rechts~** | statutory agent; legal representative | **Unter~** | sub-agent; under-agent | **Verkaufs~** | sales representative; distributor | **~ ohne Vertretungsmacht** | representative without authority.
★ **ausgewiesener ~** | accredited representative | **beauftragter ~; bevollmächtigter ~** | authorized agent (representative); proxy | **ordnungsgemäß bestellter ~** | duly (lawfully) appointed representative (agent) | **diplomatischer ~** | diplomatic representative (agent) | **gesetzlicher ~** | statutory agent; legal representative | **konsularischer ~** | consular agent (representative) | **ortsansässiger ~** | local agent | **ständiger ~** | regular agent | **zeichnungsberechtigter ~** | signing officer.
★ **einen ~ abberufen** | to recall a representative | **jdn. auffordern, einen ~ zu bestellen** | to request sb. to appoint a representative | **einen ~ bestellen** ①; **einen ~ ernennen** | to appoint a representative | **einen ~ bestellen** ② | to send a proxy | **als jds. ~ handeln (fungieren)** | to act as sb.'s representative (as sb.'s agent).
Vertreter *m* Ⓑ [Stell~; Ersatzmann] | substitute; deputy | **jdn. zu seinem ~ ernennen (einsetzen)** | to deputize sb. | **als jds. ~ handeln** | to act as deputy for sb. (as sb.'s deputy); to deputize for sb.
Vertreter *m* Ⓒ [Abgeordneter; Delegierter] | delegate | **Arbeitgeber~** | employers' delegate | **Arbeitnehmer~** | workers' delegate | **Gewerkschafts~** | union (trade union) representative (delegate) | **Knappschafts~** | miners' delegate | **Volks~** | representative of the people.
Vertreter..bestellung *f* | appointment as agent (of an agent).
—besuch *m* | sales call.
—bezirk *m* | sales district.
—kosten *pl* | cost of representation; representation expenses.
—vertrag *m*; **Vertretungsvertrag** *m* | agency agreement.
Vertretung *f* Ⓐ | representation | **~ durch einen Bevollmächtigten** | representation by a proxy | **Gesamt~; Kollektiv~** | collective representation | **Interessen~** | representation (safeguarding) of sb.'s interests | **in jds. ~ handeln** | to act as sb.'s representative (as sb.'s agent).
Vertretung *f* Ⓑ [vor Gericht] | representation in court; legal representation | **~ des (der) Beklagten; ~ der beklagten Partei** | defense | **die ~ der beklagten Partei übernehmen** | to assume the defense | **jds. ~ übernehmen** | to accept sb.'s representation | **die ~ niederlegen** | to resign from the representation; to abandon the defense.
Vertretung *f* Ⓒ [Stell~; durch einen Ersatzmann] | substitution | **Erb~** | substitution | **in ~ für** | acting

(as substitute) (as deputy) for | in jds. ~ handeln | to act as deputy for sb. (as sb.'s deputy); to deputize for sb.
Vertretung *f* ⓓ [Delegation] | delegation | **Betriebs~** | representation of the workers; workers' delegation (representation) | **~ der Betriebsleitung** | representation of the management | **Voks~** | representative government.
Vertretung *f* ⓔ [Agentur] | representation; agency | **Allein~** | sole agency | **die Allein~ einer Firma haben** | to have the sole (exclusive) agency for a firm | **General~** | general agency | **konsularische ~** | consular representation | **ständige ~** | permanent representation.
vertretungsberechtigt *adj* | authorized to represent.
Vertretungs..befugnis *f*; **—macht** *f* | right of representation; power of agency (of procuration); authority | **Nachweis der ~** | proof of authority | **der Umfang der ~** | the extent of one's authority (power) | **mangelnde ~** | absence of authority | **innerhalb seiner ~ handeln** | to act within the scope of one's authority | **seine ~ überschreiten** | to exceed one's power(s) (authority).
—organ *n* | representative body.
—vertrag *m* | agency agreement.
—vollmacht *f* | power of attorney; power.
vertretungsweise *adv* Ⓐ | **~ für jdn.** | in sb.'s substitution.
vertretungsweise *adv* Ⓑ | by proxy.
Vertretungszwang *m* | compulsory representation [by a lawyer].
Vertrieb *m* | sale; distribution | **Presse~; Zeitschriften~** | distribution of publications.
Vertriebener *m* | expelled person.
Vertriebs..abkommen *n*; **—vereinbarung** *f* | marketing agreement (arrangement).
—abteilung *f* | sales department.
—förderung *f* | sales promotion.
—genossenschaft *f* | marketing association.
—gesellschaft *f* | marketing (sales) company.
—kartell *n* | marketing cartel.
—kosten *pl* | cost of distribution; distribution cost.
—leiter *m* | sales manager.
—netz *n* | sales network.
—organisation *f* | distributing (marketing) organization.
—recht *n* | right to distribute; distributing right.
—stelle *f* | distributing office.
—unternehmen *n* | distribution enterprise.
—vertreter *m* | selling agent.
vertuschen *v* | **einen Skandal ~** | to hush up (to cover up) a scandal.
Vertuschung *f* | cover-up.
verüben *v* | to perpetrate; to commit.
Verübung *f* | perpetration; commission | **~ eines Verbrechens** | perpetration of a crime.
verunglimpfen *v* | **jdn. ~** | to revile (to slander) sb.
Verunglimpfung *f* | reviling; revilement; slander.
verunglücken *v* | to meet with (to have) an accident | **tödlich ~** | to be killed by an accident; to meet an accidental death.
veruntreuen *v* | to defraud; to embezzle | **Geld~; Gelder ~** | to misappropriate money; to embezzle funds; to convert money to one's own use | **öffentliche Gelder ~** | to misappropriate public funds; to peculate.
Veruntreuung *f* | defraudation; embezzlement | **~ von Geld(ern)** | misappropriation (embezzlement) (fraudulent conversion) of funds; defalcation | **~ von öffentlichen Geldern** | malversation; peculation;

misappropriation (fraudulent conversion) of public funds.
verursachen *v* | **etw. ~** | to cause (to occasion) sth.; to give rise to sth.
verurteilen *v* | **jdn. ~** | to condemn (to sentence) (to convict) sb.; to pass judgment (sentence) on sb. | **jdn. in Abwesenheit ~** | to sentence sb. in absence | **jdn. zu einer Geldstrafe ~** | to fine sb.; to impose a fine on sb. | **jdn. zu Gefängnis ~** | to commit (to send) sb. to prison | **jdn. zu ... Jahren Gefängnis ~** | to pass sentence of ... years imprisonment on sb. | **jdn. zu den Prozeßkosten (zur Tragung der Kosten) (zu den Kosten des Verfahrens) ~** | to condemn (to sentence) sb. to the cost (to pay the cost); to order sb. to pay the cost | **jdn. zum Tode ~** | to condemn (to sentence) sb. to death; to pass sentence of death on sb. | **jdn. kostenpflichtig ~** | to sentence sb. with cost | **zu ~** | condemnable.
verurteilt *part* | condemned; convicted; sentenced | **in Abwesenheit ~ werden** | to be sentenced in absence | **zu den Prozeßkosten (zu den Kosten des Verfahrens) (zur Tragung der Kosten) ~ werden (sein)** | to be condemned to the cost (to pay the cost); to be ordered to pay the cost | **zum Schadensersatz ~ werden** | to be ordered to pay damages | **zum Scheitern ~ sein** | to be condemned (to be doomed) to failure | **zum Tode ~** | unter sentence of death | **zu ... Jahren Zuchthaus ~ werden** | to be sentenced to ... years at hard labo(u)r | **rechtskräftig ~** | under final sentence | **zu ... ~ werden** | to be sentenced to ...
Verurteilung *f* | condemnation | **~ in Abwesenheit; ~ im Abwesenheitsverfahren** | judgment in absentia | **~ unter Bewährungsfrist; ~ unter Strafaufschub** | sentence with probation; suspended sentence | **~ durch den Einzelrichter** | summary conviction | **~ zu Freiheitsstrafe** | imprisonment | **~ zu Gefängnis; ~ zu Gefängnisstrafe** | sentence to imprisonment; prison sentence | **~ als Gesamtschuldner** | sentence as joint debtors **~ zu den Kosten; ~ zu den Prozeßkosten; ~ zur Tragung der Kosten** | sentence (order) to pay the cost | **~ auf Lebenszeit** | life sentence; sentence for life | **~ zu Schadenersatz** | judgment for damages; sentence (order) to pay damages | **~ zum Tode; ~ zur Todesstrafe** | sentence of death; death sentence | **~ wegen einer polizeilichen Übertretung** | police-court sentence | **~ im kontradiktorischen Verfahren; ~ aufgrund streitiger (kontradiktorischer) Verhandlung** | sentence upon proceedings in defended cases | **~ im summarischen Verfahren** | summary conviction | **~ im Versäumnisverfahren** | judgment by default | **~ zu Zwangsarbeit; ~ zu Zuchthaus** | sentence to hard labo(u)r.
★ **gerichtliche ~** | court (judical) sentence | **gesamtschuldnerische ~** | sentence as joint debtors | **rechtskräftige ~** | final sentence (judgment) | **strafgerichtliche ~** | conviction | **eine ~ aussprechen** | to pass (to pronounce) sentence (judgment).
vervielfachen *v*; **vervielfältigen** *v* Ⓐ | to multiply.
vervielfältigen *v* Ⓑ [reproduzieren] | to reproduce.
Vervielfältigung *f* Ⓐ | multiplication; multiplying.
Vervielfältigung *f* Ⓑ [Reproduktion] | reproduction.
Vervielfältigungs..apparat *m* | copying apparatus; duplicating machine.
—recht *n* | right of reproduction; copyright.
—verfahren *f* | hectographing; autography.
vervierfachen *v* | to quadruple.
vervollkommnen *v* | **etw. ~** | to perfect (to improve) sth.; to effect improvements in sth.
Vervollkommnung *f* | perfection; improvement.

vervollständigen *v* Ⓐ | to complete; to accomplish.

vervollständigen *v* Ⓑ [ergänzen] | to supplement; to replenish.

Vervollständigung *f* Ⓐ | completion; complement.

Vervollständigung *f* Ⓑ [Ergänzung] | supplementation; replenishing.

verwahren *v* Ⓐ [aufbewahren] | **etw.** ~ | to keep sth.; to have charge of sth. | **etw. zu treuen Händen** ~ | to have sth. in custody; to hold sth. in (on) trust.

verwahren *v* Ⓑ [protestieren] | **sich** ~ **gegen** | to protest against | **sich gegen etw. entschieden** ~ | to protest emphatically against sth.

Verwahrer *m* | keeper; depositary | **Verantwortung als** ~ | custodial responsibility | **treuhänderischer** ~ **von Wertpapieren** | sb. who holds securities in trust | **gerichtlich bestellter** ~ | trustee.

Verwahrung *f* Ⓐ [Verwahr *m*; Aufbewahrung] | custody; safe-keeping; care | ~ **bei Gericht; gerichtliche** ~ | deposit in (at the) court | **Sammel**~ | general deposit | **Sonder**~ | special (separate) deposit. ★ **amtliche** ~ | official custody | **sichere** ~ | safe deposit | **in sicherer** ~ | in safe custody | **etw. in sichere** ~ **geben** | to place sth. in safe custody.

★ **etw. in** ~ **geben** | to give sth. in charge (into custody); to deposit sth. | **jdm. etw. in** ~ **geben** | to put sth. in sb.'s trust; to place sth. in sb.'s hands; to commit sth. to sb.'s charge (to the trust of sb.) | **etw. in** ~ **haben** | to have custody (the care) of sth. | **etw. in** ~ **nehmen** | to take charge (custody) of sth. | **etw. in gerichtliche** ~ **nehmen** | to impound sth. | **bei jdm. in** ~ **sein** | to be in the custody of sb.

Verwahrung *f* Ⓑ [Protest] | protestation; protest | ~ **einlegen gegen etw.** | to protest; to enter (to lodge) (to make) a protest against sth.

Verwahrung *f* Ⓒ | **Sicherungs**~ | preventive detention | **dauernde Sicherungs**~ **von Rückfallverbrechern** | life internment for habitual criminals.

Verwahrungs..gebühr *f* | custody fee.

—ort *m* | place of custody (of deposit).

—vertrag *m* | contract of deposit.

verwalten *v* | to administrate; to manage; to conduct; to direct | **ein Amt** ~ | to hold an office | **die Kasse** ~ | to keep the cash | **ein Konto** ~ | to carry an account | **einen Nachlaß** ~ | to administer an estate | **etw. schlecht** ~ | to mismanage (to misconduct) sth. | **etw. treuhänderisch** ~ | to hold sth. in trust.

Verwalter *m* Ⓐ | administrator | **Einsetzung eines** ~**s** | appointment of an administrator (of an agent) | **Grundstücks**~ | land agent | **Konkurs**~; ~ **der Konkursmasse** | trustee (assignee) in bankruptcy; bankruptcy trustee; trustee of a bankrupt's estate; official receiver; receiver | **Nachlaß**~ | administrator of the estate | **Zwangs**~ | receiver | **einen** ~ **einsetzen (bestellen)** | to appoint an administrator (an agent).

Verwalter *m* Ⓑ [Leiter] | manager | **Amt (Posten) (Stelle) als** ~ | directorship; administratorship.

Verwalter *m* Ⓒ [Treuhänder] | trustee | ~ **des Vermögens von Ausländern** | alien property custodian.

Verwalteramt *n* | administratorship; trusteeship.

Verwalterin *f* | administratrix.

verwaltet *part* | ~ **werden** | to be administrated | **treuhänderisch** ~ **werden** | to be in (under) trust.

Verwaltung *f* Ⓐ [die Verwaltungstätigkeit] | administration; management | **Gruben**~ | management of the mine | **Grundstücks**~ | administration of an estate (of property) | **Konkurs**~; **Masse**~ | administration of the bankrupt's estate | ~ **und Nutzung** | management and enjoyment | **Selbst**~;

autonome ~ | self-administration; self-government; administrative autonomy; autonomy | **Vermögens**~ | administration (management) of an estate (of property) | **Zwangs**~ | compulsory administration. ★ **aufwendige** ~ | wasteful administration | **finanzielle** ~ | financial administration | **gemeinsame** ~ | coadministration | **geschäftsführende** ~ | management | **öffentliche** ~; **staatliche** ~ | public (state) administration; government | **schlechte** ~ | maladministration; mismanagement | **städtische** ~ | municipal (city) administration (government) | **streitige** ~ | procedure in contentious administrative matters | **treuhänderische** ~ | trust administration; trusteeship | **unredliche** ~ | corrupt administration | **die** ~ **führen** | to manage; to be in charge.

Verwaltung *f* Ⓑ [Verwaltungskörper] | administration | **Bahn**~; **Eisenbahn**~ | railway (railroad) administration (management) | **Berg**~; **Gruben**~ | mining board; board of mines | **Disziplinarkammer für die** ~ | board (court) of discipline for municipal officers | **die Finanz**~ | the fiscal administration; the fiscal authorities; the fisc | **Gemeinde**~; **Orts**~; **Kommunal**~ | municipal (local) administration (authority) | **Hafen**~ | harbor (port) (dock) authority | **Heeres**~; **Militär**~ | army administration | **Justiz**~ | administration of justice | **Kolonial**~ | colonial administration | **Post**~ | postal administration | **Regie**~ | excise office | **Schulden**~ | administration of debts | **Staats**~ | state administration (government) | **Staatsgruben**~ | management of the state mines (of state-owned mines) | **Stadt**~ | municipal (city) (local) administration (government) | **Steuer**~ | administration of taxes; fiscal administration | **Strafvollzugs**~ | prison administration | **Straßenbau**~ | highways (road) construction department | **Zentral**~ | central administration (service) | **die Zoll**~ | the administration of the customs; the customs authorities; the customs.

Verwaltungs..abteilung *f* | department; administrative division.

—akt *m* | act of administration; administrative measure.

—angelegenheit *f* | administrative matter; matter of administration.

—apparat *m* | administrative machinery (organization).

—aufgaben *fpl* | functions of the administration; administrative duties.

—aufwand *m*; **—aufwendungen** *fpl*; **—ausgaben** *fpl* | costs of administration; administrative expense(s).

—ausschuß *m* | managing (administrative) committee; board of management (of administration) | **einen** ~ **einsetzen** | to appoint (to elect) a committee (a board).

—autonomie *f* | self-administration; administrative autonomy; self-government; autonomy.

—beamter *m* | civil servant.

—befugnis *f* | right of management (to manage).

—befugnisse *fpl* | administrative powers.

—behörde *f* | administrative (civil) authority; administration | **Orts**~; **untere** ~ | local administrative authority | **Zentral**~ | central administrative authority | **höhere** ~ | higher administrative authority.

—beirat *m* Ⓐ | advisory board (committee).

—beirat *m* Ⓑ | administrative adviser.

—bereich *n* und *m* | competence; competency; jurisdiction.

—beschwerde *f* | appeal in administrative matters.

—bezirk *m* | administrative district (unit).

Verwaltungs..dienst *m* | civil service (administration).
—**disziplinarhof** *m* | board (court) of discipline for municipal officers.
—**entscheid** *m* | decree of the administrative authorities; administrative decision.
—**fragen** *fpl* | technical questions of administration.
—**gebäude** *n* | administrative building.
—**gebühr** *f* Ⓐ [Bearbeitungsgebühr] | management (service) charge (fee).
—**gebühr** *f* Ⓑ [Konto~] | account-carrying charge.
—**gericht** *n* | administrative court; court of administration | Ober~; —**gerichtshof** *m* | higher administrative court.
—**gerichtsbarkeit** *f* | administrative jurisdiction.
—**gerichtsverfahren** *n* | proceedings *pl* in contentious administrative matters.
—**handlung** *f*; —**maßnahme** *f* | act of administration; administrative act (measure).
—**jahr** *n* | business (financial) year.
—**körper** *m* | administrative (governing) body | Selbst-~ | self-governing body.
—**kosten** *pl* | administration expenses (cost).
verwaltungsmäßig *adj* | administrative.
verwaltungsmäßig *adv* | administratively.
Verwaltungs..organisation *f* | organization of the administration.
—**personal** *n* | administrative staff (personnel).
—**posten** *m* | post in the administration; administrative post.
—**praxis** *f* | administrative practice.
—**rat** *m* Ⓐ [Gesamtheit] | board of administration (of administrators) (of management) (of directors); council of administration.
—**rat** *m* Ⓑ; —**ratsmitglied** *n* | member of the board of administrators; board member.
Verwaltungsrats..sitzung *f* | board meeting.
—**vorsitz** *m* | board chairmanship.
—**vorsitzender** *m* | chairman of the board.
Verwaltungs..recht *n* Ⓐ | right of management (to manage).
—**recht** *n* Ⓑ | administrative law.
verwaltungsrechtlich *adj* oder *adv* | administrative(ly).
Verwaltungs..rechtspflege *f* | administrative jurisdiction.
—**rechtsstreit** *m* | contentious administrative matter.
—**sache** *f* | administrative matter; matter of administration.
—**stelle** *f* | administrative agency (bureau).
—**streitsache** *f* | contentious administrative matter.
—**streitverfahren** *n* | procedure in contentious administrative matters | im Wege des ~s | by way of proceedings in contentious administrative matters.
verwaltungstechnisch *adj* | administrative | ~e Einzelheiten | administrative details.
Verwaltungs..verfahren *n* | administrative proceedings *pl* (procedure).
—**ordnung** *f*; —**vorschrift** *f* | administrative regulation.
—**vorschriften** *fpl* | provisions laid down by administrative regulation(s).
—**unkosten** *pl* | administrativ expenses.
—**weg** *m* | auf dem ~ | administratively; through administrative channels *pl*.
—**zentrale** *f*; —**zentrum** *n* | administration center.
—**zweig** *m* | branch of administration; department.
verwandt *adj* | related | in absteigender Linie ~ | related in the descending line | in aufsteigender Linie ~ | related in the ascending line | in gerader Linie ~ | related in the direct line | im Mannesstamm ~ | agnatic | rassen~; rassenmäßig ~; stamm~ | re-

lated by race; racially related | in der Seitenlinie ~ | related in the collateral line; related collaterally.
★ **bluts**~ | related by blood | entfernt (weitläufig) ~ sein | to be distantly related | dem Grade nach am nächsten ~ | related nearest in degree; next of kin | mütterlicherseits ~ | related on the mother's side | nahe (eng) ~ sein | to be closely related | väterlicherseits ~ | related on the father's side.
Verwandte *m* oder *f* | relative | Bluts~; Bluts~r | relative (relation) by blood; blood relation | ~r von der mütterlichen Seite | relation (relative) on the mother's side | entfernter ~r | distant relative | naher ~r | near relation | er ist ein ~r von mir | he is a relation of mine.
Verwandte *pl* | die ~n | the relatives *pl* | ~ in der aufsteigenden und in der Seitenlinie | parents and relations | die nächsten ~n | the next of kin | vollbürtige ~ | relatives of full blood.
Verwandtschaft *f* Ⓐ [Verwandtschaftsverhältnis] | relationship | Bluts~ | blood relationship; proximity of blood; consanguinity | Grad der ~ | degree (proximity) of relationship (of consanguinity) | ~ in gerader Linie | lineal consanguinity | ~ in der Seitenlinie | lateral consanguinity | Rassen~; Stamm~ | racial relationship | ~ mütterlicherseits | relationship on the mother's side | nahe ~ | near relationship | ~ väterlicherseits | relationship on the father's side.
Verwandtschaft *f* Ⓑ [die Verwandten] | die ~ | the relatives *pl*; the relations *pl*; the kinship.
verwandtschaftlich *adj* | ~e Beziehungen | relationship; kinship.
Verwandtschafts..grad *m* Ⓐ | degree of relationship | erbberechtigter ~ | degree of relationship which entitles to inherit.
—**grad** *m* Ⓑ [Nähe des ~es]; —**nähe** *f* | proximity of relationship.
verwarnen *v* | to warn; to caution.
Verwarnung *f* | warning | mündliche ~ | oral caution (warning).
verwässern *v* | das Aktienkapital ~ | to water the stock.
verwässert *adj* | ~es Aktienkapital | watered stock.
Verwässerung *f* | ~ des Aktienkapitals | watering of stock.
verwechseln *v* | etw. mit etw. ~ | to confuse (to confound) sth. with sth. | jdn. mit jdm. ~ | to mistake sb. for sb. | die Namen ~ | to confuse the names.
Verwechslung *f* | ~ von etw. mit etw. | confusion of sth. with sth. | ~ der Daten | confusion of dates | Namens~ | confusion of names.
Verwechslungsgefahr *f* | possibility (danger) of confusion.
verweigern *v* | to refuse | die Abnahme ~; die Lieferungsannahme ~; die Entgegennahme der Lieferung ~ | to refuse to take delivery | die Annahme von etw. ~ | to refuse acceptance of sth. (to accept sth.) | die Annahme eines Wechsels ~; das Akzept ~ | to refuse acceptance of a bill; to dishono(u)r a draft (a bill) by non-acceptance | jdm. die Aufnahme (die Zulassung) ~ | to deny sb. admission | die Aussage ~; das Zeugnis ~ | to refuse to give evidence (to depose) (to testify) | die Eidesleistung ~ | to refuse to take the oath | die Einlösung eines Wechsels ~ | to dishono(u)r a bill by non-payment | den Gehorsam ~ | to refuse obedience (to obey) | die Herausgabe ~ | to refuse delivery | Zahlung ~; die Zahlung ~ | to refuse to pay | jdm. den Zutritt ~ | to deny (to refuse) sb. admittance.
★ etw. glatt ~ | to refuse sth. flatly (point blank) | jdm. etw. ~ | to refuse (to deny) sb. sth.

verweigert *part* | **Annahme** ~ | refused; acceptance refused.

Verweigerung *f* | refusal | ~ **der Annahme (des Akzepts); Annahme~; Akzept~** | refusal of acceptance (to accept); non-acceptance | ~ **der Aussage; Aussage~**; ~ **des Zeugnisses; Zeugnis~** | refusal to testify (to give evidence) | **Befehls~** | non-compliance (refusal to comply) with an order | ~ **der Eidesleistung; Eides~** | refusal to take the oath (an oath) | ~ **des Gehorsams; Gehorsams~** | refusal to obey; insubordination; disobedience | **Rechts~** | refusal of justice | ~ **der Zahlung; Zahlungs~** | refusal of payment; non-payment.

Verweigerungs..fall *m* | **im** ~ | in case of refusal. —**recht** *n* | right to refuse | **Zeugnis~** | right to refuse to give evidence.

Verweis *m* | reproach; blame; censure; reprimand | **jdm. wegen etw. einen** ~ **erteilen** | to reprimand sb. for sth.

verweisen *v* Ⓐ | **jdn. an jdn.** ~ | to refer sb. to sb.

verweisen *v* Ⓑ | **eine Sache an ein anderes Gericht** ~ | to refer (to send) a matter to another court | **eine Sache an ein unteres Gericht** ~ | to remit a case to a lower court.

verweisen *v* Ⓒ [ausweisen] | **jdn. des Landes** ~ | to expel sb. from the country.

Verweisung *f* Ⓐ | reference | **Rück~** | cross-reference.

Verweisung *f* Ⓑ | remittal | ~ **an ein anderes Gericht** | transfer [of a case] to another court; remitter.

Verweisung *f* Ⓒ [Landes~] | expelling.

Verweisungsantrag *m* | request to remit to another court.

verweltlichen *v* | to laicize; to secularize.

Verweltlichung *f* | laicisation; secularization | ~ **von Kirchenvermögen** | secularization.

verwendbar *adj* | applicable.

Verwendbarkeit *f* | availability.

verwenden *v* Ⓐ | to apply; to use; to utilize | **einen Betrag für etw.** ~ | to apply (to devote) a sum (an amount) to sth. | **einen Betrag zur Tilgung einer Schuld** ~ | to apply an amount to the settlement of a debt | **Geld für sich** ~ | to appropriate money to one's own (personal) use | **Gelder widerrechtlich** ~ | to misappropriate funds | **etw. nutzbringend** ~ | to turn sth. to good account.

verwenden *v* Ⓑ [sich einsetzen] | **sich bei jdm. für jdn.** ~ | to intercede with sb. for sb. (on sb.'s behalf).

Verwendung *f* Ⓐ | use; application; utilization | ~ **von Geld (von Geldmitteln)** | employment of funds | ~ **des Reingewinns** | appropriation of the net profits | **mißbräuchliche** ~ | abuse; misuse | **widerrechtliche** ~ | misappropriation of funds; misappropriation.

Verwendung *f* Ⓑ [Eintreten für jdn.] | intercession [with sb. on behalf of sb.].

Verwendungs..bereich *m*; —**gebiet** *n* | field of use (of application).

—**möglichkeit** *f* | possibility of use.

—**ort** *m* | place of use.

—**zweck** *m* | purpose of application.

verwerfen *v* | to reject | **die Berufung** ~ | to dismiss (to disallow) the appeal | **die Berufung als unzulässig** ~ | to disallow the appeal because the judgment is not appealable | **Antrag, die Berufung zu** ~ | motion to set aside | **eine Gesetzesvorlage** ~ | to reject a bill.

Verwerfung *f* | rejection; setting aside | ~ **der Berufung** | dismissal of appeal | **Antrag auf** ~ **der Berufung** | motion to set aside (to dismiss the appeal) | **die** ~ **der Berufung beantragen** | to file a motion for setting aside.

Verwerfungsantrag *m* | motion to set aside.

verwertbar *adj* | exploitable; workable; utilizable.

Verwertbarkeit *f* | exploitability; workableness; utilization.

verwerten *v* | etw. ~ | to utilize sth.; to turn sth. to account | **ein Patent** ~ | to exploit (to work) a patent.

Verwertung *f* | utilization; exploitation | **Allein~** | exclusive (sole) right of exploitation | ~ **eines Patentes; Patent~** | exploitation (working) (utilization) of a patent | **gewerbliche** ~; **industrielle** ~ | industrial exploitation.

Verwertungs..genossenschaft *f* | marketing co-operative.

—**gesellschaft** *f* | exploitation (realization) corporation | **Land~** | development company.

—**kosten** *pl* | exploitation cost.

—**recht** *n* | right of exploitation (to exploit) | **Allein~** | exclusive (sole) right of exploitation (exploitation right).

—**schutz** *m* | protection against illegal exploitation.

—**zwang** *m* | compulsory exploitation.

Verweser *m* | temporary administrator.

verwickeln *v* Ⓐ [hereinbeziehen] | to implicate | **jdn. in eine Sache** ~ | to implicate sb. in a matter | **sich in Widersprüche** ~ | to get entangled in contradictions.

verwickeln *v* Ⓑ [kompliziert machen] | to complicate | **sich** ~ | to become complicated (involved) (entangled).

verwickelt *adj* | complicated; complex | ~**e Angelegenheit (Sache)** | intricate (involved) matter (business) | **äußerst** ~ | of great complexity.

verwickelt *part* | **in eine Sache** ~ **werden (sein)** | to be (to become) mixed up (entangled) (involved) in an affair.

Verwicklung *f* Ⓐ [Einbeziehung] | implication | ~ **in eine Sache** | implication in a matter | ~ **in Widersprüche** | entanglement in contradictions | **kriegerische** ~ | warlike entanglement.

Verwicklung *f* Ⓑ [Komplikation] | complication.

verwirken *v* Ⓐ | **ein Recht** ~ | to forfeit (to lose) a right | **sein Leben** ~ | to forfeit one's life.

verwirken *v* Ⓑ | **etw.** ~ | to incur the loss of sth. | **eine Geldstrafe** ~ | to incur a fine | **eine Strafe** ~ | to incur a penalty.

verwirklichen *v* | to accomplish; to achieve; to effect; to realize | **etw.** ~ | to carry sth. into effect; to put sth. into effect (into action); to carry sth. out | **einen Plan** ~ | to realize a plan; to carry out a project | **sich** ~ | to materialize; to come true.

Verwirklichung *f* | accomplishment; achievement; realization | ~ **eines Planes** | accomplishment (realization) (carrying into effect) of a plan.

verwirkt *adj* Ⓐ | ~**es Recht** | forfeited right.

verwirkt *adj* Ⓑ | **die** ~**e Geldstrafe** | the incurred fine | **eine Geldstrafe** ~ **haben** | to be liable to a fine (to pay a fine) | **die** ~**e Strafe** | the incurred penalty.

Verwirkung *f* | forfeiture | **Klags~** | forfeiture of the right to sue | ~ **eines Rechtes** | forfeiture (loss) of a right | **bei Strafe der** ~ | under penalty of forfeiture.

Verwirkungsklausel *f* | defeasance (forfeit) clause.

verwirren *v* | **jdn.** ~ | to confuse sb.

Verwirrung *f* | confusion; disorder | **Geistes~**; **geistige** ~ | mental derangement (disorder) (aberration) | **Grenz~** | confusion about the border line | **etw. in** ~ **bringen** | to throw sth. into confusion (into disorder); to confuse (to disorganize) sth.

verwirtschaften *v* | **Geld** ~ | to dissipate (to sqander) money.

verwitwet *adj* | widowed.

verzählen *v* | **sich** ~ | to make a mistake in counting; to miscount.

verzeichnen *v* | **etw.** ~ | to record (to register) sth.

Verzeichnis *n* | list; register; schedule; record; roll | ~ **der Aktionäre** | list of stockholders; stock ledger | ~ **der Anwesenden; Anwesenheits**~ | list of those present; attendance list | **Bestands**~ | inventory | **Betriebs**~ | list of enterprises | **Inhalts**~ | list of contents | **Jahres**~ | annual list | **Kosten**~ | statement (account) of expenses | **Kunden**~ | list of customers | **Lade**~ | manifest | **Leistungs**~ | articles and conditions | **Namens**~ | list of names; nominal roll | **Schluß**~ | final list | **Stücke**~ ① | dispatch note | **Stücke**~ ② | schedule of documents | **Teilnehmer**~ | list of subscribers (of applicants) | **Vermögens**~ | account (summary) of assets and liabilities; statement of affairs | **Waren**~ | catalogue | ~ **der Waren unter Zollverschluß** | register of goods in bond | **alphabetisches** ~ | alphabetical list | **tabellarisches** ~ | table; tabulation | **ein** ~ **aufstellen** | to draw up (to make out) a list | **etw. in ein** ~ **aufnehmen (eintragen)** | to register sth.; to enter sth. in a list.

verzeihen *v* | to pardon; to condone.

verzeihlich *adj* | pardonable.

Verzeihung *f* | pardon; condonation.

Verzerrung *f* | ~ **des Wettbewerbs; Wettbewerbs**~ | distortion of competition (of the conditions of competition).

Verzicht *m* | renunciation; waiver | ~ **auf die Einrede der Verjährung** | waiver of the statute of limitations | ~ **auf die Einrede der Vorausklage** | waiving of preliminary proceedings against the debtor | **Erb**~ | renouncement of the succession | ~ **auf ein Recht** | renunciation (waiver) (disclaimer) of a right | **Rechts**~ | waiver (renunciation) of rights | **Thron**~ | abdication of the throne | ~ **auf den Wechselprotest** | waiver of protest | **ausdrücklicher** ~ | express waiver | **stillschweigender** ~ | implied waiver | **auf etw.** ~ **leisten** | to renounce (to abandon) sth.; to disclaim sth.

verzichten *v* | to waive; to renounce | **auf einen Anspruch** ~ | to waive (to give up) (to renounce) (to abandon) a claim | **auf eine Erbschaft** ~ | to renounce an inheritance | **auf ein Patent** ~ | to drop a patent | **auf seine Rechte** ~ | to waive (to renounce) one's rights.

Verzichtleistung *f* | renunciation; waiver.

Verzichts..erklärung *f* | declaration of renunciation (of abandonment); waiver | **eine** ~ **abgeben (unterschreiben)** | to sign a waiver.

—**urkunde** *f* | deed of renunciation.

verziehen *v* [Wohnsitz wechseln] | to change one's residence.

verzinsen *v* ⓐ [Zinsen zahlen] | **eine Einlage** ~ | to pay interest on a deposit | **ein Kapital** ~ | to pay interest on a capital.

verzinsen *v* ⓑ [Zinsen tragen] | **sich** ~ | to bear (to bring) (to yield) interest | **sich gut** ~ | to earn good interest; to bring a good return | **sich hoch** ~ | to yield high interest | **sich mit x %** ~ | to bear interest at x per cent.

verzinslich *adj* | bearing interest; interest-bearing | ~**es Darlehen** | loan at interest; interest-bearing loan | ~**e Einlage** | interest-bearing deposit | ~**es Kapital** | interest-bearing capital | **zu ... Prozent** | bearing interest at ... per cent | ~**e Schuld** | interest-bearing debt | ~**e Wertpapiere (Papiere) (Werte)** | interest-bearing securities.

★ **fest**~ | fixed-interest | **hoch**~**e Kapitalanlage** | investment which yields high interest | **un**~ | paying (bearing) no interest.

verzinslich *adv* | **Geld** ~ **anlegen** | to place (to put out) money at interest | ~ **angelegt sein** | to bear (to bring) (to carry) (to yield) (to return) interest; to be out at interest.

verzinst *part* | ~ **werden** | to produce (to yield) interest.

Verzinsung *f* ⓐ [Zahlung von Zinsen] | paying interest | ~ **von Einlagen** | paying interest on deposits | **gesetzliche** ~ | legal rate of interest | **ohne** ~ | paying (bearing) no interest.

Verzinsung *f* ⓑ [Zinsertrag] | return; yield | **Durchschnitts**~ | average return (yield) | **effektive** ~ | net return (yield).

Verzinsungs..bedingungen *fpl* | terms of interest.

—**verbot** *n* | ban on interest; zero-interest rule(s).

verzogen *part* | moved | **falls** ~ | in case of change of address | **unbekannt** ~ | moved, no address (without leaving an address).

verzögern *v* | **eine Sache** ~ | to delay (to defer) (to retard) a matter | **sich** ~ | to be (to become) delayed.

Verzögerung *f* | delay | **absichtliche** ~**; beabsichtigte** ~ | calculated (intended) delay | **entschuldbare** ~ | excusable delay | **schuldhafte** ~ | culpable (undue) delay | **eine** ~ **erleiden** | to suffer delay; to be delayed | **ohne** ~ | without delay; without loss of time; immediately; forthwith | **ohne weitere** ~ | without further delay | **keine** ~ **zulassen** | to permit of no delay.

Verzögerungs..einwand *m* | dilatory plea.

—**politik** *f* | policy of delaying; temporizing policy.

—**taktik** *f* | delaying (dilatory) tactics *pl*.

verzollen *v* ⓐ [zollamtlich abfertigen] | **Waren** ~ | to clear goods through the customs | **Waren nach**~ | to clear goods subsequently through customs | **etw. zu** ~ **haben** | to have sth. to declare.

verzollen *v* ⓑ [Zoll bezahlen] | to pay duty (customs duties) | **nach**~ | to pay additional duties (customs duties).

verzollt *adj* | duty-paid | ~**e Einfuhr** | duty-paid entry | ~**er Wert** | declared value.

Verzollung *f* ⓐ [zollamtliche Abfertigung] | clearance through customs; customs clearance | **Nach**~ | subsequent clearance through customs | **die** ~ **vornehmen** | to effect customs clearance.

Verzollung *f* ⓑ [Bezahlung von Zollgebühren] | payment of duties (of customs duties) | **Nach**~ ① | subsequent payment of customs duties | **Nach**~ ② | payment of additional duties (customs duties) | **nach** ~ | duty-paid.

Verzollungs..kosten *pl* | clearance charges.

—**papiere** *npl* | clearance papers (documents).

—**vorschriften** *fpl* | customs regulations.

—**wert** *m* | customs (declared) value.

Verzug *m* ⓐ [Wegzug; Wohnsitzwechsel] | change of residence.

Verzug *m* ⓑ | default; delay | **Annahme**~ | default of acceptance | **bei Gefahr im** ~ | in case of danger in delay | **Gläubiger**~ | default of the creditor | **Liefer**~ | default of delivery | **mit der Lieferung im** ~ **sein** | to be in default of delivery | **Schadenersatz wegen** ~**s** | damage caused by default (by delay) (resulting from late delivery) | **Schuldner**~ | default.

★ **in** ~ **kommen** | to be given (to be under) formal notice of default | **jdn. in** ~ **setzen** | to give sb. formal notice of default | **im** ~ | in default; defaulting | **ohne** ~ | without delay; immediately.

Verzugs..fall *m* | **im** ∼ | in default; in case of default.
—**schaden** *m* | damage caused by default (by delay) (resulting from late delivery).
—**strafe** *f* | penalty for late delivery.
—**tage** *mpl* | days of grace (of respite).
—**zinsen** *mpl* | default interest; interest on late (on defaulted) payment(s).
Veto *n* | **gegen etw. ein** ∼ **(sein** ∼**) einlegen** | to veto sth.; to put one's veto against sth.
Vetorecht *n* | right (power) of veto | **das** ∼ **haben** | to have the right of veto (the veto power) | **sein** ∼ **ausüben; von seinem** ∼ **Gebrauch machen** | to exercize one's veto | **sich über ein** ∼ **hinwegsetzen** | to override a veto.
Vetter *m* | cousin | **entfernter** ∼ | distant cousin (relative) | **leiblicher** ∼ | first (full) cousin | ∼ **zweiten Grades** | second cousin.
Vettern *mpl* | **vollbürtige** ∼ | first (full) cousins.
Vetternschaft *f* Ⓐ [Verwandtschaft unter Vettern] | cousinship; cousinhood.
Vetternschaft *f* Ⓑ [gesamte Verwandtschaft] | **seine ganze** ∼ | all his cousins (kin) (relatives).
Vetternwirtschaft *f* | nepotism.
Vieh *n* | cattle; livestock | ∼ **halten** | to keep cattle | ∼ **züchten** | to raise (to breed) cattle (stock).
Vieh..ausstellung *f* | cattle show (fair).
—**bestand** *m* | live stock; livestock; stock of cattle.
—**handel** *m* | cattle trade.
—**händler** *m* | cattle dealer.
—**mängel** *mpl* | **Haftung für** ∼ | warranty for deficiencies of cattle sold and delivered.
—**markt** *m* | cattle market.
—**pacht** *f* | lease of cattle (of livestock) | **Eisern**∼**; eiserne** ∼ | lease of livestock on the condition that stock of equal number and quality is returned at the end of the lease.
—**transport** *m* | cattle transport.
—**wagen** *m* | cattle truck.
—**wirtschaft** *f*; —**zucht** *f* | cattle breeding; stockbreeding.
—**züchter** *m* | cattle breeder; stockbreeder.
Vielehe *f* | polygamy.
vieljährig *adj* | ∼**e Erfahrung** | many year's experience.
vielfach *adj* | multiple.
Vielfache *n* | **das** ∼ | the multiple.
vielversprechend *adj* | promising; full of promise | **ein** ∼**es Unternehmen** | a promising enterprise (concern) | **in** ∼**er Weise** | promisingly.
vierfach *adj* | quadruple; fourfold | **in** ∼**er Ausfertigung** | in quadruplicate.
Vierjahresplan *m* | four-year plan.
vierjährig *adj* [vier Jahre alt] | four years old.
Viermächteabkommen *n* | quadripartite treaty (agreement).
viermonatlich *adj* | four-monthly; every four months.
vierseitig *adj* | quadripartite.
viersprachig *adj* | quadrilingual.
Viertel *n* Ⓐ [vierter Teil] | quarter; fourth part.
Viertel *n* Ⓑ [Bezirk] | quarter; district | **die Elends**∼ | the slum quarters; the slums *pl* | **Geschäfts**∼ | business section | **Stadt**∼ | quarter of a town | **Villen**∼ | residential (garden) suburb | **Wohn**∼ | residential quarter.
Vierteljahr *n* | quarter; three months; quarterly period | **Gnaden**∼ | three months' grace | **Kalender**∼ | calendar quarter.
vierteljährlich *adj* | quarterly; three-monthly; every three months | ∼**e Kündigung** | three months' notice | ∼**e Mietzahlung** | a quarter's rent; quarterly payment of rent(s).

vierteljährlich *adv* | quarterly; by the quarter | ∼ **bezahlt werden** | to be paid by the quarter.
Vierteljahres..abonnement *n* | quarterly subscription.
—**ausweis** *m*; —**bericht** *m* | quarterly statement (return).
—**bezug** *m* | quarterly subscription.
—**dividende** *f* | quarterly dividend.
—**durchschnitt** *m* | quarterly average.
—**einkommen** *n* | a quarter's income.
—**gehalt** *n* | quarterly (a quarter's) salary.
—**miete** *f* | a quarter's rent; quarterly rent (payment of rent).
—**pension** *f* | a quarter's pension.
—**prämie** *f* | quarterly premium.
—**rate** *f*; —**zahlung** *f* | quarterly instalment (payment); quarterage; a quarter's instalment.
—**rechnung** *f* | quarterly account.
—**schrift** *f* | quarterly publication.
—**versammlung** *f* | quarterly meeting.
—**zeitraum** *m* | quarterly period.
—**zeitschrift** *f* | quarterly review (magazine).
vierzehntägig *adj* | fortnightly.
Vierzigstundenwoche *f* | forty-hour week.
Visitation *f* | inspection; search | **Leibes**∼ | bodily search.
Visitenkarte *f* | visiting card.
Visum *n* | visa | **Durchgangs**∼**; Durchreise**∼**; Transit**∼ | transit visa | **Konsulats**∼ | consular visa | **ein** ∼ **ausstellen** | to issue a visa.
Visums..abteilung *f* | visa office.
—**ausstellung** *f* | issuance of a (of the) visa.
—**gebühr** *f* | visa fee.
—**verlängerung** *f* | extension of the visa.
—**zwang** *m* | visa requirement(s).
Vize..gouverneur *m* | vice-governor; lieutenant-governor.
—**kanzler** *m* | vice-chancellor.
—**könig** *m* | viceroy.
—**königin** *f* | vice-queen.
vizeköniglich *adj* | vice-regal.
Vize..konsul *m* | vice-consul | **Amt des** ∼**s** | vice-consulship.
—**konsulat** *n* | vice-consulate.
—**präsident** *m* | vice-president; vice-chairman.
—**präsidentschaft** *f* | vice-presidency; vice-chairmanship.
vogelfrei *adj* | outlawed | **jdn. für** ∼ **erklären** | to outlaw sb.
Vogelfreier *m* | outlaw.
Volk *n* Ⓐ [Nation] | people; nation | **die Stimme des** ∼**es** | the voice of the nation; public opinion.
Volk *n* Ⓑ [die Untertanen] | the subjects *pl*.
Volk *n* Ⓒ [Bevölkerung] | people; population | **Land**∼ | country people; rural population | **Mann aus dem** ∼**e** | man of the people | **die Masse des** ∼**es** | the mass of the people | **Stadt**∼ | urban population | **das gemeine** ∼**; das niedere** ∼ | the lower (common) people (crowd); the crowd; the populace.
Volk *n* Ⓓ [die Einwohner] | the inhabitants *pl*.
volkarm *adj* | thinly peopled (populated).
Völker..gemeinschaft *f* | commonwealth of nations.
—**mord** *m* | genocide.
—**recht** *n* | law of nations; international law.
—**rechtler** *m* | expert in international law.
völkerrechtlich *adj* | under international law.
Völkerrechts..bruch *m*; —**verletzung** *f* | violation of international law.
völkerrechtswidrig *adj* | contrary to international law.
Völkerverkehr *m* | international communications *pl* (relations *pl*).

völkisch *adj* | racial.
volkreich *adj* | densely (thickly) populated.
Volks..abstimmung *f*; —**befragung** *f*; —**entscheid** *m* | popular vote; plebiscite; referendum.
—**aufklärung** *f* | public enlightenment.
—**aufstand** *m* | rising of the people; popular rising (insurrection).
—**ausgabe** *f* | popular (cheap) edition.
—**bank** *f* | people's bank; cooperative bank.
—**begehren** *n* | initiative.
—**betrug** *m* | public fraud.
—**bibliothek** *f*; —**bücherei** *f* | public (municipal) library.
—**bildung** *f*; —**erziehung** *f* | national education.
—**bund** *m* | national union.
volkseigen *adj* | ~**er Betrieb** | nationalized enterprise.
Volks..eigentum *n* | national (state) property.
—**einkommen** *n* | national income.
—**erhebung** *f* | rising of the people; popular insurrection.
—**feind** *m* | public enemy.
—**front** *f* | popular front.
—**ganze** *n* | **das** ~ | the entire people; the whole nation.
—**gemeinschaft** *f* | community.
—**genosse** *m* | fellow countryman.
—**gericht** *n*; —**gerichtshof** *m* | people's court.
—**gesundheit** *f* | public health.
—**herrschaft** *f* | democracy.
—**hochschule** *f* | people's highschool.
—**kammer** *f* | parliament.
—**kommissar** *m* | people's commissar.
—**masse** *f* | **die** ~ | the people; the masses *pl.*
—**partei** *f* | people's party.
—**parteiler** *m* | member of the people's party.
—**polizei** *f* | people's police.
—**regierung** *f* | republican government; government by the people.
—**schädling** *m* | public enemy.
—**schicht** *f* | **die unteren** ~**en** | the common (lower) people (sections of the population); the lower classes.
—**schule** *f* | elementary school.
—**staat** *m* | republic.
—**stamm** *m* | race | **eingeborener** ~ | tribe | **wilder** ~ | uncivilized tribe.
volkstümlich *adj* | popular | ~**e Preise** | popular prices | **zu** ~**en Preisen** | popular-priced.
Volks..vermögen *n* | national wealth.
—**verrat** *m* | high treason.
—**versammlung** *f* | popular assembly.
—**vertreter** *m* | representative of the people; deputy.
—**vertretung** *f* Ⓐ | representation of the people.
—**vertretung** *f* Ⓑ | representative government.
—**vertretung** *f* Ⓒ [Parlament] | parliament.
—**wirt** *m*; —**wirtschaftler** *m* | political economist; economist.
—**wirtschaft** *f* | political (social) (national) economy; economics *pl.*
volkswirtschaftlich *adj* | economical | ~**e Gesamtrechnung** | national accounts | ~**e Gründe** | reasons of economic policy.
Volks..wirtschafts..lehre *f* | political economy (science); economics *pl.*
— —**politik** *f* | social (national) economics *pl.*
—**wohlfahrt** *f* | public welfare.
—**wohlstand** *m* | national wealth.
—**zählung** *f* | population census; census.
voll *adj* | ~**e Adresse** | full address | **zum** ~**en Ausgleich** | in full settlement (discharge) | ~**e Befähi-**

gung | full qualification | **im** ~**en Besitz von** | in full possession of | **in** ~**em Betrieb** | in full operation | ~**er Betrag** | full (total) amount | ~**e Bezahlung** | full pay | ~**es Einverständnis** | full consent | ~**e Einzelheiten** | full particulars | ~**er Erfolg** | complete success | ~**e Gebühr** | full duty.
○ ~**es Gehalt** | full salary (pay) | **Beurlaubung mit** ~**em Gehalt** | full-pay leave | **der** ~**e Genuß einer Sache** | the full enjoyment of sth. | ~**es Gewicht** | full weight | ~**e Gültigkeit** | full validity | ~**es Handelsgewicht** | avoirdupois | **Rückzahlung in** ~**er Höhe** | full repayment | **in** ~**er Höhe bezahlt** | fully paid (paid up) | **seine Schuld in** ~**er Höhe zahlen** | to pay up (to pay the whole of) one's debt.
○ ~**e Kenntnis** | complete knowledge | **in** ~**er Kenntnis der Tatsachen (der Tatumstände)** | with full knowledge of the facts | ~**e Ladung** | full cargo | ~**es Maß** | full measure | ~**er Name** | full name | ~**er Preis** | full price | **Fahrkarte zum** ~**en Preis** | full-fare ticket | **den** ~**en Preis zahlen** | to pay full fare | ~**er Satz** ① | full set | ~**er Satz** ②; ~**er Tarif** | full fare (rates) | ~**e Summe** | total sum; sum total; total | **in** ~**em Umfange** | to the full extent; to the full | **die** ~**e Wahrheit** | the whole truth | ~**er Wert** | full value | **eine** ~**e Woche** | a whole week.
voll *adv* | fully; wholly | ~ **ausgeschrieben** | in full letters | ~ **ausgeschriebener Name** | name in full | ~ **befähigt** | fully qualified ~ **eingezahlte Aktien** | fully paid (paid-up) shares | ~ **eingezahltes Kapital** | fully paid (paid-up) capital; capital paid in full | ~ **gedeckt** | fully secured (covered) | ~ **gezeichnet** | fully subscribed | ~ **haftbar**; ~ **verantwortlich** | fully (wholly) liable (responsible) | ~ **steuerpflichtig** | wholly liable to pay a tax (to pay taxes) | **eine Schuld** ~ **zahlen** | to pay the whole of one's debt | ~ **und ganz** | entirely.
Voll..aktie *f* | fully paid-up share.
—**arbeitskräfte** *fpl* | fully qualified workers (labo(u)r).
—**auslastung** *f* | full utilization (operation); working to full capacity.
vollautomatisiert *adj* | fully automated.
vollberechtigt *adj* Ⓐ | fully valid in law.
vollberechtigt *adj* Ⓑ | fully qualified (entitled); with full rights | ~**es Mitglied** | full (full-fledged) member.
Vollberechtigung *f* | full qualification.
vollbeschäftigt *adj* | ~ **sein** | to be in full operation.
Vollbeschäftigung *f* | full-time (full) employment.
Vollbesitz *m* | **im** ~ **der (seiner) geistigen Kräfte** | of sound mind and memory.
vollbringen *v* | to accomplish; to achieve.
Vollbringung *f* | accomplishment; achievement.
Vollbruder *m* | full (blood) brother.
vollbürtig *adj* | of full blood | ~**e Geschwister** | full brother and full sister | ~**e Geschwisterkinder** | first (full) cousins | ~**e Verwandte** | relatives of full blood.
Volldeckung *f* | full cover.
volleingezahlt *adj* | fully paid (paid-up).
Volleinzahlung *f* | full payment; payment in full.
vollenden *v* | to accomplish; to achieve; to finish | **eine Arbeit** ~ | to execute (to accomplish) a work | **schwer zu** ~ | difficult to accomplish; difficult of accomplishment.
vollendet *adj* | ~**e Tatsache** | accomplished fact; definitive situation | ~**es Verbrechen** | consummated crime | **das** ~**e Werk** | the achievement | ~ **werden** | to reach completion.
Vollendung *f* | accomplishment; achievement; completion; perfection | **Arbeit vor der** ~ | work in progress of completion | ~ **des einundzwanzigsten Lebensjahres** | completion of the twenty-first year |

Vollendung *f, Forts.*
~ **eines Werkes** | completion of a work | **zur** ~ **kommen** | to reach completion | **vor der** ~; **der** ~ **entgegengehend** | near completion.
vollführen *v* | to accomplish.
Vollgewicht *n* Ⓐ | full weight.
Vollgewicht *n* Ⓑ [Handelsgewicht] | avoirdupois.
vollgültig *adj* | fully valid in law.
Vollgültigkeit *f* | full validity.
völlig *adv* | fully; in full; downright; outright.
vollinhaltlich *adj* | to the full extent; to the full.
volljährig *adj* | of full age | ~ **sein** | to be of age (of full age) | **noch nicht** ~ **sein** | to be under age | **für** ~ **erklärt werden** | to be declared of full age | ~ **werden** | to come of age; to attain one's majority.
Volljähriger *m* | person of full age.
Volljährigkeit *f* | full age; majority | **Eintritt (Erlangung) der** ~ | coming of age | ~ **erlangen** | to attain one's majority; to come of age.
Volljährigkeitserklärung *f* | declaration of majority.
Volljurist *m* | full-fledged lawyer.
Vollkasko *n*; **Vollkaskoversicherung** *f* | insurance (coverage) against all risks; comprehensive insurance coverage.
vollkommen *adj* | perfect; complete | ~**er Fehlschlag** | total failure.
vollkommen *adv* | ~ **ungerechtfertigt** | wholly unjustified | **jdm.** ~ **gehören** | to be wholly-owned by sb.
Vollkommenheit *f* | perfection; plenitude | **Macht**~ | plenitude of power.
Vollmacht *f* Ⓐ [Bevollmächtigung] | power; authority; authorization; power of attorney | **Abgrenzung der** ~**en** | delimitation of powers | ~ **zur Ausübung des Aktienstimmrechts** | stock power | **Beendigung (Erlöschen) der** ~ | expiration of the power (of the power of attorney) | **Erteilung einer** ~ | granting of a power of attorney; authorization | **General**~ | general (full) power (power of attorney) (proxy) | **Gesamt**~; **Kollektiv**~ | collective power (power of attorney).
○ **Handlungs**~ | power to act | **Prozeß**~ | power of attorney for a law suit | **Sonder**~; **Spezial**~ | special proxy (power of attorney) | **Überschreitung der** ~ | excess of power | **Übertragung der** ~ | delegation of power | **Unter**~ | substitute power (power of attorney) | **Verhandlungs**~ | negotiating power | **Widerruf der** ~ | revocation of the power | **Zeichnung auf Grund einer** ~ | signature (signing) by proxy | **Zurückziehung der** ~ | withdrawal of the power of attorney.
★ **notarielle** ~ | power of attorney drawn up before a notary; notarial power of attorney | **notariell beglaubigte** ~ | power of attorney legalized by a notary; notarized power of attorney | **öffentlich beglaubigte** ~ | authenticated power of attorney | **privatschriftliche** ~ | power of attorney by private instrument | **schriftliche** ~ | written authorization; authorization in writing | **umfassende (weitgehende)** ~**en** | wide powers | **unbeschränkte** ~; **unumschränkte** ~ | full discretionary power; plenary (full) power(s).
★ **seine** ~ **ausüben** | to exercise one's power of attorney | ~ **bekommen (erhalten)** | to receive full power; to be empowered (fully empowered) (fully authorized) | **jdm.** ~ **erteilen (geben); jdn. mit** ~**(en) ausstatten** | to grant sb. authorization (power of attorney) (full powers); to authorize (to empower) sb.; to vest sb. with power(s) | ~ **haben** | to have full powers; to be fully empowered (authorized) |

seine ~**(en) überschreiten** | to exceed (to go beyond) one's powers | **seine** ~**en übertragen** | to delegate one's power | **eine** ~ **widerrufen** | to revoke a power of attorney.
★ **in** ~ | by authority; by proxy | **kraft** ~ | by delegation.
Vollmacht *f* Ⓑ [Vollmachtsurkunde] | proxy; power of attorney | **Vorlage (Vorlegung) der** ~ | production of the power of attorney | **seine** ~ **vorlegen** | to produce one's power of attorney | **seine** ~ **vorzeigen** | to show one's credentials.
Vollmachterteilung *f* | authorization; granting of a power of attorney.
Vollmachtgeber *m* | principal.
Vollmachts..beschränkung *f* | limitation of the power (of powers).
—**entzug** *m* | revocation of power.
—**formular** *n* | form of proxy (of power of attorney); proxy form.
—**inhaber** *m* | holder of a power of attorney; authorized representative.
—**mißbrauch** *m* | abuse of power.
—**stempel** *m* | stamp duty on powers of attorney.
—**überschreitung** *f* | excess of power.
—**übertragung** *f* | delegation of power (of authority).
—**umfang** *m* | extent of the power of attorney.
—**vertrag** *m* | agency contract.
—**widerruf** *m* | revocation of a power.
Voll..mitglied *n* | full member | **Eigenschaft (Berechtigung)**, ~ **zu werden (zu sein)** | full membership qualification.
—**mitgliedschaft** *f* | full membership.
—**rente** *f* | full pension.
—**schwester** *f* | full sister.
—**sitzung** *f* | plenary (full) session.
vollständig *adj* | complete; entire; full | ~**e Adresse** | full address | ~**e Angaben** | complete details (particulars) | **Zahlung zum** ~**en Ausgleich** | payment in full (in full settlement) | ~**er Fehlschlag** | total failure | ~**er Mangel an etw.** | utter lack (complete absence) of sth. | ~**er Ruin (Zusammenbruch)** | complete (total) ruin | ~**er Text (Wortlaut)** | full (unabridged) text.
vollständig *adv* | completely; totally; wholly; fully; entirely; in (to the) full | **mit etw.** ~ **einverstanden sein** | to agree entirely with sth.
Vollständigkeit *f* | completeness; plenitude; entirety.
vollstreckbar *adj* | enforceable; executory | ~**e Ausfertigung einer Urkunde** | enforceable (first authentic) copy of a deed | ~**e Forderung** | enforceable claim; judgment debt | ~**er Schuldtitel** | enforceable instrument | ~**er Titel**; ~**e Urkunde** | enforceable deed | **für vorläufig** ~ **erklärtes Urteil** | judgment which has been declared provisionally enforceable | ~**er Vergleich** | enforceable compromise.
★ **nicht** ~ | not enforceable (not to be enforced) by law | **vorläufig** ~ **sein** | to be enforceable provisionally | **ohne weiteres** ~ **sein** | to admit of direct enforcement.
Vollstreckbarkeit *f* | enforceability.
Vollstreckbarkeitserklärung *f* | order of enforcement; writ of execution.
vollstrecken *v* | to execute | **gegen einen Schuldner** ~ | to distrain upon a debtor | **ein Testament** ~ | to execute a will (the provisions of a will) | **ein Urteil** ~ | to execute a judgment (a sentence) | **das Todesurteil an einem Verbrecher** ~ | to execute a criminal.
vollstreckend *adj* | ~**e Gewalt** | executive power.
Vollstrecker *m* | executor | **Testaments**~ | executor.
Vollstreckerin *f* | **Testaments**~ | executrix.

Vollstreckung *f* | execution; enforcement | **zur Abwendung der** ∼ | to avert execution | **Aussetzung (Einstellung) (Unterbrechung) der** ∼ | stay of execution | **gegen einen Schuldner die** ∼ **betreiben** | to distrain upon a debtor | **Straf**∼ | execution of a sentence (of sentences) | ∼ **eines Urteils; Urteils**∼ | execution (enforcement) of a judgment (of a sentence) | **Aussetzung (Aufschub) der Urteils**∼ | arrest (suspension) of a judgment; stay of execution | **der** ∼ **unterliegen** | to be subject to distraint; to be distrainable | **vorläufige** ∼ | provisional enforcement | **die** ∼ **betreiben (durchführen)** | to levy distraint to enforce a judgment by execution | **die** ∼ **einstellen (aussetzen)** | to stay execution.

Vollstreckungs..aufschub *m*; —**einstellung** *f*; —**schutz** *m* | stay of execution; suspension of a judgment.
—**auftrag** *m* | enforcement order; writ of execution.
—**beamter** *m* | enforcement officer.
—**befehl** *m* | writ of execution; enforcement order.
vollstreckungsfähig *adj* | enforceable; executory.
Vollstreckungs..gegenklage *f* | petition to cancel the enforcement order.
—**gewalt** *f* | executive power.
—**gläubiger** *m* | judgment creditor.
—**handlung** *f* | act of execution.
—**klausel** *f* | order of enforcement; writ of execution | **Erteilung der** ∼ | issue of the writ of execution.
—**schuldner** *m* | judgment debtor.
—**titel** *m* | enforceable (executory) title (decree).
—**urteil** *n* | enforceable judgment.
—**verfahren** *n* | execution proceedings *pl*.
Vollversammlung *f* | plenary meeting.
vollwertig *adj* | of full (of good) value.
Vollzahlung *f* | payment in full; full (complete) payment.
vollzählig *adj* | in the full number; in full strength.
vollziehbar *adj* | enforceable.
vollziehen *v* Ⓐ [ausführen] | to execute; to carry out.
vollziehen *v* Ⓑ [vollenden] | to accomplish.
vollziehen *v* Ⓒ [schließen] | to consummate | **die Ehe** ∼; **die Eheschließung** ∼ | to consummate the marriage.
vollziehen *v* Ⓓ [unterfertigen] | to execute; to sign; to subscribe | **eine Urkunde** ∼ | to sign a deed.
vollziehend *adj* | ∼**er Ausschuß** | executive board (committee) (council) | ∼**e Gewalt** | executive power.
Vollzieher *m* | executor | **Gerichts**∼ | bailiff.
Vollzieherei *f* [Gerichts∼] | bailiff's (sheriff's) office.
Vollziehung *f* Ⓐ [Ausführung] | execution.
Vollziehung *f* Ⓑ [Vollendung] | accomplishment.
Vollziehung *f* Ⓒ [Schließung] | consummation | ∼ **der Ehe;** ∼ **der Eheschließung** | consummation of the marriage.
Vollziehung *f* Ⓓ [Unterzeichnung] | execution; signing; subscribing.
Vollziehungsbefehl *m* | writ of execution.
Vollzug *m* | execution | ∼ **der (einer) Strafe; Straf**∼ ① | execution of the (of a) sentence | ∼ **der Strafen; Straf**∼ ② | prison administration.
Vollzugs..anzeige *f* | advice of execution.
—**ausschuß** *m* | executive committee (council) (board).
—**beamter** *m* | enforcement officer.
—**bestimmungen** *fpl* | executive orders (regulations).
—**funktion** *f* | executive function.
—**gewalt** *f* | executive power; the executive.
—**ordnung** *f*; —**verordnung** *f* | executive order.
Volontär *m* | unsalaried clerk.
vorab *adv* | in advance | ∼ **entscheiden** | to give a preliminary ruling.
Vorabentscheidung *f* | preliminary ruling.

Vorableben *n* | predecease | **im Falle des** ∼**s** | in case of predecease.
Vorabzug *m* Ⓐ | deduction in advance.
Vorabzug *m* Ⓑ [Mehrwertsteuer] | deduction of tax already paid.
Vorakten *mpl* | **die** ∼ | the previous files *pl* (papers *pl*).
Voranfrage *f* | preliminary inquiry.
Vorangehen *n* | antecedence; precedence.
vorangehen *v* | to antecede; to precede.
vorangehend *adj* | preceding; previous.
Vorankündigung *f* | notice in advance; advance notice; preannouncement.
Voranmelder *m* | prior applicant.
Voranmeldung *f* Ⓐ [vorherige Anzeige] | preliminary announcement; advance notice; notice in advance.
Voranmeldung *f* Ⓑ [frühere Anmeldung] | prior application.
Voranmeldung *f* Ⓒ [Steuer∼] | preliminary return.
Voranschlag *m* | estimate(s) | **Ausgaben**∼ | estimate of expenditure | **Baukosten**∼ | building estimates *pl* | **Ertrags**∼ | estimate of proceeds (of profits) | ∼ **im Haushaltplan** | budgetary provision | **Haushalts**∼ | budget; the estimates *pl* | **Jahres**∼ | the annual estimates *pl* | **Kosten**∼; **Spesen**∼ | estimate of cost (of charges) | **roher** ∼; **ungefährer** ∼ | rough estimate | **vorläufiger** ∼ | preliminary estimate | **den** ∼ **überschreiten** | to exceed the estimate(s).
Voranzeige *f* | preliminary announcement; advance notice; notice in advance.
Vorarbeiten *fpl* | preparatory work; preparations.
Vorarbeiter *m* | foreman; overseer.
Vorarbeiterin *f* | forewoman; woman overseer.
Voraus *m* Ⓐ [Anteil oder Gegenstand, der jdm. bei einer Teilung ohne Anrechnung vor den andern zusteht] | portion or object which is first to be taken out of property held in common before partition takes place | ∼ **des überlebenden Ehegatten** | preferential portion of the surviving spouse | **als** ∼ | as preferential portion (legacy).
Voraus *m* Ⓑ [erbrechtlicher ∼] | portion of an inheritance which devolves upon one of the heirs before partition takes place.
voraus *adv* | **im** ∼ | in advance; beforehand | **Abzug im** ∼ | deduction in advance | **im** ∼ **bezahlt** | prepaid | **im** ∼ **bezahlte Fracht** | advanced freight | **im** ∼ **zahlbar** | payable in advance.
★ **etw. im** ∼ **abziehen (erheben)** | to deduct (to charge) sth. in advance | **etw. im** ∼ **berechnen** | to calculate sth. in advance | **etw. im** ∼ **bestellen** | to order sth. in advance | **etw. im** ∼ **bezahlen (zahlen)** | to pay sth. in advance (in anticipation); to prepay sth. | **etw. im** ∼ **empfangen** | to receive sth. in advance | **indem ich Ihnen im** ∼ **danke** | thanking you in advance.
vorausbedingen *v* | **etw.** ∼ | to stipulate sth. in advance.
Vorausbedingung *f* | precondition; prerequisite.
vorausbelegen *v*; **vorausbestellen** *v* Ⓐ | **etw.** ∼ | to book sth. (for sth.) in advance | **Plätze** ∼ | to reserve seats in advance; to make reservations; to book seats.
vorausbestellen *v* Ⓑ | **etw.** ∼ | to order sth. in advance.
Vorausbelegung *f*; **Vorausbestellung** *f* Ⓐ | advance booking (reservation) | ∼ **von Plätzen** | booking of seats.
Vorausbestellung *f* Ⓑ | ordering in advance.
Vorausbenachrichtigung *f* | advance information; warning.
vorausbezahlen *v* | to pay in advance (in anticipation); to prepay.

vorausbezahlt *adj* | prepaid | ~**er Betrag** | amount paid in advance.

Vorausbezahlung *f* | payment in advance (in anticipation); prepayment.

vorausdatieren *v* | to antedate; to date in advance.

vorausdatiert *adj* | antedated.

Vorausdatierung *f* | antedating; dating in advance.

Vorausdispositionen *fpl* | arrangements made in advance.

Vorausempfang *m* Ⓐ | receipt in advance (in anticipation).

Vorausempfang *m* Ⓑ [auf eine Erbschaft] | advance on a future inheritance.

vorausempfangen *v*; **vorauserhalten** *v* | etw. ~ | to receive sth. in advance.

Vorauserhebung *f* | deduction in advance.

vorausgehen *v* | to precede.

vorausgehend *adj* | preceding; previous.

vorausgesetzt *part* | ~, **daß** | provided that; on condition that; on the presumption that; supposing that.

Vorauskasse *f* | cash in advance (before delivery).

Vorausklage *f* | **Einrede der** ~ | plea of preliminary proceedings against the main debtor | **Verzicht auf die Einrede der** ~ | waiving of preliminary proceedings against the main debtor | **Rechtswohltat der** ~ | benefit of the plea of preliminary proceedings against the main debtor.

Vorausleistung *f* | performance in anticipation.

Vorausrechnung *f* | invoice sent in advance.

Voraussage *f* | prediction; forecast.

voraussagen *v* | to predict; to forecast.

vorausschicken *v* | etw. ~ | to premise sth.; to state sth. by way of introduction.

voraussehbar *adj* | foreseeable.

voraussetzen *v* | to suppose; to assume; to presume; to presuppose.

Voraussetzung *f* Ⓐ [Bedingung] | condition | **wesentliche** ~ | essential condition | **unter der** ~, **daß** ... | provided (on condition) that ... | **unter der stillschweigenden** ~, **daß** ... | with the implied understanding that ...

Voraussetzung *f* Ⓑ [Annahme; Vermutung] | supposition; presumption | **unter der** ~, **daß** ... | supposing (on the presumption) that ... | **etw. zur** ~ **haben** | to presuppose sth.; to require sth. as antecedent.

Voraussetzungen *fpl* | **Alters**~ | conditions regarding age | **Eintragungs**~ | terms of registration | **unter gewissen** ~ | under certain conditions (circumstances) | **die** ~ **erfüllen; den** ~ **entsprechen (genügen)** | to fulfil (to meet) the requirements.

Voraussicht *f* | foresight; providence | **mangelnde** ~ | want (lack) of foresight | **aller** ~ **nach** | in all likelihood.

voraussichtlich *adj* | presumable; probable | ~**er Kunde** | potential customer | ~**er Verbraucher** | potential consumer.

voraussichtlich *adv* | presumably; probably.

Vorausvermächtnis *n* | preferential legacy | **jdm. etw. als** ~ **vermachen** | to bequeath sth. to sb. as a preferential legacy.

vorauszahlbar *adj* | prepayable; payable in advance.

vorauszahlen *v* | to pay in advance (in anticipation); to prepay.

Vorauszahlung *f* | payment in advance (in anticipation); advance (prior) payment; prepayment | **Kosten**~ | payment of costs (of expenses) in advance | **gegen** ~ | against prepayment.

Vorbedacht *m* Ⓐ [Überlegung] | premeditation | **mit** ~ | with malice aforethought (prepense).

Vorbedacht *m* Ⓑ [strafbare Absicht] | **mit** ~ | with malicious (criminal) intent.

vorbedacht *adj* | premeditated | **un**~ | unpremeditated; undesigned.

vorbedacht *adv* | with malice aforethought (prepense) | **un**~ | without premeditation; undesignedly.

vorbedingen *v* Ⓐ [im voraus bedingen] | etw. ~ | to stipulate sth. beforehand.

vorbedingen *v* Ⓑ [zur Vorbedingung haben] | etw. ~ | to presuppose sth.

Vorbedingung *f* | preliminary condition; precondition; prerequisite | **alle** ~**en erfüllen** | to meet all qualifications (requirements) | etw. **zur** ~ **für etw. machen** | to make sth. a precondition of sth.

Vorbehalt *m* | reserve; reservation | **Eigentums**~ | retention of title | **Gegen**~ | counter reserve | **Kauf unter** ~ | purchase on condition | **Rechts**~ | reservation of a right | **unter** ~ **all meiner Rechte** | without prejudice to my rights | **unter** ~ **aller Rechte** | all rights reserved; reserving all rights.

★ **unter ausdrücklichem** ~; **mit allem** ~ | with all reserves; with all due reserve | **geheimer** ~; **stillschweigender** ~ | mental reservation | **unter dem üblichen** ~ | under the usual reserves | ~**e machen** | to make reserves (reservations).

★ **mit (unter)** ~**en** | with reservations | **ohne** ~ | without reserve (reservation) (restriction); unreserved; unqualified; unrestricted | **unter** ~ **von ...** | under reserve (on condition) of ...; subject to ...

vorbehalten *v* | sich das Eigentum ~ | to retain title | sich ein Recht ~ | to reserve os. (to retain) a right | sich das Recht ~, etw. zu tun | to reserve (to retain) the right to do sth. | sich etw. ~ ① | to reserve sth. | sich etw. ~ ② | to make a proviso | jdm. etw. ~ | to reserve sth. for sb.

vorbehalten *part* | **Änderung** ~ | subject to alteration (to modification) (to revision) | **nähere Angaben** ~ | reserving further particulars | **Besichtigung** ~ | subject to inspection | **Eingang** ~ | reserving due payment | **Irrtum** ~; **Irrtümer** ~ | errors excepted | **alle Rechte** ~ | all rights reserved.

vorbehaltlich *adv* | under reserve; under due reserve; with reservation of | ~ **der Abänderung** | subject to alteration (to modification) (to revision) | ~ **der Abmachungen dieses Vertrages** | subject to the terms of this agreement | ~ **der Genehmigung;** ~ **nachträglicher Genehmigung** | subject to approval (to ratification) | ~ **der vorstehenden Vereinbarungen** | subject to the foregoing provisions | ~ **Zahlungseingang** | reserving due payment.

vorbehaltlos *adj* | without (without any) reserve (reservation); unqualified; unconditional; unreserved | ~**es Empfangsbekenntnis** | clean receipt.

vorbehaltlos *adv* | unreservedly | ~ **annehmen** | to accept without reservation(s) | ~ **zustimmen** | to consent unreservedly.

Vorbehalts..gut *n* | separate estate.

—**klausel** *f* | safeguarding (hedge) clause.

Vorbemerkung *f* Ⓐ [einleitende Bemerkung] | preliminary remark.

Vorbemerkung *f* Ⓑ [Vorwort] | foreword; preface.

vorbenannt *adj* | aforenamed; aforesaid.

Vorbenutzer *m* | prior user.

Vorbenutzung *f* | prior use (user).

Vorbenutzungsrecht *n* | right of prior user.

vorberaten *v* Ⓐ [vorher beraten] | **eine Sache** ~ | to discuss a matter in advance.

vorberaten *v* Ⓑ [durch Beratung vorbereiten] | **eine Sache** ~ | to prepare a matter by previous consultation.

Vorberatung *f* Ⓐ [vorherige Beratung] | previous consultation.
Vorberatung *f* Ⓑ [vorbereitende Beratung] | preparatory consultation.
vorbereiten *v* | to prepare; to arrange | **einen Entwurf von etw. ~; etw. im Entwurf ~** | to prepare a draft of sth. | **einen Gesetzesentwurf ~** | to draft a bill | **einen Prozeß zur (für die) Verhandlung ~** | to prepare a case for trial | **eine Rechtssache ~** | to prepare a case | **einen Vertrag ~** | to prepare (to draft) (to draw up) a contract.
vorbereitend *adj* | preparatory; preliminary; initiatory | **~e Arbeiten** | preparatory work; preparations *pl* | **~er Ausschuß** | preparatory committee (commission) | **~e Handlung** | preparatory act | **~er Schriftsatz** | brief.
vorbereitet *adj* | prepared; trained.
Vorbereitung *f* | preparation | **Kriegs~en** | war preparations | **~ auf den Krieg** | preparing for war | **Reise~en treffen** | to make preparations for a journey | **~en für etw. treffen** | to make preparations (arrangements) for sth. | **in ~** | in course of preparation | **in ~ sein** | to be in (under) preparation | **ohne irgendwelche ~** | with no (without any) preparation.
Vorbereitungs..arbeiten *fpl* | preparatory work; preparations.
—dienst *m* | period of instruction.
—handlung *f* | preparatory act | **strafbare ~** | inchoate crime.
—kurs *m* | preparatory course.
—schule *f* | preparatory school.
—zeit *f* | preparatory period; preparation.
Vorbericht *m* | preliminary report.
Vorbescheid *m* Ⓐ [vorläufige Antwort] | preliminary answer; note in advance; advance notice.
Vorbescheid *m* Ⓑ [vorläufiger Entscheid] | preliminary (provisional) decision.
Vorbescheid *m* Ⓒ [Zwischenentscheidung] | interlocutory decision.
Vorbesitzer *m* Ⓐ | previous possessor (holder).
Vorbesitzer *m* Ⓑ [vorheriger Eigentümer] | previous owner.
Vorbesprechung *f* Ⓐ [vorherige Besprechung] | preliminary discussion.
Vorbesprechung *f* Ⓑ [vorbereitende Besprechung] | preparatory conference.
vorbestellen *v* | **ein Buch ~** | to subscribe for a book | **Plätze ~** | to reserve seats.
Vorbestellpreis *m* | price of subscription; subscription price.
Vorbestellung *f* | subscription; booking in advance.
vorbestraft *adj* | previously convicted | **~ sein** | to have previous convictions | **wegen ... ~ sein** | to have a previous conviction (record) for ... | **nicht ~ (noch nicht ~)** | to have no previous convictions; to have a clear (clean) record | **schwer ~ sein** | to have a large police (criminal) record.
Vorbeuge..haft *f* | preventive custody.
—maßnahmen *mpl* | preventive measures.
vorbeugen *v* | **etw. ~** | to obviate sth.; to prevent sth.
vorbeugend *adj* | preventive | **~e Maßnahme** | preventive measure.
vorbeugend *adv* | preventively.
Vorbeugung *f* | prevention.
Vorbeugungsmaßnahme *f* | preventive measure.
Vorbilanz *f* | trial balance.
Vorbildung *f* | **jds. ~** | sb.'s education (educational background).

Vorbörse *f* | outside (free) (curb) market [before opening of the stock exchange].
vorbörslich *adj* | in the free market | **der ~e Kurs** | the unofficial quotation before the opening of the stock exchange; the free-market quotation.
vorbörslich *adv* | **~ notiert** | quoted in the outside market (before the opening of the stock exchange).
Vorbringen *n* Ⓐ | presentation | **~ von Beweisen; ~ von Beweismaterial; ~ von Beweismitteln** | production of evidence | **~ von neuen Beweisen; ~ von neuem Beweismaterial** | production of fresh evidence.
Vorbringen *n* Ⓑ [Behauptung] | allegation; assertion.
Vorbringen *n* Ⓒ [das Vorgebrachte] | **das Beweis~** | the evidence tendered | **neues Beweis~** | fresh evidence.
Vorbringen *n* Ⓓ [das Behauptete] | **das Klage~** | the allegations *pl* of the plaintiff | **das Partei~** | the allegations | **das Verteidigungs~** | the defendant's answer (plea); the defense | **das tatsächliche ~** | the allegations of fact; the factual allegations | **tatsächliches und rechtliches ~ zur Sache** | relevant statements *pl* of fact and legal points | **ein ~ bestreiten** | to deny an allegation (an assertion).
vorbringen *v* Ⓐ | to present; to produce; to set forth | **ein Argument ~** | to set forth an argument | **gegen jdn. eine Anklage ~** | to bring a charge against sb. | **Beweise ~; Beweismittel ~** ① | to tender (to offer) evidence | **Beweise ~; Beweismittel ~** ② | to produce (to give) evidence | **neue Beweise ~; neues Beweismaterial ~** | to offer (to tender) fresh evidence | **eine Einrede ~** | to enter (to put in) a plea | **eine Entschuldigung ~** | to offer an excuse | **Gründe ~** | to give (to advance) (to state) reasons | **einen Vorschlag ~** | to set forth a proposal (a proposition) | **neue Verteidigungsmittel ~** | to amend the defense.
vorbringen *v* Ⓑ [behaupten; angeben] | to allege | **etw. zu jds. Verteidigung ~** | to state sth. in sb.'s defense.
Vordatieren *n*; **Vordatierung** *f* | antedating.
vordatieren *v* | to antedate; to date in advance.
vordatiert *part* | antedated.
Vorder..ansicht *f* | front view.
—front *f* | frontage; front.
—grund *m* | **in den ~ treten** | to come to the front.
—mann *m* Ⓐ [der vorhergehende Indossent] | preceding (previous) endorser.
—mann *m* Ⓑ [Vorbesitzer] | previous holder.
—richter *m* Ⓐ [Richter erster Instanz] | judge of the court of first instance; first judge.
—richter *m* Ⓑ [erste Instanz] | first instance.
—seite *f* Ⓐ [vordere Seite] | front; face.
—seite *f* Ⓑ [Titelseite] | front page.
vordringlich *adj* | urgent | **~e Maßnahme** | urgent measure; measure of pressing urgency | **~e Sache** | urgent matter | **äußerst ~** | extremely urgent; of extreme urgency.
vordringlich *adv* | urgently.
Vordringlichkeit *f* | urgency.
Vordruck *m* | printed form (blank); form; blank | **Anmelde~** | report form | **Antrags~** | printed application (entry) form; form of application | **Bestell~** | order form | **Erklärungs~** | form of return | **Quittungs~** | printed form of receipt (receipt form) | **Scheck~** | cheque blank (form) | **Steuererklärungs~; ~ für die Abgabe einer Einkommensteuererklärung** | form of tax return (of income tax return) | **Telegramm~** | telegram form | **Wechsel~** | form of bill of exchange; bill form | **amtlicher ~** | official form | **einen ~ ausfüllen** | to fill in (to fill up) (to complete) a form.
Vordrucksammlung *f* | book of printed forms.

vorehelich *adj* | ～er Verkehr | antenuptial (prenuptial) intercourse.

Voreindeckung *f* | covering (hoarding) purchases; precautionary buying.

voreingenommen *adj* | prepossessed; biassed; partial; prejudiced | **un～** ① | without preconceived ideas | **un～** ② | unprejudiced; unbiassed; free from bias.

Voreingenommenheit *f* | prepossession; bias; prejudice; partiality.

Voreltern *pl* Ⓐ | ascendants.

Voreltern *pl* Ⓑ [Vorfahren] | ancestors.

Vorempfang *m* Ⓐ [Vorschuß] | advance; money advanced.

Vorempfang *m* Ⓑ [～ auf die Erbschaft] | property given (received) in advance of a future inheritance | **als ～** | as preferential portion (legacy).

vorenthalten *v* | jdm. etw. ～ | to withhold (to retain) sth. from sb. | **jdm. die Wahrheit ～** | to withhold the truth from sb.

Vorenthaltung *f* | withholding; retention.

Vorentscheid *m* Ⓐ [Vorentscheidung] | preliminary (provisional) decision.

Vorentscheid *m* Ⓑ [Zwischenentscheid] | interlocutory decision; interim order.

Vorentwurf *m* | first (rough) draft; preliminary plan.

Vorerbe *m* | heir in tail | **Einsetzung als beschränkter ～** | appointment as heir in tail; entailment.

Vorerbschaft *f* | estate in tail.

vorerwähnt *adj* Ⓐ | before-mentioned; aforementioned; aforenamed; aforesaid.

vorerwähnt *adj* Ⓑ [obenerwähnt] | above-mentioned; above-named.

Vorexamen *n* | preliminary examination.

Vor..fabrikation *f*; **—fertigung** *f* | prefabrication; prefab.

vor..fabriziert *adj*; **—gefertigt** *adj* | prefabricated; prefab.

—fabrizieren *v* | to prefabricate.

Vorfahr *m* | ancestor.

Vorfahren *pl* | ancestors; forefathers; ancestry | **～ in direkter Linie** | lineal ancestors | **die ～ mütterlicherseits** | the ancestors on the mother's side | **die ～ väterlicherseits** | the ancestors on the father's side.

Vorfahrt *f*; **Vorfahrtsrecht** *n* | right of way.

vorfahrtsberechtigt *adj* | ～ sein | to have the right of way.

Vorfall *m* | occurrence; unexpected event; incident.

vorfinanzieren *v* | to prefinance.

Vorfinanzierung *f* | prefinancing.

Vorfrage *f* Ⓐ | preliminary question.

Vorfrage *f* Ⓑ [vorherige Frage] | previous (preceding) question.

vorführen *v* Ⓐ [vorzeigen] | to present; to produce; to show.

vorführen *v* Ⓑ | to bring forward | **jdn. dem Richter ～** | to take (to bring up) sb. before the judge | **jdn. zwangsweise ～** | to bring sb. forward by force.

Vorführung *f* Ⓐ | presentation; production; show.

Vorführung *f* Ⓑ | jds. zwangsweise ～ anordnen | to order sb. to be brought forward by force.

Vorführungsbefehl *m* | warrant (order) to appear; bench warrant.

Vorgang *m* Ⓐ [Vorangehen] | antecedence.

Vorgang *m* Ⓑ [Vortritt] | precedence.

Vorgang *m* Ⓒ [Angelegenheit] | matter; transaction.

Vorgang *m* Ⓓ [Ereignis] | event; occurrence.

Vorgänger *m* | predecessor | **Amts～** | predecessor in office | **Geschäfts～** | predecessor in business | **Rechts～** | predecessor in title.

vorgängig *adj* | previous; preceding; antecedent.

Vorgehen *n* | pretence.

vorgeben *v* Ⓐ [behaupten] | to allege.

vorgeben *v* Ⓑ [vortäuschen] | to pretend; to simulate | **Unkenntnis ～** | to pretend ignorance | **～, etw. zu tun** | to pretend to do sth.; to make a pretence of doing sth.

vorgebildet *adj* | juristisch ～ | with (having) a legal training; learned in the law.

vorgeblich *adj* | pretended.

vorgedruckt *adj* | ～e Bedingung (Klausel) | printed clause | **wie ～** | as printed.

vorgefaßt *adj* Ⓐ | preconceived | ～e Ansichten (Meinungen) | preconceived ideas (notions).

vorgefaßt *adj* Ⓑ | ～e Meinung | prejudice; bias.

Vorgehen *n* Ⓐ [im Rang] | antecedence; precedence | **～ eines Anspruchs** | priority of a claim.

Vorgehen *n* Ⓑ | action; course (line) of action; procedure | **gemeinsames ～** | concerted (joint) action | **gerichtliches ～** | court (legal) proceedings *pl*; proceedings at law; lawsuit | **ein ～ wählen** | to take a course of action.

vorgehen *v* Ⓐ [im Rang ～] | jdm. ～ | to precede sb.; to have precedence over sb.

vorgehen *v* Ⓑ | gegen jdn. ～ | to take action against sb. | **gemeinsam ～** | to take concerted (joint) action | **gerichtlich ～** | to proceed by law; to initiate legal proceedings; to go to law; to take legal steps.

vorgehend *adj* | ～er Gläubiger | preceding creditor | ～e Hypothek | prior mortgage.

vorgeladen *part* | vor Gericht als Zeuge ～ werden (sein) | to be called as witness before the court | ～ **werden** | to be summoned to appear.

Vorgeladene *m* | der ～ | the person summoned.

vorgenannt *adj* Ⓐ | before-mentioned; aforementioned; aforenamed; aforesaid.

vorgenannt *adj* Ⓑ [obengenannt] | above-mentioned; above-named.

vorgerückt *adj* | in ～em Alter | advanced in years.

Vorgeschichte *f* | previous history.

Vorgeschlagene *m* | der ～ | the presentee.

vorgeschrieben *adj* | prescribed; provided for; statutory | ～e Aufgabe | prescribed task | **in der ～en Form** | in the prescribed form | **innerhalb der ～en Frist** | in the prescribed time | ～e Ladung | specified load | **gesetzlich ～** | prescribed (required) by law | **wie nachstehend (im Nachstehenden) ～** | as hereunder prescribed.

vorgesehen *adj* | provided for; prescribed | **innerhalb der ～en Frist** | in the prescribed time | **in den ～en Grenzen** | within due limits.

Vorgesetzte *m* | der ～ | the superior | **sein dienstlicher ～r** | his superior in rank | **sein unmittelbarer ～r** | his immediate superior.

vorgesetzt *adj* | die ～e Behörde | the superior authority | **die ～e Verwaltungsbehörde** | the superior administrative authority.

vorgetragen *part* | auf neue Rechnung ～ | carried forward.

Vorgreifen *n*; **Vorgriff** *m* | anticipation | ～ **auf Einkünfte** | anticipation of revenue (of income).

vorgreifen *v* | auf etw. ～ | to anticipate sth.

Vorhaben *n* | intention; plan; design; project | **Bau～** | building project (design) | **jdn. von einem ～ abbringen** | to dissuade sb. from a plan.

Vorhalt *m* | reproach; remonstrance; representation | **jdm. wegen etw. ～e machen** | to reproach sb. about sth.

vorhalten *v* | jdm. etw. ～ | to reproach sb. with (about) sth. | **jdm. ～, etw. getan zu haben** | to reproach sb. for having done sth.

Vorhaltung *f* Ⓐ [ernste Ermahnung] | reproach; remonstrance; representation | **unter** ~**en** | remonstratingly | **jdm. wegen etw.** ~**en machen** | to make representations to sb. about sth.; to remonstrate with sb. upon sth.
Vorhaltung *f* Ⓑ [Verfügbarmachung] | making available; placing at disposition.
Vorhaltungskosten *pl* | cost of providing (of making available) (of facilitating).
Vorhand *f* Ⓐ [erste Option] | first option (claim) (choice) | **auf etw. die** ~ **haben** | to have the first refusal of sth.
Vorhand *f* Ⓑ [Vorkaufsrecht] | right of preemption.
vorhanden *adj* | existing | ~ **sein** | to exist; to be in existence | **nicht mehr** ~ **sein** | to have ceased to exist.
Vorhandensein *n* | existence.
Vorhängeschloß *n* | padlock.
vorher *adv* | previously | ~ **bestehend** | pre-existent; pre-existing | ~ **überlegen** | to premeditate | ~ **überlegt** | premeditated; with premeditation | ~ **verabredet** | pre-concerted.
vorherbestimmen *v* | to predict.
Vorherbestimmung *f* | prediction.
vorhergehen *v* | to precede.
vorhergehend *adj* | preceding; previous.
vorhergesehen *adj* | foreseen | **un**~ | unforeseen.
vorherig *adj* | previous; preceding | **nach** ~**er Androhung** | after previous warning | **ohne** ~**e Ankündigung** | without previous notice | ~**e Benachrichtigung** | advance notice; notice in advance; preliminary announcement | **der** ~**e Eigentümer** | the previous owner; the predecessor in title | ~**e Erlaubnis** | permission previously obtained | **gegen** ~**e Kasse** | against prepayment | **der** ~**e Kurs** | the previous price | ~**e Überlegung** | premeditation | ~**e Vereinbarung** | previous agreement | **ohne** ~**e Warnung** | without previous (further) warning | **der** ~**e Zustand** | the former state (status) | ~**e Zustimmung** | previous assent.
Vorherrschaft *f* Ⓐ; **Vorherrschen** *n* | predominance; prevalence.
Vorherrschaft *f* Ⓑ | supremacy | ~ **zur See** | naval supremacy.
vorherrschen *v* | to predominate; to prevail.
vorherrschend *adj* | predominant; predominating; preponderant; prevailing | **die** ~**e Meinung** | the prevailing opinion.
Vorhersage *f* | prediction; forecast | **Wetter**~ | weather forecast.
vorhersagen *v* | to predict; to forecast | **das Wetter** ~ | to forecast the weather.
vorhersehbar *adj* | foreseeable | **un**~; **nicht** ~ | unforeseeable; not to be foreseen.
vorig *adj* | **der** ~**e Zustand** | the former state (status).
Vorinhaber *m* Ⓐ [Vorbesitzer] | previous holder (possessor).
Vorinhaber *m* Ⓑ | previous owner; predecessor in title.
Vorinstanz *f* Ⓐ [vorherige Instanz] | lower instance.
Vorinstanz *f* Ⓑ [erste Instanz] | first instance.
Vorjahr *n* | preceding (previous) year.
Vorjahres..dividende *f* | last year's dividend.
—**monat** *m* | **im gleichen** ~ | in the same month last year (of the previous year).
—**umsatz** *m* | last year's turnover.
vorjährig *adj* | of last year; last year's.
Vorkasse *f* | **gegen** ~ | against prepayment.
Vorkauf *m* Ⓐ | pre-emption.
Vorkauf *m* Ⓑ [Vorkaufsrecht] | right of pre-emption; pre-emptive right.

Vorkaufs..berechtigte *m* | **der** ~ | the party having the right (a right) of pre-emption.
—**preis** *m* | pre-emption price.
—**recht** *n* | **jdm. ein** ~ **einräumen (gewähren)** | to give sb. the right of pre-emption | **ein Grundstück auf Grund eines** ~**s (durch Ausübung eines** ~**s) erwerben** | to pre-empt a piece of land.
Vorkehrungen *fpl* | provision; arrangements *pl*; measures *pl* | **umfassende** ~ | extensive measures (precautions) | ~ **für etw. treffen** | to take one's dispositions to do sth.; to make arrangements (steps) for sth. | **alle erforderlichen** ~ **treffen** | to make all necessary arrangements | **ungenügende (unzureichende)** ~ **treffen** | to make insufficient arrangements.
Vorkenntnis *f* [vorherige Kenntnis] | preliminary knowledge.
Vorkenntnisse *fpl* [Vorbildung] | education | **in etw.** ~ **haben** | to have previous experience in sth.
Vorkommen *n*; **Vorkommen** *npl* | occurrence | **Erdöl**~; **Petroleum**~ | oil deposit(s) | **Gold**~ | occurrence of gold | **Kohlen**~ | coal measures *pl* | **die Mineral**~ **eines Landes** | the mineral resources of a country | **abbaufähiges** ~ | exploitable (workable) deposits | **abbauwürdiges** ~ | deposits worthy of exploitation (of being exploited).
vorkommen *v* Ⓐ [sich ereignen] | to occur; to take place; to happen | **alltäglich** ~ | to be an every day occurrence | **häufig** ~ | to be of frequent occurrence.
vorkommen *v* Ⓑ [sich vorfinden] | to be found.
vorkommend *adj* | occurring.
Vorkommnis *n* [Ereignis] | incident; occurrence; incidence.
Vorkriegs- | pre-war.
—**periode** *f*; —**zeit** *f* | **die** ~ | the pre-war period.
—**preise** *mpl* | pre-war prices.
—**schulden** *fpl* | pre-war debts.
—**stand** *m* | pre-war level.
—**verhältnisse** *npl* | pre-war situation (conditions).
vorladen *v* | to summon; to cite | **jdn. vor Gericht** ~ | to summon (to cite) sb. to appear in court | **einen Zeugen** ~ **(unter Strafandrohung** ~**)** | to summon (to subpoena) a witness | **jdn. als Zeugen** ~ | to subpoena (to call) sb. as witness | **jdn.** ~ | to summon sb. to appear | **jdn.** ~ **lassen** | to take out a summons against sb.
Vorladung *f* | summons *sing*; writ of summons; citation; notice to appear | ~ **vor Gericht; gerichtliche** ~ | court summons; summons before the court | ~ **unter Strafandrohung** | subpoena | **gegen jdn. eine** ~ **ergehen lassen** | to issue a summons (a subpoena) against sb. | **gegen jdn. eine** ~ **erwirken** | to take out a writ (a summons) against sb. | **einer** ~ **Folge leisten** | to answer a summons.
Vorlage *f* Ⓐ [Vorlegung] | presentation; production | ~ **zur Annahme** | presentation for acceptance | ~ **von Beweisen** | production of evidence | ~ **von Urkunden** | production (presentation) (exhibition) of documents | ~ **der Vollmacht** | production of the power of attorney | ~ **zur Zahlung** | presentation for payment | **in** ~ **bringen** | to present; to submit; to produce.
Vorlage *f* Ⓑ [Gesetzes~] | bill | **Finanz**~ | money bill | **Flotten**~ | naval bill | **Haushalt**~ | budget; estimates *pl* | **Regierungs**~ | government bill | **eine** ~ **einbringen** | to bring in (to table) a bill.
Vorlage *f* Ⓒ [Muster] | specimen; sample.
Vorlage *f* Ⓓ [Vorschuß] | advance of funds | **mit einem Betrag in** ~ **treten** | to advance (to disburse) an amount.

Vorlagenbuch *n* | formulary.
Vorläufer *m* | forerunner; precursor.
vorläufig *adj* | provisional; preliminary | ~es **Abkommen** | preliminary (provisional) (binder) agreement | ~e **Absetzung** | suspension from office | ~e **Anordnung** | provisional arrangement; interim order | ~e **Antwort;** ~er **Bescheid** | preliminary answer.
○ ~er **Bericht** | interim (preliminary) report | ~e **Besprechung** | preliminary discussion | ~e **Bilanz** | interim statement | ~e **Deckung** | provisional cover | ~e **Dienstpflichten** | provisional (interim) duties | ~e **Dividende** | interim dividend | ~e **Entlassung (Freilassung) (Haftentlassung)** | conditional (provisional) release.
○ ~er **Entscheid;** ~e **Entscheidung** | preliminary (provisional) decision | ~er **Entwurf** | first (rough) draft; preliminary plan (scheme) | ~e **Festnahme** | provisional arrest | ~es **Konto** | provisional account | ~e **Lösung** | temporary (interim) solution | ~e **Maßnahmen** | provisional (temporary) measures; interim arrangements | ~e **Pfändung** | preliminary seizure | ~er **Pfleger** | interim curator | ~e **Quittung** | interim receipt.
○ ~e **Rechnung** | provisional invoice | ~e **Regelung** | provisional settlement | ~e **Regierung** | provisional government | ~er **Urheberrechtsschutz** | interim copyright | ~es **Urteil** | provisional judgment | ~e **Versicherung** | provisional insurance | ~e **Vollstreckung** | provisional enforcement | ~er **Voranschlag** | preliminary estimate.
vorläufig *adv* | provisionally; temporarily | **einen Beamten** ~ **seines Dienstes entheben** | to suspend an official | **jdn.** ~ **festnehmen** | to place sb. under provisional arrest | ~ **auf freien Fuß gesetzt werden** | to be released provisionally | ~ **vollstreckbar sein** | to be enforceable provisionally.
Vorleben *n* | jds. ~ | his past.
vorlegen *v* Ⓐ [präsentieren] | to present; to submit; to produce | **zum Akzept** ~; **zur Annahme** ~ | to present for acceptance | **Beweise** ~; **Beweismaterial** ~ | to produce evidence | **Urkunden** ~ | to submit documents | **seine Vollmacht** ~ | to produce one's proxy (one's power of attorney) | **einen Wechsel zur Zahlung** ~ | to present a bill of exchange for payment.
vorlegen *v* Ⓑ [vorstrecken] | **einen Betrag** ~ | to advance an amount (a sum of money).
Vorlegung *f* | presentation | ~ **von Belegen (von Schriftstücken) (von Urkunden)** | presentation (production) (exhibition) of documents (of written evidence) | ~ **von Beweisen (von Beweismaterial)** | production of evidence | **zahlbar bei** ~ | payable upon presentation.
Vorlegungsfrist *f* | period for (term of) presentation.
vorleisten *v* Ⓐ [zuerst leisten] | to perform first.
vorleisten *v* Ⓑ [vorher zahlen] | to pay in advance.
Vorleistung *f* Ⓐ [vorherige Leistung] | performance in anticipation.
Vorleistung *f* Ⓑ [Vorauszahlung] | payment in advance.
Vorleistungspflicht *f* | obligation to perform first.
Vorlesen *n* | reading.
vorlesen *v* | jdm. etw. ~ | to read (to read out) sth. to sb. | **einen Bericht** ~ | to read a report.
Vorlesung *f* | lecture; course of lectures | **Antritts**~ | inaugural lecture | **eine** ~ **belegen** | to subscribe to a course of lectures | **eine** ~ **halten** | to deliver (to give) a course of lectures; to lecture | **eine** ~ **hören** | to attend lectures (a course of lectures).

Vorlesungs..reihe *f* | —**zyklus** *m* | course of lectures. —**verzeichnis** *n* | list of lectures.
vorliegen *v* | **dem Gericht** ~ | to be in court (before the court).
vorliegend *adj* | **der** ~e **Fall** | the instant case; the case under review | **die** ~e **Sache** | the matter in hand.
Vormachtstellung *f* | supremacy; hegemony.
vormalig *adj* | former; previous.
Vormann *m* [vorhergehender Indossant] | preceding (previous) endorser.
vormerken *v* | etw. ~ | to note sth.; to take note of sth. | **sich** ~ **lassen** | to have one's name registered.
Vormerk(ungs)gebühr *f* | booking (reservation) fee. —**liste** *f* | waiting list.
Vormerkung *f* | note | **für ein Recht eine** ~ **eintragen (eintragen lassen)** | to note a right (to have a right noted) on the record | **von etw.** ~ **nehmen** | to take note of sth.
Vormittag *m* | **die Arbeit eines** ~s | a morning's work | **ein freier** ~ | a forenoon off.
Vormonat *m* | previous month.
Vormund *m* | guardian; tutor | **Amts**~; ~ **kraft Gesetzes; gesetzlicher** ~ | guardian of court; statutory guardian | **vom Gericht (gerichtlich) bestellter** ~ | guardian appointed by the court | **Bestellung eines** ~es | appointment of a guardian | **Ersatz**~ | deputy guardian | **Gegen**~ | supervising guardian; co-guardian | **Mit**~ | joint guardian; co-guardian | ~ **für die Person** | committee of the person | ~ **für das Vermögen** | committee of estate | **testamentarisch bestellter** ~ | guardian nominated (appointed) by testament | **einen** ~ **bestellen** | to appoint a guardian.
Vormünderin *f* | woman guardian (tutor).
Vormundschaft *f* | guardianship | **Amts**~ | statutory guardianship | **Mündel unter Amts**~ | ward in chancery (of court) | **Gegen**~ | supervising guardianship | ~ **über Minderjährige** | tutelage | **Stellung unter** ~ | placing under guardianship.
★ **befreite** ~ | guardianship exempted from statutory restrictions | **vorläufige** ~ | temporary guardianship.
★ **die** ~ **führen** | to be guardian | **unter** ~ **stehendes Kind** | child under guardianship (in tutelage) | **jdn. unter** ~ **stellen** | to put (to place) sb. under guardianship | **unter** ~ | under guardianship; in ward.
vormundschaftlich *adj* | tutorial.
Vormundschafts..behörde *f*; —**gericht** *n* Ⓐ | court of guardianship; guardianship (orphans') court.
—**gericht** *n* Ⓑ [in Entmündigungssachen] | judge (master) in lunacy.
—**richter** *m* | judge of the guardianship court.
—**sachen** *fpl* | guardianship matters.
Vornahme *f* | execution; performance.
Vorname *m* | Christian (first) name | **Vor- und Zuname** | full name.
vornehmen *v* | to carry out; to perform | **an etw. Abänderungen** ~ | to make modifications (alterations) in sth. | **eine Buchung** ~ | to make (to effect) an entry.
Vorortsverkehr *m* | suburban traffic.
Vorpatent *n* | prior patent.
vorpatentiert *adj* | protected by prior patent.
Vorpatentierung *f* | prior patent.
Vorpfändung *f* Ⓐ [vorläufige Pfändung] | preliminary seizure.
Vorpfändung *f* Ⓑ [vorausgehende Pfändung] | previous attachment.
Vorprozeß *m* Ⓐ [Vorverfahren] | preliminary proceedings *pl*.

Vorprozeß *m* Ⓑ [der vorausgegangene Prozeß] | preceding lawsuit.

Vorprozesse *mpl* | previous lawsuits *pl* (litigation).

Vorprüfer *m* | first examiner.

Vorprüfung *f* | preliminary examination (audit).

Vorprüfungssystem *n* | system of preliminary examination.

Vorrang *m* Ⓐ [älterer Rang] | prior rank; priority of rank | **Abtretung (Einräumung) des** ~**s** | ceding priority of rank | ~ **der älteren Hypothek; Hypotheken**~ | priority of mortgage | **zeitlicher** ~ ① | precedence | **zeitlicher** ~ ② | priority of date | **den** ~ **abtreten (einräumen)** | to cede the rank | ~ **haben; den** ~ **haben** | to rank before (in priority) | **mit** ~ **vor** | ranking in priority to.

Vorrang *m* Ⓑ [Vorrecht] | prior right; priority | **den** ~ **haben** | to enjoy (to rank in) priority; to have a right of priority.

Vorrang *m* Ⓒ [Vorgang; Vortritt] | precedence; antecedence | **vor jdm. den** ~ **haben** | to have (to take) precedence of sb. | **jdm. den** ~ **lassen (abtreten)** | to yield precedence to sb.

Vorrang *m* Ⓓ [Vorzug] | preference | **den** ~ **haben** | to have (to enjoy) preference.

vorrangig *adj* | of prior rank.

vorrangsberechtigt *adj* | having priority (prior rank).

Vorrangs..einräumung *f* | ceding priority of rank.

—**gläubiger** *m* | priority creditor.

—**hypothek** *f* | prior mortgage.

—**pfandrecht** *n* | prior lien.

—**stellung** *f* | position of priority.

Vorrat *m* | supply; provision; stock; stock on hand | **Bar**~ | cash; cash in hand | **Geld**~ | cash reserve; financial reserves *pl* | **Gold**~ | stock of gold; gold reserve | **Metall**~ | metal (bullion) reserve; stock of bullion; cash and bullion in hand | ~ **auf Lager; Waren**~ | stock on hand (in warehouse) | **unerschöpflicher** ~ | inexhaustible supply | **einen** ~ **von etw. anlegen (hereinnehmen)** | to lay in (to take in) a supply of sth. | **seinen ganzen** ~ **abstoßen** | to sell out | **etw. in** ~ **halten** | to keep sth. in stock.

Vorräte *mpl* | ~ **an Kriegsmaterial; Kriegs**~ | war supplies *pl* (material); military stores *pl* | **Lebensmittel**~ | provisions of food | **Lebensmittel**~ **anlegen (hereinnehmen)** | to lay in food supplies | **seine ganzen (gesamten)** ~ **verkaufen** | to sell out.

vorrätig *adj* | in store; on hand; in (on) stock | **etw.** ~ **halten** | to keep (to have) sth. on stock | **nicht** ~ | out of stock.

Vorrats..ansammlung *f*; —**bildung** *f* | accumulation (build-up) of stocks; stockpiling.

—**bewertung** *f* | stock (inventory) valuation.

—**käufe** *mpl* | stockpiling purchases.

—**kredit** *m* | credit for stockpiling purchases.

—**lage** *f* | stock position.

—**lager** *n* | warehouse.

—**lager** *npl* | stores *pl*; stocks *pl*.

—**politik** *f* | policy of stockpiling.

—**überhang** *m* | surplus stock(s).

—**verzeichnis** *n* | stock list; inventory.

—**wirtschaft** *f* | stockpiling economy.

Vorrecht *n* | privilege; special (preferential) right; preference; right of preference | **Alters**~ | right of seniority; seniority | ~ **der Krone; königliches** ~ | prerogative of the crown; royal prerogative.

★ **von etw. durch ein** ~ **ausgenommen sein** | to be privileged from sth. | **jdn. mit dem** ~ **ausstatten (jdm. das** ~ **geben), etw. zu tun** | to privilege sb. to do sth. | **ein** ~ **beanspruchen (für sich in Anspruch nehmen)** | to claim (to claim to be entitled to) a privilege | **in jds.** ~**e eingreifen; jds.** ~**e verletzen** | to invade sb.'s privileges | **jdm. ein** ~ **einräumen** | to grant (to concede) a privilege to sb. | **das** ~ **haben (genießen), etw. zu tun** | to enjoy (to have) the privilege of doing sth.; to be privileged to do sth.

Vorrechtsaktien *fpl* | preference shares; preferred stock(s).

Vorredner *m* | **der** ~ | the previous speaker.

Vorrichtung *f* | device | **Sicherheits**~ | safety device.

Vorrücken *n* [Beförderung; Vorrückung *f*] | promotion; advancement | ~ **nach dem Dienstalter** | promotion by seniority | **automatisches** ~ | automatic promotion.

vorrücken *v* [befördert werden] | to be promoted; to get promotion | **automatisch** ~ | to be automatically promoted.

Vorsatz *m* | intention; design | **mit** ~ **begangene Handlung (Tat)** | deliberate action | **mit** ~ **und Überlegung** | with malice aforethought (prepense) | **mit strafbarem** ~ | with criminal intent | **mit** ~ | with intent; with deliberation; deliberately.

vorsätzlich *adj* | deliberate | ~**e Beleidigung** | deliberate insult | **un**~ | undeliberate; undesigned.

vorsätzlich *adv* | with intent; with deliberation; designedly; deliberately | ~ **und mit Überlegung** | with malice aforethought (prepense) | **un**~ | undeliberately; undesignedly.

Vorsätzlichkeit *f* | wilfulness.

Vorschau *f* | forecast; preview.

vorschießen *v* | to advance; to lend | **einen Betrag** ~ | to advance an amount (a sum of money) | **jdm. Geld** ~ | to advance money (to make an advance of money) to sb.

Vorschlag *m* Ⓐ | proposition; proposal; suggestion; offer | **Ablehnung eines** ~**s** | refusal of a proposal | **Abänderungs**~ ① | proposal of an amendment | **Abänderungs**~ ② | proposed amendment | **Friedens**~ | peace proposal | **Gegen**~ | counter-proposal | ~ **zur Güte** | conciliatory (friendly) proposal | **Vergleichs**~; **Vermittlungs**~ | proposal for (offer of) a compromise.

★ **geschäftlicher** ~ | business proposition | **konkreter** ~ | suggestion in concrete form | **praktischer** ~ | practical suggestion.

★ **einen** ~ **ablehnen** | to refuse a proposal | **einem** ~ **beistimmen** | to concur with a proposal | **einem** ~ **zustimmen** | to agree to (with) a proposal | **einen** ~ **unterstützen** | to support (to give support to) a proposal | **etw. in** ~ **bringen** | to propose (to suggest) sth. | **jdm. einen** ~ **machen** | to make a proposal to sb. | **auf** ~ **von** | upon suggestion by; at the instance of.

Vorschlag *m* Ⓑ [Benennung] | nomination.

Vorschlag *m* Ⓒ [S] [Überschuß] | surplus; excess amount.

Vorschläge *mpl* | **Verbesserungs**~ | suggestions for improvement | ~ **ausarbeiten** | to work out (to formulate) proposals.

vorschlagen *v* Ⓐ | to propose; to suggest; to make a proposal.

vorschlagen *v* Ⓑ [benennen] | to nominate | **einen Kandidaten** ~ | to nominate a candidate.

Vorschlags..liste *f* | list of nominations.

—**recht** *n* | right to nominate (of nomination).

vorschreiben *v* | to prescribe; to order | **Bestimmungen** ~; **Regeln** ~ | to prescribe regulations | **jdm. etw.** ~ | to prescribe sth. to sb. | **das Gesetz schreibt vor** | the law provides (enacts).

Vorschrift *f* | prescription; regulation; rule | **Arznei**~ | prescription | **Auslegungs**~ ① | interpretation

Vorschrift f, *Forts.*
clause | **Auslegungs~** ② | rule of interpretation (of construction) | **Befreiungs~** | exemption provision | **Betriebs~; Betriebs~en** | shop (working) regulations (instructions); operating instructions | **Buchungs~** | accounting instructions (regulations). ○ **Dienst~** | service instructions | **Dienst nach ~ (laut ~)** | work(ing) to rule | **Durchführungs~** | implementing regulation | **Form~** | formality | **Gesetzes~; Rechts~** | statutory provision; statute; legal rule (regulation); rule (provision) of law | **Polizei~en; polizeiliche ~en** | police regulations | **Prozeß~en; Verfahrens~en** | rules of procedure; procedural rules | **Satzungs~** | provision in the by-laws | **Straf~** ① | penal statute | **Straf~** ② | penalty clause.
○ **Sicherheits~en** | safety measures (regulations) | **Straßenverkehrs~en** | road regulations | **Tarif~** | tariff regulation | **Übergangs~** | transitory regulation (provision) | **Verkehrs~en** | road (traffic) regulatons; traffic ordinance | **Versand~en** | shipping instructions | **Vertrags~** | contractual provision (clause) | **Verwaltungs~** | administrative regulation; directive | **die Zoll~en** | the customs regulations.
★ **die geltenden ~en** | the regulations in force | **gesetzliche ~** | statutory provision; legal regulation; rule (provision) of law | **zwingende ~en** | peremptory rules.
★ **die ~en einhalten (befolgen)** | to comply with the regulations | **gegen die ~en verstoßen** | to be in breach of the regulations | **~en geben (erlassen)** | to prescribe regulations.
★ **laut ~; nach der ~; nach den ~en** | according to prescription; as prescribed; by precept; by rule; in accordance with the regulations.
vorschriftsmäßig adj | regular; proper; due and proper.
vorschriftsmäßig adv Ⓐ [den Vorschriften entsprechend] | according to (in accordance with) the rules (with the regulations); in the prescribed form; in due form; as prescribed.
vorschriftsmäßig adv Ⓑ [den Instruktionen entsprechend] | according to (in accordance with) the instructions; as instructed.
vorschriftswidrig adj | improper; irregular.
vorschriftswidrig adv | against (contrary to) the regulations (the rules).
Vorschriftswidrigkeit f | irregularity.
Vorschub m Ⓐ [Hilfe] | aid; assistence.
Vorschub m Ⓑ [Beihilfe] | aiding and abetting | jdm. **~ leisten** | to aid and abet sb. | **dem Feinde ~ leisten** | to aid and comfort the enemy.
Vorschule f | preparatory school.
Vorschuß m | advance; money advanced; advance (advanced) money | **Bar~; ~ in bar; Geld~** | advance (loan) of money; advance in cash | **~ auf den künftigen Erbteil** | property given (received) in advance of a future inheritance | **Fracht~; Frachtkosten~** | advance of (on) freight | **Gehalts~** | advance on salary; salary advance | **Kosten~** | advance on costs | **Spesen~** | advance on expenses | **~ auf Wertpapiere** | advance(s) against securities.
★ **~ leisten** | to make advances; to advance | jdm. **gegenüber mit ... im ~ sein** | to be sb.'s creditor to the amount of ... | **jdm. einen ~ zahlen** | to make an advance to sb. | **als ~** | as (as an) (in) (by way of) advance.
Vorschuß..bank f; **—kasse** f | credit (loan) (lending) bank; bank for loans; loan institution.
—dividende f | advance on dividend.

Vorschuß..geschäft n | loan business (transaction).
—kommission f; **—provision** f | overdraft commission; commission on overdraft.
—konto n | loan account.
—pflicht f | obligation to make advances.
—verein m | loan association; mutual loan society.
vorschußweise adv | as (as an) (by way of) (in) advance.
Vorschuß..zahlung f Ⓐ | advance payment; advance.
—zahlung f Ⓑ | money advanced.
Vorschüsse mpl | **Bar~; bare ~** | cash advances; advances of (in) cash | **~ auf Waren** | advances (loans) on merchandise | **~ auf Effekten (Wertpapiere)** | advances (loans) on securities | **~ gewähren** | to grant loans.
vorschützen v | **~, daß** | to pretend that | etw. **~** | to pretext sth.; to allege (to give) sth. as a pretext; to make a pretext of sth. | **Krankheit~** | to allege ill health | **Unerfahrenheit ~** | to plead inexperience | **Unkenntnis ~** | to plead ignorance | etw. **~, um etw. zu tun** | to make (to take) sth. as an excuse for doing sth.
vorsehen v Ⓐ | to provide | **das Gesetz sieht vor** | the law enacts.
vorsehen v Ⓑ | **sich gegen etw. ~** | to take precaution (one's precautions) against sth.
Vorsicht f | precaution; caution | **aus ~** | by way of precaution | **mit ~** | cautiously; with caution.
vorsichtig adj | cautious; circumspect | **~e Berechnung** | conservative calculation.
vorsichtig adv | cautiously; with caution.
Vorsichts..maßnahme f; **—maßregel** f | precautionary measure; precaution | **~n ergreifen (treffen)** | to take precautions.
Vorsitz m | presidency; chair | **den ~ führen (haben) (innehaben)** | to be in (to occupy) the chair; to preside | **in (bei) einer Versammlung den ~ führen** | to preside at (over) a meeting | **den ~ übernehmen** | to take the chair | **unter dem ~ von Herrn ...** | under the presidency (chairmanship) of Mr. ...; Mr. ... presiding (in the chair); chaired by Mr. ...
vorsitzen v | to preside; to occupy (to be in) the chair.
Vorsitzende m | president; chairman | **Fraktions~r** | fraction leader | **~r des Verwaltungsrates** | chairman (president) of the board | **mit Herrn ...** under the presidency (chairmanship) of Mr. ...; with Mr. ... presiding (in the chair) | **geschäftsführender ~r** | executive (vice-)president | **stellvertretender ~r** | vice-president; vice-chairman; deputy chairman | **zum ~n gewählt werden** | to be elected president; to be voted in the chair.
Vorsitzer m | chairman | **~ des Aufsichtsrats** | chairman of the board of supervisors; board chairman.
Vorsorge f | provision; precaution | **~ für einen Notfall treffen** | to provide for an emergency (an eventuality); to prepare to meet a contingency | **gegen etw. ~ treffen** | to take precautions (to provide) against sth.
vorsorgen v | to take precautions.
vorsorglich adv | by way of precaution.
vorspiegeln v | etw. **~** ! to make false appearances.
Vorspiegelung f | pretense | **~ falscher Tatsachen** | false pretenses; misrepresentation | **betrügerische ~ falscher Tatsachen** | fraudulent misrepresentation | etw. **unter ~ falscher Tatsachen erlangen; sich etw. unter ~ falscher Tatsachen verschaffen** | to obtain sth. by (on) (under) false pretenses (by fraud) (fraudulently) (by fraudulent means).
Vorsprung m | **Preis~** | price advantage | **Wettbewerbs~** | competitive advantage (edge).

Vorstadium *n* | im ∼ | in the preliminary state.
Vorstadt *f* | suburb.
—**bevölkerung** *f* | suburban population.
—**gebiet** *n* | suburban area.
vorstädtisch *adj* | suburban.
Vorstand *m* Ⓐ [Gesamtheit] | board of directors (of administration); managing board (committee) | **der Gesamt**∼ | the full board; all board members | **Mitglied des** ∼**es** | member of the board (of the board of directors); board member | **Sitzung des** ∼**es** | meeting of the board of directors; board meeting | **geschäftsführender** ∼ | managing (executive) committee; management board | **im** ∼ **vertreten sein** | to be (to be represented) on the board.
Vorstand *m* Ⓑ [Einzelperson] | chairman; president | **stellvertretender** ∼ | vice-chairman; vice-president.
Vorstand *m* Ⓒ [Vorsteher] | **Amts**∼ | official in charge.
Vorstand *m* Ⓓ [Oberhaupt] | **Familien**∼ | head of the (of a) family | **Haushaltungs**∼ | head of the household; householder.
Vorstands..bericht *m* | directors' report.
—**beschluß** *m* | resolution of the board of directors; board resolution.
—**entlastung** *f* | discharge of the board of directors.
—**mitglied** *n* | member of the board (of the board of directors); board member.
—**sitzung** *f* | meeting of the board of directors; board meeting.
—**tantiemen** *fpl* | directors' percentage of profits.
—**vergütung** *f* | directors' fee(s).
—**vorsitzender** *m* | chairman (president) of the board.
—**wahl** *f* | election of the board of directors; board elections.
vorstehen *v* Ⓐ [an der Spitze stehen] | to preside.
vorstehen *v* Ⓑ [die Leitung haben] | to be in charge.
vorstehend *adj* | preceding | **in dem** ∼**en Abschnitt** | in the preceding (foregoing) paragraph.
Vorstehende *n* | **das** ∼ | the foregoing | **im** ∼**n** | heretofore; thereinbefore.
Vorsteher *m* | director; manager | **Bezirks**∼ | district prefect | **Gemeinde**∼ | chairman of the parish-council.
vorstellen *v* Ⓐ | jdn. ∼ | to introduce (to present) sb.
vorstellen *v* Ⓑ [darstellen] | etw. ∼ | to represent sth.
vorstellig *adj* | ∼ **werden** | to petition | **bei Behörden** ∼ **werden** | to present a petition (a request) to the authorities.
Vorstellung *f* Ⓐ | presentation; introduction | **persönliche** ∼ | presentation in person.
Vorstellung *f* Ⓑ | representation; performance | **Abend**∼ | evening performance | **Benefiz**∼; **Wohltätigkeits**∼ | benefit (charity) performance | ∼ **mit erster Besetzung** | star performance.
Vorstellung *f* Ⓒ [Idee] | **falsche** ∼ | misconception | **ungefähre** ∼ | general idea.
Vorstellungen *fpl* | representations | **diplomatische** ∼ | diplomatic representations | **bei jdm.** ∼ **machen** | to make representations to sb.
Vorstrafe *f* | previous conviction | **keine** ∼**n haben** | to have no previous convictions; to have a clean record | **viele** ∼**n haben** | to have a large police (criminal) record.
Vorstrafenregister *n* | police (criminal) record.
vorstrecken *v* | to advance; to lend | **jdm. Geld** ∼ | to advance money to sb.
Vorstreckung *f* | advancing; advance.
Vorstudien *pl* | preliminary studies.
vortäuschen *v* | to simulate; to feign | **eine Krankheit** ∼ | to feign illness; to malinger | ∼, **etw. zu tun** | to pretend to do sth.; to make a pretence of doing sth.

Vortäuschung *f* | stimulation; feint.
Vorteil *m* | advantage; profit; benefit; gain | **zum** ∼ **eines Dritten** | for the benefit of a third party | **Vermögens**∼; **finanzieller** ∼ | pecuniary profit | ∼ **im Preis; preislicher**∼ | price advantage | **materielle** ∼**e** | pecuniary advantages | **unerlaubter** ∼ | unlawful gain | **zahlenmäßig im** ∼ **sein** | to have the advantage in (of) number.
★ **zu jds.** ∼ **ausgehen** | to turn out to sb.'s advantage | **seinen** ∼ **gegen jdn. behaupten** | to maintain one's lead over sb. | ∼**e bieten** | to offer advantages | **jdm.** ∼**e gewähren** | to grant sb. privileges | **jdm. gegenüber im** ∼ **sein** | to be ahead of sb. | **von** ∼ **sein** | to be profitable | **etw. zu jds.** ∼ **tun** | to do sth. for sb.'s benefit | **einen** ∼ **wahrnehmen** | to follow up an advantage | **aus etw.** ∼ **ziehen** | to derive advantage from sth.; to benefit (to profit) by sth.; to turn sth. to account (to profit) (to advantage) | **aus einem Geschäft** ∼ **ziehen** | to make a profit on (out of) a transaction.
★ **mit** ∼ | at a profit | **von** ∼ | of advantage | **zum** ∼ | at a profit; to advantage; advantageously; profitably | **zum** ∼ **von** | for the benefit of; to the advantage of; in behalf of; in favo(u)r of.
vorteilhaft *adj* | advantageous; profitable; lucrative; remunerative; favo(u)rable | ∼**es Geschäft** | paying business (proposition) | ∼ **für das Geschäft** | beneficial to business | ∼**e Kapitalanlage** | profitable investment | ∼ **für beide Teile; beiderseits** ∼ | mutually profitable; of mutual advantage.
vorteilhaft *adv* | at a profit; profitably; advantageously | **sein Geld** ∼ **ausleihen** | to put out one's money to advantage | **etw.** ∼ **verkaufen** | to sell sth. to advantage (to good advantage) | **etw. am** ∼**esten verkaufen** | to sell sth. to the best advantage.
Vortrag *m* Ⓐ [Ansprache] | speech; address | **Schluß**∼ | final address (pleadings *pl*).
Vortrag *m* Ⓑ | lecture | **Lichtbilder**∼ | lantern lecture | **einem** ∼ **beiwohnen** | to attend a lecture | **einen** ∼ **halten** | to give a lecture | **eine Reihe (Serie) von Vorträgen halten** | to give a course of lectures.
Vortrag *m* Ⓒ [Übertrag] | balance brought forward (carried forward) (carried over) | ∼ **auf neue Rechnung** | balance carried (brought) forward to new account | ∼ **aus letzter Rechnung** | balance brought forward from last account.
vortragen *v* Ⓐ | to make a speech.
vortragen *v* Ⓑ | to lecture.
vortragen *v* Ⓒ [plädieren] | to plead | **eine Sache dem Gericht** ∼ | to lay a case before the court | **durch seinen Anwalt (Prozeßbevollmächtigten)** ∼ **lassen, daß ...** | to have one's counsel plead that ...
vortragen *v* Ⓓ [übertragen] | to carry forward (over) | **Effekten** ∼ | to carry over stock | **auf neue Rechnung** ∼ | to carry forward | **einen Saldo** ∼ | to carry over a balance | **übereinstimmend** ∼ | to carry forward conformably.
Vortrags..folge *f* | program.
—**honorar** *n* | lecture fee.
—**reihe** *f* | course of lectures.
—**reise** *f* | lecture tour.
Vortritt *m* Ⓐ [Vorgang] | precedence; antecedence.
Vortritt *m* Ⓑ [Vorrang] | prior rank; priority of rank.
vorübergehend *adj* Ⓐ [vorläufig] | provisional.
vorübergehend *adj* Ⓑ [zeitweilig] | temporary; transitory.
vorübergehend *adv* Ⓐ | provisionally.
vorübergehend *adv* Ⓑ | temporarily; for a short time.
Voruntersuchung *f* | preliminary investigation | **die** ∼ **einleiten** | to open a preliminary inquiry.

Vorurteil *m* Ⓐ | prejudice; prepossession; bias | **ein ~ haben** | to be prejudiced (biassed) | **kein ~ haben** | to hold no prejudice; to be unprejudiced (unbiassed).

Vorurteil *n* Ⓑ [vorgefaßte Meinung] | preconception; preconceived notion.

vorurteilsfrei *adj*; **vorurteilslos** *adj* | unprejudiced; unbiassed; free from bias; impartial.

Vorurteilslosigkeit *f* | freedom from bias; liberality.

Vorverfahren *n* | preliminary proceedings *pl*.

Vorverfügung *f* | preliminary order.

Vorverhandlungen *fpl* | preliminaries | **die ~ zu einer Konferenz** | the preliminaries to a conference.

Vorverhör *m* | preliminary interrogation.

Vorverkauf *m* | advance booking.

Vorverkaufs..gebühr *f* | booking fee.

—stelle *f* | booking office.

Vorveröffentlichung *f* | prior publication | **~ vor der Anmeldung** | disclosure prior to filing of application | **~ im Auslande** | divulgation; disclosure by publication abroad.

Vorversammlung *f* | preliminary meeting.

Vorversterben *n* | predecease | **im Falle des ~s** | in case of predecease.

vorversterben *v* | to predecease; to die first (earlier).

vorverstorben *adj* | predeceased.

Vorverstorbene *m* oder *f* | **der ~; die ~** | the predeceased.

Vorvertrag *m* | preliminary (binder) agreement; binder; preliminary contract.

Vorwahl *f* | preliminary election.

Vorwahlen *fpl* | **die ~** | the primary elections; the primaries *pl*.

Vorwählnummer *f* | area (dialling) code.

Vorwand *m* | pretext; excuse; pretence | **bloßer ~** | mere pretext | **fadenscheiniger ~; nichtiger ~** | flimsy pretext | **glaubhafter ~** | plausible excuse.

★ **etw. als ~ angeben** | to allege sth. as a pretext; to pretext sth. | **als (zum) ~ dienen** | to serve as a pretect (as an excuse) | **etw. zum ~ für etw. nehmen** | to make a pretext of sth.; to take sth. as a pretext | **unter dem ~ von** | on (under the) pretext of; on (under) the pretence of.

vorwärtsbringen *v* | **etw. ~** | to further (to advance) sth.

vorweg *adv* | in advance | **~ abziehen; ~ entnehmen** | to deduct in advance | **~ entscheiden** | to give a preliminary ruling | **eine Gebühr ~ erheben** | to charge a fee in advance.

Vorwegnahme *f* | deduction in advance.

Vorwegabzug *m* | deduction in advance | **~ der Dividenden** | deduction for payment of dividends | **~ von Zinsen** | deduction for payment of interest.

vorwegempfangen *v* | **etw. ~** | to receive sth. in advance.

vorwegerheben *v* | to charge (to deduct) in advance | **eine Gebühr für etw. ~** | to charge in advance a commission on sth. | **Steuern ~** | to deduct taxes in advance; to withhold taxes.

Vorwegnahme *f* Ⓐ | anticipation; anticipating.

Vorwegnahme *f* Ⓑ [Erhebung im voraus] | deduction in advance; withholding.

vorwegnehmen *v* Ⓐ | to anticipate.

vorwegnehmen *v* Ⓑ [im voraus erheben] | to deduct (to charge) in advance; to withhold.

vorweisen *v* | to present; to produce; to exhibit.

vorwerfen *v* | **jdm. etw. ~** | to reproach sb. about sth. | **jdm. ~, etw. getan zu haben** | to reproach sb. for having done sth.

Vorwissen *n* | foreknowledge.

Vorwoche *f* | previous (preceding) week.

Vorwort *n* | foreword; preface | **~ an den Leser** | foreword to the reader.

Vorwurf *m* Ⓐ [Vorhaltung; Tadel] | reproach; remonstrance; representation; blame | **~ verdienen** | to deserve blame (censure).

Vorwurf *m* Ⓑ [Gegenstand] | subject; theme | **~ zu einem Theaterstück** | theme for a play.

Vorwürfe *mpl* | **sich ~n aussetzen** | to incur reproaches | **jdm. wegen etw. ~ machen** | to reproach sb. about sth.; to make reproaches to sb. about sth; to remonstrate with sb. upon sth.

vorwurfsvoll *adj* | reproachful | **~er Ton** | reproachful (reproving) tone | **in ~em Tone** | reproachfully.

vorwurfsvoll *adv* | reproachfully; full of reproach.

vorzählen *v* | **jdm. etw. ~** | to count sth. in sb.'s presence.

Vorzeige..frist *f* | period for presentation.

—gebühr *f* | fee (charge) for presentation.

vorzeigen *v* | to present; to produce | **die Fahrkarten ~** | to show the tickets | **die Reisepässe ~** | to present the passports.

Vorzeiger *m* Ⓐ | presenter | **~ eines Wechsels** | presenter of a bill of exchange.

Vorzeiger *m* Ⓑ | holder; bearer | **zahlbar an den ~** | payable to bearer.

Vorzeigung *f* | presentation; production | **~ zur Annahme; ~ zum Akzept** | presentation for acceptance | **~ zur Einlösung; ~ zur Zahlung** | presentation for payment | **~ der Fahrkarten** | production of tickets | **~ der Reisepässe** | presentation of passports | **~ Wechsel~** | presentation (sighting) of a bill of exchange | **bei ~ zahlbarer Wechsel** | draft at sight; sight draft (bill); draft payable at sight (on presentation) | **bei ~** | on (upon) presentation (demand).

vorzeitig *adj* | premature; anticipated | **~e Rückzahlung** | anticipated repayment | **~e Pensionierung** | early retirement.

Vorzimmer *n* | anteroom.

Vorzug *m* | preference | **jdm. einen ~ einräumen** | to give sb. preference (preferential treatment) | **etw. den ~ geben** | to give preference to sth.; to prefer sth. | **den ~ genießen (haben)** | to enjoy preference (preferential treatment); to be accorded preferential treatment.

vorzüglich *adj* | excellent | first-rate; first-class.

Vorzugs..aktie *f* | preference (preferred) (preferential) share | **Sonder~n** | cumulative preference shares | **Dividende auf ~n** | preferred dividend | **~n erster Ausgabe** | first preference shares | **~n zweiter Emission** | second preference stock (shares) | **kumulative ~n** | cumulative preference shares (stock) | **stimmrechtslose ~n** | non-voting preference shares.

—aktienkapital *n* | preference capital (stock); preferred stock (share capital).

—aktienzertifikat *n* | preference share certificate.

—aktionär *m* | preference (preferential) shareholder (stockholder).

—angebot *n* | special offer.

—bedingungen *fpl* | preferential terms.

—behandlung *f* | preferential treatment; preference.

—diskontsatz *m* | preferential discount rate.

—dividende *f* | preferential dividend.

—gläubiger *m* | preferential (secured) creditor.

—karte *f* | privilege ticket.

—liste *f* | priority list.

—preis *m* | preferential (special) price.

—rabatt *m* | special discount.

—recht *n* | preferential right; preference; right of preference; privilege.

Vorzugs..rente *f* | preferential annuity.
—**satz** *m*; —**tarif** *m* | preferential (special) rate (tariff).
—**stellung** *f* | preferential position.
—**stimmrecht** *n* | preferential voting right(s).
vorzugsweise *adj* | preferential | ~ **Befriedigung** | preferential settlement | ~ **Behandlung** | preferential treatment.
vorzugsweise *adv* | by (in) preference; preferably.
Vorzugs..zoll *m* | preferential duty (tariff).
—**zollsatz** *m* | preferential rate (tariff rate).
vorzüglich *adj* | excellent | **von** ~**er Qualität** | of superior quality.
vorzutragen *v* | carried forward (over) | **auf neue Rechnung** ~ | to be carried forward to new account.
Votum *n* | vote | **Mißtrauens**~ | vote of no confidence | **Vertrauens**~ | vote of confidence | **sein** ~ **abgeben** | to cast one's vote.

W

Wachs *n* | **Siegel**~ | sealing wax | **Abdruck in** ~ (**auf** ~) | wax impression.
Wachstum *n* | growth | **Null**~ | zero growth | **industrielles** ~ | industrial growth | **volkswirtschaftliches** ~ | economic growth.
Wachstums..faktor *m*; —**rate** *f* | growth rate.
Waffe *f* | arm; weapon | **unerlaubter Besitz von** ~**n** | illegal (unauthorized) possession of arms | **Dienst**~ | regulation arm | **Verteidigungs**~ ! weapon of defense | **Volk in** ~**n** | nation in (under) arms | **tödliche** ~ | lethal weapon.
★ **die** ~**n anrufen** (**sprechen lassen**) | to appeal to arms | **die** ~**n niederlegen** (**strecken**) | to lay down arms | **jdn. zu den** ~**n rufen** | to call sb. to the colo(u)rs (to the arms) | **unter** ~**n** (**unter den** ~**n**) **stehen** | to be under arms (with the colo(u)rs) | **ohne** ~**n** | weaponless.
Waffelsiegel *n* | wafer seal; signet wafer.
Waffen..ausfuhr *f* | export of arms.
—**ausfuhrverbot** *n* | arms embargo.
—**besitz** *m* | **unerlaubter** ~ | illegal (unauthorized) possession of arms.
—**brüderschaft** *f* | fraternity in arms.
—**fabrik** *f* | armament factory (plant).
—**fabrikant** *m* | armament maker; arms manufacturer.
waffenfähig *adj* | capable of bearing arms.
Waffen..gefährte *m* | comrade (companion) in arms.
—**gewalt** *f* | **durch** ~; **mit** ~ | by force of arms; by force.
—**handel** *m* | trade in arms | **verbotener** ~ | arms traffic.
—**ruhe** *f* | cessation of hostilities; truce; armistice.
—**schein** *m* | license (permit) for carrying arms; gun license.
—**schmuggel** *m* | arms traffic; smuggling of arms.
—**stillstand** *m* | armistice; truce | **um** ~ **bitten** | to sue for an armistice.
—**stillstands..abkommen** *n* | armistice agreement; truce.
— —**bedingungen** *fpl* | armistice terms.
— —**verhandlungen** *fpl* | negotiations for an armistice; truce parleys.

Waffen..tragen *n* | carrying of arms | **Berechtigung zum** ~ | right (authority) to carry arms | **Erlaubnis zum** ~ | license (permit) for carrying arms | **unerlaubtes** ~; **verbotenes** ~ | carrying weapons (a weapon) (of arms) without license.
Wägegebühren *fpl*; —**geld** *n*; —**lohn** *m* | weighing charges; weighage.
wagen *v* | to dare; to risk | ~, **eine Meinung zu äußern** | to venture an opinion | **viel** ~ | to run (to be running) a great risk (great risks).
Wägezettel *m* | certificate of weight.
Waggonladung *f* | wagonload; truckload.
waggonweise *adv* | in wagonloads; by truckloads.
Wagnis *n* | venture; risk; danger | **gemeinsames** ~ | joint venture; coadventure.
Wagnis..verteilung *f* | diversification of risk(s).
—**zuschlag** *m* | extra charge for special risks.
Wahl *f* Ⓐ [**Auswahl**] | choice; selection | **Berufs**~ | choice of a career (of a profession) | **nach** ~ **des Käufers** | at buyer's option | **erste** ~ | first choice (quality) | **die** ~ **haben zwischen** | to have the choice (to choose) between | **keine andere** ~ **haben, als zu ...** | to have no other choice but to ... | **seine** ~ **treffen** | to make (to take) one's choice | **nach** ~; **frei nach** ~ | at [sb.'s] choice.
Wahl *f* Ⓑ [**durch Stimmenabgabe**] | election; voting; poll; polling | ~ **durch Abstimmung** | balloting | **Direkt**~ | direct election | **Ergänzungs**~; **Ersatz**~ | by-election | **Listen**~; **nach Listen** | list voting; voting for a list (for members out of a list) | ~ **durch absolute Mehrheit** | election by absolute majority | **Papst**~ | papal election | **Probe**~ | straw vote (ballot) | **Schluß**~ | final vote | **Stich**~ | ballot(ing); second ballot | **Teilnahme an der** ~ | voting | **Ur**~ | primary election | **Wieder**~ | re-election | ~ **durch Zuruf** | voting (election) by acclamation | **Zu**~; **Zusatz**~ | by-election.
★ **engere** ~ | ballot | **in die engere** ~ **kommen** | to come to the ballot | **geheime** ~ | ballot(ing); voting by ballot | **durch geheime** ~ | by ballot; by secret ballot.
★ **eine** ~ **abhalten** | to hold an election | **eine** ~ **anfechten** | to contest the validity of an election | **jdn. von der** ~ **ausschließen** | to disfranchise sb. | **in einer** ~ **kandidieren** (**als Kandidat auftreten**) | to run in an election; to stand (to offer os.) as candidate (for election) | **die Nachprüfung einer** ~ **fordern** (**verlangen**) | to demand a scrutiny.
[VIDE: **Wahlen** *fpl*].
Wahl *f* Ⓒ [**Option**] | option | **seine** ~ **ausüben** | to exercise (to state) one's option.
Wahl..agent *m* | election (electioneering) agent.
—**agitation** *f* | electioneering.
—**akt** *m* | polling; act of voting.
—**amt** *m* Ⓐ; —**büro** *n* | election registration office.
—**amt** *n* Ⓑ [**durch Wahl besetztes Amt**] | elective office.
—**amtsleiter** *m* | returning officer.
—**anfechtung** *f* | election petition.
—**aufruf** *m* | election (electioneering) manifesto.
—**ausschreibung** *f* | election writ.
—**ausschuß** *m* | election (electoral) committee (commission).
wählbar *adj* | eligible | **nicht** ~ | ineligible; non-eligible | **wieder** ~ | reeligible.
Wählbarkeit *f* | eligibility.
Wahl..beamter *m* | poll (polling) clerk.
—**beeinflussung** *f* | election terror; electoral corruption.
—**beisitzer** *m* | deputy returning officer.

wahlberechtigt *adj* | entitled to vote | ~ **sein** | to be eligible (to be entitled) to vote.
Wahl..berechtigter *m* | elector; qualified voter | ~ **mit Stimmschein** | out-voter.
—**berechtigung** *f* | right to vote; electoral suffrage (franchise); suffrage; franchise.
—**bestechung** *f* | bribery (corruption) at the elections.
—**beteiligung** *f* Ⓐ [eines einzelnen] | voting.
—**beteiligung** *f* Ⓑ [der Gesamtheit] | poll; percentage of the electorate who voted | **geringe** ~ | small poll | **große** ~; **starke** ~ | heavy poll.
—**betrug** *m* | electoral corruption; corrupt voting practices; vote fraud.
—**bezirk** *m* | electoral district; election district (precinct); polling district (section); constituency.
—**büro** *n* | polling station (booth).
—**einspruch** *m* | election petition.
Wahlen *fpl* | elections | **Aufsichtsrats~** | board elections | **Bezirks~; Bezirkstags~** | county (county council) elections | **Gemeinde~; Gemeinderats~** | borough council (district council) (local) elections | **Gouverneurs~** | gubernatorial elections | **Kammer~; Parlaments~** | general (parliamentary) elections | **Kongreß~** | congressional elections | **Neu~** | new elections | **Präsidentschafts~; Präsidenten~** | presidential elections | **Rats~** | council elections | **Senats~; ~ zum Senat** | senatorial elections | **Stadtrats~** | municipal (local) elections; election of councillors | **~ zur gesetzgebenden Versammlung; allgemeine** ~ | general (parliamentary) elections | **die Vor~** | the primary meeting; the primaries *pl*.
Wählen *n* | voting; polling | **zum** ~ **gehen** | to go to the polls; to poll; to vote.
wählen *v* Ⓐ | to choose; to make one's choice | **einen Wohnsitz** ~ | to elect [one's] residence.
wählen *v* Ⓑ [durch Stimmenabgabe ~] | to elect (to return) sb. | **jdn.** ~ | to return sb. to Parliament | **jdn. zum Präsidenten** ~ | to elect sb. to be president (to the presidency) | **jdn. zum Vorsitzenden** ~ | to elect sb. as chairman; to vote sb. into the chair | **jdn. mit Stimmenmehrheit** ~ | to elect (to return) sb. by a majority vote | **jdn. durch Zuruf** ~ | to elect sb. by acclamation | **jdn. einstimmig** ~ | to elect sb. unanimously; to vote solid (solidly) for sb.
Wähler *m* | elector; voter | **die Gesamtheit der** ~ | the constituency; the constituents *pl*; the electorate | ~ **mit Stimmschein** | out-voter | **Ur~** | elector at the primaries.
Wahlergebnis *n* | election results *pl* (returns *pl*) | **Nachprüfung des ~ses** | scrutiny | **das ~ bekanntgeben** | to declare the poll (the results of the elections).
wählerisch *adj* | choosy; particular.
Wähler..karte *f* | voting card (ticket); ballot (balloting) (voting) paper.
—**liste** *f* | list (register) of voters; poll book.
Wählerschaft *f* | **die** ~ | the constituency; the constituents *pl*; the electorate.
Wählerversammlung *f* | election meeting | **die Ur~** | the primary meeting (elections *pl*); the primaries *pl*.
wahlfähig *adj* | **~es Alter** | voting age | **aktiv** ~ | entitled (eligible) to vote | **passiv** ~ | eligible.
Wahl..fähigkeit *f* | **aktive** ~ | right to vote; franchise | **passive** ~ | eligibility.
—**fälschung** *f* | election fraud.
—**feldzug** *m* | election (electioneering) (electoral) campaign.
—**fonds** *m* | campaign fund.
wahlfrei *adj* | optional.

Wahl..freiheit *f* Ⓐ | choice; right to elect.
—**freiheit** *f* Ⓑ | freedom of election; free vote.
—**gang** *m* | poll; ballot | **im ersten** ~ | at the first ballot; in the first voting | **im zweiten** ~ | in the second ballot (voting).
—**geheimnis** *n* | secrecy of vote (of voting).
—**gesetz** *n* | electoral law.
—**gesetzgebung** *f* | electoral legislation.
—**handlung** *f* | polling.
—**kampagne** *f*; —**kampf** *m* | election (electioneering) (electoral) campaign; electioneering.
— —**ausgaben** *fpl* | campaign spending.
— —**finanzierung** *f* | campaign financing.
—**kandidat** *m* | candidate | **Aufstellung eines ~en** | nomination of a candidate | **sich als** ~ **aufstellen lassen** | to stand (to offer os.) as candidate (for election).
—**karte** *f* Ⓐ | voting card.
—**karte** *f* Ⓑ [Stimmschein] | ballot (balloting) (voting) paper.
—**koalition** *f* | electoral coalition.
—**kollegium** *n* | electoral college.
—**kommissar** *m* | revising barrister.
—**kommission** *f*; —**komitee** *n* | electoral committee (commission); election commission.
—**konsul** *m* | honorary (unsalaried) (unpaid) (trading) consul.
—**korruption** *f* | bribery at elections.
—**kosten** *pl* | election expenses.
—**kreis** *m* | election district (precinct); polling district (section); constituency | **einen** ~ **vertreten** | to represent (to sit for) a constituency.
—**leiter** *m* | returning officer.
—**liste** *f* Ⓐ | list (register) of voters | **Nachprüfung der ~n** | scrutiny of the electoral lists | **~n miteinander verbinden** | to group electoral lists together.
—**liste** *f* Ⓑ | list of candidates; ticket.
—**listenverbindung** *f* | grouping of electoral lists.
—**lokal** *n* | polling booth (station).
—**manifest** *n* | election (electioneering) manifesto.
—**mann** *m* | elector.
—**männerversammlung** *f* | **die** ~ | the primary meeting (elections *pl*); the primaries *pl*.
—**manöver** *npl* | gerrymandering; electioneering manoeuvres.
—**maschine** *f* | voting machine.
—**modus** *m* | mode (method) of election; method (manner) of voting.
—**monarchie** *f* | elective monarchy.
—**mündigkeit** *f* | voting age.
—**niederlage** *f* | defeat at the polls | **jdm. eine** ~ **beibringen** | to defeat sb. at the polls | **eine** ~ **erleiden** | to be defeated at the polls.
—**ordnung** *f* | electoral law.
—**ort** *m* | place of election.
—**periode** *f* | electoral period (term).
—**pflicht** *f* | duty (obligation) to vote.
—**plakat** *n* | election poster (sign).
—**programm** *n* | election(eering) program (platform) (manifesto).
—**propaganda** *f* | election propaganda; electioneering; canvassing.
—**protest** *m* | election petition.
—**prüfer** *m* | scrutineer.
—**prüfung** *f* | scrutiny; official examination of the votes (of the ballot) | **eine** ~ **fordern (verlangen)** | to demand a scrutiny.
—**prüfungsausschuß** *m*; —**prüfungsgericht** *n* | election (electoral) committee; election court | **Mitglied des ~es** | election judge (commissioner); scrutineer.

Wahlrecht *n* Ⓐ [Recht, zu wählen] | right to vote (of voting) (of election); electoral suffrage (franchise); suffrage; vote | **Ausübung des ~s** | exercice of the right to vote | **Entzug des ~s** | disfranchisement | **Frauen~** | women's suffrage | **Verlust des ~s** | loss of franchise.

★ **aktives ~** | right to vote; vote; franchise | **aktives ~ haben** | to be qualified to vote | **allgemeines ~** | universal suffrage | **direktes ~** | direct suffrage (vote) | **indirektes ~** | indirect suffrage | **passives ~** | eligibility.

★ **jdm. das ~ absprechen (entziehen)** | to disfranchise sb. | **das (sein) ~ ausüben** | to exercise one's right to vote.

Wahlrecht *n* Ⓑ [Optionsrecht] | right of choice (to choose); option.

Wahlrecht *n* Ⓒ [Wahlgesetz] | electoral law.

Wahl..rechtsverlust *m* | loss of franchise.

—rede *f* | election address (speech); campaign speech.

—redner *m* | election (campaign) speaker.

—reform *f* | electoral reform.

—resultat *n* | election result (returns *pl*) | **Fälschung der ~e** | rigging the elections (of the elections); election fraud.

—schiebung *f* Ⓐ | gerrymander(ing).

—schiebung *f* Ⓑ; **—schwindel** *m* | vote fraud; electoral corruption; trafficking in votes.

—schuld *f*; **—verbindlichkeit** *f* [Alternativobligation] | alternative obligation.

—sieg *m* | election (electoral) victory | **über jdn. einen ~ erringen (davontragen)** | to defeat sb. at the polls.

—spruch *m* | slogan.

—stärke *f* | voting strength.

—stimme *f* | vote; suffrage; electoral vote.

—stimmenwerbung *f* | canvassing of votes.

—system *n* | electoral system; system of voting.

—tag *m*; **—termin** *m* Ⓐ | day of elections; election (polling) day.

—termin *m* Ⓑ [Ablauf der Wahlperiode] | expiration of the electoral period.

—terror *m* | election terror.

—umtriebe *pl* | election disturbances *pl*.

wahlunfähig *adj* | not entitled to vote.

Wahl..unfähigkeit *f* | **passive ~** | ineligibility.

—urne *f* | ballot box.

—verfahren *n* | mode (method) of election; method (manner) of voting.

—verlauf *m* | course of the election(s) | **ruhiger ~** | quiet (undisturbed) elections *pl*.

—vermächtnis *n* | alternative legacy.

—versammlung *f* | election meeting.

—versprechen *n* | election pledge; campaign promise.

—verteidiger *m* | appointed defense counsel.

—vertreter *m* | election (electioneering) agent.

—vorstand *m* | electoral committee.

—vorsteher *m* | returning officer.

wahlweise *adj* | optional.

wahlweise *adv* | optionally; with the right of option.

Wahl..zeit *f* Ⓐ | electoral period | **Ablauf der ~** | expiration of the electoral period.

—zeit *f* Ⓑ | time of election.

—zelle *f* | voting (polling) booth.

—zensus *m* | electoral census.

—zettel *m* | ballot (balloting) (voting) paper; voting card (ticket).

Wahnsinn *m* | insanity; mental alienation; lunacy.

wahr *adj* | true | **~e Erklärung** | true statement | **der ~e Grund** | the real reason | **der ~e Sachverhalt** | the true facts (state of affairs) | **der ~e Wert** | the true

(intrinsic) value | **nach seinem ~en Wert** | according to its true value | **nicht ~; un~** | untrue; truthless; false | **etw. als ~ behaupten** | to aver sth. | **etw. als ~ beweisen** | to establish the truth of sth. | **sich als ~ erweisen (herausstellen)** | to prove to be true | **~ werden** | to come true; to be realized; to materialize.

wahren *v* Ⓐ | **jds. Interessen ~** | to protect sb.'s interest(s) | **seine Rechte ~** | to protect (to defend) one's rights; to safeguard one's interests | **den Schein ~** | to keep up appearances.

wahren *v* Ⓑ [einhalten] | **eine Frist ~** | to keep (to comply with) a term.

Wahrhaftigkeit *f* | truth; truthfulness; veracity.

Wahrheit *f* | truth | **Entstellung der ~** | distorting (distortion of) the truth | **Ermahnung zur ~ (die ~ zu sagen)** | exhortation (warning) to speak the truth | **Ermittlung der ~** | ascertaining the truth | **Unterdrückung (Verheimlichung) der ~** | suppression (concealment) of the truth.

★ **die einfache und schlichte ~; die nackte (reine) (unverfälschte) ~** | the plain and honest (pure and simple) truth; the naked (real) (plain) (unadulterated) truth | **die letzte ~** | the ultimate truth | **der ~ entbehrend (ermangelnd)** | truthless.

★ **von der ~ abweichen** | to deviate from the truth | **die ~ von etw. beweisen (unter Beweis stellen)** | to establish the truth of sth. | **die ~ entstellen** | to distort (to twist) the truth | **jdn. zur ~ ermahnen; jdn. ermahnen, die ~ zu sagen** | to admonish (to warn) sb. to speak the truth | **die ~ ermitteln** | to ascertain the truth | **die reine ~ sagen, nichts verschweigen und nichts hinzufügen** | to speak (to tell) the truth, the whole truth, and nothing but the truth | **die ~ unterdrücken** | to suppress (to conceal) the truth.

★ **der ~ gemäß** | truthfully | **der ~ zuwider** | contrary to the truth; untruthfully; falsely.

Wahrheitsbeweis *m* | proof that sth. is true | **für etw. den ~ antreten (erbringen)** | to prove sth. to be true; to prove the truth of sth.; to aver sth.

wahrheitsgemäß *adv* | truly; truthfully.

wahrheitsgetreu *adj* | truthful | **~e Wiedergabe** | truthfulness of reproduction.

Wahrheitsliebe *f* | truthfulness.

wahrheitsliebend *adj* | truth-loving; truthful.

wahrheitswidrig *adj* | untrue; untruthful.

Wahrheitswidrige *n* | **das ~** | the untruthfulness; the falsehood.

wahrheitswidrigerweise *adv* | untruthfully.

wahrnehmen *v* Ⓐ | **jds. Interessen ~** | to protect (to safeguard) sb.'s interest(s).

wahrnehmen *v* Ⓑ | **einen Termin ~** | to attend a hearing (a trial).

Wahrnehmung *f* Ⓐ | **~ der Interessen einer Person** | protection (safeguarding) of sb.'s interests | **~ berechtigter Interessen** | justification and privilege | **Einwand der ~ berechtigter Interessen** | plea of justification (of justification and privilege) | **einwenden, in ~ berechtigter Interessen gehandelt zu haben** | to plead (to enter a plea of) justification and privilege | **jdn. mit der ~ seiner Interessen beauftragen** | to charge (to commission) sb. to safeguard one's interests | **~ eines Privilegs (eines Vorrechts)** | exercice of a privilege.

Wahrnehmung *f* Ⓑ | **~ eines Termins** | attending a hearing (a trial).

wahrscheinlich *adj* | probable; likely | **un~** | improbable; unlikely.

Wahrscheinlichkeit *f* | probability; verisimilitude | **aller ~ nach** | in all probability (likelihood).

Wahrspruch *m* | der ∼ der Geschworenen | the verdict of the jury.

Wahrung *f* Ⓐ [Vorbehalt] | safeguarding; protection | unter ausdrücklicher ∼ meiner (unserer) Rechte | under (with) full reserve to (without prejudice to) my (our) rights | unter ∼ seines Standpunktes | maintaining one's point of view | unter ∼ des gegenseitigen Standpunktes | each party maintaining its position.

Wahrung *f* Ⓑ [Einhaltung] | ∼ des Berufsgeheimnisses | keeping the professional secret | ∼ einer Frist; Frist∼ | keeping of a term.

Währung *f* | currency; money standard; coinage; standard; valuta; monetary system (standard) | Angleichung (Anpassung) der ∼en | currency (monetary) adjustment (alignment) | Auslands∼; Fremd∼ | foreign currency (money) (exchange) | Doppel∼ | bimetallism | Gold∼ | gold standard (currency) (coinage) | Goldkern∼ | gold nucleus currency | Metall∼ | metallic standard | Papier∼ | paper money | Parallel∼ | parallel standards *pl* | Rechnungs∼ | money of account | Silber∼ | silver standard (currency) (coinage) | Verschlechterung der ∼ | weakening of the currency; currency depreciation. ★ ausländische ∼; fremde ∼ | foreign currency (money) (exchange) | einheimische ∼ | local currency | entwertete ∼ | depreciated currency | feste ∼; harte ∼; stabile ∼ | stable money (currency) | geltende ∼ | currency; current money | gesetzliche ∼ | legal tender; lawful money | hinkende ∼ | limping standard | kontrollierte ∼; gesetzlich kontrollierte ∼ | controlled (managed) currency | die ∼ aufwerten | to revalue the currency | die ∼ stützen | to back the currency.

Währungs..abkommen *n* | monetary (currency) agreement.

—**abwertung** *f* | currency devaluation.

—**angleichung** *f* | currency (monetary) adjustment (alignment); adjustment of exchange rates.

—**apparat** *m* | monetary mechanism.

—**aufwertung** *f* | currency revaluation.

—**ausgleich** *m* | exchange equalization.

—**ausgleichs..abkommen** *n* | exchange equalization agreement.

— —**fonds** *m* | exchange equalization fund.

— —**steuer** *f* | exchange compensation tax (duty).

Währungs..bereich *m*; —**gebiet** *n* | currency area.

—**block** *m* | currency block.

—**deckung** *f* | note coverage.

—**einheit** *f* | monetary standard (unit); standard money; money standard.

—**entwertung** *f* | depreciation of the currency; currency depreciation.

—**fonds** *m* | monetary (currency) fund.

—**gesetz** *n* | currency law.

—**gesundung** *f* | monetary rehabilitation.

—**gold** *n* | monetary gold.

—**guthaben** *n* | credit balance in foreign currency.

—**klausel** *f* | currency clause.

—**kommission** *f* | monetary commission.

—**konferenz** *f* | monetary conference.

—**konto** *n* | account in foreign exchange.

—**kontrolle** *f* | currency (exchange) control.

—**kredit** *m* | credit in foreign exchange.

—**krise** *f* | monetary crisis.

—**kurs** *m* | exchange rate.

—**lage** *f* | monetary situation.

—**manipulation** *f* | manipulation of the currency; currency manipulation.

—**metall** *n* | standard metal.

Währungs..ordnung *f* Ⓐ | monetary system.

—**ordnung** *f* Ⓑ | currency regulations *pl*.

—**parität** *f* | parity; exchange rate.

—**politik** *f* | monetary (currency) policy.

währungspolitisch *adj* | aus ∼en Gründen | for reasons of currency policy.

Währungs..reform *f*; —**umstellung** *f* | currency reform; monetary reorganization.

—**reserven** *fpl* | currency reserves.

—**risiko** *n* | exchange (foreign exchange) risk.

—**schlange** *f* | "[European] Currency Snake".

—**schwankungen** *fpl* | currency fluctuations; monetary instability.

—**schwierigkeiten** *fpl* | monetary difficulties.

—**spanne** *f* | difference of exchange; exchange difference.

—**stabilisierung** *f* | currency (monetary) stabilization; stabilization of the currency.

—**stabilisierungs..abkommen** *n* | monetary stabilization agreement.

— —**fonds** *m* | currency stabilization fund.

—**stabilität** *f* | currency (monetary) (exchange) stability.

—**standard** *m* | monetary standard.

—**system** *n* | monetary system; currency.

—**umrechnung** *f* | currency conversion.

—**union** *f* | monetary (currency) union.

—**unsicherheit** *f* | monetary instability (uncertainty).

—**vereinheitlichung** *f* | monetary standardization.

—**verfall** *m* | currency depreciation.

—**verlust** *m* | loss on exchange.

—**verschlechterung** *f* | weakening (debasement) of the currency.

—**waffenstillstand** *f* | currency truce.

—**zerrüttung** *f* | currency disorganisation.

—**zusammenbruch** *m* | collapse of the currency.

—**zwangskurs** *m* | forced rate of exchange.

Waise *f* | orphan | Doppel∼; Voll∼ | parentless child | Halb∼; vaterlose ∼; mutterlose ∼ | fatherless (motherless) child | Krieger∼; Kriegs∼ | war orphan | ein Kind zur ∼ machen | to orphanize a child.

Waisen..geld *n*; —**rente** *f* | pension for orphans.

—**haus** *n* | orphan asylum (home); orphanage.

—**kind** *n* | orphan child (girl).

—**knabe** *m* | orphan boy.

—**rat** *m* | orphan board.

Wald..aufseher *m* | forest keeper (guard) (ranger).

—**frevel** *m* | offense against the forest laws.

—**genossenschaft** *f* | forestry association.

—**wirtschaft** *f* | forestry; lumbering.

Walfang *m* Ⓐ; **Walfischfang** *m* | whale-catching; whale-fishing; whale-fishery; whaling | auf den ∼ gehen; ∼ treiben | to go whaling; to whale.

Walfang *m* Ⓑ; **Walfangindustrie** *f* | whaling industry; whalery.

walten *v* | seines Amtes ∼ | to officiate.

Wandel *m* | Handel und ∼ | trade and commerce.

Wandel..anleihe *f* | conversion loan.

—**obligation** *f*; —**schuldverschreibung** *f* | convertible bond.

Wander..arbeiter *m*; —**arbeitnehmer** *m* | migratory (migrant) (seasonal) worker.

—**ausstellung** *f* | itinerant exhibition.

—**bibliothek** *f*; —**bücherei** *f* | circulating (mobile) library.

—**gewerbe** *n* | itinerant trade.

— —**schein** *m* | pedlar's (hawker's) license.

— —**treibender** *m* | hawker; pedlar.

— —**steuer** *f* | tax on itinerant trades.

Wander..lager *n* | itinerant (travelling) (flying) store.
—**preis** *m* | challenge trophy (cup).
Wanderung *f* | migration | **Rück~** | repatriation | **Saison~; saisonbedingte ~** | seasonal migration.
Wandflächenreklame *f* | outdoor publicity (advertising).
Wandlung *f* | annulling (annulment) of a sale on account of some material defect; redhibition.
Wandlungs..fehler *m* | principal (redhibitory) defect.
—**klage** *f* | action (suit) for annulment of a sale on account of a principal defect; redhibitory action.
Wappen *n* | coat of arms; insignia *pl.*
Ware *f* | merchandise; commodity | **Ausschuß~** | job goods *pl* | **Retour~; Retour~n** | returned goods; goods returned; returns *pl* | **ausgewählte ~; erstklassige ~; hochwertige ~** | choice goods; goods of superior quality | **ausländische ~ (~n); ~ (~n) ausländischer Herkunft** | foreign goods; goods of foreign origin | **beschädigte ~ (~n)** | damaged goods | **einheimische ~ (~n)** | domestic goods | **leichtverderbliche ~ (~n)** | perishable goods | **schwer verkäufliche (absetzbare) ~ (~n)** | goods which are difficult to sell | **schwimmende ~** | goods afloat | **verzollte ~ (~n)** | duty-paid goods | **noch unverzollte (nicht verzollte) ~ (~n)** | duty-unpaid (unentered) goods | **zollfreie ~ (~n)** | free (duty-free) goods; merchandise exempt from duty | **zollpflichtige ~ (~n)** | dutiable goods.
Waren *fpl* | merchandise; manufactures *pl*; goods *pl* | **Absatz von ~** | sale (selling) (distribution) (marketing) of goods | **~ von mittlerer Art (Beschaffenheit) und Güte** | goods of average quality | **Ausfuhr~** | goods (merchandise) for exportation; export articles | **zur Ausfuhr bestimmte ~** | goods intended for exportation | **Bezug (Bestellung) von ~** | ordering of goods | **Bezug (Lieferung) von ~** | delivery of goods | **Fertig~** | finished manufactures; manufactured products (goods) | **Halbfertig~** | semimanufactures *pl*; half-finished goods | **~ auf Lager** | stock in hand | **Marken~** | branded goods | **Ramsch~; Schund~** | goods of inferior quality | **Schnitt~** | dry-goods | **Stapel~** | staple goods (commodities) | **Transit~** | goods in transit | **~ unter Zollverschluß** | bonded goods; merchandise in bond.
★ **~ absetzen** | to sell (to dispose of) goods | **jdn. mit ~ beliefern** | to supply goods to sb. | **~ bestellen (beziehen)** | to order goods; to put goods on order | **~ von jdm. beziehen** | to get goods delivered from (by) sb. | **~ führen** | to have goods on sale | **~ liefern** | to deliver (to supply) goods.
Waren..abkommen *n* | commodities agreement.
—**abrechnungsstelle** *f* | produce clearing house.
—**absatz** *m* | sale (selling) (distribution) (marketing) of goods.
— —**organisation** *f* | merchandising organization.
—**angebot** *n* | [the] goods offered; supply of goods.
—**aufzug** *m* | goods lift; freight elevator.
—**ausfuhr** *f* Ⓐ | export (exportation) of goods.
—**ausfuhr** *f* Ⓑ | **die ~** | the exported goods *pl*; the exports *pl.*
—**austausch** *m* | exchange of goods; trade.
— —**abkommen** *n* | trade agreement; trade (trading) pact.
—**automat** *m* | automatic vending machine.
—**bedarf** *m* | requirement(s) in goods.
—**beförderung** *f* | carriage (forwarding) (conveyance) (transport) (transportation) of goods.
—**begleitpapier** *n*; —**begleitschein** *m* | bill accompanying goods; way bill; pass bill.

Waren..belieferung *f* | supply of goods.
—**beschaffung** *f* | procurement of goods.
—**bestand** *m* | stock of goods; stock(s).
—**bestandsbuch** *n* | stock (warehouse) (store) book; inventory.
—**bestandskonto** *n* | inventory (stock) account.
—**bezeichnung** *f* | description of merchandise.
—**bezug** *m* | ordering goods (of goods).
—**börse** *f* | produce exchange; merchandise mart.
—**diskont** *m* | trade discount | **der übliche ~** | the ordinary trade discount.
—**einfuhr** *f* | import(ation) of goods (of commodities).
—**eingang** *m* | goods received.
—**forderungen** *fpl* | debts for goods delivered; commercial debts.
—**gattung** *f* | description of goods.
—**gutschein** *m* | goods voucher.
—**handel** *m* | goods trade.
Warenhaus *n* | department store; general (departmental) stores *pl.*
—**dieb** *m* | shoplifter.
—**diebstahl** *m* | shoplifting.
—**kette** *f* | chain of department stores.
—**steuer** *f* | tax on department stores.
Waren..hortung *f* | hoarding of goods; inventory hoarding.
—**katalog** *m* | list of goods; stock book.
—**klasse** *f* | class of goods.
—**klasseneinteilung** *f* | classification of goods.
—**knappheit** *f* | shortage of goods.
—**konto** *n* | goods (stock) (merchandise) account.
—**kontrolle** *f* | merchandise control.
—**kredit** *m* | consumption credit.
—**lager** *n* Ⓐ | store; storehouse; warehouse.
—**lager** *n* Ⓑ | stock in hand; stock of goods.
—**lieferant** *m* | supplier (purveyor) of goods.
—**lieferung** *f* | delivery (supply) of goods.
—**lombard** *m* | advance(s) (loans *pl*) on merchandise.
—**makler** *m* | produce (merchandise) broker.
—**mangel** *m* | want (scarcity) of goods.
—**markt** *m* | produce (commodity) market; merchandise mart.
—**messe** *f* | merchandise mart.
—**muster** *n*; —**probe** *f* | sample.
—**niederlage** *f* | store; goods depot.
—**partie** *f*; —**posten** *m* | lot of goods; lot.
—**pfandschein** *m* | goods warrant.
—**preis** *m* | price of goods.
—**preise** *mpl* | commodity prices.
—**preisindex** *m* | commodity price index.
—**rabatt** *m*; —**skonto** *m* | trade discount.
—**rechnung** *f* | invoice.
—**sendung** *f* | consignment of goods.
—**tausch** *m* | barter; bartering.
—**transport** *m* | carriage (forwarding) (conveyance) (transport) (transportation) of goods.
—**umsatz** *m* | turnover of goods; sales of merchandise.
—**umsatzsteuer** *f* | turnover tax on sales; sales tax.
—**verkehr** *m* | goods (merchandise) traffic; movement of goods | **grenzüberschreitender ~** | international goods traffic (trade).
—**versicherung** *f* | insurance of goods (on cargo); cargo insurance.
—**verzeichnis** *n* | list of goods; stock book.
—**wechsel** *m* | trade bill; commercial paper (bill of exchange); bill drawn for goods sold; bill on goods.
—**wucher** *m* | cornering.
Warenzeichen *n* | trade-mark | **Anbringung (Verwendung) eines ~s** | use of a trade-mark | **Klage auf Löschung eines ~s** | nullity action [for the cancella-

Warenzeichen *n, Forts.*
tion of a trade-mark] | **Verletzung eines** ∼**s** | infringement of a trade-mark | **eingetragenes** ∼; **geschütztes** ∼ | registered trade-mark | **international eingetragenes** ∼ | international trade-mark | **ein** ∼ **anmelden (eintragen lassen)** | to register a trade-mark | **ein** ∼ **verletzen** | to infringe a trade-mark.
—**eintragung** *f* | register (registration) of a trade-mark.
—**gesetz** *n* | trade-mark act; merchandise marks act.
—**inhaber** *m* | trade-mark owner.
—**löschung** *f* | **Klage auf** ∼ | nullity action for the cancellation of a trade-mark.
—**recht** *n* | trade-mark law.
warenzeichenrechtlich *adv* | ∼ **geschützt** | protected by trade-marks; trade-marked.
Warenzeichen..register *n*; —**rolle** *f* | register of trade-marks.
—**schutz** *m* | trade-mark protection | **unter** ∼ | protected by trade-marks; trade-marked.
Warenzoll *m* | duty (customs duty) on merchandise (on goods).
warnen *v* | to warn | **jdn. vor einer Gefahr** ∼ | to warn sb. of a danger | **jdn. vor etw.** ∼ | to warn sb. against sth.
Warnsignal *n*; **Warnzeichen** *n* | warning (danger) signal.
Warnung *f* | warning; caution | **Gefahren**∼ | danger warning | **Sturm**∼ | gale warning | **ohne vorherige** ∼ | without previous (further) warning | ∼ **geben** | to give warning.
Warn(ungs)streik *m* | warning strike.
Warn(ungs)tafel *f* | warning sign; danger (caution) board.
Warnvorrichtung *f* | warning device.
Warte..frist *f*; —**zeit** *f* | waiting period (time).
—**gehalt** *n*; —**geld** *n* | half-pay; retaining pay | ∼ **beziehen** | to draw (to be on) half-pay | **jdn. auf** ∼ **setzen** | to put sb. on half-pay.
—**liste** *f* | waiting list.
—**stand** *m* [zeitweiliger Ruhestand] | provisional (temporary) retirement | **Versetzung in den** ∼ | retirement on half-pay | **jdn. in den** ∼ **versetzen** | to put sb. on half-pay.
Wärter *m* | keeper | **Gefängnis**∼ | prison warden.
Wartung *f* | keeping; upkeep; maintenance.
Wartungs..kosten *pl* | cost of maintenance.
—**personal** *n* | maintenance personnel (crew).
Wasser *n* | **zu Land und zu** ∼ | on land and at sea | **zu** ∼ | by water.
Wasserbauverwaltung *f* [Behörde] | river conservancy board.
wasserbeschädigt *adj* | water-damaged; damaged by water.
Wasser..fracht *f* Ⓐ [Transport auf dem Wasserweg] | water carriage; carriage (conveyance) by water; waterage.
—**fracht** *f* Ⓑ [Wasserfrachtkosten] | charge for carriage by water; freight; waterage.
—**geld** *n* | water rate.
—**kraft** *f* | water power.
— —**erzeugung** *f* | production of hydro-electric power.
— —**werk** *n* | hydro-electric power plant.
—**lieferung** *f* | water supply.
—**polizei** *f* | river police.
—**schaden** *m* | damage caused by water.
— —**versicherung** *f* | insurance against damage by water.
—**schutz** *m* | river conservancy.
—**standmesser** *m* | water gauge.
—**straße** *f* | waterway; water route.
—**straßennetz** *n* | inland waterway system.

Wasser..transport *m* | conveyance (carriage) by water.
—**verdrängung** *f* | displacement.
—**verschmutzung** *f* | water pollution.
—**versorgung** *f* | water supply.
Wasserweg *m* | waterway; water route | **auf dem** ∼ | by water; river-borne; water-borne | **Beförderung (Transport) auf dem** ∼ | carriage (conveyance) by water; water carriage; river (water) transport | **auf dem** ∼ **befördern (transportieren)** | to send by water.
Wasser..werk *n* | water company | **das städtische** ∼; **die städtischen** ∼**e** | the town waterworks.
—**zeichen** *n* | watermark, water-mark | **mit** ∼ | watermarked | **mit einem** ∼ **versehen** | to watermark.
— —**papier** *n* | watermarked paper.
—**zins** *m* | water rate.
Wechsel *m* Ⓐ [Tausch] | change | ∼ **des Arbeitsplatzes; Arbeitsplatz**∼ | change of employ | **Besitz**∼; **Eigentums**∼ | change of title (of ownership) | | **Frucht**∼ | change (succession) (rotation) (shift) of crops; alternate husbandry | **Geld**∼ | change of money | **Gesinnungs**∼ | change of opinion | **Kurs**∼ | change (reorientation) of policy | **Minister**∼ | change in the cabinet | **Regierungs**∼ | change of government (of cabinet) | **Schicht**∼ | change-over | **Wohnsitz**∼; **Wohnungs**∼ | change of residence (of domicile) | **turnusmäßiger** ∼ | rotation | **einen** ∼ **herbeiführen** | to bring about a change.
Wechsel *m* Ⓑ [Austausch] | exchange | **Brief**∼ | exchange of letters (of correspondence); correspondence | **Depeschen**∼; **Telegramm**∼ | exchange of telegrams | **diplomatischer Noten**∼ | exchange of diplomatic notes.
Wechsel *m* Ⓒ [Tratte] | bill of exchange; bill; draft; paper | **Abschluß**∼ | remittance per appoint | ∼ **in mehrfacher Ausfertigung** | bill in a set | **Ausgleichs**∼ | bill in full settlement | ∼ **auf das Ausland; Auslands**∼ | foreign bill (bill of exchange) | **Aussteller eines** ∼**s** | drawer of a bill | **Ausstellung eines** ∼**s** | drawing (issuing) of a bill | **Bank**∼ | bank bill (paper); banker's acceptance.
○ **Begebung eines** ∼**s** | negotiating a bill of exchange | **Blanko**∼ | bill of exchange in blank; blank bill | **Dato**∼ | bill payable at a fixed date | **Datosicht**∼ | bill payable at a fixed date after presentation | **Depot**∼ | pawned bill | **Diskont**∼ ① | bill to be discounted (to be negotiated) | **Diskont**∼ ② | discounted bill | **Dokumenten**∼ | documentary bill; bill accompanied by documents | **Domizil**∼ | domiciliated (addressed) (indirect) bill | **Dreimonats**∼ | bill at three months; three months' bill.
○ **Einlösung eines** ∼**s** | payment of a bill | **Einzugs**∼ | bill for collection; country bill | ∼ **in mehreren Exemplaren** | bill in a set | **unmittelbar vor der Fälligkeit stehender** ∼ | bill about to mature (maturing in a few days) | ∼ **mit bestimmtem Fälligkeitstag** | bill payable at a fixed date | **Finanz**∼ | finance (financial) bill | **Gefälligkeits**∼ | accommodation bill (note) (paper).
○ **Handels**∼ | commercial bill (paper); bill of exchange; draft; bill | **auf den Inhaber ausgestellter** ∼ | bill payable to bearer | **Inkasso**∼ | bill for collection | **Inlands**∼; ∼ **auf das Inland** | inland bill | **Interims**∼ | bill ad interim; interim bill | **Keller**∼ | fictitious bill; kite; windmill | **Kunden**∼ | customer's acceptance; bill on customers; third-party bill | ∼ **mit kurzer Laufzeit** | short dated (short termed) bill; short bill (exchange).
○ **Markt**∼ | bill of exchange payable at a fair | **Medio**∼ | bill of exchange which falls due in the middle of the calendar quarter | **Monats**∼ | one

month's bill; bill of exchange at one month's date |
| **auf einen ~ eine Notadresse setzen; einen ~ mit
einer Notadresse versehen** | to enface a bill with an
address in case of need | **~ mit anhängenden Papie-
ren** | bill with documents attached | **Platz~** | town
(local) bill.

○ **Prima~** | first of exchange; first bill | **Proforma~**
| pro forma bill of exchange | **Prolongation (Pro-
longierung) eines ~s** | renewal (prolongation) of a
bill of exchange.

Prolongations~ | renewal (renewed) bill | **Protest~**
| protested bill | **Reit~** | house bill; kite; windmill |
Rekta~; **Retour~** ①; **Rück~** ① | unpaid (unac-
cepted) (dishono(u)red) bill | **Retour~** ②; **Rück~**
② | return draft; redraft | **Schatz~** | Treasury bill |
Schuld~ | bill payable | **Sekunda~** | second of ex-
change; second bill (bill of exchange); copy (dupli-
cate) of a bill.

○ **Sicht~; bei Sicht zahlbarer ~** | bill (draft) at
sight (payable at sight); sight draft (bill); demand
bill | **~ auf kurze Sicht** | short dated (short termed)
bill; short bill (exchange) | **~ auf lange Sicht** | long
(long dated) (long termed) bill | **Sola~** | single bill
of exchange | **Termin~** | time (dated) draft | **Tertia~**
| third of exchange (of a bill of exchange); triplicate
bill of exchange | **Ultimo~** | bill payable at the end
of the month | **Uso~** | bill at usance (payable at
usance).

○ **Versand~** | country bill; bill for collection | **Vor-
zeiger eines ~s** | presenter of a bill of exchange | **bei
Vorzeigung zahlbarer ~** | bill payable on demand;
bill (draft) at sight (payable at sight); sight draft
(bill) | **~ in ausländischer Währung** | bill in foreign
currency | **Waren~** | bill on goods (drawn for goods
sold); commercial bill (paper); trade bill | **Zahlung
eines ~s** | payment of a bill | **Zeitsicht~** | bill
payable at a fixed date after presentation.

★ **abgelaufener ~** | overdue bill | **akzeptierter ~;
angenommener ~** | accepted draft (bill) | **nicht ak-
zeptierter ~** | unaccepted (dishono(u)red) bill; bill
disho(u)nored by non-acceptance | **ausländischer
~** | foreign bill (bil lof exchange) | **avalisierter ~** |
guaranteed (backed) bill | **bankfähiger ~** | bankable
(negotiable) bill (paper) | **nicht bankfähiger ~** |
non-negotiable bill | **nicht bezahlter ~; nicht einge-
löster ~; geplatzter ~; unbe-
zahlt gebliebener ~** | unpaid (dishono(u)red) bill;
bill returned dishono(u)red; bill dishono(u)red by
non-payment.

○ **diskontfähiger ~** | discountable (negotiable) bill |
diskontierter ~ | bill discounted | **domizilierter ~** |
domiciliated (addressed) bill | **domiziliert eigener ~** |
domiciliated promissory note | **eigener ~** | promis-
sory note; note of hand; handbill | **erstklassiger ~** |
prime bank bill | **fällig werdender ~** | bill to mature
| **in Kürze fälliger (fällig werdender) ~** | bill about
to mature (maturing in a few days) | **gefälschter ~** |
forged bill.

○ **gezogener ~** | draft; commercial bill; bill of ex-
change; bill | **inländischer ~** | inland bill | **kurz-
fristiger ~** | short dated (short termed) bill; short
bill (exchange) | **langfristiger ~** | long (long dated)
(long termed) bill | **laufender ~** | bill to mature (in
circulation) | **notleidender ~** | bill in distress (in sus-
pense) | **protestierter ~** | protested bill | **trassiert
eigener ~** | house bill.

○ **trockener ~** | promissory note; note of hand;
hand bill | **überfälliger ~** | overdue bill | **umlaufen-
der ~** | bill in circulation (to mature) | **ungedeckter**

~ | fictitious bill; kite | **einen ungedeckten ~ aus-
stellen** | to fly a kite; to kite | **verpfändeter ~** |
pawned bill.

★ **einen ~ akzeptieren (mit Akzept versehen)** | to
accept a bill | **einen ~ nicht akzeptieren** | to refuse
acceptance of a bill; to dishono(u)r a draft (a bill)
by non-acceptance; to leave a bill dishono(u)red
by non-acceptance | **einen ~ ausstellen** | to issue (to
draw) a bill; to make out a draft (a bill of exchange)
| **einen ~ an Order ausstellen (stellen)** | to make a bill
payable to order | **einen ~ begeben (in Umlauf
setzen)** | to negotiate (to issue) a bill | **mit ~n be-
zahlen** | to pay in bills.

○ **einen ~ diskontieren** | to discount a bill | **einen ~
zum Diskont geben (diskontieren lassen)** | to give a
bill on discount; to have a bill discounted | **einen ~
einklagen** | to sue on a bill of exchange | **einen ~
einlösen (honorieren)** | to pay (to hono(u)r) (to
protect) a bill; to hono(u)r (to meet) a bill of ex-
change | **einen ~ nicht einlösen (nicht honorieren)** |
to leave a bill unpaid (in sufferance) | **einen ~ ein-
kassieren (einziehen)** | to cash (to collect) a bill |
einen ~ fälschen | to forge a bill | **einen ~ indos-
sieren; einen ~ durch Indossament übertragen** | to
endorse a bill of exchange; to transfer a bill of exchange by way of endorsement.

○ **einen ~ prolongieren** | to prolong (to renew) a bill
of exchange | **einen ~ zum Protest geben (protestie-
ren lassen)** ① | to protest a bill of exchange | **einen ~
zum Protest gehen lassen (protestieren lassen)** ② | to
have a bill protested; to allow a bill (to cause a
draft) to be protested | **~ reiten** | to kite | **einen ~
zur Annahme (zum Akzept) (zur Akzepteinholung)
vorlegen (präsentieren)** | to present a bill for accept-
ance | **einen ~ zur Zahlung (zur Einlösung) vorlegen
(präsentieren)** | to present a bill for payment | **einen
~ zahlbar stellen** | to domiciliate a bill | **einen ~
auf jdn. ziehen** | to draw a bill on sb.; to make out a
draft on sb.

Wechsel *m* ① [Brief] | **See~** | sea bill (letter); mari-
time interest.

Wechsel *m* ② [Unterhaltszahlung] | personal allow-
ance | **Monats~** | monthly allowance.

Wechsel..abschrift *f* | copy (duplicate) of a bill; second
bill (bill of exchange).

—**abteilung** *f* | bill(s) department.

—**agent** *m* ④ [Geldwechsler] | money changer (dealer).

—**agent** *m* ⑧ [Wechselmakler] | bill (money bill) (ex-
change) broker.

—**agio** *n* | bill discount.

—**akzept** *n* ④ [Annahme eines Wechsels] | acceptance
of a bill.

—**akzept** *n* ⑧ [angenommener Wechsel] | accepted
bill.

—**akzeptant** *m* | acceptor of a bill.

—**allonge** *f*; —**anhang** *m* | rider.

—**annahme** *f* | acceptance of a bill.

—**anspruch** *m* | claim on (arising out of) a bill of ex-
change.

—**arbitrage** *f* | bill (exchange) arbitration.

—**aussteller** *m* | drawer of a bill.

—**ausstellung** *f* | drawing (issuing) of a bill.

—**bank** *f* | exchange bank; bank of exchange; discount
house.

—**begebung** *f* | negotiating a bill of exchange.

—**bestand** *m* | bills *pl* in hand (in portfolio); portfolio
of bills.

—**bestimmungen** *fpl* | bill regulations *pl.*

—**beteiligter** *m* | party to a bill.

Wechsel..betrag *m* | amount of a bill of exchange.
—**beziehung** *f* | mutual relation; interrelation | **in ~ ~ zueinander stehen** | to be interrelated.
—**bezogener** *m* | drawee of a bill.
—**blankett** *n* Ⓐ [Blankowechsel] | bill of exchange in blank; blank bill.
—**blankett** *n* Ⓑ [Formular] | form of a bill of exchange; bill form.
—**brauch** *m* | bill usance.
—**brief** *m* | bill of exchange.
—**buch** *n* Ⓐ [Eingangsbuch] | bill book (diary); bills-receivable book (journal).
—**buch** *n* Ⓑ [Verfallbuch] | bill book (diary); bills-payable book.
—**bürge** *m* | guarantor of a bill; surety for (upon) a bill; bill surety.
—**bürgschaft** *f* | warranty for payment of a bill of exchange; guarantee for a bill.
—**courtage** *f* | bill brokerage (commission).
—**debitoren** *mpl* | bills receivable.
—**debitorenkonto** *n* | bills-receivable account.
—**deckung** *f* | cover (consideration) for a bill of exchange; bill cover.
—**delkredere** *n* | guarantee for payment of a bill.
—**diskont** *m* | discounting a bill of exchange.
—**diskontierung** *f* | discounting of bills; bill discounting (finance).
—**diskontkredit** *m* | discount credit.
—**diskontsatz** *m* | bill rate; rate of discount.
—**domizil** *n* | place, where a bill is payable.
—**duplikat** *n* | copy (duplicate) of a bill; second bill (bill of exchange); second of exchange.
—**eingangsbuch** *n* | bills-received register.
—**einlösung** *f* | hono(u)ring of a bill.
wechselfähig *adj* | capable of drawing (or accepting) bills of exchange.
Wechsel..fähigkeit *f* | capacity of drawing (or accepting) bills of exchange.
—**fälscher** *m* | forger of a bill (of bills); bill forger.
—**fälschung** *f* | bill forgery; forging of bills.
—**folge** *f* | alternation (rotation) of crops.
—**forderung** *f* | claim (debt) based on a bill of exchange (on a promissory note).
—**forderungen** *fpl* | bills receivable | **Konto „~"** | bills-receivable account.
—**formular** *n* | form of a bill of exchange; bill form.
—**garantie** *f* | guarantee (surety) of a bill.
—**geber** *m* | drawer (signer) of a bill of exchange.
—**geld** *n* Ⓐ | change; money of exchange.
—**geld** *n* Ⓑ [Kleingeld] | small change (coin) (money); fractional (divisional) coin (currency).
—**geschäft** *n* Ⓐ [Geldwechsel] | money changing (change).
—**geschäft** *n* Ⓑ; —**handel** *m* | bill brokerage (broking); exchange business.
—**gesetz** *n* | law on bills of exchange; bill regulations.
—**gläubiger** *m* | bill creditor.
—**haftung** *f* | liability under the exchange laws.
—**händler** *m* | bill (exchange) broker.
—**inhaber** *m* | holder (bearer) of a bill of exchange; bill holder.
—**inkasso** *n* | collection of bills.
—**journal** *n* Ⓐ [Eingangsbuch] | bill book; bills-receivable book (journal).
—**journal** *n* Ⓑ [Verfallbuch] | bill diary; bills-payable book.
—**klage** *f* | action on a bill of exchange.
—**kommission** *f* | bill brokerage (commission).
—**konto** *n* | bill(s) account; bills-receivable account.
—**kontor** *n* | exchange office; money exchange.

Wechsel..kopie *f* | copy (duplicate) of a bill.
—**kopierbuch** *n* | bill copying book.
—**kredit** *m* | bill (discount) (paper) credit.
—**kreditoren** *mpl* | bills payable.
— —**konto** *n* | bills-payable account.
—**kunde** *f* | cambistry.
Wechselkurs *m* | rate of exchange; bill rate | **Freigabe des ~es (der ~e)** | floating the exchange (of the exchange) | **Spaltung des ~es** | splitting of the exchange rate | **flexible ~e** | fluctuating exchange rates (exchanges) | **gespaltener ~** | split (two-tier) exchange rate.
—**risiko** *n* | exchange rate risk.
Wechsel..laufzeit *f* | currency of a (of the) bill.
—**makler** *m* | bill (exchange) (discount) broker.
wechselmäßig *adj* | **~er Anspruch** | claim based on a bill of exchange.
wechselmäßig *adv* | **~ haften** | to be liable according to the bill regulations.
wechseln *v* Ⓐ | to change; to exchange | **den Besitzer (Eigentümer) (Inhaber) ~; die Hand ~** | to change hand(s); to be exchanged | **mit jdm. Briefe ~** | to exchange letters (correspondence) with sb.; to be corresponding (in correspondence) with sb. | **das Thema ~** | to change the subject.
wechseln *v* Ⓑ | **eine Banknote ~** | to change a bank note | **Geld ~** | to change money.
Wechsel..nehmer *m* | taker (payee) of the bill.
—**obligo** *n* | bills payable; liability (liabilities) on bills of exchange.
—**ordnung** *f* | exchange law (regulations *pl*); law on bills of exchange; bill regulations *pl*.
—**papier** *n* | bill of exchange.
—**pari** *n*; —**parität** *f* | par of exchange.
—**platz** *m* | place of exchange.
—**portefeuille** *n* | bills in hand (in portfolio); portfolio of bills.
—**prima** *f* | first of exchange; first bill.
—**prolongation** *f*; —**prolongierung** *f* | prolongation (renewal) of a bill of exchange.
—**protest** *m* | protest of a bill of exchange; bill protest | **~ erheben (aufnehmen lassen)** | to protest (to enter protest of) a bill; to have a bill protested.
—**provision** *f* | bill brokerage (commission).
—**prozeß** *m* | summary proceedings *pl* for non-payment of a bill of exchange.
—**rechnung** *f* | bill account.
—**recht** *n* | law on bills of exchange; exchange law (regulations *pl*); bill regulations *pl* | **nach ~** | according to the bill regulations.
wechselrechtlich *adj* | **~e Klage** | summary proceedings for non-payment of a bill of exchange.
wechselrechtlich *adv* | according to the bill regulations.
Wechsel..regreß *m* | recourse on a bill of exchange.
—**regreßklage** *f* | action for recourse.
wechselregreßpflichtig *adj* | liable as endorser of a bill.
Wechsel..regreßschuldner *m* | debtor as endorser of a bill.
—**reiter** *m* | bill jobber; jobber in bills.
—**reiterei** *f* | bill jobbing; jobbing in bills; drawing and redrawing of bills | **~ treiben** | to draw and counterdraw; to kite.
—**schulden** *fpl* | debts on bills of exchange; bills payable.
—**schuldner** *m* | bill debtor.
wechselseitig *adj* | mutual; reciprocal.
Wechselseitigkeit *f* | reciprocity.
Wechsel..sekunda *f* | second of exchange.
—**spekulation** *f* | jobbing in bills; bill jobbing.
—**spesen** *pl* | discount charges.

Wechsel..stempel *m*; **—stempelsteuer** *f* | stamp duty on bills of exchange.
—stempelmarke *f* | fiscal stamp (revenue stamp) on bills of exchange.
—stube *f* | exchange.
—summe *f* | amount of a bill of exchange.
—tertia *f* | third of exchange; third (triplicate) bill of exchange.
—text *m* | text of (on) a bill of exchange.
—umlauf *m* | circulation of bills; bills in circulation.
—umsatz *m* | bills turnover.
—unterschrift *f* | signature on a bill of exchange.
—verbindlichkeit *f* | liability under (according to) the bill regulations.
—verbindlichkeiten *fpl* | bills payable; liabilities on bills of exchange.
—verfall *m* | date when a bill of exchange falls due; maturity (maturity date) of a bill.
—verfallbuch *n* | bill diary; bills-payable book.
—verkauf *m* | negotiation of a bill of exchange.
—verkehr *m* | circulation of bills.
—verlängerung *f* | prolongation (renewal) of a bill of exchange.
—verpflichtung *f* | liability under (according to) the bill regulations.
—vordruck *m* | form of a bill of exchange; bill form.
wechselweise *adv* | alternatively; alternately.
Wechsel..wirkung *f* | reciprocal effect (action).
—wirtschaft *f* | alternate husbandry; rotation (shift) of crops; rotating crops | ~ **treiben** | to rotate crops; to make (to practice) rotations.
—wucher *m* | bill usury.
—zahlung *f* | payment of a bill of exchange.
—zweitschrift *f* | copy (duplicate) of a bill; second bill (bill of exchange).
Wechsler *m* [Geld~] | money changer (dealer); exchanger; changer.
Wechslerbank *f* | bank of exchange; exchange bank.
Weg *m* Ⓐ | way | **Beförderungs~**; **Transport~** | way of transportation | **Feld~** | country lane | **Fuß~** | footpath | **Gemeinde~** | local road | **Handels~** | trade route | **auf dem Land~** | by land; overland | **Leit~** | route | **Luft~** | airway; air route | **auf dem Luft~** | by air | **Nachschub~** | route of supply | **Not~** | right of way (of passage) | **Schiffahrts~** | shipping (sea) route | **See~** | sea route | **auf dem See~** | by sea | **Trift~** | sheep walk | **Verkehrs~**; **Verbindungs~** | way (line) of communication | **Versorgungs~** | route of supply | **Wasser~** | waterway | **auf dem Wasser~** | by water | **Zugangs~** | way of access | **öffentlicher ~** | public way (highway) (road) (thoroughfare) | **auf dem ~e über** | by the way (route) of; via.

Weg *m* Ⓑ | means *sing* | **im ~e der Analogie** | by way of analogy | **im ~e des Aufgebotsverfahrens** | by means of public summons (of public citation) | **im ~e der öffentlichen Bekanntmachung** | by public announcement | **im ~e der Berufung** | by appeal(ing) | **auf dem Dienst~ (Instanzen~)**; **auf dem offiziellen ~** | through the normal channels; through channels | **auf dem Gnaden~** | by way (by an act) of grace | **im ~e der Klage** | by bringing action; by filing suit.
○ **Mittel~** | middle way | **Mittel und ~e** | ways *pl* and means *pl* | **im ~e gegenseitigen Nachgebens** | by way of mutual concession | **auf dem Prozeß~**; **im Prozeß~**; **auf prozessualem ~** | by bringing legal proceedings; by taking legal action; by way of litigation; by litigation; by litigating | **Rechts~** |

course of law | **auf dem Rechts~** | by legal process (means); by due course of law | **im ~e des Rekurses** | by appeal(ing) | **im ~e der freien Vereinbarung** | by private treaty | **im ~e der einstweiligen Verfügung** | by a temporary injunction | **im ~e des Vergleichs** | by way of compromise.
○ **im (auf dem) Verhandlungs~** | by negotiations; by way of negotiating; by negotiating | **im ~e öffentlicher Versteigerung** | by public auction | **im ~e des Verwaltungsstreitverfahrens** | by way of proceedings in contentious administrative matters | **im ~e der Zwangsvollstreckung** | by means of compulsory execution | **auf diplomatischem ~e** | through diplomatic channels; through the ordinary channels of diplomacy | **auf friedlichem ~e** | peacefully; by peaceful means | **auf gerichtlichem ~e** | by legal process (means); by due course of law | **auf gütlichem ~e** | in a friendly way | **auf dem schnellsten ~** | by the quickest possible means.
Wegbereiter *m* | pioneer; trail blazer.
Wege..dienstbarkeit *f*; **—gerechtigkeit** *f*; **—recht** *n* | right of way (of passage).
—geld *n* Ⓐ; **—zoll** *m* | toll; turnpike money.
—geld *n* Ⓑ [Reisegeld] | travel money; traveling allowance.
wegen *prep* | on account of; because of; on the ground of | **von Amts ~** | officially | **von Rechts ~** | by right.
Wegepolizei *f* | road police.
Wegfall *m* | **in ~ bringen** | to remove | **in ~ kommen** | to cease; to be discontinued.
wegfallen *v* | to cease.
Wegkreuzung *f* | road intersection; crossroads *pl*.
weglassen *v* | **Einzelheiten ~** | to leave out (to omit) the details.
Weglassung *f* | leaving out; omission | **unter ~ aller Formalitäten** | dispensing with all formalities.
Wegnahme *f*; **Wegräumung** *f* | removal.
wegnehmen *v*; **wegräumen** *v*; **wegschaffen** *v* | to remove.
wegsteuern *v* | **Gewinne ~** | to tax away profits; to absorb profits by taxation (by fiscal measures).
Wegweiser *m* | road sign; signpost.
Wehr..beitrag *m*; **—steuer** *f* | defense (national defense) contribution.
—betrieb *m* | war (armaments) factory.
—dienst *m* | military service.
— —befreiung *f* | draft exemption.
— —pflichtiger *m* | draftee.
— —verweigerer *m* | conscientious objector; draft dodger.
— —verweigerung *f* | conscientious objection.
—gesetz *n*; **—ordnung** *f* | law on conscription.
—kreis *m* | command; military district.
—paß *m* | soldier's book.
—pflicht *f* [allgemeine ~] | compulsory service (military service) | **Erfüllung der ~** | serving of one's term of military service | **seiner ~ genügen** | to serve one's term; to do one's service.
wehrpflichtig *adj* | subject to compulsory service (military service).
Wehr..sold *m* | soldier's (active service) pay.
—wirtschaft *f* | war (defense) economy.
Weibel *m* [S] Ⓐ [Gerichts~] | bailiff.
Weibel *m* [S] Ⓑ | usher; court usher (attendant).
Weibel *m* [S] Ⓒ | process (writ) server.
weiblich *adj* | female | **~e Arbeitskräfte** | female labo(u)r | **~e Beschäftigungen** | feminine occupations.
Weidegerechtigkeit *f* | common of pasture; common pasture.

Weide..land *n* | pasture (pastoral) land.
—**recht** *n* | right of pasture; pasturage.
—**wirtschaft** *f* | pastoral industry.
weigern *v* | sich ~, etw. zu tun | to refuse to do sth. | sich ~, auszusagen (als Zeuge auszusagen) (eine Aussage zu machen) (Zeugnis zu geben) | to refuse to give evidence (to depose) (to testify) | sich ~, etw. anzunehmen | to refuse acceptance of sth.; to refuse to accept sth. | sich ~, zu gehorchen | to refuse obedience (to obey) | sich ~, zu zahlen | to refuse payment (to pay).
Weigerung *f* | refusal | ~, einer Anordnung nachzukommen | refusal to comply with an order; noncompliance with an order | Zahlungs~ | refusal to pay.
Weigerungs..fall *m* | im ~ | in case of refusal.
—**grund** *m* | reason for refusal.
Weihnachts..gratifikation *f*; —**zuwendung** *f* | Christmas bonus.
Wein..bau *m* | wine-growing; viniculture.
—**ernte** *f* | vintaging.
—**fälschung** *f* | adulteration of wine.
—**handel** *m* | trade in wine.
—**händler** *m* | wine merchant.
—**jahr** *n*; —**jahrgang** *m* | vintage.
—**liste** *f* | wine list.
—**steuer** *f* | tax on wine.
—**zoll** *m* | duty on wine.
weiß *adj* | etw. schwarz auf ~ haben (besitzen) | to have sth. in black and white | etw. schwarz auf ~ niederlegen | to set sth. down in black and white.
Weißbuch *n* | White Paper.
Weisung *f* | instruction; order; direction | ~en einholen | to ask for instructions (for directions) | ~en folgen (befolgen) | to follow orders | ~en geben | to give instructions | sich an ~en halten | to adhere to (to comply with) instructions | bis auf weitere ~ (~en) | until further order(s) | seine ~en überschreiten | to go beyond one's instructions.
weisungsgemäß *adv* | as per instructions; as directed | ~ handeln | to act under (according to) (in conformity with) instructions.
weit *adj* | ~e Auslegung | broad (liberal) interpretation
weiter *adj* | ~e Angaben | further information *sing* | ~e Aufträge | further orders | unter ~er Bezugnahme auf den Brief vom ... | with further reference to the letter of ... | in ~e Einzelheiten gehen | to go into further details | ~e Einzelheiten folgen | further particulars to follow | zur ~en Prüfung | for further consideration | ohne ~e Warnung | without further warning | ohne ~e Zeit zu verlieren | without further loss of time.
weiterarbeiten *v* | to work on.
weiterbefördern *v* | to reforward; to retransmit.
Weiterbeförderung *f* | reforwarding; reshipment.
Weiterbenutzung *f* | continued use.
Weiterbeschäftigung *f* | continued employment.
Weiterbestand *m* | continuance; continued existence.
weiterbestehen *v* | to continue to exist; to remain in existence.
Weiteres *n* | bis auf ~ | until further advice (notice) (order) | ohne ~ ① | without further ado; without formality | ohne ~ ② | forthwith; rightaway.
weiterführen *v* | die Geschäfte in jds. Abwesenheit ~ | to carry on during sb.'s absence | die laufenden Geschäfte ~ | to carry on with the current business | eine Tradition ~ | to carry on a tradition.
Weiterführung *f* | continuation; carrying on.
Weitergabe *f* | ~ zum Protest | handing over for protestation.

Weitergeltung *f* | continued (continuing) validity.
weiterleiten *v*; **weitersenden** *v* | to forward.
Weiterleitung *f*; **Weitersendung** *f* | forwarding.
Weiterungen *fpl* Ⓐ [Schwierigkeiten] | difficulties; complications.
Weiterungen *fpl* Ⓑ [unangenehme Folgen] | serious consequences.
weiterverarbeiten *v* | Waren ~ | to process goods.
weiterverarbeitend *adj* | ~e Industrie | processing (finishing) industry.
Weiterverarbeitung *f* | processing; finishing.
weiterveräußern *v*; **weiterverkaufen** *v* | to resell.
Weiter..veräußerung *f*; —**verkauf** *m*; —**vertrieb** *m* | resale; reselling.
—**vermieten** *n*; —**vermietung** *f* | sub-letting.
weitervermieten *v* | to sublet.
weitgehend *adj* | extensive | ~e Reformen | sweeping reforms | ~e Vollmachten | wide powers | ~e Vorschläge | far-reaching proposals.
weitläufig *adj* | ~er Verwandter | distant relative (relation).
weitläufig *adv* | ~ verwandt | distantly related.
weitverbreitet *adj* | ~e Ansicht | widely held opinion | ~er Irrtum | common mistake | ~e Zeitung | widely read (distributed) newspaper.
Welle *f* | Krisen~ | wave of depression | Streik~ | wave of strikes; strike wave | Verhaftungs~ | wave of arrestations.
Welt *f* Ⓐ | Reise um die ~ | voyage (tour) (trip) round the world | etw. zur ~ bringen | to bring sth. into the world | zur ~ kommen | to come into the world.
Welt *f* Ⓑ | die Bank~ | the banking world | die Fach~ | the experts *pl* | die Finanz~ | the financial world | die ~ der Hochfinanz | the world of high finance | die Geschäfts~ | the business world | Halb~ | demimonde | die Juristen~ | the legal world; the lawyers *pl* | die ~ der Literatur | the world of literature; the literary world | die Sport~ | the sporting world | die ~ des Theaters | the theatrical world | die ~ der Wissenschaften | the world of science; the scientific world.
Welt..anschauung *f* | world concept.
—**ausstellung** *f* | world exhibition (fair).
—**bank** *f* | world bank; International Bank for Reconstruction and Development.
—**bedarf** *m* | world requirements *pl*.
weltbeherrschend *adj* | world-dominating.
weltberühmt *adj* | world-famous.
Welt..bevölkerung *f* | world population.
—**börsen** *fpl* | world markets *pl*.
—**brand** *m* | world conflagration.
—**bund** *m* | world league.
—**bürger** *m* | citizen of the world.
—**erzeugung** *f* | world production (output).
—**finanzkrise** *f* | world-wide financial crisis.
—**firma** *f* | firm of world-wide reputation.
—**frieden** *m* | world peace; peace of the world.
—**geltung** *f* | reputation (position) in the world; world-wide respect.
—**gerichtshof** *m* | world court (tribunal).
—**gesundheitsorganisation** | World Health Organization.
—**gewerkschaftsbund** *m* | World Federation of Trade Unions.
—**handel** *m* | world trade; international commerce (trade).
—**handelsmarke** *f* | world trade-mark.
—**handelsstatut** *n* | world trade charter.
—**herrschaft** *f* | world domination.
—**karte** *f* | map of the world.

Welt..konferenz *f* | world conference.
—**kongreß** *m* | world congress.
—**konjunkturbewegung** *f* | world trend.
—**krieg** *m* | world war.
—**krise** *f* | world crisis (depression).
weltlich *adj* | secular; temporal | ∼e **Angelegenheiten** | temporal affairs | **der** ∼e **Arm** | the secular arm | **die** ∼**en Behörden** | the secular powers | ∼e **Gerichtsbarkeit** | secular jurisdiction | **die** ∼e **Macht** | the temporal power(s).
Welt..liga *f* | world league.
—**macht** *f* | world power.
—**machtpolitik** *f* | imperialism.
—**mann** *m* | man of the world.
—**marke** *f* | world brand.
—**markt** *m* | world market.
— —**preis** *m* | world price | **Erhöhung der** ∼e | rise in world prices.
—**organisation** *f* | world-wide organization.
—**parität** *f* | world parity.
—**police** *f* | world policy.
—**politik** *f* | world politics *pl.*
weltpolitisch *adj* | ∼e **Auseinandersetzung** | world conflagration.
Welt..postverein *m* | Universal Postal Union.
—**postvertrag** *m* | Universal Postal Convention.
—**produktion** *f* | world production (output).
Weltraum *m* | space; outer space.
—**forschung** *f* | space research.
—**recht** *n* | space law.
—**vertrag** *m* | space convention (treaty).
—**zeitalter** *n* | space age.
Welt..regierung *f* | world government.
—**reich** *n* | world empire.
—**reise** *f* | voyage (tour) (trip) round the world.
—**rekord** *m* | world record.
—**revolution** *f* | world revolution.
—**ruf** *m* | world-wide reputation.
—**sprache** *f* | world (universal) language.
—**stellung** *f* | position in the world.
weltumspannend *adj*; **weltweit** *adj* | world-wide | ∼e **Interessen** | world-wide interests.
Welt..union *f*; —**verband** *m* | world union.
—**uraufführung** *f* | world premiere.
—**verbrauch** *m* | world consumption.
—**verkehr** *m* | international traffic.
—**währung** *f* | world currency.
—**währungs..fonds** *m* | World (International) Monetary Fund.
— —**reserven** *fpl* | world monetary (currency) reserves.
—**warenmärkte** *mpl* | world commodity markets *pl.*
—**wirtschaft** *f*; —**wirtschaftssystem** *n* | world economy; world economic system.
Weltwirtschafts..konferenz *f* | world economic conference.
—**krise** *f* | world (world-wide) economic crisis; world crisis.
wenden *v* | **sich an jdn.** ∼ | to turn to sb.
Wendung *f* | **eine neue** ∼ **nehmen** | to take a new turn.
Werbe..abteilung *f* | publicity (advertising) department | **Leiter der** ∼ | advertising (publicity) manager.
—**agent** *m* | publicity agent.
—**agentur** *f* | advertising agency.
—**arbeit** *f* Ⓐ [Werbetätigkeit] | publicity.
—**arbeit** *f* Ⓑ [Kundenwerbung] | canvassing.
—**berater** *m*; —**fachmann** *m* | advertising consultant; publicity man.
—**büro** *n* | advertising agency (office) (bureau); publicity bureau.
—**etat** *m* | advertising budget.

Werbe..feldzug *m* | advertising (publicity) campaign.
—**fernsehen** *n* | commercial television.
—**film** *m* | advertising film.
—**kosten** *pl* | cost of advertising; publicity expenses.
—**leiter** *m* | advertising manager.
—**material** *n* | advertising (publicity) material.
—**mittel** *npl* | means *pl* of publicity; advertising medium (media).
werben *v* Ⓐ | to advertise | **Abonnenten** ∼ | to solicit subscriptions | **Kunden** ∼ | to solicit (to tout) customers | **für eine Sache** ∼ | to make publicity for sth.
werben *v* Ⓑ [anwerben] | to canvass | **Mitglieder** ∼ | to enlist members | **Stimmen** ∼ | to canvass for votes.
werbend *adj* | ∼e **Ausgaben** | productive expenditure | ∼e **Tätigkeit** | productive activity.
Werber *m* | **Abonnenten**∼ | canvasser of subscriptions | **Anzeigen**∼; **Annoncen**∼ | advertising canvasser | **Kunden**∼ | canvasser; town traveller.
Werbe..redner *m* [Stimmenwerber] | canvasser; electioneerer.
—**schrift** *f* | pamphlet.
—**stelle** *f* | official publicity bureau.
—**tätigkeit** *f* | publicity; advertising | ∼ **entfalten** | to make publicity; to advertise.
—**tarif** *m* | advertising (advertisement) rate.
—**text** *m* | slogan.
Werbung *f* Ⓐ | publicity; advertising | **Kunden**∼ | canvassing; getting of customers (of orders) | ∼ **im Fernsehen** | television advertising | **Plakat**∼ | outdoor advertising | ∼ **durch Rundfunk** | radio advertising | **Schleich**∼; **geschmuggelte** ∼ | masked advertising | **Stimmen**∼ | canvassing of votes; electioneering | ∼ **in den Tageszeitungen** | newspaper advertising; publicity in newspapers | ∼ **in Zeitschriften** | magazine advertising | ∼ **betreiben** | to make publicity; to advertise.
Werbung *f* Ⓑ [Anwerbung] | ∼ **von Arbeitskräften** | recruiting of labo(u)r.
Werbungs..kosten *pl* Ⓐ [Ausgaben] | expenses; cost.
—**kosten** *pl* Ⓑ [Generalunkosten] | general expense; overhead (indirect) expenses (cost); overhead.
—**kosten** *pl* Ⓒ [Reklamekosten] | publicity expenses; cost of advertising.
Werft *f* | dockyard | **Ausbesserungs**∼ | repair yard | **Marine**∼; **Staats**∼ | navy (naval) dockyard (yard) (docks *pl*) | **Schiffs**∼; **Schiffbau**∼ | shipyard; shipbuilding yard.
Werft..arbeiter *m* | dock worker; docker.
—**gebühren** *fpl*; —**geld** *n* | wharfage.
Werk *n* Ⓐ [Fabrik; Werkanlage] | works *pl*; factory; mill | **Eisen**∼ | iron works | **Elektrizitäts**∼ | power station | **Elektro**∼ | electrical works | **Gas**∼ | gas works | **Glas**∼ | glass works | **Hochofen**∼ | furnace plant | **Hütten**∼ | foundry; smelting works | **Industrie**∼ | industrial plant; factory | **Metall**∼ | metal works | **Montage**∼ | assembly plant | **Preis ab** ∼ | price ex works (ex factory) (ex mill) | **Rüstungs**∼ | armaments factory | **Säge**∼ | sawmill | **Stahl**∼ | steel works | **Walz**∼ | rolling mill; iron works | **Wasser**∼ | waterworks | **chemisches** ∼ | chemical plant.
Werk *n* Ⓑ [Arbeit] | work | **Hilfs**∼ | charitable society (institution) | **Tage**∼ | day's work | **Wiederaufbau**∼ | work (task) of reconstruction | **ans** ∼ **gehen** | to set to work | **am** ∼ | at work.
Werk *n* Ⓒ [Erzeugnis] | work; piece of work | ∼ **der Architektur; Bau**∼; ∼ **der Baukunst** | work of architecture | **öffentliche Aufführung eines** ∼**es** | public production (performance) of a work | **Aus-**

Werk *n* © *Forts.*
gabe eines ~**es** | edition; publication | **im Auslande veröffentlichtes** ~ | work which has been published abroad | **Bühnen**~ | dramatic work | **Film**~ | picture play; photoplay.
○ **Geistes**~ | intellectual (brain) work | **Gesetzgebungs**~ | work of legislation; body of law | **in der Herausgabe begriffenes** ~ | work in course of publication | **Kunst**~ | work of art | ~ **der Literatur** literary work | **Luxusausgabe eines** ~**es** | luxury edition | ~ **der Malerei** | painting | **Meister**~ | masterpiece | **Mitarbeiter (Mitautor) eines** ~**es** | joint author (co-author) of a work | **Mitarbeiter an einem** ~ | collaborator in a work | **Nachschlage**~ | work of reference | **Original**~ | the original.
○ **Standard**~ | standard work | ~ **der Tonkunst** | musical work | **das Urheberrecht an einem** ~ | the copyright (the ownership) of a work | **unter Verletzung des Urheberrechts herausgegebenes** ~ | pirated edition | ~ **ohne Angabe des Verfassers** | work of an anonymous writer | **Veröffentlichung eines** ~**es** | publication of a work.
★ **anonymes** ~ | work of an anonymous writer | **dramatisches** ~ | dramatic work | **herausgegebene (erschienene) (veröffentlichte)** ~**e** | published works (books) | **nachgelassenes** ~ | posthumous work | **sämtliche** ~**e** | the complete works.
★ **an einem** ~ **mitarbeiten** | to collaborate in a work | **ein** ~ **verlegen** | to publish a work | **ein** ~ **neu verlegen (neu auflegen)** | to republish a work.
Werk..führer *m* | works foreman.
—**führerposten** *m* | foremanship.
—**leiter** *m* | factory (plant) (works) manager.
—**leitung** *f* | factory management.
—**lieferungsvertrag** *m* | contract for work and materials.
—**meister** *m* | foreman; head workman.
Werks..anlage *f* | plant; factory.
—**anlagen** *fpl* | works (factory) installations.
Werk..schutz *m* | factory police.
—**sparkasse** *f* | works savings bank.
—**spionage** *f* | industrial espionage.
—**statt** *f*; —**stätte** *f* | workshop; shop | **Modell**~ | pattern shop | **Reparatur**~ | repair shop | **mechanische** ~ | mechanical workshop.
—**stattarbeit** *f* | shop work.
—**tag** *m* | working day; week day; workday.
werktäglich *adj* | working-day.
werktags *adv* | on workdays.
werktätig *adj* | active | **die** ~**e Bevölkerung** | the working (working-class) population | **die** ~**en Klassen** | the working classes (class) | **die** ~**en Massen** | the working masses.
Werkvertrag *m* | works (builder's) contract; contract for work and material | **im (durch)** ~ | on (upon) (by) contract; contractually.
Werkzeug *n* | tool.
Werkzeugkosten *pl* | tooling cost; tooling.
Wert *m* | value; worth | **Anschaffungs**~ | initial value | **Anschlags**~ | appraised (estimated) value | **Bar**~ | cash value | **Betriebs**~ | going value | **Börsen**~ | value quoted on the exchange; market value | **Buch**~ | book value | **Einheits**~ | taxable (rateable) value | **Einlösungs**~ | redemption value | **Erfahrungs**~ | empirical value; figure(s) (valuation) obtained from actual (practical) experience | **Ertrags**~ | productive value | **Fakturen**~ | invoice value | **Fallen im** ~ | fall in value; devaluation | **Feststellung des** ~**es** | valuation; assessment; appraisal | **Gebrauchs**~ | value in use.

○ **Gegen**~ | value in exchange; consideration | **Gegen**~ **auf Konto** | value in (on) account | **Geld**~; **Geldes**~ | money (monetary) value | **Geld oder Geldes**~ | money or money's worth | **Gesamt**~ | total (aggregate) value | **Gold**~ | gold value; value in gold | **Grund**~ | real-estate value.
○ **Handels**~; **Markt**~ | trading (market) (commercial) (marketable) value | **Höchst**~; **Maximal**~ | maximum value | **Kapital**~ | capital value | **Kauf**~ | cost; cost (purchase) price | **Kurs**~ | market value | **Mehr**~ | increment; increase in value; added value | **einen Mehr**~ **aufweisen** | to show an appreciation | **Miets**~ | rental value | **Minder**~ | depreciation; decrease (decline) in value | **Nähr**~ | food value.
○ **Nenn**~; **Nominal**~ | nominal (par) (face) value | **Neu**~ | original value | **Nutzungs**~ | enjoyment value | **Papier**~ | value on paper; book value | **Rechnungs**~ | invoice value | **Rest**~ | residual value | **Rückkaufs**~ | surrender value | **Rückzahlungs**~ | redemption value | **Sach**~ | real value | **Schätzungs**~ | appraised (estimated) value; valuation | **Seltenheits**~ | scarcity (rarity) value.
○ **Steuer**~; **Veranlagungs**~ | taxable (rateable) (assessment) value | ~ **des Streitgegenstandes**; **Streit**~ | value in litigation; value of the object in dispute (in controversy) | **Verkaufs**~ | sales (market) (saleable) (marketable) value | **Verkehrs**~ | trading value | **Vermögens**~ | asset | **Versicherungs**~ | insurable (insurance) value | **Wiederanschaffungs**~ | replacement value | **Zoll**~ | customs value | **Zunahme an** ~ | rise in value; appreciation | ~ **in beschädigtem Zustande** | value in damaged condition.

★ **angegebener** ~; **deklarierter** ~ | declared (stated) value | **annähernder** ~ | approximate value | **von echtem** ~ | of true merit | **feststellbarer** ~ | ascertainable value | **fiktiver** ~ | ficticious value | **gemeiner** ~ | common market-value | **von geringem** ~ | of little value | **geschätzter** ~ | appraised (estimated) value; valuation | **von hohem** ~ | of great value | **idealler** ~ [**einer Firma**] | goodwill | **innerer** ~ | intrinsic value | **steuerbarer** ~ | taxable (rateable) value | **tatsächlicher** ~ | actual (real) value | **versicherbarer** ~ | insurable (insurance) value | **versicherter** ~ | insured value | **von wahrem** ~ | of true value | **nach seinem wahren** ~ | at (according to) its true value | **zollpflichtiger** ~ | dutiable value | **von zweifelhaftem** ~ | of doubtful value.
★ **seinen** ~ **behalten** | to maintain its value | **einer Sache** ~ **beimessen** | to attach value to sth. | **einer Sache einen hohen** ~ **beimessen** | to set a high value on sth. | **den** ~ **von etw. erhöhen** | to increase the value of sth.; to appreciate sth. | **den** ~ **von etw. ermitteln** | to appraise sth.; to make a valuation of sth. | **den** ~ **ersetzen** | to compensate for the value | **im** ~ **fallen** | to fall in value; to lose value; to depreciate | **den** ~ **von etw. feststellen** | to set a value upon sth. | ~ **haben** | to be of value | **den** ~ **von etw. schätzen** | to appraise sth.; to make a valuation of sth. | **im** ~ **steigen**; **an** ~ **zunehmen** | to rise (to increase) (to advance) in value; to appreciate | **den** ~ **von etw. steigern** | to increase the value of sth. | **etw. nach seinem** ~ **taxieren** | to make a valuation (an appraisal) of sth. | **sich im** ~ **verbessern** | to appreciate | **an** ~ **verlieren** | to lose value; to fall in value; to depreciate.
★ **im** ~**e von** | to the value of | **nach dem** ~; **dem** ~ **entsprechend** | according to its value; ad valorem|

ohne ~ | of no value; without value; valueless; worthless | **von** ~ | of value; valuable; precious [VIDE: **Werte** *mpl* Ⓐ Ⓑ Ⓒ.]

wert *adj* | **Geld** ~ **sein** | to be worth money; to be valuable | **achtungs**~; **ehren**~ | worthy (deserving) of respect; respectable | **bemerkens**~; **erwähnens**~ | noteworthy | **lobens**~ | praiseworthy | ~ **sein** | to be worth | ~, **belohnt zu werden** | to deserve a reward | **nichts** ~ | worthless; of no value.

Wert..abnahme *f* | decrease (decline) (depreciation) in value.

—**angabe** *f* Ⓐ [Deklarierung des Wertes] | declaration of value; statement of the value.

—**angabe** *f* Ⓑ [deklarierter Wert] | declared value; value declared | **Brief mit** ~ | insured letter | **ohne** ~ | uninsured.

—**ansatz** *m* | valuation; estimate.

—**aufstockung** *f* | revalorization.

—**berechnung** *f*; —**bestimmung** *f* | valuation; appraisal.

—**berichtigung** *f* | adjustment of value; revaluation.

—**berichtigungs..konto** *n* | adjustment account.

— —**posten** *m* | valuation item.

— —**reserve** *f* | valuation reserve.

wertbeständig *adj* | of stable value | ~**e Anleihe** | fixed-value loan.

Wert..beständigkeit *f* | stability of value.

—**brief** *m* | insured letter.

—**deklaration** *f* Ⓐ | declaration of value; statement of the value.

—**deklaration** *f* Ⓑ [deklarierter Wert] | declared value (valuation); value declared.

Werte *mpl* Ⓐ [Gegenstände] | valuables *pl*; valuable goods *pl*.

Werte *mpl* Ⓑ [Wertschriften [S]; Effekten] | securities | **Aktien**~ | shares; stocks | **Anlage**~ | investment securities (shares) (stocks) | **sichere Anlage**~ | safe investments | **Bank**~ | bank shares (stock) | **Börsen**~ | stock exchange securities; officially quoted securities | **im Freiverkehr gehandelte** ~; **Freiverkehrs**~ | free-market securities | **durch Indossament übertragbare** ~ | negotiable securities | **Industrie**~ | industrial shares (stock) (stocks) (securities); industrials *pl* | **Montan**~ | mining shares (stock) | **Papier**~ | paper securities (holdings) | **Spekulations**~ | speculative shares (stocks) | **Versicherungs**~ | insurance shares.

★ **feste** ~ | firm stock(s) | **festverzinsliche** ~ | fixed-interest bearing securities; bonds | **Markt der festverzinslichen** ~ | bond market | **inländische** ~ | home stocks (securities) | **mündelsichere** ~ | gilt-edged securities; chancery (trustee) securities (stocks) | **Markt der mündelsicheren** ~ | gilt-edged market | **notierte** ~ | quoted (listed) securities | **amtlich notierte** ~; **zur amtlichen Notierung zugelassene** ~ | stock exchange (officially quoted) securities | **nicht notierte** ~; **amtlich nicht notierte** ~; **unnotierte** ~; **zur amtlichen Notierung nicht zugelassene** ~ | unquoted (unlisted) securities | **übertragbare** ~ | transferable securities | **umlaufsfähige** ~ | negotiable stocks.

Werte *mpl* Ⓒ [Vermögens~] | assets *pl* | **Anlage**~ | fixed (permanent) (capital) assets | **Immobiliar**~; **unbewegliche** ~ | real (real estate) property; immovable (fixed) property; realty | **greifbare** ~ | tangible assets | **wirtschaftliche** ~ | capital assets.

Wert..einbuße *f* | loss of value.

—**einheit** *f* | unit of value.

werten *v* | to value.

Werterhöhung *f* | increase in value.

Wert..ermittlung *f*; —**festsetzung** *f*; —**feststellung** *f* | valuation; appraisal.

—**ersatz** *m* | indemnification according to value.

—**fortschreibung** *f* | adjustment of the assessable value; revaluation for assessment.

—**gebühr** *f* | ad valorem duty.

—**gegenstand** *m* | object (article) of value; valuable article.

—**gegenstände** *mpl* | valuables *pl*.

—**grenze** *f* | limit of value.

—**herabsetzung** *f* | depreciation (decrease) (decline) in value.

wertig *adj* | **gering**~; **minder**~ | of little value | **hoch**~ | of great value | **voll**~ | of full (of good) value.

Wertklausel *f* | (de)valuation clause.

wertlos *adj* | worthless; of no value; valueless; without value | ~**e Papiere** | worthless securities; valueless stock.

Wertlosigkeit *f* | worthlessness.

wertmäßig *adj* | according to the (its) value.

Wert..marke *f* | money token.

—**messer** *m* | standard of value.

wertmindernd *adj* | depreciating; depreciative.

Wert..minderung *f* | depreciation; decline (decrease) (reduction) (fall) (falling off) in value; deterioration | **Rücklage (Rückstellung) für** ~ | depreciation fund (reserve) | **eine** ~ **erfahren** | to lose value; to depreciate; to deteriorate.

—**minderungs..konto** *n* | depreciation account.

— —**reserve** *f* | depreciation reserve.

—**nachnahme** *f* | payment on delivery.

—**objekt** *n* | valuable article; article (object) of value.

—**paket** *n* | insured (registered) parcel.

Wertpapier *n* Ⓐ | document | **begebbares** ~ | negotiable instrument.

Wertpapier *n* Ⓑ | security; title.

Wertpapiere *npl* | securities; stocks; shares; stocks and bonds | **börsengängige** ~; **börsenfähige** ~; **kursfähige** ~; **notierte** ~ | quoted (stock exchange) securities | **festverzinsliche** ~ | fixed-interest bearing securities; bonds | **mündelsichere** ~ | chancery (trustee) securities; gilt-edged securities | **übertragbare** ~ | transferable securities.

Wertpapier..absatz *m* | sale(s) of securities.

—**abteilung** *f* | securities department.

—**anlage** *f* | investment in securities.

—**aufruf** *m* | retirement of securities.

—**bereinigung** *f* | revalorization (validation) of securities.

—**bestand** *m* | stock (holding) of securities.

—**börse** *f* | stock (securities) exchange.

—**depot** *n* | deposit of securities.

—**handel** *m* | trading in securities.

—**konto** *n* | securities account.

—**makler** *m* | sharebroker; stockbroker.

—**markt** *m* | stock (bond) (securities) market.

—**portefeuille** *n* | portfolio of securities.

—**steuer** *f* | tax (stamp duty) on securities.

—**verkehr** *m* | transactions *pl* in securities.

—**verzeichnis** *n* | list of securities.

Wertsachen *fpl* | valuable articles; valuables *pl*.

Wertschätzung *f* | appreciation; esteem; regard | **eine Sache der persönlichen** ~ | a matter of personal appreciation.

Wertschriften *fpl* [S] [Effekten] | securities; stocks; shares; stocks and bonds.

—**abteilung** *f* [S] | securities department.

—**bestand** *m* [S] —**portefeuille** *n* [S] | stocks (stocks and bonds) on hand.

Wertschriftendepot *n* [S] | securities (securities safe-keeping) account.
Wert..schwankungen *fpl* | fluctuations in value.
—**sendung** *f* | consignment with declared (insured) value.
—**standard** *m* | standard of value.
wertsteigernd *adj* | ~e **Aufwendungen** | improvements.
Wert..steigerung *f* | rise (increase) in value | **eine ~ erfahren** | to appreciate; to rise (to increase) (to advance) in value.
—**steigerungen** *fpl* | valuable improvements.
—**stempel** *m* | revenue stamp.
—**steuer** *f* | ad valorem tax.
—**stück** *n* | object (article) of value.
Wertung *f* | valuation.
Wert..verbesserung *f* | increase in value; improvement.
—**verlust** *m*; —**verminderung** *f*; —**verringerung** *f* | depreciation; reduction (loss) (drop) in value.
—**verzollung** *f* | payment of customs duty (duties) ad valorem.
wertvoll *adj* | of value; valuable; precious.
Wert..zeichen *n* | stamp | **Post~** | postage stamp.
—**zoll** *m* | ad valorem duty.
—**zunahme** *f*; —**zuwachs** *m* | rise (increase) in value; appreciation; increment.
—**zuwachssteuer** *f* | increment duty (tax).
Wesen *n* [wesentlicher Inhalt] | **das ~ eines Vertrages** | the substance of a contract.
Wesensmerkmal *n* | characteristic feature.
wesentlich *adj* | essential; principal; material; substantial; fundamental | ~e **Angaben** | material data | ~e **Bedingung** | essential condition | ~er **Bestandteil** | integral (essential) part | **einen ~en Bestandteil von etw. bilden** | to form (to be) an integral part of sth. | ~e **Eigenschaften** | the essentials *pl* | ~es **Erfordernis** | essential quality | ~e **Herabsetzung** | substantial reduction | ~er **Irrtum** | error on a material point | ~er **Mangel** | principal defect | ~es **Merkmal** | principal feature | **die ~en Punkte** | the essential (main) points; the merits | ~er **Teil** | substantial (essential) part | ~er **Umstand** | material fact | ~er **Unterschied** | substantial (fundamental) difference | ~e **Voraussetzung** | essential condition.
Westen *m* | **der ~** | the West; the Western Countries.
Westmächte *fpl* | **die ~** | the Western Powers.
Wettannahme *f* | betting office (pool).
Wettbewerb *m* Ⓐ [Konkurrenz] | competition | **im freien ~** | in free and open competition; under competitive conditions | **unlauterer ~** | unfair competition | **im ~ nicht zu schlagen** | defying all competition | **mit jdm. im ~ stehen** | to be in competition with sb. | **mit jdm. in ~ treten** | to enter into (to engage in) competition with sb.; to compete with sb. | **in ~ mit** | in competition with.
Wettbewerb *m* Ⓑ [Preisausschreiben] | prize competition | **für etw. einen ~ ausschreiben** | to offer sth. for competition | **an einem ~ teilnehmen** | to compete for a prize | **außer ~** | not competing.
Wettbewerb *m* Ⓒ [Wettstreit] | contest | **aus einem ~ ausscheiden** ① | to withdraw from a contest | **aus einem ~ ausscheiden** ② | to drop out of a contest.
Wettbewerber *m* | competitor; rival.
Wettbewerbs..bedingungen *fpl* | competitive conditions.
—**beschränkung** *f* | restraint of trade.
—**fähig** *adj* | able to meet (capable of meeting) competition; able to compete; competitive.
—**fähigkeit** *f* | competitive ability; capacity to compete; competitiveness; competitivity.
—**freiheit** *f* | free (freedom of) competition.
—**handlung** *f* | **unlautere ~** | act of unfair competition.

Wettbewerbs..klausel *f* | stipulation in restraint of trade.
—**nachteil** *m* | competitive disadvantage.
—**regeln** *fpl* | rules of competition.
—**verbot** *n* | restraint of trade.
—**verzerrung** *f* | distortion of competition (of the conditions of competition).
—**vorsprung** *m* | competitive advantage (edge).
Wett..buch *n* | betting book.
—**büro** *n* | betting office (agency).
Wette *f* | bet; wager | **Spiel und ~** | gaming and wagering | **eine ~ abschließen (anbieten) (eingehen) (machen)** | to make (to lay) a bet (a wager); to wager; to bet | **eine ~ annehmen** | to take (to take up) a bet; to take up a wager | **eine ~ verlieren** | to lose a (ones) bet.
Wetteinsatz *m* | stake.
Wetten *n* | betting | **~ beim Buchmacher** | betting with the bookmaker | **~ am Totalisator** | betting at the totalizator (totalizer).
wetten *v* | to bet; to wager; to make (to lay) a bet (a wager) | **zehn zu eins ~, daß ...** | to bet ten to one that ...
Wetter *m* [Wettender] | better.
Wetter *n* | **bei günstigem ~** | weather permitting | **durch ~ (durch schlechtes ~) behindert** | weather-bound | **das ~ vorhersagen** | to forecast the weather.
Wetter..ansage *f* | weather forecast.
—**bedingungen** *fpl*; —**verhältnisse** *npl* | weather conditions.
—**bericht** *m*; —**meldung** *f*; —**nachrichten** *fpl* | weather report (bulletin) (forecast).
—**büro** *n* | weather bureau.
—**dienst** *m* | **der amtliche ~** | the official weather service.
—**karte** *f* | weather chart (map).
—**schaden** *m* | damage done by (by the) weather.
—**vorhersage** | weather forecast.
—**warte** *f* | weather station.
Wett..gewinn *m* | winning(s).
—**gewinnsteuer** *f* | race-betting tax.
—**nachrichten** *fpl* | betting news.
—**police** *f* | wager policy.
—**quote** *f* | betting.
—**rennen** *n* | race; sweepstake.
—**resultate** *npl* | betting news.
—**rüsten** *n* | arms race.
—**schein** *m* | betting slip.
—**schuld** *f* | gaming (betting) debt.
wichtig *adj* | important | ~er **Grund** | important reason.
Wichtigkeit *f* | importance | **Lebens~** | vital importance | **von höchster ~** | of capital (cardinal) (primary) importance.
Wider *n* | **das Für und ~** | the pros *pl* and cons *pl* (contras) | **das Für und ~ gegeneinander abwägen** | to weigh the pros and cons.
Widerhandlung *f* [S] | contravention.
Widerklage *f* | cross-action; counteraction | **Antrag (Anträge) zur ~** | counter claims | **~ auf Ehescheidung; ~ auf Scheidung; Ehescheidungs~; Scheidungs~** | cross-petition for divorce | **~ auf Nichtigkeit; ~ auf Nichtigerklärung; Nichtigkeits~** | counter-action for annulment | **im Wege der ~** | by way of filing a counter-suit | **~ erheben** | to file a cross action (a counter-suit).
widerklagen *v* | to file a cross-action (a counter-suit).
Widerkläger *m* | defendant (party) bringing counter-action.
widerklagsweise *adv* | by way of filing a counter-suit.

widerlegbar *adj* | refutable; confutable | **~e Vermutung** | rebuttable presumption | **nicht ~e Zeugenaussage** | irrefutable evidence.

widerlegen *v* | to refute; to disprove | **ein Argument ~** | to refute (to confute) an argument | **eine Behauptung ~** | to refute (to disprove) a statement | **eine Unterstellung ~** | to refute an implication | **eine Vermutung ~** | to rebut a presumption.

Widerlegung *f* | refutation; disproof.

widerraten *v* | **jdm. etw. ~** | to advise sb. against sth.

widerrechtlich *adj* | illegal; unlawful; wrongful; against (contrary to) the law | **~e Aneignung** | misappropriation | **~es Betreten eines Grundstücks** | trespass(ing) on a property.

widerrechtlich *adv* | illegally; unlawfully; wrongfully | **sich etw. ~ aneignen; etw. ~ an sich bringen** | to appropriate sth. unlawfully; to misappropriate sth. | **ein Grundstück ~ betreten** | to trespass on a property.

Widerrechtlichkeit *f* | unlawfulness; illegality.

Widerruf *m* | revocation; recall; withdrawal | **~ des Geständnisses** | retractation of the confession | **~ einer Konzession** | withdrawal of a license | **~ einer Schenkung; Schenkungs~** | revocation of a donation (of a grant) | **~ eines Testaments** | revocation of a will | **~ der Vollmacht; Vollmachts~** | revocation of the power of attorney | **bis auf ~** | until recalled (revoked) (cancelled).

widerrufen *v* | to revoke; to recall; to withdraw | **eine Aussage ~** | to revoke a statement | **seine Einwilligung (Zustimmung) ~** | to revoke one's consent | **sein Geständnis ~** | to retract one's confession | **eine Schenkung ~** | to revoke a donation (a grant) | **ein Testament ~** | to revoke a testament | **eine Vollmacht ~** | to revoke (to cancel) (to withdraw) a power of attorney.

widerruflich *adj* Ⓐ | revocable | **in ~er Weise** | in a revocable manner | **jederzeit ~ sein** | to be revocable at any time.

widerruflich *adj* Ⓑ [absetzbar] | removable.

Widerruflichkeit *f* Ⓐ | revocability.

Widerruflichkeit *f* Ⓑ [Absetzbarkeit] | possibility to be removed.

Widerrufs..klausel *f* | revocation clause.

—**recht** *n* | right of revocation (to revoke).

Widersacher *m* | adversary; antagonist.

widersetzen *v* | **sich einer Anordnung ~** | to resist an order | **sich der Festnahme (der Verhaftung) ~** | to resist arrest | **sich einer Handlung ~** | to oppose (to be opposed to) an action | **sich einem Plan ~** | to resist a plan | **sich der Polizei ~** | to resist the police.

widersetzlich *adj* | recalcitrant; obstinate.

Widersetzlichkeit *f* | recalcitrance; obstinacy.

widersinnig *adj* | paradoxical.

widersprechen *v* Ⓐ [im Gegensatz sein] | **sich ~** | to contradict os. (each other); to be inconsistent.

widersprechen *v* Ⓑ [protestieren] | to contradict; to oppose | **einer Behauptung (Erklärung) ~** | to contradict a statement | **einer Handlung ~** | to oppose (to be opposed to) (to object to) an action | **einem Plan ~** | to oppose a plan (a scheme).

widersprechen *v* Ⓒ [bestreiten] | **einer Behauptung ~** | to deny a statement.

widersprechend *adj* | contradictory; inconsistent | **~e Angaben (Erklärungen)** | conflicting statements | **~e Aussagen (Zeugenaussagen)** | conflicting evidence.

Widerspruch *m* Ⓐ [Gegensatz] | contradiction; opposition | **mit dem Geist und dem Buchstaben von etw. in ~ stehen** | to be in opposition to the spirit and the letter of sth. | **im krassen ~; in krassem ~** | in

flagrant contradiction | **sich mit etw. in ~ setzen** | to oppose sth. | **zu etw. (mit etw.) im ~ stehen** | to be inconsistent (in contradiction) (at variance) with sth. | **mit etw. in ~ geraten (kommen)** | to come into conflict with sth.

Widerspruch *m* Ⓑ [Einspruch; Protest] | protest | **~ einlegen (erheben) gegen etw.** | to raise objection(s) against sth.; to take objection to sth.; to object to sth.; to protest against sth.; to enter (to lodge) a protest against sth. | **ohne ~** | without opposition; uncontradicted; unopposed.

Widersprüche *mpl* | **Folgewidrigkeiten und ~** | inconsistencies and contradictions | **voll von ~n** | wholly inconsistent | **sich in ~ verwickeln** | to become entangled in contradictions.

Widerspruchsgeist *m* | spirit of opposition; contradictious spirit; contrariousness.

widerspruchslos *adv* Ⓐ | without opposition; without contradiction; unopposed; uncontradicted.

widerspruchslos *adv* Ⓑ | **etw. ~ hinnehmen** | to leave sth. uncontradicted (unopposed).

Widerspruchsrecht *n* | right to object.

widerspruchsvoll *adj* | wholly inconsistent.

Widerstand *m* | resistance; opposition | **~ gegen die Festnahme (gegen die Verhaftung)** | resisting arrest | **bei der Festnahme (gegen die Festnahme) ~ leisten; seiner Festnahme ~ entgegensetzen** | to resist arrest | **die Linie (der Weg) des geringsten ~es** | the line of least resistance | **~ gegen die Polizei** | resisting the police | **der Polizei ~ leisten** | to resist the police | **~ gegen die Staatsgewalt** | resisting the agents of the law.

★ **bewaffneter ~** | armed resistance | **passiver ~** | passive resistance | **den ~ aufgeben** | to give up resistance | **den ~ brechen (überwinden)** | to overcome the resistance | **bewaffneten ~ leisten** | to offer armed resistance | **keinerlei ~ leisten** | to offer no resistance | **ohne ~ zu leisten** | without offering the least resistance | **auf ~ stoßen** | to meet with resistance; to encounter opposition.

Widerstands..bewegung *f* | resistance movement.

—**gruppe** *f* | resistance group.

—**kämpfer** *m* | resistance (underground) fighter.

widerstandslos *adj* | without resistance (resisting) (offering resistance).

widerstehen *v* | to resist.

Widerstreben *n* | reluctance.

widerstrebend *adv* | with reluctance | **~ zustimmen** | to agree reluctantly.

Widerstreit *m* | conflict; opposition | **~ der Interessen; Interessen~** | conflict (collision) (clashing) of interests; conflicting interests | **~ der Meinungen** | clash (clashing) (conflict) of opinions.

widerstreitend *adj* | conflicting | **~e Interessen** | conflicting interests; conflict (collision) (clashing) of interests | **~e Meinungen** | clashing opinions.

widmen *v* Ⓐ | **jdm. etw. ~** | to dedicate sth. to sb.

widmen *v* Ⓑ | **sich einer Sache ~** | to apply (to devote) os. to sth. | **sich dem Geschäft (den Geschäften) ~** | to apply os. to business.

Widmung *f* | dedication.

Widmungsexemplar *n* | complimentary (presentation) copy.

widrig *adj* | **~e Umstände** | adversities *pl*; adverse circumstances.

widrigenfalls *adv* | in default whereof; upon failure of which.

Wiederaberkennung *f* | **~ der Staatsangehörigkeit (der Staatsbürgerschaft)** | disnaturalization.

wiederabschreiben *v* | to copy again; to recopy.

wiederabtreten *v* | to reassign.
Wiederabtretung *f* | reassignment.
wiederanbringen *v* | to reaffix.
Wiederanbringung *f* | reaffixing.
Wiederangleichung *f* | realignment; readjustment.
wiederanknüpfen *v* | to renew.
Wiederanknüpfung *f* | renewal.
Wiederanlage *f*; Wiederanlegung *f* | reinvestment | ~ des Gewinns (der Gewinne) | ploughing (plowing) back of earnings (of profits).
wiederanlegen *v* | to reinvest.
Wiederannahme *f* Ⓐ | accepting again.
Wiederannahme *f* Ⓑ | readoption; resumption.
wiederannehmen *v* Ⓐ | to accept again.
wiederannehmen *v* Ⓑ | to readopt; to resume.
Wiederanschaffungswert *m* | replacement value.
wiederanstellen *v* | to re-engage; to re-employ.
Wiederanstellung *f* | re-engagement; re-employment.
wiederanwenden *v* | to reapply; to apply again.
Wiederanwendung *f* | reapplication.
Wiederaufbau *m* | reconstruction; reorganization | wirtschaftlicher ~ | economic reconstruction.
wiederaufbauen *v* | to reconstruct; to rebuild; to reorganize.
Wiederaufbau..anleihe *f* | reconstruction (rehabilitation) loan.
—arbeit *f* | work of reconstruction.
—bank *f* | reconstruction bank.
—kredit *m* | reconstruction credit.
—plan *m*; —programm *n* | plan (scheme) of reconstruction.
—werk *n* | task of reconstruction.
wiederaufforsten *v* | to reforest; to reafforest.
Wiederaufforstung *f* | reforestation; reafforestation.
wiederauffüllen *v* | den Reservefonds ~ | to build up the reserve fund again | die Vorräte ~ | to replenish supplies; to reprovision.
Wiederauffüllung *f* | ~ des Reservefonds | building up the reserve fund again | ~ der Vorräte | replenishing of supplies; reprovisioning.
Wiederaufhebungsklage *f* | action for rescission.
Wiederauflage *f* | reimpression; reprint.
Wiederaufleben *n* | revival.
wiederaufleben *v* | to revive.
Wiederauflebenlassen *n* | ~ eines Vertrages | revival (renewal) of an agreement.
wiederauflösen *v* | to dissolve again; to redissolve.
Wiederaufnahme *f* | resumption | ~ der Arbeit(en) | ~ des Betriebes | resumption of work | ~ der Beziehungen | renewal of relations | ~ der diplomatischen Beziehungen | reestablishment of diplomatic relations | ~ der Dividendenzahlungen | resumption of dividends (of dividend payments) | ~ der ehelichen Gemeinschaft | resumption of conjugal life | ~ der Tätigkeit | renewal of activity | ~ des Verfahrens | reopening of the proceedings | Antrag auf ~ des Verfahrens | petition in error | ~ der Verhandlung | reopening (resumption) of the trial | ~ der Verhandlungen | renewal (resumption) of negotiations | ~ der Zahlungen | resumption of payments.
Wiederaufnahme..antrag *m* | petition in error.
—verfahren *n* Ⓐ | reopening of the proceedings
—verfahren *n* Ⓑ | retrial; rehearing.
wiederaufnehmen *v* | to resume | die Arbeit(en) ~; den Betrieb ~ | to resume work (operation(s)) | Beziehungen ~; Verbindungen ~ | to renew (to resume) relations | die diplomatischen Beziehungen ~ | to reestablish diplomatic relations | einen Prozeß ~ | to take up a case again; to reopen a lawsuit | das

Verfahren ~ | to reopen the proceedings | die Verhandlung ~ | to resume the hearing (the trial) | die Verhandlungen ~ | to resume negotiations | die Zahlungen ~ | to resume payments.
wiederaufrüsten *v* | to rearm.
Wiederaufrüstung *f* | rearmament.
wiederaufwerten *v* | to revaluate; to revalorize.
Wiederaufwertung *f* | revaluation; revalorization.
Wiederaufzählung *f* | recapitulation.
wiederaufzunehmen *adj* | resumable.
Wiederausfuhr *f* | re-exportation.
wiederausführen *v* | to re-export.
Wiederausfuhrfrist *f* | period for re-exportation.
Wiederausgabe *f* | reissue.
wiederausgeben *v*; wiederbegeben *v* | to reissue.
wiederausrüsten *v*; wiederausstatten *v* | to reequip; to refit.
Wiederausrüstung *f*; Wiederausstattung *f* | reequipping; reequipment; refitting.
Wiederaussöhnung *f* | reconciliation.
Wiederbefrachten *n*; Wiederbefrachtung *f* | refreighting; reaffreightment.
wiederbefrachten *v* | to affreight again; to reaffreight.
Wiederbeginn *m* | reopening.
wiederbeginnen *v* | to recommence; to reopen.
wiederbeifügen *v*; wiederbeilegen *v* | to reattach.
wiederbeladen *v* | to reload.
wiederbeleben *v* | sich ~ | to revive; to recover | den Handel ~ | to revive trade.
Wiederbelebung *f* | revival; recovery | ~ des Handels | revival (recovery) of trade; trade recovery | ~ der Wirtschaft | trade revival (recovery) | geschäftliche ~ | recovery (revival) of business; business recovery.
wiederbeschaffen *v* | to replace.
Wiederbeschaffung *f* | replacement.
Wiederbeschaffungs..kosten *pl* | replacement cost | Abschreibung(en) auf Basis ~ | replacement-cost depreciation.
—preis *m* | replacement price.
—wert *m* | replacement value.
wiederbeschäftigen *v* | to re-employ; to re-engage.
Wiederbeschäftigung *f* | re-employment; re-engagement.
wiederbesetzen *v* | to reoccupy.
Wiederbesetzung *f* | reoccupation.
Wiederbesitzergreifung *f* | re-entry.
Wiederbetretungsfall *m* | im ~ | in case of repetition.
wiederbezahlen *v* | to refund; to reimburse.
Wiederbezahlung *f* | refunding; refund; reimbursement.
wiederchartern *v* | to charter again; to recharter.
wiedereinberufen *v* | to reconvene; to resummon; to convoke (to call together) again.
wiedereinbürgern *v* | to repatriate.
Wiedereinbürgerung *f* | repatriation.
wiedereindecken *v* | sich ~ | to replenish one's supplies.
Wiedereinfuhr *f* | reimportation.
wiedereinführen *v* Ⓐ | to re-establish.
wiedereinführen *v* Ⓑ [wieder importieren] | to reimport.
Wiedereinführung *f* | re-establishment.
wiedereingliedern *v* Ⓐ | ein Gebiet ~ | to reincorporate a territory.
wiedereingliedern *v* Ⓑ | ein Werk ~ | to reintegrate a plant.
wiedereingliedern *v* Ⓒ | entlassene Arbeitskräfte ~ | to re-employ workers.
Wiedereingliederung *f* Ⓐ [eines Gebiets] | reincorporation.

Wiedereingliederung *f* Ⓑ [eines Betriebs] | reintegration.
Wiedereingliederung *f* Ⓒ [von entlassenen Arbeitskräften] | re-employment.
wiedereinkassieren *v* | to collect again.
wiedereinlösen *v* | to redeem.
Wiedereinlösung *f* | redemption.
wiedereinschiffen *v* | to re-embark.
Wiedereinschiffung *f* | re-embarkation.
wiedereinsetzen *v* | to re-establish; to reinstate | **jdn. in seine früheren Rechte** ~ | to reinstate sb.
Wiedereinsetzung *f* | re-establishment; restitution | ~ **in den vorigen Stand** | reinstatement | **Antrag auf** ~ **in den vorigen Stand** | petition for restitution.
Wiedereinsetzungsklage *f* | action for reinstatement (for restitution).
wiedereinstellen *v* Ⓐ | to reinstate.
wiedereinstellen *v* Ⓑ | to re-employ; to employ again | **jdn.** ~ | to re-engage sb.
Wiedereinstellung *f* Ⓐ | reinstatement.
Wiedereinstellung *f* Ⓑ | re-employment; re-engagement.
Wiedereintrag *m* | re-entry.
wiedereintragen *v* | to re-register; to re-enter.
Wiedereintragung *f* | re-registration.
wiedereintreten *v* | to re-enter.
Wiedereintritt *m* | re-entry.
wiedereinverleiben *v* | to reannex.
Wiedereinverleibung *f* | reannexation.
Wiederentziehung *f* | ~ **der Staatszugehörigkeit (der Staatsbürgerschaft)** | disnaturalization.
wiedererlangen *v* | **den Besitz von etw.** ~ | to regain possession of sth.; to repossess os. of sth. | **das Eigentum** ~ | to recover title (one's title).
Wiedererlangung *f* | recovery | ~ **des Besitzes** | regaining possession | ~ **des Eigentums** | recovery of title | ~ **der Staatsangehörigkeit** | regaining of nationality.
wiederernennen *v* | to reappoint.
Wiederernennung *f* | reappointment.
wiedererneuern *v* | to revive; to renew.
wiedereröffnen *v* | to reopen | **die Verhandlung** ~ | to resume the trial.
Wiedereröffnung *f* | reopening | ~ **der Verhandlung** | resumption of the trial.
Wiedereröffnungssitzung *f* | reopening session.
Wiedererscheinen *n* | reappearance.
wiedererstatten *v* | to restore; to refund | **jdm. seine Auslagen (Kosten)** ~ | to reimburse sb.'s expenses.
Wiedererstattung *f* | restitution; reimbursement.
Wiedererwerb *m* | reacquisition.
wiedererwerben *v* | **etw.** ~ | to reacquire sth.; to acquire sth. back.
wiedererzeugen *v* | to reproduce.
wiederfordern *v* | to reclaim.
Wiedergabe *f* | reproduction | **sklavische** ~ | slavish imitation | **unverkürzte** ~ | unabridged reproduction.
wiedergeben *v* | to render; to reproduce | **eine Stelle** ~ | to reproduce a passage.
wiedergewinnen *v* Ⓐ [zurückerlangen] | to recover; to recuperate.
wiedergewinnen *v* Ⓑ [zwecks Wiederverwendung] | to reclaim; to recycle.
Wiedergewinnung *f* Ⓐ [Zurückerlangung] | recovery; recuperation.
Wiedergewinnung *f* Ⓑ [zwecks Wiederverwertung] | reclaiming; reclamation; recycling.
Wiedergewinnungs..prozeß *m*; —**verfahren** *n* | process of reclaiming (of recycling).

wiedergutmachen *v* Ⓐ | to repair; to remedy; to restitute.
wiedergutmachen *v* Ⓑ | to compensate.
Wiedergutmachung *f* Ⓐ | reparation; restitution.
Wiedergutmachung *f* Ⓑ | compensation.
Wiedergutmachungs..abkommen *n* | reparations agreement.
—**amt** *n* | restitution agency.
—**anspruch** *m* Ⓐ | reparations claim.
—**anspruch** *m* Ⓑ | claim for compensation.
—**kommission** *f* | reparations commission.
Wiederheirat *f* | remarriage.
wiederheiraten *v* | to remarry; to marry again.
wiederherstellen *v* | to re-establish; to restore | **jds. Ansehen (Autorität)** ~ | to re-establish sb.'s authority | **die Disziplin** ~ | to restore discipline | **die eheliche Gemeinschaft** | to restore conjugal community | **die Öffentlichkeit der Verhandlung** ~ | to resume the trial in public | **die öffentliche Ordnung** ~; **Ruhe und Ordnung** | to re-establish (to restore) public order | **das Vertrauen** ~ | to restore confidence | **den früheren (ursprünglichen) Zustand von etw.** ~ | to bring (to put) sth. back into its former (original) state.
Wiederherstellung *f* | ~ **der ehelichen Gemeinschaft**; ~ **des ehelichen Lebens** | restitution (restoration) of conjugal community (of conjugal rights) | **Klage auf** ~ **der ehelichen Gemeinschaft** | action (suit) for restitution of conjugal rights | **Urteil auf** ~ **der ehelichen Gemeinschaft** | decree for the restitution of conjugal rights; restitution decree | ~ **der Öffentlichkeit der Verhandlung** | resumption of the trial in public | ~ **der öffentlichen Ordnung (von Ruhe und Ordnung)** | re-establishment (restoration) of public order (of law and order) | ~ **des früheren (ursprünglichen) (vorigen) Zustandes** | restoration of the former (original) state.
Wiederherstellungs..klage *f* Ⓐ | action for restitution.
—**klage** *f* Ⓑ | action (suit) for restitution of conjugal rights.
—**urteil** *n* | decree for the restitution of conjugal rights; restitution decree.
wiederholen *v* | to repeat; to reiterate | **eine Forderung** ~ | to renew a request | **etw.** ~ **lassen** | to have sth. repeated | **sich** ~ | to recur; to occur (to happen) again.
wiederholt *adj* | repeated | ~**e Aufforderungen** | repeated requests | **bei (zu)** ~**en Gelegenheiten** | on several occasions.
wiederholt *adv* [zu wiederholten Malen] | repeatedly.
Wiederholung *f* | repetition; reiteration; recurrence.
Wiederholungs..auftrag *m* | repeat order.
—**fall** *m* | **im** ~ | in case of repetition.
—**kurs** *m* | refresher course.
Wiederinbesitznahme *f* | resumption (recovery) (retaking) of possession.
Wiederindienststellung *f* [eines Schiffes] | recommissioning.
Wiederinkraftsetzung *f* | putting again into force.
Wiederinkrafttreten *n* | coming again into force; taking again effect.
Wiederinstandsetzung *f* | reconditioning.
Wiederinstandsetzungskosten *pl* | cost of reconditioning (of repair).
Wiederkauf *m* | repurchase.
wiederkaufen *v* | to repurchase.
Wiederkäufer *m* | repurchaser.
Wiederkaufsrecht *n* | right of repurchase (of redemption).
wiederkehren *v* | to recur.

wiederkehrend *adj* | recurring | ~e **Ausgaben** | recurring expenses | ~e **Einkünfte** | regular income | ~e **Leistungen** | recurring performances | ~e **Zahlungen** | periodical payments | **regelmäßig** ~ | repeated in regular intervals; periodically recurring | **nicht** ~ | non-recurring.

wiederkopieren *v* | to copy again; to recopy.

Wiedernahme *f* | recapture.

wiedernehmen *v* | to recapture.

wiederübernehmen *v* | to reassume.

wiederübertragen *v* | to retransfer; to reassign.

Wiederübertragung *f* | retransfer; reassignment.

wiederverehelichen *v*; **wiederverheiraten** *v* | **sich** ~ | to remarry.

Wiederverehelichung *f*; **Wiederverheiratung** *f* | remarriage; second marriage.

wiedervereinigen *v* | to reunite.

Wiedervereinigung *f* | reunification.

wiederverfrachten *v* | to reship.

Wiederverfrachtung *f* | reshipment; reshipping.

Wiedervergeltung *f* | retaliation; talion | ~ **üben** | to retaliate.

Wiedervergeltungsrecht *n* | law of talion (of retaliation); talion law.

Wiederverkauf *m* | resale; reselling.

wiederverkaufen *v* | to resell; to sell again.

Wiederverkäufer *m* Ⓐ | reseller.

Wiederverkäufer *m* Ⓑ | [Einzelhändler] | retail dealer; retailer | **an** ~ *mpl* **verkaufen** | to sell to the trade.

Wiederverkäuferrabatt *m* | trade discount.

wiederverkäuflich *adj* | resaleable.

Wiederverkaufs..preis *m* | resale (reselling) price.

—**recht** *n* | right to resell.

—**wert** *m* | resale value.

wiederverladen *v* | to reload; to reship.

Wiederverladung *f* | reloading; reshipping; reshipment.

wiederverlangen *v* | to redemand.

wiedervermieten *v* | to sublet; to relet.

Wiedervermietung *f* | subletting; reletting.

Wiedervertagung *f* | readjournment.

wiederverwenden | to re-employ.

Wiederverwendung *f* | re-employment.

wiederverwerten *v* | **Material** ~ | to recycle material.

Wiederverwertung *f* | ~ **von Material** | recycling of material.

Wiederwahl *f* | re-election | **sich zur** ~ **stellen (aufstellen lassen)** | to run (to stand) for re-election.

wiederwählbar *adj* | re-eligible.

wiederwählen *v* | to re-elect.

wiederzulassen *v* | to readmit.

Wiederzulassung *f* | readmission.

Wiege..gebühr *f*; —**geld** *n* | weighing fee (money).

—**schein** *m*; —**zettel** *m* | weight note (slip).

—**stempel** *m* | weighing (weight) stamp.

wild *adj* | ~e **Ehe** | concubinage | ~e **Gerüchte** | wild rumours | ~er **Streik** | wildcat strike.

Wilddieb *m*; **Wilderer** *m*; **Wildfrevler** *m* | poacher.

wilddieben *v*; **wildern** *v* | to poach.

Wild..dieberei *f* | poaching.

—**gehege** *n* ; —**park** *m* | game preserve.

—**hege** *f*; —**schutz** *m* | game preserving.

—**hüter** *m* | gamekeeper.

—**schaden** *m* | damage done (caused) by game.

Wille *m* Ⓐ | will | **Friedens**~ | will to maintain peace; peaceful intention | **der** ~ **des Gesetzgebers** | the legislative fiat | **Macht**~ | will to power | **Partei**~ | will (intention) of the parties | **Sieges**~ | will to victory.

★ **böser** ~ | ill will; unwillingness | **freier** ~ | free will | **aus freiem** ~**n** | of one's own accord; volun-

tarily | **guter** ~ | good will; willingness | **guten** ~**ns** | of good will; willing | **seinen guten** ~**n zeigen** | to prove (to give proof of) one's good will.

★ **seinen** ~**n durchsetzen** | to exercise one's will | **gegen jds.** ~**n handeln** | to act against sb.'s will | **etw. gegen seinen** ~**n tun** | to do sth. against one's will.

Wille *m* Ⓑ [Testament] | **letzter** ~ | last will; testament; will; last will and testament | **Mein letzer** ~ | This is my last will and testament.

Willens..änderung *f* | change of one's intentions.

—**akt** *m*; —**äußerung** *f* | expression (manifestation) of one's will (of one's intention).

—**bestimmung** *f* | **Freiheit der** ~; **freie** ~ | free determination of the will; free will | **nach freier** ~ **handeln** | to have free agency.

—**einigung** *f* | mutual consent (agreement).

—**entschluß** *m* | **aus eigenem** ~ | of one's own accord | **etw. aus eigenem** ~ **tun** | to do sth. of one's own free will.

Willenserklärung *f* | expression (declaration) of one's will (of one's intention) | **Abgabe einer** ~ | making a declaration of intention | **irrtümlich abgegebene** ~ | declaration of intention made under mistake | **empfangsbedürftige** ~ | declaration of intention which requires communication | **eine** ~ **abgeben** | to express (to declare) one's intention.

Willens..freiheit *f* | free will.

—**kraft** *f* | will power.

—**mangel** *m* | absence of consent.

—**stärke** *f* | strength of will.

—**übereinstimmung** *f* | mutual consent (agreement) (assent) | **mangelnde** ~ | absence of consent (of assent).

willig *adj* | **arbeits**~ | willing to work.

willig *adv* [**gut**~; **frei**~] | willingly.

Willkommen *m* | welcome.

Willkommensbotschaft *f* | message of welcome.

Willkür *f* | arbitrary action (power) | **nach** ~ | arbitrarily.

Willkür..akt *m*; —**handlung** *f* | arbitrary act (action).

—**herrschaft** *f* | arbitrary government (rule).

willkürlich *adj* | arbitrary | ~e **Entscheidung** | arbitrary decision | ~er **Preis** | arbitrary price.

willkürlich *adv* | ~ **entscheiden** | to decide arbitrarily.

Willkürlichkeit *f* | arbitrariness.

Windhundkontingent *n* [Zoll] | greyhound quota; first come-first served.

Winkel..advokat *m*; —**konsulent** *m* | hedge (sea) (snitch) lawyer; lawmonger; pettifogger; shyster.

—**agent** *m* | shady (dishonest) trader.

—**börse** *f* | outside market.

—**makler** *m* | shady (outside) (unlicensed) broker | **Betätigung als** ~ | jobbing.

—**züge** *mpl* | machinations; prevarications | ~ **machen** | to tergiversate; to use subterfuges.

Winzer..verein *m*; —**genossenschaft** *f* | winegrowers' association (cooperative society).

Wippen *n* [Kippen und ~] | circulating clipped money (coins).

wippen *v* [kippen und ~] | to circulate (to traffic in) clipped money (coins).

Wipper *m* [Kipper und ~] | clipper of coins (of money).

Wipperei *f* [Kipperei und ~] | clipping of money (coins).

wirken *v* | to have effect | **gegen Dritte** ~ | to be effective against third parties.

wirklich *adj* [tatsächlich] | real; true; actual | ~es **Einkommen** | real income | **der** ~e **Grund** | the real reason | **der** ~e **Preis** | the true (real) price | **der** ~e **Wert** | the true (real) (actual) value.

wirklich *adv* Ⓐ [tatsächlich] | really; actually; in reality.

wirklich *adv* Ⓑ [wahrheitsgemäß] | truthfully.

Wirklichkeit *f* | reality | ~ **werden** | to materialize; to be realized; to come true.

wirksam *adj* Ⓐ | effective; effectual | ~**e Blockade** | effective blockade | **in** ~**er Form** | effectively | ~**er Schutz** | effective protection | ~ **werden** | to come (to go) into effect; to take effect; to become effective (operative) | **un**~ | ineffective; without (of no) effect.

wirksam *adj* Ⓑ [gültig] | valid | **rechts**~ | valid (effective) in law; legally valid | **un**~ | invalid (insufficient) at law.

wirksam *adv* Ⓐ | effectively; efficaciously.

wirksam *adv* Ⓑ [in rechtsgültiger Weise] | validly.

Wirksamkeit *f* Ⓐ | effectiveness; efficiency | **die** ~ **eines Gesetzes aussetzen** | to suspend the operation of a law | **in** ~ **treten** | to come into force; to take effect.

Wirksamkeit *f* Ⓑ [Gültigkeit] | validity | **Rechts**~ | validity in law; legal force.

Wirkung *f* | effect | **mit** ~ **gegen Dritte** | effective against third parties | **Dritten gegenüber** ~ **haben** | to have effect against third parties | **die Nach**~**en** | the after-effects | **Rechts**~ | legal effect.

★ **aufschiebende** ~ | suspensive effect (power) | **aufschiebende** ~ **haben** | to be suspensive; to have suspensive power | **auflösende** ~ | resolutory effect | **bindende** ~ | binding effect | **nachteilige** ~**en** | detrimental effects (results) | **rechtliche** ~ | legal effect | | **mit sofortiger** ~ | taking effect immediately.

★ ~ **haben** | to have (to take) effect | **auf etw. eine** ~ **haben (ausüben)** | to have (to produce) an effect on sth. | **keine** ~ **haben; ohne** ~ **bleiben** | to have (to produce) no effect; to be of no avail; to remain without effect (without avail).

★ ~ **auf etw.** | action (effect) on sth. | **mit** ~ **ab ... (vom ...)** | coming into force on ...; taking effect on ... (from ...) | **ohne** ~ | of no effect; without effect; ineffective; without avail.

Wirkungs..bereich *m* | sphere (zone) of influence; reach.

—**feld** *n*; —**kreis** *m* | sphere (field) of activity (of action).

wirkungslos *adj* Ⓐ | without (of no) effect; ineffective | ~ **bleiben** | to be of no effect (of no avail); to have (to produce) no effect.

wirkungslos *adj* Ⓑ [unwirksam] | void; nul and void.

Wirkungslosigkeit *f* Ⓐ | inefficacy.

Wirkungslosigkeit *f* Ⓑ [Unwirksamkeit] | nullity.

Wirren *pl* | riots *pl* | **innere** ~ | civil commotions *pl* (strife).

Wirtschaft *f* Ⓐ [Wirtschaftssystem] | economy; economic system | **Abgaben**~ | tax economy | **Bau**~ | building industry | **Energie**~ | electricity industry | **Forst**~ | forestry | **die Gesamt**~ | the economic system; the economy | **Haus**~ | housekeeping; domestic economy | **Kriegs**~ | war economy | **Land**~ | agriculture; farming | **Markt**~ ① | marketing system | **Markt**~ ②; **freie Markt**~ | free-market economy | **Miß**~ | mismanagement | **Plan**~ | planned (controlled) economy | **Privat**~ | private economy | **Sozial**~ | socio-economics *pl* | **Staats**~; **Volks**~ | state (national) (political) economy | **Wehr**~ | war economy | **Weide**~ | pastoral industry | **Welt**~ | world (international) economy; world economic system | **Zwangs**~ | controlled economy; state control.

★ **autarke** ~ | self-contained (self-sufficient) economic system; self-sufficiency | **freie** ~ | free (uncontrolled) economy | **gelenkte** ~ | planned (controlled) economy | **gewerbliche** ~ | industry; industries | **sozialisierte** ~ | socialized (nationalized) economy.

Wirtschaft *f* Ⓑ [Verwaltung; Leitung] | administration | **Miß**~ ① | maladministration; mismanagement | **Miß**~ ② | misgovernment; misrule | **Vettern**~ | nepotism.

Wirtschaft *f* Ⓒ [Wirtschaftsbetrieb] | enterprise; undertaking; concern | **Haus**~ | household | **Land**~ | farm | **Muster**~ | model farm.

Wirtschaft *f* Ⓓ [Bewirtschaftungsart] | husbandry | **Dreifelder**~ | three-course rotation | **Vierfelder**~ | four-course rotation | **Wechsel**~ | alternate husbandry; rotation of crops; rotating crops | **Zweifelder**~ | two-course rotation | **extensive** ~ | extensive agriculture (husbandry) | **intensive** ~ | intensive husbandry.

wirtschaften *v* Ⓐ | to keep house; to manage.

wirtschaften *v* Ⓑ [sparsam ~] | to economize; to save.

Wirtschafterin *f* | housekeeper.

Wirtschaftler *m* [Volks~] | economist; economic expert; political economist | **Agrar**~ | agricultural economist (expert) | **Finanz**~ | financial expert.

wirtschaftlich *adj* Ⓐ | economic | ~**e Angliederung** | economic incorporation | ~**e Belange** | economic interests (concerns) | ~**er Boykott** | economic boykott | ~**er Druck** | economic pressure | ~**e Durchdringung** | economic penetration | ~**es Eigentum** | beneficial ownership | ~**e Eingliederung** | economic integration | ~**e Einkreisung** | economic encirclement | ~**e Entwicklung (Erschließung)** | economic development | ~**er Fortschritt** | economic progress | ~**e Freiheit** | economic freedom | ~**es Gleichgewicht** | economic balance | ~**e Interessen** | economic interests | ~ **Leistung** | commercial efficiency | ~**e Machtstellung** | economic power | ~**er Ruin** | economic ruin | ~**e Sanierung** | economic rehabilitation | ~**e Sanktionen** | economic sanctions | ~**e Stabilität** | economic stability | **mangelnde** ~**e Stabilität** | economic instability | ~**es Übergewicht**; ~**e Überlegenheit** | economic superiority | ~**e Unabhängigkeit** ① | economic independence | ~**e Unabhängigkeit** ② | economic self-sufficiency | ~**e Unsicherheit** | economic uncertainty (instability) | ~**e Unterdrückung** | economic enslavement | ~**es Unternehmen** | business (commercial) (industrial) enterprise | ~**er Wert** | economic value | ~**er Wiederaufbau** | economic reconstruction | ~**e Wiederbelebung (Wiedergesundung)** | economic recovery (revival); trade recovery.

wirtschaftlich *adj* Ⓑ [sparsam] | economic(al); saving.

Wirtschaftlichkeit *f* Ⓐ [Sparsamkeit] | economy.

Wirtschaftlichkeit *f* Ⓑ [Rentabilität] | profitability; profitableness | **Betriebs**~ | operational efficiency.

Wirtschaftlichkeits..grenze *f* | break-even point.

—**prüfer** *m* | expert who examines the operational efficiency of a factory (or the way in which government expenditure is managed).

Wirtschafts..abkommen *n* | economic (trade) agreement.

—**ablauf** *m* | economic process.

—**abmachungen** *fpl* | trade agreements.

—**abordnung** *f* | trade delegation.

—**apparat** *m* | economic machinery (system).

—**aufschwung** *m* | economic (trade) recovery.

—**aussichten** *fpl* | economic (business) prospects.

—**autarkie** *f* | economic (national) self-sufficiency.

Wirtschafts..belange *mpl* | economic interests (concerns).
—**belebung** *f* | economic revival (recovery); trade recovery.
—**berater** *m* | economic adviser (expert) (consultant).
—**bereich** *m* | branch (sector) of the economy.
—**bericht** *m* | economic report.
—**berichterstatter** *m* | economic correspondent.
—**besprechungen** *fpl* | trade talks.
—**betrieb** *m* | business (trading) concern.
—**beziehungen** *fpl* | trade (business) (economic) relations.
—**bezirk** *m* | economic region.
—**bilanz** *f* | trade balance.
—**block** *m* | economic block.
—**blockade** *f* | economic blockade.
—**boykott** *m* | economic boykott.
—**depression** *f* | trade depression (recession); economic depression.
—**entwicklung** *f* | economic development.
—**forschung** *f* | economic research.
—**fortschritt** *m* | economic progress.
—**fragen** *fpl* | economic problems.
—**freiheit** *f* | freedom of trade; economic freedom.
—**führer** *m* | industrial leader; captain of industry.
—**führung** *f* | business (economic) management.
—**gebiet** *n* | economic area (region).
—**gefüge** *n* | economic structure.
—**geld** *n* | housekeeping money.
—**genossenschaft** *f* | producers' and consumers' co-operative society.
—**geographie** *f* | economic geography.
—**gruppe** *f* | branch of the economic activity; economic (trade) section.
—**güter** *npl* | assets | **kurzlebige** ~ | short-lived assets [eligible for accelerated depreciation] | **ideelle** ~; **unkörperliche** ~ | intangible assets.
—**hilfe** *f* | economic aid (assistance).
—**individualismus** *m* | economic individualism.
—**interessen** *npl* | economic interests.
—**jahr** *n* | financial (business) (fiscal) year.
—**jurist** *m* | corporate lawyer.
—**kammer** *f* | chamber of economics.
—**kapital** *n* | trading (working) (business) capital (assets *pl*).
—**kommission** *f* | economic commission (committee).
—**konferenz** *f* | economic (industrial) conference | **Welt-**~ | world economic conference.
—**kraft** *f* | economic power (strength).
—**kreise** *mpl* | business circles.
—**krieg** *m*; —**kriegführung** *f* | economic war (warfare).
—**kriminalität** *f* | white-collar dishonesty (criminality).
—**krise** *f* | economic crisis (depression); trade depression | **Welt**~ | world economic crisis.
—**lage** *f* | economic conditions (situation).
—**leben** *n* | economic (business) life.
—**lehre** *f* | political science (economy); economics *pl*.
—**lenkung** *f* | controlled (planned) economy | **staatliche** ~ | state-controlled economy; government management | **Anhänger der staatlichen** ~ | partisan of state-controlled economy.
—**liberalismus** *m* | economic liberalism.
—**macht** *f* | economic power.
—**minister** *m* | minister of economics (of economic affairs); Secretary of Commerce [USA]; President of the Board of Trade [GB].
—**ministerium** *n* | ministry of economics; Department of Commerce [USA]; Board of Trade [GB].
—**nachrichten** *fpl* | business (commercial) (industrial) news.

Wirtschafts..nationalismus *m* | economic nationalism.
—**niveau** *n* | level of economy.
—**ordnung** *f*; —**organisation** *f* | economic organization (order) (system).
—**periode** *f* | accounting period.
—**plan** *m* | economic plan (programme).
—**politik** *f* | economic policy.
wirtschaftspolitisch *adj* | politico-economical.
Wirtschafts..potential *n* | economic capacity.
—**problem** *n* | economic problem.
—**prognose(n)** *fpl* | economic forecasting | ~**n anstellen (geben)** | to forecast (to foreshadow) economic trends.
—**programm** *n* | economic programme (plan).
—**prüfer** *m* | chartered (certified) accountant (auditor).
—**prüfung** *f* | audit(ing).
—**prüfungsbericht** *m* | auditor's (auditors') report.
—**prüfungsgesellschaft** *f* | company (firm) of auditors; auditing company.
—**rat** *m* | economic council.
—**raum** *m* | market(ing) (trading) area.
—**recht** *n* | commercial (business) law.
—**rechtler** *m* | commercial lawyer.
—**rückgang** *m* | economic recession.
—**sabotage** *f* | industrial (economic) sabotage.
—**sachverständiger** *m* | economic expert; economist.
—**spionage** *f* | industrial espionage.
—**stabilität** *f* | economic stability.
—**statistik** *f* | business statistics *pl*.
—**struktur** *f* | economic structure.
—**system** *n* | economic system (structure); economics *pl* | **Welt**~ | world economic system | **autarkes** ~ | self-contained (self-sufficient) economic system; self-sufficiency.
—**union** *f* | economic union.
—**unternehmen** *n* | business (trading) concern.
—**verband** *m*; —**vereinigung** *f* | trade association.
—**verfassung** *f* | economic structure (system).
—**verhandlungen** *fpl* | trade negotiations.
—**verkehr** *m* | business; trade.
—**vertrag** *m* | economic (trade) agreement.
—**wachstum** *n* | growth of the economy; economic growth.
—**wissenschaft** *f* | economic science; economics *pl*.
—**wissenschaftler** *m* | economist.
—**wochenschrift** *f* | economic weekly.
—**zeitschrift** *f*; —**zeitung** *f* | economic revue; trade journal (paper).
—**zentrum** *n* | business (trade) center (centre).
—**zone** *f* Ⓐ | economic area (region).
—**zone** *f* Ⓑ [in welcher ein Küstenstaat die Untersee-Bodenschätze ausbeuten kann] | economic zone, in which a coastal state can (or may) exploit under-sea mineral resources.
—**zweig** *m* | branch (line) (sector) of the economy (of the economic activity).
Wissen *n* Ⓐ [Kenntnis] | knowledge | **nach bestem** ~ **und Gewissen** | to the best of one's knowledge and belief | **wider besseres** ~ | against one's better knowledge | **meines** ~**s** | to my knowledge.
Wissen *n* Ⓑ [Kenntnisse] | learning; knowledge | **Allgemein**~ | general knowledge | **Bereicherung des** ~**s** | accession to knowledge | **Fach**~; **Spezial**~ | technical (expert) (specialized) knowledge (know-how) | **Halb**~ | half-knowledge.
★ **von großem (reichem)** ~ | of profound learning | **gründliches** ~ | profound knowledge; thorough command | **juristisches** ~ | knowledge (know-how) of the law | **umfassendes** ~ | extensive (wide) knowledge.

Wissenschaft *f* | science | **Finanz~** | finance | **Gefängnis~** | penitentiary science | **Handels~** | commercial science | **Kolonial~** | colonial science | **Sozial~** | social science; sociology | **Staats~** | political science | **Strafrechts~** | criminology | **Wirtschafts~** | economics *pl* | **die angewandten ~en** | the applied sciences | **~ studieren** | to study science.
Wissenschaftler *m* | scientist.
wissenschaftlich *adj* | scientific | **~e Abhandlung** | dissertation; treatise | **~e Arbeit** | scientific work | **~er Beirat** | scientific advisory council | **~e Betriebsführung** | scientific management | **~e Forschung** | scientific research.
Wissens..gebiet *n* | field of knowledge.
—**zweig** *m* | branch of knowledge.
wissentlich *adv* | knowingly; with full knowledge | **~ falsche Angaben machen** | to make statements knowing them to be untrue; to make knowingly false statements.
Witwe *f* | widow; widowed woman | **Krieger~**; **Kriegs~** | war widow.
Witwen..geld *n*; —**pension** *f*; —**rente** *f* | widow's pension.
—**kasse** *f*; —**pensionskasse** *f* | widow's pension fund.
Witwenschaft *f* | widowhood | **während ihrer ~** | during her widowed life.
Witwenstand *m* | widowed situation.
Witwer *m* | widower; widowed man.
Woche *f* | week | **Arbeits~** | working week | **Beitrags~** | contribution week | **Beschäftigung für die ganze ~** | full-time job.
★ **eine ~ alt** | one week old; week-old | **innerhalb der folgenden ~** | within the following week | **die laufende ~** | the current week | **innerhalb der nächsten (kommenden) ~** | within the next week.
★ **eine Sache um eine ~ vertagen** | to adjourn a case for a week | **einmal in der ~** | once a week; weekly; every week | **innerhalb einer ~** | within a week | **zweimal in der ~** | twice a week; twice weekly; half-weekly.
Wochen..abonnement *n* | weekly ticket (season ticket).
—**abschluß** *m*; —**ausweis** *m*; —**bilanz** *f* | weekly return (statement) (balance sheet).
—**arbeitszeit** *f* | number of hours worked per week.
—**arbeitszettel** *m* | weekly time-sheet.
—**beitrag** *m* | weekly contribution.
—**bericht** *m* | weekly return (report).
—**blatt** *n* | weekly paper; weekly.
—**bett** *n* | confinement; lying-in | **im ~ sein** | to be confined; to lie in.
—**geld** *n*; —**hilfe** *f* | maternity benefit.
—**index** *m* | weekly (the week's) index.
—**karte** *f* | weekly ticket (season-ticket).
—**lohn** *m* | weekly wages *pl* (pay) (salary).
—**markt** *m* | weekly market day.
—**produktion** *f* | weekly production (output).
—**rate** *f* | weekly instalment.
—**schau** *f* | news (topical) film (picture); newsreel.
—**schrift** *f* | weekly publication | **Wirtschafts~** | economic weekly.
—**tag** *m* | weekday; working (business) day | **Fahrplan für ~e** | weekday service.
wochentags *adv* [an Wochentagen] | on weekdays | **nur ~** | weekdays only.
wöchentlich *adj* | weekly | **~es Gehalt**; **~er Lohn** | weekly salary (pay) (wages *pl*) | **gegen ~e Kündigung** | at seven day's notice | **~e Zahlung** | weekly payment | **~ einmal** | once a week; every week; weekly | **halb~** | half-weekly | **zweimal ~** | twice a week; twice weekly.

Wochen..übersicht *f* | weekly review (return) (report).
—**zahlung** *f* | weekly payment.
—**zeitschrift** *f*; —**zeitung** *f* | weekly paper; weekly.
Wöchnerin *f* | woman in childbed.
Wöchnerinnenheim *n* | lying-in hospital; maternity centre (ward) (home).
wofern | **~ nicht** | unless.
Wohl *n* | **das ~** | the weal; the welfare | **das ~ der Allgemeinheit**; **das Gemein~**; **das gemeine (öffentliche) ~** | the common (public) weal (welfare); the public interest.
wohlbegründet *adj* | well-founded; fully justified.
wohlbehalten *adj* | safe and sound.
wohlbestallt *adj* | duly installed.
wohlerwogen *adj* | well-judged | **~e Ansicht (Meinung)** | well-considered opinion | **~es Risiko** | calculated risk.
wohlerworben *adj* | well-acquired; well-earned | **~e Rechte** | vested (well-established) rights; vested interests.
wohlerzogen *adj* | well-educated | **~ sein** | to be well-educated (well-bred); to have good breeding.
Wohlfahrt *f* | welfare | **die öffentliche ~** | public (social) welfare | **Einrichtung der ~** | social (welfare) institution (organization) | **Einrichtung der öffentlichen ~** | public welfare organization.
Wohlfahrts..amt *n* | public relief office.
—**ausgaben** *fpl* | welfare expenditure.
—**ausschuß** *m* | public welfare committee.
—**beamter** *m* | welfare inspector.
—**einrichtung** *f* | social (welfare) institution (organization) | **öffentliche ~** | public welfare organization.
—**kasse** *f* | benevolent (relief) fund | **aus der öffentlichen ~** | by public charity.
—**pflege** *f* | public (social) welfare | **Tätigkeit in der ~** | social (welfare) work.
—**pfleger** *m* | social welfare worker.
—**pflegerin** *f* | social worker.
—**staat** *m* | welfare state.
—**unterstützung** *f* | public (poor) (local) relief.
—**verband** *m* | welfare organization.
wohlfeil *adj* | inexpensive.
wohlhabend *adj* | wealthy; moneyed; possessed of ample means.
Wohlhabenheit *f* | wealth.
Wohlstand *m* | wealth; prosperity; affluence | **im ~ leben** | to live in easy (affluent) circumstances; to be well-off.
Wohlstands..gesellschaft *f* | **die ~** | the affluent society.
—**index** *m* | prosperity index.
—**steuer** *f* [S] | wealth tax; property levy (extra tax) [on property of a certain level].
Wohltat *f* [Rechts~] | benefit.
Wohltäter *m* | benefactor.
Wohltäterin *f* | benefactress.
wohltätig *adj* | charitable; beneficent | **~er Akt** | act of charity (of benevolence); charity | **~e Sammlung**; **Sammlung zu einem ~en Zweck** | charity collection | **~e Spenden** | charitable donations | **~e Stiftung** | charitable foundation (trust) | **~er Verein** | charitable (friendly) (benevolent) society | **~es Vermächtnis** | charity (charitable) bequest | **zu ~en Zwecken** | for charity | **~ gegen jdn.** | charitable to (towards) sb.
Wohltätigkeit *f* | charity | **Akt (Werk) der ~** | act of charity (of benevolence); charity | **von der ~ leben** | to live on charity.
Wohltätigkeits..anstalt *f*; —**einrichtung** | charitable (benevolent) institution.
—**fonds** *m* | charitable fund.

Wohltätigkeits..veranstaltung *f*; —**vorstellung** *f* | benefit (charity) performance.
—**verein** *m* | charitable (friendly) (benevolent) society.
—**verkauf** *m* | charity sale.
wohlüberlegt *adj* | well-considered | ~e Meinung | well-considered opinion.
wohlunterrichtet *adj* | well-informed | in ~en Kreisen | in well-informed circles.
wohlverdient *adj* | well-earned; well-deserved.
Wohlverhalten *n* | good behavio(u)r (conduct).
Wohlwollen *n* | well-meaning; benevolence.
wohlwollend *adj* | well-meaning | ~e Neutralität | benevolent neutrality.
Wohn..bedarf *m* | housing requirements *pl.*
—**bevölkerung** *f* | resident population.
—**bezirk** *m* | residental quarter (district).
—**block** *m* | block of flats.
wohnen *v* Ⓐ [Wohnsitz haben] | in ... ~ | to reside in (at) ...; to have one's residence in (at) | im Ausland ~ | to reside abroad.
wohnen *v* Ⓑ | möbliert ~ | to live in a furnished room (apartment) (in furnished rooms) | bei jdm. ~ | to lodge with sb.
wohnhaft *adj* | in (zu) ... ~ | living (residing) (domiciled) at ... | im Ausland ~ | resident (residing) abroad.
Wohn..gegend *f* | residential area (section).
—**grundstück** *n*; —**haus** *n* | residential estate (property); apartment house.
—**ort** *m* | domicile; residence; place of residence | ~ im Auslande | residence abroad | seinen ~ wechseln | to change one's residence.
—**recht** *n* Ⓐ | right of residence.
—**recht** *n* Ⓑ; **Wohnungsrecht** *n* | right of occupancy.
—**siedlung** *f* | residential settlement; housing development.
Wohnsitz *m* | domicile; residence | Aufhebung des ~es | giving up one's residence | seinen ~ im Ausland nehmen | to take (to take up) one's residence abroad | Begründung eines ~es | establishment of a residence | Erwählung eines ~es | election of domicile | ~ bei Geburt | domicile of origin | einen Ort als ~ wählen (erwählen) | to elect domicile at a place | zahlbar am ~ des Schuldners | payable at the address of the payee | Unterstützungs~ | residence of person entitled to public relief | Veränderung (Verlegung) (Wechsel) des ~es | change of domicile (of residence); transfer of domicile | Wiederaufschlagung des ~es | resumption of residence.
★ der eheliche ~ | the conjugal residence | fester ~; ständiger ~ | permanent residence | ohne festen ~; ohne einen festen ~ zu haben | with (of) no fixed home (residence) (abode); without having a fixed residence | gesetzlicher ~ | legal domicile | gewählter ~; erwählter ~ | domicile of choice | gewöhnlicher ~ | habitual residence | steuerlicher ~ | fiscal domicile | tatsächlicher ~ | actual residence (place of residence) | vereinbarter ~ | stipulated domicile.
★ seinen ~ aufgeben (aufheben) | to abandon one's domicile | seinen ~ in ... aufschlagen | to take up one's residence at ... | seinen ~ wiederaufschlagen | to take up one's residence again | einen (seinen) ~ begründen | to establish a (one's) residence | jds. ~ teilen | to share the domicile of sb. | seinen ~ verändern (verlegen) (wechseln) | to change one's residence | einen ~ wählen | to elect domicile | an jds. ~ | at sb.'s residence.
Wohnsitz..änderung *f*; —**veränderung** *f*; —**verlegung** *f*; —**wechsel** *m* | change of domicile (of residence); transfer of domicile.

Wohnsitz..begründung *f* | establishment of (of a) residence.
—**erfordernisse** *npl* | residential requirements (qualifications).
Wohnung *f* Ⓐ [Wohnsitz] | residence; abode | seine ~ in ... haben | to reside at ... | in ... ~ nehmen | to make ... one's residence; to take up one's residence (abode) at ...
Wohnung *f* Ⓑ | Arbeiter~en | workers' (workmen's) dwellings *pl* | ~ mit Bedienung | service flat | Dienst-~ | lodgings pertaining to an office | Miets~en | rented flats | Privat~ | private apartment | aus einer ~ die Möbel entfernen | to unfurnish (to remove the furniture from) an apartment.
Wohnungs..amt *n* | housing office (board).
—**angabe** *f* | address.
—**anzeiger** *m* | housing advertiser.
—**bau** *m* | construction of houses; housebuilding; housing | sozialer ~ | low-cost (low-income) (subsidized) housing.
——**finanzierung** *f* | financing of housebuilding (of housing projects).
——**genossenschaft** *f* | co-operative housebuilding society; housing co-operative.
——**konjunktur** *f* | housebuilding boom.
——**ministerium** *n* | Ministry of Housing.
——**programm** *n* | housing (home construction) program.
Wohnungs..bedarf *m* | housing requirements *pl.*
—**bedingungen** *fpl* | housing conditions.
—**behörde** *f* | housing authority.
—**beihilfe** *f*; —**entschädigung** *f*; —**geld** *n*; —**zuschuß** *m* | allowance for rent; lodging allowance.
—**beschaffung** *f* | housing.
—**einrichtung** *f* | household furniture.
—**frage** *f* | housing problem.
—**inhaber** *m* | householder | ~ *mpl* und Mieter *mpl* | householders and lodgers.
—**knappheit** *f*; —**mangel** *m*; —**not** *f*; —**problem** *n* | housing shortage (problem).
—**markt** *m* | housing market.
—**miete** *f* | rent.
—**veränderungsanzeige** *f* | notice (advice) of removal.
—**vermietung** *f* | house (flat) letting.
—**wechsel** *m* Ⓐ [Umzug] | removal.
—**wechsel** *m* Ⓑ [Wohnsitzwechsel] | change of residence (of domicile) (of address).
—**zwangswirtschaft** *f* | rationing of lodging space; housing control.
Wohn..verhältnisse *npl* | housing (living) conditions.
—**viertel** *n* | residential area (district) (quarter).
Wort *n* Ⓐ | word | Ehren~ | word of hono(u)r | Losungs~ | password | Stich~ | watchword | jdm. das ~ abschneiden | to cut sb. short | ums ~ bitten; sich zum ~ melden | to ask for leave to speak | jdm. das ~ entziehen | to withdraw sb.'s leave to speak | das ~ zur Tagesordnung ergreifen | to rise to a point of order | jdm. das ~ erteilen | to give sb. the floor; to give sb. leave to speak | das ~ haben | to have the floor | ~ für ~ | word for word; literally | in ~en | in words.
Wort *n* Ⓑ [Versprechen] | promise | sein ~ einlösen; sein ~ halten | to keep (to redeem) one's word | jdn. von seinem ~ entbinden | to release sb. from his promise (from his word) | sein ~ zurücknehmen | to withdraw (to take back) one's word.
Wortbruch *m* | breach of one's word.
wortbrüchig *adj* | ~ werden | to break one's word.
Wörterbuch *n* | dictionary; lexicon | Abfassung von Wörterbüchern | dictionary-making; lexicography |

Fach~; Spezial~ | technical dictionary; dictionary of technical terms | **Fremd~** | dictionary of foreign words and expressions | **Hand~** | dictionary in handbook size | **Taschen~** | pocket dictionary | **in einem ~ nachschlagen** | to consult a dictionary.
Wörterbuchverfasser *m* | dictionary-maker; lexicographer.
Wort..führer *m* | speaker; spokesman.
—gebühr *f* | telegraph rate.
—gefecht *n* | encounter; verbal duel.
wortgetreu *adj* | ~e Abschrift | close (true) copy | ~e Übersetzung | literal (close) (near) translation.
wortgetreu *adv* | ~ übersetzen | to translate word by word (word for word) (literally) | ~ übersetzt | closely (correctly) translated.
Wortklauber *m* | quibbler.
Wortklauberei *f* | quibbling.
Wortlaut *m* | text; wording; tenor | **nach dem ~ des Vertrages** | according to the wording of the agreement | **den ~ von etw. abändern** | to change (to modify) the wording of sth. | **im ~ abweichen** | to read differently; to have a different wording | **im ~ zitieren** | to quote verbatim.
wörtlich *adj* | literal | ~e Übersetzung | literal (verbatim) translation | ~es Zitat | word-by-word quotation.
wörtlich *adv* | ~ anführen (zitieren) | to quote literally | ~ übersetzen | to translate word by word (word for word).
Wort..streit *m*; **—wechsel** *m* | dispute; quarrel; wrangle.
—tarif *m*; **—taxe** *f* | word tariff.
—verdreher *m* | tergiversator; twister.
wortwörtlich *adv* | word by word; word for word.
Wrack *n* Ⓐ [Schiffs~] | wreck.
Wrack *n* Ⓑ [Wrackgut; Strandgut] | wrecked goods *pl*; wreckage.
Wucher *m* | usury | **Waren~** | buying up | **Zins~** | usurious rate of interest | **auf ~ leihen** | to lend at usurious interest | **~ treiben** | to practise usury.
Wucherer *m* | usurer.
Wucher..bankier *m* | usurious banker.
—darlehen *n* | usurious loan.
—geschäft *n* | usurious business.
—gewinn *m* | usurious profit.
—kredit *m* | usurious credit.
wucherisch *adj* | usurious | ~er Aufkauf | buying up; concerning | ~e Ausbeutung | usurious exploitation | ~es Darlehen | loan at usurious interest; usurious loan | ~er Vertrag | usurious contract | ~er Zinssatz | usurious rate of interest.
wucherisch *adv* | usuriously.
Wuchern *n* | usury.
wuchern *v* Ⓐ | to practise usury.
wuchern *v* Ⓑ [zu Wucherzinsen leihen] | to lend at usurious interest.
Wucher..preis *m* | usurious (exorbitant) price.
—zinsen *mpl* | usurious interest | **Darlehen zu ~** | usurious loan; loan at usurious interest.
leihen | to lend at usurious interest.
Würde *f* Ⓐ | dignity | **Kanzler~** | dignity of chancellor | **erbliche ~** | hereditary dignity.
Würde *f* Ⓑ [Grad] | degree | **Doktor~** | doctor's degree | **akademische ~** | university degree.
Würdenträger *m* | dignitary.
würdig *adj* | achtungs~ | worthy (deserving) of respect | **glaub~** | trustworthy | **kredit~** | worthy of credit; credit-worthy; trustworthy | **einer Sache ~ sein** | to be worthy of sth.
würdigen *v* | to appreciate; to esteem; to respect.

Würdigung *f* | appreciation | ~ der Beweise; Beweis~ | appreciation of evidence | **nach entsprechender ~** | after due consideration | **verständige ~** | reasoned (intelligent) appreciation.

Z

Zahl *f* Ⓐ [Ziffer] | number; figure | **Index~** | index number.
Zahl *f* Ⓑ [An~] | quantity.
zahlbar *adj* | payable; due; to be paid | ~ **bei Auftragserteilung; ~ bei Bestellung** | payable on application; cash with order | **im Ausland ~** | payable abroad | ~ **bei Fälligkeit; ~ bei Verfall** | payable when due; cash at maturity | ~ **an den Inhaber** | payable to bearer | ~ **bei Lieferung** | payable (cash) on delivery | ~ **an Order; ~ an die Order von** | payable to order (to the order of) | ~ **bei Sicht; auf Verlangen ~; ~ bei Vorzeigung; ~ bei Vorlage** | payable at sight (on presentation) (on demand) | ~ **an den Überbringer** | payable to bearer | **bei Vorzeigung ~er Wechsel** | bill payable at sight | **einen Wechsel ~ machen** | to make a bill payable; to domicile (to domiciliate) a bill | **am Wohnsitz des Schuldners ~** | payable at the address of payee.
★ **in bar ~** | payable in cash; terms cash | **sofort ~** | spot cash | **im nachhinein ~; postnumerando ~** | payable afterwards | **im voraus ~; voraus~; pränumerando ~** | payable in advance | **~ werden** | to fall (to become) due (payable).
zählbar *adj* | computable.
Zahlbarkeit *f* Ⓐ | payability.
Zahlbarkeit *f* Ⓑ [Fälligkeit] | maturity.
Zahlbarstellung *f* | domiciliation.
Zählbogen *m* | census paper.
Zahlen *n* | paying; payment.
Zahlen *fpl* | numbers; figures | **in runden ~** | in round figures | **in ~ geschrieben** | written in figures.
zahlen *v* | to pay; to make payment | **auf Abschlag ~** | to pay by (in) instalments | **etw. als Abstand (als Abstandssumme) ~** | to pay sth. as an indemnity (by way of compensation) | **Aufforderung zu ~** | summons (request) (notice) to pay; demand for payment | **einen Betrag ~** | to pay an amount | **à-Conto ~** | to pay on account; to make a payment on account; to make (to pay) a deposit | **eine Dividende ~** | to pay a dividend | **keine Dividende ~** | to pass the dividend | **zu Ehren [von ...] ~; als Intervenient ~** | to pay for hono(u)r | **bei Fälligkeit ~** | to pay at due date (at maturity) (when due) | **Geld an jdn. ~** | to pay money over to sb. | **in klingender Münze ~** | to pay in hard cash | **in Raten ~** | to pay by (in) instalments; to pay on the instalment system | **eine Rechnung ~** | to pay a bill; to settle an account | **eine Rente ~** | to pay an annuity | **Schulden ~** | to pay off (to clear off) debts | **bei Sicht ~; auf Verlangen ~; bei Vorzeigung ~** | to pay on demand (on presentation) (at sight).
★ **bar ~; in bar ~** | to pay cash (in cash) (cash down) | **nach~; postnumerando ~** | to pay afterwards (subsequently) | **voraus~; im voraus ~; pränumerando ~** | to pay in advance (in anticipation)

zahlen *v, Forts.*
(beforehand); to prepay | **ratenweise** ~ | to pay by (in) instalments; to pay on the instalment system | **zu viel** ~ | to pay too much; to overpay | **voll** ~ | to pay up (in full).
★ **jdn.** ~ **lassen** | to make sb. pay | **ab**~ | to pay off | **an**~ | to pay on account; to make (to pay) a deposit | **aus**~ | to pay out | **jdn. aus**~ | to pay (to buy) sb. out | **heraus**~ ① | to pay out | **heraus**~ ② | to pay back; to return | **nach**~ | to pay up arrears | **nochmals** ~ | to pay again | **über**~ | to pay too much; to overpay | **etw. zu**~ **(hinzu**~**)** | to pay sth. extra (in addition) | **zurück**~ | to pay back; to return.
Zahlen *imp* | ~ **Sie dem Inhaber** | pay bearer (to bearer) | ~ **Sie an die Order von** | pay to the order of | ~ **Sie an mich oder an meine Order** | pay self or order | ~ **Sie dem Überbringer** | pay bearer (to bearer) | ~ **Sie an** ! pay to | ~ **Sie an mich** | pay self | ~ **Sie an uns** | pay selves.
Zählen *n* | counting; count.
zählen *v* | to count.
Zahlen..angaben *fpl*; —**material** *n* | data in figures.
zahlend *adj* | paying | ~**es Mitglied** | paying member | ~**er Passagier** | revenue passenger.
Zahlender *m* | payer.
zahlenmäßig *adj* | numerical | **in** ~**er Reihenfolge** | in numerical order | ~**e Überlegenheit** | superiority in number; outnumbering | ~**es Verhältnis** | numerical proportion.
zahlenmäßig *adv* [der Zahl nach] | numerically; by number | ~ **überlegen sein** | to be superior in number; to outnumber.
Zahlenverhältnis *n* | numerical proportion.
Zahler *m* | payer | **Ehren**~ | **Interventions**~ | payer for hono(u)r | **Ein**~ | payer-in | **Steuer**~ | taxpayer | **Umlagen**~ | ratepayer | **Wechsel**~ | payer of a bill | **guter** ~; **prompter** ~; **pünktlicher** ~ | good (prompt) payer | **säumiger** ~ | tardy (slow) payer.
Zähler *m* Ⓐ | **Stimmen**~ | scrutineer.
Zähler *m* Ⓑ [Messer] | meter | **einen** ~ **ablesen** | to read a meter.
—**ablesung** *f* | reading of a (of the) meter.
Zählkarte *f* | census card (paper).
Zahl..frist *f* | time fixed for payment.
—**karte** *f* | paying-in form | **Steuer**~ | free money order for tax payments.
zahllos *adj* | countless.
Zahl..meister *m* | paymaster; purser; treasurer.
—**stelle** *f* Ⓐ | pay (paying) office; cash desk.
—**stelle** *f* Ⓑ | address for payment; paying agent.
—**stellenoption** *f* | choice of domicile of a bill.
—**stellenwechsel** *m* | domiciled bill.
—**tag** *m* Ⓐ [Tag der Zahlung] | day of payment.
—**tag** *m* Ⓑ [Lohnzahlungstag] | pay day.
—**termin** *m* | date (time) of payment.
—**tisch** *m* | pay desk.
—**titel** *m* | pay instrument.
Zahlung *f* | payment; paying | **Ab**~ | paying off; settlement | **Abschlags**~; **à Conto-**~ ① | payment on account (in part); part (partial) payment; instalment | **à Conto-**~ ② | deposit; initial (down) payment | **Abschluß**~ | payment in full settlement; final payment | **gegen eine Abstands**~ **von ...** | against (on) payment of ... as an indemnity | **Aus**~ ① | paying out (off) | **Aus**~ ② | laying out; disbursement | **Ausbleiben der** ~ | default of payment; non-payment.
○ **Ausgleichs**~; ~ **zum vollen Ausgleich** | payment in full (in full discharge) (in full settlement); dis-

charge; settlement | **Bar**~; **Baraus**~ | payment in cash (in specie); cash payment | **Beitrags**~ | payment of dues | ~ **einer Dividende; Dividenden**~ | payment of a dividend; dividend payment | **Ehren**~ | payment for hono(u)r | **Ein**~ | paying in | **Einstellung der** ~**en** | suspension of payments | **Fracht**~ | freight payment.
○ **Gehalts**~ ①; ~ **des Gehalts** | salary payment | **Gehalts**~ ②; ~ **der Gehälter** | payment of (of the) salaries | **Halbjahres**~ | half-yearly payment | **Honorar**~ | payment of fees | **Interventions**~ | payment for hono(u)r | **Jahres**~ | annuity | **Klage auf** ~ | action for payment | **Lohn**~ | payment of wages; wage payment | **Miets**~ | rent payment; rental | **Monats**~ | monthly payment | ~ **zum Monatsende**; ~ **am Schluß des laufenden Monats** | payment at the end of the present month.
○ **Nach**~ ① | subsequent payment | **Nach**~ ② | additional (supplementary) (extra) payment | ~ **in Natur** | payment in kind | **Nicht**~ | non-payment; default of payment | **im Falle der Nicht**~ | in case of non-payment (of default) | **wegen Nicht**~ | for (because of) non-payment | ~ **gegen Papiere** | payment against documents | **Pauschal**~; ~ **einer Pauschalsumme** | lump sum payment | **Prämien**~ | premium payment | **Protest**~; ~ **unter Protest** | payment under (supra) protest | **Protest mangels** ~ | protest for non-payment (for want of payment).
○ **Raten**~ ①; ~ **in Raten** | payment in (by) instalments | **Raten**~ ② | instalment; part payment | **Raten**~**en** | payment on the instalment system | **Regreß mangels** ~ | recourse for want of payment | **Rück**~ | paying back; return payment | ~ **durch Scheck; Scheck**~ | payment by cheque | **Schulden**~ | payment of debts | **Steuer**~ | payment of taxes; tax payment.
○ **Teil**~ ① | part (partial) payment; payment on account | **Teil**~ ② | instalment | **Über**~ | overpayment | **Verweigerung der** ~ | refusal to pay (of payment) | **Vierteljahres**~ | quarterly payment | **Voraus**~ | payment in advance (in anticipation); advance payment; prepayment | ~ **unter Vorbehalt** | payment under reserve | **Wiederaufnahme der** ~**en** | resumption of payments | **Zins**~ | payment of interest; interest payment | ~ **Zug um Zug** | payment on delivery.

★ ~ **in bar** | payment in cash (in specie); cash payment | **bargeldlose** ~ | payment by money transfer (by cheque) | **einmalige** ~ | single payment | **erste** ~ | initial payment | **gestaffelte** ~**en** | graduated payments | **nachträgliche** ~ | subsequent payment | **pünktliche** ~ | punctual (prompt) payment | **rückständige** ~ | payment in arrear; back payment | **tatsächliche** ~ | actual payment | **verspätete** ~ | late (belated) payment | **volle** ~ | payment in full (in full discharge) (in full settlement); full payment (settlement) | **wiederkehrende** ~**en** | periodical payments.
★ **etw. als** ~ **annehmen** | to accept sth. as payment | **eine Rechnung zur** ~ **anweisen** | to pass an account for payment | ~ **beitreiben** | to collect payment | ~ **gerichtlich beitreiben (betreiben** [S]**)** | to enforce payment by legal proceedings | **auf** ~ **bestehen** | to insist upon payment | **eine** ~ **bewirken** | to effect (to make) a payment | **auf** ~ **drängen (dringen)** | to urge (to press for) payment | **die** ~**en einstellen** ① | to stop (to suspend) payments | **die** ~**en einstellen** ② [zahlungsunfähig werden] | to become insolvent | ~ **empfangen (erhalten) (entgegennehmen)** | to

receive payment (a payment) | ~ **fordern (verlangen)** | to demand payment | **etw. in ~ geben** | to give sth. in payment | **zur ~ herangezogen werden** | to be called upon to pay | **mit seinen ~en in Rückstand geraten (kommen)** | to fall behind with one's payments | **mit der ~ in Verzug kommen** | to default | **eine ~ (die ~ eines Betrages) hinausschieben** | to postpone the payment of a sum | **eine ~ leisten** | to make (to effect) a payment | **etw. in ~ nehmen** | to receive sth. in payment | **eine ~ stunden** | to hold over a payment; to grant a respite for payment | ~ **(die ~) verweigern** | to refuse payment (to pay) | **einen Scheck zur ~ vorlegen** | to present a cheque for payment | **die ~en wiederaufnehmen** | to resume payments.

★ **als ~** | as payment | **als ~ für** | in payment of | **bei (nach) (gegen) ~ von** | on (upon) (against) payment of.

Zählung *f* Ⓐ | counting.

Zählung *f* Ⓑ | census; return | **Berufs~** | census of professions | **Betriebs~** | census of enterprises; business census | ~ **der Stimmen** | counting of (of the) votes | **Volks~** | census | **eine ~ vornehmen** | to take a census.

Zahlungs..abkommen *n* | payments agreement.

—**adresse** *f* | address for payment.

—**anerbieten** *n*; —**angebot** *n* | offer to pay; tender of payment.

—**anspruch** *m* | pecuniary claim.

—**anweisung** *f* Ⓐ [Auftrag] | order to pay (for payment); payment instruction.

—**anweisung** *f* Ⓑ [Titel] | pay instrument.

—**anweisung** *f* Ⓒ [Beleg] | pay voucher.

—**art** *f* | way (method) (manner) of payment.

—**aufforderung** *f* | summons *sing* (request) (notice) to pay; demand (application) (request) for payment.

—**aufschub** *m* | delay (respite) for payment; moratorium | **sich mit seinen Gläubigern wegen eines ~s verständigen** | to arrange (to come to an arrangement) with one's creditors for an extension of time for payment | ~ **erlangen** | to obtain a delay for payment | ~ **gewähren** | to grant a respite for payment; to hold over a payment.

—**auftrag** *m* | order to pay (for payment).

—**bedingungen** *fpl* | terms of payment | **günstige ~** | easy terms.

—**befehl** *m* | order (summons *sing*) to pay; payment summons.

—**beleg** *m* | receipt for payment.

—**berechtigter** *m* | payee.

—**bestätigung** *f* | receipt; acknowledgment of receipt.

—**bilanz** *f* | balance of payments | **aktive ~** | active (favo(u)rable) balance of payments | **passive ~** | adverse balance of payments.

— —**defizit** *n* | balance of payments deficit.

— —**überschuß** *m* | balance of payments surplus.

—**eingang** *m* | receipt of payment(s).

—**eingänge** *mpl* | receipts *pl*; takings *pl*.

—**einstellung** *f* | suspension (stoppage) of payments; failure; insolvency.

—**einstellungserklärung** *f* | notice of suspension of payments.

—**empfänger** *m* | payee | ~ **einer Postanweisung** | payee of a money order | ~ **eines Schecks** | payee of a cheque.

—**erleichterungen** *fpl* | easy terms (payments) | **gegen ~** | on easy terms (payments).

—**ermächtigung** *f* Ⓐ | authorization to pay; payment authority.

Zahlungsermächtigung *f* Ⓑ [Haushaltplan] | appropriations for payment.

zahlungsfähig *adj* | able to pay; solvent.

Zahlungs..fähigkeit *f* | ability (capacity) to pay; solvency.

—**form** *f* | form (way) (manner) of payment.

—**frist** *f* | time fixed for payment | **Verlängerung der ~** | extension of time to pay.

zahlungshalber *adv* | as (in) payment.

zahlungskräftig *adj* | **~er Schuldner** | well-financed debtor.

zahlungskräftig *adv* | ~ **sein** | to be financially strong.

Zahlungs..mittel *n* Ⓐ | means (medium) (instrument) of payment.

—**mittel** *n* Ⓑ | current money; currency | **Umlauf von ~n** | money circulation; circulation of money | **ausländische ~** *npl* | foreign currency (money) (exchange) | **gesetzliches ~** | legal tender (currency) (coin); lawful currency | **Banknoten als gesetzliches ~** | legal tender notes *pl*; lawfully current notes | **gesetzliches ~ sein** | to be legal tender; to have lawful currency.

— —**umlauf** *m* | circulation of money; currency | **Herabsetzung des ~es** | monetary deflation.

—**modalitäten** *fpl* | terms of payment.

—**modus** *m* | method of payment; manner of paying.

—**ort** *m* | place of payment.

—**pflicht** *f* | obligation to pay.

zahlungspflichtig *adj* | liable to pay.

Zahlungs..pflichtiger *m* | debtor.

—**plan** *m* | payments plan.

—**rückstand** *m* | payment in arrear.

—**rückstände** *mpl* | arrears of payment.

—**schwierigkeiten** *fpl* | financial (pecuniary) difficulties *pl*.

—**sperre** *f* | stoppage of payments; blocking | **eine ~ über ein Konto verhängen** | to block an account.

Zahlungs Statt *f* | **an ~** | in lieu of payment | **Abtretung an ~** | cession in lieu of payment | **Hingabe an ~** | surrender in lieu of payment | **etw. an ~ annehmen** | to accept sth. in lieu of payment.

Zahlungs..tag *m* | day of payment | **Lohn~** | pay day; day of wage payment.

—**termin** *m* | date (time) of payment.

zahlungsunfähig *adj* | unable to pay; insolvent | **~e Firma** | failed (insolvent) (bankrupt) firm | **~er Schuldner** | insolvent debtor; insolvent | **sich ~ erklären** | to declare os. insolvent | ~ **werden** | to become insolvent.

Zahlungs..unfähigkeit *f* Ⓐ | inability to pay.

—**unfähigkeit** *f* Ⓑ [Zahlungseinstellung; Insolvenz] | insolvency.

—**unfähigkeit** *f* Ⓒ [Nichtzahlung] | failure; default.

—**verbindlichkeit** *f* | obligation to pay.

—**verbot** *n* | stop order | ~ **an den Drittschuldner** | garnishee (garnishment) order; garnishment.

—**verkehr** *m* | money transfers *pl* | **bargeldloser ~** | payments *pl* without the use of cash (by money transfer).

—**vermögen** *n* | ability to pay; solvency.

—**verpflichtung** *f* | obligation to pay.

—**verpflichtungen** *fpl* | liabilities | **Nichteinhaltung (Nichterfüllung) der ~** | failure to meet one's engagements.

—**verspätung** *f* | delay of payment.

—**versprechen** *n* | promise to pay (of payment).

—**verweigerung** *f* | refusal to pay (of payment).

—**verzug** *m* | default of payment.

—**weise** *f* | way (manner) of payment.

—**zeit** *f*; —**ziel** *n* | date (term) of payment.

—**zweck** *m* | reason for paying.

Zeche f Ⓐ [Kohlen~] | coalmine; colliery; coalpit; pit | **Preis ab** ~ | pit (pithead) price.

Zeche f Ⓑ [Zechengesellschaft] | coal (coalmining) (mining) company | **Konzern~** [zu einem Verbundunternehmen gehörige ~] | captive mine.

Zeche f Ⓒ [Verzehr] | bill for eating and drinking | **die** ~ **zahlen** | to foot the bill.

Zechen..arbeiter m | coalminer; pitman; collier.

—**besitzer** m; —**eigentümer** m | coalowner; coal proprietor (operator).

—**distrikt** m | coal district (field); coalmining district.

—**förderung** f | coal output; output of coal.

—**preis** m | pit (pithead) price.

—**verband** m | colliery owners' association.

—**verwaltung** f | mining board.

zechprellen v | to take a meal (to drink) without paying.

Zechpreller m | one who eats (drinks) without paying.

Zechprellerei f [Zechbetrug] | eating (drinking) without paying.

Zedent m | assignor.

zedierbar adj | assignable; transferable.

Zedierbarkeit f | assignability; transferability.

zedieren v | to assign; to transfer; to cede | **zurück~** | to reassign.

Zedierung f | assignment; transfer; cession.

Zehntablösung f | tithe redemption.

Zehntberechtigter m | tithe owner.

Zehnte m Ⓐ [der zehnte Teil] | **der** ~ | the tenth.

Zehnte m Ⓑ [Abgabe des ~n] | tithe; tithe rent | **Entrichtung des** ~n | payment of the tithe | **Erhebung des** ~n | tithing; levy of the tithe | **den** ~n **abgeben** | to pay the tithe.

Zehnteinheber m | tithe collector.

Zehntlast f | tithe rentcharge.

zehntpflichtig adj | tithe-paying.

Zehntpflichtiger m | tithe-payer.

Zeichen n Ⓐ [Kenn~] | mark; sign | **Buch~**; **Lese~** | book mark | **Erkennungs~** | identification (identity) mark | **Grenz~** | boundary mark | **Hand~** | sign manual; initials pl; cross | **Hoheits~** | national emblem | **Korrektur~** | proof-correction mark | **Münz~** | mint (coiner's) mark | **Postwert~** | postage stamp | **Schrift~** | character; letter | **See~** | navigation (sea) mark | **Staatszugehörigkeits~** | nationality mark(s) (marking(s)) | **Steuer~** | stamped revenue band; revenue stamp | **Straßenverkehrs~**; **Verkehrs~** | road (traffic) sign; control signal; signpost | **Unterscheidungs~** | distinctive mark | **Verweisungs~** | reference mark | **Wasser~** | water mark | ~ **der Zeit** | sign of the times.

Zeichen n Ⓑ [Waren~] | trade-mark | **Güte~** | brand of quality | **Kollektiv~**; **Verbands~** | collective mark.

Zeichen n Ⓒ [Bekundung] | mark; sign; evidence; proof; token | ~ **der Anerkennung** | sign of recognition | ~ **der Freundschaft** | token of friendship | ~ **der Gunst** | token of favo(u)r | ~ **der Hochachtung** | token (mark) of respect | ~ **des Unwillens** | sign of resentment | **als** ~ **meiner Wertschätzung** | as a mark of my esteem | ~ **des Wohlwollens** | mark of good-will | ~ **der Zeit** | sign of the times | **als** ~ (**zum** ~) **des** (**der**) | as a mark (token) (sign) of.

Zeichen n Ⓓ [Signal] | signal | **Lebens~** | news pl | **Warn~** ① | warning; alert | **Warn~** ② | road warning | **Zeit~** | time signal | **verabredetes** ~; **vereinbartes** ~ | agreed sign | **ein** ~ **geben** | to give a signal | **jdm. ein** ~ **geben, etw. zu tun** | to signal sb. to do sth.

Zeichen n Ⓔ [Ab~] | badge.

Zeichen..berechtigter m; —**inhaber** m | trade-mark owner.

—**erklärung** f | explanation of signs; legend.

—**recht** n | law of trade-marks; trade-mark law.

—**rolle** f | register of trade-marks.

—**schutz** m | protection of trade-marks.

—**sprache** f | sign language.

zeichnen v Ⓐ [unter~] | to sign; to undersign | **die Firma** ~ | to sign the firm (the firm name) | **per Prokura** ~ | to sign per procuration | **in Vollmacht** ~ | to sign by authorization (by proxy) | **in blanko** ~ | to sign in blank | **verantwortlich** ~ | to have power (full power) to sign.

zeichnen v Ⓑ [subskribieren] | to subscribe | **Aktien** ~ | to subscribe shares | **eine Anleihe** ~ | to subscribe to a loan (to an issue) | **Obligationen** ~; **Schuldverschreibungen** ~ | to subscribe bonds | **über~** | to oversubscribe.

zeichnen v Ⓒ [aus~] | to mark; to label.

Zeichner m | subscriber | **Aktien~** | subscriber for shares | **Anleihe~** | subscriber to a loan | **Bar~** | cash subscriber.

Zeichnung f Ⓐ [Unter~] | signature; signing | ~ **der Firma; Firmen~** | signing of the firm.

Zeichnung f Ⓑ [Subskription] | subscription | **Aktien~**; ~ **von Aktien** | application for shares | ~ **einer Anleihe; Anleihe~** | subscription to a loan | **eine Anleihe zur** ~ **auflegen** | to offer a loan for subscription | **etw. öffentlich zur** ~ **auflegen** | to offer sth. for public subscription; to invite subscriptions for sth. | **zur** ~ **aufgelegt sein (aufliegen)** | to be open for subscription.

Zeichnung f Ⓒ [Entwurf] | drawing; design; delineation | **Bau~** | mechanical drawing | **maßstabgerechte** ~ | scale drawing.

Zeichnungs..angebot n; —**aufforderung** f; —**auflegung** f | offer for subscription; subscription offer.

—**bedingungen** fpl | terms of subscription.

—**befugnis** f | power (authorization) to sign; signing power.

zeichnungsberechtigt adj | authorized to sign | ~**er Angestellter (Beamter) (Vertreter)** | signing officer (clerk) | ~ **sein** | (to be authorized (to have power) to sign | **allein~ sein** | to have single signature | **gesamt~ sein** | to have joint signature.

Zeichnungs..berechtigung f | power (right) to sign | **Allein~**; **Einzel~** | single signature | **Gesamt~** | joint signature | ~ **haben** | to have power to sign.

—**bescheinigung** f | application (subscription) receipt.

—**betrag** m | amount subscribed.

—**bogen** m; —**liste** f | subscription list; list of subscriptions.

—**einladung** f | subscription offer; invitation to subscribe.

—**formular** n | subscription form.

—**frist** f | subscription period.

—**kurs** m; —**preis** m | price (rate) of subscription (of issue); subscription price (rate).

—**protokoll** | signing protocol.

—**schein** m Ⓐ | form of application; subscription (application) form.

—**schein** m Ⓑ | subscription receipt.

—**schluß** m | closing of subscriptions.

—**stelle** f | office of subscription; subscription office.

—**vollmacht** f | power (authorization) to sign; signing power.

Zeile f | line.

Zeilenabstand m | spacing of lines.

zeilenweise adv | by the line; line by line.

Zeit *f* Ⓐ | **Abfahrts~; Abgangs~** | time of departure | **Abholungs~** | time for collection | **Amts~** | term (tenure) of office; term | **Ankunfts~** | time of arrival | **Arbeits~** | working time; time of work | **Auflieferungs~** | time handed in | **Ausbildungs~** | time of instruction | **Bedenk~** | time for deciding | **Charter auf ~ (auf bestimmte ~)** | time charter.
○ **Empfängnis~** | period of conception (of possible conception) | **Empfangs~** | time of receipt | **Ernte~** | harvest time | **Ferien~** | holiday time | **Frage der ~** | question (matter) of time | **Frei~** | spare (leisure) time | **in Friedens~en** | in times of peace; in peace times; | **zur ~ seiner Geburt** | at the time of his birth.
○ **Geschäfts~** | hours of business (of attendance); business hours | **Hauptgeschäfts~; Hauptverkehrs~** | rush hours *pl* | **Karenz~** | waiting period (time) | **~ der Knappheit** | period of shortage | **in Kriegs~en** | in times of war; in war times | **Krisen~** | time of crisis | **Lade~** | time of (for) loading; loading time.
○ **Lauf~** ① | term; duration | **Lauf~** ② | availability | **im Laufe der ~** | in (in the) course of time; in time | **Lebens~** | time (duration) (term) of life; life time | **Lehr~** | time of apprenticeship; apprenticeship | **Liefer~** | term (day) (date) of delivery; time for delivery | **zur ~ der Lieferung** | at the time of delivery | **Liege~** | laytime | **Miets~; Pacht~** | duration (term) of a lease.
○ **Probe~** | testing (trial) (probationary) period; time of trial | **Ruhe~** | time of rest | **Schon~** | closed season | **Schul~** | school time; school-days | **Schwebe~** | period of suspension | **die Studien~** | the student days | **Tages~** | time of (of the) day; daytime | **zu jeder Tages- und Nacht~** | at any time of the day or night.
○ **Übergangs~** | transitory period | **Umlauf~** | time of circulation | **Urlaubs~** | holiday time | **Verfall~** | time of maturity (of payment) | **Versicherung auf ~** | time insurance | **Wahl~** ① | time of election | **Wahl~** ② | election period | **Warte~** | waiting period (time) | **Zwischen~** | meantime; intermediate (intervening) time (period); interval.

★ **in absehbarer ~** | within reasonable time | **auf festbestimmte ~** | for a fixed period | **zur festgesetzten (vereinbarten) ~** | at the time fixed; at the appointed time | **zur geeigneten ~ und am geeigneten Ort** | in due time and place | **in nicht zu langer ~; in kurzer ~** | at an early date | **zur rechten ~** | in due time (course); at the proper time; in good time; well-timed | **etw. zur richtigen ~ tun (unternehmen)** | to do sth. at the right (proper) time | **auf unbestimmte ~ vertagen (verschieben)** | to adjourn without date | **zu ungelegener ~; zur unrechten ~** | untimely; ill-timed | **seit unvordenklicher ~; seit unvordenklichen ~en** | from time immemorial | **die verabredete ~** | the time of an appointment | **zur vereinbarten ~** | at the appointed time | **die verlorene ~ wiedereinbringen** | to make up for lost time | **innerhalb der vorgeschriebenen ~** | within the required time.
★ **seine ~ abdienen** ① [beim Militär] | to serve one's term of service | **seine ~ abdienen** ② [als Lehrling] | to serve one's apprenticeship | **seine ~ absitzen** | to do one's time | **jdn. auf ~ ernennen** | to appoint sb. for a term (for a specified) period | **die ~ für etw. festsetzen** | to fix the time for sth.; to time sth. | **~ gewinnen** | to gain time | **eine Stelle (Stellung) (Position) auf ~ vergeben** | to fill a post for a specified

term (period) | **versuchen, ~ zu gewinnen** | to play for time | **~ vergeuden (verschwenden)** | to waste time.
★ **auf ~** | for a term of years | **mit der ~** | in time; in (in the) course of time | **zu jeder ~** | at any time | **zu keiner ~** | at no time.
Zeit *f* Ⓑ | **Normal~; amtliche ~** | official (standard) (civil) time | **Orts~** | local time | **mittlere Orts~** | local mean time | **Sommer~** | summer time; daylight-saving time.
Zeit..ablauf *m* | lapse of time.
—**abschnitt** *m* | period of time; period.
—**abstand** *m* | interval.
—**alter** *n* | epoch; era; age.
—**angabe** *f* | date.
—**beschränkung** *f* | time limit.
—**bombe** *f* | time bomb.
—**charter** *m* | time charter.
—**dauer** *f* | space (length) of time.
—**druck** *m* | **unter ~ stehen** | to be pressed for time.
—**einteilung** *f* | timing.
—**ersparnis** *f* | saving of time.
—**faktor** *m* | **der ~** | the time element.
—**fracht** *f* | time freight.
—**frage** *f* | question (matter) of time.
—**fragen** *fpl* | questions *pl* of current events.
zeitgemäß *adj* | up to date; of the present day.
Zeitgenosse *m* | contemporary.
zeitgenössisch *adj* | contemporary.
zeitgerecht *adj* | timely; at the right (proper) time.
Zeit..gewinn *m* | time gained.
—**grenze** *f* | time limit.
—**karte** *f* | season ticket.
—**karteninhaber** *m* | season-ticket holder.
—**kontrolle** *f* | time keeping.
—**kontrolleur** *m* | time clerk (keeper).
zeitlich *adj* | temporary | **~er Abstand** | time lag (interval) | **~e Beschränkung** | time limit | **in ~er Reihenfolge** | in chronological order; in the order of the dates.
zeitlich *adv* | temporarily | **~ beschränkt; ~ begrenzt** | temporary.
Zeit..limit *n* | time limit.
—**lohn** *m* | time-rate wages *pl*.
— —**arbeit** *f* | time work.
—**mangel** | want (lack) of time.
—**pacht** *f* | lease for a period of time.
—**police** *f* | time policy.
—**prämie** *f* | time premium.
Zeitpunkt *m* | date; moment; time | **~ des Ablebens; ~ des Todes** | time of death (of decease) | **zu einem früheren ~** | at an earlier date | **den ~ für etw. bestimmen (festsetzen)** | to appoint (to fix) a time for doing sth. | **zu einem festgesetzten ~** | at a given moment (time).
zeitraubend *adj* | time-consuming | **~e Arbeit** | work of time.
Zeitraum *m* | space (period) of time; term; period | **Ablauf eines ~s** | lapse of time | **Berechnungs~** | period of computation | **Berichts~** | reporting period; period under report (under review) | **Grund~** | basic period | **Veranlagungs~** | tax (taxation) (assessment) period; period of assessment | **Verlängerungs~** | period of prolongation (of extension) | **Vierteljahrs~** | quarterly period; quarter | **Zwischen~** | intermediate (intervening) time (period); meantime; interval | **angemessener ~** | reasonable period (length) of time.
Zeitrente *f* | annuity.

Zeitschrift *f* | journal; periodical; periodical publication | **Fach~** | trade journal (paper) | **Mode~** | fashion journal | **Monats~** | monthly review (magazine); monthly | **Wochen~** | weekly newspaper; weekly | **illustrierte ~** | illustrated paper | **juristische ~** | law review | **literarische ~** | literary periodical | **~en vertreiben** | to distribute publications.
Zeitschriften..abonnent *m*; **—bezieher** *m* | subscriber to a periodical.
—händler *m* | news agent (dealer).
—kolportage *f* | peddling of periodicals.
—kolporteur *m* | canvasser of periodicals.
—porto *n* | newspaper rate.
—reklame *f*; **—werbung** *f* | advertising in periodicals; magazine advertising.
—vertrieb *m* | distribution of publications.
Zeitsichtwechsel *m* | bill payable at a fixed date after presentation.
Zeitspanne *f* | space (period) (lapse) of time; time span | **Ablauf einer bestimmten ~** | lapse of a certain period of time.
zeitsparend *adj* | time-saving.
Zeit..stempel *m* | time stamp; time-stamping clock.
—stück *n* | period play.
Zeitung *f* | newspaper; paper | **Abbestellung einer ~** | discontinuance of a newspaper | **Abend~** | evening paper | **Abonnent (Bezieher) einer ~ sein** | to subscribe to a newspaper | **Ausgabe einer ~** | issue (number) of a newspaper | **Gerichts~** | law journal | **Handels~** | commercial paper | **Mode~** | fashion journal | **Tages~** | daily paper; daily | **für (in den) Tages~en schreiben** | to write for the newspapers; to be a journalist; to follow the profession of a journalist | **Wochen~** | weekly newspaper.
★ **amtliche ~** | official gazette (newspaper); gazette | **auflagenstarke ~** | newspaper with a large circulation | **die heutige ~** | to-day's paper | **illustrierte ~** | illustrated paper; pictorial | **täglich erscheinende ~** | daily paper; daily | **wöchentlich erscheinende ~** | weekly paper; weekly.
★ **eine ~ abbestellen** | to discontinue a newspaper | **eine ~ abonnieren (beziehen) (halten)** | to subscribe to a newspaper | **durch die ~; durch Veröffentlichung in der ~** | by publication in the newspapers.
Zeitungs..abonnement *n* | subscription to a newspaper.
—abonnent *m*; **—bezieher** *m* | subscriber to a newspaper; newspaper subscriber.
—annonce *f*; **—anzeige** *f* | newspaper advertisement.
—artikel *m* | newspaper article.
—auflage *f* | circulation of a newspaper.
—ausschnitt *m* | newspaper (news) cutting (clipping); press cutting.
—ausschnittsbüro *n* | press-cutting (clipping) agency.
—beilage *f* | newspaper supplement.
—bericht *m* | newspaper report.
—berichterstatter *m* | press (news) correspondent (reporter).
—berichterstattung *f* | newspaper reporting.
—bestellung *f* | subscription.
—bezug *m* | subscription to a newspaper.
—dienst *m* | **Post~** | delivery of newspapers by the mail.
—drucksache *f* | newspaper post.
—händler *m* | news vendor (dealer).
—inserat *n* | newspaper advertisement.
—kiosk *m*; **—stand** *m* | news (newspaper) stall; newsstand.
—konzern *m*; **—trust** *m* | newspaper syndicate.
—korrespondent *m* | press (news) correspondent (reporter).

Zeitungs..leser *m* | newspaper reader.
—mann *m* Ⓐ [Journalist] | journalist; reporter.
—mann *m* Ⓑ; **—verkäufer** *m* | newspaper man (dealer) (vendor); news agent.
—meldung *f* | press report.
—notiz *f* | press (news) item.
—porto *n* | newspaper rate.
—redakteur *m*; **—redaktor** *m* [S] | newspaper editor.
—reklame *f* | newspaper advertising.
—verleger *m* | newspaper editor (publisher).
—wesen *n* | journalism; newsprinting; [the] press.
Zeit..verfrachtung *f* | time charter.
—vergeudung *f*; **—verschwendung** *f* | waste of time.
—verlust *m* | loss of time; lost time.
—versicherung *f* | time insurance.
—versicherungspolice *f* | time policy.
zeitweilig *adj* | temporary; provisional | **~er Ruhestand** | provisional (temporary) retirement | **Versetzung in den ~en Ruhestand** | retirement on half-pay | **jdn. in den ~en Ruhestand versetzen** | to put sb. on half-pay.
zeitweilig *adv* | temporarily; provisionally | **einen Beamten ~ seines Dienstes entheben** | to suspend an official | **einen Führerschein ~ außer Kraft setzen** | to suspend a license (a driver's license).
Zeit..wert *m* | present (current) value.
—zeichen *n* | time signal.
—zone *f* | time belt.
Zelle *f* Ⓐ [Gefängnis~] | cell; prison cell | **Dunkel~** | dark cell.
Zelle *f* Ⓑ [politische ~] | cell | **Bildung von ~n in einer Fabrik** | setting up of cells in a factory | **in einer Fabrik ~n bilden** | to set up cells in a factory.
Zellen..bildung *f* | setting-up of cells.
—gefängnis *n* | cell prison.
—haft *f* | solitary confinement.
—system *n* | solitary system.
—wagen *m* | police van.
zensieren *v* | to censor.
Zensor *m* | censor; censurer.
Zensur *f* | censorship; board of censors | **die Film~** | the film censor(s) | **Gesetz über die ~** | law on censorship | **Post~** | postal censorship | **Presse~** | press censorship; censorship of the press | **Theater~** | dramatic censorship | **durch die ~ verboten werden** | to be banned by the censor.
Zensur..behörde *f* | office of censorship; board of censors.
—bestimmungen *fpl* | censorship regulations.
Zensur..lücke *f*; **—stelle** *f* | censored passage; deletion made by the censor(s).
Zensus *m* Ⓐ [Volkszählung] | census.
Zensus *m* Ⓑ | **Wahl~**; **Wahlrecht nach dem Einkommens~** (**nach dem Vermögens~**) | property qualification for voting.
zentral *adj* | **~e Lage** | situation in the centre | **~e Leitung** | central administration | **~e Lenkung** | central control.
Zentral..agentur *f* | central (general) (head) agency.
—auskunftsstelle *f* | central information office (bureau).
—ausschuß *m* | central committee.
—bank *f* | central bank.
—behörde *f* | central authority.
—büro *n* | head (central) office.
—depot *n*; **—niederlage** *f* | central depot.
Zentrale *f* | head (central) office; headquarters | **Telephon~** | telephone exchange.
Zentral..gewalt *f* | central power.
—hilfsausschuß *m* | central relief committee.

Zentralisation *f*; **Zentralisierung** *f* | centralization.
zentralisieren *v* | to centralize.
Zentralismus *m* | centralism.
Zentral..kasse *f* | central fund.
—**kartei** *f*; —**kartothek** *f* | central (master) file.
—**komitee** *n* | central committee.
—**kommission** *f* | central board.
—**leitung** *f*; —**verwaltung** *f* | central administration.
—**mächte** *fpl* | the central powers.
—**notenbank** *f* | central bank.
—**organ** *n* | central executive body.
—**regierung** *f* | central government.
—**stelle** *f* | central (head) office.
—**verband** *m* | central association.
—**verwaltungsbehörde** *f* | central administrative authority.
Zentrum *n* Ⓐ | centre; center | **Bildungs**~ | centre of learning | **Geschäfts**~ | business centre | **Industrie**~ | industrial (manufacturing) centre | **Produktions**~ | production centre | **Reiseverkehrs**~ | tourist centre | **Wirtschafts**~ | economic centre.
Zentrum *n* Ⓑ; **Zentrumspartei** *f* | centre party.
Zeremonie *f* | ceremony | **ohne** ~**n** | without formality (formalities).
Zeremoniell *n* | ceremony.
zeremoniell *adj* | ceremonial; formal; solemn.
Zerlegung *f* [der Besteuerungsgrundlage] | fiscal reallocation.
Zerreißprobe *f* | endurance (punishment) test.
zerrütten *v* | eine Ehe ~ | to wreck a marriage.
zerrüttet *adj* | disorganized; confused; in disorder | ~**e** **Ehe** | ruined marriage | ~**e Finanzen** | finances in disorder (in confusion) | ~**e Gesundheit** | wrecked health | ~**e Verhältnisse** | disrupted situation; disruption | ~**e Währung** | currency in disorder; depreciated currency.
Zerrüttung *f* | disorder; disorganization | ~ **der Ehe**; ~ **des ehelichen Lebens**; **Ehe**~ | wrecking of the marriage | ~ **der Finanzen** | financial disorder | **geistige** ~; **Geistes**~ | mental alienation; insanity | ~ **der Gesundheit** | wrecked health | ~ **der Währung**; **Währungs**~ | currency disorganization.
zerschlagen *v* | sich ~ | to fail; to come to nothing.
Zerstückelung *f*; **Zerteilung** *f* [Gebiets~] | dismemberment.
Zertifikat *n* | certificate; warrant.
Zerwürfnis *n* | discord.
Zession *f* | assignment; transfer; cession | **General**~ | general assignment | **Rück**~ | reassignment.
Zessionar *m* | assignee; assign; transferee.
zessionsfähig *adj* | assignable.
Zessions..anzeige *f* | notice of assignment.
—**urkunde** *f*; —**vertrag** *m* | deed of assignment (of transfer); assignment (transfer) deed.
Zettel *m* | slip; slip of paper | **Abstimmung durch Abgabe von** ~**n** | balloting | **Anhänge**~ | tie-on label | **Arbeits**~ | time sheet | **Bücher**~; **Bücherbestell**~ | book order form | **Einlage**~ | interpolated sheet; inset | **Gepäck**~ | luggage label | **Gutschrifts**~ | credit note; advice of amount credited | **Kurs**~ | list of quotations; exchange list; money market report | **amtlicher Kurs**~ | stock exchange official list | **Lohn**~ | wage slip | **Preis**~ | price tag (label) | **Stimm**~; **Wahl**~ | voting (balloting) (ballot) paper | **durch Stimm**~ **wählen** | to vote by ballot; to ballot | **Stunden**~ | time sheet | **Wiege**~ | weight slip (note) | ~ **ankleben** | to post (to stick up) bills.
Zettel..ankleben *n* | bill sticking | ~ **verboten!** | stick no bills.
—**ankleber** *m* | bill sticker (poster).

Zettel..bank *f* | bank of issue; issuing bank.
—**katalog** *m* | card index.
Zeuge *m* | witness; attestor; testifier | **Aufruf der** ~**n** | calling of witnesses | **Augen**~ | eye witness | **Beglaubigungs**~ | attesting witness | **im Beisein von** ~**n** | in the presence of witnesses | **ohne Beisein von** ~**n** | without witnesses | **Belastungs**~ | witness for the prosecution (crown); prosecution (crown) (state) witness | **Beweis durch** ~**n** | evidence (proof) by witnesses.
○ **Entlastungs**~ | witness (evidence) for the defense (for the defendant) | ~ **vor Gericht** | witness in court | **Haupt**~ | principal (material) witness | **Hauptbelastungs**~ | principal witness for the prosecution; star prosecution witness | **Hauptentlastungs**~ | principal witness for the defense.
○ **Kron**~ | principal (star) witness [Nicht: crown witness!] | **Ohren**~ | ear witness | **Solennitäts**~ [S]; **Unterschrifts**~ | attesting witness | **Testaments**~ | testamentary witness | **Trau**~ | witness at a marriage | **Vernehmung eines** ~**n** | cross-examination (hearing) of a witness | **kommissarische Vernehmung eines** ~**n** | hearing (examination) by a judge on commission | **unter Zuziehung von** ~**n** | in the presence of witnesses.
★ **ausbleibender** ~; **nicht erscheinender** ~; **nicht erschienener** ~ | defaulting witness | **beeidigter** ~ | witness under oath; sworn witness | **befangener** ~ | challengeable witness | **falscher** ~ | false witness | **glaubwürdiger** ~ | trustworthy (reliable) witness | **sachverständiger** ~ | expert (skilled) witness | **wichtiger** ~ | material witness.
★ **einen** ~**n ablehnen** | to challenge a witness | **jdn. als** ~**n anrufen (benennen)** | to call sb. to witness | **als** ~ **aussagen** | to depose as witness; to give evidence; to bear witness | **einen** ~**n beibringen (zur Stelle bringen) (stellen)** | to produce (to bring forward) a witness | **einen** ~**n beeinflussen** | to prompt (to tamper with) a witness | **als** ~ **benannt werden** | to be called as witness (to testimony) | **einen** ~**n bestechen** | to bribe (to suborn) a witness | **einen** ~**n einschüchtern** | to intimidate a witness | **einen** ~**n laden (vorladen)** | to summon a witness | **einen** ~**n unter Strafandrohung laden** | to subpoena a witness | **als** ~ **die Unwahrheit sagen** | to give false evidence | ~ **von etw. sein** | to witness sth. | **einen** ~**n verhören (vernehmen)** | to cross-examine a witness | **einen** ~**n kommissarisch vernehmen (vernehmen lassen)** | to hear (to examine) a witness on commission | **jdn. als** ~**n vorladen** | to call sb. as witness | **vor Gericht als** ~ **geladen werden** | to be called as witness before the court | ~**n zuziehen** | to call witnesses to be present.
zeugen *v* Ⓐ [bezeugen] | **von etw.** ~ | to bear witness of sth.
zeugen *v* Ⓑ [erzeugen] | to beget.
Zeugenaufruf *m* | calling of witnesses.
Zeugenaussage *f* | testimony; deposition; evidence | **bestätigende** ~ | corroborative evidence | **eine eidliche** ~ **machen** | to make oath and depose | **beweiserhebliche** ~**n** | material evidence | **belastende** ~**n machen** | to give incriminating evidence | **entgegengesetzte** ~**n**; **sich widersprechende** ~**n** | conflicting (conflict of) evidence | **übereinstimmende** ~**n**; **sich deckende** ~**n** | concordant depositions | **unwahre** ~ | false testimony (evidence) | **nicht widerlegbare** ~ | irrefutable evidence | **die** ~ **verweigern** | to decline (to refuse) to give evidence | **eine** ~ **widerrufen** | to retract one's testimony.
Zeugenbank *f* | **die** ~ | the witnesses' bench.

Zeugen..beeidigung *f*; —vereidigung *f* | swearing in of a witness (of witnesses).

—beeinflussung *f* | tampering with a witness (with witnesses).

—bestechung *f* | subornation of witnesses.

—beweis *m* | evidence (proof) by witnesses.

—eid *m* | oath taken by a witness.

—einschüchterung *f* | intimidation of witnesses.

—einvernahme *f* | hearing of (of the) witnesses.

—gebühren *fpl* | witnesses' fees.

— —ordnung *f* | legal scale of witnesses' fees.

—ladung *f*; —vorladung *f* | summons of a witness (of witnesses) | ~ unter Strafandrohung | subpoena.

—stand *m* | witness box.

—verhör *n*; —vernehmung *f* | cross-examination (hearing) of the witnesses.

Zeugnis *n* Ⓐ [Bescheinigung] | certificate; attest; attestation | Abgangs~ | leaving (school leaving) certificate | Armen~; Armuts~ | certificate of poverty | Ausstellung eines ~ses | issue (granting) of a certificate | Befähigungs~ | certificate (proof) of qualification (of ability); qualifying certificate | Echtheits~ | certificate of authenticity.

○ Führungs~; Leumunds~; Sitten~ | certificate of good conduct (behavio(u)r; character) | Herkunfts~ | certificate of origin | Lehr~ | letter (certificate) of apprenticeship | Prüfungs~ ① | diploma | Prüfungs~ ② | certificate of examination | Rechtskraft~ | certificate according to which a judgment is final (a decree is absolute).

○ Reife~; Schulabgangs~ | school leaving certificate | Schiffer~ | ship's patent; sea letter; permit of navigation | Schul~ | school certificate | Tauglichkeits~ ① | certificate (proof) of qualification (of ability); qualifying certificate | Tauglichkeits~ ② | certificate of fitness | Ursprungs~ | certificate of origin (of production).

★ ärztliches ~ | medical certificate | ein ~ ausstellen | to grant (to issue) a certificate | sich ein ~ ausstellen lassen | to obtain a certificate.

Zeugnis *n* Ⓑ [Arbeits~; Dienst~] | testimonial; character; "To whom it may concern" | seine ~se vorlegen | to show (to present) one's testimonials.

Zeugnis *n* Ⓒ [Zeugenaussage] | testimony; deposition; evidence | ~ vom Hörensagen | hearsay evidence | fähig, ~ zu geben | capable of witnessing; testable | falsches ~ | false testimony (evidence) | falsches ~ ablegen | to give false evidence | ~ ablegen; ~ geben | to give evidence; to bear witness; to testify | das ~ verweigern | to decline (to refuse) to give evidence.

Zeugnisabschrift *f* | copy of a testimonial.

zeugnisfähig *adj* | capable of giving evidence.

Zeugnis..pflicht *f* | obligation to give evidence.

—verweigerung *f* | refusal to give evidence (to testify) (to bear witness).

—verweigerungsrecht *n* | right to refuse to give evidence.

zeugungsfähig *adj* | procreative.

Zeugungsfähigkeit *f* | procreative power.

zeugungsunfähig *adj* | impotent.

Zeugungsunfähigkeit *f* | impotence; impotency.

ziehen *v* | sich aus der Affäre ~ | to get os. out of trouble; to extricate os. from a matter | eine Bilanz ~ | to strike a balance | aus etw. Einkommen (Einkünfte) ~ | to derive revenue from sth. | Folgen (Konsequenzen) nach sich ~ | to be followed by consequences | Folgerungen ~; Schlüsse ~ | to draw conclusions | die Konsequenzen ~ | to face (to take) (to put up with) the consequences | sich in die Länge

~ | to drag on; to be protracted | eine Sache in die Länge ~ | to protract a matter | für etw. das Los ~ | to draw the lot for sth.; to draw sth. by lot | eine Lotterie ~; Lotterielose ~ | to draw a lottery | eine Niete ~ | to draw a blank | aus etw. Nutzen (Vorteil) ~ | to draw (to derive) benefit (a profit) from sth.; to turn sth. to advantage (to profit) (to account) | einen Saldo ~ | to strike a balance | einen Scheck auf jdn. ~ | to draw a cheque on sb. | auf jdn. einen Sichtwechsel ~ | to draw on sb. at sight | etw. aus dem Verkehr ~ | to withdraw sth. from circulation; to withdraw sth. | einen Wechsel auf jdn. ~ | to draw a bill on sb.; to draw on sb.; to make out a draft on sb. | in blanko ~ | to draw (to make out) in blank.

Ziehung *f* Ⓐ [Ausstellung] | ~ eines Wechsels | drawing of a bill of exchange.

Ziehung *f* Ⓑ [Aufstellung] | ~ der Bilanz; Bilanz~ | striking of the balance.

Ziehung *f* Ⓒ [Los~] | drawing | Amortisation (Tilgung) durch ~ | redemption by drawings | ~ der Lose | prize drawing | ~ einer Lotterie | drawing of a lottery.

Ziehungs..liste *f* | list of drawings.

—plan *m* | lottery scheme (plan).

—rechte *npl* | drawing rights | Sonder~ | special drawing rights.

—tag *m* | drawing day; day of drawing.

Ziel *n* Ⓐ [Zweck] | aim; object; purpose | Haupt~ | main (principal) aim (purpose).

Ziel *n* Ⓑ [Zahlungs~] | term (time) of (for) payment | Dreimonats~ | three months' term for payment | Kauf auf ~ | purchase on credit | auf ... Monate ~ | on ... months' term | Verkauf auf ~ | credit sale | auf festes ~ | for a fixed period | auf kurzes ~ | at short date; short-dated; short-termed | auf langes ~ | at long date; long-dated; long-termed; long-term.

Ziel *n* Ⓒ [Liefer~; Liefertermin] | term(s) of delivery | ein ~ setzen | to fix a term | das ~ überschreiten | to exceed the term of delivery.

Ziel *n* Ⓓ [Limit] | limit.

Ziel..bewußtsein *n*; —sicherheit *f*; —strebigkeit *f* | firmness (steadfastness) of purpose.

—forderung *f* | deferred claim.

ziellos *adj* | aimless; without aim.

Ziel..losigkeit *f* | aimlessness.

—setzung *f* | outline of objectives.

—station *f* | terminus; terminal station.

—überschreitung *f* | exceeding the term of delivery.

Ziffer *f* Ⓐ | figure | arabische ~n | Arabic figures | römische ~n | Roman figures | in offenen ~n ausgezeichnet | marked in plain figures | in ~n | in figures.

Ziffer *f* Ⓑ [Verhältniszahl] | rate; number | Geburten~ | birth rate | Heirats~ | marriage rate | Index~; Kenn~ | index figure (number); index | Kindersterblichkeits~ | infantile death rate | Sterblichkeits~ | death (mortality) rate.

Ziffercode *m* | figure code.

ziffernmäßig *adv* | numerically; in figures.

Ziffernschrift *f* | writing in ciphers.

Zimmer *n* | Beratungs~ | council chamber (room); Fremden~; Gäste~ | guest room | Sprech~ | consulting room | Vor~ | anteroom | Warte~ | waiting room | freies ~; unbelegtes ~ | vacant room | möbliertes ~ | furnished room | ~ zu vermieten | room(s) to let.

Zimmer..arrest *m* | home arrest.

—genosse *m* | room mate.

Zimmer..herr *m* | lodger.
—**platz** *m* | lumber (timber) yard.
—**vermietung** *f* | letting of rooms.
Zins *m* [Abgabe] | rent | **Förder~** | mining royalty | **Grund~** | ground rent | **Miets~** | rent | **Pacht~** | farm rent [VIDE: **Zinsen** *mpl*.]
Zins..abschnitt *m*; —**anteilschein** *m* | interest warrant (coupon).
—**abzug** *m* | deduction of interest discount.
—**anspruch** *m* | right to get interest paid.
—**anteil** *m* | share of interest.
—**aufstellung** *f* | interest account (statement); note of interest.
—**ausgleichsteuer** *f* | interest equalization tax.
—**außenstände** *mpl* | interest outstanding (in arrears).
—**ausstattung** *f* | interest rate(s) [at which securities are issued].
zinsbar *adj* Ⓐ [zinspflichtig] | tributary.
zinsbar *adj* Ⓑ [zinstragend] | bearing interest.
zinsbar *adv* | Geld ~ anlegen | to place (to put out) money at interest.
Zinsbedingungen *fpl* | terms of interest.
zinsbegünstigt *adj* Ⓐ [zu bevorzugten Zinssätzen] | at special (preferential) interest rates.
zinsbegünstigt *adj* Ⓑ [zu subventionierten Zinssätzen] | at subsidized rates of interest.
—**berechnung** *f* | calculation (computation) of interest.
—**bogen** *m* | coupon sheet.
—**bogensteuer** *f* | talon tax.
zinsbringend *adj* | bearing (yielding) interest | ~es **Darlehen** | loan at interest (bearing interest); interest-bearing loan | ~e **Kapitalsanlage** | interest-bearing investment.
Zinsbuch *n* | rent roll.
Zins..coupon *m* | interest coupon.
—**darlehen** *n* | interest-bearing loan.
Zinsen *mpl* | interest *sing* | nach (unter) Abzug der ~ | less interest accrued | **Auflaufen von** ~ | accumulation (accrual) of interest | **Bank~** | interest on bank loans | ohne Berechnung von ~ | free of interest; interest-free | **Bodmereidarlehens~** | marine (maritime) interest | **Darlehens~** | interest on loans | **Debet~** | debit (red) interest; interest in red | **Depot~** | interest allowed on deposits | **Haben~**; **Kredit~** | credit (black) interest; interest in black | **Halbjahres~**; halbjährliche ~ | semi-annual interest.
○ **Hypotheken~** | mortgage interest; interest on mortgage | **Jahres~**; jährliche ~ | interest per annum; annual interest | **Kapital~**; ~ aus Kapitalanlagen | interest on capital; capital interest | **Kapital und** ~ | principal and interest | **Kapital und rückständige** ~ | capital and back interest | die ~ zum Kapital schlagen | to capitalize (to fund) interest | **Kontokorrent~** | interest on current account(s) | **Kupon~**; **Coupon~** | interest on coupons | **Negativ~** | negative (red) interest | **Obligationen~**; **Pfandbrief~**; **Stück~** ① | interest on bonds (on debentures); debenture interest | **Stück~** ② | dividends on shares.
○ **Soll~** | debit (red) interest; interest in red | **Tages~** | interest per day | **Vertrags~** | stipulated interest | **Verspätungs~**; **Verzugs~** | default (penal) interest; interest on late (on defaulted) payment(s) | **Wucher~** | usurious interest (rate of interest) | **Darlehen zu Wucher~** | usurious loan; loan at usurious interest | **Zahlung von** ~ | payment of interest; interest payment | **Zinses~** | compound interest | **Zwischen~** ① | interim interest | **Zwischen~** ② | discount.

★ **abzüglich der** ~ | less interest accrued | **anfallende** ~; **auflaufende** ~; **fällig werdende** ~ | accruing interest; interest which accrues | **aufgelaufene** ~; **fällige** ~ ① | accrued (accumulated) (back) interest | **ausstehende** ~; **fällige** ~ ② | interest receivable | **einfache** ~; **gewöhnliche** ~ | simple interest | **zu ermäßigten** ~ | reduced-interest (*adj*) | **feste** ~ | fixed interest | **gerichtlich festgestellte** ~ | interest fixed by the court | **gesetzliche** ~ | interest at the legal rate; legal interest | **gestundete** ~ | deferred interest | **laufende** ~ | current interest | **rückständige** ~ | arrears of interest; interest in arrear; back interest | **übliche** ~ | interest as usual | **verbilligte** ~ | subsidized interest | **vertraglich vereinbarte** ~ | stipulated interest.
★ **seine** ~ **abheben** | to cash (to collect) one's interest | ~ **abwerfen (bringen) (tragen)** | to bear (to bring) (to carry) (to yield) (to return) interest | **Geld, welches** ~ **abwirft** | money which bears interest | **Geld auf** ~ **anlegen** | to place (to put out) money on interest | **sein Geld zu ... Prozent** ~ **anlegen** | to invest one's money at ... per cent interest | **seine** ~ **auflaufen (anstehen) lassen** | to let one's interest accrue (accumulate) | **auf (gegen)** ~ **ausleihen** | to lend (to place) (to put out) at interest | **auf** ~ **ausstehen** | to be placed on interest | ~ **belasten (berechnen) (fordern) (verlangen) (in Rechnung stellen)** | to charge interest | **von seinen** ~ **leben** | to live on one's capital | **auf (gegen)** ~ **leihen** | to borrow at interest | **für etw.** ~ **zahlen** | to pay interest for sth. | **ohne** ~ | interest-free; free of interest; "No interest".
Zinsen..aufstellung *f* | interest statement.
—**ausfall** *m* | loss of interest.
—**dienst** *m* | payment of interest | **den** ~ **einer Anleihe versehen** | to service a loan.
—**konto** *n* | account of interests; interest account.
—**last** *f* | interest charge.
—**lauf** *m* | running of interest.
—**saldo** *m* | balance of interest.
—**streichung** *f*; —**erlaß** *m* | remission of interest.
Zins..erhöhung *f* | increase of interest (of the rate of interest).
—**ermäßigung** *f* | reduction of interest (of the rate of interest).
—**erneuerungsschein** *m* | talon; renewal coupon.
—**ertrag** *m* | interest yield.
—**erträgnisse** *npl* | income from interest; unearned income.
Zinseszins(en) *mpl* | compound interest.
—**rechnung** *f* | calculation of compound interest.
Zins..fälligkeit *f* | interest due date.
—**forderung(en)** *fpl* | interest due (receivable).
zinsfrei *adj* | interest-free; free of (bearing no) interest.
Zins..fuß *m* | rate of interest; interest rate | **Lombard~** | rate for bank loans; official rate of interest on advances | **zum** ~ **von ...** | at the rate of ...
—**gefälle** *n* | interest margin.
—**garantie** *f* | guaranteed interest.
—**genuß** *m* | interest | **Beginn des** ~**sses** | date from which interest is payable | **mit** ~ **vom ...** | bearing interest from ...
—**gutschrift** *f* | amount credited as (for) interest.
—**haus** *n* | rented apartment house.
—**herabsetzung** *f* | reduction of interest; lowering of the rate of interest.
—**höchstsatz** *m* | ceiling for interest rates.
—**konditionen** *fpl* | terms of interest (of interest rates).
—**konto** *n* | interest account; account of interests.
—**kupon** *m* | interest coupon.

Zinslast *m* | interest charge(s).
zinslos *adj* | free of interest; bearing (paying) no interest; interest-free.
Zins..nachlaß *m* | remission of interest.
—nota *f* | interest account (statement).
—nummern *fpl* | interest numbers.
—pflicht *f* | obligation to pay interest.
zinspflichtig *adj* | subject to the payment of interest.
Zins..quittung *f* | receipt for interest.
—rechnung *f* Ⓐ [Berechnung] | calculation (computation) of interest.
—rechnung *f* Ⓑ | interest account; account (note) of interest.
—rückstände *mpl* | arrears *pl* of interest; interest arrears *pl*; back interest | ~ auflaufen lassen | to allow the back interest to accumulate | ~ kapitalisieren | to capitalize (to fund) interest arrears.
—saldo *m* | balance of interest.
Zinssatz *m* | rate of interest; interest rate | Bank~ | bank rate | ~ für Einlagen (Guthaben) | deposit rate; rate of interests on deposits | Wechsel~ | bill (bank) (discount) rate; rate of discount | gesetzlicher ~; gesetzlich erlaubter ~ | legal rate of interest.
Zins..schein *m* | interest coupon (warrant) | Halbjahres~ | half-yearly interest coupon.
— —bogen *m* | coupon sheet.
—senkung *f* | reduction of the rate of interest.
—spanne *f* | interest margin.
—stundung *f* | suspension of interest payments.
—tabelle *f* | interest table.
—tag *m*; —termin *m* | date interest is payable; day on which the interest falls due.
zinstragend *adj* | bearing interest; interest-bearing | ~e Kapitalanlage | interest-bearing investment.
Zinsumwandlung *f* | conversion.
zinsverbilligt *adj* | ~es Darlehen | loan at a reduced (subsidized) rate of interest.
Zins..vergütung *f* | discount.
—verlust *m* | loss of interest.
—voraus *n* | discount.
—vorauszahlung *f* | anticipatory payment of interest.
—wucher *m* | usurious rate of interest.
—zahl *f* | interest number.
—zahlung *f* | payment of interest; interest payment.
—zahlungstag *m*; —zahlungstermin *m* | date interest is payable; day on which the interest falls due.
—zuschuß *m* | interest subsidy.
zirka *adv* | approximately; about.
Zirkular *n* | circular; circular letter.
—kreditbrief *m* | circular letter of credit.
—weg *m* | auf dem ~ | by circulating letter(s).
Zirkulation *f* | circulation.
zirkulieren *v* | to circulate | etw. ~ lassen | to put sth. in circulation.
Zitat *n* | quotation | ~ aus dem Text | textual quotation | wörtliches ~ | word-by-word quotation.
zitieren *v* | to quote | falsch ~ | to misquote | wörtlich ~ | to quote literally.
Zivil *n* | in ~ | in plain clothes; in mufti.
zivil *adj* Ⓐ | ~er Ungehorsam | civil disobedience.
zivil *adj* Ⓑ | ~e Preise | moderate (reasonable) prices.
Zivil..beamter *m* | civil servant.
—behörden *fpl* | civil authorities.
—bevölkerung *f* | civil (civilian) population.
—dienst *m* | civil service.
— —beamter *m* | civil servant.
— —pension *f* | civil service pension.
—ehe *f* | civil (common-law) marriage | eine ~ eingehen (schließen) | to contract a civil marriage; to contract marriage before the registrar.

Zivil..garde *f* | civic guard.
—gericht *n* | civil court | jdn. bei den ~en verklagen | to bring a civil action against sb. | vor den ~en | before (in) the civil courts.
zivilgerichtlich *adj* | ~e Klage | civil action (suit) | im Wege der ~en Klage | by civil action; by bringing civil action; in the civil courts.
zivilgerichtlich *adv* | civilly | einen Anspruch ~ verfolgen | to pursue a claim in the civil courts.
Zivil..gerichtsbarkeit *f* | civil jurisdiction.
—gesetz *n* | civil (common) law.
—gesetzbuch *n* | civil code; code of civil law.
—gesetzgebung *f* | civil legislation.
—ingenieur *m* | civil engineer.
Zivilisation *f* | civilization | ~ annehmen | to become civilized.
Zivilisator *m* | civilizer.
zivilisieren *v* | to civilize | zu ~ | civilizable.
zivilisiert *adj* | die ~e Welt | the civilized world.
zivilisiert *part* | ~ werden | to become civilized.
Zivilist *m* | civilian.
Zivil..kammer *f* | civil court.
—klage *f* | civil action (suit) (case).
—kleidung *f* | in ~ | in plain clothes; in mufti.
—leben *n* | im ~ | in civil(ian) life.
—liste *f* | civil list | Pension zu Lasten der ~ | civil list pension.
—luftfahrt *f* | civil aviation.
— —abkommen *n* | civil aviation agreement.
— —prozeß *m* | civil procedure (proceedings *pl*); civil suit (action) (case) | im Wege des ~sses | by civil action (law).
— —ordnung *f* | code of civil procedure; rules of civil practice; judicial code.
—recht *n* | civil (common) (private) law.
—rechtler *m* | civil practice lawyer.
zivilrechtlich *adj* | civil | ~e Klage | civil action (suit); common law action | im Wege der ~en Klage | by civil action; by bringing civil action; in the civil courts | ~e Verantwortlichkeit | civil responsibility | Mangel der ~en Verantwortlichkeit | absence of civil responsibility.
zivilrechtlich *adv* | by (in) (according to) civil law; civilly | einen Anspruch ~ verfolgen | to pursue a claim in the civil courts | ~ verfolgbar | civilly actionable.
Zivilrechts..lehrer *m* | professor of civil law.
—pflege *f* | civil jurisdiction.
—praxis *f* | civil practice.
—streit *m* | civil action (suit) (case).
—verfahren *n*; —weg *m* | civil proceedings *pl* | im ~ | by civil action (law); in the civil courts.
Zivilsache *f* | civil case | in ~n | in civil cases | Berufung in ~en | appeal in civil cases.
—stand *m* | civil status | Klage auf Berichtigung des ~es | action for rectification of the civil-status register.
—standesbeamter *m* | superintendent registrar.
—streitigkeit *f* | civil action (suit); common law action.
—trauung *f* | marriage before the registry (before the registrar); civil (common-law) marriage.
—urteil *n* | judgment in a civil case.
—verfahren *n* | civil proceedings *pl*.
—versorgung *f* | employment in the civil service.
—versorgungsschein *m* | guarantee of employment in the civil service.
—verwaltung *f* | civil administration (service).
Zögern *n* | ohne schuldhaftes ~ | without undue delay.
Zögling *m* | pupil.

Zoll *m* Ⓐ [Zollverwaltung] | **der** ~ | the administration of the customs; the customs *pl*; the customs authorities *pl* | **Durchgang beim** ~ | clearance through the customs; customs clearance | **beim** ~ **abgefertigte Waren** | cleared goods | **etw. beim** ~ **abfertigen** | to clear sth. through customs; to effect customs clearance of sth. | **den** ~ **passieren** | to pass (to get) through the customs.

Zoll *m* Ⓑ [Abgabe] | customs (custom-house) duty; duty | **Agrar**~ | protective tariff | **Ausfuhr**~ | export duty; duty on exportation (on exports) | **Ausgleichs**~ | countervailing (compensatory) duty (tariff) | **Brücken**~ | bridge-toll; toll | **Durchfuhr**~; **Durchgangs**~ | transit duty | **Einfuhr**~; **Eingangs**~ | import (entrance) duty; duty on importation (on imports) (on goods imported); duty inwards | **Finanz**~ | revenue (financial) duty | **Getreide**~ | corn duty | **Gewichts**~ | specific duty; duty by weight | **Grenz**~ | frontier duty | **Industrie**~; **Schutz**~ | protective tariff | **Prohibitiv**~ | prohibitive duty | **Retorsions**~; **Vergeltungs**~ | retaliatory duty | **Stadt**~ | town (city) toll | **Straf**~ | penalty duty | **Vertrags**~ | treaty tariff | **Vorzugs**~ | preferential tariff | **Wege**~ | toll | **Wert**~ | ad valorem duty.

★ etw. mit ~ belegen; auf etw. einen ~ legen | to lay (to put) a duty (up)on sth.; to tariff sth.
★ einen ~ erheben | to impose (to levy) a duty | dem (einem) ~ unterliegen | to be subject (liable) to duty; to be dutiable.

Zoll..abfertigung *f* | customs clearance; clearance through customs.
—**abfertigungs..hafen** *m* | port of entry.
— —**kosten** *pl* | clearing charges.
— —**schein** *m* | clearing certificate; customs permit (certificate); bill of clearance.
—**abgabe** *f* | customs (custom-house) duty.
—**abkommen** *n* | tariff treaty | **Allgemeines Zoll- und Handelsabkommen** | General Agreement on Tariffs and Trade [GATT].
—**agent** *m* | customs (custom-house) agent (broker).
—**agentur** *f* | customs (custom-house) agency.
Zollager *n* | customs (bonded) warehouse (store) | **Einlagerung im** ~ | storing (warehousing) in a bonded warehouse; bonding | **Verkauf ab** ~ | sale in a bonded warehouse (out of bond) | etw. auf ~ nehmen | to place (to put) sth. in (into) bond.
Zollamt *n* | custom-house; customs office | **Eingangs**~ | custom-house at entry | **Grenz**~ | custom-house at the frontier | **Ober**~ | general customs office; board of customs (of excise).
zollamtlich *adj* | unter ~er Aufsicht | under supervision of the customs authorities; under excise supervision | ~e Bescheinigung | customs certificate | ~e Überwachung | customs supervision (control) | ~e Untersuchung | customs examination (inspection) | ~er Verschluß | bond | unter ~em Verschluß | in (under) bond; bonded.
zollamtlich *adv* | etw. ~ abfertigen | to clear sth. through the customs | etw. ~ deklarieren | to declare sth. at the customs | etw. ~ untersuchen | to subject sth. to customs inspection | ~ untersucht werden | to be subject to customs inspection.
Zoll..änderung *f* | modification in the tariff schedule; tariff amendment.
—**angabe** *f* | customs declaration (entry).
—**anleihe** *f* | customs loan.
—**anschluß** *m* | customs union.
—**aufschlag** *m* | additional customs duty.
—**aufseher** *m* | customs inspector.

Zoll..aufsicht *f* | unter ~ | under supervision of the customs authorities; under excise supervision.
—**aufsichtsstelle** *f* | customs inspection.
Zollausfuhr..erklärung *f*; —**deklaration** *f* | customs declaration for export; export declaration; declaration outward.
Zoll..ausschluß *m*; —**ausschlußgebiet** *n* | free zone; customs district.
—**bahnhof** *m* | customs station.
—**beamter** *m* | customs (custom-house) (revenue) (excise) officer.
—**begleitschein** *m* | bond note (warrant).
—**begünstigung** *f* | preferential treatment.
—**behandlung** *f* | customs clearance; clearance through customs.
—**behörde** *f* | customs authority (office) | **Ober**~ | Board (Bureau) of customs (of excise).
—**behörden** *fpl* | **die** ~ | the administration of customs; the customs administration (authorities *pl*); the customs *pl*.
zollbehördlich *adj* | ~e Aufsicht | supervision of the customs authorities.
Zoll..bescheinigung *f* | customs certificate.
—**bestimmungen** *fpl* | customs (custom-house) regulations *pl*.
—**bezirk** *m*; —**distrikt** *m* | customs district.
—**brücke** *f* | toll bridge.
—**büro** *n* | customs office.
—**defraudation** *f* | evasion of customs duties.
—**depot** *n* | bonded warehouse (store); customs warehouse.
—**dienst** *m* | customs service | **Beamter des** ~**es** | customs (custom-house) (revenue) (excise) officer.
—**direktion** *f* | board of customs (of excise).
—**diskriminierung** *f* | tariff discrimination.
—**dokumente** *npl* | customs (clearance) papers.
—**durchfuhrschein** *m*; —**durchgangsschein** *m*; —**durchlaßschein** *m* | bond note (warrant); transshipment bond (note); customs permit.
Zölle *mpl* | customs; duties; customs duties | ~ **und Steuern** | taxes, customs and excise duties.
Zoll..eingangsschein *m* | customs entry (declaration); bill of entry.
—**einnahmen** *fpl* | customs returns (receipts).
—**einnehmer** *m* | collector of customs.
—**erhöhung** *f* | increase of customs duties (of tariffs); tariff increase.
—**erklärung** *f*; —**deklaration** *f*; —**einfuhrerklärung** *f* —**einfuhrdeklaration** *f* | customs declaration for import; import declaration; bill of entry | **eine** ~ **abgeben** | to enter [sth.] at the customs.
—**erlaubnisschein** *m* Ⓐ | customs permit (certificate).
—**erlaubnisschein** *m* Ⓑ | transshipment bond (note); excise bond.
—**erledigung** *f* | customs clearance; clearance through the customs.
—**ermäßigung** *f* | reduction (lowering) of customs duties.
—**fahndung** *f*; —**fahndungsdienst** *m* | preventive service.
—**fahndungsbeamter** *m* | preventive (revenue) officer.
—**fahndungsstelle** *f* | office of the preventive service.
—**faktura** *f* | customs invoice.
—**flagge** *f* | revenue flag.
—**formalitäten** *fpl*; —**förmlichkeiten** *fpl* | customs (custom-house) formalities.
zollfrei *adj* | exempt from duty; free of duty (of customs duties); duty-free; non-dutiable | ~e **Einfuhr** | duty-free entry; free admission | ~e **Waren** | duty-free goods.

zollfrei *adv* | **etw. ~ einführen** | to import sth. duty-free.
Zoll..freigabe *f* | release from bond.
—**freigebiet** *n* | duty-free zone.
—**freihafen** *m* | free port.
—**freiheit** *f* | exemption from duties (from customs duties) (from duty).
—**freilager** *n* | customs (bonded) warehouse (store).
—**freischein** *m* | transshipment bond (note); excise bond.
—**gebiet** *n* | customs territory.
—**gebühren** *fpl* | customs (custom-house) duties (charges).
——**rechnung** *f* | account (bill) of customs; customs account (bill).
—**geleitschein** *m* | bill of sufferance.
—**gesetz** *n* | revenue (tariff) law; customs regulations (code).
—**gesetzgebung** *f* | tariff legislation.
—**grenzbezirk** *m* | customs district.
—**grenze** *f* | customs frontier (border).
—**gut** *n* Ⓐ | dutiable goods.
—**gut** *n* Ⓑ | goods in bond; bonded goods.
—**hafen** *m* | bonded port.
—**haus** *n* | custom-house; customs office.
—**hinterziehung** *f* | evasion of duty (of customs duties); defraudation of the customs; revenue offense | **~ begehen** | to evade the customs (customs duties).
—**hoheit** *f* | jurisdiction in customs (revenue) matters.
—**inhaltserklärung** *f* | customs declaration; entry.
—**inspektor** *m* | customs inspector.
—**kai** *m* Ⓐ | customs (legal) quay.
—**kai** *m* Ⓑ [Freihafenkai] | sufferance wharf.
—**kasse** *f* | customs cash office.
—**kaution** *f* | customs bond.
—**kommissar** *m* | customs inspector | **Bezirks~** | district customs officier.
—**kontingent** *n* | tariff quota.
—**kontrolle** *f* | customs inspection.
—**krieg** *m* | tariff (customs) war.
—**kutter** *m* | revenue cutter.
—**makler** *m* | customhouse broker.
—**mauern** *fpl* | tariff walls.
—**niederlage** *f* | bonded (sufferance) warehouse; customs depot.
—**oberaufseher** *m* | inspector of customs.
—**ordnung** *f* | customs (custom-house) regulations *pl.*
—**papiere** *npl* | customs (clearance) papers (documents).
—**paß** *m* | customs pass.
—**passierschein** *m* | bond note (warrant); transshipment note; custom-house permit (pass).
—**passierscheinheft** *n* | passbook; international customs pass.
zollpflichtig *adj* | subject (liable) to duty (to pay duty); dutiable | **~e Waren** | dutiable goods.
zollpflichtig *adv* | **etw. ~ machen** | to make sth. dutiable; to tariff sth.
Zoll..plombe *f* | customs (custom-house) seal; customs lead | **die ~n abnehmen** | to remove the custom-house seals.
—**politik** *f* | tariff policy.
—**protektionismus** *m* | system of protective duties; tariff protectionism.
—**prüfung** *f*; —**revision** *f* | customs examination (inspection).
—**quittung** *f* | customs (custom-house) receipt.
—**rechnung** *f* | customs account; account (bill) of customs.
—**reform** *f* | tariff reform.

Zoll..register *n* | customs tariff.
—**repressalien** *fpl* | tariff retaliation.
—**rückerstattung** *f*; —**rückvergütung** *f* | customs drawback; drawback.
—**satz** *m* | rate of duty; tariff rate | **Ausgleichs~** | compensatory tariff | **Vertrags~** | treaty tariff.
—**sätze** *mpl* | custom rates *pl* | **Festsetzung von ~n** | fixing of custom rates *pl.*
—**satzerhöhung** *f* | increase of custom duties (of tariffs).
—**schein** *m* Ⓐ | clearance bill; customs certificate.
—**schein** *m* Ⓑ [Durchlaßschein] | permit of transit; bond (transshipment) note.
—**schranke** *f* | customs barrier | **Senkung der ~n** | lowering of customs barriers.
—**schuppen** *m*; —**speicher** *m* | bonded warehouse; customs warehouse (store).
—**schutz** *m* | protection by tariffs.
—**senkung** *f* | lowering (reduction) of customs duties; tariff reduction.
—**siegel** *n*; —**stempel** *m* | customs (custom-house) seal.
—**spesen** *pl* | customs (custom-house) charges.
—**station** *f* | customs station.
—**statistik** *f* | customs statistics *pl.*
—**stelle** *f* | custom-house; customs (custom-house) agency | **Abgangs~** | customs point of exit | **Eingangs~** | customs point of entry.
—**strafe** *f* | customs fine.
—**system** *n* | tariff system.
Zolltarif *m* | customs tariff; tariff schedule; custom rates | **Ausgleichs~** | compensatory tariff | **Einfuhr~** | import list | **Schutz~** | protective tariff | **Vergeltungs~** | retaliatory tariff | **Vorzugs~** | preferential tariff.
—**änderung** *f* | amendment of the customs tariff.
Zoll..tarifierung *f* | fixing of custom rates.
—**tarifsystem** *n* | tariff system.
—**treue** *f* | **auf ~ verpflichtet** | obliged to respect customs regulations.
—**überwachung** *f* | customs supervision (control).
—**umgehung** *f* | evasion of customs duties.
—**union** *f*; —**verband** *m*; —**verein** *m*; —**vereinigung** *f* | customs union.
—**unkosten** *pl* | customs expenses (charges).
—**untersuchung** | customs inspection (examination).
—**vergehen** *n* | revenue (customs) offense.
—**vergünstigung** *f* | preferential treatment.
—**vergütung** *f* | customs drawback.
—**verhandlungen** *fpl* | tariff negotiations.
Zollverschluß *m* | bond | **Einlagerung unter ~** | storing (storage) in a bonded warehouse (in bond) | **Verbringung unter ~** | placing in bond; bonding | **Waren unter ~** | goods in bond; bonded goods | **etw. unter ~ einlagern (nehmen)** | to take (to put) sth. in bond; to bond sth. | **etw. aus dem ~ herausnehmen** | to take sth. out of bond | **unter ~** | in bond; bonded.
Zoll..vertrag *m* | customs (tariff) treaty.
—**verwaltung** *f* | **die ~** | the administration of the customs; the customs administration; the customs.
—**verzeichnis** *n* | customs tariff; tariff schedule.
—**visitation** *f* | customs examination (inspection).
—**vormerkschein** *m* | bond (transshipment) note.
—**vorschriften** *fpl* | customs (custom-house) regulations *pl.*
—**wert** *m* | value (valuation) for customs purposes; tariff value.
—**wesen** *n* | **das ~** | the customs *pl.*
—**zuschlag** *m* | additional duty.

Zone *f* | zone; area | **Absatz~** | distribution (marketing) area | **Abstimmungs~** | plebiscite zone | **Besetzungs~** [S]; **Besatzungs~** | zone of occupation | **Blockade~** | blockaded area | **Frei~** | free (free-trade) zone | **Freihafen~** | free-port zone | **Freihandels~** | free-trade area | **Fußgänger~** | pedestrian area | **Gebühren~** | rate zone | **Gefahren~** | danger zone | **~ mit Geschwindigkeitsbegrenzung** | restricted area | **Interessen~** | zone (sphere) of interest | **Kriegs~** | military (war) zone | **Küsten~** | coastal zone (region) | **Puffer~** | buffer zone | **Sicherheits~** | safety zone | **Sperr~** | prohibited zone (area) | **~ der freien Zustellung** | free-delivery zone | **entmilitarisierte ~** | demilitarized zone | **in ~n eingeteilt** | zoned.

Zonen..einteilung *f* | division in zones; zoning.
—grenze *f* | zone border.
—plan *m* | zone (zoning) plan.
—randgebiete *npl* | regions of West Germany bordering on East Germany.
—tarif *m* | zone tariff.
Zubehör *m* | accessories *pl*; appurtenances *pl*; fittings *pl*.
zubilligen *v* | to allow | **jdm. Schadensersatz ~** | to award damages to sb. | **jdm. mildernde Umstände ~** | to allow sb. extenuating circumstances.
Zubilligung *f* | **~ von Schadensersatz** | awarding damages | **unter ~ von mildernden Umständen** | allowing extenuating circumstances.
Zubringer..dienst *m* | feeder service.
—linie *f* | feeder line; feeder.
Zubuße *f* | fresh supply of funds.
Zucht *f* | breeding; raising | **Pferde~** | horse breeding | **Vieh~** | breeding (raising) of cattle; breeding (rearing) of stock; cattle (stock) breeding.
züchten *v* | to breed | **Vieh ~** | to breed (to raise) cattle.
Züchter *m* | breeder | **Pferde~** | horse breeder | **Vieh~** | breeder of livestock; cattle breeder.
Zuchthaus *n* Ⓐ [Strafe] | imprisonment with hard labo(u)r; hard labo(u)r; penal servitude | **Verurteilung zu ~** | sentence to hard labo(u)r | **lebenslängliches ~** | penal servitude for life | **mit ~ bestraft werden** | to be punishable with penal servitude | **zu ... Jahren ~ verurteilt werden** | to be sentenced to ... years at hard labo(u)r.
Zuchthaus *n* Ⓑ [Gebäude] | convict prison; penitentiary.
Zuchthäusler *m* | convict.
Zuchthaus..arbeit | convict labo(u)r.
—strafe *f* | term of penal servitude.
züchtigen *v* | **jdn. ~** | to inflict corporal punishment on sb.; to whip sb.
Züchtigung *f* [körperliche ~] | corporal punishment; whipping.
Züchtigungsrecht *n* | right to inflict corporal punishment | **elterliches ~; väterliches ~** | parental power of punishment.
Zuchtmittel *n* | means of discipline.
Zuckersteuer *f* | sugar duty (tax).
Zudrang *m* | rush; run.
zueignen *v* Ⓐ [aneignen] | **sich etw. ~** | to appropriate sth. | **sich etw. widerrechtlich ~** | to appropriate sth. unlawfully; to misappropriate sth.
zueignen *v* Ⓑ [widmen] | **jdm. etw. ~** | to dedicate sth. to sb.
Zueignung *f* Ⓐ [Aneignung] | appropriation | **widerrechtliche ~** [Misappropriation.
Zueignung *f* Ⓑ [Widmung] | dedication.
zuerkennen *v* Ⓐ [zusprechen] | to adjudge; to adjudicate; to award | **eine Belohnung ~** | to award a recompense.

zuerkennen *v* Ⓑ [zuteilen] | to allot; to allocate; to apportion.
Zuerkennung *f* Ⓐ [Zusprechung] | adjudication; adjudgment; award | **~ von Schadensersatz** | award of damages.
Zuerkennung *f* Ⓑ [Zuteilung] | allotment.
Zufahrtstraße *f* | approach.
Zufall *m* | accident | **durch ~** | by accident; accidentally; by chance | **vom ~ abhängig** | aleatory | **durch einen bloßen (reinen) ~** | by a mere accident | **unabwendbarer ~** | act of God; fortuitous event; unforeseen circumstances | **durch einen unabwendbaren ~** | fortuitously; by an act of God.
zufallen *v* | **jdm. durch das Los ~** | to fall to sb. by lot | **jdm. bei der Teilung ~** | to fall to sb.'s share.
zufällig *adj* | accidental; incidental; by accident; fortuitous; casual | **~es Ereignis** | fortuitous event; act of God; accident | **Gefahr (Risiko) des ~en Unterganges** | risk of accidental loss (destruction) | **~es Zusammentreffen** | coincidence | **rein ~** | by a mere accident.
zufällig *adv* | accidentally; incidentally; fortuitously | **ob ~ oder absichtlich** | whether by accident or by design; either intentionally or unintentionally.
Zufälligkeit *f* | contingency; eventuality; unforeseen event.
Zufalls..bekanntschaft *f* | chance acquaintance.
—erfindung *f* | incidental discovery.
Zuflucht *f* | refuge | **~ nehmen** | to take refuge | **~ suchen** | to seek refuge.
Zuflucht..hafen *m* | port of refuge.
—ort *m*; **—stätte** *f* | place of refuge; refuge.
zufolge *prep* | in pursuance of; in compliance with.
Zufluß *m* | influx.
zufriedenstellen *v* | to satisfy.
zufriedenstellend *adj* | satisfactory.
zufügen *v* | **einer Sache Schaden ~** | to cause damage to sth. | **jdm. Schaden ~** | to inflict damage to sb.
Zufuhr *f* | **~ von Lebensmitteln** | provisioning; provisions *pl*.
Zug *m* Ⓐ | **Erfüllung ~ um ~** | contemporaneous performance; performance for performance | **im ~ der Verhandlung** | in the course of the hearing (trial).
Zug *m* Ⓑ [Eisenbahn~] | railway train | **Arbeiter~** | workmen's train | **Ferien~** | holiday train | **Fern~** | main-line train | **Güter~** | goods train | **Hilfs~** | emergency train | **Luxus~** | Pullman train | **Personen~** | passenger train | **Post~** | mail train | **Schnell~** | express train | **Sonder~** | special train | **Vororts~** | local train | **~ mit Schiffsanschluß** | boat train | **~ mit Postbeförderung** | mail train | **direkter ~**; **durchgehender ~** | through train.
Zugabe *f* | **als ~** | as free gift | **Verkauf mit ~** | sale with gift coupons.
Zugabegutschein *m* | free-gift coupon.
Zugang *m* Ⓐ [Zutritt] | access | **Markt~** | access to the market | **zum Meer** | access to the sea | **leichter ~** | accessibility | **zu jdm. ~ erhalten (erlangen)** | to gain admission to sb.
Zugang *m* Ⓑ [Mehrwert] | increase of (rise in) value; increment.
Zugang *m* Ⓒ [Zunahme] | increase.
zugänglich *adj* | accessible | **einem Argument ~ sein** | to be ready (to be willing) to listen to an argument | **etw. der Öffentlichkeit ~ machen** | to throw sth. open to the public | **für die Öffentlichkeit nicht ~** | not accessible (not open) to the public | **leicht ~** | easy of access | **schwer ~** | difficult of access | **jedermann ~** | accessible to everybody (to everyone).
Zugänglichkeit *f* | accessibility.

Zugangs..liste *f* | list of additions.
—nummer *f* | accession number.
—recht *n* | right of access.
—weg *m* | approach.
zugeben *v* Ⓐ [hinzufügen] | etw. ~ | to add sth.
zugeben *v* Ⓑ [zu einem Kauf] | etw. ~ | to give sth. into the bargain.
zugeben *v* Ⓒ [einräumen] | etw. ~ | to admit (to recognize) sth. | etw. als wahr ~ | to admit sth. to be true.
zugegebenermaßen *adv* | admittedly.
zugegen sein *v* | ~ bei | to be present at.
zugehen *v* | jdm. etw. ~ lassen | to send sb. sth.
zugehören *v* | to belong.
zugehörig *adj* | belonging [to].
Zugehörigkeit *f* Ⓐ | appertaining.
Zugehörigkeit *f* Ⓑ [Mitgliedschaft] | membership; affiliation | Gewerkschafts~ | union membership; labo(u)r union affiliation | Partei~ | party membership | Vereins~ | club membership.
zugelassen *adj* | [amtlich ~; öffentlich ~] | certificated; chartered; licensed; qualified | zur Börse (an der Börse) (zum Handel an der Börse) ~ sein | to be admitted (quoted) (listed) on the stock exchange | ~er Makler | certified (accredited) broker (agent) | ~er Vertreter | recognized agent | ~er Verkaufsvertreter | licensed dealer.
zugelassen *part* | zur Akademie ~ werden | to be admitted to the Academy | zur Prüfung (zum Examen) ~ werden | to be admitted to the examination.
zugesichert *adj* | ~e Eigenschaften | warranted qualities.
zugestanden *adj* | admitted; acknowledged.
zugestandenermaßen *adv* Ⓐ | admittedly.
zugestandenermaßen *adv* Ⓑ | by common consent; by common (by universal) assent.
Zugeständnis *n* Ⓐ [Konzession] | concession | ~ im Preis; Preis~ | concession in price; price concession | Tarif~se | tariff concessions | ~se machen | to make concessions.
Zugeständnis *n* Ⓑ [Einräumung] | admission | ~ einer Tatsache | admission of a fact.
zugestehen *v* Ⓐ [konzedieren] | to concede.
zugestehen *v* Ⓑ [gestehen; einräumen] | to admit.
zugestehen *v* Ⓒ [bewilligen] | to accord; to grant.
zugestellt *adj* | delivered | dem Empfänger noch nicht ~er Brief | undelivered letter | noch nicht ~e Postsendungen | undelivered mail.
zugrundegehen *v* | to perish.
zugrundelegen *v* | to take as a basis.
Zugrundelegung *f* | unter ~ von | taking as a basis.
zugrundeliegen *v* | to form the basis.
zugrunderichten *v* | to ruin.
Zugspersonal *n* | train crew (staff).
Zugsverkehr *m* | train service (traffic).
Zugverbindung *f* | train (railway) (rail) connection.
Zuhälter *m* | procurer.
Zuhälterin *f* | procuress.
Zuhilfenahme *f* | unter ~ von | with the help of.
Zuhörerraum *m* | auditorium.
Zuhörerschaft *f* | audience.
zukaufen *v* | etw. ~ | to buy sth. in addition.
zukommend *adj* | jdm. ~ | belonging to sb. by right.
Zukunft *f* | in (in der) (für die) ~ | in (for) the future | in der ferneren ~ | in the distant future | in naher ~ | in the near future | für jds. ~ sorgen | to make provision for sb.'s future.
zukünftig *adj* | future; prospective | ~er Kunde | prospective client (customer) | ~e Lieferung | future delivery | ~es Vermögen | future estates *pl*.

Zukunftsaussichten *fpl* | future prospects *pl*.
Zulage *f* Ⓐ | allowance | Ausgleichs~ | allowance for compensation | Dienstalters~ | seniority allowance | Familien~ | family allowance | Frauen~ | allowance for a wife (for a married man) | Front~ | field (combat) allowance | Kinder~ | allowance for children; child bounty | Orts~ | local allowance | Teuerungs~ | allowance for high cost of living; cost-of-living bonus | Trennungs~ | separation allowance.
Zulage *f* Ⓑ [Gehalts~] | increase of salary; salary increase; raise | jdm. eine ~ geben | to raise sb.'s salary; to give sb. a raise.
zulassen *v* Ⓐ [Zutritt gewähren] | jdn. ~ | to admit sb.; to give sb. admittance; to give admittance to sb. | jdn. zur Prüfung ~ | to admit sb. to the examination | jdn. zur Rechtsanwaltschaft ~ | to admit sb. to the Bar (to practice law) | einen Studenten bei einer Universität ~ | to enter a student at a university.
zulassen *v* Ⓑ | to admit | Aktien zur Notierung ~ | to admit stocks to quotation | einen Anspruch ~ | to admit (to allow) a claim | eine Ausgabe ~ | to allow an expenditure | ein Auto ~ | to register a motor car | die Ber.fung ~ | to allow the appeal; to grant leave to appeal | die Berufung nicht ~ | to disallow (to reject) the appeal | jdn. zum Beweis ~ | to admit sb.'s evidence | eine Forderung als Konkursforderung ~ | to admit a debt as proved.
zulassen *v* Ⓒ [erlauben] | to permit | mehrere Auslegungen ~ | to admit of several interpretations | einen Verkauf ~ | to authorize a sale.
zulassen *v* Ⓓ [dulden] | etw. ~ | to tolerate sth.
zulässig *adj* | admissible; allowable; permissible; permitted; allowed | die Berufung ist ~ | an appeal lies [against] | als Beweis ~ | admissible in evidence | ~ sein | to be permissible | nicht ~ | inadmissible; not permitted.
Zulässigkeit *f* | admissibility; permissibility | die ~ eines Beweises | the admissibility of an evidence | ~ von Rechtsmitteln | admissibility of appeals | ~ des Rechtswegs | leave to institute legal proceeding | die ~ eines Zeugnisses (einer Zeugenaussage) | the admissibility of an evidence.
Zulassung *f* Ⓐ | ~ zur Prüfung (zum Examen); Prüfungs~ | admission to the examination | ~ zur Rechtsanwaltschaft | admission to the Bar | ~ zu einer Schule | admission to a school.
Zulassung *f* Ⓑ | ~ eines Anspruchs | admission of a claim | ~ der Berufung | leave to appeal | ~ einer Beschwerde; ~ eines Rechtsmittels | granting of an appeal | ~ zum (von) Beweis; ~ von Beweisen | admission in evidence | ~ zum Börsenhandel; ~ zur Notierung | admission to the Exchange (to official quotation) | ~ zur zollfreien Einfuhr | free (duty-free) admission | ~ einer Klage | finding for the plaintiff | Nicht~ | non-admission.
Zulassung *f* Ⓒ [von Kraftfahrzeugen] | registration [of motor vehicles].
Zulassungs..antrag *m*; —gesuch *n* | application for admission.
—ausschuß *m* | board of admission.
—bedingungen *fpl* | terms of admission.
—bescheinigung *f* Ⓐ [Kraftfahrzeug] | car license | internationale ~ | international travelling permit.
—bescheinigung *f* Ⓑ [Schiff] | certificate of seaworthiness.
—bescheinigung *f* Ⓒ [Flugzeug] | certificate of airworthiness.
—gebühr *f* | admission fee.

Zulassungs..prüfung *f* | entrance examination.
—schein *m* | entry permit | ~ **für Personenbeförderung** | passenger certificate.
—verfahren *n* | procedure of admission.
—verweigerung *f* | non-admission.
—wettbewerb *m* | competitive examination.
Zulieferant *m*; **Zulieferer** *m*; **Zulieferfirma** *f* | subcontractor.
zumessen *v* Ⓐ [zuteilen] | to apportion; to allot | **Belohnungen** ~ | to mete out rewards | **die Strafe** ~ | to fix (to determine) the penalty | **Strafe** ~ | to mete out punishment | **etw. anteilsmäßig** ~ | to apportion sth. pro rata.
zumessen *v* Ⓑ [beimessen] | **jdm. die Schuld an etw.** ~ | to attribute the blame for sth. to sb.
Zumessung *f* | apportionment; allotment | ~ **der Strafe** | fixing of the penalty | ~ **von Strafe; Straf**~ | meting out punishment | **anteilsmäßige** ~ | pro rata apportionment.
Zunahme *f* | increase; augmentation | **Bevölkerungs**~ ~ | increase (rise) in population | **Macht**~ | increase in power | **Wert**~ | increase of (rise in) value | **ständige** ~ | steady increase | **in der** ~ **begriffen sein** | to be on the increase.
Zuname *m* | family (proper) name; surname.
Zündwaren..steuer *f* | duty on matches (on lighting materials).
—monopol *n* | match monopoly.
zunehmen *v* | to increase; to grow.
Zunft *f* | guild; corporation | **Handwerker**~ | trade guild.
Zunft..brief *m*; **—privileg** *n* | charter of the (of a) corporation.
—geist *m* | class spirit.
—wesen *n* | **das** ~ | the trade guilds *pl*.
—zwang *m* | obligation to join a guild (a trade guild).
zunichte *adv* | **etw.** ~ **machen** | to destroy sth.
zunutze *adv* | **sich etw.** ~ **machen** | to take advantage of sth.; to avail os. of sth.; to turn sth. to account (to profit) (to advantage); to profit by sth.
Zuraten *n* | **auf sein** ~ | upon his advice.
zuraten *v* | **jdm. etw.** ~ | to advise sb. to do sth.
zurechnen *v* [hin~] | to add.
Zurechnung *f* [Hin~] | addition | **unter** ~ **von** | adding.
zurechnungsfähig *adj* Ⓐ | responsible for one's actions | **nicht** ~; **un**~ | irresponsible.
zurechnungsfähig *adj* Ⓑ [strafrechtlich verantwortlich] | responsible under penal law.
zurechnungsfähig *adj* Ⓒ [unterscheidungsfähig] | capable to discern | ~**es Alter** | age of discretion.
Zurechnungsfähigkeit *f* Ⓐ | responsibility.
Zurechnungsfähigkeit *f* Ⓑ [strafrechtliche Verantwortlichkeit] | criminal responsibility.
Zurechnungsfähigkeit *f* Ⓒ [Unterscheidungsvermögen] | discernment.
zurechtweisen *v* | to reprimand.
Zurechtweisung *f* | reprimand.
Zurschaustellung *f* | exposition; exhibiting; display; show.
zurückabtreten *v* | to reassign.
Zurückabtretung *f* | reassignment.
zurückbehalten *v* | to retain; to withhold.
Zurückbehaltung *f* | retention; withholding.
Zurückbehaltungsrecht *n* | lien; right of lien (of retention) | ~ **der Bank** | banker's lien | ~ **des Spediteurs** | carrier's lien | **Einrede des** ~**es** | lien | **durch Urteil festgestelltes** ~ | judgment lien | **Inhaber eines** ~**es** | lien holder; lienor | ~ **an Waren** | lien on goods | ~ **aus Werkvertrag** | material man's lien.

★ **gesetzliches** ~ | common-law (statutory) lien | **an etw. ein** ~ **haben** | to have a lien on sth. | **durch ein** ~ **gesichert sein** | to be secured by a lien.
zurückberufen *v* | to recall; to call back.
Zurückberufung *f* | recall; recalling.
Zurückberufungsschreiben *n* | letter of recall.
zurückbezahlen *v* | to pay back; to repay; to reimburse.
Zurückbezahlung *f* | repayment; reimbursement.
zurückdatieren *v* | to antedate; to date back.
Zurückdatierung *f* | antedating; dating back.
zurückdiskontieren *v* | to rediscount.
Zurückdiskontierung *f* | rediscount(ing).
zurückerlangen *v* | to regain possession of sth.; to repossess os. of sth. | **das Eigentum** ~ | to recover title (one's title).
Zurückerlangung *f* | ~ **des Besitzes** | regaining possession | ~ **des Eigentums** | recovery of title.
zurückerobern *v* | to reconquer.
zurückerstatten *v* Ⓐ; **zurückgeben** *v* | to restitute; to return | **jdm. etw.** ~ | to restore sth. to sb.
zurückerstatten *v* Ⓑ [zurückzahlen] | to reimburse; to repay; to refund | **Auslagen** ~ | to refund the expenses.
Zurückerstattung *f* Ⓐ; **Zurückgabe** *f* | restitution; return.
Zurückerstattung *f* Ⓑ [Rückzahlung] | reimbursement; repayment; refund.
zurückerwerben *v* | to reacquire.
zurückfallen *v* | **an jdn.** ~ | to revert (to fall back) to sb.
zurückfordern *v* | **etw.** ~ | to claim (to demand) sth. back; to reclaim sth. | **sein Geld** ~ | to demand the return of one's money.
Zurückforderung *f* | claiming back; reclaiming.
zurückgeben *v* | to give back; to return.
zurückgehen *v* | **etw.** ~ **lassen** | to return sth.
zurückgewähren *v* | to return; to refund.
zurückgewinnen *v* | to regain; to recover.
zurückgreifen *v* | **auf etw.** ~ | to revert to sth.
zurückhalten *v* | to retain | **sich** ~ | to maintain an attitude of reserve; to be reserved; to hold back; to exercise self-restraint.
zurückhaltend *adj* Ⓐ | reserved; self-restrained.
zurückhaltend *adj* Ⓑ [vorsichtig] | cautious; guarded | ~**es Urteil** | cautious judgment.
Zurückhaltung *f* | reservedness; reserve; restraint | **mangelnde** ~ | lack of restraint | **sich** ~ **auferlegen**; ~ **üben** | to maintain an attitude of reserve; to hold back; to exercise self-restraint | **mit** ~ **sprechen** | to speak with restraint | **ohne** ~ **handeln** | to act without restraint.
zurückindossieren *v* | to reindorse; to redraw.
Zurückkauf *m* | repurchase.
zurückkaufen *v* | to buy back; to repurchase; to redeem | **eine Police** ~ | to redeem (to surrender) a policy.
zurückkommen *v* | ~ **auf etw.** | to revert (to refer) to sth.
zurücklegen *v* | **etw.** ~ | to put (to lay) sth. aside.
Zurücklegung *f* | putting (laying) aside.
zurückliefern *v* | to redeliver; to restore; to return.
Zurücknahme *f* Ⓐ | taking [sth.] back | ~ **nicht verkaufter Waren** | taking back unsold goods.
Zurücknahme *f* Ⓑ [Zurückziehung] | withdrawal | ~ **eines Antrages** | withdrawal of an application (of a motion) (of a request) | ~ **einer Beleidigung** | retractation of an insult (of an offense) | ~ **der Berufung; Berufungs**~ | withdrawal of the appeal | ~ **der Klage; Klags**~ | withdrawal of the action | ~ **der Lizenz** | revocation of the licence | ~ **der Prokura** | withdrawal of the power to sign | ~ **eines**

Zurücknahme *f* Ⓑ *Forts.*
Versprechens | withdrawal of a promise | ∼ **der Vollmacht** | revocation (withdrawal) of the power of attorney.
zurücknehmen *v* Ⓐ | **ein Geschenk** ∼ | to take a gift back | **unverkaufte (nicht abgesetzte) Waren** ∼ | to take back unsold goods.
zurücknehmen *v* Ⓑ [zurückziehen] | to withdraw; to recall | **einen Antrag** ∼ | to withdraw an application | **die Berufung** ∼ | to withdraw the appeal | **eine Beleidigung** ∼ | to retract an insult (an offense) | **seinen Einspruch** ∼ | to withdraw one's opposition | **eine Entscheidung** ∼ | to withdraw (to rescind) (to set aside) a decision | **seine Klage** ∼ | to withdraw one's action (one's suit) | **eine Lizenz** ∼ | to revoke a licence | **sein Versprechen** ∼ | to withdraw one's promise | **sein Wort** ∼ | to withdraw (to go back on) one's word.
zurückrufen *v* | to call back; to recall.
zurückschicken *v*; **zurücksenden** *v* | **etw.** ∼ | to send sth. back; to return sth. | **Waren** ∼ | to send (to ship) goods back.
zurückschieben *v* | **jdm. den Eid** ∼ | to tender back an oath to sb.
Zurücksendung *f* | sending back; return | ∼ **von Waren** | sending back (returning) of goods.
zurücksetzen *v* Ⓐ [hintansetzen] | to neglect.
zurücksetzen *v* Ⓑ [benachteiligen] | to cause prejudice | **jdn.** ∼ | to put sb. to a disadvantage; to discriminate against sb.
Zurücksetzung *f* Ⓐ [Hintansetzung] | neglect.
Zurücksetzung *f* Ⓑ [Benachteiligung] | discrimination.
zurückstellen *v* | to postpone.
Zurückstellung *f* Ⓐ | postponement.
Zurückstellung *f* Ⓑ [VIDE: Rückstellung].
zurücktelegraphieren *v* | to reply by telegraph; to wire back.
zurücktrassieren *v* | to re-draw; to draw back.
Zurücktreten *n* | ∼ **im Range** | cession of rank.
zurücktreten *v* Ⓐ | **im Range** ∼ | to rank later.
zurücktreten *v* Ⓑ | **von einem Amt (Posten)** ∼ | to resign one's office (position) (post); to tender one's resignation.
zurücktreten *v* Ⓒ [den Rücktritt erklären] | **von einem Abkommen (Vertrag)** ∼ | to denounce (to withdraw from) a contract (treaty).
zurücktreten *v* Ⓓ [verzichten] | **von einem Anspruch** ∼; **von einer Forderung** ∼ | to renounce (to waive) a claim | **von einem Recht** ∼ | to renounce (to waive) a right.
zurückübersetzen *v* | to retranslate.
Zurückübersetzung *f* | retranslation; retranslating.
zurückübertragen *v* | to reassign; to retransfer.
Zurückübertragung *f* | retrocession; retransfer.
zurücküberweisen *v* | to transfer back.
zurückvergüten *v* | to reimburse; to refund; to repay.
zurückverkaufen *v* | **jdm. etw.** ∼ | to sell sth. back to sb.
zurückverlangen *v* | to claim back; to reclaim.
zurückverweisen *v* | to refer (to send) back | **eine Sache an das untere Gericht (an die untere Instanz)** ∼ | to send a matter (a case) back to the lower court (instance) | **eine Sache zur erneuten Verhandlung** ∼ | to send a case back for retrial (for rehearing) (for revision).
Zurückverweisung *f* | referring [sth.] back | ∼ **an das untere Gericht;** ∼ **an die untere Instanz** | referring [the case] back to the lower court | **auf Grund erfolgter** ∼ **entscheiden** | to decide after further consideration upon order to re-try.
Zurückverweisungsbeschluß *m* | order to re-try.

zurückweisen *v* Ⓐ [ablehnen] | to reject; to refuse.
zurückweisen *v* Ⓑ [nicht anerkennen] | to repudiate; to refuse to accept.
Zurückweisung *f* Ⓐ [Ablehnung] | rejection; refusal; dismissal | ∼ **der Berufung** | dismissal of the appeal | **kostenpflichtige** ∼ | dismissal with costs.
Zurückweisung *f* Ⓑ [Nichtanerkennung] | repudiation.
zurückwirken *v* | to retroact; to be retroactive; to have retroactive effect.
zurückzahlen *v* | to pay back; to repay; to refund | **eine Anleihe** ∼; **einen Kredit** ∼ | to pay off (to return) a loan | **jdm. in gleicher Münze** ∼ | to repay sb. in kind.
Zurückzahlung *f* | repayment; reimbursement; refund.
zurückzedieren *v* | to reassign.
zurückziehbar *adj* | withdrawable.
Zurückziehen *n* | withdrawal.
zurückziehen *v* Ⓐ | to withdraw | **ein Angebot** ∼ | to withdraw an offer | **eine Anklage** ∼ | to withdraw a charge | **einen Antrag** ∼ | to withdraw a motion | **einen Auftrag** ∼ | to cancel an order | **eine Beschwerde** ∼ | to withdraw a complaint | **seinen Einspruch gegen etw.** ∼ | to withdraw opposition to sth. | **eine Entscheidung** ∼ | to withdraw a decision | **seine Forderungen** ∼ | to withdraw one's claims | **seine Kandidatur** ∼ | to withdraw as a candidate (one's candidature) | **eine Klage** ∼ | to withdraw a suit (an action) | **eine Order** ∼ | to withdraw (to cancel) an order | **eine Verfügung (Verordnung)** ∼ | to withdraw an order.
zurückziehen *v* Ⓑ [sich ∼; ausscheiden] | **sich vom Geschäft (aus dem Geschäftsleben)** ∼ | to retire from business; to retire | **sich aus einem Unternehmen** ∼ | to withdraw from an undertaking.
zurückziehen *v* Ⓒ [zurücknehmen] | to take back; to retract | **sein Versprechen** ∼ | to retract (to take back) (to withdraw) one's promise.
Zurückziehung *f* | withdrawal | ∼ **einer Anklage** | withdrawal of a charge | ∼ **eines Antrages** | withdrawal of a motion (of an application) (of a request) | ∼ **eines Auftrages** | cancellation of an order; countermanding | ∼ **einer Beschwerde** | withdrawal of a complaint | ∼ **eines Einspruchs** | withdrawal of an opposition | ∼ **eines Kandidaten** | withdrawal of a candidate | ∼ **einer Klage; Klags∼** | withdrawal of a suit (of an action) | ∼ **einer Lizenz** | revocation of a licence | ∼ **einer Verfügung (Verordnung)** | withdrawal of an order | ∼ **eines Versprechens** | withdrawal of a promise | ∼ **einer Vollmacht** | revocation of a power of attorney.
zurückzuhalten *adj* | restrainable.
Zuruf *m* | acclamation; applause | **Abstimmung (Wahl) durch** ∼ | voting (election) by acclamation; voice vote | **durch** ∼ **abstimmen** | to vote by acclamation | **durch** ∼ **gewählt werden** | to be elected by applause (by acclamation).
Zurverfügung..stellen *n*; **—stellung** *f* | placing [sth.] at [sb.'s] disposal.
Zusage *f* Ⓐ [bejahende Antwort] | affirmative answer; reply in the affirmative; affirmation.
Zusage *f* Ⓑ [Zustimmung] | consent.
Zusage *f* Ⓒ [Versprechen] | promise | **bindende** ∼ | binding promise.
zusagen *v* Ⓐ [bejahend antworten] | to answer (to reply) in the affirmative.
zusagen *v* Ⓑ [zustimmen] | to consent.
zusagen *v* Ⓒ [versprechen] | to promise.
zusagend *adj* | affirmative | ∼**e Antwort** | affirmative answer; reply in the affirmative.

zusagend *adv* | ~ **antworten** | to answer in the affirmative.

zusagendenfalls *adv* Ⓐ | if the answer is in the affirmative.

zusagendenfalls *adv* Ⓑ [falls angenehm] | if convenient.

Zusammenarbeit *f* Ⓐ [Mitarbeit] | collaboration; co-operation | **Geist der** ~ | spirit of co-operation | **Politik der** ~ | policy of collaboration | **enge** ~ | close collaboration | **in** ~ **mit** | in co-operation with.

Zusammenarbeit *f* Ⓑ; **Zusammenarbeiten** *n* | team work.

zusammenarbeiten *v* | to collaborate; to work together; to co-operate.

zusammenballen *v* | to concentrate; to conglomerate.

Zusammenballung *f* | concentration | ~ **in Städten** | urban agglomeration.

zusammenberufen *v* | to convoke; to convene; to summon | **seine Gläubiger** ~ | to call one's creditors together; to summon one's creditors.

Zusammenberufung *f* | convocation.

zusammenbrechen *v* | to break down; to collapse.

Zusammenbruch *m* | collapse; breakdown | ~ **einer Firma (eines Unternehmens)** | collapse of a firm (of an enterprise) | ~ **des Marktes** | collapse of the market | **am Rande des** ~**es sein** | to be on the brink (on the verge) of ruin | **finanzieller** ~ | financial collapse.

zusammenfassen *v* Ⓐ | to recapitulate; to sum up; to summarize; to give a summary | **das Beweisergebnis** ~ | to sum up the evidence.

zusammenfassen *v* Ⓑ [abkürzen] | to abridge.

zusammenfassend *adj* | recapitulatory | ~**e Darstellung** | summary | ~**e Wiederholung** | recapitulation; summary account (statement).

zusammenfassend *adv* | ~ **wiederholen** | to summarize; to recapitulate.

Zusammenfassung *f* Ⓐ | recapitulation; summing up; summary | ~ **des Beweisergebnisses** | summing up of the evidence | **eine** ~ **geben** | to give a summary; to sum up; to summarize.

Zusammenfassung *f* Ⓑ [Abkürzung] | abridgment; abbreviation.

zusammengefaßt *adj* Ⓐ | summarized | ~**er Ausweis** | summarized statement | ~**e Bilanz** | consolidated balance sheet | ~**e Darstellung** | summary.

zusammengefaßt *adj* Ⓑ [abgekürzt] | abridged; abbreviated.

Zusammenhang *m* | connection; connexion; relation | **Kausal**~; ~ **zwischen Ursache und Wirkung; ursächlicher** ~ | relation of (correspondence between) cause and effect; chain of causation; causality | **Sach**~ | actual (factual) relation | **mit etw. in** ~ **stehen** | to be connected with sth. | **ohne** ~ | incoherent.

zusammenhängend *adj* | ~**e Sachen** | connected (coherent) matters.

zusammenkommen *v* | to meet; to assemble.

Zusammenkunft *f* | meeting; conference; assembly | **geheime** ~ | secret meeting.

Zusammenleben *n* | **eheliches** ~ | conjugal (matrimonial) community.

zusammenlegen *v* | **Aktien** ~ | to consolidate stock | **das Aktienkapital** ~ | to reduce (to write down) the capital stock (the capitalization).

Zusammenlegung *f* | ~ **von Aktien** | reduction of capital stock | ~ **von Gesellschaften** | merger.

zusammenrechnen *v* | to sum up; to add up.

Zusammenrechnung *f* | summing up; addition.

zusammenrotten *v* | **sich** ~ | to riot.

Zusammenrottung *f* | tumultuous (riotous) assembly.

zusammenrufen *v* | to summon together; to convoke.

zusammenschließen *v* | **sich** ~ | to unite.

Zusammenschluß *m* | ~ **von Aktiengesellschaften** | corporate merger | **industrieller** ~ | amalgamation of industries | **wirtschaftlicher** ~ | economic integration.

zusammensetzen *v* | to compose; to constitute.

Zusammensetzung *f* | composition; constitution.

zusammenstellen *v* Ⓐ | to compile; to draw up.

zusammenstellen *v* Ⓑ [in Gruppen] | to combine; to group.

zusammenstellen *v* Ⓒ [in Klassen] | to classify; to assort.

Zusammenstellung *f* Ⓐ | compilation; drawing up | **tabellarische** ~ | tabulation | **vergleichende** ~ | comparative table.

Zusammenstellung *f* Ⓑ [Gruppierung] | combination; grouping.

Zusammenstellung *f* Ⓒ [Klasseneinteilung] | classification; assortment.

Zusammenstoß *m* Ⓐ | encounter | **mit jdm. einen** ~ **haben** | to have an encounter with sb.; to clash with sb.

Zusammenstoß *m* Ⓑ | collision | **Eisenbahn**~ | collision of trains; train collision (smash) | **Schiffs**~ | collision of ships.

zusammenstoßen *v* | to collide; to come into collision.

Zusammentreffen *n* Ⓐ | meeting; conference; assembly.

Zusammentreffen *n* Ⓑ [Zusammenfallen] | coincidence.

zusammentreffen *v* Ⓐ | to meet; to assemble.

zusammentreffen *v* Ⓑ [zusammenfallen] | to coincide.

zusammentreten *v* | to meet | **zu einer Konferenz** ~ | to meet in conference.

Zusammentritt *m* | meeting | ~ **einer Konferenz** | meeting of a conference.

Zusammenwirken *n* | co-operation.

zusammenwirken *v* Ⓐ | to co-operate; to concur.

zusammenwirken *v* Ⓑ | **mit jdm.** ~ | to coact (to act in concert) with sb.

Zusammenwohnen *n* | living together.

zusammenwohnen *v* | to live together.

zusammenzählen *v* | to add up; to total up.

Zusammenzählung *f* | adding up; totalling up.

zusammenziehen *v* | to concentrate.

Zusammenziehung *f* | concentration.

Zusatz *m* Ⓐ | addition | **als** ~ | by way of addition; additionally.

Zusatz *m* Ⓑ [Ergänzung] | supplement | **als** ~ | by way of supplement.

Zusatz *m* Ⓒ [Anhang] | appendix; annex; addendum.

Zusatz..abkommen *n* | supplementary (supplemental) agreement.

—**antrag** *m* | amendment; motion to amend | **einen** ~ **einbringen** | to move an amendment.

—**artikel** *m* | additional (supplementary) article.

—**auftrag** *m* | additional order.

—**bedingung** *f* | supplementary condition.

—**bestimmung** *f*; —**klausel** *f* | additional (supplementary) clause.

—**dividende** *f* | additional (extra) dividend.

—**erklärung** *f* | supplementary return.

—**gebühr** *f* | additional (extra) charge.

—**karte** *f* | supplementary ticket; supplement.

—**kredit** *m* | additional (further) credit.

zusätzlich *adj* | supplementary; additional | ~**e Angaben** | further (additional) details | ~**e Deckung;** ~**e Sicherheit** | additional security (cover); supple-

zusätzlich *adj*, *Forts.*
mentary bond | ∼er **Kredit** | additional (further) credit | ∼e **Kosten (Spesen)** | additional (extra) charges | ∼e **Steuer** | surtax.
zusätzlich *adv* | in addition.
Zusatz..patent *n* | patent of addition (of amendment).
—**police** *f* | endorsement; supplemental policy.
—**protokoll** *n* | supplementary protocol.
—**rente** *f* | supplementary allowance.
—**übereinkommen** *n* | supplementary agreement.
—**veranlagung** *f* | additional assessment.
—**vereinbarung** *f*; —**vertrag** *m* | supplementary agreement.
—**versicherung** *f* | additional insurance.
—**wahl** *f* | by-election.
zuschicken *v* | jdm. etw. ∼ | to send sth. to sb.
zuschieben *v* | jdm. den Eid ∼ | to tender the oath to sb. | jdm. die Schuld ∼ | to lay the blame at sb.'s door.
zuschießen *v* Ⓐ [zusätzlich zahlen] | Geld ∼ | to supply (to furnish) some additional funds.
zuschießen *v* Ⓑ [beitragen] | einen Betrag ∼ | to contribute an amount.
Zuschlag *m* Ⓐ [Zuteilung] | adjudication; award | Erteilung des ∼es | allocation; adjudication; adjudicating; adjudging | ∼ an den Meistbietenden | allocation to the highest bidder | für etw. den ∼ erhalten | to be adjudged sth. | den ∼ erteilen | to allocate.
Zuschlag *m* Ⓑ [Aufschlag] | additional (extra) charge | Fracht∼ | additional (extra) freight | Gebühren∼ | supplementary charge | Kinder∼ | child bounty; allowance for children | Luftpost∼ | air mail fee | Porto∼ | additional (extra) postage | Qualitäts∼ | quality premium | auf eine Rechnung einen ∼ von ...% setzen | to add ...% to (to put ...% on) an invoice | Säumnis∼; Verspätungs∼ | extra charge for belated payment | Sonder∼ | special extra charge | Teuerungs∼ | allowance for high cost of living; cost-of-living bonus | Steuer∼ | surtax; additional tax (duty); supertax | einen ∼ machen | to make an additional charge.
zuschlagen *v* | to adjudicate; to allot; to allocate | etw. dem Meistbietenden ∼ | to allot sth. to the highest bidder.
Zuschlags..beschluß *m*; —**erteilung** *f* | adjudication.
—**fracht** *f* | additional (extra) freight.
zuschlagsfrei *adj* | free of extra charge; without surcharge.
Zuschlags..gebühr *f* | additional (supplementary) (extra) fee (charge).
—**karte** *f* | supplementary ticket.
zuschlagspflichtig *adj* | subject to an additional charge.
Zuschlags..porto *n* | additional (extra) postage.
—**prämie** *f* | additional premium.
—**preis** *m* | price of adjudication.
—**steuer** *f* | surtax; additional tax (duty); supertax.
—**taxe** *f* | extra fee (charge); surcharge.
—**zahlung** *f* | additional (extra) payment.
—**zoll** *m* | additional (extra) duty.
zuschreiben *v* Ⓐ [beimessen] | jdm. etw. ∼ | to ascribe (to attribute) sth. to sb.
zuschreiben *v* Ⓑ [übertragen] | jdm. ein Grundstück ∼ | to convey (to make over) a property to sb.; to transfer a real estate to sb.
Zuschreibung *f* | conveyance; making over; conveyance of property; deed of conveyance.
Zuschrift *f* | letter; writing | amtliche ∼ | official communication.
zuschulden *adv* | sich etw. ∼ kommen lassen | to commit sth.

Zuschuß *m* Ⓐ | subsidy; grant | Ausfuhr∼ | export subsidy (bounty) | Bau∼; Baukosten∼ | building subsidy | Betriebs∼ | operating subsidy | ∼ von Geldern; ∼ von Geldmitteln; Kapital∼ | financial aid; grant of money; capital grant | Lebenshaltungs-∼ | cost-of-living allowance | Staats∼; staatlicher ∼ | government (state) grant (subsidy); grant-in-aid | einen ∼ (die Bewilligung eines ∼sses) beantragen | to make (to file) (to put in) a claim for a grant | jdm. einen ∼ bewilligen (gewähren) | to grant sb. an allowance (a subsidy); to make a grant to sb. | durch einen ∼ (durch Zuschüsse) unterstützt | subsidized; grant-aided | durch einen Staats∼ (durch staatliche Zuschüsse) unterstützt | subsidized by the government (be the state); government-subsidized; state-subsidized | verlorene Zuschüsse | non-repayable subsidies | jdm. den ∼ sperren | to stop sb.'s allowance.
Zuschuß *m* Ⓑ [Beitrag] | contribution.
zusenden *v* | jdm. etw. ∼ | to send sth. to sb.
Zusendung *f* | sending; forwarding.
zusetzen *v* Ⓐ | Geld ∼ | to supply additional funds.
zusetzen *v* Ⓑ [verlieren] | Geld ∼ | to lose money.
zusichern *v* Ⓐ [versichern] | jdm. etw. ∼ | to assure sth. to sb.
zusichern *v* Ⓑ [gewährleisten] | etw. ∼ | to warrant sth.; to guarantee sth.
Zusicherung *f* Ⓐ [Versicherung] | assurance; promise.
Zusicherung *f* Ⓑ [Gewährleistung] | warranty; guarantee; guaranty.
zusprechen *v* Ⓐ | eine Belohnung ∼ | to award a recompense | jdm. die Kosten ∼ | to award the costs to sb.; to give sb. the costs | Schadensersatz ∼ | to award (to adjudge) damages | jdm. etw. gerichtlich (durch Urteil) ∼ | to adjudge (to adjudicate) (to award) sth. to sb.
zusprechen *v* Ⓑ [telephonisch durchsagen] | ein Telegramm ∼ | to telephone a telegraphic message.
Zusprechung *f* Ⓐ [Zuteilung] | allotment; award.
Zusprechung *f* Ⓑ [durch Richterspruch; durch Gerichtsurteil] | adjudication; award by judgment; adjudgment.
Zustand *m* | state; condition; situation | ∼ der Auflösung | state of dissolution (of decomposition) | Ausnahme∼; Belagerungs∼ | state of emergency (of siege) | Geistes∼ | mental condition; state (frame) of mind | ∼ der Gesetzlosigkeit; gesetzloser ∼ | state of lawlessness (of anarchy); anarchy | Gesundheits∼ | state of health | Kriegs∼ | state of war | im Natur∼ | in the natural state | Rechts∼ | legal status | ∼ der Unterhaltung | state of repair; condition | ∼ des Verfalls | state of dissolution (of disrepair) (of decomposition) | Verteidigungs∼ | state of defense.
★ **Waren in gutem und annahmefähigem** ∼ | goods in sound and acceptable condition | **in aktionsfähigem** ∼ | in an efficient state | **in ausgezeichnetem (bestem)** ∼ | in excellent condition | **in betriebsfähigem** ∼ | in condition of service; in working order (condition); in operating condition | **in betrunkenem** ∼ | in a state of intoxication | **früherer** ∼ | former (original) state | etw. **in den früheren** ∼ versetzen | to restore sth. to its former state; to bring (to put) sth. back into its former (original) state | **in gebrauchsfähigem** ∼ | in workable (serviceable) (working) condition | **in gutem** ∼ | in good condition (order) (repair); in condition | **in neuwertigem** ∼ | as new | **in reisefähigem** ∼ | in a fit state to travel | **in schlechtem** ∼ | in bad condition (order) (repair); out of condition | **in seetüchtigem** ∼ | in

navigable (seaworthy) condition | **ursprünglicher** ~; **voriger** ~ | former (original) state.

★ **den** ~ **von etw. feststellen** | to condition sth. | **in einem** ~ **von** | in a state of; in a condition to.

Zustandebringen *n* | accomplishment; achievement.

zustande bringen *v* | to accomplish; to achieve.

Zustandekommen *n* | realization | ~ **eines Vertrages** | conclusion (consummation) of a contract.

zustande kommen *v* | to come to pass; to be consummated.

zuständig *adj* | competent | ~**e Behörde** | competent authority | ~**e Dienststelle** | competent department (office) | **von** ~**er Seite** | from (on) competent authority | ~ **sein** | to be competent; to have jurisdiction | **ausschließlich** ~ **sein** | to have exclusive jurisdiction | **nicht** ~ | not competent; incompetent | **sich für nicht** ~ **erklären** | to disclaim competence.

Zuständigkeit *f* | competence; competency; jurisdiction | ~ **der Berufungsinstanz** | appelate jurisdiction | ~ **der Bundesgerichte** | federal jurisdiction | **Gebiets**~ | territorial competence | **Gerichts**~ | competence (jurisdiction) of the court(s) | **in die** ~ **eines Gerichts fallen; zur** ~ **eines Gerichts gehören** | to fall within the jurisdiction (competence) of a court | **außerhalb der** ~ **der Gerichte liegen; nicht zur** ~ **der Gerichte gehören** | to lie beyond the competence of the courts | ~ **in bürgerlichen Rechtsstreitigkeiten;** ~ **der Zivilgerichte** | civil jurisdiction; jurisdiction (competence) of the civil courts | ~ **der Strafgerichte;** ~ **in Strafsachen** | criminal (penal) jurisdiction | ~ **der Verwaltungsbehörden** | competence of the civil authorities.

★ **ausschließliche** ~ | exclusive jurisdiction | **nicht ausschließliche** ~ | concurrent jurisdiction | **mangelnde** ~ | want of jurisdiction | **mehrfache** ~; **wahlweise** ~ | concurrent (concurrence of) jurisdiction | **örtliche** ~; **territoriale** ~ | local jurisdiction (competence) | **sachliche** ~ | material jurisdiction.

★ **die** ~ **begründen** | to establish competence (jurisdiction) | **die** ~ **bestreiten** | to plead incompetence | **in jds.** ~ **fallen** | to fall within sb.'s competence | **zur** ~ **gehören** | to be under the jurisdiction [of] | **die** ~ **verneinen** | to disclaim competence.

zuständigkeitshalber *adv* | for reasons of competence.

Zuständigkeits..bereich *m* und *n* | scope | **in jds.** ~ **fallen** | to fall (to come) within sb.'s jurisdiction.

—**klausel** *f* | jurisdiction clause.

—**streit** *m* | conflict (clashing) of authority.

—**vereinbarung** *f* Ⓐ | agreement on electing a legal domicile.

—**vereinbarung** *f* Ⓑ | [Klausel] | jurisdiction clause.

—**verteilung** *f* | distribution of powers.

zustehen *v* Ⓐ | [gehören] | **jdm.** ~ | to belong to sb.

zustehen *v* Ⓑ | [gebühren] | **jdm.** ~ | to be due to sb.

zustehend *adj* | **jdm.** ~ | belonging to sb. by right.

zustellbar *adj* | deliverable | **un**~ | undeliverable.

Zustell..adresse *f* | address for service | **Post**~ | mailing (postal) address.

—**bezirk** *m* | district (area) of delivery; delivery district.

—**dienst** *m* | delivery service | **Eil**~; **Sonder**~ | express (special) delivery service | **Nachnahme**~ | cash on delivery service.

zustellen *v* Ⓐ | [liefern] | to deliver.

zustellen *v* Ⓑ | [formell] | to serve | **jdm. eine (die) Kündigung** ~ | to serve notice on sb. | **jdm. eine Ladung** ~ | to serve a summons on sb.; to serve sb. with a summons | **etw. durch die Post** ~ | to serve sth. by

post | **jdm. einen Schriftsatz** ~ | to serve a writ on sb.; to serve sb. with a writ.

Zustell..gebühr *f* Ⓐ | delivery fee (charge) | **Eil**~ | express delivery fee.

—**gebühr** *f* Ⓑ | service fee (charge).

—**postamt** *n* | delivery office.

Zustellung *f* Ⓐ | delivery | ~ **der Briefe;** ~ **der Post; Post**~ ① | delivery of letters (of the mail); mail delivery | ~ **durch die Post; Post**~ ② | delivery by post (by mail); postal delivery | ~ **durch Eilboten; Eil**~; ~ **per Expreß** | express (special) delivery | ~ **ins Haus** | delivery at residence | ~ **frei Haus** | delivery free at the home | **Paket**~ | parcel(s) delivery | **Nicht**~; **Unterbleiben der** ~ | non-delivery | **Ort der** ~ | place of delivery | **Telegramm**~ | delivery of telegrams | **kostenlose** ~; **portofreie** ~ | free delivery.

Zustellung *f* Ⓑ | [formelle ~] | service | **Ersatz**~; **ersatzweise** ~ | substituted service; notice in lieu of service | ~ **der Klage; Klags**~ | service of the writ (writ of summons) | **Nachweis der** ~ **(der erfolgten** ~**)** | proof (acknowledgment) of service | ~ **durch die Post; Post**~ | service by mail (by the post) | **öffentliche** ~; ~ **durch öffentliche Bekanntmachung** | service by public notice (by publication) | **persönliche** ~ | personal service | **die** ~ **nachweisen** | to give (to present) proof of service.

Zustellungs..adresse *f* | address for service.

—**akt** *m* | service.

—**beamter** *m* | process server.

—**bescheinigung** *f* | certificate (proof) of service.

—**bevollmächtigter** *m*; —**vertreter** *m* | agent (representative) who is authorized to accept service; representative for service.

—**bezirk** *m* | district (area) of delivery; delivery district.

—**dienst** *m* | delivery service | **Eil**~; **Sonder**~ | express (special) delivery (delivery service) | **Paket**~ | parcels delivery service | **Post**~ | mail service.

—**gebühr** *f* Ⓐ | charge for delivery.

—**gebühr** *f* Ⓑ | charge (fee) for service; service fee.

—**nachweis** *m* | proof of service | **den** ~ **erbringen** | to give (to present) proof of service.

—**ort** *m* | place of service.

—**urkunde** *f* | proof of service | **Post**~ | proof of service by mail.

—**zeiten** *fpl* | times *pl* (hours *pl*) of delivery.

zustimmen *v* | to assent; to consent; to agree | **einem Vergleich** ~ | to agree to a compromise | **ausdrücklich** ~ | to consent expressly | **stillschweigend** ~ | to consent tacitly | **vorher** ~ [einwilligen] | to assent; to consent | **nachträglich** ~ [genehmigen] | to approve; to sanction; to ratify | ~, **daß etw. geschieht** | to consent sth. being done | ~, **etw. zu tun** | to consent to do sth.

zustimmend *adj* | approving; consenting | ~**e Antwort** | answer in the affirmative.

Zustimmung *f* Ⓐ | consent; assent | ~ **zu einem Antrag** | consent to a request | ~ **zu einem Beschluß** | consent to a resolution | **die** ~ **des Königs** | the Royal assent | **Schweigen (Stillschweigen) bedeutet** ~ | silence gives consent | **Versagung der** ~ | refusal of consent; non-compliance.

★ **auf Grund allgemeiner** ~ | by common consent (assent) | **mit allseitiger** ~; **mit** ~ **aller** | by universal consent | **ausdrückliche** ~ | express (formal) consent | **ehemännliche** ~ | husband's approval | **elterliche** ~ | parental consent | **erschlichene** ~ | surreptitiously obtained consent | **mündliche** ~ | verbal consent | **nachträgliche** ~ [Genehmigung] | subsequent assent; approval; ratification; sanction |

Zustimmung f Ⓐ *Forts.*
schriftliche ~ | written consent; consent in writing | **vorherige** ~ [Einwilligung] | assent; previous assent; consent | **vorherige schriftliche** ~ | consent in writing previously obtained | **stillschweigende** ~ | tacit (implied) consent (approval).
★ **jds.** ~ **erhalten (erlangen) (erwirken)** | to obtain sb.'s consent | **für etw. seine** ~ **geben (erteilen)** | to give one's consent to sth.; to approve of sth.; to consent to sth. | **seine** ~ **versagen** | to refuse (to withhold) one's consent.
Zustimmung f Ⓑ [Zustimmungserklärung] | declaration of consent; assent.
zuteilen v Ⓐ | to allot; to allocate; to apportion | **neu** ~ | to re-allocate | **zu**~ | apportionable; allottable.
zuteilen v Ⓑ | to adjudge; to award.
Zuteilung f Ⓐ | allotment; allocation; apportionment | **verhältnismäßige** ~ | pro rata apportionment.
Zuteilung f Ⓑ [Kontingent] | quota | **volle** ~ | full quota.
Zuteilung f Ⓒ [Zuschlag] | adjudication.
Zuteilungs..ausschuß m | allocation committee.
—**benachrichtigung** f; —**schein** m | letter of allotment; allotment letter.
—**karte** f | ration card.
—**kontrolle** f | allocation control.
—**plan** m | allocation scheme.
—**rechte** npl | allotment rights.
—**stelle** f | allocation office.
—**system** n | quota system.
zutragen v | **jdm. etw.** ~ | to report sth. to sb.
Zuträger m | informer.
zutreffen v | to prove correct.
zutreffend adj | correct; right; true.
zutreffendenfalls adv | if the answer is in the affirmative; in case of affirmation; in the affirmative.
Zutritt m | access; admission | **Recht auf** ~ | right of access | **zu etw. freien** ~ **haben** | to have free admission to sth. | „~ **verboten"; verbotener** ~ | "No admittance" | **Unbefugten ist der** ~ **verboten** | "No admittance except on business" | **zu etw.** ~ **erlangen; sich zu etw.** ~ **verschaffen** | to gain admission to sth.; to obtain (to get) admittance to sth. | **jdm.** ~ **gewähren** | to admit sb.; to give sb. admittance | **zu jdm.** ~ **haben** | to have access (admittance) to sb. | **jdm. den** ~ **verweigern** | to deny (to refuse) sb. admittance.
Zutrittsrecht n | right of access.
Zutun n | **ohne mein** ~ | without my assistance (my doing).
zuverlässig adj Ⓐ | reliable; dependable | ~**e Angaben** | reliable data | ~**e Bank** | reliable bank | **aus** ~**er Quelle** | from a reliable source | **aus wenig** ~**er Quelle** | from an unreliable source | ~**e Schätzung** | reliable estimate.
zuverlässig adj Ⓑ [vertrauenswürdig] | trustworthy | ~**e Firma** | trustworthy (reliable) firm.
Zuverlässigkeit f Ⓐ | reliability.
Zuverlässigkeit f Ⓑ [Vertrauenswürdigkeit] | trustworthiness.
Zuverlässigkeitsprüfung f | reliability trial (test).
Zuvorkommen n | forestalling.
zuvorkommen v | to forestall; to obviate | **einem Einwand** ~ | to obviate an objection | **jds. Wünschen** ~ | to forestall sb.'s wishes.
zuvorkommend adj | obliging; accommodating.
Zuvorkommenheit f | obligingness.
Zuwachs m | accretion; accrement | **Land**~ | accretion of land; accreted land | **Wert**~ | increase of (rise in) value; appreciation; increment.

Zuwachs..rate f | rate of growth; growth rate | **Jahres**~ | annual growth rate.
—**recht** n | right of accession.
—**steuer** f | increment duty.
—**wert** m | increment value.
Zuwahl f | by-election.
zuweisen v Ⓐ | **jdm. etw.** ~ | to assign sth. to sb.
zuweisen v Ⓑ [zuteilen] | to allot; to allocate; to apportion | **einen Betrag dem Reservefonds (der Reserve)** ~ | to allocate an amount to the reserve fund (to the reserve).
Zuweisung f Ⓐ | assignment.
Zuweisung f Ⓑ [Zuteilung] | allotment; allocation; apportionment | ~ **an den Reservefonds** | allocation to the reserve fund.
zuwenden v | **jdm. etw.** ~ | to procure sth. for sb. | **jdm. etw. letztwillig** ~ | to bequeath sth. to sb.; to leave sth. to sb. by will.
Zuwendung f | disposition | ~ **unter Lebenden** | donation inter vivos | **freigebige** ~; **freiwillige** ~; **unentgeltliche** ~ | donation; gift | **letztwillige** ~; **testamentarische** ~ | bequest; legacy.
zuwider adv | contrary [to].
zuwiderhandeln v | **einer Anordnung** ~; **einem Befehl** ~ | to contravene (to act contrary to) an order | **den Bestimmungen** ~ | to contravene (to act in contravention of) the regulations.
Zuwiderhandelnde m | **der** ~ | the infringer; the trespasser.
Zuwiderhandlung f | contravention; infringement | **im Falle der** ~ | in case of infringement (of non-compliance).
zuwiderlaufen v | **den Bestimmungen** ~ | to be against the regulations | **dem Gesetz** ~ | to contravene (to infringe) (to be contrary to) the law.
zuzahlen v | **etw.** ~ | to make an additional payment.
Zuzahlung f | additional payment.
zuziehen v Ⓐ [beiziehen] | to adjoin | **einen Anwalt** ~ | to consult a lawyer | **einen Sachverständigen** ~ | to call (to call in) an expert | **einen Spezialisten** ~ | to call in a specialist | **Zeugen** ~ | to call witnesses to be present.
zuziehen v Ⓑ | **sich Kritik** ~ | to expose os. to criticism | **sich eine Strafe** ~ | to bring punishment upon os. | **sich jds. Tadel** ~ | to incur sb.'s blame.
Zuziehung f [Beiziehung] | ~ **eines Anwalts** | consultation of a lawyer | ~ **eines Dolmetschers** | employing an interpreter | ~ **von Sachverständigen** | calling in of experts | **unter** ~ **von Zeugen** | in the presence of witnesses | **unter** ~ **von** | with the assistance of.
zuzüglich adv | plus; adding.
Zuzugsgenehmigung f | permission to take up residence.
Zwang m Ⓐ | compulsion; constraint; coercion; force | **einem Ausdruck (einem Wort)** ~ **antun** | to force a word | **durch den** ~ **der Umstände** | by force of circumstances | **der** ~ **der Verhältnisse** | the force (the pressure) of circumstances.
★ **gerichtlicher** ~ | compulsion | **moralischer** ~ | moral constraint | **physischer** ~ | physical constraint.
★ **auf jdn. einen** ~ **ausüben** | to exert (to put) pressure on sb.; to bring pressure to bear on sb. | **unter** ~ **handeln** | to act under duress (under coercion) | **einwenden, unter** ~ **gehandelt zu haben** | to plead duress | **unter** ~ | under duress; under coercion; forced.
Zwang m Ⓑ [Pflicht] | ~ **zur Aussage** | compulsory evidence | **Beförderungs**~ | compulsory conveyance | **Beitritts**~ | compulsory membership | **Eintragungs**~ | compulsory registration | **Freimachungs**~; **Frankierungs**~ | compulsory prepayment | **Kontra-**

hierungs~ | obligation to contract | **Lotsen~** | compulsory pilotage | **Post~** | postal privilege | **Schul~** | compulsory education (schooling) (school attendance) | **Verwertungs~; ~ zur Verwertung** | compulsory exploitation | **Zeugnis~** | compulsory evidence.

zwanglos *adj* | informal | ~**e Besichtigung** | free inspection | ~**er Besuch** | informal call (visit).

Zwangs..ablieferung *f* | compulsory delivery.

—**abtretung** *f* | compulsory cession (surrender).

—**anleihe** *f* | compulsory (forced) loan.

—**arbeit** *f* Ⓐ | forced (slave) labo(u)r.

—**arbeit** *f* Ⓑ; —**arbeitsstrafe** *f* | hard labo(u)r; penalty of hard labo(u)r; penal servitude.

—**arbeiter** *m* | forced (slave) labo(u)rer.

—**aufnahme** *f*; —**beitritt** *m* | compulsory membership.

—**ausgleich** *m* | forced settlement.

—**ausverkauf** *m* | forced sale; compulsory (forced) selling off (out).

—**beitrag** *m* | compulsory contribution.

—**beitreibung** *f*; —**betreibung** *f* [S] | collection by means of compulsory execution.

—**bewirtschaftung** *f* Ⓐ | state control; state-controlled economy.

—**bewirtschaftung** *f* Ⓑ [Kontingentierung] | quota system; rationing.

—**clearing** *n* | compulsory clearing.

—**enteignung** *f* | expropriation.

—**enteignungs..recht** *n* | right of expropriation.

— —**verfahren** *n* | expropriation proceedings *pl.*

—**ernährung** *f* [von Häftlingen] | forced feeding.

—**erziehung** *f* | education in an institution (in a reformatory).

—**erziehungsanstalt** *f* | reformatory; penal institution for young offenders; Borstal institution [GB].

—**fusionierung** *f* | compulsory amalgamation.

—**hypothek** *f* | judicial mortgage.

—**innung** *f* | trade guild with compulsory membership.

—**kartell** *n* | compulsory cartel.

—**kartellisierung** *f* | compulsory cartellization.

—**konversion** *f*; —**konvertierung** *f* | compulsory conversion.

—**kurs** *m* Ⓐ [Zwangsumrechnungskurs] | forced (compulsory) rate (rate of exchange).

—**kurs** *m* Ⓑ [Zwangsumlauf] | forced circulation (currency) | **Papier mit ~** | forced currency paper.

—**lage** *f* | position of constraint; coercion | **in einer ~ handeln** | to act under coercion (under duress) (under constraint) | **in einer ~ sein** | to be under constraint (under coercion) (under pressure) | **jdn. in die ~ versetzen, etw. tun zu müssen** | to compel sb. to do sth.

zwangsläufig *adv* | necessarily; of necessity.

Zwangs..leistungen *fpl* | compulsory services.

—**liquidation** *f* | compulsory liquidation (winding up).

—**lizenz** *f* | compulsory (forced) license.

—**maßnahme** *f*; —**maßregel** *f* | coercive measure.

—**mitgliedschaft** *f* | compulsory membership.

—**mittel** *npl* | means of coercion (of constraint); sanctions *pl* | ~ **anwenden** | to employ force (forcible means) (sanctions).

—**pensionierung** *f* | compulsory retirement.

—**pensionierungsalter** *n* | age for compulsory retirement.

—**schlichtung** *f* | compulsory arbitration.

—**sparen** *n* | forced saving.

—**umlauf** *m* | forced circulation.

—**umtausch** *m* [von Zahlungsmitteln] | compulsory exchange [of money].

—**verfahren** *n* | enforcement procedure.

Zwangs..vergleich *n* | compulsory composition.

—**verkauf** *m* | forced (compulsory) (enforced) sale.

—**versicherung** *f* | compulsory insurance.

zwangsversteigern *v* | **etw. ~** | to sell sth. by auction (under order of the court).

Zwangsversteigerung *f* Ⓐ | auction by order of the court; forced (sheriff's) sale; compulsory auction (auction sale).

Zwangsversteigerung *f* Ⓑ [aus einer Hypothek] | foreclosure.

Zwangsversteigerungs..beschluß *m* | foreclosure order.

—**kosten** *pl* | cost of foreclosure.

—**verfahren** *n* | foreclosure proceedings.

Zwangsverwalter *m* | official receiver | **Einsetzung eines ~s** | appointment of a receiver | **Gerichtsbeschluß auf Einsetzung eines ~s** | receiving order; court order appointing a receiver.

Zwangsverwaltung *f* | compulsory administration; official receivership | **Anordnung der ~** | placing under receivership | **Gerichtsbeschluß auf Anordnung der ~** | receiving order | **etw. unter ~ stellen** | to place sth. under receivership.

Zwangsverwaltungsbeschluß *m* | receiving order.

zwangsvollstrecken *v* | to levy distraint.

Zwangsvollstreckung *f* | execution; distraint; distress | **Aufhebung der ~** | cancellation of the enforcement order | **Einstellung der ~** | stay of execution | **die Einstellung der ~ beantragen** | to ask for a stay of execution | **die Einstellung (Aussetzung) der ~ bewilligen** | to grant a stay of execution | **aus einer Hypothek die ~ betreiben** | to foreclose a mortgage | **Vereitelung der ~** | obstructing the execution | **bei Vermeidung sofortiger ~** | under penalty of immediate execution | **~ in das unbewegliche Vermögen** | foreclosure | **im Wege der ~** | by means of compulsory execution | **die sofortige ~ gestatten** | to admit of direct enforcement | **die ~ betreiben** | to levy distraint (distress) (compulsory execution) | **die ~ einstellen** | to grant a stay of execution; to stay the execution.

Zwangsvollstreckungs..befehl *m* | warrant of distress; distress warrant.

—**verfahren** *n* | execution proceedings *pl.*

Zwangswährung *f* | forced (managed) currency.

zwangsweise *adj* | forcible; compulsory; coercive; forced | ~ **Arbeit** | compulsory (slave) labo(u)r | ~ **Beschäftigung von Arbeitskräften** | employment of slave labo(u)r | ~**r Verkauf** | forced (compulsory) sale.

zwangsweise *adv* | by (under) compulsion; by force; under coercion; under duress; forcibly | **jdn. ~ ernähren** | to feed sb. forcibly | ~ **pensioniert werden** | to be compulsorily retired | **jdn. ~ vorführen** | to bring sb. before [sb.] by force.

Zwangswirtschaft *f* Ⓐ | state (government) control | **Abbau der ~** | gradual decontrol | **Aufhebung der ~** | decontrol | **Devisen~** | exchange control | **die ~ abbauen** | to decontrol.

Zwangswirtschaft *f* Ⓑ | controlled (state-controlled) economy.

Zweck *m* | purpose; aim; object | **End~** | final aim (purpose) | **Geschäfts~e** | business purposes | ~ **der Gesellschaft** | object of the company | **Haupt~** | main (principal) aim (purpose) (object); chief purpose (design) | **Straf~** | purpose of punishment | **Verhandlungen zum ~e des Abschlusses eines Vertrages** | negotiations with a view to conclude a treaty.

★ **beabsichtigter ~** | intended purpose; intention | **zu einem mildtätigen (wohltätigen) ~** | for (out of)

Zweck *m, Forts.*
charity | **zu öffentlichen (gemeinnützigen)** ~**en** | for public purposes | **zu unerlaubten** ~**en** | for unlawful purposes; unlawfully | **zu unsittlichen** ~**en** | for immoral purposes.
★ **etw. für einen** ~ **bestimmen** | to design sth. for a purpose | **den** ~ **(seinen** ~**) erfüllen; dem** ~ **entsprechen** | to serve (to suit) the purpose | **seinen** ~ **erreichen** | to achieve (to accomplish) (to attain) one's purpose | **seinen** ~ **verfehlen** | to miss one's aim.
★ **zu dem** ~**, etw. zu tun** | for the purpose of (with a view to) doing sth. | **zu diesem** ~ | with this design | **ohne** ~ | purposeless.
Zweckbestimmung *f* | **die** ~ **von etw.** | the attribution of sth. to a purpose; the appropriation of sth. for a purpose | **etw. seiner** ~ **entziehen** | to put sth. to another purpose.
zweckentfremden *v* | **etw.** ~ | to convert sth. to some other purpose.
Zweckentfremdung *f* | use [of sth.] to another purpose.
zweckdienlich *adj* | expedient; suitable; appropriate | ~**e Angaben** | useful (needful) information.
zweckentsprechend *adj* | to the purpose.
zweckgebunden *adj* | earmarked (destined) for a specific purpose (for specific purposes).
zwecklos *adj* Ⓐ | aimless; purposeless.
zwecklos *adj* Ⓑ [nutzlos] | useless | ~ **sein** | to be of no use (of no avail).
Zwecklosigkeit *f* Ⓐ | aimlessness; purposelessness.
Zwecklosigkeit *f* Ⓑ [Nutzlosigkeit] | uselessness.
zweckmäßig *adj* | useful; advisable; suitable; to the purpose; expedient.
Zweckmäßigkeit *f* | usefulness; advisability; expediency | **eine Frage der** ~ | a matter of convenience | **aus Gründen der** ~ | on grounds (for reasons) of expediency.
Zweckmäßigkeitsgründe *mpl* | **aus** ~**n** | for reasons (on grounds) of expediency.
zwecks *prep* | for the purpose of; with a view to.
Zwecksparen *n* | saving for a specific purpose.
zweckvoll *adj* | purposeful; bent on purpose.
zweideutig *adj* | ambiguous; equivocal | ~**e Ausdrucksweise** | ambiguous language | **in** ~**er Weise** | ambiguously | **un**~ | unambiguous.
Zweideutigkeit *f* | ambiguity; ambiguousness.
Zweidrittels..majorität *f*; —**mehrheit** *f*; —**mehr** *n* [S] | majority of two-thirds | **mit** ~ | by a two-thirds majority.
zweifach *adj* | double | **in** ~**er Ausfertigung** | in duplicate; done in duplicate.
zweifach *adv* | **einen Antrag** ~ **einreichen** | to file an application in duplicate.
Zweifel *m* | doubt | **Behebung von** ~**n** | removal of doubts | **Rechtswohltat des** ~**s** | benefit of the doubt | **die Rechtswohltat des** ~**s genießen** | to get the benefit of the doubt.
★ **einen** ~ **beheben (beseitigen)** | to remove a doubt | ~ **erheben** | to raise doubts | ~ **über etw. hegen** | to have suspicions (to entertain doubts) about sth. | ~ **zerstreuen** | to dispel a doubt | **etw. in** ~ **ziehen** | to cast doubts upon sth.; to question sth.
★ **außer** ~ | beyond doubt | **im** ~ | in case of doubt | **ohne** ~ | without doubt; doubtless.
zweifelhaft *adj* Ⓐ | doubtful; dubious | ~**e Außenstände** | doubtful receivables | ~**e Forderung** | doubtful (bad) debt | **etw.** ~ **lassen** | to leave sth. doubtful (in doubt).
zweifelhaft *adj* Ⓑ [zweideutig] | equivocal | ~**er Art;** ~**en Charakters** | of a doubtful character | ~**es Individuum** | suspicious character.

Zweifelhaftigkeit *f* | doubtfulness.
zweifellos *adj* | doubtless; beyond doubt.
Zweifelsfall *m* | **im** ~ | in case of doubt.
Zweig *m* | branch; line; division | **Erwerbs**~ | line (branch) of trade | **Geschäfts**~**; Handels**~ | line (branch) of business | **Industrie**~ | branch of industry | **Produktions**~ | line of production | **Wirtschafts**~ | line of business.
Zweig..anstalt *f*; —**betrieb** *m*; —**büro** *n*; —**geschäft** *n* | branch office (establishment); branch; sub-office.
—**bahn** *f* | branch line.
—**bank** *f* | branch bank.
—**gesellschaft** *f* | affiliated (associated) company.
—**niederlassung** *f* | branch establishment | ~ **der Firma** | branch office; branch | **Firma (Unternehmen) mit** ~**en** | company (firm) with branch offices | **Firma der** ~ | style of the branch office | ~ **in der Provinz** | country (provincial) branch.
—**postamt** *n*; —**postanstalt** *f* | branch post office.
—**stelle** *f* | branch office (establishment) | ~ **einer Bank** | branch (branch office) of a bank.
—**unternehmen** *n* | branch.
—**verband** *m*; —**verein** *m* | branch (affiliated) society.
Zweihundertjahrfeier *f* | bicentenary.
zweijährig *adj* Ⓐ [alle zwei Jahre stattfindend] | biennial; every two years.
zweijährig *adj* Ⓑ [zwei Jahre alt] | two years old.
Zweikammersystem *n* | parliamentary system of two Houses.
Zweikampf *m* | duel; duelling | **einen** ~ **austragen** | to fight a duel | **jdn. zum** ~ **fordern (herausfordern)** | to challenge sb. to duel.
zweimal *adv* | twice | ~ **im Jahr;** ~ **jährlich** | twice a year; biannual | ~ **im Monat;** ~ **monatlich** | twice a month (every month) | ~ **in der Woche;** ~ **wöchentlich** | twice a week.
zweimonatlich *adj* [alle zwei Monate] | once in two months; bimonthly | ~**e Veröffentlichung** | bi-monthly publication; bimonthly.
Zweiparteiensystem *n* | bi-party system.
zweiseitig *adj* Ⓐ | bilateral; two-sided | ~**es Handelsabkommen** | bilateral trade agreement | ~**es Rechtsgeschäft** | bilateral transaction | ~**er Vertrag** | bilateral (bipartite) contract (agreement).
zweiseitig *adj* Ⓑ [gegenseitig] | reciprocal.
Zweiseitigkeit *f* Ⓐ | bilateralism.
Zweiseitigkeit *f* Ⓑ [Gegenseitigkeit] | reciprocity.
zweisprachig *adj* | bilingual; in two languages.
Zweitausfertigung *f* | duplicate | ~ **eines Wechsels** | second of exchange.
zweite *adj* | ~**r Abzug** | second proof | ~ **Ausfertigung** | duplicate | ~ **Ehe** | second marriage | **Base (Cousine) (Vetter) (Cousin)** ~**n Grades** | second cousin.
★ **aus** ~**r Hand** | second-hand; used | **Neuigkeiten aus** ~**r Hand** | second-hand news | **Preis aus** ~**r Hand** | second-hand price | **etw. aus** ~**r Hand kaufen** | to buy sth. second-hand.
★ ~ **Hypothek** | second mortgage | ~**r Klasse;** ~**n Ranges** | second-class | **in** ~**r Linie** | secondarily; secondly; in the second place | **zum** ~**n Mal heiraten; sich zum** ~**n Mal verheiraten** | to marry for the second time | ~**r Qualität** | second-rate; of inferior quality | **Waren** ~**r Qualität** | seconds *pl* | **an** ~**r Stelle** | in the second place; secondarily; secondly | ~**er Wahlgang** | second ballot.
zweiteilig *adj* | in two parts.
Zweiteilung *f* | halving; division in two parts; equal division.
zweitens *adv* | secondly; in the second place.

zweitklassig *adj*; **zweitrangig** *adj* | second-class; second-rate.

Zweit..schrift *f* | copy; duplicate.

—**schuldner** *m* | secondary debtor.

—**verwendung** *f* | re-use.

Zwietracht *f* | discord | ～ säen | to sow the seeds of discord.

Zwillings..bruder *m* | twin brother.

—**geschwister** *pl* | twins.

—**schwester** *f* | twin sister.

zwingen *v* | jdn. zur Botmäßigkeit ～; jdn. zum Gehorsam ～ | to compel sb. to obedience | jdn. ～, etw. anzunehmen | to force sth. on (upon) sb. | jdn. ～, etw. zu tun | to compel (to force) (to coerce) sb. to do sth.; to force sb. into doing sth.

zwingend *adj* Ⓐ [streng] | coercive; stringent; strict | ～es Argument | stringent argument | ～e Gründe | forcing (compelling) reasons | ～e Maßnahmen (Maßregeln) | coercive measures | ～es Recht | stringent law.

zwingend *adj* Ⓑ [bindend] | obligatory; binding.

zwingend *adj* Ⓒ [absolut] | peremptory | ～er Beweis | conclusive evidence | ～e Notwendigkeit | absolute (peremptory) necessity | ～es Recht | peremptory right | ～e Vorschriften | peremptory rules.

zwingend *adj* Ⓓ [unbestreitbar] | cogent | ～es Argument | incontrovertible argument.

Zwingende *n* | das ～ einer Schlußfolgerung (eines Arguments) (einer Argumentation) | the force (the stringency) of an argument (of an argumentation) | das ～ eines Beweises | the cogency of evidence.

Zwischen..abschluß *m*; —**bilanz** *f* | trial balance; interim statement.

—**antrag** *m* | interlocutory motion.

zwischenbankmäßig *adj* | ～e Geschäfte | interbank transactions.

Zwischen..bemerkung *f* | incidental remark.

—**bericht** *m* | interim report.

—**berufung** *f*; —**beschwerde** *f* | interlocutory appeal.

—**bescheid** *m* | provisional answer; intermediate reply.

—**dividende** *f* | interim dividend; dividend ad interim.

—**eintrag** *m* | suspense entry.

—**entscheid** *m*; —**entscheidung** *f* | interlocutory decision (decree).

—**examen** *n* | intermediate examination.

—**fall** *m* | incident | Flotten～ | naval incident | Grenz-～ | frontier (border) incident.

—**feststellungsklage** *f* | interpleader | ～ erheben | to interplead.

Zwischen..finanzierung *f* | interim financing.

—**gewinn** *m* | middleman's profit.

—**hafen** *m* | intermediate port.

—**handel** *m* Ⓐ | intermediate trade; middleman's business.

—**handel** *m* Ⓑ | transit trade.

—**händler** *m*; —**person** *f* | middleman; go-between; intermediary.

—**hilfe** *f* | interim aid.

—**käufer** *m* | intermediate buyer.

—**klage** *f* | interpleader.

zwischenkontinental *adj* | intercontinental.

Zwischen..konto *n* | suspense account.

—**kredit** *m* | intermediate credit.

—**lagerungsgebühr** *f* | storage fee (charge).

—**lösung** *f* | temporary solution.

—**makler** *m* | intermediate broker.

—**mauer** *f* | party wall.

zwischenparteilich *adj* | ～er Ausschuß | interparty committee.

Zwischen..produzent *m* | intermediary manufacturer.

—**prüfung** *f* | intermediate examination.

—**raum** *m* | space | freier ～; leerer ～ | blank space; blank.

—**regelung** *f* | provisional arrangement.

—**ruf** *m* | interruption.

—**schein** *m* | interim certificate; scrip.

—**spediteur** *m* | intermediate carrier.

—**staat** *m* | buffer state.

zwischenstaatlich *adj* | interstate; inter-state; intrastate | ～er Handel | interstate commerce.

Zwischen..stadium *n* [vorübergehender Zustand] | provisional stage.

—**stellung** *f* | intermediate position.

—**streit** *m* | interlocutory proceedings *pl*.

—**summe** *f* | subtotal.

—**titel** *m* | subtitle.

—**träger** *m* | informer.

—**urteil** *n* | interlocutory judgment (decision).

—**verkauf** *m* | intermediate sale.

—**verkäufer** *m* | intermediate seller.

—**zeit** *f* [Zwischenzeitraum] | meantime; intermediate (intervening) time; interval; interim | in der ～ | in the meanwhile (interim).

zwischenzeitlich *adj* | in the interim (meantime).

Zwischen..zinsen *mpl* Ⓐ | interim interest.

—**zinsen** *mpl* Ⓑ [Diskont] | discount.

Zyklus *m* | ein ～ von Vorlesungen | a course of lectures.